독일 헌법학의 원천

Carl Schmitt u. a.

Quellen zur deutschen Verfassungslehre

Herausgegeben und übersetzt
von
Hyo-Jeon Kim
SANZINI, Busan, Korea
2018

카를 슈미트 외

독일 헌법학의 원천

김 효 전 옮김

산지니

역자 서문

　이 책은 독일 헌법학에 관한 논저 31편을 한국어로 번역한 것이다. 연구의 대상은 헌법의 일반이론·국가이론·헌법사·기본권이론·비교헌법론 그리고 헌법의 보장 6편으로 나누어 수록하였다. 게재한 문헌의 종류도 본격적인 학술 논문으로부터 교과서적인 서술이나 강연에 이르기까지 다양하며, 문헌이 다룬 독일 헌법학도 바이마르 헌법 시대부터 본 기본법을 거쳐 통일된 독일에까지 이른다. 역자가 이들을 발표한 시기는 1970년대부터 2017년에 이르며, 분량도 일정하지 않지만 모두 독일인에 의해서 독일 헌법을 중심으로 연구의 대상을 삼은 점에서 공통된다.

　독일 헌법학은 잘 알고 있듯이, 근대 한국에서 일찍부터 소개되어 왔다. 예컨대 블룬칠리의 국가유기체이론과 라반트의 국법학이론 등 19세기 독일 법실증주의 이론들이 교과서에 그대로 등장하는 이른바 학설계수에서 비롯한다. 이것은 독일 법학의 절대적인 지배 아래 있던 일본의 영향이 컸기 때문에 자연히 간접적이며 소극적인 수용일 수밖에 없었다. 광복과 함께 1948년 새로운 헌법을 제정함에 있어서 기초자인 유진오 박사는 당시 세계에서 가장 자유롭고 민주적인 헌법으로 평가를 받던 바이마르 헌법을 모범으로 삼았다. 이것은 바로 입법의 계수이며 적극적인 수용의 자세로 전환한 것을 의미한다. 그 후 헌법을 개정할 때마다 독일의 기본법과 헌법이론은 다른 어떤 나라의 그것보다도 우선적으로 참고하게 되었으며, 1988년 헌법재판소가 설치되면서 독일의 학설과 판례는 더욱 더 중요한 의미를 지니게 되고 이에 대한 연구문헌도 쏟아져 나오고 있다.

　이제 대한민국헌법이 제정된 지도 올해로서 만 70년이 된다. 서구와는 전혀 다른 역사적 배경과 정치적 풍토에서 도입한 입헌민주주의는 어떻게 정착하였고 어떤 결실을 거두었는지 한국인 스스로 돌아보고 점검할 때가 되었다고 생각한다. 역자 개인적으로는 크게는 입헌민주주의 발전의 단순한 비교 연구를 넘어서 헌법학의 보편성과 특수성을 밝혀보고 싶은 충동도 없지 않았으며, 작게는 역자 개인의 연구 성과를 한곳에 정리하고 싶은 소박한 생각의 일단이 이 책과 같은 모습으로 나타난 것이다.

돌이켜 보건대 역자가 헌법학을 공부한 시기는 우리의 헌법생활이 군사독재와 권위주의체제 아래 억압되고 유린된 불행한 시대였다. 그런 까닭에 살아있는 현행법으로서의 헌법에 관한 연구는 당초부터 한계가 있는 상황이어서 자연히 헌법이론이나 헌법철학에 더 관심을 두게 되고 이것은 또 역자의 사변적인 취향과 일치하기도 했다. 그러나 외국의 헌법과 헌법이론은 보편성보다는 특수성이 더 많기 때문에 아무리 한국을 염두에 두고 읽어도 그것은 장래의 있어야 할 모델에 불과한 것이다.

오늘날 한국의 일부 학자 중에는 아직도 독일의 헌법이론이나 미국 대법원의 판례이론을 그대로 추종하거나 우상처럼 숭배하는 것으로 자신의 임무를 다한 것으로 착각하는 사람들이 있다. 외국이론은 우리 헌법과 무슨 관련이 있는지, 과대평가된 것은 아닌지, 그 도입과 적용에 문제는 없는지 한번 깊이 생각해볼 필요가 있다고 생각한다. 그 까닭은, 사람의 생각은 각자 처한 시대와 환경과 상황에 따라서 다르지만 문제를 해결하려는 노력은 아무리 깊고 정교한 생각일지라도 한계가 있기 마련이다. 따라서 독일의 훌륭한 학자의 이론이나 미국의 우수한 판결도 매년 배출되거나 공표되는 것이 아닐진댄 이들의 기본 문헌을 한국어로 옮기면 바로 우리의 것으로 정착되는 것이다. 그런 의미에서 번역은 정독의 극치이며 요즘 흔한 말로 재능기부의 일종이라고 하겠다.

과거에는 도서관의 시설도 빈약하고 경제적인 여유도 없어서 외국의 자료를 입수하기가 매우 어려웠다. 그리하여 간접인용이 횡행하고 도청도설(道聽塗說)이 난무해도 그대로 눈감아 줄 수밖에 없었다. 그러나 이제 자료가 넘쳐나는 오늘날에는 문헌을 취사선택하고 이것을 내것으로 소화하고 흡수하는 자세와 능력이 더욱 요망된다고 하겠다.

그런 의미에서 이 책은 한국 헌법학에 대해서 중요한 의미를 가지는 독일의 그것을 정확하게 이해하여 전달하고, 또 섭취하여 우리의 것으로 만들어 보려는 역자의 염원을 담은 것이다. 독일 헌법학을 본격적으로 연구하려는 사람들이나 관심 있는 독자들에게 안내서로서, 자료로서 도움이 되기를 바라는 마음 간절하다.

끝으로 이처럼 방대한 학술 서적의 출간을 흔쾌히 승낙해 주신 산지니의 강수걸 대표에게 진심으로 고마운 마음을 전한다.

2017년 9월 4일 용인에서 김 효 전

차 례

제2편 국가이론

제3편 헌법사

제5편 비교헌법론

제6편 헌법의 보장

제1편
헌법이론

1. 헌법의 개념*

카를 슈미트

《차 례》

---

* Carl Schmitt, Verfassungslehre, Duncker & Humblot, Berlin 1928. 11. Auflage, 2017, I. Abschnitt Begriff der Verfassung, S. 1-121.

I. 절대적 헌법개념

(통일적 전체로서의 헌법)

「헌법」(Verfassung)이라는 말은 여러 가지 의미를 가진다. 말의 일반적인 의의로서는 모든 것, 어떠한 사람이나 물건, 어떠한 기업과 어떠한 단체도 여하튼 어떤 「체제」(Verfassung)에서 존재하며 생각할 수 있는 모든 것은 「체제」를 가진다. 이것으로부터는 어떠한 특수한 개념도 나오지 않는다. 「헌법」이란 말은 이해가 가능하다면 **국가**, 즉 국민의 정치적 통일체의 구조에 한정하여 사용하지 않으면 안 된다. 이와 같이 한정한 경우 그것은 국가 그 자체의, 또는 그 위에 정치적 통일체로서의, 또는 국가적 실존의 특수하고 구체적인 종류와 형식으로서의 개개의 구체적인 국가를 가리키는 일이 있다. 이 경우에는 그것은 정치적 **통일체**와 **질서**의 **전체상태**를 의미한다. 그러나 또한 「헌법」은 완결된 **규범의 체계**를 의미할 수도 있는데, 이 경우에도 통일체를 가리키지만 구체적으로는 실존하는 통일체가 아니라 사고상의 **관념적 통일체**를 가리킨다. 어떤 경우에나 헌법이라는 개념은 (현실의 또는 사고상의) **전체**를 가리키는 것이므로 **절대적**이다. 그 밖에 오늘날에는 일반적으로 특정한 종류의 일련의 **법률들**이 헌법으로 불린다. 이때에 헌법이라는 말이 헌법률(Verfassungsgesetz)과 동일한 것으로 취급된다. 이리하여 모든 **개개의** 헌법률이 헌법으로서 나타날 수도 있다. 그 결과 헌법의 개념은 **상대적으로** 되며, 즉 그것은 이미 하나의 전체, 질서 그리고 통일체와 같은 것이 아니라 약간의, 나아가 많거나 또는 다수의 특수한 성질을 가진 법률규정을 가리키는 것이다.

교과서의 보통 정의는 헌법=근본규범 또는 근본법으로 보고 있다. 그것은 가령 사람들이 막연하게 기본법이라든가 정초(Verankerung)라고 말하듯이, 약간 정치적으로 특별히 중요하든가 불가침한 것을 표어적인 의미에서만 막연하게 표시하고 있을 뿐이다. 그러한 용어법이 지니는 헌법이론적 정의는 다음과 같은 개념적 연구로부터 도출할 수 있을 것이다(후술 제5장 S. 42의 「근본법」, 「근본규범」 또는 「근본법」의 여러 의의에 관한 개관 참조).

I. 절대적 의미의 헌법은 먼저 실존하는 모든 정치적 통일체와 함께 스스로 부여하는 구체적인 **존재양식**을 의미한다.

1. 첫 번째 의미. 헌법=특정 국가의 정치적 통일과 사회질서의 구체적인 전체상태. 어떠한 국가에도 정치적 통일과 사회질서, 통일과 질서에 관한 어떠한 원리, 이해나 힘의 충돌의 위기 시에 결정을 내리는 어떤 결정기관이 없어서는 안 된다. 이와 같은 정치적 통일과 사회질서의 전체 상태를 헌법이라고 부를 수 있다. 이때에 이 말은 국가의사

의 형성과 국가활동의 행사를 규율하며, 또한 질서에 따를 것을 일깨우는 일련의 법규나 규범 또는 체계를 의미하는 것이 아니라, 본래 구체적인 개개의 국가 ― 독일 라이히·프랑스·영국 ― 의 구체적인 정치적 실존을 의미할 뿐이다. 국가는, 국가의사의 형성과 작용의「준칙이 되는」헌법을 **가지는** 것이 아니라 국가는 헌법**이다.** 즉 사실로서 현존하는 상태, 통일과 질서의 **상태**(status)이다. 가령 이 상태(Verfassung), 즉 이 통일과 질서가 없다면 국가는 실존할 수 없을 것이다. 헌법은 국가의「혼」이며 구체적 생명이며 또한 그 개별적인 실존이다.

그리스 철학자들에게서도 때때로 헌법이라는 말이 위와 같은 의미를 가지고 있었다. **아리스토텔레스**에 의하면 국가(πολιτεία)는 한 도시(πόλις) 또는 한 지역의 인간이 자연적으로 존재하는 공동생활의 하나의 질서(τάξις)였다. 질서는 국가에서의 지배와 그 지배조직에 관련을 가진다. 그 질서 때문에 지배자(κύριος)가 존재하게 된다. 그 질서 속에는 구체적인 정치적 구성체의 사실적인 특성에 내포되어 있는 생생한 질서의 목표(τέλος)가 존재한다(Politik Buch IV, Kap. I, 5). 이러한 헌법이 없어지면 국가도 없어지게 된다. 새로운 헌법이 확립되면 새로운 국가가 형성되게 된다. **이소크라테스**(Isokrates, Areopag. 14)*는 헌법을 도시국가의 혼(ψύχη πόλεως ἡ πολιτεία)이라고 불렀다. 헌법에 관한 이러한 사상은 아마 하나의 비유를 해보면 가장 잘 이해할 수 있을 것이다. 합창하는 가곡이나 악곡은 그것을 노래 부르고 연주하는 사람들이 달라지더라도, 또 그것을 노래하거나 연주하는 장소가 달라지더라도 여전히 동일하지 않을 수 없다. 국가의 통일과 질서가 그 헌법 속에 존재하듯이, 통일과 질서는 가곡에도 존재하며 악곡에도 존재한다.

옐리네크(Georg Jellinek)는 Allgemeine Staatslehre, S. 491(김효전 옮김, 『일반 국가학』, 법문사, 2005, 400면)에서, 이 헌법을 국가의사구성의 기준이 되는「하나의 질서」로 보지만 그는 여기서 사실적으로 존재하는 질서를 어떤 사물이 적법하고 정당하게 그 기능을 발휘하는데 준거가 되는 하나의 규범과 혼동하고 있다. 여기서 문제가 되는 통일·질서·목적(τέλος)·생명·혼과 같은 관념은 존재적인 것을 표시하게 되며, 단지 규범적인 것, 더 정당하게 말하면 당위적인 것을 표시하는 것이 되지는 않는다.

2. 두 번째 의미. 헌법=정치적 및 사회적 질서의 특수한 종류. 여기서 헌법은 **상위**와 **하위**의 질서의 구체적인 종류를 의미한다. 왜냐하면 사회의 현실에서는 상위와 하위의 질서가 없는 질서는 존재하지 않기 때문이다. 여기서 헌법이란 예컨대 군주제, 귀족제 또는 민주제와 같이, 또는 어떠한 국가형태의 구별을 하더라도 모든 국가에 속하며 또 국가의 정치적 실존과 떼어놓을 수 없는 특수한 **지배형태**인 것이다. 이 경우에는 헌법=**국가형태**(Staatsform)이다. 이때에「형태」라는 말과 마찬가지로, 어떤 있는 그대로의 **상태**를 나타내며, 어떤 법규에 적합한 규범적으로 있어야 할 것을 나타내지는 않는다. 이러한 말의 의미에서도 모든 국가는 자명한 것인데 헌법을 가진다. 왜냐하면 어떤 국가에도 항상 어떠한 실존형태가 있기 때문이다. 여기서도 역시 국가는 상태(Verfassung)

라고 하는 편이 정확할 것이다. 국가는 군주제 · 귀족제 · 민주제 · 소비에트공화국**이며,** 군주제 등등은 헌법을 **가지는** 것이 아니다. 헌법은 여기서는 「**형태의 형태**」(forma formarum)이다.

이러한 의미에서 "status"라는 말은 (가령 일반적으로 상태, 신분 등이라는 다의적인 말의 다른 의의와는 다른 의미이다) 특히 중세기와 17세기에 사용되었다. **토마스 아퀴나스**는 그의 저서 『**신학대전**』(I , II, 19, 10c)*에서 **아리스토텔레스**를 모방하여 국가형태로서 (1) 귀족정 (status optimatum), 즉 일정한 특출하고 우수한 소수파가 통치하는(in quo pauci virtuosi principantur) 국가, (2) 과두정(status paucorum), 즉 그 자질이 특별히 뛰어나는가는 고려하지 않는 소수자의 통치, (3) 민주정(status popula021), 즉 농민 · 수공업자와 노동자 대중이 지배하는 국가로 구별하였다. **보댕**(Bodinus, Les six livres de la République, 1. Ausgabe, 1577, 특히 VI. Buch에서[나정원 옮김, 『국가에 관한 6권의 책』, 아카넷, 2013, 6권])은 그러한 국가형태를 모방하여 인민국가(état populaire), 군주정 국가(état royal)와 귀족정 국가를 구별하였다. **그로티우스**(Grotius, De iure belli ac pacis, 1625)에서도 status는 여기서 그 용어를 문제로 삼는 한 국가형태(forma civitatis)이며, 따라서 헌법이기도 하다. 이와 유사한 방법으로 예컨대 **홉스** (Hobbes, De cive 1642, cap. 10; 이준호 옮김, 『시민론』, 서광사, 2013)도 군주국가(status monarchicus), 민주국가(status democraticus) 그리고 혼합국가(status mixtus) 등에 관하여 말하고 있다.

그러므로 혁명이 성공함과 동시에 새로운 **상태**가 발생하며, **그 자체로**(eo ipso) 새로운 헌법이 생긴다. 그리하여 독일에서는 1918년 11월의 혁명 후 인민위원회는, 1918년 12월 9일의 포고에서 「혁명에 의해서 주어진 헌법」이란 것을 말할 수 있었다(W. Jellinek, Revolution und Reichsverfassung, Jahrb. öffentl. Rechts IX, 1920, S. 22).

3. 세 번째 의의. 헌법=정치적 통일의 **동태적인 생성의 원리**, 이 **통일**이 그 기초에 가로 놓여 있거나 또는 기초에서 작용하는 **힘과 에너지**로부터 끊임없이 경신되는 **형성과 성립**의 과정이란 원리이다. 여기서 국가는 단지 **존재하는 것**, 쉬고 있는 정태적인 것이 아니라 생성과정에 있는 것, 항상 새롭게 **생기하는 것**으로서 파악된다. 정치적 통일은 여러 가지 대립하는 이해, 의견 그리고 운동을 통해서 날마다 형성되며, 루돌프 **스멘트**의 표현에 따르면 「통합되는」 것이다.

이 헌법개념은 (정적인 통일체의 의미의) **상태**를 의미하는 이전의 두 헌법개념과는 대립적인 개념이다. 그러나 **아리스토텔레스**의 사상에서도 동적인 요소가 존재하고 있었다. 정적인 것과 동적인 것의 엄격한 구별에는 약간 인위적인 것과 무리한 것이 따른다. 여하튼 이러한 헌법의 「동적인」 개념은 (생성하는) 존재와 실존의 영역 내에 있다. 그러므로 헌법은 여전히 다음에 논술하는 개념에서처럼 사람들이 준수하지 않으면 안 될 단순한 규칙 또는 규범이 되지는 못했다. 헌법은 활동적인 에너지의 동적인 과정의 적극적인 원리이며 생성의 요소이지만, 그것은 어디까지나 실제적인 것이며 「당위」의 명령과 책임추궁이 규제된 절차가 아니다.

로렌츠 폰 **슈타인***은 이러한 헌법개념을 체계적인 커다란 관련 아래 설명하였다. 그는 실제로 1789년 이후의 프랑스 헌법에 관해서만 설명하는데, 동시에 **토마스 아퀴나스**에 의해서(Summa Theol., I, II, 105, art. 1) 첫째로 모든 시민이 국가의사구성에의 참여(ut omnes aliquam partem habeant in pricipatu)와, 둘째로 통치와 지배의 종류(species regiminis vel ordinationis principatuum)의 두 사항을 강조함으로써(duo sunt attendenda) 선명하게 의식되었던 헌법학의 일반적인 이원적 원리를 전개하였다. 그것은 다음 제16장 II에서 설명하는 정치적 형식원리(동일성과 대표)의 대립과 유사한바 있으며, 고래로부터 내려오는 자유와 질서간의 대립이다. **슈타인**에 있어서는 1789년의 혁명 초기의 헌법들은 (즉 1791년, 1793년, 1795년의) 본래의 의미에서의 국가-**헌법**이며, **나폴레옹**(1799년)과 함께 시작하는 국가-**질서**와는 대립하고 있었다. 양자의 차이는 다음과 같다. 국가-**헌법**은 개인의사와 국가의 전체의사와의 일치가 실현되고 개인들이 국가조직의 생생한 부분으로 총괄될 수 있는 질서이다. 모든 헌법제도와 헌법과정은 국가를 「자율권이 인정된 자유로운 모든 인간의 의사의 인격적 통일체로서 인식하게」 하는 의미를 가진다. 이와 반대로 국가-**질서**는 개인과 관청을 단순히 국가의 부분으로 생각하고 이들로부터 **복종**을 요구한다. 국가-헌법에서는 국가생활은 아래로부터 위로 올라간다. 국가-질서에서는 그것은 위로부터 아래로 작용한다. 국가-헌법은 국가의사의 **자유로운 형성**이다. 국가-질서는 그와 같이 형성된 의사의 유기적인 **집행**이다(Geschichte der sozialen Bewegung in Frankreich, Bd. I, Der Begriff der Gesellschaft, Ausgabe von G. Salomon, München 1921, Bd. I, S. 408/9 ; 나아가 Verwaltungslehre, I, S. 25). ― 헌법이 정치적 통일체의 기능적인 기본원리라는 사상은 F. **라살레***의 유명한 강연 「헌법의 본질에 관하여」(Über Verfassungswesen, 1862)에서 적절한 표현을 발견하였다. 「그러므로 헌법이 국가의 기본법을 형성할 수 있다면 그것은 … 하나의 **활동적인 힘**이 될 수 있을 것이다」. 이러한 활동적인 힘과 헌법의 본질을 **라살레**는 사실적인 권력관계에서 발견할 수 있었다.

19세기 독일의 헌법이론적 사고에서는 로렌츠 폰 슈타인이 그 기초가 되어왔다(그리고 **헤겔**의 국가철학의 생명을 보존하게 한 매개물이 되기도 하였다). 로베르트 **몰**에서나 루돌프 **그나이스트**의 법치국가론에서나 또는 알베르트 **해넬**에서나 막론하고, 어디서든지 슈타인의 사상을 찾아볼 수 있었다. 그러나 그것은 헌법이론적 사고가 중단됨에 따라서, 다시 말하면 헌법률적 규정의 문언에 대해서 문리해석의 기술을 사용하는데 국한하였던 **라반트**의 연구방법이 지배함에 따라서 그 자태를 감추게 되었다. 라반트의 연구방법을 사람들은 「실증주의」라고 불렀다.

루돌프 **스멘트***가 처음으로 그의 논문 "Die politische Gewalt im Verfassungsstaat und das Problem der Staatsform"(Festgabe für W. Kahl, Tübingen 1923; 김승조 옮김, 헌법국가에 있어서 정치권력과 국가형태의 문제, 동인, 『국가와 사회』, 교육과학사, 1994)에서 헌법이론적 문제를 그 논문의 전분야에 걸쳐서 다시 제기하게 되었다. 이 논문의 사상은 뒤에 자주 언급하게

될 것이다. 국가적 통일체의「통합」에 관한 학설은 지금까지의 경과로 볼 때 — 애석하게도 단지
단편적으로만 언급되었지만 — 나에게는 로렌츠 폰 슈타인 학설의 직접적인 계승·발전만을
목적으로 하는 것처럼 보인다.

II. 절대적 의미의 헌법은 **근본법률적 규율**, 즉 최고이며 최종적인 **규범**의 통일적,
완결적인 **체계**를 의미하기도 한다(헌법=규범의 규범).

1. 여기서 헌법은 있는 그대로의 상태도 또한 동태적인 생성도 아니며 규범적인
것, 단순한「당위」이다. 그러나 여기서 문제는 가령 매우 중요할지라도 외부적인 특징에
의해서 강조되는 개별적인 법률 또는 규범이 아니라 국가생활 일반의 전체적인 규범지움,
완결된 통일체란 의미에서의 근본법률,「법률의 법률」이다. 그 밖의 모든 법률이나 규범은
이 **하나의** 규범으로 환원하는 것이다. 이러한 의미에서 국가는 근본규범으로서의 헌법에
근거하는 법질서, 즉 법규범의 통일체가 되는 것이다. 여기서「헌법」이라는 말은 통일과
전체를 가리킨다. 그러므로 국가와 헌법을 동일시하는 것도 가능한데, 전술한 말의 의의,
즉 국가=헌법이라는 것과는 달리 그 반대로 헌법=국가가 된다. 왜냐하면 국가는 무엇인가
규범에 맞게 있어야 **할 것**(Sein-*sollendes*)으로서 취급되며, 국가에서 보이는 것은 규범의
체계,「법」질서뿐이기 때문이다. 이 법질서는 있는 그대로 존재하는 것이 아니라 있어야
할 것으로서 타당한 것인데 — 그럼에도 불구하고 여기서는 완결적, 체계적인 규범의
통일이 있으며, 이것이 국가와 동일시되므로 — 헌법의 절대적 개념을 근거지우는 것이다.
따라서 이러한 의미에서의 헌법을「주권」이라고도 할 수 있다. 이렇게 말하는 것은
물론 불명확한 표현법이지만. 왜냐하면 정확하게는 어떤 구체적으로 실존하는 것만이
주권자일 수 있으며 단순히 타당한 규범은 주권자일 수 없기 때문이다.

인간이 아니라 규범과 법률이 지배하며 또 이러한 의미에서 주권적인 것은 인간이 아니라
규범과 법률이라는 표현방법은 매우 그 역사가 오래다. 현대 헌법에서는 다음과 같은 역사적
발전이 고려될 수 있을 것이다. 프랑스의 왕정복고시대와 특히 7월왕정 하에서 (즉 1815년부터
1848년에 이르기까지), 특히 시민적 자유주의의 대변자들, 이른바「공리공상가들」(Doktrinäre)
은 헌장(Charte)을「주권적」이라고 표시하였다. 이러한 성문법률의 기묘한 의인화는 시민적
자유와 사유재산을 보장하는 법률을 모든 정치권력 위에 올려놓으려는 의도를 가지고 있었다.
이러한 방법으로 주권적인 것이 군주냐 국민이냐 하는 본래의 정치적인 문제의 해답을 회피할
수 있었던 것이다. 이에 대한 해답은 단지 다음과 같다. 주권적인 것은 군주도 아니고 국민도
아니며 헌법이다(후술 제6장, II 7, S. 54 참조). 이것은 군주제와 민주제는 모두 시민적 자유와
사유재산의 이익을 위해서 제한되지 않으면 안 된다는 생각을 가지는 시민적 법치국가의 자유주의
자들의 전형적인 해답이다(이에 관해서는 후술 제16장 S. 216 참조). 그러므로 왕정복고기와
루이 필립 시대의 전형적인「공상가」인 **루와이에-콜라르**(Royer-Collard)*는 헌법의 주권에
관하여 언급한 바 있으며(J. **Barthélemy**, Introduction du régime parlementaire en France,

1904, S. 20 ff. 참조), 자유주의적 법치국가의 고전적인 대변자라고 볼 수 있는 **기조**(Guizot)*는 하나의 규범은 그렇지 않으면 바로 의사를 가지며 명령하는 자만이 주권적이 될 수밖에 없기 때문에, 그것이 실재적인 의사와 명령이 아니라 합리적인 정당성, 이성과 정의일 때, 다시 말하면 특정한 **성격**을 가지는 한도 내에서만 「주권적」이라고 말할 수 있다는 것을 정확하게 인식하고, 「이성의 주권」, 정의와 기타 추상적인 것의 주권을 말한다. **토크비유***는 1830년의 프랑스 헌법에 관하여 철저한 논리로 헌법의 독립성을 강조하며, 인민, 군주 그리고 의회의 모든 권한은 이 헌법에서 유래하였으며, 헌법의 영역 밖에서는 이들 모든 정치적 존재는 무라고 강조하였다(「헌법의 외부에서 는 아무것도 존재하지 않는다」. Anm. 12 zu Bd. I, cap. 6 der "Démocratie en Amérique").

   한스 켈젠의 국가학 역시 많은 저서(Hauptprobleme der Staatsrechtslehre, entwickelt aus der Lehre vom Rechtssatz, 2. Aufl., 1923; Das Problem der Souveränität und die Theorie des Völkerrechts, 1920; Der soziologische und der juristische Staatsbegriff, 1922; Allgemeine Staatslehre, 1925; 민준기 옮김, 『일반 국가학』, 1990)에서 반복하여 동일하게 국가를 여러 법규범의 하나의 체계 또는 하나의 통일체로서 보았는데, 물론 이 때에 이 「통일체」와 이 「체계」의 실질적·논리적 원리를 설명하려는 노력은 추호도 하지 않았으며, 또한 국가의 수많은 실정법적 규율과 여러 잡다한 헌법적 규범들이 그러한 「체계」 또는 그러한 「통일체」를 형성하는 것이 어떻게 실현되었으며, 또 어떤 필요성에 의해서 야기되었는가에 관하여는 아무런 설명이 없었다. 국가적 통일과 질서의 정치적 **존재**나 **생성**은 하나의 **작용**으로 변했으며, **존재와 당위**의 대립은 실질적인 **존재**와 합법적인 **작용**의 대립과 항상 혼동된다. 그러나 그 이론은 국가로부터 하나의 법질서를 도출하려고 노력하며, 또 그 질서 속에서 법치국가의 본질을 보는 전술한 시민적 법치국가의 진정한 이론의 최후의 지류라고 보면 이해할 수 있을 것이다. 시민층은 그 전성기인 17·18세기에 하나의 실제적인 체계, 다시 말하면 개인주의적인 이성법과 자연법을 믿는 힘을 발견할 수 있었으며, 또한 사소유권과 인신의 자유와 같은 개념으로부터 그것이 **정당하고 이성적이** 기 때문에 어떠한 정치적 존재보다 선행하고 우월적으로 적용되며, 따라서 존재적인, 즉 실정법적인 현실을 고려하지 않고 하나의 진정한 당위를 내포하는 그 자체 실효력을 가지는 규범들을 형성할 수 있었다. 이것은 철저하게 규범적이다. 여기서 우리들은 체계, 질서 그리고 통일체에 관하여 말할 수 있다. 켈젠에 있어서는 이와 반대로, **실정적** 규범만이, 즉 **실제적으로** 적용되는 규범만이 적용될 수 있다. 그것은 정확하게 말하면 적용**되어야** 하기 때문에 적용되는 것이 아니라 이성, 정의 등과 같은 성격에 구애를 받지 않고 그 규범이 **실정적**이라는 이유 하나만으로 적용되는 것이다. 여기서 당위는 갑자기 그 자취를 감추고 규범성은 좌절하고 만다. 규범성 대신에 적나라한 사실의 동어반복이 나타날 뿐이다. 무엇이든지 그것이 적용되며, 또 적용되기 때문에 적용되는 것이다. 이것이 「실증주의」이다. 「헌법」이 「근본규범」으로서 적용되고, 또 모든 다른 적용법규가 헌법에서 유래되었다는 사실을 중요시하는 사람들은, 어떤 구체적인 규정을 임의로, 그것이 어떤 특정한 관청에 의해서 제정 또는 승인되었고, 따라서 「실정적」이라고 표시될 수 있기 때문에, 즉 다시 말하면 사실적으로 실효력을 가지기 때문에 순수한 규범의 순수한 체계의 기초로 만들 수는 없는 것이다. 체계적이며 「실정적」 효력과는 관계없이 규범적으로 모순 없고, 즉 그 이성이나

정의 때문에 그 자체 **정당한** 명제들로부터만 하나의 규범적인 통일체 또는 질서가 도출될 수
있는 것이다.

2. 실제로 헌법은 그것이 헌법제정권력(즉 힘 또는 권위)[1])에서 유래하며, 그 의사에
의해서 정립되기 때문에 타당한 것이다. 「의사」(Wille)라는 말은 단순한 규범과는 대조적
으로 당위의 근원으로서의 실재상의 크기를 나타낸다. 의사는 현실로 존재하며 의사의
힘 또는 권위는 그 존재 자체에 있다. **규범**은 그것이 **정당**하기 때문에 타당할 수 있으며
이 경우에는 체계적으로 철저하면 자연법이 되며 실정헌법이 되지는 않는다. 또한 규범이
타당한 것은 그것이 실정상 규정되었기 때문이며, 즉 실재하는 **의사**에 의해서이다. 규범은
결코 규범 자신을 낳는 것(이것은 환상적인 말 바꿈이다)이 아니라, 규범은 정당하다고
인정되는 것이다. 왜냐하면 규범이 유래하는 명제는 단순한 실정성, 즉 사실상의 피정립성
이 아니라 동일하게 정당성을 본질로 하기 때문이다. 따라서 헌법은 (실정상의 의사로서가
아니라) 근본**규범**으로서 타당하다고 말하는 자는, 헌법은 특정한 논리적, 도덕적 또는
그 밖의 **내용상의** 성질에 따라서 정당한 명제의 완결된 체계를 가진다고 주장해야 할
것이다. 헌법은 그 정당성 때문에가 아니라 그 실정성 때문에만 타당하며, 그럼에도
불구하고 순수한 규범으로서 순수규범의 체계 또는 질서를 기초지운다는 것은 모순으로
가득 찬 혼란이다.

순수하게 규범적 성질의 완결된 헌법체계라는 것은 존재하지 않으며, 헌법률이라고
생각되는 일련의 개개의 규정을 체계적인 통일체와 질서로서 취급하는 것은 이 통일체가
그 전제가 되는 통일적 **의사**에서 유래한다면 자의적인 것이다. 마찬가지로 아무런 전제
없이 법질서에 대해서 말하는 것도 자의적이다. 법질서의 개념은 완전히 다른 두 개의
요소, 즉 법이라는 규범적 요소와 구체적 질서라는 실재적 요소를 가지고 있다. 통일과
질서의 본질은 국가의 정치적 실존에 있으며, 법률, 규칙 그리고 무엇인가 규범적인
것에 있는 것이 아니다. 「근본법률」 또는 「근본규범」으로서의 헌법에 대해서 운운하는
관념이나 언사의 대부분은 불명확하고 부정확하며, 그 결과 매우 다른 성질의 일련의
규정, 예컨대 바이마르 헌법 181개 조문에도 체계적, 규범적 그리고 논리적 「통일」이
있다는 것이 된다. 대부분의 헌법률에 포함된 개개의 규정에 사상적이며 내용상의 차이가
있다는 것을 생각하면, 이것은 명백한 허구 이외에 아무것도 아니다. 독일 라이히*의
통일은 헌법 181개의 조문과 그 타당에 근거하는 것이 아니라 독일 국민의 정치적
실존에 근거한다. 독일 국민의 **의사**, 즉 어떤 실존하는 것이 개개의 헌법률의 모든 체계적
모순, 무관련성 그리고 불명확함을 초월하여 정치적 및 국법상의 통일을 확립하는 것이다.
바이마르 헌법은 독일 국민이 「이 헌법을 제정하였기」 때문에 타당한 것이다.

3. 헌법은 규범적 통일체이며 어떤 절대적인 것이라는 관념은, 역사적으로 헌법이

---

1) 힘(potestas)과 권위(Auctoritas)의 대립에 대해서는 제8장 S. 75 (본서, 81면)의 주 참조.

완결된 법전이라고 생각했던 시대의 사정에서 설명된다. 프랑스에서는 1789년에 입법자의 예지에 대한 이러한 합리주의적인 신앙이 지배하였으며, 정치적 및 사회적 생활 전체의 의식적이고 완전한 계획을 정립할 수 있다고 믿고 있었다. 실로 많은 사람들은 그 개정과 수정의 가능성을 고려하는 것까지도 의문을 품고 있었다. 그러나 국가의 전체를 파악한, 궁극적으로 정당한, 완결된 규범체계가 실현될 수 있다는 신념은 오늘날에는 이미 존재하지 않는다. 오늘날에는 모든 헌법의 조문은 헌법이 성립한 시대의 정치적·사회적 정세에 의존한다는 위와는 반대되는 의식이 보편화되고 있다. 일정한 법률적 규정을 단순한 법률이 아니라 바로「헌법」속에 써넣는 이유는, 정치적 고려들이나 정당연합의 우연성에 의존한다. 그러나 법전화와 체계적 통일에 대한 신앙과 함께 절대적 법치국가의 자유주의 이념이 전제로 하고 있던 헌법의 순수한 규범적 개념도 소멸하였다. 이러한 규범적 개념은 시민적 자연법의 형이상학적 전제가 확신하고 있는 한에서만 가능하였던 것이다. 헌법은 이제 일련의 개개의 실정 헌법률로 변하였다. 그럼에도 불구하고 오늘날 여전히 근본규범, 근본법률 등등을 말하는 것은 ─ 이에 대한 예시와 증명을 인용할 필요는 없을 것이다 ─ 오래전부터 공허하게 된 전래적인 정식의 결과이다. 마찬가지로 여전히 근본법률이라는 의미에서의「헌법」을 말하더라도 부정확하며 혼란을 초래한다. 실제로 사람들은 체계 없는 잡다한 다수의 헌법률적 규정을 말한다. 그리하여 헌법의 개념은 **개별적인** 헌법률의 개념으로 상대화하는 것이다.

II. 상대적 헌법개념
(다수의 개별 법률로서의 헌법)

헌법개념의 상대화는 전체로서의 통일적 헌법 대신에 단순한 **개별 헌법률**만이 나타나며, 더구나 헌**법률**의 개념이 외부적이며 중요하지 않은, 이른바 **형식적 특징**에 의해서 규정된다는 데에 있다.

I. 상대적 의미에서의 헌법은 따라서 개개의 헌법률을 의미한다. 통일적인 헌법이 다수의 개별적인, 형식상 동등한 헌법률로 해체되는 결과 내용상 및 실질상의 구별은 모두 사라진다. 헌법률이 국가의사의 구성을 규율하거나 또는 어떤 다른 내용을 가지는가는 이「형식적」개념에 대해서는 아무래도 좋은 것이다. 헌법률상의 규정이 왜「근본적인」 것이어야 하는가는 이미 전혀 문제가 되지 않는다. 이 대상을 상대화하는 이른바 형식적 고찰방법은 오히려「헌법」에 포함된 모든 것을 무차별하게 동일하게 하며, 즉 동일하게 상대화한다.

바이마르 헌법 속에는「법률의 법률」이란 의미에서 근본적이라고 볼 수 없는 것을 알 수 있는 수많은 위와 같은 헌법률적 규정들을 발견할 수 있다. 예컨대 제123조 제2항 「옥외집회는 라이히 법률로써 신고할 의무를 부과할 수 있으며, 공공의 안녕에 대해서 직접적 위해를 줄 때에는 금지할 수 있다」. 제129조 제3항 3, 「공무원은 자기의 신분기재서를 열람할 권리가 보장된다」. 제143조 「공립학교의 교사는 국가공무원의 권리와 의무를 가진다」. 제144조 제2항 「학교의 감독은 이를 주요 직책으로서 활동하며 또 전문가로서 훈련을 받은 공무원이 이를 행한다」. 제149조 제3항 「대학의 신학부는 존속한다」. 이러한 모든 것들은 「헌법」 속에 채택됨으로써 헌법률이 되게 된 **법률적** 규정들이다. 이러한 규정들이 어떻게 「헌법」 속에 채택되었는가는 1919년의 역사적 · 정치적 상황에서 설명할 수 있다. 바이마르 국민의회의 다수파를 형성하는 데 연합한 정당들은 바로 위의 규정들에게 헌법률적 성격을 규범의 성격을 부여하는데 의의를 느꼈던 것이다. 이들 개별 규정들을 동일하게 매우 중요성을 가지는 기타 규정들로부터 법논리적으로 필연성을 가지고 구별하여야 할 실질적인 이유는 찾아볼 수 없었다. 우리들은 전과 동일한 이유로 「민사혼과 이혼의 자유는 보장된다」. 「유언의 자유는 보장된다」. 「수렵면허를 가지는 자는 수렵으로 인하여 야기된 손해를 완전히 보상할 의무를 진다」. 「이후 10년간은 차지료는 증액할 수 없다」는 규정들도 헌법에 삽입시키려면 시킬 수 있을 것이다.

그러한 헌법률적인 개별 규정들은 무차별하게 형식화하고 상대화하는 고찰방법에 대해서는 모두 동일하게 「근본적」이다. 「독일 라이히는 공화국이다」는 라이히 헌법 제1조 1항의 규정과, 「공무원에게는 자신의 신분기재서를 열람할 권리가 보장된다」는 제129조의 규정은 모두 「근본규범」, 「법률의 법률」 등등을 의미한다. 그러나 그러한 형식화 아래서는 전술한 개별 규정들이 어떤 근본적인 성격을 가지는 것이 아니라, 그 반대로 진정한 근본규정들이 헌법률상의 개별 규정의 단계로 인하된다는 것은 명백한 일이다.

이제 헌법개념의 「형식적」인 메르크말에 대해서 서술해야 한다. 그렇지만 오늘날 일반적인 표현방법과 (개별 규정으로서의) 헌법률이 은연 중에 동치되고, 혼동되고 있다는 사실은 환기해야 한다. 첫째로, (통일체로서의) 헌법과 (개별 규정으로서의) 헌법률이 묵시적으로 동치되고 혼동되며, 둘째로 「형식적 의미에서의 헌법」과 「형식적 의미에서의 헌법률」이 구별되지 않고 있다. 그리고 끝으로 「형식적」 성격을 규정하기 위해서는 전적으로 다른 관점에서 얻어진 두 개의 메르크말이 사용되고 있다. 즉 한편으로는 **성문** 헌법만이 「형식적 의미에서의 헌법」이라고 불리며, 다른 한편 헌법률과 은연 중에 그것과 동치된 헌법의 형식적인 것은, 그 **개정의 요건과 절차가 가중되고 있는 점**에 있다고 한다.

II. 성문헌법. 성문헌법의 「형식성」은 물론 어떤 사람이 어떤 규정 또는 협정을 문서로 하였기 때문에 인증 또는 인증시킨다는 것, 따라서 문서에 의한 원전이 존재한다는 점에 있는 것은 아니다. 이 형식성은 그것을 인증하는 자에 대해서든 인증되는 내용에 대해서든, 형식적 의미에서의 헌법이라고 할 만한 일정한 특성들을 갖춤으로써 비로소 얻어진다. 역사적으로 본다면 성문헌법의 내용과 의의는 매우 다종다양하다고 할 수 있다.

19세기에, 예컨대 1848년에 이르기까지 독일의 시민층은 절대군주와의 투쟁 속에서 성문헌법을 요구하고 있었다. 여기서 성문헌법의 개념은 시민적 법치국가의 다종다양한 요구가 담겨있는 이상적 개념이 되었다. 자유주의적 시민층의 성문헌법에 대한 이러한 요구가, 군주가 어떤 내용을 가지는 어떤 명령을 발포하고, 또 이에 관한 문서를 편찬하였다는 사실에 의해서만은 달성될 수 없었다는 것은 자명한 이치이다. 이러한 정치적 요구란 의미에서의 성문헌법으로서는 내용적으로 이러한 요구에 부응할 수 있는 것만이 이에 타당할 수 있다(이에 관해서는 본서 제4장 S. 39 참조).

성문헌법을 형식적 의미에서의 헌법이라고 부르게 된 이유도 매우 다양하며, 서로 대립하는 관점에서 나오며, 여기서는 이를 구별하지 않으면 안 된다. 우선 첫째로 문서에 의해서 확정된 것은 입증하기 쉽다는 것, 그 내용이 고정되어서 개정에서 보호되고 있다는 것은 일반적인 관념이다. 그러나 **입증가능성**과 보다 강력한 **고정성**이란 두 개의 관점은 엄밀한 의미에서 형식성을 말하기에는 충분하지 않다. 오히려 중요한 것은 그 문서가 권위 있는 자로부터 나온 것이어야 하며, 문서가 진정하게 쓰여진 것으로서 타당하기 위해서는 권위가 인정된 절차가 전제로 된다. 즉 문서의 작성과 인증은 일정한 절차에 단순히 부가되며 결정적인 것은 아니다. 성문헌법은 특별한 절차로 제정되어야 한다. 즉 독일 시민층의 요청에 따라서 **합의**되지 않으면 안 된다(제6장 S. 54 참조). 「내가 (헌법의 본질)에 관한 이 문제를 법학자에게 던지면 이에 대해서 그는 이렇게 대답할 것이다. 즉 헌법이란 국왕과 국민 간에 서약된 협정(Pakt)이며, 국가의 입법과 통치의 근본원칙을 확정한 것이다 라고」(라살레, 1862). 따라서 이러한 헌법은 성문화된 **계약**일 것이다. 그러나 그것이 일단 성립하면 **법률**제정의 방법으로 개정되며 성문의 **법률**로서 나타난다. 두 경우에 중요한 것은 물론 국민대표(의회)가 참여한다는 것뿐이다. 즉 「계약」과 「법률」이라는 개념은 국민대표의 참여를 보장한다는 정치적 의미만을 지닐 뿐이다. 인증은 예컨대 의식은 엄숙한 선서와 같은 그 밖의 형식과 마찬가지로 첨가된다. 그러한 형식적 특징은 그것만으로는 결코 충분하지 않다.

그러나 「성문헌법」에 대한 요구는 궁극적으로는 헌법을 **법률**로서 취급한다는 결과가 되었다. 헌법이 군주와 국민대표 간의 합의에 의해서 성립한 것일지라도 그것은 입법절차를 밟으면 개정되는 것이다. 따라서 헌법=법률(특수한 법률인데)로 되며, 성문법(lex scripta)으로서 관습법과 대립한다. 거기에서 헌법=성문법이라는 이 명제는 아직 반드시 통일적 헌법이 일련의 개개의 헌법률로 해체된 것을 의미하지는 않는다. 역사적으로 근대의 성문헌법이란 관행이 시작된 것은 주로 관습과 관례에 근거한 영국 헌법의 실제와 다른 방법을 취한다는 의미를 지니고 있었다. 즉 1776년 7월 4일에 독립국가를 선언한 북아메리카의 영국 식민지가 「헌법제정」 회의에 의해서 법률과 마찬가지로 기초되고 공포된 성문헌법을 제정하기에 이른 것이다(후술 제4장 II, 3, S. 40). 그러나 이들 헌법은 개별적인 헌법률이 아니라 법전이라고 생각되었다. 성문헌법의 개념은 헌법을 법률로서 취급하는 데로 인도하는데, 처음에는 절대적 헌법개념이란 의미에서만, 즉 **통일**과 **전체**로서의 헌법으로서였다. 합의 · 계약 · 개개의 법률 · 관습과 선례라는 여러 가지 행위에 근거하는 영국의 헌법은 형식적 의미의 헌법으로서 타당한 것은 아니다. 그것은 **완전**한 것이 아니며 완결된 법전으로서 법률의 형식으로 발포되고 쓰여진 것이 아니기 때문이다. 성문법률의 형식으로 나오는 영국의 개별적 헌법률은 무수히 많다. 한 가지의 예만 든다면 1911년의 국회법이 있으며, 이에 따라 상원의 입법에의 참여가 제한되기에 이르렀다(후술 S. 295). 따라서 영국은 개개의 성문 헌법률이라는 의미에서의 헌법률을 가지고 있다. 그럼에도 불구하고 영국은 형식적 의미의 헌법을 가지지 아니한다는 경우에는 국가의 의사형성의 절차를 망라적으로 규정하는 완결된 법전을 헌법이라고 생각하는 것이다. 따라서 성문헌법의 관념은 어디까지나 완결된 헌법전이라는 또 하나의 관념과 절대적 헌법개념에서 머물지 않을 수 없었다.

그러나 이미 언급했듯이, 그러한 법전화에 대한 신념은 오늘날에는 없게 되었다. 여러 국가들의 헌법은 잡다하게 합성된 일련의 규정처럼 보인다. 그것들은 가장 중요한 국가의 관서, 입법절차 그리고 정부에 관한 조직규정 · 일반적인 강령 · 지침 · 특정한 권리의 보장과 아울러 많은 개별 규정이며, 이들 개별 규정은 단지 그것이 변동하는 의회의 다수파에 의해서 좌우되지 않는다는 이유에서, 또한 「헌법」의 내용을 결정하는 정당이 자기의 당파적 요구에 헌법률의 성격을 부여할 기회를 이용하였기 때문에 헌법에 써넣은 것이다. 또한 그러한 일련의 헌법률이 특히 그 목적을 위해서 소집된 헌법제정회의에 의해서 의결되는 경우에도, 헌법률에 포함된 규정의 통일성은 그 내용적 · 체계적 그리고 규범적인 완결성에 있는 것이 아니라 이들 규범 밖에 있는 정치적 **의사**이며, 이 의사에 의해서 비로소 이들 모든 규범이 헌법률로 되며, 또한 이 의사가 헌법률의 통일적 기초로서 그 통일을 스스로 가져오는 것이다. 성문헌법을 가진 모든 나라들에서 오늘날 실제로는 다수의 성문 헌**법률**이 있을 뿐이다.

그러므로 **프랑스**는 성문헌법, 즉 형식적 의미의 헌법을 가진다고 일반적으로 인정되며, 또 사람들은 1875년의 헌법에 관하여 말하는데, 그 이유는 1875년과 그 후 수년에 걸쳐 가장 중요한 여러 헌법률이 제정되었기 때문이다. 그러나 1875년의 여러 헌법률에서는 **바르텔레미*-뒤에**(Barthélemy-Duez, S. 39 ff.)가 정당하게 말하듯이, 계획과 도그마적 완벽성은 물론 완전하고 망라적으로 만들려는 의사까지도 전혀 결여되어 있었다. 「헌법은 존재하지 않고 헌법적 법률들만이 존재할 뿐이다」. 여하튼 모든 것은 관습과 전통에 의거하였으며, 또 이러한 헌법률 속에 본문으로써는 프랑스 공화국의 국가생활을 인식한다든가 또는 이들 헌법률 속에서 조금이라도 체계적인 의미에서 프랑스 국법의 총망라적인 규율을 본다는 것은 아주 불가능한 일이다.

바이마르 헌법은 그 조직적 부분에 관한 한 이 프랑스의 헌법률들에 비하면 더 체계적이고 더 완벽하다. 그러나 이 헌법도 역시 일련의 개별적인 법률과 이질적인 원리를 내포하고 있으며, 따라서 여기서도 실질적인 의미의 법전이라고 말할 수는 없다. 여기서도 헌법률의 법전으로서의 완결된 통일성은 수많은 헌법률적 개별 규정의 총체로 해체되고 말았다.

이른바 형식적 개념규정, 즉 형식적 의미에서의 헌법=성문헌법은 따라서 오늘날에는 헌법=일련의 성문 헌법률이란 것 이외의 아무것도 의미하지 않는다. 개별적인 **헌법률**의 개념 때문에 헌법의 개념은 상실되었다. 그것으로 헌법의 개념을 규정하기 위한 어떤 특수한 것은 얻지 못한다. 전술한 이른바 형식적인 개념은 헌법개념의 상대화, 즉 완결된 통일이란 의미에서의 헌법으로부터 「헌법률」이라고 불리는 외부적인 특색만을 지니는 다수의 법률규정을 만들어내는 결과가 되었다. 거기에서 헌법률은 또 하나의 형식적 특색인 개정의 곤란성이 문제로 된다.

III. 헌법률의 형식적 특색인 개정의 곤란성. 헌법과 (이와 구별되지 않는) 헌법률의 형식적 징표는 헌법의 **개정**이 가중된 요건을 수반하는 특별한 절차를 거쳐야 한다는 점에서 발견된다. **가중적인 개정요건**에 의해서 헌법률의 존속과 안정성을 보호하고, 「법률의 효력을 높인다」는 것이다.

헌법률은, **해넬***(Haenel, Staatsrecht 1, S. 125. 그러나 그는 여기서도 헌법과 헌법률의 전형적인 혼동을 면하지 못했다)에 의하면, 「당해 정치적 · 역사적 상황 아래서 특별한 의미가 부여된 영속성과 불가침성의 특별한 보증이 그 변경을 곤란한 형식의 구속을 받게 하고, 그 준수가 특별한 책임관계에 의해서 보장되게 함으로써 확보되는 외관상 더욱 그 지위가 높아진 법률」이다. 해넬의 이러한 개념구성은 여전히 특히 실질적인 것이다. G. **옐리네크**는 단순히 이렇게 정의내린다. 「헌법률의 본질적인 법적 표지는 궁극적으로는 그 고양된 법률적 효력에 있다. 그러므로 그 법률 중에서 형식적 구별을 인정하지 않는 국가에서는 일련의 법률규정을 헌법전의 명칭 아래 결합시키는 것을 단념했더라면 더 시종일관했을 것이다」(Allgemeine Staatslehre, S. 520; 역서, 424면; Gesetz und Verordnung, S. 262). 또한 **Laband**, Staatsrecht II, S. 38 ff.; Egon **Zweig**, Die Lehre vom Pouvoir Constituant, 1909, S. 5/6; W. **Hildesheimer**, Über die Revision moderner Staatsverfassungen, Abhandlungen aus dem Staats-, Verwaltungs-und Völkerrecht, XV 1, Tübingen 1918, S. 5 ff.).

1. 모든 법률 규정이 그 내용을 고려하지 않고 단순한 법률로 개정할 수 있는 국가가 있다. 여기서는 따라서 개정에 대한 특별한 보호가 없으며 이 점에 관해서는 헌법률과 단순한 법률 간에도 어떠한 구별이 없으며, 따라서 「형식상은」 헌법률이라는 것은 전혀

말할 수 없을 것이다. 이러한 경우 **유연한 (연성)헌법**이라고 하는데, 이러한 표현으로도 여전히 「헌법」과 「헌법률」이 무엇을 의미하는가 하는 문제는 미해결이다.

「형식적 의미의 헌법」이 없는 국가의 주요 예로서는 영국이 이에 해당된다. 그 이유는 영국에서는 예컨대 상원과 하원의 관계에 관한 중요한 조직적 규정과, 예컨대 치과의사의 업무에 관한 법률처럼 이와 비교해서 완전히 중요하지 아니한 법률 간의 구별이 전혀 존재하지 않기 때문이다. 이 모든 법률들은 아무런 차별 없이 의회의결로 성립할 수 있으며, 따라서 형식적으로는 헌법은 그러한 치과의사법과 구별될 수는 없을 것이다. 이러한 예의 불합리성을 보더라도 그러한 종류의 「형식주의」의 부족함은 확실히 알 수 있을 것이다.

이러한 「연성 헌법」과 구별하여 다른 헌법들은 **경성 (경직한) 헌법**으로 불린다. 절대적으로 경성인 헌법에서는 어떠한 규정의 어떠한 개정도 허용되지 않는데, 이러한 절대적 의미에서는 오늘날 이미 경성헌법은 존재하지 않는다고 할 수 있다. 그렇지만 **개개의** 헌법규정에 대해서 형식적인 **헌법률**에 의해서 그 개정이 금지된다는 경우가 있다. 예컨대 1884년의 8월 14일의 프랑스 법률은 공화국의 국가형태를 헌법개정 제안의 대상으로 삼는 것을 **금지하고 있다**. 이것은 특수한 경우이며, 그 본질적인 의의에 대해서는 뒤에 설명하기로 한다. 여하튼 여기서 설명하는 형식적 고찰방법에 대해서 그러한 사례는 아직도 여전히 프랑스 헌법을 절대적인 경성 헌법이라고 할 수는 없는 것이다.

그러나 헌법률이 헌법개정 또는 수정의 여지를 인정하고, 다만 이러한 개정 또는 수정이 특별한 **가중된 요건**이나 **절차**에 구속되는 헌법도 경성 또는 경직이라고 말한다.

예. 바이마르 헌법 제76조. 「헌법은 입법에 의해서 개정할 수 있다. 다만, 헌법개정을 위한 라이히 의회의 의결은 법률에 정한 의원정수의 3분의 2 이상의 출석과 출석의원 3분의 2 이상의 동의가 있어야 한다. 헌법개정을 위한 라이히 참의원의 의결도 투표수 3분의 2의 다수를 필요로 한다」. 구 독일 제국 헌법 제78조. 「헌법개정은 입법의 절차를 따라서 행한다. 헌법개정은 라이히 참의원에서 그에 대한 14개의 반대투표가 있을 때에는 부결된 것으로 본다」. 1875년 2월 25일의 프랑스 헌법 제8조는, 헌법개정은 「국민의회」, 즉 단 하나의 회의체로 통합된 양원 — 대의원과 원로원 — 의 의결로써 행한다고 규정하고 있다. 또 1874년 5월 29일의 스위스 헌법 제118조 이하(이 헌법은 전면개정과 부분개정을 구별한다). 1787년의 미연방헌법 제5조 등(후술 제11장 S. 106 참조).

헌법개정에 관한 헌법률적 규정이 전혀 존재하지 않는 경우에는 (예컨대 1814년과 1830년의 프랑스 헌장) 연성 헌법이라고 할 것인가 또는 헌법의 침묵이 어떠한 개정도 금지하는 의미인가는 명백하게 말할 수 없다.

정당한 대답은 이렇다. 즉 여기서는 **전체**로서의 헌법만은 헌법제정권력의 행위에 의해서 제거될 수 있지만 **헌법률적** 개정은 물론 금지된다. **힐데스하이머**(Hildesheimer, a. a. O. S. 8)는 물론 정당하지 않은데, 그의 논증은 유감스럽게도 헌법과 헌법률의 혼동으로 인하여 완전히 불명확하게 될 수밖에 없었다.

2. 가중적 개정을 요구하는 것은 그럼으로써 존속과 안정성에 대한 어느 정도의 보장이 얻어지기 때문이다. 그러나 어떤 정당이나 정당연합이 필요한 다수를 확보하고 어떤 방법으로 가중된 요건을 충족할 수 있는 경우에는, 물론 이 보장과 안정성은 없게 된다. 독일에서는 정당의 분열이 컸음에도 불구하고 1919년 이래 헌법 제76조의 요구를 충족한, 그러므로 「헌법의 개정」이라고 불리는 수많은 법률이 성립하고 있다. **헌법**의 보장의 본래의 의미는 전체로서의 헌법이 다수의 개개의 헌법률에로 상대화하는 경우에는 필연적으로 상실한다. 헌법은 그 내용과 의의에서 항상 어떤 개개의 법률보다도 더 고차적이며 보다 포괄적인 것이다. 헌법의 내용은 그 개정의 곤란성 때문에 무엇인가 특별하며 또 탁월했던 것이 아니라, 그 반대로 내용의 기본적인 중요성 때문에 존속의 보장이 유지되어야했던 것이다. 「본래의 헌법」이 더 이상 문제가 되지 않고, 하나 또는 다수의 무수한 개별 헌법률들이 문제가 되기에 이르면, 이러한 고려는 중요성을 상실하였다. 거기에서 이제 다음과 같은 아주 간단한 당략적인 관점이 나온다. 즉 개정이 곤란한 것은 이미 헌법으로서의 성격의 귀결이 아니며 그 반대로 무엇인가 실제적인 (근본규범 등과는 아무런 관계가 없다) 이유에서 어떤 규정을 입법자, 즉 변동하는 의회의 다수파로부터 보호하기 위해서 그 규정을 헌법률로 한 것이다. 프랑스에서는 1926년 8월에 공채상환을 위한 특정한 수입을 헌법률로 확보하고, 그때그때의 의회다수파의 예산법상의 의결로써 좌우되지 않도록 하기 위해서 국민회의의 결의로써 이른바 「독립기금」(Caisse autonome) 제도가 만들어졌는데, 이것은 아마 실제로는 매우 중요할 것이지만 오래된 의미에서의 「근본적」인 것은 아니다. 초등학교 교원의 양성이 「고등교육」의 원칙에 따라서 규정되며 (제143조 2항), 종교교육이 학교에서의 정규의 교과이며(제149조 1항), 공무원에 대한 신분기재서의 열람권이 보장되는 것(제129조)은 확실히 중요한 규정임에는 틀림없으나, 이 규정들은 그것이 변천하는 의회다수파의 개정의결로부터 지켜지고 있는 한에서만 「헌법률」로서의 성격을 가진다.

헌법의 헌법률에로의 상대화와 헌법률의 형식화에 의해서 헌법의 실질적 의의는 아주 희박하게 되었다. 「헌법률의 본질적이며 법적인 징표는 오로지 그 고양된, 형식적인 법률의 효력에 있다」(G. **Jellinek**, Allgemeine Staatslehre, S. 520; 김효전 옮김, 『일반 국가학』, 424면). 헌법의 존속과 안정성은 헌법개정에 관한 헌법조항 — 바이마르 헌법에서는 제76조 — 의 절차가 준수되어야 한다는 데에로 환원한다. 이것이 실제로 궁극적인 헌법개념이라면, 헌법개정에 관한 규정, 바이마르 헌법에서는 제76조가 헌법의 본질적인 핵심이 되며 유일한 내용이 될 것이다. 헌법 전체가 단순한 잠정적인 것이 되고 실제로는 헌법개정에 관한 규정에 따라서 그때그때 충족되는 백지법률이 될 것이다. 오늘날의 독일 헌법의 유효한 모든 규정에는 헌법 제76조에 의한 개정을 유보하여 라는 단서가 붙지 않으면 안 될 것이다. 「독일 라이히는」 ― 헌법 제76조를 유보하여 ― 「공화국이다」 (제1조), 「혼인은」 ― 헌법 제76조에 의해서 이와 다른 규정이 없는 한 ― 「가족생활의 기초이다」(제119조), 「국가의 모든 주민은」 ― 제76조에 의해서 이것이 박탈되지 않는 한 ― 「완전한 신앙과 양심의 자유를 향유한다」(제135조) 등등이다. 이것은 오늘날의 독일 국법이론에서 외관상으로는 아주 자명한 것처럼 통용되는 「형식적」 헌법개념의 귀결이라고 말할 수 있을 것이다.

그러나 그러한 헌법개념은 논리적으로나 법학적으로도 불가능하다. 개개의 **헌법률**이 어떻게 해서 개정되는가에 따라서 **헌법**의 개념을 규정할 수는 없다. 또한 헌법률을 일정한 절차에 의해서 개정할 수 있는 법률이라고 정의하는 것도 허용되지 아니한다. 왜냐하면 가중된 개정의 요건 그 자체 역시 헌법률의 규정에 근거하고 있으며, 그 개념을 전제로 하기 때문이다. 헌법 제76조는, 제76조에 의해서 개정되며 따라서 그 자신을 폐지할 수 있으므로 헌법률이라는 것은 분명히 잘못일 것이다. 우선 첫째로 제76조의 개정은 모든 임의의 헌법률의 규정에 대해서 적용된다고 생각하는 것은 정당하지 않으며 (후술 제11장 참조), 둘째로 헌법률의 본질은 그것이 일정한 절차에 의해서 개정될 수 있다는 데에서 명백하게 되지는 않는다. **개정**의 절차로부터 개정되는 대상의 본질은 결코 정의할 수 없을 것이다. 헌법상의 헌법개정은 논리적으로나 시간적으로도 헌법에 의존한다. 바이마르 헌법의 규정들은 제76조에 관계없이 형식적 의미에서의 헌법률이다. 즉 일어날지 모르는 개정가능성에 의해서 그 효력을 가지는 것이 아니라, 개정에 관한 규정도 다른 헌법률의 규정과 마찬가지로 그 효력을 헌법에 힘입고 있는 것이다. 만약 헌법의 형식적 개념을 헌법률 규정의 개정요건이라는 점에서 구성하려고 한다면 독일 국민의 헌법제정권력을 라이히 의회, 라이히 참의원 또는 유권자가 제76조에서 가지는 권한과 혼동하는 것이다. 헌법률의 개정을 행하는 권한은 헌법의 틀 안에 있으며, 헌법 그 자체에 의해서 확립된 권한으로 헌법 위에 입각한 권한은 아니다. 그것은 새로운 헌법을 만드는 권능을 포함하지 않으며, 이 권능에 의거해서는 「형식적인」 것이든 그 밖의 다른 어떠한 유용한 것이든 아무런 헌법개념도 얻을 수 없다. 그러므로 이 「형식적」인 정의 이외의 헌법의 정의가 필요하다.

III. 적극적 헌법개념
(정치적 통일체의 종류와 형식에 관한 전체결정으로서의 헌법)

헌법의 개념은 헌법과 헌법률을 구별하는 경우에만 가능하다. 헌법을 먼저 수많은 개개의 헌법률로 해체하고 이어서 무엇이 헌법률인가를 어떤 외부적인 특색이나, 심지어 그 개정의 방법에 따라서 결정하는 것은 허용되지 아니한다. 이러한 방법으로는 하나의 국가론의 본질적 개념과 헌법론의 기본개념은 상실된다. 어떤 유명한 국법학자가 헌법이 「일종의 법률」로 변천한 것은 「현대의 정치문화의 성과」라고 말한 것은 이러한 것을 단적으로 보여 주는 오류이다. 헌법론에 대해서는 헌법과 헌법률의 구별은 오히려 그 밖의 모든 논의의 출발점이다.

위에 인용한 헌법은 「일종의 법률」이라는 설명은 **베르나치크***(Bernatzik, Grünhuts Zeitschr. für das Privat-und öffentliche Recht der Gegenwart, Bd. 26, 1899, S. 310)에서 유래하였다. 그는 헌법이 (군주와 의회 간의) **계약**이라는 의견에 반대하고, 영속적이며 취소할 수 없는 것으로서의 헌법을, 「이기적인 관계를 설정하고」, 「일정한 상황 아래서는 이의를 제기할 수 있고, 무효가 될 수 있으며 취소할 수 있고 또 해약할 수도 있는」 계약으로부터 명백히 구별하려고 노력하였다. 그러므로 헌법과 헌법률의 혼동은 **법률**의 개념이 처음에는 논쟁적으로만 **계약**에 대한 반대를 강조했던 사실로부터 설명될 수 있다. 그러나 오늘날에는 바로 법률(의회의결이란 의미에서의)에 대한 반대는 계약사상에 다시 돌아가기 위해서가 아니라 적극적 헌법을 형식주의적인 해체와 사멸에 대해서 보호하기 위해서 강조하지 않으면 안 되게 되었다.

I. 적극적 의미에서의 헌법은 **헌법제정권력의 행위**에 의해서 성립한다. 헌법제정의 행위는 그 자신이 어떤 개개의 규범화를 포함하는 것이 아니라 일회한의 결정으로 특수한 존재형식에 관하여 정치적 통일체의 전체를 규정한다. 이 행위에 의해서 그 존재가 전제되고 있는 정치적 통일체의 종류와 형식이 **구성되는 것이다.** 「헌법이 주어짐」으로써 비로소 정치적 통일체가 성립하는 것은 아니다. 적극적 의미에서의 헌법은 정치적 통일체가 결단한 특수한 전체형태에 대한 의식적 결정만을 그 내용으로 한다. 이러한 형태는 변경될 수도 있으며 국가, 즉 국민의 정치적 통일체가 끊임없이 기본적으로 새로운 형태가 도입될 수도 있다. 그러나 이 헌법제정에는 언제나 헌법을 제정한다는 의사를 가지고, 그것을 행하는 행위능력 있는 주체가 필요하다. 그러한 헌법은 정치적 통일체가 헌법제정권력의 담당자에 의해서 **자기 자신**에 관해서 행하고, 또한 **자기 자신에게 부여하는** 의식적인 결정이다.

새로운 국가의 건설에 있어서 (1775년의 **미합중국**에서와 1919년에서의 **체코슬로바키아**의 건국에서처럼) 또는 기본적인 사회변혁에 있어서 (1789년의 **프랑스**와 1918년의 **러시아**), 그 구체적인 존재형식에서 정치적 실존을 규정하는 의식적인 결단으로서의 헌법의 이러한 성격이 가장 명백하게 나타난다. 여기서 헌법은 또한 항상 새로운 국가를 형성한다는 인상을 가장 쉽게 나타낼 수 있는데, 이것은 더욱 (정치적 통일체를 확립하는)「사회계약」을 헌법과 혼동하는 데로부터 설명할 수 있는 과오이다(후술 제7장 S. 61 참조). 이와 관련을 가지는 또 하나의 과오는 헌법을 하나의 완전무결한 법전으로 보는 데에서도 성립할 수 있다. 그러나 헌법의 통일성은 헌법 그 자체 속에 있는 것이 아니라 그 특별한 존재형식이 헌법제정행위에 의해서 규정되는 정치적 통일체 속에 존재한다.

따라서 헌법은 그 자신이 아닌 다른 것에 의해서 만들어지기 때문에 결코 절대적인 것은 아니다. 헌법은 또한 그 규범적인 정당성이나 체계적인 완결성 때문에 타당한 것도 아니다. 헌법은 자기 자신에 대해서가 아니라 구체적인 정치적 통일체를 위해서 제정되는 것이다. 언어적으로는 아마 헌법이 「**스스로를 정립하는**」(sich selber setzt) 것도 가능하며, 곧 이러한 말 사용이 이상하게 느껴지지 않을 것이다. 그러나 헌법이 「**자기 자신을 제정한다**」(sich selber gibt)는 것은 명백히 무의미하며 부조리하다. 헌법은 그것을 제정하는 자의, 실존하는 정치적 의사에 의해서 타당한 것이다. 모든 종류의 법규정은, 헌법률의 규정 역시 실존하는 그러한 **의사**를 전제로 한다.

이에 반하여 **헌법률**은 헌법에 근거해서 비로소 타당하며 **헌법**을 전제로 한다. 규범적 규율로서의 모든 법률은 헌법률도 포함하여, 그것이 타당하기 위해서는 궁극적으로 그것에 선행하고 정치적으로 실존하는 힘 또는 권위에 의해서 내려지는 정치적 **결정**을 필요로 한다. 실존하는 모든 정치적 통일체의 가치와 그 「존재근거」는 규범의 정당성이나 유용성에 있는 것이 아니라 그 실존에 있는 것이다. **정치적인** 크기로서 실존하는 것은 법학적으로 본다면 실존할 가치가 있는 것이다. 그러므로 「자기보존의 권리」*는 그 밖의 모든 논의의 전제이다. 즉 먼저 그 존재를 유지하려는 것이며 존재에 있어서의 「스스로의 존재에 있어서의 지속」(in suo *esse* perseverare)(스피노자), 「**그 존재·완전성·안전 그리고 헌법**」 — 모든 실존적인 가치들 — 을 보호하는 것이다.

「존재·완전성·안전 그리고 헌법」이라는 말의 열거는 각별히 함축성 있고 또 정당하다. 이러한 말들은 구 독일 제국 헌법 제74조에서 발견할 수 있는데, 거기에서는 그 말들은 1836년 8월 18일의 독일 연합의 연합결의로부터 도입하였다. 이 연합결의는 독일 연합의 존립, 완전성, 안전 그리고 헌법을 반대하는 모든 행위는 연합의 개별 방에서 내란죄 또는 반역죄로서 선고되고 처벌되어야 한다고 규정하고 있다. — 1874년 5월 29일의 스위스 연방 헌법은 그 전문에서 구성국의 연방을 공고히 하고, 스위스 국민의 **통일, 힘 그리고 명예**를 유지하고 촉진시킬 것을 그 목적으로 한다고 선언하고 있다. 또 그 제2조에서 이 헌법은 「조국의 외부에 대한 독립의 유지와 국내에서의 안녕과 질서의 유지」 등을 연방의 목적으로 선언하고 있다. 그러한 실존적인 개념들이 없는 헌법은 존재하지 아니한다.

모든 존재는 구체적이며 일정한 성격을 가진 존재이므로, 모든 구체적인 정치적 실존에는 어떤 헌법이 속하기 마련이다. 그러나 정치적으로 실존하는 모든 것이 독립선언 때의 미국 각주나 1789년의 프랑스 국민처럼, 의식적인 행위로 이 정치적 실존의 형태에 관하여 결단을 내리고, 자기의 의식적인 결정으로 그 구체적인 존재의 종류에 대한 결정을 내리는 것은 아니다. 이러한 실존적인 결정에 비하면 모든 규범적 규율은 이차적인 것이다. 정치적 실존을 전제로 하고 법규범에서 사용되는 모든 개념들, 반역, 모반 등등과 같은 개념도 그 내용과 의미는 규범에서가 아니라 독립하여 정치적으로 실존하는 것의 구체적 현실에서 나온다.

II. 결정으로서의 헌법. 통일체로서의 헌법에 관하여 말하고, 그러한 한에서 헌법의 절대적 의미를 유지하는 것이 필요하다. 동시에 개개의 헌법률의 상대성을 부인해서는 안 된다. 그러나 헌법과 헌법률의 구별은 법률이나 규범에는 헌법의 본질이 포함되어 있지 않다는 이유에서만 가능한 것이다. 모든 규정에 선행하여 **헌법제정권력의 담당자**, 즉 민주제에서는 국민, 진정한 군주제에서는 군주의 기본적인 **정치적 결정**이 존재하는 것이다.

그러므로 1791년의 프랑스 헌법은 두 개의「국민대표」, 즉 군주와 입법부에 대한 프랑스 인민의 정치적 결단을 내포하고 있다. 1831년의 벨기에 헌법은 시민적 법치국가의 모습을 따르며 민주적 기반(인민의 헌법제정권력)에 입각하는 (의회제) 군주제 정부에 대한 벨기에 인민의 결단을 내포하고 있다. 1850년의 프로이센 헌법은 국가형태로서의 군주제(집행부의 형식으로서만이 아니다)가 계속 유지되며, 시민적 법치국가의 모습을 따르는 입헌군주제에 대한 군주(헌법제정권력의 주체로서)의 결단을 내포하였다. 1852년의 프랑스 헌법은 **나폴레옹 3세**의 세습제적인 제정(帝政)을 취하는 프랑스 인민의 결정을 내포한다.

바이마르 헌법에 대한 이러한 기본적인 정치적 결정은 다음과 같다. 독일 국민이 국민으로서 의식적인 정치적 실존의 힘에 의해서 내린 **민주주의**에 대한 결정이다. 이것은 전문(「독일 국민은 이 헌법을 제정하였다」), 그리고「국가권력은 국민으로부터 나온다」는 제1조 2항에 표현되고 있다. 나아가「독일 라이히는 공화국이다」는 제1조 1항에서의 **공화제**와 반군주제에 대한 결정. 거기에서 지분국의 존속, 즉 (동맹적인 것이 아니라) 라이히의 **연방적인 국가구조**를 유지한다는 결정(제2조). **입법과 정부의 원칙으로서 의회적, 대표제 형태**의 결정, 끝으로 기본권과 권력구분의 원리를 수반하는 **시민적 법치국가**(후술 제12장, S. 126)를 위한 결정이 이것이다. 이로써 바이마르 헌법 하의 독일 라이히는 입헌민주제, 즉 연방국가의 구조를 가진 민주적 공화국이라는 정치형태에서의 시민적 법치국가라고 특색지을 수 있다. 모든 지분국의 헌법에 대한 의회민주제를 요청하는 헌법 제17조의 규정은 의회민주제에 대한 전술한 기본적인 전체결정을 확인하는 것이다.

1. 여기서 열거한 바이마르 헌법의 규정들은 헌법률이 아니다. 「독일 국민은 이 헌법을 제정하였다」, 「국가권력은 국민으로부터 나온다」 또는 「독일 라이히는 공화국이다」와 같은 조문은 결코 법률이 아니며 따라서 헌법률도 아니다. 그것들은 또한 개괄규정이나 원칙규정과 같은 것도 아니다. 그렇다고 하여 그것들은 가치가 적거나 고려할 가치가 없는 것은 아니다. 그것들은 법률이나 규정 **이상**의 것이며, 즉 독일 국민의 정치적 존재의 형태를 나타내며, 또한 헌법률의 규범도 포함하며, 그 밖의 모든 규범의 기본적 전제를 이루는 구체적이며 정치적인 결정이다. 독일 국내에서 법률과 규범으로 존재하는 모든 것은 이 결단을 기초로 해서, 또한 그 범위 내에서만 타당하다. 이러한 결정은 헌법의 실체를 이루는 것이다. 바이마르 헌법도 대체로 헌법이며, 바이마르 연립정부의 정당들이 어떤 「타협」에 근거하여 헌법전에 채택하거나 제76조에 따라서 개정할 수 있는 일련의 관련 없는 개별 규정의 총계가 아니라는 사실은, 오로지 독일 국민의 이 실존적인 전체 결정에 있다.

그러한 결정의 본질을 오인하고 이것들을 법률상의 규정과는 다른 이질적인 것으로 느끼고, 「그러므로」 「단순한 선언」, 「단순한 언명」, 심지어 「상투어」라고까지 말하는 것은 전전의 국가학의 전형적인 오류이다. 이리하여 헌법 그 자체가 두 개의 방향으로 해소하는 것이다. 즉 한편으로는 정도의 차이는 있지만 구미에 맞는 상투어로, 또 다른 한편으로는 외형적으로 특색 있는, 관련 없는 다수의 법률로 해체되고 만다. 정당하게 본다면 그러한 기본적인 정치상의 결정은 실정법학에 대해서도 결정적으로 중요하며, 또한 그것은 본래 실정적인 것이다. 그 밖의 규정, 개별적인 열거와 그 제한, 어떤 이유에서 헌법률의 형식을 취하기에 이른 법률과 같은 것은 그러한 결정에 비하면 상대적이며 부차적인 것이다. 즉 그러한 외형적인 특수성은 그것들이 제76조의 가중된 개정절차로서만 개정되거나 삭제된다는 점에 있다.

1871년과 1919년의 독일 라이히 헌법은 정치적 결정을 특별히 선명하게 또 인상적으로 표시하는 서문, 즉 「전문」을 내포하고 있다. 독일의 국법학은 그것을 보통은 「단순한 진술」로서 취급하든가, 또는 「제정유래의 진술」로서, 「단순히 기술적이며 명령적 성질을 가지지 않는」 것으로서 취급하였다(Anschütz, Kommentar, S. 32; **Meyer-Anschütz**, S. 646 Anm.도 그러하였다). 그러한 전문의 법적 의의에 대해서 비교적 커다란 이해력을 가지며, 위와 같은 단순한 구별로써 간과하려고 하지 않는 학자들도 전문은 「헌법제정의 정신」이라든가 「불가양물의 것」(Imponderabilien)이라든가 하는 식의 설명만을 하고 있다(**Wittmayer**, S. 40). **후프리히**(E. Hubrich, Das demokratische Verfassungsrecht des Deutschen Reiches, Greifswald 1921, S. 13)가 가장 진보적이다. 즉 바이마르 헌법의 전문은 단순히 기술적인 것이 아니라 「실로 명령적·

법률적 성격」을 가진다. 그 이유는? 그 서문은 1919년 2월 10일의 법률 제6조에 의거하여 공포되었기 때문이다. 그러나 그 뿐만 아니라 또 서문은 「극히 일반적인 윤곽에서」만이라 할지라도 구속력 있는 규율을 내포하기 때문이다. — 이 이론은 희망 없는 형식주의와 실질적 의의를 인정하는 약간의 감정을 흥미 있게 결합시킨 것이라고 볼 수 있다. 바이마르 국민의회의 심의에서도 전전의 표현방법이 지배하고 있었다(Kahl, Prot. S. 490). 사람들은 「단순한 확인」, 더욱 나아가 선동적 효과와 기타 심리적으로 흥미 있는 어구들을 사용하고 있었다. 그러나 바이마르 헌법의 전문이 독일 인민의 헌법제정권력의 주체로서 충분한 정치적 의식을 가지고 결정한 독일 인민의 공권적 선언을 내포하고 있다는 것이 결정적인 사실이다. 이 헌법의 특별한 민주적 성격은 군주가 아니라 인민이 헌법제정권력을 행사했다는 데에 있다. 헌법제정권력의 기타 모든 전래된 권력과 권능에 대한 이러한 결정적인 대립은 물론 전전의 법학에서는 문제가 되지 않았으며, 바이마르 국민의회의 대다수 법률가들은 단순히 군주제 시대의 국법학의 용어를 사용하였을 뿐이다.

2. 헌법과 헌법률을 구별하는 실제적인 의의는 그것을 적용한 다음과 같은 예들에서 나타난다.

a) 헌법 제76조의 절차로 **헌법률**을 개정할 수 있는데 전체로서의 헌법을 개정할 수는 없다. 제76조는 「헌법」은 입법절차로 개정할 수 있다고 말한다. 사실 이 조항의 문헌은 종래의 관용인 불명확한 용어법에 따라서 헌법과 헌법률을 구별하지 아니한다. 그러나 그 의미는 분명하며 후술하는(제11장, S. 102의 헌법개정권력의 한계에 대한) 설명에서 보다 드러날 것이다. 「헌법」이 개정될 수 있다는 것은 헌법의 실체를 형성하는 기본적인 정치적인 결정을 의회가 언제든지 배제하고, 다른 어떤 결정을 가지고 이를 대체할 수 있다는 것은 아니다. 독일 라이히 의회의 3분의 2의 다수결로 절대군주제나 소비에트 공화국으로 변경할 수는 없다. 제76조의 「헌법을 개정하는 입법자」는 결코 만능이 아니다. 드 롬므(de Lolme)*와 블랙스톤* 이래 사려 없이 반복되고, 다른 거의 모든 의회에 전용된 「만능의」 영국 의회라는 표현이 여기서 커다란 혼란의 원인이 되고 있다. 그러나 영국 의회라고 하더라도 영국을 소비에트 국가로 만들 수는 없을 것이다. 그 반대를 주장하는 것은 「형식적인 고찰방법」일 뿐만 아니라 정치적으로나 법학적으로도 모두 잘못이다. 의회의 다수결이 아니라 영국 국민 전체의 직접적이고 의식적인 의사만이 그러한 근본적인 변혁을 실현시킬 수 있을 것이다.

그러므로 헌법 「제정」과 헌법 「개정」(즉 개별 헌법적 규정의 수정)은 **질적으로** 다르다. 그 이유는 「헌법」이라는 말은 전자에서는 전체결정으로서의 헌법을 가리키며, 후자에서는 헌법률만을 지칭하기 때문이다. 그러므로 「헌법제정」 회의는 통상적인 헌법에 의거하여 조직된 입법회의체, 즉 의회와는 역시 질적으로 다르다. 바이마르 헌법의 본문은 물론 자기의 고유한 권한에 의거해서가 아니라 직접적인 특별위임에 의해서만 헌법률적 규정을 확정할 수 있는 「헌법제정」 회의의 단순다수결에 의해서 성립하였다. 그러한 헌법제정회의가 보통 의회와 질적으로 구별되지 않는다면 하나의 의회가 단순다수결로써 (같은 인민에 의해서 같은 민주적 선거방법을 통해서 선출된) 그 후의 의회들을 구속하게 되고, 단순 다수결로써 성립시킨 일정한 법률(질적으로는 다른 법률과 구별되지 않는다)을 폐지하는데 한정 다수결을 필요로 한다는 불합리하고 부당한 결과를 초래하게 될 것이다(헌법제정과 헌법개정의 구별의 그 이상의 상세한 것에 관해서는 제10장 I, S. 92와 제11장 II, S. 101 참조).

b) **헌법은 불가침이다.** 이에 반하여 헌법률은 비상사태 동안에는 정지되거나 비상사태의 조치에 의해서 파괴되기도 한다. 헌법 제48조 2항에 의하면 대통령이 그러한 조치를 취할 권한을 가지며, 제114조 · 제115조 · 제117조 · 제118조 · 제123조 · 제124조 그리고 제153조에 규정된 기본권을 일시적으로 정지할 수 있다. 이 모든 것은 기본적인 정치적 결정과 헌법의 실체에 관계가 없으며, 바로 이 헌법의 유지와 회복에 도움을 주는 규정들이다. 그러므로 헌법의 불가침에서 모든 개개의 헌법률의 불가침성을 도출하고, 헌법 전체의 보호를 위해서는 침해할 수 없는 방벽을 모든 개개의 헌법률 규정에 관해서도 주장하는 것은 불합리하다. 이것은 실제상의 결과에서 개개의 법률을 정치적 실존 형식의 전체 위에 놓고 비상사태의 의의와 목적을 전도한 것 이외에 아무것도 아니다.

라이히 헌법 제48조 제2항(대통령의 독재)의 해석에 관해서 라이히 대통령의 조치는「헌법은 불가침이기」때문에(위의 7개의 정지시킬 수 있는 기본권 이외에는) 단 하나의 헌법률 규정도 손상할 수 없다는 이론이 제시되고 있다. 리하르트 **그라우**(Richard Grau)의 이론도 그러한데, 그는 스스로 자기의 이론을 「불가침설」이라고 불렀다(Die Diktaturgewalt des Reichspräsidenten und der Landesregierungen auf Grund des Artikels 48 der Reichsverfassung, Berlin 1922. 또한 Verhandlungen des 33. Deutschen Juristentags, 1925, S. 81 ff.; Gedächtnisschrift für **Emil Seckel**, 1927, S. 430 ff.). 이러한 이론은 그 헌법을 모든 개별적인 헌법률과 혼동하고,「독일 라이히는 공화국이다」(제1조)와「모든 공무원에게는 자기의 신분기재서를 열람할 권리가 인정되어야 한다」(제129조)를 구별하지 않은 한도 내에서만 가능할 수 있다. 이때에 위임적 독재*의 본질은 완전히 부인되지 않을 수 없다.

c) 헌법은 일련의 이른바 **기본권**을 보장하고 있다. 그러한 기본권을 보장한 헌법률적 개별규정은 보장 그 자체와 구별해야 한다. 보장된 기본권에 대해서 헌법률과 법률의 규정에 의한 광범위한 침해가 허용되는 일도 있다. 그러나 기본권이 **파괴된다**면 헌법 자체가 손상된다. 이러한 파괴는 시민적 법치국가에서는 헌법을 개정하는 법률에 의해서도 허용되지 아니한다. (후술 제14장 S. 177 참조)

d) **헌법쟁의**(Verfassungsstreitigkeit)는 본래의 의미에서 다수의 헌법률적 개별규정 모두에 대해서 관련을 가지는 것이 아니라, 기본적인 정치적 결정으로서의 헌법에 대해서

만 관련을 가진다. (후술 제11장 III, S. 112 참조).

e) **헌법에 대한 선서**(헌법 제176조)는 모든 개개의 헌법률적 규범에 대한 선서를 의미하지 않으며, 선서는 또한 개정절차를 가리키며, 제76조의 절차로 성립하는 모든 것에 대한 동의와 복종을 포함하는 (비도덕적인) 백지선서를 의미하는 것도 아니다. 개정절차를 서약할 수는 없다. 선서의 독자성과 특수성은 서약자가 자기 자신을 그 인격으로서 **실존적으로** 구속하는 데에 있으며, 헌법에 대한 선서는 정치적 실존형식에 대한 그러한 구속을 말한다. 따라서 이 선서는 본래적이며 적극적인 의미에서의 헌법에 대한 선서를 의미하며, 즉 바이마르 헌법에 포함되어 있고, 또 그것에 의해서 비로소 실질적 의미의 헌법이 되게 하는 기본적인 정치적 결정에 대한, 선서에 의해서 보증된 승인을 의미한다(이에 관해서는 Bonner Dissertation von E. **Friesenhahn**, Der politische Eid, Bonner Abhandlungen Heft 1, 1928).

f) **내란죄**는 **헌법**에 대한 공격이며 헌법률에 대한 그것은 아니다(이에 대해서는 후술 제11장 IV, S. 119).

g) **헌법률적** 규정은 헌법의 폐지 후에도 특별히 계승되지 않더라도 법률적인 규정으로서 존속하는 일이 있는데(후술 제10장 II, 2, S. 94의 예들을 참조), 폐지된 **헌법**은 당연히 더 이상 문제가 되지 아니한다.

h) 헌법 제148조 3항 2단에 의하면, 모든 아동은 의무교육이 끝나면 「헌법」의 사본을 부여받는다. 물론 1919년 이래 헌법 제76조의 가중된 절차에 따라서 성립한 형식적 의미의 모든 **헌법률**의 방대하고 이해하기 어려운 법령집을 부여받지는 아니한다. 1924년 8월 16일의 런던 의정서에 근거하여 1924년 8월 30일의 헌법개정법률(RGBl. II, S. 235-357)의 사본도, 또한 제178조 2항 2단에도 불구하고 1919년 6월 28일 베르사유에서 조인된 조약의 사본도 교부하지 않았다.

III. 바이마르 헌법의 타협적 성격. 1. 바이마르 헌법이 헌법인 것은 앞(II, 1)에서 열거한 독일 국민의 구체적인 정치적 실존형태에 관한 기본적인 정치적 결정을 포함하기 때문이다. 그러나 **헌법률적인** 개개의 규정과 아울러 헌법전에 수록된 개개의 선언이나 강령에는 결정을 포함하지 아니한, 오히려 연합정당들이 바로 이 결정을 회피하려고 한 다수의 타협과 불명확함이 보인다. 정치적 상황과 관련하여 직접적으로 문제가 되는 결정은 물론 헌법에서 이를 회피할 수 없다. 그렇지 않으면 결코 헌법은 존재하지 않기 때문이다. 「헌법제정」 회의가 여기서 결정하는 것을 회피하려고 한다면, 결정은 회의 밖에서 폭력적인 방법으로 또는 평화적으로 내릴 것이다. 평화적으로 내리는 경우에는 단순한 법률이 그 결정을 내릴 수도 있으며, 혹은 단순한 선례도, 이 경우에는 그 중요한 효력은 선례 속에 헌법제정권력의 담당자로서의 국민의 의사가 인식된다는 것에서 설명된다.

프랑스 국민의회는 1875년의 헌법률의 작성에서 군주제의 부활가능성을 유보하려고 노력하였다. 그러므로 이 헌법률은 결정해야할 문제, 즉 군주제냐 공화제냐 하는 문제에 대해서 명백한 결정을 내리지 못했다. 그 헌법률은 「군주제를 기대한 헌법」이었다(J. Barthélemy). 이 결정은 뒤에야 내려졌다. 하나는 공화제적 국가형태는 헌법개정을 하는 법률제안의 대상이 될 수 없다고 규정하고 있는 1884년 8월 14일의 법률(1875년 2월 25일의 헌법률 제8조 제3 명제의 보완을 위한 법률)에서였고, 또 하나는 실제로 그전에 프랑스 인민의 태도결정에 의해서 내려진 결정이다. 즉 1875년에 공화주의 다수파가 대의원에 선출되었는데, 1877년 **마크마옹**(MacMahon)에 의해서 단행된 대의원의 해산시도는 다시 공화주의 다수파가 선출됨으로써 좌절되었다.* 「군주제 기대」의 방법에 대한 국민의 반감은 매우 거세었고 또 명백하였기 때문에, 이 실패한 해산은 전대미문의 중요성을 가지는 선례가 되었다. 즉 그때부터 프랑스 대통령의 해산권은 대통령의 거부권과 더불어 실시불가능한 것으로 되었다. 즉 그것은 법률의 명문의 규정이 있음에도 불구하고, 이제부터는 행사하지 않게 되었다. 이러한 명문에 입각하며 또 그것은 아직도 형식적으로는 통용되며, 어떠한 헌법개정법에 의해서도 폐지되지 않았다는 법학자들의 모든 의견도 (예컨대 Revue des Vivants, September 1927, S. 259 ff.의 재미있는 앙케이트 참조). 1877년의 선례의 효력에 대해서 아무런 변화도 초래하지 못했다. 그러한 단 한 번의 선례의 주목할 만한 효력은 **마크마옹**의 쿠데타를 그와 같이 거부함으로써 군주제를 반대하고, 공화제를 찬성하는 프랑스 인민의 정치적 결정이 — 바로 그 결정은 국민의회가 1875년의 헌법에서 회피하려고 노력했던 결정이지만 — 내려졌다는 점에 존재한다. 그러나 그 선례의 이러한 의의가 명백히 인식되고 또 인정을 받게 되면, 곧 해산권은 그 본래의 통상적인 의의를 가지게 되고 다시 실행가능하게 될 것이다.

2. 바이마르 헌법은 헌법이며 단순한 일련의 헌법률은 아니다. 그것은 입헌민주제에 대한 기본적인 정치적 결정을 포함한다. 그러나 그 밖의 헌법률의 세목에 대해서도 또한 개개의 규정 — 특히 「독일인의 기본권과 기본의무」라는 제목 아래 제2편의 규정 — 에서도 강령이나 실정적인 규정들이 병존하며, 거기에는 여러 가지 정치적, 사회적 그리고 종교적인 내용이나 신념이 근저에 가로놓여 있다. 인신의 자유나 사유재산의 시민적·개인주의적 보장, 사회주의의 강령규정과 가톨릭적 자연법이 자주 난잡하게 뒤엉켜 서로 혼합되어 있다. 그때에 진정한 종교적 신념의 궁극적인 대립, 동일하게 진정한 계급적 대립이 있는 동안에는 타협이라는 것은 일반적으로 거의 불가능하며 여하튼 매우 곤란하다. 만약 헌법이 중요시된다면 정치적 통일에 대한 의사와 국가의식이 모든 종교적이며 계급적인 대립을 강력하고 결정적으로 압도하며, 저 교회나 사회적인 차이를 상대화함으로써만 비로소 타협은 가능한 것이다. 정치적 상황에 직면하여 결단을 내려야할 기본적인 정치적 문제들 — 따라서 1919년에서의 군주제냐 공화제냐, 입헌민주제냐 위원회독재냐 하는 문제 — 은 회피할 수 없으며, 또한 사실 회피되지 않았다. 여기서 타협은 불가능했을 것이며, 또 타협이 성립했다면 그것은 단지 위에서 언급한 거짓된 결정이라는 결과만을 초래했을 것이다. 그러면 성문헌법의 성격은 상실되고

관습법, 관행과 같은 방법으로, 특히 1875년 이래 프랑스에서 일어난 선례에 의해서 결정이 내려졌을 것이다.

그러나 바이마르 헌법은 외관상 1919년의 사정 아래서 불가피한 모든 기본적인 정치적 결정을 포함한 것은 아니다. 시민적 사회질서나 사회주의적 사회질서나 하는 커다란 양자택일은 표면상으로는 단지 타협에 의해서만 해결되는 것처럼 보인다. 바이마르 헌법의 제2편은 독일인의 기본권과 기본의무에 관한 규정들에서 「혼합성격」, 「말하자면 시민적 견지와 사회주의적 견지와의 중간단계」(사회당의원 Katzenstein, Prot. S. 186)를 나타낸다. 그렇지만 실제로 일련의 사회개혁만이 도입되기도 하고, 또는 프로그램으로서 도입되었지만 사회주의의 원리에서 나오는 특별히 **정치적인** 효과는 채택되지 아니하였다. 기본적인 결정은 철저하게 시민적 법치국가와 입헌민주제로 내려진 것이다. 거기서는 「원리라든가 또는 세계관에 대해서는」 논쟁을 회피하고, 「개별적인 관계의 규율에서 타협점을 발견하려고」 희망하였다(Düringer, Prot. S. 186). 그러나 원리적인 양자택일의 문제는 당시의 상황 아래서 회피할 수 없었다. 결정은 지금까지의 사회적 **기존상태**(status quo), 즉 시민적 사회질서의 유지로 기울어지지 않을 수 없었다. 왜냐하면 이와 다른 결정, 소비에트 헌법의 방식을 따르는 철저한 사회주의 혁명은 사회민주당원에 의해서도 명백하게 거부되었기 때문이다(「소비에트 헌법의 지나친 격렬함과 단호함은 우리들 사회민주당원도 이를 거부한다. Katzenstein, Prot. S. 186). 이러한 사태 아래서의 필연적인 결과를 마르틴 **슈판**(Martin Spahn) 의원은 잘 말하고 있다. 즉 「사회적 운동에 대한 국가의 관계를 확정하는 것은 낡은 헌법들이 근거하고 있는 영역을 벗어나는 것이다. 나는 구래의 입장을 고수할 것이며 현재 이미 혁명에 의해서 생긴 사회운동의 기반 위에 설 수는 없다고 생각한다. 왜냐하면 발전은 아직도 끝나지 않았고, 또 우리들은 오늘날에도 그 발전이 어떠한 방향을 취할지 예견할 수 없기 때문이다」(Prot. S. 185/6). 「구래의 헌법들」도 물론 「국가의 사회적 운동에 대한 관계」를 알지 못하는 헌법들은 아니었다. 그것은 시민적 법치국가의 헌법이며, 뒤(제12장)에서 상술하는 기본권과 권력구별이라는 시민적 자유의 일정한 원리에 대한 결정을 포함하고 있었다. 마르틴 **슈판** 의원의 말은 시민적 법치국가냐 프롤레타리아 계급국가냐 하는 문제가 시민적 법치국가의 의미로 결정된다는 것을 말한 것 이외에 아무것도 아니다. 여기서 결정은 불가피하며 또 회피될 수 없었다.

3. 그러나 원리적인 문제에 대한 이처럼 진정한 결정과는 달리, 또한 조직적이며 내용적인 세부사항에 대해서 쌍방의 양보에 의해서 실질적인 규율과 질서를 발견하는 비원리적인 세부사항에서의 진정한 타협과는 달리, 바이마르 헌법에는 일련의 전혀 성질을 달리하는 **부진정한** 타협도 포함하고 있다. 이것들은 쌍방의, 양보에 의해 얻어진 실질적 결정에 관한 것이 아니며, 그 본질은 이 결정을 유보하고 연기하는데 있으므로 외견상의 타협(Scheinkompromiß)이라고 부를 수 있을 것이다. 즉 이 경우의 타협은

모든 대립하는 요구를 충족하며 다의적인 표현방법을 써서 본래의 쟁점을 결정하지
않고 미해결로 두는 방식을 발견하는 데에 있다. 따라서 이 방식은 실질적으로는 일치하기
어려운 내용을 외견상 문서상의 나열만을 내포할 뿐이다. 그러한 외견상의 타협은 정당들
간에 아무런 이해도 성립하지 않는 경우에는 불가능하므로 어떤 의미에서는 진정한
타협이다. 그러나 그 이해는 내용에 관한 것이 아니라 결정을 연기하고, 여러 가지 가능성과
해석의 여지를 남겨둔다는 데에서 의견의 일치를 보았을 뿐이다. 즉 이 타협은 쌍방의
실질적 양보에 의한 문제의 실질적 해결이 아니며, 일치는 모든 요구를 고려한 연기적
정식으로 만족하는 데에 있다. 바이마르 헌법에는 이러한 연기적인 형식상의 타협이란
예들이 보인다. 이것은 바이마르 헌법의 구성에서도 쉽게 이해된다. **베르메이유**(E.
Vermeil)는 바이마르 헌법에 관한 저서(Straßburg 1923, 특히 S. 223)에서 국민회의에서의
모순과 「동질적이며 일관된 이론」의 결여에 대해서 서술하고 있다. 독일 내에서의 강력한
종교적·사회적 대립들에 비추어, 또한 1919년 여름과 같은 심각한 위기상황에서는
지연적인 타협은 여하튼 하나의 해결책을 모색하려고 한다면 불가피하였다. 본질적인
정치적 결정이 내려진다는 전제 아래서는 다른 문제들의 결정이 연기되고, 종교적 및
사회적 대립들이 당분간 그대로 방치된 이유도 이해 못할 것은 아니다. 그렇지만 그러한
지연적인 형식적 타협을 진정한 실질적 타협과 혼동하고, 원리적인 성격을 가지는 실질적
대립이 그러한 형식적 타협의 방법으로 처리될 수 있으리라고 가정하는 것은 어리석은
일이며, 또 법학적인 구별을 알지 못하는 증거이다.

지연적인 형식적 타협의 전형적인 예는 바이마르 헌법 제2편, 특히 국가와 교회, 국가와 학교와
의 관계를 규율하고 있는 제3장과 제4장에서 발견할 수 있다. 국가와 교회는 바이마르 헌법상
상호간에 분리되어 있지 않다. 다시 말하면 교회는 사적 단체로서 취급되지 않으며, 즉 종교는
「사적 사항」으로서 취급되지 않는다. 국가는 「세속화」되지 않았다. 그러므로 급진적인 시민적
자유주의의 요구와 이러한 이른바 문화정책적인 문제에서 철저하게 자유주의적인 사회민주주의의
정강은 실현되지 못했다. 종교는 바이마르 헌법에서는 이미 사적 사항일 수는 없다. 왜냐하면
종교단체가 지금까지 공법상의 단체였던 경우에는 공법상의 단체가 되고(바이마르 헌법 제137조),
종교가 만약 순수한 사적 사항이라면 종교단체들이 어찌해서 「공적」이 되느냐를 이해할 수 없을
것이기 때문이다. 국가는 공적이라고 일반적으로 인정을 받는 공적 생활에 관한 사항으로부터
급진적으로 분리될 수는 없다. 종교교육이 학교에서의 정규 학과로 헌법상 인정된 것과(제149조
제1항), 일요일과 축제일의 인정(제139조)도 교회와 국가의 급진적인 분리를 불가능하게 만들었
다. 그러나 다른 한편, 「국가교회」는 유지되지 않게 되었는데(제137조 제1항), 외관상으로는
지금까지 프로이센주가 기독교를 공적 생활의 기반으로 만들고 있었던 정도로도 유지하지 않게
되었다(1850년의 프로이센 헌법 제14조. 이에 관해서는 **Anschütz**, Die Verfassungsurkunde
für den preußischen Staat, 1912, S. 260 ff. 참조). 독일에서의 생활의 **공공성**이 이전과 같이
특별하게 기독교적 성격을 유지하고 있는가의 문제는 명백하게 부정되지는 않았다. 국가행정과

자치단체의 행정의 일상관행에서나 또는 「공공의 질서」와 같은 경찰개념의 행사에서 이것은 막대한 실제적 의의를 가진다(Die Entscheidung des preußischen Oberverwaltungsgerichts, Bd. 43, S. 300 참조). 「기독교는 프로이센주에서는 그 역사적·헌법적 상태로 볼 때 공공질서의 일부분이며, 따라서 경찰보호를 받는다」. 다른 곳에서도 또한 국가와 교회의 실질적인 분리에 관한 싹이라고 볼 수 있는 규정을 발견할 수 있다. 예컨대 바이마르 헌법 제138조는 종교단체에 대한 국가적 급부를 주입법에 의해서 폐지할 것을 규정하고 있다. 「법률, 계약 기타 법률원인에 근거를 두는 종교단체에 대한 국가급부는 주입법에 의해서 폐지**한다.** 이에 관한 기본원칙은 국가가 정한다」. 이로써 민주주의자들과 무소속의 사회주의자들에 의해서 제기된 완전한 재정의 분리의 요청은 외관상으로는 실현되었다. 그러나 이 제138조의 규정이 폐지를 명함으로써 동시에 교회에 대한 국가의 이후의 급부를 **금지**하는 것을 의미하는가는 문제가 된다. 그것은 한편으로는 제138조의 제정이유에서 교회를 위한 어떠한 국가재정의 지출은 금지되었다는 것이 실정적 라이히 헌법률이라는 사실을 결론지을 수 있다고 주장하면서 이를 긍정한다(**Israël**, Reich, Staat, Kirche, 1926, S. 19). 또 한편으로는 우익 정당들과 중앙당은 국민의회의 위원회에서나 본회의에서 「전술적으로 현명한 방법으로」 이점에 관한 토론을 회피하고, 그럼으로써 금지규정을 삽입하는 것을 방해하였다(**E. R. Huber**, Die Garantie der kirchlichen Vermögensrechte in der Weimarer Verfassung, 1927, S. 5/6). 이것은 다음과 같은 것을 의미한다. 즉 재정분리의 문제는 결정을 보지 못했으며 또 결정될 수도 없었다. 그 결과는 대체로 그러한 결정의 연기에서 볼 수 있듯이, 지금까지의 **현상의 유지**이다. 전체적으로 우리들은 바이마르 헌법의 규정에 의하면, 사실 국가는 교회로부터 분리·격리되었고, 그 영향력이 박탈되었지만, 그와 반대로 교회는 국가로부터 분리되지 않았다고 말할 수 있을 것이다.

　지연적인 형식적 타협의 두 번째 예는, 바이마르 헌법 제146조의 이른바 **학교타협**(Schulkompromiß) 조항이 내포하고 있다. 그 제1항에서는 공립(종파 혼합)학교의 원칙이 규정되어 있지만, 제2항에서는 「단서가 붙어서」 「교육권자의 의사」, 즉 실제로 오늘날에는 종파학교를 의미하는 것이 당연한 원리로서 병행하여 보장되고 있다. 제144조에서는 국립학교의 원칙이 인정되고 있으며, 국가의 학교감독에는 지방자치단체가 참가할 수 있다고 하며, 여기서 종교단체는 열거하지 않고 있다. 그러나 제149조 제1항에 의하면, 종교교육은 학교의 정규과목이며 「당해 종교단체의 원칙에 따라서 실시하지 않으면 안 된다」. 그러므로 엄격하게 관철된 **국립학교, 교육권자의 의사에 의해서** 선정된 학교, 즉 **종파**학교와 **자유**학교의 관점들이 병행해서 적용되고 있다. 이들 원리의 충돌은 제146조에 의거하여 교육법을 실제로 실시할 때에는 불가피할 것이다. 그 충돌은 단순한 양자택일을 하든가 실질적인 타협과 상호 양보에 의해서 해결할 수 있다. 그러나 **원리들**이 동등하게 상호간에 승인을 받는 곳에서는 아무런 실질적인 결정이나 또 어떠한 진정한 타협결정도 내포될 수 없으며, 단지 뒤에 체결될 타협에 위임할 수밖에 없다. 다시 말하면 결정을 일시 연기할 수밖에 없다.

그러므로 지연적인 형식적 타협의 이 두 가지 예는 커다란 법적 의미를 가진다. 그 이유는 많은 헌법률적 규정이 아무런 결정은 물론이며, 심지어는 타협 결정까지도 내포하고 있지 않다는 것을 보여주기 때문이다. 이미 언급했듯이, 그러한 방법으로 결정을 연기하는 것이 정치적으로 현명하고 합리적이라고 볼 수 있다. 그러나 지연적인 형식적 타협의 특성은 계속 인식하지 않으면 안 된다. 그렇지 않으면 이러한 종류의 헌법규정들의 법학적 해석이 절망적인 혼란에 빠지기 때문이다.「법률의 의사」를 확정하여야 하는데 실제로는 이 사항에 관하여 일시적으로 의사를 전혀 가지지 않고 그것을 연기하려는 의사 이외에 어떠한 의사도 존재하지 않을 때에는, 법률의 문자를 아무리 묘하게 해석하더라도 그 성립사의 모든 검토 또는 관련 의원의 모든 사적인 진술을 아무리 조사하더라도, 법률의 어떤 문헌을 다른 문헌보다도 강조하고 어떤 규정을 다른 규정보다도 강조하고 서로 다투는 결과가 될 뿐이며, 지적 공정을 유지하는 한 설득력 있는 논증은 불가능할 것이다. 입법자가 그러한 정식을 취한 경우에는 그것은 바로 정당들과 원칙들이 각각의 입장을 헌법조문에 의거할 수 있다는 의미를 가진다. 이 점에 다음의 사건에 관한 이해의 열쇠가 있다. 즉 현재 (1927년 가을), 이른바 학교타협(헌법 제146조)이라는 학교법에 의한 실시를 둘러싸고 영구적이고 절망적인 논쟁의 모습을 보이고 있으며, 그 논쟁에서는 쌍방이 모두 완전한 확신을 가지고 헌법률의 조문을 원용하며, R. **토마***와 K. **로텐뷔허***와 같은 저명한 법학자들과 프로이센 정부는 라이히 정부의 초안을 헌법침해와 헌법위반이라고 비난한다(W. **Landé**, Aktenstücke zum Reichsvolksschulgesetz, Leipzig 1927, S. 112, 113, 125 참조). 실질적 결정은 정치적 결정으로서 학교법 그 자체에 의해서 내려지며, 즉 형식적 타협이 실시되는 것은 법학적 해석이나 의견서에 의한 것은 아니다. 존재하지 않는 의사를 해석한다는 것은 바로 불가능한 일이다. 의사가 존재하지 않는 곳에는 아무리 위대한 법학적 예지도 그 권리를 상실하고 만다. 모든「규범적」고찰은 여기서 문자에만 집착하는 가련한 천착으로 끝나버린다.

바이마르 헌법이 그러한 연기적인 타협 이외의 아무것도 포함하지 않았다면 그 가치는 물론 공허한 것이며, 기본적인 결정은 헌법률이 규정하는 절차나 방법의 **외부에서** 내려질 것을 각오하지 않으면 안 될 것이다. 그러나 그것이 실제로는 정치적 형식과 시민적 법치국가의 원리들에 의한 기본적인 정치적 결정을 명백하고 요연하게 내린 점에 정치적으로나 법학적으로도 바이마르 헌법의 본질이 있다. 이러한 정치적 결정이 없다면 바이마르 헌법의 조직에 관한 규정들은 아무런 실체가 없는 기능의 규범이 되고, 그 개개의 규정은 단지 그때그때의 정당연합이 유리한 시기에 자기의 정당정책상의 특수이익을 항상 변질시키는 의회다수파에 대해서 보호하는 역할을 하는 전술적인 효과라는 의의만을 가질 뿐이다.

사람들은 급진적인 사회주의 입장에서 바이마르 헌법에 내포된 독일 인민의 결정을 비본질적이라고 생각하고, 1919년의 사태 하에서의 독특한 문제는 자본주의적 시민층과 사회주의적 프롤레타리아트 간의 계급대립과 관련을 가지며, 이 문제에서 바이마르 헌법은 또 불명확한 지연적인 형식적 타협을 내포한다고 할 수 있을 것이다. 그러나 이것은 정당하지 못하다. 바이마르 헌법은 이 점에서 결정을 내리고 있다. 즉 독일 라이히는 입헌민주제이다. 위의 사회주의적 견지에서 타협이라고 부른 것은, 사회민주주의와 제2 인터내셔널 자체가 타협인 것, 즉 자유주의, 민주주의와 사회주의 개념의 타협인 것보다도 더 높은 정도에서의 타협은 아니다. 여하튼 프롤레타리아트가 독재를 하는 인민위원회 공화제냐 **또는** 민주적인 국가형태를 취하는 자유주의적 법치국가냐 하는 정치적 양자택일은 명백하게 결정이 내려진 것이다.

IV. 헌법의 이상적 개념

(특정한 내용 때문에 우수한 의미에서 이상적이라고 불리는 「헌법」)

I. 정치적인 이유에서 자주 특정한 이상에 맞는 헌법만이 「참된」 또는 「진정한」 헌법이라고 불린다.

정치적 투쟁의 표현양식으로서 투쟁하는 당파들이 자기의 정치적 요구를 충족시키는 헌법만을 진정한 헌법이라고 인정하게 되었다. 정치적·사회적인 원리적 대립이 매우 강한 경우에는, 각 당파가 자기의 요구를 충족시키지 못하는 모든 헌법으로부터 헌법의 이름 그 자체를 부정하는 일이 자주 있다. 특히 자유주의적 시민층은 절대군주제와의 투쟁에서 헌법의 특정한 이상적 개념을 확립하고, 그것을 헌법의 개념 그 자체와 동치한 것이다. 따라서 시민적 자유의 요구들이 충족되고 시민층의 중요한 정치적인 발언권이 보장된 경우에만 「헌법」이라고 하였다. 이리하여 헌법의 특수한, 특정적 개념이 나오는 것이다. 거기에서 이미 모든 국가가 스스로 헌법을 가지는 것이 아니라, 헌법을 가진 국가와 이를 가지지 아니한 국가가 나와서 「입헌」 국가와 「비입헌」 국가가 생긴다. 「입헌적 국가헌법」, 즉 합헌적인 국가헌법을 말하기까지 하는데, 이것은 헌법의 개념에 일정한 정치적 강령이 포함되어 있기 때문이며, 그렇지 않으면 그 자신 무의미하게 될 것이다.

이른바 실증주의 국가이론도 여기서 「헌법」과 「입헌적 국가헌법」을 동일시한다(G. Jellinek, Staatslehre, S. 499; 역서, 407면). 하나의 운동의 정치적 성과가 국가학과 헌법학에 반영되어 있다. 19세기의 국법학자들은 일반적으로 독일에서도 특정적이며 더욱 자유주의적이고 시민적인 헌법이상을 가지고 있었는데, 그들은 이 헌법이념을 약간의 이론적 특징을 앞잡이로 내세우고 있지만, 그들의 법학적 연역의 기초로 삼고 있다. 여하튼 19세기의 헌법개념에서는 자유주의적 시민의 자유의 이상이 인민의 민주적인 자율권과 결합되어 있다(전술 제1장 S. 6에 있는 **로렌츠 폰 슈타인**의 헌법의 정의를 참조).

헌법의 이상적 개념을 다른 헌법개념과 혼동함으로써 또는 잡다한 헌법이상을 결합함으로써 쉽게 혼란과 불명확함이 생긴다. 상반되는 견해와 확신을 가진 정파들이 정치적 영향력을 얻은 경우에 그 정치력이 나타나는 것은, 이들 정파들이 자유, 법, 공공의 질서와 안전이라는 국가생활의 ― 필연적으로 불확정한 ― 개념에 그 구체적인 내용을 부여하는 데에 있다. 사유재산을 기초로 하는 시민적 사회질서란 의미에서의 「자유」가 사회주의적 프롤레타리아트가 지배하는 국가란 의미에서의 그것과는 달리, 군주국에서 「공공의 평온, 안전과 질서에 대한 위험」이 생각되는 동일한 사안이 민주공화국에서는 다른 판단을 받는다는 것 등은 자명한 일이다. 시민적 자유주의의 표현양식에 대해서는 사유재산과 인신의 자유가 보장되는 경우에만 헌법이 존재하며, 그 밖의 것은 모두 압정·독재·폭정·노예제 등 명칭의 여하를 불문하고 「헌법」은 아니다. 그 반대로 철저한 마르크시즘의 사고방식에 대해서는 시민적 법치국가의 원칙들, 특히 사유재산의 원칙을 인정하는 헌법은 경제기술적인 후진국의 헌법이거나 또는 반동적인 표견적 헌법, 자본가의 독재를 은폐하는 무의미한 법적 외관이다. 또 다른 예를 든다면 철저하게 「세속화된」 국가, 즉 국가와 교회를 엄격하게 분리하는 국가의 견지에서 보면, 이러한 분리를 엄격하게 실시하지 않는 국가는 자유로운 국가가 아니며, 반대로 특정한 종파적·종교적 확신에서 본다면 교회의 사회적·경제적 지위를 존중하고 교회에 자유로운 공공의 활동과 자치를 보장하고, 교회의 제도를 공공의 질서의 일부로서 보호하는 국가만이 진정한 헌법을 가지는 것이며, 이러한 경우에만 교회측에서는 「자유」가 있다고 인정하는 것이다. 따라서 정치적인 원칙이나 확신과 마찬가지로, 수많은 자유나 헌법의 개념이 있을 수 있는 것이다.

II. 시민적 법치국가적 헌법의 이상적 개념. 근대 헌법의 역사적 발전에서 특별한 이상적 개념이 성공리에 세력을 얻고, 18세기 이래 시민적 자유의 요청에 부응하여 이 자유의 일정한 보장을 하는 헌법만이 헌법이라고 불리게 되었다.

1. 헌법=시민적 자유의 보장의 체계. 이 헌법개념은 자유 헌법과 비자유 헌법이란 분류에 근거하며, 이 분류 자체는 무한히 다의적인 분류인데, **몽테스키외***의 분류에 따라서 거기에 구체적인 내용을 부여할 수 있다. 그것은 『법의 정신』 제11권 제5장과 제7장의 「어떤 헌법은 국가의 영광(la gloire de l'état)을, 또 어떤 헌법은 시민의 자유를 직접적인 대상과 목적으로 삼는다」라는 주장으로 돌아간다. 이로써 자유와 권력, **자유와 영광**(liberté et gloire)이라는 근본적인 구별이 제시되었다. **몽테스키외** 자신은 양자를 국가생활의 동등하고 동일한 가치가 있는 목표로서 취급한다. 자유주의적 시민층이 우세하게 됨에 따라서 시민적 자유가 결정적인 목표가 되었는데, 그것은 국가의 정치생활 일반, 특히 국가의 대외정책에 대해서가 아니라 헌법제정의 영역에서이다. 미합중국과 프랑스 혁명헌법의 예는 이러한 종류의 유형에 그 특색을 부여하고, 이러한 종류의 헌법유형을 규정하였다. 즉 「헌법」이란 명칭을 사용할만한 자유주의헌법이란 다음과 같이 서술하는, 시민적 자유의 어떠한 보장을 가지는 그러한 헌법만이 간주될 수 있다.

예컨대 **에스멩**(Esmein)*의 비교헌법학에서는 「자유헌법」만을 취급한다. 그에게는 영국헌법, 미국 헌법과 프랑스 헌법 그리고 이들 헌법의 영향을 받았고, 또한 그들 유형에 해당되는 헌법들이 자유헌법이었다. 독일의 입헌군주제의 헌법들과 1871년의 독일 제국헌법은 다루지 않았다. 그 이유는 이들 헌법은 이러한 유형의 자유헌법이 아니었기 때문이다. 이에 반하여 1919년의 바이마르 헌법은 (1921년 이후의) 신판에서 고려되었다.

시민적 자유의 헌법적 보장으로서는 기본권의 승인, 권력의 분립, 국민이 적어도 국민대표를 통해서 입법권력에 참여할 것이 열거된다. 나아가 그때그때의 정치상황에 따라서 그 밖의 요청들이 첨가되며, 예컨대 19세기에는 자유정부(free government)라고 불리는 의원내각제가 요청되며, 이 때문에 이를 가지지 아니한 독일 입헌군주제는 자유정부라고 생각되지 않았으며, 미합중국은 의원내각제를 취하지 않음에도 불구하고 자유정부로서 인정될 수 있는 것이다.

2. 헌법=이른바 권력분립(정확하게는 **구분**). 뒤에(제15장 S. 182) 서술하는 입법 · 행정 그리고 사법을 구별하는 이른바 권력분립은 18세기 이래 특별한 의미에서의 자유롭고 진정한 헌법의 불가결한 내용이 되고 있다. 그것은 국가권력의 남용을 방지하기 위한 조직적인 보장을 내용으로 한다. 기본권의 선언은 개인적 자유의 일반원칙을 확립하는 것만을 의미하며, 시민적 자유의 목적에 의해서 규정하는 국가구조를 통해서 조직적으로 수행하는 것까지 의미하지는 않는다. 이것으로부터 설명되는 것은 「권력분립」이 헌법의 특색을 이룬다는 것이다. 권력의 분립이 실시되지 않든가, 그것이 폐지된다면 이 견해에서 볼 때 **당연히** 압정 · 전제 · 독재가 지배한다. 압정 · 전제 · 독재는 모두 단순히 정치적인 용어에서가 아니라 대립원리를 통해서 법학적인 의미를 가지는 호칭이다. 즉 입법 · 집행 그리고 사법의 구별이라는 조직원리의 부정을 의미한다.

그러므로 많이 인용되는 1789년의 프랑스 인권선언 제16조는 (북아메리카 각주, 예컨대 매사추세츠 주와 뉴햄프셔 주 헌법의 모형을 따른다) 다음과 같이 규정한다. 즉 「권리의 보장이 확보되지 않고 권력의 분립이 규정되지 않은 모든 사회는 **헌법을 가지지 않는다**」. 독일 관념론의 국가철학의 견해, 특히 **칸트와 헤겔**의 견해도 동일하다(후술 제12장 S. 127 참조). 후고 **프로이스***도 이러한 견해를 가지고 있었으며, 그가 작성한 바이마르 헌법 제1 초안에서도 그에게도 결정적인 표준점으로 보였던 시민적 자유의 보장을 위한 국가권력행사의 **조직**이 기본권과 자유권의 선언보다 더 중요하다는 입장을 취했고, 또 그 입장은 원리상 그 이후의 심의에서도 고수되었다는 사실은 바이마르 헌법을 위해서도 중요한 의의를 가진다.

3. 헌법=성문헌법(헌법전). 성문헌법이라는 정치적 요청은 나아가 헌법=성문헌법처

럼 양자를 동치하기에 이르렀다. 헌법, 즉 성문헌법이라는 현상은 앞에서 서술했듯이(제2 장 II, S. 13), 먼저 (군주와 등족 또는 국민대표 간의) 문서에 의한 **계약**, 이어서 성문의 **헌법률**로서 나타났다. 헌법과 성문헌법을 동치하는 것도 정치상황에서 설명된다. 중세에 는 군주와 그의 신하 또는 등족과의 협정은 문서로써 확정되며, 이것이 「헌장」(Charte)이 라고 불린다. 그 가장 유명한 예는 1215년의 마그나 카르타이다. 그러나 이 헌장들은 실제로는 양 당사자 간에서의 반대급부를 수반한 서로의 합의, 이른바 고정화 (Stabilimenta)이며 신하 또는 등족에 대한 특권의 보장, 더구나 이들 측에서의 반대급부를 수반한 특권의 보장이며, 따라서 **베르나치크**가 적절하게 말하듯이, 「이기적인 관계」였다. 그 결과 여기에 있는 것은 정치적인 전체결정이란 의미에서의 근대헌법과는 본질적으로 다른 것이다. 근대 성문헌법의 최초의 예는 1653년의 **크롬웰***의 「정체서」(Instrument of Government)이다. 크롬웰 자신 이 정체서의 목적에서 항상 바뀌는 의회의 다수결에 대해서 항구적이며 불가침한 규율이 있어야 하며, 어떠한 정부에도 근본적인 것, 항상적이 며 불변하는 위대한 헌장과 같은 것이 필요하다고 말한다. 「근본적」이라는 다의적인 말은 여기서는 절대로 불가침이라는 의미를 가진다. 예컨대 의회가 자기 자신을 결코 항구적인 단체라고 선언할 수 없는 것은, **크롬웰**에 대해서는 그러한 근본적 원칙으로서 타당한 것이다. 입법자, 즉 의회가 이 원칙을 변경할 수 있다면, 이미 어떠한 안정성도 존재하지 않을 것이다. 크롬웰의 노력은 결실을 보지 못했다. 성문헌법의 근대적인 실시는 북아메리카의 영국 식민지가 영국으로부터 분리하여 독립국가를 선언하고, 그 헌법을 문서로 작성한 때에서 비롯한다. 「연방의회」(Kongress)는 1776년 이들 모든 주들에게 성문헌법을 가지도록 요청하였다. 1789년의 프랑스혁명과 유럽 대륙에서의 최초의 근대 적 성문헌법인 1791년의 프랑스 헌법 이래 건국 시에, 또는 혁명 후에 유형화된 내용을 가진 헌법들이 만들어지는 것이 보통이며, 그 유형의 도식은 대체로 뒤에(제12장, S. 126) 설명하듯이, 기본권과 권력분립을 가진 시민적 법치국가의 기본유형에 일치한 것이다. 바이마르 헌법도 이에 따른다. 1918년 7월 11일의 소비에트 공화국의 헌법은 이 시민적 법치국가의 유형을 폐지하고 새로운 유형의 헌법, 사회주의적 소비에트 헌법을 확립하였다.

III. 오늘날 지배적인 헌법의 이상적 개념은 여전히 시민적 법치국가의 헌법이상에 따른다. 볼셰비즘의 러시아와 파시즘의 이탈리아를 제외하면, 이 이상적인 개념은 세계의 대부분의 국가에서 여전히 타당하다고 할 수 있다. 이 헌법이상의 특색은 국가의 조직이 국가권력에 대한 비판적이며 부정적인 관점 — 국가권력의 **남용**으로부터 시민의 보호 — 아래 있다는 점이다. 국가 자체의 조직보다도 국가억제의 수단과 방법의 조직에 중점을 두며, 국가의 침해에 대한 보장이 실시되고, 국가권력의 행사에 대한 억제를 도입하는 것이 여기서는 의도되고 있다. 이러한 시민적 · 법치국가적 보장 이외에 아무것 도 포함하지 아니한 헌법은 생각할 수 없을 것이다. 왜냐하면 국가 그 자체인 정치적 통일체, 즉 통제되는 것이 존재해야 하거나 또는 동시에 조직되어야 하기 때문이다. 그런데 시민적 법치국가의 목표는 정치적인 것을 억제하고 국가생활의 모든 표현을 일련의 규범으로 제약하고, 모든 국가활동을 **권한**, 즉 엄밀하게 획정되고 원리적으로 **한정된** 관할권으로 변모시키려는 것이다. 이것으로부터 시민적 · 법치국가적인 것은 헌법 전체의 일부를 이룰 뿐이며, 다른 부분으로서 정치적 존재의 형태에 관한 적극적인 결정을 내용으로 하는 부분이 있다는 것이 명백하게 된다. 따라서 오늘날의 시민국가의 헌법들은 항상 두 가지의 구성부분으로 이루는데, 하나는 국가에 **대해서** 시민적 자유를 보호하기 위한 법치국가적 원리들이며, 다른 하나는 정치적 구성부분이며, 여기에서 본래의 **국가형태**(군주제 · 귀족제 또는 민주제 또는 「혼합체제」)가 나온다. 이 두 가지의 구성부분의 결합 속에 오늘날의 시민적 법치국가헌법의 특색이 있다. 이러한 이중성은 전체구조를 규정하며, **법률**의 개념과 같은 중심 개념에 대해서도 거기에 일치하여 이중적으로 인도하는 것이다. 근대적 헌법의 기본유형(제12장, S. 126)과 국가형태와 법치국가성의 관계(제16장, S. 200)에 대해서 후술하는 그 토대와 구조도 이 이중성에서 나온다.

V. 「근본법률」, 「근본규범」 또는 「근본법」이란 말의 의의
(총괄적인 개관)

I. 개 관

1. 엄밀한 의미에서가 아니고 일반적인 의미에서, 그때그때의 정치적으로 유력한 개인이나 집단이 정치적으로 특히 중요하다고 생각되는 법률이나 협정을 「근본법률」(Grundgesetz)이라고 한다.

따라서 수많은 협정, 조약(Kapitulation), 독일 황제에 대한 독일 등족의 특권이 근본법률(leges fundamentales)로 불린다. 후술 S. 48 참조. 정치적 통일체의 사상은 풀어지고, 그 때문에 근본법률의 개념도 복수로 상대적이 된다.

2. 근본법률=**절대적으로 불가침한** 규범이며, 개정이나 파기도 허용되지 않는다(전술 S. 40의 크롬웰의 말을 참조).
3. 근본법률=**상대적으로 불가침한** 모든 규범이며, 가중된 요건 아래서만 변경 또는 파기가 허용된다. 전술 S. 18.
4. 근본규범=정치적 **통일체**와 전체질서의 궁극적인 **통일적 원칙**. 여기서 근본법률이라는 말은 절대적 헌법개념을 나타낸다. 전술 S. 4.
5. 근본법률=국가조직의 **모든 개개의 원칙**(기본권 · 권력분립 · 군주제의 원리, 이른

바 대표제원리 등).

6. 근본법률=규범적 귀속의 체계에 관한 궁극의 **규범**. 여기서는 규범적인 성격이 전면에 나오며 근본법률 속에서 특히 「법률」이 강조된다. 상술 S. 7.

7. 근본법률=정치적으로 가장 중요한 국가의 활동에 대한 권한과 절차에 관한 모든 조직상의 규율. 연방국가에서는 나아가 연방의 권한과 지분국의 권한의 획정도 이에 들어간다.

8. 근본법률=국가의 권능 또는 활동에 대한 모든 규범화된 **제한**.

9. 근본법률=적극적 의미에서의 헌법. 여기서는 이른바 근본법률의 내용을 이루는 것은 법률적 규정이 아니라 **정치적 결정**이다(전술 S. 21).

II. 이러한 여러 가지 의미는 대체로 여러 잡다한 방법으로 서로 결합하며, 이때에 이런 저런 면 ─ 불가침성·통일성·원리적인 성격의 질서·제한적 기능 등등 ─ 이 여러 갈래로 강조되며, 전면에 나타날 수 있다. 일반적으로 정치적 존재의 의식이 해체되자 마자, 이 개념은 상대화하고 다원화하며, 이에 반하여 이러한 의식이 다시 활발하게 되면 **통일체**의 사상이 살아나는 것이다. 그 밖에 여러 가지 의미들이 자주 혼란스런 피상성을 띠면서 병존하기도 한다.

그러므로 18세기에 널리 보급된 교과서인 **바텔**(Vattel)*의 교과서(Droit des gens, Kap. III §27)는 헌법(constitution)이란 무엇인가 하는 물음에 이렇게 대답한다. 「헌법은 공적인 권위가 행사되는 종류와 방법을 규정하는 기본적인 규율」이다(이것은 일부는 질서기능일 것이며, 일부는 제약기능일 것이다). 「헌법 속에서 국민이 정치적 단체로서 행동하는 형식이 가시적이 되게 된다(여기서 대표된 정치적 통일체의 관념이 나타난다). 「국민은 어떻게, 또 누구를 통해서 통치되는가, 피치자의 권리와 의무는 무엇인가」(여기서 다시 일부는 헌법의 **조직적** 의의와 일부는 **제약적** 의의가 나타난다). 「헌법은 원칙적으로 한 인민이 공동으로 정치사회(Société Politique)의 목적과 이익을 달성하는 **질서**의 규정 이외의 아무것도 아니다」 등. 19세기에는 헌법의 개념규정은 시민적 법치국가의 이상개념이 헌법개념에 혼합됨으로써 더욱 곤란하게 되었다(전술 제4장 S. 37 참조). 그러나 이러한 복잡화와는 관계없이도 명확한 구별을 방해하는 곤란성은 비정상적으로 크다. 그 예로서는 독일 연합을 구성함에 있어서 연합규약 제13조와 관련하여 부록으로서 제안한 「연방의 근본법률의 정의」를 들 수 있을 것이다. 기초위원회는 그 보고서에서(1820년 4월 16일의 제22차 회의의 심의록) 근본법률의 개념은, 「세련된 정의에 의해서 명확하고 확고하게 되기보다는 더 불명확하게 되기 쉬운 그러한 단순한 개념의 하나이다」라고 주의시켰다. 그러나 1819년에 이 개념의 확정을 권고하기 위해서 설립된 위원회는 다음과 같이 제안한다. 즉 (1) 독일 국가연합의 **근본법률**은 연합의 건립, 구성구가들의 결합, 그 목적의 확정과 전체의 확정, 개개 연합구성국가들의 이들 권리행사에 대한 참가 등과 관련을 가지는 계약적인 규정들이다. 이러한 계약적인 규정들에 의해서 **연합헌법**이 형성된다」. (그러므로 근본법률들은 ─ 복수인 점을 주의하라 ─ 헌법과는 구별된다). (2) **유기적*** 제도에 관한 규정 (여기서 유기적이라는 것은 그 제도들로 인하여 연합체가 동시에 통제수단을 가지게 되기 때문이다)과 연합이 이러한 목적을 달성하기 위해서 불변적이며 일반적인 규범으로서 의결한 의결들을 근본법률에 가산시키는 것은 정당할 것이다. (3) 그 밖의 나머지 연합법률은 단지 소극적으로만 규정된다. 그것들은 근본법률들이 **아니다**(Klüber, Öffentliches Recht des Teutschen Bundes, 3. Aufl. 1831, S. 60). 이러한 개념규정은 전과 동일하게 근본법률과 헌법의 개념을 명백히 하기 위해서 구별하지 않으면 안 될 여러 잡다한 관점 중의 약간을 내포하고 있다. 여하튼 근본규범 등과 같이 다른 말과 결합할 때의 「근본」이라는 말의 다의성은 틀림없이 근본이라는 말이 흔히 쓰이는데 대해서 도움을 준다. 이와 비슷한 설명은 「기본권」에서 다시 반복할 것이다(후술 제14장 S. 163 참조).

19세기의 헌법투쟁에서 헌법개념은 정치정세와 투쟁하는 당파의 이해관계에 따라서 변천하였다. 전체적으로는 헌법과 국가의 시민적 법치국가적 제약의 동일시는 전술한 제4장에서 하였으며, 이 연구가 계속됨에 따라서 특히 제2부에서(S. 220 ff.) 다시 한 번 나타나듯이 관철되었다. 그 후에 헌법의 개별 헌법률에로의 해체와 상대화가 진행되었는데, 그러한 현상은 독일에서는 오늘날에도 지배적인 것처럼 보인다.

Ⅲ. 다음의 서술에서는 헌법이라는 말은 위에서 전개한 **적극적인** 헌법개념이란 의미로 사용한다. 특히 헌법과 헌법률은 항상 엄격하게 구별한다.

VI. 헌법의 성립

I. 헌법은 헌법제정권력의 일방적인 정치적 결정에 의하거나 다수의 헌법제정권력의 주체 상호 간의 합의에 의해서 성립한다.

국가적 전체 상태와 동일시되는 현상(status)이란 의미에서의 헌법은 당연히 국가 자체와 더불어 성립한다. 그것은 제정되는 것도 아니며, 또 협정되는 것도 아니며, 그 정치적 통일체와 사회질서에서의 구체적인 국가와 동일물이다. 적극적 의미에서의 헌법은 이 정치적 통일체의 형성의 의식적인 행동을 의미하는데, 이 행동에 의해서 그 통일체는 구체적 실존형식을 가지게 된다. 다수의 정치적 통일체들과 독립적인 헌법제정권력자들이 공동으로 자기 자신들을 위해서 그들의 정치적 상태를, 더욱 쌍무적인 관점에서 정치적 상태를 규정하는 결정을 내릴 때에는 헌법계약 또는 헌법협정이 존재하게 된다(여기서는 「계약」과 「협정」의 두 어구는 구별되지 않고 있지만, 실제로는 **빈딩**(Binding)과 **트리펠**(Triepel)이 협정의 개념에 대해서 부여한 특수성은 ([내용적으로 동일한 각종의 의사의 합일로서의 협정]) 무시할 수 없을 것이다.

II. 근대 유럽 헌법들의 성립에 대한 역사적 개관

1. 중세 후기(13세기부터 16세기까지)의 정치상태는 자주 「등족국가」로서 특징지워진
다. 정치적 통일 그 자체는 실질적으로나 의식적으로 의문시 되었다. 낡은 군사적인
봉건체제는 해체되고, 가신(Vasall)은 광범하게 독립하였다. 등족적 결합이 형성된 곳에서
는 (상급귀족·하급귀족·승려·도시의 시민) 이 결합은 구성원의 서약으로 체결된 계약에
근거하고 있었다. 이들 등족은 서로 간에, 또한 군주와 나아가서는 타국의 군주와 사이에
여러 가지 계약을 체결하였다. 군주와의 계약은 특권의 보장, 군권의 제한 또는 때로는
무장한 저항의 권리에 관한 것이었다. 이들 무수한 협정을 국가의 헌법이라고 할 수는
없으며, 그러한 중세적인 관계들에 근대 국법의 개념들을 적용하는 것은 대체로 잘못이다.
근대 헌법들의 본래의 대상인 정치적 **통일체**의 실존양식과 실존형식은 이러한 협정의
대상은 아니었다. 등족 「국가」에 대해서는 일원적 국가 또는 이원적 또는 다원적 국가라고
할 수는 없으며, 기껏해야 기득권이나 특권의 혼합체라고 말할 수 있을 뿐이다. 무수한
헌장·조약·보증장(Brief) 속에 무수한 개별적인 특수 권익이 정초되고 있었다. 전체는
이전에 있었던 정치적 통일체의 해체과정으로서 나타난다. 정치적 통일은 그것이 해체되
고, 그 희생으로 등족적 집단과 조직들이 전리품을 분배받고 있는 한에서만 전제되고
있을 뿐이다. 따라서 그 협정들은 정치적 통일을 확립하지 못했으며, 또한 정치적 통일체의
종류와 형식에 관한 전체결정을 내용으로 하는 것도 아니다. 그러나 이 협정들은 군권의
행사를 제한하고 통제한다는 이유에서 19세기의 헌법동향은 이 협정과 결합하며, 또한
19세기의 헌법투쟁에서 군주의 정부도 「등족헌법」 운운 하였을 뿐만 아니라 시민층도
특히 독일의 작은 국가에서 — 자주 그러한 등족적인 협정에 의거하였고 거기에서 헌법의
모범을 발견할 수 있었다.

1215년 6월 15일의 영국의 **대헌장**은 때때로 현대적 자유헌법의 모형과 원형이라고 특히
불렸다. 영국의 국법적 발전은 물론 독특한 과정을 밟았다. 그 이유는 중세기의 봉건 영주와
등족들과 (고급귀족, 기사와 영국의 시민층) 그 대표들(귀족원과 서민원)은 점진적이며 부지불식
간의 발전으로 인하여 현대적 국가사태로 이행하였기 때문이다. 영국 의회는 국민적, 즉 **정치적**
통일체의 주체로서 군주와의 투쟁 속에서 나타났는데, 이에 반하여 유럽의 기타 국가에서는 중세기
의 등족들과의 투쟁 속에서 정치적 통일체를 실현시킬 수 있었던 자는 절대군주였다. 영국에서는
중세기의 관념들과 제도들은 엄격한 구별을 하지 않고 현대적 국가제도로 변하였다. 그러나 이것을
도외시하더라도 1215년의 대헌장은 군주와 봉건영주 간의 중세적 협정의 수많은 예들 중의 하나로
서만 고찰되었다. 그것은 하나의 증거문서(Carta)에 확정시킨 존 왕과 그의 직속 귀족들 간의
stabilimentum이다. 그 법적 성격에 관해서는 여러 가지 의견이 있다. 사람들은 그것을 왕에
의해서 부여되고 왕의 특허의 형식을 취하였기 때문에 **법률**이라고도 말하고, 또 군주의 **특허**의
형식을 취하는 공법상의 **계약**이라고 부르기도 하며(Stubbs, Const. Hist. I, S. 569), 또 사법상의
계약이라고 부르기도 한다(Boutmy, Études, S. 40). **앤슨**(Anson)에 의하면, 그것은 **헌법률**도

되고 **권리의 선언**도 되고 군주와 국민 간의 **계약**도 된다. 그러나 윌리엄 샤프 **매크체니**(William Sharp McKechnie, Magna Carta, 2. Aufl., Glasgow 1914, S. 104 ff.)가 지적하듯이, 이러한 현대적 · 국법적 구별의 어떤 것이든지 중세기의 사태에 적용하는 것은 부적절하다. 대헌장은 매킨체니에 의하면, 하나의 Stabilimentum, 즉 어떤 정밀한 국법적 의의를 가지지 못하는 하나의 확정 또는 협정이라고 한다. 그것이 문서화되었다는 것은 외관상 일반적이며 원리적이라고 보이는 약간의 표현과 마찬가지로, 헌법에 대한 아무런 증거도 될 수 없다. "Magna Carta"라는 이름은 가령 현대적 헌법 또는 현대적 기본권이란 의미에서의 근본법률이 존재한다는 사실로부터 역사적으로 설명할 수 있는 것이 아니라, 수렵법적 내용을 가지는 1217년의 「소헌장」(Parva Carta) 또는 「카르타 포레스타」(Carta Foresta)에 대한 대립물이라는 사실에서 설명할 수 있다. 마그나 카르타의 본래의 명칭은 「카르타 리베르타툼」(Carta Libertatum) 또는 「카르타 바로눔」(Carta Baronum)이었다. 여러 세기 후에야 비로소, 즉 17세기 이후부터 영국 의회의 **스튜어트** 왕조의 절대주의에 대한 투쟁을 통해서 마그나 카르타는 자유로운 헌법의 모형이 되었으며, 또 현대적 의미로 의미변천을 하게 되었다. 그러나 마그나 카르타 속에서 현대적 자유민주주의적 헌법과 비슷한 것을 다소라도 발견할 수 있다면, 그것은 역사적 과오라고 보아야 할 것이다. 이 마그나 카르타에는 모든 「자유인」(freeman)에게 군주의 권력에 대해서 보호하는 일정한 권리를 보장하고 있지만, 이 모든 것은 인간과 시민의 권리의 현대적 선언과는 전혀 다른 것이다. 당시 자유인은 단지 국왕 직속 귀족뿐이었으며 그들만이 자유인, 또는 나아가서는 인간으로서(McKechnie, S. 115) 통용되었다. 그러므로 역사적으로 마그나 카르타는 봉건귀족들이 보장을 받은 권리의 대가로서 신종선서를 갱신하는 봉건귀족들의 그 봉주와 맺은 협정에 불과하다. 이 마그나 카르타라는 모형의 정치적 효과는 특정한 당파들이 마그나 카르타에 대해서 성취시켰던 전설적 관념에 기초를 두고 있다. 그 내용에 따르면 마그나 카르타는 63개 장에서 군왕의 봉토주권의 제약, 그 재판고권의 제한(어떠한 자유인도 그 동료들로 구성되는 적법한 재판소에 의하든가 또는 국가의 법률에 의하는 외에는 체포 또는 구금되지 아니한다), 과세권의 제한과 특히 이러한 규정을 지키지 않을 때를 대비한 저항위원회의 설치 등과 관련을 가지고 있었다(**Gneist**, Englische Verfassungsgeschichte, S. 240; Richard **Schmidt**, Allgemeine Staatslehre II, 1903, S. 490 ff.).

 1689년의 권리장전(Bill of Rights)은 그 형식에 따르면 영국 의회에 의하여 즉위하게 된 **오렌지 공**과 이 의회 간에 성립한 계약적 확정문서이다. 그러나 이 때에 의회는 영국의 정치적 통일체의 대표로서 나타나고 있다. 이 선언은 군주의 권력의 남용을 제한하는 13개의 명제를 내포하고 있다(군주에 의한 법률의 부정지, 군주의 대권에 의거한 재정적 부과의 불징수, 신민의 청원권, 의회의 동의를 얻지 아니한 상비군의 불유지, 프로테스탄트 신민들의 무기휴대의 권리, 의회구성원의 자유로운 선거, 의회에서의 언론 및 토론의 자유, Gneist, a. a. O. S. 614 ff.). 여기서 사람들은 현대적 의미에서의 헌법률적 규정에 관하여 확실하게 말할 수 있다. 그 이유는 정치적 통일체의 관념은 이미 명확한 사실로 되었으며, 의회와 군주 간의 협정은 통일체를 비단 형성하지는 못했지만 전제로 하였으며, 이때에 의회는 통일체의 대표로서 나타났기 때문이다.

2. 유럽의 대부분의 국가에서는 정치적 통일은 군주의 절대주의의 성과였다. 다만 독일 제국에서는 중세의 상태가 제국이 끝난 해, 즉 1806년까지 지속되고 이와 함께 제국의 영역 내에 정치적 통일체로서 프로이센 · 바이에른 · 뷔르템베르크 · 작센과 같은 국가들이 형성되었다. 전체로서의 제국은 18세기에는 발전하는 정치구성체와 정치적으로 찢어진 조각의 잡다한 혼합물에 불과하였다. **헤겔**은 『독일헌법론』(1802년)*에 관한 청년시대의 저작에서 이 상태를 가장 적절하게 나타내고 있다. 즉 「독일의 국가구조는 부분이 전체로부터 박탈된 권리들의 총계 이외의 아무것도 아니다」, 그 「헌법」과 「정의」의 본질은 「국가에게 아무런 권력도 남겨두지 않도록 세심하게 감시하는 데에」 있다(Hegels Schriften zur Politik, Ausgabe von Lasson, S. 13/14). 17세기 이래 이 특이한 집단이 국가형태들(즉 제한된 군주제와 귀족제)의 **혼합**, 「혼합체제」이거나 복합국가의 **체제**, 즉 연방적 구성체인가 하는 문제가 논의되었다. 단 하나의 가능하고 지적으로 존경할만한 해답을 **푸펜도르프***가 제시하였다("Severinus de Monzambano"라는 이름으로 1667년에 발간한 유명한 저서 "De Statu Imperii Germanici", Kap. VI, § 9, Ausgabe von Fritz **Salomon**, 1910, S. 126). 즉 이 구성체는 변칙적인 것이며 「괴물」과 같은 것이라고. 규범적인 고찰에 대해서 이 구성체는 「계약은 준수되어야 한다」라는 명제에 「입각」하는 법치국가의 이상적인 사례였다. 「헌법」은 널리 소송절차상의 가능성을 통해서 사법적으로 보호되고 있던 수많은 협정 · 특권계약 · 조약 등으로 구성된다. 가장 중요하고 정치적으로 강력한 제국의 등족이었던 선제후는 황제의 새로운 선거에서 항상 새로운 선거협정을 체결하고 이러한 권리들을 유지하고 추가하고 있었다. 17세기 이래 이러한 선거계약과 문서로써 확정된 선거조건은 **근본법률**(leges fundamentales)이라고 불렸다.[2] 군주나 그 밖의 「등족」의 추방선언과 같은 고도의 정치적 권한의 행사마저 집행의 전제로서 마침내는 소송절차와 다른 등족의 동의에 구속을 받게 되었다. 악명 높은 란트평화령 위반과 공공연한 저항에서도 황제는 선제후의 「동의」 없이는 제국 직속의 등족을 추방선언할 수 없었다. 이처럼 기괴한 상태는 **푸펜도르프**가 정당하게 말하듯이, 황제가 등족에 대해서 그 의사에 반하여 의무를 부과할 수 없으며, 등족은 제국을 희생하고 황제의 의사에 반해서도 자기의 모든 이익을 주장하고 「근본법률」에 권리주장의 근거를 요구할 수 있었던 점에 있다.

독일 제국으로부터 국민적 기반 위에 근거한 정치적으로 실존하는 통일체를 창조할 수 있는 마지막 가능성은 1634년, **발렌슈타인***의 사망과 함께 수포로 돌아갔다. **발렌슈타인**은 1630년에 이미 선제후와 등족들의 반항에 굴복하였다. 황제 자신이 종파적이며 정통적인 이유 때문에 등족들 편에 서게 되었으며, 특히 독일의 국민적 통일의 전제가 될 수 있었던 종교적 관용을 **발렌슈타인**이

---

2) **옐리네크**(G. Jellinek, Allgem. Staatslehre, S. 495; 역서, 415면)에 의하면, 독일의 국법에는 베스트팔렌 조약 이래 근본법(lex fundamentalis)의 개념을 알고 있었다. 그렇지만 이 말은 국법학의 문헌에서는 이미 그보다 이전에 나타나고 있다. 1356년의 황금칙서(Goldene Bulle), 선제후와 황제의 선거협정과 제국 의회의 협정(Rezesse) 등을 가리키는 말이었다. 예컨대 **Arumaeus**, Discursus academici de iure publico, Jena 1616, S. 65, 1007, disc. XXXIII.

생각했던 대로 따를 수가 없었다. 1636년 12월 24일의 **페르디난트 3세**의 선거협약에서 등족들의 특별이익의 황제에 대한 종국적인 승리가 문서화되었다. 즉「극도의 궁핍」에서도 황제는 최소한 선제후들의 자문을 거치지 않고는 공과를 징수할 수 없었다. 악명 높은 평화령 위반에서도 법외방치 선언을 하고 집행하기 위해서는 소송절차가 필요하였으며,「극도의 비상사태에서도(extremo necessitatis casu), 황제는 선제후들의 자문을 거쳐야 하였다(Carl **Schmitt**, Die Diktatur, S. 95/6; 김효전 옮김,『독재론』, 127/8면 참조).

3. 유럽 대륙에서는 스페인 · 프랑스 그리고 독일의 영방국가에서 근대국가는, 군주가 「절대적」으로 되고, 즉 봉건적 · 등족적인 기득권이 배제되고, 봉건적 상태의 근거가 되고 있던 **현상의 정통성**(Legitimität des status quo)이라는 원리가 타파되고 폐기됨으로써 전개되었다. 이와 같이 형성된 정치적 구성체는 절대군주제였다. 여기서의「절대성」은 군주가「법에서 해방된」(legibus solutus), 즉 군주 자신이 결정하는 정치적 이유에서 등족의 정통적인 요구와 기존의 특권이나 합의를 멸시하는 권한과 능력을 가지는 점에 있었다.「국가」(Staat)라는 말은「상태」(status)라는 말과 언어적 및 사상적인 관련을 나타내는데, 그러므로 또한 이러한 근대적인 정치구성체의 특색을 특히 적절하게 나타내고 있다. 왜냐하면 정치적 통일체의 포괄적인 상태는 다른 모든 신분관계, 특히 등족과 교회를 상대화하고 흡수하기 때문이다. 따라서 국가, 즉 **정치적** 상태는 절대적 의미에서의 상태가 된다. 이러한 근대국가는 주권적이며 그 국가권력은 불가분이다. 완결성이라든가 불가침투성과 같은 특성은 정치적 통일체의 본성에서 나온다. 특히 주권의 개념은 당시의 (봉건적이며 등족적인) **현상**의 정통화를 극복한다는 커다란 세계사적 전기를 지니고 있었다.

근대적 국법의 최초의 저술이라고 볼 수 있는 **보댕**의『국가론 6편』(1577년)은 이러한 결정적인 중요점을 명확하게 설명하고 있다. 관리 또는 수임자로서가 아니라 계속적이며 또한 자기 고유의 권리로부터, 즉 자기 자신의 실존 때문에 최고의 권력을 가지는 사람이 주권적이다. 그는 신과 자연의 법에만 구속을 받는다. 그러나 주권의 문제에서는 그것은 전혀 문제가 되지 않으며 단지 정통적인 **현상**이 그 정치적 결정에 대해서 초월할 수 없는 장해가 되는가, 누가 그 책임을 추궁할 수 있는가, 다툼이 있는 경우에 누가 결정권을 가지는가 만이 문제가 된다. 주권자는 시간, 장소와 개별적 특수성이 그것을 요구할 때에는 법률을 변경 · 위배할 수 있다. 이 점에 바로 그의 주권이 나타나 있다. **보댕**이 주권에 관한 장(Kap. 8, Buch 1)에서 설명하는 것은 항상 기존의 법률과 권리의 무효선언 · 폐기 · 위배 · 면제와 폐지 등과 같은 개념들이었다. 17세기에는 이러한 본질적인 관점들이 체계적으로 명확하게 **홉스**와 **푸펜도르프**에 의해서 지적되었다. 중요한 문제는 항상 **누가 결정하는가**(quis iudicabit)* 하는 문제이다. 공공복리와 공통적인 이익이 무엇을 요구하는가에 관해서는 주권자가 결정한다. 국가이익은 어떤 점에 있는가. 그것은 언제 기존 법률의 위배 또는 제거를 요구하는가, 이 모든 것은 규범적으로 확정될 수 있는 것이 아니라 단지 주권적인 관헌의 구체적인 결정에 의해서 그 구체적인 내용을 수호할 수 있는 문제들이다.

4. **1789년의 프랑스 혁명**에서 자유주의적이며 민주적인 요소들이 혼합된 근대헌법이 성립한다. 그 사상적인 전제는 헌법제정권력의 이론이다. 이로써 프랑스 혁명의 국가이론은 그 후의 시대 전체를 통한 정치이론(예컨대 Egon **Zweig**, Die Lehre vom pouvoir constituant, S. V)에 대해서뿐만 아니라 근대 헌법이론의 실정법적 법학의 구성에 대해서도 근원이 되고 있다. 헌법제정권력은 정치적으로 실재하는 힘으로서의 국민을 전제로 한다. 「국민」(Nation)*이라는 말은 정확한 의미에서는 정치의식에 눈뜬 행위능력 있는 인민(Volk)이다. 역사적으로는 다음과 같이 말한다. 정치적 통일체와 국민으로서의 일체감에 대한 기본적인 관념은 유럽 대륙에서는 절대군주제의 정치적 배타성의 결과로서 생기고, 영국에서는 중세적 구조에서 국민으로서의 통일에 이르는 끊임없는 발전은 「섬나라 상태가 헌법을 대신했다」는 사정에 의해서 가능하였던 것이다. 이에 반하여 근대 유럽 국가들의 전형적인 모범인 프랑스에서는 국민의 개념도 국법상의 의의에서는 우선 이론적으로 파악되었다. 그러나 헌법이론적으로는 1789년의 프랑스 혁명에서 두 개의 다른 과정과 사고체계가 서로 구별되지 않으면 안 된다. 먼저 프랑스 국민은 헌법제정권력의 담당자로서 구성된다. 즉 자기의 행위능력을 자각하고 이로써 명백하게 긍정된 현존하는 정치적 통일과 행위능력이라는 전제 아래 스스로 헌법을 제정하는 것이다. 이 과정이 매우 활동적이며 강력한 것은 이 경우의 기본적인 정치적 결정은 특히 행위능력 있는 주체로서의 자기의 지위를 **의식**하고 자신의 정치적 운명을 스스로 결정하는 데에 있었기 때문이다. 프랑스 국민은 어떤 의미에서는 자기 자신을 구성한 것이다. 헌법을 제정함으로써 국민은 다시 나아가 특수한 실존의 종류와 형식에 관한 결정행위를 한다. 인민은 국민이 되며, 즉 자기의 정치적 실존을 의식하는 것이다. 그러나 이것은 그 이전에 인민이 존재하지 않았던 것을 의미하는 것이 아니며, 또한 인민이 헌법제정권력자로서의 자각을 가지고 국가를 만들었다는 것을 의미하지 아니한다. 정치적 존재는 헌법제정에 선행한다. 정치적으로 존재하지 않는 것은 또한 의식적으로 결정할 수 없다. 인민이 정치적으로 의식해서 행동한 이 기본적인 과정에서 정치적 실존은 전제되며, 인민이 스스로 헌법을 제정하는 행위는 국가의 창설과 구별하여야 한다.

프랑스혁명의 두 번째 의미는 그것이 시민적 법치국가헌법, 즉 국가권력의 행사를 제한하고 통제하는 헌법에 도달하고, 그럼으로써 프랑스 국가에 새로운 정치적 존재의 양식을 부여한 점에 있다. 국민이 헌법제정권력의 주체로서 절대군주제에 대항하고, 그 절대주의를 타도할 때에는 국민은 군주 대신에 마찬가지로 자기의 절대성을 주장하는 것이다. 이제 국가에서 인민이 지배하고 지배된다는 의미에서의 정치적 자동성이 실현되기 때문에, 여기서 절대성은 이전과 동일하거나 이전보다 증가하여 유지되는 것이다. 이러한 과정에서의 **정치적인** 힘이 국가권력의 앙양, 가장 격렬한 **통일**(unité)과 **불가분성** (indivisibilité)을 가져온 것이다. 이에 반하여 자유주의적 헌법률에 의해서 국가권력의 행사가 규제되고 분립되고, 또 제한되는 경우에는 이 「권력의 **분립**」은 모든 종류의 정치적 절대주의의 파기와 배제를 의미하며, 이 절대주의가 절대군주에 의해서 행사되든 또는 정치적 의식을 가질 정도로 각성된 절대적인 국민에 의해서 행사되든 불문한다. 프랑스혁명이 정치적으로 위대했던 것은 자유주의적 법치국가적 원칙들을 채택했음에도 불구하고, 프랑스 국민의 정치적 통일의 사상이 결정적인 목표라는 것을 일순간도 중단되지 않았다는 점에 있다. 국가권력의 어떠한 구별·분립·억제 그리고 통제도 정치적 통일체의 내부에서, 또한 그 틀 안에서만 행해진다는 것은 의심의 여지가 없었다. 따라서 또한 모든 헌법률의 상대적 성격도 명백하였다. 헌법은 군주와 인민 간의, 더욱 나아가서는 등족단체 간의 계약이 아니며 유일 불가분한 **국민**이 내린 자기의 운명을 결정하는 정치적 결단이었다. 모든 헌법은 이 통일을 전제로 한다.

5. 왕정복고 시대(1815-1830년)에는 군주와 등족 간에 체결되는 계약, 「헌장」이라는 중세적 관념의 부활이 시도되었다. 독일의 많은 지방에서는 아직도 중세적 이념이나 상태가 생생하게 남아 있었다. 특히 중소 국가들에서는 봉건적·등족적 협정이라는 중세적인 과정과 헌법제정권력의 행위와는 구별되지 않았다. 반혁명의 이론과 실제도 국민적 통일의 민주적 귀결을 회피하기 위해서 중세적 관념을 이용하려고 하였다.

1815년의 독일 연합의 빈 연합규약은 그 제13조에서 독일 연합의 모든 구성국가에서 「등족적 방헌법이 실시되어야 한다」고 규정하고 있었다. **등족적** 헌법은 여기서는 중세적 의미에서, 국가의 국민적 통일의 **대표**라는 근대적 **사상**과는 대립되며, **전체** 인민을 대표하는 선출된 인민대표에 대한 반대개념으로서 이용되었다. 연합규약의 이 규정에 의거하여 제정된 헌법들은 계약 또는 협약이라고 불릴 때가 종종 있었다. 그러므로 1816년 5월 5일의 작센·바이마르·아이제나하 헌법(Sachsen-Weimar-Eisenach)(Karl **August**)은 「군주와 신민 간의 계약」으로서 제정되었다. 또 그 개정도 군주와 등족 간의 공동적인 계약에 의해서만 가능하게 하였다. 그 밖의 예들(뷔르템베르크 1819년, 작센 1831년)에 관해서는 이러한 「계약」의 헌법이론적 의의를 다루는 후술 S. 64 참조.

그러한 왕정복고의 노력의 내부적 모순은 다음과 같은 데에 있었다. 즉 한편으로는 군주에 대해서는 국가의 정치적 통일을 등족적 이익대표를 위해서 포기한다는 것은 생각하지 않았다. 군주는 「등족」과 같은 개념, 그리고 이 등족과의 헌법계약이라는 국가를 해체하는 구성을 완전히 관철할 수는 없었다. 따라서 「등족적」 대표는 어떤 정치적 결정권한을 가질 수 없었다. 만약 그것이 헌법에 대해 어떤 의미를 가진다면, 그것은 (등족적 이익대표가 아니라) **정치적인 대표자**인 것이 필요하였다. 그렇지만 군주는 등족을 대표, 즉 정치적으로 통일된 **전체** 인민의 대표로 인정할 수 없었다. 인정한다면 군주는 인민을 행위능력 있는 정치적 통일체로서 인정한 것이 되며, 또한 군주만이 이 정치적 통일체의 대표이며, 또 전체 국가권력을 한손에 장악한다는 군주제의 원리를 포기한 것이 될 것이다. 「등족」간에 체결된 헌법계약과 군주제의 원리라는 두 개의 개념은 완전히 서로 용납되지 않았다. 군주제원리의 귀결은 국왕이 전체 국가권력에 의해서 헌법을 **발포하는**, 즉 일방적 행위에 의해서 헌법제정권력의 담당자로서 헌법의 내용을 이루는 기본적인 정치적 결정을 내리며, 더구나 그 후에도 그 헌법제정권력을 절대로 손에서 놓아서는 안 된다는 데에 있었다. 이 경우 헌법은 계약이 아니라 국왕이 정하는 **법률**이었다. 이러한 헌법의 모든 헌법률적 규정은 원칙적으로 **한정된** 기능만, 즉 자격, **권한**에만 관한 것이며, 한편 정치적 통일과 불가분의 원칙적으로 무한정하고 한계가 없는 「전체 국가권력」(Fülle der Staatsgewalt)은 국왕이 의회에 양도하여 이를 포기하지 않는 한, 헌법이 제정되어도 국왕의 수중에 남아있었다. 정치적으로 강력한 군주제 아래서 입헌적 헌법들은 이 군주제의 원리에 근거해서 나오며, 즉 인민대표와의 합의에 의해서가 아니라 흠정된 것이다. 헌법이 「합의에 의해서 나온」 경우에도, 적어도 독일에서는 헌법률의 조문을 확정하는 데에 인민대표가 협력했더라도 군주제의 원리는 절대로 포기되지 않았으며, 인민의 헌법제정권력이라는 민주제의 원리도 결코 승인된 것은 아니다(후술 제7장, II, S. 65 참조).

　1814년 6월 4일의 프랑스 헌장은 군주제의 원리, 즉 군주의 헌법제정권력에 의거하여 발포, 즉 흠정된 근대적 군주제 헌법의 모형이다. 그것은 「헌장」(Charte)이라는 중세적 표현을 사용하는데, 그것은 당시의 군주제의 내적으로 모순이 많았던 상황에서 볼 때 이례적이라고 볼 수 있다. 그 이유는 등족적 계약은 프랑스의 유일 불가분한 정치적 통일체에 철저하게 모순되기 때문이다. 사실상 그 「헌장」은 인민의 헌법제정권력과는 양립할 수 없었으며 군주의 헌법제정권력에 그 근거를 두고 있었다.

　6. 1830년의 7월혁명에서 프랑스에서는 헌법제정권력의 주체는 국왕이냐 아니면 국민이냐 하는 정치적 문제가 결정되었다. 국민의 헌법제정권력이라는 민주적 이론이 최종적으로 승리를 거두었다. 자유주의적 법치국가의 대변자들은 군주의 주권과 헌법제정권력이냐 또는 인민의 주권과 헌법제정권력이냐 하는 양자택일의 문제에서 회피하고 「헌법의 주권」에 관하여 말하려고 하였다(전술 제1장 II, S. 7). 그렇지만 이것으로써 문제가 해결되지 않고 회피되었을 뿐만 아니라 헌법이 헌법제정권력을 가진다는 신비적인 관념으로 감추었을 뿐이다. 그 후의 모든 프랑스의 헌법과 헌법률(1848년, 1851년, 1875년)은 국민의 헌법제정권력을 전제로 한다.

　7. **독일**에서는 1848년의 혁명에서, 일반적으로 이른바 입헌군주제, 즉 국왕과 국민대표의 양자가 정치적 통일체의 대표자로서 나타나는, 국왕의 정부와 국민대표라는 「이원주의」(R. 몰)*가 탄생하였다. 이러한 이원주의는 단지 결정을 연기하였다는 것을 의미할

뿐이다. 모든 정치적 통일체의 내부에는 하나의 헌법제정권력의 담당자가 있을 뿐이다. 그러므로 여기서는 다음과 같은 양자택일이 생긴다. 즉 군주제의 원리에 근거하여 군주가 전체 국가권력에 의해서 헌법을 발포하는가 — 또는 헌법이 국민의 헌법제정권력의 행위, 즉 민주제의 원리에 근거하는가이다. 이 두 원리는 근본적으로 대립하며 서로 혼동해서는 안 된다. 결정을 유예하고 연기하는 타협은 물론 일시적으로는 가능하다. 이 경우에는 군주와 국민대표의 양쪽에서 결정을 중단한다는 점에서만 의견의 일치를 본 셈이다. 그러나 그러한 타협은 실체적인 타협이 아니며, 위(S. 31)에서 설명한 지연적인 형식적 타협에 불과하다. 실제로 헌법은 모든 은폐와 회피에도 불구하고 군주제의 원리가 아니면 민주제의 원리에, 다시 말하면 군주의 헌법제정권력이 아니면 국민의 헌법제정권력에 의거할 수밖에 없었다. 이러한 헌법의 「이원주의」는 오래 유지될 수 없다. 모든 진정한 분쟁은 상호배타적인 정치적인 형식원리들 간의 단순한 양자택일을 드러내고 있다.

헌법이 군주에 의해서 일방적으로 발포되면, 즉 「흠정된다」면, 이 헌법은 의심할 것 없이 군주의 헌법제정권력에 근거한 것이다. 정치적 이유에서 흠정이란 형식을 피하고 헌법이 군주와 국민대표 간에 합의를 볼 때에는 군주는 명백히 자신의 헌법제정권력을 포기하고, 그럼으로써 자기의 지위의 민주적인 기초, 즉 국민의 헌법제정권력을 승인하지 않는 한, 연기적인 타협이 이루어진다. 독일의 입헌군주제 아래서는 물론 이러한 민주제원리의 승인에까지 도달한 것은 아니었다. 따라서 여기서는 이원주의적인 중간상태가 발생한 것이다. 「헌법의 주권」을 의제하고, 또 그럼으로써 정치적으로 핵심이 되는 헌법제정권력의 문제를 회피하는 것이 자유주의사상에도 부합하기 때문에 위장을 한 셈이다. 실제로, 즉 역사적·정치적 현실에서는 결정의 연기라는 이 상태는 내정과 외정상의 상태가 균형되고 안정되었을 때에는 가능하였다. 위기 시에는 미해결의 모순과 결정의 필연성이 표면화하는 것이다. 영국의 예가 보여주듯이, 장기간에 걸친 점진적인 발전 속에 하나의 원리가 다른 원리를 서서히, 그리고 공공연하게 충돌 없이 배제한다는 것도 그 자체로서는 생각 못할 것도 없다. 그러나 유럽 대륙의 국가들은 외부로부터의 공격을 받지 않고, 또한 광대한 식민지에 보다 거대한 부를 이룩한 섬나라라는 혜택 받은 상황에 있지는 않았다.

입헌군주제는 독일에서는 1918년까지 존속하였다. 유리한 경제적·정치적 사정의 결과, 그러한 결정적인 양자택일은 관심이 없는 문제로서 전혀 고려되지 않았다. 「헌법」에 규정되지 아니한 것은 「비법학적」인 것으로서 해명되지 않고, 또한 동시에 헌법은 앞(제2장, S. 11)에서 서술한 방법으로 헌법률에로 형식화되고 상대화되었다. 이것이 「실증주의」인데, 헌법이론적으로는 실제로 루이 필립 시대, 즉 당시의 자유주의 원리의 단계를 벗어나지 못하였다. 로렌츠 폰 **슈타인**과 같은 위대한 비평가에 의해서도 「가장 순수한 형태의 **입헌주의**의 시대」라고 불렸다. 1918년의 혁명 **후에**서마저 이러한 종류의 자유주의의 빈껍데기는 **켈젠**의 「규범적 국가론」에서 더욱 잠시 동안 보존되려고 노력하였다.

그러나 그것은 이미 「이성의 주권」에 대한 낡은 자유주의 신앙이 아니며, 한편으로는 주권자로서의 「헌법」, 다른 한편으로는 특정한 절차에 의해서 개정되는 헌**법률**상의 개개의 규정들에로 헌법의 상대화와 해체라는 모순된 태도였다. 독일 입헌군주제의 헌법은 국왕의 권력에 대한 법치국가적인 제한을 가지며, 입헌군주제의 특징이었던 두 사람의 대표자(군주와 국민대표)라는 이원주의를 나타내는데, 군주제의 원리는 배제되지 않았다. 국민대표에게 그 권능으로서 헌법률상 부여된 것은 원리적으로 **한정되며**, 국민대표는 입법의 분야에서 일정한 **권한**을 가지는데, 그 밖의 점에서는 권한의 「추정」은 군주에게 있다. 이러한 독일형 입헌군주제의 특색을 가장 잘 나타낸 것은 막스 폰 **자이델**의 다음과 같은 말이다(Max von Seydel, Über konstitutionelle und parlamentarische Regierung, 1887, Abhandlungen, S. 140). 즉 「의회제 군주는 그 의회가 기능하지 않을 때에는 자기의 국가권력을 다시 회복할 수 없다」. 이에 반하여 독일의 입헌군주는 심각한 충돌, 즉 주권과 헌법제정권력의 문제에 관한 충돌이 일어나면 다시 자신의 국가권력을 회복하는 것이다. 군주는 여전히 헌법제정권력의 담당자이며, 따라서 헌법률로는 규제할 수 없는, 원리적으로 **무제한한** 권력의 담당자였다. 이러한 헌법제정권력을 가지는 것이 군주냐 국민대표냐 하는 양자택일의 문제는, 여하튼 국민에게 유리하게 결정될 수는 없었고, 이러한 이유에서 보더라도 군주의 권력과 권위가 계속되는 한, 그 권력은 군주에게 있다고 하지 않을 수 없다. 결정이 연기되는 그 밖의 경우와 마찬가지로, 여기서도 지금까지의 **현상**(status quo), 즉 군주제의 원리가 유지되었다. 거기에서 군주 역시 국가의 단순한 「기관」(Organ)이며, 주권자는 군주도 국민도 아니며, 「유기체」(Organismus)로서의 국가라는 것이 국가학에서 강조되었는데, 이것은 단체주의적인 비유에도 불구하고, 저 자유주의적인 방법에는 완전히 적절하게 일치하였으며, 이 방법은 헌법제정권력의 주체문제와 정치적 통일체의 결정적인 **대표**의 문제를 회피하고, 그 대신에 주권자로서의 제3자 ― 그것이 자기 자신을 정립하고, 스스로 또 그 자신에서 주권자이며, 따라서 하늘로부터 내려온 것 같은 「헌법」이든 주권자로서의 「유기체」이든 ― 를 만드는 것이다. 이론적인 성과도 동일하였다. 그러나 정치적 및 국법학적인 **실제**에서는 분쟁 시에 바로 누가 국가권력의 담당자이며 정치적 통일의 결정적인 대표자인가는 곧 판명되었다. 그것은 군주였다.

1862년부터 1866년에 이르는 프로이센에서의 군주와 방 의회 간의 분쟁기간에, 군주의 정부는 헌법이 방의회에 의한 예산확정거부의 경우에 대해서 규정하지 않고, 즉 그러한 경우가 구제되지 않았으며, 따라서 군주의 정부는 자유로운 행동을 할 수 있다는 입장을 취하였다. 다시 말하면 여기서 헌법은 하나의 「흠결」을 가지게 되고, 따라서 군주는 자기 자신을 위하여 무제한적인 권한의 추정을 요구할 수 있었다. 그러한 「흠결」이라는 것은 항상 있을 수 있으며, 예기치 않았던 경우라는 주장이 효과적으로 제기될 수 있다는 것은 헌법분쟁의 본질에 속한다. 「헌법의 주권」에 관한 모든 규범적 표현방법의 불만족성은 여기서 특별히 선명하게 나타난다. 1862년의 프로이센 분쟁 기간에 군주의 정부는, 그것은 헌법에서의 하나의 흠결이라는 주장 아래 비단 정치적으로 뿐만 아니라 국법적으로도 효과를 보았다. 독일 국법학자들의 전형적인 의견(**Meyer-Anschütz**, S. 906)은 **비스마르크**의 이론을 부인했지만 이 문제는 대체로 법률적 문제가 아니라는 결론, 즉 「**국법은 여기서 끝난다**」*라는 결론에 도달하였다. 그러므로 그 의의와 가치를 분쟁을 해결하는 데에서 바로 찾아야 하는 규범들은 그 규범 자체로부터는 아무런 해답을 도출시킬 수 없는 것이다! 그러므로 사태는 원위치로 돌아갈 수밖에 없다. 즉 정치적 통일체를 대표하는 군주가 위급한 시기에는 첫째로 흠결을 발견하고, 둘째로 그 흠결의 보충을 결정할 수 있는 것이다. 이러한 단순한 법률사태를 혼란케 하는 수단이 되는 많은 국법적 궤변들은 오늘날에는 이론적·실제적인 가치를 모두 상실하게 되었다. 그렇지만 당시 국법이 헌법의 중요하고 의의 있는 문제가 시작되는 곳에서 바로 끝났다는 것은 역사적으로 특별한 흥미를 가진다.

8. 1867년 7월 26일의 북독일연방 헌법은 연방국가들에서의 이러한 헌법상태를 전제로 하였으며(세 개의 한자 도시들의 사소한 특수성은 여기서 전혀 고려하지 않는다), 1871년 4월 16일의 제국 헌법도 마찬가지였다. 모든 진정한 연방에 속해 있는 동질성은 먼저 독일 인민의 국민적 공속성을, 이어서 연방 지분국의 헌법상태의 동종성을 근거로 하고 있다. 연방헌법은 연방으로 결합한 각 정치적 통일체의 헌법계약이다. 그러나 연방헌법은 나아가 보통선거에 의해서 선출된 국민대표, 제국 의회와의 **합의**에서 나온 것이다. 그 법적 이론구성에 대해서는 후술 제7장, II, S. 64 참조.

9. 1918년 11월의 혁명과 함께 독일에서는 국민의 헌법제정권력이라는 민주제의 이론이 실제로 적용되었다. 그러나 이론적으로는 물론 헌법학은 여전히 오늘날(1927년)에까지 완전히 전전의 사고방식을 지속하고 있었다. 국왕의 헌법제정권력에 대해서 형식적인 회피의 방법으로 유지되어 왔던 자유주의적 입헌주의가 입헌민주제에 대해서도 처음에는 관습으로서만 유지되었다.

a) 1918년 11월 10일부터 1919년 2월 6일에 이르는 기간에 (이른바 헌법제정국민회의 개최) 6인으로 구성되는 (1918년 12월부터는 5인) 「인민위원회」가 노동자와 병사위원회의 감독 아래 **임시정부**를 지도하였다. 노병위원회라는 명칭 아래 구성된 위원회는 정치권력의 담당자로 인정을 받았고, 민주적인 원칙에 따라서 전체 독일 국민에 의해서 선출된 헌법률을 의결하기 위해서 개회될 때까지 정치권력을 유지하였다.

1920년 7월 8일의 라이히 재판소의 판결에서(RGZ. Bd. 100, S. 26) 이렇게 말한다. 「1918년 11월 7일부터 1919년 2월 6일에 이르기까지의 역사적 경과를 볼 때, 1918년 11월 10일에 이미 노동자·병사위원회의 지방적 하부구조 위에서 인민위원회를 정점으로 하는 새로운 정부가 설립되었다는 것은 부인할 수 없다. 그 수립은 폭력적 방법으로 행해졌지만, 기존 국가권력의 아무런 저항도 받지 않았다. … 이와 같이 새로운 정부는 이렇다 할 커다란 투쟁 없이 수립되었으며,

새로운 정부가 자진해서 그 권능을 국민의회에 이양할 때까지 그 권력적 지위를 아무 도전도 받지 않고 유지할 수 있었다」. 1922년 4월 4일의 판결(RGZ. Bd. 104, S. 258)에서는 RGSt. Bd. 53, S. 65, Bd. 54, S. 149와 S. 152를 참조하면서 「독일이 혁명 후 최초의 몇 개 월 내에서 '위원회공화국'을 형성하였는가」 하는 문제는 미해결로 방치되었다.

1918년 11월부터 1919년 2월까지의 이 중간단계에 대해서는, 이 3개월 동안에 독일 라이히의 새로운 특별한 헌법이 성립하고, 독일 라이히는 1918년 11월 9일부터 1919년 8월 11일까지 세 개 내지 네 개의 헌법, 즉 우선 1918년 11월 9일까지의 구 제국의 군주제헌법, 이어서 소비에트 헌법, 나아가 1919년 2월 10일의 바이마르 국민의회 의 민주적 잠정헌법, 끝으로 1919년 8월 11일의 바이마르 헌법을 가진 것처럼 생각해서는 안 된다. 오히려 1919년 2월 6일까지의 3개월 동안은, 민주적 헌법이란 의미에서의 임시정부가 성립한 것이다. 모든 혁명에서 헌법제정권력의 담당자에 의한 새로운 정치적 결정이 내려지기까지는 언제나 이러한 정부가 수립되는 것이다. 혁명의 성공으로 당연히 새로운 상태, 새로운 현상(現狀)이 나타나는(전술 제1장 S. 5) 한에서, 이 중간단계를 부정확하지만 새로운 헌법이라고 부를 수 있다. 그러나 이 3개월에 걸쳐 존재한 노병위원 회는 자신을 단순한 임시정권으로만 보고 국민회의가 개최되자 곧 그 전체권력을 국민회 의에 자발적으로 이양하였다.

노동자 · 병사위원회는 「정부」로서 승인되었다. 그 위원회의 감독 아래 기존 국가행정기구가 그 공무원으로서 계속해서 사무를 처리하였다. 그러므로 1793년에 프랑스에서 자코뱅당의 집권으로 행해졌고, 또 1918년에 러시아에서 볼셰비키파에 의해서 행해졌듯이, 완전히 새로운 기구를 설립하기 위해서 기존 행정상태가 전복되고 낡은 국가체제를 분쇄하는 일은 없었다. 그 「기구」는 지도를 바꾸어서 그대로 유지되었다. 즉 그 지도는 인민위원회가 장악하였다. 대 베를린의 노동자 · 병사위원회의 집행위원회(독일 노동자 · 병사위원회의 임시대표)와 인민위원회 간에 성립된 1918 년 11월 23일의 협정은, 정치권력은 독일 사회주의공화국의 노동자 · 병사위원회의 수중에 있다는 것, 베를린 집행위원회가 독일의 노동자 · 병사위원회의 대의원 총회가 개최될 때까지 그 기능을 행사할 것, 인민위원회가 「집행권」을 인수할 것을 확정시켰다. 이 모든 것은 **옐리네크**(W. Jellinek, Jahrb. d. öffentl. Rechts, IX, 1920, S. 21)*가 설명하고 있듯이, **헌법** 또는 헌법전이 아니라 임시정부의 규율이다. 1918년 12월 16-18일의 독일의 노동자 · 병사위원회의 총회의 결의에 의해서 노동자 · 병사위원회가 민주적 헌법의 의미에서의 임시정부로서만 간주될 수 있다는 것을 명확히 하였다.

b) 1919년 2월 6일에 바이마르에서 개최되고, 민주제의 원칙들(보통 · 평등 · 직접선거 법)에 따라서 선출된 **국민회의**는, 독일 국민의 헌법제정권력을 행사하고, 독일 국민이 내린 정치적 결정의 내용과 그 실시에 필요한 헌법률 규범을 작성하였다. 국민회의는

헌법제정권력의 주체 또는 담당자가 아니며 그 수탁자에 불과하였다. 이 헌법률이 제정되기까지는 국민의회는 독일 국민의 정치적 전체 결정에 의해서 명백하게 된 그 밖의 어떤 법적 구속도 받지 않았다. 여하튼 그것은 독일 국민의 정치적 통일체의 조직된 유일한 권력이었다. 헌법률의 제정이라는 그 임무가 완료되기까지는, 국민회의에는 어떠한 헌법률상의 제한도 없었다. 국민회의의 집회 후 곧 발포된 이른바 **잠정**헌법(1919년 2월 10일의 잠정 국가권력에 관한 법률)은, 의사규칙과 마찬가지로, 국민회의의 단순다수로 언제나 변경하고 또 파기할 수 있었다. 시민적 법치국가의 헌법이론적인 표현으로는 이처럼 한 곳에 전체 국가권력을 집중하는 상태를 「독재」라고 부른다. 지금까지의 헌법률의 혁명적인 배제 후에 집회하는 「헌법제정」 회의의 독특한 지위는 「주권적 독재」*라고 부르는 것이 가장 적절할 것이다. 이 지위는 민주적 헌법의 기본관념에서 볼 때 이해할 수 있다. 새로운 헌법률의 문서가 효력을 발생하기까지는 헌법제정회의는 정치적 통일체의 유일한 헌법상의 집정관으로서, 또한 국가의 유일한 대표자로서 행동한다. 그것이 하는 모든 것은 모두 권력분립 또는 헌법률에 의한 통제로 제어되지 않는 직접적으로 위탁된 정치권력의 직접적인 결과이다. 따라서 헌법제정회의는 자기 자신에게 부과하는 어떠한 제한 이외의 어떠한 제한에도 따르지 않으며, 사정에 따라서는 필요하다고 생각하는 어떠한 조치도 취할 수 있으며, 이것이 **독재**의 본질적인 내용이다. 그것은 관할을 가지지 않으며 본래의 의미에서의, 즉 사전에 규제되었고 또 획정된 직무영역이라는 의미에서의 권한을 가지지 아니한다. 그 권능과 그 수권의 범위는 전적으로 그 재량에 맡겨지며, 수권과 수탁자의 재량과의 이러한 결합도 **독재**의 특색이다. 그러나 헌법률적으로 규범화하는 어떠한 틀도 존재하지 않기 때문에, 이 독재는 수임적인 것이 아니며, 즉 기존의 문서화된 헌법률에 의해서 제약을 받는 것이 아니라 주권적인 것이다. 그러나 다른 한편, 독재는 변함없이 **위탁**인 것이다. 즉 헌법제정회의 그 자체는 주권자가 아니며 항상 국민의 이름과 위탁으로 행동하며, 국민은 정치적 행동에 의해서 언제나 수탁자의 권한을 부인할 수 있는 것이다.

1919년 2월 10일의 잠정 국가권력에 관한 법률 제1조에서, 독일 국민회의 자신은 「장래의 라이히 헌법과 아울러 그 밖의 긴급한 라이히 법률을 의결하는」 것을 그 임무라고 규정하고 있었다. 여기서 국민회의가 긴급한 라이히 법률을 의결할 뿐만 아니라 사정에 따라서 필요한 모든 **조치**를 취할 수 있다는 것을 주의할 필요가 있다. 「긴급한 라이히 법률」이라는 표현에서도, 이미 내용적으로 보아 이러한 법률도 어느 정도까지 단순한 조치로서만 생각되고 있었다는 것을 알 수 있다. 그렇지만 프랑스 혁명에서 강조되고 있던 법률과 조치의 법치국가적 구별은, 독일에서는 「형식적 법률개념」에 의해서 혼란하게 되고 완전히 망각되었던 것이다(후술 제13장, III, S. 146 참조).

c) 1919년 8월 11일의 바이마르 헌법은 1919년 8월 14일에 효력을 발생하였다. 이로써 주권적 독재를 수반하는 「헌법제정」 회의로서의 국민회의의 지위는 종말을 고하였다. 이제 새 헌법에 근거를 두고 헌법률에 의해서 규율되며, 획정된 권한을 가지는 의회가

동일한 방법으로 헌법상의 기관의 하나로서 존속한 것에 불과하였다.

그러므로 1919년 8월 20일에 설치된 라이히 의회의 조사위원회는, 모든 증거를 제시하여 전쟁의 발발, 장기화와 그 손실, 등한시했던 강화가능성을 조사하는 것을 그 직책으로 하며, 이미 헌법률적 제약에 복종했으며, 제국 헌법 제34조에 의해서 제약된 기능의 범위 안에서만 행동하였다 (이에 관해서는 Erich **Kaufmann**, Untersuchungsausschuß und Staatsgerichtshof, Berlin 1920, S. 18 ff. 참조).

1919년 8월 11일의 바이마르 헌법은 독일 국민의 헌법제정권력에 근거하고 있다. 가장 중요한 정치적 결정은, 전문의「독일 국민은 이 헌법을 제정하였다」, 그리고 제1조 2항의「국가권력은 국민으로부터 나온다」는 규정에 포함되어 있다. 이러한 규정들은 구체적인 정치적 결정으로서 바이마르 헌법의 기초, 즉 국민, 다시 말하면 자기의 정치적 실존을 의식한 행위능력 있는 통일체로서의 독일 국민의 헌법제정권력을 나타내고 있다.

VII. 계약으로서의 헌법
(진정한 헌법계약)

I. 이른바 국가계약 또는 사회계약과 헌법계약 간의 구별.

국가의 기초를 **계약**에 ― 그 계약이 단지 이론적으로 구성된 것이건, 또는 역사적으로 설명된 것이건 간에 ― 두고, 또 그럼으로써 국가의 발생을 법적으로 설명하려고 노력하는 무수한 국가이론적 구성은, **헌법**을 발생하게 하는 수단이 되는 협정 또는 계약과 구별되어야 한다. 양자는 혼동될 때가 때때로 있는데, 특히 미국의 자유헌법의 기초가 되는 국가이론적 고려와, 1789년의 혁명기의 프랑스의 국가이론가와 정치가들의 설명에서 그러하였다. 사람들은 일정한 종류의 헌법을 헌법의 이상개념과 결부시켰는데(전술 제4장 S. 38 참조), 이어서 이 헌법을 국가 자체와 동일시하였고, 또 그러한 방법으로 헌법의 제정, 즉 헌법제정권력의 행위를 국가 일반의 창설 ― 구성 ― 로서 생각하였다. 인민이 국민으로서 자기의 행위능력을 처음으로 의식하게 되면, 그러한 혼동과 동일시는 아마 이해할 수 있을 것이다. 그렇지만 국민의 헌법제정권력에 그 근거를 두는 헌법은 사회계약, 즉 "Contrat Social"과 본질적으로 다르다는 것을 명심해야 한다. 국민의 헌법제정권력의 민주적인 원리는, 헌법은 정치적으로 행위능력이 있는 국민의 행위에 의해서 성립한다는 결론에 도달하게 된다. 국민이 헌법제정권력의 주체가 되려면, 먼저 정치적 통일체로서 존재해야 하며 또 전제되어야 한다. 이에 반하여 사회계약·조합계약 또는 국가계약(이들 계약의 구별은 여기서는 설명할 필요가 없을 것이다)의 이론구성은, 국민의 정치적 통일체를 일반적으로 형성하는데 비로소 기여한다. 따라서 사회계약은, 사람들이 그 이론구성을 일반적으로 필요하다고 생각할 때에는 국민의 헌법제정권력의 학설에서는 이미 전제되고 있다. 적극적 의미에서의 헌법, 즉 헌법제정권력의 주체가 정치적 통일체의 종류와 실존형식에 관하여 내리는 구체적인 정치적 결정이란 의미에서의 헌법과 사회계약은 결코 동일한 것이 아니며, 더구나 그러한 결정에 근거하여, 또 그것을 집행하기 위하여 공포되는 **헌법률적** 규율과 동일한 것은 아니다.

　　최근의 이러한 혼동의 예로서는 Fleiner, Schweizerisches Bundesstaatsrecht, S. 392. 즉 「헌법은 국가생활의 기본원칙을 제시한다. 그것은 민주제(원문대로)에서는 최고규범, 즉 국가의 기초, **루소**의 의미에서의 사회계약이다」.

　　(1) 존 **애덤즈**＊에 의해서 기초되었고, 상당히 전형적이며 모범적인 된 미국의 매사추세츠 헌법(Ch. **Borgeaud**, Etablissement et Revision des Constitutions, Paris 1893, S. 23 참조)은 그 전문에서 다음과 같이 말한다. 「정부의 목적이 달성되지 않을 때에는 인민들은 정부를 바꿀 수 있다. 정치적 통일체는 개인의 자유로운 합의로 형성된다. 정치적 통일체는 인민의 전체(!)가 각 시민과, 또한 각 시민들이 시민 **전체**와 일반적인 이익을 위해서 확립된 법률에 의해서 통치를 받을 것을 약정하는 사회계약의 결과이다. 그러므로 헌법을 정립할 때에 입법의 정당한 방법과 법률의 공평하고 성실한 행사와 적용을 도모하는 것은 인민들의 의무이다」. 시민의 전체는 여기서 정치적 통일체로 전제된다.

　　루소에서도 국가를 건립하는 「사회계약」은 국가권력의 행사를 규율하는 정치적 또는 기본적 법률과 구별한다(Contrat social, Buch II, Ch. 12 참조). 1789년의 프랑스 국민의회의 심의에서도 그 구별이 처음에는 명백하게 나타났었는데, 사회계약과 헌법의 혼동은 나중에 비로소 나타나게 되었다(E. **Zweig**, a. a. O. S. 330; **Redslob**, Staatstheorien, S. 152 ff. 참조).

　　칸트에서는 「시민 간에 시민적 헌법을 건립하는 계약」(pactum unionis civilis)은 일반적인 사회계약(이 계약에 의해서 다수의 인간들이 전체와 결합하게 된다)의 독특한 한 종류이다. 시민적 사회의 구성은 동시에 「시민적 헌법의 건립」이다. 헌법은 시민의 결합이 일반적으로 비로소 성립하게 하는 행위이다. 그러므로 여기서 헌법은 절대적 의미로서 사용된 것이 아니며, 또 여기서 사용한 적극적 의미에서 사용한 것도 아니다(Vom Verhältnis der Theorie zur Praxis im Staatsrecht, Ausgabe **Vorländer**, S. 86).

　　그러므로 헌법**계약** 또는 헌법협정은 정치적 통일체를 **설립하는** 것이 아니라, 그것을 전제로 한다. 그것은 지방공공단체 또는 공동체의 기초가 되는 「협약」이 아니며, 그 말의 가장 넓은 의미에서의 「정부계약」인데, 여기에서의 「정부」는 입법부와 사법부와 구별되는 집행부만을 의미할 뿐만 아니라, 조직된 국가의 행동의 전체를 의미한다. 자연법의 국가이론의 표현에서는 그것은 **결합계약**(pactum unionis)이 **아니며**, 또 **복종계약**(pactum subjectionis), 즉 기본적이라고 전제된 국가권력의 행사에 대한 조건과 제약을 내용으로 하고, 기존 정치권력에 복종하는 복종계약도 아니다.

　　(2) 진정한 헌법계약은 여러 국가가 공동으로 하나의 새로운 **단일국가**를 형성하게 하는 계약을

상호간에 체결하고, 그럼으로써 그들의 지금까지의 정치적 실존이 이 새로운 국가에 매몰되게 하는 경우로부터도 구별되어야 한다. 비록 이 계약을 체결할 때에 새로운 단일국가의 헌법이 합의된다고 하더라도, 이 헌법이 그 효력을 지속하는 것은 계약에 의거하는 것이 아니라 새로운 단일국가의 헌법제정권력의 의사에 그 근거를 두는 것이다.

Ⅱ. 진정한 **헌법계약**은 적어도 **두 가지**가 이미 존재하며, 또 계속해서 존재하는 계약당사자를 전제로 하는데, 그 각자는 모두 헌법제정권력의 주체, 따라서 정치적 통일체이다. 진정한 헌법계약은 보통 **연방**계약이다.

정치적 통일체의 **내부에서의** 부진정한 헌법계약에 대해서는 다음 2에서 설명한다.
후술 Ⅳ, 4 (S. 73)에서 다룬 국제법상의 (종속) 조약은 그것이 조약의 한 당사자로부터 다른 당사자를 위해서, 그 고유한 정치적 실존의 종류와 형식에 관한 자유로운 결정권, 따라서 또한 적극적 의미에서의 헌법을 박탈하는 한에서만 헌법계약이라고 할 수 있다.

연방계약에 의해서 하나의 새로운 헌법이 성립한다. 연방의 모든 구성국가들은 하나의 새로운 정치적 전체상태를 유지하며, 따라서 연방 그 자체의 정치적 통일체와 연방 구성국가들의 정치적 실존이 나란히 존재하게 된다. 연방헌법의 독특한 곤란성과 특수성은 이 책의 마지막 장(제29장)에서 다룰 것이다. 여기서는 다음의 것만을 명백히 하기로 한다.

1. **다수의 독자적인 정치적 통일체 간의 연방계약**은 진정한 **헌법계약**이다.

2. **하나의 정치적 통일체의 내부에서의 헌법계약.** 그러한 「헌법계약」의 관념은 역사적 이유와 특수한 사정, 즉 입헌군주제의 「이원주의」로부터만 설명된다. 하나의 정치적 통일체의 내부에서의 헌법제정권력의 주체에 관한 문제는 위(제6장, S. 53)에서 설명했듯이, 국민인가 군주인가, 다시 말하면 자기 자신과의 **동일성**을 의식하고, 정치적으로 행위능력이 있는 통일체로서의 국민이냐 또는 정치적 통일체의 **대표**로서의 군주냐 하는 단순한 양자택일의 문제를 해결함으로써 헌법이론적으로 해답을 얻을 수 있다. 단일하고 동일한 정치적 통일체의 테두리 안에서는 언제나 하나의 헌법만이 **주어질** 뿐이며 협정될 수는 없다. 그 이유는 진정한 헌법합의는 다수의 정치적 통일체의 존재를 전제로 할 것이기 때문이다. 19세기에 독일에서 성립한 수많은 헌법합의들이 헌법제정권력의 주체에 관한 문제를 미해결의 상태로 남겨 놓았던 것도 바로 위에서 서술한 것의 결과이다. 이러한 헌법합의는 분쟁사태를 결정하지 못하고 내버려두는 타협을 의미하였다. 군주에 의해서 일방적으로 흠정된 헌법, 즉 합의를 보지 않은 헌법에서 헌법이 「입법의 통상적인 절차를 따라서」 개정될 수 있다고 규정된 경우에도, 이것 역시 그러한 타협을 의미한다. 왜냐하면 여기의 「입법의 절차」라는 것은 「인민대표의 참가와 동의」 이외에 아무것도 의미하지 않기 때문이다. 이 때문에 헌법은 실제로 법률이 되는 것이 아니며, 또 계약도

아닌 것이다. 그러나 위(제2장, S. 11 f.)에서 설명한 헌법개념의 상대화, 즉 헌법=헌법개정
법률을 초래하는 혼동이 있음은 명백하다. 중요한 것은 여전히 같은 것인데, 그것은
인민대표의 결정적인 참여였다. 그러므로 사람들은 다음과 같은 공공연한 모순도 주저하
지 않고 받아들였다. 즉 그 헌법은 하나의 **계약**이었고, 다시 말하면 그 헌법은 흠정된
것이 아니라 군주와 인민대표 간에 합의되었다는 것이다. 한편 법률에 대한 인민대표의
참가와 동의가 필요한 한에서는, 헌법은 **법률**이었다.

헌법「협정」의 예(그러나 이 협정에서도 헌법이 「군주로부터 하사되었다」고 표시하는 것이
보통은 배제되지 않았다). 1819년 9월 25일의 **뷔르템베르크** 헌법. 「이리하여 마침내 최고의
결단과 최고의 경건한 봉답으로서 **완전한 쌍방의 합의**가 다음의 점들에 관하여 이루어졌다」.
1831년 9월 4일의 작센 헌법. 「짐은 … **등족의 조언과 동의**를 얻어서 우리나라의 헌법을 다음과
같이 제정한 것을 여기에 선언한다」. 때때로 헌법은 군주에 의해서 **제정되었지만**, 그 변경과
해석은 「등족」 또는 「의원」(議院)의 동의에 구속되게 하기도 한다. 가령 1820년 12월 17일의
헤센 대공국 헌법의 전문과 제110조는 헌법이 「입법의 보통절차에 의해서」 개정할 수 있다는
규정을 내포하며, 군주에 의해서 일방적으로 발포된 헌법의 예로서는 1850년 1월 31일의 프로이센
의 (흠정) 헌법 제106조가 있다.

3. 북독일연방과 독일 제국의 건설에 있어서는 진정한 헌법합의, 즉 연방계약이
2항에서 설명한 정치적 통일체 내부에서의 부진정한 헌법합의와 동시에 행해진 것이다.
북독일연방의 헌법과 관련을 가지는 1867년 7월 26일의 공고(Bundesgesetzblatt, S.
1; Triepel, Quellensammlung, 4. Aufl. S. 333)는 다음과 같이 말한다. 즉 「북독일연방의
헌법이 짐(프로이센 국왕), 작센 국왕과 헤센국 대공전하 등에 의해서 이 목적을 위하여
소집된 **의회와 합의하여**」 운운 하고 있다. 여기서 연방국가들(프로이센·작센·헤센 등)에
의해서 체결된 **연방계약**(이것은 본래의 헌법합의다)과, 연방과 인민대표 간의 취해진 합의
(**부진정한 헌법계약**)는 구별되어야 한다. 연방의 개별 구성국가 내부에서 이른바 헌법계
약 또는 헌법합의가 이루어졌다면, 그것도 부진정한 헌법계약이었다. 1867년의 표현법은
물론 등족적 계약이라는 중세의 관념에 결부된 의미를 상실한지는 이미 오래되었고,
단지 헌법은 국왕에 의해서 흠정되어서는 안 된다는 정치적 의의만을 가질 뿐이었다.
그것은 근대적 이념에 대한 하나의 양보였으며, 그 결과는 위와 같은 비진정한 타협이기는
하였지만, 안정된 시대 또는 아주 다행스러운 시대에는 매우 타당성 있는 타협이기도
하였다. 이로써 독일 국민의 헌법제정권력은 전혀 인정을 받지 못했던 것이다. 그러나
타협이 가능하였다는 사실은, 매우 불명확하고 불완전한 것이지만 어느 정도 국민의
헌법제정권력, 즉 민주적 원리의 승인을 의미한다고도 볼 수 있었다. 그러므로 이처럼
모순으로 가득 찬 불명확성의 약점은 이론적으로는 제국 헌법에서의 연방적 요소(즉
진정한 헌법계약적 요소)와 **헌법률적** 요소의 관계와 같은 해결할 수 없는 문제로 나타난다.

실제 정치적으로는 제국 의회가 제국 정부에 대해서 영향력을 미치기 시작한 1917년 여름 이후의 세계대전과 같은 위기적 상황 속에서 나타났다.

4. **민주적인 기초에 입각한**, 즉 국민의 헌법제정권력을 가지는 **연방헌법**에서는 연방은 그 구성국들에서의 일정한 동종성, 실질적인 동질성을 전제로 해야 한다는 요건 때문에 특별한 어려움이 제기된다(후술, 제30장 Ⅲ). 그러므로 연방의 여러 구성국가에서의 인민들의 국민적 동종성은, 국민적 통일체의 감정이 충분할 정도로 강력할 때에는 연방 헌법 일반의 사상과 쉽게 모순을 초래할 것이다. 왜냐하면 정치적 통일체로서의 인민의 헌법제정권력은 인민의 국민적 동종성과 국민적 의식이 연방 내에서의 여러 구성국가들의 제약을 타파하고, 구성국가들 간의 연방적 헌법합의 대신에 통일적인 국민의 헌법제정권력의 행위를 가져오는 것은 민주제 원리의 귀결이기 때문이다(후술 S. 388).

1919년 8월 11일의 독일 라이히 헌법은 독일 국민의 헌법제정권력의 그러한 행위에 기초를 두고 있다. 따라서 그 헌법은 계약이 아니며 그러므로 연방헌법도 아니었다. 이에 반하여 1871년 4월 16일의 제국헌법은 그것이 의거하고 있는 타협 때문에 이 문제는 미해결의 상태로 남아있게 하였다. 그 불가피한 결과는 자동적으로 폭로되지 않을 수 없었다. 특히 명백하고 솔직하게 **비얼링**(Bierling, Juristische Prinzipienlehre, Ⅱ, Freiburg 1898, S. 356 ff.)은 ― 물론 국법적이라기 보다는 법철학적인 의미에서이지만 ― 북독일연방과 독일제국의 건설은,「그 법적 효과와 타당성을 그로 인하여 구성된 보다 높은 공동체의 **전체 주민의** 직접적인 **승인**에 되돌려야 한다」고 말했다. 연방의회, 즉 제국 의회의 선거에서 이 승인은 미리 포함되어 있었다고 보아야 할 것이다.「사실 법의 정립 자체는 일정한 방향으로 향하여 ― 한편으로는 국제법의 관점에서, 또 다른 한편으로는 개별 국법의 관점에서― **법률행위**라고 볼 수 있는 형식으로 실시되었다. 그러나 법정립의 내용은 그러한 국제법적 법률행위와 개별 국법적 법률행위의 성격상 설정된 정도를 훨씬 초월하고 있었다」. 그것은 실제로는 독일 국민의 헌법제정권력, 즉 민주제를 의미한다. 그러나 독일 제국의 합의적인「연방적」요소는 이러한 민주제의 귀결에 대항하는 것을 가지고 있었다. 그러므로 1918년 11월의 이 제국 헌법의 종말에 이르기까지, 한편으로는 제국 의회와, 다른 한편으로는 연방참의원과 제국 정부 간에 항상 새로운 의견의 차이와 대립이 발생하게 되었다. 제국 정부는 제국의 연합적 또는 연방적 요소를 강조하고, 의회주의(제국 정부가 제국 의회의 신임에 의존하는 것)와 연방주의는 **절대적인** 대립물이며, 따라서 **절대로** 일치하지 않는 것으로 간주하였다. 그러나 이러한 대립의 절대성은 조직형태와 제도들의 차이성에 있지 않으며 ― 그러한 다양성은 항상 상대적인 것에 불과하며, 따라서 수많은 실제적인 결합을 가능케 한다 ― 군주제 원리와 민주제 원리의 대립에 있다. 이 대립은 헌법제정권력, 즉 정치적 통일체 전체의 실존형태에 대해서 내리는 구체적인 결정에 관한 것이다. 여기서는 아마 연기적인 타협, 즉 결정의 연기와 유보는 가능할 수 있지만 불가피한 양자택일의 문제를 조화적인 공존의 문제로 변화시킬 수 있는 실질적인 타협은 불가능한 것이다.

III. 진정한 헌법계약은 언제나 상태계약(Statusvertrag)**이다.** 그것은 계약당사자로서 다수의 정치적 통일체를 전제로 하는데, 그러한 정치적 통일체들은 그 자체가 하나의 정치적 상태를 가지는 것이다. 그 계약의 내용에는 그 합의에 참가하는 모든 국가들을 위해서 하나의 새로운 상태를 설정하는 것이 내포되어 있다.

이 계약은 **자유**계약인데, 그것이 계약을 체결하는 주체의 의사에 의거하고 있다는 한도 내에서 만이다. 이 계약은 근대 사법상의 계약개념과 「자유계약」에 근거한 시민적 자유주의적 사회질서라는 의미에서의 자유계약은 결코 아니다.

1. 자유계약과 상태계약을 구별할 필요가 있는데, 그 까닭은 계약이라는 말이 다의적이기 때문이다. 중세기의 저술가들이 국가 또는 정부를 「계약」으로 설정하고, **홉스**와 같은 17세기 철학자가 「계약」이라는 말을 사용했고, 또 끝으로 20세기에 한 시민적 상대주의자가 국가는 계약에 그 기초를 두고 있다는 옛 사상을 완화하여, 현대의 민주적 의회제 국가를 「타협」이라고 정의하는 경우에, 「계약」이라는 말에는 그러한 여러 가지 관념들이 전제되어 있기 때문에, 상세한 구별을 하지 않고 「계약은 준수되어야 한다」(pacta sunt servanda)는 문장을 선언하는 것은 아주 무가치하고 목적 없는 일이 될 것이다.

자유주의적 시민적 법질서와 사회질서라는 의미에서의 자유계약에는 다음 세 가지가 함께 일어난다. (1) 계약당사자는 **개별적인** 개인으로서 사법적 관계에서 서로 대립한다. 두 개인 간의 계약과 두 개의 정치적 통일체 간의 계약은 본질적으로 매우 다른 것이기 때문에, 「계약」이라는 같은 말도 그 두 과정에서는 부차적이고 표면적인 동일성만을 드러낼 뿐이다. (2) 개인 간의 자유계약에 의해서는 단지 원리적으로 **측정가능하고** 원리적으로 한정된 내용을 가지며, 따라서 원리적으로 **해약할 수 있는 개별** 관계만이 설정될 수 있다. (3) 그러므로 자유계약은 결코 인격 전체에 걸친 것이 아니다. 그것은 해약하고 취소할 수 있다. 인격 전체를 총체적으로 구속하는 것은 실로 부도덕하고 위법으로 밖에 볼 수 없을 것이다.

그것은 이미 프랑스 혁명에서 (1793년의 인권선언 제18조와 1795년의 공화력 3년의 선언 제15조) 근본원칙으로서 선포된 이 「자유」에 관한 민법의 법률적 규정에 나타나 있다. 독일 민법전 제624조에서도 이러한 원리가 전과 동일하게 승인되었다. 즉 「근무관계가 어떤 사람의 일생 동안 또는 5년 이상의 기간에 한하여 설정되었을 때에는, 당해 근무관계는 5년이 경과된 후에는 채무자에 의해서 취소될 수 있다」. 이와 동일한 사상은 프랑스 민법전 제1780조에서도 법이 되었다. 개별적으로도 인신의 자유와 급부의 가칙성과 제약성의 관련성이 표시되고 있다. E. Jacobi, Grundlehren des Arbeitsrechts, Leipzig 1927, S. 47. (급부의 불확실성으로 인한 종속성의 증대) 참조. 가칙성과 자유의 관련에 관한 또 다른 예는 Diktatur, S. 37 Anm.(김효전 옮김, 『독재론』, 64면 주).

자유계약과는 달리 상태계약은 인격을 그 **실존**에서 파악하는 계속적인 생활 관계를 설정하고, 인격을 전체질서에 융합시키며, 이 전체질서는 단지 측정가능한 개별 관계에서만 성립하는 것이 아니라, 자유로운 해약이나 철회로써 배제되는 것은 아니다. 그러한 상태계약의 예로서는 약혼과 혼인, 공무원관계의 설정, 전근대적 법질서에서는 봉건계약, 서약단체(동맹) 등을 들 수 있다. **선서**는 전체 인격을 가지고 실존적으로 계약관계로 들어가는 특수한 표시이다. 그러므로 선서는 자유로운 계약에 근거한 사회질서에서는 사라져야 할 것이다.

역사적 발전은 헨리 섬너 **메인**(H. Sumner Main, Ancient Law, S. 170; 정동호 외역,『고대법』, 세창출판사, 2009)의 유명한 정식인 「신분에서 **계약**으로」에 따라서 진행되고 있다. 그것은 **퇴니스**(Tönnies)*가 그의 위대한 저서『공동사회와 이익사회』에서 **공동사회**로부터 **이익사회**로의 발전을 지적한 것과 본질적으로 같은 방향의 것이다. 이러한 역사적 · 사회학적 확신에 대해서 여기서 그 확신의 결과의 높은 가치를 절대로 감소시키지 않고 더 훌륭하고 명확한 설명에 도움을 주는 아주 간략한 주를 달 수 있을 것이다. 상태와 계약, 공동사회와 계약의 대립은 공동사회 관계와 상태관계도 계약에 의해서 이루어지기 때문에 약간 오도되기가 쉽다. 중세기의 사회질서는 무수한 계약, 즉 수종계약 · 등족계약 · 콩쥴라시옹(Konjulation)에 의거하고 있었다. 여기서 「계약」은 **상태**계약을 의미하였다. 선서는 계약의 기간과 인격의 실존적 제약을 아울러 강화시킨다. 그러므로 재세례파와 기타 독립파들에 의한 선서의 거부는 새로운 시대의 독특한 개시와 **자유**계약의 시대를 의미한다. 베르너 **비티히**(Werner Wittich)는 유감스럽게도 아직 발간되지 아니한 재세례파에 관한 저서에서 이것을 설명하고 있다.

계약개념의 발전에 관한 역사적 연구는 아직도 존재하지 않는다. 무차별적으로 「계약」에 관하여 말한다. **마르실리우스 폰 파두아***로부터 **루소**에 이르기까지 국가계약에 관한 역사적 설명에서 계약개념의 내부에서는 구별하지 않고 연관적인 선이 그어졌다. 이 소재에 관한 **기이르케***의 저서 "Althusius" (3. Aufl. 1913)도 이 점에서는 결함을 내포하며, **알투지우스**와 같은 아직도 완전히 중세적 계약사상을 가지고 있는 법률가를, 그 동안에 계약개념의 내부에서 실시된 기본적인 변화를 존중하지 않고 **홉스**와 **루소**에 병행하고 있다.

2. 기존의 정치적 통일체 내부에서 헌법이 합의나 계약에 의해서 성립하는 경우에는, 그러한 계약은 분쟁이 일어난 경우에는 헌법제정권력의 주체에 대하여 아무런 구속력도 가지지 못한다. **다수의** 헌법제정권력의 주체자들은 정치적 통일체를 제거하거나 파괴할 것이다. 그러므로 해체의 과정이 시작되는 곳에서는 **국가 내부에서** 그러한 「**국가계약들**」이 성립하게 된다. 어떤 등족적 또는 기타의 조직이 국가 내에서의 계약에 **헌법률**의 성격을 부여하는데 성공하면, 그 조직은 정치적 통일체를 파괴하지 않고도 여전히 가능한 최고도로 국가를 구속해 버린다. 그러나 그 「국가계약」이 비단 헌법률의 개정요건을

가중할 뿐만 아니라 나아가서는 헌법제정권력을 제약하고 또 배제하는 의미를 가진다면, 정치적 통일체는 파괴되고 국가는 완전히 비정상적인 상태에 빠질 것이다. 이러한 상태를 법학적으로 이론구성하는 것은 모두 쓸데없다. 이것이 16세기 이후에 있어서의 독일제국의 상태였다(전술, S. 47). 물론 그러한 해체과정은 언제든지 새로이 시작될 것이다.

3. 헌법이 합의나 계약에 근거하는 경우에는, **그 타당성의 법적 근거**는 연방 구성국들의 정치적 **의사**와 거기에 근거를 둔 연방의 **실존**에 있다. 연방은 모든 구성국들의 상태를 포함하는 **전체 상태**이다. 따라서 모든 구성국가들은 단순한 계약상의 개별 의무화의 범위를 초월하여 전체로서 변화되는 것이다(이에 관하여는 연방의 개념에 관한 상설, 후술 제29장 II, 3).

헌법계약의 법적 기초는 아마 「**계약은 준수하여야 한다**」는 일반적인 명제가 될 수는 **없을 것이다.** 또한 이 명제는 헌법규정이나 헌법률이 될 수는 없다. 그러므로 연방이나 기타 어떤 공동체를 그 「헌법」으로서의 이 명제에 의거하여 확립한다는 것은 불가능한 일이다.

페어드로스(A. Verdross)*는 국제법단체의 기초를 「약속은 준수되어야 한다」는 명제에 두려고 노력하였다(Die Verfassung der Völkerrechtsgemeinschaft, 1926). 그는 이 명제를 그 「공동체」의 「헌법」이 되는 「근본규범」이라고 보았다. 그러나 헌법은 규범이 아니라 구체적인 정치적 결정(전술 S. 23)이라는 사실을 도외시하더라도, 또 이러한 「공동체」의 개념에 내포된 불명료성을 도외시하더라도, 이에 관해서 다음의 것을 첨가해서 주의하지 않으면 안 된다.

a) 「약속은 준수되어야 한다」는 명제는 규범이 아니다. 그것은 아마 **근본명제**는 될 수 있겠지만 법률명제란 의미에서의 규범은 아니다. (규범과 근본명제의 구별을 훌륭한 비판을 가하여 논술하는 H. Heller, Die Souveränität, 1927, S. 132; 김효전 옮김, 『주권론』, 2004, 167면 참조.)

b) 「약속은 준수되어야 한다」는 명제는, 사람들이 계약에 의해서 법적 의무를 부담할 수 있다는 것을 말할 뿐이다. 오늘날에는 그것은 당연한 것이며 규범도 아니며 또 규범의 효력의 도덕적 근거도 아니다. 그것은 오히려 완전한 동어반복적 중복과 실체화가 아니면 구체적인 계약이 효력을 가지는 것이 아니라 계약은 적용되어야 한다는 일반적인 「규범」만이 효력을 가진다는 것을 말한다. 모든 실효력을 가지는 개별 계약에 대해서 계약은 일반적으로 적용되어야 한다는 「규범」이 첨가된다면, 그것은 하나의 공허한 의제에 불과할 것이다. 개별적인 계약은 효력을 가지며, 실정법에 근거하여 법적 구속력을 가지며 「약속은 준수되어야 한다」는 규범 때문에 법적 효력을 가지는 것은 아니기 때문이다. 그러한 의제적인 첨가와 실체화는 무제한하게 가능하다. 모든 규범은 적용되어야만 할 여러 규범이 있다는 일반적 규범들이 적용되기 때문에 작용된다는 등등. 구체적으로

실존하는 정치적 통일체의 설립에서 그것은 완전히 무의미한 것이다.

c) 법사적으로 고찰하면「약속은 준수되어야 한다」는 명제는, 사람들이「계약」에 의해서 의무를 부담할 수 있다는 것이 자명한 이치가 아닌 한 특별한 의의를 가지고 있었다.「약속은 준수되어야 한다」는 표현은 그 역사적 기원에서는 특정 계약에 관하여 자기의 직무수행에 있어서 그 계약을 유효한 것으로 취급하겠다는 것을 선언했던 로마 법무관*의 관례에 소급할 수 있다.「법무관은 말한다. 악의를 가지고 체결하지 않았으며, 또 전인민 · 평민회의 · 원로원의 결정과 칙령에 위반하지 않고, 또 그 어느 것도 회피하지 않고 체결된 합의를 나는 보호한다」고(Dig. 2, 14, l. 7 §7). 또는「법무관은 말한다. 악의를 가지고 체결된 합의는 **보호하지 않을 것이다**」라고(동 §9, Lenel, Edictum Perpetuum, 3. Aufl. 1927, S. 65 참조). 이러한 관행에서 이 명제는 구체적인 내용을 가지게 된다. **법무관**은 그 직무적 결정권한에 의거해서 보호와 집행력을 부여하는 계약을 공시한다. 이에 반하여「약속은 준수되어야 한다」는 일반적인 명제는 **어떤** 계약이 유효하고 구속력이 있는가, 다시 말하면 어떤 계약을 준수해야 하는가에 관해서는 아무것도 말하지 않는다. 그 명제는 유효한 계약은 준수되어야 한다. 다시 말하면 그 계약은 유효하다는 동일한 사항을 반복하는 것이다.

d) 이론적으로나 실제적으로「약속은 준수되어야 한다」는 명제는 법학적인 가치를 가지지 못한다. 계약은 그것이 유효하다는 전제 아래서만 준수되어야 한다는 것은 자명한 이치이다. 그리고 또 유효한 계약만이 준수되어야 하고, 또 우선 유효한 계약이 존재해야 한다는 것도 동일하게 자명한 이치다. 그러므로 문제는 계약이 존재하는가, 다시 말하면 구체적인 경우에 실제적인 합의가 존재하는가와 관련을 가지든가, 그렇지 않으면 계약의 무효원인 · 취소원인 · 이의제기가능성 · 철회가능성 · 부도덕성 · 반윤리성 · 집행의 불가능성 · 예기치 않았던 사정 등과 항상 관련을 가지게 마련이다. 아무도 계약은 준수되어야 한다는데 대해서 이의를 제기할 수 없다. 분쟁은 도대체 구체적으로 계약이 존재하였는가의 여부, 이 계약이 유효한가의 여부, 특별한 무효원인과 이의원인이 고려될 수 있는가의 여부에 관한 의문과 의견차이만이 관련을 가진다.

e) 실제로 문제는 **누가 결정하는가**에 있다. 유효한 계약이 존재하는가, 이의원인이 확실한가, 철회권이 존재하는가 등의 문제는 **누가 결정할 것인가?** 이러한 문제들이 그러한 방법으로 정당하게 제기되면,「약속은 준수되어야 한다」는 명제는 내용적으로 결정에 대해서 아무것도 말하지 않으며, 따라서 아무런 규범적 가치도 내포하지 않으며, 또 누가 결정할 것인가에 관해서도 아무런 해답을 주지 못한다는 것을 알 수 있다. 고려해야할 유일한 문제에 대한 대답은 그 명제로부터는 도출될 수 없는 것이다.

f) 그러므로 그 명제의 가치는 공증인이 자기의 서류철 또는 자기의 사무실에 비치하기를 좋아하는 위와 같은 격언의 의의로 격하되었다. 그러한 명제들을 제기하는 **정치적** 의도는, 현재 이미 체결된 모든 계약들은 일반적으로 **유효**하다는 추정을 묵시적으로 내릴 수 있다는 데에만 존재할 수 있다. 따라서 약속은 준수되어야 한다는「규범」은

정치적 · 경제적 **현상**의 정통화라는 커다란 체계 안에 있는 수단 중의 하나이다. 그것은 무엇보다도 먼저 기존의 공조(貢租)의무를 안정시키고 그 의무에 정통성과 도덕성의 신력(神力)을 부여한다.

IV. 1. 계약 또는 합의로 할 수 있는 것은 단지 하나의 연방헌법과 연방 구성원이 되는 구성국가들의 헌법만이다. 독립국가의 헌법을 **제3국** 간의 국제조약에 근거할 수는 없다. 자기결정은 정치적 실존에 불가결하다. 적극적 의미의 헌법은 자기의 결정에 의해서 **자기의** 실존의 종류와 형식을 선택할 수 있다는 가능성의 표시이기도 하다.

국제법상의 계약이 제3국의 통치와 행정을 규율할 때에는, 이 국가는 그 때문에 다른 국가들 간의 협정과 타협의 **대상**이 된다. 이것은 정치적 실존의 **부정**을 의미한다. 그때에는 적극적 의미에서의 헌법은 성립할 여지가 없다.

자아르 지방은 국가가 아니다. 이른바 **자아르 규약**은 인민투표가 실시되기까지, 또한 국제연맹(국제연맹 **총회**인지 국제연맹 **이사회**인지는 의문이다)에 의한 최종적 결정이 있을 때까지의 자아르 지방의 「통치」를 규정하고 있다. 국제연맹은 「수탁자」로서 인정되었다. 각기 다른 국민인 구성원으로 구성되는 5인의 「통치위원회」가 「자아르 규약」에 의거하여 통치권을 행사한다(베르사유조약 제49조 부속문서). 그것은 아직까지도 본국의 식민지법이 식민지의 헌법이 아닌 것 이상으로 자아르 지방의 「헌법」이 아니다. 적극적 의미의 헌법은 **자기의** 실존형식의 규율을 본질적으로 요구한다.

국제연맹규약 제22조에 따라서 수임국가에 의해서 통치 · 관리되는 이른바 **위임통치지역**도 적극적 의미에서의 헌법을 가지지 못한다. 그것은 식민지 (B식과 C식의 위임)가 아니면 「국제연맹」(국제연맹이사회, 위임통치위원회)의 일정한 통제 (아직 당분간은 문제가 되고 있다)가 실시된다는 특수성을 가지고 있지만, 이른바 A식 위임인 「보호령」(후술 4)이다. 제22조를 따르면 이 지역의 인민들은 「현금 세계의 특별히 어려운 조건 하에서는 **여전히 자립할 능력을 가지지 못한다**」(se dirigerer eux-mêmes; to stand by themselves). 그러므로 그것은 적극적 의미의 헌법도 가지지 못한다.

2. 국제조약 그 자체는 결코 적극적 의미의 헌법이 아니다. 그것은 또한 독립국가의 헌법의 일부도 아니다. 연방조약은 (국가연합의 경우에도) 순수한 「국제법상의」 합의는 아니다. 후술 제30장 S. 380 참조. 국제법상의 의무에 대한 **헌법률상의** 보장에 대해서는 후술 5.

바이마르 헌법 제178조 제2항에 의하면, 「베르사유조약의 규정은 헌법에 의해서 저촉을 받지 않게」 되어 있다. 바이마르 헌법의 이 명제는 독일 인민의 정치적 실존과 자율권의 포기를 의미하는 것이 아니라, 단지 독일 라이히는 국제법상 구속력 있는 이 조약상의 의무를 헌법률적 규정을

이유로 하여 외면하지 않겠다는 것을 말했을 뿐이다. 이 명백한 의사표시는 1919년의 정치상황으로
부터 이해할 수 있다(이에 관해서는 **Wittmayer**, S. 20/21이 매우 재미있다). 이것을 도외시하더라
도, 국제법적으로 볼 때 어떤 국가도 국제법상의 의무를 그것이 효력을 지속하는 한, 국내법상의
장애와 곤란성을 구실로 하여 외면할 수 없다는 것은 일반적으로 승인된 명제이다. 「국제법의
확고부동한 명제가 존재한다면, 바로 이것이 거기에 해당할 것이다」(**Triepel**, Völkerrecht und
Landesrecht, 1899, S. 303). 그러므로 바이마르 헌법 제178조 제2항의 선언은 아무런 독립적인
창설적 내용을 가지지 못한다. 베르사유조약의 규정이 바이마르 헌법의 규정에 우선한다고 말하는
것은 부정확할 것이며, 베르사유조약의 개정을 바이마르 헌법의 개정이라고 표시하고, 또 가령
1935년 이전에 자아르 지방을 독일의 통치와 관리에 환원시키기 위해서는 헌법을 개정하는 법률을
필요로 한다는 것은 틀림없는 언어도단이다. 순수한 국제법상의 의무는 적극적 의미의 헌법에
속하지 않는다. 그러므로 베르사유조약의 폐기를 목적으로 하는 시도는 결코 형법적 규범이란
의미에서의 내란죄도 될 수 없으며, 국가의 국제법상의 의무를 원용하는 것도 반역죄를 정당화시킬
수 없으며, 국제법상의 의무는 공무원 선서(제176조)에 의해서 서약될 수도 없다. 등등.

　　1924년 8월 14일의 런던 의정서의 내용(이른바 도즈안)*이 1924년 8월 30일의 일련의 헌법개
정법률에 의해서 독일의 국내법의 일부가 되었다면, 그것은 이 안(案)의 변경에 대한 국내적
적응이 헌법을 개정하는 (다시 말하면 바이마르 헌법 제76조의 절차를 따라서 성립한) 법률에
의해서 실시되어야 한다는 법률적 결과를 가지게 된다. 그러나 여기서는 헌법률의 「형식」은 법기술
적 수단에 불과하다. 여기서도 도즈안이 독일 헌법의 일부라든가, 그것은 공무원 선서(바이마르
헌법 제176조)에 의해서 선서되어야 하고, 내란죄에 대한 형법적 규정에 의해서 보호되어야
한다든가, 바이마르 헌법 제148조 제3항에 의해서 학교 졸업 시에 독일 아동들에게 헌법이 교부되어
야 한다든가 등을 말하는 것은 부적절할 것이다.

　　3. 헌법률적 규정이 「일반적으로 승인된 국제법규는 구속력 있는 국법의 일부로 한다」
(바이마르 헌법 제4조)고 규정하는 경우에는, 일정한 국제법적 규범(즉 일반적으로 승인된,
따라서 그것을 규정하고 있는 국가 그 자신에 의해서도 승인된 규칙, 즉 특수한 조약이 아닌,
보편적 규범)의 내용에 대해서 개괄적인 방법으로 국내법으로의 **전환**(변용)이라는 형식적
행위가 취해졌다는 것을 의미한다. 이 전환 또는 변형은 그로 인하여 국내적으로 타당하기
위한 법적 근거(auctoritatis interpositio)가 창조되기 때문에, 중요한 절차라고 볼 수밖에
없다. 일반적으로 승인된 국제법규에 대해서 보면 전환이 개괄적으로 규정되고 있을
뿐이다. 그럼으로써 전술한 법규는 국가의 제정법은 되지만 헌법률은 되지 않으며, 더욱
나아가 헌법의 구성부분이 되는 것도 아니다.

　　후고 **프로이스**는 (A. **Verdroß**, Die Einheit des rechtlichen Weltbildes, Tübingen 1923,
S. 111에 의해서 발표된 설명을 따르면) 바이마르 헌법 제4조와 같은 규정은, 민주적 법치국가로서의
독일 라이히가 「국제법단체」에 가입함을 의미한다고 생각하였다. 이 조문이 실제로 그러한 의의를

가진다면, 독일 헌법은「국제법단체」라는 연방의 구성국가의 헌법이 될 것이며, 이 연방의 규약은 독일 헌법의 구성부분이 될 것이다. 확실히 **프로이스**는 그러한 과대망상적 주장을 제기하려고는 하지 않았으며, 단지 국제법에 대한 독일 라이히의 충실한 태도를 일반적으로 강조했을 뿐이다.「국제법단체는 국가가 마치 진정한 연방에 가입할 수 있는 것처럼, 거기에 가입할 수 있는 기구를 일반적으로 가지지 못한다. 그것은 견고한 기구가 아니며 단지 독립적인 정치적 통일체들의 공존하는 반사에 불과하다(이에 관해서는 후술 제29장 I, 1에서 연방법의 근본개념에 관한 학설에서 설명한다). 그러므로 **프로이스**의 말은 어마어마한 어구들을 나열했음에도 불구하고 증명한 것은 매우 적다. 그 말로부터는「국제법의 일반적인 법규」가 독일의 헌법률이라는 결론은 도출될 수도 없으며, 또 적극적 의미에서의 독일 헌법의 구성부분이라는 것은 문제조차도 될 수 없다. **페어드로스**(Verdroß, a. a. O. S. 116)는「일반적 국제법의 헌법에서의 정초」에 관하여 말하며, 제4조는 (본질적으로 이와 일치하는 오스트리아 헌법 제9조처럼) 헌법에 속하기 때문에, 그것은 헌법개정의 절차를 따라서만 제거될 수 있다고 생각하였다. 그것은 헌법률적 규정은 헌법률에 의해서만 단지 제거될 수 있다는 한도 내에서 정당하다. 그러나 그 때문에「일반 국제법」, 더 정확하게 말하면 국제법의 일반적으로 승인된 한 타스의 개별적인 법규가 독일 라이히의 헌법률이 된 것은 아니다. 제4조의 변형효과를 초월하여 변형된 내용에 관하여 독일 입법자에 대한 제약이라고 간주한 것(J. **Schmitt**, Zeitschr. f. bad. Verwaltung und Verwaltungsrechtspflege, 1921, S. 201; G. A. **Walz**, Die Abänderung völkerrechtsgemäßen Landesrechts, Völkerrechtsfragen, Heft 21, 1927, S. 150)도 정당하지 못하다.「일반적으로 승인된 국제법규」로 간주될 수 있는 명제들은, 「나라의 법」으로서 적용되는 것이며 그 이상은 절대로 아니다. 그것은 다른 실효력을 가지는 라이히 법률과 동일하게 라이히 법률들이다. 정당한 것은 **Anschütz**, Kommentar, S. 49-50; **Giese**, Kommentar, S. 57-58.

4. 연방조약이 아닌 (따라서 연방 귀속에 관하여 **모든** 계약체결 당사자들의 상태를 변경하는 것이 아닌) 국제조약에 의해서 어떤 계약체결 당사국 가운데 한 국가의 정치적 전체 상태가 규정된다면, 거기에서는 복종과 예속의 형식만이 문제가 된다. 그러므로 그 계약은 예속화된 국가의 헌법제정권력의 **제거**를 포함하는 것이다.

그러한 국제법상의 예로서는 19세기와 20세기의 **보호조약**을 들 수 있다. 그러나 간섭하는 국가의 재량 아래 맡겨진 간섭권을 내포하는 **간섭조약**도 그 간섭이 외부에 대한 **독립**의 보장, 공공의 **안녕**과 **질서**와 같은 실존적인 정치적 개념에 관한 규정을 의미하고, 간섭권에 의한 이들 개념에 관한 결정권이 간섭권을 가지는 국가의 수중에 들어갈 때에는 정치적 통일체의 상태를 변경하게 된다(예컨대 미합중국의 1903년 5월 22일의 **쿠바** 공화국과의 조약(Strupp, Documentas II, S. 236 f.)과 1903년의 11월 18일의 **파나마** 공화국과의 조약(같은 책, S. 346 f.) 참조. 또한 **아이티·산도밍고·니카라과**의 법적·정치적 상황과 (1922년 1월 28일의 영국의 선언에 의거한) **이집트**의 그것도 참조.

위와 같은 실존적 개념과 관련을 가지는 자유로운 자기결정권의 제거의 또 하나의 예를 베르사유 조약 제102조 이하가 내포하고 있다. **단치히** 자유시는 중요 연합국들에 의해서 **설립되었는데** (constituée), 그 헌법은 국제연맹의 사무총장과 협의 아래 「자유시의 적절한 절차에 의해서 소집된 대표」에 의해서 작성되고, 국제연맹의 보장을 받는다. 이것은 적극적 의미에서의 헌법이 아니며, 다시 말하면 자기 자신의 정치적 실존의 종류와 형식에 관한 자유로운 결정이 아니다.

베르사유조약이나 또 1924년 8월 16일의 런던 의정서의 협정이나, 모두 이러한 종류의 국제법상의 계약이 아니다. 독일 라이히의 부담이 매우 크고 압도적이며, 또 연합국의 간섭가능성이 (점령·제재·무장해제·조사) 매우 강력하고 파괴적이라 할지라도, 그러한 실존적 개념에 관한 결정권을 직접 타국에 위임한 것은 아니다. 오스트리아의 독일 병합은 연합국의 동의를 받도록 하였고(베르사유조약 제80조), 그 때문에 바이마르 헌법 제61조 제2항은 당분간 무의미하게 된 것도 독일 라이히의 정치적 실존을 포기한 것은 아니다. 그러므로 (H. **Gerber**, Die Beschränkung der deutschen Souveränität nach dem Versailler Vertrage, Völkerrechtsfragen, Heft 20, Berlin 1927의 논문에서 명확한 주권의 개념을 설명하지 않고 하였듯이) 독일 라이히의 주권국가적 성격을 부인하는 것은 정당하지 않다.

5. 일정한 국제법상의 협정 내용이 국제법상의 의무에 따라서 국가의 헌법률로 채택되더라도, 그것은 여전히 그러한 방법으로 국제법상의 의무를 헌법률이라는 국법 형식으로 보장한 국가의 정치적 독립성의 포기도 아니며, 나아가 그 감소도 아니다. 이때에는 단순한 입법 절차에 의한 개정으로부터의 보호라는 법률기술적인 방법이 중요시 될 뿐이다. 여기서 적극적 의미에서의 헌법과 헌법률적 개별 규정의 구별은 특히 명백해진다. 그러한 국제법적인 협정의 내용이 국내법상의 개정의 곤란으로 인하여 보호를 받게 된다. 헌법률의 형식은 이 목적에 기여한다. 그러나 그러한 규정들은 국민의 헌법제정권력의 행위는 아니다. 그것은 국가의 주권을 포기하는 것이 아니고, 다만 ― 국제법상의 의무를 고려하여 ― 강화된 국내적 효력을 부여하기 위해서 형식적·기술적인 수단으로서의 헌법률이라는 상대화된 개념을 이용할 뿐이다.

예. 주요 연합국과 동맹국들에 의해서 민족적·종교적 소수파를 보호하기 위하여 폴란드(1919년 6월 28일)·체코슬로바키아(1919년 9월 10일)·세르비아·크로아티아·슬로베니아 왕국(1919년 9월 10일)과 기타 중동 유럽 국가들과 체결한 조약들(H. **Kraus**, Das Recht der Minderheiten, Stilkes Rechtsbibliothek Bd. 57, Berlin 1927에는 그 밖의 예도 열거되어 있다). 이러한 이른바 소수파보호 조약에는 보통 다음과 같은 제1조의 규정이 내포되어 있다. 즉 「폴란드(또는 체코슬로바키아·세르비아·크로아티아·슬로베니아 왕국 등등)는 보호규정을 어떤 법률·명령·관헌적 행위도 위배할 수 없는 **「근본법률」**(lois fondamentales)로 간주할 의무를 진다」. 1922년 5월 15일 오버실레지엔에 관한 독일·폴란드 간의 협정 제65조와 제73조(RGBl. II, S. 271, 278)도 동일하다. 여기서 「근본법률」이라는 말은 헌법률의 상대적 의의를 가진다.

VIII. 헌법제정권력

I. 헌법제정권력은 정치적 의사이며, 이 의사의 힘 또는 권위[3]에 의해서 자신의 정치적 실존의 종류와 형식에 대한 구체적인 전체적 결정*을 내릴 수 있는, 즉 정치적 통일체의 실존을 전체로서 결정할 수 있는 것이다. 모든 헌법률적 규율의 타당성은 이러한 의사의 결정에서 유래한다. 더구나 이 결정 그 자체는 거기에 근거하여 결정되는 헌법률 규정과 질적으로 다른 것이다.

1. 헌법은 그 정당성이 그 타당성의 기초가 되는 규범에 근거하지는 않는다. 그것은 자신의 존재의 종류와 규범에 대한, 정치적 **존재**에서 나오는 정치적 결정에 그 근거를 둔다. 「의사」라는 말은 — 규범적 또는 추상적 정당성에 의존하는 것은 결코 아니며

---

3) 힘(Macht)과 권위(Autorität)의 구별은 이 헌법론의 앞으로의 서술에서 상세하게 설명할 필요는 없지만 이 구별은 일반 국가학에 커다란 의의를 가지므로 여기서 간단히 서술하기로 한다. (필연적으로 항상 실제적이 될 수밖에 없는) 힘에는 주권과 권력(Majestät)과 같은 개념들이 대응하는데, 이에 반하여 권위는 본질적으로 **계속성**의 계기에 근거한 존경을 나타내며, 전통과 지속성과의 관련성을 가진다. 힘과 권위의 양자는 모든 국가에서 나란히 작용하고 활동한다. 고전적인 대립은 여기서도 로마의 국법에서 찾아볼 수 있다. **원로원**은 권위를 가진다. 이에 반하여 **인민**으로부터는 힘(potestas)과 **권력**(imperium)이 도출된다. **몸젠**(Mommsen, Römisches Staatsrecht, III, S. 1033)에 의하면, 권위는 「어떠한 엄격한 정의도 내리기 어려운 말」이며, 빅토르 **에렌베르크**(Viktor Ehrenberg, Monumentum Antiochenum, Klio Bd. XIX, 1924, S. 202/3)에 의하면, 이 말은 어떤 「윤리적·사회적인 것」을 의미하며, 「추종과 사회적 명성」에 근거한 「정치적 힘과 사회적 위신이 이상하게 혼합된 지위」를 의미한다. 나아가 v. **Premerstein**, Zeitschrift **Hermes**, Bd. 59, 1924, S. 104; R. **Heinze**, eod. 60, 1925, S. 345 그리고 Richard **Schmidt**, Vefassungsaufbau und Weltreichsbildung, Leipzig 1926, S. 38 참조. 원로원은 나중에 권력은 상실했지만 그 권위는 유지하였으며, 마침내 제정시대에 로마인의 권력이 제정 하에서 쇠퇴한 후에도 「정통성」과 같은 것이 부여된 유일한 심급이었다. — 로마 **교황**도 마찬가지로 황제가 포테스타스를 가지고 있었음에 반하여, 황제에 대항하여 같은 특수한 의미에서 (포테스타스[권력]이 아니라) 아욱토리타스(권위)를 주장하고 있었다. 494년의 **성 겔라시우스 1세**가 **아나스타시우스** (Anastasius) **황제**에게 보낸 편지의 표현방법은 이 경우 특히 함축성 있으며, 또 10세기와 11세기의 대논쟁을 지배했으며, 자주 인용되는 문서로서 특히 중요하다. 즉 「이 세상을 기본적으로 지배하는 것에는 **교황**의 신성한 **권위**와 **왕**의 **권력** 두 가지가 있다」(Migne, Patr. Lat. 59, S. 42 A; Carl **Mirbt**, Quellen zur Geschichte des Papsttums, 3. Aufl., S. 67, 122, 123).

아마 이 구별은 현실 문제를 해명하는 데에도 중요하다. 제네바의 국제연맹은 연맹에서 지도적인 지위에 있는 국가들의 포테스타스 또는 아욱토리타스와 구별되는 포테스타스 또는 아욱토리타스를 가지는 가 하는 문제를 제기할 수 있을 것이다. 지금까지 국제연맹은 독자적인 포테스타스도 고유한 아욱토리타스도 가지지 못했다. 이에 반하여 오늘날에는 아마도 헤이그 상설국제사법재판소가 권위를 가진다고 말할 수 있을 것이다. 물론 포테스타스는 가지고 있지 않다. 그렇지만 재판소의 권위는 — 재판관이 현행법에 구속되기 때문에 — 여기서도 또한 권위의 특수한 경우이며 본래 **정치적인** 것은 아니다. 왜냐하면 재판소는 규범적 구속을 받기 때문에 고유한 정치적 실존을 가지지 않으며, 그 권한(pouvoir)은 — 몽테스키외의 표현에 의하면 —「말하자면 무」이기 때문이다(S. 185 참조). 권력과 권위라는 두 개의 개념이 나중에 (S. 204) 제기하는 동일성과 대표라는 정치상의 형식원리에 어느 정도 대응하는가는 일반 **국가학**에서 전개할 것이다.

— 타당 근거로서 본질적으로 **실존하는 것**을 나타낸다.

헌법제정권력은 정치적 **의사**, 즉 구체적인 정치적 존재이다. **법률**이 그 본질상 명령, 즉 의사인가 또는 **규범**, 즉 이성과 정의인가 하는 일반적인 법철학적인 문제는, 법치국가적 의미에서의 법률개념을 위해서 결정적인 의의를 가진다(후술 제13장 참조). **헌법**이 하나의 **의사행위**로서 이해해야 한다는 것은, 아직도 이러한 일반적인 문제의 해결을 의미하는 것은 아니다. 또 이와 마찬가지로 그것은 여러 잡다한 형식으로 인간사고의 여러 상이한 영역에서 반복되는 그 역사가 오래고 또 영구히 계속되리라고 생각되는 형이상학적 문제, 즉 신이 그것을 좋아하기 때문에 그것이 선이고 정당한가, 또는 그것이 선이고 정당하기 때문에 신이 그것을 좋아하는가 하는 문제와도 관련을 가지지 않는다(이에 관해서는 Gierke, Althusius S. 14, Anm.에 약간의 예가 있다). 법률이 일반적으로 그 본질상 명령이냐 이성이냐 하는 문제와는 독립하여, 헌법은 하나의 결정이며 **헌법제정권력의 모든 행위**이며 필연적으로 **명령**이 되지 않을 수 없으며, 또 부트미(Boutmy, S. 241)*가 말하듯이, 「명령행위」(acte impératif)가 되지 않을 수 없다고 할 것이다.

2. 헌법률은 그 내용에서 볼 때 헌법제정의사를 집행하는 규정이다. 그것은 완전히 헌법제정 의사에 내포되어 있는 정치적 전체결정을 전제로 하며, 또한 그 기초 위에 있다. 그 밖의 개별적 규정들이 「헌법」 속에 채택된다면, 그것은 단지 법률기술적 의의, 즉 개정을 곤란케 함으로써 개정을 방지한다는 의의만을 가질 뿐이다(전술 제2장, S. 16).

3. 조직고권과 조직권력을 가진 자의 조직권이, 조직상의 명령으로 행사를 소진시킬 수 없는 것과 마찬가지로, 헌법의 제정은 헌법제정권력을 소진·흡수 또는 소모시킬 수 없다. 헌법제정권력은 그것은 한번 행사되었다고 하여 무가 되고, 또 제거될 수는 없다. 헌법을 의미하는 정치적 결정은 그 주체에 반작용을 할 수 없고, 또 그 정치적 실존을 제거할 수 없다. 그 의사는 헌법과 병립하여 또 그 기초 위에서 계속해서 존재를 유지할 수 있다. 그러므로 정치적 결정의 기초 자체와 관련을 가지는 진정한 모든 헌법쟁의는 헌법제정권력의 의사에 의해서만 판정을 내릴 수 있다. 또 헌법에서의 모든 흠결도 — 개별적인 **헌법률적** 불명확성과 견해의 차이와는 달리 — 헌법제정권력의 행위에 의해서만 보충된다. 예견치 못한 사태가 발생한 경우에, 그 결정이 기본적인 정치적 결정과 관련을 가질 때에는 언제나 헌법제정권력에 의해서 결정되는 것이다.

4. 헌법제정권력은 단일 불가분이다. 그것은 그 밖의 구별된 「권력들」(입법·집행 그리고 사법, 제14장 참조)과 병립하는, 또 하나의 동위적인 권력이 아니다. 그것은 기타 모든 「권력들」과 「권력분할」의 포괄적인 기초이다.

헌법과 헌법률의 혼동으로 인하여 헌법제정권력과 헌법률개정권한을 혼동하게 되는데, 이 혼동은 때때로 후자의 권한이 「헌법제정권력」(pouvoir constituant)으로서 기타의 「권력들」(pouvoirs)과 병립하게 된다(후술 제10장 IV, S. 98 참조).

II. 헌법제정권력의 주체

1. 중세기의 관념에 따르면 일반적으로 조직권력(potestas constituens)에 관해서 말하는 한, **신**만이 조직 권력을 가지고 있었다. 「모든 권세는 하나님께로부터 온 것」(로마서 13:1)이라는 명제는, 신의 헌법제정권력을 의미한다. 종교개혁 시대의 정치적 문서들도 그것을 고수하고 있었는데, 칼뱅파의 모나르코마키*의 이론이 특히 그러하였다.

Althusius, Politica Cap. XVIII, 93: XIX, 19 ff. **인민**은 **알투지우스**에서는 이미 **조직된** 권력을 가진다. 헌법제정권력의 개념의 세속화는 나중에야 비로소 나타났다. 여기서 사람들은 **기이르케**가 알투지우스에 관한 그의 유명한 저서에서 하였듯이, **알투지우스**처럼 신앙심이 두터운 칼뱅파 인사들의 개념을 **루소**처럼 낭만적 이신론자들의 개념과 화해시킬 수는 절대로 없는 것이다.

2. 프랑스혁명의 기간 중에 **시에예스***는 헌법제정권력의 주체로서의 **인민**(더 정확히 말하면 **국민**)에 관한 이론을 발전시켰다. 절대군주는 18세기에는 아직 헌법제정권력의 주체라고 불리지 않았으나, 그것은 자신의 정치적 실존의 종류와 형식에 관해서 인간이 내린 자유로운 전체결정이라는 사상이 점차 정치적 행동에로 형성될 수 있었다는 이유 하나만으로서 그러하였다. 신이 헌법제정권력을 가진다는 기독교 신학 관념의 영향은 18세기에도 모든 분야에서 계몽사업이 진행되었음에도 불구하고, 여전히 강력했고 또 활발하였다. 미국의 독립선언과 1789년의 프랑스혁명은 이 점에서 새로운 시대의 개막을 의미하며, 이때에 이들 위대한 선례의 주도자들은 어느 정도로 그들의 행동의 영향력이 중대하였는가를 의식하고 있었는지는 문제가 되지 않는다. 1776년의 미국의 독립선언에서 완전히 새로운 이 원리는 아직 충분하고 명확하게 인식되지는 않았다. 그 까닭은 여기서 하나의 새로운 정치적 형성체가 성립하였고, 헌법제정의 행위는 일련의 새로운 **국가들**의 정치적인 새로운 건설과 함께 일어났기 때문이다. 그러나 1789년의 프랑스혁명에서는 사정이 다르다. 여기서는 새로운 정치적 형성체, 즉 새로운 국가는 형성되지 않았다. 프랑스 국가는 그 이전부터 존재하였고, 또 그 후에도 존속한 것이다. 그러므로 여기서는 사람들이 스스로 의식적인 결정으로 자기 자신의 정치적 실존의 종류와 형식을 규정하였다는 사실을 중요시하지 않으면 안 된다. 여기서 헌법제정권력의 문제가 의식적으로 제기되고 또 해결을 보게 되었는데, 그러한 과정의 근본적으로 새로운 면이 보다 명백하게 되었다. 인민은 완전한 자각 아래 자신의 운명 자체를 수중에 두고, 자신의 정치적 실존의 종류와 형식에 관하여 자유로운 결정을 내린 것이다.

이것은 국왕에 의해 소집된 등족회의가 1789년 6월 17일에 **헌법제정국민의회**로 구성되자 바로 나타났다. 그리하여 이 국민회의는 형식적인 위임에 의한 정통성을 가지지 않았지만, 헌법제정권력을 행사하는 인민의 수탁자가 되고, 자기의 권능을 이 헌법제정권력에서 도출하였다. 시에예스가 국민의 「헌법제정권력」(pouvoir constituant)의 이론을 정식화하였다. 그는 정당하게도 혁명이 그 시초부터 조직하는 권력과 조직된 권력을 구별한 것은 바로 혁명의 공적이라고 말했다. 미국의 모범이 미친 영향은 매우 컸었지만, 1789년이야말로 바로 새로운 정치적 원리의 시작을 의미하는 것이다.

18세기의 미국 헌법들에서는 독특한 헌법이론이 결여되어 있었다. 미국 헌법들의 이론적 기초에 관한 가장 중요한 역사적 자료인 페더럴리스트*는 거의 실제적인 조직문제에 대해서만 설명하고 있다. 인민들은 지방자치단체와 사회를 건설하는 일반적인 「협약」(Covenant)이 새로운 정치적 통일체를 형성하는 기타 모든 행위와 자기의 실존에 대한 자유로운 정치적 결단의 행위로부터 구별됨이 없이 스스로 헌법을 제정하였다(전술 제7장 I, S. 61 참조).

이 새로운 이론에 의하면 **국민**은 헌법제정권력의 주체이다. 국민(Nation)과 인민(Volk)은 자주 같은 의미를 지니는 개념으로 취급되기도 하지만 「국민」이라는 말이 보다 더 정확하고 오해가 적다. 즉 국민이란 자기의 정치적 특수성을 의식하고, 정치적 실존에 대한 의사를 가지는 정치적으로 행위능력 있는 통일체로서의 인민을 말하는데, 이에 반하여 국민으로 실존하지 않는 인민은 어떤 인종적 또는 문화적으로는 공속성을 가지지만, 반드시 **정치적으로** 실존하는 인간의 결합체는 아니다. 인민의 헌법제정권력의 이론은 정치적 실존에 대해서 자각한 의사, 따라서 국민을 전제로 한다. 이것이 역사상 처음으로 가능했던 것은, 프랑스가 절대군주제에 의해서 그 존재가 헌법의 모든 변천과 개정에도 불구하고, 당연한 것으로서 전제될 수 있는 국가적 통일체가 된 이후의 일이다. 프랑스 국민들은 처음으로 자신의 정치적 실존에서 국민으로서의 그의 형식을 발견한 것이다. 따라서 이 실존의 일정한 종류와 형식에 대한 의식적인 결정, 「인민이 스스로 헌법을 제정하는」 행위는 그 종류와 형식이 결정되는 국가를 전제로 한다. 그러나 그 행위 자체, 즉 이 의사의 집행에 대해서는 아무런 절차규정도 존재하지 않으며, 정치적 결정의 내용에 대해서도 마찬가지이다. 「국민이 그것을 의욕함으로써 충분하다」. 시에예스의 이 명제는 가장 명확하게 이 과정의 본질적 요소를 나타낸 것이다. 헌법제정권력은 법형식이나 절차에 구속을 받지 않으며, 그것이 불가양적인 특성을 가지고 나타날 때에는 「항상 자연상태」에 있는 것이다.

헌법제정권력 위에 헌법에 의해서 조직된 모든 권능과 권한은 근거를 두고 있다. 그러나 헌법제정권력 자체는 헌법률에 의해서 형성할 수는 없다. 인민, 즉 국민은 모든 정치적 과정의 근원이며, 언제나 새로운 형태로 나타나며, 언제나 새로운 형식과 조직을 자기 자신으로부터 도출시킬 수 있지만, 그 자신은 결코 자기의 정치적 실존을 궁극적인 정식화에 종속시킬 수 없는 모든 힘의 원천이다.

시에예스의 여러 표현에서 모든 「조직된 권력」과의 관계에서의 「조직하는 권력」은, **스피노자**의 학설을 따르면 「소산적 자연」(natura naturata)에 대한 관계에서의 「능산적 자연」(natura naturans)*의 형이상학적 유추에서 나타난다. 즉 스스로는 어떠한 형식도 취하지 않지만, 영원히 새로운 형식을 자기 자신으로부터 도출할 수 있고, 무형식으로 모든 형식을 형성할 수 있는 모든 형식의 무진장한 근원이다(Die Diktatur, S. 142; 김효전 옮김, 182면 참조). 그러나 어떠한 헌법이론에도 속할 수 있는 헌법제정권력에 관한 실증적 이론을 전술한 범신론적 형이상학과는 구별하는 것이 필요하다. 양자는 절대로 상호 간에 동일하지 않다. 능산적 자연에 유추될 수 있는 조직이 곧 권력이라는 형이상학은 정치신학의 이론에 속한다.

어떤 구속적인 방법으로 인민의사의 결정적인 대표자나 해석자를 선정하려는 시도마저도 이 이론에서 보면 모순이다. 1789년의 프랑스 국민의회는 형식으로 볼 때 헌법제정회의는 아니었다. 그것은 국왕에 의해서 소집되었고, 선거인들의 특별한 지령을 받은 선거로 귀족, 승려 그리고 제3계급으로 구성되는 등족회의에 나온 것이다. 그러나 이것은 헌법제정회의로서 구성될 수 있는 국민의회의 민주적인 권리를 부인하는 근거가 될 수는 없다. 이때에 국민회의는 ― 국왕의 의사에 반하여 ― 프랑스 국민의 의사를 주장할 수 있었던 것이다.

국민의 헌법제정권력의 민주적인 이론(현존하는 절대군주제에 반항하는)과 **시에예스**는 헌법 제정 국민회의에 의한 인민의사의 **대표**라는 반민주적인 이론을 결합시켰다. 그러므로 헌법은 국민의회에 의해서만 (그러므로 국민에 의해서도 아니고 군주에 의해서도 아니었다) 제정되었다. 철저하게 민주적인 방식을 취했더라면 국민이 스스로 헌법을 제정했어야 했을 것이다. 그 이유는 국민의 헌법제정 의사는 민주제가 귀족제로 변천되지 않고는 대표될 수 없기 때문이다(후술 제15장 S. 217 참조). 그러나 1789년에는 민주제를 채택하지 않고, 자유주의적 시민적 법치국가적 헌법을 채택하였다. 1791년의 헌법은 **입헌**군주제에 전형적인 헌법이었다. 「국민」은 두 개의 대표, 즉 군주와 입법회의체(인민대표)를 가지고 있었다. 헌법제정에서 누가 국민을 대표하였는가 하는 문제는 ― 국민의회냐 국왕이냐 ― 명백한 힘의 문제였는데, 확실히 국왕(군주제)에 대해서는 「국민의 의사」를 원용했고, 인민(즉 민주제)에 대해서는 「대표」를 원용함으로써 자유주의적 시민층의 독특하고 특징적인 중간적 지위를 나타냈다. 물론 국왕도 인민의 대표가 되려면 될 수 있었을 것이다. 그러나 사람들은 국민의 헌법제정권력의 행사에서는 국왕에 대해서 그것을 부정하였다. 헌법제정회의에서의 인민의사의 대표 또는 해석자로서의 국왕의 헌법의 형성에 대한 영향력을 미치려는 시도는 실패하였다(Redslob, S. 71).*

3. 1815년부터 1830년에 이르는 왕정복고 시대에는 **국왕**이 헌법제정권력의 주체가

된다. 국왕은 일정한 권리의 행사에 대해서 제한된 범위에서 등족들의 협력을 필요로 하기도 했지만,「군주제의 원리」때문에 전체 국가권력은 국왕의 수중에 있었다. 국왕의 헌법제정권력에 관한 이론은 1789년의 헌법제정국민의회에서 때때로 제기되었으나 아무런 성과를 거두지 못했다(Redslob, S. 69). 그러나 왕정복고 시대에는 인민의 헌법제정 권력 ― 이것은 프랑스혁명의 명백한 테제로서 제시된 바 있다 ― 에 대해서 국왕의 헌법제정권력을 대립시키는 것이 이론적으로 필요하였다.

《예증》Diktatur, S. 195, Anm.(김효전 옮김,『독재론』, 234면의 주); Perny, Le pouvoir constituant sous la monarchie de Juillet, Pariser These 1901, S. 13. E. Zweig, S. 3은 군주의「조직 고권에 관해서 과학적 정치학은 그러한 종류의 (가령 인민의 헌법제정권력과 같은) 기술적 표현은 하나도 부여하지 않았다」고 하지만 이것은 부정확한 것이다.

이론적으로는 물론 군주의 지위는 여기서 특별히 곤란한 문제였다. 인민의 헌법제정권 력이라는 민주적 이론을 아무런 수정도 하지 않고, 군주제에 더구나 세습군주제에 전용하 는 것은 근본적으로는 하나의 단순한 방어책이었고, 또 표면적인 안티 테제로서만 가능하 였다. 왜냐하면 인민은 자신의 형태를 바꿀 수 있으며, 언제나 자신의 정치적 실존의 새로운 형식을 스스로 부여할 수 있으며, 또 인민은「형식 없이 형성하는 자」가 될 수 있기 때문이다. 이에 반하여 세습군주제는 특정한 가계의 계승질서에 구속된, 그 자신 이미 형성된 **제도**이다. 왕조라는 것은 인민 또는 국민처럼, 모든 정치생활의 근원으로 볼 수는 없다.

4.「소수파」의 조직도 헌법제정권력의 주체가 될 수 있다. 이때에 국가는 **귀족제** 또는 **과두제**의 형식을 취한다. 그러나「소수파」라는 표현은, 그것이 오늘날의 민주적인 방법의 수량적이며 통계적인 관념에서 유래했고, 당파적 소수파를 전제로 하기 때문에 오해를 사기 쉽다. 표결상의 소수파는 물론 헌법제정권력의 주체가 될 수 없다.「자유로운 권유」에 근거하고 있는 인간결합체라는 오늘날의 의미에서의 정당도 마찬가지이다. 이에 대해서 확립된 조직 그 자체는 시민의 다수 의사를 불러내지 않고도, 정치적 실존의 종류와 형식에 관한 기본적인 정치적 결정을 내릴 수 있다. 즉 헌법을 제정할 수 있는 것이다. 이들 소수파는 ― 고대나 중세의 귀족제에서처럼 ― 일정한 범위의 **가족**이나 **기사단**, 또는 그 밖의 일정한 형태를 취하는 집단이 될 수도 있다. 19세기에는 그러한 헌법제정권력의 예는 없었다. 20세기에는 공산주의 조직과 결합한 러시아에서의「인민위 원회」의 지배와, 이탈리아에서의 파쇼 지배는 새로운 종류의 귀족제적 요소를 내포하고 있다. 그러나 이론적 및 실제적 구조는 아직도 명백하지 않으며, 또한 인민의 지배에 근거를 두는 것을 결정적으로 단념한 것도 아니다. 다만, 인민의 의사의 진정하고 거짓이 없는 표현을 위해서는 먼저 전제조건들이 마련되지 않으면 안 된다. 따라서 그러한

그 체제는 단지 과도적인 것에 불과하며, 정치적 실존의 종류와 형식에 관한 궁극적인 결정을 아직도 내리지 못했다는 의미에서도 독재이다. 여기서 분명히 결정된 것은, 단지 모든 시민의 개별적인 비밀 평등선거에 의한 다수결이라는 **자유주의적인** 방법의 거부와 **시민적 법치국가**의 원칙들(기본권과 권력분립, 제12장, S. 126 참조)의 거부이다. 그러한 한에서 물론 여기서도 헌법제정의 행위가 존재하는 것이다.

III. 헌법제정권력의 행사

1. 헌법제정권력의 행사를 구속하는 규율된 절차는 존재하지 않는다.

2. 군주의 헌법제정권력의 행사는 단순히 절대군주제가 기존의 제도라는 이유 때문에 스스로 규제를 받는 것이다. 따라서 여기서는 구성된 하나의 조직이 이미 존재하고 있다. 이것은 실제적으로나 이론적으로나 하나의 이점이 있는데, 그 이점은 그 의사표시가 명백한 하나의 확고한 존재가 있다는 점에 있다. 그러나 그 실제적 및 이론적인 단점은 아마 그 이점보다 더 클 수도 있다. 그 이유는 군주제의 조직과 제도는 왕조적 원리, 즉 한 가계에서의 계승순위에 그 근거를 두며, 따라서 본래 전적으로 특수 정치적인 개념에 근거를 두지 않고 가족법적인 개념에 그 기초를 두기 때문이다.

국왕은 자신의 전체권력에 의해서 헌법을 **발포**함으로써, 즉 일방적인 행위에 의해서 **흠정**함으로써 자기의 헌법제정권력을 행사한다. 국왕은 등족 또는 인민의 대표와 타협을 하기도 하고, 또 그들의 참가나 동의에 구속을 받기도 한다. 이것은 위(제6장 II,7, S. 53)에서도 설명했듯이, 아직도 헌법제정권력의 포기나 또는 인민의 헌법제정권력의 승인을 포함할 필요는 없다.

3. 인민은 정치적 통일체의 실존의 종류와 형식에 관한 결정을 목표로 하는 그들의 직접적인 전체의사의 어떤 외부로부터 인식가능한 방법으로 그들의 헌법제정권력을 행사한다. 이러한 헌법제정권력의 주체라는 특성에서 특별한 문제와 어려움이 생긴다.

a) 헌법제정권력의 담당자로서의 인민은 확고한 조직된 심급(Instanz)이 아니다. 인민은 일상적이고 정상적인 직무와 규칙적인 사무처리를 위해서 조직된다면, 인민으로서의 그 성격을 상실할 것이다. 인민은 그 본질상 집정관이 **아니며**, 또 민주제에서도 결코 권한을 가진 관청이 아니다. 다른 한편, 민주제에서 인민은 정치적인 결정과 행동의 능력이 있지 않으면 안 된다. 또한 인민은 드물게 있는 결정적인 순간에만 결정적인 의사를 가지며, 또 그것을 명백하게 나타내는 경우에는, 인민은 그러한 의사에 대한 능력이 있으며, 자기의 정치적 실존의 근본 문제에 대해서 Yes 또는 No를 말할 수 있다. 인민의 장점과 함께 약점은, 인민이 한정된 권한을 가지고 규제된 절차로 직무를 처리하는 조직된 관청이 아니라는 점에 있다. 인민이 정치적 실존에 대한 의사를 가지고

있는 한, 인민은 어떠한 형식화와 규범화를 초월한다. 인민은 조직되지 않은 존재로서, 또 해체될 수도 없는 것이다. 여하튼 인민은 실존하고 또 그 존속을 계속하려고 하는 한, 그 생활력과 에너지는 무진장하며, 또 언제나 정치적 실존의 새로운 형태를 발견할 수 있는 것이다. 그 약점은, 인민은 그 자신 형태를 가지지 않거나 조직되지 않고 그의 정치형태와 조직의 기본 문제를 결정할 수 있다는 점에 있다. 그러므로 인민의 의사표시는 오인되거나, 곡해되거나 또는 경시되기가 쉽다. 인민의 의사가 규정된 어떠한 방법과 규정된 어떠한 절차와도 무관계하게 나타낼 수 있다는 것이 이 인민의사의 직접성에 특히 불가결하다. 오늘날의 대부분의 국가의 정치의 실제는, 인민의 의사는 비밀투표 또는 비밀선거의 절차로 확정된다(후술 3 참조). 그러나 19세기의 이러한 방법을 무조건 민주제의 절대적이고 궁극적인 규범으로 생각하는 것은 잘못이며, 더구나 비민주적인 잘못일 것이다. 헌법을 제정하려는 인민의 의사는 행위에 의해서만 실증할 수 있으며, 규범적으로 규정된 절차를 준수하는 것으로는 증명할 수 없다. 자명하게도, 이 인민의 의사는 이전에 또는 지금까지 타당하던 헌법률로부터는 판단할 수 없는 것이다.

b) 인민의 직접적인 의사표시의 자연적인 형식은, 집합된 다수인의 찬성 또는 반대하는 외침, 즉 **갈채**(Akklamation)*이다. 근대의 강대국들에서는 모든 인민의 자연적이고 필연적인 생활표현인 갈채는 그 모습을 바꾸고 있다. 여기서 갈채는 「공론」으로서 나타난다(후술 제18장, S. 246 참조). 그러나 여하튼 인민은 언제나 일반적으로 Yes 또는 No를 말할 뿐이다. 즉 찬성 또는 반대만을 말하는데, 인민의 Yes 또는 No는 자기 자신의 전체적 실존에 관한 근본적인 결정이 문제가 되면 될수록, 더욱 단순화되고 근본적인 것이 된다. 평온한 질서가 유지되는 시대에는 그러한 종류의 표현은 드물거나 불필요하다. 여기서 어떤 특별한 의사가 명백하게 표시되지 않는다는 것은 바로 기존 헌법에 대한 계속적인 동의를 의미한다. 위기 시에는 기존 헌법에 **반대하는** No는 단지 부정으로서는 명백하고 결정적인 것이 되지만, 이에 반하여 적극적 의사는 그만큼 확실하지 않다. 그렇지만 이러한 No 속에는 자주 아무런 문제없이, 또한 저절로 바로 나타나 이와 대립적인 실존형식에 대한 긍정을 포함하기도 한다. 독일 인민은 1918년 11월 지금까지 존속해 온 군주제의 원리를 부정하였다. 그것은 당연히 공화제를 의미하는 것이다. 그러나 이로써 이 공화제의 그 밖의 형성가능성 ─ 시민적 법치국가적 (입헌적) 민주제냐 아니면 사회주의적 인민위원회 공화제냐 ─ 의 문제는 아직도 해답을 보지 못한 것이다. 시민적 법치국가적 공화제에 대한 No는 사태의 진전에 따라서는 다시 군주제로의 복귀, 독재제, 인민위원회제도 또는 그 밖의 다른 정치형태 등을 의미할 수 있었다. 인민의 헌법제정권력은 언제나 기본적인 Yes 또는 No로서만 표시되며, 또 그럼으로써 헌법의 내용을 이루는 정치적 결정을 내리는 것이다.

c) 인민의 헌법제정의사는 직접적인 의사이다. 그것은 어떠한 헌법률적 절차보다 선행하며, 또 그 위에 존재한다. 헌법률, 나아가 어떠한 헌법도 헌법제정권력을 부여할 수 없으며, 또 그 행사의 형식을 규정할 수 없다. 인민에 의해서 직접 내려진 정치적

결정을 나아가 집행하고 명확하게 하기 위해서는 어떤 조직과 절차를 필요로 하는데, 그 조직과 절차에 관해서 근대 민주제의 실제는 다음에 서술하는 일정한 관행과 관습을 발전시켰다.

4. 근대 민주제에서는 민주적인, 즉 보통 및 평등 선거법의 원칙에 따라서 선출된, 이른바 헌법제정국민회의라는 관례가 일반적으로 승인된「민주적인」절차로서 확립되었다. 특히 어떤 헌법이 파괴되고 새로운 헌법이 제정될 때에는 이 절차가 준수된다. 그렇지만 「헌법제정국민의회」의 소집은 결코 가능한 유일한 민주적인 절차는 아니다. 오히려 근대 민주제에서는 더욱 그 밖의 헌법제정인민의사를 형성하고 표현하는 다른 방법들이 나타나는 것이다.

a) (헌법률적 규범)을 **의결하고 확정하는 국민의회**. 민주적인 근본원칙들에 따라 선출되고, 헌법률적 규정의 정립과 규범화에 대해서 특히 수권된 의회는, 헌법의 정문을 의결하고 이를 확정한다. 이와 같이 성립하는 헌법률의 규정들은 회의의 단순다수결에 근거하여 발효하며, 의결된 초안에 대해서 국민투표(Referendum)가 실시되지 않고, 따라서 투표권을 가지는 시민의 승인은 없는 것이다.

예. 1919년 8월 11일의 바이마르 헌법(제181조).「독일 인민은 국민의회를 통하여 이 헌법을 결정 · 의결한다. 이 헌법은 공포한 날로부터 실시한다」. 이에 관해서는 국민의회는 단지 헌법률적 형성만을 결정하고, 독일 인민은 물론 헌법제정권력의 주체자로서 법률의 의결의 그것과 같은 형식적 행위를 할 수 없다는 것을 주의해 두어야 할 것이다. 그러므로 바이마르 헌법의 이 조문은 단지 헌법률적 규정들이 독일 인민의 형식적으로 확정된 동의라는 다른 특별한 행위를 밟지 않고, 국민의회의 단순다수결에 의거하여 효력을 발생하였고, 상기 동의는 오히려 국민의회의 선거에서 내포되어 있었다는 것만을 말하는 셈이 된다.

1791년의 프랑스 헌법도 인민투표를 실시하지 않고, 헌법제정 국민의회의 다수결에 의거하여 효력을 발생하였다. 이러한 유럽 최초의 현대 헌법의 성립에 관한 그 밖의 특수성에 관해서는 후술 e) 이하를 참조하라.

b) 사후의 국민투표나 투표권을 가지는 시민에 의한, 국민투표 이외의 직접 또는 간접적인, 하지만 명시적인 승인을 불가결로 하는 (헌법률적 규정을) **기초하는** 의회(콘벤트, Konvent).

콘벤트(콘반시온)라는 말은 특별히 헌법률적 규정의 **기초**를 책임 맡은 선출된 회의체를 말하는 술어이다. 그 말은 영국의 **혁명**에서 유래하였다. 즉 1660년과 1689년의 콘벤트는 합헌적인 상태를 회복하는 것을 그 임무로 한 임시정부였다(E. Zweig, S. 49). 미합중국의 실제와 1792년의 콘반시온 나쇼널의 유명한 예로 말미암아, 이 말은 헌법률적 규정의 초안을 준비하는 의회라는 의의를 가지게 되었다.

모든 헌법제정은 명백히 인민에 의하여 승인되지 않으면 안 된다는 것은 1792년의 콘반시온 나쇼널의 9월 21일의 통령에 의하여 근본원칙으로서 제시되었다(인민에 의해서 승인된 것 이외에는 헌법은 있을 수 없다). 그러므로 1793년 6월 24일의 이 콘반시온 나쇼널의 헌법은 인민, 즉 이 의회의 원선거인들에게 그 채택을 위하여 회부되었다. 그것은 거의 전원일치로 채택되었다(Duguit-Monnier, S. XXXXI). 그렇지만 그 헌법은 효력을 발생하지 못하였다. 그 이유는 콘반시온 나쇼널이 헌법적 상태를 정지시키고 쟈코뱅당의 독재(혁명정부)를 관철시켰기 때문이었는데, 그 동안에는 입법의 형식적 행위 등에 의하지 않고, **조치**로써 통치하였다. 이 콘반시온 나쇼널은 후에 또 하나의 헌법, 즉 1795년 8월 22일의 공화력 3년에 헌법(이른바 통령헌법)을 확정시켰다. 그 헌법은 그 전헌법과 꼭같이 선거민들의 동의를 얻기 위해서 회부되었고, 또 이것 역시 압도적인 다수로써 채택되었다(Duguit-Monnier, S. LXII).

c) 연방국가의 헌법을 채택하기 위한 헌법기초회의의 특수성. 여기서 헌법은 개별 구성국가의 인민들의 동의에 구속을 받을 수 있다.

1787년의 미합중국의 연방헌법은 헌법**기초회의**에 의해서 제안되었고, 그 후에 **연합의회**가 각주의 인민들에게 그 채택을 권고하였는데, 종국에 가서 13주의 모든 주에서 특별한 헌법비준(批准)회의, 즉 특별히 이 목적을 위하여 선출된 회의에 의해서 채택되었다(이 절차의 매우 곤란했던 점과 그 헌법에 찬성한 다수파의 극심한 수적 미약성에 관해서는 James **Beck**, Die Verfassung der Vereinigten Staaten, Kap, XV, deutsche Ausgabe von A. **Friedmann**, 1926, S. 207 ff.에 있는 설명을 참조하라).

바이마르 헌법은 개별 주의 투표권을 가진 국가공민에 의해서나, 또 개별 주의 국민의회에 의해서나를 막론하고, 특별히 비준을 받은 일은 없었다. 바이마르 헌법의 심의과정에서 바이에른 주의 정부대표인 폰 **프레거**(v. Preger)와 대의원 **바이열레**(Beyerle)는 개별 주의 국민의회에 의한 라이히 헌법의 비준이 필요하다고 주장하였다(Prot. S. 24/26). 이에 대해서 후고 **프로이스**는 단호히 반대하였는데, 그는 Poetzsch (Komm. S. 11)가 정당하게 지적하듯이, 민주적인 시종일관성을 자기편에서 가지고 있었다(전술 제7장 S. 65, 후술 제30장 S. 388 참조)

d) 그 방법은 여하튼 성립된 헌법안 또는 어떤 방법으로든 도입된 새로운 질서와 규제에 대한 일반적인 인민투표(플레비지트).

나폴레옹의 인민투표의 실제도 이 부류에 속한다. 1799년 공화력 8월의 집정관 헌법(**나폴레옹 보나파르트**를 포함한 세 집정관) 제95조에 인민투표가 규정되어 있었지만, 이 헌법은 이미 그것이 비준되기 전에 이미 유효한 헌법률로서 취급되고 있었다. 공화력 제10년(1802년)의 원로원령에서는 **나폴레옹**은 임기 종신의 제1집정관이 되었다. 공화력 제12년(1804년)의 원로원령에서는 **나폴**

레옹은 프랑스인의 황제가 되었고, 황제의 지위는 **보나파르트**가의 가족들에 의해서 계승되도록 하였다. 1815년(백일천하 기간 중)의 「증보 헌법」에 관한 인민투표. 1851년 12월 14일의 인민투표에서는 공화국 대통령 **루이 나폴레옹**은 헌법제정에 관한 광범한 전권위임 아래 통치가 위탁되었다. 1852년 11월 21일과 22일의 인민투표에서 **나폴레옹 3세**는 프랑스인의 황제가 되었다.

이 모든 인민투표에 있어서 「가」표를 던진 표가 압도적으로 다수였다. 나폴레옹 정부의 선거간섭은 상당히 강력했고 무자비하였다. 그 선거간섭으로 인민투표의 외모는 몹시 손상되었고, 인민투표는 민주주의적 감정으로는 의심을 품지 않을 수 없게 하였다. 이론적으로는 이 방법은 민주적인 원리와 인민의 헌법제정권력 사상에 철저하게 부합된다. 인민들이 이 모든 새 질서에 대한 인민투표에서 「찬성」을 표시한 것은 일반적으로 선거간섭으로부터 뿐만 아니라, 프랑스인민은 당시로서는 시민적 안녕과 질서를 요망하는 이외의 의사는 가지고 있지 않았다는 점에서도 설명할 수 있었다. 국가공민의 다수파는 일반적으로 정치적 결정을 타자에 미루고, 제출된 문제에 대하여는 대답이 최소한의 결정을 내포할 수 있도록 대답하려는 경향을 가진다. 그러므로 그들은 이미 완성된 사태에 대해서 쉽게 동의하게 될 것이다. 이러한 나폴레옹의 인민투표들에서 반대는 불안정과 무질서를 의미했을 것이고, 이와 반대로 「찬성」은 이미 완성된 사태에 대한 추후적인 동의, 즉 최소한의 자기 자신의 결정만을 내포하였다(이에 관해서는 「다수파가 결정한다」는 명제의 비판, 제21장 IV, S. 278을 참조).

e) 이러한 민주제의 실제에서의 예외와 특수한 사례.

1791년의 프랑스 헌법은 이미 설명하였듯이(S. 78), 국민의회에 의하여 의결되었는데, 이 국민의회는 보통선거법의 원칙에 따라서 선출되지 않았고, 세 개의 등족(等族: 귀족, 승려와 시민층)의 위임을 받은 대표들 중에서 제3계급의 대표자들이 1789년 6월 17일에 헌법제정 국민의회로서 구성됨으로써 성립되었다. 이 최초의 국민의회에 대해서 인민의 헌법제정권력의 수탁자(受託者)로서의 성격을 부인하는 것은, 민주적 헌법이론의 이러한 문제에서 특별히 의례적인 형식주의라고 볼 수 있을 것이다. 프랑스 국민의 의사가 틀림없이 여기서 작용했다고 볼 수 있다. 그러므로 특별한 선거 또는 투표의 절차라는 것은 단지 상대적인 의의만을 가질 뿐이다.

1920년 2월 29일의 **체코슬로바키아**의 헌법은 보통선거법의 원칙에 따라서 선출된 국민의회를 통해서가 아니고, 체코당과 슬로바키아당의 당대표위원들로만 구성된 의회에 의해서만 의결되었다. 이 나라의 13,600,000의 인구 중 거의 500만인은, 즉 비슬라브인, 특히 독일인 주민은 대표를 보내지 못했다. 인민투표에 의한 승인은 실시되지 않았다(이 「강요된」 헌법에 관해서는 Franz **Adler**, Die Grundgedanken der tschechoslowakischen Verfassung, Quellen und Studien, herausgegeben vom Osteuropa-Institut in Breslau, Abteilung "Recht", Neue Folge, Bd. III, 1927, S. 10/11; F. **Weyer**, JöR XI, 1922, S. 352).

IX. 헌법의 정통성

Ⅰ. **헌법의 정통성의 종류**. 헌법은 그 근거가 되는 결정을 내리는 헌법제정권력의 힘과 권위가 승인을 받고 있을 때에는 정통적이 된다. 즉 사실적인 상태에서뿐만 아니라 합법적인 질서로서도 승인을 받게 된다. 헌법의 실체를 이루는 국가적 실존의 종류와 형식에 대한 정치적 결정이 효력을 가지는 것은, 그 헌법을 문제로 삼는 정치적 통일체가 실존하며, 헌법제정권력의 주체가 이 실존의 종류와 형식을 결정할 수 있기 때문이다. 정치적 통일체는 윤리적 또는 법적 규범에 의한 정당화를 필요로 하지 않으며, 정치적 실존 속에 그 의미를 가진다. 규범은 여기서 어떠한 것도 확립할 수 있는 힘을 결코 가지지 못할 것이다. 정치적 실존의 특수성은 정통화를 필요로 하지 않으며, 또 정통화할 수도 없는 것이다.

역사적으로 고찰해 온 두 개의 헌법제정권력의 주체, 즉 군주와 인민에 일치하여, 역사적으로 왕조적 정통성과 민주적 정통성이라는 두 종류의 정통성이 구별될 수 있다. **권위**의 관점이 우월한 곳에서는 국왕의 헌법제정권력이 승인을 받게 되며, **인민의 권력**(maiestas populi)이라는 민주제의 관점이 지배하는 곳에서는 헌법의 효력은 인민의 의사에 근거를 두게 된다. 따라서 역사적인 근거에서만, 또한 왕조적 정통성과 민주적 정통성을 구별하는 경우에만 헌법의 정통성에 관하여 말할 수 있다. 실제로 이때에는 정치적 통일체의 실존형식의 문제가 중요한 것이다.

Ⅱ. **헌법의 정통성은 헌법이 이전에 통용되던 헌법률에 따라서 성립하였다는 것을 의미하는 것이 아니다**. 그러한 관념은 바로 불합리할 것이다. 헌법은 결코 자기보다 상위에 있는 규칙에 따라서 성립하는 것은 아니다. 나아가 **새로운** 헌법, 즉 새로운 기본적인 정치적 결정이 이전의 헌법의 지배를 받아야 하고, 그 구속을 받아야 한다는 것은 생각할 수 없는 일이다. 이전의 헌법을 제거하고 새 헌법이 성립하는 곳에서는 새 헌법은 낡은 헌법이 제거되었기 때문에 「비정통적」이 되는 것은 아니다. 만약 그렇지 않으면 실로 제거된 구헌법이 효력을 지속하게 될 것이다. 따라서 신헌법이 구헌법과 일치하는가 하는 문제는 정통성의 문제와는 아무런 관계가 없는 것이다. 바이마르 헌법의 정통성은 독일 인민의 헌법제정권력에 근거하는 것이다. 이 헌법이 종래의 1871년의 구헌법을 배제하고 성립하였다는 것은, 고작해야 그것이 왕조적 정통성, 즉 군주의 헌법제정권력에서 본다면, 비정통적이라고 볼 수밖에 없는 결과를 초래할 뿐이며, 그 이상의 것은 아니다. 반대로 또한 민주적 정통성의 관점에서 보면, 군주제 원리에 근거하여 국왕에 의해서 정립되는, 흠정된 헌법도 마찬가지로 비정통적이 될 수밖에 없다. 그러나 새로운 헌법을 그것이 종래의 헌법률상의 규칙과 절차를 준수하여 성립하였는가의 여부로 판단하고, 따라서 예컨대 바이마르 헌법의 규정들이 헌법개정에 관하여 구헌법 제78조에서 규정한 개정규정에 따라서 성립하였는가 하는 문제를 제기하는 것은 아주 불가능하다. 새로운

헌법은 이제 그러한 방법으로는 통용되지 않게 된 종래의 규정에 종속시킬 수는 없으며, 원래 의심 없이 타당한 새로운 헌법에 대해서, 그것이 이미 효력을 가지지 않는 구헌법이 규정한 개정규정에 따르고 있는가의 여부 문제를 일반적으로 제기하는 것은 「규범성」에 대한 잘못된 고집에만 유래하는 의미 없는 개념상의 유희이다.

부르크하르트(W. Burckhardt, Verfassungs-und Gesetzesrecht, Politisches Jahrbuch der Schweizerischen Eidgenossenschaften, Bd. XXVI, 1910, S. 48)는 적절하게 이렇게 말한다. 「사람들이 새 헌법의 합법성을 그 전헌법의 규정에 따라서 측정하는 것이 합리적이라고 볼 수 있을까? 이것은 문제가 되지 않을 수 없다. 현행 헌법이 그 제정자가 그 전헌법의 규정에 따르지 않았기 때문에 불법적이라면, 그 때에는 먼저 그 전헌법 자체가 합법적인가 등을 물을 수 있을 것이며, 사람들이 시대를 거슬러 올라가 하나의 불법적인 헌법과 마주치면, 모든 다른 헌법들은 불법적이 되지 않을 수 없을 것이다. 그 이유는 그 헌법이 존재근거를 현재로부터 도출하고 있음에도 불구하고, 그것을 과거의 승인에 근거하여 효력을 가지게 한다는 것은 헌법제정자들에게는 허용될 수 없었기 때문이다. 헌법의 합법성에 관한 이러한 이야기야말로 도대체 어떤 의의와 목적을 가질 수 있겠는가. 그것은 아무 소용도 없는 공리공론을 면할 수 없을 것이다」. 여하튼 **부르크하르트**가 「헌법이 그것이 어떻게 개정될 수 있는가를 법적 구속력을 가지는 방법으로 규정할 수 있는가」(S. 46)하는 문제를 일반적으로 제시하고, 이 문제에 대해서 부정적인 대답을 했는데, 이러한 일반적인 부정적인 대답은 위에서 여러 갈래로 설명하였던 본래적 의미에서의 헌법과 헌법률의 혼동에 근거한다. 헌법률이 어떤 방법으로 개정될 수 있는가는 헌법률에 의해서 규정될 수 있는 것이다.

그럼에도 불구하고 「정통적」 또는 「비정통적」이라는 표현은, 유감스럽게도 자주 헌법이 그 이전에 효력을 가지고 헌법률적으로 규정되고 있던 헌법**개정**절차에 따라서 성립한 경우에만 이를 「정통적」이라는 의미에서 사용하는 것이다.

라이히 재판소의 유명한 판결(Zivilsachen, Bd. 100, S. 25)에서 이렇게 말한다. 「혁명에 의해서 창설된 새로운 국가권력(노동자와 병사위원회)에 대해서 국법적 승인이 거부될 수는 없다. 그 설치가 위법이라는 것은 이것과 모순되지 아니한다. 왜냐하면 창설의 합법성은 국가권력의 본질적 기준이 아니기 때문이다. 국가는 국가권력 없이는 그 존립을 계속할 수 없다. 낡은 권력의 제거와 동시에 성공한 새로운 권력이 거기에 대치된다」. 이 명제들은 바이마르 헌법이 합법적인가, 다시 말하면 제거된 헌법의 제78조의 절차에 따라서 성립하였는가의 문제는 무의미성을 단적으로 나타내고 있다. 그것은 물론 「국가권력」에 관해서만 말하며, 「헌법」에 관해서는 말하지 않지만 정당하게 이해되는 헌법개념에서는 헌법에 대해서도 통용될 수 있으며, 따라서 Anschütz, Kommentar S. 5에서처럼, 정당하게 바이마르 헌법에도 적용할 수 있는 것이다. 여기서 다음과 같은 것을 주의할 필요가 있다. 1. 국가 또는 국가권력의 정통성에 관하여 사람들은 말할 수 없다. 하나의 국가, 즉 인민의 정치적 통일체는 실존하며 더구나 정치적 영역에서 실존하는 것이다. 국가는 마치 사법의 영역에서 개개의 살아있는 인간이 그 존재를 규범적으로 설립할 필요도 없고 설립할 수도 없듯이, 정당화 · 합법성 · 정통성 등에 대해서는 능력이 없다(Der Begriff des Politischen: Archiv für Sozialwissenschaften, Bd. 58, 1927, S. 1 ff.;김효전 · 정태호 옮김, 『정치적인 것의 개념』, 살림, 2012 참조). 2. 국가와 국가권력은 동일물이다. 국가권력 없는 국가는 존재하지 않으며, 국가 없는 국가권력도 존재하지 않는다. 국가권력을 행사하는 인간의 변천이나 국가질서의 변천은 정치적 통일체의 계속성을 제거할 수는 없다. 3. 기존의 헌법의 제거와 새로운 헌법의 발포는 헌법제정권력의 문제와 관련을 가진다(이에 관하여는 후술 제10장 참조). 4. 헌법의 정통성은 전과 동일하게 헌법제정권력의 문제와 관련을 가지며, 이제는 통용되지 않게 된 헌법률의 규정과의 일치의 문제와 관련을 가지지 않는다.

널리 보급된 표현법은 헌법의 합헌성과 헌법개정의 허용성을 혼동하고 있다. **합헌적인 헌법**이라는 것은 완전히 무의미한 것이 아니면 완전히 공허하고 천박한 것이다. 헌법 자신이 헌법이 합헌적이라는 데에 관하여 결정을 내리고, 또 그러므로 합헌적으로 승인된다고 하더라도, 헌법은 그러한 사실로 말미암아 새로운 어떤 특성을 얻을 수는 없다. 그러므로 현재 통용되고 있는 모든 헌법은 자동적으로 합헌적인 것이다. 규범이라는 것은 자기 스스로 정통화될 수는 없다. 헌법의 효력은 헌법을 제정한 자의 실존적인 의사에 기초를 둔다. 그러나「합헌적인 헌법」이 이제는 통용되지 않게 된 헌법률의 의미에서의 합헌적이라는 것만을 의미한다면, 그 모순은 아무런 의심 없이 명백한 것이다. 그 이유는 통용되지 않게 된 법률은 결코 유효하고 법적으로 존중할만한 특성을 부여할 수는 없을 것이기 때문이다.

Ⅲ. 왕조적 정통성은 군주의 권위에 근거한다. 개개의 고립된 인간이 자기의 개인적 존재에 의해서 이러한 정치적인 중요성을 획득하는 것은 드물기 때문에, 군주의 헌법제정 권력도 개개의 군주에게 맡겨진 것은 아니다. 군주의 헌법제정권력은 국가와 결합된 **왕가**의 역사적 계속성 위에, 왕조와 **왕위계승**의 영속성에 근거한 왕조적 정통성으로 돌아가는 것이다.

이에 반하여 **민주적 정통성**은, 국가는 **인민**의 정치적 통일체라는 사상에 근거한다. 국가의 모든 본질결정의 주체는 인민이며, 국가는 인민의 정치적 상태이다. 국가적 실존의 종류와 형식은 민주적 정통성의 원리에 따라 인민의 자유로운 의사에 의해서 결정된다.

인민의 헌법제정의사는 어떠한 절차에도 구속되지 않는다. 그렇지만 민주적 헌법들의 오늘날의 실제에서는 그것이 헌법제정회의의 선거이든, 또는 인민투표이든, 일정한 방법이 확립되어 있다는 것은 이미 앞에서 설명하였다. 이러한 방법들은 자주 민주적 정통성의 사상과 결합하기도 하며, 따라서 사람들은 정통성의 개념에 일정한 절차를 첨가시키고, 그럼으로써 개별적인 비밀투표의 절차로 산정한, 시민의 다수의 동의를 얻은, 그러한 헌법만을 참으로 민주적인 것이라고 부른다. 그러나 이러한 개별적인 비밀투표의 방법이 바로 진정한 민주제의 관점에서 볼 때 얼마나 문제가 있는가는 이미 설명한 바이며, 또 뒤에 상세히 설명하기로 한다. 인민의 묵시적인 동의도 여전히 가능하며, 또 쉽게 알 수 있는 것이다. 예컨대 헌법에 의해서 규정된 공공생활에 단순히 참가하는 가운데, 인민의 헌법제정의사가 충분하고 명백하게 표명되도록 하는 단정적 행위가 표시될 수 있다. 이것은 일정한 정치적 상태의 결과인 선거에 대한 참가에도 말할 수 있다.

비얼링(Bierling, Juristische Prinzipienlehre, 1898, II, S. 363/4)은 모든 「강요된 법규도 어떤 혁명적인 법제정과 아주 마찬가지로, 법공동체의 구성원들의 추후적인 승인에 의해서 진정한 법적 효력을 획득할 수 있으며」, 또 합법성을 산출하는 것은 항상 「제정된 규범의 일반적인 승인뿐」이라고 한다. 그리고 S. 357은 「이 제헌 제국 의회(1867년)의 선거의 실시는 (연방정부가) 제국의회와 합의한 헌법에 대한 사전의 완전하고 명백한 승인을 내포한다」고 말한다.

따라서 이러한 방법으로 각종 헌법들에 대하여 사람들이 비록 묵시적이기는 하지만, 항상 존재하는 활동적인 인민의 헌법제정권력에 그 헌법의 기초를 둠으로써 민주적 정통성의 성격을 부여할 수 있는 것이다.

X. 헌법제정권력, 특히 인민의 헌법제정권력의 이론에서 나오는 귀결들

I. 헌법제정권력의 부단한 존재(영속성). 헌법제정권력은 기본적인 정치적 결정의 행위에 의해서 행사된다. 이 결정의 집행과 정식화는 특별한 수임자, 예컨대 이른바 헌법제정 국민의회에 이를 위탁할 수 있다. 또 이와 같이 성립한 헌법률적 규범에 근거하여 헌법률의 「개정」 또는 「수정」을 위한 헌법률상의 권능이 나오기도 한다. 그러나 헌법제정권력 그 자체는 이것과 구별되지 않으면 안 된다. 헌법제정권력은 위임되거나, 양도되거나 흡수 또는 소진되는 것이 아니다. 그것은 가능성의 상태에서 항상 존속하며, 거기에서 유래하는 모든 헌법과 이 헌법의 틀 안에서 타당한 모든 헌법률적 규정과 병존하며, 또한 그들 상위에서 서 있는 것이다.

인민의 헌법제정권력의 불가양성은 시에예스에서 유래하였다. 이때에 시에예스는 군주의 절대주의에 대립하여 주장했던 인민의 헌법제정권력에 관한 민주적인 이론만을 문제로 삼았던 사실을 주의하여야 한다. 인민의 헌법제정권력은 파괴될 수 있다. 이때에 정치적 통일체가 계속 유지된다면, 다른 헌법제정권력의 주체, 예컨대 군주와 같은 것이 헌법제정권력의 주체로서 등장하게 될 것이다. 그러나 헌법제정권력은 하나의 발동행위에 의해서 소진되는 것은 아니다. 헌법제정권력은 또 동일하게 어떤 법적 권원에 그 기초를 두는 것은 아니다. 군주가 자진해서 헌법제정권력을 포기하고 그럼으로써 인민의 헌법제정권력을 승인할지라도, 이 인민의 헌법제정권력은 가령 국왕의 포기에서 나오는 어떤 법적 권원에 의거하는 것은 아니다. 그것은 그 타당근거를 전적으로 그들의 정치적 실존에 두고 있다.

1793년 6월 24일의 프랑스 헌법은 그 제28조에서 인민의 헌법제정권력의 민주적인 원리를 다음과 같이 정식화하고 있다. 「인민은 항상 자기의 헌법을 검증하고 개혁하고 개정할 수 있는 권리를 가진다」(Un peuple a toujours le droit de révoir, de réformer et de changer sa constitution). 1793년의 지롱드 헌법초안 제93조도 같은 표현을 한다. 이 표현에서 특히 흥미 있는 것은 이 표현에는 헌법개정(수정) 권한뿐만 아니라 헌법제거 권한까지 내포되었다는 사실이다.

널리 보급된 사고방식은 정치적·법률적 안일의 동기에서 헌법률의 개정을 위한 헌법률적으로 규제된 절차가 준수됨으로써만 제거될 수 있다는 사실에서 유래한다. 「있어서는 안 될 것은 있을 수도 없다」는 논의는 여기서 「틀림없이 무의미한 귀결을 초래하지 않을 수 없다」.

그러므로 헌법제정권력이 있는 곳에서는 반드시 최소한의 헌법이 존재하며, 이것은 헌법의 기초인 헌법제정권력이 국왕의 것이든 인민의 그것이든, 그대로 존속하는 한 헌법률의 파기, 혁명 그리고 쿠데타에 의해서도 영향을 받는 일은 없는 것이다. 나폴레옹이 실시한 인민투표(전술 제8장 Ⅲ, 3d, S. 86)는 인민의 헌법제정권력이라는 민주제의 원리에 근거하고 있었다. 따라서 헌법의 침해는 인민의 동의에 의해서 쉽게 이를 수정될 수 있었다. 여하튼 여기서 **헌법률**의 제거 또는 파기와, **헌법**, 즉 근본적인 정치적 결정의 제거와 **헌법제정권력**(국왕 또는 인민)의 제거는 구별되어야 한다는 것은 이미 명백하다. 헌법의 혁명적인 제거도 사정에 따라서는 단순한 헌법개정에 불과하다고 해도 틀린 것은 아니다. 물론 헌법제정권력의 주체의 항구성을 전제로 하는 경우에만 그러한 것이다.

그러므로 후고 **프로이스**는 바이마르 헌법의 위원회의 심의에서, 바이마르 헌법은 그것이 비록 구 제국 헌법의 혁명적 제거 아래 틀림없이 성립하였지만 하나의 「헌법개정」을 의미한다고 말했다. 「우리들이 현재 시도하는 것은 특별한 환경 하에서 또 특별한 사건으로 말미암아 야기된 헌법개정뿐이다」(Prot. S. 28). 저명한 국법학자이며 또 민주주의 헌법학의 특별한 전문가인 사람의 입에서 나온 말로서는 이것은 기이한 표현이라고 본다. 이것은 비록 명확하게 표현되지는 않았지만, 지금까지 계속되었던 독일 제국이 독일 인민의 의사에 의거하였고, 따라서 독일 인민의 헌법제정권력에 의거하고 있었다는 사상에서 설명할 수 있다. 그러므로 새 헌법은 이 영구적인 최소한을 유지하였다고 보아야 할 것이다. **안쉬츠**(Anschütz, Komm. S. 3)는 이렇게 말한다. 즉 「혁명은 제국을 분쇄한 것이 아니라 단지 헌법을 개정하였을 뿐이다」. 이것도 법률적으로 정확하게 생각했다면, 독일 인민의 헌법제정권력의 항구성에서만 설명할 수 있는 것이다. 물론 여기서 헌법개정이라기보다는 헌법폐지라고 말하는 것이 더 정확했을지 모른다(후술 제11장 I, S. 99).

Ⅱ. 헌법제정권력이 동일한 경우의 헌법폐지와 헌법파괴 시의 국가의 계속성

1. 헌법제정권력의 행위로서 성립하는 헌법은, 이 권력에서 유래하였으며, 따라서 그 자신 속에 정치적 통일체의 계속성을 뒷받침할 수는 없다. 이 헌법에 근거하여, 기초가 되는 정치적 결정의 집행만을 의미하는 헌법률적 규정들이 그러한 계속성을 실현하지 못하는 것은 물론이다. 전체로서의 정치적 통일체는 헌법의 개정과 변천에도 불구하고 계속 존속할 수 있다. 헌법의 폐지 또는 헌법률의 파기는 항상 헌법위반이거나 헌법률위반이다. 왜냐하면 헌법률이 그 자신을 침해하거나 자기의 힘으로 폐지할 수는 없기 때문이다. 그러나 이로써 헌법제정권력은 아직 배제되었다고는 할 수 없다. 헌법제정권력이 새로운 사태에 대하여 새로이 행사된다면, 새 헌법은 폐지된 종래의 헌법과 마찬가지로 동일한 헌법제정권력이 산출한 것이며, 또 동일한 원리에 근거하는 것이다. 이 경우에 계속성은 공통된 기초에 있으며, 국제법상으로나 국법상으로도 국가의 계속성의 문제가 제기될 여지는 없다.

1848년 · 1851년 · 1852년과 1870년의 프랑스의 혁명과 쿠데타에서는 기존 헌법의 파훼 또는 폐지를 초래하는 헌법변천이 있었지만, 프랑스 인민의 헌법제정권력은 그대로 유지되었으며 또 승인을 받았다. 여기서는 프랑스 국가의 불계속성의 문제는 제기되지 않았다.

2. 이 경우에 **국제법적으로는**, 즉 타국과의 관계에서 정치적 통일체의 계속성이 상실되지 않는다는 것은 일반적으로 승인되고 있다.

국법상으로는 이러한 계속성에서 다음의 것이 추론된다. 즉 종래의 법률과 명령이 새로운 규율에 저촉되지 않는 한, 바로 즉 존속의 특별한 행위를 요하지 않고 (아무런 계수행위 없이) 그 효력을 지속한다는 것이다. 심지어는 구헌법의 규정들도 이제부터는 단순한 법률로서 효력을 지속할 수도 있는 것이다.

따라서 행정공무원의 재판상의 소추에서 정부의 동의를 필요하게 하는 혁명 제8년(1799년)의 프랑스 헌법 제75조의 규정은, 그 후에 야기된 모든 헌법폐지와 헌법파훼에도 불구하고, 계속해서 통용되었다(이에 관해서는 Esmein-Nézard, S. 580/81). 1848년의 혁명의 결과 제정된 독일의 여러 입헌군주제 헌법에서도 군주제 원리에 기초를 둔 계속성이 존재하였다. 그러므로 여기서도 지금까지 시행되었던 법률, 내각명령 등은 특별한 계수행위 없이 그 효력을 지속하였다.

1918년의 변혁에서와 바이마르 헌법 이후에서의 독일 제국의 계속성에 관해서는 다음의 Ⅲ, 2 참조.

Ⅲ. 헌법제정권력의 주체의 변경(헌법파괴)에서의 계속성의 문제

1. 혁명에 의해서 헌법률적 규정과 헌법뿐만 아니라 지금까지 존재하던 헌법제정권력, 즉 지금까지 시행되었던 헌법의 기초까지도 제거될 수 있다. 예컨대 민주주의혁명에 의해서 군주의 헌법제정권력이 제거되고, 쿠데타 또는 군주제의 혁명에 의해서 인민의 헌법제정권력이 제거되기도 한다. 그때에는 헌법제정권력의 교체가 있으며, 완전한 **헌법파괴**가 있는 것이다.

예. 프랑스에서의 1789년과 1793년(국왕의 절대군주제의 제거); 러시아에서의 1917년과 1918년(짜르 군주제의 제거).

그러한 혁명들에서 정치적 통일체의 계속성은, 새로운 정부에 의해서 국법적으로 아울러 국제법적으로 두 가지의 중요한 사건에서 다투게 되었다.

1793년의 자코뱅 정부는, 자유로운 인민들은 「폭군」(즉 군주제 정부)이 부담했던 채무를 지불하지 않는다는 입장을 취했다. 1922년 5월에 러시아의 소비에트 정부는 제노바 회의의 기간 중에 짜르 시대의 러시아의 채무의 지불을 거절하기 위해서 이 선례를 원용하였다. 이러한 구 러시아 정부의 채무의 이행 문제의 커다란 복잡성 중에서, 헌법제정권력의 변천에서 계속성은 존재할 수 없다는 데에 그 근거를 둔 하나의 주장만이 흥미를 끈다. 1793년과 1917년의 두 경우는 계속성이 논란되었던 유일한 예라고 볼 수 있을 것이다.

그러나 그러한 경우에도 계속성을 인정하는 것이 바로 민주적 헌법의 논리에 부합하는 것이다. 왜냐하면 철저한 민주제의 이론은 인민의 헌법제정권력에 근거한 헌법 이외의 어떤 다른 정통적인 헌법도 인정하지 않기 때문이다. 그러므로 존속해온 모든 헌법을 인민의 명시적 또는 묵시적인 의사로 환원하는 것도 가능하며, **통치**, 즉 이 의사의 행사형식이 어떠한 것인지는 묻지 아니한다. 그렇지 않다면 이 이론에서 본다면 국가와 정치적 통일체는 존재하지 않으며, 무의미한 권력장치 · 압제 그리고 폭정의 체제가 존재하게 될 것이다.

이것은 루소의 「사회계약」의 이론이다. 그는 사실 명백하게 인민의 특이하고 특별히 조직하는 권리에 관하여 말하지는 않았지만, 주권자의 (인민의) 정부에 대한 관계를 규율하는 정치법(lois politiques) 또는 근본법(lois fondamentales)에 관하여는 확실히 말한다(제2권 제12장). 이러한 법률들은 헌법률이며, 그 자체는 상대적이며 전래적이며, 원리상으로는 제한되어 있다. 이러한 법률들은 인민의 주권적 의사에 의거하고 있다. 이러한 법률들에 의해서 군주제적 · 귀족제적 또는 민주적 통치형식이 확립될 수 있지만 인민은 항상 계속해서 주권적이 될 수 있다. 절대군주제도 단지 통치형식에 불과할 것이며, 또 인민의 주권적 의사에 의존할 것이다.

2. 1918-19년의 독일 라이히의 계속성. 국가가 국민을 기초로 하고, 인민이 이 국민적 통일체에 근거한 정치적 실존에 대해서 자각한 의사를 가지는 경우에는, 항상 이 의사를 **모든** 국가헌법의 결정적인 기초로서 삼을 수 있을 것이다. 인민의 헌법제정권력을 **사후적으로** 이론구성하는 것은 여기서 쉽게 발견할 수 있다. 1871년 헌법상의 독일 제국은 인민의 국민적 의사에 근거한 국가로 볼 수 있다. 이 독일 제국은 구성국가들의 단순한 연합이 아니라, **안쉬츠**(Anschütz, Kommentar, S. 2)가 적절하게 말하듯이, 「무엇보다도 먼저 전체 국가로서의, 또한 국민적 공동체로서의 독일 국가」였다. 독일 인민은 군주제의 원리를 제거하고, 오로지 자기의 정치적 결정에 의해서 스스로 헌법을 제정하려고 하는 의사는 가지지 아니하였지만, 여하튼 국민을 기초로 하는 정치적 통일에 대한 의사를 가지고 있었다. 1871년 이후의 헌법상태가 독일 인민의 동의를 얻고 있었다는 사실은, 1870년의 (보불) 전쟁과 1871년의 독일 제국의 건설에서의 갈채에 비추어서도 다툼의 여지가 없을 것이다. 나아가 실로 (전술 제7장, S. 64 참조) 이 헌법은 독일 인민에 의해서 선출된 라이히 의회에 동의하였다. 따라서 여기서는 독일 인민의 헌법제정권력이 1871년의 헌법에서 결코 승인을 받은 것은 아니며, 또 개별 구성국가의 입헌군주제에서는 실제로 군주제의 원리가 전제로 되고 있었지만, 민주적 기반의 사후적인 구성은 결코 의제는 아니었다. 국민을 기반으로 하는 정치적 통일체를 구성하려는 독일 인민의 이러한 의사는, 1918년 11월 이후에서도 계속 존재하며, 민주제의 기초에 입각하여 1919년의 바이마르 헌법상의 라이히와 1871년 헌법상의 독일 제국과의 계속성을 확립하는 데에 충분하다.

이 문제는 바이마르 헌법에 관한 지금까지의 국법상의 문헌에서 가장 논란이 많았던 문제의 하나지만, 여러 가지 대답의 실제적인 결과는 국제법상으로는 구 제국의 국제법상의 채무의 새로운 독일 라이히에로의 이행은 조금도 논쟁이 없었으며, 승계라고만 말했기 때문에, 또한 국법상으로는 1919년 3월 4일의 경과법에 의해서 국내적 · 법적 계속성이 명백하게 규정되었기 때문에 그다지 큰 차이는 없었다. 이 쟁점에 대한 문헌은 **Anschütz**, Komm. S. 8, 9; **Stier-Somlo**, Grundriß (1924), I, S. 52 ff.에 수록되어 있다.

a) 1871년의 제국 헌법을 혁명에 의해서 제거하는 것 자체가 계속성을 부정하는 이유가 되지 않는다는 것은, 지금까지 본 헌법, 헌법률과 헌법제정권력의 구별에서 명백하다. 따라서 모든 「법적인」, 즉 헌법률적인 단절이 동시에 정치적 통일체의 통일성의 폐지를 내포한다고 말하는 것은 정당하지 않다. 헌법률은 적극적 의미에서의 헌법에 근거해서만, 또 그 범위 안에서만 타당하며 헌법은 헌법제정권력의 의사에 의거해서만

타당한 것이다. 이들 세 가지의 각 단계 내에서 단절이 일어날 수 있으며, 이것으로부터 국가의 단절이라는 결과는 일어나지 아니한다. 이미 설명했듯이, 새로운 헌법의 정통성을 제거된 헌법률의 규범에 따라서 판단하는 것이 허용되지 아니한다면, 바이마르 헌법상의 독일 라이히의 계속성을, 이 헌법이 제거된 헌법 제78조를 준수한 「헌법개정법」으로서 성립하지 않았다는 이유만으로 부정하는 것도 마찬가지로 정당하지 않다.

따라서 정당하지 않은 것은 F. **Sander**, Das Faktum der Revolution und die Kontinuität der Rechtsordnung, Zeitschr. f. öffentliches Recht, I, 1919, S. 132 ff.; **Rauschenberger**, Staatsstreich und Revolution, 1920, S. 13 ff.; **Stier-Somlo**, Grundriß, I, S. 53/55.

b) 나아가 주목할 것은, 「과거와 의식적으로 단절」되었다는 이유에서 도출할 수 있다는 이론이다. 이 논의의 가치는 헌법제정권력의 변경을 지적하는 점에 있다. 지금까지의 헌법상태는 군주제의 원리에 의거하고 있었으며, 새 헌법상태는 독일 인민의 헌법제정권력에 근거하고 있다. 따라서 헌법률의 제거와 헌법의 교체뿐만 아니라 헌법제정권력의 변경도 있은 셈이 된다.

c) 그 밖에 헌법제정권력의 변경을 보다 강하게 강조하는 또 하나의 계기가 첨가된다. 즉 헌법제정권력의 새로운 주체가 등장하였을 뿐만 아니라, 그 자체가 연합한 국가들의 합의에 근거하고 있던 종래의 연방 헌법에 대신하여, 전체 독일 인민의 일방적인 행위에 의해서 제정된 헌법이 마련된 것이다.

b)와 c)의 서로 다른 관점들이 그 대부분은 물론 헌법제정권력의 본질에 관하여 특별히 흥미를 가지지 않았으며, 또 헌법과 헌법률의 필요한 구별을 하지 않고 있지만 항상 낡은 라이히와 새로운 라이히의 불계속성의 결과를 중요시하는 저자들이지만, 다음과 같은 학자들에 있어서 서로 결합되었다. 즉 1919년 3월 5일의 위원회에서의 **Kahl**, Prot. S. 23과 논문 "Die drei Reiche", Festgabe für O. **Liebmann**, 1920, S. 79 ff.; **Nawiasky**, Bayer. Verfassung, S. 66; **Wittmayer**, Weimarer Verfassung, S. 4; **Giese**, Komm. S. 16.

이러한 논거는 지금까지의 헌법상태에 있어서 헌법제정권력의 문제가 명백하게 결정되고, 또 1871년 헌법의 독일 제국이 이미 독일 인민의 국민적 통일체의 한 형태를 아직 취하지 못했다면 정당할 것이다. 그러나 국민적 통일의 형태를 취하고 있었기 때문에 바로 **새로운** 민주제 헌법이 유일한 결정적인 입각점을 독일 **인민**의 계속성의 존재와 국민적 기초에 입각한 정치적 통일체에 대한 인민의 의사의 존재에 구할 수 있었다. 그러므로 계속성의 문제는 긍정되지 않으면 안 된다. 독일 인민은 바이마르 헌법을 제정함으로써 1871년의 헌법상 독일 인민과의 동일성을 부정**하려고** 하지는 않았다. 즉 독일 인민은 바이마르 헌법전문에서 말하고 있듯이, 국가를 재건하려는 것이며, 새로운 국가를 건설하려고 한 것은 아니었다. 새로운 헌법이 바로 민주적인 헌법이기 때문에, 그것은 결코 새로운 국가를 형성한 것이 아니다. 지금까지는 군주제 원리의 기초에서만 정치적으로 실존할 수 있으리라고 생각하였던 인민이, 이 군주제의 원리가 정치적으로 붕괴되었을 때에, 자기의 실존을 자기 자신이 제정한 헌법을 통해서 자기의 정치적 결정으로 지속한 것을 의미한다.

바이마르 헌법의 성립사에서 이것은 F. **나우만**과 H. **프로이스**의 말에서 가장 강력하게 나타난다 (Prot. S. 24/25). **프로이스**는 심지어 단순한 헌법개정에 불과하다고 까지 말한다(전술 제10장 I, S. 92). 나아가 **바이엘레**(K. Beyerle, Prot. S. 25)는「우리들은 구 제국을 계승한다」. **베르메이유** (E. Vermeil, La Constitution de Weimar, Straßburg 1923, S. 66, 273)는 **비트마이어**를 칭찬하는데, 이는 그가 그의 불계속성을 주장하여 논증한 훌륭한 민주적 성향 때문이었는데, 그러나 바로 바이마르에서의 민주주의자들 역시 계속성의 원리를 바라고 있었다는 것을 확인하지 않을 수 없었다.

Ⅳ. 인민의 헌법제정권력과 모든 구성된 권력, 즉 헌법률적 권력과의 구별.

1. 헌법에 근거하여 헌법률의 규율에 따라서, 또한 헌법률적 권한의 틀 안에서 야기되는 모든 것은 헌법제정권력의 행위와는 본질적으로 다른 성격을 가진다.「인민」, 즉 선거권 또는 투표권이 있는 시민의 헌법률적인 권능과 권한도, 예컨대 헌법 제41조에 따른 라이히 대통령의 선거, 헌법 제20조에 의한 라이히 의회의 선거, 헌법 제73조에 의한 인민표결과 같은 것도, 스스로 헌법을 제정하고 헌법제정권력을 행사하는 주권자인 인민의 권능이 아니라 제정된 헌법의 테두리 안에서의 권한이다.

그러므로 바이마르 헌법이 효력을 가지는 한, 헌법률의 파기를 단순히 이 헌법 제73조에 따른 인민표결로써 강제하는 것은 허용할 수 없는 것이다. 인민은 제73조에 따라서 단순한 헌법률적 권능만을 가지며, 라이히 의회보다 더 높은 어떤 권능을 가지는 것은 아니다. 인민은, 또한 이 라이히 의회보다 상위에 있는 것도 아니다. 바이마르 헌법 제73조에 의한 인민표결의 절차로서 성립하는 법률은, 라이히 의회의 단순다수결로써 성립하는 법률에 의해서 폐지할 수 있다(Anschütz, Komm. S. 224) 등.

2. 특히 헌법률에 의해서 주어지고, 또한 규제된, 헌법률적 규정을 개정, 즉 수정하는 권능을 헌법을 제정하는 권력, 또는「헌법제정권력」(pouvoir constituant)이라고 부르는 것은 정당하지 않다. 헌법률의「개정」또는 수정하는 권한 (예컨대 바이마르 헌법 제76조에 따른)도 모든 헌법률적 권능과 마찬가지로, 법적으로 규율된 권한, 즉 원칙적으로 한정된 것이다. 이 권능은 그 근거를 이루는 헌법률적 규율의 틀을 벗어날 수는 없다.

후술 제11장 II, S. 102 참조. 그러므로「조직하는 권력」을 이러한 헌법적으로 규제된 수정권능과 동일시하고, 또 이것을 헌법 또는 조직하는 권력의「형식적 개념」으로서 표시하는 시도는 정당하지 못하다. 이 점에 기본적인 오류를 범한 저서로 E. **Zweig**, Die Lehre vom pouvoir constituant, 1909가 있다. 동일한 과오를 범한 저서로 W. **Hildesheimer**, Über die Revision moderner Staatsverfassungen, Tübingen 1918, S. 75가 있다.

3. 영국에서 이른바 영국 의회의 주권 아래 가능한 것처럼, 단순한 입법절차를 통해서 헌법률이 의결될 수 있는 국가에서도 이 구별은 존속할 수 있다. 영국이「의회의 단순다수결」에 의해서 소비에트 공화국으로 변경할 수 있다는 것은 정당하지 못할 것이다.

XI. 헌법의 개념에서 연역된 개념들
(헌법개정 · 헌법파기 · 헌법정지 · 헌법쟁의 · 내란죄)

I. **개관**. 다음과 같은 개념들이 구별되지 않으면 안 된다.

1. **헌법파괴**(Verfassungsvernichtung), 즉 헌법의 기초를 이루는 헌법제정권력의 제거에 따르는 (단 하나 또는 다수의 헌법률만이 아니라) 기존의 헌법의 배제(전술 제10장 III 참조).

2. **헌법폐지**(Verfassungsbeseitigung), 즉 기존의 헌법의 폐지인데, 기초에 있는 헌법제정권력의 유지 아래 실시된다(헌법교체 · 쿠데타, 전술 제10장 II 참조).

3. **헌법개정**(수정)(Verfassungsänderung)(Revision), 즉 지금까지 효력을 가진 헌법률의 본문의 개정. 여기에는 개별 헌법률적 규정의 제거와 새로운 개별 헌법률적 규정이 이에 들어간다.

「헌법개정」(헌법수정)이라는 말은 부정확한 용어이다. 그 이유는 여기서는 헌법 자체의 개정이 문제가 되지 않고 **헌법률적** 규정만이 문제가 되기 때문이다. 그렇지만 그 용어는 오늘날 널리 사용되며 따라서 여기서도 거기에 따르기로 한다.

a) 헌법을 무시한 헌법개정, 즉 그러한 헌법률의 개정에 대해서 헌법률적으로 규정된 절차를 지키지 아니한 헌법개정.
b) 헌법을 존중한 헌법개정, 즉 그러한 개정 또는 수정에 대해서 헌법률적으로 규정된 절차를 지킨 헌법개정(본래의 의미에서의 헌법개정)

4. 헌법파훼(Verfassungsdurchbrechung), 즉 하나 또는 다수의 어떤 경우에서의 헌법률적 규정의 침해인데, 예외로서 침해된 규정이 여전히 그대로 효력을 가지며, 따라서 지속적으로 폐지되거나 또는 일시적으로 효력을 상실하지도(중단되지도) 않는다는 전제 하에 실시된다.

「헌법파훼」라는 표현은 이처럼 정확한 의미에서는 바이마르 헌법의 국법학적 연구를 위해서 야코비(E. Jacobi)의 바이마르 헌법 제48조에 따른 라이히 대통령의 독재에 관한 보고, Veröffentlichungen der Vereinigung der Deutschen Staatsrechtslehrer, Heft 1, Berlin 1924, S. 109, 118 (김상겸 옮김, 바이마르 헌법 제48조에 의한 제국 대통령의 독재,『헌법학연구』제7권 2호, 2001)에 의해서 성과를 거두게 되었다.

a) 헌법을 무시하는 헌법파훼, 즉 헌법개정을 위한 절차를 고려하지 아니한 헌법률적 규정의 예외적인 침해.

예: 대통령은 헌법률적 규정이 이러한 해산을 규정하지 않고 있든가, 또는 심지어 (1848년 11월 4일의 프랑스 헌법 제68조처럼) 명문으로 이를 금지하고 있음에도 불구하고, 정당분열로 말미암아 행동능력을 상실한 의회를 해산시킨다. 1851년 12월 2일의 공화국대통령 **루이 나폴레옹**의 쿠데타.
기타 예: 국회의 입법기간이, 헌법률이 입법기의 기간을 규정하고 있음에도 불구하고, 개개 경우에 보통 법률로써 연장된다.

b) 헌법에 따른 헌법파훼, 즉 하나 또는 다수의 특별한 경우에서의 헌법률적 규정의 예외적인 침해인데, 헌법률이 그러한 예외적인 파기를 허용하는가(예컨대 바이마르 헌법 제48조 제2항처럼) 또는 헌법개정을 위한 절차에 따른 경우이다.

예: 헌법률적으로 규정된 헌법개정의 절차를 준수하여 실시되는 의회의 입법기간의 단 한 번만의 연장. 또는 1922년 10월 27일의 헌법개정법(바이마르 헌법 제76조에 따른)의 형식으로 제정된 법률(RGBl. S. 801). 즉 「국민의회에 의해서 선출된 라이히 대통령은 1925년 6월 30일까지 그 직무를 수행한다」와 같은 라이히 대통령의 임기의 한 번 만의 연장.

5. 헌법정지(Verfassungssuspension), 즉 개개의 또는 다수의 헌법률적 규정의 일시적인 효력 상실.
a) 헌법을 무시하는 헌법정지, 즉 헌법률적 규정이 이러한 정지를 규정하고 있지 않음에도 불구하고, 또는 그것이 규정되어 있더라도, 규정된 정지의 절차를 무시하고

시행하는 헌법률적 규정의 효력 상실.

b) 헌법에 따른 헌법정지, 즉 그러한 헌법정지를 위해서 규정된 헌법률적 규정들의
준수 아래 실시되는 헌법률적 규정들의 일시적인 효력 상실. 예컨대 바이마르 헌법
제48조 제2항 제2단에 의해서 거기에 열거된 7개조, 즉 헌법 제114조 · 제115조 · 제117
조 · 제118조 · 제123조 · 제124조 · 제153조 중 하나 또는 다수 또는 그 전부의 효력
상실.

Ⅱ. 헌법률적 헌법개정(헌법수정 · 증보).

1. 헌법률적으로 예정되고 또 규정된 헌법률적 규정들의 개정에 대해서는 여러 기관들
이 권한을 가지고 있다.

a) 이 목적을 위해서 특별히 소집되고 그러한 헌법개정만을 의결하는 직책을 가진
의회.

예: 1875년 2월 25일의 프랑스 헌법률 제8조. 헌법률적 규정이 개정되어야 할 때에는 입법부의
양원(대의원과 원로원)은 국민의회(assemblée nationale)로 통합된다. 그러한 헌법개정 국민의
회는 혁명 후에 (즉 헌법파괴 또는 헌법폐지 후에) 집회하며, 주권적 독재의 담당자가 되는 헌법제정
국민의회와 구별되어야 한다.

1787년의 미국 연방헌법 제5조: 연방의회(하원과 상원)는 양원의 3분의 2가 헌법개정
(Amendment)의 제의가 필요하다고 생각하든가, 또는 개별 주의 3분의 2의 입법부가 그것을
요청하였을 때에는, 헌법개정을 위한 **기초회의**(Konvent)를 소집하기로 되어 있다. 헌법개정은
그것이 개별 주의 4분의 3의 입법부에 의해서, 또는 개별 주의 4분의 3에 있어서의 컨벤숀에
의해서(비준의 두 방법 중 연방 의회가 채택하는 방법에 따라서) 비준될 때에는 가능하게 된다.

b) 입법단체가 입법의 절차(이때에 특별히 가중된 절차를 따르기도 하고 따르지 않기도
한다)를 따르지만, 투표권을 가지는 시민의 승인을 받는다. 즉 의무적인 국민표결
(Referendum)을 수반한다.

1874년 5월 29일의 스위스 서약공동체의 연방헌법 제118조:「연방헌법은 언제든지 전면적으
로 또는 부분적으로 개정될 수 있다」. 제119조「연방헌법의 전면개정은 연방입법의 절차에 따라서
실시할 수 있다」. 제123조「개정된 연방헌법 또는 그 개정된 부분은 투표에 참가한 시민의 다수**와**
칸톤의 다수에 의해서 채택되었을 때에는 효력을 발생한다」(국민투표가 칸톤에 의한 비준과
결합되어 있다).

「입법의 절차에 따라서」라는 말의 의미에 대해서는 전술 제7장 S. 63 참조.

c) 입법단체가 입법의 절차를 따라서 행하지만, 국민투표에 의한 의무적인 승인을 요하지 않고, 가중된 전제조건(특별다수결 · 반사적 의결 등) 아래 실시한다.

바이마르 헌법 제76조*: 「헌법은 입법에 의해서 개정할 수 있다. 다만, 헌법개정을 위한 라이히 의회의 의결은 법률에 정한 의원정수의 3분의 2 이상의 출석과 출석의원 3분의 2 이상의 동의가 있어야 한다」. 라이히 참의원에서도 헌법개정에 3분의 2의 다수를 필요로 한다. 바이마르 헌법 제76조의 정문에서의 「헌법」이라는 말은 부정확하며, 정확하게는 「헌법률」을 말해야 한다는 것은 이미 지적하였다.

d) **연방헌법**에서는 연방조약을 조약에 의해서 개정하는 대신에, 연방입법의 수단이 헌법률의 개정에 대해서 인정하는 일이 있다. 이러한 연방헌법의 개정방법이 허용되는 곳에서는 연방은 이미 그 연방적 기초로부터 일탈하며 단일제국가로 발전하게 된다. 연방적 성격은 이러한 과도기적 단계에서는 그것이 구성국가들의 다수 — 단순 또는 특별다수 — 의 승인을 필요로 하거나 또는 소수파가 개정을 저지할 수 있다는 것으로써 연방적 성격을 유지할 수 있다.

예: 1787년의 미 연방헌법 제5조. 전술 a). 1874년의 스위스 연방헌법 제123조. 전술 b). 독일 제국 헌법 제78조: 「헌법의 개정은 입법에 의해서 성립할 수 있다. 헌법개정은 연방참의원에서 거기에 대한 14개의 반대투표가 나왔을 때에는 부결된 것으로 본다」. 비스마르크 헌법의 이러한 규정들에 의해서 첫째로 연방의 이른바 「권한-권한」이 확정되었으며, 둘째로 라이히 의회의 참여권, 특히 제국 헌법 제23조에 의한 동 의회의 발의권도 승인되게 되었다(Seydel, Komm. S. 412/3).

2. 헌법개정권능의 한계

헌법개정의 절차가 헌법률적으로 규정된 경우에는, 이로써 자명하게 이해되지 않는 어떤 권한(권능)이 확립하게 된다. 헌법률이 규정한 방법으로 법률을 제정한다는 헌법률적인 입법단체의 권한, 즉 보통의 입법권능은 그 자체만으로서는 아직도 헌법률적 규정, 즉 이 권능의 기초까지도 개정하는 어떠한 권한도 확립하지 못한다. 헌법개정의 권한은 권능, 즉 하나의 규제되고 한정된 직무범위라는 의미에서의 통상적인 권한은 아니다. 왜냐하면 헌법률을 개정하는 것은 법률을 제정하고, 쟁송을 결정하고, 행정행위를 하는 것과 같은 통상적인 국가기능은 아니기 때문이다. 그것은 특별한 권능이다. 그렇지만 그 권능은 무제한한 것은 아니다. 그것은 헌법률에 의해서 주어진 권능에 불과하며, 모든 헌법률상의 권능과 마찬가지로 한정된 것이며, 이러한 의미에서 진정한 권능이다. 헌법률적 규정의 틀 안에서는 무제한한 권능이라는 것은 있을 수 없으며, 모든 권한은 제약되어 있다. 「권한-권한」도, 이 표현이 무의미하게 되지 않고, 요컨대 권한이라는 개념을 해체하려고 하지 않는 한, 결코 무한정한 것일 수는 없다. 권한-권한은 정당하게 이해하는 한, 전전의 국법학적 문헌에서는 다양하게 혼동되어 왔지만, 주권과는 다른 어떤 것이다.

독일 제국의 권한-권한에 관한 논쟁은 연방적 헌법원리와 단일제 국가적 헌법원리 뿐만 아니라 더욱 나아가 군주제적 헌법원리와 민주적 헌법원리가 혼합된 이 연방의 구조의 특수성에서 설명할 수 있다(후술 제30장 S. 386 참조). Haenel, Staatsrecht, S. 774 ff.

헌법개정권능의 한계는 헌법개정의 개념을 정당하게 인식함으로써 명백하게 된다. 헌법률적 규정에 의해서 규정된 「헌법을 개정하는」 권능은, 하나 또는 다수의 헌법률적 규정이 다른 헌법률적 규정으로 대치하는 것을 의미하는데, 여전히 전체로서의 헌법의 동일성과 계속성이 계속 유지된다는 전제 아래서이다. 따라서 헌법개정의 권능은 헌법을 유지하면서 헌법률의 규정에 대해서 개정·추가·보충·삭제 등을 하는 권능만을 의미하며, 새로운 헌법을 제정하는 권능이나, 더욱 나아가 이 헌법수정의 권한 그 자체의 기초를 개정한다든가, 바이마르 헌법 제76조를 그 규정한 절차에 따라서 개정하며, 헌법률의 개정은 라이히 의회의 단순다수결로써 실현하도록 개정하는 권능까지 포함한 것은 아니다.

a) 따라서 헌법개정은 헌법파괴가 아니다(전술 I,1)

헌법개정법률을 의결하는 권한을 가지는 자는, 헌법제정권력의 담당자 또는 주체가 되는 것은 아니다. 그것은 또한 헌법제정권력의 계속적인 집행권이 위임되어 있는 것도 아니며, 따라서 주권적 독재권을 가지며, 잠재적으로는 항상 존재하는 헌법제정 국민의회와 같은 것도 아니다. 군주제의 원리에 입각한 국가를 인민의 헌법제정권력이 지배하는 국가로 변경하려는 헌법개정은, 어떠한 경우에도 합헌적인 것은 아니다. 사람들은 때때로 1918년 11월 초에 구제국 헌법을 합법적인 방법으로 현대 민주제로 변경하기 위해서는 「법적으로」 무엇이 필요하였을 것인가 하는 논의가 제기되기도 하였지만, 이것은 위에서 설명했듯이, 또 헌법개정의 올바른 개념에서 연역할 수 있듯이, 아무런 의미가 없는 유희에 불과하다. 원래 이 헌법은 합법적인 방법으로는 민주적인 헌법으로 변경될 수 없었다. 군주의 자발적인 군주제 원리의 포기는, 단지 투쟁의 포기를 의미하며, 헌법제정권력의 **평화적인** 교체를 가능하게 만든 것뿐일 것이다. 그러나 그 때문에 헌법제정권력의 새로운 주체가 군주의 권리 계승자가 될 수는 없었을 것이다. 왜냐하면 이 분야에서 권리계승자라는 것은 있을 수 없기 때문이다. 반대로 또한 인민의 헌법제정권력에 근거한 헌법이 헌법률적 「개정」 또는 「수정」에 의해서 군주제 원리의 헌법으로 변경할 수도 없다. 이것은 헌법개정이 아니라 헌법파괴일 것이다.

바이마르 헌법에 의해서 군주제가 다시 도입된다면, 그때에는 민주적 원리에 의해서 그것이 「헌법제정」 국민의회의 특별한 의결이든, 또는 바이마르 헌법의 테두리 안에서 운영되는 제73조에 의한 인민표결과는 구별되는 특별한 인민투표(Plebiszit)든 간에, 인민의 헌법제정권력의 특별한 행위를 필요로 하게 될 것이다. 그러나 그때의 새로운 군주제는 인민의 헌법제정권력에 그 근거를 두게 될 것이다. 그것은 국가형태와 군주제원리의 회복이 아니며 통치형식에 불과할 것이다. 군주제원리의 회복은 헌법파괴에 의해서만 달성될 수 있을 것이다. 바이마르 헌법 제76조의 절차는 이 점에서 전혀 문제가 될 수 없다. 제76조의 도움을 받아서는 「독일 라이히는 공화국이다」라는 바이마르 헌법 제1조 제1항의 명제를 가령 「독일 라이히는 호헨촐레른가의 상속순위에 따르는 세습군주제이다」라는 명제로 변경시킬 수는 없는 것이다. 정치적 감각보다도 합법적인 외관에 대한 요망이 더 강한 독일 인민이, 아마 폭력이나 혁명의 방법으로 시도된 헌법파괴보다도 제76조의 절차를 밟아서 부여된 기존 헌법의 제거를 더 택할 것이 아닌가 하는 문제는 여기와는 관계없는 심리적 문제일 것이다.

   b) **헌법개정은 헌법배제가 아니다**(전술 I, 2). 헌법제정권력이 그대로 유지된다 할지라도, 헌법 제76조의 절차로 헌법(헌법률적 규율과 구별되는)을 형성하는 기본적인 정치적 결정을 다른 정치적 결정으로 대치시킬 수는 없을 것이다. 예컨대 제76조에 따라서 민주적인 선거권을 인민위원회제도로 대체할 수는 없을 것이다. 오늘날에도 바이마르 헌법에 내포되어 있는 연방주의적 요소는 단순히 제76조에 따라서 배제하고, 그리하여 독일 라이히를 「헌법개정 법률」에 의해서 일거에 단일국가로 변경시킴으로써 제거할 수는 없을 것이다. 그러므로 바이에른을 「바이마르 헌법 제76조의 절차에 따라서」 단순히 그 존재를 말살한다든가, 또는 프로이센을 그 의사에 반하여 라이히 직할지로 선언한다는 것은, 비단 정치적으로 뿐만 아니라 헌법적으로도 불가능하다. 또 헌법 제1조 제1항 또는 제41조 등을 「수정」함으로써 라이히 대통령의 지위를 군주의 지위로 변경할 수도 없을 것이다. 헌법의 기본적인 정치적 결정은 독일 인민의 헌법제정권력의 소관사항이며, 헌법률적 개정과 수정의 관할권을 가지는 자의 권한이 아니다. 그러한 개정은 헌법의 교체이며 헌법의 수정은 아니다.

   헌법의 전면개정이 규정되어 있을지라도, 위에서 설명한 구별은 존중되어야 하며, 또 거기에서 야기되는 개정권능의 한계는 준수되어야 한다. 이것은 그러한 헌법개정을 허용하는 헌법률적 규정을 상세히 고찰해 보면 「전면개정」이라는 말이 있음에도 불구하고 헌법률적 규정의 표현에서도 인식할 수 있다. 1848년 11월 4일의 **프랑스** 헌법은 그 제111조에서, 헌법은 개정될 수(modifié) 있으며, 더구나 「전면적 또는 부분적으로」(en tout ou en partie) 개정할 수 있다고 하여, 그 헌법은 이러한 개정절차를 규정하였다. 어떠한 문자해석도 여기서 「전면적」이라는 말에 헌법수정의 합법적인 절차를 밟아서 가령 나폴레옹식의 군주제헌법처럼 자기 마음에 드는 어떤 새로운 헌법도 제정하려면 제정할 수 있다는 의의를 부여할 수는 없을 것이다. 그 이유는 1848년 11월

4일의 이 헌법은 그 전문(préambule)에서 「단호히」 프랑스의 국가형태로서 공화제를 채택하는
것을 선언하고, 또한 그 제1조에서 주권은 프랑스 시민 전체에게 있으며, 불가양이며 또 시효에
걸리지 않고 어떤 개인이나 인민의 어떤 일부도 그 행사를 찬탈할 수 없다고 선언하기 때문이다.
— **미합중국** 연방헌법 제5조도 개정을 규정하고 있지만, 「어떤 주도 그의 동의 없이는 상원에서의
평등투표권을 박탈해서는 안 된다」고. 이 규정으로부터 주는 확고부동하게 그 독립적 존재를
박탈당하지 않는다는 결론이 나온다. — **스위스** 연방 헌법 제118조에 의하면 전면개정은 언제든지
가능하다. Fleiner, Schweizerisches Bundesstaatsrecht, S. 396 ff.는 이러한 개념을 상세하게
정의하지 않고, 단지 부분적인 수정이라는 것은 「새로운 조문의 채택이나 연방헌법의 기존 조문의
폐지 또는 변경」을 의미한다고만 말한다. 스위스 연방헌법에 따르는 전면개정이 어느 정도 완전히
새로운 헌법(즉 국가적 실존의 종류와 형식에 관한 정치적 결정의 개정)을 산출시킬 수 있는가는
문제가 되지 않을 수 없다. 그 이유는 스위스 헌법은 순수하게 민주적이며 「전면개정」이라고
했음에도 불구하고, 거기에는 이러한 민주적 기초 또는 민주적 국가형태의 제거는 진지하게는
의도하고 있지 않다는 것은 명백한 사실이기 때문이다.

명시적인 헌법률적 규정에 의해서 일정한 헌법개정이 금지되는 경우에는, 그것은
오로지 헌법개정과 헌법폐지의 구별을 확인하는 것 이외의 아무것도 아니다.

예. 1884년 8월 14일의 프랑스 헌법률 제2조: 「정부의 공화형태는 개정제안의 대상이 될
수 없다」.

이것이 더욱 더 타당한 것은, 헌법의 **정신** 또는 **원리들**을 침해하는 헌법개정이 명시적
으로 금지된 경우이다.

예. 1814년 5월 17일의 노르웨이 헌법 제112조는 「노르웨이 왕국의 현행헌법 (여기서 「헌법」이
라고 번역한 것은 'Grundlot'이다. **라페리에르-바트비**(Laferrière-Batbie)의 프랑스어 헌법집
391면에서는 'Loi fondamentale'로 번역하고, 동료인 볼가스트(Wolgast) 박사가 저자에게 제공
한 공식 번역에서는 'Constitution'으로 번역한다)의 어떤 부분이 수정되지 않을 수 없다는 것을
경험이 가르쳐 줄 때에는 … 운운 (여기서 그 절차의 설명이 따른다). **그렇지만 그러한 개정은**
(위에서 제기한 프랑스어의 정문에서는 'changement,' 공식 번역에서는 'amendement'로 번역
하고 있다) **결코 당해 헌법의 원리에 위반될 수 없다. 그것은 당해 헌법의 정신을 변경하지 않고
특정한 개개 규정만을 수정할 수 있다**」(certaines dispositions qui n'en altèrent pas l'esprit).
이에 관해서는 Wolgast, Die richterliche Prüfungszuständigkeit in Norwegen, Hirths
Annalen, 1922/3, S. 330 f. 참조. 이에 의하면 노르웨이에서의 지배적인 견해(**Morgenstierne**)는
제112조에 의해서 성립한 법률에 대해서도 사법심사권이 미치는 것같이 보인다. 1913년의 헌법개
정(이에 의하여 헌법개정은 국왕의 참여 없이 의회(Storthing)에 의해서만 의결할 수 있게 되었다)

에 관하여는 F. **Castberg**, Die verfassungsrechtliche Gesetzgebung in Norwegen in den Jahren 1914-1921, Jahrb. ö. R. XI, 1922, S. 227 참조. 나아가 **Morgenstierne**, Jahrb. ö. R. VIII (1914), S. 373 f.와 **Erich**, Studien über das Wesen und die Zukunft der monarchischen Staatsform, Blätter für vergl. Rechtswissenschaft, 1918, Sp. 184 ff. 참조. 여하튼 위의 제112조와 같은 규정에서도 그 규정 자체는 헌법개정의 절차로 제거할 수 없다는 것은 명백하다.

헌법개정 또는 수정에 대한 권능의 한계 문제는 헌법이론에서 지금까지 거의 취급되지 않았다. 이에 대한 주목할 만한 예외는 **마버리**의 논문「헌법개정권력의 한계」라는 논문 (William L. Marbury, The limitation upon the amending Power, Harvard Law Review 33, 1919/20, S. 223 ff.)이다. 여기서는 정당하게 헌법을 개정하고 보충하는 권능은 무한정할 수 없으며, 또 헌법 그 자체를 제거하기 위해서 부여된 것은 아니라고 말한다.

이 논문의 저자가 의거하는 것은, 미국 연방헌법 제5조가 이 조문에 의해서 어떤 개별 주도 그 동의 없이는 상원에서의 그의 평등투표권이 박탈될 수 없기 때문에, 이미 수정권능의 한계를 내포한다는 것이다. 이 논문은 미합중국 대법원에 의한 1919년의 수정 제18조(알콜 음료의 생산ㆍ판매ㆍ운반ㆍ수입과 수출의 금지)의 허용성의 심사를 유도하려는 실제적 목적을 가지고 있었다. 이 헌법개정은 헌법개정을 위해서 규정된 절차를 따라서 성립하였다. 그러므로 그 효력을 심사한다는 것은 수정권능의 실질적 한계를 설정하는 것을 의미한다. 그러나 대법원은 그러한 심사를 시도하지 않았으며, 따라서 위의 논문은 그 실제적 목적을 달성하지 못했다. 그러나 사람들은 그 시도가 아무 성과 없었고, 또 계속해서 무의미하였다고는 할 수 없다. 오히려 대법원은 이 문제를 미해결 상태 그대로 남겨 놓았다(Eduard **Lambert**, Le Gouvernement des juges, Paris 1921, S. 112 ff.의 설명 참조). 이 논문의 핵심사상은, 헌법에 의해서 부여된 헌법수정의 권능은 원리적으로 제약되어 있으며, 기초로서의 헌법 그 자체는 불가침으로 남아있다는 것, 또한 보통 법률을 개정절차를 통해서 제정하고 그럼으로써 개정하지 못하도록 보장하는 것은 수정권한의 남용이라는 것으로, 여하튼 정당하며 조만간 그 실제적 의의도 나타나게 될 것이다.

c) **헌법개정은 헌법파기가 아니다**(전술 I, 4). 헌법파기의 경우에는 헌법률적 규정이 개정되는 것이 아니라, 개별적으로 — 그 밖의 점에 관해서는 일반적으로도 부분적으로도 그 규정의 효력을 지속하며 — 이와 다른 규제를 할 뿐이다. 따라서 이 경우에는 헌법률이 개정되지 않을 뿐만 아니라 헌법률이 불변적으로 계속하여 효력을 가진다는 것이 바로 전제로 되고 있다. 그러한 헌법파기는 그 성격으로 볼 때 처분이며, 규범이 아니며, 따라서 말의 법치국가적 의미에서의 법률이 아니며, 또한 헌법률도 아니다. 그 필요성은 개개 경우의 특별한 상황에서 유래하며, 또 예기치 못했던 비정상적인 상황에서 유래한다. 전체의 정치적 실존의 이익을 위해서 그러한 헌법파기와 처분이 행해지면, 거기에서는

단순한 규범성에 대해서 실존성이 우월하는 것을 알 수 있다. 그러한 행동을 할 권한이 있고, 또 능력이 있는 자는 주권적인 행동을 할 수 있다. 그러므로 법사적으로 볼 때 16세기 이후에는 주권과 「절대주의」에 관한 문제는, 기존 정통적인 질서에 대한 헌법파기에 관한 문제였다. 군주는 「법으로부터 해방되어」 있었고, 즉 유효한 법률과 계약의 제약으로 방해를 받지 않고 정치적 실존의 이익을 위해서, 사태의 상황에 따라서 필요한 처분을 할 수 있는 권능과 능력을 가지고 있었다. **기이르케**(Gierke, Althusius, S. 281)는 이 점에 관하여 이렇게 말한다. 「사람들은 물론 입법자가 규범을 정립하는 것과 동일한 범위 안에서, 그것을 변경하고 폐지할 수 있다는 데에는 의견일치를 보고 있었다. 그러나 16세기 초 이후부터는 그것이 폐지될 때까지는 입법자 자신도 그 자신의, 또는 그의 선행자가 정립한 법률의 구속을 받아야 하는가의 여부에 관한 논쟁이 활발하게 제기되게 되었다」라고. **입법자**는 입법자로서 법률을 제정할 수는 있지만 법률을 파기할 수는 없다. 그 문제는 입법과 관련을 가지는 것이 아니라 주권과 관련을 가지며, 즉 규범에 대한 실존적 우월성과 관련을 가진다. 근대 법치국가에서도 이러한 헌법파기는 주권의 규준이 되고 있다. 이 경우에 어려움은, 시민적 법치국가가 모든 국가권력의 전체 행사를 남김없이 성문의 법률로 포착하고 제약할 수 있다는 관념에서 출발한다는 것이다. 따라서 어떠한 주체 — 절대군주이든 정치적으로 자각하게 된 인민이든 — 의 정치적 행동도, 어떠한 주권도 존재할 여지는 없으며, 거기에서 원래 주권이라는 것은 존재하지 않거나, 동일한 것인데 「헌법」, 정확하게 말하면 헌법률적인 규범화가 주권이라는 등등(전술 제1장 Ⅱ, S. 8 참조)이라는 다양한 종류의 의제가 필요하게 된다. 그러나 실제로는 규범적으로 해석하기가 어려운 것이 바로 본질적인 정치적 결정이다. 거기에서 규범지상주의라는 의제는 주권과 같은 매우 근본적인 문제를 불명확한 데에로 몰아넣는 결과만을 가져올 뿐이다. 거기에서 불가피한 주권행위에 대해서 **위작적인 주권행위**(apokrypher Souveränitätsakt)라는 방법이 전개되는 것이다.

헌법수정의 권한을 가진 심급이 이러한 권한 때문에 주권적으로 되는 것은 아니다. 지금까지 설명해 온 것으로 이것은 자명한 이치이다. 마찬가지로 또한 헌법제정권력의 주체 또는 담당자가 되는 것도 아니다. 예컨대 「절차」 자체를 주권이라고 부르는 것도 불가능하며, 그것으로써는 나아가 하나의 의인화가 만들어질 뿐이며 아무런 설명도 되지 않을 것이다. 다른 한편, 입법자에게 법률파기의 권능이 있으며, 헌법개정의 권한 있는 입법자에게 헌법률 규정을 파기하는 권능이 있다는 것은 쉽게 생각된다. 거기에서 그러한 파기를 할 정치적 필요성이 있을 때에는 헌법에 대한 존중은 — 헌법률의 본문을 개정하지 않고 — 헌법개정의 절차가 준수된다는 방법으로 나타난다. 이러한 방법이 남용되지 않는 한, 그것은 헌법의 정신에 반하지 아니한다고 할 것이다. 그 방법은 카를 **빌핑거**(Carl Bilfinger, AöR. 11, 1926, S. 174)의 적절한 정식을 따르면, 「사실 정당하다고 볼 수는 없지만, 완전히 위헌적인 절차도 아닌」 — 이미 혁명 전에도 — 압도적으로 인정되고 있다. 새로운 헌법 아래서도 파기의 관행은 계속 발전하였는데, 이 관행은

마침내 「헌법을 개정하는」 라이히 법률의 공포문에서도(거기에 따르면 헌법을 개정하는
법률의 요건이 충족되었다는 것을 확인하고 있다) 그 표현을 발견할 수 있다(결론에서
동일한 H. Triepel, 33. Deutscher Juristentag 1924, Verhandlungen, S. 48). 그럼에도 불구하
고 모든 임의적인 헌법위반이 헌법개정의 법률로, 즉 독일 라이히에서는 바이마르 헌법
제76조에 따라서 허용되거나 치유된다고 믿거나, 또는 헌법률의 **본문**의 명시적인 개정을
요구하고, 「묵시적인」 파기를 엄금한다면, 실질적으로는 무슨 이익이 있을까 하고 생각하
는 것은 정당하지 않을 것이다(Die Verhandlungen des 33. Deutschen Juristentages 1924,
특히 그라프 쭈 **도나**의 보고 참조). 오히려 헌법개정 법률과 순수한 주권행위의 구별을
계속 의식하고, 또 오늘날의 바이마르 헌법의 운용에 따르면 제76조의 절차가 두 개의
전혀 다른 목적, 즉 하나는 헌법률의 개정절차에, 다른 하나는 위작된 주권행위를 가능하게
하기 위해서 사용되고 있다는 것을 오인하지 않는 것이 필요하다.

　헌법 제76조의 지금까지의 실제는 헌법률적 규정을 파기하는 개별 규제가 무차별하게
헌법개정법률의 형식으로 제76조에 따라서 처리되는 결과를 초래하였다. 그러한 운용의
정치적 및 헌법적인 효과에 대한 감각은 책임 있는 정치가들에게도 매우 생생한 것처럼
보이지는 않는데, 이에 대해서 후고 **프로이스**(Hugo Preuss, DJZ. 1924, Sp. 653)와 **트리펠**
(H. Triepel, DJZ. 1926, Sp. 845)과 같은 훌륭한 국법학자들이 항의하는 것은 이해할
수 있다. 라이히 정부가 화폐절상의 문제에서 이른바 저지법(Abdrosselungsgesetz) 초안
으로 시도했듯이, 헌법개정법률에 의해서 특정한 사항에 대해서 제73조가 규정한 인민청
구를 배제한다면, 의심할 것 없이 그것은 관행상 용인되는 정도를 넘은 주권행위가
될 것이다(Triepel, DJZ., 1926, Sp. 845; C. **Schmitt**, Volksentscheid und Volksbegehren,
1927, S. 17; 김효전 옮김, 『국민표결과 국민발안』, 2008, 25면). 이에 반하여, 예컨대 구왕가의
재산에 관한 소송처럼, 특정한 종류의 계속 중인 소송에 대한 저지법률과 같은 것은
헌법 제76조의 절차에 따라서 허용될 것이다. 다만, 이때에 이미 서술했듯이, 여기서는
위작된 주권행위가 문제로 된다는 것을 간과해서는 안 된다.

　d) 헌법개정은 헌법정지가 아니다(전술 I, 5). 개개의 또는 전부의 헌법률적 규정들의
일시적인 효력배제는 자주 부정확하게 「헌법」의 효력배제 또는 정지라고 불린다. 본래적
의미에서의 헌법, 즉 인민의 실존형태에 관한 기본적인 정치적 결정은 물론 일시적으로
효력을 상실시키는 것은 아니며, 일시적으로 실효되는 것은 ― 더구나 바로 그러한
정치적 결정을 보유하기 위해서 ― 이 결단을 집행하기 위해서 나온 일반적인 헌법률상의
규정이다. 특히 일시적인 정지의 적용을 받는 것은 시민적 자유를 보호하기 위한 전형적인
법치국가적인 규정이다. 즉 그러한 규정들은 뒤에 보듯이, 본래적 의미에서의 **정치적**
실존형태의 원리에서 유래하는 것이 아니라 정치적 활동의 한계만을 포함한다. 따라서
그것들은 정치적 실존형태의 위기 시에는 당연히 국가의 자위를 저해한다고 생각된다.
공공의 안전과 질서가 교란되고, 전쟁이나 폭동과 같은 위험한 때에는 그러한 헌법률상의
제한은 정지된다. 그러면 시민적 자유를 보호하기 위한 헌법률과 아울러 단순한 법률의

규범은 개별적으로 침해될 뿐만 아니라 일반적으로 일정 기간 실효되며, 따라서 이들 규범의 본래의 목적이며 또한 내용을 이루는 정치적 행동의 억제라는 것은 이 기간 동안 사라지게 된다.

　　그러한 경우에는 현대 입헌국가가 그 구조상으로 볼 때 두 개의 다른 구성부분, 즉 국가권력에 대한 일련의 시민적 법치국가적 **제약**과 하나의 체계의 **정치적** 활동 ― 그것이 군주제이든 민주제든 ― 으로 구성된다는 것이 가장 명확하게 나타난다. 시민적 법치국가의 자유주의적 대변자들은 이 문제를 무시하였으며, 시민적 자유의 모범이 되는 국가이며 1679년 5월 27일의 인신보호법까지도 정지될 수 있는 영국의 예를 인용하는데, 만족하지 않을 때에는 비상사태, 전쟁상태, 포위사태 등에 대해서 불신의 심정으로 혐오한다. 1787년의 미 연방헌법은 그 제1조 제9절 제2항에서 인신보호법의 정지가능성을 규정하고 있다. 「헌법」의 정지의 최초의 예는 혁명 제8년 상월 22일의 프랑스 헌법(1799년 12월 13일의 집정관헌법)이 내포하고 있다. 그 제92조*에 의해서 무장한 폭동이 국가의 질서를 위협하는 모든 지방에서 헌법이 정지될 수 있었다. 이것을 사람들은 「헌법의 지배의 정지」(suspension de l'empire de la constitution)라고 부른다. 이러한 표현방법은 사람들이 헌법의 시민적 · 법치국가적 구성부분(기본권과 권력분립주의)만을 헌법이라고 표시하며(상술 제4장 S. 38), 또 그것을 헌법과 일반적으로 동일시하는 데에서 설명될 수 있다. 1831년의 벨기에 헌법 제130조 「**헌법**은 전체적으로나 부분적으로 그 효력이 정지될 수 없다」(La Constitution ne peut être suspendue en tout ni en partie)라는 규정도 같은 방법으로 설명할 수 있다.

　　19세기가 지남에 따라서 이른바 포위사태 · 전쟁사태 · 예외사태는 하나의 법제도로 발전하게 되었다. 특정한 헌법률적 규정들, 특히 헌법률적으로 보장된 법률에 의한 법관에 대한 권리 · 인신의 자유 · 집회의 자유 · 출판의 자유 등이 정지될 수 있다. 그 때에는 이 자유영역에 대한 국가의 관청의 자의적인 침해에 대한 보호는 법적으로 규율된 범위 안에서 소멸한다. 제국 헌법 제68조에 의해서 바이에른을 제외한 전국에 실시하기로 되어 있던 1851년 6월 4일의 프로이센의 계엄법은 그 제5조에서, 시간적으로 또는 지역적으로 국한하여 효력을 상실하게 할 수 있는 다음과 같은 조문을 열거하고 있다. 제5조(인신의 자유), 제6조(주거의 불가침), 제7조(법률에 의한 법관), 제27조, 제28조(의사표시의 자유, 출판의 자유), 제29조(집회의 자유), 제30조(결사의 자유), 제36조(국내적 불안의 진압과 법률의 집행은 비군사적 관청이 담당하고, 비군사적 관청의 요구가 있을 때에만 군대가 이를 담당한다).

　　바이마르 헌법 제48조 제2항 제2문은 기본권을 보장하는 7개 헌법조문의 전부 또는 그 일부의 효력을 상실시킬 수 있는 가능성을 규정하고 있다. 제114조(인신의 자유), 제115조(주거의 불가침), 제117조(편지의 비밀), 제118조(의사표시의 자유, 특히 출판의 자유), 제123조(집회의 자유), 제124조(결사의 자유), 제153조(사적 소유권).

　　그 효력이 상실된 헌법률적 규정은 효력이 상실된 기간 동안은 효력을 가지지 못한다.

그 규정에 포함된 관청의 활동에 대한 헌법률상의 억제와 한계는 모든 권한 관청에 대해서 그 효력을 상실한다. 즉 이들 헌법률상의 규정도 또한 이들 규정에 근거한 법률상의 규범도 관청의 행동에 대한 한계를 이루는 것은 아니다. 따라서 정지는 어떠한 유효한 법률상의 규정도 침해하지 않고, 오히려 효력이 배제되기 때문에 개별적인 침해는 아니며, 또한 다만 일시적으로 행해지는 정지의 기간이 경과한 후에는 정지된 규정이 원래 그대로 다시 효력을 가지는 것이므로, 개정도 아닌 것이다.

　　바이마르 헌법 제48조 제2항 제1문에서 라이히 대통령은 공공의 안녕과 질서를 회복하기 위해서 자기의 재량으로 필요한 **모든 조치**를 취할 수 있는 권한을 위임받았다. 이 명제는 전형적인 독재의 규율을 내포하는데, 독재의 요소에는 a) 독재자는 사태의 상황에 따라서 규정되며 입법행위도 아니며 사법행위도 아니며, 또 어떤 종국적으로 규제된 절차의 구속도 존재할 수 없는 조치를 취할 수 있는 권한이 위임된다는 것이 포함되어야 하며, 또 b) 위임의 내용이 구성요건적으로 미리 규정되지 않아야 하며, 위임을 받은 자의 재량에 의해서 결정되도록 하는 요건이 내포되어야 한다. 그러므로 여기서는 일반적인 규율화라든가 구성요건적으로 한정할 수 있는 위임은 존재하지 않는다. 권능의 내용은 단지 위임을 받은 자가 사태의 상황에 따라서 무엇이 필요하다는 것에 대해서만 구속을 받는다(전술 제6장 II, 9 b, S. 59). 제48조 제2항 제2문에서는 전과는 다른 완전히 성격을 달리하는 권한, 즉 거기에 열거된 7개의 기본권조항을 **정지시킬 수 있으며**, 즉 그 효력을 상실시킬 수 있는 권한이 대통령에게 부여되었다. 사태의 상황에 따라서 필요한 모든 **조치**를 할 수 있는 위임은 법적 제약을 고려하지 않고, 적극적으로 활동하고 **행동하며**, 파괴하는 수권만을 의미하며, 법률규정의 효력상실의 수권은 의미하지 않는다. 두 번째의 적극적인 활동을 할 수 있는 단순한 권능의 범위를 초월한 법적 규정의 효력을 상실시킬 수 있는 라이히 대통령의 권능은 제2문에 열거된 7개의 기본권조항에 국한된다.

　　바이마르 헌법 제48조 제2항의 이러한 해석에 대해서 리하르트 **그라우**(Richard Grau)에 의해서 주장되고, 또 많은 영향력과 예리함을 가지고 변호된「헌법의 불가침」에 관한 이론이 반대하고 있다(Die Diktatur des Reichspräsidenten, Berlin 1923, Verhandlungen des Deutschen Juristentages 1925; Gedächtnisschrift für Emil **Seckel**, 1927, S. 430 f.). 그것이 근거를 두는 것은, 헌법은 광범위한 위임적 독재에 대해서도 불가침이어야 한다는 전적으로 정당한 사상, 즉 이성적으로 누구도 논란할 수 없는 사상이다. 문제는 헌법이 불가침인가 — 이것은 자명한 이치이다 — 의 여부가 아니라「헌법」은 무엇을 의미하는 가이다. R. **그라우**의 견해는 여러 방면에서 이미 설명하였으며, 무조건적으로 계승해온 본래의 의미에서의 **헌법**과 모든 개개 **헌법률적** 규정의 혼동 속에 완전히 계속해서 머물러 있다. 라이히 대통령의 위임적 독재는 제48조에 의하면, **공공의 안녕과 질서**, 즉 기존 헌법을 보호하고 방비하는 목적에 봉사한다. 헌법의 보호와 개개 헌법률적 규정의 보호는, 헌법의 불가침성과 모든 개개 헌법률적 규정의 불가침성이 동일물이 아닌 것과 마찬가지로 동일물이 아니다. 모든 개개 헌법률적 규정이 비상권능에 대해서도 불가침이라면, 그것은 실정적·실질적 의미에서의 헌법의 보호가 형식적·상대적 의미에서의 헌법률의 보호를 위해서 희생을 당하는 결과를 가져온다. 그렇게 되면 제48조 제2항의 목적은 정반대로 전도될 것이다. 즉「불가침」인 것은 헌법이 아니라 개개 헌법률적 규정이 된다. 개개 헌법률적 규정은 불가침이며, 따라서 헌법의 효과적인 보호에 대해서는 극복할 수 없는 장해가 될 것이다.

Ⅲ. 헌법쟁의들(Verfassungsstreitigkeiten). 헌법쟁의의 개념은 정당하게 이해된 헌법의 개념에서 얻어야 할 것이다. 어떤 헌법률적 규정의 침해에 대한 이해관계자의 모든 쟁의가 본래의 의미에서의, 또는 **해넬**(Haenel, S. 567)이 말하듯이, 말의「탁월한 의미에서의」헌법쟁의는 아니다.

1. 헌법쟁의는 이른바 헌법소원은 아니다. 즉 관청의 행위에 대해서 헌법률로 보호된 권리의 침해를 다투는 개인의 일반적인 권리구제는 아니다.

헌법소원의 예. 1874년 5월 4일의 스위스 연방헌법 제113조 3호,「국민의 헌법상의 권리의 침해와 관련된 소원」은 연방재판소가 판결한다. 그러나 1893년 3월 22일의 법원조직법 제178조 1호에 의하면, 이 제113조에 의한 헌법소원으로서는 **칸톤과 칸톤의** 관청(연방관청이 아니다)에 의해서 행해진 헌법률적으로 보호된 권리의 침해만이 연방재판소에 대해서 소원을 제기할 수 있다. 그러나 그 이외에는 거의 제한이 존재하지 않는다. 모든 관청적 행위, 칸톤의 법률, 사법판결 또는 행정행위는 국민이든 외국인이든 불문하고, 모든 행위능력이 있는 주민들에 의해서 연방헌법 또는 칸톤 헌법의 객관적인 권리침해가 있다는 이유 아래 이의를 제기할 수 있다. 기본권 (특히 중요한 개인권)의 침해에서는 개인은 이 권리들이 보통 법률에 의해서만 보장되어 있을 때에도 보호를 받을 수 있다. 소원을 판정하기 위해서는 보통 법률에서까지 그 근거를 찾을 수 있다. 이러한 방법으로 칸톤의 전체 국가적 활동은 연방재판소에 의해서 통제될 수 있다. 특히 많이 논의되는 스위스 연방 헌법 제4조(모든 스위스인은 법률 앞에 평등하다)는 광범위한 통제를 가능하게 만들었는데, 특히 원고적격에 대한 소원제기자의 주관적 권리의 침해만이 요구되지 않고, 객관적 권리의 이른바 반사작용에서도 권리구제수단이 부여될 수 있다(Fleiner, S. 445/6). 이러한 일반적인 헌법소원을「국법적 소원」이라고 한다. 그것은 개인의 권리보호의 의미를 가질 뿐만 아니라 국법적, 나아가 연방국법적 의미를 가진다. Fleiner, S. 443이 위에서 설명한 1893년의 법원조직법의 제한(연방의 행위에 대해서가 아니라 칸톤의 행위에 대한 소원)을 헌법위반이라고 단정하지만, 이 제한에는 그 규정의 특수한 연방국법적 입법이유가 나타나 있다는 것은 존중하지 않으면 안 될 것이다.

2. 독일 국법학에서「헌법쟁의」라는 말은 두 가지의 계기에서 특별한 의미를 가진다.
a) 하나는 **연방** 헌법이란 구조에 의한 것이며, 여기서는 국가연합의 헌법이거나

연방국가의 헌법인가에 의한 차이는 없다. 연방 자체는 구성국가 내부에서의 헌법쟁의에 대해서 헌법소원에 대한 관심과 일반적인 감독과는 다른 정치적이고 국법적인 관심을 가진다. 이것은 독일 연방 국법의 법사적인 발전에서, 19세기가 지나는 과정에서 하나의 특수한 제도를 생기게 하였다. 모든 연방은 그 구성국가들의 동질성이라는 원리에 근거를 두며, 특히 구성국가들의 헌법은 최소한도의 동질성의 원리를 나타내지 않으면 안 된다(후술 제29장 참조). 따라서 여기서 모든 연방은 일정한 간섭권, 즉 독일 연방에서 칭하듯이, 「개입권」(Dazwischenkünfte)의 권리를 가지며, 다른 한편, 반대로 구성국가들은 자기의 독자성을 위해서 그러한 개입권을 가능한 한 회피하려고 노력하였다. 이것으로부터 구성국가 내부의 헌법쟁의에 관한 특수한 규율이 생겼다. 즉 이 헌법쟁의가 연방의 중재에 의해서, 중재재판소 또는 보통재판소에 의하거나 또는 연방입법에 의해서 해결된다는 것이다. 구성국가 내부에서의 진정한 헌법쟁의는, 당연하지는 않지만 여하튼 일정한 전제 아래서는 연방에 이해관계가 있으며, 그러므로 연방사항이 되는 것이다. 따라서 헌법쟁의의 개념은 1834년 10월 30일의 독일연합회의의 결의로써 도입되게 된 사실도 이해가 간다.

이 연방결의에 의해서 (1834년 독일 연합회의의 각서 S. 927 ff.) 연방 구성국가들은, 구성국가 내에서 「정부와 등족 간에 헌법의 해석에 관하여 또는 군주의 특정 권리의 행사에서 등족에게 인정된 참여권의 한계에 대해서 ― 특히 방 헌법에 규정된 연방의무에 일치하는 통치의 집행을 위하여 필요한 자금을 거부함으로써 ― 쟁의가 발생하여, 모든 합헌적이며 법률과 합치되는 수단」을 동원했음에도 불구하고, 효과를 거둘 수 없었을 때에, 그들이 연방의 개입을 요청하기 전에 중재자에 의한 그러한 분쟁의 해결을 촉진시킬 의무를 지게 되었다. Zachariae, Das deutsche Bundesrecht, II, 1854, §279, S. 770; G. v. Struve, Das öffentliche Recht des deutschen Bundes, II, 1846, S. 39 참조.

b) 다른 계기는 독일에서의 **입헌군주제**의 구조이며, 이것은 군주제 원리와 민주제 원리의 중간상태를 나타내며, 정부와 등족들, 군주와 인민대표가 서로 대립하여 양자의 관계가 헌법에 의해서 규율되는 두 당사자로서 이원적으로 취급하는 것을 가능하게 한다. 이리하여 헌법은 이것을 정부와 인민대표를 당사자로 하는 계약으로 볼 수 있을 것이다(전술 제7장 II, 2 참조). 거기에서 헌법쟁의는 대상(헌법)에 의해서만이 아니라 당사자(정부와 인민대표)란 면에서도 규정되는 것이다.

전술한 1834년의 연합결의에 의해서 그 용어가 일의적으로 규정되고, 정부와 인민대표 간의 분쟁만을 헌법쟁의로서 나타낼 수 있다는 것은 아무런 문제가 없다. 여하튼 1871년의 제국 헌법은 제76조 제2항에서 헌법쟁의라는 말을 이러한 의미로 사용하고 있다.

「그 헌법 속에서 그러한 쟁의를 해결하기 위한 관청이 규정되지 않은 연방국가에서의 헌법쟁의는, 연방참의원의 일부 의원의 제의에 의해서 타협으로 조정하든가, 그것이 성공하지 못할 때에는 연방입법의 절차로 처리되지 않으면 안 된다」. 연방참의원의 관행은 헌법쟁의의 개념에 관하여 역사적으로 확립된 견해에 일치하고 있다. 국법학자들의 지배적인 견해도 역시 같다. **Laband**, Staatsrecht, I, S. 261; **Seydel**, Komm., S. 407; **Haenel**, Staatsrecht, I, S. 568 참조. (적어도 보통의 경우에는 해넬은 비정상적인 조건 하에서만, 개개 시민 또는 조직되지 않은 대의체의 구성원에게 헌법쟁의의 제의권을 부여하려고 하였다).

바이마르 헌법은 제19조에서 란트 안에서의 헌법쟁의는 국사재판소에 의해서 결정된 다고 규정하고 있다. 1921년 7월 9일의 라이히 법률에 의해서(RGBl. S. 905) 국사재판소는 설립되었다. 바이마르 헌법 제19조의 규정은 독일 연방의 국법적·전통적인 발전과 완전히 일치하고 있다. 그것은 스위스의 헌법소원의 방식을 따른 연방감사권을 도입하지 않고, 헌법쟁의의 독일법적 개념을 전제로 한다. 바이마르 헌법의 심의에서도 이것은 명백히 나타나 있다(Prot. S. 411. 헌법을 대상으로 하는 모든 쟁의는 정부와 인민대표 간에 발생하지 않더라도 헌법쟁의라고 하는 **칼**(Kahl)의 견해에 반대하는 **츠바이게르트**(Zweigert) 법무부 고문관의 발언).

3. 헌법 제19조에 규정된 「헌법쟁의」라는 말의 해석은, 국법학의 문헌 속에서 이미 이 말의 역사적 발전에서 매우 동떨어진 의견들을 생기게 하였다.

가장 좁은 의미에서의 역사적 견해는 **도제**(Dose)의 킬 대학 학위청구논문인 Die Zuständigkeit des Staatsgerichtshofes zur Entscheidung von Verfassungsstreitigkeiten, 1923에서 대표하고 있다. 정반대의 견해를 따르는 모든 개별 시민이 당사자가 될 수 있으며, 따라서 원고적격을 가질 수 있다. **Poetzsch**, Komm. S. 72 (「그때에 누가 당사자로서 나타나는가는 전혀 문제가 되지 않는다」); derselbe, AöR. 42, S. 91 ff.(그러나 기본권 문제에 관해서는 소극적이 다); **Anschütz**, Komm. S. 106; **Giese**, Komm., S. 101(「심지어는 시민도」). 제3의 견해를 따르면 최고의 국가기관 또는 그 일부만이 소를 제기할 수 있도록 되어 있다(W. **Jellinek**, Verfassung und Verwaltung, Staatskunde, II, 1925, S. 29). 독일 라이히 국사재판소의 지금까지 의 관행은 당사자능력과 원고적격을 매우 넓게 인정하는 방향으로 가고 있다. 그러므로 가령 다음과 같은 자들이 당사자로서 인정되고 있다. 란트 정부에 대한 란트 의회의 당파(1921년 7월 12일의 잠정적 국사재판소의 판결. AöR. 42, S. 79에 **푀취**(Poetzsch)에 의한 주목할 만한 논평과 같이 게재되어 있다. 또한 1925년 11월 2일의 판결, RGZ. Bd. 112, S. 1*). 이전의 제국 직속 귀족의 나싸우 관구 대 프로이센 정부, 1924년 5월 10일의 판결. RGZ. 111, S. 1,* S. 5.* 즉 「원고는 자기들의 재산과 가족관계에 관하여 단순히 란트의 국가권력의 위임에만 의거하지 않는 자주입법의 권한을 주장하였다. … 그러한 권리의 존재와 범위에 관한 쟁송은 라이히 헌법 제19조의 의미에서의 헌법쟁의를 나타내고 있다」). 지방자치단체(DJZ. 1922, Sp. 427) 등.

헌법쟁의를 정부와 인민대표 간의 분쟁으로 국한하는 전래적인 역사적 해석은, 이전처럼 단순하게 취급할 수는 없게 되었다. 이 해석은 헌법이 — 입헌군주제에서 특징적인 이원주의를 수반하는 — 군주와 등족, 정부와 인민대표 간의 계약으로서 생각되는 한도 내에서만 가능하였다. 인민이 그 헌법제정권력에 의해서 제정하는 순수한 민주제 헌법에서는 그러한 계약관계, 따라서 또한 당사자적인 역할은 이미 유지할 수 없다. 다른 한편, 어떤 헌법률적 규정에 관한 이해관계인의 모든 분쟁이 헌법쟁의라고 볼 수는 없으며, 또 여기에서도 헌법이 헌법률적 개개 규정과 구별하지 않으면 안 된다는 것은 고수해야 할 것이다. 따라서 모든 「시민」에게, 또는 모든 「세계시민」에게, 모든 종류의 무제한한 민중소송을 인정해야 할 것은 아니다. 헌법 제19조는 헌법의 보호가 일반적으로 국가시민에게 위탁되어야 한다는 의미를 가지는 것은 아니다.

헌법의 보호와 모든 헌법상의 권리의 방어가 국가시민들에게 위탁된 헌법들이 제정된 일도 있다. 그 예는 1848년 11월 14일의 **프랑스** 헌법 제110조를 들 수 있는데, 다음과 같이 규정하고 있다. 「국민의회는 이 헌법과 이 헌법이 보장하는 권리들의 관리를 모든 프랑스인의 감시와 애국심에 위임한다」. **루이 나폴레옹** 대통령이 로마 공화국의 사무에 관해서 교황의 이익을 위해서 인민대표의 헌법상의 권리를 공공연히 침해했다는 비난을 받았을 때에, 좌파 정당들의 소수파는 1849년 6월 12일에 이 헌법 제110조에 호소하여 파리 시민들에게 무장반항을 선동하려고 노력하였다. 이 시도는 매우 비참한 방법으로 실패하였다(이에 관하여는 Emil **Bourgeois** et E. **Clermont**, Rome et Napoleon III, Paris 1907, S. 190/1).

바이마르 헌법은 개별 시민들에게 청원권을 인정하고 있다(동 헌법 제126조). 헌법은 또 소수파 시민들에게는 국민발안의 절차에 의해서 국민투표를 실시하게 하거나(제73조 제2항), 또는 인민입법절차를 도입할 수 있는(제74조 제3항) 가능성을 부여하였다. 그러나 바이마르 헌법은 헌법률의 침해를 이유로 하는 일반적인 민중소송권이나, 개인의 무력을 가진 저항의 권리는 인정하지 아니한다. 민주제의 원리로부터는 개개인의 일반적인 제소권능 또는 원고적격을 인정해야 한다는 결과는 나오지 아니한다.

헌법쟁의에서의 당사자 역할의 한정에 보이는 불안정성(혼란이라고도 할 수 있다)은, 궁극적으로 바이마르 헌법은 모든 근대 헌법과 마찬가지로, 자유주의적 (법치국가적) 구성부분과 민주적 (정치적) 구성부분이 혼합되어 있다는데 근거를 두고 있다(후술 제16장 참조). 헌법의 모든 특수 정치적 구성요소(그것이 군주제적이든 민주제적이든, 또는 연방국가적이건 관계없이)를 무시하는, 철저하게 순개인주의적인 자유주의적 견해에서 보면, 모든 개별 인간들에게 (모든 시민에게만 국한되지 않는다) 객관적 법의 모든 침해에 있어서 국가에 대한 소권을 부여하지 않으면 안 될 것이다. 그렇게 되면 국사재판소는 국가

위에 서며, 또 국가와 대립하는 재판소가 되며, 법률의 모든 위반이 동시에 헌법위반이
될 것이다. 그리하여 헌법쟁의가 란트 안에서의 헌법쟁의에 국한시키는 태도는 이해할
수 없게 되며, 또한 W. **옐리네크**가 말하듯이(W. Jellinek, a. a. O. S. 29), 라이히에서
헌법쟁의에 대해서 이를 결정하는 기관이 규정되어 있지 않다는 것은 「이상하게」 보일
것이다.

이에 대해서는 다음의 사실을 고수해야 할 것이다. 「헌법조문의 의미에 대한 모든
다툼이 헌법쟁의가 되는 것은 아니다. 분쟁의 주체가 문제가 되는 것이다」(R. Thoma,
AöR. 43, S. 283). 헌법쟁의를 결정하는 국사재판소는 헌법률적 개별 규정과 관련을 가지는
분쟁이 아니라, **헌법**에 관한 분쟁만을 결정하여야 한다. 그러므로 그러한 쟁의의 당사자로
서는 **해넬**(Haenel, S. 92)이 말하듯이, 헌법의 「**주요 기관들**」만이 고려될 수 있다. 즉
헌법을 형성하는 정치적 결정의 조직과 집행을 직접적인 목적으로 존재하는 최고의
기관들, 특히 지금까지는 의회와 정부이었고, 정치적 조직의 특성에 따라서 기타의 최고기
관이 포함될 수 있는, 그러한 기관들만이 고려될 수 있다. 이러한 주요 기관들만이 헌법을
직접 침해하며, 또 이들 기관 간에서만 진정한 헌법쟁의가 일어날 수 있다. 국사재판소의
지금까지의 관례는 당사자적격을 계속 확장하고, 특히 란트 의회의 소수파까지도 당사자
로서 인정하는데, 이와 같은 확대는 헌법상의 관행으로서 그 적용을 인정할 수 있다.
이에 반하여 구 독일 제국에 직속되었던 귀족의 관할을 당사자로 인정하는 1924년
5월 10일의 판결(RGZ. 111, S. 5*)은 확실히 지나친 처사라 할 것이다.

4. 또 하나의 문제는 **헌법률의 해석에 대한 의문과 의견차이**를 사법형식의 절차로
해결하는 것이 어느 정도 바람직스러운 일인가 하는 문제이다. 그러한 의문이 되는
문제, 특히 법률 또는 명령이 헌법률적 규정과 일치하는가 하는 문제를 결정하기 위해서는
특별한 사법형식의 절차로 규정할 수 있다. 이 절차에서는 「국사재판소」 또는 「헌법재판
소」라고도 불리는 재판소가 결정하는 것이다.

1921년 3월 9일의 체코슬로바키아 법률은, 법률 또는 긴급명령이 헌법에 위반되는가의 여부에
관하여 전적으로 「**헌법재판소**」가 결정한다고 규정하고 있다. 1920년 10월 1일의 오스트리아
연방헌법 제139조와 제140조도 「**헌법재판소**」를 규정하고 있다. 독일 라이히에 관하여는 제33차
독일 법률가대회에서의 **트리펠**의 제안, Verhandlungen, Berlin 1925, S. 64 참조. 나아가 **W.
Jellinek**, Veröffentlichungen der Vereinigung Deutscher Staatsrechtslehrer, 1925, Heft
2, S. 38 ff. 그리고 R. Grau, AöR. N.F. 11, 1926, S. 287 ff.의 논문에 수록된 라이히 법률과
라이히 명령의 합헌성 심사에 관한 법률의 초안을 참조. 이 초안 제1조에 의하면, 독일 라이히
국사재판소는 (1921년 7월 9일의 국사재판소에 관한 법률 제18조 제1호의 편제를 따르면서)
「라이히 법의 법규명령이 연방헌법에 위배되는가」의 여부에 관한 의문과 의견차이에 관하여
판정한다. 라이히 의회, 라이히 참의원 또는 연방정부는 국사재판소의 판정을 요구할 수 있다.

R. **그라우**는 **진정한 국사재판소**(「사법독립 아래 여러 정치적 요소 간에서 흑백을 가릴 것을 직책으로 하는」)와, 「헌법의 수탁자로서 헌법문제에 관하여 다른 재판소를 대신하여 일반적으로 판정할 권한을 가지는」 **헌법재판소**를 구별한다.

독일 라이히에 대해서는 물론, 더구나 헌법개정법률에 의해서 어떤 관청, 단체 또는 나아가서는 개개 국가시민들까지도 법률 또는 명령이 바이마르 헌법의 헌법률적 규정과 위배되느냐의 여부에 관해서 재판소의 재정을 요구할 수 있는 가능성을 가지도록 규정할 수 있는 것이다. 바이마르 헌법의 개개 헌법률적 규정들에서 기인하는 많은 의문점들에서 볼 때, 헌법을 해석하는 재판소의 설치가 바람직한 것이 명백하며, 제33차 독일법률가대회에서(1924년) **그라프 쭈 도나**와 H. **트리펠**에 의해서, 또한 제36차 독일법률가대회에서 (1926년) **안쉬츠**와 **멘데**(Mende)에 의해서 행한 것과 같다. 이와 동일한 요청이 이미 입헌군주제 헌법의 다의성에 직면하여, 법치국가에 대한 하나의 요청으로서 루돌프 **그나이스트**에 의해서 제기되었다(Der Rechtsstaat, 1872). 그러나 모든 헌법률의 해석상의 분쟁을 결정하는 그러한 종류의 재판소는, 고도의 정치적인 기관이 되지 않을 수 없다. 왜냐하면 이 재판소는, 그리고 특히 — 연기하는 형식적 타협(전술 제3장 III, S. 31)의 특수성에서 나오는 그러한 의문과 견해차이도 결정해야 하며, 또 실제로 타협에 의해서 연기된 실질적인 결정을 하게 될 것이기 때문이다. 그러므로 오늘날 독일 라이히에서 그러한 재판소를 설립하기 위해서는 헌법 제76조에 따른 헌법개정법률의 절차가 불가피하게 될 것이다.

여기서 법률문제를 정치문제로부터 분리하고 국법적 안건들이 비정치화될 수 있을 것이라고, 다시 말하면 실제로 비국가화될 수 있으리라고 가정하는 것은 불투명한 의제에 불과하다. **Anschütz**, Verhandlungen des Deutschen Juristentages, 1926, Berlin 1927, S. 13는 독일 국사재판소에 라이히 헌법의 해석과 적용에 관한 모든 쟁의를 결정할 권한을 맡겨야 한다고 주장했지만, 이 재판소는 정치적 문제가 아닌, 법률문제만을 판정할 수 있다는 것은 자명한 이치라고 생각하였다. 나는 이 점에 관하여 더 이상 말할 필요가 없다고 생각한다. 나는 이 점에서 문제가 비로소 시작되지 않는가 걱정한다. 그러므로 사법형식의 외관을 가지는 재판소 대신에 정치적인 기관이 더 훌륭하게 판정을 내릴 수 있을 것이다. 가령 헌법을 보호하기 위한 이른바 호헌원로원(sénat conservateur)을 규정하고 있는 나폴레옹 헌법의 종류를 따르는 「원로원」과 같은 것이 그것이다. 예컨대 혁명 제8년(1799년)의 헌법 제2편 제15조 이하; 혁명 제12년 (1803년)의 원로원령 제8편 제57조 이하; 1852년 1월 14일의 헌법 제4편 제29조; 1867년 3월 14일의 원로원령 제26조. 그렇지 않으면 정치의 사법화 대신에 사법의 성망을 실추시키는 사법의 정치화를 초래할 위험성을 내포한다.

Ⅳ. 내란죄에서의 침해와 보호의 객체로서의 헌법

내란죄에 관한 형법상의 규정들은 본질적으로 헌법의 보호를 그 대상으로 한다. 내란죄를 규정하는 형법상의 구성요건은 무엇보다도 먼저 「헌법」에 대한 침해를 들고 있다. 그것과 나란히 군주의 신체와 국가영역과 같은 기타의 침해의 객체가 열거되지만, 일반적인 의미는 빈약하다. 군주제의 원리에 근거하여, 따라서 군주가 헌법제정권력의 담당자인 국가에서는 군주의 신체에 대한 침해는 무조건 헌법 자체에 대한 침해가 된다. 그러나 내란죄의 가장 중요한 예는 이른바 좁은 의미에서의 헌법에 대한 반역 (Verfassungsverrat)이며, 그 구성요건은 오늘날 대체로 내란죄란 「헌법의 폭력적인 변혁」 을 목적으로 한 시도라는 식으로 규정하고 있다.

예. 1871년의 독일 제국 형법전 제81조 제2호 「독일 연방 또는 연방국가의 **헌법**을 … 폭력으로 변경시키는 것을 시도하는 자」. 1917년의 독일 라이히 의회 제안 제86조 「라이히 또는 란트의 **헌법**을 폭력으로 또는 폭력을 위협함으로써 개정하는 자」. 또한 1926년의 라이히 의회 제안의 제85조. Leopold **Schäfer**의 독일형법초안의 개설, Mannheim 1927, S. 62/3 참조.

「헌법의 변혁」이라는 이 구성요건의 표지에 관한 형법전의 문헌들을 보면, 이때의 헌법은 모든 개개의 헌법률을 의미하는 것이 아니며, 따라서 이른바 형식적 헌법개념은 참으로 불합리한 결과로 인도한다는 것을 곧 알 수 있다. 여기서는 오히려 「근본적인 국가의 제도들」 또는 「정치생활의 기초」만이 헌법으로서 표시된다. 헌법에 대한 반역은, 「헌법전에 대한 모든 침해, 헌법 규정의 모든 침해」를 의미하는 것이 아니라고 강조하는데, 이는 정당한 것이다. 「헌법에 대한 반역은 모든 헌법전보다 역사가 오래이며, 또 우리들의 헌법들은 중요성에서 여러 차이가 나는 규정들을 포함하고 있다」(빈딩[Binding]). 따라서 내란죄에 관한 오랜 형법상의 규정 속에서도 오해하기 쉬운 「헌법의 변혁」이라는 말보다 더 훌륭하게 내란죄의 과정을 나타내는 구성요건의 규정들이 발견된다. 예컨대 그 이후의 개념규정의 규범이라고 볼 수 있는 프로이센의 일반 국법 제2편 제27장 제92조는 내란죄 를, 「폭력에 의한 국헌의 **전복**」을 목적으로 하는 시도라고 하였다. 그 밖의 형법적 규정들 은 헌법을 **억압**하거나 또는 전체적으로나 부분적으로 **파괴**하는 것을 말하며, 또는 헌법의 **주요부분**을 폐지하는 경우 등을 규정하고 있다. 여기서도 도처에서 적극적이고 실체적인 의미에서의 헌법과 개별 헌법률적 규정을 구별할 필요성이 나타난다.

형법 문헌들은 이점에서 철저하게 의견의 일치를 보인다. F. **van Calker**, Vergleichende Darstellung des Strafrechts, Besonderer Teil 1906, S. 19; v. **Liszt**, 20. Aufl., S. 551; **Frank**, Kommentar Nr. 2 zu §81/2, 특히 K. **Binding**, Lehrbuch des gemeinen deutschen Strafrechts, Besonderer Teil 11, 2, S. 435; **Graf zu Dohna**, Deutsche Jur. Ztg. 1922, Sp. 81/82 (경과법의

초안에 관하여) :「첫 번째 경우에는 그 의도가 **국가**의 법적 **구조**의 개정을 목적으로 한다는 것을 사람들이 고수할 때에만, 내란죄도 그 자체 완결된 구성요건으로서 그와 같이 규정할 수 없는 국가기관에 대한 공격, 즉 무제한한 공격과 구별될 수 있을 것이다」. 그 이외의 문헌들은 H. **Anschütz**의 하이델베르크대학 학위청구논문인 Der Verfassungsbegriff des Tatbestandes des Verbrechens des Hochverrats, 1926, S. 28 ff.(Manuskript)에 있다. 라이히 재판소(Sächs. Arch. III, S. 366)는 정당하게 구별하려고 노력하였다.「법률(형법)이 헌법에 관하여 말할 때에는, 그것은 헌법전을 생각하고 있다는 데에서 출발하여야 한다. 헌법전의 모든 규정들이 헌법침해의 목적물이 될 수 없다. 헌법상의 기관을 제거하려는 모든 시도가 헌법에 대한 공격을 의미한다고는 볼 수 없다. 오히려 **정치적 국가생활의 기초**를 형성하는 헌법의 구성부분이 침해의 목적물이 된다. 그러나 이때에 정치적 국가생활의 기초가 바로 헌법전 속에서 규율되어 있는가의 여부는 문제가 되지 아니한다.

따라서 내란죄는 본서(제3장, S. 23)에서 제시한 **적극적** 의미에서의 헌법에 대한 공격만을 말한다. 그 밖에 문제가 되는 것은 헌법파괴와 헌법폐지(전술 S. 99)의 필요 불가결한 구별로 인하여, **내란죄의 구성요건 내부에서** 또 다른 구별이 있어야 하는가의 여부이다. 그러나 그 개념은 오늘날 형법의 이론과 실제에서 대체로 정의되고 있듯이, 이러한 본질적인 구별은 **양형**의 범위 안에서만 의의를 가진다. 여기서 그 구별은 물론 매우 강조되지 않으면 안 될 것이다. 왜냐하면 민주적인 헌법에서는 자명한 것인데, 범행이 단지 인민의 헌법제정권력을 발동시키기 위한 것, 즉 본래 자기의 헌법제정권력이 조직이나 권능의 장치에 의해서 억압될 우려가 있는 인민에 대한 단순한 호소인 경우와, 이 헌법제정권력 그 자체를 배제해야 할 것으로서 내란죄를 시도하는 목적이 군주제원리의 부활이거나 또는 프롤레타리아트의 독재인 경우와는 결코 동일하지 않다. 마찬가지로 군주제 하에서도 물론 군주제원리 대신에 민주제의 원리를 수립하거나, 또는 군주제의 범위 안에서 되도록 군주의 정치에 기여하는 쿠데타가 일어났는가에 따라서 다르게 판단해야 할 것이다.

모든 그러한 구별의 핵심은,「헌법」과 같은 개념은 규범과 규범적인 것으로 해체할 수 없다는 점에 있다. 인민의 정치적 통일체는 헌법에 그 구체적인 실존형식을 가진다. 내란죄 또는 반역죄와 같은 범죄는, 정치적 실존을 보호하는 것이며, 헌법수정에 대한 절차, 그 밖의 효력적인 것 그리고 당위적인 것을 보호하는 것은 아니다. 따라서 내란죄 또는 반역죄와 같은 구성요건에서는, 헌법에 대한 공격은 예컨대 국제법상의 의무 또는 규범이 국가 또는 국가의 관청이 불법을 범하였다는 이유로도 결코 정당화되지 아니한다. 정치적으로 통일된 인민의 구체적 실존은 모든 규범에 우선한다.

2. 헌법의 우위*

라이너 발

《차 례》

헌법에는 실정법질서에서의 최고차의 권위가 인정된다는 관념은, 헌법에 관한 사고와 그러한 기본질서의 명문에 의한 확정을 구하는 투쟁과 동일하게 오래다. 그렇지만 이러한 일반적인, 오히려 설명적인 관념이 헌법의 우위라는 뛰어난 해석학적인 구상으로 바뀐 것은, 이 관념에 구체적인 법적 귀결이 결부된 때에 비롯한다. 즉 헌법과 대립하는 구래의 법의 배제와, 헌법과 대립하는 새로운 법률은 위법이라는 귀결이다. 이러한 귀결은 역사적 발전에서 헌법이라는 것의 존재에 항상 결부된 것은 아니며, 바로 결부되지도 않았다. 위헌성이라는 형상과 법규범의 단계서열이라는 형상을 헌법적 사고는 당초부터 가지고

---

* Der Vorrang der Verfassung, in: Der Staat, Bd. 20 (1981), S. 485-516. jetzt in: ders., Verfassungsstaat, Europäisierung, Internationalisierung, Frankfurt am Main: Suhrkamp 2003, S. 121-160.

있던 것은 아니다. 반대로 독일에서의 헌법전통은 상당한 부분, 이와는 다른 이해 아래 성립하였다. 헌법에 대한 저촉의 실질적인 귀결은 그것이 확실한, 법적 구속력 있는 방법으로 확정할 수 있는 경우에 — 즉 헌법재판권의 형성과 관련하여 — **법학적으로** 「흥미 있게」 영향이 크게 된다. 규범통제는 이론적으로 규범서열이라는 구상을 전제로 한다. 마찬가지로 헌법과 법률과의 관계에서의 법질서의 단계구조라는 이론은 헌법재판권이 존립하는 경우에 비로소 실천적인 요소를 획득하는 것이다.[1] 이 관련은 헌법의 우위를 논해야 할 사고적 환경에 광범위한 귀결을 준다(후술 I).

I. 헌법의 우위와 헌법재판권

헌법의 우위는 형식적인 저촉원리와 당연무효냐 사후의 무효가능성이냐[2] 하는 이 원리의 구체화를 포함한 것은 아니다. 헌법의 우위는 기본법의 헌법질서에서 그 이상의 보다 주요한 사안을 선명하고 있다. 즉 그것은 단순법률에 대한 헌법의 구속성 · 규준성 · 관철력이다.[3]

기본법에 대해서는 헌법의 실질적 우위성과 헌법재판을 통한 그 소송적 관철과의 결부가 구성적이다. 즉 헌법은 최고차의 권위일 뿐만 아니라 재판권에 대한 법적 **규준**이 되었다. 이로써 헌법에 의해서 실질적으로 규율되는 수취인이 추가된 것만은 아니며, 헌법 자체가 전에는 알지 못했던 방법으로 법적으로 재판의 형식을 취한 연관 속에 들어가게 되었다. 헌법은 헌법재판권에 의해서 실효화되고, 동시에 헌법의 법적 성격도 증강되었다. 이것은 — 실정적인 것으로서 — 다 잘 알기 때문에 여기서 다시 상설하지 않는다.[4] 여기서 관심의 대상은 이와는 별개의, 그러나 마찬가지로 중요한 귀결에 대한

---

1) 법질서의 단계이론의 완성과 1920년 오스트리아에서의 헌법재판권의 성립 간의 시간적 관련에 그치지 않는 관련에 대해서 Theo Öhlinger, Der Stufenbau der Rechtsordnung, 1975, S. 10 und 32. 발전에 대해서 상세한 것은 Herbert Haller, Die Prüfung von Gesetzen, 1979, S. 1-72.

2) 이에 대해서 상세한 것은 Christoph Böckenförde, Die sogenannte Nichtigkeit verfassungswidriger Gesetze, 1966, S. 27 ff. 그리고 Christoph Moench, Verfassungswidrige Gesetze und Normenkontrolle, 1977, S. 118 f., 142 ff.가 있다. 서열이론과 「ipso-jure-Nichtigkeit」 간의 법논리적인 결부에 대한 비판을 포함한 최근의 상세한 문헌으로서 Jörn Ipsen, Rechtsfolgen der Verfassungswidrigkeit von Norm und Einzelakt, 1980.

3) 콘라드 헤세를 인용하여 Moench (Fn. 2), S. 143. 헌법의 우위에 대해서 주 2에 열거한 문헌 외에, Jörn Ipsen, Richterrecht und Verfassung, 1975, S. 155; Edouard Campiche, Die verfassungs- konforme Auslegung, 1978, S. 17 f.

4) Rainer Wahl/Frank Rottmann, Die Bedeutung der Verfassung und der Verfassungsgerichtsbarkeit in der Bundesrepublik - im Vergleich zum 19. Jahrhundert und zu Weimar, in: Werner Conze/Rainer Lepsius, Historische Grundlagen der Bundesrepublik, 1982, S. 340 f. m. w. N. 헌법재판권에 관한 문헌에 대해서는 현시점에서 Karl Korinek, Jörg Paul Müller und Klaus Schlaich, VVDStRL 39 (1981)에서 포괄적으로 지시하고 있어서 여기서는 아주 한정된 범위에서만 열거하기로 한다.* 최근의 보충할 문헌으로서 Klaus Stern, Das Staatsrecht der Bundesrepublik Deutschland,

것이다. 즉 포괄적인 헌법재판권의 도입과 전개로 헌법의 의의가 전적으로 법적인 것, 재판의 형식을 취하는 것으로 고정되고 집중된 것이다. 헌법에 관한 사색은 헌법의 의의 내용에 관한 모든 언명이 매우 민감한 재판권에서의 법적 규준에 대한 언명인 것을 고려하지 않으면 안 된다. 이 사정에서 생기는 광범위한 귀결로서 다음의 세 가지를 다룬다.

재판절차의 규준으로서 헌법은 첫째로, 가능한 한 명확하고 헌법규범의 범위나 경계에 대해서 엄밀하여야 한다. 규준은 그 규준에 의해서 심사되는 것과 명확하게 구별되어야 하며, 단순법률과는 구별가능한 것으로서 해석할 수 있어야 한다. 법률의 헌법적합성을 심사한다면 헌법상의 개념은 자립한 것, 즉 「독립한 것」[5]이어야 한다. 헌법의 우위는 규범의 차원 간의 차이화와 거리를 요구한다. 즉 헌법의 우위는 분리의 구상이며, 협동의 구상은 아니다.[6] 헌법재판권과 긴밀하게 결부된 이 원리는 헌법과 단순법률 간의 경계와 차이가 해석에 의해서 애매하게 되는 것을 허용하는 것은 아니다. 무릇 모든 단순법은 어떤 형태로 헌법에 기초를 둔다는 인식은 헌법재판권의 작업에 대해서 결코 법학적으로 만족할 만하고 더 나아간 언명도 아니다. 둘째로, 헌법의 우위는 두 종류의 법규범의 도출 관계에만 관련된 것도 아니며, 나아가 기능적·제도적인 관련을 포함한다. 이러한 관련의 중요성은 헌법의 우위는 법률의 **열위**를 의미한다고 바꾸어 말하면 명백해진다. 즉 이것은 입법자의 열위[7]를 동시에 의미하며, 더구나 역사상의 헌법제정주체나 헌법개정 입법자에 대한 열위만이 아니며, 각각의 시점에서 헌법을 구속적으로 해석하는 기관에 대한 열위를 의미한다. 이것은 그럴만한 이유가 있어서 기본법이 그렇게 바란 것이다. 문제는 민주적 입법자가 수행하는 것의 열위 여부가 아니라 열위의 **범위**이다. 만약 헌법의 우위에서 헌법재판소에 의한 집행가능하고 효과적인 입법자의 열위가 귀결된다면 헌법에 포함된 최대한의 내용을 구해야 한다는 해석준칙은 결코 자명하지 않다. 헌법의 내용 밀도의 현저한 증대를 초래하는 해석은 헌법의 요구를 확장함으로써 최고차의 권위로서의 헌법의 실질적인 요구에 봉사한다는 이유만으로 정당한 것도 아니라면 적절하지도 않다. 그러한 해석은 헌법재판소와 입법자의 관계에 대한 언명도 포함하는데, 이 언명 자체가 정당화를 요구하는 것이다.

셋째로, 포괄적인 헌법재판권의 전개는 정치과정에서, 또한 정치과정에 대한 헌법의 중요성을 뚜렷히 해준다. 헌법재판권은 정치과정의 법적 구속을 실효화함으로써 정치과정이 부분적 법화(法化, Verrechtlichung)를 증대시킨다. 헌법소원으로 각인이 헌법재판소의 절차의 주도자와 당사자가 될 수 있는 기본법의 헌법재판권에 대해서는 이것이 일상에

Bd. II, 1980, §44의 논술이 있다.

5) 적절한 지적으로서 Walter Leisner, Von der Verfassungsmäßigkeit der Verfassung, 1964, S. 5, 8 f., 61 f. und passim. 라이스너는 S. 5에서 분명히 이 책에서 논한 문제는 「법률에 따른 헌법」이 규범의 위계제와 헌법재판권을 위협하는 것이라고 서술한다.

6) 이 언명에 대해서는 구체화가 필요한데 이에 대해서는 후술 IV 1 참조.

7) 이러한 말바꿈에 대해서는 주 15를 포함하여 후술 II 1 참조.

서의 헌법의 구현이나 헌법의 활성을 초래한다고 말할 수 있다.8) 그렇지만 헌법이 법의 도구로서 살아있다는 진단은 헌법이 제1차적으로 법의 도구로서만 살게 된 경우에는 이면도 있다. 그리하여 다음을 묻기로 한다. 모든 헌법문제가 바로 헌법재판소의 절차의 가능성과 결부되는 정치질서에서 헌법의 전통적인 프로그램적 기능 또는 정치적·호소적인 기능은 헌법에서 유지될 수 있을 것인가? 그 자체 프로그램적 지령이어서 헌법재판소에서 관철가능한 구속이 아닌, 정치과정에 대해서 비사법적인, 그러나 지침을 주는 지령이라는 것이 존재할 수 있을 것인가?

이것을 깊이 생각함으로써 정치과정의 더 가중된 법화로 생길 수 있는 손실은 무엇인가 하는 질문뿐만 아니라, 원래 법적으로 재판이라는 형태로 방호된 헌법의 우위를 가지는 헌법질서는 헌법재판권을 갖지 못하며, 이와 결부한 실체법적 제도를 갖지 아니한 헌법질서와 본질적으로 구별해야 하는가 하는 질문을 제기한다. 먼저 이 물음에 대해서 검토한다. 비교적이면서 발전사적인 소묘(II)는 헌법재판권을 가진 헌법질서와 이를 가지지 아니한 헌법질서와의 구별가능성이라는 테제에 대한 관찰 자료를 제공한다(III). 그 후에 상술한 두 가지의 해석학적 문제, 즉 우위해야 할 헌법을 단순법률로부터 엄격하게 구별할 수 있는가 하는 문제와 우위해야 할 헌법의 범위는 무엇인가 하는 문제에 대해서 고찰한다(IV, V).

II. 1933년 이전의 독일과 비교한 미국 모델

1. 이미 근대 입헌주의의 초기에 18세기 종반의 북미 헌법의 발전 중에서 우위하고, 규준이 되는 헌법에 대한 말하자면 완벽한 모델이 발전하고 있었던 것은 주목할 만하다. 이러한 헌법이해는 정당하게도 자주 인용된 1803년의 Marbury v. Madison 사건에서의 대법원장 존 마샬*의 설시에 정확하게 표현되고 있다.

「성문헌법을 만든 모든 사람들이 국가의 기본적이며 지상의 법을 만들었다고 생각한 것은 확실하며, 따라서 무릇 그러한 통치의 이론은 헌법에 반하는 입법부의 법률은 무효라는 것이어야 한다」.9)

이 판결에서 이전의 북미의 헌법사고에 대해서 게랄드 슈투르츠10)가 뛰어나게 묘사하

---

8) Wahl/Rottmann (Fn. 4), S. 345.
9) 텍스트는 예컨대 Henry Steele Commager (ed.), Documents of American History, 7. Aufl. (1963), S. 193에 수록.
10) Gerald Stourzh, Vom Widerstandsrecht zur Verfassungsgerichtsbarkeit. Zum Problem der Verfassungswidrigkeit im 18. Jahrhundert (Kl. Arbeitsreihe d. Instituts f. Europ. u. Vergl. Rechtsgeschichte, Graz) 1974, S. 26 역시 Marbury vers. Madison을 언급한다.

는데, 거기에서는 여기에서 이 문제에 대한 더 계발적인 통찰을 얻을 수 있다.

헌법의 우위가 요구하는 헌법과 단순법률 간의 거리는 북미의 헌법발전에서는 제도적으로도 정비되었기 때문에 명백하였다. 즉 예전의 식민지에서 독립한 입헌국가에로 편성되는 오랫동안의 과정 중에서 국민의 헌법제정권력을 행사하기 위한 특별한 헌법의회가 존재한 것이다.[11] 보통의 법률제정권과의 차이는「매우 중요하였다. 왜냐하면 이 차이가 근대 초기의 입법권과 주권의 동일성에 대해서 결정적인 타격을 주었기 때문이다」. 헌법제정권력의 제도화는 헌법개정권 내지는 수정권의 형성으로 보강되었다. 이 헌법변경을 위한 고유한 절차의 발전은 18세기 종반의 감탄할만한 신기관인데,[12] 이것 역시 헌법의 단순법률에 대한 독자성과 구별가능성을 역력하게 한다. 이것에 부수적으로 명언한 묵시적인 헌법파괴의 금지는 헌법의 동일성과 내적 실질을 보증하는 데에 중요하다.

그렇지만 결정적인 이론상의 돌파구가 된 것은 헌법위반이라는 관념이, 즉 최고차의 법으로서의 헌법의 내용상의 우위라는 관념의, 완만한 발전이었다. 이러한 진전의 의의와 어려움을 강조해도 강조가 지나치지 않다.[13] 왜냐하면 헌법의 우위는 역사적으로도 사회심리학적으로도 입법의 열위와 입법자에 대한 제한이라는 새로운 의식으로서 이해하여야 하기 때문이며,[14] 이 근본적인 관념이 발생하는 데에는 주권자로서 군림하는 입법자에 대한 ― 나쁜 ― 경험이 먼저 존재하지 않으면 안 되었다. 북미의 식민지에서는 독립 전의 몇 십 년 동안 의회가 불법을 할 수 있다는 것이 단순히 상정된 것만이 아니고 실제로 경험하였다. 미국의 헌법발전의 위대한 공헌은「이질적인」의회에 대한 경험을 자신의 헌법질서 속에 이식해온 점에 있다.[15] 이러한 결단은 한편으로는 헌법위반의 문제와 기본질서의 우위에 관한 초기의 표명[16]에 결부된 성과이며, 다른 한편으로는 민주적인 동시에 국가의 목적인 각인의 권리를 보장하려는 국가질서[17]에서의 국가권력의 한계는 무엇인가 하는 문제를 근저에서 깊이 생각한 것의 수확이다. 슈투르츠는

---

11) Stourzh (Fn. 10), S. 18 (본문 중의 축어 인용도 이 책에 의함). 상세한 것은 Willi Paul Adams, Republikanische Verfassung und bürgerliche Freiheit, 1973, S. 68-91.

12) Stourzh (Fn. 10), S. 19.

13) 이러한 구상에 이른 도정에 대한 선명한 묘사로 Stourzh (Fn. 10)가 있으며, 특히 중요한 단계인, 1758년의 에머 드 바텔(Emer de Vattel)의 교과서, 1761/64년 이후의 북미 식민지에서의 특히 제임스 오티스(J. Otis), 알렉산더 해밀튼(Alexander Hamilton), 그리고 제임스 아이어델(James Iredell)의 논의를 묘사하고 있다. 나아가 Georg Jellinek, Allgemeine Staatslehre, 3. Aufl. (1913), S. 508 ff.(김효전 옮김,『일반 국가학』, 법문사, 2005, 414면) 특히 S. 511 ff.(417면)도 참조.

14) Stourzh (Fn. 10), S. 20.

15) 이에 대해서는 Stoutzh (Fn. 10), S. 17; insb. S. 20 ff. 1776년 이후의 법관이 법률을 헌법위반으로서 취급한, 긴장으로 가득 찬 실제의 재판례. 그 중 몇 건에서는 법관이 입법의회에 소환되고, 일부 법관은 재임되지 못했다.

16) Gerald Stourzh, Vom aristotelischen zum liberalen Verfassungsbegriff in: Friedrich Engel-Janosi u. a. (Hrsg.), Fürst, Bürger, Mensch, 1975, S. 97, 120은 기본질서의 우위와 입법자의 권능의 제한에 이른 최초의 걸음을 내디딘 것으로서 1677년의 웨스트 뉴저지의 기본질서를 들고 있다.

17) 문제는 오로지 국민주권이라는 일원적인 정통성근거에 입각하는 질서에서 떠오른다. 크롬웰에 의한 헌법논의의「논리적 필연」에 대해서 Jellinek (Fn. 13), S. 511 f. 참조.

나중의 대법원 판사인 제임스 아이어델*이 초기에 집필한 신문 논설에 주의를 환기시킨다. 그 중에서 그는 구체적 사건을 소재로 입법자의 위헌의 행위에 대한 대항의 가능성을 열거하며, 청원권, 저항권 그리고 각인의 권리에 의해서 동시에 헌법을 보호해야 할 재판권에 대한 호소를 열거한다.[18] 이러한 선택지는 이 획기적인 걸음에 있어서 사고의 지평을 널리 명백히 하는 동시에, 사상가의 발명과 헌법재판권의 실천적 관철이 의미하는 혁신의 스케일을 보여준다. 이것은 다른 제도들에 부가적으로 덧붙이는 것의 여부와 같은 헌법상의 제도 내지 요소가 전개된 것은 아니다. 미국에 있어서 그 기원에서 헌법재판권은 근대 입헌국가의 중요한 현상형태의 유형을 결정짓고, 유형을 각인하는, 내적으로 연관된 요소들을 편성하는 일부를 구성하는 것이다. 요약하면 이러한 이해이다. (1) 각인의 기본권을 위한, 주권자인 국민의 자기구속으로서의 헌법, 그러므로 (2) 그 창조와 변경에서의 자립성과 헌법의 우위를 갖춘 성문의 헌법, (3) 이것에서 필연적으로 귀결되는 입법자의 기본권에 대한 구속, (4) 저항권의 대용으로서의, 또한 저항이라는 극한 상황을 절차라는 정당성에로 이행시키는 것으로서의 헌법재판권이라는 이해이다.[19]

2. 헌법재판권을 가진 국가인 북미「모델」의 이러한 정신적 배경에 비추어 본다면, 19세기의 독일에는 이에 대응하는 것을 찾을 수 없는 것, 그리고 본질적으로 다른 헌법상·헌법정치상의 전체 상황 중에서 이 대응물을 찾을 수 없었던 것을 이 이상 강조할 필요는 없을 것이다. 미국에서의 헌법형태를 구성하는 상술한 어떤 요소를 취해 보더라도 차이점은 명백하다. 본고와 관련하여 차이점은 쇼이너[20]*에 의한, 독일에서는 법률에 대한 헌법의 우위는 승인되지 않았다는 확인으로 집약할 수 있다. 그러므로 법률에 대한 법관의 심사권은 관철되지 못하고, 그러므로 헌법재판소에 의한 규범통제에 대한 이론적인 기반도 존재하지 않았다. 기본권도 또한 법률에 대한 법적 통용력을 결여하였기 때문에 한정된 법적 작용을 가지는데 그쳤다.[21] 기본권은 입법에 대한 법적 장벽은 되지 못하고, 헌법제정 시에 이미 존재하고 있던 법률의 집적(Gesetzesbestand)을 폐지하는 힘은 약하였고,[22] 기본권은 기존의 법에 삽입되는 것이며, 새로이 제정되는 법률에 대해서 법적으로 상위에 놓이는 것은 아니었다. 특징적인 차이는 내용상의 헌법의 우위에

---

18) Stourzh (Fn. 10), S. 23 f.

19) 존 로크는 여전히 1689년 입법자의 구속의 방호를 저항권에만 구하고 있었다. Stourzh (Fn. 10), S. 31 f.; Eberhard Grabitz, Freiheit und Verfassungsrecht, 1976, S. 142 f.

20) Ulrich Scheuner, in: Bundesverfassungsgericht und Grundgesetz, Fg. BVerfG, Bd. 1, 1976, S. 40 mit Fn. 141 und 142.

21) Scheuner, in: FS Ernst Rudolf Huber, 1973, S. 139, 147 f., 164 f. (=ders., Staatstheorie und Staatsrecht, 1978, S. 633, 642 f., 651, 653) und ders., in: Von der ständischen Gesellschaft zur bürgerlichen Gleichheit, Beihefte zu Der Staat, 4, 1980, S. 105, 108 f.

22) Rainer Wahl, Rechtliche Wirkungen und Funktionen der Grundrechte im deutschen Konstitutionalismus des 19. Jahrhunderts, Der Staat, Bd. 18 (1979), S. 321, 328. (초기) 입헌주의에서의 기본권과 종래의 법률과의 관계 일반에 대해서는 ders., S. 328 ff., 335 ff.; jetzt in: Verfassungsrecht, Europäisierung, Internationalisierung, Suhrkamp 2003, S. 341 ff., 349 ff.

수반하는 제도들에도 볼 수 있다. 고유의 헌법제정권력은 인정되지 않았다. 통상의 입법과 헌법개정입법 간에 차이가 없었기 때문에 묵시적인 헌법파괴에 대한 헌법의 옹호는 존재하지 않았다.

헌법의 우위는 초기 입헌주의에서는 벨커23)*와, 특히 몰처럼 미국을 지향한 논자에 의해서 긍정되었다. 특히 몰은 헌법의 성립을 초래한 헌법의 목적들에 근거하여 헌법을 고차의 종속의 규범이라고 보고, 헌법을 입법권에 의한 변경 내지 폐기에서 옹호하기 위해서 「규범의 단계」라는 관념을 명시적으로 전개하였다.24) 이것과 시종일관하여 몰은 위헌의 법률의 무효와, 각인의 복종이 「단지 헌법에 적합한 복종에만」 한정된다는 것을 설명한다.25) 이에 대해서 후기 입헌주의의 국법에서는 헌법의 우위에 대한 거부가 독일 제국에서 통설에 의해서 긍정된 묵시적인 헌법파괴와 결합하여 분명히 나타났다.26) 라반트*는 ― 개정이 가중되고 있음에도 불구하고 ― 국가에는 주권자의 의사보다도 고차의 의사는 존재하지 않으며, 헌법의 타당도 법률의 타당도 주권자의 의사에 근원을 가지는 것을 이유로, 헌법에 다른 법률보다도 고차의 권위를 결코 인정하지 아니한다. 「헌법은 국가의 상공을 떠도는 신비적인 권력이 아니며, 다른 법률과 마찬가지로 국가의 의사행위이며, 그러므로 국가의 의사에 따라서 가변적인 것이다」. 그러므로 라반트는 전형적으로 실증주의적인 작법으로 특수 법률은 항상 헌법에 적합하여야 한다는 폰 뢴네(von Rönne)*의 명제에 이의를 제기하고, 그것은 단지 입법정책상의 ― 바람직한 ― 요청에 그치며, 법명제는 아니라고 하였다.27)

---

23) Carl Welcker, Art. "Gesetz", in: Das Staatslexikon, Band 5, 1847, S. 695, 702, 704. 한편 벨커는 Das Staatslexikon, Band 12, 1848, S. 363 ff., S. 373 f.에서의 "Staatsverfassung" 항목의 논술 중에서는 우위의 관념에 명시적으로는 언급하지 아니한다. 입센(Ipsen [Fn. 2], S. 23-37)의 학설사 연구는 전적이라고 할 만큼 헌법에 대한 형식적 위반(신분제 의회의 협동의 결여)에 결부되어 있다. 그렇지만 헌법의 우위는 많은 저자들에게서 적어도 묵시적으로 전제하고 있었다는 주장(S. 37과 S. 59)은 타당하지 않다. 바이마르 헌법에 대한 게르하르트 안쉬츠의 입장에 대한 기술(S. 59 f.)도 오해를 초래하기 쉽다.

24) 로베르트 폰 몰(Robert von Mohl)은 자신의 입장을 »Über die rechtliche Bedeutung verfassungswidriger Gesetze«, in: Staatsrecht, Völkerrecht und Politik, Band 1, 1860, S. 66 ff., insbesondere S. 81 ff. und 88 ff.이라는 논문 속에서 가장 명확하게 제시한다(S. 89에서는 「규범의 단계」). 나아가 ders., Staatsrecht des Königsreichs Württemberg, 2. Aufl. 1840, Band 1, S. 90 ff. 참조. 또한 이미 ders., Das Bundes-Staatsrecht der Vereinigten Staaten von Nord-Amerika, 1824, S. 101 f., 133-140.

25) Mohl, in: Staatsrecht, Völkerrecht und Politik (Fn. 24), S. 93 ff.; ders., Staatsrecht des Königsreichs (Fn. 24), S. 323 f. 이에 대해서 Michael Köhler, Die Lehre vom Widerstandsrecht in der deutschen konstitutionellen Staatsrechtstheorie der ersten Hälfte des 19. Jahrhunderts, 1973, S. 82 ff. m.N.

26) Gustav Meyer/Gerhard Anschütz, Lehrbuch des Deutschen Staatsrechts, 7. Aufl. (1919), S. 661 f. und 743; Paul Laband, Das Staatsrecht des Deutschen Reiches, Band 2, 5. Aufl. (1911), S. 39 m. N. 이 이론은 매우 중대한 귀결을 가졌다. 묵시적인 헌법파괴라는 방법으로 독일 제국의 연방법에 대해서 기본적인 프랑켄슈타인 조항 (이에 대해서는 Ernst Rudolf Huber, Deutsche Verfassungsgeschichte, Band 3, 2. Aufl. 1970, S. 950 ff.)이 도입되었다. (1904년에야 비로소 정식 헌법개정). 의원규칙도 또한 헌법조문으로부터의 중요한 괴리가 있다. 예시들은 Jellinek (Fn. 13), S. 538 f.

안쉬츠* 역시 단호하고 단정적으로 헌법의 우위라는 견해는 독일법과는 이질적인, 북미의 국법의 원리(Institut)라고 선고한다. 「헌법은 입법권의 상위에 위치하는 것이 아니라 입법권의 임의에 맡겨있다. 그러한 한에서 헌법은 실제로 다른 법률처럼 하나의 법률에 불과하다」.28) 「헌법은 법률적용 부국에 대해서, 즉 법원에 대해서도 단순한 형식적 법률 이상의 것은 아니며 이와 결코 다른 것이 없다」. 저촉이 발생한 경우에는 일반적 배제 원칙에 따라서, 보다 새로운 단순법률이 헌법에 우위한다. 옐리네크는 이것보다 상세한 판단을 내린다. 즉 그에게 헌법의 우위는 확실히 가능하지만, 그러나 그것은 법원에 의한 실효화에 의존한다는 것이다.29)

묵시적인 헌법파괴의 승인은 본고와 관련하여 많은 귀결을 가져온다. 묵시적인 헌법파괴의 승인은 헌법의 실질적인 우위라는 관념을 결코 성립시키지 못한다. 파괴의 가능성이 있기 때문에 내용상 헌법에 위반되는 법률에 대해서 향한 관심은 제1차적으로는 동일한 그대로 남는 헌법과의 저촉이라는 문제에서가 아니라, 필요한 다수30)를 얻은데 불과한 법률이 수행하여 헌법을 변경한 것인가 하는 선결문제로 향하였다. 헌법파괴는 헌법우위의 원리에 우위하며, 성문헌법의 동질성은 보증되지 못했다. 이에 더하여 헌법개정의 형식적 전제조건을 지키지 못하고 제정된 헌법을 내용상 변경하는 법률에 대해서 제재가 존재하지 않았다. 법관에 의한 사후심사는 없고, 헌법개정의 형식적 전제조건의 준수는 입법담당자가 스스로 결말을 지어야 했다.31) 옐리네크는 그러한 법관의 심사권이 없다면 「단순법률이 헌법에 위반하여 헌법을 변경할 수 없는 것은 법학상의 학리로서는 주장할 수 있어도 이에 대한 보증은 결코 존재하지 않는다」32)고 냉정하게 판단한다.

3. 19세기에 있어서의 북미의 발전과 독일의 발전 간의 결정적이며 근본적인 「시스템」의 차이는, 각 요소의 전체적 상황을 고찰의 중심점에 두고, 이것을 고유의 헌법상황과 고유의 헌법이해의 표출로서 파악함으로써 비로소 명백해 진다.

독일 입헌주의의 많은 헌법문제와 마찬가지로, 헌법의 이원적 구조가 문제해결의 ― 자주 과소평가되는 ― 열쇠이다. 이원주의는 헌법의 내용상의 우위와 헌법재판권의

---

27) Laband (Fn. 26), S. 39 f. (축어 인용은 S. 39). 어떤 서평(AöR, Band 9 (1894), S. 271 f.) 중에서 라반트는 헌법제정권력과 입법권의 구별을 논리필연적인 공리는 아니라고 한다.
28) Meyer/Anschütz (Fn. 26), S. 743 f.
29) Georg Jellinek, System der subjektiven öffentlichen Rechte, 2. Aufl. 1905, S. 96 auch S. 101 f.; ders., Gesetz und Verordnung, 1887, S. 263. 판례는 심사권한을 부정한다. RGZ 9, 232 ff. (v. 17. 2. 1883) 참조. 이에 대해서는 Huber (Fn. 26), S. 1055 ff., 1058 f.
30) 라이히 헌법 제78조에 의한 헌법개정은 가중된 다수를 요구하는 것은 아니었기(연방 참사원에서는 58표 중 14표의 반대로 거부권이 주어지고 있었다) 때문에 단순법률과 헌법개정법률 간의 간격은 적었다. 그럼에도 헌법의 고도의 형식적 타당력은 중요한 「헌법률의 법적 메르크말」로 간주되었다. Jellinek (Fn. 13), S. 534. 이 입장에 대한 카를 슈미트(Carl Schmitt, Verfassungslehre, 1928, S. 16. 본서 33면)의 비판은 새로운 헌법이해를 보여준다.
31) Meyer/Anschütz (Fn. 26), S. 744.
32) Jellinek (Fn. 13), S. 538.

가능성에 대해서 시스템에 조건지워진 원리적인 제한을 첨가한 것이다.33)

이원적 질서는 중립적 기관을 찾는다는 이것에 내재하는 객관적 수요를, 전형적으로는
— 또는 그렇게 표현하고 싶다면 — 정의상 충족할 수 없다. 입헌적 이원주의는 법적으로
가교할 수 없다. 일관된 공통의 (정통성의) 기반이 존재하지 않기 때문에, 그와 같은
시스템에서는 법화할 수 있는 범위도 필연적으로 한정된다. 미해결의 문제를 해결하기
위해서 헌법을 끝까지 생각한다면 공통의 기준점에 도달하는 것이 아니라, 각각 별개로
기초지어진 국왕과 국민대표의 기본적 지위의 이중성에 도달한다. 그러므로 국법은
어떤 지점에서 현실에 정지한다.34) 다른 입장들 간에서 **정치적** 결판을 볼 여지는 당연히
비교적 넓고,35) 이것을 행하는 장소가 입법이었다. 거기에서는 국왕과 국민대표가 「한
배에 타고」 정치적 결단과 정치적 타협을 발견하기 위한 「운명」이었다. 법률에 대한
헌법의 내용상의 우위는 이 중심적인 정치적 (타협의) 과정이 「외부로부터」 간섭받는
것을 의미하였을 것이다.36)

그렇지만 헌법의 우위가 시종일관하고 실행가능하게 되는 것은 입법시에 분쟁이
발생하는 차원과는 별도로, 하나의 기관과 하나의 내용상의 기반이 존재하는 경우뿐이며,
그 기반은 모든 정치적 분쟁 위에 있으며, 헌법이라는 차원이 분쟁당사자의 권한을
기초지우는 공통되고 유일한 기반이기 때문에 모든 정치적 분쟁 위에 있을 수 있다.
그러나 독일 입헌주의의 헌법은 이러한 의의를 얻을 수 없었다. 군주는 자신을 「헌법의
자비에 의한 군주」37)로서만 이해하였기 때문은 아니다. 미국처럼 헌법제정에 사상적으로
되돌아가더라도, 독일 입헌주의에서는 흠정되고 나중에 부분적으로 수정된 헌법인 프로
이센 헌법전의 불안한 성립조건이나, 동일하게 복잡한 1867/71년 헌법의 성립으로
인도한다. 헌법에서도 헌법제정에서도 공중에 떠다니는 주권문제에 비추어 본다면, 이로
써 의문에 대한 확실한, 입법에서 떠다니는 분쟁상태를 중화하는 기반에 도달한다고

---

33) Wahl/Rottmann (Fn. 4), S. 347 f.; Wahl, Der preußische Verfassungskonflikt und das
konstitutionelle System des Kaiserreichs, in: Ernst-Wolfgang Böckenförde (Hrsg.), Moderne
deutsche Verfassungsgeschichte, 2. Aufl. 1981, S. 208, 211-215.

34) 안쉬츠의 유명하고 적확한 선언이다. Anschütz, in: Meyer/Anschütz (Fn. 26), S. 906.*

35) 주목할 만한 초기의 논문 (Georg Jellinek, Ein Verfassungsgerichtshof für Österreich, 1885, S.
63) 중에서 옐리네크는, 정부와 국민대표 간에서 법원이 판결하는 것은 바람직한 한도를 훨씬 초월한
권한이라고 한다. 그러한 사태에서는 바람직한 해결법은 당사자 동료의 정치적 예양뿐이며, 법관의 선고에
기대할 것은 아니라고 한다. 그 밖에 옐리네크(Jellinek, S. 17 ff.)는 시민권을 보호하기 위한 규범통제를
권한으로 하는 헌법재판소의 설치를 장래적인 제안으로서 장려하는데 이에 대해서는 Haller (Fn. 1),
S. 25 ff.

36) 이러한 관련에서 중요한 것은 모든 기본권 문제 역시 군주제 정부가 어떤 기본권제한을 국익에 대해서
불가결하다고 여길 경우에는 잠재적으로 왕관과 국민대표 간의 대결로 넘어갈 수 있다.

37) 군주제는 독자적인, 역사적으로 기초지워진 정통성에 근거를 구하였다. 그것은 군주제가 헌법 중에
「가지고 들어온」 것이며, 헌법에서 포기할 것을 바라지 아니하였다. 이것에 대해서, 또 이것에서 생기는
내적 붕괴에 대해서 Böckenförde, Der Verfassungstyp der deutschen konstitutionellen Monarchie,
in: ders. (Fn. 33), S. 146, 159 ff. 또한 S. 149 f. und 155 (김효전역, 「입헌군주제의 독일형」, 동인역,
『헌법 · 국가 · 자유』, 법문사, 1992, 95면 이하).

생각할 수는 없다.38)

이와 같이 헌법재판권의 역사적 「불가능성」에서 출발하며,39) 그러므로 독일 입헌주의 시스템의 틀 안에서는 헌법의 내용상의 우위의 부인이 귀결된다면, 그와 동시에 이 틀 안에서 가능한 헌법이해의 실현을 위해서 다른 길이 탐구되었다. 이것으로 배제된 것은 관철을 위한 도구를 말하자면 스스로 정치한, 완전한 **법적** 질서로서의 헌법이라는 이해이다. 이와 별개의 이해, 즉 헌법의 내용상의 원리들, 특히 기본권 중에 법이라는 방법으로 마치 자동적으로 실현되는 것은 아니며, 입법 시의 논쟁이나 정치과정 중에서 실현해야 할 정치과정에 대한 지령을 인정한다는 이해이다. 이러한 이해 아래서는 헌법의 내용상의 확약의 중점은 프로그램적 · 호소적인 의의에 두어진다. 기본권과 내용상의 확약은 정치문화의 표준과 정치의 기본 콘센서스를 규정한다. 그러한 확약은 정치 중에, 또한 정치를 통하여 여론 중에서, 또한 여론을 통하여 실현된다.

이러한 헌법의 이해는 19세기에 반복해서 등장하였다. 그 나온 곳은 당연하지만 국법학이나 국가이론에 한정되지 않고, 오히려 제1차적으로는 의회나 저널리즘, 여론에서의 정치연설 중에서 발견된다.

국법학은 19세기 중의 발전의 모든 시기에, 이러한 헌법이해를 전개하는 기회를 활용한 것은 아니다. 후기 입헌주의 실증주의 시기에는 헌법의 내용상의 원리들의 한정적인 법적 의의는 기본권과 기타 실체적 내용40)을, 대체로 상대적으로 낮게 평가하는 것의 정당화가 되었다. 확실히 안쉬츠는 정당하게도 기본권에 「권고적 지령」과 새로운 내용의 법률의 예고가 있다고 하며, 기본권의 정치적 의의에 대해서 일정한 이해를 계속 가지고 있었다.41) 그러나 동시에 그는 이 지령이 결과로 가져오는 것은 입법자의 모놀로그와 어떤 종류의 「좋은 결의」라고 첨언하며,42) 실증주의자에 대한 중점은 입법에 대한 법적 구속력의 결여라는 소극적인 면에 두어진다. 유사한 말바꿈이지만 다른 점이

---

38) 헌법의 우위와 헌법의 고차의 권위를 둘러싼 논쟁의 배후에 주권문제가 숨어있다는 것은 보른하크(Conrad Bornhak, Preußisches Staatsrecht, Bd. 1, 1888, S. 527 Anm. 1)의 논쟁적인 주석에서 명백하다. 「국왕은 보다 고차의 권위로서 란트 의회의 동의를 얻어 명령하는 국왕을 모시지 않으면 안 된다. 란트 의회의 동의를 얻어 명령하는 국왕은 보다 고차의 권위로서 1회째의 동의에서부터 적어도 21일 간을 부여한 란트 의회의 두 번째의 동의에 근거하여 명령하는 국왕을 모신다! 이것은 근무시간에 따라서는 스스로 보고하고, 다른 근무시간에는 회답하는 저 나싸우의 관리와 동일한 것이다」.

39) Wahl/Rottmann (Fn. 4), S. 374 ff. 강조한 이 표현의 테제는 규범통제와 기관쟁송에 관련된다. 테제가 말하는 것은, 이 영역에서의 법원의 권한이 형식적 규정이나 이론적 고찰에 단서가 있었는가의 여부에 관계없이, 시스템 내재적으로, 현실에 발전할 기회가 없었다는 것이다. 누구의 이름으로 헌법재판소는 군주와 국민대표 간의 분쟁에 대해서 재판할 것인가? 국왕의 이름인가, 국민의 이름인가, 아니면 헌법의 이름인가?

40) 이 논증은 이곳과 다음의 실체적 내용의 헌법규정에 대해서이다. 조직적 헌법규정에 관해서는 별도로 논하여야 한다.

41) Anschütz, Die gegenwärtigen Theorien über den Begriff der gesetzgebenden Gewalt und den Umfang des königlichen Verordnungsrechts nach preussischem Staatsrecht, 2. Aufl. (1901), S. 51 ff.; ders., Verfassungsurkunde (Fn. 28), S. 94 f., 135 f., 138 ff.

42) Anschütz, Gegenwärtige Theorien (Fn. 41), S. 52.

강조된 느낌이 드는 것은, 중앙당 의원 (나중에 바이마르 공화국 수상)이었던 마르크스*가 1908년에 프로이센 의회에서 행한 정열적인 토론 중에서 한 연설이다. 그는 이렇게 논했다. 프로이센 헌법의 평등원칙은 「훨씬 포괄적이며 광범위한 의미를 가진다. 평등원칙은 법률의 적용에만 관계된 것이 아니며 입법 담당자에게도 향하고 있다. 평등원칙은 장래 프로이센 헌법 후에 공포될 법률에 대한 지령을 나타내는 것이다」.43) 그리고 이러한 이해에 입각하여 야당은 정당하게도 위헌이라고 본44) 이주법(Ansiedlungsgesetz)을 거부한다. 이 헌법위반이라는 이의에는 이 경우들에서처럼 제재는 결부되지 않았다. 원래 구속력 있는 확정이 존재하지 아니하였다. 그렇지만 의회에서의 토론이나 공공에서의 논쟁에서는 그러한 이의에는 무게가 있었다. 특히 개별적인 것은 지금까지 없었으며 이 정치적 논쟁의 상세한 분석으로 비로소 충분히 명백하게 되는 것이다.45) 헌법상의 논증의 역할은 — 결국은 부정적인 결과로 끝났으나 — 문화투쟁에 관련된 논쟁 중에서 명백하게 되었다. 정부의 투쟁 법률들에 대해서 끊임없이 가하는 위헌이라는 비난은 프로이센 정부로 하여금 1873년에 헌법 제15조와 제18조를 개정하고, 1875년에는 심지어 교회에 대한 보장인 제15조부터 제18조를 전면적으로 폐지하는 것을 강요하였다. 법적 귀결을 수반하지 않음에도 불구하고, 위헌이라는 계속된 비난은 정치적으로 참기 어려웠다.46) 1873/75년까지 효력이 있었던 이들 헌법조항의 기능은 분쟁당사자에 의해서 결과적으로는 일치해서 물론 평가에서는 다르지만, 한편으로는 자유의 성역과 교회 분야에의 국가입법의 침수에 대한 최후의 댐으로서, 또는 다른 한편으로는 국가가 자신의 손을 결박하기 위한 끈으로서 특징지운다.47)

입법정책에 대한 헌법, 특히 기본권의 이러한 프로그램적 의의의 예증은 19세기의

---

43) Verhandlungen des preußischen Abgeordnetenhauses 1907/08, Bd. 1, Sp. 729 (13. Sitzung vom 18. Januar 1908). 이 법안의 3회 독회(Sp. 35-103, 106-155; Sp. 630-707; Sp. 709-740)를 헌법상의 논증이 관통한다. 헌법위반이라는 비난은 예컨대 Sp. 41, 62 ff., 86, 108 ff., 130 f., 651, 665, 682 f., 692, 729 ff.에 있다. 법무장관 베젤러(Beseler)의 전통적인 평등원칙 해석은 Sp. 72 f., 151 ff., 673 f.와 Bericht der Kommission, Verh. d. pr. AH, Anlagen 1907/08, Band 1, Nr. 42에 있다. 법률 (이것은 의식적으로 그렇게 표현되었다. 실제로는 폴란드에만 해당될 뿐이었다)은 평등원칙에 합치된다. 왜냐하면 법률에 저촉되는 모든 프로이센인은 이 법률의 규정에 따라서 동일하게 취급되었기 때문이다.

44) Ernst Rudolf Huber, Deutsche Verfassungsgeschichte, Band 4, 1969, S. 504 ff. 참조. 마찬가지로 평등원칙에 위반되는 초기의 법률들에 대해서는 ebd. S. 487 ff.

45) 이와 유사하게 행정에 대한 기본권보호의 방향도 (행정) 재판절차에만 구해서는 안 된다. 정치적 결정주체와 여론에 향하여 호소하는 성격의 제도들의 중요한 의의는, 청원권과 바이에른 (다른 주에서도)에서 존재하였다. 국왕에 대한 (시민의 이니시아티브에 근거하여) 양 의원의 이의신청권이 보여주고 있다. 이에 관한 내용 풍부하고 매우 알기 쉬운 자료로서 Max v. Seydel, Bayerisches Staatsrecht, Bd. 1, 2. Aufl. (1896), S. 356-398.

46) Huber (Fn. 44), S. 710, 737 f. 참조. 또한 Ernst Rudolf Huber/Wolfgang Huber, Staat und Kirche im 19. und 20. Jahrhundert, Bd. 2, 1976, Nr. 311, S. 660 f.에 재수록된 정부초안의 정보에 풍부한 제안이유를 참조.

47) Verh. d. pr. AH 1875, Bd. 2 (46. Sitzung vom 16. April 1875), S. 1261 r. Sp. und 1266 l. Sp. (중앙당 라이헨스페르거[Reichensperger] 의원) 그리고 S. 1281 (팔크[Falk] 문화장관).

시기에 다수 발견할 수 있다.[48] 3월 전기, 1848년 그리고 그 후의 입헌주의운동의
모든 활동은 헌법이라는 기반에서 무엇을 「움직이려」고 하는 것, 기본권의 프로그램적
내실을 달성하려는 것이었다. 이러한 노력에서는 기본권을 불러내는 것이 정치적·호소
적인 논증의 전형적인 파토스를 받아들였다. 3월혁명 전기의 적지 않은 국법학자는
당시 아직 특징적이었던 해석학적 고찰과 법정책학적 고찰의 미분리 중에서, 이 헌법의
정치적·수사적인 측면을 수용하고, 함께 담당하였다. 교과서나 사전의 해설 중에서,
의회나 저널리즘 중에서 국가권력에 대한 개인의 방호벽으로서의 기본권과 헌법에 대해서
말하고, 선고된 것은 다음과 같은 헌법이해에 관계된다. 그것은 헌법전에 있어서의 구속력
있는 고정과 내용이 법의 권위에 부여하는 것은 중요한데, 개혁의 기대의 치환과 관철·실
행은 법적 「자동성」에 의해서가 아니라 정치적 논쟁을 통해서 달성된다는 것을 말하자면
자각한 헌법이해이다. 그 때문에 헌법과 기본권에 관한 표명은 때로는 엄밀하지 않고
해석학적으로 세부에까지 올려진 법적 형상이라기보다는 정치적·수사적인 말바꿈이
사용되었다.

총괄하면 19세기의 독일의 헌법이해는 오로지 헌법의 법적 의의의 결여에 착안한다면,
어떤 의미에서 불완전하다고 성격지을 수 있는 것이었다. 그 대신에 이러한 이해에는
정치과정, 특히 입법에 대한 헌법의 프로그램적·요구적인 작용이 본질적으로 부가되고
있었다. 오늘날의 헌법상의 논의로 논하는 많은 테마나 원리는 헌법상의 고려와 항상
관련된 것은 아니지만 19세기에 발견할 수 있다. 헌법의 법적 내실과 정치적 지령 내지
프로그램으로서의 성격의 관계는 후자에 중점이 두어진, 다른 형성이 이루어지고 있었다.
오히려 양자의 경계선도 불분명하였다. 정치적 논쟁에서 헌법에 부여된 넘쳐나는 내실과
파토스는 정치과정에서의 성과를 가져올 수 있으며, 그것은 헌법의 위신을 전체적으로
고양시켰다. 입법자에 대한 법적 구속력의 결여는 이러한 경우에는 단점이 되지 않고,
따라서 헌법의 문제점인 것도, 부정적 요소인 것도 인식하지 아니하였다.

독일 입헌주의라는 반대의 예는 다음을 명백히 한다. 헌법의 우위라는 원리에는
전제조건이 있으며, 그 중에서 가장 중요한 것이 권력의 민주적 일원제를 위해서 이원적
구조를 극복하는 것이다.[49] 허지만 이것이 필요조건이며 충분조건이 아닌 것은 바이마르
상황이 보여준다. 바이마르는 그러한 헌법이해[50]에의 길을 열었지만, 오스트리아가
이미 1920년에 도달한 목표에 아직 도달하지 못했다. 오스트리아에는 법질서의 단계구조
라는 이론으로 법이론적으로 정밀한 동시에 헌법정책적으로도 민주주의라는 상황에

---

48) Wahl (Fn. 22). 오스트리아 의회의 심의에서의 기본권의 정치적 의의에 대해서는 Jellinek (Fn. 35),
    S. 20 f.
49) 또한 Klaus Schlaich, VVDStRL 39 (1981), Leitsatz 2도 참조.
50) 헌법의 우위는 바이마르에서도 계속 논란되었다. 이를 거부한 자에 Anschütz (Fn. 28) 외에, Julius
    Hatschek, Deutsches und preußisches Staatsrecht, 1922, S. 27이 있다. 한편 우위거부에 반대한
    것에 Albert Hensel, in: Gerhard Anschütz/Thoma, HbDStR II, 1932, S. 313 f., 315 f. 그리고 RGZ
    111, 320, 322 f.가 있다. 이에 대해서 논한 것으로서 Ipsen (Fn. 2), S. 57 ff.와 Wilhelm Henke,
    Der Staat, Bd. 3 (1964), S. 433 ff.

엄밀하게 대응한 구상이 존재한 것이다.51)

III. 우위원리를 가진 헌법질서와 가지지 아니한 헌법질서

헌법의 우위와 헌법재판권이라는 제도는 입헌국가의 **하나의** 바리안테를 특징짓는 것이다. 이것들은 입헌국가 그 자체의 대관식을 장식하는 것이 아니라 자주 정식화하듯이,52) 법이라는 방법을 특히 중시하는 정치질서인, 법치국가의 대관식이다. 헌법재판권이라는 제도를 갖지 아니한 헌법질서와 비교해 보면 유익할 것이다. 이 「완전한」 법적 제도를 가지 아니한 헌법은 주로 헌법이 공중 속에서 얻고 있는 공감에 비중을 두고 살아간다. 헌법의 실현이 정치과정의 일부라는 것은 결점도 가질 수 있다. 그것은 구속력 있는 결단이 존재하지 않기 때문에 내용상 헌법에 위반되는 많은 사례에서 헌법문제가 미결정인 채로 되고, 보다 강한 정치세력이 아주 사도라고는 아니라고 하더라도 대담한 해석으로 자기의 주장을 사실상 관철해버리는 것이다. 다른 한 편, 이러한 헌법질서는 법관에 의한 결단이 존재하지 않는다는 동일한 이유에서 이점도 가질 수 있다. 그것은 모든 것인 정치적 논의나 공중 속에서 법원의 판결에 기대할 수 있는 것보다도 넓은 내용으로 행하는, 헌법정책적인 입론이 우세를 취할 수 있다는 이점이다.53) 이러한 헌법질서의 또 다른 이점은 헌법적 사고 속에서 정책적·이념적인 평가가 가지고 들어오는 것이다. 즉 그 요구가 법학적으로 이행가능한가의 여부나 재판절차에서의 규준이 될 수 있는가의 여부를 바로 묻지 않고, 헌법은 프로그램으로서, 또한 내용상의 관념을 달성하는 호소로서 이해할 수 있다. 이와는 달리 헌법재판권을 가진 헌법질서는 헌법의 조문화와 해석에 대해서 고유한 요구를 부과한다. 이미 1929년에 한스 켈젠*은 그러한 질서에서는 헌법은 가능한 한 엄밀해야 한다고 상설하였다. 「만약 헌법이 정의·자유·공정과 같은 일반적인 원리들을 지시하고 있었다면, 그것은 아주 위험한 두루마리일 것이다」. 헌법은 모든 그러한 종류의 「용어집」을 버려야 한다.54)

이로써 문제는 명확하게 되었다. 이전과는 달리 오늘날 이미 「헌법 그리고 특히 기본권에 대해서 편견 없는 의미기획이나 전체적 구상을 상정」하지 않는 것,55) 그리고

---

51) 오스트리아에서의 발전에 대해서는 다음을 참조. Haller (Fn. 1), S. 1-72; Stourzh (Fn. 10), S. 24, S. 31 f.; Robert Walter, in: FS Ernst Hellbling, 1971 ff.; ders., in: Klaus Vogel (Hrsg.), Grundrechtsverständnis und Normenkontrolle, 1979, S. 4-17, S. 61 f. 오스트리아에서의 발전은 다음의 단계를 거쳤다. 1867년 「정치적 권리들」(=기본권)의 보장과 행정에 의한 침해에 대한 법적 보호. 1920년 입법심사의 권한을 수반하는 헌법재판소. 20년대 종반부터 법률의, 기본법률 그리고 특히 평등원칙과의 적합성심사.

52) 전거에 대해서는 Wahl/Rottmann (Fn. 4), Fn. 1.

53) 이것은 논의가 성급하게, 때로는 너무 성급하게 헌법재판소에 의한 판결의 가능성에로 쇄도하고, 합헌이라고 확인하면 그 이상의 정치적 논의는 쓸데없는 것 같은, 헌법재판권을 수반하는 헌법질서와 비교한 경우의 장점일 수 있다.

54) VVDStRL 5 (1929), S. 30, 68 ff.

헌법은 우수한 정도로 헌법재판소의 절차에서의 규준이라는 그 기능의 시점에서 법학적으로 엄밀하도록 해석해야 할 것인가? 자주 헌법에 있다고 하는 프로그램적이며 요구적인 기능을 헌법의 구성요소로서 기술할 수 있는가? 그렇다면 헌법규범의 사법적합성의 전제조건과 그 정도가 그러한 헌법질서에서 가능한 헌법이해의 한계를 나타낼 것인가?

　　이러한 양자택일에 대한 해답에는 동시에 헌법의 우위와 헌법재판권을 수반하는 헌법질서와, 그러한 제도를 가지지 아니한 헌법에는 원리적인 차이가 있다는 명제의 근거가 포함되어 있다. 출발점이 되는 것은, 기본법은 연방헌법재판소의 관할권에서 어떠한 실질적 헌법문제도 제외하지 아니한다는 사정이다. 시민의 주관적 기본권이나 헌법기관의 권능이 존재하지 않고 객관법적 규정만이 존재하는 경우일지라도, 추상적 규범통제에 의해서 헌법재판소의 절차를 개시하는 것이 원리적으로 가능하다. 모든 헌법상의 분쟁에 대해서 법원이 **결정할 수 있다**는 사실은 그렇지만 영향이 크다. 즉 그 명제의 재판절차에 있어서의 적용가능성도 지향하지 않을 수 없는 기본법과 같은 헌법은, 기본개념을 형성하는 조건으로서 엄격하게 양자택일적인 결정 ─ 합헌 또는 위헌 ─ 이라는 **일의성**(Eindeutigkeit)을 지시하지 않으면 안 된다.56) 동시에 기본법은 모든 문제에 대한 결정가능성 때문에 헌법위반의 실질적 판단을 재판소의 판결에 의한 구속력 있는 무효 (또는 위헌) 선언의 가능성과 불가분의 것으로서 결부된다. 헌법재판소의 판결로 위헌이 아니라고 선언된 법률은, 그 법률이 헌법, 헌법의 정신 또는 헌법의 프로그램에 완전히 일치하지 아니한다는, 한층 더 헌법상의 평가의 가능성 없이 그저 합헌이다. 다음은 명백하다. 기본법이라는 헌법은 헌법재판권과 한데 묶어서, 헌법재판권에 의한 집착에서 해방된 것은 아니다. 국가이론, 헌법이론에서의 헌법에 대한 사유, 나아가 정치이론과 정치실천에 있어서의 헌법적 사유도 그러나 물론이다.

　　상술한 견해는 헌법재판권에 대한 규준이라는 기능의 한계가 헌법의 끝은 아니라는 시도에 비추어 정사되어야 한다. 특히 헌법위탁을 둘러싼 논의에서는 기본법에 대해서도 사법에 익숙치 아니한 입법 프로그램이나 입법위탁을 인정해야 한다는 견해가 있다.57) 그리고 평등원칙과 관련하여 다음과 같은 명제가 자주 주장된다. 그것은 헌법에 의해서 규범화내실은 헌법상의 통제의 범위와 동일하지 않으며, 따라서 규준규범과 통제규범은 분리할 수 있다는 명제이다.58) 역사적이며 국가이론적인 전통에서 정의의 사고와 긴밀하게

---

55) Ernst-Wolfgang Böckenförde, Die Methoden der Verfassungsinterpretation, NJW 1976, S. 2089, 2090 mit Fn. 6 (본서 181면) 참조.

56) 여기에는 다음의 것도 포함된다. 그러한 헌법질서에서는 **법적**으로는 「헌법에 적합한」이라는 긍정적 평가만이 존재할 수 있으며, 다소간 합헌이다, 헌법에 가까운 또는 더 가까운, 헌법의 좋은 이행 또는 더 좋은 이행과 같은 질적 단계는 존재하지 아니한다. 마찬가지로 부정적 평가도 「헌법위반」을 의미할 뿐이며, 헌법에 대한 경미한 과오냐 중대한 과오냐 하는 법적 구별을 할 수가 없다.

57) Ernst Friesenhahn, Der Wandel des Grundrechtsverständnisses, Verh. d. 50. DJT II, 1974, S. G 13 참조. 헌법위탁은 헌법규범이지만 특별한 종류의 것이며 그 실현은 법원의 심사에 맡겨 있지 않다. 유사한 것은 Peter Häberle, DÖV 1972, 729, 734. 또한 Hans Zacher, in: Hans Nawiasky/Claus Leusser/Karl Schweiger/Hans Zacher, Die Verfassung des Freistaates Bayern, 2. Aufl. (1976), Vor Art. 151, Rn. 8 참조.

결부된 평등원칙에 대해서 자의의 금지라는 헌법해석학적·헌법「기술적」이해로 만족하려는 것이 아닌 것은 우연이 아니다.[59] 헌법상의 해결책으로서 다음의 구별이 제창되고 있다. 모든 관점에서 적절하고 정당한 법률을 제정해야 한다는 입법자의 헌법상의 임무와 입법자가 자의금지라는 극단적인 한계에만 복종하는 재판소에 의한 통제와의 구별이다.[60]

헌법내용의 이중화라는 이러한 해결은 논리적으로나 이론적으로도 불가능하다고 할 수는 없지만, 대체로 기본법의 헌법구조에 합치하지 않을 것이다. 극단적으로 말하면 이 견해는 연방헌법재판소가 어떤 법률을 내용적으로는 정당하지 않다고 말하면서, 그러나 사유의 금지에는 저촉되지 않기 때문에 합헌이라고 인정하지 않을 수 없다. 가령 연방헌법재판소가 그러한 극단적인 설시를 피하려고 생각했어도 많은 의문이 남는다. 한편에서 기본권의 문언상 내실의 차이화나 통제권능의 내용상의 구속으로부터의 후퇴는 이유가 필요한 것이다. 기본법의 조문에는 그 계기가 존재하지 아니한다. 다른 한 편 내실과 평가의 이중화가 당사자와 시민의 의식 속에서 이해가능한 것인가 하는 원리적 문제가 있다. 재판소의 충실한 부단한 판결실무는 실질적인 헌법위반과 재판소에 의한 그 관철과의 관련을 끊임없이 의식케 하였다. 이 관련은 법의식의 일부를 구성한다. 이 30년 동안의 실무 중에서 성립하고 각인된 법의식이 실질적으로는 헌법에 위반하지만, 재판에서는 무효로 할 수 없는 법률이라는 형상을 「교묘하게」 「과장한다」고 느낀다면, 기본법이라는 토양 위에 성립한, 시스템 내재적이며 시스템에 정당한 법의식은 앞지른 요청적 내실과 한정된 통제내용과의 그러한 구별에 대한 넘을 수 없는 장벽으로서 이해될 것이다.

IV. 다른 헌법이해와 우위의 범위

1. 헌법의 우위는 규범차원의 차이화와 거리를 요구한다. 이것은 헌법과 단순법률 간에 그 발생상이나 내용상의 의존관계가 있는 것을 부인하는 것은 아니다. 행정법(과 다른 단순법)은 구체화 된 헌법이다. 또는 구체화된 헌법이어야 한다는 인식, 그리고 이 인식의 실로 풍부한 전개는 1949년 이후의 공법학의 가장 중요한 공적의 하나이다. 허지만 구체화 된 헌법은 단순법이며, 단순법으로서 효력 있는 헌법을 규준으로 판정하지

---

58) Konrad Hesse, Grundzüge des Verfassungsrechts der Bundesrepublik Deutschland, 12. Aufl. (1980), § 12 II 3, S. 179 (다른 많은 사례도 열거한다)(계희열역, 『통일 독일헌법원론』, 박영사, 2001); Hans Heinrich Rupp, Vom Wandel der Grundrechte, AöR, Bd. 101 (1976), S. 161, 175. 이 구별은 이미 Ernst Forsthoff, Über Maßnahmegesetze, in: Gedächtnisschrift für Walter Jellinek, 1975, S. 221, 232 f. (ders., Rechtsstaat im Wandel, 1964, S. 78, 93 f.)에서 볼 수 있다.

59) 해벌레는 기본법 제3조를 단순한 자의의 금지에로 「무해화」하는 데에 단호히 반대하였다. Häberle, VVDStRL 30, 1972, S. 139 LS 42 (김효전역, 급부국가에 있어서의 기본권, 『동아법학』제26호, 1999, 336면). 이에 대해서 Günter Dürig, in: Theodor Maunz/Günter Dürig/Roman Herzog/Ruprecht Scholz, Grundgesetz, Art. 3. Rdnr. 278.

60) Hesse (Fn 58), §12 II 3, S. 179.

않으면 안 된다. 그리고 그것이 가능하기 위해서는 [양자가] 엄격하게 구별되고 우위하는
헌법의 내실이 분리해서 정식화되고, 명확하게 확정되어야 한다. 한편으로는 단순법의
헌법에로의 지향이 오늘날에는 원리적으로 승인되고 다툼이 없는 것, 다른 한 편으로는
우위하는 헌법의 범위와 구획가능성을 통하여 헌법재판소와 입법자의 기능법적으로
중요하고 불안정한 관계가 결정되는 것에 비추어 본다면, 현재의 시점에서는 단순법률의
헌법의존성에서는 아니며, 두 개의 차원의 구분가능성과 법적 윤곽을 붙이는 것이야말로
중심적인 문제가 된다.

   2. 불명확한 경계획정이 탁월한데 기본권의 원칙작용에서 생기는 기본권의 단순법과
구체적 사안의 세부에 대한 「방사효과」이다. 여기서는 구상이 구상적으로 보인다. 주입이
라는 말을 사용하거나 또는 방사라는 말을 사용하거나 또는 기본권을 객관질서의 「요소」
라고 이해하는 여부에 관계 없이, 어느 경우에도 문제해결에 불가결한 법명제 속에서
헌법의 차원에 속하는 (그러므로 다른 사례나 문제영역에서 입법자가 우월적 헌법으로서 고려하
여야 한다) 것은 무엇이며, 단지 「방사될」 뿐이며 「방사하는」 기본권의 고위성을 얻지
못하는 단순법에 속하는 것이 무엇인가는 명백하지 않다. 여기서 압박을 가하는 인상은
기본권의 원칙작용의 기초에 있는 중요한 사고가 해석학적으로 아직 충분히 해명되지
못했다는 사실이다. 그것이 이 구상을 토대로 해서 「고유한 헌법적 부분」을 헌법재판소에
의한 통제의 유일한 규준이라고 하는 것은 곤란하며, 결국은 불가능한 것을 뒷받침하고
있다.[61] 그렇지만 문제의 원인은 헌법상의 내실을 방사효과의 사례에서 **개별사건**의
모든 사정들의 **구체적** 형량과는 별도로, 또는 거기에서 추상화하여 확정하려고 하지
않는 기본권해석의 실체법에 있다.
   널리 퍼진 비판[62]에 따라서 「상호작용」이라는 이미지에서 출발하기로 한다. 그러면
기본권과 이를 제한하는 법률과의 관계를 묻는 많은 것은 두 개의 법익의 비례적 관계라고
이해할 수 있다. 그러나 이 기본적인 원리에 대해서도 실천적 정합이나 최적의 조정이란
사고[63]와 마찬가지로, 상술한 것을 반복하지 않으면 안 된다. 즉 이것들이 기본법이라는
헌법에서 매우 중요하다고 하더라도, 헌법의 우위라는 구상에 관하여 최후까지 곰곰이

61) 내재적으로 시종일관하여 마침내 Rolf Wank, JuS 1980, S. 546 ff.는 「고유의 헌법적 내실」의 실체법적
   규준의 탐구로부터 결별하고 연방헌법재판소의 심사권한을 상고심 재판관의 임무에 비추어 확정한다.
   유사한 것은 Schlaich (Fn. 4), S. 122. 그 때에 헌법소원의 개인권보호로서의 기능이 탈락하게 된다.
   나아가 공권력에 의한 모든 법률위반이 원칙으로서 기본권침해를 의미하게 되며, 왜 기본법 제93조 1항
   4a호에서 기본권이 고유하고 유일한 심사규준으로서 열거되고 있는가도 설명할 수 없게 된다. 출전은
   ebd., S. 546, Fn. 8 참조
62) 예컨대 Fritz Ossenbühl, NJW 1976, S. 2100, 2107 그리고 Hesse (Fn. 58), § 2 III, S. 29.
63) Hesse (Fn. 58), S. 28; Peter Lerche, Übermaß und Verfassungsrecht, 1961, S. 125 ff. (박규환 · 최희
   수 역, 『과잉금지원칙과 헌법 I, II』, 헌법재판소, 2008, 2009). 두 개의 원리는 일부는 문헌에서는 —
   본래의 제창자로 돌아갈 수 없는 — 과도하여 극단적으로 사용되었다. 특히 어떤 문제에 대한 포괄적인
   논설 중에서 종래의, 자주 상세하게 설명된 해결책을 모두 배척한 후 마지막 몇 문장으로 두 개의 정식을
   인용하여 기대에 가득 찬 독자를 내버린 것이다.

생각하지는 않았다. 적절하게도 콘라드 헤세*는 이렇게 말한다. 실천적 정합이라는 해석원리는 무엇이 개별사례에서 비례적인가를 말하지 못한다. 그렇지만 이 해석원리는 헌법에 포함된, 그러므로 구속력 있는 지령으로서 방향을 제시하며, 헌법에 적합한 해결의 탐구가 그것에 의해서만 허용되는 절차를 결정한다.64) 이 인용에서 명백한 것은 이것이다. 비례성원리와 상술한 그 밖의 준칙은 헌법이라는 차원에 뿌리를 내리며, 그러한 결정의 수요를 우월적 차원에서 단순법과 혼교하지 않고 해결하는데, 그러나 그것은 실질적 규준의 상실 아래서만 행한다. 이러한 준칙은 헌법재판소와 아울러 국법학에 대한 내용상의 규준에 의한 뒷받침이 없는 (또는 거의 뒷받침 없는) 판결의 유보인 것이 알려진다. 어려움과 문제는 실천적 정합의 원리에서 **최적화**의 과제가 귀결하게 되면,65) 더욱 증대한다. 만약 서로 저촉하는 두 개의 (헌법) 법익 같은 정도로 최적인 작용을 얻어야 한다면, 단지 **하나의** 유일한 해결책만이 존재할 것이다. 최적화라는 과제는 말을 엄밀한 의미에서 이해한다면, 결정필요성의 최대한을 의미한다.66) 즉 결정자는 당해 사항문제에서 문제가 될 수 있는 결정내용의, 생각할 수 있는 최대의 것을 제공하지 않으면 안 된다. 그리고 두 개의 법익의 최적한 관계는 헌법에 단일한 가치서열이 존재하지 않거나, 또는 명확한 가치서열이 존재하지 아니하는 중, 이해조정의 격투장인 정치적 논쟁으로 행한 평가를 더듬는 ─ 때로는 수정 ─ 외에 어떻게 판단할 수 있을 것인가. 최적화는 ─ 엄밀하게 행하면 ─ 필연적으로 모든 정치적 형성의 여지를 흡수한다. 본래적·정치적 평가에서 무관계하지 아니한, 이 결정내용의 최대한을 적절성, 최대한의 배려 또는 적절한 조정이라는 **형식적으로** 정식화된 원리들의 지령 아래서 달성하는 것에 대해서는 머리를 숙이지 않을 수 없다.67)

싱술한 (III) 고찰과 관련하여, 전술한 입장은 헌법의 프로그램적·호소적인 기능을 포기할 수 없다고 생각하는 견해로서 나타난다. 좋은 정치를 요청하기 위해서 뿐만 아니라, 헌법 때문에 입법자는「주장가능한」조정만이 아니라, 저촉의 최적한 해결을 의무지우게 된다. 이 입장은 이 요청을 헌법상의 명령이라고 해석하는 것에서 충격력을 얻는다. 왜냐하면 기본법의 헌법질서에서는 이 언명은 **실체법적** 차원에 머무르지 아니한다. 내용적으로 전혀 확정하지 않지만 거의 확정하지 않는 평가문제에 관한 법관의 판결의 유보가 되는 것을 통해서, 이 언명은 입법자와 헌법재판소의 관계에 영향을 주기 때문이다. 헌법상의 것으로서 이해된 명령으로서의 최적화요청, 포괄적인 헌법재판권 그리고 의회입법자의 형성자유는 서로 상용되지 아니한다. 이것들은 말하자면 마법의 트라이앵글인 것이다.

---

64) Hesse (Fn. 58), S. 29.

65) Hesse (Fn. 58), S. 28 f.

66) 그러므로「헌법상의 의무로서의 입법의 최선의 방법론」이라는 요청은 거부되지 않으면 안 된다. 이 요청에 Gunter Schwerdtfeger, in: FS Hans Peter Ipsen, 1977, S. 173, 176, 그리고 Hans-Jürgen Papier, Der bestimmungsgemäße Gebrauch der Arzneimittel, 1980, S. 35-40. 또 Schlaich (Fn. 4), S. 108 ff.도 비판적이다.

67) 추측할 것은 인용한 언명에서「최적화 과제」의 내재적 한계를 전제로 한다는 것이다.

때로 원용되는 사법의 자기제한의 원리에서도 언급한 문제의 해결을 기대할 수 없다. 왜냐하면 여기서 관심의 문제가 잘못 설정되어 있기 때문이다.[68] 즉 문제는 과연 연방헌법 재판소는 **가지고 있는** 심사권한을 전혀 행사하지 않거나, 단지 삼가해서만 사용할 것이 아니라 헌법의 내용의 프로그램적 · 호소적인 내용에 의한 충전이라는, 선행하는 문제가 적절하게 판단되고 있는가의 여부이다. 제1단계의 과다를 제2단계에서 억제요청에 의해서 수정하려는 것은 이중의 잘못일 것이다.

3. 여기서 다루는 문제의 배후에 헌법해석의 방법을 둘러싼 논쟁, 그러므로 결국은 헌법이해를 둘러싼 논쟁이 있는 것은 명백하다. 헌법해석 · 헌법이해 · 헌법의 의미내용의 범위 · 연방헌법재판소의 권한범위 간의 상호작용에 대해서는 그 자체는 잘 알려지고 있다. 그러나 이들 관계들의 구성체 중에서 발판 또는 추론의 확실한 출발점이 되는 알키메데스의 요점은 발견되지 않는다. 해석방법론과 헌법이해에 관한 풍부한 논의에서, 여기서는 본고와 관련하여 견본이 되는 논쟁을 부분적으로 발췌하기로 한다. 그것은 기본권과 헌법의 해석이나 구체화라는 키워드로써 나타낼 수 있는 논쟁이다.[69] 구체화에 의해서 바로 아직 헌법의 내용으로서 일의적이 아닌 것이 규율되어야 할 「현실」을 집어넣어 확정한다.[70] 구체화는 헌법발전 · 완전이용 · 강화이며, 전규범 프로그램의 실현을 통한 법의 계속형성으로서 나타난다.[71] 이에 대해서는 이러한 비판이 있다. 즉 이 절차는 헌법이 「증대하는 확정」을 가져오며, 헌법의 대강질서로서의 성격 아울러 입법자의 정치적 형성의 여지를 파기한다는 비판이다.[72] 여기서 이 논쟁에 대해서 흥미있는 것은 헌법의 내실의 강화가 긍정자와 비판자에 의해서 아주 정반대로 평가된다는 결정적인 관점만이다.

풍부한 판례를 통하여 해석문제의 해명과 동시에 어떤 규범에 내실이 부가되는 것은 확실하다. 민법전은 80년의 재판의 축적으로 개정 없는 규정에서도 1900년의 시점과는 본질적으로 다른 것이 되었다. 동일한 것은 52권(*2018년 현재 143권-역자)을 헤아리는 연방헌법재판소의 판례를 거친 1979년의 기본법에도 타당하다. 허지만 어떤 규범을 확정하는 정도에는 현저한 차이가 있다. 이것은 해석의 지향, 여기서는 헌법해석의 지향에 결정적으로 의존한다. 헌법해석은 — 구체화의 경우에는 — 가능한 한 사물에 향하며, 「사물의 구조」나 규율해야 할 「현실」의 상황에서 많은 내실을 집어넣고, 특정한 시점에 부합하게 된, 법적으로 가득 찬 헌법언명을 전개하는 것에 지향한다.[73] 이러한 사정들은

68) 이에 대해서 Schlaich (Fn. 4), S. 111도 참조. 원리 전반에 대해서는 Wolf-Rüdiger Schenke, NJW 1979, S. 1321, 1324; ders., Die Verfassungsorgantreue, 1977, S. 119 f. und Norbert Achterberg, DÖV 1977, S. 649 ff. 모두 출전이 열거되어 있다.
69) Ossenbühl (Fn. 62), S. 2105 f. m. w. N.
70) Hesse (Fn. 58), § 2 III, S. 25.
71) 예컨대 Ossenbühl (Fn. 62), S. 2006이 논한다.
72) Ernst-Wolfgang Böckenförde, NJW 1976, S. 2089, 2097. 또한 S. 2099와 2091에서는 대항질서로서의 헌법이라는 이해에 대해서 서술한다.

모든 관점에서 모든 해석이 가지며, 따라서 헌법해석이 지니는 창조자적 관여라는 방법론적 인식에 의해서 정당화되고 방어되는 것은 아니다. 결정적이고 참으로 헌법해석학적인 물음은 **누가** 「구체화」하며, 누가 어느 만큼 단편적인 조문의 헌법규범에 창조물을 부가하는가 이다. 헌법규범의 창조적 「전개」는 두 개의 것을 의미할 수 있다. 첫째는, 해석과 헌법재판소를 통한, 헌법규범의 해명이라는 의미에서의 구체화이며, 둘째는, 헌법상의 충격을 입법자가 더욱 사색한다는 의미의 구체화이다. 구체화를 지향하는 학설은 명백히 전자의 의미에서만 이해하려고 한다. 그러나 문제는 두 개의 사정의 구별이다. 헌법해석을 구체화의 과정으로서 기술하는 것은 헌법의 「전개」라는 두 가지의 창조자적 사정의 구별을 상실케 하며, 해석에 의한 헌법충전의 방법에 대한 관심을 저하시킬 것이다.

이에 대해서 헌법은 대강질서라는 이해 아래서는 점진적 사법에 의한 헌법규범의 충전이라는 과정에 더 일찍 정지하게 된다. 원래 이 구상 아래서도 헌법규범의 내용에 대한 구속력 있는 확정이 필요하다. 그러나 이 내용의 확정은 「대강」이라는 이해에 방향이 정해지기 때문에, 확정이 입법자에게 남고 또는 남아야 할 선택지에도 항상 눈이 간다. 대강이라는 이해는 항상 두 가지를 요구한다. 즉 확정된 것에 대한 언명과 남은 것에 대한 언명이다.[74) 대강이라는 이해는 자각적으로 형성의 여지를 발굴하고 정식화한다. 대강의 내부에 남는 것에 대해서는 복수의 가능한 선택지의 하나라고 이해한다. 대강으로서 이해된 헌법규범을 법률에 대한 규준으로서 사용한다면, 판결은 과연 중간점, 정점 최대점의 어디에 해당하는가가 아니라, 다른 내용형성이 그럴 수 있듯이, 어떤 구체적 법률이 「대강의 틀 안」에 있는가의 여부에 향한다.

구체화라는 구상에는, 이에 반하여 헌법의 정당한 구체화를 위해서 여지를 흡수한다는 경향이 내포되어 있다. 구체화라는 구상에 의해서 헌법은 단순법의 소재를 상세하게 하고, 방사하며 각인하면서 헌법상의 충격에 의해서 관철한다. 헌법의 원리들과 가치관념의 실질적인 관철과 최대한의 충전을 위해서 헌법의 내실의 강화라는 점에서, 이것 또한 반대의 위험에 직면하는 대강구상에서 기대한 것 보다 더 나아가서, 그러나 영향력이 큰 발걸음을 나아간다. 다른 헌법이해와 불가분하게 결부된 두 가지의 구상이란 다른 사고양식은 이처럼 크게 영향을 미친다.

---

73) Hesse (Fn. 58), § 1 III, S. 19 und § 2 III, S. 27 참조. 가능한 한 사물에 향하고, 특정한 시점에 맞게 할 것을 강조한 헌법해석이 가져오는 귀결은 이렇다. 즉 다른 시점에서는 「규범영역」에서 다른 사정이 문제가 되기 때문에 나중 시점의 헌법해석은 다른 결과가 되게 마련이다. 이 변화는 헌법변천이라는 형상에 의해서만 구할 수 있다. 모든 헌법충전을 높이는 것은 동시에 헌법변천의 적용영역을 확장한다. 그때에 결정적인 문제는 다시 실체법적 표지가 아니라 다음의 점에 있다. 그것은 연방헌법재판소의 구속력 있는 판결 후에 발생한 변천을 법적으로 승인하는 데에는 중대한 제한을 극복하지 않으면 안 된다는 것이다. 입법자와 그 밖의 기관이 연방헌법재판소법 제31조에 의한 구속에서 해방되었다고 느끼기 때문인 것이다. 헌법재판소의 판결 후에 생기는 헌법변천은 말하자면 연방헌법재판소에 의해서 「관리하게」 된다.

74) 그러므로 「개방」은 자주 말하듯이, 헌법이 아니라 헌법의 틀 안에서 가능한 것이며, 입법자에 의해서 오늘과 내일은 다른 내용으로 헌법적합적으로 충전될 수 있는 것이 열린 것이다. 나아가 헌법에서 확정한 것에 대해서 명시적인 헌법변천이 있을 수 있는 것이 일반적으로 인정된다.

결론은 명제의 형식으로 확인할 수 있다. 대강이해는 헌법의 차원에서 사고하며, 자각적으로 단순법에 대해서 거리를 지닌다. 단순법은 헌법 이상으로 풍부한 내실을 항상 포함하며, 대부분의 경우 선택지도 있지만, 대강이해는 항상 한정적인 헌법과 단순법과의 차이를 강조한다. 대강질서라는 이해는 헌법의 우위라는 구상과, 특유의 내재적인 친밀함을 가지고 있으며, 이 구상이 가지는 규율적인, 서열단계의 분리에 불가피한 작용을 자신의 것으로 한다. 그러므로 이 이해는 강력한 헌법재판권을 가지며, 분리가 가능한 한 엄밀하게 행할 것을 특별한 의미에서 필요로 하는 헌법질서에 대해서 적절한 것처럼 생각된다.

V. 부분헌법의 이론에 의한 헌법의 충전

1. 헌법의 우위의 범위와 구별가능성은 다음과 같은 해석학적 구상을 취하는 경우에 체계적인 의미에서 문제가 된다. 그것은 연방헌법재판소에 의한 모든 거부에도 불구하고, 학설에서 자주 사용되는 것이며, 부분헌법의 구상 또는 ― 헤르베르트 크뤼거[75]*가 많이 관련된 단계관념에 의거하여 정식화한 ― 「서브콘스티튜셔널한 헌법」 (subkonstitutionelle Verfassungen)이라는 이론이다. 경제헌법을 예로서 연방헌법재판소는 투자지원 판결에서 시작하는 확립된 판례에서, 자립적이며 추가적인 헌법상의 내실과 규준을 포함한 구상으로서의 부분헌법의 개념을 배척하며, 공동결정 판결에서 다시 이를 확인하였다.[76] 문헌이 요구하는 「경제헌법의 제도적 관련」이라는 심사규준이나 「보호관련과 질서관련」이라는 심사규준은, 연방헌법재판소의 일의적이며 결정적인 언명에 의하면 「기본법에는 어떤 발판도 없다」. 문헌에서는 이 형상은 그 후에도 사용되는데,[77] 그것은 아마 여기서 흥미깊은 두 가지 점일 것이다. 첫 번째는 일련의 기본권과 내용상의 기본원리를 부분헌법에로 통합함으로써, 개별적인 규정에서 병렬적으로 심사하기보다도 많은 내실과 규준을 전개할 수 있다는 것이다.[78] 그러한 한에서 전체는 부분의 총화보다도 많다는 가르침이 생긴다. 그렇지만 이 전통으로 풍부한 명제는, 특히 **누가** 내실에 「증가분」을 주는가에 대해서 침묵하는 점에서 ― 명백히 그것은 그때그때의 해석자일 것이다 ― 동일하게 전통적으로 의심스런 것이다.

75) Herbert Krüger, Subkonstitutionelle Verfassungen, DÖV 1976, S. 613. 그러한 부분헌법의 우위에 대한 철저하고 원리적인 논증에 의한 거부를 서술하고 있다.
76) 이에 대해서 Peter Badura, AöR, Bd. 92 (1967), S. 382 ff.; ders., in: FS Ludwig Fröhler 1980, S. 321 ff.; Fritz Rittner, Wirtschaftsrecht, 1979, S. 23 f. 참조. 축어적인 인용은 BVerfGE 50, 290, 336에서.
77) 예컨대 Roland Wegener, Staat und Verbände im Sachbereich Wohlfahrtspflege, 1978, S. 118, 그리고 Krüger (Fn. 75), S. 615에 열거한 전거 참조. 최근에는 Hans Hablitzel, Wirtschaftsverfassung und Grundgesetz, BayVBl. 1981, S. 65 ff.에 의해서도 사용되고 있다.
78) 부분헌법의 형성과 병렬에 있으나 Thomas Oppermann, Verhandlungn des 51. DJT 1, 1976, S. C 94 f.에 의한, 통합적인 「이데올로기적으로 관용한 학교를 구하는 기본권」을 위한 「기본권과 고유하게 교육법적인 헌법규정」의 개관이다.

부분헌법의 두 번째 점은 부분질서의 내용이 단순법률의 차원에서 생기는 내실에 의해서 결정적으로 강화되는데,[79] 헌법과 단순법의 구별은 현저하게 불명료하게 된다. 헌법상의 원리와 단순법 간의 왕래작용으로 설명하는데, 이 설명은 헌법차원으로 향하는 방황의 과정이 결코 더 이상의 논의를 필요로 하지 않는 귀결처럼 보이는 것의 배경이 되고 있다. 이러한 과정과 결론은 분명히 상술한 헌법의 우위에서 도출한 것의 바로 정반대가 된다. 이 이론에 대한 비판은 루페르트 숄츠*의 논문에 집중되어 있는데, 그것은 숄츠가 이 이론의 확장적이며 확대적인 사용방법을 하기 때문이다.

2. 숄츠는 사항영역과 법영역을 다룬 거의 모든 연구에서 부분헌법이라는 정식화에 응결하고 있다.[80] 나아가 이것에는 다음의 것도 포함한다. 기본권의 방어기능에 따라서 국가에 대한 거리를 둬야 할 사항영역이 단지「사회적 영역」으로 표시되거나, 또는 시스템논적으로 말하더라도「사회적 서브시스템」으로 표시되는 것이 아니라 사회헌법적 서브시스템으로 조각된다.[81] 숄츠는 그 저작에서 — 전통적인 경제헌법에서 시작하고 인접한 노동헌법이나 사회헌법을 거쳐 공역무헌법과 직무헌법에 이르고, 나아가 최근 내지 최신의 발전을 커뮤니케이션헌법 내지 미디어헌법 중에 자리 잡기에 이른 — 다수의 부분헌법을 전개하였다.[82] 숄츠에서는, 부분헌법의 이론은 단지 양적인 확장만이 아니라 질적 상승도 입었다. 사회헌법이라는 개념, 기본법의 사회적 부분헌법이라는 개념은 변천하는 국가의 질서정책상의 자기이해, 즉 이미 부분적으로 개입하는 것이 아니라「공세적이며 포괄적인 사회정책적 질서위탁」을 추구한다는 자기이해에 대한 법적인 반작용을 가능케 하는 것을 목표로 한다.[83]

---

79) 명시적으로 Joseph Kaiser, Die Verfassung der öffentlichen Wohlfahrtspflege, in: FS Ulrich Scheuner, 1973, S. 241, 243, 247 f. 이에 대한 비판으로 본문에 있듯이, Wegener (Fn. 77), S. 118 ff.가 있다. 후술 주 81에 대응하는 본문도 참조.

80)「진화」가 부분헌법에 이르기 위한 전제조건을 논하는 것으로서 Rupert Scholz/Rainer Pitschas, in: Sozialrechtsprechung, FS BSG, Bd. 2, 1979, S. 627, 639 f. 그리고 Kaiser (Fn. 79), S. 244.

81) 특히 명백한 것은 Rupert Scholz, Pressefreiheit und Arbeitsverfassung, 1978, S. 130 ff.이다. 또한 Rupert Scholz/Horst Konzen, Die Aussperrung im System von Arbeitsverfassung und kollektivem Arbeitsrecht, 1980, S. 119; Scholz, Paritätische Mitbestimmung und Grundgesetz, 1974, S. 24 ff.도 참조.

82) 경제헌법, 노동헌법에 대해서는 Fn. 81에 열거한 문헌 외에 Scholz, Koalitionsfreiheit als Verfassungsproblem, 1971, S. 154 ff., 158 ff.; ders., Konzentrationskontrolle und Grundgesetz, 1971, S. 26 ff. m. w. N. in Fn. 1; ders., in: Dieter Duwendag (Hrsg.), Der Staatssektor in der sozialen Marktwirtschaft, 1976, S. 113, 123 ff. 사회헌법에 대해서는 Scholz/Pitschas (Fn. 80), S. 645 f., 639 ff.; Scholz, in: FS BAG, 1979, S. 511, 512 ff.; ders., in: FS Karl Sieg, 1976, S. 507, 510 ff. (보험헌법에도 저촉된다). 공역무헌법, 직무헌법에 대해서는 ders., in: Walter Leisner (Hrsg.), Das Berufsbeamtentum in demokratischen Staat, 1975, S. 179 ff.; ders., Personalvertretung, 1975, S. 81 ff.; ders., Mitbestimmungsgesetz, Mitbestimmungsurteil und öffentlicher Dienst, ZBR 1980, S. 297 ff. 기본법상의 커뮤니케이션헌법, 미디어헌법에 대해서는 ders., Koalitionsfreiheit als Verfassungsproblem, S. 283 ff., 286 ff., 298 ff.; ders., Audiovisuelle Medien und bundesstaatliche Gesetzgebungskompetenz, 1976, S. 27 ff.

「기본법의 열린 경제헌법은 제14조의 소유권의 보장을 통해서 사업자재산의 사적 개인사용이라는 미시경제적 관념뿐만 아니라 … 생산수단의 사유에 근거한 경제질서라는 거시경제적 시스템 관념이 보장된다」.

현저하게 발전된 부분헌법이론의 참신함은 그러한 미시경제적 또는 거시경제적인 시스템 관념과 관계가 있다. 기본법의 부분헌법은 명시적으로 「거시 정책적 양식의 질서 시스템」으로서 구상되고,[84] 복잡한 입법의 기도에 대한 제어기능을 하기에 족한 내실이 주어진다. 이 시스템의 개방성이 반복해서 강조되는데, 그렇다고 해서 논리적으로 부분헌법의 개방성보다도 전에 그 내용에 관한 구조화가 두어진 것을 잊어서는 안 된다.

이로써 도달한 거시 정책적 질서 시스템의 차원에서 다수의 부분헌법 간의 보완·교차·중층·대립의 관계가 생긴다. 예컨대 언론법상의 경향보호나 언론의 내적 자유 시에는 노동헌법·경제헌법 그리고 커뮤니케이션 헌법의 대립으로서 해결해야 하며, 이 경우에 부분헌법의 이론은 절정에 달한다.[85]

「출발점은 모든 사회헌법적 서브시스템의 원리적 동격성, 그들의 정당한 **상호의존**의 확인과 실천적 **정합을 확립**해야 한다는 요청이다. 그러한 정합은 ― 기본권충돌과 그 해결의 일반적 원리들에 따라서 ― **비례원칙** 그리고 비례원칙에서 나오는 모든 (관여하는) 방향으로 가능한 한 신중한 조정을 하여야 한다는 지령에 따라서 ― 얻어야 한다. 사회헌법적 서브시스템의 영역에서는 ― 본래적 의미의 기본권충돌과는 달리 ― 거시 정책적 유형의 행위 시스템·질서 시스템의 조정이 문제가 되기 때문에, 이것들에 더하여 저 거시 정책적 문제관련을 받아들이는 중개적 규준이 필요하다. 이러한 과제를 달성하는 것이 ― 정적·지속적인 시스템 유지 또는 시스템 고정의 실질적 요청이라는 일방적인 의미로 이해하지 않는 한인데 ― **시스템 공정성 내지는 시스템 적합성**의 관념이다. 시스템 공정성 내지는 시스템 적합성이란, 여기서 중요한 의미에서는 ― 시스템에 내재하는 (예컨대 경제헌법상의) 시스템 개방성을 유지하면서 ― 어떤 구체적인 사회헌법상의 서브시스템의 **자생적 구조와 자기법칙성**의, 최고도의 배려의 정도와, 만약 사회헌법적 서브시스템이 다른 동격의 서브시스템을 위하거나 또는 동격의 서브시스템을 사용하여 변경 또는 (중요한 점에서) 상대화를 받은 경우에는, **기능적 등가치성**을 확보해야 할 원리적 의무를 의미한다」.

헌법해석의 전통적 이해는 어떻게 기본법의 단편적인 조문에서 사회헌법적 서브시스템이 구축되며, 서로 관계를 가지며 실천적 정합의 원리와 시스템 공정성이라는 마법의

---

83) Scholz, Paritätische Mitbestimmung und Grundgesetz (Fn. 81), S. 35 ff. 또한 S. 134 und S. 110도 참조. ders., in: FS Karl Sieg, S. 525 ff.도 참조.
84) Scholz, Pressefreiheit und Arbeitsverfassung (Fn. 81), S. 165의 표현이다.
85) Scholz, Pressefreiheit und Arbeitsverfassung (Fn. 81), S. 165 f.

공식에 의해서 조정되는가를 단지 놀랄 뿐이다.86) 확실히 숄츠에 의하면, 시스템 공정성
이라는 사고는「오히려 형식적인 해석규준」으로서 기능한다.87) 그러나「형식적」내실은
자생적 구조와 최대한의 시스템 보호에 대한 최고도의 배려의 요청과 같은, 정치적으로는
매우 귀결이 많은 언명을 요구하기에는 충분하다. 이러한 요청은 확실히 모든 시스템에
내재한 시스템 개방성의 유지라는 유보에 굴복하는데, 다른 한편 그것은「관련된 모든
서브시스템에 향하여 최대한의 시스템 공정성을 확립하는」것을 면제하는 것은 아니다.
「전체」는 기본법 조항의 총화보다도 현저하게 많다는 것은 다툼이 없으며, 헌법의 내실이
크게 부가되었다88)는 것도 다툴 수 없다. 그러나 이 해석요청을 기초로 연방헌법재판소가
심사하고 예견가능한 형태로 법률심사를 할 수 있다고 상상할 수 있을 것인가? 이것은
여하튼 상술한(III과 IV) 것에서 본다면 **시스템에 적합한 것**(systemgerecht)은 아니다.

   3. 그러나 복수의 부분헌법의 충돌이라는 합병증이 없더라도, 생활영역을 자칭 헌법상
의 부분 시스템으로서 자립화하는 것은, 그것으로 헌법과 단순법 간의 차이가 분류적으로
소멸하기 때문에 거부되어야 한다. 그것이 특히 명료하게 나타난 것이 숄츠의 다음
한 구절이다.89)

   기본법 제12조와 제14조는「개별적인 노동법의 헌법상의 기반을 이루는데, 노동법은 다른
한편 특히 계약법이거나 또는 개별적인 노동협약법을 기초로 하여 전개된다. 노동헌법과 헌법보다
하위의 노동질서의 관계는 따라서(?) 암비발란트하다. 한편으로 노동헌법은 단순노동법과 노동계
약법을 '지휘'한다. 다른 한편 후자는 전자를 구체화하고, 따라서 그 구체적 · 해석적 발전에 대해서
결정적으로 된다」.

   마찬가지로「암비발란트한」관계를 숄츠는 경제헌법과 단순경제법의 관계에도 인정
한다. 명확한 분리가 아니라 암비발란츠가 서열순차 상호의 관계를 규정한다면, 숄츠와
피차스*에 대해서「헌법에 적합한 사회질서」에 관한 연방사회재판소의 재판90)에서

---

86) 비례원칙과 정합의 원칙의 적용영역은 여기서는 분명히 시스템의 결정에 결부되고 있다. 예컨대 Scholz,
   FS Karl Sieg, S. 524에서는 이렇게 서술한다.「과잉금지의 원칙은 그러므로 사적 보험의 기능적 확보,
   즉 공적 보험의 주체와의 사회경제적 경쟁에 있어서의 사적 보험의 (사회적) 동격성과, 기능능력을 중개한
   다」. 동일한 원리에 의거함에도 불구하고 연방헌법재판소가 방법론적으로 세분화된 비례성의 고려에
   의거하여 규율 시스템 중의 **개별규정**을 심사하고, 폐기하는 것과는 전혀 다른 것이 행해진다. 연방헌법재판
   소가 본래적인 입법정책상의 목표설정, 즉 법 시스템 전체를 결론에서 배척한 것은 보통이 아니며 결국은
   심사할 수 없는 것이다. Ernst Benda, DÖV 1979, S. 468; ders., Grundrechtswidrige Gesetze, 1979,
   S. 26 f. und S. 56 f.에 의한 판례의 평가에 대한 결과를 보라.
87) Scholz, Pressefreiheit und Grundgesetz (Fn. 81), S. 166. 다음에 대해서 S. 167. 물론 숄츠는
   인용한 저작의 뒤의 장절에서는 그때그때의 단순법의 구체적 규범으로 향한다.
88) 이러한 관련에서 부분헌법에 대한「헌법의 아버지」에 관한 Krüger (Fn. 75), S. 616의 콤멘트도 참조.
89) Scholz, Pressefreiheit und Arbeitsverfassung (Fn. 81), S. 155 f.
90) In: Sozialrechtsprechung (Fn. 80), S. 639 f.

더 나아가 사회적 안전의 법을 「기본법적 사회헌법」 중에서 자립화하는 것인데, 사소하고 문제가 없는 일보라고 하더라도 역시 놀랄 일은 아니다. 용어법에서 사소하게 보이는 차이도 실제로는 매우 중요하다 — 두 가지의 표현은 헌법상 상용되지 아니한다. 사회법은 단순법이며 헌법을 규준으로 판정해야 할 법이다. 「헌법에 합치된 사회법 내지 헌법적합적 사회법」이라는 개념은 이것을 오해의 여지 없이 표현하고 있다. 기본법상의 사회헌법의 이론은 이 단순법의 일부를 헌법, 즉 규준이 되는 법으로 한다. 「기본법상의 사회헌법의 완성으로 결정적인 물음은 달리 말한다면, 무엇이 사회보장의 개별적인 질서 시스템의 본질적인 일체성과 통일성인가 하는 물음이다.」[91] 「기본법상」의 사회 「헌법」을 강조하는 것의 의의가 사회헌법의 명제들이 헌법 랭크를 공유하며, 입법정책에 대한 법적 준칙으로서의 의미를 갖는 것이라면, 그것은 단순법에 있어서의 질서 시스템의 일체성의 문제에서는 아니다. 사회법에 관한 헌법상의 언명은 헌법에서만 취해낼 수 있으며, 각 헌법조항의 엄밀한 해석에 의해서만 얻을 수 있는데 바로 이것이 결여된 것이다.

VI. 헌법재판권에서 귀결하는 문제들

1. 헌법의 자립성과 법률에 대한 헌법의 거리는 전체적 고찰 중에서 강력한 헌법재판권을 가진 헌법인 기본법의 성격에서 도출되는 지도사고이다. 이질적인 내력의 해석학적 형상에 대해서 이 지도사고가 결여되거나 또는 피해를 입은 경우에는, 특히 강력하게 비판하지 않으면 안 된다. 헌법의 범위의 실체법적 확정의 뒷면에 있는 입법자의 열위에 대해서는 이러한 고찰로부터 다음의 결과가 나온다. 입법자의 열위(Nachrang)의 범위를 다른 구상과 비교하여 현저하게 확장하는 해석학적 구상이 존재한다. 또한 체계적으로 열위의 정도와 경계를 불확정하도록 보이는 — 그것은 헌법재판소와 입법자의 기능적 관계에 대한 모든 귀결을 수반한다 — 구상이 존재한다. 이러한 문제성을 명시하는 것이 중요하다. 무엇보다 상술한 모든 해석학상의 문제에 관하여 명확한 구분을 가능케 하는 특효약이 있다고 주장하는 것은 아니다. 헌법상의 개념의 「자립」은 자립의 불가결성을 논증하고, 자립의 최대한의 실현을 도달목표로서 파악하는 것만으로 달성되는 것은 아니며, 모든 개별 문제에 대해서 확보되는 것도 아니다. 헌법적합적 해석 또는 간접적 제3자 효력이라는 고전적 문제 영역에 관련하여 말하면, 우위하는 헌법을 고정하고 경계짓는 모든 노력이 완전한 성과를 거두는가, 그렇다면 헌법과 법률 간의 한계지대가 불가피하게 남는가를 의심할 수 있을 것이다.[92] 그러나 이것을 확인했기 때문이라고

---

91) In: Sozialrechtsprechung (Fn. 80), S. 640.
92) 헌법적합적 해석의 예에 그치기로 한다. 만약 어떤 법률규범의 해석에 대해서 학설과 [전문재판소의] 판례에서 A부터 D의 해석을 주장하는데, 연방헌법재판소는 A만을 위헌이라고 생각한 경우, 연방헌법재판소는 그것만을 선고해야 하며, B부터 D에 대해서 그 어느 것이 헌법을 「가장 잘」 실현하는가를 판단할 것은 아니다.

하여 상술한 입장에서 본다면, 이러한 상황을 헌법과 단순법의 전체 관계의 요점으로 삼거나 또는 구별이 가능한 경우에도 이를 하지 않는다는 것을 정당화하는 것은 아니다. 서열의 차원이 다름을 강조하는 것은 헌법의 다른 법으로부터의 고립화는 아니며, 하물며 단순법의 헌법으로부터의 격리나 헌법에 대한 면책은 아니다. 단순법의 어떠한 규범도 비록 옛날부터의 법영역의 전통적인 기본원리라고 하더라도 헌법에 위반되는 것은 허용되지 아니한다. 그러므로 모든 입법은 그러한 저촉을 피하기 위해서 헌법규범의 내실을 알아내야 하며, 헌법을 기초로 하지 않으면 안 된다. 이것을 「방사」 또는 「영향」이라고 부르는 것은 허용될 것이다. 이 비유에서 헌법에서 법률에로의 일방적인 방향성이라는 요소가 유지된다면, 그러한 한에서 무해한 것이다. 한편, 이 관념은 이론의 여지 없는 단순법의 헌법에의 종속이 헌법과 단순법의 **상호** 작용 또는 상호관련성이라는 표현으로 파악하거나 또는, 특히 단순법의 헌법에의 준거에 의해서 확립하는 법질서의 일체성이 「헌법과 법률의 수직적 통합」 또는 「변증법적 상호작용」93)으로서 이해하게 되면, 의심스럽게 된다. 상술한 명제를 변형시키면 다음과 같이 된다. 헌법재판권을 가진 헌법질서에서는 헌법과 법률의 상호관련성은 두 개의 규범집합 간의 상호침투를 의미하는 것만은 아니며, 헌법재판소의 권한과 입법자의 권한의 상호침투도 의미하는 것이다.

2. 포괄적 헌법재판권이라는 제도가 헌법이해에 대해서 부여하는 또 다른 작용은 보다 근본적인 것이다. 이에 대해서 마지막으로 논하기로 한다. 헌법재판권은 헌법을 「완전한」 법으로 하였다. 헌법재판권의 제도, 절차, 그 판결의 성격과 관련하여 헌법은 엄밀하고 법학적인 작업이라는 관련 속에 밀어 넣었다. 여하튼 통제규범이라는 특질에서 헌법은 최종적으로 제정법이 되었다. 따라서 위에서 반복하여 물은 문제가 강조하여 제기된다. 즉 헌법은 엄밀하게 「법학적」으로 이해된 실정 헌법률의 기술성에 전념할 수 있는가? 이것으로써 실증주의를 극복한 바이마르 헌법 논의의, 헌법의 「정치적」 성격에 대한 통찰을 위험에 놓이게 하는 것은 아닌가? 헌법은 조향적 · 프로그램적 · 호소적인, 즉 정치적 기능을 가져야 하는 것은 아닌가? 헌법의 규범성과 실정성을 강조하는 것으로 헌법의 성립과 유지에 관한 미묘한 조건들에서 눈을 돌릴 수 있는가? 이러한 근본적인 문제가 이미 이른 시기에 헌법의 우위에 관한 연구 중에서 논한 것은 우연이 아니다. 쇼이너는 1951년에 다음과 같은 경고가 필요하다고 생각했다.

「헌법은 최고차의 법률이라는 헌법의 형식적 개념이 우세하게 되고, 특정한 내용을 가진 국가의 확고한 기초라는 헌법의 관념이 배제되면, 헌법질서의 불가변성은 그 자유의 보전과 함께 실증주의적으로 용해될 위험이 있다」.94)

---

93) Deltlef Göldner, Verfassungsprinzip und Privatrechtsnorm in der verfassungskonformen Auslegung und Rechtsfortbildung, 1969, S. 125 ff., 127. 그러므로 법률의 헌법적합적 해석이 헌법의 법률적합적 해석과 결합하는 경우에도 문제라고 생각한다. Hesse (Fn. 58), § 2 IV 3, S. 34.

94) Ulrich Scheuner, Grundfragen des modernen Staates, Recht-Staat-Wirtschaft, Bd. 3, 1951,

나중에 쇼이너는 헌법의 우위를 보다 긍정적으로 평가하고, 적절하게도, [헌법의] 서열상의 지위와 기본적 내용이라는 두 가지 요소를 서로 결합한다.[95] 헌법의 우위라는 구상은 역사적 고찰이 보여주듯이, 편협한 실증주의와 필연적으로 결합하는 것은 아니며 이 구상의 성립 시점에서는 실제로도 실질적 내용의 무시와 결합하지는 않았다.[96] 사실 두 개의 요소 간에는 단절할 수 없는 내적인 연관이 있다. 헌법의 우위는 헌법의 내용이 근본에 관한 것이기 때문에, 처음부터 원리로서 의의 있고 중요하게 된다. 반대로 근본에 관한 것은 판결가능성과 정확한 윤곽에 의해서 엄밀한 법학적 내실의 획정과 보다 높은 안정성을 획득한다. 그렇지만 헌법의 보다 심원한 문제성이 이로써 해결된 것은 아니다. 이들 두 가지 요소에 대해서 합법적으로 기초지을 수 없는 법적 질서라는 헌법의 성격[97]에서 생기는 한계가 여전히 극복할 수 없는 것으로서 남기 때문이다. 최초의 것이며 그 이상 도출할 수 없는 기초[98]라는 어려운 질문은, 형식적 서열의 기초에 대해서도 그 내용 실질에 대해서도 법내재적인 설명이 되지 않거나 또는 설명할 수 없는 것으로서 남는다. 그리고 헌법질서의 존속과 생존에 대해서도 타당한 것은 입헌국가의 현실과 성공이 제1차적으로는 법적 규범화나 제도들에 의거하는 것은 아니[99]라는 것이다. 불안정한 헌법의 근저라는 문제제기는, 헌법과 — 달리 예가 없는 형태에서의 헌법과 — 불가분하게 결합한다. 그리고 떨쳐버릴 수 없는 정통성의 문제 때문에 다른 규범체에 대한 「정치적」 헌법의 이질성이 돋보인다.

국법학은 헌법의 실정성만으로 만족할 수는 없다. 국법학은 만약 이 문제를 논리적 완결성의 욕구만을 만족시키는 가정적 근본규범이라는 구성에로 추방할 것이며, 거기서 평안하다고 생각한다면 국법학은 자기의 임무를 간과할 것이다. 그러나 기본법 하의 국법학이 어떻게 해서 이 문제에 대해서 논할 수 있는가는 새로운 숙고를 요하는 문제이다. 바이마르의 해답은 여기서는 이미 불충분하게 보인다. 바이마르의 논의는 치료라기보다는 진단 중에서 실증주의의 편협에 대항하고 헌법의 특수성을 주제로 삼았다. 그러나

S. 126, 133.
95) Scheuner (Fn. 20), S. 12 f. 「영속적이며 공동체의 기본 콘센서스에 입각한 고차의 질서라는 규범의 처방으로서의 헌법」.
96) 헌법의 우위는 그러므로 빈 학파의 고유한 특징의 모두와 필연적으로 결합하는 것은 아니지만, 이 구상에 대한 이 학파의 공적은 감소되지 아니한다. 무엇보다도 — 1920년대에는 자명하지 않았던 — 이 학설의 철저한 민주주의적인 배경이 간과되어서는 아니된다. Wilhelm Henke, Verfassung, Gesetz und Richter, Der Staat, Bd. 3 (1964), S. 433, 437 ff.는 헌법의 우위의 이론과 빈학파와의 관계를 상당히 좁게 본다.
97) 예컨대 Peter Badura, Verfassung und Verfassungsgesetz, in: FS Ulrich Scheuner, 1973, S. 19, 21.
98) 기원에 관한 물음과 대답에 대해서 학문적 한계 내지 불가능성에 대해서는 Wilhelm Henke, Staatsrecht, Politik und verfassunggebenden Gewalt, Der Staat, Bd. 19 (1980), S. 181, 194 ff. 이 논문에서는 법적 규율로서의 헌법과, 헌법에 대한 사고와의 관계라는 여기서 관심 있는 문제에 대해서 주목할 만한 논술도 하고 있다.
99) Badura (Fn. 97), S. 21.

바이마르 시대에는 헌법재판권의 제도와 헌법의 우위에 대해서 심각하게 대립하였고 진지하게 섭취하지는 못했다. 바이마르의 포스트 실증주의의 국법학은 헌법의 내용을 엄밀하게 관철가능한 통제규준으로서 해석할 것인가, 불완전한 프로그램으로서 해석할 것인가, 아니면 (어떤 형태의) 조합으로서 해석할 것인가 라는 여러 가지 이해에 대해서 결단을 내릴 필요가 없었다. 기본법은 이 점에 대해서 ― 그리고 다음의 최종 명제에 역시 서술해 온 고찰이 합류하지만 ― 바이마르와 비교하여 근본적으로 새로운 상황, 그리고 바이마르와의 단절을 만들어 낸 것이다. 그러므로 헌법해석학과 헌법이론 간의 방법론적 관계에 대해서 새롭게 숙고하지 않으면 안 된다. 바이마르에서 실증주의적 이해를 초월하여 「정치적」 헌법의 메르크말로서 인지된 모든 것을 실정적으로 헌법재판권의 규준이 되는 법으로서의 헌법의 이해에 가지고 들어올 수는 없는 것이다.

3. 법학적 체계형성의 예시로서의 »독일 일반 국법« *

카를 슈미트

거의 200년이나 되는 오랫동안 독일 법학이 이루어 온 업적 전체의 본질은, 요컨대 계수한 법개념들과 법규정에 학문적 체계를 부여하고, 그럼으로써 독일 «보통법»(Gemeinrecht)을 창조하였다고 말한다. 여기서 보통법은 — 코먼로(common law)나 드루아 코만(droit commun)과는 구별되며, 또한 오늘날 게마인레히트라는 말이 의미하는 것과 다르며 독일의 국가적 분열 상황을 가교하는 비국가적이며 보충적으로 타당한 법을 의미하였다.* 이러한 의미에서의 독일 보통법은 독일 대학의 학문의 소산이다. 그러므로 그러한 시대에 서는 대학의 법학부가 독일에 있어서의 본래적인 법적 신분(Rechtsstand)이다. 법학부에 의한 체계형성과 보통법형성의 작업은 국가적 분열이라는 정치상황 속에서 독일이 하나의 법공동체라는 사상을 담보하는, 정치적으로 실천적인 의의를 가지고 있었다. 나아가 이에 더하여 또 하나의 다른 주목할 만한 현상이 있다. 즉 독일 법학에 의해서 산출된 체계가 다른 유럽 국가들에게 강력하게 반작용을 미치고, 그럼으로써 독일 법학이 전유럽 적 평가, 더욱이 자주 세계적 평가를 받는다는 현상이 그것이다.

독일에서의 지금까지의 법학적 작업의 전체를 이와 같이 법제사적으로 특징짓는 것은 보통법에 관한 사법학에 대해서만 타당한 것은 아니다. 사법학에 대해서 이렇게 특징짓는 것은 사실로서 훨씬 이전부터 알려지고 있으며 다툼의 여지가 없다. 로렌츠 폰 슈타인의 다음과 같은 적절한 명제를 인용하는 것만으로 충분할 것이다. 그는 말한다. 독일에서는 「로마법이 이미 중세에 학문적 작업을 통해서 지위를 얻고 있었다」는데 대해서, 프랑스에서 로마법은 국왕의 관료계층의 권력의 일부를 이루고 있으며, 「영방의 일반 권력을 위한 법」이었다. 그리고 이 법은 관료계층에 의해서 담당되고, 「이 관료계층을

---

* Carl Schmitt, Das »Allgemeine Deutsche Staatsrecht« als Beispiel rechtswissenschaftlicher Systembildung, in: Zeitschrift für die gesamte Staatswissenschaft, Bd. 100, Verlag der H. Lauppp'schen Buchhandlung, Tübingen 1940, S. 5-24. 이 논문은 G. Maschke (Hrsg.), Staat, Großraum, Nomos. Arbeiten aus den Jahren 1916-1969, Berlin: Duncker & Humblot 1995, S. 166-183에도 수록되어 있다.

수단으로 해서 프랑스의 영방의 모든 부분과 모든 독자적인 법적 단체를 공통된 유대로서 포괄하는 보통법」이었다 라고.[1] 물론 단순한 대학에서의 학문은 그 자체로서는 그러한 정치적 유대를 산출할 힘을 갖지 못했다. 그것만으로 대학에서의 학문은 정치적 분열 상황을 가교하는 규범과 개념의 체계를 더욱 학문적으로 정교하게 창출하였다. 원래 로마법의 계수 자체가 루돌프 좀이 정당하게 강조하듯이, 법학의 계수였다.[2] [독일 사법학은] 위대한 자무엘 푸펜도르프를 효시로 하는 여러 위대한 자연법론자들의 철학체계에 강한 영향을 받고, 18세기의 법전편찬작업, 특히 1794년의 프로이센 일반 란트법*에 의해서 다시 추진되고, 사비니의 역사법학파에 의해서 표면상은 중단된 것처럼 보였으나 실제로는 한스 티메가 서술하듯이, 이 역사법학파에 의해서도 계속 담당되고,[3] 19세기 독일의 판덱텐 법학에 의해서 체계적 완결을 얻은 독일 보통 사법의 체계 중에서 이러한 독일 사법학의 발전은 마침내 완성된 것이다. 빈트샤이트는 이 법조법의 《제2의 울피아누스 또는 바울》이 되었다. 그에 의하면 로마법의 유럽적 의의, 실로 세계적인 의의는 그 내용의 대부분이 「무릇 인간이 지닌 견해들과 인간이 맺는 관계들을 표현한 것에 다름 아니다」라는 점에 있으며, 다만 그것은 「그 이후의 어떠한 법학도 어떠한 입법기술도 도달하지 못한 것을 이해한 대가를 가지고 서술된 것에 불과한」 것이다. 그것이 보다 일층 일반적인 개념을 창조한 《학문상의 신앙》이었다.[4] 1896년의 독일민법전의 구조 중에 오늘날에 이르기까지 이 신앙이 창조한 것은 우리들에게 잊혀지지 않는다. 이 점에 관한 지도적인 대가로서 인용할 수 있는 것은 코샤커이며,[5] 그에 의하면, 「이러한 판덱텐 법학은 이제 19세기에 유럽의 법학, 실로 법학 그 자체가 되었다」는 것이다. 19세기의 프랑스 법학은 실용적이며 실천적인 색채가 강하고, 또 자기의 민법전(Code civil)과 자기의 법학적 전통을 매우 자랑하고 있었는데, 그러한 프랑스 법학에서조차 이들 법학자의 학문체계의 영향을 면할 수는 없었다. 하이델베르크대학의 판덱텐 법학자 차하리에의 사법체계는 19세기의 30년대에 알사스의 주석학자 오브리(Aubry)와 라우(Rau)에 의해서 계수되고 ― 전적으로 독자적이지만 ― 다시 이에 손을 댄 것이다.[6] 프랑스 민법전 자체와 비교하여 독일 법학이 체계적으로 사고를 구축할 수 있는 특별한

1) L. v. Stein, Geschichte des französischen Strafrechts und des Prozesses, Bd. III von Warnkönigs und Steins französischer Staats- und Rechtsgeschichte, Basel 1846, S. 412.
2) R. Sohm, Die deutsche Rechtsentwicklung und die Codifikationsfrage, Grünhuts Zeitschrift für das Privat- und öffentliche Recht, Bd. I (1874), S. 258.
3) Hans Thieme, Die preußische Kodifikation, Zeitschrift der Savigny-Stiftung für Rechtsgeschichte, Band LVII (1937), German. Abteilung.
4) 《학문상의 신앙》에 관하여 이러한 관련에서 말하는 것은 Joseph Partsch, Vom Beruf des römischen Rechts in der heutigen Universität, Bonn 1920, S. 15.
5) Koschaker, Die Krise des römischen Rechts und die romanistische Rechtswissenschaft, Schriften der Akademie für Deutsches Recht, Gruppe Römisches Recht und fremde Rechte, Nr. 1, München und Berlin 1938.
6) Julien Bonnecase, L'école de l'exégèse en droit civil, 2. Aufl., Paris 1924, S. 76 ff.는 차카리에에 대한 오브리와 라우의 독창성을 구출하려고 시도한다.

능력을 가진 것은 차카리에와 크로메(Zachariae-Crome)에 의한 프랑스 민법의 유명한 한트부흐 중에서 실증되었다.* 이 체계적인 사고의 구축은 전술한 하이델베르크대학 교수 카를 잘로모 차카리에 그 사람에 의해서 기초가 마련되었는데, 이 사람에 대해서는 나중에 다시 말하기로 한다.

그러나 계수와 체계형성이 독특한 형태로 결합한다는 것은 만약 그때에 사법에 한정되는 사실만이 문제가 된다면, 아직 지금까지의 독일 법학을 특징짓는 징표는 없을 것이다. 계수와 법학적인 체계형성과 독일 보통법의 창조와의 관계가 모든 것을 지배하는 근저적인 사실이 되기 위해서는, 먼저 그 관련이 어떤 형태로 그 밖의 중요한 법영역에서 반복되어야 한다. 그리고 이것은 실제로 타당하다. 18세기와 19세기의 형법과 소송법상의 발전은 여기서 몇 마디로 상기하기로 한다. 그 밖의 법영역에서는 완전히 같은 방향으로 나아가면서 반드시 의식하게 된 지난 세기에서의 두 개의 법제사에서의 발전의 계열에 주목하지 않으면 안 된다. 즉 독일 보통 국법과 독일 보통 행정법의 창조가 그것이다. 이들 양자는 계수된 법을 법학적으로 체계화한 것이다. 어떤 경우에도 독일 대학에서의 학문이 계수된 법을 이용하여 이들 영역에서의 독일 보통법을 산출하려고 시도하였으며, 그리고 이 목표는 — 그 시대가 그것을 허용하고, 이러한 의미에서 보통법을 말할 수 있는 한 — 실제로 달성되었다.*

19세기에 라이히 동맹과 독일 동맹에 가입하고 있던 수많은 주권국가의 국법의 틀을 넘어서, 독일의 «보통» 국법, 그리고 또한 «일반» 국법이라고 불리는 하나의 체계가 성립하였다. «보통»이라는 호칭과 «일반»이라는 호칭이 병존하는 것은, 이 개념체계가 정치적인 동시에 철학적인 기원을 가지는 것을 나타내며, 나아가 이것은 일반화에 의해서 획득되는 그러한 개념을 형성할 때의 논리적인 방법을 보여주기도 한다. 즉 **4중의 것**(Vierfaches)이 존재하며, 그것이 «일반적인 것»에로 인도한다. 그 과정은 우선 첫째로 소방분립상태(Vielstaaterei)를 넘어서 하나의 공통된 독일의 국법과 헌법을 산출하는 노력이며, 그것과 아울러 작용하는 것이 18세기 철학과 독일 관념론철학의 인도주의적·개인주의적인 체계가 가지는 세계시민적 보편주의이다. 나아가 염두에 떠오르는 것이 «순수한» 개념들을 제외한다는 의미에서, 헌법상의 규정들을 추상화하고 일반화함으로써 일반 국법의 목적을 달성한다는 방법이다. 그리고 끝으로 이 시대를 정신적으로 뒷받침하고 정통화하는 힘으로서 밀고 나아가는 것이 헤겔의 말을 빌리면, 「체계화하는 것」에로의 전체적인 경향, 즉 「일반적인 것[보편적인 것]에로의 고양이라는 시대가 안고 있는 무한한 갈망」7)이다. 1848년 이전에는 이러한 일반적인 것에 대한 갈망은 이미 말했듯이, 독일의 위대한 철학자들의 철학체계와 밀접하게 결부되었으며, 이것은 19세기의 실증주의 이전 시대에서는 법학의 영역뿐만 아니라 모든 영역에서, 그것도 랑케의 역사서술처럼 유명한 저작 속에서만이 아니라 그 독창성을 부인할 수 없다고는 하지만

---

7) Hegel, Zusatz zu § 211 der Rechtsphilosophie von 1821 (임석진 옮김, 『법철학』, 한길사, 2008, 392면).

오늘날에는 더 이상 유명하지 아니한 책자들 속에도 나타난다. 예컨대 인종이론의 발전에 대해서 중요한 의미를 가지는 구스타프 클렘의『인류의 일반문화사』(Gustav Klemm, Allgemeine Cultur-Geschichte der Menschheit, Leipzig 1843),[8] 정치지리학상의 여러 관련들을 힘차게 묘사한 에른스트 카프의『철학적 또는 비교 일반지리학』(Ernst Kapp, Philosophische oder vergleichende Allgemeine Erdkunde, Braunschweig 1845)이 그것이다.[9]

이 시대의 국법과 헌법에 관한 학문이 갈망한 일반성은 입헌주의적 헌법의 일반성이었다. 칸트의 법철학은 이 일반성을 서방에서 압박받고 있던 루소의 끊임없는 영향력과 방자맹 콩스탕*의 시대적 영향력과 결합하는 가교적 존재였다. 이 경우에 계수되는 것은 서방 이웃 국가인 프랑스, 영국 그리고 벨기에의 여러 법개념이다. 자주 상호간에 구별되고 서로 다투는 그들 복수의 계수 중에서 명백하게 되는 여러 가지 경향과 태도가 얼마나 이질적일지라도 전체로서, 또한 총체적으로 본다면 서구의 자유주의적인 헌법에 대한 관념들의 계수가 행해진 것은 다툼의 여지가 없다. 이때에 명백한 것은 학문적 체계화에 대해서는 영국의 모범보다도 프랑스·벨기에의 입헌주의를 뚜렷하게 특징짓고 있는 개념들 쪽이 오히려 적합하다는 것이다. 특히 19세기 전체를 지배하는 이른바 입헌주의적 헌법개념의 굴대(Achse)는 기본권과 권력분립이라는 두 개의 본질적 구성요소의 확고한 관계에 있다. 입헌주의적 헌법개념이 가지는 이 특질은 완전히 프랑스에 그 기원을 가진다(1789년 8월의 인간과 시민의 권리선언 제16조).* 이 개념에서 나오는 법률, 명령, 집행, 사법과 같은 여러 개념규정은 모두 기본권과 권력분립 위에 구축되는 이 입헌주의적 헌법체계에서 파생하여 나온다. 프리드리히 빌헬름 4세가 프랑스·벨기에의 입헌주의의 «거짓말 기계»라고 부른 것에 대해서,* 가장 격렬하게 저항한 곳에서도 특히 프로이센에서도 국가의 존망을 결정하는 위기적인 시기에서 국내정치상으로도 중요한 제도인 계엄(Belagerungszustand)을 조직하게 되면, 역시 프랑스의 모범에 맞게 조직하지 않으면 안 되었다. 기본권과 권력분립 위에 구축된 입헌주의적 헌법에 대한 명확한 부정으로서 프로이센의 계엄은, 기본권과 권력분립을 폐기(집행권력의 우월)하면서도 역시 프랑스의 계엄(état de siège)을 그대로 모방하여 구성되고 있다.[10] 그 밖에 여기서도 오스트리아와 프로이센이라는 대국에서가 아니라 이른바 «제3 독일»(Drittes Deutschland) 그리고 그 대학들의 법학부가 그러한 일반법과 보통법을 형성하는 무대였던 것이다.

독일 «일반» 국법은 이미 18세기 속에 착수되고 있다. 그것은 국가개념이 라이히를

---

8) 클렘(G. Klemm)은 능동적 인종과 수동적 인종을 구별한 위에 자신의 일반문화사를 구축한다.

9) 카프(E. Kapp)는 카를 리터(Carl Ritter)의 제자의 한 사람으로 하천적(potamisch)·동양적 세계와 소해양적(thalassisch)·고전적 세계와 대양적(ozeanisch)·게르만적 세계와 같이 세계를 장대하게 나누고 단계짓는 것을 구상하였다.

10) 1851년 6월 4일의 프로이센 계엄법률(Preußisches Gesetz über den Belagerungszustand vom 4. Juni 1851) 제3조와 제5조 이하. 1849년 8월 9일의 프랑스 계엄법률을 보라. 혁명 이후의 프랑스에서의 계엄제도의 발전에 관해서는 Carl Schmitt, Die Diktatur, 1921 (2. Aufl. 1928), S. 187 ff. (김효전 옮김,『독재론』, 법원사, 1996, 229면 이하).

파괴하고, «보통의 것» 또는 «일반적인 것»이 생성하는 다수의 국가를 넘어서는 형식으로 점차 그 그림자를 엷게 하면서 용해하여 가는 것과 동일한 정도로 그 발전을 거두고 있다. 독일 법학은 보댕의 시대 이래 결코 라이히를 알지 못했을 뿐만 아니라 단지 국가만을 알 뿐이었다.* 독일 법학에 대해서는 국가만이 개념이었다. 라이히는 법학에 대해서는 법학적으로 파악하지 않고 «국가들의 제도»로서만 구성할 수 있는 것이었다. 헤겔이 그의 저서 『독일 라이히 헌법론』(1802)에 대한 서문 중에서 독일 헌법은 「이미 파악할 수 없다」고 서술할 때, 거기에서 그가 말하는 것은 독일 라이히가 바로 국가가 아니므로 법학적으로 의미 없는 것이 되어버렸다는 것이다. 따라서 그는 백년 동안의 독일의 대부분의 철학자와 법률가와 마찬가지로, 프랑스에서 계수한 국가개념에 입각한 것이다. 그런데 이 국가개념에서 본다면, 독일 라이히는 이미 파악할 수 없게 되었다.[11] 다른 법학상의 체계와 같은 방법으로 보통 헌법의 체계화도 자연법과 이성법에 관한 철학사상을 출발점으로 삼는다.[12] 물론 18세기의 괴팅겐대학의 국법학자들은 실천적인 경향을 지니고 있었다. 그들의 국법학은 라이히에 관한 전통적인 관념과 보댕과 홉스로 거슬러 올라가며, 푸펜도르프에 의해서 계수된 국가개념을 절충하고, 국가주권의 결단주의에서 도피하려고 하였다. 비록 그 이론의 정치적인 의미와 성과는 다름 아닌 이 결단주의에 있었던 것이다. 퓌터(Pütter)의 체계에 따라서 작성된 해벌린*의 『독일 국법 한트부흐』(Haeberlin, Handbuch des teutschen Staatsrechts, 2. Aufl. 1797)은 이 시대의 마지막 후렴이다. 그 서문은 다음과 같다. 즉 「모든 국가의 최고권력에 귀속하는 일정한 권리와 의무는 국가의 본질에서 나오며, 특별한 계기를 필요로 하지 않는다. 국가의 개념에서 파생하는 이러한 권리와 의무의 총체가 일반 국법이 된다」. 해벌린은 이 부분에 붙인 주에서 『일반 국법과 국헌론』(Allgemeines Staatsrecht und Staatsverfassungslehre)이라는 제목을 가진 1793년의 «슐뢰쩌(Schlözer)의 걸작»을 참조하도록 지시한다. 구래의 라이히의 «일반 국법학»은 이미 19세기의 독일 일반 국법으로의 이행을 나타내고 있다. 항상 «라이히»가 여전히 현존하고 있었기 때문에, 아직 거기에는 서구적인 개념들의 총체의 그러한 공공연한 계수는 적어도 포함하지 않았던 것이다.

그러나 서구 입헌주의적인 헌법의 학문적인 체계화는 독일의 국가들의 완전한 주권이 획득되고 구래의 라이히가 폐지된 순간에 바로 착수하고 있다. 그러므로 이 체계화는 라인 동맹시대에 동일하게 시작한다. 이 라인 동맹의 시대는 매우 단기간이었지만 그래도 그 7년 동안(1806년부터 1812년)에 입헌주의적인 독일 보통 국법의 모든 기초가 설정되었다. «헌법»(Konstitution)이 의미하는 것, 즉 입헌군주제, 공민(Staatsbürgertum), 국민대표, 입법·집행·재판[이란 권력분립], 요컨대 19세기 독일의 헌법사상의 개념목록이 모두 특정한 개념으로서 이미 이 시대에 존재하는 것이다.* 그것에 관하여 바이에른과

---

11) Die Verfassung des Deutschen Reiches, eine politische Flugschrift von Georg Wilhelm Friedrich Hegel, Ausgabe von Georg Mollat, Stuttgart 1935, S. 2.

12) Karl Rieker, Begriff und Methode des allgemeinen Staatsrechts, Vierteljahresschrift für Staats- und Volkswirtschaft, Band IV (1896), S. 250 ff.

뷔르템베르크와 바덴과 같은 제3 독일의 새로운 주권국가가 조직적으로 형성될 때에 프랑스의 모범을 모방한 것마저도 여기서는 문제로 삼을 필요가 없을 것이다.13) 프로이센의 신조직에 프랑스의 이념들은 어떤 영향을 미쳤는가 하는 것에 관한 마이어(E. von Meier)와 레만(M. Lehmann)*의 논쟁도 여기서는 완전히 제쳐둘 수 있다. 그러나 국가개념이 라이히를 최종적으로「법학적으로 파악할 수 없는 것」이 되어버린 라인 동맹시대에, 이미 독일 연방주의(Föderalismus)에 관한 불운한 이론도 완전한 형태로 등장하고 있다는 것을 상기하는 것은 아마 필요할 것이다. 국가연합(Staatenbund)과 연방국가(Bundesstaat)라는 이 이론이 품은 안티테제는 바로 저 라이히에 적대적인 국가개념을 둘러싸고 움직인다.* 이 연방주의의 이론은 1933년이 되어서 비로소 퇴각하였다. 라인 동맹시대의 독일의 법률가들은 이 모든 것을 지배하는 국가연합과 연방국가라는 안티테제의 아버지들이다. 특히 모두에 이름을 열거한 1807년 이후의 하이델베르크대학교수 카를 잘로모 자카리에와 뷔르츠부르크대학의 빌헬름 요제프 베어(Wilhelm Joseph Behr)가 그렇다. 국가와 헌법에 관한 계수된 관념들을 기초로 완성되고 소방분립상태를 널리 전파한 독일 보통 국법이라는 사상은 그럼으로써 새로운 내용을 획득한다. 이 사상이 나타낸 것으로서는 먼저 베르의 체계서(1804년의『일반 국가학 체계』, System der allgemeinen Staatslehre)와 1810년의『응용 일반 국가학 체계』(System der angewandten allgemeinen Staatslehre)와 C. S. 차카리에의『라인 동맹시대에 가입한 국가들의 공법』(Jus publicum civitatum quae foederi Rhenano adscriptae sunt, 1807) 그리고『라인 동맹 국가들의 국법』(Staatsrecht der rheinischen Bundesstaaten)이란 제목으로 1810년에 발간된 그의 논문집, 나아가 바우어(J. N. F. Bauer)의『라인 동맹 국가들의 일반 국법에 관한 논문집』(Beiträgen zu einem allgemeinem Staatsrecht der rheinischen Bundesstaaten in 50 Sätzen, 1807)을 들 수 있다.

이어서 독일 동맹시대(1815~1866년)가 참으로 독일 일반 국법의 특성 있는 시대가 된다. 즉 이 시대에 독일 일반 국법은 군주제원리와 시종일관한 입헌주의와의 타협에 근거하여 구축되었다. 1848년이라는 해는 다른 모든 영역에서처럼, 이 영역에서도 시대를 긋는 깊은 분기점을 이룬다. 독일 동맹의 최초의 몇 년 동안에는 또한 루트비히 클뤼버(Johann Ludwig Klüber)*가 여전히 이 영역을 지배하고 있었다. 그는 구래의 라이히 국가적 · 영역국가적 관념을 계속 사용하였다.「이미 로베르트 폰 몰이 클뤼버에 대해서 서술하듯이, 클뤼버는 라인 동맹의 법에 관한 자기의 체계 속에 구래의 라이히 국법의 상당 부분을 편입시켰는데, 심하게 말하면 밀수입하고 있었다」.14) 이것의 성과는 인정한다고 하더라도 잊어서는 안 될 것은, 그러한 밀수입을 가지고도 다음과 같은 근저적인

---

13) 또한 Johannes Weidemann, Neubau eines Staates, Staats und verwaltungsrechtliche Untersuchung des Königreichs Westfalen. Schriften der Akademie für Deutsches Recht, Leipzig 1936도 참조. 이에 대한 서평으로서 Carl Schmitt, Deutsche Juristen-Zeitung 1936, S. 624.
14) Aegidis, Zeitschrift für Deutsches Staatsrecht und deutsche Verfassungsgeschichte, Berlin, Bd. 1 (1865), S. 359.

사실은 결코 변하지 않았다는 것이다. 즉 새로운 라이히의 형성은 뛰어난 국가 프로이센을 통해서 진전되었으며, 라이히 개념을 남용하고 팔방으로 손을 내밀어 국가 간 연방주의 (Staatenföderalismus)를 통하지는 않았다는 사실이다. 나아가 하나의 기본적인 점에서, 즉 예산권의 파악에서 클뤼버의 신분제적 해석은 전적으로 입헌주의적 · 프랑스적 방향으로 결론을 내지 않을 수 없었으며, 정부의 정책을 의회의 예산승인권에 종속시키지 않을 수 없었다.[15] 그와 아울러 독일 연방의 최초의 몇 년은 개별 국가들의 국법을 만드는 작업에 완전히 매달렸다. 예컨대 바이에른에서는 슈멜칭(Schmelzing), 드레쉬 (Dresch) 그리고 쿠쿠무스(Cucumus)에 의해서,[16] 작센에서는 폰 뷜라우(von Bülau), 뷔르템베르크에서는 로베르트 폰 몰(Robert von Mohl), 쿠어헤센에서는 무어하르트 (Murhard)에 의해서 등등. 새로운 스타일로 독일 보통 국법을 최초로 서술한 것의 하나가 1826년에 예나대학의 정교수로 임명된 국법학자 카를 에른스트 슈미트(Karl Ernst Schmid)*의 미완의 저서『독일 보통 국법 교과서』(Lehrbuch des gemeinen deutschen Staatsrechts)이다. 이 저서는 1821년에 발간되었으며, 서구 입헌주의의 사상 · 개념세계의 한 가운데 있다. 이러한 의미에서 이『교과서』가 얼마나 시대에 적합하였는가를 보여주는 것은, 이『교과서』와 역시 슈미트가 초안에 의거하여 1829년 8월 23일의 「작센-마이닝겐 공작령의 연합지방국제를 위한 기본법」(Grundgesetz für die vereinigte landschaftliche Verfassung des Herzogtums Sachsen-Meiningen)에 대해서 최초의 국가의 법률로서 — 더구나 이 점에 관하여 다른 대부분의 경우에 인용되는 프랑스와 벨기에 법률보다도 이른 시기의 것으로서 — 정치범의 인도 금지와 정치적 비호권에 대한 새로운 사상을 실정법에 도입했다는 영광이 주어지고 있다는 사실이다.[17] 이 정치범죄라는 개념의 전제가 되는 정치적인 것의 개념은 당시의 독일의 소방분립의 상황에서는 이해하기 쉬웠다. 그러나 이 개념은 전체적으로 정치적인 것을 기본적으로 국내정치적인 것에서 파악하고, 그곳에 대응하는 형태로 정의내리는 19세기의 자유주의적 경향에 합치하는 것이었다.[18]

　　그 첫 번째 단계가 가지는 이성법적인 «철학적» 성격을 특징적으로 보여주는 것이 프라이부르크대학의 교수 카를 폰 로텍*이 1829년에 슈투트가르트에서 발간한『이성법과 국가학 교과서』(Lehrbuch des Vernunftsrechts und der Staatswissenschaft)이다. 이 책의 제2권은『일반 국가학』(Allgemeine Staatslehre, 2. Aufl. 1840)이었다. 일반 세계사론과 벨커(Welcker)와 공동으로 편집한 국가학사전에 의해서 서구 입헌주의의 계수된

---

15) Rudolf von Gneist, Budget und Gesetz, 1867, S. 136.

16) Robert Piloty, Ein Jahrhundert bayerischer Staatsrechts-Literatur (Festgabe für Laband), Tübingen 1908, I, S. 35 ff. (Die Biedermeier)

17) Mettgenberg, Das erste Verbot der Auslieferung politischer Verbrecher, Zeitschrift für Völkerrecht, Bd. XIV (1927), S. 237 ff. 나아가 Siebenhaar, Der Begriff des politischen Delikts im Auslieferungsrecht, Berliner rechtswissenschaftliche Dissertation 1939.

18) Wilhelm Hanemann, Der Begriff des Politischen in der deutschen Wissenschaft des 19. und 20. Jahrhunderts. Heidelberger staatswissenschaftliche Dissertation 1934, S. 29 ff.

개념들은 교양 있는 시민계급의 모든 계층에 보급하였다.* 독일에서의 유대인문제의
역사에 대해서 매우 중요한 것은, 교양과 재산을 가진 독일 시민계급의 유대인문제에
대한 태도가 입헌주의적 헌법이념에 포함된 자명한 것에서, 특히 《공민》(Staatsbürger)이
라는 입헌주의적 개념에서 대부분은 설명된다는 것이다.19) 자유주의 · 입헌주의적 세계
관의 전체적 특질은 법의 영역에서도 역사의 영역에서도 새로운 전체상이 성립했다는
것, 그리고 구래의 라이히로부터 받아들인 모든 관념과 개념이나 관용구가 변화시켰다는
것 속에 그 진가를 나타낸 것이다. 로베르트 폰 몰은 1824년에 튀빙겐에서 강의활동을
개시하였는데, 그때에 그는 「입헌주의적 견해를 채택」하고, 특히 방자맹 콩스탕을 계승하
였다.20) 그의 『법치국가의 원칙들에 따른 경찰학』(Polizeiwissenschaft nach der
Grundsätzen des Rechtsstaates, 1832)은 자유주의적 법치국가개념에 대한 획기적인 저작
이 되었다. 국민적인 동시에 자유주의적인 운동이 1848년이라는 해에 가깝게 되자,
독일 보통 국법의 설득력은 증대하였다. 루돌프 스멘트는,21) 라이히 시대의 저작물의
전통에 집착하는 괴팅겐대학의 법학자들이 가진 다양성과 특이성을 강조하는데, 그러한
모든 다양성과 특이성에도 불구하고, 자카리에(H. A. Zachariae)가 1841년에 발간한
『독일 국법과 독일 연방법, 제1부 · 독일 연방 국가들의 일반이론과 헌법』(Deutsches
Staats- und Bundesrecht I. Teil, Allgemeine Lehren und Verfassungsrecht der deutschen
Bundesstaaten)도 결과적으로는 전체로서 동일한 입헌주의적 경향을 가지고 기능한
것이다. 다름슈타트에서는 1837년에 뢰더(K. D. A. Röder)의 『법정책 강요, 제1부 · 일반
국헌론』(Grundzüge der Politik des Rechts, Teil I: Allgemeine Staatsverfassungslehre)가
발간되었으며, 기센에서는 1843년에 슈미트헨너(F. Schmitthenner)의 『일반 국법 또는
이념적 국법의 기본신』(Grundlinien des allgemeinen oder idealen Staatsrechts)이 출간되

---

19) 유대인문제에 대한 [로텍의] 견해는 유대인문제에 관한 이 시대의 역사적 서술 중에서는 주목을 받지
못했으나, 이 문제에 관한 중요하고 전형적인 견해로서 특히 의의가 있으므로 여기서 상세하게 인용하기로
한다. 왜냐하면 여기에 보이는 것은 리버럴한 시민이 무산 독일 국민(Volk)을 《하층민》(Pöbel)이나 《재산
없는 무뢰한》(besitzlose Gesindel)으로 간주하고, 그 반대로 교양과 재산으로 분할된 유대인을 자신들과
동일한 사람으로 간주한 것은 어떤 자명한 이치에 의한 것인가 하는 것이기 때문이다. 그래서 로텍의
『일반 역사론』(Allgemeine Geschichte, Braunschweig 1846, Bd. X, 1. Erster Ergänzungsband,
S. 82)을 보면, 1820년에 마인 호반에서 일어난 유대인 고리대금에 대한 폭동에 대해서 다음과 같이
서술한다. 즉 「프랑스혁명이 가져온 혁명에 의해서 그때까지의 제국헌법 아래서 기독교도와 유대교도
간에 존재하던 외관적인 차별이 마침내 폐기되었으나, **하층민**이 깊게 감정을 상한 것은 프랑스인이 추방된
때와 동일한 차별이 완전히 회복되지 못한 점에 있었다. 기독교 주민의 최하층 사람들은 필요최소한도의
생활필수품마저 자주 결핍되었으며, 그렇지만 그들은 언제나 자신들은 사회 질서 속에서 최저의 지위를
차지하지는 않는다는 것으로 자신들을 위로하고 있었다. 그렇다하더라도 비록 상당한 부를 가지고 학문적인
교양과 모든 종류의 미덕으로 뛰어나더라도, 법률에 의해서 가장 조잡한 **재산 없는 무뢰한**인 자신들보다도
더 하층의 지위에 놓여있던 인간이 있었기 때문이다. 그러므로 유대교도와 기독교도가 동렬에 놓이거나
그처럼 동렬에 놓일 만큼 같은 취급을 받는 것은 자신들의 정당한 권리가 침해된 것이라고 **하층민**이
생각했더라도 그것으로 그들을 나쁘게 볼 수는 거의 없었다. 그렇지만 귀족은 자신들의 구래의 특권을
반환하도록 요구하였으므로 어째서 **하층민**이 동일한 것을 해서는 안 되는가?」.
20) Robert von Mohl, Lebenserinnerungen, Stuttgart und Leipzig 1902, I, S. 146.
21) Deutsches Rechtswissenschaft, Bd. IV (1939), S. 27.*

었다.

독일 대학들에서의 빛나는 승리를 거둔 이 새로운 학문상의 학과가 전성기를 맞은 것은 1848년 이후의 일이며, 독일 연방의 부흥으로부터 그 해체에 이르는 겨우 15년간 (1850년~1866년)에서이다. 이 시기에 «제3 독일»의 독일 국법학은 1848년의 자유주의운동의 정치적 패배와 복고운동의 승리를, 입헌주의적 헌법의 승리에로 변형할 것을 알고 있었다. 철학은 정지하고, 프랑스의 모범에 대한 가시적인 영향은 현저하게 후퇴하고, 입헌주의의 핵심은 점차 명확한 것이 되어간다. 이 시대의 지도적인 저작은 당시의 뮌헨대학 교수인 요한 카스파르 블룬칠리(Johann Caspar Bluntschli)가 집필한 1852년 발간의 『일반 국법』(Allgemeines Staatsrecht, 4. Aufl. 1868)이다. 이와 아울러 언급할 만한 것은, 뷔르츠부르크의 국법학자인 요제프 헬드(Joseph Held)가 1856년에 발간한『특히 입헌주의에 착안한 독일의 군주제국가들의 헌법체계』(System der Verfassungsrechts der monarchischen Staaten Deutschlands mit besonderer Rücksicht auf den Konstitutionalismus)이다. 쾨플(Zöpfl)과 H. A. 차카리에의 커다란 한트부흐*는 더욱 실천적인 의의를 가지고, 더구나 여기에서의 전체적인 경향도 전적으로 «입헌주의적»이다. 이 시대의 『국가사전』(Staatslexikon)은 블룬칠리와 바이에른의 자유주의자인 브라터 (Brater)*에 의해서 편집되었다. 이러한 예시들이 보여주는 것은 이 단계에서도 «제3 독일»이 국법과 헌법의 영역에서의 보통법의 새로운 형성의 본래의 무대이며, 이번의 경우에는 그것이 정치적 찬스, 즉 전술한 중간기에 «제3 독일»에 나타났다고 생각되는 정치적 찬스와 결합한다는 것이다.22) 프로이센과 오스트리아는 [이 분야에서 보통법을 형성하는 데에는] 상당히 많은 독특한 국가적 실체를 가지고 있었다. 두 나라는 입헌주의의 체계화에 대해서는 억제하는 태도를 취했으나, 다른 한편 독일 보통 국법과 독일 보통 헌법의 학문에 자진하여 전체적인 특성을 부여할 수도 없었다. 프로이센과 오스트리아에 관련된 이러한 제약과 함께 확인할 것은 독일 «일반» 국법이 학문상의 학과로서 거둔 성과는 다툼의 여지가 없을 정도로 명백하였다는 것이다. 그 성과는 로베르트 폰 몰의 『입헌주의적 일반 국법의 역사와 문헌』(Geschichte und Literatur des allgemeinen konstitutionellen Staatsrechts)23)만 보더라도 분명하다. 특히 저명한 공법학자인 동시에 «일반» 국법의 최대의 적대자이기도 한 루돌프 폰 그나이스트는 이 «일반» 국법에 반대하는 주요 증인으로서 여러 번 등장하였다. 그는 수 십 년 간「프랑스의 이론들 그 자체가 입헌주의적 헌법원칙으로서 다루어」온 것과 프로이센의 법률가도 자신이 만든 일반 란트법의 제2부에 냉담하고, 「교양 있는 계급들의 국가철학」으로서 이 입헌주의적인

---

22) 그것은 보이스트(Beust)의 개혁안(작센)과 폰 데어 포르텐(von der Pfordten)의 개혁안(바이에른) 그리고 밤베르크 회의(1854)와 뷔르츠부르크 회의(1860)의 시대이다. Walter Peter Fuchs, Die deutschen Mittelstaaten und die Bundesreform 1853 bis 1860, Berlin 1934; H. F. Feine, Das Werden des deutschen Staates, Stuttgart 1936, S. 184.

23) R. von Mohl, Die Geschichte und Literatur der Staatswissenschaften, Bd. 1 (1855), S. 265 ff.

일반 국법에 몸을 맡겨버린 것에 대해서 탄식하였다.[24] 매우 특이한 경험에 근거하여 가장 우수한, 다음과 같은 전문가적인 전체적 특징은 그나이스트에서 유래한다. 즉 「1806년 이래 독일의 대학들에서 국법으로서 강의하고 청강한 것은 철학적인 《일반》 국법이 법적 고전시대의 한 영역이었으나, 이러한 강의를 애호하는 것의 범위는 점차 작게 되어 왔다. 그것만으로 더욱 사법의 일반이론이 확장되고 실제로는 재산법의 총칙 부분만이 취급되어왔음에도 불구하고, 이 시대 이후 그 사법의 일반이론이 법학적 사고의 일반 규준으로 간주된 것이다」.[25] 허지만 그나이스트는 같은 곳에서 이러한 일반화와 계수라는 사상 간에 본질적인 관련이 있는 것도 분명히 인식하고 있었으며, 그 점을 다음과 같이 서술한다. 즉 「그것의 (이러한 일반 국법과 국가학의 형성이 결여된 것 — 저자) 상호작용 속에 **외국의 법개념의 계수** (강조는 그나이스트에 의함 — 저자)라는 것이 있으며, 이러한 계수야말로 일찍이 로마법의 계수시대와 마찬가지로, 오늘날 법률학의 논리를 혼란시키며 법률가가 낡은 법도 새로운 법도 능통하지 못한다는 사태를 초래한 것이다」[26] 라고.

그러나 실제로 19세기 후반에, 시대는 법학상의 실증주의 시대로 변하였다. 이 변화는 1848/49년의 여러 가지 경험 후에 생긴, 거의 허무주의적이라고 할 실망감의 하나로 나타난다. 1854년의 잘 인용되는 빈트샤이트의 언명에 의하면, 「자연법의 꿈」은 「꿈을 다 꾼 것이다」. 실제로 그때까지의 보통의 것과 일반적인 것의 정신적 기반, 즉 18세기의 철학과 독일 관념론 철학의 위대한 체계는 붕괴된 것이다. 이러한 체계의 최후이며 최대인 헤겔의 객관정신의 철학은, 쇼펜하우어의 비웃음과 그들에게 아무것도 알지 못한다고 웃은 시민계급의 비웃음을 받아 가라 앉아 버렸다. 그와 함께 저 일반성은 그 논리·체계적 시종일관성도 또한 그 공통된 정신적 실체도 상실해 버렸다. 일반성은 한편으로는 《일반교양》이 되고, 다른 한편으로는 점차 중립화하며, 이러한 의미에서 점차 일반화해 가는 총론 부분에서 개념을 기술적으로 배제하는 방법이 되었다. 불안을 품은 법적 허무주의를 앞에 두고 사람들은 국가에게, 그리고 국가의 법률에 보호를 요구하였다. 그것이 1848년 이후 독일에 등장한 법률실증주의의, 보다 깊은 법제사적인 의미이다. 이 법률실증주의는 — 판덱텐 법학의 보통법을 염두에 두면서 — 우선 관습법을 옹호하기 위해서, 더욱 광범위한 유보를 두어야 했으며, 그럼으로써 관습법의 《실정성》을 적어도 다음에 법전편찬을 할 때까지 동안 구출한 것이다.[27]

저항할 수 없는 힘을 가지고 압박하는 이 새로운 법실증주의, 즉 실정적으로 타당한 국가의 법실증주의에 의해서 독일 보통 국법은 다음과 같은 의문에 놓이게 되었다.

---

24) R. von Gneist, Der Rechtsstaat, 1872, S. 149; Die nationale Rechtsidee von den Ständen und das preußische Dreiklassenwahlsystem, 1894, S. 5.

25) Gneist, Budget und Gesetz, Berlin 1867, S. 63.

26) Ebenda, S. 64.

27) 「잊어서는 안 될 것은 독일의 관습법이론이 1848년 **이전에** 보급되었다는 것, 그러므로 이 이론이 본래 가지고 있는 논쟁적·정치적인 의의가 당시에는 절대군주의 입법권에 대해서 대항한다는 것에 의해서 규정되고 있었다는 것이다」.

즉 독일 보통 국법은 원래 현실의, 국가에 의해서 설정된 실정법인가의 여부, 만약 그렇다면 도대체 어째서 그러한가 하는 의문이다. 이 물음은 [독일 보통 국법이라는] 새로운 학과에 대해서는 어려운 질문이며, 또 그러한 시대상황에서는 바로 치명적인 물음이었다. 프리드리히 폰 게르버의 말에 의하면, 「국법은 그 본질에서 볼 때 특정한 국가의 법만일 수 있다. 왜냐하면 국법은 역사적으로 현실화되는 구체적인 국가의 의지력을 전제로 하기 때문이다. 따라서 독일 국법에 관해서 말하면, 독일의 민족적 결합의 내부에서 병존하는 독립한 개개의 국가의 국법만이 문제로 될 수 있을 것이다」라는 것이다.[28] 관습법의 효력을 원용하는 것은 수 백 년 이래 계수되고 있는 로마법에는 소용이 되었으나, 겨우 두 세대 전에 성립한 독일 보통 국법은 충분히 오랜 시간이라는 요소를 결여하였다. 그리하여 1860년 이래 타당근거라든가 법적 성격에 관한 의문이 시대의 종말을 고하는 불길한 새처럼 나타나는 것이다. 애기디(Aegidi)가 편찬한 『독일 국법 · 독일 헌법사 잡지』(Zeitschrift für Deutsches Staatsrecht und Deutsche Verfassungsgeschichte) 제1권은 1867년에 출판된 그대로 그것이 유일한 권이 되었는데, 거기에는 이 문제에 대한 비교적 장문의 세 논문만이 수록되어 있다.[29] 독일 보통 국법이라는 《순수하게 학문적인》 학과 내지 단순한 《법철학입문》과 현실의 법명제의 국가적 · 실정적 효력과의 차이라는 것이 자주 강조된다. 쬐플, H. A. 차카리에(괴팅겐) 그리고 H. 슐체는, 이유는 다양하지만 학문에 의해서 발견된 개념들을 실정적인 국법의 근본적 구성요소 또는 보충적 구성요소로서 평가함으로써, 또는 이러한 학문적 개념들이 정부와 국민의 법의식으로 되어 일반적으로 승인되기에 이른다고 주장함으로써 그 《실정적》 성격을 구출하려고 한다. 이에 대해서 몰, 칼텐보른(Kaltenborn) 그리고 게르버는 그 실정적 성격을 떨어뜨리며, 독일 일반 국법에 단지 학문적 의의만을 인정한다. 1867년에 북독일연방이 설립됨으로써 마침내 의심할 것 없이 실정적인 연방국가의 법이 등장한 때에는 모두 안심하였을 것이 틀림없다. 비록 북독일연방국가의 설립이라는 전체행위를 법학적으로 어떻게 구성할 것인가는 국가적 · 실증주의적인 법률사상에 대해서 해결하기 어려운 수수께끼 그대로였다.[30] 1868년이 되자 요제프 헬드는 역사적으로 해결된 이 학과를 다음과 같이 특징짓고 있다. 즉 「독일 보통 국법, 보다 정확하게 말하면 독일 국법이라는 개념은, 따라서 국토의 정치적 세분화에 반대하는 독일인의 국가적 통일에 대한 충동이 여전히 결단을 내리지

---

28) F. von Gerber, Grundzüge des deutschen Staatsrechts, 1. Aufl. 1865, 3. Aufl. 1880, S. 9.

29) Robert von Mohl, Bemerkungen über die neuesten Bearbeitungen des allgemeinen deutschen Staatsrechts, S. 354 ff.; H. Schulze (Breslau), Über Prinzip, Methode und System des deutschen Staatsrechts, S. 417 ff. 국법 일반의 개념과 특히 독일 국법의 개념에 대해서는 J. Held (Würzburg), S. 452 ff.

30) 전체행위의 이론과 합의의 이론에 대해서는 Gierke, Genossenschaftstheorie III, Berlin 1887, S. 132; Karlowa, Grünhuts Zeitschrift XV (1887), S. 402; Karl Binding, Die Gründung des Norddeutschen Bundes, Festagebe für Windscheid, 1888, S. 69 f. (abgedruckt in der Sammlung »Zum Werden und Leben der Staaten« 1920, A. 161, 217); G. Jellinek, System der subjektiven öffentlichen Rechte, 1892, S. 193; Kuntze, Der Gesamtakt, Festgabe für Müller, Leipzig 1892. 끝으로 H. Triepel, Völkerrecht und Landesrecht, 1899, S. 37, 178 f.

못한 일종의 항의이거나 또는 — 이 점은 지금까지 전혀 주목되지 않았는데 — 정치적 자유에서 나오는 항의이다. 그것은 일찍이 봉건주의 또는 봉건적인 법적 분립주의 (Rechtspartikularismus)와 개별주의(Spezialismus)의 진영에서 근대의 절대군주제에 의한 통일·해방을 위한 보다 고도의 노력에 대항하기 위하여 가지고 나온 것과 동일한 교양, 즉 관습법에 관한 고래의 일반적·국민적인 교양을 기초로 하여 절대주의의 잔재에 대해서 행하는, 자유를 지향하는 국민적 개혁의 지레이다」라고. 물론 이 적절한 특징은 미네르바의 올빼미처럼 독일 보통 국법의 시대가 끝나는 단계에 비로소 등장한다. 그러나 잊어서는 안 될 것은 라이히 최고재판소(제3부)가 1882년의 시점에서도 여전히 «입헌주의적 일반 국법»을 그 판결의 근거로서 이끌어내고, 국가 자신 또는 그 국적을 가진 자에게 의무를 부과하는 조약이 란트 등족회의의 승인을 필요로 하는가 아닌가 하는 문제에 긍정적으로 답변하고 있다는 것이다.[31]

북독일연방이 설립되고 그것이 제2제정으로 확대됨으로써 이 독일 일반·보통 국법은 자연사하지 않을 수 없게 되었다. 그러나 그것은 **독일** 일반 국법학으로서 죽은 것에 불과하며, 그 한쪽에서 동시에 그것은 마찬가지로 자연스런 모습으로 입헌주의의 **일반국가학**에로 확대되고, 이 일반국가학의 형태로 유럽에, 실로 세계 전체에 통용하게 되었다. 이러한 방향에로 결정적인 한 걸음을 내 디딘 것이 게오르크 옐리네크의 『일반 국가학』 (Allgemeine Staatslehre, 1. Aufl. 1900)이다.[32]* 그는 [일반에 대한] 개별적 국가학의 구상을 가지고 있었으나 그것은 단편으로 그치고 있다. 이러한 국가학 각론은 G. 옐리네크 자신이 강조했듯이, 오토 마이어에 대해서 마이어류의 행정법«각»론이 실현불가능했던 (후술 참조) 것과 동일한 이유로 실현불가능하였다. 일반 국가학이라는 학과를 실증주의의 의혹에서 구하는 논리적이며 방법론적인 기교는, 일반 국가학이 국**법**학에서 자신을 엄밀하게 구별하면서 그럼에도 불구하고 여전히 법학상의 학과로서 보존된다는 점에 그 본질을 가진다. 그러나 이것이 세계적 성과를 거둔 비밀은 이 일반 국가학이 실질적으로는 세계적 추세가 된 자유·민주주의적 헌법을 일반화한 것에 불과하다는 사실에서 명백하게 된다.

제2제정이 성립된 후에 독일 대학의 학문에는 새로운 독일 보통법을 형성하기 위한 활동영역으로서는 단 하나 행정법이 남았을 뿐이다. 국법과 헌법이 실증주의적으로 된 것은 라이히 헌법, 즉 연방국가의 헌법이 연방국가의 법률로서였다고 하더라도, 여하튼 국가의 법률로서 현재 존재하였기 때문이다. 이에 대해서 행정은 주로 개별국가에게 맡겨졌으며 그러므로 계수에 의거해서 법학에 의한 체계가 형성되는 것을 기다리고 있었다. 비교적 강대한 개별국가는 보통법에 대한 필요성을 느끼지 않았다. 프로이센의

---

31) RGZ. 7, 52.
32) 제2판은 1905년에 발간되었는데, 그것보다 먼저 이미 프랑스어역과 러시아어역이 나왔다. 이어서 1906년
   에는 체코어역이, 또한 1921년에는 이탈리아어역이 각각 나오고 있다. 로마대학에서는 이미 1903년에
   «일반 공법»(diritto pubblico generale)라는 단독의 강좌가 설치되었고, V. E. 올란도가 이것을 담당하고
   있었다.*

행정법은 학문적인 관점에서 볼 때에도 완전히 만족했으며, 이 시대의 가장 위대한 행정법학자 루돌프 폰 그나이스트는 이 프로이센 행정법에 뿌리박고 있었다. 바이에른, 뷔르템베르크, 작센, 바덴의 행정법 역시 상급행정재판소의 판례를 기반으로 하여 그 특이성을 보존할 수 있었다. 그러므로 독일 보통행정법의 실천에 남아있던 활동의 여지는 반드시 넓은 것은 아니었다. 그리하여 나아가 법학·이론이 승리할 것은 명백하였다. 이 분야의 경우 그 움직임에 선구를 이룬 것은 라이히 직할령 엘자스·로트링겐[알사스·로렝]의 독일 대학, 즉 슈트라스부르크대학이었다.

중부 프랑켄 출신의 법률가 오토 마이어*는 젊은 독일인 변호사로서 라이히[제2제정]가 설립된 직후인 1872년부터 1880년에 걸쳐 먼저 프랑스적 특징을 지닌 법생활의 실무를 경험하고, 이어서 슈트라스부르크의 독일 대학*의 강사로서 콩세이유 데타의 판례의 방대한 소산을 알게 되었다. 1886년에는 그는 『프랑스 행정법이론』(Theorie des französischen Verwaltungsrechts)을 발간하였다. 이 저서에 대해서 그 자신은 이렇게 서술한다. 즉「확실히 그러한 사고방식에는 그 나름의 고유한 특수성이 있으므로 프랑스인이라면 행운의 본능에 의해서 사물을 묘사하고 직관적으로 만드는 것을 아는데 반하여, 독일인은 충분히 그런 방법을 사용하기 위해서는 확고한, 윤곽이 뚜렷한 개념들을 포괄하지 않으면 안 된다. 그 이외의 방법으로는 우리들에게는 할 수 없는 것이다. 이러한 개념들은 유사하거나 대립하기 때문에 그 자체로도 서술에서의 어떤 일정한 체계로 인도하는데, 그 체계 중에서 그러한 개념들이 서로 설명하거나 한계를 짓게 한다. 바로 우리들이 로마법을 다룰 때에 구축한 체계가 그러하였다」.[33] 여기서 오토 마이어는 「프랑스의 법률가들의 활동에 관한 보고자」에 불과한 것을 자각했는데, 그의 눈에는 완성된 완벽한 것으로서 비친 프랑스의 개념들을 그는 역시 하나의 체계로 정리한 것이다. 그의 커다란 체계적인 『독일 행정법』(Deutsches Verwaltungsrecht) 제1판은 1895/96년에 출판되었다. 그 서문 속에서 그는 다음과 같이 서술한다. 즉「이번에 독일 행정법에 대해서 서술함에 있어서 나는 『프랑스 행정법이론』 속에서 이런 종류의 작업에 대해서 스스로 설정한 필요조건을 만족시키려고 노력하지 않으면 안 되었다. 그러나 본서에 관해서는 앞의 저서와는 완전히 다른 어려움이 거기에 수반되었다. 앞의 저서의 경우에는 여하튼 국가적인(nationalen) 법을 가지는 단일국가가 나의 눈앞에 있었다. 그런데 본서의 경우 내 눈앞에 있는 것은 다양한 란트법이며, 그것들은 다양한 정도에서 외국법, 즉 프랑스법의 영향을 받고 있는 것이다. 앞의 저서의 배경에는 한 번에 주조된 새로운 법, 말하자면 혁명이라는 용광로 속에서 나타나온 새로운 법이 있었다. 그런데 본서의 배경에 있는 것은 점진적인 사태의 경과이며, 모든 것에 낡은 것의 잔재가 포함된 것이다. 앞의 저서에서는 이러한 전제들을 기초로 하여 하나의 확고부동한 이론이 존재하였고, 그것을 설명하는 저자들의 동종성에 당혹할 정도였다. 당시 나는 자신이 프랑스의 법률가들의 활동에 관한 보고자에 불과한 것을 정직하게 서술할 수 있었다. 모든 법개념들은

---

33) Otto Mayer in seiner Selbstbiographie (herausgegeben von Planitz, 1924), S. 162.

확고하게 주어졌으며, 나는 단지 다른 표현방법과 다른 배치의 방법을 첨가할 뿐이었다. 우리 독일 행정법학도 [프랑스의 상황과] 단지 유사한 상황에 떨어진다고 주장하고 싶어하는 자가 있을 것인가?」라고.

이렇게 볼 때 여기에는 계수라는 것의 아주 놀랄 만한 사례가 존재한다. 프랑스의 행정법학에 의해서 발전된 행정행위·행정쟁송·공공계약·공적 소유권·공공영조물과 같은 개념들이 받아들였을 뿐만 아니라, 전형적으로 프랑스적으로 특징지어진 권력분립을 배경으로 한, 이 행정법학의 구조의 헌법적 기반도 받아들인 것이다. 《법치국가》는 《경찰국가》*를 변증법적으로 극복하게 되는데, 동시에 법치국가는 전형적인 형태로 권력분립에 의거하는 법률의 우위와 법률의 유보를 내용으로 하는 법률국가(Gesetzesstaat)가 된다. 행정은 입법과 사법에 포함되지 않는 것으로 정의된다. 여기에 이르러 비로소 프랑스 입헌주의의 계수와 승리가 완성된 것이다. 왜냐하면 여기서 프랑스 입헌주의가 일반적인 것으로 고양되기 때문이다. 게오르크 옐리네크는 바로 다음과 같이 논평하였다. 오토 마이어는 자기의 출발점으로서 행정법의 **각론**을 식별할 수가 없다. 그러나 그럼에도 불구하고 오토 마이어의 본서에 일종의 각론과 같은 것이 있기 때문이라면 — 옐리네크의 견해에 따르면 — 거기에서 문제가 된 것은 총론 부분의 계속인 것이다 라고. 옐리네크가 바로 보고 있듯이, 마이어는 사법의 유비를 혼입한 일종의 합성체계에 의해서 이것을 은폐하고 있다. 「마이어의 입장에서 볼 때 행정법의 일반이론 이외의 다른 어떤 것에 도달하는 것은 정말 불가능하다. 왜냐하면 개별 특수라는 것은 모두 거기에 체계에 대한 어떤 영향력도 인정해서는 안 되는 대상, 바로 그러한 행정의 대상 중에 존재하기 때문이다. 그리하여 프랑스 행정법이론의 저자는 그의 이 최초의 저서에 독일 행정법의 체계가 아니라 동일한 체계적 기초 위에 구축된 독일 행정법의 이론을 병치한 것에 불과하다」.[34] 또 한 사람의 다른 어떤 유대인 법학자*는 오토 마이어의 사후에 그 기회를 이용하여 그가 프랑스를 계수한 것에 반대하여 스스로 토착적인 프로이센 행정법의 옹호자인체 하였다.[35] 이 인물은 그럼으로써 인접한 두 개의 유럽 민족[독일인과 프랑스인] 의 유사성과 대립성이라는 어려운 문제를 유대인의 혼합으로 몰아가고, 독살하게 된다는 것에 대한 또 하나의 예시를 제공했을 뿐이다.

오토 마이어의 커다란 성공은 잘 알려져 있다. 독일 행정법의 체계적인 교과서는 오늘날에 이르기까지 그에 의해서 규정되고 있다. 이 방법은 《순수하게 법학적》인 방법으로서 통용되었다. 학문이 개념을 추상화하고 일반화하면서 형성한 것을 란트 법률의 법전편찬은 광범위한 범위에서 뒤따랐다. 「사법학을 통해서 위대하게 된 이 법학적인 고찰방법은 행정법의 문제들의 해결에도 전용되기에 이르렀다. 오토 마이어는 그의 기초적 작업에 의해서 이 길을 연 것이다」. 이것은 프리츠 플라이너*가 그의 『독일 행정법 제요』에서 오토 마이어의 영향에 대해서 뛰어난 예시로서 한 말이다.[36] 프리츠

---

34) Verwaltungsarchiv 5, 306.
35) Verwaltungsarchiv 30, 377 ff.
36) Fleiner, Institutionen des Verwaltungsrechts, S. 44. 아이젠만(Ch. Eisenmann)에 의한 플라이너의

플라이너가 전술한 확인을 한 후에, 엔노 베커(Enno Becker)*를 인용하여 덧붙이고 있듯이, 1919년 12월 13일의 라이히 과세규칙은 행정법상의 일반개념(처분 등등)을 특정한 법률규정 중에 포괄적으로 정리하고, 그럼으로써 그것들을 조세법과 그 적용에도 활용할 수 있도록 시도하는데, 이것 역시 오토 마이어의 시도로 거슬러 올라가는 것이다.37)

《세계적인 성과》는 이 분야에 그치지 않는다. 오토 마이어 자신, 그의 저작이 프랑스의 법학에 소급효과를 준 것을 자랑할 수 있었다.38) 이탈리아의 행정법학에서는 그의 영향력이 《순수하게 법학적인》 방법의 확고한 지배에 공헌하였다.39) 법학상의 체계화와 철학상의 체계들과의 긴밀한 관련성은 여전히 유지되고 있다. 오토 마이어 자신이 매우 강력한 어조로 강조하듯이, 헤겔 철학에 종사하지 않았다면 그는 자기의 행정법체계를 전개할 수 없었을 것이다.* ―

우리들은 독일에서의 법학적 작업이 가지는 구조적 동일성이 모든 중요한 영역에서 확인되어야 한다는 것을 간단히 법제사적으로 회상해 왔는데, 그것은 다음과 같은 명제들을 예시적으로 설명하는 데에 기여할 것이다.

1. 계수, 법학적 체계형성과 독일 보통법 ― 《보통》법, 즉 공통의 법인 동시에 《일반》법, 즉 개념을 체계적으로 형성함으로써 얻는 법 ― 의 창조라는 세 가지를 결합한 것이 **독일 법학의 지금까지의 전체 업적**이다.

2. 이러한 업적으로 볼 때 독일 법학은 본래의 법적 신분(Rechtsstand)이었다.

3. 독일 보통법이라는 개념은 종래 이러한 법제사적 발전의 특이성에 의해서, 그러므로 기본적으로는 독일의 국가적 분열상황에 의해서 규정되고 있었다.

4. 18 · 19세기의 여러 가지 법전편찬의 스타일은 ― 편찬자의 태도는 외견상으로는 학문에 적대적이었던 것처럼 보임에도 불구하고 ― 《보통법》에 관한 학문이 낳은 체계화의 방법에 완전히 대응하고 있다.

독일의 법학이 지닌 오늘날의 사명, 지위 그리고 임무에 대해서 스스로 숙고하는

이 저서의 프랑스역에는 『독일 행정법의 일반적 원리들』(Les principes généraux de droit administratif allemand)이라는 제목이 붙어 있다(Paris 1933).

37) Enno Becker, Kommentar zur RAO. Vorbemerkung zu § 73. 이에 대해서는 1926년 3월의 독일 국법학자대회에서의 논의(Heft 3 der Veröffentlichungen der Vereinigung der Deutschen Staatsrechtslehrer 1927 über den »Einfluß des Steurrecht auf die Begriffsbildung des öffentlichen Rechts«, S. 77)을 보라. 즉「과세규칙(AO)에서의 오토 마이어의 영향에 비교하면, 법률의 경우는 어떤 경우에나 오토 마이어의 영향은 그만큼 강력하게 나타나지는 않고 있다」는 것이다(여기서의 관련에서 이 점이 더욱 기묘한 것은, 여기서 문제가 되고 있던 것이 세법학의 개념을 어떻게 독자적으로 형성할 것인가 하는 것이었기 때문이다!). 이 책의 S. 120을 문자적으로 그대로 인용하면, 「세법의 가치는 세법이 일반 행정법상의 개념들을 해명하는 데에 기여한다는 점에 있다」는 것이다.

38) Selbstbiographie (bei Planitz), a. a. O.

39) 올란도의 『이탈리아 행정법 제1 총론』(V. E. Orlando, Primo trattato completo di diritto amministrativo italiano)은 1897년에 발간되었다. 올란도는 오토 마이어에 의거하지는 않지만, 이와 유사하게 「순수하게 법학적인」 입장에 서 있다.

경우에는, 계수와 체계형성과 보통법이 지금까지 이러한 형태로 결합하고 있었다는 법제사적 사실에서 출발해야 하며, 그럼으로써 체계와 보통법이라는 두 개의 개념의 차이도, 또한 양자의 종횡의 결합보다도 매우 분명히 알 수 있는 것이다. **라이히**의 개념이 재건되고 있는 오늘날 바로, 특히 이 개념과 병렬적으로 관련짓고 있는 독일 보통법의 개념을 종래의 발전의 모든 사후적 영향력과 잔류물에서 해방하지 않으면 안 된다. 그러면 독일 보통법은 이미 예전처럼 일반화를 지향하는 개념으로 구성된 상부건축일 수 없으며 오히려 모든 독일인 동포(Volksgenosse)에 내재하는 법으로서 법의 기초인 그 성격을 제시하지 않으면 안 된다. **구체적 질서사상***의 이론 역시 19세기의 법률·법전편찬 실증주의와, 이 실증주의에 붙어 있는 일반개념들을 독일의 법적 신분이 담당하는 법에 의해서 극복하려는 시도이며, 이 이론도 계수, 체계형성 그리고 규범주의의 법제사적인 결합의 인식을 출발점으로 삼으며, 그러므로 이 이론의 이와 같은 출발점에서만 의미 있는 반박이나 계속적인 실행이 가능한 것이다.

4. 법학적 문헌 장르의 종합으로서의 헌법론
— 10개의 테제 —*

페터 해벌레

《차 례》

I. 문 제

헌법론, 즉 「입헌국가」라는 **유형**에 관한 학문은 각국의 헌법제정자(와 이들에 선행하는 「고전대가」)[1])가 제정한 객관적 (「실정적」) 법문과 법문에 판결 기타 실무와 학자가 내용적으로 「첨가하는」 것에서만 구성되는 것은 아니다. 헌법론은 또한 「첨가하는 방법」, 즉 여러 가지 종류의 문헌 장르가 각각 특별한 형식으로, 즉 그러한 의미에서 「형식적으로」 만들어내며, 제의하며, 토론하며 시인하는 것에서도 구성되며, 또한 그 속에 존립한다.

---

*   Peter Häberle, Verfassungslehre im Kraftfeld der rechtswissenschaftlichen Literaturgattungen: zehn Arbeitsthesen, in: Francis Cagianut, Willi Geiger, Yvo Hangartner, Ernst Höhn (Hrsg.), Aktuelle Probleme des Staats- und Verwaltungsrechts. Festschrift für Otto K. Kaufmann, 1989, S. 15-27.
1) 이러한 의미에서 나의 베를린 강연 Klassikertexte im Verfassungsleben, 1981.

헌법론에 대해서 중요한 의미를 가지는 개별적인 (특히 법학적) 문헌 장르의 구조와 기능은 헌법론의 불가결한 고유의 「테마」이다. 오늘날의 독일에서 그 자체로서 직접적이며 의식적으로 그 전체 내지 주요한 부분에서 「헌법론」을 구현하고, 또 완성시키는 학술 문헌은 상대적으로 「결핍하다」고 하지 않을 수 없더라도, 그러나 간접적으로 헌법에 관한 고찰이나 헌법을 위한 행동에 대해서 「소재를 제공」하는, 그러한 의미에서 헌법론에 대해서 적지 않은 중요성을 지닌 법학적 문헌은 많고 다양하며 풍부하다.

이하에서는 문헌 장르의 「현상학」을 드러낼 수는 없다.[2] 본고는 우선 학문 분과[3]로서의 헌법론을 「문헌 장르」라는 문제에 주목하고 헌법론 속에서의 확고한 「안주의 장」을 이 문제에 부여하고, 각각 독자적인 구조를 가지는 문헌 장르가 다양하게 존재하는 것이 불가결하다는 테제를 증명하는 약간의 시점을 확립하는 데에만 목적으로 한다. (개별적인 부문의 저자는 그 자신으로서는 「커다란 관련」에 대해서 민감해야 한다). 헌법론은 「문헌목록」에서 또는 본문 각 장의 「도입부」로서 또는 각주에서 많든 적든 수집한 문헌을 말하자면 집합하여 「부수적으로 열거하는」 것으로 만족해서는 안 된다.[4] 헌법론은 헌법론 자체가 「현장에서」 특수하게 소화한 다종다양한 문헌 장르도 그 공동의 구성요소로서 성립하고 있음을 인식하지 않으면 안 된다. 각종의 문헌 장르가 (구조적·기능적으로) 서로 달리하는 것, 그러한 분화가 나아가는 것, 그리고 (가능한 한) 그것들이 나중에 종합되는 것이 「입헌국가」라는 유형이 발전하기 위한 하나의 조건이다. 「입헌국가」라는 유형은 다종다양한 「문헌」의 스펙트럼 속에서 존재하는 것이다. 이러한 「문헌」은 입헌국가의 문화적 「상부구조」와 「하부구조」를 형성한다. 다만, 이 상하구분은 가치평가와는

---

2) 후술하는 각주 7)에서의 입장에 관한 약간의 요소들.

3) 헌법학은 내 생각으로는 (일반) 국가학에 대해서 「국가」와 「국가성」에 대한 전형적인 고착화를 극복함으로써 구별된다. 헌법은 (유형으로서 또 그때그때의 예시 형식 속에서) 구성되듯이, 단지 많은 국가가 있기 때문에 오늘날 **헌법론**은 주어진 사물대상이며 부수하는 학과이다. 그러므로 헌법론은 국가적인 것에 대해서 그 틀 속에서 한정된 과제를 매개한다. 이러한 동기에서의 첫 번째 작업은 R. 헤어초크 (AöR 98 [1973], S. 119 ff.)와 M. 크릴레 (AöR 102 [1977], S. 284 ff.)의 (일반) 국가론에 대한 서평 논문이다. 이것은 독일 「국가성의 전통」에 관한 유명한 저작들(예컨대 H. Quaritsch, Staat und Souveränität, Bd. 1, 1970; ders., [Hrsg.], Die Selbstdarstellung des Staates, 1988 und Her. Krüger, Allgemeine Staatslehre, 1964, bes. S. 178 ff. : 「비동일성」의 원리)을 부분적인 성과 속에 통합하는 것을 배제하지는 않는다. 또한 헌법론의 특성적인 「구체성」에 직면하여 「연방공화국의 일반 국가학과 (특수) 국가학」 속에서 일반 국가학에 일치하는 분배도 존재하지 않는다 (예컨대 H. H. v. Arnim, Staatslehre der Bundesrepublik Deutschland, 1984, S. 1 ff.).

4) 이것은 널리 유포된 방법이다. 예컨대 일반 국가학에 대해서는 R. Zippelius, Allgemeine Staatslehre, 14. Aufl., 2003; T. Fleiner-Gerster, Allgemeine Staatslehre, 1980; P. Pernthaler, Allgemeine Staatslehre und Verfassungslehre, 1986. — 다른 것은 Herb. Krüger, Allgemeine Staatslehre, 1. Aufl., 1964. — 혼합 형식, 즉 한편으로는 개별 장에서 인용한 문헌과 다른 한편으로는 본문 속에서 인용한 것은 H. Heller, Staatslehre, 1934(홍성방 옮김, 『국가론』, 민음사, 1997). 유사한 것은 R. Herzog, Allgemeine Staatslehre, 1971과 F. Ermacora, Grundriß einer Allgemeinen Staatslehre, 1979. 본문 내지 각주에서의 문헌은 M. Kriele, Einführung in die Staatslehre, 1975. 6. Aufl. 2003 (국순옥 옮김, 『헌법학입문』, 종로서적, 1982)와 K. Loewenstein, Verfassungslehre, 4. Aufl., 2000 (김기범역, 『현대 헌법론』, 교문사, 1973)에 익숙하다.

무관계하다. 다종다양한 문헌형식은 입헌국가의 바이탈리티를 증명하며, 입헌국가의 아이덴티티의 일부를 이룬다.

공통되는 것은 학문적인 문헌 장르와 여기서 특히 **법**학적인 문헌 장르이다. 여기서 **예술**의 문헌 형식 내지 작업 장르의 넓은 영역은 열려진 채로 있다. 그리하여 예술은 특히 입헌국가의 촉진자와 비판가5)로서 「아름다운 문학과 문필가」가 필수적이며, 기본권으로서 예술의 자유를 구성하면서, 그리고 그 결과로서 개별적인 입헌국가들의 개방과 창설을 지시하며,6) 그리하여 학문적으로 우수한 저작(예컨대 H. 헬러나 C. 슈미트)은 매우 예술가적인 요소들을 함께 드러내고 있다. 이하에서는 단지 「법학적인 문헌 장르의 스펙트럼 속에서의 헌법론」이란 테마의 영역만을 한정하고 이를 테마로 삼기로 한다. 입헌국가의 발전을 위한 예술과 예술의 자유의 커다란 내용적 중요성은 여기서 글로발한 확정과 함께 작품 장르에 따라서 차별화하지 않는 일반적인 지시로 만족하기로 한다.7)

---

5) 이에 관하여는 P. Häberle, Das Grundgesetz der Literaten, 1983. 「입헌국가의 문헌 장르로서의 유토피아」(!)에 대해서는 같은 제목의 나의 논문 Ged.-Schrift für W. Martens, 1987, S. 73 ff.

6) 이에 관하여는 나의 논문 Die Freiheit der Kunst im Verfassungsstaat, AöR 110 (1985), S. 577 (591 f.).

7) 개개의 문헌 장르에 대해서 「전형적인 것」, 즉 그 구조와 기능을 그 대표적인 예를 들면서 개관하면 다음과 같다. — 한트부흐: 독일에서는 Handbuch des Deutschen Staatsrechts, hrsg. von G. Anschütz/R. Thoma (I. Bd. 1930, II. Bd. 1932. Nachdruck 1998)가 분량이나 내용의 면에서도 이후의 기준이 되었다. 이것은 이 문헌 장르의 고전이다. 한트부흐의 특징은 작품이 테마의 점에서 포괄적으로 비교적 망라적으로, 전문적으로 전반적으로 구성되어 있는 것, 한트부흐에 수록된 개별 논문이 체계적으로 편성될 것, 시대를 초월하여 통용되는 기초적 항목이 포함될 것, 개별적 문제에 관한 정보가 제공될 것, 이론적인 깊이와 실무적 유용성이 있을 것, 다수의 집필자가 각각 독립한 연구자로서 완전히 다양한 방법을 취할 수 있는데(또한 취해야 하는데), 한트부흐의 전체적 구상을 위해서 형식적으로나 실질적으로 서로 참조하고 서로 조정하고, 또한 서로 의견의 차이를 명백히 해야 한다. 한트부흐는 훌륭한 사항색인에 의해서 활용하기 쉬워야 한다. 「형식적 의미」의 공법의 한트부흐로서는 다음과 같은 것이 있다. Die Grundrechte (hrsg. von K. A. Bettermann u. a., 1954 ff.); Handbuch des Staatskirchenrechts der BR Deutschland (hrsg. von E. Friesenhahn und U. Scheuner, Bd. 1, 1974, Bd. 2, 1975); Handbuch des Wissenschaftsrechts (hrsg. von C. Flämig u. a., 2. Bde. 1982); Handbuch für die parlamentarische Praxis (bearb. von H. G. Ritzel und J. Bücker, 1981). 실질적으로 한트부흐에 가까우며 그러한 의미에서 「실질적 의미」의 한트부흐에 해당되는 총합적 저작이 있다. 그러한 것으로서 Landesverfassungsgerichtsbarkeit (hrsg. von C. Starck und K. Stern, 3 Teilbde., 1983)이나 Festschrift für von Unruh (Selbstverwaltung im Staat der Industriegesellschaft, 1984, hrsg. von A. v. Mutius)를 들 수 있다. 기본법 하에서의 공법이 오늘날 도달한 발전 단계에 대응하는 한트부흐가 있다. 즉 제정 후 39년이 지나서 이처럼 체계화하고 정리된 포괄적인 저작이 요구되는 것은 당연할 것이다. 특히 개개의 저자가 단독으로는 이와 같은 저작을 할 수 없는 것만으로 더욱 그러하다. (헌법들의 「연령」과 일정한 문헌 장르 내지 형식간의 관련은 학문적으로 해명된다). 각 세대는 「자신의」 최상의 한트부흐를 새로이 찾아야 한다는 것은 Handbuch des Verfassungsrechts der Bundesrepublik Deutschland (hrsg. von E. Benda/W. Maihofer/H.-J. Vogel, 1983; 문헌은 서평, M. Kloepfer, Archiv für Presserecht, 1983, S. 447 ff.; H. Schneider, VBlBW 1984, S. 37 f.)를 둘러싼 논의가 보여주고 있다.* 더구나 단독으로 저술된 저작으로 한트부흐의 성격을 띤 것은 H. Schneider, Gesetzgebung, 1982; N. Achterberg, Parlamentsrecht, 1984; E. R. Huber, Wirtschaftsverwaltungsrecht, 2. Aufl., 1953이 그 예이다. — 사전 항목(의 해설)에 대해서는 망라적으로 정보를 「수집」하는 것이 특징이며, 또한 문제의식을 지닌 학문적 논구도 특징적이다(이에 대해서는 R. Grawert, Das Staatslexikon der

II. 헌법론의 「구성부분」으로서의 법학 문헌 장르가 불가결한 것과, 열린 것, 분화된 것, 그러나 통합될 필요가 있는 것에 대한 10개의 테제

1.

여러 법학 문헌 장르와 각각의 「대표」는 입헌국가적 헌법의 발전에서 불가결한 「성장을 위한 효소」인 동시에, 또한 그 「성장을 나타내는 연륜」이기도 하다. 「문필적 영위」로서의 헌법론과 문화로서의 헌법은 다수의 다양한 문헌 장르에 의존하고 있다. 즉 모노그라피나 교과서에서 시작하여 논문 · 판례주석서 · 판례평석 · 잡지 · 단행본의 비평을 거쳐 「감정의견」 · 사전 항목의 해설 · 한트부흐 · 기념논문집에의 기고 논문 · 축하 연설에 이르는 여러 가지의 문헌 장르에 의존하고 있다. 헌법이 「살아 있다」는 것은, 특히 그

Görres-Gesellschaft, in: Der Staat 26 (1987), S. 432 ff.). 독자층을 고려하여 행해지는 항목의 선택에 의해서 사전의 특정이 미리 결정된다. 독일 연방공화국에서는 양대 기독교교파의 사전이 경쟁하고 있다. Staatslexikon (jetzt 7. Aufl., Bd. 1 und 2, 1985 bzw. 1986)과 Evangelische Staatslexikon (2 Bde, 3. Aufl., 1987)이 그것이다. 이런 종류의 사전 모두 전문 학자에 의해서나 시민에 의해서도 마찬가지로 이용된다는 것은 물론 곤란할 것이다. — 판례평석, 저작 평석, 잡지의 평석의 특수한 기능에 대해서는 P. Häberle, Kommentierte Verfassungsrechtsprechung, 1979, S. 12 ff. bzw. ders., Rezensierte Verfassungsrechtswissenschaft, 1982; ders., Gedächtnisschrift für Geck, 1988을 참조. — 그 밖에 (실무가와 학생을 포함한 학문공동체를 독자층으로 하는) 교과서와 (주로 학생을 독자층으로 하는) 「간략 교과서」로 나누인다. — 헌법학자의 감정의견(문제는 P. Häberle, in: Rezensierte-Verfassungs-rechtswissenschaft, S. 30 ff.) — 기념논문집(나의 논문 Festschriften im Kraftfeld ihrer Adressaten, AöR 105 (1980), S. 652 ff. 참조) — 대화집회 보고(이에 대해서는 P. Häberle, AöR 111 [1986], S. 595 ff.) — 축하 연설(이에 대해서는 P. Häberle, DVBl 1977, S. 836). 또한 단독 저자의 저작집, 스위스의 예를 든다면 W. Burckhardt, Aufsätze und Vorträge 1910-1938, 1970; H. Huber, Rechtstheorie, Verfassungsrecht, Völkerrecht, 1971; K. Eichenberger, Der Staat der Gegenwart, 1980 등이 열거된다. 이것들은 헌법론이라는 문헌적 문화의 모자이크를 구성한다. — 헤르만 헬러의 수용을 기록하는 논문집 C. Müller und I. Staff (Hrsg.), Der soziale Rechtsstaat, 1984, 이에 대해서는 P. Häberle, DVBl. 1985, S. 949 ff.는 그 형식과 내용의 면에서 볼때 독자적인 지위를 차지하고 있다.* — 복수의 저자가 하나의 테마에 대해서 논한 논문을 모은 논문집도 특수한 장르를 구성한다. 그러한 것으로서 C. Starck/A. Weber (Hrsg.), Verfassungsgerichtsbarkeit im Vergleich, 1985; M. Tohidipur (Hrsg.), Der bürgerliche Rechtsstaat, 2 Bde., 1978이 있다. — 이미 발표한 논문을 수록한 문헌 선집으로 U. Scheuner (Hrsg.), Die staatliche Einwirkung auf die Wirtschaft, Wirtschatsrechtliche Aufsätze 1946-1970, 1971; H. Quaritsch/H. Weber (Hrsg.), Staat und Kirchen in der Bundesrepublik. Staatskirchenrechtliche Aufsätze 1950-1967, 1967; R. Dreier/F. Schwegmann (Hrsg.), Probleme der Verfassungsinterpretation, 1976이 유익하다. — 연방헌법재판소에 의한 재판의 기록집. 여기에는 W. Heyde u. a. (Hrsg.), Die Nachrüstung vor dem BVerfG, 1986이 있다. — 학술서 출판협회의 「연구의 길」 시리즈. 헌법 부문에 대해서 고전적으로 스타일을 결정지은 것으로서 E. Forsthoff (Hrsg.), Rechtsstaatlichkeit und Sozialstaatlichkeit, 1968이 있다. 또한 헌법론에 대해서 풍부한 소재를 제공하는 것으로서 H. Rausch (Hrsg.), Zur heutigen Problematik der Gewaltentrennung, 1969; R. Steinberg (Hrsg.), Staat und Verbände, 1985가 있다.

헌법에 관한 여러 문헌 장르의 활력 · 밀도 · 다양성에 의해서, 나아가서는 그들의 일층의
발전에 의해서 제시된다.

2.

여기서 문제가 되는 것은 내용상 직접적으로 「헌법론」에 상당하는 문헌이나 헌법론
자신의 부분적 문제를 다루는 문헌만은 아니다. **헌법론의 추상성의 정도가** 상대적으로
높다는 것에서 본다면, 역사적이며 (또는) 현대적으로 입헌국가에 대해서 전형적인
것을 추출하는 한에서 단독으로 하나의 「헌법론」이 되는 문헌은 참으로 적지 않다고
해도 좋을 것이다.[8] 그러나 여러 가지 문헌 장르는 개개의 입헌국가의 구체적인 「실정
헌법」을 위해서 성립하며, 또한 「실례」 속에서 성립하는 헌법론을 위한 「준비작업」을
이루는 것이다. 그것들은 학문과 문필적 영위로서의 헌법론에 이르는 (긴) 도정에서
저급하지만 불가결한 「단계」에 위치하는 것이다. 예컨대 구체적으로 본 기본법을 다루는
「실정 독일 헌법학」은 **궁극적으로** 헌법론의 문제에 귀착하는 기본문제와 관련하며,
(관련해야) 하는 것이다.[9] 또한 독일의 연방헌법재판소와 같은 헌법재판소도 많은 기본
문제에서 헌법론과 동일한 높이의 추상성을 추구한다는 행방을 취하지 않을 수 없는
것이다.[10] 반대로 헌법론은 개별 입헌국가로부터의 예시들로 「가득차지」 않을 수 없으며,

---

8) 비교법적으로 얻어진 시각은 나의 논문 Neuere Verfassungen und Verfassungsvorgaben in der
Schweiz, insbesondere auf kantonaler Ebene, JöR 34 (1985), S. 303 ff.

9) 독일 연방공화국에 관한 예로서는 다음과 같은 것을 들 수 있다. K. Stern, Das Staatsrecht der BR
Deutschland, Bd. I, 2. Aufl., 1984 (헌법제정권력에 대해서 S. 143 ff.)*; K. Hesse, Grundzüge des
Verfassungsrechts der BR Deutschland, 20. Aufl., 1995 (헌법이라는 테마에 대해서 S. 10 ff.)(계희열역,
『통일독일헌법원론』, 박영사, 2001); E. Stein, Staatsrecht, 18. Aufl., 2002 (경제의 헌법상의 문제에
대해서 S. 283 ff.); K. Doehring, Staatsrecht der BR Deutschland, 3. Aufl., 1984 (특히 이른바
「국가의 요소들」)에 대해서 S. 87 ff.); E. Denninger, Staatsrecht 1, 1973 (특히 「다원주의적 사회와
세력들의 자유로운 경쟁」의 장(S. 31 ff.) 그리고 「사회정의」의 항목 (S. 135 ff.); H. Ridder, Die soziale
Ordnung des Grundgesetzes, 1975, bes. S. 35 ff.(사회국가의 기준 시스템으로서의 민주적 전체헌법에
대해서 S. 35 ff.). 스위스에 관한 예는 다음과 같다. Y. Hangartner, Grundzüge des schweizerischen
Staatsrechts, Bd. I Organisation, 1980 (헌법에 대해서 S. 25 ff., 국가임무에 대해서 S. 159 ff.);
J. P. Müller, Elemente einer schweizerischen Grundrechtstheorie, 1982 (국가와 법질서에 있어서의
기본권의 기능에 대해서, S. 1 ff.); U. Häfelin/W. Haller, Schweizerisches Bundesstaatsrecht, 1984
(예컨대 연방 헌법의 근본적인 기본가치 -법치국가 · 연방제 · 사회국가의 요소에 대해서, S. 42 ff.).
오스트리아에 관한 예로서는 L. K. Adamovich/B. -C. Funk, Österreichisches Verfassungsrecht,
2. Aufl., 1984(헌법학과 인접 부문에 대해서, S. 20 ff.)

10) 이른바 주(州) 구획의 재편성에 관한 제1판결(BVerfGE 1, 14)은 **헌법제정권력**에 관하여 「헌법제정회의는
제정된 헌법에 근거하여 선출된 국민대표보다도 고차의 지위를 가진다. 헌법제정회의는 헌법제정권력을
보유한다」고 서술하고 있다. ― 연방헌법재판소의 많은 판결이 **연방국가제**에 대해서 서술하는데, 초기의
판결로서는 BVerfGE 6, 309 (361 f.); BVerfGE 12, 205 (254 f.)를 보라. ― 또한 연방헌법재판소의
판결은 **문화국가**에 대해서도 서술하는데, 예컨대 BVerfGE 36, 321 (331)은 「그것(즉 기본법 제5조
3항)은 예술의 자유에 대한 객관적 가치결정으로서 국가목표규정의 취지에서 보아 문화국가로서도 이해되
는 현대 국가에 대해서 동시에 자유로운 예술생활을 유지하고 촉진하는 임무를 부과하는 것이다」라고

따라서 바로 판례 콤멘타르·모노그라피 또는「전문가의 감정의견」[11]을 참조하지 않을 수 없다. 헌법론이 그것을 대표적인 것을 선발하는 것을 통해서, 또한 각각의 문헌 장르가 그「인식가치」란 점에서 기여할 수 있는 것에 대해서 높은 감수성을 나타내는 것을 통해서 행하는 곳에 헌법론의 독자적인 역량이 나타난다. 그러므로 헌법론이 예컨대 한 국가의 구체적인 실정 헌법의 교과서가 경험한 발전[12]을 헌법론 자신의 성장과정에 일치시키면서 추적하고 기록하는 것도 적절한 것이라고 생각된다. 이상과 같은 것을 고려에 넣으면,「보다 구체적인」실정 헌법에 관한 연구 논문이 헌법론의 요소들과의「궁극적인」관련을 보다 더욱 강하게 의식한다면, 그것은 헌법론에 대해서 중요할 것이다. 독일의 본 기본법에 관한 문헌은 거의 40년 간에 기본법이라는 입헌국가 헌법의 실례를 정력적으로 해명하고 발전시켜 왔다는 것, 이 점에 관해서는 커다란 약점을 감추고 있는 것이다.

3.

헌법론은 여러 가지 추상도를 가지며, 또한 그것에 대응하여 여러 가지로 분화된 문헌 장르를 통해서 제시되는 인식을 섭취한다. 반대로 헌법재판소의 개개의 판결이나「국가실무」의 개개의 현상형태(예컨대 의회법) 속에서조차 하나의 헌법론이 포함되어 있다. 헌법론은 공허하고 형식적으로 생성하거나 이미 성립된「일반 국가학」의 일반성에 매몰해버리는 것을 바라지 않는다면, 항상 역사적 및 (또는) 현대적인「실례」에 비추어 연구를 하기 때문에, 개개의 입헌국가의 구체적인「실정 헌법학」은 헌법론에 대해서 단순한「소재」이상의 것을 제공하게 된다. 구체적인「실정 헌법학」은 본래의 것, 즉 헌법론 그 자체를 구성한다. 내용적인 것에 관해서 서술된 것은 개개의 문헌 장르 내지는 작품 장르의 중요도에 대해서 영향을 미친다. 발전하는 헌법 법문의 이해에 대해서 재판실무와 국가실무가 특별한 중요성을 가지기에 이른 곳에서는 이 실무를 가장 잘

서술하고, BVerfGE 10, 20 (36)은「현대 국가는 공동체의 문화적 발전을 촉진하는 것을 가지고 그 임무로 한다」고 서술하고 있다. **다원 사회**를 위해서는 E 44, 125 (143), **민주국가**를 위해서는 E 12, 113 (125). ─ 이미 그 테마의 표현 방법에서 국가론과 헌법론의 레벨을 시사하는 논문인 P. Badura, Verfassung, Staat und Gesellschaft in der Sicht des Bundesverfassungsgerichts, in: Bundesverfassungsgericht und Grundgesetz, II, 1976, S. 1 ff.는 연방헌법재판소의 판결로부터의 그 밖의 자료를 포함하고 있다.

11) **스위스**에 관하여는 1977년의 최종보고서를 포함한 연방헌법의 전면개정에 관한 여러 권에 걸친 준비보고서 (1977년)가 모범적이다. ─ 독일 **연방공화국**에 관해서는「국가목표규정과 입법위임」이라는 이름의 전문가 위원회의 보고서(1983년)가 그 테마에 관한 수많은 자료를 포함하고 있다.

12) 독일 기본법에 대해서 이것은 이미 열거한 K. Hesse, Grundzüge des Verfassungsrechts der BR Deutschland, 20. Aufl., 1995의 제1판의 개정의 예에서 제시할 수 있다. 개정된 제4판(1970년)과 제8판(1975년)은 시대의 경과를 인식시킨다. 또한 T. Maunz-R. Zippelius, Deutsches Staatsrecht는 연방헌법재판소의 판례를 잘 정리한 것이 특징적이다(1. Aufl., 1951; 30. Aufl., 1998). 또한 H. P. Ipsen, Deutsche(n) Staatsrechtswissenschaft im Spiegel der Lehrbücher, AöR 106 (1981), S. 161 ff.

추구하는 문헌 장르, 예컨대 시대적 경과를 표현한 판결보고[13]가 주된 지위를 차지하지 않으면 안 된다. 전체적으로 헌법론이라는 학과와 개개의 입헌국가의 구체적인「실정 헌법학」이라는 학과 간의 창조와 수용의 과정, 즉 일종의 점차적인「소재의 교환」이 생긴다. 개별 주 내지 구체적인 국가의 실정 헌법학의 새로운 경험이나 개별적 연구 성과가「보다 추상적인」헌법론을 진전시킬 수 있으며, 반대로 헌법론은 구체적인 실정 헌법학에 대해서 진로를 지시할 수 있는 것이다(실정 헌법학과 헌법론 간의 상호작용). 내용적인 교류과정은 문헌 장르의 레벨에서도 또는 문헌 장르의 형식들에서도「재현되며」 또는 여기서 구체적인 형태를 취하게 된다.

4.

여기서 문제가 되는 문헌 장르의 목록은 ― 헌법이 열린 것이며 헌법해석자의「공동체」 가 열린 것이라는 것[14]에 대응하여 ― 열려진 것이며, 또한 열려진 것으로 계속하여야 하며, 또한 열려진 것으로서 유지되어야 한다. 입헌국가의 시련에 견디어낸 원리들이 발전을 계속해 왔으며 또 세분화하고 있듯이, 예전부터의 문헌 장르와 새로 생겨난 문헌 장르(예컨대 판결보고 내지는「케이스 북」)는 이러한 발전과정의 추진력이기도 하며 동시에 그 표현이기도 하다. 단순히「형식적」인 것으로 보이는 것, 즉 문헌 장르는「실질적 인 것」으로서도 이해되지 않으면 안 된다. 충분하게 정비된 헌법재판소를 가지는 입헌국가 는, (지금까지의 프랑스처럼) 불충분한 헌법재판소만을 가진 입헌국가보다도 더 한층「헌법 판례주석」을 필요로 할 것이다. 그렇다고 하여 학문이 단지「주석자」로 타락해서는 안 될 것이다.「주석 헌법학」[15]은 문헌이 증가함에 따라서 점차 중요하게 된다.

5.

개별 문헌 장르의 종류와「법칙성」, 즉 그「작품구조」는 개개의 국가의 독자적인 헌법문화에 따라서 다르다. 각각의 국가의 학문문화의 특성도 또한 각각에 대해서 영향을 미친다. 예컨대 성문 헌법전을 가지는 유럽 대륙의 개별 국가의 실정 헌법의「체계적인」 교과서는 영국과 같은 불문 헌법의 국가들에서와는 다른 기능을 가지며, 보다 커다란 의의를 가질 것이다. 또한「판례 리더」내지「케이스 북」은 미국에서는「교과서」에 비해서 오랫동안 정상의 자리를 차지해 왔다.[16]

---

13) 60년대의 문헌 장르로서 새로운 부문 "Zur Verfassungsrechtsprechung"가 Archiv des öffentlichen Rechts에 설정되고, 특히 P. Lerche, Das Bundesverfassungsgericht und die Verfassungsdirektiven, AöR 90 (1965), S. 341 ff.가 그 최초의 것이다.

14) 나의 논문, P. Häberle, Die offene Gesellschaft der Verfassungsinterpreten, JZ 1975, S. 297 ff.(계희열역, 헌법해석자들의 개방사회, 동인 편역,『헌법의 해석』, 고려대학교 출판부, 1993, 217-251면) 참조.

15) 1979년의 나의 같은 제목의 저서라는 의미에서.

6.

문헌 장르의 종류와 형식은 (성문) 헌법의 연령에 의해서도 다르게 된다. 연령이 일천한 헌법은 학문에 의한 선도적인 「수행」을 필요로 하며,17) 「오래된」 헌법 또는 헌법 법문은 안정과 거기에 따르는 해석 단계의 뒤에 (다시) 대담한 모노그라피, 즉 예컨대 교수취임 기념강의에서 가능하게 된 새로운 출발의 프로그램을 필요로 한다.18) 그러므로 아무리 우수한 교과서일지라도 거의 15년이 지나면 「낡게 된다」. 헌법 법문 속에서 성문화되어 이미 전적으로 「기존의 것」이 된 (되었다고 생각되는) 것의 주석의 시대, 그리고 대콤멘타르에 의한 「중간 총괄」의 시기에 이어서 더욱 커다란 변동의 시대가 도래할 수 있다.19) 이 시대는 정식의 헌법개정의 회수와 중요성의 증가를 특징으로 할 뿐만 아니라, 헌법개정과 병행하거나 거기에 선행하는 패러다임의 교환도 특징으로 한다고 할 수 있다. 즉 「전통」과 「정형적 사고」로부터의 해방을 특징으로 한다고 할 수 있다. 「방침 내지 방법을 둘러싼 다툼」은 — 독일 공법학회의 학회보고가 때로 그러하듯이,20) — 독자적인 표현의 장을 발견한다. 이 점에서도 입헌국가가 문화적 진화의 포괄적 관련 속에 입각하는 한, A. 토인비가 말하는 의미에서의 「도전과 응답」*의 단계가 존재한다. 여러 문헌 장르는 이러한 과정 속에 편입되며, 그것들도 또한 이 과정을 어느 정도까지 지도한다. 그러므로 「본 기본법 제정 20주년」이나 「본 기본법 제정 30주년」과 같은 기념논문집은 — 비교해 보면 — 시사가 풍부하며,21) 중요한 축제일에 즈음한 연설도

---

16) 독일의 헌법에 관하여 현재 「케이스 북」의 모범을 보여주는 것은 I. Richter/G. F. Schuppert/C. Bumke, Casebook Verfassungsrecht, 1987, 4. Aufl. 2001(방승주역, 『독일 헌법판례 해설』 제4판, 헌법재판소, 2003)이며, M. Lepa, Das Grundgesetz in Fällen, 2. Aufl., 1987도 이 방향에 있다. 스위스에서는 J. P. Müller, Praxis der Grundrechte, 3. Aufl., 1983이 있다.

17) 예컨대 입센의 함부르크 대학 총장 취임 연설인 H. P. Ipsen, Über das Grundgesetz, 1950 (동명의 논문집, 1988에 재수록)이 대표적이다. 또한 G. Dürigs Kommentierung der Art. 1 und 2 GG, in: Maunz/Dürig과 그의 50년대의 획기적인 논문(부분적으로는 G. Dürig, Gesammelte Schriften 1952-1983, 1984에 재수록 되어 있다)에 의한 기본권의 문제에 관한 건설적인 저술도 참조.

18) 예컨대 K. Hesse, Die normative Kraft der Verfassung, Freiburger Antrittsvorlesungen, 1959 (계희열역, 헌법의 규범력, 『헌법의 기초이론』, 박영사, 2001, 13-34면)이 그렇다.

19) 1984년의 연방헌법의 전면개정을 둘러싼 스위스의 논의는 최고 수준의 근본적인 원칙적 고찰을 가져왔다. 전6권의 Totalrevision der Bundesverfassung, 1973 그리고 Bericht von 1977 참조. 매우 많은 문헌 중에는 P. Saladin, Verfassungsreform und Verfassungsverständnis, AöR 104 (1979), S. 345 ff.; L. Wildhaber, Das Projekt einer Totalrevision der schweizerischen Bundesverfassung, JöR 26 (1977), S. 239 ff. 참조.

20) 예컨대 R. Smend, Das Recht der freien Meinungsäußerung, VVDStRL 4 (1928), S. 345 ff.(김승조 옮김, 의사표현의 자유권, 동인 옮김, 『국가와 사회』, 교육과학사, 1994, 159면 이하); H. Heller, Der Begriff des Gesetzes in der Reichsverfassung, ebd. S. 98 ff.(김효전 옮김, 라이히 헌법에서의 법률의 개념, 동인 옮김, 『바이마르 헌법과 정치사상』, 산지니, 2016; 동,『주권론』, 관악사, 2004, 225면 이하) 참조. — 본 기본법의 틀 안에서는 이러한 원칙적 논쟁은 예컨대 U. 쇼이너와 R. 슈누어의 「프레스의 자유」에 관한 대조적인 보고(VVDStRL 22 (1965), S. 1 ff.; bzw. 101 ff.)에 영향을 남기고 있다.

21) 문헌으로서는 U. Scheuner, Das Grundgesetz in der Entwicklung zweier Jahrzehnte, AöR 95,

그러하며,[22] 또한 독일 공법학회의 학회보고도 확실히 그렇다. 이 학회보고는 많은 문헌 장르를 통합하며, 동시에 독일에서 독자적인 문헌 장르를 구성한다.[23]

헌법이 오래되었을수록 문헌 장르의 영역은 더욱 강력하게 분화될 것이다.* 기본법과 그 문헌의 예시에서 이러한 것들은 잘 연구되며, 이 경우 물론 독일의 학문적 문화의 특성들은 함께 작용한다. 그 완성의 구축과 다양성은 외국의 관찰자에 의해서 항상 다시 기록된다. 물론 헌법과 법전화가 오랠수록,[24] 문헌 장르 역시 노쇠한다 (비록 빨리 구별될지라도 말이다). 때때로 여기서는 「경신의 과정」이 요구되며, 즉 형식에도 관련된, 이처럼 그때마다 이를 「뛰어넘는」 학자의 창조성을 필요로 한다.

7.

헌법사[25]와 **비교헌법**[26]은 헌법론의 (서로 관련된) 「방법과 내용」이라는 그 자격에 근거하여 대상의 면에서 그들에게 특유한 문헌 장르를 가지고 학문으로서의 헌법론의 「구축의 개시」와 「구축의 성취」에 특히 관여한다. 비교헌법의 분야에서 박사 논문이, 특히 독일에서 점증하는 「견인차의 기능」을 담당해 왔다.[27] 동일한 것은 (비교헌법의) 논문집[28]이나 비교법의 부분을 첨가한 전문가의 감정의견에 대해서도 말한다.[29] (독일

1970, S. 353 ff.; H. P. Ipsen, Über das Grundgesetz nach 25 Jahren, DÖV 1974, S. 289 ff.가 있다.

22) 이 문제에 대해서는 P. Häberle, Feiertagsgarantien als kulturelle Identitätselemente des Verfassungsstaates, 1987 참조. 바이마르 시대의 것으로는 R. Smend, Bürger und Bourgeois im deutschen Staatsrecht, Rede, gehalten bei der Reichsgründungsfeier der Friedrich-Wilhelms-Universität Berlin am 18. Januar 1933, in: ders., Staatsrechtliche Abhandlungen, 3. Aufl., 1994, S. 309 ff.(김승조 옮김, 독일 국법에 있어서 시민과 부르주아지, 동인역, 『국가와 사회』, 교육과학사, 1994, 261면 이하)가 대표적이다.

23) 이에 대해서는 독일공법학회의 토론에서 본 독일 헌법학 50년을 검토한 독일 공법잡지 AöR 97 (1972)의 U. 쇼이너와 H. P. 입센의 논문을 참조. 또한 H. P. Ipsen, Weitere 10 Jahre Staatsrechtslehrer-Tagungen 1972-1981, AöR 109 (1984), S. 555 ff. 참조.

24) 법전화의 「연륜」에 대해서는 F. Kübler, Kodifikation und Demokratie, JZ 1969, S. 645 ff.

25) 이 점에서도 헌법사의 분야에서의 후버의 필생의 역작인 E. R. Huber, Deutsche Verfassungsgeschichte seit 1789, Bd. I (1957, 2. Aufl., 1967) bis Bd. VII (1985)는 결코 과대평가되어서는 안 된다. ― 비교헌법의 분야에서는 후버에 필적하는 것은 존재하지 않는다. ― 헌법사의 분야에서의 문헌 장르의 변종으로서는 많은 집필자의 논문으로 구성된 논문집으로서는 E.-W. Böckenförde/R. Wahl (Hrsg.), Moderne deutsche Verfassungsgeschichte 1815-1914, 2. Aufl., 1981 (이것은 헌법개념을 넓게 이해함으로써만 가능하였다)이 있으며, 한 사람의 저자의 논문으로 된 논문집으로서 예컨대 H. Hofmann, Recht, Politik, Verfassung, Studien zur Geschichte der politischen Philosophie, 1986이 있으며, 또한 국가사상가들을 고전 작가의 반열에 올린 것으로서 M. Stolleis (Hrsg.), Staatsdenker im 17. und 18. Jahrhundert, 2. Aufl., 1987이 있다.*

26) 이에 대해서는 나의 논문 (Anm. 8), in: JöR 34 (1985), S. 303 (S. 351 f. u. a.).

27) 이에 대해서는 P. M. Heer, Deutsche Dissertationen zum ausländischen öffentlichen Recht (1970-1980), JöR 21 (1982), S. 367 ff.가 유익하다.

28) 예컨대 E.-W. Böckenförde/C. Tomuschat/D. C. Umbach (Hrsg.), Extremisten und öffentlicher Dienst, 1981 참조.

의) 교수자격논문30)과 독일 공법학회에서의 세 개의 독일어권 국가들로부터의 세 개의
보고도 마찬가지이다.31)

유럽인권조약 가맹국에 대한 유럽인권재판소와 같은 기본권문제에 관한 공통의 (헌
법) 재판소를 가지고 있는 입헌국가들, 또는 유럽공동체처럼「연방국가의 전단계」적
형태로 통합되어 유럽재판소와 같은「통합의 원동력」을 가진 입헌국가들에서는 학술적
회의32)가 그 고유한「법칙성」을 가지고 주요한 지위를 차지하기에 이른다. 잡지도 역시
전문적으로 분화하고 비교법의「정보 서비스」의 역할을 하게 되고 있다.33)

8.

헌법론은 입헌국가들이라는 개개의 실례를 유형화하여 종합하는 것을 그 임무로
하는데, 이 입헌국가라는 개개의 실례는 오늘날 그 헌법 법문의 레벨에서만 활발한
상호적 교류관계에 있거나 또는 서로「현장대화」를 하는 것은 아니다.「헌법법문」의
레벨에서 글로벌이 행해지며, 특히 유럽에서 현저하게 보이는,34) 수용과 창조의 과정과
병행하여 문헌 장르의 레벨에서도 교류과정이 진행하고 있다. 예컨대 독일의 기본법35)에
관한 판결 평석36)이나「판례 리더」의 의의가 증대해오고 있는 것은, 확실히 미국이나
코만로 국가들로부터의 다대한 자극을 받은 것이며, 반대로 교과서로부터「개론서」에
이르는 각종의 체계적 문헌에 대한 유럽 대륙(특히 독일)의 강한 애착이 영미계 국가들에
대해서 영향을 미치는 것도 없지 않을 것이다.37) 따라서 개별 국가의 헌법문화와 학문문화

---

29) 이 점에서는 예컨대 Bericht der (deutschen) Sachverständigenkommission Staatsziel-
bestimmungen Gesetzgebungsaufträge, 1983이 대표적이다. 이것은 비교법의 부분을 포함하고 있다(S.
26 f., S. 74 f., S. 88). 이에 대해서 놀랍게도 성과가 적은 것은「헌법개혁을 위한 심의와 추천들」,
예컨대 Schlussbericht 3/1976, S. 236 f. (「경제평의회와 사회평의회」 모델을 위해서).

30) 현저하게 비교법적 방법을 취하면서 동시에 유형화의 방법을 취하여 저술한 교수자격취득논문으로서
H. Ehmke, Wirtschaft und Verfassung, 1961과 H. Steinberger, Konzeption und Grenzen
freiheitlicher Demokratie, 1974가 있다(모두 미국을 예로 들고 있다). — 스위스의 것으로서는 취리히
대학에서의 교수자격취득논문인 D. Thürer, Bund und Gemeinden, 1986이 대표적이다 (독일연방공화
국, 미국, 스위스에 관하여 비교한 것이다).

31) K. Korinek/J. P. Müller/K. Schlaich, Die Verfassungsgerichtsbarkeit im Gefüge der
Staatsfunktionen, VVDStRL 39 (1981), S. 7 ff.* 그리고 M. Stolleis/H. Schäffer/R. A. Rhinow,
Parteienstaatlichkeit-Krisensymtome des demokratischen Verfassungsstaates?, VVDStRL 44
(1986), S. 7 ff.가 그 예이다.

32) 이것은 특히 유럽법의 분야에 타당하다. 예컨대「유럽 통합」이라는 연구단체가 간행하는 논문 시리즈(예컨
대 M. Zuleeg, Ausländerrecht und Ausländerpolitik in Europa, 1987)를 참조.

33) 예컨대 유익한 "Europäische Grundrechte Zeitschrift"가 그렇다. 이 잡지는 1988년에 제15권이 발간되
었다.

34) 이에 관하여는 나의 논문 (Anm. 8), in JöR 34 (1985), S. 303 ff. bes. 368 ff.

35) 이제는 I. Richter/F. G. Schuppert/C. Bumke, Casebook Verfassungsrecht, 1987, 4. Aufl. 2001.

36) 그 기능에 대한 입장표명이나 법적 내지 학문적 이론을 명확히 하려는 시도는 나의 Kommentierte
Verfassungsrechtsprechung, 1979, S. 1 ff. ("Recht aus Rezensionen").

37) L. H. Tribe, American Constitutional Law, 1978 참조.

의 차이가 이제 더욱 개별성을 만들어내는 힘을 가지고 있다 하더라도, 헌법 법문에서의
유사성에 대응하여 문헌 장르에서의 유사성도 생겨나고 있다.

9.

하나의 국민이 가지는 헌법전의 차이를 초월하여 개개의 저서 또는 저술이 재판되거나
「복간」되는 것은 단순히 「문필에만 관련된 일」은 아니며,「시장」의 문제일 뿐만 아니라
그 배후에는 보다 깊은 내용과 과정이 존재한다. 즉 실정 헌법을 초월하는 연속성의
과정, 문화적 창조와 수용, 재창조와 재수용이라는 다이나믹한 과정, 헌법생활에 있어서의
문헌의 「고전화」의 성숙과정이 배후에 존재하는 것이다. 그것은 ― 문헌 장르에 의해서
다른 것인데 ― 특히 바이마르 시대의 국가학과 헌법학과 「본」, 즉 기본법의 타당 하에서의
문헌과의 관계에 나타난다. 「논문집」이라는 작품 장르에 관해서는 카를 슈미트의『헌법
논집. 1924-1954』(Verfassungsrechtliche Aufsätze aus den Jahren 1924-1954, 1958,
3. Aufl. 1985), 에리히 카우프만의『전집』(Gesammelte Schriften, 1960), 루돌프 스멘트의
『국법학 논집』(Staatsrechtliche Abhandlungen, 3. Aufl. 1994), 에른스트 루돌프 후버의
『전통과 변천. 독일의 국가이론과 헌법사 연구』(Bewahrung und Wandlung. Studien zur
deutschen Staatstheorie und Verfassungsgeschichte, 1975)를 그 예로서 들 수 있으며,
모노그라피에　대해서는　게르하르트　라이프홀츠의　『민주제에서의　대표』(Die
Repräsentation in der Demokratie, 1. Aufl. 1929; 2. Aufl. 1960; 3. Aufl. 1966; reprint
1973)[38]의 여러 판이 그 대표적인 예로서 들 수 있다. 개별적인 문헌 장르는 여기서
살아있는 헌법 그 자체를 「담는 용기」가 되는 것이다. 이 경우는 헌법이라는 넓은 의미로,
즉 「문필적 영위」를 포함한 문화적인 것으로서 이해되고 있다. 게오르크 옐리네크의
『일반 국가학』제3판의 제6쇄(1959)[김효전 옮김, 법문사, 2005]나, 1933년에 발간된
게르하르트 안쉬츠의 바이마르 헌법 주석의 제14판을 그대로 복간한 판은 두 개의 문헌
장르에서 본 「헌법사」이상의 것이다. 이것은 이 두 사람의 저자가 구체적인 헌법문화와
결부된 「고전 작가」[39]인 것을 증명하며, 그들의 문헌이 국가학 내지 헌법론의 고전적
텍스트인 것을 증명하고 있다.[40] 바로 오늘날의 독일에서 바이마르 시대의 실정 헌법학이
많은 문헌 장르 속에서 살아있다는 것이 나치스 시대의 심연 내지 단절을 넘어서 가교를
놓는 연속성을 만들어내는 것이다.[41]

---

38) G. Leibholz, Die Gleichheit vor dem Gesetz, 1959 (1. Aufl., 1924)의 제2판도 대표적이다. 이
　　경우 이 고전적 텍스트의 연속성은 넓은 의미에서의 헌법 텍스트로서 연방헌법재판소의 수용행동에도
　　근거하고 있다 (G. Leibholz, ebd., Vorwort zur 2. Aufl., S. 1 ff.에의 전거). 또한 C. Link가 G. 라이프홀츠
　　80세 생일 기념 심포지엄으로 편찬한 Der Gleichheitssatz im modernen Verfassungsstaat, 1982도
　　(바이마르의) 국법학 문헌으로부터 (본 기본법에로의) 고전적 텍스트로서 여기서 정식화된 테제를 위한
　　전거가 되고 있다.
39) 이에 대해서는 P. Häberle, Klassikertexte im Verfassungsleben, 1981 참조.
40) 이 경우 내용적으로 기본적인 것으로서 인용되는 것이 학문적 저작이 살아있다는 것의 주된 지표이다.

10.

　입헌국가에 관한 문헌형식[42]이 직접적인 것과 간접적인 것, 일반적인 것과 특수적인 것, 짧은 것과 긴 것처럼, 다양한 것에서 볼 때 「헌법」이라는 본래의 테마 때문에, 또한 「헌법론」이라는 학문의 틀 안에서 다양한 문헌형식을 부단히 새롭게 종합하는 것이 과제가 된다. 독일연방공화국에서 문헌 장르가 때로는 많기 때문에 내용적으로 통합하는 이러한 목표가 아마 쉽게 상실하는 경우가 있다. 즉 전문화가 분산으로 변하고, 정보가 잘못된 정보가 되고, 방향안내가 방향을 그르치는 것으로 역전되어 버린다. 특수한 문헌 장르는 모두 자기를 너무나 절대화하여 「입헌국가를 위한 협동작업」이라는 커다란 일반적인 관련을 망각하는 수도 있다. 개개의 문헌 장르의 통합은 예컨대 스스로 「헌법론」을 시도하거나 기술하는 사람에게만 행하는 것이 아니라, 그것은 판례 콤멘타르 「만」이거나 부분적 문제에 대해서 사전 항목의 해설 「만」을 쓰는 사람에게도 요구된다. 그러한 사람들은 어떠한 문헌 장르로부터 어떠한 내용을 어떻게 논구하는가를 자각하고 있어야 하며, 또한 가능한 한 전체를 시야에 넣어야 할 것이다. 그러므로 모든 학문적 인식이 바로 「콤멘타르로 될 수 있을 정도로 숙달」하지 않으면 안 된다. 그러나 또한 콤멘타르의 저자는 경우에 따라서는 다른 콤멘타르 문헌의 「한계」를 넘어서 시야를 넓히고 선구적인 박사논문도 논구해 보는 용기도 가져야 할 것이다. 바꾸어 말하면 「콤멘타르가 성숙하는」 과정은 내용적인 면에서도 문헌형식의 면에서도 열려있어야 한다. 그러나 기존의 콤멘타르 문헌에 대해서는 (거부하거나 동의하는 것으로도) 그것이 중요하다는 일종의 「추정」이 존재하고 있다. 무엇보다 그것은 공공연하게 또는 은밀한 「대안 콤멘타르」에 의해서 「대안을 제출하는 야심」을 부정하는 것은 아니다.[43] 반대의 측면에서 말하면 확실히 대담한 모노그라피 속에서 모든 콤멘타르 문헌이 분명히 알 수 있듯이, 논구되지 않으면 안 된다는 것도 아니다.[44] 학문적 교과서는 독일연방헌법재판소와 같은 지배적인 재판소에 대해서마저도 최소한의 「자립성」을 보유할 것이다. 그렇지 않으면 단순한 「주석」이 되어버릴 것이다. 요컨대 문헌들의 장르 간의 교류, 그 상호작용의 가능성 그리고 그 점에 관한 한계가 완전히 자각적으로 인식되지 않으면 안 된다.

---

41) 스위스에 관해서는 모든 관련 문헌 장르를 검토한 후 내용적 연속성을 인상 깊게 기록한 것으로서 D. Schindler, Die Staatslehre in der Schweiz, JöR 25 (1976), S. 255 ff.가 있다.

42) 여러 세대에 인상적인 사전 항목, 아마도 한트부흐의 논설 역시 그러하며 「짤막」하지만 적지 않게 중요한 잡지의 서평도 생각하라.

43) 1984년의 기본법 대안 콤멘타르(AK)를 둘러싼 논의 참조. 이에 대해서는 W. Graf Vitzthum, DÖV 1984, S. 918 ff. — 또한 10권으로 완간된 J. Isensee/P. Kirchhof (Hrsg.), Handbuch des Staatsrechts (Bd. 1 und 2, 1987)도 어떤 의미에서는 Handbuch des Verfassungsrechts (2 Bde. 1983/84)에 대한 응답이다. 이에 대해서는 M. Kloepfer, Durch pluralistische Verfassungswissenschaft zum einseitigen Medienrechtskonzept, AfP 1983, S. 447 ff.

44) 이에 대한 예시는 스위스를 고려한 나의 서평 논문인 Kommentierung statt Verfassunggebung?, DVBl 1988, S. 262 (266).

III. 전 망

본고의 테마의「각론」의 과제는 개개의 법학 문헌의 특수한 구조와 기능을 그 실례에 비추어「작품 마다」해명해야 할 것이다. 그 경우 다음과 같은 문제를 기본적 문제로서 설정해야 할 것이다. 즉 개개의 문헌 장르는 헌법론에 직접 또는 간접으로 무엇을 부여할 수 있는가? 또한 바로 교과서, 한트부흐, 사전 항목의 해설, 모노그라피, 단행본 · 잡지 · 판결의 평석 등등이 헌법론을 추진하고 완성된 것으로 하기 위해서, 단기적 · 중기적 · 장기적으로 보아 어떠한 기여를 할 수 있는가? 헌법론이 법률학의 여러 부분 학과, 특히 실정 헌법학, 헌법사, 비교헌법과의 (문화적인) 수용과 (재)창조의 과정에 의해서 존립하며, 또한 이 과정 속에서 존립하는 한, 헌법론은 이 여러 부분 학과의 문헌 장르의 풍부한 양과 다양성에 대해서 열려있어야 한다. 헌법론은「유형의 학문」으로서 개별적 헌법이라는 (역사적 및 현대적)「실례」를 기반으로서 구축되어 있으며, 또 이 개별적 헌법은 헌법전이라는「객관적」텍스트 속에서만, 또한 그것으로만 존립하는 것은 아니며, 많은「주관적인」문헌적 표현 속에도 존립하므로 헌법론은 바로 이러한 문헌형식들을 필요로 한다. 헌법론은 그「이상적」(중간) 총괄과 그「현실적」에센스를 카를 슈미트의『헌법이론』(Verfassungslehre, 1928, 10. Aufl. 2010; 김기범역, 교문사, 1976), 헤르만 헬러의『국가론』(Staatslehre, 1934, 6. Aufl. 1983; 홍성방 옮김, 민음사, 1997),* 나아가서는 칼 요아힘 프리드리히의『근대 입헌국가』(Verfassungsstaat der Neuzeit, 1951 bzw. 1953; 윤천주 옮김,『오늘의 입헌정치』, 문교부, 1962) 그리고 카를 뢰벤슈타인의『헌법론』(Verfassungslehre, 1959, 4. Aufl. 2000; 김기범역,『현대헌법론』, 교문사, 1973; 새 번역『동아법학』제74 및 75호, 2017)과 같은 교과서에서 발견할 수 있을 것이다. 그렇지만 이처럼 위대한 성공작을 입헌국가의 어느 시대에나 가져올 수 있는 것은 아니다. 헌법론은 부분적 업적 속에도 존재할 수 있으며, 예컨대 사전 속의「헌법」항목의 우수한 해설,[45] 속에도 존재할 수 있거나 또는 많든 적든 잠재적인 형식으로 개개의 중요한 모노그라피,[46] 논문,[47] 본 기본법의 콤멘타르[48] 속에도 존재할 수 있으며, 또는 본 기본법의「기초자」의

---

45) P. Badura, Art. Verfassung, Evangelisches Staatslexikon, 2. Aufl. 1975, Sp. 2707 ff.; ders., Art. Verfassung, Evangelisches Staatslexikon, 3. Aufl. 1987, Sp. 3737 ff.은 모범적인 성공사례이다. 또한 Dittmann, Art. Kulturverfassungs- und Verwaltungsrecht, Staatslexikon, 7. Aufl. 3. Bd. 1987. S. 773 ff.; T. Würtenberger jun., Art. Pluralismus, Ergänzbares Lexikon des Rechts, 1985, 5/550; K. Schlaich, Neutralität als verfassungsrechtliches Prinzip, 1972, bes. S. 236 ff. (「중립성과 국가이해」); E. H. Riedel, Theorie des Menschenrechtsstandards, 1986; K. G. Meyer-Teschendorf, Staat und Kirche im pluralistischen Gemeinwesen, 1979도 유익하다.

46) 예컨대 H. Ehmke, Wirtschaft und Verfassung, 1961, bes. S. 1-87; B.-O. Bryde, Verfassungsentwicklung, 1982; H.- P. Schneider, Die parlamentarische Opposition im Verfassungsrecht der BR Deutschland, Bd. 1, 1973, S. 46 ff.이 그렇다.

47) 예컨대 U. Scheuner, Das Wesen des Staates und der Begriff des Politischen, in: FS Smend,

한 사람의 자서전 (예컨대 카를로 슈미트*의 자서전)[49] 속에도 존재할 수 있다.

　이리하여 「학문에 관한 학문」의 광대한 연구 분야가 열린다. 개개의 문헌 장르는 그 이론적 프로그램, 그 현실적 현상형태, 전통, 그 발전가능성을 기준으로 해서 「일람표로 정리」하지 않으면 안 될 것이다. 그러나 오늘날 이러한 과제는 누구든 개별 저자에게 짐 지우기 어려운 것이다(그러나 사람의 사기를 꺾어서는 안 될 것이다). 궁극적으로는 국가를 초월한 학자의 공동체만이 대체로 이 전체상의 요소들을 취합하여 전체상을 「묘사」할 수 있을 것이다. 그 경우에 이러한 문필적 영위에 의한 「길」 내지는 문필적 · 학문적인 「길」을 통해서 헌법이라는 커다란 목표에 봉사할 수 있다는 희망, 즉 「입헌국가」라는 유형에 대해서는 문헌 장르라는 형식적인 것만이 생각되는 측면에서도 존립과 장래의 보장이 될 수 있다는 의식이 더욱 추진력을 부여할 수 있다. 이 점에서 헌법론은 어느 정도 문필적 영위를 연구하는 학문이며, 문필적 영위를 연구하는 학문은 어느 정도 헌법론이다. 물론 모든 「선한 것」, 여전히 차별화된 문필은 그 자체 여전히 입헌국가는 아니지만 그것은 자신의 방법으로 자신의 길로써 입헌국가를 가져오며 유지한다. 입헌국가[50]는 궁극적으로 자신의 시민으로부터 생명력을 얻어야 할 것이다. 「소국」 스위스는 여기에 우리들 독일인에 대해서 예나 지금이나 마찬가지로 단지 도달하기 어려운 모범으로서 남아 있다.

, S. 225 ff.; A. Hollerbach, Ideologie und Verfassung, in: Ideologie und Recht, hrsg. von W. Maihofer, 1968, S. 37 ff.(이데올로기와 헌법, 최종고 · 박은정 공역, 『법철학과 법사학』, 삼영사, 1984); D. Grimm, Verfassungsfunktion und Grundgesetzreform, AöR 97 (1972), S. 489 ff.가 그렇다.

48) 특히 뒤리히의 주석 (G. Dürig, in: Maunz/Dürig, Art. 1, 2 und 3 GG)가 그렇다. 또한 P. Badura, Staatsrecht, 1986 (예컨대 국가임무의 항목, S. 194 f.)이나 C. Starck, in: v. Mangoldt-Klein/Starck, GG Kommentar, Bd. 1, 3. Aufl. 1985 (예컨대 헌법제정권력 항목, S. 5 f.)도 기본적으로 그렇다.

49) Carlo Schmid, Erinnerungen, 1979, besonders S. 318 ff.(「의회평의회와 기본법」) 참조. 2차 문헌으로는 G. Hirscher, Carlo Schmid und die Gründung der Bundesrepublik, 1986.

50) 입헌국가의 인간상에 대해서는 나의 저서인 Das Menschenbild im Verfassungsstaat, 1988. 2. Aufl. 2001.

5. 헌법해석의 방법 - 재고와 비판*

에른스트-볼프강 뵈켄회르데

《차 례》

I. 문제의 제기

독일의 고유한 법문화적 전통에서 유래한 것이 아님에도 불구하고, 독일연방공화국에서의 헌법재판은 지금까지 25년간 존속함으로써 독일의 국가생활의 중요한 헌법기관으로 자리잡게 되었다. 출범 당시에는 부분적으로는 커다란 기대의 대상으로,[1] 부분적으로

* Ernst-Wolfgang Böckenförde, Die Methoden der Verfassungsinterpretation - Bestandsaufnahme und Kritik, in: Neue Juristische Wochenschrift 1976, S. 2089-2099. jetzt in: ders., Staat, Verfassung, Demokratie, Suhrkamp, Frankfurt am Main 1991, S. 53-89.

* 이 논문은 1975년의 라인호이저(Reinhäuser)의 대화에서 처음으로 전체적인 기본골격이 발표된 것이다. 반복되는 토론에서 수많은 자극을 준 나의 조교인 베른하르트 슐링크 박사(Dr. Bernhard Schlink)(현재 베를린대학의 법대교수)*에게 감사한다.

1) 예컨대 Herbert Strauß, SJZ 1949, S. 523 ff.; Georg August Zinn, DÖV 1949, S. 281; Walter Ruscheweyh, Deutsche Verwaltung 1948/49, S. 85 f. 참조.

는 묵시적 혹은 공개적으로 표현된 회의2)의 대상으로서 받아들여졌지만, 오늘날 현시점에서는 누구도 헌법재판의 존속에 대하여 이의를 제기할 수 없게 되었다. 연방헌법재판소의 개별적인 결정들에 대해서 학문적인 측면이나 정치적인 공론의 견지에서 제기되는 날카로운 비판에도 불구하고, 이러한 확고한 헌법재판소의 위상은 일반적으로 인정된 것이다. 다른 나라와 비교해 볼 때 기본법에 의하여 헌법재판소에 부여된 아주 광범위한 권한범위는,3) 이제는 더 이상 비난의 대상이 아니다. 이제 헌법재판은 확실히 뿌리를 내렸다고 할 수 있다.

이러한 헌법재판소의 위상의 확립에도 불구하고, 지금까지 헌법해석의 방법은 확실하게 정립되지 않았다. 헌법해석은 그 전체 영역에서, 예컨대 출발점, 목적설정, 허용될 수 있는 논증 — 그리고 방식에 대한 많은 이론의 여지가 있다. 전적으로 독일연방헌법재판소법 제31조에 의하여 인정된 것은 아니지만, 연방헌법재판소의 결정에 부여된 정치적·법적인 파급효과에도 불구하고, 이러한 헌법해석에 대한 명백한 입장정립의 부재는 전혀 이상스러운 것은 아니다. 정확하고 유일하게 허용될 수 있는 헌법해석의 방법에 대한 문제는, 여기서는 동시에 중요하거나 혹은 유일하게 의미가 있는 헌법재판의 권한범위의 문제이다. 사회적 합의(Konsens)와 직접적인 연관성을 가지고 있지 않은 이러한 헌법해석의 방법에 대한 논의의 특성과 그 지속성은 그 배후에 지금까지도 해결되지 않았고, 공개적으로 해결되기 어려운 문제가 도사리고 있다는 것을 나타내고 있다.

이러한 입장을 고려해 볼 때 헌법해석에 대한 주요한 입장정립의 첫 번째 시도는 비판적인 측면에서 재검토이다. 이러한 비판적인 재고의 입장은 연방헌법재판소의 결정에 나타난 헌법해석의 일관성이나 일관성 없음에 대하여 의문을 제기하는 방식으로 행해져서는 안 된다. 해석방법의 다양성이나 부분적인 해석방법의 변경은 아마도 무리 없이 받아들여질 수 있다.4) 그러나 이러한 헌법해석의 다양성이나 변경가능성의 인정은 헌법해석의 비판적인 측면에서의 재검토를 넘어서는 아무런 이득이 되지 못하는 결과를 초래할 수 있다. 이런 의미에서 이미 주요한 것으로 인정되고 실무화 된 방법론적인 헌법해석의 관점들은 내용적으로 설명되고, 비판적으로 분석되고, 이러한 해석관점들의

---

2) Wilhelm G. Grewe, DRZ 1949, S. 395; Hans Peter Ipsen, a.a.O., S. 492; Werner Weber, Spannungen und Kräfte im westdeutschen Verfassungssystem, 1951, S. 31 ff.(= 3. Aufl., S. 30 f.).

3) 이에 대해서는 Paul G. Kauper, Verfassungsgerichtsbarkeit der Gegenwart, 1962, S. 574 ff.의 보고를 참조.

4) 독일연방헌법재판소는 체계적 해석과 목적론적 해석의 강조를 통해서 항상 공식적이고 명백하게 고전적 해석방법을 인정하고 있다(BVerfGE 1, 299 [312]; BVerfGE 11, 126 [130]; BVerfGE 40, 353 [365]). 그럼에도 불구하고 재판실무에서 사실상 사용되는 해석방법들은 다양하며 또한 각 개별 사안에 따라서 변경될 수 있다. 이에 대해서는 프리드리히 뮐러의 논증들을 참조. Friedrich Müller, in: Enzyklopädie der geisteswissenschaftlichen Arbeitsmethoden, 1972, S. 127-133; 최근에는 한편으로는 문제변증론적인 · 토의방법(die topisch-diskutierende Methode)이 지배적인 BVerfGE 34, 269; BVerfGE 39, 334 — 급진주의자결정(Radikalenurteil); BVerfGE 40, 296 — 의원의 봉급결정(Diätenurteil); 또 한편으로는 BVerfGE 40, 141 — 동독과의 조약(Ostverträge)에 대한 헌법소원; NJW 1976, S. 1193 — 고전적인 해석방법이 우세한 다니엘 결정(Danielsurteil)이 있다.

헌법재판의 과제와 기능에 대한 영향력의 결과가 논의되어야 한다. 이러한 방법을 통해서 또한 헌법해석의 배후에 있는 문제점들이 가장 쉽게 접근될 수 있다. 즉 헌법재판과의 관련성의 고려 하에서 헌법해석의 정확한 방법이 헌법재판의 범위 그리고 문제점 속에서 가시화될 것이다.

지금부터 논의를 의도적으로 헌법해석의 문제점들과 관점들에 대한 것으로 축소하고자 한다. 법학적인 해석론 일반 혹은 법학방법론에 대한 언급은 의도적으로 피하고자 한다.[5] 논의의 대상을 헌법재판제도의 존재와 관련 속에서의 헌법해석의 문제로 하고자 한다. (정비된) 헌법재판을 도입한 이래로 진정한 헌법해석의 문제가 제기된다 ― 여기서 19세기 전반, 바이마르 헌법시대, 프랑스와 스위스를 회상해 볼 수 있다. 그러나 광범위한 권한을 가지고 있는 헌법재판을 통해서 헌법해석은 하나의 새롭고 본질적으로 전혀 다른 관련점(Bezugspunkt)을 찾게 되었다. 헌법재판을 설치하기 이전까지 헌법해석은 입법의 정치적인 과정 그리고 행정조직의 행위들 속에서 헌법의 고려와 실현을 목적으로 하였지만, 헌법재판을 설치한 이후 지금까지의 헌법해석은 법원을 통한 헌법의 내용에 대한 최종적인 사법적 결정에 중점을 두게 되었다.[6] 결론적으로 각 시대에 표출되었던 헌법해석의 모든 입장들이 다루어지는 것이 아니라, 단지 ― 모범적으로 ― 현재에 있어서 주된 논의와 관련성이 있는 입장들이 다루어지게 될 것이다. 그리고 이러한 현재와 관련이 있는 논의를 다루기 위해서 모든 차별점들과 뉘앙스부여(Nuancierungen)를 고려하지 않는, 규격화된 설명의 경우에는 더 이상 언급을 하지 않기로 한다. 헌법해석에 대한 현재의 논의점들과 관련성이 있는 방법론적 입장들은 우선적으로 포르스토프*에 의해서 요청되었고, 대표적 입장이 표명되어진 **고전적 · 해석론적인 방법** (II), 많은 변동들 속에서 성립되어진 **관련문제 지향적인 방법** (III), 스멘트적인 의미의 **현실과학지향적인** 헌법해석 (IV), 헤세나 뮐러에 의해서 ― 서로 다르게 표현된 견해 속에서 ― 나타난 것과 같은 **해석학적으로 구체화 된** 해석방법들 (V). 이러한 입장들은 다음에 그 내용들 속에서 소개될 것이며, 그 본질적 내용 그리고 그 전제조건들 속에서 분석될 것이며, 그리고 그 문제점들 속에서 다루어질 것이다.

---

5) 일반적인 법학적 해석론(die allgemeine juristische Hermeneutik)의 문제점들과 헌법해석의 문제점들이 본질적으로 다르지 않다는 라렌츠의 견해(Karl Larenz, Methodenlehre der Rechtswissenschaft, 2. Aufl. (1969), S. 148; 허일태역, 『법학방법론』, 세종출판사, 2000)를 나는 이 글에서 분명히 제시하는 몇몇 근거 아래 비판적인 반대입장에 선다.

6) 그래서 초기의 헌법적 문헌들 속에서는 어떤 입장에 구속되지 않고 자유로운 헌법의 의미의 기본구상들 그리고 전체적 입장들 그리고 특히 기본권들이 소개되어 진다. 다음의 위대한 프랑스 헌법상의 저작들을 비교해 보라. Maurice Hauriou, Principes de droit public, 2. Aufl. (1916); Léon Duguit, Traité de droit constitutionncl, 5 Bde., 2. Aufl. (1921 ff.), Adhémar Esmein/Henry Nézard, Éléments de droit constitutionnel, 2 Bde., 7. Aufl. (1928), 특히 기본권에 대하여는(Bd. 1). 또한 다음의 헌법이론적 저작들 Rudolf Smend, Verfassung und Verfassungsrecht, 1928(김승조 옮김, 『국가와 헌법』, 교육과학사, 1994) 그리고 Carl Schmitt, Verfassungslehre, 1928(김기범역, 『헌법이론』, 교문사, 1976) 등은 헌법재판이 설치된 상황을 고려해서 기술하고 소개한 것은 아니다.

II. 전통적 해석방법

1. 전통적 해석방법(die klassisch-hermeneutische Methode)의 내용은 주제분류상으로 크게 다음 두 가지의 근본입장으로 파악될 수 있다.[7] 즉

a) 헌법은 법률과 동일한 방법으로 해석될 수 있다. 헌법을 법률형식으로 전환하는 것은 법치국가의 특징적 성격의 하나이고 법치국가의 명백성과 안정성의 토대이다.[8]

b) 법률해석은 사비니*에 의해서 모범적으로 발전된 규범연관적인 전통적 · 법학적 해석학의 해석규칙(die Intepretationsregeln der normbezogenen klassisch-juristischen Hermeneutik)들에 구속되고 있다. 이러한 해석방법에는 (단지) 문리적(die grammatische) · 논리적(die logische) · 역사적(die historische) · 체계적(die systematische) 해석이 있다.[9] 이러한 해석의 과정에서 다른 법률에 대한 헌법의 특성은 ― 이러한 헌법의 특성들은 결코 부인될 수 없으며 ― [10] 보충적인 해석요소로서 고려될 수 있다. 왜냐하면 이러한 전통적-법학적 해석규칙들의 고려가 나머지 해석규칙들의 전적인 배제와 해석의 엄격한 규범구속성의 과제에로의 이행만을 요구할 수는 없기 때문이다.

2. 이러한 해석입장의 핵심적 요소와 동시에 이러한 해석방법의 요구의 중요한 전제조건은 헌법과 법률의 특성의 동일시이다. 이러한 헌법과 법률의 동일시는 결코 헌법에 고유한 특성을 통하여 상대화될 수 없다. 헌법의 고유한 특성들은 단지 공통분모인 법률적 형식, 그리고 법률적 성격의 바탕 위에서만 고려되고 인정될 수 있을 뿐이다. 왜냐하면 원칙적으로 이러한 헌법의 법률에 대한 독자성은 소송법이나 혼인법에 대한 형법의 독자성 정도에 불과한 것이기 때문이다.

이러한 고전적 · 해석론적 해석방법의 전제조건은 과연 적절한 것인가? 혹은 헌법의 독자적인 특성은 이를 통하여 헌법의 법률적 성격 그 자체를 적어도 해석방법론적으로는 배제할 정도의 의미를 가지는 것은 아닌가?[11]

---

7) 이에 대해서는 Ernst Forsthoff, Die Umbildung des Verfassungsgesetzes = ders., Rechtsstaat im Wandel, 2. Aufl. (1976), S. 130 ff.(계희열역, 헌법률의 개조, 『헌법의 해석』, 고려대 출판부, 1993, 89-124면).

8) Ernst Forsthoff, ebd., S. 131. 즉 「법률로서 헌법은 법률에 유효한 해석규칙의 적용을 받게 될 것이다. 이를 통해서 헌법은 그 의미 속에서 증명될 수 있으며, 헌법의 집행을 통해서 통제되어질 수 있다. 헌법의 안정성은 법률해석의 대상을 통해서 법률해석에 설정되어진 한계로부터 나온다」.

9) Friedrich Carl Savigny, System des heutigen römischen Rechts I, 1840, S. 212 ff. 상세히 설명한다면 에른스트 포르스토프에 의해서 자신의『행정법 교과서』(Lehrbuch des Verwaltungsrechts)에서 제시하고, 그리고 성공적으로 실무적으로 적용되고 있는 목적론적 해석(die teleologische Auslegung)은 사비니의 경우에는 독자적인 해석요소로서 설명되지 않고, 그리고 또한 체계적 해석의 요소의 범위 내에도 완전히 편입되지 않는다.

10) Forsthoff (Fn. 7), S. 131 f.

11) 이 문제는 이미 지금까지의 헌법의 「가치」- 해석에 대한 포르스토프의 비판에 대한 논쟁에 대하여 그러나 부분적으로 완전히 명시적으로 드러난 것은 아닌 에른스트 포르스토프의 입장들에 대한 비판들 속에 이미 다양하게 제시되어 있다. Alexander Hollerbach, AöR 85 (1960), S. 241 ff.; Horst Ehmke, Wirtschaft und Verfassung, 1961, S. 45 ff.; Karl Larenz (o. Fußn. 5), S. 143 ff.; Martin Kriele,

a) 포르스토프가 주장하는 전통적인 해석규칙의 의미 속에서는 「법률」을 그것이 법률개념의 법실증주의적인 축소 속에서 그리고 이러한 입장의 전개 이후에 나타난 바와 같이, 단순히 「모든 법규범」(Rechtsnorm)으로 볼 수 없다.[12] 더 나아가서 법률은 자신의 법원칙적 성격을 넘어서서, 어떤 특정한 규범적 내용구조에 의하여 특징지워진다. 이러한 법률의 특성으로는 상대적으로 높은 정도의 내용적 확정성, 의미결정성 그리고 법률개념의 규범적·개념적인 완성도 등을 들 수 있다. 왜냐하면 법률은 단순한 어떤 목적을 프로그램한 것[13]이 아니라, 현대적으로 표현되고, 대다수에 의해서 통용되는 그리고 모범적인 전형의 견지에서 바라본다면, 구성요건(Tatbestand)과 그 법적 효과 (Rechtsfolge)의 특정한 내용적 결합의 의미의 측면에서의 「…하면, …이러하다」는 프로그램형식(eine Wenn-so-Programmierung)을 포함하고 있다. 다음으로 이미 존재하는 구조가 동일한 규정들의 세계관 속에서, 즉 개별법률들로부터 전개되는 관점에서 내용이 확정되고 그리고 법률규정들의 「개방적」규정들(offene Regeln)을 통해서 그 내용이 충족될 수 있는 이미 완성된 형태를 가지는 법률적인 법질서(gesetzliche Rechtsordnung) 와의 관련성 속에서 개별 법률들을 이해하는 입장도 여기에 속한다.

이러한 법률들의 개별적 특성들과 대조적으로, 헌법은 그 규범적인 — 내용의 완성도에 있어서 단편적이고 파편적이다. 헌법의 규정들은 — 권한범위와 그리고 몇몇 조직적인 문제들에 대한 비교적 상세한 규정들과 더불어 — 법적용의 의미에서 현실적인 집행이 가능하게 하기 위해서 그 내용의 충족과 구체화가 필요한 본질적인 원리들을 포함하고 있다. 단지 — 때때로 명백하지 않은 — 목적을 확정하고, 그러나 이를 실현하는 과정, 수단 그리고 그 실현의 강도는 확정하지 않고 개방시켜 놓은 목적규정들; 헌법의 문구 속에는 아무런 유사한 표현을 발견할 수 없는 — 종종 헌법적 전통으로부터 유래된 — 것 같은 것을 보증하는 간결한 형식적 표현들; 이해의 불일치의 직설적인 표현이고 그리고 결정을 내리는 형식적인 타협에 관한 규정들[14]과 같은, 이러한 여러 가지 측면에서

Theorie der Rechtsgewinnung, 1967, S. 77 ff.(홍성방옮김, 『법발견론』, 한림대학교 출판부, 1995).*
다른 견해는 Peter Lerche, DVBl 1961, 690 ff.; Friedrich Müller, Juristische Methodik, 1971, S. 54 ff. 참조.

12) 이러한 법률개념의 축소 속에는 개념을 위한 하나의 필요한 척도가 — 법원칙성격(Rechtssatzcharakter) — 포함되며, 다음과 같은 입장이 「논리적으로」 완성된다. 즉 법률은 법원칙이며 헌법도 법원칙이다. 따라서 헌법과 법률은 마치 하나의 법률처럼 해석되어야 한다는 것이다. 그리하여 법학에 생기를 불어넣을 수 있는 것이다.

13) 조건부의 프로그램화와 목적의 프로그램화의 차이에 대한 최근 문헌으로는 Rudolf Steinberg, Der Staat 15 (1976), S. 188 ff. m. w. Nachw.

14) 이러한 헌법의 특성들로부터 도출할 수 있는 여러 가지의 추론들에 관계없이, 헌법의 이러한 특성들은 오늘날 광범위하게 구성요건으로서 받아들여지고 있다. 예컨대 Willi Geiger, Verfassungsentwicklung durch Verfassungsgerichtsbarkeit, 1965, S. 4 f.; Ernst-Wolfgang Böckenförde, Die Organisations- gewalt im Bereich der Regierung, 1964, S. 16 f.; Ulrich Scheuner, VVDStRL 22 (1965), S. 61 f.; Peter Badura, Art. „Verfassung" im: Evangelischen Staatslexikon, 2. Aufl., (1975), Sp. 2717 ff.; ders., in: FS f. Scheuner, 1973, S. 19 ff.; Konrad Hesse, Grundzüge des Verfassungsrechts der Bundesrepublik Deutschland, 8. Aufl. (1976), S. 11 f.(계희열역, 『통일 독일헌법원론』, 박영사,

의 헌법의 단편적인 특성 때문에 필연적으로 법률의 규범적이고 ― 내용적인 구조를 헌법에 그대로 적용할 수 없다는 결과를 초래한다. 그 구조적인 측면에서 본다면, 헌법은 하나의 **윤곽질서**(eine Rahmenordnung)이다. 즉 다시 말하면 헌법은 전형적으로 단지 윤곽질서의 조건들, 그리고 정치적인 행위과정과 결정과정들에 대한 절차규정들을 확정하고, 그리고 개인과 사회의 국가에 대한 관계에 대한 근본(원칙)적 결정들을 내리고 있다. 그러나 사법적합적이거나, 행정적합적인 의미에서 이미 집행가능한 어떠한 개별적 규정들을 포함하지는 않는다.[15] 결론적으로 헌법에는 법률과 구조적인 동일성을 가지는 규정들의 존재를 전제로 한 양자의 연관성 속에서, 양자의 구조적 동일성을 시도할 접합점이 존재하지 않는다. 헌법은 ― 헌법으로서 ― 독자적으로 그리고 당연히 홀로 존재한다. 따라서 해석방법론적인 측면에서 제기된 헌법과 법률의 구조적 동일성은 의제(Fiktion)에 불과한 것이다.

  b) 이러한 결과는 자신에 대한 논증을 또한 사비니의 해석론(Interpretationslehre) 그 자체에서도 찾을 수 있다. 그는 사법적인 법소재(Rechtsstoff) 그리고 자신의 견해에 따라 법규정과 법개념들 속에서 완성된 체계의 통일성을 형성할 자격이 부여된 법요소에 대한 그의 해석규칙들을 개발하였다.[16] 그는 (의도적으로) 이러한 해석규칙을 국가법 (Staatsrecht)에 확대 적용시키려고 하지는 않았다.[17] 그에 의하여 토대가 마련된 법률개 념은 내용적으로 확정되고 형식화된 것이었다.[18] 그의 해석규칙의 목적은 법률의 규범적 인 내용 그리고 목적, 법률에 내재하는 기본 사상 등을 법률 그 자체로부터 찾는 것이 아니라, 법률의 배경 그리고 전개된 법질서와의 관련성 ― 법질서의 「역사적·교의적인 전체」(das historische-dogmatische Ganze) ― 으로부터 찾아내는 것이다.[19] 그는 마지 막으로 해석의 가능성과 성공에 대하여 매우 중요한 의미를 부여하고 있다.[20] 단순히 사비니에 의하여 발전된 해석규칙들을 헌법에 적용시킨다면, 이 과정에서 만족할 만한 해석을 위한 본질적인 전제조건이 결여되어 있다는 것을 알게 된다. 내용적인 확정성의 문제 외에 무엇보다도 확장되고 특정한 내용을 가진 수많은 개별규정들 속에서 전개된 헌법질서의 역사적·교의적인 전체가 결여되어 있다. 이러한 역사적·교의적인 전체는 개별 헌법규정과 같은 개별적인 헌법에 이미 존재하는 형식으로 주어진 것이 아니라,

---

2001) 참조.

15) 이에 대하여는 다음 VII 2를 보라.

16) Friedrich Carl Savigny, (Fn. 9), S. 212, 215 참조. 그 당시에 보통법(das gemeine Recht)의 형식 으로 존재하는, 「오늘날의 로마법」이 사실상 이러한 방식으로 완성된 법소재를 설명하였는가의 여부는 여기서의 관심사는 아니다.

17) Ebd., S. 2 (대상으로서 사법에로의 확장) 그리고 S. 69 (로마의 국가법의 제외). 또한 Friedrich Müller, (Fn. 4), S. 138도 보라.

18) Friedrich Carl Savigny, (Fn. 9), S. 212.

19) Ebd., S. 215.

20) 프리드리히 카를 사비니에 있어서 역사적 해석은 지금까지 유효한 법적 상태 그리고 법률을 통해서 초래된 변화 등을 고려한 기원에 대한 해석(eine genetische)이지, 오늘날의 의미에서의 발생사적인 해석(eine entstehungsgeschichtliche)은 아니다.

무엇보다도 ― 헌법의 단편적인 규정의 내용들의 기초로부터 습득되는 것이다.21) 그러나 도대체 어떤 방법으로?

3. 이렇게 볼 때 이미 고전적 · 해석학적 해석방법론의 **문제점**은 예시되었다. 전제된 법률개념과 특별히 질적으로 상이한 헌법의 특성에 의해서 유발된 고전적인 해석규칙에 대한 불만족은 독자적인 입장의 시발점에 의하여 더 이상 방법론적으로 받아들여질 수 없는 하나의 개방적인 입장을 창조하였다. 제한된 해석규칙의 범위를 넘어서 의도적으로 시도된 해석의 방법론적 · 규범적 결함은 해석의 대상에 대한 깊은 분석을 하기 때문에, 완성된 것은 아니고 당연히 시행과정 중에 있다. 이렇게 볼 때 해석은 불충분한 결과를 가지고 중단되어서는 안 된다. 그러나 사실상 사용되는 보충적인 해석수단에 대한 분석과 비판은 여기에서는 하지 않기로 한다. 왜냐하면 그것은 논의의 주제가 아니기 때문이다. 그것은 숨겨진 해석적인 임의성(Beliebigkeit)이 개입될 수 있는 통과지점이다.22)

이러한 어려운 문제점은 이미 포르스토프 자신에 의해서 지적되었다. 다른 법률들에 대한 헌법의 특성으로부터 나오는 해석적 요구들에 대한 카를 슈미트의 헌법론(Verfassungslehre)에서의 총체적인 지적23)은, 여기에 내포되어 있는 문제점들에 대한 충분한 설명으로는 부족하다. 왜냐하면 카를 슈미트의 헌법학은 헌법과 법률을 동일하게 보는 것을 주로 명백히 비난한 것에 치중하고 있기 때문이다. 크릴레(Kriele)의 자신의 해석이론에 대한 비판에 대하여 포르스토프는 결정의 척도는 필연적으로 해석의 단계 속에 반드시 발견되어야 한다는 것을 명백히 주장하지 않고, 여하튼 해석의 과정은 사비니에 의해서 제시된 해석의 단계에 의거하여 행해져야 한다는 입장을 명백히 확정하였다.24) 이것을 어떤 입장에 대한 포기로 간주하지 않는다면, 이것은 여하튼 독자적 입장의 일반적으로 받아들여지지 않은 논의의 여지가 있는 측면에 대한 ― 묵시적인 ― 인정(Eingeständnis)이다.

이 문제에 대한 어떤 특정한 해결책이 제시될 수 있을까? 단지 한편으로는 헌법체계의 전개에 유용하고, 다른 한편으로는 해석자의 주관적 생각이나 주관적 선이해(Vorverständnis)를 넘어서는 요구들을 구속력 있게 만드는 하나의 헌법**이론**이 고전적 · 해석학적인 해석규칙 속에서 형성될 수 있다면, 어떤 특정한 문제의 해결책은 제시될 수 있다. 이러한 입장은 헌법 속에 (아직도) 존재하고 있지 않은 법질서의 「역사적 · 교의적 전체」를 해석의 관계점으로 받아들일 수 있다.

---

21) 또한 Martin Kriele, (Fn. 11), S. 84와 Friedrich Müller, (Fn. 11), S. 60 ff.도 보라. 일반적인 행정법의 근본원칙과 비교는 가능하지만, 상응하는 계속성과 전통의 결여 때문에, 어떤 ― 불문의― 일반적인 민주적-법치국가적인 헌법으로 소급될 수는 없다.

22) 또한 Friedrich Müller, (Fn. 11), S. 63도 보라.

23) Ernst Forsthoff, (Fn. 7), S. 131.

24) Ernst Forsthoff, Besprechung von Martin Kriele, Theorie der Rechtsgewinnung, in: Der Staat 8 (1969), S. 525 참조.

III. 관련문제 지향적인 해석방법

헌법해석의 방법으로서 관련문제 지향적인(die topisch-problemorientierte) 입장의 발전은 — 이러한 입장은 헌법재판의 과정에서 점점 더 많이 실용화된다25) — 다음 두 가지의 단계로 분류될 수 있다. 즉 진정한 헌법해석의 방법으로서 문제변증론(Topik)과 문제사고(Problemdenken)를 인정하는 것(1), 그리고 이러한 방법들의 민주화와 철저화(Radikalisierung) (2); 또한 최종적이 아닌 형태로 이러한 발전들로부터 관련문제지향적인 해석방법들의 문제점이 명백화시키는 것이다(3).

1. 헌법해석의 방법으로 문제변증론과 문제사고를 받아들이기 위한 체계적 시발점으로서 고전적 · 해석학적 방법론이 전혀 적용될 수 없는 경우에, 여하튼 고전적 · 해석학적 방법론을 헌법해석에 적용할 경우에 발생하게 되는 미해결의 문제들을 살펴볼 필요가 있다. 단편적이고 여러 가지 측면에서 불확정적인 헌법의 특성을 고려해 볼 때, 고전적인 해석방법의 불충분성에 대처하고, 그리고 헌법재판의 존재를 고려해 볼 때, 헌법이 명확하지 않다는 발생가능한 상황을 피하기 위해서는 관련문제 지향적인 절차로 소급하는 것이 불가피하다. 문제변증론과 문제사고의 헌법해석에 대한 적합성은 바로 헌법 조문의 간결성과 계속성, 헌법의 기본적 특징들의 광범위성과 불확정성과 같은, 헌법의 구조적 개방성(strukturelle Offenheit)을 통해서 근거지워질 수 있다.26) 이런 까닭에 쇼이너(Scheuner)*는 심지어 관련문제 지향적인 헌법해석을 특별한 헌법적인 해석학(die spezifisch verfassungsrechtliche Hermeneutik)이라고 명명하였다.27) 과연 관련문제지향적인 해석방법의 도입을 통해서 헌법해석의 특별한 문제점들에 대한 해결책이 제시될 수 있을까?

a) 관련문제 지향적인 방법에로의 전환과 수용의 기본적 토대는 — 이 입장을 우선적으로 유지하기 위한 — 이 방법의 체계정당화적 이해(ein strukturgerechtes Verständnis)이다. 현실적인 문제는 규범과 체계에 대한 우위를 가지고, 그리고 법학적 해석은 습득되어지

---

25) 최근의 이에 대한 결정의 예로서 — 점점 더 증가하는 경향이 있다 — BVerfGE 36, 1 — 기본조약에 대한 결정(Grundlagenvertragsurteil); BVerfGE 39, 334 — 급진주의자결정; BVerfGE 40, 296 — 의원의 봉급 결정 모두 다 연방헌법재판소 제2부에 의해서 결정되었다. 또한 낙태에 대한 형법적 처벌의 헌법적인 명령에 대한 주요 문제와 관련된 연방헌법재판소 제1부의 낙태결정(BVerfGE 40, 296)은 강한 문제변증론적인 성격(topischen Charakter)을 가진다(그리고 낙태에 대한 기본권보호를 위해서 교의적이고 체계적인 측면에서 결정해야할 문제, 즉 낙태에 대한 형법적인 비처벌 — 비범죄화 — 그러나 법적합성(Rechtsmäßigkeit)에 대한 인정은 아닌 — 합법화(Legalisierung) — 가 인정될 수 있는가 혹은 어느 정도까지 인정할 수 있는가에 대해서는 고려하지 않았다).

26) Horst Ehmke, VVDStRL 20 (1963), S. 62 f. 유사한 입장으로는 Ulrich Scheuner, VVDStRL 22 (1965), S. 61 f. 특히 기본권에 대하여.

27) Ulrich Scheuner, VVDStRL 22 (1965), S. 38 Fn. 111; Horst Ehmke, VVDStRL 20 (1963), S. 62. 엠케의 경우는 헌법을 관련문제적 사고(topisches Problemdenken)의 「전형」으로 보는 것처럼 보인다.

고 (그리고 그 후에 적용되는) 규범의 내용 속에서 규범의 내용보다 선재하는 자신의 방향척도(Orientierungsmaßstab)를 가지고 있는 것이 아니라, (불확정적인) 규범내용 그리고 교의적 체계(dogmatisches System)를 다른 방법들 외에 단지 문제해결을 위한 관점으로 적용하는 하나의 개방적인 논증절차로 나타난다.28) 근원적으로 폐쇄적인 규칙(geschlossener Kanon)으로 생각되는 고전적 · 해석학적인 방법론은 부분적이고, 자유롭게 끌어들일 수 있는, 그러나 그 해석결과에 있어서는 결코 구속력을 가지고 있지 않은 문제해결의 관점으로 기능한다.29) 개별적인 해석논거와 관점들의 우선순위와 순서를 고려하지 않은 바탕 위에서 정립된 해석의 개방성30)은 「지속적인 법형성」(Rechtsfortbildung),31) 「가치평가적이고 창조적인 명확화」,32) 헌법의 구조적인 개방성 때문에 필요한 것으로 보이는 「보충적인 의미」33)를 도출하는 것을 가능하게 한다.

b) 문제변증론(Topik)과 문제사고(Problemdenken)에 대한 헌법해석적인 입장전개에 따라 나타날 수 있는 본질적인 결과는 어떤 것인가?

aa) 헌법의 근본결정과 원칙들, 헌법에 의해서 보호되는 법익들, 그리고 헌법에 의해서 제시되는 근본원칙들은 더 이상 규범이나 규범적 원리로서의 성격을 가지지 않는다. 그 대신에 이러한 것들은 헌법의 실질적 요소(Verfassungsrechtsmaterial)를 형성하며, 그와 동시에 그 중요성은 ─ 궁극적으로는 단지 해석자에 의하여 결정가능한 ─ 문제 내지는 현실 사안의 적합성에 의하여 결정되는 (단순한) 해석관점들로서 기능한다. 이러한 주장은 엠케(Ehmke)*와 관련된 헌법해석의 수단으로서의 헌법이론에 대한 이해에도 그대로 타당하게 적용될 수 있다.34) 이러한 엠케의 입장은 해석의 규범적인 관련점이 아니라, 문제관련적인 논증절차의 영역 속에서 문제지향적인 논증관점이다.35) 실무적인 집행에 있어서 이러한 입장은 사례-/문제해결의 적합성에 대한 해석자의 (마치 획득된 것과 같은?) 입장에 효력을 부여하기 위해서, 해석자에게 거의 무제한적인 논증의 개방성이

---

28) Horst Ehmke, VVDStRL 20 (1963), S. 55. 즉 「법학(Jurisprudenz)에는 체계가 아니라 단지 문제점들이 미리 존재하기 때문에, 하나의 미리 형성되어진 체계에 의하여 문제의 핵심 (Problemauslese)이 도출되어질 수 있는 것이 아니라(…), 오히려 그때그때 마다 주어진 문제에 의해서 하나의 체계의 핵심 (System-Auslese)이 추론되어져야한다(법학은 적합하고, 적절한 문제해결책을 찾을 때까지, 이것을 계속 추구한다)」.

29) Horst Ehmke, VVDStRL 20 (1963), S. 59.

30) 논거 · 관점 · 원칙들의 우선순위나 서열에 대한 불인정은 문제지향적인 방법의 본질적인 특성이다. 이에 대한 전형적인 것으로는 Horst Ehmke, VVDStRL 20 (1963), S. 55 ff., 59. 그리고 또한 다음을 보라. Theodor Viehweg, Topik und Jurisprudenz, 2. Aufl. (1963), S. 20 bis 25.

31) Horst Ehmke, VVDStRL 20 (1963), S. 62.

32) Ulrich Scheuner, VVDStRL 22 (1965), S. 60.

33) Ulrich Scheuner, VVDStRL 22 (1965), S. 61. 즉 「기본권적인 규정의 보충과 형성」에 있어서의 법관의 역할에 대한 「개방적 인식」은 「광범위하고 불충분한 헌법조문에 대한 비례적합적인 독립성 (verhältnismäßiger Selbständigkeit)」 속에서 「기본사상과 일반적인 평가」를 강조하는 것을 가능하게 한다.

34) Horst Ehmke, VVDStRL 20 (1963), S. 62 f.

35) Horst Ehmke, ebd., S. 64. 엠케는 헌법이론을 문제의 한계점을 해명하고, 선입견에 의하여 근거지워지고 그리고 사례적 실무(Fall-Praxis)에 의하여 도출되어진 이론이라고 명백히 설명하고 있다.

허용되는 것을 의미한다.

bb) 이러한 해석입장에서 해석의 연결성과 일관성이 유지되어야 한다면, (공통된) 선이해, 헌법에 대한 선이해처럼 문제에 대한 선이해가 중요한 결정요인으로 부각된다.36) 이러한 사전이해들은 이미 해석에 대한 독자적인 사전결정(die eigentliche Vorentscheidung)을 포함하고 있다. 이러한 사전결정들 속에는 어떤 **표준적인** 선이해(maßgebendes Vorverständnis)가 존재하며, 그리고 무엇에 의해서 이러한 선이해가 확정되는가 하는 결정적인 문제가 도사리고 있다. 관련문제 지향적인 해석관점에서는 표준적인 선이해는 — 선이해(=헌법이론)에 대한 헌법 그 자체 내지는 헌법의 근본결정 속에서 도출될 수 있는 것에 대한 원용 — 즉 이것이 의미하는 바는 문제에 대한 규범의 우위의 입장에 대한 회귀를 통해서가 아니라, 단지 구체적인 헌법이론적인 논거와 이러한 논거들로부터 형성되어지는 설득력을 통해서 도출되어질 수 있다. 이에 대한 결론으로 표준적인 선이해에 대한 참여자들의 사회적 합의(Konsens der Beteiligten)가 도출될 것이다 — 엠케는 우선적으로 법학자(!) 그리고 법관에게만 향유된 것이 아닌, 전체 공동체(res publica)에 속한 모든 이성적이고 정당하게 사유하는 자들의 사회적 합의(Konsens aller Vernünftig- und Gerecht-Denkenden)에 대해서 언급하고 있다.37)

c) 크릴레에 의해서 제시된, 이성법적 · 헌법정책적인 논거(vernunftrechtlich-verfassungspolitische Argumentation) 지향적인 방법론도 또한 문제변증론과 문제사고의 범위 속에 들어간다. 그럼에도 불구하고 크릴레는 문제변증론에 대한 비판적 태도를 견지하였다. 왜냐하면 문제변증론은 종래의 인습적인 법에 대한 논증절차나 도출방법에 반대논거로 제시된 해석의 개방성이나 불확정성을 임의성에 따른 정상적인 해석과정으로부터의 이탈의 위험에 대한 지적으로부터 충분히 잘 이론적으로 논증할 수 없기 때문이다.38) 이러한 자의적인 해석의 문제점을 크릴레는 한편으로는 헌법(률) 제정자에 의하여 내려진 문제에 대한 결정(Problementscheidungen)의 구속력에서 문제해결의 시발점을 찾고, 그리고 (연방헌법재판소)의 선례의 추정적 구속력(präsumtive Verbindlichkeit)을 인정함으로써,39) 또 한편으로는 어떤 입장을 고집하고 있는 법정책적 및 헌법정책적인 논증영역에 이른바 이성법적인 (이익형량) 구조를 도입함으로써 극복할 수 있다고 보았다. 그러나 이러한 구조 속에서 사실, 현실에 대한 가정들, 이해관계들 그리고 이해관계들의 일반성 혹은 근본적 성격에 대한 언급들은 단지 설명되어지지 않고 그리고 가변성을 충분히 가지고 있는 개별적 사건(topoi)들에 대한 독자적인 가치를 포함하고 있다.40)

---

36) Ebd., S. 70 f.
37) Ebd., S. 71 f. 옳지 않은 것에 대하여 이성적이고 · 정당하게 사유하는 자들에 대한 개념에 설득력이 부여될 수 있다면, 이것은 잘못된 것이다(S. 72).
38) Martin Kriele (Fn. 11), S. 132 ff., 특히 S. 140 f., 152 f.
39) Martin Kriele, ebd., S. 160 f., 195 ff. (적합한 문제해결결정의 구속력에 대하여); S. 258 ff. (선례(Präjudizien)의 추정적 구속력에 대하여); S. 177 ff. (법정책적 및 헌법정책적인 논증의 이성적 구조에 대하여) 참조.
40) 크릴레가 중요한 의미를 부여한 이해관계들의 일반성이나 근본적 성격(S. 186 ff. 참조)은 결코 객관적으로

사회적 합의에 대한 문제변증론과 문제사고의 지시는 토의의 전제된 합리성으로 쉽게
전환되어질 수 있다. 선례 그 자체는 단지 그러한 — 잘 구성되지 못한 — 토의의 결과이고
그리고 헌법(률) 제정자에 의하여 내려진 문제에 대한 결정(Problementscheidung)의
내용과 범위에 대한 문제는, 그 자체가 다시 해석에 대한 질문이라는 것을 덧붙인다면,
이 방법의 경우에 어떤 문제변증론의 수정된 변형 이상의 것이 문제되는가 혹은 어떻게
다루어질 수 있는가의 여부가 불명확하게 될 것이다.[41)

d) 관련문제 지향적인 해석의 문제점은 우선적으로 문제변증론과 문제사고에 대한
문제이다. 규범과 체계에 대한 문제와 개별사건의 우월성의 요청은 결과적으로 관련문제
해결의 입장에서 중요시되지 않은 법률들의 규범적 효력에 대한 문제를 제기한다.[42)
문제변증론적인 규칙과 원칙(topische rules und principals)[43)의 영역에서 — 교의적인
가치의 고착화와 논증의 이상적 형태로부터 독립하여 — 문제해결책과 새로운 규범성을
찾기 위하여, — 예를 들면 — 헌법의 규범적 불확정성 그리고 개방성에서 초래되는
문제는 이러한 헌법의 규범적인 불확정성과 개방성을 제한할 것이 아니라, 우선적으로
원칙으로 격상함으로써 그 해결책을 찾으려는 시도가 행해질 것이다. 그와 동시에 구체적
인 개별 사안에 있어서 그 중요성이 헌법 그 자체에 의해서 결정되는 것이 아니라,
사회적 합의를 반영하고 있는 선이해에 의해서 확정되는 중요한 문제해결 관점들의
형성에 대한 헌법의 근본결정들과 개별적 규정들 속에 헌법의 내용이 확정된다. 이러한
선이해는 더 이상 헌법해석과 관련하여 제기되는 문제제기나 가정이 아니라, 헌법의
습득가능한 내용을 비판적으로 확증하는 것 내지 의문을 제기해야만 하는 것이다 —
이러한 기능 하에서 선이해는 불가피하다 —, 따라서 선이해는 그 자체로서, 그리고
그 자신으로부터 자발적인 규범적 효력을 가진다. 이를 통해서 정치생활의 법적인 기본질
서로서 헌법이 실현하는 통일성의 형성 내지는 중재의 기능이 나타나며, 궁극적으로
이러한 기능은 이러한 선이해를 넘어서는 것이다. 헌법은 — 각 선이해에 대한 사회적
합의의 정도에 비례하여 — 많은 그리고 이질적인 해석들을 가능케 하는 개방적인 그릇으
로서의 성격을 가진다.

헌법은 명백하게 보면 **정치적인** 법질서이므로, 그러한 문제변증론적인 개방성은 일관

확정될 수 없다. 더 나아가 이 문제는 케네쓰(Kenneth)나 요제프 아로우(Joseph Arrow)의 불가능의
원칙(Unmöglichkeitssatz)의 난문제들(Aporien) 속으로 접어들게 된다.
41) 또한 다음을 보라. Friedrich Müller (Fn. 11), S. 84 ff. 마르틴 크릴레의 독자적으로 확정되어지는
법원의 결정의 근거들에 대한 미확정의 요구(S. 315 f.)는 이것을 증명한다. 왜냐하면 그의 견해는 단지
— 여전히 — 논증의 문제변증론적인 특징을 고려하는 입장의 경우에 의미가 있기 때문이다.
42) 또한 Friedrich Müller, (Fn. 11), S. 68 ff., insb. 70 f.도 보라. Martin Kriele (Fn. 11), S. 152
f.의 문제변증론(die Topik)에 대한 비판은 — 그의 기본입장에서 추론해 본다면 — 본질적으로 자제하는
그리고 규범구속력의 우위를 배제하는 입장에 반대하지 않는 것을 목적으로 한 것이다.
43) 그러한 원칙들(principals)(헌법해석의 원칙들)로서 엠케는 헌법합치적 법률해석 (verfassungs-
konforme Auslegung), 정치문제 이론(political-question Doktrin), 헌법의 통일성 (Einheit der
Verfassung) 등을 언급하고 있다. 왜냐하면 그는 이러한 해석원칙들을 헌법이론의 해석작업에 있어서
보조수단으로 보기 때문이다(S. 72).

성(Konsequenzen)의 요청을 무시하고 관철되어서는 안 된다. 즉 광범위하게 헌법의
내용을 확정하게 (단지 내용의 획득 대신에) 만드는 해석방법론들은 민주적 국가 속에서의
해석방법들의 독자적인 민주화의 요구를 포함하고 있다. 이러한 결론은 단지 단순한
프로그램이 아니라 이미 현실인 것이다.

   2. 민주화 그리고 이와 결합된 관련문제 지향적인 해석방법의 급진성은 예를 들면
해벌레(Häberle) 의해서 제기되고 있다.44) 이러한 민주화과정을 통해서 나타나는 다양한
논증시도와 정당화 등은 이해관계와 관련이 있다.

   a) 해벌레는 규범으로서의 헌법을 거의 완벽하게 분석하기 위해서 하나의 흥미있는
세 가지 표준(Dreischritt) 속에서 자신의 입장을 전개하고 있다. 우선적으로 — 첫 번째
표준으로 — 헌법해석에 대한 참가자들의 범위를 모든 국가기관, 모든 공적인 잠재세력들,
모든 시민과 집단으로 확정하였다.45) 이것은 이른바 헌법해석자들의 개방사회(die
sogenannte offene Gesellschaft der Verfassungsinterpreten)를 의미한다. 국민 그 자체는
다원적인 크기46)로서 문제변증론에 있어서 사회적 합의의 도출자로서 합리적이고 정당
하게 사유하는 자들을 대신하여 나타난 것이다. 이러한 해석의 민주적 개방성으로부터
— 두 번째 표준으로 — 해석은 개방적일 뿐만 아니라, 동시에 하나의 공적인 과정(ein
öffentlicher Prozeß)이 된다는 입장이 도출된다. 왜냐하면 헌법을 생활화하고 현실화하는
자는 바로 헌법을 또한 해석하는 것이 되기 때문이다.47) 결론적으로 세 번째 표준은
헌법 그 자체로는 내재적인 추론으로 정형화된 현실성(Wirklichkeit)과 공공성
(Öffentlichkeit), 공적인 과정으로 나아가게 된다.48) 모든 중요한 헌법에 영향을 미치는
세력들은 또한 이론적인 중요성도 아울러 가지고 있다는 입장은, 바로 헌법해석에 대한
참여자를 정당화시키는 근거가 된다.49) 헌법은 공공성과 현실을 비추는 거울로서, 그러나
빛을 반사하는 거울인 동시에 빛을 스스로 발하는 광원(光源)이 된다.50) 그러나 거울은
항상 단지 반사되어진 결코 독자적으로 빛을 발하는 광원은 아니다.

   법학적인 헌법해석은 단지 「다원적인 공공성과 현실성, 공동체의 필요성과 가능성들
을」 중개할 뿐인데, 이러한 것들은 헌법조문의 과거·현재 그리고 미래에 존재하는

44) Peter Häberle, JZ 1975, 297 ff. 같은 관점에서 관련문제지향적인 해석방법의 내재적인 모순성으로
   부터 출발하는 입장으로는 Lutz Richter, Bildungsverfassungsrecht, 1973, S. 19 bis 36.
45) Peter Häberle, ebd., S. 297.
46) 흥미있는 방식으로 페터 해벌레는 부단히 국민을 정치적 정당으로서, 학문적인 견해로서, 이익집단으로서,
   시민으로서 설명하고 있다(S. 302). 국민의 다원적인 분석은 중요한 공적인 사실상의 권력(pouvoirs
   de fait) 속에서 완전하게 행해진다.
47) Ebd., S. 297. 규범에 의하여 규율된 현실적 상황 속에서 그리고 이와 더불어 생활하는 자는 간접적인
   그리고 또한 경우에 따라서는 직접적인 규범해석자이다. 법관에 대한 영향들, 기대들, 사회적 강제들은
   법관의 법해석의 임의성을 막기 위한 정당화의 한 측면으로 기능한다(S. 300 f.).
48) Ebd., S. 302. 바로 여기에 — 비록 그것을 원하지 않는다 할지라도 — 전체적인 헌법개념에 대한 광범위한
   접근이 행해진다는 것을 단지 깨닫게 될 것이다.
49) Ebd.
50) Ebd., S. 301.

것이다. 이런 의미에서 「헌법학자들은 단지 중개자(Zwischenträger)인 것이다」.51)

b) 헌법해석에 대한 결론은 명백하다. 헌법전의 단어들이 시간의 경과 속에서도 여전히 그 의미를 유지하고 있어야 한다면, 이 경우 해석은 더 이상 해석이 아니라 해석이라는 에티켓(Etikett) 아래서 행해지는 영원한 법창조적인 헌법변천(Verfassungswandel)인 것이다.52) 해벌레의 명제들(Thesen)은 헌법의 구조적인 개방성의 요구의 선언에 귀결되어지는 결과들을 그 명제들의 영향권의 전 범위에서 명백하게 드러낸다.53) 헌법의 규범성은 헌법의 효력을 의미한다. 그러나 효력은 그 자체적인 관점에서 본다면 구속력 있는 법적 명령(Anordnung) 그리고/또는 사실적인 행위기대(Verhaltenserwartung)로부터 그 근거를 찾을 수 있다. 헌법이 개방적인 상태를 유지하는 한, 따라서 헌법은 효력을 무리하게 요구할 수 없다.54) 심지어 개방성이 헌법의 구조로서 받아들여진다면, 영구적인 불확정성과 변천능력(Wandlungsfähigkeit)도 이러한 구조 속에 포함될 것이다. 이러한 헌법의 개방성은 더 이상 해석의 과정에서 도출될 수는 없는 것이다.55) 전형적인 명의상의 해석의 기능방식으로서 이미 형성되었거나 혹은 형성되는 사회적 합의(Konsens)가 이러한 영구적인 불확정성과 변천능력을 대신하게 될 것이다. 이러한 사회적 합의의 형성이 ― 연역적으로 ― 민주적 · 다원적으로 소급적인 구속력이 부여된 것이며, 법관이나 법학자같은 직업적인 엘리트에게만 주어진 과제가 아니라면, 그것은 더 이상 우선적인 논증 과정이 아니라, 그 과정에 참가하는 주체들이 사실상 공적으로 그리고 정치적으로 주요한 세력들로서 기능하는 하나의 본질적인 정치과정이다.56) 헌법재판소는 그때그때마다 형성되는 정치적인 사회적 합의 내지 사회적 합의의 변경을 유도하는 이러한 헌법변천을 법적으로 인정(Sanktion)하고 정당화(Legitimation)시키는 법원 심급이 된다. 다음의 귀결은 헌법재판소의 이러한 기능에 상응하는 조직과 구성에 대한 요구이다.57)

---

51) Ebd.
52) Lutz Richter (Fn. 44), S. 19 ff.
53) 해벌레의 교의적인 결과들로 파생되어지는 모든 문제점들에도 불구하고, 이러한 결론을 명백히 끄집어낼 수 있는 것은 이것은 루츠 리히터(Lutz Richter)의 책의 공헌이다 (Fn. 44). Die Rezension von Gerd Roellecke, DÖV 1976, S. 179 f. 뢸레케*의 서평(Rezension)이 단지 교의적으로 ― 분석되어진 결과들의 불수용성의 입장을 타당하게 만들고, 리히터의 주장이 단지 결과로부터 확립되고 그리고 오랫동안 인정된 방법론적 ― 그리고 이론적 입장들이라는 것을 받아들이고, 평가하지 않는 한에 있어서는, 리히터의 입장을 정당하게 평가한 것으로 볼 수 없다. 우선적으로 아들을 욕할 것이 아니라, 나중에 아버지가 비판되어야 한다.
54) Lutz Richter (Fn. 44), S. 20을 보라.
55) 이러한 헌법의 개방성은 또한 형성(Fortbildung)이나 구체화(Konkretisierung)와 같은 조정개념 (Vermittlungsbegriffen)의 적용을 통해서 인정되어질 수 없다. 왜냐하면 이러한 영구적 불확정성과 변천능력은 단지 입장의 표명으로 받아들여지기 때문이다. 이미 내려진 결정 그 자체가 아니라 내려진 결정들의 적용이 문제되게 된다(Lutz Richter, S. 20). 이를 통해서 확실히 어떤 특정한 안정적 효과를 발휘하게 된다.
56) 명백히 페터 해벌레의 경우에는 Peter Häberle (Fn. 44), S. 301 f. 유사한 입장으로 Lutz Richter (Fn. 44), S. 22, 31, 33 f.
57) Lutz Richter (Fn. 44), S. 35. 루츠 리히터의 경우에 정치적 문제로서 헌법변천의 조직화라는 제목으로 ― 연역적으로 ― 연방헌법재판소의 권한, 절차 그리고 구성을 다루고 있다.

3. 관련문제 지향적인 해석방법 속에 나타난 이러한 ─ 급진적인 규범해체적인 ─ 결과를 고려해 볼 때, 정신적·정치적 전제조건들에 대한 문제가 제기된다. 이러한 정신적·정치적 전제조건들 중에는 독자적으로 기능할 수 있는 능력을 가지고 ─ 그리고 독일연방공화국 내에서만 성공적으로 기능할 수 있는 조건이 있다. 이러한 전제조건들 중에서 가장 중요한 것은 법내용에 대한 **이미 존재하는** 사회적 합의(Konsens)이다. 이러한 전제조건 중에서, 어떤 법의 본질(ein Rechtswesen)을 해체하지 않고, 단지 문제와 관련된 관점들(topoi)의 끌어들임, 축척 그리고 비교를 통해서 법원의 결정도출이 가능할 수 있다. 현실적으로 전개된 상황에 대한 전제되어진 사회적 합의에 대한 특정한 논거들 그리고 관점들에 대한 암시를 통해서 요청되며, 이를 의식하도록 만들고, 이러한 과정을 통해서 합의를 도출하게 하는 모든 문제변증론적인 논증의 수사학적인 내용을 간과해서는 안 된다.58) 그러한 논거는 단지 이미 존재하는 합의(Übereinstimmung)의 바탕 아래서만 설득력을 가질 수 있다. 왜냐하면 이러한 논거는 이러한 합의를 처음으로 도출하지 않기 때문이다.

이리하여 헌법해석의 방법으로 문제변증론과 문제사고가 받아들여지기 위해서는 정치적인 것의 긴장과 대립을 넘어서는, 헌법의 존속뿐만 아니라, 헌법의 **내용**에 대한 헌법적인 사회적 합의(Verfassungskonsens)가 전제되어야 한다. 이러한 조건들이 충족된다면, 문제변증론과 문제사고가 헌법 속에서, **비정치적인 해석이론**으로 존속하고, 50년대 말과 60년대 초의 중용주의(juste milieu)에 상응하는 것과 같은 다원적이고, 그러나 그와 동시에 의견의 통일이 존재하는 가치사회(Werte-Gesellschaft)59)의 상상되어진 조화모델(Harmoniemodell)로서 부가되어진 것이라는 것이 실증되게 된다. 이러한 관련문제 지향적인 헌법해석을 활성화시킨 쇼이너는 이러한 공속성(共屬性, Zusammengehörigkeit)을 명백히 부각시켰다. 1964년에 쇼이너는 독일연방공화국의 다원화된 사회 속에서는 아직까지는 공동으로 높은 지위가 부여된 도덕적 전통들과 가치척도들을 유지해야 하는 법원의 과제를 어렵게 만들 수도 있는 사회 적대적인 기본입장을 날카롭게 형성하는 경향은 아직 많이 나타나지 않다는 것을 명백히 하고 있다.60) 사회에 있어서 정치적인 갈등들이 폭발하게 되고, 그리하여 결과적으로「가치」관의 극단적인 대립이 초래되면, 모든 문제변증론적 해석(Topikinterpretation)은 허공에 매달리게 된다. 왜냐하면 이러한 상황의 경우에는 문제변증론적 해석은 전제된 사회적 합의의 기본적 토대를 강탈당했기 때문이다.61) 문제변증론적인 해석을 추구하는 법원은 필연적

---

58) Theodor Viehweg (Fn. 30), S. 6 bis 14. 테오도어 피벡의 경우에는 이러한 관련성이 명백히 유지되고 있다. 문제변증론의 수사적 요소에 대해서는 나아가 Martin Kriele (Fn. 22), S. 125 ff.를 보라.

59) Peter Häberle (Fn. 44), S. 300. 단지 페터 해벌레의 입장은 헌법의 통일성은 그의 입장에 의하여 정당화된 헌법해석자들의 다양성의 일치(Konzert) 속에서 실현되고, 절차와 기능방식의 결합을 통해서 생성되어진다는 것을 그대로 재현하고 있다.

60) Ulrich Scheuner, (Fn. 14), S. 62. 쇼이너는 (1964년 당시) 헌법재판이 사회적·경제적 변화와 윤리적인 기본입장들의 변천에 의하여 생길 수 있는 문제점 앞에 아직도 직면하지 않았다는 것을 깨닫고 있었다.

61) 문제변증론과 문제사고에 대한 지속적인 유지와 방어는 확실히 헌법해석의 과정에서 헌법변천에 도달하기

으로 더 이상 정치적인 충돌의 저편에 서있는 것이 아니라, 바로 그 **한가운데**에 있는 것이다.[62]

IV. 현실과학 지향적인 헌법해석

현실과학 지향적인 헌법해석(die wirklichkeitswissenschaftlich orientierte Verfassungsinterpretation)의 시발점은 스멘트의 통합이론*이다. 현실과학 지향적인 헌법해석 방법은 스멘트의 통합이론과 마찬가지로, 헌법해석을 상세한 법률규정을 해석하도록 형성되어진 법학적인 기술에 대한 집착으로부터 해방시키고, 그리고 헌법해석을 국가관/ 헌법이론의 전체연관성 속으로 끌어들이기 위하여, 근원적으로 바이마르 공화국시대의 국법학상의 법실증주의(Positivismus)의 경향에 대립하여 나타난 것이다. 이 해석방법은 고전적 · 해석학적 방법론을 헌법에 적용하는 경우에 생기게 되는 미해결의 문제점을 극복하기 위하여 다시 체계적으로 정립된 하나의 입장을 말한다. 해결책은 개별 해석에 척도와 방향을 제시해야만 하는 하나의 광범위하게 퍼져있는 국가와 헌법의 현실에 지향된 관련영역의 도출 속에서 발견될 것이다.

1. 따라서 이 해석방법의 주된 명제는 헌법의 조문과 교의적인 개념성(dogmatische Begrifflichkeit)이 아니라, 헌법의미와 현실이 헌법해석의 토대와 척도를 형성해야 한다는 것이다.[63] 이러한 토대 하에서 의미 있고 그 대상에 적합한 헌법의 내용이 우선적으로 확정되는 것이다. 이러한 목적을 달성하기 위한 방법론적인 수단으로서 헌법의 정신과학 적 · 가치관련적 이해가 고려된다.

a) 스멘트는 헌법을 국가가 자신의 생활현실(Lebenswirklichkeit)을 가지고 있는 통합 과정의 법질서(Rechtsordnung der Integrationsprozesses)라고 보는 데서 헌법의 **의미**를 찾고 있다. 이러한 통합과정의 의미는 국가의 생활전체(Lebenstotalität)의 항상 새로운 도출이다. 왜냐하면 헌법은 동시에 헌법 속에서 실현되는 이러한 의미의 체계의 표현이기 때문이다. 이러한 입장에서 본다면 — 헌법에 속하는 — 기본권은 국민의 「하나의 특정한 문화체계와 가치체계」의 표현인 것이다.[64]

헌법의 **현실**은 정신의 현실로서의 헌법(Verfssung als Wirklichkeit des Geistes) 그 자체이다. 헌법은 국가적 · 정치적인 공동체의 통합과정이 항상 새롭게 만들어 내는

위한 정치적인 전략으로서 사용될 것이다. 왜냐하면 이러한 헌법변천은 법원과 대학의 영역에 있어서 상응하는 인사정책, 궁극적으로는 새로운 법적 선이해와 헌법적 선이해(Rechts-und Verfassungs-vorverständnis)의 방사점으로서 새로운 법학교수진들의 임명을 통해서 달성될 것이다.

62) 연방헌법재판소의 세 가지 중요한 문제변증론-결정들(Topik-Urteile) (Fn. 25)에 대한 지속적인 정치적 인 (그리고 법학적인) 논의를 통해서 이것은 증명되어졌다.

63) Rudolf Smend, Verfassung und Verfassungsrecht = ders., Staatsrechtliche Abhandlungen, 2. Aufl. (1968), S. 188 bis 196(김승조 옮김, 『국가와 헌법』, 교육과학사, 1994, 116-128면).

64) Rudolf Smend, ebd., S. 189(역서, 119면). 기본권에 대하여는 ebd., S. 264 f.(역서, 230면).

통합되는 현실(integrierende Wirklichkeit)이다.[65]「통합의 조직」으로서 헌법은 헌법에
의해서 의도되고 규율된 이러한 통합과정 속에서 그 실현(Verwirklichung)과 현실
(Wirklichkeit)을 발견한다.[66]

　b) 해석의 과제는 물론 이러한 의미에서 헌법의「의미」와「현실」을 지향하는 것이다.
단지 정신과학적인 · 귀납적 방법으로 추론될 수 있는 헌법과 헌법생활의 현실과 의미,
「국가의 전체성」(Totalität)에 대한 지향, 그리고「국가의 통합과정의 전체성」은 이러한
방향척도로부터 개별적 규정들을 그 내용 속에서 확정하고 해석할 수 있는 기본적인
토대를 형성하는 방향척도(Orientierungsmaßstab)를 제시한다.[67] 헌법해석은 의도적으
로 탄력적이고, 보충적이고, 모든 다른 법해석과는 상이한 성격을 가진다.[68]

　2. 이러한 해석원칙을 통해서 나타난 결과는 매우 중요하다. 이러한 결과는 헌법의
규범들 그리고 근본결정들보다 미리 존재하며, 이러한 것들과 별도로 존재하는 헌법의
전체적 의미(Gesamtsinn)와 헌법의 (기능적인) 현실의 관점에 의하여 중요한 헌법규범의
내용확정이 이루어질 수 있다는 입장으로부터 나온다.

　a) 중요한 해석도구는 의식상태, 전체적인 가치 그리고 통합과정에 대한 정신과학적 ·
직관적 인식과 이해가 될 것이다. 이를 통해서 모든 변화되는 정신적인 가치의식과
또한 헌법 속에서의 가치변동의 거대한 흐름이 가능하게 된다.[69] 헌법은 더 이상 각
시대정신의 동향과 전체적 가치를 제한하고 경계설정을 하는 것이 아니라 그 자체 속으로
받아들인다. 왜냐하면 헌법은 모든 가능한 것들을 수용할 수 있는 부드러운 기본요소가
되어야만 하기 때문이다.[70]

　헌법은 이를 넘어서서 매우 광범위한 영역에서 탄력적이고 자기보충성을 가지며
변천능력을 가지고 있다. 정신적인 의미체계 그리고 정신적인 · 역사적인 현실
(geistig-geschichtliche Wirklichkeit)로서 헌법은 객관적 정신의 자발적 행위에 종속되어
있다. 이것은 스멘트가 말하듯이, 헌법은 경우에 따라서는 자신의 체계 속에서 자신을
보충하거나 변천할 수 있다는 단순한 헌법내재적이고 자명한 의미이다.[71] 결론적으로
또한 헌법의 대상에 대한 관련적 이해는 단지 이러한 헌법의 변천능력과 보충능력,

65) Rudolf Smend, ebd., S. 192 f.
66) 이에 대하여는 Lutz Richter (Fn. 44), S. 26을 보라.
67) Rudolf Smend (Fn. 63), S. 190.
68) Rudolf Smend, ebd.
69) 이에 대해서는 Rudolf Smend, Das Recht der freien Meinungsäußerung = ders., Staatsrechtliche
　　Abhandlungen, 2. Aufl. (1968), S. 98 f.(김승조 옮김, 의사표현의 자유권,『국가와 사회』, 교육과학사,
　　1994, 172면 이하)를 보라. 이러한 해석방법이 ― 기본권해석과의 관련 속에서 ― 명백히 인정되는
　　경우로는 Ernst-Wolfgang Böckenförde, NJW 1974, 1534 f.(김효전역, 기본권이론과 기본권해석, 동인
　　역,『헌법 · 국가 · 자유』, 법문사, 1992, 194면 이하) 참조.
70) 이에 대하여는 Ernst Forsthoff, Zur heutigen Situation einer Verfassungslehre, in FS f. C. Schmitt,
　　1968, S. 209 (김효전역, 헌법학의 오늘날의 상황에 대하여, 동인 편역,『독일 기본권이론의 이해』,
　　법문사, 2004)과 Ernst-Wolfgang Böckenförde, VVDStRL 28 (1970), S. 58 f. Fn. 78을 보라.
71) Rudolf Smend (Fn. 63), S. 191 ― 그리고 더 논증된 것은 ― S. 241 f.

그리고 이러한 능력들을 통해서 현실적으로 행해진 변천과 보충들을 고려한 경우에만 가능하다.[72] 해석자는 이러한 발전의 주체나 통제기관은 아니다. 그는 오히려 이러한 발전들을 자체적으로 인식하고, 그리고 인식 후에 이러한 발전들을 현실화하여야 한다.[73]

b) 여기에서 은폐된 방식으로 규범적인 효력을 발휘하는 해석의 지표(Orientierung)에 해당되는 것은, 국가 속에서의 생활전체성(Lebenstotalität)을 형성하고 새롭게 하기 위한 계속적이며 항구적으로 재생산되는 실현과정과 안정화과정으로서 이해된, 바로 헌법의 통합기능이다. 헌법의 「의미」와 「현실」은 이러한 통합기능에 지향되고 관련되어 있다. 한편으로는 개별적 사안에서 이러한 것들을 가치체계(Wertsystem), 문화체계(Kultursystem) 혹은 통합체계(Integrationssystem)로 명명할 것인가의 여부는 중요하지 않다.

3. 한편으로는 이러한 해석방법들의 문제점은 가능한 해석결과들의 불확정성과 시간적 한계성(Verfließen)에 있다 — 이러한 특성은 부분적으로는 관련문제 지향적인 해석방법과 공유된다. 또 한편으로는 — 이것은 보다 중요한 것이다 — 이러한 문제점은 바로 해석의 **관련점**(Bezugspunkt)**의 전환**에 있다. 이러한 관련점은 더 이상 헌법의 원리나 근본결정과 같은 규범적 크기(normative Größen)가 아니라 주어진 현실의 전체적 조망과 전체적 분석, 그리고 헌법의 사회적 기능이다.[74] 바로 여기에 동시에 규범해석과 (사회적) 현실 사이의 관계에 대한 하나의 성과있는 전환이 행해진다. 항상 틀림없이 근원적인 규범적 내용의 파괴와 시대적 흐름과의 특정한 공존을 제시하는 헌법의 실현과정과 그와 동시에 사회적이며 정치적인 현실에서 헌법의 기능은 헌법 그 자체의 내용확정을 위한 척도가 된다.[75] 이를 통해서 사회적 현실과 헌법의 효력의 실현과정에 대립되는 규범적 헌법(die normative Verfassung)의 독자성 (그리고 차이)와 규범적 헌법의 내용은 차차 계속적으로 소멸되어 가게 될 것이다.[76]

이러한 해석방법들의 경우에 그 핵심적 내용에는 **사회학적** 헌법해석(eine soziologische Verfassungsinterpretation)이 문제로 된다는 것은 여기서 뿐만 아니라 일반적으로도 명백히 드러난다.[77] 그 자체로서 단지 하나의 현실에 대한 기술인 헌법에 대한 사회과학적인 기능적 설명들(Funktionsaussagen)은 그 자체에 부여된 단순한 설명적 가치 대신에 규범적 중요성을 가진다. 이렇게 발전되고 받아들여진 헌법해석의 관련점은 헌법에 대한 사회학적·현상학적인 묘사와 언급 속에서만 다루어지고, 이를 통해서 헌법해

---

72) Rudolf Smend, ebd.
73) 이것은 바로 루돌프 스멘트의 이른바 헌법의 유동적 효력형성(sogenannte fließende Geltungs-fortbildung)의 핵심이다(ebd., S. 242). 이러한 의미에서 적합한 결론은 Lutz Richter (Fn. 44), S. 26. 또한 페터 해벌레(Peter Häberle)의 관련문제 지향적인 헌법해석의 과격화는 스멘트의 통합이론의 영향을 많이 받았다는 것이 여기에서 명백해진다.
74) 여기에 대한 언급으로는 Lutz Richter (Fn. 44), S. 26 f.
75) 이를 통하여 — 어떻게 해서든지 — 하나의 촉매적인 가속화효과가 규범과 현실의 극단적 대립의 해소 속에서 일어난다.
76) 규범과 현실의 구별은 — 규범 그 자체로서 — 규범과 규범의 행위 동기부여적인 규범적 효력의 전개의 유지를 위한 하나의 조건이다.
77) 이러한 지적에 대해서 베른하르트 쉴링크 박사(Dr. Bernhard Schlink)에게 감사한다.

석을 구속적으로 확정할 수 있다. 루만(Luhmann)*이 자신의 체계이론(Systemtheorie)의 바탕 위에서 전개한 헌법에 대한 주장78)과 헌법의 의미체계와 통합체계의 탄력성, 변천능력과 보충능력에 대한 스멘트의 중심적인 주장과 비교해보면, 이러한 사회학적 헌법해석의 문제는 명백히 증명된다. 이 두 가지의 입장은 그 핵심에 있어서는 같은 것이며, 단지 체계이론(Systemtheorie)의 경우에는 체계기능성(Systemfunktionalität)의 (자체적) 유지라는 그 본질적인 핵심영역에서 정신과학적인 포장이 없다는 점만이 다를 뿐이다.

V. 해석학적으로 구체화된 헌법해석

해석학적으로 구체화된 해석방법들(die hermeneutisch-konkretisierende Auslegungsmethode)은 문제변증론이나 문제사고로부터 제기된 해석과 해석방법들의 개방성을 원칙적으로 문제 삼지 않고, 다시금 규범에 대한 구속 그리고 해석의 통제될 수 없는 합리성을 다시 회복하고, 그리고 이를 통해서 문제변증론적인 문제지향적인 해석방법들에서 발생하는 문제점을 해결하려는 시도이다. 이러한 시도의 과정에서 「구체화」 (Konkretisierung)의 개념과 구체화요소들(Konkretisierungselemente)에 대한 문제가 중심적 논점으로 부가된다.79) 구체화의 규범적·합리적인 재구속이 행해지는 강도에 따라서 이러한 방법론적인 입장들의 두 가지의 명백한 입장들이 구분될 수 있다.

1. 구체화로서 헌법해석(헤세)

a) 헤세(Hesse)*의 경우에 헌법해석의 출발점은 그 자체에 근본적으로 주어진, 그리고 해석을 통해서 (단지) 획득된 규범내용 내지 규범적 의지에 대한 구속으로부터 해체이다.80) 해석의 목적은 미리 현실적으로 존재하지 않는다는 입장에서 해석은 출발하여야 한다. 해석의 문제점들은 항상 그리고 단지 헌법이 아무런 명백한 해석기준들을 제시하지 않은 곳, 헌법 그 자체가 아직도 결정하지 않은 곳에서 나타나기 때문이다.81) 이렇게

---

78) 니클라스 루만의 기본적 문제제기에 대해서는 Niklas Luhmann, Grundrechte als Institution, 1965, S. 14 ff. 그리고 ders., Der Staat 12 (1973), S. 1 ff., 125 ff. 다른 한편 루돌프 스멘트와 마찬가지로 Rudolf Smend (Fn. 63), S. 191.

79) 콘라드 헤세(Fn. 14)의 경우에는 「구체화로서 헌법해석」(표제 § 2 III, S. 25[역서, 36면 이하])가 중심적 주제로서 나타난다. 프리드리히 뮐러(Fn. 11, S. 95)도 구체화는 한편으로는 입법과 행정에서 형성적인 법규범제정과 현실화에 대한 상위개념(Oberbegriff)으로, 또 한편으로는 사법(Judikative)의 우선적인 통제적인 그러나 그와 동시에 규범적인 활동영역의 한계 안에서 법형성적 활동에 대한 상위개념이다 — 이것은 마르틴 크릴레의 경우(Fn. 11)와 같이 양자를 동시에 하나의 공통적인 명칭(Nenner)으로 될 수 있다.

80) Konrad Hesse (Fn. 14), S. 23. 헤세의 경우 이러한 입장의 고수는 현실적인 상황의 은폐이다.

81) Konrad Hesse, ebd. 즉 어떤 사안의 해결을 위해서 헌법이 아무런 명백한 척도들을 제시하고 있지 않은 사안들의 경우, **다시 말하면 헌법해석의 모든 경우에 헌법 또는 헌법제정자는 정말로 아직도 아무**

볼 때 헌법해석은 법창조적인 충전(rechtsschöpferische Ausfüllung)의 성격을 가지고 있다. 왜냐하면 해석은 그 본질과 성격에 있어서 「구체화」이기 때문이다.[82] 이러한 구체화는 무엇보다도 단지 자신의 입장에서 보면 윤곽적 내용과 원칙적 내용을 가지고 있는 헌법규범들, 특히 기본권, 헌법적인 근본결정들, 그리고 국가목적규정들 등을 적용하는 경우에 현실적인 실무화과정을 겪게 된다.

b) 구체화 과정의 경우도 본질적인 측면에서 관련문제 지향적인 절차에 머물러 있다.[83] 관점들의 문제변증론적인 다양성에 대한 한계설정은 물론 다음 두 가지의 단순한 방식으로 행해진다. 즉 한편으로는 엄격한 문제에 대한 지향과 그러한 관점에서 결정되어진 논증의 사건관련성(Sachbezogenheit), 또 다른 한편으로는 「헌법해석의 원리」들에 의거한 문제변증론적인 관점에서의 평가를 통해서 행해진다.[84] 그럼에도 불구하고 이러한 두 가지의 방법들은 문제변증론적인 논증영역과 그 불확정성에 머물러 있다. 문제에 대한 지향과 사건관련성을 유지하기 위하여 혜세는 하나의 직관적이고 · 주관적인, 아마도 선이해 그리고 사회적 합의에 의해서 어떻게 해서든지 조정되는 방향에 머무르는 것을 위한 어떠한 합리적으로 통제가능한 척도들을 제시하고 있지 않다. 헌법해석에 인용되는 원리들[85]은 그 자신의 입장에서 살펴보면, 구속력 있는 해석의 지침을 포함하고 있는 규범적 원리들이 아니라 단지 해석의 관점들(Interpretations*gesichtspunkte*), 즉 문제변증론적인 절차의 의미 속의 「원칙들」을 의미한다. 그러한 — 서열적 순위의 확정 그리고 법익 상호간의 제한 없는 — 논거들로서 헌법해석의 원리들은 문제해결에는 기여할지는 모르지만 그러나 그 자신의 입장에서 직접 그러한 논거들을 선택하고 평가할 수는 없다.

c) 구체화의 의도된 규범적 재구속은 「해석의 한계」로서 「규범의 문구(Normtext)에 대한 엄격한 구속」을 통해서 달성될 수 있다.[86] 「법조문의 우위」(Primat des Textes)가 — 문제변증론적인 — 「문제의 우위」(Primat des Problems)를 대체하게 된다.[87] 혜세는 헌법해석의 구체화로의 확장에도 불구하고, 해석을 「이미 존재하는 실정법규범에 대한 구속」으로 보았다. 왜냐하면 어떠한 구속력 있는 실정법규정이 존재하지 않는 경우에는, 헌법 역시 그 해석의 한계에 직면하기 때문이다.[88]

이 정도까지는 받아들일 만하다. 그러나 어떻게 이를 통해서 추구된 목적에 다다를

것도 결정하지 않았다(필자의 강조).
82) Konrad Hesse (Fn. 14), S. 25.
83) Konrad Hesse, a.a.O., S. 26 bis 30 참조. 혜세는 한편으로 테오도어 피벡과 호르스트 엠케와 관련이 있으며, 다른 한편 그는 프리드리히 뮐러의 구체화의 반문제변증론적인 합리화(본문의 아래를 참조)의 요소들도 받아들이고 있다.
84) Konrad Hesse, (Fn. 14), S. 27 u. 28 ff.
85) 그러한 헌법해석의 원리들은 콘라드 혜세에 의해서 다음과 같이 명명되었다. 즉 「헌법의 통일성」, 「실제적 조화」, 「기능적인 정확성」, 「통합적 작용」, 「헌법의 규범력」 (ebd., S. 28 bis 30)[역서, 40-42면].
86) Konrad Hesse, (Fn. 14), S. 30.
87) Konrad Hesse, (Fn. 14), S. 31.
88) Konrad Hesse, (Fn. 14), S. 30.

수 있는가? 헌법해석의 문제는 바로 헌법규범의 문언의 다의성과 불확정성·비문체의 간결성과 단편성에서 나오는 것이다. 이러한 상황에서 명백하고 특정한 내용을 가지는 규범문구(Normtext)를 도출하는 것 그 자체가 바로 해석의 — 고상한 과제 — 과제인 것이다. 그러면 어떻게 해석이 이러한 구속을 통해서 해석 그 자체가 우선적으로 도출해야 할 것이 될 수 있는가? 해석을 통해서 우선적으로 규범을 도출하는 (구체화의 시발점인) 그 규범이 불명확한 경우에, 규범은 그와 동시에 더 이상 해석의 구속요소가 아니다. 이러한 요청은 계속 형성 중에 있는 문제, 그리고 단지 순환논증(Zirkelschluß)이 아닌 현실적인 해석문제들이 나타나는 경우에만 그 타당성이 증명될 수 있다.89) 왜냐하면 이러한 경우에 해당된다면 그 문제 그 자체가 해결될 수 없기 때문이다.

2. 구체화과정의 방법론적인 합리화(die methodische Rationalisierung des Konkretisierungsvorgangs) (프리드리히 뮐러)*

이렇게 헤세의 입장에 따르면 문제변증론적인 논증의 다양성과 해석의 규범적 구속 그리고 재구속에 대한 관계가 궁극적으로 개방적이고 미확정인 상태로 남아있게 된다면, 프리드리히 뮐러(Friedrich Müller)는 구체화과정을 보다 상세히 분석하고 구체화과정의 규범구속에 대한 고려 속에서 구체화과정을 구성하고 또 합리화시키려고 시도하였다.90)

a) 규범에 대한 구속은 원래부터 구체화과정 속에서 문제가 된다. 이러한 규범에 대한 구속은 무엇보다도 헌법의 광범위한 불확정적인 규범에 맞게 구성되고 수정된 규범개념 하에서만 가능하다. 규범, 특히 헌법규정은 단지 규범적인 명령의 객관적으로 고쳐 쓸 수 있는 핵심으로 나타난다. 개별적 사건에 적용되기 위해서 헌법규정은 우선적으로 결정규범(Entscheidungsnorm)으로 구체화되어야 한다. 다시 말하면 확정되어야 한다. 이 과정을 통해서 일반적으로 헌법규정은 내용적으로 명확화되고, 구분되고 또한 장래적으로 발전될 것이다.91)

---

89) 이것은 콘라드 헤세의 헌법변천에 대한 입장에도 타당하다. 헤세가 헌법을 통해서 해석에 설정된 한계가 해석을 통한 헌법변천의 가능성을 포함하고 있고, 그와 반대로 해석을 통한 헌법개정은 포함하지 않는다고 주장한다면(ebd. S. 30), 헌법개정은 명시적인, 절차에 적합하게 행해지고, 그와 반해서 헌법변천은 아주 조용히 점진적으로 해석적으로 일어난다는 것 외에 다른 어떤 기준을 가지고 헌법변천과 헌법개정 양자가 구분될 수 있는가 하는 문제가 제기된다. 왜냐하면 이 두 가지의 경우, 모두 헌법내용의 변경이 문제되기 때문이다. 여하튼 헌법개정 없이 헌법을 변경하는 길은 광범위하게 열려 있다.

90) 프리드리히 뮐러의 입장에 대한 논쟁적인 토론은 자신의 글 속에 사용되는 자기식의 개념 용어의 사용 때문에 매우 어렵게 된다. 규범성, 규범영역, 규범프로그램, 규범구조 등에 부가된 특별한 의미를 정확히 이해하고 있는지, 그리고 뮐러가 전혀 주장하지 않거나 혹은 주장하려는 입장을 위한 요구를 주장하지 않았는가에 대한 것이 전혀 불명확하다. 일반적인 법학에서 통용되는 용어로부터의 이러한 이탈은 한편으로는 면역적인 효과를 초래하고, 또 한편으로는 자칫하면 아마도 — 가장 시종일관되게 — 민주적·법치국가적인 해석이론의 파급적 효과를 이미 알고 있는 범위를 넘어서 거의 배제하는 의사소통의 결함(Kommunikationsdefizit)을 초래한다.

91) Friedrich Müller, (Fn. 4), S. 151; ders. (Fn. 11), S. 54 ff.

b) (법적) 구체화과정의 범위 내에서 법규범과 현실은 원칙적으로 동일한 효력을 가지는 규범구체화의 계기(Momente)로 나타난다. 「개별적인 사건 속에서 법규정에 적합한 합법적인 것이어야 하는 것」이 서로 영향을 미치고 제약하는 현실적 상황에 대한 규범의 정확성 부여와 구체화, 그리고 규범에 대한 현실적 상황의 정확한 이해와 구체화를 통해서 「호혜성(Gegenseitigkeit)의 절차」 속에서 발견되게 된다.92) 규범과 규범관련적인 현실적 상황은 서로 대립적으로 그리고 병존적으로 형성된다. 이러한 절차에 대한 광범위하게 받아들여진 규범적 관점들은 대체로 명백히 요구되거나 제안될 수도 없다. 또 다른 측면에서는 구체화요소들의 다양성은 그 요소들의 사정거리 범위 내에서 분석되며 이러한 요소들 간의 위계질서(Hierarchie) 내지 우선원칙(Vorrangprinzip)을 정립하기 위한 것을 시도하게 만든다.93) 어느 정도까지 이를 통해서 해석과정이 문제변증론적인 개방적 절차로부터 출발해서 규범적으로 구속된 과정으로 회귀할 수 있는가에 대해서는 궁극적으로 명확한 설명을 주고 있지 않다.

3. 해석학적 · 구체화된 해석입장들의 문제점은, 한편으로는 규범으로부터 분리된 문제변증론과 해석의 고전적인 규범구속 사이의 궁극적으로 불명확한 중간적 입장 그 자체에 있으며, 다른 한편으로는 이러한 방법론의 영역에서의 구체화개념이 수행하는 기능에 있다.

a) 이러한 두 입장에는 명백한 규범에 대한 구속적 입장에서 전개된, 합리적으로 통제가능한 해석에 대한 우선적으로 전개된, 내지 확립된 문제변증론적인 논거의 다양성에 대한 의도적인 회귀는 성공적인 결과를 도출할 수 없다. 이것은 헤세의 경우에는 명백해진다. 그러나 뮐러의 경우도, 비록 그 목적에 보다 상세히 접근하였다고 할지라도, 또한 이것을 간과할 수 없다. 어디에서 이러한 주장에 대한 근거를 발견할 수 있는가? 해석을 위한 규범적인 지도이념(Leitidee)의 기능을 수행하는 자발적인 구속력을 가지는 헌법이론(Verfassungstheorie)(기본권이론)에 대한 원용 없이는, 구속적인 규범의 내용은 뮐러가 대부분의 헌법규정의 경우에 전형적으로 나타난다고 말한 바와 같이,94) 다양한 의미를 함축하고 있고, 윤곽적인 특성을 가진 규범문구(Normtext)로부터 도출될 수 없다. 이러한 헌법이론의 역할을 인정하는 결과는 헤세의 경우 ― 의식적으로 ― 받아들여지지 않을 것이다. 헤세의 경우, 헌법이론은 단지 문제변증론적인, 선이해를 해명하는 의미95)를 가지고, 그리고 설명한 바와 같이 가능한 해석의 한계로서 규범의 문구에 대한 회귀를 초래하는 결과 이외에 다른 의미를 가지고 있지 않다. 프리드리히 뮐러의 경우 이러한 광범위하게 받아들여진 해석의 규범적인 방향점과 관련점(Orientierungs-

92) Friedrich Müller (Fn. 4), S. 151. 잘 알려진 관점의 우왕좌왕에 대한 새롭게 그리고 정확하게 다시 잘 표현한 것이 문제가 된다(이에 대해서는 Martin Kriele (Fn. 11), S. 197 f., 203 ff.을 보라).
93) Friedrich Müller (Fn. 4), S. 175 f.; ders. (Fn. 11), S. 181 ff.
94) 위의 II 2를 보라.
95) Konrad Hesse (Fn. 14), S. 26. 무엇보다도 호르스트 엠케의 기능확정에 대하여(Horst Ehmke, VVDStRL 20 (1963), S. 62) 적어도 특정한 구속력에 대한 지향 속에서 약화된.

und Bezugspunkt)이 여하튼 명백하지 않다.[96] 처음에 불확정적인 헌법규범이 하나의 의미확정적인 결정규범으로 구체화되어야만 하는 규범과 현실적 상황의 마주보기(Zueinanderführung)가, 뮐러가 노력한 바와 같이, 궁극적으로 「이리저리 왔다 갔다 하는 관점」의 혼란 속에서 궁극적으로 자생력 있는 예술적 작업을 이끌어 내거나, 혹은 결과적으로 다시 불확정적인 문제변증론으로 빠져들어가는가의 여부에 대해서는 매우 의문이 제기된다.

b) 「구체화」로서 해석에 대한 입장인정과, 이와 반대로 해석으로서 구체화는 입법자의 정치적 형성영역과 같은 윤곽질서(Rahmenordnung)로서의 헌법의 성격을 점점 더 감소시키는 점점 증진되는 헌법의 구체적인 확정(Ver-bestimmung)의 가속화를 정당화시킨다. 어떤 규범의 핵심적 내용 — 아직도 불확정적인 (원칙-)규범으로부터 그때그때 마다 필요한 구체적인 문제해결에 필요한 의미 — 확정적인 결정규범을 획득하는 과정은 한편으로는 — 법창조적인 — 구체화 (단순한 도출이라는 표현 대신에)로 적절하게 표현될 수 있다.[97] 또 한편으로는 이러한 해석으로서 구체화는 (아직도), 규범의 핵심 내지 불확정적인 (근본-) 규범으로부터 획득된 결정규범들은, 그것이 헌법**해석**의 결과이기 때문에, 이러한 규범의 입장에서 헌법의 **내용**으로 된다는 결과를 가지고 주장된다. 그러나 이것이 의미하는 바는 이러한 헌법에 의해서 보장되는, 그러나 결코 그것이 독자적으로, 그리고 확신을 가지고 기술된 것이 아닌, 많은 해석가능한 해결책들/결정들의 하나가 그럼에도 불구하고, 결정적인 해석기준으로 확정되는 것을 의미한다. 오래된 프로이센 경찰행정법(prPVG) 제14조의 사법적인 충족과 사실상의 입법(Vergesetzlichung)에 대한 대응의 경우, 이것은 명백해 진다. 왜냐하면 위의 경우의 재량영역(Ermessensspielraum)과 같이, 여기에서는 정치적인 형성의 자유가 구체화된 결정규범들을 구속적으로 제시하는 수많은 헌법재판소의 사법적 결정을 통해서 점점 더 제한된다. 왜냐하면 연방 헌법재판소 결정의 구속력(독일 연방헌법재판소법 제31조)을 통해서 더욱 더 강화되는 결정의 효력을 볼 때 이것은 명백해지기 때문이다.

VI. 분석과 비판으로부터 도출되는 결과들

앞에서 설명한 헌법의 다양한 방법론들에 대한 분석과 비판들을 더욱 더 계속적으로 다루는 고려들에 접근하기에 앞서, 다양한 해석방법들에 대한 분석과 비판들로부터

---

96) Friedrich Müller (Fn. 4), S. 153. 프리드리히 뮐러는 개별사건 관련적인 법실무에 대한 헌법이론에 인정되는 이데올로기 비판적인 기능에 대해서 말하고 있다. 이것은 그러나 결코 해석의 규범적인 지도이념으로서 이러한 기능의 인정을 의미하는 것은 아니다. 또한 Friedrich Müller (Fn. 11), S. 172 ff.도 참조.
97) 이 과정에서 구체화가 의미하는 바는 — 오래된 전문용어 속에 표현되어진 바로는 — 하나의 — 논리적으로 결론이 도출되는 — 의미의 파생(derivatio)이 아니라, 독자적인 — 또한 자발적인(volitive) — 요소가 부가되어진 — 어떤 특정한 원칙에 대한 지향 속에서 창조적으로 도출되는 하나의 발명(eine inventio)이다.

어떠한 결론들이 도출될 수 있는가 하는 문제가 다루어져야 한다.

　1. 다루어진 모든 해석방법론들은 결과적으로 — 아마도 프리드리히 뮐러의 경우만 예외이고 — 헌법의 규범성의 붕괴(Abbau)에 기여하게 된다. 규범과 헌법원리들의 내용적인 불명확성에서 생기는 헌법해석의 근본문제와 관련지워 생각해 본다면, 이러한 해석방법론들은 전적으로 그 시발점에서 이러한 불명확성을 제한한 것이 아니라 오히려 이것을 확장시키고 보다 강화시켰다. 이러한 해석방법론들은 하나의 보다 비통제적이고, 개별사건들, 현실적인 선이해, 그리고 이에 관련된 사회적 합의(Konsens)를 통한, 이른바 헌법해석으로서 각 개별적인 그때그때의 상황 속에서의 헌법의 내용 속에서 헌법적 순위와 헌법적 효력(Verfassungsrang und-geltung)을 요구하는 현실분석 혹은 현실적 세계관에 의해서 조정되는 헌법의 개별 사건 관련적인 형성과 계속적인 발전을 정당화시킨다. 이러한 헌법의 규범력의 해체의 범위와 그 정도는 각 개별적 해석방법론, 그리고 새롭게 도입된 해석수단의 종류에 따라 다르다. 고전적 · 해석학적인 방법론들은 간접적으로 이러한 헌법의 규범력의 해체에 기여하게 된다. 왜냐하면 이 해석방법은 헌법해석의 중심적 문제, (구속력 있는) 헌법이론의 필요성을 언급하고 있지 않기 때문이다.[98]

　2. 다루어진 모든 해석방법론들은 헌법에 대한 **법률적인 기능의 인정**에서 출발한다. 법규칙 내지 규범적인 프로그램의 총괄개념(Inbegriff)으로서 헌법은 그로부터 구체적인 개별적 · 법적 사건들에 대한 결정을 바로 도출할 수 있을 정도의 내용적인 확정성을 통해서 전제될 수 있다. 다른 방법론 속에서는 함축적으로 전제되어 있는,[99] 이러한 헌법의 법률적 성격은 전통적인 · 해석학적 방법론 속에 명백히 표현되어 있다. 또한 법적인 문제해결/사건해결의 필요성과 그 해결가능성이 성취될 수 있는 토대는, 전적으로 헌법에서 나온다는 것이 이러한 방법론들에 있어서의 해석문제들을 다루는 중요한 기본입장이다. 그러나 지금 현재에 있어서 거의 대부분의 모든 헌법규범들은, 그 규범적 · 내용적인 구조에서 이러한 방법에 적합하지 않게 규정되었기 때문에,[100] 이러한 헌법규정의 구조적인 부적합성을 제거하고, 헌법의 전제된 법률적 기능을 보다 확실히 해야만 하는 새로운 해석과 충전(Ausfüllung)의 방법이 추구될 것이다. 이러한 새로운 해석방법의 전개과정에서 새로운 해석방법들은 기존의 전통적이고 인습적인 의미의 해석개념을 넘어서는 충전적이고 · 법창조적인 · 구체화적인 특성을 해석에 부여하게 될 것이다.[101]

---

98) 이에 대해서는 위의 II. 3을 보라.

99) 일찍이 헌법은 법률적 성격을 탈피한 것이 될 것이며 헌법재판소가 설치되기 이전에, 헌법재판의 존재를 고려하지 않고 발전된 루돌프 스멘트의 입장에서 전개된 현실과학적인 · 사회학적 방법론(die wirklichkeitswissenschaftlich-soziologische Methode)에 대해서는 하나의 특정한 특별적 지위가 부여된다. 이러한 스멘트의 해석방법론은 물론 나중에 그러한 해석관련성을 고려하였다.

100) 위의 II. 2를 참조하라.

101) Ulrich Scheuner, VVDStRL 22 (1965), S. 61. 울리히 쇼이너는 이러한 해석입장을 헌법 그 자체로부터 규범적으로 정당화하려고 한다. 왜냐하면 이러한 해석방법은 법질서의 최고의 지침으로서 기본적 질서(독일 기본법 제1조 제3항)를 인정하는 입장을 표명하고 있기 때문이다 — 하나의 전형적인 부당전제(petitio principio).

그러나 기존의 전제된 헌법의 법률적 기능에 의문을 제기하지만 전통적인 해석방법에 의해서 해석의 문제가 해결될 수 있을 정도로 새롭게 이를 확정하도록 해야 한다는 입장에서 결론을 도출해서는 안 되며, 이러한 전통적 해석방법의 결함의 제거는 방법론의 확장 속에서 ― 특히 해벌레의 경우 ― 기존의 전통적인 해석방법의 완전한 해체 속에서 찾아야 할 것이다.

3. 면밀하게 분석해보면 헌법해석의 방법론들과 이의 토대가 되는 헌법이론 (Verfassungstheorie) 내지 헌법개념(Verfassungsbegriff) 사이에는 상호 교환적인 연관성 이 존재한다. 하나의 특정한 해석방법은 특정한 헌법이론 내지 특정한 헌법개념을 통하여 근거지워지고 발전되거나(포르스토프 · 스멘트), 또는 하나의 예측된 해석방법론적인 입장 으로부터 (아마도 예측된) 결과로서 헌법의 특정한 기본입장이 도출된다(엠케 · 해벌레). 대상과 방법론과의 상호교환적인 의존성에 대한 방법론적인 논의의 오랜 경험은 이러한 해석입장들을 통해서 증명된다. 이러한 경험은 직접적으로 인식방법론의 영역에 타당한 것이며, 해석방법론의 영역에도 명백히 바로 적용될 수 있는 적응성을 가지고 있다. 따라서 이러한 입장으로부터 추론되는 결론은 헌법해석에 대한 방법론적인 논의는 항상 동시에, 또한 헌법개념과 헌법이론에 대한 토의이며, 그리고 이로부터 유리된 채로 다루어 질 수는 없는 것이다. 어떤 한 영역에서의 선결정(Vor-entscheidungen)은 필연적으로 다른 영역에 대하여 그 효력을 미치게 된다.

4. 다양한 해석방법론들의 분석이 제시하는 바는 헌법의 규범성(Normativität)[102]의 강화 혹은 재획득의 중요한 근거는 ― 만일 이것이 간절히 바라는 것이라면 ― 개별적인 해석수단들의 방법론적인 정교화와 성찰에 있는 것은 아니다. 이것은 매우 중요한 지적이 될 것이다. 헌법의 규범성의 강화를 위한 중요한 근거는 아마도 바로 어떤 헌법개념 혹은 보다 정확하게 말한다면, 해석의 구속력 있는 기본입장들과 이를 통해서 논증된 교의적 구조들(dogmatische Strukturen)을 제시할 수 있는 헌법이론에 대한 지향에 있다. 헌법의 규범적 구조로부터 도출되는 대부분의 헌법규범의 설명적인 해석뿐만 아니라, 충전적인 해석(ausfüllende Interpretation)이란 필요성의 측면에서 볼 때, 모든 해석방법 론들은 이러한 해석의 갈림길을 성공적으로 헤쳐나가게 될 것이다. 항상 그 근거를 제시할 수 있는 이러한 지향점을 발견하게 된다면, ― 논증의 관점들, 선이해들 그리고 사회적 합의의 전략(Konsensstrategien)에 거의 구속되지 않은 ― 해석적인 형성의 자유 속에서 혹은 규범과 현실의 합일화 속에서 그 방법은 미리 제시되어 있는 것이다. 그러나 그 자신의 입장에서 볼 때 해석적인 입장과 주관적인 관점에서 전개된 선이해의 반영으로 볼 수 없는 그러한 헌법이론이 정말로 요청될 수 있을까?

a) 자신에게 일반적으로 부여된 것이라고 생각되는 기능을 충족해야만 하는 이러한 헌법이론은 사비니에 의해서 설명된[103] 법질서의 「역사적 · 교의적인 전체」(das

---

102) 여기서 규범성이 뜻하는 바는 규범적인 구속력과 당위적-효력(Soll-Geltung)에 상응하는 요구라는 의미이다.

historisch-dogmatische Ganze)에 대한 가치상응성(Äquivalent)을 설명하기에 적합하여야만 한다. 이러한 의미에서 헌법이론은 또한 어떤 특정한 헌법의 선개념(Vor-begriff)이 아니라, 헌법 그 자체 혹은 헌법의 일부분으로서 헌법의 일반적 성격, 규범적인 목적설정 그리고 내용적 범위를 의미한다.104)

　　b) 과연 헌법의 내용으로부터 자유로운 그러한 헌법이론이 존재할 수 있는지는 아직 불충분하다. 헌법이론이 해석자에 의해서 자유롭게 선택될 수 있고, 해석의 사전적인 전제조건(Intepretationsvorgabe)으로 명백히 받아들여지는 기대와 단지 결합되어 있다면, 해석의 문제변증론적인 절차와 통제불가능한 범위에로의 확장은 예견이 가능하다. 왜냐하면 미해결된 문제는 단지 도덕적 의식수준(Ethos)과 정직성(Redlichkeit)의 영역에 해당되는 문제로 전환되어 있기 때문이다. 이러한 자유로운 해석과정에서 헌법은 ─ 의식적으로든 혹은 무의식적으로든 ─ 그 자신이 여러 가지 다양한 질서관념들(Ordnungsvorstellungen)에 의해서 이끌려가는 것이 아니라, 자신의 해석이란 문을 통하여 순차적으로, 그리고 나란히 매우 상이하게, 또한 서로 이질적인 질서관념들에로의 입장을 가능케 하는 형식적인 용기(容器)인 것이다. 선택된 「이론」의 입장에 따라 다양한 헌법내용이 개별적 특성 속에서뿐만 아니라 근본입장들 속에서 도출된다.105)

　　c) 따라서 핵심적인 문제는 바로 정확한 헌법이론 혹은 보다 구속력 있는 헌법이론에 대한 문제이다. 물론 구속력 있는 헌법이론은 더 이상 주관적인 선이해, 그리고 기존의 정치적인 합의 내지 합의의 변천의 문제는 아닌 것이다. 구속력 있는 헌법이론은 단지 합리적인 인식수단을 통해서 헌법조문, 그리고 헌법의 생성에서 제기될 수 있는, 헌법 속에서 명시적으로 혹은 함축적으로 포함된 헌법이론의 경우에만 가능하다.

　　그러한 **헌법에 적합한 헌법이론**에 대한 연구와 형성작업은 반드시 그 출발점을 헌법 그 자체에서 찾아야 한다. 헌법의 근본결정들, 그리고 중요한 원칙들, 헌법적 전통이 계승되거나 수정된 요소들, 이미 형성되어진 기능/권력들의 조정과 균형유지 등등. 헌법에 적합한 헌법이론은 여러 가지 관념들의 어떤 하나의 복합체로서 존재할 수 있는 헌법 속에 명백히 표현된 주도적 질서이념(leitende Ordnungsidee)을 인식하고, 그리고 하나의 체계적인 지향점으로서 전개하려는 시도를 포함하고 있어야 한다. 이로부터 헌법의 개별적 규정 속에서 명백히 제시되는 것 (구체화된) 내지 개별적 규정을 근거지우는 것과 같은 헌법체계(Verfassungssystem)의 기본적 골격이 도출될 수 있다.

　　d) 이론적으로 설명된 해석의 과제를 해결하기 위해서 헌법이론은 헌법의 선이해에 의존해야 하며, 그리고 해석의 결과는 그것이 정당화되기 위해서는 해석법원이 그 결정을 통해서 사회적 합의를 반영하는 것이 필요하다는 목적설정에 반대의견이 제시되어질 수 있다. 이러한 목적설정은 단지 모든 규범해석이 규범을 선언하고 해석하기 위하여, 해석이 규범, 규범의 규정들의 연관성 등을 고려하여야 한다는 문제제기 내지 가설에

---

103) Friedrich Carl Savigny (Fn. 9), S. 215.
104) 또한 Ernst-Wolfgang Böckenförde (Fn. 69), S. 1529 (역서, 174면 이하)도 보라.
105) 기본권해석의 영역에서 보다 상세히 설명하는 것은 Ernst-Wolfgang Böckenförde, ebd.

모든 규범해석이 의존하고 있는 경우에만 단지 옳은 것이다. 이것이 만일 선이해 그리고 해석학적인 순환을 의미하는 것이라면, 이에 대해서는 ― 해석의 주어진 현실 (Grundgebenheit) 외에는 ― 아무것도 제시할 수 없는 것이다.106) 그러나 그러한 선이해 가 단지 해석의 첫 번째 시발점을 형성하고, 그리고 구체적인 헌법의 규범적인 (언급들), 전제조건들, 생성연관성들 등에 종속되어 있는가, 혹은 이미 이러한 것들이 비판적인 논증(kritische Bewährung)없이 해석의 척도, 그리고 지향점으로서 자리잡고 그리고 그 다음에서 독자적으로 ― 자유롭거나 혹은 문제변증론적인 입장으로서 ― 헌법의 내용을 확정할 수 있는가의 문제는 서로 다른 것이다.107) 사회적 합의에 대한 구속 (Konsensgebundenheit)의 경우에도 이와 상황은 유사하다. 또한 헌법과 그 헌법의 조문을 중심으로 한 헌법이론이 해석참가자들에 대한 인정(Anerkennung)에 의존한다면, 그것은 더 이상 단순한 제한의 차원에 머물러서는 안 된다. 그러한 인정이 해석의 목적과 척도들에 대한 (논증적인 사회적 합의의) 확정에 있어서 하나의 제시된 해석에 대한 **대답**으로서 증명될 수 있는가의 문제, 혹은 의견들에 대한 단순한 합치로서, 궁극적으로는 사실상 정치적으로 주어진 현실(Gegebenheit)108)로서 사회적 합의(Konsens) (자발적인 사회적 합의)가 해석의 시발점과 척도가 될 수 있는가의 문제는 전혀 다른 것이다.

VII. 계속적으로 이어지는 고려들

여기에 기술하는 계속적인 헌법해석에 대한 고려들은, 위에서 제시된 요구들을 충족할 수 있는 하나의 헌법이론을 도출하기 위한, 특히 비판적인 입장에서 나온 학문적 기여 (Beitrag)의 범위를 넘어서는 것이다. 그러나 궁극적으로 그러한 헌법이론의 도출에 매우 도움이 되는 몇몇 질문의 설정과 문제제기들이 제시될 것이다.

1. **헌법개념**을 고려해 볼 때 우선적으로 기본법(Grundgesetz)이 단지 단절된 현실 (Aufgegebenheit)뿐만 아니라 헌법의 규범적이고 구속력 있는 특성, 헌법의 선재적인 현실(Vorgegebenheit)에 구속되지 않을 수 있는가 하는 질문이 우선적으로 제기될 수 있다. 이러한 고려들은 헌법에 부가된 현실영역으로부터의 헌법의 이탈과 관계단절의 의미 속에서 성립되는 것이 아니며, 또한 해석자가 유지해야만 하는 규범적인 효력보장의 요구를 통해서 헌법이 현실에 대립한다는 의미 속에서 가능한 것이다.

이러한 고려들이 헌법을 정치적인 공동체의 질서에 대한 단순한 의미의 윤곽적인

---

106) 이것은 동시에 헌법- (기본권-)이론에 대한 원용이 해석학적인 순환으로 빠지게 될 것이라는 랄프 드라이어의 반론에 대한 대답이 된다. Ralf Dreier, Zur Problematik und Situation der Verfassungstheorie, Manuskript, S. 23 f.

107) 그러나 이것은 관련문제 지향적인 헌법해석의 기능이다. 위의 III 1을 비교하라. 이것은 해석학적인 보조수단이 아니라 헌법내용의 원천이 된다.

108) 이것은 페터 해벌레의 경우뿐만 아니라(위의 III 2를 보라), 루츠 리히터(Fn. 44, S. 30 ff.)의 경우에도 사회적 합의의 기능이다.

설계(Sinnentwurf)[109] 또는 공공성과 현실성의 「거울」 속에서 찾으려고 하는,[110] 혹은 이러한 것들을 실질적인 헌법의 **요소**(Verfassungsrechts*material*)로서 선언하려고 하는, 변경되는 해석자의 사회적 합의관념과 적합성관념에 따라 실질적인 헌법의 요소의 규범적 중요성이 결정되는,[111] 기본법의 규범적 의도와 현실적으로 합치될 수 있을까? 이와 반대로 헌법은 바로 민주적으로 조직된 국가질서 속에서, 그리고 경제적인 측면에서뿐만 아니라 정신적인 세계관에 있어서도 다양성을 가진 사회를 고려해 볼 때, 개인 · 사회 그리고 국가에 대한 기본적 관계들처럼 국가의 행위권과 결정권의 조직화 · 목적들 그리고 한계에 대한 통일성을 근거지우고 유지하는 규범적인 결정으로서 간주되고 확정될 수 있을까?

2. 이러한 연관성 속에서 헌법의 **규범적인 효력보장**의 요구가 처음부터 그 효력보장의 범위 속에서 어느 정도까지 **제한**되고, 그리고 제한되어야만 하는가 라는 문제가 존재한다. 헌법이 법률적 기능을 가지고 있고, 헌법이 그 자체 속에 구체적인 문제해결을 위한 이미 전체적으로 확정된 결정규범들을 도출해야 한다는 입장에서 출발하는 것이 ─ 모든 대부분의 해석론자들이 주장하는 바와 같이 ─ 과연 옳은가? 이러한 헌법의 규범적 효력범위에 대한 과도한 요구는 더 이상 해석적인 수단들을 가지고 극복될 수 없는 과제를 해석에 부여하는 것이 되기 때문에, 바로 여기에 헌법의 규범적 성격의 해체에 기여하는 헌법의 규범적인 효력범위의 과도한 요구가 존재하지 않는가?

a) 헌법은 ─ 자신의 단편적이고, 장기간 불확정적이고 그리고 원칙적인 특성 때문에 ─ **윤곽질서**(Rahmenordnung)로서 머물러야 한다면, 정치적인 행위와 결정과정 그리고 정치적인 결정, 특히 입법권을 위한 윤곽질서로서 받아들여져서는 안 되는가?[112] 헌법은 또한 바로 아마도 그 실질적인 법규정들 속에서 한편으로는 정치적인 결정권의 구속력 있는 **한계확정**으로서 ─ 고전적인 한계설정기능 ─ 이해되고, 또 한편으로는 법률적인 법질서 그리고 행정행위들 속에 들어 있고, 그리고 이를 형성해야만 하는 (물론 이에 대한 충분한 규범프로그램이 포함되지 않은 채로), 특정한 행위목적들과 형성원리들의 확정을 통해서 정치적인 행위 ─ 그리고 결정권에 대한 구속력 있는 **방향확정**(Richtungsbestimmung)으로서 받아들여지게 될 것이다. 과연 소위 헌법의 개방성이라는 문제가 형식적으로는 해석이지만, 그럼에도 불구하고 그 실질에 있어서는 규범형성적이고, 그리고 법정책적인 견지에서 결정을 하는 해석보다 정확하고 적합하게 해결될 수 있는가?

b) 개별적인 사안에 있어서 윤곽질서의 개념은 보다 구체화되고 계속적인 전개를 필요로 한다. 헌법의 다양한 규율영역에 대한 윤곽질서의 영향력은 아마도 서로 다를 것이다. 실질적인 **실체법적인 부분**에 대해서는 (기본권 · 구조원칙들 · 목적확정들) 법창조적인 구체화의 권한은 입법자와 법원 양자 모두에게 인정된 경합적인 것이 아니라, 단지 (다시) 입법자에게만 주어진 것이다. 헌법의 한 부분에 명확하게 되어 있는 **조직적인**

109) Ulrich Scheuner, AöR 95 (1970), S. 366.
110) Peter Häberle, JZ 1975, S. 300.
111) Horst Ehmke, VVDStRL 20 (1963), S. 62.
112) 또한 위의 II 2 a를 참조하라.

부분에 있어서는 헌법실무의 상호영향적인 형성가능성들이 광범위하게 인정된다. **권한 (분배)규정**에 대해서는 특별한 변화가 인정될 수 없다. 왜냐하면 이 영역에서는 기본법 제30조 · 제70조 · 제83조의 기본규정들을 통해서 처음부터 구체화가 형성될 영역이 봉쇄되어 있기 때문이다. **국가-교회-관계**의 경우에는 윤곽성격은 아마도 적용될 수 없다. 왜냐하면 여기에서는 국가적인 권한의 범위 내에서의 국가기관의 행위에 대한 한계설정과 방향확정이 문제되는 것이 아니라, 교회 (종교- 그리고 세계관공동체들)에 대한 국가적인 권한범위에 대한 자발적인 제한이 문제되기 때문이다.

    3. 헌법재판의 과제와 기능의 확정문제와 관련하여 모든 법원의 결정과 마찬가지로, 그 내용과 한계를 사법적인 해석학(Hermeneutik)에서 찾는 순수한 사법으로서 헌법재판의 활동에 대한 정당화(Qualifizierung) 자체를 무조건 포기해야만 하는가의 여부가 최우선적인 질문으로 제기된다.[113] 그 밖에 덧붙인다면 법원 **그리고 헌법기관**으로서 연방헌법재판소의 법률적인, 그리고 독자적인 자격부여는 질적으로 상이한 것이 서로 결합된, 궁극적으로 연방헌법재판소는 — 그 권한에 적합하게 — 진정한 헌법해석을 행한다는 것, 헌법재판소는 다른 모든 법원들처럼 법률에 구속된 것이 아니라, 단지 헌법에만 구속된다는 상황을 명백히 증명한 연방헌법재판소의 25년간의 경험을 설명하는 계기가 된다. 위에서 설명한 바와 같이,[114] 법률과 헌법 사이의 차이가 하나의 질적인 것이라면, 무조건 또한 추론적인 방법으로 일반 법원의 사법과 법원을 통한 헌법의 보장의 차이 또한 그러한 질적인 차이의 하나로 보아야만 한다.

    4. 헌법재판의 기능확정과 기능의 한계설정이 사법의 본질에서 벗어난 것이라면 — 법관의 해석학의 51번째 논문 역시 그 당시의 논의수준에 따르면 해석학적인 순환논증으로 환원한다면 —, **분배된 권한과 이러한 권한들의 헌법의 권력구성적인 권한질서 속에로의 편입**을 통해서 헌법재판의 기능의 확정과 한계설정을 시도하는 것이 다른 가능성으로 남아있다.[115]

    헌법을 통해서 입법 · 행정 · 사법에 주어진 권한의 한계의 확정과 방향확정의 유지를 위한 입법자, 집행권 그리고 또한 법원에 대한 **통제기능**이 헌법재판의 중심권한으로서 받아들여진다. 이러한 통제기능은 기본법이 이를 예견하듯이, 정치적인 대항세력으로서가 아니라 **법원**에 의한 통제의 형식 그리고 절차적합적인 구속의 형식 속에서 구축되었다는 특성을 가지고 있다. 바로 여기에서 아마도 사법적 자제(judicial self-restraint)에

---

113) 이것은 오랜 동안 지배적인 견해였다. 다른 것 대신에 Ernst Friesenhahn, Zschr. f. SchweizR 73 (1974), S. 156, 158 f. 참조. 그리고 연방헌법재판소의 지위에 대한 기록은 JöR NF 6 (1957), S. 120 f. 그동안 헌법재판소 결정의 효력범위에 대한 경험에 비추어 볼 때, 헌법재판소의 규범통제 (그리고 오늘날 헌법소원에 대한 결정 역시)가 실질적인 진정한 헌법해석인 동시에 헌법적 입법 (Verfassungs-gesetzgebung)이라는 카를 슈미트의 입장(Carl Schmitt, Der Hüter der Verfassung, 1931, S. 42 ff. 김효전 옮김,『헌법의 수호자』, 법문사, 2000, 61면 이하)에 대해서는 크게 반론이 제기될 수 없다.
114) 위의 II. 2를 보라.
115) 이것은 또한 외른 입센의 중요한 저작의 문제제기도 된다. Jörn Ipsen, Richterrecht und Verfassung, 1975; Gunnar Folke Schuppert, Der Staat 15 (1976), S. 114 ff.

대한 단순한 촉구 이상으로 전개되고 교의적으로(dogmatisch) 보다 뒷받침된 헌법재판의 과제와 활동에 대한 확정과 한계설정이 도출될 것이다. 법원의 결정의 당해 사건에 대한 엄격한 제한을 포함하는 것과 마찬가지로, 독자적인 주도권 그리고 (헌법-)정치적인 형성영역을 배제하는 **법원 형식성**(Gerichtsförmigkeit), 이리한 목적을 위해 우선적으로 합리적으로 통제가능하고, 방법론적으로 검증된 논거들의 연관성, 그리고 논증에 대한 강제가 아마도 이러한 입장을 위한 연결점이 될 수 있을 것이다. 왜냐하면 기본법의 **권력구성**의 체계는 ─ 이것을 예로서 언급하기 위해서 ─ 헌법변천과 헌법충전 (Verfassungsausfüllung) (양자 모두 헌법변경의 형식이다)에 대한 헌법재판소의 통제기능의 확장을 인정하지 않기 때문이다. 이것은 헌법재판소가 존재하며 또 효력을 가지는 헌법의 보장을 위한 기관에서 헌법적 입법(Verfassungsgesetzgebung)을 하는 기관, 최종적으로 헌법의 주인이 되는 것을 금하는 **민주적 국가조직**의 원칙, 다시 엄격하고, 상호주관적으로 실행가능한 해석영역에로의 헌법재판소의 활동영역의 확정을 요구하는 것을 의미한다.

이와 같이 도출된 헌법재판의 기능의 확정은,116) 동시에 (헌법재판소의) 헌법해석에 대한 구속력 있는 지향점과 관련점으로 인정되었다. 헌법해석은 헌법재판이 헌법의 규범적 효력의 명목으로 바로 요구하는 바를 구체화하는 것을 도와주는 수단이 된다.

116) 이러한 입장은 1951년 이래로 독일연방헌법재판소의 제2부의 주도적인 재판관으로서 활동한 빌리 가이거(Willi Geiger)가 제시한 입장과는 명백히 구별된다. 즉 「독일기본법에 따르면 연방헌법재판소는 민주적·의회주의적 국가에서 의회에게, 그리고 민주적·대통령제 국가에서 대통령에게 부여하는 중심적 지위를 우리 헌법 하에서 가진다. 우리는 민주주의 아래 살고 있다. 그 민주주의는 권력분립의 원칙의 토대 하에서 이룩되고, 또한 자유롭고 법치국가적이며, 제3의 권력인 사법부가 연방헌법재판소의 형태로 지배하는 …」(인용은 Ernst Friesenhahn, [Fn. 113], S. 159에 의함).

6. 헌법과 정당*

하인리히 트리펠

《차 례》

초판에 대한 서문

다음에 상술한 것은 내가 1927년 8월 3일 베를린 대학의 대강당에서 축제 때에 행한 총장 취임 연설의 내용을 복제한 것인데, 이 연설은 매년 그러했던 것처럼 이 대학의 창립자인 프리드리히 빌헬름 3세를 기념하기 위해서 개최되었다. 많은 숙고를 하였음에도 불구하고 서적 판매가 되도록 출판을 해서 다른 분야에서도 그 연설을 쉽게 알 수 있게 해달라는 여러 방면의 요청을 들어주어서는 안 되겠다고 믿었다. 다른 한편으로 는 한 강연회에서 오로지 암시만 할 수 있었던 많은 것을 이 기회에 보다 광범위하게 설명하고 싶은 유혹을 아무런 동요 없이 극복하였다. 내가 언젠가 보충을 했더라면 아마 어떠한 방해도 없었을 것이며, 연설로부터 한 권의 책이 되었을 것이다. 나는 지금 다른 일로 바쁘기 때문에 이것을 쓸 수가 없다.

1927년 12월 베를린에서
트리펠.

---

*   Heinrich Triepel, Die Staatsverfassung und die politischen Parteien, Berlin: Otto Liebmann,
      2. Aufl., 1930, 37 S. (Öffentlich-rechtliche Abhandlungen, Heft 10)

제2판에 대한 서문

작은 논문이 많은 칭찬을 받았고 많은 논박도 겪었다. 나는 칭찬으로 인하여 이 글을 변경 없이 다시 한 번 출간하도록 하고, 기초가 되는 사실을 보충할 수 있는 부록은 도외시 할 수 있는 용기를 얻었다. 그러나 대부분의 논박은 근본적인 관점의 대립에서 나왔음이 밝혀졌는데, 세상에서 나온 논박을 통하여 대립을 해보려는 시도는 아무 소용이 없을 것 같다.

1930년 3월 베를린에서
트리펠.

우리에게 신성하게 된, 오랜 관습에 의해서 올해에도 베를린 대학교의 왕실 설립자가 탄생한 날을 축하하고 있다. 우리 대학은 그를 본 따서 명명되어졌고, 그의 이름은 훌륭한 학교의 정문 위에서 황금색 글자로 빛나고 있으며, 그의 화상(畵像)은 우리의 인장(印章)과 학장이 공식 행사에서 착용하는 목걸이에 새겨져 있다. 그리하여 이미 외적인 표식을 볼 때 프로이센 국왕들 중에서 가장 위대한 국왕에 속하지 않지만, 확실히 독실하고 온화한 국왕이었던 프리드리히 빌헬름 3세에 대한 기억이 우리에게 항상 살아 있다. 조국이 가장 핍박받던 시대에 국가의 가장 고귀한 교육 장소를 위해서 그 기초와 윤곽을 마련한 업적 ― 그것은 업적이었기 때문이다 ― 에 대해서 우리가 감사하는 마음도 사라지지 않고 있다.

빌헬름 폰 훔볼트(Wilhelm von Humboldt)*는 그가 국왕에게 대학 설립을 신청했던 1809년 7월의 유명한 상소문에서, 아주 궁핍함에도 불구하고 학문적 실비를 지원하고 개선시키려고 계속되던 프로이센 정책이 전 독일에서 지적(知的)·도덕적 방향에 결정적인 영향을 미친다는 확신을 표명하였다. 그와 같은 말에서 우선 정치가의 예리한 통찰과 예언의 재주뿐만 아니라, 무엇보다도 자국(自國)의 윤리적인 힘이 불멸하리라는 믿음을 표현할 수 있는, 솔직한 자신감에 감탄하게 된다. 국왕은 자신의 대신과 더불어 이렇게 확신하는 사람이었다. 그 영도자의 의지가 강할 뿐만 아니라 국민과 국가의 미래에 대하여 생동하는 믿음을 가진 민족은 얼마나 행복한가!

프로이센 정치가 1806년의 대혼란 이후로 그러했던 것처럼, 독일 정치 역시 1918년의 붕괴 이후로 우리의 물리적인 힘에서 상실된 것을 정신적인 힘으로 보충하려는 과제를 설정하였다. 목적 설정과 방법 선택에서의 확실성과 마찬가지로, 문제 파악의 심도면에서 오늘날의 독일 문화정책이 혁명 이후로 지난 세기(世紀)에 수년 동안 있었던 프로이센 문화정책과 필적할 수 있는지에 대하여 판단을 내릴 시기는 아니다. 개별적으로 볼 때 이런 저런 방법에 대하여 아주 여러 가지로 생각할 수 있을지라도, 독일에서 과업이 시작되는 열성과 힘은 항상 찬양할 만한 것이다. 오늘날 상호 관계에 의해서 희생력이 한정되는 경계선 내에서, 즉 라이히와 주(州)들에서 나타나는 국가권력의 헌신이 백년 전보다도 확실히 더 적은 것은 아니다. 말하자면 독일 대학들은 충족되지 못한 소망이 많음에도 불구하고, 언제나 감사해야할 이유가 있다. 국가의 재정면에서 있어야 할 절약을 고려해 볼 때, 이런 저런 대학의 존립이 희생될 것 같다는 두려움은 다행히도 근거 없는 것으로 밝혀졌다.

어떤 관점에서 보면, 오늘날 정신적인 문화를 촉진시키려는 노력은 백 년 전에 할 수 있었던 것보다 그 범위가 훨씬 더 커졌다. 말하자면 사회가 국민의 정신적 자산을 보장하였고 관여하는 것이 이전 보다 더 크다. 더욱이 훔볼트 역시 국가가 자라나는 세대를 위하여 계몽과 교양을 마련하는데 활동적으로 참여하자면, 그 국가 자체가 계몽되고 교양이 있어야 한다고 가르쳤다. 학교 제도가 금전상의 견지에서도 그 업적과 자산이 된다면, 국가는 그 제도에 더 많은 관심을 가지게 될 것이다. 그러나 대학자금의 조달을 위해서, 즉 최소한 새로 창립될 베를린 대학을 위해서 훔볼트는 대학의 유지비가 국왕의 금고에서 지출되는 것이 아니라, 그 소유물로 양도될 일정한 왕실 소유지에서 지출되어야 한다는, 단 한 가지의 결론을 내렸다. 그의 요구가 후계자 슈크만(Schuckmann)*에 의해서 즉시 저지되지 않고 충족되었다면, 그 자체만으로도 대학이 국가와 거의 밀접한 관계를 가지지 않았을 것이다. 오늘날 우리는 국민이, 보다 분명하게 말해서 당해 사회권(社會圈)이 대학들과 다른 고등학교에서의 학문 연구에 대하여 자기 자신의 호주머니에서 외적인 자산을 조달하기 위해서 국가를 얼마나 자유롭게 돕는가를 알고 있다. 그런데 이 외적 자산은 기술적으로 개선되고, 또 기술적 보조면에서 볼 때 이전보다 더 많이 해당되므로 대학들이나 고등학교에 없어서는 곤란하다. 이러한 점이 백 년 전에는 불가능했으리라는 반면에, 오늘날에는 가능하다는 사실은 그 동안에 수행되었던 경제적 · 사회적 개선에서 쉽게 밝혀진다. 여하튼 그러한 사실을 우리의 수익 계산에서도 기록될 수 있다.

물론 사회가 학문의 성장에 참여하는 새로운 형태에는 위험 역시 내포되어 있음을 무시해서는 안 된다. 모든 헌금이 순수 학문에 대한 순수한 만족에서 일어나는 것은 아니다. 많은 사람들은 무엇인가를 주면, 그 대가로 무언가를 가지려고 한다. 여기에서는 어떤 사악한 것도 있을 필요가 없다. 그 반대이다. 만일 화학 연구소를 설치하거나 유지하면서 그것을 촉진시키려는 의도에서 화학 공업에 중요한 자금이 징수되었다면, 그것은 무난할 뿐만 아니라 일반에게 큰 도움이 된다. 그리고 이 자체는 자금 기부자들이 일정한 목적에 의하여 그 연구에 생각을 돌리려고 노력할 때에 이루어진다. 그러나 정신과학의 분야에서, 일정한 경제적 · 사회적 · 대외 정책적 · 대내 정책적 노력에 알맞은 방향으로 학자를 다소 분명하게 조종하기 위해서, 그를 지원하는 경우에는 사정이 근본적으로 다르다. 이 경우에는 수익이 될 수 있는 것도 단호히 거절되어야 한다. 우리 대학이 왕실 소유지를 받도록 방향을 전환하였을 때, 슈크만은 다음과 같이 철면피한 말을 하였다.

「머리가 아무리 기고만장할지라도 위(胃)는 항상 그 머리에 반대할 권리가 있다. 위(胃)를 통치할 권리를 가진 자는 머리를 마음대로 다룰 것이다」. 이것은 교육제도가 국가의 통치 하에만 있어야 한다는 견해, 즉 재정적으로 볼 때 국가에 가장 직접적으로 종속되어야 한다는 견해이다. 이것은 훔볼트의 이념과는 정반대였는데, 훔볼트의 최후 계획은 바로 전체 교육제도를 국가가 꼭 움켜진 것으로부터 풀어내어서, 그가 언젠가 기술한 바와 같이, 「오로지 국민만이 모든 학교의 경비를 지불하도록」 하는 데에 있다.

만일 훔볼트가 학교의 「급료」를 국가 대신에 다양한 이익 단체로부터, 아마도 정당과 결속되거나 혹은 밀접한 관계를 맺고 있는 단체로부터 조달받아야 하는 것을 상상할 수 있었더라면, 그는 전율에 사로잡혔을 것이다.

우리 모두는 학문이 실제로 정당에 종속되어 버린다면 그 고귀함을 상실할 수밖에 없다는 점에 같은 의견을 가질 것이다. 따라서 그와 같은 종속이 현재의 거의 불가피하게 되지 않았는가 하는 두려운 의문이 일어나고 있다. 최근의 헌법에 있는 기본권에는 「학문과 그 학설은 자유이다」라는 위안을 주는 조항이 있다. 연구와 학설은 그 촉진, 즉 개인의 힘과 국가가 이용하는 실제의 자금으로 이루어지는 유지 없이는 곤란하다. 바이마르 헌법은 「국가는 학문과 학설의 배려에 관여한다」라고 규정하고 있다. 그래서 현대 국가, 특히 독일이 최근의 표현처럼 정당국가(政黨國家)의 성질, 즉 정당을 그 내부에 조직하여 국가의 의지와 행위가 결정 사항에 있어서 항상 정당 단체의 의지와 행위에 바탕을 두는 국가의 성질을 받아들이는 것이 틀림없는 사실이라면, 우리에게 운명적으로 제시되는 그러한 의문은 긍정될 수 있다. 그것은 옳은 것일까? 나는 오늘 그렇게 말을 해도 좋다면, 이 마지막의 선결 문제에 대한 대답을 구하고 싶고, 또한 청중들이 우리에게 중요한 결론을 조용히 도출해 내도록 맡겨둘 것이다. 나의 테마는 〈국가와 당의 관계〉, 혹은 좀더 자세하게 말해서 〈헌법과 정당의 관계〉이다. 우리가 다루게 될 분야는 확실히 광범위하여 다만 피상적인 방법으로만 살펴볼 수 있을 것이다.

* * *

역사적으로 볼 때 정당에 대한 국가의 관계는 4단계로 변화되었다. 투쟁의 단계, 그 다음에 무시 단계를 말할 수 있다. 그에 뒤이어 승인과 합법적 인정의 단계, 그리고 마지막으로 헌법에의 편입단계가 있는데, 편입의 단계는 물론 처음에 그 존재와 특색 면에서 문제성이 있다.

이러한 발전은 비교적 짧은 기간 동안에, 다시 말해서 1세기가 넘지 않는 기간 동안에 이루어졌다. 오늘날 우리가 이해하고 있는 의미에서 볼 때, 정당이 거의 어느 곳에서도 100년 이상 되지 않았기 때문이다. 물론 이전에도 같은 의견의 집단으로서의 정당이 있었고, 국가에 대해서 공동적 관심사를 상대방에 맞서서 실현시키려고 노력하는 단체라는 의미에서의 정당은 어떠한 시대나 어떠한 국가형태에도 있었다. 그러나 오늘날 우리가 생각하듯이 정치적 목적을 달성하기 위해서, 국가에 대한 권력을 획득하려고 노력하여 확고한 형태를 가지고 단체로 구성된 투쟁 동맹체로서의 정당은 비로소 현대 헌법의 산물이다. 정당은 의회를 투쟁의 무대로, 선거권을 투쟁 수단이라고 전제한다. 따라서 영국 정당들의 역사는 대략 명예혁명의 시대에, 미국 정당들의 역사는 미국의 헌법 성립과 더불어, 유럽 대륙에서의 정당의 역사는 프랑스 혁명에 기인하여 헌법을 만들었던 것과 더불어 시작된다. 헌법과 정당 발전 사이의 이러한 관계에서 볼 때 우선 입헌국가가 유럽 대륙에서, 이른바 독일에서 관료적이나 공무적인 면에서 최초로 거부하면서 정당체제와 대립하고 있는 사실에 놀랄 것이다. 사람들은 의회 구성이 헌법을 전제로 하는 것처럼, 의회 구성은 다른 면에서 그 필연적인 결과를 설명해 줄 것이라고 생각하려 한다. 우리가 알게 되겠지만, 의회 구성과 정당 정치가 실제로는 오로지 의회제도를 「아주 확실하게」 이해하고 명백하게 하는 것과 관련이 있는 것이지, 그렇게 이해하고 명백하게 하는 것 모두와 관련이 있는 것은 아니다. 정당의 관여와 선거 투쟁 없이 기능을 발휘할 수 있는 선거제도가 과거에 있었고 현재에도 있다. 남부 독일의 입헌주의가 초기에 있었을 때에는 정당 구성이 아주 미약하게 출발되었으며, 1848년에 이르러서도 독일의 국민회의에는 많은 선거구에서 조직된 당으로부터 후보자를 공천 받지 않고, 다만 일반적으로 신뢰받는 남자로서 대표들이 선출되었다. 그러나 정부가 의회제도를 부득이 용인할 수밖에 없었던 반면에, 정당제도에 대해서는 성공적으로 대항할 수 있었다. 19세기 중반에도 정당을 적대시하는 독일 정부의 정책은 프랑스법으로부터 빌려온 기존의 「연합금지」(Verbindungsverbot)에 의해서 주로 정치 단체 및 조직된 정당을, 특히 그 세력의 전개 과정에서 민감하게 차단시킬 수 있었다. 경찰국가식으로 사로잡혀있는 관료정치의 관점에서는, 독자적인 정당의 정책을 관헌(官憲)의 활동의 유보영역으로 허용하지 않은 상태에서 혼입(混入)된 것으로 생각하는데, 이러한 관점은 그 시대의 여론으로부터 강력한 저항을 받지 않으며, 심지어 주 의회에서도 결코 저항을 받지 않았다. 하인리히 폰 가게른(Heinrich von Gagern)*이 정부를 한 정당의 대표라고 불러서 심하게 모욕을 당한 정부가 분노의 항변을 하고 난 뒤에, 그는 1834년 헤센(Hessen) 주 의회에서 간신히 언동을 삼가라는 주의를 받았다는 이야기를 오늘날 들으면 마치 동화 같은 생각이 든다. 비더마이어(Biedermeier)* 시대의 독일 시민은, 정당을 국가 안정에 대하여 위험한 것으로 여겼으며, 정당제도를 도덕적인 방황이라고 간주하는 것을 서슴지 않았다. 그리고 그 시민이 민주주의자였다면 민주주의 학설의 고전주의자인 장 자끄 루소(Jean Jacques Rousseau)에 바탕을 둘 수 있었다. 왜냐하면 루소는 정당을 다수 시민과 그 전체 사이의 이질적인 삽입물로, 즉 일반 의사를 기만하는 매개물로 간주했기 때문이다.* 물론 그 시대의 시민과 정치가는 모든 원칙에서 민주주의자가 아니라 자유인이었다. 시민 해방주의의 신조에서 나타나는, 그러한 이념은 새로운 헌법을 만들어서 그 발전을 결정하는 데, 바로 그 시인 해방주의가 정당제도를 완전히 거부하거나 정당 기구가 의회의 의사 형성에 미치는 영향을 막으려고 아주 단호하게 싸운다.

국민대표제에 바탕을 둔 견해에 따르면, 국민의 사자(使者)는 그 선거인과 선거구의 대표나, 수임자(受任者)나 파견자가 아니라 전 국민의 대표자이다. 그것은 이미 18세기 영국에서 지배적인 견해이다. 프랑스 국민의회가 1789년의 결정적인 7월 의사(議事)에서 동일한 기반에 머물게 된 것은 시에예스(Sieyès), 무니에(Mouniers), 탈레랑(Talleyrands)의 영향 덕택이다. 시에예스는 「국회의원은 선거구에 의해서 선거구민 전체의 이름으로 선거된다. 국회의원은 바로 국민 전체로부터 그렇게 된 것이며 시민 전체가 그들의 선거인이다」라고 말하였다. 따라서 의원은 지시를 받지 않고, 명령적 위임(imperatives Mandat)을 받지 않고 의회로 가야 한다. 그는 자기 자신의 의견을 가진 신사이다. 만일 의원이 다른 사람들과 협상할 때 비로소 자신의 의견을 생각해낼 수 있다면 그것이 최상이다. 자유로운 토론으로부터 공동의 의견이 생겨난다. 시에예스는 언젠가 이것이 강요와 충돌의 결과라고 말하였는데, 이 결과에서는 유용한 견해와 해로운 견해가 분리된다. 마침내 모두가 순화되어 통일된 의견으로 융해된 때까지 일부는 가라앉고, 일부는 계속 나타난다. 카를 슈미트(Carl Schmitt)가 현대 의회주의의 정신사적 기초라고 정당하게 명명했던 이 견해는 전체 자유주의를 지배하였다.* 우리는 그것을 기조(Guizot)*와 방자맹 콩스탕(Benjamin Constant)*에서처럼 버크(Burke),* 벤담(Bentham)* 그리고 존 스튜아트 밀(John Stuart Mill)*에서도 볼 수 있다. 그러나 새로운 입헌주의의 적극적인 권리 역시 거기에 근거를 두고 있다. 독일 헌법들 속에 거의 판에 박힌 다음의 문장들, 즉 「피선자는 개개의 선거구가 아니라 전국의 의원으로 간주된다」. 「의원들은 그 표결에 있어서 자기 자신의 양심적인 확신에 따른다. 즉 그들은 어떠한 종류와 어떠한 근거의 위임이나 훈령에도 구속받지 않는다」는 것은 자유주의의 교리로 거슬러 올라간다. 이것은 원래부터 우선 모든 정당의 속박, 즉 모든 정당의 통제를 예리하게 거부하는 것이 공통적이었다.

국민 대표가 정당 구성을 방해하거나 그것을 마비시키기 위하여, 혹은 최소한 그것이 보이지 않도록 하기 위해서 취하는 기술적 수단 역시 부족하지 않았다. 그런데 그 기술적 수단은 의회의 업무 처리에 관한 규정으로 마련된다. 작센(Sachsen) 주에서와 마찬가지로, 바이에른(Bayern)주에서는 의회에서의 의석 배정이 추첨에 의해서 이루어진다. 뷔르템베르크(Württemberg)주의 제2 의원은 여러 계층의 사람들로 구성되어 있었는데, 재직기간이나 연령에 따라서 의석의 순서를 정하였다. 이와 유사한 결정이 작센(Sachsen), 바이마르(Weimar), 아이제나하(Eisenach), 쿠어헤센(Kurhessen) 그리고 다른 곳에서도 유효하였다. 이러한 것을 생각했던 것처럼 로베르트 몰(Robert Mohl)*의 『뷔르템베르크 헌법』에서 다음과 같은 상황이 나타난다. 「의석 배정의 결정은 헌법전에서 결코 아주 사소한 대상이 아니며, 그로 인해서 정당의 외적인 분리는 방해받게 된다. 다양한 견해를 가진 소속원들이 혼합되어서 동일한 견해를 가진 폐쇄적인 대중보다 열정의 대상이 더 적고 더 안정되지 못할 것이다. 개개인이 정당의 의견이나 결정에서 벗어나는 경우에 자기의 확신을 따르는 것이 쉬워진다」. 그리하여 정파(政派, Fraktion)가 동석(同席)하게 된 것은, 우리의 경우에 1848년 이후에 비로소 가능하게 되어 점차 입법화되었지만, 결코 일반적으로 인정되어 제정된 것은 아니다. 몰(Mohl)은 1872년에도 정당을 배후로 한 의원들이 이른바 정파(政派, Fraktion), 즉 특별히 충고를 주는 단체와 확고하게 결속하는 것, 그리고 다수결에 의하여 관여자를 결속시키는 단체는 「모든 면에서 피해를 주는 기형이고, 불법이며, 불완전한 국가 교육의 증거이다」

라고 기술하였다. 입법에 대한 준비와 선거 심사를 위임받은 의회가 추첨에 의해서 분과를 나누는 제도는, 처음에 프랑스에서 생겨나 독일에서 다양하게 수용된 것인데, 이것 역시 정파 형성과 정파의 영향을 거부하는 것이다. 이 제도는 독일 제국 의회의 형식에 따라서 혁명 때까지 유지되었다. 의사를 할 때 사전에 형식화된 연설문을 낭독하는 것이 금지된 것도 이러한 사실에서 기인한다. 즉 의원은 정파가 소속된 의회에서가 아니라 총회의 심의에서 자기 의견을 내야 한다. 방자맹 콩스탕은 바로 이러한 외형을 아주 중요하게 여기며, 그것을 두 번이나 상세한 논의의 대상으로 삼았던 것이다.

그러나 의회주의의 발전은 이제 그 기본 출발점으로부터 점점 벗어나게 되었다. 민주주의사상이 끊임없이 발전, 강화됨으로써 의회의 특성, 심의와 토론에 있어서 의회의 주어진 결의의 독창성, 의회외적인 영향으로부터의 의원들의 독립, 정파의 지배 자유가 제한되어서 마침내 거의 철폐되었다. 정당조직은 내외적으로 의회주의를 압박하였다. 정당조직은 유권자를 사로잡아 점점 그 책략에 빠트린다. 정당조직은 모든 단계와 방향에서 의회의 조치를 약화시킨다. 지역과 주를 포괄하는 의회외적인 정당이 의회 대표자들, 즉 정파와 가지는 관계가 훨씬 더 긴밀해진다. 의원들의 의결은 정파들의 논의와 표결에서 준비된다. 총회에서의 토의, 흔히 심지어는 위원회에서의 토의는 실속 없는 형식이 되어 버렸다. 의회의 의결은 의회가 동질의 다수를 확보할 때 정당의 의결이 되고, 정당이 분열되면 정당의 협상이 있게 된다. 그리하여 의원은 더 이상 국민의 대표가 아니라 정당의 대표가 되어 자신을 그러한 대표로 느끼고, 또 그러한 대표로서 행동한다. 신념·연설·표결의 자유에서 자신의 여지가 거의 없다. 의원은 자기 유권자의 투표와 의회외적인 정당 조직에 의존되어 있을 뿐만 아니라, 그를 확고한 강령에 복종하게 하는 정파에도 의존하고 있다. 그런데 의원은 정파의 승인 없이 공개 회의 석상에서 입을 열 수 없고, 그 정파가 의원의 연설 내용, 위원회에서의 행동을 규정하며, 거의 예외 없이 표결을 유도한다.

그러나 성문법에서 이러한 발전을 처음에는 완전히 무시했던 것이 특징이다. 정부가 소위 공적으로 정당제도를 공격했으나 정치생활의 가혹한 현실 앞에 굴복할 수밖에 없다. 사람들은 아마도 개개의 정당 구성을 반대하고, 그와 같은 조치의 유용성을 통찰하기 전에는 심지어 사회당진압법*에 의해서 정당구성을 없애려고 한다. 그러나 사람들은 정당제도 자체만을 부정하지 않는다. 이와는 반대로 정당과 접촉하고, 정당과 의논하고, 정당에게 영향을 주려고 하고, 일정한 정당을 지지하고, 마침내 심지어는 결별하기도 하고, 결속하기도 하면서 정당 구성 자체와 정당의 상황에 서로 영향을 주려고 한다. 그러나 입법자에게는 수 십 년 전까지만 해도 정당의 개념이 없었다. 「정당」이라는 표현은 어떠한 헌법전이나 어떠한 법률에도 없다. 심지어 의회의 의사 규정에서도 이 시기에는 정당과 당파에 대하여 아무것도 모르는 것 같다. 이전에 다른 곳과는 달리 정당제도가 의회제도를 지배하고 있는 영국에서는 결코 그렇지 않다. 하원의 의사 규칙

(Standing Orders)과 회기 중의 의사 규정(Sessional Orders)에서 의회의 전체 의사 방법이 정당, 그 당수, 그 원내총무에 의해서 결정된다고 암시하고 있는 것은 아니다. 시드니 로우(Sidney Low)*는 「정당의 분화에 대하여 제국의 행정권이 한 정당에서 나온다는 사실에 대해서, 그리고 하원 자체에 대해서 알지 못한다」고 말한다. 미국의 의회에서는 오늘날에도 정파가 없다. 프랑스와 독일에서는 정파가 오래 전에 발전하여 남아 있어서 열심히 활동하였다. 그리고 위원회를 구성할 때 각파의 동등권이 아주 중요했으나, 그 의사 규칙을 보면 그 정파의 발전에도 불구하고, 정파의 중개자들로 구성된 각파 교섭회 (Seniorenkonvent)라는 미지의 개념으로 남아 있었다. 독일 제국 의회에서는 의제(擬制) 를 고수해야 한다고 믿었기 때문에, 추첨으로 구성되는 분과가 위원회의 회원을 정한다. 그 반면에 위원회는 이미 오래 전에 정파에 의해서 생긴다.

이러한 상황의 압박 속에서 공식적인 국가의 입장은 얼마 전부터 근본적으로 바뀌었다. 법률·규정·의사규칙에서 정당제도·정당조직·의회 내외의 조직을 형식상으로 인정 하기 시작한다. 이것은 단호한 의지 표명에 의하여 간접적으로 이루어질 수 있다고 법학자는 말한다. 그리하여 예를 들면, 캐나다와 호주에서는 법적 조치가 이루어져서 의회 야당의 당수는 자기의 의원 직무에 대하여 상당한 보조금을, 즉 일종의 급료를 받는다.* 그 당수는 그 대가로 공무를 수행할 필요는 없다. 의회 밖의 정당 조직에 대해서 법률상으로 좀 더 명확하게 언급하고, 그 조직에 모든 종류의 권리를 부여한다. 그리고 심지어는 강제로 규정하여 정당의 활동에 관여한다.

입법자의 새로운 자세가 미국에서 가장 먼저 그리고 가장 광범위하게 나타난다. 여기에서는 그 제도가 완성되어서, 선출하여 임명하는 관리 후보자를 추천하는 것은 철저하게 법률상으로 규정되어 있다. 즉 정당이 의사당을 벗어나 존립에 필요한 분야에 서 완전히 자유롭게 행하게 되는 활동은 상세하게 법규로 규정되어 있다. 이것은 이른바 "Primary Elections" 즉 예비선거를 도입함으로써 이루어지는데,* 이 예비선거 는 지금까지 독일 문헌에서 거의 볼 수 없었다. 이것은 이미 1860년대 중반에 미국에서 생겨나 처음에는 캘리포니아주와 뉴욕주에 있었다. 그 후 호주에서는 Ballot System — 이 비밀선거법에서는 이미 관급(官給) 투표 용지를 도입함으로써 정당들에게 「법적 지위」를 부여하였다 — 이 크게 확산되고, 오래 전에 창궐했던 타락선거가 커진 이후로 타락을 저지시킬 예비선거의 법적 제도도 확산되었다. 그 운동은 대략 1885년에 시작되 어 1895년 이후로 활성화되고, 점점 거의 전 미국을 사로잡았다. 이 제도는 이제 40개 주 이상에서 채택되었다. 처음에는 수의적(隨意的)으로, 그러나 곧 의무적으로 되어버렸는데, 선거를 통해서 얻어진 대다수의 의석에 상당한 역할을 하였다. 최근에는 다시 심하게 적대시되었지만, 이 제도는 대부분의 사람들로부터 칭송을 받아서 아마도 미국의 법률에서 다시 사라지지 않을 것이다. 예비 선거를 국가가 규정함으로써 정당 당수의 전권(全權)이나 그에 의해서 지배받는 당 대회(convention)시의 전권을 파기하 려고 하였다. 즉 자발적으로 구성된 당 간부회(caucus)로부터 생겨나서 전체 정치를 하는 합법적 정당 정부로 발전한 정당 당국을 파기하려고 하였다. 이제는 당원 자신들에게 발언의 기회를 부여하여 타락한 후보자들의 임명을 저지시키려는 것을 가능하게 하고, 직업 정치인들을 해임시키며, 그들의 비용을 지불하는 이익 단체의 세력을 파기하려고 한다. 이러한 목적을 위해서 의원들로 하여금 당 대회를 선호하게 하거나 〈근본적인 시스템에 따라서 의원들에게 후보자들을 직접 해임시킬 수 있도록 하는데〉, 이것은 오늘날 예비선거에서 나타나는 지배적인 형태로서 곧 직접 예비선거(Direct Primaries)의 형태가 된다. 그리하여 이제는 당원이 투표에 두 번 참가한다. 처음에는 당내에는 당 후보를 선출하기 위해서 참여하고, 두 번째에는 일반 선거에 추천된 후보자들이 상대당의 후보자에 대하여 승리할 수 있도록 도와주는 것이다. 그래서 두 번째와 마찬가지로, 첫 번째의 경우에도 선거 과정을 규정하는 것은 헌법이다. 경험에 의하면 당원은 예비선거를 통하여 그들에게 주어지는 영향력을 상당히 이용하고 있음이 나타났다. 흔히 예비선거에 참여하는 것이 본선거에 참여하는 것보다 훨씬 더 강하다. 한 후보가 예비선거에서 본선거에 비해 8배의 표를 얻은 경우도 보고되었는데. 즉 예비선거에서 220,000표를, 본선거에서 28,000표를 얻었다. 그가 결국 상대당의 후보를 물리쳤는데, 상대방에서 본선거에 참가하는 것이 상당히 감소되었을 것이다. 흔히 예비선거에서의 유권자 수는 이미 사전에 본선거에서의 결과를 알 수 있게 한다. 따라서 예비선거의 준비와 실시에 비상한 노력이 들게 된다. 그런데 그 경비가 때로는 엄청나서, 여기서 다시 타락으로 들어가는 문이 세워지는 것처럼 보인다.

새로운 제도를 반대하는 사람들은 우선 그 합법성을 의심하려고 한다. 그들은 집회·결사의 자유라는 원칙에 근거를 두고 있다. 그러나 경우에 따라서는 한 유럽 법학자에게 아주 스마트하게 여겨지는 근거에 의하여 법원은 그들이 옳지 못하다고 하였다. 오늘날 미국에서는 국가가 그 법률에 의하여 정당의 자율권에 깊이 관여할 권리를 가지고 있다는 점에 대해서 거의 의심하지 않는다. 사실상 예비 선거법은 예비선거의 아주 상세한 장소와 시간, 후보 지명의 형태, 투표 방법, 선거 비용과 유세 방법, 선거위원장의 조직과 권한을 규정하는데, 그 선거위원장에게 종종 정부의 기능인 선서시키는 일, 의무 규정이 위임되어 있다. 법률상으로는 필요한 경우에 시민의 당원확인, 정당변경, 새로운 정당의 구성 — 이것은 오래된 양당 체제란 잇점에서 보면 어려울 수도 있다 — , 정당 명칭, 정당의 표장(標章), 정당의 상임 직원에 관한 규정을 발포해야 한다. 전체의 정당의 제도는 이러한 방법으로 입법의 대상이 되며, 정당이 분열될 때에는 법원이 정당 조직의 합법성이나 비합법성에 대하여 판결할 임무를 지닌다. 이러한 것 모두는 민주주의 「십자군」이 정당의 악습에 대하여 얻은 승리로 간주된다. 그러나 정당제도가 기형으로 되어 이 자체를 행하려고 하지 않을 때에는 그렇게 간주될 수 없다. 반대로 생각해 보면 민주주의 원칙은 정당 내부에서 강화되어야 하며, 정당은 보다 개선된 권한과 함께 전체 국가 조직의 기둥이 될 수 있도록 정화되어야 한다.

미국에서 그러했던 것처럼, 독일에서도 정당 제도를 합법화할 때 국가가 밀접한 관계에서 철저하게 수단을 강구하였다. 그러나 그 과정은 우리에게서 이미 혁명 이전에 시작되어서 혁명 후에 가속적인 템포로 발전하였다. 내가 혼돈하지 않았다면 입법자들이 정당에 대하여 통제하던 것이 가장 먼저 포기된 주는 뷔르템베르크주이다. 1909년 여름의 뷔르템베르크 주 의회의 의사규칙은 매우 상세하게 「원내의 각파」, 즉 정파(政派), 「본회원 (本會員)」(Vollmitgliedern), 「고정 방청객」에 대해서 논의하여, 서기의 선출, 위원회의 선출, 연설 규정의 집행 그리고 기타 사항에 있어서 당의 균형 있는 고려에 요구하였다. 의회는 그 이유에서 「다른 곳에서 여전히 남았듯이 정파의 활동과 숨바꼭질 할 동기가 없다」고 밝혔다. 따라서 의회는 역시 최초로 각파 교섭회를 도입하였다. 이 모든 것은 혁명 이후에 라이히 의회와 대부분의 주 의회에 있는 의사 일정에서 모방되었다. 뷔르템베르크 주는 역시 주 의회 의원을 선출할 때 비례선거제도를 도입하고, 동시에 법률에 의한 정당 조직의 형식 승인을 마련한 독일 최초의 주이다. 이 선거 제도는 이제 일반적인 독일 제도가 되고 있다. 선거법에서는 정당이 흔히 완곡한 표현으로 「유권자 연합」이나 「유권자 단체」로 불려지기도 한다. 그러나 그것은 튀링겐(Thüringen)에서처럼, 심지어 헌법에서도 계획에 따라서 완전한 명칭을 가지게 된다. 위장하는 것은 아주 무의미하게 되어버렸다. 모든 제도는 조직화된 정당이 선거에서 승리하도록 뒷받침하고 있기 때문이다. 보통선거의 형태를 이루는 투표명부 선별에서는, 선거 안건을 제기하고 제출함으로써 이루어지는 정당의 협력, 즉 선거위원회와 정당간의 공적인 교류가 요구된다. 구속 명부식 제도에서는 무엇보다도 유권자들을 전력을 기울여 정당의 권내(圈內)에 가입시킨다. 마침내 선거에서는 정당이 모든 것이며, 이에 반해서 개별적인 유권자는 아무것도 아니다. 물론 정당 후보자 역시 단순히 엑스트라가 된다. 여러 선거법에 의하면 그의 이름은 투표용지에 전혀 나타날 필요가 없다. 1920년의 제국 선거법에서는 투표 용지에 정당을 표시하지 않는다고 규정하였다. 그런데 1922년에 처음으로 투표 용지에 이름 자리나 그 옆에 당의 표시가 되는 것을 허용하였다. 한편 최근의 규정에 의하면, 투표용지는 당을 반드시 표시해야 하는데, 처음 4명의 후보만을 명명할 수 있다. 여하튼 이제는 당이 법적으로 인정받는 단계에 이르렀다. 당은 선거제도와 의회 의사일정의 메커니즘에서 필수적인 구성원으로 포함된다. 오스트리아에서는 입법자들이 그 점을 아주 활성적으로 고려하고 있다. 국민의회 선거법과 주 의회 선거 규정은 선거 준비, 선거관리청과 심사위원회의 구성, 선거 진행의 감독에 있어서 정당을 충분히 참가시키고 있다. 미국에서처럼 독일에서도 우선 기술적인 방법을 고려하여, 정당의 수를 안정시키려는 의미에서 국가쪽에서 정당 구성을 조정하는 것이 필요하다고 생각하는 경향이 있다. 후보자명부의 제출은 기존의 의회정당이 그 배후에 있을 때에 훨씬 더 쉬워진다. 브라운슈바이크 (Braunschweig) 주 선거법에는 주요한 정당이 이름까지 붙여서 8개가 있다. 작센에서는 최근에 새로 구성된 당이 주선거위원장에서 3,000 마르크를 불입하면, 그 당에게 입후보가 허용된다. 신당이 주 의회에서 최소한 1석도 확보하지 못하면 그 돈은 국고에 귀속된다. 함부르크 주에서는 얼마 전부터 동일한 것이 적용되며, 예컨대 헤센이나 단치히(Danzig)

같은 다른 주에서도 비슷한 제도를 도입하려고 한다.

　다만, 한 군데에서 정당의 합법화를 발전시키려는 과정이 아직까지 정체되어 있지만, 정당의 영향은 현재에 국가 생활의 기능적 요소로서 — 정부의 구성이나 지배에서 — 가장 분명하게 나타나는 시점에 있다. 이른바 의회적 정당 정치라는 사실을 암시적으로만 형식화한 헌법은 없다. 오스트리아만이 이점에서 특이한 현상을 보여준다. 포라를베르크 (Vorarlberg)가 유일한 예외이지만, 각 주의 헌법에 따르면, 오스트리아에서는 연방 정부의 각료는 주 장관이나 그 대표자를 제외하고, 모두 주 의회의 선출에 의해서 구성되는데, 여기서 정당의 상태를 고려해야 한다. 이것은 의회주의의 관점에서 볼 때 아주 기묘한 결과가 되어서, 의회의 다수 야당이 정부에 영입되고 그 책임을 함께 나누는 제도이다. 오스트리아 정부 자체에서도 1920년에 내각의 각료들이 비례선거의 방법으로 국민의회에 의해서 정해진다고 규정한 바가 있다. 물론 소위 이러한 「비례정부」는 그것이 제정에서 특수한 정세(政勢)에서만 밝혀지는 법률과 함께 금방 다시 사라졌다. 독일 제국에서도 언젠가 악평을 받은 1923년의 수권법(授權法) 중의 하나가 정부와 정당의 결속을 나타내었는데, 그 법의 효력은 제국 정부가 당시의 정당 정치와 지속적으로 결속되는 것을 목표로 하였다. 그러나 이 법률도 하루만에 사라져 버렸다. 그 이외에는 의회주의적 정당 정부의 모국인 영국에서도, 그리고 대륙에서도 적나라한 말로써 국가 조직을 중심으로 하고, 정당의 역할을 그 조직의 한 요소로서 제한시키는 법률은 없다. 「정당」이라는 단어를 포함하고 있는 바이마르 헌법의 몇몇 조항 중에서, 제130조에는 「공무원은 전체의 봉사자이며 한 정당의 봉사자는 아니다」라고 되어 있다. 이 조항은 정당 국가의 관념에 반대하는 분명한 방향을 나타낸다. 이 조항은 실제로 이용되기도 한다. 왜냐하면 정당 정치로 채색된 공무원의 권한을 금지시키고 있음을 아무런 어려움 없이 밝혀지도록 하기 때문이다. 아마도 이 조항의 취지는 공무원이 국가의 봉사자이지 전제 군주의 봉사자가 아니라는 군주제 헌법의 유명한 명제와 비교하는 것이 중요하다. 그런데 이 전제국가의 헌법에서는 군주가 국가 기관이 아니라 개인적인 인물로 간주된다. 이렇게 군주와 국가 — 당과 국가 — 를 동등시하는 전제 하에서는, 헌법에서 당이 비국가적인 것으로 간주되는데, 다시 말해서 당과 정부를 동일시하는 것이 분명하게 거부되고 있음이 밝혀진다.

　실제로 있는 당정 체제를 이렇게 이상하게 공적으로 무시하는 것은 우리가 제기했던 마지막 문제에 이르게 한다. 당에 대한 관계가 필요한 현대 국가가 정말로 정당국가, 즉 정당을 바탕으로 세워진 국가의 시기인 제 4의 단계로 접어든 것일까? 이 물음에 대하여 많은 사람들이 곧장 긍정을 하는데, 그 중에는 높은 지위에 있는 정치학자도 있다. 프리드리히 폰 본 비저(Friedrich von Wieser)*의 다음 말을 들어보자 . 「민주주의의 존재는 정당에 대한 국가의 책임이다. 정당법은 헌법의 근본적인 구성요소이다. 그 헌법은 민주주의 헌법에서 여당에게 권력이 주어지는 동안 그 헌법은 정당법에 대한 지침이 된다」. 정당법은 확실히 헌법의 「추상적인 형태」를 구체적으로 충족시키는 것이다. 리하르트 토마(Richard Thoma)는 정당은 목적을 따르는데, 그 통치권을 지도자의 수중에 넣으려는 「정당국가 헌법의 의미에서」 그 목적을 추구해야 한다고 말하였다. 「민주주의의 이상적인 국가 의지는 국민 의지나, 국민의 용인에 바탕을 두는, 당해 지배당조직의 의지이다」. 구스타프 라드브루흐(Gustav Radbruch)는 얼마 전에는 무대 뒤에 있는 당이 이제는 국가의 중요한 「조직」으로서 헌법의 무대로 나왔다고 설명하였다. 그리고 오토 퀼로이터(Otto Koellreutter)*는 「독일 정당 국가가 오늘날의 헌법에 의하여 실현되었다」고 말한다. 이러한 견해는 올바른 것인가?

내가 생각건대 아주 쉽사리 긍정하거나 부정할 수 없다. 이 문제에서는 흔히 상황을 형식적인 법률의 관점에서 보느냐 아니면 정치적 역학의 관점에서 보느냐에 달려있다.

순수한 법학적 관점에서 분명하게 밝혀야 한다면, 국가기관이라는 개념은 다만 그 속에서 한 개인이나 한 단체를 이해하도록 할 수 있을 것인데, 그 개인의 의사나 단체의 의사는 법률상으로 국가 의사로 간주되어야 한다. 이러한 의미에서 보면 정당이란 어느 곳에서도 혹은 거의 어느 곳에서도, 여하튼 독일에서도 국가 기관이 아니다. 혹은 정당은 기껏해야 「유권자 단체」라는 회사 아래서 ― 이것은 정당과 일치해야 할 필요가 없다 ― 선거제도의 메커니즘으로 기술적 의미의 권한이 위임되는 한 존속하게 된다. 입법과 행정의 분야에서, 즉 우리에게 최종적으로 중요한 국가적 「통합」의 영역에서는 정당이 헌법 밖의 일이다. 그리고 법률적 관점에서 보면, 그 의결은 국가 조직과 관계없는 사회단체가 내놓은, 구속력도 권위도 없는 표명에 불과하다. 만일 현대 국가가 정당을 바탕으로 구성되었다고 설명한다면, 그것은 법적으로 이해할 수 없는 주장이다. 그 존재와 규모와 성격에 따라서 무수한 모든 대중의 관계를 나타내고, 정치적으로 갑자기 생겨나서 사라지거나, 그 기본 원칙을 변경할 수 있고, 흔히 창립된 지 수십 년도 지나지 않아서 그 이름 이외에는 아무것도 남기지 않고, 어떤 국가에서는 같은 기준으로 헤아릴 수 없는 그리고 때로는 정치적으로 아주 부수적인 원칙에 의하여 구성되고, 그 성질에 따라서 완전히 이기적으로 만들어져서 이미 의회에서부터 국가 조직 단체의 관계에 반대하고, 국가를 그 자체로 결코 인정하지 않으며, 그들의 지고한 행위가 상대방에 대한 투쟁에 있는 사회 조직의 의지에 형식적으로 종속된다면, 법률 규정 역시 어떻게 중심 위치에서 국가 의지를 형성할 수 있단 말인가! 볼셰비즘과 파시즘만이 정당을 바탕으로 국가를 구성하였다. 1당만을 바탕으로 해서 구성된, 각 국가는 로베르트 미헬스(Robert Michels)*가 적절하게 표현했듯이, 국가가 된 정당이나 정당이 된 국가를 의미하는 것이다. 정통 의회주의의 영국이나 미국에서처럼, 정당 제도가 양당 제도로 경직되어 있거나, 정당이 계급관이나 세계관에 의해서도 분리될 수 있고, 다른 조정할 수 없는 대립에 의해서도 분리될 수 없는 나라에서는, 순수한 정당 국가가 생각될 수 있다. 그러나 일반적으로는 정당 국가라는 관념 속에 해결하기 어려운 모순이 있다. 여하튼 정당 국가는 우리에게 있어서 법적으로 인정받는 위대한 것이 되지 못한다.

그러나 무엇보다도 **의회주의**가 실정법상으로 그 발생의 기원이 있는 이념을 향하고 있는 한, 정당 국가는 올바르게 생각될 수 없다. 사실상 현재의 입법자도 엄격하게 자유주의의 도그마에 집착해 있는데, 이로 인하여 의회의 의지가 항상 자유롭고 독립적으로 결정하는 사람들의 의사 표시에 의해서 형성된다. 모든 헌법, 즉 최근의 헌법 역시 강제적인 위임을 배척하고 있다. 그 헌법에서도 이전이나 지금이나 의원들을 전체 국민의 대표라고 분명히 말하는데, 그 의원들은 위임에 속박되지 않고, 다만 자기의 양심에 대해서 책임을 지며, 그들의 유권자에 의해서 면직될 수 없다. 이것은 결코 알맹이가 없는 미사여구가 아니고, 구속력이 없는 법 내용이 아니며, 진지하게 생각되고 의무가 주어지는 입법자들의 의지 표명이다. 성문법이 이 노선에서 벗어나지 않는 한, 정당 국가는 합법성을 요구할 수 없다.

만일 정치생활의 현실이 실정법에 의해서 그려지는 모습과 모든 면에서 일치하지 않는다는 것을 부정하려고 한다면, 그것은 위험을 모르고 행동하는 것이다. 실제로 국가의 통치가 나오는 것은 정당이다. 정부 수반을 내세우고 개개의 장관 자리를 정하고, 내각을 지원·감독·조종하고, 그 집무실에서 훌륭한 정치가 이루어지며, 법률의 실현에 관한 결정권이 주어지는 것은 정당이다. 정부 관청, 즉 관리의 권한에 대하여 점점 더 많은 영향력을 행사하는 것은 정당이다. 당연히 여러 나라에서 여러 범위로 그러하다. 정부 관청 조직의 특성·선출에 의하여 차지하는 관직의 수, 역사적인 위임의 정도, 그리고 이러 저러한 것이 한 국가에서의 모습이 될 수 있고, 다른 지역에서는 다르게 될 수 있다. 우리의 시선을 독일에만 돌려보면, 여기에서도 정당 국가가 사실로 되었음을 간과할 수 없다. 그것은 행정부에서나 통치면에서 나타난다. 자치 단체를 선출할 때에는 많은 사회보장관청의 관리 등을 선출할 때 비례 대표 제도를 도입하며, 심지어 자치 단체의 자치권과 공공단체의 자치권을 정당하게 넘겨주게 되었다. 모든 사람은 국가 통치가 어떻게 해서 정당의 영향력으로 빠지게 되었는가를 알고 있다. 그 점에 있어서 아무 것도 부인될 수 없고 또 얼버무릴 수도 없다. 때에 따라서는 심지어 법률 규정에서 솔직하게 표현되었는데, 아마도 1919년 10월 14일 새로운 지방 오버실레지엔(Oberschlesien)에 대하여 정한 프로이센법에서 그렇게 되어 있다. 그런데 거기에서는 주장관(州長官)에 속하는 평의회(Beirat)의 조직은 「오버실레지엔에 있는 정당 구성을 고려하여」 이루어질 것을 요구하고 있다.

이러한 현상은 자의적이거나 우연한 것이 아니다. 여기에는 오히려 아주 자연스러운 과정이 이루어져왔다. 그 과정에서는 국가관의 거의 논리적인 결과가 형성되는데, 최근에 발전한 것을 보면 그 결과의 특성이 나타나 있다. 원자같은 개인주의가 현대 민주주의 발전을 지배하고 있다. 최종적인 공권력이 개인주의로 이완된 대중으로 옮겨진다면, 그 대중은 대중으로서 원하지 않고 행동할 수 있기 때문에, 조직을 만들게 되는데 그 조직을 통하여 의지를 만들어 낼 수 있다. 특히 의회에 대한 선거권이 아주 개인적인 것으로 된다면, 대중은 어떠한 방법으로든지 단체를 구성하지 못한 채 자기의 권력을 행사할 수 없게 된다. 이러한 조직은 정당을 구성함으로써 이루어지고, 아마도 여기에서 상세하게 언급될 수 없는 이유 때문에 우선은 거의 달리 이루어질 수 없다. 정당제도는 대중 민주주의가 마련되는 자치 조직이다.

그래서 여기에서는 자유주의의 원칙에 따라서 형성된 권력과 대중 민주주의의 실현이 화해되지 않고 대치되고 있다. 전자는 여전히 물려받은 입장을 주장한다. 그것은 법적인 활동에서도 관철될 수 있다. 법원에서는 아직도 의원이 정당의 명령에 의하여 전권을 포기하도록 강요받는 것이나, 의원이 의결을 할 때에 정당으로부터 자기의 전권을 상실하는 것을 인정하는데 주저하고 있다. 뷔르템베르크주의 선거법에는 의원이 그 위임에 의하여 제안 목록을 가지는 정당 단체로부터 탈퇴하면, 자기의 주 의회 의석을 상실한다는 중요한 조항이 있을지라도, 뷔르템베르크 법원은 그로 인하여 정당이 그 대표자를 배척함으로써 주 의회에서의 권한을 철폐할 수 있다는 결론을 내리기를 거부하였다. 그리고 오스트리아 헌법재판소가 때에 따라서 상반된 판결을 내리는 경우가 있는데, 그 재판소는 개개의 자치단체 선거법에 대하여 「정당국가적인」 해석을 내림으로써 그렇게 할 필요가 있었다. 자유주의적 도그마는 여전히 민주주의의 범위 내에서도 그 신봉자를 가지고 있다. 그 증거로서 현직 라이히 의회 의장 파울 뢰베(Paul Löbe)*가 의회 개혁에 대해서 행한 흥미로운 설명이 이용될 수 있는데, 그 설명에서는 자기의 사고과정(思考過程)이 의회 투쟁에서 다른 사고 과정의 비판을 받아서 오류가 제거되고, 이질적인 정신 요소가 소화되어서 수용되는 것이 의회의 「본질적인 목적」으로 간주된다. 그러나 근본적으로 볼 때 여기에서는 대중 민주주의에 대한 자유주의의 퇴각 싸움이 문제시된다. 이미 민주주의식 사고의 최후의 결과로서 나타나는 강제 위임에 의하여 외쳐대는 소리가 증가하고 있다. 이 요구가 충족되면, 물론 옛날의 의회주의는 정당국가에 의해서 궁극적으로 극복될 것이다.

그것은 행운일 것인가?

이 물음에 긍정적인 대답을 하는 사람은 거의 없다. 그러나 유럽의 지배적인 의견에 따르면, 정당 정치와 정당 국가를 국체의 소멸로 여기듯이, 현실과 권력 사이에서 생겨난 괴리와 현실 자체를 일종의 병적인 증세로 간주하는 것 같다. 물론 고통 받는 자들을 위하여 애쓰는 의사에게 효험이 있는 약제가 많이 있지만, 어떠한 의사에게도 효험이 있는 약제를 발견하거나 질병이 진행 중이라는 것을 확실하게 진단하는 것이 성공되지 않은 것 같다. 정당으로부터 완전히 밀려난 행정권을 가진 국가 ── 그러나 이러한 국가가 오늘날 얼마나 있을까? ── 로 서서히 몰락될 수 있거나, 혹은 정당이 정부를 구성할 수 없다고 여겨지거나, 국가 원수가 침해받을 수 있는 경우에는, 그 붕괴가 때에 따라서는 멈추어질 수 있다. 국가의 임무를 제한함으로써 정당에 대한 공격 범위를 제한시키는 것이 가능할 수 있다. 그러나 행정관청을 정치에서 제외시킬 수 있는 가능성은 한계가 있고, 그 조치가 흔히 가식일 뿐이다. 왜냐하면 정당은 「정치적인」 것이 아닌 것도 정치적인 것으로 만들 줄 알기 때문이다. 따라서 직업상으로 혹은 어떤 방법으로 조직되든 간에 인위적으로 만들어진 체제를 바탕으로 국가를 다시 세우려고 제안한다면, 오늘날의 상태를 볼 때 너무 이르다. 그러나 정당의 힘은 너무 커서 정당 모두가 자생적으로 성장한 조직·단체 그리고 기타의 것들에게 행한 것과 꼭 마찬가지로, 그 새로운 조직들을 없애버릴 것이다. 그것은 그 구성원들의 관심사가 아주 단순하고 완전히 동일하다는 데에 기인하며, 그 영역 내에서는 정당이 침입 장소로 이용할 수 있는 반대가 없을 것이다.

대의제 국가체제의 오랜 민주주의 이념은 그 안에 강한 윤리적 가치를 포함하고 있기 때문에 거의 다시 관철될 수 없다. 따라서 대중 민주주의로부터 발전하거나 그것을 극복함으로써 정당 국가가 전향할 수 있을 뿐이다.「동일한」민주주의를 지도자 과두제 (Führeroligarchie)로 전환시킴으로써 그 민주주의가 개선될 수 있다는 생각을 가질 수 있고, 또 많은 사람들이 이것이 이미 진행되고 있음을 알고 있다. 그리하여 책임질 수 없는 정당 조직과, 그 내부에 숨겨져 있어서 책임을 질 수 없는 익명의 권력 대신에, 독립적이며 책임을 질 수 있는 국가 지도자들이 나타나게 되었다. 그렇게 되면 정당은 더 이상 순수한 국가 조직이 아니라 게오르크 옐리네크(Georg Jellinek)가 표현했듯이, 단순히「창설기관」의 역할로 전락하게 될 것이다.* 그러나 그로 인해서 문제는 순수하게 해결하는 것이 어렵게 될 것이다. 왜냐하면 정당 국가의 돌진을 막을 수 있는 보호책은 그 정당 국가가 나온 원자적 개인주의 헌법이 포기되고서 조직적인 헌법으로 대체 될 때에만 비로소 정립되기 때문이다.

그와 같은 변화는 수 백 년 내에 이루어지는 것이 아니다. 그 변화는 명령으로 이루어질 수도 없다. 마찬가지로 현재의 정당은 명령에 의해서 제거되지 않는다. 좋든 나쁘든 간에 정당은 역사적으로 이루어진 생활형태인 것이다. 그러나 그 시간도 허비될 것이다. 우리도 이미 도처에서 단체를 형성하는 다른 힘들이 작용하고 있음을 본다. 이 힘은 점점 자연스럽게 발전하여 국민의 새로운 조직이 되는데, 그 조직은 생각이 없는 대중으로 부터「다수 속의 단일성」을 활발하게 형성하고 있다. 많은 사람들이 그러한 예언을 낭만적인 환상이라고 칭한다. 내 눈에는 낭만주의라고 보는 것이 모욕이 아닐 듯 싶다. 그러나 조건은 그 이외에 동화나 도깨비 형상이 아니다. 현재의 기계화된 사회로부터 조직적인 형태로 형성될 수 있는 실체인 것이다. 개인적으로 그리고 지역적으로 충분히 조직된, 경제적·정신적 종류의 힘이 국민 내부로부터 나와서, 불가항력적으로 그 힘에 의해서 파괴되지 않고 단결해야 하는 국가의 임무에서 성공적으로 자제한다면, 즉 국가가 붕괴하지 않고 그 반대로 하부층을 바탕으로 세워진다면, 그 국가는「모든 것이 전체로 짜여지고, 하나는 다른 하나 속에서 작용하여 존재하는」순수한 조직이 될 것이다. 행복한 종족이 살아있는 눈으로 오늘날의 우리에게서 정신 속에서만이라도 미래의 아름다운 모습으로 떠오르는 것을 볼 수 있기를!

7. 바이마르 헌법체계에서의 정당*

구스타프 라드브루흐

1.

독일 민주주의의 국법에서의 정당의 지위를 논함에 있어서는 우선 먼저 민주주의의 이데올로기와 민주주의의 사회학에 있어서의 정당의 지위를 비교하면서 서술할 필요가 있다.1) 즉 민주주의의 이데올로기는 정당국가의 문제를 부정하며 사회학적 현실은 이를 높여서 긍정하는데 대해서, 민주주의의 국법은 불명확하게 부정도 긍정도 하지 않는 중간적 입장을 취하고 있다.

민주주의의 이데올로기는 국민주권, 즉 치자와 피치자의 동일성의 사상에 입각하고 있다. 이 경우 국민은 자유롭고 평등한 개개인의 총계라고 생각되며, 국민의사의 표명인 다수라든가 소수는 우연히 일치한 개개의 표의 사후적인 집계의 결과라고 생각되는 것이다. 선거에서 던져지는 각 표는 자유롭고 독자적인 결단의 결과라는 형태로 나타난다.

---

* Gustav Radbruch, Die politischen Parteien im System des deutschen Verfassungsrechts, in: Gerhard Anschütz und Richard Thoma (Hrsg.), Handbuch des deutschen Staatsrechts, Tübingen: J. C. B. Mohr, Bd. 1. 1930. S. 285-294. jetzt in: Gustav Radbruch Gesamtausgabe 14. Staat und Verfassung, Heidelberg: C. F. Müller 2002, S. 42-54.

* 문헌 (상술 § 16 Anm. 5): Triepel, Die Staatsverfassung und die politischen Parteien, 1928 (김효전역, 헌법과 정당, 『월간고시』 1985년 9월호, 165-186면. 본서에 수록); Koellreutter, Die politischen Parteien im modernen Staate, 1926 (besondere S. 62 ff.); Derselbe, Der deutsche Staat als Bundesstaat und als Parteienstaat, 1927; Nawiasky, Die Zukunft der politischen Parteien, 1924; van Calker, Wesen und Sinn der politischen Parteien, 1928; Liermann, Ueber die rechtliche Natur der Vereinbarung politischer Parteien untereinander, ArchOeffR., N. F. 11, S. 401 ff.; v. Pistorius, Ueber den Einfluß des Fraktionswechsels auf das Abgeordnetenmandat nach dem württembergischen Staatsrecht, ebenda S. 418 ff.; Morstein Marx, Rechtswirklichkeit und freies Mandat, ebenda S. 430 ff.; Franz Adler, Freies oder imperatives Mandat? ZPol. 18, S. 137 ff.

1) 참조. Kelsen, Verhandlungen des 5. Deutschen Soziologentages, 1926, S. 38 ff.와 "Vom Wesen und Wert der Demokratie," 1929 (한태연 · 김남진 공역, 『민주주의의 본질과 가치』, 법문사, 1961). 또한 Leibholz, Das Wesen der Repräsentation, 1929, S. 98 ff.

― 선거인이 모든 사회적 구속에서 해방된 상태는 투표기재소 속에 상징적으로 나타난다. 또한 선출된 어떤 의원도 자기의 양심에만 따르며 위임에 구속되지 않으며, 그 투표를 자유롭고 독자적인 결단에 의해서 만들어낸다. 선거에서도 의회에서도 이 결단은 토론, 즉 설득과 논박에 의해서 얻어진 자기확신의 결과라고 말한다. ― 그러므로 민주주의는 「토론에 의한 정치」라고 불려진 것이다. 이러한 견해의 기초에는 세력들의 자유로운 경쟁이라는 자유주의적인 이론이 있다.[2] 예컨대 자유경쟁으로부터 공정한 가격이 주어지듯이, 자유로운 의견논쟁에서 진리가 생기는 것이며, 또한 공정한 가격의 형성이 카르텔과 같은 집단적 가격형성에 의해서 방해되듯이, 진리의 관찰도 집단적 의견협정 ― 정당에 의해서 방해된다는 것이다. 이와 같은 자유주의적인 관점에서 민주주의자 루소도 정당은 「일반의사」를 위조하는 것이므로, 민주제에서는 이를 배격해야 할 것이라고 주장한다(『사회계약론』, 제2편 제3장).

   민주주의의 사회학은 이것과는 전혀 다른 오히려 반대의 양상을 드러내고 있다. 거기에서는 주권자인 국민은 다만 자유롭고 평등한 개인으로 구성되는 벽돌 건축과 같은 것이 아니라, 오히려 불평등한 크기의 집단 ― 정당으로 이루어진 석조 건축이다. 여기서는 국민의 주권도 만인의 만인에 대한 주권이 아니며, 보다 강력한 정당의 보다 약한 정당에 대한 지배 이외에 아무것도 아닌 것이다. 물론 보다 약한 정당의 보다 강한 정당에 대한 반발에 의해서 다소 완화되고는 있다. 다수와 소수란 자유롭고 평등한 개개의 투표의 사후적인 집계의 결과는 아니며, 각 정당의 미리 결정된 크고 작은 여러 가지의 영향력을 표시한 것에 불과하다. 선거인은 자유롭지도 않다면 독립의 개인도 아니며, 정당의 구성원 내지는 지지자이며 평등하지도 않고 매우 커다란 사회학적 불평등을 가진 것이며, 지도자 또는 피지도자로서 다양한 정도에서 영향을 미치거나 영향을 주는 것이다. 의원 역시 결코 자기의 양심에 따라서만 위임에 구속되지는 않으며, 정도의 차이는 있지만 회파나 정당의 독립성 없는 구성원임에 불과하다. 정당국가가 「토론에 의한 정치」를 의미할지라도, 그것은 아주 한정된 범위에서이다. 토론에 의한 의견형성은 단지 정당의 **내부에서만** 행해질 뿐이며 정당 **간의** 투쟁은 이미 의견투쟁이 아니라 권력투쟁이다. 이것은 선거전이나 의회심의에도 단적으로 나타난다. 정당국가가 발달해감에 따라서 선거전에서 토론으로 다투는 유권자 집회는 그 모습이 사라지며, 토론 없는 정당의 데모 집회나 반대자를 다소나마 힘에 의해서 침묵시키는 유의 유권자 집회에로 변하는 것을 우리들은 보아오고 있다. 또한 의회에서의 토론도 실제로는 단지 토론을 가장한 권력투쟁일 뿐이다. 상대방은 설득된다는 것이 아니라 억압되거나 붕괴되는 것 중의 하나이다. 거기에서는 반대자에 대해서 논증이나 사실의 성벽이 구축되고, 여론 앞에 손상을 가하지 않고는 반대자가 이를 초월하지 못하는 구조가 취해진다. 선의로 가득 찬 의회개혁의 시도 역시 그것이 외관적인 토론을 배제하고 서로 설득을 목적으로

---

2) 참조. Carl Schmitt, Die geistesgeschichtliche Lage des heutigen Parlamentarismus, 2. Aufl., 1926 (김효전 옮김, 『현대 의회주의의 정신사적 지위』, 관악사, 2007).

하는 진정한 토론을 회복하려고 한다면, 역시 성공은 기대할 수 없을 것이다. 즉 개인이 집단적 구속 속에 있어서 서로 대립하는 곳에서는 상호 설득이라는 것은 이미 불가능하기 때문이다. 그러나 국민국가로부터 정당국가에로의 이러한 발전은 불가피하였다. 어떠한 보다 커다란 인적 단체에서든 개인과 전체 간에 매개적 조직을 만들지 않으면, 집단적인 의견형성이나 의사형성은 사회학적으로 완전히 불가능한 것이다. 정당은 「정신생활의 특정 영역에 관련된 인간 사회의 조직원리일 뿐」이다.[3]

　　확실히 오늘날의 정당국가에서는 정당의 힘이 과도하게 되는 것을 방지하는 장치가 마련되고 있다. 정당에 대한 억제적 역할을 담당하는 것은 무엇보다도 먼저 전체로서의 국민이다. 이것은 국민투표나 국민발안 또는 국민표결과 같은 형식으로 잘 나타나며, 대통령도 또한 이러한 국민투표에 의해서 임명되는 한에서는 억제하는 역할을 수행하고 있다. 왜냐하면 지금까지의 경험에 비추어보면, 투표자는 개개의 문제나 선거에 직면하면 당조직에 의한 구속으로부터 비교적 용이하게 멀어지는 경향을 가지기 때문이다. 그렇지만 국민투표의 도입과 조직화는 정당국가에서는 본질적으로 정당에서 출발하지 않을 수 없으며, 국민발안이나 국민표결은 확실히 투표자의 정당별 분포가 비례선거의 그것과는 다른 곳이 있을지라도, 정당 그 자체의 영향을 배제하는 것이 되지는 않는다. 다음에 정당정치적 분할에 대한 억제가 되는 것은 연방제와 지방자치제에 의한 행정구역의 지역적 분할이다. 그러나 정당의 이해에 대해서 이와 같은 속지적 내지 지역적 이해를 동원하려는 시도 역시 별로 성공하지는 못한다. 연방제와 지방자치제에 나타나는 주나 지방자치체의 특색은, 오늘날의 정당국가에서는 국가의 수준과는 다른 좁은 지역 주민의 정당정치적 구성이라는 특색을 제시할 뿐이다. 특히 개별 주는 전통 또는 지방적 개성이라기보다는 오히려 정당정치적 개성을 강하게 지니고 있다고 해야 할 것이다. 따라서 정당국가는 더구나 자기에게 대치된 대항 세력들조차도 이를 동화시키는 것이다. 또한 적어도 여전히 하나의 대항세력이 남아 있는데 관료제가 바로 그것이다. 관료제는 원칙적으로 그 지위가 종신제이기 때문에 정당국가적 기구에서 단절된 (abgekapselt) 형태를 취하며, 자율적인 사회적 요소를 형성하고 있다. 또한 정당국가에 대한 그 밖의 억제로서 정당정치적 구성에 대해서 직능신분적 구성을 대치시키려는 시도가 있는데, 이것은 그러나 완전히 성공하지 못하고 있다. 직능신분의 사회적 중요성이나 그 내부에 있어서의 노사계급의 사회적 비중을 의석수로 환산할 수 있는 기준이 존재하지 않기 때문에, 라이히 경제평의회와 같은 것도 결국은 자의적으로 구성된 직능신분적인 단체에 불과하며 그 임무도 자문적인 역할이 주어진 것에 그치고 있다. 비록 그와 같은 난점이 존재하지 않았다 하더라도, 직능신분적 구성은 국가의 정당정치적 구성에 비해서 결함이 적다고는 말할 수 없을 것이다. 즉 국가의 직능신분적 구성은 정치라는 것을 직능신분의 적나라한 이해로 인도해버리는 것을 의미할 것이다. 왜냐하면 직능신분적 구성은 정당과는 달리

---

3) 예컨대 Nawiasky, a. a. O. S. 22. 정당국가의 사회학에 대해서는 Thoma, Artikel "Staat" im HWörtStaatsWiss ³ VII. S. 744 ff.

자신을 이데올로기적으로 분장하면서 결국 현실에서도 이념에 봉사하지 않으면 안 된다고 하기 때문이다. 또한 문화적 이익은 직능신분과 바로 결부되는 것은 아니므로, 국가의 직능신분적 구성에 의해서는 이미 대표되지 못할 것이다. 이와 같이 보면 국가의 직능신분 직 구성은 정치 전체를 경제만능화 하고 직업조합회 하는 것을 의미한다. 따라서 우리나라 국가생활의 사회학적 현실에 비추어서도 국가는 역시 정당국가이며 어떠한 개혁의 시도가 행해지더라도 정당국가로서 존속한다는 것을 인정하지 않을 수 없다. 그러나 이 민주주의 의 현실과 민주주의 이데올로기 간의 모순에 직면하여 우리들은 오히려 민주주의의 현실에 일치하는 이데올로기, 즉 개인주의적 민주주의가 아니라 집단적 민주주의의 이데올로기를 탐구하는 것 외에 아무것도 아닐 것이다.[4]

2.

그러나 **민주주의의 국법**도 역시 정당국가의 사회학적 현실에 아직 충분하게 적합하지 는 않다. 「헌법과 법률은 오늘날에도 여전히 그 효력발휘의 전제인 정당이라는 것에는 한 마디도 언급하지 않는 것이 통례이다」.[5] 정당생활의 현실은 적어도 헌법에서는 여전히 무시되며, 따라서 그 일부는 오늘날에도 여전히 법적인 개념가치 없는 사회학적 현상에 그친다고 보고 있다. 정당은 오늘날에 이르기까지 우리나라 국법의 치부였으며, 참으로 점잖은 태도를 나타내는 다음과 같은 한 마디는 정당에 대해서도 말할 수 있다. 즉

「정절한 마음의 사람에게도 결여할 수 없는 것이 있더라도
정절은 귀 앞에서는 그 이름을 입에 올려서는 안 된다」.

라이히 헌법은 세 곳에서 당연히 정당에 언급하지 않을 수 없었다. 즉 모든 국가권력의 유래에 대해서 서술하는 곳에서 정당은, 정당국가에 있어서의 다른 모든 기관들을 산출하 는 최종의 기관으로서 제시되어야 할 것이다. 또한 선거에서 선출된 의원의 지위에 대해서 서술하는 곳에서는 의원이 자기당의 원내 회파에 편입하는 것을 부인해서는 안 될 것이다. 그리고 또한 정부에 대해서 서술하는 곳에서는 정부를 뒷받침하는 원내

---

4) 참조. Radbruch, Kulturlehre des Sozialismus, 2. Aufl., 1927, S. 30 ff. 또한 Ernst Fraenkel, Kollektive Demokratie, Gesellschaft, Jahrg. 6, S. 103 ff. 물론 Carl Schmitt, a. a. O. S. 7은 다음과 같이 명한다. 즉 「그 원칙은 어떤 제도에 우리가 추가로 임의로 여러 다른 원칙들을 전가시키고, 만약 그 제도의 종래의 토대가 결여되었을 때에는 모종의 대체논거들을 삽입할 수 있는 것처럼 그렇게 운용되는 원칙은 아니다」. 그러나 그는 왜 그가 인정한 「목적의 이종발생」이 「원리의 이종발생」을 야기할 수 없다는 것에 대해서는 명백하지 않다. 카를 슈미트에 반대하는 것은 Thoma, Archiv f. SozW. 1925, Bd. 53, S. 212 ff. (박남규역, 의회주의와 독재의 이데올로기에 대하여, 동인역, 『현대의회주의의 정신』, 탐구당, 1987, 156면 이하).
5) Hugo Preuß, Reich und Länder, 1928, S. 269. 독일 국가학에서 「국가형성적 세력」으로서의 정당에 대해서 일찍부터 강력하게 지적한 공로는 Richard Schmidt, Allgemeine Staatslehre I, 1901, S. 253 ff.에 있다.

회파의 연립에 대해서도 한 마디 해야 할 것이다. 그러나 이상 세 곳의 어느 곳에서도 우리들의 기대는 어긋나고 있다. 라이히 헌법 제1조는 국가권력은 국민으로부터 나온다고 규정하고 있는데, 정당에 대해서는 전혀 언급하지 않는다. 그런데 정당의 매개 없이는 무정형한 국민대중은 국가권력의 기관들을 자신의 손으로 해직시키는 것은 전혀 할 수가 없다. 그런데 라이히 헌법 제21조는 의원에 대해서, 의원은 전체 국민의 대표자이며 그 양심에 따라서만 위임에 구속되지 않는다고 규정하고 있다. 이것은 마치 의회에는 원내 회파나 회파 강제가 완전히 존재하지 않는 것 같은 태도이며, 또한 의회 외에는 정당 수뇌부나 선거민 대중이나 이들 사회세력의 원내 회파에 대한 심리적 압력이 완전히 존재하지 않는 것처럼 취급하고 있다. 그리고 또한 라이히 헌법 제130조는 공무원은 전체의 봉사자이며 한 정당의 봉사자는 아니라고 규정하며, 정부 각료에게도 역시 이 규정이 적용되어야 한다고 해석하는데, 그러나 정당국가에 있어서의 정부는 정당의 연립에 의해서 뒷받침되고 이들 연립정당들의 정치적 의사를 실행으로 옮기는 책무를 지고 있는 것이다. 라이히 헌법 제130조는 요컨대 「정당」이라는 문언을 명기한 유일한 조항인데, 그 표현은 「떨떠름하게 거부한다는 부정적 태도를 취하는 것이 특징적이다」.[6]

라이히 헌법에서 정당이 무시되고 있는 근본적 이유는, 민주주의의 이데올로기에서 나온다기보다는 오히려 새로운 국가에서도 여전히 부조리하게도 개선되지 못한 전통적인 관헌국가의 이데올로기에서 나온다고 할 것이다. 관헌국가는 그 정부가 의회의 정당적 다수에 뒷받침되고 있지 않기 때문에, 그 불가결한 기반으로서 초당파적인 견지의 존재의 가능성이 있다는 이데올로기적 확신, 즉 「정당을 초월한 조국」이라는 확신을 가지지 않을 수 없었다. 정부의 초정당성이야말로 바로 관헌국가의 신화이며 자기기만이다. 그러한 견지에서 보면, 관헌국가에 대해서 정당의 투쟁은 무익한 「파벌다툼」이며 객관적인 업무에 대해서 유해로운 끊임없는 싸움질이며, 통찰력 없는 빈약한 견해나 악의로 가득 찬 당파심의 발로와 같은 것에 불과하였다. 따라서 정당은 그 자신이 존재하지 않은 것처럼 나타난 것이다. 물론 관헌국가의 정부가 초당파적일지라도 그것은 억단 내지는 헛수고일 뿐이며 실제로는 안으로 은밀하여 밖으로 나타나지 않는 정당정부에 불과하며, 단지 그 정당정치적인 입각점이 공중의 눈앞에 명시되지 않고, 정당내적인 비밀의 책략의 대상이 되고 있었다는 점에서, 진정한 정당정부와는 다를 뿐이다. 「초당파적」인 견지라고 하더라도 그것은 억단 내지는 그렇게 자칭할 뿐이며, 그 실체는 단지 다른 당파적 관점 중의 하나에 불과하다. 그것이 다른 당파적 관점과 구별되는 것은, 다만 자신을 유일가능한 것으로서 보고 다른 모든 것은 악질 내지는 우둔한 것으로 본다는 것이다.

이러한 관헌국가적 견해에 대해서 민주주의에서는 정치의 근본사상이란 영역에서 입증가능한, 다툼의 여지없는 정당한 것은 존재하지 않는다고 생각하는 것이다. — 이러한 전제 아래서만 실로 어떠한 정치적 확신도 그것이 다수 그 자체를 얻으려고 한 경우에는

---

6) Wittmayer, Die Weimarer Reichsverfassung, 1922, S. 64 ff.

국가에 있어서의 지배권을 장악하는 평등한 권리가 인정될 것이다. 이러한 상대주의는 민주주의 사상이 전제로 하는 세계관이다.[7] 초당파적 견지라는 이론은 관헌국가의 이념적 존립조건이었는데, 그것이야말로 국민국가의 이데올로기의 틀 안에서는 모순당착이며 또한 위험이기도 하다. 이른바 초당파적 견지라는 관점에서 정당생활에 심한 혐오를 품는 것에 대해서 국민국가에서는 오히려 그 반대로 다음과 같은 확신이 초래되어야 한다. 즉 어떤 정당에 소속하는 것은 시민으로서의 의무이며 또한 선거권이 선거의무라고 한다면, 어떤 정당에의 지지를 표명하는 것도 또한 의무라는 것이다. 왜냐하면 이것은 각각의 경우에 자기의 투표행위가 일시적 감정에 의해서가 아니라 잘 생각한 뒤에 부동의 신념에서 행해지는 것을 의미하기 때문이다. 그렇게 되면 또한 정당을 국법의 무대로 등장시키지 않는 것은 중지되어야 하며, 「독일 라이히 헌법이 이제 정당을 치부로서 다루는 관계」(비트마이어)*는 더욱 공공연하게 용인하는 관계로 바뀌지 않을 수 없을 것이다.

3.

국법이 이러한 방향으로 개조되는 것은 이미 보았다. 과연 헌법이라는 대로에서는 정당에 만날 수 없었지만(「운터 덴 린덴 거리」*에서는 알 수 없었다!), 그러나 법률이라는 이면에서는 만난다. 허지만 법률이란 곳에 보이는 「정당」이라는 말도 그 이해에서는 매우 다의적이며 때로는 선거인단, 어떤 때에는 조직, 또 어떤 때에는 정당의 의회 내 회파를 가리키듯이 다양하며, 이들 세 개의 현상형태의 전제가 되어야 할 정당 그 자체의 개념은 명확하지 않다. 따라서 정당의 개념은 가능한 한 넓은 의미로, 즉 공통의 정치적 지향에 의해서 결부된 국민의 일부로서 이해되어야할 것이다.

(1) 라이히 헌법은 국민의 구성에 대해서는 아무런 생각도 없이 국가권력은 전체 국민에서 나온다고 규정하고 있는데, 이것을 선거법에 비추어 생각하면 국가권력은 정당을 가지고 구성된 국민에서 출발하게 된다. 왜냐하면 비례선거라는 것은 결국 개개의 후보자가 선출된다는 것이 아니라 개개의 후보자를 내세운 정당이 선출된다는 것을 의미하기 때문이다. 란트의 선거법들[8]에서는 후보자명부를 제출하는 단체로서 「선거인단」이라든가 「선거인집단」이라는 말이 나오는데, 그 배후에 「정당」이 점차 분명히 그 모습을 나타내 오고 있다. 후보자명부에는 「후보자의 당파적 입장을 명확하게 지시하거나, 또는 기타 유사한 표지가 되는 말을 기재하여야 한다」고 되어 있다. 후보자추천은 그것이 전회의 주 의회에 대표자를 보낸 정당에 의해서 되는 경우에는 비교적 소수의

---

7) 참조. Kelsen, Vom Wesen und Wert der Demokratie, 2. Aufl., 1929, S. 101. 민주주의의 이러한 상대주의적 의미에 반대하는 나의 논문은 Gesellschaft Bd. 6 (1929), S. 97 ff. 이에 대응하는 것은 Ferdinand Tönnies, ebenda S. 193 ff.

8) 참조. Die deutschen Landtagswahlgesetze, Stilkes Textausgaben Nr. 20, hrsg. von W. Jellinek 1926.

서명으로 족하다. 어떤 경우에서는 (1924년 10월 10일의 브라운슈바이크법 제4조), 후보자명부에는 후보자추천에 충분한 지지를 한다고 간주되는 정당의 명칭을 부기하게 되어 있다. 제1차 라이히 선거법에서는 아직 많은 주 선거법과 동일하게 투표용지에 정당 이름을 기입하더라도 무효라고 규정하고 있었는데, 일찍이 1922년 10월 24일의 라이히 법률에서는 후보자 이름과 병행하거나 또는 후보자 이름 대신에 정당명을 기재하는 것이 허용되고, 끝으로 현행 라이히 선거법(제25조)과 라이히 투표규칙(제44조 2항)은 투표용지에 정당명을 기입**해야 한다**는 것을 규정하고 있다. 라이히 투표규칙(제49조 2항)에 의하면, 이미 「후보자명부에는 후보자가 소속하는 정당을 명기한다」고 되어 있다.9) 이와 같이 정당이 명기되는 것에서 생각하면, 후보자명부를 제출하는 선거인단과 이상 서술한 한에서는 그 선거인단에 의해서 대표되는 정당이란 국가기관이다. 즉 게오르그 옐리네크가 말하는 「창설기관」이라는 것은 의심의 여지가 없을 것이다.10)

그러므로 의원은 이미 고유한 인격을 가지는 하나의 개인으로서가 아니라 그 소속하는 정당의 구성원으로서 선출된다면, 당연히 의원이 획득한 의석은 그 정당에의 소속이 되는 동시에 상실하게 된다는 것이다.11) 이러한 견해가 정당측에서 특히 강하게 주장되는 것은, 의원이 그 소속 정당에서 **탈퇴**하는 경우, 특히 그 의원이 다른 정당으로 옮기는 경우이다. 「오늘날 의원은 아주 철면피하지 않은 한 정당의 후보자명부에 의해서 선출된 이상, 그 정당에서 탈퇴해서도 여전히 자기의 의석을 보유하려는 것은 어렵다」.12) 그러나 이러한 윤리적 책임이 입법에서 규범화된 예는 매우 드물다. 1924년 4월 4일의 뷔르템베르크 주 의회 선거법 제7조 6호는, 의원이 「후보자명부에 그 성명을 기재하는 유권자단체에 위탁한 정치단체 내지는 기타 단체의 단체로부터」 탈퇴하는 경우에는 그 의석을 상실한다고 규정하고 있다. — 따라서 원내 회파에서 탈퇴하는데 그치는 경우가 아니라 정당에서도 탈퇴하는 경우에 비로소 의석을 상실하는 것이다. 이 규정이 라이히 헌법 제21조와 내용적으로 그 취지를 같이 하는 뷔르템베르크 주 헌법 제22조에 위반한다고 생각해 온 것은 정당하지 않다.13) 이에 대해서 뷔르템베르크 주 국사재판소14)는 정당으로부터의 탈퇴에 의한 의석상실의 규정을 **정당분열**에까지 확대해서 적용하는 것에 대해서는 아마 그 정당분열이 당적이탈의 형식으로 되기보다는 이를 부인하였다. 왜냐하면 정당분열의 경우에 자발적인 탈퇴에 의한 것인가, 아니면 뜻에 반하여 제명된 것인가는 무엇보다도 먼저 문제로 되는데, 그것에 대답하는 것은 매우 어렵기 때문이다. 나아가 분열된 정당의 어느 것이 전신의 당을 인계하는가 하는 문제도 있으며 지금까지 해답이

9) 참조. 나아가 Reichsstimmordnung § 27, 28, 29, 35.
10) 참조. Georg Jellinek, Allgemeine Staatslehre, 3. Aufl., 1921, S. 545 f. (김효전 옮김, 『일반 국가학』, 법문사, 2005, 444면 이하). 또한 Triepel, a. a. O. S. 24의 경향은 선거인집단과 국가기관으로서의 정당을 인정하는 한이다.
11) 그리하여 예컨대 Kelsen, Demokratie S. 42 f.
12) Preuß, a. a. O. S. 274.
13) 그리하여 Leibholz, a. a. O. S. 94와 이에 반대하는 Anschütz, S. 167 f.
14) 1921년 4월 20일의 결정 Pistorius, a. a. O. S. 431 ff.

곤란하다. 그때문에 분열 후의 정당 모두에 대해서 일률적으로 의석상실을 선언한다면, 그것은 개조를 거친 정당에 대해서는 그 후의 당체제의 계속형성에 대해서 모든 의회세력의 상실이라는 십자가를 지는 것을 의미한다. 나아가 또한 뷔르템베르크주 국사재판소는 정당탈퇴에 의한 의석상실을 정당으로부터의 제명에 확대 적용하는 것도 마찬가지로 부인해 왔다.[15] 당의 지령에 따르지 않는 의원에 대해서 제명이라는 수단으로 의석상실이라는 위협까지도 더하는 것은, 당지령에 법적 보장을 부여하는 것이 되며 뷔르템베르크주 헌법 제22조(=라이히 헌법 제21조)에 반하여 의원에의 의석을 명령적 위임으로 만들어 버리는 것이 된다. 무엇보다 정당 속에는 자발적으로 의석을 포기한다는 형식을 취하여 정당에서 제명하고 의석을 상실케 하려는 시도가 있었다. 즉 그 방법으로서 선거 전에 자기당의 후보자에게 날짜가 없는 의석포기의 선언서에 서명케 하고, 의원이 정당의 지령에 따르지 않은 경우에 이를 사용하려고 한 것이다. 그런데 이러한 후보자의 백지선언서가 선거 후의 시점에서의 의원의 의사와 이미 일치하지 않게 되었다면, 그러한 표견적 의석포기는 실질적으로는 의석의 박탈과 다름없으며, 따라서 그것은 법률의 회피로서 무효로 해야 한다는 것은 의문의 여지가 없을 것이다.[16] 또한 그러한 조건부의 의석포기와 마찬가지로, 제명의 경우에 걸맞게 인수한 의석포기의 의무를 의무지우는 것 역시 법적 금지규정(=라이히 헌법 제21조)에 반하기 때문에, 이것은 또한 무효라는 것은 자명할 것이다(Anschütz, S. 166). 그리하여 라이히 헌법 제21조와 그것에 일치하는 주 헌법의 규정들은 정당국가의 개념으로부터의 논리필연적 귀결의 완전한 실행을 저지하는 것이다.

　(2) 라이히 헌법에 의하면 의원은 그 양심에 따라서 행동하고 위임에 구속되지 않는 단일한 개인으로서 파악되는데 불과한데, 1922년 12월 12일의 라이히 의회 의사규칙에서는, 의원은 거의 그 원내 회파의 틀 안에서만 활동할 수 있다고 되어 있다. 라이히 의회의 각 위원회나 장로평의회는 물론 라이히 의회의 본회의까지가 개개인에 의해서 구성된다기보다는 오히려 원내 회파에 의해서 구성된다고 해야 할 것이다(예컨대 제9조, 제10조, 제25조, 제28조, 제29조, 제82조 참조). 의사규칙이 원내 회파에게 권리를 명확하게 인정하는 것을 회피할지라도, 실제로는 명백히 원내 회파를 예상하는 경우가 많다. 이것은 많은 규정이 원내 행동을 취하는 데에 의원 15명의 참가를 필요로 하는 것에도 나타나 있다(예컨대 제41조 2항, 제49조, 제51조, 제60조 참조). 왜냐하면 15명이라는 것이 원내 회파를 구성할 수 있는 최소한도의 필요수이기 때문이다(제7조). 따라서 라이히 헌법 제68조가 법률안은 「라이히 의회의 내부에서 제출할 수 있다」고 규정하고 있는데, 이 규정은 의사규칙 제49조에 의해서 제약되며, 결국 법률안을 제출하는 것은 원내 회파여야 한다는 것으로 된다.[17]

---

15) 1921년 9월 15일과 1926년 5월 3일의 결정. Pistorius, a. a. O. S. 418 ff. 참조. Anschütz, S. 167 f.

16) 다른 견해는 Morstein Marx, a. a. O. S. 430 ff. 조문의 입장과 Anschütz, S. 166 f.의 상설에서 반대하며, 일치하는 것은 1921년 3월 5일의 함부르크 선거심사위원회의 결정이다.

그러므로 정당의 원내 회파가 「의회의 유기적 구성체」로서 「국법 속에 수용되어
있는」 것은 의심이 없다.[18] 이것에서 필연적으로 도출되는 결론으로서, 예컨대 의원이
그 직무수행을 위해서 행한 발언에 대한 무책임(라이히 헌법 제36조)은 원내 회파에 있어서
의 발언에도 미친다는 것이다.[19] 그렇지만 나아가 이 발언의 자유를 유권자 집회에서의
발언에까지 적용하려고 결론짓는 것은 무리이다. 의원이 재선을 기대하여 유권자 집회에
서 발언하는 것은 의원으로서가 아니라 후보자로서의 입장이기 때문이다. 그러나 선거
후에 의원으로서의 입장에서 그 선거민에게 보고하는 경우에는 그때 이미 선거민 자체는
창조기관으로서의 자격을 상실한다고 보지 않으면 안 된다. 즉 선거 후에는 의원과
그 선거민 간에는 아무런 구체적인 법률관계가 존재하지 않는 것은 라이히 헌법 제21조에
서 보아 명백하다.

그러나 의원은 「전체 국민의 대표자이며 그 양심에 따라서만 위임에 구속되지 않는다」
고 규정하는 이 라이히 헌법 제21조의 규정이야말로 바로 원내 회파를 의회의 기관으로서
승인하는 것과 명백하게 사용되지 않는 것처럼 보인다. 제21조는 정당국가의 적대자에
대해서는 그 국가관의 기둥이라고도 머릿돌이라고도 생각되며, 정당국가의 지지자로부
터는 걸림돌이며 「헌법사의 석기시대로부터의 화석」[20]으로 간주되고 있다. 의원을 정당
의 방침이나 회파 강제에 복종시키는 것은 정치적 현실에서는 이미 사실로 되고 있는
한, 국법에 의해서도 인정되어야 한다는 것이 정당국가의 개념에서 결론된다. 그러나
그렇다고 하여 정당국가의 개념에서 정강에서 유래하는 일체의 사회적 구속을 법적
의무라는 고정된 형식으로 바꾸어야 한다고 까지 주장하는 것은 약간 이론에 치우침이
있다. 여하튼 정당국가에서는 「명령적 위임」이 사회적 현실이 되고는 있지만, 그렇다고
하여 이 사실의 법적 승인까지도 요구해서는 안 된다는 필연성은 없다고 보는 것이
역시 타당한 견해일 것이다. 자유위임이냐 명령적 위임이냐의 문제는, 정당국가의 개념에
서 단지 논리적으로 추론한다는 방법에 의해서가 아니라 오로지 기술적인 고려에 근거해
서 결정되어야할 것이다. 그것은 이미 몽테스키외(제1편 11장 6)에 의해서 고찰된 바인데
명령적 위임은 「무한히 긴 정체에 빠지게 된다」(jetteroit dans des longeurs infinies).

그런데 이 제21조는 정당국가의 입장을 취하면서 또 다른 방법으로 개인주의적인
사고방식을 기조로 하는 민주주의의 입장에서도 해석할 수 있을 것이다. 의원은 그
소속 정당의 입장에 따라서 행동하는 경우에도 전체 국민의 대표자임에는 변함이 없다.
왜냐하면 정당의 입장은 비록 입증하기 어렵더라도, 전체 국민의 복지를 대변한다는
부정하기 어려운 확신 이외에 아무것도 아니기 때문이다. 비록 의원이 개개의 구체적인

<hr/>

17) 회파는 입법에서의 이와 같은 할당을 통해서만이 아니라 상호간의 결합을 통해서도, 특히 의회법의
   영역에서도 법을 확정할 수 있다(「정당간의 법」)는 것을 Liermann, a. a. O. S. 401 ff.는 보여주고
   있다.
18) Anschütz, S. 206, 207 Anm. 2.
19) 예컨대 Anschütz, S. 206 등. 반대 견해는 특히 Carl Schmitt, Verfassungslehre 1928, S. 248 (김기범역,
   『헌법이론』, 교문사, 1976, 271면).
20) 그리하여 Morstein Marx, a. a. O. S. 439.

경우에 자기의 소신을 희생해서 당기(黨紀)에 복종하더라도 그 행동이 정당의 지령에 의한 것이 아니라 정당의 전체적 사명 때문에, 그리고 이 전체적 사명을 위해서 당해 정당을 강력하게 유지하기 위해서 보다 작은 해악을 감수해야 한다는 양심이 명하는 바에 따르는 경우에는, 역시 의원은 「자기의 양심에 따라서 위임에 구속되지 않고」 행동한다고 할 수 있다. 그러나 이렇게 해석했다고 해서 제21조는 결코 그 규범적 의미내용을 상실하지는 않는다. 제21조는 의원이 지역적·직능적·민족적·종교적인 측면에서 파악된 극히 일부의 국민의 수임자라고 생각해서는 안 된다는 것을 표명하고 있다. 따라서 (G. 옐리네크의 표현에 의하면)[21] 「부진정한」 정당의 목적에 봉사하는 것은 이미 서술한 제21조의 규정에 반하게 될 것이다. 이와 같이 이해한다면 제21조는 전체 국민의 복지가 아니라 국민 속의 한 집단의 이익만을 추구하는 정당에 대해서 확실히 관념적이지만, 그러나 귀중한 투쟁수단을 제공하는 것이다.

(3) 지금까지의 입법은 정당정치의 근저를 이루는 사실이나 의회정치의 과제에 직면하여 매우 냉담한 태도를 취해왔는데, 거기에도 경우에 따라서는 이들의 것에 고려를 하지 않을 수 없는 것도 있었다. 1923년의 수권법은 그 하나의 예인데, 이 법은 그 효력을 분명히 당시의 「라이히 정부의 정당정치적 구성」의 존속기간에 한정하는 것이다. 사회적 현실의 국법상의 승인을 방해하는 것은 외견적으로는 제130조의 규정이다. 그것은 다른 관리와 마찬가지로 대신 역시 「한 정당의 봉사자가 아니라 전체의 봉사자」라는 것을 명백히 하기 때문이다. 그러나 그것보다도 오히려 보다 커다란 방해가 되는 것은 저 독일에 특유한 정당에 대한 냉담한 태도이다. 「대신이 그 직권 내부에서 정당정치를 행하였다는 비난이 일어나면, 국민윤리는 이제 더욱 여기에 매우 엄격하게 반응한다.」[22] 이러한 사고방식은 이미 막스 베버가 지적했듯이, 관헌국가의 시대로부터 통치와 관료주의와의 관계가 전래적으로 불명확한 그대로인 곳에서 일어난다. 즉 거기에서 정치적 활동으로서의 통치와 관료적 활동으로서의 행정 간에 있는 본질적인 차이는 무시된다. 관헌국가를 대신에까지 승격시키도록 오늘날의 국민국가의 헌법은 대신을 관리에로 격하시키고, 제130조를 대신에게도 적용시키지 않을 수 없도록 하고 있다. 앞으로 의회주의가 발전해 감에 따라서 아마 대신을 관료제로부터 점차 벗어나게 하고(대신의 은급에 관한 특별규정은 그 첫걸음에 불과한데), 제130조의 적용에서 제외하는 방향에로 나아갈 것이다. 그러나 제21조와 마찬가지로 이 제130조에 대해서도 정당국가의 사실들과 일치할 수 있는 해석의 여지가 남아있다. 즉 대신은 비록 그 소속하는 정당의 입장에 따라서 행동했을지라도, 그 신념에 근거한 것이라면 역시 전체의 봉사자임에는 변함이 없다. 그리하여 이 정당 그 자체가 「진정한」 정당이며 국민의 일부의 이익이 아니라 전체의 복리(그 판단은 정당에 따라서 다른데)에 향하여 조력하여 행한다면, 대신은 **전체**의 봉사자이며 그 정당에 대한 봉사자는 아니게 된다.[23]

---

21) Allgemeine Staatslehre, 3. Aufl., 1921, S. 116 (역서, 92면).
22) Köttgen, Das deutsche Berufsbeamtentum und die parlamentarische Demokratie, 1928, S. 56.
23) 참조. Köttgen, a. a. O. S. 46, 50 ff., 97 ff.

그러나 선거나 의회에 있어서의 정당의 기능이 국법상 승인되고, 오늘날 이미 정당을 단순한 사회학적 사실, 즉 「헌법 외의 현상」[24])으로서 보는 것이 이미 될 수 없다면 오히려 「정당국가적 헌법」(리하르트 토마)에 대해서 말하는 것은 당연하다고 할 수 있다.[25])

4.

어떤 조직이 일반 사회생활 속에서 활발하게 활동하기 시작하면, 예컨대 종교단체나 카르텔 등에서 이미 보여지듯이, 이미 무제한한 결사의 자유에 맡겨두지 않을 수 없는 것이 통례이다.[26]) 따라서 정당에 대해서도 그 공적 성격이 승인되게 된다면 역시 그 결과로서 당내 생활을 가지고 간섭하지 않을 수 없게 된다는 사고방식이 생겨나게 된다. 실제로 미국의 입법례를 보면 이미 정당의 내부 관계에 대한 규율, 예컨대 정당 내부에 있어서의 후보자의 지명, 이른바 예선, 즉 프라이머리 일렉션에 대한 규율이 행해지고 있다. 그렇지만 이러한 입법은 본질적으로는 양대 정당제에서의 거의 독점적이라고 할 수 있는 정당의 지위에서 발생하는 위험을 방지하기 위한 것이다. 독일에서는 정당에 의한 후보자의 지명을 그와 같이 규율하는 것은 지금까지의 바로는 필요하지 않았다. 독일의 정당국가는 정당에게 국법상의 권리를 부여하고는 있지만, 그러나 그 권리의 행사를 정치적 의무감에 맡기고, 더구나 그 정치적 의무에 법적인 힘을 부여하는 것은 하지 않는다. 다만, 투표용지의 관제를 규정한 라이히 선거법 제25조는 아마 당내 생활이 라는 구속 없는 자립성에 대한 유일한 예외라고 보아도 좋을 것이다.

헌법생활의 분야에서 정당제도만큼 법률의 규제의사에 대해서 힘 센 자율성을 보여주는 것은 없다. 거기에서는 「헌법개정」이라 할지라도 거의 무력에 가깝다. 왜냐하면 전통적인 관헌국가의 정당제도는 국민국가에로의 이행에 즈음해서도 완강한 저항을 나타내며, 관헌국가의 전래적인 정당들은 거의 그 성격을 변하지 않고 정당정치적 활동에 대해서도 완전히 별개의 요구를 가지면서 국민국가에로 이행해 온 것이다.[27]) 이에 반하여 정당제로 부터는 저항하기 어려운 「헌법의 변천」이 가져오게 하고 있다. 제21조와 제130조가 그러한 헌법의 변천과 싸우고 있는 모습은 이미 우리들이 보아온 그대로이다. 따라서 정당과 국가 간의 헌법적 관계에 대해서 얻게 되는 관념은 현재 그리고 아마 어떤 시대에나 과도적 상태를 생각게 하는 것이 있다.

---

24) 예컨대 Triepel, a. a. O. S. 24. 이에 반대하는 것은 Kelsen, Demokratie, besonders S. 107 ff.

25) 참조. 이제는 Thoma, Handbuch des deutschen Staatsrechts, Bd. 1. S. 190. 또한 Koellreutter, Die politischen Parteien im modernen Staate, S. 86.

26) 참조. Böhm, Das Problem der privaten Macht, "Justiz" Bd. 3 (1927), S. 324 ff.

27) 참조. Radbruch, in der Sammlung der Verfassungsreden bei der Verfassungsfeier der Reichsregierung S. 105 f. 그리고 독일의 정당과 그 발전에 관하여 상세한 것은 L. Bergsträßer, Geschichte der politischen Parteien in Deutschland, 5. Aufl. 1928, 아울러 "Volk und Reich der Deutschen" Bd. II. (Berlin 1929)에 수록된 "Politik und Parteien" 강연.

8. 헌법개정과 헌법변천[*]

게오르크 옐리네크

《차 례》

---

*   Georg Jellinek, Verfassungsänderung und Verfassungswandlung. Eine staatsrechtlich-politische
    Abhandlung, Berlin: Verlag von O. Häring 1906, 80 S.

머리말

이 논문은 내가 금년 3월 18일 빈 법학회에서 행한 강연을 토대로 한 것이다. 그러나 강연에 있어서는 당시 내 뜻대로 되는 자료의 극히 일부만을 이용할 수 있었을 뿐이다. 따라서 나의 이 논술에서는 전반적으로, 특히 근대 의회주의의 변천을 다룬 부분에서는 철저한 추고와 추가를 하였다.

이 연구의 대상은 국법학과 정치학 사이의 경계선에 있다. 나는 이 두 개의 학문의 방법상의 구별과 학문상의 결합을 항상 주장해왔다. 그러나 국법학이 독일에서 이미 매우 풍부한 법학적 발달만을 본 오늘날에는 정치학적 연구를 완비하고 전진시키는 요구는 본문에서 상세하게 서술했듯이 점차 강화되고 있다. 우리들이 외국의 풍부한 정치학 문헌, 특히 서구 국가들의 그것을 개관한다면, 그리고 우리들이 그러한 요구에 일치하는 방법으로 응답하지 못하고 어떻게 우리나라의 국가제도들을 철저하게 연구되는 가를 생각한다면, 중요한 학문영역에서 우리들은 뒤떨어지는 것은 아닌가 하는 불안한 감정에 사로잡힌다. 국가들의 대내적, 대외적 관계들이 다시 놀랄 만큼 재편성과정에 있는 현재, 우수한 문화국민이며 우리 국민만큼 정치적 문제들에 그토록 적은 관심만을 보이는 국민은 거의 존재하지 않는다. 오늘날 우리들은 만족한 국민이며 국가생활의 커다란 문제의 본질에 주의를 돌린다는 것은 우리 국민에게는 불쾌의 원인이 되며, 그리하여 우리들은 정치적인 나날의 임무를 일상적인 방법으로 처리하는 것으로 만족하는 것이다.

따라서 독일의 학문에서는 종래 가볍게 언급하였음에 불과하였을지라도, 다른 국가에서는 이미 철저하게 논의된 약간의 매우 중요한 정치문제를 지적하더라도 그것은 아마 전혀 실익이 없는 것은 아니다. 존재하는 것의 확정을 생성 도상의 것에 대한 동의와 부동의로부터 구별하는 것은 그만큼 어렵지는 않더라도, 나는 의욕자로서가 아니라 인식자로서 서술한다는 선언은 나중에 반복하게 되므로 여기서 미리 설명해 둘 필요는 없을 것이다. 정치학을 가르치는 자는 과연 반론을 각오하지 않으면 안 된다. 그렇지만 나에게 반박하는 자는 나의 신념이 아니라 나의 지식과 능력을 비판하려고 시도하는 것일지도 모른다.

1906년 6월 하이델베르크에서
게오르크 옐리네크

I.

근대 헌법전의 창조를 인도한 이념들을 단 하나의 표어로써 특징지을 수는 없다. 어떠한 역사적인 결과도 자주 무한하게 수많은 원인에서 발생한다. 다른 곳에서 나는 성문헌법의 요구와 그 실현이 성립한 가장 중요한 길을 제시한 일이 있다.[1] 그러나 이 결과를 가져오기에 이른 것은 결국 합리주의의 시대에 매우 유력하였던 인간의 의식적인 사상창조력에 대한 신뢰는 아니었다. 사회의 그러한 해악을 치유하기 위해서 입법자가 소환된다. 입법자는 국가에서의 지배자이며 그 명민한 의사가 모든 해악을 인간의 힘이 할 수 있는 한 추방할 수 있다. 그리고 입법자를 초월하여 더욱 기본법이라는 최고의 힘이 존재하는데, 그것은 전체 국가구조 자체의 기초를 이루는 견고한 마름돌이다. 이러한 기본법은 그것이 규정한 권력들에 의해서는 흔들리지 않고, 가중요건을 부과한 그 자신의 규범에 따라서만 개정할 수 있으며, 자신으로도 저항하기 어려운 힘에 의해서 국가생활을 먼 시대에까지 인도해야 하는 것이다.

그러나 이러한 사상이 현실로 나타나자마자, 기본법의 견고함은 다른 법 이상이 아니라는 것이 판명된다. 헌법의 새로운 창조와 심부까지의 헌법변경이란 많은 국가에서 병렬시키고 현실의 경험이 헌법제정자의 예지에 대한 신뢰를 그 내적 본질에서 매우 신비적인 입법자의 일반의 예지에 대한 신뢰와 마찬가지로 흔들어 버렸다. 오늘날 우리들이 알고 있는 것은 법률의 힘은 1세기 전에 더욱 믿고 있던 것에 비해서 훨씬 저하하고 있다는 것, 법률은 항상 당위를 의미함에 불과하며 그 존재에의 전화는 충분하게 결코 행해지지 않는다는 것, 따라서 실제의 생활은 입법자가 상정하는 합리적인 모습으로는 적합하지 않은 사실을 항상 만들어낸다는 것이다. 그리고 현실이 가지는 이러한 비합리성은 단지 어떤 규범과 생활의 불일치만을 의미하는 것은 아니다. 오히려 그것은 규범 자체에 대해서 향하고 있다. 입법자는 지배한다고 생각하더라도, 그러나 완전히 자주 반항하며 그런데 입법자에 대신할 수 있는 세력들에게 입법자는 자주 대치하는 것이다. 그리고 그러한 세력들은 최고 최심의 법 앞이라고 하여 결코 머물지는 않는다. 기본법은 모든 다른 법률과 마찬가지로, 불가피한 필연성에 의해서 승인되거나 아니면 역사적 현상의 흐름 속에 두어지고 있다. 따라서 어떠한 방법으로 우리들의 성문헌법을 변경할 수 있는가 하는 문제에 접근하는 것은 매우 높은 관심의 대상이다.

물론 이 문제는 얼핏 보면 쉽고 간단하게 대답할 수 있는 것처럼 보인다.

헌법은 여러 가지 법규를 포함하며, 그리고 모든 법은 제정법, 관습법 그리고 찬부 양론이 있지만 법조법에 의해서 변경되고 형성되고 있다. 그러나 이러한 일반적인 범주들을 단지 확인하는 것만으로는 매우 주목을 끌고 매우 흥미로운 과정의, 즉 명백하게

---

1) Allgemeine Staatslehre, 2. Aufl., S. 491 ff. (김효전 옮김, 『일반 국가학』, 법문사, 2005, 400면 이하).

가시적이거나 완전히 예리한 고찰에 의해서만 해명할 수 있을 만큼 아주 완만하게 나올 것이 틀림없는, 국가의 현존하는 기초를 다른 것으로써 대체하는 과정의, 본질에 대한 통찰을 얻을 수는 없다. 다음에서는 이러한 과정에 빛바랜 레테르를 첨부해서가 아니라, 그 종류와 작용에 대한 철저한 인식에 의해서 서술할 계획이다. 이러한 해명을 문헌에 의해서 무엇인가 보충하도록 지시하는 것은 원래 충분하지는 않다. 왜냐하면 우리들의 문제는 단지 그때그때 법원(法源)에 관한 일반적인 연구여서 그 전체의 상세함과 관련해서는 아무 곳에서도 연구되지 않았기 때문이다.

헌법개정(Verfassungsänderung)*이라는 말로 나는 의도적인 의사행위에 의해서 행해지는 헌법조문의 변경을 이해하려고 하며, 헌법변천(Verfassungswandlung)이라는 말로 이 조문을 형식적으로는 변경하지 않고 존속시킨 채, 그러한 변경의 의도나 의식으로는 인도하지 않아도 좋은 사실들에 의해서 야기되는 변경을 이해하려고 한다.2) 변천에 관한 이론은 개정의 그것보다 훨씬 흥미 깊다는 것은 내가 주의할 필요도 없다. 그러나 최초로 간결하게 취급하려고 하는 헌법변경의 문제도 적지 않게 주목할 만한 현상들을 제시하는 것이다.*

II.

이론에서는 주권국가에 무한계의 의사력을 부여한다. 따라서 주권국가는 그 헌법도 마음대로 변경하거나 폐지하거나 다른 헌법으로 대체할 수 있다. 그리고 그것들은 무릇 법률상의 방법에 의해서만 행해지는 것은 아니다. 한 국가의 헌법은 권력에 의해서 전면적 변혁을 받을 수 있다. 모든 혁명은 헌법변경을 목표로 한다. 그러한 변혁이 위에서 오는 것이든 아래로부터 오든, 그것이 생길 수 없도록 하는 힘은 국가를 떠나서는 달리 존재하지 않기 때문에 성공한 모든 혁명은 새로운 법을 창조하는 것이다.3)

혁명에 의한 헌법변경이라는 주제의 경우에는 곧 이 변경은 어디까지 미치는가 하는 흥미 깊은 물음이 제기된다. 어떤 헌법이 형식적으로 완전하게 제거되거나 다른 헌법에 의해서 대체되는 경우는, 이 종전의 헌법은 그 조항의 어느 것도 장래에 향해서 효력을 갖지 않는 것처럼 소멸할 것인가? 이것은 헌법의 혁명적 전환의 한계의 문제이며, 이 문제에까지 간단히 언급하기로 한다.

그 해답은 유례없는 방법으로 그 국가질서를 일련의 계속된 혁명에 의해서 재편성한 국가인 프랑스에 있다.4) 여기서는 간단히 1870년의 9월 혁명이 제2 제국의 헌법을

---

2) 유사한 것은 Laband, Wandlungen der deutschen Reichsverfassung, 1895, S. 2 f.
3) 국제법상의 사실(국가의 정복 · 병합 · 이탈)에 의한 헌법변경과 아울러 가지배(假支配)의 의의의 문제는 여기서 고려하지 아니한다.
4) 적어도 유럽에서는 그렇다. 멕시코는 1821년부터 1853년의 시기에 48의 다른 정부형태를 만들었다.

완전하게 제거해 버리고, 그리고 적지 않은 동요 후에 일련의 1875년 법률 속에서 오늘날의 프랑스 헌법이 창조되었다는 사실을 확인해 두는데 그친다.* 이러한 법률들은 프랑스인의 자랑인 「인간과 시민의 권리선언」에 대해서 한 마디도 하지 않으며, 기본권보장에 대해서도 역시 침묵하고 있다.5) 그러나 프랑스 국법학의 권위들은 1789년의 원리들은 비록 그것들이 어느 정도 다의적일지라도, 오늘날 어떠한 헌법조항도 그것들을 승인하지 않음에도 불구하고, 제거되지 않는다고 일치하여 설명한다.6) 그러한 원리들은 폐기할 수 없으므로 폐기되지 않는 것이다. 나아가 재판관의 종신제와 같은 원칙은 1870년 5월 21일의 헌법(제15조)이 규정하고 있었는데, 오늘날의 [1875년] 헌법률을 제정할 때에는 넣지 않았다. 그럼에도 불구하고 이 원리는 명시적인 헌법상의 재가가 없더라도 오늘날에도 유효하다고 보고 있다. 다만, 거기에는 헌법률의 효력에서가 아니라 단순법률의 효력만이 주어지며, 따라서 1883년 8월 30일의 법률에 의해서도 잠정적으로 정지한 것이다.7)

이러한 사실에서 우리들은 법률의 폐기가 반드시 거기에 포함된 법원칙들의 폐기라는 결과를 낳지 않는다는 결론을 이끌어내게 된다. 그러한 법원칙은 그 후 관습법으로서 통용할 수 있으며, 이것은 법률이 통용되는 동안에는 물론 의식할 수 없었던 것으로나 법률의 폐기 이전에 이미 제정법과 관습법이라는 이중의 성질을 가지고 있던, 아마 하나의 증좌이다. 여기에는 나아가 다른 흥미 있는 문제가 결합할 수 있다. 즉 법률의 형태에 들어 있는 관습법은 그것에 의해서 어느 범위까지 관습법인 성격을 완전히 상실하는가 하는 문제이다.

혁명에 의한 헌법변경의 문제에 있어서는 그러나 이 헌법변경은 원칙적으로 제정법에만 관련되며, 관습법에는 관련이 없다는 중요한 학설이 나오고 있다. 관습법이 특정한 법률과 밀접하게 결부된 경우에만 당연하게 한쪽과 함께 다른 쪽은 운명을 함께 하는 것이다.

성문헌법이 없는 국가에서는 사정은 다르지만, 물론 오늘날에는 문명국가의 세계에서는 그러한 국가는 이미 존재하지 않는다. 헌법전이 없는 국가와 형식적 헌법률이 없는 국가는 있지만, 그러나 실질적 헌법의 일부는 오늘날에도 규범화되고 있다. 그러한 국가에서는 법률에 의해서 공허하게 된 영역에서는 국가의 변혁 때에도 법률에 의해서만 이를 충족할 수 있다. 영국 의회의, 코먼로에 근거한 양원제는 크롬웰의 지배 아래서 법률에 의해서만 일원제로 변경하며, 그리고 법률에 의해서만 창설된 국왕 권력에 대신해서

이것에 대해서는 Lecky, Democracy and Liberty, New ed. 1899, I, p. 34 참조.

5) 제2 제정의 직접 선행하는 헌법(1870년 5월 21일의 원로원령)은 제1조에서 이렇게 선언하고 있었다. 「헌법은 1789년에 선언된 프랑스인의 공권의 기초인 위대한 원칙을 인정하고 보장한다」(La Constitution reconnaît, confirme et garantit les grands principes proclamés en 1789, et qui sont la base du droit public des Français).

6) Esmein, Élements de droit constitutionnel 3ᵉ éd., 1903, p. 397 ff.; Lebon, Staatsrecht der französischen Republik, 1886, S. 27 참조.

7) Esmein, a. a. O. p. 361 f. 참조.

호민관(Protektor)의 권력이 법률에 의해서만 설치되었다.* 그러나 그러한 법률은 항상
사물의 새로운 질서에 따라서 평가되지 않으면 안 된다.

　법률에 의한 헌법의 변경에 관한 학설은 법률 일반의 변경에 관한 학설과 동일한
문제를 제공한다. 여기서는 중요한 현상에만 언급하기로 한다. 헌법률은 법률과 마찬가지
로 세 가지의 방법으로 이를 변경할 수 있다. 즉 완전히 폐기하는 것, 다른 문언을 부여하는
것, 또는 이후의 폐지를 규정하는 법률에 의해서 실효시킬 수 있다. 마지막 방법이 합중국에
서는 오로지 채택하고 있다. 거기에서는 1787년의 헌법전의 문언은 오늘날에 이르기까지
한 점 한 획도 변경하지 않고 있다. 그러나 실로 15개의 수정 조항이 부가되어 있으며
이 기본문서(Hauptinstrument)의 약간의 규정이 내용상 변경을 받고 있다. 그러나 여러
가지 체계가 자의적으로 이용되는 국가가 있으며, 그 결과 매우 기괴한 상태로 인도할
수도 있다. 특히 독일 제국에서 그러하다. 여기서는 헌법변경에 관해서는 믿기 어려운
체계상실이 지배하고 있으며, 오늘날 헌법의 조문에서는 제국의 기초에 대한 다소나마
적절한 이미지를 누구도 얻을 수 없다는 결과가 되고 있다. 예컨대 제국 영토를 규정하는
헌법 제1조를 제시해 본다. 거기에서는 제국령의 엘자스 로트링겐*과 같은 것은 한
마디도 말하지 않는다. 거기에서 라이히 의회 의원의 총수를 382명으로 규정하는 제20조
를 참조하기 바란다. 다른 한편, 실제로는 그 총수는 397명이다. 즉 15명의 대의사가
엘자스 로트링겐에 첨가되고 있는데, 양쪽 모두 엘자스 로트링겐에 관한 법률에서 말하며,
이 법률은 헌법에의 문서화에는 아무런 영향도 미치지 않았다. 제17조는 라이히 수상에게
만 황제의 행위에 대한 부서권한을 선언하며, 1878년 3월 17일의 대리법은 라이히
수상 대리의 부서를 인정하고 있다. 제50조는 황제에게 우편규칙의 발포를 지시하고
있는데, 우편법[8]은 이에 대해서 이 권한을 개개의 점에서 연방참의원의 협찬 아래 라이히
수상에게 위임하는 것이다. 이러한 예들에는 더욱 많은 다른 예를 추가할 수 있다.[9]
그 위에 헌법은 그 조문에는 채택하지 않은 실질적인 보충을 수많은 법률에 의해서
경험했다. 라이히의 포괄적인 전체 관청 시스템에 대해서는 헌법 조문에는 겨우 규정하고
있다. 이 점에서는 단지 라이히 수상, 관세와 조세담당 라이히 총감, 우편과 전신국,
영사, 해군과 육군의 약간의 장교에 관해서 말할 뿐이다. 헌법에서 열거하고 있는 조세에는
라이히의 조세체계가 보충하는 일련의 다른 조세가 추가되어 있다. 그리하여 제국 헌법은
라이히의 기초적인 제도들의 일부만이 우리들에게 전하는 단편이라는 성격을 가지게
되었다.

　그러나 완전히 이상한 상태는 제국 헌법에 의해서 독일을 구성하는 지방국의 헌법에
나타나고 있다. 그들 헌법은 라이히 법률에 의해서 전문지식이 없는 자가 읽어서는
전혀 떠올릴 수 없는 방법으로 공동화되고 있다. 예컨대 프로이센[이라는 란트의] 헌법을

---

8) 1871년 10월 28일의 법률 제50조.
9) 이에 관해서는 Laband, Das Staatsrecht des Deutschen Reiches, 4. Aufl., I, S. 36 및 derselbe,
　Wandlungen, S. 4 참조.

손에 넣고 보기로 한다. 그 조항 속의 매우 커다란 부분이 전부 또는 부분적으로 라이히법에 의해서 대체되고 있다. 비록 우리들이 헌법전에서, 이주의 자유는 병역의무에 의해서만 제한할 수 있다, 법률혼이 채택되고, 검열은 이를 허용하지 않으며, 편지의 비밀은 불가침이다, 모든 프로이센인은 병역의무를 진다, 국왕은 전시에는 국민군을 법률의 범위 내에서 소집할 수 있다고 읽었더라도, 그 모든 것들은 이미 통용되지 않는 조항이다. 왜냐하면 뒤의 라이히 법상의 규범과 내용상 일치하는 란트법마저 라이히법상의 규범에 의해서 폐기되었기 때문이다. 그러나 이로써 프로이센은 그 헌법에서의 당해 조항들을 삭제하는 것이 방해되고 있다. 이미 폐기된 것을 새로운 란트 법률에 의해서 폐기하려고 한다면, 그것은 독일의 한 지방국에 의한 법상태와 일치시키는 단 하나의 가능한 길이 있다면, 그것은 현행 헌법의 전부를 폐기하고, 또 새로운 헌법에 대해서 대체하는 것이 될 것이다. 이것은 한자 도시인 뤼벡과 함부르크에서 행해진 것이다.10) 그러나 다른 지방국은 그 헌법전 속에 폐기된 법률이라는 쓸데없는 것을 계속 끌고 나아간다.11)

III.

헌법률은 깨트릴 수 없듯이 특별한 보장에 의해서 둘러싸이는 경향에 있다. 헌법률을 성급한 변경에서 보호하기 위해서 다양한 가중형태가 고안되어 왔다. 그러한 형태가 존재하는 곳에서만 법적 의미에서의 헌법률의 특수성에 대해서 말할 수 있다. 그것이 없는 곳에서는 이와 같이 이름붙인 법률도 국법상 다른 법률과 아무런 구별도 되지 않는다.12) 그러나 헌법변경의 이 억제수단에 의해서 행해진 실제적 체험은, 그 실효성을 설정한 기대에 미치지 못하였다. 과연 일견하여 눈에 들어오는 변경은 소정의 형식을 준수해서만 행해질 수 있을 것이다. 헌법상의 제한 선거법 대신에 보통선거법이, 혹은 헌법상의 보통선거법 대신에 제한 선거법이 제정된다면, 이것은 물론 헌법변경의 형태로 성립하는 법률에 의해서만 행한다. 그런데 법률이 인도하는 모든 한계선과 마찬가지로, 헌법의 한계는 항상 의심스러우며 현행 헌법의 기반 위에 있으려고 하는 법률이 그럼에도

10) 가장 정확한 것은 1875년 4월 7일의 뤼벡 헌법의 조문이며 그것은 지금은 란트법상의 조항일 뿐이다. 이 헌법이 제2조는 과연 뤼벡 국적에 대해서 규정하고 있는데, 그러나 라이히법에 따라서 이를 명문으로 지시하고 있다. 그러나 함부르크 (이것도 국적법에 대하여 유사한 헌법상의 지시를 하고 있다)는 1879년 10월 13일 제정의 현행 헌법 제5조에서 종파들의 평등에 관한 1869년 7월 3일의 라이히 법률의 규범을 반복하고 있다. 이에 대해서 브레멘은 1894년 1월 1일의 개정 헌법에서 브레멘 국민의 권리에 관한 장에서 라이히 법률에 의해서 폐기된 상당한 규정을 그대로 두었다.
11) 뷔르템베르크 헌법(제3조), 바덴 헌법(제1조·제2조), 헤센 헌법(제2조) 등은 오늘날 더욱 당해 국가를 독일 동맹의 일부라고 선언하며, 그리고 이미 승천한 [1815년 설치의] 프랑크푸르트 동맹의회의 의결을 동맹법률로서 공포하는 권리를 군주에게 부여하고 있다. 브라운슈바이크 헌법(제31조)은 아직도 여전히 프레스의 자유의 남용에 대한 동맹의회의 의결을 참조하도록 지시한다! 이들 란트 국법상의 말하자면 진품은 여기서는 쉽게 그 수를 증가할 수 있었다.
12) Jellinek, Allgemeine Staatslehre, S. 520 (역서, 424면) 참조.

불구하고 헌법에 위반되는 것은 아니라는 보장은 없으며, 헌법위반으로 의도하지 않았거나 그렇지 않으면 적어도 명시적으로는 의도하지 않았던 헌법변경을 초래하지 않는다는 보장도 없는 것이다. 헌법조항은 자주 불명확하고 탄력적이다. 그리고 입법자가 집행법률에 의해서 비로소 그것들에게 확실한 의미를 부여하며, 이것은 재판관이 처음에 자신이 적용해야 할 법률의 내용을 명확하게 의식하기에 이르는 것과 아주 동일하다. 이제 도처에서 재판이 한 점 한 획도 바뀌지 않는 법률조문 아래, 인간의 변천하는 견해와 요구에 복종하는 것[13]과 마찬가지로, 입법도 또한 개별 법률에 의해서 헌법을 해석할 때 같은 입장에 있다. 어떤 때 헌법위반으로서 나타나는 것이 나중에는 헌법적합적이 되고, 이리하여 헌법은 그 해석 자체를 통해서 변천을 받는다. 그리고 무릇 입법만이 그러한 변천을 야기할 수 있는 것은 아니다. 의회의 실무, 정부 관청과 재판소의 실무도 역시 그러한 것을 행할 수 있으며 실제로도 행하고 있다. 그러한 법률들을 따라서 헌법률도 해석하지 않으면 안 된다. 그리고 그러한 해석들을 받으면서 어떤 헌법률은 그것과 함께 내재하는 의미와는 전혀 별개의 의미를 법체계에서 서서히 획득하는 것이다. 먼저 의회에 관해서 말하면, 의회는 첫째로 그 의결의 헌법적합성에 대해서 결정하지 않으면 안 된다. 의회의 의결이 통용하기 위해서 정부의 행위를 요하는 경우라면, 정부는 경우에 따라서는 의결 후에 있는 헌법으로부터의 괴리를 예방할 수 있다. 그렇지만 정부의 이해(理解)가 의회의 그것과 일치하는 경우에는 괴리를 저지할 실제상의 수단은 존재하지 않는다. 또한 의원이 심사불가능한 방식으로 헌법에 위반되는 의결을 한다면, 헌법의 규정들에 효력을 얻게 할 가능성은 완전히 존재하지 않는다. 항상적으로 이러한 것이 행해진다면 그러한 헌법위반의 행위에서 헌법 자체의 변천이 생기는 일이 있다.

이러한 사례는 특히 의회의 의사규칙에 의해서 생길 수 있다. 이들 의사규칙은 헌법상 또는 법률상의 법원칙의 제약 안에서 법을 창조할 수 있다. 등족적 제도들을 상기한다면 그것에 일치하는 의회의 권한은 자치로 특징지워진다. 이것은 국가에서의 의회의, 기관으로서의 지위란 사고방식과 일치시킬 수 있다. 의사규칙은 의회구성원 간의 단순한 정관으로서 법에 불과하다[14]고도 말해지는데, 다음의 서술에서 알 수 있듯이, 의사규칙의 효력은 외부에도 미칠 수 있으므로 마찬가지로 이것도 정당하지 않다. 의사규칙의 헌법에 대한 법적 관계는 법률에 대한 명령의 관계와 아주 동일하다. 그러나 명령에 의한 법률상의 제약들의 준수에 대한 법적 보장은 원칙으로 존재하는데, 한편 의회의 의사규칙에 대한 그러한 규율은 자주 발견하지 못한다.

13) O. Bülow, Gesetz und Richteramt, 1885에 의해서 근거지워진 재판관의 법창조력에 관한 학설은 점차 지지자를 얻고 있다. 최근의 문헌으로서는 특히 Unger, Über die Haftung des Staates für Verzugs- und Vergütungszinsen im Grünhuts Zeitschrift XXXI, 1904, S. 108 f.; Eugen Ehrlich, Freie Rechtsfindung und freie Rechtswissenschaft, 1903 그리고 Radbruch, Rechtswissenschaft und Rechtsschöpfung, Archiv f. Sozialwissensch. u. Sozialpolitik, XXII, 1906, S. 355 ff. 참조. 라드브루흐 논문 S. 369에는 이 방향의 지지자의 이름이 열거되어 있는데, 그들의 서술은 개별적인 점에서는 물론 다양한 가치를 지니고 있다.
14) Laband, Staatsrecht, I. S. 319.

이것을 구체적인 예로 설명하기로 한다. 우선 최초로 프랑스 헌법사에서의 유명하고 교훈이 풍부한 사례에서 말이다. 대의원의 의사규칙에는 왕정복고의 당시에는 대의사에 대한 가장 무거운 징벌수단으로서는 의사록에 기재해야 할 징벌투표 밖에 없었다. 1823년 2월 26일의 회의에서 유명한 급진파 대의사 마누엘*이 루이 16세의 처형을 풍자하는 발언을 하였다. 그 때문에 그는 며칠 후에는 회기의 잔여 기간에 대해서 의원(議院, Kammer)에서 배제되어 버렸는데, 이 강제적 행위는 유력한 소수파의 항의가 있었음에도 불구하고 행해졌다. 다수파는 마찬가지로 이 항의의 독회도 의사를 방해한 것이다.[15] 배제된 대의사에게는 아무런 법적 수단은 주어지지 않았으며, 다른 의사규칙에 의해서도 아마 주어지지 않았을 것이다. 법위반을 범하여 의원에서 배제된 대의사는 합법적 무기에 의해서 복귀를 강요할 수는 없다. 그러한 것을 한다면 정부는 의원을 (정부가 해산할 수 없다면) 해산해 버릴 것이다. 그런데 그러한 것은 정치적 가능성의 영역에 있는 사안으로서는 거의 진지하게 고려되지 못할 것이다.

나아가 [1814년] 헌장 제18조는 모든 법률은 양원의 각각의 다수에 의해서 자유롭게 의결되어야 한다고 규정하고 있었다.[16] 어떠한 다수인가에 대해서는 아무런 규정도 없으며, 의원(議院)의 의결자격을 가진 구성원 수의 문제는 미해결 그대로였다. 그러나 귀족원의 의사규칙은 귀족의 3분의 1이 정족수를 이루는 것을 규정하고 있었는데, 다른 한편, 대의원에서는 그 의결이 효력을 가지기 위해서는 전체 대의사의 과반수의 출석을 필요로 하고 있었다. 이 정족수를 하회하는 제안 속에는 귀족원에서와 마찬가지로 3분의 1로 정족수를 감한다는 것도 포함되어 있었는데, 대의원에 의해서 헌법위반이라는 이유로 배척되었다. 그러나 의심 없이 귀족원에 있어서는 대의원과 동일한 헌법규정이 통용되고 있었다. 한편에 대해서 헌법위반이었던 것은 다른 한편에 대해서도 동일하였다. 따라서 귀족원은 헌장 제18조의 명백한 문언에 반하여 기성사실(fait accompli)을 만들어내었는데, 그 법적 고정화에 대해서는 어떠한 방면에서도 이의가 제기되지 않았다.

명문의 헌법조항에 위반하는 의사규칙 규정의 유명한 최근의 예는, 독일 라이히에서 비밀회의가 허용된다는 것이다. 국법학상의 입장에서는 라이히 의회의 비밀회에서 행해진 의결은 무효라고 까지 주장되었다.[17] 그러나 그러한 의결이 연방참의원의 동의를 얻고 또한 황제에 의해서 공포되었을 때, 국법학이 말하는 무효를 어떻게 해서든 법적으로 통용시키더라도 그 수단은 존재하지 않을 것이다.[18]

---

15) Eugène Pierre, Traité de droit politique électoral et parlementaire 2ᵉ éd. Paris 1902, p. 502 f. 참조.

16) 모든 법률은 자유롭게 각각 양원의 다수로 심의하고 의결하여야 한다(Toute loi doit être discutée et votée librement par la majorité de chacune des deux chambres.)(김충희 옮김, 프랑스 역대 헌법전(1), 『동아법학』 제69호, 2015, 497면). 이하에 대해서는 Pierre, p. 1123 참조.

17) 이에 대해서는 Kurt Perels, Die Zulässigkeit und Bedeutung geheimer Plenarverhandlungen des deutschen Reichstages, Archiv für öff. Recht, XV, S. 548 ff. 그리고 거기에서 설명된 문헌을 참조.

18) 의회의 의사규칙의 규정들에 의한 헌법변천의 다른 예는 Jellinek, Allg. Staatslehre, S. 524 f. (역서, 509면 이하)에 열거되어 있다. 거기에서 인쇄가 탈락된 것을 정정하도록 유의하고 싶다. 즉 거기에서는

이와 같이 헌법은 적지 않은 점에서 의회의 의사규칙에 의한 변천에 대해서 방어를 결여하고 있으므로, 의사규칙은 자주 헌법의 통상의 기능도 보충할 수 있게 된다. 완전히 비체계적인 형태로 의회의 의사과정에 관한 이런 저런 규정이 많은 헌법에서 규정되고 있다.[19] 나아가 적지 않은 국가는 의사규칙에 관한 특별한 법률을 가진다. 그러나 헌법과 법률의 흠결은 의회의 규칙 자체에 의해서 충전되지 않을 수 없다. 오늘날의 프랑스의 헌법률은 헌법개정이 문제인 경우는 별도로 하고, 의원(議院)에 의한 의결의 성립에 관해서 아무런 규정도 포함하지 않는다.[20] 따라서 다른 국가라면 법률로 확정된 정족수[21]와 의결에 요구되는 다수에 관한 규율 모두는 완전히 각 의원(議院)의 재량에 맡기고 있다. 제안이 가부동수의 경우는 부결된다고 하는 것은 규칙의 주제이며 헌법의 그것은 아니다.[22] 영국에서처럼 불문헌법의 경우에는 성문헌법의 경우에 비하여 실질적 헌법의 계속적 형성에 대해서 의회의 의사규칙의 의의가 훨씬 크다는 것은 명백하다.

그러나 의사규칙뿐만 아니라 의원(議院)의 개별 입법도 헌법을 해석하며, 따라서 또한 헌법을 변천시킬 수 있다. 헌법개정의 형식을 밟을 필요가 있는가의 여부에 대해서는 원칙적으로 의원 자신이 결정한다.[23] 정부가 의원의 견해에 동의한다면 대부분의 국가에서는 법률의 실질적 헌법적합성에 대한 재판소의 심사권이 없으므로, 이에 대항하여 헌법을 정당하지 않은 해석에 의한 법위반의 변천에서 보호하는 아무런 수단도 존재하지 않는다.

둘째로, 헌법을 해석하는 것에 관청이 있다. 더구나 예컨대 재판소뿐만 아니라 행정관청도 헌법을 해석한다. 과연 행정재판소의 도입으로 행정관청의 결정은 재판관에 의해서 이를 심사할 수 있다. 그러나 행정에 대한 법적 통제가 배제된 사례는 많이 있다. 모든 국가에는 법규에 의해서 도입되어도 확인되지도 않는 행정원칙으로 법적 가능성은 특정하지 않는 데에 정치적 현실에서 오는 고정적인 상을 제공하는 것이 존재한다. 헌법이 국민에게 평등한 공무취임능력을 승인하더라도, 이것은 자주 어떤 신분, 어떤 민족,

---

프로이센 헌법은 헌법선서를 위한 **강제**에 대해서는 아무런 규정도 하지 않는다고 적지 않으면 안 된다(프로이센 헌법 제108조 참조)는 데에, 프로이센 헌법은 의원구성원의 헌법선서에 대해서는 아무것도 규정하지 않는다고 서술하고 있다. 대의원의 의사규칙은 선서를 거부하는 구성원을 의원에서 배제하는 것이다. 그러나 오늘날 일반적으로 생각되듯이, 국왕에 의한 헌법선서(헌법 제54조)의 불이행이 헌법에 규정되어 있지 않기 때문에 국왕에 대해서 아무런 법적 효과도 발생하지 않는다면 제108조도 불완전하다고 보지 않으면 안 된다. 따라서 Glockner, Badisches Verfassungsrecht 1905, S. 165의 주장, 즉 프로이센과 유사한 사정이 존재하는 바덴에 대해서는 (바덴 헌법 제69조 참조) 대의사측에서의 헌법선서의 최종적인 거부를 사직으로 보려는 주장도 근거를 결여한 것이다.

19) 이리하여 예컨대 벨기에 헌법(제39조)은 의원에서의 투표는 구두냐 기립이냐 어느 것으로 행해져야 하는 것, 법률 전체에 관해서는 이름을 열거하고 또 구두로 투표해야한다는 것, 나아가 (제41조) 혹은 법률은 각조 마다 투표해야할 것을 규정한다.

20) 이에 대해서는 Pierre, p. 1124 ff. 참조.

21) Pierre, p. 140 f.

22) 원로원과 대의원의 의장은 모든 투표에서 배제되어 있으며, 따라서 또한 가부동수의 경우에도 예컨대 영국 하원의 의장처럼 결정을 지을 수는 없다. Pierre, p. 1140.

23) 독일 제국에서는 라이히 헌법 제78조에 의하면, 헌법개정을 전속적으로 수중에 넣어 결정하는 것은 연방참의원이다. 연방참의원은 비밀리에 심의 · 의결하기 때문에 그 투표의 진상은 알지 못한다.

어떤 종교적 신조의 우대를 방해하지 않는다. 더구나 이 취급은 법적으로 실효성 있는 수단에 의해서 다투지 않을 것이다. 그러나 특히 종래 행사된 헌법상의 권한의 허용성에 관한 견해의 변화에 의해서 헌법의 변천이 야기될 수 있다. 이것에 대해서는 다음에 특히 적절한 예가 열거되어야 할 것이다.

바덴 대공국에서는 1818년 8월 22일의 헌법에 의하면, 대공은 국가권력의 모든 권리를 총람하며 헌법전에서 확정된 조건들 아래서 이를 행사한다.24) [그런데 헌법전에] 열거되지 아니한 국가권력의 권리로서 은사권도 있으며, 당시에도 지금도 통치하는 대공에 의해서 그것이 행사되었다. 그것도 대사면의 경우에는 1857년까지, 특사의 경우도 1865년까지 빈번하게 행사되었다. 그러나 나중에 아마 형사재판의 과정에는 가능한 한 개입할 것은 아니라는 생각의 압력 아래 정부의 견해는 바뀌었다. 헌법의 다른 곳에서 규정한 바에 의하면, 대공은 확정 판결을 감형 또는 면제할 수 있다.25) 거기에서 이 조항은 형사사법에 관한 군주의 헌법상 유보된 권리를 포함하고 있으며, 은사권은 열거되지 아니한, 따라서 국가원수에게는 이미 귀속하지 않는다고 논해졌다. 그리고 60년대 후반 이래 은사의 예는 이미 기록할 수 없었다. 그때까지 거의 반세기의 오랜 동안에 걸쳐서 공평하게 대권으로서 행사된 권리가 정부측의 해석에 의해서 제거된 것이다.26) 헌법의 문언은 변경되지 않았으나 그러나 문언 자체는 의의가 없는 것은 결코 아니란 점에서 기본적인 변천을 받은 것이다. 헌법법원칙의 재판관에 의한 해석이 헌법법원칙 자체를 형성해가는 것도 있을 수 있다면, 퇴화시킬 수도 있다면 재판관의 법창조력을 알고 있는 자에 대해서는 누설을 요하지 않는다. 시민적 권리와 정치적 권리의 행사는 종교에 대한 신조에는 관련이 없다고 선언하는 조항은, 스위스27)나 오스트리아28)에서 그러하듯이, 많은 국가의 헌법에서 사실상 동일한 표현으로 존재하는데, 그러나 이 조항은 양 국가의 각각에서 재판관의 판단에 의해서도 고유한 의미를 받아왔다는 것만을 참조해 두기로 한다. [즉] 스위스에서는 연방재판소가 비교적 많은 주(Kanton) 헌법에서 당시 여전히 존재하고 있는 성직자의 투표권과 선거권의 제한을 연방 헌법 자체가 국민의회와 연방의회에 대한 선거자격에서 성직자를 배제하고 있음에도 불구하고, 연방헌법에 의해서 폐기할 것이라고 선언하였다.29) 이에 대해서 오스트리아에서는 재판소가 종교상의 이유에서 특정한 자의 혼인능력을 부인하는 1811년의 일반 민법전의 규범30)을, 그것이 연방헌법의 위에 열거한 조항과는 일치하지 않으므로, 장래에 걸쳐 존속한다고 승인하였

---

24) 제4조.
25) 제15조.
26) 이것에 대해서는 Heimberger, Das landesherrliche Abolitionsrecht, 1901, S. 66 참조.
27) 「시민적 권리들과 정치적 권리들의 행사는 교회적 내지는 종교적 성질의 어떠한 규칙 또는 조건에 의해서도 제한받지 아니한다」. 1874년 5월 29일의 [스위스] 연방 헌법 제49조 4항.
28) 「시민적 권리들과 정치적 권리들의 향수는 종교상의 신앙고백에 관련되지 않는다」. 1867년 12월 21일의 공민의 일반적 권리들에 관한 국가기본법 제14조 2항.
29) Blumer-Morel, Handbuch des schweiz. Bundesstaatsrecht, I, S. 343 참조.
30) 제63조, 제64조, 제111조.

다. 따라서 동종의 법규범을 가지고 있음에도 불구하고, 오스트리아인의 법적 지위는 스위스인의 그것과는 종교의 점에서 완전히 다른 것이다.

그러한 현상은 입법자 자신에 의한 헌법위반의 침해에 대한 가장 강한 벽이라고 일견 찬미되는 헌법의 보호수단의 해명에 대한 길을 우리들에게 열어 준다. 이것이야말로 재판소가 법률의 실질적 헌법적합성에 대해서 판단할 수 있는, 미국인의 유명한 제도이다. 미국에서는 입법은 연방에서도 개별 주에서도 제한된 권력만을 가진다. 명문으로 입법에게 할당하지 않은 것은 더구나 헌법제정에 유보되어 있으며, 헌법제정은 단순법률의 제정과는 다른 기관에 의해서 다른 형식으로 행한다. 미국에서 재판관은 국민을 입법부에 의한 침해로부터, 연방을 주에 의한 침해로부터, 주를 연방에 의한 침해로부터 보호하는 사명이 주어지고 있다. 즉 무릇 연방재판소뿐만 아니라 주의 재판소도 법률의 헌법적합성을 심사할 권리와 의무를 가진다.31)

그러면 이 시스템은 실무에서 어떻게 작용하는가? 거기에서는 우선 첫째로 재판관에 의한 헌법의 보호는 본래 무엇이 우연적인가 하는 성격을 띠고 있다는, 종래 유럽에서는 충분히 알지 못하는 사실을 보여주지 않으면 안 된다.32) 재판관은 당해 당사자의 소에 근거해서만 결정한다. 따라서 재판관이 법률의 헌법적합성을 심사하는 법적 사건에 대해서 우연적인 상태에 두어지는가의 여부, 그리고 언제 두어지는가에 완전히 의존하는 것이다. 역사적인 드레드 스코트의 판결*은 남북전쟁의 발발에 영향을 미쳤는데, 이 재판에서는 1820년에 제정된 법률이 1857년에 — 37년 후에 — 무효로 선언된 것이다. 따라서 어떤 법률이 재판관에 의해서 헌법위반이라고 선언되기까지 수 십 년간 방해 없이 존속하는 것이 가능하다. 나아가 어떤 사건에서는 어떤 제정법이 무효라고 선언되고, 다른 사건에서는 유효라고 될 수 있는데, 그와 같은 것이 일어나는 것도 앞의 판결은 뒤의 사안에서 재판관을 구속하지 않기 때문이다. 결국 이 시스템의 평가에 대해서 매우 중요한 것은 재판관권력의 행위에 의해서 구속되는 것은 항상 당사자뿐이며, 결코 다른 두 개의 국가권력이 아니라는 것이다.33) 그러한 상태가 법적 안정성에 대해서 유익하다고는 주장할 수 없다.

재판소에 의한 심사권의 헌법조항의 고정성에 대한 관계를 이번은 약간의 사례로 제시하기로 한다.

남북전쟁 동안 연방은 지폐를 (이른바 greenback이라는) 관리통화*로 발행하지 않을 수 없다고 생각하였다. 헌법의 어떠한 조항도 그렇게 하는 권한을 연방의회(Kongress)에 수권하지는 않았다. 당시 재판관이 내린 판결은, 연방의회는 선전포고의 권리를 가지며

---

31) Bryce, The American Commonwealth 3. ed. 1903, I. ch. XXII-XXIV, XLII; Cooley, The general Principles of Const. Law in the U.S. of A. Boston 1880, p. 145 ff. 참조.
32) 덧붙여서 언급할 것은 연방대법원의 재판관의 수는 연방의회제정법에 의해서 언제든지 변경될 수 있으며 실제로도 정치상의 이유에서 자주 변경된 일이 있다. 나아가 대통령은 재판관을 상원의 동의 아래 정치적 고려에 따라서 임명할 수 있다. Bryce, a. a. O. I, p. 275 f. 참조.
33) Tiedemann, The unwritten Constitution of the United States, New York-London 1890, p. 160 ff.에 있는 매우 흥미 있는 소개를 참조.

헌법은 연방의회에 그 헌법상의 전권(Vollmacht)의 수행에 필요한 모든 법률을 제정하는 권한이 부여되어 있으며, 전쟁수행은 자금을 필요로 하는, 따라서 연방은 생각대로 이 자금을 조달할 수 있다는 것이었다. 그러나 전쟁 종결 후 그 지폐의 발행은 중지되었다. 그런데 이번은 재판관은 평시에는 문제가 되는 권리, 즉 「합중국의 신용에 근거하여 금을 빌리는」 권한의 근거를 구하는 데에, 헌법의 두 번째 조항을 발견한 것이다. 나중에는 헌법의 문언과 주권개념에서 더구나 다른 의론이 행해졌는데, 그러나 확정된 결과로서는 연방의 완전히 새로운 권한이 생긴 것이다.34)

　　더욱 독특한 것은 주에 대해서 계약의 구속성을 침해하는 모든 법률의 제정을 금지하는 합중국헌법 규정의 해석에 관한 사례이다.35) 이 조항을 엄격하게 관철한다면 노동자의 보호를 목적으로 하는 노동계약에 대한 모든 제한은 배제되어 버리게 된다. 실제로 개별적인 주의 재판소에 의해서도 임금현물지급의 금지와 노동시간의 규율에 관한 많은 법률이 헌법위반으로 선언되고 있다. 다른 주에서는 당해 법률이 다른 관점에서 고찰됨으로써 재판관의 결정이 헌법적합성을 인정하는 결과가 되고 있다.36) 그리하여 재판소는 노동시간의 법률상의 제한을 건강상의 조치로 선언하고, 당해 법률의 제안을 입법권의 권한 속에 산입한다.37) 그러나 연방 상급재판소는 1905년에 이들 모든 주 법률을 합중국 헌법에 위반한다고 선언하였다. 그렇지만 이미 미국에서는 이 대법원이 다른 이유에서 곧 그 견해를 변경하고 법률상의 노동자보호의 가능성을 제공하는 법원리를 발견하리라는 확실한 기대를 지니고 있다.

　　마침내 유럽과 마찬가지로 미국에서도 민중을 보호하기 위해서 계약의 자유를 제한하는 수많은 법률이 제정되고 있으며, 마차나 화물운반인에 대한 과세, 복권의 금지, 가스와 수도 요금의 확정, 알콜 음료판매의 제한 또는 전면 완전금지 등이 행해지고 있다. 재판소는 그것을 허용된다고 선언해 왔는데, 그 이유는 재판소가 절대적인 계약의 자유는 모든 무제한한 자유와 마찬가지로, 개인과 국가의 완전한 보호상실을 가져온다고 하여 인식한 데에 있다.38) 가령 계약의 자유에 법적 제약을 가할 수 없다면, 착취자적인 기업에 대해서 개인과 전체[=국가]는 완전히 무방비하게 되어버릴 것이다.

　　그러나 이러한 제약들이 어떠한 것인가는 헌법법규의 불특정성 때문에 이런 저런 사례에서는 재판소의 재량에 맡기고 있다. 이로써 그러나 미국에서는 재판관이 사실상

---

34) 「법정통화사건」(legal tender case)에 관해서는 Brinton Coxe, An essay of Judicial Power and Inconstitutional Legislation, Philadelphia 1893, p. 27 f., 34 ff., Cooley, p. 80; Tiedemann, p. 135 ff.; Bryce, I, p. 270 참조.

35) 합중국 헌법 제1조 10절 「각주는 … 계약상의 채무를 지는 법률을 제정할 수 없다」. 주법률이 연방 재판소에 의해서 무효로 선언된 사례의 3분의 1 이상에서 이 헌법률 위반을 이유로 이 무효선언이 행해진 것은 특징적이다. Coxe, p. 22.

36) 이에 관하여 캘리포니아의 취급에서의 상세한 실증이다. Walter Loewy, Die bestrittene Verfassungsmäßigkeit der Arbeitergesetze in den Ver. Staaten, Heidelberg 1905, S. 54 ff. 참조.

37) E. Freund, The Police-Power, Chicago 1904 §§ 310 ff.

38) Freund, §§ 59, 73, 385, 389 usw. 나아가 Loewy, S. 67 ff. 참조.

헌법제정자의 대리를 인수한다. 정당하게도 미국에서는 재판소가 입법부의 제3원이라고 불려왔다. 재판관은 법률의 헌법적합성에 관한 판결을 함에 있어서 자주 당파적으로 분열한 여론의 거대한 압력 아래 두어진다. 이 압력은 민주주의에서는 공적 생활을 보내는 모든 자에 관련되고 있다. 따라서 많은 사례에서 문제가 된 법률에 관한 재판관의 견해는, 재판관 자신이 자신을 매우 객관적이라고 생각하더라도 정치적으로 착색되어 있는 것이다. 그것은 이미 재판관은 예외적으로만 법률에 대해서 승인을 거부함에 불과하며, 왜냐하면 재판관에게는 입법자에게 그의 심의를 시킨 정치적 필요를 고려하는 경향이 있기 때문이라는 데에 나타나 있다. 연방의 상급재판소는 그것이 활동한 최초의 백년 동안(1789-1889년)에 21의 사례에 대해서 연방의회의 행위를 무효로 선언하였으며, 다른 한편, 같은 재판소는 같은 시기에 개개의 주 전체에서 177의 법률을 합중국 헌법에 저촉된다고 선언하였다. 따라서 개별 주와 그 법률의 수에서 본다면 비율상으로는 [위헌으로 된] 주법률은 연방법률에 비하여 훨씬 적다.39)

　이러한 사정은 세계의 어떠한 국가도 미국만큼 헌법개정법률이 적은 나라는 없을 것이라는 것을 명백히 한다. 1세기 이래 남북전쟁의 종결에 의해서 필요하게 된 헌법의 보충은 단지 세 개만이 의결되었을 뿐이다. 그러나 그러한 외견상의 변화의 적음은 바로 미국의 법률가가 「묵시적 권력」(implied powers)이라는 이론을 세워가는 데 있었던 것이다. 헌법의 문자상으로는 지금까지 알지 못했던 권력이 잠자고 있으며, 그것이 입법에 의해서 발견되고, 다음에는 재판관에 의해서 분명한 목표가 된다. 미국인은 그 헌법과 마찬가지로, 그 말이 상세하게 해석되는 문서가 세계사에서 세 개뿐인, 그것은 성서, 코란 그리고 판덱텐이라고 즐겨 말한다. 해석자의 최고의 기술은 그러나 읽어내는 해석(Herausinterpretieren)에서가 아니라 읽어 들어가는 해석(Hineininterpretieren)에 있다. 「해석할 때에는 맑은 정신으로 깨어 있으라, 끄집어내려 말고 뭔가를 내려 놓아라」(Im Auslegen seid frisch und munter, legt ihr's nicht aus, so legt was unter). 이 시인의 말은 재판관의 해석에 의한 헌법변천에 대해서 최고의 규준이다.

IV.

　법은 모두 혹은 합의가 만들었거나 혹은 필요가 설정했거나 혹은 관습이 산출한 것이다(Omne ius aut consensus fecit, aut necessitas constituit, aut firmavit consuetudo). 모데스티누스(Modestin[Modestinus])*가 법창조력으로서 이끌어댈 필요(necessitas)에 대해서는 법원론(法源論)에 관한 우리나라의 학설에서는 별로 문제가 되지 않는다. 그러나

---

39) Coxe, p. 8 ff., p. 22 참조. 콕스가 강조하듯이, 공식 보고에는 무효로 선언된 연방의회제정법의 20 사례만이 인용되어 있는데, 그러나 그 가운데에는 유명한 드레드 스코트 사건은 없으므로 통계는 완전히 신용할 수는 없다. 개별 주의 재판관에 의한 판결에 대해서 정리한 통계는 존재하지 않는다.

필요는 헌법생활에서는 커다란 역할을 한다. 법 밖에서 국가의 근간을 뒤엎는 저 역사적 사건들 모두를 창출하는 것은 그러한 필요이다. 찬탈과 혁명은 법과 사실이, 그렇지 않으면 서로 엄격하게 구별해야 하는데 서로 간과하는 상태를 도처에서 야기한다. 기성사실(fait accompli), 즉 완료된 부동의 사실은 헌법을 형성하는 힘의 역사적 현상이며 정통성이론이 적대하는 이것과의 모든 투쟁은 무력한 기도이다.

그러나 국가의 역사의 커다란 전환점에서뿐만 아니라, 정당한 국가생활의 과정에서도 이러한 필요는 놀랄만한 형태로 나타나며, 그리고 국가조직들을 헌법의 문언에 반하여 변천시킬 수 있다. 완전한 명확함으로 이 주목할 만한 현상을 연구할 수 있는 것은 헌법의 완전한 새로운 창조의 경우인데, 그 이유는 모든 인간의 예측은 새롭고, 또한 시도되지 아니한 제도들의 모습이 어떻게 사실상 형성되는가를 측정할 수 없다는 데에 있다. 그러한 사례에서 매우 자주 계획된 제도는 간과되었는데, 그에 관한 법률조문의 아무런 변화도 없이 심부에 도달하는 일도 있는 변천을 보게 된다. 이것에 관한 흥미 있는 예로서 독일 제국 헌법을 선택한다. 왜냐하면 라이히의 조직이 최근의 역사에서는 라이히에 적합한 것을 추구한다는 강력한 국가형성과정에 그 기원을 힘입고 있기 때문이다.

제국헌법은, 연방참의원과 라이히 의회를 소집 · 개회 · 정회 · 폐회하는 권한은 황제에게 속한다고 명한다. 연방참의원과 라이히 의회의 소집은 매년 행해지며, 그리고 연방참의원은 의사를 준비하기 위해서 라이히 의회를 소집하지 않고 이를 소집할 수 있는데, 라이히 의회는 연방참의원의 소집이 없으면 이를 소집할 수 없다. 연방참의원의 소집은 3분의 1의 투표수에 의해서 요구된 때에는 곧 행하여야 한다.[40] 그러나 이제 연방참의원의 최후의 소집은 1883년 8월 21일에 행하고 있다.[41] 그 이후 이 합의체는 더 이상 폐지되지 아니하였다. 입법자로서, 행정으로서 그리고 재판관으로서의, 그처럼 매우 다양한 기능들을, 더구나 점차 대량으로 부과하는 연방참의원의 업무는, 부처나 재판소의 활동과 마찬가지로 장기에 걸쳐서 중단될 수는 없다. 그리하여 연방참의원은 제국헌법의 문언에 모순되게 상설화되어 왔는데, 이것은 독일의 국법학자가 그것으로 만족하기에는 어렵다고 이해하는 사실이다. 그런데 몇몇 사람들에 의해서 그 사실은 완전히 무시된다. 라반트(Laband)는 그의 대저의 최신판에서마저 아직 그것에 한 마디도 언급하지 않고, 오히려 그는 분명히 이렇게 가르친다. 「연방참의원은 프랑크푸르트 동맹의회*와는 다르며 혹은 라이히 부처의 개념에 일치될 것과는 달리 상설의 집회가 아니라 소집에 근거하여 가끔 모일뿐이다.」[42]

물론 라반트는 헌법에 대해서 관습법의 제정법개폐력을 승인하지 않는 한 일관하고 있다. 나아가 이 사실상의 상태는 게오르그 마이어[43]나 아른트[44]에 의해서도 언급하지

---

40) 제12조에서 제14조까지.
41) Reichsgesetzblatt S. 285.
42) Laband, Staatsrecht, I, S. 253.
43) Meyer-Anschütz, Lehrbuch des deutschen Staatsrechts, S. 432.
44) Arndt, Das Staatsrecht des Deutschen Reiches, 1901, S. 96 f.

않는다. 실무를 이론에 즐겨 대치시키는 아른트는 이 실무에 대해서 적어도 가르치지 않는 것이 아니라 연방참의원의, 황제에 의한 그 소집에 대한 관계에 관하여 상세하게, 그러나 완전히 실무적이 아닌 고찰을 한다. 그러나 자이델은 헌법이 바라는 것이 구체적으로 행해지는가의 여부가 문제일 뿐이라고 하듯이, 제국헌법의 문언과 모순되는 상태를 정당화하려고 한다. 연방참의원과 라이히 의회는 매년 집회하면 충분하며, 따라서 연방참의원의 매년의 소집에 관한 규정은 문언 그대로 행할 필요는 없다고 한다.[45] 그런데 자이델은 그 몇 줄 앞에서 연방참의원은 법상 상설의 집회가 아니라고 설명하고 있으므로, 역시 자이델은 그러한 주장과의 자기모순을 스스로 드러내고 있다. 그러나 연방참의원은 법상 그와 같은 것이라면, 그것이 상설인가 하는 것은 법에 일치하지 않는다. 이에 대해서 초른[46]은 연방참의원은 오래전부터 상설 합의체가 되고 있으며, 앞서 인용한 제국헌법의 규정은 주요한 점에서 대상이 없는 것이 되었다고 완전히 정당하게 확인한다. 과연 연방참의원을 폐회하는 것은 의심의 여지없이 황제의 헌법상의 권리인가, 그렇다면 그것을 행사하려면 그것은 라이히라는 유기체의 건강이 현저하게 손상되었다는 징후로 되어버린다고 초른은 말한다.

연방참의원을 소집하지 않는 것, 그리고 폐회하지 않는 것이 제국헌법의 문언과 의도와 일치하지 않는 것은 의심이 없는 바인데, 마찬가지로 여기서 헌법의 제거할 수 없는 변천이 생기는 것도 의심이 없다. 오늘날 누구에게도 상설의 연방참의원이 헌법위반의 제도라고는 생각하지 않는다. 사실과 법의 대립을 확인하는 자마저 이것으로부터 실무와 대립하는 결론을 도출하지 않는다.

라이히 수상의 지위가 더구나 그 최초의 발생단계에서 북독일 연방의 연방재상으로서 곧바로 경험한 변천은 나아가 한층 중요하다.* 이것은 이 매우 중요한 제도의, 여기서는 상술하지 않는 발생사로부터만 충분하게 설명할 수 있다.[47] 즉 라이히 수상은 법적으로 엄격하게 구별할 수 있는 세 개의 속성을 일신에 통합하고 있다. 그는 연방참의원의 의장이며 연방참의원에의 프로이센의 대리인이며, 끝으로 황제에게 책임을 지는 라이히 대신이다. 제국헌법의 문언에 의하면 연방참의원 구성원 또는 연방참의원에 의해서 임명된 위원(Kommissar)만이 라이히 의회의 회의에 출석할 수 있다. 그리고 그들만이 라이히 의회에서 자신들의 정부의 의도 또는 연방참의원의 제안을 주장하기 위해서 발언권을 가진다.[48] 나아가 연방참의원은 라이히 의회에 대해서 완전히 책임을 지지 않으므로, 이것은 입법이라는 부문이 다른 부문에 대해서 책임을 지지 않는 것이 자명한 것과 동일하다. 라이히 수상은 헌법에 의하면, **프로이센**의 대리인으로서 그 지위에서만

45) Seydel, Kommentar zur Verf. Urkunde für das Deutsche Reich, 2. Aufl., S. 168.
46) Zorn, Das Staatsrecht des Deutsches Reiches, 2. Aufl., S. 159 f. 법과는 반대의 연방참의원의 사실상의 상설은 Anschütz, Grundzüge des deutschen Staatsrechts in Kohlers Enzyklopädie der R.W., II, S. 543 그리고 Ed. Loening, Grundzüge der Verfassung des Deutschen Reiches, 1901, S. 63에 의해서도 강조되고 있다.
47) Haenel, Studium zum deutschen Staatsrecht, II, S. 24 ff., Laband, Wandlungen, S. 4 ff. 참조.
48) 독일 제국 헌법 제9조·제16조.

라이히 의회에서 발언할 수 있다. 헌법과 일치하여 라이히 의회의 의사규칙은 연방참의원 구성원과 그 대리로서 임명된 위원에게만 발언의 기회를 부여한다.[49] 따라서 라이히 의회에서 발언할 수 있는 것은 독일 황제에게 책임을 지는 대신이 아니라 라이히 의회에 책임을 지지 않는, 프로이센 국왕의 대리인만이다. 그러므로 뷜로 후작이 제국의 외교정책을 라이히 의회에서 설명하려고 한다면, 그는 그것으로 자신의 권한을 초월하는 것이다. 왜냐하면 외교정책은 프로이센의 사항이 아니기 때문이다. 그리고 마찬가지로 라이히 수상은 라이히 의회의 회의에서의 그의 언동에 대한, 그에게 개인적으로 향해진 비판이 있다면 그것을 일체 단념할 수 있게 된다. 왜냐하면 라이히 수상은 무책임한 연방참의원 구성원으로서만 라이히 의회에 나타났기 때문이다. 그런데 라이히 의회 의장이 라이히 수상에 대해서 원내에서의 수상의 지위의 헌법상의 한계에 대해서 주의를 준다는 것은 자명한 것이며 한 번도 들어본 일이 없다. 그런데 반대로 라이히 의회는 의사규칙에 따라서 매우 신중한 형식에서는 일지라도 라이히 수상에 대한 질문권을 자기에게 부여한 것이며,[50] 그리고 라이히 수상은 라이히 의회에서 실제로 왕제 프로이센의 정책 아니라

---

49) 의사규칙 제43조. 라이히 의회 및 연방참의원의 구성원과 아울러 연방참의원의 위원 이외에는 단지 연방참의원의 보좌관만이 상기한 자의 요구에 근거하여 발언할 수 있을 뿐이다.

50) 라이히 의회 의사규칙 제32조. 질문은 연방참의원에 향해서 발하며 그리고 라이히 수상에게 전한다. 질문에 대한 응답은 그를 위해서 준비하여 의사표시하는 라이히 수상에 의해서 행해진다. Kurt Perels, Das autonome Reichstagsrecht, 1903, S. 65 참조. 라이히 의회는 질문의 「권리」를 가지는가의 여부라는 유명한 계쟁문제에는 결국 그것이 완전히 잘못된 문제설정을 지적하기 위해서 여기서 아주 간단히 들어갈 것이다. 라이히 의회는 원래 주관적 법[권리]을 가지는 것이 아니며 국가적 권한을 간과하는 것이다 (Jellinek, a. a. O. S. 546 ff. (역서, 530면 이하) 참조). 따라서 문제는 오로지 라이히 의회가 질문권한을 가지는가의 여부에 관한 물음에 대한 결정이다. Laband, Staatsrecht I, S. 284 f.가 질문권에 대해서 라이히 정부 측의 응답의 의무가 대응하지 않기 때문이라고 하여 질문권을 주지하듯이 거짓 권리로 설명하고, 따라서 응답할 수 있는가의 여부가 정부의 임의에 따른다는 질문을 정부에 대해서 한다는 것은 바로 많은 사람들에게 귀속하는 일반적 능력 이외의 아무것도 아니라고 하는 경우, 거기에서는 무어라고 해도 라이히 의회가 「일반적 능력」의 행사가 허용된다는 것이 전연 자명하지 않음이 간과되고 있다. 편지를 쓰고 자신의 생각을 누구에게 문서로 전하는 것, 일반적 능력이다. 그러나 라이히 의회가 그 의장을 통해서 무관계한 군주 또는 정치가와 직접 관계를 가질 수 있다면, 이것은 헌법의 규정에 의해서 금지되고 있지는 않지만 아마 국법학자는 한 사람도 남김없이 독일 의회의 권한의 그러한 독단적인 확대에 대해서 반대의 태도를 표명할 것이다. 질문을 하는 권한은 오히려 그 전체 역사적 전개에서는 대신책임의 형성과 내용적으로 관련된다. 대신책임이 결여된 곳에서는 모든 질문은 헌법위반으로서 배척된다. [프랑스] 제2제국의 헌법은 1867년까지 대신을 의원에 대해서 책임을 지지 않는 것이라고 선언하고 있었다. 그리고 그것에 의해서 모든 질문은 금지되고 있었다(Pierre, a. a. O. p. 792, Duguit-Monnier, Les Constitutions de la France 1898, p. 272, 275 N. 3). 그다음에 권한은 거기에 어떠한 의무도 대응할 필요가 없다는 것에 의해서 권리로부터 구별된다. 행정관청은 다른 통상의 성질의 의무에 향하지 않는 풍부한 권한을 가지며, 그것은 모든 재량사항을 생각하는 것만으로 좋다. 화해관청(형사소송법 제420조)은 명예훼손의 경우, 화해절차를 취할 수 있는데 이것을 당사자가 받아들이지 않을 수 없을 것이다. 형사부의 재판장은 피고인에게 질문하는 권한을 가지는데 그러나 피고인은 대답할 의무를 지지 않는다. 영업법 (제103e조)은 수공업회의소에 국가관청과 게마인데 관청을 수공업을 촉진하기 위해서 사실상의 보고 등으로 원조하며 나아가서는 수공업의 관계들에 관한 요망이나 제안을 관청에 제출하는 권한을 명문으로 부여한다. 이 권한에는 수공업회의소의 바램을 듣는 관청의 의무는 대응하지 않는다. 주관적법[권리]라는 잘못된 관점 아래서 고찰된 의회의 권한들이 일단 개별적인 점에서 그 의의와 기능에서 연구된다면 대단히 고마운

제제(帝制) 독일의 정책을, 즉 다른 연방구성국에 대한 관계에서는 개별 국가인 프로이센의 정책이 아니라 제국의 정책을 주장하는 것이다. 따라서 헌법에 의한 수권 없이 라이히 대신은 라이히 의회에 출석하였다. 이것을 통하여 만들어진 사실은 당연히 독일 국법학자가 알지 못한 것은 아니다. 그러나 여기서도 독일 국법학은 헌법의 문언이 모든 시기에 걸쳐서 사실상태와 일치하지 않는다는 것을 명시적으로는 확인하지 않은 것이다.

필요에 의한 세 번째의 변천을 또 하나 다시 여기서 확인해 둔다. 비스마르크에 의해서 만들어진 1878년 3월 17일의 대리법은, 황제는 수상에게 지장이 있는 경우에는 수상의 제안에 근거하여 부서의 권리를 가지는 책임을 지는 대리를 임명할 수 있다고 규정하고 있다. 이 대리는 동법에 의하면, 임의의 제도이며 라이히 수상이 대리를 이용하려고 하는가의 여부는 그의 마음대로 이다. 그러나 실제로는 라이히 수상은 라이히 최고 관청 전체의 사무를 지도하는 것을 항상 방해하고 있다. 6천만인의 인구를 포용하는 라이히의 거대한 사무부담에 대해서 책임을 한 사람에게 지우는 것은 어떠한 인간에게도 할 수 없다. 따라서 책임을 지는 대리는 상설의 제도가 되고 있으며, 장관(Staatssekretar)은 라이히의 하위 대신의 지위를 보유해 왔다.[51] 이리하여 라이히 수상을 유일한 책임을 지는 라이히 대신으로 하는 제국 헌법*의 문언은 모든 시기에 걸쳐서 이미 현실과 일치하지 않는다.[52] 이에 대해서 이론은 여전히 대리라는 상설의 제도를 전적으로 법률의 문언에 비추어 단순한 임의의 제도로서 다루거나, 또는 그 제도가 그것 본래의 본질을 바꾸어버렸다는 데에 언급하지 않는 것이다.

V.

법을 창조할 필요성에 관한 논의를 하면 독일의 학문이 종래 충분하게 주목하지 않았던, 또 하나의 다른 매우 어려운 문제에 우리들은 직면한다. 최고국가기관들의 권한은 항상 전속적인 권력(Macht)을 할당하는 형태로 규율된다. 군주는 법률을 재가하며, 선전을 포고하고, 대신을 임명하는 등등이며, 의회(Parlament)는 법률안을 그 재량에 따라서 의결할 수 있으며, 대신은 언제나 사직할 수 있는 등등이다. 그러나 어떠한 법률도 이러한

것이다. 특히 질문권의 법사적 · 비교법적 서술이 행해진다면 커다란 평가를 지닐 것이다.

51) Laband, Staatsrecht, I, S. 359.
52) 대리의 상설적 성격은 Laband, Wandlungen, S. 17, Staatsrecht I, S. 357에 의해서 강조되며, 이에 반하여 [대리설치를] 임의적인 것으로 명시적으로 특정지우는 것은 Zorn, I, S. 2639이다. Meyer, S. 462, Anschütz, S. 557, Loening, S. 118, Seydel, S. 180, v. Jagemann, Die deutsche Reichsverfassung, 1904, S. 114는 대리법의 규범들을 확인하며 해석을 더하는데 그러나 대리의 실제상의 필요성에는 언급하지 않는다. 대리의 **실제**에 관한 상세한 예증은 아무 곳에서도 발견할 수 없다. 즉 소관 대리는 항상 관할 사무의 범위 전체에 대해서 위임되거나 또는 개별적인 부분에서만 위임될 뿐이다(대리법 제2조). 라이히 수상은 모든 공무처리를 대리의 재임 중에도 스스로 행하는 자기의 힘을 행사하는 것인가, 행사한다면 어떠한 범위인가와 같은, 대리의 실무에 관한 상세한 검증은 어디서도 발견되지 않는다. 아마 첫 번째의 규정에 의한 대리의 제한도 두 번째의 규정에 의한 것도 커다란 실제적 의의를 가지지 않는다.

종류의 권한을 어떻게 적용하지 않으면 안 되는가는 명할 수 없다. 즉 그러한 권한이 특정한 움직이기 어려운 내용을 규정하고 있다면 권력은 의무로 전화한다. 그러나 헌법상의 권력에 그 법적 자유를 완전하게는 부정하지 않고, 그러나 구속적인 내용이 부여될 수 없는가는 매우 중요하고 실제상 매우 의의 있는 문제이다. 군주는 대신을 자유롭게 선택하더라도 군주는 대신을 움직일 수 없이 지배적인 의회의 다수파에서만 선출한다. 대신은 언제나 자신의 사직을 요구할 수 있지만, 대의원의 불신임투표를 받은 때에는 사직하는 것을 무조건으로 의무지우고 있다고 느낀다. 그러면 동일한 것이 일시적인 현상이 아니라 장기간에 걸쳐서 중단되지 않고 행해진 행동이라면, 그것으로 새로운 법이 발생해서 마침내는 그러한 규율을 일단 가장 강력한 사회적 보장이 돕는 것이 필요하다. 그렇지 아니한가?

이러한 현상은 지금까지 영국에서만 철저하게 고려되었는데, 그 영국에서는 보통법[코먼로]의 불충분한 원칙에 대한 사실상의 헌법은 모두 이 현상을 기초로 한다. 영국인은 헌법의 법원칙에 대립시켜 관행상의 헌법규율에 대해서 말한다.53) 이 관행규율은 그 총체에서는 정치적 윤리를 형성하며 그것에 의한 요청은 강력하게 준수되고 있으며 또 준수되어야 한다. 그러나 이 윤리는 영국에서는 법영역을 훨씬 초월하여 미친다. 이 국민은 다른 국민과 달리, 그 사회적인 존재의 전체를 견고한 그물의 이른바 교통규칙(Verkehrsregel)에 집어넣어 그것을 어디서나 가지고 있으며, 경우에 따라서는 다른 전세계에 확대하려고 하는데, 마찬가지로 정치적 영역에서도 개인과 정당에 대한 엄격한 규율을 형성해 왔으며 그것이 전체 공적 생활을 견고한 길로 인도하고 있다.54) 그러나 여기서 우리들에 대해서 관심이 있는 것은, 최고 국가기관들에 귀속하는 권력의 행사에 관계되는 규율만이다. 그렇게 말하는 것으로 우리들은 어떻게 해서 이러한 권한들에 그들 자체를 그 형식적인 존재에서는 어떻게든지 침해하지 않는 채로 그것들을 확장하거나 제한하는 특정한 내용이 주어지는가를 보기로 한다. 국왕에게는 오늘날 여러 세기 전과 마찬가지로, 그 대권에 의한 국가지도권이 귀속하는데, 그러나 국왕은 자신이 형식적

---

53) 헌법법률(Law of the Constitution)과 헌법관습(Convention)의 대립에 관한 학설은 Freeman, The Growth of the English Constitution 1872, p. 109 ff.에 의해서 비로소 제기되고, 이에 이어서 Dicey, Introduction to the Study of the Law of the Constitution, 6. th ed. p. 341 ff. (안경환·김종철 공역, 『헌법학입문』, 경세원, 1993)에 의해서 철저하게 설명되었다. 특히 다이시의 영향 아래 이 구별은 영국의 정치가와 법률가의 공유재산으로 되어오고 있다. 대륙에서는 이 관행설에 대해서 Hatschek, Englisches Staatsrecht II, S. 2 ff.가 매우 철저한 연구를 하고 있는데, 하체크는 이 관행설을 영국의 전체 공적 생활을 뜻대로 하는 정당제도와 매우 밀접하게 결합시킨다. 여기는 이처럼 매우 흥미 깊은 현상의 본질에 상세하게 들어가 논할 곳은 아니다. 다만, 주의할 것은 「관행적 규율」(Konventionalregel)의 사상은 계약에 의한 의식적인 창출이라는 관념을 포함해 왔는데, 다른 한편 많은 이들 규율은 확실히 완전히 숙고하지 않고 발생하고 있으며 그러한 규율들이 장기간의 사실상의 반복(Übung)으로서 유지되고 이러한 반복에서 그 규범력도 인출하는 실무에서 성장한다는 것이다.
54) 의회의 법적 관습(Rechtssitte)과 영국 국민에 고유한 본질이나 생활의 전체와의 내재적 관련에 재기로 넘친 서술을 부여하는 것은 Boutmy, Essai d'une psychologie politique du peuple anglais au XIXᵉ Siècle, 1904이다.

으로는 자유롭게 임명하는 내각을 매개로 해서만 그것을 행사할 수 있다. 그러나 실제로
국왕은 항상 그때그때의 의회다수파의 지도자들을 수상으로 하고, 수상의 제안에 근거하
여 다른 각료를 임명한다. 그러면 여기서 다음과 같은 물음이 제기된다. 그것은 이러한
원칙들과 아울러 다른 국가라면 헌법의 조문에 채택된 더욱 많은 다수의 다른 원칙은
어떻게 되는가? 그것들은 합법인가 아닌가와 같은 물음이다. 거기에서 대답은 어떻든
그들 원칙은 그것이 국가권력의 행사를 위한 승인되고 보장된 규범을 포함하는 한에서
법인데, 그러나 대부분의 사례에서는 강행법규의 성격을 가지지 않으며, 비록 변화하는
정치적 사정에 대해서도 적용시킬 수 있는 탄력적인 법(nachgiebieges Recht)[55]의 성격을
가진다는 것이다. 따라서 그러한 규율에 반하는 것은 법침해를 의미하지 않는다. 각료는
모두 의원이어야 한다. 글래드스톤(Gladstone)*은 1845년 12월부터 1846년 7월까지
서민원에 의석이 없었던 것에 대해서 스스로 말하고 있다.[56] 수상은 재무장관(erster
Lord des Schatzes[First Lord of the Treasury])이어야 하는 데에 대해서, 솔즈베리는
외무대신으로서 자신의 내각의 선두에 선다. 따라서 이 법은 법규율의 명시적인 변경을
요하지 않고 끊임없이 변천할 수 있다. 제2차 선거법개정(Reformbill)까지는 내각은
하원에서 투표에 패하기까지 직무에 그치며 소수파로 머무른다고 말해지고 있었다.
그 이후는 총선거가 이미 직접적으로 내각의 운명을 결정한다는 새로운 규율이 점차
분명히 나타나게 되고, 최근에는 그런데 의회의 임기 중의 보충선거에 마저 이 힘을
귀속시키려고 시도하고 있다. 헌법변천은 영국에서는 무엇보다도 먼저 그 변경가능한
임의의 국법의 변천이다.

임의법(dispositives Recht)의 본질은 지금까지 거의 전적으로 사법에서만 해명되고
있다. 공법에서는 그것을 뷜로가 처음으로 민사소송법에 대해서 구명하였다.[57] 그러나
공법의 다른 부분에서도 임의법이 존재한다는 것은 의심의 여지가 없다. 공법에서 문제인
것은 원칙적으로 사적 의사의 해석이 아니라 전체에 기여하는 것의 규범화이다. 그것에
관한 결정은 그러나 많은 경우에 개인의 사정들을 고려해서만 할 수 있다. 그때문에
공법은 자주 국가기관·공적 단체·구성국가에 대해서 권한들을 그것들이 일정한 법규율
에 위반해도 좋다는 방향에서도 보장한다.[58] 그리하여 예컨대 재판소구성법은 재판소에
출소의 허용에 관한 결정권을 부여하는데, 그러나 란트 입법은 거기에 위배하여 권한분쟁
의 결정을 위한 특별한 관청을 설치하는 것을 인정하고 있다.[59] 1853년 5월 30일의
프로이센 도시법은 소도시에 대해서 그 조직의 합리화를 그때까지 조직에 대해서 규정하

---

55) 임의법(dispositives Recht)에 대한 독일에서의 다양한 특징 중에서 나는 이곳에서는 본문의 것[탄력적인
    법(nachgiebiges Recht)]을 선택한다. 왜냐하면 그것은 바로 여기서 문제로 삼는 규범들의 고유한 성격을
    가장 잘 표현하기 때문이다.
56) Gladstone, Gleanings I, p. 225.
57) Bülow, Dispositives Zivilprozessrecht, Arch f. ziv. Praxis. 64. S. 1 ff.
58) Dernburg, Pandekten § 32은 충분한 엄격함으로 두 종류의 「비강행법」을 구별한다. 임의공법은 관계자의
    추정된 의사에 근거하는 것이 아니라 입법자의 허용에 근거한 제2의 유형에 해당된다.
59) 재판소구성법 제17조.

고 있던 규범에 위배하여 행하는 것을 허용한다.[60] 질병조합의 일, 보험가입을 의무지우는 자의 범위는 조합의 정관상의 규정에 의해서 법률상의 규범에 적합한 것과는 별도로 규정할 수 있다.[61]

그러나 국가의 구조와 기능들에 대해서 특별한 의의를 가지는 것은 헌법상의 권한배분에 대해서 그 행사를 소여의 사정에 적합하도록 규율하기 위해서 부차적인 법으로서 추가하는 탄력적인 법이다.

대륙 국가들에서의 임의법의 특질과 작용의 방법이 일단 구명되고 있었을 때에는 매우 중요한 연구였을 것이다. 임의법은 모든 국가에 존재한다. 국법학상의 형식주의는 임의법 없이는 자주 곤란하므로 그러나 그것을 해명할 수는 없다. 자주 이 형식주의는 그것을 정치학에 할당하려고 하는데, 정치학은 독일에서는 거의 연결적·체계적인 방법으로는 수행할 수 없는 학문분야이다. 그래도 역시 입법자와 아울러, 또 입법자를 초월하여 존재하는 법창조를 행하는 세력들에 관한 학설로서의 학문인 정치학은 국법학상의 문제들 자체의 이해를 위해서 불가결한 수단이다. 나아가 최근의 국법학은 과연 정치적인 것을 법학적인 것으로부터 구별하는데, 그러나 엄격한 표지에 의해서 전자의 영역을 법의 영역에 대해서 한계지우는 것은 아니다. 국법학자가 자신이 설명할 수 없거나 설명하기 싫은 국가와 관련된 문제를 정치가 주권적인 권력을 가진다고 선언함으로써 내버리는 것을 매우 자주 목도할 수 있다.

덧붙여 소여의 법상태에 대한 비판은 정치인식을 결여한 채 배제되고 있다. 모든 다른 법영역에서 법률가는 지배적인 법상태의 개선에 협력하는 것을 자신의 과제라고 본다. 오직 국법학에서만 소여의 법은 아무런 정당화를 필요로 하지 않는 것으로서 통상은 취급하며, 그리고 법학자의 정치적 대립은 법학자가 자신의 정치적 견해를 어떻게 실정법 소재 속에 퍼뜨리는 것 속에서 명백하게 된다.

나는 위의 언설을 많은 대륙 국가들의 국법의 어떤 중요한 점에 대해서 제시한다. 영국에서는 수상과 내각은 정식의 법제도에 들어가지 않으며 법률상의 것이 아니라는 것이다. 그러나 그것들을 결여한 대영제국의 전체 국가질서 그 자체가 이해할 수 없는 것이 된다는 것은 매우 자주 듣는 바이다. 따라서 영국의 법률가가 오늘날 18세기의 법률가가 그러했듯이, 국법의 서술에서 내각에 전혀 언급하지 않으려고 시도한다면 웃음거리가 되어버릴 것이다. 그러면 그러나 각의(Ministerrat), 전각료회의(Gesamtministerium) 또는 국무회의(Staatsministerium)와 같은 조직을 가지는 국가에서, 그러한 조직이 헌법, 법률 또는 법규명령에 근거하지 않은, 상당수에 달하는 한 무리의 국가가 존재한다. 특히 벨기에의 경우가 그러하며, 이 나라에서 각의는 법률의 문언에는 전혀 없지만 각의의 수장이라는 칭호도 존재하지 않지만, 그럼에도 불구하고 거기에서는 연대해서 책임을 지는 대신이 항상 합의체로서 의장을 근무하는 대신의 지도 아래서 심의하는

---

60) [프로이센 도시법] 제8장 제72조와 제73조.
61) 건강보험법 제2조, 제21조.

것이다.[62] 다른 국가들에서는 과연 수상직은 존재하지만 그러나 명문의 규정으로 규율되지는 않는다. 프랑스[63]와 오스트리아가 그렇다. 오스트리아에서는 수상에 대해서는 국가관리의 봉급에 관한 법률의 부칙에서만 언급하고 있으며,[64] 수상이란 이 국가의 성문법에서는 오로지 예산상의 존재이다. 그 위에 이 나라에서는 전각료회의가 적지 않은 법률에서 전제가 되는데 그러한 법률들이 성문법주의의 다른 국가에서는 철저한 법적 완성으로 가고 있는 이 제도를 어디서도 명시적으로 규율되지 않는다고 시사하고 있다. 그럼에도 불구하고 오스트리아에서도 각의는 헌법상의 제도이며, 그 조직은 물론 형식적으로는 강행법규에 근거하고 있지는 않지만 그 존재는 임의법에 지고 있으며, 이 임의법은 황제의 대신임명권과 황제에의 대신책임제에 근거를 둔다.[65] 취해야 할 정책의 방향이나 행정의 중요문제에 관해서 대신 간에 일치가 없으면 모순 없는 국가지도는 불가능하다. 따라서 전각료회의는 이제 그것이 법률에 근거하여 모든 국가의 불가결한 제도이다. 그 제도의 종류에서 또는 그 권한의 범위에서 각 국가의 특수성이 나타날 것이다. 그러나 국가생활의 통일의 요청은 개개의 사람에 의한 어떠한 반대에도 대항하여 관철하지 않을 수 없으므로, 그것이 존재하는 것 자체는 국가원수와 대신의 자의에 의존하지 않는다. 따라서 전각료회의는 어디서나 법에 근거하며, 헌법상의 책임이 기능하기 위한 불가피한 전제이며, 이 점에서는 그것이 법률상 형성되고 있는가 또는 법률을 결여하여 내지는 — 영국과 같이 — 나아가 법률에 반하여 형성되고 있는가는 아무래도 좋은 것이다. 그러나 성문법규가 결여된 경우, 또한 그것이 실질적 법률에 의해서 규율되지 않는 한, 그 존재와 작용은 탄력적인 헌법(nachgiebiges Verfassungsrecht)에 근거하며, 그 탄력적인 헌법이 유동적인 요소로서 성문헌법규범이 제공하는 광범위한 간극을 메꾸는 것이다.

VI.

국가권력의 행사방법에 의해서 헌법은 변천한다. 그러나 이것은 국가적 권한의 항상적인 불행사에 의해서도 생길 것인가? 이 특별하게 중요한 문제도 우리들은 우선 먼저

62) Vauthier, Das Staatsrecht des Königsreichs Belgien im H. B. d. öff. Rechts, S. 50. Dupriez, Les ministres dans les principaux pays d'Europe et d'Amérique, 2e éd. 1892/93 I, p. 217. 완전히 예외적이지만 미니스터 콩세이유에는 특정한 사례에서 일정한 기능을 부여할 수 있는데 이 점은 Beltjens, La Constitution belge revisée. Liège 1894, zu Art. 65 no. 6 참조.
63) Lebon, a. a. O. S. 53, Dupriez II, p. 353 ff.
64) 1873년 4월 15일의 법률 R. G. B. Nr. 47.
65) 오스트리아의 국법학자는 수상과 각의의 존재를 간단하게 확인하는데 그 법적 근거를 구명하지 않는다. Ulbrich, Lehrbuch des österr. Staatsrechts, S. 145, Seidler, v. Minister im österr. Staatswörterbuch II¹, S. 739, Hauke, Grundriß des Verfassungsrechts (im Grundriß des österr. Rechts), 1905, S. 78 참조.

하나의 구체적인 예로 제시하려고 한다.

영국 왕권의 오늘날의 지위가 그것에 의해서 성격지워지는 경향의 매우 유명한 데이터에는 다음과 같은 사실이 속한다. 즉 지금으로는 거의 200년 전의 일, 스코틀랜드의 민병에 관한 법안이 제출된 때 — 앤 여왕의 시대 — 에 왕위가 자기에게 귀속하는 재가거절권, 즉 거부권[66]을 행사하였는데 그것이 최후였다는 사실이다. 이것에서 그 후 원칙으로서 국왕의 거부권은 그 자체 상실하였다. 그것은 불행한 일로 소실하였다는 귀결이 도출된다. 물론 이것은 공식으로는 의회에서는 결코 인정하지 않았으며, 1868년이 되어서부터 하디 장관은 하원에서 이 왕위의 권리의 확고부동한 존재를 주장하였다.[67] 그리고 토드*와 같은 영국 국법의 매우 저명한 전문가도 역시 임의의 내각이 자기의 책임에서 그것이 필요하다고 생각한다면, 국왕 대권의 이 부분은 다른 그것과 마찬가지로 생생할 수 있다는 명제를 주장하였다.[68] 이 문제를 그 이상 여기서 서술할 계획은 없다. 오히려 나는 영국의 사정에 근거하여 의회주의의 교의에 대해서 매우 자주 반복되는 명제, 즉 엄격한 의회제 정부는 국왕의 거부권을 배제한다는 명제를 고찰하려고 생각한다. 그것에 의하면 의회제 내각은 오히려 항상 자기에게 대해서 받아들이기 어려운 법률을 그 성립의 과정에서 압박하는 힘을 가지고 있으므로, 군주의 거절하는 힘이 원용되기에 이르는 것은 완전히 허용되지 않는다고 한다.

미국인은 매우 감사할만한 방법으로 헌법상의 통계를 발전시켰다. 이 통계로부터 우리들은 예컨대 합중국 대통령이 그 직의 설치 이래 최초의 백 년 동안에 433회 그 거부권을 행사하였다는 데이터를 안다. 거부의 그처럼 정확한 통계가 다른 국가에 대해서

---

66) 형식법학적으로 국왕의 거부권이 아니라 재가권을 가지고 있다는 것, 국왕은 어디서나 적극적으로 입법에 참가하며 단지 소극적으로 의회의 의사를 부정하는 권한을 가지는 것은 아마도 아니라는 것은 여기서는 주지의 사실로서 전제하고 있다. 그러나 몽테스키외가 군주에 의한 법률의 인가는 「그것을 방해하는 권능을 남용해서는 안 된다는 선언 이외의 것은 아니다」(n'est autre chose qu'une déclaration qu'il ne fait point d'usage de sa faculté d'empêcher)로서 설명한 이래, 특히 외국 문헌에서는 재가의 그와 같이 특징지어진 정치적 기능이 전면에 나타나고 있다. 내가 보는 바로는 이 때문에 다음과 같은 종래 주의하지 않았던 사실이 강조되게 되었다. 그것은 재가와 재가한다는 표현은 그 기원을 1789년의 프랑스인의 정치적 은어(隱語)에 힘입고 있다는 사실이다. 「재가」(sanction)라는 말은 1789년 이전에는 법률로서의 힘의 부여라는 의미와는 다른 의미로 사용되고 있다. 아주 별개로 내가 알지 못한 것인데 1789년 이전의, Rousseau, Du contrat social IV, 4 (Oeuvres compl. 1865 III, p. 374)에서 이 말은 오늘날의 의의에 어느 정도 일치하는 의미로 사용되는데, 이것에 대해서 프랑스의 사전은 한 마디도 말하지 않는다. 「재가하다」(sanctionner)라는 말은 1789년 이전에는 결코 존재하지 않는다. 이 용어가 프랑스 아카데미에 의해서 처음으로 인정된 것은 1798년이 되어서부터이다. Hatzfeld-Darmsteter-Thomas, Dictionnaire général de la langue française h. v.⁰ 참조.

67) 여왕 폐하는 폐하가 상당하다고 생각하지 않는 조치도 거부할 자격을 폐하에게 부여하는 대권의 그 부분을 포기하는 헌법상의 권리를 가지지 아니한다. Hansard, Debates t. CXCII, p. 732.

68) Todd-Walpole, Parliamentary Government in England, London 1892, II, p. 70. 국왕의 거부권의 불행사를 입헌적인 관습적 규율로 설명한 다이시도 왕위가 내각의 조언에 의해서 선거민에게 의문이 있는 중요한 법률의 결정을 유보한다는 방향에서 이 거부권이 부활할 수 있다고 생각한다. Contemporary Review LXVII, 1890, p. 498. 마찬가지의 것은 Frank H. Hill, The future of English Monarchy in derselben Zeitschrift p. 201.

도 있다면, 확실히 매우 흥미 있고 교훈적일 것이다. 이것에서 명백하게 되는 것이 있다면 그것은 거부의 사실상의 행사는 원칙으로서 분권화된 국가에서의 지방의 법률의 경우에만 행해진다는 것이다.[69] 이리하여 오스트리아의 란트 법률은 라이히 법률과의 불일치 때문에, 또는 중요한 국가적인 전체이익과의 충돌 때문에 자주 재가되지 않는다. 그리고 이것과 유사한 것은 영국의 식민지의 법률로, 그 중 적지 않은 수의 법률은 국왕의 재가를 받지 않는다.[70] 그렇지만 우리들이 중앙의회에 의해서 의결된 법률을 얼핏 보면, 대륙의 군주제에서는 완전히 의외로운 결과가 명백하게 된다. 오스트리아에서는 라이히 참의원이 의결한 법률이 재가를 얻지 못한 것은 단 하나의 사례가 있는 것을 확인할 수 있을 뿐이다. 이것은 1876년의 수도원법(Klostergesetz)이다.[71] 그러나 내가 보는 한 확실히 의회제 정부를 가지지 아니한 국가인 프로이센에서는 단 하나의 사례도 증명할 수가 없다. 오늘날의 프로이센 헌법이 존재한 거의 거의 60년 동안에 왕권의 독자성이 매우 즐겨 강조되는 것이 일상인 프로이센에서도, 군주는 란트 의회가 표명한 의사에 대해서는 결코 거부적인 태도를 취하지 않는다. 황제 프리드리히 [3세]는 당초 프로이센 란트 의회가 의결한 입법기를 3년에서 5년으로 연장하는 법안을 재가하는 데에 왕위교대 전에는 의문을 가지고 있었다. 그러나 그는 이 법안에 2개월 이상 주저한 후 1888년 5월 27일에 서명을 하였다.[72] 1892년에 국왕의 동의를 얻어 제출한 체들리체 학교법안 (Zedlitzscher Schulgesetzentwurf)에 대해서 강력한 항의가 생겼을 때, 법안이 란트 의회 의 동의를 얻는 것은 확실하다고 생각된 것만으로 이 법률에 대한 많은 반대자는 그 최후의 바람을 국왕에 의한 재가의 거절에 걸었다. 그러나 빌헬름 2세는 국민의 의향을 고려하여 아직 대의원에 있었던 법안의 철회를 명하고 또한 문화대신을 해임하였다.[73]

이에 대해서 일견 놀랄지도 모르지만, 의회제적 군주제가 전형으로서 타당한 국가, 벨기에에에서는 국왕거부권이 사실상 행사된다.[74] 국왕에 의한 재가가 행해지지 않은 두 개의 교훈적인 사례를 간단히 서술하기로 한다. 1845년에 벨기에 양원은 어떤 법률을 의결하였는데, 이 법률로써 곡물관세는 현저하게 인상하게 되었다. 그 후 노통브(Nothomb) 내각은 무너지고, 동시에 갑자기 발생한 감자 질병과 예견된 곡물의 흉작으로 빵 가격이

---

69) 중앙집권화된 국가 중에서 재가거부의 가장 많은 사례를 보여주는 것은 스웨덴인데, 그것은 스웨덴에 독특한 헌법사정에 근거하고 있다. Ascheoug, Das Staatsrecht der Vereinigten Königreiche Schweden und Norwegen, S. 68 참조.
70) Todd, Parliamentary Government in the British Colonies, 2ᵈ ed. London 1894, p. 155 ff. Prinz Heinrich XXXIII. v. Reußj, L., Der britische Imperialismus 1905, S. 70 ff. 참조.
71) Kolmer, Parlament und Verfassung in Österreich II, 1903, S. 331 참조.
72) Bismarck, Gedanken u. Erinnerungen, II, S. 306 f.
73) 다른 독일 국가들에서도 나는 재가 거부의 사례를 하나도 보지 못했다. 그럼에도 불구하고 재가거부가 어딘가에서 행해진다면 그러한 것은 국가생활에서 완전히 예외적인 것으로서 행하는 데에 헤아릴 뿐이다. 바덴에서는 프리드리히 대공이 의원에 의해서 의결된 학교법을 집행하는 것을 잠시 주저하였는데, 이것은 욜리(Jolly) 대신의 사건과 관련되어 있었다. 그러나 동법은 1876년 9월 18일에 재가되었다.
74) 벨기에에서 국왕거부권은 이중의 형태로 행사된다. 국왕이 재가를 명시적으로 거부하거나 또는 단순히 재가를 하지 않는 것이다. Beltjens, a. a. O., p. 404 참조.

폭등하였다. 새 내각은 의회가 처리를 끝낸 법률을 국왕에게 제시하지 못했을 뿐만 아니라, 이 법률과 관련하여 언급한 것과는 아주 모순되는 식료품의 자유로운 수입을 보장하는 조치에 대한 동의를 국왕에게 청구하였다. 예사롭지 않은 상황에 적응시킨 새 법률은 양원에 의해서 전원일치로 가결되고, 이처럼 기묘한 방법으로 무시된 이전의 법률에 대해서는 결코 더 이상 언급하지 않았다.[75]

1884년에 발생한 사건은 사정이 다르다. 그 해에 마찬가지로 내각이 교체되고 그리고 새로운 내각은 새로운 자치체의 창설에 관한 아직 재가되지 아니한 약간의 법률에 봉착하였다. 이들 법률에 대해서 새 대신들은 의회에서 정력적으로 반대하고 있었기 때문에 따라서 그들은 자신들이 억누르려고 노력한 의결에 서명하는 것을 득책이라고 생각하지는 않았다. 그때문에 정식으로는 각의의 소견과 당해 소관 대신의 제안에 근거하여, 화제의 입법구상에 대한 국왕 재가가 거부된다는 국왕에 의한 공시가 행해졌다.[76]

이리하여 재가의 거부는 의회제 정부 시스템과 일치하지 않는 것은 결코 아니라는 것이 분명하다. 또한 그러한 거부권의 행사에는 군주의 정치권력상의 지위는 아무데도 의존하지 않는다. 그런데 헌법상 거부권을 가지지 않지만, 그러나 재가권이 부여된 많은 군주보다도 정치적으로는 훨씬 강력한 국가원수가 존재한다. 주지하듯이 그것이 독일 황제이며 그는 라이히 법률을 단순히 공포할 수 있을 뿐이며, 재가조차 할 수 없지만 프로이센이 연방참의원에서 반대하던 법률이 제국 헌법에 따라서 황제에 의해서 공포된다는 것이 사실상 생기고 있다.[77] 많은 군주제에서 거부권이 적용하지 않도록 노력하는 이유는 다양하며, 군주의 인격을 전면에 내세우지 않는다는 바람은 중요성이 적지 않다는 것은 아니다. 이것은 국민대표기관의 완전하게 되고 있는 의사에 대항할 필요가 있다면 피할 수 없다. 그것이 영국에서 거부권을 행사하는 것을 항상 피하는 아마 주요한 이유이기도 하다. 소집된 의회에 출석하여 국왕의 동의(royal assent)를 명시적으로 거부하거나 또는 그 목적으로 위원(Kommissar)만을 파견한다면, 영국에서는 국왕에게 확실히 가장 고통스러울 것이다. 또한 예외적 사례에서 내각이 국왕으로 하여금 거부하도록 움직인다

75) Ernst Vandenpeereboom, Du gouvernement représentatif en Belgique II, 1856, p. 142-148, 153-155 참조. 이 사례는 종래의 국법이론이 고려하지 않았던 입헌주의적 국가생활의 가능성에 처음으로 만난 것으로 특별히 흥미 있다. 내각이 의원(議院)에 의해서 처리된 법안을 군주에게 제시하여 재가를 구하는 것을 게을리 하고, 그리고 재가의 하명에 대해서 기한이 규정되어 있어서 이 기간이 경과해 버린 후에는 마치 군주가 재가를 거부한 경우와 마찬가지로, 이 법률은 거부된 것으로 볼 수 있다. 따라서 법률은 군주의 어떤 작위 또는 부작위 없이는 재가할 수 없다. 그러한 경우 과연 관여한 대신은 직무상의 의무를 위반하는가, 그러나 의원이 대신책임을 주장하는 동기를 갖지 않는다면, 헌법에는 이 점에서 아무런 보장도 없고 특히 사후에서의 대신의 해직 속에도 보장은 존재할 수 없다.
76) Dupriez, I, p. 247 참조 재가의 거부는 「우리 대신회의의 의견, 우리 내부대신의 제안 그리고 공적 지시에 대해서」(de l'avis de notre conseil des ministres et sur la proposition de notre ministre de l'intérieur et de l'instruction publique)의 1884년 8월 4일의 국왕명령(Arrêté royal)에 의해서 생긴다. Pasinomie belge 1884, Nr. 261.
77) 이것은 1877년 4월 1일의 라이히 재판소의 소재지에 관한 법률이며 동법은 그 소재지를 라이프치히로 정하고 있었는데 한편 프로이센은 이에 대해서 베를린을 제안하고 있었다.

면 국왕이 개인적으로 벗어나는 것을 강화할 것인데, 그러한 국왕의 개인적 등장은 영국인의 입헌주의적 관습에 속한다. 헌법이 거부권에 일치하는 대신책임을 결여한 채 보장하는 것은 노르웨이인데, 거기서 그 행사는 국왕 오스카르 2세*에게 왕위를 잃게 하였다.

그러나 어떠한 이유로 재가권에 포함된 거부권한에 반대하더라도, 이 권한은 역시 매우 중요한 의의를 가지는 현실적이며 정치적인 힘이다. 그것이 있을 수 있다는 것이 이미 입법과정을 이렇게 규정한다. 즉 대부분의 사례에서 법률의 가능한 운용의 예칙이 입법과정을 하여 예측할 수 있는 그러한 사태를 완전히 초래하지 않게 한다. 특히 양원제가 거기에 적합하게 기능하는 곳에서는 그렇다. 따라서 거부권은 결코 적용될 필요는 없지만 그래도 역시 기능하는 것이다. 프로이센이나 오스트리아와 같은 군주제에서 이것은 그 이상의 논증을 요하지 않는다. 그러나 영국에서마저 그 장기간에 걸친 불행사에도 불구하고, 입법의 억제수단으로서의 그 기능은 결코 완전히 소멸한 것은 아니다. 거기에서 는 국왕이 법안의 제안을 그 인가에 관련시킴으로써, 거부권이 왕위에 입법과정의 전단계 에 개입하는 힘을 보장한다.[78] 28년의 장기에 걸쳐서 이리하여 조지 3세와 조지 4세는 19세기의 최초의 수 십 년에 이르기까지 가톨릭의 해방을 방해할 수 있었다. 최근의 간행물에서 우리들이 알 수 있는 것은, 특히 빅토리아 여왕마저 그녀의 내각의 적지 않은 입법계획에 대해서 어떻게 집요한 반대를 하였는가, 글래드스톤이 아일랜드의 자치법안(Home Rule)의 제안의 허용을 여왕으로부터 어떻게 고심하여 얻었는가 하는 것이다. 상원에서의 1893년의 이 [아일랜드 자치법안의] 사례에서는 여왕은 성공적인 영향력을 주었다고 추측된다.[79]

우리들의 고찰은 국가적 권한의 그토록 장기간의 불행사가 있더라도 그것만으로 당해 헌법 규정 없이 법률 규정 그 자체가 폐지되어 버린다는 결론을 도출하는 것은 결코 허용되지 않는다는 것을 분명히 한다. 이런 의미에서 국가적 고권은 그 본질에서 볼 때 시효에 걸리지 않는다고 한다. 따라서 사실상 행사할 수 없었던 힘이 어디까지 법적 의의를 가지는가, 또는 갖지 않는가, 즉 이 힘이 사실상 행사되지 않았던 것이 국가생활에 대해서 어떠한 사례에서 그 규범적 의의를 증명할만한 가치가 있는가의 여부는, 증명하는 힘이 거기에 있는가의 여부를 개별 사례에서 결정하는 것은 매우 곤란한 고찰에 속한다. 이를 위한 매우 흥미 있는 대상은 많은 국가에 있어서의 대신책임에

---

78) 국왕의 입법에 대한 오늘날의 영향력에 관해서는 Anson, Law and Custom of the Constitution, I, 3th ed. 1897, p. 300 참조.

79) 여왕은 그 개인적인 영향력으로 캔터베리 대주교인 테트(Tait)를 사용하여 저항하는 귀족원의 아일랜드 교회법안에 대한 동의를 1869년에 획득하였다. Sidney Lee, Queen Victoria, New edition, London 1904, p. 405 ff. 참조. 아일랜드 자치법안 운동에 대한 격렬한 적대감을 여왕은 결코 숨기지 않았으며 1893년의 법안이 귀족원에서 좌절된 것을 공공연히 기쁘게 받아들였다 (Lee, p. 492 ff., 524 f.). 여왕은 일찍이 귀족원과 서민원 간의 대립을 제거하는 것으로 그래드스톤의 정책인 아일랜드 교회문제에서는 그녀의 지지에 의해서 곤란을 제거할 수 있었는데, 글래드스톤의 아일랜드 계획에 대한 그녀의 주지의 적대관계가 귀족원의 이 계획에 대한 정력적인 저항을 강화한 것도 바로 있을 수 있는 것이다.

관한 법률규정이 제공할 것이다.

끊임없이 의회에 의해서 운용되는 이른바 정치적 대신책임이 입헌군주국에서는 오늘날 도처에서 대신소추에 의해서 국사재판소에서 행해지는 이른바 국법상의 책임에 사실상 대신해 오고 있다는 것은 잘 알려지고 있다. 예컨대 오스트리아에서는 종래 국법상의 책임의 명백한 의의는, 라이히 참의원에서의 대신소추의 신청은 이를 시위수단 또는 방해수단으로서 이용할 수 있다는 데에 진력한다. 면밀하게 만들어진 책임법 (Verantwortlichkeitsgesetz)을 가진 다른 국가에서 이 신청은 지금까지 한 번도 정도의 차이는 있지만, 그러한 의회주의적 농담이 되지는 않고 있다. 그러나 여하튼 국법상의 대신책임에 관한 조항은 비록 적용에는 이르지 않더라도, 대신에의 내적 동기를 부여하도록 따라서 보존하도록 움직인다고 할 것이다. 그러나 대신책임을 지금까지 원리로서만 말하고, 그렇지만 결코 성립하지 않는 특별한 법률에 상세를 유보해온 국가들, 그런데 대신이 책임을 지면서도 이 책임을 어떻게도 명확하게 하지 않은 국가, 즉 독일 제국에서처럼 라이히 수상, 그 대리 [제국직할령] 엘자스 · 로트링겐의 통감(Statthalter)* 그리고 제국 본국(Reichsland)의 행정장관의 책임이 그러한 실정에 있는 국가는 어떠할 것인가? 그러나 독일 제국은 그 점에서는 결코 단 하나의 예는 아니다. 오늘날의 프랑스법도 대신의 연대책임과 개인책임의 원리를 말할 뿐이며 그 제도를 명확하게 하지는 않는다. 마찬가지로 이탈리아 헌법은 상세한 규정을 완전히 가지지 않고 대신책임의 원리만이 있을 뿐이며, 그리고 오늘날의 스페인 헌법도 사정은 동일하다. 이들 세 나라에서는 과연 대신에 대한 소추권자와 재판관은 두고 있는가, 그러나 소추와 판결에 관한 규범은 아무것도 존재하지 않는다. 다른 국가들은 그 헌법에서 대신책임을 위한 집행법률을 약속하고 있는데, 그러한 법률이 성립하지는 못할 것이다. 그러한 사정에 있는 것은 프로이센 · 포르투갈 · 벨기에 · 네덜란드 · 아이슬란드이다.

매우 다양한 정치구조를 가지는 국가들, 즉 의회제 정부를 가지는 국가, 군주제 국가와 공화제 국가는 여하튼 명확하게 완성된 대신책임법을 결여하였다는 것이 분명하다. 이들 국가들에서는 회피하기 어려운 매우 어려운 문제, 즉 그들의 국가에서 대신책임은 국법상의 제도에 속하는가의 여부라는 문제를 해결하지 않으면 안 된다. 대신소추의 제도와 국사재판소에 의해서 얻은 체험은 오늘날에는 이들 국가의 의회에도 대신책임의 형성을 순수하게 이론적인 요청으로서 등장시키고 있다. 독일 제국과 프로이센에서는 집행법률에 대해서 생각하지 않으며, 다른 상술한 국가들에서는 헌법의 규정을 적당히 보충하는 시도가 지금까지는 수미일관하였으며 가까운 장래에서도 더욱 성공하지 못할 것이다.[80] 이들 국가에서는 그 구체적 형성이 이들 국가 각각의 특성에 적합한, 실제상 중요한 정치적 책임으로 만족하는 것이다. 그러나 국법학의 문헌은 헌법규정에 대해서

---

80) 프랑스에 대해서는 v. Frisch, Die Verantwortlichkeit der Monarchen und höchsten Magistrate, S. 60 f. 참조. 이탈리아 · 덴마크 · 아이슬란드에서는 ebenda S. 98 참조. 포르투갈에서는 1826년 4월 29일의 헌법의 제104조에서 예정된 집행법률이 아직 제정되지 않고 있다. 벨기에에서는 헌법 제134조가 여전히 유효하며, 제90조에서 예정된 법률의 제정까지 잠정적으로 검찰과 재판소가 규율하고 있다.

곤혹하고 있다. 특히 독일에서는 제국과 프로이센에서의 국법상의 책임의 존재가 어떤 경우에는 주장되고 어떤 경우에는 부인된다. 그러나 그 옹호자도 불완전 법(lex imperfecta)의 생각을 넘지 못하고, 거기에서 어떠한 법적 효과도 도출하지 못한다. 헌법의 있을 수 있는 보장에도 불구하고 그것은 죽은 문서로 그치고 있다.

VII.

헌법변천의 문제와 내용상 결부되는 것은 헌법흠결의 그것이다. 지금까지 상세하게 서술해온 것은 동시에 흠결의 존재에 대한 적지 않은 예를 주고 있었다. 흠결이란 국가와 법의 기본적인 관계를 인식한 자가 국가와는 먼저 첫째로 사회적이며 역사적인 과정에서 법은 이것을 질서지울 수는 있어도 창조할 수는 없다는 것을 안다면 이를 부인할 수는 없을 것이다.[81] 그러나 국가들이 그 가운데 자신을 전개하는 역사적 과정은 인간에 의한 예측이 매우 불완전하게만 미칠 뿐이며, 따라서 의식적으로 미래에 향해서 작용하려고 하는 법이 있을 수 있는 한의 미래에서 그 규범들을 예칙하지 못한 사건과 예칙하지 않은 사건에 대해서까지 준비하는 것은 불가능하다. 따라서 또한 역사적 경험은 모든 헌법이 흠결을 지니고 있으며, 그 흠결은 자주 장기간 후에 비로소 명백해지며, 해석이나 유추와 같은 전래적인 수단으로는 메꿀 수 없다는 인식을 낳는다. 우리들의 지금의 헌법을 창초함에 있어서 오스트리아와 헝가리에서 여러 해에 걸쳐 국가생활의 계속적 현상이 되고, 그것에 의해서 의회활동을 일시적으로 국가기능들로부터 배제해 버린 의사방해의 가능성에 대해서 누가 생각했을 것인가? 그것으로 이들 국가에서는 그 규율이 자주 순수하게 사실적 성격의 것으로 법적인 그것이 아닌 상태를 만들어 내었다. 이것은 특히 예산법의 영역에서 명백하게 되었다.

헌법흠결의 존재의 그러한 뜻밖에 떠오르는 발견은 새로운 사실상태가 관습법상의 승인을 얻고 또 그것에 정상적인 의의가 주어짐으로써 과연 헌법변천에 도달할 수 있다. 그러나 헌법흠결의 인식은 원칙으로서 입법자에게 의뢰하고 있다. 왜냐하면 헌법개정은 이러한 종류의 흠결을 근본적으로 충전하는 가장 확실한 방법이기 때문이다.

지금까지 우리들은 오늘날의 유형을 그 기본적 동향에서 존속시키는 우리나라 헌법의 변천과 변경을 염두에 두어왔다. 그러나 이제 나는 고찰의 보다 높은 지점에로 올라가려고

---

81) 헌법흠결에 관해서는 나의 Allg. Staatslehre, S. 347 ff. (역서, 284면 이하)와 최근의 문헌에서는 Anschütz, Lücken in Verfassungs- und Verwaltungsgesetzen, im Verwaltungsarchiv XIV (1906) S. 315 ff. 참조. 안쉬츠의 논문 결론에서는 나와 일치하지만 내가 주장하지 않는 것에 대해서 잘못하여 a. a. O. S. 335에서 논박하고 있다. 정부와 국민대표 간의 분쟁의 경우에는 어디에도 재판관은 존재하지 않는다는 것 등은 안쉬츠가 인용한 곳에서도 다른 곳에서도 나는 서술하지 않는다. 완전히 반대로 나는 이미 Gesetz und Verordnung, 1887, S. 309에서 예산법에 관한 분쟁의 재단의 권한을 가지는 국사재판소를 지적하고, 그리고 그러한 사건을 위해서 독일 제방에 존재하는 복수의 재판소도 명시적으로 강조해 두었다.

생각한다. 그리고 헌법변천의 최고 최심의 문제를 대담한 시도에 의해서 시사할 계획이다. 그러나 나는 그러한 것을 학문인의 냉정한 객관성을 가지고 추구하려고 생각한다. 학문인은 감정과 희망을 토로하는 것이 아니라 특히 주관적인 것에서 최대한 해방된 격정에 좌우되지 않는 인식만을 말하려는 것이다.

헌법의 이런 저런 곳을 취하는, 위에 서술한 모든 헌법변천과는 비교가 되지 않을 정도로 교훈적인 것은, 국가 자체의 어떠한 돌연적인 동요도 없이 주어진 국가질서의 완전한 파괴와 궁극적인 결과로서의 국가의 완전한 신구축을 보여주는 헌법변천이다. 그러한 헌법변천을 야기하는 데에는 장기간의 시간과 커다란 역사적 세력들의 작용을 필요로 한다. 우리들이 역사를 뒤돌아보면 국가제도가 몇 세기나 그것을 토대로서 외견상 확고한 가장 깊은 기초마저 그것을 가장 목적의식적인 입법자의 손 없이 어떻게 부수고 동요하고 스스로 붕괴할 수 있는가 하는 것에 놀라움을 알게 된다. 헌법의 그러한 완만한 죽음에 관한 이론은 더욱 상당히 발전하지 않고 있다. 헌법제도들의 가치가 그토록 저하하고, 누구도 이미 그 가치를 구하지 않고, 마침내는 그 제도들에 자신의 의사를 설정하려는 인간이 이미 없게 되면 헌법은 죽는 일이 있다. 가장 의기양양하게 군림하는 국민의회가 그럼에도 불구하고 아무도 참가하려고 하지 않는 일도 있을 수 있다. 우리들은 그러한 국민의회의 모습을 로마 인민(Populus Romanus)에게서 발견한다. 로마의 민회(Komitien, comitia)는 한 번도 폐지되지 않았다. [황제] 네르바(Nerva)* 아래서는 더욱 그 발자취를 추적할 수 있을 지라도 그 후에 이 민회는 어둠 속으로 사라져버린다. 우리들은 외경의 염을 일으키고 세계를 제압하는 왕위가, 그렇지만 어떤 날 아무도 이 왕위를 구하려고 하지 않는다는 것을 생각할 수 있다. 금년 8월 6일에 프란츠 2세가 독일 국민의 [신성] 로마 황제의 왕위를 퇴위한지 한 세기가 된다. 군주가 퇴위한다면 그는 모든 군주제 국법에 따라서 후계자를 얻는다. 그러나 당시 [신성 로마] 제국의 대부분이 아직 란트 동맹의 외부에 있었음에도 불구하고, 이 왕위를 탐내는 자는 아무도 없었다. 이 제국의 붕괴는 국법학적 죽음의 가장 비극적인 예이다.

과거의 그러한 교훈은 인간이 만든 어떠한 제도들의 영속을 너무 지나치게 신용하지 않는 우리들을 신중하게 만든다. 과연 우리들은 장래를 해명하는 데에 충분한 확실성을 수반하여 성공하는 것은 아니다. 그러나 우리들이 현존의 국가적 제도의 발자취를 비교적 장기에 걸쳐서 추적하였다고 한다면, 비록 커다란 특징에서만 이었다고 하더라도, 그러나 어느 정도의 확실성을 가지고 그 형성을 측정할 수 있다. 이제 우리들이 자신의 배후에 있는 입헌주의의 경험의 세기를 본다면, 한 세대 전에는 아직 누구도 예측하지 못했던 아주 주목할 만한 결과에 도달한다. 입헌주의 국가의 건설과 형성을 둘러싼 위대한 투쟁은 우선 첫째로 국민대표기관의 창출과 그 세력의 확대를 목표로 하였다. 현재와 장래의 국가는 국민대표기관을 기초로 해야 하며, 절대주의의 시대는 국가의 있을 수 있는 최종적 발전단계로서의 의회주의82)의 시대에 의해서 해체되어야할 것이 되었다.

---

82) 이곳과 다음에 의회주의에 대해서 서술하는 경우, 우리들이 그 말로 이해하는 것은 의회의 장치들

이들 의회는 그러나 예측할 수 없었던 변천을 받고 이 변천은 도처에서 주목되지는 않았을지라도 항상 보다 예리하게 나타나고 있다. 즉 이들 의회는 그 힘을 의회로부터 생기거나 또는 의회와 결합한 다른 자에게 양도하거나 그렇지 않으면 정치적 의의의 저하를 초래할 경향을 강화한다.

가장 흥미 있고 가장 중요한 것은 의회발상의 국가인 앵글로색슨 국가들에서 최근의 때의 경과와 함께 의회의 정치적 지위에서 생긴 근본적 변화의 인식이다. 거기에서는 그러한 변천된 국민대표기관의 최초의 것으로서 미국의 연방과 각주의 그것들에 때를 따라 우리들은 만날 수 있다. 거기에서는 특히 우드로우 윌슨이 유명한 저작에서 서술했듯이,[83] 하원의 중심은 완전히 하원의 위원회에 두어지고, 나아가 위원회는 그 위원장의 결정적인 영향 아래 두어지도록 옮겨진 것이다. 하원의 모든 중요한 사항은 위원회에서 확정적으로 결정되며, 한편 본회의는 위원회의 의결을 형식적으로 확인할 뿐이다.[84] 이들 위원회는 하원의 의장이 초연하게 임명하며, 의장은 그 때에 양대 정당을 고려하는 관습에 의해서 구속될 뿐이다. 이들 위원회 중에는 특히 재정경제를 위한 두 개의 위원회, 즉 방법과 수단의 그것과 배분의 그것이 탁월하다. 위원회의 장은 집행부와 결부되며, 내용상 제2급의 대신의, 더구나 완전히 책임을 지지 않는 대신의 기능들을 수행한다. 더구나 어떤 미국의 외교관은 합중국의 통치형태는 입헌주의적 형태의 가면 아래 6인에 의해서 행해지는 절대적이고 무책임한 전제정치라는 주장을 제기하였다. 그 6인이란 즉 합중국대통령·국무장관·재무장관·하원의장·하원에 의해서 임명된 위의 두 위원회의 위원장이다.[85]

각주의 입법부의 권력은 연방의 그것과는 완전히 다른 방법으로 제약된다. 거기에서 입법권은 연방의회보다 훨씬 제약된 권능이 부여되고 있다. 일정한 사항이 입법의 정규의 과정에서 배제되고 더욱 많게 헌법제정에 할당되는 정도가 높게 되고 있다. 그러나 이 헌법제정은 인민의 직접 참가 아래 행해지며, 헌법제정의회(Verfassungskonvention)의 선거를 통해서, 또한 직접투표에서 인민의 의사가 표명된다. 이 시스템의 확대에는 미국인의 주입법부에 대한 명백한 불신감이 보인다. 주입법부에 대해서는 또 다른 제한적

(Einrichtungen) 그 자체뿐만 아니라 개별 국가에서 서로 다양한 유형을 보여주는 이들 장치들과 결합하는 제도들(Institutionen)의 총체이기도 하다. 거기에서 유형을 형성함에 있어서 의의 있는 것은, 특히 특정 집단의 국가에서 의회권력을 속박하여 제한하려고 하는 헌법조항이다. 그리하여 특히 그 의회를 확장하려는 노력에 대해서 아무런 제약도 과하지 않는 영국과 프랑스와 같은 국가와, 유럽형의 의회제 정부의 형성을 방해하는 권력분립의 엄격한 원리를 채택하는 미국과 같은 국가와의, 또는 의회에 대한 군주제의 우위를 역사적으로 유지해온 독일 국가들과 같은 국가와의 대조가 생긴다. 그러나 또한 의회의 지위가 개별 국가에서 얼마나 독특하더라도 의회제도는 역시 어디서나 공통된 특색을 나타내며, 그들의 특색은 한쪽의 국가군에서는 다른 한쪽의 국가군보다도 상대적으로 보다 예리하고 보다 명백하게 나타날 뿐이다.

83) Woodrow Wilson, Congressional Government. 나의 수중에는 연방의회(Kongress)의 정치적 지위에 대한 다른 모든 기술자, 특히 브라이스에 매우 깊은 영향을 준 이 책의 제13판(Boston 1898)이 있다.

84) 미국의 위원회제도에 대해서는 Bryce, I, ch. XV의 기술도 참조.

85) Eugen Schuyler, American Diplomacy. 이것은 Laveleye, Le gouvernement dans la démocratie II, 3ᵉ éd. 1896, p. 135에 인용되어 있다.

인 조치를 강구하고 있다.[86)]

그러나 가장 강력한 전환과정을 최근 경험한 것은, 그 발단은 제2차 선거법개정까지 거슬러 가는데 모든 의회의 원형인 대영제국의 그것이었다. 영국 의회주의에 관한 대륙에서의 세간 일반의 견해는, 여전히 자주 영국 헌법에 관한 배젓(Bagehot)에 의한 재기 넘치는 저작*의 영향 아래 있다. 배젓의 이 저작은 디즈렐리의 의회개혁의 직전에 저술되고, 이 개혁의 효과가 증대해 가는 것을 예측할 수 없었다. 이제 제2차, 제3차 선거법개정에 의한 선거법의 민주화, 아일랜드의 의사방해, 보어 전쟁,* 하원의사규칙의 엄격화의 진행, 아주 최근의 발포아(Balfour)* 내각 하의 그것과 같은 매우 중요한 사건 중 약간만을 열거해도 이들 사건이 영국 의회주의의 본질을 바꾸어 버렸으므로, 하원의 지배는 이미 형식적인 의미에서만 말할 수 있을 뿐이다. 정치가의 의회토론이나 연설에서도 회합이나 토론회(Bankett)*에도, 다른 한편 이미 정치학과 국법학의 문헌에서도 영국에서는 현존하는 정치적 역관계가 최신의 국면을 맞이한 이런 저런 징조가 인식되고, 또한 강조되고 있다. 이러한 관련에서 오늘날의 새로운 사실상의 헌법이 시드니 로(Sidney Low)*에 의해서 그 고국에서 최대의 센세이션을 일으킨 저작에서 서술하고 있는데, 이 저작은 다른 곳에서도 현재의 영국 의회주의에 관한 견해를 근본적으로 개혁하려는 것을 규정하고 있다.[87)]

영국의 현재의 사실상의 헌법의 본질은 가장 간결하게 말하면, 의회제 통치 대신에 내각 통치가 나타나고 있어 그 내각 통치는 과연 종래와 같이 의회로부터 나오더라도 의회의 실재적인 모든 권력을 자기에게 끌어당긴다고 특징지을 수 있다.

하원은 오늘날 본질적으로는 합의체이며 지배적인 정당의 지도자가 이 하원에서 자신의 내각의 상대적으로 다수의 각료를 선출한다(그 소수의 각료는 상원의 당 동료 중에서 선출된다). 그러나 하원 자체는 내각을 지도할 수도 없으며 유효하게 통제할 수도 없다. 의회의 영역과 권한의 범위에 따르면, 바로 간과할 수 없는 활동을 전개해야 하는 의회의 업무상의 과중부담은 곧바로 그 사실상의 권력이 매우 중대한 것에서마저 그 법적 권력과 동등하다는 것을 방해한다. 의회는 오히려 모든 입법문제에서 자주 매우 세밀한 것에 이르기까지 정부에 의존하며, 의회의 통제는 없어도 여전하며 다수파에 대한 퇴진의 어떠한 위협이나 반대하는 다수파마저 내각에 공헌하도록 되어버린다. 내각의 정치적 연대라는 원리는 그 책임을 강화하는 것과는 거의 거리가 멀고, 오히려 내각에 대해서 항의하기 어려운 권력을 부여한다. 왜냐하면 하원의 다수파는 언제나 다음과 같은 선택 앞에 설 수 있기 때문이다. 즉 내각구성원에 의해서 행해진 아직 매우 의문이 많은 조치를 다툼의 대상으로서 삼지는 않지만 그것과도 반대파에 국가의

---

86) Bryce I, ch. XXXVIII-XL, Oberholtzer, The Referendum in America, Philadelphia 1893 참조.
87) Sidney Low, The Governance of England는 최초에는 런던에서 1904년에 출판되고, 그 이래 여러 번 판을 거듭하고 있다. 이 훌륭한 책이 나의 제안으로 최고의 전문가 손에 의해서 번역되고 마침내 독일어로 출판하게 된 것을 알릴 수 있는 것은 나에게는 기쁨이다. 그럼으로써 대중 독자에게 오늘날의 영국을 영국인의 해명으로 비로소 알 기회가 주어질 것이다.

지도를 맡긴다는 선택이다. 따라서 하원 자체에서 최근에는 자주 하원이란 입법을 행하는 집회라기보다는 정부의 명령을 등록하는 단체와 같다고 신랄하게 논평하고 있다. 의사규칙의 최근의 개혁은 심의나 토론을 제한함으로써 더 한층 내각의 권력적 지위를 높였다. 하원은 자기의 재량에 따라서 내각을 무너뜨린다는 조금 전까지라면 의문이 없었던 권력도 상실하였다. 지배적인 확신에 의하면, 오늘날 그러한 재량은 선거민에게 보류되어 있고, 그 선거민이 국민투표에 의해서 권력적 지위에 있는 현재의 지도자를 추인하거나 혹은 야당의 당수를 지도자로 선출하는 것이다.

내각은 하원에 의한 불찬성의 투표에만 굴복해야 한다는 것이 [제2차 선거법개정의] 1867년까지 엄격하게 준수되어온 규율이었는데, 그 때 이래 총선거의 결과가 직접 내각의 운명을 결정해야 한다는 새로운 규범이 놀랄 만큼 빨리 명료하게 나타난다.[88] 1892년에 솔즈베리 내각이 선거에서 40표 차로 소수파로 머물렀을 때, 동 내각이 곧 퇴진하지 않고 낡은 관습에 따라서 먼저는 하원에 의한 (불신임을 함의하는) 부결투표를 기다렸는데 그것은 이미 공연하게 비난되었다.[89] 이미 10년 이상도 전에 앤슨(Anson)*은 내각을 만들거나 무너뜨리는 힘은 당초는 국왕으로부터 하원에, 그리고 이제는 하원에서 국민으로 이행했다고 발언하고 있었다.[90] 선거인단의 지도자가 안정되고 있는 한, 이 지도자는 의회에 대한 봉사자는 아니며 의회의 지배자이다. 그러나 선거인단이 비록 총선거 때만이라도 동요하기 시작하느냐의 여부, 그 지도자의 지위는 흔들리게 되고, 그리고 최근의 내각 교체 때에는 보수당이 하원의 다수를 잃어버리기 전에 사직해버린 것이다. 따라서 장래 하원의 투표가 내각을 무너뜨릴 수 있다면 그것은 하원에 민의의 변화가 표현될 때뿐이다. 왜냐하면 그 이외의 경우에는 내각이 하원의 해산으로 자신의 힘을 다시 견고하게 할 수 있기 때문이다. 영국에서는 따라서 오늘날에는 두 사람의 인격적 지배자를 정점으로 가지는 이두제나 마찬가지이다. 한편의 지도자는 세습의, 주요하게는 대표권한이 부여된 자이며, 다른 한쪽은 국민에 의해서 어떤 불특정한 때까지 지명되고, 그리고 임의로 해임된다는 실제상이라고는 하지만 덧없는 힘을 권한으로서 부여된 자이다.

영국에서는 정부의 비할 데 없는 권력상의 지위는 토착의 의회제도로부터의 항구적이고 끊임없는 발전 속에서 성장해왔는데, 한편 대표제도를 도입한 대륙 국가들에서는 대영제국과는 완전히 다른 종류의 역사·사회구성·국제적인 권력상의 지위에 의해서 완전히 다른 결과마저 달성하였다. 영국에서는 의회의 지배가 정상적이고 자명한 것이라는 것을 국민은 확신하고 있으므로, 의회제의 최근의 변천은 결코 예측되고 있던 변화가

---

88) Lenoard Courteney, The Working Constitution of the United Kingdom, London 1901, p. 7 참조.

89) Anson, Law and Custom of the Constitution II 2d ed., p. 138 Note 1, Sidney Lee, Queen Victoria p. 524 참조.

90) 내각의 존속과 폐지를 결정하는 힘은 최초는 국왕으로부터 서민원에게 다음에는 서민원으로부터 국가로 이행하였다(The power which determines the existence and extinction of Cabinets has shifted first from the Crown to the Commons, and then from the Commons to the country.). ib., p. 138. 그밖에 유사한 것은 이미 제1판 (1892년) p. 132에서 지적하고 있다.

아니라 정치적 사실들에서 비로소 발생한 국가에 관련된 역관계의 변화를 의미하는데, 대륙에서는 의회제도의 전체 시스템은 어디서도 국가생활과 결부되지 않았기 때문에 이 시스템의 개개의 부분에 대해서 또는 전체에 대해서도 중대한 비판적 반론은 제기되지 않았다. 영국에서는 자주 의회주의의 다양한 폐해가 공격되고 폐해를 개혁으로 제거하려고 노력하고, 그리고 또한 사실 자주 제거하였다. 오늘날에야말로 대륙에서는 커다란 투쟁과 희생으로 얻은 의회제도에 대한 놀랄만한 불신에 직면하고 있는데, 불신은 어디서나 동일한 엄격함으로 나타나는 것은 아니다. 왜냐하면 의회는 어디서나 같은 지위를 차지하는 것은 아니며, 그 권한은 의회주의의 시종일관한 옹호자가 영국의 모범에 따라서 구하는 요청에는 어떤 국가에서나 일치하지 않기 때문이다.

우리들이 대륙의 의회주의에 대한 오늘날의 비판과 이 의회주의에 대한 적대자의 의견표명을 개관하면 다음의 것이 명백하게 된다.

유럽 대륙에서는 대국 중에서, 특히 프랑스는 의회의 우위를 전형적으로 완성시켰다. 대륙의 의회주의는 영국에서 기원한다기보다는 오히려 어느 쪽인가 하면 프랑스에서 기원한다. 그리고 지배적인 의회주의 이론은 왕정복고[91]와 7월왕정 시대에 형성되었다. 제3공화국은 틀림없는 의회제적 공화제였는데, 프랑스에서의 의회시스템이 제시한 부인하기 어려운 결함은 이때에 이 시스템의 매우 정력적이고 영속적인 연구에 새로운 재료를 제공하였다. 이것은 15년(1886-1901년) 간에 41보다 적지 않는 헌법개정 제안이 대의원에 제안되고,[92] 그것들 중 대부분의 제안이 광범위하게 광협은 있지만 지배적인 통치형태에 대해서 향해진 것은 실제상 특히 제시되고 있다. 이리하여 중대한 의견이 의회제내각 (Parlamentarisches Minsterium)에 대해서 공격적으로 제기되고, 그리고 내각이 — 미국에서와 유사하게 — 의원으로부터 인출한 것은 허용되지 않는다는 것을 요구하였다.[93] 그 후에는 국민에게 선거권을 부여할 뿐만 아니라 중요한 결정에 직접 참가시키고, 그리고 대의사를 그 선거민에게 법적으로 의존시킨다는 민주주의에 매우 적합한 요구가 자주 표명되고 있다.[94] 그러나 지배적 제도를 확고하게 지지하는 자도 그 중대한 결함, 특히 프랑스에서 다른 국가보다 강하게 나타나고 있는 내각의 불안정과 계속적이며 목적에 일치한 입법활동 중에서의 의원의 무능력은 이를 승인하는 것이다.[95] 문헌에서는

---

91) 종래 상세하게 알려지지 않았던 왕정복고 시대의 의회제 정부의 발전에 대해서는 지금은 J. Barthélemy, L'introduction du régime parlementaire en France sous XVIII et Charles X, Paris 1904에 의해서 상세하게 서술하고 있다.

92) Lepetit, Propositions de revision des lois constitutionnelles émanant de l'initiative parlementaire depuis 1884 (Pariser These) 1901 참조.

93) 1888년 10월 15일의 플로케(Floquet) 내각의 개정계획에 대해서는 Lepetit p. 28 ff.에 1894년 3월 10일의 나케(Naquet)의 제안에 대해서는 Lepetit p. 50 ff.에 있다. 또한 Esmein p. 834도 참조.

94) Lepetit p. 99 ff., Esmein p. 288 ff. 참조.

95) 예컨대 Paul Lafitte, Le suffrage universel et le régime parlementaire, Paris 1888, Ch. Benoist, La crise de l'etat moderne, Paris (1896), Dupriez, Les ministres (상술 S. 32, N. 참조. 그리고 이것은 비교국법·정치에 관한 가장 우수한 작품의 하나이다), II, p. 322 ff., d'Eichthal, Souveraineté du peuple et governement, Paris 1895, p. 237 ff. 참조.

따라서 프랑스의 오늘날의 국가구조에 대한 매우 주목할 만한 비판자도 어떤 자는 현상의 개선을 위한 절박한 제안을 가지고, 어떤 자는 장래에 대한 두려움으로 등장한다.[96]

격렬함으로 가득 찬 공격이 의회주의에 대해서 이탈리아에서 발생하였다. 원리적인 입장에서는 유명한 대중심리학자인 시겔레(Sighele)*가 의회제도 전체를 분석하고, 또 부정적으로 비판하였다. 매우 특징적인 것은, 시겔레는 의회주의에 대항하는 자신의 논고를 범죄자 집단에 관한 저작에 포함시킨 것이다.[97] 그러나 이탈리아에 특유한 사정에 근거해서도 의회제 통치 시스템은 정력적으로 공격과 비판을 받아 왔다.[98]

그것에 못지않은 것이 벨기에이며 이 나라는 입헌주의의 모범국으로서 통용해 왔는데, 국가제도의 중요한 결함이 최근 나타나고 있으며, 전문가 쪽에 의해서 특히 선거법의 민주화 이후의 벨기에 의회주의의 몰락이 확인되고 있다.[99] 과연 네덜란드의 의회제도 역시 마찬가지로 그 민주화 이후 매우 격렬한 비판을 받았다.[100]

따라서 대륙에 있어서의 의회주의의 도입에 대해서 정력적으로 항의가 행해지더라도 의회주의가 더욱 충분한 범위에서는 추진되지 않는 국가에서 본다면 아무런 놀라움도 없다. 스웨덴에서도 사정은 동일하다. 스웨덴의 헌법은 그 완전히 독특한 역사 때문에 많은 중요한 점에서 전래적인 형태와는 다르다. 그리고 매우 흥미 있는 것은 팔베크(Fahlbeck)처럼 근대 의회주의의 지금까지의 예상치 못한 결함을 예리한 눈으로 인식하면서, 그의 경고가 그 중 아무런 실제적인 결과를 가져오지 못하게 보이더라도 자신의 조국이 의회통치제로 되어 버린다고 생각하는 자가 있다.[101]

그러나 의회주의에 대한 문헌상의 반대운동과 아울러, 이쪽이 성과에서는 훨씬 중요한데 다른 반대운동이 국민들 자체 속에서 행해지고 있다. 우선 첫째로, 쉽게 이해할 수 있는 것은 광범위한 국민계층들이 선거권의 구체화의 결과, 의회에 대해서 완전히 영향력을 획득하지 못하거나, 그렇지 않으면 말할만한 영향력을 획득하지 못하는 곳에서는 의회 자체가 대중 속에서 아주 냉담하게 보인다는 것이다. 제한선거권의 국가 또는 실제로는 자주 동일한 결과가 되는데, 등급선거권의 국가는 강력한 의회를 갖지 못한다. 강력한 의회는 항상 그 지주를 국민 속에 가지지 않으면 안 된다. 정상적인 시기라면

96) 앞의 주에서 인용한 저자의 대부분은 이에 속한다.
97) Scipio Sighele, La delinquenza settaria, Milano 1897, Appendice: Contro il parlametarismo.
98) 특히 Bonghi, La decadenza del regime parlamentare 참조. Nuova Antologia II. serie XLV, 1884, p. 482는 의회주의의 장래에 관한 그 언설을 Questi è un uomo che morrà라는 비판적인 절규로써 끝맺는다. 나아가 익명의 논문으로서 Torniamo allo Statuto, N. Anl. LXXII, p. 9 ff.가 있다. 문헌상의 비판적 언설로서는 P. Turiello, Governo et governati, 2 ed., II, Bologna 1890, p. 166 ff. P. Chimienti, La vita politica e la practica del regime parlamentare, Torino 1897.
99) Dupriez, Le governement parlementaire en belgique im Bulletin de la société de législation comparée t. 29, Paris 1900, p. 604 f. 참조.
100) De Savornin-Lohmann (Niederländischer Exminister und Kammermitglied), Le gouvernement parlementaire dans les Pays-Bas. Bulletin (vgl. vorige Note), p. 578 ff. 벨기에에서도 네덜란드에서도 오늘날의 영국에서와 아주 마찬가지로 내각의 운명을 결정하는 것은 의회가 아니라 선거민이다. 이것은 Dupriez, p. 627과 Savornin-Lohmann, p. 583이 확인하고 있다.
101) Fahlbeck, La constitution suédoise et le parlementarisme moderne, Paris 1905.

그러한 의회는 중요한 정치적 의의를 갖지 못할지도 모른다. 그러나 정부와 의회 간에 어떠한 분쟁이 있다면 그러한 의회의 무력함이 불가피하게 명백히 나오는 것은 필지이다. 헝가리에서의 국왕과 의회 간의 최근의 분쟁에서 의회는 무릇 자력으로 승리한 것은 아니다. 만약 국왕이 현행법의 지반에 자발적으로 섰었더라면 참가한 동료의 아지테이션이 국민의 승리로 끝나는 저항을 불러일으키는 것은 곤란하였을 것이다. 왜냐하면 헝가리에서는 아직 자신을 그만큼 즐겨 전체 국민과 동일시하는 유권자는 인구의 미미한 일부분에 불과하기 때문이다. 광범위한 국민 대중의 의회에 대한 이러한 냉담함은 더욱 다른 원인에 의해서 강화되었는데, 그런 것 중 가장 중요한 것의 하나에 대해서 곧 서술하기로 한다.

즉 유사한 현상은 강력한 다수파를 인위적으로 창출하는데 근거하는 의회에서 그 다수파의 힘이 소수파 집단에 대한 끊임없는 억압을 위해서 이용되고 남용되는 경우에 나타난다. 의회에서 다수파가 된 집단은 당연한 일이지만 의회에 대해서는 냉담한 태도, 또는 완전히 적대적인 태도를 취하는 계층에게 그 기초를 가진다. 이러한 의회에서는 최근 매우 커다란 의의를 얻어온 방해라는 현상이 두드러지는데, 방해는 그 극단적인 형태를 취하면 의회 자체에 대해서 향해진 소수파의 혁명적 행태의 성격을 띤다. 방해정당의 행동양식은 그 본질상 모든 다수결 결정에 대해서 시종일관 반대를 관철한다면 전체 대표제 자체에 대한 전쟁을 의미한다는 것은 방해정당에는 거의 명확한 의식에 드물게 이른다. 의사방해가 상당한 동안 지배적이 되고, 그리고 근본적으로는 이를 억누를 수 없었던 곳에서는, 이들 국가의 의사방해가 의회의 무력함도 명백히 하였다.[102] 모든 국가에서 어떠한 사정에 있으며 부단하게 정부는 필요하므로, 끊임없는 방해가 행해지는 경우에, 정부는 국가생활을 법적으로 규정하는 단 하나의 요인으로서 나타난다. 그러나 법상황이 비록 어떨지라도 장기간 계속 의회방해가 생긴 국가는 정치적 평가에서 본다면, 그동안 바로 정치적으로는 사실상 활동하는 의회를 결여한 절대주의국가의 특징을 지니고 있다. 그러한 국가에서는 그러나 광범위한 대중이 의회 없이도 관계없으며, 의회의 무위무능이 의회로부터 국민의 공감을 멀리한다. 국민 중에서는 그 위에 오랜 역사적 전통을 몸에 지니는 정부가 그 권력을 어느 정도 목적적합적으로 적용할 생각이 있다면, 국민 고유의 제도에 대한 완전한 무관심이 매우 쉽게 나타난다. 특히 오스트리아와 헝가리의 아주 최근의 역사는 이에 대해 충격적인 예를 제공하고 있다. 오스트리아의 공적 논의에서

---

102) 방해에 관한 매우 포괄적인 연구는 Henri Masson, De l'obstruction parlementaire, Montauban 1902를 효시로 한다. 이 저자는 자주 신문보도에 의뢰하므로 현대사에 관한 연구가 성격상 그렇듯이 반드시 충분히 신뢰할 수 있는 자료에 소재를 구하지 않더라도 그 가치는 특히 소재의 구성에 있다. 나아가 Jellinek, Das Recht der Minoritäten, 1898, S. 35 ff. 그리고 derselbe, Die parlamentarische Obstruktion, "Neue freie Presse" vom 26. Juli 1903 (englisch in der Political Science Quarterly XIX, 1904, p. 579 ff.); Brandenburg, Die parlamentarische Obstruktion, ihre Geschichte und Bedeutung, 1904; Radnitzky, Das Wesen der Obstruktionstaktik, Grünhuts Zeitschr. XXXI, S. 465 ff.; Gustav Schwarz, Zur Rechtslehre der Obstruktion, in Grünhuts Zeitschrift XXXIII, S. 33 ff. 참조.

는 방해가 있은 이래 절대주의체제의 다양한 결함에 관한 기억이 최근의 사건에 의해서 완전히 씻어졌듯이, 새로운 절대주의의 생각을 가지고 희롱한 것이다.[103] 헝가리에서는 일반적인 예상에 반하여 최근 제국 의회가 해산되었는데, 그것이 받아들인 냉담한 반응의 확실한 원인은 기능을 다하지 못하는 의회에 점차 익숙했다는 것이야말로 구하지 않을 수 없는 것이다.*

그렇지만 이들 국가에는 아직 도처에서 의회주의의 상태의 개선을 구하는 노력도 존재한다. 그 시스템 자체가 충분한 순수함으로 등장하지 못하는 한, 많은 사람은 그 실현을 최후의 구원이라고 인정한다. 선거권의 확대, 비례선거 또는 유기적 선거 시스템의 도입, 머릿수에 근거하여 구축되는 국민대표기관을 직능계층에로 고려하여 보완하는 것, 엄격하게 의회주의적인 통치방법의 실시 등등은 적지 않은 국가에서 노력목표로 간주된다. 이러한 노력목표는 일단 달성된다면 국가의 상태를 완전히 유익한 모습으로 인도할 것이다. 그러한 국가에서는 따라서 자주 의회주의 일반이 아니라 불완전하고 미성숙한 의회주의만이 의회의 존재와 작용의 이러한 가치저하로 놓이고 있다는 감정이 지배적이다.

그러나 의회가 광협의 차이는 있어도 민주적 기초 위에 이미 제도화되고 있는 국가에서는 사정은 다르다. 여기서는 시스템의 개선에 희망을 주어 위로하는 것은 이미 불가능하다. 시스템의 효능은 그 경우에는 항상 각각의 국민의 특성에 적합하면서 결정적으로 명백하게 된다. 그렇게 말하는 것으로 그러한 의회는 국민의 지도를 인수할 능력이 없다는 것이 판명된다. 어떠한 대국의 국민도 그 대표에 대해서 독일 국민이 정치적으로 매우 약한 의회주의적 형성물에 산입되는 독일 라이히 의회에 대해서 냉담한 태도를 취할 만큼 냉담하지는 않다. 이것은 그러나 잘 주장되듯이, 결코 독일 라이히 의회에 부여된 권리의 정도에 그 원인이 있는 것은 아니며 ─ 보다 훨씬 적은 권리만을 가지고도 대륙의 의회는 지배권을 자기에게 이끌어 왔는데 ─ 우선 첫째로는 라이히 의회가 10 이상의 정당으로 분열하고, 어떻게도 국민의 통일적 의사에 표현을 주는 데에 적합하지 않다는 사실에 원인이 있다.[104] 그 때문에 라이히 의회는 자기의 의사를 라이히 정부의 그것과 등가치의 것으로서 동렬에 취급할 수 없다. 독일의 국법이론은 라이히 의회를 라이히의 지배권한에 참가시키지 않을 뿐만 아니라, 모든 지배권을 갖춘 정부에 대해서 단지 그것을 제한하는 요소로서 부가시키려고 하는데 불과하였으나, 이 이론은 사실상의 정치적 관계들에 완전히 일치한다. 그리고 이것은 비례선거의 도입이나 선거구의 보다

---

103) F. v. Wieser, Über Vergangenheit und Zukunft der österreichischen Verfassung, 1905, S. 2 ff., Spiegel, Die Funktion der Notverordnung im Staatsleben, Sonder-Abdr. aus der "Deutschen Arbeit", Prag 1905, S. 31 f. 참조.

104) 당시 한 정당이 라이히 의회에서 획득한 가장 많은 의석수는 1874년 국민자유당의 397 의석 중 155이며 따라서 전체의 40%에 못 미친다. 그러므로 라이히 의회의 다수는 모두 타협이나 우연에 근거하고 있다. 이 앞의 라이히 의회선거에서는 가장 강한 정당, 중앙당은 의석의 25%에 달했는데, 그에 이어서 사회민주당은 20%도 얻지 못했다.

공정한 재구분이나 다양한 방면에서 요구된 다른 개선을 가지고도 변하지 않을 것이다. 가까운 장래에 어떠한 정당이 승리를 획득하리라는 가능성은 완전히 없기 때문이다. 따라서 오늘날에도 의회주의적인 라이히 부처를 구하는 요구는 여하튼 제출되었으며 순수하게 학리상의 성격을 가진다. 비화해적 대립에 의해서 영속적인 소수파로 분열된 의회에 대해서는 의회 외의, 무정당은 아니지만 그러나 확고한 정당강령에 결부되지 않는 정부 쪽이 부패한 타협 위의 부자연한, 따라서 나약한 의회주의적 연립에 근거하여 정부에 비하면 거기에서는 여전히 보다 바람직하다고 생각됨에 틀림없다. 세계의 어떠한 국가에서도 의회제 정부는 독일 제국에서만큼 격렬한 반대에 만나지 않을 것이다. 독일 제국에서는 정당들의 완전한 재편성과 분파들의 커다란 집단에로의 융합에 의해서만 변화의 길은 열릴 것이다.

사정이 어떻든 독일 제국의 역사는 완전히 민주적인 의회도 결코 필연적으로 국가의 중심을 자신에게 옮길 수 없다는 것을 가르쳤다. 사실 독일 제국에서 정부는 라이히 의회에 대해서 제한선거권이나 등급선거권 위에 구축된 대의원에 대해서 적지 않은 국가에서, 그러기보다도 훨씬 자율적인 태도를 취하고 있다.

그렇지만 민주적 의회 또는 그렇지 않더라도 민주화 도상에 있는 의회가 존재하여, 그 의회가 국가질서에 있어서의 지배적 부분으로서 정부와 아울러 또는 정부를 초월하여 자기의 의사를 관철할 수 있는 국가에서는, 의회가 국가생활에서 눈에 띠게 강력하게 되고, 영향을 강화하면 할수록 의회제도에 붙어있는 폐해가 더욱 더 격렬하게 나타난다. 이리하여 결국에는 두 개의 가능성만이 주어질 뿐이다. 즉 끊임없는 정당들의 동요에 내버려진 지배적인 의회의 우위에 일치하는 국가적 관계들의 불안정성이 계속하거나, 또는 미국이나 영국에서처럼 정부의 강화, 따라서 의회가 사실상의 우위에서 후퇴하고, 이 우위는 이번에는 유권자 대중에게 지지된 정부로 이행하는 것이다. 이 점에서 프랑스는 매우 흥미 있는 예를 제공한다. 거기에서는 다른 어떠한 국가와 달라서 제3공화국 아래서는 내각의 숨가쁜 교체가 뒤따르는데, 이 교체는 의회 다수파의 교체와는 아무런 필연적인 관련은 없었으며, 매우 많은 사례에서 퇴진하는 내각의 구성원이 새 내각으로 인계된 것이다.105) 그러나 이제 프랑스에서도 최근에는 내각의 수명이 길게 됨으로써 방향전환이 생기고 있다. 이것은 그러나 프랑스측 자체에 의해서 확인되듯이, 정당들이 규율을 높이고 더욱 크게 견고한 집단으로 결집함으로써만 가능하다.106) 그러나 이로써 프랑스의 역사도 앵글로색슨 국가들이 나아간 궤도에 진입한다. 그리고 프랑스에서도 다른

---

105) 프랑스 내각의 매우 교훈적인 구성에 대해서는 Muel, Gouvernement, Ministères et Constitutions. 4. ed. Paris 1893에 적혀 있으며, 1895년과 1899년에 이 증보판을 간행하고 있다.
106) 프랑스 내각의 불안정성의 주요한 이유 중의 하나는 대의원의 해산권의 행사방법에 있다. 의회의 해산은 영국에서는 순종하지 않는 인기 없는 하원에 대해서 내각이 가지는 강력한, 또 자주 행사된 무기이며 이 무기가 없으면 내각은 그 권력의 대부분을 상실해버린다. 프랑스에서는 대의원의 해산은 과연 원로원의 동의를 요건으로 허용되지 않는데, 그러나 이 권한은 단 1회 1877년에 마크마옹[대통령]에 의해서 여론에 반하여 행사되었을 뿐이다. 정부의 해산권은 그러므로 프랑스 국법의 살아있는 제도들에 불가결한 것은 아니다.

것과 마찬가지로 — 형식상으로가 아니라 — 의회의 주도권은 정부나 다른 세력들의
배후로 물러난다는 현상이 나타나고 있다.

그러나 대륙의 의회가 그 권력을 더욱 주장하는 한, 강력한 비판이 그 실제적인
작용에 접근하며 더구나 그것은 의회에 대해서 적대적인 생각을 취하는 방면으로부터의
비판에서는 무방비 그대로이다. 반대로 완전히 입헌주의적 국가질서의 지반에 입각하는
사람들이 의회의 흠결을 인식하고, 흠결을 제거하는 수단을 추구한다. 이러한 실제적인
비판은 의회의 사실상의 역할이 개별 국가에서 크게 되면 될 수록 그만큼 일층 정력적으로
된다. 거의 무한정한 문헌이 부언적으로 또는 그것보다도 빈번히 있는 것인데, 우연히
구체적인 의회제도의 불충분한 것, 불완전한 것, 목적에 반하는 것, 비난해야할 것을
지적하고 비난하고 제거하려고 노력하고 있다.107)

이러한 비판의 총체를 그 논거와의 관련에서 자각하게 되는 것은 매우 중요하다.
전장 전체를 조망할 수 있을 때에만 전투의 결과의 추측에 대해서 어느 정도 적절한
판단을 내리는 것이 가능하다. 이것은 과연 의회주의가 제공하는 공격목표가 다종다양할
뿐만 아니라 개별 국가의 성질에 의해서 달리 하기 때문에 곤란하게 된다. 당연한 것이지만
모든 개별 국가에서 의회의 위신이 감축을 인도하는 것은 완전히 개별적인 인과 계열이다.
그러나 이들 모든 원인은 소수의 일정한 집단으로 분류할 수 있다.

우선 첫째로, 의회주의 비판은 국가질서가 의회주의와 결합하면 결합할수록 의회주의
가 국가제도들 속에서 충분하게 발달하면 할수록, 의회주의의 효과의 나타남이 길면
길수록 그만큼 강하게 주장된다는 것은 명백하다. 모든 정치제도의 가치는 그 과거로부터
그리고 과거에 의해서 증명된 능력에서 추론된다. 어떤 국가적 제도가 오래고 강하게
지배하면 할수록, 모든 인간적인 것에 불가피하게 따라다니는 그 결함이 그만큼 점차
명백하게 된다. 절대주의가 일찍이 등족적 분권주의를 근대적 국가의 통일을 위해서
개조하는 전진적인 이념을 보였을 때, 이 이념은 계몽사상가에 의해서 요구되고 또한
칭찬되고 진보를 대표하는 군주에 의해서 실현되었는데, 그 후 절대주의의 승리와 함께
그 암흑면이 나타났을 때 국민들의 격렬한 저항을 초래하듯이, 또한 경제적 자유주의가
당초는 예상도 하지 못했을 만큼 경제력을 해방하였는데, 그러나 곧 억제 없는 경쟁의
두려운 결함을 인식시켰듯이, 그리고 또한 배심재판소가 오랜 투쟁 중에 공정한 재판의
수호신으로서 도입되었는데, 그럼으로써 바로 이 동일한 관점 아래서 억제되었듯이,
특정한 정치이념의 실현으로서 정력적으로 추구된 의회에 대해서도, 그러나 그것이
존재하기에 이르냐의 여부, 의회가 완전하게는 이 이념에 일치하지 못한다는 감정을
불러일으켰다. 이리하여 의회를 개조하는 시도에 이은 시도가 의회의 올바른 형태를
발견하기 위해서 감행되었다. 국민대표의 최선의 형태를 향한 현재 있는 형태의 결함을

107) Wilson, Bryce, Low, Esmein, Laveleye, Mill, Benoist, Sighele, Dupriez, Ofner, Bonghi, Turiello,
Chimienti, Ostrogorski, Lecky, Dicey, d′ Eichthal, Fahlbeck, Lepetit, Combes de Lestrade, Prins,
Savornin-Lohmann의 앞의 저작과 뒤의 저작·논문들을 참조. 시대의 신구를 불문한다면 이러한 사람들에
더하여 아주 더 많은 이름을 열거할 수 있을 것이다.

개선하려는 탐구가 부단하게 행해지는데, 그러나 결국 이 노력은 결코 만족할만한 결과에는 도달하지 못한다는 것이 명백해 진다.

의회의 발전에 호의를 갖지 않고 대립하는 것이 특히 근대의 대표사상의 역사이다. 대표라는 것은 법률적인 관점이며 정치적인 그것은 아니다. 법규에 의해서 소수자의 의사가 전체의 의사로 간주된다. 정치적 실재에서는 그러나 의회가 의결한 때에는 투표하는 구성원의 다수의 의사만이 항상 존재한다. **루소**가 사람은 타인에 대해서 의욕할 수는 없다고 서술한 것은 정당하다. 부언한다면 그것은, 사람은 타인 대신에 먹거나 마실 수 없는 것과 마찬가지이다. 그러면 근대 의회의 전체 역사는 국민의 의사가 가장 순수하고 또한 가장 확실한 방법으로 표현되는 대표의 올바른 형태를 찾는 부단한 노력에 의해서 인도된다. 이 노력에는 두 개의 방향이 있으며, 그것이 서로 다투면서 대항하고 있다. 한편으로는 대표되는 인간을 법적으로 동종의 인간으로 보고, 다른 한편으로는 이종의 인간으로 본다. 전진하는 민주적 이념의 영향 아래서는 두 개의 방향은 과연 거기로부터, 또 그것을 통해서 대표가 획득될 수 있는 사람들과의 범위를 점차 확대한다는 점에서는 일치한다. 그렇지만 한쪽은 대표를 머릿수로 근거지우며, 다른 한쪽은 이종의 국민 집단이 국민 전체에 대해서, 따라서 국가에 대해서 가지는 의의에 근거를 둔다. 왜냐하면 본래적인 국민집단 자체를 인정하는데 그것도 국민집단 중의 어디에도 사실상 전체에 대해서 가지는 가치를 승인하는 것은 해결할 수 없는 문제이다. 실정법을 정립하여 그 해결을 목적으로 하더라도 해결의 모두는 자의적이며, 그것으로 불리하게 된 집단은 결코 만족하지 않는다. 그렇지만 보통평등선거권의 요구와 실시에 표현되는 다른 방향도 그 목적을 상실한다. 왜냐하면 국민생활에 있는, 확실하게 인식하기 어려운, 측정할 수 없는 그 다양성은 황당할 만큼 풍부하며, 이 다양성은 확실히 단지 머릿수 위에 구축된 대표로는 대리할 수 없기 때문이다. 과연 더욱 평등선거권의 시스템의 내부에서 소수자를 보호하기 위한 투쟁이 여전히 승리하였으며, 그 가장 중요한 표현이 비례선거의 전진이었는데, 그러나 이것도 정당한 국민이익 모두에 대표를 얻게 할 수는 없다. 왜냐하면 선거 때에 국민은 대부분의 정당 집단에 따라서만 구성되는데, 그러나 정당은 결코 전체적인 국민의 구성에는 일치하지 않기 때문이다. 정당하고 공평한 선거 시스템의 문제는 바로 절대 해결하기 어려운 문제이다. 더욱 이에 더하는 것은 선거민이 정치적으로 되는 생각, 무엇을 의욕하는가가 선거행위에서는 결코 확실하게 추론되지 않는다는 것이다. 특정한 사람을 선택하는 것은 매우 다양한 동기에서 행하며, 그리고 그 자체 결코 특정한 강령에 대한 동의를 의미하지 않는다. 나아가 선거는 비교적 오랜 기간을 걸쳐 행하지 않을 수 없다. 그러나 비록 선거기간이 매우 짧게 할당되더라도, 역시 그 사이에 선거민의 기분이 동일한 상태에 머무르며, 또 대표자의 행동에도 유권자의 기지에 일치하는 표현이 있다는 보증을 결여한다. 따라서 사물을 근본적으로 구명한다면, 어떠한 정치제도도 의제와 현실에 일치하지 않는 이념형 위에 구축되어서는 안 되며 국민대표 역시 동일한 것임을 알 수 있다.

그러나 선거에 의해서 (그것에 대신하는 부차적인 방법으로 다른 방법으로 임용하는 경우도 마찬가지인데) 국민이 자기의 전존재를 현실에 일치하는 표현을 그 어떤 대표를 통해서 받아들일 수 없다면, 대표를 통해서 헌법적합적으로 형성되는 저 법률적인 국민의사와 그 대표의 몇 천배도 국민 집단이 의사와의 사이의 차이는 불가피하게 항상 존재하며, 국민집단 중 매우 많은 부분은 어떠한 선거 시스템에 따라서도 대표를 얻을 수 없다. 따라서 바로 지배적인 선거 시스템이 자주 매우 철저하게 적대시되지 않는 국가는 존재하지 않는다. 현존하는 의회를 사실상의 대표로 보지 않는 국민 집단은 어디에도 존재하지 않으며, 특히 그러한 의회를 원리적으로 거부하는 비판을 하는 경향에 있는 것이 소수파이다.

의회주의에 반대하는 투쟁의 두 번째의 원인은, 정당제도의 형성 속에 내포되어 있다. 의회주의 시스템의 모국에서 이 시스템은 정당제도로부터 자라나고 정당제도와 내재적으로 결합하고 있으므로, 국가의 정부형태는 의회제 정부라고 불리는 동시에 곧바로 정당정부라고 불릴 수 있다. 그리고 대서양의 저쪽의 또 하나의 유력한 앵글로색슨적 국가제도도 정당생활에 근거한다는 점은 유사하다.[108] 이 정당제도는 그 전형적인 형태에서는 두 개의 커다란, 교대하여 정권을 담당하는 집단에 한정하는데, 무저항한 대중을 정당지도자들에게 몰려들게 하는 매우 복잡한 사회조직에 의해서만 유지될 수 있다. 그 악용의 종류는 정당에 의한 지도를 국가의 진정한 주인으로 하는 것, 대중의 기지를 위조하고 억압하고 또는 봉쇄하는 것이 전부이다. 이러한 국가에서는, 민주제 대신에 실제로는 악마가 되는 모든 것을 용서 없이 답습하는 정당과두제가 나타난다. 그러나 비교적 커다란 — 때로는 상당히 커다란 — 정당분열을 수반하는 다른 국가에서는, 근소한 수의 정당의 각각이 정권을 잡는 힘을 붙이려고 노력하는 국가보다도 정당제도의 더욱 일층 중대한 결함이 때로 나타난다.[109] 여기서는 정당이익이 전체이익에 대신해서 자주 완전히 숨김없이 나타나며, 정당은 의회투쟁에서 그 작고 순간적인 이익을 추구하며 어떠한 양보를 얻기 위해서 정부와의 사이에서 값을 매기거나 폭리를 취한다. 정부는 그것을 통해서 바라고 바라지 않음에도 관련 없이, 일부의 정당이익을 우대하는 잘못된 타협을 하여 건전하지 못한 정치에로 재촉한다. 그러한 경험이 광범위한 국민으로 하여금

---

108) 영미의 정당제도의 가장 철저하고 가장 근본적인 서술을 우리들은 러시아인 오스트로고르스키 (Ostrogorski)의 La démocratie et l'organisation des partis politique I, II, Paris 1903 (영어로도 번역되어 있다)에 힘입고 있다. 그 연구의 매우 비판적인 귀결들에 근거하여, 오스트로고르스키는 지배적 정당제도를 제거하고, 다른 기초에 근거한 의회주의의 건설을 제안하기에 이르렀다.

109) 정당제도의 폐해는 다이크달(d'Eichthal)과 같은 민주적 국가질서의 기반에 선 프랑스인에게 다음과 같은 확인을 하도록 동기를 부여한 것이다. 「도처에서 의회정은 전적으로 불완전한 데에 모든 사람들은 그것을 폐지하지 않고 불만을 말한다」(partout le régime parlementaire marche défectueusement; tous les peuple, sans le supprimer cependant, s'en plaignent). a. a. O. p. 227. 벨기에 측에서 지배적 정당제도는 의회주의적 시스템의 그림자 부분이라고 최근 다시 Prins, De l'Esprit du Gouvernement Démocratique, Bruxelles-Leipzig 1905, p. 163에 의해서 특징짓고 있다. 그는 많은 사람들과 함께 민주주의의 상처를 유기체적인 선거법으로 치료할 수 있다는 착각에 빠지고 있다.

의회에 등을 돌리게 하며, 또한 적지 않은 국가에서 초기에는 예상하지 못했던 국민대표기관의 정치적 효능에 대한 냉담함이 통용하게 된다고 설명한다.

세 번째의 사고계열은 결정된 임무를 수행하는 의회의 무능력에 대해서 향해진다. 의회에 의한 입법에는 해악이 있다. 그것은 당파적으로 적절하게 천박하며, 지리멸렬하며 입법상의 좋은 생각을 나쁜 정식화나 부적절한 보충으로 못쓰게 되고, 개인적 성질의 무수한 우연에 의존하고 있다. 선거는 후보자의 전문가로서의 자질에 따라서 행해지는 것이 아니다. 그러므로 매우 많은 특수한 지식을 전제로 하는, 매우 복잡한 입법작업에 목적적합적으로 참가하는 능력을 가진 전문가가 충분한 수의 의석을 의회에 얻는 일이 있더라도 그것은 완전히 우연한 일이다.110) 더하여 이러한 탄식은 영국에서 가장 높은 소리로 들리고 있다. 그리고 거기에서 반세기 전에 이미 대표제도의 창도자가 그 방어책으로서 놀랄만한 제안을 하였다. 다름 아닌 존 스튜어트 밀이 의회로부터 입법권을 빼앗으려고 한다. 입법권은 오히려 내각의 구성원수를 넘지 않는 작은 국왕에 의해서 5년 임기로 임명되어야 하는 입법위원회에 귀속시키지 않으면 안 된다고 한다.* 입법위원회의 의결을 의회는 받아들이는가 배척하는가, 그것도 재고와 개선을 구하여 반려하는 것 중의 어느 것을 할 수 있다고 한다. 또한 의회는 특정한 법률의 제안을 요구할 수 있으며, 그러한 제안을 위원회는 거부할 수 없다고 한다.111) 유사한 생각은 밀에 의거하여 조금 전에 프랑스에서 브누아(Benoist)가 발표하였다. 이 생각은 입법을 의회의 영위의 외부에서서, 국민 중 가장 공적 있는 자에서 선출된 국무원(Staatsrat)에 배분하고, 의원들에게는 토론의 재가만을, 나아가서는 의원들이 국무원에 대해서 법률을 작성하는 것을 요구할 수 있다는 형태에서의 이니시아티브도 유보하려는 것이다.112) 무엇보다 프랑스인은 입헌주의 국가질서의 그와 같은 개선의 상당히 모범으로 삼기에 족하지 아니한 프랑스의 통령헌법(Konsulatsverfassung)*을 회고할 것이다.

입법에의 관여와 아울러 의회에 주어진 가장 중요한 임무는 정부활동의 합법성과 합목적성에 대한 부단한 통제이다. 그러나 의회는 이 임무를 전혀 하지 않거나 불충분하게 수행할 뿐이다. 대신소추에 대한 의회의 권한이 얼마나 근소한 의의만을 가지는가는 이미 상술한 바이다. 그러나 정치책임이라는 유효한 무기도 의회에 의해서 결코 목적에 적합하게 취급되지 않는다. 지배적이 아닌 의회 측에서의 비판은, 특히 의회의 내부가 일치하지 않는 경우에는 아무런 효과가 없으며 지배적인 의회의 경우에는 바로 통제권한의 취급 방법이 의회주의의 폐해를 명백하게 보여준다. 견고하게 자기완결적인 의원(議院) 다수파의 지지를 받는 부처들은 이 다수를 가지는 한, 그로부터 논쟁의 여지가 없는 모든 것을 할 수 있다.113) 내각은 그 지지자에 의해서라기 보다도 오히려 아무런 결정권력

---

110) Ofner, Die Gefahr des Parlamentarismus für das Recht im Arch. f. öff. Recht, XVIII, 1903, S. 236 ff.도 참조.
111) J. St. Mill, Betrachtungen über Repräsentativverfassung, übersetzt von Wille, S. 63 ff. 참조.
112) Ch. Benoist의 화제의 책 La crise de l'état moderne, p. 300 ff.
113) Ostrogorski II, 673은 매우 적절하게 서술하여 이렇게 말한다. 「의회에 관계하는 관리를 그만둔 책임은

을 갖지 않는 반대파에 의해서 일탈이 억제되고 있다. 그러나 다수파는 남용을 제어하기보다도 때로는 과두제적 권력보유자의 성격을 띠는 대의사 자체의 이익을 위해서든 개인적 이득을 공공복리의 희생 위에 추구하는 유권자의 특수하고 지역적인 이익을 위해서든, 남용을 자주 조장한다. 의회의 정실 인사의 시스템은 공적 이익의 공평한 배려라는 자명한 요청에 대립하며, 대의사는 시종일관 잘 국가적 행정에 간섭하려고 노력하며 국가적 행정은 그리하여 착취의 대상이 된다. 이리하여 일종의 입헌주의적 상법이 발생하며, 그 실무는 공식적 교섭의 배후에서 행한다.

그러나 최근 특히 심각한 것은 재무행정에 대해 의회가 관여하는 것에 대한 불평불만이다. 의회의 성립·발전·도입을 인도한 가장 중요한 이념의 하나는, 국민대표기관 중에서 과중하고 불공평한 과세에 대한 국민의 보호를 도모한다는 것이었다. 의원에 의한 예산법은 불성실하고 낭비 좋아하는 정부에 대한 유효한 대항력이어야 하게 되었다. 그러나 이제 경험이 가르치는 바에 의하면, 의회라는 것은 데마고기슈한 이유에서 동의함으로써 책임 있는 정부보다도 자주 훨씬 생각 없이 국민소득을 관리하는 경향이 있으며, 이 동의가 뒤에 어쩔 수 없이 세입의 인상을 인도하고, 그럼으로써 국민의 부담의 증대를 인도하기에 이른다. 적지 않은 국가에서 국가재정에 대한 의회통제는 거의 희극으로 되어버리고, 이 점에서의 불평불만이 영국이나 프랑스와 같은 국가에서는 잘 알려진 것이 되었다.114)

그러나 여기서 의회제도들의 전개를 전체적으로 정리하면, 그 위신과 그 강함은 어디서나 지반이 침하하는 것이 명백하게 된다. 입헌주의이론이 집행부를 처음에는 입법부와 아울러 같은 가치의 것으로 위치지우고, 나중에 입법부를 국가에서의 단연 지배적인 힘이라고 명언한다면 입헌주의의 전개가 정부권력의 강화의 진행에 의해서 인도된다는 것은 공정한 역사가의 눈에는 놀랍게 비친다. 일찍이 국가의 지도층이 입헌주의 시스템에 대해서 집행부의 영속적인 약체화를 두려워하였다면, 이 두려움은 근대국가의 내외의 역사에 의해서 근본적으로 해소되고 있다. 이것은 비의회제도를 가지는 국가에서도, 의회제 정부를 가지는 국가에서도 생긴다. 전자의 종류의 국가는 원래 약한 의회를 가지는 국가이며 그 의회는 과연 적지 않은 사례에서는 정부에의 영향력을 가질 수 있는데, 그러나 그 방향을 결정할 수 없다. 그러나 의회에 의한 국가에서는 의회의 힘이 영국에서처럼 완전하게 내각에 의해서 흡수되지 않는 경우에도, 과연 내각의 시간적 한계는 의회에 의해서 좁게 인도될 수 있는데, 내각이 힘을 가지는 한 이 힘은 내각에 의해서 의회에 의한 정력적인 통제라는 의원의 다수파에 의해서 유지되는 정부의 본질에 있다는 것을 상당히 우려하기에 족하지 아니한 방법으로 행사된다. 의원의 개별 의원 자체가 개별적인 사항에서 정부에의 영향력을 획득하는 것은 힘의 행사에 의해서가

일반적 무책임 이외에 아무것도 아니다」(La responsabilité qui est censée régir les rapports parlementaire n′aboutit qu′à l′ irresponsabilité générale).

114) Low, p. 89, d′ Eichthal, p. 241 참조.

아니라 힘의 남용에 의해서이다. 그러나 의회의 부패라는 널리 보급된 현상에서마저 의회의 힘의 표지가 아니라 정부의 힘의 표지이다.

근대 프랑스의 수상은 프랑스의 중앙집권이 아직 충분하게 실시되지 않았던 앙시앙 레짐 시대의 자기의 의사를 어디까지 저항하는 자에 대해서 관철할 수 없었던, 예전의 루이 14세보다도 힘이 있다고 말해졌는데 이것은 따라서 완전히 정당한 것이다. 그리고 마찬가지로 민주화의 전진에도 불구하고, 또는 아마도 민주화의 전진 때문에 군주제 원수와 공화제 원수의 개인적인 지위는 현재 향상하고 있다는 주목할 만한 현상이 이해할 수 있게 된다. 독일의 통일과 정치적 지위에 대한 군주제의 위대한 역사적 업적에 우선 첫째로 돌아갈 수 있는 것은, 군주제에 대항하여 많은 국민이 지난 세기의 중엽에 품고 있던 불신감 뒤에는 군주제가 제국과 개별 국가에서의 경탄할만한 안정화를 달성한 것이다. 그렇지만 유사한 현상은 다른 국가에서도 보인다. 과거를 관찰하는 역사가는 대개 매우 약하다고 생각하는 여인 [빅토리아 여왕]의 통치 아래 이미 왕위는 위신이란 점에서 조지 4세나 윌리엄 4세 시대에 비해서 현저하게 좋게 되었다는 것을 확인하지 않을 수 없음에도 불구하고, 에드워드 7세의 왕위는 빅토리아 여왕의 그것과는 완전히 다른 성격을 띤다고 영국측에서 오늘날 단언하는 데에는 불만을 금할 수 없다. 로우(Low)가 정밀한 이해로 강조하듯이, 진부한 정치학설에 의한 영국의 입헌주의적 군주는 여왕의 온화한 용모를 하고 있으며, 그리고 그러한 군주를 유지하기 위해서는 로우는 영국의 왕위로부터 남성을 배제하기 위해서 살리카 법전*은 그 정반대의 것으로 바뀌지 않으면 안 된다고 주장한다.115) 대영제국의 대외정책은 오늘날 그 추진력으로서의 자극을 왕위로부터 받고, 그리고 국내의 사항에서의 국왕의 개인적 지위는 영국의 신문에 의해서 자주 놀랄 만큼 높게 평가된다. 윌리엄 3세 이래 영국은 그러한 위신을 기뻐했던 군주들을 결코 가지지 못했다. 그리고 영국의 국왕은 나아가 국왕과 그 국민이 국가적 신념과 감정에서 한 몸이 되는 것을 자각함으로써 위대한 오라니에 [오렌지] 공(Oranier [Oranje, Orange])* 이래 구별되는 것이다.

정치제도들의 창설에 즈음하여 인간에 의한 예측의 판단에 대해서 아마 더욱 주목해야 할 것은 합중국 대통령의 개인적 지위에서의 변천이다. 『페더랄리스트』 속에서 해밀턴*이 서술하는, 창출되었을 뿐인 대통령제를 영국의 왕제와 비교하는 말을 오늘날 다시 읽으면 매우 흥미롭다.116) 거기에서는 군주제 국가원수와 비교하여 공화제 국가원수의 힘은 얼마나 저열하게 평가되고 있는가! 실제로 헌법의 아버지들이 형식적으로만 국왕에 귀속하는 대권에 비하여 비교할 수 없을 정도로 실효적인 지배권한을 수반하는 제도를 창출한 것이며, 이것은 그들 자신에게는 완전히 알지 못한 것이었다. 그런데 이 대통령직은 최근에 이르러 종래라면 공화제 국가원수의 경우 가능하다고는 거의 생각하지 못했을 정도로 시오도어 루즈벨트가 개인적 권위를 행사한다는 정도로 전개하였다.

115) A. a. O. p. 268.
116) Hamilton im Federalist, Nr. 69, ed. by P. L. Ford, New York 1898, p. 465 f. 참조.

VIII.

국가제도의 정치적인 의의에 대한 변천의 인식은 먼저 실제적 의의를 가질 필요는 전혀 없다. 비판은 개선을 의미하는 데에는 거의 멀다. 상술하였듯이 의회주의의 결함은 매우 자주 지적되고, 그리고 의회주의의 몰락은 매우 자주 명언되어오고 있다. 그러나 의회를 다른 것보다 좋은 제도에 의해서 치환하는 것은 진면목으로 고려해야 할 방면으로부터는 아직 제안이 나오지 않고 있다.[117] 가장 불완전한 제도에서 마저 아무도 그것에 대신하여 보다 좋은 제도를 설치할 수 없다면, 장기간에 걸쳐 의론 없는 활동을 계속할 수 있다.

그런데 의회가 형식적으로 완전히 폐지된다는 것은 가까운 장래에도 있을 수 없다. 의회의 정치적 가치저하가 더 한층 진행하였다고 하더라도, 그것이 과거의 것이 되고 있는 낡은 절대주의적인 힘들을 다시 각성시킬 수는 없을 것이다. 장래의 군대가 근대적인 기관총 대신에 화살로 싸울 수 없듯이, 과거 수 세기에 존재한 무제약한 단 하나의 지배자가 다시 부활하는 일은 없을 것이다. 다음에 검토하려는 것은 그러므로 의회제도의 개선의 문제도 그 대체의 문제도 아니다. 있어야 할 것이 아니라 역사의 품 속에서 사실로서 자주 만나는 것을 아주 간결하게 지적하려고 생각한다.

헌법들의 발전은, 법규는 국가권력의 배분을 사실로서 제어하는 힘을 갖지 않는다는 여전히 아직 그 커다란 의의에 대해서 충분하게 평가하지는 않는 중요한 교훈을 우리들에게 제공한다. 실재의 정치적 세력들은 그것들에 고유한 법칙에 따라서 움직이며, 이들 법칙은 모든 법률적 형태들로부터는 독립하여 작용한다. 따라서 의회는 그 국법상 할당된 기능들을 그 자체가 비록 이미 국가의 원동력을 자기 속에 가지고 있지 않을 지라도 중단하지 않고 계속 수행할 수 있다. 영국에서 의회로부터 내각에로의 권력의 이행이 더욱 진행하더라도, 장래 의회가 없었던 과거처럼 이 나라의 법질서가 변경되는 일은 형식상은 있을 수 없을 것이다.

그렇지만 여기서 제기해야 할 문제는 비록 아마도 명확하게 자각하지는 않더라도 역사의 경과에서 매우 자주 발생하듯이, 법질서가 현행 제도들에 할당하는 사실상의 힘을 자기에게 끌어당기려고 노력하는 힘들이 발생하는가의 여부 또는 이미 존재하지 않는가의 여부 등이다.

이 문제에 대답하기 위해서 우리들은 의회의 배후에 눈을 향하지 않으면 안 된다.

---

117) 이 점에서 흥미 있는 것은 1900년에 파리 비교법학회의에 콤베 드 레스트라데(Combes de Lestrade) 자작에 의해서 제출된 각서(Bulletin de la Société de lég. comp. t. 31, p. 586에 인쇄되어 있다)인데, 그는 의회주의적 제도들의 네 개의 발전단계를 입증하려고 한다. 그 최후의 것인 의회주의 형태 아래서의 직접의 인민지배는 그에 의하면 순수한 아나키를 의미한다. 「이 통치형태는 통치의 결여이다」(p. 602). 그는 다시 등급·등족국가로 인도하는 복고적인 운동을 통해서 개선을 기대한다!

거기에 우리들은 강력한 힘이 서서히 대두하는 것을 본다.

　의회는 그 기원에서 본다면 귀족제적 제도라는 것을 떠올린다. 입헌주의적 국가사상은 18세기의 영국에서 유래하며, 그리고 모든 변천은 그럼에도 불구하고 원형인 영국 의회는 잘 알려지고 있듯이, 오늘날에 이르기까지 귀족제적 기원을 포기할 수 없는 것이다. 그러나 이 귀족제적 성격이 보여주는 것은 대륙의 의회의 경우에도 예컨대 의식적으로 귀족제적 성격을 기초로 하는 상원의 경우만이 아니다. 대륙의 민선의원(Volkskammer)은 그것이 제한선거권에서 출현한 시대, 또는 사회의 민주화가 아직 그만큼 진행하지 못해서 사회적 지위 또는 우수한 개인적 자질에 의해서 특징지워진 자에게 자발적으로 지도를 맡긴, 예컨대 바울 교회*의 경우가 그러하였던 시대에 그 가장 빛나는 시기를 보냈다는 것은, 오해의 여지가 없는 역사적 사실이다. 사회의 민주화의 진행은 그러나 어디서나 의회의 수준의 저하를 결과로서 가져오지 않았는데, 이것에 관해서는 마찬가지로 거의 어디서나 소리 높은 불평불만이 나왔다. 이에 더하여 의회는 그 법적 측면을 도외시하여 그 정치적 존재에만 눈을 향하면, 대중의 감정으로서 나타나듯이 특권적 집회의 성격을 일찍이 어디서나 지니고 있었으며, 그리고 오늘날에도 적지 않은 국가에서 지니고 있으며 이 특권적 집회에는 다수의 자가 정치적으로 권리 없는 자로서 대립하고 있었으며 대립하고 있다. 그리고 정치적 권리들이 부여된 자의 범위가 비교적 넓은 곳에서마저도, 그들은 장기간의 간격을 두고 선거라는 방법으로 한 번만 그 의사를 표명할 수 있을 뿐이다. 루소에까지 거슬러 올라가는 의회에 대한 이러한 이해에 대해서 지배적인 독일 국법이론이 서술한 것은, 의회의 의사를 선거민의 그것에서 완전히 절단하고,[118] 또 법적 의미에서는 의회의 의사 밖에는 어떠한 국민의사도 존재하지 않는다고 설명하는 것이었다.

　그런데 최근에는 이 법률적으로는 무능한 국민이 의외에도 성장하여 더구나 자유로운 제도들이 어떤 국가의 이와 같은 국민의 성장을 조장하는 것이 장기로 되면 될 수록 그만큼 더욱 풍부하게 성장하였다. 입헌주의의 초기 시대에 독일에서는 R. v. 몰이 의회는 국민의 권리들의 옹호자라고 하는 학설을 제시하였다. 그러나 오늘날에는 이 옹호를 매우 강력한 방법으로 인수하고 이러한 권리를 이용하는 것에 숙달된 완전히 다른 사회적 힘들이 이미 나타나고 있다. 의회의 연단이 정부에게 실효적으로 영향력을 미치기 위한 단 하나의 장소였던 시대는 오래전에 과거가 되었다. 프레스의 발전은 이 수 십년 동안에 그처럼 거대하게 되고, 그 결과 공적 불공정에 대한 프레스의 비난은 의회에 의한 비판보다 자주 훨씬 커다란 성과를 올리고, 그런데 프레스는 사정에 따라서는 입법의 진로를 지배적인 의회정당보다도 실효적으로 좌우할 수 있다. 비록 통상의 정서된 법적 형태를 취하지 않는 것은 자명하더라도, 정부의 책임의 새로운 종류, 즉 국민의 다양한 소리가 혼합된 의견이 프레스를 통해서 표현되는 국민 앞에서의 정부의 책임이 형성된 것은 명백하게 인식할 수 있다. 정부의 공보실, 반관반민의 프레스의 존재는 오늘날 이미 정부와 국민 간에 직접적인 토론이 존재하는 것을 반론의 여지없이 증명하는 현상이다.

---

118) 이에 대해서는 나의 설명 Allg. Staatslehre, S. 567 ff. (역서, 460면 이하) 참조.

의회에 의해서 처리될 뿐인 모든 국법상의 책임과 정치적인 책임과는 독립하여 정부의 **사회적** 책임이 발전해왔는데, 미래는 이 사회적 책임의 시대이다. 대신의 정치적인 책임이 국법상의 책임을 억압해 버리는, 정치적인 책임이 그 정당에 의한 처리 때문에 자주 상당히 실효적이 아니므로, 이 사회적 책임은 정부가 의무에 따른 이해 있는 행동을 취하도록 보증하는 것도 더욱 강하게 인수하도록 예정하고 있다.

그러나 나아가 그것은 그만큼 강함은 강조할 수 없는데, 어떠한 중심으로부터도 통일적으로는 지도되지 않는, 따라서 이 의미에서는 자연발생적이라고 할 국민의 조직이 어디서나 점차 풍부하게 확대해 오고 있다. 모든 종류의 결사와 집회, 경영자단체와 노동자단체, 일부는 이해관계자 단체에 의해서 형성되며, 일부는 국가에 의해서 형성되고 감독을 받는 다양한 형태의 이익대표조직, 이들은 원자화된 국민대중 대신에, 이미 오늘날 거의 간과할 수 없을 정도의 편성을 구축하여 급속한 전진도상에 있다. 이 편성에 대해서 사람들은 쓸데없이 의회선거권에 의해서 표현을 부여하려고 시도하는데, 이 편성은 불가피하게 역사적 필연성에 의해서 국가적 관계들의 형성에 그 작용을 미치지 않을 수 없으며, 이것은 현재 이미 편견 없는 관찰자의 예리한 눈에는 명백하다. 우리들은 오늘날 이미 의회에는 경우에 따라서는 거의 또는 결코 등장하지 않는 의회 밖의 정당조직 ― 제한선거권의 국가에서의 노동자 정당을 생각하라 ― 이 의회의 지도부에 수장들에 대한 국가의 지도에 대한 그 영향력을 보여준다는 것을 알고 있다. 아직 법적 존재가 되기까지 성공하지 못한, 그러나 의론의 여지없이 사실상 존재하는 국민발안(Volksinitiative)이 오늘날 이미 존재한다.

오늘날의 국가에서의 거대하고 중요한 개혁은 의회의 제안이 어떠한 형식으로 나타나게 되리라는 것 없이, 국민의 수요를 직접 배려하고 앎으로써 그 개혁을 촉진하는 정부에 의해서 일이 운행된다. 그런데 나아가 정부가 국민의 희망을 의회의 다양한 특수이익에 대치함으로써, 의회는 그 의사에 반하여 정부에 의해서 국가생활의 철저한 개조의 길로 인도하는 일이 있다. 이리하여 오스트리아나 헝가리에서 현재 계획되고 있는 중요한 헌법개혁은 대부분은 지금까지 의회의 배후에 있었던 세력들에 의한 동인에서 나오고 있다. 더하여 적지 않은 정당은 오늘날 이미 의회에서의 그 머릿수라는 기준에 따라서가 아니라 그 배후에 있는 이익들 또는 대중의 강함에 따라서 움직인다. 사회민주당은 이 당이 라이히 의회나 란트 의회들에서 주어지는 의석수에 단순히 제약된다고 믿으면, 독일의 정부들이 국내정치의 전체 방향에 대해서 사회민주당에게 배분하는 의의는 그것이 적극적 의의든 소극적 의의든 매우 과소평가되어버릴 것이다. 또한 오늘날 아직 매우 적은 집단이 결성될 뿐인 영국의 노동자 정당은 단기간 중에 이미 모든 의회주의적 전통에 반대하여 하원에서 다양한 승리를 기록할 수 있기에 이른다.

우리들이 보아온 것은 모든 선거제도, 의원(議院)의 모든 구성은 필연적으로 그 어떤 안출된 것, 인공적인 것, 허구적인 것이 부착되고 있다는 것, 그리고 모든 심오한 비판에 견딜 수 있는 의회제도는 존재하지 않는다는 것이다. 나아가 우리들이 분명히 제기해

온 것은 어떤 의회에나 다양한 폐해를 적어두지 않을 수 없다. 즉 작은 소수파의 냉대, 그런데 개인들의 냉대, 정당간의 부정한 타협이라든가, 정부 상대로 탐내는 폭리, 또는 지배적인 의회에서의 개인의 독립을 속박하는 매우 엄격한 정당규율도 폐해에 헤아린다. 이들 모두는 그러나 국민 자체에는 어떠한 방향에도 통용되지 아니한다. 국민 속에서 모든 소수파는 방해를 받지 않고 매우 유력한 사회조직에 향해서도 활동할 수 있으며, 고립된 개인마저 자신의 소리를 선전해서 들리게 할 수 있다. 국민의 집단 아래서는 타협도 없다면, 상호간의 정부와의 거래도 흥정도 존재하지 않는다. 거기에 방해는 존재하지 않으며 또 존재할 수 없다. 나아가 거기에는 국민공동체(Volksgemeinde)에의 참가에 대한 법률상의 조건도 제약도 존재하지 않는다. 이러한 의미에서의 보통선거권, 즉 국민 전체의 당분간 국법상 조직되지 아니한 정치적 의사표명에 참가하는 권리로서의 보통선거권은 도입할 필요는 없다. 그것은 누구에 의해서 창출된 것이 아니라 거기에 있다는 것이다. 그리고 이 세상의 어떠한 권력도 그러한 보통선거권을 제약할 수는 없다.

사회의 민주화가 나아간 국가에서는 이미 국민의 국가권력에의 직접 참가, 따라서 의회권력의 제한을 수반하는 제도들이 헌법상의 승인을 받는 데에 이른다. 가장 의의 있는 것은, 특히 스위스에서 가장 실로 풍부하게 형성되며, 그리고 그것과는 별개로 미국에서 형성된 레퍼렌덤이다. 지금은 더욱 그 개별적인 형태를 상세하게 설명하는 경우는 아니다. 법률에 대한 이 국민투표(Volksabstimmung)는 그 정치적 측면에서 본다면 인기 없는 입법조치를 방해함으로써 본래적으로 입법에 대한 통제에 기여한다. 따라서 국민투표는 입법과정에서의 총체적 계기를 의미하며, 소여의 법질서의 유지에 봉사하는 제도로서 보수적인 성질이다. 따라서 그것이 독일사회민주당과 같은 매우 급진적인 정당에 의해서 그 강령에 수용되었다는 것은 놀랄만하다. 규모가 큰 국가에 정규의 제도로서 도입하는 것은 곤란하다고는 하지만, 국민투표는 역시 그러한 국가에서도 중요한 헌법개정의 승인을 위해서 요구된다. 이리하여 국민투표는 영국에서도 특히 글래드스톤이 아일랜드의 정치적 독립을 옹호한 시대에 저명한 인물 중에서 그 지지자를 얻었다.[119] 대영제국의 연합구성국 중에서 국민투표는 최근 오스트레일리아에서 채택되었는데, 그것은 스위스나 미국의 주에서와 유사하게, 헌법개정이 유권자 자체에 의한 승인을 필요로 한다는 것이었다.[120] 벨기에에서 정부는 1891년과 1892년에 법률의 제안 전이든 법률의 재가 전이든 유권자에게 직접 의견을 구하는 권리를 국왕에게 부여하는 시도를 하였다.[121] 노르웨이에서는 스웨덴의 분리와 새 왕조의 설치가 국민투표에 의해서 승인되었는데, 국민투표는 노르웨이 헌법에는 원래 규정하지 않았던 것이다.

국민의 국가권력에의 헌법상의 참가의 다른 형태는 지금까지 오로지 스위스에 존재하

---

119) 영국에서는 레퍼렌덤을 특히 Dicey, Ought the Referendum to be introduced into England? Contemporary Review LVII, London 1890, p. 489 ff.가 지지하고 있으며, 또 Lecky, I, p. 287 ff.는 조건을 붙여 지지하고 있다.

120) 상당히 복잡한 규정들에 관해서는 오스트레일리아 공화국 헌법 제128조 참조.

121) Beltjens, a. a. O. p. 50, 335 f., 402 참조.

듯이, 국민발안인데 그것에 의하면 입법기관들은 소정의 형식을 밟아 제출된 국민요구 (Volksbegehren)를 들어가서 심의해야 하며, 또한 국민 자체에 다시 최종적 결정은 유보하고 있다. 나아가 미국의 주에서는 (연방에서는 허용되지만 그러나 종래 적용된 일이 없는) 컨벤숀이라는 흥미 있는 제도, 즉 헌법개정이라는 목적을 위해서만, 따라서 일종의 강제위임에 의해서 한정된 작용영역을 가지는 일원제 의회의 제도가 존재한다. 컨벤숀은 동시에 통상의 입법부의 제한을 의미하며, 그리고 정당 간 항쟁으로부터는 입법부보다는 훨씬 독립하고 있다.[122]

이미 서술한 법적 성격을 결여하고 있으므로 헌법개정의 영역에 속하는 것이 아니라 헌법변천의 영역에 속하는 것이 국민표결(Volksentscheide)이며, 이것은 의회선거의 방법으로 행한다. 이 선거는 민주제 국가에서는 정부에 관한 판단과 정부에의 지시를 포함한다. 영국에서 국민은 이 방법으로 수상을 임명하거나 또는 수상으로 하여금 사직케 하지 않을 수 없는데, 유사한 것은 더욱 다른 국가에서 인정할 수 있다. 다른 한편, 또한 현정부에 이 선거의 결과에 의해서 그 정책의 방향이 지도된다.

그러면 헌법의 문언 또는 실무를 통해서 의회 외의 국민의사가 이처럼 많은 국가에서 이미 국가생활의 승인된 한 요소가 되고 있더라도, 이러한 제도가 공간적으로 더욱 확대하고 있고 또 발전할 수 있는가? 그리고 어떻게 확대·발전할 수 있는가는 당연히 장래의 불확정한 세력들에 더욱 유보되어 있다. 우리들은 여기서는 개연성이 큰가 작은가를 고려에 넣을 수 있을 뿐이다. 그리고 그 때 모든 희망이나 계획적인 계산과는 관계없이, 도래할 시대에는 다음의 전망이 생긴다고 나에게는 생각된다.

근대 사회가 자기조직화의 진행과정의 도상에 있다는 것은 이미 지적하였다. 의회의 구성에 효과가 없더라도 표현하려는 인간의 이익은 개인을 점차 서로 다양하게 교차하는 집단으로 정리한다. 우선 첫째로, 개인의 자유영역으로부터의 유출인데, 그러나 사회적 이익을 위해서도 공권력에 의해서 행사되는 단체를 창조하는 권리는 최초는 영속적인 원자화로 타락한 것으로 보이는 공민사회를 편성하기 위한 강력한 수단이 되어왔다. 이들 단체에서 대표사상은 현존하는 중앙의회에서 보다는 훨씬 올바른 표현을 얻을 수 있다. 왜냐하면 단체의 기관은 대표에 의해서 전존재를 표상한다는 실행하기 어려운 이념과는 반대로, 단체구성원의 한정된 이익에만 봉사하도록 규정되어 있기 때문이다. 이들 단체의 많은 것에는 오늘날 이미 통치와 입법에 영향을 미치기 위한 합법적 수단이 인정되는데, 이것은 단체에 청원과 신청의 권리가 명시적으로 할당됨으로써, 또한 단체가 청구에 근거하여 계획된 법률과 명령에 대한 소견을 표명하는 의무를 짐으로써 행해진다. 여기에는 입법의 새로운 형태에의 출발이 감추어져 있다. 즉 스튜어트 밀의 저 이념은 입법의 개개의 분야를 위해서 특별의회가 점차 강하게 나타나는 사회의 집단화에 근거하여 형성된다는 방향으로 향하고 끊임없이 발전할는지도 모른다. 동시에 이것은 국가화를

---

122) Jameson, A Treatise on Const. Conventions, 4th ed. Chicago 1897, § 479, Bryce I, p. 667 참조.

초래할는지도 모르는데, 오늘날 이미 사회집단 간의 투쟁에서 국가에게 관련 없도록 통용되어 오는 것이기도 하다. 이리하여 현재의 노동법은 이미 형식적으로는 자유로운 합의의 산물인데, 사회적 측면에서 본다면 이해관계 집단에 대한 특별법의 창출을 의미하는 현상인 것을 경험하고 있다. 발전된 노동조합제도의 경우의 노동협약과 노동조합에 의한 그 감시의 그것만으로도 생각해 보라. 따라서 오늘날 이미 — 법률적으로는 아니지만 그러나 아마 사회적으로 — 법률과 동일하거나 그렇지 않으면 유사하게 작용하며, 그리고 통상의 입법의 방법으로는 제정되지 않는 규범의 창출이 존재한다.

그처럼 직접적으로 국민의 조직화에서 생기는 특별의회라면, 그것은 직접적으로 정부하고만 교섭할 수 있게 된다. 정부의 임무는 개개의 국민집단의 요구들을 서로 형량할 것이며, 그리고 중앙의회는 권한을 오늘날보다는 훨씬 제한되어 그 내부에서 행하는 이들 이익조정을 오로지 동의냐 거부냐에 의해서 행해지지 않으면 안 되게 된다.

그렇지만 나는 여기에서 앞으로 나아가 제안 또는 추측의 영역으로 밟고나갈 계획은 없다. 그러나 현재의 국가의 사정을 냉정하고 사려 깊게 관찰할 수 있는 자는, 누구든지 우리들의 헌법생활이 예측하기 어려운 시대를 그것으로 나아가고 있고, 궁극적인 형태를 이미 발견한 것은 결코 아니라는 것을 부정할 수 없다. 그리고 우리들에게 현재의 이처럼 강력하게 전진하고 있는 역사를 가르쳐 주는 중요하고 부인하기 어려운 사실, 즉 의회를 초월하여 즉 매우 많은 국가에 존재하는 이 최신의 인공적 창조물을 넘어서 두 개만의 파괴하기 어려운 자연적인 국가의 힘, 즉 정부와 국민이 직접적으로 서로 대립하기 시작하였다는 사실에는 최근의 역사의 가장 강력한 헌법의 전변(Verfassungswechsel)이 감추어져 있다. 그것이 어디로 인도하는가는 우리들의 자손이 알게 될 것이다.

제2편
국가이론

1. 세속화과정으로서의 국가[*]

에른스트-볼프강 뵈켄회르데

《차 례》

I. 머리말

　　국가의 개념에 관하여 우리들 세대의 학문적 공유재산이라는 확고한 인식이 있다. 국가의 개념은 결코 보편적이 아니다. 그것은 13세기로부터 18세기말까지 때로는 19세기 초까지의 유럽에서, 유럽에 특수한 전제와 유럽사에 내재하는 동태 가운데 성립한, 어떤 형태의 정치질서를 말하는 개념이다. 그러나 그 후 이 개념은 성립한 시대의 구체적인

---

* Ernst-Wolfgang Böckenförde, Die Entstehung des Staates als Vorgang der Säkularisation, in: Säkularisation und Utopie. Ebracher Studien, Ernst Forsthoff zum 65. Geburtstag, Stuttgart 1967, S. 75-94. jetzt in ders., Staat, Gesellschaft, Freiheit. Studien zur Staatstheorie und zum Verfassungsrecht, Frankfurt a. M. 1976, S. 42-64; Recht, Staat, Freiheit. Studien zur Rechtsphilosophie, Staatstheorie und Verfassungsgeschichte, Frankfurt a. M. 1991, S. 92-114.

상황에서 어떤 의미에서 해방되고 문명화된 전세계에 보급되고 있었다. 「그리스인의 국가」, 「중세국가」, 「잉카 국가」라든가 플라톤 · 아리스토텔레스 · 토마스 아퀴나스의 「국가론」과 같은 표현은, 19세기의 학자에게는 의심의 여지가 없는 자명한 이치였으나, 이러한 표현은 이제는 허용되지 않는다. 특히 오토 브룬너의 획기적인 연구인 『란트와 지배』[1]가 출간된 이래 국가의 형태를 갖추지 아니한 중세 유럽의 지배구조와 지배질서로부터 국가가 어떻게 서서히 형성되고 있었는가 명백히 되었다. 거기에서는 세 개의 단계가 구분된다. 첫째로, 지배의 다양한 여러 측면을 파악하였는데 아직 지배를 영역적으로 완결시키지 못한 영방군주(Landesherr)의 단계. 둘째로, 영방고권(Landeshoheit)을 수단으로서 다양한 칭호의 지배자를 종속시키고 그 위에 서려고 한 본질적으로 지배영역을 지향하는 군주의 영역지배권력(jus territorii)의 단계.[2] 끝으로 계몽절대주의, 프랑스혁명 그리고 그 후의 시대에서 대외적으로는 주권을 가지고, 대내적으로는 재래법에 우월하는 일체의 권한을 잠재적으로 가지는 국가가 통일적인 정치권력으로서 성립하고 있었던 단계.[3] 이 지배 · 정치권력이 집중됨에 따라 다른 한편 지배 · 정치권력에서 해방된 (법적으로 평등한) 신민이나 공민으로 구성된 사회도 성립하였다.

이상은 국가성립의 헌법사적 측면이다. 그러나 이것은 역사의 움직임의 한 면에 불과하다. 그것과 아울러 거기에 못지 않게 중요한 측면이 있었다. 첫째로, 정치질서는 정치질서 그 자체로서 종교적인 목적과 형태에서 해방되고 있었다. 둘째로, 지금까지의 종교와 정치의 통일세계로부터 「정치」에 고유한 현세의 목적설정과 정당성으로 이행하였다는 의미에서, 정치질서는 「현세화」(Verweltlichung)되고 있었다. 셋째로, 정치질서상의 토대이며 그것을 해체 재편시키는 효소이기도 하였던 기독교나 그 밖의 일정한 종교로부터 정치질서는 분리되고 있었다. 이 움직임도 국가성립의 일환을 이룬다. 이 측면을 무시한다면 어떻게 국가가 성립해왔는가, 오늘날 어떠한 것이 되고 있는가는 이해할 수 없으며, 현대 국가가 안고 있는 근본적인 정치질서의 문제도 파악할 수 없다.

상술한 움직임은 일반적으로 「세속화」(Säkularisation)라고 말한다. 세속화의 개념에는 잡다한 선입관이 붙어 있다. 그 위에 선악이나 정사의 가치판단도 들어가기 쉽다. 그러한 것에 잡히지 않고 본래의 의미에서 사용한다면 세속화의 개념은 유익하며 적절하기도 하다.[4] 이러한 의미에서 세속화란 단적으로 말하여 「있는 것, 어떤 영역, 어떤 제도가 기독교의 윤리규범과 지배로부터 분리되고 해방되어 가는 것」[5]이다.

---

1) Otto Brunner, Land und Herrschaft. Grundfragen der territorialen Verfassungsgeschichte Österreichs im Mittelalter, 3. Aufl., Brunn, München, Wien ³1943. 오토 브룬너 이전에는 Hermann Heller, Staatslehre, Leiden 1934, S. 125 ff.(홍성방 옮김, 『국가론』, 민음사, 1997, 169면 이하).
2) 그 특징에 대해서는 Otto Brunner (Anm. 1), S. 414 ff.를 보라.
3) 영방지배권(jus territorii)으로서의 영방고권(Landeshoheit)의 제국법상의 표현과 베스트팔렌 조약(IPO) 제8조 제1항에서의 주권(droit de souveraineté)에 대해서는 Karl Zeumer, Quellensammlung zur Geschichte der Deutschen Reichsverfassung, 2. Aufl., Tübingen ²1913, S. 416 참조.
4) Hermann Lübbe, Säkularisierung. Geschichte eines ideenpolitischen Begriffs, Freiburg-München 1965, S. 24.

II. 서임권투쟁(1057-1122년)에 의한 세속화의 개시

국가의 성립과 관련하여 세속화란 보통 종교상의 진리의 문제에 대해서 중립을 선언하는 것이다. 16-17세기의 유럽을 뒤흔든, 언제 끝날지 꿈도 꿀 수 없었던 종교전쟁, 이러한 사건에 직면하여 많은 정치가나 정치사상가는 특정, 불특정의 종교를 초월하여 종교로부터 독립한 곳에 정치질서의 새로운 토대와 보편타당성을 발견할 필요에 쫓겼다. 그 결과가 종교상의 진리에 대한 중립의 선언과 실시였다. 이 중립선언을 단적으로 표현하는 것이야말로 위그노 전쟁 발발 전야인 1562년의 국왕자문회의에서 프랑스 국왕의 대법관 미셸 드 로피탈(Michel de L'Hopital)*이 서술한 말, 즉 「어떤 것이 진정한 종교인가가 아니라 어떻게 사람들이 공존할 수 있는가 그것이 중요하다」6)라는 시대를 선취한 발언이다. 거기에서는 전통적인 종교나 종교적 목적에서의 정치의 분리가 선언되고 있다. 이 분리선언은 국가가 시민적 관용을 단계적으로 부여하고, 시민의 최초의 기본권으로서 신교의 자유를 인정해 가는 토대가 되었다. 그렇지만 세속화의 시초가 아니라 그 한 단계였을 뿐이다. 로피탈이 서술한 종교와 정치의 분리를 실현하고 그것을 역사의 연속 중에서 편입한 것, 즉 원칙적인 세속화의 기원은 훨씬 오랜 시대에 있었다. 그 기원은 1057-1122년의 서임권 투쟁에서 구하지 않으면 안 된다. 유럽 기독교계의 질서형태를 둘러싸고 로마 교황과 신성 로마 제국의 황제는 종교·정치면에서 치열한 싸움을 전개하였다. 이 투쟁에서 종교와 정치가 결합한 오랜 통일적인 「기독교 세계」(orbis christianus)는 크게 동요하고, 그 이래 유럽사의 기본 테마가 된 「종교」와 「세속」의 구별과 분리가 생겼다.7)

세속화에 대해서 서임권 투쟁은 어떠한 역할을 하였는가? 그것은 서임권 투쟁이 「기독교 국가」(res publica christiana)의 통일성을 해체하고 폭파해버렸다는 것에 나타난다. 이 오랜 기독교 국가의 질서는 기독교가 정치질서의 정당한 토대가 되었다는 점에서 「기독교적인」 것만은 아니다. 그 질서 자체도 그 실체도 신성하며 종교적이었다. 「종교」와 「세속」, 「교회」와 「국가」는 아직 미분리 상태에 있으며, 신성한 질서가 인간생활의 모든 영역을 지배하고 있었다.8) 「신성 로마 제국」은 로마 제국의 유산을 계승하였을지라도, 그 유산을 토대로 한 건조물은 아니었다. 신성 로마 제국의 토대는 기독교의 역사신학과 종말론에 있었다. 신성 로마 제국이란 「기독교 신도」(populus christianus)의 제국, 이 세상에 눈에 보이는 형태로 나타난 교회(에클레시아, ecclesia)였다. 신성 로마 제국의

---

5) H. Lübbe, a. a. O., S. 23.

6) Leopold von Ranke, Französische Geschichte, Ausg. Andreas, Wiesbaden 1957, Bd. 1, S. 157.

7) Albert Mirgeler, Rückblick auf das abendländische Christentum, Mainz 1961, S. 109 ff.

8) 이 점과 이하의 점에 관한 수많은 증거사료에 대해서는 Friedrich Heer, Aufgang Europas, Wien-Zürich 1951.

황제도 지상에 「신의 나라」(regnum Dei)를 실현하고, 이 세상이 존속하는 한 소멸하지 않는 악을 징계하는(kat-echon)* 임무를 띠고 있었다.9) 황제와 교황은 한쪽은 종교계, 다른 한쪽은 세속계의 대표라는 형태로서 역할을 분담하고 있었던 것은 아니다. 양자 모두 다양한 직무(ordines)의 보유자로서의 하나의 교회(ecclesia) 속에 있으며, 신성 로마 제국의 황제도 기독교 세계의 보호자 · 비호자로서 로마 교황과 마찬가지로 축복받은 신성한 인물, 즉 새로운 솔로몬(Novus Salomon)이었다. 황제에서도 교황에서도 종교와 정치의 통일체로서의 기독교 세계의 이념이 생기고 있었다.10) 일체의 정치적인 사건은 미리 기독교 역사상(像)에 편입되고, 이 역사상이 정치에 방향과 정당성을 부여하고 있었다.

　그러나 이상과 같은 통일적인 세계상만이 아니라 구체적인 제도, 소송, 일상생활, 인간의 행동도 종교와 정치의 통일세계에 지배되고 있었다. 한편에서 콘스탄티누스 대제[306-337년]가 기독교를 국교로 한 후, 기독교 교회는 제정일치의 고대 폴리스 종교(Polis-Religion)의 지위와 역할을 받아들이고, 제국의 공적인 일상 업무를 정하는 제례(祭禮)가 되었다. 다른 한편, 기독교 교회는 게르만인의 자연숭배적인 습속도 많이 취해 넣었다. 이리하여 강력한 종교 제례의 주형이 인간의 전생활양식을 지배하기에 이르렀다. 신앙 그 자체도 강한 왕이신 그리스도와의 종교적 · 정치적이기도 하며 법적이기도 한 언약의 형태로 표현되었다. 신의 충실한 종자 · 봉사자로서의 기독교 신자의 「신앙」(피데스, Fides)은 법적인 「서약」(fides)이었다. 「내면의 마음」과 「외면의 세계」의 분리는 아직 알지 못했다.

　이와 같은 종교와 정치의 통일세계에 대해서 서임권 투쟁은 어떠한 작용을 미쳤는가?

　서임권 투쟁의 정신적인 입각점은 「종교」와 「세속」의 분리였다. 바로 그렇기 때문에 이 싸움은 권력투쟁을 넘어서는 사상 대결이었다. 당시의 새로운 신학으로 무장한 종교와 세속의 분리의 이념이야말로 서임권 투쟁에서의 본래의 정신적인 무기였다. 그때까지는 「제국교회라는 세계전체」(미르겔러)가 존재하고 그 속에서 사람들은 생활하고 있었다. 분리원칙의 실현에의 적용은 당연히 그때까지의 세계를 근저로부터 붕괴시키는 것을 의미하였으며, 의미하지 않을 수 없었다. 교회의 직무를 담당하는 자는 신앙에 관련된 정신적이며 신성한 사안 모두가 자신들의 전결사항이며, 「교회」(ecclesia)를 구성하는 자는 성직자라고 주장하였다. 그 결과 이 새로운 교회(ecclesia)는 법적 주체가 될 수 있는 독자적인 성직자의 위계(히에라르키) 기관으로서 포괄적인 기독교 세계(orbis christianus)라는 의미에서의 오래된 교회(ecclesia)로부터 분리하고 있었다. 서임권 투쟁

---

9) 악을 저지할(kat-echon) 임무를 담당하는 제국에 대해서는 Carl Schmitt, Der Nomos der Erde im Völkerrecht des Jus Publicum Europaeum, Köln 1950, S. 29/30 (최재훈 옮김, 『대지의 노모스』, 민음사, 1995, 36면).

10) Eugen Zwig, Zum christlichen Königsgedanken im frühen Mittelalter, in: Das Königtum, Konstanz-Lindau 1954, S. 71 ff.; Eduard Eichmann, Die Kaiserkrönung im Abendland, Bd. 1, Würzburg 1942, S. 105-108, 109-125.

에서 로마측의 표어가 된 「교회의 자유」(libertas ecclesiae)라는 말 그 자체에 이 분리는 포함되어 있었다.[11] 그때까지 전기독교 세계의 지배자였던 신성 로마 제국의 황제는 이 새로운 교회로부터 추방되고, 종교상의 지위를 상실하고 세속의 세계에 던져졌다. 황제는 이미 신성한 인물이 아니고 그 밖의 기독교 신자와 동일한 세속 신도가 되었다. 기독교도로서의 의무의 수행이란 면에서 황제는 기독교교도와 마찬가지로 기관으로서의 교회의 판정에 복종하였다. 신앙과 종교에 관하여 교회는 또 다시 세속의 정치권력의 판정에 복종하지 않는다. 이것이 「로마 교황의 전결사항」(Dictatus papae)이라는 말로 표현된 새로운 「질서」(ordo)였다.[12]

이 혁명에 의해서 황제의 신성성은 박탈되었다. 그러나 그 이상의 것이 발생했다. 동시에 정치질서도 정치질서로서 신성하고 종교적인 측면에서 해방되었다. 정치질서는 문자 그대로 탈신성화되고 세속화되었다. 그 결과 정치에는 정치에 고유한 길이 열리고, 정치는 세속의 업무로서 독자적인 전개를 보이기에 이르렀다. 교회분야에의 황제의 간섭을 저지하기 위한 교회분야에서의 황제의 권한은 부정되었다. 역설적이지만 이것이 세속화의 흐름을 불가피하게 하였다. 실제로 자립한 고유한 영역으로서의 정치를 탄생시킨 것은 서임권 투쟁이었다. 그 결과 종교에서가 아니라 세속, 즉 자연법에 의한 정치의 정당화가 가능하게 되고 또한 필요하게도 되었다.

최근 휘빙거가 강조하듯이,[13] 낡은 질서와의 단절은 로마 교황 그레고리우스 7세 [1073-85년] 자신의 행동에도 분명히 나타나 있다. 그레고리우스 7세는 교회에 간섭하는 신성 로마 제국의 황제 하인리히 4세[1056-1106년]에 몇 번씩 경고를 발한 후 간섭을 중지하지 않으려는 황제를 파문하였다. 그러나 동시에 낡은 질서의 테두리 안에서 국왕의 지배권도 무효라고 선언하였다. 이 후자의 행위는 그레고리우스 7세도 기본적으로는 여전히 낡은 통일질서 속에서 행동하고 있었던 것을 나타낸다. 물론 기독교 교회회의[1046 년]에서의 하인리히 3세[1039-56년]와 마찬가지로, 그레고리우스 7세의 행동도 이상하며 비상사태에 있었는지도 모른다. 그러나 하인리히 4세가 카노싸에서 사면을 바랬을 때, 그레고리우스 7세는 국왕의 파문을 풀었다. 여기서 그레고리우스 7세는 자기의 행동을 「교회」와의 화해라는 종교와 정신의 영역에 한정하였다. 파문의 해제에 의해서 하인리히 4세는 국왕의 지위로 복귀하고, 로마 교황의 존재를 무시하는 행동을 취하는 것이 가능하게 되었다. 정치는 국왕에게 고유한 사안이 되었기 때문이다. 여기에 종교(정신)와 세속(정치)은 분명히 분리되었다.

---

11) 이에 관하여는 Mirgeler (Anm. 7), S. 122.
12) 로마 교황 그레고리우스 7세의 전결사항으로서 특히 제18 명제 「로마 교황 자신은 어떤 사람의 판정에도 복종해서는 안 되는 것」과 제12 명제 「로마 교황은 황제를 폐위할 수 있는 것」.
13) 1964년 봄에 베스트팔렌의 뮌스터에서 행한 그레고리우스 7세에 관한 휘빙거의 강연을 참조하라. [이 강연은 지금까지는 다음의 형태로 발간되었다. P. E. Hübinger, Die letzten Worte Past Gregors VII. Rheinisch-Westfälische Akademie der Wissenschaften, Vorträge G 185, Opladen 1973].

종교와 세속의 분리에는 분명히 교회우위의 교권체제의 싹이 포함되어 있었다. 확실히
앞으로 무슨 일이든지 모두 종교와 세속의 역관계에 좌우되게 되었다. 그렇지만 기독교가
자명한 전제가 되는 사회에서 성계(聖界)는 우위에 섰으며, 그렇게 되지 않을 수 없었다.
이 세상의 지배자는 기독교의 신도이며 기독교도로서 기독교의 계명에 따른다. 인간을
구원하기 위해서(ratione saluti), 기독교의 계명이 어떻게 해석되고 어떻게 준수되는가?
그 감독은 성계 권력의 임무였다. 광범위하게 걸치는 직접적인 정치권력을 요구한 보니파
키우스 8세[1294-1303년]를 제외한다면, 로마 교황도 교황청의 교회법학자들도 종교와
세속의 분리의 논리를 반복하여 주장하고 현실 정치에 응용하려고 하였다. 켐프(W.
Kempf)와 울만(W. Ullmann)의 논쟁에 관하여 한스 바리온*은 이렇게 말한다.[14] 죄냐
구원이냐(ratione peccati bzw. saluti)를 판단하고 결정하는 것, 거기에 교회는 자기의
권한을 한정하였고, 그것으로 세속권력에 대한 성계권력의 우위는 확립되었다 라고.
그 이유는 기독교 사회에서는 죄냐 구원이냐의 결정이 정치나 법률과 불가분하게 관련된
다는 점에 있었는데, 그 이상으로 중요한 것은 그 결정이 종교에서도 세속에서도 보편적인
척도로서 타당하다는 데에 있었다. 그 때문에 죄의 판단은 단지 그것만으로 결정되어야
할 「사안」(res)이 성계와 속계의 쌍방에 관련을 가지지 않을 수 없다 하더라도, 처음부터
정치의 판단을 종속시키는 결정적인 척도가 되었다. 이 우위를 확실히 하기 위해서
가톨릭교회는 세속국가보다도 일찍 제도의 기관화에 착수하였다.[15]

그렇지만 교회의 우위라는 주장의 전제는 세속의 승인이며 정치의 원칙적인 세속화였
다는 사실을 망각해서는 안 된다. 그것은 정치가 자기에게 할당한 세속성을 자각하고
성계 권력에 대한 정치의 논리(ratio)와 우위를 주장하는 데에 성공한다면, 성계와 속계의
힘 관계는 역전하리라는 것을 의미한다. 죄의 판단(ratione peccati)을 사용하여 성계
권력은 세속권력의 행동을 교회의 권한 아래 두었다. 그 동일한 논리에 의해서 세속권력도
정치질서의 판단(ratione ordinis politici)을 사용하여 성계권력의 행동을 자기의 권한
아래 둘 수 있었다. 정치신학의 커다란 문제를 다룬 토머스 홉스는 나중의 시대에 이
논리를 인상깊게 전개하였다.[16] 한편으로는 세속권력에 대한 교회의 우위, 다른 한편으로
는 교회를 국가의 지배 아래 두려는 국가교회제, 이것은 체제의 차이의 문제가 아니라
근본적으로는 동일한 사안의 표리를 이루고 있었다. 「교회」와 「세속」의 분리에 의해서
생긴 두 방향의 가능성이 각각 실현한 것에 불과하다. 서임권투쟁 이래 로마 교황은
수 백년 간 교회의 우위를 계속 확보하려고 노력하였다. 그러나 이것은 결과적으로

---

14) Hans Barion, Sav. Zs., Kan. Abt., Bd. XLVI (1960), S. 485 ff., insbes. S. 494 ff.(그 서평은 F.
   Kempf, Die päpstliche Gewalt in der mittelalterlichen Welt, in: Saggi storici intorno al Papato
   die Professori della Facoltà die Storia Ceelemastica, Roma 1959, S. 117-169).

15) Mirgeler (Anm. 7), S. 127.

16) 이 점에 관한 최근의 문헌으로서 Carl Schmitt, Die vollendete Reformation. Bemerkungen und
   Hinweise zu neuen Leviathan-Interpretation, in: Der Staat 4 (1965), S. 64 f. (김효전역, 완성된
   종교개혁, 동인역, 『유럽 법학의 상태』, 교육과학사, 1990, 207면 이하).

세속권력의 담당자에게 정치의 자립성과 세속성을 의식하도록 만들었다. 제도의 기관화란 면에서도 국가는 지배기구를 정비함으로써 서서히 교회를 밀어붙이고 있었다. 한편으로는 슈타우펜 왕조, 다른 한편으로는 프랑스 국왕의 사례가 분명히 보여주듯이, 주권사상의 원형도 영역지배의 완결성도 로마 교황과의 주도권 다툼 속에서 형성되었다.

서임권 투쟁이 역사적으로 정치면에서 직접 실현한 것, 그 이상의 것이 결정적으로 되었다. 알베르토 미르겔러는 이렇게 말한다.[17] 「종교」와 「정치」의 구별에 의해서 세속화는 사실상 시작하였다. 그러나 균열이 들어간 새로운 기독교 세계는 사람들의 의식에서는 낡은 제국 교회의 통일성을 계승하고 있었으며, 여전히 제국과 교회의 오래고 신성한 통일체의 전통 속에 있다고 생각하고 있던, 그 때문에 세속화의 현실은 감추어졌다라고. 원칙은 변해버렸다. 그럼에도 불구하고 제국의 대지에는 제국(imperium)과 교회(ecclesia)의 통일체의 덮기가 사실상 유지되고 있었다. 낡은 세계의 건조물의 외형은 나중에도 보존되었으나 그 내부는 공동화하고 형식과 내용은 일치하지 않았다. 허지만 황제나 세속의 지배자에 대해서 인민과 세속통치가 기독교적이 아니라든가, 기독교적이 아니게 되는 사태는 있을 수 없는 것이었다. 이 제1 단계의 세속화란 신성과 신앙에 직접 관련되는 초월적이며 피안적인 사안(이 세상의 종말, 인간의 심판이라는 종말론과 하나님의 아들을 이 세상에 보냈다는 탁신[託身]의 교의)로부터의 해방을 의미한 것에 불과하다. 이 단계에서의 세속화는 아직 종교적인 토대로부터의 해방에 미치지 않는다. 서임권 투쟁 후 영방과 왕국은 세속정치에의 길을 걷기 시작했는데, 그럼에도 불구하고 그 지배와 통치기구는 여전히 기독교적이었다. 기독교는 지배자와 인민의 균질성을 보장하는 공통의 대지, 확고한 토대였다. 이 틀 속에서 15세기와 16세기 초에 국가건설에의 움직임이 시작하고 권력증강과 권력투쟁을 노리는 정치가 생겨 나왔다.[18] 새로운 상황과 위기는 기독교신앙의 분열[이른바 종교개혁]과 함께 도래하고 세속화는 제2 단계로 나아간다.

III. 신앙의 분열과 프랑스 혁명에 의한 세속화의 진전

신앙의 분열이 현실로 된 후 다른 종파가 공통의 정치질서 아래 어떻게 공존할 수 있는가 하는 문제에 유럽 기독교 세계는 직면하였다. 종교에 정치질서의 유지라는 임무도 부과되었기 때문에 종파간의 대립은 종교투쟁으로 되었을 뿐만 아니라 정치투쟁으로도 되었다. 가톨릭과 루터파에 대해서 나중에는 칼뱅파도 가세하여 종파의 차이는 진정한 신앙, 순수한 복음을 둘러싼 싸움이 되었다. 진리를 둘러싼 싸움에는 타협은 없다. 성계

---

17) A. a. O., S. 129 und 122 f.
18) Wilhelm Dilthey, Gesammelte Schriften, Bd. 2, Berlin und Leipzig 1914, S. 246 ff.; Georg Dahm, Deutsches Recht, Stuttgart 1951, S. 266.

권력과 속계 권력의 관계는 어떠해야할 것인가에 관한 신학자나 교회법학자의 이론에 따르면, 모든 수단을 강구하여 잘못된 신앙을 탄압하고 이단자를 처벌하는 것은 세속권력의 임무였다. 이점에서 가톨릭·루터파·칼뱅파에 차이는 없었다.[19] 정치질서를 문란하는 반항적인 이단자뿐만 아니라 정치적으로 순종하는 이단자도 성속기관의 처벌의 대상이 되었다. 왜냐하면 신을 모독한다는 점에서 같은 죄였기 때문이다.[20] 신앙은 법적 성격의 서약으로 보지 않았으며, 폴리스적 제사종교의 전통도 계속되었다. 그 때문에 시민적 관용에 대한 길은 닫혀진 그대로였다.

　이와 같이 종교문제는 정치문제가 되지 않을 수 없었다. 16-17세기의 유럽은 잔인한 종교전쟁의 물결에 휩쓸렸다. 국익과 교권의 충돌, 진정한 신앙을 위한 싸움, 권력의 확대와 기득권의 확보, 이러한 다툼을 각 진영은 반복하였다.[21] 이 종교전쟁은 유럽의 세 지역, 즉 필리페 2세[1556-98년] 치하의 스페인, 황제와 제국 신분이 대결한 신성 로마 제국, 위그노 전쟁이 발발한 프랑스에서 전형적으로 전개하고 결과도 각각 달랐다. 종교전쟁의 결과 스페인의 특수한 사례를 제외한다면, 세속화의 제2 단계로서 순수하게 세속적인 정치를 토대로 하고 그것을 정당성의 근거로 하는 국가가 등장하였다. 그것에 의해서 종교와 정치의 분리는 결정적으로 되었다.

　어느 정도까지 종교와 정치의 분리는 당시의 관계자의 의도였는가? 여기서는 판단을 보류해 두기로 한다. 그러나 어떤 상황 하에서 작용하지 않을 수 없는 역사의 논리, 어떤 상황 하에서 주어진 인간행동의 조건들, 그것들이 확실히 움직임을 규정하고 있다. 교회의 지상권을 주장하는 전제로서 로마 교황은 「종교」(정신)와 「세속」(정치)을 구별하였다. 그 후 흐름은 정치우위의 방향으로 변했다. 신앙의 분열이라는 사태에 직면하고 각각의 종파는 세속권력의 발동을 요청하였다. 정치투쟁이 항구화한 원인은 여기에 있다. 종교상의 요청은 직접적인 형태로 세속과 정치에의 요청으로 되었다. 세속권력이 종파의 집행기관으로 되어서는 안 된다면 정치질서를 유지하기 위한 세속권력, 즉 국왕이나 제후는 종교적인 사안을 자기의 관리 아래 두고, 교회를 감시하고 교회의 자치를 부정하고 종교에 대한 정치의 우위를 확보하지 않을 수 없게 되었다. 이것은 놀랄 일이 아니다. 정치의 요청이 대립하는 종파의 요청보다도 상위에 서며, 정치는 종교로부터 해방되고, 그리하여 비로소 만족할만한 정치질서, 국민과 개인을 위한 평화와 안전이 확립된다. 프랑스에서의 왕권의 확대, 신성 로마 제국에서의 「영주의 종교가 그 영지의 종교」(cuius regio, eius religio)의 원칙,* 16세기부터 17세기에로의 전환기에 이미 시작하고 있던 영역국가의 형성, 프로테스탄트 교회법학자가 의거한 토머스 에라스투스

19) 다음의 문헌의 서술과 자료. Joseph Lecler, Geschichte der Religionsfreiheit im Zeitalter der Reformation [Histoire de la Tolerance au siècle de Reforme], Bd. 1, Stuttgart 1965, S. 148 ff., 240-252, 439 ff., 456 f.
20) Thomas von Aquin, Sentenzenkommentar IV, d. 13, qu. 2, ad 3; Luther: siehe Lecler (Anm. 19), Bd. 1, S. 249 f.; Melanchton, Corpus Reformatorum IV, c. 737-740.
21) 훌륭한 개설서로서 J. Lecler (Anm. 19), Bd. 1 und 2.

(Thomas Erastus, 1524-93)*의 국가교회제의 학설,22) 토머스 홉스의 국가론에 보이는 정치신학, 이것들을 올바로 이해하려고 한다면, 어떻게 정치질서와 평화를 회복할 것인가 하는 원칙문제에 당시의 사람들이 직면하고 있었던가를 주목하지 않으면 안 된다.

레오폴드 폰 랑케는 『프랑스사』 중에서 프랑스 종교전쟁을 서술한다. 근대국가를 정당화하는 이데올로기를 창조하기 위해서 종교전쟁의 수 십 년간 도망할 길 없는 상황에 있었던 것이 랑케의 책에서는 의도적으로 과장되어 있다고 생각하는 사람은 랑케의 책을 읽어야하고, 그러면 현실이 본래 어떠했는지를 충분히 납득할 수 있을 것이다. 위그노파와의 강화의 체결 · 폐기 · 경신 · 확충 그리고 후퇴와 같은 끝없이 치열한 싸움, 그것과 결부된 국왕과 프롱드파 귀족의 권력투쟁, 이와 같이 뒤얽힌 상태가 30년간 계속하고, 프랑스는 거의 전국토가 전장이 되었다.23) 이러한 전쟁과 그 국면에 대해서 여기서 서술할 필요는 없으며 서술할 것도 아니다. 본고와의 관계에서 흥미 깊은 것은 프랑스 국가의 통일을 중시한 법률가, 이른바 폴리틱파[과격파에 대한 종교상의 관용을 호소한 가톨릭 중간파]가 독자적인 국가론을 구축하고, 거기에 근거하여 국가권력을 안정시키고 집중시키려고 하였다.

이 폴리틱파는 전통적인 스콜라 자연법론에 대항한, 독자적이며 특수한 정치론을 전개하였다.24) 거기에서는 **형식적**인 평화의 개념이 내란에 대처하는 수단으로서 제기되었는데, 진리는 필요로 하지 않는다. 전투중지라든가 인간생활의 외적인 질서와 안전과 같은 형식적인 평화개념 쪽이 종교상의 진리를 둘러싼 싸움보다도 우선되었다. 내란의 결과는 이단의 승리도 박멸도 아니고 증오, 비참, 적의뿐이었다. 신앙의 분열을 해소하기 위해 무력투쟁은 적절한 방법이 아니었다. 폴리틱파는 형식적인 평화만으로는 내란의 공포와 고뇌에 대항할 수 없으며, **자신의 정당함을 밝힌** 평화의 수립이 필요하다고 생각하였다. 평화의 건설에는 국토의 통일이 불가결하다. 국토의 통일은 국왕의 명령이 법률로서 준수되어 비로소 실현한다. 국왕은 중립적인 기관으로서 대립하는 당파나 시민 위에 선다. 국왕만이 평화를 건설하는 것도 유지할 수도 없다.25) 폴리틱파에 대해서 다양한 종파의 존재는 국가의 문제가 아니라 종교의 일이다. 국왕의 임무는 증오와 적의로 응고한 신민들이 절멸하지 않도록 감시하는 데에 있었다. 진리의 문제 그 자체에 국왕은 결정을 내릴 수 없었으며 내리지도 못했다.26) 정치와 종교의 분리, 양자의 자립성의 요구는 조용히 그러나 강력하게 나아갔다. 신민이 국왕의 법률을 충실히 준수한다는 조건 아래 국왕이 신민에게 양심의 자유를 인정한다면 국왕은 신민에게 무엇을 준 것이

---

22) 이에 관해서는 Johannes Heckel, Cura religionis, Jus in sacra, Jus circa sacra. Neudruck Darmstadt 1962, S. 44 ff., 53 f., 67 ff. 국가교회제에 대한 레클러의 부정적인 평가(Lecler (Anm. 19), Bd. 2, S. 381 f., 530 ff.)는 이러한 관련을 올바르게 파악하지 못한다.

23) Ranke, 4. bis 6. Buch (Anm. 6), Bd. 1, S. 117-275.

24) Roman Schnur, Die französischen Juristen im konfessionellen Bürgerkrieg, Berlin 1962, insbes. S. 16-23. 나아가 Lecler (Anm. 19), Bd. 2, S. 109 ff.도 참조.

25) Schnur (Anm. 24), S. 21-23.

26) 예컨대 1568년에 로피탈이 국왕에게 제출한 건백서. Lecler (Anm. 19), Bd. 2, S. 111 참조.

되는가? 라고 미셸 드 로피탈은 1568년에 프랑스 국왕에게 제출한 건백서 속에서 묻는다. 「국왕은 신민에게 양심의 자유를 준다기 보다는 오히려 국왕은 신민의 양심을 자유로이 맡긴다」. 그리하여 의론은 이렇게 계속한다. 「그것은 항복하는 것인가? 신민이 군주를 승인하고 신민으로 머무를 것에 동의한다면 그것은 항복하는 것인가?」[27] 여기서는 정치적인 지배관계는 순수하게 세속적으로 고찰되고 있다. 종교는 결코 정치에 질서를 부여하는 불가결한 요소는 아니다.

나바르 왕 앙리 4세는 살리카 법전에 근거하여 왕위계승권을 수중에 넣기 위해서 최종적으로 가톨릭으로 개종하였다. 이것은 외면적으로는 「진정한 종교」의 승리처럼 보일지도 모르지만 정치의 승리였다. 앙리 4세의 개종의 결의는 신중하고 현명한 정치적 고려에 있었다.[28] 국왕의 지배권을 확립하는 형태는 프랑스에 궁극적인 평화를 가져올 뿐이라는 이 이유에서 앙리 4세는 개종하였다. 프랑스 국내가 평화롭게 된 후 앙리 4세가 최초로 행한 것은 낭트 칙령(1598년)을 제정하고, 위그노파의 존재를 법적으로 보장하는 데에 있었다.[29] 진정한 종교에 소속하지 않고서도 개인은 왕국의 시민으로 되고, 일체의 시민권을 향수할 수 있게 되었다. 교회와 국가의 실질적인 분리는 여기서 비로소 실현되었다. 낭트 칙령은 한 국가 내에서의 두 종교의 병존을 인정한 최초의 시도였다.

이 앙리 4세와 서임권 투쟁에서의 하인리히 4세를 비교해 보자. 카노싸에서 속죄한 황제 하인리히 4세는 종교와 정치의 통일세계 속에 로마 교황의 사면에 의해서 국왕직에 복귀하는 전제를 만들려고 하였다. 프랑스의 앙리 4세는 가톨릭 신앙으로 개종하고 이단에서 떠나 그 의도는 자기의 지배권을 확립하고 프랑스에 평화와 질서를 가져오는 데에 있었다. 사건의 외면적인 진전은 유사하지만 승자와 패자는 교체하고 있다.

확실히 프랑스에서도 다른 어떤 유럽 국가들에서도 오랫동안 국교의 원칙이 계속되었다. 그러나 그것은 상술한 것의 반증이 되지는 않는다. 왜냐하면 진리를 실현하고 옹호하기 위해서가 아니라 정치의 문제로서 국교는 결정되었기 때문이다. 「한 국가 안에 두 종교는 공존할 수 없다」는 명제는, 관용과 종교의 자유를 부정하는 수많은 신학자나 정치가의 논거였다.[30] 수 백년 이상 공인된 제례 종교의 세계에 살아온 사람들마저 실로 관용의 정신을 충분히 지녔다고 해도, 당시의 상황 아래 많은 지역에서 이 공존불능의 명제는 실제로 타당하였는지도 모른다. 그러나 이 명제는 국가의 안전과 질서에 관련된 정치론이

---

27) Œuvres, Bd. 2, S. 199 (Lecler, ebd., Bd. 2, S. 112에서의 재인용).
28) Ranke, Französische Geschichte, a. a. O., Bd. 1, S. 265 ff.
29) 양심의 자유는 칙령으로 승인되었다고 프랑스 사절이 로마 교황에게 전했을 때, 「이것은 세계 최악의 사건이었다」고 로마 교황은 말했다고 한다. Lecler (Anm. 19), Bd. 2, S. 183 참조. 종교와 정치의 오랜 관계는 이 칙령에 의해서 사실상 끝났다.
30) Lecler, ebd., Bd. 1, S. 367, 549, Bd. 2, S. 63/64, 137 f., 143 f., 385 f. 참조.

며 종교론은 아니었다. 이리하여 문제는 무조건적인 진리와의 결합에서 해방되고, 정치의 가능성과 조건의 문제가 되었다. 여기에, 여기에 처음으로 관용에의 길을 신중하게 음미하고 그것을 위한 자유로운 행동범위를 인정해 갈 가능성이 열렸다. 국교로서의 보장은 여전히 법적이 아니며 사실상의 것이었다. 더구나 그 보장도 정치권력의 결정에 좌우되었다. 그 당연한 결과, 기독교는 「영방군주의 교회지배」, 일반적으로는 국가교회제의 감독 아래 놓였다. 그러나 지배자는 성립 도상의 자신의 국가를 기독교의 토대 밖에 둔다고 생각하지는 않았다. 지배자 자신도 기독교 교도였으며 그러기를 바라고 있었다. 이 점은 원칙적으로 신앙의 분열의 시대 이전과 바뀌지 않았다. 도래하고 있던 새로운 질서 아래 국가의 토대로서의 기독교는 실제로 존재하고 전제로도 되었는데, 그러나 결코 필요불가결한 조건은 아니었다.

　이러한 의미에서의 세속화가 그 후의 국가와 정치를 어느 만큼 규정하였는가, 리실류외 [1585-1642]*의 정치유언이 그것을 보여준다. 이 가톨릭교회의 추기경이었던 프랑스 재상은 매우 교회에 충실하게, 더구나 신앙심 깊게 교육받은 왕자에게 보낸 유서에서 먼저 「신의 통치」가 국가번영의 첫 번째의 기반이며, 어떠한 군주도 신의 통치를 실현해야 한다고 서술한다.[31] 그러나 신의 통치는 어디에 있는가? 리실리외는 그것을 자명한 전제로 보고 모범적으로 선한 생활을 위한 훈계 이외에 상세한 것은 아무것도 쓰지 않고 있다. 「신의 통치」는 도덕의 분야로 억압되고, 그것이 정치의 핵심과 관련이 있는지는 구체적으로 서술하지 않는다. 이어서 정치행동의 지상원칙은 「국가이성」이라고 선언한다. 인간은 이성적인 존재로서 창조된, 그러므로 인간은 언제나 이성적으로 행동하는 것이 허용될 뿐이며, 그렇지 않으면 인간은 자기의 본성에 반하는 행동을 취하고, 그 결과 자기의 존재의 토대를 파괴해 버리는, 이것은 만인의 요해 사항[32]이라고 말한다. 인간의 이성은 신에 의해서 창조되었다는 형태로 종교적인 것은 여전히 간접적으로만 언급할 뿐이다. 그러나 현실의 행동에서는 인간의 이성 그 자체가 원칙이 되고 있다.

　교회권력과 세속권력, 종교와 정치의 관계는 어떠해야 할까, 이 문제의 해결법으로서 유럽 대륙, 바로 앞서 프랑스에서 싸튼 원칙을 가지고 가장 명쾌하게 표현한 이론이야말로 토머스 홉스의 국가론이었다. 그 국가론은 본고의 문제에 대해서 특히 유익하다. 주권을 가지는 결정기관으로서의 국가의 존재이유는 외적인 평화와 안전의 보장에 있다고 홉스는 생각했다. 홉스에 대해서 가장 기본적인 문제는 인간 생활에 불가결한 필수품, 즉 의식주에 관련된 최저한의 생활물자를 어떻게 취득하고 확보하는 가이다. 인간의 종교적인 사명이라든가 인간의 생활재(財)로서의 종교는 여기서 문제가 되지 않는다. 지배자의 의무를 논한 『시민론』(De cive)의 제13장에서 「국가의 안전은 어디에 있는가」*라고 홉스는 묻는다. 그 해답은 실로 명쾌하다. 「첫째로 대외적 위협을 방어하는 데에. 둘째로 국내의

---

31) Richelieu, Politisches Testament, Teil II, cap. 1. Ausg. Mommsen (Klassiker der Politik), Berlin 1926, S. 164 f.
32) Ebd. cap. 2, S. 167.

평화를 확보하는 데에. 셋째로 국가의 안전이 성립하고 있는 한 부를 증식하는 데에. 넷째로 위해를 미치지 않는 자유를 향수하는 곳에」.33) 종교에서 독립한, 순수하게 세속적인 현세 지향의 국가목적이 여기서는 분명히 공언되었다. 국가의 목적은 시민생활을 유지하기 위한 조건들을 확립하는 것, 개개의 시민의 생활에 불가결한 필수품을 조달하는 데에 있었다. 이 목적을 위해서 국가는 건설되고 이 목적을 위해서 최종결정권을 갖춘 주권으로서의 지상의 지배권력, 바꾸어 말하면 「최고권력」(summum imperium)이 국가에게 주어진다. 이러한 종류의 권력에 「사적」인 판단은 대항할 수 없다. 그리하여 그러한 최종결정의 주권기관만이 평화와 안전을 달성하고 법과 불법을 확실하게 구별할 수 있다. 이러한 의미에서 국가는 평화와 안전을 위한 「최저조건」이다.

홉스가 국가건설의 방법론상의 지도이념이라고 생각한 「국가이성」(rectio ratio)은, 신앙에 규정되고 신앙에 향하는 이성이 아니라 국가목적의 달성에 적합한, 국가라는 개별 분야에 고유한, 국가 그 자체를 토대로 하는 이성이다.34) 그러나 그렇다고 하여 레오 슈트라우스*처럼 홉스를 무신론자라든가, 홉스의 체계를 무신론적이라고 해석해서는 안 된다.35) 홉스는 국가권력의 보유자로서의 지배자가 기독교 교도인 것을 전제로 하고, 「예수는 구세주」*라는 정통 기독교의 신앙 개조를 국가론에 설정하고 있다.36) 그러나 그럼에도 불구하고 홉스의 국가론의 골격은 세속화이다. 국가건설의 기원은 기독교 신앙에서 설명하지 않는다. 국가존립의 근거와 목적은 기독교 신앙과는 무관계하게 순수한 인간 본성의 요구를 토대로 한, 국가목적의 달성에 적합한, 국가라는 개별 분야에 고유한 이성에서 구한다. 국가의 기독교적 성격에 관하여 홉스가 서술한 것은 이 이성국가도 그 지배자가 기독교교도라는 점에 기독교 국가였다고 한 동어반복에 불과하다. 복음서와 신의 계명은 주권자의 지배권력과 신민의 무조건의 복종을 부정하는 말도 종교의 사안에 대한 지배자의 권한을 부정하는 말도 적지 않고 있다.37) 이것을 명제로서 정식화한다면 국가와 기독교는 공존할 수 있으며, 국가주권의 결정권의 승인은 신앙의 부정을 의미하지 않는다는 것이 된다. 그러므로 홉스가 기독교 국가라는 말을 사용하더라도 국가의 근거와 목적에 관한 순수하게 세속적인 이익추구형의 발상은 포기하지 않으며 그 논리도 일관하고 있다.

이 세속화의 제2 국면에도 원칙으로서 결정된 것은 1회한의 사건으로서 완결한 것이

---

33) Thomas Hobbes, Elementa philosophica de cive, cap. 13, 7.

34) 홉스의 특징은 「자연법」의 정의에 나타나 있다. 「구성원의 생명을 가능한 한 오래 보존하기 위해서 해야할 것과 피해야할 것에 관한 올바른 이성의 명령」(Hobbes, De cive, c. 2, 1). 여기서 보편적인 목적질서를 지향하는 존재론적 이성에서 목적·기능적 이성에의 전환이 실현하고 있다.

35) Leo Strauß, Hobbes politische Philosophie, Neuwied 1966, S. 78 ff.

36) 이것은 새로운 홉스 연구에 의해서 증명되고 있다. 최근에는 F. C. Hood, The Divine Politics of Thomas Hobbes, Oxford 1964. 이에 대해서는 Carl Schmitt, Die vollendete Reformation, a. a. O., S. 51 ff.(역서, 211면); Bernard Willms, Von der Vermessung des Leviathan, Aspekte neuerer Hobbes-Literatur, in: Der Staat 6 (1967), S. 75 ff., 220 ff. (230 ff.).

37) De cive, cap. 15; Leviathan, Teil 3, cap. 32, 40, 42 참조. 이 점에서 나는 주 36에 열거한 빌름스(B. Willms)와는 견해를 달리한다.

아니라 역사의 흐름 속에 단계적으로 실현하고 있었다. 세속화에 의한 정치·사회질서의 전환은 천천히 진행하며 낡은 요소와 새로운 요소는 오랫동안 밀접하게 관련하면서 병존하고 있었다.

종교전쟁의 시대에 성립한 홉스가 예견하였던 세속국가는 프랑스 혁명에 의해서 완성되었다. 1789년의 인권선언, 로렌츠 폰 슈타인이 「새로운 사회의 최초의 기본법」이라고 부른 인권선언에 의하면, 국가란 「사회단체」(corps social)이다. 국가는 국가가 성립하기 이전의 자연상태에서의 개인의 권리와 자유를 옹호하는 것을 목적으로 설립된 정치의 지배조직이다. 국가의 존재목적과 그 정당성의 근거는 역사나 신이 아니라 진리에의 봉사도 아니며 자유롭게 자기 결정하는 개별적 인격, 즉 인간과 관련성을 가진다는 점에 구하였다. 국가의 기반은 **세속존재로서의** 인간이다. 이성법의 자연개념, 거기에 근거한 인권선언의 원칙들이 말하는 인간이란 종교적인 인간에서 해방된 현세의 존재이다. 국가의 목적은 자유의 확립과 옹호에 있는데 1791년의 헌법 이래 그 자유에는 신앙과 종교의 자유도 포함된다.[38] 그것에 의해서 국가 그 자체는 종교에 대해서 중립적이 되고, 국가는 국가 그 자체로서 종교로부터 해방된다. 종교는 사회의 분야로 밀려나고 개개의 시민, 많은 시민의 이익과 가치판단의 사안이 된다. 즉 종교는 국가질서를 구성하는 요소가 아니게 된다. 이리하여 종교는 이중의 의미에서 국가로부터 해방되었다. 카를 마르크스는 이 변화를 명쾌하게 지적하였다. 즉 「종교는 이미 국가의 정신이 아니다 … 종교는 시민사회의 정신이 되었다 … 종교는 이미 공동체 전체가 아니라 구별된 영역에 관련된다 … 종교는 종교공동체로서 전체 사회에서 추방된다」.[39] 이러한 마르크스의 지적은 국가가 종교의 자유를 기본권으로서 시민에 대해서 부여하는 곳이면 어디서나 타당하다. 종교의 자유가 훨씬 뒤의 시대에 실현된 경우마저 이 기본권의 승인은 국가의 최초부터의 「임무」였다. 자유권으로서의 종교의 자유에는 종교를 신앙하는 인간 내면의 자유와 사회적인 종교활동을 행하는 자유만이 아니라 종교를 신앙하지 않을 자유도 포함된다.[40] 무신론에도 국가는 무관심하게 된다. 국가는 전체에 관련되며 전체의 안전을 지킨다. 그 전체의 실체는 종교, 일정한 종교가 아니라 종교에서 독립한 세속의 목적과 사회성에서 구하지 않으면 안 된다. 어느 정도 종교의 자유가 실현되는가 그것은 어떤 국가의 세속성을 측정하는 척도이기도 하다.

19세기에는 이 세속화의 귀결에서 도피하려는 자세가 오랫동안 계속되었다. 종교의 자유의 보장에 의해서 국가는 종교로부터 해방되는, 이 움직임에 대항해서 왕정복고기에

---

38) 1791년의 헌법 (제1항)과 1789년 8월 4일의 인권선언에는 법적인 공적 질서의 범위 내에서의 종교의 자유의 보장만이 포함되어 있다.

39) Karl Marx, Zur Judenfrage=Karl Marx, Die Frühschriften, hg. von Landshut, Stuttgart 1953, S. 183(김현 옮김, 『유대인 문제에 관하여』, 책세상, 2015). 나아가 Eric Weil, Die Säkularisierung der Politik und des politischen Ansehens in der Zeit, in: Marxismusstudien, 4. Folge, Tübingen 1962.

40) Gerhard Anschütz, Die Religionsfreiheit, in: Handbuch des Deutschen Staatsrechts, hg. v. Anschütz und Thoma, Bd. 2, Tübingen 1932, §106.

는「기독교 국가」의 이념이 등장하였다.「기독교 국가」는 어디서나 자명하게 된 세속화의 흐름을 저지하거나 역행시키려고 하였다. 그 결과 무엇이 실현되었는가? 세속화의 현실 위에 신성한 덮개가 걸쳐진 것에 불과하다. 세속국가의 존속과 확충도 정치의 세속화도 침해할 수 없었다. 그 결과「왕권신수설」「왕관과 제단의 동맹」「신성동맹」과 같은 대용품이 등장하였다.[41] 기독교는 세속 업무의 장식품이 되고 권력을 안정시키고 특정 시대의 정치·사회상태를 정당화하고, 시대의 변화를 저지하는 역할을 하였다. 여기서도 마르크스는 사태의 핵심을 분명히 인식하고 있었다.「이른바 기독교 국가는 결코 국가면에서 기독교를 실현한 것이 아니라 국가라는 것의 기독교적인 부정이다」.[42] 사회구조의 전환에 의해서 실현된 국가의 세속성과 중립성을 부정하고, 이와 같은 방법으로 외견상의 제도적·기독교적 성격을 유지하고 재건하려는 시도는 모두 좌절되었다. 19세기만이 아니라 세속국가 대신에 기독교 국가를 건설해야 한다고 한 1945년 이래의 독일 국가의 재건에서도 종교의 자유는 근본원칙으로서 승인되었다.[43] 국가가 국가인 것을 포기하지 않는 한, 국가는 종교의 자유를 승인하지 않으면 안 된다.

IV. 세속화와 기독교

1. 세속화의 기독교적 의미

위에서는 역사적 전개를 보아왔다. 다음에 이 세속화의 움직임에 어떠한 의미가 있는가 하는 문제로 옮긴다. 세속국가에의 발전이란 기독교가 세계를 형성하는 공적인 힘으로부터 배제된다는 것을 의미한 것일까? 그 결과 국가란 특수한 의미에서 반기독교적이거나 기독교에 무관심한 정치질서라고 이해해야 할 것인가? 그렇다면 국가의 성립이라는 사건 속에 기독교와 정치의 제도적 일체화를 저지하고, 기독교의 계시 내용에 합치되는 정치·사회원리를 실현하려는 힘이 작용한다고 보아야할 것인가?

다음과 같이 문제를 제기할 수도 있다. 국가가 성립해 가는 움직임 속에서 국가의 성립과 동시에 실현한 정치질서의 탈신성화, 즉「종교의 세속으로부터의 해방」[44]과

---

41) 신수왕권설에 대해서는 Otto Brunner, Vom Gottesgnadentum zum monarchischen Prinzip, in: Das Königtum, Konstanz-Lindau 1954, S. 279 ff. (291 ff.). 대관식에서 프랑스 국왕이 나병환자의 머리에 손을 얹는 행위는 신의 치유력의 작용으로서 국왕의 임무가 되고 있었다. 샤르르 10세는 장갑을 끼고 그것을 행했다.

42) Marx, Frühschriften (Anm. 39), S. 183.

43) 1945년 이후의 수년간에 제정된 독일 각주의 헌법에는 복고적인「기독교」국가의 각종 이데올로기가 포함되었으며, 그것들은 상세하게 연구할 가치가 있다. Das »letzte Worte« der Religionsfreiheit: BVerfGE 19, 206 (226). 이에 대해서는 Alexander Hollerbach, Das Staatskirchenrecht in der Rechtsprechung des Bundesverfassungsgerichts, in: Archiv des öffentlichen Rechts, Bd. 92 (1967), S. 99 ff.

「세속의 종교로부터의 해방」(H. 크뤼거)은 어느 정도 「탈기독교화」도 의미한 것인가라고. 이 물음에는 긍정과 부정 어느 쪽의 대답도 가능하다고 생각할 수는 없다. 왜냐하면 그 해답은 세속화에 어떠한 기독교적 의미가 있는가 하는 신학과 역사철학의 본질에 관련되며, 나아가서는 기독교 신앙을 어떻게 이해하는가, 그 변화를 어떻게 해석하는가 하는 문제로 발전해 나아가기 때문이다. 기독교 신앙의 내적 구조는 다른 종교들과 동일한 것인가? 그러므로 기독교 신앙에 적합한 현상형태는 폴리스 종교와 같은 공적인 제례와 동일한 것인가? 그렇다면 기독교 신앙에는 그 이전의 종교들을 초월하는 무엇이 있으며, 기독교 신앙의 힘과 그 실현은 종교의 제정일치 형태를 파괴하고 공적 세계를 지배하려고 하는 종교의 예배형식을 타파하고 인간이성에 의해서 결정되는 세계의 「세속」 질서, 나아가 자유의 의식, 거기에 인간을 인도하는 것인가? 기독교의 관점에서 유럽 근대의 세속화의 움직임을 긍정한 인물이야말로 헤겔이었다. 헤겔에 의하면 세속화는 기독교의 부정이 아니라 예수 그리스도와 함께 이 세상에 가져온 계시 내용의 실현이었다.[45] 기독교에 비판적인 관점에서 카를 마르크스는 국가의 종교로부터의 해방은, 인간의 종교성 그 자체를 빼앗는 것은 아니며 그것을 목적으로 한 것도 아님을 지적한다.[46] 개인의 신앙고백으로서 시민의 종교신조에서 나오는 사회활동(그러한 한에서 정치활동이기도 하다)으로서 기독교 신앙은 「세속」 국가 속에서도, 오히려 「세속」 국가 속에서 그 힘을 발휘할 수 있다. 세속국가에서야말로 종교는 종교로서의 힘을 발휘할 자유가 주어진다. 시민의 종교의 자유는 소극적인 「신앙으로부터의 자유」만이 아니라 적극적인 「신앙에의 자유」도 의미한다. 다만, 허용되지 않는 것은 종교가 공적 제도의 존재형태를 취하며 그리하여 필연적으로 국가 전체에 관련되는 것이다. 그러나 그렇게되면 기독교 신앙은 세계에서 활동하고 역사를 형성해 가는 힘을 상실해버린다고 반론하는 사람이 있을 것인가? 이 문제는 기독교 신앙의 이해의 본질에 관련된다.

2. 세속화된 국가에서의 기독교의 역할

또 하나의 중요한 문제가 있다. 국가는 또한 종교라는 통합력을 필요로 하지 않았으며 필요로 하는 것도 허용되지 않았다. 그렇다면 국가를 유지해 가는 내적인 힘은 어디에서 획득할 수 있는가? 국가를 뒷받침하는 국가에 균질성을 부여하는 힘, 자유를 인간 내면에서 규제하는 힘, 이러한 힘을 국가는 어디서 발견하면 좋은가? 19세기 이전에는 먼저 제정일치의 세계, 다음에 종교의 토대에 뒷받침된 세계, 그러한 세계에서의 정치질서와 국가활동에 대해서 종교는 최강의 사회적 통합력이었다. 그러나 윤리는 세속내적으로 세속성만을 토대로 하여 건설하고 유지할 수 있는 것인가? 국가라는 것은 「자연스런

---

44) Herbert Krüger, Staatslehre, Stuttgart 1963, S. 43.
45) G. W. F. Hegel, Grundlinien der Philosophie des Rechts, Ausg. Gaus, §185; ders., Encyklopädie der philosophischen Wissenschaften, 1830, § 552.
46) Marx (Anm. 39), S. 183.

도덕」 위에 건설될 수 있는가? 될 수 없다면 종교나 그 밖의 일체의 것에서 자립한 세속국가는 현세에서의 시민의 행복의 최대화라는 쾌락주의만이 제공될 수 있는가? 이러한 질문들은 다음의 근본적인 원칙문제에 귀착한다. 국가의 목적은 개인의 자유를 보장하는 데에 있다. 이 자유의 보장은 사회적 통합의 존재를 전제로 한다. 그렇다면 사회적 통합 없이 국가로 통일된 국민은 어느 정도 이 자유를 향수할 수 있는가?

세속화의 과정은 세속질서가 전통적인 종교의 권위와 구속으로부터 해방되어 가는 대규모적인 운동이었다. 이 완성된 모습은 프랑스 혁명의 인권선언에 보인다. 인권선언은 개인에게 자립과 자유를 주었다. 그러나 거기에서 원리적인 새로운 통합의 문제가 생겼다. 외부로부터 강제적으로 지령되지 않는 한, 사람들은 행동하려고 하지 않는 이와 같은 인간 내면의 붕괴를 국가는 방치해서는 안 된다. 그렇다면 해방된 개인을 통합하기 위한 새로운 공동의식과 균질성이 필요하게 된다. 이 문제는 당초에는 은폐되어 있었다. 왜냐하면 낡은 통합이념에 대신해서 19세기에는 새로운 통합의 힘, 즉 국민(Nation)의 이념이 등장하였기 때문이었다. 종교에 의한 통일 대신에 국민에 의한 통합이 외면적이며 정치적인 성격의 새로운 동질성을 구축하였다.[47] 그 가운데에서 기독교 도덕의 전통도 계속 살았다. 이러한 국민적 동질성은 국민국가(Nationalstaat)라는 말로 표현된다. 그러나 많은 유럽 국가들에서 관찰되었듯이, 때의 흐름과 함께 국민의 이념도 통합력을 상실하고 있었다. 아시아나 아프리카의 신흥 국가에서도 그 이념은 일시적으로만 힘을 발휘할 것이다. 개인주의의 인권 이념은 전면 개화하고 종교로부터만이 아니라 다음의 단계에서는 동질성을 형성하는 힘이 된 (민족에 유사한) 국민으로부터도 해방된다. 1945년 이래 특히 독일인은 역사 속에서 형성된 공통의 가치관에 새로운 규질성의 토대를 구하려고 하였다. 그러나 이 「가치」도 거기에서 파생하는 것을 관찰한다면, 상당히 빈약하고 더구나 위험한 대용물일 뿐이다. 그러한 가치를 가지는 것은 주관적인 감정이나 시류에 따른 평가라는 실증주의에 굴복하는 것을 의미한다. 그러한 가치는 객관적 타당성을 요구함으로써 자유의 확립에 공헌하기보다는 오히려 자유의 파괴를 조장한다.[48]

그렇다면 핵심에서 다시 사람들을 통합하는 힘은 무엇인가? 하는 것이 문제로 된다. **자유롭고 세속화된 국가가 살아가기 위해서는 국가 자신이 보장할 수 없는 다양한 전제들이 필요불가결하다.*** 이것이야말로 자유의 확립을 목표로 하는 세속국가가 직면하는 위험이다. 국가는 자유로운 국가로서 시민에게 자유를 부여한다. 그러나 한 편, 그 자유는 내면에서, 즉 개인의 도덕과 사회의 동질성에 의해서 규제되지 않는 한 유지할 수 없다. 다른 한편, 국가 그 자체에 갖춘 수단, 즉 법적 강제와 권위 있는 명령은 규제의 힘이 인간 내면에서 저절로 생겨나는 것을 보증하지 않는다. 강제수단에 호소하는 것은 국가에

---

47) 근본적인 역사적 · 체계적 연구로서는 Eugen Lemberg, Geschichte der Nationalismus in Europa, Stuttgart 1950; ders., Nationalismus, I. und II. Band, Hamburg 1964.

48) Carl Schmitt, Tyrannei der Werte, in: Säkularisation und Utopie. Ebracher Studien, Stuttgart-Berlin-Köln-Mainz 1967, S. 37 ff.(김효전 옮김, 가치의 전제, 동인역, 『유럽 법학의 상태』, 교육과학사, 1990) 참조.

의한 자유의 부정이 되며 세속화된 차원에서는 전체주의의 요구에 빠진다. 이것이 저 종교전쟁의 원흉이었다. 국가 이데올로기에 의한 지령도, 아리스토텔레스적인 폴리스 전통의 부흥도, 무엇인가의 「객관적인 가치체계」의 선언도, 국가에 의한 자유보장의 전제가 되는 것과 양립하지 않는다.[49] 1789년 이전의 상태로 되돌아가는 것은 자유의 질서로서의 국가를 파괴하는 것이 된다.

이 문제를 피하기 위해서 국가의 임무는 현세에서의 시민의 행복의 최대화를 실현하는 것에 있으며, 그럼으로써 국가를 뒷받침하는 통합력은 획득될 수 있다고 생각하는 것도 가능하다. 그러나 그렇다면 국가의 업무는 무한하게 확대하게 된다. 왜냐하면 국가는 시민의 안전을 보장해야 한다는 국가에 불가결한 역할, 그러한 생활배려와 사회형성적인 정책을 실시하는 것만으로는 부족하기 때문이다. 국가 자체의 목적도, 국가 존재의 정당성의 근거도, 그 확대된 업무의 수행에 구해진다. 국가는 더 이상 인간의 내면적인 힘에 의존하지 않으며 그러한 것에 관련을 가지지 않는다. 그렇다면 국가의 업무는 현세에서의 시민의 행복의 최대화라는 사회 유토피아의 실현에 향하지 않을 수 없게 된다. 상기한 원칙 문제가 이와 같은 형태로 대처하려고 하는 국가에 의해서 해결될 수 있는가의 여부는 의심스럽다. 위기가 도래한 때에 이 국가는 무엇을 뒷받침하는가?

거기에서 다시 한 번 헤겔[50]과 함께 이 세상의 세속국가는 궁극적으로는 시민의 종교신앙에서 유래하는 인간 내면의 자극과 구속력에서 살아야 할 것은 아닌가 하고 물어 보아야 할 것인가? 물론 그것은 「기독교」 국가에의 복귀라는 형태가 아니라 기독교 교도에는 소원한 것, 기독교 신앙에 적대적인 것이라고 느껴 온, 이 세속국가야말로 실은 자유를 실현하는 기회이며 이 자유를 옹호하고 실현하는 것이야말로 기독교 교도의 임무라는 형태에서이다.

---

49) 헨니스의 연구(Wilhelm Hennis, Politik und praktische Philosophie, Neuwied 1963)는 고전 고대 폴리스의 전통의 계수를 완전히 간과하고 있다. 이에 관해서는 Bernard Willms, Ein Phoenix zu viel, in: Der Staat 3 (1964), S. 488 ff. 양립의 문제에 관한 원리적인 연구로서 Joachim Ritter, Hegel und die Französische Revolution, Köln-Opladen 1957 (김재현 옮김, 『헤겔과 프랑스혁명』, 한울, 1983).

50) G. W. F. Hegel, Enzyklopädie der philosophischen Wissenschaften, 1830, § 552. 이곳에서 국가와 종교의 관계의 문제는 지금까지 아무도 도달한 일이 없는 높은 지적 수준으로 고찰하고 있다.

2. 현대의 국가이론과 법이론의 문제성에 대한 논평*

헤르만 헬러

모든 정신과학들은 ─ 그 창조자가 의식하였는가의 여부에 관계없이 ─ 직접·간접으로 사회형성적으로 움직이며 정치적인 것이다. 그것들은 필연적으로 생산적·규범적 성격을 가지며, 그러므로 결코 현대적 상황의 표현을 나타낼 뿐만 아니라 항상 장래의 이론적·실천적인 태도에 대한 규준으로서도 작용한다. 국가이론과 법이론은 어떠한 형식에서나 사회생활의 형성에 관한 이론으로서는 ─ 그리고 무엇보다 교의학적인 법학으로서는 그 이상의 의미에서 ─ , 장래의 정치에 대해서 바로 정당하게 커다란 의의를 가진다.

비전문가만이 아니라 대부분의 법률가들도 일반적으로는 정신과학들에 대해서, 특수하게는 국가이론과 법이론에 대해서 이러한 생산성과 규범성을 인정하려고 하지 않는다. 사람들은, 국가사상과 법사상은 사고과학과의 비교, 즉 논리학이나 수학과의 비교에 견디어내는 객관성을 지닌 것만을 학문으로 간주한다. 바로 이러한 논리적·수학적인 객관성을 요청함으로써 실은 정신과학들의 존엄과 가치가 폄하되고 있다는 것, 정신과학적 사고는 항상 창조적 정립, 주관적 결정이기도 하다는 것, 이것을 사람들은 이해하려고 하지 않으며, 아마 용인하려고도 하지 않는다. 구체적이며 생명을 형성하는 규범성과 보편타당한 객관성과의 이러한 안티노미 속에 오늘날의 국가이론과 법이론의 가장 깊은 문제성이 포함되어 있다.

오늘날 생명의 감정은 그 핵심 부분에서 동요하고 있으므로 어떠한 정신과학적 인식도 제공하지 못하는 계산가능한 확실성을 찾고 있다. 우리들의 확신은 궁극적으로는 불확실한 것이 되었는데, 학문은 그것을 논리적·수학적인 사고상의 확실성으로 대치하고, 따라서 결정과 많은 사람들에게는 여전히 견딜 수 없는 책임에서 우리들을 면하게 하려고 한다. 그러나 절대적 객관성이 존재하는 것은 내가 전혀 결정을 내릴 필요가 없는 경우,

*   Hermann Heller, Bemerkungen zur staats- und rechtstheoretischen Problematik der Gegenwart, in Archiv des öffentlichen Rechts (Hg. G. Holstein u.a.), J. C. B. Mohr, Tübingen, Bd. 55 (1929), S. 321-354. jetzt in Gesammelte Schriften, Bd. 2, S. 249-278.

즉 나와 다른 모든 사람들도 바로 이렇게 행동하지 않을 수 없는 경우이다.

이에 반하여 구체적인 규범성이 존재하는 것은 구체적인 역사적 상황, 구체적인 상황 속에서의 구체적인 집단과의 관계만이다. 그 내부에서 나는 다른 사람들과는 다르지 않게 바로 이렇게 결심해야 한다는 것이다. 모든 정치적 결정, 그리고 공간개념·시간개념·수개념에 의해서 정확하게 규범화되지 아니한 법률적 결정은 거역하지 않고 나의 인격적 책임에 호소해 오는 것이다.

현대의 국가사상과 법사상에 특유한 징표는, 정치적·법률적인 당위·객관성, 즉 자신의 의지를 규범지우는 타당성을 자신의 의지에서 독립한 논리적·수학적인 필연·객관성과 혼동하는 것이 당연히 전제가 된다는 것이다. 인격적인 결정의 자유와 모든 결정을 무로 돌리는 사회상황의 절대적 법칙성과의 양자를 동시에 손에 넣는데 정열적으로 향해지고 있다. 루소에서 직접적인 정신사적 원천을 가지는 이상은 『에밀』에서 이렇게 서술한다. 즉「우리들의 법률이 언젠가 자연법칙의 불변성에까지 도달한다면, 공민은 자연상태의 장점과 시민사회의 장점을 동시에 손에 넣게 될 것이다」.[1] 독특한 결정에 대한 나약함이 오늘날의 정치·법률이론을 지배하며 실무에까지 영향을 미치고 있다.

결정에 대한 불안은 역사에 대한 불안에서 유래한다. 19세기의 역사적 사고는 다른 모든 시간축 위의 현실과 함께 국가와 법을 급진적으로 상대화하였다. 인간을 둘러싸고 있는 문화와 자연의 전체는 그처럼 다이나믹하게 되었는데, 여기에 약한 인간이 견딜 수 있는 것은 초시간적 절대자 — 변증법적으로 이분화되고 있는 통일성의 한편으로서 개념적으로 파악되는 시간축 상의 현실성이 그것에 관여하고 있는 — 를 전제로 하는 경우만이다. 이 절대자는 경험을 통해서 그것을 알 수 있는 경우가 있더라도 경험에서 알 수는 없다. 그러한 절대자의 상정에 대해서 실증주의적 시대정신의 자연주의적 형이상학은 저항한다. 그러나 정치적·법률적 현실도 포함한 모든 현실이 이러한 이면성을 가진다는 것이 이해되지 못하고, 사정에 따라서는 그 속의 한 면이 무시되거나 다른 측면이 무시되어서 뒤에 남는 것은, 말하자면 이미 어떠한 존재의 객관성이나 당위의 객관성도 알지 못하거나, 또는 역사주의의 절망만이 역사와 소원한 동시에 현실과도 소원하기 때문에 공허한 개념형식들이라는 유령에 불과하다. 그리고 이 개념형식은 수학·논리적 방법과의 잘못된 유추에 의해서 형성되고, 전적으로 기만적인 안전성과 객관성으로 사람을 속인다. 역사를 논리로써 반박하려는 이러한 사고는 존재에는 뿌리가 없으며, 그것이 결코 객관성을 획득할 수는 없지만, 그러나 그러한 사고는 정신과학들을 통하여 외견상의 객관성을 추구한다. 그러나 정신과학들이 그 노력으로 얻은 것은 생산성과 규범성의 놀라운 결여뿐이다. 분명하게 나온 궁극적인 성과는 모든 사람에 관하여 모든 사람을 불안하게 하지 않는 것이었다. 즉 국가 없는 국가학과 법 없는 법학이라는 유령같은 비현실적인 것이었다.

---

1) Jean-Jacque Rousseau, Émile, ou, De l'éducation, Amsterdam 1762. 2. Buch, 35. Abs. (김중현 옮김, 『에밀』, 한길사, 2005).

이러한 상태가 위기적이라는 것은 실로 다양한 실천적이고 이론적 행위태도의 영역에서 제시할 수 있다. 방대한 문헌이 의회주의의 위기를 다루고 의회주의의 위기, 민주주의의 위기, 국민국가의 위기를 제시하거나 나아가 파내려가서 국가와 사회 일반의 심각한 위기 상황 속에 있는 것을 발견하며, 그것을 경제적 · 기술적으로, 생명적 · 성적으로 또는 종교적 및 보편적 · 정신사적으로 근거지우고 있다.

여기서는 국가이론과 법이론을 둘러싼 현대적 문제성을 매우 좁게 한정된 대상에 비추어, 즉 당연하지만 형이상학과 윤리학과 아주 밀접하게 결부된 이 국가와 법에 관한 학문에서의 개념형성에 비추어 제시한다. 이 과제야말로 몇 가지 겸허한 논평을 통하여 나아갈 수 있을 뿐이다. 짧은 논문의 틀 안에서는 결국 이론적 상황에 대해서는 매우 도식적인 소묘만을 할 뿐이다. 그러한 소묘 중에서 눈앞에 반복되고 있는 다양성에 대해서 일관하여 통일된 기본적 양상을 보이기 위해서 어느 정도 커다란 압박을 가하는 것은 불가피하다.

오늘날 우리들은 현대의 정치적 · 법학적 사고도 포함하여, 정신적인 기본태도를 유럽의 사고가 르네상스시대에 생긴 이래 원리적으로는 포기한 적이 없는 일정한 기본적 입장의 발전, 정당한 전개의 성과라고 이해한다.

중세의 국가사상과 법사상은 계시에 근거한 지식에, 보다 정확하게 말하면 이러한 계시에 근거한 지식에 비추어 형성되어 온 기독교 자연법의 형이상학과 윤리학에 기초를 두었다. 한편으로 사람들은 사고의 가능성을 최고위의 초월적 현실과의 관계에서 상대화하고, 무제한한 인간이성을 신의 의지와의 관계에서 상대화했는데, 다른 한편으로는 절대적으로 비정치적인 기독교의 명령을 역사적 · 구체적 상황과의 관계에서 상대화하였다. 운명과 이성의 이러한 상호적 순응은 이미 스토아학파에 의해서 형성되고 있던 절대적 자연법과 상대적 자연법의 구별에 대응하고 있다. 지배도 다툼도 없는 황금의 낙원시대는 상대적 자연법의 시대로 이행하였다고 생각되었다. 상대적 자연법은 불평등 · 지배와 예속 · 사적 소유권과 다만 단순히 형식적인 것에 불과한 법을 가지고 역사적 국가의 상대적인 기독교적 성격을, 원죄에 대한 형벌이며 치료약이기도 하다고 하여 상대적으로 정통화하였다. 유명한 마태복음 여러 곳에서, 특히 바울 속에서 구체적인 지배조직의 정당화나 또는 사회적 행위나 사고의 기준과 한계의 지적을 발견할 수 있다.

르네상스 이래 이러한 사고를 계시적인 지식과의 관계에서 상대화한다는 발상은 서서히 쇠퇴하고, 마침내 인간이성을 원죄에 의해서 흐려지게 된 것으로 보게 되고, 오히려 절대적인 것으로서 설정하게 되었다. 일찍이 신의 의지의 권위에 부여되었던 확신은 이제 가장 순수한 형식에서의, 즉 논리적 · 수학적인 형식에서의 사고의 명증성에 부여되었다. 수리적 물리학의 성과에 매혹된 사람들은 물리적 세계만이 아니라 정신 · 사회적 세계도 양적인 관련 속에서 분석하고, 그 세계를 가장 단순한 요소에서 구성하려고 하였다. 이제 사고는 원칙으로서 어떠한 숙명적 한계도 알지 못하고, 자신과 대립하는 어떠한 비합리적인 존재도 알지 못하게 되었다. 시간과 공간과의 「우연성」을 초월한 보편타당한 이성법칙은 지금까지의 생활감정에 비교적 확고하게 정착하였으며, 상당히 안정된 전통 속에서 서서히 변화해 온 종래의 모든 형식과 규범을 철저하게 ─ 그것을 합리적인 것으로서 변명하기 위해서든 근본적으로 새로 구성하기 위해서든 ─ 비판한다는 요구를 내세웠다. 그리하여 세속화된 자연법은 일반적으로는 이미 한 세기 전에 사멸해 버렸다고 생각하는데 결코 그렇지 않다. 그것은 오늘날에 이르러 비로소 최종적으로 붕괴된 것이다. 이성의 자율은 물론 이미 근대의 커다란 정치적 혁명들에 의해서 회복불가능한 최초의 일격을 가하였다. 이 혁명과 동시에 태어난 역사주의와 사회학주의가 어느 정도의 사정거리를 가지는가 하는 통찰은, 19세기에 자연주의와 실증주의에 의해서, 그리고 그들에게 의문을 품지 않았기 때문에 차단되고 있었다. 그러나 오늘날의 의식에 대해서 사회적·역사적 존재는 날카롭게 대립하게 되고, 양자의 단절은 거의 극복하기 어려운 모습을 드러내고 있다. 오늘날의 의식은 자기 자신을 회의하기 시작한다. 중세는 초월적인 **실재적 실체**(ens realissimum)와 그것이 계시한 명령과의 관계에서 이성을 상대화하고 있었다. 이성적 자연법은 이러한 실재에 대한 신앙을 뒤흔들었으며, 이성을 **실재의 시녀**라는 신분에서 해방하려고 하였다. 그러나 오늘날 양자는, 즉 이성신앙과 계시신앙은 동일하게 동요하고 있다. 이성의 낙관주의는 환멸로 끝났다. 이성으로부터의, 그리고 이성을 매개로 한 생명의 형성의 가능성을 사람들은 이미 믿지 아니한다. 사고의 새로운 강력한 폭력적 자기상대화가 개시되었다. 이번에는 상대화는 초월적 실재와의 관계에서가 아니라 내재적 실재, 사회나 역사, 「생명」과의 관계에서 이루어졌다. 우리들은 이제 생명의 철학이 촉진한 모든 보편타당한 개념의 역사적·사회적 해소과정 한 가운데 서 있다. 헤겔에 있어서 철학은 여전히 적어도 「그 시대를 사고 속에 파악하는」 것이었다. 마르크스에게 현대의 사고란 여전히 개념 속에 두어진 계급상황이었다. 그러나 파레토에 있어서는 모든 의식은 역사적·사회적으로 조건지워진 개인의 우연적인 상황을 은폐하는 것으로서만 이해되고 있다.

　　이러한 사태 앞에서 공인된 국가이론과 법이론은 논리주의와 역사주의 사이를 규정하지 않고 동요하고 있다. 실천적으로 그것들은 자기 자신을 이해할 수도 없는 실증주의에 충성을 맹세하고 있다. 이러한 실증주의는 물론 모든 실증성에 대한 불신이나 학문적 및 정치적 비관주의·회의주의·불가지론의 점차 넓어지는 범위에로의 확대를 방해할 수는 없다. 정치이론에서도 정치실천에서도 학문과 이성의 이러한 경멸은 어떤 경우에는 혁명적 경향을, 또한 어떤 경우에는 반동적 경향을 수반하면서 비합리적인 폭력의 숭배에로 나아가고 있다.

　　국가학과 법학에서는 이러한 해체과정의 형식은 논리적이며 수리·물리학적인 학문적 이상에 정위하는 개념형성에 의해서 규정되고 있다. 이 과정은 꽁트의 「사회적 물리학」에 지배되는 사회학적 국가학에서 정점에 달했다. 이 과정은 비록 충분히 의식되어오지는 않았지만, 사회학을 대체로 점잖게 무시하는 오늘날의 공인된 국가학과 법학의 실증주의에서도 적지 않게 진행하고 있다.

아주 일반적으로 말하면, 실증주의는「실증적 사실」, 즉 지각 이외에 어떠한 것도 자신의 인식기초로서 상정하지 않음으로써 비과학적인 도그마티즘과 파괴적인 회의주의 사이를 살살 걸을 수 있다고 믿는다. 절대적 객관성을 보증하는 유일하고 확실한 출발점은 실증주의에 대해서는 경험적 소여이다. 경험적 소여의「법칙적」결함이야말로 유일하고 가치 있는 인식대상이기 때문이다. 따라서 실증주의에 대해서는 모든 학문이 지목하는 유일한 인식목표란 법칙, 즉 경험적 현상의 관계들이 보여주는 동형성이다. 현상을 인격적 힘들의 어떤「의제」에로 개조하는 사고의 단계는 자연의 힘들, 실체들 또는 사회적·심리학적 전체성 내지 형상을 인격적 힘들로 치환하는 형이상학적인 사고양식과 마찬가지로, 전과학적이며 신화적인 것이 된다. 기능화되지도 않고 관계화도 되지 않는 것, 또한 될 수 없는 것은 비과학적인 것으로 간주된다.

이러한 법칙사고의 궁극적인 이상은 합리적 일원론이며, 그러므로 존재의 연구에서는 모든 구체적 형상의 유일한 법칙에로의 환원, 즉 라플라스*의 우주공식이다. 그리고 모든 규범도 실증주의적 견해에 따르면, 법칙적으로 이해가능한 인간의 어떠한 욕구와 관심을 통해서만 설명되어야 하며, 어떠한 형이상학적 기초지움도 필요하지 않다.

오늘날 우리들이 알고 있듯이, 실증주의는 다른 모든 영역에서처럼 국가이론과 법이론의 영역에서도 크게 자기를 기만하고 있다. 철학적·체계적 전제들 중에 편입되지 않고 이러한 연관에 의해서 규정되지 아니한 어떠한 개별적 인식도 존재하지 않는다. 그리하여 어떤 실증적 사실의 존재는 우리들의 사고에 대해서도 필요할지라도, 어떠한 체계적 중심점에서 우리들의 사고가 이 사실을 정리하고 있는가에 따라서 사실의 현존재와 그 존재는 우리들의 의식에 대해서 매우 다양하게 구성될 수 있다. 소여는 적나라한 소여성으로서 존재하는 것은 아니다. 사실을 체계와 관계 없이 파악하는 것은 불가능하기 때문이다. 형이상학은 그러므로 법실증주의에 대해서 항상 불가피하다. 즉 모든 실증주의자는 자신의 형이상학적 존재론과 윤리학을 가지고 있으며, 자각적인 형이상학자와 다른 것은 실증주의자의 형이상학은 소박하고 나이브하며 충분한 통제가 미치지 아니한다는 점뿐이다. 실증주의는 19세기의 시민세계의 정신에서 태어났다. 이 의식은 특히 자연과학과 기술을 고향으로 하며, 정치적으로는 자유주의적이었다. 그러므로 실증주의의 형이상학은 항상 자연주의적이거나 경제적인 것이며, 더구나 이들 두 개의 개념은 엄밀하지 않으며 매우 소박하게 이해되었다. 그리고 그 윤리학은 개인주의적이었다.

이러한 형이상학과 윤리학과 매우 밀접하게 결합한 것이 실증주의적 국가이론이란 개념형성이다. 이러한 개념형성은 자연주의적이며 원자론적인 것이라고도 할 수는 없다. 그렇지만 일찍이 자연과학의 대부분, 특히 생물학과 원자론은 오늘날의 국가이론 이상으로 정신과학적으로 되었다. 예컨대 원자 중에서도 여전히 어떤 일정한 전체성의 질 또는 형태의 질이 인식되었기 때문이다. 생명 있는 자연의 현상도, 생명 없는 자연의 현상도 마찬가지로,「소여의 것으로서 수용되어야 하는 설명불가능한 기초과정과 초기상황」[2]이 된다. 그러나 그러한 개개의 초기상황이 승인되어야 하자마자, 또한 그러한 한에서 순수한 법칙개념이나 관계개념은 이미 충분하지는 않게 된다. 여기서 순수하게 사고과학상 필연적인 관련은 개개의 전체현상이나 관련현상에 의해서 통합되는 것이다. 사고는 「실체」에 마주친다. 「실체」는 사고의 규정들에로 영원히 해소하지 못하며, 사고는 「실체」를 소여로서 정신과학적 객체의 경우에는 그 과제로서 수용하지 않으면 안 되기 때문이다. 법칙과 그것에 대응하는 개념형성이 무제한한 지배를 미칠 수 있는 것은 어떠한 다양성도 개성도 고려할 필요가 없는 경우만이다. 이 경우에만 각각의 실체의 질이 도외시되며, 그러므로 모든 실체에 대해서 질을 수반하지 않는 교환관계만을 확정하며, 오로지 관계개념만을 산출하는 존재연구가 가능하게 된다. 이러한 개념형성의 이상은, 아마 수리물리학에서는 실현가능할 것이다. 그러나 여하튼 그 가능성은 사고과학들에만 한정될 것이다. 논리적 및 수학적 「법칙」은 사실 어떠한 현실과도 관련이 없는 순수형식이며, 따라서 그 순수성은 현실을 왜곡하는 것도 아니다. 순수하게 양적인 관계에서는 현실은 확실히 수학적이다. 그러나 항상 자연이나 문화에 관한 사고가 끊임없이 양화할 수 없는 속성에 직면하는 경우에는, 반드시 순수형식의 지배에는 뛰어넘을 수 없는 한계가 그어진다. 그리고 이 경우 개념형성은 이미 모든 차이를 폐기하고, 그것을 법칙과 관계개념 속에 편입한다는 과제에는 따르지 아니한다. 오히려 그것들은 점차 보편적인 연관 속에 편입되며, 그럼으로써 이러한 속성을 제시한다는 과제를 내포하게 된다. 절대적으로 보편적인 것과 절대적으로 개별성인 것에 대해서는 어떠한 개념형성도 불가능하다. 즉 시공 중에 있는 일체의 현실적인 것을 파악하는 것은 이 현실의 절대적으로 보편적인 것 및 절대적으로 개별적인 것과의 관계에서는 상대적인 개념을 사용해서만 가능하게 된다. 순수한 법칙개념을 사용하여 인식할 수 있는 것은 단지 항상 질 없는 균등한 통일성, 즉 무에 불과하며, 그럼으로써 어떤 종류의 현실도 인식할 수 없다. 사고과학상의 형식은 모든 내용을 제압할 수 있는데 그것은 바로 이 형식이 사고의 형식 자체이기 때문이다. 그러나 항상 역사적 현실인 정신적 현실이 요구하는 것은 보편적인 것 속에서 개별적인 것을 파괴하지 않고 ― 유개념에서는 이 파괴가 행해진다 ― 그것을 유지하는 개념형성이다. 왜냐하면 정신이란 결코 단순한 사고형식이 아니며 내용에 구속된 역사적으로 규정된 사고이기 때문이다. 이러한 요청을 충족하는 것은 대표개념 내지는 유개념, 즉 현상들의 집단의 특성을 표현하면서 그렇다고 해서 각각의 개별적 사례를 스스로 이해해버리는 일이 결코 없는 대표개념 내지는 유형개념이다. 정신은 논리적 형식 이상의 것이며, 논리적 형식의 내부에서 자신을 생산적으로 형성해 나아간다. 그러므로 정신과학적 개념형성은 창조적·규범적인 것이다. 모든 정신과학적 개념 중에는 바로 이념과의 관계가 숨어 있다. 영주·시인·입법자·국가·법 등등은 생산적·규범적인 유형개념이기 때문에 정신과학적 개념이며, 일반화하는 추상만으로는 얻을 수 없는 존재개념이다. 특히 모든 정치적·법률적 현상은 그러나 단지 경험적인 것만은 아니며, 규범적이면서 존재에도 뿌리내리고 있는 연관에 편입되고 있다.

---

2) Otto Meyerhof.

이에 반하여 통설인 정치적·법률적 이론의 개념형성은 자연주의적으로, 보다 정확하게 말하면 사고과학적인 것으로서 행해진다. 사고과학의 개념형성은 그 윤리학과 마찬가지로 자연주의적 형이상학의 표현에 다름 아니다. 그것은 전체 세계상을 탈인격화함으로써 모든 개체성을 남김없이 폐기해야 할 합리적 법칙의 특수사례로서만 파악되며, 따라서 모든 전체성이나 형상을 질 없는 통일된 통일성의 기능으로서 기능화하려고 시도한다. 이 형이상학과 윤리학에 대응하는 것은, 국가는 「인간」으로 이루며, 그러한 「인간」이야말로 현실적이며, 국가 그 자체는 비현실적이며 인간이라는 현실성의 한 기능에 불과하다는 관념이다. 이처럼 소박하고 자연주의적인 국가이론과 법이론상의 개인주의가 윤리적·종교적 개인주의와 혼동되어서는 안 된다. 전자는 19세기의 적자이며 자연법의 산물이라고 말하기는 어려운 것이기 때문이다. 이 소박하고 자연주의적인 개인주의야말로, 특히 「순수하게 법학적으로」 행해지는 국가학의 기초도 이루고 있다.

게오르크 옐리네크는 법학적 방법을 과대평가하지 않은 사람들 중 가장 중요한 인물이라고 할 수 있는데, 그 옐리네크마저 이처럼 국가를 기능화하고 그 결과로서 국가를 추상물로 불렀다. 이것은 의제의 다른 표현에 불과하다. 이와 같이 국가를 의제로 하는 것은 독일·프랑스·이탈리아·영국의 국가학의 통설적인 견해라고 할 수 있을 것이다.

이러한 「개인주의적」 국가이론의 적대자인 유기체적 국가학은, 개념형성의 자연주의에 관해서는 「개인주의적」 국가이론의 이면에 불과하다. 생물학적 유기체론도 국가가 다수성 중의 통일성이라는 것을 우리들에게 납득시킬 수는 없다. 국가가 정신·물리적인 것에는 무관계하며 육체적·정신적 본질을 가지는 것을 이해하기 위해서는 생물학 그 자체에서 명백히 하지 않은 생물학적 이미지는 필요 없다. 국가학에서도 생물학에서도 이러한 표현으로 파악할 수 있는 것은 내부로부터 이해된 현상의 전체성 내지 형상, 그리고 그 내재적 목적론뿐이다. 그러나 국가학의 영역에서 유기체이론은 아주 간단히 자연과학적 내지 심리학적 개념형성에로 유혹되며, 국가는 인격들의 행위, 현실의 전체성에 의해서 형성되며, 그렇지 않고서는 또한 그들로부터 독립해서는 국가는 전혀 실존하지 않는다는 사실을 오인해버린다. 그러나 유기체적 국가학은 특히 유기체적 영역 내부에서는 파악할 수 없는 규범적 요소를 간과하며, 타당개념을 존재개념과 혼동하는 것이 상례이다. 그러나 국가는 정신적 규범에 의해서 형성되며, 그것을 형성하는 인간의 자각적 행위를 통해서만 성립하고 존립한다. 「원자론적」 국가학이 국가를 기능화하고 마침내 의제하는 것과 마찬가지로, 유기체적 국가학은 개인을 기능화하고 의제화한다. 후자의 유기체 사고도, 전자의 원자 관념도, 국가이론적 개념형성의 출발점으로서는 여하튼 마찬가지로 부적절하다.

보통 사회학적 국가학의 실증주의의 기초에는 무제한한 과학신앙이 있다. 사람들은 사회과학에 대해서는 많든 적든 일의적인 방법의 전혀 의심 없는 성과에 의해서 생명을 자의적으로가 아니라 객관적으로 규제하는 능력을 기대한다. 보편적 인과성원리가 가지는 일의성은 모든 불확정성, 모든 목적론적 개념형성, 모든 개별성을 배제하고 마침내는 세계발전의 일원론적 자연법칙을 명백히 해야 할 방향을 제시하는 것이라고 생각한다. 모든 척도·규범·이상은 가치자유라고 불리는 인과적 설명에 의해서 정당화되어야 한다는 것이다. 「어떤 가치가 보편적이고 무제한한 것이다 … 라고 생각하기 위해서는 이 가치가 자연과학적으로 — 즉 가치관계 없이 — 어떤 원인에서 무제한하게 생명을 창조하고 파괴할 수 있는 것이 증명되어야 한다」[3]는 것이다. 보편법칙에만 조준을 맞추는 이러한 자연과학의 개념형성이 국가이론과 법이론상의 문제를 파악함에 있어서 얼마나 무능력한가를 단적으로까지 보여주는 것에 치글러, 콘라드 그리고 해켈이 편집한 논문집 『자연과 국가』[4]가 있다. 이것은 일원론협회에서 제출한 현상논문 「우리들은 국가들의 내정적 발전과 입법에 관하여 진화론의 원리들에서 무엇을 배우는가?」[5]에 대한 해답을 내포하고 있다. 인간의 국가형성이나 법형성에 관하여 꿀벌이나 개미의 국가에서 배울 것이 아무것도 없다는 것은 오늘날 일반적으로 주지의 사실이다. 해켈이나 오스트발트와 같은 사람들의 자연주의적 일원론에 대한 명백한 신앙고백은 정치에 관해서 어정쩡한 지식을 지닌 사람에게서만 발견하는 것이 허용될 것이다. 이러한 철학에 근거한 개념형성, 즉 논리적이고 수학적인 자연주의는 오늘날의 국가학 내지 법학에서는 여전히 거의 확고한 기반을 누리고 있다.

특히 방법론적 엄밀함을 자부하는 신칸트학파는 모든 정치적·법학적 개념을 서로 변함없이 논리·수학이라는 학문의 이상에 비추어 측정한다. 그리고 유사자연법칙적인 모습을 나타내지 않는 모든 개념은 신화적이며 비과학적이라고 하여 거부한다. 이러한 개념형성이 사회학의 몇 가지 중요한 문제 제기에 대해서는 적절하다는 점에 이론을 제기한다고는 생각지 아니한다. 그러나 이러한 경우에도 다음과 같은 사실이 분명히 의식되지 않으면 안 된다. 그것은 모든 법칙이 관철하는 것은 역사적·구체적 전체성이나 형상에서 생기며, 그 경우 이러한 역사적·구체적 전체성이나 형상은 지금까지 알려지고 있던 모든 중요한 사례에서의 일반적으로 가능한 「기회」를 거의 알지 못하기까지 변화시켜버리고 있다는 사실이다.

바로 이 구체적 전체성을, 특히 국가를 순수한 법칙사상은 결코 정당하게 평가할 수 없는 것이다. 순수한 법칙사상은 그것들을 관계들에게 해소하려고 하며, 특히 역사적·정치적 주체로서의 국가를 지우려고 한다. 다수성 속에 있으면서 완전하게는 관계에로 해소하지 않는 구체적 통일성으로서의 국가는, 순수한 법칙사상에 대해서는 비과학적 형이상학으로서 나타나지 않을 수 없다. 그럼에도 불구하고 국가를 사회의 기능으로서 이해하려는 경우에, 사회 그 자체를 형이상학화하는 데에는 모든 규칙사상은 주저하지 아니한다. 그러한 사고는 역사적·구체적 현실성이나 실증성이 전혀 주어지지 않는 「사회」라는 추상개념을 역사의 주체로 하며, 그것으로 일반화적 추상화에 의해서 얻어진

3) Paul Barth, Die Philosophie der Geschichte als Soziologie, 1. Teil, Leipzig 1922, S. 48.
4) Heinrich Ernst Ziegler (Hg.), Natur und Staat. Beiträge zur naturwissenschaftlichen Gesellschaftslehre (Eine Sammlung von Preisschriften), Jena 1903 ff.
5) AaO., 1 Teil (1903), S. 2.

유개념을 역사적 개념으로서 삼기 때문이다.

이러한 논리적·수학적인 개념형성과 그것으로 역사적 주체에로 형이상학화 된 「사회」라는 추상물은 마르크스에게도 보이며, 무엇보다 마르크스주의에서 중요한 역할을 하고 있다. 경제적 형이상학은 국가 속에 계급적으로 분열된 시민적 경제사회 — 계급분열의 폐기와 함께 허위의 이데올로기인 것이 명백하게 되어 해소하게 된 사회 — 의 기능만이 인정될 뿐이다. 이러한 역사철학을 기반으로 하는 한에서는 독자적인 국가이론이나 법이론은 불가능하다. 타당문제나 존재문제를 반성하고, 그리하여 권리문제에 도달하면, 마르크스주의는 실증주의적으로 사실성을 가지고 이 문제에 대답하거나 또는 이성법의 상속인으로서 **자연의 질서**(ordre naturel)*에 호소하는 어떤 입장을 취한다. 마르크스주의가 이상으로 하는 궁극상태는, 「사회」를 최종적으로는 법칙화함으로써 국가를 부인하는 것이다.* 그리고 이때 이 사회는 이미 구체적인 개개의 공동체권위를 어떤 하나의 알지 못하는, 거기에서는 사람에 대한 지배는 물에 대한 관리로 변화한다는 것이다.

마르크스주의적 실증주의는 사실성을 타당성과 동일시하여 의미관련을 체험행위 속에 해소하는 경향을 부르주아적 실증주의와 공유하고 있다. 부르주아적 국가학은 비판적 실증주의의 관점에 입각하는 것이든, 몰비판적 실증주의의 관점에 입각하는 것이든, 국가의 본질에 대해서 그것은 지배단체 또는 강제조직이라고 하는 이상의 언명을 하지 않으려는 점에서 공통된다. 국가의 의미 또는 목적에 대한 질문은 목적론적 질문, 즉 형이상학적 질문으로서 터부시된다. 그러므로 오늘날의 부르주아적 국가학은 마르크스주의나 생디갈리슴으로부터의 공격에 대항하기 위한 출발점으로서는 결코 역할을 하지 못할 뿐이며, 이러한 공격이 나아갈 길을 밝히고 거기에 무기마저 제공한다. 윤리적이며 형이상학적인 기초를 갖지 아니한 지배로서의 국가는 어떤 궁극적인 의무화의 근거도 갖지 못하며, 사회학적 필연성도 사회윤리적 필연성도 가지지 않는다. 국가는 많든 적든 역사의 우연 내지 일과성의 해악에 불과하며 폭력적 잔학함을 가지므로, 가급적 속히 폐지되어야 하는 것이다. 단순히 형식적인 타당이론이나 신칸트학파의 의제(Als-Ob)의 가설을 가지고서는 국가를 구출할 수 없다. 오히려 그 반대의 결과에 빠진다! 왜냐하면 슈타믈러와 켈젠에 의한 개념형성은 전적으로 수학화하는 개념형성이며, 그 형이상학은 자연주의적인 것이므로 그것은 구체적인 개별 국가나 실정법 등의 당위존재를 마르크스주의 정도로 파악할 수도 없기 때문이다. 마르크스주의 입장을 취하는 국가부정론자는 켈젠의 이론에 완전히 동감할 수 있다. 켈젠의 이론에 의하면, 법적 강제의 실현에 맡겨진 사람들은 타자의 이해와 대립하는 자신의 이익을 추구하면 자립적인 권력요인, 복종자를 지배하는 「국가」가 된다. 그러한 주장을 하는 법률학에 대해서는 「이 의심할 여지 없는 사회학적 사실은 모든 법률학적 인식의 외부에」 위치한다. 그리하여 법률가와 사회학자와는 국가의 폐지를 목표로 분업하는 것이다.

생디갈리스트인 뒤기[6]*의 기지로 가득 찬 공격도 통설과 통설을 공격하는 사람들에게

---

6) 레옹 뒤기(Léon Duguit)에 관해서는 Gesammelte Schriften, Bd. 2, S. 47, Anm. 65 ff. (김효전 옮김,

는 믿지 않을 지라도, 통설 그 자체의 귀결이라고 하지 않을 수 없다. 바로 그러므로 오늘날의 국가이론은 몇 가지의 인식론적이며 기술적인 디테일을 제외하면 뒤기의 공격과 대립하기가 어려운 것이다. 그렇지만 뒤기는 국가의 실재성에 이의를 제기함으로써 통설도 공유하고 있는 존재론을 폭로할 뿐이다.「물리적 세계에 입각한다면 사람의 눈에 비치는 것은 단 하나의 지배자의 개인적인 의지만이다」. 이러한「실재론적이며 실증적인 교설」에 대해서 국가는 항상「단순한 사실」에 불과하며, 보다 정확히 말하면 강자의 약자에 대한 단지 사실적으로 정당화 불가능한 지배에 불과하다. 통설적인 독일의 국가이론은 국가 그 자체는 추상이며, 국가의 기관들만이 현실적이며 기관들의 배후에는 「아무것도」[7] 존재하지 않는다고 가르쳐 오고 있다. 정치적 경향이 다른 점을 제외한다면 뒤기의 교설은 그것과 전적으로 같은 것이다. 즉 뒤기는 국가기능을 집행하는 인간은 언제나 자신의 의지를 관철할 뿐이며, 그 의지는 인민의지도 국가의지도 아니다. 인민의지 라든가 국가의지는 단지「하나의 추상물, 하나의 의제」에 불과하다는 것이다. 뒤기에 의하면, 지배에의 권리는 존재하지 않지만 혁명에의 권리는 존재한다는 주장은 다소간 논리적으로 시종일관하고 있다. 법학을 대중심리학의 한 분야로 한 이러한 사회학주의에 의해서는, 정치적 개념이나 법적 개념은 화려한 난센스를 범하지 않고서는 하나로서 형성되지 못한다. 이것은 명백하다. 현대 국가의 계급분열은, 그러므로 뒤기의「국가는 죽었다」[8]라는 언명을 지지한다고 하더라도 그것을 근거지울 수는 없다. 탈인격화 하는 개념형성은 신칸트학파보다는 약간 비판적으로, 뒤기보다는 약간 소박하게 다음과 같은 요청에 이른다. 국가는 폐지되어야 하며 오직 비인격적인 법률만이 그것도 사회생활의 자연적 산물로서 생겨나는 객관적「법」— 뒤기에 의하면 실정법의 상위에 서는「지고법」인 객관적「법」— 만이 지배해야 한다는 요청이다. 이처럼 나날이 그 내용을 바꾸는 자연법이 선언됨으로써 상술한 국가이론과 법이론에 대한 통찰은 모두 구하지 못하고 막혀버렸다.

그리하여 사회주의와 마르크스주의의 국가이론과 법이론을 동일하게「유물론적」이 라고 하고, 부르주아적 이론을「관념론적」이라고 하여 뒤기의 이론을 끝내버리려고 하는데 이는 중대한 잘못이다. 양자는 말하자면 은성(krypto)·형이상학적이다. 양자에 서 형이상학은 19세기에 있어서의 체험의 중심에 대응해서, 종교적인 것이나 정치적인 것에서 경제적·사회적인 것, 그리고 자연주의적·기술적인 것에로 이동하고 있다. 국가 와 법을 기술적·경제적 현실성의 상부구조나 반영으로 보고, 법은 형식이며 경제가 내용이라고 하는 부르주아적 이론가는 무수히 존재한다.[9] 이에 대해서 지정학자는「영

『주권론』, 관악사, 2004, 27면 주 65 이하) 참조.

7) Georg Jellinek, Allgemeine Staatslehre (1900), 3. Aufl., Berlin 1914, S. 560 (김효전 옮김,『일반 국가학』, 법문사, 2005, 456면) 참조.

8) Duguit, Le droit social, 3. Aufl., Paris 1922, S. 40.

9) Rudolf Stammler, Wirtschaft und Recht nach der materialistischen Geschichtsauffassung (1896), 5. Aufl., Berlin 1926, S. 211 ff.

토」야말로 국가의 **실재적 실체**(ens realissimum)인 것을 입증하려고 하며, 인종학자는 그것을 피로 치환하려고 한다. 끝으로 국가의 정신분석가인 것도 존재하며, 정치적 · 법률적 환상이나 종교적 환상을 다른 모든 환상과 함께 **리비도**(libido)*로 환원하려고 애썼다. 이러한 자연주의의 사변적 형이상학에 대한 공헌은 스콜라적 사변의 최악의 오류와 비견할 수 있다. 그리하여 프로이드에 있어서 「인간사회의 동기는 결국 경제적인 것이다. 인간사회는 그 구성원을 그들의 노동 없이는 유지하는데 충분한 생활수단을 가지지 못하므로 그 구성원의 수를 제한하고, 성적 영위의 에너지를 노동에로 돌리지 않으면 안 된다」.[10) 이러한 존재론에 입각함으로써 국가나 법만이 아니라 전문화에 대해서 실재로서의 성격을 인정하는 것이 거부되며, 그것들은 어떤 「물질적인 것」의 파생체와 기능으로서, 그러므로 의제 내지 이데올로기로서만 이해된다. 그러나 이러한 존재론적 기반은 정치적 · 법학적 개념형성에 대해서는 치명적인 것도 있다.

사회학적 실증주의는 이론적으로는 불명확한 역사주의로서 나타나는 것이 통례이며, 그것이 철저하게 된다면 국가사상과 법사상의 완전한 파괴를 의미한다. 역사주의는 모든 절대적인 것을 역사적 생성에로 상대화하며, 역사적인 것을 유일한 실재로 절대화하고, 따라서 모든 사고내용과 그리고 또한 원리적으로는 모든 사고형식을 연화시킨다. 사회학주의는 모든 사고를 사회적 입장에 구속된다고 인식하며, 역사주의는 일체의 사고의 역사적 피구속성을 강조한다. 실증주의가 사고를 다만 단순히 사회학화하는 데에 그치는 한, 정치적 · 법률적 상황을 어느 정도까지 체계화할 수 있다. 그러나 모든 절대적 본질성이나 모든 사고가 역사화되면, 순간을 초월하는 지각은, 그러므로 모든 개념형성은 원리적으로 불가능하게 된다. 남는 것은 역사에 해소되는, 체계적으로 결합하지 못하는 개개의 것의 직관뿐이다. 이에 대해서 그 개별화 속에서의 개별적인 것은 결코 인식의 대상은 아니다. 그리하여 역사주의는 역사를 결국 의미 없는 사실, 완전히 자율적으로 관련을 상실한 현상들 — 개념적으로는 파악불가능하며 단지 직관가능한 생명을 전면에 내세울 뿐인 현상들 — 을 만든다. 역사적인 기초에 입각하여 국가이론과 법이론의 구축이 시도된 경우에 가능했던 것은, 세계사에서의 발췌나 막연함을 벗어나지 못한 개념을 사용한 개개의 국가의 기술 이상은 아니었다. 시종일관하면 이러한 개념들도 역시 부적절하다고 하지 않을 수 없다. 왜냐하면 역사주의적 견해에 따르면, 모든 시대는 거기에 고유한 체계화의 중심점을 가질 뿐만 아니라 그 고유의 개념을 가지며, 나아가서는 그 고유의 인식이론과 논리학을 가지기 때문이다. 헤겔과 마르크스는 역사가 자연법칙에 제약된다는 것을 아직 승인하지 않았다. 그들은 역사에 의해서 이성을 상대화하였는데, 그 경우에도 여전히 역사에는 이성이 머무르며 역사의 전체 과정은 인류사의 목적, 사명을 성취한다는 신앙에 의해서 뒷받침되고 있었다. 여기서는 여전히 전부이고 하나인 것의 관련이 어떤 절대적인 것과의 관계에 있어서 역사의 상대화가 있었다. 그러므로

---

10) Sigmund Freud, Vorlesungen zur Einführung in die Psychoanalyse (1917), in Gesammelte Werke, Bd. 11, London 1940, S. 322 (임홍빈 · 홍혜경 옮김, 『정신분석 강의』, 열린책들, 1997).

여기서는 단지 의제적인 이데올로기만을 의미하지 않는 이념과 개념이 존재하고 있었다.

이러한 이성의 역사는 지난 세기의 이 10년 간의 부르주아와 마르크스주의 쌍방에 있어서의 주도적인 역사형이상학이었다. 이제 이 역사신앙도 파괴되고 있으며, 여기에는 처음으로 역사주의와 실증주의와의 승리는 완전한 것이 되고, 국가이론과 법이론과의 가능성은 최종적으로 근저로부터 부정되었다. 주관적 의욕이 자신에 대한 어떠한 당위도 인정하지 않고 의욕과 사고와의 순환 문제가 완전히 해소불가능하게 된 지금, 의식의 모든 내용과 형식은 거의 사회적 권력투쟁의 무기는 되지 못하고 개개의 권력투쟁에서의 무기가 될 뿐이었다. 남은 것은 순간마다 인간의 행위태도의 외적인 동형성을 실험적으로 하고, 그리하여 가설적인 개념형성을 「검증」하려는 시도이다. 그러나 이러한 개념이 타당성요구를 내세울 수 있는 것은, 인간은 결코 역사를 갖지 못하며 단지 자연법칙적 필연이 주어질 뿐인 완전히 계산가능한 등가의 소립자인 경우뿐일 것이다.

이러한 사회적 · 역사적 세계의 최종적인 탈환상화(脫幻想化)는 로만 언어권에서는 빌프레도 파레토(Vilfredo Pareto)*에 의해서 수행되었다. 여기에서는 과학신앙이나 역사에 있어서의 이성은 전적으로 결정적으로 부정되며, 모든 의식은 상대화되어 「잔기」(殘基),* 즉 행위자의 비합리적 · 개인적 전체상태가 되었다. 파레토에게 플라톤에서 꽁트나 마르크스에 이르는 모든 국가이론이나 모든 국가이상은 단지 저열한 형이상학에 불과하며, 모든 이데올로기는 **만인의 만인에 대한 투쟁**에서의 투쟁수단에 지나지 않는다. 여기서는 확실히 이러한 극단적인 형식을 취하기에 이른 궁극의 개인주의적 · 합리주의적 실증주의는, 모든 정신은 「절대적인」 사고, 즉 수리적 · 물리학적인 사고에서 본다면 항상 비합리적인 의욕의 이데올로기적 은폐가 되는 다름 아닌 의제라고 본다. 그러나 이러한 의제는 인간 짐승을 사육하고 길들이기 위해서 필요한 것은 명백하기 때문에 파레토에 의하면, 그것은 국가이론의 기초는 아니라고 해도 국가기술의 기초, 즉 탈환상화 된 시민사회의 네오 마키아벨리주의적 국가기술의 기초가 되었다. 모든 정치적 · 법학적 사고는 최고도로 개인주의적이며 역사적 · 사회적인 상황의 표현에 불과하며, 세대나 계급들, 정당들이나 국민들 간의 어떤 의미관련성도 존재하지 않는다면, 이론적 · 실제적인 정치에서도 세대나 계급들, 정당들이나 국민들 간에 어떤 토론의 기초도 어떠한 합리적인 거래도 존재하지 않으며, 존재할 수 있는 것은 단지 적대자를 폭력적으로 타도하는 행위자만이다. 그러한 경우에는 사실상 정치적인 것의 기초 범주는 동지와 적이라는 한쌍의 개념 — 이 개념에서는 실존적으로 다른 견해를 취하며, 항쟁시에는 부정해야 할 것으로서의 적에게 강조점이 두어진다 — 이 된다.[11] 모든 정치와 역사의 의미는 이 경우 적나라한 권력을 둘러싼 투쟁에 있게 되며, 투쟁자는 영원히 동일적인 무의미한 「엘리트의 순환」[12] 속에서 권력을 얻기 위해서는 순간적으로 유효한 이데올로기적 의제를 사용하는 것이

---

11) Carl Schmitt, "Der Begriff des Politischen," in Probleme der Demokratie, 1. Reihe, Berlin 1928 (Politische Wissenschaft. Schriftenreihe der Deutschen Hochschule für Politik, H. 5), S. 6.
12) Vilfredo Pareto, Les systèmes socialistes, 2. Aufl., Paris 1926, t. 1, S. 47 참조.

불가피하게 된다. 이러한 「지배의 지식」이라는 권력형이상학이 탈환상화 된 사회주의나 가톨릭주의에서 특히 환영을 받는 것은 이해하기 어렵지 않다.

그리하여 빌프레도 파레토와 혁명적 생디갈리스트인 조르주 소렐(Georges Sorel)*은 파시즘의 정신적 아버지가 되었다. 후자는 동시에 나아가 볼셰비즘의 국가관에 대해서도 무신론적 가톨릭주의에 대해서도 강력한 영향력을 행사하였다. 파레토의 개념형성도 완전히 수리적·물리학적이며 정신과학적은 아닌데, 이 사실은 바로 그가 명백히 목표로 하는 실험적 자연과학의 방법에서 유래한다. 그「객관성」은 물론 다만 동형적 사실의 몰의미적인 외면적 고찰에 대해서 가능하게 되는데 불과하다. 이러한 성과의 확실성에 대해서는 그러나 다름 아닌 자연과학 측에서마저 전혀 이론이 없는 것은 아니다. 고명한 학자들 중에서 실험의 붕괴에 대해서 논하는 사람마저 있는 것이다.13)

모든 정신적 내용의 해체라는 이러한 참으로 무서운 사태에 직면하여 오늘날 국가이론과 법이론의 파괴를 형식적인 아프리오리즘에 의해서 저지할 수 있다고 믿는 이론가는 여전히 적지 않다. 이 형식적인 아프리오리즘에 입각하는 신칸트학파의 타당론은 정신적 내용을 포기하고, 초사회적이며 몰역사적인 「순수」 형식을 유지함으로써 역사적·사회적인 것을 둘러싼 문제성을 회피할 수 있다고 오신한다. 현대의 개념형성론은 이 비판주의에 두 개의 가치 있는 성과를 힘입고 있다. 하나는 심리학주의의 극복 — 예컨대 법규범에 대한 심리학적 표상은 법규범 그 자체와는 별개라는 인식 — 그리고 존재와 당위의 원리적인 현상학적 구별이다. 서남독일학파의 신칸트주의로부터는 나아가 처음에 게오르크 옐리네크에 의해서 정립되고, 뒤에 막스 베버에 의해서 완성된 이념형적 관념론이 주어졌다.

정치적·법학적 개념형성의 쇄신에 대한 이러한 기여가 그토록 각별하였다고 하더라도, 형이상학에서 자유로운 형식주의는 원칙적으로 역시 자연주의적 및 역사주의적 실증주의가 가져오는 위험을 저지하고, 국가이론과 법이론에 이용가치 있는 개념형성을 제공할 수는 없다. 마부르크학파의 신칸트주의는 이념형적 개념형성에는 손대지 않는다고 생각한 점에서 전적으로 시종일관하였다는 것을 아주 도외시하더라도, 리케르트의 일반화적 개념형성과 개성화적 개념형성에의 이분론도, 바로 국가이론과 법이론상의 개념들을 그 양자 사이에서 가로 지르려고 한다. 그 위에 서남독일학파의 타당철학자에게는 이념형적 개념형성을 기초지울 수 있는 형이상학이나 윤리학도 결여되어 있다. 그러나 모든 신칸트주의자는 인간의 인식은 형이상학 없이 가능하다는 실증주의의 미신을 다소나마 공유하고 있으며, 그럼으로써 자신들이 모든 구체적 가치가 믿기 어려운 것이 되어버린 시대의 아들이라는 것을 증명하고 있다. 원래 칸트 자신의 학문적 이상은 수학적인 것이었으나 신칸트주의자들은 「법칙」과 법칙을 나타내는 개념을 유일한 인식목표로 보지 않을 수 없다. 자연법학자로서의 칸트는 여전히 규범적 내용들에 저초하고 있었다.

---

13) Hugo Dingler, Der Zusammenbruch der Wissenschaft und der Primat der Philosophie, München 1926, 참조. S. 140.

신칸트주의자들은 형이상학적인 칸트를 말살하였다. 그들은 순수하게 논리적인 추상화 절차에 의해서 어떤 보편타당성에로 도달가능하다고 오신하고, 양적 보편성과 질적 정당성의 혼동에 의해서 생활하는 것이다. 추상적·보편적인 것을 규범적인 것에로 옥죄임으로써 형식논리적인 타당성은 이미 정치적·법적 타당성과 구별할 수 없게 된다. 개념들이 일체의 경험적인 것에서 순화됨으로써 개별 과학의 보편적 전제들도 이미 정식화 불가능하게 되며, 「의식 일반」, 「형식 일반」, 「가치 일반」을 뛰어넘을 가능성은 없게 된다. 이러한 카테고리에서 정치적·법적 세계로 이르는 길은 존재하지 않는다. 전제로서 완전히 형식적인 것에서는 어떤 구체적인 내용도 이끌어낼 수는 없다. 따라서 이러한 추상적 형식주의가 국가이론과 법이론을 다루기 위해서는 이러한 순수한 형식과 규범의 저 초월계에 경험적 역사로부터 끊임없는 불법적인 도용을 할 수 없게 함으로써만 가능하다.

  신칸트주의의 몰형이상학성과 내용의 결여는, 그러나 형식적 아프리오리주의자를 자연주의에 기초를 두고 실증주의자의 즐거운 동조자로 만든다. 그렇지만 상술한 순수한 형식과 가치는 체험적인 정치적·법적 현실과 근소한 관련도 가지지 아니한다. 그러므로 이러한 형식과 가치는 실증주의를 완전히 귀찮게 하지 않을 뿐만 아니라 거기에 철학적 분식을 제공하기도 한다. 세계는 간단하게 철저히 다른 두 개의 영역으로 분할된다. 즉 순수한 형식과 가치로 구성되는 이상의 왕국과 인과법칙이 지배하는 현실의 왕국이다. 순수한 형식과 규범은 형성하며 아무것도 규범지우지 못한다. 그러므로 이들 두 개의 왕국은 어떤 갈등에도 빠지지 않는다. 따라서 형식과 내용, 존재와 당위는 동일한 현실의 양면으로서 인식되지 않는다. 이 현실은 변증법적으로 이분화된 통일체라고는 인식되지 않으며, 존재적 이중성으로서 실체화된다. 그리하여 형식은 임의의 내용을 수용할 수 있으며, 내용은 모든 임의적인 형식을 받아들일 수 있게 된다. 형식 없는 내용, 내용 없는 형식, 당위되지 않는 존재, 존재하지 않는 당위, 이것이야말로 유령같은 비현실이라는 무대에서는 참으로 신화적인 배우들이다. 이러한 종류의 추상적 관념론은 실증주의의 유사철학적 상관물이며, 현대 국가이론과 법이론에서 오늘날 널리 인구에 회자하는 학설이다. 그리고 그러한 국가이론과 법이론에서는 곧 추상적인 형식이 내용을 폭력화하며, 곧 내용과 형식은 결코 서로 관련을 가지지 않는다.

  사고과학에서의 개념형성은 추상적 보편성을 구체화 속에만 존재하는 규범성과 혼동하는데, 이러한 개념형성은 국가이론에서는 전혀 불모지이다. 그것은 어떠한 역사적 구조도, 어떠한 개별적 전체성도, 어떠한 구체적인 과정도 파악하지 못하며, 그러므로 국가도 실정법도 파악하지 못하기 때문이다. 윤리, 법 그리고 역사적·정치적 존재를 이처럼 논리화하는 것은 정신사적으로는 형이상학적 합리주의에 뿌리를 가지지만, 심리학적으로는 안전성에로의 욕구에서 나온다. 이러한 욕구에서 나오는 신념 없는 결정무능력은 국가라는 역사적·개체적인 의지통일성의 동태에, 그리고 계속적으로 전변하며 계속적으로 의지행위에 의해서 타당한 것이 되고 유지해야 할 법의 불안정성에 견디지 못한다. 안전성에 대한 욕구, 불안을 억누르고 동태를 논리적 · 수학적 명제처럼 확정하는 우리들의 의지에서 독립한, 질서라는 정태로 치환하려는 이러한 생명의 감정은, 「자연법칙」을 모방한 다음과 같은 자연법으로 생명을 구속하려고 한다. 「[그것은] 신도 이를 변경할 수 없을 정도이다. … [.] 그러므로 신마저도 2 더하기 2는 4가 된다는 것처럼 본질적으로 악한 것을 악하지 않게는 전혀 할 수 없다」.14) 이성적 자연법은 여전히 불변의 법제도와 정치적 · 법률적 개념의 실재와 인식가능성을 믿고 있었다. 오늘날의 형식적 아프리오리주의자로부터는 이러한 신앙은 오래 전에 소실하고 있다. 그 일반철학이 알고 있는 것은 단지 역사적 · 사회적 · 국민적 차이나 개인적 결단을 고려하지 않고, 논리적 · 수학적 보편타당성을 주장하는 개념형성만이다. 경험적 일회성으로서의 모든 현실은 이러한 법칙성을 파괴하지 않을 수 없으며, 따라서 자의나 우연으로서 이해하지 않을 수 없다. 그리고 모든 역사는 무의미한 것에 대한 자의적인 의미부여가 된다. 이러한 세계관의 정치적 · 법적 이상은 함축성 있는 평범 속에 다음과 같이 요약된다. 즉 「완전히 감정 없고 인격과는 거리가 먼 질서를 우리들은 지식의 영역에서는 수학이라 부르고, 의지가 지배하는 영역에서는 국가라고 부른다. 이러한 순수 수학만이 오래 전부터 자연에서 나온 인류를 몰락 그 자체로부터 구출할 수 있다. 모든 국민적인 자연의 성향, 모든 인격적 감정이 보장되는 것은, 논리나 윤리처럼 질서 그 자체가 모든 인격적인 것이나 국민적인 것으로부터 독립한 경우만이다」.15) 그리하여 논리적 개념형성은 역사주의의 대극으로 끝난다. 그것은 합리적 형식이라는 슈타틱을 사용하여 모든 현실적인 것을 폭력적으로 왜곡하려는 시도에 의해서 모든 존재내용을 상실하고, 이론적으로는 형식주의로 끝나는데, 그것은 실천적으로는 모든 사고형식을 파괴하는 역사주의가 자의에 이른 것과 마찬가지이다.

　지금까지 현대의 국가이론과 법이론에 의한 개념형성의 상황을 결코 과도하게 음울하게 묘사해온 것은 아니다. 여하튼 이러한 상황은 압도적 다수의 대표적인 전문가들이 이들 학문의 상황에 대해서 품고 있는 견해와는 뚜렷하게 대조를 이룬다. 그러나 역시 대부분의 사람이 이미 전적으로 불확실하게 된 신앙 중에서 살아있는 것은 물론이며, 그러므로 대략 2세대 이래 이러한 학과는 역사적, 사회학적 그리고 철학적인 개념형성의 상술한 불확실함으로부터 몸을 떠나 시대의 어떠한 위기에도 저항하면서 안전한 피난처 항구로 도달할 수 있었던 것이다. 이러한 코스는 「법학적인」 방법이라는 자랑스러운 깃발을 내걸었다. 이 방법의 「객관적」 입장에서 볼 때, 불확실한 주관적 결정에 기초를 두는 불안정한 개념은 「비법학적」인 것으로서 배척된다. 다른 모든 학문은 ― 자연과학도 예외는 아니다 ― 이처럼 매우 위기적인 상황에 대해서 다소간 명료한 의식을 가지고 있는데, 이 의식은 사법학에는 전적으로 결여되어 있으며, 또한 대부분의 법률학 문헌에도 마찬가지로 결여되어 있다. 이와 같이 오늘날의 법률가 세대에서는 법학은 현재로서는

---

14) Hugo Grotius, De jure belli ac pacis (1625), lib. 1, ch. 1, § 10, v.
15) Theodor Lessing (1872~1933).

「그 방법에 관해서만이 아니라 그 대상에 관해서도 해체로 향하는 불안함을 드러내고 있다」[16]는 사실이 인정되는 것은 확실히 드문데, 그러나 소수의 사람들은 그 학문의 어떤 불확실성을 인정하는 말을 하기 시작하며 그 수는 증대하고 있다.

일찍이 상찬되었던 법학적 방법의 핵심은 어디에 있는가 하는 문제를 제기하면, 유감스럽게도 매우 조잡하고 매우 적은 말로 대부분은 여전히 거의 불명확한 대답만 하며, 언제나 기껏해야 다소 자연주의적이며 심리학주의적 특징을 수반한 논리주의적 실증주의, 그러므로 대체로 논리적·수학적 개념형성이 문제로 되는 정도이다. 법학적 해석학에 대해서 결정적인 역사적·체계적 개념형성에 관한 문제는 몰역사적 체계화의 방향으로 해결된 모습을 드러내는데, 실제로 그 문제는 회피된 것에 불과하다. 앞에서 역사에 대한 불안에서 유래하는 결정에 대한 불안에 관하여 서술한 것은 모두 한자 한 마디 이 점에도 타당하다. 이러한 법학적 방법개념들에 보이는 전적으로 자신으로 가득 찬 객관성은 그 기초를 음미하자마자 곧 스스로 붕괴한다. 어떻게 그 이외일 수 있는가?! 그러한 관점에는 역사·정치 그리고 철학에서 제거된 역사적·체계적 개념형성에 관련된 문제성이 들어갈 여지가 없는 법학적 영역의 존재가 전제로 되는데, 그것이 오류란 것은 명백하다. 이것은 집의 지붕이 내 기초는 불안정하므로 나는 내 기초를 포기하고 내 발로 독립한다고 선언하는 것과 아주 같을 것이다. 실제로 바로 오늘날의 법실증주의의 성과는 모든 법학적 구성과 체계화가 어느 정도 그 기초를 이루는 형이상학에 계속 의존하는가를 특히 명료하게 보여주고 있다. 왜냐하면 그 개념적 논리주의와 수학주의는 단순히 자연주의적 형이상학의 징후로서만 이해해야 하기 때문이다.

이러한 종류의 개념형성의 매우 소박한 형식은 이 학파의 영수인 라반트에게서 인식할 수 있다. 그에 의하면, 법해석론의 학문적 과제는 「개개의 법명제를 보편개념으로 환원하고, 다른 면에서 이러한 개념에서 생기는 결론을 이끌어내는 데에 있다. 이것은 현행 실정법규의 구명, 즉 가공해야 할 소재에로의 완전한 통효와 정통이라는 것을 별도로 한다면 순수하게 논리적인 사고활동이다 [.] … 모든 역사적·정치적·철학적 고찰은 그 자신 어떻게 가치 있는 것이든 구체적 법소재의 해석론에 대해서는 의의를 갖지 못한다」.[17] 이처럼 일반화하는 추상화만은 결코 하나의 실정법상의 제도조차 파악할 수 없을 것, 모든 법은 존재에 뿌리를 두는 현실성을 가지는 것으로서 역사적으로 개성적인 측면을 가지는 것, 예컨대 독일 제국의 특성은 구래의 법학적 개념 카테고리의 어떤 것도 적합하지 않은 것, 이러한 모든 것을 라반트는 기초에 있는 형이상학을 드러내기에 충분히 명료한 다음의 말을 사용하여 처리하려고 생각하였다. 「본래 독일 헌법은 모든 구체적인 법적 형태와 마찬가지로, 보편적 법개념의 사실상의 적용과 결합에 불과하다. 보다 고차이고 보다 보편적인 법개념에 원래 복종할 수 없는 새로운 법제도와 같은 것은 새로운 논리적 카테고리의 발견이라든가 새로운 자력력의 성립은 있을 수 없는

---

16) Walter Schönfeld (1888~1958).
17) Paul Laband, Das Staatsrecht des Deutschen Reiches, 5. Aufl., Tübingen 1911, Bd. 1, S. ix.

것과 아주 마찬가지로 있을 수 없다」.[18] 이 말의 배후에는 이제는 소멸된 계몽자연법의
자연의 질서가 잠재하고 있다. 이 **자연의 질서**에서 실증주의자의「보편적 법개념」이
— 그들 쪽이 우수하다고 말하는 것이 아니라 — 구별되는 것은, 그들이 자신들의 객관성을
그것이 영원한 정의이기 때문에 믿는 것을 이미 포기하며, 논리적 내지 수리적·물리학적
법칙의 결정력을 갖지 아니한 객관성만을 주장할 뿐이라는 점에서이다.

이러한 실증주의는 그 성과를 직접적으로「주어진」소재로부터 연역할 수 있다고
믿는데, 그것은 — 고작해야 — 자기기만에 굴복할 뿐이다. 이것은 상술한 대로 명백하다.
이러한 종류의 법학적 실증주의는 대부분 법률 외에 사법에서 형성되고 오랫동안 습관에
의해서 자명시되기에 이른 어떤 법개념을 형이상학적으로 실체화함으로써, 논리적·수학
적 객관성이라는 허위의 외관을 얻는다. 이러한 절차는 법학에 대해서는 이미 그로티우스
이래 알고 있다. 그리하여 예컨대 라반트는 비스마르크 제국에서의 황제의 지위에 대해서
그것은「법률적으로 정확하게 규정한다면」,「사적 단체에서 이사 또는 장으로 불리는」[19]
것과 같으며, 제국이라는 공법상의 단체의 기관과 동일한 것이라고 생각한다.「그 권한과
의무, 그 — 말하자면 관직으로서의 — 직무는 법인의 이사 또는 장이 모두 가지고 있는
권한이나 의무와 본질적으로 일치한다」.[20] 대원수로서 보더라도 그 지위는 제국의 권력수
단의「관리자」와 다를 바가 없다. 보통 행정 내지「집행」(Exekutive)이라고 불리는 것도,
사법에서 형성된「사무관리」(Geschäftsführung)[21]라는 개념과 일치한다는 것이다.

그런데 단체이사라는 개념이 사실상 황제라는 개념을 일정한 논리적 가능성으로서
포함한다는 것은, 양자에게 정도는 크게 다를지라도 하나의 대표적 결정권력이 귀속하는
한에서이다. 그러나 라반트는 여기서 생각한 논리적 연관을 일관했다거나 그것을 통찰한
것과는 거리가 멀다. 그는 항상 대리와 대표를 동일시한다. 그에게 있어서 법해석학의
학문적 과제는「개개의 법명제를 보다 보편적인 개념에로 환원하고, 다른 면에서 이런
개념에서 생기는 여러 귀결들을 도출하는 데」에 있다. 더구나 법해석학의 과제의 해결을
위해서는「논리 이외의 어떠한 수단도」[22] 존재하지 않기 때문에 이러한 라반트의 개념형
성이 전혀 무의미한 것은 물론이다. 왜냐하면 이 경우 저「보다 보편적인 개념」이란
단순한 유개념이며, 거기에서는 어떠한 역사적·개성적 법제도의 법학적 성질은 아무것
도 도출되지 않기 때문이다. 사무관리자 또는 단체이사와 같은 개념 중에 독일 황제의
권리의무가「본질적으로」포함된다고 도대체 어떻게 주장할 수 있을까? 이처럼「순수한
형식들」은 경험에서 대대적으로 차용하는 경우에만, 그것들은 마치 어떤 본질적인 것이
그것들이 도출될 수 있는 것처럼 허위의 외견을 야기할 수 있다. 라반트가 사무관리인
유개념을 군주라는 그것에 비하여 훨씬 좁은 개념에 의해서 치환하려고 하는 경우조차

---

18) AaO., Bd. 1, S. VI.
19) AaO., Bd. 1, S. 228.
20) Ebd.
21) AaO., Bd. 1, S. 231.
22) AaO., Bd. 1, S. IX.

이처럼 일반화적 추상화에 의해서만 얻어진 개념에서는 구체적 독일 제국에 관해서는 절대적으로 아무것도 연역할 수 없으며, 게오르크 옐리네크가 생각하듯이, 「자연적 의사에 의해서」[23] 인도되는 국가의 특성도 원래 연역되는 것은 아니다. 왜냐하면 저 유개념은 구체적 대상의 개체성을 거의 보증하지 못하며, 그 순수하게 논리적인 가능성은 매우 다양한 것을 포괄하며, 그리스의 양두제조차 배제하지 못한다. 그리고 그 결과 거기에는 어떠한 논리적 규범성도 귀속하지 않기 때문이다.

논리적 실증주의의 이러한 개념형성이 논리에 의한 역사의 방법적 극복에까지 나아갔다고 하더라도 결코 놀라서는 안 된다. 순수하게 논리적인 연역과 객관성이라는 외관을 그것이 유지할 수 있는 것은 매우 상대적인 현실을 다른 방법이 논리적으로 불가능한 것으로서 절대화함으로써이다. 예컨대 라반트는 이러한 방법으로 라이히 하원의원에게는 철도 무임승차가 부여되지 않는다는 당시의 실정 제도를 기초지우며 이렇게 말한다. 즉 「철도 무임승차가 주어진다면 아주 마찬가지로 베를린에서도 무료 짐마차를 제국의 비용으로 하원의원에게 제공해도 좋게 될 것이다. 나아가서 무료인 호텔의 숙박이나 식사, 극장의 입장권 등까지 제공해도 좋다고 할 것이다」.[24] 그런데 왜 안 되는가? 이에 대해서는 아무런 설명도 없다. 하원의원이 라반트의 책 『제국 국법론』을 제국의 비용으로 증정받는 경우, 논리적으로는 확실히 불가능할 것이다. 이러한 논리적 가능성은 당시에는 동시에 또한 역사적·정치적 가능성도 있었다는 점을 전적으로 도외시한 것이다. 이처럼 존재에 뿌리를 두지 않는 의론을 사용한다면, 전세계사를 반박하는 것도 전혀 용이하게 될 것이 틀림없다. 그러나 논리적 가능성은 확실히 모든 역사적·정치적 현실의 논리적 조건인데, 그것이 이 구체적 현실에 유리하게 움직이는가 불리하게 움직이는가에 대해서는 아무것도 말하지 않는다.

이러한 사고과학적 개념형성의 전제에 있는 것 — 이라기보다는 그것의 산물과 같다는 쪽이 정당한데 — 은 법질서는 논리적으로 완결되어 있다는 도그마이다. 이 도그마에 따르면 법은 그것이 「규율되는 소재에 관해서는 거의 아무것도 포함하지 아니한」 경우마저, 언제나 무흠결한 전체성이라고 한다. 「그것은 자신의 영역에서 논리적 확장력을 가지며, 그것이 어떠한 순간도 법적 판단의 필요성을 전적으로 은폐해버리기」[25] 때문이다. 법학적 실증주의는 법 — 그것은 대부분 법률과 동일시되는데 — 을 자연적 사물 간에 성립한다는 유추에 따라서 취급해야 할 「실증적 사실」 — 절대적으로 객관적인 해석을 원리적으로 가능케 하는 사실 — 로 본다. 법학적 실증주의에 대해서는 어떠한 경우에도 유일한 「참다운」 해석만이 존재하며, 그것을 법률가는 어떠한 「초법학적인」 규범에 방향지우는 자신의 결정에서 독립하여 다만 실정법과 건전한 사람에게 이해가능한

23) Jellinek, Staatslehre (siehe Anm. 7), S. 669 (역서, 541면).

24) Paul Laband, Das Staatsrecht des Deutschen Reiches, 1. Aufl., Tübingen 1876, S. 577 Anm. 1. 이 논평은 이후의 판에서는 없는데, 그 후 하원의원은 1906년 5월 21일의 라이히 법률 제1조에 의해서 섭생을 받게 되었다.

25) Karl Bergbohm, Jurisprudenz und Rechtsphilosophie, Bd. 1, Leipzig 1892, S. 387.

논리에서만 일반화적 추상화와 포섭을 통해서 발견할 수 있다고 보는 것이다. 논리주의적 실증주의의 이러한 완결성 도그마는 자연법의 유산의 퇴락태이며, 통상 생각하는 것과는 달리 역사법학파의 실증주의에서 유래하는 것은 결코 아니다. 왜냐하면 역사적으로 변화할 수 있는 민족정신으로 이루는 법의 설명과 해석은 그것들이 입장에 구속되는 것을 요청하며, 논리주의적 개념형성을 배제하기 때문이다. 이러한 자연법적 관념이 논리주의적 실증주의에서 퇴락하였다는 것은, 참된 자연법은 실정법명제를 순수논리에 의해서가 아니라 내용적 규범에 의해서 해석 · 보충 · 치환하려고 하였기 때문이다. 순수 논리에 의해서 법학적 체계를 구축해야 한다는 것을 처음으로 믿은 것은 실증주의였는데, 그 실증주의의 형이상학과 윤리는 정신적인 것을 합리적 법칙의 실현의 시도로 이해한 것에 불과하였다. 실증주의에 대해서는 모든 내용적 규범이나 모든 역사적 · 개별적 정신성은 믿을 수 없는 것이 되고 있었다.

다만, 그러한 정신적 태도가 생각할 수 있는 것은, 법률학의 개념형성을 모든 역사적 · 정치적인 존재로부터 급진적으로 해방함으로써 법률학을 객관적 과학의 영역으로 높일 수 있다는 것이다. 법학의 이러한 논리화와 수학화는 이미 러시아인 파흐만(Pachmann)에 의해서 강령적으로 선언되었다. 법학은 그 개념적 정확함을 얻으려고 하는 노력 때문에 이미 고대 이래 수학과 비교되어 왔다. 그러나 파흐만은 그 이상의 것을 서술하려고 하지 않는다. 그의 견해에 의하면, 수학적 요청은 「본래의 의미에서의 전체 법학의 기초」26)를 이룬다. 한쪽의 「수학적 양」의 「논리학」인 이러한 본래의 법률학과, 다른 쪽의 법에 대한 사회적 또는 역사적인 학문 간에는 「어떠한 공통성」도 존재하지 않으며, 또한 존재하지 못한다.27) 전자의 진보는 그것이 일체의 이종의 요소, 특히 일체의 사회적인 요소에서 해방된 것에 대한 자기이해에 입각하고 있다. 다른 모든 학문과 마찬가지로, 본래의 법학도 현상들 간의 항상적이며 동형적인 상호관계를 「법칙」으로서 제시한다는 과제를 가지고 있다. 이 과제는 역사에서 독립하여 수행될 수 있으며, 또한 그래야 한다. 이 목적을 위해서 현상들은 「말하자면 시계열에서가 아니라 공간에서 전체의 요소로서 논리적 유기체의 요소로서 연구대상」이 되어야 한다고 주장한다.28)

한 세대 후에 존재와는 거리가 먼 「기하학」으로서의 법학이라는 이러한 프로그램은 적어도 그 의도에서 본다면, 「순수」한 법학에 의해서 법현실이라는 당위된 존재의 완전한 파괴를 통해서 실현되었다. 법학적 심리주의에 반대하여 타당문제는 심리학적으로 처리 불가능하다는 것을 분명히 강조한 점에서 이 비판적 실증주의가 공적을 이룬 것에 의심할 여지는 없다. 그리하여 법학적 심리주의에는 어떠한 규범성도 결여되어 있는데, 그러나 비판적 실증주의 쪽도 법학적 타당성, 즉 구체적, 내용적, 입장에 구속된 타당성과는 전혀 관계 없는 것이다. 그것은 다만 「타당성 일반」에 관계될 뿐이며, 따라서 실정성

---

26) Semen Vikentevich Pachmann, Über die gegenwärtige Bewegung in der Rechtswissenschaft (Rede; Orig. russisch), Berlin 1882, S. 47.
27) AaO., S. 48 f.
28) AaO., S. 68.

없는 실증주의라고 하지 않을 수 없다. 보편적인 것을 보편적인 것으로서 파악하는 것은 불가능한 것, 모든 정신과학적 창조는 보편적인 것의 역사적·개성적인 형태에서의 현실화에 구속되어 있다는 것, 이것에 비추어 본다면 사회학, 윤리학 그리고 형이상학을 배제하는 이러한 방법적 「순수성」이 가져오는 성과가 어떤 것인가는 아무런 의문의 여지도 없다. 순수한 고찰이, 즉 사고과학적 고찰이 시종일관한다면, 모든 역사적 차이를 흡수하는 데에 성공할 것은 자명하다. 그렇지만 일관된 형식주의는 원래 논리적 통일성 이외의 통일성을 알지 못한다. 거기에서 문제는 여전히 계속해서 문제이며, 이처럼 국가 또는 법으로부터 순화된 사고에 대해서는 국가이론 또는 법이론의 구축에 반박해야할 것이 원래 여전히 무언가 남아 있는데, 남아 있다면 어째서 일까 하는 것이다. 그러면 확실히 논리학에 의한 역사의 이러한 방법적 극복이라는 의도에는, 「규범논리」에 의한 국가의 법제사적인 극복이 일치한다. 그런데 이러한 귀결은 순수법학에 대해서 현실의 국가에 대응하는 100 페이지 이상이나 되는 일반 「국가」학의 탄생을 방해하는 것은 아니다. 순수법학은 그러나 국가로부터 순화된 법학일 뿐만 아니라 법으로부터 순화된 법학이기도 하다. 이것이 그 의도에 적합한 것이라고는 도저히 말할 수 없다. 그럼에도 불구하고 역사적 사실성과 「초법률학적」 윤리에 기초지워진 실정법의 극복은, 이러한 순수성으로부터 방법상 필연적으로 생기는 결과라고 하지 않을 수 없다. 역사적·개성적 형상에 의해서도, 시간적·공간적으로 조건지워진 국가에 의해서도, 또한 역사적으로 구체화된 도덕이나 역사적으로 실정적인 법에 의해서도 전혀 방해받지 않는 사고는 모든 질적 특수성을 도외시하고, 수리적 물리학이라는 모델에 따라서 전세계를 순수하게 등가의 관계나 그것에 대응하는 관계개념에로 해소된다. 이러한 개념형성의 귀결은 모든 역사적·정치적 특수성이 서로 혼합하여 없어진다는 것이다. 왜냐하면 자기완결적인 연관이나 형상을 기초지우고 통합할 수 있는 실체개념이 거기에는 결코 존재하지 않기 때문이다. 모든 소가 검고 모든 현상이 대체가능한 어둠은 모든 정신과학적 개념을 변질시키지 않을 수 없다. 이제 사람은 켈젠과 함께 임의로 국가를 법질서와 등치하고, 국제법상의 공동체를 국가와 등치할 수 있다. 모든 국가는 법치국가가 되며 법은 어떠한 내용을 가질 수 있으며, 법인이란 그것을 매개로 「모든 법률관계」를 인격화할 수 있지만,29) 그러나 반드시 그래야만 하는 것은 아닌 이상, 「법률가의 재량에 맡겨진 구성체」가 된다. 국가의 주권은 법의 실정성과 동일시되는 경우에는 법인식의 통일성과 순수성과의 심볼만이, 다른 한편으로는 보편적 국제법질서의 특성일 수도 있다. 그러나 이러한 국가의 주권은 최종적으로는 「근본적으로 구축되어야」30) 한다는 것이다. 그리하여 예민한 감각을 가지고 정신과학적으로 개념을 형성하는 자는 역사적 생명의 현실에 관한 것을 낡은 폐습으로서 거기에서 벗어나면서 항상 상대적으로만 합리적인 현실의 논리구조를 이해하

---

29) Hans Kelsen, Das Problem der Souveränität und die Theorie des Völkerrechts, Tübingen 1920, S. 292.
30) AaO., S. 320.

는 것이 아니라, 그것을 논리적으로 가능한 것에 대치하려고 하는데, 그렇게 하자마자
자의와 개념적 아나키로 전락해 버린다. 이러한 논리적·수학적 개념형성의 가장 시종일
관한 형태는 자신이 만들어낸 어둠 일반 속에서 여전히 법학적으로 구별할 수 있다면,
그것은 「순수한」 형식이 아니라 역사적·사회적으로 제약된 형식도 안중에 넣고 있기
때문이다.

　　전혀 다른 세계에서 유래하는 이념화하는 개념형성이라는 후설의 현상학의 개념론이
이러한 순수형식의 제국, 전실정적인 법률학적 본질법칙성을 해명함에 있어서 이론적
기초를 제공한다는 주장이 타당한가의 여부에 대해서는 여기서 유보해 두기로 한다.
왜냐하면 켈젠의 경우와는 달리, 현상학에 대해서는 존재-당위의 이원론은 궁극적인
대립이 아니며 현상학의 본질직관은 항상 존재에 뿌리를 두고 있으며, 특히 거기에서
말하는 초시간적인 법률학적 본질성은 현실의 법(ein Recht)도 법인 것(das Recht)도
아니며, 고작해야 실정법의 논리적 조건에 불과하기 때문이다. 물론 현상학이 「질의
수학」이라고 믿고,[31] 그 개념이 사고과학의 명증성을 가지는 것인 한, 논리주의적 실증주
의에 대해서 가지고 나온 모든 비난이 현상학에도 타당하다.

　　그러므로 비판적 실증주의도 몰비판적 실증주의도 동일하게 정신과학적 개념형성과
는 거리가 멀다. 칸트의 형이상학과 윤리학을 빼앗은 칸트주의자도 여전히 「순수」라고
칭하는 법학적 형식이나 타당성을 그 자체로서 정초할 수는 있다. 그러나 그러한 칸트주의
자는 실정법의 타당성을 확보할 수는 없다. 그 결과 형식이 아무리 절대적일지라도
법의 내용은 신칸트주의에 있어서는 역사와의 관계에서 상대적인 것이 될 뿐만 아니라
— 이것은 역사에 대한 불안이 피하려고 한 바로 그것이었다 — 간단히 주관적인 자의에
맡겨버리게 된다.

　　사실 영원한 형식과 일반적인 법개념에 대해서도 이러한 논리주의적 실증주의의
법내용과 비교할 때, 상황은 더 낫다고 말할 수 없다. 특히 실증주의적 법개념 그 자체에
대해서 말하면 그것은 아무런 보편타당한 것도 필연적인 것도 그 자체로서 포함하는
것으로 다루어야 하며, 다소간 자의적인 합목적성의 문제인 것이 의식되고 있다. 실증주의
자는 이러한 개념을 법경험이라고 부른 것 — 그것의 법경험으로서의 성격에 대해서는
의문이 있지만 — 으로부터의 일반화적 추상화에 의해서 형성되고 있다. 실증주의자는
법개념을, 예컨대 국제법과 교회법을 법이라고 볼 것인가의 여부에 따라서, 다양하게
다른 것으로서 형성가능한 경험적 유개념으로 본다. 실증주의는 형이상학과 윤리를
원칙적으로 무시하려고 하기 때문에 그 이외의 다른 어떤 방법도 취할 수 없다. 왜냐하면
법개념은 법의 이념 — 그것은 법개념과 동일한 것은 아니다 — 그와 같이 해서는 형성될
수 없으며, 이 법의 이념은 초실정적·논리적 그리고 인륜적 법원칙과의 관계에서 실정법
을 상대화하지 않고는 형성될 수 없기 때문이다. 이러한 예가 충분히 증명하듯이, 논리적·

---

31) Hermann Heller, "Die Krisis der Staatslehre," siehe Gesammelte Schriften, Bd. 2, S. 18, Anm.
　　44 (김효전 옮김, 『바이마르 헌법과 정치사상』, 산지니, 2016, 137면 주 44) 참조.

수학적 개념형성은 법형식의 논리화를 시도하더라도, 모든 역사적 · 개성적 법내용이 정태적으로 변화하지 않는 형식세계에 의해서 파악된다는 신념을 가지고 있었더라도, 결코 보편타당한 법형식개념에로 도달할 수는 없는 것이다.

그리하여 역사와 결정에 대한 불안에서 논리적 · 수학적 과학의 객관성과 명증성을 추구하려고 하는 법률학이 가져온 성과는, 바로 역사적 사회학주의 이외에 아무것도 아니다. 이 양자는 불가지론과 절대적 상대주의에 도달한다. 역사적 생성 일반의 고뇌에 찬 불확실성과 심지어 혁명적 무질서를 위협이라고 느끼는 부르주아의 안전성에 대한 욕구는, 정치학에서 정치를 추방하고, 법적 질서를 절대적으로 계산가능한 안전성과 등치한다. 「국가란 것은」 하고, 이러한 법학적 방법의 아버지인 게르버*는 말하기를 「다양한 견해 위에 기초지워진 것으로 불확실하고 불안정한 현실존재를 가질 수 있을 뿐이다」[32]라고. 이러한 법학적 방법 그 자체는 마치 「다양한 견해」 없이 성립하는 것처럼 이렇게 서술한다! 그러나 기이르케는 라반트의 저작 속에 「종의의 입헌주의원리에 대해서 엄밀하게 말하면, 정합성이 결여된 많은 양보를 함으로써 완화되고 있을 뿐인 절대주의적인 특징이 존재하는 것」[33]을 아주 정당하게도 간파하고 있었다. 또한 순수법학의 이론가인 켈젠이 법학적인 문제를 신중하게 멀리하는 경우에 반드시 각 페이지마다 민주적 자유주의(Demoliberalismus)가 각주로서 붙여야 할 것은 아닌가?

그러나 어떻게 순수한 사고는 어떤 법학적인 성과를, 즉 역사적인 존재에 대해서 적절한 형식이나 요청인 성과를 제공할 수 있을 것인가? 확실히 모든 법학적인 인식의 목표는 언제나 그때그때의 존재하는 어떠한 것도 전면적으로는 중첩하지 않는 타당개념이다. 인민주권의 개념도 또한 — 이것은 독일의 저널리스트들이 자주 망각하는 것인데 — 군주제의 개념도 존재개념일 수는 없다. 타당개념은 어떠한 역사적 현실에서도 실현되지 못하며, 또한 실현될 수 없는 정신적 무조건성을 표현하고 있다. 이 한 점에서 논리적 타당개념과 법학적 타당개념은 일치한다. 다만, 순수 사고과학의 형식은 자신에게 향해진 정신적 행위와는 독립하여 타당한데, 존재로 충만한 법률학의 형식은 다만 오로지 자신의 존재와 그 구체적인 존재를 자신의 의미를 실현하는 역사적 행위와 함께 유지할 수 있을 뿐이다. 이 점에서 이들 두 개의 형식은 근본적으로 다르다. 법학적이며 일체의 정신적인 객관화 또는 의미관련은 논리적 형상처럼 우리들의 정신적 행위로부터 해방된 추상적인 현실존재를 가지는 것은 아니다. 법은 장래의 규범내용을 긍정하고 형성하는 선언적 의사결정에 의해서만 성립한다. 논리적 명제는 나의 의지로 향하는 것이 아니라 타당성 일반을 가지며, 바로 그러므로 어떠한 역사도 가지지 아니한다. 법학적 개념의 타당성은 이것과는 달리 시간적 · 공간적으로 제한되고 있다. 법명제를 세운다는 것은 그것을 제정한다는 것이다. 즉 인간의 — 일정한 영역에서 일정한 시간 중에서 생활하며

---

32) Carl Friedrich v. Gerber, Über öffentliche Rechte, Tübingen 1852, S. 21.

33) Otto v. Gierke, "Labands Staatsrecht und die deutsche Rechtswissenschaft," in Schmollers Jahrbuch für Gesetzgebung, Verwaltung und Volkswirtschaft, 7 (1883), S. 1131.

자신의 결정행위에 의해서 법을 타당한 것으로 만들며, 전통과 혁명을 통하여 그것을 계속적으로 만들고 변화시켜 가는 인간의 — 의지적·평가적 결정이다. 법률의 형성이란 살아있는 공동체의 형성에 다름 아니며 논리주의의 정태에는 영원히 다루기 어려운 것이다.

국가이론과 법이론의 개념형성의 목표는 그러므로 사고과학적 법칙이나 물리적 법칙의 인식일 수 없다. 그 목표는 존재의 재생산적 모사로 소모하는 것이 아니라 창조적·정신적인 행위태도의 규범으로 향하지 않으면 안 된다. 그 근거는 정신과학의 대상 — 즉 항상 소여의 것인 동시에 부과된 것이며, 발견되는 것인 동시에 형성되는 것이며, 인식되는 것인 동시에 정립되는 것인 정신과학의 대상 — 에 대한 사고의 고유한 관계 속에 구해진다. 몰역사적인 국가학과 법학이라는 것은 존재하지 않기 때문에, 결정과 무연한 국가학이나 법학도 존재하지 않는다. 우리들의 정치적·법학적인 인식행위란 항상 공동결정행위이며, 그러므로 그 인식행위는 인식하려고 하는 대상을 정립하는 것에 참가하는 것이다. 법사학자는 법률가가 법질서에 미쳐온 영향이 얼마나 결정적이었는가를 알고 있다. 그러므로 항상 생산적이며 규범적인 경우는, 국가이론과 법이론이 비록 수 천 년에 걸쳐서 형성되어 온 소재 — 그것은 다소간 명료한 형태로 형성하는 것이 과제인데 거기에 논리주의적인 폭력을 포기하지 아니한 — 에 구속된 때이다. 교의학적인 법학은 그 형식의 특징이 생생하게 발전하고 있는 정신적 형상, 즉「역사에 근거를 가지고 제약된 정신적 전체성」[34] — 그것은 먼저 그 소여의 상태라는 방법에서 존재과학적으로 기술되어야 하며, 그러한 후에 부과된 것으로서 규범적으로 구성되고 해석되어야 한다 — 에 비추어 활동하는 것이다. 그러므로 법학적 구성이란「이해적」구성인 동시에 「흠결충족적인」구성[35]이기도 한데, 그 경우에는 물론 법학적 이해 쪽이 단순한 역사적 감정이입이나 수용적 모사보다도 언제나 중요하다고 하지 않을 수 없다. 법학적 구성과 체계적 형성은 항상 실체적인 법원칙에 규범적으로 지배되면서 하나의 법제도나 전체적 법질서의 실정적 법규정의 완전화를 목표로 한 생산적인 숙고에 다름 아니다. 논리에 의한 체계형성이 가능하다고 믿고, 역사적 실정성의 이해를 경시하는 논리주의적 실증주의는, 역사주의나 사회학주의와 마찬가지로 법률학에 고유한 타당성을 훼손하는 것이다.

모든 정신과학의 대상은 소여인 동시에 과제이기도 하므로 이 대상은「방법혼동주의적으로」만 파악될 수 있다. 유일한 방법의 지배를 요구하는 방법의 제국주의가 어떠한 정신과학에서도 풍부한 결실을 가져오는 것은 아니라는 것이 명백하다. 특히 역사상의 실정적인 법령의 규범적인 구성과 해석이란 순수성도 방법의 통일성도 허용하지 아니한다. 법률학은 국가학을 전제로 하며 또한 국가학은 법률학을 전제로 한다. 국가라는 형상이 이념형개념에서 규정되든 유개념에서 규정되든, 국가에 대한 존재과학적 인식

34) Rudolf Smend, Verfassung und Verfassungsrecht, München 1928, passim (김승조 옮김, 『국가와 헌법』, 교육과학사, 1994).
35) Heinrich Triepel.

없이는 교의학은 존재하지 아니한다. 그러나 그 과제는 타당개념 없이는 실현불가능하다. 의미를 담당하는 역사적 행위야말로 국가와 법을 형성하고 실현하기 때문이다. 법은 국가의 논리적 조건인데 그것은 국가가 법의 논리적 조건이라는 것과 마찬가지이다. 그러므로 순수한 존재개념을 가지고 국가학에 이론을 제기할 수는 없으며, 마찬가지로 순수한 타당개념을 가지고 법학에 이론을 제기할 수도 없는 것이다. 틸리히*는 그의 『학문의 체계』에서 대부분의 법률가보다도 훨씬 명료하게, 법학이 「역사적인 동시에 정신체계적」인 것이라는[36] 것을 인식하고 있다. 정신과학적 체계학이 사고과학적 체계학과 구별되는 것은, 정신과학적 체계학이 역사적인 것을 그 상대적 합리성에서, 그러므로 결코 「순수한」 것이 아니라 세상의 나머지를 가지고 달라붙은 것으로 이해하기 때문이다. 이 세상의 나머지를 인수하는 것을 고통스러워하는 것은 역사적·개성적인 창조의 기쁨과 감각을 결코 털어놓지 않는 자만이다. 오늘날의 국가이론과 법이론에 의한 개념형성이 성공하거나 종말에 이르는가는 앞으로의 정신사적 발전에, 그리고 무엇보다도 다음에, 즉 그것이 최고이며 궁극적인 것으로서 법률, 역사 또는 형상을 정립하는가의 여부, 그리고 이들 세 개의 다른 인식목표를 어떠한 관계 속에 가져올 것인가 하는 것에 달려있다.

---

36) Paul Tillich, Das System der Wissenschaften nach Gegenständen und Methoden, Göttingen 1923, S. 123.

3. 루돌프 스멘트의 통합이론에서의 생명으로서의 국가*

볼프강 슐루흐터

　　지금까지의 분석은 게오르크 옐리네크의 양면설*과 한스 켈젠의「순수국가학」*사이에 존재하는 문제사적 관련을 다듬으려고 시도하였다. 그래서 명확하게 된 것은 한스 켈젠이 학문적인 논거를 끌어들임으로써 옐리네크 입장의 다의성을 시사하며, 동시에 국가학에 있어서 방법론적 반성의 우위를 근거지웠다는 것이다. 그것으로 국가학에 부여된「철학적 전환」은 그 이후의 사람들이 무시하는 것을 허용하지 않는다. 그 귀결로서 국가이론을 전개하려는 자는 인식론적 문제에 관한 의론을 해야 한다는 사태가 초래되었다. 켈젠의 구상이 엄격하게 거부되는 경우에야 말로 그의 법이론과 국가이론의 의론을 반박하는 것만으로 만족해서는 안 되었다. 그와 동시에 그의 철학상의 기본적 입장을 공격하는 것이 필요하다고 느끼기에 이른 것이다. 루돌프 스멘트나 헤르만 헬러*는 그 점에서 그들의 반대자인 한스 켈젠의「작업 프로그램」에 규정되어 있었다. 요컨대 양자는 국가학에 새로운 인식론적 기초를 부여할 것이 요구된다고 느낀 것이다.

　　켈젠의「도발」을 계기로 국가이론 내부에서 발생한 인식론적 논의는「철학적인 비전문가」사이의 논의였다. 거기에서는 종종 세련된 철학적 인식에서라면 거의 승인되지 않을 단순한 올타나티브가 제기되었다. 동시에 철학사에서는 결코 존재하지 않았던 형태로 사상적인 입장이 특징지워지기도 했다. 그럼에도 불구하고 이러한 올타나티브한 입장을 아는 것은 20년대의 국가이론상의 논의의 내부에서의 전선의 배치상황을 이해함에 있어서 전제가 된다.

　　적대자들의 견해에 의하면, 켈젠은 신칸트주의자*였다. 그가 존재와 당위, 가치와 현실 간에 절대적인 구별을 하였을 뿐만 아니라, 특히 사고는 대상구성적 기능을 가진다는

---

* Wolfgang Schluchter, Entscheidung für den sozialen Rechtsstaat. Hermann Heller und die staatstheoretische Diskussion in der Weimarer Republik, Baden-Baden: Nomos Verlags-gesellschaft, 2. Aufl., 1983, S. 52-89 (Der Staat als Leben in der »Integrationslehre« von Rudolf Smend).

정리(定理)를 수용하고 있었기 때문에 그렇게 생각된 것이다. 20년대에 있어서 하나의 역할을 수행한 단순히 올타나티브하게 대상이 방법을 규정하는가, 방법이 대상을 규정하는가 하는 물음의 형태로 정식화할 수 있는 올타나티브가 있다. 20년대에는 입장을 날조하여 예상이 어긋나는 경우가 많이 일어나게 되었지만, 그렇게 날조된 입장의 하나에 올타나티브에 대한 결단에서 발생한 입장이 있었다. 방법이 대상을 규정한다는 견해를 취하는 자는 신칸트주의자라고 간주된 것이다.

본래의 의미에서 신칸트주의나 그것에 근접한 입장에서 켈젠에 대한 이론(異論)은 루돌프 스멘트나 헤르만 헬러의 경우에는 의미가 없게 되었지만, 그 까닭을 이해하려고 한다면 이러한 관련을 염두에 두어야 할 것이다. 그것은 옐리네크 · 켈젠 · 리케르트* · 막스 베버*의 구상에는 차이가 있음에도 불구하고, 이들 네 가지의 입장은 스멘트와 헬러에게는 인식론적 관점에서 볼 때 같은 것으로 보였기 때문이다. 그 모든 것은, 사고는 초월론적으로 근거지워지고 모든 경험에 앞서 전개되는 카테고리이기 때문에, 그 대상을 「산출」하려는 칸트의 코페르니쿠스적 전환에 따른다. 그러나 이 전환은 스멘트나 헬러에 의하면, 정정되지 않으면 안 된다. 그것은 인식론적 자아가 세계를 주관적 종합에서 자연과 정신으로서 ─ 보다 분화된 형태로 말하면 자연 · 정신 · 문화로서 ─ 새롭게 산출하기 때문에 세계로부터 거리를 두는 경우에만 가능하다는 견해를 고정하게 되기 때문이다. 다만, 스멘트나 헬러가 그러한 관념에 반대할 때에 어떠한 것을 강조했는가를 상기해 볼 때에만, 양자가 그 적대자의 다양한 형태를 가지는 정신적 세계를 어떻게 「일면화」하였는가를 납득할 수 있게 된다. 이 영향의 뚜렷한 결과는 헤르만 헬러가 『국가학』에서도 여전히 막스 베버에 대해서 비변증법적으로 현실에 소원한 인식주체와 인식객체를 대치하고, 모든 신칸트주의자처럼 무정부주의적인 주관주의에 빠지고 있다고 비난하는 것에서 인식할 수 있다.[1]

물론 옐리네크 · 켈젠 · 리케르트 · 막스 베버의 입장을 평가하기 위해서 **하나의** 규준만을, 예컨대 그들에 있어서는 인식과정에서의 주관과 객관의 관계는 어떻게 이해되었는가 라는 규준만을 사용한다면, 그들은 실제로 동일한 것이라고 볼 수 있을 것이다. 그들은 모두 인식해야 할 「대상」의 성질에 대해서는 인식관계의 논리적 구조에 대해서 종속적인 의미 밖에 부여하지 않았다. 과연 예컨대 리케르트는 자연이라는 것은 저절로 발생한 것의 총체이며, 이에 대해서 문화는 「가치적인 목적을 향하여 행위하는 인간에 의해서 직접 산출되었다든지, 그것이 이미 존재하였던 경우에는 적어도 부착한 **가치** 때문에 의도적으로 **손질한 것**」[2]이라는 것에서 문화를 자연과 구별한다. 그러나 자연과 문화의 이러한 차이에 관한 통찰은, 그의 입장에서는 자연과 문화의 인식에서 생기는 인식관계의

---

1) Hermann Heller, Staatslehre (zuerst 1934), Leiden ² 1961, S. 62 (홍성방 옮김, 『국가론』, 민음사, 1997).
2) Heinrich Rickert, Kulturwissenschaft und Naturwissenschaft, 7. durchgesehene und ergänzte Auflage, Tübingen 1926, S. 18 (이상엽 옮김, 『문화과학과 자연과학』, 책세상, 2004; 윤명로역, 동제목, 삼성문화문고, 1971).

구조로서 어떠한 귀결을 초래한 것은 아니었다. 과연 막스 베버의 의미에서 자연과학과 대립하는 것으로서의 문화과학의 초월론적인 전제는, 「자각적으로 세계에 대해서 **입장**을 취하며 그것에 어떤 **의미**를 부여할 수 있는 능력과 의지를 가진」 문화인이라는 사실이었다.[3] 그러나 이러한 「사실」은 지금은 문화과학에 종사하는 학자는 문화가치로서의 가치에 대해서 자각적일 수 있어야 한다는 것 이상을 의미하지는 않는다. 문화가치는 대부분의 경우 아무런 보편적인 타당성을 가지지 않으며, 단지 문화영역에 구속된 타당성을 가질 뿐이므로, 문화가치는 문화영역 안에서 생존하는 자 쪽이 문화영역에 소원한 자보다도 용이하게 이해할 수 있다. 그러나 이러한 가치의 직접적인 지식이나 또는 자신의 행위태도에서 그것이 가치 있는 것의 승인조차 문화과학상의 구성행위에 있어서 불가결한 것은 아니다. 결국 문화과학적인 가치관계는 리케르트의 의미에서 이론적인 성질을 가지며 실천적인 것은 아니다.

　「신칸트주의적인」 학문이론인 이 부분은, 스멘트가 그리고 그 이상으로 헬러가, 자연과학이나 정신과학과 함께 그 논리적 구조에서 볼 때 독자성을 지닌 문화과학을 확립하려는 리케르트의 시도를 문제삼지 않았던 근거를 이루는 것일지도 모른다. 양자에서 이러한 시도는 어딘지 모르게 소원한 합리주의의 발로에 불과하다. 여기에는 켈젠과 커다란 차이가 있다고 하더라도, 인식주체가 그것에 속박되어 의무지워진 이 생명의 통일적인 관련은 이른바 논리주의적으로 분열되어 있기 때문이다. 옐리네크의 난점을 극복하고 켈젠의 일면화의 모순을 논증하기 위해서는, 실질적 문화이론을 다루는 것이 전제이었지만, 실질적 문화이론의 성공은 이 양자의 견해에 의하면, 「신칸트주의」의 유래를 이어받은 인식이론을 기초로 해서는 의심스러운 것이다. 적어도 헬러로서는 문화과학적 가치관계는 이론적 성질의 것이며, 실천적 성질이 아니라는 리케르트의 제한은 그를 짜증나게 했음에 틀림없다. 이러한 관점 아래서는 스멘트와 헬러의 「신칸트주의」로부터의 이탈과, 「생명의 철학적 현상학적」 사고과정에 대한 접근은 가치자유의 요청에 대한 은근한 비판이라고 볼 수 있다. 인식주관이 그 문화적·사회적인 생명의 관련에서 「빠져나와 반성하는 것」이 불가능하다는 것이 증명가능하다면, 가치자유이며 형식주의적인 국가이론 등 환상인 것이 그와 동시에 폭로되는 것도 당연하다. 「신칸트주의」와는 반대의 인식론적 입장에의 결단은, 그리하여 적어도 간접적으로는 국가학의 정치화에 기여하게 되었다. 그러한 정치화가 어떠한 방향성을 시사하는 것인가는 단지 그것을 적용할 뿐인 행위에서는 여전히 그리고 완전히 무규정(無規定)으로 그치고 있었던 것은 틀리지 않다. 시사되어야 할 것은 ― 이 점에서 비로소 조금이나마 합리적이고 명확한 윤곽을 가진 근거를 얻은 것은 헬러였지만 ― 그것은 어떻게 하고 있었는가 하는 점이다. 그러나 지금 우선 확인할 것은 스멘트와 헬러가 국가이론을 형식주의적 고립화로부터 해방하고, 그것을 정신적·정치적인 생명의 모든 실체적 힘으로 재결합시키려고 하였던 경위이다. 그것은 그들의 견해에 따르면, 단지 국가이론에서 신칸트주의적인 사고상의 전통을

---

3) Max Weber, Soziologie, Weltgeschichtliche Analyse, Politik, Stuttgart 1956, S. 223.

분쇄함으로써만 성공할 수 있었다.

　루돌프 스멘트의 사상은 한스 켈젠의 사상에 가까웠지만,「신칸트주의적인」형식주의를 본래 그대로 향하는 실질적인 사고로써 극복한다는 루돌프 스멘트의 의도 때문에, 그 사상은 그 구상의 내부에서 완전히 다른 의의를 가지게 되었다. 확실히 헌법론의 국가이론적인 전제에 대한 스멘트의 고찰[4]은 단편적인 것에 불과하며, 완전히 개방된 국가학에 추가되는 것은 아니었다.[5] 그렇지만 그것에는 켈젠의 것이라고 오인할만한 몇 가지의 언명이 존재하고 있다. 예컨대 국가라는 것은 인간과는 관계 없이 행위하는 집합적인 자아가 아니라,「모든 개인의 의미체험의 행동적 통일체」[6]이며, 그것은 정신적 형상으로서 이해되어야 한다는 확인이다. 그리하여 국가는 단독적으로 고립된 모든 개인의 협동관계에서 기계론적으로 이해되어도 안 되며,「개개인에서 출발하는 계획적 또는 무자각적인 목적실현」[7]으로서 목적론적으로 이해되어도 안 되며, 인과성과 목적성의 피안에 뿌리를 내리고 있는 제3의 것이라고 이해하지 않으면 안 된다는 논평이 그것이다. 더구나 국가는 불가침의 실체에로 고양되어서는 안 되며, 개인에 대치되는 집합적 전체로 되어서도 안 된다 ― 왜냐하면「정신적이며 사회적인 생산성을 집합적 전체로 귀착시키며, 개개인을 받아들이는, 수동적인 역할로 제한하는 것은 ― 모든 이해적 정신과학의 선험적으로」[8) 모순되기 때문에 ― 는 통찰도 그러하다. 끝으로 국가학의 연구는 자연과학적으로나 문화과학적으로도 할 수 있는 것이 아니며, 오히려 정신과학적으로 하지 않으면 안 된다는 테제도 그렇다. 그러나 이들의 언명은 스멘트의 구상 내부에서는 켈젠의 그것과는 전혀 다른 의의를 가진다. 이와 관련하여 스멘트의 정신과학이라는 개념은, 스멘트의 어프로치에 대한 논쟁 논문에서 국가학의 정신과학으로서의 성격을 명백히 한 것은 자신이며,「순수법학」에 대립하는 스멘트의 구상은 실제로는 조금도 새로운 것을 가져온 것이 없다는 것을 강조하지만,[9] 여기에서는 켈젠도 양자의 구상의 기본적인 어프로치 속에 표면상의 유사성을 초월한 근본적인 차이를 인식하지 않고

---

4) 이에 관하여는 Rudolf Smend, Verfassung und Verfassungsrecht (zuerst 1928), Rudolf Smend, Staatsrechtliche Abhandlungen, Berlin 1955, S. 127. 또한 S. 120. 김승조 옮김,『헌법과 국가』(교육과학사, 1994), 23면, 8면 참조.

5) 이 저작은 원래 작업 프로그램이라고 생각되었던 단순한 스켓치였다. 그러므로 그것은 국가이론의 구상으로서 평가되기에 적합한 것으로 생각되지는 않는다(a. a. O., S. 120 참조). 그러나 그것은 잠정적인 것임에도 불구하고, 이미 일찍부터 논의 속에는 고유한 구상으로서의 의미를 가진 것으로 취급되었다. 그리고 그것은 그 영향 때문에 고유하게 해석할 필요가 있다. 그것을 충분히 가치 있는 구상이라고 간주하는 것이 정당하다는 것은, 물론 스멘트 자신의 태도에서 도출된 것은 아니다. 그러나 그는 아주 최근, 이 논문의 내용이 통합이론의 본질적인 요소라는 것을 스스로 인정한다. Rudolf Smend, Integrationslehre, Handbuch der Sozialwissenschaft, 5 (1956), S. 299-302. 김승조 옮김,「통합이론」,『월간고시』1993년 9월호 참조.

6) Smend, Verfassung und Verfassungsrecht, S. 126.

7) Ebd., S. 128.

8) Ebd., S. 129 f.

9) Hans Kelsen, Der Staat als Integration. Eine prinzipielle Auseinandersetzung, Wien 1930, S. 3. 김효전 옮김,『통합으로서의 국가. 하나의 원리적 대결』(법문사, 1994), 12면.

있다는 것이 명백하게 된다. 양자의 차이는 인식론적인 기초지움과 거기에서 귀결하는 의도의 차이에서 발생한다. 켈젠은 국가학의 정신과학적 기초지움을 통해서 옐리네크의 방법적 혼동주의를 방법일원론으로 바꾸어 놓으려고 했지만, 이에 대해서 스멘트는 정신과학적 방향지움을 가진 국법학을 단서로 하여, 「종래의 방법적 혼동주의와 부당한 방법일원론으로 향하는 새로운 경향과의 양자택일이라는 지배적인 풍조」[10]를 제거하는 데에 자신의 과제를 구하였다. 정신과학이란, 스멘트에게는 켈젠이 이해한 것과는 전혀 달랐다. 요컨대 스멘트에 있어서 정신과학은 인식에 있어서의 주관과 객관의 분열을 첨예화시켜서는 안 되며, 그것의 지양을 추구해야 하는 것이었다. 그것은 켈젠처럼 인식론적 자아에서 출발해서는 안 되며, 자아의 현상학적 구조에서 출발하여야 한다. 그것에서 자아는 정신적 생명 속에서 고립된 계기가 아니라 나, 너 그리고 세계의 변증법적 관련 속에 놓여있는 계기이다. 이와 같이 자아라는 것은, 「우선 그것만으로 생각하고, 그리고 나서 이 생명에서 인과적인 관계에 있는 것으로서 생각하는 등이라고 할 수 있는 것은 아니다. 그것은 정신적인 것으로서 생동하는 한에서, 자기를 표출하고 이해하며 정신세계에 참가하는, 즉 얼마간 매우 보편적인 의미에서 공동체 구성원으로서 그 밖의 구성원에게 의도적으로 관계하는 것」[11]이기 때문이다. 그러므로 자아는 인식행위에서도 세계를 밖에서 파악하기 때문에 세계로부터 거리를 둘 수는 없으며, 그것은 세계의 부분으로서 자기를 아는 것이어야 한다. 세계는 자아에 의해서 그 구조에서 수용되고 모사되는 것이며, 자아가 세계에 질서를 부여하고 구성하는 등이라는 것은 있을 수 없다.

스멘트는 그러므로 — 우선 이 점에서는 헬러와 일치하지만 — 정신과학에 관한 새로운 구상으로서 「신칸트주의」를 반박하고 극복하려고 한다. 이 새로운 정신과학에 관해서는 이미 기본적 특징을 소묘하였지만, 그 이상의 모습은 그의 저작에서는 물론 알 수 없다.[12] 그러므로 여기서는 스멘트가 자신의 견해를 도출하는 기초로 되었던 이론으로 소급하지 않으면 안 된다. 그것은 테오도르 리트(Th. Litt)*의 문화철학이다. 그것을 설명함으로써 비로소 한편의 켈젠이나 리케르트, 막스 베버와, 다른 한편의 스멘트나 헬러 사이에 존재했던 출발점의 「절대적 차이」를 명확히 할 수 있는 것이다. 인식론적 전제에 이러한 차이가 있기 때문에, 그것은 본서의 연구대상인 국가이론상의 여러 가지 입장 사이에 문제사적 관련이 있다는 테제를 논박하는 것은 아니다. 그것은 오히려 스멘트와 헬러가 왜 옐리네크가 제기한 문제의 해결은 「신칸트주의」의 전통과의 관련에 **저항함으로써** 비로소 가능하게 된다고 생각하였는가를 명확히 하는 것이다.

테오도르 리트는 문화철학의 기초지움의 시도에서,[13] 내적 현실로서의 정신적 현상

---

10) Smend, a. a. O., S. 183.

11) Ebd., S. 125.

12) 이미 Edgar Tatarin-Tarnheyden, Integrationslehre und Staatsrecht, Zeitschrift für die gesamte Staatswissenschaft, 85 (1928), S. 4 참조.

13) Theodor Litt, Individuum und Gemeinschaft. Grundlegung einer Kulturphilosophie, 3. erw. Aufl., Leipzig-Berlin 1926 참조. 이 판은 스멘트가 우선 첫째로 이용하는 것이기도 하다.

이라고 해석할 수 있는 것은 심리학처럼 개개의 경험적 과학뿐이라는 인식에서 출발한다.14) 개별과학의 분석에 밀착하고 있다는 이러한 결점은 개별사례에만 정위(定位)한다는 것과 관계가 있는 것은 아니며, 개별사례에서 현상의 본질적 구조를 명확히 하는 것은 개별과학적 분석에는 불가능하다는 것을 의미할 뿐이다. 그러나 내적 현실은「이미 **개개의 체험 그 자체에서** 하나의 분절구조(分節構造)가 — 분석에 방향성을 시사하는 분절구조가 — 명확히 된다는 것 같은 성질을 하고 있다. 더구나 그 분절구조는 관찰하고 있는 개별적 사례 그 자체에 결부되지 아니한 것으로서 직접적인 증명성에서 인식되는 것은 아니다. 그것은 일반적 의미를 가지기 때문이다」.15) 이 분절구조를 해명하는 것이야말로 개별과학적 분석의 상위에 위치하는 고찰의 과제이다. 리트는 그것을 현상학적 고찰이라고 부른다. 그것은 관념화적 추상에 의해서「모든 클라스에 있어서 체험의 본질적 구조」16)를 명확히 하는 것이다.

개별적인 것에서 보편적인 것, 본질적인 것을 발견한다는 가능성을 가지기 때문에, 현상학적 고찰은 정신과학적인 개별 과학을 기초지우기 위한 적성을 가지고 있는 것처럼 생각된다. 왜냐하면 그것은 모든 개별 과학에 대하여 단지「그 객관을 처음부터 그 보편적인 본질에 따라서 파악가능」할 뿐만 아니라,「그것을 단서로 하여 그것이 이 객관에 대하여 작업을 하는」17) 절차를 명확히 하기 때문이다. 정신적 현실의 현상학적 고찰은 그러므로 리트에 따르면, 모든 개별적 정신과학의「일체의 **인식론과 방법론**에서 기초가 되는 것」을 제공한다.18) 이리하여 리트의 문화철학이 정신과학으로서 파악되었던 국가이론의 새로운 기초를 마련하기 위해서 이용가능하게 된 이유는 이해할 수 있게 된다.

정신적 체험에 관한 리트의 구조분석은 동시에, 자연과학과 정신과학의 차이의 근거를 가능케 한다. 자연과학과 정신과학의 차이는 신칸트주의가 말하듯이, 고찰양식의 초월론적 논리 위에서의 상위의 귀결은 아니다. 차이는 두 개의 현실영역이 다른 본질구조를 가지는 점에 기초를 가진다. 다른 방법을 강요하는 것은「대상」의 성질이다. 이러한 관련은 우선 자연과학적 인식절차에서 명확하게 된다. 리트에 의하면, 모든 학문적 사고작용은 — 그러므로 또한 자연과학적 사고작용은 —「전체성」의 분석을 목표로 한다. 그런데 자연과학은 우선 전체를 그 모든 요소로 분해하며, 그리고 나서 그것을 이러한 모든 요소의 협동으로 이루는 관련으로서 이「전체성」을 재구축함으로써 이「전체성」을 파악한다. 공간적·기계론적인 모든 객관에 대한 이러한 처치방법이 허용될 수 있는 것은, 그것이 현실에도「고립화되었거나 또는 고립화될 수 있는 요소들」의「관련」19)을 시사하기 때문이다. 그것은 자연과학에서는「대상의 구조와 사고를 통해서 그것의 가공의

14) Ebd., S. 5.
15) Ebd., S. 5.
16) Ebd., S. 6.
17) Ebd., S. 36.
18) Ebd., S. 36.
19) Ebd., S. 11.

논리적 형식들 간의 조화」가 존재한다는 것을 귀결한다.[20]

이 조화는 리트에 의하면, 정신적 체험의 분석에서는 자연과학과 유사한 2단계적 절차에 의해서는 달성 불가능하다. 왜냐하면 이처럼 정신적 객관은 공간적·기계론적인 구조와는 다른 구조를 시사하기 때문이다. 그것은 고립화가 가능하며 거기에서 사후적으로 관련을 구성할 수 있는 모든 요소가 되는 것은 아니다. 그것은 불가분한 전체이며, 그 계기는 단지 항상적인 상호관계에서만 이해가능한 것이다. 정신적 객관의 구조는 그 결과 자연과학과는 다른 방법을 요청한다.

이러한 요청은 리트에 의하면, 우선 정신과학적인 인식작용이 마주치는 어려움을 명확히 할 뿐이다. 그것은, 정신과학적인 인식작용은 그 밖의 모든 인식작용처럼 개념을 사용하여 조작하기 때문이며, 모든 개념적 사고작용은 필연적으로 분석적인, 그러므로 고립화적인 절차를 취하기 때문이다. 정신과학적인 인식작용은 그 결과, 자신의 대상을 적절히 파악할 수 없다. 왜냐하면 그것은 인식하려고 하기 때문에 그 대상을 자연과학적으로 변형하지 않을 수 없다고 생각하기 때문이다. 그러나 리트에 따르면, 이러한 정신과학의 결점에 관한 통찰에 의해서 인식적 정신은 더욱 한 걸음 나아간다. 자기반성에 의해서 그 위에 고차의 자각성으로 진출한다는 것만이 아니다. 정신과학적 인식작용이 자신의 과제 앞에서 좌절하는 근거에 관한 통찰은 동시에 정신적 객관의 구조에 관한 통찰이기도 하기 때문이다. 정신적 객관은 인식하는 정신과는 다른 것을 시사하는 것은 아니기 때문이다. 그것은 「**인식하는 정신 그 자체이며, 그 자체의 세계**이며 ─ 그 정신이 바로 사고하고 인식하는 정신으로서 그것과 연대적인 것의 영역」[21]이기 때문이다. 그리고 그럼으로써 이제 리트는 스스로 정식화 한 딜레마를 해결한다. 즉 정신과학에서는 주관과 객관은 동일하므로 인식하는 정신의 「자기 자신의 단념에 대한」 반성은 동시에 「이 단념의 극복을, 그리고 객관의 정복을」 의미한다는 것은 당연하다.[22]

물론 인식하는 정신의 활동은 정신과학에서는 이 자기반성이라는 하나의 행위에 제한되는 것은 아니다. 오히려 거기에서 방법적 원리를 발전시키는 것이 중요하다. 사실 리트는 단지 항상적인 자기반성만이 정신이 소박한 사고의 귀결에 빠지지 않도록 인도할 수 있다고 생각한다.[23] 관점을 끊지 않고 상대화시키는 이 과정이야말로 변증법인 것이다. 그 결점은 「교호적 상대화를 지시하는 언명의 전체성을 **동시에** 정신 앞에서 펼쳐 볼」 수 없는 점에 있을 뿐이다.[24] 그 결점은 시작과 끝에 의해서 규정된 사고의 운동이 순환적인 것으로서 완결하려는 경우에 피할 수 있다. 왜냐하면 「모든 것이 모든 것에 의해서 문제화됨으로써 발생하는 부동적인 균형 속에서만, 전체의 구조는 어느 정도 그에 적당한 것으로서 인식하게 되기」[25] 때문이다. 이리하여 변증법적-순환적 사고작용

---

20) Ebd., S. 11.
21) Ebd., S. 16.
22) Ebd., S. 16.
23) Ebd., S. 42.
24) Ebd., S. 19.
25) Ebd., S. 18.

이야말로 정신적 객관을 파악함에 있어서 적절한 절차가 된다. 가령 그러한 사고작용이 자신의 대상에 전면적으로 도달하는 데에 성공하지 못하더라도, 그것은 대상의 구조와 그것을 가공할 때의 논리적 형식 간의 조화를 정신과학 때문에 형성할 수 있는 것이다.

이리하여 적어도 켈젠과는 다른 정신과학의 새로운 개념은 확정되었다. 물론 리트 역시 이전의 켈젠처럼 정신과학의 영역에서도 주관-객관-관계에서 사고하는 것의 불가피성을 인식하고는 있다. 그러나 그는 사고작용의 구조분석을 하는 중에 이 관계를 변증법적인 관련의 계기로서 제시하려고 시도한다. 그럼으로써 그것이 제거되는 것은 확실히 아니지만, 그 의의가 상대화되려고는 한다. 리트에 따르면, 인식론적 자아는 현상학적 자아로부터는 구별되어야 한다. 자아가 그 고유의 본질구조를 투시하려고 하는 한, 자아는 자기 자신을 특수한 것으로서, 관련과는 다른 것으로서 사고하지 않으면 안 된다. 동시에 자아는, 그러나 자신을 이 관련의 부분으로서도 체험한다. 이 차이는 고찰하는 자아와 체험하는 자아의 차이라고만 이해할 수 있다. 고찰하는 자아는 분석에서 자기 자신을 대상으로서 공간화하여 사고한다. 체험하는 자아는 「잘못」공간화 된 것을 체험의 총체성으로 귀속시킨다. 이 환원은 차이를 없게 한 융합을 의미하는 것은 아니다. 이 환원은 오히려 변증법적인 과정을 거쳐서, 「재확립 된 전체의 내부에서 특수적인 것을 '계기'로 하여 확증하는 것」[26]으로서 행하여진다. 고찰하는 것과 체험하는 것은 현실 인식의 두 가지 방법이며, 그 자체 다시 변증법적으로 매개되는 두 개의 태도이다. 왜냐하면 인과적으로 고찰하는 것은 자아에 강제되고 있으며, 그 결과 체험과 아주 마찬가지로 전체구조에 속하기 때문이다.

이 부분에서 이미 스멘트와 그리고 헬러 역시 왜 리트의 기초지움에 매혹되지 않을 수 없었던가 하는 것이 명백해 진다. 왜냐하면 리트의 구상은 켈젠에 있어서는 당연하였던 이원론을 지양하려고 하며, 사고와 감성, 인식과 체험을 매개하려는 것이기 때문이다. 그것은 고찰의 경우에 고립되었던 것이 어떻게 체험 관련으로 환원될 수 있었는가를, 합리적인 인식을 포기하지 않고 시사하는 것처럼 생각된다. 따라서 그것은 켈젠의 합리주의의 일면성을 해소하면서 동시에 살아 있는 자아와 체험적 세계의 관련의 우위성을 요청하는 것이다. 리트의 구조분석은 「주관과 객관의 분화에 선행하여 존재하는 체험구조에 대한 반성 속에, 자아와 세계를 **일체의 것으로서** 확보하는 현실성의 보증을 요청」[27]함으로써, 주관-객관-관계 속에 일면적으로 포함시켜 버린 것을 본래의 위치로 되돌린 것이다.

정신적 현실의 본질은 리트에 따르면, 본질적으로 운동, 변화, 역사이기 때문에 어떠한 객관적 사고에 대해서도 닫혀 있다. 그것은 현재·과거·미래로서 그것의 차원에 따라서 반복하여 새롭게 구조화하는 것이다. 이 운동 그 자체에 복종하는 자아는 그것을 지금이라는 입각점에서의 전망을 통해서 그 일면성에서 파악할 수 있을 뿐이다. 그러나 특수한

---

26) Ebd., S. 59.
27) Ebd., S. 57.

체험은 전망을 통해서 반복해서 새롭게 구축됨으로써 전체의 관련 속에서 자기를 유지하며, 보편적인 것에 계속 의무지워지고 있다. 그럼으로써 그것은 단지 보편적인 것의 한 예시가 되는 것이 아니라,「그 세분화되지 아니한 전체」속에「보편적인 것을 충족하는」심급(Instanz)이며 계속하는 것이다.28) 사정이 변화하여감에 따라 전망이 반복하여 새로운 것이 되는 한, 체험자는 입각점과 반대의 입각점과의 교체 속에서 모든 일면적인 고정화를 극복한다. 이리하여 정신적 생명의 원리는 충족된다. 그것은 전망의 교호성이다.

이 교호성은 자아, 너 그리고 세계의 변증법적인 관계를 떠오르게 한다. 이 자아나 너, 세계는 전체의 동격적 계기이며, 더구나 오로지 이 전체에서만 파악되어야 하는 것이다. 왜냐하면 너는 바로 자아처럼 개별적인 방법이며 자신의 전망을 형성하며, 이리하여 1회한의, 교환불가능한, 완전하게는 이해 불가능하다는 것을 시사하기 때문이다. 그러므로 자아는 이해의 과정이며 너를 내면에서 명확하게 하기 위해서 너의 입각점에 자신을 둘 수는 없다. 네가 이해가능한 것은 오직 자아와의 전망의 교착에서이다. 자기 자신의 모든 주관적 경험과 평가를 떠 맡고 있는 고유한 자아는 연구과정에서는「극복」불가능한 것이다.

정신적 현실은 자아, 너 그리고 세계의 연관에 관한 총괄로부터만 파악되어야 한다는 관념은, 리트 이론의 사회적 핵심을 드러낸다. 왜냐하면 정신적 현실은 서로 관련된 모든 개인의 의미 있는 행위로 이루어진다는 견해는, 정신적 생명이 사회적 성격을 가진다는 것의 승인을 강요하기 때문이다. 거기에 리트의 철학의 사회학적 사고경과와의 친화성이 명백해진다. 이 친화성이야말로 스멘트가 ― 그리고 당초에는 헬러도 ― 국가학의 정신과학적 기초와 사회학적 기초를 일체화하고, 켈젠이나 법실증주의 전체에 대항하여 사회학적인 방향성을 가진 국가학을 요청한 것의 원인이 되었다고 말할 수 있을는지도 모른다.

이와 같이 여기서 대략 소묘한 리트의 사고경과를 개관하면, 스멘트와 헬러가 그의 언명을 수용하는 것으로 지배적 학설과의 투쟁에서 일련의 이점(利點)을 기대했던 것은 무엇 때문인지를 이해할 수 있다. 가장 중요한 이점은 리트가 신칸트주의 그 자체를 논박했는지를 볼 수 있다는 것이다. 왜냐하면 그는 켈젠에 비하여 훨씬 엄밀한 리케르트조차 신칸트주의자이기 때문에 정신적 현실의 고유성을 완전하게는 파악할 수는 없으며, 그 결과 리케르트는 동시에 인식과정에서 주관의 위치를 잘못 평가하지 않을 수 없었다고 설명하기 때문이다.29) 만약 리트의 의미에서 문화의 인식을 고유한 현실성에서의 정신의

---

28) Ebd., S. 90.
29) Ebd., S. 403 참조. 여기서 리케르트에 관해서는 그가 문화적-정신적 영역에서는 다음을 오인하고 있다고 서술한다. 요컨대「엄밀한 자연과학의 대상과는 날카롭게 대립하고, 인식의 대상은 그 자체에서 운동하고 자기 자신과 결합하며 분절화되어가는 실재라고 전제해야만 한다」는 것, 그리고 그 위에「역사적인 형상의 형성을 달성하는 자아 그 자체는 단지 다음을 통해서만, 즉 그 자신이 작용적 실재연관의 구조 속에 어딘가에, 얼마간의 방식으로 편입되어 있다는 것을 통해서만, 자기 자신의 기능(작용)을 수행하는 것으로서 정립된다」는 것을 오인하고 있다는 것이다.

확대적 구축이라고 이해한다면,30) 적어도 정신과학에서는 인식관계에 관한 신칸트주의
와 대립하는 새로운 전망과 그 이상으로 새로운 이론-실천-이해를 각성시킬 수 있다.
그러나 이러한 이점 이외에 결정적으로 어려운 점도 있었다. 리트의 사상의 무조건적인
수용은 사회적인 현실을, 국가의 권력구성을, 이른바 정신화하는 것으로 인도할지도
모른 것이었다. 리트 철학의 어느 일정한 판(版)의 사회학과의 이러한 친화성이야말로
사회이론은 사회학적으로 전개되어야 한다는 켈젠에 비하여 진보적인 사상의 설득력을
상실하게 할지도 모르는 위험을 감추고 있었던 것이다. 리트의 구상과 결부된 이러한
어려운 점은 나중에도 당연히 시사되지만, 루돌프 스멘트의 국가이론에서 완전한 영향력
을 발휘하였다. 이 난점을 헬러는 피할 수 있었지만, 그것은 헬러가 자신의 이론을 훌륭하게
마무르는 속에서 점차 리트와 거리가 멀어짐으로써만 가능하게 되었다. 그럼에도 불구하
고 헬러는 리트의 이론에 의해서 신칸트주의는 논박되었다는 신념을 계속 품고 있었다.
리트로부터의 이탈은 그 결과 헬러에 있어서는 ― 적어도 그 자신의 자기이해에 따르는
한 ― 그가 신칸트주의라고 부른 것에 다시 접근하는 것과 관계를 가지는 것은 아니다.
   그러나 리트의 구상은 왜 일체의 사회학적인 것을 정신화 하는 것과 연결되는가?
이 질문에 대답하기 위해서는 리트의 구상을 이제 조금 추적하지 않으면 안 된다. 리트는
자기완결적인 집단(die geschlossene Kreise)에 관한 그의 「이론」으로써, 그의 기초의
「사회학적인」 확대를 자각적으로 기도하였다. 그것을 스멘트는 잘 다듬은 사회학이라고
오해해 버렸다. 이 이론에 따르면, 리트의 입장에서 자기완결적인 집단이라고 간주된
것은 정신의 가장 요소적인 구조원리의 하나였다. 그 집단이란 여기서 **각자의 것**인
다수의 생명의 중심이 「**각자**와 본질형성적인 연관에 입각하여 각자 한 사람 한 사람이
자신의 구원을 그 외의 모든 측면으로 완성하여 가며, 반대로 그 밖의 모든 사람들은
그의 형식부여적인 영향을 경험하는」31) 한에서, 정신이 그곳에서 객관화되는 매체인
것이다. 자기완결적인 집단에서는 그 결과, 다수의 개개의 정신적 행위로부터 구축되며,
퍼스펙티브의 교호적인 교착으로부터 객관성을 고유-의미를 얻는 전체적 체험이 발생한
다. 이렇게 형성된 의미의 객관화는 이제 결코 최종적인 것이라고는 할 수 없다. 그것은
영속적인 자기형성의 과정에서 반복하여 새롭게 가져오지 않으면 안 된다. 그것은 형태로
서 외적인 현상 속으로, 그리고 의미로서 내적인 현상 속으로, 분절적으로 구성되어
간다. 그러므로 의미객관화의 표현으로서의 자기완결적인 집단은, 정신과 현실, 실재성과
관념성으로 된 종합이다. 그것은 자아적 구조체와 사회적 구조체라는 전체의 두 가지의
계기 ― 그것은 공간화되며 서로 외적으로 대립하는 각각에 완결적인 통일체라고 간주되
어서는 안 되는 ― 의 교착에 의해서 구성되어 있다. 자아-너 관계의 분석에 있어서
퍼스펙티브의 교호성이라 불린 것은 이제 사회적 교착이라고 불린다. 양자 간에는 물론

---

30) Ebd., S. 412 참조. 「정신이 자기 자신의 현실성을 사고하면서 그것을 안중에 두고 있을 때, 동시에
　　이 현실성을 확대적으로 구축하는 것이다」.
31) Ebd., S. 239.

점진적인 구별이 있다. 현실의 정신적 구조는 그 결과 사회적인 구조와 동일한 것이다.

리트 자신은 자기완결적인 집단에 관한 「이론」에서 개인주의와 집단주의의 융합에 성공하였다고 생각하고 있었다. 사회적 생명이 정신적 생명이라고 간주되는 곳에서는 사회는 이제 초개인적인 행위중심이라고 의제될 필요는 없다. 왜냐하면 이러한 견해에서 볼 때 「전체의 통일성은, '전체적 인격'으로서만 개인주의적인 파괴로부터 보호될 수 있었으며, 우려할 만한 귀결에 빠지지 않고, 그것과 같은 유효성을 가진 형식에서 근거지움이 가능하기 때문이다. 요컨대 그 형식은 전체에 그 권리를 인정함과 함께, 다른 한편으로는 개인적인 실존이 집합체로 흡수되는 일이 없도록 보호하는 것이다」.[32]

그러나 개인의 전체로부터의 보호의 문제는, 사회관계의 사실적인 기구의 문제가 아니라 인식의 문제라고 하는 이러한 정식화는, 리트의 구상에서 사회적인 것의 발전으로 향하는 경향을 상징적인 형식으로 시사하고 있다. 왜냐하면 정신과학적인 사회학이 사회적 형상의 실재성을 「인식」할 수 있는 것은 단지 그것이 정신의 구조법칙성을 분석함으로써만이기 때문이다. 그것은 이리하여 일종의 인식론으로서는 확실히 실재사회학적인 분석이 전제로 하는 것을 명확히 할 수 있었을 것이지만, 그것으로 일정한 역사적 상황을 특징지우는 현실의 사회적 관계를 파악하는 가능성을 열었던 것은 전혀 없었다. 그러나 정신의 구조적 법칙성의 통찰이 실재사회학이라고 일컬어지는 곳에서는 현실의 전체성 인식의 요구에서 이 현실 그 자체의 조화화가 발생한다. 리트는 변증법을 역사를 움직이게 하는 실재적인 모순이라기보다는 오히려 역사적으로 소여적인 것의 내부에서 사상의 순환적 진동이라고 이해하지만, 그럼으로써 그는 역사적 생성이라는 것이 유기적 연속성 속에서 끊임없이 자기전개를 수행하여 가는 무한한 한결성을 지닌 흐름으로 상정하는 것이다. 일정한 시대에 있어서 사회적 생명의 일정한 내실과 형태가 우월적 위치를 차지하거나, 「어느 의미 영역의 우위성」[33]을 가지는 것은 무엇 때문인가 하는 질문은 그의 기초지움 이래, 그의 아무런 흥미의 대상이 될 수 없다는 것은 명백하다. 모든 작용적 요인을 전체의 동격적 계기라고 파악하는 그의 경향은, 그에게 지배관계를 분석할 가능성을 막아버렸다. 그러나 그 지배관계는 결국 일정한 「요인」의 그 밖의 요인에 대한 **우위성**에 불과하다. 인식절차는 사회를 조화적인 목가적 풍경으로 미화할 위험을 초래한다. 소집단의 목가적 풍경이 사회적인 것으로 향해진 자기완결적인 집단의 이론의 배후로 숨는 것이다.

사실 리트는 자기완결적인 집단을 무엇보다도 우선 개관 가능한 집단이라고 이해하고 있다. 그리고 거기에서 지속적인 「본질형성적인 연관」으로부터 의미객관화로서의 세계상이 발생한다고 생각된다. 그러나 자기완결적인 집단에서 본질형성적인 영향의 교환으로서 시사하게 되는 공통의 체험은, 모든 자아 속에서 말하자면 용해되며, 여기에서

---

32) Ebd., S. 260 f.
33) Hans Mayer, Die Krisis der Staatslehre und die Staatsauffassung Rudolf Smends, Diss., Köln 1931, S. 42.

나아가 사회적 매개의 과정에 작용을 미치게 된다. 이것은「모든 자아는 본질의 전체성 ― 자아는 그것으로써 이해에 뒷받침되었던 결합으로 파고들어 가지만 ― 을 자기를 관철하는 것으로서 창조적으로 결합한다」[34]는 것을 의미한다. 결합의 이러한 과정을 통하여 생명은 직접적인 현재를 초월하여 확대되어 간다. 그리고 직접적인 현재 속에서 종합적으로 일체화 된 것은 매우 여러 가지 매개의 중심을 개재시켜 사회로 작용을 미친다. 제1 단계의 자기 완결적인 집단으로부터, 개관 가능한 집단으로부터, 교착을 통해서 제2 단계의 자기완결적인 집단이 보다 포괄적인 사회체가 성립하는 것이다.

루돌프 스멘트는 리트의 인식론과 동시에, 리트의 매우 단편적인 사회관념을 자신의 국가론 속에 수용했지만, 그 경우 동기가 된 것은 자기완결적인 집단은 객관성의, 정신적-사회적 생명의「전체적 성격」의 표현이지만, 이 전체성을 독자적으로 행위하는 초인격적인 종류의 행위중심이라고 고찰하지는 않을 것이라고 추측된다. 자기완결적인 집단은 의미객관화 된 것이며, 형태성과 의미전체성을 결부시켜 통일성을 성립시키지만, 이 통일성은 모든 개인의 체험에 의해서 해소되는 일이 없다. 이러한 구상은 개인주의적 사회 이데올로기나 보편주의적 사회 이데올로기를 방해하는 것이 될 뿐만 아니라, 개인과 사회의 관계에 관한 모든 기계론적인 해석을 저지하는 것이 되기도 한다. 그러므로 국가가 자기완결적인 집단이라고 이해하는 경우에는 그 객관성과 통일성은 사회정신의 선언으로서, 또한 그 실재는 사회적 형상으로서 근거지워질 수 있다. 그럼으로써 스멘트는 방법론적으로도 내용의 점에서도 켈젠의 대극에 설 수 있었던 것이다.

그 때문에 스멘트는 무조건으로 리트에 따를 만큼의 의미 깊은 동기를 가지고 있었던 것이다. 그러나 의미 깊은 동기는 반드시 의미 깊은 이론을 인도하는 것은 아니다. 스멘트의 국가이론의 전개를 고찰하면, 그것은 확실히 리트 이론과 결부되어 있었던 이점이라기보다, 오히려 그것에 잠재하고 있던 난점의 영향의 소산이라고 생각될 것이다. 스멘트는 리트로부터 다수의 적극적인 것 이외에, 사회적인 것을 정신화한다는 경향과 조화의 이데올로기를 수용하고 있었다. 그러나 이와 같이 어느 쪽인가 하면 원칙적인 결점 ― 그것은 나중에 더욱 깊이 파고든 분석을 더할 필요가 있을 것이지만 ― 이외에도 두 번째의 결점이 있다. 그것을 고찰함으로써 논의는 스멘트의 국가이론적인 고찰 그 자체로 이행하여 가게 된다. 그 결점이란「국가」의 정신적 통일은 그 밖의 정신적 통일과 도대체 어떠한 구별이 있는가가 명확하지 않은 것이다. 스멘트는 통합의 개념으로 이 차이를 명시하려고 시도하였다. 이 통합이라는 개념에서 무엇이 생각되는 것인가 하는 검토는 그 때문에 그가 이「국가이론」에서 사실상 국가에 관한 무엇인가를 언명하고 있었다고 말할 수 있는 것인가, 그렇지 않으면 단지 정신적 현실 그 자체에 관한 무엇인가를 언명하고 있었는데 불과한 것인가에 관한 해명의 열쇠가 될 수 있는 것이다.

스멘트의 구상에서는 통합의 개념에 중심적인 의의가 부여되어 있다. 그 개념은 국가가 그 구성원을 총괄하는 특수한 방법, 국가가 자신의 생명을 통일적이고 정신적인

---

34) Litt, a. a. O., S. 267.

구조체로서 총괄하는 특수한 방법을 규정하는 것이다. 스멘트에 있어서는 국가의 현실성
은「기능적인 실현작용, 재생산작용, 보다 정확히 말하면 지속적인 정신적 극복과 확대형
성」35)이라는 점에 존재한다. 그것은 매일매일 반복되는 국민투표*이다. 국가는 그의
입장에서는,「국가가 지속적으로 통합되며, 개개인의 내면에 또한 개개인을 소재로 하여
구축되기 때문에 그러한 한에서」존재하는 것이다.36)

그럼으로써 스멘트는 국가론의 형성에 향하는 이론적으로도 정치적으로도 만족할
만한 출발점을 선택할 수 있었다고 생각하였다. 통합이라는 개념 속에는 두 가지의
의도가, 요컨대 정신과학적 의도와 민주주의적 의도가 표현되어 있다. 왜냐하면 그는
분명히 하나의 공동체에서 모든 중요한 요인의 총괄을 반복하여 수행한다는 것에서
그 내용이 부여되는 것을 특징으로 하는 체험연관을 기술하기 때문이다. 통합이란, 그러므
로 동질적인 것의 통일성에로의 결합, 국가에서의 차이의 매개라는 것이다. 스멘트가
국가와 사회의 종래의 구분을 수용하려고 하지 않은 경우에조차,37) 그것은 그가 양자의
동일성을 단순히 전제로 하는 것을 의미할 수는 없다. 오히려 통합이론은 사회의 통일적
국가에의 변형이 어떻게 달성되는 것인가, 그리고 그것을 누가 완수하는가를 설명하는
것이다. 통합문제에 관한 최초의 상세한 논평에서 스멘트는 통치기구에 대하여 통일형성
의 과정을 시동케 한다는 과제를 부여하는 것으로 생각된다.38) 그는 정치권력의 기능은
국가에「통일성을, 그것에 고유한 본질을, 전체성을」가져오기 위해서 배려하여 가는
점에 있다고 본다.39) 통치기능과 행정의 구별이 이러한 이해의 전제가 되고 있다. 스멘트
에 따라 국가기능의 전 영역을 통치기능·행정·입법·사법이라고 생각해 본다면,「통치
기능이란 것은 정치의 영역에 속하는, 즉 국가가 자신과 자신의 본질을 규정하고 관철하는
것이라고 특징지을 수 있는 영역부분이라고 규정할 수 있지만, 행정은 이에 대하여
국가가 그 밖의 목적에 봉사하거나 또는 자신의 정치적 기능을 위한 단순한 기술적인
절차를 만들어내는 부분이다」.40) 이러한 논평은 스멘트가「정치적 국가」와「기술적

35) Smend, Verfassung und Verfassungsrecht, S. 136.
36) Ebd., S. 138. 그러한 한에서 켈젠이, 스멘트의 저작은「자기완결적인 집단이라는 리트의 이론과 스멘트의
   통합이론이라는 국가의 '실재성'을 근거지우려는 두 개의 완전히 다른, 서로 완전히 독립한, 비유기적이고
   서로 모순되고 대립하는 시도」를 포함한다고 말하는 것(Der Staat als Integration, S. 45; 역서, 73면)은
   정당하지 않다. 오히려 국가라는 생명의 과정이 통합과정이라는 증명은, 그 밖의 자기완결적인 집단에
   대립하는 국가라는 자기완결적인 집단이 특수한 것이라는 것을 증명하려는 시도로서의 의미를 가지고
   있다.
37) 스멘트는 이것 이전의 저작인 Maßstabe des parlamentarischen Wahlrechts in der deutschen
   Staatstheorie des 19. Jahrhunderts (zuerst 1912), Staatsrechtliche Abhandlungen, S. 19-38.
   김승조 옮김, 「19세기 독일 국가이론에서 의회선거법의 기준」, 동인 옮김,『국가와 사회』(교육과학사,
   1994), 90-116면에서는 물론 그가 여기서 아직 국가와 사회의 분리를 고집한다는 것을 추측케 하는
   약간의 주석을 찾아볼 수 있다.
38) Rudolf Smend, Die politische Gewalt im Verfassungsstaat und das Problem der Staatsform
   (zuerst 1923), Staatsrechtliche Abhandlungen, S. 68-88. 김승조 옮김, 「헌법국가에 있어서 정치권력과
   국가형태의 문제」, 동인 옮김, 『국가와 사회』, 11-39면 참조.
39) Ebd., S. 85.

국가」를 구별하는 것을 시사하고 있을 뿐만 아니라, 통치기능을 정치적 영역 속에서의 **하나의** 요인에 불과하다고 이해하는 것을 시사하고 있다. 그러므로 그는, 국가는 내정상 및 외정상의 행위에서 자기 자신을 형성하며, 국가는 「오로지 기술적 성격이 아니며 그러한 한에서 그 밖의 모든 활동을 통하여」[41] 자기를 표출한다는 것이다. 그것으로 말해지는 것은, 통치라는 것은 어느 정도 「정치적 국가」의 자기표출에서 중심적 역할을 수행하더라도 그것이 유일한 역할은 아니라는 것이다. 그 밖에도 의회, 정당, 모든 단체, 요컨대 의회제 시스템 속에서 자각적으로 설치되거나 또는 사실적으로 생성하여온 모든 제도 — 그것에 의해서 민주주의의 이상에로 의무지워진 사회가 정치적 통일체로 형성되는 근거 — 가 기능하는 것이다.[42] 스멘트의 통치와 행정의 구별을 이러한 의미로 해석한다면, 거기에 민주주의 이론에의 실마리를 간파할 수 있을 것이다. 이 이론에 따르면, 국가는 이중의 형상 — 정치적인 그것과 기술적인 그것 — 을 걸치고 나타난다. 「정치적인 국가」로서는, 국가는 의회주의적 원리들에 따라서 조직된 의지의 통일화를 통하여 형성된다. 그것은 「기술적인 국가」로서는 이렇게 형성된 「공통의지」를 실행으로 옮긴다. 국가의 정치적 측면을 대표하는 것으로서의 통치기관과, 기술적 측면을 대표하는 것으로서의 행정은 전단적으로 행위하는 것은 아니다. 행정은 통치기관에 계속 의존하지만, 마찬가지로 통치기관은 모든 개인이나 공동체 속에 존재하는 중요한 모든 사회적 세력들에 계속 의존한다. 왜냐하면 통치기관은 매일매일 반복되는 국민투표에 의해서 생명을 얻기 때문이다. 통합의 개념은 이러한 연관을 파악한다. 통합과정은 컨센서스의 형성을, 사회의 문화공동체로서의 실현을 가능하게 할 뿐만 아니라 통치기관과 행정의 행위의 궁극적 정통화를 가능하게 하는 컨센서스의 형성을 목표로 하기 때문이다.

이러한 실마리는 어떤 흥미 깊은 구성요소에 의해서 특징지워진다. 그 요소는 국가의 정치적 측면과 기술적 측면의 구별 속에 존재한다기 보다는, 오히려 「정치적 국가」에서의 형식적 민주주의 원리와 실질적 민주주의 원리의 통합 속에 존재한다. 의사형성은 승인된 절차양식의 한계 안에서 수행될 뿐만 아니라 의사형성의 성과에서 반복하여 확증되고 공유되었던 궁극적인 모든 가치의 한계 안에서도 행해진다는 것이다. 스멘트의 실마리의 이러한 해석은 그가 나중에 공표한 바이마르 헌법의 분석에 의해서도 지지된다. 거기에서 그는, 그 제2편[독일인의 기본권과 기본의무]을 「그것을 실질적으로 실현함에 있어서 독일 국가가 통일성을 확보할 수 있는」[43] 내용으로 이루어지는 것이라고 이해하지만, 제1편 [독일 국가의 구성과 권한]은 이에 대해서, 그것으로 국가가 「모든 국가구성원을 항상 새롭게 자신에 대한 관련으로 포함하여 두는」[44] 근거의 형식의 확증이라고 이해한다.

---

40) Ebd., S. 79.
41) Ebd., S. 81.
42) 정당, 단체 그리고 의회가 정치권에 속한다는 것을 스멘트는 명시적으로 기술하지는 않는다. 여하튼 그에 있어서는 국가는 선거, 의회에서의 심의, 프로그램의 확정이라는 형태로 국가의 개체성의 표현으로서 자신의 정치적 프로그램을 결정하는 것이다.
43) Rudolf Smend, Das Recht der freien Meinungsäußerung (zuerst 1927), Staatsrechtliche Abhandlungen, S. 91. 김승조 옮김, 「의사표현의 자유권」, 『국가와 사회』, 162면.

그러므로 국가의 형식과 내용은 변증법적으로 서로 관계를 가지며, 양자는 통합의 과정에서 비로소 그 완전한 현실성을 획득할 수 있다는 것이다. 이리하여 스멘트의 구상에서 의회주의적 민주주의이론 — 그것은 그 위에 나아가 상대주의를 극복하려는 것인 — 에의 시사를 기대하는 것도 결코 부당하지 않다. 왜냐하면 그의 입장에서 민주주의란 상대주의에 의해서 생명을 얻는 것이 아니라, 「민족공동체의 실질적인 가치 속에 당연히 존재하는 일체성에 의해서」[45] 생명을 얻는 것이기 때문이다.

그러나 스멘트는 이러한 기대를 충족하고 있지는 않다. 그가 그 국가이론상의 주요저작에서 전개한 이론적 수단은 의회제 민주주의의 모든 근거부여의 중심문제, 요컨대 형식과 내용, 형식적 법치주의 원리와 실질적 법치주의 원리의 통합의 문제를 의미있는 형태로 논의하기 위해서는 충분하지 않았다.[46] 이러한 나의 주장은, 우선 통합이라는 관념이 결국은 본래 가져야 할 윤곽을 결여하였다는 것을 증명함으로써 뒷받침할 수 있다. 이것은 이미 스멘트가 자신의 통합의 3 유형설을 설명할 때에 사용하는 예를 얼핏 보면 명확하다. 거기에는 우선 정당의 직원 · 저널리스트 · 의회주의 제도 속에서의 대신 · 군주 · 국가원수 등의 지도자 — 그것들은 어느 정도까지는 깃발 · 문장 · 국가(國歌) 등의 상징으로 치환가능한 — 가 있다. 더구나 또 제한을 수반하더라도 행정상 · 사법상의 관리가 있다. 그들은 사항에 대한 이해 때문이라기보다는 오히려 피지도자에 대한 확증된 지도자로서, 그러나 첫째로는 그 인격성의 본질과 태도에 의해서 국민에 대하여 일체적 존재이기 위해서 고무하는 것이다.[47] 그와 함께 계약, 투표, 다수결원리, 「의회국가적 유형에서든 인민투표적 유형에서든 헌법상 예정된 투쟁」[48]의 형식, 지배 — 요컨대

44) Ebd., S. 91.

45) Ebd., S. 93.

46) 그 위에 스멘트는 의회제 민주주의를 정치적으로 도대체 바라고 있었는가 하는 질문까지도 제기할 수 있다. 이 물음에 대해서도 거의 대답할 수 없다. 여하튼 그는 생생하고 창조적인, 그리고 그러므로 정치적 통합력을 가진 자유주의적인 초기 의회주의와 바이마르 공화국에서의 의회주의의 「영위」를 명확히 구별하고 있었다(Smend, Verfassung und Verfassungsrecht, S. 153 참조). 그는 파시즘의 문헌을 평가하는 가운데, 「새로운 국가형성 · 국가창조 · 국가적 생명이, 즉 바로 여기에서 통합이라는 것처럼 표현되지만 취할 수 있는 길이며 가능성이 있다」고 하지만(ebd., S. 141, 175), 그러한 평가는 그의 입장에서는 이미 일찍부터 품고 있던 것이다. 스멘트는 확실히 쿠르트 존트하이머*가 정당하게 지적하듯이, 명확하게 권위주의적 국가에 맞붙었던 것은 아니었다(Kurt Sontheimer, Antidemokratisches Denken in der Weimarer Republik. Die politischen Ideen des deutschen Nationalismus zwischen 1918 und 1933, München 1962, S. 99 참조). 그러나 그가 볼셰비즘에 호의를 가지고 있었던 것이나, 그가 모든 정당에 대해서 혐오하였던 것은 명백하다. 여하튼 스멘트가 정치적인 관점에서도 이론적인 관점에서도 바이마르 공화국에서의 계몽의 심급(Instanz)이었다고 간주할 수 없는 것만은 확실하다(지금은 또한 Werner Hill, Gleichheit und Artgleichheit, Berlin 1966, S. 164). 그의 저작 『헌법과 실정헌법』(Verfassung und Verfassungsrecht)을 「20년대의 가장 중요한 국가이론상의 시도」라고 청부맡는 것(예컨대 Wilhelm Hennis, Politik und praktische Philosophie. Eine Studie zur Rekonstruktion der politischen Wissenschaft, Neuwied-Berlin 1963)은 그 때문에 호의적인 해석이라는 이상의 것이라고 해야 한다.

47) Smend, a. a. O., S. 142 ff.

48) Ebd., S. 157.

스멘트에 따르면, 「평화시에 있어서 군대의 교련과 연습 ─ 그리고 또한 사교, 댄스, 체조」[49]라는 유형의 것 모두 ─ 과 같은 절차양식이, 국민에 대해서 공통의 체험연관을 매개하기 위해서 작용한다. 그리고 마지막으로, 결코 고정된 법목적과 문화작용이라고 이해되어서는 안 되며, 공동생활의 「유동적」 계기라고 이해하지 않으면 안 되는 사태가 국민 속에 올바른 연대감정을 산출하기 위하여 작용을 미친다. 그런데 스멘트가 왜 억제적으로 교련·댄스·체조를 ─ 비정치적인 요인이라고 하면서 ─ 단지 비유로서만 원용하는데 그치는가는 전혀 이해할 수가 없다.

　이러한 통합개념의 무내용성은 스멘트가 지배의 통합적 작용을 근거지우는 수단으로 특히 명료하게 시사되고 있다. 지배란 그의 입장에서는, 「기능적 통합의 가장 보편적인 형식」, 「전체와 개인의 생명의 형식 ─ 개인은 이 생명의 형식을 함께 담당하고 함께 가능케 하며, 그것을 경험하며 바로 그것에 의해서 전체나 타자와의 정신적 교호작용 속으로 들어가며, 또한 바로 피지배자로서 통합작용을 하는 정신적인 교환관계에 서는 것이지만」[50] ─ 이라고 간주된다. 왜냐하면 이러한 논의에서는 다음의 것이 상정되어 있기 때문이다. 즉 모든 실재적이고 눈앞에 존재하는 관계를 모든 내용과 상황으로부터 분리함으로써, 그것에 통합작용을 가진다는 의의를, 요컨대 동시에 정치적이기도 하다는 의의를 가진 것이라고 인정해도 좋다고 상정되며, 체험연관은 그것이 어떠한 성질의 것이든 그것만으로 이미 통합이라고 상정된 것이다.[51] 강제수용소의 피수용자의 입장에서는 감시인들 중에 「그의 입장에서의」 국가가 표현되고 있지만, 이 피수용자 역시 국가의 「명령」과 관련함으로써 매일 매일의 국민투표에 작용을 미치며, 국가가 생명을 받아들이는 통합과정에 편입하게 된다. 이리하여 인간의 동기가 어떻든, 어떠한 강제 아래서든, 여하튼 얼마 간의 전체와 얼마 간의 관계에 서 있는 것에서는 통합이 이루어진다. 이 전체는 자기완결적인 집단으로서 표상가능하다. 그러나 그것은 아직 고유한 성격을 가진 「정치적 전체」와 동일한 것은 아니다. 그러므로 「정신적인 현실성으로서의 국가」에 특유한 것을 통합의 개념이 나타낼 수는 없다. 한스 마이어(Hans Mayer)의 스멘트 어프로

---

49) Ebd., S. 159.
50) Ebd., S. 158.
51) 이러한 해석은 일면적인 것이 아닌가 하는 반론이 주장될지도 모른다. 왜냐하면 스멘트는 다음을 명백하게 서술하기 때문이다. 즉 지배는 즉물적인 가치에 의해서 제약을 받으며, 그것은 통합작용을 가진 것으로서 작용하기 위해서는 정통화되어야 한다는 것은, 「일정한 가치야말로 지배를 근거지우기 때문이다. 비합리적인 그것에 정당성을 부여하며 합리적인 가치는 그것을 특히 행정으로서 정당화하기」 때문이다(ebd., S. 158 참조). 이렇게 말함으로써 지배관계는 내용적으로 성격지워지며 바로 자의적이 아닌 것으로서 생각되며, 이렇게 생각된다. 그러나 스멘트의 확인은 단지 무엇인가 구체적인 내용인 것처럼 꾸미고 있을 뿐이다. 가치라는 개념은 여하튼 그것 이상은 설명하지 않으므로 이 언명은, 가치는 합리적인 것과 비합리적인 것이 있을 수 있다는 언명을, 그리고 지배는 어떤 것에 의해서도 근거지워짐이 가능하다는 고백을 의미할 뿐이다. 당연히 적나라한 잔학성에 기초한 모든 위계적 질서관계도 이제 「내용적으로」 규정되고 있다. 당연히 그러한 위계제적 질서관계도 「체험공동체」를 창출할 수 있다. 왜냐하면 어떠한 사회관계 속에서도 적어도 「주관적으로 사념된 의미」가 역할을 수행할 여지를 가지기 때문이다. 통합을 말하는 것은 누구나 자유이다. 다만, 주의할 것은 그렇게 말했더라도 국가와 정치는 아무런 관계도 없다는 것이다.

치에 관한 분석은 예리하며 아직까지 논박을 받지 않았지만, 그것이 이미 이러한 연관을 적절하게 정식화하고 있다. 즉 국가를 통합으로서 규정하기 위해서는 「통합과정 그 자체는 확실히 생동하는 사회적 과정을 시사하는 것이지만, **통합의 과정에 의해서 고유한 성격이 국가적인 것으로 바로 그 자리에 각인되는 것은 아니라고 해야 한다. 통합은** 우선 사회적 생명의 형태화 원리 이상의 것을 의미하지는 않으며, 본래적으로는 단지 동태적으로 유동하는 연관 ─ 우리들이 당초 전제로 하였듯이, 사회적 결합과 통일성을 산출하는 ─ 에 불과하다」[52]라고. 스멘트는 최근, 아무런 논거 없이 이 비난을 거부하였지만, 그 단호한 처사에는 놀랄 수밖에 없다.[53]

물론 아마도 스멘트의 거부행위에 설득력을 줄 가능성이 없는 것은 아니다. 국가가 실재적-정신적인 행위에 의해서 구성되는 자기완결적인 집단이라고 이해하더라도, 그것은 확실히 그 밖의 자기완결적인 여러 가지 집단과는 원리적으로 구별되는 것은 아니다. 모든 인간의 행위와 체험은 동일한 '법칙'에 따라서 전개되기 때문이다. 그러나 국가는 이제 그 밖의 자기완결적인 여러 집단으로부터 분리되어 있다. 국가에 있어서는 **일정한** 의미가, **일정한** 이념을 실현하기 때문이다. 사실 스멘트는 정신적 생명을 「과제로 한 의미연관의 하나의 실현체」[54]라고 이해하며, 또한 국가를 일정한 가치이념이 실현되는 가치영역, 정신의 관할구역(Provinz)이라고 간주한다. 이 가치이념은 정신의 가치법칙성 때문에 「구체적인 모든 역사적 관계」[55]를 고려하면서 실현된다. 그것은 명확하게 국가가 「개체로서의 통일성」[56]을 가진 것의 근거가 된다. 왜냐하면 스멘트는 그 밖의 여러 가지 단체에는 없는 국가의 「특수한 위치」에 관한 언급을 정당화하는, 규준의 종류에 관한 원칙적인 논구에 관계하는 것을 거부하였지만,[57] 그의 다음의 논평은 식별하는 지표로서의 「국가적」 가치이념의 의미를 시사하고 있다. 즉 국가는 「보통의(!) 그 밖의 단체와는 다르며, 그 외부에 존재하는 힘에 의해서 그 존립이 보장되는」 것은 아니다. 국가는 「단지 객관적인 가치법칙의 힘으로 자기 쪽으로 인력(引力)을 움직이게 하는 통합 시스템에서」 통합되는 것이며,[58] 국가란 「제1차적인 정신법칙성의 힘에 의해서」 항상 「형식적 지배와 궁극적인 심급(Instanz)으로서의 질서권력」[59]을 주권적으로 설정할 수 있다는 논평이다. 스멘트는 그 이외에도 국가와 법의 차이를 구체적으로 설명하려고 시도하며, 양자는 확실히 결합하지만 「이제 각기 자기완결적이고 각기 고유한 가치이념의 실현에 이바지 하는 정신적 생명의 관할구역」[60]을 체현하는 것이라고 기술한다. 그러므

52) Mayer, a. a. O., S. 53. 이에 관하여는 또한 Herbert Zech, Die Rechtfertigung des Staates in der normative Staatstheorie und in der Integrationslehre, Hamburg 1934, S. 51 f.
53) Smend, Integrationslehre, S. 300 참조.
54) Smend, Verfassung und Verfassungsrecht, S. 170.
55) 예컨대 ebd., S. 166, 170, 195, 207 참조.
56) Ebd., S. 162.
57) Ebd., S. 195.
58) Ebd., S. 195.
59) Ebd., S. 196.
60) Ebd., S. 207.

로「국가적」가치이념의 내실과 성격을 통찰함으로써 국가를 보다 상세하게 규정할 가능성을 약속한다는 것은 희망이 없는 것도 아니다.

　　그러나 당장 희망은 확실하지 않다. 스멘트는 합리주의와 동시에, 학문적 사고에서는 명확한 정의와 구별이 필요하다는 것도 거부하는 것처럼 생각되기 때문이다. 확실히 그는 고유한, 궁극적으로는 자립적인 기능에 의해서 타당성을 근거지울 수 있는 통합가치에 관하여, 법가치에 관하여, 그리고 마지막으로 행정가치에 관하여 말한다.[61] 또한 동시에 소박한 권력분립론을 보다 훌륭한 세 가지의 기능시스템이론에 의해서 대체하려는 시도도 하고 있다.[62] 또한 그의 법가치와 행정가치의 규정은, 그것을 정의와 복지를 촉진하기 위한「규제적 원리들」이라고 이해할 수 있는 한에서, 한층 구체성을 획득하기도 한다.[63] 그러나 통합가치가 어떠한 내용가치를 가지려면, 그 이상의 것은 막연한 채로 방치되어 있다. 물론 거기에서 도출되는 통합기능은 그것이 타당성을 가지는 영역에 제한되는 것은 아니다. 왜냐하면「사법도 통합작용을 수행해야 하기 때문이다 ― 물론 법공동체이며, 국가공동체는 아니며, 그러므로 원리적으로는 최소한 그 밖의 다른 영역을 말하지만 ― 」,[64] 그것은 국가가치에 향한 것이 아니라 법가치에 향하지 않으면 안 되지만, 통합작용은 완수한다는 것이다. 이러한 한계소거는 그러나, 단지 받은 인상을 확인할 뿐이다. 이 한계소거는 스멘트의 논술의 근거로서 우선은 통합의 개념과 통합되는 것, 즉 통일성과 전체성이 모든 공동성의 특질을 시사하고 있다는 것과 관련하고 있다. 스멘트는 실제로는 통합 또는 통합가치의 개념에서「국가라는 정신적 형상」을 시사할 수 있었던 것은 아니다.[65]

　　그러나 역시 스멘트의 입장에서는 국가는 특수한 통일성, 탁월한「전체성」을 가진 형상이다. 스멘트가 국가에 관하여 말하는 경우, 그는 전체성, 개체성, 자기목적, 자기에로「인력을 미치게 하며」, 자기로부터 주변으로 생명을 부여하여 가는 시스템이라는 것과 같은 개념을 즐겨 사용한다.[66] 그와 함께 그는 국가의 개념을 명확히 힘의 개념과 같은

---

61) Ebd., S. 214.
62) Ebd., S. 213. 거기에서는 이렇게 말한다.「이리하여 헌법 원문(교과서)의 단순한 권력분립에 관한 부분을 보다 상세히 보면, 세 개의 기능시스템이 있는 것을 알 수 있다. 즉 입법과 행정의 정치적 공조, 나아가 그것에 더하여 직접적으로 정치적이며 통합적인 기능으로서의 통치기능과 독재. 다음으로 법생활의 담당자로서의 입법과 사법. 마지막으로 개별적으로 국가에 의해서 기술적으로 복지의 증진을 도모하기 위해서 행해지는 행정이다」.
63) 예컨대 ebd., S. 211 ff. 참조.
64) Ebd., S. 208.
65) 흥미로운 것으로는, 스멘트는 어떤 부분에서 통합가치에는 두 가지가 있다고 말하며, 더구나 때때로는 위임적 독재*의 문제의 구명에 착수하고 있다. 그에 의하면(ebd., S. 212 참조), 규제적 원리로서의 통합가치는, 독재권력에 대해서도 특별한 위치를 부여한다.「물론 외적인 현실에 대해서 '독일 라이히'에 있어서의 공공의 안녕질서」(바이마르 공화국 헌법 제48조 2항)에 대해서 그것이 투영된 경우만큼이지만,「이러한 수정에서 그 통합가치(!)는 때로는 법가치나 복지가치, 그뿐만 아니라 통상의, 보다 완전하고 깊은 의미에서의 통합가치를 거부하지만, 그것은 그 가치의 실현에 이바지할 때의 독재상의 '조치'(동 제48조)가 사용하는 행정처럼 기술적 권력을 위하여 여지를 획득하기 때문이다」.
66) Ebd., S. 162, 164, 167, 177, 186, 190, 195, 196, 197, 198 등등 참조.

개념에 결합시킨다. 국가의 현실은 단적으로 말해서「통합과 질서를 부여하고 형태를 부여하는 힘으로의 그 생명 속에」존립한다는 것이다.[67] 국가의 이러한 힘의 전개는, 그러나 특수한 성질을 가지고 있다. 그것은 간섭적이며 정치적 공동체의 모든 개인과 모든 사회적 힘에 강제를 가한다. 그러나 그것으로 국가이론에서 통상 주권이라고 불리는 것이 지시되고 있을 뿐이다. 모든 것이 기만이 아니라고 본다면, 스멘트가 국가의 위치의 특수성을 규정함에 있어서 염두에 둔 것은 바로 이것이다. 왜냐하면 국헌체제의 특수성은 도대체「그 밖의 모든 단체에서는 어떠한 과제를 선택하는가는 자유인데 비하여, 통합이라는 과제가 절대적으로 필연적인 것으로서 부과되는 점에 있으므로, 따라서 그것이 이 과제의 해결을 위한 그것에 내재적인 모든 힘들과 보장에 제한되어 있는 점에 있기 때문이다」.[68] 이러한 언명을 그 정신사적인 분위기 속에서 취할 수 있다면, 그것은 국가의 주권성을 시사하는 것에 불과하다고 할 수 있다.

그러나 거기에 시사된 것은 국가를, 스멘트는 그 밖의「정신적 형태들」과는 다른 통합개념의 도움을 빌어서 특징지을 수 없으며, 오히려 물론 암시적이지만 주권개념을 원용함으로써 비로소 특징지을 수 있는 것이다. 실제로 스멘트가 매우 전통적인 의미에서 국가를 주권적인 의미단체라고 기술하는 부분을 발견할 수 있다.[69] 그러한 규정에 대해서는 확실히 반론을 주장하려고 하지는 않는다. 그럼에도 불구하고, 그것은 스멘트의 통합이론의 한계 내에서는 당돌한 것이라고 하지 않으면 안 된다. 그러므로 스멘트의 구상에서는 최고도의 형태와 작용을 가진 힘의 전개는 어떻게 관련되는지 설명하여야 한다.

그런데 여기에 어떤 놀랄만한 것이 일어나고 있다. 단순한 권력국가이론 이상의 것이 되고자 하는 국가이론에서는, 국가의 주권성의 주장은 국가라는 것은 어떠한 내용에 의해서 규정된「초월적인」구속력을 가진 것이라는 사상과 세트되어 있었다.[70] 그러나 스멘트는 국가가 수단으로서 기여해야 하는「참된 목적」[71]이 존재한다는 견해를 단호히 거부하고 있다. 그에 있어서 이러한 견해는 합리주의적-기술적 구조를 가지기 때문에 생명의 유동적인 연관을 결여하며, 그러므로 국가라는 정신적 현실성에 대해서 부적절하지 않을 수 없는 목적론적 사상의 표현에 불과하였다. 물론 스멘트는 국가의 목적과 과제가 존재한다는 것을 원칙적으로 거부하는 것은 아니다. 다만, 그것은 국가에서 분리된, 객관화 가능한, 국가를 초월하는 것이라고 파악하지 않으면 안 된다. 그것은 생명의 현실성의 부분으로서, 그리고 또한「전체로서의 흐름 속에 있는」[72] 것으로서 파악해야 한다는 것이다. 국가적 생명의 내실은 관념적인 것이 아니라 역사적 성격을 가진 것이기

---

67) Ebd., S. 207.
68) Ebd., S. 196.
69) 예컨대 ebd., S. 171 참조.
70) 이에 관해서는 예컨대 헤르만 헬러의 주권이론의 분석과 보댕의 어프로치에 관한 그의 해석을 참조하라. in: Die Souveränität. Ein Beitrag zur Theorie des Staats-und Völkerrecht, Berlin-Leipzig 1927, S. 15 ff. (김효전 옮김, 『주권론. 국법이론과 국제법이론을 위한 하나의 기여』, 관악사, 2004).
71) Smend, a. a. O., S. 165.
72) Ebd., S. 165.

때문이다. 그것의 「총체성은 역사적으로 유동하는 현실적인 전체의 총체성이며 1회한의 체계적인 전체의 총체성이 아니기」73) 때문이다. 이제 왜 통합가치가 내용적으로 고정될 수 없는 것인지 이해 가능하게 되었다. 그것은 국가의 내실은 역사상황에 따라서 각기 다른 통합과정의 전개의 귀결이며, 통합의 산물로서의 국가가 결단함에 있어서 목표로 삼은 「가치」의 총계를 시사하는 것이기 때문이다. 이 결단이 국가에 개별성을 부여하며, 그것이야말로 국가를 그 자신 속에 휴식하는 자기완결적인 통일성, 「외부」에서는 비판불가능한 통일성이게 하는 것이다.

　　이리하여 모든 반론에도 불구하고, 바로 그 내용적 무관심 때문에 통합이론이 기본적 양상에서 민주적이라는 것이 확증된다고 생각한다. 그곳 이상이다. 목적론적으로도 기술론적으로도 파악할 수 없으며, 단지 내면에서만 이해가능한 자기중심화 된 통합시스템이라는 국가의 규정에 의해서, 스멘트는 바로 현대 국가의 인식에 매우 적절하다고 간주할 수 있는 국가의 「내재적 이해」에 덧붙인다고도 생각된다.74) 그러나 스멘트의 어프로치는 이중적인 모습을 가지고 있다. 왜냐하면 온갖 목적론적으로 또는 기술적·합리주의적으로 방향지워진 논의를 정치적인 것에 관한 고찰로부터 자각적으로 분리하여 가는 것은 그것을 비합리화 하는 것에 연결되며, 국가를 분석함에 있어서 내용적인 규정을 자각적으로 금욕하는 것은 어떠한 형태를 취하려고 해도 그 내용을 긍정하는 것에 연결되기 때문이다. 그럼으로써 통합의 관념은 정신과학적으로 매우 다대한 노고를 지불함으로써 무해한 것으로 꾸며진 권력국가이론으로 변화한다. 지배의 종류가 어떻든, 그것의 통합적 작용의 근거를 분석함으로써, 위에 시사된 것이 점차 명확하게 된다. 즉 개인이 국가를 통합하는 것이 아니라 국가가 개인을 통합하는 것이다.

　　국가는 비정규적인, 역사적으로 콘틴젠트한 가치내용의 힘에 의해서 지배한다. 그 가치내용을 체험함으로써 **「사람들은 국가에 통합된다」**.75) 이러한 정식은 명확하게 다음의 것을 시사한다. 즉 반복하여 설립되어야 하는 생명의 현실로서의 국가를 구축하는 것은 개인이 아니다. 오히려 국가는 이 가치내용 속에서 모든 개인 간의 체험연관을 도대체 비로소 창조하기 위해서 정신의 가치영역으로부터 유출하여 온다는 것이다. 왜냐하면 정신적 생명에는 어떤 특수한 가치법칙성을 고유한 것으로 하며, 그러므로 정신적 생명에는 그러한 현실화의 최적조건에의 경향, 「경향」이 내재하기 때문이다」.76) 가치영역의 종류에 따라서 그 가치법칙성은 다소간 커다란 체계연관으로, 또한 객관적인 총체성에로 향하려고 노력한다. 「국가」라는 가치영역의 가치법칙성에 있어서 특징적인

---

73) Ebd., S. 167.
74) 스멘트는 스스로 자신의 고찰양식 그 자체는 더구나 「역사화」할 수 있을 것이라고 시사한다. 그는 Verfassung und Verfassungsrecht, S. 211에서 이렇게 기술한다. 「근대 국가가 자기 자신의 권력이든 동시에 자신을 정당화하는 권력이든 법률이라고 해석하기 어렵게 결합한다는 것 위에 입각하는 것이므로, 그 국가가 종래의 모든 정치적 영역을 초월하였던 정당화 하는 힘으로부터 최종적으로 해방되어 비로소 근대의 법치국가가 되었다는 것은 매우 역설적인 것이라고 하여야 한다」.
75) Smend, a. a. O., S. 162 (강조는 저자인 슐르흐터).
76) Ebd., S. 170.

것은 그러나, 그것이 「모든 개개인과 모든 집단이 아니, 압도적 다수자가 완전히 수동성에 그치거나 온갖 저항이 행해지더라도, 그것에 맞서서」[77] 의사단체로서 실현된다는 것이다. 정신의 유출체로서의 국가는 그러므로 바로 국가를 구축해야 할 사람들의 저항에 맞서서 역사적 필연성으로서 자기를 관철하는 것이다. 국가적 현실은 스멘트에 따르면, 그것이 「정신의 가치법칙성에 대응하여 항상 새롭게 **자동적으로**(!) 통일화되는, 모든 작용 전체에로 총괄되어 가는 통합요소의 통일성으로서」[78] 파악되는 경우에 비로소 정당한 것으로서 이해되기 때문이며, 그러한 자동적인 통일화 작용에서는 모든 개인에는 이제 그것에 적응하여 가며 국가적 존재의 가치내용에 의해서 정복되는 이외에 행할만한 것은 없다. 통합과정에서 자기를 실현하는 것은 국가의 요구에 제약을 가하는 비판적이며 자기의식을 가진 시민이 아니라, 국가적 존재의 「전체성」속에 완전히 흡수된 비합리적으로 자기 고정하는 개인이다.

　　이것 속에 통합과정의 **한** 측면이 나타난다. 스멘트는 목적·정치·기술을 분리시키며, 모든 목적-수단-고려를 목적론적이거나 기술적인 것이며, 여하튼 비정치적인 것으로서 거부하였다.[79] 그럼으로써 그는 정치적인 것을 비합리적인 체험연관으로 환원하였다. 그 결과 국가에 의해서 추진되는 통합과정의 과제는, 비합리적인 메커니즘의 도움을 받아 개개인을 국가의 가치내용과 결부지우는 점에 존재하게 된다. 스멘트가 개개의 통합요소의 작용을 구체적으로 설명하기 위해서 도출하는 예가 이것을 실증한다. 그러나 그것만이 아니다. 그는 그 위에, 국가의 내실의 합리적인 매개보다도 비합리적인 매개 쪽에 이점이 있다는 것을 분명히 기술한다. 왜냐하면 합리적인 매개에서는 「개인적인 것과 공동성의 긴장관계 그리고 전체에의 편입」이 개인에게 「의식」된다.[80] 그러나 비합리적인 매개에서 개인은 「긴장도 모순도 없이」[81] 국가의 가치내실의 이해로 인도되기 때문이다」. 그러므로 또한 스멘트의 견해에 따르면, 「국가의 현실존재성」이 비합리적으로 매개된다는 것은 개인이 이해하기에는 매우 어렵지만 합리적으로 매개되는 것보다도 바람직한 것이다. 왜냐하면 고립된 인간에 대해서 국가는 「깃발·문장·원수(특히 군주)·정치적 의식·국민적 축제」[82]라는 정치적 상징에서 자기를 표출함으로써 국가를 합리적으로 통찰하는 힘을 가지지 않은 모든 개인도 국가를 감각적으로 체험할 수 있기 때문이며, 그것도 아무런 의문을 남기지 않으며 긴장을 초래하지 않는 형태라고 할

---

77) Ebd., S. 171.
78) Ebd., S. 171. 호르스트 엠케*도 통합이론을 어떤 관점에서 수정하려는 시도에서 이 부분에 관련지우면서, 거기에 시사된 견해는 국가적 현실의 허용해서는 안 되는 일면화에, 그리고 「정치적인 과정의 단일화」로 인도하는 것이라고 지적한다. Horst Ehmke, Grenzen der Verfassungsänderung, Berlin 1953, S. 60 f. 참조.
79) 물론 스멘트는 이러한 구별을 항상 유지하는 것은 아니다. 기술적인 과정도 경우에 따라서는 통합적으로 작용하며, 예컨대 관료제적인 사상이 그렇다. 그 담당자는 「통합적 행위와 기술적 행위가 대립하는 것임에도 불구하고 - 통합을 하는 인격의 영역에 속한다」(a. a. O., S. 146 참조).
80) Ebd., S. 164.
81) Ebd., S. 164.
82) Ebd., S. 163.

수 있다. 내면적인 교화에 의해서 설립되는 체험연관은 개개인과 국가 간의 실재적인 반대를, 자비롭게 감출 수 있기 때문이다.

그러나 더구나 통합과정을 보는 **두 번째의** 관점이 있다. 그 과정 속에서, 또한 그 과정을 통해서 국가의 권력관계가 수행된다는 것을 보는 관점이다. 「기관의 형성에서, 그 존재에서 또한 그것의 헌법상의 활동에 의해서 국가는 생동하며, 국가는 인격을 통해서 통합된다. 형식적인 기능 속에서 국가의 생명은 과정으로서, 그 기능적 통합으로서 성립한다. 국가의 영역, 국가의 헌법상의 성격, 헌법상의 과제를 통하여 국가에 부여되는 내실은 국가의 세 번째의 공동체를 근거지우는 요소이다」.83) 스멘트의 용어가 여기서는 객관주의적이며 거의 기계론적인 음조를 가지는 것은 우연이 아니다. 왜냐하면 국가는 그 자신에 있어서 자기목적이며, 그러므로 국가가 자기를 스스로 형태화한다는 것은 정언적으로 요청되는 자기유지이며, 자기확대라고 결론을 내리는 것도 가능하기 때문이다. 물론 국가는 현실적인 것이기 위해서는 개인을 필요로 한다. 국가는 또한 스멘트가 주의하듯이, 그것이 의욕할 수 있는 것의 범위가 헌법에 의해서 제약되고 있다. 그러나 이러한 제약이 중요하지 아니한 것은 다음의 문장에서 알 수 있다. 「국가의 형식적 존재와 생명을 보장하는 것」은 「헌법의 유일한 본질적인 과제」이다. 「한편, 국가목적이나 활동영역 그리고 그 구성원의 위치에 관한 확정은 결코 본질적으로 필요한 것은 아니다」.84) 이것은 나아가 국가는 「압도적인 다수자」85)의 저항에 맞서서조차 의사단체로서 현실화된다는 것을 상기하면 알 수 있다는 문장이 그것이다. 국가의 의미실현이란, 주권적인 것에서 성립한다.86)

그런데 통합가치·통합과제·통합과정의 개념과 결부된 전술한 빈틈은, 어떤 의미를 — 물론 의욕하지 않은 의미를 — 지닌다. 왜냐하면 이들 개념은 이른바 권력개념의 정신과학적인 방패막이에 불과하기 때문이다. 통합가치에서 「도출되고」, 통합과정에서 「수행되는」 통합과제란, 최고의 권력으로서의 주권의 확립이기 때문이다. 이 점에서 통합의 개념으로 말해지는 민주주의에 고유한 사태라는 관념은 잘못인 것이 명확하게 된다. 국가에 생명을 부여하기 위해서 매일매일 반복되는 국민투표는 다수자에 의할 필요는 없으며, 비판적이고 자기의식을 가진 시민에 의해서 행해질 필요도 없다. 국민투표가 자발적으로 행해지는 것이 아닌 바에야 그것은 국가적 지배장치에 의해서 행해진다.87)

83) Ebd., S. 198.
84) Ebd., S. 197.
85) Ebd., S. 171.
86) 그럼으로써 통합이라는 개념이 공허한 정식으로서의 성격을 가진다는 것이 상정된다는 것은, 이미 에드가 타타린·타른하이덴*이 생각한 것이기도 하다. 그는 기술한다. 「법률은 이제 국가의 생명에 있어서 궁극의 근거를 시사하지는 않는다. 헌법도 이제 그러한 것을 부여할 수는 없다. 그것은 불특정의 의미연관에, 그러므로 결국은 자의적으로 요청된 의미연관에 굴복해 버리고 있다」. Integrationslehre und Staatsrecht, S. 17 f. 참조.
87) 스멘트의 통합이론을 동태적인 계약이론이라고 보는 것은 호르스트 엠케가 하는 것인데, 그것은 이러한 이유에서 감싸주고 있다고 하지 않으면 안 된다. 이에 관하여는 Ehmke, a. a. O., S. 61 참조.

국가란 바로 항상 이러한 통합이며, 정치적인 것이란 항상 이미 권력의 전개인 것이다. 물론 스멘트는 그럼에도 불구하고, 그것으로 자신의 통합이론을 정치적으로 특수화하는 것은 아니다. 왜냐하면 빌헬름 헨니스(Wilhelm Hennis)*가 확인하듯이, 「권력이란 규준 이상으로 인간의 — 더구나 인간 만에 그치지 않지만 — 공동생활의 분석에 있어서 보편적이며, 그러므로 또한 형식적인 규준은 존재할 수 없기 때문이다」.88)

---

88) Hennis, a. a. O., S. 14. 헨니스는 스멘트와 함께, 모든 「실증주의」에 대한 반발적 감정을 가지고 있지만, 헨니스는 이 친화성을 근거로 하여 스멘트의 자기이해와 스멘트의 이론을 동일시하며, 그를 정치적인 것을 권력획득과 권력유지로서 이해하지 않으면 안 된다고 생각하는 정치이해를 대담하게 거부하였던 견해를 자신도 함께 주장하는 인물이려고 한다. 이것은 흥미로운 것이다(Ebd., S. 63 참조). 물론 헨니스는 스멘트에게는 「정치적 생명, '통합과정'이 고유하게 몰객관성이라는 성격을 가진다는 특징이 있었다」는 것(ebd., S. 77)을 간과하지는 않는다. 그것을 그는 스멘트의 「모든 목적론에 대한 반발감정」 (ebd., S. 77)으로 귀착시킨다. 그것에 근거가 없는 것은 아니다. 그러나 이 목적론에 대한 반발감정이, 그리고 국가를 그 자체로부터 이해하려는 것이 스멘트 사상의 주안점을 이루는 것, 통합이론의 전체는 만약 그 이론으로부터 이러한 반발감정이 간파된다면, 스멘트가 「실증주의」라고 명명한 것에 귀착하는 것, 이것을 헨니스는 간과하고 있다고 생각된다. 물론 헨니스의 다음의 주장에 대해서는 찬성할 수 있다. 그것은 모든 인간적 생명은 — 그리고 거기에 더구나 모든 국가적 생명 역시 첨가될 수 있지만 — 「생명의 목적과 관련짓지 않고 생각할 수는 없다」는 주장이다(ebd., S. 77 f.). 그러나 이 주장을 받아들인다면, 거기에서 귀결하는 것은 스멘트의 사상은 이러한 주장을 부정한다는 것 위에 근거를 가지므로, 스멘트는 바로 그릇된 방향으로 전선(戰線)을 향하게 될 것이다. 오늘날 역시 이 전선에서 행동하는 것은 그러므로 나에게는 부적절하다고 생각된다. 헬러와 막스 베버에게 아주 평범한 실증주의자라는 낙인을 찍고 싶다면, 그들을 비판하는 충분한 근거가 존재한다는 것은 승인해도 좋다. 물론 양자를 완전히 일의적인 「실증주의적 전통」 —「정치적 권력기구, 권력의 배분 그리고 권력획득의 문제가 정치학적 구명의 중심점」을 이룬다고 보고(ebd., S. 14), 그것으로 공공복리를 관심의 장 밖에 두었던 「실증주의적 전통」— 속에 끌어들일 수 있는가의 여부는, 적어도 헬러에 관해서는 정당하게 의심할 수 있다. 그러나 헬러가 그렇다하더라도, 또한 양자가 실제로 단지 국가의 권력성격만을 강조한다고 하더라도, 오늘날에는 이제 이러한 권력성격을 「이상주의적 국가이해」에 의해서 은폐하는 것이 문제의 핵심을 작용하는 것이라고는 말할 수 없다. 문제의 핵심을 움직일 수 있는 것은, 이 권력을 초실정적인 법원칙에 결부시키는 것, 그리고 그러한 결부가 구속력을 가진다는 것을 학문적으로 명확히 하는 것, 이것일 것이다. 베버와 헬러는 이 문제를 해결할 수 없었는지도 모른다. 그러나 헨니스의 아리스토텔레스에로의 귀환이 보다 좋은 해결에 이르는 것인가의 여부, 그에 의해서 칭찬된 토픽적 · 변증법적 방법(특히 ebd., S. 96을 보라)이 「실증주의자」 막스 베버가 변증법적 가치논의라는 것에 의해서 이해했던 것과 그다지 다른 것인가 어떤가 라는 것, 이것은 문제로서 남을 것이다. 그러나 루돌프 스멘트가 문제해결에의 탐구에서 고려해야만 했던 어떠한 심급(Instanz)을 진지하게 시사하고 있지 않다는 것, 우리들의 분석에 의하면, 의심의 여지가 없는 것이라고 하지 않으면 안 된다. 특히 정치적 사회학의 지배로부터의 어프로치에 대한 비판을 상대적으로 스멘트를 몰비판적으로 관련지으면서 행하는 것으로는 Horst Ehmke, 'Staat' und 'Gesellschaft' als verfassungstheoretisches Problem, Staatsverfassung und Kirchenordnung. Festgabe für Rudolf Smend, Tübingen 1962, S. 44. 김효전 옮김, 「헌법이론적 문제로서의 '국가'와 '사회'」, E.-W. 뵈켄회르데, 『국가와 사회의 헌법이론적 구별』(법문사, 1992) 그리고 Ehmke, Grenzen der Verfassungsänderung, S. 61. 여기서 엠케는 말한다. 「국가적 생명의 기본적인 카테고리는 (통합이론에서는) 지배가 아니라 정치적 공동체의 개개인과 집단을 통일하면서 총괄한다는 것이다」. 물론 호르스트 엠케는 또한 여기서 시사된 일련의 비판적 논급과 부합하는 명료한 유보를 통합이론에 대해서 하고 있다. 이리하여 그는 특히 통합이론에서는 정태적 · 규범적 동기의 과대평가가 있다는 것을 강조한다(ebd., S. 60). 그는 이 비판을 다음의 논평과 결부시키지만, 그것은 전면적으로 지지해도 좋다. 그 논평이란 그러한 확인에 그쳐서는 안 되는, 「통합이론의 방법론적 전제의 비판이 근본적인 형태로」 행해져야 한다는 것이다(ebd., S. 60).

스멘트가 국가라는 정신적 형상을 은근히 단순한 권력형상으로 전화시킨 것, 그가 국가의 외부에 존재하는 목적으로부터 이 형상을 분리하여 자기목적에까지 고양하고 있음에도 불구하고, 이 권력형상에 대하여 자기유지권을 승인하는 것, 그러므로 그의 정신과학적으로 정초된 국가이론은 결국 권력의 변론론으로 귀착하는 것, 이것은 확실히 의도된 것은 아니다. 이러한 귀결은 사회적인 것을 정신화하고, 그것으로 모든 사회적 관계를 애매모호한 체험연관으로 전화시키며, 또한 감지된 모든 존재를 모든 목적의 피안으로 쫓아보내고, 이상에로 고양된 결과 발생한 것이다. 이리하여 스멘트는 국가이론에서의 단순한 기술주의적·합리주의적 사고의 일면성에 대한 비판이라는 점에서는 아무리 정당하다면, 그러한 「합리주의」로부터의 그의 정신과학적인 이탈은 단지 방법론적 및 이론적으로 말할 뿐만 아니라 정치적으로도 단순한 부정에 그친다. 즉 그 귀결은 비합리적인 것의 미화이다. 그러나 스멘트에게 충족되었던 정신과학적 분석은 합리주의적·유토피아적인 것으로서의 기술적인 것에서 거리를 둠으로써, 기술적인 것을 모든 구속으로부터 해방시켜 버렸다. 몽매한 체험연관의 배후에서 국가는 기계로서, 장치로서 나타나게 되었다.89)

그런데 스멘트는 자신이 제시한 이론적 수단을 근거로 하여 의회제 민주주의의 문제를 적절한 형태로 논의할 수 있는 것은 아니라는 우리들의 주장은 근거지워졌다. 그는 정치적인 것을 기술적·조직적 문제에서 해방하고, 엄밀히 말하면 그 반대물로까지 해버렸다. 물론 정신적·변증법적 사고는 여기서 도피할 길을 마련하고 있다. 왜냐하면 형식적 통합은 기구에 의한 통합이라고도 이해할 수 있기 때문이다. 스멘트에 따르면, 「내용적인 가치공동체 없이는 어떠한 형식적인 통합도 없으며, 또한 기능적 형식 없이는 내용적인 가치에 의한 어떠한 통합도 존재하지 않기」 때문이다.90)

또한 그는 정신과학적인 사고는 제도와 기술을 구별하지 않으면 안 되는 것을 지적한다.91) 이것은 일견, 스멘트는 정치와 기술을 구별하였더라도 공동체의 기구가 가진

89) 정치와 기술의 구분·정치적 활동·기술적 활동의 구분은 이미 켈젠이 정당하게도, 비합리적인 것으로서 거부하였다. 「왜냐하면 통합적 상징기능이라고 불리는 것은 단지 기술적 기능의 반사에 불과하며, 기술적 기능의 결부에 관하여 기술적 기능을 계기로서만 실현될 뿐이기 때문이다」(Der Staat als Integration, S. 50; 김효전 옮김, 『통합으로서의 국가』, 81-82면 참조). 정치와 기술의 이러한 구분의 이면에 있는 것은 목적과 정치의 구분이다. 그러한 한에서 스멘트의 구상은 객관적으로는 그 자신에 의해서 고발된 국가개념을 공허하게 한다는 전통 속에 위치지워져야 한다고 말하지 않을 수 없다. 바로 빌헬름 헨니스와 같은 현대의 「반실증주의자」는 국가와 지배는 어느 정도 목적과 무관계하게 생각되는 것인가에서, 독일적 국가관의 붕괴를 예측하려고 한다. 다만, 목적론적 방법을 재발견하기까지 보면, 실질적·정치적 사고에로 되돌아갈 수 있는가의 여부는 매우 의심스럽다고 해야 하지만, 그러나 그럼에도 불구하고 그는 물론 의욕하지 않았지만, 다음과 같은 고찰에서 스멘트의 국가이론의 문제를 정식화하고 있다. 「만약 정치의 내용을 모두 제거하였다면 모두는 정치적인 것이 된다. 국가와 정치를 전부 공동화함으로써 사회적·정신적 생명의 모든 영역을 전부 강화한다는 기회가 제공되었다. 국가가 어떤 목적, 어떤 과제를 가진 경우에만 사람은 국가를 그것이 어떻게 포괄적인 것이라 하더라도 바로 이 목적에, 이 과제에 제한할 수 있는 것이다」(Wilhelm Hennis, Zum Problem der deutschen Staatsanschauung, Vierteljahreshefte für Zeitgeschichte, 7 (1959), S. 23 참조.
90) Smend, a. a. O., S. 159.

정치적 의의를 과소평가하는 것은 아니라는 것을 시사하는 것과 같다. 그렇지만 이
「구별」은 스멘트가 본래 생각했던 것을 숨기는 것에 불과하다. 그에 있어서 문제는
정치적 근거에서 귀찮은 것이라고 간주하는 의사형성과정의 기구에 의한 규제를 단지
기술적인 것에 불과하다고 비방하고, 그것을 정치의 영역에서 배제할 가능성이었다.
이러한 문제가 그에게 발생한 것은 그의 과거와 현재에 있어서의 의회주의의 역할에
관한 판단 때문이었다. 그의 견해에 따르면, 「자유주의적인 초기 의회주의의 창조적인,
즉 통합적인 작용을 가진 논의가 「원내정당의 밀실(Fraktionszimmer) · 내각 · 정당 간의
협의 · 전문가나 재계와의 토론의 창조적인 논의」를 취하여 대체된 것은 결코 우연이
아니다.[92] 왜냐하면 의사형성을 하는 의회기구는 확실히 과거에는 「자기목적으로서의
통합적인 제도, 즉 국민과 국가의 본질을 규정하고 근거지우는 제도」였다.[93] 그러나
그것은 현재에는 「일정한 거래목적을 위한 기술」에 불과하게 되었기 때문이다.[94] 의회주
의의 이러한 쇠퇴는 그의 말에 따르면, 우연한 것은 아니다. 「자유주의적인 국가이론은
윤리화, 기술화나 그 밖의 방향을 목표로 한 길을 걷고 있기 때문에 당초 국가이론은
없었기 때문이다. 또한 자유주의적 국가형태, 즉 의회주의는 기능적 통합에 의해서는
어떠한 국가도 근거를 부여할 수 없기 때문에 결코 국가형태는 아니기 때문이다」.[95]
바이마르 공화국에 있어서의 의회주의의 영위는 결국은 윤리와 기술에서 순화된 내실을
실현함으로써 극복되지 않으면 안 된다. 이 내실은 자유주의적인 기원을 가진 것은
있을 수 없을 뿐만 아니라, 사회주의적인 기원을 가진 것도 있을 수 없다. 이것에 스멘트는
아무런 의문도 가지고 있지 않았다.[96]

이것을 지금 다시 한 번 특히 구체적으로 시사해주는 것이 통합이란 관념의 공허한
형식적 성격이다. 그것은 혐오의 대상으로 된 정치적 강령이나 정치적 실천에 임의로
대항시킬 수 있는 것이라고 파악되고 있다. 그러나 여기서 중요한 것은 이데올로기
비판이 아니라 국가이론상의 사고의 전통 전체를 극복하려고 했던 어프로치의 내용적
결점을 해명하는 것이다. 그리고 이 결점은 실제로 간과할 수 없다. 왜냐하면 스멘트는
확실히 정신적인 것과 사회적인 것을 관련지웠지만, 그것의 실제적인 매개에 관해서는
고려하지 않기 때문이다. 그는 확실히 국가를 의도적은 아니지만, 권력개념의 도움을

---

91) Ebd., S. 154.
92) Ebd., S. 153.
93) Ebd., S. 153.
94) Ebd., S. 154.
95) Ebd., S. 219. 이와 관련하여 스멘트는 1923년에는 의회주의를 고유한 국가형태로서 아직 승인하지
않았다.
96) 스멘트는 신분적으로 조직된 민족국가에 많은 공감을 가지고 있었던 것으로 생각된다. 민족국가로 향하려는
그의 입장에 관해서는 헨니스 자신에 의해서도 고발되고 있다(Politik und praktischen Philosophie,
S. 17 참조). 오토 쾰로이터는 통합이론에 대한 태도표명에서 통합이론에서는 정치 · 국가 · 민족의 연관이
충분히 설명되지 않고 있다는 불만을 토로한다. 「민족과 국가의 관계에 관한 의론에서 스멘트의 통합이론은
아직 보완할 필요가 있으며, 더구나 완성도를 올릴 수 있다고 생각되기 때문이다」. Otto Koellreutter,
Integrationslehre und Reichsreform, Tübingen 1929, S. 77 참조.

받아서 정의하였다. 그러나 그는 그 권력의 한계가 어디에 있는지를 시사하지 않는다. 그는 확실히 기능적 통합요소와 사물적 통합요소가 서로 교착하는 상태로서 그 양자를 기술한다. 그러나 그는 이용가능한 조직개념을 전혀 갖고 있지 않다. 그는 확실히 국가에 관한 내재적 견해를 정식화는 하였다. 그러나 그는 그것을 위한 희생으로서 국가적 현실의 비판적 음미를 포기해 버렸다. 또한 그는 확실히 민주주의 사상의 기술주의적 개석(改釋)을 비판하였다. 그러나 그는 비합리적 내실에의 소송중지를 그것에 대치할 수 있었을 뿐이다. 요컨대 그의 구상은 충분한 것은 아니었다. 그는 방법론적으로도, 이론적으로도, 정치적으로도 고작해야「신칸트주의적」국가이론의 부정을 초래했을 뿐이며, 그것의 현실적인 극복에 성공한 것은 아니기 때문이다.[97)

　　그럼에도 불구하고 스멘트의 어프로치는 문제사적 관점에서 볼 때 중요한 의미를 가진다. 그는 국가를 통합의 과정에서 항상 새롭게 재생산되는 정신적 현실의 부분으로서 파악했다. 그것에 의해서 그는 비록 일면적일지라도, 모든 국가적 현실의 다이너미즘의 관점을 국가이론적인 사고에 대해서 재활성화할 수 있었다. 이리하여 스멘트의 사회학적인 야심을 수반한「동태적 국가관」은 어떤 의미에서는 정당하게, 무엇보다도 한스 켈젠(Hans Kelsen)의 정태적이며 규범논리적인 국가관념을 극복하였던 것이라고 이해할 수 있다. 그러나 스멘트는 그 분석에 편입된 사회적 구성사실을 이른바 정신화함으로써 자신이 발전시킨 어프로치의 가치를 축소시켜 버렸다. 그는 국가를 증발시키고 단순한 체험연관으로 해 버리고, 마침내 그것을 결과적으로 적나라한 권력사실에 그치게 한 것이다.

　　이러한 사상은 스멘트의 의도에 드러난 것은 아니었다. 그것은 이러한 귀결에 이른 것뿐이다. 의도에서 볼 때, 스멘트는 사회적 실재와 국가의 통일성을「정신과 권력」의 변증법에서 증명하려고 하였다. 그러나 그는 리트(Th. Litt)에 무조건 의거하여, 목적론적 고찰을 기능적 고찰로 받아들일 여지를 가지고 있지 않은 정신과학적 사회학을 정식화함으로써, 모든 실재 사회학적 분석 그 자체를 포기해 버린 것이다. 이리하여 국가의 사회적 실재를 사회학적 수단에 의해서 파악하려는 국가이론이 스멘트의 동태적인 국가관에 계속하여 등장하는 것은 가능하였다 하더라도, 그 정신과학적인 사회학은 현실과학적인 사회학으로 전화하지 않으면 안 되었다. 그 사회학에는 지배단체로서의, 기구로서의 국가를, 한편으로는 사회학에서의 그 기능의 관점에서, 다른 한 편으로는 정신적·관념적

---

97) 이 점에서 스멘트는 법·권력·도덕의 관계를 충분히 해결할 수 없었다는 것이 명확히 시사되고 있다. 호르스트 엠케는 규범논리주의와 결단주의는 법과 권력의 관계의 규정에서는 동일한 결과에 도달한다는 것을 주장한다. 그 이유로서는「존재에 규범을 대치하는 것이라든지, 규범에 존재, 사실성, '실존적인 것'을 대치하는 것은 같다」는 것이다(Ehmke, Grenzen der Verfassungsänderung, S. 33 참조). 따라서 통합이론 역시 규범과 존재의 불명석한 혼동에 빠지며, 그것 이상으로 수긍할 수 있을 만큼의 귀결에 도달하지 않았다는 것이다. 여기서 명확히 되는 것은, 법·권력·도덕의 관계의 문제를 존재와 당위의 구분이라든가, 불명석한 변증법적 동일성이라는 것을 올타나티브로서 정식화한다는 것을 가지면서, 동시에 결합하고도 있다는 것을 명료하게 함으로써 비로소 극복될 수 있을 것이라고 한다. 다음의 분석이 시사하듯이, 이것을 처음으로 할 수 있었던 것은 헤르만 헬러였다.

인 체험연관에서 이해한다는 과제가 남게 되었다. 그것은 통합을 이미 전제로 하는
것이 아니라 모든 사회적 관계 속에서의 그 실재적인 모든 조건을 해명하지 않으면
안 된다. 이 해명에 의해서 비로소 그것은 국가의 다이너미즘을 승인하면서 동시에
그 존립을 가시적인 것으로 할 수 있는 것이다. 정신과학적인 사회학에서 현실과학적인
사회학에로의 이러한 전환은 헤르만 헬러가 그 이론을 발전시켜 가는 경위 속에서 수행하
였다. 여기서 소묘된 연관을 보면, 왜 이러한 발전이 리트로부터의 이탈 속에서 달성되었는
가 하는 것이 명확히 될 것이다. 헬러는 그 때, 사회적 실재로서의 국가를 증발시켜
버리지 않고 동태적인 국가관념의 적극적인 통찰을 확보하려고 시도하였다.98) 그가
어떠한 수단을 사용함으로써 이에 성공했는가, 그것에 관해서는 다음의 분석에서 시사되
어야 할 것이다.

---

98) 여기서 스멘트와 헬러를 정신과학적 · 사회학적 일원론의 주창자로서 병치하는 것은 적어도 피상적이라는
    것이 명확히 된다. 이렇게 말하는 것은 Peter Badura, Die Methoden der neueren allgemeinen
    Staatslehre, Erlangen 1958, S. 184 ff.

4. 카를 슈미트의 『로마 가톨릭주의와 정치형태』에 대한 논평[*]

클라우스 크뢰거

　　그 다면성과 다의성 때문에 여전히 오랫동안 후세의 관심을 가지게 되는 카를 슈미트 작품의 맥락을 다루려는 사람은, 슈미트의 인간성을 간과해서는 안 된다. 무엇보다도 먼저 그 인간성에서 그의 작품의 통일성의 기초가 마련되기 때문이다. 카를 슈미트에게 자신이 살아온 시대는 전통을 매우 의식한 시대였다. 그의 사고와 세계상의 근저에 있는 것 중에서 가장 중요한 것의 하나가 가톨릭주의이다. 이것을 간과하는 사람은 그의 작품을 정당하게 평가할 수 없을 것이다.

　　그의 에세이 『로마 가톨릭주의와 정치형태』[*]는 초판이 1923년에, 재판은 2년 후에, 그리고 그의 만년에 다시 발간되었으며, 문체적으로 가장 뛰어난 문서일 뿐만 아니라 그의 사고방식을 아는 데에 열쇠가 되는 저작이다.[1] 그 책을 집필한 동기는 분명하지 않다. 적어도 초판이 발간되기 전에 가톨릭대회에서 보고하였다는 사실은 없다.[2] 『로마 가톨릭주의와 정치형태』는 더욱 유명하게 알려진 1922년에 출판된 논문 『정치신학』과의 밀접한 관련에서 성립하였다. 그 대조적인 의의는 가톨릭주의의 정치이념에 대한 카를 슈미트의 신앙고백에 있다.

　　광범위한 범위에까지 널리, 있을 수 있는 모든 욕구에 봉사하는 경제적 사고에 대항하는 카를 슈미트는, 로마 가톨릭주 속에 세속권력(Imperium)이 지금까지 경험한 일이 없는, 인간생활의 질료에 대한 특수형상적인 우월성을 보고 있다(S. 12).[3] 로마 가톨릭주

---

[*]　Klaus Kröger, Bemerkungen zu Carl Schmitts "Römischer Katholizismus und politische Form" in: Helmut Quaritsch (Hrsg.), Complexio Oppositorum Über Carl Schmitt, Berlin: Duncker & Humblot 1988, S. 159-165.

1)　Erste Auflage Hellerau 1923, 2. Auflage in der Reihe: Der katholische Gedanke Bd. 13, München 1925; Nachdruck der 2. Auflage Stuttgart 1984.(김효전역, 『로마 가톨릭주의와 정치형태』, 교육과학사, 1992).

2)　이것은 림부르그의 베르너 뵈켄회르데씨가 친절하게도 1986년 12월 9일자로 나에게 보낸 편지에서 확인하고 있다.

의에 대해서 이 형상적인 특수성은 대표(Repräsentation)의 원리를 엄격하게 관철하는 것에 근거하고 있다(S. 12). 가톨릭 교회는,

> 「법적 정신의 최대의 담당자이며 로마 법학의 진정한 상속인이다」. 왜냐하면 가톨릭교회는 법적 형식에의 힘을 가지고 있기 때문이다(S. 26; 역서, 30면). 그리고 가톨릭교회는 대표에의 힘을 가지기 때문에, 이 형식에의 힘을 가진다. 「교회는 인류국가를 대표하며 모든 순간에 그리스도의 인간화와 십자가 위의 희생이라는 역사적 결합을 표현하며, 인격적으로 그리스도 자신을, 즉 역사적 현실 속에서 인간이 되는 신을 대표한다. 경제적 사고의 시대에 대한 교회의 우위성은 이 대표라는 점에 있다」(S. 26; 역서, 30면). 대표의 세계에서는 가톨릭주의의 정치이념과 가톨릭주의가 가진 세 개의 위대한 형식에의 힘, 즉 예술적인 것의 심미적 형식, 법학상의 법형식, 그리고 끝으로 영광스러운 빛으로 가득 찬 세계사에서의 권력형성에의 힘, 이와 같은 것이 살아있는 것이다」(S. 30; 역서, 34면).

이러한 로마 가톨릭주의와 정치신학에 대한 카를 슈미트의 강력한 신앙고백은 정치적 가톨릭주의의 이념, 정치적 가톨릭주의의 합리적인 창조력, 그리고 정치적 가톨릭주의의 인간성이 자본주의적이며 사회주의적인 산업국가나 경제적 사고에 일관된 가능한 모든 질서들을 능가하리라는, 바로 경제가 확실한 장래에의 기대에서 말해진 것인데, 이 신앙고백은 법학상의 문헌에서는 거의 고려되지 아니한 그의 사고와 세계상의 기반이며 찬탄되기도 하고, 적의를 품은 그의 개념도출의 원천인 것이다. 지금까지 카를 슈미트의 저작을 가장 상세하게 다루고 평가한 하소 호프만*의 학위논문인 「정통성 대 합법성」[4]에서조차 카를 슈미트의 작품에서의 가톨릭주의의 정치이념이나 정치신학의 의의가 부수적으로 언급되고 있을 뿐이다.[5]

정치신학에 관하여 말하면, 물론 다른 사람들에 의해서 보다 상세하게 서술되고는 있다. 이미 명언이 된 카를 슈미트의 「근대 국가론의 모든 중요 개념은 세속화된 신학개념이다」[6]라는 명제는, 높이 평가되어 왔다. 그러나 여러 가지로 오해되기도 하였다. 즉 한편으로는 모든 종류의 정치신학이 일소되었다고 선언한 사람들에 의해서 오해되었다. 카를 슈미트 자신은 그러한 사람들에게 그의 저서 『정치신학 II』 중에서 단호하게 반대하였다.[7] 다른 한편, 카를 슈미트의 정치신학의 개념을 잘못 해석해온 사람들에 의해서

---

3) 아무런 표시 없는 텍스트의 면수는 1925년의 『로마 가톨릭주의와 정치형태』 제2판을 가리킨다.
4) Hasso Hoffmann, Legitimität gegen Legalität, Neuwied 1964.
5) Ebd., S. 58, 86 f.,
6) Politische Theologie (1922), 2. Aufl. München 1934, S. 49 (김효전역, 『정치신학』, 법문사, 1988, 42면).
7) Politische Theologie II. Die Legende von der Erledigung jeder Politischen Theologie, Berlin 1970(김효전 옮김, 정치신학 II. 모든 정치신학은 일소되었다는 전설, 『동아법학』 제16호, 1993).

오해되었다. 그 원인은 무엇보다도 먼저 개념의 혼동이다. 정치신학의 개념을 이해함에 있어서 중요한 것은 원래 신학적 명제에서가 아니라 주요한 국가론적·국법적 개념의 신학으로부터의 특수하게 **개념사회학적인** 유래인 것이다. 에른스트-볼프강 뵈켄회르데*는 간단히 법학적 개념은 그것이 요구하는 자율적인 고유성에 그치는 것이 아니라 신학적인 위치와의 관계가 명확하게 되는 사회학적 기반에로 환원된다고 설명하였다. 그는 이러한 신학적 개념의 법학적 영역에로의 이행을 설명함에 있어서 **법학적** 정치신학이라는 술어를 제안하였다. 즉 그것은 제도화된 정치신학인 보통명사로 사용되는 정치신학과는 구별되는 것이다.8) 이러한 명확화에 의해서 슈미트에 있어서의 정치신학의 입각점은 잘못된 해석들로부터 널리 해방될 것이다.

이에 대해서 카를 슈미트의 로마 가톨릭주의에의 신앙고백은 법학상의 문헌에서 거의 평가되지 않았다.9) 확실히 카를 슈미트의 국가론적·국법적 개념의 개념사회학적 유래는 그의 개념형성에 대해서 중심적인 위치를 차지한다. 그러나 그 이상으로 간과해서는 안 될 것은, 그의 법학적 개념의 특정한 **형식의 각인**이 로마 가톨릭주의에서 차용한 것이다. 나에게는 카를 슈미트의 많은 개념에 고유한, 적어도 세 개의 가톨릭주의에 의해서 각인된 징표가 있는 것처럼 보인다. 즉 고도의 형식성·특수한 합리성 그리고 대표적인 것의 이념에로의 고유한 방향지움이 그것이다.

고도의 **형식성**은 법학적 개념에 형식적 탁월성을 보증하는 동시에 법학에 대해서는 사회적 현실 중에서 「서로 대립하는 이해나 경향이 있는 어떤 종류의 복합(complexio)」을 고려에 넣고(S. 40), 「반대물의 복합체」(complexio oppositorum)*(S. 10; 역서, 14면 등)인 가톨릭교회와 동일하게 가변적인 정치상황에 구애되지 않고, 자신을 관철하는 것을 가능하게 한다. 많은 자에게 단점으로서 비판받는 법학적 개념의 형식성은, 카를 슈미트에게는 바로 특유한 장점이며 변천하는 상황에 좌우되지 않고 법학적 개념의 운용을 가능하게 하는 표현양식인 것이다. 물론 그에게도 — 또한 법실증주의에 대해서도 — 법학적 개념의 형식성은 자기목적이 아니라 — 하소 호프만이 말하듯이,10) 「그의 사고의 상황제약성」의 필연적인 전제이며, 나아가 카를 슈미트 자신의 말을 빌리면, 「법과 사회에 관한 구체적인 질서에 내재하는 것으로부터 구체적인 개념들을 전개하기」 위한 전제인 것이다.11) 이처럼 매우 강조한 아포리즘적인 형식의 독자성에 의해서 항상 새로운 논의를 불러일으키는 암시적인 힘이 슈미트의 개념에 주어진 것이다. 이 점에 관하여 여기서는

---

8) Politische Theorie und politische Theologie, in: J. Taubes (Hrsg.), Der Fürst dieser Welt. Carl Schmitt und die Folgen, München 1983, S. 16 ff.(19).

9) 정치학상의 문헌에서는 H. Barion, Kirche oder Partei? Römischer Katholizismus und politische Form: Der Staat 4 (1965), S. 131 ff.(136 ff.).

10) Legitimität gegen Legalität (FN 4), S. 12 und öfter.

11) 그의 강연 「유럽 법학의 상태」 후기에서. Carl Schmitt, "Die Lage der europäischen Rechtswissenschaft"(1943/44), in: Verfassungsrechtliche Aufsätze, Berlin 1958, S. 386 ff. (427). 김효전 옮김, 『유럽법학의 상태』, 교육과학사, 1990, 9면 이하(84면).

이 대회에서 보다 상세하게 다룰 카를 슈미트의 정치적인 것의 개념을 지시하는 것만으로 충분할 것이다.12)

둘째로 카를 슈미트가 특징지운 법학적 개념에 고유한 것은 정치적 가톨릭주의의 이념에 의해서 규정된 **합리성**이다. 이 합리성은 「합리주의적으로 철저하게 기술화된 인간노동의 세계」(S. 14)와는 아무런 관계가 없으며, 「완전히 비합리적인 소비」(S. 20)가 대응하는 「가능한 한의 모든 물질적 수요의 충족에 봉사하는 생산메커니즘」(S. 21 f.)과도 관계가 없다. 가톨릭주의의 합리주의는 「인간의 심리학적ㆍ사회학적 본성을 도덕적으로 파악하는」 것이며, 결코 '물질의 지배나 실용화'에 관한 것은 아니다(S. 19). 가톨릭주의의 합리주의는 '인간적ㆍ정신적인 것'에 그치며, 인간의 마음 속의 비합리적인 어두운 부분을 밝히는 것은 아니다(S. 20). 가톨릭주의의 합리적인 창조와 함께 가톨릭주의의 인간성은 인간의 사회생활을 규범적으로 지도하는 역할을 수행하고 있다. 가톨릭주의의 합리주의의 특징은 이와 같은 특수한 목적을 설정하는 점에 있는데(S. 22), 경제적 사고 쪽은 합리적인 생산메커니즘이 봉사해야 할 목적의 본질적인 합리성마저 전적으로 문제 삼지 않는다(S. 21 f.). 이러한 경제적 사고는 완전히 즉물적이다. 그리고 「정치적인 것은 단순한 경제적 가치 이외의 다른 가치에 의해서 기초가 마련되어야 하기 때문에 경제적 사고로부터 볼 때 비즉물적이다」. 그렇지만 가톨릭주의와 그것에 관계된 합리성은 뛰어난 의미에서 정치적이다(S. 22). 「정치적인 것에는 반드시 이념이 포함되어 있다. 왜냐하면 권위 없는 정치는 존재하지 않으며 확고한 에토스 없는 권위도 존재하지 않기 때문이다」(S. 23; 역서, 27면).

끝으로 셋째로, 카를 슈미트가 특징지운 법학적 개념은 로마 가톨릭주의의 개념과 마찬가지로 **대표적인 것의 이념**에 의해서 규정되고 있다(S. 28).

> 「대표가능한 것은 인격이나 이념일 뿐이며, 이념은 대표됨으로써 바로 자신도 인격화되는 것이다. … 대표는 대표되는 사람에게 독특한 위엄을 부여한 다. 높은 가치를 대표하는 사람이 가치 없는 것이 될 수는 없기 때문이다」(S. 23; 역서, 33면).

대표적인 것의 이념은 경제적 사고와 엄격하게 대립한다. 경제적 사고는 기술적 정확성이라는 유일한 형식만이 인정되며 기술적인 것과 결합하여 「사물의 현재성」 (Realpräsenz der Dinge)을 요구한다(S. 28). 카를 슈미트는 경제적 사고의 확대에 수반하여 모든 종류의 대표에의 이해가 점차로 상실해가는 것을 감지한다(S. 35). 경제적ㆍ기술

---

12) 이에 관하여는 본서[Complexio Oppositorum Über Carl Schmitt]에 수록된 뵈켄회르데*와 크리스티안 마이어의 보고 참조.

적인 것 속에 내재하는 것에서 자신의 규범을 도출하려는 사고는 대표를 원용한 모든 것을 부정하지 않으면 안 된다. 카를 슈미트에게 대표적인 힘이 상실되어 간다면, 계속적인 질서의 형성은 이미 불가능한 것이다. 공적 생활의 자발적인 통제나 지배가 사적 개개인들의 여론에 의해서 된다고 기대할 때, 이 체계에 있어서 대표적인 것은 아무것도 없다(S. 38). 이 「자유주의를 사적인 것에 기초지우는 사고」에 대해서 카를 슈미트는 가톨릭주의의 법학적인 형식화라는 공법적인 것을 강조한다(S. 40). 가톨릭주의의 법학적 형식에의 힘은 가톨릭주의의 대표에의 힘 속에 존재한다(S. 26). 가톨릭주의의 정치이념에서 나오는 대표에의 파토스는 슈미트의 자유주의나 의회주의 또는 다원주의에 대한 전투적 자세, 즉 계몽주의에 결부된 지나친 기대에 의문을 던지는, 그의 대담한 언동을 낳는 원천인 것이다.

정치신학으로 되돌아가서 로마 가톨릭주의에 대한 신앙을 토로함으로써 카를 슈미트는 독일 제국이 붕괴한 후의 시대, 즉 천박하게 되고 협소하게 된 법실증주의의 국가이론이 무력하게 되고, 「유럽 공법」이 쇠퇴하여 가는 시대 중에서 그 이행의 시대를 견디는 개념적인 방향설정을 얻으려고 하였다. 그가 적지 않게 노력한 것은 법실증주의 시대에 ── 그 자신이 그렇게 말한 것인데 ── 국민경제학자나 사회정책학자, 나아가서는 역사가나 사회학자에로 이행해버린 국가의 본질에 대한 이론적 관심을,[13] 다시 공법의 전문영역으로 이끌어 들이려고 한 것이다. 특히 카를 슈미트의 관심사는 세기의 전환기의 법학의 형식주의라는 상황 아래서 이해사회학의 문제가 된, 공적 지배의 정당성의 문제에 있다. 즉 그는 물질적 · 경제적으로 규정되는 것이 아니라 오히려 피지배자의 정당성관념에 기초를 두는, 정치적 지배의 정당성 유형에 관한 막스 베버의 잘 알려진 이론에,[14] 로마 가톨릭주의의 전통에서 생긴 국가이론의 기본적 개념의 분석을 대치시킨 것이다. 그는 주권개념의 개념사회학적인 유래를 예시하면서 17세기의 군주제가 당시의 의식에 대해서 가지고 있던 자명성과, 그 후의 시대의 민주제가 그 시대의 의식에 대해서 가진 자명성이 어떻게 동일한 구조인가를 지적한다. 카를 슈미트에게 이러한 법학적 개념의 사회학의 전제에는 근원적인 개념성, 즉 「형이상학적인 것이나 신학적인 것에까지 추진된 논리의 일관성」이 있다.[15]

보다 상세히 고찰함으로써 카를 슈미트의 개념형성과 세계상이 막스 베버의 그것과 거의 대극적인 관계에 있는 것이 분명해진다. 즉 모든 역사적 기원에서 해방되고, 모든 정치이론의 가치자유를 요구하는 베버의 실용적인 분석과 의식적으로 정치신학이나

13) Hugo Preuß. Sein Staatsbegriff und seine Stellung in der deutschen Staatslehre, Tübingen 1930, S. 16(김효전 옮김, 후고 프로이스. 독일 국가학에서의 그의 국가개념과 그의 지위, 동인 편역, 『정치신학』, 법문사, 1988, 143면).

14) Die drei reinen Typen der legitimen Herrschaft, abgedruckt in: Wirtschaft und Gesellschaft, 4. Aufl., Tübingen 1956, S. 551 ff.(박성환 옮김, 『경제와 사회』, 문학과지성사, 1997).

15) Politische Theologie (FN 6), S. 59 (정치신학, 55면).

로마 가톨릭주의에 관계를 맺는 카를 슈미트의 분석은 아무런 공통성도 가지지 않는다. 양자의 합리성에 대한 고찰방법도 기본적으로 다르다. 즉「영속적·원리적인 합리성의 관념이 사람과 상황에서 독립한, 보편적·추상적·예측적인 척도로 … 표현되는 … 규범에 구속되고, 규칙에 지도된 '원칙의 이성'16)이라는 막스 베버의 견해는, 위에서 상술한 카를 슈미트의 가톨릭적 합리성으로부터 상당히 떨어져 있다. 이에 대해서 헬무트 슈핀너는 카를 슈미트를「기회원인론적 합리주의」의 대표자라고 간주한다.17) 슈미트의 개념형성의 기원보다도 그 구조에 착안하는, 이러한 그 자체 매력적인 견해는 반드시 가톨릭의 합리성 관념에 합치할 수 없는 것으로 보이지만, 그러나 세부에 걸쳐 보다 상세하게 검토할 필요는 있을 것이다.

베버의 종교사회학적 연구인『프로테스탄티즘의 윤리와 자본주의의 정신』18)과 슈미트의 저작『로마 가톨릭주의와 정치형태』를 비교하면, 막스 베버와 카를 슈미트의 관계는 보다 복잡하고 보다 이질적인 것이 명백해 진다. 전자는 직업의무의 금욕주의적인 이념을 품은 자본주의의 영리인이, 프로테스탄티즘의 소산이라는 인식에 도달하고, 후자는 의식적으로 로마 가톨릭주의의 정치이념에 결부시킴으로써 다름 아닌 경제적 사고를 배제하려고 하는 시도이다. 카를 슈미트에 의하면, 이러한 경제적 사고야말로 현재에 있어서의 법학의 쇠퇴에 대해서 책임을 져야 할 것이다. 그렇지만 양자 간에는 공통점도 존재한다. 예컨대 양자 모두 문화발전에 대한 서양의 보편적 의의를 높이 평가한다. 막스 베버는『프로테스탄티즘의 윤리』중에서 다음과 같이 서술한다.

「합리적인 법학에 대해서 말하면 서양 이외의 지역에서는 인도에 다양한 싹이 보인 것도 관계 없으며 … 특히 서남 아시아에서는 포괄적인 법전편찬이 이루어지고, 인도 그 밖의 나라들에서는 다양한 법서가 존재했던 것과 관계 없이, 로마법과 그것에 영향을 받은 서양의 법에 보이는 엄밀한 법학적 도식이나 사고양식이 결여되어 있다. 카논법처럼 … 형상을 … 알고 있는 것은 서양뿐이다」.19)

한편 카를 슈미트의 로마법에의 신앙고백은 매우 열광적이다. 이 점에 대해서 카를 슈미트의 후기 저작인『구원은 옥중에서』의 다음의 곳을 상기하지 않을 사람이 있을 것인가?

---

16) H. F. Spinner, Max Weber, Carl Schmitt, Bert Brecht als Wegweiser zum ganzen Rationalismus der Doppelvernunft: Merkur (40) 1986, S. 923 ff.(925).

17) Ebd., S. 925, 927 ff.

18) 이것은 현재 베버의 Gesammelte Aufsätze zur Religionssoziologie, Bd. 1에 들어 있다. 여기서는 요하네스 빙켈만에 이 편집한 판 Die protestantische Ethik I, 6. Aufl., Gütersloh 1981(김덕영 옮김,『프로테스탄티즘의 윤리와 자본주의 정신』, 도서출판 길, 2010)에서 인용.

19) Ebd., S. 9, 10.

「우리들은 법학을 특수유럽적인 현상의 하나로서 자각한다. … 법학은 서양합리주의의 모험에 깊이 관여하고 있다. 법학은 고귀한 부모에서 태어난 정신적인 존재이다. 그 아버지는 재생한 로마법이며, 어머니는 로마교회이다…」.[20]

이와 같은 공통성에도 불구하고 카를 슈미트와 막스 베버는 경제적 · 기술적 사고나 이것에 의해서 산출된 자본주의의 평가라는 점에서는 구별된다. 즉 카를 슈미트는 「로마 가톨릭주의의 반대물의 복합체」가 인간생활의 질료보다도 형상적으로 우수하기 때문에 (S. 12), 경제적 사고의 시대에 대한 로마 가톨릭주의의 우위성을 강조한다(S. 26). 한편 막스 베버는 자본주의적 시대의 장래를 오히려 암비발란트하게 조망하고 있다. 베버는 『프로테스탄티즘의 윤리와 자본주의의 정신』에서 다음과 같은 결론에 도달한다.

「종교적 · 윤리적인 의미를 박탈당한 영리 추구는 오늘날 순수하게 경쟁적인 열정과 결합하는 경향에 있으며 … 이 거대한 발전이 끝나면 아주 새로운 예언자가 나타나거나 아니면 옛 정신과 이상의 강력한 부활이 일어나거나, 아니면 ― 그 어떤 것도 아니라면 ― 일종의 부자유스런 오만으로 장식한 기계화 된 화석화가 일어날른지」 아직 아무도 모른다. 「여하튼 마지막의 경우에는 이러한 문화발전의 '최후의 인간'에 대해서는 다음의 말이 진리가 될 것이다. 즉 '정신 없는 전문가, 심정 없는 향락자. 이 공허한 인간들은 인류가 일찍이 도달한 적이 없는 단계에 도달했다고 생각할 것이다'」.[21]

끝으로 남은 문제는 카를 슈미트의 에세이 『로마 가톨릭주의와 정치형태』에 오늘날 어떤 의의가 부여되는가 하는 것이다. 한스 바리온은 이 책에서 특히 수사적인 것, 즉 [로마교회에 대한] 「송사」(Elogium)를 보았으며, 나아가 다음 점을 첨가하고 있다. 제2 바티칸 공회의는 이 슈미트의 송사에서 그 기반을 빼앗아 버렸다. 물론 그럼으로써 법학적 개념의 개념사회학적 유래라는 카를 슈미트의 정치신학이 의문시되는 것은 아닌가[22] 하고. 카를 슈미트는 이 바리온의 견해를 후기의 저작 『정치신학 II』 중에 집어넣었다.[23] 거기에는 체념이 나타나 있다. 경제적 사고의 시대에 대한 로마 가톨릭주의의 우위(S. 26)라는 1923년 이래의 카를 슈미트의 강력한 신앙고백은 이미 감지되지 아니한다. 이 후기의 카를 슈미트의 언명은 『구원은 옥중에서』 중의 현재에서의 법학의 쇠퇴라는 기술과 관련하여 파악할 필요가 있을 것이다. 즉 「철저한 기술의 시대가 도래하자마자

---

20) Ex captivitate salus, Köln 1950, S. 69(김효전 옮김, 『구원은 옥중에서』, 교육과학사, 1990, 146면).
21) Gesammelte Aufsätze zur Religionssoziologie, Bd. 1 (FN 18), S. 188 f.
22) "Weltgeschichtliche Machtform?" Eine Studie zur Politischen Theologie des II Vatikanische Konzils, in: Epirrhosis. Festgabe für Carl Schmitt, Bd. 1, Berlin 1968, S. 13 ff.(18 ff.).
23) Politische Theologie II (FN 7), S. 28, 29.

… 완전한 세속화가 완성되었다. 이제 학문으로서의 법학의 위치는 가면 없는 철저함으로 드러난다. 법학은 신학과 기술 사이에 자리잡고 있었다. 여기에 법학은 순수한 기술주의의 사물성(Sachlichkeit) 속에 편입되며 그들 법학자에게는 가혹한 선택이 강요된다…」.[24] 나아가 카를 슈미트의 신앙고백은 계속된다. 「나는 유럽 공법의 최후의, 자각적인 대표자이며 실존적 의미에서 최후의 교사이며 연구자이다. 나는 유럽 공법의 최후를 베니토 세레노*가 해적선으로 항해한 것과 같은 체험을 하였다…」.[25] 여기서 우리들은 왜 슈미트가 그 만년에 자신의 책의 헌사를 자주 「나는 가르쳤다. 쓸데없이」*라는 말로 끝마쳤는지 이해할 수 있을 것이다.

---

24) Ex captivitate salus (FN 20), S. 74 (역서, 151면).
25) Ebd., S. 75 (역서, 152면).

5. 문화과학으로서의 헌법학*

페터 해벌레

《차 례》

---

*   Peter Häberle, Verfassungslehre als Kulturwissenschaft, Berlin: Duncker & Humblot 1982, 84 S.

I. 서론 — 문제의 관련

「문화과학으로서의 헌법학」은 부분적으로 이미 매몰되어버린 낡은 인식을 하나의 전체상에로 프로그램적으로 조립하는 것이다. 중요한 것은 「문화과학자」(W. 딜타이,* A. 베버, M. 베버)*에 의한 역사적인 전통과의 학제적인 대화에서, 그리고 민법학, 특히 그 비교법의 위대한 전통에 대한 신뢰할 수 있는 인식의 계수에서 스멘트(R. Smend), 홀슈타인(G. Holstein),* 헬러(H. Heller) 그리고 헨젤(A. Hensel)* 등의 이름과 결합되었으나 1945년 이후의 재건, 독일 연방의 경제와 풍요로움에의 경도, 그리고 「가치계층적인 방법」[1]을 둘러싼 논쟁의 결과 잊혀진 바이마르 시대의 전통이라는 문화과학적 「발자취」를 상기하는 것이다. 50년 이상에 걸쳐 정착되어 온 기본법은 하나의 헌법문화를 낳고, 학문과 실무는 이제 문화과학으로서의 헌법학의 시점에서 포괄적으로 평가되어야 할 이해나 선행이해의 하나의 앙상블을 산출하였다. 기본법의 텍스트는 법학상의 「실정」 텍스트임을 계속하는데 그 이상의 것, 즉 그 텍스트가 단지 단편적으로 「표면적으로」 암시하고, 그리고 또한 산출해온 현실이라는 것을 지시하고 있다. 그러므로 바로 오늘날 좁은 의미에서의 「문화헌법」인 전문영역으로 관심이 집중된다. 이것은 바로 「문화라는 과정」이 헌법학, 그것도 문화과학적으로 방향지워진 헌법학의 매우 깊게 포괄적인 테마가 되는 징후이다.

II. 문화의 개념

문화과학으로서의 헌법학이라는 프로그램은 문화의 중심적 개념을 단순히 전제로 하면 좋다는 것은 아니며, 다른 한편 그 다층성을 확정적으로 또는 구체적으로 파악하는 것을 가능케 하는 것도 아니다.[2] 공법학은 통상 좁은 의미에서의 「문화」의 개념에서 출발하는데, 그 개념은 문화행정법에 대한 학문적 기초와 마찬가지로, 실정법에서의 내용형성과 연결하여 교육 · 학문 그리고 예술과 같은 세 개의 분야에서처럼 국가가 정신세계와 특히 밀접하게 결합한 영역으로서 상당히 구체적으로 규정되어 있다.[3] 그리

---

1) E. Forsthoff, Die Umbildung des Verfassungsgesetzes, in: FS für C. Schmitt, 1959, S. 35 ff.(계희열역, 헌법률의 개조, 동인 편역, 『헌법의 해석』, 고려대 출판부, 1993, 89면 이하). 이에 대한 고전적인 비판으로서 A. Hollerbach, Auflösung der rechtsstaatlichen Verfassung? AöR 85 (1960), S. 241 ff. (R. Dreier/F. Schwegmann (Hrsg.), Probleme der Verfassungsinterpretation, 1976, S. 90 ff.에 재수록)(계희열역, 법치국가적 헌법의 해체? 앞의 『헌법의 해석』, 125면 이하) 참조.

2) 본장의 내용에 대해서 상세한 것은 P. Häberle, Kulturverfassungsrecht im Bundesstaat, 1980, S. 23 ff.; ders., Vom Kulturstaat zum Kulturverfassungsrecht, in: ders. (Hrsg.), Kulturstaatlichkeit und Kulturverfassungsrecht, 1982, S. 1 (27 ff.) 참조.

고 그 좁은 문화개념에는 그것이 「문화」에 대한 일반적으로 보급된 일상적인 이해와 결합할 수 있다는 장점이 마련되고 있다.

확실히 법과 국가로부터 문화에로 향한 고찰만이 아니라, 반대로 문화로부터 법으로 향한 고찰도 행해지고 문화의 통상의 이해를 인류학적 및 사회학적 정의로 보충하려고 한다면, 상술한 개념의 축소화는 확실히 문화의 개념을 법학적인 것으로서 실제상 조작가능하게 할 수 있는데, 그것에 의한 (인식의) 한계가 훌륭하게 나타내 준다. 타일러(E. B. Tylor)의 고전적인 정의에 의하면, 문화 또는 문명이란 사회의 구성원으로서의 인간이 획득해온 지식 · 신앙 · 예술 · 도덕 · 법칙 · 풍습 그리고 그 밖의 재능이나 관습을 포함하는 복합적 총체이다. 다른 정의로는 「사회적 유산」(린튼[R. Linton]) 또는 「사회적 전통의 전체」(로위[Lowie])가 말해진다. 이러한 초기의 고전적인 정의에서 얻어진 것을 답습하여 행해지는 (문화인류학적)인 논의가 상위문화 · 국민문화 · 하위문화 · 상형문화 · 기생적인 문화 등의 관념을 창출하였다.4) 이러한 개념들은 어떤 공동체의 문화가 수평적이며 수직적으로 분화함으로써 특징지워지는 것을 나타낸다. 어떤 종류의 반복되는 모형(「패턴」)을 특히 중시하는 이론가들은 다음과 같이 서술하였다. 즉 문화는 그때그때의 구체적으로 설명하는 것을 포함하면서, 심벌을 통해서 획득되고 전승되며, 인간 집단의 특별한 성과를 제시하는 명시적이며 묵시적인 모델(그것은 행위를 위한 것이며, 행위에 의한 것이기도 하다)에 의해서 구성되며, 문화의 본질적인 핵심부분은 전통적인 (즉 역사적으로 도출되고 선택된) 이념, 특히 그것들과 관련된 가치들로 구성된다는 것이다. 바꾸어 말하면 문화의

---

3) 기본적인 것은 T. Oppermann, Kulturverwaltungsrecht, 1969, S. 8 f., jetzt in: P. Häberle (Hrsg.), Kulturstaatlichkeit (Fn. 2), S. 249 (253 f.) 참조. 최근 것은 U. Steiner/D. Grimm, Kulturauftrag im staatlichen Gemeinwesen, VVDStRL 42 (1984), S. 7 (8 ff.) bzw. 46 (58 ff.) 참조. 거기에서는 「문화의 기능은 사회의 관념적 재생산에 있다」는 D. Grimm (ebd. S. 60)에 의한 제안이 제기되고 있다. 또한 W. Maihofer, Kulturelle Aufgaben des modernen Staates, in: E. Benda/W. Maihofer/H.-J. Vogel (Hrsg.), HdBStR Bd. III (1988), S. 1235 ff.도 참조. A. Dittmann, Art. Kulturverfassungs- und Kulturverwaltungsrecht, in: Staatslexikon Bd. 3, 7. Aufl. 1987, S. 773 ff.에서는 매우 정보가 풍부한 서술이 있다.

4) 타일러의 정의에 대해서는 E. B. Tylor, Die Kulturwissenschaft, in: R. König/A. Schmalfuß, Kulturanthropologie, 1972, S. 51 (52) 참조. 린튼의 정의에 대해서는 그의 저작인 R. Linton, The Study of Man, New York 1936에서 발견된다. 가장 다양한 좌표계로서는 A. Kroeber, Anthropology, 1948, S. 252 ff., bes. 265 ff., 274 ff., 276 ff. (상형, 기생적 문화), 280 ff., (국가와 도시), 304 ff. (기능) 참조. 하위문화의 개념에 대해서는 R. König, Über einige Grundfragen der empirischen Kulturanthropologie, in: König/Schmalfuß, a. a.O., S. 7 ff. (34 ff.); J. M. Yinger, Contraculture and subculture, in: A. S. R. 25 (1960), S. 625 ff.; F. Sack, Die Idee Subkultur: eine Berührung zwischen Anthropologie und Soziologie, in: Kölner Zeitschrift für Soziologie und Sozialpsychologie 23 (1971), S. 261 ff. 참조. 「문화」라는 개념에 대한 사전의 항목으로서는 예컨대 W. Schneemelcher, Art. Kultur, in: Ev. Staatslexikon, 3. Aufl., 1987, Sp. 1911 ff.; R. Hauser, Art. Kultur, in: Lexikon für Theologie und Kirche, Bd. 6, 1986, Sp. 669 ff.; M. Rassem/H. Fries, Art. Kultur, in: Staatslexikon Bd. 3, 7. Aufl., 1987, Sp. 746 ff.; ebd. Art. Kulturpolitik (P.- L. Weinacht); F. Rodi, Art. Kultur I, in: Theologische Realenzyklopädie, Bd. XX 1990, S. 177 ff. 참조.

체계는 한편으로 행위에 의한 산물로서, 다른 한편으로는 그 밖의 행위의 조건을 정리하는 요소로서 이해하게 될 것이다.[5] 크뢰버와 클룩혼은 150을 넘는 그러한 종류의 정의나 문화에의 개념적인 유사물로부터 다양한 분류의 메르크말과 레벨을 획득하였다. 문화의 대상영역을 **기술적으로** 묘사하는 동시에,[6] 그들은 다음의 개념적 포인트를 중심적인 것으로 간주한다. 즉 문화는 **역사적으로** (사회적 유산 또는 전통으로서), **규범적으로** (룰 또는 생활양식으로서, 또는 이상 내지 가치나 행위와 관련하여), **심리학적으로** (문제를 해결하는 조정과 같은 의미에서, 또는 학습과정이나 관습의 파악으로서), **구조주의적으로** (모델[패턴]) 내지 문화조직의 파악이라는 의미에서), 또는 **전승적으로** (생산 · 이념이나 심볼로서의 문화라는 의미에서) 고찰된다[7]는 것이다. 그러나 문화란 무엇인가를 파악하기 위한 그러한 인류학적 내지 사회학적인 어프로치는 「문화국가」와 그 헌법에 대한 문제는 아니며, 그리고 확실히 처리방법이 명확하게 된 것은 아니다.

여기서 세 개의 통찰을 확정하기로 한다. 즉 먼저 문화란 존재했던 것을 전승하는 것이며, 이것은 **전통적인** 측면이다.[8] 다음에 문화란 존재했던 것을 다시 발전시키는 것이며, 이것은 **혁신적인** 측면인 동시에 사회적 변천에 적합하게 하는 측면도 있다. 나아가 문화란 반드시 항상 그 문화와 일치하는 것은 아니다. 즉 어떤 정치적 공동체는 다양한 문화를 가질 수 있으며 이것이 **다원주의적** 측면이다. 문화헌법의 도그마틱과

---

5) A. L. Kroeber/C. Kluckhohn, Culture (1952), Reprinted New York: Vintage books o. J., S. 357. 또한 M. Singer, Art. The Concept of Culture, International Encyclopedia of Social Sciences, London 1968, Vol. 3, S. 527도 참조. 인류학적인 문화 어프로치가 교육의 영역에서 생각되는 문화의 일상적 이해에 대해서 얼마나 포괄적인가는 매우 분명하다. 예컨대 T. S. Eliot, Notes towards the Definition of Culture, London 1948, S. 31(김용권역, 『문화의 이론』, 을유문화사, 1958)의 예시적인 해석은 이렇다. 즉 문화라는 말의 용법은 국민의 모든 활동이나 이익을 특정적으로 나타내며, 잉글랜드인에 대해서는 더비(Derby)나 헨리레가타(Henley-Regatta)의 날, 소의 날, 8월 12일, 카프 전의 결승, 개의 경주, 다츠(Darts) 게임, 요리한 양배추, 식초 속에 길게 자른 붉은 사탕무, 19 세기 이래의 고딕 양식의 교회, 엘가의 음악 등이 그렇다고 한다. 최근의 문화인류학상의 총괄에서 이념형으로서 그러한 「전체적인」 사고양식은 문화를 공통의 지식이나 신앙내용의 구체적 체계로서 좁게 파악하려고 하는 「정신적인」 것과 대치하고 있다(F. R. Vivelo, Handbuch der Kulturanthropologie, 1981, S. 50 ff.).

6) 헌법에서의 문화영역 (좁은 의미의 문화)에 대한 상술한 열거는 공법에서 일반적이듯이 이와 같은 이해에 대응하고 있다.

7) A. L. Kroeber/C. Kluckhohn (Fn. 5), S. 77 ff. 주로 문화인류학적인 관점에서 상세한 것은 I.- M. Greverus, Kultur und Alltagswelt, 1978, S. 52 ff. 참조. 또한 E. Maurer, Art. Kultur, in: H. Krings u. a. (Hrsg.), Hanbuch philosophischer Grundbegriffe, 1973, S. 823 ff.도 참조. 문화라는 말의 개념사에 대해서는 I. Bauer, Die Geschichte des Wortes "Kultur" und seiner Zusammensetzungen, Münchener Diss. 1951; 이미 고전적인 J. Niedermann, Kultur. Werden und Wandlungen des Begriffs und seiner Ersatzbegriffe von Cicero bis Herder, 1941; O. Jung, Zum Kulturstaatsbegriff, Johann Gottlieb Fichte - Verfassung des Freistaates Bayern - Godesberger Grundsatzprogramm der SPD, 1976 참조.*

8) R. Liebermann, Zur Tradierung der kulturellen Werte, St. Gallen 1982 참조. 또한 Goschel, Wandel des Kulturbegriffs: Ein Modell der Konkurrenz von Generationen?, AfK 1993, S. 71 ff.; ders., Die Ungleichzeitigkeit in der Kultur. Wandel des Kulturbegriffs in vier Generationen, 1991도 참조.

문화과학으로서의 헌법학은 전통·변천·다원주의 내지는 개방성이라는 세 개의 방향성을 가진 이 체계로 향하지 않으면 안 된다.

하나의 정치적 공동체에 있어서의 문화의 세 개의 부분적 측면 모두에 대해서 상세하게 몰두하는 것9)은 이 논문의 테마를 벗어날 것이다. 중요한 것은 단지 어떤 공동체의 문화가 아마 항상 다소나마 강하게 이러한 시점들 모두를 제시한다는 인식이다. 그런 종류의 규율된, 가동적인 양극과 다양한 레벨 간에서 그때그때의 법적 컨텍스트에 따라서 문화개념을 구분한다는 고찰방법이 법학자의, 그리고 그 학문적인 과제에 적합하게 된다. 그리고 그 과제란 그 자체가 그 밖의 점에서는 문화의 구성요소가 되는,10) 규범체계에 의해서 바로 정치적 공동체의 문화가 발전될 수 있는 틀을 만들어내려는 것이다.

이와 같이 **넓은** 의미로 이해되는「문화」는 헌법국가에서 법텍스트의 컨텍스나 법적으로 의미 있는 행위의 컨텍스트를 형성한다. 특히 후자의 컨텍스트가 전자의 그것의 좁은 의미에서의 문화만을 의미하는 경우에는, 이것이 명확하게 강조되었다는 기술은 그 (법적 및 법학적) 의미에서 중요하게 된다. 이처럼 넓은 문화개념은 얼핏 보면「문화」가 그것 전부냐 전무냐로서 설명하려고 하는 일상적인 또는 백지적인 개념으로 퇴화시킨다는 위험을 야기하게 된다. 그러나 또한 추상적인 (단지 사실영역에만 특유하고 구체적인 것이 아닌) 레벨로 교묘하게 한정하는 것은, 이 논문에서 의도한 스케치의 결과에서 단지 실체적으로, 즉 실질에서 (질문의 금지를 통해서가 아니라) 실증 내지 반증되어야만 하는 문제의식, 연구가능성 그리고 인식의 기회와 같은 것을 상실하는 것으로 상찬되게 된다. 그러므로 이 어프로치의 목적적합성을 제시하는 것이 중요하다.

---

9) 최근에는 1982년 8월에 멕시코에서 개최된 제2회 유네스코 세계문화회의가 문화와 문화정책의 공공성에 대해서 찬반양론이 전개되었기 때문에 매우 민감하게 대응하고 있었다.「멕시코 선언」(zit. nach FR vom 9. 8. 1982, S. 1)은「소프트로서의 법」(soft law)으로서 ,「생성되고 있는 문화헌법」에로 강화되는 약간의 원리들을 포함하고 있다. 예컨대「유네스코는 개개의 국민의 국가적 동일성을 보존하며 그것을 풍부하게 하도록 원조하는 문화정책에 찬성을 표명한다」,「교육과 문화에서의 기회균등을 보장하는 새로운 방도가 정치적 민주주의 중에 발견되어야 한다」,「불법으로 취득한 문화재를 본래의 소유국에 반환하는 것은 국민 상호관계의 기본원리이다」,「문화·과학·교육에서의 확장과 상호관계는 평화의 확립, 인권 존중 그리고 식민주의의 배제 … 에 공헌할 것이다」는 것이다. 이러한 원리들이 문화정책이나 문화법으로 번역되는 데에는 상당한 시간이 걸릴지라도,「국민국가의 창조적인 자유나 문화적 동일성」, 교육학적 측면, 문화적 다양성이나 문화적 기본권의 간접적인 승인이라는 개념들이 보존되어야 한다. 장기적으로 볼 때「협동적 헌법국가」(이에 대해서는 나의 논고 (FS Schelsky, 1978, S. 141 ff. 참조) 역시 문화적 영역에서 새로운 활동분야를 발견할 것이다. 비판적인 것은 J. Lang, P. de Plunkett, La Culture en veston rose, 1982.

10) 문화의 요소로서의 법에 대해서는 J. M. Broekman, Recht und Anthropologie, 1979, S. 87 ff. 참조. L. Pospíšil, Anthropologie des Rechts, Recht und Gesellschaft in archaischen und modernen Kulturen, 1982는 특히 문화사나 문화비교를 강조하면서 논의를 전개한다(예컨대 S. 421, 431, 433). 그는 법을「상대적인, 즉 문화에 의존한 것」을 이해하는 몽테스키외를 칭찬한다(ebd., S. 175). 비교종교학 이라는 범위에서의 문화과학적 어프로치에 대해서는 M. Eliade, Die Sehnsucht nach dem Ursprung, 1973, bes. S. 82 f., 85 ff., 90, 208 참조.

III. 헌법에서의 문화: 문화헌법

헌법과 문화의 관계에 대해서 먼저 그 양자를 결합시키기 위한 최초의 통로를 제공하는 것은 (연방 또는 란트에서) 좁은 의미의 문화적 사항을 포함한 헌법규범의 총체로서의 문화헌법이다.[11]

1. 전문적 부분영역

문화행정법에 대해서도 타당하듯이 먼저 이미 언급한 세 개의 전문적인 부분영역, 즉 **교육**(기본법 제3조와 제20조 1항과 연결된 기본법 제12조, 나아가 바이에른 헌법 제139조의 성인교육, 그리고 라인란트-팔츠 헌법 제30조의 사립학교의 자유), **예술**과 **학문**(기본법 제5조 3항, 노르트라인-베스트팔렌 헌법 제18조)이 지적된다. 「문화헌법」이라는 개념의 목적적합성에 대해서 말하는, 이러한 문화영역의 구성적인 공통점이란 어떤 일정한 자율, 자유 그리고 국가의 강제권력과의 격리[12]이며, 그 결과 문화헌법의 해석을 위한 문화적 과정에 관여하는 자에 의한 자기이해가 특별한 의미를 얻게 된다.[13] 그러므로 **국가교회법**(기본법 제140조, 바이에른 헌법 제132조부터 제150조, 라인란트-팔츠 헌법 제41조부터 제48조, 튀링겐 헌법 제39조부터 제41조)도 또한 「특별한 문화헌법」으로서 파악된다.[14] 이러한 공통성은 문화헌법이 전술한 좁은 의미의 문화에 대한 일상적 이해와 관련을 가진다는 데에서 유래한다.

2. 법기술적인 현상형태

법기술적으로 문화헌법의 규범은 다음과 같은 형태로 나타난다.

(a) 일반적이거나 구체적인 **문화국가조항**으로서 (예컨대 바이에른 헌법 제3조 「바이에른은 '문화국가'이다」, 동 제139조 「성인교육에 대한 위임」, 작센 헌법(1992) 제1조 2문 「문화에 대한 의무를 지운 사회적 법치국가」, 브란덴부르크 헌법(1992) 제34조 2항 1문 「다양성 중에서의

---

11) 본장의 내용에 대해서 상세한 것은 P. Häberle, Kulturverfassungsrecht (Fn. 2), S. 17 ff.; ders., Vom Kulturstaat (Fn. 2), S. 8 ff., 33 ff. 참조.

12) T. Oppermann, Kulturverwaltungsrecht, 1969, S. 9 f., jetzt in: P. Häberle (Hrsg.), Kultur-staatlichkeit (Fn. 2), S. 255.

13) 자기이해의 중요성에 대해서는 BVerfGE 24, 236 (247 f.), 54, 148 (155 f.); P. Häberle, DÖV 1969, S. 385 ff. (388); ders., Verfassungsinterpretation als öffentlicher Prozeß - ein Pluralismuskonzept, in: ders., Verfassung als öffentlicher Prozess, 1978 (3. Aufl. 1998), S. 121 (124 f.) 참조. 또한 일반적인 것으로서는 M. Morlok, Selbstverständnis als Rechtskriterium, 1993 참조.

14) K. Schlaich, Neutralität als verfassungsrechtliches Prinzip, 1972, S. 157 ff., jetzt in: P. Häberle (Hrsg.), Kulturstaatlichkeit (Fn. 2), S. 281 ff. 참조.

문화적 생활과 문화적 유산의 전승은 공적으로 조성된다」참조. 또한 기본법 제29조 1항 2문
「문화적 관련」도 참조).

　　(b) **교육 내지 교양목표**에서 (예컨대 헤센 헌법 제56조 3항, 4항에서의 관용 또는 작센-안할
트 헌법(1992) 제27조 1항 「장래의 세대에 대해서 … 책임을 진다」참조).

　　(c) **경합적 입법권한의 목록**(과제규범)에서. 연방(기본법 제74조 5호[특히 본 조항은
삭제되었다], 제13호, 제75조 1a호) 또는 란트(바이에른 헌법 제141조).

　　(d) **기본권보장** (키워드로서는 문화적(방어권적) 자유와 그 급부국가적인 조성 - 문화헌법적
기본권이해, 예컨대 기본법 제5조 3항, 멕클렌부르크-포어폼메른 헌법 제7조)에서.

　　(e) **전문**에서,[15] 아울러 선서조항과 휴일보장조항[16])에서.

　　(f) 이른바 「**지방자치체 레벨에서의 문화헌법**」[17])에서. 「문화의 담당자에 관한 다원
주의」의 일부로서의 바이에른 헌법 제10조 4항, 제83조 1항, 제140조, 작센-안할트
헌법 제36조 참조.

　　그 밖의 점에서 문화헌법은 다음과 같은 구분에 의해서 구성된다. 그것은 **개인권적인**
문화헌법(예컨대 예술가와 연구자의 주관적 자유, 기본법 제5조 3항, 헤센 헌법 제10조. 교육을
받을 권리, 브레멘 헌법 제27조, 브란덴부르크 헌법 제29조 1항), **객관적·제도적** 레벨에서의
문화헌법(예컨대 시민 그리고 성인교육의 제도, 자알란트 헌법 제32조, 노르트라인-베스트팔렌
헌법 제17조. 휴일보장, 베를린 헌법 제22조. 시설에서의 영혼에 대한 배려, 헤센 헌법 제54조.
예술의 조성, 슐레스비히-홀슈타인 헌법 제7조), **집단적** 레벨에서의 문화헌법, 예컨대 사회·
문화단체의 활동의 보장(예컨대 노르트라인-베스트팔렌 헌법 제37조)과 특히, 교회 그리고
종교단체의 활동의 보장(헤센 헌법 제51조, 기본법 제140조와 연결된 바이마르 헌법 제137조),
아울러 배분참가권으로서의 문화헌법(예컨대 작센 헌법 제1조 1항 「다양한 문화에의 그리고
스포츠에의 참가는 모든 국민에 대해서 인정되어야 한다」) 등이다. 그리고 당연히 거기에는
많은 중간적이며 혼합적인 형식 내지 보충적인 관계가 존재한다.

3. 기반으로서의 열린 문화 컨젭트

　　이미 언급한 문화헌법의 대상영역의 기반이 되는 것은 문화 그 자체의 좁은 개념과는

---

15) 이에 관하여 상세한 것은 필자의 바이로이트 대학의 취임강의였던 Präambeln in Text und Kontext
　　von Verfassungen, in: FS Broermann, 1982, S. 211 ff. 참조. 또한 H. Dreier, in: ders. (Hrsg.),
　　Grundgesetz-Kommentar, Bd. 1, 1996, Präambel도 참조.

16) 이에 대해서는 P. Häberle, in: FS Broermann, S. 235 ff. 참조. 「헌법국가의 문화적 동일성의 요소로서의
　　휴일보장」에 대해서는 P. Häberle, Feiertagsgarantie als kulturellen Identitätselementen des
　　Verfassungsstaates, 1987 참조.

17) 상세한 것은 P. Häberle, Kulturpolitik in der Stadt - ein Verfassungsauftrag, 1979, S. 21 ff.;
　　E. Pappermann, Grundzüge eines kommunalen Kulturverfassungsrechts, DVBl. 1980, S. 701
　　ff. 참조. 자치체의 문화위탁에 대해서는 U. Steiner, Kulturpflege, HdBStR Bd. III (1988), S. 1235
　　(1252 ff.) 참조. 란트 헌법의 인용은 C. Pestalozza (Fn. 45)에 의함.

달리 하나의 열린 문화의 컨셉트이다. 그것은 (단지)「교양 있는 시민적인」문화이해로부
터의 방향전환에서「만인을 위한 문화」(H. 호프만),[18] 그리고「만인에 의한 문화」를
경험적 크기로서, 그리고 규범적인 지침으로서 진지하게 다루는 것이다. 광범위하고
다양하게 열린 문화개념은 시민적인 전통적인 문화 및 교양문화와 마찬가지로,「대중 · 광
역문화」, 대체문화 · 하위문화 ·「대항문화」[19]를 포함한다. 나아가 문화 내지 여기서
주장하려는 문화개념은 여가의 영역에서 그 전통적으로 유지되어야 할 자리매김과 함께
일에 종사하는 일상으로부터 영향을 받듯이, 그러한 일상에 영향을 미친다.[20] 상위문화,
국민문화 그리고 하위문화, 소비문화와 능동문화, 이들의 병존 · 상호교류 · 경합은 문화
적 다양성을 위한 하나의 보장이다. 이러한 보장은 바로 문화적 자유 · 문화다원주의 · 문
화적 권력분립과 같은 요소를 지닌 연방국가「중에서」강화되는 문화헌법에 의해서
생명이 주어진다. 즉 이처럼 열린 문화이해는 정치공동체의 **다원주의적** 구조의 귀결인
것이다.

여기서는 **인류학적** 어프로치가 결정적으로 계속한다. 왜냐하면 인간은 다양한 문화적
수요를 지니고 있으며, 헌법은 그것들에 있는 최적의 틀을 부여하지 않으면 안 되기
때문이다. 법, 즉 연방국가에서의 문화헌법 역시 그러한 한에서 단순한 도구에 불과하다.
인간은 문화에 의해서만 산출되는 것은 아니지만 본질적으로는 문화에 근거하여 살고
있으며 예전의, 그리고 오늘날의 세대의 문화에 의해서 생활하고 있다. 그리고 그 문화란
열린 것이라고 생각되는 역사의 한 단계에서의 현실적인 의미부여와 그 가능성 그 자체이

---

18) H. Hoffmann, Kultur für alle, 1979, 2. Aufl. 1981. 이 힐마 호프만(Hilmar Hoffmann)의「만인을
위한 문화」는 문화정책의 영역에서 오늘날까지 강령적 지위를 차지하고 있다. 그는 문화나 (직업) 교육의
기능을 문화의 제일차적인 것의 하나로서 인식하고 여가를 포함한 새로운, 그리고 더 이상 대체할 수
없는 자율적인 문화개념을 위해서 투쟁하며, 상위문화를 일반문화에로 보편화하였다. 프랑크푸르트의
문화책임자로서 그는 자신의「구체적 유토피아」를 부분적으로 실현하고 있다. 즉 그는 시 영화관을 생각해냈
으며, 박물관의 연구자를 만들고 성인교육이나 소수자, 노인, 어린이를 위해서 문화적인 것을 제공하려고
촉진하였다. 독일 란트들의 문화헌법이 일찍부터 충분한 교류를 위한 접점을 제공하였지만, H. 호프만의
이러한 시도가 서서히 받아들여진 것은 일반적으로 정치적 프로그램과 학문 간의, 구체적으로는 문화정책의
시도와 그것을 공격하려고 하는 법률학 간의 단계적 지연을 보여주고 있다. 예컨대 P. Häberle,
Kulturpolitik in der Stadt – ein Verfassungsauftrag, 1979, des. S. 60 참조. 문헌으로서는 E.
Pappermann, Grundzüge eines kommunalen Kulturverfassungsrechts, DVBl. 1980, S. 701 ff.;
O. Scheytt, Die Musikschule, 1989; F. Hufen, Der Kulturauftrag als Selbstverwaltungsgarantie,
NVwZ 1983, S. 516 ff. 참조.
19) 대중문화와의 관계에서「문화의 산업화」에 대한 문화비판적 테제에 대해서는 M. Birnbaum, Die Krise
der industriellen Gesellschaft, 1972, S. 111 ff. 참조. 영국에서의 하위문화의 경험적 분석으로서는
M. Brake, Soziologie der jugendlichen Subkulturen, 1981 참조. 기본적인 것은 I.-M. Greverus,
Kultur und Alltagswelt, 1978 참조. 또한 일반적인 것으로는 K. Fohnbeck/A. Wiesand, Von der
Industriegesellschaft zur Kulturgesellschaft, 1989 참조.
20) 1978년의 비알라스 (D. Biallas) 교수의 과학과 문화에 대한 보고 (이것은 당시 함부르크 의회에서의
문화보고이다. Zit. nach FAZ vom 25. 4. 1978, S. 23)은「문화를 지향한 여가의 이용을 위한 만화」의
작성을 제안한다. O. v. Nell-Breuning은 인간이 점차 노동시간의 단축으로 이익을 얻고,「문화적 재산이나
가치의 배려에 그 많은 시간을 이용하게 될」것을 기대하고 있다(FR vom 6. 11. 1982, S. 4).

거나 또는 그것을 만드는 것이다.

4. 문화과학으로서의 헌법학과의 관계

문화헌법이 「규범화」하는 것은 그렇지만 문화라는 과정에서 잘라낸 것에 불과하다. 이미 헌법텍스트는 문화를 직접 「매개하지 않고」 받아들이는데, 이것은 이처럼 미묘한 분야에서 일반적으로 가능하게 되는 한에서이다. 여기서 학문과 예술, 교육과 전문교육, 교육목표, 또한 열린 문화정책과 스포츠와 같은 좁은 의미의 문화로부터의 발췌물은 법과 밀접하게 관련된다고 생각한다. 거기에서 문화와 법은 「공생」하게 되고, 그것을 근거로 「문화법」을 말하게 된다.

이에 대해서 헌법과 넓은 의미의 문화의 관계는 확실히 어떤 매개를 필요로 하듯이, 적지 않게 중요하다. 경제헌법 · 정치적 생활 · 국민의 존중 · 국민의 「정치문화」에 대한 연구의 대상 역시 「문화」이다. 문화헌법은 좁은 의미에서도 법적으로 파악되는 한편, 문화과학으로서의 헌법학의 이해는 많은 중간적 구성요소나 많은 학자의 도움을 필요로 한다. 이 점은 상세히 서술하지 않으면 안 된다.

IV. 문화와 문화의 과정으로서의 헌법

1. 문화적 업적으로서의 민주적 헌법국가라는 유형

헌법학은 자유로운 서구 세계에서 달성해왔듯이, 민주적 헌법이라는 **유형**과 그 본질적인 내용과 절차에 관계된 것이며,21) 특히 1989년의 「놀랄만한 해」(annus mirabilis) 이후처럼 역사의 심연과 경과 그리고 전세계적 규모에서의 개별적인 사례와 관계된 것은 아니다. 그리고 그 유형은 하나의 헌법국가에서 모두가 동시에 달성된 것은 아니지만 최선의 당위상태와 있을 수 있는 존재상태를 지시하는 이상적인, 그리고 현실적인 (문제가 되는 국가와 사회의) 요소들로부터 구성된다.

그러한 요소들은 다음과 같다. 즉 하나는 전제조건으로서의 인간의 존엄이며, 이것은 어떤 국민의 문화와 세계적인 인간으로서의 권리에 의해서 충족되며, 역사적 전통과

---

21) 이에 대해서는 M. Kriele, Einführung in die Staatslehre, 1975, S. 11 (5. Aufl. 1994)(국순옥 옮김, 『민주적 헌정국가의 역사적 전개』, 종로서적, 1982, iii면) 참조. 「좋은」 헌법이론으로서의 헌법학은 전통적인 헌법학이라는 것을 넘어간다. 그 처음부터 인식된 헌법**정책적, 비교**헌법적, 헌법**사적** 차원에 의해서 그 헌법학은 **현재**와 같은 실정헌법만을 염두에 둔 것이 아니라 「서구 헌법국가」라는 유형 중에서 문화에 규정된 범위에 따라서 어떻게 그것이 있을 수 **있는지**, 그리고 **있어야 할** 것인가를 고찰하는 가능한 법이라는 것을 의미하고 있다. 비교를 하고 문화과학적인 어프로치에서의 「소재」에 대해서는 P. Häberle, Rechtsvergleichung im Kraftfeld des Verfassungsstaates, 1992 참조.

경험 속에 그 동일성을 발견하고, 미래에 대한 바람과 형성의 의사 속에 그 희망을 찾는 국민의 개성에 의해서 생명이 주입된다. 다음에 국민주권의 원리인데, 이것은 임의성을 위한 권한이나 시민을 신비적인 크기로서가 아니라, 항상 새롭게 의욕하며 또 공적으로 책임을 지는 결합체를 나타내기 위한 정식으로서 이해되지 않으면 안 된다. 나아가 계약으로서의 헌법이라는 요소가 있으며, 이것은 그 틀 속에서 교육목표가 정식화되는 동시에 장래적인 방향성이 제시되며 또한 제시되어야 한다. 그리고 좁은 국가적 의미에서의, 그리고 넓은 다원적 의미에서의 권력분립원리, 법치국가원리, 사회국가원리, 나아가서는 (열린) 문화국가원리 · 기본권보장 · 사법의 독립 등도 열거된다. 이러한 모든 요소는 원리로서의 다원주의를 갖춘 하나의 구성된 시민적 민주주의 속에 융합된다.

이러한 스케치는 다음 사실을 명백히 할 것이다. 즉 상술한 중심적 요소들 그 자체를 갖춘 민주적 헌법이라는 유형은, 서구 세계의 문화권의 하나의 문화적 성과라는 것이다. 이 유형은 예컨대 그것이 고전텍스트 중에서 문화적 유산으로서 전승되고 항상 새롭게 적응해왔듯이, 문화과정의 성과와 업적인 동시에 일단 도달한 헌법국가라는 문화적 수준도 이미 하락시키지 않고, 그 수준을 항상 유지하고 여하튼 계속 개량해 나아간다는 미래에 대한 요청을 제기하는 것이다(위대한 고전적 업적에 기대어 조망하는 쪽이 보다 좋으리라는 한에서 말이다).[22]

2. 헌법이라는 문화적 토대

「단순히」 **법학적인** 표현들 · 텍스트 · 제도 그리고 절차들만을 가지고서는 충분하지 않다. **헌법**은 법학자를 위해서 그리고 법학자에 의해서 낡고 새로운 인공적인 룰에 따라서만 해석하는 법질서는 아니다. 그것은 본질적으로는 법학자가 아닌 자, 즉 시민을 위한 지도원리로서도 기능하는 것이다. 헌법은 단지 법학적인 텍스트나 규범적인 「룰의 집대성」만은 아니며, 문화의 발전상태의 표현, 국민의 문화적 자기표현의 수단, 국민의 문화적 유산을 반영하며, 국민의 희망의 기반이기도 하다. 열린사회의 모든 헌법해석자들의 성과로서의 **살아있는** 헌법은 그 형식이나 사안에 비추어 **문화**의 표명과 전달, 문화적인 (재)생산과 계수를 위한 틀이며, 그리고 전래된 문화적 「정보」· 경험 · 체험 · 지혜의 저장고이다.[23] 거기에 대응하여 문화적인 의미의 타당성이 깊게 존재한다. 이것은 헌법상은 「생생하게 발전하도록 각인된 형식」이라는 H. 헬러에 의해서 활성화된 괴테의 이미지 중에서 가장 아름답게 파악하고 있다.

법학적으로 볼 때 어떤 국민은 하나의 헌법을 **가지며** 그것은 (많든 적든 좋은) 헌법에서 널리 문화적으로 고찰된다! 어떤 헌법을 계수하는 것, 시민적 에토스나 집단생활에

---

22) R. K. Merton, Auf den Schultern von Riesen, 1980 (amerik. 1965).

23) B. Malinowski, Eine wissenschaftliche Theorie der Kultur (1941), 1975, S. 142에서는 법학적이
    아니라 문화인류학적 내지 민족학적으로 사용된 의미에서 「헌법」이라는 개념이 사용되는데 이것은 우연이
    아니다.

헌법이 근거하는 것, 정치적 공동체와 헌법이 합체하는 것 등등, 이러한 것들은 모두 확실히 전제로서 일정한 **법적** 규범화를 필요로 하는데, 거기에는 헌법국가가 이제 여기서 「현실적인 것」이 되었다는 보장이 존재하기 때문은 아니다(법적인 것은 문화로서의 헌법의 한 측면일 뿐이다). 이것이 성공하였는가의 여부는 다음의 문제제기에서만 명백하게 된다. 즉 **생명을 부여하는** 헌법상의 컨센서스가 존재하는가? 법학적인 의미에서의 헌법텍스트가 국민의 「**정치문화**」 속에서 그것과 일치하는 것을 가지고 있는가? 헌법의 **특수한 문화헌법적** 부분들이 시민이 그것과 동일화할 수 있을 정도로 현실적인 것이 되고 있는가? 하는 문제제기이다. 바꾸어 말하면 헌법국가의 법적 현실은 넓고 깊게 파악하면 문화적 종류가 되는 「살아 있는 헌법」의 현실의 일단에 불과하다는 것이다. 헌법텍스트는 문자 그대로 헌법에로 「세련되지」 않으면 안 된다.

특히 전문(前文)과 (관용·의미·의식·연대와 같은 명시적 내지 묵시적인) 교육목표나 심벌 또는 휴일보장 역시 다른 헌법규범의 그것보다도 다면적으로 시민에 친숙하기 쉬운데, 보다 「관념적」이기도 한 비법학적 방법, 그리고 비법학적인 언어로 헌법이 가지는 문화적 내용을 헌법텍스트에서의 「문화적 결정체」(L. Kolakowski)로서 정식화하고 있다. 그러나 헌법텍스트상에 집약된 문화적 내용은 「법학적인 응축물」의 하나의 특별한 형식에 불과하다. 따라서 이 법적인 「집적 상태」는 다른 「집적물」, 즉 예컨대 고전텍스트24)나 기타 이에 유사한 것이라는 넓은 의미의 헌법텍스트와 같은 「문화적인 분위기」를 필요로 한다. 그 밀도는 다양하며 그것들은 문화적이며 비법학적으로 「타당하지」만, 최종적으로는 하나의 총체를 형성하게 된다. 그것들은 어떤 종류의 헌법의 「비법학적인 파악」이다. 어떤 종류의 신앙조항으로서 그것들은 「정신」을 표현하려고 한다. 그리고 거기에서 헌법의 법학적인 헌법학적인 측면이 생기며 전승되게 된다. 한편으로는 전승물·유산 그리고 역사적 경험의, 다른 한편으로는 국민의 장래의 희망·가능성·형성능력 간에서의 다원주의 헌법의 동일성은, 국민이 그것을 오랫동안 달성해왔듯이 처음부터 국민의 문화적 관계와 하나의 관련성을 가지게 된다. 문화적 결정체의 다양성(고전텍스트로부터 연방대통령 또는 연방수상의 연설을 거쳐 연방헌법재판소의 소수의견이나 예술가와 학자에 의한 자기이해의 표현에 이르기까지의 것)은 촉매로서 작용하는 규범적 텍스트를 전개하기 위한 기체(基體)인 것이다.

3. 헌법문화

입장·경험·평가·기대나 사고와 같은 주관적인 것과 아울러, 공적 과정으로서의 헌법과의 관계에서의 시민이나 다원적 집단 그리고 국가기관 등의 행위라는 (객관적인) 것의 총체로서의 「헌법문화」25)라는 개념 중에 **어떤 정치적 공동체의 헌법의** 상술한

24) 이에 대해서 상세한 것은 P. Häberle, Klassikertexte im Verfassungsleben, 1981, S. 49 ff. 참조.
25) 이에 대해서는 P. Häberle, Zeit und Verfassungskultur, in: A. Peisl/A. Mohler (Hrsg.), Die Zeit

것 같은 **비법학적 파악**이 하나의 적절한 표현을 발견하고 있다.

예컨대 헌법개정의 한계는 (하나의 전형적인 「법학자를 위한 규범」인!) 기본법 제79조 3항에서처럼, 하나의 법적인 이른바 「항구조항」 중에서만 찾을 것이 아니라, 오히려 인간의 존엄이나 관용, 자유와 평등과 같은 관점에서 실천된 교육목표 등을 통해서 탐구되지 않으면 안 된다. 헌법문화를 위한 도구로서의 「교육학적인 헌법해석」이나 질적으로 이해되는 헌법의 신중한 취급은 헌법의 현실적인 보장이 된다.

「공포된」 헌법으로부터 헌법문화가 생기기까지는 많은 세월이 필요하다. 그러므로 예컨대 독일 기본법이 일찍이 독일 땅에 존재했던 것 중에서 가장 자유로운 헌법이라는 명제는 다음의 물음에 의해서 반드시 상대화될 것이다. 즉 「정치문화」[26]는 위기 시에도 얼마나 깊게 민주적으로 기초가 마련되었는가? 말과 행동 속에서 자기 자신의 기본권만이 아니라 일반 시민이 다른 모든 시민의 기본권과 어느 정도 동일화되고 있는가, 헌법이 모든 자에 의해서 어느 정도 신중하게 보존되고 있는가[27] 하는 질문이다. 「정치문화」는 시간적인 관점에서 자주 헌법문화에 선행하는데, 헌법문화는 정치문화의 특수한 집적 상태를 형성한다.[28] 그러나 거기에 양자의 완전한 동일성은 없다. 형식적으로는 헌법문화

1983, S. 289 ff. (Neuausgabe 1989) 참조. 「헌법문화」에 유사한 개념은 「행정문화」이다. 이것은 공행정을 「순수하게 법적인 것」이나 시간을 초월하여 특징지우는 사고방식, 실무, 전통, 목표, 자기이해 그리고 선행이해와 같은 것을 의미한다. 여기에는 다음과 같은 결함도 포함된다. 즉 행정이 시민을 「취급하는」 좋은 방법이나 약간 좋지 않은 방법, 행정의 사실상의, 혹은 잘못된 시민에의 접근, 행정의 집행의 결함, 그 효율, 그 「스타일」, 그 「인적 실체」, 다른 국가적 기능과의 대립과 공존, 조직되거나 조직화되지 아니한 대중과의 관계 등이다. 재판소는 예컨대 「공정함」이라는 표현으로, 그리고 (공무의 범위 안에서의) 「선량하게 수행한다」는 다른 요청에 즈음하여 개별적인 측면을 철저하게 처리하고 있다. 좋은 행정문화는 헌법문화를 특징지우는데 나쁜 것은 헌법문화를 손상한다. 특히 자신을 스스로 처리하려고 하는 관료제의 경향은 나쁜 행정문화이다. 어떤 국가의 「행정문화」를 특징지우는 「질서이념」으로서의 일반 행정법에 대해서는 E. Schmidt-Aßmann, Das allgemeine Verwaltungsrecht als Ordnungsidee und System, 1982, S. 7 참조. 또한 최근 것은 W. Thieme, Über Verwaltungskultur, in: Die Verwaltung 1987, S. 933 ff.; D. Czybulka, Verwaltungsreform und Verwaltungskultur, FS Knöpfle, 1996, S. 79 ff. 참조.

26) 「정치문화」의 개념은 훨씬 이전부터 그리고 최근에도 매우 강력하게 논의되고 있다. 「정치문화」에 관한 문헌은 상당히 많은데 비교적 최근의 문헌은 P. Reichel, Politische Kultur - mehr als ein Schlagwort? Anmerkungen zu einem komplexen Gegenstand und fragwürdigen Begriff, PVS 21 (1980), S. 382 ff.; ders., Politische Kultur der Bundesrepublik, 1981; ders., Politische Kultur zwischen Polemik und Ideologiekritik, PVS 22 (1981), S. 415 ff.; D. Berg-Schlosser, H. Gerstenberger, K.L. Shelt/J. Schissler bzw. O. W. Gabriel, jeweils PVS 22 (1981), S. 110 ff., 117 ff., 195 ff. bzw. 204 ff.; J. Schissler (Hrsg.), Politische Kultur und politisches System in Hessen, 1981, bes. S. 7 ff.; G. A. Almond/S. Verba (Eds.), The civic culture revisited, 1980 참조. 이에 대해서 「헌법문화」는 여전히 전통을 지니고 있지 않다. 그것이 의도하는 사항은 확실히 다른 이름 아래 논란되었다. (R. 스멘트나 H. 트리펠의) 「정치적 법」으로서의 헌법이나 쉰들러(D. Schindler)의 「모호한 상황」이라는 말, 헌법규범의 문화적인 컨텍스트에 대한 고찰도 「헌법문화」의 구축을 위한 시점을 제공한다.

27) 기본권과 (정치)문화의 관계에 대한 최근의 것은 H. Goerlich, Grundrechte als Verfahrensgarantien, 1981, S. 200 ff., 308 ff. 참조. 또한 P. Häberle, Kommentierte Verfassungsrechtsprechung, 1979, S. 88 ff.도 참조.

28) 「정치적 행위, 헌법과 제도에서의 모든 가치의 함의는 정치문화의 요소로서 해석되며 분석될 수 있다」고

는 「정치문화」보다도 고도로 깊고 안정도 · 지속성 · 객관성을 전제로 한다. 정치문화가 되는 모든 것이 헌법문화가 되는 것은 아니다. 헌법문화는 최저한의 내구력, 객관화의 가능성을 필요로 한다. 헌법문화는 몇 세대에도 걸치는 헌법에 관한 작용의 성과이다. 내용적으로 말하면 (확실히 불명확하지만) 「정치문화」라는 개념은 정치적 과정을 강하게 강조한 관련성을 가지며, 민주적인 행위의 문화적 기초를 의미한다. 헌법문화도 민주적인 행위의 문화적 기초라고 생각되는데, 그것은 정치적 공동체가 정치권력의 발동 · 행사 · 통제와의 직접적인 관련성을 결여하는 경우에도, 그 구성된 정치적 공동체의 헌법상 중요한 문화적 기초를 포함하게 된다.

　　민주제의 영역에 대해서는 예컨대 다음과 같은 분야가 언급된다. 즉 헌법이 정치문화의 독자적인 생성을 위한 여지를 인정하는 분야이다. 그 경우 헌법문화는 독일에서 아마 「국민문화」라고 불리는 요소를 점차적으로 수용하게 된다. 즉 시민의 선거행동, 예컨대 (영국에서처럼) 「정권교체」를 현실로 야기하기 위한 준비, 의회관습이나 실천되어 온 의원의 불문율, 그리고 저널리즘의 역할이나 여론의 자유로운 의견주장, 그 감수성이나 경계심 그리고 비판에 대한 준비와 같은 역할이며, 이것들은 모두 「헌법문화」의 요인이다.29)

V. 헌법발전의 매체로서의 문화적 결정체와 객관화

1. 사실적인 체계적 리스트

　　전술한 헌법문화의 발전은 다양한 형태를 지닌 문화적 결정체를 매개로 해서 생긴다. 그 문화적 결정체는 헌법해석, 특히 헌법개정과 헌법제정의 과정에도 지속적으로 관여한다. 왜냐하면 현실주의적으로 본다면, 좁은 의미의 그리고 넓은 의미의 헌법해석자만이 헌법의 의미를 도출할 수 있다는 「작업」을 수행하는 것은 아니기 때문이다. 현실주의적으로 고찰한다면, 많은 사항에 비춘 요인들도 또한 깊은 의미에서의 법학 텍스트와 「함께」, 또는 그것이 형성되기 「이전」이나 「이후」에 그 「중」에서 헌법발전의 과정에 관여하고 있다. 사실상 효과적인 요소들이나 대상물을 상기한다면, 즉 좁은 의미의 그리고 넓은

하는 J. Schissler (Fn. 26), S. 9의 테제도 참조.
29) 상세히 보면 「헌법문화」의 내용은 불분명해질 수 있다. 연방의회의원선거에서의 높은 투표율은 K. 헤세가 말하는 의미에서의 「헌법에의 의지」에 의해서 특징지워지는, 헌법문화의 특징적인 징표로 볼 수 있는데(H.-P. Schneider, in: AöR-Beiheft 1, 1974, S. 64 ff. (68 ff.)), 그것은 또한 정치적 교란이나 정치적 강제를 위한 시그날로서 볼 수도 있다(이러한 경향에 대해서는 R. Dahrendorf, Für eine Erneuerung der Demokratie in der Bundesrepublik, 1968, S. 36 ff. 참조). 예컨대 「법적 대화」를 가능케 하는 민중소송의 발단이 바이에른에서 실천되고 있듯이 헌법재판이 시민에게 접근하기 쉽게 되었다는 것은 헌법문화의 나타남이다. A.- H. Mesnard, L'action culturelle des pouvoirs publics, 1969는 공법학을 생산적으로 시도하고 있다.

의미의 헌법해석자의 일을 「객관화」한다면 다음과 같은 리스트가 나타난다.30)

a) 국가의 기능들과 그 「성과」

aa) 연방대통령 · 연방수상 등의 대표자의 연설과 같은 (「단순한」) 국가실무의 부분적 측면을 포함한 입법 · 행정 · 사법의 작업.

bb) 최종적인 구속력을 가진 연방헌법재판소의 재판. 이것은 주문을 뒷받침하는 이유(연방헌법재판소법 제31조 참조), 방론(傍論),* 소수의견으로 나눌 수 있다. 그리고 소수의견은 「대체적 판례」(연방헌법재판소법 제30조 2항)나 잠재적으로 구속력을 가진 장래의 헌법해석으로서 규범력에서 과소평가되어서는 안 된다. 연방헌법재판소의 재판은 원칙판결 또는 「확립된 판례」로서도, 나아가 학설상 「잘못된 판결」로서 전원일치로 비난되거나 또는 일반적으로 동의를 얻을 수 있는 결정으로 나누어진다.

b) 전술한 a)에 대한 결정에의 (반드시 국가적이 아닌 형식적인) 절차관여자(와 그 자기이해) 내지 그 작업. 예컨대 여기서는 앙케이트 위원회나 입법자 또는 집행의 청문(예컨대 1979/80년의 니더작센의 란트 정부에 의해서 개최된 Gorleben의 청문, 또는 1982년의 남녀동권법에 대한 공청회 등)31)에서의 모든 레벨과 형식에서의 전문가의 감정의견과 같은 절차관여자의 답변서가 이에 해당된다. 그 밖의 세 개의 국가적 기능들을 행사하는 국가기관과의 「법적 대화」가 요구되는 활동으로서는, 소의 제기로부터 헌법소원에 이르기까지, 청원(기본법 제17조)에서 프레스 회의(구체적으로는 Ponto 사건에서의 테러리즘의 혐의로 일시적으로 구속된 여학생의 사례에서의)에 이르기까지가 있다.

c) 「위대한 제창자」로서의 다원주의적인 공공성(Öffentlichkeit)*의 객관화(그것은 다음과 같이 나누인다).

aa) 정치적 공공성. 예컨대 정당(정당 강령!), 단체와 결사 · 교회 · 시민운동이나 미디어 등이며, 노동조합과 사업자단체의 행위나 홍보활동 등도 포함된다.

bb) 문화적 공공성. 정치적 공동체의 문화적 과정의 소산이나 업적이 여기에 해당된다. 그것은 특히 다음과 같은 영역에서 나타난다.

(1) 예술. 고전 텍스트 또는 기타 고전적 예술작품(위대한 연출가의 손으로 쓴 신구의 해석을 포함하여)과 같은, 또는 (예컨대 독일 문학이나 교육학과 같은) 전문적 학문에서의 문화적 결정체.

(2) 학문 전반. 예컨대 자연과학이나 공학에 의한 「학문과 기술의 룰」32)에 대한

---

30) P. Häberle, Die offene Gesellschaft der Verfassungsinterpreten, JZ 1975, S. 297 ff., auch in: ders., Die Verfassung des Pluralismus, 1980, S. 79 ff.(계희열역, 헌법해석자들의 개방사회, 동인 편역,『헌법의 해석』, 217면 이하)에서의 체계적 리스트는 부분적으로 수정되고 있는데 선구적 모델이다.

31) 이 청문의 문제에 대해서는 W. Schmitt Glaeser, Die Sorge des Staates um die Gleichberechtigung der Frau, DÖV 1982, S. 382 ff. 참조.

32) 전체에 대해서는 P. Marburger, Die Regeln der Technik im Recht, 1979; R. Grawert, Technische Fortschritt in staatlicher Verantwortung, in: FS Broermann, 1982, S. 457 ff.; A. Rosnagel, Rechtswissenschaftliche Technikfolgenabschätzung, 1993 참조. 또한 최근의 것은 H. Hofmann, Technik und Umwelt, in: HdBVerfR 2. Aufl., 1994, S. 1005 ff.; R. Wahl (Hrsg.), Prävention und

태도표명 또는 「국가의 교육목표」라는 테마에 대한 교육학의 태도결정 등.

(3) 종교. 성서의 텍스트나 교회의 전통에서 자기이해나 종교 텍스트상의 「교시」를 위한 표명형식에서 객관화되는 것.

나아가 또한 예컨대 (호이스[T. Heuss]*와 같은 예전의 연방대통령을 상기하면 알 수 있듯이) 모범적이며 위대한 인물의 개인적 생활태도 등도 여기에 열거된다.

d) 학문과 문학으로서의 헌법학 (더욱 명확히 하는 방법으로 a)b)c) 사이에서 정리되어야 한다). 그것은 다음에 열거하는 것을 수반한 분업적 업적 중에서 구분된다.

aa) 국가적 기능([정당의] 감정의견이나 전문적 지식에서의 의견과 같은 위임업무), 정당 등에 의한 헌법정책에 대한 자유로운 학문적 태도표명, 서평이나 판례평석(예컨대 공동결정에 대한 분쟁과 그 판결을 계기로 한 것도).

bb) 그 밖의 학문적 공공성인 문화적 공공성의 소산이나 업적(반론·학문적 논쟁에의 참가·독일 법학자대회·행정재판소재판관대회 또는 교통법대회와 같은 법정책적인 회합 등의 형태로 나타나는 것).

2. 부분적 공헌의 상대적 평가의 기능법적 이론에의 접근

헌법해석자의 열린사회를 토대로 하여 뒷받침하는 개별적 요소들이 가지는 **상대적 중요성**은, 그것들의 요소들이 이상으로만 **가지는** 중요성과 반드시 일치하는 것은 아니다. 헌법의 전통에서 고전 텍스트에까지 이르는, 또는 사법의 전통이나 국가실무로부터 하급재판소의 대체적 해석·헌법재판소의 소수의견·학계에서의 소수설 또는 아웃사이더적인 입장에까지 이르는 매우 많은 개별적 요소들을 서로 최적으로 관련지우는 기준들은 기능법적인 접근에서 얻지 않으면 안 된다.[33]

예컨대 이러한 접근에서 헌법재판소 재판관의 **소수의견**의 남발에 즈음하여 자기제한 (self-restraint)이 존재한다는 결과가 나온다.[34] 왜냐하면 소수의견의 과잉은 어떤 판단을 의미 있게 상대화하는 것이 아니라 그 판단을 부정하는 경향이 있기 때문이다. 학문에서 다양한 의견이 주장되는 논쟁의 경우와는 달리, 소수의견을 적는 재판관도 「헌법재판」이라는 **기능**의 **일부**를 이룬다.

고전 텍스트[35]는 문화적 공공성에 의해서 더구나 그 일부분으로서 법학적 및 학문적 공공성에 의해서도 관련된 텍스트이다. 그러나 그것은 헌법원리의 문화적 컨텍스트로서

Vorsorge, 1995 참조.

33) 기본적인 것은 H. Ehmke, Prinzipien der Verfassungsinterpretation, VVDStRL 20 (1963), S. 53 ff., später in: ders., Beiträge zur Verfassungstheorie und Verfassungspolitik, 1981, S. 329 ff.; K. Hesse, Grundzüge des Verfassungsrechts der Bundesrepublik Deutschland, 20. Aufl. 1995, S. 28, 31 f.(계희열역, 통일『독일헌법원론』, 박영사, 2001).

34) 교육조성법에 대한 연방헌법재판소의 판결(E 55, 274 ff., 329 ff.). 아울러 E 94, 115 ff.에서의 매우 많은 소수의견이 그 부정적인 예이다. 또한 후술 주 64도 참조.

35) 상세한 것은 P. Häberle, Klassikertexte (Fn. 24), S. 18 ff., 49 ff. 참조.

해석될 뿐만 아니라 바로 새로운 해석도 **필요로 한다.** 넓은 의미의 헌법 텍스트로서
법학자와 마찬가지로, 교육학자와 같은 연구자, 연출가, 배우와 같은 예술가 등의, 법학전
문가가 아닌 자도 그 해석행위에 참가한다.

　　다원주의적 공동체에서 「주석을 붙인 헌법판례」로서의 판례**평석**의 공존과 대항에
대해서는 특히 어떤 규범적인 평석이론이 필수적이며 경향적으로 이미 현실이다. 이것은
공법에 관한 문헌의 영역에 있어서의 학술적 서평에 대해서도 동일하게 명백하다.36)
교회 · 집단 나아가 기본권주체(즉 시민)의 자기이해의 유의성(有意性)37)을 신중하게
승인하는 것은, 선도자로서의 입법자의 역할과 마찬가지로, 부분적 요인들의 이 다원주의
적 전체 모델에 귀속하게 된다. 입법자는 헌법해석을 다양하게 선취하며, 법률이라는
형식으로 선취한 「소재」를 창조한다. 그리고 그 소재는 장기적인 시점에서 본다면 헌법의
「레벨」에로 영향을 미칠 수 있는 동시에 심지어 헌법변천의 선도자가 될 수도 있는
것이다.38)

---

36) 상세한 것은 P. Häberle, Einleitung, in: ders. (Hrsg.), Rezensierte Verfassungsrechtswissenschaft,
　　1982, S. 15 (63 ff.) 참조. 평석의 영역에서도 법학의 전문잡지는 충동을 전하며 시대의 일부를 각인하며
　　영향을 미치게 될 것이다. 전문잡지는 반사적으로 「시대의 법학적 얼굴」에 속할 뿐만 아니라 그 얼굴도
　　규정하게 된다. 이것을 무리 없이 의식으로 높이는 것이 전술한 나의 문헌의 관심사이다.
37) 전게 주 13 참조.
38) 이에 대해서는 P. Lerche, Übermaß und Verfassungsrecht, 1961, S. 240 ff.; ders., Stiller
　　Verfassungswandel als aktuelles Problem, FS Maunz, 1971, S. 285 ff.(박규환 · 최희수역, 『과잉금지원
　　칙과 헌법 I, II』, 헌법재판소, 2008, 2009); P. Häberle, Die Wesensgehaltgarantie des Art. 19 Abs.
　　2 GG, 1962, 3. Aufl. 1983, S. 167 ff., 180 ff., 213 ff.; D. C. Göldner, Verfassungskonflikt und
　　Privatrechtsnorm in der verfassungskonformen Auslegung und Rechtsfortbildung, 1969, S. 88
　　ff.; O. Majewski, Auslegung der Grundrechte nach einfaches Gesetzesrecht? 1971, S. 86 ff.;
　　P. Lerche, Grundrechtlicher Schutzbereich, Grundrechtsprägung und Grundrechtseingriff, in:
　　HdBStR Bd. V 1992, S. 739 ff.(박종호역, 기본권의 보호영역, 기본권형성 그리고 기본권침해, 허영
　　편역, 『법치국가의 기초이론』, 박영사, 1996, 9-55면) 참조. 하나의 주목할 만한 법률조항의 추가가
　　그리스에서 일어나고 있다(FAZ vom 25. 9. 1982 참조). 1931년의 검열법이 「인간의 문화적 유산에
　　속」하거나 또는 「인간의 지식을 확장하는」 예술적 내지 학문적 작업은 이미 「부적절한 것이 되지 않을
　　수 없다는 추가조항에 의해서 완화된다. 다툼이 있는 경우 어떤 작업을 「예술적 또는 학문적」인 것이라고
　　정의하기 위해서 형성적 예술을 위한 강사, 교육자 그리고 청소년보호단체의 대표자로 구성되는 5인위원회
　　가 소집된다. 문화적 자유, 문화유산 그리고 학문이 여기서 단순법률 차원에서의 전통적인 형사법에
　　대해서 관철된다. 헌법에 있어서의 문화유산조항에 대해서는 나의 뮌헨에서의 보고(Zeit und
　　Verfassungskultur, 1981 (Fn. 25))를 참조. 그 밖에도 유형으로서의 「헌법국가」에서 많은 「헌법상의
　　유산」이 존재한다. 예컨대 전문, 기본권의 장, 통치기구의 장, 규범화의 기술, 항구조항, 수용규정 그리고
　　경과규정 등이다. 서방 헌법국가에 있어서의 언어조항이나 언어문제*에 대해서는 나의 문헌
　　(Sprachen-Artikel und Sprachenproblem im westlichen Verfassungsstaaten: eine vergleichende
　　Textstufenanalyse (1990), in: Rechtsvergleichung im Kraftfeld des Verfassungsstaates, 1992,
　　S. 273 ff.) 참조.

3. 헌법발전의 기능 레벨

(a) 헌법해석

헌법**해석자**가 하는 일은 이미 「실정」 텍스트만을 다루지는 않는다. 그 일이 주로 그렇다는 것은 형사법이 의사의 자유를 적어도 픽션으로서 진지하게 다루어야 하는 것과 마찬가지로, 포기할 수 없는 「직업상 필연적인」 픽션일는지도 모른다.[39] 법학 텍스트 쪽으로 향하거나 이쪽에 있는, 그리고 법학 텍스트를 초월하거나 그 아래에 있는 「문화적 결정체」로 소급하는 것이 도처에서 필요하게 된다.

방법론적·헤르메노이트적으로 볼 때 (개인의) 문화적 전제들이 개별 해석자의 그때 그때의 법학적 선행이해를 이미 특징짓고 있다. 그러나 개개의 전통적인 직인적 기법과 해석 기술이라는 틀 안에서도 헌법규범의 문화적 컨텍스트는 「전문적인 법학」 해석에 (사실상) 영향을 미친다. 예컨대 역사적 해석이나 목적론적 해석에 의한 문언의 설명은 곧 문화적인 배경에서 자주 만났는데, 이 문화적 배경은 해석과정 속에 집어넣고 그럼으로써 규율해야 하고 (또 실제로도 집어넣고 규율한 것이다).

하나의 예로서 기본법 제5조 3항의 의미에서의 「예술」의 개념이 열거된다. 국가에 의한 정의(定義)의 금지라는 테제[40]는 법실무에서의 판단의 필요성을 면하게 하지는 않지만, 예술가의 계속적인 발전은 자기이해를 참조하도록 지시하고 있다. 보이즈(J. Beuys)에 의한 것처럼, 공공성에서 때로 야바위꾼처럼 해석되고 몇 십 년에 걸친 예술가의 활동을 통하여 발전된 매우 넓은 예술이해는, 문화적 공공성을 넘어서 서서히 기본법 제5조 3항의 예술개념에 작용하여 간다(1995년에 크리스토(Christo)가 베를린의 독일 의사당을 전복한 것도 커다란 영향을 미친 것은 아닐까?). 이와 유사하게 항상 새롭게 「풍자」라는 논란을 일으키는 법적 사정범위는 문화적인 것, 여기서는 특히 문학적 공공성의 변천하는 평가로부터 전적으로 독립하여 규정할 수는 없다. 경찰이 커다란 스포츠 대회를 위한

---

39) 헌법과 헌법이론의 영역에서의 픽션의 의미에 대한 잠정적인 고찰에 대해서는 M. Peifer의 책 (Fiktionen im öffentlichen Recht, insbesondere im Beamtenrecht, 1980)의 나의 서평(DÖV 1981, S. 809 f.) 참조. 또한 BVerfGE 31, 334 ff. (SV Geller/Rupp), 337 (349 ff. SV Geiger/Rinck/Wand)도 참조. 최근에는 P. Lerche, Die Technik des "Als-Ob" im Recht, in P. Eisenmann/G. Zieger (Hrsg.), Zur Rechtslage Deutschland, 1990, S. 87 ff.; P. Häberle, Wahrheitsprobleme im Verfassungsstaat, 1995, S. 93 f.; M. Jachmann, Fiktionen im öffentlichen Recht, 1997 참조.

40) W. Knies, Schranken der Kunstfreiheit als verfassungsrechtliches Problem, 1967, S. 217 ff. 일반론으로서는 F. Hufen, Die Freiheit der Kunst in staatlichen Institutionen, 1982; E. Denninger, Freiheit der Kunst, HdBStR Bd. VI (1989), S. 847 ff.(bes. S. 848 ff.); E. G. Mahrenholz, Freiheit der Kunst, HdBVerfR, 2. Aufl. 1994, S. 1289 ff.(bes. S. 1296 ff.; P. Häberle, Die Freiheit der Kunst im Verfassungsstaat, AöR 110 (1985), S. 577 ff.; W. Berke/P. Häberle/C. H. Heuer/P. Lerche, Kunst und Recht im In- und Ausland, 1994; B. Geißler, Staatliche Kunstförderung nach Grundgesetz und Recht der EG, 1995; M. Mihatsch, Öffentliche Kultursubventionierung, 1989 참조.

추가적인 지출을 주최자에 대해서 어느 정도 청구할 수 있는가 하는 문제[41]도 (예컨대 바덴-뷔르템베르크 경찰법 제81조 2항, 니더작센 경찰비용법 제1조에 의한 재량행사의 범위에서) 현대의 「대중문화」에 있어서의 실적 스포츠와 고도 경기 스포츠의 문화적인 위치가치를 규정하지 않고 대답하는 것은 어렵다. 문화적 배경을 둘러싼 논의는 공공복리라는 정식도 넘어서 행정법상의 개별 영역의 세부에까지 미친다. 문화의 변천은 헌법해석을 「다채롭게」한다.

「두 개의 기본법이 동일한 것을 서술할지라도 그것은 동일하지 않다」.* 1951년의 스멘트(Smend)의 이 명제는 다음과 같은 물음으로 인도한다. 즉 동일한 법학 텍스트가 예컨대 동서간의 인권협정, 또한 서방측의 개별 헌법국가 그리고 시대와 장소에 따라 다양하게 **해석**되고, 그것이 허용된다는 것을 어떻게 정당화할 수 있는가 하는 것이다. 구체적인 배경은 각각의 의미를 명백하게 하는 수법에 의해서 「속박되는」 것인데, 그것은 그때그때의 헌법국가를 기초지우는 국민적 문화이며, 바꾸어 말하면 동일한 텍스트는 각각의 법문화 중에서 각각의 공간과 시간에 따라서 다른 내용을 지니게 된다. 「**문화에 따른 헌법해석**」이란 이러한 의미를 명백하게 한다는 작업을 위한 다양한 방법과 절차, 또한 그것을 위한 「배경」도 의미한다. 법텍스트 내용의 이러한 「상대성」은 결코 필요한 악은 아니며, 오히려 사항에 의해서 조건지워지는 것이다. 헌법의 개성은 동일하게 보이는 텍스트를 실질상 다양하게, 즉 **문화에 특수한 형태**로 특색지워 간다.

문화에 특수한 헌법해석에 의해서 시대를 가장 잘 이해할 수 있게 된다. 헌법해석의 방법은 시간적 요인에 다소간 의미를 해명한다는 작업에 있어서의 은폐된 입구를 제공하고 있었다. 부분적으로 그것은 개개의 「시간」을 절대화한다. 개개의 해석방법론의 엠케(H. Ehmke)에 의한 유연한 적용[42]은, 그러므로 하나의 돌파구였는데, 어떠한 기준에 따라서 개개의 해석방법이 조합되어야할 것인가 하는 문제를 해결하지 못한 채 남겨두고 있었다. 개개의 해석방법론은 그 시대 중에서 문화적으로 발생한 것의 다양한 단면을 가지고 나오므로, 문화과학적인 헌법해석은 헌법의 의미를 해명함에 있어서의 방법들의 조합을 위한 하나의 틀을 제공할 수 있다.

법과 법학, 입법자와 재판관은 독립하여 단독으로 존재하는 것은 아니다. 그들은 「동기」와 「소재」가 되는 「재료」에 의거하게 된다. 그 재료란 예컨대 새로운 정의(正義)의 요구, 새로운 인식 그리고 경험이며, 나아가서는 지금까지의 법을 새로운 빛으로 비추고 또는 전통적인 내용을 옹호하게 하려는 새로운 희망이나 이상이기도 하다. 법은 그 자체가 문화의 요인과 표현이라는 의식에서 그것들은 그 인공적 룰 중에서 정서하면서 문화의 발전에 의거할 수 있으며, 필요한 경우에는 그것을 예기할 수 있게 된다. 이

41) 그 문제에 대해서는 D. Majer, Die Kostenerstattungspflicht für Polizeieinsätze aus Anlaß von privaten Veranstaltungen, VerwArch 73 (1982), S. 167 ff. 참조.

42) H. Ehmke, VVDStRL 20 (1963), S. 53 (57 ff.), später in: ders., Beiträge zur Verfassungstheorie und Verfassungspolitik, 1981, S. 329 (332 ff.).

「문화에 특수한 헌법해석」은 확실히 의미의 해명이라는 문제를 곧 해결할 수 있는 「마법의 지팡이」는 아니지만, 그 헌법해석은 사회적 · 경제적인 것만이 아니라 정치적인 공동체를 특징지우는 문화적인 움직임, 발전 그리고 자기주장에로의 접점을 지금까지보다도 이상 으로 널리 획득하게 된다.

(b) 헌법개정

그 밖의 기능적인 종류의 헌법의 형성, 즉 헌법개정 (내지 이른바 「헌법변천」)과 헌법제정 (헌법정책)[43]은 헌법의 해석에서 보다 고도로 강력하게 「문화적 결정체」의 도움을 필요로 한다. 즉 정당강령, 학설의 제언(!), 위대한 인물의 개인적 생활, 사물적 내지는 인격적인 모범례, 향도가치 등은 헌법의 형성, 그 보존과 그 실증의 긴장영역 전체에서의 공동결정적 인 요인과 요소인 것이다.[44]

1945년 이래의 (서)독 각 란트에 있어서의 헌법개정을 문화적 발전에의 경도 중에서 동기와 「촉진하는 것」, 양식과 내용 · 표현 · 형식 그리고 파동에서 체계적으로 조사하는 것은 의의 있는 과제일 것이다.[45] 예컨대 문화적 공공성에서의 커다란 변화가 선행한 후에 종파학교가 어떻게 해서 60년대 말에 종파혼합학교로부터 분리되 었는가 하는 것만이 상기될는지도 모른다. 란트에서 그것과 강력하게 결부되었던 종파의 혼합을 수반하는 학교집중, 동쪽에서 도망한 자와 난민의 수용은 헌법 레벨에 서 표출하였다(바덴-뷔르템베르크 헌법 제15조, 바이에른 헌법 제135조, 라인란트-팔츠 헌법 제29조, 자알란트 헌법 제27조 3항 참조).[46] 바로 각각의 란트 헌법의 발전에 대한 많은 선택의 가능성을 갖춘 연방국가는 다원주의적인 문화적 발전의 표현이다. 의회에서의 소수파의 제도화(함부르크 헌법 제23a조), 방송조항(바이에른 헌법 제111a 조), 데이터 보호(노르트라인-베스트팔렌 헌법 제4조 2항, 제77a조) 등은 어떻게 해서 각각의 헌법이 연방국가의 그것 이외의 란트 헌법에 대한 「시운전」으로서 문화적 발전 과정을 받아들일 수 있는가 하는 것에 대한 예이다. 약간의 란트에서의 성공으로 끝나지 못한 헌법개정(그 문화적(?) 배경도 포함하여)도 일단 체계적으로 처리되어야 할 것이다.[47]

---

43) B.- O. Bryde, Verfassungsentwicklung, 1982, S. 111 ff., 216 f., 293, 308은 접근에서 나의 리스트 (JZ 1975, S. 298 ff. (Fn. 30))를 계승하고 있다.

44) 헌법이론적으로는 세대들의 헌법에의 구속(기본법 제79조 3항), 헌법으로부터의 그 해방(기본법 제79조 2항) 그리고 장래의 세대를 위해서 「자연적」 및 「문화적」 유산을 보존해야 할 오늘날의 세대의 의무 간의 중간적인 방법이 발견되지 않으면 안 된다. 「시간과 헌법문화」의 범위에서의 이 문제의 주장에 대해서는 나의 1981년의 뮌헨에서의 보고(Fn. 25, S. 289 ff.)를 참조.

45) 개별적인 비교는 그 연구에서 부족하다. 다만, 그 단서를 보여주는 것은 C. Pestalozza, Einführung, in: Verfassungen der deutschen Bundesländer, dtv 5. Aufl., 1995, S. E 1 ff.; B. Beutler, Die Länderverfassungen in der gegenwärtige Verfassungsdiskussion, JöR 26 (1977), S. 1 (28) 참조.

46) C. Pestalozza, Einführung (Fn. 45), S. E 8 ff. 참조.

47) 라인란트-팔츠에서의 단순법률 레벨에서만 도입된 시민위원회는 그 하나의 예이다. 이에 대해서는 H.

특히 연방헌법의 레벨에서는 헌법개정은 문화적 관련에서 이해되어야 한다.[48] 바로 「독일 공통의」(란트) 헌법의 첫 번째 레벨이 이미 전체 국가적인 문화적 과정을 반영하는 것으로서 이해할 수 있다. 따라서 란트 의회의 지위나 직접민주제적 요소의 확충에 관련된 많은 란트 헌법의 개정[49]은 1969년의 정부의 교체와 1968년 이후의 학생운동의 흐름 속에서의 독일의 정치적·문화적 분위기를 특징지어 온 「민주화의 경향」의 결과로서 확실히 이해하지 않으면 안 된다. 기본법의 개정 역시 세부(예컨대 기본법 제91a조 1항 1호)에서만이 아니라 (예컨대 집권화에 의한) 통일화나 독일의 헌법국가적 성격의 강화에로의 공통된 경향에서도, 전후의 문화적 변천과정의 표명으로서 이해하지 않으면 안 된다(1993년/94년이 되어 비로소 권한들의 「재연방화」가 개시하고 있다). 문화과학으로서의 헌법학은 근저에 있는 문화적 과정을 내용적으로 다룰 뿐만 아니라 연방국가에 있어서의 다양한 헌법적 소재의 상호 간의 영향의 다양한 형식과 가능성을 구명하려고 한다.[50]

(c) 헌법제정

바로 헌법제정의 영역에서 전통적인 법학적 접근은 결국 충분한 것이 아니다. 왜냐하면 여기서는 아직 「현행의」 실정 텍스트가 존재하지 않기 때문이다. 보다 깊고 폭넓은 문화과학적 접근만이 일정한 운동, 「촉진하는 것」 그리고 현재하는 것을 테마로 삼고 개념화할 수 있다. 포르투갈(1976년),[51] 그리스(1975년),[52] 스페인(1978년),[53] 그리고

Matthes, Der Bürgerbeauftragte, 1981, S. 88 ff., 93 ff. 참조.

48) A. Roßnagel, Die Änderungen des Grundgesetzes. Eine Untersuchung der politischen Funktion von Verfassungsänderungen, 1981; C. Bushart, Verfassungsänderungen in Bund und Ländern, 1989에서의 기본법개정의 (정치적) 분석을 참조.

49) 이에 대해서는 C. Pestalozza, Der Popularvorbehalt, 1981, S. 15 ff. 참조. 직접민주제적 요소들의 확충은 다섯 개의 새로운 연방 란트의 헌법들을 특징지운다. 이에 대해서는 나의 분석 (JöR 42 (1994), S. 149 (165 ff.); 43 (1995), S. 355 (365 ff., 378 ff.))를 참조.

50) 예컨대 자알란트 의회는 「연방이나 란트들에서의 새로운 헌법지식을 고려에 넣어 목적적합적인 개정을 위한 자극을 얻도록」(?) 헌법문제에 대해서 앙케이트 위원회에 위탁하고 있다(zit. nach P. Krause, Verfassungsentwicklung in Saarland 1958-1979, in: JöR 29 1980), S. 393 (448)). 구동독의 「새로운」 연방 란트에서의 헌법운동은 JöR 39 (1990)에서, JöR 43 (1994)에서 명백하게 되고 콤멘트가 붙어 있다. 생산과 수용의 상호 과정에 대해서 특히 의의 있는 것은 스위스 (JöR 34 (1985), S. 303 ff.에서의 분석과 예증)이며, 오스트리아에서의 헌법제정(이에 대해서는 JöR 43 (1995), S. 355 ff.)이다.

51) 상세한 것은 A. Thomashausen, Verfassung und Verfassungswirklichkeit im neuen Portugal, 1981; ders., Der Freiheitsbegriff, die Grundrechte und der Grundrechtsschutz in der neuen portugiesischen Verfassung vom 2. April 1976, EuGRZ 1981, S. 1 ff.; G. Schmid, Die portugiesische Verfassung von 1976, AöR 103 (1978), S. 203 ff. 참조. 포르투갈에서의 대표적인 교과서로서는 J. J. Gomes Canotilho, Direito Constitucional, 6. Aufl., 1993이 있다.

52) 1975년 헌법의 텍스트는 P. Dagtoglou, Athen 1976의 번역을 인용한다. 문헌으로서 비판적인 것은 D. Tsatsos, Die neue griechische Verfassung, 1980이, 긍정적인 것으로서는 P. Häberle, Menschenwürde und Verfassung, am Beispiel von Art. 2 Abs. 1 Verf. Griechenland 1975, in:

캐나다(1981년)에서의 헌법제정의 최근의 과정, 아울러 스위스에서의 연방헌법의「전면
수정」(1977년의 헌법초안과 1995년의「추인」)[54]을 둘러싼 논의, 오로지 경제적·정치적
만이 아니라, 즉 문화적 배경에 주의를 기울이지 않고 묘사되고 설명될 수 있는 것은
아니다.

텍스트상의 내용이 형성되기 **이전에** 새로운 헌법을 위한 다양한 구성요소는 매우
많이「마련」되고 있다. 실제로 고전 텍스트·정당의 강령·단체의 프로그램·학문적인
지식·낡은 헌법 텍스트의 단편, 그리고 개개의 인간의 생활방식과 같은 것이 서로
다투고 있다. 정치적인 희망이나 경험은 유형으로서의 헌법국가 **유형**의 **예시**로서 다른
헌법국가의 구성요소와 마찬가지로 헌법제정과정 중에 들어간다. 그러므로 연방국가성
이나 헌법재판제도, 나아가 국가·교회의 관계나 인권 목록의 독일식 모범은 오늘날
점차 많은 새로운 유럽의 헌법 중에서 영향을 미치고 있다. 예컨대 기본법 제19조
2항의 본질적 내용보장의 문화적 수용과정은 스위스의 전면 수정에 보여질 뿐만 아니라
나아가서는 (보츠나우 이래의) 남부 아프리카에서도 추구하고 있다.[55] 이들 모두가 하나
의 실정 헌법 텍스트에「응집하기」까지에는 많은 다툼, 많은 가담이나 이익옹호가
존재한다.

기능적이며 과정적으로 볼 때 정당·단체·교회·노동조합·개개인·과학자·재판
관·경제 관계자처럼 많은 사람이 헌법제정에 관여하고 있으며, 스페인이나 포르투갈에
서는 또한 군대가, 기본법에 대해서는 (한정적이기는 하지만) 연합국이 각각 관여하고
있었다. 그것들은 부분적으로는 일정한 공헌을 하고, 그때에는 문화적 객관화를 지향하고
또 (지향하지 않으면 안 된다). 여기서 두 가지가 서로를 조건지운다. 즉 복잡한 다원주의적
과정으로서의 헌법제정에 관여하는 자는 어떤 헌법의 기초로서 소재의 존재에 의거하는
데, 반대로 이러한 요소들은 공적 과정으로서의 헌법제정에 관여하는 자에게 촉진하는

Rechtstheorie 11 (1980), S. 389 ff.가 있다.
53) 이에 대해서는 A. Randelzhofer (Hrsg.), Deutsch-spanisches Verfassungsrechts-Kolloquium,
1982; 또한 A. Weber, Die Spanische Verfassung von 1978, JöR 29 (1980), S. 209 ff. 참조. 스페인어
문헌으로서는 F. Fernandez Segado, El sistema constitucional español, 1992 참조. A. López Pina
(Hrsg.), Spanisches Verfassungsrecht, 1993은 주목할 만하다.
54) 1977년의 헌법초안에 대해서는 AöR 104 (1979), S. 475 ff. 참조. 그 초안에 관해서는 P. Saladin,
Verfassungsreform und Verfassungsverständnis, AöR 104 (1979), S. 345 (358, 367, 374 f. u.
ö.); K. Eichenberger, Der Entwurf von 1977 für eine neue Schweizerische Bundesverfassung,
ZaöRV 40 (1980), S. 477 ff.; G. Müller, Totalrevision der Schweizerischen Bundesverfassung,
in: Der Staat 20 (1981), S. 83 ff. 참조. 스위스에서의 특히 주 레벨에서의 매우 혁신적인「새 헌법과
헌법계획」은 JöR 34 (1985), S. 303 ff.에서 명백하게 되고 콤멘트되어 있다. 나아가 비교에 의한 텍스트의
단계분석이라는 의미에서의「헌법국가에서의 국민의 헌법제정권력」에 대해서는 P. Häberle, Die
verfassunggebende Gewalt des Volkes im Verfassungsstaat, AöR 112 (1987), S. 54 ff., auch
in: Rechtsvergleichung im Kraftfeld des Verfassungsstaates, 1992, S. 139 ff.)를 참조.
55) 이에 대해서는 나의 논평 (JöR 29 (1980), in: AöR 107 (1982), S. 640 (649 ff.))도 참조. 본질적
내용 조항은 현재 스위스의 새로운 주헌법에서「핵심내용조항」으로서 나타나 있다(예컨대 1993년의
베른 헌법 제28조 4항, 1995년의 아펜젤 암 라인 헌법 제23조 4항 참조).

것과 현재하는 것을 통해서 비로소 **영향을 미친다**는 것이다.

물론 보다 상세하게 조망하면 다음 사실이 명백해진다. 즉 **동일한** 사항에 관한 객관화와 문화적 결정체는 헌법의 형성이라는 다양한 작업 내지 기능에 대해서, 그리고 그 해석, 개정과, 헌법제정에 대해서 생각할 수 있으며, 그리고 현실적인 기초적 소재라는 것이다. 예컨대 소수의견은 텍스트 중에서 또는 입법을 위해서 규범화된 효력을 발휘할 수 있는데 헌법개정을 위한 계기일 수도 있다. 정당의 강령은 그 문화적 부분에서도 헌법국가의 모든 국가적 내지 공적인 기능들에 영향을 미친다. 나아가 「고전 텍스트」도 헌법제정의 새로운 과정에로 인도할 수 있다. 그러므로 1975년의 그리스와 1978년의 스페인의 헌법국가에로의 복귀는, 확실히 또한 많은 고전 텍스트를 묵시적 또는 명시적으로 기초로 하고 있다. 학문, 특히 헌법학은 조언자로서 헌법의 형성에 매우 기여한다. 그러나 이러한 학문은 그 내용이나 과정이라는 점에서 그 자신이 문화의 본질적 일부인 것이다.

요컨대 실질적인 소재의 공급영역 (「과정」), 즉 「문화적 결정체」의 **동일성**은 다양한 국가적 및 공적 기능들에 대해서 놀랄만한 것이 되지는 않는다. 왜냐하면 문화적인 생산과 수용은 정치적 공동체에서 동일한 것을 「대상」으로 삼기 때문이다. 국가적 및 공적 기능들에서 어떻게 달리 영향을 미칠지라도 고전 텍스트는 고전 텍스트이다. 그 밖의 문화적 결정체 역시 「소재」로서는 동일하다. 다양한 국가적 및 공적 기능들의 레벨에서 그것들이 어느 정도 다양한 영향을 미치는가 하는 것은 별개의 문제이다. 문화적인 기초는 동일하다.

4. 문화적 헌법비교

헌법비교는 유럽의 법비교의 레벨에서 오스트리아 · 스위스 · 독일 연방공화국이라는 **독일어권에서의 헌법학**의 범위에서, 아울러 연방국가에서의 주헌법 상호 간에서 그리고 그들과 연방헌법 (주헌법과는 처음부터 「다른」 레벨의 것이라고 보아야 하는데) 간에서의 「내적인」 헌법비교의 레벨에서 문화과학적 사고에 대해서 특히 적합한 것이 실증된다. 독일어권의 세 개의 국가는 연방국가인 점에서, 여기서의 문화과학적인 법비교는 특히 의의 있다. 왜냐하면 연방국가는 본질적으로 문화적 다양성을 그 활력으로 하기 때문이다.[56] 기능적으로 헌법비교는 그 때에 헌법해석 · 헌법개정 · 헌법제정이라는 헌법발전의 세 개의 레벨 모두에서 그리고 그 틀 안에서 유익할 수 있다.

---

56) 이에 대해서는 P. Häberle, Kulturverfassungsrecht (Fn. 2). 나아가 서평 논문인 "Kultur-verwaltungsrecht im Wandel," 1981, AöR 107 (1982), S. 301 (306 f.) 참조. 연방국가와 문화를 처음부터 관련지워 보려는 접근은 많은 문헌에서 강조하고 있다. 예컨대 F. Hufen, Kulturstaatlichkeit und Bundesstaat, in: Probleme des Föderalismus, Deutsch-Jugoslawisches Symposium, Belgrad 1984, 1985, S. 199 ff.; ders., Gegenwartsfragen des Kulturföderalismus, BayVBl. 1985, S. 1 ff. und S. 37 ff.; M.-E. Geis, Die Kulturhoheit der Länder, DÖV 1992, S. 522 ff. 참조.

문화적인 생산과 수용의 경과·내용·절차는 연방국가 내부에서, 그리고 또한 연방국가 상호 간에서 뒷받침한다. 예컨대 독일의 연방국가이론은 바로 문화헌법적 영역 (거기에서의 키워드는 오스트리아의 「문화조성법률」)에서 오스트리아로부터 법정책적 자극을 받고 있으며, 스위스 역시 연방헌법의 전면수정으로 향한 작업에서 독일 국법학의 업적에 의존하고 있다.

법시스템과 그 문화적 상황 간의 차이가 심하고, 그리고 「수입」이 한정적으로만 추천할 수 있기 때문에 정반대의 것, 즉 수용의 거부나 구별이란 것도 자주 **문화적**으로 설명된다.57)

헌법정책과 법정책의 영역에서만이 아니라 현행 헌법의 「단순한」 **해석**의 경우에도 문화과학적인 법비교는 유익하다는 것이 실증된다. 왜 동일한 문면의 텍스트가 시간이 지남에 따라서, 또는 처음부터 다른 해석으로 도달하고 다른 해석을 필요로 하는가를 설명할 수 있는 것은 그 문화과학적인 법비교만이다. 예컨대 평등원칙은 스위스의 법문화에서는 독일에서 이것과는 다른 결과도 항상 가져올 것이다.58) 마찬가지로 다른 국가에서의 동일한 제도는 전혀 다른 과제를 가질 수 있다.59)

그러므로 문화과학적 사고는 헌법비교에서 부분적으로 **차이**를 설명하고 정당화할 수 있는데,60) 부분적으로는 **공통성**에로 인도할 수도 있게 된다. 동시에 구체적인 헌법들 (예컨대 스위스·오스트리아 또는 독일 연방공화국의 것)은 서방측의 특징을 지닌 민주주의적 헌법국가라는 기본유형이 문화적으로 조건지워진 변형인 것이 보여진다.

문화과학적 접근에 특히 적합하다는 것은 결코 헌법학의 특권은 아니다. 민법학은 이에 못지않게 문화과학적 문제를 의의 있게 다룰 수 있으며, 그 때에 특히 법비교의 분야에서는 전통을 가지고 있다.61) 형법에서도 문화적 배경이 소화되고 있다.62) 문화과

57) 예컨대 스위스의 모범에 따라서 재판관의 공개심의에 의해서 상소재판소와 연방헌법재판소의 재판관의 심의의 비밀을 포기하도록 구하는 법정책적 제안(J. Scherer, Gerichtsöffentlichkeit als Medien-öffentlichkeit, 1979, S. 155 ff.)은 연방독일의 정치문화나 헌법문화에 그 한계를 발견한다. 독일에서는 아직 대중이나 미디어 그리고 사법부 그 자체가 다양한 관점에서 스위스에서의 공개적인 판결심의를 기능케 하는 조건이 되는 전술한 길로 성장한 문화적 헌법전통에로 인도하지는 못할 것인가? 문화비교로서의 기본권비교에 대해서는 P. Häberle, Die Wesensgehaltgarantie des Art. 19 Abs. 2 GG, 3. Aufl. 1983, S. 407 ff. 참조. 이 문제에 대해서는 나의 토론(VVDStRL 39 (1981), S. 407 ff.)도 참조.
58) 이러한 「문화에 따른 변형」에 대해서는 나의 토론(C. Link (Hrsg.), Der Gleichheitssatz im modernen Verfassungsstaat, 1982, S. 83 ff., 104 ff.)를, 「변천하는 문화행정법」에 대해서는 나의 논고(AöR 107 (1982), S. 103 ff.)를 각각 참조.
59) 기초적인 것으로서 A. Gehlen, Unmensch und Spätkultur, 1956, S. 96 참조.
60) 예컨대 연방헌법재판소의 공동결정 판결(E 50, 290 ff.)에서 고용자와 피용자 (내지 경영자와 노동조합)의 원리적으로 협동적인 관계는, 그 자체 특수 독일적인 정치적 (노동자) 문화 그리고 전통의 표명인 법 이전의 기본적 조건이 아닐까?
61) 학문으로서의 법비교는 비록 그것을 충분히 깊게 조사하지 않고 구조지우지 않을지라도 훨씬 이전부터 법의 문화과학적으로 해명되어야할 배경을 염두에 두고 있다. 법은 하나의 문화현상이라는 칸트(I. Kant)의 말(예컨대 Ernst Rabel, Aufgabe und Notwendigkeit der Rechtsvergleichung (1924), jetzt in: Gesammelte Aufsätze, Bd. III (1967), S. 4)은 이미 고전적인 인용구이다. 거기에서는 법사실의 연구를 단순한 단편으로서 비난하고 과거의 것이나 현재의 것, 국민의 역사적 운명, 개개인의 창조력, 계층들,

학적인 것의 차원을 풍부하게 하기 위해서 헌법학은 적절하고 필요하게 보이는 한편 그것은 법질서 전체를 목표로 한다.[63]

당파와 계급들의 이익, 그리고「모든 종류의 정신의 흐름」의 효과와 법의 관계가 다루어진다. 문화현상으로 서의「전체로서의 법」에 대해서는 H. Coing, Aufgaben der Rechtsvergleichung in unsere Zeit, JuS 1981, S. 601 (603) 참조. 콜러(J. Kohler)는 법비교의 방법에 대한 논문 (in: K. Zweigert/H.-J. Puttfarken (Hrsg.), Rechtsvergleichung, 1978, S. 18 ff.)에서 예컨대「모든 국가의 법을 인간 문화의 적절한 구성요소로서 파악하고 인간형성을 위한 입장에서 해명하는 것이 중요하다」라는 문장에서 보듯이, 그의 접근을 자신으로 정치화(精緻化)하고 있다. 그의 접근이 매우 강하게 진보적 사상에 의해서 특징지워진다고 해도, 그는 그 밖의 점에서 계속 현실적이다. 예컨대「수용은 단지 외면적인 것이 아니라 받아들인 것을 법영역과 문화영역에 조직적으로 도입하고 지금까지의 문화생활에 동화시키는 것이어야 한다」,「수용은 전문화질서와 관계해야 한다」는 수용에 대한 장면에서 그러하다. 법비교의 스타일의 개념(예컨대 M. Rheinstein, Gesammelte Schriften, Bd. 1 (1979), S. 74; K. Zweigert/H. Kötz, Einführung in die Rechtsvergleichung, Bd. 1 (1971), S. 73 (jetzt 3. Aufl. 1996, S. 62 ff.)도 문화과학적 사고를 암시한다.「문화권(圈)과 법권」의 오랜 이념에 대해서는 J. J. van der Ven, Sozialrecht und Menschenbild, VSSR 9 (1981), S. 1 (4 ff.) 참조.

62) **형법학**은 오랫동안 그 대상을 문화에 매몰하도록 강조하고 있다. 20 세기 초부터 실질적 위법성의 이론(Graf Dohna, Die Rechtswidrigkeit als allgemeines gültiges Merkmal im Tatbestand strafbarer Handlungen, 1905)는 실증주의적인 형식적 시점과는 대칭적으로 법의 기반으로서「법의 전문화적 관련」,「법이 성장하고 통상 그것과 관련된 문화와의 전체적 관계」와 관련지어왔다(E. Metzger, Strafrecht, 3. unveränd. Aufl. 1949, S. 203 f.). 자극이 된 것은 특히 E. Mayer의 저작 (Rechtsnorm und Kulturnormen, 1903; ders., Rechtsphilosophie, 1922, S. 36 ff.; Strafrecht, Allgemeiner Teil, 2. unveränd. Aufl., 1923, S. 37 ff.)과 거기에 관련된 논의 (예컨대 Graf Dohna, in: Der Gerichtssaal 63 (1904), S. 355 ff.)였다. 그 이래 F. v. Liszt/E. Schmidt, Lehrbuch des Deutschen Strafrechts, 24. Aufl., 1922, S. 4는「법체계 전체가 문화적으로 조건지워 있다는 명제처럼 법체계는 전체 문화상황을 고려에 넣어서 비로소 이해할 수 있으며」, 오늘날에도 W. Hassemer, Einführung in die Grundlagen des Strafrechts, 1981, S. 135는, 형사절차법은「문화의 표명이며 그것은 문화를 반영한다」고 한다. 그때그때의 문화의 특수성을 고려하는 것이 형법비교 내지 비교형사학에서 요청된다. 이에 대해서는 E. Metzger/A. Schönke/H.-H. Jescheck, Das ausländische Strafrecht der Gegenwart, 1955, S. 7; G. Kaiser, in: ders./T. Vogler, Strafrecht, Strafrechtsvergleich, 1975, S. 79 ff., 87 ff., 88; ders., in: H.-H. Jescheck, Deutsche strafrechtliche Landesreferate zum X. Internationaler Kongreß für Rechtsvergleichung, 1978, S. 129 ff., 135 ff. (또한 여기서는「소여의 문화적 관련에서의 규범」이나「특수성과 공통성」이 지적되고 있다) 참조.「형법에 의한 공통의 문화적 이익의 옹호」라는 것도 말해진다. 이에 대해서는 H.- H. Jescheck, Lehrbuch des Strafrechts, Allgemeiner Teil, 2. Aufl. 1972, S. 134, jetzt H.-H. Jescheck/Th. Weigend, ebenso, 5. Aufl. 1996, S. 278 참조. 형사재판도 예컨대「우리들의 문화의 가치관에 의거한 공동체의 도덕적 기본관념」(BGHSt 23, 40, 42)과 같이 문화적 요인을 고려에 넣고 있다.

63) **공법**에서의 법비교는 명백하게 되는 한 문화에 특수한 것을 지금까지 방법론적으로 테마화하지 못하였다 (J.-H. Kaiser, H. Strebel, R. Bernhart und K. Zemanek, in: ZaöRV 24 (1964), S. 391 ff., 404 f., 431 ff. bzw. 452 ff.; J. M. Mössner, in: AöR 99 (1974), S. 193 ff.; P. Häberle, in: K. Vogel (Hrsg.), Grundrechtsverständnis und Normenkontrolle, 1979, S. 65 f.). 그것은 인권의 논의에서 법학 텍스트가 다양하게 이해되고,「악의 없이」한정적으로도 달리 이해될 수 있다는 것을 인식해야만 하기 때문에 놀랄 일이다. 나는 1989년에 처음으로 F. C. von Savigny (1840)의 고전적인 네 개의 해석방법론 뒤에 다섯 번째의 해석방법론으로서 법비교를 위치지우도록 제안하였다(Grundrechtsgeltung und Grundrechtsinterpretation im Verfassungsstaat, JZ 1989, S. 913 ff.).

5. 헌법발전 과정에서의 사실적 다양성과 인적 다양성의 관련

헌법발전에 대한 **사실적인**「관련요소들」을 체계적으로 구성한다는 전제의 시도를 보완하는 것은 헌법해석자의 열린 사회의 **인적** 다양성이다(그리고 인적 자유와 사실적인 방향성이 서로 보완하고 있듯이, 그 시도는 인적 다양성과 함께 검토되어야 한다). 헌법해석자의 사회의 이러한 개방성은 헌법규범의 의미를 해명하는 작업에 관여하는 사실적인 요인들이 (확고한 방법론적 위계제가 없는 것처럼) 결코 확정가능하지 않다는 점에서 명백하게 된다. 또한 일정한 사실적인 요인들과 인적인 것의「확고한」관련도 존재하지 않는다. 예컨대 연방헌법재판소의「소수의견」이라는 요소는 학문적 및 정치적 과정 내지는 그 관여자에 의해서 다루어질 뿐만 아니라, 장래에도 그때까지의 연방헌법재판소의 다수의견의 해석 그 자체에서도 중요성을 가질 수 있다. 하급재판소나 행정실무와 같은 다른 기능과 기관은 소수의견을 자신을 위해서 채택할 수 있다. 그리하여 소수의견은 그것이 지배적 견해를 수정하거나 아마 보충하게 됨에 따라서「대체적 판례」로서 서서히 커다란 중요성을 얻게 된다.[64] 고전 텍스트를 원용하는 것 역시「교양 있는 신분」이나 교육자의「특권」일 뿐만 아니라 법학자 자신의 경우에도 논증이 가능하다. 헌법규범의 해석을 위하여 고전 텍스트에 법학자가 의거하는 것은 법학자를 사물에 관련된 관심사에, 그리고 다른 학문과 학과의 전통에, 실로 예술의 전통까지도 **결합하게 된다**. 그리고 그것은 법학자나 법학자에 의해서 해석된 법텍스트를 (법)문화와 관련을 가지게 한다.

그 때에 좁은 의미의, 그리고 넓은 의미의 헌법텍스트와 헌법해석자는 서로 **유연하게** 관련지운다. 국가적 기능들의「법률과 법」에의 구속(기본법 제20조 3항)은 그것들의 기능들이 넓은 의미의 헌법텍스트에 호소하는 것을 배제하지 않는다. 확실히 넓은 의미의 헌법해석자는 법학적으로 훈련되지 않은 방법으로 비법학적 헌법텍스트, 예컨대 고전문

---

64) 소수의견은 연방헌법재판소 내외에서「대체적 판례」로서 다이나믹한 효과를 다양하게 발휘하고 있다. 예컨대 연방헌법재판소의 어떤 법정은 예컨대 E 56, 146 (169) 아울러 E 56, 216 (236)에서 소수의견과의 관련을 보여주고 있다. 벤다(Benda) 재판관이나 카첸슈타인(Katzenstein) 재판관의 소수의견 (BVerfGE 58, 129 (133))은 폰 슐라브렌도르프(v. Schlabrendorff) 재판관의 낡은 소수의견(E 37, 414 (418))을 참조하고 있으며, 히르슈(Hirsch) 재판관의 소수의견(E 57, 182 (189))은 뵈머(Böhmer) 재판관의 소수의견(E 56, 266 (278))을 인용하고 있다. BVerfGE 53, 257 (289 f.)에서의 루프 폰 브뤼네크 (Rupp-von Brünneck) 재판관의 소수의견(E 32, 129 (142))의 출현은 특히 센세이셔널하다. 그것은 E 40, 65 (83 f.)에서 이미 예고되고 있다. 제2 법정의 다수의견의 절반은 E 52, 131 (156)에서 루프 폰 브뤼네크 재판관의 소수의견을 참조하고 있다. 뵈머 재판관의 소수의견(E 49, 228 ff.)과의 E 52, 155 f.에서의 법적 대화도 참조. 많은 것은 소수의견의 효과가 최근에 이르러 비로소 법정 내부에서 분명히 강화되었다는 것을 암시하고 있으며, 여기서는 시대의 요인이 독자적인 역할을 수행하고 있다. 문헌으로는 예컨대 K. Hesse, Grundzüge des Verfassungsrechts der Bundesrepublik Deutschland, 13. Aufl. 1982, S. 156 Anm. 38 (jetzt 20. Aufl. 1995)가 BVerfGE 35, 79 (120 ff.)와 그 반대의견의 149 ff.를「기본적인 것」으로서 인용한다. 소수의견의 규범적 효력의 문제에 대해서는 나의 문헌 (Kommentierte Verfassungsrechtsprechung, 1979, S. 24 ff.) 참조. 이러한 과정들은 J. Luther, L'esperienza del voto dissenziente nei paesi di lingua tedesca, in: Politica del Diritto 1994, S. 241 ff.에 상세하게 기재되어 있다.

학의 텍스트나 소수의견 등에 의존하는 일도 있다면, 아직 의견의 일치를 보지 못한 테제도 채용하거나 또는 학문적 또는 재판관에 의한 해석과정 중에서의 소수의견이라는 대체적 견해에 동조하는 것도 있다. 그러나 넓은 의미의 헌법해석자는 「동업자의 작법에 맞춘」 수법은 아닐지라도, 좁은 의미의 헌법텍스트에도 향하지 않으면 안 된다. 그러한 한에서 여기서는 분업 중에 얻어진 해석결과의 **상호 간의 존중이라는 원리**가 정식화하게 될 것이다.

전체적으로 볼 때 생각할 수 있는 (헌법) 해석의 **요인**들의 개방성과 헌법**해석자**의 범위의 개방성에서 그 사회의 개방성의 일부가 실현된다. 바로 넓은 의미의 헌법해석자는 헌법 중에 전승된 혁신을 위한 힘의 원천이다. 문화적인 혁신적 잠재력은 장기적으로 본다면, 그리고 많은 전승된 부분에서 본다면, 국법학에 대한 문화적인 혁신적 잠재력일 수 있으며 또 그러하였다. 그것은 인적인 비극과 결합하여 전기적인 것에까지 도달할 수 있다. 토머스 모어의 개인적 드라마[65]는 그 신빙성이 그의 인격과 사물에 일치하였기 때문에 서구 헌법국가의 발전에서의 하나의 구체적인 수확이었다. 해석과정에서의 사물적 다양성과 인적 다양성을 개관해온 관련은, 넓은 의미의 헌법해석자로서의 위대한 문학과 문학자(제6절), 아울러 좁은 의미의 헌법해석자로서의 국법학과 국법학자(제7절)라는 예시에서 구체화될 것이다.

6. 헌법국가에서의 위대한 문학과 문학자

예술의 자유, 특히 문학이나 문학자의 자유의 방어권적 및 급부법적인 보장은 그것에 의해서 헌법국가가 자신을, 즉 그 독자적인 전제들을 함께 보장하려고 노력하는 한에서 특히 **헌법정책적인** 의의를 전개한다.[66] 왜냐하면 문학과 문학자는 모든 헌법국가의 생존조건이기 때문이다. 예컨대 오늘날 독일 국가(國歌)*(특히 그 가사의 제3절)는 독일이라는 헌법국가의 동일성에 대한 문학적 기반의 하나이며, 프리드리히 실러의 「빌헬름 텔」*은 고전 텍스트의 형태에서 스위스 연방의 초석을 놓는 것이며, 무쉬크(A. Muschg)에 의해서 작성된 스위스 연방헌법 초안(1977년)의 전문(前文)은 헌법국가에 대한 문학과 문학자에 의한 적극적인 업적의 아마 가장 위대한 최근의 예이다.[67] 독일의 역사에 나타난 소극적인 예는 어떻게 헌법국가는 예술가의 협력을 필요로 하는가? 그리고 어떻게

---

65) 예컨대 T. Nipperdey, Thomas Morus, in: H. Maier/H. Denzer (Hrsg.), Klassiker der politischen Denkens, Bd. 1, 5. Aufl. 1979, S. 222 (238 ff.)(주광순 · 김준수 옮김, 『정치사상의 거장들』, 시와 진실, 2008) 참조.

66) 그러므로 문화과학적 헌법학은 「자유롭고 세속적인 국가는 자신이 보장할 수 없다는 전제들에 의해서 활력을 얻는다」고 하는 유명하지만 체념에 가까운 뵈켄회르데(E.-W. Böckenförde)의 격언(FS Forsthoff, 1967, S. 72 (93))에서 신조국가의 위험에 굴복하게 되고 (헌법도 포함한) 문학 없이 계속 존재할 수 없다.

67) A. Muschg, Wohin mit der Kultur? (1977), in: P. Häberle (Hrsg.), Kulturstaatlichkeit (Fn. 2), S. 355 ff. 참조. 그 전문의 텍스트는 AöR 104 (1979), S. 475에 열거되어 있다.

헌법국가는 그들의 협력 없이 견디는가를 보여주고 있다. 예컨대 바이마르 공화국이 「공화주의자 없는 공화국」이라고 말해지는 경우에 그것이 타당하다. 바이마르 공화국은 부분적으로는 문학자 없는 공화국이었다!

헌법국가의 헌법은 항상 새롭게 받아들이거나 또는 타협하지 않으면 안 된다. 유명한 「매일 매일의 국민투표」,* 더 적절히 말하면 항상 새롭게 「모두가 조화하고 향상한다」는 말은 문학자의 참가를 포함하고 있다. 따라서 어떤 방법으로 얻어진 「헌법충성」은 결코 제재를 수반하여 요청되지 않으며, 「궁정 시인이나 국민 시인」이라는 의미에서의 단순한 도덕적인 의무감도 또한 「충실함」,68) 그리고 「정치화」를 요구하지는 않는다. 그러나 정치적 공동체는 적어도 그 일부의 문학자에 의존하지 않으면 안 된다는 것은 아마 말할 수 있다. 여기서도 「비판적 공감」(W. Scheel)은 바람직한 것이 된다. 헌법 텍스트의 문화적 상황은 본질적인 타당성의 전제이다. 문학은 헌법국가를 형성하는 문화적 과정에서 부분적으로 공동책임을 진다.69) 다만, 문학은 통상 자유로운 질서가 되는 「체제」 아래서는 완전한 동의 또는 이의, 비판과 도발, 실로 거부를 통하여 구체적인 유토피아의 고찰을 통해서 이들 모두를 체제에 대해서 기본적으로 반대하는 형태로는 거의 표명하지 않고, 또한 부분적으로만 그렇게 표명할 뿐이다. 바로 헌법국가는 동의라는 강제의 가능성을 가지고 있지 않으므로, 그것은 오랜 기간에 걸친 「위대한」 문학의 **자유로운 동의**에도 의존하는 것이다.

과장, 과격한 입장(레싱의 친구나 출판업자인 니콜라이와 같은) 내지는 내면성의 후퇴 등으로 향하는 매우 독일적인 경향은, 오늘날의 문학자가 자유의 기준과 제한에 관한 헌법으로서의 기본법에 일상적인 것으로서는 거의 아무도 손을 대려고 하지 않는 하나의 이유라고 할 수 있다.70) 당연한 것이지만 독일에 대해서는 「저술가의 정치문화」의 결여가

---

68) Erich Kästner, Der trojanische Wallach, in: K. Wagenbach/W. Stephan/M. Krüger (Hrsg.), Vaterland, Muttersprache, Deutsche Schriftsteller und ihr Staat von 1945 bis heute, 1979, S. 91에서는 「자유로운 예술은 국가에 의해서 개최되는 벼룩 서커스가 되어서는 안 된다」고 한다. 「독일 국민의 개인적인 사명권」을 기본권으로 파악하고, 헌법을 「우리들 모두가 공통의 역사적·도덕적 사명을 진 국민으로서 파악하는 형식」이라고 보는 R. 스멘트의 정치적이며 헌법이론적인 관심사(Bürger und Bourgeois im deutschen Staatsrechts, 1933, jetzt in: ders., Staatsrechtliche Abhandlungen, 3. Aufl. 1995, S. 309 (318 f., 323 f.))[김승조 옮김, 독일 국법에 있어서 시민과 부르주아지, 동인 편역, 『국가와 사회』, 교육과학사, 1994, 235면]는 바이마르 시대에 뒤늦은 것이다.

69) 「과거에 독일의 소설가만큼 독일의 민주제를 위해서 공헌하고 자유의 적 아래서 견디어온 직능신분은 존재하지 않는다. 우리들 독일의 소설가는 많은 정치가가 현실에 그렇게 되고 있듯이 우리들의 책임을 망각한 것은 아니다. 현재에도 그것은 변함없이 우리들의 공화국의 결함에 대해서도 우리들은 우리들의 의무로서 그것을 비판해야 할 것으로 생각하고 있다. 그 때에 우리들에 대해서 이 비판이 타자에게 어떤 공감을 주는가 하는 문제가 제기되는 것이 아니라, 단지 비판이 정당한 것으로 간주되는가의 여부가 문제로 제기될 뿐이다」라는 문학자로부터의 견해도 존재한다. 이에 대해서는 1977년의 저서 견본시 기간 중의 독일 저술자단체의 기자회견에서의 엥겔만(B. Engelmann)의 발언(abgedruckt in: K. Wagenbach (Hrsg.), Vaterland, Muttersprache, 1980, S. 309 f.) 참조. 문학의 일반적 역할에 대해서는 W. Iser, Das Literaturverständnis zwischen Geschichte und Zukunft, St. Gallen 1981 참조.

70) 문학자와 헌법학자 간의 오늘날의 거리를 어떻게 해체할 수 있는가? 만남의 광장을 증가시켜 간다는 것이 생각될 것이다. 예컨대 당시의 연방대통령 카를 카스텐스(Karl Carstens)가 뵐(H. Böll), 발저(M.

예컨대 프랑스[71])나 프랑스의 「문화적 내셔널리즘」과는 대칭적으로 확인된다. 거기에서는 개별적으로 정치상황이나 정치적 과정에 대한 모든 비판에 즈음하여, 즉 빅토르위고(Victor Hugo)로부터 장 뽈 사르트르(Jean Paul Sartre)에 이르기까지 「문학」은 공화국을 함께 기초지우는 위치로서의 가치를 가진다. 그것은 특히 사르트르에 관한, 「볼테르를체포해서는 안 된다」는 드골의 유명한 문장 중에 나타나 있다. 이러한 「헌법의 (하위)문화」는 단기간에 기초가 마련될 수는 없으며, 또 간단하게 「복사」되는 것도 아니다. 프랑스에서 문학은 지금까지 독일에서 보다도 계속적으로 보다 「정치적」이었으며 현재도 그렇다.[72]) 그렇지만 헌법국가와 문학과의 공속성이 보여지며 그 공속성은 성장할 수 있어야 한다.

헌법국가의 개성은 「문화적 결정체」로서의 자유를 산출하는 예술과 문학에 의거한다. 문학 텍스트는 「효소」로서 기능한다. 그것은 「소재」이며 열린사회의 법이나 법학자는 거기로부터 단기적·중기적·장기적으로 많은 자극과 「소재」 아울러 (방향성을 제시하는) 「가치」를 얻을 수 있다. 또한 비법학자로부터의 헌법문제에 대한 의견표명도 헌법국가의 기초개념의 내용규정의 과정과 마찬가지로, 방향성을 보여주는 가치를 「발견」하는 과정에서 전체의 「조화」에 공헌하게 된다.[73]) 어떤 국민의 문화상태의 일부로서의 헌법이 장기적으로 「지속」하는가의 여부, 그리고 그것이 어떻게 지속하는가는 법학자의 문제일 뿐만 아니라 또한 일반적으로 모든 국민의 문제일 뿐만 아니라 「직업상」 말을 다루려고 하는 예술가나 문학자의 문제이기도 하다. 법적인 헌법은 그것이 문화적 구조들(비록 비합리적인 내용일지라도)에 의해서 지켜지며, 「유지」되지 않는다면, 바로 비상시와 위기적 상황에서 한정적으로만 효력을 지닐 뿐이다. 비판적 문학은 사회 내지 공공성의 발효 과정에서의 하나의 효소이며,[74]) 그것은 다원주의적으로 파악되는 자기이해의 정식화에

Walser), 그레고르-델린(M. Gregor-Dellin)이란 소설가를 저녁 식사에 초대하고 심야까지 토론하였다는 사실(Bonner GA vom 23. 9. 1981, S. 5)은 여기에 해당된다. 나아가 예컨대 보이즈(Beuys)와 같은 예술가, 문학자, 정치가, 국법학자의 참가 아래 1978년 1월에 행한 예술과 법에 대한 뷔르츠부르크에서의 토론 (Jahrbuch 1977/1978, S. 109 ff.)도 의미 있었다.

71) P. F. Reitzke, Das Buch ist eine Messe wer, Christ und Welt/Reinischer Merkur vom 16. 10. 1981, S. 1.

72) 프랑스나 영국의 업적과 비교하여 달인과 같은 이야기나 의미 있는 수사학의 독일 문학에 있어서의 결점에 대해서 Hans Mayer, Politische Rhetorik und deutsche Gegenwartsliteratur, in: FS A. Arndt, 1969, S. 293 ff.는 1964년이 되어서 비로소 「공적 화제와의 새로운 관계」가 전개되었다고 한다. 「독일의 역사는 자유와의 문화적 관계를 결여하고 있다」고 하는 프랑스의 저널리스트의 발언에 대해서는 A. Getz, in: Der Spiegel Nr. 4. vom 25. 1. 1982, S. 35 참조. 프랑스에서는 몽테스키외의 『법의 정신』 또는 루소의 작품의 일부가 공화국을 구성하는 것은, 그것들이 직접 많은 법학적 헌법텍스트에 수용되었기 (1789년 8월 26일의 인간과 시민의 권리선언 제1조 1문, 제6조 1문, 제16조 참조. Zit. nach P. C. Mayer-Tasch (Hrsg.), Die Verfassungen Europas, 2. Aufl. 1975) 때문만은 아니다. 이러한 문학은 그 밖의 「문학」과 마찬가지로 동시에 법적 문학이기도 하다. 그것은 동시에 법텍스트이며 프랑스 헌법의 전통을 보여주는 문화적 텍스트이다.

73) 따라서 H. M. Enzensberger (Deutschland, Deutschland unter anderem, 1967, S. 46)가 한탄하는 약간의 법학자의 우위가 방지될 수 있다. 그것은 헌법해석자의 닫힌 사회로 될 것이며 기본법에 일치하는 것은 아니다.

도 봉사한다. 여하튼 우리 모두가 헌법의 수호자이기 위해서 「법학자의 손에만 맡겨두기에는 헌법국가는 너무나 중요하다」라는 문장을 작가가 제시하였다고 하더라도 놀랄 일은 아닐 것이다.75)

7. 생산과 수용의 문화적 과정에서의 학문과 문학으로서의 국법학

특히 (헌법상의) 학문적 해석자공동체는 고전 텍스트의 의미를 명백히 하고, 그것을 법학적 해석과정에 도입할 때의 「위대한 문학」이나 철학의 공동작업 또는 교육학의 도움으로, 교육목표로서의 헌법원리의 현실화라는 헌법학 이외의 요인들의 사실적인 관여의 강도와 범위를 테마화하여야 한다. 그러나 거의 모든 다양한 레벨에서, 그리고 상이한 「혼합의 정도」에서 헌법학 그 자체가 직접적으로 경우에 따라서는 간접적으로 관여한다. 확실히 헌법학은 결코 상위 학문이 아니며 국가적 기능들이나 넓은 의미의 헌법해석자 그리고 예술 · 학문 · 종교에서의 다원주의적 공공성의 그 밖의 구체적 과정의 영향이나 작용에, 나아가 「위대한」 문학에 의한 비판에도 자신 쪽에 내맡긴다.76) 거기에서 헌법학은 전체로서의 헌법해석자 공동체의 일부, 즉 그 밖의 공동관여자의 과제나 그 업적과 서로 관련한다. 그 때에 헌법학은 예컨대 국민의 장래를 위한 희망이나 바람 그리고 역사에서의 국민의 고뇌로 가득찬 경험을 표명하는 헌법의 전문이나 교육목표에서의 기본적 컨센서스의 측면들처럼, 헌법해석자 공동체에 의해서 산출된 모든 또는 대부분의 객관화를 결부시키는 그 밖의 헌법문화의 요소들을 찾아내지 않으면 안 된다. 헌법학은 학문과 문학으로서 (a)의 생산과 수용의 문화적 과정 중에서 (b) 기능한다.

---

74) (독일에서의 정치개혁을 위한 Gruppe 47의 예에서) 문학의 정치적 선구자로서의 역할에 대한 경험적 증명은 H. M. Kepplinger, Realkultur und Medienkultur, 1975, zusammenfassend S. 193 ff. 참조.
75) 문학과 정치적 공동체 간의 여기서 탐구한 관계는 예컨대 어떤 종류의 「국가문학」 내지는 「국가예술」 또는 「실증적 예술」과 같은 것은 아니다. 그런 종류의 것은 대체로 국가에 대해서 유용하지 않았으며 저자에 대해서 해로웠다. 베르길리우스(Vergil)는 예외에 불과하다. 당연한 것이지만 코펠레프(L. Kopelew)는 독일 출판계의 평화상 수상자로서의 프랑크푸르트에서의 연설에서, 「모든 국가에서의, 특히 권위주의나 전체주의가 지배하고 있는 국가에서의 진정한 정신적 생활은 국가권력, 국가정치로부터 독립하여 전개되며 행정실무나 이데올로기적 전승은 정신적 · 도덕적 전통, 국민문화의 전승과는 무연하거나 대립하는 것이다」라고 서술한다(FAZ vom 19. 10. 1981, S. 8).
76) 모든 문화국가성에도 불구하고 국법학은 예술가에게 거의 접근하지 않을 것이다. 참으로 우연히 우리들의 전문적인 문헌 중에는 확실히 항상 장식적인 인용 이상이긴 하지만(?) 「위대한 문학」의 원용이 발견될 뿐이다. 예컨대 E. Denninger, VVDStRL 37 (1979), S. 7 (48)에서는 유스티누스 케르너(Justinus Kerner)가 인용되고, G. Roellecke, VVDStRL 34 (1976), S. 7 (19 f.)에서는 구약성서의 솔로몬왕이 인용되고, M. Kriele, Einführung in die Staatslehre, 1975, S. 190, 298 (국순옥 옮김, 『헌법학입문』, 종로서적, 1983)에서는 F. 실러가, W. Hamel, Deutsches Staatsrecht I, Grundbegriffe, 1971, S. 67에서는 G. 뷔흐너가, Herb. Krüger, Allgemeine Staatslehre, 2. Aufl. 1966, S. 33에서는 H. 하이네가, U. Scheuner, Staatstheorie und Staatsrecht, 1978, S. 633에서는 F. 실러가 각각 인용되고 있다. 이러한 부족(不足)은 국법학도 「문학」의 일부이며 그렇다면 추가적으로 수용가능성이 열려져야 한다고 생각한다면 더더욱 유감스런 것이다. 그러므로 Otto Mayer, Georg Jellinek 또는 Carl Schmitt라는 위대한 미문가들은 항상 의식하고 있었다.

(a) **학문과 문학으로서의 헌법학**은 헌법해석자의 열린사회를 그것에 따라서 이중으로 기초지우는 이중적 성격을 지닌다. (법적) **학문**으로서 헌법학은 헌법판례를 평석하고 더구나 자신에 대해서도 논평하는 활동을 한다.77) 전술한 법률에 관련된 판례의 **생산적** 요소78)는 헌법학 자체가 (헌법)법률의 내용을 소화할 때 가져오는 생산적 공헌 중에서 그 부수물을 가진다.79) **문학**으로서의 헌법학은 그것 자체 개개의 헌법명제에 부가하며 함께 읽는 첨예화한 것, 이론들, 개별적인 논문들 등과 같은 의미심장한 테제의 형태로 기능한다. 예컨대 기본법 중에서 명시적으로 규범화되어 있지는 않지만, 오늘날 실제로는 기본법의 연방국가원리의 내용으로서 간단하게 붙어있는 「연방충성」(R. 스멘트)이라는 형태(BVerfGE 81, 310 (337) 참조)가 생각될 것이다. 문학으로서의 헌법학은 모든 의견의 차이와 대립에서, 모든 모순과 불균질에서 결국은 다른 요소 아래서의 본질적 요소로서 헌법해석자의 열린사회를 기초지우는 하나의 (문화적) 앙상블을 형성한다.

학문과 문학으로서의 헌법학은 한편으로, 예컨대 비록 최종적으로는 학자의 공동체로서의 헌법해석자 공동체를 형성하더라도, 개개의 학문이론이나 방향성이 대립하는 경우 해석에 관한 **자기완결적 과정**에서의 하나의 부분 요인이다. 그러나 헌법학은 다른 레벨에서는 헌법을 해석하는 과정에서의 기여와 독자적인 공헌을 제공한다. 헌법학은 입법자나 행정의 일에 수반하며 그것을 유발하거나 정당화하며, 그리고 「계승된」 대화 레벨, 나아가서는 다음과 같은 다양한 국가적 및 공적 기능들 간에서의 표현형식을 확립한다. 그것은 예컨대 시민과 국가 또는 집단과 국가 간에서의 것, 기본법 제93조 1항 3호에 의한 연방국가의 분쟁이 연방헌법재판소에서 양쪽 국법학자의 「원조」 아래 다투는 경우처럼, 국가의 기능들 간에서의 헌법소원의 이유라는 형태에서, 나아가서는 (예컨대 「헌법개혁」을 위한) 앙케이트 위원회와 같은 참여의 형태에서, 또는 1974년의 독일연방의회에서 전개된 「헌법논의」를 위한 키워드를 헌법학이 공급하는 경우처럼 그 밖의 방법에서이다. 헌법학은 이와 같이 **매개적** 기관으로서 기능한다.

(b) 헌법학은 그 때에 **생산과 수용** 그리고 **수용과 재생산**이라는 과정 중에 있다.80)

---

77) 상세한 것은 P. Häberle, Recht aus Rezensionen, in: ders., Kommentierte Verfassungs-rechtsprechung, 1979, S. 1 (18 ff.); ders., Einleitung (Fn. 36), S. 54 ff. 참조.
78) 기본적으로는 J. Esser, Grundsatz und Norm in der richterlichen Fortbildung des Privatrechts, 1956, 4. Aufl., 1990 참조.
79) 법률과의 관계에서의 (헌법) 재판의 **생산적** 「관여」가 다양하게 탐구된 반면에, 정치적 공동체에서의 학문과 문학으로서의 국법학의 효과의 레벨, 효과의 형식, 가능성과 한계를 원칙적으로 탐구한 업적은 매우 적다. 그러나 헌법상의 원리들은 성문 텍스트를 둘러싼, 그리고 그를 위한 국법학이나 그 해석자의 전통, 정치적 경험, 국가실무 그리고 그 밖의 다른 정치적·문화적 컨텍스트, 그러므로 텍스트와 컨텍스트의 앙상블이다. 현실주의적인 헌법해석은 헌법 텍스트와 함께 뒷받침하는 요소들과 요인을 법사회학적 내지는 헌법사회학적으로, 그리고 헌법론적으로 그 영향 레벨이나 결과에서, 그 어휘와 개념에서, 그 과정과 관여자에서 구조지워야 할 것이다.
80) P. Häberle, Einleitung (Fn. 36), S. 58 ff. 참조. 수용과정을 둘러싼 문학이론적 논의에 대해 기본적인 것은 H. R. Jauß, Literaturgeschichte als Provokation, 1970, S. 144 ff. 참조. 비판에 대해서는 P. Brüger, Vermittlung, Rezeption, Funktion, 1979, bes. S. 133 ff. 참조. 또한 H. R. Jauß, Ästhetische Erfahrungen und literarische Hermeneutik, 1982도 참조. 수용의 학문적 접근의 **한계**는 예술작품의

거기에서는 **모든** 공적 및 국가적 기능들이 하나의 계속적인 과정에서 관여한다. 「관여」란 이념적으로는 잠재적으로 항상 생산적인 종류의 것이다. 예컨대 헌법소원을 제기하는 시민도 그 때에 그것에 대한 판단을 내리는 연방헌법재판소, 연방헌법재판소의 결정에 평석을 붙이는 국법학자, 그리고 그것을 수용하는 학문적 · 정치적 · 문화적 공공성 등도 마찬가지로 관여하는 것이다.

이 수용과 생산이라는 과정은 헌법국가의 발전을 촉진하며 고전 텍스트로부터 교육목표에 이르기까지의 판결의 다수의견이나 소수의견 그리고 「부적당한」 도그마틱으로부터 통설에 이르기까지의 넓은 의미의, 그리고 좁은 의미의 모든 헌법해석자의 단편적인 관여를 통합한다. 생산과 수용이라는 헌법해석자의 과정이 처음으로 다원주의의 헌법을 열고 또 기초지운다. 잠재적으로 은폐된 현실적 생산을 수반하지 않는 수용은 정체(停滯) 그리고 후퇴를 의미한다. 또한 수용을 수반하지 않는 생산은 혼란, 자의 그리고 최종적으로는 무질서를 의미한다. 각각의 경우에서 역점은 변화할 수 있다. 예컨대 어떤 정치적 공동체에서는 수용단계가 강화되거나 또는 생산단계가 강화될는지도 모른다. 혁신과 수용의 관계는 「중기적」으로 균형이 잡힌 것이어야 한다. 그리고 그러한 경우에만 열린사회가 탄생하며 계속 존재한다.

생산과 수용의 관점은 헌법해석에의 관여자의 모두를 분리하며 그리고 결합한다. 헌법해석자의 열린사회의 토대가 되는 요소는 어느 **하나의** 기능이나 개인에 의해서만 수용되는 것은 아니다. 결국 여기서도 그 **공동체**의 과제와 성과는 시간적 평면에서 결정적인 것이다. 이에 대한 몇 가지 예시는 헌법재판소의 재판관에 의한 소수의견이 그것만으로 존재하지는 않는다는 것이다. 학문적 과정이 그 소수의견을 준비하고, 학문적 과정이 그 소수의견을 모사한다. 소수의견의 학문적 사전준비와 그 사후적 · 대체적 판례성은 공동작용하며 서로 필요로 한다. 「지배적 견해」[81]도 여하튼 그것이 다원주의사회 속에서만 견딜 수 있고 지지할 수 있으며, 더구나 「뒷받침되는」 것이라면 많은 자의 관여로서 구성된다. 어떤 국법학자의 라이프워크는 전부 받아들일 수는 없다. 비록 그것이 열린 학자공동체의 목적이었다고 해도 말이다. 그러나 그것은 정치공동체에 대한 생산적인 구성에 부분적인 공헌을 수행할 수 있다. — 사물적으로 구체화해 보면 예컨대 1949년 이래 기본법을 특징지어온 **사회적** 법치국가의 확충과정은 (급부) 입법 · 행정 · 사법 그리고 헌법 도그마틱 등의 많은 국가적 및 공적 기능들의 하나의 모범적인 **공동작용**이며, 대중의식이나 일반적으로 정치과정이 이를 위해 공헌해 왔다. 여기서는 H. 헬러가 그것을 특징지었듯이,[82] 「사회적 법치국가」의 정식은 기본법 이전에도 있었던 학문적 도그마틱

효과의 **역사**가 작품의 해석에 **사실상** 어떤 영향을 가지는가를 문제로 삼아야할 뿐만 아니라, 그것이 어떠한 영향을 **가질 수 있는가**도 문제로 삼아야 한다는 것에서 생긴다. 그렇지 않다면 은폐된 단순한 결과의 형이상학으로 되어버릴 우려가 있다.

81) 이에 대해서는 R. Schnur, Der Begriff der "herrschenden Meinung" in der Rechtsdogmatik, in: FS E. Forsthoff, 1969, S. 43 ff.; N. Luhmann, Öffentlich-rechtliche Entschädigung - rechtspolitisch betrachtet - , 1965, S. 195 ff. 참조.

82) H. Heller, Rechtsstaat oder Diktatur? (1930), in: ders., Gesammelte Schriften, Bd. 2, 1971,

의 하나의 초기 업적으로서 언급할 수 있을 것이다. 사회적 법률의 풍부함은 비스마르크의 사회보험에서 비롯한다. 기본법 하에서의 독일 국법학은 (1949년의 H. P. 입센의 함부르크대학 총장 취임 연설[83] 이래) 사회국가조항의 탐구에서 계속적으로 공헌해 왔다. 정치과정은 「연금 슬라이드제」를 창설하고, 연방행정재판소는 그 판례집 제1권에서 이미 보호청구권을 긍정하였다.[84] 그리하여 사회적 법치국가의 현실은 좁은 의미의 헌법 텍스트를 초월하는 다수의 요소들로 구성된다. 비록 오늘날 「사회국가의 한계」가 그 윤곽을 보다 명백하게 할지라도 경향에서 본다면 그 현실이 넓은 의미의 헌법 텍스트로 된다.

이러한 생산과정과 수용의 종류나 강도를 규정하는 **요인들을** 예견하는 것은 어렵다. 어떤 국법학자의 의견, 어떤 연방헌법재판소의 소수의견이나 판단이 현실적으로 넓은 의미의 헌법 텍스트가 되는 정치적 공동체 중에서 중요성을 가질지 예견할 수는 없다. 넓은 의미의 헌법 텍스트의 도움으로 소화되는 「대체적 해석」의 동의형성력 · 설득력 · 명백함 그리고 정의의 가치라는 것이 수용의 조건이 될 것이다. 많은 국법학자의 의사표시나 서평은 가장 「영향력이 없는」 것이 되는지도 모르며, 그 밖의 것이 「결정적인 효과」를 가질지도 모른다. 헬러의 「사회적 법치국가」, 스멘트의 「연방충성」, 쇼이너(Scheuner)의 「정치적 의사의 사전형성」과 같은 정식이 기본법의 통합적 요소로서 가치를 인정한다는 것은 거의 예견할 수 없었다. 연방헌법재판소의 어떤 개개의 판결이 「확립된 판례」를 구성하는지는 통상의 경우 사후적으로만 재구성될 수 있을 뿐이다.

확실히 기본법은 다원주의의 헌법으로서 헌법해석의 과정을 위한 포럼, 그리고 원한다면 좁은 의미와 아울러 넓은 의미의 헌법해석자의 「무대」이다. 관계자의 「역할」의 중요성 그리고 「소재」의 진행은 존재한다 하더라도, 「연출가」가 알지 못한 채 열린 그대로 계속한다. 결정적인 것은, 그때마다 당해 공공성이 하나의 **다원주의적** 공공성이라는 것, 즉 해석의 제안은 많은 반대의견이나 그것을 주장하는 적대자를 제시해야 한다는 것이다. 따라서 서로 모순된 고전 텍스트를 위한 개방성은 존속해야 하며, 연방헌법재판소의 판례와 모순되는 국법학자의 의사표시를 위해서도 개방성은 존재해야 한다. 상급재판소의 해석작업의 성과에 동조하지 않는 하급재판소를 위한 주의도 존재해야 하며, 교육목표의 수정에 대해서 토론하기 위한 준비도 존재해야 한다. 그리고 학문상의 입장이나 국법학자 내부에서의, 나아가서는 그것을 초월한 헌법해석자 공동체의 그 밖의 범위에서의 오랜 인식의 새로운 정식화를 위해서 개방성이 존재하지 않으면 안 된다. 비로소

S. 195 ff. (김효전역, 법치국가냐 독재냐? 동인 편역, 『법치국가의 원리』, 법원사, 1996 및 『바이마르 헌법과 정치사상』, 산지니, 2016) 참조.

83) H. P. Ipsen, Über das Grundgesetz, 1950; ders., Fragwürdiges zur Sozialstaatlichkeit, in: Ansprachen aus Anlaß des 25 jährigen Bestehens des Bundessozialgerichts, 1979, S. 39 ff.

84) BVerwGE 1, 159 (161 f.). – 1949년 이래의 사회국가원리의 역사 내지 논의에 대해서는 H. H. Hartwich, Sozialstaatspostulat und gesellschaftlicher status quo, 1970, 2. Aufl. 1977, S. 17 ff., 281 ff.; 또한 H. F. Zacher, Was können wir vom Sozialstaatsprinzip wissen?, in: FS H. P. Ipsen, 1977, S. 207 ff.; ders., Das sozial Staatsziel, HdBStR Bd. I (1987), S. 1045 ff. 참조.

다원주의로부터, 즉 다양한 이념이나 이익으로부터 넓은 의미의 헌법 텍스트에로의 많은 사람의 공헌이 결집할 수 있으며, 정치공동체의 한 걸음 한 걸음의 발전을 허용하는 대체적 해석을 위한 개방성이 나올 수 있는 것이다.

제3편
헌법사

1. 독일 헌법사 서설*

프리츠 하르퉁

《차 례》

---

* Fritz Hartung, Deutsche Verfassungsgeschichte vom 15. Jahrhundert bis zur Gegenwart, 1950,
　 9. Aufl., Stuttgart: K. F. Koehler Verlag 1969, S. 1-34.

I. 서 론

1. 독일 헌법사의 과제

헌법사의 연구에서는 역사학의 다른 어떠한 분야에서와 마찬가지로, 문제의 설정과 관심방향이 시대의 상황이나 정치적인 동향에 따라서 제약을 받는다. 예를 들면 독일 단체들(Genossenschaften)의 본질과 법적 발전에 관한 기이르케(Gierke)의 방대한 저작이 마치 영방등족-의회제(領邦等族, 議會制, landständische Verfassung)*나 독일 도시에 관한 그의 수많은 연구와 마찬가지로, 19세기의 자유주의적 입헌주의적 운동과 관련을 가지고 있다는 것은 다툼의 여지가 없다. 벨로프(G. v. Below)의 경우도 마찬가지이며, 1914년에 발간한 「중세 독일 국가」에 관한 저서[1]에서 절정에 달한, 구 독일 제국의 국가적 성격을 논증하려는 그의 정열적인 투쟁에는 비스마르크 이래의 독일의 반자유주의적인 정치적 발전의 작용을 분명히 느끼게 된다. 국가사회주의[나치즘]가 자기의 목적을 위해서 역사 서술을 봉사케 한 것이 이제 다시 생생하게 떠오른다.

이와 같이, 때와 함께 변천하는 문제들과 나란히 또는 그것들을 초월하여 독일 헌법사의 중심을 지배하는 것은 제국(Reich)과 영방들(Territorien)과의 관계, 통일사상과 분리주의와의 관계라는 문제이다. 이것이야말로 근세 독일 헌법사의 연구와 서술에 부과된 특별한 과제이다. 이 역사는 프랑스나 영국의 헌법사처럼 중세 말기의 국가가 점차로 발전하여 강력한 중앙집권적인, 보통 절대군주제와 결부된 국가권력, 가장 중요한 도구인 직업관료와 군대라는 독특한 표지들을 지니며, [사회구조에 대해서] 철저하게 작용하는 근대 국가가 완성되어가는 것을 획일적으로 추적할 수는 없다. 그렇지 않고는 전체국가와 그 토대 위에 대부분이 그 희생으로 성립된 개별 국가들과의 병존 내지 대항관계를 서술하지 않으면 안 된다. 이것으로 이미 명백하듯이, 그러한 역사는 일반 헌법사의 범위 안에 조작 없이 포함되는 것은 아니다. 이러한 범위 그 자체가 이제 저술의 형식으로서 어떤 보편타당한 것으로 볼 수 있을 만큼 확고한 것은 아니다. 유럽의 모든 문명국가를 그 가운데 편입시킬 수 있는 근세 헌법사의 시기들의 도식은 확실히 존재하지 않으며, 그것이 발견될 수 있는지도 의문이다.[2] 또한 비교의 범위를 프랑스-부르군드-스페인의 문화권에 한정하는 경우일지라도, 확실히 유사성은 확인될 수 있으며, 독일의 황제권력과 프랑스나 스페인의 군주제적인 국가권력, 여기의 등족(Stände)*과 거기의 등족을 서로

---

1) G. v. Below, Der deutsche Staat des MA., 1. Band (2. Aufl. 1925); 이 책에 대해서는 A. Dopsch, MIÖG., Bd. 35, 1915, S. 8 ff., R. Hübner, ZSavRg., Bd. 35, 1914, S. 484 ff., E. Rosenthal, HZ., Bd. 115, 1916, S. 372 ff. 참조. 그리고 F. Keutgen, Der deutsche Staat des MA., 1918.

2) 나의 논문 Die Epochen der absoluten Monarchie in der neueren Geschichte, HZ., Bd. 145, 1932 (논문집 Volk und Staat in der deutschen Geschichte, 1940에 수록) 참조.

관련짓지만, 각각의 차원은 상당히 다르고, 특히 개별 요인의 내적 구조가 같지 않으므로 전체적으로 독일의 헌법사는 본질적인 점에서 독일 제국의 고유성에 근거한 독자적인 경과를 거쳤다고 할 수 있을 것이다. 그렇다고 하여 독일보다도 일찍 완성되고 보다 견고하게 조직된 서 유럽 제국이 독일의 헌법발전에 미친 영향이 부정되어서는 안 된다. 독일 제국사의 근세 초기에 위치하는 로마법의 계수는 결코 고립된 것이 아니라 최근세에 이르기까지 반복하여 인정되고, 북방 인종의 순수성을 그토록 자랑한 나치즘조차도 그것을 벗어나지 못한, 다소 깊은 외부로부터의 영향의 오랜 연쇄 속에서 특히 주목을 끄는 일환에 불과하다. 이 영향에 대해서는 뒤에 상세히 서술할 것이다.

여러 영방들이 어떠한 원인에서, 또 어떠한 방법으로 제국과 나란히 또한 제국에 대항하여 성립했는가를 이야기하는 것은 이 책의 과제 밖에 있다. 우선 제1부에서는 제국이 서 유럽에서 근대적인 국가가 형성된 바로 그 시대에, 이른바 제국 개혁에서 영방적 권력들을 어떻게 자기의 헌법 속에 편입시키려고 하였는가, 어찌하여 제국은 그것에 실패하고 일반적인 발전에 순응할 힘을 최종적으로 상실하였는가, 어떻게 그 중세적인 형식을 그대로 응고하고, 적극적인 요인으로서는 근세의 발전으로부터 이탈하여 마침내는 프랑스 혁명시대의 폭풍 속에서 완전히 붕괴되기에 이르렀는가를 서술할 필요가 있다. 서 유럽에서 근대적인 국가가 이루어놓은 것을 자신의 보다 좁은 범위의 내부에서 창조하려고 시도한 것은 여러 영방이다. 그러나 상황의 협소함은 이 영방적인 국가 형성에 독특한 성격을 뚜렷이 하였다. 근세의 표준적인 독일 국가의 업적은 서 유럽에서 달성된 것에 비하여 시종 뒤지고 있었던 것만은 아니다. 독일 민족의 정신적 및 정치적인 태도에 대해서도 협소한 상황 속에서의 생활의 익숙함은 숙명적인 귀결을 가져왔으며, 19세기·20세기의 독일사도 바로 그 여파를 받지 않을 수 없었으며 현재에도 받고 있다.

이러한 내부적인 약점은 브란덴부르크-프로이센 국가의 홍성에 의해서도 극복되지 않았다. 이 국가는 확실히 강력한 외적인 권력기구를 건설할 수 있으며, 그것으로 합스부르크가와 함께 또한 이것에 대항하여 제국, 바로 그것이 유럽에서 독자적인 역할을 수행하는 것이 가능하게 되었다(제7장 참조). 그러나 물질적인 기초가 빈약하여 특히 국내의 모든 힘은 몹시 혹사되고, 또한 그것을 오로지 국가주권의 명령에 일방적으로 복종하는 것이 강요되었다. 이리하여 프로이센에서도 또한 영국이나 프랑스에서처럼, 19세기의 국가적 발전을 가져올 수 있는 강력한 자각적인 국민은 성립하지 못했던 것이다.

2. 구 제국과 개별 국가들의 헌법사를 위한 사료와 문헌에 관한 서문

초이머(K. Zeumer)는 그가 감수한『중세와 근세 독일 제국 헌법사 사료와 연구』 (Quellen und Studien zur Verfassungsgeschichte des Deutschen Reichs in Mittelalter und Neuzeit) 제1권 (1905)에 대한 서문 중에서 슈타우펜 왕조 말기 이후의 독일 제국

체제가 가지는 제도들에 대한 관심이 지금까지 항상 희박하였다는 사실을 정당하게 역설하고 있다. 19세기의 역사 서술은 사멸해가는 제국에 대해서 신경도 쓰지 않았으며, 또한 개별 연구는 보통 지방사적으로 조직되고 있어서 이것도 제국 헌법의 문제들을 바로 다룰 수 없었던 것이다. 더구나 제국사의 분야에 속하는 모든 과제가 소재의 풍족함 때문에 처음부터 주어진 특질에 대한 올바른 통찰도 자주 결여되고 있었다. 사료의 수집과 공간의 완벽성이라는 원칙은 여기서는 결코 관철될 것 같지 않다. 그것 자체 자주 완전히 아무래도 좋은 것같은 문서류의 압도적인 충일 속에서 영속적인 가치를 지니는 것을 뽑아내는 것만이 문제로 된다. 그럼에도 불구하고 예컨대 약 100년 전에 뮌헨의 역사학 위원회에 의해서 개시된 독일 제국 문서의 발간에서처럼, 이러한 실험이라고 불리는, 실제로는 그 밖의 다른 기획에도 운명이 되어버린 모범에 따르려고 시도한 경우에는 미로에 빠져들어 버렸다. 그 때문에 우리들의 입장은 전체적으로 볼 때 오늘날에도 여전히 18세기 말엽의 역사가들보다도 개선되지 않고, 여하튼 낡은 사료나 서술 문헌을 그대로 빼놓을 수 없는 것이다. 퓌터(J. S. Pütter)가 『독일 국법학 문헌』(Literatur des Teutschen Staatsrechts)이란 제목으로 발간한 안내서(3 Bde., Göttingen 1776/83; 4. Bd. bearb. von J. L. Klüber, Erlangen 1792)는 아직도 유용하다.

관변에 의한 제국법의 집성은 지금까지 한 번도 없었다. 다만, 몇몇 제국 최종결정 (Reichsabschied)*만이 정부의 손으로 간행되고 있으나 결코 믿을만한 것이 못된다. 제국 최종결정의 전집 발간은 자주 기획되었다. 『독일 제국 문서』(Deutsche Reichsakten) 제1권(1867)에 기고한 바이재커(J. Weizsäcker)의 서문 S. II ff. 참조. 가장 유명하고 이용 가치가 있는 것은 "Neue und vollständigere Sammlung der Reichsabschiede"(Frankfurt 1747, 4 Teile. 이것은 자주 출판자 코흐[Koch]의 이름으로 불린다). 이것을 보충하는 것으로는 J. J. Pachner v. Eggenstorff, Vollständige Sammlung aller von Anfang des noch fortwährenden Reichstags de anno 1663 bis anhero abgefaßten Reichsschlüsse (4 Teile, Regensburg 1740/77), J. C. Lünig, Teutsches Reichsarchiv (24 Teile, Leipzig 1710/22), C. F. Gerstlacher, Hb. der teutschen Reichsgesetze in systematischer Ordnung (11 Teile, Karlsruhe und Stuttgart 1786/93) 그리고 Corpus pacificationum oder Begriff aller Reichsfriedensschlüsse samt Executionsrezessen (Frankfurt 1721)을 들 수 있다.

근세에 있어서 제국 헌법의 발전에 대하여 사용할만한 서술도 존재하지 않는다. A. Luschin v. Ebengreuth, "Verfassung und Verwaltung der Germanen und des Deutschen Reiches bis 1806" ("Kultur der Gegenwart"의 한 책으로서 발간된 "Allgemeine Verfassungs-und Verwaltungsgeschichte," 1911의 일부)는 적어도 근세에 관한 한 불충분하다. 그러므로 오늘날에도 18세기의 국법학 문헌에 의지할 수밖에 없는데, 그 중에는 J. J. Moser, Teutsches Staatsrecht (50 Teile, dazu Zusätze und Register, Leipzig 1738/54), J. F. Pfeffinger, Vitriarius illustratus (4 Teile, 2. Aufl. Gotha 1739/54), J. S. Pütter, Historische Entwicklung der heutigen

Staatsverfassungen des Deutschen Reiches (3 Teile, Göttingen 1786/87; 3. Aufl. 1798/99)을 열거할 수 있을 것이다.

개별적인 문제들에 대하여 시사하는 바가 많은 고찰로서는 K. S. Bader, Volk-Stamm-Territorium (HZ., Bd. 176, 1953); Ders., Territorialbildung und Landeshoheit (Bll. f. D. Landesg., Bd. 90, 1953); O. Brunner, Land und Herrschaft [4] (1959); H. Grundmann, Stämme u. Länder in der D. G. (GWU., Bd. 6, 1955); H. Kretschmar, Reichsg. und Landesg. in der Neuzeit (Bll. f. D. Landesg., Bd. 90, 1953); F. Rörig, Ursachen und Auswirkungen d. D. Partikularismus (1937); W. Schlesinger, Vfgs.-u. Landesg. (Hess. Jb. f. Landesg., Bd. 3, 1953)을 들 수 있을 것이다.

II. 15세기의 제국

문헌. H. Heimpel, Das deutsche Spätma. (HZ., Bd. 158, 1938); Ders., Das Wesen des deutschen Spätma. (Arch. f. Kulturgesch., Bd. 35, 1953).

3. 제국과 제국 영역

문헌. H. Aubin, Die Ostgrenze des alten Deutschen Reichs, Neudruck 1959; Ders., Von Raum und Grenzen des deutschen Volkes, 1938; P. Kirn, Politische Geschichte der deutschen Grenzen[3], 1940.

독일 중세사에 대해서 결정적이었던 독일 국가(Reich), 그리고 그 왕권과 로마 제국, 그리고 황제권과의 결합은 근세의 독일 헌법사에 대하여 거의 실제상의 중요성을 가지지 못했다. 그것은 황제의 칭호가 로마 내지 교황권으로부터 거의 완전히 분리된 것 속에 외관상으로도 분명히 나타낸다. 막시밀리안 1세(Maximilian I)는 교황에 의한 대관을 단념하고 「선거된 로마 황제」의 칭호를 사용한 최초의 독일 왕이다. 카를 5세(Karl V) 이래 선제후에 의해서 선출된 국왕은 모두 쾰른이나 마인츠의 대주교가 행하는 국왕 대관식 직후에 같은 칭호를 사용하였다. 다만, 카를 5세만은 뒤에 교황으로부터 제관(帝冠)을 받았다.

로마와의 오랜 결합이 이렇게 해체된 것은 물론 단순히 독일이 국왕의 선거나 독일의 국내 사정에 대한 교황권의 — 자주 성가시다고 느낀 — 개입으로부터 자유롭게 되었다는 것을 의미할 뿐만 아니라, 동시에 로마 황제권과 결합하는 모든 보편적인 권리 요구를 단념한 것도 의미한다. 무엇보다도 실제로 이러한 단념은 거의 아무런 의미도 가지지 못했다. 왜냐하면 이 로마황제의 권능은 이미 14세기 이래 실질적으로 독일 국민의 영역 이외에 미치지 않게 되었기 때문이다. 이탈리아의 대부분의 국가들은 이미 독립한 것이나 다름없으며, 예전의 부르군드 왕국의 커다란 부분은 프랑스의 수중에 떨어졌다. 그리고 일반적으로 공문서 용어(Kanzleisprache)는 덜 현실로 적용되지 못했으나, 그러나 15세기 중엽 이래 이러한 사정을 고려에 넣고 있었다. 이른바 국왕 프리드리히 3세의 개혁안, 1442년의 란트프리데법(Landfriedengesetz)은 로마 제국과 독일의 국가들 (Lande)을 구별한 최초의 제국법이다. 그 후에 독일의 국가들 대신에 독일 국민(Nation)이 라는 호칭이 나타나고, 1486년에 처음으로 곧 일반적으로 사용하게 되는「독일 국민의 로마 제국」이라는 형식이 어떤 제국법 속에 사용되었다. 프랑스 혁명 전쟁에 의한 와해 시대에 비로소 로마 제국의 마지막 여운마저도 제국의 칭호로부터 사라졌으며, 1801년의 뤼네빌(Lunéville) 강화는 제국의 이것을 단순히「독일의」로 부르고 있다.

「독일 국민의」라는 부가어는 17 · 18세기에는 국법학자에 의해서 로마 제국에 대한 독일 국민의 지배를 의미하는 것으로 해석되고 있었다. 그 후의 역사 서술도 대부분 이것을 그렇게 이해하고, 과장된 칭호와 빈약한 현실과의 모순을 아니러니컬한 느낌을 가지고 특징짓기 위해서 즐겨 이것을 사용하였다. 예컨대 브라반트(A. Brabant)는 프리드 리히 대왕에 대한 제국 전쟁의 역사를 기술함에 있어서「프리드리히 대왕과 싸우는 독일 국민의 신성 로마 제국」(1904)이라는 제목을 붙였다.

보다 새로운 연구들[3]은 이러한 부가어가 한정어로서 생겨났으며, 그것은 단순히 「독일 국민의 것인 한의 제국」이라는 의미에 불과했다는 것을 명백히 하였다. 이러한 말의 근저에는 15세기의 독일에서「이민족에 대한 연맹」(Einung gegen fremden Gezünge)을 만들려고 한 시도에도 나타났듯이, 국민적인 연대 감정이 역연하게 가로놓여 있었다. 다만, 이 독일적 영역에서만 15세기 이후에도 황제의 권력, 제국 입법의 효력, 제국 의회에의 출석 자격이 미치고 있었다.

원래 국민성의 원리만으로는 국가들의 경계를 분명히 획정하는데 결코 충분하지는 않았다. 오늘날과 마찬가지로 그 당시에도 역사적 및 지리적인 사정이 마찬가지로 작용하 고 있었다. 그러므로 예전부터 제국에 속했던 이곳저곳의 비독일적인 영역도 독일 국민의 제국 안에 포함되었다. 그것은 특히 제국의 서쪽 경계[4]에 대해서 그러한데, 이에 반하여 동쪽에서는 독일의 민족성은 확실히 제국의 경계를 넘어서 넓히고 있었다.

그러나 제국의 경계를 구체적으로 상세히 기술하는 것은 거의 불가능하다. 이 점 역시 제국이 중세적인 봉건국가(Lehnstaat)의 형식들 속에 응고한 하나의 표시이다.

---

3) A. Werminghoff, Deutsches Reich und Deutsche Nation (Königsberger Universitätsrede, 1909); K. Zeumer, Heiliges römisches Reich deutscher Nation (1910). 이러한 연구 성과는 A. Diehl, HZ., Bd. 156 (1937)에 의해서 보충되고 확증되고 있다.
4) 비트너(L. Bittner)가 소개하는 (MIÖG, Bd. 34, 1913, S. 526 f.) 1556년 6월 2일의 캄브레(Cambray)에 관한 카를 5세의 증서를 참조. 여기서 캄브레 주교령(主教領)은「독일어가 그 지방의 말이 아닌 프랑스어가 사용되고 있음에도 불구하고」「독일 국민의」로마 제국에 속하며,「루뱅(Leodienses), 메츠(Metenses), 베르당(Verduneses), 뚜르(Tullenses)의 주교령들이나 기타 여기에 유사한 것이 보존되어온」것과 같은「같은 독일 국민의 제국」의 등족에 속하는 보호요구권을 가진다고 서술하고 있다.

서 유럽 제국이 중세로부터 근세에로 변화하는 동안에, 보댕(Bodin) 이래 마침내 「주권」이라고 부르게 된 국가권력의 대내적인 강화에 수반하여 그 경계를 대외적으로 분명히 확정한데 반하여, 독일 제국은 한 번도 이것을 달성하지 못했던 것이다. 그러므로 제국의 경계선이 어떻게 달리고 있는가를 지도 위에서 정확하게 나타내는 것은 불가능한 일이다.

1500년 경 독일 국민의 제국에 속한다고 간주된 영역들을 확정하기 위해서 가장 좋은 근거를 제공하는 것은 1500년에 규정되고 1512년에 확대된 [제국] 크라이스(Kreis)의 구분이다. 그것에 의하면 서쪽 경계에는 네덜란드 ― 서부 플란데르와 아르토우 같은 프랑스의 레엔(Lehen)인 부분을 제외하고 ―, 로트링겐, 부르군드 자유 백작령(Freigrafschaft) 그리고 사보이아가 위치하고 있었는데 그들의 제국의 생활에의 관여와 제국 의회에의 참가는 물론 점차 적어지게 되었다. 제국의 남쪽 경계는 커다란 활을 그리면서, 1499년의 바젤 강화 이래 제국으로부터 사실상 이탈하고 있던 스위스의 각 주를 둘러싸고, 이어서 티롤로부터 트리엔트(Trient) 주교령(主教領)에 이르는 남쪽으로 펼쳐 있다. 동쪽의 경계는 대체로 나중의 헝가리에 대한 오스트리아 국경과 일치하며, 나아가 보헤미아, 실레지엔 그리고 라우지츠(Lausitzen)를 밖에 두고, 브란덴부르크와 폼메른(Pommern)이 폴란드에 대한 북동쪽의 경계를 이루고 있었다.

이것이 제국의 사실상의 판도였다. 그 이상의 권리 요구, 예컨대 밀라노 그 밖의 이탈리아 영역들에 대한 봉주권(封主權)과 같은 것은 실제로 아무런 의미도 가지지 못했다. 그것에 1512년 당시의 범위마저도 더 이상 주장할 수 없었다. 최초의 중대한 손실은 네덜란드의 분리이며, 이것은 1548년의 협정에 의해서 야기되었으며, 스페인계의 합스부르크가에게 네덜란드가 결합된 것과 그 독립전쟁으로 예리한 형태를 취하고, 1648년에 정식으로 승인된 것이다. 이어서 1552년에는 독일의 서쪽 경계에 대한 프랑스의 최초의 침입이 일어나고, 특히 17세기 동안에 여러 가지의 부분적으로는 매우 논의의 여지가 많은 법형식 아래 이 지방의 보다 많은 영역이 프랑스에 할양되었다. 이러한 손실에 대하여 동쪽에서는 정식으로 영토가 획득되었다. 그것은 황제 선거권에 의해서 제국과 항상 결합하고 있던 보헤미아와 그 속령이 1526년 이래 합스부르크의 영토가 되고, 1708년 스페인 계승전쟁(Erbfolgekrieg)에서 생긴 정치 정세와 연관하여 다시 완전한 권리를 가진 제국 신분(Reichsstand)으로서 제국 의회에 포함되게 되었다. 프로이센*은 이에 반하여 항상 제국 결합체의 외부에 있었다.

4. 황제의 권력

문헌. H. Günter, Die Reichsidee im Wandel der Zeiten (HJB., Bd. 53, 1933); F. Kern, Die Reichsgewalt des deutschen Königs nach dem Interregnum, zeitgenösische Theorien, HZ., Bd. 106 (1911); R. Scholz, Krisis und Wandlungen des Reichgedankens am Ausgang des MA (Neue Jbb. deutscher Wissenschaft, Bd. 13, 1937. 특히 13세기와 14세기에 관한 것).

15세기에서의 독일 헌법의 상태를 간단히 묘사하는 것은 쉬운 일이 아니다. 왜냐하면 독일의 국법학은 헤겔에 의하면,5) 원리에 근거를 둔 학문이 아니라 사법(私法, Privatrecht) 의 방식으로 얻은 매우 잡다한 국가적 권리들의 대장(臺帳, Urbarium)이었기 때문이다. 15세기 이래 항상 반복해서 추구된 체계적인 서술은 따라서 불가능하다. 그러나 역사가는 15세기의 상태를 그 성립 과정의 묘사를 통해서 이해할 수 있는 것으로 기대하여도 좋다. 15세기의 제국 헌법은 어떤 일반적인 제국 입법도 이를 억제할 수 없었던, 오랜 기간에 걸치는 해체과정의 소산이다. 그 시대의 제국법 중에서 유일하게 시간적 제한을 받지 않는 금인칙서(金印勅書, Goldene Bulle)는 국왕의 선거라는 특수한 문제를 규제할 뿐이며, 새로운 상황에 입법을 적응시키려는 시도는 아무 곳에도 없었다. 독일의 국왕은 이론상으로는 의연하게 무제한한 지배자나 다름없었다. 그러나 로마법이 국가이론 중에 침입하면 할수록 점차 국왕에게는 로마 황제가 가지는 모든 권리가 인정되게 되었다. 그러나 현실적으로 영방에 의해서 왕권은 그 기초가 박탈되고 있었다. 영방이 구 제국을 해체시킨 것이다. 영방은 그만큼 독립적인 권력이 되었으며, 특히 근대적인 국가의 성립에 그토록 중요한 의미를 지니고 있었으므로, 그러한 내적 구조는 별도의 장(제5-8장)에서 고찰되어야 한다. 여기서는 다만 영방의 대두가 제국 헌법에 미친 영향을 확인하는데 그치기로 한다. 영방은 제국의 희생에서, 왕권과 특히 제국령(帝國領)과 제국 재정의 희생으로 성립하였다. 모저(J. J. Moser)는 18세기에 관하여, 독일의 황제는 「구두 크기 만한 토지와 인민도 가지지 못하고, 한 조각의 땅도 그의 이름으로 다스리지 못하고, 그가 거기에서 수입을 끌어내지도 못한다」고 서술하였는데, 이것은 이미 1400년 경부터 타당하다. 거기에 제국의 기타 수입원도 거의 완전히 고갈되거나 저당에 들어가 있었기 때문에, 황제 지그문트(Sigmund)는 서서히 해마다 제국에서 올리는 수입은 13,000 그루 텐을 상회하지 않는다고 말한 것도 이유가 있었다.6) 그런데 15세기 이래 때로는 제국 재정의 적자를 「게마이네 페니게」(gemeine Pfennige)인 일반적인 제국세(帝國稅)에 의해 서 전보하려는 시도가 있었다. 그러나 소수의 순수하게 이론적인 제국 개혁론을 별도로 한다면, 이러한 모든 계획은 단기적인 위험의 방지에 불과하며, 더구나 그것이 실현될 것은 거의 희박하며, 실현된다고 하더라도 빈약한 성과 밖에는 거두지 못했다. 제국은 한스 폰 헤르만스그륀(Hans von Hermansgrün)7)의 적절한 말에 의하면, 빈궁에 빠지고

---

5) 그가 1801년에 쓴 정치 팸플릿 "Die Verfassung des Deutschen Reiches," neue Ausg. von G. Mollat, 1935 참조. 또한 이에 대해서는 F. Rosenzweig, Hegel und der Staat, Bd. 1 (1920), S. 104 ff.도 참조.

6) 이 점은 18세기가 되어서도 사태는 개선되지 않았다. F. Frhr. v. Mensi, Die Finanzen Österreichs von 1701-1740 (1890), S. 33 참조.

7) H. Ulmann, Der Traum des Hans v. Hermansgrün, eine politische Denkschrift aus dem Jahre 1495 (FDG., Bd. 20, 1880), S. 83. 「귀공들은 개인으로서 힘이나 부를 가지고 있지만 공적으로는 빈곤하다. 생기를 잃은 국가는 다시 전쟁의 위험에 빠지면 병력·마필·무기·금전을 요구하며 귀공들에게 로 구걸하러 오지 않을 수 없다」. H. Wiesflecker, Der Traum des Hans von Hermansgrün, eine

전쟁 때에는 구걸하며 다니지 않을 수 없었다. 국왕이 제국으로부터 생각대로 병정을 징집할 권리도 이론의 여지가 없는 것은 아니었기 때문이다. 여기서도 영방이 밀고 들어가고 도처에서 주민 중의 담세력(擔稅力)과 무장 능력 있는 계층들과의 직접적인 접촉에서 국왕을 차단하려고 노력하고 있었다. 제국의 주민 대중은 [국왕의] 간접적인 신민이 되어버렸다. 얼마 안 되는 예외를 제외하고 — 제국 기사층의 지위는 15세기에서도 여전히 불명확하였다 – 다만, 영방만이 제국 직속이며 1806년에 이르기까지의 제국 헌법의 역사가 다루는 대상은 독일 민족이 아니라 이들 영방, 즉 제국 등족뿐이다. 이 경우 영방에는 제후령(諸侯領) 외에 제국 그라프(Reichsgraf)·제국의 고위 성직자 그리고 제국 도시의 영역도 포함된다.

　　확실히 국왕은 영방의 이와 같은 발전에도 불구하고, 여전히 여러 가지의 귀중한 권리를 소유하고 있었다. 그는 최고의 재판권자이며 최고의 봉주였다. 그리고 그러한 권리가 아직 실제상으로도 중요성을 가지고 있었던 것은 루돌프 폰 합스부르크(Rudolf von Habsburg)로부터 프리드리히 3세에 이르는, 거의 모든 국왕이 영토를 획득하고 있는 것에서 명백하다. 그러나 이러한 권리들은 제국과 왕권에 대해서 이익이 되지 못했다. 국왕은 공위(空位)가 된 제국봉(帝國封)을 1년과 1일 이상 자신에게 보유를 허락하지 않고, 다시 이것을 수여하고 이것으로써 제국을 위하여 직접 이것을 이용하지 않으면 안 된다는 일반적인 관념, 또는 왕관의 확고한 세습성을 결여한 결과, 그리고 획득한 영토의 어느 하나도 제국의 소유로 귀속되지 않았다. 오히려 그러한 모든 것은 당해 국왕을 만든 왕조의 가문 세력을 증대하거나 또는 처음으로 이것의 기초를 마련하는 데에 봉사하였다. 이 제국 등족이 최초로 1495년 막시밀리안 1세에게 강요한 평화와 법의 관장*에서, 이어서 여러 선거 협약*에서 이처럼 화가 많은 발전을 억제하고 제국 전쟁에서 획득하였으나, 봉(封)으로서 회수된 모든 영토를 제국에 주려고 시도했을 때에는 이미 늦었다. 이리하여 왕권은 때와 함께 점차 그 실질적인 기초를 빼앗기고, 이미 15세기에는, 왕권은 어떤 강대한 가문 세력과의 결합으로 겨우 유지할 수 있었다는 것, 단지 유력한 영방 군주만이 국왕으로 선출될 수 있었다는 것이 아주 명백하였다. 제국의 이해와 가문 세력의 이해와의 대립은 왕권이 합스부르크가에게 사실상 세습되기에 이르렀다는 것 등으로써 해소되지는 않고, 단점은 더구나 항상 날카롭게 나타났다. 왕권은 영방적 이해에 포함되고 제국에서의 왕권의 기능마저도 거기에 봉사하게 되었다. 15세기의 40년대에 일어난 교회 정치상의 분쟁의 결과는 이것을 여실히 나타내었다. 제국은 이 분쟁에서 아무것도 얻지 못했는데, 국왕 프리드리히 3세는 이것을 통해서 자기의 세습령에 대한 귀중한 권리를 획득하고, 그것으로써 성직자층은 그의 영방 군주권에 복속시켰다. 우리들이 제국의 이해와 가문의 이해를 구별하더라도, 그것은 별로 근대적 개념이란 것을 그 시대에 가지고 들어가서는 안 된다. 이 시대의 사람들도 양자의 구별과 그것의 대립을 의식하고 있었다. 예컨대 이미 1379년 프랑스와 율리히(Jülich) 공 사이에

Reformschrift aus dem Lager Maximilians I. (Festschrift für K. Eder, 1959) 참조.

체결된 동맹조약 속에서 영방적 또는 유럽적인 이해를 가지는 가문 세력의 소유자인 독일 왕과 「제국에 관한 것에서의」국왕 그 자체가 분명히 구별되는 것이다. 이리하여 「황제와 제국」이라는 정식(Formel)은 점차 그 의미가 변해가고 있다.[8] 두 개념은 원래 같은 것으로, 다만 황제는 개인으로서의 원수, 제국은 일반적·영속적인 조직이라는 것만이 차이였으나, 15세기에는 양자의 대립이 나타나고 그것은 뒤에 황제와, 황제 없는 등족의 총체로서의 제국과의 완전한 분리를 가져오게 되었다.

물론 제국 정책과 가문 세력 정책과는 절대적으로 모순되는 것은 아니다. 카를 4세는 가문의 이해를 현명하고 시종일관되게 대표하는 것이 제국에 대한 황제의 내정상·외교상의 의무의 정력적인 이행과 아무런 대립이 없다는 것을 입증하였다. 다름 아닌 독일의 무분별한 상황과 영방 군주들 아래서의 경합이야말로 행동력과 목적의식을 가진 인물이 세력을 얻는 것을 쉽게 하였다. 카를 4세가 독일 전체에 실현했듯이, 란트프리데 연맹(Landfriedenseinungen)*은 단순히 국내평화를 확보하기 위한 수단이었을 뿐만 아니라 왕권을 관철하기 위한 수단이기도 하였다. 이와 같은 인물이 15세기 동안에 독일의 왕좌에 없었다는 것, 이 세기의 절반 이상에 걸쳐 통치한 프리드리히 3세가 사태를 리드하여 자기보다는 상황에 좌우되는 완전히 수동적인 성격의 인물이었다는 것이 독일 헌법사의 발자취에 커다란 영향을 미쳤다. 나아가 제국의 동쪽에서의 세력관계의 형성, 즉 보헤미아에서의 독일의 종주권에 대한 체코인의 반항, 마티아스 코르비누스(Matthias Corvinus) 아래서의 강력한 마자르 국가의 성립, 오스만 왕조 세력의 증대도 지적해 두어야 할 것이다. 왜냐하면 이러한 사건은 15세기 황제=국왕들을 그들의 선구자보다 더욱 강하게 독일의 상황에서 인도하고, 그럼으로써 이후의 발전을 가져오는데 함께 참여하였다.

이와 같이 개인적인 요인과 일반적인 요인이 결합하여 작용한 결과, 15세기를 통하여 제국에는 강력한 왕권이 거의 일관하여 결여되었다. 그리하여 이미 15세기 전반의 20, 30년 동안에 제국의 붕괴가 뚜렷하게 나타나고, 그것은 국내에서는 사법 활동의 쇠퇴와 페데(Fehde)의 증대, 밖으로는 후스(Hus)파의 공격에 대한 수치스런 무방비로서 나타났다.

5. 제국 의회와 선제후 회의

문헌. R. Bemmann, Zur Geschichte des Reichstags im 15. Jh. (1907). 그 밖의 사료와 문헌에 대해서는 S. 36 (제12절) 참조.

왕권의 마비가 제국에 대해서 화가 된 것은 그것에 대신할 수 있는 기관이 아무 곳에도 존재하지 않았기 때문이다. 확실히 제국 의회라는, 모든 제국 등족의 대의체는

---

8) R. Smend, Zur Geschichte der Formel Kaiser und Reich in den letzten Jahrhunderten des alten Reichs (Histor. Aufsätze für Zeumer, 1910, S. 439 ff. 참조. 이 논문에서는 15세기에서의 이 말의 의미변화가 인식되지 않고 있다(HVSchr. Bd. 16, 1913, S. 52, Anm. 1의 저자의 주기 참조).

존재했으나 이것 없이는 통치 권력을 지속적으로 행사할 수 없으며, 거기에는 확고한
일관성이 결여되어 있었다. 15세기의 제국 의회는 그 조직이 엉성한 점에서 독일의
헌법 상황 일반의 불안정을 잘 나타내고 있다. 제국 의회는 제국 내의 새로운 영방적
권력들의 조직으로서 성립한 것인데, 그 권리와 의무, 그 권한, 그 의사 절차는 한 번도
법규적으로 확정되지 못했다. 그러므로 우리들은 체계화를 좋아하는 학자가 그 성질상
당연히 이러한 종류의 기구에 대해서 제기하는 물음에 대답할 수가 없다. 누가 15세기에
출석 자격을 가지고 있었는지, 또는 그 자격에는 출석할 의무도 수반하였는지, 국왕은
모든 유자격자를 소집할 의무가 있었는지, 그렇다면 그는 그 참가가 바람직하다고 여기는
자만을 부를 자유가 있었는지, 결국 제국 의회는 국왕의 소집 없이도 개회할 수 있었는지,
우리들에게는 그 어느 하나도 명확히 알 수가 없다. 또한 의사절차, 특히 표결에 관해서도
국왕은 보통 이것을 수행할 수 없었다고 주장한 결석한 등족에 대한 제국 의회 결의의
구속성에 대해서도 우리들은 충분한 정보를 가지고 있지 않다. 앞으로의 연구가 타일
세 개의 부회(部會)의 분리나 도시의 제국 등족 자격이나 그 밖의 문제를 내세워 제국
의회 문서에 대한 음미를 배우게 되는 경우에는 몇 가지 점이 명백하게 되리라고 기대한다.
그러나 아마 주요한 점에서는 단순히 15세기의 제국 의회에는 견고한 조직이 완전히
결여되어 있었다는 곤란한 사실을 확증할 수 있을 뿐이다. 15세기까지 약간의 관행이
형성된 것은 단지 의사절차의 외관적인 것뿐이다. 국왕의 제안은 출석자 전원이 일제히
이것을 듣고, 이어서 각각의 부회 — 대부분의 경우 선제후와 [일반] 제후는 합동으로
— 개별적으로 심의를 하는데, 국왕에게 주어야 할 회답은 이에 반하여 자주 총회에서
확정되고, 그리고는 의회의 대변인인 마인츠(Mainz) 선제후(選帝侯)를 통해서 국왕에게
전달되었다. 그러나 제국의 운명에 대한 제국 의회의 영향력, 국왕에 대한 그 지위는
정치 상황에 따라서 변동하며, 특히 등족 자신의 내부적 결속에 좌우되었는데, 그 결속은
보통 국왕의 요구에 대한 방어를 능가하지 못하고, 적극적으로 어떤 일을 하려고 시도할
때에는 언제나 갑자기 무너져 버린다. 15세기의 20년대에는 제국 의회는 지그문트
(Sigmund)에 대해서 제국의 이해를 자주적으로 대표하고, 제국에서의 평화와 법, 또는
외부에 대한 정력적인 방위를 요구했는데, 이러한 요구를 실행하는 것은 물론 주로
국왕에게 맡겨졌다. 이에 반하여 프리드리히 3세 치하의 제국 의회는 완전히 무위무책이
었다. 프리드리히는 제국 의회를 마음대로 할 수 있었으며, 그는 몇 년 동안이나 전혀
소집하지 않고, 그의 정책에 반대하는 자를 완전히 추방하고, 마침내 그는 개인적으로
회의에 참가하였으며, 개별 의원 각자에게 그 의견을 물어봄으로써 심의와 표결의 자유를
침해하였다.

그러나 보다 편협한 선제후들의 서클로서 그것이 신성 제국의 초석으로서 자기에게
요구한 우선권에도 불구하고, 제국을 통솔할 능력은 가지고 있지 못했다. 그들은 과연
때에 따라(1338, 1399, 1424년) 「선제후 회의」(Kurverein)로 결집하고, 실제로 무능하거나
무능하다고 생각되는 국왕에 대신하여 제국의 통치를 스스로 인수, 그러나 선제후 한

사람 한 사람의 특수 이해는 회의(Kollegium)의 전체 이해보다도 항상 크고, 선제후 회의에 고집하기 보다는 국왕과 보조를 맞추는 쪽이 훨씬 유리하다고 간주되었다. 그러므로 이러한 선제후 회의는 모두 단시일에 와해되고, 1446년에 선제후 회의가 새로이 형성되고, 또한 50년대에는 선제후들이 1444년 이래 이미 전혀 제국에 오지 아니한 황제에게 석명을 요구하고 심지어는 이것을 폐위하려고까지 시도하였을지라도, 결코 그 이상 더 나은 성과를 거두지 못했다. 프리드리히 3세처럼 소극적인 사람마저도 선제후 회의의 일체성을 파괴하는 것은 매우 용이하였다. 선제후는 정기적으로 회의를 열어야 한다는 금인칙서(金印勅書) 규정을 실시하는 데에는 결코 생각이 미치지도 아니하였다.

6. 1486년 이전의 제국 개혁의 시도

개혁 문서. Avisamentum pro reformatione sacri imperii (콘스탄츠 공회 시대의 것), hrsg. von C. Höfler, (A. f. Kunde österr. GQuellen, Bd. 12, 1854, S. 363 f.), 완전한 형태로는 Acta consilii Constanciensis, Bd. 3, 1926, S. 624/45에 수록. Nicolaus de Cusa, De concordantia Catholica libri tres (바젤 공회의 시대의 것. 자주 판을 거듭했는데, 예컨대 S. Schardius, De iurisdictione imperii, Basileae 1566에 수록. 새로운 판은 G. Kallen의 것이 있는데, 현재 제1, 제2권 뿐 1939-41. 제국에 대해서 가장 중요한 곳의 발췌는 Zeumer, Quellensammlung², Nr. 162, S. 246 ff.). 토케(H. Toke)의 논저에 대해서는 R. Smend, Ein Reichsreformprojekt aus dem Schriftenkreise des Baseler Konzils (NA., Bd. 32, 1907, S. 746 ff. 발췌는 Zeumer, a. a. O., S. 265 ff., Nr. 167)와 P. Clausen, Heinrich Toke, ein Beitrag zur Geschichte der Reichs-und Kirchenreform in der Zeit der Baseler Konzils (Diss. Jena 1939). 이론과 실천의 중간 위치를 차지하는 것으로서 1454년경 트리어에서 나온 각서가 있다(L. v. Ranke, Deutsche Geschicht im Zeitalter der Reformation, Bd. 6⁷, S. 9 ff.에는 성계(聖界) 선제후 간의 의결로서 열거하고 있다. 그 발췌는 Zeumer, a. a. O., Nr. 169, S. 269 f.). 상당히 논란이 많은 황제 지그문트의 개혁 문서에 대해서는 H. Koller가 새로운 판을 준비 중인데 그 동안에는 DA., Bd. 13, 1957, S. 482 ff. und 14, 1958 참조.

서술 문헌. F. Ernst, Reichs-und Landespolitik im Süden Deutschlands am Ende des MA (HVSchr., Bd. 30, 1935); H. Gallas, Herzog Ludwig der Reiche von Bayern-Landshut und die Reichsreformbewegung der Jahre 1459-1467 (Diss. München 1937); G. Kallen, Der Reichsgedanke des Nikolaus von Cusa (Neue Heidelberger Jbb. 1940).

콘스탄츠와 바젤의 공회의(公會議) 기간 동안에 전면적인 제국 개혁을 요구하는 소리가 높았던 것은 아마 공회의 운동의 하나의 귀결일 것이다. 관계 문서의 완전한 집성은 아직 없으며, 우리들이 알고 있는 것은 정말 몇 가지에 불과하며, 얼마나 많은 것이 문서 보존고나 도서관에 잠자고 있는지 짐작할 수도 없다. 그러나 우리들이 현재 가지고 있는 것만으로도 이미 이 시대의 사상이 무엇을 목표로 하고 있었는가를 아는데 충분하다. 물론 이러한 개혁 문서의 제안은 평화와 법을 실천하려는 동시대의 제국 의회의 시도보다도 매우 넓은 범위에 걸쳐 있으며, 제국 헌법의 핵심, 국왕의 통치 조직에 논박하고 있다. 여기서 발언하는 것은 성직자들이며, 일부는 교회의 헌법 투쟁의 인상 아래서 집필하고 있다. 그들이 제국의 통치를 교회의 그것과 비교하여 제국 내의 귀족제적 요소에, 교회 내의 같은 세력이 요구한 것과 유사한 지위를 부여하려고 힘쓴 것은 거기에서 이해할 수 있다. 교황이 추기경들과 함께 통치해야 하는 것과 마찬가지로, 황제도 참의회(參議會)에 구속되어야 한다. 그 회의의 구성에 대해서는 여러 가지 안(案)이 나와 있으나, 이것이 영방적 권력들을 대표하게 된다는 점에서는 모두 일치하고 있었다. 가장 상세한 개혁 프로그램은 니콜라우스 쿠자누스(Nikolaus von Cues)*의『교회 일치론』(Concordantia Catholica)인데, 이것은 매년 열리는 제국 의회에 의해서 제국의 통치에 대한 제국 등족의 영향력을 더욱 더 확보하려고 한다. 그러나 그때에 제국 의회는 잡비를 절약하기 위해서 특히 중요한 경우에만 모든 제국 등족의 출석을 요구하며, 보통은 단순히 선제후와 그 밖의 위원회만이 여기에 출석하는 것으로 되어 있었다. 여기에는 이미 1495년의 등족적인 제국 개혁안, 즉 제국 통치원(帝國統治院)과 제국 의회를 조직하는 계획이 미리 나타나 있는 것을 볼 수 있다.9) 여러 개혁 문서들은 제국 최대의 결함인 사법(司法)의 부재를 제국 내에 일정한 소재지를 가지는 상설 법원을 설치함으로써 제거하고, 그 판결 집행을 위한 충분한 집행을 동 법원의 이용에 맡기는, 그리고 끝으로 모든 개혁의 수행에 필요한 자금을 승인함으로써 영속적으로 보장하는, 등의 요구에서도 모두 의견이 일치하고 있었다.

이러한 개혁 문서의 어떠한 것도 실제로 영향력을 미친 형적은 없다. 독일의 제국 의회는 가장 가까이 있는 것에 심의를 한정하지 않을 수 없었다. 의회는 훨씬 이전부터 오로지 제국 내의 평화와 법을 어떻게 지켜야 할 것인가 하는 절박한 문제에만 관심을 두고, 제국에서의 통치 방식의 변경 따위에는 생각을 하지 않았다. 그러나 개혁 이념의 간접적인 영향은 ─ 그 개혁 이념 자체 어느 정도까지 사보이아·프랑스·잉글랜드처럼 제국보다 잘 다스리고, 바로 그 당시 개혁이 진행되고 있던 국가들에서의 관청 조직의 형성에 시사를 주고 있었는데, ─ 1434년부터 1438년 동안의 제국 의회에서의 상의(商議), 특히 1437년에 에거(Eger) 제국 의회, 1438년의 뉘른베르크 제국 의회의 그것에서 느낄 수 있다.10) 이러한 의회에서는 란트프리데를 실현하려는 구래의 노력이 제후에 의해서 다시 개시되고, 재판제도를 개조하려는 시도와 결부되고 있었다. 마지막으로 1438년 7월의 뉘른베르크 제국 의회에서 선제후의 참의관(參議官)들로부터 나온 제안의 근본 사상은 훌륭한 것으로 사용하기에 흡족하였다. 즉 페데(Fehde)*의 완전한 폐지,

───────────────

9) 매년 제국 의회는 적어도 1개월 계속해야 한다는 규정도 이미 니콜라우스 쿠자누스에서 발견된다.
10) Reichstagsakten ältere Reihe, Bd. 11-13 참조. 1438년 7월의 제국 의회의 주요한 문서는 K. Zeumer, Quellensammlung,2 Nr. 165, S. 252 ff.에도 수록.

법정 조직의 확립, 제국을 네 개의 크라이스로 나누는 것에 의한 재판과 판결 집행과 란트프리데 보호와의 지방분권화가 그것이다. 그렇지만 완전히 참신하지는 아니한 예전의 구상을 반복하고 개선한 것에 불과한 이러한 모든 규정은 오로지 하급 귀족이나 도시에 대한 대제후령(大諸侯領)의 권위를 강화하고, 중소 제국의 등족에 대한 국왕의 영향력을 가능한 한 배제할 목적으로 만들어졌다. 그러므로 국왕의 대리자들은 선제후 측의 원안을 그 근본은 충분히 보존하면서도 대폭적으로 넓히고, 결과적으로는 국왕의 권력과 하급 제국 귀족과 아울러 제국 도시의 독립성이 존속하게 되었다. 그러나 선제후에 대해서는 그들의 영방 세력의 발전을 저해하는 제국 개혁 등은 전혀 문제가 되지 않았다. 그리고 선제후나 제후의 의지에 반하여 국왕이 이처럼 단호한 개혁을 수행하는 것은 새로운 국왕 측의 제안이 무엇보다도 먼저 그러한 세력, 즉 제국 도시가 완전히 무력하였다는 것만으로 점차 불가능하였다. 이리하여 제국을 근본적으로 재편성하려는 최초의 시도는 일찍이 1438년 10월의 뉘른베르크 제국 의회에서 완전히 좌절되었다. 그 후의 수 년 간에도 더욱 이 문제를 둘러싼 상의(商議)는 계속되었으며, 프리드리히 3세는 1442년 8월 14일에 하나의 란트프리데 법[11])을 발포하였으나, 이 법률은「국왕 프리드리히의 개혁」이라는 낭랑한 이름에도 불구하고, 재판제도의 개정도 안정된 집행권도 만들어 내지 못하고 더구나 페데마저 제거하지 못한 점에서 1437년과 1438년의 계획들에 더욱 후퇴한 것이었다.

이에 이은 20년 동안에는 제국 개혁이라는 것, 대체로 평화와 법을 위해서 제국 권력을 발동시키는 것은 거의 입에 오르내리지도 않았다. 그것은 프리드리히 3세가 이미 제국의 문제에 거의 신경을 쓰지 아니한 시기이다. 그리고 유력한 제후는 이 기회에 편승하여 그들이 1437년과 1438년에 합법적인 경로로 달성할 수 없었던, 즉 그들의 상급 지배권(Oberhoheit) 아래로 귀족과 도시의 복종을 힘으로써 관철하고 있었다. 제6장에서 상세히 서술하듯이, 당시 영방들에 있어서 독일의 새로운 국가적 질서의 기초가 마련된 것이다. 제국에 대해서 이 시기는 많은 소요와 투쟁을 가져왔다. 수많은 개별 세력을 결합시키는 탁월한 권력이 결여되어 있었기 때문에 랑케(Ranke)가 이것을 카오스라고 부른 것은 정당하다.

거기에서 생겨나는 위험에 대해서 제국 등족은 자력구제(自力救濟), 즉 자유의사적인 아이눙(Einung)* 형태의 단결로써 몸을 보호하려고 시도하였다. 이것은 결코 새로운 것은 아니었다. 제후도 구성원으로 가담한 1254년의「라인 도시 동맹」* 이래 아이눙의 사상은 독일의 역사에서 이미 사라져 버린 것은 아니었다. 많은 지방에서 만들어진 국지적인, 목적이 한정된 아이눙에 그것은 나타나 있다. 이 아이눙의 사상은 스위스 서약 공동체에서는 영속적인 작용을 가지게 되었다. 루돌프 폰 합스부르크나 카를 4세처

---

11) 이것을 마지막으로 그 후 상당히 오랫동안 란트프리데 법은 발포되지 않았으므로 이 법률은 높이 평가되고, 그 때문에 이미 1474년 이래 금인칙서와 아울러 자주 간행되어 왔다(Hain, Nr. 4077 f.). 최신판은 Reichstagsakten, Bd. 16, 1928, S. 396 ff.

럼 실천력 있는 국왕도 란트프리데의 보호를 좇아하고 그러한 동맹에게 맡겼다. 이에 반하여 카를 4세는 금인칙서에서 도시 동맹을 금지하고 있다.

실제로 아이눙 제도는 양날을 가진 칼이었다. 특히 아이눙의 기초가 안녕과 질서에 대한 이웃의 공통 이해가 아니라 신분적 내지는 종파적인 특수 이해인 경우가 그러하며, 그러한 특수 이해는 상당히 용이하게 다른 신분의 대항 아이눙 형성, 그리고 신분들 간의 전쟁을 불러일으켰다.12)

그러므로 우리들은 독일 헌법사에 대해서 아이눙 제도가 가지는 중요성을 도저히 오토 기이르케(O. Gierke)13)처럼 높이 평가하는 것은 허용할 수 없을 것이다. 무엇보다도 이것을 제국 헌법의 결합에 대한 만능약이라고 볼 수는 없다. 일반적인 제국 동맹을 통해서 보다 견고한 통합을 실현하려는 등족 측의 제국 개혁도 막시밀리안 1세, 나아가 카를 5세가 기도한 시도도 모두 실패로 끝났다. 제국이라는 대규모적인 통합체에서는 거기에 필요한 공동 의식이, 또한 거기에서 생기는 자기의 이해를 전체에 종속시킨다는 구조가 결여되었기 때문이다. 이 약점은 국경 지역의 영방들에, 외국으로부터의 공격에 대한 다른 제국 영방의 원조를 확보하려고 한「대 이민족 연맹」형성을 위한 수많은 노력에서 특히 명확하게 나타났다. [아이눙을 통해서] 어떤 성과를 거둘 수 있었던 것은 단지 지방적으로 고립된 영역이 좁은 범위 내에서만이다.

그 위에 아이눙 제도는 폴란드 헌법사가 그 연맹들(Konföderation)에 의해서 가장 명백하게 증명하듯이, 그러나 제국의 역사는 또한 14, 15세기의 신분적 연맹들(Standeseinungen)이나 16, 17세기의 종파적 동맹들에 의해서 실증했듯이, 양날을 가진 칼이었다. 거기에서는 일부의 것이 아이눙으로부터 전체의 통일성을 위태롭게 하는 특수 동맹이 생길 위험이 항상 내포되어 있었다.

이러한 유보에도 불구하고 나는 아이눙 제도에 완전히 의의를 인정하려고 하지 않는 게오르크 폰 벨로프(G. v. Below)14)에게는 도저히 찬성할 수 없다. 그것은 상당히 좁은 지역의 범위 안에서「대체로 협약에 근거한 조직에 익숙하는 것과 또한 연맹의 집회 · 결의 · 재정 · 병력 소집이나 강제 집행에 익숙하는 것」을 영방들에게 가르치며,15) 그것으로써 제국 개혁 운동을 이론의 여지없이 준비한 것이다. 그것을 위한 전제 조건은 물론 15세기 중엽의 무력에 의한 대결 — 1449~50년에는 제후와 제국 도시 사이에, 1461~62년에는 호헨촐레른가와 비텔스바하가 사이에 행해진 — 을 통해서 세력 관계가 명확하고

12) 현재 이 문제에 대한 포괄적인 연구는 E. Bock, Der Schwäbische Bund und seine Verfassungen (1927). 최근의 연구로는 H. Angermeier, Die Funktion der Einung im 14. Jahrh. (Z. bayer. Landesgesch., Bd. 20, 1957)도 참조.

13) 특히 그의 『독일 단체법』(Deutsche Genossenschaftsrecht)에 관한 연구, 제1권 참조. 이 문제에 대해서는 Bader, Der deutsche Südwesten in seiner territorialstaatlichen Entwicklung, S. 54 ff., S. 64도 참조.

14) Der deutsche Staat des MA (1914), S. 34 f., S. 137 f.

15) K. Brandi, Deutsche Geschichte im Zeitalter der Reformation und Gegenreformation³ (1941), S. 99.

안정되게 낙착되었다. 제국 도시는 이 투쟁 속에서 자기의 제국 직속성을 확보하였는데,
그 정치적 역할은 이미 끝나고, 15세기 중엽 이후에는 제후의 영방은 제국의 역사에서
결정적인 요인이 되었다. 영방들 그 자체 중에는 어느 한 패권자로 오르는 것이 아니며,
어느 하나로서 완전히 단독으로 세상을 견지할 수 있을 만큼 강력하지 않으며, 대다수의
특히 성계(聖界)의 영방들은 그것이 제국 내의 법질서의 안정을 도모하려는 것이었다.
그러므로 프리드리히 3세가 1466/67년의 제국 의회에서 터키와 헝가리의 공격에 대한
제국의 원조를 요구하자마자, 다시 평화와 법의 실현을 요구하는 소리는 드높았다. 프리드
리히는 거의 20년 동안 어중간한 일을 시도하였다. 즉 란트프리데를 포고하였으나 그
집행에는 관심이 없었으며, 또한 궁정재판소(Kammergericht)를 설치하였으나, 이것은
대다수의 제국 등족과 그 신민에 대해서는 상당히 거리가 먼 데 있었다. 그는 제국
개혁에 관한 상의에 관여하게 되자, 오히려 윤택한 제국의 원조를 단념하는 쪽을 택하였다.
그러나 그 결과 그는 헝가리인에게 세습령의 대부분을 빼앗기고, 더구나 모든 제국
등족이 자기에게 반역하게 되었다. 그의 지지자마저도 견고하고 영속적인 제국질서의
필요성을 인식하고 있었다. 이리하여 80년대 중반에 새로운 제국 개혁의 운동이 일어났다.

III. 1486-1648년에 이르는 제국 헌법의 발전

문헌 목록. K. Schottenloher, Bibliographie zur deutschen Geschichte im Zeitalter der
Glaubensspaltung 1517-1585 (6 Bde. 1935-1940, 2. unveränd. Aufl. 1956/58.

문헌. Aus Reichstagen des 15. und 16. Jhs., Festgabe für die Histor. Kommission
zur Feier ihres 100jährigen Bestehens (1958); K. Brandi, Deutsche Geschichte im Zeitalter
der Reformation und Gegenreformation[3] (1941); F. v. Bezold, Geschichte der deutschen
Reformation (1890); Ders., Staat und Gesellschaft des Reformationszeitalter (Kultur der
Gegenwart, Teil II, Abt. V, 1. 1908).

7. 1486년부터 1500년에 이르는 등족에 의한 제국 개혁

사료. 뒤(제12절)에 열거하는 Reichstagstheatren 외에 1495년 제국 의회에 관하여 불가결한
것은 J. B. Datt, Volumen rerum Germanicarum novum sive de pace publica (Ulm 1698)이다.
이 의회에서 성립된 법률들은 자주 공간되고, 초이머(Zeumer)의 그것도 포함하여 제국사에 관한
모든 사료집에 수록되어 있다.

문헌. W. Andreas, Deutschland vor der Reformation[6] (1959); K. S. Bader, Kaiserliche
und ständische Reformgedanken in der Reichsreform des endenden 15. Jahrh. (Hist.
Jb., 73, 1954); E. Gothein, Der gemeine Pfennig auf dem Reichtag zu Worms (Breslauer

Diss. 1877); F. Hartung, Die Reichsreform von 1485-1495 (HVSchr. Bd. 16, 1913); K. Kaser, Deutsche Geschichte im Ausgange des Mittelalters, Bd. 2 (1912); V. v. Kraus, Das Nürnberger Reichsregiment (1883).

프리드리히 3세가 제국에 대하여 냉담하였고, 그의 가문 세력을 보호하기 위해서 자금과 군대가 필요할 때에만 이것을 생각하였고, 또한 그가 모든 개혁에 대하여 완강하게 저항한 결과, 1486년부터 1500년에 이르는 시기의 제국개혁 운동은 처음부터 황제에게 적대하는 것이 되었다. 이 운동은 제국 등족이 황제의 요구에 공동으로 저항해야 하며, 또한 황제를 지원하는 것에 생길 지도 모르는 위험에 대하여 보호하기 위하여 단결한 것에서 비롯한다. 그때에 제국 등족의 리더십은 마인츠 선제후 베르톨드 폰 헨네베르크 (Berthold von Henneberg, 1484-1504)의 손에 있었다. 황제에 대항하는 등족 세력의 조직에의 첫 걸음은 1485년부터 1497년 사이에 완성된 제국 의회 제도이며, 이것은 황제의 자의를 완전히 배제하는 것이었다. 황제를 심의로부터 축출하고, 더 나아가서는 황제와 등족 전체와의 협약의 형태로 제국 최종 결정의 문서가 작성된 것에서 제국 등족의 새로운 지위가 명백히 표현되고 있다(제12절 참조).

제국 의회에 있어서의 제국 등족의 결속이 비로소 실증된 것은 1486/87년, 황제가 요청하는 제국의 원조를 거절한 때이다. 이 때에 이미 건설적인 성과도 달성하려고 하는, 특히 제국의 상설 법원을 설치하고 황제를 강제하려고 하는 추세가 동시에 나타나고 있었다. 이 추세는 막시밀리안 1세 아래에서 한층 높아지고, 황제나 제국 의회에도 우월하는 중앙의 제국 권력을 창설함으로써 제국의 근본적인 개혁을 확보하려는 노력이 되었다. 막시밀리안은 등족에 의한 이러한 제국의 개조(改造)가 단순히 그의 가문 세력 정책을 위하여 제국 등족의 힘을 사용하는 것을 방해할 뿐만 아니라, 그가 어떠한 자주적인 대외 정책을 실시하는 것도 불가능하게 만드는 것으로 보아 이에 반대하려고 하였으나 헛수고였다. 1495년 보름스(Worms)에서 개최된 그의 치세 최초의 제국 의회에서 그는 본질적인 양보를 하여야만 하였다.

계획된 제국 개혁의 토대를 이루는 것이 이 보름스 제국 의회가 제정한 가장 유명한 법률, 영구 란트프리데 령(der ewige Landfriede)이다. 그것은 페데권(權)을 완전히 폐기하고 민간인 만이 아니라 모든 제국 등족에게도 일체의 자력구제(自力救濟)를 금지하고, 단지 정규의 재판 절차만을 허용함으로써 제국을 하나의 법 공동체로 하고, 제국 전체를 위해서도 국가적 발전의 전제조건을 만들어 내었다.

이 법률의 실시는 물론 누구보다도 먼저 확실한 사법(司法)을 위한 배려의 여부에 달려 있었다. 이러한 목적으로 등족은 황제에게 압박을 가하고, 지금까지 그의 궁정에서 행사되고 있던 최고의 재판권을 제국 내에, 우선 프랑크푸르트에서 항상 개정되는 최고 법원(Kammergericht)*에 위양하도록 하였다. 이 법원이 제국에 있어서의 법 발전에 대하여 가지는 의의에 관하여는 뒤에(제13절) 함께 논할 것이다.

이 법원의 비용과 막시밀리안에게 승인된 제국 원조를 갚기 위하여 「게마이너 페니히」 (gemeiner Pfennig)라는 영속적인 일반 제국세를 징수하게 되었다. 그러나 그것은 처음부터 제국 등족, 특히 제국 도시가 저항하였기 때문에 향후 4년에 한하여, 더구나 그 징수의 실시는 잘 되지 못하였다. 제국에는 이 조세를 징수할 수 있는 독자적인 관리가 결여되고 있었으며, 영방들은 거의 예외 없이 이것에 반대 의사를 나타내었다. 1500년에 의결된 일반적인 국민 징병도 또한 제국의 독자적인 행정 조직이 결여되어 있었기 때문에 좌절되었다. 거기에서 제국 의회는 처음으로 1505년~1521년부터는 영속적으로 — 이미 15세기에 자주 사용되었던 공병(供兵) 분담 제도로 복귀하였는데, 이것도 물론 중대한 결함을 가지고 있었다. 1521년 계획된 카를 5세의 로마 원정을 위하여 작성되고, 그 후에도 편의상 이어서 공병원수 사정(供兵員數査定)의 기초로서 보존된 대장은 부정확하고 자주 불공정하며, 그 개정은 자주 시도되었으나 결코 성공하지 못하였다. 이 제도는 제국의 과제를 위한 항상적인 최고 법원 만이 등족이 지불하는 항상적인 조세, 이른바 캄머지일러 (Kammerzieler)에 의해서 유지되었다. 왜냐하면 황제로부터 독립한 재판소로서 여기에는 등족 자신이 이해관계를 가지고 있었기 때문이다.

이 제국 개혁은 이미 1495년 「통치원」(統治院, Regiment)이라는 제국 등족에 의해서 임명되는 상설적인 제국 정부의 설립으로서 완결하는 것이었다. 그러나 막시밀리안은 통치권을 영속적으로 손에서 내어놓는 것을 거부하였다. 그 대신에 바로 하나의 타협, 「평화와 법의 집행」이 성립하였다. 이것은 막시밀리안과 등족 간의 협약이며, 그 내용은 두 가지로서 하나는 의결된 법령을 제국과 세습령에 실시한다는 국왕의 약속, 그리고 이것에 대응하는 등족측의 약속, 두 번째 것은 매년 1회 제국 의회를 열고, 적어도 1개월 동안 계속할 의무가 있다. 이와 같은 방법으로 등족은 새로운 제국 법률의 실시에 대한 그의 영향력을 충분히 확보할 수 있었던 것이다. 그러나 대체로 길고 지리한 제국 의회에 출석하는 것은 곧 귀족들에게 매우 성가신 것이 되었다. 또한 제국 의회가 통치를 실제로 인수할 수 있는 것은 제국 의회 제도는 너무나 기동성을 결여하고 있었다. 그 때문에 등족은 1500년의 아우그스부르크 제국 의회에서 막시밀리안의 정치적 곤경을 이용하고 이미 1495년 상정된 통치원 설치령을 특히 선제후에 대한 [일반] 제후의 관여 비율을 증대시키는, 근소한 변경을 하여 통과시켰다.

1500년 7월 2일의 통치원 설치령에 의하면, 뉘른베르크에 설치되는 제국 통치원 (Reichsregiment)은 막시밀리안 내지는 그가 임명하는 대리를 주석으로 하여 20인의 구성원으로 이루며, 그것도 일정한 순번으로 항상 하나의 선제후가 스스로 재임하여야 하며, 그 밖의 선제후는 참의관(參議官)에 의해서 대표되고 있었다. 그 밖에 성계 제후 1명, 이들은 모두 3개월 교체, 오스트리아와 부르군드, 고급 성직자, 제국 그라프의 대표 각각 1명, 제국 도시의 대표 2명, 거기에서 선제후 령과 합스부르크 령을 제외한 제국이 6개의 크라이스*로 나누어졌는데, 그러한 신설 크라이스의 대표 각 1명. 이 통치원에 대하여 막시밀리안은 모든 통치권을 위임하지 않으면 안 되며, 그 승인 없이는 그가 명하는 것은 원래부터 무효로 선언되었다. 통치원은 이에 반하여 제국에 관한 내정·외교 일체의 안건을, 국왕의 관여없이 처리할 수 있었다. 특히 중요한 경우에는 교체제(交替制)로 통치원에 부가하게 된 모든 선제후와 12인의 [일반] 제후가 공동으로 일을 처리하게 되었다. 통치원은 그 밖에 제국 의회의 소집권도 가지고 있었다. 그 경우 막시밀리안에게 통고하여야 하는데 그가 의회에 참가할 필요는 없었다.

이리하여 군주제적인 제국 통치 대신에 등족제적인 통치가 나타났는데, 후자도 전자와 마찬가지로, 또한 1496-1499년 마다의 제국 의회와 마찬가지로 불충분한 것이었다. 제국 통치원은 커다란 영방(領邦)들의 제국에 대한 무관심 때문에 기능을 다하지 못하고, 한 번도 규칙대로 구성원 임명조차 할 수 없었다. 그러나 통치원을 그 이상으로 번뇌케 만든 것은 무릇 현실적인 힘이라는 것이 결여되어 있었던 것이다. 그 구성원이나 최고 법원의 구성원에게 충분한 봉급을 주기 위한 자금을 통치원은 가지고 있지 않았으며, 400명의 병력을 징모한 란트프리데의 유지에 충당한다는 자기에게 맡겨진 임무를 수행하기 위한 독자적인 관리도 없었다. 그 때문에 통치원은 외부에 대해서도 무력하고, 막시밀리안이 자주적인 대외 정책을 수행하는 것을 한 번도 방해할 수 없었다. 모든 노력이 내실을 거두지 못하게 되어 통치원은 1502년 초에 해산되었다.

제1차 제국 통치원의 이러한 운명은 아이눙 사상이 제국을 국왕에 대항하여 영속적으로 담당할 힘을 가지고 있지 않았다는 것을 여실히 나타내었다. 이 사상은 확실히 국왕으로부터 그 권능의 일부를 빼앗는 데에는 적합하였다. 그러나 제국 등족의 내부적 결속은 종파상의 분열이 일어나기 이전에도 스스로 만들어낸 기관에 생명을 보존하기 위하여, 큰 영주들도 포함하여 모든 영주들을 제국 전체의 의지에 따르는데 족할 만큼 강하게 되었던 것이다.

등족제적인 조직이 이처럼 제대로 기능하지 못한 것은 어떤 군주제적인 제국 개혁의 가능성을 의미하고 있었던 것은 아니다. 막시밀리안이 이 방향에서 시도한 것은 모두 성과 없이 끝나 버렸다. 1498년 마인츠 선제후에 인도된 제국 문서 보관소와 궁내 법원, 이어서 나아가 1501년과 1502년 제국 통치원과 제국 최고법원에 대항하여 만든 국왕의 통치원과 최고법원(Kammergericht)과 같은 대항 조직도 그러하였으며, 1505년, 또한, 1510년부터 1512년에 걸쳐 쾰른, 아우그스부르크 그리고 트리어의 제국 의회에서 합스부르크가 내지 황제의 이익을 위하여 등족제적 개혁 사상을 만들어 내려고 시도하였는데 이것 역시 실패로 끝났다. 확실히 먼저 트리어에서, 이어서 쾰른에서 개최된 1512년의 제국 의회에서는 실질상 막시밀리안의 제안에 입각하는, 우선 6년 간의 실시를 예정한 제국령(帝國令, Reichsordnung)이 성립되었다. 그것에 의하면 1500년에 제국 통치원의 포스트 임명의 기초로서 창설되고, 1507년에는 [제국] 최고법원의 배석 판사를 항시 추천할 수 있는 권리가 주어진, 기존의 여섯 크라이스에 더하여 통치원과 최고 법원에 독자적인 대표를 가지는 선제후 령(領)과 합스부르크 령으로부터 네 개의 새로운 크라이스가 형성되게 되었다. 이들 열 개의 크라이스 마다 1명의 장관과 수명의 속관이 임명되고,

란트프리데의 유지와 대외적 방위에 임하게 되었다. 그러나 이 법령은 모두 실시되지
못하고 끝났다. 막시밀리안은 그 자신의 대외 정책에 불안하여 1512년 이후에는 거의
제국에 대한 것에는 신경을 쓰지 않았고, 하물며 군주제적인 제국 개혁을 관철하는
것은 생각지도 아니하였다. 이리하여 그의 치세 말에는 프리드리히 3세의 말년과 거의
다를 바 없는 상황을 나타내고, 무수한 페데가 제국에 만연하고 황제와 제국 재판권도
마음대로 되지 아니하였다. 보름스에 대한 지킹겐(Sickingen)의, 란트프리데 령에 위반하
는 페데가 해결된 것은 황제권에 의해서도 재판소의 판결에 의한 것도 아니며, 사화(私和,
gütliches Abkommen)에 의한 것이며, 뷔르템베르크 공 울리히에 의한 로이틀링겐
(Reutlingen)의 습격에 제재를 가한 것도 제국이 아니라 제국 등족의 자유의지적 동맹인
슈바벤 동맹이었다.

8. 제2차 제국 통치원

이리하여 1495년~1500년 기간 동안에 만들어낸 제국의 새로운 질서는 조금 존속하
였을 뿐이며, 직접적인 성과는 없었으며, 더구나 그것은 고유의 의미에서의 제국 개혁이라
고 정당하게 타당하다. 왜냐하면 거기에서 강력한 자극이 생기고, 그것이 황제와 등족과의
권리의 경계선을 분명히 확정할 필요, 등족 상호 간의 보다 긴밀한 결속의 필요를 처음으로
자각시키고, 또한 등족을 공속성(共屬性)의 이념, 영구 란트프리데의 이념을 제국 내에
불러 일으켰기 때문이다. 카를 5세 치세 초기에 행해진 제국 개혁에의 새로운 시도는
이리하여 직접 1495년과 1500년의 계획들을 인계할 수 있었다. 시기적으로나 내용적으
로도 최초로 열거할 것은 카를 5세의 선거 협약이다. 이것은 아마 독일 국왕이 체결한
최초의 선거 협약인데, 그 주요 동기는 물론 이 황제 선거가 실시된 때의 특수한 상황이었
다. 선제후들이 2명의 후보자 사이에 서서 유리한 지위를 차지하고, 양 후보는 선제후가
제시한 조건들에 동의하지 않을 수 없었던 사정도 그러하며, 또한 카를 5세의 강대한
가문 세력의 이해가 제국의 이해와 여러 가지 점에서 어긋나고 있었던 것도 그것이다.
그 때문에 이 선거 협약은 상당히 커다란 부분은 역시 황제가 그 가문 세력을 독일의
자유의 억압에 충당하는 것을 방해하고, 다른 한편으로는 그가 제국의 힘들을 자기의
세습영지가 내포한 특수한 과제들을 위하여 충분히 이용하는 것을 더욱 곤란케 할 목적으
로 만들고 있다. 앞의 제1차 제국 개혁이 황제의 세습령과 그 정책 전체도 제국법 아래
두려고 시도한 것에 비추어보면, 그러한 규정은 이미 등족 측의 어떤 후퇴를 의미하며
이것은 황제의 가문 세력이 좁은 의미의 「제국」으로부터 점진적으로 분리하고 있는
것을 웅변으로 말하는 것이다. 그러나 이 「제국」을 위하여 선거 협약은 제국 개혁의
요구를 다시 취하고, 1495년의 [평화와 법의] 「집행」과 마찬가지로, 황제는 제국법에
따라서 제국을 통치해야 하는 것, 중요한 결정은 등족의 동의를 얻어서만 행할 것을
결정하고 있다. 그리고 제1차 제국 개혁과 마찬가지로, 이 협약의 머리는 황제의 승인을

얻은 제국 통치원의 설립이며, 제국 내의 모든 악폐의 제거와 영속적인 질서의 확립이 여기에 위임되고 있다.

선거 협약에 그 필요성이 명시된 제국 개혁의 실시에 처음으로 집어넣은 것은 1521년의 보름스 제국 의회이다. 이 의회는 1495년에 만든 두 개의 가장 중요한 것, 즉 영구 란트프리데 령과 제국 최고 법원을 약간 수정하여 경신하였다. 나아가 약속한 제국 통치원이 여기에서 설립되었다. 그 구성은 완전히 1500년의 법령에 합치하였으나, 다만 지금까지의 구성원에 2명의 황제 대리가 추가되고, 이미 이 점에서 막시밀리안보다도 강한 카를 5세의 등족에 대한 입장이 나타나 있었다. 그러나 황제의 제국 통치를 등족에 의한 그것에로 영속적으로 바꾸어버리려는, 예전의 노력이 억눌려진 것을 가장 명료하게 이야기한 것은 새로운 제국 통치원이 황제의 제국 부재 중 그를 대리하는 것에 한정한 것이다. 물론 실제로 이 차이도 황제가 1521년부터 1530년까지 독일에 없었기 때문에 우선 주의를 끌지 못하였다. 또한 이 제국 통치원은 어디까지나 예전의 의미에서의 등족제적인 제국 개혁의 사명을 띠고 있다는 자각을 가지고, 등족의 상위에 서는 제국 권력으로서 나타났다. 그것은 진실로 개혁을 시도하고 실시를 보지 못하고 끝난 1512년 법령의 모범에 따라서 란트프리데의 유지를 여러 제국 크라이스에 맡기고, 주화규제령(鑄貨規制令, Münzordnung)을 기초하고, 제국의 재정에 대해서는 최초에는 「게마이너 페니히」의 부활에 의한 직접적인 방법으로, 다음에는 제국 관세 제도의 설립에 의한 간접적인 방법으로 이것을 확보하려고 하였다. 나아가 통치원은 제국의 항구적인 군제(軍制)도 계획하였다.

그러나 제2차 제국 통치원을 세우려는 이러한 모든 구상도 제1차의 그것처럼 완전히 성과를 거두지 못하였다. 새로운 통치원도 예전의 그것과 마찬가지로 현실적인 힘을 결여하고 있었기 때문이다. 그것은 영방들에 대하여 자기의 지위를 주장할 수 없으며, 그것이 발포한 어떠한 법령도 실시되지 못하였다. 지킹겐과 [제국] 기사 신분 일반의 봉기, 농민 전쟁 그리고 종교 개혁 운동이라는 이 시대의 커다란 전국적인 움직임을 제어하는 등 점차 더욱 통치원이 행사하는 곳이 아니라 모든 영역에서 질서의 회복은 영방의 손에 맡겨졌다. 그럼으로써 황제로부터 독립한 영방들 상위에 서는 제국 권력을 만들어 내려는 시도는 종국적으로 좌절되었다. 통치원이 1526년 슈파이어(Speyer) 제국 의회에게 종교 문제도 손에서 떼자 그것은 완전히 무의미하게 되었다. 1530년 황제의 귀국에 따른 그 해산은 따라서 세인의 이목을 끌지 못한 채 실시되었다.

9. 1555년의 아우그스부르크 제국 최종결정

사료. Valentin von Tetleben, Protokoll des Augsburger Reichstags 1530, hrsg. von H. Grundmann, 1958; F. Hortleder, Handlungen und Ausschreiben von Rechtsmäßigkeit… des teutschen Krieges (2. Ausg. 1645); Chr. Lebenmann, Acta publica de pace religionis (1631, auch später aufgelegt); A. v. Druffel und K. Brandi, Beiträge zur Reichsg. 1546/55

(4 Bde., 1873/96); W. Friedensburg, Das Protokoll der auf dem Augsburger Reichstage von 1555 versammelten Vertreter der freien und Reichsstädte über die Reichstags- verhandlungen (A. f. Reformationsg., Bd. 34, 1937). 종교 평화령의 텍스트는 브란디(K. Brandi)에 의해서 간행되고 있다(^{2}1927).

　　서술문헌. F. Hartung, Karl V. und die D. Reichsstände 1546-1555 (1910); O. A. Hecker, Karls V. Plan zur Gründung eines Reichsbundes 1547 (1906); M. Salomies, Die Pläne Karls V. für eine Reichsreform mit Hilfe eines allg. Bundes (Helsinki, Finn. Akad. der Wiss., 1953). H. Tüchle, Der Augsburger Religionsfriede, neue Ordung oder Kampfpause? (Z. hist. Verein für Schwaben, Bd. 61, 1955). E. W. Zeeden, Die Einwirkung der Reformation auf die Vf. des Heil. Röm. Reiches D. Nation (Trierer Theol. Z., Bd. 59, 1950). 1955년의 400년 기념에는 1555년의 제국 의회 관계의 문헌이 계속 출간되었는데, 이에 대해서는 페트리(L. Petry)의 논평이 있다(Bll. f. D. Landesg., Bd. 92 und 93 (1956/57) 및 HZ., Bd. 183 (1957), S. 715 f.).

　　종교 개혁은 등족제적인 의미에서의 집권적인 제국 개혁의 파탄에 아무런 영향도 주지 못하였다. 그것에 제국 헌법의 발전에 영향을 미치게 된 것은 겨우 1529년 이후의 일이다. 카를 5세는 제2회 슈파이어 제국 의회에서 다수를 차지하는 가톨릭 제국 등족의 지지 아래, 복음주의 운동에 유리한 제1회 슈파이어 제국 의회의 결정을 취소하고, 제국법에 의해서 이 운동을 억압하려고 시도하였는데, 그것은 단지 약간의 복음주의 등족이 이 다수결에 의한 법률의 구속성에 대한 절차 문제로 항의한다(Protestieren)는 결과를 초래하였을 뿐만 아니라, 나아가서는 황제 권력의 본질과 한계에 대한 원리적인 고려를 촉진하게 되었다. 그들 프로테스탄트[복음주의 등족]는 독일에서의 영방 지배권 성립의 역사적 사실과는 정반대로, 그러나 완전히 등족적인 자유의 정신에 서서 세습적인 제후 권력을 자유로운 선거를 통하여 위양되는 황제 권력과 어울려서 어부지리를 차지하기 시작하였다. 그들은 이러한 방법으로 황제와 제국 의회에 대한 영속적인 복종 거부 ― 그것은 곧 제국 최고 법원에도 확대되었다 ― 를 정당화할 수 있다고 믿었다. 프로테스탄트가 제국 귀족의 일부가 슈말칼딘 동맹(Schmalkaldischer Bund)의 형식으로 황제에 대하여 정식으로 결속하게 되고, 구래의 등족적인 반제권 운동(反帝權運動)은 특히 날카로운 모습을 띠게 되었다. 그것은 아이눙의 한 형태인데, 제국의 통일성에 대하여 특히 위험한 것이었다.16) 그러나 종파적인 개별 동맹은 동시에 등족의 분열을 가져오고, 황제에 대한 등족의 힘을 약화시키는 결과가 되었다. 이 동맹은 가톨릭 등족에게 황제와 군게 손을 잡도록 강제하였고, 그럼으로써 황제가 슈말칼딘 동맹을 무력으로 타도하는 것을 가능케 하였다. 슈말칼딘 전쟁 이후 카를 5세는 프로테스탄트에 대한 승리에 편승하여 모든 등족에게 향하여 황제권을 강화하려고 시도하였는데, 이때에 그가 황제의 고권(高權)

---

16) 이에 관하여는 현재 E. Fabian, Die Entstehung des Schmalkaldischen Bundes u. seiner Vf. 1529-1533 (1956) 참조. 이 책에서는 슈바벤 동맹 조직과의 관련이 역설되고 있다.

들을 부활시킨다는 직접적인 길을 취하지 않고, 슈바벤 동맹을 모범으로 하는 황제와 제국 등족의 동맹이라는 형식을 선택한 것은 독일 헌법에 있어서의 동맹적 요소의 중요성을 잘 말해주고 있다. 그러나 그는 한 번도 그것으로써 목적을 달성하지 못했다. 반대로 황제에 대하여 일치된 제국 등족의 예부터의 단결이 다시 형성되었으며, 그 때문에 황제 측의 반동은 실패로 돌아갔다. 나아가 프로테스탄트가 1552년 초에 작센의 선제후 모리츠(Moritz)에 인도되어 반란을 일으켰을 때에도 황제는 여전히 고립무원이었다. 그의 절대주의적 경향에의 공포로부터 1546년의 맹우(盟友)들도 그를 내버리고, 누구 하나 애매한 중립적 태도 이상으로 나오는 자는 없었다. 이리하여 프로테스탄트 제후는 카를 5세와 그의 중세=제국주의적 이념에 대하여 결정적인 승리를 쟁취하였으나, 다시 한 걸음 나아가 제국의 조직을 파괴할 수는 없었다. 가톨릭이든 프로테스탄트이든, 제국 등족의 압도적 다수는 자기의 무력함을 느끼고 제국에서의 구래의 헌법과 법상태를 유지하는 측에 가담하였다. 거기에서만 그들은 자기의 생존의 보장을 보았다. 1552년 8월 2일의 파사우(Passau) 조약에 이르는 담판에서, 이미 그들은 황제권의 압력에 대해서도 제후당의 공격에 대해서도 신변의 안전을 도모하는 조정을 하려고 노력하고 있었다. 카를 5세와 모리츠 사이에 서서 그들은 무엇보다도 아무런 결정적인 역할도 하지 못했다. 카를이 메츠(Metz) 전방에서 패배한 결과, 제국을 버리고 ― 정식 퇴위는 1556년까지 지속되었는데 ― 제후당도 모리츠의 죽음과 알브레히튼 폰 브란텐부르크-쿨룸바흐 (Albrecht von Brandenburg-Kulmbach)의 패배로 해소되기에 이르자, 이들 평화와 안녕을 사랑하는 등족은 결정권을 수중에 넣었다. 1555년의 아우그스부르크 제국 의회에서의 협상에 그 특징을 부여한 것은 그들이었다. 그들이야말로 한편으로는 그 비겁에서, 다른 한 편으로는 그 탐욕에서 1555년 9월 25일의 아우그스부르크 제국 최종결정[17]에 많은 불명확성과 고의적인 조치를 남긴 장본인이다. 그러나 그들은 이 결정의 쌍벽인 종교 평화령과 집행령에 의하여 제국에 영속적인 질서를 부여하였다.

　이 질서의 기초는 1495년의 영구 란트프리데령 ― 최종적으로 1548년, 증보된 형태의 ― 이다. 왜냐하면 이 종교 평화령의 주지는 저 란트프리데령을 종교상의 분쟁에 까지 명시적으로 확장하는 이외의 어떠한 것도 아니며, 원문에서도 후자에 의존하고 있다. 저 란트프리데령은 모든 제국 등족의 세속적 재산을 어떠한 폭력적 공격에 대해서도 보장하며, 일체의 현실적인 내지는 자칭 요구권을 소송으로써 주장할 것을 명하고 있는데, 이 종교평화령도 단순히 제국 등족이나 제국 직속 기사의 종교를 보호할 뿐만 아니라 ― 제국 도시에 관하여는 약간의 제한이 붙어 있는데, 간접적인 제국 신민은 여기서도 거의 완전히 고려되지 않고 있다 ― 나아가 교회 관계의 재산이나 권리에 대한 그들의 소유권, 그것도 파사우 조약의 시점에서의 범위에서의 소유권을 보호하고 있다. 이것으로써 독일에서의 종파 관계의 발전을 뒷받침하는 견고한 기초가 만들어지고, 17세기에는

---

17) Zeumer, Quellensammlung^2 Nr. 189, S. 341 ff.에 수록. 종교평화령은 브란디(K. Brandi)에 의해서 이것만 별도로도 발간되었다. (2. Aufl. 1927).

그것을 가리키는 데에 「각 영역의 종교는 그 통치자의 종교에 따른다」(cuius regio, eius religio)[18]라는 간결한 문구가 등장하였다. 황제로부터는 신앙 문제에서의 재정권(裁定權)을 빼앗겼다. 물론 세속적인 사항에 대해서는 제국 최고 법원에 있었던 것과 같은 비당파적인 판정의 장소가 교회 관계의 권리들을 둘러싼 분쟁을 조정하기 위해서는 존재하지 않는다는 것은 극복할 수 없는 결함이었다. 이것은 다음 세기에 소란과 반목이 끊이지 않는 원천이 되었다.

새로운 집행령(Exekutionsordung)[19] 역시 저 란트프리데령을 보충한 것에 불과하였다. 그것은 란트프리데가 유지되고 있는가 여부의 감시, 모든 평화 침범에 대한 억압과 처벌, 그리고 제국 최고 법원의 판결 집행을 10개의 제국 크라이스에 맡기고 있다. 이 점에서 그것은 1512년과 1522년의 실시에 이르지 못한 법령들의 기본 구상을 수용한 것인데, 많은 개별적인 점에서 제국의 정세 변화를 특징적으로 반영하여 앞의 법령들보다도 후퇴하고 있었다. 이전의 법령에 의하면, 크라이스 사령 장관(Kreishauptmann)은 제국 통치원이 제국 등족의 상위에 서 있으며, 관구(管區) 내의 등족 위에 서며, 또한 제국 군대를 직접 지휘할 수 있었음에 반하여, 이번에 새로 설치된 크라이스 사령장관(Kreisoberst)의 직은 명시적인 권고에 의하여 당해 크라이스 내의 가장 신분이 높은 세속 제후에게 위임되고, 크라이스의 원조는 필요에 따라서 특히 소집되는 등족의 분담병(分擔兵)만을 기초로 하게 되었던 것이다. 등족이 황제를 배제하면서 제국에서의 집행권 없는 손으로 되어가는 이러한 경향은 전체 크라이스 동원의 절차에 관한 규정에서 한층 명료하게 나타나고 있었다. 5개의 크라이스가 연합하더라도 상대할 수 없을 정도로 대규모적인 평화 침범시에는, 마인츠 선제후는 프랑크푸르트에 대표자 회의를 소집해야 했으며, 그 구성원은 선제후, 6명의 [일반] 제후, 1명의 고위 성직자, 1명의 제국 그라프 그리고 2명의 제국 도시 대표로 구성되고 있었는데, 황제는 단지 위임관을 파견할 권리만을 가지고 있었다.

제국 등족 내의 개혁파가 1495-1500년에 추구한 목표에 비추어 보면, 1555년의 아우그스부르크 제국 최종 결정은 매우 비참한 성과처럼 보인다. 제국은 이전과 마찬가지로 빈약한 약체이며, 독자적인 수입이나 군대도 없으며, 「준비금」(Vorrat), 즉 전쟁세를 부과하는 권리를 제국이 아니라 크라이스만이 가지고 있었다. 그 때문에 외국에 대한 제국의 취약도 바뀌지 않고, 국경 지대를 확보하는 것은 더욱 어렵게 되었다. 한자 상인이나 리프란트(Livland)의 검기사단(Schwertorden)* 등 국외에 사는 독일인에게 강력한 지원을 하는 것, 점차 생각조차 하지 못하였다. 그러나 독일 국민의 제국만을 생각한 경우일지라도 확고한 제국 권력을 만들어 내려는 제국 개혁의 목적은 아마 달성되지 못하였다고 할 수 있을 것이다. 황제권은 등족이 구성한 어떠한 조직에 복종시키는 것이 아니라

---

18) 이에 관하여는 Bll. f. D. Landesg. Bd. 93, 1957, S. 158, Anm. 27에서의 페트리(L. Petry)의 주 그리고 후술 제20절에 게재한 헤켈(M. Heckel)의 연구 참조.

19) 이에 대해서는 J. Müller, Die Entstehung der Reichsexekutionsordnung vom Jahre 1555 (MIÖG., Bd. 40, 1925) 참조.

개개의 제국 등족을 전체에 복종시키는 것도 실패로 끝났다. 또한 유능한 등족의 기관을 만들어내는 것도 성공하지 못하였다. 그들은 제2차 제국 개혁이 좌절한 이래, 제국 의회 외의 어떤 다른 하나의 대표기관도 가지지 못하였는데, 제국 의회는 그 심의 형식의 번잡함은 별도로 하더라도, 그것이 정기적으로 개최되지 아니한다는 것만으로도 제국 전체의 일상 업무를 처리할 능력을 가지고 있지 못하였다. 그리고 종교적인 분열, 프로테스탄티즘이 가톨릭과 동등한 당사자로서 승인된 것은 강대한 중앙권력의 형성을 앞으로도 불가능하게 만들었다.

그러나 우리들이 1495년의 목표를 1555년의 성과에 비교하는 것이 아니라 1495년 이전의 상태를 1555년 이후에 그것과 비교한다면, 이 수 십 년 동안에 제국의 헌법적 발전이 전진하였다는 것이 인정되지 않으면 안 된다. 15세기에 제국을 위협하고 있던 붕괴의 위험은 몇몇 기본법의 제정으로 중지되었다. 기본법(Grundgesetz)이라는 호칭이 처음으로 공문서에 나타난 것은 30년 전쟁 동안에 그것이 정치 평론이나 제국 의회 기록에서 일반화된 후, 1636년의 프리드리히 3세의 선거 협약, 이어서 베스트팔렌 강화 조약(오스나브뤼크 강화 조약 제7조 제2항)에서인데, 사안 자체는 1495년부터 1555년에 걸치는 시대에 성립하고 있었다. 이미 카를 5세의 선거 협약에서 그 이름을 열거하고 있는 법률들, 즉 금인칙서와 영구 란트프리데령이 그것이며, 우리들은 이러한 것들을 제국의 최초의 기본법으로 부르는 것이 허용된다. 이어서 1555년의 두 개의 주요한 법률, 즉 종교평화령과 집행이 여기에 추가된다. 이러한 평화법령은 제국 개혁의 당초에 계획되었으나 성립에 이르지 못한 제국 등족 상호 간의 아이눙의 대체물을 이루고 있다. 등족 서로가 평화 속에 살고 서로 방위해야 한다는 것은 이미 1495년의 영구 란트프리데 령이 규정하고 있었다. 이제 집행령은 나아가 외국의 공격에 대해서도 방위의 의무가 있는 것을 명백하게 밝히고, 외국으로부터 공격을 받은 제국 등족은 누구든지 그가 제국 최고 법원의 재판권에 복종하는 한 크라이스의 충분한 지원을 기대할 수 있는 것으로 하였다. 황제는 물론 이 법령에서도 역시 등족의 조직 밖에 놓여 있었다. 그것은 하나에는 황제가 자기의 영방을 등족의 조직에 복종시키는 것을 원하지 않고, 제국 최고 법원에 복종시킨다는 조건으로도 이것을 이룰 수 없었기 때문이며, 이제 하나에는 등족이 황제는 란트프리데의 침범에 대하여 그를 지원할 등족의 의무를 자신이 수행하는 전쟁을 위하여 이용하지 않을까 의심하였기 때문이다.

10. 베스트팔렌 강화조약까지

문헌 중에는 1555-1648년의 시대는 주로 종교적 당파들의 투쟁이라는 관점에서 고찰되고, 헌법사적인 면은 부차적으로 다룬다. 따라서 여기서는 예컨대 황제 선거나 제국 의회 등에 관한 약간의 연구를 기재하는 데에는 미치지 않고 M. Ritter, Deutsche Geschichte im Zeitalter der Gegenreformation und Dreißigjährigen Krieges 1555-1648 (3 Bde., 1889/1908) 그리고

K. Brandi의 저서 (S. 16⁴ 참조) (본서 413면)의 포괄적인 서술을 지적하면 족하다.

베스트팔렌 강화 조약의 본문은 K. Zeumer, Quellensammlung², Nr. 197/198, S. 395 ff.에 수록되어 있다. 이 강화 조약에 관한 근래의 연구로서는 M. Braubach, Der Westfälische Friede (1948); J. de Broglie, Le traité de Westfali vu par les contemporains (1942); Pax optima rerum, Beiträge zur Geschichte des Westfälischen Friedens, hrsg. von E. Hövel u. a. (1948)이 있다.

1555년 이후의 제국의 정치사와 마찬가지로, 그 헌법사도 또한 다음 사실로써 규정되고 있다. 즉 아우그스부르크의 종교 평화령은 대립의 극복에서 생겨난 것이 아니라 양 당파가 진력하였기 때문에 상실한 것을 후일 다시 획득하거나 포기한 것을 다시 획득할 조건을 의결하였다는 것이다. 물론 카를 5세가 부활을 바란 보편적인 황제권은 영원히 제거되고, 그 전제가 되는 교회적 통일도 파괴되었다. 또한 제국은 법적으로, 혹은 단순히 사실상 독일 외부의 영토와 권리를 포기하고 문자 그대로「독일 국민의 제국」이 되었다. 제국의 이와 같은 새로운 성격, 순수하게 독일적이며 세속=자율적인 성격은 교황에 의한 황제 대관을 영원히 단념한 것에 나타나 있었다. 그럼에도 불구하고 황제권은 제국에 대하여 어떤 종류의 의의를 가지고 있으며, 프리드리히 3세 시대에서처럼 합스부르크의 가문 세력의 중요한 부속물이었다. 카를 5세의 후계자들이 영방들에 대하여 제국 내의 최고 권력이란 것을 거의 행사하지 아니하였다는 것은 사실이나, 그들은 황제로서의 지위를 자기의 가문 세력을 위하여 충분하게 이용하였다. 특히 대 터키 전쟁은 자주 등족에 대한 군사적 내지 재정적 요구의 동기를 부여하고, 그들의 요구는 제국 의회라는 합법적인 방도에 의해서 뿐만 아니라 개별적인 등족에 대한 직접적인 간청을 통하여 부과되었다.

황제는 이 정책에서 오랫동안 커다란 성과를 거두었다. 왜냐하면 제국 등족의 반대 운동은 1529년부터 1546년의 시기에서처럼, 아직도 종파적 대립에 의하여 분단되고 있었기 때문이다. 아우그스부르크의 종교 평화령은 과연 법률상 어느 정도 양 종파의 세력 확장에 제한을 가하였는가, 실제로는 물론 이것을 방해할 수 없었다. 그리하여 저 교회적 유보에도 불구하고 프로테스탄트는 우선 압도적인 세력을 밀고 나아가고, 북부 독일의 주교령(主敎領)이나 수도원령 등을 거의 예외 없이 수중에 넣었다. 그러나 16세기의 70년대 말 이래 대항 종교 개혁에 의하여 내적으로 쇄신된 가톨리시즘은 방어에 착수하고 곧 실지 회복으로 옮겼다. 이 때에 가톨릭 등족은 이것저것 제국법의 문언을 원용할 수 있었으며, 동시에 제국 의회나 제국 최고 법원이라는 제국의 기관들을 다수로 제압하고, 또한 가톨릭 황제를 동지로 가지고 있었기 때문에, 프로테스탄트에 대해서는 자기의 소유물을 지키기 위해서는 슈말칼딘 동맹 시대와 마찬가지로, 제국 헌법 전체를 마비시키는 것 이외에는 다른 방도가 없었다. 우선 그들은 황제가 요구하는 대 터키 전쟁을 위한 원조를 단순히 종교 문제에서의 호의로 바꾸기만 승인하거나, 또는 다수결로 결정한 구속력에 조세 문제에 관해서도 이의를 제기하는 것으로 만족하고 있었다. 그러나 1601년 이래 그들은 교회 재산 문제에 있어서 최고 법원의 모든 판결을 불가능하게 만들어 버리고, 가톨릭 측이 1608년의 레겐스부르크 제국 의회에서 1555년 이후 프로테스탄트의 소유로 돌아간 교회령(領)을 모두 반환하지 않으면 종교 평화령을 경신하지 아니한다는 의사를 표명하는데 미치고, 제국 의회를 결렬시키고 그들의 지지자들과 함께 슈말칼딘 동맹의 방식에 따라서「동맹」(Union)을 결성하였다. 그 다음 해 가톨릭 측이「연합」(Liga)이라는 대항 동맹을 창설함으로써 제국에서의 종파적 분열은 완전히 공공연한 것이 되었다.

카를 5세 치하에서처럼, 이러한 분열을 헌법상의 수단으로써 극복할 수 없으며, 이번에도 또 전쟁이 일어났다. 30년 전쟁은 물론 시간적으로나 공간적으로도 전번보다 확실히 넓은 범위에 걸치며, 또한 외국 세력의 개입도 확실히 강하였지만 1546-1555년 역사의 반복이 되고 있다. 이 전쟁도 역시 황제가 가톨릭 등족의 원조를 빌려 프로테스탄트를 격파하는 것에서 시작하였다. 그리고 앞의 때와 마찬가지로, 황제는 이 승리를 단순히 프로테스탄트의 억압 ― 1629년 3월 6일의 복구령[20]은 그들에게 1552년 이후에 손에 넣은 모든 교회 재산의 반환을 명하고 있었다 ― 하기 위해서 뿐만 아니라, 제국 헌법의 마비를 저지하기 위한 것만도 아니며, 제국 등족에 대한 황제의 지위 강화라는 완전히 일방적인 목적을 위하여 충분히 이용하려고 시도하였다.

황제 측의 반동은 단순히 이런 저런 행동 ― 예를 들면 제국법이나 선거 협약의 문언에 따르면 팔츠(Pfalz) 선제후를 추방형으로 처리하거나 전쟁을 팔츠에 확대하는 데에는 선제후들의 동의가 필요하므로, 그것을 회피한다는 행동 ― 에 나타난 것만은 아니다. 그것은 또한 원칙적으로도 등족을 억압하는 결과가 되었다. 가톨릭의 그것도 포함하여 모든 등족이 앞으로 자주적인 정책을 수행하는 것을 불가능하게 하려고, 그 때문에 황제는 발렌슈타인(Wallenstein)이 인솔하는 독자적인 군대를 편성하게 되고, 구교 연합의 호의에의 의존으로부터 자기를 해방하고, 모든 제국 등족에 대하여 상호간의 동맹 체결을 금지하고, 그것이 황제의 승인 없이 그들이「무기의 권리」(Ius armorum), 즉 자기의 군대를 보유하는 옛부터의 권리를 가지는 것에 이의를 제창하였다.[21] 황제는 이제 단독으로 제국을 대표하며 제국 등족을 신민의 지위로 떨어뜨리려고 기도하였다. 그는 제국 의회에는 묻지 않고 개시한 정책 때문에 그들이 자금이나 병력을 제공하는 것을 요구하고, 그런데 일찍이 카를 5세가 슈말칼딘 전쟁 중에 하였듯이, 영방 군주의 통치권을 고려하지 않고, 영방 내의 기사나 도시에 직접 명령하고 영방 군주가 체납한 제국세의 조달에 대하여 그들과 직접 담판함으로써 제국 등족이 그 영역 내에서 가지는 권리들마저 침범한 것이다.[22]

---

20) Londorp, Acta publica, Bd. 3 (Ausgabe von 1668), S. 1048 ff.에 수록.
21) 특히 1631년 5월 6일의 헤겐뮐러(Hegenmüller)에게 보낸 황제의 훈령(Londorp, Bd. 4, S. 147 ff.)을 참조.
22) J. H. Gebauer, Kurbrandenburg in der Krisis des Jahres 1627 (1896), S. 103에서 언급하고 있는 황제 사절과 기사 신분과의 절충에 관한 브란덴부르크 추밀 참의회의 보고를 참조. 폼메른(Pommern)의

그러나 등족은 1547년에서와 마찬가지로, 이번에도 황제 절대주의의 위험에 맞선다는 점에서는 종파의 대립을 초월하여 일치하여 결속하고 있다. 이미 1623년 니더작센 크라이스에서 독자적인 무장으로 중립의 주장을 시도하고 있던 프로테스탄트 제후는, 1631년 4월 12일(2일) 그들의 소유 영지를 방어하기 위하여 동맹을 결성하였다. 황제와 동맹하는 가톨릭 제후도 등족을 「노예화하려는」 그들의 노력23)에는 때와 함께 점차 강하게 저항하게 되었다. 1630년의 레겐스부르크 선제후 회의는 황제에 대한 가톨릭 제후 그리고 선제후의 반항 운동의 정점을 이룬다. 이들 반대파는 이제 또한 제국 등족을 합스부르크가의 황제권에 대하여 엄호하는 프랑스에 의지하면서, 황제가 대외정책을 지도하는 것에 이의를 제기할 뿐만 아니라 제국 내에 이런 저런 군대에 대한 자유로운 지령권도 황제로부터 빼앗고 장관(將官)의 임명이나 병력의 결정에 있어서는 선제후 회의의 동의를 얻는 것을 그에게 의무지우려고 하였다. 그와 동시에 선제후가 그들의 영향력으로부터 완전히 독립한 군대를 세습령 안에서 편성하는 것을 황제 재량에 맡기는 데 이르러 황제와 제국과의 분열은 다시 첨예화하였다.24)

발렌슈타인의 파면은 이러한 반대 운동의 역력한 성과였으나, 이 성과를 다시 이용하는 것은 스웨덴의 개입에 수반하는 전쟁의 재개에 의해서 우선 불가능하게 되었다. 프로테스탄트는 스웨덴 편을 따르고, 가톨릭은 지금까지 이상으로 황제와의 제휴에 의지하였다. 따라서 뇌르들링겐(Nördlingen)의 전승은 또다시 황제가 단순히 그의 적과 그 동맹자를 격파한 것 뿐만 아니라 동시에 그 자신의 동지인 제국 등족에게도 승리한 것을 의미하고 있었다. 1635년 5월 30일의 프라하 강화는 회복된 우위를 다름 아닌 제국 헌법상의 문제들에서 항구적으로 확립하려고 시도한 것이다. 황제는 교회령의 점유 문제에서 프로테스탄트 제후에게 적어도 향후 40년 동안의 양보를 하는 한편, 모든 등족에 대하여 공포된 동맹과 아울러 자주적인 무장의 금지는 어디까지나 양보하지 않고, 또한 앞으로도 전쟁이 계속되는 한 제국의 모든 힘을 황제와 그 군대를 위하여 자유로이 사용할 권리를 요구한 것이었다.

전쟁이 장기화되고 또한 그것이 전 유럽적인 성격을 띠게 되자, 황제와 제국 사이의 간격은 점차 깊게 되었다. 1640년 9월부터 1641년 10월까지 레겐스부르크에서 열린 제국 의회는 1630년의 선제후 회의가 취한 정책을 재개하고, 등족이 황제군으로부터 받은 모욕이나, 마치 그들이 「공납부담자」(貢納負擔者, tributarii)인 것처럼 등족에게 부과

영방 등족과 아르님(Arnim)의 교섭에 관하여는 J. O. Opel, Der niedersächsisch-dänische Krieg, Bd. 3 (1894), S. 429 외에 Londorp, Bd. 4, S. 159에 게재되어 있는 1631년 6월 24일자 황제의 위임장을 참조. 이에 반하여 황제의 정책을 전형적으로 보여주는 것으로서 자주 문헌에 인용되는 1630년 7월 20일 레겐스부르크 선제후 회의에 있어서 황제 측의 답변, 「신성 [로마] 제국의 체제도 그 오랜 관습도 [황제의 대권을] 결코 제한하는 것은 아니다」는 단지 장관(將官)의 임명에만 관계되는 것이다. 이에 대해서는 R. Kosen, Zur preuß. und deutschen Geschichte, Aufsätze u. Vorträge (1923), S. 363을 참조.

23) M. Doeberl, Bayern und Frankreich, Bd. 1 (1900), S. 21에 인용되어 있는 1629년의 바이에른의 어떤 각서에 의함.

24) 레겐스부르크의 선제후 회의에 대해서는 M. Ritter, a. a. O., Bd. 3, S. 449 ff. 외에 Londorp, Bd. 4, S. 45 ff.에 수록된 문서들, 특히 7월 16일의 선제후 선언 (S. 52 ff.)을 참조.

된 법 외적인 부담에 대하여 소원을 제기하였다. 이들의 악폐를 제거하는 수단으로서 의회는 제국 주민인 독일인의 장관(將官)만을 사용하는 것, 또한 총사령관을 여러 제국 크라이스로부터 임명되는 군사 참의회의 결정에 따르도록 의무지움으로써 황제 전속의 군대를 하나의 제국 군대로 바꾸어버리는 것을 다시 제안하였다. 그리고 제국 의회와 선제후 회의의 이러한 모든 소망은 어느 하나 내실을 거두지 못하게 보이자 등족은 자력 구제로 변하였다. 1552-1554년의 투쟁에서처럼, 교전 중의 세력들 어느 것에도, 즉 황제 ― 가톨릭 등족 마저 그의 전쟁은 제국의 이해를 멀리 떨어진 「스페인만의 개별 전쟁」이라는 견해를 점차 강하게 하였다 ― 에게도 스웨덴과 프랑스의 연합에도 따르려고 하지 않고, 평화와 안녕을 희구하는 제후들로 구성되는 제3의 당파가 형성되었다. 그들은 점차 독자적인 군대 없이 중립을 주장하는 것은 불가능하다는 사실을 알게 되었다. 30년대 말에는 먼저 니더작센 ― 이 지구의 등족은 1623년에도 전쟁에 휘말려들어 가는 것을 싫어하여 저항하였던 ― 이어서 나아가 프랑켄・바이에른 그리고 라인 유역에서 이들 등족들은 정식으로 자위 동맹에 결집하고, 군대의 영속적인 숙영이나 금전・양식의 요구에 대한 「방어」의 진을 치려고 시도하기 시작하였다. 상세한 점은 아직 충분히 연구되어 있지 않으나,25) 그 중요한 것은 명백하다. 어떤 지역에서나 목적은 전쟁에 휘말려 들어가는 것을 방지하는 것이며, 그것을 위한 수단은 저 크라이스 조직이었다. 왜냐하면 1555년의 집행령은 란트프리데를 지키기 위하여 군대를 두고 서로 제휴하는 것을 각 크라이스에게 허가하고, 그것으로써 무장이나 동맹에 관한 황제의 경고나 금령(禁令)에 대항하기 위한 반론의 여지없는 법적 근거를 제공하였기 때문이다.

크라이스에 있어서의 「방어」나 크라이스 상호 간의 「결합」을 위한 이와 같은 노력과 아울러, 등족은 강화 담판에서 [황제와] 별개로 「제국」을 대표할 권리를 가지려고 노력하였다. 이 두 방면에서도 등족의 지도자는 1642년 이래 뷔르츠부르크의 주교이며 1647년 이후에는 마인츠의 대주교=선제후이기도 하였던 요한 필립 폰 쇤보른(Johann Philipp von Schönborn)이다.26) 원래 그는 자신의 평화 애호적인 「제3의 당파」가 열강 중에서 가지는 의의를 과대평가하고 있었다. 사태의 진전을 결정할 능력에서 이 당파는 1552-1554년의 중립파에도 미치지 못하였다. 거기에는 힘이 결여되어 있으며, 용기와 희생을 불사하는 마음, 상호 신뢰의 결여는 자기 방위의 약한 시작마저 좌절시켰다.

그리하여 이 그룹은 전쟁의 경과에도, 강화 담판에도 영향을 미칠 수 없으며, 반대로 다름 아닌 이 당파가 스웨덴 군대에의 「보상」에 일정한 금전의 지불을 부담시키게 되었다.

그러나 화평을 체결함에 있어서 자기의 군사적・정치적 무력에 해를 입은 것은 단지 개별적인 등족들만이 아니라 전체로서의 제국도 마찬가지였다. 1552년과 1555년에는 제국은 강화 담판으로부터 외국 세력의 영향을 배제하는 것에 성공하고, 아우그스부르크

---

25) A. Wandruszka, Reichspatriotismus u. Reichspolitik zur Zeit des Prager Friedens von 1635, eine Studie zur Gesch. des deutschen Nationalbewußtseins (1955) 참조.

26) G. Mentz, Johann Philipp von Schönborn, Kurfürst von Mainz, Bd. 1 (1896), S. 30 ff.; C. Wild, Johann Philipp v. Schönborn (1896), S. 30 ff.

제국 의회의 법령들은 오로지 독일의 등족과 국왕 페르디난드의 자유로운 결단에서
나오는 것이었음에 반하여, 뮌스터와 오스나브뤼크에서의 담판에서는 전체로서의 제국
은 완전히 대표되지 않고, 강화 체결에도 관여하지 않았다.[27] 독일의 운명은 오히려
프랑스와 스웨덴 양 대국에 의해서 결정되었다. 그러므로 1648년 10월 24일의 베스트팔
렌 강화 조약은 무엇보다도 먼저 황제권의 약체화를 의미하였다. 합스부르크가가 장래에
도 제국이나 개별적인 제국 등족을 자기의 가문 세력을 확장하기 위한 입법, 전쟁 수행
또는 군사에 관한 모든 것에서 강화와 동맹조약의 체결 등 제국의 모든 중요한 사항에서
제국 의회의 승인을 얻도록 되었다. 그리고 이 규정이 공문으로 끝나지 않고 황제에
대항하는 강력한 반대 세력이 존재할 수 있듯이, 제국 등족 — 그들이야말로 1555년에도
진정한 승리자였는데 — 의 자유권(Libertät)이 이제 더욱 강화되었다. 그들의 신민에
대한 국가권력, 그들의 영방지배권(ius territoriale) 내지는 프랑스어 초안의 이른바「지상
권」(至上權, droit de souveraineté)이 무제한하게 승인되고, 위를 향해서도, 즉 황제와
제국에 대해서도 그들은 지금까지 황제에 의해서 부인되어 온 동맹권이 정식으로 황제와
제국에 적대하는 동맹을 유일한 예외로서 인정함으로써 거의 자주 독립이 되었다. 이에
반하여 제국 헌법에 관하여 이 강화 조약은 대체로 소극적이었다. 확실히 제국과 그
헌법과는 기본선에서 손을 더하지 않고, 선거제제(選擧帝制)도 선제후도 — 그 수는
바이에른에 위양된 옛 팔츠 선제권(選帝權)에 대신하는 것을 팔츠 백작(Pfalzgraf)에게
부여하기 위해서 8개로 높였으나 — 제국 의회도 그대로 남았다. 그러나 제국 헌법의
약점은 제거되지 않았다. 훨씬 이전부터 필요하였지만 영방들의 개별 의지를 강제하는
권력의 결여에 대해서도 항상 실패해온 제국 대장(臺帳), 제국 사법제도, 크라이스 조직의
개혁, 제국 의회의 다수결의 구속력을 둘러싼 문제의 재결 등의 안건은 차기의 제국
의회에서 처리하게 되었다. 다시 하나의 문제만이 이 강화 자체에 의해서 해결되었다.
즉 종교 문제이다. 아우그스부르크의 종교 평화령의 결정들은 재확인되고 확장되었다.
단지 칼뱅파가 명시적으로 여기에 포함되었을 뿐만 아니라, 1624년은 각지에서의 종교
인가를 결정하는「표준 해」라고 규정함으로써 영방의 신민에 대해서도 어느 정도의
종교의 자유가 용인되었다. 1608년에는 제국 의회에 결렬마저 가져온 종교 문제를 둘러싼
분쟁의 재연을 예방하기 위해서, 종교에 관계 있는 모든 문제에서 제국 의회는 가톨릭
분단(Corpus Catholicorum)과 복음파 분단(Corpus Evangelicorum)의 2 부회로 나누이
고, 양자 간에는 단지 호의적인 결합만이 허용되었다. 이것으로써 1529년의 항의서(抗議
書, Protestation)의 근본 사상은 승인되었다.

---

27) 오랫동안 소홀히 하였던 뮌스터와 오스나브뤼크의 강화 담판에 대한 연구가 브라우바하(M. Braubach)와
레프겐(K. Repgen)의 지도 아래 진전되고 있다. 우선 F. Dickmann, Der Westfäl. Friede (1959)와
R. Dietrich, Landeskirchenrecht u. Gewissensfreiheit (HZ 196, 1963)을 참조.
　　나아가 G. Schmid, Konfessionspolitik u. Staatsräson bei den Verhandlungen des Westfälischen
Friedenskongresses über die Gravamina ecclesiastico (Arch. Reformationsgesch. Bd. 44, 1953)을
참조.

2. 19세기 독일에서의 정부와 의회
이들 관계의 역사적 발전[*]

게오르크 옐리네크

I.

독일에서 최초의 헌법전이 발포된 지 아직 100년도 지나지 않았다. 독일 최대의 나라가 입헌국가의 계열에 편입된 이래 여전히 짧은 기간이 경과했을 뿐이다. 이러한 헌법들은 비교적 새로운 것임에도 불구하고 이미 역사적 인식의 재미있는 대상이 되었는데, 그 까닭은 현재의 헌법 형태는 과거로부터만 명백히 되기 때문이다. 독일의 나라들에는 또한 새로이 건설된 제국에도 공존하는 모든 유형이 그 근저에 있다. 독일은 여러 가지 사건을 통하여 다양한 동요나 변화를 경험했음에도 불구하고, 그 유형이야말로 현재와 입헌제도의 원초를 결합하고 있다. 독일의 발전을 다른 국가의 발전과 비교할 때 곧 사람은 독일적인 입헌국가의 유형, 특히 정부와 의회의 관계에 명백한 그것을 인정할 수 있을 것이다. 이 유형이 어떻게 형성되었는가, 그것은 변혁의 시도에 대해서 일찍이 어떠한 저항력을 대치시켰는가, 또한 현재 대치하고 있는가는 매우 흥미있는 문제가 되지 않을 수 없으며, 다음에 이 문제를 대담한 필치로 논하기로 한다. 이 문제를 철저하게 연구하기 위해서는 19세기 독일 헌법사에 관한 포괄적인 저작이, 그것도 개별 나라의 국법적 · 정치적이며 사회적인 관계들을 일반적 · 역사적이며 국민적 동향, 아울러 관계 문헌과 그 문헌의 실제적 효용과 관련하여 철저하게 연구한 저작이 필요할 것이다. 국법학자, 역사가 그리고 정치학자들에 의한 선구적인 업적은 적지 않다. 그러나 그런 완전한 저작은 여전히 나오지 않고 있다.[1]

---

[*] Georg Jellinek, Regierung und Parlament in Deutschland. Geschichtliche Entwicklung ihres Verhältnisses, Vorträge der Gehe-Stiftung zu Dresden, Bd. 1, 1909, 36 S.

[1] 이러한 저작은 란츠베르거(E. Landsberger)가 그의 Geschichte der deutschen Rechtswissenschaft, 1898-1910에서 제기한 과제의 방향 속에서 하고 있다.

II.

우리들의 논의의 출발점은 신성로마제국의 붕괴와 라인동맹의 성립으로 거슬러 올라 간다. 신성로마제국의 결성은 그처럼 단단하지 못했기 때문에, 그 결말은 커다란 민족의 역사에서는 유례없는 파국을 의미하였다. 여하튼 그때까지 독일 국민은 법적인 의미에서 는 존재하지 않았다. 그렇지만 이제 국가적 국민(Staatsvolk)과 관련하여 문화적 국민 (Kulturnation)이 나타났다. 문화적 국민은 과연 대외적으로 완만한 공속성(共屬性, Zusammengehörigkeit)을 형성했는데, 대내적으로는 아무런 강력한 결합도 형성하지 못했다. 이래 내부적인 국민적 통일을 창조하는 것이 역사적인 과제가 되었다. 이 과제는 장기에 걸친 각축투쟁 속에서 정치적인 관계들의 완전한 변천을 통해서만 해결되었다. 제국대표의 주요 결의로써 시작하고 1806년의 배신화(陪臣化)*로써 다시 계속된 대규모 적인 제후국의 혁명은, 서남독일에 있어서의 프랑스의 지배의 진전과 결합하여 독일 국내의 정세에 대해서마저 아주 새로운 정치적 상태를 창조하였다. 제국을 완전히 하거나 부분적으로 재건하는 제안과 시도는 실패하였다. 따라서 결국 독일의 헌법적 관계들을 국내적으로 형성하는 데에는 법적으로는 아주 독립한 국가가 되었던 지방세력과 결합하지 않을 수 없었다.

그러나 이들 구제국의 옛 영토는 겨우 남은 자유도시는 별도로 하고 완전히 왕가에 의거하고 있었다. 왕가는 새롭게 형성된 국가들에 대해서 군주나 일족의 구영토와 신영토 ─ 그것은 빈번히 본래의 영토에 필적하거나 그것을 능가할 정도로까지 확대된 것이었다 ─ 와 결합하는 유일한 고리였다. 그러나 그럼으로써 여전히 완전한 봉건법적 사상에 의한 것이라고는 하지만, 보상지 또는 소유지로서 승계된 영토를 내적인 국가적 통일체로 개조하는 길이 군주 앞에 열렸다. 프랑스에서의 유례 없는 성공은 강력한 중앙집권정부가 가지는 높은 가치를 가르쳐 주었다. 그리하여 다양한 방법으로, 즉 토착의 제도들을 수정하거나 외국제도를 모방함으로써 행정은 재조직되는 것이다. 예나(Jena)와 틸지트 (Tilsit)*의 변화에서 시작하여 제국대표자회의는 프로이센에게도 자신을 「크고 작은 지방의 집합체」[2]로부터 확고하게 결합된 통일국가로 변경할 필요를 보여주었다. 이 대개혁을 통해서 더구나 이미 일찍부터 존재하고 있었으나 이제 비로소 점차 중요하게 된 요소가 국가의 형성 내지는 확립의 과정에 첨가되었다. 그것은 다름 아닌 관료계급이다. 프로이센을 선두로 하여 국민군으로 이행한 군사개혁은, 지금까지처럼 단순히 장교뿐만 아니라 전체 무장세력이 국가를 형성하고 강력케 하는 세력이게 하였다. 요컨대 독일 지방의 현재와 미래는 특히 군주제, 관료계급 그리고 군대에 의존한다.

그렇지만 곧 형안을 가진 인사는 권위의 통일성과 국민대표의 통일적 조직에 의해서 강화한다는 요구, 즉 각 지방을 내적 공속성의 감정에 의해서 결합한다는 요구를 내걸었다. 바로 슈타인(Stein)은 「입법시에 유효한 작업을 국민에게 보장하고, 그럼으로써 공공정신

---

2) Meinecke, Das Zeitalter der deutschen Erhebung, 1906, S. 10.

과 조국애를 지속적으로 공고히 하도록」 대표제도로 향한 프로이센의 이행을 요구하였다.

그렇지만 입헌적 독일의 형성이라는 이 요구는 이미 당초부터 국제정세, 각방의 특성과 혁명적 조류에 당면한 지배층의 절도 없는 공포심에서 생기는 매우 커다란 어려움과 싸우지 않으면 안 되었다. 그러나 그 다음에는 새로운 것을 창조해야 할 때이다. 그러므로 무엇인가 완전히 독자적인 것을 부활시키거나, 또는 역사적으로 이미 주어진 것과 결합한다는 문제가 우선 제기될 것은 필연이었다. 이처럼 이미 주어진 것은 낡은 등족회의, 저 우월적인 국민층인 특권단체였다. 새로운 헌법을 요구하는 반대자들은 부활해야 할 등족국가, 즉 통일적인 국민대표도 알지 못하며, 오히려 봉건적 국가질서에 고유한, 법적으로 다양한 특수 집단이 정치적 의미에서의 란트를 대표하는 등족국가의 추종자가 된다. 이 등족회의는 그러나 약간의 지분국(支分國)에서는 이미 몰락하고 있었거나 지방분권주의적 성격(partikularistischer Natur)이었다. 그러므로 등족회의 역시 신규로 창설되지 않을 수 없었으며, 단지 낡은 등족적 질서를 통용시키면 좋은 곳에서도 부분적으로는 새롭게 창설되었다. 그러나 근대적인 대표사상이 장래의 헌법의 기초가 되는 곳에서는, 정부는 다수의 커다란 의혹을 극복하지 않으면 안 되었다. 새로운 대륙 헌법들의 이념은 프랑스에서는 독자적인 왕제에 적대시하는 정신에서 생겼으며, 따라서 독일 헌법문제의 최대의 과제는, 어떻게 군주제를 근대적인 의회의 사상과 조화시킬 수 있는가 하는 것이었다. 이를 위해서 환영할만한 정식을 제공한 것이 프랑스의 루이 18세의 헌장(Charte)*이었다. 그것은 영국에서 강력한 국가권력이라는 보물과 자유의 이념을 함께 인정한 시대관념에 부응하여 영국의 모범에 따라서 기초하고, 특히 군주주의적 원리를 입헌주의적 원리로서 나타내었다.[3] 이 군주주의적 원리는 1817년 헌장의 근본사상을 간결한 공식처럼 통일적으로 요약하고, 등족적 회의의 기초가 되는 이른바 뷔르템베르크 왕국 헌법[4]*에 채택하고, 거기에서 먼저 남독일의 전체 헌법에 파급하였다. 이어서 그것은 빈(Wien) 재상회의에서 주권적 군주를 위한 추상적인 도그마와는 별개의 정식화에서 제기되고, 빈 최종의정서 제57조[5]로서 매우 폭넓은 정치적인 귀결을 가지는 연방법적인 원칙으로까지 고양되었다. 즉 그 도그마의 국법적 내용은 단순하고 명쾌하며 법적으로는 그만이 헌법의 창조자로 간주되는 바로 군주가 일체의 국가적인 기능을 독점하며, 더구나 그 행사시에 그는 명문상 아무런 제한을 받지 않고, 따라서 항상 그의 권한에 유리하게 추정된다는 것 이외의 아무것도 아니다. 이에 대하여 정치적으로는 이 군주주의원리는 놀랄 정도로 다의성을 가지며, 누구나 그가 바라는 결과를 거기에서

---

3) Jellinek, Allgemeine Staatslehre, 2. Aufl., S. 456 (김효전 옮김, 『일반 국가학』, 법문사, 2005, 383면). 헌장은 무엇보다도 먼저 군주제원리를 표명하며 독일 제방이 그 예를 모방했다는 것은 이미 Stahl, Das monarchische Prinzip, 1845, S. 1이 주장하였다.

4) 제4조 「국왕은 국가의 원수이며 자기에게 국가권력의 모든 권리를 집중하고, 이를 헌법에 의해서 확정된 조건 아래 행사한다」. Jellinek, Allgemeine Staatslehre, S. 456, Nr. 9 (역서, 384면 주 70).

5) 「독일 동맹은 자유도시들을 예외로 하고 주권적 군주들에 의해서 구성되기 때문에, 거기에서 생기는 근본개념에 의하면 전체 국가권력은 국가의 원수에게 집중되어야 한다. 또한 주권자는 의회주의적 헌법에 의해서 특정한 권리를 행사하는 경우에 한하여 등족의 협력을 경유하지 않으면 안 된다」.

이끌어낼 수 있다. 국법학의 자유법학파는 군주제원리를 18세기의 사상권에서 유래하는 본래적인 국민주권 ― 프리드리히 대왕도 이 원리에 적합한데[6] ― 과 완전히 조화할 수 있는 것이라고 생각하였다. 예컨대 클뤼버[7]나 아레틴이 그러하였는데, 그들 중 특히 후자는 남독일 헌법들이 정식화한 형식에서 열심히 군주제원리를 대변하고 있다. 즉 그는 군주제원리에서 출발하여 모든 권력분립론에 도전하고 있다.[8] 이에 대해서 독일 동맹은 군주제원리에 대한 아레틴의 정식을 사용하여 란트 의회의 권리를 가능한 한 제한하고, 그 강력한 우위 아래 두었다. 이것이 저 최종의정서 제57조의 애매한 정식이 동맹 산하의 지배자들에 대해서 마음에 드는 해석을 할 여지를 쉽게 가지게 하였다.[9] 그러나 독일동맹 시대의 군주제원리의 해석의 역사가 아직 끝나지 않았다는 것은, 일반적 정치원리의 유연성을 인식하는데 매우 교훈적일 것이다. 군주제를 위한 최선의 옹호는 그럼에도 불구하고 추상적인 이론에서가 아니라, 동맹 제방의 왕조적 · 소방분립주의적 인 성격에 있었다. 이 동맹 제방은 그 군주의 후퇴와 함께 일체의 존재근거를 상실하였다. 민주주의이념은 독일에서는 단지 국민적 · 중앙집권적인 기초 위에서만 발전하였다. 그러나 이 민주적 이념을 위한 현실적 기반은 당시의 관계들에는 여전히 존재하지 아니하였다. 특히 국민사상은 아직 그 단서가 보일 뿐이었다.

그런데 헌장에 따라서 성립한 새 헌법은 대신을 국회(Landtag)와 끊임없이 접촉시키고 있다. 즉 미국의 모범에 따르면, 권력분립의 엄격한 원리에서 당연히 생기는 귀결을 거부하면서 의원(議院, Kammer)의 구성원인가의 여부에는 아주 무관계하게, 대신에게 국회의 심의에 참여하는 길을 열면서 말이다. 과연 국회에는 그 고유의 분야에서 완전히 내각에서 독립한 지위가 부여되고 있었다. 그럼에도 불구하고 국회는 신민 전체의 대표로 서, 군주 따라서 정부에 복종한다는 생각을 분명히 나타낸다. 이러한 헌법들은 국회의 권한을 엄격하게 한정하며, 그러므로 권한 밖의 일체의 국가행위는 군주와 그의 관료들에게 귀속하였다. 국회에는 입법의 발의권이 없으며, 오로지 정부에게 속하며, 국회는 단지 정부에 대해서 법률안의 청원을 할 수 있을 뿐이다.[10] 국회는 정부에 의해서 활동하게 되거나 활동이 정지되거나 하였다. 중의원(Wahlkammer)은 해산에 복종하며, 긴급한 경우에는 군주는 국회의 동의를 요하는 행위를 단독으로 공포할 수 있었다. 나중의 의미에서의 국회의 예산심의권은 당시에는 아직 문제가 되지 않았으며, 결코 마음대로

---

6) 그의 사후에 나온 Essai sur les formes du gouvernement에서 그는 「사회계약」에 대해서 언급하고 다음과 같이 경고한다 ― 「다음 것을 명기하라. 즉 사람들은 자신 위에 우월한 것을 부여하려고 촉진한다는 유일한 이유가 법을 유지하여 왔다는 것을. 그것이야말로 주권에 관한 진정한 기원이기 때문이다. Oeuvres Posthumes de Fréderic II, t. VI, p. 59, 60.

7) Klüber, Öffentliches Recht des teutschen Bundes, 4. Aufl., 1840, §1, §§ 98, 283 참조.

8) Aretin, Staatsrecht der konstitutionellen Monarchie, I, 1824, S. 172 ff. 아레틴에 관하여는 Piloty, Ein Jahrhundert bayerischer Staatsrechtsliteratur, in Festgabe für Laband I, S. 225 ff. 참조.

9) 여기서는 단지 1824년 8월 16일의 연방결의에만 언급하기로 한다. 이 결의는 군주제원리를 불러내어 등족회의의 공개에 대한 제한을 명하고 있다. G. v. Meyer, Corpus iuris conf. Germ. 3. Aufl., II, S. 159에서의 텍스트 참조.

10) 다만 1816년의 작센 · 바이마르 기본법 제117조와 1829년의 작센 · 마이닝겐 기본법 제86조는 예외이다.

행사할 수 없는 국회의 징세협찬권*만이 문제가 될 뿐이었다. 대신의 책임은 국회가 제소할 동기를 주는 헌법위반의 경우에 한정된다. 그것은 이미 제국시대에 등족회의가 그 권리와 자유의 침해를 이유로 하여 제국재판소에 제소할 수 있었던 것과 유사하다. 대신의 정치책임은 아직 발달되지 않고 있다. 대신은 직접 국회에 의한 통제에 복종하지 않으며, 오히려 국회에는 다만 목적위반의 행정을 이유로 하는 군주에 대한 낡은 등족신분적인 소원권이 귀속할 뿐이었다.

이러한 독일 헌법체제의 초기의 형태에서는 여전히 다원적인 낡은 등족신분적인 국가이념이 관철될 뿐이라고 인정한다. 정부와 국회는 내적으로 통일된 하나의 전체로서, 즉 국가의 불가분의 지체로서가 아니라 쌍방의 협약적인, 따라서 다투고 있는 당사자로서 나타난다. 사실 많은 헌법전에서는 명문상 국회의 직권은, 란트의 권리나 또는 국민의 권리가 통치자에 비례하여 실현한다는 것을 보여준다. 거기에서 독일 의원(議院)의 본질에 대한 몰(Mohl)의 유명한 견해도 설명된다. 몰은 거기에서 분명히 말하지는 않지만, 정부와 국민 간의 자연의 전쟁상태에서 논리를 전개하며, 독일 의회는 국민의 권리의 옹호자[11]라고 하였다. 그와 동시에 양자의 정치생활에 분명히 각인된 상호불신이 생긴다. 그러므로 실제 독일 헌법생활의 초기에는 정부와 국회의 충돌은 일상 다반사였다. 그 충돌을 정당하게 평가하기 위해서는 입헌제도가 우선 독일의 일부분에서만 실시된 것에 불과하며, 동맹으로부터는 불신과 공공연한 적대감을 가지고 취급되었다는 사실이 상기되지 않으면 안 된다. 자주 정부는 의원(議院)을 자기의 노력에 성가신 방해자로 보고, 따라서 정부에 대해서 반대자들은 곧 반국가적인 것으로 생각하였다. 개별 의원 그중에도 바덴의 로텍(Rotteck)*과 벨커(Welcker),* 바이에른의 슈탈(Stahl), 뷔르템베르크의 몰과 같은 뛰어난 사람들에 대한 빈번한 조치는 그러한 감각을 웅변으로 말해준다. 다른 한편, 반대당은 정부에 대립하는 독자적인 사상의 징표라고 하는 중대한 견해가 생긴다. 그리고 반대당은 결코 합헌적인 국가권력에 따르지 않으려는 것이 보통이기 때문에, 그것은 항상 희생을 무릅쓰는 반대당, 순수하게 소극적이며 결실 없는 대가이려고 하는 반대당에게 전가하는 위험을 감행한다. 이것은 정치적인 사고에 오랫동안, 그리고 지속적으로 영향을 미치는 현상이다. 저 상호불신은 보다 많은 헌법이 불안한 정부와 의회(Parlament)를 단절시키려고 시도함으로써, 법률에서도 특유한 표현을 나타낸다. 약간의 헌법 ─ 최초는 헤센 헌법, 그 후 작센 헌법 ─ 은 대신의 국회에 대한 피선거자격을 없게 하였다. 다른 한편, 많은 동맹 제방에서는 처음에는 작센[12]도 그러했는데 ─ 대신은 의원(議院)의 투표에 참가하거나 또는 단지 회의에 출석하는 것조차 허용되지 아니하였다.[13]

입헌제도에 고유한 것이라고 생각되는 이러한 전쟁상태에서는, 그러한 적대적인 다툼을 충분히 회피하거나 또는 완전히 조화적으로 화해한다는 수단의 존재 여부가

---

11) 특히 Staatsrecht des Königreichs Württemberg, I (2. Aufl., 1840), S. 535. ─「정부의 만일의 침해에 대해서 인민의 권리 **전체**를 옹호하는 것이, 따라서 등족회의의 목적이다」.

12) 1831년의 헌법 제134조 (뒤에 폐지되었다).

13) 1829년 작센·마이닝겐 헌법 제94조.

필연적인 문제가 된다. 여기서는 중재재판소나 국사재판소와 같은 정부와 의원(議院)의 법적인 분쟁의 해결을 위하여 제안하거나 채용하는 수단은 일단 별도로 한다. 이러한 재판소는 정치적 대립에 관여하지 않는 국법상의 분쟁들이 문제로 되는 경우에만 결정할 수 있을 뿐이다. 그러나 그러한 정치적 투쟁에 대해서 정치적인 문헌은 헌법의 일반적·이론적 보장만을 알 뿐이며, 국법상으로나 동맹법상도 허용되지 않는 조세거부와 같은 아주 과격한 수단은 바로 문제가 되지 않았다. 당시 거의 일반적이었던 정치적 미숙에 특징적인 것은, 이 문제가 아주 추상적이며 교조적으로만 다루어진데 불과하며, 많은 경우 아무런 적극적인 생활의 형성을 목표로 하는 제의도 없었다는 것이다. 여기서는 단지 로텍을 상기하면 좋다. 로텍은 오늘날 일반적으로 방자맹 콩스탕(Benjamin Constant)*의 영향을 받고 자라난 프랑스 입헌주의의 독일에서의 대변자로 지목되고 있다. 그러나 그 정치적 제안들은 당시의 프랑스 자유주의자의 요구로부터는 천양지차이가 난다. 국회와 정부의 대립은 적대적인 것이 아니라「친밀한 결합을 갈망하는」대립이어야 한다.14) 이 갈망을 어떻게 만족시킬 것인가 하는 것은 명백하지 않다. 왜냐하면 양자는 서로 엄격하게 분리된 채 있기 때문이다. 그러므로 국회 역시 정부를 압박하려고 해서는 안 될 것이다. 왜냐하면 그럼으로써 정부 자체가 이제는 동시에 국민마저도 적대시하기 때문이다.15) 그리하여 결국 19세기의 20, 30년대의 영향력 있는 정치적 문헌에 일관해서 흐르는 것은 압도적으로 필요한 것, 또는 허용되는 것에 대한 실제적 인식에서 이탈한, 일련의 세간에서 알지 못하는 불명확한 미사여구였다. 그것들은 오늘날 당연히 우리들을 경악케 하며, 또 국민의 정치적 감각이 오늘날에는 얼마나 더욱더 현실로 향하고 있는가를 가르치고 있다.

그러나 또한 저 시대의 실제적인 제안들은 당시 대체로 역사적·정치적인 현실이 충분히 인식되지 못하고, 더구나 명확하게 평가되지 못했다는 것을 보여준다. 넓고 자유로운 시야를 가진 사람들은 물론 정부와 국회 사이를 중개하려고 노력하기 시작하였다. 그들은 영국의 의회주의적 관계에 입각하여 더구나 피상적으로만 알뿐이며, 따라서 그 전제나 기능도 그들의 잘 아는 바가 없었던 것이다.

당시의 세대에 영국은 혁명으로 완전히 오염되지 않고, 더구나 강력하고 자족적인 국가권력과 국민의 자유를 결합한 세력으로 비친 것은 이미 서술하였다. 이미 프랑스혁명의 초기 무렵 이 세계사적인 변혁에 대한 버크(Burke)*의 반성이 겐츠(Gentz)* — 역사적인 것을 지향한 반합리주의적인 정치적 정신운동의 출발점이 된 겐츠 — 에 의해서 독일에 전해지고 있었는데, 나폴레옹시대의 낡은 유럽의 전반적인 붕괴 속에서 영국은 바로 새로운 시대의 모든 조류들을 압도적으로 이겨 낸 보수적인 국가로서 나타난 것이다. 신성로마제국이 무너진 해에 나중의 입헌주의운동의 격렬한 적수였던 슈말츠(Th. Schmalz)는 대브리튼의 헌정에 관한 책을 출판하였다. 독일에서는 정식으로 영국의

---

14) Rotteck, Lehrbuch des Vernunftrechts II, 1830, S. 229.
15) A. a. O. S. 230.

이론에서 알지 못했던 내각에 대해서 처음으로 주의하게 되었다. (이것에 의하면) 국가의
전권은 국왕에 속한다. 의회와 협조하여 통치하기 위해서 하노버가 출신의 왕의 예지는
그의 대신을 의원(議院)의 다수를 차지한 정당에서 선출함으로써 견실한 수단을 발견한
것이다. 그러나 이것을 조언한 것은 단지 국왕 자신의 예지뿐이며, 결코 필연도 아니며
또한 법적인 것도 결코 아니다.16) 2년 후 슈타인 남작(Freiherr vom Stein)을 위해서
작성된 제국 의회의원의 창설에 관한 각서 속에서, 빈케(L. v. Vinke)*는 전제적인 정복자의
우세했던 저 시대에 실제적인 국민대표, 그리고 세론이 존재하는 국가의 정부가 쇠퇴하는
군주의 지도 아래 지지되는 것은, 어떤 힘에 의한 것인지를 언급하고 있다. 말하기를
영국에서는, 군주의 권력은 물론 제한되지만 그러나 무릇 유익한 목적을 위해서는 확대되
고 있다. 즉 이러한 분야에서는 그는 다른 어떠한 통치자보다도 더욱 커다란 도덕적인
힘을 가지고 거의 자의적으로 명령한다.17)

    당시 대륙의 사람들은 영국의 정부조직을 오늘날과 동일한 눈으로 보고 있었던 것은
아니다. 의원내각제는 제1차 선거개정법 후에 비로소 전형적인 형태로 등장하였으며,
더구나 간과해서는 안 될 것은 당시 독일의 다른 누구보다도 영국에 전념하고 있던
달만(Dahlmann)*과 같은 사람마저 여전히 선거개정법에 의해서 내각과 의회에 대해서
왕권은 강화된다고 예상한 것이다.18) 그것에 관하여 다시 주의할 것은 새로운 정치형태의
특성을 곧 인식하는 것이 얼마나 어려운가 하는 것이다. 그러나 대체로 새로운 헌법질서에
입각하는 자는 틀림없이 누구나 의원내각제와 군주제원리의 부조화에 대해서 생각하지
아니한다. 1820년 군주주권의 개념에서 이끌어낸 결론, 즉 국가권력과 신분상의 제한과의
관계에 대한 일정한 결론을 빈 최종의정서 제57조에 정식화한 정치인들은, 영국식의
국왕으로부터 주권을 높이는 곳이 오히려 그가 정립한 추상적인 도그마에 따르면, 무릇
진정한 군주제는 국가권력의 모두는 군주의 인격 속에 통합되어 있다는 사상에 근거한다
고 생각하였다 ― 그러나 그들은 그 이론적 원리를 오로지 독일에만 한정할 수는 없었으며,
또한 그럴 계획도 없었다. 특히 캐슬레이(Castlereagh)*는 당시 완전히 반동적이고 정통주
의적인 의미에서 영국의 정치학을 리드하고 있었다. 그 위에 조금 전에는 모범으로
삼았던 프랑스의 헌장은 참으로 충성스런 옹호자를 발견했는데, 그것은 왕제를 최고의
높이에 올림으로써 의원내각제 ― 이 이론은 대륙에서는 그가 처음으로 정식화하였다19)
― 의 열렬한 제창자가 되었다. 샤토브리앙(Chateaubriand)*은 말하기를, 프랑스왕은
헌장에 의하면 군주제에 입각하고 있으며, 구 군주제 하의 선조보다도 절대적이며 콘스탄
티노플의 술탄보다도 강력하며, 더구나 베르사유의 루이 14세보다도 위대한 영주이다.

---

16) Schmalz, Die Staatsverfassung Großbritanniens, 1806, S. 55, 110, 120-124 참조.
17) Pertz, Denkschriften des Ministers Freiherrn vom Stein über deutsche Verfassungen, 1848, S. 4
    참조.
18) Politik, 1. Aufl., 1835, S. 99. 이 후의 판도 같다.
19) Chateaubriand, De la monarchie selon la charte, 1816. 프랑스에서는 그처럼 영향력이 많은 저작이
    독일에서는 곧 완전히 망각된 것은 참으로 이상하다. 몰은 그의 『국가학의 역사와 문헌』(Geschichte
    und Literatur der Staatswissenschaften) 속에서 그 책을 한 마디도 언급하지 않는다.

만약 그가 그의 왕의 손을 잡아당기면 만물은 모두 정지하고, 손을 내밀면 만물은 움직인다. 만물의 존재는 그 마음대로다. 만약 왕을 제거하려고 한다면 만물은 허무하게 가라앉는다[20]고. 샤토브리앙은 왕을 그 고양된 지위에 머무르게 하기 위해서, 항상 의회다수파로 구성된 대신에 의한 정부의 운영을 바란 것이다. 샤토브리앙이 실제로 방자맹 콩스탕이 이미 제창한 형태에서의 권력분립론의 추진자이며 완성자였던 것은, 그 당시 권력분립원리가 군주주의원리의 신봉자에 의해서 솔직하게 상찬된 것을 결코 방해하지는 않는다. 7월혁명 전에 독일인이 가졌던 입헌주의의 작은 경험이 이야기하는 것은, 한편으로는 콩스탕과 샤토브리앙을 입헌군주제의 옹호자로서 최고로 올리는 것도 가능하며,[21] 다른 한편으로는 동시에 최종의정서 제57조를 「입헌적 국법의 세련된 이론」의 표현으로서 높이 상찬할 수도 있다는 것이다.[22]

근대 헌법이념의 보급과 확립에 대해서 저 회의적인 시대에 당시 베를린에서 그 시대의 사상 전체에 대해서 커다란 영향을 미치고 있던 헤겔(Hegel)이 그의 고풍스런 국가구성에도 불구하고, 다분히 그의 고향, 슈바벤 헌법의 발전에 영향을 미친 입헌군주제를 근대국가의 최고의 형식이라고 설명한 것은 중대한 의미를 가진다. 과연 헤겔은 군주권력은 분립된 국가권력들을 통일적으로 총괄한다고 설명함으로써 자기의 방법에 충실하게 변증법적으로 군주제원리를 전개한다. 군주적인 계기, 정부의 권력과 등족적인 요소는 전체로서 입법권력에 일체화됨으로써 활동한다. 비난할 것은 내각의 입법으로부터의 분리이며 그 점 대신이 의회의 구성원이어야 한다는 영국이 참고가 된다. 헤겔은 정부에 대한 참여가 입법권력과 관련해서 행해지고, 그것과 대립해서는 안 된다는 점에서 영국의 방식은 정당하다고 한다.[23] 이처럼 정부와 의회의 결합은 그에 의해서 변호되고 있다.[24]

이상과 같은 서술을 공정하게 평가하기 위해서는, 7월혁명 전에 있어서는 대신의 고유한 지위 그 자체가 국법론상은 더욱 충분히 인식되지 않았다는 것이 상기되지 않으면 안 된다. 보통의 군주의 직접 통치와 대신의 정치책임형성의 흠결이라는 지배적 이론에서는, 대신은 단순히 최상급의 국가봉사자, 즉 재판관 이외의 다른 모든 국가봉사자와 마찬가지로, 단지 군주의 의사의 집행자로서 나타날 뿐이며, 군주가 법률에 위반하는 것을 명하지 않는 한 그 의사에 따르지 않으면 안 된다. 따라서 실제로 비교적 낡은 국법상의 저작에서는 대신에 대한 이론은 전부 약간의 일반적인 말투로 하거나,[25] 또는

---

20) 「이 왕정 하에서의 왕은 일찍이 무였을 정도로 절대주의적이며 콘스탄티노플의 회교 군주보다 강력하며 베르사유 궁에서의 루이 14세보다도 주요한 지위를 차지하는 것이다」. 「만약 왕이 그 손을 잡아당기면 모든 것은 운행을 정지하고 그 손을 내밀면 진행한다. 왕은 그 자신이 완전무결하기 때문에 가령 왕을 배제한다면 이미 모든 것은 무로 돌아간다」. p. 28, 29.

21) Aretin, a. a. O. I, S. 77.

22) Aretin, a. a. O. I, S. 82, 159.

23) Hegel, Grundlinien der Philosophie des Rechts, WW. VIII, S. 273 ff., 384 f.(임석진 옮김, 『법철학』, 한길사, 2008, 534면).

24) Hegel, a. a. O.

25) 예컨대 Aretin, a. a. O. I, S. 211 참조.

행정법 속에서 추구되고 있다.26)

그러나 7월혁명 후 종래 남독일 이외에서는 중부 독일의 몇몇 소국이 채택했을 뿐인 입헌제도가, 나아가 북독일에도 압박한 때에 사태는 일변하였다. 달만은 1835년 널리 읽힌 그의 정치학의 초판에서, 먼저 의원내각제를 실로 열심히 옹호하고 있다. 의원의 의원(議院) 중 어떤 구성원만을 당해 의원(議院)의 심의에 참가시키는 영국 헌법의 메커니즘은 그가 잘 아는 바였다. 그런데 바로 동일하게 그는 헌법에 규정된 범위 안에서 그 통치를 행하고, 대신을 자유롭게 임명하는 군주를 요구하고 있다. 말하기를 왕이 임명 또는 유임을 강제하는 대신제도는 부왕제(副王制, Mitkönig)*이다.27) 그러나 대신에게 바라는 것은, 영국에서처럼 그가 선거절차를 거쳐 하원에 들어가는 것인데, 이는 왕의 신임뿐만 아니라 공공의 신임도 있어야 한다. 그 의원(議院)의 구성원으로서 그 의원에 등장함으로써만 대신은 의원(議院)에 대해서도 제후에 대해서도 그 정당한 지위를 유지하는 것이다.28) 달만은 왕에 의한 대신의 자유로운 선임권과 대신을 의회로부터 빼앗는 강제와의 모순을 깨닫지 못한다. 왜냐하면 그는 영국의 의회체제가 필연적으로 정당지배라는 것을 여전히 인식하지 못하기 때문이다. 그에 의해서 근본적으로 오해된 이 영국의 내각제도는, 그러나 어떤 완전히 특별한 이유로 그의 주의를 끈 것이다. 그가 그 정치학을 저술한 때에 그의 군주는 동시에 영국왕이기도 하였다. 그러므로 하노버 제후가 거기에 따라서 영국 제국에서 통치한 바로 원칙이 그에게 특히 주목할 만한 것으로 비친 것은 당연하였다. 그의 제안들은, 묘하게도 추후 그를 괴팅겐에서 추방하였던 에른스트 아우구스트(Ernst August)에게서 발전에 유리한 토양을 발견하였다. 나중에, 즉 1848년 9월 5일에 하노버에서 왕으로 하여금 제1원의 구성원 중 4인을, 그리고 제2원의 구성원 중 2인을 임명할 수 있도록 하되, 그 중 각 2인씩은 모두 대신으로 임명하도록 하는 권한을 부여하는 내용의 법률이 공포되었기 때문이다.29)

그런데 그 때에 한 사람의 남자가 지금까지의 모든 불명확한 시사, 기도, 조정에 대립하였다. 그의 이론은 오늘날에 이르기까지 현재 상당히 알려지지 않고 있다고 하지만, 독일 입헌국가관에 대해서 가장 커다란 의의를 가졌다. 슈탈(Fr. J. Stahl)*은 이미 1837년에는 간단히, 그러나 곧 1845년부터는 면밀한 서술에서 영국과 프랑스류의 의회주의에서 생기는 모든 이념의 단호한 반대자로서 나타났다. 슈탈은 현존하는 프로이센 보수당의 강령을 전개하는데, 그 후에 이 강령에 첨가해야할 새로운 기본사상은 거의 없다고 할 수 있다. 특히 중요한 것은 젊은 비스마르크의 정치적 견해는 의심할 것 없이 슈탈의 결정적인 영향 아래 형성된 것이다. 그러나 보수주의권 밖에서도 슈탈의 영향은 매우 깊었는데, 왜냐하면 그는 정치학의 풍부하고 적확한 지식을 자유롭게 구사하여 자기의

---

26) 나아가 Mohl, Staatsrecht des Königreichs Württemberg II, S. 8 ff. 그는 헌법상 대신에 대해서 국사재판소론 속에서만 언급할 뿐이다.
27) Dahlmann, Politik, 2. Aufl., 1847, S. 105.
28) A. a. O. S. 162 f.
29) §§ 36. Nr. 5, 41.

견해를 당시의 정치학 문헌으로서는 아주 특이하고 뛰어난 형식 속에 명확함과 자신과 열기로 가득 찬 확신을 가지고 제시한 것이다. 다름 아닌 이 형식이야말로 기본적으로 그와 반대의 지향을 가진 자에게까지 깊은 감명을 주었다.[30] 특히 그는 절충적인 방법으로 다양한 학문의 조류의 접촉점을 제시하였다. 슈탈 그 자신이 적극적으로 참가한 바이에른의 헌법생활 속에서 위대하게 된 이 남독일인은 입헌국가의 필연성이라는 기반 위에 확고하게 서 있었다. 과연 그는 자신의 보수적인 요구에 맞게 그 의회가 형성되기를 바란 것이다. 그러나 그는 절대주의와 그 대변자의 공공연한 반대자이며, 프로이센 합동의회를 소집하기 바로 직전에는 단지 조언할 뿐인 제국 국회의원이라는 사상을 극복하려고 한다. 1848년 이후의 반동의 시대에서마저 그는 이러한 이념을 견지하고 자유주의에 대해서 격렬하게 적대하였음에도 불구하고, 일단 제정된 헌법을 폐지하는 제의에는 언제나 반발하였다. 그러나 독일 국가에만 적합한 헌법은 진정한 군주제원리에 의거해야 하는데, 다시 말하면 법률에서 유래하지 않으며, 그 자체 왕에 의해서 비로소 효력을 발하는데, 이는 신의 섭리에 의해서 그 권위를 초국가적인 원천에서 얻는 왕제에 의거해야 하는 것이다. 독일에서는 그 고유한 발전에 의해서 다만 영토와 혈통의 분산을 하나로 만드는 군주제적 요소만이 있으며, 의원(議院)에 의해서 대체될 수는 없다. 또한 독일 군주제는 지적이며, 고결하여 배척할 수 없는 관료계급에 의거하고 있다. 따라서 대신은 모든 법적인 책임에도 불구하고, 오로지 왕의 충복이지 않으면 안 된다. 그러나 슈탈이 직접 의회주의원리로 명명한 것은 살아 있는 스스로 통치하는 지배자를 그림자에 불과한 왕으로 대체하는 것인데, 이는 군주제와 반대되는 것으로서 군주제원리를 부정하고 전도하는 것이다. 그는 영국 의회주의의 발생과 본질을 인상적으로 묘사하고 있다. 거기에서는 과연 예리하게 깎아맞춘 정식이 부족하지만, 본질적으로는 정곡을 찌른 방법으로 묘사하고 있다. 그 위에 슈탈은 영국의 의회주의가 타의 추종을 허락하지 않는 독특한 영국의 국가발전에 본질적으로 깊게 뿌리내린 것을 지적하고, 따라서 서로 매우 다른 각각의 발전 국면에서도 영국의 제도가 표준으로서 타당하다는 몽테스키외 이래의 통설에 대립하고 있다.[31] 이 의회주의체제를 경계하고 군주제의 전통적 형식을 보존하고 계승하려는 것이 슈탈이 이해하는 보수적 정치학의 커다란 목표의 하나이다. 슈탈의 반박은 직접 그것이 프로이센의 입헌운동의 단서와 폭풍의 해인 1848년의 성과에 언급한 때에 더욱 중요한 의미를 가진다.

---

30) 이전에 거의 정당 일색으로 칠해진 국가학의 서술에 대해서 슈탈의 객관적인 평가는 최근의 문헌에도 보인다. Ernst Landsberg, Allg. Deutsche Biographie 35, Stahl 항목을 보라. 또한 Erich Kaufmann, Studien zur Staatslehre des monarchischen Prinzips (Hallesche Dissertation), 1906도 주목할 만하다. 나아가 Meinecke, Weltbürgertum und Nationalstaat, 1908, S. 250 ff.(이상신 · 최호근 옮김, 『세계시민주의와 민족국가: 독일 민족국가의 형성에 관한 연구』, 나남, 2007)의 상설을 참조. 슈탈학파 전체의 그 발전의 면에서의 포괄적인 비판적 서술은 아직 멀다.

31) 특히 슈탈의 상론 ― 최초로 군주제원리에 관한 논문의 형태로 발간한 ― Philosophie des Rechts, 5. Aufl., II², S. 372-423. 나아가 그의 사후에 발간된 저작, Die gegenwärtigen Parteien in Staat und Kirche, 1863, S. 114 ff. u. 142 ff.

슈탈이 사태를 얼마나 올바로 판단하고 있었는가는 곧 독일혁명의 요구들 속에 명백하게 되었다. 미리 주어진 문헌상의 논쟁도 없이, 아주 갑자기 매개 없이, 1848년 의회제 정부가 정치적인 성과로서 등장하였다. 더구나 그 이전에는 과연 그것이 슈탈에 의해서 배격되고 있었지만, 그러나 다른 어떠한 저명한 인물도 군주제의 민주주의적인 후퇴라는 목적을 위해서 요구하지는 않았던 것이다.[32) 여러 지방들에서의 「3월 내각」에서, 마침내 바울교회에서 새로운 이론은 먼저 실현되었다. 특히 제국을 건설하려는 시도는 국민의 정치관 속에 거역할 수 없는 힘으로 생긴 심각한 변화에 의해서 매우 높은 중요성을 지녔다. 당시 두 개의 커다란 조류, 즉 국민주의적인 것과 자유 · 민주주의적인 그것은 독일 국민 사이를 관류하였고, 하나의 공통된 하상(河床)으로 합류하였다. 통일된 국민이라는 그때까지 충족되지 못한 요청은, 이제 실제로 국가를 창조하는 힘으로서 보존되었다는 감정은, 창건해야할 제국을 국민의 기초 위에 건설하려고 한다는 기도와 결합하였다. 국가를 창조하는 요소는 장래의 헌법의 기초이어야 했다. 그때까지의 모든 지배적 정치세력이 그때까지 단독으로 국가를 유지하고 있던 군주주의적 이념마저도 그 지위를 할당하고 있었다. 의회가 헌법을 창조하도록 명을 받았기 때문에 정부를 자신 속에서 창출해낸다는 사상은 자명하였다. 여하튼 그것은 시종일관 관철되지는 않았지만 창조해야 할 헌법의 모범은 벨기에 헌법으로서, 이는 신성동맹 때 이래 국민적 군주제로서 자기가 조직할 수 있었던 유일한 국가였다. 다만, 프랑스의 최초의 헌법과 노르웨이 헌법의 영향으로 제국 원수에게 벨기에 국왕보다도 적은 권리만이 부여되었다. 그러나 벨기에 헌법처럼 1849년의 제국헌법도 의원내각제 방식을 목표로 하였다. 그 점에서 제국헌법은, 대신은 의원(議院, Staatenhaus)의 구성원이 되어서는 안 된다는 것 보다 더욱 민주적인 성격을 지닌다고 할 수 있다.[33) 이 헌법이 국민의 통일요구에서 나왔으며, 더구나 그 요구를 충족하도록 규정되었다는 것은 계획된 제국의 집권적인 조직에서 분명히 보여준다. 즉 거기에서는 동맹 국가들에게 제국권력의 행사에 대해서 말할 만한 관여는 거의 인정되지 않는다.

당시 모든 정당에서 의회주의적인 주장이 압도적 · 지배적이었다면,[34) 의회주의원리가 그에게 반대하는 이론과 예리하게 대립하면서, 이후에는 독일에서도 학문적으로 대표하리라는 것은 이해할 수 있을 것이다. 과격한 운동이 후퇴한 후 이미 반동이 결정적으로 된 시대에, 자신이 프랑크푸르트의 의회주의의 제국대신이었던 로베르트 폰 몰(R. v. Mohl)[35)은, 1852년 다음과 같은 이론적 근거를 상세하게 마련하였다. 즉 독일에서 그때까지 존재한 입헌국가는 이원적인 성격이라는 것, 또한 그 국가의 두 기본적 요소,

---

32) 이러한 요구의 역사는 여전히 전적으로 불분명하다. 특히 그것은 당시의 일간지나 팸플릿의 철저한 연구를 전제로 한다.

33) 1849년 3월 28일의 제국헌법 제123조.

34) 보수정당에서도 조차. Stahl, Die deutsche Reichsverfassung, 1849, S. 7; Meinecke, Weltbürgertum, S. 460 f. 참조.

35) Das Repräsentativsystem, seine Mängel und die Heilmittel. Deutsche Vierteljahrsschrift. 1852, 3. Heft S. 145 ff.; Mohl, Staatsrecht, Völkerrecht, Politik. 1860 I, S. 367 ff. 특히 S. 400 ff. 참조.

즉 내각과 국민대표는 단지 의회주의적 제도에 의해서만 통일체로 화해시킬 수 있었다는 것이다. 그러므로 내각은 항상 국민대표의 다수파라는 의미에서 형성되어야 하며, 국민대표의 감독 아래 두어야 한다. 이 의회주의적 제도는 군주제원리를 적대시하는 곳에서조차 기여하기까지 한다36)고 말한다. — 이것은 군주제원리의 정치적 다의성과 확장가능성의 새로운 증명이다. 몰은 항상 자신의 명제를 확고하게 지켰다. 물론 나중에 그는 단념하고 이렇게 말한다. 즉 자신이 요구한, 충돌을 회피하는 제도는 국가적으로 충분히 세련된 국민, 크고 안정된 정당, 그리고 군주의 국가에 대한 필요에의 종속을 전제로 하며, 더구나 그것은 오랫동안 최후까지 단호하게 투쟁한 국가적 당파들이 비싼 대가를 치루고 얻은 결과인 것이다.37)

그러나 그것에 계속되는 문헌은 몰의 설명을 거부한다. 과연 몰의 학설은 정치가들에 의해서 대변되는 일이 더욱 빈번하게 되었다. 그러나 의원내각제 문제에 대한 독일의 학자 간의 입장에서 완전히 특징적인 것은, 독일 국법학과 정치학의 저명한 학자의 유일한 사람으로서 — 영국 의회제도의 장점을 모국을 위해서 인정한 학자들마저 — 그를 변호하지 않았다.38) 특히 제국을 국민의 이름으로 기초지우는, 저 실패한 시도에 대해서 군주의 행위에 의한 새로운 제국의 성장이 군주의 직접 통치의 이론을 미리 강고하게 한 것, 그리고 위대한 세계사적인 목적으로 향하여 인도할 수 있는 강력한 정치가의 성망이 그 시대의 학문에도 그 정신의 각인을 분명히 찍은 것이다. 무엇보다 먼저 더욱더 증가하는 급진주의에 대한 반동에서였다고 하지만, 혁명운동은 마침내 끝났고, 그리하여 후일 강력하고 독자적인 군주제의 필요를 미리 강조하고, 몰이 한탄한 다원제의 해결을 군주의 의회에 대한 우위에서 찾는 것은 다름 아닌 국민적 통일은 역사적으로 오래된 국왕권력에 의해서만 실현된다는 — 모든 정치적인 반대조류에 대한 투쟁에서 승리를 거둔 — 확신이다.39)

---

36) A. a. O. S. 403.
37) Mohl, Encyklopädie der Staatswissenschaften, 1859, S. 367. 이 제2판, 1872, S. 362에서 그는 의회제도의 사용가능성은 일반적으로 언제나 발생하는 것은 아니며, 사정에 따라서 제한된다는 것을 인정한다.
38) 독일 문제의 해결 이전에는 자유주의적인 정치가도 변호하지 않는다. Held, System des Verfassungsrechts II, 1857, S. 11; Waitz, Politik, 1862, S. 53 f.; Schäffle, Zeitschr. f. d. g. Staatsw. 1862, S. 535; Kaltenborn, Einleitung in das konst. Verfassungsrecht, 1863, S. 41, 54; Bluntschli, Allg. Staatsrecht, 2. Aufl., 1857, II, S. 90은 의회제도를 「철저하게 배척할 것」으로 서술한다. 그 점에 대해서는 그의 그 후의 저술인 Politik, 1876, S. 336 ff.를 참조하라. 원래 뢴네(Rönne)는 그의 Preuß. Staatsrechts 초판에서 몰의 의견에 찬성하고 있었다.
39) 그 견해의 변천에 대해서 특징적인 것은 트라이치케가 1870년 경 여전히 이렇게 공언한 것이다. 즉 「우리들은 여하튼간에 법률에 의해서 대신의 법적 책임을 지키지 않으면 안 된다. 아마 우리 관료제도는 일단 모범을 보이며 란트의 법률에 위반한 대신이 법적 절차에 따라서 파면되었다면, 그때에 비로소 완전히 입헌생활에 익숙할 것이다. 우리들이 대신의 법적 책임을 묻기 전에, 그리고 관료제도가 여전히 그 현재의 힘을 주장하는 한, 정당정부제도를 요구하는 것은 즉 정치적 자유를 위험에 빠트린다」고. Hist. und polit. Aufsätze, 5. Aufl., S. 563. 이에 반하여 나중에 그는 다음과 같이 서술한다. 「대신의 법적 책임의 완전한 이론은 슐로써(Schlosser)와 로텍의 시대, 즉 입헌적 교의가 시대에 뒤떨어지게 된 때이다」. 그 후 그는 「과격한 불평가들을 일단 잠재우기 위해서」, 프로이센 입법에서의 결함이 보완되는

그러나 1848년이라는 시기가 그것으로써 끝나는 가장 중대한 헌법사적 사건은 프로이센 헌법의 성립이다. 지금은 마이네케(Meinecke)*의 확실한 연구에 의해서 알려지고 있듯이,40) 프로이센 헌법의 성립은 제국사상에 대한 프로이센 국가사상의 방어전에서 유래한다. 프로이센 지도 하의 제국의 건설을 간절히 바란 바울교회에 참여한 사람들은, 프로이센이 제국을 리드하는 데에 머물지 않고, 나아가 프로이센이 제국에 동화하기를 바랐다. 따라서 프로이센 의회와 제국 의회가 병존해야할 것이 아니라 프로이센 주의회 (Provinziallandtag)만이 존재해야 했던 것이다. 프로이센 중앙의회(Zentralparlament)가 독일 제국 의회와 병존하는 것은 독일통일의 시도에 대한 방해수단처럼 생각되었다. 1848년 12월 5일의 프로이센 흠정헌법*은 그렇지만 특히 제국으로부터의 프로이센의 독립을 고지한다는 목적을 가지고 있었다. 그리하여 프로이센 헌법의 발전 역시 지방분립 주의사상 — 비교적 오랜 헌법은 거기에서 유래하는데 — 을 가지고 시작한다. 프로이센과 그 밖의 나라들과의 차이가 그처럼 클지라도, 여전히 프로이센은 당시에는 지금보다도 더욱 적은 부분을 차지할 뿐이며, 더구나 프로이센의 국가를 형성하고 국가를 유지하는 요소는 다른 나라의 왕가와 왕가에 봉사하는 국민층보다도 더욱 광범위하게 미치고 그 위에 유력하였다.

개별 국가들의 입헌사는 1850년 이래 많은 나라들에서의 의회의 힘이 의원(議院)에 대한 발의권의 승낙으로 증대했음에도 불구하고,41) 다시 아주 구태의연하였다. 1850년 1월 31일의 프로이센 헌법*은 과연 외관상으로는 벨기에 헌법이라는 모범에 의해서 낡은 프로이센 헌법과는 별개의 유형이 되었다. 그러나 보다 상세한 연구에 의하면, 그것은 잘못인 것을 알았다. 국회(Landtag)의 권능은 얼핏 보면 다른 나라의 경우보다도 크지만, 이것은 대신책임제원칙의 시행규정의 흠결로 인하여 보전되고 있다. 그러나 이 헌법은 군주제원리를 명문상으로 언급하고 있지 않음에도 불구하고, 다른 헌법과 동일한 군주주의를 국법상의 기초로 삼고 있다. 왜냐하면 이 헌법 역시 다른 모든 헌법처럼 그 기점은 군주의 자기제한의 행위에서 나오며, 따라서 군주는 다만 그가 이것을 명문상으로 선언한 한에서만 제한되기 때문이다. 그러므로 이 헌법의 지배 아래서도 헌법사가 새로운 궤도로 밟아가는 것은 결코 아니다. 군대조직을 둘러싼 커다란 헌법투쟁은 실제로 그 영향은 광범위하게 미쳤을지라도, 그 성질상 정치권력을 둘러싼 다툼은 결코 아니며 법적 분쟁이었다. 더구나 그 경우 의회지배의 달성이 문제가 아니라 헌법의 해석이 문제였다. 더구나 이 점은 결국 정부 자신에 의해서 인정되었다. 확실히 이 투쟁에서는 비스마르크 내각을 퇴진시키는 것이 중의원(Abgeordnetenhaus)의 대다수가 표명한 희망

것을 보고 싶다고 선언하였다」. Politik, II S. 166, 159.

40) Weltbürgertum und Nationalstaat, S. 389 ff.

41) 이것은 최근의 동맹시대의 국법학자들에 대해서 군주제원리에 위반된다고 해석한다. 특히 Held, System des Verfassungsrechts II, S. 487. 그리고 나아가 Gerber, Grundzüge des deutschen Staatsrechts, 3. Aufl., 1880, S. 131 f. — 그것은 군주제원리의 역사에 다시 기여하는 바가 있었다. 그것은 당시 라부스(Rabus)의 신비적인 연구 Das monarchische Prinzip, 1862에 자극을 주었다. 여하튼 그것은 정치적 형이상학의 흥미로운 예시이다.

이었다. 만약 당시 대신을 고소하는 것이 가능하였다면 확실히 그것은 성공하였을 것이다. 그리고 이러한 종류의 것은 3월 전기에 있어서의 동맹 국가들의 국법에 의해서조차 가능하였던 것이다. 예외적으로 어떤 대신을 해직할 가능성이 아니라, 오히려 본래의 당원을 직무에 임명하는 힘에 의회주의의 우월의 먼저 본질적인 징표가 있다. 그러나 자주 반대설이 주장되기도 하는데,[42] 독일진보당 — 그 다채로운 요소는 공동의 투쟁을 통해서 결집된 — 이 이러한 우월을 간절히 바랐다는 증거는 없다. 따라서 영국 또는 민주적인 대륙의 모범에 의하면, 그 승리는 의회주의제도의 승리를 의미하는 것은 아니었을 것이다. 물론 위의 투쟁에서 정부쪽이 강력한 것이 실증되었다는 것은, 독일의 국내정치의 형성에 대해서 매우 중대한 의의를 가진다. 그러나 왜냐하면 왕관에 의해서 다시 얻은 승리는 독일 국가의 신생을 위한 그 후의 전쟁의 출발이며, 아울러 비교적 새로운 국가들의 역사에는 보이지 않는 군주주의사상의 강화를 직접 가져왔기 때문이다.

III.

그러한 앞의 언급 아래 북독일동맹과 독일제국이 건설된다. 새로운 형성체는 역사적인 낡은 세력에 매개되고 규정되며, 그럼에도 불구하고 단순히 과거에서 유래하기만 하는 것이 아닌 창조적인 사상으로 충만하였다.

제국의 건설과 동시에 그때까지의 모든 국회(Landesparlament)와는 완전히 다른 기초에 입각한 새로운 의회가 창조되었다. 그 의회는 단일한 왕조에 의해서 함께 독일 민족이 결속된 것이 아니라, 전체 국민을 대표하는 것이어야 한다. 그 점에서 제국 의회는 역사적으로만 이해하는 소방분립주의적인 의회와는 달리 국민적인 기초에 입각하고 있다. 어렵게 쟁취한 국민통일이라는 사상에 근거하여 건설되었기 때문에, 제국 의회는 제국의 기구에 있어서 철저하게 집권적인 요소를 이룬다. 이 의회에는 제국정부의 수반으로서 제국의 통일을 일신에 체현하는 황제가 상대한다. 만약 제국에서 황제와 제국 의회가 협력한다면, 황제의 지위는 민주적인 기반 위에 설 것이다. 마치 프랑크푸르트 제국헌법의 황제의 경우처럼 말이다.

그러나 오늘날의 제국에서 사태는 완전히 다르다. 제국 의회가 입각하고 있는 넓은 민주적인 기반에도 불구하고, 제국 의회의 그 탄생과 함께 각인된 통일주의적인 성격에도 관계 없이, 제국의 구조에는 의회우위의 가능성에 반대하는 권력적인 평행추가 완전히 의식적으로 들어 있다. 비스마르크가 의회제도의 결정적인 반대자였던 것은 물론이다. 그가 말하기를, 「선출된 집회의 다수자에 의한 위대한 국민의 정부는 손상이나 위험 — 역사적인 경험에 의하면 모든 선제후국은 그것으로 멸망하는데 — 과 불가분한 것이

---

42) 동일하게 최근에는 Prutz, Preußische Geschichte IV, S. 376. 그리고 그에 따르는 Hubrich, Deutsches Fürstentum und deutsches Verfassungswesen, 1905, S. 155는 상세한 근거를 제시하지 않는다.

다」. 이렇게 말함으로써 일찍이 비스마르크는 의원내각제 문제에 대한 자신의 기본적인 태도를 폭로한 것이다.[43] 현존하는 법적 상태를 확보하기 위해서 비스마르크는 의회에 대해서 적극적인 지배가 아니라 일종의 호민관적인 권력만을 귀속시키려고 한다.[44]

그런데 제국헌법에는 적극적인 의회지배에 대한 두 가지의 방어수단이 저장되고 있다. 하나는 지방분권주의적인 성질이며, 다른 하나는 연방주의의 그것이다. 그것을 제거하는 것은 제국의 근본적인 변화 없이는 제국헌법의 개정을 둘러싼 매우 어려운 투쟁에 의하지 아니하고는 불가능할 것이다. 대규모 정당들이 지배를 추구하는 것을 저해하는 현재와 같은 정당제도가 근본적으로 변화하여야 한다고 하더라도, 제국의 헌법적 상태는 대규모 정당들이 그러한 지배를 추구하는 것에 대해 극복하기 어려운 한계가 될 것이다.

의원내각제는 다양한 현상형태를 가진다. 그리고 이것을 채택한 모든 나라에서 특수한 형태를 취한다. 그러나 거기에 공통된 것은 다음과 같은 두 계기이다. 의원내각제는 다소간 — 비록 연합에 의하든 — 특정한 당강령을 가지고 공고하게 결합된 의회다수파에 근거하지 않으면 안 된다. 또한 의원내각은 국가의 전영역에서 국가의 이름으로 생기는 모든 사안에서, 란트들에 대한 책임을 져야할 입장에 있어야 한다. 따라서 의원내각은 여하튼 그 책임을 벗어나기 위하여 어떤 그것과 관계 없거나 그것을 초월한 다른 자의 의사를 이끌어 들이는 입장에 두는 것은 허용되지 아니한다.

그렇지만 독일 제국에는 제국 정부 외에 내각과 긴밀하게 결부되었음에도 불구하고 그것과는 독립한, 두 개의 세력이 존재한다 — 프로이센 정부와 연방참의원이 그것이다. 그들의 제국 정부와의 관계에 대해서는 제국 정부 자체가 매우 독자적인 방법으로 영향을 미치고 있다.

제국 헌법의 지방분권주의적인 요소는 제국 재상이 보통 그 총리를 역임하는 프로이센 내각의 각료와 제국 재상제와의 결합에 있다. 제국 헌법의 조문에 의하면, 제국 재상은 프로이센의 연방참의원 전권위원으로서의 고유한 자격에서만 제국 의회와 교류할 수 있다. 그러나 입헌주의의 실제가 제국 재상에게 제국 의회로부터 완전히 독립한 지위를 부여하고 있다고 해도, 잊어서는 안 될 것은 제국 재상은 그 경우 항상 프로이센의 총리대신이라는 것, 그리고 그러한 자격상 그 행위에 관해서는 제국 의회에 대해서 책임을 질 필요는 없다. 그런데 비록 그가 그것을 바랐다고 하더라도, 실로 이것을 결코 자주 할 수는 없었던 것이다. 프로이센의 정치를 제국의 그것과 정확하게 합치시키기 위해서 제국 재상은 오늘날 그가 제국의 관방장에 대해서 차지하는 것과 아주 동일한 지위를 프로이센의 관할대신에 대해서도 얻지 않으면 안 된다. 제국의 관방장 — 대리인으로서 — 제국 재상이 그에게 독립성을 부여하는 범위 안에서만 독립인데 불과하며,

43) Roell, Bismarcks Staatsrecht, 1903, S. 106 참조.
44) Rosin, Grundzüge einer allg. Staatslehre des Fürsten Bismarck, Freiburger Programm 1897, S. 55 참조.

만약 그가 제국 재상의 뜻에 따르지 않는 경우에는 제국 재상은 당해 문제를 자신의 일로 함으로써 직접 자신의 의사를 통할 수 있는 것이다. 프로이센의 대신은 제국 재상의 부하가 되지 않으면 안 된다. 다만, 그 경우에 확정적으로 프로이센의 국내정치는 제국의 그것과 일치할 수 있다. 그리고 제국 의회에 대한 제국 재상의 완전한 책임은 프로이센의 국내정치에까지 확장될 수 있을 것이다. 그러나 우리들은 비스마르크가 프로이센적 「연합대신국가」(föderierten ministeriellen Staaten)의 관할권분리주의에 대해서 나타낸 통절한 고충을 상기한다.[45] 프로이센의 대신과 왕의 교류를 총리대신의 감독 아래 둔다는 시도는 주지하듯이, 그 철인이 몰락하는 계기의 하나였다.

그런데 그것에 대해서는 이렇게 대답할 것이다. 즉 시간이 경과함에 따라서 제국의 권한은 점차 확대되고 있다고. 제국은 과연 헌법상은 그 선점의 자격이 부여되었는데, 제국의 권능에 대한 특별한 입법행위에 의해서 비로소 얻어질 수 있는 분야를 차지한다. 그러나 무릇 제국의 관할권의 확대에 수반하여 연방의 관할권은 제한된다. 언제나 연방에게 장래에도 유보되는 힘은 과소평가할 수 없다. 특히 이것은 프로이센에 대해서 타당하다. 프로이센의 제국에서의 지도적인 지위는 연방참의원에 있어서의 그 지위 덕분에, 비록 제국의 권한의 최대한으로 성장하였다고 하더라도 동요되는 것은 아니다. 그러나 그럼으로써 프로이센 국회도, 제국의회가 제국 내의 패권을 추구하려는 기도에 대하여 확고한 한계를 설정함으로써 다른 주의 의회와는 전혀 다른 의미를 획득하게 된다. 프로이센 국회는 제국 의회와는 완전히 다른 구성을 가지며, 그 구성을 개정하려고 하는 제의에 대해서 열심히 반대하려고 한다. 제국에서의 제국 의회의 우위는 필연적으로 프로이센에 있어서 국회 우위라는 요구를 성립하게 될 것이다. 그러나 만약 제국 의회의 다수파가 란트 의회의 다수파가 일치하지 않는다면, 즉 만약 각자가 아마 단순히 뉘앙스의 차이 밖에는 없을지라도, 별개의 정부를 요구하는 경우에는 어떻게 될 것인가? 그 경우에는 제국 의회와 란트 의회 간에 지배를 둘러싸고 격렬한 투쟁이 일어날 것이다. 만일 제국의 나머지 부분이 프로이센의 저항하기 어려운 권력에 아주 완전히 복종하지 않는 경우에는, 승리는 제국 의회로 돌아갈 것이 틀림없다. 이런 경우에는 프로이센의 의회가 정부의 어떠한 책임도 추궁할 입장이 아닌 일개 지방의회의 역할에 만족하는 분쟁의 해결 밖에는 없을 것이다. 만약 프로이센 정부가 제국 정부에 종속되어야 한다면, 그것은 오직 프로이센의 완전한 비국가화에 의해서만, 즉 프로이센을 제국 치하의 한 지방으로 격하함으로써만 가능하게 될 것이다. 그 정부가 제국 정부로부터 완전히 분리된 다른 모든 연방의 나라들의 경우에는, 그들 나라들에 속하는 ― 그러한 표현이 허용된다면 ― 제국에서 자유로운 분야에서는 그 정부가 제국의 이름으로 압박할 프로이센보다도 나아가 커다란 독립이 가능할 것이다.

제국 의회의 우위에 대한 또 다른 제한이란 제국의 연방주의적인 기관, 즉 연방참의원에 있는 이 독일 고유한 헌법제도인 것이다. 그것은 국법상으로 뿐만 아니라 정치적으로도

---

45) Gedanken und Erinnerungen II, S. 272.

현재의 국가생활 중 가장 주목할 만한 정치적 형성물의 하나이다. 그것에 대해서 보거나 듣는 일은 적다. 그것은 폐쇄된 방에서 토론을 하며 또 의결을 한다. 이 점에서는 프랑크푸르트 연방의회와 유사하다. 황제나 제국 재상 그리고 제국 의회는 누구든지 견문할 수 있는 제국기관이다. 단지 예외적으로만 연방참의원의 프로이센 이외의 대의원은 제국 의회에서 발언하는 일이 있을 뿐이다. 따라서 광범위한 국민적 규모의 정치논쟁에서는 연방참의원은 자주 완전히 무시되며, 또한 외국에서는 그 존재를 거의 알지 못하거나 그렇지 않으면 오해되고 있다. 제국 밖에서는 그것은 상원과 비교하는 일이 매우 많은데 그 비교는 타당하지 않다. 왜냐하면 국법상으로 뿐만 아니라 정치적으로도 연방참의원은 그곳 이상의 의미를 가지기 때문이다. 오히려 대부분의 법률은 연방참의원의 주도권에서 생기며, 그 의사는 국법적으로도 실제 정치적으로도, 입법에 즈음하여 결정적이다. 연방참의원은 제국 의회의 법률의결의 재가를 거부할 권한을 개별 나라들에서 군주가 국회에 대해서 사용하기보다도 더욱 빈번히 사용한다. 나아가 그것은 주지하듯이, 제국 정부에 있어서 매우 중요한 역할을 한다. 그것은 중요한 명령을 공포하고, 제국 관리의 임명의 추천을 하며, 쟁송을 재결하며 각종 행정사무를 처리한다. 그 모든 것들을 연방참의원은 연방참의원에 대표를 파견하고 있는 정부들의 지도에 따라 행한다. 자주 강조되듯이 연방참의원에 개별 나라들의 세력관계가 나타나는 것은 분명하다. 연방참의원에서의 프로이센의 영향은 그 투표수가 프로이센에 가져오는 것보다도 더욱 중요하다. 그리고 작은 나라들이 프로이센에 대해서 결코 말할만한 저항을 하지 않음으로써, 프로이센은 연방참의원 밖에서 비교적 커다란 나라들과 협조하는 것이다.

그러나 연방참의원의 결정에 대해서는 제국에 대해서 아무도 책임을 지지 않는다. 이 점은 제국 의회와 완전히 동일하다. 제국 재상은 연방참의원의 결정을 집행하는데, 그 결정에 대해서는 그것이 연방참의원의 관할권 안에서 행동하는 한, 그는 어떠한 종류의 책임도 지지 아니한다. 과연 비스마르크는 일찍이 연방참의원의 결정이 그에게 합치하지 않았을 때 그러한 책임을 자신을 위하여 요구하기는 했지만, 그러나 그것은 지금까지 이러한 유일한 국법상 정당화되지 않는 시도로 그쳤다.[46]

그런데 연방참의원의 광범위한 권한은 현재의 헌법관계에서는 제국의 의회주의적 지배를 방해한다. 그것은 제국의 국가적 행위의 ― 제국 의회에 대해서 아무도 책임을 지지 않는다 ― 커다란 영역이 존재하기 때문이다. 만약 의회주의를 서구의 모범대로 실현하려고 한다면, 그것은 연방참의원의 억제에 의해서만, 따라서 제국의 연방국가적 구조의 포기에 의해서만 가능할 것이다. 그 경우에 연방의 개별 정부들은 제국 정부에 의해서 대표되는 제국 의회의 의사에 복종하지 않으면 안 되며, 실체 없는 그림자로 전락하게 될 것이다. 연방 정부도 항상 이것을 충분히 인정한다. 그리하여 제국재상과 하나의 완전한 제국대신 체계가 병존하여야 하는 것인지에 대한 논의가 매우 빈번하게

---

46) 이에 관하여는 Roell, a. a. O., S. 114 ff.; Hänel, Studien zum deutschen Staatsrecht II, S. 49 ff. 참조.

전개되자, 연방정부들은 그에 대하여 집단적 책임을 지는 제국내각과 병존하여 제국사무 지휘에 실제로 전혀 관여하지 못하게 될 것이라는 이유로 강력히 항의해 왔다.[47] 제국에 있어서의 의원내각제 방식의 불가피한 효과는, 그러므로 개별 국가의 정치적으로 무의미한 기구에로의 전락일 것이다. 대국 프로이센과 함께 그 정부는 반드시 제국 정부로 해소될 것이며, 그 의회도 제국 의회 다수당의 정책결정의 의사로부터 구별된 말할만한 독자적인 영향력을 프로이센 문제에 대해서 결코 가지지 못할 것이다. 그러나 제국 정치와는 별도의 프로이센의 국내정치는 단연코 폐쇄될 것이기 때문이다. 그러나 그 밖의 동맹 국가들의 정부들도 제국 의회 다수파 앞에 굴복하지 않을 수 없을 것이다. 제국 정부의 모든 주도권은 재국 재상과 제국 내각으로 이행하며, 이에 반하여 연방참의원은 모든 통치를 단념하고 제1원이라는 겸손한 역할에 만족하지 않으면 안 된다. 결국 연방국가 대신에 독일 통일국가가 대신할 것이다.

사람은 말한다 — 의회주의적 정부이거나 비의회주의적 정부라는 문제는, 독일 제국에 대해서는 여전히 최고도로 중요한, 통일국가냐 연방국가냐, 단일주의냐 연방주의냐 하는 문제이다. 이 문제를 해석함에 있어서 중요한 것은 황제, 재상 그리고 제국 의회의 상호관계뿐만 아니라 제국의 역사적 기초의 확고함 내지 완전한 변혁이 무엇보다 중요하다. 따라서 제국 의회 속의 지방분권주의적이며 연방주의적인 지향 역시, 다른 한편 정당분산과 함께 제국 의회의 우위 — 단일주의적으로 결집된 제국 의회에서는 역사필연적으로 분출하지 않을 수 없는 — 에로의 경향에 대한 방벽인 것이다.

다른 연방국가들에서도 의원내각제 방식은 배척되고 있다. 미합중국, 그리고 이에 모범을 취한 미국의 구성 주들의 형태가 그렇다. 스위스연방도 그것에 가깝다. 그러나 미국의 경우는 헌법상 규정된 권력분립의 원리에 의해서 불가능하며, 스위스의 경우는 연방참사원의 지위와 국민참의원의 구성원과의 불일치에 의한 것이다. 그에 반하여 제국 헌법에 특유한 것은, 제국 헌법상은 법률상의 금지에 의해서가 아니라 제국 헌법에 작용하는 세력들의 운동에 의해서 제국 의회에 대한 제국 정부가 독립성을 보유하고 있다는 점이다. 따라서 앞에서 주장했듯이, 실제로 제국 의회의 힘은 제국 재상의 책임이 프로이센 정부와 연방참의원에 의해서 제한된다는 것으로 증대한다고 생각되더라도,[48] 동시에 제국 재상에게는 제국 의회의 통제에서 해방된 넓은 영역이 남아 있다.

그러나 또 제국에 의해서 개별 국가들 정부는 그 국회에 적지 않은 힘을 얻었다는 사실도 언급하지 않으면 안 된다. 개별 국가들은 제국 법률의 대부분을 그들의 정부들에 의해서 시행할 것이 명해지고 있었다. 그러나 개별 국가들은 제국 법률의 시행에 대해서는 국회에서가 아니라 제국에 대해서만 책임을 질뿐이며, 더구나 이 책임은 먼저 연방참의원에 의해서 취급된다. 국법이론적으로 매우 논란이 많은 것은, 지방 정부들이 연방참의원의

---

47) M. v. Seydel, Annalen des deutschen Reichs 1886, S. 321 ff. 그리고 Kommentar zur Verfassungskunde für das Deutsche Reich, 2. Aufl., S. 181 ff. 참조.

48) Laband, Jahrbuch des öffentlichen Rechts, II, S. 26 ff.

지도에 대해서 지방 국회에 책임을 지는가의 여부이며, 그리고 이 책임은 어떤 성질인가 하는 것이다. 남독일 나라들의 특별법(Reservatrechten)을 논외로 한다면, 그것은 결코 실제적인 의미를 가지지 못한다. 따라서 제국의 권한이 확대되면 확대될수록, 연방의 정부들의 국회에 대한 지위는 더욱더 독자적인 것이 된다. 예컨대 결사권의 취급에 대한 통제는 아주 최근까지는 지방 국회의 소관사항이었으나, 제국 결사법의 공포 이래 제국 기관으로 이관되고 제국 재상, 연방참의원 그리고 제국 의회는 그것을 적용할 권한이 부여되었다. 따라서 제국 법률의 운용에 관한 지방 국회의 이의에 답할 것인지는 당연히 지방정부의 재량에 맡겨져 있다. 그러나 다툼이 있는 경우 각 연방정부는 지방 국회가 아닌 제국에 대해서만 자신의 행위에 대한 책임을 진다고 지방 국회에 답변할 수 있게 될 것이다.

그리하여 독일 입헌제도에 전형적인 특질인, 정부의 의회에 대한 우위는 역사의 모든 변천을 통하여 변함없이 보존되어 오는 것이다.

IV.

이 제도의 특질과 의의를 정당하게 평가하기 위해서는 그 이념형과 현실형태를 충분히 구별하지 않으면 안 된다. 그 이념형에 일치하는 것은 스스로 통치하고 또한 항상 국가를 위하여 정당하고 필요한 것을 찾는 군주와, 그의 대신과 이 대신에게 복종하고 대신처럼 정당들 위에 서는 관청이며, 객관적이며 국가적인 전체 이익에만 관계하는 정부에 대한 의회가 제한적 요소로서 추가된다. 즉 의회 자신은 정부에게 결코 참가하지 않으며 자주 서로 교차하는 국민의 바람을 정부에 매개한다. 다만, 간접적으로만 그 권한의 행사에 의해서 그 바람을 정부에 강제하는 것은 허용되지 아니한다. 그 권한의 행사는 정부가 그 법률상의 권한을 일탈하지 않도록 통제하는 것이며, 그 권한 내에서 내각은 자유롭게 행동할 수 있다.

이 이념형은 그러나 모든 이념이 그렇듯이, 결코 현실과는 일치하지 않는다. 비의회주의적 내각은 보통 국가관료에 의한 정부이며, 따라서 관료제도의 장점과 단점을 갖춘다. 19세기 독일이 낳은 두 위대한 정치가는 모두 관료계급 출신이 아니었다. 슈타인과 비스마르크 모두 관료제에 대한 강한 반감을 가지고 있었다. 즉 국가관료계층은 여전히 초당적 지위를 열망하기는 하지만 확고한 당파적 지위로 내몰리게 되는데, 이러한 현상은 법과 법률에 의한 결정이 아닌 합목적성을 고려하는 가운데 자유로운 재량으로 결정을 내려야 하는 곳마다 확인할 수 있다. 모든 정당을 동일하게 멀리하는 정부란 거의 생각할 수 없다. 그러나 의회는 소극적인 투표권만 가지고 있을 뿐이며 의회가 적극적인 것을 하려 하지 않는다면 모든 것이 낡은 것 그대로 유지된다고 하는 비스마르크의 공식도 오늘날 의회에는 들어맞지 않는다는 것은 확실하다. 증가 일로에 있는 지극히 다양한 과제를 수행하는 현대 국가는, 의회의 부단한 적극적 협력에 의존하고 있다. 이러한 현상은 특히 재정 영역에서 나타난다. 지속적으로 증가하고 있는 국가과제의 수행에 필요한 재정수요가 충족되어야 하는데, 의회가 이 영역에서 소극적인 태도만 취할 경우, 국가와 그에 대한 신뢰는 뿌리부터 흔들릴 수 있다. 비교적 오래된 헌정이론에 의하면, 이미 시행되고 있는 조세를 계속 거둘 수 없게 하는 것은, 정부로 하여금 의회의 희망을 들어주도록 하는 매우 탁월한 강제수단이다. 오늘날에는 새로운 세금 채택을 거부하는 것만으로도 정부를 심각한 곤경에 빠트릴 수 있다. 그러므로 정부는 의회 내지는 그 다수파의 지지를 얻기 위해서 노력해야 하고, 확고한 다수파가 존재하지 않는 경우에는 그러한 다수파를 형성해 내야 한다. 그러나 이렇게 되면 신분제 국가의 전성기 때에 봉건영주와 등족들 사이에 성행하였던 과거의 거래가 부활하게 된다. 이와 같은 방식으로 의원내각제가 아닌 정부도 의원내각제 정부와 똑같은 방식으로 원내 다수파에게 의존하는 상태에 빠질 수 있다. 그리고 이와 같은 의존상태는, 정권을 담당하려는 정당들이 여당의 지위를 계속 유지하려 하고, 또 그에 따라 활시위를 있는 힘껏 당기지 않게 되는 등 해당 정당들의 이기심이 약해지게 되기 때문에 더욱더 심화된다. 그렇지만 독일의 대 정당들은 정부를 장악하려는 것이 아니라 정부를 통제할 수 있는 권력을 추구하는 경향이 있다. 독일의 대 정당들은 모두 소수파정당들이고 현존하는 사회적 관계 때문에 공고한 다수파가 될 가망성이 없기 때문에, 순수한 관료정부 체제가 의원내각제적 체제보다 합목적성을 띤다. 특히 그러한 체제가 독일의 대 정당들에게는 완전히 결여될 수 있는 국민에 대한 정치적 책임성을 자각하도록 요구할 수 있을 것이기 때문이다. 의원내각제 체제를 관권으로 의도적으로 도입하는 것과 같은 것이 가능하다면, 그것은 정당의 강력한 저항으로 실패하게 될 것이다. 그러한 생각은 의회의 지배가 어떤 자유로운 정부활동을 통해서, 또는 심지어 어떤 법률규정들의 효과로서 곧바로 이루어 수 있다고 믿었던 비더마이어 시대*의 순진함으로 오늘날에도 완전히 사라지지는 않았다.[49] 그러나 정권을 담당할 수도 없고 그러한 의지도 없는 정당들에게는 미래에 대한 책임 사상만이 무한한 탐욕을 억제할 수 있는 어떤 고삐도 존재하지 않는다.

제도만으로는 인민의 역사를 악으로나 선으로 인도할 수 없다. 항상 많은 제도의 뒷받침을 받는 인물이 결정적인 의미를 갖는다. 그러나 지도적인 인물들이 어떤 헌정질서에 의해 산출될 수는 없다. 그러한 인물은 항상 국민의 모든 사회적 힘들이 어우러져 탄생하는 결실이다. 독일 헌정체제는 다른 어떤 헌정체제보다도 항상적이고 독립적이며 자족적인 권위를 전제하고 있고, 또 그에 따라 어떤 다른 헌정체제보다도 대중의 신뢰를 부단히 받으면서도 국가를 독립적으로 통솔할 수 있는 값진 재능을 타고난 인물들의 지속적 존재에 의존하고 있다.

---

49) 현시대에 교훈적인 것은 대신들의 「의회화」(즉 의원 중에서 대신을 뽑는 제도)를 추구하고 있는 오스트리아의 예이다. 그렇지만 다양한 정치성향과 민족적 배경을 갖고 있는 정당들 중에서 대신의 자리를 배분하기 때문에 이 체계는 연대를 통해 자체 통합성을 띠는 정당정부가 아닌 그 정반대를 초래할 수 있을 뿐이다.

3. 오스트리아의 헌법발전 (1804-1867)[*]

프리츠 하르퉁

《차 례》

문헌. 상세한 문헌 목록이 붙어 있는 기본적인 문헌은 특히 K. u. M. Uhlirz의 Handbuch (1927-1944)이다.

사료. E. Bernatzik, Die österr. Verfassungsgesetze[2] 1911; Taschenausgabe der österr. Gesetze, Sammlung Manz, Bd. 19 (자주 판을 거듭한다).

참고 문헌. Österreichisches Staatswörterbuch, hrsg. von E. Mischler und J. Ulbrich, 4 Bde.,[2] 1909. Neue österreichische Biographie 1815-1918, 14 Bde., 1923-1960. Österreichisches Biographisches Lexikon 1815-1950, hrsg. von L. Santifaller.

서술 문헌. V. Bibl, Kaiser Franz I. (1937), Die Tragödie Österreichs (1937); W. Schüßler, Das Verfassungsproblem im Habsburgerreiche, 1918 그리고 Österreich und das deutsche Schicksal, 1925; A. J. P. Taylor, The Habsburg Monarchy 1809-1918 (1948); F. Tezner, Wandlungen der österreichisch-ungarischen Reichsidee, 1905.

I. 오스트리아 제국 1804-1848년

사료. (V. v. Andrian-Werburg - 초판 익명), Österreich und dessen Zukunft, 1841; Brief und Schriften von Gentz, vgl. Dahlmann-Waitz [9], Nr. 14020; K. F. v. Kübeck, Tagebücher, 2 Bde., 1909; Kübeck und Metternich, Denkschriften und Briefe, hrsg. von

---

[*] Fritz Hartung, Deutsche Verfassungsgeschichte vom 15. Jahrhundert bis zur Gegenwart, Stuttgart: K. F. Köhler Verlag 1969, S. 218-236.

A. Beer, 1897; Metternich, Nachgelassene Papiere, hrsg. von A. v. Klinckowström, 8 Bde., 1880/84.

서술 문헌. V. Bibl, Die niederösterreichischen Stände im Vormärz, 1911; H. Schlitter, Aus Österreichs Vormärz, 1920; G. Franz, Liberalismus, die deutsch-liberale Bewegung in der habsburgischen Monarchie (1956); H. v. Srbik, Metterich, 2 Bde., 1925 (이에 대해서는 Dahlmann-Waitz[9] Nr. 14013/17 참조. 3. Bde., 1954); F. Tezner, Der österreichische Kaisertitel, seine Geschichte und seine politische Bedeutung (Grünhuts Z. für das private und öff. Recht der Gegenwart, Bd. 25, 1898).

민족들의 역사 일반. H. Oncken, Deutsche geistige Einflüsse in der europäischen Nationalitätenbewegung des 19. Jahrhundert (Deutsche VjSchr. f. Literaturwiss. u. Geistesgeschichte, Bd. VII, 1929); K. G. Hugelmann, Das Nationalitätenrecht des alten Österreich (1934). 마자르인에 대해서는 L. Eisenmann, Le compromis Austro-Hongrois, 1904; H. Marczali, Ungarische Verfassungsgeschichte, 1910; S. v. Rado-Rothfeld, Die ungarische Verfassung, 1898; A. Szekfü, Der Staat Ungarn, 1918. 체코인에 대해서는 B. Bretholz, Geschichte Böhmins und Mährens, Bd. 4, 1925 (1793년부터 1915년까지); E. Denis, La Bohème après la Montagne blanche, Bd. 2, 1903; H. Münch, Böhmische Tragödie (1949).

제30절에서 「오스트리아」라는 하나의 국가에 대해서 말했는데, 이것은 엄격히 말하면 아나크로니즘(Anachronismus)이다. 왜냐하면 18세기에 합스부르크-로트링겐 가의 통치 아래 있었던 여러 국가들(Länder)은 아무런 통일적인 명칭도 가지지 못했으며, 프라그마티쉐 장치온(Pragmatische Sanktion)* 이래 이 왕조와 ― 또한 그것을 통해서 서로 ― 불가분하게 결합하였다고는 하지만, 그것들은 아무런 통일적인 국가를 형성하지 못하고 있었기 때문이다. 제국에서 빌려온 황제의 칭호가 외부에 대해서는 이 약점을 감추고 있었다. 그러나 공위 시대마다 공통된 지배자는 황제 선거 때까지는 헝가리와 보헤미아 국왕 등등이라고 칭하지 않을 수 없었으므로, 이 약점은 곧 드러난 것이다. 그러나 가문의 그때그때의 수반이 황제로 선출되는 것은 보통 확실하게 예기할 수 있었기 때문에 이 상태를 바꿀 필요는 없었다. 1803년 이후 피할 수 없게 된 제국의 붕괴가 마침내 모든 가령(家領[Erbländer])을 포괄하는 명칭을 만들어 내지 않을 수 없었다. 그것은 나폴레옹이 프랑스인의 황제를 칭한 (1804년 5월 18일) 후에는 더욱 필요하였다. 그 때문에 황제 프란츠 ― 제국에서는 이 이름의 두 번 째의 황제 ― 는 1804년 8월 11일에 칙서를 발표하고, 「오스트리아가와 오스트리아 군주국의 수반」으로서 「오스트리아가에게 그 독립한 각 주에 관하여 세습 황제의 칭호를」 부여한 것이다.

가령들의 국법상의 성격은 이 칙서에 의해서 변경되지는 않았다. 반대로 그 「명칭, 헌법, 특권과 아울러 관계들」, 특히 요제프 2세의 중앙집권화의 노력에 대한 반동으로서

1791년의 법률들에 의해서 다시 헝가리에 보장되었던 지위가 명시적으로 승인된 것이다. 거기에서도 이 칙서는 왕조적인 의의뿐만 아니라 국가적인 의의도 지니고 있었다. 오스트리아 제국(Kaisertum Österreich)이란 왕조뿐만 아니라 「통일된 오스트리아 국가 단체 (vereinigter österreichischer Staatskörper)를 표시하는 것이기도 하였다. 테츠너 (Tezner)*의 말을 빌리면, 영예스러운 민족들의 방주 오스트리아라는 세례를 받고 그 이름을 얻은 것이다. 군주의 인격에서, 또한 군대와 대외 정책에서 일찍이 이전부터 이미 존재하던 통일이 빌린 물건이 아닌 세습의 칭호에 의해서 이제 외면적으로도 표현된 것이다. 그리고 여기에는 동시에 국가적 연대를 강화하려는 어떤 종류의 충동도 내포되어 있었다.

물론 세습의 황제위를 대유한다고 하더라도, 그것은 직접적으로는 국가 기구에 영향을 미치는 것은 아니었다. 오히려 요제프 2세의 개혁의 시도가 실패함으로써 불러일으키고, 프랑스 혁명에 대한 방어를 통해서 다시 강화된, 철저한 개혁에 대한 혐오의 열이 오스트리아 정부를 지배하고 있었다. 독일의 라인 연방 국가들이 프랑스와 나폴레옹의 예에 따라서 긴밀한 국가 기구를 도입하고, 프로이센이 슈타인-하르덴베르크 개혁에서 그 국가에 새로운 국민적 힘들을 주입시키려고 시도하였던 시대에 더욱 그러하였다. 왜냐하면 중앙 관청에 관하여 몇 가지의 개선이 이루어졌다. 그러나 근저에까지 미치는 것은 아니었다. 주변의 세계가 변하고 있는 동안에 오스트리아는 18세기의 국가 그대로 머물러 있었다.1) 그것은 확실히 국가의 내정에서도 이유가 없는 것은 아니었다. 오스트리아는 여러 민족으로 합성된 국가이기 때문에, 19세기의 국가적 발전의 기동력에 의해서, 즉 민족 통일과 입헌적 자유의 사상에 의해서 그 존립이 위협을 받고 있었다. 그러나 이것이야말로 동시에 이 나라의 숙명이기도 하였다. 1804년부터 1918년까지의 오스트리아의 역사는 개혁과 근대화가 없었던 것은 아니지만, 전체적으로는 새로운 그리고 장기적으로 본다면 강대한 힘들에 대한 공허한 투쟁 이상의 것은 아니다.

이 점에서 오스트리아의 헌법 발전은 다른 독일 국가들의 그것과 대립 관계에 있었는데, 이 대립은 이미 나폴레옹에 대한 투쟁 시대에 인정할 수 있다. 1809년의 티롤의 봉기를 별도로 한다면, 오스트리아는 국민적인 자유를 위한 투쟁을 경험하지 않았으며,

---

1) H. Rößler, Österreichs Kampf um Deutschlands Befreiung, die deutsche Politik der nationalen Führer Österreichs 1805-1815 (2 Bde., 1940)은 1806-9년의 오스트리아의 단서적인 개혁을 문서 사료에 근거하여 상세히 서술하고, 독일 전체의 역사 과정 중에서 이것에 특별히 높은 의의를 부여하려고 노력한다. 그에 의하면 오스트리아 정부는 이미 1906년 1월, 즉 프로이센 정부에게 1년 반 앞서서 「국민의 세력들에 대한 신앙고백을 한 최초의 정부」가 되었다는 메리트를 가진다. 「19세기 독일 역사상 가장 이상적이기 때문에 가장 위대한 해」 1808년에서의 일반 향토예비군(allgemeine Landwehr)의 설립으로써 그는 독일 찬양의 시발로 삼는다. 이리하여 그는 오스트리아의 개혁을 프로이센의 개혁과 병치한다. 아니 낡은 오스트리아에서의 독일인의 성격에 근거를 둔 그 개혁의 보수적인 성격을, 「절대주의적이며 계몽주의적 국가이념을 가장 시종일관 결실시킨 국가」 프로이센의 완전히 비보수적인 특성과 대비함으로써 그는 오스트리아 쪽이 위라고 생각한다. 이 점 나는 오스트리아의 개혁이 이렇다 할 영향을 남기지 못하였다는 것, 그의 견해를 따를 수가 없다.

1813-15년의 전쟁에도 18세기의 국가로서, 그리고 그 때문에 사태의 진전을 끌어 멈추는 요소로서 참가한 것에 불과하였다. 빈 회의에서 오스트리아는 혁명과 그것으로 인하여 해방된 세력들에 대해서 정통주의와 복고의 이념을 대표한 것이었다. 그러나 무엇보다도 이 대립 관계는 1815년부터 1848년까지의 시대, 즉 오스트리아뿐만 아니라 독일이, 아니 유럽이 오스트리아 재상 메테르니히(Metternich)*의 지배적인 영향 아래 있었던 여러 해를 규정하고 있었다.

일부는 자유주의적인, 소 독일주의적인 견지에서 메테르니히의 인격과 업적에 첨가된 일면적인, 매우 신랄한 비판에 대해서 보다 공정한 평가를 대치시키려고 하는 근래의 메테르니히 르네상스는, 하인리히 폰 지르비크(H. v. Srbik)의 커다란 전기에서 그 정점에 달했는데, 한편 비블(Bibl)은 여전히 「오스트리아의 비극」은 지도적인 인물의, 특히 메테르니히의 실정(失政)에 기인하는, 거의 그것에만 기인한다고 본다. 지르비크는 메테르니히에 구속되고 있던 오스트리아의 특수한 존립 조건을 강조하는 것만으로는 만족하지 않고, 나아가 메테르니히를 유럽적 정치가로서 이해하려고 노력한다. 이 정치가가 가지고 있던 유럽 공동체의 이념, 즉 열강의 세력 균형에 의해서 역관계가 균형을 이루고, 그것으로 평안이 보장되는 유럽 대륙이라는 이념이며, 이 유럽 체제 속에서 오스트리아에는 교란, 특히 혁명적 성질의 그것에 대해서 평화를 지킬 책무가 주어졌다. 그리고 바로 유럽의 정세 안정 속에 오스트리아 국내의 평화는 그 최상의 보장을 발견하였다는 것이다. 지르비크의 중요한 연구 — 사료 이용상의 문제에서 그 신빙성에 중대한 의문이 제기되기는 하지만 — 의 가치는 충분히 인정한다고 하더라도, 메테르니히의 정치적 업적이 결국 부정적이었다는 것이 강조되어야할 것이다. 확실히 그는 그가 바란 유럽과 오스트리아의 평화를 위협한 위험을 인식하고는 있었다. 그러나 그는 1815년의 체제에 등을 찌르는 세력을 단순히 억압하는 것 이상으로는 나올 수 없었다. 그렇다. 그는 필요하고 가능하다고 생각한 개혁들, 예를 들면 국가 전체의 범위 안에서 여러 민족들에게 그 특색을 발휘할 여지를 부여하려는 오스트리아의 연방제적인 개조를 그것에 필요한 열의를 가지고 창도하는 것마저도 없었다. 따라서 그것은 보수주의가 아니라 「찰라 숭배이며, 좋던 나쁘던 현재 존재하는 사실을 교란하는 것은 일체 이를 예방하려는 노력」에 불과하다는, 1841년에 라도비츠(Radowitz)가 메테르니히의 정치 체제에 대하여 내린 판단은 여전히 남아있는 것이다.

그 시대의 문제들에 대한 메테르니히의 완전히 부정적인 태도는, 그 결과로서 시기를 완전히 상실하지 않으면 국가적 결합과 아울러 그것에 필요한 행정장치(독일 공용어)의 통일을 아마 확보하였을 개혁의, 그 시기를 상실할 수밖에는 없었다. 그것은 또한 여러 민족들 중에 일어난 운동이 반국가적인 방향을 취한다는 사태, 더욱이 체코 사람이나 마그얄 사람처럼 제국 국경의 외측에는 아무런 동포도 없고, 따라서 오스트리아 전체 국가를 파괴하지 않고서도 자기의 민족으로서의 독립을 달성한 민족에서도 그렇다는 사태를 한 것이다.

　　왜냐하면 메테르니히의 외교 정책이 이탈리아와 독일에 있었던 가장 위험한 불의 심지를 입헌주의와 국민주의의 운동을 억압함으로써 근절시킨다는, 그 목표를 달성하지 못한 데에, 또한 근대적인 교통이 발달하였기 때문에, 오스트리아와 서구와의 정신적 또는 경제적인 결합을 단절시킬 수 없었으므로, 경찰의 통제와 탄압, 또한 청소년을 조용한 공민으로 교육시키는 방향에서의 학교 교육에의 간섭이 된, 자유로이 사용할 수단을 가지고 있더라도 19세기 이념들의 침입을 장기에 걸쳐서 저지할 수 없었기 때문이다.

　　3월 전기의 오스트리아에서 정부에게 선봉을 향한 조류들 중에서 먼저 문제가 되는 것은 독일계 가령들에게 나타난 독일의 입헌 자유주의 운동과 병렬적인 흐름이다. 물론 거기에 완전한 일치를 본 것은 아니다. 예를 들면 티롤에서는 오히려 성직자가 우위를 차지하고, 1837년에는 요제프 2세의 관용령(寬容令)에 반하여 칠러탈(Zillertal)의 신교도의 추방을 강행하였던 것이다. 그러나 독일계 가령들은 대체적으로 같은 시대의 독일 국가들과 동일한 현상을 나타내고 있었다. 먼저 첫째로 시민 계급이 있고, 이 계급은 여기서도 경제적 발전을 통하여 점차 부국(富國)의 담당자가 되었다. 그리고 정부에 의한 후견을 점차 예리한 비판으로써 거부하였다. 시민 계급은 제국의 제주(Kronländer)*의, 정치적으로는 의미없는 주 의회에도 충분히 대표하지 못하고 있었기 때문에, 원래는 비정치적인 교육 협회나 영업 협회를 정치적 아지테이션의 기관으로 만들었다. 그리고 그 때의 농민의 지지도 얻었던 것이다. 농민은 마리아 테레지아와 요제프 2세에 의하여 시작된 농민 해방이 완전히 정체해버린 것에 당연한 것이지만 불만을 품고 있었다. 그러나 또한 귀족도 점차 메테르니히 체제의 유지가 어려운 것을 보기에 이르렀다. 이러한 통찰은 부분적으로는 경제의 영역에서 자라났다. 왜냐하면 소귀족이야말로 개시된 공업화에 따라서 경제적으로 불리한 상황에 빠졌으며, 그들은 그 책임을 졸렬한 책임에서 기인하는 정부의 금융자본에의 의존 관계에 돌리고 있었기 때문이다. 그러나 귀족이 반정부파에 붙는 경우, 거기에는 국가 감각도 작용하고 있었다. 1841년에는 프라이헤르 빅토르 폰 안드리안 베르부르크(Freiherr Viktor von Andrian Werburg)가 당초 익명으로 발간한 책 『오스트리아와 그 장래』를 가지고 이러한 귀족의 대변자가 되었다. 이 책에서 그는 오스트리아라는 것은 「서로 엄격하게 격리된 민족들의 복합체에 대한 가공의 이름 … 관습적 명칭」에 불과하며, 「함께 오스트리아 제국을 구성하는 이탈리아인·독일인·슬라브인·헝가리인」은 있을지언정, 「단일한 오스트리아, 오스트리아인, 하나의 오스트리아 민족」은 존재하지 아니한다는 사실에서 출발한다. 그럼으로써 오스트리아는 다른 국가들에 대하여 불리한 입장에 서있다. 하나의 오스트리아 국민감정, 국가 전체를 포괄하는 공공심을 환기시키는 것에 대해서 정부는 지금까지 아무것도 하지 아니하였다. 정부는 오히려 그것을 모든 수단을 동원해서 억압하여 왔으며, 그럼으로써 정부가 잠들도록 한 세력들이 정부에 반항한다는 사태를 초래한 것이다. 귀족이 어떻게 국가 속에서 그것이 당연히 차지해야 할 지위로부터, 또한 다른 신분들도 어떻게

이 잘못된 정치 체제에 번뇌하고 있는가. 그 결과 사람들은 「거의 오스트리아에 절망하고
싶었다」라는 것이 상세하게 서술된다. 그리고 그는 체제의 근본적인 변혁을 요구하기에
이른다. 물론 이 책에서도 또한 1847년에 나온 이 책의 제2부에서도 이 변경을 어떠한
것으로 생각하는가에 대하여 실제로 논의하지는 않고 있다. 오히려 안드리안은 이 후편에
서 주 의회의 개혁이나 국회(reichsständische Vertretung)의 개설을 통해서 주민을 국정에
참가시킨다는, 대체로 그 시대의 입헌주의적 요구에서 나오는 대응책을 시사하는 데에
그치고 있다.

　　다른 곳에서는 그 유효성이 입증된 이러한 방책을 가지고서도 오스트리아 국가의
결함은 시정되지 아니한 것, 국회라고 한 것도 공통 이익의 표현 대신에 개별 지방이나
민족의 특수 이익을 대표하는 것만이 되고, 더구나 비독일인이 다수를 제압하는 사태를
가져오지 않을 수 없는 것, 공공심의 결여는 잘못된 정책의 결과가 아니라 국가의 민족적
구성의 결과라는 것, ― 40년대의 저널리즘에서는 이미 때에 따라서 표명되고 있었던
이 통찰, 이것을 안드리안에서 구하더라도 쓸데없는 일이다. 그러나 여하튼 당시의 오스트
리아에 관해서는 그 헌법 문제의 특이성은 정부와 국민의 관계에 있는 것이 아니라
자결의 요구를 드높이는 다수 민족의 존재에 있다. 오스트리아 헌법 발전의 이러한
측면은 안드리안의 저서가 나온 시기에는 이미 분명히 모습을 나타내고 있었다. 독일인의
대대수가 이민족 사정이 가지는 문제를 전혀 이해하지 못한 것, 비독일 민족들의 반정부파
를 메테르니히 체제에 대한 동맹세력으로서 오히려 환영한 것은 정부의 경직성의, ―
그 나름대로 이해할 수 있거나 용서할 수 있는 ― 결과였을 뿐만 아니라 국민의 존립
조건에 관한 투철한 통찰력이 결여되었던 것을 증명하는 것이다. 물론 이러한 통찰력의
결여는 오스트리아에서 말하는 「제국」(Reich)*의 독일인도 30년대와 40년대의 폴란드
열광 속에서 보여준 것이었다.

　　오스트리아의 민족들 중에서 독일인에 이어서 필두의 지위를 차지하고 있던 것은
마그얄인이다. 그들을 이롭게 한 것은 그들이 결코 말라죽지 아니한 오랜 등족-의회제의
전통을 가지고 있었던 점, 그리고 요제프 2세의 근대적인 중앙집권화의 기도를 정력적으로
방지하고, 그 전래에 자유 특권을 1790-91년의 법률들을 통하여 경신하고 있었던 것이
다. 정말 이 등족제는 대부분의 유럽 제국의 등족제가 그러했듯이, 일면적으로 귀족적
성격을 가진 것이었다. 예컨대 그 수가 매우 많은 귀족의 면세특권은 헝가리의 권리들의,
찬미되고 열심히 옹호된 기초의 일부를 이루고 있었다. 마찬가지로 귀족은 행정 구역
코미타트(Komitat)의 오랜 자치에 익숙하고 있었다. 그러나 이 헌법은 국민 전체의 이익이
되고, 또한 새로운 독립의 출발점이 될 수 있는 규정들도 포함하고 있었다. 예를 들면
헝가리는 그 모든 행정에 걸쳐서 다른 국가 내지 다른 국민에게 종속하지 않는 자유로운
영방이며, 합스부르크가의 그 밖의 영방과 같은 방식으로 통치해서는 안 된다는 것,
헝가리 내부의 문제는 헝가리인에 의해서만 처리할 것, 입법권에 대해서는 왕관을 수여한,
즉 이 국민의 자유 특권의 준수를 선서한 국왕과 아울러 왕국 의회(Reichstag)만이 이것을

공동으로 행사해야 하는 것, 국왕의 일방적인 칙령은 무효라는 것, 그리고 끝으로 왕국 의회는 3년 마다 소집되어야 하는 것, 이러한 것들이 분명히 확인되고 있었다.

물론 매우 세부적인 이러한 법률들을 가지고서도 헝가리는 1811년부터 1825년 사이에 또 한 번 절대주의적으로 통치되는 것을 방해받을 수는 없었다. 왜냐하면 정부는 왕국 의회를 소집하지 않고, 정부가 필요하다고 생각하는 조세를 징수하는 것만으로 귀족의 역사적 지위를 흔들리게 하려는 시도는 전혀 하지 아니하였다. 그 때문에 정부는 장기적으로는 완전히 아무것도 얻는 바가 없고, 쓸데없이 합스부르크가의 빈의 관료지배에 대한 새로운 반항을 자극할 뿐이었다. 그리고 이러한 시기에 마그얄 민족의 재생이 이루어진 것이다.

마그얄인의 신생을 대표한 것이 슈테판 체첸니(Stefan Széchenyi) 백작이었다.「헝가리는 과거에는 없었고 이제 마침내 이루어진다」는 슬로건은 그에게서 유래한다. 그가 나아갈 길은 물론 전래의 특권의 고집이라는, 그와 신분을 같이 하는 자들이 택한 길은 아니었다. 그는 민족의식의 각성을 통해서 마그얄인의 자유 특권의 기저를 확대하려고 노력하였다. 그 때문에 그의 활동도 정치적 요구를 내세우는 것이 아니라, 정신 활동의 분야에서 1825년 마그얄인의 언어와 문학을 함양하기 위한 헝가리 학술원의 창설에서 시작하였다. 그리고 여기에서 곧 왕국 의회 토론에서 마자르어의 사용을 인정하라는 요구가 나온 것이다. 국민 대중을 운동 속에 끌어 넣음으로써 마자르인의 운동이 지금까지와는 다른, 보다 민주적인 성격을 지니고, 그 밖에 부분적으로는 귀족과 그 특권에 등을 돌린 것은 피할 수 없었으며, 이 점을 간과한 것이야말로 체첸니 생애의 개인적 비극이 기인하였던 것이다. 40년대 초기 이래 러요쉬 코슈트(L. Kossuth)*가 급진화한 마자르인 대중의 지도자가 되었다. 이 경우에도 기본적인 사상은, 민족의 독립이라는 동일한 것이었다. 그러나 사람들은 목적에서 나아가 일보 전진하여, 오스트리아로부터의 완전한 분리를 목표로 하였을 뿐만 아니라 지금까지와는 다른 수단으로 호소하려고 하였다. 특히 불매운동으로까지 번진 오스트리아 경제 생활에 대한 자기 폐쇄, 프리드리히 리스트(F. List)의 의미에서의 헝가리 국민 경제의 건설이라는 수단이다.

이와 유사한 민족주의의 발전이 체코인의 경우에도 발견되었다. 물론 그들의 길은 더욱 멀고 더욱 어려웠다. 왜냐하면 마자르인의 경우 18세기 말경에 하나의 국민으로서는 멸망하고 있었으나 아직 완전히 죽었다고는 할 수 없지만, 체코인의 경우는 바로 죽은 것이나 다름 없었기 때문이다. 1620년의 바이젠베르크의 전투는 보헤미아의 등족-의회제와, 그 가장 강력한 담당자인 토착 귀족을 거의 완전히 파멸시켜 버렸다. 시간이 지남에 따라서 천천히 그러나 새로운 귀족이 탄생하였으며, 이것이 19세기가 되자 봉건 신분적 이해의 관점에서 보헤미아 고래의 헌법 ― 이것을 빈 정부는 1618년의 반란으로 보헤미아로부터 상실하고 있던 ― 을 위한 전투를 다시 개시하였다. 이 새로운 귀족과 동맹한 것이 상당한 정도 독일 낭만주의의 영향 아래 시민적 학식 계층 속에 생긴 민족 운동이며, 이것은 원래 보다 문학적인 성격을 띠고 있었으며, 그것은 오스트리아의 독일인 서클의

경우와 마찬가지로 정치화된 것이다.[2]

결국 두 개의 완전히 분리된 운동이 있고, 양자가 각각 메테르니히 체제에 선봉을 향하고 있었다. 즉 한편으로는 자유주의적인 독일인의 운동이며, 이것은 메테르니히의 후견적 절대주의에 역행하는 것이었다. 그리고 다른 한편으로는 마자르인과 체코인의 민족 운동이 행정상의 중앙 집권 주의와 투쟁하였던 것이다.

정부는 이러한 반정부 운동에 직면하여 속수무책이었다. 문제는 오스트리아에서 모든 개혁을 방해하고 있던, 부정하기 어려운 객관적 곤란성에만 있었던 것이 아니라 인간에게도 또한 문제가 있었다. 황제 프란츠는 메테르니히의 존재가 얼마나 크던 자기의 수중에 넣지 못하고, 자신의 자립적인 지위를 확보하기 위하여 콜로바라트(Kolowrat) 백작을 내무대신에 임명함으로써(1826년) 의식적으로 메테르니히의 적대자를 국무 참의 회(Staatsrat)*에 넣었으나, 이 황제는 도저히 대담한 결단을 내릴 인물이 못되고, 세월과 함께 점차 그 결과를 예측하기 어려운 근본적인 개혁 등을 인가하는 것은 예측하기 어려웠다. 그의 후계자 페르디난드 1세(1835-1848)는 정신박약이었기 때문에, 혁명 전의 13년 동안 통치권의 실제상의 행사는 국가 회의(Staatskonferenz)의 손에 의지하게 되었는데, 이 회의는 합의제 기관으로서 본래 개혁에는 어울리지 않으며, 그 인적 구성에서 도 특히 메테르니히와 콜로바라트의 계속적인 대립이 점차 활동할 수 없게 만들었던 것이다.

II. 1848년 혁명으로부터 1867년의 아우스글라이히까지

문헌목록. Bibliographie zur Geschichte Österreich-Ungarns 1848-1914, hrsg. von M. Gunzenhäuser, 1935. 사료. (1) 이 시기 전반에 걸친 것. G. Kolmer, Parlament und Verfassung in Österreich, Bd. 1(1848-1869), 1902. (2) 1848-51년. F. Hartig, Genesis der Revolution in Österreich, 1850; F. v. Pillersdorf, Rückblick auf die politische Bewegung in Österreich 1848/49, 1849. 그리고 Handschriftlicher Nachlaß, 1863; Verhandlungen des österreichischen Reichstags nach der stenographischen Aufnahme, 5 Bde., 1848/49; Protokolle des Verfassungsausschusses 1848/49, hrsg. von A. Springer, 1885; Protokolle des Verfassungs-Ausschusses über die Grundrechte, hrsg. von v. A. Fischel, 1912. (3) 1851년 이후 K. v. Czoernig, Österreichs Neugestaltung 1848/58(반관 적), 2 Bde., 1859; A. v. Czedik, Zur Geschichte der k. k. österreichischen Ministerien, Bd. Ⅰ(1861-1893), 1917.

서술문헌. 전반에 걸친 것. H. Friedjung, Österreich von 1848/1860 (출판된 것은 Bd. Ⅰ과 Ⅱ, 1뿐. 1856년까지), 1908/12; J. Redlich, Das österreichische Staats-und Reichsproblem (2 Bde. 1848-1867), 1920/26. 나아가 J. Redlich (1928) 그리고 K. Tschuppik (1928)의

---

2) 이탈리아의 민족 운동은 오스트리아 내부의 발전과 헌법의 역사에 특히 열거할 가치가 있을 만큼 영향을 미친 것은 없기 때문에 여기에서는 거기에 들어가지 않도록 한다.

황제 프란츠 요제프 관계 서지. 이에 대해서는 HZ. Bd. 140 (1929)에 H. v. Srbik의 비판이
있다. 또한 H. v. Srbik, Franz Joseph I., Charakter und Regierungsgrundsätze, HZ. 144, 1931.
그리고 혁명 시대에 대해서는 J. A. v. Helfert, Geschichte der österreichischen Revolution,
2 Bde.(1848년 5월까지), 1907/09. 그리고 Geschichte Österreichs vom Ausgang des
Oktoberaufstands 1848, 4 Bde. (1849년 5월까지), 1869/86; R. Kiszling, Die Revolution im
Kaisertum Österreich, 2 Bde., 1948; P. Geist-Lanyi, Das Nationalitätenproblem auf dem
Reichstag zu Kremsier, 1920; H. Schlitter, Versäumte Gelegenheien, die oktroyierte Verfassung
vom 4. März 1849, 1920; R. Zehntbauer, Verfassungswandlungen im neueren Österreich (주로
1848년을 다룬다), 1911. 아우스글라이히에 대해서는 Eisenmann (S. o. S. 225 참조. 나아가
Österreichische Rundschau, Bd. 23 und 28/30, 1910/12에서의 Steinacker, Tezner와 Apponyi의
논쟁. 또한 F. Tezner, Ausgleichsrecht und Ausgleichspolitik (1907) 그리고 Das staatsrechtliche
und politische Problem der österreichisch-ungarischer Monarchie, A. öff. Recht, Bd. 28과
31, 1913. 그 밖의 문헌에 대해서는 Dahlmann-Waitz Nr. 14521.

제47절에서 서술한, 3월 전기의 오스트리아에서 지배적이었던 정치적 조류들에
대해서 1848년의 혁명은 두 개의 주요한 방향, 즉 전체 국가에 대한 여러 민족들의
봉기와 절대주의에 대한 자유주의의 투쟁이라는 두 개의 방향으로 나누인다. 정치
체제에 대한 각 방면으로부터의 공격은 최초에는 혁명의 강화를 의미하며, 혁명이
군주를 굴욕의 수렁 속으로 빠지게 할 가능성이 있자, 결국 운동 내부의 분열이 상처받기
쉬운 약점으로서 작용하고 반동을 용이하게 한다. 그리고 반동은 다시 혁명의 거의
모든 소득을 빼앗아갈 수도 있었는데, 물론 민족적 자치의 승인 아래 전체를 유지한다는,
국가의 핵심적인 문제를 해결하지는 못하고 민족주의와 입헌주의 앞에 무릎을 꿇는
것이다.

메테르니히 체제에 대한 최초의 일격은 여러 민족들에 의해서 일어났다. 파리 2월
혁명에 자극을 받아 롬바르도-베네치아 왕국의 이탈리아인이 오스트리아에 의한 이민족
지배에 대하여 봉기한 것만은 아니다. 마자르인도 또한 1847년 11월 이래 개회하고
있던 왕국 의회를 이용하여 코슈트가 작성한, 그들 국가의 민족적 독립과 자유주의적
개혁의 프로그램의 전면적인 채택을 결의하였다. 약간의 법률에서 그들은 낡은 등족제적
국가제도를 모든 공민의 권리와 의무의 평등에 근거를 둔 근대적 입헌주의적 국가제도를
전화시켰다. 그 수반은 여전히 국왕이지만 실제의 지도권은 국회에 대하여 책임을 지는
내각의 손에 귀속되었다. 다른 제국의 주(州)들과의 연계는 명시적으로는 파기되지 않았
으나 그 구체적인 취급에 대해서는 매우 애매한 형태로(Gesetzartikel III, 1848, §13)는
언급되었을 뿐이다.[3] 그럼에도 불구하고 왕국 의회의 결의는 왕권에 의해서 인가되었다
(1848년 4월 11일).

---

3) 1848년의 헝가리 입법의 상세한 것과 여러 가지로 논의된 그 법적 유효성의 문제는 여기에는 들어갈
   수 없다.

보헤미아에서의 3월혁명도 완전히 같은 경과를 거쳤다. 2월혁명에 자극을 받고 체코인은 개혁 강령을 내세웠으나, 거기에는 출판의 자유나 농민해방 등과 같은 의례적인 항목 외에 독일인과 맞먹는 민족적 동권, 또는 보헤미아, 메에렌(Mähren) 그리고 실레지엔 자치의 요구도 포함되어 있었다(3월 11일). 빈 정부는 이 강령을 나중에 논의의 적이 된 1848년 4월 8일의 내각 서한, 이른바 보헤미아 헌장(Charte)에서 용인하고, 국회 개설의 문제에는 거기에서 협의한다는 불명확한 유보를 붙이고 있었으나, 보헤미아와 메에렌 그리고 실레지엔의 통합, 또는 보헤미아 왕국을 위해서 프라하에 책임 있는 중앙 관청을 설치할 것을 약속하였다.

빈 정부가 헝가리 왕국 의회에 의해서 의결된 법률도, 또한 민중 집회에 의해서 세워진 체코인의 요구도 그것이 어떤 결과를 가져왔는가, 또한 전체 국가의 이익과 일치하는가의 여부를 철저하게 검토하지 않고 성급하게 이를 승인했다는 것은 빈에서 혁명이 발발한 것에서 생긴 혼란에 의해서만 설명된다. 빈 혁명의 추이는 처음에는 독일 중소 국가들에서 나타난 사태와 아주 동일하였다. 3월 초순 다수의 학생이 참가한 가운데 많은 민중 집회가 개최되고, 이것들은 1848년 3월의 일반적 요구인 출판의 자유, 배심재판 제도, 그리고 국민대표 제도의 요구를 내걸었다. 그것이 공공연한 혁명이 된 것은 3월 13일 하오 오스트리아 의회의 개회를 계기로 한 것이었다. 의사당 앞 뜰에서 개최된 민중 집회에서 어떤 젊은 유대인 의사가 대중의 대변자가 되어 3월 요구를 선언하고, 동시에 민족 문제를 다음과 같은, 당시 자유주의의 불명확함을 그대로 나타내는 말로써 제기하였다. 즉 나쁜 조언에 따라서 움직인 국정은 오스트리아 민족들을 분단시켜 왔다. 이제 여러 민족들은 형제처럼 회동하여 연대적으로 그 힘을 드높여야 한다는 것이다.

이 민중 집회에서 나온 왕국에로의 행진이 정부에 대해서 요구를 관철하고, 메테르니히의 해임을 이루었는데, 이것은 물론 행진 자체의 힘에 의하기 보다는 오히려 정부 내부의 불화에 의하는 경우가 많았다. 3월 13일의 소요는 모두 궁정 내의 재상 반대파에 의해서 꾸며졌다는 설이 나올 정도이다. 그러나 여하튼 이 승리는 그러한 궁정의 도당에 기여한 것이 아니라 혁명을 전진시켰다. 그러므로 정부는 메테르니히의 해임과 3월 13일의 양보들에 그치지 않고 신속하게 내쫓고, 15일에는 헌법을 약속하고, 21일에는 책임제 내각을 설치하지 않을 수 없었다. 이 내각의 최초의 대사업은 4월 25일의 헌법 흠정이었다. 이 헌법은 당시 일반적으로 모범이 되고 있던 벨기에 헌법에 대폭적으로 의거하고, 오스트리아를 책임제 내각, 매년 개최하는 이원제 국회(Reichstag), 기본권 기타 이러한 종류의 입헌적 교리의 작은 도구를 장치한 입헌 군주국으로 만들었다. 오스트리아의 특수성을 고려하여 제4조는 모든 민족에게 그 민족성과 언어의 불가침을 보장하였다. 그러나 보다 커다란 의미를 지닌 것은 제2조이며, 이것은 헌법의 적용을 일정한 제국의 주(州)들에 한정하였다. 즉 실제로는 이탈리아와 헝가리의 점유지들은 거기에서 제외하였다.

처음으로 쉽게 성과를 거둔 이래 성장한 빈 주민의 급진주의는 물론 이 헌법이나 특히 그 뒤를 이어서 발포된 선거시행령 ― 그것은 그 중에서도 전체 노동자 계급은 선거권에서 제외시킨 ― 에는 완전히 만족하지 못하고, 5월 15일에는 또 한 차례 가두시위를 벌여 정부를 강력하게 이 흠정 헌법을 폐기시키고, 그 선거에서 어떠한 재산상의 제한도 없는 헌법 제정 국회의 소집에 동의하도록 하였다.

그와 함께 오스트리아는 프로이센이 이미 3월 동안에 도달한 것과 거의 같은 지점에 도달한 것이다. 즉 국가의 장래의 헌법에 관한 결정은, 가능한 한 광범위한 기초 위에 입각한 헌법 제정 국민 의회의 손에 맡겨진 것이며, 군주제적인 통치는 배제된 것이나 다름 없었다. 이것은 또한 궁정이 수도 밖으로 옮겨진 것에서도 나타난다. 그러나 프로이센에서처럼 궁정의 이전은 동시에 수도에서의 혁명 운동의 직접적인 영향으로부터 제권(帝權)의 해방과 반혁명 세력의 결집, 즉 혁명에서 실제상의 전환점을 의미하였다.

왜냐하면 제헌 국회는 그 토의를 위해서 시간을 요구하였기 때문이다. 제헌 국회는 프로이센 국민 의회보다도 정력적이고 적합한 자신의 과제를 지고 있었으며, 이미 9월에는 농지에 관한 공조부담(貢租負擔)들의 제거, 부역의 상각, 그리고 [영주의] 가산적 재판권과 경찰권의 폐지에 관한 9월 7일의 법률에 의해서 농민 해방을 가져왔으며, 1851년 이후의 반동마저도 이미 이것에 손을 댈 수 없었다. 그러나 반면에 이로써 국회는 농민을 만족시켰고 동시에 혁명적 세력으로서의 농민을 운동에서 떼어 놓은 것이다.

그리고 여러 민족들의 운동은, 그것이 처음에는 그토록 매우 국가를 뒤흔들어 놓는데에 공헌하였지만, 장기적으로 본다면 혁명을 강화한 것이 아니라 오히려 그것을 약화시킨 것이다. 왜냐하면 민족 운동이 정부에 대해서 향한 전선의 통일을 깨트렸기 때문이다. 이러한 현상은 우선 보헤미아에서 일어났다. 거기에서는 독일인 주민이 체코인의 「동등한 권리」라고 부르는 것에 귀를 기울이려고 하지는 않았다. 그것은 또한 헝가리에서도 나타났다. 여기서는 마자르 민족의 승리가 남 슬라브계 민족들의 반항을 불러 일으켰다. 그러나 무엇보다도 민족들의 항쟁은 군대에, 그것이 국가의 가장 견고한 지주인 것을 입증할 기회를 주어버렸다. 이 군대야말로 파리 6월 봉기의 진압보다도 이른 6월 빈디슈그래츠(Windischgrätz)의 명령 일하에 프라하에 질서를 회복시켰다. 이어서 7월에는 쿠스토차 근교에서 이탈리아인에 대한 라데츠키(Radetzky)의 결정적인 승리가 있고, 이것은 그릴파르쩌(Grillparzer)에 의해서 「너의 진영에 오스트리아 있다」라는 적절한 말로써 축복하였다. 이러한 승리의 의미는 개별적인 반란이 진압되었다는 데에 있을 뿐만 아니라 무엇보다도 그것으로써 왕조의 자존심이 회복되었다는 데에 있다. 특히 이 왕조를 가장 강력하게 대표한 것은 약한 황제나 마찬가지로, 뛰어난 인물이라고 할 수 없는 동생 프란츠 카를이 아니라, 후자의 왕비인 대공비(大公妃) 소피이(Sophie), 즉 장래의 제위 계승자인 프란츠 요제프의 어머니였다. 8월에 궁정이 인스부르크에서 빈으로 돌아온 것은 황제가 다시 정권을 장악하려고 한다는 것을 나타내었다. 마자르인은 4월의 법률들로 부터, 전체 국가로서의 자기의 완전한 자유를 읽어 내고, 전체 국가를 위한 부담은 모두 이를 면제하려고 하였는데, 이 마자르인에 대한 제압 작전은 반동의 최초의 힘찬 일보였다. 그리고 이것은 동시에 정부와 제헌 국회 사이의 헌법을 둘러싼 항쟁에 결말을 짓기 위한 길을 열었다. 빈의 자유주의자, 특히 민주주의자가 헝가리에 대한 군사 행동에 불신의 눈을 돌린 것은 결코 이유가 없는 것은 아니다. 그들은 이 군사 행동이 입헌적 지배권을 박멸하는 전단계라고 느끼고 있었으며, 그 때문에 마자르인에 가담하여 헝가리 에 대한 빈으로부터의 군대 파견을 저지하려고 하였다. 이것을 둘러싸고 10월 6일 빈에 새로운 시가전이 발발하고, 그때에 혁명파는 봉기한 군대의 지원을 얻어 또 한 번 승리를 쟁취하고, 정부를 도망 — 이번에는 올뮈츠(Olmütz)*에로 — 가게 강제할 수 있었던 것이다.

그러나 봄철과는 달리, 정부는 용기와 행동력을 상실하고 프라하 봉기의 진압자인 빈디슈그래츠에게 구원을 요청하였다. 그리고 그는 크로아티아의 태수가 마자르인을 격퇴한 후, 또한 농민이 소극적인 태도를 계속한 일도 있어서 빈을 10월 31일에 정부를 위해서 탈환하는 데 성공하였다. 이로써 반동이 승리하였다. 반동은 유혈의 복수 — 빈에서는 그 중에서도 프랑크푸르트 국민 의회의 급진파 지도자 로베르트 블룸(Robert Blum)이 회생되었다 — 만으로는 만족하지 않고, 반동적인 방향에서의 적극적인 국가의 재편성에 착수하였다. 그 최초의 조치는 행동력 있는 정부의 수립이었다. 그것의 의미는 7월에 피켈몽-필러스도르프(Fiquelmont-Pillersdorf)의 3월 내각을 대신한 베센베르크-도블호프(Wessenberg-Doblhoff)의 약체 자유주의 내각을 「차가운 철의 마음을 가진 강철의 사나이」로서 알려지고, 빈디슈그래츠의 의형제로서 군대에도 가깝고 대담한 에너지의 인물 펠릭스 슈바르첸베르크(Felix Schwarzenberg) 후작을 수반으로 하는 강력 한 권위주의적 내각으로 바뀌게 되었다. 무엇보다도 통치 능력의 결여에 더하여 봄에 한 약속에 압박받고 있던 황제 페르디난트를 통치에 적합하고 손에 때 묻지 아니한 새로운 군주에 대체함으로써 제정(帝政)을 소생시킨 것이다. 페르디난트가 퇴위하고 그의 아우 프란츠 카를이 계승권을 포기한 후 새로운 군주로서의 사명을 띤 것은 겨우 18세의 어린 프란츠 요제프 1세였다(1848년 12월 2일).

물론 당시에는 아직 공공연함과 혁명이 손을 끊을 정도로 사태가 진전되지는 않았다. 당시 프로이센에서 「긴급 피난 내각」(Ministerium der rettenden Tat)이 헌법의 흠정으로 입헌주의의 이념을 준봉하는 것을 명백히 했듯이, 오스트리아의 반동도 민주파에서 나온 알렉산더 바흐(A. Bach)를 법무장관에 임명하고, 또한 프란츠 요제프의 즉위 칙서 중에서 사대에 맞는 자유로운 제도의 필요와 제국 전체의 회춘의 필요성을 강조할 필요를 인정하였다. 제헌 국회도 메에렌의 조용한 작은 도시 크렘지로 이사함으로써 빈의 위험한 공기로부터 격리되었을 뿐만 아니라 헌법 제정 사업은 계속하도록 명백하게 독려하였다.

　　국회는 1848-49년의 겨울 동안에 독일 의회주의의 이러한 초기 단계에 특유한 철저함으로 이 과제에 전념하였다. 헌법위원회가 기초한 초안은 전체로서 당시 널리 유포되고 있던 입헌주의의 도식에 의거하면서, 물론 헝가리와 롬바르도-베네치아는 제외하고, 오스트리아를 책임제 내각과 이원제 의회를 가지는 입헌 군주국으로 만들었다. 군주의 권리는 매우 좁게 제한되었다. 또한 기본권에 관해서도 급진적인 정신이 지배하였다. 오스트리아의 특수성에 대해서 초안은 제국의 주들은 그 고래의 영역 그대로 존속시키고, 다만 각 주에 자치권을 부여한다는 형식으로 이것에 대응하였다. 민족이 섞여 있는 주들에 대해서는「가능한 한 민족성을 고려하면서」수행할 군(Kreis) 구분(제3조)과「순수하게 민족적 성질의 문제」를 위한 중재재판소 제도(제113조)가 약속되었다.

　　그러나 사태는 이미 국회의 본회의에서도 심의를 허용하지 않고, 더구나 초안은 끝나지도 않았다. 왜냐하면 겨울 동안에 새 정부가 더욱 강력하게 되어버렸기 때문이다. 유럽의 일반적인 반동의 움직임, 프로이센에서의 이른바 긴급피난, 또한 루이 나폴레옹 보나파르트의 공화국 대통령 선출에 시사된, 프랑스에서의 혁명의 종결이 새 정부를 이롭게 만든 것이다. 마자르인에 대한 얼핏 보기에 완전하다고 생각되는 승리, 페스트 (Pest)의 재정복(1849년 1월 5일), 오스트리아의 대부분의 민족이 1848년 봄의 소득이 저감되어 가는 것을 무관심한 태도로 바라보고 있던 것, 이러한 것들이 정부의 자신을 더욱 강화시켰다. 그리고 정부는 프랑크푸르트에서 독일 헌법 문제에 결정이 내려질 때가 임박하고, 거기에서 오스트리아 헌법을 명확히 해 두도록 절박하게 되자, 1849년 3월 7일 제헌 국회를 박멸하는 타격에 나설 유무를 말하지 않고 재빨리 그것을 해산해 버렸다. 물론 정부는 동시에 3월 4일자의 헌법을 흠정하였다. 왜냐하면 독일에 대한 고려에서도 슈바르첸베르크의 말을 빌리면,「어느 정도는 시류에 편승한 사소한 것」도 필요하다고 생각했기 때문이다. 이 오스트리아 제국 헌법은 종래와 같은 단순히 왕조를 기초로 하기만 하는 공동체를 초월하여, 통일적인 제국 공민권과, 모든 국내 관세를 폐지한 통일적 관세 · 경제 영역을 가지는 근대적인 통일 국가의 창조를 시도하였다. 이 새로운 통일은 외면적으로는 황제의 대관으로 인식되어야 했는데, 다른 한 편 헝가리에서의 별개의 대관에 대해서는 ─ 그것은 1791년에도 또한 확약되었는데 ─ 아무런 말도 없었다. 입헌적 기구는 보통의 형태 그대로이며, 다만 중심은 국민대표 기관보다도 정부 쪽에 두고 있었다. 황제는 그가 책임을 지는 내각에 보좌되어 집행권을 행사하며, 2원으로 구성되는 국회와 함께 입법권을 행사하였다. 나중에 중요한 의미를 지니게 되는 특이한 기관으로서 황제가 임명하는 자문 기관, 제국 회의(Reichsrat)가 있었다. 제국의 주들은 명시적으로 각 주의 사항이 된 문제에 대해서는 자치권을 부여하였다. 헝가리의 특수한 지위, 그 중에서도 1848년 4월의 법률들은 제71조에 대폭적인 제한 조항이 첨가됨으로써,* 또한 세르비아 · 크로아티아 · 슬로베니아 그리고 지벤뷔르겐 (Siebenbürgen)의 각 주(Woiwodschaft)의 자치를 재건함으로써 사실상 배제되었다. 제국의 민족 문제는 제5조에서 모든 민족은 동권이며, 각자 그 민족성과 언어의 유지 함양을 위한 불가침의 권리를 가진다는 불명확한 말로 언급하였을 뿐이었다. 개인의 권리는 이미 헌법에는 포함되지 않고, 다만 그것을 위한 특별한 칙서 — 단지 헝가리에는 적용되지 아니하는 —에서 겨우 권리가 포고되는 데에 그쳤다.

물론 이 헌법에 의해서 그 포고의 칙서가 약속한 것처럼 혁명이 끝나버린 것이 아니라, 오히려 정점에까지 오르게 하였다. 과연 오스트리아의 독일인 자유주의자는 다른 독일에 있는 동지와 마찬가지로 피곤하게 되고, 정부의 쿠데타를 감수하였다. 새 헌법이 4월 8일의 내각 서한에서 이루어진 체코인에 대한 약속을 묵살하였음에도 불구하고, 슬라브인도 또한 동요하였다. 그러나 롬바르도-베네치아에서는 전쟁이 재발했으며, 무엇보다도 마자르인이 그들의 헌법을 방어하기 위해서 봉기하였다. 그리고 그때에 마자르인은 합스부르크가의 폐위와 완전한 독립을 선언함으로써 지금까지 적어도 외관상으로 보존되어 온 합법성의 잔재를 내던져 버렸다. 그리고 이탈리아에서의 전쟁이 급속히, 그리고 다행히 끝난데 대해서, 마자르인은 오스트리아 국가를 심각한 위기로 몰아넣고, 오스트리아는 단지 러시아의 원조에 의해서만 이것을 극복할 수 있었다. 그러나 이 위기가 가셔진 후에는 정부는 완전히 행동의 자유를 가졌고, 독일에서 프리드리히 빌헬름 4세의 연합계획을 저지하였을 뿐만 아니라(전술 S. 187 참조), 오스트리아 국내에서도 1849년 3월 4일의 헌법의 폐기, 그와 함께 절대주의의 재건을 위해서 이것을 이용하였다(1851년 12월 31일).

그러나 이 반동은 1848년 이전의 상태에로의 단순한 복귀를 의미하는 것은 아니었다. 지도적인 인사, 슈바르첸베르크와 젊은 군주의 군부 측근들은 1848년 이전의 느긋한 조직으로 만족하는 것은 상당히 강한 국가와 권력의 사상으로 가득 차 있었다. 그들의 목적은 제국이 밖으로 향하여, 특히 독일과 이탈리아에서 그 지위를 주장하기 위해서 제국의 국력을 강화하는 것이었다. 이러한 목적을 위해서 그들은 엄격한 관료제적 · 중앙집권적 조직을 창출하였다. 그 정점에는 각 성, 중간 기관으로서는 총통직(Statthalterei)과 군청(Kreisamt)이 있는데, 이것에 대해서는 나폴레옹의 지사 제도가 집행 기관으로서 지방 치안경찰(Gendamerie)을 부가하는 점에서도 그 모범으로서의 역할을 하였다. 헝가리도 또한 그 고래의 코미타트 제도(Komitatsverfassung)가 폐지되고, 이 새로운 행정기구에 편입되었다. 관청 조직과 아울러 이것을 보충하는 것에 경제정책이 있으며, 이것은 다만 단순히 국민, 특히 시민층의 관심을 정치적인 것에서 경제적인 것으로 향하게 할 뿐만 아니라 동시에 관세 장벽을 철폐함으로써, 개별적인 제국의 주들을 하나의 강력한 통일체로 용접시켜야 하는 것이었다. 국민의 마음을 국가에 대한 복종에 순화시키고, 교회도 또한 이 체제에 봉사시켰다. 그 보수로서 교회에 대해서는 1855년 정교협약(Konkordat)에서 요제프 2세의 교회 정책을 완전히 뒤엎고, 국가에서의, 또한 국가에 대한 대폭적인 권리가 용인되었다. 그러나 그럼에도 불구하고 국가는 국민에게 이 새로운 절대주의와 화해시키는 데에는 성공하지 못했다. 특히 비독일계 민족들은 이것을 가지고 권력 지배, 아니 이민족 지배로 느낀 것이다.

　　1859년의 외교상의 실패 이후에는 정부 자신도 기반을 확대할 필요를 느끼고 있었는데, 단일 민족 국가의 시대에 다민족 국가가 어디에서 그러한 기반을 찾을 수 있는가, 이 점에 대해서는 물론 명백히 알 수는 없다. 그 때문에 1859년 여름부터는 헌법상의 실험의 시대가 시작되었다. 이 새로운 길에서의 최초의 중대한 한 발자국은 1860년 10월 20일의 이른바 10월 칙서(Oktoberdiplom)이다. 그것은 절대주의 시대의 역사를 무시한 합리주의적 행정 조직과의 정적인 결별을 가져왔으며, 그것과 대조적으로 역사적 법의식을 끌어대었으며, 제국의 주들 사이에 존재하는 차이도 명백히 승인하고 있다. 그러므로 칙서는 그것이 다시 도입하려는 입헌주의의 중심을 제국 각 주의 주 의회에 두는 것이며, 다만 모든 주에서 공통되는 문제만, 일부는 임명제로 일부는 주 의회 선출 의원으로 구성되는 제국 회의에서 논의하게 되었다.

　　이 칙서는 어느 점에서 보더라도 불충분하였다. 대부분은 제국 회의에 협력으로, 얼마 안 되는 경우에만 그 동의가 필요하기에 이르렀으며, 입헌적 권리들이 좁게 제한되는 곳에서는 자유주의자를 만족시킬 수가 없었다. 또한 제국 각 주에 대한 고려가 강하게 작용하고 있던 것은 전국적 규모에서의 의회주의를 지향하고 있던 독일인 자유주의자의 바람에 일치하지는 못하였다. 그러나 또한 칙서는 민족들을 국가와 화해시킬 수도 없었다. 특히 헝가리의 취급, 즉 보통의 제국주의 규모를 넘는 그 특수한 지위를 승인하지 않고 헝가리의 내무 관방부(Hofkanzlei)나 코미타트만을 부활시킨 것은 반쪽이라는 것이었다.

　　거의 전면적인 국민의 반대 앞에 정부는 빨리 양보하였다. 그 독일 정책상의 이유에서도 정부는 특히 친 독일적이고 중앙집권을 지향하는 자유주의자의 뜻을 맞아들였다. 더욱이 「영속적이고 그 최종적인 국가 기본법」이라고 선언된 10월 칙서를 그렇게 쉽게 폐기할 수는 없었다. 그러나 정부는 1851년 2월 26일 시행상의 규칙과 형식이라는 형태로 새로운 칙서(Patent)를 포고하였다. 그리고 이것은 입헌적 헌법을 달성하기 위해서 완전히 다른 길을 가는, 10월 칙서의 연방주의를 포기하고 다시 또 한 번 입헌적 형식에서였으나 중앙집권적인 통치를 시도하였다. 왜냐하면 2월 칙서와 그 46개의 부속 문서에 의하면, 헌정의 중심이 되는 것은 제국 의회(Reichsrat)이다. 그것은 1849년에 창설되고 1860년에 보강된 제국회의(Reichsrat)와는 이름만 공통될 뿐이며, 실태는 오히려 세습이며 칙선 의원으로 구성되는 상원(Herrenhaus)과 선거에 의한 하원(Abgeordnetenhaus)으로 이루어지는 2원제의 의회이다. 하원 의원 선출의 모태인 것은 먼저 첫째로 제국 각 주의 주 의회였다. 그러나 몇몇 주 의회가 선거를 거부하는 것도 예기하지 않을 수 없었기 때문에, 선거구에 의한 직접선거도 유보되고 있었다. 제국 의회의 권한은 전국에 공통된 모든 문제에 미쳤다. 이러한 종류의 문제로 간주된 것은 군제, 관세, 통상 정책과 교통, 그리고 끝으로 재정이었다. 제국 의회는 헝가리 선출 의원을 제외한 「소 제국 의회」(engerer Reichsrat)라는 형식으로 헝가리 의회의 제국 각 주 다른 문제에도 ― 그것이 명시적으로 각주의 의회의 권한에 속하는 것으로 되어있지 아니한

한 ― 권한을 가지고 있었다. 이리하여 주 의회와 제국 의회와의 관계는 10월 칙서에서 규정된 것과는 반대의 형태가 되었다.

이 헌법 역시 완전히 시행되지 못할 운명에 있었다. 그것은 자유주의자의 요구에 완전히 첨가되지 아니하였던, 제국 의회에 인정된 권리들의 불충분함에 의한 것이 아니라 오스트리아의 핵심적 문제, 즉 민족들의 국가에 대한 지위의 문제에 있었다. 헝가리는 인가된 1848년 4월의 법률들의 유효성을 주장하였으며, 제국 의회에 참가를 일체 거부하였기 때문에, 제국 의회는 그 완전한 모습으로는 한 번도 회동하지 아니하였다. 소 제국 의회만이 성립하였다. 그러나 그 활동도 체코인이 독일인의 수적 우위 ― 그것은 직능단체를 기초로 하는 복잡한 선거제도에 의하여 적어도 당시에는 확실한 것이 되었다 ― 에 대한 반발에서 처음부터 그들이 권리를 유보하는 형식으로 밖에는 의회에 나타날 수 없었던 것, 그리고 1863년 이후에는 완전히 나타나지 않게 되어버림으로써 마비되었다. 이리하여 모든 입헌적 기구가 정부에 대해서 그 의미를 상실하였다. 국가의 대외적 상황이 절박한 것이 1865년에는 헌법의 정지라는 형태로 그 폐기를 가져 왔다. 1866년의 전쟁의 귀추는 오스트리아에 대해서 중앙집권적인 통치 헌법 체제의 모든 계획에 종지부를 찍는 것이었다.

왜냐하면 이 이후에는 마자르인과의 화해야말로 ― 그것으로서 프로이센에 대한 보복전쟁을 준비하기 위하여 ― 제실(帝室)의 지도적인 사상이 되었기 때문이다. 이 사상이 강력하게 전면에 나타났기 때문에 마자르인과의 교섭도 헝가리 헌법사의 어려운 문제들에 통달했던 예전의 오스트리아 정치가가 아니라, 보복의 외교적 준비를 위해서 작센에서 초빙된 대신 폰 보이스트(v. Beust)의 손에 맡겨지게 되었다. 이러한 관계에서의 그들의 지식의 결여와 조급하게 결정지으려는 그의 바람이 1867년 이후의 오스트리아 · 헝가리의 국정을 곤란하게 만든, 이른바 아우스글라이히(Ausgleich)*가 내포하는 불명확함의 대부분을 만들어 내었던 것이다. 프란츠 요제프가 대체로 마자르인 편에 서서 다시 대관식을 거행하고, 1848년의 법률들을 유효하다고 인정함으로써 1867년 여름 화해가 성립하였다. 그 대신에 마자르인은 1848년의 법률들에 관하여 그 중의 극단적인 규정을 제외하기 위한 수정에 응하였다. 특히 그들은 폐하의 다른 주들 ― 제국이라는 말을 피하기 위해서 외교상 그렇게 표현하였다 ― 과의 단순한 왕조적 결합이나 인적 결합을 초월하는 공동체를 용인하고, 1867년의 제12조항(Gesetzartiked Ⅶ)*에서 공통된 문제를 다루는 양식을 만들어 내었다. 그러한 문제로서 인정된 것은 프라그마티쉐 장치온에 적합한 외교, 군제 그리고 그것을 위하여 필요한 재정이었다. 오히려 그 범위는 가능한 한 좁게 한정되었다. 예컨대 신병(新兵) 보충의 승인과 군대조직의 결정은 오로지 헝가리의 입법에 유보되고, 공통의 재정은 필요액의 확정과 금전의 사용을 관할할 뿐이며, 제국의 양 지역에 할당된 이른바 분담금(Quote)의 조달은 각각 그쪽의 일이었다. 집행권은 군주의 최고 지도 아래에서 공통의 대신에게 돌아가며, 입법권, 특히 예산의 편성과 승인은 헝가리와 오스트리아 의회에서 형성된 대표회의(Delegation)의 권한에 속하였다.

이와 같은 이른바 국본적 사항(pragmatische Angelegenheiten) 이외의, 합목적성의 이유에서 이른바 2원적 사항(dualistische Angelegenheiten)도 또한 공통적인 것이 되었다. 즉 국본 조서(國本詔書, pragmatische Sanktion)에서는 다루지 않았지만, 근래에 매우 중요한 의미를 가지게 된 관세, 간접세 그리고 통화제도를 포함한 통상정책의 광범위한 영역이다. 물론 이에 관하여 헝가리는 항시적으로 구속된다고는 하지 아니하고, 공동체는 다만 일정한 기간을 한정하여 (보통은 10년 기한으로) 자유로운 협정을 통해서 설정되었을 뿐이다.

이러한 이른바 아우스글라이히가 전체 국가의 헌법에 그토록 깊은 영향을 주더라도, 그것은 단지 헝가리의 왕실과 헝가리 왕국 의회 사이에 체결되었다는 것 뿐이다. 그런데 2월 칙서의 제국 의회가 한 번도 회동한 일이 없는 이상, 행위능력 있는 전체 제국의 대표기관도 존재하지 않았다. 원래 1865년에 정지된 비헝가리 각 주의 소 제국 의회는 헝가리의 아우스글라이히법에 의해서 요구된 입헌적 헌법을 이들 각 주에 대하여 창출하기 위해서, 그리고 이들 각 주의 이름으로 아우스글라이히에 가맹하기 위해서 다시 소집되었다. 의회는 이러한 과제를 일련의 국가기본법 — 대체로 2월 칙서를 기초로 하고 1867년 12월 21일이란 날짜를 가지는 — 에서 해결하고, 이러한 것들이 이른바 12월 헌법으로서 소 오스트리아의 최후적·최종적인 헌법을 구성한 것이다. 이러한 법률들에서 제국 의회의 구성이 새로이 규정되고, 그 권한이 확대되고(매년의 조세와 신병 보충의 승인), 제국 의회 양원 각자가 탄핵권을 가지는 입헌적 대신책임 제도가 확립되고, 나아가 공민의 일반적 권리들과 사법의 독립이 승인되었다. 그리고 끝으로 오스트리아 군주국의 모든 주에 공통되는 문제와 그 취급 방법에 관한 법률*도 발포되었다. 그것은 1867년의 헝가리의 제12조항과 대조적이지만, 통일적인 군주국으로서의 전제에서 출발하는 그 타이틀에서도, 또한 여기서는 들어가 논할 수 없는 많은 개별적인 점에서도 특징적인 차이를 나타내고 있다.

이리하여 오스트리아·헝가리는 그 오랜 헌법상의 투쟁에 결정을 내렸다. 압력과 위기도 결코 없었던 것은 아니지만 1867년의 법률들은 1918년에서의 군주국의 붕괴에 이르기까지 효력을 가지고 지속하였다. 그 알력이나 위기라는 것은 부분적으로는 1867년에 만들어진 「2원적인」 국가, 통일 국가도 아니고 연방국가도 아니었던, 그 때문에 군주국(Monarchie)이라는 무미건조한 명칭을 씌운 이 국가의 복잡한 헌법에서 생긴 것이라 할 수 있다.4) 그러나 결정적이었던 것은 제국의 양 지역, 그 중에서도 최초에는 공식 명칭도 없는 채로 1915년에 공인된 용어법인 「오스트리아」라고 부르는 습관이 있던, 「제국 의회에 대표되고 있는 왕국들과 각 주」의 특수한 민족 구성이었다. 통일적인 국민이 존재하는 것이 아니고 일련의 서로 적대시하는 민족들이 존재하는 국가, 가장 유력한 민족인 독일인조차 겨우 3분이 1을 넘는 정도라는 이 나라에서는, 의회에 대표되고

---

4) 이에 관한 다양한 견해에 대해서는 예컨대 G. Jellinek, Allgemeine Staatslehre,3 S. 757 Anm. 1(수많은 문헌 지시가 있음) (김효전 옮김, 『일반 국가학』, 법문사, 2005, 617면 주 28) 참조.

의회에서는 다수로 표현되는 국민의 의사가 국정에의 결정적인 영향력을 가지고 있어야
한다는 19세기 헌정의 기본사상은 여기서는 실현될 수 없었다. 그러나 1938년부터
1945년까지의 짧은 막간의 극은 별도로 하고, 독일국 연합체의 외측에서 이루어진 이
발전은 여기서는 이미 다룰 수 없다.

제4편
기본권이론

1. 기본권의 해석과 효과에 대해서[*]

크리스티안 슈타르크

《차 례》

---

[*] Christian Starck, Über Auslegung und Wirkungen der Grundrechte, in: W. Heyde/Ch. Starck (Hrsg.), Vierzig Jahre Grundrechte in ihrer Verwirklichung durch die Gerichte. Göttinger Kolloquium, München 1990, S. 9-34. jetzt in ders., Praxis der Verfassungsauslegung, Baden-Baden: Nomos 1994, S. 21-45.

I. 기본권의 해석

1. 총설

기본권의 규정은 기본법 시행 이래 거의 전혀 변하지 않았다.[1] 이러한 조문상의 안정성은 기본권이 해석과 적용에 의해서 비로소 그 형태를 나타내어왔다는 사실에는 변함이 없다. 그렇게 된 것은 기본권이 국가권력을 직접 구속하고(기본법 제1조 3항), 재판소, 특히 연방헌법재판소가 활동을 하고 국가의 행위가 기본권을 침해하지 않는가를 반복해서 묻게되었기 때문이다. [헌법재판소 이외의] 각 재판권도 기본권의 보호에 대해서 중요한 기능을 수행한다. 왜냐하면 기본권의 적용의 문제는 대개 거기에서 비로소 재판관의 면전에 제출되기 때문이며, 통례 각 재판권이 문제에 최초로 손을 대는 것이다. 그리고 기본권의 문제가 연방헌법재판소에서 판단되면 그 판단은 오랫동안 각 재판권을 계속 규정한다.

여기서는 논점이 많으므로 연방헌법재판소의 판단에 고찰을 한정하지 않을 수 없는데 그럼으로써 기본권에는 철저한 법해석이론적 구성이 주어지며, 기본권은 그 구조를 이루는 각 영역에서 비교적 안정성을 가진 규범적 기준을 형성하기에 이른다. 그렇지만 기본권이론의 다양한 국면을 통해서 모습을 나타내는 근본적인 논쟁이 있다. 그것은 「기본권의 일반적 성격, 규범적 목표 그리고 내용의 사정거리」[2]의 체계적 파악이다. 이에 대해서는 자유주의적 기본권이론 · 제도적 기본권이론 · 민주적=기능적 기본권이론 · 사회국가적 기본권이론 그리고 기본권의 가치이론 등이 제창되고 있다. 그 어떤 기본권이론에 따라서 기본권의 해석에 차이가 생기는 것은 쉽게 이해할 수 있다. 그렇지만 이러한 이론을 해석자가 자유롭게 선택할 수는 없다. 왜냐하면 만약 이 이론의 선택이 기본권해석 그 자체에 선행하게 된다면, 기본권해석은 전통적인 해석원리를 초월한 것이 되며 기본권은 실제상 헌법 전체의 밖으로 나오며, 기본권은 재판소에 있어서의 판단의 기준으로서 진지하게 받아들일 가치가 없는 법철학적 사변의 대상이 되어버리고 말 것이기 때문이다.

기본권은 매우 불명확하게 「일반조항적」[3]이며, 따라서 그 해석에는 광범위한 여지

---

[1] 기본권 규정의 개정과 보충은 방위체제(1956년)와 비상사태제도(1968년)의 도입 때에 불과하다. 1993년 6월 28일의 기본법 제16a조의 비호권의 개정(BGBl. I S. 1002)은 다음의 2에서 고려하지 않았다.

[2] Ernst-Wolfgang Böckenförde, Grundrechtstheorie und Grundrechtsinterpretation, in: NJW 1974, S. 1529(김효전 · 정태호 옮김, 「기본권이론과 기본권해석」, 동인, 『헌법과 민주주의』, 법문사, 2003, 70면). 또한 다음의 나아가 Robert Alexy, Theorie der Grundrechte, 1985, S. 508 ff.(이준일 옮김, 『기본권이론』, 한길사, 2007) 참조.

[3] 많은 것 대신에 Peter Häberle, Die Wesensgehaltgarantie des Art. 19 Abs. 2 GG, 2. Aufl. 1972, S. 102. 이에 대한 비판은 v. Mangoldt/Klein/Starck, Das Bonner Grundgesetz, 3. Aufl. 1985, Bd.

가 있다는 견해는 널리 유포되고 있다. 그리고 이 견해에 입각하여 특히 기본권이론의 선택이 우선 가지고 행해져야 한다고 말해진다. 근래에는 「추상적 · 개방적 · 이데올로기적 기본권규정」[4] 등이라고 말하는 사람도 있다. 그것에 의하면 기본권의 해석이 비교적 구속되지 않는 것은 규정의 방법이 개방적이며, 또한 많은 경우 제정사에서는 아무것도 말하지 않거나 또는 일의적인 것은 아무도 말하지 않기 때문이라고 한다.

헌법해석의 문제는 독일에서는 금세기 초부터 법률해석의 특별한 문제로서 다루며, 개중에는 일반의 법률해석에서 완전히 단절하여 논하는 사람도 있다. 근래에 이르러 이 헌법과 기본권이 차지하는 특별한 지위를 기초 놓기 위해서 사비니(Savigny)*를 원용하는 자가 있다. 사비니는 자신의 법률해석이론을 사법에만 타당하게 하려고 한 것이다.[5] 즉 사비니는 지금까지의 법전통에서 계수하고,[6] 목적론적 요소를 첨가한 해석원리, 즉 해석의 문법적 요소, 논리적 요소, 역사적 요소 그리고 체계적 요소를[7] 사법의 해석에 대해서만 적용한 것이다.[8] 그럼에도 불구하고 헌법의 해석에 대해서 사비니를 원용하는 것은 사비니 자신에 의해서 근거지워지는 것이다. 사비니가 의론을 사법에 한정한 것은 사법이 「국가에서 재판관직의 설치에 의해서 생명과 현실성을」 획득한다고 보았기 때문이다.[9] 사비니가 이것을 적은 1838-39년에는 공법은 사법과는 달리, 재판관에 의해서 그 실현이 보장되고 있지 않았다. 헌법이 기본권을 보장하고 있었다 하더라도 그 준수를 구하여 재판관의 판단을 바랄 수는 없었다. 즉 사비니는 공법을 고찰의 범위에서 제외하는 정당한 이유를 가지고 있었다. 그렇지만 오늘날에는 공법에 — 사비니가 말하는 「생명과 현실성」을 부여하는 — 행정재판소와 헌법재판소가 만들어지고 있으므로 이러한 이유는 존재하지 않는다.

그러나 기본권은 일반적으로 고찰하는 이상으로 명확한 것이다. 그것은 기본권을 법령심사의 기준으로서 사용하는 재판소(가 수행하는 법적 기능)를 염두에 두면서 기본권의 보호영역과 기본권의 제약을 구별하고, 기본권의 제약에 대해서는 비례원칙을 적용하고 기본권의 자유국가적 기능 이외의 기능을 예외적으로만 승인하고, 이들에 대해서 충분하게 명확한 해석의 계기를 얻음으로써 보여준다.

I, Art. 1 Rdnr. 127.

4) Alexy (Anm. 2), S. 501 f. 또한 Ralf Dreier, in: Dreier/Schwegmann (Hrsg.), Probleme der Verfassungsinterpretation, 1976, S. 42 ff. 참조.

5) Friedrich Carl von Savigny, System des heutigen Römischen Rechts, 1. Bd. 1840, S. 2, 23, 39, 69.

6) Helmut Coing, Die juristischen Auslegungsmethoden und die Lehren der allgemeinen Hermeneutik, in: Arbeitsgemeinschaft für Forschung des Landes Nordrhein-Westfalen, Geisteswissenschaften, Heft 84, 1959, S. 7 ff.

7) Savigny (Anm. 5), S. 213 f.

8) Friedrich Müller, Arbeitsmethode des Verfassungsrechts, in: Enzyklopädie der Geistes-wissenschaftlichen Arbeitsmethoden, 1972, S. 123, 138.

9) Savigny (Anm. 5), S. 23.

2. 기본권의 보호영역과 기본권의 제약과의 해석이론상의 구별

전후 몇 십 년 간의 판례에서 전면에 나타난 것은, 기본권이 가지는 국가에 한계를 긋는다는 소극적 지위 내지 자유적 지위로서의 고전적·방어적 기능이었다. 거기에서는 학설과의 대화를 거쳐 기본권해석이론이 형성되고, 그것이 재판소의 판례에 의한 통제를 사고상에서 추검증하고 예견할 수 있게 되었다. 기본적으로 승인되는 것은 기본권의 해석과 적용에서 헌법이 정하는 기본권의 요건(즉 보호영역)과 기본권의 제약을 구별해야 한다는 것이다. 이러한 두 단계의 논증방식에 의해서 자유로운 것에는 반드시 공공복리와의 결부가 구비된다는 것을 해석이론상 이미 기본권의 요건에 가지고 들어가는 것이 불가피하다. 기본권이 공공복리를 침해하는 행사형태를 미리 보호영역에서 제외하도록 규정하며,10) 보장의 한계가 그어지는 것은11) 매우 드물다. 기본권의 요건과 기본권의 제약과의 해석이론상의 준별은 기본권을 특별히 좁게 정의함으로써 자유를 자의적으로 제한하는 위험을 감소시키고 한계를 긋는 작업을 보다 엄밀한 논증절차에 복종케 하는 것이다.12)

개개의 기본권의 보호영역은 해석에 의해서 명백하게 되어야 한다. 기본권의 제약은 여러 가지 정식으로 규정되어 있으므로,13) 개개의 생활사실을 그러한 다양한 기본권의 요건에 서로 한계를 그으면서 할당하는 작업이 필요하게 된다. 판례와 학설은 보호영역을 넓게 해석하는 경향이 있다. 그것은 예컨대 직업14)·주거15)·신문16)·사실의 조사17) 와 광고18)도 포함한 사상표현, 그리고 소유권19) 등의 개념에 대해서 지적할 수 있다. 그리고 비록 기본권의 보호영역을 좁게 규정하려고 하더라도 기본법 제2조 제1항의 일반적 행위의 자유의 기본권이 결정적으로 원용하게 된다.20)

1971년의 기본법 제13조에 관한 연방헌법재판소의 어떤 결정에서는21) 보호영역 내지 기본권의 요건을 어떻게 규정하는가 하는 문제가 제기되어 명확한 표현이 부여되었

---

10) 예컨대 기본법 제8조의 「평화적이며 무기를 갖지 않은」 규정.
11) BVerfGE 12, 1. 4.
12) Michael Kloepfer, Grundrechtstatbestand und Grundrechtsschranken in der Rechtsprechung des Bundesverfassungsgerichts, in: Starck (Hrsg.), Bundesverfassungsgericht und Grundgesetz, Bd. II, 1976, S. 407; v. Mangoldt/Klein/Starck (Anm. 3), Art. 1 Rdnr. 170 ff.; Alexy (Anm. 2), S. 290 ff.는 예컨대 살인나 절도가 기본권의 보호영역에 포함되는 것을 방지하기 위한 약간의 요건의 한정에 대해서 나의 견해와 대립한다.
13) 참조. v. Mangoldt/Klein/Starck (Anm. 3), Art. 1 Rdnr. 173 f.
14) BVerfGE 7, 377, 397.
15) BVerfGE 32, 54, 72.
16) 이것은 진정한 출판물에 한정하지 않는다. BVerfGE 34, 269, 283.
17) BVerfGE 61, 1, 7.
18) 이러한 경향을 보이는 판례로서 BVerfGE 30, 336, 352; 53, 96, 99.
19) 예컨대 BVerfGE 14, 288, 293; 16, 94, 100; 53, 257, 289; 53, 336, 348.
20) 참조. 기본권마다 분류하여 상론하는 것은 v. Mangoldt/Klein/Starck (Anm. 3), Art. 2 Rdnr. 34-60.
21) BVerfGE 32, 54, 72.

다. 연방헌법재판소는 다음과 같이 서술한다. 주거(Wohnung)의 개념을 좁게 해석하는 시도는 명백히 만약 그렇지 않은 경제 · 노동 · 조세 등에 관한 사찰의 틀 안에서 지금까지 인정되어온 행정청의 다양한 관여권 · 사찰권이 유지할 수 없게 되고, 기본법 제13조 제3항의 제약사유에 의해서도 이미 정당화되지 않는다는 의구심에서 제출된 것이다. 그렇지만 넓은 해석이 실제상의 어려움을 가져오기 때문이라고 하여 기본권이 미치는 범위를 제약의 유보 측에서 규정하고, 좁은 해석을 선택하는 것에는 의문이 있는, 그리하여 연방헌법재판소는 고찰을 다음과 같이 끝맺는다. 「우선 먼저 기본권의 실체적 내실을 명확히 하지 않으면 안 된다. 그러한 위에 비로소 자유의 추정의 원칙과 헌법상의 비례원칙과 기대가능성(Zumutbarkeit)의 원칙을 고려하면서 법치국가적으로 지지할 수 있는 기본권행사의 제약을 확정해야할 것이다」.

기본권의 요건과 기본권의 제약의 구별은, 제약이 명시적으로 열거되지 아니한 기본권에도 상당히 이전부터 적용되고 있다. 그러한 기본권 — 예술 · 학문 · 양심의 발로인 행위 · 직업선택 · 비호권(Asylrecht) 등 — 에도 동일하게 제약은 불가결한데, 그것을 연방헌법재판소는 이른바 헌법내재적 내지 헌법직접적 제약, 즉 헌법이 보호하는 다른 법익, 특히 기본권으로서 승인되는 다른 사람들의 권리에서 생기는 제약[22]에 의해서 정당화하고 있다. 그렇지만 일차적으로는 기본권의 요건에서 생기는 권리보장의 제약을 고려하지 않으면 안 된다. 그러므로 비호권은 모국 내지 체류국에서 정치적으로 박해를 받고 자유 · 생명 · 신체의 안전을 구하여 도망한 자에게는 인정되는데, 도망 후에 안전을 확보된 토지에서 어쩔 수 없는 사유도 없는데 박해를 초래한 자에게는 인정되지 않는다. 연방헌법재판소는 이것을 기본법 제16조 2항의 역사적이며 체계적 해석에서 적절하게 도출하고 있다.[23]

그러므로 비호의 기본권은 행정과 사법에 현저하게 더구나 대량적인 실무적 과제를 부과하고 있다. 난민으로서의 수용을 신청하는 자의 압도적 다수는 경제적 이유에서 그러한 것이며, 비호의 기본권을 오해한 것인데 그럼에도 불구하고 신청이 법적 효력을 수반하여 배척하기까지는 체류권을 가지며, 자주 신청각하 후에도 계속 체류한다. 이것이 기본권의 보장과는 아무런 관련도 없는 사회적 · 재정적 결과를 산출한다. 연방헌법재판소는 이미 1981년에 비호권을 남용으로부터 지키는 입법의 가능성을 시사하였다. 그것에 의하면 신청인은 가능한 한 신속히 비호의 자격의 유무를 분명히 하는 것은 비호권이 목표로 하는 인도적 목적에 합치하는, 그러므로 명백히 받아들이는 가망 없는 특정한 유형의 신청에 대해서 법률로써 심사권 · 결정권을 외국인국에 맡기고, 그러한 신청이 각하된 경우에는 바로 체류기간을 종료시키는 명령을 발하는 권한을 부여하는 것은 기본법 제16조 2항에 반하지 않는다고 하였다.[24] 그렇지만 의회에는 지금까지 그러한 종류의 또는 마찬가지로 유효한 규정을 만들뿐인 힘은 없으며, 독일 연방공화국은 수

22) BVerfGE 30, 173, 193 ff.(예술); 47, 327, 367 ff.(학문); 32, 98, 107 (신앙).
23) BVerfGE 74, 51, 64.
24) BVerfGE 56, 261, 236.

천 번의 비호권 남용자에 의해서 사실상 난민 유입국으로 화한 느낌이다.

3. 기본권의 제약, 특히 비례원칙(Verhältnismäßigkeitsprinzip)

기본권의 제약은 기본권의 우선적 타당을 논함에 있어서 중심적인 문제이다. 기본권의 구속을 현실화함에 있어서 참으로 곤란하게 만드는 것은, 입법자는 한편으로는 기본권에 구속되면서(기본법 제1조 3항), 다른 한편으로는 기본권의 제약을 확정하는 권한을 부여한다는 것이다. 이와 같은 기본권발동의 형식적 전제에 더하여 실질적 전제가 있는데 그것은 기본권 자체로부터는 부분적으로만 명시적으로 부여되고 있을 뿐이다.[25] 기본권은 보호할 가치가 있는 법익을 위해서만 제한하는 것이 허용된다. 보호를 위해서 적용되는 수단은 적합(geeignet)하고 불가결(erforderlich)하며, 적절한(proportional) 것이어야 한다. 비례원칙 또는 과잉금지(Übermaßverbot) 등으로 총칭되는 이러한 기준들은 연방헌법재판소가 기본권에 대한 제한이 헌법상 정당화되는 것인가, 그렇다면 기본권의 침해에 해당되는가를 판단할 때의 유효한 통제수단이 된다. 이러한 통제수단은 헌법해석에서 발견된 것이다. 비례원칙은 자주 — 연방헌법재판소에 의해서도 — 법치국가원리에서 도출된다.[26] 이에 대해서 1965년의 판결[27]에 의하면, 비례원칙은「기본적으로 말하여 시민의 국가에 대한 일반적인 자유청구권의 표현이기 때문에, 공권력에 의해서는 공공의 이익에 대해서 불가결한 한에서만 제한되는 기본권의 본질에서 이미」도출되는 것이라고 하였는데, 이것들이 적절할 것이다. 무엇이「기본권의 본질」로서 특징지워지는가는 기본권의 본질을 기본적으로 각인지우는 기본법 제1조 3항의 기본권의 구속력규정에서 보여준다. 이에 대해서 법률의 유보에 의해서 기본권이 오로지 입법자의 손에 맡겨진 경우에는 기본권의 본질도 완전히 다른 것이 된다. 기본권의 영역에서는 입법자가 규제권한을 가진다는 것, 그 입법자가 기본권에 — 재판소에 의해서 통제되는 형태로 — 구속된다는 것은 기본권의 영역 내에서 규제를 행하는 입법자가 보호법익의 선택에서도, 수단의 투입에서도, 헌법에 구속되는 것에 의해서만 논리적으로 양립할 수 있다.

판례는 기본권의 제약을 판단함에 있어서 나아가 해석이론상의 장치, 예컨대 단계이론(Stufentheorie)[28]이나 활동이 전부 금지되거나 단지 기본권의 행사가 규제될 뿐인가 하는 구별 등을 사용하며, 이러한 침해의 중대성을 추상적으로 단계화함으로써 비례원칙의 적용이 용이하고 확실하게 되도록 배려하고 있다. 다만, 그러한「이론」의 적용에서는 그것들이 경직화하거나 자기목적화 하지 않도록 주의하여야 한다.

---

25) 기본권의 각종의 제약원리에 대해서는 v. Mangoldt/Klein/Starck (Anm. 3), Art. 2 Rdnr. 173 f.
26) BVerfGE 23, 127, 133 m.w.N.; Eberhard Grabitz, Der Grundsatz der Verhältnismäßigkeit in der Rechtsprechung des Bundesverfassungsgerichts, AöR 98 (1973), S. 568 ff., 582 ff.
27) BVerfGE 19, 342, 348 f. 또한 BVerfGE 35, 382, 401도 참조.
28) BVerfGE 7, 377, 405 ff.; 33, 125, 160 (zu Art. 12); BVerfGE 30, 173, 189 ff.(zu Art. 5 Abs. 3). 이에 대해서는 v. Mangoldt/Klein/Starck (Anm. 3), Art. 5 Rdnr. 187 ff., 207 f.

  법익의 보호를 위해서 부과된 기본권의 제약을 비례원칙을 적용하여 음미하는 데에는
사실의 확정과 예측이 전제가 된다. 입법자는 사실의 확정과 예측의 조화를 완전히
자유롭게 하지 않으면 안 된다. 그렇지 않으면 구속력 조항(기본법 제1조 3항)의 의미가
몰각되어 버리므로, 법률의 합헌성심사는 사실의 확정과 예측의 통제도 요구한다.[29]
물론 입법자에게는 평가권능이 주어지는데, 그것은 규제되는 영역에 의해서, 또는 충분하
게 확실한 판단을 내릴 가능성의 대소에 의해서, 또한 문제가 된 법익의 중요성 여하에
따라서 다양한 단계로 나뉘어진다.[30] 그리고 거기에서 통제의 정도에 대해서 세분화된
기준이 도출된다. 특히 자유로운 경제활동의 기본권의 주변 부분만을 침해하는 경제정책
의 영역에서는 단순한 명증성(Evidenz)에 의한 심사,[31] 예측가능성이 보다 확실하게
된 경우의 경제적 기본권의 영역에서의 상당성(Vertretbarkeit)에 의한 심사,[32] 이에
대해서 생명이나 인신의 자유가 문제로 되는 경우,[33] 또는 다른 기본권에서도 침해가
중대한 경우[34]에는 보다 강화된 내용적 심사가 이뤄진다. 이들 심사기준 상호간의 구별
— 특히 명증성에 의한 심사와 상당성에 의한 심사의 구별 — 은 반드시 용이하지는
않다. 왜냐하면 병렬하는 기준이 여전히 불명확하기 때문이다.[35] 그럼에도 불구하고
이러한 단계의 구별은, 의론의 좌표는 제공하며, 선례가 축적됨에 따라서 적용의 예측을
점차 가능하게 한다는 의미에서 유익한 것이다.

  지금까지 서술해 온 것은 고전적 기본권에 대한 학술적 해석이론이며 법률가에게는
잘 알려진 것이다. 그럼에도 불구하고 기본권의 재판소에 의한 실현에 대해서 평가를
시도한다면 이 이론에도 언급하지 않을 수 없다. 여기에 개관한 것은 법률에 우선하는
직접적 효력을 가지는 기본권의 선언의 귀결이다. 이러한 것은 예컨대 프랑스처럼 입법자
전능의 도그마에서 결별한 국가들[36]에서는 현재에는 잘 알려지고 음미되고 부분적으로
는 적용되고 있다.

---

29) 이것은 확정 판례이다. BVerfGE 7, 377, 412; 25, 1, 13; 30, 250, 263 f., 50, 290, 332 f. 참조.
    Fritz Ossenbühl, Die Kontrolle von Tatsachenfeststellungen und Prognoseentscheidungen durch
    das Bundesverfassungsgericht, in: Starck (Hrsg.), Bundesverfassungsgericht und Grundgesetz,
    Bd. 1 (1976), S. 458 ff.; Klaus Jürgen Philippi, Zur Tatsachenfeststellungen des Bundesverfas-
    sungsgerichts, 1971, passim.
30) BVerfGE 50, 290, 333; 57, 139, 160.
31) BVerfGE 37, 1, 20; 40, 196, 223.
32) BVerfGE 25, 1, 12 f.; 39, 210, 225; 57, 139, 157.
33) BVerfGE 39, 1, 46, 51 ff.; 45, 187, 238.
34) BVerfGE 7, 377, 415; 11, 30, 45; 17, 269, 276 ff.
35) 특히 BVerfGE 57, 139, 157 참조.
36) Christian Starck, Der Schutz der Grundrechte durch den Verfassungsrat in Frankreich, AöR
    113 (1988), S. 632 ff.

4. 특별한 지위관계(Sonderstatusverhältnis)에서의 기본권

기본권이 재판소에 의해서 실현됨으로써 일찍이 특별권력관계라고 불린 관계에 대해서도 법화(Verrechtlichung)를 초래하게 되었다. 특별권력관계라는 법형상의 중요한 기능은 개입에 대해서 법률의 유보가 타당한 것을 피할 수 없게 되었다. 그러나 연방헌법재판소의 1972년의 형사집행결정[37] 이래 법률의 유보는 특별권력관계에 있어서의 개입에도 미치게 되었다. 이미 늦었다고 해도 좋은 1972년의 판례 변경은 기본권에 따르는 법률의 유보와 재판을 받을 권리의 헌법적 보장을 규정하는 기본법 제19조 4항의 당연한 귀결이며, 이것들은 재판소가 행정의 행위를 판정하는 기준인 법률의 존재를 전제로 한다. 이전에는「특별권력관계」로서 분류되던 학교의 관계도 판례에 의해서 법률의 유보에 복종하게 되고, 그것도 단지「개입」에 대해서 뿐만 아니라 국가의 급부로서의 학교편성에 관한 중요한 결정에 대해서도 법률의 유보가 미치게 되었다.[38]

이 특별한 지위관계에 대해서도 기본권이 타당한 것은 판례가 명백히 하고 있다. 물론 특별한 지위관계는 기본법에 그 뒷받침을 발견해야 하는 각각의 목적(예컨대 기본법 제33조 4항과 5항이 규정하는 관리관계, 기본법 제17a조가 규정하는 군인관계)에 대응하여 다양한 기본권의 제한을 요구하는데, 그 제한도 적절하고 불가결하며 적절한 (verhältnismäßig) 것이어야 한다.[39] 특별한 지위관계는 판례에 의해서 기본권제한의 근거와 한계를 얻기 위한 의론의 도구를 제공하는 기본권해석이론에 감금된다.

5. 기본권의 객관법적 기능에 대하여

연방헌법재판소에 의하면 기본권은 국가의 침해를 방어하고 청구권을 행사하며, 민주적 결정에 참가하기 위한 개인권일 뿐만 아니라 가치를 표현하는 객관적 규범 내지 원리도 포함한다는 것이다. 그러므로 간결하게 객관적 가치로서의 기본권이라고 말하는 것이다. 이에 대해서는 문헌상 비판이 있으며, 특히 연방헌법재판소에 대해서는 불합리한 철학적 가치론에 들어간다고 비난하기도 하는데, 법학적 가치론에도 그 나름대로의 법학상의 의미는 있으므로,[40] 여기서는 그대로 두기로 한다. 기본법과 기본권의 배후에는 특정한 가치들이 가로놓여 있다. 가치자유로운 법질서 등은 존재하지 않는다. 그러한 가치들은 연방헌법재판소에 의해서 사회의 공동체에서 자유롭게 전개하는 인간의 인격과 존엄을 중심으로 하는 가치체계로서 특징지워진다.[41] 사회주의국가당 판결*에서는 기본

---

37) BVerfGE 33, 1, 9 f.
38) BVerfGE 47, 46, 78 f.; Christian Starck, Staatliche Schulhoheit, Pädagogische Freiheit und Elternrecht, DÖV 1979, S. 269, 270 ff.
39) BVerfGE 28, 55, 63 ff.(군인관계); 41, 251, 264 f.(학교관계).
40) 이에 대해서는 Christian Starck, Zur Notwendigkeit einer Wertgründung des Rechts, in: FS für Willi Geiger, 1989, S. 40, 44 f.
41) BVerfGE 7, 198, 205.

법이 내린 헌법정책적 결단에 의하면, 「인간은 세계질서 중에서 독자적으로 독립한 가치를 가지며 자유와 평등이 국가통일의 불변의 기본가치이다」[42]라고 하여, 전체주의 국가가 의거하는 가치관은 바로 그것과 대립하는 것이라고 하였다. 그리고 독일공산당 판결에서는 이러한 헌법정책적 판단은 「자유주의적 법치국가의 민주제의 헌법사적 발전의 연속선상에 자리잡고 있다」[43]고 한다.

그러면 연방헌법재판소는 이와 같은 고려에서 기본권의 단순히 국가에 대한 방어에 그치지 않는 기본권의 효력을 도출한다. 객관적 헌법으로서의 기본권은 명시적인 제약이 포함되지 않은 기본권에 대해서 헌법내재적 제약을 기초지으며,[44] 내용이 열린 형태로 정식화되고 있는 기본권의 제약을 보다 상세히 구체화하고, 그리하여 동시에 그것을 제한하기 위해서 사용한다.[45] 여기서는 기본권의 객관법적 측면은 가치에 구속된 질서 속에 완전히 무제약한 권리 등은 존재할 수 없다는 것을 기초지우는 역할을 수행하는 것이다.[46] 이러한 결론 자체에는 의문의 여지는 없기 때문에 이러한 헌법상의 가치질서이론에 의한 기초지움 등은 지나치게 생각될는지도 모른다. 그렇지만 이러한 이론이 다른 기본권의 제약, 예컨대 기본법 제2조 1항에 열거된 세 개의 제약으로부터의 우연적인 어떠한 유추보다도 실질적으로 보다 강한 헌법에 준거하는 것을 고려한다면, 기본권의 객관적 성격이 체계적 헌법해석에 있어서의 하나의 중요한 시점이 되는 것은 다툼이 없을 것이다. ― 기본권의 객관법적 성격에서는 나아가 (예컨대 인간의 생명에 대한) 헌법상의 보호의무가 나온다. 그 때에 입법자에게는 이 보호의무를 이행함에 있어서 광범위한 평가와 형성의 여지가 인정된다.[47]

기본권의 객관법적 성격은 법적 의론에서 자주 경우에 따라서는 민주제원리나 사회국가원리의 원용 아래 주관적 권리에 대한 대항원리로서 사용된다. 이와 같은 의론은 특히 통신의 기본권의 경우에 대해서 보여진다. 방송에 의한 보도의 자유(기본법 제5조 1항 2문)에 관하여 입법자에게는 누가 방송의 자유의 권리를 가질 것인가를 결정하는 권한이 인정되며, 그 권리를 오로지 공법상의 방송기관과 그 직원에게만 여전히 귀속시키는 것도 가능하다고 한다.[48] 그 경우에 입법자가 고려해야할 것은 주관적 기본권이 아니라 객관적 헌법원리이다. 기본권의 탈주관화는 기본법과는 합치되지 않는다. 객관적 헌법원리가 표현하는 공공복리재는 입법자의 기본권에의 조직적 개입에 의해서가 아니

---

42) BVerfGE 2, 1, 12.
43) BVerfGE 5, 85, 134.
44) BVerfGE 28, 243, 261; 30, 173, 193.
45) BVerfGE 35, 202, 225.
46) BVerfGE 49, 24, 56. 이 판결은 BVerwGE 49, 202, 209에 언급한다.
47) BVerfGE 39, 1, 41 f.; 46, 160, 164; 49, 89, 141; 77, 170, 214. 이에 대해서 상세하고 비판적인 것은 다음의 두 장을 보라.
48) 특히 Wolfgang Hoffmann-Riem (Alternativ-) Kommentar zum Grundgesetz für die Bundesrepublik Deutschland, Bd. I, 1984, S. 480 ff., 549 ff.

라, 기본법이 명시적으로 열거하는 기본권의 제약에 의해서 보호된다. 왜냐하면 기본법에
서 기본권으로서 열거된 자유는 객관법적 보장에 의해서만 보호되는 것은 아니기 때문이
다.[49] 기본권의 객관법적 측면은 다른 보호할 가치가 있는 공공재와 마찬가지로, 기본권
의 권리적 측면에 의해서 보장된 활동의 자유를 항상 한정적으로만 제약할 수 있다.
여기에서 생기는 기본권의 권리적 측면의 우위는 기본권이 자유의 제약들을 특히 규정하
는 것에서도 나타나 있다. 왜냐하면 그러한 것은 만약 자유가 소여의 기준에 의해서만
보장되고 행사될 수 있다면 불필요한 것이 되기 때문일 것이다.

그 판단을 내리는 과정에서 여러 번 기본권의 객관법적 측면에 몰두해온 연방헌법재판
소는 기본권의 객관법적 측면과 권리적 측면과의 관계를 다음과 같이 일반화하여 서술하
고,[50] 판지(判旨)의 오해를 막으려고 한다. 「그것들 (즉 개개의 기본권)은 역사적으로
보아서도 현대적 내용으로 보아도 일차적으로는 개인권, 인권 내지 시민권이며 인간의
자유의 구체적인, 특히 위험에 처한 영역의 보호를 대상으로 한다. 기본권의 객관적
원리로서의 기능은 원칙적으로 기본권의 효력을 강화하는 데에 있는데(연방헌법재판소
판례집 제7권 198면 이하, 특히 205면 ― 뤼트 판결*), 그 근본은 상술한 일차적인 의의에
있다(예컨대 소유권에 대해서 연방헌법재판소 판례집 제24권 367면 이하, 특히 398면 ― 함부르크
제방유지법). 기본권의 객관법적 기능을 기본권의 본래의 핵심에서 단절하고, 기본권이
가지는 원초적이며 불변한 의미를 후퇴시켜버리는 객관적 규범의 구성체에로 독립시키는
것은 허용되지 않는다」.

그렇지만 이것은 곤란한 문제영역이며, 여기서 개별적으로 논할 수는 없지만 다시
다음의 것만을 적어 두기로 한다. 그것은 가치에 관련지우는 것은 결코 헌법의 실정성을
손상하는 것이 되지는 않는다는 것이다. 헌법규범의 배후에 있는 가치는, 헌법 그 자체에
의해서 구체화된다. 이 구체화는 결코 논리적 연역의 산물이 아니라 헌법해석 때에
더하여 고려해야할 형량과 가치판단에 입각하는 의미내용[51]을 시사하는 것이다.

6. 기본권에서 생기는 급부청구권

소극적 지위의 권리와 구별되며 또한 대립하는 것은, 적극적 지위의 권리에서 생기는,
권리보호나 절차에의 권리도 포함한 국가의 활동과 급부에 대한 법적 청구권이다. 재판을
받을 권리의 보장(기본법 제19조 4항), 법률에 의한 재판관의 보장(기본법 제101조 1항),
그리고 법적 청문의 보장(기본법 제103조 1항)은 그것들을 충족하는 소송법과 재판소조직

---

49) 특히 Hans Hugo Klein, Die Grundrechte im demokratischen Staat, 1972, passim; Walter Schmitt-
   Glaeser, Planung und Grundrechte, DÖV 1980, S. 1, 6; Günter Dürig, in: Maunz/Dürig, GG,
   Art. 1 Abs. I Rdnr. 98; Eberhard Grabitz, Freiheit und Verfassungsrecht, 1976, S. 252 ff.를 보라.
50) BVerfGE 50, 290, 337. 또한 Fritz Ossenbühl, Die Interpretation der Grundrechte in der
   Rechtsprechung des Bundesverfassungsgerichts, NJW 1976, S. 2100, 2104도 참조.
51) 상세한 것은 Starck (Anm. 40), S. 55 f.

을 요구하는데, 그것들은 역사적으로 본다면, 헌법이 보장을 부여하기 이전부터 존재하고 있었다. 기본법 제104조는 [자유의 박탈에 있어서는] 명시적으로 특별한 법률에 의해서 규제된 절차를 요청한다. 집단적 결정을 보장하는 기본권은 집단적 기본권행사를 위한 조직적ㆍ절차적 규제를 요구한다. 예컨대 결사의 자유(기본법 제9조 1항)는 결사가 개개의 구성원을 가능한 한 보호하면서도, 법적으로 구속력을 가진 의사결정을 내릴 것을 가능하게 하는 결사법을 필요로 한다. 기본권의 조직화가 나아가 문제로 되는 것은, 대학법ㆍ방송법ㆍ부모의 감호권법ㆍ기업의 공동결정법 등인데, 이들에 대해서는 연방헌법재판소의 관련 판례가 이미 대강을 규정하고 있다. 기본권에 관련된 조직법과 절차법은 비록 그것이 부분적으로는 개입에 대해서 규정하고 있어도 개입 내지 제약으로 볼 수는 없다. 절차ㆍ조직 그리고 급부에 내재하는 개입의 요소를 그것으로서 인식하는 것이 그 개입의 필요성을 심사하기 위해서 그처럼 중요할지라도,52) 절차ㆍ조직 그리고 급부를 개입의 사상으로부터 독립시켜 기본권에 관련된 규제로서 인식하지 않을 수 없다. 개입의 성격을 갖지 않는 절차법과 조직법 — 예컨대 원자력발전소 인가에 선행하여 청문절차의 규제 — 의 헌법재판소에 의한 심사에서는 기본권이라는 기준이 특히 판단의 뒷받침이 된다. 요는 조직과 절차에 의해서 기본권이 적절하게 보장되고 있는가의 여부이며53) — 예컨대 개입을 최소한으로 그치게 해야 한다는 경우와는 달리 — 조직과 절차가 최선의 것인가의 여부를 묻는 것은 아니다. 그렇지 않다면 연방헌법재판소의 통제가 조직법과 절차법의 영역에서 기본법이 규정한 기능분담에 반하여 입법자를 단속하는 것이 되어버리기 때문이다.

적극적 지위의 권리 중에서 특별한 범주를 이루는 것은 사회권 내지 사회적 기본권인데 이것은 본 기본법에서는 다른 헌법과는 달리 특별한 권리로서는 규정하지 않고 있다. 그러나 실질적 평등과 평등화를 구하는 오늘날의 일반적ㆍ지배적 감각은 기본권에서 도출된 사회적 청구권에 그 표현을 발견한다.

기본권의 사회국가적 해석의 배후에 있는 것은, 자유의 행사를 위한 실질적 전제들은 기본권에 의해서 동시에 보장되고 있으며, 따라서 기본권은 국가에 대한 방어권일 뿐만 아니라 국가에 대한 급부청구권도 그 내용으로 한다는 생각이다. 그러나 이와 같이 기본권을 확대한다면 해석의 허용범위가 일탈하게 된다. 왜냐하면 기본법은 조직적이며 법기능적인 틀만을 설정하였으며 기본권의 사회국가적 해석에서 도출되는 중요한 국가재정적 결단을 헌법해석의 대상으로 삼지 않고, 따라서 연방헌법재판소의 결정권에 복종시킨다고 생각하지는 않기 때문이다. 자유의 전제들이라고 말하더라도, 그 수는 많으며 또한 불확정하게 되는 것은 피할 수 없으므로, 기본권해석이론은 해결할 수 없는 어려움 앞에 서게 될 것이다. 사회적인 조정은 기본권해석을 통해서 실현되어야 할 것이 아니라

52) Peter Lerche, in: ders./Schmitt Glaeser/Schmidt-Aßmann, Verfahren als staats-und verwaltungsrechtliche Kategorie, 1984, S. 106 ff.
53) BVerfGE 53, 30, 64 f.; 56, 54, 71, 80 ff.; 77, 170, 214 f.; 77, 381, 405.

헌법의 한계 속으로 채워 넣어야 하는 오로지 의회가 수행해야할 정치적 과제이다.54) 사회권은 대상이 불명확하며 재원에도 감당할 수 없는 한계가 있으므로, 헌법은 사회권의 보장을 방어권만큼 엄격하게 의무지울 수는 없다.55) 기본법의 기본권보장은 프로그램규정을 제시해 온 전통에서 의식적으로 결별하고, 제1조 3항에서 규정하는 기본권의 직접적 구속력을 기본으로 하였다. 그러므로 헌법해석에는 명확한 한계가 그어지고 있으므로 그것은 국가에 대한 사회적 청구권 이외의 것56)에도 타당하다. 이러한 [헌법해석에 의해서 기본권의 존재를 광범하게 도출할 수 없다는 원칙에 대한] 예외는 기본법에서 충분하고 명확하게 밝혀져야 하며, 특히 기본법이 규정한 기능분담에 반해서는 안 된다.57)

연방헌법재판소가 1972년에 내린 최초의 대학입학정원제판결58)은 이 점에서 매우 의욕적이며, 「기본권의 가치판단과 국가의 교육독점으로부터 다양한 학과에 대해서 충분한 수용능력을 준비한다는 객관적·사회국가적 헌법위탁이 도출된다」는 문제를 던졌다. 그러한 헌법위탁이 존재하는가, 그리고 거기에서 「특정한 요건 아래서는 취학의 장(場)을 설정할 것을 구하는 국민의 소구할 수 있는 개인권을 이끌어낼 수 있는가」 하는 점에 대해서는 오늘날에 이르기까지 재판소의 판단은 내리지 않았다. 그러나 그 후의 대학입학정원제 판결은 이 기본적 문제에 대한 부정적인 답을 추측하게 한다. 왜냐하면 재판소는 다른 기본권에 대해서도 예상할 수 없는 영향을 미치는 것을 아마 분명히 인식하게 되었기 때문이다. ─ 여하튼 연방헌법재판소에 의한 기본법 제12조의 해석은, 대학에게 모든 지배적인 학생수용권을 주고 학생수 통계가 포스트와 예산의 배분에 대해서 가장 중요한 자료로서도 촉진한다.

---

54) 참조. v. Mangoldt/Klein/Starck (Anm. 3), Art. Rdnr. 114-119; Christian Starck, Staatliche Organisation und staatliche Finanzierung als Hilfen zu Grundrechtsverwirklichung?, in: ders (Hrsg.), Bundesverfassungsgericht und Grundgesetz, Bd. II (1976), S. 516 ff.; Böckenförde (Anm. 2), S. 1537; Ossenbühl (Anm. 50), S. 2100, 2104; Horst Sendler, Teilhaberechte in der Rechtsprechung des Bundesverfassungsgerichts, DÖV 1978, S. 581 ff.; Georg Brunner, Die Problematik der sozialen Grundrechte, 1981, S. 16 ff.; Ernst Friesenhahn, Der Wandel des Grundrechtsverständnisses, 50. DJT Bd. II, 1974, S. 61 passim; Konrad Hesse, Grundzüge des Verfassungsrechts der Bundesrepublik Deutschland, 16. Aufl. 1988, Rdnr. 289; Hans D. Jarass, Grundrechte als Wertentscheidungen bzw. objektivrechtliche Prinzipien in der Rechtsprechung des Bundesverfassungsgerichts, AöR 110 (1985), S. 363, 389 f.

55) 이에 대해서 Alexy (Anm. 2), S. 467은 사회권의 사법판단가능성의 문제는 전통적 기본권의 사법판단가능성의 문제와 구별할 수 없다고 주장한다.

56) 참조. Christian Starck, Informationsfreiheit und Nachrichtensperre, AfP 1978, S. 171 ff.

57) 그 예외에 대해서는 Starck (Anm. 54), S. 521, 524, 525를 보라. 이와는 반대로 Alexy (Anm. 2), S. 465 ff.는 특정한 요건 아래서는 반대의 원칙이 타당하지 않은 한은 사회적 기본권의 존재가 추정된다는 입장에 선다.

58) BVerfGE 33, 303, 333; 43, 291, 313 ff.

7. 평등원칙(Gleichheitssatz)의 해석과 적용

「법률 앞의 평등」(기본법 제3조 1항)이라는 행정과 사법에 향한 평등원칙의 법적 정식화는 평등에, 즉 법률에 적합하게 적용해야할 기준으로서 법률 그 자체를 열거하고 있다. 입법자도 또한 평등원칙에 구속되므로(기본법 제1조 3항), 무엇이 평등이며 무엇이 불평등으로서 규제되어야 하거나, 또는 규제할 기준이 문제로 되는데, 여기에는 기본법 제3조 1항에서 대답하지 않는다. 연방헌법재판소는 다양한 설명방식을 구사하여 평등원칙을 보다 상세하게 규정하려고 노력한다. 그에 따라 입법자는 「본질적으로 같은 것을 자의적으로 같지 않게 취급하거나, 본질적으로 같지 않은 것을 자의적으로 같게 취급해서는 안 된다」[59]라고 말하는 것이 허용된다. 그 때에 재판소는 자의라는 것을 객관적 의미로, 즉 규제가 법률의 규제대상과 실제로 명백하게 적용하지 않는 것이라고 하여 이해하고 있다.[60] 이 정식도 또한 이것과 유사한 정식[61]도 여하튼 평등원칙의 적용을 용이하게는 하지만 그 내용을 채울 수는 없다. 그리하여 이와 같은 정식만을 사용하여 평등원칙을 법령심사의 기준으로 삼으려는 것은 「헌법해석」의 방법으로서는 의문이 많다. 헌법이 평등을 특히 보장함에 있어서 어떠한 관점에서 법적으로 평등이라는 것이 말해지는가를 규정하지 않는 한,[62] 지도적 관점은 다른 원천에서 획득해야만 한다. 그것을 사회 중에서 지배적인 정의관념과 가치관념에서 오로지 얻으려고 한다면, 평등원칙을 기준으로 한 재판소의 법령심사는 극도로 의심스럽게 될 것이다. 왜냐하면 이러한 가치관념이 어느 곳에서도 파악할 수 없다면, 그것은 자유롭게 선거된 법률제정자인 의회이기 때문이다.

일반적 평등원칙은 그러나 기본법의 구조 중에 자리잡고 있으며, 그 적용에 있어서 필요한 가치관은 기본법 중에서 얻어야 한다. 기본법에는 기본권의 부분에도, 조직법의 부분에도, 해석에 즈음하여 평등원칙과 관련지워서 그 내용을 충족하는 규정이 다수 존재한다. 헌법에는 많은 차별의 금지,[63] 구별의 의무지움,[64] 구별의 허용[65]이 포함되어 있다. 그리고 헌법에서 지도적인 관점이 획득되지 않는다면, 이론적 귀결로서 기준은 법률의 규정 그 자체에서 얻어야 한다.[66] 그러나 평등원칙을 구조화하기 위한 많은 방법적 시점에 대해서는 여기서는 언급하지 않기로 한다.[67]

---

59) BVerfGE 4, 144, 155; 50, 177, 186; 51, 295, 300; 60, 16, 42.
60) BVerfGE 4, 144, 155; 2, 266, 281.
61) BVerfGE 9, 124, 129; 12, 341, 348; 15, 167, 201; 23, 12, 24 f.; 42, 374, 388; 47, 168, 178; 48, 227, 235; 51, 1, 23.
62) 예컨대 기본법 제3조 2항과 3항·제33조 1항 내지 3항·제38조 1항 1문·제28조 1항 2문·제12조 2항·제101조 1항 1문 등.
63) 예컨대 누구든지 또는 모든 독일인에게 보장된 기본권.
64) 기본권의 영역에서는 비례원칙 때문에 예컨대 적성이나 필요성의 관점에서 유형화를 형성하는 의무가 생긴다. 나아가 기본법 제6조 1항 4항·제33조 5항을 참조.
65) 특히 사회국가원리.
66) BVerfGE 9, 20, 28; 24, 75, 100; 59, 287, 297; 60, 16, 40.

8. 기본권의 제3자효력(Drittwirkung)

여러 가지 제3자효력이론은 사법주체가 기본권에 많든 적든 구속되는 것을 근거지우려고 시도한다. 기본권이 사법관계에서 타당한 것인가 또한 어느 정도 타당한 것인지는 헌법해석의 문제인데,[68] 모든 기본권에 대해서 일괄적으로 대답할 수는 없다. 법적인 자유란 무엇인가 하는 것은 다차원적인, 즉 시민과 국가 간에도 시민상호간에도 존재하는 문제이다. 기본권목록이나 따라서 기본법에 대해서도 기본이 되는 기본권개념은 공권력에 향해진 것이다. 그것은 기본권의 규정의 방법뿐만 아니라 구속력조항(기본법 제1조 3항)에도 표현되어 있다. 나아가 만약 기본권이 사인 간에서 통용하게 되면 사인으로부터 사적 자치는 빼앗아버리는 것이 될 것이다. 기본권의 효력을 직접 사법에 미치게 하는 설은 헌법상으로도 충분하게 근거가 마련되지 않고 그 귀결에서도 유지할 수 없다.

뤼트 판결에서는 기본법의 기본권 장에는 객관적 가치질서가 수립되어 있으며, 그것에 의해서 기본권의 효력이 강화된다고 지적하고 있다. 이러한 사회의 공동체에서 자유롭게 전개하는 인간의 인격과 존엄을 중심으로 하는 가치질서는 헌법상의 근본적 결단으로서 법의 모든 영역에 타당한 것이다. 따라서 그것은 당연한 것이지만 사법에도 영향을 미치며 민법의 어떠한 조문도 그것에 반해서는 안 되며, 모두 그 정신에 비추어 해석하여야 한다.[69] 기본권의 사법에 대한 효력에 대해서 근래의 문헌이 다수 나와서,[70] 관련된 판례가 증대하는 것을 본다면 연방헌법재판소의 1958년의 언명이 얼마나 생산적으로 시야가 넓었던가를 알 수 있다. 그것은 역사적으로도 정당한 지적이며, 이미 프랑스 인권선언의 제4조가 자유란 타인을 해롭게 하지 않는 것을 할 수 있는 힘이라고 정의하고 있다. 칸트가 사법에서는 모든 사람의 자유와 타인의 자유와의 일치가 긴요하다고 강조하는 것도 같은 의미에서이다. 1789년에 장엄하게 선언된 인권선언의 실현은 프랑스 민법전[71]과 함께 시작하며, 이어서 형사소송,[72] 그리고 마침내 거의 한 세기 후에 이르러 콩세이유 데타가 전개한 기본권유사한 일반적 법원리에 의해서 행정법에 대해서도 실현되었다.[73] 근대 사법전은 자유주의적 기본권선언과 내재적으로 합치할 뿐만 아니라 그것들에 선행하기도 한 것으로, 그 때문에 대등자 간의 자유의 문제는 상당히 기본권보장의 문제로서는 고찰할 수 없었다. 그리고 그러한 것으로서 인식된 경우, 예컨대 기본법에서의

---

67) v. Mangoldt/Klein/Starck (Anm. 3), Art. 3 Rdnr. 10 ff.

68) 상세한 것은 v. Mangoldt/Klein/Starck (Anm. 3), Art. 1 Rdnr. 191 ff.를 보라.

69) BVerfGE 7, 198, 205; 34, 269, 279 ff.; 52, 141, 165 f.

70) 최신의 것으로서는 예컨대 Wolfgang Rüfner, Drittwirkung der Grundrechte, Gedächtnisschrift für Martens, 1987, S. 215 ff.; Konrad Hesse, Verfassungsrecht und Privatrecht, 1988; Claus-Wilhelm Canaris, Grundrechtswirkungen und Verhältnismäßigkeitsprinzip in der richterlichen Anwendung und Fortbildung des Privatrechts, JuS 1989, S. 161 ff. m. w. N.

71) Franz Wieacker, Privatrechtsgeschichte der Neuzeit, 2. Aufl. 1967, S. 339 ff.

72) Robert v. Hippel, Der deutsche Strafprozeß, 1941, S. 42 f.

73) Jean Rivero, Droit administratif, 12. Aufl. 1987, S. 167 f.

단결의 자유의 경우 등에는 그것은 명시적인 보장으로서 채택되고 있다. 이에 대해서 기본권목록은 시민의 국가권력으로부터의 보호로서 편성되었다. 그것은 그 문언에 이르기까지 국가권력의 한계를 기록하는 데에 조준을 맞추었다. 이에 대해서 어떤 사람의 자유와 다른 사람의 자유와의 일치에 관해서는 법공동체(Rechtsgenosse)의 기본권에 의한 구속은 이미 문제가 되지 않는다.

최근의 연방헌법재판소의 가족법에 관한 판결[74]에서는 자기의 출신을 알 권리가 국가에 대해서 주장되는지, 혹은 부모에 대해서 주장되는지에 따라서 완전히 다른 가치판단이 주어지는 것을 아주 명백히 보여준다. 연방헌법재판소는 기본법 제1조 1항과 결부된 기본법 제2조 1항에서 도출된 권리는, 국가에 대한 기본권이라고 하여, 국가는 부성확정절차를 제공하여 판단을 내리고 신분확정에 기여하는 입수가능한 정보를 수집할 수 있는 방도를 마련해야 한다고 판시하였다. 그 때에 연방헌법재판소는 민법의 입법자는 혼인과 가족을 보호하기 위하여 기본권을 제한할 것, 다만 그 제한은 적절하고 불가결하며 적합해야할 것, 그리고 쟁점이 된 제한은 이 점에서 지지할 수 없는 것 등을 판시하였다. 우리들의 고찰에 대해서 중요한 것은 자기의 출신을 아는 자식의 권리는 어머니에 대한 제3자효력을 포함하지 않는다고 재판소가 명확하게 제시한 것이다. 만약 이 권리가 제3자효력을 가진다면 그것은 어머니의 친밀한 영역에 저촉되기 때문에, 완전히 다른 내용을 갖추어 완전히 다른 의무를 설정하고 완전히 다른 가치관을 배후에 가지게 되는 것은 쉽게 이해할 수 있다.

기본권의 제3자효력 문제에 이 이상 깊이 들어갈 수는 없지만 다음의 것만은 확인해 두기로 한다. 그것은 기본권이 국가에게 보호의무[75]나 보장의무[76]를 부여하거나 평등처우위탁[77]을 부여하는 경우에는, 그것들은 통상 사법에도 직접 미치며 사법의 입법자를 의무지운다는 것이다. 기본법 제9조 3항에는 단결의 자유에 유리한 형태에서의 제3자효력이 명시적으로 제시되어 있다. 나아가 그 이상으로 헌법과 사법은 무관계하게 병존하는 것이 아니다[78]라고 말하는 간접적 제3자효력설의 주장은 정당하다고 말한다. 법공동체의 사회관계에서는 서로 생명·명예·소유권이 존중되어야 한다 하더라도, 그것은 그 뜻의 시민의 기본권에의 구속이 법률에 의해서 구체화되고 있는 데에 유래하는 것이 아니라 기본권도 또한 그것에 입각하는 인간의 공동생활의 전통적 규칙에 유래하는 것이다. 기본권의 객관법적 측면에서 기본권의 사법에의 영향을 도출한다는 것은[79] 상당히 지나치며, 또한 결과적으로 보더라도 상당히 부정확한 시도이다. 이와 같이 기본권의 객관법적 측면에서도, 그 밖의 방법에 의해서도, 기본권의 사법거래에의 준용은 정당화되지 않는다. 우리들의 법을 지배하고 기본권에도 표현되어 있는 인간상을 둘러싼 가치관

74) BVerfGE 79, 256, 267 f.
75) 기본법 제1조 1항 2문, 제6조 1항과 4항.
76) 기본법 제14조 1항.
77) 기본법 제117조 1항과 제6조 5항과 결부된 제3조 2항.
78) Dürig, in: Maunz/Dürig, Art. 1 Rdnr. 127 ff.
79) 예컨대 Hans Heinrich Rupp, Vom Wandel der Grundrechte, AöR 101 (1976), S. 161, 170.

만이 사법입법과 일반조항을 적용하는 재판관에게 영향을 줄 수 있다.

II. 기본권의 효력

1. 시민의 국가에 대한 관계

지금까지 서술해온 기본권해석이론의 발전은 시민의 실제의 자유의 지위를 지금까지 없었던 것처럼 확실한 것으로 하였다. 직업선택의 자유에 관련된 자격심사는 폐지되고 납득할 수 없는 직업활동규제는 무효라고 선언되고 있는데, 그것들은 모두 비례원칙에 의한 엄격한 심사에 의한 것이다. 기본법 제2조 3항에서는 직업의 자유의 보완으로서 경제활동의 자유와 계약의 자유가 헌법원리로서 도출된다. 이들 기본권은 1950년대부터 시장경제·자유사회의 경제질서에 대한 매우 유효한 헌법상의 뒷받침이 되었다. 왜냐하면 인적 자유는 경제적 자유 없이 결코 유효하게 보장되지 않기 때문이다. 반대로 경제적 자유는 장기적으로는 인적 자유를 요구하는 것을 공산주의 국가의 개혁자들은 즉시 깨달았다. 공법상의 직업단체는 기본권에 구속되며 그 자치는 현저하게 제한되고 있다.[80] 약간의 조세법률은 기본권을 기준으로 해서 심사되며 무효가 되었다. 물론 연방헌법재판소는 지금까지의 모든 요구를 충족하지는 못했지만, 발전된 조세법에 대한 그때까지는 생각지 못했던 개입을 특히 기본법 제6조 1항과 제3조의 관점에서 행하였다.[81] 소유권조항은 그 보호영역에 관한 한 점차 확대되고 있는데,[82] 소유자에 대한 공동체의 이른바 사회적 구속으로서의 요구의 확대는, 연방헌법재판소는 근래 연방통상재판소나 연방행정재판소에 비해서 신중하게 확장하고 있다.[83]

정신적 및 육체적 완전성이나 정신적 자유의 보호에 눈을 돌리면, 역시 비례원칙의 엄격한 적용에 의해서 높은 수준의 자유가 실현되고 있다. 이에 관해서 생각나는 것은 형사소송상의 수사권한의 제한,[84] 일반적 인격권의 헌법상의 승인과 발전,[85] 출판의 자유의 확대와 보장,[86] 그리고 집회의 자유의 완전히 확대적인 해석 등이다.

그러나 여기서 다소 비판적인 비평을 하기로 한다. 브로크도르프(Brokdorf) 판결[87]에서 연방헌법재판소는 집회를 — 이 재판소 재판관의 한 사람의 저서를 인용하면서 —

---

80) 특히 BVerfGE 33, 125, 155 ff. 참조.
81) 기본법 제3조에 대해서는 v. Mangoldt/Klein/Starck (Anm. 3), Art. 3 Rdnrn. 58 ff. 제6조에 대해서는 동시에 비판적인데 Paul Kirchhof, Ehe und Familie im staatlichen und kirchlichen Steurrecht, in: Essener Gespräche 21 (1986), S. 117, 121 ff.
82) 특히 BVerfGE 70, 191, 199; 53, 257, 291 f.; 69, 272, 300; 72, 175, 195 참조.
83) BVerfGE 52, 1, 27 f.; 72, 66, 76에만 보일 뿐이다.
84) BVerfGE 16, 194, 202; 17, 108, 117 f., 120; 27, 211, 218 f.
85) 특히 BVerfGE 54, 148, 153 ff.; 54, 208, 217.
86) v. Mangoldt/Klein/Starck (Anm. 3), Art. 5 Rdnr. 38 ff., 137 ff.
87) BVerfGE 69, 315, 346 f.

「시원적이며 무제약한 직접민주제의 한 조각이며 정치의 운영을 일상적 직무에의 경직화로부터 지키는 것」으로서 특징짓고 있다. 이 집회의 목적의 특징지움은 적절할는지 모르지만 전반 부분은 정당하지 않다.[88] 왜냐하면 어떤 집단의 정치목적집회는 「직접민주제」라는 표현이 연상시키는 것과는 달리, 국가권력의 행사 그 자체가 아니며 민주적으로 정당화되고 있으나 비판에 복종하는 국가권력에의 움직임 때문이다. 나아가 집회는 기본법 제8조 2항에 그 제정을 명시적으로 수권한 집회법에 의해서 제약되고 있다. 즉 집회는 직접민주제도 아니라면 무제약하지도 않다. 판결의 대상이 된 브로크도르프가 내란적인 사태를 일으키며 무제약한 직접민주제라는 헌법적으로 보아 이미 부적절한 말표현 역시 곤혹스럽다.

여기서 같은 법정이 거의 동일한 인원구성 아래 1년 반 뒤에 내린 1986년 11월 11일의 강요죄 판결[각지의 군사시설에의 물자의 반입을 좌석 바리케이트(Sitzblockade)를 만들어 방해하려고 한 행위가 강요죄로 물은 사건][89]에 대해서 한 마디 해두고 싶다. 이 판결에 대한 상세한 비판은 제7장 이하에 있으며,[90] 여기서는 다음의 것만을 시사하기로 한다. 즉 이 판결에서 동 법정은 전원일치로 좌석 바리케이트가 시민적 불복종의 실행이라고 하더라도, 그것이 공민권의 정당한 행사라고는 보기 어려우며, 왜냐하면 시민적 불복종은 그 정의(定義)에서 일치하는 제재를 각오한 법위반의 요소를 포함하는 것이라고 판시하였다.[91] 그럼에도 불구하고 이어서 4인의 재판관의 소수의견은 좌석 바리케이트 참가자의 처벌은 「상술한 시민적 불복종의 엄격한 요건이 지켜지는 한」 허용되지 않는다고 하였다.[92] 이 입장에 선다면 시민적 불복종을 행사하려는 자는 강요의 보다 강력한 형식을 선택하지 않으면 안 된다는 것이 된다. 그러나 다른 재판소의 교사로서의 연방헌법재판소의 임무는 ― 평화라는 국가목적을 염두에 두면서 ― 평화적인 것으로서만 보장되는(기본법 제8조 1항) 집회의 법치국가적 한계를 강조하고, 호프만·리임이 기본법의 대안(代案) 콤멘탈[93]에서 서술한 다음과 같은 발전에 제동을 거는 것이다. 호프만·리임은 이렇게 서술한다. 즉 「데모는 자주 매스미디어가 주목하는 문턱을 넘을 만큼 '성공'한 것이라고 간주된다. 매스미디어는 즐겨 이탈한 이상한 것에 눈을 향한다. 결과로서 집회법의 법치국가적 한계를 지킨 집회는 결코 최대의 반향을 발견하지 못한다. 빈번하게 폭력행사에 이르는 의도적인 법위반과 결부하여 비로소 데모는 문제사항이 명시적으로 판단자에 의해서 다루게 될 것이다」. ― 기본권해석의 효과에 대해서 논함에 있어서 이러한 현상에 대해서 침묵을 지키는 것은 허용되지 않는다.

---

88) Volkmar Götz, Versammlungsfreiheit und Versammlungsrecht im Brokdorf-Beschluß des Bundesverfassungsgerichts, DVBl. 1985, S. 1347, 1348도 참조.
89) BVerfGE 73, 206.
90) Christian Starck, Praxis der Verfassungsauslegung, Baden-Baden 1994, S. 143 ff.
91) BVerfGE 73, 206, 252.
92) BVerfGE 73, 206, 259.
93) Hoffmann-Riem (Anm. 48), Art. 8 Rdnr. 8.

2. 연방제

기본권의 재판소에 의한 실현은 중앙집권화와 법통일화의 경향을 가진다. 무엇보다도 현저한 것은 주법의 고유한 영역에 대한 연방행정재판소의 심사활동에서 기본권이 가지는 의의이며, 그것은 동시에 주행정법에 관한 주상급행정재판소 판례의 독자적인 발전을 그 싹 속에 억누루고 있다. 기본권에서 구체적인 귀결이 많이 도출되면 될수록, 연방법의 직조는 예컨대 방송법 · 학교법 · 지방자치법 등과 같이 연방이 입법권한을 가지고 있지 아니한 영역에 대해서도 점차 상세하게 되어오고 있다.

연방이 학교제도의 기본원칙에 대해서 대강입법권한을 행사하기 이전부터 연방헌법재판소는 기본권보호 실현의 공동책임을 수행하기 위해서 — 예컨대 주간(州間) 조약의 체결에 의해서 — 협력하고 모든 것을 하는 주의 부차적 의무를 기본법 제12조의 기본권에서 도출하고 있다.[94] — 방송법에 관해서도 확립된 것은, 기능적인 방송 시스템은 각 주법 규제의, 따라서 각주의 협력에 의존한다는 사실이다.[95] 각 주간의 협력의 강제는 연방헌법재판소에 의해서 친연방적 행동의 원칙에서 도출되고 있는데, 그 원칙은 분명히 재판소가 방송의 자유에 부여한 의의에 의해서 중앙집권화되고 있으며, 평준화의 요구는 연방주의의 틀 안에서만 인정된다는 원칙에서의 일탈이 생기고 있다.[96]

3. 연방헌법재판소와 기타 국가기능과의 관계

연방헌법재판소에 의한 기본권의 해석과 적용은 입법권 · 통치권 · 각 재판권의 활동에 현저한 영향을 미치고 있다. 연방헌법재판소는 개개의 절차를 통해서 내리는 판결을 통해서 다른 국가기능을 담당하는 기관들의 결정을 취소하고 위헌 또는 무효로 선언하며, 확인하거나 또는 헌법적합적인 해석을 확정함으로써 그것들에게 직접적이며 사후적으로 작용을 미칠 뿐이다. 연방헌법재판소의 판결은 연방과 주의 헌법기관과 모든 재판소, 그리고 관청을 구속하기 때문에(연방헌법재판소법 제31조 1항), 그것은 특히 입법과정에 강력한 사전적 작용을 미친다.[97] 그것은 즉 이러한 것이다. 법률은 그 성립시에 발안의 단계에서도, 의회의 심의에서도, 연방헌법재판소의 판례에 합치되는가의 여부라는 관점이 음미된다. 동일한 것은 각 재판소의 판결에 대해서도 가장 넓은 의미의 헌법문제가 등장하는 한에서 말하여 그러한 것을 기본권의 광범위한 작용에 의해서 점차 빈번하게

---

94) BVerfGE 33, 303, 357.

95) BVerfGE 73, 118, 197.

96) 예컨대 Jost Pietzcker, Deutscher Landesbericht, in: Starck (Hrsg.), Zusammenarbeit der Gliedstaaten im Bundesstaat, 1988, S. 66이 이 점을 적절하게 평가하고 있다.

97) 이에 대해서는 이미 Christian Starck, Das Bundesverfassungsgericht im politischen Prozeß der Bundesrepublik, 1976, S. 16 ff.(김대환 편역, 「헌법질서와 정치과정에서 연방헌법재판소」, 슈타르크 헌법논집 『민주적 헌법국가』, 시와진실, 2015, 124면 이하)에서 지적하였다.

발생한다. 연방헌법재판소가 항상 여기 저기 영향력을 미치며, 관련된 판례가 많으면 많을수록 그 영향력도 긴밀하게 된다. 연방 법무부에도 주와 동일한 관청에도 연방헌법재판소의 판례의 전문가이며 자신의 초안을 연방헌법재판소의 판례에 가장 엄밀하게 적합케 하거나, 낯선 초안을 거기에 비추어 음미하는 능력을 갖춘 입법관들이 활동한다. 법률을 「헌법재판소에서 확정」하기 위해서는 마치 델포이 신전의 무녀들이 신탁을 해석하듯이, 헌법재판소의 판결에 포함된 단순한 시사나 방론의 해석이 자주 시도되며, 미리 서둘러 복종하기도 한다. 그와 동시에 헌법문제 이외의 중요한 입법정책적 판단을 빠트리는 것이다.

특히 법률규제의 특정한 목적에 대한 적합성 · 불가결성 · 기대가능성이 문제시되는 비례원칙의 적용이나 그때에 자주 필요하게 되는 인과가설의 판단,[98] 정치적으로 책임을 지는 입법자만이 해야 할 재량판단을 반드시 용이하게 구별할 수 없다. 연방헌법재판소는 이 문제를 인식하고 있으며 약간의 판결에서 그것을 서술하고 있다.[99] 불가결성이라는 기준은 법률이 채택하는 유형의 형성에도 영향을 미친다. 기본법이 인간의 인격에 부여한 높은 서열[100]을 고려한다면, 개별적인 사정에 적합하지 아니한 유형화는 피할 수 없지만 그것은 특히 국가가 수행하는 과제가 끊임없이 증대하여 시민에 대한 규제의 그물(網)이 점차 세밀하게 되며, 그럼으로써 매우 친밀한 생활행동에도 영향이 미치기 때문이다. 이와 같이 규제되는 유형은 점차 상세해지고 입법자는 점차 자세한 것에도 관련되게 되는데, 그렇지 않으면 입법자는 일반조항을 규정할 뿐이며 자신으로는 미리 거의 프로그램화하지 않은 개별 사례에 대한 판단을 행정이나 재판소에 넘겨준다. 그렇지만 ― 비례원칙의 핵심인 ― 개별의 관계에의 배려는 법의 신뢰와 계산가능성을 위협할 정도로 나아가지는 않는다. 그러므로 연방헌법재판소는 기본권을 적용함에 있어서 법률에 불가결한 유형화와 일반화의 성질을 비례원칙이나 평등원칙을 사용하여 해소시키고 그리하여 법질서를 분자화시키는 것이다.[101]

기본권의 해석이 시민의 관계들과 국가가 수행하는 기능들에 어떠한 작용을 미치는가 하는 것에 대한 이상의 간단한 서술에서도, 헌법문제가 어떻게 뒤얽혀있으며, 기본권해석에 있어서 어떻게 많은 것을 고려해야 하는가를 보여준다. 이것은 기본권을 법적으로 다룸에 있어서 곤란하며 전문적인 헌법해석에서는 그것을 의식하지 않으면 안 되는 것이다.

---

98) BVerfGE 7, 377, 412.

99) 특히 BVerfGE 50, 290, 331 ff.를 보라.

100) v. Mangoldt/Klein/Starck (Anm. 3), Art. 1 Rdnr. 19 ff.

101) 이에 대해서는 Peter Lerche, Übermaß und Verfassungsrecht, 1961, S. 54(박규환 · 최희수역, 『과잉금지원칙과 헌법 I, II』, 헌법재판소, 2008, 2009); Christian Starck, Die Bindung des Richters an Gesetz und Verfassung, VVDStRL 34 (1976), S. 43, 64 ff., 67 ff.; Helmut Steinberger, Konzeptionen und Grenzen freiheitlicher Demokratie, 1974, S. 320은 미국 연방대법원의 판례에서의 동일한 문제에 언급하고 있다.

III. 전 망

감히 전망을 시도한다면 기본권은 나아가 동적인 발전을 계속하고 있다고 생각한다. 일찍이 연방헌법재판소의 두 개의 법정을 하나로 정리하려고 생각한 때에는, 연방헌법재판소의 광범위한 재판활동에 의해서 언젠가는 기본권해석의 문제는 종결될 것이라고 생각한 적이 있는데, 결코 그러한 것은 있을 수 없다. 우리들은 이제 재판소가 판결을 내릴수록 많은 판결이 구해진다는 것을 알고 있다. 나아가 재판소는 사회의 발전과 시대정신에 경의를 표해야 한다. 시대정신의 경향을 규정하는 자는 재판소가 대결해갈 문제를 규정할 수 있다. 여기서는 다음의 세 가지의 문제군에 대해서 예언을 시도하기로 한다.

(1) 사회적 기본권은 확실히 세계적인 논의에서 중요한 역할을 하는데 그것이 가장 열심히 논의되는 것은 사회관계의 조정이 가장 뒤떨어진 곳이다. 사회권선언의 아름다운 문언은 사회입법의 결여를 메꾸고 있다.[102] 독일연방공화국에서는 사회적 기본권의 법적 구성과 고전적 기본권의 급부권적 해석의 법적 구성의 문제는 널리 인식되고 있다. 그러나 무엇보다도 중요한 것은 거대한 배분기구에 근거한 법률이 청구권을 보장하고, 그 이행을 소에 의해서 행정재판소나 사회재판소가 감시하는 완성된 사회 시스템이 존립하고 있다는 것이다. 사람들에 대해서는 헌법에 있어서의 사회적 선언보다도 견실한 재정정책에 근거한 좋은 사회입법의 법이 중대한 것이므로, 「사회적 기본권」이라는 테마가 조용하게 된 일시적인 상황은 앞으로도 계속될 것이다.

(2) 평등의 영역은 이와는 다르다. 법적 평등이 실현되면 될수록 잔존하는 차별에의 반응은 점차 민감하게 되며, 예전에는 승인되었거나 또는 오늘날 승인된 차별의 근거는 평등이라는 산(酸)에 의해서 점차 침해되고 있다. ― 사실적 평등의 실현은 아마 정당한 견해에 의하면, 기본법 제3조 1항의 일반적 평등원칙이 보장하는 것이 아니라, 입법자가 사회적 조정의 형태로 실현해야할 사회국가조항의 요청인 것이다. 특히 남녀평등(기본법 제3조 2항)에 대해서는 모든 법적 평등이 아직 실현되지 않은 것을 먼저 말하지 않을 수 없다. 입법자가 제거해야할 법적 불평등행위가 차차 발견되고 있다. 이것들은 경우에 따라서는 연방헌법재판소의 판결이 선행함으로써 문제없이 해결되어갈 것이다. ― 그러나 근래의 할당제 논의는 기본법 제3조 2항에서 개인권으로서 구상되고 있던 평등원칙을 집단 간의 평등으로 옮긴 것이다.[103] 이것은 아우그스부르크 종교화의* 이래의 종파의 동등처우나 오늘날 서독에서 사실상 행해지고 있는 대정당의 정부 관직 이외의 모든

---

102) 이에 대해서 개괄적인 것은 Georg Brunner (Anm. 54), passim; Eibe H. Riedel, Theorie des Menschenrechtsstandards, 1986, S. 170 ff.

103) 참조. Vera Slupik, Die Entscheidung des Grundgesetzes für Parität im Geschlechterverhältnis, 1988.

상급관직의 배분에 있어서 동등처우를 선행예로 하고 있다. 할당제 지지론자가 보기로는 그것이 그때까지 압도적으로 남성에 의해서 차지되어온 관직을 차지하는 여성의 수를 비약적으로 증대시킬 수 있는 장치라는 것이다. 만약 이러한 할당제가 사법적(私法的)으로 조직된 정당을 넘어서 관직인사에 미친다면 헌법은 어느 정도의 혼란을 각오하지 않으면 안 된다.

(3) 그러나 장래에 가장 중요하다고 생각되는 것은 다음의 세 번째의 시각이다. 자연과학 · 의학 · 기술의 근래의 발전 ― 그것은 모두 자유로운 연구와 자유로운 경제활동의 산물인데 ― 은 모든 분야에서 자유를 예상하지 못할 만큼 확대하였다. 이러한 활동가능성의 증대는 동시에 이 새로운 가능성을 이용할 수 있는 것의 권력을 증대시켰으므로, 사회생활의 많은 영역에서 위협받는 개인의 권리와 인간의 공유재산과 그리고 아마도 이것들로부터 점차 미래의 세대를 보호하기 위해서 법률에 의한 기본권의 제약을 새로이 편성하지 않으면 안 될 것이다. 이러한 분야에서도 헌법학자는 앞으로 물론 익숙한 기본권해석이론의 사고형식을 사용하여 작업을 계속해야 하는데, 이것들은 입법자가 어떤 행위를 제약하는 의무 유무를 판단하는 것이 점차 많게 된다고 생각한다. 즉 이미 법률에 의한 기본권제한의 합헌제만이 문제는 아니며, 개인적 · 집단적 법익이나 생존기반을 위협으로부터 지키는 입법자의 의무가 헌법에서 도출된다는 것이 점차 심사되어야 한다. 이에 대해서는 이미 연방헌법재판소의 판례에서 약간의 예를 발견할 수 있다.104) 이러한 문제들은 다음 장에서 탐구할 것이다. 나아가서 나는 예컨대 유전자연구나 인공수정법의 인간에의 적용에 관해서는 인간의 존엄의 개념이 정밀화되지 않으면 안 된다고 생각한다.105)

---

104) 참조. BVerfGE 39, 1, 36 ff.; 46, 160, 164; 49, 89, 114 ff.; 54, 30, 57; 56, 54, 73, 78, 80; 77, 170, 214; 77, 381, 405. 이에 대해서 상세한 것은 다음 장 참조.

105) Christian Starck, Verfassungsrechtliche Grenzen der Wissenschaftsfreiheit am Beispiel der Genom-Analyse, Gentherapie und In-vitro-Fertilisation beim Menschen, in: Hans-Günther Schlegel (Hrsg.), Gentechnologie und In-vitro-Fertilisation (Nachrichten der Akademie der Wissenschaften in Göttingen, math.-phys. Klasse Nr. 2), 1988, S. 22 ff.

2. 기본권의 보호의무*

크리스티안 슈타르크

《차 례》

---

* Christian Starck, Grundrechtliche Schutzpflichten, in: ders., Praxis der Verfassungsauslegung, Baden-Baden: Nomos 1994, S. 46-84.

I. 헌법국가에서의 국가의 보호의무

1. 보호의무의 개념

기본권의 보호의무란 판례와 학설에 의하면, 특히 시민의 생명 · 건강 · 자유 · 재산 기타의 법익, 아울러 헌법에서 승인된 제도들을 보호해야할 국가의 의무이다. 보호의무는 연방과 주의 입법자의 규율임무, 행정권의 (재량행사를 포함하여) 보호적 법률의 집행의무, 입법 · 행정의 작위 · 부작위에 대한 (헌법) 재판적 통제의 규준,[1] 아울러 민사사건에서의 재판소판결의 규준이라는 모습으로 등장한다.

「기본권적」(grundrechtlich)이라는 말이 첨가됨으로써 보호의무는 기본권과의 ― 나아가서는 상세히 검토가 필요한 ― 관련을 가지게 된다.

― 기본권이 국가에 대해서 존중만이 아니라 명문으로 보호도 요구하는 경우에는 보호청구권, 즉 헌법 레벨의 주관적 권리가 기본법의 문언으로부터 곧 성립한다.

― 반대로 그 이외의 기본권의 **객관법적** 측면이 헌법상의 보호의무를 얻기 위해서 원용되는 경우에는 본래라면 ― 명문으로 규정된 기본권적 청구권과의 차이를 견지하기 위해서도 ― 시민의 권리가 대응하지 않는, 단순한 국가의 임무로 만족해야할 것이다.

― 그러나 기본권의 제1차적 의미가 주관적 권리인 것[2]에 충실한 나머지 「기본권적」 이라는 부가어는 객관법상의 의무에 주관적 권리를 보충하기 위한 기반이라고 이해되고 있다. 이러한 취지로 연방헌법재판소 제2 법정은 인간 생명보호가 문제로 된 사례에서 다음과 같이 설시하였다. 「이 보호의무에 대한 위반은 동시에 기본법 제2조 2항 1문에서 생기는 기본권에 위반하는 것이며, 당사자는 헌법소원으로써 이에 대항할 수 있다」. 이 설시를 제1 법정도 답습하고 있다.[3]

국가의 보호의무가 기본권과 결부되고 기본권에서 자리를 차지하기에 이른 이유는 독일 헌법이 시간이 지남에 따라 기본권을 독자적인 인력(引力)의 중심으로 삼았기 때문이 라고 설명할 뿐이다. 기본권의 다양한 작용은 헌법의 그 밖의 구성부분이나 거의 모든 법소재를 흡인하고, 이들에 조사(照射)하고, 이들을 형성한다. 기본권은 독일에서는 다른 국가의 예가 없는 역할을 하고 있으며, 독일의 법이론과 법실무는 기본권 중심주의라고 말할 수 있다.

---

1) Robert Alexy, Theorie der Grundrechte, 1985, S. 410 ff.(이준일 옮김, 『기본권 이론』, 한길사, 2007); Gerhard Robbers, Sicherheit als Menschenrecht, 1987, S. 125; Klaus Stern, Das Staatsrecht der Bundesrepublik Deutschland Bd. III/1, 1988, S. 950. 상세한 것은 Johannes Dietlein, Die Lehre von den grundrechtlichen Schutzpflicht, 1992, S. 70 ff.

2) BVerfGE 50, 290, 337.

3) BVerfGE 77, 170, 214 (제2 법정) = 화학병기비축; 79, 174, 201 (제1 법정) = 교통소음.

2. 헌법국가의 역사

연방헌법재판소의 재판에 건설적 비판을 가하기 위한 척도를 얻으려면, 근대 헌법국가의 기반과 이에 결부된 헌법의 기술을 간결하게 회고할 필요가 있다. 기본권이론의 앞으로의 모든 발전도 또한 유럽 이웃 국가와 그 근대사에 눈을 돌리지 않으면 안 된다.

(a) 프랑스

프랑스의 인간과 시민의 권리선언에서는 모든 정치적 결합의 목표, 즉 국가목적으로서 인간의 자연적이고 불가양의 권리들의 보전이 구가되고 있다. 이러한 권리란 자유, 재산, 안전, 압제에의 저항이다(제2조).4) 이것은 매우 전통적인 것이었다. 몽테스키외5)에 의하면, 시민의 정치적 자유란 각인이 자기의 안전에 대해서 가지는 신뢰에서 생기는 심정의 평온이다. 이러한 자유를 가지기 위해서는 시민이 다른 시민을 두렵게 하지 아니하는 정부를 설립하지 않으면 안 된다. 즉 현실적 자유의 전제로서의 안전이다.6) 바로 이러한 의미에서 1793년의 프랑스 헌법은, 안전이란 국가의 위협에 대항하는 권리일 뿐만 아니라 아주 일반적으로 제3자와의 관계에서도 국가(=la société)가 그 구성원 각인에게 인신, 권리들과 재산보존을 위해서 보호를 부여하는 것이라고 선명하였다(제8조).7) 1789년의 선언 마지막에서 권리의 보장이 다시 열거되고 권력분립과 관련하여 헌법국가의 전제조건을 이루는 것이라고 하였다(제16조).

주지하듯이 인권선언과 이후의 프랑스 헌법8)에서의 인권선언의 편입에는 현대에 이르기까지 프로그램적 성격이 부여되고 있음에 불과하였다. 비로소 1971년 이후 헌법위원회는 — 1958년 헌법전문과 1946년 헌법전문에 의해서 중개된 — 인권선언으로부터 기본권을 도출하고, 이것을 헌법위원회에 부여된 예방적 규범통제를 위한 규준으로서 사용하였다.9) 그러나 이 절차에서는 기본권에 주관적 권리로서의 성격이 프랑스 공법의

---

4) 인권선언과 그 후의 헌법들에서의 안전의 의미에 대해서는 Josef Isensee, Das Grundrecht auf Sicherheit, 1983, S. 14 ff. 현재의 프랑스 헌법에서의 의미에 대해서는 François Luchaire, le protection constitutionnelle des droits et des libertés, 1987, S. 32 f., 341 ff. 참조.

5) Charles Montesquieu, De l'esprit des lois (1748), Buch XI, Kapitel 6, zitiert nach der Ausgabe Gonzague Truc (Classique Garnier), Paris o. J.: 「시민에 있어서의 정치적 자유란 각인이 안전하게 의견을 표명할 수 있다는 데에 유래하는 정신의 평온함인 것이다. 이 자유가 존재하기 위해서는 정체는 1인의 시민이 다른 시민을 두렵게 하지 않는 것이어야 한다」.

6) 이와 같은 취지로 Isensee (Anm. 4), S. 7은 「로크의 자유의 철학은 홉스의 안전의 철학에 대신 취한 것은 아니다. 자유의 철학은 안전의 철학 위에 조립되는 것이며 안전의 철학을 다시 전진시킨 것이다」라고 지적하고 있다.

7) 이러한 의미에서 나중의 1848년의 제2공화국 헌법 제8장 전문은 「공화국은 시민의 인격, 가족, 종교, 재산, 노동을 보호할 의무가 있다」고 규정하고 있다.

8) 안전에 관련하여 1793년 헌법 제8조, 1795년 헌법 제4조, 1848년 헌법 제8장 전문을 참조.

전통에 반하여 인정될 것인가의 여부를 명백히 할 필요는 없다. 인신과 재산의 안전의
보호는 헌법위원회에 의해서 헌법원리로서 승인되었다. 최근의 프랑스 문헌에서는 제3자
와의 관계에 있어서의 안전은 바로 국가의 의무라고 간주되었으며,[10] 헌법위원회의
재판에 대해서 다음의 평가가 내려지고 있다. 헌법위원회는 법률이 안전과 자유 사이의
필요한 조정을 적절하게 하였는가의 여부만을 심사하는 것이 아니라, 입법자가 자유를
과잉으로 제한하고 있지 아니한가의 여부에 대해서도 심사한다. 왜냐하면 공공질서를
유지하기 위해서 헌법이 입법자에게 제정을 허락한 규율은 자유의 행사의 보장에 필요한
한도를 넘어서는 안 되기 때문이라는 평가이다. 여기서 뚜렷한 것은 안전의 우위이며
안전이 첫째로 언급되고 있다. 그 다음에 비로소 과연 당해 규율에 의한 자유의 침해가
불가결한 것인가 — 독일의 술어에서는 침해가 비례원칙을 충족하는가 — 라는, 프랑스에
서는 실제로 새로운 문제가 제기된 것이다. 공권을 객관법으로서만 이해한다는 프랑스의
전통은 안전의 보장이라는 국가임무와 함께 바로 거침없는 교제를 허용하는 것이다.[11]

(b) 독일

독일에서 국가목표로서 자유와 안전은 19세기 중엽에 이르기까지 이성법을 지향한
법철학과 법이론의 대상이었다. 칸트에 의하면 국가는 법률(Rechtsgesetz)을 제정함으로
써 안전을 보장하지 않으면 안 된다. 도덕형이상학에서는 이렇게 설명한다.[12] 「평화상태
란 다수의 이웃 인간으로 내것과 네것이 법칙들의 지배 아래 보증되고, 따라서 그들이
어떤 국제(die Verfassung) 아래 하나로 된 상태임에 불과하다. 그러나 이 국제의 규칙은
지금까지 최선의 상태에 있었던 자의 경험에서 타자에 대한 규범으로서 취득되는 것이
아니라 이성에 의해서 선험적으로, 즉 공적 법칙들 일반 아래에서의 인간의 법적 결합의
이상에서 취득되어야만 한다」. 프로이센 일반 란트법(Allgemeines Landrecht, 1794년)*에
의하면, 「국가의 모든 거주자는 … 자기의 인신과 소유에 대한 국가의 보호를 청구할
권리를 가진다」(서론 제76조). 란트법은 「타인의 권리를 해치지 않고 자기의 복지를

9) 나아가 다른 전거도 포함하여 Christian Starck, Der Schutz der Grundrechte durch den Verfassungsrat
   in Frankreich, AöR 113 (1988), S. 632, 633 f.를 참조. 주의해야할 것은 헌법위원회는 법률의 의결이
   제시된 경우에만 재판할 수 있다는 것이다. 고작해야 헌법위원회는 어떤 규정이 법률에 의해서 폐지되고
   이를 폐지하는 법률이 통제를 위해서 제시되는 경우에는 부작위를 인정할 수 있다.
10) Luchaire (Anm. 4), S. 341 f., 367 ff. 상술과 후술에 대해서도 자유와 안전과의 형량에 즈음하여
    1789년 인권선언이 명시적으로 참조된 헌법위원회의 1982년 7월 27일 판결과 1986년 9월 3일 판결을
    인용하는 Recueil des Décisions 1986, S. 135, 138 (13. considérant)을 참조.
11) Claus Dieter Classen, Die Ableitung von Schutzpflichten des Gesetzgebers aus Freiheitsrechten
    - ein Vergleich von deutschem und französischem Verfassungsrecht sowie der Europäischen
    Menschenrechtskonvention, in: JöR 36 (1987), S. 29 ff.; Volker Schlette, Die verwaltungs-
    gerichtliche Kontrolle von Ermessensakten in Frankreich, 1991, S. 61 참조.
12) Metaphisik der Sitten, Rechtslehre (1797), hrsg. von Vorländer, 4. Aufl. 1922, S. 186(백종현 옮김,
    『윤리형이상학』, 아카넷, 2012, 324면).

지키며 촉진할 수 있다」는 인간의 자연의 자유를 보호한다(서론 제83조). 또한 1818년의 바이에른 왕국 헌법전 제4장(일반적 권리와 의무) 제8조 1항에는 「국가는 모든 거주자에 대해서 그의 인신·소유·권리의 안전을 보장한다」[13]고 규정하고 있다.

19세기 독일의 자유주의적 국법이론은 이 칸트의 사상세계와 프로이센 일반 란트법의 기본 명제에 근거하고 있다. 그것은 특히 칼 폰 로텍이 1874년의 『국가사전』 제2판에서 집필한 「자유」라는 항목[14]에 명백하게 나타나 있다. 거기에 의하면 법률은 타자에게도 마찬가지로 인정되는 자유만을 나에게 부여한다. 법(Recht)이란 「이성적으로 규율된, 즉 그 자체로서 모순 없는 외적 자유」 이외의 아무것도 아니며, 「자유는 (이성적 내지는 진정한) 법과 바로 불가분의 것이다」. 여기에서 다음과 같은 국가목적이 파생한다. 「법적 장치(Rechtsanstalt)로서의 국가는, 국가로서의 자격에서 그 구성원의 자유를 인간적 활동의 모든 공간에서 그들에게 인격으로서 당연하게 귀속하는 권리로서 승인하며, 비호하지 않으면 안 된다. 즉 국가가 그들에게 자유를 우선 부여해야 하는 것은 아니다」. 국가는 「그 구성원이 자유에의 자기 자신에 의한 침해를 포기할 뿐만 아니라 그 자유를 다른 구성원에 대항해서도 비호하지 않으면 안 된다. 왜냐하면 자유는 구성원 상호간의 작용 속에서도 위협을 받을 수 있기 때문이다」(S. 186). 특히 폰 로텍은 이에 대해서 다음의 예를 든다. 국가는 「현명한 법률과 그 주의 깊은 운용을 통하여, 그것이 어디에서 유래하는 것이든 시민을 계속 위협하는 자유의 억압을 제어하지 않으면 안 된다. 특히 가정이나 가족, 지역, 교회 등에 있어서의 사적 권력·사회적 세력의 남용이 제어되지 않으면 안 된다. 마찬가지로 유괴나 권한 없는 감금, 대체로 간계나 모든 종류의 폭력에 의한 자유에 대한 원래 범죄적인 위협이 제어되지 않으면 안 된다」. 이와 같은 임무를 폰 로텍은 「국가구성원의 개인적 권리, 즉 자유와의 관계에 있어서의 국가 또는 입법과 행정의 의무」라고 부른다(S. 185). 이 의무는 민사법, 형사법, 소송법의 정립과 적용을 통해서 이행된다. 이 국가의 의무에 대응하는 것이 소송법으로 상세하게 규정된 시민의 재판을 받을 청구권(Justizgewährungsanspruch)이다.

신체와 생명·자유 그리고 재산의 보호를 통한 안전의 보장은, 독일에서는 19세기에 국가목적으로서 일반적으로 파악되었으며,[15] 여기에 주관적 권리가 대응하는 것은 재판소에 출소가능한 상응한 권리를 입법자가 창설한 경우에 한정되고 있었다. 약간의 논자가 이 국가임무를 기본권에서 도출하는데, 이것은 국가의 단순한 의무라는 국가임무의 성격을 변경하는 것은 아니다. 그것이 특히 명료하게 나타난 것이 L. 폰 뢴네와 Ph.

---

13) 이에 유사한 조항은 바덴 헌법(1818년) 제13조, 뷔르템베르크 헌법 (1819년) 제24조, 브라운슈바이크 헌법 (1832년) 제32조에서도 발견할 수 있다.

14) Hrsg. von Carl v. Rotteck und Carl Welcker, Bd. V, S. 183 f.

15) Heinrich Albert Zachariä, Deutsches Staats-und Bundesrecht, 1. Band, 3. Aufl., 1865, S. 46 f. 이에 따르면 「따라서 '법률의 지배나 법률에 의한 제재', '법적 평화상태의 유지', '법질서의 확보', '모든 불법의 방지', '생래의 권리의 보장'이 국가의 유일하고 배타적인 주요목적이거나 아니면 제1차적인 주요목적이다」. 그 밖의 전거에 대해서는 Georg Hermes, Das Grundrecht auf Schutz von Leben und Gesundheit, 1987, S. 159-165; Robbers (Anm. 1), S. 97 ff. 참조.

초른에 의한 프로이센 국법의 표준적 핸드북이다.[16] 이 책에서는 법률에 대한 기본권의 우위가 부정되고, 「이른바 기본권」이라고 불리고 있다. 그 기본권에서 예컨대 농노제의 폐지나 시민을 다른 국가구성원에 의한 위법한 침해로부터 보호해야할 국가의 의무 등이 도출되고 있다. 즉 국가목적이라는 이미 이전부터의 사고는 보존되며, 약간의 논자에 게서 그것이 프로그램적으로 이해된 (「이른바」) 기본권 속에 잠입된 것이다.

(c) 영국

영국에서는[17] 안전의 보장은 국왕의 의무였다. 국왕이 이를 이행하지 아니하는 경우 자연권으로서의 저항권이 성립하였다. 거기에서는 국왕의 임무에 대응하여 국왕이 급부 의 의무를 지는 것을 구하는 청구권을 부여하는 주관적 권리는 존재하지 않는다. 저항권은 진정한 대체 권리(Ersatzrecht)이며, 더하여 자연법적으로만 기초지워질 수 있는 것이었 다. 주권이 「의회에서의 국왕」(King in Parliament)으로 이행함에 따라서(1660년), 안전을 보장하는 임무도 의회로 옮겨졌다. 영국에서는 의회에 대한 시민의 자유가 존재하지 않기 때문에, 법률을 통한 안전을 구하는 권리는 완전히 의회의 재량에 따라서 법원의 재판을 통해서 이행된다. 결국 독일이나 프랑스의 법적 상태에 상응한 상황을 인정할 수 있다. 원래 법원의 강한 지위가 이에 따른다. 사이비 자연법적으로 기초지워진 법원의 권한으로부터 재판을 받을 권리와 법의 지배의 틀 안에서의 법률적용의 보장이 생긴다.[18] 입법에 대한 주관적 권리로서 관철가능한 시민의 안전청구권은 프랑스와 마찬가지로 영국에서도 존재하지 않는다.

3. 헌법국가의 이론

역사적인 개관은 개별 국가에 있어서의 발전의 모든 차이에도 불구하고, 헌법국가의 기초에는 그 현상형태에 공통되는 하나의 이론이 있는 것을 보여준다. 헌법국가가 군주제 적 절대주의와의 투쟁 속에서 성립한 것에서 권리의 보장과 권력분립에 의한 자유의 보호의 강한 우위가 귀결되고, 그것은 1789년의 프랑스 인권선언 제16조에서 모든 헌법의 전제조건이라고 불리고 있다. 그리고 헌법국가에서는 혹은 온건한 지배 (gemäßigte Herrschaft)[19]나 제한적 통치권(imperium limitatum)[20]의 경험을 기초로 이에 대해서 다음과 같은 법학적 규제기술이 형성되었다.

---

16) Das Staatsrecht der Preußischen Monarchie, Bd. 2, 4. Aufl., 1892, S. 37, 38 f.
17) 이에 대해서는 Robbers (Anm. 1), S. 36-50 참조.
18) A. V. Dicey, Introduction to the study of the Law of the Constitution, 10. Aufl., 1959, S. 183 ff. (안경환·김종철 공역, 『헌법학입문』, 경세원, 1993, 106면 이하).
19) Christoph Link, Herrschaftsordnung und bürgerliche Freiheit, 1979, S. 36 ff., 89 ff.; Michael Stolleis, Geschichte des öffentlichen Rechts in Deutschland, Bd. I, 1988, S. 90 ff.
20) Christian Wolff, Jus Naturae methodo scientifica partractatum, Bd. I, 1764, §§72 ff.

(a) 권력분립

권력분립은 최상급 국가기관의 설치·권한·절차가 헌법적으로 규범화되는 것을 전제로 한다. 이 규범화는 헌법국가의 이론에 의하면 억제와 균형을 가능케 하며, 독립한 법원을 전제로 자유를 실효적으로 보장하는 것이어야 한다. 그렇지만 국가권력의 조직화와 억제·통제는 대내적·대외적 평화의 보장이나 사회적 조정의 임무를 실효적으로 이행하지 못할 만큼 국가의 힘을 약화시켜서는 안 된다. 헌법국가의 이론에 의하면, 국가조직에 대해서 중요한 것은 평화의 확보와 자유의 보호를 위해서 권력분립과 권력결합 간의 적정한 균형을 취하는 것이다.[21]

(b) 권리의 보장

우선 최초로 나타난 것은 고전적 기본권이었다. 즉 국가에 대항하는 인간과 시민의 방어권이며, 국가에 의한 특정한 침해를 받지 않을 것을 요구하는 권리를 보장하는 기본권이다. 이러한 권리는 성문의 목록으로 정리되거나 또는 판례법으로서 전개되었다. 이러한 방어권은 자유의 공존(Gemeinverträglichkeit)과 국가 내부에서의 평화의 보장을 위해서 제한될 수 있으며, 제한될 것을 요구한다. 이 제한은 보통 국가의 입법을 통해서 행해지는데 이에 관해서 입법은 헌법에 규정된 기본권의 특별한 제한이나 약간의 기본권 목록에서는 안전권(安全權)으로서 규정되는 안전의 보장이라는 시원적 국가목적에 의거할 수 있다. 입법 그 자체가 권리의 유일한 비호자라고 간주되는[22] 경우에는 — 프랑스에서는 금세기 거의 반까지 그것은 계속되었는데[23] — 행정이 법률을 정당하게, 특히 평등하게 적용하였는가의 여부를 독립한 법원에게 심사시키면 족하다. 그러나 헌법이 보장하는 권리의 보호에는 어떤 하나의 내재적 논리가 잠재하고 있다. 그 논리는 권리가 입법자에 대항해서도 보호되기에 이르렀다. 미국에서는 연방대법원이 1803년의 한 판결을 기초로 하여 헌법의 우위에서 이를 도출하였다.[24] 유럽에서는 100년 이상이나 늦게 약간의 국가에서 주관적 권리의 보호를 위해서 각인이 출소할 수 있는 규범통제권한을

---

[21] Werner Kägi, Von der klassischen Dreiteilung zur umfassenden Gewaltenteilung, in: Festschrift f. Hans Huber, 1961, S. 151 ff.

[22] 19 세기 독일에서는 지배적이었다. Christian Starck, Vorrang der Verfassung und Verfassungsgerichtsbarkeit, in: Starck/Weber (Hrsg.), Verfassungsgerichtsbarkeit in Westeuropa, Bd. I, 1986, S. 11, 32 f. 참조.

[23] 여전히 Maurice Duverger/Lucien Sfez, Die staatsbürgerlichen Rechts in Frankreich, in: Bettermann/Nipperdey/Scheuner (Hrsg.), Die Grundrechte, Bd. I/2, 1967, S. 543 ff., 636에서는 그렇게 이해하고 있었다. 즉 고유의 법률은 논의의 대상이 되지 아니하였다. 실무에서는 이것은 결코 중대한 결함이 아니다. 적어도 국민의 자유권과의 관계에서는. 왜냐하면 국민의 대표인 국민의회가 자유에 적대적인 법률을 제정하는 것은 매우 드물기 때문이다.

[24] Marbury v. Madison, 2 Law Ed. U. S. 60, 73 (1803).

가지는 특별한 헌법재판소가 도입되었다. 이에 대해서는 곧 서술하기로 한다.

(c) 국가목적

권력분립과 권리보호는 헌법국가의 두 개의 주요한 메르크말이며, 또한 시민의 자유를 국가에 의한 정당화할 수 없는 침해로부터 간접·직접으로 확보하기 위해서 헌법국가가 만들어낸 도구이다. 그러나 자유의 보장은 그 밖의 국가목적과도 결부하여 고찰하지 않으면 안 된다. 왜냐하면 자유의 보장은 그 밖의 국가목적으로부터도 의의와 척도를 획득하기 때문이다.[25] 그러한 국가목적이란 특히 내적 안전(평화)의 보호와 사회적 조정의 보장이다.[26] 헌법국가는 자유를 확보하기 위해서 권력분립이나 권리보장에 대해서 다수의 개별규정을 완성시켰는데, 그와 같은 헌법차원에 있어서의 특별한 법학적 규제기술은 그 밖의 국가목적에 대해서는 존재하지 않는다. 국가의 정당화의 중요한 요소로서[27] 그러한 국가목적은 헌법의 기초에 놓여 있으며, 비록 조문으로 언급되어도 오히려 부수적이며 비체계적인 언급이다. 그것은 예컨대 전문·헌법원칙의 조항·전통적으로 기본권과 결부되는 일이 적지 않은 프로그램규정·기본권의 명시적인 제한·헌법의 조직편에서이다.[28] 이것은 특히 안전과 국내적 평화의 보장과 같은 근원적인 국가목적에 타당하다.[29] 이 점에 국가의 형벌권의 주장이나 국가에 의한 민사재판의 부여의 근거가 있으며, 이것들을 통해서 인간의 신체나 생명·재산이나 명예가 보호되는 것이다.

(d) 헌법재판권

적어도 유럽에서 뒤늦게 등장한 입헌주의의 성과가 법률의 헌법적합성에 대한 헌법재판소에 의한 통제이며,[30] 본고와 관련해서는 기본권과의 적합성에 대한 통제이다. 이러한 법률의 통제의 도입은 기본권이 국가권력의 제한이라는 컨셉트와 역사적 연관이 있다. 이것은 특히 1791년의 미국 헌법 수정 조항에 명료하게 나타나 있다. 즉「연방의회는 … 언론의 자유 …를 제한하는 법률을 제정해서는 안 된다」(수정 제1조) 등의 조문이다. 유럽에서는 법원에 의한 법률통제의 도입이 제1차적으로 방어권을 보장하는 기본권목록

---

25) Isensee (Anm. 4), S. 19. 안전 속에서 기초를 발견할 수 없다면 기본권적 자유는 무가치하게 될 것이다. 나아가 S. 21 ff. 참조.

26) Christian Starck, Frieden als Staatsziel, in: Festschrift f. Cartens, 1984, S. 867, 868 ff.

27) Isensee (Anm. 4), S. 17.

28) 예컨대 기본법 제35조 2항과 제73조, 제74조의 약간의 규정이다.

29) Isensee (Anm. 4), S. 16; Starck (Anm. 26), S. 867 ff.; Volkmar Götz, Innere Sicherheit, in: Isensee/Kirchhof (Hrsg.), HbStR Bd. III, 1988, S. 1008 f. 전거에 대해서는 Hermes (Anm. 15), S. 171 ff.; Michael Sachs, in: Stern (Anm. 1), S. 733; Eckart Klein, Grundrechtliche Schutzpflichten des Staates, NJW 1989, S. 1633, 1636 참조.

30) Starck (Anm. 22), S. 33.

의 작성과 손을 잡고 행하거나,[31] 또는 헌법재판소에 의한 규범통제가 명문의 헌법규범에 의해서 고전적 방어권을 척도로 한 것에 한정되기도 하였다.[32]

과연 어떤 법률이 고전적인 주관적 자유권을 침해하고 헌법에 위반되는지, 헌법에 적합한 제한인가의 여부에 대해서 통제하는 법원은 법학적 방법을 사용하여 재판할 수 있다. 즉 그 법률이 공공복리의 이익을 적합한, 필요하고, 요구가능한 수단으로 보호하고 있는가 또는 ― 미국 연방대법원의 표현을 빌리면 ― 명백하고 현존하는 위험에 대항하는 것인가를 심사하면 좋다. 그때에 일정한 판단여지가 남은 위에 입법자의 사실인정과 예측에 대해서도 심사를 하게 된다.[33]

이 점에 국가의 힘을 제한하는 방어권으로서의 고전적 기본권의 구조가 헌법재판소에 의한 규범통제에 적합한 것이 나타나 있다. 왜냐하면 헌법재판소에 의한 규범통제는 헌법에 의한 정치적 형성의 틀의 활용을 제한하는 것인데, 자기의 직무를 정치와 혼동해서는 안 되며, 권력분립을 존중하지 않으면 안 된다. 자세히 말하면 조직법·절차법에 의해서 뒷받침된 헌법재판소와 의회간의 기능의 분별을 존중해야하기 때문이다.[34]

II. 기본법에서의 보호의무, 연방헌법재판소의 재판에서의 보호의무

다음에 고찰하는 기본권보호의무는 상술한 기본권의 구조에 적합한 것은 아니다. 왜냐하면 기본권보호의무는 국가의 부작위가 아니라 국가의 행위를 요구하기 때문이다. 다음에는 우선 먼저 과연 또한 어떻게 기본법이 보호의무를 명문으로 규정하고 있는가를 설명하기로 한다(후술 1). 이어서 연방헌법재판소가 지금까지 기본법 속에서 발견한 보호의무를 열거하기로 한다(후술 2). 특히 흥미있는 것은 연방헌법재판소에 의한 보호의무의 기초지움과(후술 3), 보호의 방법에 관한 헌법재판소의 통제이다(후술 4).

1. 기본법의 조문

(a) 보호

---

31) 1949·1951년의 서독에서 그러하였다.
32) 포르투갈 헌법 제18조 1항, 스페인 헌법 제53조 1항·2항이 이렇게 규정한다. 이에 대해서는 Christian Starck, Europas Grundrechte im neuesten Gewand, in: Festschrift f. Hans Huber, 1981, S. 467, 480 참조.
33) 이 문제에 관하여 기본적인 것은 Fritz Ossenbühl, Die Kontrolle von Tatsachenfeststellungen und Prognoseentscheidungen durch das Bundesverfassungsgericht, in: Starck (Hrsg.), Bundes-verfassungsgericht und Grundgesetz, Bd. I, 1976, S. 458 ff. 참조.
34) Christian Starck, Die Bindung des Richters an Gesetz und Verfassung, VVDStRL 34 (1976), S. 43, 65 ff.; Ernst-Wolfgang Böckenförde, Grundrechte als Grundsatznormen, in: Der Staat 29 (1990), S. 24 ff. 참조.

명문 또는 의미내용상 다음의 기본권이 보호에 언급하고 있다.

— 인간의 존엄을 보호해야 하며, 모든 국가권력의 의무가 제1조 2항의 기본권으로 규정되어 있다.

— 청소년의 보호가 제5조의 커뮤니케이션의 자유의 한계로서 제2항에서 규정되어 있다. 이전의 자유는 청소년을 비행으로부터 보호하기 위해서 제한할 수 있다(제11조 2항). 주거의 불가침에 대한 침해가 요보호 소년을 보호하기 위해서 허용된다(제13조 3항).

— 명예보호란 의미에서의 개인적 명예권은 제5조 2항에서 청소년보호와 아울러 규정되어 있다. 커뮤니케이션의 자유의 한계로서의 명예권은 제3자에 의한 명예침해에 대한 국가의 보호에 결부되어 있다.

— 국내적 안전의 보호가 제8조 1항은 「평온하고 무기를 휴대하지 않고」 집회할 권리를 보장하는 점에 표현되어 있다. 결사의 자유의 제한(제9조 2항), 이전의 자유의 제한(제11조 2항), 주거의 불가침의 제한(제13조 3항)은 바로 이러한 보호에 관한 규정이다.

— 제6조 1항에 의하면 혼인과 가족은 국가의 법질서의 특별한 보호 아래 둔다.

— 양친의 교육권에 대한 국가의 감시는 자녀를 교육권의 남용으로부터 보호하기 위한 것이다(제6조 2항).

— 제6조 4항은 모친이 공동체의 보호와 부조를 요구하는 청구권을 가진다고 구가한다.

(b) 보장

기본법이 방해를 받지 않는 종교활동(제4조 2항)이나 언론의 자유 등(제5조 1항 2문), 소유권과 상속권의 「보장」(제14조 1항) 또는 「예술과 학문은 … 자유이다」라고 구가하는 경우에, 이러한 문언의 선택은 전(全)방향적인, 즉 제3자에 의한 침해에 대해서도 대항한 보장을 시사하며, 그 보장(Gewährleistung)에는 보호의무도 함의되어 있다. 그러나 이것은 주의를 요하는 것이며 기본법의 조문을 과도하게 확장해서는 안 된다. 왜냐하면 사립학교의 자유(제7조 4항)에 대해서도 보장이라는 말이 사용된다. 즉 보장이라는 말은 기본권에 대해서 일반적으로 사용되는 표현이며, 내재적인 보호의무가 있다고는 아직 말하지 아니한다.35)

---

35) 허지만 제4조 2항에 대해서는 다음의 것이 타당하다. 이 규정은 보호의무가 명시적으로 언급되고 바이마르 헌법 제135조 2문을 계수하고 있다. 「해롭지 아니한 종교활동이 헌법에 의해서 보장되고 국가의 보호 아래 두어진다」. v. Mangoldt/Klein/Starck, Das Bonner Grundgesetz, 3. Aufl., Bd. I, 1985, Art. 4 Rdnr. 11, 77 참조. 마찬가지로 바이마르 헌법 제142조에 의하면 국가는 예술과 학문에 보호를 부여해야 한다고 하였다.

(c) 불가침

인신의 자유(제2조 2항), 신앙과 양심의 자유(제4조 1항), 편지의 비밀(제10조 1항), 주거(제13조 1항)는 「불가침이다」고 선언한다. 기본권보장에 관한 이러한 고전적인 정식화 역시 그것만으로는 아직 보호의무를 발생시키는 것은 아니다.

(d) 결론

기본법의 조문을 확인함으로써 헌법에서 보호의무에는 드물게만 명문의 보호청구권이 대응하는 것이 명백하게 되었다. 기본권의 한계로 보호의무를 언급할 때에는 국가에게 기본권을 당해 법익의 보호를 위해서 제한하는 것으로 수권(授權)이 된 것을 의미한다. 그러한 언급은 오히려 부차적이며 비체계적이며, 또한 전통적인 표현법에 의거한 것이다. 그러므로 국가의 보호의무는 ― 위의 명문에 의한 예외를 제외한다면 ― 통상은 국가의 전제라고 하는 국가임무의 범주에 속하는 문제인 것을 확인하지 않으면 안 된다.

2. 지금까지 연방헌법재판소가 승인한 보호의무

지금까지 연방헌법재판소는 국가의 보호의무를 다음의 기본권이 보장하는 영역에서 승인하였다. 그것들은 주로 사인의 침해에 대한 것인데 그것에 한정되는 것은 아니다.
― 미출생 생명을 포함한 인간생명, 인간의 건강(제2조 2항 1문)
― 인신의 자유(제2조 2항 2문)
― 학문, 연구, 교수의 자유(제5조 3항)
― 혼인과 가족(제6조 1항)
― 자녀(제6조 2항 2문)
― 모친(제6조 4항)
― 직업의 자유(제12조 1항)
― 소유권(제14조 1항)

(a) 인간의 생명과 건강의 보호

인간의 생명을 보호해야할 국가의 임무를 연방헌법재판소는 제2조 2항 1문에서 직접으로 도출한다. 나아가 이를 넘어서 연방헌법재판소는 제1조 1항 2문의 존엄의 보장에서도 이를 도출한다.[36] 종신자유형에 관한 판결에서 연방헌법재판소는 국가의 보호임무와 형법규범으로부터 생기는 일반예방과의 관련을 강조한다. 살인이라는 형벌

---

36) BVerfGE 45, 187, 254 f.

구성요건과 형벌에 의한 위하(危嚇)는 기본권적으로 기초지워진, 생명을 보호해야할 국가의 의무에 직접적으로 결부되어 있다.[37] 생명보호에 의해서 특히 위험한 기결수에 대한 접촉 차단이 정당화되었다.[38] 테러리스트의 공격에 대해서 연방헌법재판소는 보호의무가 개인에 대해서뿐만 아니라 전체에 대해서도 성립한다고 강조하고 있다.[39] 제2차 접촉차단 결정에서는 국가의 자기보존의 이익을 사용하여 논증되었다. 제도화된 평화력·질서력으로서의 국가의 안전과 국가에 의해서 보장되는 국민의 안전은 헌법가치라고 하였다.[40]

국가는 인간의 생명과 건강의 보호를 의사책임법,[41] 집행법,[42] 야간노동의 제한[43]의 내용형성에서 행하고 있다. 신체와 생명은 연방헌법재판소가 원자력발전소,[44] 항공소음의 건강에 유해로운 작용,[45] 화학병기의 저장,[46] 대기오염[47]에 관한 약간의 판결에서 확인하였듯이, 새로운 기술의 위험에 대해서도 보호된다.

연방헌법재판소의 두 번의 낙태판결에 의하면, 국가는 미출생의 인간생명(제2조 2항 2문, 제1조 1항 2문)을 모친으로부터의 공격을 포함한 위험에서 보호해야할 것을 의무지우고 있다.[48] 생명보호에 관련하여 연방헌법재판소는 기본법의 가치질서에 있어서의 고차의 법익이 문제가 되면 될수록, 국가의 보호의무는 진지하게 다룰 필요가 있다고 설시하고 있다.[49]

(b) 인신의 자유의 보호

인신의 자유(제2조 2항 2문)를 제3자의 공격으로부터 보호해야할 국가의 임무는 어떤 책임법의 사건에서 원용되었다. 이 사건은 헌법적으로는 법관의 법률(민법 제823조)에 대한 구속위반을 이유로 제20조 3항과 결부된 제2조 1항을 경유한 쪽이 원활하게 결정된 사례임에도 불구하고,[50] 판결이유가 4 대 4로 나뉜 판결에서 4인의 법관은 자유를

---

37) BVerfGE 45, 187, 256. 나아가 BVerfGE 64, 261, 275 (Hafturlaub).
38) BVerfGE 46, 1, 13; 49, 24, 53.
39) BVerfGE 46, 160, 164.
40) BVerfGE 49, 24, 53, 56.
41) BVerfGE 52, 131, 167.
42) 이에 대해서는 주거의 강제퇴거에 관한 BVerfGE 52, 214, 220; 84, 345 ff.; BVerfG (Kammerbeschluß v. 21. 8. 1991), NJW 1991, S. 3207 참조.
43) BVerfGE 85, 191, 212 f.; 87, 363, 386 f.
44) BVerfGE 49, 89, 140 ― 칼커; 53, 30, 56 f. ― 뮐하임·캐를리히; 77, 381, 402 f. ― 고어레벤(Gorleben) 중간 저장.
45) BVerfGE 56, 54, 78; 79, 174, 201 f.
46) BVerfGE 77, 170, 214 f.
47) BVerfG v. 14. 9. 1983. ― 1 BvR 920/83, BayVBl. 1984, S. 14; 대기오염은 재산침해적이기도 하다.
48) BVerfGE 39, 1, 36, 41; 88, 203, 252 f.
49) BVerfGE 39, 1, 42; 46, 160, 164; 49, 24, 53; 86, 390, 395.
50) BVerfGE 49, 304, 324 (4 Richter). 이에 대해서는 Chr. Starck, Praxis der Verfassungsauslegung, 1994, Zweiter Teil, 4. Kapitel, S. 218 ff. 참조.

보호해야할 국가의 의무에 직접으로 의거하고, 그것이 헌법에 근거한 책임법상 발생한다고 한 것이다.[51]

(c) 인격권보호

레바하 판결*에서 연방헌법재판소는 사회복귀 중의 범죄자의 인격권을 보호해야할 국가의 임무에 도달하였다.[52] 1983년의 데이터 보호판결에서는 사인에 의한 데이터 처리에 대한 국가의 보호의무의 도입부가 발생한다. 연방헌법재판소는 「자기에 대해서 누가 무엇을 왜 어떠한 기회에 알 것인가를 시민이 알 수 없는 사회질서와, 이것을 가능케 하는 법질서는 정보의 자기결정권과 합치하지 아니한다」[53]고 설시하고 있다. 그 밖에도 이른바 사인 간의 효력의 사례에서 국가의 인격권보호의무에 관한 다수의 판결이 존재한다.[54]

(d) 학문 · 연구 · 교수의 자유의 보호

기본법 제5조 3항의 가치결정에서 연방헌법재판소는 이 기본권의 각 주체에 대해서 「그럼으로써 자유로운 학문적 활동이 비로소 가능하게 되는 기본권에 의해서 보장된 자유의 영역이 보호에 대해서 불가결한 조직적 성격의 국가적 조치를 요구하는 권리」를 도출하였다. 국가는 자유로운 학문의 이념에 뜻을 사용해야 하며, 거기에서 「보호와 촉진에 의해서 자유의 공동화를 방지」해야할 의무가 국가에게 생긴다고 하였다.[55] 예컨대 강의의 방해만을 목적으로 출석한 청강자나 제3자에 의한 적극적 보이코트로부터 개개의 강의도 보호할 수 있는 것이다.[56]

(e) 혼인과 가족의 보호

기본법 제6조 1항은 그 문언상 국가의 질서에 의한 혼인과 가족의 특별한 보호를 명하고 있다. 이것은 두 개의 내용을 포함하고 있다. 「혼인과 가족을 다른 세력에 의한

---

51) BVerfGE 49, 304, 323 (4 Richter); Jürgen Schwabe, DVBl. 1979, S. 667 f.
52) BVerfGE 35, 202, 221, 233.
53) BVerfGE 65, 1, 43.
54) 그 예에 대해서 v. Mangoldt/Klein/Starck (Anm. 35), Art. 1 Rdnr. 77-82, Art. 2 Rdnr. 116-126; Volkmar Götz, Die Verwirklichung der Grundrechte durch die Gerichte im Zivilrecht, in: Heydte/Starck (Hrsg.), Vierzig Jahre Grundrechte in ihrer Verwirklichung durch die Gerichte, 1990, S. 35, 58 ff. 참조.
55) BVerfGE 35, 79, 114, 116; 43, 242, 267 f.; 47, 327, 386; 51, 369, 378; 55, 37, 58 f.; 66, 155, 177; 67, 202, 207.
56) BVerfGE 55, 37, 68.

침해로부터 방어할 뿐만 아니라 적절한 조치에 의해서 이를 촉진한다는 국가의 적극적 임무와, 국가 자신이 혼인에 손해나 그 밖의 장해를 가해서는 안 된다는 국가에 대한 소극적 금지이다」.[57]

(f) 자녀의 보호

「양친의 책임과 이에 결부된 권리의 승인은 … 자녀는 사회공동체에서 자기책임적으로 인격을 발전시키기 위해서 보호와 원조를 필요로 함으로써 정당화된다 … . 이것을 국가는 감독하고 필요하다면 자기 자신으로 보호할 수 없는 자녀의 발전이 친권의 남용이나 태만에 의해서 침해되지 않도록 방어하지 않으면 안 된다」.[58] 이 경우 연방헌법재판소가 명시적으로 강조하듯이,[59] 최종적으로는 존엄보호가 문제로 된다.

(g) 모성의 보호

모친이 공동체에 의한 보호와 촉진을 청구할 권리(제6조 4항)는 「사법과 공법의 모든 영역에 타당해야할 헌법의 가치결정이다」고 하였다.[60]

(h) 직업의 자유의 보호

제12조 1항에서 연방헌법재판소는 계약에 의한 제한에 대항하여 자유를 보호하기 위해서 민사법에서 예방조치를 강구해야 한다는, 입법자의 의무를 도출하였다. 힘의 균형이 결여된 경우에는 기본권보호를 확보하기 위해서 국가의 규율을 통하여 조정적으로 개입하지 않으면 안 된다고 하였다.[61]

(i) 소유권의 보호

보호란 생각은 특히 1962년의 펠트뮐레 판결에서 보듯이,[62] 소유권에 대해서도 일정한 역할을 하였다. 본건에서는 소수자 주주의 자산(Vermögenssubstanz)에 대한 지분이 절차법을 통하여 남용적인 다수파 변경으로부터 보호되어야 한다고 하였다.

---

57) BVerfGE 6, 55, 76; 24, 104, 109; 55, 114, 126 f.; 87, 1, 35 ff.
58) BVerfGE 24, 119, 144.
59) BVerfGE 24, 119, 144; 72, 155, 170 ff., 174. 이에 대해서는 v. Mangoldt/Klein/Starck (Anm. 35), Art. 1 Rdnr. 76 참조.
60) BVerfGE 32, 273, 277; 52, 357, 265; 55, 154, 157; 84, 133, 156; 85, 167, 175.
61) BVerfGE 81, 242, 254 f. 나아가 BVerfGE 84, 212, 226도 참조.
62) BVerfGE 14, 263, 279.

연방헌법재판소의 비교적 최근의 판결63)에서는 임대차에 의해서 성립한 임차인의 점유권이 제14조 1항의 의미의 소유권으로서 취급되고, 입법자에게는 보호할 가치 있는 쌍방의 이익을 고려함으로써 서로 충돌하는 임대인과 임차인의 두 개의 소유권적 지위를 적절한 관계로 인도하는 것이 부과되었다.

(j) 외국에 대한 독일 국민의 보호

연방공화국의 기관들, 특히 연방정부는 헌법에 근거하여 독일 국적을 가진 자와 그 이익을 외국과의 관계에서 보호해야할 의무를 진다.64) 판례에서는 다음과 같은 권리에 대해서 그 보호가 검토의 대상이 되었다. 소유권65) · 생명과 건강66) · 가족67) · 국적보유68)이다.

3. 연방헌법재판소에 의한 보호의무의 근거

(a) 위탁으로서의 보호의무

인간생명을 보호해야할 국가의 의무를 연방헌법재판소는 제1차 낙태판결에서 처음으로 문제삼고 이를 미출생 생명에도 결부시켰다. 기본법의 제정사에서,69) 생명의 권리가 태아 생명의 보호를 포함하는 것이 귀결되었다.70) 이 판결에 의하면 기본법 제2조 2항은 국가에 한계를 규정하고 인간생명의 존중을 요구하는 단순한 방어권이 아니라, 동시에 인간생명을 제3자의 공격으로부터 보호하는 것의 위탁에도 있다고 이해된다. 요약하여 연방헌법재판소는 이렇게 설시한다.71) 「모든 인간생명을 보호해야할 국가의 의무는 그러므로 기본법 제2조 2항 1문으로부터 이미 직접적으로 도출할 수 있다」. 이 명제는 그 후의 판례에서도 반복하여 인용되고 있다.72)

---

63) BVerfGE 89, 1, 5. 주거소유자의 소유권의 고려가 불충분하다는 것에 관한 것으로서 BVerfGE 37, 132, 140 ff.; 53, 352, 356 ff.; 68, 361, 367 ff.; 79, 283, 289 ff.도 참조. 이 문제에 대해서는 나아가 BVerfGE 7, 230, 234; 71, 230, 246 ff. 참조.

64) BVerfGE 55, 349, 364. 명문에 의한 헌법상의 요청이 1871년 라이히 헌법 제3조 6항과 바이마르 헌법 제112조 2항에 규정하고 있다.

65) BVerfGE 6, 290, 299; 40, 141, 166; 41, 126, 150, 157 ff., 182.

66) BVerfGE 66, 39, 57 ff.; 77, 170, 214 ff.

67) BVerfGE 40, 141, 175.

68) BVerfGE 40, 141, 170.

69) Hermann v. Mangoldt, Schriftlicher Bericht, I. Die Grundrechte, in: Parlamentarischer Rat, Anlage zum stenographischen Bericht der 9. Sitzung, S. 7에서는 「생명권의 보장에 의해서 싹트고 있는 생명도 보호되어야할 것이다」라고 서술하고 있다.

70) BVerfGE 39, 1, 38 f.

71) BVerfGE 39, 1, 41.

72) BVerfGE 46, 160, 164; 53, 30, 57; 56, 54, 73, 80; 77, 170, 214.

이미 제1차 낙태판결에 의해서 이전부터 국가의 보호의무는 시민의 기본권에 관한 논제가 되고 있었다. 예컨대 일반적 병역의 의무는 국가가 시민의 기본권을 보호해야 한다는 것을 이유로 정당화되었다.[73] 같은 테마가 다루고 군사력에 의한 국토방위의 문제가 된 후의 판결[74]에서는 인간의 존엄·생명·자유·재산이 국가가 승인하고 보호하는 기본권이라고 하여 열거되고 있다. 이 사례에서는 제1차적으로는 외부로부터의, 즉 외국으로부터의 기본권의 위협을 염두에 두고 있는데, 보호의무는 예외적 사태에서는 국방군을 국내로도 투입할 수 있다는 기본법 제84a조 4항의 규정을 원용할 것도 없이, 국내의 제3자에 의한 공격에 대해서도 작용할 수 있을 정도로 일반적인 형태로 정식화되고 있다.

생명보호에 관하여 제1차 낙태판결에서는 여전히 두 번째 논증의 궤적이 명백하다. 그것은 인간의 존엄을 경유하는 궤적이다.[75] 모든 인간생명을 보호해야 할 국가의 의무는 「그뿐만 아니라 기본법 제1조 1항 2문의 명문의(!) 규정에서도」 생긴다.[76] 「인간생명이 있는 곳에 인간의 존엄이 인정된다」. 나중의 판례에서도 이 복선적 근거는 일부에서 유지되었는데, 해석론적으로는 상당히 명료하다고는 말하기 어려운, 새로운 표현법도 사용하고 있다. 그것은 「기본법 제1조 1항 2문과 결부된 제2조 2항 1문은 국가에게 모든 인간생명의 보호를 의무지운다」[77]는 것이다.

근거의 다양한 묘사방법은 법원 속에 기본권보호의무의 증명에 대한 엄격한 견해와 완만한 견해가 존재하는 것을 보여준다. 엄격한 견해는 국가의 보호의무를 명문으로 말한 제1조 1항 2문을 경유한다. 이것에 따르면 기본권이 존엄보호를 내포하는 한에서 국가의 기본권보호의무가 성립한다. 이것은 생명권에 대해서는 간단하게 인정할 수 있다. 왜냐하면 생명은 인간의 존엄의 존재의 기반이기 때문이다. 다른 한편, 기본권보호의무의 증명에 대한 완화된 견해는 제1차 낙태판결에서 제시되었듯이, 연결하는 다리로서의 인간존엄보호를 필요로 하지 아니한다. 특히 현저한 것이 병역의무에 관한 판결이다. 이 판결에서는 인간의 존엄·생명·자유·재산이 국가가 보호해야할 기본권으로서 병렬적으로 열거되고 있다. 이러한 광의설에 근거한다면 모든 기본권에 대해서 기본권보호의무를 도출할 수 있다. 이것은 예컨대 대리상의 경업피지에 관한 판결에 나타나 있다. 본건에서는 「기본법 제12조 1항은 입법자가 민사법 속에서 직업자유를 계약에 근거한 제약에 대항하여 보호하기 위한 예방을 채택할 것을 요청하는 일이 있다. 그것은 특히 대체로 힘의 균형이 결여된 경우이다」[78]고 설시한다. 연방헌법재판소는 기본법의 객관적 가치결정, 「이 때문에 동시에 기본법의 사회국가원리」를 상응하는 법률로 실현하는

---

73) BVerfGE 38, 154, 167. 이것을 반복한 것으로서 BVerfGE 57, 250, 284 참조.
74) BVerfGE 48, 127, 161; 69, 1, 22.
75) BVerfGE 39, 1, 41.
76) BVerfGE 45, 187, 254 f.도 동일하게 말하고 있다.
77) BVerfGE 46, 160, 164 f.; 49, 24, 53.
78) BVerfGE 81, 242, 254 f.

것이 불가결하다고 한다.

(b) 보호의무에 대응한 주관적 권리

보호의무의 도출과 근거에 밀접한 관계에 있는 것은 다음의 문제이다. 즉 보호의무는 순수하게 객관법적인 국가임무인가, 아니면 객관법적 보호의무의 범위보다는 좁지만 주관적 권리가 대응하는가 하는 문제이다.[79] 기본권이나 기본권 동등의 권리의 보호가 기본권조문에 명시적으로 들어 있는 경우에는 주관적인 보호청구권이 성립한다. 이것은 특히 인간의 존엄과 개별 기본권에 내포된 존엄의 중핵, 아울러 제6조에 규정된 특별한 보호의무에 타당하다.

그것을 넘어서 주관적 보호청구권이 인정되는 것이라면 그 유래를 묻지 않으면 안 된다. 연방헌법재판소는 이것을 기본권에 내재하며 법의 모든 영역에 타당한 객관법적 가치결정에서 도출하고 있다. 이 객관법적으로 기초지워진 국가의 보호의무에 주관적 권리가 대응하는 것을 연방헌법재판소는 주장하지만,[80] 쉽게 납득할 수 있는 이유는 제시하지 않고 있다. 법원은 기본권의 제1차적 의미를 지적하지만 불충분하다. 왜냐하면 제1차적 의미는 바로 국가로부터의 침해의 방어에 관한 것이기 때문이다.[81]

연방헌법재판소가 행한 객관법적인 국가임무인 안전과 국내적 평화의 보호를 헌법 차원의 일련의 주관적 권리에로의 평가전환하는 것은 권력분립의 체계 전체에 영향을 미치며 광범위한 혁신이다.

이러한 개혁을 재발견[82]이라고 성격지우는 시도가 있다. 그러나 이것은 정당하지 않다. 국가의 평화기능이나 안전기능에 대해서는 그것은 재발견되는 것이 아니다. 이 기능은 민사법·형법·행정법 속에 항상 존재하며, 국가목적으로서 항상 자각되며, 또한 예외적으로 (예컨대 바이마르 기본권의) 프로그램규정이나 기본권의 제한조항 속에서 견지되어 왔다. 다만, 이것들은 ― 예외로 제외한다면 ― 정당하게도 그 자체는 기본권의 성격을 가지는 것은 아니었다. 그러나 반대로 보호의무에 대응한 재판적으로 관철할 수 있는 입법에 대한 주관적 기본권이 문제로 된다면 그것은 바로 하나의 혁신이다. 기본법이 완전히 기도하지 아니한 이러한 혁신이 생길 수 있었던 것은, 앞에서 언급한

---

79) 그리하여 Isensee (Anm. 4), S. 50; Götz (Anm. 29), S. 1007, 1016 참조.

80) 예컨대 BVerfGE 49, 89, 141 f. ― Kalkar; 53, 30, 57 ― Mülheim-Kärlich; 77, 180, 214; 77, 381, 402 f.; 79, 174, 201 f. 또한 이미 BVerfGE 48, 127, 161; 60, 1, 22에서는 이렇게 설시한다. 「기본법의 민주적 헌법질서에서는 개인의 기본권상의 보호청구권과 이 헌법질서의 유지에 공헌해야할 시민의 공동체에 구속된 의무와는 서로 일치된다」.

81) Dietrich Rauschning은 DVBl. 1980, S. 831 ff.에 게재된 칼카르 판결의 평석에서 객관적 보호의무에서 주관적 기본권에로 향상시키는 것(Rückwandlung)을 비판하고 있다. 나아가 Böckenförde (Anm. 34), S. 18 f. 역시 비판적이다.

82) Isensee (Anm. 4), S. 33; ders., Das Grundrecht als Abwehrrecht und als staatliche Schutzpflicht, in: ders./Kirchhof (Hrsg.), HbStR Bd. V, 1992, S. 148, S. 201 ff., 211 ff. (본서 706면); Hermes (Anm. 15), S. 147 f.; Stern (Anm. 1), S. 946.

우리들의 헌법적 사고의 기본권중심주의와 관련된다. 그 이유는 다양하지만 특히 헌법재판권의 설치와 헌법소원신청의 도입에 이를 인정할 수 있다. 다른 법영역에 있어서의 많은 혁신도 또한 개별 사례를 일반적 법명제에 따라서 재판하며, 법명제의 내용을 정치화(精緻化)하고, 새로운 것을 창조하는 재판제도의 존재에 힘입고 있다. 확실히 입법자와 ― 이론적으로는 헌법개정입법자는 법원을 철퇴시킬 가능성을 가진다. 그러나 이 가능성은 재판권이 입법자의 의무와 시민의 권리를 확정하는 경우에는 정치의 실제에서 거의 불가능하며, 특히 개인권과 그 보호를 자기이해의 중심으로 삼는 사회에서는 불가능하다.

위에 제시한 혁신은 원자력기술과 교통소음에 대한 신체·생명의 보호가 문제된 최근의 판결(상술 II 2 a 참조)에서 시작한 것은 아니다. 또한 1973년에 연방헌법재판소는 사회복귀 중인 범죄자의 인격권을 텔레비전에 의한 보도의 자유의 권리에 대해서 보호하지 않으면 안 된다(상술 II 2)고 하였는데 이것도 혁신의 시작은 아니다.

초창기의 것을 보려면 1956년의 뤼트 판결까지 거슬러 올라가야 한다. 확실히 이 판결에서는 입법자의 보호의무가 아니라 법관에 의한 법률해석이 문제로 된 것에 불과하다. 그러나 실체적으로는 제3자의 공격을 방어하는 국가의 보호의무였으며, 나아가 자주 망각되고 있는데 이미 당시 이 보호의무에 이의신청인이 주관적 보호청구권이 대응하고 있었다.[83] 정당하게도 E.-W. 뵈켄회르데는 「기본권의 객관적인 가치적 성격발견의 제2단계를 이미 뤼트 판결 자체가」 인도한 것을 확인하고 있다.[84] 왜냐하면 이미 본건에 상세한 근거가 없는 객관법에서 주관적 권리에로의 돌연변이를 인정할 수 있기 때문이다. 미국이나 스위스처럼 헌법재판소의 기능을 동시에 수행하는 최고법원이 있다면, 이 돌연변이는 필요하지 않았다. 왜냐하면 민사소송법이 허용하는 소(訴) 속에서 객관적 헌법으로서의 기본권상의 평가를 민사법의 법발견에 최종적 구속력을 가지고 주입하기 때문이다. 그런데 연방헌법재판소에 출소하기 위해서는 헌법차원의 주관적 권리의 침해를 적법하게 주장하는 것이 필요하다.[85]

(c) 기본권보호의무와 기본권의 사인 간의 효력

즉 주관적 권리로서의 기본권보호의무와 기본권의 사인 간의 효력 간에는 흥미 깊은

---

83) BVerfGE 7, 198, 206 f. 이에 관하여 Rüfner (Anm. 90), S. 226 f.

84) Böckenförde (Anm. 34), S. 6.

85) BVerfGE 7, 198, 206 f.에서는 이렇게 설시한다. 「법관은 적용하는 실체적 민사법 규정이 상술과 같이, 기본권의 영향을 받는가의 여부의 심사를 헌법에 의해서 명해지고 있다. … 만약 법관이 이 규준을 잘못 보거나 민사법규범에 대한 헌법의 영향을 무시하여 판결을 내린다면 법관은 (객관규범으로서의) 기본권규범의 내용을 간과하였기 때문에 객관적 헌법에 위반할 뿐만 아니라 공권력의 담당자로서 판결에 의해서 기본권에도 위반한 것이 된다. 시민은 재판권에 의한 기본권의 존중을 구하는 헌법상의 청구권을 가진다. 즉 그와 같은 판결에 대해서는 ― 민사재판의 심급에서 법해석의 잘못을 바로 잡는 것과는 별도로 ― 헌법소원에 의해서 연방헌법재판소에 출소할 수 있다」.

어떤 의미에서는 비밀스런 관계가 성립한다. 이에 대해서 상술하기로 한다.

기본권의 **직접적** 제3자효력의 경우에 제3자는 헌법에 근거하여 구속된다. 예컨대 기본법 제9조 3항 2문에 의해서 법률의 개입이 없더라도 노동조건이나 경제조건의 유지·촉진을 위하여 단결하는 권리를 제한하거나 또는 저해하려고 시도하는 사인 간의 합의는 무효라고 선언된다.[86] 그러한 한 입법자에게는 무엇을 보호해야 할 어떠한 의무도 성립하지 않는다. 이것은 헌법 자신이 배려하는 것이다. 입법자는 고작해야 헌법상의 규율을 반복할 수 있을 뿐이다. 가령 이와는 달리 기본법이 노동조건이나 경제조건의 유지·촉진을 위해서 단결하는 권리를 모든 사람과 모든 직업에 대해서 보장한다고 규정했다면, 이것은 입법자의 등장을 요구하는 보호의무의 사례일 것이다. 입법자는 국가의 보호의무를 이행하기 위해서 그러한 합의의 무효나, 경우에 따라서는 다른 민사법상의 귀결을 구성적으로 규율하지 않으면 안 될 것이다.

기본권의 **간접적** 제3자효력은 일반적으로 규정된 민사법률이 해석의 폭의 범위 내에서 규준이 되는 기본권적 평가가 유입할 수 있도록 적용해야 한다는 것을 의미한다. 그것은 국가에게 이에 상응한 보호의무를 부과하며,[87] 입법자는 법률의 일반적 정식화를 통해서 법관이 법률을 기본권적합적으로 해석하고 적용할 수 있기까지 이러한 의무를 이행하였다는 이유에서 생긴다. 즉 기본권의 간접적 제3자효력은 보호의무론의 적용사례의 하나이며, 법관에 의한 보호의무 적합적인 법률해석이 문제가 된다. 따라서 기본권의 간접적 제3자효력이 말하는 것은, 입법자가 일반적 민사법규범의 제정을 통하여 보호의무에 길을 열고, 국가에게 부과된 보호의무를 고려해 당해 법률의 적용이 법관의 임무가 된 경우이다.

이러한 관련은 1990년의 연방헌법재판소의 대리상 결정에서 명료하게 제시되었다. 이 결정에서는 다음과 같이 설시하고 있다.[88]

비록 입법자가 특정한 생활영역 내지는 특정한 계약형식(Vertragsform)에 대해서 특단의 강행적 계약법을 제정하지 아니한 경우일지라도, 계약실무가 여러 세력의 자유로운 투쟁에 무한정하게 노출되어 있다는 의미는 아니다. 이 경우에는 특히 민법 제138조, 제242조, 제315조와 같이 과잉 금지로서 작용하는 민사법상의 일반조항이 보충적으로 개입한다. 바로 이 일반조항의 구체화와 적용에 즈음하여 기본권이 존중되지 않으면 안 된다(기초적인 것으로서 BVerfGE 7, 198, 206). 이에 대응한 헌법의 보호위탁은 계약의 대등성이 저해되는 경우에는 사법을 수단으로 하여 기본권의 객관적 가치결정의 타당을 돕고, 이 임무를 다양한 방법으로 실현해야할 법관에게 향한다.

---

86) Rupert Scholz, Koalitionsfreiheit, in: Isensee/Kirchhof (Hrsg.), HbStR VI, 1989, S. 1160.
87) 이것에 대해서 이른 시기에 Günter Dürig, Der Grundrechtssatz von der Menschenwürde, AöR 81 (1956), S. 117, 118 f.; ders., in: Maunz/Dürig, Grundgesetz, Art. 1 (1958), Rdnr. 131이 주의를 환기하였다.
88) BVerfGE 81, 242, 256.

보호의무론과 기본권의 간접적 제3자효력론과의 이러한 내재적 관련을 학설은 이미 이전부터 지적하고 있었다.89) 즉 기본권보호의무는 제1차적으로는 입법자에게 말한다. 이어서 제2차적으로는 법관이 법률을 해석하고 적용함에 있어서 보호의무를 고려하지 않으면 안 된다.90)

기본권보호의무와 기본권의 제3자효력의 이 내재적인 관련을 이젠제91)는 간과하고 있다. 왜냐하면 이젠제는 제3자효력을 글자대로 사인 간에서의 기본권의 타당이라고 이해하기 때문이다. 그러나 ― 정확하게 이해하면 ― 기본권의 간접적 제3자효력론은 사인 상호간의 관계를 규율하는 민사법이 기본권에 체현된 가치들을 고려해야 한다고 말했을 뿐이다.92) 법공동체(Rechtsgenossen) 상호 간의 교류에서 신체와 생명 · 자유 · 명예 그리고 재산이 존중되어야 한다고 하더라도, 그것은 그들이 기본권에 구속되어 있기 때문은 아니다. 그렇지만 상술한 법익의 보호에 관한 민사법규정(예컨대 민법 제823조 이하, 제1004조)은 공통의 평가93)에 의거한다. 거기에서 명백하게 된 인간상은 인간의 국가에 대한 관계에서의 기본권의 기초일 뿐만 아니라 민사법의 형성, 그리고 당연하지만 형법의 형성에 대해서도 그 기반이 된다. 간접적 제3자효력은 기본권 속에서도 발로한 근본적 가치결정이 법률에 매개되어 사법에로 작용하는 것을 의미한다. 바로 이 가치결정은 특별한 보호의무의 기초이기도 하다.

4. 보호의 방법에 관한 헌법재판적 통제

연방헌법재판소는 입법자에 의한 보호의무의 이행이 문제가 된 많은 판결에서 입법자에게 넓은 재량의 여지가 인정되는 것을 강조하고 있다. 왜냐하면 「헌법해석의 수법을 통해서 기본권에 체현된 기본결정에서 비로소 도출되는 적극적인 국가의 보호의무 · 급부의무가 적극적 입법조치에 의해서 어떻게 이행될 것인가 하는 문제는 통상 매우 복잡한 문제」이기 때문이다.94) [설시에 의하면] 입법자에 의한 해결이 내리기 이전에 현실의

89) Christian Starck, Die Grundrechte des Grundgesetzes, JuS 1981, S. 237, 245. 동일하게 v. Mangoldt/Klein/Starck (Anm. 35), Art. 1 Rdnr. 198, 200. 유사한 견해로서 Peter Badura, Persönlichkeitsrechtliche Schutzpflichten des Staates im Arbeitsrecht, in: Festschrift f. Molitor, 1988, S. 2 ff.; Klein (Anm. 29), S. 1640.
90) 명확하게 나타낸 것으로서 Konrad Hesse, Grundzüge des Verfassungsrechts der Bundesrepublik Deutschland, 18. Aufl. 1991, Rdnr. 355 (계희열역, 『통일 독일헌법원론』, 박영사, 2001, 228면); Wolfgang Rüfner, Drittwirkung der Grundrechte, in: Gedächtnisschrift für W. Martens, 1987, S. 215, 219 m.w.N.; Georg Hermes, Grundrechtsschutz durch Privatrecht auf neuer Grundlage?, NJW 1990, S. 1764, 1767.
91) Isensee (Anm. 4), S. 35 f. 적절하게도 이에 반대하는 것으로서 Böckenförde (Anm. 34), S. 3 ff. 참조.
92) v. Mangoldt/Klein/Starck (Anm. 35), Art. 1 Rdnr. 199 m.w.N. 참조.
93) 민사법에 있어서의 입법의 임무에 관련하여 Rüfner (Anm. 90), S. 224가 서술한다.
94) 다음의 것을 포함하여 BVerfGE 56, 54, 80 f.; 유사한 것은 이미 BVerfGE 39, 1, 44, 51에 있다.

사정들이 평가되었어야 하며 목표와 우선순위가 정해지고 생각할 수단과 방법이 음미되지 않으면 안 된다. 결단은 자주 타협을 필요로 하는데 권력분립원칙과 민주제원리에 따르면 그것은 국민에 의해서 직접적으로 정당화된 입법자의 책임에 속하는 것이며, 최고차의 법익이 위험에 처하지 아니한 한, 원칙적으로 연방헌법재판소는 한정된 범위에서만 이를 사후심사하는데 그친다. 연방헌법재판소는 특별한 종류의 위험의 방어가 문제로 되는 경우에는 입법자 (또는 권한 있는 집행기관)95)이 위험의 성질 · 절박성 · 정도와 특이성에 대해서 결정하는 자유를 강조한다.96)

뮐하임 · 캐를리히 원자력발전소에 관한 재판97)*에서 연방헌법재판소는 이와는 전혀 다른 방법을 택하였다. 에너지 공급이라는 공공복리를 위해서 인가된 원자력발전소가 가진 특별한 잠재적 위험에 관련하여, 연방헌법재판소는 국가가 공동책임을 진다고 한 후 다음과 같이 설시하였다. 「이것으로부터 원자력발전소의 인가에 관한 실체적 · 절차적 규정의 헌법적 평가에 즈음하여 사용되는 규준은, 국가의 침해적 법률을 심사할 때의 규준보다도 완화되지 않게 하는 것이 요청된다고 생각한다」. 제2차 낙태판결은 특히 고차의 법익의 보호가 문제가 된 판결인데 거기에서는 이러한 기술이 있다.98) 「헌법은 보호를 목표로 하여 규정할 뿐이며 상세한 내용형성에 대해서는 규정하지 않는다. … 허지만 입법자는 과소보호금지를 고려하지 않으면 안 된다 … . 그러한 한에서 입법자는 헌법재판소에 의한 통제에 복종하는 것이다」.

1988년의 도로의 소음결정에서는 입법자가 보호조치를 완전히 하지 않거나, 또는 명백히 비적합적 내지는 불충분한 조치를 취한 경우에는 비로소 보호의무에 위반한다고 설시하고 있다.99) 사후심사의 심도(深度)에는 일정한 가변성이 있는데, 법원은 이를 현재 존재하는 사정들과 문제가 된 법익의 중요성에 의존시키고 있다.100) 사정들로서는 충분하게 확실한 판단을 형성할 수 있는가의 여부가 특히 중요하다.101)

이러한 명제에 의해서 연방헌법재판소에는 개개의 통제사안을 혹은 엄격하게, 혹은 완만하게 심사할 가능성이 부여되었다. 판결을 구하는 각 사안에서는 사후통제의 심도에 관한 새로운 시각이 항상 생길 수 있으며, 그것은 재판의 현저한 동요를 가져올 수 있다. 그렇지만 기본권보호의무에 관한 지금까지의 재판의 정경에 비추어 본다면, 연방헌법재판소가 논증 속에서 입법자에게 여지를 남기고, 입법자의 보호구상을 받아들이려고 노력하는 것을 인정하지 않으면 안 된다. 특히 연방헌법재판소는 헌법이 요청하는 보호가 형법에 의해서 마련할 것인지, 책임법에 의할 것인지, 행정법에 의할 것인지에 대해서

나아가 BVerfGE (Kammerbeschluß vom 28. 7. 1987) EuGRZ 1987, S. 353 f.도 참조.
95) BVerfGE 46, 160, 164.
96) BVerfGE 49, 89, 141 f. - Kalkar.
97) BVerfGE 53, 30, 58. 유사한 것으로서 이미 BVerfGE 49, 89, 143이 있다.
98) BVerfGE 88, 203, 254.
99) BVerfGE 79, 174, 201 f.
100) BVerfGE 56, 54, 80 f.
101) BVerfGE 77, 170, 214 f.

아무런 규준도 설정하지 않은 것이 보통이다.102) 그러나 여기에는 두 개의 예외가 있다. 제1차 낙태판결에서는 다른 수단으로는 효과적인 생명보호가 달성될 수 없다면 최후 수단으로서 형법투입이 요구된다고 하였다.103) [법원이 임명한] 전문가의 감정에 과실이 있었기 때문에 생긴 자유박탈에 관한 ― 이유지움에서는 ― 4 대 4로 나뉜 판결에서 한쪽의 법관은 기본법 제2조 2항 2문에서 바로 민사책임법이 투입되어야 한다고 도출하였다.104) 그러나 기본법 제2조 2항 2문에 위반하는 것은 책임법에 의한 방어가 과실에 의한 자유의 침범에 대해서도 불가피하게 요구되는 것을 헌법에서 귀결할 수 있는 경우만이며, 그것은 매우 근거(이유지움)가 곤란할 것이다. 다른 한쪽의 법관은 교묘하게 법관의 법률에의 구속에 의해서 논증하고, 적절하게도 민법전 제823조를 「자유법학적으로」 다루는 데에 이의를 제기하고 있다.

III. 재판에 대한 비판

1. 보호의무의 근거와 법적 성격

(a) 보호의무를 기본권에서 도출하는 해석학적으로 원활한 두 개의 수법

제1조 1항 2문이나 제6조와 같이 기본법이 기본권에서 명시적으로 「보호」를 구가하는 것이라면, 주관적 권리로서의 기본권보호의무가 이미 기본법의 문언에서 생긴다. 그러나 이것은 동시에 보호가 명문으로는 명해지지 않았거나 기본권의 제한조항 속에서 언급되고 있을 뿐인 경우에, 기본법으로부터 기본권상의 보호청구권을 도출하는 것을 어렵게 만든다. 연방헌법재판소는 법적 청구권이 대응한 그 밖의 보호의무를 자주 존엄개념을 경유하여 기초지우려고 시도하는데, 그것도 이것으로부터 설명할 수 있을 것이다. 이 시도는 인간의 존엄향수의 존재의 기초인 생명에 대해서는 특히 잘되지만 다른 기본권에 대해서는 곤란이 따른다. 왜냐하면 이러한 다른 기본권은 주관적 보호청구권의 기본권을 수반하는 보호의무의 대상이 되는 존엄적 중핵이 거기로부터 고립되지 않으면 안되기 때문이다. 이것은 연방헌법재판소가 기본권의 영역에 있어서의 헌법개정이 제1조의 원칙들, 예컨대 인간의 존엄의 보장에 합치하는가의 여부의 심사를 요구받는 것에서도 해결해야 할 과제이다(기본법 제79조 3항 참조).

여기에 더하여 다른 이유지움의 계통이 있다. 그것은 기본권에는 제3자의 침해로부터

---

102) Götz (Anm. 54), S. 61 f. 참조.
103) BVerfGE 39, 1, 46 ff. 이에 대해서는 Heinz Müller-Dietz, Zur Problematik verfassungsrechtlicher Pönalisierungsgebote, in: Festschrift f. Eduard Dreher, 1977, S. 97, 108 ff. 참조.
104) BVerfGE 49, 304, 323. 비판으로서 Starck, Praxis der Verfassungsauslegung, 1994, Zweiter Teil, 4. Kapitel, S. 218, 220 참조.

의 보호해야 할 국가의 임무도 함의(含意)되었다는 것이다. 이것은 많은 판결에서 주된 이유로서, 혹은 ― 병역의무판결처럼 ― 방론(傍論)으로서 표현된다. 고전적 기본권으로부터 이러한 보호의 시점을 국가의 임무로서 도출하는 한에서는 이에 대해서 이론을 제기할 수 없다. 바이마르의 기본권 목록105)을 포함한 기본권선언의 역사와, 시민의 안전보장이라는 헌법국가의 불변의 임무를 일별한다면, 그러한 해석은 오히려 충분히 이해할 수 있을 것이다. 그렇지만 그 표현은 위치, 내용에 대응하여 그것은 구체적인 헌법위탁이었거나 단순한 프로그램적 명제였는데, 이로써 카버되는 것은 객관법적으로 이해된 보호임무의 승인뿐이다.

이상에서 보호의무를 기본권으로부터 도출하는 데는 해석학적으로 원활한 다음의 두 가지의 수법이 존재한다.

― 기본법 제1조 1항 2문에서 주관적 권리가 대응하는 보호의무를 좁은 의미의 존엄보호로서만 도출한다. 또한 제6조로부터 이를 도출한다.

― 주관적 권리인 방어권에 더하여 당해 법익을 사인의 침해로부터 보호해야할 국가의 국가임무가 포함된 객관법적 성격을 가지는 기본권 일반으로부터 도출한다. 그러나 주관적 보호청구권이 대응하는 것은 아니다.

(b) 이를 초월한 연방헌법재판소의 재판실무

그렇지만 위의 두 가지 수법은 연방헌법재판소의 종래의 재판보다도 못하다.

― 존엄보호를 경유하는 수법은 확장의 길을 걸었다. 이것을 최근에는 제2차 낙태판결이 생명보호에 대해서 재인식시키고 있다. 이 판결에서는 이렇게 설시한다.106) 즉「보호의무의 근거는 국가에게 명문으로 인간의 존엄의 존중과 보호를 의무지우는 기본법 제1조 1항이며, 그 대상과 ― 대상에서 정하는 ― 정도는 기본법 제2조 2항에 의해서 상세하게 확정된다」. 생명은 여기서는 존엄의 전제로서 가지고 나오는 것은 아니다. 만약 그렇다면 인간의 존엄보호라는 해석학적으로 원활한 해결을 가능케 하였을 것이다. 그러나 이 명제는 오히려 기본법 제2조 2항 대신에 다른 기본권을 삽입할 수 있는 형태로 표현되고 있다. 그 때문에 인간의 존엄은 기본권에 의해서 보장된 다른 법익을 보호하기 위한 매개체(Vehikel)이며 주관적 보호청구권을 발동시키는 것이다.107)

---

105) 바이마르의 기본권 목록은 명문에 의한 다음의 보호의무를 포함하고 있었다. 가족과 모성의 기반으로서의 혼인(제119조), 청소년(제123조 1항), 방해받지 않는 종교행사(제135조), 예술과 학문(제142조), 예술·역사·자연의 기념물과 명승풍경(제150조 1항), 노동력(제157조), 정신적 작품 및 저작자, 발명자 및 예술가의 권리(제158조), 건강, 노동능력, 모성(제161조), 독립 중산계급(제164조).

106) BVerfGE 88, 203, 251.

107) 매개체 콘젭트는 다음 학설에 나타나 있다. Isensee (Anm. 4), S. 83은 기본권을 적극적으로 보호해야할 의무를 제1조 1항 2문에서 도출한다. Albert Bleckmann, Neue Aspekte der Drittwirkung der Grundrechte, DVBl. 1988, S. 938, 942; Robbers (Anm. 1), S. 187 f. 유사한 견해로서 Alexy (Anm.

— 인간의 존엄보호에 의뢰하지 않고 양 법정은 생명보호에 관한 1987년과 1988년의 판례[108]에서 제2조 2항에 내포된 객관법적 가치결정으로부터 법질서의 모든 영역에 타당한 헌법상의 보호의무를 도출하고, 이어서 그 해태에 대해서 당사자는 헌법소원에 의해서 다투고, 자기의 기본법 제2조 2항 1문의 기본권에 대한 위반을 비난할 때 깨끗이 주장하였다. 즉 객관법적 가치결정으로부터 주관적 청구권에로의 상세한 근거가 없는 돌연변이(Mutation)가 생긴 것이다.

위의 두 가지 수법에는 약점이 있다. 먼저 매개체 컨셉트에서 시작하기로 한다. 왜 모든 보호의무의 근거가 기본법 제1조 1항이며, 보호의 대상이 그때그때의 기본권이라고 말하는 것일까? 기본법 제1조 1항에서는 보호에 언급하고, 다른 대부분의 기본권보장에서는 그렇지 않다면 무엇보다도 먼저 다음의 것을 분명히 하지 않으면 안 된다. 헌법개정으로부터 준수되며(기본법 제79조 3항), 그러므로 최소한으로 이해되어야할 기본법 제1조 1항의 보호사고가 왜 그만큼 생산적일 수 있는가? 다음에 돌연변이 콘셉트는 주관적 권리로서의 제1차적 의미와는 별도로 성립하는 객관법적 측면에서 왜 주관적 권리가 다시 생기는가에 대해서 모든 증명을 할 책임이 있다. 그러나 이에 설득력이 없었던 것이야말로 제1조 1항에 매개체를 구한 것이다. 그러나 만약 매개체 콘셉트에 설득력이 있었다면, 돌연변이 콘셉트로 나아가는 일은 없었을 것이다. 나아가 두 개의 나쁜 논거를 결합시키더라도 여전히 나쁜 논리일 뿐이다. 오히려 둘이 결합함으로써 논증의 약점이 드러날 뿐이다.[109]

(c) 방어권적 수법

이와 같은 난제로부터 도피하는 길을 제안하는 것이 보호의무에 독자적인 의의를 인정하지 않고 이를 기본권의 주관적 권리로서의 방어권작용의 일부분이라고 파악하는 논자이다. 상술한 뮐러 · 캐를리히 원자력발전소 판결은 그러한 방향을 보여주고 있다. 기본권을 제3자로부터 보호하지 않는 국가는 침해를 행하고 있다. 국가가 제3자에게 금지하지 않는 것을 다른 자는 수인(受忍)하지 않으면 안 된다. 무어스비이크[110]는 그러한 입장을 가장 철저하게 기초지운 논자이다. 그는 방어권적 기본권과 제3자로부터의 보호를 구하는 기본권적 청구권 간에 필연적인 관련이 있는 것을 이렇게 묘사하였다. 즉 보장의무(Gewährleistungspflicht)로 이해한 보호의무는 방어권적 기본권을 보완하는 관계에 있다. 「소극적 기본권이 국가의 침해에 대항하여 보호하는 것과 같은 법익을

---

1), S. 415 ff.; Eckart Klein (Anm. 29), S. 1637.

108) BVerfGE 77, 170, 214 f.; 77, 382, 402 f.; 79, 174, 201 f.

109) 근거의 흠결을 Stern (Anm. 1), S. 945도 지적하고 있다.

110) Dietrich Murswiek, Die staatliche Verantwortung für die Risiken der Technik, 1985, S. 107 ff. 간결하고 명확한 것으로서 ders., Zur Bedeutung der grundrechtlichen Schutzpflichten für den Umweltschutz, in: WiVerw 1986, S. 179 ff., 182 f.도 참조. 이에 관하여 이미 이전에 Jürgen Schwabe, Probleme der Grundrechtsdogmatik, 1977, S. 213이 서술하고 있다.

국가는 제3자와의 관계에서도 보장하지 않으면 안 된다」.

기본권보호의무 문제의 방어권적 해결에 대해서는 많은 이의가 제기되고 있다.[111] 특히 중요한 것은 다음의 비판이다.

— 공법이 사인에 대해서 특별한 침해금지를 명하지 않더라도 거기에서는 제3자의 어떠한 수인의무도 발생하지 않는다. 왜냐하면 민사법에는 일반적 비침해의무가 타당하며, 제3자의 권리에 대한 사인의 침범을 방어하고 있기 때문이다.[112] 민법 제823조 1항에는 생명·신체·건강·자유·재산과 같이 기본권에서 보호한 법익도 발견할 수 있는 것이다.

— 방어권적 해결은 나아가 방법이라는 관점에서도 논란의 여지가 있다. 기본권적으로 보호된 법익에 대한 사적 침범을 허용하고 또한 방어를 부여하지 않는 것, 국가의 침해와의 동일시는 입증을 요하는 사안을 전제로 한다.[113] 과연 국가는 사인의 행위를 국가 자신에 의한, 기본권에 의해서 방어가능한 침해로서 자기 자신에게 귀책시키지 않으면 안 되는가 하는 문제는, 논리적으로는 국가의 적극적 작위의무의 존재에 더하여 사인의 행위의 피해자가 이 의무에 대응한 권리를 국가에 대해서 가지는 것도 전제로 한다. 따라서 제3자의 침해로부터 국가에 의한 보호를 구하는 권리가 과연, 또한 어떠한 범위에서 성립하는 것인가가 제시되지 않으면 안 된다. 그러나 그것은 바로 국가에 한계를 확정하는 것이기도 한 기본권으로부터 얻어지는 것은 아니다. 예외는 기본권이 국가에게 — 기본법 제1조 1항 2문과 같이 — 주관적 보호청구권을 수반하여 보호에 대해서도 의무를 지우는 경우이다.[114]

(d) 재판이 해석학적으로 원활한 수법에 한정되어야 할 이유

우선 먼저 연방헌법재판소는 과연 장래에도 확장된 주관적 권리적 해결을 견지하는가, 그렇다면 — 기본법의 조문에 밀착하여 — 주관적 보호청구권을 인간의 존엄과 기본권의 존엄적 핵심에 대해서만 승인하고, 그 이외의 경우에는 헌법상의 주관적 권리가 대응하지 않는 객관법적 국가임무로 만족하는가를 결정하지 않으면 안 된다.

그 해석은 조문·체계·성립사에 관하여 기본법에 엄격하게 구속될 것이다.

— 조문: 기본권은 상술한 예외를 제외한다면 (주관적) 보호청구권에 대해서 말하지 아니한다.

— 체계: 기본권은 「직접으로 구속하는 법」으로서 입법권도 구속한다(기본법 제1조

---

111) Alexy (Anm. 1), S. 415 ff. 참조.
112) 이에 대해서는 Dietlein (Anm. 1), S. 46 f., 50을 참조.
113) Stern (Anm. 1), S. 947 m.w.N.
114) 기본법 제1조 1항의 기본권적 성격에 대해서는 v. Mangoldt/Klein/Starck (Anm. 35), Art. 1 Rdnr. 17 f. m.w.N. 참조.

3항)는 성질을 가지고 있다. 이 성질은 고전적 방어권의 간결한 목록과 (헌법) 재판소의 규범통제와, 특히 비례원칙 심사와 같은 법률학적 논증이 가능한 통제의 컨셉트를 전제로 한다. 기본권의 작용의 확장은 입법자의 정책적 형성의 재량이 좁게 되는 것을 의미한다. 이것이 특히 문제가 되는 것은 작용의 확장에 결부된 헌법상의 규준이 명확성이나 예측가능성이 결여된 경우이며, 그것은 특히 보호의 방법에 대해서 현저하게 타당하다. 이 불명확성은 구속조항에 영향을 미친다. 방어권과 보호청구권이 동일한 관리 아래 복종한다면 구속조항은 고전적 방어권과의 관계에서도 서서히 침식된다.

　　— 성립사: 반복하여 상기해야 할 것은 기본법제정사의 의회평의회에서 고전적 기본권 목록을 제정해야 한다는 의견이 얼마나 강하였는가 이다. 이에 관하여 심의 마지막에 기본권에 관한 보고자인 헤르만 폰 망골트*는 이렇게 서술한다.[115]

「위원회는 … 바이마르의 광범위하고 법적으로 불확정하게 기술한 기본권을 채택하지 않고 기본권을 보다 강하게 구체화하려고 결정하였다. 직접 타당하는 법으로서의 명제의 부분과, 입법에 대한 단순한 프로그램을 규정한 것에 불과하며 집행을 위해서는 법률에 의한 상세한 규율이 필요한 명제로서의 부분을 혼합하거나 바이마르 헌법 제2편처럼, 자유권에 더하여 특정한 제도체 내지는 법제도의 유지를 보장하는 것은 법적으로 현저한 곤란을 가져왔다. 그런 종류의 곤란은 가능한 한 제거하지 않으면 안 된다. 그러므로 의도된 것은 기본권을 다음과 같이 구성하는 것이다. 즉 제1조 3항에서 표현하듯이, 기본권은 연방과 주의 입법·행정·재판을 함께 구속하는, 직접 타당한 법(원문에서 강조)이라고 볼 수 있도록 조문화하지 않으면 안 된다」. …「이러한 일반적인 틀로부터 부분적으로 일탈한 것이 혼인과 가족과, 학교제도와 종교수업에 관한 두 개의 조문이다(제6조와 7조). 이들 규정은 직접적인 법적 효력이 없는 선언에 더하여, 프로그램 조항이나 입법자에 대한 지시를 포함하며 그 일부는 법률에 의한 상세한 규율이 선행하지 않으면 실현될 수 없는 것이다. 기본권 章의 작성에서 그러한 하자가 발생한 것은 전적으로 성립사에서 유래하는 것이다. 문제의 규정은 주요위원회(Hauptausschuß)의 심의 단계에서 비로소 도입되었는데, 주요위원회는 기본권의 장을 구축하기 위한 원칙들을 이미 상당히 엄밀하게 의식하지 않았던 것이다」.

이상에서 기본법 제6조에 규정된 보호청구권이 기본권 장에서 예외라는 것이 명백하게 된다. 이 권리에 대해서는, 이하에서 다루지 않는다.

고전적인 해석의 카노네스의 적용이 국가의 보호임무의 판정에 관하여 무엇을 가져왔는가에 대해서는, 기본권을 다양한 국가목적의 체계에로 편입하고 체계적 해석을 심화하면 명백해 진다.

기본권에서 언급한 많은 법익을 제3자로부터 보호하는 것은 국가의 기본작용이며 넓은 의미의 평화작용의 본질을 이룬다. 이것은 국가가 갖는 여러 가지 작용 중의 단순한 한 작용이 아니라 바로 국가의 존립이 힘을 받는 근원적 작용이다.[116] 이 작용을 상실하면

───────────────

115) 앞의 Anm. 69, S. 5 und S. 6 참조.

국가는 이전의 경험적 존재도 상실하며 무정부상태나 내전이 발생하게 될 것이다. 내적 안전의 보장이라는 국가임무의 자명성은 이 임무를 주관적 권리를 내용으로 한 기본권규범에서 규정하는 것의 반대논거가 된다.[117]

나아가 다른 국가목표가 내적 평화(=안전)를 조건으로 한 자유의 확보이다. 자유의 보장에 대해서는 국가의 성립과 결부된 특별한 역사적 사정에 근거하여 주관적 권리로서의 기본권보호라는 특별한 수법이 형성되었다.[118] 이것은 통상 국가의 침해에 대항하여 보호하는 것이었다. 국가는 산발적으로만 시민을 제3자의 침해로부터 보호하는 것을 기본권에서 명문으로 요구한 것에 불과하다. 자유의 보호와 평화 그리고 안전의 보장과의 결합은 특히 기본권에 부기된 제한 속에서 보호해야 할 법익이 열거됨으로써 기본권선언 자체에서 표현되어 있다.

그러나 자유의 확보와 평화기능 간의 깊은 내적 관련만으로는 시민이 평화와 안전을 요구하는 불문의 기본권을 가지는 것을 의미하는 것은 아니다.[119] 그러한 귀결은 주관적 권리로서의 기본권이 견고한 헌법이며, 법원에서 행정에 대해서 관철되고, 나아가 헌법재판소에서 입법에 대해서도 관철시킬 수 있기 때문에 기본법에서 생길 수 있는 것은 아니다. 평화와 안전의 기본권은 사회적 급부청구권이 그렇듯이, 이미 그 구조로부터 헌법의 차원에서는 고전적 방어권과 마찬가지로 직접적으로는 보장될 수 없는 것이다. 고전적 기본권에의 침해는 형식적으로는 법률의 유보에 복종하며 내용적으로는 비례원칙에 복종한다. 자유는 제한되지 아니한 한에서 법적으로 타당하다. 이와는 반대로 보호는 통상 법률·행정·재판을 통하여 비로소 보장되고 실현된다. 그 예외는 헌법이 특정한 법적 행위를 무효로 선언함으로써 직접적으로 보장하는 경우뿐이다. 보호가 침해를 통해서 생기는 것이라면 법률의 유보가 성립한다. 대응하는 법률이 결여된 한 보호되지도 않는다. 그러한 한에서는 보호를 구하는 기본권에는 통상 직접적인 효력은 발생하지 않는다. 보호는 법률을 통하여 비로소 획득되는 것이다.[120] 보호적으로 해석할 수 있는 법률 — 행정법의 보호규범이나 민사법에 있어서의 이른바 기본권의 제3자효력 — 이 존재하는 경우에는 기본권은 그 법률을 매개로 하여 영향을 가질 수 있다.

초기의 기본권 목록에 안전의 관점이 포함되어 있었다고 하더라도 초기의 기본권 목록, 특히 1789년의 프랑스 인권선언이 법원에서 관철할 수 있는 주관적 권리를 포함한 것이 아니었음을 유의하지 않으면 안 된다. 프랑스 인권선언에 열거된 권리는 — 자유의 보장이든 안전의 보장이든 — 대부분 일반적 국가목적을 위한 프로그램 명제라는 차원에

---

116) 다음을 포함하여 Starck (Anm. 26), S. 868 ff. 참조. 나아가 특히 Josef Isensee, Das Grundrecht als Abwehrrecht und als staatliche Schutzpflicht, in: ders./Kirchhof (Hrsg.), HbStR Bd. V, 1992, S. 148 ff.; Götz (Anm. 29), S. 1026 참조.

117) 적절하게도 Sachs, in: Stern (Anm. 1), S. 732 f.가 지적하고 있다.

118) Christoph Link, Staatszwecke im Verfassungsstaat, VVDStRL 48 (1990), S. 7, 11은 적절하게도 국가목표로부터의 유래한 것임을 지적한다. 나아가 Böckenförde (Anm. 34), S. 23도 참조.

119) 다른 견해로서 Isensee (Anm. 113), S. 187.

120) Isensee (Anm. 113), S. 189도 같은 견해이다.

서 전개되고 있었다.[121] 고작해야 법률로 규정한 권리가 법원에서 행정에 대항하여 관철시킬 수 있음에 그친다. 따라서 기본권이 고전적 방어권인 한에서 국가에 대항하는 주관적 권리이며 (헌법) 재판소에 의한 법률평가의 규준으로서 사용된다는 것은 광범위하게 미치는 혁신이었다.

(e) 원활한 수법으로 재판의 감축이 가져오는 귀결

만약 연방헌법재판소가 주관적 보호청구권을 인간의 존엄보장이라는 좁은 범위에서만 인정하고, 그 밖의 경우에는 단순한 국가의 보호임무라는 것을 전제로 한다면 다음과 같이 귀결될 것이다. 헌법소원신청은 존엄이 보호되지 않거나 또는 불충분하다고 주장된 경우에만 허용된다. 과연 이로써 보호를 구하는 헌법소원이 감소할지의 여부는 결과를 보지 않으면 안 된다. 그것은 특히 존엄개념의 확장이 시도되고 연방헌법재판소는 헌법소원을 각하하기 위해서는 존엄보호가 이의신청인의 주장만큼 널리 미치는 것이 아닌 근거를 서술하지 않으면 안 되기 때문일 것이다. 아마 결국은 낙착될 것이다. 나아가 다른 것도 고려해야 할 것이다. 가령 연방헌법재판소가 존엄보호에 관계없는 입법을 요구하는 헌법소원의 재판의 대부분을 회피할 수 있었다하더라도, 규범통제절차[122]에서는 입법자에 의한 객관법적 헌법규범의 준수의 심사를 회피할 수는 없다. 기본권의 객관법적 측면에서 도출된 보호임무는 과연 헌법의 차원에서 구체적인 위탁인가, 아니면 단순한 프로그램 명제인가 판정을 내려야 한다. 프로그램 명제는 헌법재판소가 입법자의 위헌의 부작위를 인정할 수 있는 규준은 아니다.[123] 헌법상의 입법위탁과 그 구체성의 정도는 개별적으로 증명해야 한다. 비교하기 위해서 급부권을 열거하면 좋을 것이다. 급부권은 연방헌법재판소의 재판에서는 매우 억제적이며, 헌법상·사실상의 특별한 정황에서 (마침내) 도출될 뿐이다. 사학조성청구권이 그 예이다.

보호의무의 영역에서 재판이 상술하듯이 철수한다면, 입법자에게는 정책적 형성의 여지가 넓게 마련될 것이다. 이로써 입법자는 고전적 권리의 조건 내에서 사회형성에 대한 책임을 다시 질 수 있게 된다. 그것이 어떻게 필요한 것인가를 기본법 제14조 1항을 근거로 임대인에게 대항하는 보호청구권을 임차인에게 부여한, 연방헌법재판소의 1993년 5월 26일의 판결[124]이 보여준다. 이 판결에 의하면 입법자는「기본법 제14조 1항 1문에서 생기는 위탁을 이행하는 중에 서로 충돌하는 소유권적 지위를 내용형성하며

---

121) 적절한 견해로서 Böckenförde (Anm. 34), S. 23, Fußnote 92.
122) 권리가 대응하지 않는 국가의 보호의무는 원칙적으로 제시하는 법원이 입법자의 부작위를 위헌이라고 생각하는 경우의 법관 제시(Richtervorlage)라는 길도 닫아버리게 될 것이다. 왜냐하면 기본법 제100조 1항은 법률이 존재하는 것을 전제로 하기 때문이다. 이것과는 다르지만 제시 법원이 있는 법률을 보호의 관점에서 불충분하다고 하여 이 상대적 부작위를 위헌이라고 보는 경우이다(Ernst Benda/Eckart Klein, Lehrbuch des Verfassungsprozeßrechts, 1991, Rdnr. 726 f. 참조).
123) Benda/Klein (Anm. 122), Rdnr. 428. 다음에 대해서는 Rdnr. 430 ff.
124) BVerfGE 75, 40, 65. 문제점에 대해서는 v. Mangoldt/Klein/Starck (Anm. 35), Art. 1 Rdnr. 119.

서로의 경계를 획정하고 두 개의 소유권적 지위가 적절하게 보유되도록 각각의 권한을 확정하지 않으면 안 된다」. 1989년의 단계에서 또한 연방헌법재판소는 사회국가에 근거한 임차권의 규율을 임대인의 소유권적 기본권과의 관계에서 정당화하고 있었다.[125] 1993년에는 임차권이 기본권보호의무에 관한 판례에 따르면서 독자적인 기본권적 지위가 되고, 임대인의 기본권적 지위와 조정해야할 것이라고 하였다. 이로써 — 아마 가만히 — 재차 도달한 임차인보호 수준의 후퇴의 모두가 기본권침해로 되고 헌법상의 정당화를 요구하게 되었다.[126] 실제로 임차인보호는 사회적 조정이며 기본법 제14조 2항과 제20조 1항에 근거하여 입법의 임무이며, 소유권보호의 틀 안에서 의회가 자유롭게 결정할 수 있지 않으면 안 된다. 왜냐하면 의회야말로 공공복리를 형성하는 정치적 책임을 지며 임대를 목적으로 한 사인의 주택건설에 대해서 법률에 의한 대강적 조건을 규정하는 책임도 지기 때문이다.

만약 연방헌법재판소가 주관적 보호청구권을 기본법 제1조 1항의 좁은 범위에서만 인정하고 단순한 프로그램 명제를 초월한 입법의 객관법적 보호위탁을 엄격하게 이유붙이고, 그러한 위탁의 수와 강도가 현저하게 감소하게 된다면 의회는 다시 그러한 지위를 회복할 것이다. 그와 동시에 법익을 보호하는 법률의 해석·적용에 관한 전문재판소의 최종결정권이 증대한다. 그것은 보호를 위해서도 유리하게 늘어날 것이다.

2. 보호의 방법에 관한 통제

다음에는 보호의 방법과 연방헌법재판소에 의한 그 통제에 대해서 고찰하는데 여기에는 두 가지의 의의가 있다.

제1의 의의: 기본법 제1조 1항이나 제6조에서 보호를 요구하는 주관적 권리가 한정된 범위에서 성립하고, 또한 단순한 객관법적 성격의 구체적 보호위탁이 기본권으로부터 도출되는 이상, 보호의 방법에 관한 헌법상의 규준은 무엇인가 하는 물음에 대답할 필요가 있다. 국가가 보호의 의무를 지고 있다는 확인이나, 확인보호청구권이 성립한다는 확인은 문제의 절반에 불과하다. 나머지 절반은 그 방법(Wie)이다. 기본권의 보호의무에서 국가는 구체적으로 어떻게 보호해야할 것인지가 명백해지는 것은 아니다. 왜냐하면 보호의무는 예컨대 필요최소한이라는 의미에서의 규준을 보호의 방법에 관하여 포함하는가 하는 문제가 남아 있기 때문이다. 방법에 관한 아무런 기준도 포함하지 않는 보호를 구하는 권리는 공허한 권리이며, 입법자에 대해서는 보호하고 있다고 떠드는 선전적인 법률을 제정하기 위한 좋은 기회이다.

제2의 의의: 보호방법의 통제에 관한 헌법상의 규준을 발견하는 것의 어려움은 현재의 연방헌법재판소 판례에 나타난 기본권보호의무의 무한정한 승인에 대한 비판에 더욱

---

125) BVerfGE 89, 1, 5.
126) BVerfGE 79, 292, 302 f.; 68, 361, 368.

재료를 제공한다.

(a) 보호방법에 관한 기준

국가의 보호의무에 관한 판례들에서 연방헌법재판소는 보호의 방법을 결정할 입법자의 형성자유를 강조한다. 그렇지만 다양한 공식과 종래의 재판실무(상술 II 4 참조)는 연방헌법재판소가 억제를 위해서 지불한 모든 노력에도 불구하고, 어떤 범위의 불안정성을 보여준다. 이것은 반드시 사안 그 자체에 기인하는 것은 아니며 연방헌법재판소의 심사기준이 아직 충분히 명백하게 마련되지 아니한 것에도 기인한다. 그것은 결국 기본권 보호의무에 관한 재판의 방법이 아직 실험적으로 범위가 팽창하고 있는 데에도 관련된다.

보호방법에 대해서는 약간의 기준을 열거할 수 있다. 그 일부는 이미 상술한 것에서 명백해지며, 일부는 다시 이유를 필요로 한다.

— 보호의 방법은 보호한다는 것(Daß des Schutzens)을 전체적으로 보아 환영(幻影)으로 만들어서는 안 된다.[127]

— 입법자는 헌법상 최대한의 보호의 제공을 의무지우고 있지는 않다. 최대한의 보호는 보호에 대한 요구를 항상 더 요구하며,[128] 보호의 방법을 완전하게 헌법재판소의 인식에 복종시키게 될 것이다.[129]

— 보호는 법치국가의 규준들을 준수하지 않으면 안 된다.[130] 즉 보호의무이행을 위해서 생기는 제3자에 대한 침해는 법률의 근거를 필요로 한다.[131]

— 보호를 하는 입법자는 비례원칙에 구속된다. 왜냐하면 제3자의 공격에 대항한 보호는 통상 제3자의 기본권을 제한하기 때문이다. 이 때문에 제한에 즈음하여 고려해야 할 비례원칙은 보호의 구축에 대해서도 작용을 미친다.

(b) 비례원칙의 의의

시민의 기본권에 대한 국가의 침해가 합헌인가의 여부의 통제에 대해서는 적합성 · 필요성 · 좁은 의미의 비례성의 원리들로 이루는 비례원칙 내지는 과잉금지(Übermaßverbot)가 재판을 나중에 집행하는데 가능한 결과에로 인도하며, 합리적인 심사규준인 것을 실증하고 있다. 물론 입법자의 형성자유의 부담이 되는 불명확함이

---

127) 이것을 Otto Depenheuer, Der Mieter als Eigentümer?, NJW 1993, S. 2561, 2564가 적절하게 지적하고 있다. 이에 대한 일반적인 비판으로서 Konrad Hesse, Verfassungsrecht und Privatrecht, 1988, S. 23 ff.

128) 이에 대해서 상세한 것은 Starck, Praxis der Verfassungsauslegung, S. 86 ff.

129) 이것을 정당하게 비판하는 것으로서 Böckenförde (Anm. 34), S. 13, 29.

130) 이것 일반에 대해서는 Michael Sachs, in: Stern (Anm. 1), S. 738.

131) 이에 관해서는 특히 Rainer Wahl/Johannes Masing, Schutz durch Eingriff, JZ 1990, S. 553, 555 ff. 참조.

연방헌법재판소가 예측이나 사실에 관한 판단을 사후심사하는 경우 등에 생기는 것을
망각해서는 안 된다.[132]

  그러면 보호의무의 방법에 관한 규준으로서 과잉금지를 어떻게 활용할 것인가? 학설
에서는 과잉금지에 법률에 의한 보호의무의 내용형성을 제어하는 것으로서의 과소금지
(Untermaßverbot)를 대치시킨 것이 있다.[133] 이것은 연방헌법재판소에 의해서도 호의적
으로 채택되었다.[134] 얼핏보면 과소금지는 입법자의 형성자유에 과잉금지와는 다른
측면에서 제약을 가하는 것이며, 그 결과 입법자가 이들 두 개의 금지의 좁은 사이에
빠지는 것으로 보인다. 침해의 상한인 과잉금지와 보호의 최소한인 과소금지와의 관계를
상세하게 고찰하면 다음의 것이 명백해 진다.[135]

  ― 먼저 **보호해야할 법익**에 관하여 기본권의 모든 제한은 보호할 가치 있는 법익의
존재를 요구한다. 보호의무의 사안에서 법익보호는 헌법의 요청이다.

  ― 입법자가 선택한 수단은 보호에 대해서 적합해야 한다. 적합하지 아니한 수단은
자유의 보장이라는 관점에서 볼 때 법익이 보호되지 않으므로 자유가 제한된다는 이유에
서, 과잉금지에 위반될 뿐만 아니라 이것은 법익이 보호되지 않기 때문에 국가의 보호의무
를 충족하지도 못하며 과소금지에도 위반된다.

  ― 기본권침해는 필요적이어야 한다. 즉 입법자는 실효적이거나 가장 완화된 수단으로
만족해야 한다. 이것으로부터 보호에 관하여 자유를 희생으로 한 과잉조치가 포기되어야
한다는 것이 귀결된다.

  ― 좁은 의미의 비례성 또는 기본권침해의 기대가능성(Zumutbarkeit)은 보호가 이미
더 이상 기대하지 못하는 침해를 야기하는 곳에서, 즉 당해 법익의 보호가 자유에 대한
침해를 이미 정당화할 수 없는 곳에 한계에 달하는 것을 의미한다.

  비례원칙을 뒷면에서 묘사한 이상의 논술은 대응하는 제3자의 기본권에 대한 제한에
서 어떻게 강한 합리성이 보호의무의 방법에 대해서 생기는가를 보여준다.

  기본권제한에 있어서 과잉금지와 보호방법에 대한 요청으로서의 과소금지 사이에는,
즉 내재적 관련이 성립한다. 그렇다고 하여 헌법의 통제력의 정도나 이에 대응한 입법자의
형성자유의 정도는 자유의 제한의 경우와 보호의무 실현의 경우에 동일한 것일까? 어떤
법익의 보호에 적합하지 아니한 것은 자유를 제한하는 것도 허용되지 않는다. 그러한
한에서 전제조건은 동일하다. 필요성에 대해서도 자유에 대한 침해의 정도가 보다 적은

---

132) 특히 BVerfGE 50, 290, 333 m.w.N. 참조.

133) Claus-Wilhelm Canaris, Grundrechte und Privatrecht, AcP 184 (1984), S. 201, 223 ff.; ders.,
  Grundrechtswirkungen und Verhältnismäßigkeitsprinzip in der richterlichen Anwendung und
  Fortbildung des Privatrecht, JuS 1989, S. 161, 163 f.; Götz (Anm. 29), S. 1925 ff.; Isensee (Anm.
  116), S. 191.

134) BVerfGE 88, 203, 254 참조.

135) 이에 대해서는 Starck, Praxis der Verfassungsauslegung, S. 88 f. 참조. 또한 Karl-Eberhard Hain,
  Der Gesetzgeber in der Klemme zwischen Übermaß-und Untermaßverbot? DVBl. 1993, S. 982
  ff.도 참조.

수단을 사용하여 보호를 충족할 수 있는가의 여부가 심사되기 때문에, 법익이라는 시각에서 고찰하는 것이다. 어떤 수단이 적합하지 않고 필요한가의 여부의 판단은 자주 어려움이 따른다. 왜냐하면 사실이 평가되고 예측이 서야 하기 때문이다. 이에 따르는 불확실성은 보호의 충족도를 심사하는 경우에도 침해의 과잉을 심사하는 경우에도, 동일하게 발생한다. 어떤 침해가 필요하고 완만한가의 여부를 알고 싶다면, 그 침해의 보호에 적합 여부를 조사하지 않으면 안 된다. 사실의 평가와 예측에 대해서 생기는 불확실성은 입법자의 형성자유에 유리하게 작용하며, 형성의 자유는 침해의 관점에서도 보호의 관점에서도 완전히 같은 곳까지 미친다. 입법자와 법률을 적용하는 법관에게 부과된 헌법상의 보호의무와 사회에서의 평화상태에 대해서 부담하는 그들의 책임은 기본권의 한계라는 시점에 보다 강하게 눈을 돌리게 한다. 좁은 의미의 비례원칙에서는 보호의 이익과 자유에 대한 제약 간의 관계가 나타난다. 여기서 자유에 대한 침해라는 시점에서 기대가능성에 대해서 해답을 준다. 그 결과 보호를 위해서 기대가능이라는 침해가 존재하지 않기 위해서 보호가 단념되지 않으면 안 되는 경우도 생길 수 있다. 그러나 이 심사단계에서도 국가의 보호의무는 진지하게 받아들이지 않으면 안 된다.

(c) 입법부작위

개인적 법익을 보호하기 위해서 제3자의 권리를 제한하는 법률이 존재한다면, 과연 보호가 충분한가 여부를 심사하는 데는 비례원칙의 기준들에 의거하면 족하고, 보호의 방법에 대해서 연방헌법재판소 자신이 적극적으로 발언할 필요는 없다. 법률이 결여된 경우에는 보호의 방법은 심사할 수 없다. 입법자는 침해 또는 그 밖의 조치를 통한 보호를 과연, 그리고 또 어떻게 행하는가를 스스로 결정하지 않으면 안 된다. 헌법재판소는 내용의 구체화는 하지 않고 보호의무 내지는 대응하는 이의신청인의 청구권의 성립을 확인할 수 있을 뿐이다. 즉 보호청구권은 기본법의 기본권의 전형에서 도출된 직접적으로는 타당하지 아니한 기본권이다. 아직 법률로써 규율되지 아니한 영역에서는 보호청구권의 직접적 타당성을 연방헌법재판소가 연방헌법재판소법 제35조의 집행규정에 근거하여 스스로 보호적 규율을 발하는 것으로 획득할 수도 없다. 그렇다면 연방헌법재판소는 보호문제의 최초의 규율발안자가 되며, 입법자의 정치적 형성자유의 핵심으로 돌진하게 될 것이다.

연방헌법재판소에 남은 것은 보호의무의 이행을 입법자에게 최고하는 것뿐이다. 보호방법에 대해서 재판소는 예컨대 상술한 규준들에 대해서 일반적인 선명을 할 수 있을 뿐이다. 입법자에 의한 보호의 시도가 선행하는 경우에 한하여 과연 그것이 보호청구권에 적합한가의 여부를 심사할 수 있다.

3. 결론

보호청구권은 기본법 제1조 3항에 반하여 직접 타당한 법은 아니다. 보호청구권은 입법을 전제로 한다.

법률에 의한 보호가 제3자의 기본권에 대한 침해를 수반하는 경우, 과연 보호가 효과적인가의 여부의 인정에는 비례원칙을 심사기준으로서 사용할 수 있다.

침해를 수반하지 않고 보호가 행해지는 경우에, 보호의 효과는 다른 방법에 의한 확인이 시도되어야 한다.

입법자가 모든 보호를 태만히 한 경우, 헌법재판소는 그것을 지적하고 비난하는데 그쳐야 하며, 헌법재판소가 스스로 보호규정을 발하거나 특정한 규정의 제정을 의무지울 수는 없다.

일반적인 법률상의 규율이 타당한 경우에, 보호의무는 이른바 기본권의 간접적 제3자 효력을 통해서 실효적으로 될 수 있다.

연방헌법재판소는 다음의 것에 책임을 진다.

— 보호의 내용형성에 관한 입법자의 정책적 재량을 재판실무와 그 이유 제시에서 유지하고,

— 방어권의 직접적 타당력에의 침식을 회피하기 위해서 견고한 방어권과 완만한 보호의무와의 구조상의 차이를 자각하는 것이다.

3. 헌법보장으로서의 인간의 존엄*

크리스티안 슈타르크

《차 례》

---

*   Christian Starck, Menschenwürde als Verfassungsgarantie im modernen Staat, in: Juristenzeitung 1981, S. 457-464. jetzt in: ders., Der demokratische Verfassungsstaat, Tübingen: J. C. B. Mohr 1995, S. 186-203.

I. 기본법에서의 인간의 존엄보장

1. 문 제

헌법보장으로서의 인간의 존엄보장이라는 테마는 「기독교 · 세속화 그리고 근대법」이라는 문제설정과 관련하여 중심적인 법교의상의 문제를 제시한다. 국가와 공동체에서의 인간의 지위에 관한 최고의 실정화된 법원(法源)으로서의 기본법 제1조 1항의 기본적인 언명은 중요하다.[1] 즉 「인간의 존엄은 불가침이다. 이를 존중하고 보호하는 것은 국가권력의 의무이다」라고.[2] 인간의 존엄의 원용은 이미 1937년의 아일랜드 헌법 전문에 발견된다. 1947년의 이탈리아 헌법은 그 제47조에서 인간의 존엄은 사적 · 경제적 창의를 한계지우는 것으로서 규정하고 있다. 1948년의 세계인권선언 제1조에 의하면, 모든 인간은 「태어나면서부터 자유롭고 존엄과 권리에서 평등하다」라고 규정하고 있다. 1975년 이래 새로이 발포된 서유럽 국가들의 네 개의 헌법 — 스웨덴 · 포르투갈 · 스페인 · 그리스 — 모두, 그리고 스위스 헌법전면개정 초안은 인간의 존엄을 정치질서의 기초로서 위치지우고 있거나,[3] 또는 인간의 존엄보장을 기본권 카탈로그의 시초에 열거하고 있다.[4] 유럽 국가들의 비교적 최근의, 또는 아주 최근의 헌법제정에서의 인간의 존엄의 이와 같은 현상에 비추어, 기독교 · 세속화 그리고 근대법을 둘러싼 심포지엄의 범위에서 존엄보장을 검토하는 동기는 충분하다.

이 심포지엄에서는 한편으로는 기독교가 어디까지 근대법의 형성에 영향을 미쳤는가 더구나 휴머니즘 · 계몽주의 그리고 혁명을 통해서 직접적으로 또는 간접적으로 어디까지 근대법의 형성에 영향을 미쳤는가 하는 **역사적인 문제**가 취급되었다. 그러나 다른 한편, **현실적이며 장래적인 문제**도 심포지엄의 테마 속에서 들어간다. 즉 근대법이 도덕적이며 정신적 근원을 기독교 중에 가지고 있다면, 그 경우에 법이나 법제도가 손상되거나 또는 근본적으로 변화되지 않고 법이라는 것이 기독교적 근원에서 (망각에 의해서도) 어디까지 분리될 수 있는가? — 그때에 여기서 검토할 수 있는 인간의 존엄이 중심적인 역할을 담당한다. 왜냐하면 인간의 존엄은 국가에 대한 인간의 관계에 대한 열쇠개념으로서,[5] 국가의 근본기초에 관련되며 국가적인 조직이나 임무의 수행과 아울러 자유의

---

1) Günter Dürig, Der Grundrechtssatz von der Menschenwürde, AöR 81 (1956), S. 117 ff., ders., Die Menschenauffassung des Grundgesetzes, JR 1952, S. 259 ff.; Hans Carl Nipperdey, Die Würde des Menschen, in: Die Grundrechte, Bd. 2 (1954), S. 8 ff.

2) 유사한 규정은 다음의 서독 란트 헌법들에 있다. 바덴-뷔르템베르크 헌법(1953) 전문; 바이에른(1946) 전문과 제100조; 브레멘(1947) 제5조 1항; 헤센(1946) 제3조; 라인란트-팔츠(1947) 전문; 자알란트(1947) 제1조; 노르트라인-베스트팔렌(1950) 제7조 1항 교육목표로서 등등.

3) 스웨덴 제3장 제21조; 포르투갈 제1조; 스페인 제101조.

4) 그리스 제2조; 스위스 제8조.

보장에 법적인 작용을 전개하기 때문이다.

2. 기본법에서의 인간의 존엄보장의 성립

기본법을 둘러싼 자료는「헌법의 제정자들이 인간의 존엄에 대해서 어떻게 생각하고 있었는가 하는 점에 대해서 일정한 실마리를 제공한다. 이 문제에 대해서 어느 정도의 일치가 보여졌던 기본법 제1조의 문언 아래 자연법과 결부될 수 있는가, 또는 자연법의 불확실성 때문에 오히려 자연법을 도외시할 것인가 하는 논의에서 중요한 역할을 하고 있다. 국회의원 슈미트(Schmid) 박사(사회민주당)는 이렇게 말하여「역사적인 자연법의 개념」을 변호한다. 즉「역사적 발전의 이러한 영역에서 우리들 독일인은 국가에 의해서 침해되지 않는 것으로서 이런 저런 자유를 인간에게 보장하는 자유의 기준 아래 준비가 되어 있지 않으며」,[6] 인간의 존엄은 국회의원 호이쓰(Heuß) 박사(자유민주당)에 의해서 「해석되지 않는 테제」라고 불린다.[7]

인간의 존엄에 대해서 어떻게 생각하고 있었는가는 헌법제정회의 전문위원회[8]에서 의 국회의원 제봄(Seebohm) 박사(독일당), 호이쓰 박사, 슈미트 박사 그리고 쥐스터헨 (Süsterhenn) 박사(기독교 민주동맹) 간에 행해진 논의에서 명백해진다. 인간의 존엄보장과 밀접한 관계에 있는「불가침이며 불가양의 자유권과 인권」의 보장 아래,「신에 의해서 부여된」(von Gott gegeben)이라는 문언을 삽입해야 한다는 국회의원 제봄 박사의 제안이 문제가 되었다. 제안자는 다음의 것이 필요하다고 생각하였다.

> 「자유권과 인권의 이러한 유래를 기본법 중에 명확하게 표현해 둔다는 것이다. 실로 인간은 인간에게 복종하는 것이 아니라 오히려 인간이 신에 의해서 주어진, 인간 자신 속에 가지고 있는(Gesetz), 즉 자신의 양심이라는 형태로 인간에게 주어진 것에 복종하는 경우에만 참으로 자유롭게 된다. 자신의 양심에 의해서 규정된 자유로부터 책임감이 발전하며, 그리고 그 책임감이 인간과 단지 사회적으로만 활동하는 능력이 주어질 때, 신에 의해서 주어진 양심으로부터 자유권이나 인권을 찾는 인간의 요구(Anspruch)도 또한 발전한다. 이러한 발전은 이들 자유권이나 인권이 신에 의해서 인간에게 부여되고 있으며, 그러므로 신에 의해서 인간에게 부과한 의무의 범위에서 이들 자유권이나 인권이 보장되어야 한다는 것을 인간이 끊임없이 자각할 것을 전제로 한다.

---

5) 예컨대 Roman Herzog, Evangelisches Staatslexikon, 1966, S. XXX.
6) 기본법 조문들의 성립사(포괄적인 작업)에 대해서는 v. Doemming/Füßlein/Matz, JöR 1 (1951), S. 48 f.
7) JöR 1 (1951), S. 49.
8) Parlamentarischer Rat, Verhandlungen des Hauptausschusses Bonn 1948/49, 42. Sitzung v. 18. 1. 1949, S. 529-531.

이러한 진리를 여기서 명확하게 표현하기 위해서 우리들은 이 세 개의 문언
즉 "von Gott gegeben"(신에 의해서 부여된)을 삽입하기를 바라는 것이다」.

국회의원 호이스 박사는 신학과 관련이 없는 헌법제정의 세속적 성격을 지적하였다.
거기에서 호이스 박사는 「제봄 박사가 표현하는 기본적 태도를 승인함에 있어서 신의
원용을 여기서 함께 삽입하는 것에 대해서는 찬성할 수 없다」고 서술한다. 국회의원
슈미트 박사는 갈레 선(船)에 묶인 노예도 가지고 있는 기독교 교도의 자유와 헌법이
부여할 수 있는 자유권 간의 차이를 지적하였다. 이에 대해서 국회의원 쥐스터헨 박사는
이렇게 응답한다.

「우리들은 이 제안으로 신학을 하려는 것은 결코 아니다. 우리들은 기독교
교도의 자유의 문제도 여기서 헌법에 끌어들이려는 것이 아니다. 다만, 우리들
은 이 제안으로 이러한 자유권이 신에 의해서 인간에게 부여된 것이며, 그러므
로 우선 먼저 국가에 의해서 부여된 것이 아니라는 것을 말함으로써, 이러한
자유권의 전국가적 성격을 지금까지 존재한 문언보다도 나아가 명확하게 강조
하였으면 하고 생각한 것뿐이다. 「불가침이며 불가양」이라는 문언으로 이러한
관념이 약간이나마 이미 상기된다고 아마 말할 수 있을 것이다. 그러나 우리들
에게 중요한 것은, 우리들이 「신에 의해서 부여된」이라는 문언을 삽입함으로
써 이 관념을 보다 명확하고, 또 보다 의미 깊은 것으로서 표현하는 것이다.
그럼으로써 이들 권리의 불가침성이 표현되는 것이다. 따라서 우리들로서는
신학적인 의도를 이 제안에 결부시키는 것은 아니다」.

국회의원 호이스 박사는 나아가 그 의도에서 찬성이라고 서술하는데, 그러나 국가의
기본법을 제정하는 경우에 그 개념은 전국가성에 기여하는 것이 아니라는 의견이었다.
국회의원 제봄 박사는 「신에 의해서 부여된」이라는 문언의 삽입을 제안함으로써 「우리들
국민과 모든 뒤의 기본법의 독자에게 이들 자유권이 어디에서 유래하는가, 그리고 모든
독일인에 대한 매우 중대한 책임이 자유권의 보장과 결부되어 있다는 것」을 주의시키려고
하였다. 국회의원 그레브 박사(사회민주당)는 개인적으로는 이들 자유권이나 인권은 신에
의해서 부여된다는 견해는 아니며, 그러므로 제봄 박사에 의해서 제안된 견해는 「적어도
객관적인 것의 성격을 가지는 것은 아니다」라고 서술한다. 국회의원 슈미트 박사는
렌너 의원(독일 공산당)의 의견표명과 대결하여 기본권의 선언의 성립에 대한 영국의
청교도주의의 의의를 지적하였다. 국회의원 제봄 박사의 제안은 표결에서 11 대 10으로
부결되었다.

이상에서 재현된 논의는 의원들이 철학적 내지 역사적 근거에서 인간의 존엄과 여기에
서 필연적으로 생겨나오는 인권에 헌법을 통해서 국가에 의해서 승인된 높은 지위를

인정한 것을 보여준다. 의문의 여지없이 헌법제정자는 인간의 존엄을 보장함으로써 우선 국가사회주의정체(나치스)의 인간경시에 대응한 것이며,[9] 그 때문에 서양의 전통인 국가에 대한 인간의 우월성에 결부시킨 것이다.[10]

3. 인간의 존엄보장에 관한 해석보조

(a) 기본법의 인간의 존엄보장의 내용을 명확하게 하기 위한 실정법상의 해석의 실마리가 되는 것은, 인간의 존엄과 인과관계에 (「그 주위에」) 있는 인권(제1조 2항)과 이에 근거하여 규정된 **기본권**(제1조 3항)이다. 즉 타인의 권리나 도덕률의 틀 안에서 인정되는 인권의 발전을 구하는 권리, 인간의 존엄의 물리적인 기초로서의 생명권, 평등, 학교나 교육에 대한 강한 보장을 포함한 신앙의 자유를 구하는 권리, 부모의 권리, 명예보호와 청소년보호의 한계 내에서 자유로운 정신적 커뮤니케이션을 구하는 권리, 혼인과 가족의 보호, 소유권의 보장과 소유권자의 의무, 사형폐지와 법적 청문 등이다.

(b) 나아가 전문의 **신에 대한 책임**의 원용이 인간의 존엄개념을 명확하게 하기 위해서 중요하다. 신의 원용[11]은 다른 현행 헌법들 중에 마찬가지로 발견되며,[12] 최근에는 1977년의 스위스 헌법초안에 다시 규정되고 있는데,[13] 확실히 규정가치를 획득함에 틀림없다. 물론 이 규정가치는 예컨대 일반적인 초월관계(allgemeine Transzensbezug), 인간의 형이상학적 지위, 그리고 동시에 모든 국가권력의 상대성이라는 신조의 의미에서 (소극적으로도) 신앙의 자유의 보호와 모순되는 것은 아니다. 인간의 존엄의 형이상학적 기초는 그 법적 핵심에서 국가적 또는 사회적 세력들에 의한 전체적인 처분(totale Verfügung)으로부터의 인간의 궁극적인 보장을 의미한다.

(c) 기본법 제1조 2항에서의 **평화와 정의**의 결합은 정의 없이 평화는 있을 수 없으며, 또한 평화를 희생으로 한 정의(의 이상)도 있을 수 없다는 것을 의미한다. 이러한 언명의 기초가 된 것은 인간의 존엄보장의 정밀화(Präzisierung)를 승인하는 인간상이다. 「지상에

---

9) 국회의원 폰 망골트(v. Mangoldt) 박사의 보고는 이것을 명확하게 서술하고 있다. Parl. Rat (Anm. 8), S. 306. 나아가 입안된 전문의 단락의 본문은 S. 310 즉 「… 자의와 폭력의 시대 뒤에 구래의 자유권이나 모독된 인간의 존엄을 보호하고 지킬 결의에서」.

10) 기본법 전문; 프랑스 인권선언(1789년) 제2조; 버지니아 권리장전(1776년) 제1절 참조.

11) 교육목적으로서의 신에 대한 외경은 다음의 서독 란트 헌법들에 있다. 바덴-뷔르템베르크 제12조 1항, 바이에른 제131조 2항, 노르트라인-베스트팔렌 제7조 1항, 라인란트-팔츠 제33조, 자알란트 제30조.

12) 1874년의 스위스 헌법 전문; 1937년의 아일랜드 헌법 전문; 1975년의 그리스 헌법 전문을 참조.

13) 이 점에 대해서는 전문위원회의 보고, 1977, S. 18 참조. 신의 원용에서 「명백하게 되는 것은 스위스 국민은 자신의 국가를 최고의 것으로 간주한다는 것이 아니라 오히려 인간의 존엄에 가치 있는 공동생활의 질서의 실현을 위해서 신의 위탁을 승인하고 있다는 것이다. 모든 인간적인 것을 능가하는 의무의 범위에의 암호로서 형식은 무신론자조차 받아들일 수 있는 것이다. … 이와 같은 방법에 의한 헌법의 전문은 특정한 세계관에로 의무지움을 수반해서는 안 되며 오히려 단지 인간이나 국가를 그 자체에 기초지우지 않는다는 기본 자세를 서술할 뿐이다. 그 때문에 입구(der Ingreß)는 전문의 문언 ― 이것은 서양의 윤리학이 세속화된 형식에 반사하는 것을 시도한 것이다 ― 에 의해서 보충하지 않으면 안 된다」.

신의 나라」 또는 완전한 정의를 실현하려는 국가권력은 인간의 존엄을 그르치는 것이다.

4. 독일의 법실천에서의 인간의 존엄보장

재판에 의해서 인간의 존엄보장에서 도출된 일정한 금지나 명령(Verbote und Gebote)
은 **법실천**(입법과 강화된 사법)에서 존엄보장의 법적 내실이 어떻게 이해되고 있는가
하는 존엄보장의 법적 내실을 발견하기 위한 유익한 기초자료이다.[14] 개개의 보장이
인간의 존엄에서 어떻게 도출되는가, 그리고 그와 함께 인간의 존엄에 대해서 무엇이
이해되는가 하는 시사가 재판소의 판결이유에서 명확하게 된다. 인간의 존엄은 국가만을
의무지우는 것이 아니라 인간 동포에 대해서 인간도 의무지우기 때문에 다음에 문제가
되는 것은 국가에 의한 존엄의 존중만이 아니라(a), 인간의 존엄의 보호도 또한 문제로
된다(b).

(a) 기본법 제102조에 의한 **사형**의 폐지는 연방헌법재판소의 견해에 의하면,[15]
「인간의 생명의 원칙적 가치에 대한 신조이며, 또한 개인의 생명을 전혀 중요시하지
않고, 따라서 시민의 생사에 대해서 월권적인 권리를 무제한하게 남용하는 정치관에
강력하게 반대하는 국가관에 대한 신조」이다.

연방헌법재판소는 인간다운 **종신형**의 집행요건에 대해서「다시 자유를 공유하게
될 기회」가 유죄의 선고에는 남아있다고 판시하고 있다.[16] 법치국가원칙으로부터의
현저한 요청에도 불구하고, 종신구류형의 선고를 받은 자에게 그 자의 자유를 회복하는
기대를 남기는 은사제도는, 인간의 존엄보장에서 결론으로 나오는 것이다.[17] 연방헌법재
판소는 그 이유로서 다음과 같이 서술한다.[18] 즉 범행자는 자기의 헌법상 보호된 사회적인
가치의 요청이나 존중의 요청이 침해되고 범죄방지의 단순한 객체로 되어서는 안 된다
라고. 인간의 개인적이며 사회적 존재의 기초적인 전제들은 보호되어야 한다. 국가는
인간다운 생활 일반을 우선 형성하는 인간의 최저한도의 존재를 항상 보장하여야 한다.
자유를 회복할 기회도 없이 국가가 강제적으로 인간의 자유를 침해하는 것을 당연한
것처럼 요구하는 경우에는, 이와 같이 이해된 인간의 존엄과는 양립하지 않는다. 잔인하고
현저하게 가혹한 형벌은 독일 재판소들의 판결에 의하면 인간의 존엄에 반한다.[19] 바이에
른 헌법재판소는 이것을 다음과 같이 이유를 설명한다.[20] 즉「인격(Person)으로서의

---

14) Anm. 1 sowie Günter Dürig, in: Maunz/Dürig, Kommentar zum Grundgesetz, Art. 1 (1958);
   Reinhold Zippelius, Bonner Kommentar, Art. 1 Rdnr. 7 ff.; Philippe A. Mastronardi, Der
   Verfassungsgrundsatz der Menschenwürde in der Schweiz, 1978 passim; ders., Die
   Menschenwürde als Verfassungsgrundsatz in der Schweiz, JöR 28 (1979), S. 469, 479 ff.
15) BVerfGE 18, 112 (117).
16) BVerfGE 45, 187, 243 ff.
17) BVerfGE 45, 187, 245는 나아가 널리 자유박탈의 파기에 관한 법적 결정을 요청하고 있다.
18) BVerfGE 45, 187, 228 f.
19) 예컨대 BGHSt 3, 110, 119; BVerfGE 1, 332, 348; 6, 389, 439; 45, 187, 228.

인간은 최고의 정신적이며 도덕적 가치들의 담당자이며 상실하지 않는, 그리고 공동체의 모든 요구에 대해서도 특히 국가나 사회의 모든 정치적이며 법적 간섭에 대해서 독립이며 불가침인 도덕적인 독자적인 가치를 체현하는 것이다」라고. 성범죄자의 거세나 고문도 잔인한 형벌에 속한다.[21]

형사절차상 **인간에 대한 심문**은 그 자의 인간의 존엄을 존중하지 않으면 안 된다. 따라서 심문수단으로서의 마취분석, 거짓말 탐지기, 자백제, 최면술과 고문은 인간의 존엄의 관점에서 금지된다.[22]

독방의 **기결수**는 장기간에 걸쳐 외계와 다른 기결수로부터 완전히 고립하여 수용되어서는 안 된다. 왜냐하면 인간이 다른 인간과 접촉할 수 있는 것은 인간의 존엄에 귀속하기 때문이다.[23]

법적 심문의 보장(기본법 제103조 1항)은 인간의 존엄의 직접적인 귀결로 생각되고 있다.[24] 연방헌법재판소의 판결에 의하면,「인격의 존엄은 그 당국의 지시에 의해서(von Obrigkeits wegen) 손쉽게 그 사람의 권리를 자유롭게 처분할 수 없다는 것」을 요청한다. 즉 「개인은 재판관에 의한 판결의 단순한 객체에 불과한 것이 아니라, 자기의 권리에 관련된 판결 전에 절차와 그 결과에 영향을 미칠 수 있기 위해서 발언의 기회를 가진다」.[25]

국가가 강제적으로 인간의 전체 인격을 기록하거나 등록하거나 그와 함께 마치 모든 점에서 재고목록(Bestandsaufnahme)에 접근할 수 있는 물건처럼 인간을 취급하는 경우에는 인간의 존엄은 침해된다.[26] ― 무릇 정보수집과 관련하여 조사하거나 저장해서는 안 되는 것은, 생물적 또는 정신적인 인간의 배양으로(durch biologische oder geistige Menschenzüchtung)도 얻어서는 안 된다. 그것만으로 다수의 인간이 일정한 방향에서만 행동하고 생각하도록 인간을 정신적으로 폐쇄하는 것은 인간의 존엄과 합치되지 않는다.

(b) 인간의 존엄의 매우 중요한 기초로서의 생명은 인간의 존엄의 최고의 가치에 관계되기 때문에, 국가는 제3자의 침해에 대해서도 인간의 생명을 실효적으로 보호할 의무를 진다.[27] 억지적 효과를 가지는 형법의 발동이나 생명에 대한 침해가 예방할 수 있는 한, 예방적 효과를 가지는 경찰법과 실제로 활동하는 경찰의 유지는 이러한 목적을 위해서이다.

나아가 인간의 존엄은 다른 인간의 존엄을 침해하는 언론이나 기술이 금지되고 형법에 의해서 제재가 과해지는 것을 요청한다. 따라서 인간의 존엄은 예컨대 주민의 일부에

---

20) BayVfGH 8, 52, 57.
21) 유럽 인권협약 제3조: 누구든지 고문 또는 비인간적 또는 굴욕적 형벌 또는 취급에 복종되지 않는다.
22) §136 f. StPO i. d. F. v. 7. 1. 1975 (BGBl. I S. 129).
23) BVerfGE 49, 24, 64.
24) BVerfGE 7, 275, 279; 26, 66, 71.
25) BVerfGE 9, 89, 95.
26) BVerfGE 27, 1, 6.
27) BVerfGE 45, 187, 254. 생성중의 생명에 대해서는 BVerfGE 39, 1, 42 f., 49 f.

대한 증오(예컨대 인종적 증오나 계급적 증오)를 자극하거나, 또는 주민의 일부나 개인에 대한 폭력적인 조치나 자의적인 조치를 불러일으키는 말기적인 인간의 말살이라는 지능적인 준비에 의해서 침해된다.28) 형법상, 민법상의 명예보호도 존엄의 핵심에 있다.29)

(c) 판결에 의하면 국가에 대해서 침해금지(a)나 (제3자에 의한 존엄침해에 관련하여) 금지명령이나 제재명령(b)을 구할 뿐만 아니라 행위명령을 구하는 것도, 또한 인간의 존엄에 가치 있는 생존의 일부이다. 그러므로 국가는 육체적·정신적 결함 때문에 자신의 인격적·사회적 발전을 방해하거나 자신을 유지할 수 없는 시민에게 「인간의 존엄에 가치 있는 생존을 확보하기 위한 최저한의 조건을 보장하」지 않으면 안 된다.30) 연방헌법재판소는 복잡하고 위험한 과학기술의 발전에 비추어 금지명령이나 제재명령의 전면에 정보명령(Informationsgebot)을 전개한다.31) 즉 정보명령은 인간의 존엄 때문에 일어날 수 있는 위험을 조기에 인식하기 위해서, 권한 있는 국가기관에게 모든 노력을 구할 수 있으며 나아가 필요한 수단에 의해서 이러한 위험을 예방할 수 있기 때문이다.

II. 인간의 존엄의 정신적 기초

1. 고대와 기독교

인간의 존엄보장에서 보여진 인간상은 인간의 존엄의 선언이나 인간의 존엄의 보장이 역사적으로 인간이 종교적 에너지에서 살 수 없게 된 것은 아주 최근에 나타났다 하더라도, 발전사적으로는 기독교와 가장 밀접하게 결부되어 있다. 구약성서와 신약성서에 의하면 인간이 신의 형상(Ebenbild)으로서 창조되었다(예컨대 창세기 1: 27; 에베소서 4: 24)는 사정이, 모든 인간의 특별한 존엄의 기초이다.32) 여기서 인간에게는 이 세상에서의 뜻대로 되지 않는 독자적인 가치가 생겨 나온다. 왜냐하면 인간은 결코 단순한 객체나 수단으로 되어서는 안 되기 때문이다. — 고대 철학도 또한 인간의 존엄의 발전에 기여하고 있다. 즉 최초는 시민의 존엄의 발전에, 나중에는 세계주의적 의미에서의 모든 인간의 존엄의 발전에 기여한다.33) 인간의 특별한 존엄은 다른 모든 생물로부터 인간을 구별하는 이성의 소유와 의사의 자유 중에 보여진다. 존엄과 결합된 고대 기독교적인 자유의

---

28) §§ 130, 130a, 131 StGB.
29) BGHSt 11, 67 (71); BVerfGE 30, 173 (194).
30) BVerfGE 40, 121, 133.
31) BVerfGE 49, 89 (132).
32) Ernst Wolf, Die Freiheit und Würde des Menschen, in: Recht, Staat, Wirtschaft, Bd. IV (1953), S. 27, 32 ff.; Alfred Verdroß, Die Würde des Menschen als Grundlage der Menschenrechte, EuGRZ 1977, S. 207 f.
33) Felix Flückiger, Geschichte des Naturrechts, 1. Bd. 1954, S. 127 ff., 163 ff., 191 ff., 215 ff.; Hans Welzel, Naturrecht und materiale Gerechtigkeit, 4. Aufl. 1962, S. 41 ff.(박은정역, 『자연법과 실질적 정의』, 삼영사, 2002).

이념은 상당한 정도로 공동체에 구속되고 있었다. 인간은 항상 동포에게 의존하는 것으로 간주되고 있었다. 이 동포성은 도시국가(폴리스), 신자공동체, 일반적인 박애 그리고 연대관계 중에 나타나온다. 인간의 자유는 신의 법·자연법·도덕률에 결부되고 있었다.

기독교 신앙이나 기독교적 생활태도 — 창조주·중보자이며 구세주인 예수 그리스도와 아울러 성령에 의해서 인도되는 신자공동체(교회)와의 인간의 결합(종교) — 은 세속계나 자연계를 초월한다. 이러한 의미에서 초월 또는 형이상학에 대해서 말한다. 이러한 형이상학에서의 인간의 기초지움은 인간의 자유 아울러 평등이나 박애의 기초이다. 왜냐하면 모든 인간은 동일하게 인간의 모습이기 때문이다. 따라서 인간의 존엄은 단순히 인간의 자기결정(Selbstbestimmung)을 의미하는 것은 아니며, 오히려 모든 인간, 그러므로 또한 다른 인간의 독자적인 자치를 기초로 한 자기결정을 의미한다.

기독교에서 인간의 존엄을 도출하는 것에 대해서는 역사적 과정, 특히 교회에 의해서 용인되고 또한 조성된 사회의 신분제적인 구성, 중세의 신학자들에게 계수된 고대의 노예이론과 아울러, 이단자나 불신앙자를 박해하기 위해서 교회에 의해서 세속권력이 이용된 것 등이 제출될 수 있을 것이다. 인간의 존엄에 대한 기독교 교회의 과오 — 관용이 없었던 것에 대해서도 — 는 기독교에서 인간의 존엄을 도출하는 것과 모순되는 것은 아니다.34) 사회의 신분제적인 구성 — 교회도 그 중에 포함되어 있었다 — 은 존속한 공동체의 역사적인 형태로서 본래적으로 인간의 존엄과 모순되는 것은 아니다. 노예이론·불관용 그리고 불신자의 박해에 관해서는 오히려 다음의 것이 명백하게 될 것이다. 즉 인간의 존엄을 완성시키기 위해서는 역사의 경과 중에서 그 밖의 과정이나 정신적인 발전이 다시 첨가되지 않으면 안 되었다는 것이다. 이와 관련하여 기독교의 발전이 문제인가(헤겔) 또는 새로운 사조가 문제인가에 대해서는 의론하지 않기로 한다. 왜냐하면 그것을 문제로 삼은 곳에서 인간의 존엄의 이념의 성경적·고대적 기폭에 대해서는 변함이 없기 때문이다.

2. 정치철학

법실천에서의 인간의 존엄과 정치철학에서의 인간의 존엄은 별개의 것이다. 법실천에서는 먼저 존중되어온 존엄이 자유권의 기초였으며, 그리고 그것이 특히 인신보호협정(Habeas-Corpus-Pakten)에서 확약되었다.35) 이에 대해서 정치철학에서는 어떤 경우에 인간의 존엄은 그 기독교적인 유래를 명확하게 보여주는가 하는 것이 일반적으로 논해졌다. 예컨대 사무엘 푸펜도르프는 그의 정치적 사유에 대해서 중심이 되는 인간의 존엄개념

---

34) Georg Wilh. Friedr. Hegel, Philosophie der Weltgeschichte, 1. Hälfte : Die Vernunft in der Geschichte, hrsg. v. J. Hoffmeister, 1955, S. 47 ff.; Gerhard Ritter, Ursprung und Wesen der Menschenrechte (1949), in: R. Schnur (Hrsg.), Zur Geschichte der Erklärung der Menschenrechte, 1964, S. 205 ff.

35) Ernst Wolf (Anm. 32), S. 27, 34 f.; Bertrand de Jouvenel, Über die Staatsgewalt, 1972, S. 279 f.

을 신에 의해서 창조된 사회적인 인간의 본성에서 도출한다.[36] 인간의 존엄은 도덕적으로 구속된 인간의 자유[37]와 인간의 평등[38]의 기초라고.

칸트의 존엄개념은 인간의 도덕적 자율성에서 결론으로서 나온다.[39] 칸트는 푸펜도르프와는 대조적으로 자유나 존엄의 사회성(Sozialität)을 강조하기보다도 오히려 인간의 개성(Individualität)을 강조한다. 그렇지만 그 경우에도 인간은 의연히 도덕률 — 이 도덕률 중에는 자연법적인 전통이 포함된다 — 에 구속된다. 칸트는 도덕적 법칙에 대한 책무에 대해서 말한다. 과연 인간은 자유에 의해서 가능한, 또한 실천이성에 의해서 제시된 도덕의 왕국의 입법자의 일원이다. 그러나 인간은 그 왕국의 신민이며 그 군주는 아니라고. 도덕적 자율성 중에 가로 놓여 있는 존엄의 기독교적 기초는, 예컨대 칸트가 이렇게 서술할 때 다양한 곳에서 나타난다. 즉「피조물로서의 우리들의 낮은 단계를 오인하고, 신성한 법칙의 존엄(Ansehen)에 대한 자만을 거부하는 것은 이미 배반인 것이다」[40]라고. — 르네상스 시대 이래 신학적으로 방향지워온 형이상학적인 전통에서 서서히 개방된 인류학도 인간성이론(doctrina humanae naturae)으로서 박물학이나 인생체험을 포함하며, 그 중에서 기독교적 인간상을 생생하게 남기고 있다.[41] 물론 여기에는 예외적인 경우가 없는 것은 아니다. 즉 우리들이 홉스를 생각하면 알 수 있듯이, 인간이 서로 투쟁상태에 있는 상황 중에서 인간의 평등을 기초지우고 관찰하거나,[42] 인간의 존엄을 가지고 인간의 평가를 시민이라고 보는 경우에는 예외적인 경우가 될 것이다.[43]

3. 세속화

헤겔은[44]「먼저 게르만 민족이 … 기독교 중에서 인간은 인간으로서 자유라는 의식을 가지기에 이르렀다」고 생각하였다. 이러한 의식은 먼저 종교의 일부가 되고, 그리고 고통스런 과정 중에서 비로소「세속적인 것」에 적용되었음에 틀림 없다 라고. 헤겔은 종교개혁,[45] 계몽주의,[46] 혁명[47] 등에 자유의 의식에서의 진보로서의 세계사를 보았다.

---

36) Samuel Pufendorf, De iure naturae et gentium, lib. 1, cap. III § 20; lib. 3, cap. II § 1: Hans Welzel, Die Naturlehre Samuel Pufendorfs, 1958, S. 47 ff.

37) Pufendorf, aaO. lib. 2, cap. I § 5.

38) Pufendorf, aaO. lib. 3, cap. II §§ 1, 2.

39) Immanuel Kant, Grundlegung zur Metaphysik der Sitten, hrsg. v. K. Vorländer, 1920, S. 56 ff. (백종현 옮김,『윤리형이상학 정초』, 아카넷, 2005).

40) Immanuel Kant, Kritik der praktischen Vernunft, hrsg. v. K. Vorländer, 1929, S. 96 f.(최재희역,『실천이성비판』, 박영사, 1975).

41) Udo Marquard, Art. "Anthropologie", in: Hist. Wb. Philos. I (1971), Sp. 363 ff.

42) Thomas Hobbes, Leviathan, cap. XIII (진석용 옮김,『리바이어던』, 나남, 2008); ders., Vom Bürger, cap. I 3 (이준호 옮김,『시민론』, 서광사, 2013).

43) Hobbes, Leviathan, cap. X.

44) Hegel (Anm. 34), S. 62.

45) Hegel, Philosophie der Weltgeschichte, zweite Hälfte, hrsg. v. Lasson, 2. Aufl., unveränderter Nachdruck 1976, S. 877 ff.

헤겔에 의하면 근대 세계와 근대법은 기독교의 싹에서 발전하였다. 근대 세계의 장해물로
서가 아니라 원천으로서의 기독교는 두 개의 관념을 배제하는데, 한편으로는 근대 세계는
기독교에 대해서 억지로 얻어내었다는 관념과, 다른 한편으로는 근대 세계에 대해서
기독교의 유산이 지켜져야 한다는 관념이다.[48] 세속화라는 것은 현세에서의 싹의 발전과
그 현실화를 의미한다.

　　이러한 의미에서 나중에 발전해 가는 개인주의 ― 개인주의는 신과 인간의 직접적인
관계에서 결국은 신학적으로 기초지워지는데, 그러나 이를 초월하여 광범위하게 사회생
활에서 그 효과가 나타나며, 그리고 개인을 국가와 대립시키는 인권선언에서 최고로
절정에 달한다 ― 의 싹 역시 기독교에 있다. 그러한 한에서 에른스트 볼프는 적절하게도
인권선언을 「기독교적 서양국가의 종교의 소산」[49]이라고 평가한다. 이러한 소산은
고전적인 세속화의 과정에 근거하고 있다. 사회생활에서는 개인주의가 신학적으로 기초
지워진 것이 아니라 오히려 동포나 박애로 일관하였을지라도, 신과 인간과의 관계에서
순수하게 신학적으로 기초지워진 개인주의는 사회생활에 영향을 미친다. 물론 인권은
국가 ― 국가는 사회적 관계들의 조직과 동일시되어서는 안 된다 ― 에 대한 인간의
권리로서 정식화되고 있다. 인권으로서의 개인주의가 비록 실생활과 민법에서 강화되고
관철되었다는 것은 간과해서는 안 될지라도, 시민과 국가 간의 개인적 권리의 범위의
한정(individualrechtliche Spärenabgrenzung)이 기계적으로 인간 상호의 관계를 지배해야
할 것은 아니다.

4. 자유주의와 실증주의

　　19세기의 정치와 법률의 저술가들은 보다 명확하게 인간의 존엄 ― 물론 이 개념이
사용되지는 않았지만 ― 에 기초를 둔 내면적인 인간의 자유에서 출발하고 있다. 칼
폰 로텍[50]은 다음과 같이 인간에서의 능력을 전제로 한다. 즉 「두 개의 충동 간의 선택,
즉 감성과 이성간의 자립적 결정과 자의적 결정을 인간에게 가능케 하는 능력이다.
그리고 이 경우 인간은 감성적으로 결정하거나, 또는 이성적으로 결정하는가는 동일하게
자유이다. 그러한 능력 ― 여기서는 단지 형이상학적 자유의 본질, 즉 절대적으로 내면적인
자유의 본질만이 있을 수 있는데 ― 을 승인하는 것은 바로 한계 없는 것과 불가해한
것인데, 그러나 그럼에도 불구하고 도덕적 책임에 대한 필요한 조건이다 …」. 급진적
민주주의자인 구스타프 폰 슈트루베(Gustav v. Struve)[51]는 국가학사전의 인권에 관한

46) Hegel (Anm. 45), S. 915 ff.
47) Hegel (Anm. 45), S. 920 ff.
48) Hermann Lübbe, Säkularisierung, 2. Aufl. 1975, S. 38.
49) Wolf (Anm. 32), S. 27.
50) v. Rotteck/Welcker (Hrsg.), Staatslexikon, 2. Aufl. 1847, Bd. V, S. 180. 마찬가지로 예컨대 Karl
　　Salomo Zachariä, Vierzig Bücher vom Staate, 1820, 1. Bd., S. 33 ff.
51) v. Rotteck/Welcker (Hrsg.), Staatslexikon, 2. Aufl. 1847, Bd. IX, S. 65.

논설 중에서「모든 인간의 평등한 권리의 원칙에 근거한 기독교의 교의」에 인권사상의
최초의 싹을 보고 있었다.「이 교의는 한편으로는 영원하고 불가양의 인권의 승인에
걸림돌이던 장해를 제거하고, 그리고 그와 동시에 이들 권리들을 연구하기 위해서 강한
자극을 주었다」. 많은 장해가 있었음에도 불구하고 결실을 맺었다. 한편으로는 기독교가,
다른 한편으로는 역사와 철학이 인간성을 일단 높이 앙양하였다 라고.

그리하여 자유주의에서는 인간의 존엄은 인간의 권리를 위해서 충분하게 명확한
원천이었다. 거기에 이은 실증주의에서는 권리의 정신적 · 도덕적인 기초가 약화되어
버렸다. 파울 라반트*는「법제도의 구축, 즉 개개의 법명제의 일반적 법개념에의 환원과
다른 한 편으로는 이러한 개념에서 생기는 결론의 도출 중에」법학의 임무를 보았다.
이것에 의하면「모든 역사적 · 정치적 그리고 철학적 고찰은 … 구체적인 법소재의 도그마
틱에 대해서 중요하지 않으며, 그리고 단지 구축작업의 결함을 은폐하는 데에 빈번히
봉사할 뿐이다」.[52] 그러한 언명은 권리의 정신적 기초에 대한 자신 있는 세대의 무관심을
표명한 것인데, 물론 이로써 이 기초가 명확하게 부정된 것은 아니다.[53] 적어도 실증주의
는 인간의 존엄준수의 본질적이며 실제적인 요소인 기본권의 법률에 의한 보장 · 법치국
가 · 재판소에 의한 권리보호 그리고 적법성의 원리(Gesetzmäßigkeitsprinzip)를 촉진하
거나 또는 기초지우고 있다. 그러나 법적인 보장의 완전함과 함께 보장의 목적은 망각되어
버린다.

쇼펜하우어는 인간의 존엄개념의 사용에 대해서 예리하게 비판한다.[54] 그는 가치개
념의 상대화를 목표로 하였으므로 칸트의 존엄개념의 사용에 대해서 논박하였다. 가치라
는 것은 다른 물과의 비교에 있어서의 물의 평가이다. 따라서 존엄이라는 것은 결코
절대적이며 유비 없는 가치는 있을 수 없다 라고. 쇼펜하우어가 어떻게 해서 다른 인간에
대한 공감과 애정(Sympathie und Liebe)을 획득하는가 하는 규칙을 정립하려고 말하는
것을 고려하더라도, 19세기가 어떻게 인간의 존엄개념을 사용할 수 없었던가, 또한
어느 정도 강하게 권리가 일반적으로 그 윤리적 기초를 상실하고 있었는가 하는 것은
다시 명확하게 될 것이다.[55]

---

52) Paul Laband, Das Staatsrecht des Deutschen Reichs, Vorwort zur 2. Auflage (1887), zitiert
   nach 5. Aufl., Bd. 1, S. IX.
53) Franz Wieacker, Privatrechtsgeschichte der Neuzeit, 2. Aufl. 1967, S. 441.
54) Arthur Schopenhauer, Sämtliche Werke, hrsg. v. v. Löhneysen, Bd. 3, S. 695, 726; Bd. 5, S.
   239 f.
55) Luiz Legaz y Lacambra, Das Recht aus religiöser Perspektive, in Festschrift für E. Voegelin,
   1962, S. 343, 354.

III. 인간의 존엄의 근원의 존속이냐 사멸이냐?

1. 형이상학적 차원의 인간의 부정

인간의 존엄의 모든 종교적 · 형이상학적인 기초지움에 대한 근본적인 부정은 특히 카를 마르크스에 보인다. 「종교비판은 인간에 대한 최고의 본질은 인간이라는 이론으로 끝난다」, 「그러나 인간에 대한 근원은 인간 자신이다」[56]라고. 그와 함께 마르크스는 인간의 본질은 과학적으로 해명가능한 경제질서에서 생기는 사회적 관계들의 총체 중에 보인다[57]는 중요한 귀결을 가지고 적어도 이론적으로는 인간의 모든 종류의 자기소외를 지양하고 있다. 과학적으로 해명가능한 문제로서의 인간은 그 도덕적 · 형이상학적 차원이 침탈되며, 인간의 존엄을 희생으로 하지 않을 수 없었는데 — 그것은 마르크스의 경우만이 아니다.[58] 마르크스는 마찬가지로 인권 — 이것은 마르크스에 대해서는 인간적 이기주의의 단순한 보호에 불과하다 — 을 기독교의 소산으로 보며, 이것에서 인권을 거부한다.[59]

이와 같은 문제의 파악방법은 현대의 행동과학에서 분명히 테마로서 제기되고 있다. 스킨너(B. F. Skinner)*는 그의 저서 『자유와 존엄을 넘어서』(Beyond Freedom and Dignity)라는 제목을 붙이고, 그 중에서 그는 이렇게 서술한다.[60] 즉 「행동과학은 '자율적인 인간'이 영위하는 통제에 의문을 가지며, 그리고 환경이 영위하는 통제를 입증하려고 하므로 행동과학은 가치의 관념 또는 인간의 존엄의 관념에 대해서도 의문을 품는다」라고. 스킨너는 자유 · 가치 그리고 존엄이라는 개념을 필요로 하지 않는 「행동의 테크놀로지」를 신뢰한다. 자유나 존엄은 조작상의 개념(operationale Begriffe)이 아니라 준종교적 또는 형이상학적 관념이다. 과학은 그러한 개념에 의해서 부정확하게 제시된 인간의 상황들을 조작적인 방법에 근거하여 기술하고 변경(!)할 수 있는데 까지 진보한다 라고. 스킨너는 먼저 소비에트 연방에 기대한 후에 장래에는 중국 공산당 하의 중국에 걸고 있다고 인정하는 데에서 그 자신 (헌)법상의 존엄보장에 대한 이러한 인간상의 결론을 도출한다.[61]

56) Karl Marx, Zur Kritik der Hegelschen Rechtsphilosophie (1844), in: ders., Frühschriften, hrsg. v. Landshut, 1964, S. 216 (강유원 옮김, 『헤겔 법철학 비판』, 이론과 실천, 2011). 「반과학적」, 「형이상학적 고물」(Trödel)에 대해서는 또한 Adam Achaff, Marxismus und das menschliche Individuum, 1970, S. 28 f.; Karel Kosik, Die Dialektik des Konkreten, 1967, S. 23 ff. 정치에 대한 결과에 대해서는 S. 215 ff. 보다 높은 위탁에서의 파괴에 대해서는 S. 231 ff.
57) Schaff (Anm. 56), S. 24.
58) 이 점에 대해서 적절한 것은 Martin Kriele, Befreiung und politische Aufklärung, 1980, S. 53 ff., 250 (홍성방 옮김, 『해방과 정치 계몽주의』, 가톨릭출판사, 1988).
59) Karl Marx, Zur Judenfrage (1843), in: ders., Die Frühschriften, 1964, S. 191 ff. (김현 옮김, 『유대인 문제에 관하여』, 책세상, 2015).
60) 독일어판 Jenseits von Freiheit und Würde, 1973, S. 28에서 인용.
61) Burrhus Frederic Skinner, Futurum II, 1972, S. 16.

어떠한 입장도 그만큼 명백하지는 않으며 결론적으로 그것만큼 명확하게 정식화된 것도 아니다. 인간이 과학적으로 해명가능한 것이라고 한다면, 개인의 존엄은 성립할 수 없게 된다. 특정한 방법 또는 특정가능한 방법으로 자극에 반응하거나 또는 지각화 (Sensibilisierung)함으로써 특정한 방법으로 조직된 신경속(Nervenbundel)이 왜 존엄을 가져오지 않으면 안 되는가? 이것은 설명할 수 있는 것이 아니다. 사람은 신경속에 존엄을 부여할 수도 있으며, 논박할 수도 있다. — 그와 함께 심리학·의학·행동과학 등등의 노력에 대해서는 이론이 없지만, 다만 그 철학적 주장이나 법질서를 내려다보는 주장에 대해서만은 반론이 나온다.62)

무신론적 휴머니즘은 형이상학적 차원의 인간을 부정하며 무엇인가 전혀 새로운 것, 「유물론과 유심론, 비관론과 낙관론의 새로운 전체적인 결합」(메를로-퐁티)*이라고 주장한다. 비록 그것이 무엇을 의미하든 이 휴머니즘의 휴마눔(Humanum)의 기준이 명확하지는 않다. 명백하게 신적인 것(Göttliche)은 비인간적인 것으로서의 자연(Natur)과 마찬가지로, 인간성의 부정으로 간주된다. — 인간의 임의적인 의미설정(Sinnstiftung)을 가능하다고 생각하고, 그리고 일관하여 인간은 자유에 의해서 항상 위험에 처해 있다(aufs Spiel gesetzt)고 보는 실존주의적 사유는 내용적으로 일정하지 않으며 역사 중에 열린 그대로이다. 따라서 스킨너적 테제의 실제화는 철저한 이기주의인 것과 마찬가지로 정통(legitim)이다. 이러한 출발점(Ansätze)도 (헌)법상의 존엄보장의 이해를 위한 해석보 조가 되지는 않는다. 왜냐하면 보장이 공전해야할 것이 아니거나 또는 그때그때에 인간을 설계하는 정책에 편안한 알리바이로서 사용해야할 것이 아니라면, 보호되어야할 것(das zu Schützende)이나 존중되어야할 것(das zu Achtende)은 명확해야 하기 때문이다.

2. 형이상학적 차원은 의식 아래 있다.

현세화(Verdiesseitung), 환속(Verweltlichung), 세속화(Säkularisierung)라는 말은 일 반적으로 기독교로부터의 문화의 해방을 의미하며, 그와 함께 문화의 중요한 일부로서의 법의 기독교로부터의 해방도 의미한다. 물론 이 해방과정은 오늘날의 문화나 법에 대해서 기독교가 중요하지 않다는 것을 의미하는 것이 아니라 오히려 대결(Auseinandersetzung), 새로운 기초지움(Neubegründung) 그리고 끊임없는 발전(Fortentwicklung)을 의미한 다.63) 그러한 한에서 또한 기독교는 근대법에 대해서 중요하다. 인간의 휴머니스틱한 기초지움은 전통적인 「존엄의 표준」(Würdestandard)에 도달해야 한다. 스킨너의 의미에 서의 「과학적 휴머니즘」은 명백히 거부되고 있다.64)

---

62) 이 점에 대해서는 적절하게도 Ralf Dahrendorf, Homo Sociologicus, 15. Aufl. 1977, S. 83 ff., 인간 전체의 파악방법에 관한 사회학의 뻔뻔스러움에 대해서는 S. 85, 부자유와 비인간성의 수단으로서의 사회학에 대해서는 S. 88, 92.

63) Lübbe (Anm. 48), S. 34 ff., 109 ff.

64) 이것을 명확하게 지적하는 것은 Dahrendorf (Anm. 62), S. 95.

우리들에게 필요한 시도는 문화나 법을 이쪽에서 기초지우는 것이며, 투쟁적으로 관철해야 한다는 것의 문화나 법의 기독교적 기초와의 대립으로서 고찰할 필요는 없다. 휴머니스트들이 기독교는 인간의 존엄을 위해서 충분하게 진력하지 않는다고 비판하고, 그와 함께 자유의 관념이나 존엄의 관념의 일층의 발전이나 심지어 완성을 휴머니즘 속에서 보는 경우, 나아가서는 교회의 권한이 반박되고 국가와 교회의 분리가 지목된 경우조차, 통례 이러한 기본적인 대립이 문제로 되는 것은 아니다. 왜냐하면 자유의 형이상학적 · 종교적 기초지움 — 여기에서 휴머니즘 일반이 비로소 자라날 수 있었다[65] — 은 이러한 비판의 영향을 받은 것은 아니기 때문이다.

하이덱거에 의하면,[66] 모든 휴머니즘은 형이상학에 기초를 두거나 또는 휴머니즘 자체가 형이상학의 기초로 되고 있다. 사르트르는 『실존주의는 휴머니즘인가?』하는 저서에서[67] 이것을 인정한다. 가령 인간의 존엄의 기초가 세계내적 · 세속적으로 구해지더라도 인간의 존엄이 구체적인 개개의 인간에 귀속한다는 점에서 기독교적 견해와의 관계가 명백하게 제시되고 있다.[68] 이렇게 이해된 휴머니즘은 개별적인 인간이 집산주의적(kollektivistisch)이거나 과학기술적으로 조직된 공동체의 목적에 대한 단순한 수단에 불과하다는 모든 관념을 배제한다. 인간의 존엄의 형이상학적으로 자유로운 기초지움의 시도는, 인간이 경험적으로 완전하게 파악할 수 있는 것은 아니라는 것을 전제로 하며, 인간의 경험적으로 파악할 수 있는 성격에 동화하지 않는 인간의 성격을 「내재적 초월」(immanente Transzendenz)에 관계지운다.[69] 이 경우에 확실히 형이상학적으로 자유롭게, 그러나 과학적인 탐구에 가까이하기 어려운 초월을 표상하지 않으면 안 된다. 그러나 이 탐구할 수 없는 성격, 이 「역할의 초월성」(Rollentranszendenz), 인간의 이 개방성을 어디에서 도출할 것인가? 공리주의적인 기반에 서서 이것들의 기초를 마련해야 하는 것은 아니다. — 만약 다른 인간에 대해서 실력을 행사하는 경우에, 바로 공리주의적인 기반에 근거하여 이것들을 부정할 위험성이 있다. 그 배후에 있는 것은 다음과 같이 명확하게 표현하는 평가이다. 즉 「원칙으로서의 이 개방성 없이 원래 인간의 자유, 양심적 결정의 존엄 그리고 책임 일반이 어떻게 존재할 수 있는가?」. 평가는 내재적인 것(immanent)으로 보는데, 그러나 이것은 그 형이상학적인 차원을 배제하는 것은 아니다.[70] 왜냐하면 언어라는 매체로 형이상학을 내재(Immanenz)로 만들 수는 없기 때문이다. 이것은 H. L. A. 하트*에 대해서도 강조되지 않으면 안 된다. 그는 자연법과의 논쟁에서

---

65) Jacque Maritain, Gesellschaftsordnung und Freiheit, 1936, S. 64.
66) Platons Lehre von der Wahrheit mit einem Brief über den Humanismus, 1947, S. 63 f.
67) Jean Paul Sartre, Ist der Existentialismus ein Humanismus?, 1947, S. 65 f.
68) Werner Maihofer, Rechtsstaat und menschliche Würde, 1968, S. 26 ff. (심재우역, 『법치국가와 인간의 존엄』, 삼영사, 1994).
69) Christian Graf v. Krockow, Glaube, Demokratie und Politische Erziehung, in: Aus Politik und Zeitgeschichte, B 33-34 (1980), S. 25은 Dahrendorf (Anm. 62)에 의거하고 있다.
70) 이 점에 대해서는 Helmut Steinberger, Konzeption und Grenzen freiheitlicher Demokratie, 1974, S. 213 ff.에서의 Theodor Geiger와의 논쟁을 참조. 내재의 신화에 대해서는 Jacque Maritain (Anm. 65), S. 65 ff. 참조.

이렇게 서술한다.[71]

　　「자연법 이론이 어떠한 형태를 띠면서 끊임없이 새롭게 주장되어 온 것은, 부분적으로 그 호소력이 신의 권위나 인간의 권위에 의존하지 않는다는 **사실**에 기인하며, 또한 자연법 이론의 용어나 많은 형이상학이 오늘날 거의 받아들여지지 않고 있음에도 불구하고, 그 이론이 도덕성과 법의 모두를 이해하는 데 중요한 어떤 **기본적인 진리**를 포함하고 있다는 사실에도 기인한다. 여기에서 우리는 그들의 형이상학적 틀을 풀어헤치고 더 단순한 용어로 새로이 진술할 수 있도록 노력할 것이다」.

　　여기서도 형이상학을 언어로 배제하려고 시도한다. 자연법이론은 분석적 법이론의 의미에서 사실로서 받아들인다. 왜냐하면 그것을 주장하기 때문이다. 자연법이론 중에 포함된 진리는 미리 알아야 하며, 그 진리는 명백히 전통적인 인간상에서 나온다.
　　인간의 존엄 — 그 형이상학적 근원에서 절단된 — 은 인간에 대해서 경험할 수 있는 것인지, 또는 헌법적 보호가 결여되거나,[72] 또는 그것에 보다 가까운 해석의 변경으로 잊혀지는 경우에도[73] 확신과 요구(Überzeugung und Anspruch)가 존재하는지는 심리학적인 문제이다. 형이상학적으로 근거를 상실한 인간의 존엄이 해석의 변경으로 헌법상의 인간의 존엄보호를 이리저리 돌아다니는 모래 언덕처럼 취급하는 것은, 정치생활에서의 인간의 존엄이라는 용어의 사용방법에서 읽어낼 수 있다. 예컨대 「인간의 존엄에서 결론으로서 나오는 여성의 자결권」(Selbstbestimmungsrecht)은 태아의 생명권(Lebensrecht)보다도 우월한 것이 되었다.[74] 그 결과 책임 없는 해방, 즉 점차 강화되는 「행복을 가져오는」 국가에 의한 인간의 후견이나 관리에의 요청이 인간의 존엄의 보호로부터 도출되며, 또 그처럼 해석된 복지국가가 인간의 존엄의 귀결로 보여지는 것도 결코 드물지는 않다.[75] 존엄의 사회학적 해석 — 이것은 분명히 기본법에 있어서의 존엄의 보호에 관련된 것인데 — 에 의하면, 인간은 본래 존엄이 부여된 것이 아니라 오히려 인간이 존엄을 먼저 스스로 확립해야 한다는 것이다.[76] 인간이 자신의 존엄부여(Würdeleistung)(누가 결정하는가?)에 의존하거나 인간 자신의 행위에 대한 책임이 점차 줄어들거나 또는 인간이

---

71) H. L. A. Hart, Der Begriff des Rechts, 1973, S. 259 f.(오병선역,『법의 개념』, 아르케, 2001, 245면). 강조는 필자(슈타르크)에 의함.
72) 이것은 Peter Häberle, Verfassungstheorie ohne Naturrecht, AöR 99 (1974), S. 437 ff.에 대한 질문으로서. 정당한 것은 S. 455. 규범들은 활동하는 인간의 도움을 필요로 한다. 이렇게 지적하는 것은 Wilhelm Weischedel, Skeptische Ethik, 1980, S. 147.
73) 이러한 경향에 우려하는 것으로서 Roman Herzog (Anm. 5), S. XXX.
74) Deutscher Bundestag, 7. Wahlperiode, 96. Sitzung, Sten. Bericht, S. 6492. 이에 비판적인 것은 BVerfGE 39, 1, 43 f. 참조.
75) 인간의 존엄에 포함된 사회국가적인 최저한도의 보장에 대해서는 Christian Starck, Staatliche Organisation und staatliche Finanzierung als Hilfen zu Grundrechtsverwirklichungen, in: Starck (Hrsg.), Bundesverfassungsgericht und Grundgesetz Bd. II, 1976, S. 480, 522.
76) Niklas Luhmann, Grundrechte als Institution, 1965, S. 68.

다른 인간 (비록 아직 태어나지 않은 인간일지라도)의 생명에 대해서 자유롭게 처분할 수 있는 경우에, 헌법상의 존엄보호는 공동화되어 버린다.

3. 인간의 존엄의 형이상학적 기초

인간의 존엄보장은 인간이 자신을 의식하는 것 이상이라는 점에서 출발한다.77) 인간은 합리적인 과학의 방법으로 완전하게 파악할 수 있는 것이 아니다.78) 인간은 형이상학적으로 열려 있다.79) 인간의 과학적인 파악가능성의 한계에서 결론으로서 나오는 것은 ― 모두 기본적이라고 생각되는 것인데 ― 인간에 대한 법적 처분가능성의 한계이다. 이 상호관계는 과학적으로 파악할 수 있는 인간의 측면만이 법적 규제에 복종시킬 수 있다는 것을 의미하는 것은 아니다. 과학적으로 해명할 수 없는 타인의 침해도 제재를 필요로 하는 것은 물론이다. 법은 불변적으로 일반적으로 조화하는 행동을 확보하여야 하며, 또한 타인의 권리를 보호하여야 한다. 이것은 인간의 존엄이 모든 인간에 귀속한다는 사정에서 나오는 결론이다. 그 결과 이것에서 나오는 대부분의 것은 권리의 일반성 (Allgemeinheit des Rechts)이라는 것이다. 그러나 법적 제재는 인간의 궁극적 영역을 항상 처분불가능한 것으로 만들지 않으면 안 된다. 이 예는 상술한 I 4. 이하에 있다.

물론 법적으로 보장된 인간의 존엄은 개개의 인간의 스스로의 존엄부여에 의존하는 것은 아니지만, 그러나 인간의 존엄이 망각해야할 것이 아니며, 또한 존엄보호가 공동화되어야할 것이 아니라면 인간의 존엄에 대한 계속적인 신념을 필요로 한다.80) 인류학이나 철학이 오늘날 거의 형이상학적 경향을 가지지 않는다는 사정, 즉 인간의 본질을 탐구하지 않고 오히려 ― 확실히 충분한 이유는 있으나 ― 인간의 행동을 조사하고,81) 개념을 분석하고,82) 또한 개별화하는 동시에 형이상학을 비판한다83)는 사정은 직접적으로 법질서에 결정적 영향을 미치는 것은 아니다. 즉 법질서는 그때그때의 법철학의 조류의 단순한 기능이 아니라 인간의 존엄과 자유를 지키면서 인간의 공동생활을 규율한다는 독자적인 임무를 가진다.84) 이러한 문화적인 문제성을 숙고하는 것이 법학자와 철학의

77) 이것은 야스퍼스의 정식이다. Karl Jaspers, Die geistige Situation der Zeit, 1932, Nachdruck 1979, S. 135.
78) 토마스 아퀴나스와 칸트의 예는 Christian Starck, Das Sittengesetz als Schranke der freien Entfaltung der Persönlichkeit, in: Festschrift für W. Geiger, 1974, S. 264 ff.
79) Hans Jonas, Organismus und Freiheit, 1973, S. 69 ff.; Walter Schulz, Philosophie in der veränderten Welt, 1972, S. 642 참조.
80) 마찬가지로 Häberle (Anm. 72), S. 445; Kriele (Anm. 58), S. 54 ff.
81) 형이상학적 경향에 대해서 이것을 구하는 것은 Arnold Gehlen, Anthropologische Forschung, 1961, S. 141 ff.
82) Rudolf Carnap, Überwindung der Metaphysik durch logische Analyse der Sprache (1931), in: Janoska/Kauz (Hrsg.), Metaphysik, 1977, S. 50 ff.
83) M. Merleau-Ponty, Das Metaphysische im Menschen, in: Metaphysik (Anm. 82), S. 273 ff.; Günter Patzig, Ethik ohne Metaphysik, 1971, S. 32 ff. 회의주의에 대해서는 Weischedel (Anm. 72), S. 36 ff. 참조.

공통된 임무이다. 그와 함께 과학적으로 해결할 수 없는 것이 인간 세계에는 아직 존재하고 있다. 여기저기서 인간과 관련된 법은 인간의 불가해적인 것을 고려해야하며, 그러므로 형이상학에 창을 개방해두지 않으면 안 된다.[85] 확실히 야만스런 결과를 저지할 수는 없었지만, 그러나 잔인한 행위 그 자체를 인식하고 용기가 있다면 그것과 투쟁하기 위한 기준을 마련한 서양 법문화의 위대한 업적은 결국 이 점에 있다.

4. 국가와 형이상학

지금까지 서술해 온 논구는 다음과 같은 것을 보여준다. 즉 근대 국가는 자신의 법과 평행하여 국가 자체가 보장할 수 없는 전제들로부터 성립한다는 것이다.[86] 세속화는 분명히 그 단서가 형이상학적인 원천으로 단절하지 않는 한에서만 실현할 수 있는 하나의 과정이다.[87] 이것은 독일 국법상 기본법의 전문에서의 신의 원용에 의해서, 인간이 믿기 때문에 보장하는 신앙의 자유에 의해서, 공립학교에 있어서의 종교교육의 보장이나 란트 헌법들에서의 학교교육의 목적에 의해서 승인되고 있다.[88]

1945년 이래의 독일 란트들과 연방공화국의 새로운 국가기본질서의 창설 아래서 우리들은 분명히 다음의 것을 경험하였다. 즉 형이상학적으로 기초지워진 인간의 존엄 없이는 인간은 완전히 우월하는 국가권력의 증대가 되어버릴 것이다. 인간의 존엄이나 자유의 형이상학적인 기초를 망각한다면, 기본법의 문언은 자의적인 해석으로 열리게 될 것이다.[89] 아마도 기본법은 구세주적 대용(Heilsersatz)으로서 신성한 텍스트의 의의를 획득할는지도 모른다.[90] 세속화된 성경 또는 심지어 비적(Sakrament)으로서의 헌법은 방랑하고 이들의 근원에서 해방된 개념으로 국가적인 기능담당자들에게 측량하기 어려운 권력의 증대를 가져올 것이다. 기본법의 정신적 기초에서 해방되고, 그 자체 신성화된 기본법의 문언은 오늘날은 복지국가적 징후 아래서 내일은 덕성국가적 징후(das tugendstaatliche Vorzeichen) 아래서 임의적인 해석, 마침내는 모든 사이비 종교적 개혁정책의 열린 그대로 있게 될 것이다.

---

84) 이 점에 대해서 철학측에서는 Schulz (Anm. 79), S. 629 ff. 참조.

85) 마찬가지로 Kriele (Anm. 58), S. 91 ff., 98 f.

86) Ernst-Wolfgang Böckenförde, Die Entstehung des Staates als Vorgang der Säkularisation, in: Festschrift für Forsthoff, 1967, S. 75, 93 (김효전역, 세속화과정으로서의 국가의 성립, 『헌법학연구』 제10권 4호, 2004 및 본서에 수록); Christian Starck, Vom Grund des Grundgesetz, 1979, S. 7, 21, 24 ff., 39 f.

87) 바로 이러한 의미에서 뵈켄회르데는 그의 논문의 끝(aaO. S. 94)에서 세속화된 비종교적 국가도 결국은 그 시민의 종교적 신앙이 결부된 내면적인 동인이나 결합력으로부터 존속해야 할 것은 아닌가 하고 묻는다.

88) 따라서 세속화의 과정은 무신론으로 결과하게 되리라는 것은 기본법에서 도출할 수 없는 것과 마찬가지로 역사법칙에서도 도출할 수 없다.

89) Welzel (Anm. 33), S. 238 f.; Steinberger (Anm. 70), S. 217; Häberle (Anm. 72), S. 445; Kriele (Anm. 58), S. 55 ff., 248 f. u. o.; Arno Baruzzi, Europäisches Menschenbild und das Grundgesetz für die Bundesrepublik Deutschland, 1979, S. 27 ff.

90) Häberle (Anm. 72), S. 446은 정당하게도 「헌법신학」(Verfassungstheologie)을 거부한다.

　　형이상학적으로 기초지워진 인간의 존엄은 국가에 대한 인간의 관계에 대한 열쇠개념
이다. 형이상학에 대한 국가의 관계는 암비발렌트하다. 국가는 형이상학적 차원의 인간을
법질서에 의해서 존중하고 보호하지 않으면 안 된다. 그것을 초월하여 국가는 형이상학과
관련을 가져서는 안 되며, 특히 국가는 신앙도 형이상학도 의무로서는 안 되며, 국가
스스로 직접적으로 형이상학에 기초하지 않으면 안 된다.

4. 급부국가에 있어서의 기본권*

페터 해벌레

《차 례》

---

*　Peter Häberle, Grundrechte im Leistungsstaat, in: Veröffentlichungen der Vereinigung der Deutschen Staatsrechtslehrer, Heft 30, Berlin: Walter de Gruyter, 1972, S. 43-141.

서 론

「사회는 오로지 개인의 Leistung에 의거하여 존재하고 있음에도 불구하고 그 Leistung이라는 말이 (제33조 2항을 제외하고는) 아무런 의미를 가지지 못하는 헌법 아래에 있다」. 크뤼거(H. Krüger)*의 이 문장1)은 도발적이다.2) 「교육은 소비재가 아니다」. 이 테제에 의해서 이 대회를 주최하는 주(바이에른 주 = 역주)의 교육부 장관인 한스 마이어 (Hans Maier)는 1971년 초에 대중을 놀라게 하였다. 「순수한 청구권사고」(Anspruchs- denken)에서 이탈해야 하며, 그리고 「교육정책상의 무상」이라는 카테고리 중에서 논의해 서는 안 된다3)고 그는 주장하였다. 이처럼 확실히 「어울리지 않는」 남과 북으로부터의 도발은 단순히 지리적인 이유에서만이 아니라 해결을 중간에서 구할 것을 촉구하고 있다.

제1부 급부국가,* 능력사회 그리고 기본권 — 현실과학상의 개괄

I. 문 제

우리들은 여기서의 테마의 최초의 문제들을 현실과학적(H. Heller)*으로 다루지 않으 면 안 된다.4) 헌법의 텍스트나 해석론은 「급부국가에 있어서의 기본권」이라는 문제에 「편입할 준비」만을 시작하였기 때문에, 먼저 다음과 같은 문제가 제기되어야 한다. 즉 사실과 문제의 분석이라는 의미5)에서, **현실**에 존재하는 급부국가와 「그」 능력사회에 대해서, 아울러 이러한 현실에서의 기본권해석론의 과제에 대해서이다.

시민적 법치국가의 유형과 법기술은 확실히 여전히 급부국가에서의 기본권에 대해서

---

1) Der Staat 10 (1971), 1 ff. (13).
2) "Leistung"이라는 말은 국가이론상의 열쇠 개념의 하나이다.
3) SZ Nr. 48 v. 25. 1971 S. 19: Sind Grundrechte Nulltarifgarantien? 또한 FR v. 26. 3. 1971, S. 18에 있어서의 G. Grass의 「물신으로 고양된 능력주의」(Leistungsprinzip)에 대한 경고도 참조. — FAZ v. 7. 7. 1971 S. 1에서의 대학에서의 「능력향상의 동기 부여(Leistungsmotivation)의 거의 계획적인 파괴에 대한 Fack의 고충을 참조. Fack는 「능력사회(Leistungsgesellschaft)와 모든 생명의 위험을 제거하고 가능한 한 많은 것을 평등하게 하려고 하는 비대해진 사회국가라는 것 사이의 시민을 불안하게 하는 충돌」에 대해서 서술하고 있다.
4) Staatslehre, 1934, bes. S. 37 ff.(홍성방 옮김, 『국가론』, 민음사, 1997, 특히 50면 이하) — Wieacker, Jur. Jahrb. 9. Bd. (1968/69) 1 (28): 「법학과 현실과의 관련은 하나의 주요한 테마이며 아마 우리들의 직업적 책임에서의 기본적인 테마이다」.
5) Eichenberger, Leistungsstaat und Demokratie, 1969, bes. 7 f. 참조.

도 의미를 가지고 있으나, 이미 충분하지는 않다.[6] 현재의 과학, 학문은 세련된 해석론의 이러한 현상에 고집해서는 안 된다. 그것은 그 알키메데스의 점(archimedischer Punkt)이 될 수 있기 때문은 아니다. 장래는 시민의 자유나 인간다운 생활을 요구하는 권리에 대한 위험성이 다시 고양될 수 있기 위해서, 실천적 그리고 생산적 과제를 인식하고 공적 현실에서 나아가는 과학, 학문을 필요로 한다.

[이러한 「현실과학적」 어프로치도 그 사고상의 전제나 정치적인 선택지를 가진다. 그러한 것은 그것들을 의론가능한 상태에 두기 위해서 가능한 한 명백히 하지 않으면 안 된다. 그 이상으로 이 테마는 헌법학의 최종적인, 또는 그 일보 전진한 문제에로 인도하게 된다. 즉 국가개념, 헌법 및 기본권이해, 기본권의 영역에서의 과도한 「제약 또는 청구권사고」를 둘러싼 다툼이다.]

II. 급부 「국가」 와 능력 「사회」

1. 기본법의 텍스트에 있어서의 급부국가

기본법에는 예컨대 제3조 · 제7조 4항 3문 그리고 4문 · 제14조 2항 · 제20조 1항(사회적 법치국가원리와 민주주의), 제28조 2항 · 제29조 1항 · 제33조 2항 및 5항 · 제104조a조, 아울러 제109조 · 제110조 · 제11조 1항 a호 및 c호에서,[7] 급부국가와 능력주의 (Leistungsprinzip)에 대한 서술이, 나아가 특히 제74조 19 a호, 제91a조와 제91b조에서,[8] 사회국가원리의 새로운 종류의 급부국가적 구체화가 발견된다. 급부국가가 이러한 규정들에 의해서 헌법 텍스트 위에서 정당화된다면,[9][10] 동시에 그것은 우리들에게

---

6) 시민적 법치국가나 그 자유주의적 기본권, 아울러 그것에 귀속하던 제도들(침해법률로서의 고전적인 규범법률, 침해유보로서의 법률의 유보)로부터 국가라는 것을 멀리하려는 변천에 의해서 그 국가는 하나의 사회 전체의 현실이라는 구체적인 헌법으로서의 기본법이라는 의미에서 사회에 대응한 급부국가의 현실에로 인도되게 된다. 여기서 자유는 이미 국가적인 침해의 방어에서만 실현되는 것이 아니라 「필요하게 되는 국가적인 급부의 이행」에서도 실현된다(Scheuner, VVDStRL 28 (1970) 232).

7) 관계들을 통일적으로 규제하는 것을 헌법상의 요청에로 바꾸는 기본법 제72조 2항 3호도 참조. 이에 대해서는 Scheuner, VVDStRL 28 (1970) 267. 그 배후에는 효율성을 위하여 통일적인 법관계나 생활관계를 필요로 하는 급부국가성과 같은 것이 존재한다.

8) "Troeger-Gutachten," 2. Aufl. 1966과 그 급부국가에 대한 서술(「긴급한 국가적 과제」와 그것에 유사한 것) 참조. Tz 74 ff., 130 ff., 143 ff., 341 ff., 472 ff. 기본법 제91 b조에 대해서는 8. 6. 1970, BT-Drucks. VI/925의 교육정책에 관한 연방 정부의 보고 참조.

9) 헌법상의 어프로치는 이들 텍스트를 (「국가적」 관점에서) 무시할 수 없으며, 또한 기본법이 「장래에 해소되어버리는 것」을 문제시할 수도 없다(H. Krüger, oben Anm. 1, S. 12). 또한 그러한 어프로치는 단순히 사실상의 **사회적** 법치국가의 급부국가성을 기본법에 전적으로 관련지우는 시민적 법치국가보다도 하위에 두어서는 안 되며, 또한 국가가 효율적으로 되어버리게 되는 것을 체념하면서 한탄할 이유가 있게 된다. 포르스토프에 대해서 비판적인 것은 Ridder, Zur verfassungsrechtlichen Stellung der Gewerkschaften, 1960, 7, 15 f.

그「급부기능」에서 시민적 법치국가에서는 알지 못했던 힘과 풍부함을 가지고 살아온 헌법으로서 나타나게 된다. 그 지침과 절차는 급부를 행하는 사회국가를 「아래로부터 실현시켜 가는」 것이다.

2. 국가의 공공복리적 기능에 대해서 메르크말이 되는 「급부」

a) 급부입법과 급부법

aa) 일반적 개관

이미 「급부입법」(Leistungsgesetzgebung)[11]은 자주 일정한 명칭(「부조」·「보장」·「조성」)[12]으로 인식할 수 있다. 급부법(Leistungsrecht)은 시민과 국가 간의, 아울러 입법과 행정 간의 새로운 관계를 보여주게 된다. 의회는 그것으로 사회적 법치국가에서의 기능변천을 받아들이며, 그 기능상실을 보충하며, 그리고 그 지도적 임무를 수행하는 것이다.[13] 급부법은 사회적 법치국가의 프로필을 규정하며, 그리고 기본권은 그 나름대로 사회적으로 유효한 것이 되지 않으면 안 될 것이다! 그러므로 급부법[14]은 「기술만능」으로

---

10) 기본법 제12조를 위한 제74조 12호, 13호도 참조.

11) 그것은 카우프만(E. Kaufmann)의 유명한 정의(「국가의 급부의 총체」로서의 행정)의 입법에의 투영을 필요로 한다. — 상세한 것은 P. Häberle, "Leistungsrecht" im sozialen Rechtsstaat, in: Recht und Staat. FS für G. Küchenhoff, 1972, 453-474; jetzt in: ders., Verfassung als öffentlicher Prozeß, 3. Aufl., 1998, S. 445-466 참조.

12) 「부조」(Hilfe)라는 목표는 다음의 법률의 명칭 중에서 이미 발견된다. 예컨대 23. 6. 1970(BGBl. I S. 826)의 개정법에 의해서 BerlinförderungsG로 이름이 바뀌었는데, BerlinhilfeG i. d. F. v. 1. 10. 1968 (BGBl. I S. 1050); G üb. d.Unterhaltsbeihilfe für Angehörige von Kriegsgefangenen i. d. F. v. 18. 3. 1964 (BGBl. I S. 219); FlüchtlingshilfeG i.d.F. v.27.5.1971 (BGBl. I S. 681); HäftlingshilfeG i.d.F.v.29.9.1969 (BGBl. I S.1793); G über Wohnbeihilfen v.29.7.1963 (BGBl. I S. 508), 그리고 오늘날의 WohngeldG에 의해서 대체된 G über die Gewährung von Miet -und Lastenbeihilfen v. 23.6.1960 (BGBl. I S. 399); InvestitionshilfeG v.7.1.1952 (BGBl. I S.7); BundessozialhilfeG i.d.F.v.18.9.1969 (BGBl. I S. 1688). — 「보장」(Sicherung)에 대해서는 G zur Sicherung des Steinkohleneinsatzes in der Elektrizitätswirtschaft v. 5. 9. 1966 (BGBl. I S. 545); Unter-haltssicherungG i. d. F. v. 31. 5. 1961 (BGBl. I S. 661). — 「조성」(Förderung)에 대해서는 BerlinförderungsG v.23.6.1970 (BGBl. I S. 826); HochschulbauförderungsG v. 1.9.1969 (BGBl. I S. 1556); G zur Förderung der Verwendung von Steinkohle in Kraftwerken v. 12.8.1965 (BGBl. I S. 777); G zur Förderung zur Vermögensbildung der Arbeitnehmer vom 12.7.1961 (BGBl. I S. 909); inzw.i.d.F. des Dritten VermögensbildungsG v. 27.6.1970 (BGBl. I S. 930); LeistungsförderungsG v. 22.4.1965 (BGBl. I S. 341); ArbeitsförderungsG v. 25.6.1969 (BGBl. I S. 582); BundesausbildungsförderungsG v. 26.8.1971 (BGBl. I S. 1409); StädtebauförderungsG v. 27.7.1971 (BGBl. I S. 1125); FilmförderungsG v. 22.12.1967 (BGBl. I S. 1251); GraduiertenförderungsG v. 2.9.1971 (BGBl. I S. 1465); ZonenrandförderungsG vom 5.8.1971 (BGBl. I S. 1237); G zur Förderung sozialer Hilfsdienste v. 17.4.1972 (BGBl. I S. 609). — Art. 117 f., 123 EWGV.에서의 조성 목표도 참조.

13) 그것에 대해서는 Bachof, VVDStRL 24 (1966) 226 f. 참조.

14) 급부법은 법률의 유보의 확대경향과 행정의 독자성의 시인 사이를 중개하는 시도가 될 것이다. 많은 급부법률에 근거하여 행정은 침해법률의 경우보다 이상으로 고도의 「구체화의 이행」(Konkretisierungsleistung)이

환원될 수 있는 것이 아니라,[15] 그러한 한에서 전통적인 「규범적 권리부여법률」 (Rechtsgesetz)로 대치할 수 있게 된다. 그 법으로서의 가치나 공공복리적인 가치는 침해적 인 법[16]의 가치에 못지 않은 것이다. 급부법에 특유한 적극적인 사회형성적 요인[17]에 의해서 협동 · 커뮤니케이션 · 참가 · 절차 그리고 조직이라는 형식이 전면에 나타난다. 공적 생활의 일정한 부분질서가 자주 급부법률(Leistungsgesetz)의 대상이 되며, 그 부분질 서 중에서의 활동적인 개인들과 집단, 마찬가지로 또는 국가기관 그 자체가 그 수범자가 된다. 급부법률은 항상 향도적(linkend) · 계획적(planend) · 통제적(steuernd) · 조직형성 적(organisierend) 성격을 가진다. 그것은 예컨대 행정의 「유연성의 요구」에 어느 정도 일치하기 위해서 「열린」 것이 되며, 침해법률[18]과 같은 규범적으로 「농밀한」 것은 거의 아니다. 기본권에 관하여 급부입법자는 「모든 것을 규범화」(durchnormieren)하려 고 하지는 않으며, 단지 급부법을 변화하는 상황에 적합하도록 하기 위한 수단이나 절차를 전개할 뿐이다. 눈에 뜨이는 것은 사회적 관련성의 증대이다.

입법자의 임무는 급부행정이 「자연 그대로 성장한」 결과 발생한, 많은 급부관계를 규범적으로 「파악하고」,[19] 그것을 — 예컨대 「열린」 것일지라도 — 하나의 권한기반에 근거를 두게 한다는 것이다. 왜냐하면 **급부 (법적인) 관계는 잠재적으로 기본권에 대한 관계로 되기** 때문이다.[20]

라는 과제를 가진다.

15) 그러나 Forsthoff, VerwRecht, Allg. Teil I, 9. Aufl. 1966, 59 참조. 거기에서는 「분배자가 되는 국가에 대해서 정당한 배분이나 정당한 사회질서와 같은 포괄적이며 의무적인 관념은 관련이 없다」고 한다.

16) 유연한 것은 Scheuner, VVDStRL 14 (1956) 183 f.이다. 그는 행정과 「공적 생활 중에서 생기는 다양한 요구를 조정하는」 행정의 기능에의 현대적인 통제적 효과를 지적한다. H. Krüger, VVDStRL 15 (1957) 226에서는 국가에 의한 생존을 조성하는 엔진과 같은 것의 향도로서의 법에 대해서 서술한다. 그러나 Forsthoff, VerwRecht, S. 59에서는 이와는 달리, 사회국가는 반동적이라고 한다.

17) 명령이나 강제와 같은 요소가 전혀 없는 것은 아니지만 본문 중에서 열거한 요인은 그 이상의 것이다. Forsthoff, a. a. O. S. 59는 분배자가 되는 국가가 확대하는 한에서 「지배적인 요소」가 희박화하는 것에 대해서 비판적으로 서술하고 있다.

18) Herzog의 「산만한 규범」의 유형: VVDStRL 24 (1966) 183 (191 f.) 참조. 그것은 긍정적으로 이해되어야 한다. 그러므로 행정은 「실시가능성」이나 「규제권한」, 그리고 권능을 가지게 된다.

19) Bachof, VVDStRL 14 (1956) 176 f.는 당연히 행정이 급부행정으로서 보다 커다란 범위에서 새로운 과제에 착수하는 곳에서 입법자는 다음의 것을 요구한다. 즉 적어도 급부의 요건, 종류와 정도에 대한 최저한의 법규범적 규정을 마련해 둔다는 것이다. 의회의 자주 문제가 되는 기능상실은 무엇보다 새로운 기능들 — 특히 급부법의 영역에서 — 에 의해서 조정될 것이다. 특히 급부법률은 바로 권한상의 이익을 입법부에 가져오게 된다. 급부법률은 구조의 변화를 유연하게 완화하는 것이다.

20) Forsthoff, (a. a. O., 531; zuletzt ders., Der Staat der Industriegesellschaft, 1971, 75 ff.)처럼 생존배려를 그 「사회적으로 적절한 조건들에의 일반적인 수요를 채운다는 목적」(평등원칙이나 사회정의와 의 관련성 등을 참조)에 의해서 정의를 내린다면, 그러한 생존배려는 오늘날에는 단순한 공행정의 일부일 뿐만 아니라 급부국가적인, 특히 급부법률상의 활동 일반이 된다. 그것은 개개인의 공적 급부에의 배분참가 를 창출한다. 그것은 기본권의 차원에로 들어가게 된다. 예컨대 능력 · 실행의사 · 기능과 같은 전제들 아래서는 일반적인 (직업 또는 전문) 교육의 필요성을 만족시키는 국가는 교육이 「시민적 권리」가 되는 국가라고 한다.

bb) 급부법률의 유형

급부법률의 **유형**은 다음과 같이 명명하지 않으면 안 된다.

— **조치법률**,21) [그것은 포르스토프에 의한 유형으로서의 발견22)에서 헌법상 중요하지 않다는 연방헌법재판소의 서술23)까지 하나의 긴 걸음을 걸어왔는데, 사회적 법치국가에서는 다른 법률유형과 마찬가지로 「보통의」 것이 되었다.]

— **계획법률**24), [그 고전적인 「핵심」이 되는 것(예산법률)은, 예컨대 교육의 분야에서와 같은, 급부를 받아들인 많은 새로운 법률을 위하여 응축되어 버렸다. 계획법률은 그 자체에서 적합과 수정이며,25) 단 한 번의 이행으로 완료되지 않는다는 것에서 조치법률과는 구별된다.] 계획법률은 특히 경제의 영역에서, 또한 장래적으로 강화될 (직업과 전문) 교육의 영역에서 기본권과의 관련성(계획목표로서의 기본권)26)을 가진다. 사회적 민주주의에서 계획은 자유영역의 확대를 의미할 수 있다.

— **향도법률**, 그것은 오랫동안 경제를 향도하는 수단27)으로서 알려져 왔는데, 오늘날에

---

21) 예컨대 KonjunkturzuschlagG v. 23. 7. 1970 (BGBl. I S. 1125); InvestitionshilfeG v. 7. 1. 1952 (BGBl. I S. 7); AbsicherungsG v. 29. 11. 1968 (BGBl. I S. 1255) 참조. 조치법률이나 그 법규명령은 계획법률, 대강법률, 통제법률의 영역 **전체** 속에 편성된다고 생각할 수 있다. 조치법률은 개관가능한 기본권의 영역을 실효적인 것으로 하는 데에는 적절하지 않으며, 현재에도 적절하지만 그것은 매우 진기한 것이 되고 있다. 왜냐하면 급부국가적인 기본권의 실현을 위해서는 광범한 기초에 근거하여 장기적이며 보다 유연하게 「손을 빌려」주지 않으면 안 되기 때문이다.
22) In: Gedächtnisschrift für W. Jellinek, 1955, 221 ff.
23) BVerfGE 25, 371 (LS 1).
24) 예컨대 G zur Anpassung und Gesundung des dt. Steinkohlenbergbaus und der dt. Steinkohlenbergbaugebiete vom 15. 5. 1968 (BGBl. I S. 365); G über den Ausbau der Bundesfernstraßen 1971 bis 1985 v. 30. 6. 1971 (BGBl. I S. 873); G über die Gemeinschaftsaufgabe "Verbesserung der Agrarstruktur u. des Küstenschutzes" v. 3. 9. 1969 (BGBl. I S. 1573) 참조.
25) 그것은 J. H. Kaiser가 말하는 의미에서의 「유연한 활동 모델」이다. in: Planung II, 1966, 11 ff. (25).
26) 국토정비법이나 란트의 계획법(Raumordnungs-und Landesplanungsrecht)가 전형적인 것이 되며, 거기에서는 기본권이 공공연하게 또는 은밀하게 계획목표가 되고 있다. 국토 정비를 위한 「모체가 되는 기본권」(Muttergrundrecht)(F. Dupprè, in: Schriftenreihe der Hochschule Speyer Bd. 27 (1965), S. 16)인 인격의 자유로운 발전은 다음 것 중에 직접 열거되어 있다. § 1 RaumordnungsG v. 8. 4. 1965 (BGBl. I S. 306); § 1 I Bad.-Württ. LandesplanungsG v. 19. 12. 1962 (Ges. Bl. 1983 S. 1); § 1 I rheinl.-pfalz. G für Raumordnung u. Landesplanung v. 14. 6. 1966(GVBl. S. 177); Präambel des Raumordnungsplanes für das Land Schleswig-Holstein i. d. F. v. 10. 3. 1971 (ABl. S. 221); Teil A 1 Ziff. 1 Abs. 1 hess. Landesraumordnungsprogramm, nach § 2 I in Anlage zum hess. LandesplanungsG v. 4. 7. 1962 (GVBl. S. 311) ; LS 1 Abs. 3 der Leitsatze der bay. Landesplanung, abgedruckt in: Ullrich-Langer, Landesplanung und Raumordnung Bd. 2, Gruppe 3, S. 11. — 또한 이에 대해서는 F. Dupprè, a. a. O. S. 12 f. 참조. 거기서는 「인간에 적합한 국토정비」, 「도시와 지방에서의 생활관계의 동가치성」 등이 열거된다. 그 후자의 목표에 의해서 기본법 제12조와 아울러 **평등원칙**의 실현이 말해진다. 그리고 그것은 모든 국토정비법이나 란트의 계획법으로부터 간접적으로 도출된다. 예컨대 국토정비법 제2조 1항 1호의 「조합으로 취해진 경제적·사회적·문화적 관계」라는 것을 참조. 평등원칙은 기본법의 급부국가적인 권한조항을 통해서도 전개되게 된다. 예컨대 기본법 제104a조 4항 1문의 「연방영역에서의 다른 경제력의 조정」을 참조.
27) 예컨대 BerlinförderungsG v. 23. 6. 1970 (BGBl. 826); G zur Förderung der Verwendung von Steinkohle in Kraftwerken v. 12. 8. 1965 (BGBl. I S. 777); LastenausgleichsG i. d. F. v. 1. 10.

는 재산권보장과의 관계에서만이 아니라, 예컨대 기본법 제12조[28] 또는 제13조와의
관계에서도 기본권과 관련된다. 향도법률은 ― 하나의 또는 보다 많은 강제력을 가지고
규정된 수단의 도입 아래 기한부로, 또는 무기한으로 ― 일정한 기본권과 관련된 향도조치
를 규범화한다. 교육의 영역에서 특히 그 커다란 발전이 보여지게 된다. 연방아동수당법
(BundeskindergeldG)[29]은 기본법 제6조 1항과 관련되어 있다. [한편으로는 이 법률유형
의 경직화한 수단에 대해서, 다른 한편으로 다이나믹한 사회의 발전에 직면하여, 그것이
끊임없이 「발전적으로」 수정되는 것이 아닌 한, 향도법률의 합헌성의 문제가 비례성의
관점 하에서 생긴다.]

　　― **대강법률**[30]은, 특히 규제의 개방성이라는 것이 그 특징이다. 그것은 몇 개의 커다란
기본권에 대해서 의미있는 목표명제를 포함하며, 경우에 따라서는 그 실현을 위한 수단이
마련되는 일도 있다. 하나의 현저한 예는 연방사회부조법(BSHG)[31]이다. 급부국가적인,
그리고 급부법적인 「대강」을 위하여 새로운 헌법규범, 예컨대 기본법 제91a조 1항 · 제
104a조 4항 · 제108조도 내용형성되어 있다.

　　― 급부국가로서의 발전의 장래는 **통제법률**,[32] 그리고 특히 **조직법률과 절차법률**로

1969 (BGBl. I S. 1909); BundesversorgungsG v. 20. 1. 1967 (BGBl. I S, 141); G über die
Unterhaltsbeihilfe für Angehörige von Kriegsgefangenen i. d. F. von 18. 3. 1964 (BGBl. I S.
219); HäftlingshilfeG i. d. F. von 29. 9. 1969 (BGBl. I S. 1793); Wohnungsbau-PrämienG i.
d. F. von 18. 9. 1969 (BGBl. I S. 1678); Spar-PrämienG i. d. F. von 5. 8. 1970 (BGBl. I S.
1214); Drittes VermögensbildungsG v. 27. 6. 1970 (BGBl. I S. 930); Zweites WohngeldG v.
14. 12. 1970 (BGBl. I S. 1637); JugendwohlfahrtsG i. d. F. von 6. 8. 1970 (BGBl. I S. 1197);
BundeskindergeldG v. 14. 4. 1964 (BGBl. I S.265); BerufsbildungsG v. 14. 8. 1969 (BGBl. I
S. 1112); UnterhaltssicherungsG i. d. F. von 31. 5. 1961 (BGBl. I S. 661).

28) 예컨대 BundesausbildungsförderungsG v. 26. 8. 1971 (BGBl. I S. 1409); GraduiertenförderungsG
v. 2. 9. 1971 (BGBl. I S. 1465); hess. G über Unterrichtsgeld-und Lernmittelfreiheit und
Erziehungsbeihilfen i. d. F. von 30. 5. 1969 (GVBl. S. 114); bay. Begabtenförderungsg i. d.
F. von 21. 5. 1970 (GVBl. S. 185).

29) G. v. 14. 4. 1964 (BGBl. I S. 265).

30) 또는 「지침법률」(Richtliniengesetze) (이 개념에 대해서는 Stern, VVDStRL 25(1967) 420 참조)이라고
도 한다. 예컨대 LandwirtschaftsG v. 5. 9. 1955 (BGBl. I S. 565); HochschulbauförderungsG v.
1. 9. 1969 (BGBl. I S. 1556); G über die Gemeinschaftsaufgabe "Verbesserung der Agrarstruktur
und des Küstenschutzes" v. 3. 9. 1969 (BGBl. I S. 1573); G über die Gemeinschaftsaufgabe
"Verbesserung der regionalen Wirtschaftsstruktur" v. 6. 10. 1969 (BGBl. I S. 1861);
LeistungsförderungsG v. 22. 4. 1965 (BGBl. I S. 341).

31) BSHG i. d. F. v. 18. 9. 1969 (BGBl. I S. 1688): § 1 II 1 : 부조를 받고 있는 자가 인간다운 생활을
보내도록 하는 것, 그것이 사회부조의 과제이다. § 4 II 사회부조의 **형식이나 범위**에 대해서는 이 법률이
재량을 배제하지 않는 한 **의무에 대응하는** 재량에 따라서 결정되지 않으면 안 된다. 그 밖의 특징으로서는
시간적인 제한이 없다고 할 것이다. 란트법상의 시행법 (예컨대 Hessen v. 28. 5. 1962 (GVBl. S. 273)):
급부가 법률 중에 열거되어 있는 한 「가능규정」(Kann-Vorschriften) (예컨대 §§ 11 II ; 14; 21 I;
27 II; 30 I 34; 36 I 2; 40 III; 41 III), 법규명령수권(§§22 II; 33 III; 81 V; 82)이 대부분의 경우
중요하게 된다. 하나의 전형적인 급부법률은 의료기관에의 자금교부법(KrankenhausfinanzierungsG)의
초안이다. BT-Drucks VI/1874 S. 2 ff., vgl. bes. § 1.

32) 전형적인 것으로서 경제안정성장촉진법 (das StabG vom 8. 6. 1967 (BGBl. I S. 582))가 열거된다.

나뉜다. 통제법률은 기본권에서 본다면 불충분한 구체적 상황에 반응하여 입안될 뿐만
아니라, 장래의 동일한 기본권상의 정책적인 문제도 처리하는 것이다.33) 그 수단은
유연하며 법적으로 수정가능하다. 통제법률에 있어서의 새로운 형식과 전통적인 것과의
조합으로 행해지는 목표지향적이며 기본권과 관련된 프로세스가 이러한 (즉 장래의 기본권
상의 정책적인 문제를 처리하는 = 역자) 유형을 만들어낸다. 장래에 그것으로 기본법 제1조
1항·제2조 2항 1문 그리고 제12조에 유리하게 되도록 환경보호의 문제들이 처리될
것이다. 통제를 **필요로 하는** 기본권은 기본법 제2조, 제14조(경제적 권리)·제1조 1항·제
3조·제5조 3항·제11조·제12조(직업과 전문교육의 권리)이다.34) ─ 조직법률과 절차
법률이라는 유형의 예는 기본법 제5조의 요청에 근거하여, 라디오나 텔레비전을 다원주의
적으로 조직지우는 란트들의 자유창조적인 방송법에서 발견된다. 거기에서는 외견상
순수하게 형식적인 조직의 요소를 통하여 배분의 새로운 형식과 보장이 생겨나고 있다.35)
「절차적 능동적 지위」(status activus processualis)라는 표현은 틀림없이 그 문제성을
암시하는 것이다. 경제나 과학, 학문의 영역에서의 공동결정규범은 그 기본권과의 관련성
에서 마찬가지로 급부법률의 이러한 종류의 유형으로 분류할 수 있다(참가법률). 또
하나의 예는 정당법(PartG) 제5조이다. 나아가 기본권과의 관계를 가지는 「절차적이며
다원주의적인 공공복리적인 구성요건」36)에 관련하게 된다.

cc) 기본권과 관련된 법개념에 대한 귀결

급부법률을 체계화하는 것이 정당화되는 것은 확실히 개개의 유형이 원리적으로
기본권과의 적극적인 관련성을 가진다는 것, 기본권을 실효화하는 강도도 여러 가지
잡다하다는 것 때문이다. 먼저 급부국가에 있어서의 기본권은 점차 국가의 조직이나
절차의 문제가 되기 때문에, 자유창조적인 조직법률이나 절차법률에는 특히 고도의
실효화기능이 기대된다. 경제적·재정정책적인 분야에서 출발하여 새로운 영역을 개척
하리라는 통제법률도 그것과 동일한 효과를 가지게 된다. 또한 마찬가지로 계획법률은

그것은 1966년의 경기후퇴에 대한 반응이었는데, 유사한 상황의 출현에 대해서 적극적으로 통제적으로
예방할 수 있으며, 또한 그렇게 하도록 되어있다. Stern-Münch, K zum StabG, 1967, S. 52: 거기에서는
경제안정성장촉진법을 대강적 또는 지침적인 성격을 가진 기관법률(OrganG)로 한다. 즉 그 법적 성격의
다층성이 지적되고 있다.
33) 예컨대, 직업 그리고 (직업과 전문) 교육의 통제에서이다. 또한 기본법 제3조 1항, 제20조 1항과 연휴한
제12조, 제5조 3항의 실효화에 대해서는 노동촉진법(ArbeitsförderungsG v. 25. 6. 1969 (BGBl. I
S. 582))도 있다. 진흥법률(Impulsgesetz)에 대해서는 Herzog, Allg. Staatslehre, 1971, 328 ff.
34) 청소년노동보호법 (JugendarbeitsschutzG)을 보충하는 것으로서 청소년에게 유해로운 서적에 대한
연방심사국의 장관, R. Stefen에 의해서 요구된 「청소년 미디어보호법」(Jugend-Medienschutz-
Gesetz)(FR v. 24. 8. 1971 S. 1)도 참조. 그것은 하나의 기본권보호법률이며, 연방심사국의 데이터
뱅크 작업 중에 포함된 것이다. ─ 데이터 보호법(Datenschutzgesetze)도 기본권을 촉진한다는 점이
강조되고 있다.
35) 커뮤니케이션의 자유의 실효화로서의 조직법에 대해서는 Scholz, Koalitionsfreiheit als Verfassungs-
problem, 1971, 348 ff.
36) 이에 대해서는 P. Häberle, Öff. Interesse als juristisches Problem, 1970, 87 ff. bzw. 54 ff.

장기에 걸쳐서 지속하는 기본권의 활성화를 가져올 수 있다. 왜냐하면 오늘날 급부는 원리적으로 단지 계획된 급부로서 가능할 뿐이며, 급부국가적인 기본권의 충돌, 내지는 다른 헌법목표와의 충돌은 계획절차를 통하여 조정되지 않으면 안 되기 때문이다.[37) 조치법률이 기본권을 실효화하는 정도는 그것이 어느 정도 상세하게 규정되어 있는가에 의존한다. 그 실시가 일회에 한정되었다는 것(Einmaligkeit)은 매우 커다란 기본권의 활성화를 의미할 수 있다(예컨대 기본법 제14조의 관점에서의 투자원조). 끝으로 대강법률은 충전을 필요로 하는 그 개방성 때문에 사회적인 기본권의 현실에는 매우 적절하다.

급부법률의 유형은 (기본)권보호의 문제에서도 다양하게 작용한다. 경제안정성장촉진법과 같은 통제법률은 사법판단의 대상이 되지 않으며, 또한 그 대상으로 하기에는 매우 어려운 백지위임의 정식을 포함한다. 여기서는 「사전에 설정된 권리보호」가 재판적 보호로는 되지 않는다는 것을, 기본권의 현실화에의 배분참가절차를 통하여 가능할 수 있는 것이다.

개괄적으로 말하면 여기에는 하나의 스케일이 존재하게 된다. 그것은 가장 정지적이기 때문에 (기본권을 촉진한다는 점에서는=역자) 가장 약한 유형, 즉 향도법률로부터 조치법률을 거쳐, 나머지의 급부법률의 유형의 형태를 취하는 「가동적이며」 기본권을 촉진하는 법률들(계획법률·조직법률·절차법률·대강법률 그리고 통제법률)에로 이르게 된다. 법률이 유연하게 내용이 형성되면 될수록, 또한 거기에 절차법적 구성요건이 많으면 많을수록 기본권의 최적화에 대해서 유리하게 되는 추정이 점차 강하게 움직이게 된다. 왜냐하면 그 법률은 충돌에 대응할 수 있는 것처럼 활발화를 촉진하는 충격을 부여할 수도 있기 때문이다.

b) 급부행정

급부**행정**을 위해서 학문적으로 뒤떨어진 것을 메꿀 필요성은 없다. 포르스토프의 생존배려가 그 문제성에서 십분 인식되고 있기 때문이다.

급부행정은 기본권을 헌법상의 목표로서 실현한다. 그것은 (재)배분적으로, 계획적으로, 통제적으로, 자금보조적으로, 모든 자에 대해서 기본권을 효과적인 것으로 하려고 한다. 그것은 「기본권의 효용」(Zacher)이라는 의미에서 개인의, 그리고 집단의 기본권의 행사를 향도한다. ― 사회정의라고 하더라도 물론 자유 그 자체를 위해서 그 한계는 있으나, 거기에서는 그와 같은 사회정의를 위하여 커다란 스타일의 기본권상의 자유의

---

37) 출발점은 다음과 같은 **절차**라는 사고이다. 그것은 그 경과에서 가능한 한 일반적 혹은 특별한 공개 (예컨대 이유붙인 의무를 수반하는 것이나 법적인 청문) 아래서, 또는 기본권에 대한 이해관계인의 참가라는 방식에 의해서 법률에 부수하는 것으로서 행해지는 것이 아닌 절차이다. 통설(die h. L.)은 그것이 입법자에 의해서 창설된 공적인 예산법률을 충분한 기반으로서 타당시킴으로써 이것을 행하고 있다. 그것은 (의회) 절차의 사고, 즉 기본권에 대한 이해관계인의 대표라는 사고에서, 그리고 공개성에서 정당화된다. 절차사고가 관련지어 온다는 것은 기본권개념과 법률개념, 아울러 급부국가적인 관계들 내지는 그 기능에서 명백하다.

「사회화」가 나오게 된다.38) 그러한 사회화는 지방자치의 영역에서의 사회화에 필적하게 된다. 왜냐하면 시민은 원래 자치체에로 액세스하며, 그 자치체가 생존배려를 위한 활동을 행하고 있으나, 오늘날에는 자치체에 대해서와 마찬가지로 국가에로 액세스하기 때문이다.39) 성장ㆍ진보 그리고 인간형성에의 배려로서의 생존배려는 오늘날 사회국가적**이며** 기본권적인 차원을 가지고 있다. 이러한 급부국가적, 급부법적인 기본권의 강화, 예컨대 빈곤ㆍ질병ㆍ실업으로부터의 자유와 같은 「작은」 자유40)는, 기본법 제5조ㆍ제6조ㆍ제8조ㆍ제9조 등의 「커다란」 자유의 실현을 위한 전제이다.41) 여기서 행정의 현실, 첫째로 이른바 「법률로부터 자유로운」(gesetzesfrei) 행정은 기본권에 관련된 사회국가성에 많은 업적을 올리고 있었다.42)

c) 급부재판

급부**재판**이라는 말로써 기본권과의 관계에서 통제를 초월하여 형성적으로 활동하는 재판이 의도된다. 행정상의 지침이나 행정실무와 제휴하여 기본법 제3조로부터 급부청구권(Leistungsansprüche)을 도출하는 재판이 언급될 수도 있을 것이다. 재판소가 현실적 자유는 급부국가에 의해서 산출된다는 통찰에서 판결을 내리는 경우나, 평등한 **취급**과 같은 원칙을 통하여 다른 기본권을 (예컨대 공적 제도에의 액세스에 의해서처럼) 실효화하는 경우, 급부재판이라는 것이 나온다.43) 여기에 사회재판제도나 자금보조법에 대한 재판도 속한다. 연방헌법재판소가 텔레비전 판결(Fernseh-Urteil)에서 전개한 지령은 부조청구권이나 사립학교에의 자금보조에 대한 연방행정재판소의 판결과 같은 정도로 급부재판이 된다. ― 급부재판은 급부법을 시켜, 그것을 다시 변형시키고, 그리고 급부행정을 「통제하는」데, 그 행정실무로부터 자극도 받아들인다. 「공익」은 이 경우, 토포스로서 하나의 중요한 역할을 수행한다.44) 급부재판은 재판관의 법발견이라는 「행위의 실천적 의미」가 얼마나 중요한 것인가45)를 보여주게 된다.

---

38) Börner, Staatsmacht und Wirtschaftsfreiheit, 1970, 29 f. 참조. 보다 광범위한 수평화는 「급부의 자극」을 약화시킬 것이다.
39) Forsthoff가 1938년에 「지배된 생활영역」의 수축과 반대로 효과적인 생활영역의 비례적인 확장 속에 인식한 것은 산업사회에서 가속되었다.
40) 이에 대해서는 Ipsen, VVDStRL 28 (1970) 244 f.(김효전역, 공용수용과 사회화, 『독일학연구』(동아대) 제9호 1993. 본서에 수록); Henke, ebenda S. 249.
41) 국가는 예컨대 「사회보험을 기본권의 영역에 적응시키는」 방법으로 「생활배려에 의한 자유」를 보장한다. 학교법 (Schulrecht)에서는 「사회적 재배분이 생존배려」와 결부된다. 「자유로운 교육이 보장되는」데, 그것이 생도나 학생을 원조함으로써 비로소 「실현된다」(Scheuner, VVDStRL 28 (1970) 232).
42) 이미 L. v. Stein, Handbuch der Verwaltungslehre, Dritter Teil, 3. Aufl., 1888, S. 47에서 이렇게 서술한다. 「개인이 스스로 손에 넣지 못하는 조건들을 개인의 발전을 위해서 국가의 활동을 통하여 제공하는 것은 원래 모든 행정의 개념이며 이념이다」.
43) 「공공복리적 재판」의 일부(P. Häberle, Öff. Interesse, bes. 355 ff., 359 ff.)가 급부재판이 된다. 그것은 특히 다음과 같은 경우에 명백해진다. 즉 재판이 절차적 측면에서 통제하는 경우, 즉 급부국가에 듀 프로세스의 형식을 요구하는 경우이다.
44) 이에 대해서는 P. Häberle, Öff. Interesse, passim bes. S. 468 ff., 666 ff., 678 ff.

3. 급부국가와 능력사회의 상호의존

a) 「급부국가」

aa) 일반적 특징

국가와 사회를 레스 푸블리카(res publica)에로 통합하는 헌법개념에서 출발하여 기본권과 그것과의 친밀성을 인식하는 급부국가의 **헌법**이론[46]은 지금까지는 존재하지 않는다. 헬러에 의한 급부국가에 대한 **국가론**[그것은 국가를 조직화된 인간의 결정과 작용의 통일체로서 파악하며, 다만 그러한 통일체에서는 「급부효과가 고양되고」, 그러므로 어떤 종류의 「급부국가적인 부가가치」를 가진 상태로 되어버린다 ─ 즉 국가는 능력사회(Leistungsgesellschaft)의 협조행동 이상의 것이다][47]은 현재의 테마에 대해서 상당히 광범위하게 미친다. **급부국가**란 기본법에 의해서 구성된 국가이며, 조직과 절차를 통하여 시민이나 집단에 대해서 직접적으로 또는 간접적으로 급부를 가져오며, 그러한 급부는 가장 넓은 의미에서 주로 적극적인 기본권과의 관계를 의도하게[48] 된다. 따라서 급부국가는 기본권의 현실적인 타당성 없이는 생각할 수가 없다. 여기서는 국가의 급부활동의 전제와 조건도 포함하여 생각하지 않으면 안 된다. 이념형으로서의 대조물은 시민적인 질서국가와 침해국가이다.[49]

급부국가는 능력주의를 고려하면서 그 수단을 마련하고·관리하며·배분할 수 있는데, 그 때에 기본권과 충돌하는 일도 있다. 그러나 그것은 능력주의로부터 독립하여 기본권을 실효화할 수도 있다. **기본권**은 급부국가와 **암비발렌트한** 관계에 선다. 한편 급부국가는 기본권을 스스로의 과제의 대상으로 하며, 그것을 사회생활에서 일반적으로

---

45) Esser, Vorverständnis und Methodenwahl in der Rechtsfindung, 1970, 200.

46) 「급부국가」의 특징지움은 그 출발단계에서만 발견된다. 예컨대 Küster, Probleme der Leistungsverwaltung, 1965, 1 f., 6, 10, 15 f., 25, 32, 35; Schambeck, Vom Sinnwandel des Rechtsstaates, 1970, 27 ff.; Ipsen, Fusionsverfassung Europäische Gemeinschaften, 1969, 51, 54; Eichenberger, oben Anm. 5, 11 f. 참조. 새로운 국가활동, 예컨대 완전고용을 위한 배려, 경제위기의 예방, 위험에 처한 경제부문의 조성, 통화의 유지, 교육·직업교육의 준비, 병자나 노인의 보호, 청소년의 보호, 여가의 형성, 주거나 교통망의 건설, 매스컴에의 배려 등의 공통의 메르크말로서의 급부에 대해서 Scholz, Das Wesen und die Entwicklungen der gemeindlichen öff. Einrichtungen, 1967, 123; Gorlitz, in PVS 1971, 71 (83) 참조.

47) Heller, Staatslehre, 1934, 228 ff., bes. 231 f., 233, 235, 237, 241, 244, 245 (홍성방 옮김, 『국가론』, 민음사, 1997).

48) 국토정비법(RaumordnungsG, 1965, BGBl. I S. 306) 제1조 1항, 제2조 1항 1호—제7호에 있어서의 기본권상의 이익도 참조. 기본권은 이미 국가로부터의 자유로운, **그러므로** 「자유로운」 사회와, 제1차적으로 자유를 위협하는 국가 간의 경계로서는 이해되지 않는다.

49) 다만, 그러한 국가의 급부가 무시되어도 좋은 것은 아니다. 이념형적인 대비는 비현실적인 대립이 되어서는 안 된다. ─ 「고권국가로부터 문화·배려·교통국가로서의 현대 급부국가」에로의 도중에서 「급부의 성과」를 위험하게 하는 행정상의 긴급사태가 발생하리라는 연방회계검사원 장관의 견해 참조. V. Hopf, (FR v. 29. 5. 1971 S. 1 u. 4).

촉진함으로써 — 사회국가적인 —「기본권정책」을 추진한다. 다른 한편, 급부국가는 전통적인 (기본)권보호의 형식으로 거기에「대처할 준비」가 되어 있지 아니한, 기본권에 대한 **새로운 위험영역**을 (사실상) 산출한다. 그것 이상으로 급부국가는 고도로 기술화된「능력사회」50)의 영역으로부터 인간성을 무시하는 일이 있는 활동을 요구함으로써 기본권상의 자유를 위협하게 되는 위험의 예방에 대해서 책임을 진다. 왜냐하면 특히 많은 과제가 급부국가와 능력사회의「사회공동체적 과제」이기 때문이다.

헌법은 국가와 사회를 서로 관련지우는 급부법의 조직형식 · 절차를 위한 틀을 구성한다. 국가는 헌법에 의해서 — 기본권을 통하여 — 통합적인 구조51)를 획득할 수 있다. 즉 그것은 헌법이 공적인 프로세스로서의 국가**와** 사회의 권력의 합리화와 제한에 공헌함으로써, 아울러 사회적인 분쟁의 해결과 모든 자에 대한 인간적인 질서에 공헌함으로써이다.52) [헌법은 그 전개에 대해서 단지 수동적으로 기술적 형식적인 대응을 할 뿐만 아니라 헌법 자신이 동시에 반작용과 작용으로 된다. 그 현실지향적 해석과 정치적 형성은 새로운 제도의 장래적으로 열린 형성과 발전을 산출한다. 그것들은 공적인 과제의 변천을 위한 여지를 제공한다 (규범적인 절차적 헌법이해).「열린 헌법해석」은 하나의「좋은」헌법정책이다. 그 헌법정책은 민주적인 헌법학의 범위 내에서 전개되며, 그리고 기술시대의 도전에 맞서지 않으면 안 된다. 이러한 과제는 특히 **사회적 기본권의 불충분함**이나 불평등이 존재하는 곳에서, 토론의 대상으로서 올려지게 된다. 왜냐하면 그러한 사회적 기본권의 불충분함이나 불평등은 모든 자에 대해서 자유를 부여하는 인간다운 질서 중에서 감수할 수 없는 것이기 때문이다.53)

---

50) 능력사회에 대해서는 경제안정성장촉진법상 제5조 2항, 제6조 1항 1문에서「국민경제의 급부능력을 높이는 수요확대」라는 어법이 사용되고 있으며, 제9조 1항 1문에서 경제 전체의 급부능력의 발전이 말해지고 있다. 입법자는 그러므로 국민경제의 급부능력을 하나의 변수로서 고려에 넣고 있다.

51) Heller, Staatslehre, 194 (역서, 272면); Hesse, Grundzüge des Verfassungsrechts der BRD, 4. Aufl. 1970, 78 (계희열역, 『서독 헌법원론』, 삼영사, 1985).

52) 다른 한편으로 아마 사회를 관찰만하여 일방적으로 강조하고, 국가를「산업사회의 국가」로 저하시켜 (Forsthoff), 국가를 실제상 그 사회에 의존하는 변수로 해버린다는 견해가 있다. 확실히 국가는「국가적」 시점에서 사회「위」에 위치지우는 것으로 허용되어서는 안 된다(Forsthoff에 대한 나의 비판으로서 ZHR 136. Bd. [1972] i. E. 참조).

53) 평등원칙은 여기서는「모든 자에 대한 균형이 취해진 자의적이 아닌 이익평가」로서 이해된다(Heller, VVDStRL 4 (1928) 98 (115)[김효전역, 라이히 헌법에 있어서의 법률의 개념, 동인 옮김, 『주권론』, 관악사, 2004]). 이를 위한 전제를 창조하는 것은 급부국가이며, 그 자체는 능력사회에 의해서 조건지워진다. 급부국가의 목표로서의「기본권의 최적화」, 기본권의 실효화라는 개념의 기초가 되는 것은 자유와 평등에 대한 실질적이고 사회적인 이해이다. 그 이해는 기본권상의 자유가 내용적으로 충만한 것이 되기 때문에 변질해버릴 것이라는 비난으로부터 보호되지 않으면 안 된다. 기본권의 실효화는 자유로부터 의무에의 전화나, 소극적 지위(status negativus)와의「결별」(Verabschiedung)을 의미할 뿐만 아니라 기본권과의 관계에서의 국가의 보호의무를 의미한다. 그것은 자신들이 하고자 한다면 자신들의 자유를 실제로 이용할 수 있는 모든 자에 대한 평등한 기회를 의미한다 (그것은 사실상의 기본권의 전제로부터의 형식적 자유에 대신하는「현실적」자유라는 사고이다). 모든 자의 기본권의 사회적 기능은 진지하게 받아들여야 하는데, 그것이「기능화」에 의해서 인간의 자유의「인격적」측면을 파괴해서는 안 되며, 또한 파괴할 수도 없을 것이다. 사회적인 기본권이해,「자유와 평등의 사회관련적 지위」가 문제로 된다

사회 **전체**나 그 현실로 향한 이 헌법개념은, 왜 급부국가가 비인간적인 의존성과 사회적 불평등을 해체하기 위해서 기본권이나 사회국가원리를 경우에 따라서는 그 사회 속에 밀어넣지 않으면 안 되는가를 명백히 한다].

이러한 급부국가의 현실에 거의 동일한 것은 지방자치법상의 법원칙으로서 국가의 차원에로 확장되어야 하는 「공공복리적 권한구성요건」(Gemeinwohlkompetenztatbestand)이다.54) 그것에 따라서 게마인데 내지 이제 국가는 급부능력의 한계 내에서 경제적·사회적 그리고 문화적인 복지에 대해서 필요한 공적 제도를 창출하지 않으면 안 된다.55)

bb) 과제가 증대하고 새로운 행위형식 아래 있는 국가, 외적·내적 관계와 아울러 지출측면에 있어서의 변화

급부국가는 무엇보다도 먼저 첫째로 **과제가 증대하는** 국가이다. 그것은 「현시점에서」 (gegenwärtig) 완전한 생산력과 높은 효율성으로 장래와 짜맞추는 것이다.56) 공공적인 과제는 일부는 국가에 의해서, 또한 일부는 사회에 의해서 또는 여러 가지의 협동적 형식57)에서 **사회공동체적 과제**로서 수행된다.58) 사회질서는 시민적 법치국가에서 그러하였던 전제된 소여의 것59)으로서가 아니라, 오히려 사회공동체적인 형성의 대상이 된다. 거기에서 낡은 행위형식·절차·수단을 확장하는 동시에 새로운 (그리고 유연한) 행위형식·절차·수단을 형성하여 가게 되며, 그럼으로써 새로운 종류의 기능문제가 나오게 된다.60) 급부를 행하는 국가는 향도하며, 계획하며, 통제하며, (재)배분하며,

---

(Stern, Lehrbuch des Staatsrechts, 2. Aufl., 1971, 195).

54) 이에 대해서는 P. Häberle, Öff. Interesse, bes. 39 ff. und AöR 95 (1970) 260 (279 ff.).

55) § 10 II 1 Bad-Württ. GO.

56) Eichenberger, oben Anm. 5, S. 9, 11.

57) 거기에서는 국가와 경제가 서로 「만나게」 된다(§ 3 StabG). 그리고 거기에서는 「공익을 위한 산업상의 협정」, 「경제의 자기제한」이나 협동적 형식, 아울러 계획형식과 같은 것이 나온다. 그러한 형식으로는 국가는 이미 규범이나 행정행위에서만 고권적으로 나타나는 것은 아니게 된다(J. H. Kaiser, NJW 1971, 585 ff.). ―「영업상의 인사계획을 개선하려는 경제노력과 국가적인 촉진정책 간에는 하나의 보완적인 관련이 존재한다. 그러한 관련을 고려한 것은 노동촉진법, 직업교육법(BerufsbildungsG), 그리고 직업교육촉진법(AusbildungsförderungsG)이다」(aus: Sozialpolitische ― Informationen, hrsg. BuMi für Arbeit und Sozialordnung, Jahrg. V/20 v. 19. 7. 1971, unter III. 11).

58) 협동의 새로운 제도와 절차의 발달은 하나의 일반적인 급부국가상의 문제이다. 바덴-뷔르템베르크 주 법무장관인 Schieler, Strafvollzug als Gemeinschaftsausgabe, SZ vom 24. 3. 1971 S. 6 (사회복귀의 목적을 위한 교도소와 외부 세계 간의 중개자로서의 「집행고문위원」의 창설에 대해서) 참조.

59) Forsthoff, VerwRecht, 60 f., 65 f. 참조.

60) 급부국가는 특히 이러한 것을 의미한다. 과도한 기능**증대** (사회의 영역에서의 국가의 권능의 신장에 대해서는 Forsthoff, Industriegesellschaft, 24), 기능**수정** (예컨대 **단순침해법률**에 대신하는 여러 가지 유형의 급부법률)과 기능**교환** (경제영역에서의 간접적인 향도에 대해서 특수한 형식교환으로서의 그것에 대해서는 Friauf, VVDStRL 27 (1969) 1 (7). 급부를 행하는 행정의 영역에의 입법의 「과도한 간섭」에 대한 Herzog의 지적은 VVDStRL 24 (1966) 183 (206)이다. 이와 같은 기능의 변천에 의해서 전통적인 법치국가적 제도 ― 예컨대 기본권, 법률개념, 그리고 권리보호제도 ― 를 새로이 심사숙고할 것을 강요하고 있다. 법률의 유보도 또한 그것이 형식적인 법률을 필요로 하는 한, (기본)권보호의 하나의 제도이다. 의회의 법률은 시민적 법치국가에서 기본권보호의 하나의 효과적이며 고전적인 형식이었다. 그것은 여기서 구하는 사회적인 절차의 유보를 급부국가에 적절한 「법률의 유보」로서 자격지우려고 한다. 현대적인

자금을 보조하며, 그리고 강령을 세운다. 이와 같은 국가의 활동이 입법적·통치적·행정적 레벨에서 발견된다. 단순한 고권행정상의 국가와 「행정사법상의」 국가와는 전혀 다른 별개의 것이 되며, 국고로서의 국가에 대해서는 물론이다. 국가의 경제에의 관여는 증대하는 것이다.

이처럼 현대적인 급부국가에서 새로운 기능교환이 나타나는 한, 해석론은 「사실상의 기본권침해」[61]의 가능성에 대처하는 준비를 하지 않으면 안 되며, 기본권은 그 「생성의 보장과 존립의 보호」에 대해서 검토하지 않으면 안 되는[62] 동시에, 그 보호효과에서 확장되지 않으면 안 된다.[63]

급부국가에 특징적인 것은 시민과 집단과의 변화된 (**외적**) **관계**, 즉 이미 「자율적」이 아닌 「사회」와의 변화된 (외적) 관계이다. 급부가 침해와도 결부될 수 있다 하더라도, 종속적인 수동적 지위(status passivus subjectionis)는 더 이상 자유민주주의에서 그 기본적인 지위가 되지는 않는다. 시민과 국가와의 법관계[64]는 (지배복종 대신에) ―「급부관계」에서 서로 할당된 ― 관여자 간의 **커뮤니케이션**과 **협동**에 의해서 특징지워진다. 그 관여자의 활동은 공익과 사익을 결합하며, 실로 자주 그것들을 서로 융합시켜버린다.

내적 관계에서도 국가는 마찬가지로 변천하였다. 「국가권력의 통일성」은 그 많은, 그리고 커다란 급부기능에 비추어 다원주의적인, 즉 협동적인 형식에 굴복한 것이다. 권력분립은 새로운 결합형식 속에서 (예컨대 계획에 즈음한 정부와 의회 간의 관계처럼) 세분화하기 시작한다. 급부국가는 자신을 개방하고, 사회의 부분영역을 통합하기 시작한다. 그것은 국가로부터 해방되어 있지는 않지만 자유로운 급부절차를 산출한다. 그리고 그 절차에는 이해관계인이 「참가」한다. ― 비록 일반적인 공개성을 초월한 것일지라도 말이다. 끝으로 급부국가는 침해국가나 질서국가보다도 **지출이 증대하며**, 그것에 대응하여 보다 많은 수입을 획득하지 않으면 안 된다. 국가지출의 증가[65]는 기본권으로서의 기회균등이라는 의미에서 개개인에게 기여할 것이다. 즉 현실의 국민총생산에 관여하는 국가지출의 할당이 상대적으로 증가한다는 것은 기본권을 실효적인 것으로 하게 되리라는

급부법률은 이러한 절차에 적합한 측면을 명확하게 부각시킨다.
61) 이에 대해서는 Gallwas, Faktische Beeinträchtigungen im Bereich der Grundrechte, 1970.
62) 예컨대 Kloepfer, 1970의 동명의 저서(Entstehenssicherung und Bestandsschutz) 참조.
63) 이것과 대립을 이루는 것은 사실상의 기본권의 활성화이다. 그것은 법학적으로는 아직 충분하게 파악되지 않고 있다는 것에서 단지 사실상의 것이 되고 있을 뿐이다. 왜냐하면 기본권의 활성화라는 것은 고전적인 기본권이해에 대해서 「중립적인」 국가행위였기 때문이다 (기본권과 관련된 국가목적론의 결여).
64) 전통적인 이해에서의 주관적 공권과 침해적인 행정행위는 더 이상 이익과 관련한 협동·협조형식이나 커뮤니케이션의 형식과 같은 「다면적인」 급부관계의 법학상의 지주일 수는 없다. 같은 것이 전통적인 행정재판상의 보호에 대해서도 타당하다.
65) 또한 W. Brandt (Erklärung zur Reformpolitik der Bundesregierung v. 24. 3. 1971, BT-Verh. VI 6399 A) 참조. 「국가가 사회적 빈곤(die öffentliche Armut)을 극복하려면, 그것에 의해서 모든 사람을 동시에 특히 사회적 약자를 돕게 될 것이다」. 그러나 다음도 참조. 「시민에게 봉사하는 것은 시민의 급부 없이는 가질 수 없다」. 이른바 사회적 빈곤이라는 「유행어」에 반대하는 것으로서 FAZ v. 9. 6. 1971 S. 17.

것이다.

[여기서 문제는 예컨대 국가가 교육계획에서 일정한 직업분야나 경제분야를 다른 것보다도 보다 강하게 조성하여도 좋은가의 여부이다. 기본법 제3조 내지 제5조 3항·제12조가 경우에 따라서는 침해될는지도 모른다는 문제에서는 급부국가의 활동의 다른 측면을 인식할 수 있게 된다. 즉 그것은 이러한 투자가 기본법 제12조나 제5조 3항을 실효적인 것으로 하는 일이 있기 때문이다.]

cc) 사회적 급부국가의 영역에서의 효율성원리의 내용과 (기본권상의) 한계

세 개의 단계에서 효율성원리(기본법 제20조 1항)의 문제성이 분류된다. 즉 국가의 **자금조달**에서, 국가의 **조직**에서, 그리고 국가의 자금**배분**에서의 효율성이다.[66] 그러나 사회국가는 인간성을 지향한다는 의미도 있다. 여기에 헌법에서 결정되어야할 효율성원리의 한계선이 그어지게 된다. 개별적으로는 다음과 같다.

(가) **자금조달**에 대해서는 두 가지의 구성요소가 있다. 하나는 실질적인 것(예컨대 기본법 제114조 2항)이며, 또 하나는 인적인 것(예컨대 기본법 제33조 2항 — 효율적인 공무)이다. 그러한 자금조달은 국가가 미리 시민으로부터의 급부에 의해서 금전을 「징수할」 수 있었던 경우에만 급부를 할 수 있기 때문에 매우 중요하다. 그러므로 거기에는 효율성과 인간성의 상호의 제약관계가 있다.

(나) **자기조직**에 관해서는 능력주의가 예컨대 기본법 제33조 5항에서 규정하고 있다. 그 능력주의는 개별적으로 행정감독이나 회계검사원의 통제에 근거하여, 그리고 능력의 향상이 문제로 되는데, 그것이 측정가능한 행정의 「새로운 구축」에서 제시된다. 여기서는 기본권이 의미를 가지게 된다. 기본권은 예컨대 재판소에 의한 권리보호가 무조건적으로 보장되고 있음으로써 그 능력주의에 「구멍을 낸다」. 기본권상의 자유의 보장은 효율성을 지향하는 급부국가에 대해서 다양하게 이끌어야할 하나의 한계이다. 그러나 긴 안목으로 본다면, 그 보장은 그 공동체를 효율적인 것으로 하려고도 한다. 왜냐하면 거기에서의 시민이 자유롭게 공동체와 자신을 동화시켜 버리기 때문이다.[67]

---

66) 사회국가와 효율성의 관계에 대해서는 Bachof, VVDStRL 15 (1957) 205; Krämer, Die bürgerliche Selbstverwaltung unter den Notwendigkeiten des egalitären Sozialstaats, 1970, 131; Kopp, Verfassungsrecht und Verwaltungsverfahrensrecht, 1971, 200 ff. — Biedenkopf의 행정의 효율적 통제에 대한 요구 참조. FAZ v. 25. 7. 1971 S. 15. 거기에서는 현재의 사회를 쇄신할 필요성에 대한 충분한 공헌은 행정을 능력과 관련된 통제에 의해서 장악하는 데에 성공하는 경우에만 국가의 영역과 그 공적 제도에 기대할 수 있다는 것이다.

67) **민주주의**는 「결정적인 한계영역에서」 효율성을 방해하는 듯한 장해가 된다(Eichenberger, oben Anm. 5, S. 20). 여기에서는 기본권의 경우와 사정은 동일하다. 즉 민주주의의 증대에 대해서 유리하게 하려면, 급부국가성의 증대를 포기하지 않으면 안 된다는 것이다. **연방국가제**도 일견 명백하게 능력주의의 삭감을 의미한다. 확실히 「협동적인 연방주의」나 「통일적인 연방국가」에로의 발전은 급부국가에 기대되는 거대한 효율성으로 특징지워지는데, 그것은 헌법의 현실에 의해서 어쩔 수 없게 되어버렸을 뿐이다. 즉 그것을 헌법개정의 입법자는 고려하였던 것이다(기본법 제91a조와 b조). 그렇지만 일정한 관점에서 기본법은 마모에 의한 낭비나 합리성의 결손을 감수하고 있다. 왜냐하면 기본법은 자유의 하나로서의 협동(이에 대해서는 Hesse, in FS für Gebh. Müller, 1970, 141 ff., bes. 150)을 단일국가가 거기에 가져올 효율성보다

예컨대 급부국가는 교육제도에의 장기적인 투자를 자주 필요로 한다. 교재의 무상화는 우선은 그것을 재정상의 궁핍상태에로 빠트리지만, 그러나 결국은 보다 커다란 급부로서 사회에 보답하게 될 것이다.

(다) **자금배분**에서 능력주의는 사회국가조항(그 목표: 정신적 빈곤과 문화적인 특권부여의 해체)이나 기본권과 함께 진정한 부차적인 역할만을 수행할 뿐이다. 거기에서는 현실의 자유와 공동체를 위한 시민참가를 목표로 한 인간적이며 기본권지향적인 능력·급부부여가 중심이 된다.

총괄: 급부국가는 (시민에게=역자) 급부를 요구하는 동시에 그것을 배분하는 국가이다. 그것은 그럼으로써 기본권을 (「기본권국가」로서) 실효화하는[68] 동시에, 능력주의를 인간성이라는 이유에서 부분적으로 무시하게 된다.[69] 그러므로 급부국가와 능력사회는 **부분적으로**만 관련을 가질 뿐이다. — 그러나 그 양자의 부분적인 상관관계가 중요한 것이다.

b) 「능력사회」

사회에 대해서 그것을 형성하는 효과를 가지는 국가적 과제의 증가는 국가와 사회와의 「침투」를 뒷받침한다. 모든 자가 모든 자에게 전반적으로 의존하고 있다는 상태는[70] 예컨대 법학적으로는 국가가 그 행위에 의해서 불러일으키는 집단효과[71] 속에 나타난다. 오늘날 시민, 집단, 그리고 모든 종류의 공적 기관은 매우 넓은 의미에서의 「사회의 파트너」이다. 화폐가치의 안정성(안정된 화폐만이 「사회적인」 화폐이다)[72]·경제성장 그리고 기본권과 관련된 개혁의 과제를 이행하기 위한 공적인 투자와 같은 조건망은 기본권의 기회[73]의 결정에 관여하는 것이다.

불가결하게 되는 코스트 베네피트 분석에서 「**인간적인 코스트**」는 자주 거의 사전에 평가되는 일이 없다. 예컨대 환경보호, 도시 혹은 도로계획, (교통) 사고율 등에서이다.

도 높이 평가하고 있기 때문이다.

[68] Herb. Krüger, Art. Verfassung, HDSW 11 (1961) 72 (73)에 의하면, 시민의 자유를 국가의 약함과 비효율성에서 보는 것은 후기자유주의의 위험한 오해였다고 한다. 올바르게 이해된 입헌국가에 대해서는 국가의 실효성과 시민의 자유를 지키는 것이 중요하게 된다.

[69] 예컨대 서독 주교의 고백에 의한 능력주의의 비난 (FR v. 7. 8. 1971 S. 1) 참조.

[70] 특히 그것은 기술의 발전과 「지식의 폭발」에 의해서 발생되었다. 국가와 사회는 복지사회 (Wohlstandsgesellschaft)의 고양된 요구에 비추어 「Leistung이라는 말」에 의해서 구체화된 운명공동체 속에 존재한다.

[71] 노동협약에서의 자치가 경제 전체에 영향하는 것과는 반대로, 자신들의 자치가 경기·경제·예산정책의 국가적인 데이터에 의해서 사실상 공동결정되는 한에서 경영자와 노동자 (그리고 소비자)가 「협력」하는 「국가급부」 혹은 「급부·능력공동체」에 의한 복수의 자의 간접적인 사실상의 관련성(Betroffenheit)이라는 것이 예로서 생각된다. 정당하게도 Dahrendorf는 Gesellschaft und Demokratie, dtv 1971, S. 197(이종수 옮김, 『분단독일의 정치사회학』, 한길사, 1986)에서 예컨대 조직화된 노동자와 경영자 간에서의 자율적인 교섭에서처럼 통제된 분쟁이라는 제도가 결여된 것을 한탄하고 있다.

[72] 모든 통화가치의 하락과 결부된 「배분정책상의 불공정함」에 대한 Klothen에 의한 지적 (FAZ v. 25. 6. 1971 S. 15) 참조.

[73] 국가에게 구조정책적인 과제를 제기하는 「여가사회」를 둘러싼 논의(「여가에 대해서 적당한 풍경의 보호」)도 참조.

그러나 여기서는 기본권을 희생으로 한 경제적인 성장은 존재하지 않는다는 것이 타당하지 않으면 안 된다. 그 아직 일부 진화론적으로 능력의 증대를 필요로 하는 능력사회는 기본권상 아직 언급하지 않고 남아있는 공백지대라고 하지 않을 수 없다.

급부국가적인「기본권의 효용의 증가」[74]를 긍정하더라도 그 **한계**가 상기되지 않으면 안 된다. 특히 그 발전은 일방통행으로 행해진다는 것이다. 즉 급부국가에의 개인이나 집단의 기본권과 관련된 적극적인 요구는 끊임없이 증대하며, 독자적인 원동력을 전개하는데, 그 원동력은 개인의 자기결정에 대신하여 급부국가적인 타자에의 결정이 행해지고, 자기책임적인 자유를 타자책임적으로 타자결정적인 보호로서 해버리는 경우, 법치국가를 위험에 빠트리고, 급부국가에게 과도한 요구를 하고, 최종적으로는 개인의 권리로서의 기본권을 사회적으로 시대에 뒤떨어진 것으로 만들어버린다는 것이다. [역설적이지만 이러한 기본권의 사적인 측면은 바로 과잉 소비사회의 시대에 상기하지 않으면 안 된다. 증대하는 기대에 비추어 **자기**책임에서 생기는 개인의 독립성이 또 한 번 지적되지 않으면 안 된다.]

급부국가와 능력사회의 **상호의존성**은 일련의 문제들과 함께 초국가적인 급부·목적 결합체인 유럽경제공동체에서도 나타난다.[75]「급부·능력(Leistung)」은 국민국가적인 차원을 돌파하기 시작한다. 유럽 경제공동체 조약은 국가와 사회에서 급부·능력을 증대시킨다. 국가들이나 헌법들은 그것에 상응한 대응을 하였다.[76] 사회는 국제적인 것으로 된다.[77] 왜냐하면 국가, 헌법 그리고 사회는 공동체로서 가져온 것이기는 하지만 단순히 아직 공동체법상 가능하게 되고 있을 뿐인 급부·능력에 동일하게 의존하게 되기 때문이다.

[유럽 경제공동체법은「급부·능력」이라는 말을 들어서 행하는 국가와 사회의 협동에 실체적이며 조직법적으로 대응한 급부법적인 경향(Züge)을 포함한다. 유럽 경제공동체의 목표는 이중의 의미에서,[78] 즉 구성국가 간에서의, 아울러 그 국가와 사회 간에서의「사회공동체적 과제」의 개요를 제시한다. 기본권해석론은 급부국가성에 대한 유럽법적인 관점에로 눈을 향하지 않으면 안 될 것이다.[79] 공동체질서는 실질적인 의미에서의 평등한 권리부여로서 기회균등을 가리킨다.[80] 시장시민(市場市民)의 경제적인 기본적

---

74) Zacher, Sozialpolitik und Menschenrechte in der BRD, 1968, 35에서의「기본권의 증가」라는 표현 참조.

75) Ipsen, Fusionsverfassung Europäische Gemeinschaften, 1969, 10, 15.

76) 예컨대 유럽법상의 경제적 자유, 인권과 기본적 자유의 보호에 관한 협정(MRK)이나 유럽 사회헌장(ESC)의 기본권의 영역에서 그렇다.

77) J. H. Kaiser, Art. "Staatslehre," Staatslexikon, 6. Aufl., VII (1962) Sp. 589 (595).

78) 유럽 석탄철강공동체 조약(EGKSV) 제2조 2항에 있어서의「최고의 급부수준」, 및 불변의 그리고 균형잡힌 경제의 확장, 보다 커다란 안정성 (유럽 경제공동체 조약 (EWGV) 제2조), 그리고 경제적·사회적 진보의 보장 (유럽 경제공동체조약 서문)이라는 것의 지적.

79) 국가적인 법규정의 한걸음 한걸음씩의「조화」에 있는 급부법의 요인 (예컨대 유럽 경제공동체 조약 제100조)도 참조.

80) 이에 대해서는 Zieger, Das Grundrechtsproblem in den Europäischen Gemeinschaften, 1970,

자유가 규범화되고 있는 것, 내지 구성국가에서 불평등한 기본권관계를 해체하려는 경향81)은 기본권을 통한 유럽 경제공동체사회의 일정한 활동을 가능케 하며, 시장영역에서의 능력주의를 정당화한다. 그 위에 명백하게 기본권이나 사회국가와 관련된 경제정책적인 급부·능력공동체목표가 테마로 된다.82) 「사회공동체의 이익」은, 「시장시민」의 경제적인 기본적 자유에 관한 급부국가적·능력사회적 그리고 급부법적인 요소와 결부된다.]83)

c) 사회의 능력주의에 대한 급부국가 및 기본권으로부터의 비판84)

산업사회는 진정한 한정적으로만 기본권상의 기회균등을 낳지는 않는다. 그 실제적인, 또는 외견적인 소비압력을 가진 과잉 소비사회는 때로는 과도한 경제적 자유가 야기하는 공포에 일정한 여지를 남기는데, 민주적인 급부국가는 「교육사회」에 있어서의 정신적 자유(직업교육이나 전문교육의 자유)를 강화함으로써, 그리고 인간의 존엄이라는 가치에 의한 기본권을 강화함으로써 그 공포에 저항하지 않으면 안 된다. [민주적인 국가는 공권력의 그 법적인 독점에서 정당화되는데, 다음과 같은 기본권기능을 인수하여야 한다. 즉 기능은 부분적으로 (「급부법적으로」) 사회적 안전의 보장 중에서, 혹은 기업 내의 직장에서의 공동결정이나 생산자본에의 공동참가의 형식을 통하여 현저하게 나타난

---

bes. S. 54 ff., 58. 기본법에 있어서의 사회국가적인 요소를 둘러싼 「헌법위탁」으로서의 시민적 자유권의 보충, 및 반대로 자유주의적적인 법치국가적 구성요소를 둘러싼 유럽적이며 경제정책적, 그리고 공적인 생존배려의 보충에 대해서도 같은 항 참조.

81) H. von der Groeben, in FS für W. Hallstein, 1966, 226 (237 ff., 242). 유럽공동체는 많은 기본권의 **행사가능성**을 상당히 확장하였다. 이와 같은 경제정책의 주지는 자유와 **기회균등**(정의)이라는 원리이다. 경제공동체가 이 양쪽의 원리에 계속 봉사한다면, 그것은 그럼으로써 확실히 기본권의 법적 상태에 새로운 것을 첨가하는 것이 아니라 아마 그 **실현**에 새로운 것을 첨가하게 될 것이다 (강조는 저자에 의한 것임).

82) 기본권정책으로서는 완전고용(유럽 경제공동체 조약 제104조, 제49조 d호, 제75조 3항), 성장배려, 생활수준의 향상, 안정된 가격수준의 유지(유럽 경제공동체 조약 제104조), 노동자의 생활조건과 노동조건의 개선에 대한 배려(유럽 경제공동체 조약 제117조. 또한 동 조약 제125와 기본법 제12조, 제11조에 분류하여 책임을 질 유럽의 사회기금도 참조. 유럽 원자력공동체 조약(EuratomV) 제2조 b호: 주민과 노동자의 건강보호) 참조. 국민의 생활조건과 고용조건의 항상적인 개선이라는 목표 (유럽 경제공동체 조약 서문)도 참조. 공통의 농업정책 (제39조), 사회정책 (특히 제118조)는 **급부법적인** 수단을 필요로 한다. 총괄적으로는 법규명령, 지침, 결정 (제189조)이라는 행위형식은 급부국가적인 경향을 가지게 될 것이다. 유럽 경제공동체 조약 제77조, 제92조 2항·3항, 제125조 1항 a호·b호에서의 보조금도 참조. 또한 직업교육을 위한 원칙에 대해서는 유럽 경제공동체 조약 제128조 참조.

83) 사회공동체의 경제적인 목표를 실현하기 위한 자유와 평등의 이러한 지위에 대해서는 Grabitz, Europäisches Bürgerrecht, 1970, 68 f., 103 ff. 참조.

84) 비판에 대해서는 O. Negt, In Erwartung der autoritären Leistungsgesellschaft, in: Schäfer-Nedelmann (Hrsg.), Der CDU-Staat, 1967, 201 ff., 예컨대 233. F. Naschold, Organisation und Demokratie, 2. Aufl. 1971, 9. Eb. Stammler는 Hess. Rundfunk, 2. Progamm am 27. 6. 1971 um 23.05 Uhr에서, 능력사회의 「야만스런 명령」(brutales Diktat)에 대해서 말했다. — 공적 제도는 현대의 능력사회가 진정 부분적으로만 가지고 있는, 거기에서 기여하는 인간의 인도적인 고용을 필요로 한다. 병자나 노인은 시설에서 원조를 받아야 하는데, 거기에는 능력사회로부터 제외된 사람을 도우려고 하며, 또한 도울 수 있는 사람이 없다. 이전에는 가족이 하던 것을 오늘날 기본권의 과제로서 공적 제도로 이행하고 있다.

다.] 그러므로 국가는 그 급부기능에 의해서 「간섭하여」 가지 않으면 안 된다. 즉 국가는
민주적인 의사형성·결정과정을 통하여 인간의 존엄에 가치있는 질서를 위해서 그때그때
능력사회에 대해서 사회적 기본권의 불충분함이나 불평등을 없애려는 방법(예컨대 유연한
정년제는 노동능력과 관련된 하나의 「인간됨」으로 된다)으로 그것을 행하지 않으면 안 된다.
예컨대 환경보호(기본법 제74조 24호)를 위해서 낡은 연방 권한을 다 행사하고 새로운
것을 창설한다는 것은 지나친 능력사회를 거절하는 것에 대한 하나의 회답이다.

그러나 그것은 진정 하나의 측면에 불과하다. 왜냐하면 상술한 급부국가적인 과제는
급부능력 있는 사회[85]와 경제, 그리고 거기에 대응한 세수입, 즉 자유에서의 효율성과
자유에 의한 효율성을 전제로 하기 때문이다. 공동체는 실질적인 자격요건의 인하를
「기호품」으로서 행할 여유 등은 없으며[86](아래로의 표준화는 있을 수 없다!), 거기에는
일정한 한계가 존재한다. 그리고 그 한계를 초월해버리는 급부·후견국가(Gefällig-
keitsstaat)의 과잉은 사회윤리적으로 부패할 뿐만 아니라 기본권을 실효화하는 민주주
의 그 자체도 위험에 빠트리는 것의 과잉으로 된다. [능력사회에서 불가결한 「인간성에
적합한」 능력주의를, 바로 사회국가가 원조해야할 약자계층을 위해서 포기할 수는
없다. 급부국가가 자신에 대해서 적합하다고 생각하는 능력사회를 가진다고 생각하는
자는, 사회적 법치국가에서 지체하고 있는 기본권과 관련된 개혁과제를 과소평가하는
것이다.] 능력주의의 지위에 대한 문제는 인간성을 무시한 과잉화와 능력주의의 비현
실적인 이단취급이라는 양극단의 사이에서, 각각의 기본권에 대응하여 단지 기본법으
로부터만 다종다양하게 대답할 수 있을 뿐이다.[87] 급부국가에서도 인간이 문제인
것이다.

---

85) BVerfGE 13, 97 (113 f.)는 기본법 제12조에 대한 그 공공복리적 재판 (이에 대해서는 P. Häberle,
    AöR 95 (1970) 86 (98 ff.))의 범위에서 수공업의 **급부수준** (Leistungsstand)과 **급부능력**을 보유하며,
    그리고 그것들을 촉진하는 것을 중요한 사회공동체적 선으로서 평가한다. 개인이 동시에 사회의 전체적인
    급부에 공헌을 가져오는 그 활동에 대한 제12조의 관점에서의 것으로서는 BVerfGE 7, 377 (397) 참조.
    그 기본권은 그를 위해서 모든 사회적 계층에 대해서 의미를 가지게 된다.
86) **적성능력**(Eignung)의 요건: 바이에른 헌법 제94조 2항, 제163조 4항 2호; 베를린 헌법 제13조; 브레멘
    헌법 제128조 1항; 함부르크 헌법 제59조 1항; 헤센 헌법 제59조 2항, 제134조; **재능**(Begabung)의
    요건: 바덴-뷔르템베르크 헌법 제11조 1항; 브레멘 헌법 제27조 1항; 쉴레스비히-홀슈타인 제6조 2항;
    능력(Leistung)의 요건: 바이에른 제132조; 함부르크 제59조 1항; 라인란트-팔츠 제19조, 제39조 5항
    1호; 쉴레스비히-홀슈타인 제6조 2항과 거기에 수반하는 능력주의는 독일 각 란트 헌법에서 기본권
    혹은 기본권유사한 급부청구권과 자주 관련지어 규범화되고 있다. 또한 예컨대 헤센 제25조, 라인란트-팔쯔
    제21조 2항, 자알란트 제19조와 같은 명예직적인 급부의무와 아울러 예컨대 헤센의 제33조 1문과 2문의
    「노동보수는 각인의 능력에 일치하도록 하여야 한다」라는 노동법에서의 능력주의의 정식화도 참조.
87) 연방정부의 교육보고 70 (Bildungsbericht 70 der Bundesreg.)와 기회균등과 개인의 육성을 가능하게
    하는 「민주적이며 유능하고 변화가능한 교육제도」라는 그 목적도 참조(FAZ v. 31. 8. 1971 S. 6). K.
    von Dohnanyi, in "Die Zeit" Nr. 34 v. 28. 8. 1971 S. 40은 중요하다. 왜냐하면 기회를 보다 균등하게
    하려는 자는 사회에서 차지한 지위를 둘러싼 경쟁을 하지 않으면 안 되기 때문이다. 그리고 보다 많은
    경쟁은 능력과 능력의 측정도 의미한다. 그러므로 분업적인 사회는 (국가에 대한=역자) 급부청구권 없이는
    이미 그 이상 존재하지 않는다.

III. 기본권과 관련된 급부국가의 활동과 기본권해석론상의 불충분함 — 문제의 개괄

시민적 법치국가에서의 법학상의 어휘는 자유와 재산에 대한 개별적 침해에,[88] 즉 그「자율적인」사회의 자기이해에 대응하는 것[89]에 향하고 있었다. 그런데 자유주의적인 경제질서가 야기한 상태에 의해서 사회적 급부국가가 등장하게 되었다. 그 국가는 사회정의란 이름으로 향도하며 계획하며, 통제하며, 그리고 재배분하지 않으면 안 되며, 그러므로 자신쪽에서는 사회 전체의 급부능력에 의뢰하지 않을 수 없게 된다. — 그것은 마치 악순환에 빠지는 것처럼 보인다.

이미 보았듯이, 사회정책으로서의 급부국가적인 활동은 어떤 종류의 기본권의 대용물에 불과하다. — 즉 기본권정책이다. 기본권은 사회국가원리를 통합으로써 (또는) 그것을 간접적으로 통합으로써 실효적인 것이 된다. 확실히 침해로부터 방어하기 위해서 실제상 한계가 거기에 있다고 생각되는 「낡은 전선」은 아직 존재한다. 그러나 본질적으로는 시민적 법치국가의 실질적인 내용이나 형식[90]은 변화된 현실 속에서, 그리고 새로운 사회국가적 과제에 비추어 이미 「광범위하게 미치는」[91] 것은 아니다. 다음의 것을 상기하여 보자. 급부를 행하는 국가와 그것을 특징지우는 사회적 변용이 기본권상의 자유보호의 효과를 상실시켰다는 포르스토프의 테제.[92] 「기본권의 실효성의 상실을 산출하는」「사회의 메커니즘」을 움직이는 국가가 직접적인 침해를 야기하는 국가와 마찬가지로, 기본권에 구속되지 않는 것은 아닌가 하는 문제.[93] 혹은 「형식의 교환」(변화)의 결과, 법치국가적인

---

88) 그것은 침해국가에 대해서 향해진 권리로서의 기본권이해, 법률의 유보의 원리적으로 침해지향적인 실정화, 「자유와 재산에의 침해」라는 정식, 그리고 「권력관계」의 개념, 물론 그 법개념 그 자체마저 나타내고 있다.

89) 예컨대 거기에서는 계약의 자유나 경쟁의 자유가 경제의 생산성을 높였으며, 보다 많은 자의 급부의욕이나 급부능력을 자극하였는데, 사실상은 모든 자의 계약의 자유가 소수자의 기업의 자유로 되어버린 것이다. 이에 대해서 법해석론은 일찍이 이 프로세스를 지지하고 있었다.

90) 오늘날 재산이 아니라 오히려 번영하는 경제가 인간의 자유와 존엄을 보장한다는 사실에 비추어, 「자유와 재산」이라는 정식에 특히 비판을 던진 것으로서, H. Wagner, VVDStRL 27 (1969) 47 (72) 참조.

91) 개별적으로 그것은 오래전부터 인식되고 있었다. 다음의 것을 상기하라. 「회색영역」(Scupin, VVDStRL 16 (1958) 262)에서 성장하는 급부행정(Nachw. bei K. Vogel, VVDStRL 24 (1966) 125 Anm. 1; 148 Anm. 72; 151 f.)에 대해서(도) — 실질적인 — 법률의 유보가 타당한가의 여부에 관한 문제, 침해와 급부와의 상호의존, 혹은 침해행정에서와 마찬가지로 시민과 행정과의 관계에 있어서의 현실의 권력관계가 존재하는 한, 급부를 행하는 사회형성적인 행정의 영역에서도 강한 법률의 구속을 요구하는 것(Mallmann, VVDStRL, 19 (1961) 207, LS 8a. 기본권보호는 자금보조에 의한 통제에서도 이미 기능하지 않는다. J. H. Kaiser, VVDStRL 25 (1967) 428), 포괄적인 생존배려의 내부에서 규칙(Regel)과 개개의 침해 간의 구별을 해소한 발전(Forsthoff, VerwRecht, 71), 등이다. — 예컨대 자유와 재산이 다른 것이 되었다는 이유에서도 자유와 재산이라는 정식은 헛돌고 있다(이에 대해서는 Scheuner, VVDStRL 28 (1970) 231 f. 참조).

92) Der Staat der Industriegesellschaft, 1971, 153 f.

93) Herzog, Grundrechte und Gesellschaftspolitik, in: FS für Hirsch, 1968, 63 ff. (66 f.).

권리보호 시스템이 「상당한 정도 시대에 뒤떨어져 버렸다」는 확인.94) 끝으로 일정한
조치가 시장 메커니즘의 향도기능을 수행하리라는 한, 기본권적 지위에의 그 영향에
대해서는 「시장 메커니즘의 결과에 대해서와 마찬가지로 무시하지 않으면 안 된다」95)는
반대의 입장 등이다.

방법적으로도, 또한 실질적으로도 한편으로는 기본권해석론이, 다른 한편으로는 급부
국가에 대한 서술이 여러 가지의 방향에로 나아가고 있다. 현실분석에서 얻어지는 급부국
가에 대한 지식96)은 해석론적으로 최신의 세분화를 추구하는 기본권에 대한 문헌과
대립한다. 「자유와 재산」을 **위해서** 국가가 일정한 활동을 행하는 것에 대해서 아무
것도 문제가 되지 않는 한에서, 기본권을 위하여 지연을 만회하는 것이 필요하게 되어
온다.97) 그리고 바로 그와 같은 것을 문제로 삼음으로써 비로소 다음의 것이 명백해진다.
즉 능력사회에서의 (급부) 국가(의 관여 — 역자)와 급부법의 증대가 모든 자를 위한
현실적인 자유의 증대를 의미할 수98) 있다는 것이다. 국가 그 자체는 여전히 부분적으로
기본권의 「적」일 뿐이지만,99) 현실적으로는 바로 민주적인 국가가 공적이며 사적인
자유를 위해서, 적절한 준공권력을 지닌 중간권력을 손에 장악하지 않으면 안 된다.
즉 사회는 기본권에 따라서 구성되지 않으면 안 된다.

기본권의 **불충분함**은 「사회적 기본권」과 사회국가나 평등원칙이 개별적인 기본권(예

---

94) Friauf, VVDStRL 27 (1969) 1 (7). 또한 그것에 대해서는 확장된 침해 개념을 제창하는 Vogel, VVDStRL
24 (1966) 125 (153 f.) 참조.

95) H. Wagner, VVDStRL 27 (1969) LS 16 a. — 현대적인 「형성적 침해」가 권리주체(Rechtsgenossen)와
이해관계인과의 관계에 있어서만큼 행정과 이해관계인과의 관계에서 법적 효과를 나타내지 않는다는
것을 인식해 두는 것은 적절할 것이다(Forsthoff, VerwRecht, 70).

96) 급부의 담당자(포르스토프)로서의 게마인데 · 행정 그리고 국가의 출현은 오토 마이어에 의해서 기초지워
진 순수하게 법학적인 행정법학으로부터의 의식적인 전향에 의해서 성공하였다. 최근에는 이러한 발전의
해석론적인 해명이 재배분적 · 계획적 · 향도적 그리고 통제적인 국가의 탐구에 연결되고 있다(Zacher,
Badura 등. 그 밖에도 Bachof와 Brohm, in: VVDStRL 30 (1972)).

97) 기본권과 급부국가의 규범성을 무시하지 않고, 급부국가와 능력사회의 일상적인 현실에 대응하는 「현실주
의적인」 기본권이해가 결여되어 있다.

98) 지금까지 많은 급부국가적인 기능은 해석론상 기본권과 아울러 존재하고 있다.

99) 기본권은 확실히 기본법 제정 이후, 특히 해석, 해석론적인 「발상」 그리고 보다 커다란 권리보호에
의해서 그 타당범위를 확장하여 왔다. 국가의 영역에서는 비고권적으로 행동하는 행정에 대한 그 규범적
효력의 신장에 의해서 되어 왔다(Mallmann, Zeidler, VVDStRL 19 (1961) 165 ff. bzw. 208 ff.; 부분적으로
는 그 「국고의 효력」이라는 표제 아래서도 행해진다. 그 귀결에 대해서는 Hesse, Grundzüge, 142 ff.).
비국가적 — 사회적 — 영역에서는 뒤리히(Dürig)에 의해서 전개되고, 연방헌법재판소(E 7, 198 사건
이후)에 의해서 세련된 이른바 간접적인 제3자효력이 사회집단의 「사회적 권력」에 대해서 결과적으로는
강함을 나타낸다. 그것은 사회로부터의 기본권상의 자유에의 위험에 대한 — 국가에 의한 — 하나의 회답이다.
그것은 재판관에 의해서 「충전되는」 일반조항을 통하여 간접적으로 달성되었다. 기본권을 민주주의로부터
활성화하려는 경향 — 예컨대 기본법 제5조 1항에 대한 연방헌법재판소의 그것 — 은 국가적, 그리고
공적 내지는 사회적(텔레비전 판결) 영역에서 동일하게 효과를 미친다. 그리고 그것은 사회적인 배분참가를
낳는다. 헌법재판(Verfassungsrechtsprechung)은 여기서는 공공복리의 구체화와 공공성이 현실화가
되었다. 가치결정적인 원칙규범과 제도보장이 되는 기본법 제6조 1항과의 관계에서의 기본권의 실효화도
참조. — BVerfGE 6, 55 (LS 5).

컨대 기본법 제1조 1항·제5조·제12조·제14조)을 통해서 전개할 수 있는 규범적 효력에 관계하고 있다. 거기에는 정치적이고 사회적인, 아울러 방법론적으로 특수기본권사적인 이유가 있다. [그러한 이유는 침해국가와 질서국가와의 관계에서 고도로 양식화되어, 좋은 의미에서 형식화된 기본권해석론이 아직 충분하게 제한이나 경합의 문제성에 대해서 그 엄밀한 지식에 의해서 급부국가의 새로운 「전선」(그 프로그램성)이나, 그 (급부국가 아래에 있는=역자) 능력사회에 맞서지 않는 한에서 영향을 미친다. 기본권해석론이 매우 다양한 국가의, 그리고 기본권과 관련된 급부100)와 위험에 대처할 수 있는, 충분히 민감한 수단은 결여하고 있다. 그것은 여기서의 현실이 이론보다도 훨씬 나아가는 것만으로 일층 놀라버린다].

전통적인 자유주의적 기본권은 국가가 그 범위 내에서 자유를 보장하고 있었기 때문에 사회에 있어서의 불평등을 받아 넣었다. 기본권의 수정된 관련점 아래서는 기본권을 레스 푸블리카의 사회생활 중에서 전체적으로 실효화하는 해석론이라는 의미에서 그 **새로운 구성화**가 이제 필요한 것이다.

제2부 급부를 행하는 공동체에서의 기본권 해석론의 과제

제2부에서는 요지 19 (S. 135 f. 본서, 616면 이하)에서 제시된 일곱 개의 테제가 전개된다.

I. 기본권보장·「열린」기본권해석·기본권정책 그리고 기본권해석

1. 전제문제 ― 기본권보장·기본권해석론·기본권정책론 그리고 기본권해석의 상호관계

기본권보장과 기본권해석론, 기본권정책과 기본권해석의 상호관계는 급부국가와 능력사회가 기본권을 위험하게 할 수 있다는 것에서 새롭게 논의되지 않으면 안 된다. 거기에서의 기본적인 고찰방법은 「열린」 해석론에 의한 「**기본권을 보전하는 효력의 계속적 형성**」(grundrechtssichernde Geltungsfortbildung)이다. 기본권의 「변천」101)은 텍스트 ―「사회적 기본권」을 별도로 하고 ― 가 대부분 그대로 계속하기 때문에, 특히

---

100) 특히 재분배에 대한 (기본권과 관련된) 급부관계의 유형화를 위한 계기로서 Zacher, DÖV 1970, 3 (11 ff.) 참조.

101) 예컨대 Saladin, Grundrechte im Wandel, 1970; Schmitt Glaeser, Mißbrauch und Verwirkung von Grundrechten im politischen Meinungskampf, 1968, 95 f.; Lerche, Werbung und Verfassung, 1967, 80 f.: 거기에서는 모든 기본권은 「의미를 변화시켜」 읽을 수 있다고 한다.

그 해석론의 변천102)이 된다.

[기본권의 현실은 특히 그 ― 변화할 수 있는 ― 해석론의 현실과 실효성이다. 그것은 사회 전체의 관계와 사회윤리적인 평가의 변천 중에서 기본권을 「파악하는」 것이다(기본권해석론의 개방성). 그와 같이 특징지워진 기본권의 변천은, 헌법변천이 헌법과 모순되지 않는103)것과 마찬가지로, 기본권의 본질과 거의 모순되는 것은 아니다. 자주 특별시되는 변천은 광범위하게 미치며 대부분의 「제도」, 특히 대부분의 국가개념이나 법개념, 아울러 대부분의 공공복리적 과제를 포함하고 있다].

기본권(그리고 그 해석론)은 특별한 위험상태에 대해서 자유를 보장하는 회답이었으며, 또한 현재에도 그렇다. 사회적인 관계들의 변화와 함께 기본권상의 자유의 위험상태와 그 실현가능성은 변화한다. 오늘날에는 사회영역에서의 집단의 준공권력이나 입법부의 부작위 쪽이 「침해를 미치는」(eingreifend) 국가권력보다도 위험한 것이다. 왜냐하면 환경오염은 전통적인 종류의 침해, 예컨대 경찰의 명령행위보다도 기본법 제1조 1항, 제2조 1항 1문, 그리고 제12조에 대한 강한 침해가 될 수 있기 때문이다. 어떤 상황에 놓인 인간(homme situé)의 현실적 자유(Burdeau)*는 급부국가에 의해서 조건지워지며, 또한 사회영역과 그 프로세스에 영향을 미치도록 규정된 국가의 조직, 절차 그리고 기능에 대한 문제가 된다. 생각할 것은 다음과 같은 집단이다. 그 집단이란 기본권상의 자유를 단체에서 「향유」하는 것이며, 그 결과 실제상 개인의 기본권의 불충분함이 생겨 나온다. 거기에서는 제3자효력의 문제가 새로운 차원에서 발생한다. 「집단의 기본권」은 개인의 기본권을 배제한다. ― 단체의 권력은 기본권을 필요로 하지만, 그것은 단지 권력자를 위한 자유만이 아니라 **약자**를 위한 자유이기도 하며, 오히려 바로 그것을 위한 자유이다.

「기본권을 보전하는 효력의 계속적 형성」을 위해서, 해석론은 그 체계, 형태 그리고 도구를 세련하며, (그것들을) 유연하게 보존해야 하며, 또한 일찍부터 전통적인 용어를 그대로 사용하지 않도록 하지 않으면 안 된다. 사회의 현실에 대해서, 기본권을 **민감하게 반응시키는 것**이 중요하다.104) 해석론상의 「개변」(Umbau)은 아직 그 「해체」(Abbau)는 아니다. 그것에 대응하여 사회국가조항은 「시민적」 기본권의 불충분함에 대한 회답으로서 「다층적으로」 이해되지 않으면 안 된다.

---

102) Esser, Vorverständnis, 95 참조. 「그러나 기본적 개념이나 기본적 관념이 그 해석된 내용에서 **변천할 수 있는** 것이라면, 그것들에 의해서 뒷받침된 텍스트도 변천할 수 있게 된다」. 또한 같은 문헌 참조. 「그러므로 예컨대 틀림없이 제도적인 성격이 인식되지 않았다면 헌법상 주관적 권리라는 형태가 오히려 혼란을 불러일으켰을 것이다」.

103) 이에 대해서는 Smend, jetzt in: Staatsrechtl. Abh., 2. Aufl., 1968, 241 f.

104) 「유연한」 기본권해석론은 새로운 위험상태(Gefahrenlagen)에 대처하는 급부법적 수단을 준비하지 않으면 안 된다. 「구조 내부에서의 (binnen-strukturell) 기본권의 문제는 새로운 세분화를 필요로 한다(예컨대 내부적인 프레스의 자유, 교수의 자유와 학습의 자유와의 조화). 기본권의 다양한 보호의 방향과 「측면」이 여러 번 보충되며, 중심점이 경우에 따라서는 때의 흐름과 함께 이동할 수 있으며, 또한 이동하지 않으면 안 된다. 기본권의 규준 그 자체가 열려 있다(새로운 기본권!).

　　해석론은 기본권보장을 위해서 법학적인 결정에 대한 합리성의 보장을 전개하지 않으면 안 된다.[105] 즉 해석론은 고전의 재연출 또는 후기 주석학파에 의거하여 존재하기 때문은 아니며, 그 자체가 자기목적도 아니다. 특정한 도그마로부터 해방됨으로써 기본권은 실효화될 수 있다.[106] 기본권**해석론**의 배경을 물으면, 열린 헌법이해의 범위에서의 해석론의 「틈」으로 이른다. 도그마의 상대화는 기본권을 사회과학에 맡기는 것을 목표로 하기 때문은 아니다. 오히려 그것은 「사회학의 기체」(soziologische Substrat)에의 의존성, 그리고 기본권과 아울러 거기에 부수하는 해석론의 사회적 기능을 명확하게 하는 것이다.[107]

　　[기본권해석론은 해석이나 기본권정책 위에 덮혀지는 동시에 그것들을 포함하는 가치를 가진다. 그것은 ― 합리적으로 통제할 수 있다는 점에서 ― 입법·행정 그리고 재판에 대한 표준점으로 된다. 그러나 해석론은 그 범위에서만 「효과를 발휘하는」 것은 아니다. ― 그것은 또한 장래에의 예견가능한 전개도 통제할 수 있다(「중개자의 기능」). 급부국가에서 해석론은 입법자에게 최적의 기본권정책을 위한 행위제안을 행하지 않으면 안 된다].[108]

　　기본권해석론의 「붕괴」와 「해체」, 법적 안정성의 상실 또는 전적인 결단주의와 같은 이의에 대해서는 이렇게 반론하지 않으면 안 된다. 즉 G. 옐리네크, R. 스멘트 또는 C. 슈미트의 해석론은 구체적인 약간의 도전에 대한 하나의 회답이기도 하였다[109]는 것이다. 이미 사회적으로 공정하지 아니한 현상의 고정화를 회피하려고 한다면, 기본권해석론은 (사회)사적으로 조건지워지고 있다는 것이 여러 관계에 비추어 항상 새롭게 인식되고 또한 소화되어야 한다. 기본권해석론은 **개인의** 자유를 보장하기 위해서 존재해야 하며, 그것은 오늘날 다음과 같은 것을 의미한다. 즉 기본권해석론은 사회국가라는 관점에서 작업을 진행하여야 하는데, 동시에 상실해서는 안 되는 견해 ― 예컨대 방어적 사고나

---

105) 그것은 Esser, Vorverständnis, 113 ff.의 의미에서이다.

106) 중요한 것은 제약사고와 청구권사고의 상대화, 기본권행사의 전제로부터의 사고, 기본권의 보호사고의 강화, 그리고 헌법규범을 최적으로 실현한다는 사고의 강화이다. ― 제3자효력에서의 간접효력설은 ― 하나의 헌법변천의 차원에서 나온 것인데 ― 「기본권을 보전하는 효력의 계속적 형성」이 이룰 수 있는 것에 대한 하나의 증명이다. 「사회적 기본권」과 마찬가지로, 제3자효력에 대해서도 현실적 자유의 보호가 중요하게 된다.

107) 「독단주의화된」 문제제기나 고착된 문제해결로부터의 이러한 「해방」은 실제로 그것들을 「칼스루헤로 인도하는 것」을 의미하기 때문은 아니며, 정치적 결단으로 인도하는 것을 의미하기 때문도 아니다. 여기서 생각된 의미에서의 해석론은 법정책**과** 현행법을 위해서, 그리고 그것들과 관련하여 행하여야 한다.

108) 최저한의 생존을 요구하는 청구권을 도출할 때에 그 주관적 권리는 헌법상의 명제로서의 기본권을 현실화하기 위한 수단이 된다.

109) 재판 기타를 위해서 「사회적 보호위탁」이나 「통제적인 해석규준」으로서의 기본권을 말하기 전에 사회생활의 변천에 있어서의 기본권과 기본권해석론의 관계라는 **선행**문제가 제기되지 않으면 안 된다. 기본권의 해석은 이념사적인 배경**과** 해석론상의 형태로서의 경제적 제약을 문제로 삼지 않으면 안 된다. 그것은 개개의 사례에서 경우에 따라서는 전통적인 해석론의 상대화를 의미한다. ― 그러나 전체로서의 사회생활에서의 기본권상의 자유의 최적한 실효화를 위해서는 바로 그렇게되어 버린다. 기본권의 사회전체적인 발전은 자주 사회생활에 의해서 해석론이 생각하던 것 이상으로 상대화되어 버린 것이다.

사적인 보호영역 ─ 를 포기해서는 안 될 것이라는 점이다. 소극적 지위는 국가·국민의 관계에서는 시민을 **위한** 사회적인 보호위탁으로서 작용하는 것이다.

「기본권을 보전하는 효력의 계속적 형성」은 **해석론상** 요구되며, 현재와 장래를 지향해야 하는데, 그것은 헌법의 개방성·광범성 그리고 불확정성에 의해서 촉진된다. [엄밀하게 본다면, 「계속적 형성」이라는 개념은 정확하지 않다고 하여 비난할 수 있을 것이다. 왜냐하면 그것은 각각 「헌법의 틀 안에서」(intra constitutionem) 타당하며, 해석론상 해명된 법이 계속적으로 형성되며, ─ 불변의 ─ 헌법이 계속적으로 형성되는 것은 아니기 때문이다. 그럼에도 불구하고 변천하는 해석론에 대해서 「근본이 되는」 가치를 의식시키기 위해서, 「계속적 형성」이라는 것이 말해진다. 다만, 그럼으로써 모든 해석론이 도전장에 대응하는 것은 아니다! 바로 기본권의 영역에서는 합리적으로 논증하려고 하며, 그 「진정한」 근거를 명확히 하고, 그리고 신용할 수 있는 통제를 그 속에 집어넣는 해석론이 불가결한 것이다. 그렇지 않으면 기본권의 해석은 결단으로 되어버릴 것이며, 법학적인 견해의 카오스라는 상태가 나오게 될 것이다. 「기본권을 보전하는 효력의 계속적 형성」이라는 말은 이러한 (기본)권의 보장과 발전이 동시에 행해지는 것을 정당하게 평가하려는 것이다.]

그렇게 이해된 의미에서의 기본권 「해석론」은 체계와 **관련된** (system*relevant*) 정보를 위해서 열려진,[110] 그리고 「발전의 시점」(Entwicklungsgesichtpunkt)[111]을 강조하는 **비판적 합리주의**를 지주로 삼는다. 결정적인 것은 문제해결을 원칙적으로 검토·수정할 수 있다는 것이며, 그것은 「독단주의화」(Dogmatisierung)[112]로 빠져서는 안 된다는 것이다. 여러 가지의 이의가 서술되고 있는 「헤르메노이틱」(Hermeneutik)[113]은 알베르트(Albert)의 비판[114]에 입각하여야 한다. 왜냐하면 「자유주의시대의 성과를 그것이 후기 산업사회에서도 살릴 수 있는 것처럼 변형하지 않으면 안 된다」라는 그의 주장[115]은, 간접적으로 급부국가에 있어서의 유연한 기본권해석론을 변호하는 하나의 의견표명으로도 되기[116] 때문이다. 해석론은 「사회적 실천」을 직접 원조하는 것이어야 한다는 동시에 실질적으로 비판적인 법철학도 가능하게 하지 않으면 안 된다(포퍼[Popper]*의 「개방사회」는 그 슬로건이 된다!). 기본권해석론은 **실증**(bewähren)되어야 하며, **단지 유지**(bewahren)되는 것만은 아니다.[117][118]

---

110) H. Albert, Pladoyer für kritischen Rationalismus, Serie Piper, 1971, 23.

111) Albert, a.a.O., 127.

112) Ders., a.a.O. 70 f.

113) 특히 Hinderling, Rechtsnorm und Verstehen, 1971 참조.

114) 헤르메노이틱의 인식론에 대한 비판에 대해서는 Albert, a. a. O., passim, bes. 106 ff., 113 ff., 51, 53 ff., 142 f. 참조.

115) Albert, a. a. O., 72 f.

116) 「자유주의적인」 기본권이해에는 바로 이러한 변형이 결여되어 있다.

117) Albert, a. a. O. 42, 38의 표현법 참조.

118) 거기에서는 사회생활의 인도화가 중요하게 된다. 계몽주의의 이러한 공적에 대해서는 Albert, a. a. O., 13 참조. 확실히 Albert는 우선 첫째로, 비판적 분석에 의해서 계속 옹호한다(실증주의논쟁에 대해서는

[소극적 지위는 새로운 기본권의 위험상태에 대처하기 위해서는 이미 충분하지 않다. 민주적인 공동체에 있어서의 지위론은 능동적 지위로부터 출발하지 않으면 안 된다. ― 즉 그것이 기본적 지위로 된다. 그러한 **기본적** 지위에서 다음과 같은 요소를 가진 **다가치적**이며 **다층적인** 도구가 전개될 수 있다. 즉 기본권보장이라는 것을 넓은 의미에서의 사회적 기본권으로 하는 것, 헌법상의 목표 그리고 단계지워진 사회적 보호위탁으로 하는 것, 주관적 급부청구권으로 하는 것, 그리고 재판을 위한 해석규준으로 한다는 요소이다. 헌법의 틀 내에서의 그러한 기능에 따른 **공연**(共演)은 전술한 (급부국가적인) 해석론에 대해서 보장되기는 하지만 기본권상의 자유를 보전하게 된다].

부분적으로는 아직 침해국가인 급부국가에서, 그러므로 기본권을 「모사하는」 (abschreiben) 것이 중요한 것이 아니라 그것을 사회국가 속에 「고쳐 쓰는」(umschreiben) 것이 중요하게 된다면,[119] 기본권은 생명 없는 문자나 소수자의 특권이 아니며, 또 그래서는 안 되는 것이다. 그 경우 모든 지위에 영향을 미치는 **개인보호의 사고**가 전면에 계속 나타난다.

[선택된 해석론상의 형태는 여전히 「적용하거나」, 또는 「적당한가」, 개개의 형태는 보충되는가, 그리고 어떻게 보충되는가 하는, 항상 새로이 제기되는 문제가 중요하다. 그것은 「제약사고」가 전적으로 여전히 하나의 ― 한정된 것이기는 하지만 ― 과제를 가진다는 것을 의미한다. 기본권의 내용이 「청구권사고」에 의해서 명백하게 된 곳(국가에 대한 한정된 급부청구권, 기본법 제7조 4항 참조)에서도 사정은 마찬가지이다. 제도적인 측면이 개인적 권리의 측면과 같은 위치에 서는 일도 있다면, 제도적인 측면이 개인적 권리의 측면에 보충적이며 부수적으로 첨가되는 일도 있다.[120]

기본권과 관련하여 하나의 사고 스타일을 절대시하는 것에 주의를 환기하지 않으면 안 된다. (개인) **보호의 사고**[121]는 여전히 본질적인 것으로 남으며, 모든 지위에 영향을

Adorno u.a., Der Positivismusstreit in der deutschen Soziologie, 3. Aufl. 1971). 그러나 그는 규범주의적인 「목표설정」을 위해서, 실체적이며 비판적인 (법)이론과 같은 원칙성에로 발을 들여놓지는 않고 있다. 이와 같은 목표설정은 헌법을 원용하는 것으로 얻을 수 있으며 (이에 대해서는 P. Häberle, in: Th. Würtenberger (Hrsg.), Rechtsphilosophie und Rechtspraxis, 1971, 36 (37 ff.) 참조), 여기서는 그리고 오늘날에는 급부국가에서의 각각의 가능성에 의한 위협에 비추어 그러하다.

119) 오늘날 부분적으로 경직화된 기본권해석론이 헌법에 반하여 그 내용을 **독자적으로** 계속 기술한다는 위험성이 존재한다.

120) 해석론상의 형태는 헌법 특유의 기본권의 효력을 위한 도구에 불과하다. 따라서 프레스의 자유의 최적한 보장을 위해서 그것을 개인적 권리로서 이해하는 것만으로 충분하지만, 제도적으로(도) 이해함으로써 비로소 자유로운 프레스의 전체가 파악되는 것은 아닌가 하는 것이 다투어지게 된다. 그 전에, 그렇지만 왜 제도적인 측면에서의 해석론이 전통적인 방어적 측면에 확실히 첨가되어도 좋은가, 그리고 실제로 첨가된다는 것을 근거지우지 않으면 안 된다.

121) 기본권해석론의 이러한 개방성이나 가동성은 기본권이 바로 특별한 보장·방향설정·보호보장 그리고 보호위탁(Scheuner)이라는 전제에서 출발한다. 그 규범적 효력은 「기회원인론적」인 이해를 초월하여 성장하여야 한다. 즉 그것은 정책·공공성·해석론 그리고 국가기능의 공동작용의 결과이어야 하는데, 또한 사회 전체의 발전의 결과이기도 하여야 한다. 많은 기본권 텍스트의 역사적인 「편파성」은 새로운 「기본권의 궁핍」에 비추어 상대화되지 않으면 안 된다. 기본권의 역사는 객관화경향의 시대와 주관화경향

미치며, 또한 헌법 특유의 어프로치도 본질적인 것으로 계속한다. — 헌법상의 규범성 (Normativität)은 일상성(Normalität)을 가리키는 것이다(헬러의 의미에서).122)

이러한 「해석론」이 주어진 것으로 생각하는 규범내용의 단순한 해석(Interpretation) 이상의 것임은 명백하다. 그럼으로써만 해석론은 법정책으로 행위의 지령을 부여할 수 있게 된다. 루프(H. H. Rupp)가 「기본권상의 자유의 농밀화와 사회기술적인 구체화」라 고 서술한 것은 정당하다.123) 그것은 「확실히 법학적 헤르메노이틱의 방법에 의해서 바로 기본권에서 도출되는」 것은 아니지만, 그럼에도 불구하고 「기본권보장의 변형」이 된다124)는 것이다.

해석론은 「**기본권정책**」의 방대한 현대적 과제에 직면하고 있다. 왜냐하면 공권력은 오늘날 특히 급부권력이 되고 있으며,125) 기본권은 새로운 방법으로 강화되거나 위험에 빠져 있기 때문이다. 거기에서는 **선명**을 기본권해석론이 받고 있으며, 그 **실현**을 입법자가 담당하게 된다.126)

[기본권은 **세 가지의** 다른 측면을 나타낸다. 그것은 개인권적 (인격적) 측면 · 제도적 측면 그리고 전형적인 급부국가적 · 급부법적인 측면이며, 그것과 관련하여 실체법적인 구성요소와 아울러 절차적인 구성요소도 있다. 기본권은 방어적 성격을 가지는 경우도 있다면, 배분참가의 성질을 가지는 경우도 있다. 어떤 기본권은 헌법의 발전과정 중에서 하나의 혹은 다른 측면을 상당히 강하게 부각시키기도 한다. 즉 주관적인 방어적 측면이나 제도적, 그리고 (혹은) 급부부여적인 측면 등이다. 이리하여 기능변천이나 기능강화라는 상태가 생긴다.]

의 시대가 어떻게 서로 교체되었는가를 나타낸다(Leisner, Grundrechte und Privatrecht, 1960, bes. 7 f., 10, 100 ff. 288., 312). — 기본권의 「다층화」에의 통찰이나, 그 텍스트를 고정화할 때의 역사적인 우연성에의 통찰은 「일정한 집단에 예컨대 협조행동에의 참가를 인정하는 것의 긍정에 즈음하여, 또한 노동협약의 자치의 급부법상의 제한시에 실천적으로 영향을 미치는 자유를 해석론에게 부여한다.

122) Staatslehre, 1934, 250 ff. (홍성방역, 354면 이하).

123) VVDStRL 27 (1969) 113 (120). — 우리들은 여기서 헬러와 에서가 전개한 「원칙과 규범」에 대한 관계의 목전에 있다. 기본권해석론은 해석과 법정책상에 확산되며 그것들을 포함하는 과제를 지니며, 그것을 은밀하게 또는 공공연하게 항상 다소나마 실현하려고 하여 왔다고 할 것이다. 부분적인 영역에서 해석과 정책이 그것 이외에서도 접촉하는 한, 기본권해석과 기본권정책이 접촉하게 된다. 이것은 최근 특히 민사법에서 의식되게 되었다. Esser, Vorverständnis, 196 ff. 참조.

124) 「공적으로 기능하는 법」(Law in public action)으로서의 기본권이란 어떤 것인가를 해석론은 해명하지 않으면 안 된다.

125) Stern, VVDStRL 21 (1964) 183 (218; 228, LS 30).

126) 그것은 바로 법정책의 「전위」로서의 기본권해석론이다. 최고의 목표는 모든 자를 위해서 기본권을 현실적으로 실효화하는 것이어야 한다. — 기본권의 「제도적인 시점」이 — 예컨대 학문의 자유 — 지금까지 알지 못한 위험을 발생하는 곳에서는, 개인적인 시점이 보다 강하게 강조되지 않으면 안 된다. 기본권해석론 은 예측가능하고 예견가능한 것이어야 한다. 「평등에 의한 자유」라는 명제의 인식에 도달하는 것은 바로 현실의, 특히 경제 · 사회적인 현실의 힘이다. 그 동일한 현실이 (자유주의적) 기본권과 「사회적 기본권」 사이에 생긴 대립을 넓은 범위에서 원만화시키게 된다. 사회국가는 사회생활에서의 구체적인 기본권의 불충분함에 대한 일반조항화되고, 규범적으로 단계지워진 회답이다. 사회국가의 보장과 「사회적 기본권」은 그것들이 부분적으로 소수자의 특권과 다수자의 부자유에로 곡해되고 있던 현실에 기본권상의 자유를 전체로서 다시 데리고 오려는 것이다.

2. 「열린」 기본권해석론의 귀결

기본권은 기본법 상의 급부국가에서 「국가」와 「사회」를 포함하며, 그것들을 다시 발전시키는 자유로운 전체상태를 규범화한다.[127] 즉 기본권은 헌법을 구조지우는[128] 보장이다. 그 내용은 공적 프로세스로서의 헌법 전체의 범위에서 다양한 「측면」을 통하여 전개되는데, 그러한 측면들의 내적 관련성은 전통적인 분류에 의해서 자주 은폐되어 버린다. 일반적으로 행해지는 「구분」은 지위론과 마찬가지로, **상대적인** 정당성을 가질 뿐이다. 모든 세분화는 단계적인 성질을 가지게 된다. 예컨대 모든 기본권은 넓은 의미에서의 「사회적 기본권」이며, 사회공동체와의 관계를 가지며, 형성을 필요로 한다(「급부법」에 의해서도이다). 해석론적으로 급부국가적이며 급부법적인 현실과의 연결을 발견하는 것은, 서로 「보강된」 기본권의 다양한 의미의 계층, 보호의 방향성, 그리고 기능이 그 상호보완적인 효과 속에 이해되고, 처리되는 경우에만 가능하다. [예컨대 「사회적 기본권」 또는 급부청구권은 방어권을 강화하며, 이것은 개개의 기본권 상호에 대해서도 타당하다. 기본권은 살아있는 헌법의 구성요소로서 「성장가능성」[129]을 인식시킨다. 그러므로 기본권해석은 하나의 「살아있는, 또는 사회적 사실도 고려하는 헌법내용의 현실화」이다.[130] 「급부국가적·급부법적인 측면」이 오늘날 기본권에 대해서 점차 증대하고 있다.[131] 거기에서는 국가에 **의한** 자유, 국가**로부터의** 자유, 그리고 국가**에의** 자유가 필요하다.] 변천한 이념상의 전개와 새로운 사회적 필요성[132]에 의해서 새로운 권리가 첨가되는 한편, 그 밖의 다른 권리는 후퇴한다.[133] 다음과 같은 세 개의 요소를

---

127) Hesse, Grundzüge, 149; Scheuner, VVDStRL 22 (1965) 1 (55). 거기에서는 「사회생활 전체를 위한 규준」이 지적된다.

128) Ehmke, Wirtschaft und Verfassung, 1961, 23, 43; Püttner, Die öffentlichen Unternehmen, 1969, 143 ff.

129) Ehmke, VVDStRL 20 (1963) 53 (68) 참조. 거기에서는 헌법의 「성장가능성」이 말해지고 있다.

130) Scheuner, VVDStRL 22 (1965) 1 (17) 참조. 「사후형성」과 「계속적 형성」으로서의 해석에 대해서는 또한 S. 60 참조. Kloepfer는 「급부를 필요로 하는」 기본권해석의 초기 단계의 시점에서의 「헌법변천」에 대해서 말하고 있다. oben Anm. 62, S. 3.

131) 기본권의 방어적 측면과 급부적 측면이 조화하지 않는 대립에 반대하는 것으로서 Kloepfer, a.a.O., S. 21 ff.; 주목할 오소독스하지 않은 견해로서 H. H. Rupp, AöR 92 (1967) 212 (230 f.) 참조. — 사회적 기본권은 방어적 측면이 실제상 실효적으로 되며, 또한 공허한 것이 되지 않기 위한 전제이다. 바로 같은 뜻으로서 Schambeck, Grundrechte und Sozialordnung, 1969, 136. 또한 S. 128 f., 132 f. 참조. 특히 그것들은 모든 기본권의 전체적인 이미지에서 보다 강하게 통일적으로 생각하지 않으면 안 된다.

132) 기본권의 제약이 사회적 현실의 변천과 역사에 있어서의 국가적 과제의 변화에 의존하는 것에 대해서는 J. P. Müller, Die Grundrechte der Verfassung und der Persönlichkeitsschutz des Privatrechts, 1964, 98 ff. 참조.

133) Scheuner, VVDStRL 22 (1965) 1 (44 f.) — 그 사회공동체와의 상관성이나 사회적 의무지움은 그것과 관련하는 형성의 필요성과 마찬가지로 변화한다. 그것과는 다르지만 그 공공성과의 관련이나 집단과의 관련이다. 그 규범적인 효력은 다양한 「밀도」를 지닌다. 이른바 「사회적 기본권」 역시 이러한

배경으로 한 기본권의 전체적 시점,[134] 즉 인간의 존엄,[135] 평등주의적 민주주의,[136] 그리고 사회적 법치국가라는 요소를 배경으로 한 전체적 시점에 의해서 비로소 급부국가에서 기본권의 실현을 위하여 필요한 것[137]이 전개될 수 있다. 급부국가의 기본권해석론에의 「접합」은 기본권의 실천적 이론이라는 의미에서의 이러한 세분화에 의존한다.

테스트 케이스는 국가에 의한 **사립학교에의 자금조성**이다. 연방행정재판소(의 판결, BVerwGE 27, 360)[138]에 의하면, (인가된) 사립의 (물론 공적 영역으로 분류되는) 대안학교(Ersatzschule)가 자신을 유지할 목적으로 자금조성을 요구하는 ― 한정된 ―「급부청구권」은 긍정될 수 있다. 급부국가는 자금조성을 통하여 헌법상의 규범을 실효화한다. 즉 여기서는 급부국가적인 헌법상의 현실의 페이스 메이커로 되며, 기본권의 단순한 소극적인 측면을 초월하여 하나의 급부국가적·급부법적인 측면을 전개한(「급부재판」으로서의) 재판에 의해서 그것이 추진된 것이다. ― 그것도 민주적인 공동체에서의 자유로운 학교[139]를 위해서이다.

이러한 청구권은 기본법의 전체적 시점에서 도출된다.[140] [즉 그것은 사립학교의 자유와 결부된 제도보장(Einrichtungsgarantie)(기본법 제7조 4항의 개인권적 측면과 제도적 보장)에서 학교의 영역에서 기본법이 의도하는 다원주의에서,[141] 아울러 사회국가원리에서, 개괄적으로 말하면, 이 문제의 급부국가 특유의 고찰에서 생긴다.

능력주의는 다른 경우와 마찬가지로, 여기서도 기본권과 관련을 가진다. 사립학교가 정당화되는[142] 것은 그 「역사적 업적」(historische Leistung)에서만은 아니며, 현재에서 실증되고 또한 실증되어야할 급부능력 때문이다.[143] 사립학교의 임펄스, 즉 하나의 열린 민주적 학교제도에서의 실험영역이나 매개(Ferment)로서의 사립학교의 역할은

전체적 시점 중에 집어넣지 않으면 안 된다. 헌법위탁을 위한 기반이 되는 효력은 다종다양하다.

134) 이러한 의미에서 Scheuner, VVDStRL 22 (1965) 1 (55-58). 또한 LS. 11이 바로 계기가 된다. 그 때에는 「사회적 기본권」에 대해서도 말한다(57 f.).

135) 그 방향을 나타내는 의미에 대해서는 E.-W. Böckenförde, VVDStRL 28 (1970) 47 Anm. 45 참조. 그 구체화의 필요성에 대해서는 P. Schneider, VVDStRL 20 (1963) 1 (39) 참조.

136) Scheuner, VVDStRL 22 (1965) 56. 거기에서는 「사회적 평등화」가 지적된다.

137) 평등원칙은 자유로 자주 서술되는 긴장관계에만 입각해서는 안 되며, 자유에 봉사하는 일도 있다(Zacher, Freiheitliche Demokratie, 1969, 113. 그러나 평등에 의한 자유보장의 그러한 「수정」의 위험성에 대한 지적 (114 f.)도 참조).

138) 기타 문헌으로는 H. Weber, NJW 1966, 1798 ff.; ders., JZ 1968, 779 ff.; Barion, DÖV 1967, 516 ff.; Menger/Erichsen, VerwArch. 1968, 275 ff. ― 국가의 재정적 원조에 찬성하는 것으로서 Hamann/Lenz, K., 3. Aufl. 1970, B 11 zu Art. IV GG; J. P. Vogel, DÖV 1967, 17 ff.; H. Beck, Quantität und Qualität, Grundfragen der Bildungspolitik, 2. Aufl. 1968, 86 ff.

139) 「하나의 자유」로서, Geiger, in: Recht und Wirtschaft der Schule, 1961, 113 (114) 참조.

140) BVerwGE 27, 360 (363) 참조. 거기에서는 「기본법의 의미에 대응하는 해석을 통한 헌법상의 상극」의 해소가 지적된다.

141) BVerfGE 27, 195 (201) 참조. 거기에서는 「그 중에서 학교가 자신을 표현할 수 있는 다양한 형식이나 내용을 위해서 국가가 열려 있는 것」이 지적된다.

142) 「자기기능」에 대한 논술도 참조. BVerwGE 27, 360 (365 ff.).

143) BVerwGE 27, 360 (363): 거기에서는 기본법의 관심사로서 사립학교의 전문적·경제적 급부수준의 유지가 지적된다.

하나의 공적(功績)으로서 부정되어서는 안 된다(예컨대 Waldorfschulen이나 Summerhill, Montessori 등을 생각해보면 알 수 있다)]. 학교의 담당자에 있어서의 ― 공적인 ― 다원주의[144]는 다원주의적인 교육내용과 교육방법에 의해서 사회의 진보를 위한 하나의 기회를 형성한다(혁신가능성의 창조). 그것으로 급부국가의 재정적인 적극적 관여(앙가주망)가 보고된다. 사회의 진보를 위한 공적 과제에 즈음한 공적인 경쟁을 위해서 ― 즉 문화적인 영역에서의 이러한 다원주의를 위해서 국가는 어떤 자금을 제공하게 될 것이다.[145]

[실천적으로 그 자금보조의무는 친권·양심의 자유[146]·인간의 존엄과 교육제도에 있어서의 생도의 사실상의 기회균등에도 기여한다.[147][148]

「현실지향적인 헌법해석」[149]이 인식하는 것은, 기본법 제20조 1항을 발전시키는 급부국가적인 국가의 학교제도의 「학교에 관한 사회적 개선」이 재정적인 이유에서 사실상 사립학교제도의 영역의 「기능을 정지」시키고, 그것을 「공동화」하며, 그럼으로써 헌법규범으로서의 기본법 제7조 4항을 공허하고 비효과적인 것으로 만들어버린다는 것이다. 법적인 보장은 여기서는 급부국가적·급부법적인 이유에서 경제적인 보장을 전제로 한다.[150]

기본법은 사립학교제도를 공교육과제의 전체적인 틀 안에서 공립학교를 보완하는 것으로서 적극적으로 평가한다(제7조 4항). 그렇지만 기본법은 공립학교의 영역에서의 급부수준을 사립학교에도 요구하며(급부의 등가성, 제7조 4항 3문과 4문), 동시에 그 ― 국가적인 ― 능력주의를 공적 영역에도 전용[151]하기 위해서,[152] 당연한 귀결로서 제도보

---

144) 국가에 의한 학교의 독점은 존재하지 않는다. BVerwGE 27, 360 (362); BVerfGE 27, 195 (201).
145) 사립학교자금조성법(Privatschulfinanzierungs-Gesetze)은 급부법상의 「다원주의법률」이다.
146) 바이마르 시대의 것으로서 E. Kaufmann, Grundfragen der künftigen Reichsverfassung, 1919, 51 참조. 「따라서 공적 자금보조의무라는 원칙 그 자체가 신앙·양심의 자유와 마찬가지로 수업의 자유의 최종목적지이며 그 본래의 실현이 된다」.
147) 사회국가원리가 모범적으로 실현된다. 왜냐하면 공립학교제도의 급부국가적인 개선은 그 사회국가원리에 귀책되기 때문이다(S. 363). 「사회적 대립의 조정을 위해서, 그리고 그와 함께 공정한 사회적 질서를 위해서 배려한다」(S. 363)는 이 헌법위탁을 연방행정재판소는 사립의 대용학교라는 제도를 위해서 기본법 제7조 4항 3문(재산상태에 따른 차별이 조장되지 않는다는 조문)에 「근거지워지는」 것으로 보고 있다(S. 364). 기본법 제7조 4항 3문은 사회국가원리의 하나의 구체화이며 ― 사회국가는 여기서 자유로운 공적 영역에로 영향을 미치게 된다(특히 명확하게는 BVerwGE 27, 360 (364). 거기에서는 「공립학교제도의 영역에서의 공정한 사회질서를 얻으려고 노력한다는 국가의 의무」가 지적된다) ―, 그리고 교육제도에 있어서의 기회균등의 지적이다. 브레멘 헌법 제2조 1항도 참조. 그것에 의하면, 모든 인간은 평등하고 문화적인 발전의 가능성을 구할 권리를 가진다. 같은 뜻으로서 베를린 헌법 제6조 1항 참조.
148) BVerfGE 27, 195 (207): 거기에서는 「스타트의 기회균등의 요청」이 지적된다.
149) P. Häberle, DÖV 1966, 660 (661 f.). BVerwGE 27, 360 (362). 거기에서는 공립학교의 「발전」에 대한 지적이 있다. S. 363. 또한 거기에서는 「자유권의 압박된 상태를 회피하는」 기본법의 해석, 공립학교의 ― 정당한 발전과, 사립의 대용학교라는 제도의 보장을 문제로 삼는 상황의 변경을 고려에 넣는 것이 지적된다. S. 364, 거기에서는 사립의 대용학교가 「경제적으로 고통받는」(Abschnürung) 일이 없도록 한다는 것이 지적된다.
150) 국가영역에서의 사회국가의 전개는 사실상 비국가적인 영역에의 「침해」로서 작용한다. 그리고 그것은 자금보조에 의해서 조정되어야 한다.
151) Ebd. S. 364 참조. 거기에서는 「국민교육을 위한 의의」를 지적하고, 기본법 제7조 4항 1문을 「국가와

장과 결부되며, 사회국가적으로 해석된 자유권이 여기서 **예외적으로** 하나의153) (한정된) 적극적인 기본권으로서의 급부청구권에로「전화」되지 않으면 안 된다. 헌법위탁으로 서의 사회국가원리와 문화국가원리는 자유창조적인「추진력」을 전개하며, 한정되고 있으나 사법판단에 적합한 적극적 지위(justitiabler positivus)에로, 즉 실효적인「배분참 가」154)에로 인도한다. 국가측에서 본다면, 원용된 규범에서 생기는 사회적인 보호위탁, 즉「기본권의무」가 그 지위에 대응한다. 급부국가는 (최적으로 기본권을 보호한다는 사고에 근거한 급부국가적인 기본권의 촉진이라는 의미에서)「기본권국가」가 된다. 기본법 제7조 4항은 국가로부터의 자유와 동일시할 수 없는 자유인 것이 명백하다.]155)

II. 사회적 ―「현실주의적」― 기본권이해

1. 지위론의「재구성」

기본권보장과 기본권 해석론의 전술한 관계는 G. 옐리네크의 기본권에 관한 **지위론**156) 의 수정을 목적으로 하는 길을 연다. 지위론은 그 후기절대주의적인 이해에서 민주적으로 기초지워져야 한다. 출발점은 **기본적** 지위로서의 **능동적** 지위(status activus)(기본법 제1조 1항)157)이며, 그것은 소극적 지위(status negativus), 적극적이며 수동적 지위(status positivus und passivus)158)에 의해서 뒷받침되고 보완된다. 이러한 지위와 아울러 급부국

아울러, 그리고 국가 대신에 공적인 교육과제」를 실현한다는 목표를 가진 제도의 보장으로서 지적한다 (BVerwGE 23, 347 (350)도 그렇게 말한다). 대용학교는 그러므로 공적 과제를 실현하며, 그것은 공적 영역에 속하는 것이다. S. 364,「공립학교제도의 사회적 제도」로서의 사립의 대용학교라는 지적도 참조. S. 366. 거기에서는 학교의 유지에 관한 공익이 지적된다.
152)「급부·능력」(Leistung)이라는 문제에서의 사회적인 등가성이 중요하다.
153) BVerwGE 27, 360 (362): 거기에서는「이상한 경우」가 지적된다. ― 주관적 권리에로 개조되는 헌법위탁 의 인플레이션의 위험은 여기에는 존재하지 않는다.
154) 그 개념은 BVerfGE 27, 195 (206)에서 사용되었다.
155) 본문에서 열거한 이유에서 BVerfGE 27, 195 (205 f.)는 제7조 4항 3문의 인가요건을「계속적으로 만족시키는」대용학교의 국가에 의한 인가를 요구하는 청구권이 거부되는 경우에는 문제가 될 것으로 생각한다(비판적인 견해로서 Säcker, DVBl. 1971, 537 ff.; Link, JZ 1971, 551 ff.). ― 연방헌법재판소가 S. 206 f.에서「권익」에의 길을 막는 등의 금지에 대해서만 말하는 것보다 일층 문제이다. 그러나 BVerfGE 5, 309 (355)에 있어서의 기본법 제7조의「다층적인」해석이 모범이 되고 있다.
156) 입헌주의적 국가학과 국법학적 실증주의가 낳은 적출자로서 이 지위론은 비록 부분적으로 수정되고 있지만 오늘날까지 계속 살아 있다 (비판으로서 P. Häberle, Die Wesensgehaltgarantie des Art. 19 Abs. 2 GG, 1962 (2. Aufl., 1972), 18, 91, 153; Copić, Grundgesetz und politisches Strafrecht neuer Art, 1967, 31). ― 시민적 법치국가의 해석론도 단일행위(uno actu)에서는 성립하지 않았다.
157) 지배가 해체되지 않는 한에서, 또한 그 범위에서 (그 문제에 대해서는 H. Albert, Traktat über kritische Vernunft, 2. Aufl. 1963, 164 ff., 171 ff.), 또한 수동적 지위가 불가피한 것으로서 계속하는 한 그러하다. 수동적 지위는 제약이나 강제와 마찬가지로, 의론을 면하는 것은 아니며,「좌익」의 구체적인 유토피아 사상에 의해서도 면해지는 것은 아니다.
158) G. Jellinek, System der subjektiven öffentlichen Rechte, 2. Aufl. 1919, 86 ff.에서「기초」를

가에서는 **절차적 능동적 지위**(status activus processualis)라고 명명할 하나의 새로운 관계가 형성되기 시작한다. 그 지위는 기본권상의 자유의 절차법적인 측면, 「기본권으로서의 듀 프로세스」(grundrechtlicher due process)159), 절차법적인 법률의 유보로서의 급부유보라는 귀결을 수반한 절차적인 배분참가를 의미한다. 그것은 절차적 측면을 보다 강하게 강조한 헌법이해·법이해, 그리고 국가이해에서 유래한다. 그러한 절차적·능동적 지위는 지금까지의 주로 실체법적인 능동적 지위160)에 첨가된다 (**급부국가에로의, 그리고 급부국가에 있어서의 참가**라는 지위). 그것은 급부국가에 의해서 자신의 기본권에 영향을 받는 자의 (공개규정을 포함하여) 절차참가를 규율하는 모든 규범이나 형식의 총체적 개념이다.

그와 아울러 적극적 지위161)가 의의를 가지게 된다. 그것은 능동적 지위의 **귀결**로서 국가에 대한 기본권상의 급부청구권을 의미한다.162)

기본권해석론의 변천에는 그러므로 지위론의 변천이 수반한다.163) 세분화된 지위론 — 그것은 해석론을 「(속박으로부터) 해방하는 것」으로 가능하게 되는데 — 은 「사회적 기본권의 정의(正義)」라는 목표에 봉사한다.164) 해석론적으로는 급부기능 자체 속에 이미 준비된 것을 기본권측에서 「반복」하지 않으면 안 된다. 지위론을 유연하게 취급하는 것이 얼마나 유용한가에 대해서는 예컨대 환경보호를 위한 도전이 보여준다. 여기서는 새로운 기본권상의 지위가 전개되지 않으면 안 된다.

각각의 기본권에 대해서 예컨대 **소극적** 지위가 능동적 지위 또는 적극적 지위에서도

형성하는 것, 즉 종속적·수동적 지위·국가에 의한 지배는 오늘날 「일련의 지위」의 최후로 위치지워진다. 그것은 최종적인 지위이다.

159) 질서지워진 절차에 대해서는 Scheuner, VVDStRL 11 (1954) 1 (47, 56: 거기에서는 「적법절차」(due process of law)가 지적된다). 또한 ders., DÖV 1969, 585 mit Anm. 6도 참조. 거기에서는 주관적 공권의 형태에 대한 비판이 지적된다.

160) 해석론적으로 어느 정도 기본권보장으로부터 헌법위탁 내지 입법위탁이 도출될 수 있는가(기본권의 현실화로서의 입법), 그것들이 급부법률상의 활동을 요구하는가의 여부(예컨대 기본법 제12조 1항, 제1조 1항 및 3항의 내용형성으로서의 경제안정성장촉진법)라는 문제가 제기된다.

161) G. Jellinek, System, 87.

162) 적극적 지위는 자주 급부국가적인 절차의 최종단계가 되어 비로소 형성된다. 즉 절차적·능동적 지위를 통하여, 확산되고 있던 이익이 절차의 흐름 속에서 실체적인 청구권에로 응축되는 것이다.

163) 소극적 지위는 능동적 지위와 밀접한 관계에 있다. 역사적으로 그 지위는 개인의 사회적인 발전가능성의 전제였다. 그 지위 중에 갖추고 있는 기본권의 사회적 측면이나 기능은, 그 경직화된 개념유형을 가진 입체적인 지위론에 의해서 가려져버리고 말았다. 소극적 지위는 적어도 잠재적으로 하나의 사회적 지위(status socialis)였다. 그것은 특정 계급의 자에 대해서만의 사회적 지위에 불과하였기 때문에, 급부국가는 능동적으로 되지 않으면 안 되고, 기본권측에서의 그 마이너스 분을 국가에 대해서 서서히 조정하지 않으면 안 되었다.

164) 법률의 유보에 대한 해석론은 법개념과 마찬가지로, 급부국가에 「순응」하여야 한다. 절차법적인 어프로치는 공개성을 포함하여 그 「입구」(Einstieg)를 제공한다. 나아가 급부국가에 대해서 전형적으로 되는 기본법 제3조의 활성화가 첨가된다. 그 배후에는 공민적인 측면이 있다. 공동체의 급부능력은 모든 평등한 권리를 가진 공민이 그렇듯이 (민주주의원리와 결합한 기본법 제33조 1항), 모든 자가 관여하는 경우에 증대한다. 그러므로 급부국가적인 (재)배분은 커다란 스타일을 취한다. 급부국가의 활동에 대한 기초로서 언급되는 인간성은 이러한 관계에서의 하나의 광범위한 측면으로서 논해진다.

얼마나 보호적으로 작용하는가 하는 것이 각각 별도로 탐구되어야 하며, 그 결과 **세분화된** 「**지위론의 이미지**」가 나타나 온다.[165] 그것은 능동적 지위에서 출발하여[166] 상세하게 전개되어야 할 것이다. 즉 그 지위는 **배분참가권**으로서[167]의 기본권과 동일하다. [「배분참가」는 오늘날 자주 과장되는 민주주의의 요청이나 기본권상의 자유의 사회적 관계의 실효화를 구하는 요구를 통해서 그 촉진력을 전개한다.] 거기에서 「배분참가」라는 개념이 구조지워져야 하며, 헌법이라는 문맥에 있어서의 생각할 수 있는 표현가치가 그 정도의 실제문제로부터 법적 효과의 범위나 강도에 따라서 다종다양하게 분류되어야 한다. 정치적·공공적 분야에서도, 아울러 경제적·사회적 분야에서도 국가로 향한 배분참가가 존재한다. 여기서는 다양한 법적 강도를 가지는 폭 넓은 스펙타클이 발견된다. 즉 심의회(Beirate), 전문가위원회(Sachverständigenkommisionen), 다원주의적인 (행정) 위원회(Verwaltungs-Gremien) 등의 존재이다. 기본법 제9조 3항에는 「노동협약 시스템」의 보장에 있어서의 실효적인 사회적 배분참가의 전제로서의 국가적인 급부가 존재한다.[168] 시민은 동시에 다른 효력을 가지는 (「다중적으로 조직된」) 다양한 분야에서 선거인, 당원, 그리고 단체구성원 등으로서 「참가할」 수 있다.[169] 「**다원주의적인 배분참가**」는 일종의 중요한 자유보장이 된다.[170] 자유와 배분참가는 밀접한 관계를 가지는데,[171] 그것은 배분참가권이 의무로 전화되지 않거나,[172] 또는 예컨대 복잡한 관계에서 불충분한 정보나 통찰의 결여 때문에 배분참가권자에게 과도한 요구를 하는 과제,[173] 즉 배분참가를

165) H. H. Rupp, JZ 1971, 401 (402)도 참조. 거기에서는 환경보호의 문제에 관하여 지금까지의 방어적인 기본권을 적극적인 급부의무에, 또한 「사회적인 보호청구권」에 「재해석하는 것」이 지적된다.
166) (절차적) 능동적 지위는 하나의 헌법상의 지위이다. 그것은 여기서 효과적인 배분참가의 상태가 나올 수 있도록, 헌법보다 하위의 레벨에서 다종다양하게 내용형성되어야 한다. 또한 그것은 급부국가적인 활동에 대해서, 그리고 그 활동 중에서 완성되어야 한다. 자유로운 선거민의 능동적 지위(기본법 제38조)는 기본적 지위로서의 하나의 구체적 형태이다. 시민을 기본법 제38조나 정당을 통하여 의회로 중개하는 능동적 지위가 의회주의의 결함에 의해서 위험에 놓이는 한, 새로운 참가형식의 전개가 필요하게 된다.
167) 기본권상의 자유의 배분참가(혹은 관여)의 측면에 대해서는 BVerfGE 12, 113 (125); 14, 121 (132 f.); 20, 56 (98 f.); 21, 362 (369); 24 300 (360); 27, 71 (85 f.); 28, 314 (323) 참조.
168) 그것에 대해서는 BVerfGE 4, 96 (108); 20, 312 (317 f.) 참조.
169) 배분참가가 법학상 작용하는 강도는 형성의 자유(선거권, 의사형성과정과 결정과정에의 참가)로부터 공동참가권(예컨대 노동장소에의 참가, 청문형식 내지는 청문권)을 거쳐 급부청구권에 이르는 하나의 스케일을 나타낸다. 배분참가권의 효과는 자주 법학적으로는 명확하지 않다(예컨대 집회의 자유나 데모의 자유의 효력 등은 분명하지 않다).
170) 자유주의적이며 「소극적」인 기본권상의 자유는 (제3신분의) 배분참가를 가능하게 하였으며, 오늘날에는 능동적 지위의 다양한 형식에서 고전적 자유의 행사를 위한 전제가 되고 있다. 배분참가와 대립하는 것으로서 구성되는 자유주의적 기본권이해는 개인의 자유나 그 인간의 존엄을 보장한다는 헌법에 의해서 의도된 상태, 아울러 전체로서의 공동체의 자유와 개방성이라는 상태를 가져오기 위해서는 이미 충분하지 않다.
171) Heinze, Autonome und heteronome Verteilung, 1970, 67 ff. 거기에서는 자유의 조건으로서의 배분참가, 배분참가의 필요성을 둘러싼 자유의 필요성의 보충이 지적된다.
172) 도덕적·정치적이며 공공적인 압력에 의해서 요구되거나, 또는 약간의 절대적 지배에서 요구되거나 하는 영속적인 배분참가는 반대의 이미지를 명확하게 한다.
173) 배분참가는 제한되지 않으면 안 된다. 배분참가는 배분참가권이다. 배분참가가 없더라도 개인의 자기실현은 존재하는 것이다. ― 급부국가는 개개인을 집단의 배분참가구성원으로서 진지하게 다루는 것만으로

하찮케 만드는 과제를 용인하지 않는 한에서이다.

배분참가의 형식의 스타일은 광범하게 미친다.174) 그리하여 예컨대 어떤 기본권은 일정한 급부국가적인 기능에 비추어 **공개성**을 요구할 수 있으며, 그 결과 절차적인 방법에 의해서 급부영역에로 자신을 「밀어넣게」 된다. 혹은 소극적 지위의 사실상의 위험상태에 즈음하여 기본권으로부터 일정한 조직 모델과 조직구조를 제도화해야할 입법자의 의무가 도출되는 일도 있다.175) 끝으로 다음과 같은 배분참가의 형식도 열거된다. 즉 그와 같은 형식에서는 급부국가적인 기본권의 촉진이 실체법상의 청구권에 응축되는 것, 예컨대 사회공동체의 제도에의 평등한 액세스를 구하는 지방자치법상의 청구권,176) 기본권상의 측면에서는 거기에 대응하는 주관적 권리를 수반하는 객관적인 헌법위탁 등이다.

국가적 급부기능의 형태에서 실질적으로 기본권에(도) 속하는,177) 많은 급부국가성이나 급부법이 「성장」하고 있다. 「급부국가에 있어서의 기본권」에 대한 **슬로건**은 그러므로 다음과 같이 된다. 즉 「사회적 기본권의 실현」,178) 즉 가령 소수자의 과도한 자유를

<hr>

좋은 것은 아니며, 개개인으로서의 의견도 듣지 않으면 안 된다(급부국가적인 절차의 내용형성에 의해서이다).

174) Stern, JZ 1960, 557 참조. 거기에서는 「급부행정의 분야에 있어서의 사회적 급부에의 배분참가가 법치국가에서의 시민의 법적 지위를 특징지운다」고 한다. ― 특히 자금 보조제도라는 분야에서의 사회적인 능동적·적극적 지위를 일별한다면 그렇다. 평등원칙은 급부국가의 새로운 형식에 기본권 측으로부터 대처하기 위한, 일반적으로 「지레」(Hebel)로서 작용한다.

175) 기본권 ― 예컨대 기본법 제5조 1항 ― 은 헌법위탁으로 되며, 일정한 법률을 공포하는 방향이 된다 (BVerfGE 12, 205 (262 f.) 참조). 그러한 법률은 다원주의적인 대표형식이나 참가형식을 규범화하는 것이 된다. 사회적인 강화를 위해서 공동결정 모델을 필요로 하는 배분참가권이 전개되는 경우에는, 기본권은 전술한 관계에 속하게 된다. 학생의 학문의 자유보장으로서 기본법 제5조 3항이나 제12조에는 (대학개혁을 위한) 다원적인 위원회나 (대학수용인원수에 대한 계획과 같은) 공적인 급부과정에서의 최저한의 기능에 따른 공동결정이 포함되어 있다. 여기서는 기본권의 충돌을 해결하는 (소수자를 보호하는!) 수순(Prozedur)이 전개되어야 한다. 「민주화」로서 나타나오는 것은, 특히 **기본권으로서의** 측면을 가진다. 예컨대 노동장소에서의 공동결정, 기업이나 노동장소와 관련된 사회적인 배분참가의 방향에로 기본법 제12조를 구체화하는 것 등이 생각된다. 그렇지만 「사회의 조직법률」로서의 공동결정법률을 공포하면 그것으로 끝나는 것은 아니다. 그러한 법률이나 그것과 관련된 기본법 제12조는 직업상의 계속교육이나 개선교육, 그리고 성인교육(직업상의 전문교육)을 위한 급부법률이나 조성조치에 의해서 비로소 의미 있는 것이 된다.

176) 재판소 ― 기능적·법적으로 자주 과대하게 요구되는데 ― 는 기본권을 배분참가권으로서 이해하면서, 필요하다면 신중하게 급부청구권과 관련지어 형량·**세분화**하고, 그것을 급부국가에 관계지우지 않으면 안 될 것이다.

177) 「기본권정책」의 예로서는 노동법상의 (해고로부터의 보호, 직업교육의 부조, 초기업적인 훈련성의 직업교육), 사회정책상의 (리하빌리테이션, 모든 주민집단이 가입하는 사회보험), 혹은 도시의 중심에서의 개인적인 교통의 금지와 관련된 인근지역에서의 공공교통수단의 무료화와 같은 일반적인 사회국가적 목표이다. 국가의 급부를 행하는 활동의 절차와 결과는 지금까지 보다 더 강하며, 그때그때의 기본권에, 즉 그 절차법적 측면과 그 실체법적 측면으로 「덧쓰는」 것이 된다. 기본권은 방어적인 기능만을 가지는 것은 아니다. 그것은 국가 활동의 출발점이기도 하다. 프레스의 집중에 대한 「미디어 정책」도 「기본권정책」이다(기본법 제5조의 의미에서).

178) 직업교육이나 계속교육(교육휴가)에 관련된 계획은 가령 기본법 제12조에서 바로 「청구권」이 도출되지 않더라도, 실질적으로 그 기본법 제12조의 「사회적 실현」이다. 국가에 의한 건강배려·보양제도·노인배

제한한다는 대가를 지불하더라도 (부당한 경제적 장벽을 해체하여), 모든 자를 위한 현실적인 기본권상의 자유라는 사실상의 기회균등을 창설하는 것이다.[179]

2. 지위론과 자유와 재산조항의 변천

자유와 재산의 정식도 역사적으로 성립하고, 역사적으로 상대화하는 것인데, 사회국가 원리나 평등원칙이라는 소용돌이 속에서 변화한다.[180] 사회적 자유는 국가의 사회정책의 문제로도 되었다. 자유는 오늘날에는 특히 노동장소에의, 그리고 노동장소에서의 자유로 되며,[181] 이 자유는 동시에 시민의 재산 그 자체이다.[182] 자유와 재산의 실질은 노동력과 (직업과 전문교육) 교육이며, 그 기체(基體)가 그것에 대응하여 보호되지 않으면 안 된다. 개인의 자유로운 발전이나 인간의 존엄의 기초에는 재산과 함께 번영하는 경제가 있다.[183] 기본권의 보호영역, 그것은 ─ 전술과 같이 이해된 ─ 재산이나 자유를 보장하는 것인데, 새롭게 결정되지 않으면 안 된다. 자유권의 개인적 측면은 그 사회적 기능과 함께 동가치적인 것으로 생각하지 않으면 안 된다. 거기에서의 강조점은 정신적 자유에 있다. [그러나 그것은 단순한 「내면적인」 정신적 자유라는 의미에서는 아니다. ─ 관념론의 정신성에의 후퇴는 이와 같은 자유의 외적인 사회적 조건의 중요성을 보지 못하고 있다].

한편으로는 일정한 재산상의 지위의 강화가 중요하게 될 것이다.[184] 다른 한편,

려라는 것은 기본법 제2조 2항 1문에 분류된다. 모두는 아닐지라도 많은 급부기능은 기본권의 배분참가적 측면의 ─ 반사적인 ─ 일부이다.

179) 바이마르 헌법 제151조(「경제적 분야에서 모든 자에게 인간다운 생활」)는 오늘날 기본법 제1조 1항과 제20조 1항을 통하여 헌법상의 요청이 되고 있다 (Badura, DÖV 1968, 446도 참조). 그것은 사회적인 생활질서를 위해서 보편화될 수 있는 것이다. 「사회적 기본권」 ─ 지금까지 발전이 지연되고 있는 ─ 은 급부국가적인 전개에 의거하지 않을 수 없다. 시민의 사회적 지위는 단지 한정적으로만 예측가능한 동태, 즉 경제상황에 고유한 흡인력에 의존하고 있다. 조정은 예컨대 연금자동 슬라이드제처럼 다행히 성공하였다. ─ 실천적으로 본다면, 교육정책상의 기회균등으로 향한 통제과정, 노동장소의 창설을 위한 하부구조조치와 같은 것은 어떤 종류의 노동권이나 교육을 받을 시민의 권리 등을 실천하는 시도이다.

180) 재산개념의 변천에 대해서는 Ipsen, VVDStRL 10 (1952) 74 (83 f.) (김효전 역, 공용수용과 사회화, 『독일학연구』(동아대) 제9호, 1993, 55면, 62면 이하. 본서에 수록) 참조. 사회국가성의 전개를 위한 논거로서의 기본법 제14조 2항에 대해서는 ders., ebd. S. 85; Scheuner, ebd. S. 153 f. 참조.

181) 인간의 존엄(기본법 제1조 1항)의 「해방화 효력」(emanzipatorische Kraft)이 여기에서 전개되어야 한다. 개개인이 국가의 절차의 객체로 되어서는 안 될(Dürig) 뿐만 아니라 국가가 개인을 「사회의」 절차의 객체가 되는 것으로부터 지키는 보호위탁도 가진다. 이것은 부분적으로 국가의 개입(Eingriff)을 통하여, 또한 부분적으로 급부법을 통하여 제거되지 않으면 안 될 부적절한 노동조건에 타당하다.

182) Scheuner, VVDStRL 28 (1970) 231 f. 참조. 거기에서는 오늘날 노인배려나 간호 등으로 효과를 나타내는 생활보장이 재산권이나 영업의 자유에 취하여 대신하지 않으면 안 된다고 지적한다.

183) H. Wagner, VVDStRL 27 (1969) 47 (72).

184) 예컨대 연금보험의 영역에서 (그 문제에 대해서는 Rüfner, VVDStRL 28 (1970) 187(198 f.)), 경제의 발전에 수반하여 상승하는 경향에 있는 최저한의 생존에 즈음하여(Rüfner, a. a. O., 191 f.), 기본권상의 자유의 영역에의 사회보험의 삽입에 즈음하여(Scheuner, VVDStRL 28 (1970) 232 참조) 문제로 된다. 개인적인 능력의 역할에 대해서는 BVerfGE 18, 392 (397) 참조. 거기에서의 견해에 의하면, 공법상의

「자유와 재산」의 규범적 효력이 사회국가원리에 비추어 부분적으로 작게되지 않으면 안 된다. 예컨대 토지에 대한 재산권185)이나 기본권상 정당화되는 공동결정의 요구에 직면한 기업가의 자유에서이다. 「침해」라는 구성요건도 역시 새롭게 정의되지 않으면 안 된다.186) 또한 그것과 사실상 거의 동등한 조치가 함께 포함하여 생각되지 않으면 안 된다. 「관련성」이나 「직접성」 등과의 결합이 아무런 역할도 하지 못하는 새로운 급부기능187)을 고려하면, 새로운 **권리보호의 형식**이 전개되지 않으면 안 된다.188) 이것은 절차적·능동적 지위에로 이르게 된다.

3. 절차적·능동적 지위

절차를 통하여 급부국가에 있어서의 기본권의 실체법적인 측면이 강화된다. 국가와 기본권을 그 기능변천에 적합한 방법으로 결부시키는 「접점」(Klammer)은 다양한 급부국가적인 법관계(계획관계·향도관계·자금보조관계·통제관계)에 대응한 「절차법적인 급부유보」이다. 개인-국가(기본권-침해)라는 일차원적인 관계는, 국가의 급부에 의해서 기본권상의 이익에 영향을 받는 개인이나 집단의 범위의 확대를 통하여 집단적인 효과를 의도하는 하나의 「다면적인」 급부관계로 된다. 그 범위에서 기본권의 충돌은 해소될 수 있다.189)

청구권이 재산권보호로부터 도출하게 되는데, 그러한 청구권에서 「국가의 일방적인 보장과 어떠한 재산권보호도 정당화하는 개인의 능력과는 상응하지 않게」 된다. 「자기의 노동과 능력」과의 관련에서의 기본법 제14조의 보호영역의 명확한 강조에 대해서는 BVerfGE 30, 292 (334 f.) 참조.

185) 여기서는 재산권이 공공복리를 고려하여 새롭게 정의되어야 한다.

186) 예컨대 생존에 필요한 급부나 사회적 수준의 중요한 성과가 되기 위한 문헌으로서 Evers, VVDStRL 23 (1966) 147 (158) 참조. 「간접적인 자기제한」을 위한 것으로서 Heinze, oben Anm. 171, S. 44 참조.

187) 경기억제를 위한 증세에 관한 법률(das G über Konjunkturzuschlag)은, 그 사회국가적인 기본권과의 관련 중에서 관념적인 중간적 요소를 통하여 비로소 인식할 수 있다. 즉 바로 기간을 정한 법률에 의한 구매력(즉 과잉통화=역자)의 흡수는 완전고용(기본법 제12조·제109조)을 위험하게 하지 않고, 화폐가치의 안정과 재산에 봉사하는 것이 된다.

188) **보충적으로** 비재판형식적인(nichtgerichtsförmig) 권리보호절차를 전개하는 것이 중요하게 된다. 행정은 공개의무, 아울러 (강화되어야할) 개인이나 집단의 참가권에 비추어 내부적, 그리고 외부적 권리보호라는 개념이 전제로 하는 것 같은 전체로서 완결된 것은 이미 아니다. 공행정의 다원주의적인 개방성은 전문용어에서 본 심사를 필요로 한다(그것에 대한 나의 시사는 AöR 90 (1965), 381 (385 ff.)).

189) Badura, DÖV 1968, 446 (452) 참조. 거기에서는 「향도행위는 행정에 복종하는 자들의 동일한 상황에 의해서 결부된 집단에 관련된다」는 것이 지적된다. — 국가는 자주 형식적으로 기본권의 적일 뿐이다. 국가기능의 「배후에는」 많은 것이 있으며, 그것들에는 사회국가에서의 평등원칙의 사회적 추진력에 의해서 기본권상의 이익이 배분되거나, 내지는 그것들이 기본권상의 자유의 급부국가적인 「사회화」에 배분참가한다. 특히 행정이 「사회적으로 책임을 지는」 행정에로 변천하는 것이나, 행정이 「사회의 불가결한 통제요소나 개인의 생존보호」를 위해서 행하는 그 「적극적인 사회형성기능」(Badura, DÖV 1968, 446 (450))은 절차법적인 기본권의 측면의 강조를 조건지운다. — 그러한 관계들의 동태성은 급부국가에 반응하는 것을 요구할 뿐만 아니라 자신 쪽에서 주도권을 장악하기 위해서, 거기에서 국가가 행동할 수 있는 절차의 보장도 필요로 한다.

　　기본권과 급부국가 간의 「사회적 접촉점」에로 전이되는 절차사고[190]는 ― 다원주의
적인 ― 급부국가에 있어서의 기본권의 기능에 가장 잘 적합하다. 그 ― 사전에 이행된
― 절차는 서로 대립하는 관점이 충돌하기 전에 그들의 조정을 보장할 수 있는 것이다.
그것은 기본권과 급부국가 간의 「실천적 조화」(praktische Konkordanz)(Hesse)*의 수단
이 된다. 「급부법률」(여기서는 특히 조직법률과 절차법률) 아울러 절차적이며 다원주의적인
공공복리적 구성요건이 그러한 「기본권으로서의 듀 프로세스」의 개념을 확인한다. 사회
국가원리는 관할 영역에 있어서의 그 구체화[191]에 수반하여 동일한 것을 가리킨다.
즉 **법률의 유보는 절차의 유보로 된다!** 기본권상의 자유의 실제상의 의미는 「기성의」
구성요건과 그 법적 효과라는 구성을 가지는 규범으로는 아직 부분적으로만 결정될 뿐이다.
그것은 자주 지침이나 대강적 규정을 가진 다절적(多節的)인 절차를 통해서 구체화되는
것이다. ― 즉 절차에서이다.

　　급부국가적인 절차에서 기본권은 새로운 종류, 즉 「절차적인 기본권의 구체화」로서
영향을 미치게 된다. 그와 같은 급부국가적인 「사전절차」(Vorverfahren)는 행정재판상의
「사후절차」(Nachverfahren)보다도 **더욱** 기본권의 현실을 창조할 수 있다. 왜냐하면 기본
권의 실체적 내용에 대해서 기능하는 것이 사전 단계에서 절차적으로 도입되기 때문이
다.[192] 절차적·능동적 지위를 통하여 비로소 기본권은 그 구성적인 의의를 획득한다.
보다 긴 시각에서 본다면, 그러한 절차의 존재가 관련된 기본권의 (그리고 급부기능 그
자체의, 예컨대 행정의) 「본질」에 산입될는지도 모를 것이다.[193] 절차의 유보로서의 법률의
유보[194]는 다음과 같은 것을 의미한다. 즉 국가 또는 공적 과제의 담당자는 최저한의
절차에 따른 ― 기본권으로서의 ― 듀 프로세스를 제공하는 경우에만, 기본권과 관련된
분야에서 활동해도 좋다는 것이다. 그러므로 결정적인 것은 「급부국가적인 기본권절차」
를 개설하는 것이며, 그 절차는 기본권과 급부과정에 적합하며,[195] 그리고 법률개념이나

---

190) 현재에는 그것은 법률개념(Roellecke, Der Begriff des positiven Gesetzes und das Grundgesetz,
　　　1969, 278 ff.), 헌법, 레스 푸블리카나 그 공공적 기능(P. Häberle, Öff. Interesse, bes. 708 ff.),
　　　그리고 원래 국가에게(Her. Krüger, Allg. Staatslehre, 2. Aufl. 1966, 197 ff.) 관련하고 있다.
191) 「사회공동체적 과제」는 바로 하나의 전형적인 절차와 관련하는 급부국가상의 개념이다.
192) 절차적합성을 단순히 급부기능의 부수적인 것으로만 이해하는 것은 급부국가가 기본권을 실제상 다층적
　　　으로 전개한다는 사실을 정당하게 평가하지 않은 것이 된다. 이러한 「급부국가적인」 어프로치(즉 절차적합
　　　성을 급부기능의 부수적인 것으로 이해하는 것=역자)는 확실히 그러한 과정의 한 측면인데, 그때그때의
　　　기본권 자체로부터 얻고, 그 기본권에 내재하는 절차적합적인 어프로치가 **또 하나의** 측면으로 된다.
　　　해석론적으로는 기본권에 대한 후자의 측면이 또 한 번 양쪽의 출발점에서 전개되어야 한다. 왜냐하면
　　　사회적 법치국가에 있어서의 기본권이 실제로 어떠한 것인가는 기본권과 급부국가의 관계가 그때그때의
　　　급부관계에 따라서 창출된 경우에 비로소 서술할 수 있게 되기 때문이다.
193) 그와 같이 연방헌법재판소가 최근 재판상의 권리보호(기본법 제19조 4항)를 기본법 제14조의 기본권의
　　　본질에 헤아리고 있다. E 24, 367 (402); JZ 1971, 145 (152)의 졸고도 참조.
194) Zacher, DÖV 1970, 3 (11)도 중요하다. 거기에서는 재배분관계에 즈음한 절차법적인 측면이 지적되고
　　　있으며, 그러한 측면 중에서 법치국가적인 보호도 배려해야할 위치를 차지하게 될 것이다.
195) 그것은 운동으로부터 현실에의 「최종적인 변환」에까지 이르는 것이다 (그것은 또한 「듀프로세스」에
　　　대해서 여기서 생각된 최저기준이라는 의미에서의 기본권과 관련하는 「급부관계」이다).

법개념(즉 공적으로 기능하는 법(law in public action))에로 해석론적으로 「편입」되는 것이다.196)

[기본권과 법치국가는 급부국가에 의해서 실현되는 기능에 비추어 처음부터 권리실현의, 기본권내용의, 그리고 제3자의 (기본)권의 한계의 절차적 측면도 시야에 넣은 법개념을 쉽게 상기시킨다. 권리는 절차에서 비로소 생기며, 또한 그리하여 얻어진다.197) ― 공적인 ― 법개념에 관한 이러한 견해의 헌법상의 기반이 기본권이며, 특히 그 해방화노력을 가진 기본법 제1조 1항과 제3조(자기결정의 기본권), 그리고 사회적 법치국가와 민주주의라는 헌법상의 프로그램(기본법 제20조 1항·제28조 1항)이다. 형성적인, 특히 급부를 행하는 차원은 직접 헌법으로부터 그 법개념에 「첨가된다」. 경계획정적이며 방어적인 요인은 여기서 서술한 형식에서는 보충적인 것이다.

「배분참가권」으로서의 기본권을 둘러싼 논의는 매우 **실체적인 청구권**과 관계지워 논해지며, 그 결과 그것이 급부국가의 경제적 한계를 위해서 예정보다도 일찍 좌절되거나 또는 전면적인 급부국가라는 유토피아 속에 흘러들어가 버린다. 그 위에 그러한 청구권의 평가198)는 자주 재판의 기능법적인 한계에 마주친다. 기본권, 특히 국가급부의 과정에의 절차적합적인 참가를 구하는 권리로서, 실체법적인 배분참가의 수단으로서 이해되는 그것은, 하나의 **다양화하는** 해결에의 길을 연다.]

급부국가적인 절차는 기본권상의 이익과 「결정된」 급부계획(Leistungsvorhaben)과의 대립을 예방하기 위해서 최초부터 참가인의 **커뮤니케이션**을 보장하지 않으면 안 된다.199) 이것은 법정책적으로 이러한 의미를 가진다. 즉 계획의 영역에서 간취되어야 할 민주주의의 결함(의회의 배제)이 이해관계인의 협동이라는 새로운 형식에 의해서 제거될 수 있다200)는 것이다.

---

196) Esser의 「기능하는 법」(law in action)과 관련하여 공적으로 기능하는 법(law in public action)에 대해서는 P. Häberle, AöR 95 (1970) 86 (89), 260 (291); ders., Öff. Interesse, 27, 241, 379, 712 참조. 법이나 법률은 오늘날 바로 「기성의, 그리고 규정된」 것이 아니게 되었으며, 그것들이 행정에의 「위탁」(Scheuner, DÖV 1969, 585 ff.)인 곳에서는, 바로 그렇지 않다(Badura, DÖV 1968, 446 (452)도 참조).
197) 침해국가와 개인의 자유 간의 「고전적인 기본권충돌」에서마저 법의 발견은 구체화의 프로세스이다.
198) 그것은 경제성장, 교육 또는 자금보조에의 실체적이며 소구가능(訴求可能)한 배분참가를 구하는 청구권이다 (Ipsen, VVDStRL 25 (1967) 257 (267)이 중요. 거기에서는 그것이 자금보조·배분참가는 기본권인가? 하는 점이 지적된다).
199) 현대 정치의 약간의 예는 시민이 다음과 같은 국가기능에 대해서 자주 충분히 민감하게 되고 있다는 것을 보여준다. 그 국가기능이란 시민에 대해서 국가가 「마음대로 급부를 부여하는」 것이다. 예컨대 Erdinger Moos에서의 바이에른 주정부에 의해서 계획된 거대한 비행장에 반대하는 항의 데모(1971년 3월)이다. 프랑크푸르트에서의 「시민운동적인 도시발전」과 그 시참사회와의 분쟁에 대해서는 FR vom 9. 6. 1971 S. 10 참조. ― 바이에른의 사건에서는 보도에 의하면, 새로운 심사가 환경보호의 관점에서도 확약되었다. ― 시민운동은 하나의 참가형식이다. 이에 대해서는 Partizipation. Aspekte politischer Kultur, 1970 참조.
200) 「시민과의 대화」는 급부국가에서 양자를 위해서 필요하게 된다. 모든 것이 쓸모있는 형식의 발전에 관련되어 있다.

[기본권을 이렇게 파악하는 것은 자신의 구체적인 (기본권상의) 이익이 위험하게 빠지는 경우, 자기의 민주적 기본권(기본법 제5조·제8조·제9조)을 행사하고, 그리고 개인적으로 적극적으로 참가하려고 하며, 정보를 충분하게 부여하는 시민을 확실하게 전제로 한다. 그것이 바로 기본권운동으로서의 시민운동이다! 민주주의와 공개성의 불충분함, 정당의 나태함, 국가의 계획절차나 기타 의사형성의 지금까지 아직 불충분하였던 개방성과 같은 것이 기본권해석론에 영향을 미친다. 특히 급부국가에서는 그 **종착점**에서 국가의 급부가 행해지는 절차의, 「좋은」 형성 또는 「나쁜」 형성과 민주적 기본권 간에 하나의 정치적인 관련성도 존재한다. 국가와 시민은 오늘날 하나의 도망할 수 없는 「급부공동체」 속에 있다. 그것은 분쟁의 폭로와 해결을 위해서 최적의 합리성과 절차를 창출해야할 것이다].

이러한 절차적·능동적 지위라는 것은 절차에 따른 방법으로 시민이나 다원적 집단을 위해서 급부기능을 연다. 그것은 일정한 급부절차에서의 보완물, 그리고 절차적이며 다원주의적인 공공복리적 구성요건이라는 영역에 있어서의 (또한 참가의 모델에서도) 보완물로서 역연하다고 할 만큼 아직 법적 내지 헌법적으로(de lege bzw. de constitutione lata) 충분하게 전개되지 않고 있다. 급부국가가 시민을 위해서 개방된 정도가 강하면 강할수록 전술한 절차적·능동적 지위는 강하게 된다.

기본권이해나 법률의 유보 또는 법개념에서 관련된, 아울러 기본권에 관련되는 급부국가적인 활동에서 관련하는, 상위에 위치지워지는 시점이라는 **절차**의 그것이다. 급부국가에 대해서는 특히 절차법적인 측면에서 처리하지 않으면 안 된다. [절차사고를 전술한 문제영역에로 설치하고, 그것을 이러한 제도의 실체법적 측면에 병치하는데 성공하는 한에서, 기본권은 사회적 급부국가의 민주주의 중에(도) 그것이 시민적 법치국가, 침해국가, 그리고 질서국가 속에서 가지고 있던 구성적인 지위를 차지하며(「절차의존성」), 「권리보호」가 보장되며, 기본권은 **실질적인 과제**로서 동시에 급부국가의 **한계**로서 파악할 수 있는 것이다.]

III. 급부국가의 공공복리적 기능에 의한 사회적인 「기본권의 실현」

1. 사회적 기본권으로서의 기본권, 기본권상의 자유, 그리고 사회국가 원리 내지는 평등원칙

이미 「사회적 기본권」이라는 **특별한** 개념이 「시민적」 기본권 이해를 위한 선서(宣誓)가 되었다. 이른바 사회적 기본권은 많든 적든 간에 비사회적인(unsozial) 현실에 대한 일종의 임시방편적인 회답에 지나지 않는다. 즉, 그것은 「사회문제」를 기본권에서 해결하려는 것이다.201) 사실 고전적 기본권과 이른바 사회적 기본권 간의 차이는 단순한 **정도의**

차이에 불과하다. 후자는 전자의 실효화를 목표로 하며, 또한 그 반대일 경우도 있을 수 있다. 「사회적」 기본권은 그것과 관련지을 수 있는 ― 스스로 내용을 형성할 필요가 있는 ― 「고전적」 기본권처럼 헬러의 명제(命題)202)에 관한 일종의 증거인 셈이다. 이 명제란, 자유는 항상 사회현실에 있어서 계획적으로 준비되어야 하기 때문에, 계획과 자유는 서로 대립하지 않는다는 것을 의미한다. **기본권상에서의 기회균등**이 최적의 사회적 자유를 지향한다는 점에서, 「사회적 기본권」과 「방어권」은 민주적·사회적 법치국가의 지위론의 세분화된 스펙트럼 속에서 서로 결합하게 된다.

급부국가적인 기능들은 전통적 기본권, 예컨대 기본법 제12조(노동력 보호)·제13조(사회적 주택건설 정책)·제14조·제9조 3항(광범위한 자산 형성 정책)을 촉진한다. 거기에는 자유로운 배분참가가 문제이다.

어떠한 법기술에서 좁은 의미의 「**사회적 기본권**」이 헌법의 전체구조202a)와 급부국가적인 기능들 속에 포함되어 있는가 하는 물음에 대해서는 **다양하게** 답하지 않으면 안 된다. 따라서 다음 사항을 고려할만 하다. 즉 그것은 일정한 요건의 보류 (Maßgabevorbehalt)* 하에서 기본권상의 청구권·제도보장·사회적 보호위탁 또는 헌법위탁 및 적극적인 권한규정이다. 다시 말해서 ― 그러한 형태가 ― 빈번히 상호 보완하면서 ― 급부국가에서 앞서 기술한 것 이외의 (전통적 기본권 이외의) 기본권에 관해서 점점 강하게 나타난다. 거기에는 이러한 형식이 전면에 나타나야 한다. 즉, 그것은 기본권 해석론에 관한 것과 입법이나 그 외의 생성과정에 있는 급부국가의 기본권에 관한 현실에 대해서 주관적인 청구권을 사법이 판단하기에 적합하게 구성하는 것을 위임하는 것과 같은 형식이다. 사회적 기본권의 내용을 형성하는 급부법이 그것을 청구권과 응축할 수 있게 한다. 이러한 경우 주관적 권리는 객관적인 헌법보장의 수단으로서 가능하다. 한 나라의 교육적인 관점에서 본다면, 「사회적 기본권」과 급부국가의 「실현」에 관한 것, 또한 그들이 안전뿐만이 아니라 자유도 지향한다는 점에 대한 대중의 의식이 높아져야만 한다. 사회적 기본권은 지금까지의 이분법적 해석론에 의한 이해보다도 그 이상으로, 실제로는 고전적 기본권에 접근한다. 그것은 일정한 기본권과 민주제의 불충분함이 존재하는 현실에 대한 역사적인 회답으로서, 고전적 기본권의 보편화, 사회화이다. 사회적 기본권은 자유와 평등이 추상적으로 검토되는 것이 아니며, 또한 그들이 전체적인 관계 속에서 사회적이고 경제적인 여러 조건을 가미해서 검토되는 것이라면, 고전적 기본권에 관련하게 된다]. 모든 기본권은 넓은 의미에서의 사회적 기본권이며, 그 자체 사회적 법치국가로 발전하는 귀결임에 틀림없으며, 그리고 급부국가의 논리 속에서 존재하게 된다. 기본권은 기본법 제3조와 결합한 사회국가원리를 통하여 소극적이고 적극적인

---

201) 「사회적 기능」에 대해서는 P. Häberle, Wesensgehaltgarantie, 8 ff., 48 ff., 95, 117 ff., 184 f. 참조. 국가는 기본권을 통해서 사회정의를 배려하지 않으면 안 된다.

202) Staatslehre, 273 (역서, 387면).

202a) 이 문제에 관해서는 Tomandl, Der Einbau sozialer Grundrechte in das positive Recht, 1967 참조.

종류의 「사회적 유보」(sozialer Vorbehalt) (Hensel)에 복종한다. 자유권의 이와 같은 사회적·평등지향적인 구성요소는 헬러가 사용하는 의미에서의 「존재와 당위」의 상관적인 이해에 대응한다.

① 국가가 기본권 영역에서 급부활동을 중단한다면, 사실상의 손실(적자)이 생기게 될 것이다. 예컨대, (직업) 교육제도에서 기회균등의 확립 시에 — 시민적 법치국가에서 그러했던 것처럼 — 일정한 계층을 위한 것만이 아니라 모든 사람을 위한 기본법 제1조 1항·제2조 1항·제12조인 「일상화」(Normalisierung)가 문제가 된다.203) 다시 말해 급부국가에서는 기본권을 통해서 **일반적인** 이익을 전개하기 위한 수단을 창출한다는 것이 문제가 된다(예컨대 재산의 광범위한 분산).

② 즉 그것은 기본권이 절차법적 측면 강화, 사회국가 조항의 실체적인 개방성을 충전하기 위한 기본권의 절차적이고 능동적인 지위에 있음을 의미한다. 오늘날은 반대로 **사회국가의 해석론**이 오히려 기본권 해석론인 셈이다. 기본권의 경우와는 달리 확실히 기본법의 새로운 창조물로서 사회국가 원리204)에 있어서 불변하는 것으로 승인되어 있다(festgeschrieben)라고 독단적으로 말하지는 않는다. 그래서 인출적인 방법 (Lerche)205)*으로부터 기본권해석론을 따로 분리함으로서 사회국가 조항도 다시 전개하게 된다. 이때 기본권의 **다양함**(多層性)이 반사적으로 표출되지 않으면 안 된다.206) 여기서는 처음부터 세분화된 해석론을 활용할 기회를 만들어야 할 것이다. 특히 그 (사회국가를 둘러싼) 논쟁이 — 나의 견해가 정당하다면 — 포르스토프와 바코프*가 선두적인 입장에 서서 진행해 나가지 않은 것만으로도 더욱더 그러하다.207) 바이마르

---

203) 「시민이 교육을 받을 권리」는 사회에서 주어지는 기회의 균등한 배분을 의미하며 그것은 일정한 교육과 직업선택과 필연적으로 결부하게 된다. (「생활기회의 분배장치」(Schelsky)로서의 공립학교에 관해서는 Fuß, VVDStRL 23 (1966) 169 (202 f.) 참조. 일반적인 교육은 지배자의 교육이고, 직업교육은 피지배자의 교육이라고 말한 GEW 의장(議長)의 문제 있는 발언(FAZ v. 22. 4. 1971 S. 1)도 참조.
204) Zacher(Anm. 229)가 중요하다. 연방 헌법재판소는 사회국가를 사회적인 여러 가지 대립조정을 배려할 의무를 수반하는 경제정책 및 사회정책의 지도원리(E 5,85(198))라고 한다. 또 E 1, 97(105)은 대립하는 이익을 최대한 조정하기로 한다. 게다가 사회적 안전이나 번영에 대한 책임·시장(市長)의 기능 능력·계획법·경제행정법·사회법 그리고 문화행정법은 사회적 법치국가와 관련지을 수 있다 (Badura, DÖV 1968, 446 ff.). 사회국가 조항을 둘러싼 논쟁에 관한 최근 것으로는 Scholz, Koalitionsfreiheit, 1971, 180 ff. 참조. 지침적인 것으로 Bachof, VVDStRL 12 (1954) 37 ff. 참조.
205) VVDStRL 21 (1964) 66 (67).
206) 사회국가의 해석론은 기본권, 인간의 존엄과 평등 원칙에 맞서서 전개되어야만 하고, 그 결과, 반대로 기본권 해석론은 사회국가 원리에 비춰보면서 전개되어야 한다. 기본권해석론의 개방성은 새로이 창시된 헌법규범의 패러다임으로서 사회국가 원리 안에 그 상대물을 보유하게 된다. 아무리 자유주의적 법치국가 이해와 기본권이해가 독단주의화되게 압력이 강하다고는해도, 그 일반적인 조항으로서의 성질이나 새로움은 그것이 상투적인 코스로 발전하는 것을 배제한다.
207) 그 논쟁은 거의 **구체적으로** 연구되어 있지 않기 때문에 지금까지 한계점의 상태에 빠져있고, 부분적인 용어 문제(경계획정에 대한 배분참가(Teilhabe gegen Ausgrenzung)나, 보장에 대한 보장(Verbürgung gegen Gewährleistung) 속에서 활동할 수 없게 되어 있다. **구체적인** 사회국가성의 여러 요소는 「현실주의적인」 기본권이해, 지위론의 재구축, 기본권의 「급부국가적 측면」, 평등원칙의 활성화 그리고 급부입법·급부행정·급부재판의 여러 유형 속에서 나타나게 된다.

헌법이 그것을 위한 도전을 제공하였음에도 불구하고, 이러한 기회는 바이마르 시대에서 조차도 활용하지 못한 채 끝나 버렸다.

기본법은 자유주의적 침해국가의 전통으로 취급되면서 「후진성」을 나타낸다고 생각할 수 있지만, 바이마르 헌법은 급부청구권, 사회적 보호위탁, 국가의 기본권 의무, 사회국가적 프로그램과 제도를 포함하고 있고 그 예로서 다음을 들 수 있다. 우선 직접적으로 **청구권**을 근거로 할 수 있는 기본권 규정으로서, 바이마르 헌법 제163조 2항 2문 「모든 독일인이 필요로 하는 생계에 대한 배려」 — 이 청구권은 기본법에 의하면 실업자 원조를 위한 권한규정(제74조 12호)과 제1조 1항 · 제2조 2항 1문 · 제20조 1항에서 추출할 수 있음을 알 수 있다. 다음에 일종의 **사회적 보호위탁**으로서 「노동자는 라이히의 특별보호를 받는다」는 바이마르 헌법 제157조가 있다. 이와 같은 보호위탁은 기본법에 있어서 제12조 · 제9조 3항 · 제1조 1항과 연계된 제20조 1항을 통해서 나타나게 된다. 그리고 바이마르 헌법 제162조 안의 **프로그램** 명제는 인권과 기본적 자유보호에 관한 협정(MRK)이나 유럽 사회헌장 안에서 부분적으로 실현되고 있다. 그 최저한의 사회권은 오늘날 일부 영역에서, 예컨대 생존배려(공적 제도를 위한 평등한 수단)를 바라는 청구권 및 경찰개입청구권으로서 실현되고 있다. [바이마르 헌법이 어떻게 그 밖의 다른 점에서는 개인의 기본권을 오로지 방어권만으로서 정식화하고, 사회적인 측면 — 그 행동에 있어서 필요한 실제의 전제 — 때문에 다른 관계로 이해하려는 전통에 입각한 것은, 주거의 불가침성 보장(제115조)과 제155조 1항에 따라 규범화된 모든 독일인에게 양호한 주거를 보장한다 라는 목표와는 구별을 두고 나타난다.] 법제사에 속하는 것이지만 바이마르 헌법의 원문은 오늘날 급부국가의 기본권 문제에 대한 참고자료로서 상당히 유익하다고 할 수 있다.208)

이와 비슷한 단서를 독일의 여러 란트의 헌법에서 찾을 수 있다. 거기에는 상당히 풍부하게 사회국가적인 특별 규범이 나타나고 있는데, 그것들은 협의의 사회적 기본권(주관적 권리로서의 그것)으로서 정식화209)되어 있으며, 또한 기본권상의 보호위탁,210) 기본

---

208) (직업) 교육제도에 따른 기회균등은 바이마르 헌법 안에서 구체적으로 언급되어 있다. 제146조 1항 · 3항 · 제147조 1항 2문의 공립학교 제도의 다원주의적 구조를 참조. 여기에는 능력주의, 즉 「재능과 소질」이라는 요소가 언급되어 있다. 「국가의 기본권 의무」라는 의미에서의 「기본권상의 사회적 보호위탁」의 범주는 다양하게 나타낼 수 있다. 바이마르 헌법 제119조 · 제121조 · 제122조 1항 · 제135조 2문 · 제157조 · 제158조 · 제161조 · 제164조 참조. — 기본권과 결부된 급부국가성이 바이마르 헌법 제122조 1항 · 제143조 1항에 의해 나타난다. 대체로 바이마르 헌법의 기본권에 관한 장(章)에는 1949년의 기본법에 의한 것보다도 많은 급부국가와의 결합점을 찾아볼 수 있다. 예컨대, 바이마르 헌법 제142조 · 제161조 · 제163조 1항 · 제155조 2항 · 3항 참조. 마지막이 사회국가에서의 토지법개혁을 위한 조준점 (照準點)을 제공한다.

209) 바덴-뷔르템베르크 주 헌법 제11조; 바이에른 주 헌법 제106조 1항 · 128조 1항 · 141조 3항 · 166조 2항 · 168조 1항과 3항 · 171조 · 174조 1항; 베를린 주 헌법 제6조 1항 · 12조 1항 · 14조 · 19조 1항; 브레멘 주 헌법 제2조 1항 · 8조 1항 · 14조 1항 · 27조 · 49조 3항 · 56조 · 58조; 헤센 주 헌법 제28조 3항 · 34조; 노르트라인-베스트팔렌 주 헌법 제8조 1항; 라인란트-팔쯔 주 헌법 제24조 1항 2문 · 53조; 자알란트 주 헌법 제45조 2문 · 48조 2항.

210) 바덴-뷔르템베르크 주 헌법 제13조 (기본권상의 보호위탁과 제도와의 편성); 바이에른 주 헌법 제100

권을 촉진하는 국가의 의무(기본권의무),211) 또는 일정한 (사회국가적인) 기본권으로
봉사하는 공적 제도의 보장212)을 통해 서로 편성시키면서 함축하고 있다.213) 이것
때문에, 그것들은 하나의 급부국가적 · 급부법적인 측면을 인식시킨다. 이들 헌법의 원문
이 증명하듯이, 사회국가 조항의 규범적 효력은 세분화되어 있고, 그것은 객관적인 법원칙
과 주관적인 급부청구권과의 양자택일(Entweder-Oder)로 정리할 수 없다는 것도, 그것은
― 생활영역과 급부를 행하는 국가기능에 따라서 ― 기본권이나 다른 헌법규범(예컨대
기본법 제109조)과 연계되어서 「단계적으로」 영향을 미치기 때문이다.214) 사회국가
조항215)은 실질적인 기본권의 전제를 창조하는 것으로서 존재한다(이것이 바로 자유창조
적 효력216)이다!). 즉 사회국가 조항은 예컨대 경제적217)이고 정신적인 최저한의 생존을
위한 급부청구권을 근거할 수 있는 것도 있는가 하면,218) 또한 그것을 초월한 사회적인
내용형성을 위한 권한 내지는 헌법위탁을 근거할 수 있는 것도 있어서, 이러한 방법을
통해서 앞서 기술한 것에 봉사한다. 고전적 기본권은, 예컨대 기본법 제13조(주택건설)나
제2조 2항 1문(환경보호)과 관련해서, 앞서 설명한 사회정책의 목표는 사회국가 조항에서
부터 도출되어야219) 한다.220) 사회국가 조항과 기본권은 「사회국가적인 기본권 과

조 · 124조 1항 · 125조 1항 2문 · 162조 · 166조 1항 · 167조 1항; 베를린 주 헌법 제12조 2항; 브레멘
주 헌법 제5조 1항 · 11조 2항 · 12조 2항 · 14조 1항 · 25조 1항 · 37조 · 49조 1항; 헤센 주 헌법 제62조;
노르트라인-베스트팔렌 주 헌법 제5조 1항 · 18조 1항; 라인란트-팔쯔 주 헌법 제1조 2항 · 24조 · 53조
1항.

211) 바덴-뷔르템베르크 주 헌법 제1조 2항; 바이에른 주 헌법 제106조 2항 · 125조 2항 · 126조 2항 · 140
조 · 153조 3문 · 164조 1항; 브레멘 주 헌법 제21조; 노르트라인-베스트팔렌 주 헌법 제6조 1항; 라인란트
-팔쯔 주 헌법 제1조 2항 · 31조 · 55조 2항; 자알란트 주 헌법 제34조 2항 2문; 쉴레스비히-홀스타인
주 헌법 제7조.

212) 바덴-뷔르템베르크 주 헌법 제11조 2항; 바이에른 주 헌법 제126조 3항 · 128조 2항 · 133조 1항과
2항; 브레멘 주 헌법 제27조 · 35조 · 54조 · 57조; 헤센 주 헌법 제30조 2항 · 35조; 노르트라인-베스트팔
렌 주 헌법 제17조; 라인란트-팔쯔 주 헌법 제25조 2항 · 27조 2항 · 28조 · 37조 · 53조 3항; 자알란트
주 헌법 제25조 1항 · 33조 3항 · 46조.

213) 바이에른 헌법 제106조, 브레멘 주 헌법 제14조에서 주거보호에 「다양한 측면」이 모범이 되는 규범화를
참조. 노르트라인-베스트팔렌 주 헌법 제8조 1항과 관련하여 3항 1문 · 제9조 1항도 참조.

214) 「다양한 법적 성질」에 관해서 서술하는 것은 Art. "Sozialstaat", Ev. Staatslexikon, 1966, Sp.
2091(2094). ― Badura, Wirtschaftsverfassung und Wirtschaftsverwaltung, 1971, 31; 여기서는
「… **부분적으로 개인의 자유를 사회화하는 것** … 사회국가적인 민주주의는 (정치적인) 국가와 (사적인)
자유와의 대립에 의거하는 것은 아니다」 (헌법의 강조)가 지적된다.

215) Bachof, VVDStRL 12 (1954) 37 (41). 여기에는 사회정의를 구체적인 평등 창조를 위해서 추상적인
평등을 타파한다고 정의한다.

216) G. Leibholz, in: Die Zeit Nr. 21. 5. 1971 S. 56에 그 단서가 있다. 여기에서는 「사회국가원리를
이용하는 것으로서 자유로이 발전하기 위한 하나의 새로운 기회를 제공하는 것이 그것의 본래 과제이다」라
고 한다.

217) 사회국가 조항과 연계된 기본법 제2조 2항 1문, 그리고 최저한의 생존에 대한 적극적인 보장으로서의
기본법 제1조 1항에 관해서는 이미 Bachof, VVDStRL 12 (1954) 37 (42, 51 f.) 참조.

218) 예컨대, (직업 및 전문) 교육분야에서나 사회적 안전에 관한 법에 있어서 등.

219) 사회법전 총칙을 위한 연방정부의 계획은 중요하다(Die Welt v. 29. 5. 1971 S. 14). 여기에는 입법이나
재판에서의 사회국가조항이 구체화와 결부되어 시민과의 관계에서 사회적 안전의 지도이념을 법전화하고
있다. 사회권은 법률에 따른 상세한 내용형성의 유보 아래 「구체적인 개인의 청구권을 초월」하고,

제」221) (기본권상의 이익)를 규범화하고, 그와 같은 과제 속에서 자유는 해석론적으로 **배분참가의 기회**로서, 다른 기본권을 위한 전제로서 방어권적 · 권한법적 · 단순한 지도적인 측면과도 결부시킬 수 있다.222)

사회적 자유를 위한 실질적인 평등원칙의 「지레의 작용」223)은 설명을 필요로 한다. 인간의 존엄, 사회국가,224) 그리고 평등주의적 민주주의라는 세 가지의 징후는 사회의 전체적인 관계 속에서 모든 사람의 최적한 현실적 자유(Hesse)가 달성될 것을 요구한다.225) 그것은 다음과 같은 것을 의미한다. 즉 급부국가는 **모든 사람이** 실제로 자유를 평등하게 행사할 수 있게 하기 위한 전제들과 아울러 조건들을 창출해 내야 한다는 것이다.226) 왜냐하면 자유는 그것을 요구할 수 있는 사실상의 전제 없이는 무가치하기 때문이다. 거기에서의 **슬로건**은 사회적인 희생의 한계227)라는 것이다. 그러한 한계는 오늘날 유산계급의 현상과 동일한 것은 아니다. 평등은 자유가 집단의 특권이 되지 않는 것을 보장한다.228) 평등에 의한 자유는 사회의 자기 규제의 결과가 아니라 급부나 지도를 행하는 국가활동을 필요로 한다.229) 사회적 평등은 자유의 한 형식이다.

시민의 사회법상의 지위를 기본적 특징으로 두고 보장하는 것이라고 간주하고 있다. 여기서는 법률기술적으로 공개성이 창조되는 경우에만 급부법이 효력화된다는 사실을 명확히 한다.

220) 그것은 그들(고전적 기본권)이 「헌법목표」로서의 자유를 촉진하는 국가 행위의 권한 근거로서 혹은 헌법위탁으로서의 기능을 다함에 따라 행해지는 것이다 (대부분의 경우 기본법 제1조 1항 또는 제20조 1항 · 제28조 1항과 연계되어 있다)라고 하는 것도 주관적 권리는 보통 객관적, 법적 의무만큼 범위가 넓지 않기 때문이다.

221) 기본권의 불충분함에 대한 해소를 목표로 하는 것으로 Heller, Rechtsstaat oder Diktatur? 1930, 11 (김효전 옮김, 법치국가냐 독재냐? 동인 옮김, 『바이마르 헌법과 정치사상』, 산지니, 2016) 참조. 그는 「노동질서와 재산질서의 실질적 법치국가 사상의 확대」를 사회적 민주주의의 요청으로 특징짓는다.

222) 포르스토프가 자유와 안전, 기본권과 사회적 형성 사이에서 「지양(止揚)할 수 없는 긴장관계」의 존재를 전제로 하고, 「독일연방공화국의 법치국가적 구조에 중대하게 부담지워진다」와 같은 「사회국가의 압력」에 관해서 이야기하는데 반하여, Forsthoff, Industriegesellschaft, 148는 위와 다른 견해를 가진다. 이러한 압력은 적어도 많은 사람들에게 기본권이 실효하지 않다는 점에서는 「기본권상의 압력」이다.

223) Zacher, in: FS für Böhm, 1965, 63 (100) : 여기에서 평등의 개념은 「사회적으로 실현되는 것」이라고 한다. S. 101. 여기서는 평등에 의해 자유를 실현하고 자유에 의해 평등을 전개시켜야만 한다는 헌법에 관하여 서술하고 있다.

224) 인간의 존엄성과 사회국가와의 관계에 관해서는 예컨대 W. Weber, Spannungen und Kräfte im westdeutschen Verfassungssystem, 3. Aufl., 1970, 231 참조. Zacher, AöR 93 (1968) 341 (361) : 거기서는 사회국가 원리의 현실화(Aktualisierung)로서의 평등원칙의 「실질적」 이해가 지적된다. S. 377: 거기에는 자유와 배분참가에 있어서의 평등을 위한 노력도 지적된다. 또한 Herzog, Allg. Staatslehre, 381, 394 f.; Ipsen, Gleichheit, in: Die Grundrechte Ⅱ (1954) 111 (173 f., 175 f.)도 참조.

225) Hesse, Grundzüge, 87, 119; Suhr, Der Staat 9 (1970) 67 (86)도 참조. — 형사집행에 있어서 사회국가원리는 확실히 사회복귀를 요구한다. 여기서는 1971년 형사집행법(StrafvollzugsG)의 모범이 된 위원회 초안 특히 제3조 제3a조, 제39조 참조.

226) Schaumann, JZ 1970, 48 (53)에서는 입법자와의 관계로 자유의 「구체적」인 보장을 위한 「적극적인 정책」에 관해서 서술하고 있다.

227) Däubler, in: Däubler/Mayer-Maly, Negative Koalitionsfreiheit? 1971, 43에서의 표현 참조.

228) Zacher, Sozialpolitik und Menschenrechte in der BRD, 1968, 28.

— 그러나 거기에서는 완전한 무차별주의가 부자유하게 전화한다는 위험에 비추어 모든 보류가 이루어지게 된다.

국가의 사실행위는 평등원칙의 사회국가적 형식으로서 평등한 **취급**이라는 원칙을 통해서 기본권상의 자유의 급부국가 특유의 구체화인 법적인 배분참가청구권230)을 위한 연결점이 된다. 「기본권상의 기회균등」은 자유와 평등의 상관적이면서도 긴장을 늦출 수 없는231) 관계나 급부국가적인 활동이라는 과제의 윤곽을 기술하는 정식이다. 거기에서 말하는 「기회」란, 기본권상의 자유가 의무로 되지 않고, 개개인에 대해서 **가능하게 해야**232) 한다는 것을 의미한다. 이리하여 평등원칙과 사회적 급부국가는 서로 관련지워진다. 다른 기본권 영역을 목표로 해서 전개되는 평등원칙은 사회적 급부국가에 대해서 구성적이다. 그것은 자유**와** 평등을 최적의 현실에로 인도하려고 한다.233)234) 이러한 목적을 위해서 해석론은 절차를 전개하지 않으면 안 되며, 그 절차가 사회국가적인 (급부) 입법을 위한 규준이다. 그렇지만 기본권상의 자유는 평등에서 「판독」되어서는 안 된다. 자유의 **소극적** 측면이 평등을 지향하고 급부를 행하려는 국가의 과잉간섭에

---

229) Zacher, Freiheit und Gleichheit in der Wohlfahrtspflege, 1964, 120 f. : 여기서는 「사회국가는 … 현대적인 사회운동의 공동목표 개념이라는 의미에서의 사회의 관계들, 특히 개인적인 욕구를 충족하기 위한 본질적인 경제적 관계에 대해서 비판적이며, 그리고 책임있는 태도를 취하며 다음과 같이 하여 그것들을 수정하려고 한다. 즉, 사회국가가 부적절한 부(富)의 격차를 조정하고 그것과 관련된 의존관계를 해소하고 … 사회공동체의 재산에의 모든 사람의 공정한 참가와, 모든 사람을 위해, 특히 사회적 약자계층을 위한 인간의 존엄에 가치를 둔 생존을 보장한다는 것에 의해서이다」라고 지적한다. — 사회적 법치 국가, 인간의 존엄, 그리고 평등주의적 민주주의라는 전제는 사실상의, 특히 경제적인 관계들에, 즉 구체적인 현실로 투영되지 않으면 안 된다는 것도 그러한 현실은 부분적으로 아직 헌법상의 요구에 이르지 않기 때문이다.

230) 이에 대해서는 Heinze, Autonome und heteronome Verteilung, 1970, 67 ff. 참조. 또한 Hesse, Grundzüge, 121도 참조. 거기에서는 평등한 배분참가를 바라는 청구권이 지적된다.

231) BAG 16, 95 (105), BVerfGE 5, 85 (198, 206) 참조.

232) 「사회적」 기본권 이해는 오늘날에는 그 중에서도 특히 사회국가적인 기본권 이해라고 하는 것도 국가는 대부분 자유라는 전제조건이 전혀 이뤄져있지 않기 때문이다. 전형적으로 **기회균등**이 우선이며 국가와의 직접적인 대항 속에서, 다시 말해 선거의 평등 및 다른 민주적 시민권으로서 형성되어 갔다. 이후에 그것은 평등한 취급을 받으며, 예컨대 —중립적인— 급부국가에 대항하는 정당의 영역(방송시간, 정당으로의 자금융자)과 같은 새로운 영역으로 진출해 갔다. 여기에 관해서는 BVerfGE 5, 85 (205); 9, 124 (131, 137); 18, 366 (373); 22, 83 (86) 참조. 평등 원칙이 기회균등으로 확대되는 경향에 관해서는 (BVerwGE 17, 306 (311f.) 참조. 시민이 평소보다 포괄적이고 직접적으로 급부국가와 서로 맞서게 됨으로써 평등원칙과 배분참가의 형식은 관련되는 것이 된다.

233) 비슷한 것으로 Herzog, Allg. Staatslehre, 383; Zippelius, Allg. Staatslehre, 3. Aufl. 1971, 162 f. 참조. — 급부국가에 있어서 자유와 평등과의 관계에 대한 문제는 사회적 현실과의 간격에 의해 새로운 방법으로 제기되며 또한 지배계급에 의해 통솔되고 있던 계급사회 속에서 자유로운 자기책임과 자기 결정이 존재하지 않는 시민적 질서국가와 그 사회에서보다도 더 예리한 형태로 제기된다. 국가와 사회의 대치를 지배하는 문제로서 형식적이고 실질적인 자유와 평등과의 모순에 관해서는 Heller, aaO. S. 122. Redeker, DVBl. 1971, 369 (373) 참조. 연방행정재판소의 판례는 자의(恣意)에 대한 원래의 방어규범(기본법 제3조)에서 평등하게 취급되는 청구규범을 발생시켰다.

234) 평등원칙은 기본권상에서 보장된 최저수준을 구하는 청구권을 근거지운다(경찰 임무로서 기본권적으로 구성된 사회공동체질서의 보호에 관해서는 J. P. Müller, aaO. 196 ff. 참조).

대해서 강화되지 않으면 안 된다.235) 자유와 평등의 관계는 그때마다 **구체적**으로 결정되어야 한다. **자유와 안전**과의 관계236)도 마찬가지로 「적절한 것」이어야 한다. 현실적 안전의 과소(過少), 예컨대 확보된 생활조건의 과소는 보장된 자유를 시민이 그것으로써는 「아무것도 시작할 수 없다」라는 공허한 추상개념으로 할 우려가 있다. 반대로, 그것의 과잉은 자기책임이나 위험으로서의 자유를 위험상태로 빠뜨리고, 나아가 그것을 「억압해 버릴」 가능성이 있다.

③ 급부국가와 기본권을 서로 관련지워 급부를 행하는 레스 푸블리카에서도 **헌법**에 「규범적인 효력」을 부여하고, 기본권을 통하여 법치국가와 사회국가를 「조화시키」려는237) 시도는, 이러한 방법으로 행할 수 있다. 헌법은 모든 것이 거기서 생기는238) 「법학상의 알」(juristisches Weltenei)이 되는 것이 아니라, 「항상 개혁해야만 하는 레스 푸블리카」(res publica semper reformanda)의 현실과 관련된 틀, 그리고 사회 프로그램,239) 즉 과제의 실체240)가 된다. 기본권과 기초(起草)된 급부국가는 사회적인 조정과 인간성에서 자유로운 생활을 가능케 하는 것을 목표로 봉사한다(즉 그것이 「사회적 기본권의 정의」 그리고 「기본권의 조정」이다).

④ 이러한 — 효율적인 — 급부국가가 존재하지 않으면 적극적인 기본권의 **가능성**이나 그 현실은 존재하지 않는다.241) 우리들은 급부국가적 차원에서의 기본권상의 자유인

---

235) 예컨대, 노동의 의무는 없지만 실업자 부조(扶助)를 바랄 권리는 있다. 다만, 연방사회부조법(BSHG) 제26조 참조.

236) 고전적인 인신보호의 권리(habeas-corpus-Rechte)는 안전과 거기에 따른 다른 기본권 행사를 위한 자유를 이미 보장하고 있었다. 앞서 기술한 안전권이라는 것이 스스로의 자유를 비롯한 현실적인 시민성의 보장이라고 한다면, 모든 사회적 기본권이나 배분참가권은 사회적 안전이라는 영역에서와 같은 방법으로, 그 밖의 다른 자유권에 대한 전제조건이다. 자유와 안전이 문제이기 때문에 자유에 대신하는 안전이 문제시되는 것은 아니다. K. Loewenstein, Verfassungslehre, 2. Aufl. 1969, 342(김기범역, 『현대헌법론』, 1973, 345면). 즉 여기에는 「자유와 평등이라는 공허한 형식은 하층계급에게 최저한의 경제적 안전과 사회정의를 보장하는 국가적 급부의 실체에 의해 실현되어야만 하는 것이다」라고 한다. Heller, Staatslehre, 120 (역서, 162면) 는 시민사회에서 뿐만 아니라 프롤레타리아 계급에서도 영향을 미친 「정치적 · 사회적 자유 그리고 평등 요구의 내재적 논리」에 관해서 서술하고 있다. 이러한 사회사적인 관계를 고려한다면 사회적 기본권은 오늘날 사회적으로 해석되는 자유주의적 기본권을 지탱해주는 개인적 자유와 동일한 개념의 보편화된 표현으로서 나타난다. 급부국가적 활동은 한 방향으로 모든 사람을 위해 자유와 평등을 사회적으로 실현하는 것이 된다. — 다만, 자신의 발언권과 자기 책임이 문제시되지 않는 한에서이긴 하지만.

237) 이것에 반대되는 것으로 Forsthoff, Industriegesellschaft, 148 참조. 문제는 사회생활의 특징을 나타내는 불평등 속에서 시민의 평등과의 변증법적 대응을 추출해 내는 것이다(Forsthoff, ebd. 22 참조). 「변증법」에 의해서도 사회에 따른 과잉의 불평등이 부자연스러워 진다는 진단을 극복하기는 불가능하다.

238) Forsthoff, aaO. 144 (비판적인 것으로서 P. Häberle, ZHR 136. Bd. (1972) i. E.).

239) 여기에 반대되는 것으로서 Forsthoff, aaO. 67 참조.

240) Ipsen, VVDStRL 27 (1969) 88. 예컨대 생존배려에 관해서 그 헌법에 대한 관계에 반대하는 것으로서 Forsthoff, aaO. 78 ff. 참조. — BVerfGE 21, 362 (375): 그것은 사회국가의 전형적인 과제로서 특별한 생존배려기능(노동자연금보험)에 관한 것이다. — 사회국가와 「기본법에 의해서도 특별히 부과되는 생존배려」와의 관계에 관해서는 E 21, 245 (251) 참조.

241) 급부를 행하는 국가기능은 모든 사람의 「실제상의 기본권 효용」을 증대할 수 있다. Zacher, VVDStRL 25 (1967) 366 참조. 이것을 확인하기 위해서는 기본권의 실천적 이론이 필요하다(DÖV 1969, 363

「실천적 사회화」242)에 직면해 있다. 다만, 이 「사회화」를 여기서는 국유화로서 이해해서는 안 된다. 자유의 사적(私的)인 측면을 무시해서는 안 되지만, 자유를 「일반적」, 공적인 것으로 하는 끊임없이 열린 프로세스가 중요하다. 자유는 **전체로서** 보면, 다양한 형식에서 공적인 공공복리적 이익이 되며, 재판도 자유를 그와 같은 것으로서 평가한다.243) 「실천적인 기본권의 사회화」는 정치적 의사형성 프로세스나 결정 프로세스의 목표이며, 기본권을 촉진하는 급부국가는 사회적 기본권의 불충분함에 대한 회답이다. 기본권상의 자유를 전체에서 사회적 생활의 자유로서 이해함으로써 비로소 자유로운 **기본**질서라는 것에 대해서 말할 수 있다.

이에 대한 약간의 예가 있다. 교통시설이나 공익사업, 모두 공적 제도는 예컨대 교통정책(기본법 제11조), 경기나 하부구조의 통제를 통한 직장의 확보(기본법 제12조)와 같은 국가의 기본권정책,244) 또는 국제적인 계획을 필요로 하는 환경보호245)라는 기본권정책만큼 시민에게 친숙한 것은 아니다. 그러나 거기에는 「지방공공단체의 관리로 이전되는」(kommunalisiert) 영역이 확대되고 있다. 하부구조상의 「예선 급부」(豫先給付), 예컨대 산업유치와 또한 그것에 의한 노동자를 위한 게마인데의 예선 급부는 「사회화」되는 것이다. 이와 같은 「예선 급부의 사회화」에 이어서, 대부분의 경우 「이윤의 사유화」가 생기지만, 그것은 적어도 부분적으로 사회에 환원되지 않으면 안 된다.246) 급부국가는 집단적이고 개인적인 생존배려를 크게 향상시키지만(기본권배려), 그 때에 기본권의 위협이나 기회가 「미세한 점에서」 상실되어서는 안 된다.247)

---

f.에서 나의 시사(示唆)를 참조).

242) 정당하게 공익사업과 운수사업의 공영화 관계에서 「시민적 질서 내에서의 실천적 사회화」에 관해서 서술할 수 있었다(Heffter, zit. bei Badura, Verwaltungsrecht im Liberalen und sozialen Rechtsstaat, 1966, 14 Anm. 18 참조). 특히 (양로보험제도를 통해) 성장한 아이에게서 그의 부모로부터의 재배분 과정을 위해 Zacher, DÖV 1970, 3 (14)는 사회화를 말한다.

243) 이에 대해서는 P. Häberle, Öff. Interesse, 355 ff. 참조.

244) 경험적인 조사결과는 **포르스토프적인** 생존배려의 「입헌화」(立憲化)를 쉽게 일으킨다. 포르스토프의 경우, 생존배려는 원래 사회보험·공익사업 그리고 교통시설을 통한 생존에 필요한 급부를 위해 고안해 낸 것(일상적인 사항에로의 배려)이라 하더라도, 교과서 안에서는 그것보다 사회적 법치국가에서 전형적인 욕구충족이 발생한다는 점, 행정에 의해 직접 개개인에게 초래되는 모든 이익과 급부로써 그것을 확대하고 있다(그것을 증명하는 것으로서 Badura, oben Anm. 242, S. 21 f. 참조). 다만, 포르스토프는 헌법해석과 **헌법** 레벨에 따른 사회적 법치국가를 둘러싼 논의 속에서 결론을 끌어내지 않았다. 오늘날 급부국가의 영역이 되는 생존배려로서의 시민, 국가관계는 시민과 자치체(自治體)와의 관계처럼 긴밀한 것이다. 자치체는 「급부의 담당자」로서 — 사회국가적 또는 기본권적으로 보면— 당연히 선도자였다. 기본권 해석론에서의 급부국가적인 결론은 다음과 같다. 즉, 일상적인 사항에 대한 배려가 오늘날 연방과 란트에 의해 또는 경우에 따라서는 공법상의 지역적인 (목적) 단체에 의해 강력히 행해진다는 것이다.

245) 특히 환경보호 문제는 인간에게 어울리지 않는 환경이 부자연스럽게 생존을 위협하기 전에 인간에게 어울리는 자연을 바라는 일정한 요건을 필요로 하는 권리(Maßgaberecht auf humane Natur)라는 의미로서 「자연에 대항하는 권리」를 필연적으로 긍정시킨다

246) 뮌헨의 청년사회주의자와 Vogel 시장 간의 논쟁을 참조. SZ Nr. 47 v. 24. 2. 1971 S. 8 f.

247) 텔레비전 판결(BVerfGE 12, 205 (262 f.))은 다원주의적 전제로 인하여 기본법 제5조인 「사회화」는 — 형식에 대치되는 경향에 있다(다원주의적 공공성!). 매스 미디어에 따른 독점형성 제한의 기본권상에서 허용되는 모든 형식에 있어서는 조직법률의 형태로서의 자유창조적인 급부법이 문제가 된다 (그것은

앞서 기술한 재산개념의 변천은 이러한 기본권의 「실천적 사회화」의 예시적인 과정으로서 이해된다. 「산업사회의 조건들 아래서 사회적 안전은 생산재산을 사법적으로 이용하는 것보다는 신주인수권(Bezugsrecht)의 공법적 배분, 즉 「공법적인 재산대용(財産代用)」(Köttgen)에 근거하게 되기 때문에,[248] 이것은 기본권 제14조에 대해서 노무급부나 개개인의 노동자의 배치와 관련된 지위가 「재산으로서」 보호된다는 것을 의미한다. 노동력은 오늘날 시민의 재산 그 자체이다.[249] 그럼으로써 기본권보호는 「고전적」 재산권과 비교하여 확대한다. 기본법 제14조는 전체 질서에 대해서 효율적으로 된다. 이러한 급부지향적인 확대에 대응하는 것이 재산보호에 의한 사회국가적인 **삭감**이다. 즉 「생산재산」(그리고 토지재산,[250] 투기이익)은 급부국가에서 공공복리라는 제약 때문에, 또한 경제적인 통제조치에 대해서 「점점 저항력이 약한 것」이 된다.

사회적 자유는 보통의 경우, 재산의 기능이 아니라 오히려 **노동**의 기능이다.[251] 이러한 통찰에서 볼 때 주로 「노동」에 관련된 규정인 기본법 제12조[252]에 대한 귀결이 다음과 같이 도출되지 않으면 안 된다. 즉 그것은 사용자에 대한 사회적 자유의 권리(즉 사회적 배분참가권)로서, 또는 (절차적인 보호를 통한) 사회형성적인 입법부나 행정부에 대한 사회적 자유의 권리로서, 이 기본권 보호영역의 확대에 의한다는 것이다. [향도(嚮導)·(재)배분·통제 그리고 계획에 의해서 재산이 될 수 있는 것, 내지는 제12조를 「인격권」으로서 보다 유효하게 할 수 있는 것은, 오늘날에는 1회만의 (또는 계속적인) 실체법상의 법률행위에 의해서는 거의 확정되는 일은 없으며, 앞서 기술한 절차를 필요로 한다. 이러한 행정목적은, 그것은 「국가」목적이기도 하지만, 여하튼 우선 첫째로, 기본권에 **대해서** 향해진 것이 아니라, **사회적 자유**로서 기본권상의 자유에 **봉사하는 것이다**. 예컨대, 시장지배의 우려가 있는 경우의 경쟁을 유지하는 조치, 성장을 배려한 경기정책

기업합병의 조절에서 공동결정법률에까지 이른다).

248) Badura, oben Anm. 242, S. 26; ders., DÖV 1968, 446 (447)에서는 「의회 민주주의의 절차적 방법에 의해서 통제되는 사적이며 자율적인 재산적 효용의 **사회화**」에 대해서 말하며, 그것은 사회의 안전과 번영을 위해서 필요하게 된다.

249) (기본권) 해석론이 인격과 관련된 노동력이 거기에 집중하는 「설립되고 영위되는 영리사업의 보호를 위해서 이용되는 에너지의 일부를 가지고 있다면, 오늘날 급부국가에서의 기본법 제12조의 내용결정에 즈음하여 더욱 전진하게 될 것이다(Wiethölter, in KJ 1970, 121 ff.의 논박 참조. 그는 노동(그리고 직업)으로부터 재산에로의 「모든 연결선의 절단」과 싸우며(124), 기업가가 아닌 사람을 위해서라도 「인격권의 전개」를 요구한다. (127 ff.) 거기에서 BVerfGE 30, 292 (334)도 참조.

250) 거기에 관해선 BVerfGE 21, 73 (83) 참조. 중요한 것은 바이에른 헌법 제161조 1항·2항이다.

251) 이것은 노동과 그 성과의 여러 조건에 끊임없이 영향을 미치는 행정의 기능이기도 하다(Badura, Verwaltungsrecht, 27).

252) 그것은 물론 거의 중산계급의 기본권으로서만 실천적이 된다. 그러나 BVerfGE 7, 377(397) 참조. 거기에선 「직업으로서의 노동은 모든 사람에게 있어서 평등한 가치와 평등한 존엄을 가진다」고 한다. 최근 「민주주의 시대에 있어서 노동사회」(Badura, Verwaltungsrecht 5)는 기본권의 규준에서의 중점의 이동 속에서도 명확해진다(경제적 자유에서 정신적 자유에로. Scheuner, DÖV 1971,1(2)) — 기본법 제14조의 영역에서는 오늘날 이 기본권의 잠재적인 사회화의 「보다 치밀한」 형식들이 존재한다. 예컨대, 세금, (노동자의 손에 있는) 자산형성의 국가적 조성은 의도적으로 행해지는 **급부국가적인 기본권의 사회화**의 전형적인 형식이다.

(Ipsen), 완전고용정책253) 그리고 경제 전체의 균형을 유지하기 위한 조치와 같은 것이 생각될 것이다].

⑤ 그러나 완전한 복지국가에로 급변하는 데에는 **위험**이 존재한다. 이러한 국가는 자유와 평등이라는 성가신 관계254)에서 후자(즉, 평등)가 절대화에로 왜곡시켜서, 시민이 자유보다도 안전을 우선시하는 곳에서 소극적 지위를 배제하는 것이다. 법치국가는 확실히 사회적인 것이 될 수 있지만, 「완전한」 사회국가로부터 법치국가에로의 후퇴는 있을 수 없다. 사회적 복지국가의 역학(力學)은 여기서는 사실적·정치적으로 역행할 수 없으며, 질서 전체의 유연성을 제한한다. 거기에서는 「시행착오」의 절차에 의한 교정255)은 이미 행해지지 않는다.

⑥ 기본권상의 자유를 이와 같이 사회국가적·급부국가적으로 「차별화」해버리는 것에 대항하는 수단이 기본권과 그 급부법적인 구성요소이다. 사회국가 원리의 「성장 프로세스」256)는 법치국가를 희생으로 하는 것을 허락하지 않는다. 새로운 통제·절차형식의 「고안」으로 이것을 확실한 것으로 하지 않으면 안 된다. 다만, 아무리 세분화되어 국가와 사회가 서로 「급부공동체」로서 관련짓지 않으면 안 된다고 하더라도, 그것들이 완전히 동등한 것이 되는 곳에서는 **부**자유의 상태가 발생한다.257) 그 때문에 소극적 지위는 침해에 대한 보호로서 계속 유지되어야 한다.258) 이와는 반대로 절차적 측면은 그것이 **지연**을 예방한다는 점에서 의의를 가진다. 그러나 모든 생활과정이 공적으로 정당화될 필요는 없다. 배분참가는 바로 부분적인 것에 불과할 뿐이다.

2. 헌법 내지는 「국가」목표, (또는) 적극적인 권한규범으로서의 기본권

국가의 「기본권 의무」에 대한 문제는 시민의 기본의무의 문제보다도 더욱 시급한 것이다. 기본권의 활성화는, 사회적 급부국가에서는 **모든 사람이** 인간다운 생활을 하고 자유롭게 발전하기 위해서 평등한 기본권상의 **기회**를 마땅히 가져야 한다는 의미에서의 「헌법목표」259)이다. [헌법은 공적이며 사적인 전체 상황이 자유롭기 때문에, 즉 사회정

---

253) Badura, oben Anm. 242, S. 16.

254) 이것은 계획, 자유의 관계처럼 반대감정의 양립(Ambivalenz)이다.

255) 이것에 관해선 BVerfGE 5, 85 (135) 참조.

256) 오늘날 토지소유는 우선적으로 사회국가의 원리 안에 포함되어 있다. 그 공공복리에 따른 제약은 즉, 제3자의 기본권영역에 따라 국가의 급부를 **가능케 하기** 위해서 증대되어야만 한다(도시계획법·국토정비·란트 계획·지역개혁 그리고 환경보호와 같은 영역에서이다).

257) Dürig, VVDStRL 29 (1971) 127.

258) 소극적 지위는 예컨대 새로운 배분참가 형식에 의해 강화될 수 있다는 점도 능동적 지위의 강화가 경우에 따라선 침해나 단체지배에 대한 보호를 의미하기 때문이다.

259) 인간다운 생활을 가능하게 하기 위해선, 기본권의 활성화가 불가결하다. 사회국가로서 이해되는 자유로써 민주적인 질서에 있어서 국가 활동이나 그것을 「구속하는」 해석론은, 기본권의 영역에 대한 모든 사람의 평등한 기회를 목표로 삼아야만 한다. 사회적 급부국가는 — 이미 보았듯이 — 침해국가를 더욱

의를 위해서 이것을 의도하고 있다.] **그러므로** 기본권은 단순히 소극적인 권한규범뿐만이
아니라 적극적인 권한규범이기도 하며, 따라서 「사회국가적인 기본권 정책」이 나온
다.260)

　기본권 상호간의 **충돌**은 급부국가적인 「목표의 충돌」에 대응한다. 그러므로 추구되어
야할 경제성장은 환경이나(예컨대 직장에서의) 국민의 건강에 대한 위험에 비추어 「어떠한
희생을 치르더라도」 후퇴를 감수해야만 한다(예컨대 소비의 포기). 기본권적으로는, 한편
으로는 기본법 제14조 · 제9조 3항 · 제12조가, 다른 한편으로는 제2조 2항 1문과 제12조
가 충돌하게 된다.

　「사회공동체적 과제」261)는 연방이 급부국가적인 기본권에 관한 권한을 획득하는
것을 의미한다. 새로운 국가의 과제,262) 예컨대 환경보호는 새로운 **기본권상의** 과제이며
거기에 따른 헌법개정이나 급부입법은 새로운 사회영역의 사회국가적 「개척」263)이다.
허구의 계약의 자유를 대신할 국가에 의한 직업의 알선은 마찬가지로 하나의 예이다.
「헌법목표로서의 기본권」이란 다음과 같다. 즉 기본권은 레스 푸블리카의 공공복리적
과제이며, 그것에 따라서 (또한) 국가권한의 윤곽은 명확하게 되며, 그리고 그 권한목록은
급부국가적으로 기본권을 전개하기 위한 위탁을 포함한다는 것이다. 국가의 활동(조직)과
기본권상의 자유와의 2원론적 대립은 세분화된 상호관계가 되었다. 「기본권정책」,
즉 적극적인 「헌법목표」로서의 기본권 ― 이것은 기본권을 바로 적극적으로 국가목적에
투영하지 않는 시민적 법치국가의 전통에는 볼 수 없는 것이다.264) 현재 레스 푸블리카라

　추진하여 생각하고 있다는 것이다.
260) BuMi K. Strobel, in: Gesundheitsbericht 1971, Vorwort 참조. 거기에서는 「그것(즉, 보건정책)은
　　인간의 존엄의 확보와 인격의 자유로운 발전에 봉사하며 … 동시에, 실효적인 보건정책은 국민경제의
　　급부능력을 … 유지하기 위한 필수조건이다」고 한다. ― 「기본권정책」은 예측되지 않은 영역에서
　　그 모습을 나타내고 있다. 예컨대, 1971년 3월 18일 초등학교 아동 · 학생 그리고 유치원아의 상해보험법
　　(BGBl. I S. 237)에서이다. 보험자는 일정한 요건 하에서의 (직업) 교육을 받을 권리에서 그 지위가
　　강화되었다. ― 기본권이 「사회형성적인 국가정책」의 증가에 의해서 **위협받는다**는 것을 Herzog는
　　1968년에 FS für Hirsch, 63 (64 ,65, 67, 71)에서 강조했다. 기본권의 제2의 본질적 측면, 즉 국가활동을
　　위한 **적극적인** 관련성은 그러한 어프로치 안에서 인식할 수 있다. 즉, 「국가의 사회정책의 일정한 프로그
　　램」으로서의 기본권(71), 「국가정책의 방향」을 위한 그 의의(73), 기본권의 「지침적 기능」, 사회정책
　　의 영역에서 그 「가동성」(75)이다. ― 교육제도의 단일화는 실제로 기본법 제11조에 유리하게 작용한다.
　　― 「소유확산」 정책에 관해서는 Zacher, DOV 1970, 3(5): BVerfGE 12, 354 (368 f.) 참조.
261) Art. 74 Ziff. 11a, 19a, Art. 75 Ziff. la, 91a u. b, 104a, 109 Ⅳ GG.
262) 예컨대, 문화국가적 보조금 정책(연방소년계획에 의한 소년 그룹조성)이 있다. 사회적인 폐해를 제거할
　　의도로 행해지는 법률의 새로운 조항의 추가에서 사회정책적 목표의 「배후」에는 기본권 정책적인
　　목표가 인정된다. 예컨대, 주거를 찾는 사람을 지금까지 보다 효과적으로 금전적 손해로부터 보호할
　　목적으로 부동산 알선업에 따른 「신용할 수 없는 방법」을 배제하기 위한 영업법 개정초안(FAZ v.
　　22. 6. 1971 S. 4)이 있다. 거기서의 보호이익은 기본법 제13조이다.
263) 개인의 「자율적」인 영역이 복잡한 산업사회에선 좁기 때문에(Forsthoff), 급부국가에서는 기본권의
　　불충분함을 법적으로 보충하기 위해서 적극적이지 않으면 안 된다.
264) 국가목적과 기본권은 단지 소극적으로 서로 관계 지어져 왔다. 국가목적론의 퇴진은 국가목적과 기본권상
　　의 자유와의 모든 내적 결합을 이미 처음부터 불가능하게 해버렸다. ― 경제의 국제적 결합이나 인도적
　　이유에서 비춰봐서 개발정책은 사회국가의 과제이고 거기서 국내 영역에서만 사회정의가 문제가 되는

는 사회적인 민주주의에서는 사정이 다르다. 사회적 자유로서의 기본권상의 자유는 급부국가의 협력없이 「성립」하지 않는다.

급부국가에서의 기본권의 장래에 대해서는 특히 헌법의 조직적 부분과 그 절차에서 결정된다. 기본권에 의해서 동시에 구성되는 정치적 의사형성과정의 문제가 되는 것은 바로 이들에 관한 것을 국가적 급부의 현실적 **과제**로 삼는 것이다.265)

[자유민주주의의 구조요소로서 기본법이 전제로 하고, 의도하는 다원주의266)는 미리 부여된 자명한 것이 아니라, 일정한 사회영역 안에서 국가에 의해서, 즉 다원주의적 법률에 의해서 **창출**되어야만 한다. ─ 즉 그것은 국가적 급부의 대상이다. 다원주의를 구성하는 기본권을 위해서 국가는 급부를 행해야만 한다. 그러한 한에서 기본권은 (국가로부터의 자유가 아닌!) 국가적 급부 없이는 생각할 수 없고, 국가적 급부도 기본권 없이는 생각할 수 없다.]267)

연방헌법재판소는 학설과 마찬가지로, 「기본권정책」의 사고, 즉 기본권제한이 아닌 기본권의 적극적인 촉진이 문제가 되는 경우에, 기본권을 적절하게 원용한다는 생각에 거리를 두고 있다. 이러한 의미에서의 판결은 예컨대 기본법 제6조268)나 제13조269)에 대해서 아주 드물게 취급할 뿐이다. 그 이유는 기본법이 사회정책적인 규정을 거의 포함하고 있지 않다는 점에 있다고 생각된다.270) [다양한 기본권상의 이익 (그리고

것은 아니다. 개발원조는 급부국가의 특별한 현상형식이다. ─ 그것은 기본권과 관련된 새로운 공적 과제이며, 급부국가와 능력사회의 상호존재를 회피할 수는 없다.

265) 이것은 다양한 형식(공적인 근거리 교통의 촉진, 지역개량) 속에서 발생할 수 있다.

266) Fraenkel, Der Pluralismus als Strukturelement der freiheitlich-rechtsstaatlichen Demokratie, in: Verh. d. 45. DJT (1964) Bd. Ⅱ, B 1. 참조.

267) 이것은 사회국가 원리와 공공복리적 과제의 구체화로서 기본권리 촉진, 즉 「기본권의 전개위탁」이다 (Zacher, VVDStRL 24 (1966) 236). 그 밖에 기본권이 소극적인 국가목표규정의 역할을 맡는다는 입헌국가의 입장에서 보는 것도 있다. Herb. Krüger, VVDStRL 15 (1957) 109 (111) 참조. 기본권과의 관계에 있어서 급부국가적인 여러 활동을 관련짓는 일(Zacher, VVDStRL 27 (1969) 102: 국가에 따른 생존보장에의 기본권 삽입)은 기본권이 국가권력을 제한하는 것뿐만 아니라 그것을 또 **정당화한다**는 것을 의미한다. 이에 관해서는 BVerfGE 7, 198 (205)가 중요. 거기에서 입법 · 행정 · 사법은 (기본권의) 가치체계로부터 「지침과 자극」을 받게 된다고 한다.

268) 제6조 1항에 관해서는 E 6, 55 (76): 17, 210 (217 f., 223, 여기서는 제13조와도 관련 없음): 21, 1 (6) ; 24, 104 (109), 119 (135): 28, 104 (113), 324 (347): 29, 71 (79) 참조. 제6조 2항에 관해서는 E 24, 119 (144 f.): 7, 320 (32)도 참조. 제6조 5항에 관해서는 E 22, 163 LS 2: 25, 167 (173); 26, 44 (60) 참조.

269) E 18, 121 (132 f.): 거기에서는 「기본법 제13조의 가치결정」으로 한다. E 30, 129(148)에서는 「주택건설 촉진의 이익」으로 취급되고 제13조에는 언급되어 있지 않다. ─ 기본법 제12조에 관해서는 E 21, 245 (249); 거기에서는 「기본법 제12조 1항의 시점에서」 직업알선에 대한 독점의 정당성이 지적된다. 또한 S. 251 ff.에서는 사회국가상 보호되는 공공복리적 측면들이, S. 256에서는 개인의 이익에의 암시가 지적되고 있다. E 7, 377 (406); 거기에서는 직업의 조성과 함께, 보다 고도의 사회 전체의 급부능력달성의 사고가 지적된다. ─ 기본법 제5조 3항에 관해서는 E 15, 256 (265); 거기에는 학문의 진흥에 대한 국가의 책임이 지적된다.

270) E 29, 221 (237: S. auch 241 ff.)이 중요. 거기에선 경우에 따라서 발생할 수 있는 기본법 제2조 1항의 침해 범위 안에서 의무보험에 의한 배려가 인격발전의 「촉진」으로서 자격을 부여받고 있다.

다른 공공복리적 측면) 간의 「목표충돌」이 발생할 수 있다는 것 때문에 연방헌법재판소는 입법자의 정치적 형성의 자유에 영향을 미치지 않도록 한다는 이유에서도, 기본권을 적극적인 헌법목표로서 인정할 수 없는 것이다. 그렇다 하더라도 연방헌법재판소는 「소극적」 기본권을 해석상 사용할 경우의 그 원칙적인 자제를 신중하게 검토해야만 하는 것이 아닐까.]271)

바이에른 헌법재판소 역시 기본권의 급부국가적·급부법적인 측면의 활성화를 지금까지 상당히 자제해 왔다. 그러한 한에서 그 헌법재판소는 「급부재판」의 기능을 거절하고 있었다. 이것은 주목할 만한 가치가 있다. 왜냐하면 한편으로는 바이에른 헌법이 대부분 사회국가적이며 기본권과 관련된 구체적 규범을 열거하고,272) 그 결과 침해국가적·침해법적인 구상에서 급부국가적·급부법적인 구상으로의 해석론상의 돌파가 (현실로는 일어나지 않았지만=역자) 쉬웠을 것이라고 생각되기 때문이며, 다른 한편으로는 재판소가 입법자의 부작위의 위헌성확인의 권한을 긍정하고 있기 때문이다.273) [그럼에도 불구하고 재판소는 단순 프로그램 규정에 유리하도록 주관적 공권력 사용을 회피하고,274)

---

271) E 17, 210 (주택건설조성법)에서 연방헌법재판소는 경제적·사회적 또는 사회정책적 이유 때문에 추상적으로 입법상의 조성에 관해서 서술할 뿐만 아니라 기본법 제13조를 증거로 삼는다는 것이 당연하다고 생각해도 좋을 것 같다. 그러나 여기에서는 기본법 제6조 1항의 보호와 조성의 요청만이 지적될 뿐이다 (aaO. 218, s. auch 223 f.). E 11, 105 (113). ― 아동수당사건 ― 에 있어서는 확실히 「아동에 대한 배려」가 「사회적 구성요건」으로서 그 자격이 주어져 있지만 그것이 기본권상(기본법 제6조)으로 보호되는 것은 아니다. ― E 16, 147 (168)에서는 확실히 「교통사고의 증가」가 심각하게 되어 있는데, 기본법 제2조 2항 1문은 아직 언급하지 않는다. 이같이 수확이 있는 것이라고는 할 수 없는 예로서는 23, 50, (56 ff.) ― 건강(야간 빵굽기 금지(Nachtbackverbot)) ― 20, 283 (295): 20, 351 (362): 22, 1(21) ― 공공복리적 측면으로서의 노동력보호 등이 있다. E 13, 97 (107): 17, 232 (238 ff.): 25, 236 (247)에서는 국민의 건강도 함께 기본권적으로 구축되어 있지 않다. ―「기본권 정책적인」 관점이 풍부하게 나타나는 것은 기본법 제3조에 관한 재판일 것이다. ― 거기에서는 기본권상의 이익이 객관적으로 「설득력 있는」 구별 이유가 되는 것 내지는 그 침해가 기본법 제3조에 위반되는 것이 된다고 한다. 예컨대, E 12, 354 (367 ff.): 18, 38 (47 f.): 20, 31(32): 22, 100 (103): 22, 163 (168): 23, 258 (263 f.): 28, 206 (213): 28, 324 (348 f.): 29, 71 (79): 30, 250 (270 f. i. V.m. 268 ff.) 참조. 사회국가원리에 관한 재판도 수확이 클 수 있다. 그러나 연방 헌법재판소는 자주 ― 예컨대, E 9. 73 (82), s. auch 10, 354 (368 ff.): 21, 245 (251 ff.) ―「그것을 통과해서」 국가 조성정책의 적극적인 권한 규범으로서의 기본권 자체를 관련시키는 것보다도, 사회국가원리에 맞게 관련되어 있는 것 같다. 사회국가원리는 새로이 이해되는 기본권, 그리고 기본법 3조와 제휴하여 윤곽을 얻어야 할 것이다. 이와 같은 것이 연방 헌법재판소의 「공공복리적 재판」에도 적합하다. 최근에는 E 30, 292 (323 f. i. V. m. 316 ff.) 참조. ― 전체로서 연방 헌법재판소는 기본권은 헌법목표, 사회적 보호위탁과 공공복리적 측면으로서 신중히 도입하려고 재촉할 필요가 있다. 다른 기본권 제한 또는 평등원칙의 구체화에 직면해서 대개 사회공동체의 이익으로서 현실화되는 입법자의 일정한 사회정책적·경제정책적(기본권 정책적)인 관심사는, 기본권상의 이익이라는 이름으로 불리어져야 마땅할 것이다. 또, 기본법 제109조와 같은 규정의 해석에 직면해서도 기본권적 측면이 명확히 되어야 할 것이다(제12조).

272) 예컨대, 바이에른 헌법 제106조 1항과 2항·제125조 2항·제126조 3항·제128조·제133조 1항·제139조·제140조·제141조·제151조·제162조·제166-168조·제171조 참조. 그것들은 「사회적 기본권」·기본권상의 보호위탁·국가의 기본권 촉진의무·제도보장이다.

273) BayVerfGH 11, 203(213); 13, 90(95); 14, 4(17), 74(77); 17, 107(113); 21, 14(18, 23).

274) 3, 2 (3); 12, 91 (112). 미해결 상태인 것은 12, 152 (163); 13, 10 (19); 13, 109 (123); 13,

그 규정의 실체상의 의미를 다양하게 변화시키고 있다.[275] 이러한 해석론상의 「역단계지음」은 특히 공적 자금이 한정되어 있는 점,[276] 그리고 요구된 급부를 조달할 만한 능력이 국가에겐 없다고 추정되는 것[277]에 의해서 근거지워진다(급부청구권의 「성립요건」으로서의 급부의 가능성!). 두 번째의 근거는 기능적·법적 성격에 관한 것이다. 즉 사법이 판단하기에 적합성이 결여되었다는 것[278]으로 재판소는 그 기본권상의 영역을 법률유보에 복종시키도록 해버리는 것이다.][279]

확실히 헌법이나 헌법재판소의 재판관에게 불가능한 것을 요구할 수는 없다. 그럼에도 불구하고 해석론은 기본권의 급부국가적·급부법적 측면에 대해서 전형적인 「불가능한 사항」의 범주를 보다 세분화해서 취급해야만 한다. 우선, 분명히 해야 할 것은 재판관에 대해서 「불가능한 사항」이 문제로 된다는 것이다.[279a] — 즉 **재판관**은 기본권을 촉진하는 항목을 예산안에 넣을 수 없기 때문이다. 그 이외에도 통제적인 해석론은 개별 사건에서 (소극적) 기본권으로부터도 급부청구권을 전개하는 길을 열어놓아야만 한다. 기본권 제한적이기 때문에 기본권 해석론상의 형태가 되는 것으로서의 (경제적인) 「불가능한 사항」이 증대하는 역할은 — 중립적인 — 급부국가가 기회균등을 수립하고, 모든 사람들의 실제상 기본권 행사에 대한 경제적 장해를 삭감하려고 노력을 한다는 사실의 하나의 결과이다.

한계획정의 기능**만을** 강조하는 자유주의적인 기본권 파악이 급부국가에 억제적으로 대항하는 한, 앞서 기술한 기본권이해(즉 사회적 기본권이해=역자)에 의해서 국가의 급부능력과 기본권상의 자유와의 최적의 보완이 탐구되어야만 한다. **법률의 유보로부터 절차보류에로** 바뀌는 경향은 마치 「스킬라와 카리브디스」(Skylla und Charybdis, 앞문은 호랑이, 뒷문은 늑대) 사이에서, 즉 순수한 청구권사고와 사회적 기본권의 불충분함 사이에서 길을 찾는 것이다. **교육정책**의 예로서는, 이것은 다음을 의미한다. 즉 기본법 제3조·제20조 1항(사회국가 원리와 민주주의 원리)·제5조(정보의 자유)와 연계된, 아울러 경우에 따라서는 단순법률과 제휴한 제2조 1항·제7조 그리고 제12조로부터, (직업)교육의 영역에서의 기회균등을 구하는 권리, 직업교육시설에의 평등한 접근을 구하는 권리가

---

141 ff.; 15, 49 (53 ff.); 17, 30 (38).
275) 그것은 개인의 「도덕적 청구권」(BayVerfGH 15, 49 (53, 56))에서 입법자로의 위탁(17, 74 (84); 18, 79 (82 f.)) 이것을 거쳐 해결의 방안(11, 81 (89); 15, 49 (55 ff.)), 그리고 「원칙」(7,1(3))에 까지 이른다.
276) 12, 21 (35); 13, 109 (124), 141 (142 f.); 17, 74 (84).
277) 15, 49 (52, 55).
278) 15, 49 (57); 18, 79 (83).
279) 7, 1(3); 또한 13, 109 (123)도 보라.
279a) 특히, 「사회적 기본권」 또는 급부국가적·급부법적인 요소를 가지는 헌법규정의 질과 강도를, 경우에 따라서 단순한 프로그램 규정에 까지 낮추는 것은 허용되지 않는다. 그와 같이 낮추면 주관적 권리 또는 프로그램 규정이 양자택일적으로 또는 법적 구속성과 재판관에 의한 통제가 등치적으로 상당히 강하게 생각되며, 그와 다른 방법으로 예컨대, 평등한 취급의 원칙, 사회국가원리나 문화국가원리, 일반조항 또는 급부입법자 대한 헌법위탁을 통한 방법으로 하면 기본권 보장이 실효적으로 될 가능성이 저해하게 된다.

나온다는 것이다. 기본법 제12조에서 나오는 (사회적) 배분참가권은 일정한 교육시설에로의 액세스를 구하는 개인의 청구권이 처음부터 존재하는 것은 아니라는 경우에 한하여 실질적으로 제한된다.279b) 여기에 「사회적 기본권」에로 인도하는 기본권의 절차법적 측면이 나온다. 국가는 절차를 통해서 어떠한 요건 하에서 청구권이 성립하는가를 법률상으로 규정하지 않으면 안 된다. 실체법적으로 넓은 사정을 지닌 기본권(예컨대, 일정한 국가적 급부를 구하는 것)이 기본법 제12조에서 도출된 것이라면, 급부국가에는 과다한 요구가 이루어질 것이다. 교육의 영역에서의 급부국가의 사회**형성적인** 과제는 결국, 교육 「청구권」이 사회적인 이유에서 만들어질 수 없는 경우에 급부국가가 그 청구권을 불러내야만 한다는 것을 내용으로서 포함하고 있다.

급부적인 기능들은 — 이미 말했듯이 — 기본법 제3조와 제20조 1항과 연계한 개별적인 기본권에서 정당화된다. 그들의 기능은 급부국가적인 기본권강화를 위한 헌법상의 공공복리적 위탁의 일부이며, 그와 같은 위탁에 대해서는 인간이 문제가 된다. 나아가 계급투쟁으로 몰아넣는 사회적 격차가 공동체에 대한 분해적 효과를 초래한다는 것이 국가이론상 관련된다. 각각의 시민은 한 사람 앞의 인간으로서 존재할 수 있어야 하며, 그렇지 않으면 레스 푸블리카는 모든 사람에게 관련된 사항은 아닌 것이다.

해석론상 이미 (기본권 제약적이기도 한) 급부국가에 대한 것**만이** 아니라, 오히려 **급부국가의 도움을 받아** 세력들이나 단체들에 대해서 소극적 지위를 보장하기 위한 다양한 수단이 나타나고 있다.

즉 뒤리히(Dürig)*의 「간접적」 제3자 효력은 잘 알려져 있다. 쇼이너(Scheuner)*는 이 국법학자 대회를 위해서 기본권의 「광범위하게 미치는 사회적 효과」라는 개념을 명확히 하였다.280) 기본권은 배분참가권으로서 단체의 권력에 대한 보호효과를 전개한다.280a) 여기서는 프레스의 집중을 방지하고, 「내적인 프레스의 자유」를 요청하는 것(기본권상의 생활영역의 내부구조)이 상기되어야만 한다. 텔레비전 판결에서의 연방헌법재판소의 원칙들은 마찬가지로 사회적 세력의 요인들로부터 기본권상의 자유보호를 목표로 한다.281) 거기에는 주로 국가에 **의한** 자유,282) 기본권에 적합한 **행위**283)가 문제이며

279b) 그 때문에 급부국가에 있어서는 기본권과 관련한 객관법이 주관적 (기본적) 권리를 「추월해 버린다」. 거기에서는 「기본권의 효용」의 헌법위탁 「원리」가 존재하지만 그것은 (아직) 주관적 공권력에 대응하는 것은 아니다.

280) Scheuner, DÖV 1971, 503 (506).

280a) 단체권력으로부터의 보호의 필요성과 국가부조의 불가결성에 관해서는 Scheuner, AöR 95 (1970) 353 (402) 참조. 또한 H. H. Rupp, VVDStRL 27 (1969) 113 (119 f.)도 참조. 개인의 자유는 집단적인 사회의 타율적 결정에 대한 보호를 위해 중립적 국가를 필요로 한다.

281) Scheuner, AöR 95 (1970) 353 (402, 405).

282) 기본권상의 자유의 **급부**국가적인 조건지움에 비추어 「국가로부터 자유로운 영역」을 구하는 노력의 배후에 있는 것에 대한 문제가 제기된다. 거기에서는 급부국가상의 조건망에서 벗어나는 것이 문제가 되는 경우가 있을지도 모르며, 또한 그 치안유지 기능이 이미 인정되지 않는 법치국가의 부담에서 「민주화」가 문제시되는 경우도 있다.

283) 「사회정의」는 사회적인 문제로서 — 동일하지 않다 해도 — 하나의 기본권 문제이다. 급부국가적인

부작위가 문제로 되는 것은 아니다.

기본권이 어느 정도까지 **헌법위탁**의 실현을 통해서 사회적인 배분참가청구권이나 급부청구권의 차원에 도달하는가[284] 하는 것은, 바로 세분화해서 대답할 필요가 있다. 변화하는 현실에 비추어 **새로이** 해석되는 기본법 제3조가 「입구」이다.[285] 거기에 따라서 모든 기본권은 사회국가원리를 통하여 자유창조적인 「사회적인 유보」에 복종한다.[286] 즉 공정한 사회적 관계라는 의미에서의 평등이다.[287]

그러나 다음을 경계하지 않으면 안 된다. 즉 「기본권 정책상의 희망적 관념」이 법학상, 본래 정치적 프로세스가 산출해야 할 것에 대한 대용물이 되리라는 기대를 가지고, 그것을 헌법위탁으로서 선언한다. 일정한 기본권상의 이익을 급부청구권에로 「응축」하는 것은, 특히 입법자의 역할이며 재판관은 헌법보장의 「성장과정」에서 기껏해야 순간적인 작용을 미칠 수 있을 뿐이다. 헌법위탁 또는 주관적인 급부청구권 조차, 자주 국민경제의 한정된 급부능력에 부딪친다. 지나친 헌법위탁은 결코 급부국가적인 생활보장이 아닌, 헌법의 규범적 효력을 희생하는 것이 된다.[288] 그러나 헌법위탁은 기본권을 **실제로** 입법이나 행정을 통해서 「현실의 것」으로 할 수 있다.[289] 기본권은 기본법 제3조나 사회국가 원리와 연계한 급부국가에로의 헌법위탁이며, 그것은 예외적으로 청구권에로 전화한다. 다만, 보통의 경우 그것은 **절차법적인** 내용형성에 향할 수 있는 **위탁**에 그친다.

「생성중인 배분참가권」으로서의 기본권의 자격부여는 능동적인 민주적 의사형성과

여러 활동과 그 법학상의 처리를 위한 해석론은 모든 사람에게 있어서 현실적 자유라는 의미에서 「기본권의 조정」으로 봉사한다. 그 때문에 「기본권 정책」과 국가적 과제로서 기본권상의 과제라는 것이 서술되어 있다. 「사회적 기본권의 정의」는 기본권(「기본권의무」)에 관련하며, 또한 그 범위 내에서의 사회국가적 활동목표이다. 특히 그것은 **생존을 보장하는 급부법** · 완전고용정책 · 직업선택에 영향을 미치는 계획정책에 관한 것을 담당한다.

284) Schaumann, JZ 1970, 48 (52)는 「사회권」(Sozialrechte)과의 관계에서, 생존을 위한 조건들의 개선에 의한 자유영역의 확보와 확장을 위한 「중개적 기능」에 관해서 논하며 그러한 기능 안에서 사회권은 입법자에게 위임되어져 있다고 한다.

285) 거기에서는 입법자의 활동을 통한 「배분참가에 의한 자유」(Zacher, Sozialpolitik und Menschenrechte, 29 : 거기에서 「방어권은 하나의 명제에 의해서 효과적으로 인정되지만, 급부를 구하는 권리는 마찬가지로 일반명제로서 효과적인 것이 되지는 않는다」고 한다), 예컨대, 경우에 따라서는 가능하게 되는 프레스의 부분적인 자금보조가 있다. 기본권은 사법판단적합적인 급부청구권 내지는 배분참가청구권으로 전화(轉化)할 수 있지만, 그것은 **현존하는** 공적 제도 내지는 제공되는 급부로부터의 배제가 기본법 제3조를 침해하기 때문에 그러하다(여기에 대해서는 Heinze, oben Anm. 171, S. 67 ff.; Hesse, Grundzüge, 121). 따라서 기본권의 방어적 측면은 여전히 포기될 수 없다.

286) A. Hensel, Grundrechte und politische Weltanschauung, 1931, 29의 표현법 참조

287) Hesse, Grundzüge, 87. 또 H. H. Rupp, JZ 1971, 401 (402)도 참조. 거기에선 「기본권은 평등주의적인 자유를 보장하려는 것으로, 소수 사람의 특권을 보장하려는 것은 아니다」라고 한다.

288) Ehmke, VVDStRL 20 (1963) 53 (72) 참조. 헌법은 정책적인 생활보장이 아니다. ― 헌법위탁은 급부보장이 아니며, 예컨대 경제성장의 보장이 아니다. 헌법위탁에 즈음하여 헌법의 「혹사」를 경계하지 않으면 안 된다 (「헌법숭배주의」여서는 안 된다).

289) 각각 기본권에 관해 개별적으로 연구되어야 할 것은 언제, 그리고 어떠한 경우에 헌법위탁을 통해 전개되는 사회적 배분참가가 기본권상의 자유를 위험시하는 균등화로 전화할 우려가 있는 것인가 하는 것이다. (직업과 전문) 교육에서 기회균등 등은, 일정한 교육의 의무로 전화되어서는 안 된다.

정을 전제로 하지만, 헌법위탁은 그 과정을 단지 이용할 뿐이며, 그것을 (사실상) 보장할 수 없다.[290] 이러한 해결책은 「사법국가성」이라는 표상에서 자주 상당히 혹사당하고 있는 「집행사고(執行思考)」와의 결별이다. 헌법위탁은 급부국가적인 기본권의 실효화를 위한 국민총생산의 현실을 무시할 수 있는 「마법의 식탁」(Tischlein-deck-dich)은 아니다.

기본권과 관련한 헌법위탁은 다양한 규범적 효력을 가지고 기본법에서 이끌어내지 않으면 안 된다.[291] 그것은 기본권의 급부국가적 · 급부법적 측면과 각각 특별한 친근성을 가진다.[292] 이것은 「사회적인 기본권이해」가 현실에 직면하여 굴복하는 것을 의미하지 않는다. 확실히 대응하는 기본권상의 청구권을 수반하지 않는 헌법위탁이라는 구성에 의해서 실체적인 헌법을 인정할 수는 있지만, 소송법에서 그것을 계속적으로 전개해 갈 수는 없다. 그러나 그러한 구성은 「급부국가에 전형적인」 것이다. 왜냐하면 미리 완전하게 일치하는 주관적인 공권이 존재하지 않더라도, 기본권과 관련된 급부는 초래되기 때문이다.[293]

3. 기본권의 「급부국가적 · 급부법적인 측면」

기본권이 개인권적 또는 제도적 「이중성격」을 가진다는 이론은 유연성을 가지고 있다 하나,[294] 그것은 「급부국가적」 및 「급부법적인」 구성요소에 의한 보완을 필요로 한다.[295] 이것은 다음을 의미한다. 즉 기본권은 그 방어적 기능과 함께 능동적 지위를

---

290) 기본권과 관련된 헌법위탁은 목표와 실현, 바람(이념)과 현실, 필요한 것과 가능한 것, 그것을 의도한다면 포기할 수 없는 부분, 즉 헌법의 규범성과 일상성과의 관계에서 대체로 특징지을 수 있는 기대와 현실이라는 원칙의 긴장관계 속에 여전히 계속 존재한다.

291) 헌법위탁에 관해서는 Denninger, JZ 1966, 767 ff.; Wienholtz, Normative Verfassung und Gesetzgebung, 1968; grdlg. zur Repr. des BVerfG; Lerche, AöR 90 (1965) 341 ff. 참조.

292) 예컨대 「생성 중의 배분참가권」으로서의 기본권에 대해서는, 급부국가적인 기능들이 오랜 기간 동안 사법판단적합적이며, 요건을 필요로 하는 기본권의 응축을 발생시킬 수 있는 윤곽을 기본권에 「아래로부터」 부여하게 된다고 생각된다. ─ 이미 발생한 구체화는 확실히 수정될 수 있지만, 원리적으로 이미 역행시킬 수 있는 것은 아니다(Suhr, Der Staat 9 (1970), 67 (92); 거기에서는 「사회적인 후퇴금지」가 지적된다). 기본권과 연계한 사회국가원리의 실현으로서 그것은 실질적인 헌법의 일부가 되고 급부국가적인 (기본)권의 현실로 역행시킬 수 없는 영역이다.

293) 예컨대 제2차 화력발전법이 있으며, 이 법률은 자금조성청구권을 부여하는 것이 아니고 가능규정으로서 정식화되어 있다. Börner, oben Anm. 38, S. 39 참조 ─ 3 III RaumordnugsG; Ipsen, VVDStRL 25(1967) 257 (267 i. V. m. Anm. 26)도 참조. 연금급부를 확보하는 형태로서 「배분참가」에 관해서는 Heinze, oben Anm. 171. S. 30 참조. 「노동을 구하는 소구가능(訴求可能)한 주관적 공권」이라는 해결책에 대해서는 노동을 바라는 권리가 스스로 노동의무로 이끌려간다는 위험성도 주장된다. 즉 그것은 의무권으로 「역전해 버렸음을 의미하는 것이다」(Dürig의 경고를 참조. VVDStRL 28 (1970), 252).

294) P. Häberle, Wesengehaltgarantie, 70 ff. 163 ff.

295) 사회국가원리는 자유의 제약만을 의미할 뿐만 아니라 모든 사람에 대한 사회적 기본권의 전개도 의도하고 있다. 사회국가는 실체적으로 그리고 절차에 의해서 (예컨대, 절차적 능동적 지위강화, 「국가의 기본권의무」나 「기본권상의 이익」의 도입에 의해) 기본권을 보다 실효화적으로 할 것을 요청한다. 그것은 물론 소수 사람의 기본권의 실질적인 수정을 하게 한다 (예컨대 호수가의 토지소유권에 관해서). 사회국가

통해서 사회국가적인 배분참가의 측면을 전개한다는 것이다. 기본권의 배분참가적 성격은 헌법 차원에서 원칙적으로 주관적인 청구권에로「응축」되는 것은 아니지만,[296) 기본권은「국가의 급부보장에 대한 통제적 반응」[297)으로서 급부기본권이 될 수 있다. 그 배분참가적인 속성은 항상 기본법 제20조 1항이나 제3조와 연계되어 그때마다 기본권에서 생기는 (객관적인) 헌법위탁이다.[298) 급부국가의 객관적이며 제재를 수반하지 않는 문화법적 · 경제법적 · 노동법적인 의무는 주관적 권리보다도 (「원리」로서) 광범위하게 미친다.

문제는「급부국가의 경제적인 급부능력에 따른 기본권」인가? 아니면「기본권에 따른 급부국가」인가? 하는 것이다.[299) 전통적인 종류의 요건을 필요로 하는 기본권 (Maßgabegrundrecht herkömmlicher Art)의 경우처럼, 급부국가에 대한 **적극적인** 지위로서의 기본권을 일정한 요건의 유보 아래 두는 것은 그 기본권을 상대화하는 것이 아니다.[300) 급부국가는 이러한 유보를 위해서 결코 기본권을「자유롭게 처리」할 수 있는 것은 아니다.[301) 기본권을 실효화하는 규범적 압력은 존재하지만 그것은 급부국가에 불가능한 것을 요구하는 것은 아니다.

출발점이 되는 명제는「기본권에 따른 급부국가」이다. 시민이 자유로우며, 자기결정을 위한 최적의 **가능성**을 가진다면, 그들은 보다 많은 것을 이룬다는 점에서 출발한다면, 이 명제가 사실임을 알 수 있다. 거기에서 다음과 같은「현실주의적인 수정」이 필요하게 된다. 즉 일정한 활동을 하는 자극, 동시에 사회 전체의 급부수준과 경제성장이 소실해

원리의 규범적인 효력은 급부국가에서는 기본권상의 자유의 귀결이다. ― 기본권은 시민의 능력(의 기회) 뿐만이 아니라 조직지워진 인간행위와 작용의 통일체로서 국가적인 능력이기도 하다(Heller). 생존배려는 기본권상의 배려가 된다(공적 제도를 통해서).

296) 오히려 배분참가의 속성은 사회국가 원리나 기본법 제3조와 연계될 때마다 기본권에서 발생하는 단순한 (객관적인) 헌법위탁에 불과하다.

297) Kloepfer, oben bei und in Anm. 62, S. 2, 11 m. Anm. 61

298) 특히 다른 기본권에서도 유효한 기본법 제1조 1항의 사회적 보호위탁의 영역에서, 아울러 모든 사람의 평등한 기본권의 기회 창설과의 관련에서(중요한 것은 시민 상호 간의 사회적 의무이다(E. R. Huber, DÖV 1956, 200 (201 f.)). 교육영역에서, 그리고 사회적 기본권을 위해서 고전적 자유권이 사회적 기본권으로서는 불충분하다는데 대한 일종의 회답이다. 국가행위의 준칙으로서의 기본권 촉진을 논하는데 Klopfer, a. a. O. 18 f. Anm. 80 참조. ― 중요한 것은 기본권행사의 전제에 관한 문제이다. 이유는 이미 그 사실상의 전제를 갖추고 있기 때문이다.

299) 예컨대, 좁은 범위의 사회적 기본권은 공적 제도를 통해서 실현되는 기본권과 마찬가지로 일정한 요건의 유보 하에 있다. 단순한 방어권으로서의 고전적인 기본권은, 여기서는 재정상의 일정한 요건의 유보를 무시할 정도로 국가에 대해서「비용」을 하지 않을 것이다. 개개의 기본권은 다양한 강도의 급부국가적 활동을 전제로 한다. (직업과 전문) 교육제도에서, 그리고 그것에 관련된 기본권에 대해서, 오늘날에는 기본권의 실현을 위한 급부국가의 전개가 중심이 되고 있다. 공영주택건설의 영역에서는 기본권 ― 기본법 제3조와 제20조 1항과 연휴한 제13조 ― 과 관련된 급부국가성이 다시 필요하다. 이에 대해서 기본법 제4조와 같은 기본권은 주로 침해국가의 시점 아래서 중요하게 된다.

300) 이에 대해서는 P. Häberle, Wesensgehaltgarantie, 180 ff., 194 f. 참조.

301) 반대로「급부국가에 따른 기본권」이라는 것을 가능케 하는 것은 그 특성이나 그것과 관련된 급부국가적 기능에 일치한 요구의 세분화이며, 그것은 특히 급부국가적인 적법절차라는 의미에서의 절차적합적인 요구, 즉 기본권이나 민주주의라는 이름에서의 참가 형식을 설정한다.

버리는 정도까지 엄격하게 (예컨대 기본법 제14조에서처럼) 기본권을 제한해서는 안 된다는 것이다. 개인의 능력 없이 공적인 급부는 존재하지 않는다!302) 개인의 (능력에 근거한) 영리노력은 보상에 힘써야 하며, 세금의 대상이 되는 자원(Steuerquelle)이 예컨대 과세에 의해서 고갈되어 버려서는 안 된다. — 확실히 정체(停滯)는 후퇴를 의미한다. 그리고 국민총생산의 향상이나 「사회적 빈곤」(öffentlicher Armut)의 조속한 해결 없이 기본권 보장은 도대체 어떠한 도움이 될 것인가?

⑦ **대학입학정원제**(numerus clausus)를 둘러싼 다툼303)은 급부국가적인 기본권 문제의 패러다임이다.304) 그것은 두 개의 기본적 문제에 관련된다. 즉 기본권의 타당근거와 그 속성, 즉 법적 성격과 보호의 방향성, 그리고 경우에 따라서는 허용되는 제한의 근거이다.

대학에의 액세스청구권305)은 하나의 「요건을 필요로 하는 권리」(Maßgaberecht)* (기본법 제12조 · 제5조 3항 · 제1조 1항 · 제3조 · 제20조 1항)이다. 즉 그것은 처음부터 급부국가의 — 헌법적합적인 — 유보에 따른다는 것, 즉 급부국가가 이 권리를 실효적인 것으로 **할 수 있다**는 것이다.306) 이러한 일정한 요건의 유보307)에 의해서 한계를 단계지우거나 그 헌법상의 근거를 세분화 할 수 있다. [잘 알려져 있듯이, 그것은 기본권의 내재적 한계308)에서 논해지는 것도 있으며, 또한 연방헌법재판소의 단계이론과의 유추309)에서, 그리고 그와 함께 이익형량이라는 의미에서 논할 수 있는 것도 있다.]310) 능력주의는 「적성능력」으로서 사회적 급부국가에 있어서의 민주주의, 기본권, 그리고 능력주의의 관계311)에 대한, 그리고 경제 전체의 비용면에 대한 일반적인 고찰에서 정당화된다. [예컨대, 여기에서 연방국방군에 있어서의 복무(服務)를 고려하는 것은 이 제도가 헌법상 승인되었다는 것에서 정당화되며,312) 대체복무(기본법 제12a조 2항)를

---

302) 현실의 국민총생산의 저하에 즈음하여 예컨대, 기본권정책으로서의 「확장적 교육정책」은 추진되지 않는다. 경제성장(경제안정성장촉진법과 연휴한 기본법 제109조)은 교육제도에서의 기회균등에 대한 헌법위탁에 대해서 긴장관계에 있을 뿐만 아니라 후자는 전자의 전제이기도 하다. 제109조는 교육계획의 **필요성**을 의도하고 있다(기본법 제91b조).

303) 「사회적인」 대학입학정원제(학생 기숙사의 건설에 의한 해소)에 대해서는 기본법 제13조나 제11조와 아울러 제5조 3항의 급부국가적인 측면이 언급된다.

304) 공적 제도로서의 대학의, 공권력의 보증인적 지위에의 도입을 참조 (OVG Koblenz NJW 1970, 824 (825)).

305) 예컨대 Barbey, JZ 1971, 473 (476 Anm. 22, 481 Anm. 59, 477) 참조. — OVG Koblenz, a. a. O., S. 825 f. 거기에서는 직업의 자유라는 기본권의 「다층적인 구체화」가 지적된다.

306) 직업교육시설에의 자유로운 액세스의 개방에 의한 교육의 구체화 (사회적 평등)에 대해서는 Scheuner, DOV 1971, 1 (4) 참조.

307) 그것은 배분참가권이 되는 기회균등한 액세스권의 급부국가에의 삽입과 헌법의 전체적 고찰에서 정당화된다.

308) VG Frankfurt JZ 1970, 365; BaWüVGH in: BaWüVBl. 1970, 26); OVG Koblenz, a. a. O., S. 825.

309) Staff, NJW 1967, 2234 (2238).

310) Nachw. bei Berg, JurA 1970, 635 (642 f.); Schmitt, DVBl. 1971, 382 (384 f.).

311) Dahrendorf는 「자유에 있어서의 효율」이라는 표현을 사용한다. in: Attempo, H. 29/30, 1968, 28 ff. 참조. 거기에서는 대학을 「비효율적인 양성소」라고 보는 생각에 대해 비판을 한다.

고려하는 것은 일반 민중에의 그 급부로부터 정당화된다. 또한, ― 사법판단에 적합한 ― 대학의 수용능력의 한계는 기본법 제5조 3항(연구와 교수를 위한 위탁)313)과, 이미 취학하고 있는 제3자의 권리(우선원리)에서 근거지워지지 않으면 안 된다.

⑧ 요건을 필요로 하는 기본권의 경우에도 기본권규범과 권한규범을 전체적으로 전망해 보는 것314)이 필요하다. 해석론의 과제는 소극적인 방어권으로부터 적극적인 배분참가권에로의「전화」(내지는 확대)315)를 파악가능하고 실천적인 것으로 하며, 그 한계316)에도 불구하고 신뢰할만한 것으로 하는317) 구조를 창출하는 것이다. 일정한 요건의 유보하에서도 주관적 권리로서의 적극적인 지위로부터는 단순한 헌법위탁으로 인식된 이상의 것이 남는다. 즉 **현존하는** 대학제도에의 기회균등한 액세스권이며, 그것은 능력주의 등의 객관화되고 재판적으로 통제가능한 기준에 따라서만 제한될 수 있는 것이다. 동시에 사법판단적합적이 아닌 헌법위탁은 민주적인 과정과 그 우선 순위의 설정에 향하고 있다. 그것은 정치기관에 대해서 현재의 대학입학정원제는 단지 응급조치, 즉 과도적인 폐해로만 보는 어필로서 작용한다.318) 다른 기본권과 마찬가지로, 문제가 되는 기본권은「그것을 위한 사실상의 전제가 주어지는 한에서」319)만 전개가 가능한

---

312) 기본법 제73조 1항, 제87a조, 제87b조.

313) BaWüVGH DVBl. 1969, 931 (934); OVG Koblenz NJW 1970, 824 (825) 참조.

314) 특히 기본법 제75조 1호 a. i. V. m. 제72조 · 제73조 11항 및 제91a조 1항 참조.

315) 액세스권의 내용과 한계는 (교육을 독점하는!) 국가가 공적인 직업교육제도의 영역에서 액세스권의 전제, 조건 그리고 수정을 급부법적이며 급부국가적으로 창설해야 한다는 것을 위해서도 일정한 요건의 유보를 통하여 함께 검토되어야 한다.

316) 예컨대 학적의 창설을 소구할 수 있는 청구권은 없다는 견해가 있다(Barbey, JZ 1971, 473 (475, 482 f.)). Schmitt, DVBl. 1971, 382 (383, 385); 거기에서는 불충분한 국가의 경제적 급부능력이나 국가의 급부의사의 결여를 해석론상 여하튼 재판관에 대해서「법적으로 불가능한 것」으로 파악하는 대신에, **현존하는** 수용능력을 초월하여 실제상은 실현하지 못하는「권리」를 선언함으로써 재정정책이나 대학정책을 수행하는 재판소의 권한은 존재하지 않는다고 한다. VGH Kassel NJW 1970, 1340 (1341): 거기에서는「필요 이상으로 의무를 부담시키지 않는다」(ultra posse nemo obligatur)고 한다. 또한 OVG Koblenz DVBl. 1970, 324 (328)도 참조.

317) 바덴-뷔르템베르크 주 헌법 제11조 1항에서 직업교육을 요구하는 순수한 급부청구권이라는 의미에서는 BaWüVGH DVBl. 1969, 931 (933) 참조. 또한 OVG Koblenz NJW 1970, 824 (825)도 참조.「급부권」에 반대하는 것으로서 VG Regensburg BayVBl. 1971, 30 (31) 참조.

318) 이 어필은 특히 민주적인 입법자에 향하고 있다. 그리고, 그 입법자는 민주적인 법률개념에 적합한 「중요한」문제와 관계되어 있으므로(이에 대해서는 Hesse, Grundzüge, 202 ff.), 액세스의 규범적인 규제, 특히 요건을 필요로 하는 기본권의 실효화 (급부법적인 과제를 통한 자유의 실현)를 인수하지 않으면 안 된다(대학통계법, 대학계획법 등). 법적 및 정치적으로 현재의 법치국가적 · 급부국가적인 불충분함은「트럼프 놀이」(Schwarzer Peter)로서 연방과 란트의 입법자가 활동적이 아닌 것에 있다. ― 재판소가 또한「성급하게」입법자에 대해서 그「기본권의무」를 상기하도록 촉진할지도 모르지만, 재판소에는 과도한 요구를 하는 것이 된다. 그것을 논증하는 것으로서 VG Frankfurt DVBl. 1969, 940 (942) 참조. 거기에서는 기본권의 내재적 제약은 헌법적합적인 질서에서 생겨야 하며, 헌법위반의 재정조치에서 생기는 것이어서는 안 된다고 한다. 그것에 대해서 비판적인 것은 BaWüVGH DVBl. 1969, 931 (933)이다. 대학입학정원제를 폐지해야 할 헌법위탁의 의미에서 파악하는 것으로서 예컨대, VG Berlin NJW 1971, 1100 (1101 f.); w. nachw. bei Schmitt, DVBl. 1971, 382 (384); anders Regensburg BayVBl. 1971, 30 (31).

것이다.

⑨ 「**란트 주민인 어린이**」(Landeskinder)의 우대320)는 여하튼 지방자치라는 법원리의 기본적 사고321)로부터 정당화될는지도 모른다. 그 원리에 의하면, 일정한 게마인데의 주민만이 공적 제도의 평등한 이용을 요구할 청구권을 가지는 것이다. 그러나 이 주민 조항은 기본법 제3조 3항(고향),322) 평등원칙의 특별규정으로서의 제33조 1항,323) 아울러 제12조와 제11조, 즉, 요건을 필요로 하는 기본법상의 권리로서의 기회균등한 액세스권을 침해한다. 앞서 기술한 원칙을 유추하는 것은 주거자의 특별한 의무가 대학의 확장에 즈음한 연방과 란트들의 수직적 및 수평적인 재정의 조정과 협동에 비추어 볼 때, 결코 허용되는 구별의 기준은 아니라는 점에서 파탄해 버린다. 즉 주민 조항은 란트와 관련된 「급부조항」이 아니라 헌법에 위반하는 「지역을 이유로 한」 기본권 제한인 것이다.324) 대학입학정원제는 급부국가의 **부작위**가 사회적 기본권의 불충분함을 초래한다는 것을 나타내고 있다. 325) (모든 아비투어를 가진 자의) 기회균등한 액세스권, 즉 요건을 필요로 하는 기본권326)이 어떻게 해서 실효화 될 수 있는가327) 하는 문제는 점점 중요하게 된다. 이것은 특히 확실한 계획과 명백한 통제라는 방법에 의해서 행해져야만 한다.]

⑩ 민주주의의 문제는 오늘날 결국 교육의 문제이다. 그러므로 (직업과 전문) 교육제도에

---

319) VGH Kassel NJW 1970, 1340 (1341).
320) 예컨대 Art. 3 II 3 BayrHSchZulG (DVBl. 1970, S. 273) 참조. 합헌성에 대해서는 Bayr. VerfGH BayVBl. 1971, 102 (104 ff.). mit zust. Anm. von Kalkbrenner, ebd. S. 106; abl.: Ott, DÖV 1971, 302 f. 참조. — 란트에의 소속에 의한 구별에 반대하는 것으로서 VG Saarland, zit bei Schmitt, DVBl. 1971, 382 (390) m. Anm. 98) 참조
321) 바이에른 헌법재판소는 aaO. S. 103 바이에른 헌법 제3조, 제128조를 원용하여 **란트에 거주하는 자에게** 필요한 교육제도를 이용케 하는 국가의 책무에 대해서 논하고 있다.
322) BVerfGE 5, 17 (22): 기본법 제3조 3항의 「고향」이라는 개념은 태어나거나 출생지에 의한 장소적인 기원에 관계를 가진다(마찬가지로 E 23, 258 (262)).
323) 교육의 공민적 의의에 비추어 기본법 제33조 1항은 널리, 즉 그 규정이 교육관계도 포섭하도록 해석하지 않으면 안 된다(그리하여 Maunz-Herzog, K., Rdn. 6 zu Art. 33; a. A. mit Nachw.: Bayr. VerfGH, aaO. S. 103).
324) 란트의 경계는 결코 직업교육의 경계는 아니다. — 예컨대 대학입학 지원자를 연방 전체의 계획에 근거하여, 또한 거기에서는 수용능력 있는 일정한 대학에 입학하도록 지시하는 중앙의 입학허가의 제한은 기본법 제11조에도 불구하고 허용될 것이다. 직업교육시설에의 액세스를 요구하는, 일정한 요건을 필요로 하는 기본권을 위한 급부국가적인 기본권의 촉진은 여기서 다른 기본권의 — 불가피한 — 제한을 정당화한다.
325) 입학허가절차를 객관화하는 재판은 「급부재판」이다.
326) 아비투어의 성적은 지금까지 유일한 「형식화된」 자격증명이다. 그리고 여전히 대학 입학을 위한 시험심사가 필요한가의 여부의 문제는 남아 있다. — 교육정책에서의 자기모순(Schizophrenie)에 대해서는 국가는 한편으로는 (도제교육을 보다 강하게 인수하는 대신에) 가능한 한 많은 자가 아비투어를 받도록 인도하며, 다른 한편, 대학입학정원제를 두고 있다.
327) 병역의무자가 그들의 고등교육의 재개에 즈음하여 불필요한 어려움을 생략할 수 있도록 교육규칙을 조정한다는 관청의 **의무**의 **근거**로서의 사회국가원리에 대해서는 BVerwGE 34, 188 (190 f.) 참조. 연방국방군에 있어서의 (직업) 교육제도에 대한 Ellwein계획은 「능력지향적인 민간의 환경에 동화」하려는 것이다(FAZ v. 14. 8. 1971. S. 2).

있어서의 수요계획은 기본권과 민주주의의 문제가 된다(기본법 제20조 1항·제5조).328)
개개인은 계획법률에 의해서 결정의 기반이 제공되어 비로소 현실의 직업선택의 자유를
가지게 된다. 교육영역에 있어서의 필요·수요·수용계획(Bedarfs-, Nachfrage-und
Kapazitätsplanung)은 기본권을 실효화하는 전형적인 급부국가적 기능을 수행한다.329)
이를 위해서는 **연방**수요계획법률이 필요하며,330) 거기에서는 최적의 절차법적인 내용
형성이 문제로 된다(공개성과 다원주의).331) 왜냐하면 절차가 기본권의 실질적인 의미에
대해서 결정적으로 되기 때문이다.332) (직업과 전문) 교육의 영역에서는 계획법률·통제
법률·조직법률 그리고 절차법률333)이라는 유형의 급부법률이 불가결하게 된다. [지도
적으로 정보를 제공하는 계획법률과 직업향도(嚮導)법률334)과는 구별되어야만 한다.
여기서는 명령적인 직업향도가 위헌이라는 것과, 간접적인 직업향도법률이 비례성의
범위 내에서 허용된다는 것이 구별되지 않으면 안 된다. 왜냐하면 사회국가 원리나
거기에 귀속하는 공공복리적 관점(예컨대, 국민건강과 같은 것)은 필요한 통제를 정당화할
수 있기 때문이다.335) 일정한 직업선택(예컨대, 교육직이나 지방 의사)을 실질적인 장점에

---

328) 교육계획은 대학의 영역에서 확정되는 사회 전체의 「수요」에만 향해야할 것은 **아니다**. 대학에의
    액세스권은 독일 민주공화국 헌법(1968년) 제26조 1항에서처럼, 국가적으로 부과된 「사회의 요청」의
    종속물은 아니다. 개인의 면학 희망은 그 기회균등한 액세스권의 (자유로운 자기실현의 일부로서) 매우
    개인적인 측면 때문에, 급부의 관점에서도 정당한 것이 된다. 왜냐하면 자신의 희망에 따라 대학에서
    공부할 수 있는 자는 (자신의 희망과는 달리=역자) 「통제에 의해서 공부하는 자」보다도 일생 더욱
    헌신적으로 자신의 일에 만족할 것이기 때문이다.
329) 「영향력을 미치는」계획의 허용성과 한계는 비례원칙에 따라서 결정되어야 한다. 왜냐하면 그러한
    계획이 「감추어진」명령적 계획(직업향도)과 거의 친숙한 것이 되는 위험이 존재하기 때문이다. 대학의
    영역에서의 지도적이며 정보를 제공하는 필요·수요·수용계획은 국가의 사회국가적이며 기본권적인
    의무이다.
330) 연방의 입법권한은 기본법 제12조·제3조와 연유한 제73조 11호·제74조 13호·제75조 1a호·제91a
    조 1호의, 아울러 「사물의 본성」의 전체적 파악에서 생긴다. 거기에서는 기본법 제91a조의 기본적
    사고가 유추적으로 원용될 수 있다. 그 3항은 기본법이 행정부에의 계획, 그 절차와 제도의 과제에
    대한 배타적인 배분에서 출발하는 것은 아니라는 것을 나타내고 있다.
331) 국가와 대학 간의 「협동 모델」의 발전을 연방 조교(助敎)위원회(BAK)는 요청하고 있다. numerus
    clausus, H 6 (1969) S. 7. 30.
332) 예컨대 정보입수나 수요의 확정절차에 대해서는 법률이 규정하지 않으면 안 될 것이다. 데이터 예측이나
    지향 데이터는 공개로 다원주의적인 위원회의 관여 아래 작성되지 않으면 안 된다. 위원회의 구성에
    대해서는 일방적으로 특정한 이익 (예컨대 변호사회나 의사회라는 신분적 이익)이 대표되지 않도록
    법률 (다원주의적 법률) 자신이 결정하여야 한다. 거기에서는 학생도 포함하여 대학의 대표자가 관여해야
    할 것이다.
333) 거기에서 das HochschulStatG vom 31. 8. 1971 (BGBl. I S. 1473) 참조.
334) Berg, JurA 1970, 635 (644). 거기에서는 직업정책적 또는 사회정책적인 이유에서든, 직업향도적인
    목표에 의해서 국가가 도입하는 대학입학정원제는 허용되지 않는다고 한다. 그러나 Oppermann, VVDStRL
    27 (1969) 207도 참조. 거기에서는 개개의 직업의 사회적 중요성에 대응하여 방대한 학생수의 배분을
    행한다는 (특히) 중대한 사회공동체의 이익을 지적한다. Bayr. VGH VerwRspr. 21 Nr. 68 S. 284,
    즉 거기에서는 기본법 제12조에서 근거지원진 국가에 의한 직업향도의 금지는 급부행정이 사회국가사고에
    대응하여 전문가의 장래적인 수요를 지향하는 것과 대립하는 것은 아니라고 한다.
335) 예컨대 의학부가 그 학적의 일부를, 뒤를 이어서 「긴급하게 필요로 하는 의사직」을 인수할 의무지워진
    학생에게 개방함으로써, 지방의 의사부족의 문제를 연방대학기본법(BundeshochschulrahmenG)의 한

따라서 매력적으로 하는 공공복리를 지향하는 통제나 특정한 직업을 촉진하기 위한 선전과 같은 것은 허용된다.

⑪ (직업) 교육계획에서, 즉 개인적 희망, 사회적 수요, 그리고 국민경제적 급부능력과 같은 것이 긴장관계에 선 영역에서는 다음을 고려하여야 한다. 즉 대규모적인 세금인상으로 재원(財源)의 규모를 무제한하게 확대하는 것은, 비록 공적 수요나 공공투자를 위해서 사적인 소비의 끊임없는 증대를 억제해야만 되는 경우일지라도, 긴 안목으로 본다면 급부국가를 기본권의 불충분한 상태로 가져온다는 것이다.]

매우 구체적이지만 급부국가적인 기본권의 실효화라는 관점에서 거의 평가되지 않는 것으로서, 기본권과 사회적 급부국가가 학교336) · 아동양호시설 · 기숙사 · 노인 홈 · 시민 홀 · 병원 또는 박물관과 같은 (국가 또는 자치체의) **공적 제도**들에서 만나는 일이 있다. 이러한 경우, 급부국가가 어떻게 기본권을 위험하게 할 수 있는가 하는 것이, 예컨대 우편제도337)(기본법 제10조 1항 · 제73조 7호 · 제87조 1항)에서의 인쇄전신(印刷電信—팩스) 회선의 통신요금의 수수료 인상을 둘러싼 다툼 속에서 나타나게 된다.338) 공적 제도들은 사회국가에서의 기본권의 현실의 일부이며,339) 동시에 급부국가적인 일정한 요건이 정식화되어 나타나지 않으면 안 된다는 것의 예증이기도 하다.340)

해석론에서는 그러한 특별「권력」관계에서의 기본권의 **제한**과 그 사정범위의 문제가 중심이 되고 있었다. 거기에서는 기본권의 제약기능이 지금도 의미를 가진다. 더구나 예컨대, 인적 급부의 강도와 친밀도(간호사와 노인 · 교사와 학생 등)는 방어와 경계획정이라는 도식에 완전히 포함시켜 버릴 수는 없다.

중요한 것은 **적극적인** 측면이다.341) 공적 제도나 그 급부목적은 일정한 요건의 유보하에서「사회적 기본권의 실현」342)을 중개한다. 기본권의 실현은 방어적 측면이 배분

규정에 의해서 해결한다는 개업의사회의 요구(FR v. 10. 3. 1971. S. 1)에 대해서 생각하지 않으면 안 된다.

336) 기본법 제7조는 ― (직업) 교육을 구할 주관적 권리 (다만, 그것은 요건을 필요로 하는 권리이다)의 상관개념인 객관적 측면으로서 ― 그러한 한에서 급부국가성의 표명이 된다. 학교와 교육제도에서 이미 시민적 법치국가가 크게 성과를 가져온 것이다.

337) 연방행정재판소(DÖV 1971, 385 f.)는 전화회선의 설립을 요구하는 청구권을 긍정하는데, 거기에는 가능성이라는 유보가 붙어 있다(「불가능성」이라는 것이 급부청구권을 제약하는 카테고리가 된다!).

338) 여기서 갑자기 정보의 자유와 신문제도의 다양성이 위험하게 되는 (독일 신문위원회의 항의(FR v. 24. 6. 1971 S. 3) 참조). 요금이나 그 가치와 같은「해가 없는」고전적인 행정수단은 기본권상의 자유를 그 실현의 전제들이 고양됨으로써 위험에 빠질 수 있다. 여기서는 배분참가가 기본권상의 자유를 위한 조건이며, 또한 바로 자유의 일부분이 되는 것이다.

339) Köttgen에 이어서 사회국가를「제도국가」(Staat der Einrichtungen)로서 파악하는 것으로서 Scholz, Das Wesen und die Entwicklungen der gemeindlichen öff. Einrichtungen, 1967, 231 참조. 공공복리와 공공성과 관련된「서비스 기업」으로서의 라디오나 텔레비전에 대해서는 BVerfGE 31, 337 abweichende Meinung (343, 345) 참조.

340)「게마인데의 급부능력의 유보」에 대해서는 특히 Scholz, ebd. 229 참조.

341) 기본권에 대한 공적 제도의 적극적 의의를 강조한다는 의미에서 또한, Herbig, Die öff. Einrichtungen im sozialen Rechtsstaat der Gegenwart, 1970, 12, 164 ff., 176 ff., 228 참조. 중요한 것은 Scholz, aaO. 90 f.이며, 또한 S. 86 f., 219, 228 ff., 242 f.도 참조.

참가적 측면 내지는 급부국가적인 사회적 생존보장과 「조화된 상태」에 있는 제도의 충실을 필요로 한다. ― 여기에서도 생존배려는 「기본권배려」가 된다. 공적 제도는 급부국가적 측면에서 기본권으로 다가오는 것이다.343) 평등원칙은 ― 자의(恣意)의 금지에 대한 과소평가로부터 해방되고 ― 평등한 취급원리로서 수용능력이라는 요건에 따라서, 모든 사람이 현존하는 공적 제도에 평등하게 액세스하는 것(적극적 지위)을 보장한다.344)

특별한 지위·관계는 기본권을 **촉진하는** 급부관계의 측면에서(도) 검토되어야 하며, 전통적인 지배의 도구나 장치라는 측면에서만 검토해야할 것은 아니다. 그러한 지위·관계는 전통적인 권리보호의 문제에 한정되어서는 안 된다. 사회적(기본)권의 「실현」 ― 예컨대, 환자나 장애인의 그것345) ― 은 그들에게 고전적인 기본권을 행사할 능력을 부여하고, 그 능력을 전개시키거나 다시 그러한 능력을 부여하려는 시도이기도 하다.346)

4. (기본)권 보호의 문제

a) 일반적 문제

급부국가에 있어서의 기본권 보호는 재판소에 의한 권리보호라는 **사후적인**(a posteriori) 통제만을 받는 것은 아니다.347) 그러므로 한편으로는 좁은 의미의 권리보호(재판적 보호)348)에 대해서, 다른 한편으로는 넓은 의미에서의 권리보호(非裁判的인 것),

---

342) Zacher, Sozialpolitik und Menschenrechte, 58 f.

343) 이러한 시설에 의해서 중개되는 기본권의 실현은 세분화를 필요로 한다. 거기에는 예컨대 금전급부, 현물급부, 인적 급부와 같은 다양한 종류의 서비스가 있다(Zacher, aaO. S. 51 f., 64 ff.). ― 그것은 내용형성된 기본권관계로서의 급부관계이다. 금전급부는 그 기본권의 효용에서 측정가능하다. 「영조물 이용관계」를 통한 인적 급부에 관해서는 방어권으로서의 기본권이 그렇게 전면에 나타나지 않는 경우에 실제상 보다 커다란 기본권의 효용이 산출될 것이다. 예컨대 공동결정의 요구가 ― 예컨대 교사의 교육의 자유나 국가의 교수계획에 대한 기본권상의 (또는 민주주의의) 요청에서의 생도의 요구 ― **상당히** 후퇴시키는 곳에서는 지도 중에 이미 서서히 인격적으로 발전해 가는 생도에 대한 실효적인 기본권의 효용이 위협받게 될 것이다.

344) 예컨대 § 5 PartG, § 17 DGO (그것은 헌법의 서열의 원칙이다. Scholz, aaO. S. 228, 88) 참조, § 10 II Bad.-Württ.GO; Herbig, aaO. S. 183 ff., bes. 186 ff. 참조.

345) Zacher, aaO. 53.

346) 연방국방군이 병역 **이후**를 위해서 직업교육목적을 수행해야한다면, 유사한 문제가 나타나게 될 것이다. 즉 서비스 기능이 기본권과의 적극적인 관련성을 가지게 된다는 것이다. "Welt" v. 13. 7. 1971 S. 4의 보도에 의하면, 「뒤에 민간의 능력사회에서 기능할 대학에서의 공부 없이 시간과 기회를 상실하는」 것이 두렵기 때문에, 두 개의 직업에 대한 준비를 할 필요성에서 많은 자가 장교의 직에 나아가려는 것을 생각한다. ― 교도소 시설마저 사회 복귀 후의 사회국가적인 요청에 비추어 부분적으로서 서비스 기능을 인수하고 있다. 그럼에도 불구하고 이들 공적 제도의 범위 내에서의 기본권의 보호기능이 간과되어서는 안 될 것이다.

347) 계획에 관해서는, Ipsen, VVDStRL 24 (1966) 223 참조. ― Forsthoff, Industriegesellschaft, 153 f.는 「매일의 생존」에 있어서 불가결한 급부를 행한 국가와 관련하여 기본권상의 자유보호의 후퇴에 관해서 기술하였다.

348) 여기에서 권리보호는 공개성원리(Zacher, VVDStRL 25 (1967) 308 ff. (354 ff.); 자금보조에 관해서는

즉 기본권으로서의 듀 프로세스, 절차적 능동적 지위에 대해서, 「복선적(複線的)인」[349] 취급이 이루어져야 한다. [「법의 듀 프로세스」(due process of law)*에 관한 앵글로 · 아메리카적인 법사고가 요즘에는 시사하는 바가 많다고 할 수 있을 것이다.][350] 급부국가에서의 기본권의 장래를 결정하는 것은 이러한 비재판적인 — 경우에 따라서는 단계적으로 나누어진 — 절차의 확충강화라고 해도 좋을 것이다.[351] 기본법 제19조 4항과 제103조 1항은 급부국가에 따르도록 전개되어야 한다. 또한 기본법 제1조 1항에서는 절차보장 없이 시민에게 처분을 부과해서는 안 된다는 명제가 도출된다.[352]

여기서는 기본**권**과 기본권상의 **이익**을 구별하는 것이 유익하다. 기본권은 주관적 공권 또는 청구권으로서 사법재판에 적합한 것으로 된 경우의 실체적 내용 바로 그것이며, 기본권상의 이익은 사실상 기본권과 관련한 것, 즉 사법재판 적합성의 한계를 넘은 데에 있다. — 즉 그것은 비재판적인 절차에서만 최적으로 보호될 수 있는 이익이다.[353]

Friauf, VVDStRL 27 (1969) 1 (38); 최근에는 Heinze, oben Anm. 171, S. 46 ff., 82 ff.에서 이유가 부여되어 의무가 지적된다)와 연대한 평등원칙(Forsthoff, aaO. 154 참조) 내지는 자의금지(ders., VerwRecht I, 9. Aufl., 68, 71 f., 209, 395; Friauf, VVDStRL 27 (1969) 1 (34); Bachof, ebd. S. 97 f.; Fuß, ebd. S. 99 f.)와 관련시켜 신중하게 강화되고 있다. 동시에 더욱더 국가적 기능의 의도적 효과가 문제되고(Friauf, VVDStRL 27 (1969) 1(8)), 다음은 「관련성」이라는 확대된 개념(Friauf, aaO. S. 15; Fuß, aaO. S. 100; Wiebel, Wirtschaftslenkung und verwaltungsgerichtlicher Rechtsschutz des Wirtschafters nach dem Erlaß des StabG, 1971, 49 ff., 78 ff., 85 f.) 또는 급부와 침해의 결합(Mallmann, VVDStRL 19 (1961) 165 (191) m. N.)이 시도되고 있다.

349) 「행정내부에서의 권리보호」에 대하여 적극적인 옹호로서 Forsthoff, VVDStRL 18 (1960) 202 f. ; 개인의 참가를 사전에 행정절차로 이행한 것에 관해서는, Ule, ebd. S. 205. 국토계획의 발령에서의 법적 청문에 관해서는 Imboden, VVDStRL 18 (1960) 113 (125 ff.) S. 136: 계획에서의 재량의 사후심사라는 재판적 권리보호는 공전할 위험성이 있다.

350) Scheuner, VVDStRL 17 (1959) 238은 19조 4항 중에서 「듀 프로세스」의 원칙을 간파하였다. 그것에 따르면, 법적 절차(사전 조치(Vorgehen))의 충분한 보장을 포함하지 아니한 행정의 모든 침해는 허용되지 않는다는 것이다.

351) 예컨대 기능이 유사한 다원적인 위원회, 해석의무 등의 설정에 따라서이다. 급부기능에서 계획을 고려한 것으로서, Forsthoff, VVDStRL 18 (1960) 184. 거기에서는 권리보호 전체의 근본적 문제는 그것이 대체로 늦었다는 것이다. Ipsen, ebd. S. 194의, 잠재적인 이해관계인의 관여 하에서의 감시절차와 행정 내부의 법치국가적 보장이라는 의미에서의 권리보호에 관한 고찰도 참조. 적절한 시기의 이익보호에 관해서는 또한, Scheuner, VVDStRL 17 (1959) 238 참조. — 그러한 한 재판적 보호가 모든 사항의 척도가 되는 것은 아니다. — Herb. Krüger, ebd. S. 221 f.는 정당하게도 행정의 활동이 그 특징에 따라서 「절차에 가지고 들어와야」하는 것인지, 그리고 어떤 범위에서 가지고 들어와야 하는 것인가 하는 문제를 던진다.

352) 역사적으로는 법률의 유보도 (기본)권 보호의 하나의 고전적 형태였으며(그것에 관해서는 K. Vogel, VVDStRL 24 (1966) 125 (149 f.)), 마찬가지로 법률의 일반성도 그러하였다(그것에 관해서는 Schaumann, ebd. S. 214). 또한 Herzog, VVDStRL 24 (1966) 183 (204 f.)도 참조. 그래서 중심적 계획의 영역으로서, 승인에 관한 법률의 유보가 존재하는가 아닌가라는 문제를 다루었다. 그 중심적 계획은 시민이 이 「커다란 형성」에 즈음하여 확실히 명색뿐인 「간접적」으로 더욱더 강한 영향을 받은 것처럼 된 것에서 정당화된다.

353) 정확하게는 「법적 청문」이 아니라 「이익청문」이라고 해야 할 것이다. Forsthoff, VVDStRL 18 (1960) 191: 그리하여 계획의 특별요소로서의 「이익과 법적 상태와의 정비」라는 것을 지적한다.

[재판적 보호로서의 권리보호와 「비재판적 보호」로서의 그것이 분화된 권리보호 체계 **전체**의354) 구조가 된다. 그 체계는 기본권이 급부를 행한 공동체에서도 하나의 「자산항목」(資産項目, Aktivposten)이라는 형태로서 기본권과 급부국가를 서로 실질적으로 관계를 부여하는 모든 사상에서 이끌어내어야 한다. 국가와 시민, 집단과의 관계는 절차에 따라서 규율된 것이야말로 사회적 법치국가나 민주주의에 대해서 적합한 것이다. 좁은 의미의 권리보호와 넓은 의미의 그것은 급부국가와 능력사회와의 상호의존에 비추어, 단지 일원적으로 개인의 이익만이 관계없는 사항에 그치는 것은 아니다.355) 시민의 이익을 위해서 권리보호 전체356)에 급부국가적인 공익이 존재한다. 바로 개인의 권리로서 근거지워지는 구체적인 급부관계는 **다른** 기본권이나 급부국가적인 활동들에 대해서 다면적인 방사적(放射的) 효과를 가진다.]357)

재판적 보호의 활성화를 위해서는 다음 두 가지의 방법이 생각된다. 하나는 예컨대 전통적인 「침해개념」을 수정하는 경우처럼, 전통적인 개념들과 신중하게 결합한다는 방법이고, 또 하나는 개개의 기본권을 (예컨대, 사회국가원리와 연대한 기본법 제3조를 통해서) 내용적으로 강화한다358)는 방법이다. **넓은 의미**의 권리보호에서는 「재판관이 판결의 상황에서 행한」 사고로부터 떠나야 한다.359) 왜냐하면 여기서는 기본권과 관련된 급부법의 **성립**이라는 것도 중요하기 때문이다.360)

— 재판적 통제에서의 마이너스는 「듀 프로세스」에서의 플러스에 따라서 조정되었다고 할 수 있다.

354) 기본법 제19조 4항과 제103조 1항은 모든 기본권에 대해서 절차적·능동적 지위의 실정법상의 구체화이다.

355) 넓은 의미의 권리보호에 관해서 다음의 것은 자명하다. 즉, 광의의 권리보호는 시민과 집단이 상호간에, 그리고 급부를 행한 국가기능과의 관계에서, 여러 가지로 의존하는 것에 대한 회답이라는 것이다. 그래서 절차법이 도와야 한다. 그 때, 절차법상의 급부유보(給付留保) 또는 절차적인 법률의 유보가 법정책상의 요청인 경우와 그것이 실정 헌법의 요청인 경우를 구별하여야 한다.

356) 그것에 관해서는 P. Häberle, Öff. Interesse, 391 f., 423 f., 500, 536 ff. u.ö. 참조.

357) 급부국가적인 활동이 개개인에 구체적으로 「관련된」 경우, 재판적 보호는 대부분 단지 포인트마다 처리된 다 할 수 있는 사항이 아니고, 단순히 개인의 지위를 올리는 분쟁도 아니다. 급부국가적인 활동전체와 간접적으로는 대부분의 사람의 기본권이 (사실상의 급부국가적인 기본권의 현실화에 따라서) 또한 문제로 된다. 계획을 둘러싼 논의에서는, 정당하게도 「법적 운명공동체의 초래」가 이유였다(Bachof, VVDStRL 18 (1960) 192; J. H. Kaiser, ebd. S. 194 f.도 참조).

358) 그것은 「침해개념」(간접적 침해)과 관련성의 확대 및 기본권적인 기회균등을 가능하게 한 것처럼 공개성의 요구를 통하여 실천되었다. — 기본법 제3조 (평등한 취급)를 예로서 들고, 재판소는 여러 번에 걸쳐 급부국가적인 기능에 대한 내지는 그 기능에서 기본권의 지위를 강화하여 왔다. 재판소, 그리고 바로 행정에(!) 여기서 시종일관된 해석론상의 해결책을 제공하려고 한다면, 「사후적인(ex post) 권리보호」가 이미 너무 늦다는 것은 아니다. 급부행정은 처음부터 급부국가적인 권리보호의 요청에 대처하여 준비를 하고 있다.

359) 문헌상 예컨대, Zeidler, VVDStRL 19 (1961) 208 (239)는 법적 감독과 관련된 「권리보호」에 관해서 말하며, Bachof는 「권리보호기능」과 그 행정에 의한 만일의 인수를 보증한 것에 관해서 이야기한다 (VVDStRL 16 (1958) 266).

360) 여기에서는 입법자가 법정립(法定立)을 독점하지 않는 것이 전제로 된다. K. Vogel, VVDStRL 24 (1966) 125 (163, 166) 참조.

b) 좁은 의미의 권리보호(재판적 보호)

재판소에 의한 보호의 현실적인 예는, **조세와** 기본법 제14조[361]와의 관계이다. 이에 대해서는 마르텐스(Martens)*가 본질적으로 이것을 서술하였는데, 나의 견해는 보류해도 좋을 것이다.

[여기서는 새로운 급부국가적 간섭형식으로부터 기본권의 보호영역을 사후적으로 추론을 하여야 한다. 즉 그 보호영역은 확대되는 것이다 — 기본법 제14조는 원칙적으로 조세(租稅)에 대한 보호를 부여하는 것은 아니라는 시민적 침해국가에서 전형적인 전통적 견해와 비교한다면, 그것을 알 수 있을 것이다 — . 왜냐하면 또 이미 급부국가에서는 조세개념이나 조세법의 기능이 변천해버렸기 때문이다. 조세의 오늘날의 기능(국고(國庫)의 자금조달과 함께 정치목적의 실현, 일부는 사회국가의 표어 아래에서지만)에서 새로운 상황이 발생한다. 즉 조세는 급부국가적인 도구 전체 중에서 중요한 지위를 가진다(「조세를 통한 통제」(Steuerungen über Steuern」). 그러므로 기본법 제14조로부터 「새로운 전선」이 신중하게 구축할 수 있는가의 여부에 관한 문제가 제기된다.

조세법의 비국고적 「부수」목적의 허용성에 관해서는 차원의 전환이 일어난다. 조세개념은 그 — 현실에 충실한 것이라고 생각되는 — 국고목적(國庫目的)에로의 고정에서부터 해방되어야 한다. 조세는 사회적인 향도(嚮導)라는 과제를 위한 수단이다. 조세법률은 기본권 정책상, 「계급대립의 조정」[362]를 행하는 사회국가적 활동의 도구 중에서 통상적이며, 정당한 형식으로서 다른 유형의 법률과 동일하게 이용되어야 한다. 이것은 당연히 모든 조세법률이 기본법 제14조 1항에 의해서 보호된 재산에 영향을 미치며, 재산권의 사회적 제약에 의해서 그 헌법상의 허용성이 판단된다는 것을 의미한다. 조세에 의한 향도는 동시에 하나의 기본권의 현실로도 될 수 있다. 사회적·문화적인 과제의 실현은, 오늘날 특히 기본권상의 과제의 실현이다. 이러한 방식으로 직업의 자유나 재산의 자유는 그럼으로써 실제로 무엇인가를 시작하는 것을 가능하게 하는 기본권이 된다.

그렇다면 기본법 제12조에는 「중산계급의 권리」뿐만 아니라, 노동자 보호의 권리도 포함된다. 직업교육의 촉진이나 기회균등은 급부국가적인 요청이 된다. — 그것은 기본법 제1조 1항, 제3조, 제20조 1항과 연대된 제12조에서 도출된다.[363] 확실히 기본법 제14조의 경우도 지금까지 **일관하여 보수주의적인** 해석이 지배적이었다. 그러나 특정한 재산 이데올로기를 이 기본권의 내용이라고 해야 할 것은 아닐 것이다.][364] 다만, 전체적으로

---

361) 이 문제에 관하여 철저한 논의는 전혀 없다. Friauf, VVDStRL 27 (1969) 1 (8), ders. JurA 1970, 299 (301 ff.)의 비판 참조. 연방헌법재판소의 재판이 결정적인 것이라고는 할 수 없다. 그러나 연방헌법재판소(E 30, 250 (271 f.))가 인용한 최근의 경계선을 참조.

362) BVerfGE 5, 85 (229, s. auch 206 f.).

363) 급부국가적 모든 기능은 기본권에서(도) 근거지어 진다. 예컨대, 교육제도에서의 수요계획은 기본법 제12조에서 근거지어진 것이다(기본법의 부분과 조직상의 부분과의 관련에 대한 증명이 필요하다면 급부국가에서의 기본권상의 문제가 그것을 제공하였다 라고 할 수 있다!). 그것은 소극적 지위로 끝나는 것은 아니고 급부국가 중에서, 또한 그것을 통해서 다른 방향으로 규범적 효력을 전개해야 한다.

364) 소수의 자가 가진 재산은 준공적(準公的)인 힘이 되었고, 우리들의 레스 푸블리카의 전체적 상황 중에서

본다면, 재판적 보호는 이것으로 충분하다.

노동협약의 자치(Tarifautonomie)에 관해서는 사정이 다르다. 여기서는 현실의 국민 총생산과 기본권의 가능성 · 현실과의 관련에 비추어 보면, 어떠한 **범위**에서 그 자치가 아직도 책임을 부담하는가, 경제 전체, 그리고 동시에 사회적인 기본권의 현실을 위해서 필요한 결정적 데이터를 제출하는 협약당사자(Tarifpartner)에게, 급부국가에 대해서 본질적인 이 영역에서 지금까지와 같은 정도의 자치가 인정될 수 있는가의 여부라는 문제가 제기된다.「협조행동」(協助行動, Konzertierte Aktion)이나 다른 글로벌한 통제의 도구의 틀 안에서 데이터 · 보고 · 권고에 의해서 법률 그 밖의 절차형식 없이 국가 측에서 통제(급부)되어도 좋을 것인가. — 그 결과로서, 기본권을 위험에 빠트리는 경우도 있다면, 기본권을 강화하는 경우도 있는데, 그것으로 좋은가? 절차법적 측면에서는 절차적 · 능동적 지위라는 의미에서 노동협약의 자치와 결부된 급부국가적인 기본권상의 문제가 처리되지 않으면 안 될 것이다. 예컨대, 노동협약상의 정책적 데이터를 조사하고, 확정하기 위한 급부법적(모든 이해관계인이 이용가능한 공적인) 절차 (또는) 급부법적으로 내용형성된 조정절차(Schlichtungsverfahren)를 통해서이다.

c) 넓은 의미의 (기본)권 보호(사전보호)

넓은 의미의 (기본)권 보호를 통하여 처음부터 아직「선명하지 못했던」기본권이 절차를 **최후까지** 노력함으로써 비로소 급부기능에 대한, 그리고 **급부기능에서 그 구체적인** 내용을 지니기에 이른 것이다.[365] 제도화된 커뮤니케이션 · 참가 · 개인 아울러 일반에의 공개가 기본법 제19조 4항 · 제103조 1항의 지도적 사상을 급부법적으로 다시 구체화한다.[366]

[급부법률(조직법률이나 절차법률의 유형)에서 특징적인 것은, 심의기능 또는 단계지워진 협의 · 공동결정기능을 지닌 다원주의적인 위원회에의 자문의 강화이다.[367] 그러한

하나의 부자유를 초래한 정치적인 힘으로 굳어질 가능성이 있다.

365) 국가와 시민 간의 사회적 조정의 수단으로서의「기성(旣成)의」(fertig) 고권적 (침해)법률이, 그「희생의 한계」(oben Anm. 227)의 구체화로서의 의의를 잃고, 시민 내지는 집단이 종속적 지위보다도 오히려 능동적 지위에 놓이게 되었다는 한계에서, 새로운 (특히, 다원주의적인) 절차규범이 전개되어야 한다(절차의 법발견 · 법창조기능). 여기에서 기본권과의 관련성을 지닌「급부법적인 강화」(Anreicherung)가 일어났다.

366) 개개의 실체적 기본권에는 절차적 측면이 포함되며, 그것을 전개하는 것이 (기본)권정책상의 과제이다. — 여기서 요구되는 참가절차는 그때그때의 기본권이나 그것과 관련된 급부국가적인 활동에 적합하여야 한다. 급부과제로서의 — 예컨대, 계획목표로서의 — 기본권은 어느 정도 구체적으로 정식화하면 좋은가? 원래 절차는 기본권을 실체적으로 어느 범위에서 다루어야 할 것인가? 급부국가적 측면을 지금까지 이상으로 전제로 한다면, 어떠한 절차가 어떠한 급부국가적 활동에 적합한 것인가, 기본권상의 이해관계인을 관련짓는 형식 속에서 — 거기에는 단순한 공개로부터 공동결정까지 있는데 — 어떠한 것이 가장 좋은가 하는 것이 문제로 될 수 있을 것이다. — 이들 모든 것은 Wiebel의 문제제기를 들고, 누가 행정상의 조치에 의해서 사실상 개인적으로 영향을 받는가의 여부를 새로운 기준에 의해서 확정하는 것을 배제하는 것은 아니다(Wirtschaftslenkung, 78 f., 83 f., 86). 다만, 재판소가 행할 수 있는 것(!)의 한계는 간과해서는 안 된다.

위원회는 적어도「기본권상의 이익」에 대해서도 문제이고, 국가활동의 전단계(前段階)에서의 기본권의 위험상태를 방지하고,368) 공적인 급부의 필요성과 가능성 그리고 기본권을 서로 조화시켜야 할 것이다! 이러한 것이 모든 기본권이나 모든 종류의 국가급부를 위해서 특별히 제도화될 필요는 없다. 기본권 — 특히 민주적인 그것 — 은 이미 그 **능동적**·시민적 측면에 의해서 현재 바로 이르는 곳에서 급부국가적 활동들에 대하여 향해진「시민운동」의 기초를 쌓고 있다.369)

「국가적 급부」에 이르는 프로세스의 다양한 단계에는 대부분의 경우, 시민이나 집단의 (기본)권상의 직접적 관련성이 결여되어 있는데, **사실상은** 전적으로 그들의 기본권상의 이익이 영향을 받는 것이다.]370)

입법이나 학설에 대해서는 누가 (사실상 또는 법적으로) 기본권상의 이해관계를 가지는가를 가능한 한, 정확하게「개인화하는」(individualisieren) 것이 중요하다. 기본권상의 이익을 위한 개인이나 집단의 참가(Engagement)는 급부국가에서 이미 국가적인 급부과정의 생성과 완성의 프로세스에 대해서 불가결하다.「급부법률」에서도, 특히 대강법률(大綱法律)과 같은, 폭 넓은 지침으로서 규범화된 것에서는 급부행정에의 위임이 매우 일반적이며, 창조적인 구체화를 필요로 하기 때문에, 여기서도 절차적 측면이 강화되어야 한다 (바이에른의 민중소송은 — 한정적이지만 — 사법(司法)판단적합적인 기본권보호의 확장을 위한 하나의 계기를 제공할 것이다). 여하튼 원리적으로는 재판소에 의한 권리보호에서 실효성이 결여된 부분은 완전하게 실효적인 절차상의 보호에 의해서 보상되어야 하며, 그 결과 전에 이행된 권리보호(사전의 보호)가 주어진다.

행정과「공생」(Symbiose)하는 시민371) — 여기에는 관여하는 시민·집단 그리고 행정의 공동작업의 내용372)이 절차적·능동적 지위라는 의미에서 형성되어야 한다. 일반에의 공개는 정말 하나의 어프로치이지만, 실무상은 (거의 공적으로 되지 않기 때문일까?) 대부분 이용되지 않는다.373) [**공개성**은 지금까지 많은 기능에서 거의 대부분 간과할

---

367) 이러한 다원주의적이며 절차적인 형식은 기본권과 급부국가의 관계에서 결과로서 나오는 문제이며, 기본권상의 자유의 절차법적 측면, 즉 그 절차적·능동적 지위 **그리고** 레스 푸블리카와 그 기능의 절차적 측면의 표현이다.
368) 기본권의 급부국가적 실효화 또는 위험상태의 **사전영역**에서 이미「기본권상의 이익」내지는「기본권상의 기회」(모든 방면의 이익의「명확화」)가 관련되어 있다.
369) 뮌헨의 Lehel-Gebiet의 연구 그룹이 공동으로 수행한 새로운 도시건설촉진법 중에「사회적 계획」이라는 개념이 도입되었다는, OB Vogel에 의한 지적(SZ v. 26. 3. 1971 S. 13) 참조.
370) 예컨대, 계획된 경제통제에 있어서 간접성이라는 것이 전형적이다(Lerche, DÖV 1961, 486 (490); Friauf, VVDStRL 27 (1969) 1 (7 f.); ders., BB 1967, 1345 (1347)).
371) Ehmke, VVDStRL 23 (1966) 277. 특히 학교에 대해서.
372) 그러한 학교제도에 관해서는 Ehmke, a. a. O., 277 참조. — 실효적인 결정행위는 준비를 위한 사전절차 중에 이행되었다는 것을 시사하는 Eichenberger, oben Anm. 5, S. 27도 참조. Evers, VVDStRL 23 (1966) 147 (186 f.)은 학교제도에 관해서, 시민적인 자치 형식의 요구를 지적한다. — 토지에 투기나 높은 임차료에 의해서 도시에서 노동자를 배제하는 프로세스를 참조. 그것은 시민의 문화적인 배분참가권을 위협하는 과정에도 있다. — 도시 주변이나 촌락에서는 문화적 제도라는 필수의 하부구조가 결여되어 있다.

수 없고 혼란한 크기인, 급부국가에서 「사회적인 기본권의 전개」라는 하나의 실효적인
형식이다.374) 개개인의 기본권상의 이해관계가 급부기능의 발동에 즈음하여 더욱 정확하
게 명확화 될 수 없는 경우, 특히 **기본권적인 기회균등**을 가능하게 하는 특별한 공개형식이
전개되어야 한다. 급부국가는 종종 자신을 법률의 모습으로 나타내지 않고, 또는 나타낼
수 없기 때문에, 법률의 공개성이 기본권적인 급부절차의 공개성에 의해서 보충되어야
한다.375) 중요한 것은, 그 법정책적 확충을 급부국가에 있어서의 기본권보장으로서
설명하고 그것을 추진하는 것이다. 공적인 절차 속에서 얻어지는 결과 — 그것이 「기본권
과 관련된 급부」로 되는 — 는 절차 속에서 기본권상의 이해관계인에 대해서 예견가능하
고 쉽게 간파가능한 (명료한) 것이 된다. 그리하여 공개성이라는 길(또는 우회로)을 통하여,
이러한 법치국가적 구성요소가 급부국가에서도 효과를 발휘하는 것이다.

지금까지 국가의 급부과정은 그 투명도가 다종다양하였다.376) 즉 그것은 기본권의
실효성이 다종다양하였던 것이다(**급부국가에 있어서의 기본권보호로서의 공공성!**). 급부국
가에서 기본권의 실질적인 중점이 절차에 치중된다면, 또한 기본권보호가 가능한 한
빠른 시기에 행해져야 한다면, 그것도 「급부」가 완전히 사실화하기 전377)에 행해져야
한다면, 그리고 기본권상의 이해관계인이 — 사전에 — 급부에 이른 결정 프로세스
중에 집어넣었다면, 그것으로 **급부국가로의 전환**에 이어서, 기본권이해의 전환이 생길
것이다.378) 급부국가에서 기본권은 「구조규범」으로서 재판소의 형식에 의해서 사회적

---

373) 뉘른베르크의 도시건설연구소의 조회 참조. SZ v. 20. 4. 1971 S. 7. 거기에서는 연방건설법에 규정된
　　지구상세계획(地區詳細計劃)과 토지이용계획의 해석에 대해서 시사되어 있다. 이러한 이해관계를 가진
　　시민의 참가형식에서는, 특히 **기본권** 문제가 중요해진다. 즉 기본권과 관련된 급부국가적인 기능과 절차에
　　로의 능동적인 배분참가이다.
374) 자금보조법(Zacher, VVDStRL 25 (1967) 308 (355 ff.) 참조)과 사회적 배분에 관한 법(ders., DÖV
　　1970, 3 (9 f.))에서, 이것이 명확히 보인다. 다른 문제 영역에서는, 평등원칙이 지금까지 이상의 공개를
　　위한 지렛대로서 작용한다. BVerfGE 24, 300 (357)에서는 그렇게 말한다. 이에 관해서는, P. Häberle,
　　Struktur und Funktion der Öffentlichkeit, in: Polit. Bildung, H. 3 (1970) 3 ff. (28).
375) 예산법률(공적 급부법률)은 당연히 급부행정을 위한 충분한 기반으로서 타당하다(이것에 대해서는
　　Bachof, Verfassungsrecht, Verwaltungsrecht Bd. Ⅱ, 1967, A 15). 왜냐하면 거기에는 공개성이 있기
　　때문이다. 전통적인 공적 침해법률은 기본권과 관련한 급부관계의(세분화된) 공개형식에서, 적절한 대응
　　물을 가지고 있다. 이 공개성은 — 절차상의 최저한의 보장과 마찬가지로 — **세분화**되어야 한다. 예컨대,
　　단계지어진 고지의무 · 해석의무 · 청문의무 · 공시의무 그리고 정보제공의무라는 형태에서, 아울러 이해
　　관계를 가지는 개인 또는 집단의 협동권이라는 형태로 되어야 한다는 것이다. 이것들은 대부분 현대적인
　　급부절차 내지는 급부관계에서 이미 잘 알려진 것이다.
376) 사회보험은 이해하기 어려운 「급부국가적인 법」의 부정적인 예이다 — 거기에서는, 기본권(기본법
　　제2조 2항 1문 · 제12조)과 관련된 법이 문제이다 — . 개인의 — 기본권을 「실현하는」— 법은 그것이
　　공적으로 되었을 때에 비로소 이 급부행정에 대하여 「현실로」 파악 가능하게 된다 — 예컨대, 데이터
　　뱅크나 전산기 센터가 일반 대중과 시민을 위해 설치되는 경우이다.
377) 그것은, 행정법상의 불복신청절차에서도, 재판소의 권리보호에서도 정정할 수 없다. — 기능적으로
　　보아, 재판관에게는 과대한 요구가 될 것이다. 연방행정재판소의 최근의 중요한 판결 참조. BVerwGE
　　34, 301 (308 einerseits, 308 ff. andererseits).
378) 기본권과 그 보호의 알키메데스의 점은 이미 질서국가의 경우에서처럼 예견가능한 침해와 그것을
　　「집행하는」 행정행위에서가 아니라, 또한 이미 단지 그것들에 적합하도록 배열된, 기본법 제19조

으로 실효적인 것이 되기보다도, 재판소 밖에서,379) 보다 정확하게 말하자면, 재판소 이전에 실효적인 것이 된다.] 새롭게 참가의 기회가 증가한 것은 **동시에** 학습 프로세스를 강화하기 위해서 공공적 작업의 증가를 필요로 한다. 절차의 교화적(敎化的) 효과는 시민의 합리성에의 어필인 것이다.

　[일반적으로 (기본)권보호는 입법절차 중에도 있다는 것이 상기되어야 한다.380) 역사적으로 의회입법(議會立法)은 기본권상의 자유에 대한 하나의 보장이었다. 오늘날 법률에 더하여 다른 도구가 사용된다면,381) 여기서도 기본권은 일반적인 해석론에 의해서 전개되어야 할, 절차적 · 능동적 지위라는 여러 가지 (참가)형식에 의해서, 재빨리 반영되어야 한다.

　절차적 · 능동적 지위 ― 그것은 시민이나 집단이 그 중에서 말하자면 「스스로를 대표」하게 하는 장(場)이 되는 ― 에로의 지나친 기대에 대해서는 **유보**를 서술해두지 않으면 안 된다. 왜냐하면 복잡한 문제상황에 비추어 볼 때, (절차적 · 능동적 지위로의 지나친 기대는 = 역자) 특히 시민에 대해서 부분적으로는 과도하게 요구되기 때문이다. 다만, 최근의 시민운동,382) 특히 급부국가적인 「강행조치 또는 잘못된 조치」

4항과 제103조 1항(재판적 권리보호와 청문)에서는 아니다. 오히려 우선 첫째로, 급부절차에서의 법적 청문이 「기본권적 청문」으로서, 바로 개개의 기본권 자신에 「기인」한, 그 보호영역 내지 전개영역, 그리고 「활동영역」에서 작용하는 국가기능에 적합해야 하는 것이다. 행정행위에 의한 행정과 행정법의 관념, 동시에 침해와 행정 프로세스에 의한 그것의 관념에 대한 비판 참조. Bachof, VVDStRL 30 (1972) LS 23 f.; Brohm, ebd. LS 4, 7.

379) **절차적 배분참가권**으로서의 기본권이 키 워드이다. 입법절차가 급부의 성격을 가진 다른 국가기능에 따라서 ― 배제되는 것은 아니라고 하지만 그러나 ― 보완되는 한, 적절한 절차가 창설되어야 한다 ― 여하튼 이러한 국가기능이 기본권과 관련된 경우이다. 확실히 현대적인 국가의 급부 중에서 보여지는 「절차적」인 기본권의 실체는 현재 확산되고 있으며, 여러 가지 점에서 불충분하다. 그럼에도 불구하고, 거기에는 일정한 경향이 나타난다.

380) 연방행정재판소가 Ölmühlen 판결 (E 6, 282: 이에 대해서는 Badura, DÖV 1966, 624 (630))에서, 이익과 불이익을 동시에 부과하는 규제를 행하는 경우, 대개 법률상의 근거를 요구하지만, 여기서 **기본권보호의 형식으로서의 법률**이 나타나게 된다. 이전에는 선거와 대의원에 의한 대표가 실체적인 기본권보호의 절차적합적 형식 ― 재판적 권리보호에 의해서 보완되었지만 ― 이었지만 오늘날에는 사정이 부분적으로 변하였다. 즉, 계획과 통제절차에 있어서의 참가형식 · 공개성 그리고 절차적합적인 청문(관여권)이, 개개인의 실체적인 기본권 이익을 보호하기 위한 수단으로 되면서이다. 그리고 그것이, 오늘날 중요한 것으로 의회의 입법절차를 원조하는 급부기능 중에 있다.

381) Badura, DÖV 1966, 624 (632) ― 거기에서는 포르스토프의 법치국가 개념에 대하여 비판을 하고 있다. 「복지국가적인 목표의 실현은, 국법의 체계 이념으로서의 법치국가적인 법률개념을 희생으로 하지 않을 수 없으며, 마찬가지로 행정법의 체계이념으로서의 행정행위를 희생하지 않을 수 없다. … 경계획정으로서 이해되는 기본권에서는 개인의 자유의 보호는 이제와서는 충분하지 않다」.

382)「시민의 투표에 의해서 지방의 정책에 영향을 미치며, 환경정비의 개선에 직접 작용한다」라는 상황에 시민을 둔다는 목표를 가진 뮌헨과 뒤셀도르프에서의 「시민 포럼」의 창설(FAZ vom 1. 4. 1971 S.28), 계획 과정에 시민이 관여할 수 있도록 「건설계획은 ― 은행에서의 시세와 마찬가지로 ― 공개되어야 할 것이다」(FR v. 17. 7 . 1971 S.14)라고 하는 독일 건축사협회(BDA)의 요구, 지방의 계획과정 내부에서의 「시민의 활동가능성」이라는 슬로건을 내건 제7회 Cappenberger Gespräch (Bericht in DÖV 1971, 416 f.) 참조. Grossmann (Hrsg.), Bürgerinitiativen, Schritte zur Veränderung?, 1971에서의 시민운동에 관한 보고도 참조. 「로빈슨 활동」(Aktion Robinson)은 정신적으로 병든 자에게 일상에로의

(Durch-oder Fehlgriffe)(예컨대, 국토계획383) · 도시재개발 · 환경정비 등의 영역에서의 것)에 대한 그것은 적극적으로 평가되어야 한다. 「계획에 맞추어진 시민」은 (미리) 자신의 의견을 표명할 수 있어야 한다. 그것이 그 — 능동적인 — 기본권상의 지위의 요청이다.384) 요컨대, 시민적 자유와 시민정신은 하나의 새로운 활동영역을 획득하였다. 그리고 그 영역은 기본권해석론상 경계가 확정되어야 하며, 그 중에서 새로운 민주적 조직형식과 참가의 도구를 필요로 한다.385) (자주 예로 인용되는 계획에 대한 「시민의 분노」 역시 계획을 필요로 한다!).

IV. 결 론

「급부국가에 있어서의 기본권」이라는 테마는 헌법의 비교적 **정태적**(靜態的)**으로** 머물러 있는 부분인 자유주의적인 기본권 목록과 추진력을 가지고, 해석론으로는 부분적으로만 「파악」될 뿐인 정치적 과제가 부여된 급부국가의 **동태적인** 문제에 직면하게 되었다. 그러한 급부국가에서, 그리고 그 급부국가에 의해서 거대한 구조상의 변천이 부분적으로 새로운 도구나 국가의 행위형식을 수반한 신종의 (기술적인) 프로세스 중에서 생긴다.

급부국가에 **있어서의** 기본권은, 기본권에 의한, 그리고 기본권의 조력에 따른 급부국가를 의미하는 동시에 급부국가에 의한, 그리고 급부국가의 조력에 따른 기본권도 의미한다.

[지금까지 보다도 실효적이기 때문에, 지금까지보다 더욱더 강력한 「급부국가라는 것」이 생각될지도 모른다. 그러나 그러한 급부국가는 최종적으로 자유나 인간성을 희생할 우려가 있기 때문에 기본권에 의해서 제어되게 된다. 그 위에 「무상(無償)의 기본권」 — 예컨대, 「민주화」의 이름 아래 능력주의를 경솔하게 해체함으로써 — 의 과잉은 급부국가를, 그리고 간접적으로는 최적한 기본권의 가능성과 현실성도 위험에 빠트리게 될 것이다.]

따라서 기본권과 급부국가는 매우 「저항력이 약한」 방법으로 결부되어 있다. 여기에

복귀를 용이하게 하는 하나의 시민운동이라는 것이 중요하다(Die Welt v. 31. 7. 1971 S. 5).

383) 이해관계인을 지원할 능력이 있고, 또 그 경험을 가진 「계획전문의 변호사」를 구하는 최근의 소송을 참조. 그것은 계획 프로세스에서의 기본권상의 이해관계인의 입장의 약함을 표현하는 것이다. SZ v. 25. 3. 1971 S. 3 참조

384) 그러므로 재판권에 의한 행정상의 권리보호가 억지되었다는 것은 아니지만, Gneist가 실현을 목표로 한 「정치적 자치」라는 가치 아래에서 논쟁한 사고 (그것에 관해서는, Bettermann, VVDStRL 17 (1959) 118 (166))와 본문 중에서의 견해를 결부시킬 수는 없는 것인가? (지방과 지역공동체의 제도에로의 시민의 관여).

385) 급부국가적 (사회공동체적) 과제가 국경을 넘는 것은 드물지 않다. 예컨대, 국제적인 문제가 되는 환경보호가 그러하다. 환경보호 문제를 테마로 한 의회 상호 간의 공동 연구회(FAZ v. 3. 6. 1971 S. 5), 그리고 독일 · 프랑스 환경보호위원회(FR v. 2. 6. 1971 S. 1) 참조.

해석론에 대한 과제가 있다. 결국, 급부국가는 분명히 그 시민의 기본권상의 능력
(grundrechtliche Leistung)에 운명을 맡긴다. 즉 평등을 통한 자유에 있어서의, 그리고
그것에 의한 효율성이 문제인 것이다. 이러한 능력은 단순한 기회에 불과하며, 그 이상이
아니면 그 이하도 아니다!

보고자의 요지

제1부 급부국가 · 능력사회 그리고 기본권 ― 현실과학상의 개괄

I. 문 제

1. 사실과 문제의 분석에서는 급부국가적 · 급부법적 그리고 적극적인 것으로서는
아직 불충분한 기본권의 현실이라는 것이 질문되어야 한다. 그 현실은 법학자가
책임을 지는 테마가 된다.

II. 급부「국가」와 능력「사회」

2. 기본법의 텍스트에서 급부국가와 능력주의에 대한 서술이, 특히 제7조 4항
3문과 4문, 제14조 2항 · 제20조 1항(사회국가원리, 민주주의) · 제28조 2항 · 제29조
1항 · 제33조 2항 및 4항 · 제72조 2항 · 제74조 제19a호 · 제91a조와 제91b조 · 제
104a조와 제106조 8항 · 제109조 · 제110조 · 제111조 1항 a호와 c호 · 제114조
2항 2문 중에서 나타난다. 급부국가는 살아있는 헌법의 일부로서, 시민적 질서국가에
서 알려지지 않았던 것처럼 강도 있게 급부기능을 수행한다.

3. 급부입법은 시민과 국가 간의, 아울러 입법과 행정 간의 새로운 관계를 나타내게
된다. 급부법률은 기본권상의 자유에 대해서 다종다양하게 접근한다. 「자유와 재산에
의 침해」는 의미를 상실하고, 협동 · 커뮤니케이션 · 절차 · 참가와 같은 형식이 중요
하게 된다. 급부의 관계들은 잠재적으로 기본권에 대한 관계로 된다.

4. 「급부법률」에 대해서는 여섯 가지의 유형이 구별된다. 즉 조치법률 · 계획법
률 · 향도법률 · 대강법률(大綱法律) · 통제법률 그리고 조직 · 절차법률이다. (지금은
각각이 = 역자) 부분적으로 중복된 상태에 있지만, 장래에는 자유창조적인 뒤의 양자의
유형에 관련된다. 그것들은 경제정책 · 재정정책의 영역(경영조직법(BetrverfG), 경제
안정성장촉진법(StabG), 다원주의 · 공개법률(Pluralismus-und Publizitätsgesetze)에서
출발하여 새로운 영역(정당법 제5조 · (직업과 전문) 교육 · 환경보호)을 개척한다. 통제
를 필요로 하는 기본권은 제2조와 제14조(경제) · 제1조 1항 · 제3조 · 제5조 3항 · 제

11조와 제12조(교육)이다. — 예컨대, 「조세를 통한 통제」가 있다. 급부법률의 증가는
기본권상의 자유의 증가를 의미할 수 있다.

5. **급부행정** — 특히 법률로부터 자유로운 것 — 은, 기본권을 헌법목표로 높인다.
그것은 (재)분배적 · 계획적 · 통제적 · 자금보호적으로 모든 사람을 위해서 기본권을
촉진하려고 한다. 생존배려는 성장 · 진보 · 인간형성에의 배려로서, 사회국가적이며
기본권적인 차원에 달하였다(기본권 배려).

6. **급부재판**은 급부법을 구체화한다. 그것은 급부행정을 「통제하지」만, 당해 행정
으로부터 자극도 받는다. 예컨대, 행정상의 지침과 연대된 기본법 제3조나 급부청구권
에서 근거지워지는 재판 · 자금보조법에 대한 재판 · 기본법 제5조에 대한 연방헌법재
판소(텔레비전 판결)나 제74조 4항에 대한 연방헌법재판소(사립학교로의 자금조성에
관한 것)의 재판이 있다.

7. 「**급부법**」은 자유창조적인 성격을 지닌 사회국가적이며 기본권적인 법이다.
급부국가에서는 주관적 권리와 같은 것보다도, 객관법적인 것이 보다 강한 영향을
미친다. 법개념의 이러한 변천에 따라서, 재판이 급부법적인 통제기능 중에 포함된다.
기본권의 문맥에서 사회적 법치국가는 재판관에게 공공복리를 지향하도록 급부법적
인 해석절차를 사용하도록 명령한다.

8. **급부국가**란 기본법에 따라서 구성된 국가이며, 그것은 조직과 절차를 통한
시민과 집단에 대하여 직접으로 또는 간접적으로 급부를 초래하며, 그러한 급부는
가장 넓은 의미에서 적극적인 기본권과 관련을 가진다. 이념형에서의 대조물은 시민적
인 질서국가나 침해국가이다. **기본권**은 급부국가와 암비발란트한 관계에 선다. 급부
국가는 기본권을 스스로의 **과제**의 대상이며 — 즉, 그것은 「시민 시대의 유산」으로
서의 기본권의 불충분한 것에 대하여 사회정의에 적합한 회답이 된다 —, 동시에
기본권에 대하여 새로운 **위험영역**을 만들어낸다.

9. **헌법**은 국가와 사회를 서로 관계지우는 급부법의 조직형식 · 절차를 위한 구조
를 구성한다.* 그것은 국가와 사회의 권력의 합리화와 제한을 위한 프로세스이며,
또한 모든 사람에 대하여 인간적인 질서를 위한 사회적 분쟁의 해결을 위한 도구이다.

10. 이러한 급부국가의 현실에 거의 똑같은 것은, 국가적 차원으로 확대되어야
할 지방자치법상의 「공공복리적 권한구성요건」이다 (그것은 「급부능력의 한계 내에서
경제적 · 사회적 그리고 문화적인 복지에 대해서 필요한 제도」를 창설하는 것이다). 급부국가
에서 공정한 자산배분이나 (직업) 교육제도에서의 기회균등은 「고전적인 것」을 능가
하는 통합요인이다. 급부국가는 기본권을 위하여 적극적인 영향을 미치지만, 시민적
법치국가는 방어적으로 계속되고 있다.

11. 급부국가는 **과제**, 즉 「사회공동체적 과제」가 **증대하는** 국가이다. 거기에서는
낡은 **행위**형식이 확장되고 새롭게 유연한 **행위**형식이 창출되며, **내적** 관계에서와
함께 시민과 집단과의 **외적** 관계(협동과 커뮤니케이션)에서 변천이 생긴다. 국가지출의

증대는 기본권으로서의 기회균등이라는 의미에서 모든 사람의 도움이 될 수 있고 도움이 되어야 할 것이다. 또한 국민총생산에의 국가지출의 할당의 증가는 기본권의 실효화(實效化)에 따라서 정당화될 것이며, 정당화될 수도 있을 것이다(즉 그것이 「기본권국가」이다).

12. **사회국가**는 인간성(정신적 빈곤과 문화적인 특권부여의 해체)에의, 그리고 효율성에로의 지향성을 의미한다. 세 개의 단계에서 사회적 급부국가의 문제성이 분류된다. 즉 국가의 **자금조달 · 조직 그리고 자금배분**에 있어서 효율성의 원리가 문제로 된다.

13. 급부 · 후견국가가 사회 윤리적으로 부패하고, 사회정의에 적합한 기본권의 촉진이 위험에 놓이는 하나의 한계는 존재한다. 급부국가는 개개의 실질적인 자격요건의 징표를 해체해 버리려는 **무료봉사**를 할 수는 없다. 인간성에 따른(기본법 제1조 1항) 능력주의는 사회국가가 원조해야 할 약자를 위해 포기할 수 없다. 개인의 능력 없이 공적 급부는 존재하지 않는다! 기본법 제20조 1항(민주주의)도 제3조도 「급부 · 능력(Leistung)에 적대하는」 것은 아니다.

14. **능력주의**는 최고의 가치는 아니다. 기본권상의 자유의 보장은 효율성을 지향하는 급부국가에 대해서 다종다양하게 획정되어야 할 한계이다. 장기적으로 본다면 레스 푸블리카가 보다 효율적으로 되겠지만, 그러한 레스 푸블리카는 자유로운 시민을 고려해 넣을 수 있는 것이다.

15. **능력사회**에서는 모든 시민 · 집단 그리고 모든 종류의 공적 기관은 매우 넓은 의미(경제안정성장촉진법 제1조와 연대한 기본법 제109조)에서의 「사회의 파트너」이다. 그 영역은 기본권상, 아직 언급되지 않은 그대로이며 공백지대가 **아니다**. 경제성장은 결코 기본권을 희생한 것이어서는 안 된다.

16. 산업사회는 기본권상의 기회균등을 **실제로** 실현할 수 있도록 단지 조건 지워진다. 여기서 민주국가는 그 급부기능을 통해서 손을 빌려야 하며, 능력사회에 대해서 사회적 기본권의 불충분함을 해소해 가야 한다.

17. 급부국가와 능력사회의 이러한 **상호의존성**은 초국가적인 급부 · 목적결합체인, 유럽 경제공동체에서 보여진다(Ipsen). 거기에서의 사회는 국제적인 것이 된다. 국가 · 헌법 그리고 사회는 공동체로서 초래되었지만, 단지 아직도 공동체법상 가능하게 되어 있을 뿐인, 급부에 의존하게 된다. 유럽 경제공동체의 목표는 이중의 의미에서, 즉 구성국가 간에서의, 또 그 국가와 사회 간에서의 사회공동체의 과제의 개략을 보여준다.

III. 기본권과 관련된 급부국가의 활동과 기본권해석론상의 불충분함 ― 문제의 개괄

18. 시민적 법치국가에서의 어휘는, 자유와 재산에의 개별적인 침해로 나아갔다.

그러한 제약 시스템에 대응했던 것은, 자율적인 시민사회의 자기 이해였다. 그런데 그러한 시민사회에서 자유로운 경제질서가 일으킨 상태에 따라서 사회적 법치국가가 등장하게 된 것이다. 방법적으로도, 그리고 실질적으로도 고도로 양식화된 기본권해석론과 급부국가에 대한 현실주의적인 서술은 **다종다양한** 방향으로 나아가게 된다. 자유와 재산을 **위하여** 국가가 일정한 활동을 행한 것에 관해서는 거의 문제가 되지 않는다.

제2부 급부를 행하는 공동체에서의 기본권론의 과제

I. 기본권보장 · 「열린」 기본권해석론 · 기본권정책 그리고 기본권해석

19. 기본권보장, 「열린」 기본권해석론, 기본권정책 그리고 기본권해석의 관계는 전제문제(*Vorfrage*)로서 우선 검토되어야 한다. 기본적인 사고방식은 「**기본권을 보전하는 효력의 계속적 형성**」이다. (그것은 다음과 같은 = 역자) 테제로 된다.

(1) 기본권의 개인권적, 그리고 제도적인 측면이 **급부국가적 · 급부법적인** 측면에 의해서 보완된다.

(2) 그 실체법상의 기본적 지위로서의 능동적 지위는 절차법적인 요소를 위해서 급부국가적인 듀 프로세스라는 의미에서 확장되어야 한다. 절차적 · 능동적 지위(배분 참가질서)이다.

(3) 실체상의 기회균등, 특히 평등한 **취급**에 의한 현실적인 자유가 문제이다.

(4) 모든 기본권은 넓은 의미의 사회적 기본권이다.

(5) 그것들은 단지 소극적인 권한의 제약일 뿐만 아니라 헌법목표, 즉 「국가의 기본권 의무」이기도 하다.

(6) 기본권의 급부국가적 · 급부법적인 측면의 가능성과 현실성은 급부국가에서 실제의 국민총생산에 의존하여 변화되어 간다.

(7) 자유에서의, 그리고 자유에 의한 효율성이 문제이다.

20. 기본권의 「**변천**」은 특히 그 해석론의 변천이다. 또한 기본권의 현실은 그 ―변화가능한― 해석론의 현실과 실효성이다. 오늘날 소수인의 또는 집단의 준공권력은 침해를 미치는 공권력보다도 위험하게 된다. 입법부의 **부작위**(예컨대, 환경보호와 같은 것)는 침해법률보다도 심각한 문제이다.

21. **단체의 권력**은 기본권상의 자유를 향유 · 관리하고, 그 결과 개개인은 기본권의 불충분함에 직면하게 된다. 그러나 기본권은 단지 권력자를 위한 자유뿐만 아니라, **약자**를 위한 자유이기도 하며, 오히려 바로 그것을 위한 자유이다. 현실적 자유는 국가의 조직, 절차 그리고 기능에 관한 문제가 되었다.

22. 해석론은 고전의 재연(再演) 또는 후기 주석학파에 의거하여 존재하는 것은 결코 아니다! 그 가치는, 해석과 기본권 정책을 포함한다. 해석론의 배경을 탐구함으로써 「전체적인」 반독단주의화가 지향되는 것이 아니라, 해석론이 시대와 결합하면서 사회적 기체(基體)에 의존해야 하며, 그러한 해석론의 사회적 기능이 명확하게 되어야 한다. 그 주장 중에서 상대화되는 해석론은 기본권상의 자유의 새로운 위험상태 또는 기회에 점차 **민감하게** 대처할 수 있다. 그러한 해석론은 모든 사람의 최적한 현실적 자유와 효율적인 급부국가성 사이에서 **중도(中道)**를 발전시켜야 한다. 옐리네크(G. Jellinek), 스멘트(R. Smend) 또는 슈미트(C. Schmitt)의 해석론도 역사적인 도전에 대한 구체적인 회답이었다.

23. 시민적인 시대의 해석론의 일정한 인식(방어사고·사적인 보호영역)을 포기할 수는 없다. 해석론은 기본권상의 자유를 사회적인 현실에로 매개하여야 한다. 여기에서 바로 「기본권을 보전한 효력의 계속적 형식」이 기본권의 **보장**과 **전개를 동시에 행하는** 데 유용하다.

24. 이러한 기본권 「해석론」은 그것이 **비판적 합리주의**와 마찬가지로 독단주의화를 경계하고, 체계와 관련된 정보의 이익을 위해서 열린 한에서 그 비판적 합리주의를 근거로 한다. 헤르메노이텍은 알베르트(H. Albert)의 비판에 맞서야 한다. 기본권해석론은 실증되어야 하는데, 단지 보존되기만 할 뿐은 아닌 것이다. 급부국가에서 기본권을 「그대로 **베끼는**」 것이 중요한 것이 아니라 그것을 계속해서 쓰고, 그리고 ― 필요한 경우에는 ― 고쳐 쓰는 것이 중요하다.

25. 인간의 존엄·평등주의적 민주주의 그리고 사회적 법치국가라는 세 요소에 비추어 기본권을 전체적으로 바라봄으로써 오늘날, 기본권에 대해서 필요한 것이 전개될 수 있다. 급부국가나 능력사회는 기본권이 가능한 것, 즉 인간의 자기발전·인간성·개인의 행복이라는 것에서 정당화된다. 급부능력의 전문화(Spezialisierung)·생산성의 향상이라는 개념은 단지 **도구적으로만** 이해되어야 한다.

26. 「기본권을 보전한 효력의 계속적 형성」의 예로서는 **사립학교에 대한 자금조성**이다. 연방행정재판소(E 27, 360)의 의미에서의 한정된 급부청구권은 기본법의 전체적 시점에서 도출된다. 사립학교는 오늘날 실증되고, 또 실증되어야 하는 교육의 중개자 아울러 혁신의 가능성으로서의 급부능력에서 정당화된다. 문화적인 영역에서의 다원주의를 위해 국가는 어떤 자금을 제공해야 할 것이다.

II. 사회적 ―「현실주의적」― 기본권이해

27. **사회적·현실주의적인 기본권이해**는 G. 옐리네크의 지위론의 **재구성**을 필요로 한다. 지위론은 그 후기 절대주의적인 이해에서 민주적으로 기초지어져야 한다. 거기에서는 능동적 지위에서 출발해야 하고, 그 외의 지위는 능동적 지위를 지키기

위한 ― 변화할 수 있는 ― 구체화이다.

28. 급부국가에서는 적극적 지위와 아울러 자유의 절차법적 측면(기본권으로서의 듀 프로세스·절차적 배분참가)으로서의 **절차적·능동적 지위**가 명확하게 된 형태로 나타나기 시작한다. 거기에서는 절차법적인 법률유보로서의 급부유보가 귀결된다. 「절차적·능동적 지위」는 법적으로 또는 사실상 기본권에 영향을 받는 자의 절차참가를 규율하는 모든 규범이나 형식의 총체적 개념이다.

29. 능동적 지위, 그리고 적극적 지위는 소극적 지위의 사회국가적이며 민주적인 형식이다. 개개의 기본권을 위해서 세분화된 지위론의 이미지가 전개되어야 한다. 「**배분참가**」가 법적 효과의 사정과 강도에 따라서 구성되어야 한다. **다원주의적인 형식**들이 자유보장에 도움이 된다. 자유와 배분참가는 서로 밀접한 관계에 있으며 그것들은 자유로운 기본권의 현실화의 귀결이며 계속되어야 한다.

30. 지위론의 변천에 대응하여 **자유와 재산조항도 변천**한다. 즉 「자유와 재산」은 사회국가원리나 기본법 제3조에 인도됨으로써 변화가 시작된다. 그것들은 특히 노동과 (직업) 교육의 하나의 기능이다. 그 실질은 노동능력이며, 그 기초가 그에 대응하여 보호되어야 한다. 거기에서는 **정신적** 자유와 그 전제들에 중점이 두어진다.

31. 급부국가는 **절차망**(節次網)으로 덮여야 한다. 일찍이 질서국가에 의한 위험상태는 알 수 있고 컨트롤할 수 있었다. 그러나 오늘날 「침해」가 새롭게 정의되어야 하고 그 결과, 침해라는 것에 사실상 또는 법적으로 유사한 「간섭적」인 국가의 모든 기능 역시 파악된다. 급부국가적인 기본권 절차 내지 기본권으로서의 국가의 급부절차가 법률개념이나 법개념 속에 편입되어야 한다. 공개성에 의해 기본권상의 기회균등이 가능하게 된다. 거기에서는 국가에 의한 자유, 국가에서의 자유 그리고 국가에로의 자유가 문제된다. 사회적 기본권이해는 특히 사회**국가적**인 기본권이해이다.

III. 급부국가의 공공복리적 기능에 의한 사회적인 「기본권의 실현」

32. 「**현실주의적**」인 기본권이해에 의해서, 급부국가의 공공복리적 기능에 의한 사회적 기본권의 실현을 인식하게 된다. 예컨대, 교육제도에서의 기회균등의 확립 시에 기본법 제1조·제2조 1항·제3조 그리고 제12조의 「일상화」가 문제로 된다.

33. 「**사회적 기본권**」이라는 특별 개념은 시민적인 시대의 해석론의 개시 선서이다. 즉 「사회적 기본권」은 고전적 기본권의 보편화, 「사회화」이다. 급부국가적인 기능들은 전통적 기본권이 개인권으로서, 또는 제도적으로 「선창하는」 테마를, 실천적·정치적으로 인수하게 된다. 예컨대 기본법 제12조(노동력의 보호)·제13조(사회적인 주거 건설)·제14조(자산형성) 등이 그렇다.

34. 「사회적 기본권」의 **실정화**(Positivierung)는 일정한 요건의 유보 아래 기본권

상의 청구권·제도보장·사회적인 보호위탁과 헌법위탁, 아울러 적극적인 권한규정을 통하여 행해진다. 거기에서는「생성과정에 있는」급부국가적인 기본권의 현실에 대해서, 특히 입법부에 대해서 청구권을 사법재판에 적합하게 내용형성하는 것을 맡기는 형식을 전면으로 끌어내야 한다.「사회적 기본권」과 그 급부국가적인「실현」에 대한 대중의 의식, 즉 안전뿐만 아니라 자유에 대한 대중의 의식이 높아져야 한다.

35. 자유창조적인 **사회국가**의 해석론은, 특히 기본권해석론이며 또 그 반대도 있다. 바이마르 헌법이나 란트 헌법들의 헌법 텍스트는 전술한 기본권의 실정화를 위한 방법에 대해서, 그와 동시에 보다 풍부한 급부국가성에 대한 정식화의 도움이 될 수 있다. 이들의 텍스트에 대해서 기본법은 낙후되었다고 생각된다.

36. 사회국가 조항은, 특히 고전적 자유권과 관련하여 실질적인 기본권의 전제를 창조하는 데에 봉사하며, 그것은 예컨대, 기본법 제2조 2항 1문(환경보호)를 전개시킨다. 즉 그것이「사회적 기본권의 정의」그리고「사회적인 기본권의 조정」이다.

37. 재산의 변천은 **기본권상의 자유의 실제상의 급부국가적인 사회화**이다. 그것은 일반적·공적으로 된다. 사회국가원리는 자기의 급부 없이 자산이 얻어지는 곳에서 보다 많은 것을 받아들이도록 급부국가를 정당화한다(예컨대, 상속세·투기이익 등).

38. 완전한 복지국가로 생각할 수 있는 급전환에는 **위험**이 존재한다. 왜냐하면 그러한 복지국가는 소극적 지위를 유린하고, 자유와 평등 사이의 불편한 관계를 평등의 절대화로 곡해하기 때문이다. 여기에서 새로운 통제의 형식으로 법치국가가 변질되지 않는다는 것을 확보해두어야 한다.

39. 기본권제한적이기 때문에 기본권해석론상의 형태가 되는 것으로서의 경제적으로 **불가능한 사항**이 증대하는 역할은 해석론의 전개를 배제하는 것은 아니다. 다만, 완전한 사회국가적 급부청구권에서는 주의해야 한다.

40. **헌법위탁**을 세분화하여 생각하는 것이 중요하다. 그러나 헌법은 정책적인 생활보장도 급부국가인 생활보장도 아니다! 헌법위탁을 통해서, 예컨대 내적 구조의 내용형성 등으로 향하는 위탁을 통해서, 기본권은 실제로 현실적인 것이 되어야 한다. 기본법 제3조와 제20조 1항을 통해서 급부청구권이 나오게 되는 것은 거의 예외적인 경우에 불과하다. 헌법위탁은 급부국가적인 기본권의 실효화를 위한「마법의 식탁」(Tischlein-deck-dich)은 아니다. 그것은 규범성과 일상성,「구체적인 유토피아」와 현실성 내지 필요한 것과 가능한 것 사이의 긴장관계 속에 있다. 이러한 사정(射程) 속에 들어가는 것은 특히 기본법 제3조와 제20조 1항과 관련된 제1조 1항·제2조·제5조·제6조·제7조·제12조·제13조 그리고 제14조이다. 사회국가의 단계지어진 지침이 기본권의 현실적 테마가 되는 동시에 또한 그 반대이기도 하다

41.「기본권에 **따른**」급부국가가 **출발점이 되는** 테제이다. 물론 이와는 반대로,「기본권정책」의 코스트가 높아지면 그만큼, 급부국가에 따른 기본권이 더욱더 타당하

게 된다. 고전적 기본권은 최근의 기본권, 또는 새로운 문제를 처리해야 하는 그러한 기본권보다는 덜 일정한 요건의 유보(Maßgabevorbehalt)* 아래 복종한다.

42. 평등은 자유가 집단의 특권으로 되지 않는 것을 보장한다. 사회국가가 일정한 활동을 하는 곳에서는, 불공평한(unsachlich) 이유에서 불이익을 당한 자가 청구권을 가진다. 거기에서는 사실행위의 규범적 효력이 「배분참가질서」를 초래한다. 즉 기본권상의 자유의 급부국가적 형식으로서의 배분참가, 자의의 금지와 같은 생각에 대한 기본법 제3조의 공허성(空虛性)을 수정하는 평등원칙의 사회국가적 형식으로서의 평등한 취급의 원리이다. 기본권상의 **기회**균등은 기본권의 전제에서 생각할 것을 필요로 한다. 국가가 그 시민에 접근하면 그만큼 자유는 배분참가에서의 평등에 의한 보완을 더욱더 필요로 한다.

43. 새롭게 해석되는 평등원칙은 기본법 제20조 1항과 연대하여 모든 기본권을 넓은 의미의 사회적 기본권에로 활성화한다. 즉 사회적 평등에 의한 자유에로이다. 왜냐하면 자유는 그것을 행사하기 위한 사실상의 전제 없이는 무가치하기 때문이다. 그러한 자유는 이미 유산계급의 개인적인 또는 사회 전체의 현상과 동일하지 않다.

44. 기본권은 **공적 제도**에 따라서 실현된다. 공적 제도는 기본권을 급부국가적 측면에서 「활기를 부여한다」는 것이다(기본권을 촉진한 급부관계).

45. **대학입학정원제**에 대해서는 대학에의 기회균등한 액세스가 급부국가적인 가능성이라는 유보 아래 있다는 것이 타당하다. 이것은 지원자 측의 「적성능력」(適性能力)과 같은 능력주의적인 필요조건을 정당화한다. 그러한 조건에는 나아가 재판상 통제가능한 것이 첨가될 수 있다. 동시에 사법판단에 적합하지 않은 헌법위탁은 어필로서 정치기관에 향하고 있다. 「란트 주민인 어린이」의 우대는 란트에 관련된 급부조항에서가 아니라 헌법에 위반되는 지역을 이유로 한 기본권제한이다. 그것은 기본법 제3조 3항(고향), 평등원칙의 특별규정으로서의 제33조 1항 그리고 기본법 제11조와 제12조, 즉 급부국가에 따른 기회균등인 액세스권을 침해한다.

46. **(기본)권 보호**는 재판상의 권리보호라는 사후적인 것만으로는 충분하지 않다. 기본법 제19조 4항과 제103조 1항은 급부국가에 따르도록 전개되어야 한다. 기본법 제1조 1항에서는 절차보장 없이, 시민에게 처분을 부과해서는 안 된다(즉 자유로이 시민을 「계획으로 추가해서는」 안 된다)는 것이 도출된다. 여기에서 기본권과 기본권상의 **이익**(기회)이 구별된다. 기본권은 주관적 공권 또는 청구권으로서 사법판단에 적합한 것이 되는 실체적 내용 그것이다. 이에 대해서 기본권상의 이익은 사실상 기본권과 관련된 것, 즉 사법판단 적합성의 한계를 초월하는 데에 존재하는 것을 의미한다. ― 즉, 그것은 비재판적인 절차에서만 최적으로 보호될 수 있는 이익이다. ―**좁은 의미**의 권리보호(재판적 보호)의 활성화에 기여하는 것은, 전통적인 개념들과 신중하게 결부된다는 것(예컨대, 전통적인 「침해의 이미지」의 수정)과 일정한 기본권을 내용적으로 강화하는 것이다(사회국가원리와 개별적인 기본권과 연대된 기본법 제3조).

47. **조세**가 단순한 국고(國庫)의 자금조달 보다도 정치목적을 관철하기 위한 것으로 기능이 변천된 것에서 이러한 것이 생긴다. 즉 조세개념은 현실에 충실한 것으로 생각되는 것처럼 (주된) 국고목적에로 고착화하는 것에서 해방시켜야 한다는 것이다. ― 조세는 「계급대립의 조정」을 행하는 사회적인 향도과제(嚮導課題)를 실현하는 수단(이기도) 하다. 기본법 제14조의 보수적인 해석과는 반대로, 그 조항 아래 특정한 재산 이데올로기가 두어져서는 안 된다고 할 것이다. 모든 조세법률은 기본법 제14조 1항에서 보호되는 재산에 영향을 미치며, 그 허용성은 재산권의 사회적 제약에 따라서 판단하게 된다. 재판적 보호는 이것으로 충분하다.

48. **노동협약의 자치**에 관해서는 사정이 다르다. 여기서는 국민총생산과 기본권의 가능성·현실성과의 관련에 비추어 어떠한 범위에서 그 자치가 책임을 질 수 있는가 하는 문제가 제기된다. **절차법적** 측면에서 그 급부국가적인 문제가 처리되어야 할 것이다. 예컨대, 노동협약상의 정책적 데이터를 조사하고 확정하기 위한 공적이며 모든 사람이 이용할 수 있는 절차 또는 급부법적으로 내용형성되어야 하는 조정절차를 통해서이다.

49. **넓은 의미**의 (기본)권보호(사전의 그것), 즉 기본권에서의 「듀 프로세스」는 절차, 거기에서는 급부법(예컨대, 계획)의 성립도 문제로 되지만, 그것을 **끝까지** 진력함으로써 비로소 **급부기능**에 대해서, 그리고 **급부기능**에서 기본권상의 이익의 내용을 **구체화**시키게 된다. 누가 사실상 (또는 법적으로) 기본권상의 이해관계를 가지는가 하는 것이 「개인화」되어야 한다. 재판상의 권리보호의 결함은 절차상의 보호에 의해서 메꾸어져야 하며, 관여하는 시민·집단 그리고 행정의 공동작업의 형식이 전개되어야 한다(기본권운동으로서의 시민운동).

IV. 결 론

50. 기본권과 급부국가는 매우 「저항력이 약한」 방법으로 결부되고 있을 뿐이다. 결국 급부국가는 그 시민의 **기본권상의 능력**에 운명을 맡기고 있다.

5. 교회와 국가의 긴장관계 속의 종교의 자유[*]

에른스트-볼프강 뵈켄회르데

《차 례》

---

[*] Ernst-Wolfgang Böckenförde, Die Religionsfreiheit im Spannungsfeld zwischen Kirche und Staat, in: ders., Religionsfreiheit. Die Kirche in der modernen Welt, Schriften zu Staat-Gesellschaft-Kirche, Bd. 3. Freiburg: Herder 1990, S. 33-58.

　　1965년은 종교의 자유의 역사에서 기념할만한 해이다. 오늘날에 이르기까지 단호하게 종교의 자유의 승인을 거부해온 종교기관인, 가톨릭교회는 이 해에 종교의 자유를 승인하였다. 1965년 12월 7일에 공의회 교부가 채택하고, 공의회가 폐회할 즈음에 로마 교황이 엄숙하게 공포한 제2차 바티칸 공의회의 「종교의 자유에 관한 선언」,* 이것이 그 정식 문서이다. 트리엔트 공의회*가 끝난 지 400년 후 겨우 종교의 자유는 최종적인 승리를 거두었다. 이 선언에는 이와 같은 표현만으로는 다 나타낼 수 없는 것이 있다. 종교의 자유는 국법에 의해서 승인되고 실시되는 원칙이 된 것만은 아니다. 거기에 더하여 종교개혁파 교회뿐만 아니라 가톨릭교회도 종교의 자유에 교회의 신학으로서의 근거와 정당성을 부여하였다. 진리의 권리, 개인의 자유의 요구, 이 양자는 교회의 신학에서는 대립적으로 파악되어 왔다. 그러나 (자연법과 신학에 기초지워진) 인간 개인의 자유권, 이 사상에 의해서 양자의 화해는 가능하게 되었다. 이 선언은 교회와 그 신자에게 무엇인가를 요청한 것만은 아니다. 동시에 그것은 세계에도 무엇인가를 부여하였다. 교회에 의한 종교의 자유의 승인, 이 원칙의 근거와 확대, 이것들에 의해서 다양한 신앙의 사람들이 자유롭게 누구에게나 받아들이는 질서 속에 사회생활을 영위하는 것이 가능하게 되었다.

I. 종교의 자유의 실현에의 고난의 길

　　우선 먼저 역사의 십자로에 서 보자. 그리하여 교회와 국가 사이의 긴장으로 가득 찬 종교의 자유에의 길을 여기서 바라보자. 과거를 회상하기 위함이 아니다. 이 문제가 해결되기에 이른 역사를 완전히 인식하는 것, 거기에 의미가 있다. 관용과 종교의 자유, 이 문제는 유럽 기독교 세계의 가시밭길이다. 종교개혁으로 신앙의 분열이 현실로 된 이래 여러 세기 동안에 다양한 종파의 기독교도는 서로 자유로운 종교활동의 권리를 박탈하여 왔다. 그것을 위한 도구로서 세속의 국가권력과 법률이 사용되어 왔다. 정통신앙과 이단, 프로테스탄트와 교황 지지파, 이에 대립하는 진영이 앞으로 어떻게 공존하면 좋은지 사람들은 상상할 수 없었다. 참된 신앙에서 이탈한 사람들에게 제재를 가하고 종교를 버린 자를 박멸하고, 그리하여 잃어버린 통일을 회복하는, 이를 위해 모든 수단을 강구하지 않으면 안 되는, 이것이야말로 의무라고 믿었다. 참된 종교야말로 정치질서에 불가결한 토대라고 보았다. 종교의 진리와 인간의 자유가 대립한 경우, 인간의 자유보다도 종교의 진리 쪽이 우선되었다.

전통적인 참된 종교를 방어하려고 한 것은 가톨릭교도만은 아니었다. 위대한 종교개혁자도 마찬가지였다. 12-13세기에 이단 심문을 실시한 이래 「완고한 이단자」의 단죄와 처벌은 세속의 권력에 맡겨도 좋다고 로마 가톨릭교회는 명언하고, 그 실시에 협력하여 중세의 위대한 신학자 중의 한 사람인 토마스 아퀴나스는 이 방법을 분명히 승인하였다. 「이단자는 타인에게 위해를 미치지 않을지라도 세속의 관헌은 그들을 사형에 처할 권리를 가진다. 왜냐하면 잘못된 신앙에 따랐기 때문에 그들은 하나님을 비방하는 자가 되었기 때문이다」.[1] 거기에서는 이단 그 자체가 종교상의 위반행위로서 처벌되었다. 중세 유럽에서는 종교와 정치의 통일 세계가 형성되고 있었다는 이유만은 아니었다. 그것은 동시에 정치반란도 의미하였다. 신앙은 법적인 성실관계로서 파악되고, 고대 이래의 전통적인 공적 폴리스 제례(祭禮[제정 일치])의 요소를 띠고 있었다.

종교개혁자도 이러한 발상에 입각하고 있었다. 확실히 루터는 초기의 저작에서는 신앙의 자유, 크리스천의 양심의 자유를 옹호하였다. 그러나 그곳은 책의 형태로서만이었다. 이 자유는 가톨릭의 영방군주와 (아직) 가톨릭에 머물고 있던 영역에는 적용되었다. 그러나 루터에 대해서 지배권력에 대한 자기의 신앙의 자유만이 문제가 되고 확립된 프로테스탄트 종파의 정당성의 문제라든가 프로테스탄트 종파내의 신앙의 상위에 대한 관용의 문제가 생긴 때 - 예컨대 츠빙글리(Zwingli)*나 재세례파가 이 문제를 제기하였다 - 루터도 멜랑히톤(Melanchton)*도 중세의 교회와 동일한 것을 주장하였다.[2]

> 「자녀에게 가르치는 신앙 개조와 같은 성서에 확실한 근거가 있고 전 세계의 크리스천에 의해서 준수되는 공공의 신앙 개조, 거기에 반하는 것을 어떤 자들은 가르치고 있다. 또한 터키인이나 재세례파가 중시하는 예언자와 같이 그리스도는 하나님이 아니라 악인이라고 어떤 자들은 가르친다. 그들은 공공연한 모독자로서 처벌되어야 한다 … .
> 모세도 율법에서 그와 같은 모독자, 그것이 틀렸다는 것을 가르치는 자를 모두 돌로 쳐죽이라고 명하고 있다」.

체포한 재세례파를 어떻게 처벌하면 좋은가 하는 문제에 대해서 헤센의 필립 백작에게 건의서가 제출되었다. 기초자는 비텐베르크의 신학자들이었다. 루터도 형벌의 경감의 주석을 붙여 거기에 서명하였다. 거기에는 이러한 문장이 있다.[3]

---

1) In IV Sentent. d. 13 qu. 2, art. 3.
2) 개별적인 점에 대해서는 다음 문헌을 보라. Joseph Lecler SJ, Geschichte der Religionsfreiheit im Zeitalter der Reformation [Orig.: Histoire de la Tolérance au siècle de la réforme], Bd. 1, Stuttgart 1955, S. 241-51. 다음의 인용문은 S. 247 f. 그 해석에 대해서는 다음의 문헌도 참조하라. Martin Honecker, Martin Luther und die Politik, in: Der Staat, Bd. 22, 1983, S. 483 f.

「모든 사람의 의무는 자기의 신분과 직무에 따라서 신을 모독하는 행위를 방지하는
것이다. 이 계명 때문에 제후나 관헌은 권력을 가진다. 그리하여 잘못된 예배를 중지시키
고 올바른 가르침과 올바른 예배를 장려하지 않으면 안 된다. 또 잘못된 가르침의
보급을 방지하고 바로 완악한 사람들을 처벌하기 위해서 강권은 발동할 수 있다. 이
점에서 레위기 제24장 「하나님을 모독하는 자는 사형에 처한다」를 적용해도 좋다」.

그것과 마찬가지의, 아니 그 이상으로 엄격한 [두 번째의] 원칙은 개혁파가 지배한
제네바에서 실시된 칼뱅의 신정(神政)이었다. 이단자나 신의 모독자가 모욕당한 신의
영광에 대해서 보복수단을 강구하는 것, 그것이야말로 세속의 권력자의 의무라고 제네바
의 종교개혁자는 반복하여 역설하였다.[4]

「이단자를 처벌하지 않는 것을 커다란 기쁨으로 하는 자비 깊은 사람들, 그들은
자신들의 변덕스런 생각이 신의 계명과 일치하지 않는 것을 알 것이다. 신의 교회가
사악한 이단자에 의해서 비방될 우려가 있다는 데에 그들은 일체의 오류를 방임하고,
인간이라는 자를 관대하게 취급하려고 할 것이다. 그러나 도시들이나 국민들을 관대하
게 취급하는 것을 신은 바라지 않는다. 반대로 성벽의 철폐도 주민의 추억의 말소도
허용되지 않는다. 이단은 타기해야 한다는 것을 보여주기 위해서 이단이 그 이상 전염되
지 않도록 일체의 이단은 근절되어야 한다. 그렇다면 이단의 비닉이 방조죄에 해당되는
것도 분명하다. 그것은 결코 놀라울 것이 없다. 왜냐하면 그들은 신과 신성한 가르침을
포기하고 신과 인간의 권리 일체에 반항하고 그들을 무시하기 때문이다」.

이어서 기독교의 사랑과 온유함이 화제로 된다.

「이단자를 허용하려는 사람들을 존경하는, 그와 같은 인간성은 잔혹하다. 왜냐하면
가련한 양이 늑대의 희생이 되기 때문이다. 나는 묻고 싶다. 이단자가 잘못된 가르침의
독을 퍼뜨리고 그리하여 사람들의 혼을 번민시키는 이것은 올바른 것일까? 하나님이
주신 도검이 육신을 행동으로 내몰아 예수 그리스도의 5체를 찢고, 그 결과 부패한
지체의 악취가 떠도는, 그와 같은 것을 무언가 저지하려는, 이것은 잘못된 것일까?」

세 번째의 흐름도 있었다. 이 사람들의 목표는 종교개혁의 최초의 수 십 년, 칼의
힘에 의지하기보다는 강한 사상 논쟁에 의해서 기독교 세계의 분열의 위기를 회피하는
것이었다. 이 운동의 담당자는 기독교도 휴머니스트이며 그 지도자는 에라스무스

---

3) Martin Honecker (FN 2), S. 484.
4) Joseph Lecler (FN 2), S. 456-58. 인용문도 같은 면에 있다.

(Erasmus)*였다. 그 주변에는 요하네스 로이홀린(Johannes Reuchlin)*도 있었다. 먼저 카를 5세의 궁정(황제의 대법관 가티나라(Gattinara)와 그랑벨라(Granvella))과 약간의 독일 제후로부터 커다란 반향이 있었다. 휴머니스트, 특히 에라스무스는 다음 두 가지 점을 강조하였다. 하나는 사랑의 마음으로서의 복음의 정신이다. 그 정신의 것, 진리를 둘러싼 기독교 세계 내의 사상대결에 폭력이나 강제가 있어서는 안 된다. 또 하나는 잘못된 신앙의 종교상의 오류는 무력이 아니라 참을성 있는 설득, 즉 사상논쟁으로서 타파되어야 한다는 정신이다.5)

> 에라스무스는 이사야와 마태를 인용하여 이렇게 말한다. 「여기에는 어떠한 뒤틀린 삼단논법도 존재하지 않는다. 협박이나 공갈도 없다. 무장한 군대도 없다. 대량살육도 없다면 불태우거나 협박하여 군용자금을 징수하는 것도 없다. 그러나 여기에는 자비의 마음, 약자에 대한 관용이 있다. 거기에는 풍부한 결실로 향한 희망이 있다」.

나아가 자신들의 입장의 정당성을 주장하기 위해 에라스무스는 밀밭의 가라지의 비유[마태복음 13-24 이하]에 언급한다.

> 「밭의 가라지를 일찍 뽑아버리려는 노복들은 거짓 예언자와 이단자를 무기나 고문으로 탄압해야 한다고 생각하는 사람들이다. 밀밭의 주인은 그들의 가라지를 뽑아버리는 것을 원치 않는다. 오히려 그들이 가라지에서 밀로 개심(改心)한다면 참으려고 한다. 개심하지 않는다면 어떤 날인가 그들을 징벌하는 재판관에게 처분을 맡길 것이다」.6)

이 세 번째의 흐름은 관용과 인내를 호소하고 조정 역할을 하려고 한다. 그 목적은 기독교의 통일성을 붕괴시키지 않고 가능한 한 오랫동안 유지시키는 데에 있었다. 그 당연한 전제로서 기독교의 통일성은 아직 파괴되지 않았으며, 파괴된다는 것은 예상조차 할 수 없었다. 그러나 자기의 잘못된 신앙에 빠져서 그 포교에 열의를 계속 가지는, 전혀 개심의 기색도 없는 완강한 이단자나 배교자, 그들을 어떻게 다루면 좋은가 하는 그러한 사태는 여기서는 상정하지 않는다. 그러므로 당연한 결과 종파간의 대화와 조정의 시도가 실패한 후 진리나 순수한 복음을 엄밀하게 방위하려고 하는 완고한 입장이 (다시) 우위를 차지하였다.

참된 종교와 순수한 복음의 적에 대해서 불가피하게 관용하지 않는, 이러한 저차원의 기독교 신념 아래 도대체 어떠한 결과가 발생하였는가? 유럽에서는 백년 이상 계속된 비참한 종교전쟁이 있었다. 16-17세기에는 신성 로마 제국 · 프랑스 · 네덜란드 · 잉글랜드 · 스위스 등과 같은 국가도 종교의 진리를 둘러싸고 끝없이 계속되는 정치대결의

---

5) Joseph Lecler (FN 2), S. 191-202. 다음의 인용문은 S. 199.
6) Erasmus, Paraphrase über den hl. Matthäus 13, 24-30. Joseph Lecler, (FN 2) S. 200에서 재인용.

전장이 되었다. 수 천 명의 사람이 생명 · 지위 · 명예 · 재산을 잃고, 가옥에서 추방되었다. 그것도 단지 신을 숭배하고 자기의 양심에 따라서 행동했기 때문이었다. 진리를 둘러싼 투쟁을 종결지으려는 권위와 구속력을 가진 최종적인 결정기관은 존재하지 않았다. 로마 교황과 공회의는 일찍이 통일적 기독교 세계의 최상급의 결정기관이었지만 스스로 투쟁의 당사자가 되어버렸다.

이러한 절망적인 상황 아래서 평화, 우선 무엇보다도 정치상의 평화에의 길은 어떻게 발견된 것일까? 정치는 자율하기 시작하고, 그때까지 자명한 전제가 되었던 참된 종교와의 연결로부터 해방되고 있었다. 정치의 토대와 목적은 종교의 진리와는 별개의, 외적인 평화, 공적 안전, 질서를 건설하고 유지하는 데에 추구하였다. 최종적으로는 공인 종교의 문제, 즉 국교 · 동권 · 관용의 문제는 종교의 사안이 아니라 정치의 사안이 되었다. 정치가 종교문제를 인수하였다. 「영주의 종교가 그 영지의 종교」[7]*라는 원칙에는 당초 종교의 자유는 포함되지 않았다. 그러나 종교전쟁의 막다른 길 속에 그 원칙은 종교의 자유를 잠재적으로 포함하는 새로운 평화질서에의 첫걸음이 되었다. 이것은 뜻밖이라고 생각할지도 모른다. 그러나 공인 종교의 문제는 이미 타협의 여지가 없는 진리의 문제가 아니라 정치의 문제가 되었다. 그렇다면 공인 종교에 의해서 종파간의 대립은 종교전쟁의 파멸로 가지 않을 수 없었던 비타협적인 절대주의로부터 해방된 것이다. 그 뒤의 시대가 되자 공인 종교에는 원칙상 규칙화에의 길, 특히 자유의 범위 · 관용, 최종적으로는 종교의 자유를 용인한다는 의미에서의 규칙화에의 길이 열리고 있었다. 움직임은 일진일퇴를 반복하였는데 그 방향은 일정하였다. 확실히 국왕이나 영방 군주도, 그들의 법률고문도, 한 국가 내에서는 한 종교만이 공인 종교로서 존속할 수 있다는 생각을 오랫동안 계속 지닐 수 있었다. 그러나 그 근거는 공적 평화의 확보라는 정치적인 것이며, 이미 종교적 내지 신학적인 것이 아니었다. 이 근거에 찬성할 수 있는가의 여부는 그것을 뒷받침하는 현실의 전제가 계속 존재하는가의 여부에 달려 있었다. 이미 1598년의 낭트 칙령*으로 프랑스의 국왕은 한 국가 내에서의 두 종교의 병존을 인정하려고 하였다. 이러한 시도는 백년 가까이 계속된 후 철회되어 국가질서의 안정을 목표로 한 교회개입 정책으로 전환하였다.[8] 신성 로마 제국에서는 1555년의 아우그스부르크의 종교화의가 매우 진지하였기 때문에 종교상의 자유의 범위를 확정하는 단서가 되었다. 1648년의 베스트팔렌 조약은 그 사업을 인수받았다.[9] 그것은 자주 힘들고 오랜 길이었다. 그러나 서로 대립하는 종파들의 배타적 요구에 대해서 종교의 자유를 확립하는, 이를 위해서는 국가와 정치권력의 중개가 필요 불가결하였다. 국가가 보장하고 보호하는 자유권으로서의 종교의 자유는

---

7) Martin Heckel, Cuis regio - eius religio, in: ders., Staat und Kirche nach den Lehren evangelischen Juristen Deutschland in der erste Hälfte des 17. Jahrhunderts, München 1968, S. 227-34.

8) Leopold v. Ranke, Französische Geschichte, Bd. 2 (Ausg. Andreas), Wiesbaden 1957, 13. Buch, 5. Kap., S. 349-64.

9) Wilhelm Kahl, Lehrsystem des Kirchenrechts und der Kirchenpolitik, Freiburg/Leipzig 1894, § 22 (S. 316 ff.); Martin Heckel, Augsburger Religionsfriede, II. Juristisch, in: Evangel. Staatslexikon, 2. Aufl., Stuttgart 1975, Sp. 93 ff.

약간의 준비단계를 거친 후 최종적으로는 19세기에 실현되었다.

유럽 대륙에서 모범적인 예를 보인 것은 프로이센이었다. 합스부르크 왕국에서는 1781년의 요제프 2세의 관용특허장은 프로테스탄트와 그리스 정교의 양 종파에 대해서 조건부의 개인적인 종교활동의 자유를 부여하였다. 그러나 종교의식의 자유 내지 일반적인 신교의 자유는 인정되지 않았다.[10] 교회국가는 가톨릭 국가였기 때문에 종교의 자유는 문제가 되지 않았다. 잉글랜드에서는 가톨릭교도의 민법상의 동권은 1829년에 비로소 실현되었다.[11] 스웨덴에서는 1859년에도 가톨릭에게 개종하였다는 이유로 수명의 여성이 국외추방에 처해졌다.[12] 이상의 국가들과 비교하여 1794년의 프로이센 일반 란트법에는 명기할 문언이 있다.

> 「하나님 나라의 주민이라는 개념, 종교에 관련된 사안 · 신앙 · 교회 내에서의 예배나 의식, 이러한 것들은 강제법[국법]의 대상이 되지 않는다.
>
> 국가 내의 어떠한 주민에게도 완전한 종교의 자유와 양심의 자유가 부여되지 않으면 안 된다.
>
> 자기의 개인적인 종교관에 대해서 국가로부터의 명령에 따를 의무는 없다.
>
> 자기의 종교상의 경향 때문에 강박 · 석명 · 경멸 · 박해가 있어서는 안 된다」.[13]

프로이센 일반 란트법에서도 교회에 대한 국가의 후견, 이른바 영방 군주에 의한 교회통치는 계속되었다. 그러나 그럼에도 불구하고 여기에는 현실에 적용되면 완전한 종교의 자유로 가지 않을 수 없었던 원칙이 확립되었다.

그러나 동시에 다음의 점도 분명히 지적하지 않으면 안 된다. 국가 쪽도 예컨대 프로이센과 독일의 문화투쟁이나 20세기 초의 프랑스의 세속주의(라이시테)적 반교회입법, 스위스 연방헌법의 반예수회 조항처럼, 승인된 원칙을 무시하고 종교의 자유를 유린한 일도 있었다. 전체주의적인 일당독재의 국가들에서 확립된 종교의 자유는 더 말할 것 없이 철저하게 파괴되었다.

그럼에도 불구하고 다음의 것도 말한다. 종교의 자유는 지금은 기독교도에 대해서도 당연한 것이다. 그러나 종교의 자유의 산모는 교회나 신학자도 아니며 기독교 자연법도 아니었다. 종교의 자유는 기독교 휴머니스트, 나중에는 계몽사상 속에서 이론적으로 준비되고 근대국가 · 법률가 · 세속의 실정법 속에서 실현되고 있었다.

종교의 자유에의 길을 연 것은 근대 국가이며 그 건설을 지원한 것은 법학자였다.

---

10) Inge Gampl, Toleranzpatent, österreichisches, in: Evangel. Staatslexikon, Stuttgart 1966, Sp. 2304 f. (제2판에서는 삭제).
11) Julius Hatschek, Englische Verfassungsgeschichte bis zum Regierungsantritt der Königin Viktoria, München/Berlin 1913, S. 749 f.
12) Albert Hartmann, Toleranz und christlicher Glaube, Frankfurt 1955, S. 270 f.
13) Allgemeines Landsrecht für die preußischen Staaten, Teil 2, Titel 11, §§ 1-4.

그러나 거기에는 당연히 대가가 뒤따랐다. 프랑스 국왕의 대법관 미셸 드 로피탈(Michel de l'Hôpital)*은 새로운 질서로 향한 원칙의 최종적인 수립이야말로 필요불가결하다고 일찍이 프랑스의 위그노 전쟁 전야인 1562년에 공언하고 있다. 국왕자문회의에서 로피탈은 「어떤 것이 참된 종교인가가 아니라 어떻게 하여 사람들이 공존할 수 있는가 그것이 중요하다」[14]고 서술한다. 국가와 공공질서는 이 세상의 것으로서 세속화되고, 참된 종교라든가 어떤 특정 종교와의 연결로부터 해방되지 않으면 안 되었다. 그리하여 비로소 국가와 공공질서는 조정불가능한 종파간의 다툼에 관계없는 차원의 토대, 전체 시민을 포괄하는 새로운 일반적인 토대 위에 설 수 있었다. 이러한 국가의 구성원리에서 볼 때 당연한 이치, 종교는 이미 정치질서를 통합하는 구성요소가 되지 않을 수 없었다. 국가 그 자체는 종교의 진리에 대해서 중립적으로 되었다. 종교신앙의 문제는 원칙면에서 보면 시민의 개인적인 사안이 되었다. 이러한 의미에서도 종교는 「해방」되었다. 종교가 사적 영역, [국가와 구별되는] 사회의 영역으로 후퇴된 것은 그 결과였다. 그것을 카를 마르크스는 반(反) 브루노 바우어*론 속에서 간명하고 적확하게 서술하고 있다.[15]

　다음의 문제제기에도 약간의 의미는 있을 것이다. 오늘날 마침내 기독교교도에게도 자명한 원칙이 된 종교의 자유, 이 원칙을 종교의 진리의 주장자들이 4백 년 전에 승인하고 있었다면 유럽의 질서와 근대 국가의 형성은 어떠한 모습을 취하고 있었을 것이라고. 확실히 종교에 중립적인 세속국가로서 근대국가를 건설한 것은 국가의 지도자로 임한 위정자나 법률가였다. 그러나 그들처럼 종교개혁과 종교전쟁의 시대의 신학자가 이미 지니고 있던 어음을 현금화한 것에 불과하였다. 「신학자일지라도 자신들의 권한이 아닌 직무에 관해서는 침묵하라」. 국제법학자인 젠틸리(Gentilis)*의 이 말은 반(反)성직자주의를 주장한 것이 아니라 종교전쟁의 고난 속에서 나온 경구이며 비명이기도 하였다. 또한 자주 비방과 오해의 대상이 되어온 토머스 홉스의 말 「진리가 아니라 정치의 권위가 법을 창조한다」*도 이러한 문맥 속에서 이해되어야할 것이다. 이 두 사람의 문장은 정치통합의 당연한 전제가 되고 있었던 기독교적 토대가 아직 존재하던 시대에 쓰여졌다. 거기에서는 대립하는 종파들에 대한 중립은 선언되었다. 그러나 기독교의 존재 그 자체는 자명한 전제가 되고 있다.

II. 전통적 가톨릭 관용론 비판

　관용과 종교의 자유를 촉진한 것은 국가였다. 이 국가의 움직임에 대해서 교회는 도대체 어떻게 반응한 것인가? 가톨릭교도인 나는 여기서 이 문제를 가톨릭교회를 중심으

---

14) Leopold v. Ranke, Französische Geschichte, Bd. 1 (Ausg. Andreas), Wiebaden 1957, 3. Buch, S. 115.
15) Karl Marx, Zur Judenfrage I, in: ders., Die Frühschriften (Ausg. Landshut), Hamburg 1953, S. 183 (김현 옮김, 『유대인 문제에 관하여』, 책세상, 2015).

로 검토하려고 한다. 왜냐하면 첫째로, 가톨릭교회에서 원칙문제가 가장 명확하게 떠올랐기 때문이며, 둘째로, 바로 가톨릭교도이기 때문에 기탄 없이 가톨릭교회를 비판할 수 있기 때문이다.

1. 1953년까지의 종교의 자유의 부정론

1953년의 피우스 12세의 이른바 관용 발언에 이르기까지 전통적인 가톨릭 교의는 결과론에서 말하면, 종교의 자유도 동일한 것이 되는데 관용도 원칙적으로 계속 거부하여 왔다. 가톨릭 교의에서는 자유보다도 진리 쪽이 우월하며, 진리에 대해서 오류는 권리를 가지지 못한다는 명제가 주장되어 왔다. 공동선에 관하여 특별히 중대한 이유가 있는 경우에만 오류에도 존재가 허가되었다. 그러나 그것은 결코 원칙상의 법적인 허가가 아니며 어디까지나 사실상의 악의 용인이었다. 이것은 근본적으로 말하여 종교개혁과 대항종교개혁의 시대의 교의와 다를 바 없다. 이 견해는 제2 바티칸 공회의 의장(議場)에서도 소수파에 속하는 약간의 공회의 교부에 의해서 강력하게 주장되었다.[16] 그렇지만 이 전통적 가톨릭교의 내부에서도 중요한 다음의 세 단계의 의론은 구별되지 않으면 안 된다.

그 제1단계의 극단적인 논의로서 1948년에 로마의 예수회 잡지 『가톨릭 문화』에 게재된 기사가 있다.[17] 「가톨릭교회는 신의 특권에 의해서 유일하고 참된 교회인 것을 확신하며 자유권의 전유를 요구하지 않으면 안 된다. 왜냐하면 이 자유권은 진리에만 부수하는 것이며 결코 오류에는 부여되지 않기 때문이다. 확실히 가톨릭교회는 다른 종교를 배제하지 않는다. 그러나 다른 종교에 대해서 잘못된 교의를 포교하지 않도록 하기 위해서 ― 인간의 존엄에 합치된 정당한 방법으로 ― 요구한다. 그 결과 가톨릭이 다수를 차지하는 국가에서는 오류에 법적 존재로서의 지위가 인정되지 않는 것 […]을 교회는 요구한다. 그렇지만 이 원칙을 완전하게 적용할 수 없는 특수한 사정이 있는 경우에는 […] 가톨릭교회는 스스로 최대한 가능한 한 범위에서 양보할 것이다. 동시에 가톨릭교회는 악을 선택하지 않을 수 없는 경우, 보다 적은 악으로서 다른 종교공동체의 법적 관용을 감수하지 않으면 안 된다. 가톨릭교도에게 사실상의 존재권만이 부여되는 국가들에서는 가톨릭교도는 (전) 종파 전체를 위한 완전한 종교의 자유를 스스로 요구하지 않으면 안 된다. 그러나 전체 종파에게 자유권이 부여되었기 때문이라고 하여 가톨릭교회는 상기한 명제를 포기한 것은 아니다. 구체적인 생활의 장에서는 현실을 도외시할 수 없다는 하위명제를 응용한 것에 불과하다」.

『가톨릭 문화』의 저자는 이상과 같이 서술한다. 이 기사에 분개해야 할 이유는 없다. 문장은 명쾌하며 사고에 내적 모순은 없다. 예컨대 특히 1864년의 피우스 9세*의 『근대주

---

16) 특히 당시의 성무성(聖務省)의 사무장 오타비아니 추기경, 제노바의 실리 추기경, 나폴리의 루피니 추기경. 공회의 의장에서의 토론에 대해서는 다음의 문헌을 참조하라. Pietro Pavan, in: Lexikon für Theologie und Kirche, 2. Aufl., Bd. 13, S. 704 ff.

17) Civiltà Cattolica, 99, 1948, Vol. 2, p. 33 (Ausg. v. 3. 4. 1948).

의의 오류표』(실라부스)와 같은, 로마 교황청의 낡은 공적 견해도 무시하지 않고 있다. 『근대주의의 오류표』 제77항과 제78항은 공적인 종교 의식의 자유를 분명히 탄핵하고 있다. 미사여구도 없으며, 여기에는 자유보다도 진리 쪽이 우선하는, 이 원칙을 시종일관 주장한다면 어떠한 결과로 될는지, 그것이 명백하게 표현되고 있다.

[제2 단계의] 근본적으로 같은 견해는 가톨릭교회의 지도적 지위에 있는 오타비아니(Ottaviani)* 추기경에 의해서 주장되고 있다. 거기에서 관용의 가능성은 약간 확대하고 있다. 그러나 가톨릭 국가의 정상적인 상황 아래 잘못된 종교를 원칙으로서 금지하는 것은 명백히 위정자의 의무이다. 오타비아니에 대해서 참된 종교를 국가의 토대에 세우고, 국민의 물적 복지만이 아니라 도덕적이며 정신적인 행복을 증진시키는 것도 국가의 의무가 된다.[18] 다양한 근거 속에 오타비아니는 특히 레오 13세의 발언을 원용한다. 교회와 국가의 관계에 관한 레오 13세의 사상은 실제로는 「가톨릭 국가명제」이며, 기본적으로는 국가의 종교적 의무를 계속 주장하며, 다른 종파들의 공적 존재는 일정한 상황 아래 감수해야만 하는 악일 뿐이었다.[19] 그것을 티슈레더는 레오 13세의 국가론에 관한 상세한 연구 속에서 명확하게 서술하고 많은 증거를 제시하고 있다.[20]

이 점 오타비아니는 예외는 아니다. 독일에서 많은 독자를 획득한 클라우스 뫼르스도르프의 교회법 교과서도 같은 견해를 주장한다. 제2 바티칸 공회의의 심의 중에 출판된 1964년의 제11판에는 다음의 문장이 있다. 「종교에 중립적인 근대국가는 교회에 대해서 배교자와 같이 생각한다. 교회는 기독교 계시의 충실한 보호자이다. 그 교회가 오류에 권리를 부여하는 것 등은 절대로 안 된다. 그러므로 무제한한 신교와 종교 의식의 자유는 거부되지 않으면 안 된다. 왜냐하면 종파가 혼합된 국가는 중세의 가톨릭 국가와는 다른 상황에 있다는 것을 오인해서는 안 된다」.[21]

제3 단계는 피우스 12세의 이른바 관용 연설이다. 거기에서는 상술한 원칙의 적용은 [보다 고차의 선을 실현한다는] 윤리적 요청이 있는 경우에는 제한되며, 그 분효력(分效力)도 약해졌는데 원칙은 포기되지 않고 있다. 여기서는 윤리와 종교의 오류를 탄압하는 의무는 그 의무보다도 높은 차원에 있는 보편타당한 규범에 종속한다. 그러므로 오류를 탄압하는 의무는 결코 지상규범도 아니며 그 자체로서 자율적인 규범도 아니다. 그러나 그럼에도 불구하고 이 의무는 근본적으로는 국가권력의 보유자도 구속하는 보편타당한 규범으로서 유지된다. 다음의 인용문은 이상의 것을 결정적으로 표현한다.[22]

---

18) Alfredo Ottaviani, Institutiones juris publici ecclesiastici, vol. II: Ecclesia et status, 4. verm. Aufl., Rom 1960, S. 46-47, 66-67.
19) Leo XIII, Immortale Dei, 1885, c. 54 (Haec quidem). 「비록 여러 가지 형태의 종교에 진정한 종교와 같은 권리가 부여되지 않을지라도 가톨릭교회는 정부를 비난하지 않는다. 다만 그 경우에는 전통과 습관에 의해서 국익을 위해, 악을 회피하기 위해, 국가 내에서의 다른 종교의 존재를 감수한다는 조건이 두어진다」.
20) Peter Tischleder, Die Staatslehre Leos XIII., Mönchengladbach 1923, S. 187 f.
21) Klaus Mörsdorf, Lehrbuch des katholischen Kirchenrechts, 11. Aufl., 1964, Bd. 1, S. 51/52.
22) 다음의 문헌에서 재인용한 것이다. Utz-Groner, Aufbau und Entfaltung des gesellschaftlichen Lebens, Soziale Summe Pius'XII., Bd. 2, Nr. 1977 u. 3978.

「윤리와 종교의 오류를 탄압하는 의무는 결코 행동의 지상규범이 될 수 없다. 그것은 그 의무보다도 높은 차원에 있는 보편타당한 규범에 종속하지 않으면 안 된다. 이 지상규범은 보다 높은 차원의 선을 실현하기 위한, 정세 여하로 오류를 배제하지 않는 것을 인정한다. 오히려 배제하지 않는 것이 차선책이 된다. 이상의 것에서 다음의 두 원칙이 명백하게 된다. (1) 진리와 도덕률에 합치하지 않는 것은 객관적으로 존재·포교·행동의 권리를 가지지 않는다. (2) 그럼에도 불구하고 보다 포괄적이며 보다 고차의 선을 실현하기 위한 국법이나 강제조치를 가지고 간섭하지 않는 것도 정당하다고 한다」.

확실히 여기에는 강조점에서 미묘한 차이가 있다. 그러나 [보다 고차의 선을 실현할 필요가 있는 경우에는 오류를 탄압하지 않는 것도 정당하다고 한] 이러한 종류의 관용론에 대해서, 다른 기독교 교도는 가톨릭의 자세는 결국 기회주의일 뿐이라고 비난하여 왔다. 이것은 매우 심한 비난이다. 다른 기독교 교도나 다른 종교의 사람들이라면 이렇게 질문할 것이다. 국가 내에 가톨릭교도가 압도적 다수를 차지하고 국가권력을 장악하거나 국가가 전통적으로 「가톨릭 국가」인 경우에, 거기에서도 가톨릭교도는 종교의 자유와 관용을 주장하는가 라고. 이러한 물음에는 명쾌하게 대답하지 못했다. 확실히 피우스 12세의 관용 연설에서는 전통적인 이론은 약화되었다. 그러나 그럼에도 불구하고 국가질서를 국가질서로서 승인하는, 이 조건마저 채우지 못하면 국가 내의 어떠한 시민도, 이단자도 배교자도 평등한 종교적 생존권을 가지며 국가란 원칙적으로 그와 같은 집이어야 한다, 이러한 생각은 피우스 12세의 관용 명제에도 아직 승인되지 못하였다.

2. 전통적인 가톨릭 관용론 비판

공의회 이전의 명제를 자세하게 검토하면 미묘한 차이도 있을 것이다. 그러나 그럼에도 불구하고 그 핵심부에서 그 자연법, 종교의 자유 이외의 분야에서는 교회가 완고하게 주장하여 왔으며, 지금도 주장하는 자연법, 그것이 완전히 무시되고 있다.

전통적인 관용론에 의하면, 법의 주체는 개인으로서의 인간이 아니라 추상개념의 진리이다. 인간은 이 진리개념의 객체가 되어버리고 있다. 거기에서 권리는 인간으로서의 인간에 귀속하는 무엇인가, 인간의 인격적 존재에 유래하는 무엇인가가 인간 인격의 자유를 보장하는 것이 아니라 종교와 진리 속에 있는 한, 그러한 한에서만 인간에게 부여된 그 무엇이다. 인간이 인간으로서의 권리를 가지는 것이 아니라 진리가 권리를 가진다. 그러나 「진리가 권리를 가진다」는 것은 어떠한 것인가? 이 현세의 차원에서 보는 한, 그것은 진리를 소유하거나 스스로 진리 속에 있다고 믿는 사람들, 진리란 무엇인가를 결정하는 기관, 이러한 사람들이나 기관이 권리를 가진다는 것이다. 진리는 이 세상에서는 추상적인 것, 본질 그 자체로서가 아니라 구체적인 인간의 신념으로서 존재한다.

그러므로 진리가 권리를 가진다는 것은 인간의 사회생활 면에 응용하여 구체적으로 말하면 무엇이 진리인가를 실제로 결정하는 기관으로서의 교회, 그 교회에 소속하는 사람들, 이 양자만이 권리를 가진다는 의미가 된다. 이 논의에서는 법의 보편성과 상호성은 부정되고 있다.

이러한 이론은 원칙적으로 받아들여지지 않았다. 국가가 시민에게 자유를 보장하려고 하였다면 이러한 이론과 대결하고, 교회가 그러한 것은 실행하는 것을 저지하는, 그 길만이 국가에게 남은 것은 아니었다. 바로 그리하여 국가는 종교의 자유의 개척자가 되었다. [또 다음과 같이 논의하는 사람이 있을지도 모른다]. 가톨릭교회의 교의는 훨씬 이전부터 신앙의 받아들임(영접)이 강제되어서는 안 된다고 주장해 왔으며, 이 원칙으로 전통적인 가톨릭 관용론이 사회적으로 양립되지 않는다는 것이 되지는 않았다. 확실히 가톨릭교회는 이 원칙을 항상 주장하고 옹호해 왔다. 그것은 교회법 제1315조에 분명히 표현되어 있다. 그러나 그것은 관용의 원칙도, 종교의 자유의 원칙도 아니었다. 왜냐하면 첫째로 그 규정은 가톨릭 신앙의 자유로운 「영접」에만 적용된 것은 아니기 때문이다. 한번 영접한 신앙을 버릴 자유는 없었다. 둘째로 위의 종교법의 규정은 잘못된 신앙에 대해서 의식을 집행하거나 포교하는 자유를 부여하지 않았다. 그러므로 확실히 가톨릭 신앙은 강제되지 않았다. 그러나 잘못된 종교가 활동하고 포교하는 것도 금지되었다.

근대 공산주의는 전통적인 가톨릭 관용론의 원칙들을 받아들이고, 그것을 한쪽의 불관용이란 의미로 해석하는 것으로 충분하였다. 그렇다면 유혈 참사를 볼 것도 없이 신앙의 자유를 제한할 것도 없이, 근대 공산주의는 합법적인 방법으로 계속 종교 박해를 실행할 수 있다. 이것은 다음의 한 예에서 명백하게 될 것이다.

1936년의 소비에트 연방 헌법 제124조는 이렇게 말한다. 「모든 시민에 대해서 종교상의 의식을 거행할 자유와 반종교의 선전활동을 할 자유가 승인된다」. 이 규정의 의도는 분명하다. 무신론의 진리에 대해서 종교적인 미신이라는 오류는 존재·보급·활동의 권리를 가지지 않는다는 것이다. 오류에 사로잡힌 사람이 잘못된 교의를 퍼트리는 것은 금지된다. 그러므로 법적 지위는 부여되지 않는다. 외적인 평화를 위해서, 순수한 예배의 자유가 묵인됨에 불과하다. 선전이나 포교의 자유, 완전한 존재권을 요구할 수 있는 것은 진리, 즉 무신론뿐이다. 그 결과가 어떠한 현실로 되는가, 주지하는 바와 같다. 이 상태가 그만큼 비분강개할 것인가, 공회의장에서 쾨니히(König) 추기경은 감동적인 말로 이것을 언급하였다.[23] 그러나 충격적인 것은 가톨릭교회 스스로가 전통적인 관용론에서 오류의 취급을 결정한 원칙, 그 동일한 원칙으로 진리의 독점을 요구하는 공산주의 무신론도 자국 내의 가톨릭교회를 취급하고 있다는 사실에 있다. 「무엇이든지 남에게 대접을 받고자 하는 대로 너희도 남을 대접하라」(마태복음 7:12)라는 성서의 말은 이 세상의 모든 정의의 토대이며, 아마 약간의 참된 자연법 명제의 하나일 것이며, 이 말은 가톨릭교회 그 자체에게 향한 것이 되었다.

---

23) KNA Sonderdienst, Nr. 50 vom 26. 9. 64, S. 2-3.

공의회의 마지막 회기에 프라하의 베란(Beran) 추기경은 솔직하게, 더구나 기탄 없이 말했다. 「내 고향 체코의 가톨릭교회는 과거에 가톨릭교회의 이름으로 양심의 자유를 탄압하는 부정을 범했습니다. 예컨대 사제 요하네스 후스(Johannes Hus)*를 화형에 처했으며, 17세기에는 강제적으로 체코인을 가톨릭으로 재개종시키기도 했습니다. 괴롭지만 오늘날의 [공산주의 지배하의] 체코의 가톨릭교회는 그 죄와 잘못을 속죄하지 않으면 안 됩니다」.24)

토마스 아퀴나스가 말하듯이, 법의 질서는 보편적이며 법의 본질은 대등성과 상호성에 있다.25)* 즉 법원칙은 그 본성에서 볼 때 자기만이 아니라 자기와 대립하는 자에게도 보편적으로 적용된다. 상호성을 지니지 아니한 법원칙은 법의 원칙이 아니며 권력의 원칙이다.

III. 종교의 자유와 진리의 화해

종교의 자유에 관한 제2차 바티칸 공의회의 선언은 이러한 일체를 과거의 것으로 하였다. 이 선언은 그때까지의 가톨릭교회의 교의를 일보 전진시켰을 뿐만 아니라 그것을 원칙적으로 실행하였다. 종교의 자유를 둘러싼 논쟁 모든 것의 배후에는 계시된 진리와 인간의 자유, 이 양자는 어떻게 관계하고 있는가 하는 문제가 존재하였으며, 지금도 존재한다. 이 선언은 이 문제를 고찰하기 위한 새로운 대지를 발견하고, 그리하여 그 이전에 이미 교황 요하네스 23세가 회칙 『지상의 평화』(pacem in terris)에서 한 걸음 밟고 나아간 길을 내디딘 것이다.

1. 종교의 자유의 선언 내용

이 선언은 종교의 자유의 권리를 승인하였다. 거기에서 말하는 종교의 자유란 자기의 양심의 요청에 따른, 공적으로나 사적으로나 종교활동을 하는, 인간 인격의 불가침의 외적 권리인 것이다. 이 자유는 어떤 특정한 입장의 인간론에서 도출되는 것이 아니라 인간 본성 그 자체에 내재한다. 개인의 종교적 신념이 객관적으로 진리인가의 여부, 종교의 진리를 획득하기 위하여 주관적으로 노력하고 있는가의 여부, 그러한 것과는 별도로 종교의 자유의 권리는 존재한다.26) 그럼으로써 원칙은 「진리의 권리」에서 「개인

---

24) Orientierung, Jg. 1965, S. 200.
25) Summa theologiae II, II, qu. 57, art. 1. 「우리들의 행위가 정당하다고 말하는 것은 어떤 대등성을 가지고 타자의 행위에 응하는 경우이다」.; qu. 58, art. 2 co.
26) Declaratio de libertate religiosa, AAS 58, 1966, S. 929 ff., Nr. 2. 「종교의 자유의 권리는 인간 인격의 존엄에 근거하는 것이며, 신이 계시한 말과 이성 그 자체에 의해서 인식되는 것을 선언한다」(제2항)[* 제2 바티칸 공회의에서 1965년 12월 7일에 공포된 「종교의 자유의 선언」의 번역으로서 南山大學 監修, 『제2 바티칸 공회의 · 공문서 전집』 중앙출판사, 1986, 241-253면 수록의 「신교의 자유에 관한

의 권리」에로 변했다. 멋진 논리를 가지고, 더구나 명쾌하게 선언은 이렇게 말한다. 「올바른 공공질서가 혼란되지 않는 한, 종교의 자유의 권리는 진리를 탐구하고 그 진리에 구속되는 것을 의무라고 보지 않는 사람들에게도 부여되며, 그 권리의 행사가 방해되어서는 안 된다」(제2항).[27]

이 인용문은 교회의 새로운 법이론의 핵심을 표현한다. 이 인용문만으로 제2 바티칸 공회의가 얼마나 위대한 것을 이룩하였는지는 오늘날에도 측정할 수 없다. 철저한 종교의 자유 옹호자인 베아 추기경마저 공회의 기간 중에 또 다음과 같이 믿고 있었다. 종교의 자유는 선의의 잘못된 양심의 「어쩔 수 없는 오류」에는 타당하지 않은,[28] 실제로 잘못인가의 여부가 결정하기 어려운 사태에 해당되지 않는다 라고. 개인의 법적 자유의 원칙(그리고 근대 자유사상의 불가침의 일부)을 승인함으로써 종교의 자유의 선언은 그와 같은 발상을 뛰어넘었다. 이에 더해서 종교의 자유의 선언은 종교활동의 자유의 원칙에서 당연한 전제로서 믿지 않는 자유의 원칙도 이끌어내었다.[29] 이러한 신학상의 근거에 의해서 종교의 자유의 이해는 심화되었다. 비가톨릭의 기독교교도, 비기독교교도, 특히 세속법을 다루는 법학자, 그들이 공회의에 기대하고 있었던 모두는 성취되었다. 교회 자신도 근대 세계와의 관계, 그 특수형태인 근대 국가와의 관계에서 새로운 자세를 취할 수 있게 되었다. 이러한 논리를 시종일관 추구한다면, 아주 커다란 작용이 나타난다.

이 원칙을 구체적으로 적용하면 어떻게 될 것인가, 그 한 예는 이 선언 그 자체에도 열거되고 있다. 전통적 가톨릭 국가의 교회에게 부여되었던 특권적 지위는 정당성을 상실하였다. 선언에 의하면 이러한 지위는 이미 특수한 상황에서 유래하는 역사적인 산물에 불과하다. 그러한 산물이 현실에 존재하는 한, 그것은 그것으로서 부정될 것이 아니다. 그러나 그 때문에 시민의 종교의 자유나 그 밖의 종교공동체의 자유가 제한되어서는 안 된다.[30] 이 점은 다음의 것에서도 강조되고 있다. 「법 앞의 시민의 평등은 그 자체 사회의 공동선에 속하는데, 그 평등이 종교를 위해서 공공연하게 내지는 극비밀리에 차별되어서는 안 된다」. 진정한 종교에 대한 국가의 특수한 의무 등, 또한 논외이다. 종교국가는 더 이상 가톨릭에 대해서 좋아하지 않는다. 종교에 대한 국가권력의 의무는 종교의 자유와 그 실현에만 관련한다. 「그러므로 국가권력은 정당한 법률이나 그 밖의 적절한 수단을 사용하여 효과적으로, 적극적으로 전시민의 종교의 자유를 보장하고, 종교생활을 장려하기 위한 유리한 조건을 조성하지 않으면 안 된다. 그렇게 하는 것으로

선언」이 있다. 이하의 인용은 면수가 아니라 행수임].

27) 이 점에 대해서는 베아 추기경의 감명 깊은 해석을 보라. A. Kardinal Bea, Die Kirche und die Religionsfreiheit, in: Stimmen der Zeit, Bd. 177, 1966, S. 241 ff. (243/44).

28) A. Kardinal Bea, Religiöse Freiheit und Wandlungen der Gesellschaft, in: Stimmen der Zeit, Bd. 173, 1963/64, S. 321.

29) 「종교의 자유에 관한 선언」 제3항과 제10항.

30) 「종교의 자유에 관한 선언」 제6항 「국가의 특수 사정 때문에 국가의 법제도에서 특정한 종교단체에게 특별한 지위를 인정하는 경우에도 모든 시민과 종교단체에게 종교의 자유의 권리가 인정되고 존중되지 않으면 안 된다」.

시민도 자기의 종교상의 권리를 행사하고, 종교상의 의무를 수행할 수 있다」(제6항).

국가 내에서의 국가에 대한 교회의 지위도 이미 「신으로부터의 특권」으로서 요구되지 않는다. 확실히 선언은 예수 그리스도에 의해서 설립된 교회의 임무에 언급하며, 거기에서 인간사회에 있어서의 교회의 자유권을 요구한다. 그러나 이 「특별한 자유」로 요구한 것은, 신앙공동체로서의 교회에게 일반적인 종교의 자유에 근거한 권리들을 부여해야 한다는 점에 있으며 그 이상의 것은 아니다. 실제로 선언은 이렇게 말한다. 종교의 자유의 원칙은 단순히 선언한 것만으로는 의미가 없다. 그것은 현실에도 적용된다. 그리하여 비로소 신으로부터 부과된 임무를 수행하기 위해서 필요한, 확고한 지위가 교회에 법적으로도 사실로서도 주어진다(제13항). 한편으로는 교회의 자유, 다른 한편으로는 모든 인간과 인간 공동체에 외적 권리로서 주어지지 않으면 안 되는 일반적인 종교의 자유, 이 양자의 조화는 가능하다. 그것을 선언도 명언한다. 어떠한 종교공동체도 요구할 수 있는 권리, 그것과 같은 권리를 가톨릭교회도 요구할 뿐이다. 그럼으로써 최종적으로 일반적인 종교의 자유에 근거한, 그 틀 내에서의 국가와 교회의 분리, 레오 13세가 당시 여전히 거세게 비난하였던 양자의 분리[31]는 실현되었다.

2. 종교의 자유와 진리의 화해

공의회는 종교의 자유를 선언하였다. 그러면 그것은 가톨릭교회가 신앙의 진리의 주장을 포기한 것을 의미하는 것인가? 일찍이 가톨릭교회는 근대 국가의 자세를 불가지론이라고 비난하여 왔다. 그 불가지론에 가톨릭교회 자신도 빠져버린 것인가? 결코 그렇지 않다. 비록 그처럼 강력하고 가톨릭교회가 종교의 자유를 법의 원칙으로서 승인하려고 하더라도, 동시에 가톨릭 신앙이 진리인 것, 인간에게는 참된 신앙을 탐구하고 받아들일 의무가 있는 것, 이 주장에 변화는 없다. 「모든 사람은 특히 신과 교회에 관한 사안에서 진리를 탐구하고 그리하여 인식된 진리를 받아들이고 보존할 의무를 가진다」.[32]

그러나 그것은 선언된 종교의 자유의 원칙을 문제 삼는 것은 아닐까? 또 종교의 자유와 진리의 주장은 모순되지 않는가? 결코 모순되지 않는다. 왜냐하면 한편으로는 법의 질서, 다른 한편으로는 도덕상의 의무, 이 양자가 교회의 공문서 속에, 이 선언으로 비로소 더구나 명확하게 구별되었기 때문이다. 확실히 이 선언은 종교의 진리를 탐구하고 그것을 보존할 의무에 대해서 말한다. 그러나 그것은 어디까지나 「도덕」적 의무이며,[33] 타인이나 국가권력의 간섭으로부터의 보호를 목표로 하는 종교의 자유의 외적 권리인 것은 아니다. 법영역과 도덕영역의 차이의 승인, 이것이야말로 교회가 근대법을 이해하는

---

31) Peter Tischleder, S. 318 ff.
32) 「종교의 자유에 관한 선언」 제1항.
33) 「종교의 자유에 관한 선언」 제1항 「개인과 단체의 도덕적 의무」, 제2항 「진리를 탐구할 도덕적 의무가 있다」. 이 점에 관한 명확한 주석으로서 P. Pavan, in: J. Hamer/Y. Congar (ed.): Die Erklärung über die Religionsfreiheit, Paderborn 1967, S. 170 ff.

새로운 길이 되었다는 것만은 아니다. 동시에 그럼으로써 종교의 자유의 내용과 범위가 비로소 정당하게 인식되게 되었다. 종교의 자유는 어디까지나 외적인, 세속법의 근본원칙일 뿐이다.

확실히 법과 도덕을 완전히 분리하는 것은 불가능하다. 그러나 그 내용과 목적에서 볼 때 법과 도덕은 구별된다. 법은 인간과 신의 관계가 아니라 사람과 사람의 관계, 인간과 국가권력의 관계를 대상으로 한다. 법은 인간의 영원한 구원이나 도덕적 완성이 아니라 이 현세의 인간사회의 외적 질서의 수립을 목적으로 한다. 그러므로 법의 세계는 도덕과 진리의 질서가 아니라 평화와 자유의 질서이다. 바로 그것으로 개개의 인간은 스스로 인식한 진리, 신앙 속에서 파악된 진리에 비추어 살며, 자기의 영혼의 구원을 구할 수 있다. 법의 질서를 보장하는 개개의 법률은 타인이나 국가권력의 간섭에 대해서 자유를 효과적으로 확보하고 보호하는 것이며, 신과 진리에 대한 도덕 · 윤리적인 의무나 책임으로부터의 자유를 정당화하는 것은 아니다. 그러므로 종교의 자유의 권리를 승인하는 것은 결코 개개인이 종교문제를 자신의 임의대로 해석해도 좋다는 도덕의 특허장을 의미하는 것도 아니라면, 진리에 대한 의무로부터의 해방을 의미하는 것도 아니다. 종교의 자유란 자기 양심의 규범에 비추어 신을 숭배하고 자기의 종교를 사적으로나 공적으로 공언하는, 내지 공언하지 않는 외적 조건을 보호하고 확립하는 것, 즉 타인이나 국가권력의 간섭에 대해서 개인을 보호하는 것뿐이다.

세속법의 법학자들은 이 법과 도덕의 구별(그것은 양자의 완전한 분리를 의미하지 않는다)을 위한 투쟁을 계속하여 왔다. 그렇다고 하여 그들은 방법론상의 무신론자 등이 된 것은 아니다. 역시 기독교 교도로서 행동했다고 인정해야할 것이다.

이 법과 도덕의 구별에 의해서 진리에 대한 오류는 권리를 가지지 못한다는 전통적 가톨릭 교의도 종교의 자유의 승인과 양립할 수 있다. 가톨릭 교의와 종교의 자유, 그 어느 것을 포기할 필요는 없다. 인간의 도덕적 행위에서도 인간의 자유의 활용법에서도 진리에 대한 오류는 권리를 가지지 못하며, 종교와 윤리의 진리에 비춘 권리의 행사만이 인정된다는 명제는 정당하다. 이상과 같이 보는 한 이 원칙은 결코 특수 가톨릭적 이론이 아니라 어떤 종파의 기독교 교도에게도 무릇 윤리 · 도덕적으로 생각하는 사람 모두에게 타당하다.

그 한 예를 든다면 자녀를 교육하는 양친의 권리는 보편적 권리로서 국가에 의해서 보장되고 있다. 그러나 도덕적 견지에서 말해서 신에 대한 책임 속에 기독교 교도의 양친이 자신들의 자녀에게 무신앙의 교육을 실시할 「권리」는 존재하지 않는다. 양친의 종교상의 신념에 비추어 기독교적으로 교육할 권한뿐이다. 실제로 도덕적 견지에서 본다면 진리에 대한 오류는 권리를 가지지 못한다.

이 원칙이 도덕질서의 분야에서 타당하다 하더라도, 그 자체의 형태로 법의 분야에 타당하지 않으며 타당할 수도 없다. 이 원칙이 법의 영역에 응용되면 그것은 자유의 파괴가 된다. 왜 전통적 가톨릭 관용론은 옹호될 수 없는가? 그 이유는 원칙 그 자체가 아니라 원칙이 그대로 도덕의 분야에서 법의 분야로 전용된 것에 있었다. 그것으로 전통적인 가톨릭 관용론은 파괴되고, 현실에 적용된 경우에는 전체주의 지배가 되었다. 종교의 자유의 선언은 최종적으로 법과 도덕의 혼동을 타파하였다.[34] 전통적 가톨릭 교의는 그것이 의미를 가지며, 그것이 차지할 장소, 즉 도덕질서의 영역으로 몰아넣고 거기에서 승인되었다. 그렇다면 가톨릭의 진리의 요구와 종교의 자유는 완전히 대립할 수 있다. 그러므로 선언이 이렇게 서술한 것은 완전히 정당하다. 「신을 숭배한다는 자기의 의무를 충실하게 수행하기 위해서, 인간이 요구하는 종교의 자유는 국가적·사회적 강제로부터의 자유를 의미한다. 그렇다고 하여 참된 종교와 기독교의 유일한 교회에 대한 인간과 단체의 도덕적 의무에 관한 전통적 가톨릭 교의가 무효로 되어서는 안 된다」.[35]

전체적으로 이렇게 말할 수 있을 것이다. 종교의 자유의 선언은 교회의 진리의 요구를 옹호한 것이며, 거기에 한을 품을 이유는 아무것도 없다. 거기에 더하여 종교의 자유는 국가질서를 위하여 국가 자신이 제공할 수 없는 어떤 아주 중요한 것을 하였다. 그 결과 외적인 종교의 자유, 거기에서 나오는 일체의 결과, 이것들은 교회내부로부터도, 즉 신앙의 입장, 종교의 진리의 요구의 입장으로부터도 정당화되기에 이르렀다. 기독교 시민의식이라든가, 근대국가의 질서가 뿌리를 내린다는 점에서도 이 선언이 수행한 긍정적인 역할은 간과할 수 없다. 다음의 헤겔(Hegel)의 말을 상기한다면 그것도 추측할 수 있을 것이다. 개인의 내면의 양심과 궁극의 의무는 종교에 있다. 그 종교의 정신이 아니라 입법의 의미나 자구에만 따라서 개인이 행동하는, 이와 같은 가능성을 상정하는 것 자체가 어리석은 짓일 것이다. 이어서 헤겔은 말한다. 「종교에 의해서 신성하게 되는 것, 그것과 법률이 대립한다면 법률은 인간의 창작물일 뿐이게 된다. 그렇다면 양심은 법률의 정신과는 이질적인 것이 되며, 양심은 법률을 시인하지 않는다. 이러한 경우 비록 법률의 정신에 허위가 아닐지라도 법률은 양심에 패하고 효력을 상실한다」.[36]

3. 종교의 자유의 시금석

그렇다면 이 공회의 선언에 의해서 종교의 자유의 원칙은 이미 교회와 국가의 긴장의

---

34) 전통적인 가톨릭 법이론은 아주 최근까지 법과 도덕을 동일시하여 왔다. 거기에서는 대립관계가 아닌 도덕적인 법개념이 전제로 되었다. 법은 윤리질서의 한 단면이며, 내용과 목적에서 볼 때 독자성을 가지는 것으로 이해되지 않는다. 법은 「윤리의 일부로서 사람과 사람의 관계를 엄밀하게 규율하는 외적인 행동」을 대상으로 한다. 이 점에 관한 상세한 증거에 대해서는 나의 논문 「크리스천의 과제로서의 종교의 자유」(본서에 수록)를 보라.

35) 「종교의 자유에 관한 선언」 제1항. 이 점에 관하여는 다음을 지적해야 할 것이다. 「전통적인 가톨릭교의」는 도덕적인 의무만이 아니라 도덕과 법의 동일시를 위해 참된 종교에 대한 개인과 사회의 도덕적·법적 의무를 논의의 출발점에 둔다. 상술하였듯이, 그것은 국가의 법질서의 형성에 작용한다. 그러므로 선언의 새로운 방향, 교황 레오 13세마저 여전히 주장하던 전통적인 학설, 이 양자의 단절을 애매하게 만드는 것이라면 객관적으로 보아 종교의 자유의 선언의 문언은 부적절하다. 이 논문의 IV절을 참조하라.

36) G. W. F. Hegel, Enzyklopädie der philosophischen Wissenschaften, 1830, §552, Ausg. Pöggeler-Nidelin (Philosoph. Bibl.), Hamburg 1959, S. 435 f.

장이 아니게 되고 양자의 협동의 장이 되었다고 말할 수 있을 것인가? 근본적으로는 그대로 라고 나는 생각한다. 한편으로 공회의의 선언은 원칙이 되었다. 그 결과 국가에 대한 교회측의 요구에는 근거와 한정이 필요하게 되었다. 다른 한편, 국가의 성립의 기원은 전시민의 자유와 안전의 보장에 있었다. 국가란 그 임무를 위해 설립된 시설이어야 한다. 이 임무에 충실하게 국가는 종교의 자유를 실현하였다. 그렇다면 교회와 국가의 관계의 양식이나 보조금 등, 아직 견해의 불일치는 있다하더라도 더욱 원칙상의 대립은 없게 되었다.

이러한 생각은 대담하게 보일지도 모른다. 그러나 현실 문제를 회피하지 않기 위해서도 원칙적용의 시금석으로서의 학교문제를 다루어 보자. 선언은 이렇게 말한다. (1) 「참된 자유 속의 학교나 그 밖의 교육시설을 선택하는」 양친의 권리를 국가는 승인하지 않으면 안 된다. 그러나 이 선택의 자유가 「직접적으로나 간접적으로도 양친에게 부당한 경제적 부담을 지울 이유가 되어서는 안 된다」. (2) 「자녀가 양친의 종교적 신념에 일치하지 않는 수업에의 출석을 강제하거나 종교의 수업이 완전히 존재하지 않는 교육제도만이 전원에게 강제된다면」,[37] 양친의 권리는 침해된 것이다.

이러한 학교에 관한 양친의 선택의 자유는 공회의의 선언에서는 종교의 자유와 양친의 교육권, 이 양자의 관련에서 도출된다. 여기서 생각되는 선택의 가능성은 비공립학교의 그것이다. 그것은 선택의 자유의 결과 [사립학교에의 통학을 위해] 가계에 떠넘기는 부당한 경제적 부담을 비난한 말에서도 추측할 수 있다. 그러나 결정적인 것은 양친의 종교적 신념에 일치하지 않는 수업에의 출석은 어떠한 아동에게도 강제되어서는 안 된다고 단언하는 것이다. 그 자연법적 성격에서 볼 때 이 명제는 가톨릭 가정만이 아니라 모든 가정에 타당하다. 그 결과 공립의 종파학교[가톨릭이거나 프로테스탄트 한 종파에 특정한 공립학교]에 대해서 이렇게 말한다. 종파학교를 설립할 수 있는 구체적 조건이 갖추어지더라도, 어디서나 종파학교를 요구할 수는 없으며, 국가측에서도 그러한 곳에 설립이 허가되어서는 안 된다는 것이다. 그렇지 않으면, 종파학교에의 통학은 그 종파의 아동만이 아니라 그 밖의 소수 종파의 아동에게도 강제하게 된다. 이러한 사태는 선언에 의해서 승인된, 소수 종파의 양친의 자연법상의 권리를 침해한다. 왜냐하면 원래 종파학교는 소수 종파가 완전히 존재하지 않는 지역에서만 요구할 수 있게 되기 때문이다.

이 필연적인 귀결이야말로 국가가 서서히 실현하여 온 원칙이었다. 즉 소수 종파의 아동을 포함하여 종파학교가 실질적인 종파학교로서 운영되는 것은 신앙과 신교의 자유라는 이유에서 이미 허용되지 않는다는 원칙, 그것을 교회 자신도 승인하였다는 것이다.[38]

---

37) 「종교의 자유에 관한 선언」 제5항.
38) 최근의 사건으로서 1967년 3월 10일의 바이에른주 헌법재판소의 판례를 참조하라. 다음 두 면에서의 주석이 있다. A. v. Campenhausen, Erziehungsauftrag und staatliche Schulträgerschaft, Göttingen 1967, S. 179 ff.; Alexander Hollerbach, Die Kirchen unter dem Grundgesetz, in: Veröffentl. d. Vereinigg. d. Dt. Staatsrechtslehrer(VVDStRL), Bd. 26, 1968, S. 95 ff. 그 후(1975년) 독일 연방헌법재판소는 그와 같은 학교의 종교적 성격에 관하여 수업으로 학생에게 가르치는 「그리스도 교도

그러나 이러한 이해가 정당하다면, 다음의 문제가 생긴다. 복수 종파의 국가, 더구나 그 내부에 단일 종파의 지역을 갖지 않는 국가는 도대체 어떻게 실질적인 종파학교의 가능성을 보증할 수 있는가? 거기에는 비공립의 종파학교의 설립을 허가하고, 그것을 재정면에서 원조하는 이외에는 달리 방법이 없을까 하는 문제이다. 이 문제는 더욱 확대된다. 국가의 학교제도는 종파와는 무관계하게 전체 아동에게 평등한 교육의 기회균등을 부여하지 않으면 안 된다. 그러나 소수 종파의 아동을 [소수 종파의 종교교육도 준비할 수 없도록] 생도수가 적은, 시설이 열악한 학교에 수용하는 것은 국가에게는 허용되지 않는다. 또한 아동에게 원거리 통학을 강제하는 것도 허용되지 않는다. 그렇다면 공립학교 제도 아래서는 엄밀한 신청원칙의 방법만이 남을 뿐이다. 그러나 거기에는 많은 곤란이 뒤따른다. 경험적으로 보아 종파학교에 장래성은 없는 것처럼 보인다.

결론은 이렇게 된다. 국가의 재정원조를 받을 자유로운 비공립학교는 가톨릭 사회론에서도 바람직한 목적이라고 보지 않으면 안 되며, 복수 종파의 국가에서는 종교의 자유의 관점에서도 유일 가능한 해결책인 것처럼 보인다.

두 번째의 시금석으로서 종교의 자유의 제한의 문제를 들 수 있다. 어떠한 법률상의 자유도 국가라는 공동체 속에서 시민에게는 사회의 질서와 평화를 실현할 의무가 있다는 틀 내에서만 타당하다. 거기에 예외는 없다. 그렇지 않으면 법적 자유 그 자체가 붕괴한다. 공회의의 선언은 이 문제로부터도 도피하지 않는다. 이 문제는 종교의 자유의 한계로서 제기되며, 전체적으로 본다면 모범적으로 해결되고 있다. 특히 예전처럼 형이상학적으로 추상적인 공동선의 개념을 원용하고, 그리하여 승인된 종교의 자유를 간접적으로 철회하는, 이러한 종류의 유혹에 힘입고 있지 않다. 공동선은 (1) 개인의 권리와 (2) 개인의 인격의 성장이라는 두 점에서 실로 명확하게 정의되고 있다.[39] 법률에 의한 종교의 자유의 제한에는 철학상의 개념이 아니라 법적 개념으로서의 공공질서(ordre public)의 개념이 적용된다. 이 개념에도 문제는 있으며 그 내용을 규정할 필요가 있는 것은 법학자에 대해서 자명하다. 그러나 내용상의 규정이라고 하더라도, 이 공공질서의 개념 그 자체가 입각하고 있는 법의 틀 밖에 나아가는 것은 허용되지 않는다.[40] 공회의의 선언은 이러한 개념 그 자체를 구체화하며, 그 범위를 한정하려고 한다. 그리하여 이것이야말로 실로 흥미 깊은 것인데 일반적인 질서형성과 법해석상의 규칙으로서 법치국가의 분배원칙[41]

신앙의 기본원칙」은 공통의 문화재란 의미로 이해해야 할 것이다 라고 하였다(BVerfGE 41, 65, 84 f.).

39) 「종교의 자유에 관한 선언」 제6항. 다른 주장으로서 A. Ottaviani, Insitutiones juris publici ecclesiastici, 4. Aufl., Roma 1960, Bd. 1, S. 302, Bd. 2, S. 46/47. 참된 종교 속에서의 생활은 (객관적으로 규정되는) 공동선의 구성요소이며, 그러므로 「참된 종교」의 보호는 국가의 법질서의 하나의 과제이다.

40) 공공질서는 양면으로 구성된다. 한편으로 그것은 한 국가 내지 한 지역의 전통과 관습이다. 다른 한편 헌법에 의해서 승인된 종교의 자유 그 자체도 공공질서의 구성요소가 된다. 그러므로 그 권리의 침해에 대해서는 법적인 보호가 필요하다. 질서 있는 평화로운 외적 사회생활의 유지라는 의미에서, 정통의 요소와 헌법에 의한 보장, 이 양자의 균형을 도모하지 않으면 안 된다. 그러한 사회생활이 국민 전체를 위한 평등한 자유를 실현한다.

41) Carl Schmitt, Verfassungslehre, 4. Aufl., Berlin 1965, S. 125 ff.

이라는 의미에서의 자유를 연상시키는 문장이 떠오른다. 즉

> 「인간에게 가능한 한 커다란 자유를 부여해야 하기 때문에 인간 사회에서는 하자 없는 자유가 지배해야 한다. 필요한 경우에만 필요한 범위 내에서만 자유를 제한하는 것이 허용된다」.[42]

선언의 이 항목은 법치국가적 자유보장에 관한 법학입문서의 문장을 반복해서 생각나게 한다. 자유로운 국가라는 관점에서도 이 문장에 전면적으로 찬성할 수 있다.

IV. 미해결의 문제

종교의 자유의 선언으로 달성된 성과에 이어서, 끝으로 남은 문제점도 지적해두지 않으면 안 된다. 문제는 한편으로는 교회 내에 대해서, 다른 한편으로는 외부, 즉 국가와의 관계에서 제기된다.

1. 교회 내부와의 관련

개인의 종교의 자유, 그 결과로서의 종교의식의 공적인 집행의 자유, 이러한 자유를 승인한 것은 가톨릭 교회 내부와의 관계에서는 1864년의 피우스 9세의 『근대주의의 오류표』, 1864년의 동 교황의 회칙 『콴타 쿠라』(Quanta Cura),* 1888년의 레오 13세의 회칙 『인간의 자유의 존엄』, 이러한 공문서와의 단절뿐만 아니라 직접적인 모순을 의미한다. 이러한 로마 교황의 예전의 공문서, 제2차 바티칸 공의회의 종교의 자유의 선언, 이 양자에 내용상의 정합성은 없다.[43] 오늘날 통설적인 해석, 공의회는 지금까지의 교회의 교의를 더욱 진전시켰을 뿐인, 이미 교회의 교의에 내재하고 있던 요소가 개화한 것이라고 하는 해석에 동의할 수는 없다. 상술한 공문서에 서술된 교회의 교의는 선언에 의해서 완전히 포기되었다. 선언 속에서 종교의 자유는 인간 인격의 본질로부터 흘러나오는 불가침의 권리가 되었다. 그 때문에 그것은 자연법 [명제가 되어온 이전의 회칙의 주장]과 일치하지 않게 되어버렸다. 이 점은 유의하지 않으면 안 된다.[44] 종교의 자유의 선언에

---

42) 「종교의 자유에 관한 선언」 제7항.

43) Denzinger, Enchiridion Symbolorum, 26. Ausg. Freiburg 1947; Nr. 1690 (Enzyklika Quanta cura), Nr. 1777/78 (Syllabus, Nr. 77/78), Nr. 1874 (Enzyklika Immortale Dei) und Nr. 1932 (Enzyklika Libertas). 레오 13세의 회칙 『인간의 자유의 존엄』에는 이러한 문장이 있다. 「그러므로 상술한 것에서 다음의 결론이 나온다. 사상의 자유, 출판의 자유, 학문의 자유, 동시에 차별 없는 종교의 자유, 이러한 자유가 인간에게 본성적으로 귀속하는 **권리인 것처럼** 이러한 자유를 요구하고 옹호하고 보장하는 것은 결코 허용되지 않는다」.

44) 전통적인 학설과 종교의 자유를 조화시키려는 시도하는 현대의 몇몇 신학자들, 예컨대 오베르(R. Aubert),

의해서 예전의 교황의 공문서가 역사적으로 구속되고 있었던 것, 이것이 가능성으로서 추상적으로 시사되었을 뿐만 아니라 구체적인 현실로서 드러난 것이다. 더구나 이것은 교황의 회칙의 신빙성에 관련된다. 그 이외의 해석을 더욱 비판하는 것은 여기서는 그만두기로 한다. 그러나 상술한 점에서 유래하는 다음의 문제에는 대답이 필요하다. 『근대주의의 오류표』나 상술한 그 밖의 회칙은 거기에서 문제로서 다루고 있는 종교의 자유를 자연법에 반하는 명제라고 규정하려고 하였던 것일까? 아니면 이 140년의 역사 속에서 같은 문제에 대해서 완전히 대립하고 서로 용납되지 않는 자연법의 명제를 주장하는, 기독교 자연법은 그러한 변화의 폭을 자체 속에 내포한 것인가?

나아가 공공질서와 특정 종교의 일치는 우연일 뿐이며 거기에 필연성은 없는, 이러한 점도 공회의의 선언에서는 당연하다고 간주한다. 그와 같은 일치를 법적으로 보장하는 것은 종교의 자유를 폐지하는 것이 된다고 까지는 말할 수 없지만 제한하는 것이 되고, 자연법에 반한다고 선언은 서술한다. 그 전제는 정치적으로 통일된 국민의 공동선의 내용이 한 종교에 의하든 복수 종교에 의하든, 원래 종교와는 별개의 것으로 결정되지 않으면 안 된다는 데에 있다. 확실히 이와 같은 정치와 종교의 분리와 같은 해방의 움직임은 유럽 문명의 틀 내에서 준비되고 거기에서 개시하고 있었다. 이 움직임의 원류는 무엇보다도 기독교 신앙에 있으며, 세계사 속의 그 움직임은 점차 커다란 흐름이 되었다. 이 움직임의 기반에는 기독교 문명이 있었다는 것이 나중 시대에 인식되었다고 하더라도, 이 움직임의 당연한 결과 정치와 종교의 통일세계의 정당성은 소멸하지 않을 수 없었다. 이것이야말로 이 수세기에 걸친 기독교 유럽사의 역사적 역설이다. 그 후 비로소 인류사의 어느 단계의 비극 등이었다는 것을 화제로 삼을 수 있을 뿐이다.[45) 빈약한 신앙 아래 참된 문제가 어떠한 형태로 모습을 나타내는가? 그 대답은 여기에 있다.

2. 국가와의 관계

외부, 즉 국가에 대해서 종교라는 것은 현세의 사회에 받아들여지는가? 그렇다면 종교는 원래 반사회적인 것인가 하는 문제를 선언은 제기한다. 사회에 받아들여질 수 있다는 대답을 전제로 하지 않는 한, 자기의 양심의 요청에 따른 사적·공적인 종교활동을 행하는 자유는 정당하게 이해된 공공질서와 충돌하지 않는다는 선언의 명제는 나오지 않는다. 이 전제는 기독교 계시, 오늘날의 기독교 교회에서 인정되고 있는 계시와 합치된

파반(Pavan), 머레이(J. C. Murray)에 대해서 단호하게 이 점을 주장하지 않으면 안 된다. 그들은 사회학적·역사적 피구속성과 진보를 승인함으로써 교회의 교의의 연속성을 옹호하려고 한다. 이 점에 대해서 다음의 문헌을 참조하라. Petrus Huizing, Über Veröffentlichungen und Themenstellungen zur Frage der Religionsfreiheit, in: Concilium, 2. Jg. 1966, S. 621 ff. (627 f.) 특히 J. C. Murray, in: J. Hamer/Y. Congar (ed.),: Die Konzilerklärung über die Religionsfreiheit, Paderborn 1967, S. 125-165, bes. 126 f., 132 f., 163 f.
45) 이 점에 대해서 요하네스 메스너의 명기할만한 논술을 보라. Johannes Messner, Judenschema und Religionsfreiheit, in: Die Furche, 1965, Nr. 49, S. 9.

다. 확실히 선언은 기독교를 염두에 두고 있다. 기독교 신앙에서 유래하는 신앙내용과 행동 동기는 오늘날에는 사회에 받아들여지지 않으면 안 되며, 근대 세계의 생활·질서형태와 화해하지 않으면 안 된다.

그러나 이것은 다른 종교 모두에 타당할 것인가? 근본개념으로서 사용하는 종교의 개념, 그 정의가 선언에서는 하지 않고 있다.46) 왜 정의하지 않은 채 있는가, 그 이유도 불분명하다. 인간 존재의 궁극의 문제, 거기에서 나오는 행동규범, 이것들에 관한 인간 주체의 진지한 양심의 신념은 사회에 받아들여 당연하다, 그래서 공공질서는 인간 주체의 양심의 신념 그 자체 위에 구축할 수 있는, 이와 같이 생각하는 사람이 있을지도 모른다. 그러나 이러한 생각은 잘못이다. 여기에는 입증되지 아니한 가설이 포함되어 있다.

이 어려운 문제는 선언에서는 미해결인 채 결정을 국법에 맡기고 있다. 거기에서 다음과 같은 문제가 나온다. 법률로써 승인할 수 없는 것도 감수하는, 이처럼 고유한 의미에서의 사회적 관용47)은 종교의 자유의 승인에 의해서 불필요하게 되었는가 하는 문제이다. 법적으로 본 기본법 제4조에는 어떠한 한계가 있는 것일까 하고 정식화할 수 있다. 바이마르 헌법이 규정하고 본 기본법에서도 계수한 해결법에 의하면, 시민과 공민의 권리와 의무는 종교의 자유의 행사에 의해서 유보되는 것도 제한되는 것도 없다. 여기서는 종교의 자유가 관용을 수용하는 것으로 분쟁은 사실상 해결된다고 본다.48) 바로 그렇기 때문에 국가의 실정법질서는 종교의 자유의 원칙을 채택하지 않으면 안 되었다.

그 좋은 예는 여호와의 증인이다.49) 이 종파의 사람들은 자기의 신념에 따라서 병역의 의무뿐만 아니라 그 대체복무(代替服務)*로서의 사회봉사의 의무도 거부한다. 여기에서는 국가가 국민 전원을 포괄하며 국법으로 국민을 구속하려고 한다면, 그 근거와 합법적 이유는 무엇인가, 이러한 형태로 국가의 법질서가 문제시된다. 근대의 국법론의 성립 이래 그 근거는 국가이성에서 찾았다. 바꾸어 말하면 국민 전원을 위해 평화·안전·평등한 자유·인간에 상응한 복지, 이들을 국가는 실현하지 않으면 안 된다. 그러한 것들은 국가 없이는 실현될 수 없다고 국가는 주장하였다. 이러한 의미에서의 「합리적인 통치」의 요구 ─ 그것은 가치나 도덕의 실현을 목표로 하는 국가와 혼동되어서는 안 된다 ─ 그 요구만으로 만족하는 국가질서는 법이 승인할 수 없는 관용도 부여할 수 있다고 생각해야 할 것이다.

46) 이 문제는 특히 이른바 신흥종교에 관하여 심각하게 된다. 거기에 관하여 E.-W. Böckenförde, in: Essener Gespäche zum Thema Staat und Kirche, Bd. 19, 1985, S. 156 ff.
47) 이 점에야말로 관용의 고유한 개념이 있다. 관용은 오늘날 자주 법적 자유의 승인이나 보장과 혼동되고 있다. 관용은 악의 감수와 관련하여 가치관의 충돌을 형량하는 문제이기도 하다. 이에 대해서 법적 자유는 그러한 가치관의 충돌로부터 자유로운, 강제적인 요청이다.
48) 이 문제는 이미 바이마르 헌법시대에 올바르게 관찰되고 있었다. H. Mirbt, Glaubens-und Gewissensfreiheit, in: Nipperdey (Hrsg.): Grundrechte und Grundpflichten der Reichsverfassung, Bd. 2, 1930, S. 350 f.
49) 이 점에 관하여 E.-W. Böckenförde, Das Grundrecht der Gewissensfreiheit, in: Veröffentl. d. Vereinigg. d. Dt. Staatsrechtslehrer (VVDStRL), H. 28, 1970, S. 33 f., insbes. S. 57-63. 독일연방헌법 재판소의 판례도 보라(BVerfGE, 23, 127, 134; 23, 192, 204 f.).

당연하지만 공정을 기하기 위해서 낡은 관용론으로부터의 반론을 경시해서는 안 된다. 그것은 이렇게 반론한다. 상술한 것으로 관용문제는 해결되지 않는다. 다만, 자리를 바꾸었을 뿐이다. 확실히 국가는 종교에 대해서 중립화되었다. 그러나 국가는 불관용을 별개의 측면, 즉 이 세상에서의 국가활동에 향하여, 그 측면에서는 종교를 비난하였다고 같은 격렬함으로 불관용을 주장한다 라고. 이러한 반론은 엄밀하게 검증될 가치가 있다. 그것에 대답하는 데에는 법의 기반은 무엇인가 하는 물음에의 해답이 전제가 된다.

6. 크리스천의 과제로서의 종교의 자유[*]

에른스트-볼프강 뵈켄회르데

《차 례》

　　제2차 바티칸 공의회 테마 속에 교회 일치 사무국에 의해서 제출되었지만 아직 채택되지 않은 「종교의 자유에 관한 선언」만큼 가톨릭계를 넘어서 일반 여론의 주목을 받은 것은 없었다. 사람들은 정신을 긴장시키고 마음을 동요시키면서 이 문서의 심의 상황과 개변을 반복하는 문언의 운명을 추적하고 있었다. 인간 사회의 법원칙으로서 종교의 자유를 승인하는 것과 같은 것이 정말 가톨릭교회에서도 실현하는 것인가와, 가톨릭교도도 다른 크리스천도, 교회탈퇴자도 무신론자도 많은 사람들은 반복해서 질문하였다. 공의회의 제3기에 제출된 초안은 종교의 자유를 승인하였다. 이 초안은 더욱 관용이 아니라 종교의 자유를 주제로 삼는다. 거기에서 말하는 종교의 자유는 자기의 양심이 명하는 바에 따라서, 종교활동을 사적 세계에서도 공적 세계에서도 실행하는 인간 인격의 존엄에 근거한 현실의 권리인 것이다.[1] 이 초안은 그때까지의 가톨릭교회의 교의를

---

[*]　Ernst-Wolfgang Böckenförde, Religionsfreiheit als Aufgabe der Christen, in: Stimmen der Zeit, 176, 1965, S. 199-213. ders., Religionsfreiheit. Die Kirche in der modernen Welt, Schriften zu Staat-Gesellschaft-Kirche, Bd. 3. Freiburg: Herder 1990, S. 15-32.

1)　Inhaltsangabe im KNA-Sonderdienst zum Zweiten Vatikan, Konzil, Nr. 49 vom 25. 9. 1964,

일보 전진시켰을 뿐만 아니라 그것을 원칙적으로 넘어선 것이다.

　로마 교황과 공회의가 반복하여 강조하여온, 분열된 기독교에 대한 형제애의 정신과 교회 일치의 자세를 믿을 만 하게 하는 데에, 바로 이 선언은 다른 크리스천과 비기독교 세계에 대해서 시금석이 될 것이다. 제3 회기의 마지막 주(週)의 심의 상황에 사람들은 매우 실망하였다. 이 선언에의 기대가 얼마나 큰지, 이 선언이 얼마나 기대되고 있는지를 잘 알 수 있을 것이다.2)

I. 종교의 자유의 실현에의 고난의 길

　관용과 종교의 자유, 이 문제는 유럽 기독교 세계의 가시밭길이다. 종교개혁에서 신앙의 분열이 현실로 된 이래 수세기 동안에 다양한 종파의 크리스천은 서로 자유로운 종교활동의 권리를 박탈하고, 이를 위한 도구로 세속의 국가권력과 법률을 사용하여 왔다. 정통신앙과 이단, 프로테스탄트와 교황지지파, 이 대립하는 진영이 금후 일체 어떻게 공존하면 좋은가 사람들은 상상할 수 없었다. 참된 신앙에서 이탈한 사람들에게 제재를 가하고, 종교를 버린 자를 박멸하고, 그리하여 잃어버린 통일을 회복하는, 그 때문에 모든 수단을 강구해야만 한다는 것이 의무라고 믿고 있었다. 참된 종교야말로 정치질서에 불가결한 토대라고 보았다.3) 종교의 진리와 인간의 자유가 대립한 경우, 인간의 자유보다도 종교의 진리 쪽이 언제나 우선하였다. 그 결과야말로 유럽에서 백년 이상 이어진 잔인한 종교전쟁이었다. 16-17세기에 신성 로마 제국·프랑스·네덜란드·잉글랜드 등과 같은 국가들도 종교의 진리를 둘러싸고 언제 끝날지 모르게 정치대결의 싸움터가 되었다.4) 수 천 명이 생명·지위·명예·재산을 잃고, 집에서 추방되었다.

S. 8. 이 점에 대해서는 선언의 (교회 일치 강요의 제5장으로서) 제안에 있는 스메트(de Smedt) 주교의 보고를 참조하라. J. Ch. Hampe, Ende der Gegenreformation, Stuttgart 1964, S. 296 ff. insbes. 299.

2) 제3 회기가 끝난 후 제네바의 교회 일치 협의회는 다음과 같은 코뮈니케를 발표하였다. 「… 신교의 자유를 위해서 전력을 기울인 후 로마 가톨릭 교회와 그 밖의 교회들의 관계에 관한 가장 중요한 과제의 하나를 해결할 수 있는 때가 마침내 돌아왔다고 사람들에게는 생각되었다. 그러나 목하의 회기 중에 이 문제가 미해결인 채로 끝나는 것처럼 보였을 때, 사람들의 실망에는 커다란 것이 있었다. 이 사안에 관한 로마 가톨릭 교회의 불분명한 자세는 적어도 당분간 계속할 것이다」(KNA-Sonderdienst, Nr. 100 vom 9. 12. 1964).

3) 이 문제에 관한 편견 없는 매우 상세한 연구로서 다음의 문헌을 보라. Joseph Lecler SJ, Histoire de la Tolérance au siècle de la Réforme, Bd. 2, Paris 1955 passim.

4) 이 문제의 고전적 연구로서 Moritz Ritter, Deutsche Geschichte im Zeitalter der Gegenreformation und des 30jährigen Krieges, Bd. 1-3, Stuttgart 1889-1908 (Neudruck Darmstadt 1962); Leopold Ranke, Französchiche Geschichte, Bd. 1 (Aus. Andreas Wiesbaden 1957); W. K. Jordan, The development of religious toleration in England, 4 vol., London 1932-40. 최근의 연구로서 J. Lecler, a. a. O. (Note 3), insbes. S. 6-135 (프랑스), S. 136-209 (네덜란드), S. 282-364 (잉글랜드); R. Schnur, Die französischen Juristen im konfessionellen Bürgerkrieg. Ein Beitrag zur Entstehungsgeschichte des modernen Staates, Berlin 1962.

그것도 단지 신을 크게 숭배하고 자기의 양심의 확신에 따라서 행동하였기 때문이었다. 진리를 둘러싼 전투를 종결시키려는, 권위와 구속력을 지닌 최종 결정기관은 이미 존재하지 않았다. 로마 교황과 공회의는 일찍이 통일적 기독교 세계의 최상급의 결정기관이었지만 스스로 투쟁의 당사자가 되어버렸다. 이러한 절망적인 상황 하에서 평화를 회복하려고 한다면, 정치질서를 정치 그 자체 위에 재건하는 수밖에는 도대체 어떤 방법이 남아 있었을 것인가? 정치질서의 토대와 목적은 종교의 진리와는 별개의 것, 외적인 평화와 공적인 안전질서를 건설하고 유지하는 데에 구해졌다. 이리하여 궁극적으로는 공인 종교 — 국교 · 동권 · 관용 — 의 문제는 이미 종교가 아니라 정치 그 자체의 사안이 되었다.

「영주의 종교가 그 영지의 종교」(cuius regio, eius religio)*라는 원칙에 당초 종교의 자유는 포함되지 않았다. 그러나 종교전쟁의 막다른 길 속에 그 원칙은 종교의 자유를 잠재적으로 포함하는 새로운 평화질서에의 첫걸음이 되었다. 왜냐하면 공인 종교가 이미 타협의 여지가 없는 진리의 문제는 아니게 되고, 정치의 문제가 되었다고 한다면, 공인 종교에 의해서 종파간의 대립은 종교전쟁의 파멸에로 이끌어가지 않을 수 없는 비타협적인 절대주의로부터 해방되었다고 말하기 때문이다. 나중의 시대가 되면서 공인 종교에는 원칙상 규칙화에의 길, 특히 자유의 범위, 관용 그리고 마지막으로 종교의 자유를 용인한다는 의미에서의 규칙화에의 길이 열려 있었다. 움직임은 일진일퇴를 반복하였는데, 그 방향은 정해졌다. 서로 대립하는 종파들의 배타적인 요구에 대해서 종교의 자유를 확립하는, 그러기 위해서는 **국가**와 정치권력의 중개가 필요불가결하였다. 국가가 보장하고 보호하는 자유권으로서의 종교의 자유도 약간의 준비단계를 거친 후 마지막으로는 19세기에 실현되었다.5) 그러나 동시에 다음의 점도 분명히 지적해 두지 않으면 안 된다. 국가 측도 예컨대 독일의 문화투쟁*이나 20세기 초의 프랑스의 세속주의

---

5) 그러한 자유권의 최초의 것으로서 1776년의 「버지니아 권리장전」 제16조가 있다. 1789년 8월 26일의 「인간과 시민의 권리선언」 제10조는 법률의 틀 내에서의 종교상의 관용의 승인이라는 의미에서 적어둘만 하다. 프랑스에서는 [루이 18세에 의한] 1814년의 「헌장」은 종교활동에 대한 평등한 자유와 평등한 보호를 요구하였는데(제1조 제5항), 동시에 「왕정복고」의 움직임 속에 가톨릭에 국교의 지위를 부여하였다 (제6항). 1831년의 벨기에 헌법은 종교의식의 자유와 공적 세계에서의 종교활동의 자유를 보장하였다.
  프로이센에서는 1788년의 종교칙령과 1794년의 프로이센 일반 란트법(제1-6조 II-11)이 개인에 대한 완전한 신앙과 양심의 자유, 공인된 종교단체[루터 교회 · 칼뱅 교회 · 가톨릭교회]에 대해서 공적 세계에서의 종교활동의 자유를 보장하였다. 1850년의 프로이센 헌법 제12조는 완전한 종교의 자유와 종교의식의 자유를 승인하였다. 합스부르크 왕국에서 요제프 2세에 의한 1781년의 관용특허장은, 프로테스탄트와 그리스 정교의 쌍방에 대해서 조건부의 개인적인 종교활동의 자유를 부여하였는데, 종교의식의 자유 내지 일반적인 종교의 자유는 인정되지 않았다. 남독일 국가들(바이에른 · 바덴 · 뷔르템베르크)의 헌법은 최초 양심의 자유와 공인된 세 종파의 동권을 보장하려는데 불과하였지만 1848년의 사건 속에서 이들 남독일 국가들에서도 다른 대부분의 독일 국가들에서도 완전한 신교의 자유가 실현되었다. 물론 1869년에 비로소 북독일 연방 전역 내지 나중의 독일 제국에 대해서 법적 명령으로서 종교의 자유가 강제적으로 실시되었을 뿐이다.
  잉글랜드에서는 시민권에 관한 가톨릭교회의 동권은 1829년에 실현되었다. 스웨덴에서는 1859년에도 가톨릭이라는 이유로 6인의 여성이 국외로 추방되었다(A. Hartmann, Toleranz und christlicher Glaube, Frankfurt 1955, S. 270 f.). 스웨덴에서는 20세기가 되어 완전한 신앙과 종교의 자유가 실현되었다.

(laïcité)*적 반교회입법처럼 승인된 원칙을 무시하고 종교의 자유를 유린한 일이 있었다.

종교의 자유는 오늘날에는 크리스천에게도 당연할 정도로 자명한 것이다. 그러나 종교의 자유의 산모는 교회 · 신학자 · 기독교 자연법이 아니라 근대국가 · 법학자 · 세속의 실정법이었다. 그토록 고통스러운 이 점을 분명히 인식하지 않으면 안 된다.6)

종교의 자유에의 길을 연 것은 근대 국가이며 그 건설을 지원한 것은 법학자였다. 그러나 거기에는 당연히 대가가 뒤따랐다. 프랑스 국왕의 대법관인 미셸 드 로피탈(Michel de L'Hôpital)은 새로운 질서로 향한 원칙의 최종적인 수립이야말로 필요불가결하다고 일찍이 프랑스의 위그노 전쟁 전야인 1562년에 공언하였다. 국왕자문회의에서 로피탈은 「어떤 것이 참된 종교인가가 아니라 어떻게 사람들이 공존할 수 있는가 그것이 중요하다」7)고 서술한다. 국가와 공공질서는 이 세상의 것으로서 세속화되고, 참된 종교라든가 어떤 특정한 종교와의 연계로부터 해방되지 않으면 안 되었다. 그리하여 비로소 국가와 공공질서는 조정불가능한 종파 간의 다툼에 관련 없는 차원의 토대, 전체 시민을 포괄하는 새로운 일반적인 토대 위에 설 수 있었다. 이러한 국가의 구성원리에서 볼 때 당연한 이치, 종교는 이미 정치질서를 통합하는 구성요소가 되지 않을 수 없게 되었다. 국가 그 자체는 종교의 진리에 대해서 중립적이 되었다. 종교적 신앙의 문제는 원칙면에서 볼 때, 개별 시민의 개인적 사안, 궁극적으로는 나의 일이 되었다. 이러한 의미에서도 종교는 「해방」8)되었다.

이러한 결과는 세속에 대한 영향이라는 관점에서 볼 때 기독교신앙에 대해서 손실처럼 보일지도 모른다. 그러나 인간 사회에 평온 · 외적 평화 · 안전 · 질서를 재건하려면 이 「손실」이 불가피하다고 한 것이야말로 종교의 진리 그 자체이며, 종교의 자유를 무시하고 세속면에서 종교의 진리를 무조건으로 적용시키려고 한 데에 있었다. 여기서 다음과 같은 문제를 제기하는 것도 약간의 의미는 있을 것이다. 종교의 자유는 프로테스탄트 크리스천에서는 훨씬 이전부터 승인되고 있었다. 가톨릭교회는 이제 그 최종적인 승인을 둘러싸고 논의하고 있다. 종교의 진리의 주장자들이 이 종교의 자유의 원칙을 4백 년 전에 승인하였다면, 유럽 질서와 근대국가의 형성은 어떠한 모습을 취하고 있었을 것인가 라고. 확실히 종교에 중립적인 세속국가로서 근대국가를 건설한 것은 국가의 지도자로서 임한 위정자나 법률가였다. 그러나 그들에 대해서 종교개혁과 종교전쟁 시대의 신학자가

---

6) 이것은 역사의 현실을 덮어 감추려는 적지 않은 시도에 대해서 분명히 공언해 두지 않으면 안 된다. 종교의 자유가 국가를 통하여 실현된 후 가톨릭 자연법론은 오늘날 종교의 자유를 무조건 타당한 인간의 자연권이라고 주장한다. 근대 전체주의를 경험한 후 자연법사상은 인간의 자유를 확고한 토대 위에 세웠다. 이들 자연법론의 주장이 얼마큼 환영할 만한 것이라고 하더라도, 종교의 자유를 확립한 것은 낡은 전통적 자연법론이 아니라 새로운 자연법론이다.

7) Ranke, Französische Revolution, 3. Buch, a. a. O., S. 115.

8) 그러므로 그 움직임은 근대 해방운동의 일부를 이룬다. 종교는 국가의 영역으로부터 「사회」와 시민의 사적 영역으로 추방되고, 국가는 국가 그 자체로서 종교로부터 「해방」되었다. Eric Weil, Die Säkularisierung der Politik und des politischen Denkens in der Neuzeit, in: Marxismusstudien, 4. Folge, Tübingen 1962, S. 144-162.

이미 지니고 있던 어음을 현금화한 것에 불과하였다. 「신학자일지라도 자신들의 권한이 아닌 직무에는 침묵하라」.[9] 이 국제법학자인 알베리쿠스 젠틸리(Albericus Gentili)의 말은 경고이며 비명이기도 하였다. 또한 자주 비방과 오해의 대상이 되어 온 토머스 홉스의 말 「진리가 아니라 정치의 권위가 법을 창조한다」[10]도 이러한 문맥 속에서 이해해야 할 것이다.

관용과 종교의 자유, 이 가시밭길에서 다음의 핵심문제가 나온다. 이러한 방법으로 근대국가를 건설한 위정자와 법률가, 종교의 자유를 옹호하고 그 실현을 위해서 진력한 모든 사람들, 원래 그들이 행한 것은 무엇이었는가? 그들은 순간의 필요에서 어떻게든 견뎌내고 살아가는 방법을 발견하려고 행동한 것에 불과한 것인가? 그렇지 않으면 무의식, 무자각으로 어떤 특수 기독교적인 것을 동시에 실행해 버린 것일까? 이것이야말로 제2 바티칸 공의회의 배경에 있는 커다란 문제이다. 치열한 논쟁의 이유도 거기에 있다. 이 문제는 논쟁의 발화점이 된 종교의 자유의 분야를 크게 넘는다. 근대 세계는 개인의 자유를 중심으로 삼는 세속화된 사회이다. 이 근대 세계와 그 질서의 존재가 교회와 크리스천을 어떻게 관련짓고 있는가 이것이야말로 핵심문제이다.

II. 전통적 가톨릭 관용론 비판

1953년 피우스 12세의 이른바 관용 발언에 이르기까지 전통적인 가톨릭교의는 결과 론적으로 말하면, 종교의 자유도 동일하게 되는데, 관용도 원칙적으로 계속 거부하여 왔다. 가톨릭교의에서는 자유보다도 진리 쪽이 우월하며 진리에 대한 오류는 권리를 갖지 아니한다는 명제가 주장되어 왔다. 공동선에 관하여 특별하고 중대한 이유가 있는 경우에만 오류에도 존재가 허용되었다. 그러나 그것은 결코 원칙상의 법적인 허가가 아니라 어디까지나 사실상의 악의 용인이었다.

이것은 근본적으로 말해서 종교개혁과 대항종교개혁 시대의 교의와 다름이 없다. 이 견해는 제2차 바티칸 공의회의 의장에서도 소수파에 속하는 약간의 공회의 교부[공의회 에 출석하여 투표권을 가진 대의원. 대부분 주교]에 의해서 강력하게 주장되었다. 그러나 이 전통적인 가톨릭교의 내부에서도 중요한 다음의 세 단계의 논의는 구별되지 않으면 안 된다.

그 제1 단계의 극단적인 논의로서 1948년 잡지 『가톨릭 문화』에 게재된 기사가 있다.[11]

「가톨릭교회는 신의 특권에 의해서 유일하고 참된 교회인 것을 확신하며 자유권의 전유를

---

9) A. Gentili, De jure belli [1587-89], I. cap. 12.
10) Leviathan [1651], Kap. 26.
11) Civiltà Cattolica, 99, 1948, vol. 2, p. 33 (Ausg. v. 3. 4. 1948).

요구하지 않으면 안 된다. 왜냐하면 이 자유권은 진리에만 부수하는 것이며 결코 오류에는 부여되지 않기 때문이다. 확실히 가톨릭교회는 다른 종교를 배제하지 않는다. 그러나 다른 종교에 대해서 잘못된 교의를 포교하지 않도록 하기 위해서 — 인간의 존엄에 합치된 정당한 방법으로 — 요구한다. 그 결과 가톨릭이 다수를 차지하는 국가에서는 오류에 법적 존재로서의 지위가 인정되지 않는 것, 비가톨릭의 종교적 소수파에는 포교의 가능성이 없는 사실상의 존재만이 인정되는 것, 이러한 것들을 교회는 요구한다. 그렇지만 이 원칙을 완전히 적용할 수 없는 특수한 사정이 있는 경우에는 [……] 가톨릭교회는 스스로 최대한 가능한 범위에서 양보할 것이다. 동시에 가톨릭교회는 악을 선택하지 않을 수 없는 경우, 보다 적은 악으로서 다른 종교공동체의 법적 관용을 감수하지 않으면 안 된다. 가톨릭교도에게 사실상의 존재권만이 부여되는 국가들에서 가톨릭교도는 종파 전체를 위한 완전한 종교의 자유를 스스로 요구하지 않으면 안 된다. 그러나 전체 종파에게 자유권이 부여되었기 때문이라고 하여 가톨릭교회는 상기한 명제를 포기한 것은 아니다. 구체적인 생활의 장(場)에서는 현실을 도외시할 수 없다는 하위명제를 응용한 것에 불과하다」.

『가톨릭 문화』의 저자는 이상과 같이 서술한다.12) 이 기사에 분개해야 할 이유는 없다. 오히려 감사해야 할 것이다. 문장은 명쾌하며 사고에 내적 모순은 없다. 로마 교황청의 낡은 공식 성명도 무시되지 않고 있다.13) 미사여구도 없으며 여기에는 자유보다도 진리 쪽이 우선하는, 이 원칙을 시종일관 주장한다면 어떠한 결과로 될는지, 그것이 명백하게 표현되고 있다.

[제2 단계의] 근본적으로 같은 견해는 가톨릭교회의 지도적 지위에 있는 오타비아니 (Ottaviani) 추기경14)에 의해서 주장되고 있다. 거기에서 관용의 가능성은 약간 확대하고 있다. 그러나 가톨릭국가의 정상적인 상황 아래 잘못된 종교를 원칙적으로 금지하는 것은 명백히 위정자의 의무이다. 오타비아니에 대해서 참된 종교를 국가의 토대에 세우고, 국민의 물적 복지만이 아니라 도덕적이며 정신적인 행복을 증진시키는 것도 국가의 의무가 된다. 그렇다면 국가는 「귀중한 보물이라고 할 종교」를 뒷받침하지 않으면 안 된다.15) 종교의 자유의 승인을 비롯하여 그 밖의 모든 것은 「가톨릭 신자유주의」16)이다.

---

12) 이것은 익명의 논설이다. 에프네터의 지적(A. Ebneter, in: Orietierung, 28, 1964, S. 203)에 의하면, 집필자는 카발리(P. Cavalli)와 가까운 사람일 것이다. 내용적으로 같은 것, 유사한 것을 하르트만이 인용하는 복수의 스페인 사람도 오타비아니 추기경(본문의 후술 부분을 보라)도 서술하고 있다(A. Hartmann, Toleranz und christlicher Glaube, Frankfurt 1955, S. 217 ff., Note 49, 50, 54). 진리는 자유를 요구할 수 있으며, 이에 대해서 오류에는 고작해야 관용만이 주어질 뿐이라는 명제의 찬동자 속에는 약간의 공회의 교부도 있다. 예컨대 루피니(Ruffini) 추기경, 로베르티(Roberti) 추기경, 몇 명의 스페인과 이탈리아 주교이다.

13) 특히 1864년의 피우스 9세의『근대주의의 오류』(실라부스)는 제77항과 제78항에서 공적 세계에서의 종교의식의 집행의 자유를 공공연하게 비난한다.

14) Alfredo Ottaviani, Institutiones juris publici ecclesiastici, vol. II: Ecclesia et status, 4. vermehrte Aufl., Rom 1960, S. 46-63, 63-77 참조.

15) Ottaviani, a. a. O., S. 46/47, 66/67. 오타비아니는 여러 가지 근거 속에 특히 레오 13세의 발언을 원용한다. 교회와 국가의 관계에 관한 레오 13세의 사상은 실제로는 「가톨릭의 국가명제」이며, 기본적으로

오타비아니도 명쾌하고 솔직하게 말한다. 최근 1960년에 발간된 교회법 교과서에는 다음과 같은 문장이 있다. 「가톨릭교회는 이중의 기준과 척도를 사용한다. 왜냐하면 가톨릭교회 자신이 지배하는 곳에서는 그 교회는 다른 종교의 권리를 제한하려고 한다. 그러나 가톨릭교도가 소수파인 국가에서는 동권을 요구한다. 나의 대답은 다음과 같다. 사실 그대로 이다. 이중의 기준이 응용되는, 한편으로는 진리에 대해서, 다른 한편으로는 오류에 대해서」.[17]

제3 단계는 교황 레오 34세의 명제를 원용한 피우스 12세의 관용 연설이다. 거기에서 상술한 원칙의 적용은 [보다 고차의 선을 실현한다는] 윤리적 요청이 있는 경우에는 제한되며 그 분효력(分效力)도 약해졌는데, 오류에 권리는 없다는 원칙은 포기되지 않고 있다. 여기서는 「윤리와 종교의 오류를 탄압하는 의무는 그 의무보다도 높은 차원에 있는 보편타당한 규범」에 종속한다. 그러므로 오류를 탄압하는 의무는 결코 지상규범도 아니며 그 자체로서 자율적인 규범도 아니다. 그러나 그럼에도 불구하고 이 의무는 근본적으로는 국가권력의 보유자도 구속하는 보편타당한 규범으로서 유지된다. 이 의무에서 면제되기 위해서는 「특수한 사정」이나 보다 높은 차원의 선을 실현하는 필연성이 요청된다. 이 점은 다음의 문장에 결정적으로 나타나 있다.

「윤리와 종교적인 오류를 탄압하는 의무는 결코 행동의 지상규범이 될 수 없다. 그것은 그 의무보다도 높은 차원에 있는 보편타당한 규범에 종속하지 않으면 안 된다. 이 지상규범은 보다 높은 차원의 선을 실현하기 위한, 정세 여하로 오류를 배제하지 않는 것을 인정한다. 오히려 배제하지 않는 것이 차선책이 된다. 이상의 것에서 다음의 두 원칙이 명백하게 된다. (1) 진리와 도덕률에 합치하지 않는 것은 객관적으로 존재·포교·행동의 권리를 가지지 않는다. (2) 그럼에도 불구하고 보다 포괄적이며 보다 고차의 선을 실현하기 위한 국법이나 강제조치를 가지고 간섭하지 않는 것도 정당하다고 한다」.[18]

는 국가의 종교적 의무를 계속 주장하며, 다른 종교의 공적 존재는 일정한 상황 아래 감수해야만 하는 악일 뿐이었다. 이 점에 관한 개개의 증거와 상세한 인용은 다음의 문헌을 참조하라. Peter Tischleder, Die Staatslehre Leos XIII., Mönchen-Gladbach 1923, S. 187 ff.

다음과 같은 오타비아니의 생각에 주목해야 한다. 종교는 국가의 기반이며 국가는 종교에 봉사할 의무를 지닌다는 명제를 증명할 때에, 오타비아니는 우선 먼저 고대의 사상가, 특히 키케로에 의거하며 이미 이교도가 인식하고 있었던 것은 당연히 참된 종교, 즉 가톨릭신앙에 타당해야 한다고 논의한다. 이 논의 속에 고대의 폴리스 제례(祭禮), 즉 정치이면서 신화인 종교는 기독교의 계시와 같은 종류의 것이라고 본다.

16) Ottaviani, a. a. O., S. 55/56. 오타비아니에 대해서 「가톨릭 자유주의」는 무관심주의보다도 훨씬 위험하였다. 가톨릭 자유주의자로서 그는 자끄 마리탱(Jacques Maritain)·이브 콩가(Yves Congar)·막스 프리빌라(Max Pribilla)·머레이(J. C. Murray)를 열거한다. 「종파들의 동권」과 모든 종파에 대한 공적 지위의 승인은 오타비아니에 의하면 무관심주의를 조장하며 최종적으로는 무신론으로 인도한다(a. a. O., S. 63).
17) A. a. O., S. 72/73.
18) 다음의 문헌에서 재인용한 것이다. Utz-Groner, Aufbau und Entfaltung des gesellschaftlichen

확실히 여기에는 강조점에서 미묘한 차이가 있다. 그러나 [보다 고차의 선을 실현할 필요가 있는 경우에는 오류를 탄압하지 않는 것도 정당하다고 한] 이러한 종류의 관용론에 대해서, 다른 크리스천은 가톨릭의 자세는 결국 기회주의[19]일 뿐이라고 비난하여 왔다. 이것은 아주 심한 비난이다. 다른 기독교교도들이나 다른 종교의 사람들이라면 이렇게 질문할 것이다. 국내에 가톨릭교도가 압도적 다수를 차지하고 국가권력을 장악하거나 국가가 전통적으로 「가톨릭국가」인 경우에, 거기서도 가톨릭교도는 종교의 자유와 관용을 주장하는가 라고. 이러한 물음에는 명쾌하게 대답하지 못했다. 확실히 피우스 12세의 관용 연설에서는 전통적인 이론은 약화되었다. 그러나 그럼에도 불구하고 국가질서를 국가질서로서 승인하는, 이 조건마저 채우지 못하면 국가내의 어떠한 시민도, 이단자도 배교자도 평등한 종교적 생존권을 가지며 국가란 **원칙적으로** 그러한 집이어야 한다, 이러한 생각은 아직 승인되지 않고 있다.

도대체 이러한 전통적인 관용이론의 논리구조는 어떻게 되어 있는가? 법적 의미에서의 주체의 지위는 인격으로서의 인간이 아니라 추상개념인 「진리」에 부여되어 있다. 인간은 이 추상적인 진리개념의 객체가 되어버리고 있다. 거기에서 권리는 인간으로서의 존엄에 귀속하는 무엇에 불과한 것이 아니며, 인간의 인격(페르조나)적 존재에서 유래하는 그 무엇도 아니고, 인간 인격의 자유를 보장하는 그 무엇이 아니라, 종교와 윤리의 진리 속에 있는 한, 그러한 한에서 그 사람은 원칙적으로 권리를 가지지 않는다. 다만, 보다 높은 차원의 재(財)가 얼만큼 위험에 빠지는가, 그 정도에 따라서 그 사람은 국가가 보장하는 관용의 은혜를 누리는 것이다.

이 이론은 교회에 의해서 그 밖에 완고하게 주장되어온 자연법사상에 반한다. 인간의 본성에서 볼 때, 인간의 존엄 때문에 인간이 권리를 가지는 것이 아니라 진리가 권리를 가진다.[20] 그러나 「진리」가 권리를 가진다는 것은 무엇을 말하는가? 이 현세의 차원에서 보는 한, 그것은 진리를 소유하는가, 스스로 진리 속에 있다고 믿는 사람들, 진리란 무엇인가를 결정하는 기관, 이러한 사람들이나 기관이 권리를 가진다는 것이다. 진리는 이 세상에서는 추상적인 것, 본질 자체로서가 아니라 구체적인 인간의 신념으로서 존재한

Lebens, Soziale Summe Pius' XII., Bd. 2, Nr. 3977 u. 3978. 그 토대는 레오 13세의 회칙 『신의 불사』(Immortale Dei, c. 54, Haec quidem).

19) 여기서 기회주의란 목적을 위해서는 수단을 가리지 않는다는 의미가 아니라 상황에 따라서는 불관용을 주장할 수 있는 가능성이 유보되어 있다는 의미이다.

20) 한스 바리온은 다음의 점을 정당하게 지적한다. 교회가 자신을 위해서 요구할 자유가 자연법에 의해서 기초지워진다면, 그 종교의 자유는 항상 더구나 개념필연적으로 모든 종교에 공통되게 적용되어야할 것이다. 특정 종교만의 특수한 자유이어서는 안 된다. 종교의 자유는 가톨릭교회만이 아니라 모든 종류의 종교단체에게 부여되어야 할 것이다. 그러므로 「신으로부터의 특권」이라는 논리는 자연법을 무효로 하는, 아니 오히려 자연법을 파괴한다(Hans Barion, Kirche oder Partei? Römischer Katholizismus und politische Form, in: Der Staat, Bd. 4, 1965, S. 166).

다. 그러므로 「진리가 권리를 가진다」는 인간의 사회생활면에 응용하여 구체적으로 말하면, 무엇이 진리인가를 실제로 결정하는 기관으로서의 교회, 그 교회에 소속하는 사람들, 이 양자만이 권리를 가진다는 의미가 된다. 그러나 이것은 법의 이론이 아니라 권력의 이론이다. 그러한 권력의 이론은 받아들여서는 안 된다.

이 이론은 실제로 권력의 이론으로 귀결하기 때문에 인정되지 않는다는 것이 아니라 원래 교회의 교의 그 자체에 위반된다. 교회의 도덕철학은 훨씬 이전부터 적어도 이론적인 면에서는 다음의 것을 승인하여 왔다. 개개의 인간과 그 사람의 행위에 대해서 최고 궁극의 (주관적인) 규범은 자기의 양심의 판단인, 비록 그 양심의 판단이 객관적으로 잘못이라고 하더라도 말이다. 가톨릭교의에 따르면 잘못된 양심도 구속력을 가진 최종 결정기관이다.[21]

이 가톨릭의 도덕철학이 타당하고 전통적인 관용론이 객관적 규범론이라면, 다음과 같은 사태가 된다. 객관적으로는 잘못이지만 자기의 신앙이나 세계관의 진리를 성실하게 믿는 사람은 다른 종교 (즉 오류)의 존재 · 포교 · 활동의 권리를 승인하지 않는, 그것이 가톨릭의 교의에 따르면 자기의 양심의 의무가 된다 라고. 이것은 영구 투쟁을 의미한다. 세력균형의 상황 아래서는 고작해야 사실상의 공존뿐이다. 거기에는 참된 평화와 여러 종교들의 이성적 공존에의 길, 다른 종교 국가에서의 가톨릭교도의 신앙과 포교의 자유, 이러한 모든 것들이 불가능하게 된다.[22] 16-17세기의 유럽에서 왜 종교전쟁이 일어났는가 쉽게 상상할 수 있다.

그러나 가톨릭교회의 교의는 훨씬 이전부터 신앙의 받아들임(영접)이 강제되어서는 안 된다고 주장해 왔으며, 이 원칙에 의해서 전통적인 가톨릭 관용론이 사회적으로 양립되지 않는다는 것이 되지는 않았다. 확실히 가톨릭교회는 이 원칙을 항상 주장하고 옹호해 왔다. 그것은 교회법 제1316조에는 분명히 규정되어 있다. 그러나 그것은 관용의 원칙도 종교의 자유의 원칙도 아니었다. 왜냐하면 첫째로 그 규정은 가톨릭 신앙의 자유로운 「영접」에만 적용된 것은 아니기 때문이다. 한 번 영접한 신앙을 버릴 자유는 없었다. 중세에는 그대로 실천되고 있었다. 당시 신앙의 영접은 법적 성격의 성실관계 (fides)라고 이해되었기 때문에, 일방적인 파기는 불가능하였다. 둘째로, 위의 종교법의 규정은 「잘못된」 신앙에 대해서 의식을 집행하거나 포교하는 자유를 부여하지 않았다. 그러므로 확실히 가톨릭 신앙은 강제되지 않았다. 그러나 잘못된 종교가 활동하고 포교하는 것도 금지되었다.

지금까지의 가톨릭 관용론의 핵심은 자유보다도 진리 쪽이 우선하는, 진리에 대해서

21) 많은 문헌 중 다음 두 가지만을 열거한다. Mausbach-Ermecke, Katholische Moraltheologie, 8. Aufl., 1954, Bd. 1, S. 169 f.; P. Haering, Das Gesetz Christi, 2. Aufl., 1961, Bd. 1, S. 199-202.
22) 정통적인 관용론의 경우와는 달리 종교의 자유의 승인은 가톨릭교회의 포교의 자유를 위험하게 한다는 견해가 자주 주장된다. 그 때문에 이 점에 대한 언급을 피할 수는 없다. 국가에 대한 포교의 자유와 포교의 「권리」는 종교법이 아니라 자연법에 의해서만, 즉 종교의 자유에 의해서만 기초지워질 수 있다. 왜냐하면 종교법은 그 본래의 내용에서 볼 때 신앙을 가진 자만을 규정하기 때문이다. 주 20도 참조하라.

오류는 권리를 가지지 못한다는 점에 있었다. 그렇다면 그것은 근대의 공산주의가 발전시키고 실천해 온 관용론과 상당히 비슷하다. 정확하게 말하면 공산주의자는 전통적인 가톨릭 관용론의 원칙들을 받아들이고, 그것을 불관용이란 의미로 해석하는 것으로 충분하였다. 그렇다면 유형 참사를 볼 것도 없이 신앙의 자유를 제한할 것도 없이, 공산주의자는 합법적인 방법으로 계속하여 종교 박해를 실행할 수 있다. 이와 같은 공산주의와의 관련을 지적한 것도 흔해빠진 논쟁을 지시하기 위해서가 아니라 사태를 근저적으로 파악하기 위해서다.

1936년의 소비에트 연방 헌법 제124조는 이렇게 말한다. 「모든 시민에 대해서 종교상의 의식을 거행할 자유와 반종교의 선전활동을 할 자유가 승인된다」. 이 규정은 의도를 분명히 하고 있다. 무신론의 진리에 대해서 종교의 미신이라는 오류는 존재 · 보급 · 활동의 권리를 갖지 않는다는 것이다. 오류에 사로잡힌 사람이 잘못된 교의를 퍼트리는 것은 금지된다. 그러므로 법적 지위는 부여되지 않는다. 외적인 평화를 위해서, 순수한 예배의 자유가 묵인됨에 불과하다. 선전이나 포교의 자유, 완전한 존재권을 요구할 수 있는 것은 진리, 즉 무신론뿐이다. 그 결과가 어떠한 현실로 되는가, 주지하는 바와 같다.23) 공회의장에서 쾨니히(König) 추기경은 감동적인 말로 이러한 무신론 국가들에서의 현실에 언급하고, 공회의 교부에게 행해서 호소하였다. 전세계의 여론을 환기하고 그리하여 공산주의 국가들 내의 이상한 사태를 해소해야 한다 라고. 「무신론자는 특권을 향유하며, 이에 대해서 종교는 무권리의 상태에 있다」.24) 이러한 상태에 그토록 비분강개하더라도 충격적인 것은, 가톨릭교회 스스로가 전통적인 관용론에서 오류의 취급을 결정한 원칙, 그 동일한 원칙으로 진리의 독점을 요구하는 공산주의 무신론도 자국 내의 가톨릭교회를 취급하고 있다는 사실이다. 「무엇에든지 남에게 대접을 받고자 하는대로 너희도 남을 대접하라」(마태복음 7:12)라는 성서의 말은 이 세상의 모든 정의의 토대이며, 아마 약간의 참된 자연법 명제의 하나일 것이다. 이 말은 가톨릭교회 그 자체에게 향한 것이 되었다. 토마스 아퀴나스가 말하듯이, 법의 질서는 보편적이며 법의 본질은 대등성과 상호성(aequalitas)에 있다.25) 즉 법원칙은 그 본성에서 볼 때 자기만이 아니라 자기와 대립하는 자에게도 보편적으로 적용된다. 상호성을 지니지 아니한 법원칙은 법의 원칙이 아니며 권력의 원칙이다.

지금까지의 가톨릭 관용론이 유지할 수 없었던 것을 인식하기 위해서, 또 다시 설명이 필요한가? 분열된 형제들의 신뢰를 상실하지 않으려면 공의회는 이 관용론을 단호하게 뛰어넘지 않으면 안 된다. 조건부의 관용이 아니라 원칙으로서의 관용, 즉

23) 소비에트 연방의 사정에 관해서는 다음 잡지의 논문과 저서를 참조하라. Herder-Korrespondenz, 17, 1963, S. 364 ff.; 18, 1964, S. 291 ff.; Kolarz, Die Religion in der Sowetunion, Freiburg 1963.
24) KNA Sonderdienst, Nr. 50 vom 26. 9. 64, S. 2-3.
25) Summa theologiae II, II, qu. 57, art. 1. 「우리들의 행위가 정당하다고 말하는 것은 어떤 대등성을 가지고 타자의 행위에 응하는 경우이다」.; qu. 58, art. 2 co.

종교의 자유의 새로운 대지를 획득해야 할 것이다. 이미 교황 요하네스 23세가 회칙 『지상의 평화』에서 한 걸음 밟고 나아갔듯이, 공의회에 제출된 초안도 이 길을 걷고 있다.26)

III. 종교의 자유와 진리의 화해

인간의 권리로서의 종교의 자유, 그러한 권리로서 교회가 승인하고 표명하는 종교의 자유, 그러므로 크리스천의 과제로서의 종교의 자유, 그러한 종교의 자유의 선언은 정말 가톨릭교회로부터 기대할 수 있을까? 가톨릭교회가 자기에게 충실하려고 한다면, 가톨릭교회는 자기의 진리의 요구를 포기할 수 없다. 그렇다면 가톨릭교회의 진리의 요구는 종교의 자유의 선언과 모순되지 않는가? 이 진리의 요구의 귀결이야말로 전통적인 관용론이 아니었던가? 종교의 자유가 정말로 기독교의 원칙이라면 기독교적으로 볼 때, 진리와 자유는 화해할 수 있는가? 소수의 공회의 교부는 분명히 아니라고 말한다.

이 문제에는 면밀한 고찰이 필요하다. 인간 세계에 있어서의 종교의 진리라는 것은 구체적인 인간의 진리라는 신념 속에만 존재하는, 그러므로 종교의 진리는 그 진리의 중개자로서 자유를 불가결로 하는, 그렇다면 종교적 진리와 자유는 당연히 본질적으로 표리일체를 이루는 것이 아닐까? 이 문제는 여기서 도외시하기로 하자. 또한 자유의 행위로서의 신앙은 그 신앙을 위해서도, 또한 믿지 않는 자유를 전제로 한다는 신학문제에도 언급하지 않기로 한다. 지금까지처럼 법적인 고찰에 머무르기로 한다.

왜 전통적인 가톨릭 관용론은 유지될 수 없을까? 그 이유는 그 명제 그 자체에 있는 것이 아니라 신학·형이상학과 도덕의 분야의 원칙과 명제가 그 영역으로부터 법의 영역으로 전용된 데에 있다. 신학적·형이상학적 진리에 대해서 오류는 권리 — 전용된 의미에서의 권리 — 를 가지지 아니한다는 명제는 확실히 정당하다. 인간의 도덕적 행위에서도, 인간의 자유의 활용법에서도, 진리에 대해서 오류는 권리를 가지지 못하는, 종교와 윤리의 진리에 적합한 권리의 행사만이 인정된다는 명제는 정당하다. 이 점은 가톨릭만이 아니라 어떠한 종파의 크리스천에게도 무릇 윤리·도덕적으로 생각하는 모든 사람들에게 타당하다.

단순한 예를 들어보자. 자녀를 양육하는 양친의 권리는 보편적 권리로서 국가에 의해서 보장된다. 그러나 도덕적 견지에서 볼 때 크리스천의 양친이 자신들의 자녀에게 무신론의 교육을 실시할 정당성은 존재하지 않는다. 양친의 도덕상의 신념에 비추어 기독교적으로 교육할 권리뿐이다. 실제로 도덕적 견지에서 본다면 진리에 대한 오류는 권리를 가지지 못한다.

이것이 종교와 도덕질서의 분야에서 정당하다 하더라도, 그것은 그대로의 형태로

---

26) 「양심의 올바른 규범에 따라서 신을 경외하고, 자기의 종교를 사적으로나 공적으로도 공언하는 권리, 이것도 인권에 속한다」(Pacem in Terris, c. 14).

법의 분야에 타당하지 않으며, 타당할 수도 없다. 확실히 법과 도덕을 완전히 분리하는 것은 불가능하다. 그러나 그 내용과 목적에서 법과 도덕은 구별된다. 법은 인간과 신의 관계가 아니라 사람과 사람의 관계, 인간과 국가권력과의 관계를 대상으로 한다. 법은 인간의 영원한 구원이나 도덕적 완성이 아니라 인간사회의 외적 질서의 수립을 목적으로 한다. 그러므로 법의 세계는 도덕과 진리의 세계가 아니라 평화와 자유의 질서이다. 이 법질서를 전제로 하여 개개의 인간은 스스로 인식한 진리, 신앙 속에서 파악한 진리에 비춘 삶, 자기의 영혼의 구제를 구할 수 있다. 즉 법의 의미와 목적은 강제력을 가지고 인간사회의 외적 질서를 유지하는 데에 있다. 법의 내용도 그 다양한 규칙도 그 이상의 것은 아니다. 또한 반대로 법의 지배를 보장하고 가능케 하는 개개의 법률은 타인이나 국가권력의 간섭에 대해서 자유를 효과적으로 확보하고 보호하는 것이며, 신과 진리에 대한 도덕·윤리적인 의무나 책임으로부터의 자유를 정당화하는 것은 아니다.

그러나 전통적인 가톨릭 법사상에서는 법에 고유한 성격을 파악하는 것도, 법과 윤리를 명확하게 구별할 수도 없다. 스콜라학에서 법은 윤리질서의 한 단면, 윤리세계의 한 부분이라고 이해한다. 그 윤리의 한 면으로서의 법이 도덕적 의무감을 가지고 행동하는 사람과 사람의 외적 관계에 관련을 가진다.[27] 그러므로 법의 임무는 윤리와 그 실현을 위한 수단도 목적도 되며, 그리하여 인간이 윤리적 사명, 선한 목적, 자기완성으로부터 일탈하지 않도록 사회관계를 질서지우는 데에 있다.[28] 확실히 부도덕한 행위가 신에 대한 반항이라는 의미에서의 죄인 한, 그것을 처벌하는 것은 법의 권한이 아니다. 그 부도덕한 행위가 사회질서에 위반하는 경우, 그러한 한에서만 법의 대상이 된다. 이 점은 스콜라 법사상에서도 인식되고 있다.[29] 그러나 이것은 법과 윤리의 구별이 아니다. 거기에서 법은 직접적인 신정(神政, Theokratie)의 요구에 대항하여 세속의 「자연」질서 속에 위치지워지고 있을 뿐이다.

[스콜라학에서] 법은 사회생활의 질서, 즉 「공동선」(bonum commune)과 관련된다. 공동선은 인간완성이라는 의미에서 윤리, 즉 「선」으로 규정된다.[30] 그러면 법적 자유는 원칙적으로는 윤리적 자유보다도 넓은 것일 수는 없는가? 다만, 형법의 분야에서만은 예외로 한다. 국가권력은 정치실천의 경험에서 신중하게 행동하고, 모든 비윤리적인

---

27) 많은 문헌 중 다음 한 가지만을 열거한다. Th. Meyer SJ, Institutiones iuris naturalis, Pars I, Freiburg 1885, S. 381-395, insbes. 394. 「법은, 보편적 도덕질서의 한 영역을 이루며 엄밀한 의미에서의 사회정의의 객관적 규범을 포함한다」. 나아가 Victor Cathrein, Moralphilosophie, Bd. 1, 5. Aufl., S. 502 ff.; O. Schilling, Handbuch der Moraltheologie, Bd. 3, Stuttgart 1956, S. 17.

28) Joh. Schuster SJ, Philosophia moralis, Freiburg 1950, S. 83 f.; insbes. 84. 「명령적인 법의 목적은 인간이 도덕적으로 살고 고귀한 목적에서 일탈하지 않도록 사회행동을 질서지우는 데에 있다. 이것은 칸트도 인정한다」. 유사한 입장은 E. Welty OP, Herders Sozialkatechismus, Bd. 1, Freiburg 1951, S. 152; Th. Meyer, a. a. O., (Note 27), S. 391-395.

29) 예컨대 Cathrein, Moralphilosophie, a. a. O.

30) Schuster, a. a. O., S. 83 f.; Welty, a. a. O., S. 152. 인간의 궁극 목적에 관한 목적론적 세계상을 토대로 하여 「참된 종교」의 보호를 법의 임무라고 생각하는 가능성도 거기에서 나온다. 이러한 의미에서 예컨대 Ottaviani, a. a. O., Bd. 1, 4. Aufl., 1958, S. 302 f.

행위를 형법상 소추해야 할 것이라고 생각하지는 않는다. 그러나 그 이유는 단지 직무수행이 불가능한 데에 있다. 법에 고유한 적극적 성격은 승인되어 있지 않다.

이러한 법개념은 그 기원과 내용에서 말하여 도덕적인 법개념이다. 거기에서 윤리와 도덕으로부터 구별되는 법에 **고유한 지위**는 확립되지 않는다. 그러한 법개념은 중세 유럽에만 타당하였을 것이다. 그러한 공통의 세계관에 지배된 폐쇄적이며 전통적인 사회 속에, 법과 도덕은 실질적으로 구별되지 않았다. 거기에서의 법은 관습윤리를 초월하는, 도덕적으로 정치적인 성격의 사상법이었다. 그러한 법은 궁극적으로는 인간에게 미리 주어진 신성질서에만 타당하며, 공통의 종교나 전통적인 규범과 혼연 융화되고 있었다.[31]

그러나 이러한 종류의 법개념에 대응한 현실은 훨씬 이전이 되고 있었다. 그것은 현실적으로 이미 존재하지 않는 세계를 사상적으로 고정하는 명제이다. 거기에서 전제가 된 동질적인 사회가 확고한 존재였던 한에서만, 그러한 법개념은 존속할 수 있었다. 그러나 그러한 사회에서도 이미 사회의 국외자나 여러 가지의 「비국교도」의 자유의 문제가 발생하고 있었는데, 그것은 사회적 혼란을 초래할 정도의 규모는 아니었다. 종교개혁의 시대에 일어났듯이, 전제가 되고 있던 동질성이 정말로 둘로 분열하자, 이 법개념의 직접적인 토대는 소멸해 버렸다. 법 본래의 임무, 즉 인간의 사회생활의 질서와 평화를 구축하고 확립하며, 그리하여 자유의 한 요인이 되는, 이 임무를 법이 포기할 계획이 없다면, 전체를 포괄하는 것이 아니게 된 윤리 · 도덕 · 종교 그 자체의 규범이나 규율, 그러한 것으로부터 법은 해방되지 않으면 안 되었다. 외적인 질서를 유지하는, 세속적이며 합리적인 새로운 토대와 보편성이 발견되어야 했다. 법은 종교전쟁의 참화 속에서 자라났듯이, 자유를 위해서 스스로 직접적으로 진리와 윤리를 규정하는 것을 포기하였다. 법은 단지 진리와 윤리를 위한 조건을 정비하고, 그것을 위한 외적 공동생활을 확립하려고 할 뿐이다. 이 법은 전통적인 법사상이 부여해 온 법의 성격을 요구하지 아니한다.

이 점에서도 하나의 예를 들어본다. 프로이센의 프리드리히 대왕의 말, 나의 국가 안에서는 누구나 자기식의 생활방법에 따라서 행복을 추구할 수 있다는 말은, 가톨릭교도에게는 자유사상적 무신론이나 무관심주의를 표현한 것처럼 보일지도 모른다. 그러나 자유와 외적 질서에 관련된 세속법의 원칙으로서 이 말에는 매우 적극적인 의미가 있다. 당시에도 간과되고 있었는데 이것은 불신앙이라든가 무신론의 선전을 인정한 특허장은 아니다. [프로이센 국내의 소수파] 가톨릭교도의 병사의 자제를 위해서 포츠담에는 가톨릭 학교가 설립되어 있었다. 그 학교에 대한 프로테스탄트 측에서의 공격을 방어하는 것이야말로 프리드리히 대왕의 말의 진의였다.[32]

---

31) 이 점에 대해서는 다음의 문헌을 참조하라. Max Weber, Wirtschaft und Gesellschaft, 4. Aufl., hrsg. Joh. Winckelmann, T. 2, Kap. 7, §5(박성환 옮김, 『경제와 사회』, 문학과 지성사, 1997); Otto Brunner, Land und Herrschaft, Brünn, 3. Aufl., 1943, S. 150 ff.
32) Georg Borchardt, Die Randbemerkungen Friedrich des Großens, Potsdam 1936, S. 79.

종교의 자유는 이 세속법의 근본원칙이다. 종교의 자유의 요청은 그러한 것일 뿐이다. 그러므로 종교의 자유는 결코 개개인이 종교문제를 자기의 임의대로 해석해도 좋다는 도덕의 특허장을 의미하는 것이 아니라면, 진리에 대한 의무로부터의 해방을 의미하는 것도 아니다. 종교의 자유란 양심의 규범에 비추어 신을 경외하고 자기의 종교를 사적으로 나 공적으로도 공언하는 외적 조건을 창조하고 확립하는 것, 즉 타인이나 국가권력의 간섭에 대한 개인을 보호할 뿐이다.33) 또한 이 종교의 자유는 다른 법적 자유와 마찬가지로, 국가라는 공동체 안에서의 사회생활의 질서와 평화의 보장이라는 점에서만 타당하다. 그러므로 그것은 예컨대 사회적 위험이 되는 어떤 종류의 분파 [소수파의 종교공동체]의 불관용으로 편협한 행동을 허용하는 특허장도 아니다.34)

이상의 설명에서 명백하게 되었듯이, 종교의 자유는 실제로는 진리와 자유를 화해시킨다. 기독교는 종교의 자유를 승인할 수 있다는 것만이 아니다. 종교의 자유야말로 기독교신앙의 요청이다. 진리에 대해서가 아니라 진리를 위해서 종교의 자유는 권리로서 존재한다. 「자유는 인간에 상응하지 않는다. 왜냐하면 인간은 이미 진리를 소유하고 있기 때문이 아니라 자유를 가지고 진리를 추구하려고 하기 때문이다」.35)

---

33) 이러한 의미에서 선언은 제2 회기에 제출된 때에 드 스메트(de Smedt) 주교가 한 말도 분명히 하고 있다(Herder-Korrespondenz, 18, 1964, S. 39). 「종교의 자유에는 양면이 있다. 적극적 의미에서의 종교의 자유란 자기의 양심의 요청에 근거한 종교활동을 위한 인간 인격의 권리이다. 소극적 의미에서의 종교의 자유란 인간의 양심에 의해서 결합되는 신과의 인격관계 속에 일체의 외적 강제로부터 해방되는 것이다」.

34) 어떠한 단체가 사회적 존재로서 허용되는가, 반사회적 존재로서 허용되지 않는가 하는 문제는 당연히 추상적·형이상학적인 또한 이데올로기적인 공동선의 개념에 의해서 해결될 수 없다. 이런 종류의 개념에는 예컨대 공동선의 기반으로서의 「참된 종교」와 같은 것도 포함하여 생각할 수 있는 모든 것을 포함하는 것이 가능하다. 이 문제는 국가공동체의 구체적 「공공질서」(ordre public)에 의해서 해결되지 않으면 안 된다. 이 「공공질서」에는 양면이 있다. 한 편 공공질서란 역사적·정치적으로 형성되어 온 것이며, 거기에는 그 국가의 전통이나 관습이 포함된다. 다른 한 편, 공공질서란 헌법에서 인정된 것이며 종교의 자유도 그 속에서 공공질서의 구성요소 그 자체가 된다. 그러므로 종교의 자유의 침해에 대해서는 법적인 보호가 필요하다. 그렇다면 사회의 평화와 질서의 조건들을 확립한다는 의미에서의 이 양면의 균형이 필요하게 된다.

35) 공회의 석상에서의 남아프리카의 데니스 헐리 폰 더반(Denis Hurley von Durban) 대주교의 발언 (KNA-Sonderdienst, Nr. 51 vom 26. 9. 1964, S. 2).

7. 공용수용과 사회화*

한스 페터 입센

I.

1. 기본법의 사회국가에로의 결정은 어떤 본질적인 것, 또는 타협이나 양보에서 나오는 안이한 상투어, 또는 동일하게 단지 구속력 없는 약속 이상으로 심원한 것이라고 생각할 때, 그것은 사회질서를 형성하기 위한 그 국가의 준비와 책임, 임무와 권한을 의미한다. 그러한 설명만이 독일의 국가체제의 특수한 오늘날의 상황에 적합한 것이다. 그리고 그러한 설명만이 수 십년 이래로 국가와 사회로 분열된 상태에서 멀어져버린 현대의 국가구조에도 솔직히 일치하는 것이다. 기본법이 자유주의적 법치국가의 이념과 법형식성(Rechtsförmlichkeit)을 부흥시키기 위한 것에 그치지 않고, 그것으로써 기본법 고유의 사회국가 규정에 아무런 방해도 받지 않는 한에서 사회질서의 형성에의 전자의 위탁을 그럼에도 불구하고 소홀히 하지 않는 것이 필요하다. 그 이외의 어떠한 견해, 특히 기본권의 장이 시민적 법치국가의 헌법 유형에 의거하는 것과 사회질서를 이미 헌법적으로 원칙형성하는 것의 ― 바이마르에 비교해서 후퇴한 ― 포기이기 때문에, 국가로의 위탁을 이것에 대해서 대개 거부한다는, 상술한 견해는 특히 우리들이 ― 그리고 우리들 독일인에게 한정되지는 않지만 ― 생존양식의 현실을 간과하는 것이다. 따라서 그러한 이해는 헌법에 있어서 중대한 하자로서 비난될 수 있는 (그리고 기본법에서는 충분하고 정당하게 비난받고 있다) 사항을 과대하게 하고, 또한 심각하게 만들고 있다. 즉 현실과 규범 간의 불합리를 의미한다.

그러므로 내가 기본법을 해설하고 해석함에 있어서 염두에 두고 서술하고 싶은 것은, 일의적으로 인식할 수 있는 헌법규정을 (특히 법치국가에 대해서 그러한 것을)

---

* Hans Peter Ipsen, Enteignung und Sozialisierung, in: Veröffentlichungen der Vereinigung der Deutschen Staatsrechtslehrer, Heft 10, Walter de Gruyter, Berlin 1952, S. 74-123. jetzt in: ders., Über das Grundgesetz. Gesammelte Beiträge seit 1949, J. C. B. Mohr, Tübingen 1988, S. 100-149.

이용가능한 인식수단으로, 여하튼 이러한 것이 획득될 수 있는 곳에서는 모두 존중할 것을 명하면서, 사회질서의 형성이란 의미에서 **사회국가를 위한 기본법상의 결정**을 심화하고 확장하는 것이다. 그 때에 나는 여기서 사회질서의 단면으로서 논하는 소유권 제도에 관련하여 「사회질서의 형성」을 소유권 지배의 새로운 분할 (Neu-Verteilung)에 이르는, 그 새롭고 다른 방법에서의 형성(Neu-und Anders-Gestaltung)으로 이해한다. 사회국가의 관념에는 사회입법이 사적 이익에로의 법률상의 침해를 전제로 하며, 또한 그 법률이 시민적인 다수결이라는 우위성과 칭호를 가지면서 얻는다는 인식도 필연적으로 귀속한다.[1] 테마상으로 볼 때 사회국가에로의 형성은 어느 정도 어디에 존재할 수 있는가를 바이마르 헌법 제151조 · 제155조 ―제157조 그리고 제162조― 제162조는 바꾸어 표현했으며, 또한 사회국가를 현실적으로 보충한 것은 기본법이 회피하는, 그리고 바로 지명될 문제의 설정에서 [그 답을] 발견한다.

2. 「공용수용과 사회화」(公用收用과 社會化)라는 테마로부터 그와 함께 「과」(und)라는 말이 고려의 전면에 나타난 것은, 그 말이 열거적 · 부가적인 것이 아니라 상관적으로 이해되지 않으면 안 된다. 왜냐하면 ―최종적인 일관성에서 본다면― 보상의무의 어떤 공용수용이라는 헌법상 제도(Verfassungs-Institut)가 매우 강도의 소유권 보장을 표현할 때, 또한 사회화는 복합물이 아니며, 아직 헌법규범에 의해서 길들여지거나 법률학화되어(juridifiziert)있지 않은, 따라서 그 고유의 혁명적 의의를 빼앗기지 아니한 의미에서, 경제상의 소유권질서를 종래까지는 배분에 두어 오지 않았던 자들의 장래적인 관여로 계획적으로 개조하는 것을 요청할 때, 헌법이 쌍방의 제도― 공용수용과 사회화―를 어떠한 병립관계(Zuordnung)로 짜맞추는가 하는 점에, 매우 심각한 문제설정이 존재하기 때문이다. 보상의무가 있는 공용수용만을 알 뿐이며, 또한 사회화를 사회질서의 형성에로의 법정수단으로서 경의를 나타낸다고 하지만 동시에 그것을 ―그리고 모든 곳에 법치국가적 장식으로― 그러므로 오로지 공용수용의 종속격(Unterfall)으로만 하는 헌법, 그러한 헌법은 거기에 구속되면서 쌍방의 제도 상호의 체계적이며 법기술적 병립관계에 관하여 결정할 뿐만 아니라, 그와 동시에 사회질서나 사회화에 의해서 획득되어야 하는 한, 사회질서의 헌법에 적합한 형성의 목적, 범위 그리고 방법에 관하여 우수하게 중요한 문제에서 규정하는 것이다. 그리하여 「과」(und)라는 말에는 주의해야 할 것이다.

부가할 점 한 가지. 과연 기본법은 일단 입법상의 공용수용에로의 진전[법률]에 근거할 뿐만 아니라 법률에 의한 공용수용, 그리고 입법자에게도 향하게 되는 공용수용으로부터의 보호(Enteignungsschutz)를 시인하고 있다. 그러나 다른 한편, 바이마르의 규정과는 반대로 보상의 입법상의 제외를 명시적으로 방해한다는 것이 기본법에

---

1) Kirchheimer, Die Grenzen der Enteignung (1930), S. 47, 28, 33.

서 명한 이익의 형량이 단순한 명목보상으로 까지 허용되는가의 여부의 문제를 처음으로 독자적으로 중요하게 만들고 있다.

그리고 그것이 ─지금까지 거의 예외 없이 그렇게 되었듯이─ 부정된다면, 그 문제설정은 바뀌어 그것만이 이제 한층 본질적으로 강화되고, 제153조에 관한 모든 학설과 판례를 20년대의 중반 이래 지배하는 문제에까지 상승하는 것이다. 즉 한편에서의 보상 없는 법률상의 소유권구속과, 다른 한편에서의 보상의무가 있는 법정 공용수용(Legal-Enteignung) 간의 경계는 어디에 존재하는 것인가? 라고.

그 문제는 어�'n 법률에 기본법 제14조 1항 2단에 의해서 계획으로 풍부한 공공경제적 질서의 우위성과 특질이 내재할 수 있는 경우에, 공공경제적 목적으로 향해진 보상 없는 법률상의 소유권구속을 공용수용효과를 수반하는 보상의무 있는 법률상의 사회화로부터 구획하는 것(Abgrenzung)의 의문과 불가피하게 일치한다. 이 문제는 예컨대 공동결정권의 규정에 대해서는 법률이 1951년 5월에 공포되기 훨씬 이전에 이미 제기되었으며, 오늘날 그 문제에 대한 해답이 나누어져 있는 것은 이미 주지하는 바이다.

끝으로 시작함에 있어서 기본법은 어떠한 장소에서 발족된 것인가 하는 발단의 문제(Ausgangsfrage)가 있다. 독일민주공화국[동독]의 헌법은 1945년 이래 특히 소유권질서도 그렇지만 매우 심각한 개조 ─더구나 (말하자면) 규범으로부터 유리된 방식과 방법의 개조─ 에 내맡겨져온 사회영역 위에, 1949년에 그 규범을 확장하고, 또 그 추악화에 동의와 재가를 부여하였다. 장래의 전 독일의 모든 해결책은 이 결정의 부담을 등에 짊어질 것이다!

우선 (경제의 분리해체[Entflechtung]로부터 비나치화에 이르기까지) 점령군의 특수한 간섭과 아주 최근 헤센 헌법재판소에 의해 편집의 난잡함에서 구성된 효과에 있어서 공인된 인민소유에로의 이행을 고려 밖에 둔다면, 기본법의 적용범위에서 그와 같은 것은 ─또는 그 중의 약간의 것마저─ 전혀 없는 것이다. 지금 기본법은 독일민주공화국 헌법이 시인한 것 같은 변전을 조금도 인정하지 않았다는 것을 이유로 의심할 필요는 없다. 그렇지만 기본법에서 부분적으로 열거되고 있으며 주제로서는 전혀 그렇지 아니한, 난민이나 피추방자의 상황, 전쟁피해부흥, 복구 그리고 부담조정(Lastenausgleich)의 집성에 대해서, 기본법은 대개 실질결정적으로가 아니라 기껏해야 권한규정 안에서 그들의 장래적인 해결을 선언하고 있다.

여하튼 당해 제14조와 제15조는 기본법의 의미에서의 사회국가적 형성을 여전히 가지고 관망하고 있으며, 또 선행하는 어떤 계획적 변조(Umformungen)에도 굴종되지 않았던 소유권질서와 경제질서에 대치하고 있다. 그러한 것이 ─헤센에서처럼─ 침해를 당했거나 또는 단지 점령권력의 잠정적인 영향에만 굴복한 것이라면, 오늘날 기본권과 그것들과의 조화가능성이 문제로 되거나 또는 후일 (그렇지 않으면 가까운 시일 안에) 그것의 적극적 형성과 독일의 복권(ius postliminii) 주장이 문제로 된다.

3. 이러한 상황에서 법학적인 임무와 방법에 의해서 사실로부터 한정된 **나의 고찰의 목적**은 우리들의 헌법의 전체 결정으로부터, 그리고 당해 제14조와 제15조의 해석(Exegese)으로부터 바로 시사된 설문에 대해 해답을 시도할 뿐이다. 그 해답은 공용수용과 사회화 각 제도 그 자체가 그들의 상호관련에서, 또한 소유권·경제질서 그리고 사회질서에 영향을 미치며 형성하는 그 밖의 조치에 대해서, 동시에 기본법과 법정책적 임무에 따르는 구별과 체계적 인식을 입법과 사법을 위해 획득하도록 치밀화하고 한정하면 할수록 한층 만족한 결과로 될 수 있을 것이다.

거기에서 매우 본질적인 십자로에 도달할 수 있다고 생각되는 방향점은, 그러므로 제14조와 제15조 그리고 그 상호관계는 다음에 서술하는 해석이다. 그것에 근거한다면 독단적인 언급, 새로운 종류이며 초미의 문제영역에서의 통찰·란트법·점령법 그리고 국제법에 관한 통용성의 의문이나 분리의 의혹(Ablösungszweifel)으로의 통찰과 마찬가지로, 끝으로 또한 현재 논의되고 있는 국가체제와 경제제도 간의 관계로의 통찰과 마찬가지로, 일반적·체계적 결론은 가능하다.

완전을 기하는 것은 어떤 곳에도 없으며 반복하는 것은 무가치하고 괴로운 일이다. 쾌적하게 조절된 천장조명보다는 약간의 섬광으로 말하는 편이 더 그럴듯할 것이다. 간결하게 표현하고, 또 반론을 생기게 하는 것만이 실제로는 명석하게 할 것이다. 그리하여 나는 요지를 양해하여 주시기를 바라는 바이다.

II.

1. 상속권의 편입 ─ 바이마르 헌법에서는 제154조에서 별도로 취급되었다 ─ 을 제외하면, 또한 그 모든 항목의 순서를 제외하면 제14조*는 그 **구조**상 제153조와 일치한다. 제14조는 소유권의 보장을 앞에 두고(제1항 1단), 소유권의 내용규정과 제한을 법률에 지시하며(제1항 2단), 제2항에서 소유권의 사회적 의무에 대해서 논하며, 3항에서는 공용수용을 규정하고 있다. 만약 제3항 2단에서의 보상형식이 단순한 명목보상, 즉 실제로 보상 없는 공용수용의 금지가 승인된다면, ─ 나는 먼저 거기에서 출발하지만 ─ 제14조는 내용상 분명히, 그리고 얼핏 볼 때 세 개의 본질적인 점에서 **제153조와는 구별된다.**

(1) 제153조에 대한 유력설이나 판례에 의하면 그 문언을 고려하지 않고 받아들였듯이, 이제 명시적인 법정의 공용수용의 승인에서.

(2) 제3항 2단의 규정에. 즉 그것에 의하면 공용수용 법률은 그것으로, 또는 그것을 원인으로 수용된 것이지만, 그 자신으로 보상의 방법과 정도를 규정하고, 그 결과 한편으로는 공용수용 행위 또는 공용수용의 근거의, 다른 한편으로는 보상규정의, 그 법률상에서

결합(Junctim)에 의해서 동시적인 보상규정이 공용수용법률의 유효성 요건으로 되며, 또한 법률상 소홀히 했던 보상은 이미 제153조에 대한 판결에서처럼 단순히 보상액소송(Entschädigungsprozeß)에서의 판결로는 추증(追增)될 수 없다.

(3) 공용수용보상과 (또는 단지) 출소수단(出訴手段, Rechtsweg)을 법률상 제외하는 것을 제14조가 금지하는 것에서, 제153조는 그것을 라이히 입법자에게 허용한 것이다.

자료(資料)들[2]이 그것에 대해서 설명하는 한, 법정의 공용수용을 허용함에 있어서 제153조에 대한 판결이 전개해온 것이 명시적으로 법전화(法典化)되어야 할 뿐이다. 「법률로써 또는 법률에 근거하여」라는 표현법은 「확고한 판례」로서 본(Bonn)의 위원회 전문가들에게는 잘 알려진 것이다. 보상의 부대(補償의 附帶, Entschädigungs-Junctim)는 1958년 11월 30일 원칙문제위원회(Grundsatzausschuß) 제26차 회의에 처음으로 나타났다.[3] 그 때에 속기록에 의하면, 「법률이 보상의 방법과 정도를 규정한다」는 종래까지의 주요명제는, 관계문장으로서 전치문에 첨가함으로써 그 성립이 단지 (그리고 고유한 법학적 의도없이) 언어상의 원문 개선에 대한 바람 덕분이었는지의 여부, 또는 부대(附帶)(공용수용법률의 효력발생요건으로 보상의 규정)의 법적 의의가 실제상 인식되고, 또한 인식되기를 바랐는지의 여부는 여전히 알 수가 없다. 그 부대가 입헌주의의 보다 한층 엄격한 역사적 모범을 가진 것은 (나는 1850년 프로이센헌법 제9조*의 잠정적 보상을 상기한다!) 명확히 인정되지도 않거나 상설되지도 않고 있다.

놀라운 것은 무엇보다도 다음의 사실, 즉 보상을 법률상 제외하는 것의 금지가 이미 제1차 초안에서 명확한 논의도 없이 제14조에 자리를 차지한 것이며, 또한 제153조의 차이점이 실제상 의욕되었을 때에, 그러한 한에서 그것이 바로 현저해야 함에도 불구하고 그 자리를 주장한 것이다. 1948년 10월 7일의 원칙문제위원회의 제8차 회의에서[4] 제외가 가능하다는 사회민주당의 수정안(보상이 법률로 규정된 이상 보상은 적정한 형량 아래 - 확정되지 않으면 안 된다)이 과연 승인되고 있다. 그러나 이 안은 위원회의 제1독회의 문안에 이미 채택되지 않았다. 또한 동일한 방침 속에서, 그리고 제153조(「법률에 별단의 규정이 없는 한」 공용수용은 보상을 지급한다)에 의거하여, 일반편집위원회(Allgemeiner Redaktionsausschuß)[5]의 정확한 정공(Vorstoß)은 전술한 원칙문제위원회 제26회에서 배척되고 있었다.[6] 그 문제가 이제 다시 한 번 떠오른 것은 심의의 종반에,[7] 이제 유력하게 된 보상형식에 관련하여 그것이 보상제외를 허용하게 된다는 의구심이 (독일당

2) Abraham, Komm. z. Bonner GG., Art. 14 I에 앞서는 S. 1 그리고 거기에서의 I 이후의 S. 1-4에 있어서의 성립사, v. Mangoldt, Komm., Art. 14 Anm. I S. 98-100에서의 상세한 기술을 참조.
3) Kurzprot. Pr. 12, 48-338 II S. 2.
4) Kurzprot. Pr. 10, 48-172 II S. 6.
5) 1948년 11월 16일의 상태에서의 당시의 제17조 3항의 일반편집위원회가 기초한 문안의 제1독회 Pr. 11, 48-282 II S. 11에서.
6) Kurzprot. Pr. 12, 48-338 II S. 2.
7) 1949년 5월 5일의 전체위원회의 제57차 회의, Drucks. Nr. 932; 독일당의 제안, Drucks. Nr. 770; 1949년 5월 6일의 총회의 제9차 회의에 있어서의 제2독회, StenBer. S. 178; 1949년 5월 8일의 제10차 회의에 있어서의 제3독회, StenBer. S. 215, 218.

에 의해서) 표명된 때였다. 상당한 보상을 미리 준비하는 것, 그리고 「형량」(위급한 때에는 그러므로 명목보상에까지 평가 절하하는 것(Abwertung))을 「급박한 공공필요의 경우」에만 허용한다는 제안은 그럼에도 불구하고 부결되었다. 출소수단을 법률상 제외하는 것의 금지는, 제153조와의 그 차이점에도 불구하고, 제19조 4항의 오늘날의 일반적 규정이 그것과 대립하였을 정도로 인식할 수 있는 논의의 대상은 되지 않았으나, 그 규정의 삽입에 관한 논쟁은 거의 존재하지 않았다.

2. 그러므로 제153조와 그 실제상의 처리와의 관계에서 본다면 종래에 그랬던 것처럼,[8] 그렇게 이해된 제14조는 제153조와 마찬가지로 —「본질적으로 입헌주의의 어법(語法, Fassung)을 계승하고 있었다」는 것이 확인되어야 한다는 것에 그치는 것은 아니다. 제14조는 그 밖에도 보상의 부대에 의해서 법정의 공용수용에 대해서도 개인을 보호함으로써, 그리고 특히 보상이 따르지 않는, 그리고 본질적이며 광범위한 관계들에서의 재판적 통제가 따르지 않는 법률상의 공용수용의 금지에 의해서 — 또는 강제수용적(expropriativ) 사회화에 대해서도 연쇄 반응 방식에서의 제15조에서의 준용으로 — 소유권에 관련하여 **입법자의 처분권**을 제153조에 대한 라이히 재판소 판례의 주지의 귀결 이상으로 좁혀버리거나, 또는 입법자에 대한 소유권의 지위를 견고하게 했던 것이다.

기본법의 전체 결정에서 볼 때, 그리고 기본법은 사법영역과 공법영역의 분리를 기초로 하고 있는 배분원리(Verteilungsprinzip)*에 따라서 판단해 보면, 이 귀결 — 기본법 제정의회(Parlamentarischer Rat)에서의 제14조의 편집이 그것을 그때 의식하면서, 또 계획적으로 얻을 것을 양해하였는지의 여부, 또는 그 결과는 무의식 중에도 제14조의 정신의 산물로 되었는지의 여부 — 은 기본법 제1조 내지 제19조의 기본권 장의 틀 안에서 일관해서 조화적 또는 충분한 것으로 남는 것으로 보아야 할 것이다. 제14조는 여하튼 그렇게 이해될 때, 예컨대 불변이었던 제153조가 행했던 것보다도 강제되지 않고, 기본법의 기본권구조와 기본권개념에 적합한 것이다. 법률상의 공용수용에 대한 공용수용으로부터의 보호(Enteigungsschutz)로부터 나타나는, 입법부에 대한 개인의 보호, 법률상의 보상제외의 금지, 그리고 법률상 소권없는 지위에 두어지는 것의 금지와 아울러 부대규정(Junctim-Bestimmung)에 인정될 수 있는 소유권에의 침해의 형식화(Formalisierung)는 제1조(특히 그 2항과 3항)에 입법부도 구속하는 차별금지의 의미에서 평등원칙에, 끝으로 제19조에 내재하는 공통의 원리들에도 환원할 수 있다.

그러나 전적으로 다른 문제는, 그렇게 이해된 제14조는 제1항 2단(소유권의 「내용과 한계는 법률로 정한다」)과 아울러 제2항에 대한 그 보호규정의 병립관계에서, 내용적으로만 동질인가의 여부, 그리고 기본법은 제14조 3항에서의 이 규정에 직면하고 있으며, 다른 어떤 장소에서 그 사회국가성을 국가목적규정이라고 선언함으로써 모두 그 내용적 동질성을 지킨 것인가의 여부이다. 따라서 제14조가 그러했듯이 그렇게 올바르게 이해되었는가

8) W. Weber, NJW 1950, S. 401.

의 여부를 음미해야 할 것이다.

3. 기본법 제14조 1항 1단은 **소유권을 보장하고 있다.** 그것은 ― 제153조에서와 전적으로 동일하게 ― 구체적인 개인의 사적 소유권의 보장도, 법제도인 「소유권」의 보장도 의미한다. 개인의 보장, 현상보장(status-quo-Garantie)의 비중은 기본법의 전체 결정, 그리고 기본법이 나타내는 사회적 상황에 비교해 보면 **기득권**에로의 그 태도는 음미되고 처음으로 바르게 느낄 수 있을 것이다.

기본법은 기득권과의 그러므로 과거에 성립하고 규범성(Normativität)에 적합했던 것이면서 정치적인 것과 사회질서의 붕괴에 직면하여 존속이 문제로 되는지도 몰랐던 권리들과의 대결을, 고유하게는 유일한, 또한 바로 주변에 존재하는 점에서만 알 수 있다. 즉 「국가사회주의와 군국주의로부터의 독일 국민의 해방」을 위해서 공포된 법규정은 기본법에 의해 저촉되지 아니한다고 선언하는 제139조에서 이다. 우리들은 문맥에서 그것이 의미하는 것은 소유권 영역 역시 그 침해, 예컨대 전술한 비(非)나치화라는 이유에서의 오늘날이라면 제14조에 따른 보상 없이 하는 것은 허용되지 아니하는 직업신분 또는 기업가신분에서의 권리박탈이 여전히 시인된다는 것이다. 그러나 제139조는 그 후자의 작용에서 바로, 다시 그러한 해방조치에 관련된, 공적 근무(公的 勤務)에 종사하는 자들에 대한 제131조에 의해서 문제가 된다. 더구나 제131조에 대한 시행법의 이른바 「창설적」 성격을 둘러싼 다 아는 논쟁에서 입법자는 1951년 5월 13일에는 그러한 창설적 형성의 권능을 부여하지 않으며, 그러므로 그 형성은 보상효과를 수반하는 공용수용을 의미한다는[9] 것이 승인될 때이다.

그 논쟁에 대해서 여기서 결정하려는 것은 아니며, 그것에 언급하는 것만으로 단지 명확하게 된다는 것은, 어느 정도 약간의 범위에서, 또 그것에 관하여 더욱 다투어진 범위인데, 기본법이 변전하는 과정들의 혼란 속에 끌어넣은 그러한 기득권의 문제상황을 실제로 논하지 아니한 것이다.

부담조정(Lastenausgleich)에 대해서도 주지하듯이, 그것이 「파산원리」(破産原理, Konkursprinzip)에 따라서, 즉 입은 손실의, 그러므로 기득권의 원칙적 존중 아래서, 또는 기득권의 손실도 무시할 수 있는 「사회적 신건설」의 원리에 따라서 행해질 것인가의 여부가 문제로 된다.[10] 부담조정이 이제 조세상(steuerlich) 편입되거나, 그 자신과 통화 개혁과의 분리가 그것에 수반되어 한층 심화된 것에 대한 비판은 이처럼 동일한 방향을 노린 것이다.

그런데 나는 이른바 해방입법의 집성이 기득권의 합헌적인 폐기에로의, 따라서 혁명적인 침해의 시인(Sanktionierung)에의 실제로 매우 절박했던 기회를 부여한 우리들의

---

9) 이에 대해서 Wenzel, Die Wiederherstellung der Beamtenrechte (1951); Dennewitz-Jess und Holtkotten, Komm. z. Bonner GG., Art. 131 S. 8, 28 ff.
10) Raiser in: Gierke-Festschrift (1950), S. 198 Anm. 24.

정치적 및 사회적 구조의 그 일부가 되었는가의 여부를 둘러싸고 논쟁할 계획은 거의 없다. 우리들에게 ― 그리고 기본법제정의회에 ― 그것을 고려하도록 교시한 자는 부분적으로는 이미 오늘날 그 교시를 재음미하는 쪽으로 기울어진 것처럼 생각된다. 그러나 기본법 제139조의 유일무이함은 당해 조항이 ― 만약 내가 정당하다면 ― 1945년 이후 다툼이 없었던 것으로 된 경제적·정치적 및 사회적 변전으로부터 기득권의 헌법상의 「침탈(侵奪)」(L. v. 슈타인)*이라는 의미에서의 결과를 도출한다는, 기본법의 유일한 시도를 서술하기 때문에 매우 주목할 가치가 있다.

여하튼 기본법은 강제수용을 하지 않으며, 또한 소유권을 박탈하지 않는다 ― 예컨대 「부담조정」이란 명칭을 붙인 것을 전부 모아서 제거하기 위해서도, 또 어떤 다른 전쟁결과, 도시의 와해, 공간의 결핍(Raumnot), 난민과 피추방자에 관련해서도, 하물며 그 이상으로 토지개혁이나 사회화에 의한 원칙적인 소유권신질서(Eigentums-Neuordnung)를 위해서도 있는 것이다.

어떠한 정도와 어떠한 방법으로써 기본법이 우리들의 사회질서의 이 핵심문제의 해결에 스스로 기여하였는가 하는 문제는 전혀 별개의 것으로, 여하튼 ― 우리들의 테마에 대해서 고찰하면 ― 확실한 것은 이것들 속에 어느 영역상에서 새로운 사회적 질서를 명하는 것(Gebot)에 길을 개척하기 위해서, 기득권의 어떠한 법률상의 파괴도 기도되지 않는다는 것이다. 그 명령은 소유권질서에서의 이러한 사실과 임무의 존재를 무시하면서, 법적으로 저촉되지 않는 현상(現狀)에서 출발한다. 곧 기본법 개정에 착수해야 한다고 하지 않고, 전쟁의 결과 생겨난 도시의 재건(Städt-Wiederaufbau)을 위한 부지취득(Baulandbeschaffung)의 문제를 해결한다는, 더욱 더 완료되지 아니한 곤란한 노력은, 그 상황에 대한 현하의 한 예이다. 기본법은 따라서 (선하게) 획득된 모든 구체적 소유권의 존중, 따라서 그 승인에서 전혀 일의적으로 보전(Konservierung)으로서의 법치국가에 따라 결정하고, 불가결한 사회적 개조의 모든 문제를 장래의 입법이라는 수단에로 스스로 지시하였는데, 그 입법측에서 본다면 사실 여전히 기본법의 소유권질서에 의무가 지워진 것이다. 그 내용과 해석은 따라서 필연적으로 전면에 나타난다.

4. 아마도 명백한 것은, 기본법의 현상을 보호하는(status-quo-sichernd), 그리고 이러한 의미에서 지배적인, 출발상황(Ausgansstellung)에서 이른바 **소유권의 사회적 구속성**(Sozialgebundenheit)에 해당하는 표현법의 인수가 제153조에서부터 제14조까지 종래 특히 진지하게 고려하지 않은 것처럼 생각되는 것, 또한 이제 제153조에서 보는 것과 아주 마찬가지로, 이제 제14조에서 보는 것은 편의적으로, 또한 미사여구적으로까지 말하지는 않더라도 서식형(書式型)[11]의 것으로 받아들이고 해석된다는 것, 아니 해석조차 되지 않는다는 것이다. 기본법 제14조에서의 이러한 말투와 명제 ―「내용과 한계는

---

11) C. Fischer, Ztschr. f. d. ges. Kreditwesen 1950, S. 412 ff.; 그에 대해서 나아가(Grote-Missmahl, Gewerkschaftl. Monatshefte 1950, S. 456 ff.

법률로 규정한다」, 「소유권은 의무를 진다. 그 행사는 동시에 공공복리에 적합하여야 한다」— 는 그 때에 모든 곳에 이러한 서술 부분이 시간 경과 중에 마모와 관습적인 마멸에 대해서도 말할 수 있는 제153조에서와 필연적으로 같은 것, 또는 거기에서 보다도 그다지 중요하지 않은 것으로만 서술한 것은 잘못이다. 만약 본의 아닌게 있다면 본(Bonn)에서는 바이마르에서 보다도 진보적이라고 생각하고 싶지 않았기 때문에, 제14조 자체의 성립사는 바이마르의 재연을 찬성할 뿐이라면, 원칙적이며 전적으로 새롭게 이러한 표현법으로 기억하는 것은 그에 반하여 필요하고 더구나 다음의 이유로도 그러하다.

(a) 제153조의 소유권과 제14조의 소유권은 — 물론 법기술적 의미에서가 아니라 — 이중적인 것이다. 물론 제14조의 소유권에도 물권적 개념을 초월한 모든 사유재산권 (alle subjektiven privaten Vermögensrechte)이 속한다. 그러나 1919년에 있어서 제153조의 언어설정과 30년 후의 제14조 간에는 경제의 계획, 그리고 향도(嚮導)에 대한, 그리고 그와 함께 소유자의 지배권과 처분권한의 공법상 구속에 대한 전시입법의 최초의 개시로부터 국가에 의해 설정된 경제형태(Wirtschaftsgestaltung)에로의 소유권을 매우 강도로, 고권적으로 적합하게 하는 것(Einordnungen)에 까지 이른, 그리고 여러 가지 시기에 우리들을 통과한, 여하튼 부정해 버릴 수 없는 전개가 존재한다. 소유권의 개념과 기능은 1949년에 성립한 것이며, 오늘날에는 자본시장이나 투자과정에의 공적·국가적 영향을 특별한 방법으로 높였고, 한 세대의 경험의 짐을 짊어진 것이다.

전쟁의 종결이 (우리들이 그것에 대해서 그 문맥에서 원래 말하는 것이 가능하게 되고) 모든 전시경제적 국가통제의 자동적인 폐지를 일으킬 수 없었던[12]것과 마찬가지로, 국가와 개인은 고권적인 경제향도(經濟嚮導)와 경제통제의 경험을 제거하거나 포기할 수는 없다. 그러한 것은 오늘날에는 (그리고 독일에 그치지 않고) 원칙적으로 소유권에 관해서 허용되는 법률상의 처분의 상황(Bestand)의 일부이다. 달리 표현하면 소유권은 오늘날 1919년에 그것이 설치되었던 것보다도 더 깊게 국가의 간섭(Ingerenz)이 열려지게 되었다. 기본법 제14조가 소유권을 보장할 때, 법률상의 질서에서 말하는 소유권이 아닌 후자[제153조]의 소유권은 국가의 경제향도와 경제통제를, 또는 그러한 성질의 것을 아직 알지 못했던 것이다.

어떤 — 호의적으로 정식화하여 — 특정한 경제체계에 의해서 특정지워진 현재의 (또는 작금의) 독일 경제입법은 향도와 계획의 최소한도로 제한되었다는 사실로부터, 장래의 보다 더 강력한 제약들은 소유권을 보장하게 되는 날이 있다든지, 그러므로 그러한 제약은 보상의무가 있는 공용수용의 방법으로 되며, 또 허용되리라는 결과는 결코 되지 아니한다. 그러므로 여하튼 1950년과 51년의 새로운 곡물입법·설탕입법·낙농입법(Milchgesetzgebung)과 지방성음료품입법(Fettgesetzgebung), (그리고 산업경제를 위한 새로운 경제보전법)을 눈앞에 두고, 향도와 통제에 대한 그 불가침이 곧 부여되는

---

12) 이에 대해서 Schumpeter, Kapitalismus, Sozialismus und Demokratie, 2. Aufl. (1950), S. 484 ff.

것으로서 간주하는 소유권에 대해서 공용수용으로부터의 보호(Enteigungsschutz)를 즉각 음미하는 것으로 간절히 염원하는 것[13]은 원칙적으로 잘못된 것이다. 제14조의 의미에서의 소유권은 바로 개념적이며 도그마틱하게 제153조의 「소유권」이라는 출발개념(Ausgangsbegriff)과는 달리, 이 제도가 1949년까지에, 또한 그 이후 입은 모든 변천과 알력을 고려하면서 이해하고 해석하지 않으면 안 된다.

그 후 제153조에 대해서 학설과 판례에 의해서 전개되었듯이, 제14조에 그 물권적 영역을 유월하는 의미밖에 없다고는 할 수 없을 것이다. 그 이상 필요한 것은 기업권(Unternehmensrecht)과 소유권과의 관계에서 발생하며,[14] 또한 경제단위적 기업(das wirtschaftseinheitliche Unternehmen)도 소유권의 대상으로 파악하여 새로운 도그마틱의 시작에서 소유권을 이해하는 것이다. 개입(Interventionen)[15]의 경제학적 형상도 소유권의 내용규정의 문제로서 법적으로 널리 취급되어야 할 것이다.

(b) 기본법 자신에서는 제14조 1항 2단이 그 **법률상의 내용규정**을 예견하고 있다는 것으로, 소유권의 가능하고 또 새로운 도그마틱한 파악에 대해서 감염되기 쉬운 굴곡(Flexion)이 발생한다. 동일한 표현법을 제153조는 포함하였다. 그러나 그 표현법은 제14조에서 오늘날에는 유명한 의의를 가진다. 이것에 대해서 종래 매우 희귀하고 그때그때[16] 강조된 것은 소유권과는 — 제12조 1항 2단을 제외하고 — 그 내용규정이 — 허용되는 법률상의 제한가능성 이외에, 그리고 그와 아울러 — 명시적으로 법률(더구나 실질적 의미에서만)에 지시되고 유보된, 기본법에 의해 명명(命名)된 유일한 기본권을 의미한다는 것이다. 그것은 공권력에 의해 권리의 침해와 제한을 법률이라는 형식 또는 그 수권에로 결부시키는 법률유보(Gesetzesvorbehalt) 이상이며, 또한 그것과는 별개의 것이다. — 소유권의 내용규정은 제19조 1항의 형식을 필요로 하지는 아니한다. 여기에는 제153조의 동일한 명제에 대해서도 이미 확인된 것은 오늘날 한층 타당하다. 말하자면 「소유권의 내용규정이 의미하는 것은 오히려 소유라는 힘이 미치는 범위(Eigentums-Machtbereich)의 실질적 규범화를 위한 국가의 권리이다」.[17] 소유권의 내용규정이라는 임무는 물론 제19조 2항의 실질보장에 의해서 제한되면서도, 솔직히 법률에 귀속한다는 것은 기본권의 모든 법률상의 제한가능성을 여하튼 염두에 두고 규정하며, 또 한정한 기본법에서 제153조에서의 그 의미를 넘는 원칙적 의미를 획득하고 있다. 소유권의 내용을 규정한다는, 법률의 그곳에 존재하는 임무는 제14조 2항에 의해서 특정한 방향을 취하기 위해서 명해진 것이다.

(c) 제14조 중에 이 2항의 두 명제는 이미 제153조에 대해서는 자유주의적인 소유권해

13) Hamann, Wirtschaftslenkung und Grundgesetz, BB. 1951, S. 341 ff.
14) Ballerstedt, JZ 1951, S. 488.
15) Marbach, Zur Frage der wirtschaftlichen Staatsintervention (1950); ders., ZGesStWiss. Bd. 107 (1951) S. 552.
16) 예컨대 Krüger, Grundgesetz und Kartellgesetzgebung (1950), S. 15 Anm.1에 의해서.
17) Kirchheimer, a. a. O. S. 37.

석의 부정으로 해석되고 있었는데,[18] 기본권의 장에서의 제14조의 지위를 초월해서 기본법의 국가가 **사회국가**를 선언하는 것과의 내부적 관계 중에서 관찰하지 않으면 안 된다.

이 제20조와 제28조에서의 소재(所在)와 강조에 의해서 일부를 이루는 언명은, 그들 측에서는 제79조 3항에 의해서 불가침으로 선언되고 있으나, 만약에 ― 그 동기작용과 성립사를 모두 제외함으로써 ― 하나의 상투어 이상으로 계속해야 한다면, 그것은 모든 사회질서의 기본요소로서의 소유권에 관련하여, 바로 제14조 2항의 해석에서 시사되지 않으면 안 된다. 그 위에 그 우아할 때문에 비구속적으로 작용하는 것이 쉽고 또 이해하기 쉬운 「소유권은 의무를 진다」고 말하는 투는 재판관에 대한 합목적적인 해석준칙 이상의 것이 되지 않으면 안 되며, 「그 행사는 동시에 공공복리에 적합하도록 하여야 한다」라는 명제는, 개인에의 사회적·윤리적 호소 이상의 것이어야 한다. 양 명제는 사회질서의 형성에로의 원용으로서 이해된 사회국가성이 무색하고 무내용하게 발육부전으로 되는 것은 아니며, 그것이 실증적 문제해결적으로(positiv-lösend) 입법의 진로를 규정하는 것처럼, 소유권의 내용규정을 형성해야 한다는 입법자의 수권자 지령으로 파악하지 않으면 안 된다.

이러한 의미에서 제14조 중의 1항 2단과 결부된 2항은 사회국가성의 전개에의 기본법의 매우 고상하고 본질적인 계기를 이루며, 또한 거기에 두어진 제약들에 의해서만 제한하는 기본법 제12조 1항에도 굴복하는 것은 아니다. 소유권은 그 법률상의 내용규정이 그것을 규정하는 이상으로 미치는 것은 아니며, 또한 부여하는 것도 아니며, 그 내용규정에 대해서 제12조 1항을 원용하는 것도 아니다. 바꾸어 말하면 소유권내용을 타인의 권리·헌법질서 또는 도덕률의 보호를 위한 것 이외의 목적을 위해서도 규정하는 것을 법률은 방해하지 않는다.

5. 스위스 판례의 다 아는 표현법에 의하면 **공용수용**은 「소유권보장의 예외로서가 아니라 그 확인과 특수화(Bestätigung und Spezifikation)로 생각하지 않으면 안 된다」는 것이며, 그것을 제153조에 의한 경우에도 소유권가치의 보장(Eigentumswertgarantie)으로서의 공용수용이 적절하게 성격지워져 있었다. 거기에는 소유권보장이 원칙적으로는 그 자본가치의 보장을 의미하며, 또 그 교환 ― 즉 공용수용에 의한 ― 은 그 공용수용이 자본가치의 대상(代償)을 공여하기 때문에 걱정할 필요는 없다[19]는 초기 자유주의적 관념이 남아 있다. 그것은 공용수용을 취급하는 기본법 제14조 3항에 대해서도 그 중에 공용수용제도가 보다 독립하고 자립해서 인정될수록, 또한 직접적으로 법률상의, 그러므로 법정의 공용수용과 법률상의 소유권 내용규정 간에 보다 상세하게 구별될수록 점차 타당하게 될 것이다. 그러나 후자에 관해서는 나중에 다시 한 번 다루기로 한다.

---

18) Ders., a. a. O. S. 38, 39.
19) Wieacker in: Weber-Wieacker, Eigentum und Enteignung (1935) S. 43.

공용수용에 대하여 보장된 소유권 영역은 헌법이 기득권으로 보면서 존중했던 것처럼, 또한 헌법이 스스로 통용 하에서 그 법적인 성립을 가능케 하며 감수하는 것이다. 공용수용 개념 그 자신을 제14조가 규정하지 아니한 것은 제153조가 그렇게 하지 않았던 것과 동일하다. 각조는 각각의 개념을 인정한 것이다. [즉] 제153조는 입헌주의의 란트공용수용법의 그것을, 제14조는 ─ 카를 슈미트(C. Schmitt)[20]가 1929년에 서술했듯이 ─ 20년대 이후 유력하게 된 학설과 판례 위에서 해체된(aufgelöst) 그것, 기본법 이전의 란트들의 입법도 개조한 것이 아닌 그것이다. 본에서는 제14조의 의미에서의 공용수용은 사실상 존재하였던(das Vorgefundene) 것이며, 또 그것 이외의 어떠한 것도 아니라는 점에서 일치했으며, 그것에 일치하지 않았던 것은 별로 없다. 제14조가 공용수용으로 수정했던 것으로 말한다면, 그 허용요건 그리고 ─ 동시에 그러한 제약 내에서의 ─ 그 국가에 의한 (집행상 및 입법상의) 적용가능성과 설정가능성이다.

공용수용은 그 성질상 그 역사적 유래란 의미에서 국가의 재화조달과정을, 그들 측에서는 국가에 대해서 구속을 면하거나 또는 순수한 있는 그대로 소유하려고 고집하는 재화의 「강제매수」(强制買收, Zwangkauf)를 의미하는지의 여부, 또는 공용수용은 ─ 전술한 사용목적에 구성이 없이 ─ 헌법이나 법률이 정치적 숙청의 목적을 위해서 재화질서로부터 근본적으로 취하고 제거하려는 대상과 권리(Objekte und Rechte)를 장악하는 국가의 도구로서도 자유롭게 사용되는가의 여부 ─ 그러한 것은 아마 이미 보상의 문제에서 보아도 제14조 3항만으로부터만 추정될 수 있을 것이다.

더욱 더 논할 것은, 공용수용이 단지 명목상으로만 지급하고 실제로는 무보상으로 되는 것도 금지하며, 더구나 그것이 입법자에게도 그러할 때, 그러므로 소유권의 공용수용이 등가배상(等價賠償, Eigentumswertersatz)을 가져올 때, 그 공용수용은 개념상 본질과 기능에 따라서, 그 정책적 목적이 특정한 사회적 권력지위로부터 사적 소유권자를 배제하는 것에 있는 소유권박탈(Depossedierungen)의 대부분에 대해서는 구별하는 것이다. 왜냐하면 보상은 사적 소유권자가 같은 지위를 다른 수단으로 보유하는 것을 널리 돕기 때문이다.

금전으로의 보상은 그의 지위의 이러한 보유를 이미 주지 않을 때에만 ─ 그것은 1948년까지 타당했으며, 현재의 것과는 다른 성질의 경제체제 또는 통화관계, 그리고 조세관계를 전제로 하며, 동시에 보상의 개념도 문제시하는데, 그러나 그 다른 점은 우선 규모가 큰 보상을 인플레이션 또는 증세에 의해서 사후적으로 국가를 위해서 절하함으로써[21] 강제수용적 사회화와의 관계에서 약간의 경제학자로부터 적합한 수단으로 장려되고 있다. ─ 공용수용은 재화조달의 목적과는 다른 그것에, 즉 몰수를 위해서 설정될 수 있을 것이다. 여기서는 그러한 것을 제거할 수 있으며, 또한 그렇게 할 것이므로 공용수용의 전술한 본질규정은 직접 ─ 그리고 기본법에서는 보상 없는 법률상의 공용수

---

20) C. Schmitt, Die Auflösung des Enteignungsbegriffes, JW. 1929, S. 495 ff. 정태호 옮김, 공용수용개념의 해체, 『경희법학』 제39권 3호, 2005, 363면 이하.

21) 이에 대해서 Schumpeter, a. a. O. S. 361.

용의 금지 때문에 바이마르헌법에서도 보다 한층 강행적으로 - 현행의 보상규정에서 나온다. 그러므로 공용수용은 보상에서 규정된다[22]는 것은 정당하다. 그리고 이러한 이유에서 공용수용으로부터의 보호는 원칙적으로 **법률의 소급효**의 실제에 대한 아무런 구제도 부여하지 않는다는 것은, 보상은 소급효가 생겼던 것을 치유하지 않기 때문이다.[23] 그 성질상 공용수용의 기초 중에서 가치유무의 유일한 판단은 당사자의 수중에 있으며, 그 이익을 위해서 공용수용을 당하는 자의 수중에 있는 경우보다도 — 적어도 — 공공복리에는 너무 강하게 쓸모 없는 것으로서 수용되는 재화를 고권적으로 성질을 결정하는 것(Qualifikation)이다.

공용수용의 이것을 기도하는 허용요건은, 그러므로 동시에 재화 또는 그 소유자에 의한 그 이익의 공익성(Gemeinnützlichkeit)에 관한 가치판단으로 간주할 수 있다. 제14조 3항이 공용수용의 목적으로서 공공복리를 요구하고, 그 규정을 법률 또는 그 수권에 유보하는 것으로, 이 조문은 다수결로써 공공복리를 합리적이며 구속적으로 규정한다는 데에 그 신뢰를 표명하고 있다. 제14조가 허용하는 이 규정의 사법심사가능성은 그것에 대하여 기본법에 고유한 재판권의 우세(Überhöhung)에 기인한다.

공용수용재(公用收用財)에 관한 가치판단 — 공익을 위한 보다 고도의 효용은 당사자의 승낙에 있는가, 또는 수익자의 승낙에 있는가? — 은 공용수용을 허용하는 경우에 그 보상을 매길 수 없다고 규정하므로, 그 점에 동시에 기본법이 그 존재 — 예컨대 형법과 행정법에서 — 를 명백하게 전제하고, 또한 그 특유의 규범영역에 대해서 오로지 제18조 (기본권의 상실)의 틀 안에서, 그리고 소송절차 안에서 알고 있는 보상 없이 허용되는 **몰수와의 구획**이 존재한다. 몰수는 피몰수자의 이용목적을 일고조차 하지 않고 소유권을 박탈한다는 것은, 당사자가 특별법률에 의해서 추구되는 목적에서 볼 때 무가치하다고 생각되거나, 또는 소유권을 지금 이후 차지하는 것이 그 목적에 대해서 위험하다고 생각되기 때문이다.

그러므로 몰수는 공용수용과는 반대로 종래의 소유권자의 인격에 관련해서만 보고, 그리고 소유권에 관계되는 박탈과정에서 궁극적인 기능을 가지는 데 대해서, 공용수용은 바로 그 당사자에 의한 종래까지의 소지(所持)가 공용수용의 본질에 대해서 중요하지 아니한, 박탈되는 재화의 기도된 사용과 관련하여 궁극적인 기능을 가진다. 공용수용은 객관적으로, 몰수는 주관적으로 목적규정되어 있다는 것도 가능할 것이다. 몰수는 제1차 적이며, 오로지 종래의 소유권자의 지위를 부정하려고 하며, 공용수용은 제1차적으로는 새로운, 다른 소유권자의 지위를 창출하려고 하며, 그 목적을 위해서 종래의 소유권자로부터 그것을 박탈하지 않으면 안 된다. 기본법 제18조와 연방헌법재판소에 관한 법률 제39조의 보다 상세한 해석은, 예컨대 그러한 규정이 조금 전에 서술한 의미의 몰수에도

---

22) W. Weber, AöR. Bd. 77, S. 84 ff.
23) 이에 대해서 Tietze, NJW. 1951, S. 468-470; Kirchheimer, a. a. O. S. 20; H. Möller, BB. 1951, S. 35 ff.

허용되는가의 여부, 그리고 어느 정도까지 허용되는가의 여부를 해명하기 위해서 필요하다. 예컨대 당사자가 전시이득을 얻으려고 하였던 한에서는, 공용수용을 이유로 하는 보상을 제외하는 브레멘 헌법 제13조 2항과 제44조의 규정은 공용수용의 구성요건보다는 기본법 위반의 몰수에 한층 가까운 것이다. 또한 전쟁범죄자와 나치스 활동자들에 대한 공용수용에 대해서 서술하는 동부 지구의 헌법들은 그것을 비슷하게 의심없이 몰수를 명한다.

6. 그러나 공용수용개념으로 되돌아 가자!「우선 무엇보다도 (법률과 개별적인 공용수용 행위 간의) 이러한 착종(錯綜)에서 공법상의 제한이 공용수용과 어떻게 구별되는가, 그리고 그 경우 확고한 경계선이 어디에 그어질 것인가 하는 문제가 발생한다」고, 이미 1930년에 유명한 제153조의 해석[24]은 말한다. 그것은 정당했었고 또 정당하다. 오늘날 제14조에 따르면 그것은 법정 공용수용도 명시적으로 승인하며, 또한 그것에 대해서도 보상제외를 금지했던 것에서는 더욱 비교되지 않을 정도로 타당하다. 그것 이상으로 공용수용과 소유권제한과 아울러 소유권구속을 식별하는 것이 실질적으로 한층 중요하게(그리고 또한 한층 곤란하게) 되는 것은, 그 경계선을 그음에 있어서 사회적 형성이 기존의 권리나 이익에 불가피하게 저촉되지 않을 수 없을 때에, 법치국가는 제14조 1항에 의해서 사회국 가로서 어떤 수단과 어떤 정도에서 전개할 수 있는 것인지 증명되어야 하는 이유이다. 동일한 것은 기본법에 의해서 공용수용의 정형(定型)으로서 처리되는 강제수용적 사회화 의, 동일한 소유권구속에 대한 관계에 타당하다. 우선 여기서는 최초에 열거한 쪽에서 시작하기로 한다.

(a) 공용수용개념의 통속화(Vulgarisierung)에 의해 — 바람직하지 아니한 모든 재산 소멸이 무차별하게 입법이나 행정에 의해서 여하튼 공용수용이라고 불리는 것으로 — 생겨났다는 혼란에 대해서, 현재(W. 베버*에 의해서) 새롭게 논의될 때, 이에 대한 (공용수용 과 소유권제한에 관한 협의의 문제 영역에서의) 근거는 본질적으로는 법정 공용수용의 승인에 있다. 법정 공용수용을 명시적으로 인정하는 제14조 3항은 쌍방의 법제도 간의 간격을, 법률상 보상제외를 금지하는 취지에 의해서, 동시에 스스로는 구별의 표지를 제공하는 것이 아니라, 한층 본질적으로 깊게 한다. 현하 성법(成法)에 관해서도(auch de lege lata) 제14조 3항에 따라서 법률에 의한 공용수용이 일반적으로 개념상 관념할 수 있는 것, 그러므로 소유권자는 보상의 계기(Entschädigungs—Moment)로부터 입법자에 대해 서도 보호할 가치가 있는 것으로 나타나는 것은, 자주 서술하듯이,[25] 단순한 감독규범과 행위규범으로부터 사회영역의 형성을 목적으로 하는 가능한 한의 총체적 개입 (Kollektiveingriff)에로, 라는 개념과 기능 위에서의 법률의 변천으로부터, 그러므로 — 바꾸어 말하면 — 국가와 사회 간의 경계선 소멸로부터 명확하게 된다. 또는 — 나아가 다른 정식화(定式化)를 한다면 —, 집행부는 또한 법률의 형성수단을 오늘날 같이 지시된

---

24) Kirchheimer, a. a. O. S. 42-43.
25) 예컨대 Forsthoff, DRZ. 1948, S. 408에 의해서.

것에서 명백하다. 법률은 이미 반드시 19세기에서처럼 그 재화가 총체적인 개입으로 재난을 입을 가능성이 있는 사람들의 확실한 처분권에는 존재하지 않는다. 행정에는 물론, 개인은 법률에도 자의 · 재량의 잘못이 있다고 믿는다. 그러므로 법률도 보다 상위의 수권이란 틀 내에서만 행동해야 하며 이미 전지전능하게 행동해야 하는 것은 아니다.[26] 또는[27] 즉「독일 행정법학의 법사상은 법률이 시민의 의사의 발로에 머무르는 한, 법률의 의사에 반하는 요구를 제기하지 아니하였다」— 오늘날 그것은 제기되고 기본법에 의해서 승인되고 있다. — 그리고[28]「실제로 공용수용은 법률로써도 수행될 수 있다는 명제는 정책적 정당화일 뿐이다. 그것은 전후의 수정된 의회의 권력관계의 표현이다」— 우리들이 오늘날 말한다면 법률의 퇴위와 무력화(Entthronung und Entmachtung)라는 표현이다.

법정의 공용수용에 대한 개인의 보호와 — 그것 이상으로 — 보상 없는 법정 공용수용의 금지는 오늘날 기본법의 틀 안에서는 기본권 · 실질보호 그리고 평등원칙, 또한 입법권에 미치는 광범한 위계적 사법권의 우세에 의해서 입법자도 보다 고차로 구속하는 것으로 연결된다. 기본법의 민주적 평등, 법률의 보편성과 정의에 관계되며, 국민주권에 관계되며, 따라서 또 — 그것이 우리들에 대해서 이때에 본질적이어야 하는데 — 사회질서를 독자적으로 규정한다는 법률의 기능과 효력에 관계된 의문을 제14조 3항에서 법정하는 것이다.

1919년에는 여전히 허용되던 보상 없는 법정 공용수용은, 따라서 법률에 의한 사회형성을 생각하는 수단으로서는, 기본법에 대해서 실제로 제외된다. 즉 사회형성이라는 목적을 위해서 법정 공용수용을 삽입하는 것이 방해되며, 또 한정되는 것은, 그러한 삽입이 — 공공복리를 척도로 측정한다 —, 혜택받은 민간기업자가 제외된 그러한 경우에 일반사회(Allgemeinheit)에 부과된 보상의무라는 저당을 부담하기 때문이다.

법률의 민주적 정당성에 대한 의문은 제153조의 지배적이 된 해석에 의하면, 여하튼 이 조문 덕분에 보상 없는 법정 공용수용이, 더욱이 헌법에 적합한 형성수단으로서 여전히 수용되고 존중되기 때문에, 여전히 한정되고 가감(加減)되고 있으나, 기본법에서는 그러한 한에서도 입법자의 부정 · 배척 · 무력화에로 생성해 오고 있다. 민주적인 자기결정능력에의 의문은 승리를 거두었으나, 그것은 형성을 기대하는 사회영역에 대해서는 본질적인 점에서 형성의 포기를 의미하지 않을 수 없다. 사회형성은 제14조 3항에 의하면, 일반사회의 부담으로 구입되고 지불되는 것과 다르지 않다. 칭찬과 또는 비난할 만한가의 여부는 정치적 관점의 문제이며 법적 관점의 그것은 아니다.

(b) 이러한 출발점에서 **보상 없는 법률상의 소유권구속과 보상을 수반하는 법률상의 공용수용 간의 구별**이 전면(前面)에 나타난다. 그 문제는 오랜 고통의 역사를 가지고 있는데, 내가 여기서 그것을 말할 필요는 없다. 결과를 먼저 낸다면, 그리고 거기에 실망한 때문은 아니지만 그 문제가 여기서, 그리고 이미 오늘날「행복한 결과」에 만날

---

26) Wieacker, a. a. O. S. 42.
27) Kirchheimer, a. a. O. S. 75.
28) Ders., a. a. O. S. 43.

것인가의 여부는 나에게는 매우 의심스럽다.

　법적으로 적확 · 실행가능 · 예측가능한 표지(標識)에 의거하여 구별하는 종전의 시도
는 부분적으로 이렇게 좌절되었다. 즉 (원칙적으로) 법률과 법률은 ― 소유권구속의 경우에
그리고 법률상의 공용수용의 경우에 ― 형식상 동일시되어야 하며, 또한 조치의 목적과는
분리된 소유권에의 쌍방의 영향은 궁극적인 통찰 없이 당사자에 대한 불이익효과에서만
구별 없이 평가되지 않으면 안 되었던 점에서 말이다. 기업의 양도 · 이전 또는 조성을
목적으로 하는 이론들도 좌절되지 않을 수 없었다. 남은 것은 당사자의 범위의 한정가능성
(Umgrenzbarkeit), 그러므로 규범수취인(規範受取人)의 종류와 범위, 그리고 그들에게
요구된 희생의 특색에 조준을 맞추는 이른바 실질적 개별행위설(sog. materielle
Einzelakttheorie), 아울러 기대가능성(Zumutbarkeit)의 특정한 일반적 기준에 따라서 관련
법익의 평가에 조준을 맞추는 보호가치설(Schutzwürdigkeitstheorie)이다.

　1945년 이후 판례의 리딩 케이스 ― 함부르크 건축비용 조성법(hamburgisches
Baukostenzuschuß-Gesetz)에 관한 제1권 100면의 1948년 7월 1일 최고재판소 판결
― 는 라이히 재판소 판결을 부지런히 섭렵하는 중에 실질적 개별행위설을 일신하고,
또한 소급효를 가진 가격통제령(Preisverodnungen)에 대한 독일 상급재판소의 주지의
양 결정[29]에서, 그러므로 가장 부적절한 사안이지만 개별행위설을 보호가치설보다 근거
로 함으로써 실질적으로 가치지워 수정하고, 전자로부터 지나치게 형식적인 식별과
성행해온 우연의 결정(Zufall-Entscheidung)이라는 오명을 제거하려고 시도해온 것이다.
란트재판소의 다른 약간의 판결은 거기에 관련된다. 이상이 기본법 제정까지, 그리고
그 직후의 판례상황이다. 그러나 재판소 실무도 지배설도 특히 제14조에 따른, 제14조
자신으로부터 또 기본법으로부터 일반적으로 새로운 방향으로의 시도를 종래 행하여
온 것은 아니다.

　공용수용에 대해서 구체적인 공기업을 위한 목적규정의 표지를 재차 획득하는 것,[30]
또는 목적을 조성하는 제3자에로의 양도 · 이전[31]을 본질적인 것으로 승낙하는 것의
양자의 이론적 시도 속에 존재하는 것은 후자이며, 전자는 기본법 제14조 시행 이후이다.
전술한 이론이 법률상 공용수용과 법률상의 소유권구속 간의 위급한 보상문제에 대답할
목적으로 발견하려는 구별을 양자는 이제 어쩔 수 없이 법률상의 소유권구속 자체의
범위 내에서 구하지 않으면 안 되며, 그러한 소유권구속 중에서 보다 가혹한 침해의
그룹에는 보상이 따르는 것, 그것 이외에는 무보상이 허용되는 것을 승인하지 않으면
안 된다. 그 때에 바로 그 공용수용의 성격이 부인되기 때문에 공용수용권에서는 추정될
것이 아닌, 보다 가혹한 법률상의 소유권제한에 대한 보상의무는 일반 란트법(ALR)*
서장(序章) 제75조에 소급하는 불문의 보상원칙에서 도출하지 않으면 안 된다. 그렇게

---

29) NJW. 1950 S. 540=DV. 1950 S. 760 mit Anm. von Stödter=AöR. Bd. 77 S. 79 mit Anm. von
　　W. Weber=DÖV. 1950, S. 686.
30) W. Weber, NJW. 1950 S. 401 ff.
31) Forsthoff, Lehrbuch des Verwaltungsrechts, Bd. 1 (1950), S. 245.

취급하는 것이 제1의 제안이다(포르스토프).* 또 하나의 그것은 라이히 재판소가 단순한 소유권구속의 사례도 오늘날 그렇게 할는지도 모르지만, 보상의무 있는 공용수용의 사례에로 해석변경(umdeuten)하였다면, 그것에 따라서 「사회적인 의무에로의 속박의 개개인의 의식이 보다 깊게 뿌리를 내린 것에 따라서 — 이 과정의 반복이라는 위험은 적게 되고 있다」[32]라고 말했던 낙관적 기대를 품고 있다.

(c) 그러나 양쪽의 경향에는 의심이 남아있다. 하나에는 판례가, 기본법이 재판관에게 할당한 역할에서만, 또한 바로 거기에서 라이히 재판소가 사회적인 의무구속성의 만족할 만한 한정을 의심도 없이 그다지 부담없는 관계에서 (예컨대 1930년의 도시건설에 대해서) 찾지 못했던 그 후에, 그러한 한정을 부여할 수 있을 것인가의 여부라는 것, 또 하나는 제안된 공용수용의 좁은 의미의 개념 한정에 있을 수 있는 도그마틱한 획득물이 보상문제에서와 전적으로 동일하게 어려운 구별을, 장래의 소유권 구속의 영역으로 이행하기 위해서, 그와 함께 이제 — 그리고 그것이 결정적인 것인데 — 제14조 1항 2단의 일률적인 법률개념(Legalbegriff), 즉 종래 전적으로 일의적이며 명료하게, 기본법 자신에 의해서도 보상 없이 허용되고, 또 그러한 것으로서 규정된 소유권 내용규정으로서, 특히 우수하게 (par excellence) 타당했던 법률상의 보상 없는 소유권구속이라는 법률개념을 분해하고, 또 약화하기 위해서 서로 끌어당기는가의 여부이다. 왜냐하면 여하튼 소유권 내용을 규정하는 제14조 1항 2단의 규범들에 대해서, 그러한 민주적인 자기규정의 표현으로서, 그리고 보상에 관계 없이 소유권이 내용적으로 제공하는 것을 규정하는 관념을 유지하는 것, 그리고 규범 중에는 보상효과에 따라서는 식별을 하지 않는 것이 도그마틱하게 중대하다고 나는 생각하기 때문이다.

소유권의 구속이라는 의미에서의 소유권의 법률상 내용규정의 개념은, 사회적 형성 대신에 보상을 결부시킴으로써 가치상각(價値償却) 또는 대상(代償)의 방법을 실시하는 요소들로부터는 체계적으로 자유일 것이다. 이것은 소유권의 경찰의무(Polizeipflichtigkeit)를 매수할 수 없는 것과 마찬가지이다. 그것을 위해서 제14조에 의해서도 맡겨져 있는 법률이, 소유권의 내용을 규정할 때 가치상각의 수단으로 행해지는 모든 내용규정은 아무래도 바로 보통이며 한 모양으로, 고권적이며 실정적으로 소유권의 지배영역을 바꾸어 말하는 것을 의미하는 내용규정의 본질에로의 이의(異議)를 의미하는 것이다.

다른 한편, 나는 제14조에서의 보상 없는 법정 공용수용의 금지에 의해서 사회국가 (그것만으로 그치지 않지만)는 제153조와 비교할 때 놓여있는 핍박상태(逼迫狀態, Zwangslage)를 간과하지는 않는다. 그 상황에서 공용수용개념을 다시 좁게 하는 것과, 그리고 장래 제14조 1항 2단에 따른 구속법률 아래서 제75조의 보상명제 (Entschädigungssatz)의 도움을 받아 그 개념을 식별하는 제안은 실행가능한 타개책을 나타낼 수 있다. 왜냐하면 여하튼 그때에는 연방 입법자에게 보상효과를 제75조의 법명제 로부터 (그것은 연방법률의 그것보다도 결코 고차의 지위를 차지하는 것은 아니다) 제외하는

32) W. Weber, a. a. O. S. 401.

것이 허용되어야 하며, 이와 같이 얻어진 그대로의 결과에서 제153조의 법상태는 복원되기 때문이다. 사실 제14조를 이러한 의미에서의 개정법과 시행법으로 설명하는 제안들[33]도 그것을 목적으로 한다. 또한 나는, 현하 건축법에서만 제14조 중에 읽어야만 하고, 실질적 및 형식적인 성질이 어떤 특별한 곤란이, 이리하여 제거될 수 있는가를 나타낼 필요는 거의 없다. 제14조 3항 2단의 부대조항에서 생기고, 또한 그 방법으로도 해결될 것인지 알 수 없는 형식상의 곤란에 나는 더욱 되돌아오는 것이다.

(d) 제14조의 해석과 취급은 그러므로 장래에는 다음의 결정에 직면할 것이다. 생각할 수 있는 하나는 (entweder) 특정한 기업의 편익을 도모한, 이전에 의한 공용수용에 대한, 그리고 법률에 근거하여 공용수용에 대한 종전의 좁은 개념에로의 도그마틱한 귀환이다. 그 때에 특정한 기업의 편의를 도모했던 그러한 이전을 수반하지 않는, 법률상 소유권 내용규정과 소유권제한의 구별은 희생의 특색과 심대성에 따라 일반 란트법(ALR) 서장 제75조의 법사상의 요건들 아래에서 보상해야만 하지만, 연방 입법자는 이러한 보상을 수정 또는 제외할 수 있는 효과를 가진다.

그렇지 않다면(oder), 종래의 넓은 공용수용 개념의 광범위한 적용이며, 이것은 개별 행위설이나 보호가치설에 따르면, 그 경우 항상 보상 없는 소유권내용규정과 소유권제한이 구별되어야 하는 제14조의 창설 유래에 적합할는지도 모른다. 그러므로 총체적으로는 종래의 판례와 지배학설의 계승이다. 따라서 도그마틱하게 획득되고 주장되는 것은 법률의 주권이며, 이는 소유권의 내용을 보상의 관점에서 구속을 제거하고 규정하는 것, 그리고 사회적 형성도 개시한다는 것이다. 다른 한편, 그러나 그 경우에 이리하여 넓은 의미의 공용수용개념에 범주지워지는(unterfallen) 법률상의 침해를 제14조 3항의 보상의무와 부대조항에서 면제한다는 가능성은 없는 것이다.

그리하여 내가 정당하게 본다면, 내가 그 중 어디로 나아갈지 나 자신도 물론 아직 확신이 서지 않는, 양자가 구성상 가능한 방법이 있다. 도그마틱하게 나는 보상에서 자유로운(entschädigungsfrei) 소유권의 법률상의 내용규정이라는 개념을 순수하게 유지하는 쪽이, 공용수용의 좁은 개념의 복원보다도 본질적이라고 생각한다. 사회국가적 형성에 더욱 봉사하는 것은, 특별한 희생을 요구하는 법률상의 소유권구속에 대해서, 위급사태에는 연방법률로써 보상을 제외할 수 있다는 것이다. 이「위급사태」는 오늘날 많이 존재하기 때문에, **또한 입법자에 대한 우리들의 신뢰가 미치는 한**, 나는 이러한 해결에 기울어지며, 도그마틱한 손실을 덤으로 받을 수 있을 지도 모른다.

(e) 여하튼 앞으로도 법정의 공용수용과 법률상의 소유권구속의 본질적인 구별은 결정적인 의의가 있으며, 또한 계속 그러할 것이다. 그리고 기본법은 그 구별에 대해서도 역시 그 도움을 주지 않고 있는가의 여부를 묻지 아니한다. 그 도움은 어떤 점에서는 제14조 1항 2단으로부터의 소유권의 법률상의 규정내용에도 하나의 한계를 두는 제19조 2항에서 여하튼 볼 수 있다. 비록 기본법 제19조 2항의 문언이, 제14조 1항 2단이

---

33) 이에 대해서 그 바로 다음에 Haas im November-Heft der MDR.

소유권의 제약으로서의 내용규정과 나란히 알고 있는 「제한」(Einschränkung)을 목표로 하더라도, 그 기준은 내용규정의 경계에 대해서도 실로 많은 것일 수 있다. 제19조 2항은 내용 규정의 심저에 대한 작용도 한계짓는 것이다. 소유권의 본질내용규정은 그 법률상의 내용규정에 의해서도 훼손되는 것은 허용되지 아니한다.

그것에 따라서 소유권의 내용규정(소유권의 구속)의 본질은 그 종래까지의 담당자 아래에 있는 소유권의 본질내용에 손을 대지 않을 것, 본질내용을 보존하는 데에 있다. 그러나 그와 함께 기본법에 따라서 공용수용에 한정을 붙이는 경우에도, 보호가치설에 의해서 특직이 제시된 요소를 지목하는 것이 불가피하게 증명된다는 것은, 제19조 2항의 본질적 내용 아래에서 전체 헌법질서에 대해서 보호할 가치가 있다고 생각하는 것과는 별개의 것이 양해될 수 있기 때문이다. 이 때에 제14조 2항의 양 명제는 소유권의 사회적 의무(Sozialpflichtigkeit)의 구속적 기준들을 부여하며, 그러한 기준들은 이미 서술했듯이, 제2조 1항의 기준과 비교할 때 특수성에서 우수한 것이다. 제2조의 말로 바꾸어 말하면, 각인은 그의 소유권의 행사가 동시에 제19조 2항의 경계 내에서 법률에 의해서 바꾸어 쓰여진 공공복리에 봉사하는 한, 그의 소유권의 자유로운 발전의 권리를 가진다.

(f) 그 밖에도 소유권의 사회적 내용 · 소유권의 구속의 강력함은 소유권대상의 특질이나 재화질서 전체에서의 그 대상의 위치를 고려하지 않고는 관찰할 수가 없다.[34] 이에 대한 본질적인 하나의 예를 나는 사회화에 대해서 말할 때 그것에 다시 한 번 거슬러 올라가는데, 기본법 자신이 제15조에서 보여준다. 그 생산재는 입법자가 그러한 사회화에서 성숙성(Sozialisierungsreife)을 확립함으로써 특히 현저한 방법으로, 사회적으로 구속되었다고 선언되며, 이것은 일반 사회와 전체 경제가 생산재로서의 그것을 의뢰하기 때문이다. 순수한 소비재에 대해서, 그것은 통상의 경우 타당하지 않다. 다른 한편, 예컨대 변칙적인 경우에는 그러한 결핍이 문제로 되었다. 라이히 급부법(Reichsleistungsgesetz)의 취급은 그것을 설명하는 것이 가능하였다. 토지소유권의 내부에서는 ― 다른 예를 열거한다면 ― 사회적 구속성의 등급과 변종(Grade und Varianten)은, 그러한 지역적 상황이나 그러한 이용의 성질에서 명백하게 된다.

소유권의 박탈이 따르지 않는 법정의 공용수용을 법률상의 소유권구속 중에 한정하기 위해서 ― 그 때문에 보호가치설은 모든 가능성을 제공한다 ― , 그러므로 또한 지목할 것은 대상에 내재하거나, 또는 있지 아니한 사회적 구속에 향하여 요구가 적절한가의 여부가 문제이다.

이러한 의미에서 객관적 및 궁극적 구체화에 의해서 추구된 구별은, 자주 거의 추상적으로 규정된 심부(深部)에의 작용의 표지를 넘어서 본질적으로 세련될 수가 있다.

---

34) Wieacker, a. a. O. S. 48 ff.* 이에 대해서, 그리고 보고 전체에 대해서 더욱더 자극받은 것을 나는 우리들의 킬대학 동료인 발러슈테트(Ballerstedt)에게 진심으로 감사한다.

7. 소유권구속과 법정의 공용수용은 이미 그러한 규범적 성질에서 기본법 제18조가 그 **상실**의 선고로서 허용하는, 소유권에 대한 영향과는 구별된다. 그 상실은 연방헌법재판소법 제39조에 따른 연방헌법재판소의 결정에 의해서, 그러므로 판결에 의해서, 개별행위에 의해서 행해진다. 소유권구속이나 법정의 공용수용에 대한 그 구획이 문제로 되는 규범적 상실을 기본법을 알지 못한다. 그러한 취지를 답습한 안35)은 부분적으로 당초부터 (제153조에 대해서 논해진 것과 마찬가지로)36)「소유권은 의무를 수반한다」는 명제를 고려해서도 지나친 것으로 선언되고 있었다. 왜냐하면 여하튼 거기에서부터 권리남용의 금지가 생겨나기 때문이다(일반적으로는 예컨대 민법 제226조*에서 생기는 것과 마찬가지로). 기본법 제18조에 나오는 상실은 이제 헌법보호의 특효약이 되고 있다. 그 원인은 자유민주적 기본질서에 대한 투쟁을 위한 남용이다. 소유권자의 그러한 행동양식에서 나오는 소유권의 상실이 그 때문에 규정된 정식절차에서의 연방헌법재판소의 결정에 의해서 ― 그리고 그것에 의해서만 ― 생길 수 있는 것이라면, 거기에서 귀결되어야 하는 것은 소유권자에게 부담을 과하고, 같은 이유에서의 법률상의 소유권구속 또는 모든 형태의 공용수용이 배제된다는 것이다. 그것은 특히 개별적인 소유권자에 대한 헌법보호의 그러한 취지에서의 규범적 또는 집행상의 조치가 제18조를 근거로 해서는 허용되지 아니한다는 것을 의미한다. 헌법보호를 목적으로 하는 공용수용 또는 법률상의 소유권구속은 그러므로 금지되며, 더구나 란트 헌법에서도 그러하다.37)

8. **공용수용보상**에 관한 제14조의 규정은 두 가지의 방향에서 설명할 수 있다.

(a) 공용수용의 기초 또는 집행을 나타내는 법률과 보상규정 간의 전술한 결합(Junctim)이 법적으로 중요하다. 그것은 동시적 보상규정을 강제적인 효력발생조건으로 한다. 보상에 관하여 침묵한 그대로의 법률, 또는 보상의 방법만을 규정하고 정도를 규정하지 아니한 ― 또는 그 반대의 ― 법률에 근거하여 집행상의 공용수용은 유효한 법적 기초를 결여하며, 또한 취소가능한 것이다. 마찬가지의 하자 있는 법정의 공용수용은 당초부터 효력을 가지지 못하며 그러므로 무효이다.

보상의무 있는 법정의 공용수용이 존재하거나 보상효과를 수반하지 않는 법률상의 소유권구속이 존재하는가 하는 의문이, 소송에서 재판관에 의해서 처음으로 결정되며, 그리고 그러므로 관련 조치의 만일의 무효가 소송의 결과에 의해서 비로소 판명되는 경우에는, 법률의 중간적 집행은 수정되지 않으면 안 된다. 그러므로 ― 물론 제15조의 같은 내용의 조항에 관련하여 ― 이 결합(Verkoppelung)이「우선 성급하고 신중함을

---

35) 우선 최초로 원칙문제위원회의 제26회 회의에서 결의된 것이 있다.「그 소유권을 남용하는 자는 이 규정의 보호(즉 기본권의 보장)를 원용하지 못한다」. 그것은 1949년 5월 5일의 전체위원회의 제57회 회의까지는 초안으로 그치고 있으며, 이어서 일반적 상실조항으로 후퇴하였다. Kurzprot. GSA. Pr. 12, 48-338 II S. 2; HA. StenBer. S. 747 참조.
36) M. Wolff, Kahl-Festgabe (1923), S. 11/12.
37) 이설, Scupin, Die Rechtslage der Wirtschaft unter dem Bonner Grundgesetz (1950), S. 12.

결여한 ― 조치의 억제의사나 관계자의 의도적인 보전」을 의미하며, 「그 결합이 그러므로 바로」 ― 이제 여기서 계속되어야 하는 ― 계획된 법정의 공용수용의 「존재의 방법·내용규정 그리고 실시가능성에의 열쇠이다」라는 뜻이 확인되었을 때,[38] 그것은 정당하다. 바꾸어 말하면 제14조 3항 2단은 법정의 공용수용인 것이 실제로 판명된, 보상 없는 소유권구속의 개념이란 잘못된 해석의 위험을 입법자나 법률을 시행하는 집행부에게 부담시키는 것이다. 그리고 그 잘못된 해석의 재판상의 확인을 사후보상의, 그러므로 단지 「수인하라, 그런 후에 보상을 요구하라!」라는 효과를 수반하는, 행해진 침해의 유지에서가 아니라 그 무효 또는 취소의 확인에, 그러므로 과거에 수급한 보상 (Rückgewähr) 또는 원상회복(sonstige Restitution)에 미치는 것이다. 결합(Junctim)의 시간적 적용범위에 관해서 말하면, 그것은 기본법의 시행 이후 공포된 법률에 대해서만 타당하며 소급하지 않는 것이다.[39]

그러한 것은 모두 공용수용개념이 ― 종래와 마찬가지로 ― 넓게 파악된 그대로이며, 상술한 제안들의 의미에서 다시 협소하게 되어야 한다면, 실무에 대해서 광범위한 효력을 가지며 타당하다. 왜냐하면 제14조 1항 2단의 의미에서의 구속법률을 취하는 것은 강제적 부대조항이 아니라 입법자와 집행부가 그러한 침해의 잘못된 해석이라는 전술한 위험을 감행하기 때문이다. 그러나 이것도 ― 제안되었듯이 ― 구속법률 내부에서, 일반 란트법 (A.L.R.) 서장 제75조의 법사상의 도움을 빌려, 보상의무 있는 규정들과 보상 없는 규정들 간에서 구별이 행해지고, 입법자에게 보상제외가 부여된다면, 차단하게 될 것이다. 왜냐하면 문제가 되는 규정의 효력발생요건으로서의 상술한 조항은 바로 법정의 공용수용에 대해서만 구속적이며, 그 개념적 협소화에서 그 사정(射程)도 또한 한계지워질 것이기 때문에 ― 이때에 나는 다시 제14조의 성립사가 물론 그러한 해석을 뒷받침하는 것은 아니라는 것을 지적해 두지 않으면 안 된다.

(b) 전술한 것 모두에서 출발점이 된 것은, 제14조가 무(無)나 같은 보상을 금지한다는 것이었다. 그것은 ― 유일한 예외는 있으나[40] ― 그 동안에 지배적 견해로서 형성되고 승인을 얻어온 것이다. 헤센 헌법 제41조와 제39조의 헤센 시행법의 현행 초안[41]은, 만약 형식적인 금액에로 보상을 절하하기 위해서 누군가의 유력한 법학자들의 의견을 채택할 수 있다고 생각한다면 틀린 것이다.

거의 지배적인 견해에 대해서 들고 나올 수 있으나, 「상당한 보상」(angemessene Entschädigung)이라는 말을 구출하는 주지의 노력을 수반한 제14조의 성립사라는 것은 모든 곳에 정당한 평가라고는 할 수 없다. 왜냐하면 일단 거기에서 문제가 된 것은 하나의 상투어이며, 그것에 대해서 제안자들은 그들이 3항 3단의 형량사항에서 없어야

---

38) W. Weber, NJW, 1950 S. 404에 의해서.
39) Krüger, AöR. Bd. 77 S. 63은 정당하다.
40) Abraham, a. a. O. Anm. II 9 S. 9 zu Art. 14.
41) Entwurf des Hess. Ministers für Arbeit, Landwirtschaft und Wirtschaft vom 15. 8. 1951-R I und A I e-Begr. S. 5 zu §15.

한다고 오해한 담보를 기대하였기 때문이다. 사실 그러나 바로 3항에서의 법률상의 정식화는 「상당한 보상」 개념의 전통적인 표현법이다.

끝으로 제14조 자체의 문언에서 단순한 명목적 보상의 허용에 반대하고, 그 완전한 제외를 막는, 약간의 이미 자주 반복된 논의가 일어난다. 열거해 두는데 그치지만 명목 (nominatim) 이상의 것을 의미하는 「정도」의 말, 그리고 재판소 앞에서 다툴 수 있는 보상 「액」(Höhe)이란 말이 그것이다.

9. 제14조가 **재판관**에게 할당한 역할은 여전히 상기되어야 한다. 거기에는 세 가지의 역할이 있다. 즉 집행상의 수용행위에 관하여 그 허용성을 결정해야 하는 행정재판소, 보상액소송에서 재정하는 통상재판소, 생각할 수 있는 모든 쟁송형식에서, 특히 연방헌법재판소법 제90조 내지 제96조에 의한 헌법소원의 방법으로 제14조에 관련될 수 있는 연방헌법재판소이다.

이에 대해서 개별적인 문제에 언급하는 것은 단념하기로 한다. 다음 정도로 해둔다. 「공공복리를 위한 것인가의 여부」라는 것도 사법심사 가능하며, 재판관은 이 경우에도 국민주권적 법률의 상위에 서며, 재판소는 예컨대 국가의 재정목적 또는 체결된 계약으로부터의 법률상의 자기면제(Selbstlösung)에 봉사하는 공용수용을 허용되지 아니한다고 선언하여야 한다. 권리보호의 복선화 ─ 행정재판소·통상재판소 ─ 이는 이제 그러므로 회피할 수 없는 것이 되었다. 건설용지조달법42)의 정부 초안에서 2원주의를 새로운 방법으로 차단하는 것이 시도되었다. 거기에서는 란트 재판소의 건설용지부(部)가 심리촉진 때문에 동시에 공용수용의 허용성에 관하여 결정을 하고, 또 이 목적을 위해서 일부분 행정재판관이 배속되어야 한다고 되어 있으며 ─ 권리보호의 2원주의와 모든 절차방해를, 그리고 또한 기본법의 개정을 회피하려고 하며, 또 재판소 조직상의 성과에서 제19조 4항 2단의 기본적 의도에 가까운 타협인 것이다. 연방 참의원은 1951년 3월 2일의 태도표명에서, 이 제안43)에 아무런 호의도 나타내지 않으며, 연방정부의 답변에서 다시 제14조와 행정재판의 일반조항에 의해서 부여된 법상황에 관하여 교시를 받아야 한다고 하였다.44) 그 결정은 내리지 않고 있다.45)

─ 내 생각으로는, 행정재판상의 소송법의 잠정적 파기가 불충분하기 때문에, 필요도 없고 어쩔 수 없이 나타나는데 ─ (예컨대 RLG [라이히 급부법의]) 특별법에 의한 조치 역시 공용수용에 관하여 정형적으로 처리됨으로써, 권리보호에서의 2원주의는 일층 심화되었다. 징용권(Requisitionsrecht)에 대해서만 2원주의는 지금까지 다행히도 회피할

---

42) BT.-Drucksache Nr. 2281 vom 28. 5. 1951.

43) S. 40 der BT.-Drucksache Nr. 2281.

44) S. 46 derselben Drucksache.

45) 그 문제에 대해서 Dittus, Die Problem der städtebaulichen Enteignung und ihre gesetzgeberische Behandlung, Referat vom 1. 12. 1950 vor dem BT. ─Ausschuß für Wiederaufbau und Wohnungswesen.

수 있었다.[46)]

　　10. 독일인의 소유권의 보장은 기본법 이전에는 ― 그리고 오늘날에도 여전히 ― **점령에 의해서 규정된 것은 아니었다**. 보장의 전국가적 및 초국가적 성격, 국제법의 보편적인 규칙에 의한 점령권력의 구속, 그리고 육전법규에 각인된 사유재산권 불가침의 원리를 인용하여, 끝으로 또한 점령권력에 의한 기본법의 자기구속적 승인을 참조하여, 이러한 방향에서도 소유권보장을 관철하려고 한 독일의 그때그때의 재판소 결정은, 그들에게 점령고권에 대한 재판권이 결여되고 있는 한은, 여전히 시인되지 않은 채 머무르지 않을 수 없다.

　　독일인의 국외재산, 그리고 배상 또는 반환의 수단으로 취해진 그 밖의 재산에 관련된 법상황의 해명을 위한 1951년 8월 31일의 AHK [연합국 고등판무관 회의]의 법률 제63호 (SaBl. S. 1055) 역시, 보장을 회복하지 못하거나 아직 회복하지 아니한 것이다. 그 제2조는 소유권을 소멸한 것이라고 선언하고, 제3조는 청구권이나 소송의 제기가 허용되지 않는 것으로 선언한다. 그것은 명백히 충분하다.

　　이러한 영역에서, 그리고 매우 다양한 성질의 이른바 점령법상의 공용수용의 그것에 일치한 경우에(예컨대 법률 제75호와 제27호 등에 의한 것도) 묻게 되는 것은, 관계자의 독일 국내의 손해배상이 청구될 수 있는가의 여부이다. 그 문제는 여기서 지적하고 제기할 수 있을 뿐이다. 그것은 부분적으로 긍정되고 있다.[47)]

　　법률상의 규정은 현재로서는 존재하지 아니한다. 그 문제 상황은 통례가 되어버린 국가에 대신하는 개인의 직접적인 국제법상의 요구에 근거하고 있다. 현재 고통스럽게 개시되고 있는 독일의 고권의 부흥을 기다리지 않고, 이에 대한 결정적인 말이 법적으로도 서술될 수 있다고 나는 생각하지 않는다. 여하튼 다시 고권이 독일의 관할에 도달하는 한, 그것은 독일 국내 영역에서의 [카르텔 등의] 분리해체의 영역에도 타당할는지 모른다.

III.

　　1. 이른바 **사회화조항**인 제15조의 내용과 그 소재는 이 경우 (다음에 하듯이) 대체로 수고함으로써만 조화적이며 동질적으로 느끼게 되는 요소가 기본법에 삽입된 인상을

---

46) 예컨대 BGH. Ziv.-Sachen Bd. I S. 368/369 참조.
47) 예컨대 Jahrreiß, Rechtsgutachten (1950), Die Rechtspflicht der Bundesrepublik zur Entschädigung für Reparation-und Demilitarisierungseingriffe der Kriegsgegner des Reiches in Privatvermögen에 의해서 마찬가지로 Giese, Enteignung und Entschädigung (1950) S. 44. 보상청구는 독일법에 따르면 독일의 집행권에도 향하며, 독일의 재판소에 대해서 「어떠한 부서에 의해서 공용수용 조치가 행해지는가를 문제로 삼지 않고」 주장될 수 있다. S. 46: 나아가 Cartellieri, Dekartellisierung und Entflechtung, BB. 1949 S. 716 ff.

우선 필연적으로 생기게 함에 틀림없다. 여하튼 제14조 2항에서의 소유권의 사회적 의무와의 근린성과 제20조와 제28조에서만 반복된 사회국가규정으로는 조화의 감각을 보급하기 위해 충분하다고는 말할 수 없다.

광범하게 구상된 제5장「경제생활」(제151조 내지 제165조) 속에 ― 노동력·노동의무·노동자의(기업자와의) 동권(同權), 그리고 노동자의 공동결정의 보호에 관한 규정들과 함께 ― 그 장소를 차지하던 바이마르 라이히 헌법 제155조·제156조의 비교는 기본법 전체에 있어서, 특히 기본권의 장 그 자체에서 제15조의 구조상 이질적인 고립성의 인상을 충분히 강화시킨다. 그 성립사는 이러한 첫 번째 인상을 완화시키는 데에 적절하지는 않다. 과연 사회화는 당초부터 테마로서 토론되고 있는데, 그 중에「경제제도의 구조적 개변」[48]의 본질적 부분도 종종 인정한 사회주의정당은「독일인의 표상세계(表象世界)에서 … 독일의 기간 산업을 공유(公有)로 이행하는 것이 불가피한 점에 관하여 점차로 증대되고 있는 견해」가 거기에서 기대될 수 있는「공유와 공공경제」라는 개념들의 최초의 헌법상의 정착으로서, 심의 끝에는[49] 제15조를 찬미할 수 있다고 생각하였다.

그러나 거기서 인정될 수 있는 것은, 첫째로 양대 정당의 동의를 반드시 얻었다고 하지만, 제15조는 공용수용의 명제와의 부단한 결합을 위해서 매우 타협적이고 보수적인 감이 있다는 것, 둘째로 사회화가 일반적인 공용수용의 특별한 (종속적인) 경우를 나타낼 뿐이기 때문에 제15조는 불필요하다고 끝까지 주장되는 것, 즉 사회적 형성의 포기에 의해서 그 외에는 기본권의 장만이 오늘날의 제15조의 소재로서 남았다는 것, 따라서 마지막으로「또는 그 밖의 공공경제의 형태에로」라는 본질적인 표현은, 적극적 형성의 노력에서 고유하게 삽입된 것이 아니라 명백히 단지 오늘날의 기본법 제74조 15호의 권한규범과의 문언상의 균형을 위해서 그렇게 되었다는 것이다. 소유권조항과 소유권보장의 모두에「국가의 과세권력(課稅權力)과 사회화권력(社會化權力)을 침해하지 않고」라는 표현을 둔다는 기본법 제정의회에 향해진 다 아는 토마(Thoma)*에 의한 선택제안[50]의 폭·장력(張力) 그리고 논리일관성 가운데 어떤 것도 기본법에는 채택되지 않았다.

오늘날의 규정에 따르면, 제도의 본질과 자율성에의 통찰을 수반하지 않는 사회화는 기본권의 장에서의 그 소재 때문에 제14조에의 그 연결상태 때문에, 그리고 공용수용개념에 의해서 그것이 은폐되기 때문에, 소유권에 대한 부가적(附加的)이고 수의적(隨意的)인 어떤 방법으로 바꾸어 놓을 수 있는 침해방법에 공용수용이 종속하는 경우에 불과하다고 간주될 위험이 있다. 나는 그처럼 성급한 귀결에 찬동했던 점[51]에 전적으로 책임을 인정하며, 내가 몸담았던 학회의 호의에 의해서도 아마 거의 변명할 수 없다고 생각한다.

---

48) 1948년 10월 7일의 원칙문제위원회의 제8회 회의에서 슈미드(Schmid) 박사·의원, Kurzprot. Pr. 10. 48-172-S. 7.

49) 총회의 제3독회에서 멘첼(Menzel) 박사·의원, Stenber. S. 205.

50) P.R. II. 48-244. III.

51) 나의 법감정의견서인, "Aktionär und Sozialisierung in Verkehrs-und Energiewirtschaft" (1949) S. 29/30에서.

그리하여 역시 명백한 것은, 전체적인 기본권관념에 의하면, 소유권의 모든 감축 그리고 사회화가 사람들이 그것을 보듯이 예외로 간주하고, 그러므로 가능한 한 한계를 그어야 한다고 판단되기 때문에 — 부당하게도 — 이미 원칙적으로 엄격하게 구속적인 제15조의 해석이 옹호된다는 사실이다. 그리하여 제15조가 「기본법과 민주주의의 아킬 레스의 발뒤꿈치」라는 불확실한 해부학적 술어를 이미 보유하였던 것도 명료하게 된 다.[52] 이처럼 상처입기 쉬운 지체 속에 두 가지의 그것이 존재할 수 있을 뿐인데, 사람들은 기본법의 보다 중대한 결함 때문에 일층 교묘하게 그것들의 구체적 사용을 보류하는지도 모른다.

2. 그럼에도 불구하고 **기본법**과 그 국가목적 규정의 **전체구조에로 제15조를 적합하도 록**(Einordnung)함에 있어서, 기본권 장에서의 그 한도에서 우연한 그의 소재 내지 공용수 용에 연결한 것을 과대평가할 필요는 없다. 기본권에 그것을 삽입한 이유만으로 제15조는 사적 및 공적인 지배영역의 병립관계(Zuordnung)를 개인의 입장에서 방어적으로 규정하 는 것, 그러므로 국가의 침해(여기서는 이제 사회화조치의 형태에서의)에 대한 사적(私的) 기업의 보호를 가능토록 하는 것, 그리고 등가배상(等價賠償)과 재판적 보호에 의해 가능할 뿐인 방파제를 쌓는 기능을, 즉 제1차적으로 가진 것은 아니다.

그런데 항상 소여(所與)의 것이 된 제14조로부터의 제15조의 분리, 수 십 년래로 전개되어 오고 있으며, 오늘날의 사회질서와 경제질서에서 존재하고, 또한 입증할 수 있는 사회화이념의 효력이라는 자율성·독립성, 끝으로 사회국가적 형성에의 기본법의 적극적인 결정에서 기본법에 의한 사회화가 그 경제정책적 결정의 내용이 되고 있으며, 오히려 사회화가 합법화되었다는 결론이 나온다. 기본법이 그 경제제도의 효력이란 문제에서 무관심하다고 말해지고, 이러한 관련에서 제15조도 그 한도에서 자칫하면 가볍게 다룰 수 있다는 점에 다름 아니다.[53] 경제학자식으로 말하면,[54] 제15조는 과연 「행위」 그 자체 (즉 자본주의 질서해체)를 나타내는 것은 아니다. 그러나 그렇지만 그 행위는 — 만약 그것이 행해져야 한다면 — 그 밖에 필수적인 헌법개정을 더 이상 요하지 않고, 합법적 연속성의 파탄없이 행해질 수 있을 것이다.

그 이상 문제되는 것은, 토지·천연자원, 그리고 생산수단의 원칙적인 소유권 신질서 가 대체로 문제시되며, 제15조의 의미에서의 사회화와는 다른 방법과 목표설정의 신질서 를 도출해야 할 경우를 둘러싸고 제79조에 의한 기본법개정을 필요로 하는지의 여부이다. 왜냐하면 제15조의 대상물에 관한 소유권은 — 이미 시사했듯이 — 제14조 1항 2단의 의미에서 그 사회화의 성숙성의 긍정으로 내용상 규정하고 구속되며, 이 법률상의 구속은 헌법적 우위성 내지 헌법적 효력에 의한 것까지 있기 때문이다. 그 뿐만 아니라 사회국가성 이 거기에 헤아려 넣는 제20조의 원칙들의 제79조 3항에서 명규(命規)된 불가침성에

---

52) Schumacher, ZfH. Bd. 113 S. 184.
53) Krüger, DVBl. 1951. S. 363 ff.; Raiser, a. a. O. S. 182 참조.
54) Schumpeter, a. a. O. S. 351 ff.

직면하여, 오늘날의 사회적 및 경제적 상황을 진지하게 파악하고 또 파악하지 않으면 안 되는 이(=사회국가성의) 형성형태의 내용규정을 할 때에, 그러한 신질서를 위한 기본법 개정의 길만이 제15조에 의해서 부여된 사회화라는 목표설정을 등한히 하는 것이 가능한 가의 여부도 나에게는 더욱 더 불안하다.

그것은 예컨대 종래 점령법상 파악되고, 또한 독일인의 사회화에는 친숙하지 않은 기업집단[55]의 범위 내에서, 소유권 관계들의 신질서를 탐색한다는 임무가 점령측 간섭자 가 물러간 후인 오늘날 독일의 입법자에게 부과되고 있을 때, 그가 제15조를 무시해도 상관 없는가의 여부에 관한 문제에서 실제적인 의미를 가진다. 바로 질문을 받게 되는 것은 신질서가 단순한 복구에 진력하는 것으로 좋은가의 여부, 또는 제15조의 규정에 의한 사회화까지 이를 필요는 없는가의 여부이다. 그것에 일치한 것이 종래 란트 헌법에 의거하여 도입되고 — 정립된 채로 있는 란트들의 그러한 신질서 조치에 대한, 제15조의 파기효력(破棄效力)에 타당하다.

제1차적으로는 현상(現狀, status quo)의 보호를 위한 방어기본권은 아니고, 그것으로 파악된 범위 안에서의 원칙적인 소유권 신질서의 규범적·구속적인 목적규정이라는 그 특질에서, 더욱이 명백하게 되는 것은 제15조는 공권력에 대한 소극적 지위 또는 자유적 지위의 기본권이 아니라 생산재가 사회화된 소유권질서에의 그 관여가 문제로 되는, 그리고 그것이 종래의 질서에서는 결여되었던 (특히 생산과정에 관여하는 사람들의) 집단을 위한 「사회적 적극적 지위」[56]를 적어도 반사적 수법으로 창설한다는 것이다. 그때에 나는 바이마르 라이히 헌법 제156조 2항이 고쳐 쓰려고 시도한 그러한 사회적 집단을 생각한다.

이러한 의미에서 제15조에는 — 덧붙여서 기본법은 이미 서술했듯이, 그 이전 시대의 거의 모든 사회적 및 경제적 변전, 그리고 기득권에의 법외적·혁명적 영향에 대해서는 의연하고 무관심하고 보수적인 한편 — 하나의 (비록 한정되고 또한 법치국가적으로 제어되 었다고는 하지만) 「진보적인」 기능이 귀속해 있다.[57] 그 때에 그것은 제3 독회에서의 기본법제정의회의 한 의원이 이미 인용한 걸어[58]에서는 반투명이라고 하더라도, 사회화 의 이념의 정치적 유래를 고려하여 결코 「합법화된 계급투쟁의 성과」로 명명됨에는 미치지 못한다. 그처럼 한편으로 치우친 협일화(狹溢化)와 부담은 — 내가 그런 일을 전혀 생각지도 않고 있기 때문에 강조할 생각은 없다 — 기본법상의 결정의 비중을 감소시킬 뿐이다.

3. 나에 대해서 이러한 귀결은 제15조의 해석상의 평가가 있을 수 있는 결과를 미리

---

55) Ges. Nr. 75 der Mil. Reg. für Kohlenbergbau und Eisen-und Stahlindustrie 또한 Raiser, a. a. O. S. 190도 참조.
56) Nipperdey, Gleicher Lohn der Frau für gleiche Leistung (1951) S. 18.
57) Apelt, NJW. 1949. S. 482는 그것을 「사회혁명적」이라고 한다.
58) 상술한 Anm. 49 참조.

선취(先取)하였다는 이의(異議)가 나올지도 모른다. 그것은 「가능하다」는 어구 — 토지 등은 …이행(移行)하는 것이 가능하다 — 는 종래도 일관하여 사용되어 왔고, 제156조의 「가능하다」라는 말에도 부응하도록 「하지 않으면 안 되는」 것은 아니다. 그리고 「해도 좋다」고 하는 것만의 당연한 의미로 풀이될 때에는 사실상 타당하지 않다.

우선 확실히 정당한 것은, 제15조가 직접 창설적으로 작용하지 않는다는 것으로, 이는 헤센 헌법 제41조가 그것을 주지의 것으로 기도하고 마침내 그것에 성공했듯이 말이다. 그러므로 제15조에 근거를 둔 법률 없이 이행작용(移行作用)은 의심할 여지 없이 개시되지 아니한다. 또한 제15조 자체가 입법에 대한 명령을 포함하는 것도 아니다. 그럼에도 불구하고 내가 자문(自問)하는 것은 제15조가 도대체 전체 비구속적인 수권으로 만이 아닌 그 이상의 것을 부여하지는 않는가의 여부이다. 그 구속성은 제20조 내지 제28조와의 관련에서 제15조의 사회화에 무르익은 재화를 전체 소유권질서에서의 그 지위를 위해서 대체로 원칙적으로 새로이 규정하려는 것이라면, 제15조에 의해서 제시된 사회화의 길을 지시하고 그 밖의 모든 길이 그에게는 폐쇄되었다는 것이다.

오늘이나 내일에도 또는 특히 신질서에로 도달한다는 규범적인 강제를 제15조가 사실상 행사하지는 못한다. 입법에 의해서 신질서가 도출되는 것은, 입법권력의 주도와 결정을 뜻대로 하는 정치적 세력들의 수중에 놓여 있다. — 그리고 실로 그것들은 기본법이 기관자격으로는 직접 (의회와 정당이라는 형태로) 인식하거나 승인하지도 않은, 점차 신분 적으로 조직화된 세력들이 있는 양상을 드러낸다. 기본법 제1조 3항도 그것이 직접 타당한 법으로서의 기본권에 의해서 입법을 구속할 때 효력과 규범적 효과에서 부족하다. 즉 제1조 3항도 입법자의 활동성을 전제로 한다.

그러나 입법자가 — 그리고 그러한 한에서 제1조 3항은 나의 설문을 뒷받침할 것이다 — 제15조가 (논증되듯이) 그 본질상 전제로 하는 하나의 방법으로 활동하며, 또 그가 사회화에 익숙한 재화를 위한 원칙적인 소유권 신질서를 대체로 다룬다면, 그때에는 이 기본권도 제1조 3항이 표현하듯이, 직접 타당한 법으로서 입법자를 구속하고, 아울러 제15조의 대상물에 관한 소유권은 내용상 그것들의 사회화에의 성숙성이라는 의미에서 이미 지금 헌법상 구속된다고 생각되기 때문에 [그러한 입법자의 활동] 제15조의 목표설정 안에 있다고 생각할 수 있다.

4. 「사회화의 목적을 위해서」만 제15조가 말하는 법률은 자유로이 사용된다. 그것은 우선 「공공복리를 위해서만」이라는 공용수용 요건과의 특별한 관련에서 설명될 수 있다. 제15조가 사회화의 사회화목적을 승인함으로써, 이 조문은 그 사회화목적에서 — 특히 사회화 대상물의 종래까지의 소유자의 모든 구별과 판별을 억제하는 사회화 대상물의 가치자유로운 선택이 뒷받침되고 있듯이 — 여차여차한 공익(公益)이 존재한다 는 등식술어(等式術語)를 손에 넣을 수는 없다. 반대로 제15조는 당해 목적에 이 술어를 붙여서 동시에 그것을 전제로까지 한다. 왜냐하면 그렇지 않으면 사정에 따라서는 종래까

지의 소유자의 소유권박탈에 이르는 사회화는, 제14조에 따른 효과적인 공용수용으로서
는 허용되지 않으며, 이 경우에, 그리고 이 해석에서 지지되는 것은 제15조가 제14조를
파괴하는 것으로 간주될 때뿐이기 때문이다. 그러나 제15조는 그러한 한에서 제14조를
파괴하는 것은 아니며, 그 목적규정에서 하나이며, 그것은 공용수용처럼 재화조달에서가
아니라 소유권의 신제도를 목표로 한다. 제15조가 거기에 열거된 사회화에 익숙한 재화의
그 사회화를 위해서, 그것이 공용수용 작용을 가지는 한, 공익의 요건을 주어진 것으로
선언하고, 또한 확인한다는 것이 인정된다면 그 때문에 그것은 정당하다. 그것에 일치한
것은 이전, 이를테면 이미 바이마르 라이히 헌법 제155조(주택건설 등을 위한 토지이용)에
대해서 인정되었다.59) 동일한 것은 법기술적으로는 제15조 2단을 실제 제14조 3항의
3과 4단을 지시하며, 그 1단은 아니라는 점에서 명백해 진다. 동시에 거기에서 도출되는
것은, 그 내부인 공익목적 규정이 제14조에 의해서 재판상 심사가능한 경계선이 어떤
사회화 법률의 재판관에 의한 심사가능성이 허용되기보다도 널리 인용되어야 한다는
것이다. 이러한 관련에서 심사가능성은 — 제15조의 의미에서의 대상물, 즉 새로운
소유형태나 경제형태의, 그리고 보상액의 정당한 규정을 제외하면 — 법률에 의해서
추구된 목적이 실제상 사회화의 그러한 것인가의 여부, 또는 그 목적의 배후에 달리
허용되지 않는 목적이 숨어 있는가의 여부에 제한된다. 그러므로 권력의 전횡
(détournement de pouvoir)이라는 관점 아래서만 심사가능한 것이다.

5. 그러나 「사회화」의 목적은 제15조에 의하면, 공익 그 자체뿐만 아니라 사회화
대상물의 공유 등에의 수용적 (강제수용적) 이행을 위해서도 승인된다. 동시에 그 목적은
「사회화」의 본질에서 규정되어야 할 모든 사회화조치의 허용요건을 표현하고 있다.
그것은 사회화를 위해서 사회화 대상물을 적합하도록 하는 것을 목표로 하며, 또한
아울러 앞 (법 제153조)의 목적규정을 새로운 소유형태에로 전환시킨 제156조 1항에
일치하는 표현 이상으로 많은, 그리고 첨예화한 것을 의미한다. 만약 — 우리들 현행
기업제도의 도그마틱(Dogmatik)에서 고찰하여 — 법학적으로 구별된 사회화의 개념이
동시에 역사적 및 경제정책적으로 발생한 사회화의 요청에 일치하는 하나의 의미를
얻어야 한다면, 그 개념은 개별적인 이익에 행해진 그리고 일반적인 공법상의 소유권구속
에만 따르는 소유권지배의 해제를, 적어도 그것으로 종래 소유권지배에서는 제외된
사회적 집단이 장래 그것에 관련되는 다수 (복수 · 공동) 지배에 의해서 요구된다.60)
사회화란 헌법상 허용된 유일한 사회화목적이며, 얻으려고 노력한 소유권질서의 새로운
형태, 그 매우 다양한 형태에서의 공공경제도 제1차적으로는 경제상의 개념으로서가
아니라 헌법상의 그것으로서 이해된다(발러슈테트).61)*

---

59) Erman, in: Nipperdey, Die Grundrechte und Grundflichten der Reichsverfassung, Bd. III (1930)
   S. 302.
60) 이에 대해서는 Köttgen, VVDStRL. Bd. 6 (1928) S. 120 Anm. 24 참조.
61) 상술한 Anm. 34 참조.

거기에서 생기는 **의문**은 또한, 사회화가 사회화 대상물의 새로운 소유권제도에서(예컨대 새로운 공유의 어떤 형태에서) 소유권지배에의 요구된 공동참가에 어떠한 여지를 주지 않고, 종래 제외되었던 사회적 집단에 그러한 한에서 그들의 일반적인 공민으로서의 참여를 지시할 뿐이라고 할 경우, **단순한 국유화**가 사회화의 목적에 대해 충분한가의 여부이다.62) 나아가 그것에서 소유권지배의 종래까지의 사적 담당자가 공용수용적 사회화의 수단으로, 그 밖의 동종의 것에 보다 단순히 교환될 경우에는 사회화 목적이 달성되지 않을 경우가 생긴다. 자본력을 가진 기업가를 위해 재건을 용납하지 않거나, 또는 재건능력이 없는 토지소유자의 주거의 폐허지를 합법적으로 탈취하는 것은, 오늘날 공공복리를 위해서 바로 공용수용으로서 허용될 수 있으며, 또 허용되지만 사회화의 목적을 위한 행위를 표현하는 것은 전혀 아니다. 건설용지조달법은 그러한 한에서 제15조의 의미에서의 법률로는 될 수 없다. 공유 또는 그 밖의 공공경제의 형태를 만들어내는 것이 불가피한 것에서 보다 직접적으로 그것이 유도된다면, 이 귀결은 마찬가지로 이미 사회화의 개념 안에 있는 것이다. 제14조에 의한 **법정의 공용수용**은 소유권지배의 원칙적인 분배변경을 수반하지 않는 단순한 **소유자의 교환을 허용하지만**, 그에 대해서 제15조에 의한 **사회화**는 그렇지 않다. 반대로 제15조의 대상물에 관한 소유권지배의 원칙적인 새로운 분배는 법률상 사회화의 길을 지시한다. 제14조 3항에 의한 법률에 근거한 개별적 공용수용은 그러한 새로운 분배에는 폐쇄적이다. 그러므로 내가 상정하듯이, 교통기관이 제15조에 따르는 것이 아니라면, 그것은 그럼에도 불구하고 그 사회화를 달성하기 위해서 개별적으로 제14조에 따라서 수용될 수는 없다.63) 그리하여 사회화의 목적을 위해서 개별적으로 수용하는 것은 허용되지 않는다. 사회화는 법률에 유보되어 있다.

제14조 1항 2단에서의 소유권구속을 의미하는 법률상의 작용에 관해서 사정은 다르다. 그러한 작용은 ─ 제15조에서의 법률상의 사회화와 나란히 ─ 그것들이 사회화목적에 봉사하는 한에서도 반드시 공용수용에까지 이르지 않는 동안은 허용된다. 실로 법률상의 소유권구속은 사회국가의 실현이라는 바람에서 바로 소유권 지배의 신질서라는 목적에 봉사할 수 있지만, 그럼에도 불구하고 이것은 제15조의 사회화 대상물에 관련되어야만 그러한 것이다. 왜냐하면 제15조는 사회화를 대상에 따라서 한정하기 때문이다. 그것에 관한 하나의 예는 제15조 자체에 아직 보다 적절하게 따르는 것은 아니라고 하더라도, 1951년 5월 21일의 연방법률에 따른 공동결정권의 현행 규정에서 볼 수 있다.64) 그것에 관해서는 후술한다. 제15조는 그러므로 소유권을 구속하는, 따라서 보상 없이 허용되는 제14조 1항 2단의 범위 내의 사회화 조치만을 거절하는 것은 아니며, 동일한 방향으로

62) Ule, in: Die Sozialgemeinschaften (1948) S. 15.
63) "Aktionär und Sozialisierung" S. 30에서 이전의 나의 반대견해를 나는 수정하지 않으면 안 된다.
64) 따라서 정당하게 Korsch, Mitbestimmung und Eigentum, Referat vor dem Verein für Wirtschaftsrecht in Köln am 11. 7. 1951, S. 20; U. M., AöR. Bd. 77 S. 369; 이설, Giese, im Streitgespräch mit Korsch am 11. 7. 1951; Nr. 10 der Vortragsreihe des Deutschen Industrie-Instituts vom 27. 8. 1951.

행해진 행동을 위한 제14조 1항 2단에의 보충규범이다. 양 규정은 서로, 그리고 기본법의
사회국가규정과의 내재적 관련을 가진다. 거기에서 소유권구속과 제15조의 틀 안에서의
강제수용적 사회화 간의 구획은, 제14조 내부에서 공용수용 자체에 대해서처럼 중요한
의미가 있다는 것이 분명해진다.

　끝으로, 요구된 사회화의 목적은 사회화의 대상물을 연방의 재정전매에로 편입할[65)]
가능성을 제외한다. 그럼으로써 재정전매는 기본법 제105조에 따라서 전속적 연방권한에
속하므로, 연방이 그것과는 달리 제74조 15호에서의 자기의 경합적인 사회화 권한을
전속적인 그것으로 개변할 수 있다는 것이다.

　6. 사회화 대상물을 자격 결정하는 가능한 방법에서, 제15조는 제156조와 구별된다.
후자는 사적인 경제적 기업을 그 밖의 점에서 상세히 규정하지 않고, 특히 그것들을
객관적으로 한정하지 않고 공유에로 이행된다는 그들 기업의 **적격성**을 나타내었다.
그것은 제15조에서는 토지·천연자원(우선 광산물), 그리고 생산수단을 열거함으로써
행해지고, 그에 따라 의문 없이 그 밖의 대상물은 제15조의 길에서의 가능한 사회화(그러므
로 자유의사가 아닌 방법의)로부터는 제외되고, 그러므로 그들의 소유자에 대해서는 사회화
에 반대하는 것을 구하는 자유권이 확립되었다.

　종래 시대에 뒤떨어진 정당 강령이 지향했다는 이유만으로 단지 예컨대 교통수단에까
지 확장되어도 된다는 「생산수단」 개념은, 지금까지 의심의 계기를 주고 있었다. 란트
법 — 바덴·바이에른·브레멘·헤센·라인란트-팔츠·뷔르템베르크처럼 — 이 대상
규정에서 그것 이상으로 나아간 한, 그것은 제15조의 한정으로 파기되었으며, 더구나
사회화 권한이 제74조 15호의 규정에 의해서 결합하면서 여러 란트에 또한 귀속하는
한에서도 그러하다. 경합적 권한 역시 기본법에 적합하게만 이용하는 것이 허용된다.

　제15조가 — 제156조와는 달리 — 사회화 대상물을 어떤 방법으로든 자연과학적인
원시상태(토지·천연자원)에서, 또는 그들의 경제적인 기능(생산수단)에서의 전체 3종의
방향으로 요구되고 있음에도 불구하고, 제15조는 사회화목적, 그리고 새로운 소유형태
또는 경제형태에로의 「이행」이라는 의도에 의해서 문제가 되는 대상물이, 이미 법률로
장악되는 시점에서 일정한 기업형태에서 기초되는 것을 광범하게 목표로 한다. 따라서
「이행」은 원칙적으로 그러한 **개혁**을 의미한다. 그러므로 제15조는 사회화의 대상물로
서 **기업**을 광범하게 조작하며, 그와 함께 그들의 도그마티슈한 파악이나 그들의 소유권과
의 병렬관계에 대립하는 모든 어려움에 직면하고 있다. 그러한 어려움은 전술한 공용수용
에서 이미 시사되었다. 그들은 또한 사회화가 오늘날 대체로 소유권에서 일층 본질적으로
제시되고 또 분리될 수 있는지의 여부, 그리고 기업경영이 기획되어야 하는 것은 아닌가의
여부와 같은 — 여기서는 깊이 관여할 수 없는 — 문제가 제기된다.[66)] 이러한 사정을

---

65) 그것을 Wacke, Das Finanzwesen der Bundesrepublik (1950) S. 20는 허용되는 것으로 본다.
66) Strauß, Wirtschaftsverfassung und Staatsverfassung (1948) S. 14; Gundlach, Die soziale Frage

과대평가하는 것은 아니라고 하더라도, 기억할만한 것은 제15조가 토지 등의 사회화에 대해서 말함에 있어서 토지 등의 **소유권**에 대해서는 **아니라는** 것이다.

이러한 맥락에서 또 상설할 것은, 공동결정권의 획득이 사회화를 불필요하게 만들고, 그것을 바로 특별한 형태에서 수행하거나 또는 그것과 동순위에 서는 것인가의 여부이다.[67] 경영조직법의 정부초안[68]에서 기업자가 경제적 업무에서 그에게 방해가 되는 권고적 의견부분을 채택함으로써 후일의 해약 고지 절차를 위해서 심리적인 압박 하에서만 두어지는가의 여부, 그리고 기업자의 응락의무를 수반한 진정한 결정효력이 이러한 채택에 귀속해야 할 것인가의 여부(연방참의원이 브레멘에서의 정의지움에서 제안했듯이)라는 문제도, 공동결정이 기업경영에의 영향에 의해서 사회화의 어떤 종류의 목적에 대해서 충분한가 아닌가 하는 문제에 저촉된다.

제15조에 의하면 그 대상물에 관해서 (제14조도 전제로 하지는 않지만) 제156조가 요구하고 있었듯이, 지금까지의 **사유**재산이 문제로 된다는 것은 불가피한 것은 아니다. 공공단체, 예컨대 지방자치단체의 재산이 제15조에 의한 조치에 의해서 사회화의 그 밖의 보다 고차원의 형태에로 이행되었다면, 이를 위해 제15조는 지방자치단체 재산 또는 고유재산이 제14조에 의해서 공용수용되는 것과 마찬가지로, 필요한 법적 기초를 제공한다.[69] 국유재산 또는 지방자치재산이 제15조의 공유의 개념에 종속한다는 것은, 이들을 보다 강도의 사회화 목적을 위해서, 그리고 특정한 사회집단의 일반적인 공민으로서의 참여를 초월한 지배의 분배의 증가를 위해서, 제15조에 의한 법률상의 조치에 종속케 하는 어떠한 장애사유로는 되지 않는다. 예컨대 헤센 지방자치단체의, 헤센 헌법 제41조에 따른 조치에의 저항은, 제15조에 대해서 석명될 것을 필요로 하지 않았다.

사회화의 대상물에 관련하여 제15조를 ― 여러 란트 헌법들(브레멘·헤센)과 독일 민주공화국의 그것과 반대로 ― 특징짓고 또한 기본법의 사회화의 제도에 그 결정적 각인을 주는 (그리하여 그와 함께 동시에 사회화의 개념도 이데올로기슈한, 그리고 정당강령상의 항쟁에서 해방되고 높이는) 것은 의심할 여지없이, 사회화의 대상규정을 어떻게든 가치지우고 판별하는 것을 기본법이 포기했음을 뜻한다. 따라서 사회화는 기본법에 의해서 사회국가적 형성수단으로서의 그 승인에서 합법화되는 데에 그치지 않는다.[70] 사회화는 제15조가 객관대상적으로 묘사하는 영역에서의 현존하고, 또 헌법에 의해서 보장된 소유권제도에 대한 헌법적대적 투쟁의 도구로부터 토지·천연자원 그리고 생산수단에 관계되는

---

von heute nach der Lehre der Kirche, Vortrag auf der kath. sozialen Tagung in Essen am 23. 9. 1951; Höffner, Die Sozialisierung der Grundstoffindustrien in der Bundesrepublik Deutschland, beurtelit nach den Grundsätzen der kath. Soziallehre (1951).

67) Raiser, a. a. O. S. 199; Schumpeter, a. a. O. S. 476 Anm. 9.

68) BT. Drucksache Nr. 1546 vom 31. 10. 1950.

69) Ule, a. a. O. S. 14. 헤센 헌법 제41조, 제39조에 관한 시행법 초안은 지방자치체 재산에서는 현재도 물론 그것을 방치하고 있다.

70) 예컨대 Jerusalem, NJW. 1950. S. 21.

소유권질서에 관한 공적인 것과 사적인 것 간의 원칙적인 헌법상의 할당에 포함된 결정에로 생성된다. 누구의 재화가 사회화되어도 그것은 기본법이 보는 바, 그리고 그 기준에 따르면 소유권보장의 폐기나 파기라는 희생은 아니다. 그것은 [그 재의] 특질·정도·유래 또는 취득 이유에 의해서 그에게 오명이 씌워질 것이기 때문에, 즉 그의 소유권이 무엇인가의 불법이기 때문에 자신의 재를 상실하게 될 것이기 때문에 「침탈」된다(L. v. 슈타인)는 것도 아니다. 사회화는 국가의 과세권력과 마찬가지로, 기본법상 ― 지금은 토마의 제안을 논한다면 ― 허용되는 그 사회화권력의 파생물이기 때문에 가능하게 된다. 그들의 소유권 제도의 법률상의 형성에서 사회국가적 질서가 열려야 할 것이 토지·천연자원 그리고 생산수단에 관한 소유권의 법률상의 내용규정에 속한다.

따라서 동시에 그 밖의 모든 국가작용·사회국가적 목표설정, 그리고 사회화를 목적으로 하는 동기지움 이외로부터의 장악을 의미하는 법률적 성질을 갖는 것도 제외되어 있다. 개별적인 란트 헌법이 이러한 방향에서 가능하도록 하는 것은 기본법 자신에 의해서 제외되어 있다. 그리고 그 자신의 틀 내에서는 예컨대 제18조를 이유로 하는 (자유민주적 기본질서에 대한 투쟁을 위한 소유권의 남용 때문에, 그러므로 국가보호의 목적을 위한) 법률상의 사회화는 허용되지 않는다.

7. 도그마티슈에는 한층 이질적인 「공유」의 개념이라는 우리들의 현행 법질서의 배후에 숨어 있으며, 또한 개념으로 파괴된 것에 관한 상세한 논구에는, 나는 여기서 고유하게 파고들 수는 없다. 그 논구는 그것이 새로운 의식이나 민법과 상법 전체에서 불가피한 기업조직법의 법률상의 새로운 형성을 전제로 하는 한, 특히 여기서는 취급하지 않는다. 제15조가 포함하는, 시사된 원칙적 결정에서 볼 때, 여기서는 다음의 것만을 확정할 수 있다.

공유(Gemeineigentum)는 그것이 바로 공동지배만을 표현하지 않고 콘체른법이 말하듯이, 「중대한 영향」을 가지지 않을 경우에는 개개인의 사유재산, 특히 종래까지의 소유자의 공동지배를 배제하지 않는다.[71] 헤센의 초안은 이러한 경계선을 25% 이하로 끌어내리고 있다. 헤센의 사회공동체의 사상의 기초에 있는, 전술한 사회법 영역에의 귀속이 제15조의 요구들에 충분한가의 여부는 노동조합·소비조합 (그리고 지방자치제) 그러므로 「정치적 신분들」의 출현이 민주제에로의 침입(W. 베버)으로서 작용하는가의 여부, 또는 공유를 직접 그리고 실제로 공익으로 전개할 수 있고, 또한 전개하려고 할 것인가의 여부에 본질적으로 의거한다. 헤센 헌법 제40조와 제41조 또는 독일 민주공화국의 그들의 이른바 인민소유는 단순히 공공시설 개념이 증대하는 적용 하에서 국유재산으로서 광범하게 실현되는 공유의 헌법이 요청하는 비법학적인 전단계에 불과하다. 오토 마이어(Otto Mayer)가 말하는 공소유권(公所有權)*도 제15조에서는 사멸된 후여서 기회를 잃고 있다.

---

71) Friedlaender, in: Nipperdey, a. a. O. Bd. III S. 332.

결정적인 것은 공유로 생각할 수 있는 모든 형성은 **공공경제**의 한 형태를 표현하지 않으면 안 되며, 그것으로써 후자는 추구된 새로운 소유권제도의 개념형성적 및 본질규정적 중심이 되며, 그러한 제도의 건설을 위해서는 **공용수용**은 ─ 제15조와 제14조 1항 2단이 사회화의 목적을 위해서 제공하는 그 밖의 몇 가지의 수단과 나란히 ─ 하나의 가능한 수단을 의미할 뿐이다. 공유와 공공경제가 유사한 병립관계에 놓여있는 제156조에서와 마찬가지로, 제15조에서도 공공경제의 형태는 사회화를 실현하는 그러한 형성을 특징지을 것이다. 그러므로 개개인의 이익에 향해진, 또한 일반적인 공법상의 소유권구속에만 따르는 소유권지배를 해제하고, 적어도 종래 소유권지배에서 제외된 사회적 집단의 공동지배에 의해서 대체한다는 요청 역시 그것에 내재한다.

이 점에 그러한 한계에서 무관심이 있고, 그렇게 작용하고 또한 공공복리의 전체 일반적인 허용성 요건일 뿐인 공용수용과 사회화의 본질적 차이가 존재한다. 어떤 공용수용은 사회화가 허용되는 **수단**이 되지만, 사회화를 사회적 공동지배에 의해서 비로소 또한 그것에 의해서만 보전하는 파악된 대상물에 관한 새로운 소유권질서로서 표현하는 것**만이** 그러한 것이다. 이러한 이유에서도 공용수용 그 자체는 제15조에 열거된 대상물과는 다른 사회화를 위해서 허용되며, 적절한 수단은 결코 아니라는 것은, 제15조에 열거된 대상물만이 대체로 사회화에 친숙해지기 때문이며, 이 때문에 공용수용이라는 뜻 그대로의 수단이 목적으로 남용되는 것은 허용되지 않기 때문이다.

8. 관계자가 ─ 나는 그것이 허용된다고 믿지만 ─ 공유에서 공동지배를 (다수자의 지배가 아니라) 유지하는 경우에도, 공유에로의 이행은 아직 공동화(空洞化)되지 아니한 좁은 의미의 공용수용 관념에 이미 부응한 것이며, 더구나 양도이론으로 더 파악할 수 있기 때문에,[72] 그에 대해서는 그것이 공용수용을 의미하는 한편, 「그 밖의 공공경제의 형태」에의 이행은 (이것은 특히 강조된다) 공용수용 작용을 수반하지 **않고도** 행해질 수 있다. 예로서는 제15조의 주석에서의, 다만 그 설명은 없지만 「재산의 관리에 영향을 미치게 하는 취로(就勞)조직들의 사회화의 창조」, 그리고 강제임대차가 열거되었다.[73] 나아가 예로서 고려된 것은, 제156조 2항의 공공경제적인 자치에 기초한 연합, 예컨대 석탄 · 칼리 · 철강 · 화학생산물 그리고 무역관리에 관해서 이미 1919년 이래 전개되어 온 이른바 혼합적 강제 카르텔과 기타 여러 가지 형성형태가 있다.[74] 그 사이에 존재하는 30년의 경험과 여러 외국의 사례는 그것 이외의 공공경제적 구성을 제공하며, 그들의 체계적인 서술이 종종 시도되고 있지만 여기서 반복하는 것은 불가능하다(울레 [Ule],* 데르네데[Dernedde] 등).

제15조 2단에서의 제14조 3항 3과 4단의 공용수용보상의 일반적 지시에서, 그리고 제15조의 명제 구성에서 (바로 공유와는 다르다) 그 밖의 공공경제 형태에로의 이행을

---

72) Ders., a. a. O. S. 332.
73) Abraham, a. a. O. Anm. II 6 zu Art. 15.
74) Friedlaender, a. a. O. S. 338-341.

명하는 법률도 보상의 방법과 정도를(동시에) 규정하지 않으면 안 된다고 하고, 제15조는 그 밖의 공공경제 형태에로의 이러한 형성을 **불가피하게 공용수용으로** 보는 것이 논리적인 방법으로 귀결되지 않으면 안 되었다. 바꾸어 말하면 그 문언은 제15조의 의미에서의 **모든** 법률상의 조치, 더구나「그 밖의 공공경제의 형태에의」이행도 제14조의 의미에서 공용수용으로서 평가하기 위해 강제하는 **것처럼 보인다.** 그 일관성은 ─ 그것은 실제상 내가 보는 한 종래 광범하게 인출되고, 여하튼 명백하게 다투어지지 아니한 것 같은 ─ 이상할 것이다. 그것은 대체로 항상 보상의무를 면제할 뿐만 아니라 공유에의 또는 공공경제의, 예컨대 약간의 보다 완화된 형태로 이행되었는가의 여부에 따르는 보상의 모든 구별을 배제하고, 모든 경우에 제14조 3항에 따르는 공용수용에서의 상당보상을 의미한다.

이러한 외견상의 회피불가능성에서 제15조로부터의 보상 산정에 대해서 정확히 제14조의 공용수용의 그것, 그리고 그것 그 자체와는 다른 기준들을 탐구하기 위해서 수단과 방법을 시도하려는 제창이 명백해진다(W. 베버). 헤센 시행법 초안의 성립은 생각했던 대로 이러한 제창을 곧바로 채택하였다.

이에 대해서 내가 확신하는 것은, 제15조는 실제상 **모든** 사회화 조치를 **공용수용으로** 볼 계획은 **없는** 점, 그리고 (바로 공유화와는 다르다)「그 밖의 공공경제의 형태」에 이르는 법률상의 조치를 위해서, 그것으로써 공용수용을 발생케 하지 않고, 보상을 수반하지 않는 제14조 1항 2단에서의 단순한 공공경제적 소유권구속이 정도가 강한 침해의 경우에, 제14조에 의한 보상에 반하는 공용수용에, 그리고 ─ 셋째로 ─ 그 사이에 존재하는 공공경제적 영향, 그 사이를 구별하는 특별한 성질의 보상 형량(衡量)을 허용할 여지를 제15조가 인정하는 것이다. 제15조는 사회화 목적을 자신이 열거한 대상물을 고려하여 신성화하고, 그것들을 위해서 공공경제의 형태를 독점사유재산의 형태로 택하기 때문에, 제15조는 공용수용 작용과 보호가치설의 의미에서와 같은 이른바「제3자적 영향」간의 구별을 위해서, 사실로부터의 구별을 쉽고 가능케 하는 실질적 가치기준을 제공한다. 그러므로 토지 등 제15조가 열거하는 대상물은 이러한 의미에서 일반 란트법 서장 제75조에서 연역된 법원칙의 의미에서의 공용수용 작용 또는 희생효과를 수반하는 사회화 조치에 대해서, 예컨대 동산 또는 상행위 또는 은행업 또는 보험업보다도 당연히 보호가치가 적다. 그리고 이들 후자에 대한 공용수용이 의미하는 것은, 제15조의 대상물에 대해서는 공용수용 또는 예측할 수 없는(unzumutbar) 희생이 있을 필요는 결코 없다는 것이다.

제15조가 ─ 더구나 제156조와 아주 마찬가지로 ─ 강제수용적 및 그 밖의 사회화 조치와, 그러므로 보상문제에서도 구별되는 것을 허용한다는 것은, 나에게는 여기서 그것을 강조하는 것이 거의 주저될 정도로 진부해서 당연하다고 생각한다. 그러나 제15조의 종래까지의 해석 내지 제15조에 의한 사회화는 단순히 공용수용의 종속물로서 제15조에 의한 모든 행동은 공용수용 보상을 필요로 한다는 틀에 박혀서 반복되는 표현 ─ 그것은 명백히 제15조 중의 제2단의 뱀을 볼 때에 느끼는 공포작용(Schlangenblick-

Wirkung)에 의해서 유발되는 것이 보통이다 — 은 이러한 진부함을 가져오지 않을 수 없다. 그 작용이 법학적으로도 정당하고 제15조에서 도출된다는 것은 제15조의 성립사가 증명할 수 있다. 바로 기본법에 대해서도 존재하는 「소재숭배」(素材崇拜)에 대한 의혹이 모두 당연하다고 해도 [그것이] 명백한 편찬의 하자가 있는 경우에, 거기에서 결과적으로 생기는 해석의 오류를 밝히는 불가피함까지도 면제해 줄 수는 없다.

원래 오늘날의 제15조는 사회화 형태로서는 한결같이 공유를 포함하였다. 그러므로 우선 이른바 완전한 또는 강제수용적인 사회화만이 생각되었다. 그것이 타당한 한, 지배적인 공용수용 관념에 의해서 제15조를 덮어버리는 것은 절대적으로 명명백백하고 일목요연하다. 인식할 수 있는 한 제15조가 오늘날 알고 있는 (「그 밖의 공공경제의 형태」) 그 밖의 사회화 형태는 「사회화의 목적」의 실질적인(sachbezogen) 해석에서 — 제156조에서, 그리고 1919년 3월 23일의 사회화법에서와 유사하게 — 새로운 정식화와 개념을 제15조 자신으로 몰고 가기 위해서는, 그리고 이리하여 공공경제적 형성형태를 풍부화하기 위해, 그러므로 예컨대 제156조를 추종하겠다고 하기 때문에 등의 이유에서 당해 조항에 채택된 것은 아니다. 여러 소재들이 증명하듯이 그 보충 — 더구나 명백히 보상문제에서의 체계적 결과에 관한 깊은 토론 없이 — 은, 제15조를 오늘날의 제74조 15호에, 따라서 권한 규정에 단지 문언상 적합케 하기 위한 것일 뿐이다. 오늘날의 제74조 15호에서의 부가적인 표현, 즉 「또는 그 밖의 공공경제의 형태에로」라는 말의 삽입은 — 제안한 의원인 레르(Lehr) 박사가 표명했듯이 — 따라서 제156조를 준용하여 「공유와 아울러 소여의 경우에는 그 밖의 공공경제의 형태」를 허용하기 위해서 바로 거기에 수용된 것으로서, 그 밖의 형태와는 제156조 2항에 따른다면 의문 없이 공용수용은 전혀 **없으며**, 따라서 공용수용보상 없이 허용되었다.[75] 보상문제에 관하여 의견을 말하는 것은 이 권한규정에서는 어떠한 기회도 없었다.

그러나 이제 제15조에서는 **편집상의 균형**에서 **실질적 보충**이 생기고, 더구나 — 그것은 우리들의 여기서의 문제에 대해서 결정적인 것이지만 — 제14조 3항에서의 공용수용 규정의 보상기준과 권리보호조항을 지시함에 있어서 변경하지 않은 채로 놓여진 제15조 제2단에 관해 불가결한 일관성을 거기서 도출하지는 않는다.[76] 그러므로 나는

---

75) 1949년 1월 7일의 전체위원회의 제32회 회의, StenBer. S. 390; 토론 없이 그 후에도 승인하였다. 1949년 2월 9일의 전체위원회의 제49회 회의, StenBer. S. 647 참조.

76) 1948년 11월 16일의 일반편집위원회의 제1독회에서 정식화된 문안으로서의 제18조 PR. 11, 48-282 II를 참조. 거기에는 공유에의 이행뿐이며 공용수용 규정에 대한 지시는 아직 없다! 이 지시의 삽입은 1948년 11월 18일의 자유민주당의 제의에 근거한 - PR. 11, 48-296 III (폰 브렌타노(von Brentano) 박사·의원(기독교 민주동맹)과 일치하여 이 제의와는 달랐던 정식화, 곧 1948년 12월 1일의 원칙문제위원회의 제27회 회의에서의 「제14조의 공용수용의 길」이다. PR. 1, 48 - 326 II, Kurzprotokoll S. 4; 동일하게 1948년 12월 4일의 제18회 회의에서 전체위원회, PR. 1, 49 - 456, KurzProt. S. 4; 슈미드(Schmid) 박사·의원(사회민주당)에 의한 삽입 주해 S. 216. 즉 우리들은 (사회화를 위한) 특별조항은 선택했지만 개별적인 경우에 있어서 명백한 법적 기초를 강구하기 위해서, 사회화 조치는 **그것이 소유권에 관계될 때에는** 법률이라는 수단으로만 행해진다는 규정을 채택하였다. 제1독회의 안문, Drucks. Nr. 370에 관한 일반편집위원회의 제의에 근거하여 오늘날의 현행 규정 따라서 부록문으로서「보상에 관하여는

소여의 것으로 간주하지만 만약 (공유와는 다른) 그 밖의 공공경제 형태에로의 이행이 공용수용의 심부(深部)에의 작용 없이도 가능하고, 다른 한편 그것이 제14조 1항 2단에서의 단순한 소유권구속 이상의 것을 표현하지 않으며, 그러므로 소유권제도의 새로운 형성에서의 작용에 관계되는 제3의 존재가 표상될 때, 제15조 제2단은 다음과 같이 읽혀지지 않으면 안 되었다. 즉「이행이 공용수용을 생기게 하는 한, 보상에 관해서는 제14조 3항 3 내지 4단이 준용되고, 그 밖의 점에서 (부가되어야 할 것처럼) 보상규정은 사회화 법률에 위탁되었다」. 그러므로 보상할 계획의 여부와 정도는 그것에 일임된다라고. 그리하여 제15조 제2단의 「준용」이라는 말은 헌법편찬자들이 그것에 고유하게 부여한 것으로는 생각지 않았던 고유한 의미를 유지하게 되었다. 그 위에 이 경우 입법자는 공용수용을 이유로 하는 가치상각의「등가관념」에의 구속 없이, 관계자에게「지금까지의 그의 법적 지위를 참작하면서 새로이 형성된 경제구조와 사회구조의 틀 안에서 타당한 생계를 궁리 할」가능성을「이미 적지 않게」가지고 있지 않을 것이며, 이리하여「소유권보장과 사회화 조항이 서로 해체하는」[77] 위험에 마주치게 될 것이다.

아마 현행 공동결정법은 단순한 소유권구속과 공용수용 사이에 제3의 요소로서 존재한다. [그리고] 소유권구속으로서 보다도 본질에서 일치하여 제15조의 의미에서 그 밖의 공공경제의 형태로서 이해되어야 하며, 그 때문에 법률이 허용하는 방법으로 공용수용을 암묵리에 제외해 버린 그러한 소유권 신제도의 최초의 예인 것이다.

제15조와 제156조와의 비교는 내가 전에 말한 논증을 지지해 준다. 왜냐하면 내 생각으로는 정당한 파악에 따르면, 라이히 입법자는 강제수용적인 전면적인 사회화의 경우에도 보상을 제외할 수 있었기 때문이다. 그리고 그 2항은 보상을 수반하지 않는 그 밖의 공공경제형태를 허용하고 있었다.[78] 성립사로부터의 정반대의 논거로마저도 방해되지 않는 결과를 수반하여, 만약 제15조의 헌법규범에, 독자적인, 그 자신 속에 잠자며 그리고 제20조와 제28조에 의해서 뒷받침된 힘을 부여하지 않으면, 제15조에 의해서 추구된 경제제도의 결정이라는 목적은 본질적으로 강화된다.

제14조 3항을 준용한다」는 어구로 정리된 그 지시는, 다시 1949년 1월 25일의 전체위원회 제2독회에서의 안문 Drucks. Nr. 543에, 마지막으로 제5위원회에 의해 제3독회를 위한 그 제안 Drucks. Nr. 591에서 채택되고, 전체위원회에 의해서 제3독회에서는(제47회 의회, Drucks. Nr. 612) 수락되었다. 그때 이 회의 처음에 슈트라우스(Strauß) 박사·의원(기독교 민주동맹)의 제의에 기초하여, 더구나 그가 논증했듯이, 권한규정 (당시의 제36조 14호 내지 제105조 3호)과의 적합성을 위해「또는 그 밖의 공공경제의 형태에로」라는 어구가 접합되었다. 전체위원회의 StenBer. S. 617와 618 참조.「단순히 편집상 제36조의 일치하는 항목수자의 새로운 문장과 제105와의 균형을 잡기 위해서다」. 그때에 그러한 한에서 토론이 그대로 남아 있다.「공유」와「그 밖의 공공경제의 형태」간의 실질관련성은 인정되지 않고 논구됨이 없이, 특히 후자의 기타 형태에로의 이행이 불가피하게 공용수용을 발생케 하지 않을 수 없는가의 여부에 관한 문제도 같다. 그럼에도 불구하고 공용수용 규정을 지시하는 제2단의 경우에도 음미되지 않고 있고 그 결과, 마치 모든 형성형태의 사회화가 당연히 항상 공용수용일 뿐이며 그 때문에 통용되는 기준들으로만 보상될 수 있는 것 같은 외관이 생긴다.

77) W. Weber, NJW. 1950 S. 402/403.

78) 동일하게 Anschütz, Komm. 10. Aufl. (1929) S. 625, Anm. 2 zu Art. 156, mit Poetzsch-Heffter gegen R. Wolff, Arndt. 후자들과 같은 뜻으로 최근의 것으로서는 Ule, a. a. O. S. II.

9. 제15조의 **부대조항**, 즉 「보상의 종류와 정도를 규율하는 법률」은 문언상 제14조 3항 2단의 그것에 균형잡혀 있으며, 그 이전의 문안 제15조처럼, 또한 오로지 (바로 공유에의 이행에 의하는) 강제수용적 사회화를 예기해 왔는데, 그럼으로써 그 적절한 해석에 마주친다. 그것은 공용수용 법률에 대한 제14조에서처럼 공용수용작용을 수반하는 사회화법률에 대해서만, 그러므로 이른바 전면적 사회화에 대한 유효성 요건의 의의를 가진 그 밖의 공공경제의 형태에로의 이행이 과연 소유권제도의 개조를 일으키지만, 공용수용을 일으키지 않는 경우에 법률은 부대조항에 의한 보상문제의 처리에서, 그러므로 형식적으로는 구속되어 있지 않다. 그것은 사회화 결정을 수반하는 하나의 행위를 일으킬 필요도 없고, 그 조항이 방법규정이나 정도규정에 의해서, 여하튼 대체로 또한 명목 이상으로 보상한다는 제14조에 관해서 거기에 존재하는 강제에서, 제15조의 입법자로 하여금 부득이 그것에 대해서 똑같이 결정하도록 하는 경우도 없다. 입법자는 예컨대 침묵함으로써 보상도 제외할 수 있다. 그럼에도 불구하고 그 이행은 이 경우에서도 공용수용을 표현한다고 주장하고, 통상재판소에 대해서 공용수용 보상을 주장하는 것, 또는 재판소의 규범심사의 방법으로 그러한 경우의 법률은 부대조항을 침해한다는 이유에서 그 법률의 효력을 대체로 논의하는 것은 관계자의 자유이다. 후자의 경우에는 그가 승소한다면 사후의 보상뿐만 아니라 원상회복의 청구권도 가진다.

제14조에 대해서는 부연하였듯이, 확실히 타당하지만 특히 제15조에 대해서 부대조항은 그러므로 「전적으로 계획된 사회화의 존재방법·내용규정 그리고 실시가능성에의 관건이며 … 때로는 제15조 전체의 전환점이다」[79]고 말할 때, 그것은 나의 논증에 따르면, 강제수용적 사회화에 적중할 뿐이며 공용수용작용을 수반하지 않는 공공경제의 그 밖의 정식화에도 그런 것은 아니다. 그러한 한에서만 제15조는 아직도 집행되지 아니한, 훨씬 이전의 특히 란트의 헌법들을 깨는 것이며, 그것은 잘 알려진 헤센의 선례에 대해서도 내 생각으로는 물론 타당하다.[80]

10. 「법률에 의한 이행」을 제15조는 그것으로 사회화 목적이 실현되는 **법형식**이라고 부른다. 「이행」은 소유권질서와 그 고권적 영향 간의 여기서 문제가 되어야 하는 관련에서 일관하여 방심할 수 없는, 그리고 유혹적인 관념이라고는 해도, 그것은 이행설과 양도설이란 의미에서 공용수용의 의미에서의 사항에 편견을 가진다고 생각된다. 그러나 그러한 결론은 틀렸다. 제15조에 의한 사회화는 소유권에 대한 모든 가능한 작용 — 바로 공용수용에 그치지 않는 — 을 알고 있으며, 아울러 허용하는 것이 전술한 곳에서 인정될 수 있다면, 「이행」은 이러한 관련에서 모두 비기술적으로만, 그리고 결코 물권적으로 이해될 수는 없다. 그 경우 이행이 의미하는 것은, 즉 공유에의 또는 (그 밖의) 공공경제 형태에의

---

79) W. Weber, NJW. 1950 S. 404.
80) 그러한 한에서 W. Weber, a. a. O. S. 404는 정당하다.

「개조」·「변조」에 불과하다. 이러한 의미에서 제15조는 이렇게 해독되어야 한다. 「토지 · 천연자원, 그리고 생산수단에 대한 소유권질서는 … 공유 또는 그 밖의 공공경제형태의 그것으로 개조될 수 있다」라고. 제15조가 이렇게 이해될 때 법률유보, 즉 그 때문에 유일 처리될 수 있는 법규범으로서의 형식적이며 실질적 의미에서의 법률에의 지시도 그것의 보다 깊은 의미를 획득한다. 마찬가지로 법률유보를 적용한 제156조는 제153조처럼 그것이 법률에 의한, 그리고 법률에 기초한, 그러므로 또한 행정행위에 의한 사회화를 허용하는 것처럼 이해되던 한편,[81] — 바이마르 라이히 헌법은 그러한 한에서 형식에 무관심했기 때문에 명백히 — 제15조에서의 동일한 정식화는 오늘날 모든 집행상의 사회화 조치를 제외하는 것을 의미한다. 성립사가 그것을 일의적으로 증명하고 있다.[82] 그러나 그것이 타당한 경우, 즉 개별적 사회화법률의 허용성 문제가, 예컨대 개별 기업과의 관련에서 일어난다. 제15조가 그 대상물에 관한 소유권질서의 개조의 기초로서 이해되고, 평등원칙과 제19조 1항이 그러한 한에서 사회화 입법자를 구속할 때, **개별적 사회화**는 허용되지 않는 것으로 보아야 하고, 그러므로 허용되는 방법의 사회화는 항상 집단적 사회화이다.[83] 그 때에 그것으로 개별 대상물 그 자체의 개별적인 파악이 중지될 뿐이라면, 그 쪽에서의 토지 · 천연자원 그리고 모든 생산수단으로부터의 자연적 · 경제적 · 경영경제적 그리고 또 일반 국민경제적 기준들에 따라서, 물론 개별 대상물집단은 실질적인 관점에 따라서 한정될(ausgegrenzt werden) 수 있을지도 모른다. 물론 예컨대 어떤 기업이 생산수단의 개별적인 영역을 독점적인 방법으로 포괄할 경우, 그 사회화도 또한 허용되지 않으면 안 된다.

이상으로 나의 해석적 시론을 끝맺는다.

11. 결론은 여기서도 **점령상태**라는 문제제기에 관한 것이다. (군비철폐, [경제의] 분리해체 등의) 점령정책의 이유에서 독일인의 새로운 형성이 종래 제외되어온 독일 경제의 영역들에서 점령법규의 해제가 독일인의 결정들을 가능하게 하는 한, 그러한 것이 접근하고 또 박두하고 있다. 1951년 5월의 공동결정법의 영역에서 일층 증명된 잠정적인 점령조치의 비중은 점령권의 퇴각이 보다 철저하게 수행되면 될수록 그때는 더욱 더 감퇴된다. 파르벤(I. G. Farben)의 경우에는 그 퇴각이 부흥을 가능하게 했지만, 그것은 이론(異論)이 없었던 것은 아니고, 앞에서 제시된 제15조의 구속력에 관한 법률문제에 저촉되는 것이다. 여하튼 제15조에서의 독일 입법자의 결정들이 점령법상 정지되었던 기간은 그 종말에 가까왔다고 해도 좋다.

그러므로 독일 입법자가 장래 이 방향에서 **국제법상** 조약에 의해서 구속되어야 할

81) Friedlaender, a. a. O. S. 333.
82) Axmann, Zur Auslegung des Art. 15 GG., (미발표) Hamb. Diss. 1950, S. 100.
83) Heyland, Die Sozialisierungsbestimmungen der Verfassung des Landes Hessen vom 11. 12. 1946 als Rechtsproblem (1951) S. 14; v. Mangoldt, a. a. O. S. 106; Abraham, a. a. O. Anm. II 4 S. 4 zu Art. 15.

것인지, 또는 구속되어도 좋은지의 여부에 관한 문제는, 슈만 플랜(Schuman-Plan)*과 관련하여 격렬하게 다투어질 것은 불을 보듯 명백하다. 국민적 소유권질서는 플랜에 의하면, 제83조의 규정에 의해 저촉되지 않는다[84]고 파악함에는 제66조와 제67조에서의 카르텔금지와 연결통제에 의해서 플랜은 기본법 제15조 수행을 방해한다는 정반대의 파악[85]이 대치된다. 슈만 플랜과 같은 수단은 독일이 그것을 비준할 경우, 그 내용이 그 일을 목적으로 하는 한, 법적으로 독일의 입법자를 구속해도 좋다는 것은 기본법 제79조 3항을 고려한 제15조의 헌법적 강도에 좌우된다. 사회화는 국제적일 수 있거나 아니면 그럴 수 없다는 생각은, 입법자의 국제법상 구속이나 기본법 제15조의 정지가 발생하는 한 물론 문제가 될 것이다.

보고자의 요지

1. 기본법 제14조는 본질적으로 세 가지 점에서 바이마르 라이히 헌법 제153조와 구별된다.

a) 법정 공용수용의 명시적인 허용, 그리고 공용수용으로부터의 보호를 그러한 공용수용의 효과에까지 확장했다는 점에서

b) (공용수용법률의 공포와 함께 이제 불가피하게 구속된) 보상규정(「부대조항」)이 공용수용의 효력발생요건을 의미한다는 점에서

c) 공용수용 보상 그리고 (또는 그것만으로도) 제소수단(提訴手段)을 법률로써 제외하는 것을 금지한다는 점에서

2. 기본법은 ─제139조 이외에서는─ 선행하는 사회적 변화와 전쟁결과에 대해 무관심하다. 그러한 한에서 그것은 직접적으로 적극적인 형성도 (소극적으로) 기득권의 해체도 포함하지 않는다. 그 해석은 그것에 대해서 제14조 2항의 의미상 제20조의 사회국가 규정을 유효하고 효과적인 것으로 하지 않으면 안 된다.

3. 제14조의 의미에서의 소유권의 내용규정과 사회적 구속은 제153조와는 구별되면서 다음의 여러 사정에 의해 특징지워진다.

a) 제14조의 소유권의 국가구조나 국가의 경제정책이란 방법의 변천 때문에

---

84) Menzel, Gutachten über staats-und völkerrechtliche Fragen des Vertrages über die Gründung der europäischen Gemeinschaft für Kohle und Stahl vom 18. 4. 1951 (1951) S. 9; Steindorff, Europa-Archiv 1951 S. 3957; Ophüls, NJW. 1951 S. 291; Hallstein in: Baade, Probleme des Schumanplans (Diskussion zwischen Hallstein, Predöhl, Baade am 5. 5. 1951, Kieler Vorträge 1951) S. 33; Blakenagel, Der Schumanplan (1951) S. 10; Abg. Albers (CDU), 161. BT.-Sitzung vom 12. 7. 1951, StenBer. S. 6532 B.

85) Ritschl, Gutachten über die volkswirtschaftliche Bedeutung des Schumanplans (1951) S. 19. 그러나 S. 9도 참조; Schiller in: Hamburger Denkschriften zum Schumanplan (1951) S. 51 Ziff. 13 b; Henle, Der Schumanplan vor seiner Verwirklichung (1951) S. 2 ff. 그러나 아주 명백하지 않게 Abg. Henssler (SPD), 161. BT.-Sitzung vom 12. 7. 1951, StenBer. S. 6539 C.

오히려 나아가 국가의 향도라고 하는 공법상 구속의 길이 열려 있다.

b) 제14조상에서 유보되고 허용된 실질적인 의미에서만 법률에 의한 소유권의 내용규정은 기본법의 기본권 장 중 유일하고 허용되는 법률상의 소유권제한과는 다른, 그리고 그 이상의 것, 즉 소유권자의 힘과 범위의 적극적 규범화를 의미한다.

c) 소유권의 사회적 의무구속성은 해석준칙 뿐만 아니라 소유권 영역에서의 사회국가적 형성을 위한 입법자의 위탁과 수권(授權)이다. 입법자는 거기에서 기본법 제2조 1항에 의해 한계지워질 수 없다.

4. 공용수용은 그것이 등가배상을 약속하는 것이기 때문에, 소유권자를 사회적 권력지위로부터 차단하기 위한 적당한 수단도 아니고 합법적 수단도 아니다.

5. 공용수용은 관계자의 수중에 있을 때의 소유권의 공익성과 수익자 또는 일반사회의 수중에 있을 때의 그것과의 비교상 소유권평가에 기초하여 허용되고 있을 뿐이며, 장래적인 소유권 사용에 의해서 궁극적으로 규정되고 관계자로부터의「탈취」의 목적에 의한 것은 아니다. 이 점에서 공용수용은 종래의 소유권자로부터 그 소유권을 빼앗는 목적을 수반하는 보상 없는 몰수와는 구별된다.

6. 제14조의 장래의 해석은, 공용수용의 개념이 종래의 지배적인 견해의 넓은 의미에서, 또는 이전의 좁은 의미에서 (피박탈물의「이행」또는 특정 기업의 수익) 이해되어야 할 것인가 아닌가 하는 결정에 앞선다. 당해 조항의 개념적인 재협소화(再狹小化)를 도그마틱하게 긍정하는 것은, 제14조 1항 2단의 의미에서의 법률상의 소유권 구속의 보상을 수반하지 않는 그것과 특별희생의 부담이기 때문에(일반 란트법 서장 (Einl. ALR) 제75조로부터 전개된 불문의 법원칙에 따라서) 보상을 의무화할 수 있지만, 연방 법률상은 보상이 없는 것으로 선언될 수 있는, 또 하나의 그것에 대한 (도그마틱한 것으로 공격가능한) 장래의 구별을 피치 못하게 한다. 압도적으로 사회국가가 필연적인 것은, 공용수용 보상의 라이히 법률상의 제외를 허용했던 제153조에 제14조를 그처럼 효과적으로 균형 잡게 하는데 유리하다.

7.「부대조항」(제14조 3항 2단)의 보상규정은 공용수용의 효력발생요건이다. 입법자와 집행부는 그러한 한에서 과오의 위험부담을 진다. 보상규정을 수반하지 않고 법률에 의해서 또는 법률에 근거하여 수용된 소유권은 보상되어야 할 뿐만 아니라 반환되어야 한다. 부대조항의 사정(射程)과 과오의 위험부담은, 제14조 1항 2단의 의미상 구속법률은 그 조항의 기초로 되는 것은 아니므로 공용수용 개념의 협소화로 감소한다(앞의 6 참조).

8. 제18조의 근간부분(자유민주적 기본질서에 대한 투쟁을 위한 소유권의 남용을 이유로 한 헌법보호를 위해서)으로부터의 법률상의 소유권구속과 법정 공용수용은 제18조가 연방헌법재판소의 결정에 상실을 유보한 것으로 허용되지는 않는다.

9. 제14조 3항은 상당보상을 요구하며 단순한 명목보상을 금지한다.

10. 제14조의 재판소에 의한 권리보호는 행정재판, 통상재판 내지 헌법재판으로

삼분되며, 제153조를 초월하여 전반적이고도 완전하다. 그 분열은 권리보호의 통일성과 유효성에서 또한 공공복리를 위한 소유권의 요구라는 효율에서 불리하다.

11. 기본법 제15조의 소재, 문언 그리고 기본법 제14조의 공용수용 규정과의 결합은 사회화를 단순히 소유권에의 가능한 침해의 일종으로 파악하여 헌법상의 제도로서의 그 독립성을 간과하는 방향에로 유도한다.

12. 제15조는 제1차적으로는 사회화에 대한 보상보호, 그리고 재판적 보호의 목적을 가지는 방어적 기본권 보장이 아니라 적극적인 경제제도 결정, 그리고 종래 소유권 지배에 관련되지 않았던 사회적 집단의 이익을 위한 적극적인 사회적 지위의 반사권적 보장을 표현한다.

13. 제15조는 어떤 창설적 효과까지 나타내지는 않으며 법률상의 주도(主導)를 하는 것도 아니다. 그러나 그것은 입법자가 제15조에 열거된 대상물에 관한 소유권제도의 원칙적 신질서를 대체로 기도하는 경우, 그에 대해서는 피제약적 구속적인 것으로 이해될 수 있다.

14. 제15조에 열거된 대상물의 사회화가 공공복리를 위해 공공경제의 어떤 형태에로 그것들을 강제수용적으로 이행할 경우에도 이행될 수 있는 것은, 제15조에 의해서 구속적으로 확인되고, 따라서 그러한 한에서 (기본법 제14조 3항에 의한 것과는 달리) 사법상 심사될 수 있다.

15. 사회화대상물의 사회화는 사회화법률의 허용요건과 효력발생요건이며, 적어도 종래 소유권지배에서 제외된 사회적 집단의 공동지배에 의한 개개의 이익에 행해진 그것의 해체를 요구한다. 사회화는 — 제14조 3항에 의한 법정 공용수용과는 달리 — 소유권지배의 원칙적인 신질서를 수반하지 않는 단순한 소유권자의 교환을 허용하지 않는다. 이를 위해서는 반대로 제15조에 의한 법률상의 사회화의 길만이 열려 있으며, 제14조 3항에 의한 개별적 공용수용의 길은 없다. 재정전매(財政專賣)를 연방법률상 만들어 냄으로써 사회화는 행해질 수 없다.

16. 제15조에서 열거한 대상물(단지 이것만)의 제14조 1항 2단에 의한 보상 없는 법률상의 소유권 구속은, 제15조의 의미에서의 사회화의 목적을 위해서도 허용되며, 사회화 그리고 사회국가 규정과 내재적으로 목적 관련성이 있다.

17. 제15조에서 열거한 대상물 이외의 그것은 법률상의 사회화에 익숙하지 않다. 그 이상으로 확산되고 있는 란트법은 파기되고 장래 배제된다.

18. 제15조는 사회화대상물의 재화의, 또는 그것들의 종래까지의 권리주체의 가치지움을 하는, 특히 판별하는 성질결정을 포기하면서 그 사회화대상물을 규정한다. 사회화는 그 때문에 상실효과는 없으며, 그 결과 제18조의 의미에서의 헌법보호의 조치로서도 허용되지 않는다.

19. 공공경제는 (사회화를 목적으로서 획득된) 새로운 소유권제도의 헌법상의 개념규정적이며 본질규정적인 중심점이며, 공용수용은 관련제도의 실현을 위한 가능한

수단의 하나에 불과하다.

20. (공유와는 다른) 그 밖의 공공경제 형태에로의 이행은 공용수용을 발생시킬 필요는 없다. 편집의 잘못으로 오해된 문언에 반하여, 제15조는 공용수용 작용을 수반하지 않는 사회화 법률도 허용하며, 「…인가 아닌가」 그리고 「어느 정도까지인가」 에 따른 그것들의 보상규정은 제14조 3항 3단의 가치표상에 대한 구속 없이 제15조의 목적규정으로부터 입법자에 귀속한다.

21. 효력발생요건으로서의 제15조의 부대조항(「보상의 방법과 범위를 규정하는 법률에 의해서」만 행해지는 사회화)은 강제적인 사회화에만 관련을 가지며, 공용수용 작용을 수반하지 않는 (공유와는 다른) 「그 밖의 공공경제 형태에로의」 법률적인 이행에는 관련을 가지지 않는다.

22. 제15조에서의 「이행」은 비기술적이며, 물권적이지 아니한 의미에서 단지 「개조」나 「변조」를 의미할 뿐이다.

23. 제15조에서의 「법률」은 형식적 및 실질적 의미의 법률을 의미하며, 따라서 (원칙적으로) 개별적 법률이어서는 안 된다(제19조 1항).

8. 방어권과 국가의 보호의무로서의 기본권[*]

요제프 이젠제

《차 례》

---

[*] Josef Isensee, Das Grundrecht als Abwehrrecht und als staatliche Schutzpflicht, in: Josef
     Isensee/Paul Kirchhof (Hrsg.), Handbuch des Staatsrechts der Bundesrepublik Deutschland,
     Bd. V. Allgemeine Grundrechtslehren, Heidelberg: C. F. Müller 2. Aufl., 2000, § 111, S. 143-241.

A. 기본권 도그마틱의 조정 시스템에서의 방어권과 보호의무

I. 자유권의 대항적 기능

(Rn. 1) 방어권과 국가의 보호의무는 자유권적 기본권의 대항적 기능이다.[1] 그것들은 동일한 기본권적 이익을 개입행위로부터 보호한다. 그러나 그 개입행위의 위협이 나타나는 방면은 다르다. 방어권의 경우는 공권력으로부터 발생하는 것임에 대해서 보호의무의 경우는 사인에서 발생한다. 전자의 경우는 시민·국가조직 간에서의 시민의 자유가 문제로 되는데 대해서, 후자의 경우는 사인 간의 관계에서 그 보호가 문제로 된다. 앞의 예에서는 국가가 자신 측에서 기본권의 내실에 배려해야 되는데 대해서, 뒤의 예에서 국가는 제3자로부터 그것을 보호하지 않으면 안 된다. 그러므로 생명과 신체의 불가침성의 권리는 그 방어기능에 의하면 국가에 대해서 그 이익을 침해할 가능성 있는 모든 조치를 삼가하도록 요구하는데 대해서, 그 보호기능에 의하면 국가에 대해서 살인이나 상해와 같은 폭력행위와 같은 사인에 의한 생명·건강침해를 저지하기 위한 적극적인 방호조치를 취하도록 요구한다. 또한 환경파괴에 의한 간접적인 손상을 법적 생활로부터 추방하는 것도 요구한다. 방어권이 과도한 경찰권행사와 같은 국가행위에서 발생하는 위험에 향하고 있음에 대해서, 보호의무는 시민의 생명·신체에 대해서 절박한 위협이 있으므로 경찰의 무관심한 부작위로부터 생기는 위험에 향하고 있다.

(Rn. 2) 방어권은 시민의 자유를 국가에 선행하는 것으로 보고, 또 국가의 부당한 개입행위로부터 시민의 자유를 지키는 것을 목적으로 한다. 이로써 「국가로부터 자유로운」 영역이 국가의 지배영역으로부터 구별된다. 방어권은 사인의 자기결정의 영역(보호영역)을 확보하고 그것을 공권력에 의한 침해로부터 방호한다.[2] 개입행위는 정당화의 강제 아래 그것이 허용되는가의 여부는 형식적 요건과 실질적 요건에 의존하게 된다. 국가의 활동이 법적인 차단기에 의해서 제한되는 결과, 시민은 방해받지 않고 최대한으로

---

[1] 기능이라는 범주는 기본권 도그마틱에서 이중적 의의를 가진다. 하나는 기본권의 보호법익 자체에 대해서 유리하게 작용하는 법적 효과를 가리킨다(예컨대 BVerfGE 6, 55 (71); 72, 175 (195); Stern, § 109 Rn. 27). 이 의의가 여기서의 텍스트의 기초가 된다. 또 하나는 기본권 그 자체 밖에 있는 목표에 대해서 기본권의 행사가 가져오는 사실상의 효용을 가리킨다. 예컨대 민주제에 대한 의견표명의 자유의 효용이라든가 사회국가에 대한 재산권의 효용이 그렇다(Bd. II, Kloepfer, § 35 Rn. 48 ff.; Bd. VI, Leisner, § 149 Rn. 39 ff.; → Isensee, § 115 Rn. 21). 두 번째의 의의는 다음의 서술과 관계가 없다.
[2] 방어권의 도그마틱에 대해서는 참고문헌도 포함하여 Eberhard Grabitz, Freiheit und Verfassungsrecht, 1976, S. 3 ff.; Jürgen Schwabe, Probleme der Grundrechtsdogmatik, 1977, S. 11 ff.; Bernhard Schlink, Freiheit durch Eingriffsabwehr - Rekonstruktion der klassischen Grundrechtsfunktion, in: EuGRZ 1984, S. 457 ff.; Robert Alexy, Theorie der Grundrechte, 1985, S. 249 ff.; 309 ff.; Klaus Stern, Das Staatsrecht der Bundesrepublik Deutschland III/1, 1988, S. 260 ff. → Stern, § 109 Rn. 41 f.

자기를 발전시킬 수 있다. 방어권이 시민에게 보장하는 것은 국가에 의한 간섭으로부터의
자유, 즉 소극적 지위이다.3) 이 의미의 자유란 국가의 강제가 존재하지 않는 것을 말한다.
국가는 일방적으로 기본권의 대항물로서 나타난다. 국가의 행동이 방어권의 관점에서
볼 때 중요한 관련성을 가지는 것은 그것이 기본권의 보호영역에서 전개되는 자유의
가능성을 감축하는 경우이다. 이러한 문맥에서 법률은 기본권의 제약으로서의 역할만을
할 뿐이다. 기본권의 전제로서의 역할도 있다는 것은 인정하지 않는다.

　(Rn. 3) 이에 대해서 국가의 (또는「기본권의」) 보호의무는 적극적 지위를 매개한다.4)
국가는 사인 간에서 기본권법익의 불가침성을 보장해야 하며, 따라서 사인 간에서의
안전을 보장해야 한다. 그것은「안전을 구할 기본권」이다.5) 그렇지만 여기서는 국가권력
의 방어권의 때처럼 배제되는 것이 아니라 요구하게 된다. 더구나 그것은 입법·행정·재
판의 장(場)에서 요구된다. 보호의무는 기본권의 보호법익을 위험에 놓인 사인(가해자)에
향하는 것이 아니라 국가에 대해서 향하고 있다. 가해자에 대해서는 오히려 국가가
자신의 보호의무를 이행할 때에 취하는 조치가 향해진다.6) 기본권의 보호영역에 대해서
도 방어권의 문맥에서는 국가에 대해서 제1차적으로 소극적으로 정의되며 경계가 획정된,
다루기 어려운 지역으로 규정되도록 보이는데 대해서, 보호의무의 문맥에서는 제1차적으
로 적극적으로 파악된 보호법익으로서 묘사되며, 그 인테그리티를 국가가 제3자에 의한
위태화로부터 보호해야 한다는 것이다.

　용어로서는「국가의」보호의무라는 경우도 포함한다면,「기본권의」보호의무라는
경우도 있다. 여기에는 동의성이 있다.「국가의」의 보호의무라는 것은 의무의 수취인에게
초점이 맞추어지는데 대해서,「기본권의」보호의무라는 것은 보호의 객체나 법적 이유에
초점이 맞추어진다.

　(Rn. 4) 보호의무와 마찬가지로 방어권도 동일한 수취인, 즉 시민의 대항자로서의
국가에 향하고 있다. 시민은 기본권에 의해서 권리가 주어지며 국가는 기본권에 의해서

---

3) 소극적 지위(자유의 지위)라는 범주에 대해서는 Georg Jellinek, System der subjektiven öffentlichen
　Rechte, 2. Aufl., 1905 (2. Nachdruck 1963), S. 94 ff. 이 이론의 분석과 비판에 대해서는 Grabitz
　(N 2), S. 3 ff.; Alexy (N 2), S. 229 ff. → Isensee, § 115 Rn. 84.
4) 적극적 지위(시민의 지위)라는 범주에 대해서는 Jellinek (N 3), S. 114 ff.
5) Josef Isensee, Das Grundrecht auf Sicherheit, 1983, S. 34 ff. 또한 Gerhard Robbers, Sicherheit
　als Menschenrecht, 1987도 참조.
6) 보호의무의 도그마틱에 대해서는 참고문헌도 포함하여 Isensee (N 5); Alexy (N 2), S. 410 ff.; Dietrich
　Murswiek, Die staatliche Verantwortung für die Risiken der Technik, 1985, S. 88 ff.; Georg
　Hermes, Das Grundrecht auf Schutz von Leben und Gesundheit, 1987; Robbers (N 5), S. 121
　ff.; Claus Dieter Classen, Die Ableitung von Schutzpflichten des Gesetzgebers aus
　Freiheitsrechten - ein Vergleich von deutschem und französischem Verfassungsrecht sowie
　der Europäischen Menschenrechtskonvention, in: JöR 36 (1987), S. 29 ff.; Eckart Klein,
　Grundrechtliche Schutzpflicht des Staates, in: NJW 1989, S. 1633 ff.; Jost Pietzcker,
　Drittwirkung-Schutzpflicht-Eingriff, in: FS für Günter Dürig, 1990, S. 345 (356 ff.); Johannes
　Dietlein, Die Lehre von den grundrechtlichen Schutzpflichten, 1992; Wolfgang Sass, Art. 14
　GG und das Entschädigungserfordernis, 1992, S. 403 ff. → Stern, § 109 Rn. 59 f.

의무지워진다. 나아가 방어권에 대해서 국가는 있을 수 있는 위험의 창출자이기도 하다. 기본권의 보증인과 그 잠재적 적대자라는 국가의 두 개의 역할 간에 있는 모순은 권력분립의 시스템을 통해서 제도적으로 수용되고 조정된다. 거기에서는 기본권을 위태롭게 활동을 행하는 국가기관과 아울러, 공평하고 독립한 국가기관이 기본권을 보장하기 위해서 통제작용을 미치게 된다.[7]

(Rn. 5) 인적 연합(Personalunion)은 보호의무에는 타당하지 않다. 보호의무는 기본권의 보증인의 역할을 국가에 대해서만 부여한다. 다른 한편, 잠재적 적대자의 역할은 위험의 원인이 되며, 또 보호의 수요를 환기하는 사인에 대해서 할당된다. 그 사인은 기본권의 권리주체이기도 하므로 상반되는 이익을 가진 기본권의 담당자 두 사람이 국가에 대치하게 된다. 즉 사적인 침해가 향지는 사인(피해자)과 침해의 원인이 되는 사인(가해자)이다. 국가는 가해자의 침해로부터 피해자를 보호할 의무를 진다. 그러나 이 기본권에 의해서 기초지워진 의무를 이행할 때 국가는 다시 기본권상에서 그 가능성의 한계에 돌진한다. 왜냐하면 피해자의 기본권의 보호는 가해자의 방어권(또는 무관계의 제3자)과 충돌하기 때문이다. 보호가 기본권적 이익에의 개입을 통해서 집행되는 이상, 그것은 개입행위에 의한 부담을 고려하고 방어권의 요건에 비추어 심사되어야 한다. 국가를 통해서 사인의 침해를 방어한다는 것은 명백히 이율배반이다. 그것은 한편으로는 은혜가 되며, 다른 한편으로 부담이 되기 때문이다. 국가-피해자-가해자라는 기본권적 3각관계에서는 피해자에게 기본권의 적극적 지위, 즉 보호를 구하는 권리가 주어지며, 가해자에게 소극적 지위, 즉 개입방어를 구하는 권리가 주어진다.

3각관계의 제3면, 즉 이해가 대립하는 사인 간 관계라는 측면은 기본권에 의해서 간접적이며 소극적으로만 규정된다. 즉 생명·재산·자기결정, 그 밖에 타자의 보호법익을 침해하는 것의 금지를 통해서 규정되는 것이다. 이것은 기본권의 타자가해금지의무(Neminem-laedere-Pflicht)이다. 이 의무에 즉응하는 피해자의 가해자에 대한 기본권적 부작위청구권은 없다. 단지 금지를 법률로 변환하고 피해자를 실효적으로 보호하는 국가의 의무가 있을 뿐이다. 여기서 기본권이 가져오는 것은 침해금지라는 형태에서의 사인에 대한 소극적인 (제3자) 효과와 법률·행정의 실력·재판소에 의한 보호를 통한 기본권법익의 보장이라는 국가에 대한 적극적인 효과이다. 실천적으로는 이로써 기본권 보호의무가 통상 법률을 통해서 시민에게 가져오게 된다. 타자의 건강을 침해하는 자일지라도 그 타자의 기본권과 충돌하는 것은 아니다. 왜냐하면 타자의 기본권이 그 자와 법적으로 저촉하고 의무를 지는 것은 결코 아니기 때문이다. 그 자가 침해한 것은 오히려 통상 법률상의 규범이다. 즉 신체의 불가침성이라는 기본권법익을 보호하기 위해서 국가가 자기의 의무를 이행하려고 하여 발령한 통상 법률상의 규범, 예컨대 민법·형법·경찰법·질서법상의 규범이다. 그러나 국가가 적절한 보호법률을 준비하지 않았거나 개별 사례에서의 위험시에 법률상의 실효적으로 보장하지 아니한 경우는 자기의 보호의무

---

7) → Isensee, § 115 Rn. 124 ff.

를 다하지 않았다는 이유로 국가가 기본권을 침해한 것이 된다. 그러므로 기본권은 시민 간의 관계에 원칙으로서 언급되지 않고 사법에 대해서 넓은 장소를 명백히 하고 있다.8)

(Rn. 6) 방어권은 보호의무보다도 단순한 구조를 하고 있다. 그것은 기본권을 향유하는 시민과 기본권에 의해서 의무지워진 국가권력이라는.2면관계에만 관련된다. 기본권의 위험은 국가권력에 의해서 초래되고, 그 국가권력이 이 위험을 제거해야 한다. 보증인과 가해자 간의 충돌은 보호의무의 경우는 외측으로부터의 다양한 법주체 간에서 결정된데 대해서, 방어권의 경우는 국가조직 중에 옮겨지고 있다. 권력분립 시스템 중에 역할의 분열이 일어나고, 거기에서 처리된다. 2면적인 기본권관계의 단순성은 구분된 국가의 내부 구조에 의해서 구체화된다.

(Rn. 7) 양자 대립적인 자유·제약도식의 기저에는 법치국가적 배분원리 (Verteilungsprinzip)가 있다. 즉「개인의 자유는 **원리적으로 무한정**한 것에 대해서 이 영역에 개입하는 국가의 권능은 **원리적으로 한정**된다」.9) 즉 이쪽 측에는 본원적이며 정당화를 요하지 않으며 원칙으로서 포괄적인 개인의 자유가 있으며, 저쪽 측에는 불가피하게 법에 의해서 구속·제한되며 정당화가 지시된 국가권력이 있기 때문이다.

(Rn. 8) 이러한 대항관계에서 방어권으로서의 기본권은 기본법 제1조 3항에 따라 헌법상 모든 향유 주체를 위해서 직접적인 효력을 획득한다. 국가의 개입행위의 한정은 간결한 헌법규범에 의해서 나타나는데, 통상은 입법자에 의한 매개와 구체화를 필요로 하지 않는다. 이 기능에서 기본권은 출소가능한 주관적 권리로서 움직인다. 이것과 다른 것이 보호의무로서의 기능이다. 보호의무는 이익을 받는 기본권주체의 적극적 지위에 관해서도, 불이익이 주어지는 기본권주체의 소극적 지위에 관해서도 법률에 의한 변환을 필요로 한다. 한편 법률은 고전적인 개입유보(Eingriffsvorbehalt)에 따라서 가해자 또는 제3자의 권리영역에 대한 개입행위를 법치국가적으로 제한하고, 민주적으로 정당화하지 않으면 안 된다.10) 다른 한편, 추상적인 헌법적 의무에 충분한 실천성이 있는 모습을 부여하기 위해서, 즉 (헌법상 원칙으로서 열려진 채로 있는) 보호수단의 문제에 대해서 결정을 내리며, 이 수단을 정비하기 위해서도 법률은 필요하게 된다.11) 여기서 보호의무라는 것은 먼저 첫째로 객관법적인 국가과제이며, 거기에서 개인의 주관적 권리가 도출되는 것이 분명하다. 이에 대해서 방어권은 최초부터 주관적 권리로서 구상되고 있다.

---

8) 상세는 Rn. 128 ff.
9) Carl Schmitt, Verfassungslehre, 1. Aufl., 1928, S. 126 (강조는 원문). 또한 ebd., S. 164도 참조. 이에 더하여 Hans Hugo Klein, Über Grundpflichten, in: Der Staat 14 (1975), S. 153 (157 ff.); Schlink (N 2), S. 467. → Isensee, § 115 Rn. 48, 181 ff., 184 f.
10) Rn. 151 ff., 169 참조. → Bd. III, Ossenbühl, § 62 Rn. 13 ff., 16, 32 ff.
11) 상세는 Rn. 151 ff., 185.

II. 기본법의 조문 개요와 규율 구상

1. 기본권의 방어권적 정식

(Rn. 9) 기본법의 자유권은 그 대부분이 방어권으로서 기초되고 있다. 자유의 특정 보호영역은 유보 없는 ─「불가침의」─ 신앙·양심의 자유(기본법 제4조 1항)처럼, 엄격한 경우든 법률의 유보 아래 있는 기본권처럼 조건부의 경우든, 국가권력의 간섭으로부터 보호된다. 후자의 경우 법률은 의견표명·출판의 자유(기본법 제5조 2항)의 「제약」으로서 작용한다. 생명과 신체의 불가침의 권리와 인신의 자유에 대해서는 법률에 근거해서만 「개입」할 수 있다(기본법 제2조 2항 2문). 다른 한편, 법률로써 또는 법률에 근거하여 집회의 자유는 「제약하는」 것이 인정되며(기본법 제8조 2항), 이전의 자유는 「제한하는」 것이 인정된다(기본법 제11조 2항). 일정한 형식적·실질적 요건 아래 편지·우편·통신의 비밀의 「제약」이 허용되며(기본법 제10조 2항), 주거의 자유의 「개입과 제약」이 허용된다(기본법 제13조 3항). 일반적인 기본권의 룰은 법률에 의한 자유제약에만 합치된다. 즉 개별사례법률의 금지(기본법 제19조 1항 1문),[12] 조항지시 명령(기본법 제19조 1항 2문),[13] 본질적 내용보장(기본법 제19조 2항),[14] 나아가 국방이나 민간인보호의 목적을 위해서 군인이나 대체복무 종사자의 일정한 기본권을 「제약하는」 가능성(기본법 제17a조)이다.

(Rn. 10) 방어권적 정식은 문언상으로는 제도보장으로서 표현되는 기본권에서도 효력을 가지고 있다.[15] 예컨대 혼인과 가족의 「특별한 보호」(기본법 제6조 1항)는 연방헌법재판소에 의해서 「우선 첫째로」(전적으로 아닌) 「고전적 기본권의 의미를 가지는 규정」이라고 해석되며,「국가에 의한 밖으로부터의 강제에 대해서 혼인과 가족이라는 특별한 사적 영역을 보호하는 데에 봉사해야 한다」[16]는 것이다. 그 법실천적 귀결로서 개개인은 기본법 제6조 1항으로부터 「자기의」 혼인과 「자기의」 가족에 향해진 국가의 방해적·가해적 개입행위에 대한 주관적 방어권을 도출할 수 있다.[17] 재산권은 (상속권과 마찬가지로) 편찬형식에서 볼 때 법제도로서 보장되며, 그 내용과 제약은 법률로써 규정된다(기본법 제14조 1항). 그러나 제도보장 옆에는 주관적 방어권이 있으며 개개의 재산권자의 손에 있는 재산적 지위의 「구체적 형태」를 보호하게 되어 있다.[18] 물론 그 방어기능은 자유권적

---

12) → Lerche, § 122 Rn. 33 ff.
13) → Lerche, § 122 Rn. 40 ff.
14) → Lerche, § 122 Rn. 25 ff.
15) → Stern, § 109 Rn. 51.
16) BVerfGE 6, 55 (71).
17) BVerfGE 6, 55 (71). 또한 BVerfGE 21, 329 (353); 48, 327 (338); 66, 84 (94); 68, 256 (268) 참조.
18) BVerfGE 20, 351 (355). 또한 BVerfGE 74, 264 (281, 283, mit weit. Nachw.). → Bd. VI, Leisner, § 149 Rn. 3 ff., 12 ff. 참조.

기본권의 전형에 한정된다. 그것은 평등권, 급부 · 배분청구권,[19] 절차보장에 기반을
두는 것은 아니다.

(Rn. 11) 방어권으로서의 자유권의 문언은 그 실체에 대응한다. 「의문 없는 기본권은
제1차적으로 공권력의 개입행위로부터 개인의 자유영역을 보호하기 위해서 규정되고
있다. 그것은 국가에 대한 시민의 방어권이다」.[20] 헌법판례와 국법학은 그 밖의 기본권기
능을 수많이 지적해 왔다.[21] 그럼에도 불구하고 방어기능에는 우월성이 주어진다. 다른
모든 기본권기능은 그것이 존재하는 한 보완적 작용을 영위하게 된다. 그러나 그것이
주된 기능을 수정하거나 배제하거나 대체할 수는 없다.[22] 학설 · 판례에서 일반적으로
「기본권」이라고 할 때에는 대체로 방어권으로서의 형태를 염두에 두고 있다.

2. 기본법의 보호의무 관련의 함의

(Rn. 12) 방어권의 경우와 달리, 보호의무는 기본권목록에서 명명백백한 것은 아니다.
보호의무는 기본법에 의해서 명문으로 선언되어 있지는 않으며, 일반적으로 선언된
것도 아니다. 그것은 성문의 기본권규범의 함의로서만 파악되며 해석으로 명백하게
하여야 한다. 그러나 그렇다고 하여 보호의무는 원래 기본법의 조문에 표현되지 않은
것도 아니다. 현실은 그럴지라도 간접적 · 묵시적으로 부분적으로는 나타나 있다. 보호의
무는 말하자면 암호화되어 있다. 기본권 도그마틱의 코드를 아는 자만이 기본권 목록에서
의 대응물을 고정하고 그 함의를 해명할 수 있다.

(Rn. 13) 기본권에는 방어권과 보호의무의 이중의 기능이 있다는 것이 도그마틱의
전제이해이다. 이것은 기본법의 문언상에서 재인식할 수 있다. 거기에서는 인간의 존엄을

---

19) 논의의 여지가 있는 것은, 비호권은 소극적 지위의 기본권인가, 아니면 적극적 지위의 기본권인가 하는
   문제이다. → Bd. VI, Randelzhofer, § 132 Rn. 55; Otto Kimminich, in: BK (Drittb.), Art. 16 Rn.
   277 f.

20) BVerfGE 7, 198 (204)(확립된 판례). 특히 BVerfGE 21, 362 (369); 50, 290 (339, 337); 61, 82
   (101); 68, 193 (205).

21) → Stern, § 109 Rn. 27 ff.

22) 방어기능의 우월성 (결코 독점성은 아니라고 하더라도)은 학설상 다양한 해석학적 접근에 의해서 근거지워
   지고 있다. 예컨대 Hans Hugo Klein, Grundrechte im demokratischen Staat, 1972, besonders
   S. 73 ff.; Ernst-Wolfgang Böckenförde, Grundrechtstheorie und Grundrechtsinterpretation, in:
   NJW 1974, S. 1529 (1530 ff., 1537 f.)(김효전 · 정태호 옮김, 기본권이론과 기본권해석,『헌법과 민주주
   의』, 법문사, 2003, 69-104면); ders., Zur Lage der Grundrechtsdogmatik nach 40 Jahren
   Grundgesetz, 1990 (김효전 · 정태호 옮김, 기본법 제정 40주년에 따른 기본권해석의 상태,『헌법과
   민주주의』, 120-179면); Ernst Friesenhahn, Der Wandel des Grundrechtsverständnisses, in:
   Verhandl. des 50. DJT 1974, Sitzungsbericht G, S. G 1 (14 ff.); Fritz Ossenbühl, Die Interpretation
   der Grundrechte in der Rechtsprechung des Bundesverfassungsgerichts, in: NJW 1976, S. 2100
   (2105, 2107); Detlef Merten, Handlungsgrundrechte Verhaltensgarantien - zugleich ein Beitrag
   zur Funktion der Grundrechte - , in: VerwArch 73 (1982), S. 103 ff.; Schlink (N 2), S. 457
   ff. → Bd. VI, Merten, § 144 Rn. 5 ff. → Stern, § 109 Rn. 41 ff.

「존중하고 보호하는 것」이 「모든 국가권력에 의무지워 있다」고 적혀 있다(기본법 제1조 1항). 존중의 요청은 방어권의 표현으로서 해석되며, 보호의 요청은 보호의무의 표현으로서 해석된다.[23] 그러나 문언 그 자체는 구체적인 법형태의 존재를 「증명하는」 것은 아니다. 왜냐하면 국가권력이 의무를 진다는 「보호」는 방어기능의 집행에도 특히 권리보호에 관련되어 있기 때문이다. 마찬가지로 인간다운 생활의 사회적 전제조건에도 관련을 가진다. 국가의 보호의무의 메르크말은 상술한 자유권의 제약에 볼 수 있다. 이것은 「헌법적합적 질서」(기본법 제2조 1항), 범죄행위 방지(기본법 제1조 2항), 「공공의 안전과 질서」(기본법 제13조 3항), 「공공복리」(기본법 제14조 2항 2문)와 같은 특정화되지 않은 전체적인 지시조항에 타당하다. 특히 명문으로 규정된 경합하는 사인의 이해를 위한 제약유보에 타당하다. 예컨대 「개인의 명예의 권리」(기본법 제5조 2항), 「개개인의 생명의 위험」의 방어(기본법 제13조 3항)가 그렇다. 물론 「타자의 권리」(기본법 제2조 1항)는 보호의무의 발로로서 해석가능하다.[24]

그러나 이 조문의 파편 역시 그 자체로써 보호의무의 이론을 실증하는 것은 아니다. 오히려 그것은 이론의 도움을 빌려서 비로소 보호의무의 발로로 해석된다. 여하튼 그것은 기본권목록에서 기본권 자체의 불가결한 구성부분으로서가 아니라 제약유보로서 작용하며, 그 제약유보는 법률에 의한 변환을 하도록 지시하고 있다. 「타자의 권리」와 같은 제약조항에 대해서도 최초부터 배제되는 것은 아니다. 어떤 경우에도 방어권의 제약에는 기본권보호의무라는 독자적인 보장이 포함된 이 도그마틱상의 근거가 필요하다.

3. 기본법에서의 보호의무의 패러다임: 양친의 교육에 대한 국가의 감독직무

(Rn. 14) 방어권의 제약과 보호의무의 관련성에 대해서 기본권목록 중에서 가장 분명히 나타난 것이 기본법 제6조 2항 2문에 의한 감독직무이다. 왜냐하면 양친이 자녀를 양육하고 교육할 권리를 행사하고, 그 제1차적 의무를 수행할 때에는 국가가 그의 양친을 감독하기 때문이다. 여기서 기본법은 양친의 권리의 제약을 규정하고 있다. 이 권리는 고전적인 의미에서의 자유권·방어권이다.[25] 그것 자체로서 특이한 곳은 아니다. 「양친

23) 1958년의 단계에서 이미 방향성은 시사되고 있었다. 즉 Günter Dürig, in: Maunz/Dürig, Komm. z. GG, Art. 1 Abs. 1 Rn. 3, 16. 나아가 Schwabe (N 2), S. 211 ff., 229 ff.; Fritz Ossenbühl, Kernenergie im Spiegel des Verfassungsrechts, in: DÖV 1981, S. 1 (4); Stern (N 2), S. 948; Claus-Wilhelm Canaris, Grundrechte und Privatrecht, in: AcP 184 (1984), S. 201 (226, 231); Rainer Eckertz, Das Recht als Medium der Verantwortung in der Risikogesellschaft, in: ZEE 1991, S. 113 (116); Wolfram Höfling, Vertragsfreiheit, 1991, S. 53. 비판적인 것은 Alexy (N 2), S. 413.
24) 제3자의 침해된 권리를 회복하고 침해자의 자유를 제약하도록 명하는 국가의 보호권으로서의 제약의 유보를 해석하는 것으로서 Karl August Bettermann, Grenzen der Grundrechte, 2. Aufl., 1976, S. 9 f. 또한 Isensee (N 5), S. 44 f. → Bd. VI, Erichsen, § 152 Rn. 39.
25) Ernst-Wolfgang Böckenförde, Elternrecht - Recht des Kindes - Recht des Staates, in: Essener Gespräche Bd. 14 (1980), S. 54 (59, 61); Fritz Ossenbühl, Das elterliche Erziehungsrecht im

의 권리가 기본권목록의 다른 자유권과 구별되는 것은, 주로 그것이 양친의 자기결정이라는 의미에서의 자유가 아니라 자녀의 보호를 위해서 보장되기」[26) 때문이다. 양친의 권리는 봉사의 기본권이며 자녀의 복지를 위한 수탁자로서의 자유이다.[27) 양친의 권리에 구비된 타자를 이용하는, 수탁자로서의 기능에서 알 수 있는 것은 양친의 기본권에는 양육과 교육의 기본의무가 대응한다는 것이다. 그것이 기본법상 특이한 것이다.[28) 자녀의 복지는 전적으로는 아닐지라도 본질적으로 자녀의 기본권에 관한 헌법적인 내포와 외연을 획득한다. 아직 기본권이 성숙하지 않은 것만으로 자녀는 양친이 자기의 기본권을 자기의 이익을 위해서 행사할 것을 의존하고 있다.

(Rn. 15) 양친에게는 원칙으로서 자녀의 복지를 정하는「해석의 우위성」이 주어진다. 그것은 자녀의 기본권을 행사하는 경우에도,[29) 예컨대 자녀의 종교의 자유에 관해서도 그러하다. 그럼에도 불구하고 양친의 주관적 결정에는 따르지 않는 객관적이며 비자의적으로 정해진 기본권영역이 존재한다. 거기에 해당하는 것은 자녀의 인간의 존엄, 생명과 신체의 불가침성의 권리, 재산권보장에 의해서 파악되는 재산적 이익의 보존과 같은 것이다.[30) 국가는 그 감독직무를 통해서 그 기본권적 지위를 양친에 의한 침해로부터 보호하지 않으면 안 된다. 양친의 권리의 제약은 명백히 자녀를 위하는데 있는 국가의 보호의무의 매개가 된다. 다른 한편, 그 보호의무는 기본권적 제약을 위한 의미와 이유를 형성한다. 이 기능·정당화관련은 연방헌법재판소의 판례에 나타나 있다. 즉 자녀의 양육과 교육을 보장하도록 국가를 의무지우는 것은 단지 차세대의 교육에 대한 국가의 정당한 이익이나 사회국가적 고려 또는 공공의 질서라는 일반적인 관점에서 도출된다는 것만은 아니다.「그것은 제1차적으로 기본권주체로서의 자녀도 자신이 국가의 보호를 요구할 권리를 가지고 있는 것에서 명백하다.」[31) 여기에 보호의무의 패러다임이 나타나 있다.[32) 국가의 감독직무는 국가-가해자-피해자라는 전형적인 3자 상황 속에서 작용한다. 한 면에서 국가의 감독직무는 양친의 방어권으로서의 소극적 지위를 존중해야 하며,

---

Sinne des Grundgesetzes, 1981, S. 43 f. 같은 의미로 BVerfGE 59, 360 (376).

26) BVerfGE 59, 360 (376); 61, 358 (372).

27) 이에 대해서는 Fritz Ossenbühl, Schule im Rechtsstaat, in: DÖV 1977, S. 801 (806); ders. (N 25), S. 50 ff. mit Nachw.; Böckenförde, (N 25), S. 62 ff.; Arnulf Schmitt-Kammler, Elternrecht und schulisches Erziehungsrecht nach dem Grundgesetz, 1983, S. 20.

28) 이에 대해서는 BVerfGE 24, 119 (144); 59, 360 (376 f.); Böckenförde (N 25), S. 67 ff. → Hofmann, § 114 Rn. 34.

29) 자녀의 복지에 관한 양친의「해석의 우월성」에 대해서는 BayVerfGHE 7, 9 (13); OVG Hamburg in: DVBl. 1960, S. 742 (743); Ossenbühl (N 25), S. 64 f. (Nachw.).

30) 적절한 구별을 하는 것으로서 Schmitt-Kammler (N 27), S. 24 f. → Bd. VI, Zacher, § 134 Rn. 69 ff.

31) BVerfGE 24, 119 (144).「고유한 인간의 존엄을 갖추어 인격의 자유로운 발전을 요구하는 고유의 권리를 갖춘 존재」라고 된 자녀를 위한 국가의 보호의무에 대해서는 BVerfGE 55, 171 (179)도 참조.

32) 자녀의 (특정한) 기본권을 위한 보호의무로서 감독직무를 평가하는 것으로서 Schmitt-Kammler (N 27), S. 25; Josef Isensee, Elternrecht, in: StL II, 7. Aufl., Sp. 222 (228, 229); Robbers (N 5), S. 139 f., 205, 218.

다른 면에서 자녀의 보호의무로서의 적극적 지위를 보장하지 않으면 안 된다.

(Rn. 16) 여기에는 기본권의 긴장관계가 있다. 그럼에도 불구하고 지배적인 것은 방어권으로서의 측면이다. 국가는 원칙으로서 양친의 권리행사를 존중하지 않으면 안 된다. 국가는 양친을 지원할 수 있다. 그러나 감독직무에 의해서 동권 또는 상위의 공동교육 자의 역할을 맡는 것은 아니다. 또한 국가는 양육과 교육이라는 통상의 과정을 감독하는 것도 아니다. 오히려 양친이 (책임이 있거나 없거나) 그 기본의무의 이행을 해태하거나 자기의 기본권을 남용하여 자녀를 당황케 하거나, 신체적·정신적으로 학대하거나, 윤리 적으로 빈약하여 한계사례에 한하여 위험방어를 할 뿐이다.[33] 자녀의 보호가 양친의 자유권에의 개입에 이른 경우에, 국가는 그때그때의 조치에 대해서 과잉개입의 금지에 비추어 자신을 정당화하지 않으면 안 된다. 국가는 상당히 광범위한 재량영역을 가지고 있어서 자기의 보호임무를 수행하고 양친과 협동하거나 지원한다. 보호의무는 기본권의 충돌 때에도 현실화한다. 왜냐하면 이혼한 양친이 양친의 책임의 수행에 대해서 합의할 수 없는 경우에는 국가가 재판소에서 그 쟁송을 재정(裁定)하기 때문이다. 그러나 그 재정은 기본권주체로서의 개인성을 갖춘 자녀의 복지에 적합하게 행해진다. 「기본법 제6조 2항 2문과 제2조 1항에서 도출되는 보호의무를 위해서 국가는 보호감독법상의 절차에 관하여 실체법적·절차법적 관점에서 규범적 규율을 해야 하며, 그것은 당해 자녀의 기본권적 지위를 충분히 고려한 위에 해야 한다」.[34] 국가는 양친에 의한 양육과 교육을 대신 인수할 수는 없다. 국가에게 주어진 감독직무는 자녀의 기본권에 대한 2차적인 수탁자기능에 불과하다. 제1차적 수탁자는 어디까지나 양친이며 그것은 기본권 에 의해서 보장되는 것이다.[35]

(Rn. 17) 보호의무는 제약에 의해서 커버되는 것은 아니다. 제약이 의미 있는 것은 양친의 권리와의 관계에서의 허용이다. 이에 대해서 보호의무는 자녀의 이익을 위한 의무를 의미한다.[36] 그 밖에 국가는 모든 관계자의 자유를 위해서도 원칙으로서 자기의 보호임무에 종사해야 한다. 그 때에 국가는 가능한 한 양친의 교육의사와 충돌하지 않고, 또 그 기본권에 개입하지 않도록 하여야 한다.

---

33) BVerfGE 24, 119 (144); 60, 79 (88 ff.); Ossenbühl (N 25), S. 67 ff.; Böckenförde (N 25), S. 74 ff.; Isensee (N 32), Sp. 229 f. → Bd. VI, Zacher, § 134 Rn. 93 ff.

34) BVerfGE 55, 171 (179). 또한 BVerfGE 57, 361 (382 f.); 61, 358 (381); 72, 122 (134).

35) 보완성 원리의 구체화로서의 국가의 감독직무에 대해서는 BVerfGE 10, 59 (83 ff.); 또한 BGHSt 13, 197 (202); Böckenförde (N 25), S. 76.

36) 참조. BVerfGE 59, 360 (376). 즉 「양친의 권리는 국가와의 관계에서는 자유권이다. 국가는 양친의 교육권에 개입하는 것이 원칙적으로 **허용되는데**, 그것은 … 감독직무가 개입을 요청하는 경우에만 한정된 다」(강조는 원문에는 없다).

III. 도그마틱의 귀결

1. 방어권과 보호의무의 통용력이 다른 조문 기초

(Rn. 18) 기본권목록의 문언에 비추어 보면 방어권의 실정법적 타당성은 자명하다. 그것을 독자적으로 근거지울 필요도 없다.37) 이에 대해서 보호의무는 자기의 타당성을 증명하지 않으면 안 된다. 기본법은 문언상 보호의무를 미리 규정하지 않으므로 그것이 헌법의 실체에 속하는 것으로서도 헌법으로서의 성격을 가지고 있을 뿐이다. 그것을 나타내는 것이 해석의 과제이다. 그러므로 보호의무는 근본적으로 해석의 산물이다. 여기서 연방헌법재판소의 판례는 법인식의 원천으로서 특별한 지위를 획득하고 있다(물론 그것이 이미 독립한 재판관법상의 법원(法源)일 필요는 없다).

(Rn. 19) 연방헌법재판소는 보호의무를 기본권의 차원으로서 발견하고 해석에 의해서 전개해 왔다.38) 그 판례는 실무에서도 학설에서도 거의 일치한 찬동을 얻고 있다. 지금까지 원리적 관점에서의 비판은 거의 되지 않고 있다. 거부하는 견해의 수와 거부하는 논거의 정도는 얼마 안 된다.39) 보호의무의 판례가 산출하는 콘센서스는 놀랄 만 하다. 왜냐하면 통상 새로운 기본권이론이 나타나는 경우나 새로운 기본권기능이 도입되는 경우는 다방면에서 원리적인 이의신청이 제기되기 때문이다. 여기서 연방헌법재판소가 얻고 있는 폭넓은 찬동에 대해서 법률학 외의 이유가 있다면, 그것은 보호의무의 판례가 태아의 생명의 보호로부터 국내의 안전을 거쳐 환경보호에 미치고,40) 넓은 스펙트럼을 가진 적용사례를 덮고 있으며, 따라서 다양한 사회적 집단이나 정치적 견해들이 자기의 특별이해를 그 법형태에 결부시킬 수 있다는 데에 구할 수 있을 것이다.41)

(Rn. 20) 보호의무의 실효적 타당성에 대해서는 오늘날 이론의 여지는 없다. 그러나 그러므로 기본권 도그마틱은 바로 이 타당성을 전제로 하여 검토도 하지 않고 판례를 받아들일 수는 없다. 연방헌법재판소의 권위를 가지고도 도그마틱으로부터 보호의무의 타당성과 내용을 설명한다는 과제를 경감할 수는 없다. 도그마틱에는 주제마다 사정(射程)을 정확하게 계산한다는 과제도 할당되고 있다. 바로 거기에 불명확성이 있다. 보호의무가 범주로서 집행된 이래 그것을 한계 없이 확대하고 이질적인 내용을 첨가하고 방어기능이

---

37) 이렇게 말했다고 해서 방어권의 경우는 문언 그 자체를 해석할 필요는 없다는 것은 아니다. 문언의 기만적인 안정성에 대해서는 Otto Depenheuer, Der Wortlaut als Grenze, 1988.

38) 리딩 케이스는 BVerfGE 39, 1 (36 ff.)이다. 상세한 것은 Rn. 78 참조.

39) 학설에서의 원리적인 거부표명의 조그마한 개관은 Hermes (N 6), S. 62 f.

40) Kasuistik s. u. Rn. 77 f.

41) 이 점에서 시사가 많은 것은 지몬 재판관의 태도의 변경이다. 그것은 연방헌법재판소의 해당 판례에 대한 지몬 재판관이 공동 집필한 반대의견에 나타나 있다. 보호의무가 1975년 낙태에 의한 위기에 빠진 태아에 적용되었을 때(BVerfGE 39, 1 ff.), 그 반대의견은 원리적이며 격렬한 거부를 나타냈다 (Sondervotum Rupp-von Brünneck und Simon, BVerfGE 39, 68 (70 ff.). 그러나 보호의무가 1979년 원자력발전소에 의한 위험에 적용되었을 때에는 재판소에 대해서 보호의무가 충분히 고려되지 않는다는 비난을 하고 있다(Sondervotum Simon und Heußner, BVerfGE 53, 69 (94)).

상하여 올바른 법적 사고가 손상될 정도로 과도하게 부담을 지우려는 노력을 하고 있다. 해석에 의한 비대화의 위험은 성공과 표리를 이룬다. 그러므로 보호의무의 한계를 지시하고 구별을 하여 도그마틱의 일관성과 법률학적 특성을 보호하는 것이 오늘날 바로 중요한 것이다.

2. 고전적 기본권기능으로서의 방어권

(Rn. 21) 방어권은 기본법의 틀 내에서 고전적인 지위를 가진다.[42] 언어의 다의적인 의미에서「고전적」이다. 그것은 200년에 걸치는 오랜 전통에서 확증되고 승인되어 온 기본권차원이며 타당성에 대한 모든 의문이 불식된 기본권차원이다. 그 차원에서는 기본권의 잠재능력이 완전한 모습을 얻는다. 거기에서는 지속적이며 확고한 구속성이 있다. 방어권은 일정한 정도(Mass)를 구축하며 다른「현대적인」기능들은 거기에 비추어 심사되어야 한다. 그것들이 방어권과 아울러 타당한가의 여부, 타당하다고 하여 어느 범위에서 타당한가에 대해서 스스로 증명하고 확증하고 검토하여야 한다. 기본권해석은 방어권을 신뢰에서의 확고한 영역이라고 보아서 새로운 영역을 개척하려고 하는 경우에도 끊임없이 그 확고한 영역을 재확인하지 않으면 안 된다. 그리하여 연방헌법재판소는 기본권 도그마틱의 새로운 피안을 열고 기본권에 대해서 급부권원(給付權原), 객관적 가치질서, 제도보장과 같은 부가적인 의의를 인정하는 경우에 그 자명성을 확인하고 그 콘센서스의 기초를 확립하는 것이다.[43] 그러한 한에서 보호의무는 방어권과 비교하면 토대가 약한 기본권기능이다. 허지만 이것이 타당한 것은 기본권 도그마틱의 문맥에 대해서만이다. 헌법사적 관점에서 보면 보호의무는 방어권보다도 깊은 층의 입헌국가적 전통에 그 근원을 가지고 있다.[44]

IV. 헌법의 전통과 규율의 관행

1. 고전적·자유주의적인 기본권이념의 우위

(Rn. 22) 방어권은「제1세대의 인권」에 일치한다. 그것은 계몽주의와 자유주의의 이념세계에서 발전하고, 18세기의 미국과 프랑스의 권리선언과 헌법률을 모범예로 하여

---

42) S. o. Rn. 11.
43) 그 예로서는 BVerfGE 1, 97 (104) — 생활부조를 구하는 청구권은 없다; 7, 198 (204 ff.) — 사법에 대한 가치질서; 12, 205 (259 f.) — 방송의 제도적 자유; 20, 162 (175 ff.) — 프레스의 제도보장; 35, 79 (112 ff.) — 대학의 제도적 보호; 50, 290 (336 ff.) —「경제조직의 제도적 관련」의 비중요성; 57, 295 (319 ff.) — 객관적 원리로서의 의견표명의 자유. 기본권보호의무의 확립 이전에도 BVerfGE 39, 1 (42)는 생성 중인 생명에 대한 국가의 개입금지는「당연히」타당하다고 서술한다.
44) S. u. Rn. 32 ff.

법적 형식을 획득해 왔다.[45] 기본법은 방어권의 관념 중에 독일 헌법의 전통을 소생시켰는데, 그것은 유럽 대서양의 전통에 매몰되어서 서양 입헌국가와의 동질성을 전하는 것이다. 기본법의 방어권에는 전체주의 국가의 트라우마 체험이 작용하고 있다.[46] 그것이 고전적인 자유주의적인 기본권이념에 대해서 지금까지 알지 못한 새로운 추진력을 부여하고 있다. 기본법의 목표는 전통적 유형의 기본권을 최종적으로 출소가능한 주관적 권리로 형성하고 거기에 법실천적인 타당성과 사법판단적합성을 부여하고, 그리하여 최적한 법적 실효성을 가져오는 데에 있다.

(Rn. 23) 기본권이해에서 기본법은 바이마르 헌법이나 1949년 이전의 주헌법보다도 18세기의 여러 헌법에 가깝다. 전자에서는 「제2세대」의 인권유형은 「제2세대」의 그것, 즉 사회 · 문화국가적 프로그램이나 사회적 권리 및 사회목표와 결부되고 있었다. 이에 대해서 기본법은 의도적으로 그런 종류의 규율을 단념하고 있다. 기본법 성립의 단계에서 고전적 기본권을 초월하여 경제 · 사회질서 및 사회적 권리를 기본권목록에 수용하려고 하는 세력이 존재한 것은 사실이라 하더라도 말이다.[47] 그러나 이렇게 말하는 (결과는 거의 실패했지만) 노력은 기본권 보호의무의 주제와 저촉하는 것은 아니다. 왜냐하면 기본권보호의무는 모성보호(기본법이 가지는 근소한 사회보장의 하나)와 같은 「사회적」 소재는 아니며, 기본권목록에서는 발견할 수 없는 노동의 권리와 같은 것도 아니다.[48] 의회평의회는 기본권보호의무의 형식적 보장에 대해서 의론하지 않는다.[49] 그러나 이것은 기본법의 특수성을 산출하는 것은 아니다.

(Rn. 24) 20세기 중엽의 기본권의 법전화에 대해서 보호의무는 보통의 주제는 아니다. 규준은 오랫동안 고전적이라고 간주되어온 자유주의적인 자유권 · 평등권, 즉 방어권이다. 현대적이라는 사회적 권리에 관해서는 규율의 관습이 있다. 보호의무의 계기는 비록 있다고 하더라도, 간접적 · 폐쇄적 · 주변적으로, 특히 방어권의 제약방식 중에서 파악된다.[50]

---

45) → Stern, § 109 Rn. 9 ff.; Isensee, § 115 Rn. 39 ff.

46) 그 예로서는 「나치스의 전체 국가성에서의 이탈」이란 것에서 기본법 제6조 1항의 방어권으로서의 의의를 근거지우는 BVerfGE 6, 55 (71).

47) 상세한 이유에 대해서는 참고문헌도 포함하여 Werner Weber, Die verfassungsrechtlichen Grenzen sozialstaatlicher Forderungen, in: Der Staat 4 (1965), S. 409 (411 ff.); Josef Isensee, Verfassung ohne soziale Grundrechte, in: Der Staat 19 (1980), S. 367 (369 f.). → Murswiek, § 112 Rn. 44.

48) Murswiek, § 112 Rn. 40 ff.

49) 보호의무와는 또 다른 것으로서 의회평의회가 오늘날의 기본법 제2조 2항의 제1 초안에 규정하고 그 후 인신의 자유와 함께 어떠한 내용을 가질 수 있는 것이 불명확하다는 이유로 단념된 「안전을 구할 권리」(「모든 사람은 생명과 신체의 불가침성의 권리와 인신의 자유 및 안전을 구할 권리를 가진다」)가 있다(Nachw.: JöR NF 1, S. 57, 58, 59, 62). 이 「안전을 구할 권리」는 기본법 제2조 2항 2문이 규정하는 인신의 자유라는 동 내용의 기본권과 마찬가지로, 국가의 개입행위로부터의 안전(사인의 개입행위로부터의 안전이 아니라)을 보장하려고 하는 방어권으로서 구상되고 있었다. 헤렌킴제 헌법초안에 규정되었던 「신체 및 정신의 학대로부터의 안전」 보장도 동일하다.

50) 대표적인 것은 바이에른 주헌법 제101조가 규정하는 일반적 행위의 자유의 제약으로서의 타자 가해

2. 안전을 구하는 기본권의 고전적 보장

(Rn. 25) 그렇지만 보호의무의 문제는 헌법전통의 규율 주제로서 낯설은 것은 아니다. 명문에 의한 보장이 발견되는 것은 초기의 선언이나 헌법 조문 중의 「안전」이라는 부첩(符牒, Chiffre)이다. 1776년의 버지니아 권리선언에 국가목표로서의 안전이라는 말이 보인다. 그것에 의하면 모든 이질적인 모습과 형식의 정부 중에서 최대의 행복과 안전을 가져올 수 있는 정부가 가장 좋다(제3절)고 되어 있다.[51] 개별 지분국가의 헌법은 모든 시민에 대해서 자기의 생명·자유·재산의 향유에서 국가공동체의 보호를 구할 권리를 보장한다(Every member of the community has a right to be protected by it, in the enjoyment of his life, liberty and property).[52] 개별적인 보호의 보장은 시민이 그 안전을 위해서 지불해야 할 대가를 들고 있다. 안전을 구하는 기본권에 호응하는 것은 조세와 인적 공헌을 행하는 기본의무이다. 「따라서 시민은 그러한 보호의 비용을 부담해야 하며, 또 필요하다면 인적 공헌 또는 그와 동등한 것을 제공하지 않으면 안 된다」.[53] 국가와 시민의 관계는 여기서는 기본권상 보험이론(Assekuranztheorie)의 의미에서의 개인과 국가공동체간의 일종의 보험관계라고 정의된다.[54] 안전을 구하는 기본권의 헌법적 보장의 배후에는 보호와 복종의 사회윤리적인 관련성을 인정할 수 있다. 그것은 17세기의 개인주의적·공리주의적 국가계약의 철학이 가르치는 바였다. 시민은 공동체의 보호를 얻기 위해서 국가공동체에 가입하는 동시에 자기의 자연권의 일부를 거기에 바친다. 만약 시민이 이러한 보호를 얻지 못한다면 공동체에의 복종도 없어져 버리고 자연권은 원래대로 되돌아간다. 시민은 다시 스스로 자기의 안전에 배려하게 된다. 「사람이 사회상태에 들어갈 때 자기의 자연권을 그 사회에 양도함으로써 타자의 보호를 확보하

금지명령(Neminem-laedere-Gebot)이다. 즉 「누구든지 법률과 양속의 제약 내에서 타인을 상하게 하지 않을 할 자유를 가진다」. 양친에 대한 국가의 감독직무는 바이에른 주헌법(제126조 1항 2문), 브레멘 주 헌법(제23조 1항 2문), 라인란트-팔츠 주 헌법(제25조 1항 2문)에도 보인다. 마찬가지로 인간과 그 존엄, 그 기본적 자유의 국가에 의한 일반적 보호(바덴-뷔르템베르크 주 헌법 제1조 2항 2문, 바이에른 주 헌법 제99조, 라인란트-팔츠 주 헌법 제1조 2항, 베를린 주헌법 전문)에도 규정되어 있다. 보호의무의 함의는 브레멘 주 헌법 제12조에 발견할 수 있다. 다만, 기술, 기계, 과학적 발견에 대해서. 유럽인권조약에서의 보호의무에 대해서는 Dietrich Murswiek, Die Pflicht des Staates zum Schutz vor Eingriffen Dritter nach der Europäischen Menschenrechtskonvention, in: Hans-Joachim Konrad (Hrsg.), Grundrechtsschutz und Verwaltungsverfahren, 1985, S. 213 ff.; Classen (N 6), S. 29 ff. 또한 프랑스 헌법에 대해서도.

51) 미국 헌법사에서의 보호의무에 대해서는 참고문헌도 포함하여 Robbers (N 5), S. 51 ff.
52) 1784년 6월 2일의 뉴햄프셔 주헌법(제1부 권리장전 제1조 12호); 여러 헌법에서의 동일한 정식에 대해서는 1776년 6월 12일의 버지니아주 권리장전 제1절; 1777년 7월 8일의 버먼트주 헌장 I 9조, 1780년 10월 25일의 매사추세츠주 헌법 제1부 제10조.
53) 뉴햄프셔주 헌법 (N 52) 참조.
54) 보험이론의 역사에 대해서는 Fritz Karl Mann, Steuerpolitische Ideale, 1937 (Nachdruck 1978), S. 105 ff.

려고 한다. 그러한 보호가 없다면 복종은 무효이다」.[55]

(Rn. 26) 프랑스 혁명은 인권으로서의 「안전」을 선언하고 있다. 아베 시에예스는 토머스 홉스의 철학에 근거하는 이론적 기초를 1789년 7월 20일과 21일의 국민회의의 헌법위원회에 제시하여, 인간과 시민의 권리선언 초안을 작성하였다.[56] 그가 구한 것은 시민의 불가양의 권리로서의 자유라는 것은 생각되는 모든 공격으로부터 방어하기 위해서 정해진, 저항하기 어려운 실력을 통해서 보장된다는 것이었다. 커다란 국가체제에서 개인의 자유는 다음 세 가지의 적을 두려워해야 한다. 즉

— 악의의 어떤 시민: 다만, 위험은 가장 적다. 이것은 법률이나 사법과 같은 「통상의 직권」에 의해서 제거된다.

— 개별 공무집행자 · 관청 · 국가제도 전체: 잘 헌법에 의해서 배제되는 위험

— 외부로부터의 적: 그 때문에 군대가 필요하게 되는 위험.[57]

따라서 인권으로서의 자유는 국내 또는 국외의 국가권력에 의해서 뿐만 아니라 사인에 의해서도 위협이 된다고 생각한다.[58] 보호의무는 인권의 차원으로서 인식되며 정식화된다. 「시민의 자유 · 재산 · 안전은 모든 공격에 우선한 사회의 보호 아래 있어야 한다」(제9조). 안전의 전제조건은 국가의 대내주권이다. 「그러므로 법률에 힘이 주어져야 한다. 그 힘은 타자의 권리를 감히 침해하려는 보통의 시민에게 제재를 가할 수 있어야 한다」(제10조). 보호의무는 일반적이며 평등한 것이다. 「누구든지 동일한 보호와 동일한 안전에 관여할 수 있어야 한다」(제17조 3문).[59]

(Rn. 27) 아베 시에예스의 문장이라기 보다는 아마 그의 사상이 1789년의 인간과 시민의 권리선언에 유입하였을 것이다. 거기에 해당하는 것이 「태어나면서부터 불가양의 인권」의 하나로서의 「안전」이다. 그것을 확보하는 것은 자유 · 재산 · 안전 그리고 압제에 대한 저항과 아울러 인권(Ces droits son la liberté, la propriété, la sûreté et la régistance à l'oppression)으로서 모든 정치공동체의 목표이다(제2조).[60] 안전을 구하

---

55) 뉴햄프셔주 헌법(N 53) 제1부 권리장전 제1조 3호. 마찬가지로 1780년 10월 25일의 매사추세츠주 헌법 전문, 1790년 9월 2일의 펜실베이니아주 헌법 전문, 1792년 6월 12일의 델라웨어주 헌법전문, 1799년 9월 17일의 켄터키주 헌법 전문, 1802년 11월 1일의 오하이오주 헌법 제8조 1절.

56) Emmanuel Joseph Siéyès, Préliminaire de la Constitution. Reconnaissance et Exposition raisonnée des Droit de l'Homme et du Citoyen, Paris 1789. 이하에서는 Siéyès, Einleitung zur Verfassung, in: ders., Politische Schriften 1788-1790 (übersetzt und hrsg. von Eberhard Schmitt und Rolf Reichardt, 1975, S. 239 ff.)에서 인용한다.

57) Siéyès (N 56), S. 247 f.

58) 프랑스 인권선언의 사회지향에 대해서는 Walter Leisner, Grundrechte und Privatrecht, 1960, S. 24 ff. 혁명의 헌법정책적 · 법적 주제로서의 보호의무의 상세에 대해서는 Robbers (N 5), S. 64 ff. (Nachw.).

59) Siéyès (N 56), S. 254, 255.

60) Jean Rivero, Les Libertés publiques, Bd. II, Paris ² 1977, S. 23에 의하면, 오늘날 「안전」(sûreté)은 국가의 보호임무라는 의미에서 설명된다. 시에예스의 초안이 염두에 두었던 구체적인 보호의무는 1789년의 심의에서 삭제되었는데, 그러한 사정 때문에 오늘날의 학설이 「안전」이라는 국가목적을 전적으로 방어권의 의미로 이해하는 것은 가능할 것이다. 특히 자의적인 체포 · 구금으로부터의 안전 또는 일반적으로

는 인권은 혁명헌법의 변천 중에서 확고부동한 것이다. 그것은 헌법의 변경을 견디어낸다. 두 번째의 헌법인 자코뱅 헌법은 그것을 「태어나면서부터의」 불가양의 권리라고 하였다. 정부가 설립되는 것은 네 개의 권리를 보장하기 위해서이며, 그 네 가지란 평등(l'égalité)·자유(la liberté)·안전(la sûreté)·재산(la propriété)이라는 것이다. 안전(la sûreté)이 명문으로 규정되고 있다. 「안전이란 공동체가 모든 구성원에 대해서 그 신체·권리·재산의 확보를 위해서 제공하는 보호에 있다」.[61] 세 번째의 헌법인 통령 헌법은 네 개의 기본적 인권을 계수하였는데 안전을 새로이 정의하고 있다. 즉 안전은 모든 사람의 권리를 지키기 위해서, 모든 사람이 협력하는 데에서 도출된다는 것이다.[62] 안전은 정치공동체(société)로서의 국가와 지배조직(gouvernement)으로서의 국가를 정당화하는 목적의 하나라고 생각한다.

(Rn. 28) 프랑스 인권선언은 유럽의 헌법 발전에 대해서 결정적인 영향을 미치고 있다. 그러나 이것은 안전을 구하는 인권에는 타당하지 않다. 19세기의 자유주의가 초래한 기본권목록이 받아들인 것은 대부분 방어권적 요소이며 보호권적 요소는 아니다. 이제는 전자만이 「고전적」 기본권으로 생각된다. 자유주의적 헌법들은 국가적 관헌에서 생기는 자유의 위태화를 일면적으로 보고 있다. 사회문제가 영향을 미침으로써 사인측에서의 자유가 위협받는 위험도 있는 것이 그 후 기본권 조준에 들어오고 있다. 그러나 문제가 되는 것은 사회적인 재와 힘의 배분의 불평등에서 생기는 위험이며, 권리침해의 위험은 아니다. 사회적인 권리와 국가임무는 이제 기본권조문에 받아들여져 사회적 안전을 추구하는데 신체적 안전을 추구하는 것은 아니다.[63]

(Rn. 29) 보호의무의 문제는 19세기와 20세기의 헌법조문에서 사라지고 있다. 그것은 통상 법의 문제, 특히 민법·형법·경찰법의 문제로서만 생각될 뿐이다. 아베 시에예스가 1789년에 인간과 시민의 권리를 심의한 때에 다음의 것에 주의를 환기한 것은 이유가 없지 않다. 즉 국가권력으로부터의 자유의 보호는 좋은 헌법에 의해서 달성되는데, 사인의 공격으로부터의 자유의 보호는 충분한 법률과 실효적인 재판에 의해서 달성되는 것이다.[64] 안전이라는 국가임무는 국법상의 주제가 아니게 되었다. 그것은 (법률학의 틀

국가의 자의로부터 보호와 법적 안전성으로서 이해될 것이다. 그렇게 생각하는 것으로서 Jacques Robert, Libertés publiques et droits de l'homme, Paris ⁴ 1988, S. 198; Georges Burdeau, Les Libertés publiques, Paris ² 1961, S. 103 f.; Claude Albert Colliard, Libertés publiques, Paris ⁵ 1975, vor Rn. 201, Rn. 201, 206; Rivero, a. a. O., S. 21, 23 f.; 또한 Walter Rudolf, Die französische Menschenrechtserklärung und ihre Wirkungen, in: FS für Peter Schneider, 1990, S. 430 (436). 1789년의 선언이 주제로 삼은 보호의무의 또 하나의 계기는 법률에서 규정되어야할 일반적 행위자유의 한계로서의 가해금지에 있다(1789년의 선언 제4조 참조). 이 금지는 1793년과 1795년의 헌법에도 보인다 (거기에서는 제6조에서 기본의무로서 규정하고 있다).

61) 1793년 헌법의 인간과 시민의 권리선언 제2조와 제8조(김충희 옮김, 프랑스 역대 헌법전 (1), 『동아법학』 제69호, 2015, 376-377면).
62) 1795년 8월 22일의 헌법의 권리선언 제4조(김충희 옮김, 상동, 392면).
63) 상세한 것은 Rn. 34 참조.
64) S. o. Rn. 26.

위와 틀 밖의) 일반 국가학의 주제로서 남아 있을 뿐이다.[65) 19세기의 헌법정치상의 투쟁은 국가임무와 인권으로서의 안전과는 다른 문제를 둘러싸고 동요하고 있다. 안전은 폭력을 독점한 근대 국가의 구조에서 오랫동안 자명한 것이 되고 있다.

3. 오늘날에서의 보호의무의 부활

(Rn. 30) 20세기의 최후의 4반 세기가 되자 보호의무는 환경위태화라는 정책적 도전 중에서 새로운 현실성을 띠게 되었다. 헌법정책적 노력은 인간의 자연적 생활기초의 유지를 위해서 기본권이나 국가목표를 통해서 정식으로 국가의 책임을 인정하는 데로 결정되었다.[66) 개개의 주헌법은 일치된 국가목표규정에 의해서 보완되었다.[67) 이것은 간결하게 정식화되고 있을 뿐으로 여하튼 잠재적으로 국가의 보호의무를 포함하게 되고 생명, 신체의 불가침성, 재산과 같은 환경의존적인 기본권법익을 경우에 따라서는 개입을 통해서도 위험발생자로서의 사인으로부터 지키지 않으면 안 된다.[68)

(Rn. 31) 보호의무라는 법형태는 오늘날 기본법의 기본권해석에서 완전히 부활한다. 도그마틱은 일반적으로 기본권을 확장하는 경향에 있다. 즉 부분질서로부터 전체 시스템에로, 방어권으로부터 객관법적 보장에로, 공동체가치와 국가임무에로 전개하며 거기에서 다시 주관적 권리의 원천이 되려고 한다.[69) 이론의 시스템화 압력에 대응하는 것은 다원주의적 사회의 실천적 요청이다. 그것이 전통적인 자명성이 붕괴된 후 여하튼 헌법 중에 콘센서스의 기초를 발견하고 그 콘센서스를 해석에 의해서 확증하고 법률학상 경고하게 하려는 것이다.

독일에서 장해가 된 것은, 특히 다른 국민들이 자기의식을 발견하는 전통적인 국가이해

---

65) 3월 전기 이후의 독일 헌법사에서의 보호의무사상의 후퇴에 대해서는 Robbers (N 5), S. 97 ff.(Nachw.).

66) 헌법정책적 노력을 나타내는 문서로서 Bericht der Sachverständigenkommission Staats-zielbestimmungen - Gesetzgebungsaufträge (hrsg. von den Bundesministern des Innen und der Justiz), 1983, S. 130 ff.; Niederschrift über die öffentliche Anhörung in der gemeinsamen Sitzung des Rechtsausschusse des Bundesrates (551. Sitzung) und des Ausschusses des Innern des Bundesrates (544. Sitzung) am 10. 6. 1985; Dokumentation der öffentlichen Anhörung des Rechtsausschusses des Deutschen Bundestages am 14. 10. 1987, in: Deutscher Bundestag, Referat Öffentlichkeitsarbeit (Hrsg.), Verankerung des Umweltschutzes im Grundgesetz, in: Zur Sache 2/1988. → Bd. III, Isensee, § 57 Rn. 128 ff.

67) 바덴-뷔르템베르크주 헌법 제86조, 바이에른주 헌법 제32조 2항, 제141조 1항, 브레멘주 헌법 제11a조, 제65조, 헤센주 헌법 제26a조, 노르트라인-베스트팔렌주 헌법 제7조 2항, 제29a조, 라인란트-팔츠주 헌법 제33조, 제73a조, 자알란트주 헌법 제30조, 제59a조, 함부르크주 헌법 전문(5항), 슐레스비히-홀슈타인주 헌법 제7조.

68) 환경보호의 기본권 정세에 대해서는 참고문헌을 포함하여 Christoph Degenhart, Kernenergierecht, ² 1982, S. 144 ff.; Eberhard Schmidt-Aßmann, Anwendungsprobleme des Art. 2 GG im Immissionsschutzrecht, in: AöR 106 (1981), S. 205 (214 ff.); Murswiek (N 6), S. 88 ff.; Hermes (N 6), S. 17 ff.; Michael Kloepfer, Umweltrecht, 1989, S. 43 ff.

69) 분석에 대해서는 Böckenförde, Zur Lage der Grundrechtsdogmatik (N 22), S. 22 ff., 37 ff., 41 ff., 54 ff.

이다. 1968년의 독일의 문화혁명은 급진해방주의적 어프로치에 의해서 기본권과 민주주의를 들고 나와서 시민적 전통을 문제시하고, 동시에 국가의 시민성의 기본 룰과 폭력독점과 평화의무를 문제시한다. 입헌국가의 국가성은 정당화의 압력을 받는다. 그것은 헌법에 확고한 기초를 발견하며 특히 기본권으로부터 재구축된다.[70] 보호의무에 관한 판례에 의하면, 기본권적 자유는 국가에 의해서 조건지워지며, 이 조건에서 기본권법익이 사인에 의한 침해로부터의 보호도 필요로 한다는 방어권의 한계가 도출된다고 한다. 연방헌법재판소가 이 관련성을 명백히 한 것은 테러 박멸의 형사소송적 조치가 재소자의 기본권에 개입한 때에, 그 정당화는 다른「헌법에 의해서 보호된 가치」를 보호하기 위해서라고 확인한 때이다. 여기서「헌법에 의해서 보호된 가치」란 것은, 법치국가의 원리와 시민의 안전을 지키고 국가제도의 기동성에 대한 시민의 신뢰를 지켜야 할 국가의 의무이다.[71] 생명 · 건강 · 인신의 자유의 보호는 일정한 조건 아래서만 재소자의 방어권에 우위하는 것이 있다는 것이다.「조직된 평화 · 질서권력으로서의 국가의 안전과 국가에 의해서 보장되어야 할 주민의 안전은 헌법적 가치이다. 그것은 다른 것과 동등한 지위에 있으며 필요불가결하다. 왜냐하면 국가라는 제도는 거기에서 고유하고 또 최종적인 정당화를 연역하기 때문이다」.[72]

V. 입헌국가의 세 개의 목적론적 차원

(Rn. 32) 보호의무는 연혁적으로 말하면 방어권보다도 오랜 층에 속한다. 보호와 복종의 관련성은 지배 그 자체의 전형적인 정당화이다. 근대의 초기, 근대 국가가 역사에 등장한 때에 정치공동체의 대내적 안전을 확립하고, 시민의 신체적 생존과 그 권리에서 타자의 침해로부터 시민을 보호한다는 과제가 담당되고 있었다. 대내주권과 폭력독점에 의해서 근대 국가는 내전 · 복수(Fehde)* · 사적 실력행사를 제도적으로 극복할 수 있었다.[73] 절대군주제 시대에 발달해 온 이 상태 뒤로 옛날에 18세기에 교체된 민주적인 법치국가로 되돌아가는 것은 아니다.

(Rn. 33) 이 국가는 국가권력의 침해로부터 시민을 보호할 것을 목적으로 한다. 이 목적에 봉사하는 것이 국가권력의 헌법구속성(Verfaßtheit) · 행정의 법률적합성 · 권력분립 · 인권, 특히 그 방어기능에서의 그것이다. 국가에 대한 안전을 창조한다는 새로운 목적은 국가를 통해서 안전을 보장한다는 전통적인 목적을 쓸데없는 것으로 하지는

---

70) 이에 대해서는 참고문헌을 포함하여 Josef Isensee, Das staatliche Gewaltmonopol als Gundlage und Grenze der Grundrechte, in: FS für Horst Sendler, 1991, S. 39 (53 ff.). 또한 Stern (N 2), S. 934도 참조.
71) BVerfGE 49, 24 (53 ff.) - Kontaktsperre. 또한 BVerfGE 46, 160 (164 f.); 46, 214 (222 ff.).
72) BVerfGE 49, 24 (56 f.) im Anschluß an BVerwGE 49, 202 (209).
73) 이에 대해서는 참고문헌도 포함하여 Isensee (N 5), S. 3 ff.; Robbers (N 5), S. 36 ff. → Bd. III, Isensee, § 57, Rn. 44 ff.

않는다. 민주적 법치국가는 근대 국가의 평화·권력통일체의 기초 위에 성립하며 자기 스스로 변화한다. 초기의 인권선언에는 양쪽의 목적이 반영되고 있다. 그럼에도 불구하고 인권의 본래 혁명적인 요소는 개인에게 자유영역을 보장하고 국가권력의 간섭을 제한한다는 방어기능에 있다. 인권이 포함하는 보호의무는 이제 선언적 성격이 되고 있다. 그것은 여하튼 확립된 국가목표나 그 전제와 귀결을 바꾸어 말한 것이다. 물론 여기서도 새로운 것은 이 목표가 헌법률을 통해서 정식으로 승인되고 국가권력이 규범에 구속되고 시민이 자신의 지위에 대해서 교시되는 것이다.

(Rn. 34) 보호의무와 관련하여 안전과 구별되는 것이 사회적 안전이다. 사회적 안전의 보장은 19세기 이래 국가에 부과되고 있다. 사회적 안전은 사인의 공격으로 사인의 법익이 위협된 위험과는 관계가 없다. 관계가 있는 것은 자기 자신이나 가족의 생활에 대한 경제적 책임을 부담하지 않고 시장에서 가져오지 않는 리스크나 질병·사고·연령·실업과 같은 사정에 의해서 생계의 기초로서의 노동능력을 상실하는 리스크이다. 이 경우 국가가 조직할 수 있는 대처조치는 개입방어가 아니라 연대나 재분배 위에 정초되는 급부의 배분에 있다.[74]

(Rn. 35) 보호의무·방어권·사회권은 역사상 차례로 성립한 세 개의 국가목적·헌법구조의 층에 위치를 지닌다. 이것들은 말하자면 단계 피라미드를 형성한다. 즉 근대 국가의 기초로서 평화통일체·보호권력으로서의 단계이며, 그 위에 국가권력에 대한 자유와 평등, 그리고 국가권력의 행사에의 협동을 보장하는 민주적 법치국가의 차원이 있으며, 끝으로 자유에 있어서의 인간다운 생활의 현실적 조건들을 보장하고 향상시키는 사회국가의 차원이 있는 것이다. 하나의 차원의 법적 보장이 다른 차원의 법적 보장을 불필요하게 하는 것은 아니다. 그것은 서로 끊을 수 없고 서로 매몰될 수 없다.[75] 실업보험에 의해서 인신보호기본권(Habeas-corpus-Grundrecht)이 기능을 상실한 것은 아니며 인신보호기본권에 의해서 공공의 안전이나 거기에 포함된 개인법익에 대한 경찰적 보호가 기능을 상실하는 것은 아니다.

(Rn. 36) 사회적 위험과 마찬가지로 생태계의 위험도 또한 근대 산업사회로 환원된다. 그러나 환경보호는 사회적 안전의 문제는 아니다. 그것은 또한 사회국가목표에 의해서 카버되는 것도 아니다. 환경보호는 인간의 자연적 생활기반에 관련된 것이며, 그러므로 간접적인데 불과하다고 하지만, 인간의 신체적 생존과 그 기본권적 법익의 불가침성에 관련된다. 환경에 대한 유해로운 영향이 사인으로부터 생긴다면 국가는 침해되는 기본권의 담당자를 보호하기 위해서 방어적 개입을 하지 않으면 안 된다. 이 급부·개입상황은 보호의무의 형태에 대응한다. 그러나 사회적 보장의 법형태에는 대응하지 않는다. 20세기 말의 국가가 자기의 임무로서 승인한 환경보호에 의해서 입헌국가의 새로운 제4의 차원이 구축되는 것은 아니다. 다만, 제1의 차원이 새로운 방법으로 다시 활성화할 뿐이다.[76]

---

74) → Murswiek, § 112.
75) → Bd. I, Isensee, § 13 Rn. 102 f.
76) 상세한 것은 Josef Isensee, Die Ambivalenz des Eigentumsgrundrechts, in: Fritz Ossenbühl (Hrsg.),

B. 방어권의 구조와 기능

I. 방어권의 구성도와 적용도식

(Rn. 37) 개별 기본권은 그 문언과 실체에서 보는 한 확실히 특유한 성질을 가진다. 그러나 그 기초에는 방어권으로서의 공통의 형식구조가 존재한다. 그것은 공통의 구성도식에 따른다. 이 구성도식은 단순한 것이다. 그것은 단 하나의 대립물인 국가의 개입행위에 정리된다. 이 법실천적인 기능은 국가의 개입행위를 통제하며, 우회시키고, 완화시키는 데에 있다. 기본권규범은 다양하지만 그것들은 약간의 요소로 환원할 수 있다. 즉
— 기본권의 주체: 기본권의 담당자와 기본권의 수취인
— 실질적인 보장의 기준: 보호영역(기본권구성요건)과 제약(개입행위)[77]
— 제약의 정당화의 기준: 개입행위에 대한 수권(특히 법률의 유보)과 개입행위의 요건(제약의 제약) 이다.
(Rn. 38) 방어권의 구성요건요소란 특정한 국가행위가 기본권이 허용하는 제약으로서 정당화되는가의 여부라는 문제에서 그 적용을 제어하는 것이다. 그것은 남용의 수순을 정한다. 이 수순은 교과서식으로 하나의 도식으로 정리할 수 있다.

1. 기본권을 행사할 수 있는 것은 독일의 국가권력에 복종하는 자연인(수동적 지위)이다. 그 자연인은 인적 고권에 복종하는 국민의 경우도 있으며, 영역고권에 복종하는 외국인의 경우도 있다. 내국법인의 경우도 기본권의 행사는 가능하다.[78] 기본권의 담당자가 될 수 있는 사람의 능력, 즉 기본권능력(Grundrechtsfähigkeit)은 기본권을 스스로 행사하는 능력, 즉 기본권행위능력(Grundrechtsmündigkeit)과 구별된다. 기본권으로 의무를 지는 것은 독일의 국가권력이다. 그것은 모든 점에서 의무를 진다.[79] 이 주관적인 구성요건 요소는 방어권에 특유한 것은 아니다. 그것은 모든 기본권기능에 타당하다. 그러므로 다음의 서술에서는 생략한다.
2. 기본권보호의 실질적 내용과 범위는 보호영역(기본권구성요건)[80]에서 명백해진다. 이 보호영역이 통상 법적인 기본권제약[81]과 결합하여 보호된 자유행사의 가능성을

Eigentumsgarantie und Umweltschutz, 1990, S. 3 (5 ff., 9 ff.). → Bd. III, Isensee, § 57 Rn. 47.
77) 개념과 용어는 학설에서도 실무에서도 통일되지 않고 동요하고 있다. 기본권 도그마틱은 여전히 해명의 과정에 있다. 그럼에도 불구하고 언어의 사용법에 대한 관습은 적절할 것이다.
78) → Rüfner, § 116; Isensee, § 118; v. Mangoldt, § 119; Quaritsch, § 120. 기본권충돌의 법적 선결문제에 대해서는 → Isensee, § 115 Rn. 54 ff.
79) → Rüfner, § 117.
80) → Lerche, § 121.

헌법상으로 명확하게 규정한다. 기본권제약은 정당화될 필요가 있는 것, 자유의 가능성을 감축하는 동시에 실효적인 자유영역을 정하게 된다. 생각되는 제약으로서는 법률 · 행정행위 · 판결 · 사실행위 등 여러 가지가 있으나, 여하튼 그것은 보호영역의 주제에 저촉되며, 대응하는 기본권의 보호법익에 대해서 기본권의 담당자의 의사에 반한 영향을 미치는 국가행위(개입행위)이다.

3. 특정한 국가행위가 기본권에 합치하는가의 여부에 대해서 법적 심사를 하는 경우의 최초의 문제는 이 행위가 기본권의 보호영역의 주제에 저촉하며, 또 기본권의 담당자의 의사에 반하는가. 따라서 개입행위의 성격을 가지는가의 여부이다. 그 물음이 긍정된다면 특정한 기본권구성요건에의 위치지움이 확정한다. 거기에서 개입행위가 충족되어야 하며 각각의 제약방식이 명백해진다. 이 단계에서 결정하는 것은 단지 국가행위가 원래 기본권상의 정당화를 필요로 하는가, 그리고 어떠한 기본권이 정당화절차의 룰을 정하는가 하는 점뿐이다.

4. 이 정당화의 절차 자체는 개입행위의 법적 의론의 제2 단계를 이루는데, 이를 거쳐 비로소 개입행위의 허용성이 결정된다. 개입행위가 방어권이 허용된 제약이 되는 것은 헌법상으로 개입의 수권이 있고, 특히 법률의 유보가 고려되어 있고, 또 형식적 요건과 실질적 요건(「제약의 제약」)에 적합한 경우, 예컨대 정식의 법률의 요청이 있거나 과잉 개입의 금지와 같은 실질적 기준에 합치하는 경우만이다.[82] 유보 없는 기본권에 대해서는 거기에의 개입은 인정되지 않는다. 왜냐하면 거기에의 개입은 최초부터 정당화될 수 없기 때문이다.

5. 정당화의 결과는 기본권의 담당자가 개입행위를 수인해야 하는가, 또는 기본권의 담당자에 대해서 개입행위의 정지나 취소를 구하는 주관적 권리가 부여되는가의 여부를 결정한다. 다른 한편, 국가는 오로지 대응하는 주관적 권리와는 독립적으로 기본권의 보호영역에 대해서 정당화될 수 없는 개입행위를 억제할 의무를 진다.

(Rn. 39) 개별적인 요소와 그 심사의 수순에 대해서는 학설과 실무에서도 여전히 미해결의 문제이다. 그러나 기본권규범의 해석 · 적용은 개별적인 요소를 스탭 바이 스탭으로 판단하는 방법뿐이며, 더구나 그것은 고립적이 아니라 원래 규범의 문언이나 헌법의 기능관련 · 의미관련에서 이해할 뿐이다. 이 점에 의문은 없다. 이러한 논증의 방법뿐인데 다양한 이해, 불가결한 경계획정, 이익의 형량을 언어로 표현할 수는 없다. 이렇게 말하는 편이 해석의 법적 규율화나 실질성 · 보편화가능성 · 투명성을 가져온다.[83] 이 논증적 방법(diskursive Methode)은 기본권해석 때에 많은 반박에 놓여진다.

---

81) → Lerche, § 122.

82) → Lerche, § 122 Rn. 25 ff., 33 ff.

83) 이러한 의미에서의 기본권구성요건과 기본권제약을 구별하는 것으로서 Michael Kloepfer, Grundrechtstatbestand und Grundrechtsschranken in der Rechtsprechung des Bundesverfassungsgerichts — dargestellt am Beispiel der Menschenwürde — , in: FG-BVerfG II, S.

기본권규범은 통상 법의 규범에는 대부분 갖추고 있는 규범적 밀도나 법기술적 시각을 가지지 않는다. 거기에는 편성상의 통일성이나 일관성이 결여되어 있다. 그 구성요건은 추상적이며 구체화를 필요로 한다. 그것은 인간의 존엄이라든가 양심의 자유와 같은 실정법을 초월하는 윤리적 이념을 지시하는 경우도 있다면, 신앙·학문·예술과 같은 법적으로는 결정되지 않는 과정을 지시하는 경우도 있다. 법률용어로는 나타내지 않아도 당연하거나 표면상 자명한 것으로서 법적 탐사를 할 필요는 없다고 생각하거나, 시민의 실천적 이해에 직접 익숙하도록 생각될는지도 모른다. 또한 기본법이라는 실정법상의 보장에서도 명맥을 보유하는 인권의 활력이 그것을 직감적으로 파악하는 것을 생각나게 할 것이다. 그렇지만 해석이라는 것은 직감적 방법을 삼가고 논증적 방법을 고집함으로써만 법학적인 성격을 획득할 수 있는 것이다.

II. 기본권보호의 기점으로서의 보호영역

1. 보호영역 및 보호법익의 범주

(Rn. 40) 보호영역(기본권구성요건)[84]이란 헌법상 획정된 생활사실의 영역이며, 국가의 개입행위에는 폐쇄되어 있거나 또는 일정한 헌법상의 요건(제약의 제약)에 맞는 경우에만 가까울 수 있는 영역이다.[85] 보호영역은 기본권보호라는 테마를 말하며 (예컨대 출판의 자유나 편지의 비밀 보장과 같은 것), 그렇게 하는 것으로 보호법익을 특징짓고 있다. 동시에 그것은 기본권보호의 잠재적 사정을 나타낸다. 실제의 사정, 즉 기본권의 담당자에 대해서 실효적인 보장영역은 기본권제약이 부가되어 비로소 결정되게 된다.

(Rn. 41) 기본권구성요건이 정의되고 기본권보호의 대상을 형성하는 사물이 기본권의 보호법익이다.[86] 그것은 주관적 보호법익과 객관적 보호법익의 두 종류로 나뉜다.
— 주관적 보호법익이란 일정한 사물영역에서의 기본권의 담당자의 자기결정이며,

---

405 (407); Christian Starck, Über Auslegung und Wirkungen der Grundrechte, in: Wolfgang Heyde/ders., Vierzig Jahre Grundrechte in ihrer Verwirklichung durch die Gerichte, 1990, S. 9 (12 ff.)(본서, 기본권의 해석과 효과).

84) 연방헌법재판소는 「작용영역」(Wirkungsbereich)이라는 표현도 사용한다(E 32, 54 (72)); 콘라드 헤세는 「규범영역」(Normbereich)이라고 한다(Konrad Hesse, Grundzüge des Verfassungsrechts der Bundesrepublik Deutschland, 18 1991, Rn. 310)(계희열역, 『통일 독일헌법론』, 박영사, 2001, 199면). 이 텍스트에서는 「보호영역」과 「기본권구성요건」은 지배적인 언어의 사용방법에 적합하게 같은 뜻으로 사용하기로 한다(동일한 사용방법으로서 Christian Starck, in: v. Mangoldt/Klein/Starck, GG I³, Art. 1 Abs. 3 Rn. 170 f.). 이에 대해서 이 언어를 다른 의미로 사용하는 것으로서 Alexy (N 2), S. 273 ff. → Lerche, § 121 Rn. 11.

85) 참조. Gertrud Lübbe-Wolff, Die Grundrechte als Eingriffsabwehrrechte, 1988, S. 26; Schwabe (N 2), S. 152 f.

86) 보호법익의 범주에 대해서는 Alexy (N 2), S. 253 f., 274 f.

그것은 예컨대 방해받지 않고 행하는 종교의 행사라든가, 의견표명의 자유, 직업의 선택 또는 일반적으로 모든 대상의 좁은 의미에서의 자유권과 같은 것이다.

— 객관적 보호법익으로서 생명과 신체의 불가침성·인간의 존엄·편지·전신의 비밀·주거와 같은 것이 열거된다. 따라서 그 자체가 보호되는 물리적·이념적 실체이다. 그것은 기본권의 담당자의 자기결정의 대상이 아니라 생명과 같이 자기결정에 선행하거나 또는 주거나 편지의 비밀에서의 사적인 보호처럼 자기결정을 확보하는 것이다.87)

주관적 법익의 경우, 방어권은 종교나 의견 그 자체88)를 보호하는 것이 아니라 자기의 종교를 행사하고 그 의견을 표명하는 자유를 보장하는 데에 있다. 기본권구성요건은 여기서는 두 개의 구성요소를 가진다. 즉 자유의 보장이라는 요소와 종교, 의견과 같은 사물영역의 특유화의 요소이다. 이에 대해서 객관적 보호법익의 경우는 국가권력에서 볼 때 불가침의 물리적·이념적 실체를 구성요건으로서 정해두는 것만으로 좋다. 따라서 주관적 보호법익에서 기본권 구성요건은 2 편성으로 되는데, 객관적 보호법익에서는 1 편성으로 된다. 기본권의 보호법익은 주관적인 성격을 가지는 동시에 객관적인 성격도 아울러 가진다. 재산권의 보장은 사물의 자유로운 행사에 관련되는 한에서 주관적인데, 사물의 실체나 권리소유제도의 인테그리에 관련된 한에서는 객관적이다.

(Rn 42) 개입행위는 기본권의 보호영역의 내측에서 행해진다. 개입행위는 기본권의 보호법익에 관련하여 그것을 제약한다. 이 보호법익이 개입행위의 대상이 되는데 대해서 보호영역 쪽은 일정한 영역이며, 그 내측에서의 국가행위를 개입행위로 보아 방어권에 의한 정당화요청에 복종시킨다. 그러므로 양자는 일견 커버하는 범위의 보다 유사한 구성요소이지만 다른 규범으로서의 성격을 가지고 있다. 보호영역은 진정한 규범에 의해서 규정된다. 그것은 개입요건의 사정을 표시하며, 그리하여 어디에서 국가에 대한 정당화요구가 시작되는가, 그것이 어느 범위에 미치는가 하는 것을 정한다. 문제가 되는 것은 명령의 범위를 확정하는 「룰」이다.89) 이에 대해서 보호법익은 최적화명령에 불과하다. 그것은 다른 정도에서 구체화되는 「원리」이다. 따라서 개입행위에 의한 감축을 받아들일 수 있는 것, 개입행위가 없게 되면 다시 원래의 범위를 회복한다. 보호법익의 고려는 법적·사실적 가능성의 기준에 의해서 행해져야 한다. 그것은 실효성 있는 자유에 상당하며 법적 효과가 있는 제약이 부과되는 경우에도 기본권의 담당자 아래 존속한다. 그러므로 보호법익은 거슬러 올라갈 수 있다. 이에 대해서 보호영역은 경질이며 확고부동한 것이다.90)

---

87) 이 구별은 기본권보호의무에 대해서 의미가 있다. 예컨대 양친의 권리에 행사에 관한 국가의 감독직무에 대해서 의미가 있다(s. o. Rn. 15).

88) 이에 대해서 헤세에 의하면 「신앙」·「예술」·「직업」·「재산」과 같은 것은 보장의 대상이 되는 「현실」의 단면, 즉 「규범영역」을 형성한다고 한다(N 84), S. 310. 그러나 기본권은 현실의 단면을 보장하는 것이 아니라 기본권구성요건에 의해서 규정된 그때그때의 현실 분야에 대한 개인의 자유를 보장하는 것이다.

89) 룰-원리라는 한 쌍의 개념은 알렉시(Alexy (N 2), S. 75 ff.)에로 환원된다. 보호영역·제약의 관계에 관한 알렉시 자신의 입장에 대해서는 Alexy (N 2), S. 249 ff.

90) 도그마틱과 실무에서 이러한 관련에서 성과를 거두지 못한 문제는, 제약은 밖으로부터 기본권의 내용에

(Rn. 43) 기본권의 보호법익의 범주는 보호영역에 의거한다. 보호영역은 말하자면 2차원적이며 평면적인데 불과하며, 규정하는 것은 국가의 개입행위를 방어하는 사정이다. 그러나 보호법익은 제3의 차원에로 확대되고 있다. 그것은 말하자면 입체로 된다. 그리하여 3차원적ㆍ공간적으로 일정한 무게를 획득한다. 이것이 비교형량의 단계에서 공익이나 제3자의 이익의 무게와 형량된다. 국가의 개입행위는 이 공익이나 제3자의 이익을 위해서 존재한다. 2차원적으로 이해된 보호영역은 국가의 개입행위에 대해서 경계를 긋기만 한다. 따라서 주변의 대상보호의 가능성을 여는 것은 보호법익의 범주로 된다. 사인에 의한 침해의 방어의 가능성은 보호법익의 범주가 될 것이다. 그것은 국가의 보호의무의 주제이다. 그러나 이 국면은 방어권의 역할 범위 밖에 있다.

2. 제약에 대한 보호영역의 우위성

(Rn. 44) 개인의 자유와 국가권력의 긴장관계는 보호영역과 제약이라는 도그마틱상의 범주 중에 법적 표현을 발견할 수 있다. 양자는 서로 관련되는 것, 법적으로는 엄격하게 구별되지 않으면 안 된다. 왜냐하면 양자는 그 기원에서부터 양립할 수 없는 것이기 때문이다. 기본권구성요건에는 기본권의 담당자를 보호할만한 이익이 체현되어 있다. 그리고 제약에는 공공이나 제3자를 위한 대항이익이 체현되어 있어서 그것을 국가가 자기 측에 두고 있다. 구성요건과 제약을 구별하는 것으로 상반된 이해가 명백하게 되고 분석되며 형량하게 된다. 그리하여 기본권제약의 정당화과정을 위한 소재가 법적으로 처리되는 것이다.

(Rn. 45) 보호영역의 규정은 법논리적으로는 개입행위의 의론에 선행한다. 제약은 보호영역의 내부에서 행해진다. 자유의 가능성을 무제한하게 주장하는 제약 없는 보호영역은 존재하지만, 제약되어야 할 보호영역을 가지지 아니한 제약은 존재하지 않는다. 제약은 기본권구성요건에 체현된 보호법익을 고려하면서 해석해야 하는데, 구성요건은 제약의 차원에서 있을 수 있는 귀결을 짐작하면서 해석해서는 안 된다. 제약의 정당화의 장면에서 결과문제가 일어날 가능성이 있는 경우에도, 연방헌법재판소는「기본권의 작용영역을 제약의 유보에서 규정하고 논증을 행하는」도피길을 거절하고 있다. 「넓은 해석을 취하면 실무상 선을 긋기 어렵다는 이유로 보다 좁은 해석을 선택해버리면 제약이 대상을 상실하게 된다. 오히려 우선 기본권의 실체적인 내용을 탐구하여야 한다. 그

가져온 것인지(외재설), 아니면 제약은 동시에 기본권의 내용을 규정하고 결국 제약과 내용규정을 수렴하는 것인지(내재설)이다. 후자의 견해에 대해서는 Peter Häberle, Die Wesensgehaltgarantie des Art. 19 Abs. 2 Grundgesetz, ³1983, S. 179 f. — 볼프강 지베르트(Wolfgang Siebert)의 권리남용에 관한 민법상의 명제들(Verwirkung und Unzulässigkeit der Rechtsausübung, 1934, S. 85, 153)과 결부되어 있다. 방어권의 법학적 취급에 대해서는 물론 외재설 쪽이 보다 명백하며 보다 치밀하고 남용의 위험도 적다고 해도 좋다. 이론 대립의 도그마틱한 전제와 귀결에 대해서는 Alexy (N 2), S. 249 ff. (Nachw.). 또한 Schwabe (N 2), S. 65 ff.도 참조.

후에 비로소 자유추정의 원칙에 배려하고 비례성이나 수인가능성의 헌법원칙에 주의하면
서 법치국가적 관점에서 주장가능한 기본권행사의 제약을 확정할 수 있는 것이다」.[91]
연방헌법재판소는 대체로 이 기본권 논증의 원칙에 따른다.[92] 기본권구성요건의 방법론
적인 우위성은 법윤리적으로는 법치국가적 배분원리에 의해서 기초지워진다. 우선 최초
로 개인의 자유의 법익이며 그것은 원리적으로 포괄적이라고 이해되고 자신을 위해서
존재하게 된다. 다른 한편, 국가의 행위는 필연적으로 한정된 것이며 정당화되지 않으면
존립할 수 없게 된다.[93]

(Rn. 46) 국가의 개입행위에 대한 기본권의 보호법익의 우위라 하더라도 그것은
보호법익이 필연적으로 「전국가적인」 성질이라든가, 기본권구성요건이 「자연적」 자유의
보류지를 형성한다는 것과 같은 의미는 아니다.[94] 그러한 류의 격세유전적인 견해는
방어권의 관념에 익숙하지 않다. 「자연적」이란 신체적 보호법익인 생명이나 신체의
불가침성일 것이다. 넓은 의미에서 「자연적」이란 자유권에 의해서 확보된 것, 거기에서
산출된 것이 아닌 인간의 주체를 말한다. 자유권 그 자체의 타당성과 시민이 행하는
현실의 행사의 타당성은 시민적 지위라는 국가의 생활형식에 의해서 조건지워진다.[95]
기본권의 보호 아래 있는 현실의 요소는 대부분 국가법에 의해서 구체화된다.[96] 따라서
기본권의 보호법익은 국가의 법질서 그 자체에 선행하는 것이 아니라 개별 사건에서
심사되어야 하는 국가의 개입행위에 선행하는 것이다. 이와 같이 상대화하는 것이라면,
그것을 「전국가적」이라고 평가하더라도 좋을는지 모른다. 「전국가적」이란 여기서는
비철학적 · 비강조적으로 현실의 국가의 개입행위에 의한 변경에 앞서는 구성요건상으로
정해진 법적 지위를 의미하는 것이다.

(Rn. 47) 현재 개입행위로부터 지켜지는 기본권의 자산, 예컨대 일정한 작업상의
신분이나 기본법 제14조에 의해서 보호되는 기업의 지위는 아마 조금 전에 법률에 의한
개입행위에 의해서 창설된 것이다. 방어권의 보호는 현상보전에 기여하더라도 그렇다고
하여 현상이 기본권상 유지된다는 것은 아니다. 그것은 기본권상 정당한 것으로서 전제되
고 있을 뿐이다. 변경은 여전히 가능하다. 그렇지만 국가의 개입행위에 의한 변경, 즉
권리보유자의 의사에 반하는 변경은 기본권상의 방식에 따라서 정당화되어야 한다.[97]
만약 국가가 직업제도나 기존의 기업조직을 개혁하려고 생각한다면, 국가는 그 개혁구상

---

91) BVerfGE 32, 54 (72). — 기본법 제13조 1항에서의 「주거」의 구성요건 메르크말의 해석에 대한 판례.
  구성요건과 제약의 관계에 대해서 시사가 풍부한 것은 또한 BVerfGE 24, 236 (245 ff., 247, 249).
  — 종교의 행사로서의 의상 모음.
92) 재판소의 실무에 대해서는 Kloepfer (N 83), S. 408 ff. (Nachw.).
93) S. o. Rn. 7.
94) 옐리네크(Jellinek (N 3), S. 95)에 의하면, 소극적 지위의 자유는 「자연적」이라고 평가된다. 비판적
  분석으로서 Grabitz (N 2), S. 124 f., 140 f.; Häberle (N 90), S. 145 ff.; Alexy (N 2), S. 253.
95) → Isensee, § 115 Rn. 1 ff., 45 f.
96) → Isensee, § 115 Rn. 137 ff.
97) 적절한 것으로서 Schlink (N 2), S. 467 f.; Lübbe-Wolff (N 85), S. 125 ff.

을 비교형량의 과정에 두고 자유권으로서 보호된 기본권의 담당자의 이해와 형량하고, 거기에서「보다 좋은 법을 증명」하지 않으면 안 된다.[98] 정당화책임은 국가 측에 있다. 그러나 그것이 국가가 현상을 변경하려고 하기 때문은 아니며, 기본권의 담당자의 의사에 반하여 그의 기본권적 지위에 언급하려고 하기 때문이다. 이것이 보호영역의 일반적인 법적 효과이다. 즉 국가가 보호영역에 개입하려고 생각한다면 그 정당화가 요구된다는 것, 그리고 기본권의 담당자가 자기의 한계 내에서 행동하는 경우, 무엇을 하려고 하면 무엇을 바라고 무엇을 소유하고 그것을 정당화할 필요는 전혀 없다는 것이다. 요컨대 기본권의 담당자는 처음부터「법 중의 법」에 있는 것이다.

(Rn. 48) 방어권의 도그마틱이 의거하는「개입・제약」사고[99]는 원리적인 비판에 마주친다. 그것에 의하면 개입・제약 사고는 기본권의 의의를 국가로부터의 방어에 한정하는 동시에 법률의 의의도 거기에 한정하며, 자유의 제약뿐만 아니라 자유의 기반이기도 한 법률의 의의를 좁히게 된다.[100] 이러한 이의신청은 헌법이론의 차원에서 행해진다. 이 이의신청은 벙어권을 기본권 전체로 보는 기본권이해에는 타당하더라도 법형태로서의 방어권이나 그 도그마틱에는 타당하지 않다. 방어권은 기본권의 한 기능을 형성할 뿐이며 다른 기능을 아프리오리하게 배제하는 것은 아니다. 방어기능은 기본권의 개개의 요소를 활성화한다. 그것은 기본권의 복잡성을 몇몇 중요한 메르크말로 환원하고 일정한 시점에서 법적으로 처리할 수 있도록 배려한다. 중요성의 환원은 법실무상의 기교인데, 그것은 결코 기본권의「본질」이라든가, 법률의「본질」또는 자유나 국가권력의「본질」에 관한 언명은 아니다.

(Rn. 49) 방어권을 정당시하는 단락적인 것의 견해에서 국가권력은 일면적으로 기본권의 위협이 되며 법률은 일면적으로 개입하게 되며, 시민과의 관계는 적대적으로 되는 것처럼 생각된다.[101] 사인의 주관적인 법적 지위, 그 자유영역 그리고 그 생활이익이 방어권의 주제가 되는 것은 단지 유일한, 극도로 센시블한 국면에 한정된다. 즉 그것들이 국가의 개입행위에 내버려두는 국면이다. 그러나 그것들은 다른 영향력에도 미친다. 특히 사인측으로부터의 간섭에 노출되는 것이야말로 그것이 국가의 보호의무의 주제가

---

98) 현상과 이러한 결합에서 방어권은 게오르그 옐리네크의 다음의 상정과 일치한다. 즉「주어진 사회상태는 정당하게 존재하는 상태이기 때문에 이러한 상태에 변화를 가져오려는 자는 누구든지 그것보다도 좋은 법을 증명하지 않으면 안 된다」(Allgemeine Staatslehre, ³1914, S. 340)(김효전역, 『일반 국가학』, 2005, 279면)라는 상정이다. 법학적으로 근거지우는 의무와 논증책임은 변혁자에게 부과된다. Martin Kriele, Legitimationsprobleme der Bundesrepublik, 1977, S. 56 f. 이 격언의 철학적 근거로서 Odo Marquardt, Abschied vom Prinzipiellen, 1982, S. 16.

99) 헤벌레의 표현. Häberle (N 90), S. VII, 3, 19 und passim.

100) 이러한 의미에서 Häberle (N 90), S. 19, 138 ff., 163 ff., 189 ff. und passim. 반비판을 하는 것으로서 Ernst Forsthoff, Der introvertierte Rechtsstaat und seine Verortung (1963), in: ders., Rechtsstaat im Wandel, 1964, S. 213 (220 ff.); Schwabe (N 2), S. 139 ff.; Schlink (N 2), S. 462 ff.; Lübbe-Wolff (N 85), S. 63 ff.

101) 헌법의 국가개념의 상대화 그리고 기본권과 법치국가의 특수 국가적 측면에 대해서는 → Bd. I, Isensee, § 13 Rn. 145 ff., 152 ff.

된다. 방어권의 기능영역 외에 방어권의 타당성이 구축되고 방어권의 실제의 행사가능성이 의거하는 사실상 및 법적인 전제들이 존재한다.[102] 국가에는 자기의 권한의 범위 안에서 기본권의 전제들을 보장하고 진흥할 임무가 부여되고 있다. 이 임무에는 기본권을 보호하고 그 내용을 형성하고 그것을 촉진하는 것이 포함되어 있다. 기능들은 간접적으로 방어권의 역할을 한다. 그러나 그것들은 방어권에 비추어 측정가능한 기본권의 제약은 아니다.

3. 기본권구성요건의 개방성

(Rn. 50) 방어권의 구성도에서 기본권구성요건은 헌법적 권위를 가지고 보호의 사물적 사정의 한계를 나타낸다. 그러나 그 내용을 구조화하는 것은 아니며, 또 기본권의 행사를 지도하는 것도 아니다. 그러한 한에서 기본권구성요건은 헌법의 규범적 차원에서는 (「규범 프로그램에서는)[103] 열려진 것을 알 수 있다. 기본권구성요건에 의해서 규정된 현실의 단면 중에서 내용상의 충전을 하는 권리를 가진 것은 우선 첫째로 기본권의 담당자이다. 이것저것이 기본권의 자유의 의미이다. 기본권의 담당자가 더구나 기본권의 담당자만이 자유권을 행사하는가의 여부, 어떠한 행사를 하는가에 대해서 결정하는 것이다. 정당한 자유행사의 문제는 헌법의 주제가 아니며 고작해야 헌법적 기대의 주제일 뿐이다.[104]

(Rn. 51) 물론 국가법도 기본권구성요건에 대응하는 생활과정을 질서지우며, 그리하여 기본권의 보호법익을 구체화하고 거기에서 기본권보호의 토대를 내용형성하는 데에 공헌한다.[105] 그리하여 「법적으로 창출된」 기본권의 한 예가 재산권이다. 재산권의 내용은 그 제약과 마찬가지로 법률에 의해서 규정된다(기본법 제14조 1항 2문). 통상 법이 창설한 재산적 가치가 있는 지위는, 그것이 구성요건상 기본법 제14조의 의미에서의 재산권이라고 평가되면 헌법 아래 뒷받침을 받게 된다.[106] 기본권의 보호법익이 여기서는 국가법에 의해서 구성된다. 동일한 것은 혼인과 가족의 구성요건에도 타당하다. 혼인과 가족은 제도보장에 의해서 확보된다. 이에 대해서 신체의 보호법익인 생명이나 건강에 대해서는 국가에 의한 내용형성이 최초부터 후퇴되고 있다. 또한 자유의 영역은 원칙으로서 내용형성에 익숙하지 않으며, 그것에 대응하여 국가는 격리·중립의 특별한 의무를 진다. 그 예는 양심의 자유나 신앙의 자유, 학문의 자유나 예술의 자유이다. 여기서는

---

102) → Isensee, § 115, Rn. 137 ff.
103) 프리드리히 뮐러의 경우 「규범 프로그램」이란 특정한 「규범영역」(규범 프로그램에 의해서 파악되는 현실의 단면)과 대립하는 법적 규율을 가리킨다(Juristische Methodik, ⁵ 1990, S. 27, 147 ff.).
104) → Isensee, § 115 Rn. 163 ff.
105) 「법적으로 창출된」 기본권의 유형에 대해서는 Michael Nierhaus, Grundrechte aus der Hand des Gesetzgebers?, in: AöR 116 (1991), S. 72 (82 ff., 90 ff.). 또한 Lübbe-Wolff (N 85), S. 103 ff. → Lerche, § 121 Rn. 38 ff.
106) → Bd. VI, Leisner, § 149 Rn. 54 ff. → Isensee, § 115 Rn. 139 ff.

「법적으로 창출된」 보호법익과 구별되는 「사물상 창출된」 내지는 「사물상 구체화된」 보호법익이라는 유형이 제시된다.107) 그렇지만 내용형성의 자격 내지 필요성이 다르다는 것은 방어권의 틀 내에서는 아무런 역할도 하지 못한다. 보호법익이 사물상 창출된 것이라면 법적으로 창출된 것과는 관계가 없다. 여기서 문제로 되는 것은 국가가 보호영역에 개입한다는 점에만 있다. 개입행위가 행해지는 경우에는 기본권의 정당화요구가 해소된다. 그것은 당해 보호법익이 국가법에 의해서 조건지워지는가, 그리고 어느 정도 조건지워지는가와는 무관계하다.

4. 헌법규범으로서의 기본권구성요건의 성격

(Rn. 52) 대강적인 성격에서 기본권구성요건은 헌법적 지위를 가진다. 따라서 그것은 기본권을 형성하는 법률이나 기본권을 제약하는 법률에 선행한다. 법률은 헌법의 우위성을 존중하지 않으면 안 된다. 형성적 규율, 그리고 제약적 규율은 여하튼 원칙으로서,108) 입법자의 재량에 맡겨진다 하더라도 다른 한편, 보호영역은 여전히 확고한 것이다. 보호영역의 내측에서 법률에 의한 규율을 생각하는 경우는 이제 한 번 헌법의 지령에 의해서 인도되게 된다. 부동의 헌법규제와 가동의 통상 법규범의 협동작용은 한편에서는 변천하는 현실 세계에 적응하는 능력을 기본권에 부여하며, 다른 한편 국가행위를 제어하는 규범력을 기본권에 보장한다.

(Rn. 53) 보호영역은 아프리오리하게 한계지워진다. 그 한계는 법률에 의해서 사후집행되며 구체화된다. 그러나 법률에 의한 규율은 여하튼 이념적으로는 선언적인 의의만을 가질 뿐이다. 구성요건의 추상적인 말바꿈이나 「양심」·「신앙」·「예술」과 같은 법외적인 개념의 사용에 비추어본다면, 구성요건의 한계를 법적으로 파악하는 것은 자주 곤란하다. 그러나 여기서도 한계를 인식하는 것의 어려움에서 한계의 비존재를 도출한다는 무한계추론을 행하는 것은 금지된다.109)

(Rn. 54) 이에 대해서 제약은 통상 법규범에 의해서 아프리오리하게 설정된다. 그것은 내용과 사정에서 통상 법의 규제목적과 기본권법익의 비교형량의 산물이다. 그러나 비교형량은 보호영역의 구성요건 메르크말에 관한 것은 아니다. 보호영역의 메르크말은 해석되는 것이며 비교형량되는 것은 아니다. 보호영역의 획정에 비례성의 원칙은 적용되

---

107) 「사물상 창출된」 내지 「사물상 구체화된」 기본권의 유형에 대해서는 Nierhaus (N 105), S. 82 ff., 84 ff. 나아가 Josef Isensee, Wer definiert die Freiheitsrechte?, 1980, S. 46 ff.

108) 예외가 생기는 것은 법률에 의한 규율이 기본권에 대해서 필요한 전제들을 이루고 있어서 그 때문에 상대적인 현상보호가 요청되는 경우(→ Isensee, § 115 Rn. 144) 또는 제약이 국가의 보호의무의 매개가 되는 경우(s. o. Rn. 5, s. u. Rn. 151 ff.)이다.

109) 무한계 추론에 대해서는 Carl Schmitt, Freiheitsrechte und institutionelle Garantien (1931), in: ders., Verfassungsrechtliche Aufsätze, 1958, S. 140 (147).(김효전역, 자유권과 제도적 보장, 동인 편역, 『독일 기본권이론의 이해』, 2004, 97면 (105면). 기본법 제2조 1항에 관해서는 das Sondervotum Grimm in: BVerfGE 80, 137 (169).

지 않는다. 오히려 보호영역에서 이 원칙이 적용가능한가의 여부가 결정된다고 할 것이다.110)

(Rn. 55) 여기서는 의미론적으로 명확화하는 것이 적절하다. 텍스트의 의미에서의 「제약」이란 프리드리히 클라인의 말로 말하면 (실질적인) 「보장의 제약」과는 구별되는 「유보의 제약」을 의미한다.111) 이 「보장의 제약」은 실질적으로 보면 구성요건 메르크말이다.112) 따라서 비교형량되지 않는, 해석에 의해서 정해져야 하는 기본권의 요소이다.

5. 구성요건 메르크말로서의 「헌법내재적 제약」

(Rn. 56) 헌법 자신이 기본권에 미리 규정하는 「내재적 제약」은 여하튼 원칙으로서 보호영역의 일부이다. 이러한 「제약」은 특히 법률의 유보를 갖지 않은 기본권에 대해서 실무상 중요하다. 연방헌법재판소의 판례에 의하면, 그것은 헌법 자신에 의해서만 제한가능한 것이다.113) 어떤 기본권이 다른 헌법규범과 어떤 주제에 관하여 교차하고 그 헌법규범에 의해서 제약되는 경우, 문언에 직접 제시되지 아니한 한계를 해명하는 것은 해석의 문제이다. 이 내재적 제약은 개별 사례를 탐구해서 비로소 그 존재나 그 장소가 알수 있다 하더라도, 이념에서 본다면 최초부터 정해진 것이다. 그러한 헌법내재적 한계를 모사하고 명확화하는 법률은 본래의 의미에서의 제약을 만들어내는 것은 아니다. 따라서 구성요건상의 가능성을 구조적으로 감축하는 것은 아니다.114) 법률이 기본권규범과 다른 헌법규범의 충돌을 해결하는 경우, 그것은 법적 조정의 역할을 수행하는 것이며,115) 방어권에 대해서 의미 있는 기본권제약을 행하는 것은 아니다.

예술의 자유와 같은 기본권의 구성요건은 당해 기본권규범만으로 ― 이 경우는 기본법 제5조 3항 1문만으로 ― 명백하게 해야 하는 것은 아니다. 기본권규범은 그것만으로 독립하여 존재하는 것이 아니라, 다른 헌법규범과 공생하여 존재하기 때문이다. 그러므로 기본권의 「내재적 한계」는 구성요건 메르크말을 형성한다. 가령 그 조문상의 기초가 각각 기본권규범의 외부에 있는 경우에도 헌법의 내부에 존재한다.

---

110) 이에 대해서는 Martin Kriele, Vorbehaltlose Grundrechte und die Rechte anderer (1984), in: ders., Recht-Vernunft-Wirklichkeit, 1990, S. 604 (625 f.); Isensee (N 70), S. 56 ff.

111) Friedrich Klein, in: v. Mangoldt/Klein, GG, I², S. 123 ff.

112) 적절한 것으로서 Starck (N 84), Art. 1 Abs. 3 Rn. 175.

113) Josef Isensee, Schranken der vorbehaltlosen Grundrechte, in: Recht in Deutschland und Korea, Zeitschrift der Koreanisch-Deutschen Gesellschaft für Rechtswissenschaft, Bd. V (1985), Seoul/Korea, S. 51 ff.(『한독법학』제5집*) → Bd. III, Isensee, § 57 Rn. 111, 126.

114) So wohl auch Hesse (N 84), Rn. 310.

115) → Lerche, § 121 Rn. 47; § 122 Rn. 23 f.

6. 주관적인 고찰방법 또는 객관적인 고찰방법

(Rn. 57) 기본권의 구성요건 메르크말의 규범으로서의 성격과 구별해야할 것은 구속력 있는 해석을 하고, 그리하여 그 내용을 결정짓는 권한의 소재이다. 여기서는 주관적 고찰방법과 객관적 고찰방법이 대립한다.116) 기본권주관주의에 의하면 그 권한은 행위하는 기본권의 담당자 자신에 있다. 그러므로 병역거부자가 자기의 동기가 기본법 제4조 3항 1문의 의미에서의 양심에 관한 이유에 해당되는가의 여부를 결정해야할 것이며,117) 예술가가 자기의 창작물이 기본법 제5조 3항 1문의 의미에서의 「예술」에 해당되는지의 여부를 결정해야 하는 것이다.118) 보호영역은 개인의 자기이해에 따라서 방향지워져야 하는 것이다. 그러나 그렇게 되면 보호영역은 보편적이며 평등의 자유라는 헌법적 척도로서의 규범적 성격을 상실하게 된다. 즉 보호영역은 주관적인 자의의 기능으로 되어버린다. 기본권의 담당자의 자기이해는 기본권구성요건의 틀 내에서 기본권적 자유의 행사를 결정하며, 이 틀 자체를 정하는 것은 아니다. 이 틀은 만인에 대해서 동일하다. 주관적 고찰방법이 기본권의 담당자 간의 분쟁에 적용되면, 해결불가능한 문제를 불러일으킨다. 기본권보호의무의 사례에서는 그런 것이 일어날 수 있다. 왜냐하면 행위자의 기본권이해는 피해자의 기본권이해와 대립하기 때문이다. 한편의 당사자도 다른 한편의 당사자도 국가에 대해서 행위의 법칙을 압박해서는 안 된다. 할 수 있는 것은 단지 헌법이라는 객관법을 강하게 하는 것뿐이다. 어떠한 기본권의 담당자도 타자의 자유권을 희생하거나 또는 공공의 보호의무를 희생하여 자유권의 한계를 자유롭게 다룰 수는 없다. 자유권의 한계에 대해서 최종 구속력을 가진 결정을 내리는 권한은, 단독으로 결정권한이 아니더라도 분쟁에 중립이며 직무법에 구속된 국가에게 주어진다. 국가만이 기본권요구의 충돌을 공정하게 객관적인 헌법에 따라서 해결할 수 있다. 기본권구성요건의 해석 때에 객관적 고찰방법이 타당하다. 이것은 그 밖의 헌법규범을 해소하는 경우에도 타당하다.119) 기본권의 보호영역에 관한 규범이 예외로 되는 것은 아니다. 개별 사례에서의 해석의 기준은 결과의 보편가능성이다.120)

---

116) 이에 대해서는 Isensee (N 107); Nierhaus (N 105), S. 84 ff.; Wolfram Höfling, Offene Grundrechtsinterpretation, 1987, S. 15 ff.
117) → Bd. VI, Bethge, § 137 Rn. 57 f. → Isensee, § 115 Rn. 117 ff.
118) → Bd. VI, Denninger, § 146 Rn. 1 ff.
119) → Isensee, § 115 Rn. 117 ff.
120) → Bd. VII, Die Verfassungsauslegung.

III. 범주로서의 개입행위

1. 「개입행위」와 「제약」

(Rn. 58) 개입행위와 제약은 언어사용법상 전적으로 같은 개념이라고 생각된다. 기본법은 「제약」(Schranke), 「제한」(Beschränkung), 「개입행위」(Eingriff)라는 말을 호환적으로 사용하며, 거기에 내용상의 차이는 인정하지 않는다.[121] 「개입행위와 제한」과 병렬적으로 규정되는 경우(기본법 제13조 3항)일지라도, 내용상의 차이는 명백하지 않다.[122] 실제로 개념들은 넓은 범위에서 일치한다. 물론 완전하게 커버된다는 것은 없다. 그것은 다른 국면에서 동일한 사안을 나타낸다. 개입행위가 의미 있는 것은 국가의 행위이며, 제약이 의미 있는 것은 이 행위에서 도출되는 법적 상태이다. 개입행위는 동태적이며 제약은 정태적이다. 양자는 서로 원인과 결과의 관계에 있다. 개입행위가 없으면 제약은 성립하지 않는다. 개입행위가 정당화되지 않는다면 기본권은 적법하게 제약되지 않는다.

2. 개념의 일반적 윤곽

(Rn. 59) 개입행위에는 방어권에 의해서 열쇠가 되는 기능이 주어진다.[123] 「개입행위」란 기본권법익에 대한 사소하지 않은 국가작용이며, 기본권담당자의 의사에 반하는 행위이다. 이 정의는 오늘날 지배적이 되고 있는 개입행위의 넓은 이해를 요약한 것이다. 그러나 이 이해는 아직 확립된 것은 아니다. 약간의 측면에 불명확한 점이 보이기 때문이다.

(Rn. 60) 여하튼 개입행위가 국가의 일방적인 행위를 의미한다는 것은 명백하다. 즉 그것은 기본권 담당자의 의사에 반하는 영향력행사(Ingerenz)이다. 기본권 담당자의 합의가 있는 경우, 예컨대 계약상의 규율에 대해서 유효한 기본권포기가 있었는가의 여부 문제가 제기될는지도 모른다.[124] 그러나 거기에 개입행위가 있는 것은 아니다.

121) S. o. Rn. 9.
122) 참조. Theodor Maunz, in: Maunz/Dürig, Komm. z. GG, Art. 13 Rn. 13a; Ernst Pappermann, in: v. Münch I, Art. 13 Rn. 30.
123) 개입행위의 개념의 윤곽에 대해서는 Grabitz (N 2), S. 24 ff.; Lübbe-Wolff (N 85), S. 42 ff., 69 ff.; Schwabe (N 2), S. 80 ff., 90 ff., 176 ff.; Albert Bleckmann, Staatsrecht II - Die Grundrechte, ³1989, S. 335 ff.; ders.,/Rolf Eckhoff, Der "mittelbare" Grundrechtseingriff, in: DVBl. 1988, S. 373 ff., mit Replik von Jürgen Schwabe, in: DVBl. 1988, S. 1055 ff., und Duplik, in: DVBl. 1988, S. 1057 f.; Bodo Pieroth/Bernhard Schlink, Grundrechte, ⁷ 1991, Rn. 271 ff.(정태호역, 『독일기본권개론』, 2000, 84면 이하); Arno Scherzberg, Grundrechtsschutz und "Eingriffsintensität," 1989, S. 139 ff., 144 ff. → Lerche, § 121 Rn. 45 ff.
124) 이에 대해서는 Jost Pietzcker, Die Rechtsfigur des Grundrechtsverzichts, in: Der Staat 17 (1978), S. 527 ff.; Schwabe (N 2), S. 92 ff.; Gerhard Robbers, Der Grundrechtsverzicht, in: JuS 1985, S. 925 ff.; Christian Hillgruber, Der Schutz des Menschen vor sich selbst, 1992 (Nachw.).

의사에 반하는 영향력행사의 주관적 계기에 대해서는 통상 객관적 부담이 대응한다. 국가의 급부행위는 그 자체로서는 개입행위를 이루는 것은 아니다. 그러나 현대 사회국가는 위에서 주어진 자선행위나 비용부담을 수반하는 급부행위(지역의 공급제도의 접속·이용 강제, 법률상의 연금보험의무의 확대, 요금지불의무 있는 계고, 교통할 때 자기방어의 강제)를 알고 있다. 여기서는 자유권에 대한 진정한 개입행위가 문제로 된다. 왜냐하면 국가의 작용을 수인하는가의 여부는 자유의 주체에 관련되기 때문이다. 보호영역의 객관법적 테두리 안에서 결정을 내리는 것은 의사라는 주관적 원리이며, 잘 생각된 「진실한」 이익이라는 객관적 원리는 아니다.125) 따라서 개입행위의 성격에 대해서는 국가행위가 객관적인 관점에서 볼 때 이익을 준다고 평가해야 할지, 아니면 불이익을 주는 것이라고 평가해야 할지의 문제는 아니다.

그러나 국가행위는 보호영역의 객관법적 한계를 초월해야 할 것이다. 그렇다하더라도 국가의 조치가 원래 보호영역에 저촉되지 않는 경우(예컨대 구성요건에 해당되지 않는, 평화적이 아닌 집회를 금하는 것)나, 구성요건상의 한계를 서술하거나 헌법내재적인 제약을 명확하게 하는 경우는 그러한 경우가 아니다.

3. 기본권개입의 고전적 이해에서 현대적 이해로

(Rn. 61) 개입행위의 고전적 개념은 기본법이 정한 것이며, 최근의 모든 전개에도 불구하고 오늘날에도 더욱 일반적으로 인정된, 개입 도그마틱의 확고한 중핵 부분을 형성한다. 그것은 다음 네 가지의 계기에 의해서 특징지워진다. 즉
— 관헌의 명령·강제권력의 사용
— 주로 법률·행정행위·판결을 통해서 행해지는 행위의 법형식성
— 기본권법익에 대한 작용의 목적지향성
— 보호법익침해의 직접성

(Rn. 62) 이 전통적인 개입행위의 윤곽은 기본권 도그마틱에 의해서 좁게 자주 비판받고 있다. 그 때에 기본법 제1조 3항이 명시하는 국가권력의 의무지움이 모든 기능에서 언어대로 수취되고 완전한 귀결로 인도한다. 기본권에 실효성을 부여하기 위해서 이제 개입행위의 구성요건은 확대된다. 그와 함께 방어권의 개입요건의 사정도 확대된다.126) 그때에 고전적인 개입개념은 밀려난 것이 아니라 새로운 국면 때문에 내용을 충실하게 된다.

(Rn. 63) 확대의 경향은 다음과 같이 전개한다. 즉
— 국가의 관헌적 행동에서 단순한 고권적 행동을 초월하여 행정사법적·영리경제적(좁은 의미의 「국고적」) 행동에로

---

125) Murswiek (N 6), S. 191.
126) 전개에 대해서는 Grabitz (N 2), S. 24 ff.

― 법형식적 행위에서 임포말한 「단순한」 행위(사실행위)에로

― 목적지향적인 작용에서 의도하지 않은 효과, 부수적 결과와 같은 객관적으로 일어난 결과에로

― 기본권법익에 대한 직접적으로 생긴 침해로부터 간접적으로 생긴 침해로

확장은 현대의 확대된 개입행위의 구성요건을 초래했다. 결과로서 이 확대된 개입개념은 국가의 영향력행사의 전체 스펙트럼을 창조하게 되었다.[127] 그 때문에 기본권법익에 저촉된다면, 그 작용이 해당자의 의사에 반하여 행해졌는가의 여부가 문제가 되지 않게 되었다.

(Rn. 64) 그러나 확대에 의해서 개입행위의 구성요건은 중핵적 구성요건에 고유한 윤곽을 상실한다. 예컨대 의견표명의 자유에 개입하는 형법이나, 인신보호의 권리 (Habeas-corpus-Recht)에 개입하는 경찰의 체포와 같은, 관헌적이며 목적지향적·명령적인 개입행위에 고유했던 윤곽을 상실해버렸다. 이러한 종류의 개입행위는 법률학상 비교적 용이하게 파악되며 취급할 수 있다. 법의 유보와 같은 정식의 법률요건은 이러한 종류의 개입행위에 편성되어 있었다. 그러나 사실상의 의도되지 않은 침해[128]나 간접적인 작용[129]은 그러한 경우가 아님에도 불구하고, 이제 모두가 개입행위라고 평가되어 기본권의 정당화강제에 복종하지 않으면 안 되게 되었다. 공산품에 대해서 관청이 평판을 훼손하는 경고를 하는 것,[130] 보조금교부를 받지 않은 경업자에게 불이익을 미치는 국가의 보조금교부, 사인과 국가의 경쟁,[131] 국가의 시설로부터의 임미시온[132]과 같은 것이 그러한 예로서 들 수 있을 것이다.

4. 한정하는 기준의 필요성

(Rn. 65) 고전적 개입행위의 구성요건의 한계를 타파하는 것은 새로운 한정규준을 발견할 필요성을 인정하는 것이다. 왜냐하면 한계 없는 개입행위의 구성요건은 기본권의 정당화강제의 구체적인 대상을 법률학적으로 규정함에는 실용성을 결여하며 부적절하다고 생각하기 때문이다. 오늘날의 기본권 도그마틱에서는 신종의 조건 아래 타당한 한정을 발견하려는 다양한 노력이 보여진다. 여기서는 제한을 가하려는 세 개의 어프로치를

---

127) → Bd. III, P. Kirchhof, § 59 Rn. 139 ff.

128) 이에 대해서는 Hans-Ullrich Gallwas, Faktische Beeinträchtigungen im Bereich der Grundrechte, 1970, S. 94 ff.

129) 이에 대해서는 Paul Kirchhof, Verwalten durch 'mittelbares' Einwirken, 1977, S. 77 ff. 예: BVerwGE 71, 183 (191 f., 198).

130) 이에 대해서는 Markus Heintzen, Staatliche Warnungen als Grundrechtsproblem, in: VerwArch 81 (1990), S. 532 ff.

131) → Bd. III, Ronellenfitsch, § 84 Rn. 34 ff., 45 ff.

132) 이에 대해서는 Schmidt-Aßmann (N 68), S. 211 ff., 216 ff.; Murswiek (N 6), S. 288 ff.; Hermes (N 6), S. 17 ff.

구별해 둔다. 그것은

1. 자세한 것의 유보(Bagatellvorbehalt)에 관하여 개입행위의 구성요건 자체에 대해서

2. 기본권의 보호영역에 대해서

3. 법적 효과에 대해서, 더구나 개입행위를 법률의 유보로부터 단절함으로써이다.

(Rn. 66) 제1: 하나의 한계를 제시하는 것이 사소한 것의 유보이다. 개입행위라는 것은 단순한 불쾌감에서 침해에의 선상에 있는 경계선을 상회한 때에 비로소 발생한다.[133] 물론 이 경계선을 긋는 것은 어렵다. 왜냐하면 이 기준은 결국 양적인 성질이기 때문이다. 더구나 양을 법학적으로 정확하게 측정할 수는 없다. 그러나 지표와 같은 것은 존재한다. 그것은 보호법익의 질과 민감함, 위험의 강도, 지배적인 사회통념 · 관습 · 사회적 상당성이다.[134] 그렇지만 사소한 것의 유보가 기본권에 대한 감수성을 일반적으로 둔화시키거나 연방공화국에서 발전해온 기본권보호의 수준을 저하시키는 것은 허용되지 않는다.[135]

(Rn. 67) 제2: 또 하나의 어프로치는 그때그때 문제가 되는 기본권의 특질에 따라서 구별하는 것이다(양식적 또는 기능적 보호영역론).[136] 그것에 의하면 개입행위의 경계선은 모든 기본권에 대해서 동일한 기준으로 정해지는 것은 아니라고 한다. 국가행위와 결합한 예측불가능하고 비전형적인 리스크도 또한 획정가능하다.[137] 기본권의 손해발생가능성(Betroffenheit), 특히 제3자의 손해발생가능성이 있는 경우에는 보다 선명하게 정해진 것에서 개입행위의 윤곽을 얻을 수도 있다.[138] 결국 개입행위의 규준은 투박한 정식으로는 최종적으로 결정되지 않는다. 오히려 그것은 개별 사례에 비춘 작업에서 탐구되며 조탁되지 않으면 안 된다.

(Rn. 68) 제3: 개입행위 범주확대에서 생기는 어려운 문제를 해결하려는 또 다른 시도는 법적 효과에 주목한다. 허지만 개입행위에 의해서 발동되는 실질적 정당화강제에는 손을 대지 않는다. 특히 과잉개입의 금지의 적용에 손을 대는 것은 아니다. 이에

---

133) 자세한 것의 유보를 긍정하는 것으로서 Kloepfer (N 83), S. 409; Pieroth/Schlink (N 123), Rn. 283; Markus Heintzen, Das grundrechtliche Eingriffskriterium bei Sachverhalten mit Auslandsberührung, in: DVBl. 1988, S. 621 (626); ders., (N 130), S. 536 ff.; Pietzcker (N 6), S. 357. 거절하는 것으로서 Mursuwiek (N 6), S. 193 ff. (Nachw.). 국가의 보호의무에서의 자세한 것의 유보로서 s. u. Rn. 107. 평등원칙에 대해서는 → Sachs, § 126 Rn. 57.

134) 연방국방장관의 발령에 의해서 이루어진 병사의 장발 규제에 대해서 그 개입행위로서의 성격을 기본권상 심사하였다는 사례가 시사에 풍부하다. BVerfGE 46, 1 (6 ff.). 또한 BVerfGE 17, 108 (115) ― 전뇌검사; BVerwGE 54, 211 (233) ― 경관 보호.

135) 환경보호의 동적 수준에 대해서 사회적 상당성과 상응성을 말하는 것으로서 Schmidt-Aßmann (N 68), S. 211 ff.

136) 예컨대 BVerwGE 71, 183 (192 f.). 일반적으로 Ulrich Ramsauer, Die Rolle der Grundrechte im System der subjektiven öffentlichen Rechte, in: AöR 111 (1986), S. 501 ff.; Helge Sodan, Gesundheitsbehördliche Informationstätigkeit und Grundrechtsschutz, in: DÖV 1987, S. 858 ff.

137) 이에 대해서는 BVerwGE 71, 183 (192 ff.).

138) 이에 대해서는 Jost Pietzcker, "Grundrechtsbetroffenheit" in der verwaltungsrechtlichen Dogmatik, in: FS für Otto Bachof, 1984, S. 131 (138 ff.); ders., (N 6), S. 353 ff.

대해서 고전적인 유형 이외의 개입행위가 초점이 되는 경우는 형식적인 제약의 제약이 문제시된다. 실제로 법률의 유보는 목적지향적인 개입에만 적용된다. 동일한 것은 제19조 1항 2문의 조항지시명령에도 타당하다. 비목적지향적인 개입행위에 대해서는 정당하게도 형식의 요청이 부정된다(다만, 부정되는 것은 형식의 요청뿐이다).[139] 그런데 판례는 더 나아갔다. 왜냐하면 판례는 단순한 고권적 행위의 경우, 예컨대 특정한 제품이나 특정한 조직에 대한 경고를 행하는 경우에 대해서 정식의 법률에 의한 개입행위의 수권요청을 불필요하다고 보았기 때문이다.[140] 경고행위는 특정한 기본권의 담당자에게 목적을 두는 개입행위이다. 이러한 행위에서 법률의 유보를 면제할 이유는 존재하지 않는다.

IV. 기본권개입의 정당화 절차

(Rn. 69) 기본권개입은 반드시 기본권침해를 의미하는 것은 아니다. 개입행위라는 법기술적 평가가 바로 위법의 결정을 가져오는 것은 아니다. 위법의 결정에 이르는가의 여부는 당해 기본권의 구조에 관련된다. 여기서는 먼저 개입유보 없는 기본권과 개입유보 있는 기본권을 구별하여야 한다. 왜냐하면 전자가 개입행위를 받지 않는데 대해서, 후자는 개입행위에 열려 있기 때문이다. 양심의 자유와 같은 유보 없는 기본권에 개입하는 규범, 즉 내재적인 (구성요건상의) 「제약」을 다만 단지 선언적으로 명백히 할 뿐이라는 규범은 허용되지 않는다. 이에 대해서 의견표명의 자유와 같은 법률의 유보 아래 있는 기본권을 구성적으로 제약하는 규범은 허용되지 않는 것은 아니다. 물론 후자의 유형의 기본권일지라도 개입행위의 허용성은 증명되어야 한다. 그것은 형식적 및 실질적인 개입요건(「제약의 제약」)에 비추어 측정되어야 한다. 이러한 기본권의 테두리 안에서만 개입행위는 정당화의 자격이 있으며 또한 정당화의 필요도 있는 것이다.

정당화의 방식은 그때그때의 해당되는 기본권에 따라서 규정된다. 그것은 기본법 제19조 1항 내지 2항에 규정된 일반적인 지령을 특수화한 것이다. 인신의 자유에 대한 개입행위는 직업의 자유에 대한 개입행위와는 다른 방법에 따른다. 그러한 한에서 「기본권총론」은 그때그때의 기본권에 대한 순응가능성을 유보하여 비로소 전환할 수 있다.

(Rn. 70) 목적지향적인 개입행위는, 그리고 또한 그것만이[141] 법률의 유보라는

---

139) 예컨대 Gallwas (N 128), S. 94 ff.; P. Kirchhof (N 129), S. 77 ff., 81 ff., 251 ff.; Murswiek (N 6), S. 129 ff.; Rudolf Steinberg, Das Nachbarrecht der öffentlichen Anlagen, 1988, S. 19 (I Rn. 33). (조건부이기는 하지만) 국가책임법에서의 동일한 상황에 대해서는 Fritz Ossenbühl, Staatshaftungsrecht, ⁴1991, S. 206 ff.

140) 예컨대 BVerwG, in: NJW 1989, S. 2272; NJW 1991, S. 1766; NJW 1991, S. 1770; BVerfG in: NJW 1989, S. 3269. 비판적인 것으로서 Friedrich Schoch, Staatliche Informationspolitik und Berufsfreiheit, in: DVBl. 1991, S. 667 ff.; Heintzen (N 130), S. 549 ff.

141) S. o. Rn. 68.

형식적 기준을 만족하여야 한다. 개입행위가 법률에 의해서 행해지는 것이 아닌 경우에도 여하튼 그것은 법률의 근거를 필요로 한다. 방어권은 그러한 한에서 여하튼 민주주의와 법치국가라는 객관법원리(기본법 제20조 3항)에 의해서 타당한 법률의 유보를 활성화하는 것이다.[142] 법률의 유보가 관련성을 가지는 것은 「개입의 유보」라는 전통적인 중핵적 기능에서도 기본권에 대한 개입행위만은 아니다. 그것은 국가가 시민에 대해서 명령·강제를 행하는 경우에 국가의 행동이 계산가능하다는 것을 일반적으로 보장하며, 기본권에 관련되는가의 여부는 문제가 아니다.[143] 그러므로 평화적이 아닌 집회는 비록 기본권의 보호영역에 의해서 커버되지 않을지라도, 그 금지에 대해서 법치국가적 법률의 유보의 적용이 있다.[144] 즉 법치국가적 법률의 유보는 내재적인 기본권제약을 사취하거나 또는 기본권충돌을 해결하는 규율에 대해서도 타당하다.[145] 또한 그것은 기본법 제19조 3항에 의하면 기본권능력이 없다고 하는 외국인을 보호한다. 기본권상의 법률의 유보는 객관법적인 법률의 유보를 아래로부터 뒷받침하며, 그것을 보충하고 법률의 근거 없는 개입행위의 방어를 구하는 주관적 권리를 부가한다.

   기본권을 제약하는 법률은 일정한 질을 가질 것이 요구된다. 즉 기본법 제19조 1항이 말하는 일반성의 요청, 개별사례법의 금지, 조항지시명령과 같은 것이 거기에 해당된다.[146] 법률에 근거한 행정의 개입행위에 대해서는 특별한 형식요건을 미리 정할 수 있다. 기본법 제104조가 말하는 인신보호기본권이 거기에 해당된다. 일반적인 법률의 유보와 아울러, 여기서는 주거의 자유에 보이는 개별 사례에서의 재판관유보(기본법 제104조 2항 내지 4항, 기본법 제13조 2항)도 지적할 수 있다.[147]

   (Rn. 71) 개입행위 목적·수단관계에 위치지움으로써 실체법적으로 규율된다. 즉 그것은 개입하는 국가기관이 설정한 목적에 대한 수단으로서 규율한다. 개입행위는 목적에 비추어 계산된다. 그 때에 기준이 되는 것이 과잉개입의 금지(넓은 의미의 비례성의 원칙)이다. 과잉개입의 금지란 상위개념이며 다음의 세 가지 원칙을 포괄한다. 그것은 목적유용성(적합성)의 원칙, 필요성의 원칙(즉 복수의 생각되는 적합적인 수단 중에서 가장 느슨한 수단만이 허용된다는 원칙), 그리고 (좁은 의미의) 비례성의 원칙이다.[148]

   (Rn. 72) 기본법은 특정 유형의 기본권개입에 대해서만 생각하는 정당한 개입목적을 명문으로 규정할 뿐이다. 이전의 자유를 제한하는 경우가 그 예이다. 이전의 자유의 제한은 기본법 제11조 2항에 규정된 목적을 위해서만 허용될 뿐이다. 의견표명의 자유의

142) → Bd. III, Ossenbühl, § 62, Rn. 33 ff.
143) 이에 대해서는 Hans Heinrich Rupp, Grundfragen der heutigen Verwaltungsrechtslehre, ² 1991, S. 113 ff. → Bd. III, Ossenbühl, § 62 Rn. 16.
144) 이에 대해서는 참고문헌도 포함하여 Isensee (N 70), S. 39 f., 41 f. 경찰위반 사항에 대한 재산권보호의 문제성에 대해서는 Ossenbühl (N 139), S. 160 ff. 참조.
145) → Lerche, § 121 Rn. 48 ff.
146) → Lerche, § 122 Rn. 33 ff., 40 ff.
147) → Bd. VI. Grabitz, § 130 Rn. 17 ff., 21 ff.; Schmitt Glaeser, § 129 Rn. 59.
148) → Lerche, § 122 Rn. 16 ff.

제한근거는 청소년보호를 위한 법률규정과 개인의 명예권에 있다(기본법 제5조 2항). 이처럼 목적을 결정한 규제와 아울러 「일반적 법률」이라는 가동적인 제약도 있다. 다만, 「일반적 법률」에 의한 제약은 기본권의 보호법익 그 자체, 즉 특정한 견해 그 자체에 의도적으로 향해야 하며, 그 목적은 여하튼 희생되는 기본권내용의 성질이나 무게와 등가치여야 한다.[149]

(Rn. 73) 보통 개입목적은 헌법의 텍스트에 규정되어 있지 않다. 여기서는 모든 정당한 국가임무의 이행을 잠재적인 개입목적으로서 생각해 둔다. 헌법이 (항상 불문의) 국가임무를 위해서 마련한 기준은 상대적으로 적고 더구나 엉성한 것이다. 그러나 헌법은 입법자에 대해서 그 틀 내에서 목적을 선택하는 재량권이 주어진다.[150] 그 국가임무의 일부가 기본권보호의무이다. 기본권보호의무의 이행이 목적이 될 수 있으므로, 가해자의 기본권에 대해서 개입행위가 행해진다.

(Rn. 74) 목적이 정해지면 목적에 대한 수단으로서의 개입행위는 과잉개입의 금지에 비추어 그 허용성이 심사된다. 즉 개입행위가 초래하는 기본권의 가능성에 대한 손해는 목적의 달성에 대해서 적합적인가, 가장 느슨한 수단이 사용되지 않는가, 목적에 비추어 손해는 비례적이지 않은가와 같은 점이 심사된다. 과잉개입의 금지는 목적의 정당성을 전제로 한다. 그것은 수단을 탐구한다. 바로 그러므로 개입행위의 정당화에 대해서 법률학적으로 취급가능한 기준이 있다. 이 절차는 기본법 제19조 2항에서 말하는 기본권의 본질적 내용을 보장하려고 하는 경우에도 역할을 한다. 그 보장기능은 전체에까지는 미치지 않는 것, 상당한 범위, 과잉개입의 금지에 의해서 구체화된다.[151]

V. 객관법으로서의 효과와 주관적 권리로서의 효과

(Rn. 75) 방어권의 제1차적인 법적 효과는 헌법의 요구에 응하지 않는 모든 개입행위를 단념하도록 명하는 국가권력에 향해진 금지명령에 있다.[152] 거기에는 객관법적인 국가의무가 있다. 이 의무는 개별사례에서의 개입행위가 개개의 기본권의 담당자의 주관적 지위에 저촉하는가의 여부는 관계없이 성립한다. 따라서 개개의 기본권의 담당자가 일정한 (방해배제) 청구권을 주장할 수 있는가의 여부와는 관계없이 성립한다. 왜냐하면 방어권은 기본권을 원래 자유로운 질서의 구성요소로서도 보호하며 그 중에서 개인의 권리의 기반을 보장하기 때문이다.

---

149) → Bd. VI, Schmitt-Jortzig, § 141 Rn. 41 ff. → Lerche, § 122 Rn. 21.

150) → Bd. III, Isensee, § 57 Rn. 41 ff., 115 ff., 156 ff.

151) → Lerche, § 122 Rn. 16 ff., 25 ff.

152) 이에 대해서는 Schwabe (N 2), S. 13 ff. 객관법으로서의 측면과 주관적 권리로서의 측면의 관계에 대해서는 원칙적으로 Stern (N 2), S. 506 ff. 방어 · 배제권의 도그마틱 일반에 대해서는 Rupp (N 143), S. 146 ff.

(Rn. 76) 개입행위가 그것을 받아들이지 않는, 유보 없는 기본권에 해당되는 경우 또는 다른 기본권에서 법률의 유보나 과잉개입의 금지와 같은 헌법상의 개입요건에 적합하지 아니한 경우에는 그 개입행위는 위법으로 된다. 그러한 한에서 당해 기본권의 담당자에게는 침해자에 대한 방해배제청구권이 주어진다. 더구나 부작위를 구하는 청구권이나 배제를 구하는 청구권이 주어진다. 경우에 따라서는 손해배상청구권이나 결과제거청구권도 고려의 대상이 된다.153) 그러나 방해배제청구권이라는 것은 방어권 자체가 형성하는 것은 아니다. 그것은 방어권의 법적 효과에 불과하다. 그것은 방어권의 장치온 (Sanktion)을 이룬다. 방어권의「보조적 권리」라고 부르는 것이 적절할 것이다.154) 방어권 그 자체는 개개의 청구권의 근저에 있으며, 그것들의 원천이 되는 기본권의 한 기능에 있다. 출판의 자유나 신체의 자유의 불가침성과 같은 소극적 지위의 기본권은 거기에서 도출되는 주관적 권리 중에 흡수되는 것은 아니다.

C. 보호의무의 기초

I. 연방헌법재판소의 모범적인 판례

(Rn. 77) 보호의무라는 법적 형상은 본질적으로는 연방헌법재판소에 의해서 형성되었다. 물론 그 핵심을 이루는 사고는 이미 그 이전에 학설에서 발견할 수 있다.155) 그렇지만 보호의무가 법학적 프로필과 실천적 관철력을 획득한 것은 판례에서이다. 연방헌법재판소는 지세가 해석학적으로 측량되는 기준이 되어야할 이른바 삼각점 (trigonometrische Punkte)을 설정하였다. 판례에서의 보호의무의 전형적인 사례는 다음과 같다.

— 친권행사에 관한 국가의 감시임무(Wachteramt)
— 미출생아의 중절로부터의 보호

---

153) 이에 대해서는 Schwabe (N 2), S. 17 ff.; Stern (N 2), S. 671 ff.; Heintzen (N 130), S. 535 f.; Hans-Werner Laubinger, Der öffentlich-rechtliche Unterlassungsanspruch, in: VerwArch 80 (1989), S. 261 (292 f.); BVerwG in: NJW 1988, S. 2396 ff.; NJW 1989, S. 1291.

154)「보조적 권리」라는 용어에 대해서는 Stern (N 2), S. 671.

155) 우선권의 영예는 귄터 뒤리히에게 주어진다. 그는 이미 1958년에 기본법 제1조 1항 2문에서「모든 국가권력의 보호의무」를 도출하고, 국가에 대해서 향해진 존중청구권에는「인간의 존엄존중의 요구가 (사인이든 사회집단이든 **외국**이든) **국가 이외의** 것에 의해서 침해된 경우에」「이를 방어하기 위한 적극적 조치를 국가에 구할 권리」가 포함된다고 귀결하고 있다(in: Maunz/Dürig, Komm. z. GG, Art. 1 Abs. I Rn. 2). 미출생아에 대한 보호의무의 단서는 Roman Herzog, Der Verfassungsauftrag zum Schutze des ungeborenen Lebens, in: JR 1969, S. 441 (443 f.)에서 볼 수 있다. 나아가 페터 레르헤와 벤노 에어하르트에 의한 이의서면에서의 논술 및 전거도 참조. Peter Lerche und Benno Erhard, in: Claus Arndt/Benno Erhard/Liselotte Funcke (Hrsg.), Der § 218 StGB vor dem Bundesverfassungsgericht, 1979, S. 16 (20 ff.); Fritz Osssenbühl, Plädoyer, ebd., S. 251 ff.

　　— 테러리스트의 기도에 대항하는 안전조치

　　— 형사집행의 정당화

　　— 임미시온과 그 밖의 공업시설의 리스크로부터의 보호

　　(Rn. 78) 관련된 최초의 판례는 자녀의 복지라는 기본권적 이익을 부모에 대항하여 보호하는 것이었다.156) 기본법 제6조 2항 2문에 의해 명문으로 규율된 국가의 감시임무는 그렇지만 기본권목록에서 유례없는 것이다. 친권과 자녀의 기본권과의 관계가 유례 없는 것인 것과 마찬가지로, 연방헌법재판소는 동항에서 일반화할 수 없는 원리를 인정하였다. 나중의 판례에서도 연방헌법재판소는 기본권보호의무와 관련짓지 않고 있다.

　　다른 한편, 선구적이었던 것은 기한적 해결의 범위 내에서 중절을 법률에 의해서 자유화한 것에 관한 1975년의 판례이다.157) 기본법 제2조 2항 1문에서 직접 미출생을 포함한 모든 인간 생명을 보호해야할 국가의 의무가 도출되었다. 보호의무는 더하여 기본법 제1조 1항 2문의 명문의 규정에서도 발생한다고 하였다. 왜냐하면 생성도중의 생명도 또한 인간의 존엄의 보호를 받기 때문이다. 「국가의 보호의무는 포괄적이다. 보호의무는 — 자명한 것인데 — 생성도상의 생명에 대한 국가 자신의 직접적 침해를 금지할 뿐만 아니라, 국가에 대해서 이 생명을 보호하고 촉진하는 것을 명한다. 이것은 특히 태아의 생명을 타자에 의한 위법한 침해로부터 옹호해야할 것을 의미한다. 법질서의 각 분야는 각각의 고유한 임무에 응하여 이 요청의 실현에 노력하여야 한다」. 태아를 보호해야할 국가의 의무는 원리적으로 모친에 대항해서도 성립한다.158) 쉴라이어 판결*은 유괴된 자의 생명의 효과적인 보호를 요청했는데, 원칙적으로 국가의 여러 기관에게 어떻게 그 의무를 이행하는가를 자기의 책임에서 결정하는 것을 맡기고, 구체적 사례에서는 생명을 위협하는 테러리스트의 협박에 대항하는 측정한 보호수단을 기본권보호의무에서 도출하는 것에 대해서는 이를 거절하였다.159) 이와는 달리 보호의무라는 논거는 접촉차단 결정에서는 테러리스트 공격에 대항하는 특별한 안전조치를 정당화하기 위해서, 즉 미결구금자의 기본권을 현저하게 제한하는 조치를 정당화하기 위해서 사용하였다.160) 이러한 관련에는 자유형의 집행의 근거를 시민의 안전을 유지하고 잠재적 내지 현실의 희생자의 생명과 인간의 존엄을 형사범죄로부터 보호한다는 국가의 의무에(도) 구한 여러 판례도 포함할 수 있다.161) — 인신의 자유의 기본권은 불법행위법(민법전

---

156) 기본적인 것으로서 BVerfGE 24, 119 (144). 상술 Rn. 14 ff.를 보라.

157) BVerfGE 39, 1 (41 ff.).

158) BVerfGE 39, 1.

159) BVerfGE 46, 160 (164 f.). 테러리즘 방위의 기본권적 관점에 대해서 상세한 것은 Rüdiger Breuer, Terrorismus, wehrfähiger Staat und individuelle Rechte, in: FS zum 10jährigen Jubiläum der Gesellschaft für Rechtspolitik, 1984, S. 79 (84 f., 88 ff.).

160) BVerfGE 49, 24 (53 ff.). 나아가 BVerfGE 46, 214 (223 — 루돌프 폴[Rudolf Pohle]사건; BVerfGE 57, 250 (284 f.) = 형사재판에서의 관청의 정보제공거부, 생명의 위험으로부터 증인의 보호; BVerfGE 45, 187 (354 f.) = 종신자유형의 정당화도 참조.

161) BVerfGE 64, 261 (275) = 기한부의 가석방 때의 형량의 이해로서의 보호의무에 명시적으로 언급되고 있다.

제823조 1항)에 의해서 구체화된다. 불법행위법은 제3자에 의한 침해가 발생한 경우의
제재를 마련하고 있기 때문이다. 재판소가 임명한 감정인이 중대한 과실이 있는 잘못에
대해서 지는 불법행위책임은 한정되어서는 안 된다.162) 기본법 제2조 2항 1문에서
발생하는 보호의무는, 연방정부가 그 활동이 (많은 젊은 사람인) 신도의 신체와 정신의
건강에 현저한 위험을 가할 우려가 있는 신흥 종교에 법률상의 근거 없이 경고를 행하는
데에 「헌법상의 정당성」을 부여한다.163) ― 연방헌법재판소는 보호의무를 기술에서
발생하는 위험에도 적용하였다. 즉 원자력의 평화이용의 리스크,164) 항공기소음 · 도로
교통소음의 건강을 해하는 작용,165) 교통의 안전166)이다. 판례는 위험의 인가에 관련된
실체적 · 절차적인 규정이 기본법 제2조 2항에서 생기는 국가의 보호의무의 구체화라는
것을 시사하고 있으며,167) 기술의 발전에 적합한 동태적인 기본권보호를 경우에 따라서
는 입법자의 사후적 시정의무를 수단으로서 행할 것을 전개하였다.168) 판례는 생명 · 건
강 · 재산에 관하여 기본권이 요청하는 원자로의 안전수준을 사정하고, 사회적으로 허용
된 부담으로서 모든 시민에 의해서 담당해야할 나머지 리스크에 한정을 가한다. 더하여
판례는 법률의 유보를 본질성의 기준에 따라서 위험한 공업시설의 인가에 적응시킨
다.169)

(Rn. 79) 연방헌법재판소는 연방공화국이 외국에 의한 군사적 위험에 대항하여
주민에 대해서 행하는 보호도 기본권보호의무에 포함시킨다.170) 연방헌법재판소는 기본
적으로 「외교정책 · 방위정책의 영역에서 기본권에 관련된 국가의 객관법적 보호의무」를

---

162) BVerfGE 49, 304 (319 f.).

163) 물론 이것은 부회 결정에 불과하다(NJW 1989, S. 3269 (3270)).

164) BVerfGE 49, 89 (124 ff., 140 ff.). ― 칼카르 I (Kalkar I) 결정; 53, 30 (57 ff.) ― 뮐하임 · 캐를리히
(Mülheim-Kärlich) 결정*; 77, 382 (402 ff.) ― 핵연료의 중간저장(Zwischenlager für Kernbrenn-
elemente); 81, 310 (339) ― 칼카르 II 판결.

165) BVerfGE 56, 54 (73 ff.) ― 공항소음(Fluglärm); 79, 174 (201 f.) ― 도로소음(Straßenverkehrslärm).
테마적으로 이것과 비교할 수 있는 것으로서 BVerfG(Vorprüfungsausschuß) in: NJW 1983, S. 2931
(2932)가 있다. 생명과 건강의 보호는 에이즈 예방에 대해서도 승인되었다. BVerfG (Kammerbeschluß),
in: NJW 1987, S. 2287.

166) 보호의무라는 원리에 명시적으로 의거하는 것은 아니지만 BVerfGE 40, 196 (222)는 직업허가의
제한으로서의 화물 원거리 수송의 할당제의 정당화를 시민의 생명과 건강이라는 「공동체이익」에 의해서도
행하고 있다. 나아가 참조. BVerfGE 9, 39 (52) = 밀크상인의 자유로운 직업선택에 대한 침해의 정당화로서
의 밀크 소비자의 건강.

167) BVerfGE 49, 89 (140 ff.); 53, 30 (57 ff., 65 ff.); 77, 381 (402 ff.).

168) BVerfGE 49, 89 (135 ff., 142 ff.); 56, 54 (78 ff., 81); 79, 174 (202).

169) BVerfGE 49, 89 (124 ff.); 77, 381 (403 ff.).

170) BVerfGE 66, 39 (57 ff.) ― 로케트 배치(Raketenstationierung); 77, 170 (214 ff.) ― 화학병기
(Chemiewaffen) 결정. 유사한 사고 (특히 BVerfGE 39, 1 (42 f.)의 의미에서의 기본권보호의무에
명시적으로 결부되지는 않았지만)는 병역의무 판결에도 인정할 수 있다(BVerfGE 48, 126 (161=「시민의
인간의 존엄, 생명, 자유 및 재산을 보호해야할 국가의 헌법상의 의무」와 「시민의 개인적인 헌법상의
보호청구권」). 외국의 공항(잘츠부르크)의 소음에 대한 독일인의 기본권보호에 대해서는 BVerfGE 72,
66 (75 ff.).

승인하고 있다.171) 동맹국의 로케트 배치,172) 화학병기의 비축·수송173)에 대한 독일의 국가기관의 동의는 국내의 원전 시설의 조업인가와 유사한 것으로서 고찰되었다. 확실히 독일의 사업자가 활동하든, 또는 외국이 활동하든, 보호에 의해서 대처해야할 위험이 독일의 국가권력에서 나오지 않는다는 점에 유사성이 있다.174) 허지만 이 소극적인 일치는 기본권보호의무라는 상(像) 아래(sub specie) 동일시하는 근거가 되지는 않는다. 독일의 국가권력에 복종하고 그 자신이 기본권능력 있는 사인이 행동하는 것과 독일의 법질서 밖에 있고, 따라서 간접적으로도 독일의 기본권에 구속되지 않고 주권을 가지는 국제법적으로 대등한 존재로서 독일의 국가권력에 대치하는 외국이 행동하는 것과는 본질적인 차이가 있다.175) ― 이것과 유추할 수 있는 상황은 연방공화국이 그 국민에 대해서 의무를 지는 외교적 보호일 것이다. 연방헌법재판소는 외교적 보호에 대해서 「보호의무」176)라는 말을 사용했는데, 이 보호의무를 기본권적 보호법익에 대한 사인의 공격에 즈음하여 성립하는 국가의 보호의무의 유출(流出)이라고 성격지워서는 안 된다.

II. 보호의무의 기본권내재적인 연역

(Rn. 80) 연방헌법재판소는 처음에는 미출생아를 위해서 청구된 기본권보호의무를 직접적으로 기본법 제2조 2항 1문에서 도출하였다. 이에 덧붙여 연방헌법재판소는 기본법 제1조 1항 2문의 규정에도 의거하고 있다. 왜냐하면 생성도상의 생명도 또한 기본법 제1조 1항이 인간의 존엄에 부여하는 보호를 받기 때문이다.177) 그러한 한에서 이 주제는 실정법상의 기본권규범 속에 더구나 주관적 방어권과는 별도로 성립하는 차원에 자리를 차지하는 것이다(sedes materiae). 그 차원이란 「헌법상의 기본결정으로서 모든 법영역에 타당하며, 입법·행정·재판에 지침과 추진력을 부여하는 객관적 가치질서」178)이다. 인간의 존엄을 보호해야한다는 명문으로 규정된 국가의 의무(기본법 제1조

---

171) BVerfGE 66, 39 (61).

172) BVerfGE 66, 39 (57 ff.).

173) BVerfGE 77, 179 (214 ff.).

174) 사인에 의한 위험과 외국에 의한 위험을 동일하게 취급하는 것을 Dürig (N 155), Art. 1 Abs. I Rn. 2가 승인한다. 기본권보호의무는 다음의 논자에 의해서도 외국에서 발생하는 위험에 미친다고 한다. Dietrich Murswiek, Die Haftung der Bundesrepublik Deutschland für die Folgen ausländischer Nuklearunfälle, in: UPR 1986, S. 370 (373 ff.); Markus Heitzen, Auswärtige Beziehungen privater Verbände, 1988, S. 136 ff., 156 ff.; Stephan Eilers/ders., Der internationale Auskunftsverkehr in Steuersachen und die grundrechtlichen Schutzpflichten, in: RIW 1986, S. 619 (622 ff.); Dietlein (N 6), S. 120 ff., 122 ff. 보호의무에 편입하는 데에 반대하는 것으로서 Isensee (N 5), S. 30.

175) 후술 Rn. 120도 참조.

176) BVerfGE 6, 290 (299); 36, 1 (30); 40, 141 (175 ff.); 41, 126 (182); 53, 164 (182); 53, 164 (182); 55, 349 (364).

177) BVerfGE 39, 1 (41). 동일하게 E 46, 160 (164); 49, 24 (53); 49, 89 (142).

178) BVerfGE 39, 1 (41). 유사한 것으로서 E 49, 89 (142).

1항 2문)는 객관법상의 보호의무를 명확화한 것이라고 할 수 있다.[179] 뮐하임-캐를리히 결정* 이래 이 재판소는 기본법 제1조 1항의 규범에 피드백하는 것을 중단하였다. 그 이후 이 재판소는「확립된 판례」에서 출발한다.[180] 기본법 제1조 1항 2문에 근거한 논증은 먼저 산파역을 수행하고, 이제 그 임무를 끝낸 것이다. 부언한다면 원자력 시설이나 공항시설의 리스크로부터의 보호와 인간의 존엄의 보전과의 관계를 가교하는 것은 곤란하다. 연방헌법재판소는 보호의무 판례의 핵심부분이 이미 확고한 것이 되었다는 데에 비추어「객관적 가치질서」[181]를 이끌어내는 것도 중단하고, 대신에 보호의무의「객관법적 내용」에 언급한다.[182]

　　(Rn. 81) 법논리적으로 본다면 연방헌법재판소가 행한 연역은 필연적인 것은 아니다. 국가권력이 인간의 존엄에 대해서 의무를 지는 보호는 다른 기본권에 결부될 필요는 없으며, 특히 방어권으로서 파악되는 기본권에 결부될 필요는 없다. 덧붙여 기본권보호의무란 다른 형태의 보호도 존재한다.[183] 그 위에「객관적 가치질서」에 의거하는 것은 설득력 있는 이유는 아니다. 기본권이 가치질서를 형성한다고 가정해 보자.[184] 이 구조물은 법학적 기초를 수행하는 데에는 너무나 추상적이며 막연하다. 이 확산된 카테고리의 의의는 기본권이 방어작용에 진력하는 것을 회피하고, 나아가 별개의 작용에 가능성을 열어놓는다는 점에 있다. 가치질서에의 의거는 보호의무의 잠재적 가능성을 설명하려거나 보호의무가 현실적으로 타당한 것의 설명은 되지 못한다.

　　(Rn. 82) 그렇다면 기초의 약점은 보호의무의 거의 일치된 수용을 방해하는 것은 아니었다.[185] 다만, 낙태문제에 관한 최초의 원리적 판결이 반대의견 속에 격렬하게 다음과 같이 비판되었을 뿐이다. 만약 특정한 법익을 보호하라는 어떤 기본권규범에 포함된 객관적 가치결정으로부터 형벌의 의무를 도출할 수 있다면, 기본권은 서서히 자유보장의 성채로부터 다양한 자유감축적 규제의 기초에로 변질해 버릴 것이다. 이것은 기본권의 작용을 역전시키는 것이다.[186] 그렇지만 이 거부적인 반대의견은 최후에는

---

179) 참조. BVerfGE 49, 89 (142 =「가장 명료하게 선명된 것은 기본법 제1조 1항 2문에서이다」).
180) BVerfGE 53, 30 (57). 나아가 E 56, 54 (73) 참조.
181) 토포스는 이미 두 번 째의 관련 판례인 BVerfGE 46, 160 (164)에서는 누락되어 있다. 그러나 이 토포스는 E 57, 250 (284 f.); 77, 170 (214)에서 다시 등장한다.
182) 예로서 BVerfGE 56, 54 (73).
183) 상세한 것은 전술 Rn. 12.
184) 가치이론 일반 및 연방헌법재판소의 가치 판례에 대한 근본적인 비판으로서 Carl Schmitt, Die Tyrannei der Werte, in: Säkularisation und Utopie, Ebracher Studien, 1967, S. 37 ff.(김효전역, 가치의 전제,『유럽법학의 상태』, 교육과학사, 1990, 255-303면); Ernst Forsthoff, Die Umbildung des Verfassungsgesetzes (1959), in: ders., Rechtsstaat im Wandel, 1964, S. 147 ff.(계희열역, 헌법률의 개조, 동인 편역,『헌법의 해석』, 고려대 출판부, 1993, 89-124면); Helmut Goerlich, Wertordnung und Grundgesetz, 1973; Ernst-Wolfgang Böckenförde, Zur Kritik der Wertbegründung des Rechts (1987), in: ders., Recht, Staat, Freiheit, 1991, S. 67 ff.; ders., Zur Lage der Grundrechtsdogmatik (N 22), S. 22 ff.(김효전 · 정태호 옮김, 기본법 제정 40주년에 따른 기본권해석의 상태,『헌법과 민주주의』, 법문사, 2003, 120-179면)(문헌도 열거되어 있다).
185) 문헌의 안내와 전문재판소에 의한 수용에 대해서는 Hermes (N 6), S. 58 ff.

보호의무 그 자체에 의해서도 보호의무를 낙태문제에 적용하는 데 대해서 향한 것이
며,187) 또한 학설에서도 겨우 찬동을 얻을 뿐이다.188) 보호의무라는 법적 형상에 대한
본래 추구된 해석학적인 원리적 비판은 지금까지 없는 그대로이다.

III. 안전이라는 국가임무의 기본권에의 결부

(Rn. 83) 보호의무는 기본권 밖에 있는 기반에도 의거한다. 즉 안전이라는 국가임무이
다. 안전은 근본적인 목적이며 바로 이 때문에 국가가 성립하고, 바로 이 때문에 근대
국가는 복종을 요구하고 권력과 실력의 독점을 갖추는 것이다.189) 토머스 홉스나 존
로크가 근대 국가에 부여한 근대 국가정당화 철학은 각인의 전방위적 위험이라는 무정부
상태를 일반적 안전에로 전환하고, 인간의 아타고니스무스를 세련(Zivilität)·평화·양풍
에로 인도하고 자기사법(Selbstjustiz)과 같은 사력(私力)을 국가의 권리보호라는 공정한
절차로 운전하는 것을 임무로 하고 있었다.190) 국가에 의해서 보장된 안전이라는 정체적
상태는 시민의 기본권적 자유와 평등, 법치국가적인 법률의 지배가 가능하게 되기 위한
조건을 구성한다. 동시에 법치국가는 사회생활에서의 법익의 불가침, 즉 내적 안전을
보장하고 아무도 침해하지 않는다는 명령을 관철하고, 사력을 저지하고 실력의 독점을

---

186) Rupp-von Brünneck 재판관과 Simon 재판관에 의한 반대의견: BVerfGE 39, 69 (73).
187) 주 41을 보라.
188) 소수의견에 찬동하는 것으로서 Erhard Denninger, in: GG-AK I², vor Art. 1 Rn. 34; Helmut Goerlich, Dem Gesetzgeber kein Recht zur Resignation-oder vom unvollkommenen zum zumindest ernsthaften Versuch einer Reform des § 218 StGB, in: JR 1975, S. 177 (178 f.). 귀에 울리는 폴레믹으로서 Helmut Ridder, "Judicial Restraint" auf deutsch, in: Demokratie und Recht 6 (1978), S. 42 (S. 43 f.「민주주의의 방해」, 「이 법화의 도취의 극치」). 신중한 것으로서 Ulrich K. Preuß, Das ambivalente Grundrecht auf Sicherheit, in: Die unheimliche Sicherheit, ⁴ 1986, S. 40 ff. 기본권을 방어권으로 감축하는 것으로서 Schlink (N 2), S. 466. 동일하게 부정적인 것으로서 Helmut Goerlich, Demokratieverständnis und Grundrechtsdoktrin, in: Rechtstheorie 13 (1982), S. 503 (507); David P. Currie, Positive und negative Grundrechte, in: AöR 111 (1986), S. 230 (230 ff., 249 ff.).
   (지금까지 거의 존재하지 않은) 보호의무라는 법적 형상에 대한 원리적 비판과는 구별되어야 하는데, 개별 사례에서의 보호의무의 배리적인 적용 내지 비대화한 적용에 대한 비판이 있다. 그러한 비판의 예로서 다음의 것이 있다. Horst Sendler, Gesetzes-und Richtervorbehalt im Gentechnikrecht, in: NVwZ 1990, S. 231 ff.; Peter Preu, Freiheitsgefährdung durch die Lehre von den grundrechtlichen Schutzpflichen, in: JZ 1991, S. 265 ff.
189) 이에 대해서는 Walter Schmitt Glaeser, Private Gewalt im politischen Meinungskampf, 1990, S. 109 ff.; Robbers (N 5), S. 121 ff. → Bd. I. Isensee, § 13 Rn. 62 ff., 74 ff.; Bd. III, Götz, § 70 Rn. 7 ff.
190) 기본권보호의무와 가까운 것이 Carl von Rotteck에 의한 「안전의 권리」라는 이성법적 구상이다 (Lehrbuch des Vernunftsrechts und der Staatswissenschaften, Bd. I, ² 1840, S. 139 ff.). 역사에서의 국가목적으로서의 안전과 인권으로서의 안전에 대해서 상세한 것은 Isensee (N 5), S. 3 ff.; Robbers (N 5), S. 29 ff. 나아가 상술 Rn. 32 ff.도 보라.

확보함으로써 진가를 발휘한다. 안전이라는 국가임무는 헌법전에 의해서 정식으로 승인될 필요는 없다. 왜냐하면 이 국가임무는 헌법전이 실효적으로 타당하기 위한 전제조건을 이루기 때문이다.191) 규정되어 있는가의 여부에 관계없이, 이 국가임무는 실질적 헌법의 본질적 구성부분을 이룬다.192) 그러한 것으로서 이 국가임무는 연방헌법재판소에 의해서도 승인되었다.193)

(Rn. 84) 기본법이라는 콘텍스트 속에서 보호의무라는 법적 형상을 초래한 법학적 직관은, 지금까지는 법질서의 객관규범과 제도들과 결부되고 있던 안전이라는 고전적 국가임무를 바로 기본권과 결부시켜 이 국가임무에 헌법적 기층을 부여하는 것이었다. 즉 기본권의 보호법익이 그것이다. 이제 안전은 시민 상호간의 관계에서의 이 법익의 불가침을 의미한다. 이것은 방어권에 유추하여 정의내릴 수 있다. 즉 어떤 기본권주체의 타자에 의한 공격으로부터의 자유이다.

기본권보호의무는 우선 (객관법적인) 국가임무를 의미한다. 그러한 한에서 연방헌법재판소가 보호의무에 객관법적인 규범적 성격을 부여한 것은 동 재판소가 올바른 개시점을 채택한 것을 나타낸다. 그렇지만 「객관적 가치질서」라는 파악하기 어려운 개념에 호소하는 것은 불필요했었지만 말이다. 이제 각인의 법익이 국가임무의 대상으로 되고, 객관적 국가임무로부터 구체적으로 위험한 상태에 있는 개개의 기본권주체에 대해서 보호를 구하는 주관적 청구권을 도출하는 것도 길이 열렸다.

(Rn. 85) 기본권이 방어작용에 진력한다면 기본권은 사인에 의한 권리침해 시에 가해자만을 돕는 것이 되어버리고 만다. 희생자는 단순법률을 지시할 뿐이며 그 단순법률 자체는 또한 가해자에 대해서 침해로서 나타나며, 그러한 것으로서 정당화를 요구하게 된다. 국가에 의한 침해로부터의 자유는 사적 침해의 자유에의 변질로 되어버릴 것이다.194) 기본권은 법을 깨트리는 자의 특권으로서 작용한다. 시민의 법적 분쟁에서의 국가의 소극적 태도는 일면적으로 방어권적인 시좌 아래서는 위협된 권리를 위해서 적극적으로 개입하기 보다도 훨씬 가치가 높은 것으로서 나타난다. 사인에 의한 공격의 위험은 시민과 사회적 세력의 자유의 영역이 확장되면 될수록, 그리고 국가의 간섭의 가능성이 헌법에 의해서 감축되면 될수록 크게 된다. 결과적으로 자유권의 일면적 해석은

191) 안전을 구하는 기본권의 헌법 전통에 대해서는 상술 Rn. 25 ff.를 보라.
192) 국가목적으로서의 안전과 국가임무로서의 안전에 대해서 Christoph Link, Staatszwecke im Verfassungsstaat nach 40 Jahren Grundgestz, in: VVDStRL 48 (1990), S. 7 (27 ff.); Georg Ress, ebd., S. 56 (90 f.); Christian Starck, Frieden als Staatsziel, in: FS für Karl Carstens, 1984, Bd. II, S. 867 (868, 871 ff.); Isensee (N 5), S. 21 ff.; Robbers (N 5), S. 121 ff. → Bd. III, Isensee, § 57 Rn. 44 ff.; Götz, § 79 Rn. 1 ff.
193) 현저한 것으로서 BVerfGE 49, 24 (56 f.).
194) Dieter Suhr, Die Freiheit vom staatlichen Eingriff als Freiheit zum privaten Eingriff, in: JZ 1980, S. 166 ff. 나아가 Ossenbühl (N 23), S. 4; Isensee (N 5), S. 31 ff.; Hermes (N 6), S. 204 ff.도 참조.

법에 충실한 시민을 차별하고, 그의 자유를 박탈하는 효과를 가지게 될 것이다.

기본권보호의무는 기본권보호의 명백한 약점을 보전하며, 기본권법익이 모든 사람과의 관계에서(erga omnes) 안전을 향수하는 데에 기여한다. 보호의무는 기본권보장이라는 공통의 과제를 담당함으로써 간접적으로는 방어권도 강화한다. 상반되는 방향의 기본권작용은 연통관(連通管)의 원리에 따라서 결부되고 있다. 법정책적 논쟁에서는 첨예화하고 때로 안전은 기본권적 자유의 대립물로 간주되는 일이 있는데, 안전은 자유의 대립물이 아니며 기본권 자유의 한 어스펙트이다. 기본권해석학은 가해자의 지위만이 아니고 희생자의 지위도 파악하며, 법치국가를 단지 소극적으로 제한에서만 파악하는 것이 아니라 그 적극적 목적에서도 파악하며, 단순법률을 자유의 제한으로서만 인식하는 것이 아니라 자유의 전제로서도 인식하는 것에 의해서만 균형을 달성할 수 있다. 보호의무의 시각에서는 사법·행정법·형법·절차법의 규범들은 사회의 교호작용에서의 기본권보호의 용매인 것을 뒷받침함으로써 기본권에 적극적으로 관련된 것을 나타낸다. 시민의 안전은 헌법의 주제이기 때문에 안전과 결부된 규범들은 입법자에 의해서 임의로 처리될 수 있는 것이 아니라 일정한 방법으로 헌법에 의해서 결정되며 정당화되는 것이다.

D. 보호의무의 구조와 작용

I. 기본권해석론의 임무

(Rn. 86) 기본권보호의무는 모든 자유권적 기본권에 대해서 타당한 것을 지향한다.[195] 그렇지만 연방헌법재판소의 지도적 판례는 본질적으로는 생명과 신체의 무훼손성의 권리만을 대상으로 하고 있었다.[196] 학설의 관심도 이 좁은 적용영역에 집중되고 있었다.[197] 그러나 이 적용영역은 특수한 것이다. 여기서 제시된 보호의무의 상황은 비교적 단순하다. 왜냐하면 보호법익이 신체적 성질의 것이며 사적 침해는 신체적인 명증성을 가지고 있기 때문이다. 생명과 건강의 보호에 관한 법적 인식을 바로 의견자유와

---

195) 이미 당초부터 (경고로서 발해진 것인데) Rupp-von Brünneck/Simon, in: BVerfGE 39, 68 (73)의 반대의견이 예기되고 있었다. 보호의무가 (적어도 기본법 제2조 2항 1문을 초월하여) 일반적으로 타당한 것에 찬성하는 것으로서 Franz Dirnberger, Recht auf Naturgenuß und Eingriffsregelung: zugleich ein Beitrag zur Bedeutung grundrechtlicher Achtungs-und Schutzpflichten für das subjektiv-öffentliche Rechte, 1991, S. 154 ff.; Stern (N 2), S. 944 (Nachw.); Dietlein (N 6), S. 74 ff. 클라쎈은 모든 기본권에의 타당 (여하튼 평등원칙에의 타당)을 부정하는데(N 6, S. 36), 아마 이것은 모순되는 것은 아니다. 쉬바베는 생명·건강·소유권 그리고 인간의 존엄 이외에 대한 보호의무를 「실천적으로 중요하지 않다」고 한다(N 2), S. 240.

196) 예외인 것은 신체의 자유에 대한 판례 BVerfGE 49, 304 (319 f.)이다. 때로는 다른 기본권이 주변적으로 언급되거나 또는 아울러 인용되는 일도 있다. 예컨대 인간의 존엄(BVerfGE 64, 261 (275)). 그 최초는 E 1, 97 (104). 신체의 자유(BVerfGE 49, 24 (53)), 소유권(BVerfGE 49, 89 (143)).

197) 헤르메스의 모노그라피(N 6)가 이 테마를 좁게 설정하는 것이 특징적이다.

같은, 구조가 다른 기본권에 전용하고 그것을 일반적인 룰로 높여서는 안 된다. 허지만 보호의무가 일반적인 기본권작용으로서 타당하다면, 모든 (자유권적) 기본권에 공통된 구조가 없으면 안 된다. 이 구조를 명백하게 하는 것이 기본권해석학의 과제이다.198)

(Rn. 87) 이 과제를 해결함에는 곤란한 선구적인 작업이 요청된다. 방어권적 해석학의 개념은 보호의무의 구성요건을 이루는 전제들이나 법적 효과를 파악하는 데에는 불충분하다. 구조는 시민과 국가와의 관계가 국가 · 가해자 · 희생자라는 삼각 관계에로 확장한 것에서도 바로 보다 복잡함을 증가한다. Sedes materiae는 헌법만이 아니라 넓은 범위에서 단순법률이기도 하다. 헌법과 단순법률은 상관관계에 선다. 기본권보호의무는 단순법률에 의한 매개에 의존한다. 단순법률은 다른 한편 보호의무에 의해서 정당화된다. 실무에서 보호의무는 기존의 법률에 대한 정당화 명의로서도 다양하게 기능한다.199) 허지만 중요한 것은 단순법률상의 보호의 보장과 헌법상의 규준으로 층을 나누는 것이다. 기본권보호의무는 괴리된 규범적 소재로부터 비로소 명백하게 되어야 한다.

따라서 기본권보호의무에는 방어권에 원래부터 독특한 명확한 법학적 프로필이 결여되어 있다. 기본권해석학의 곤란한 과제는 이 법적 형상에 내적인 견고함과 대외적인 윤곽선을 부여하고 명확한 구분을 행하고, 특히 보호의무를 기본권영역에서의 다른 국가임무와 구별하고 또한 다른 기본권작용과 구별하는 것이다.

II. 보호의무의 구조설계와 적용 도식

(Rn. 88) 보호의무의 해석학적 구조설계는 몇 가지의 차원을 제시한다.
— 기본권위태의 구성요건
— 법률효과: 보호라는 국가임무의 현실화와 그것을 이행하기 위한 수단의 선택
— 수단투입의 전제조건, 특히 가해자에 대한 보호적 침해의 전제조건
— 희생자의 지위, 특히 보호를 구하는 주관적 권리

1. 구성요건

(Rn. 89) 그것이 만족된다면 보호의무가 발동하게 되는 구성요건은 기본권의 보호법익에 대한, 또는 사인에 의한 위법한 침해 (공격) 또는 그러한 침해의 위험이다.

(a) (침해의) 대상은 자유권적 기본권의 모든 보호법익(생명 · 소유권 · 인신의 자유 등)이다.

---

198) 이에 대해서는 Rainer Wahl und Johannes Masing, Schutz durch Eingriff, in: JZ 1990, S. 553 mit Anm. 3도 참조.

199) 예컨대 BVerfGE 39, 1 (44 ff.) — 제1차 낙태 판결(§ 218 StGB); 49, 24 (53 f.) — 접촉차단 결정(Kontaktsperregesetz); 49, 304 (319 f.) — § 823 Abs. 1 BGB 참조.

(b) 구성요건에 해당하는 행위란 현실의 또는 절박한 침해이다. 즉 기본권의 보호법익에 대한 기본권주체의 의사에 반한, 사소하지 않은 개입이다. 침해는 위법한 것이어야 한다. 법적인 위법성 평가는 직접적으로 헌법의 기준들에서 생긴다. 규준이 되는 것은 폭력금지이며 가해행위금지이다. 가해자의 책임 및 그 밖의 주관적 요소는 문제가 되지 않는다. 제외되는 것은 단순한 (중대하지 않은) 미혹(Belästigung)뿐이다.

(c) 관련되지 않은 것은 기본권주체의 법적 책임영역 밖에 있는, 자연재해와 그 밖의 운명적인 사건이다.

(d) 침해는 다른 면에서는 기본권능력을 가지는 사인에서 나와야 한다. 제외되는 것은 독일과 외국의 국가권력에 의한 침해와 국제조직에 의한 침해이다.

(e) 자기위태는 구성요건 밖이다.

2. 법률효과

(Rn. 90) (a) 법률효과는 침해 내지는 위험을 방어해야한다는 국가의 객관법적 의무이다. 국가는 기본권법익을 목적에 적합한 법치국가적 수단을 사용하여 그때그때의 필요에 따라서 효과적으로 보호하여야 한다.

(b) 의무의 수범자는 기본법 제1조 3항에 근거하여 기본권에 구속되는 국가권력의 모든 기구이다. 그것들은 그 일반적인 권한의 규율에 따라서, 또한 그것들의 일반적인 행위권한의 기준에 따라서 활동한다. 보호의무 그 자체 어떠한 권능(Kompetenz)도, 어떠한 침해권한(Befugnis)도 부여하지 않는다. 오히려 보호의무는 기존의 Kompetenz와 Befugnis의 행사를 현실화하고 조타하는 국가임무를 형성하는 것이다.

(c) 기본권의 객관적인 보호의 필요와 개개의 기본권주체의 주관적인 보호의 필요는 당해 보호법익의 안전에의 예민함(잠재적 또는 현실의) 공격의 성질·사정·강도·기본권주체 자신에 의한 적법하고 수인가능한 대책의 가능성(보완성원리)에 의존한다.

(d) 국가에 대한 의무지움은 현실상 및 헌법상의 가능성의 유보에 복종한다. 절대적 보호는 확립할 수 없다. 국가는 회피할 수 없는 나머지 리스크를 감수하지 않으면 안된다.

(e) 보호의무는 입법부에 대한 입법위탁을 포함한다. 그것은 보호의 필요를 만족하는 규정을 제정하고 항상 충분한 보호규범의 최저한도에 배려하고, 사정이 변경된 경우에는 기존의 규정을 「사후적으로 시정」하고, 새로운 종류의 위험에 적합하여야 한다는 위탁이다. 입법위탁에 대응하여 행정부와 사법부에는 효과적인 보호를 보장해야 한다는 집행위탁이 부과된다.

(f) 기본권보호적 규범의 개정 또는 폐지는 허용된다. 그러나 헌법이 명하는 법률에 의한 보호의 최저한을 하회해서는 안 된다. 그러한 한에서 기존의 보호규범은 상대적인 존속의 보장을 받는다.

(g) 헌법은 입법자가 어떻게 해서 그 임무를 이행하는가에 대해서 입법자에게 형성의 재량을 부여한다. 그렇지만 입법자의 안전조치는 적합적이며 실효적이며 충분한 것이어야 한다. 법률은 집행에 대해서 구체적 위험에 대항하여 개입하거나, 또는 참고 기다리는 결정의 재량을 부여할 수 있다. 그렇지만 보호의무는 재량의 행위를 지배하고 실효적인 보호의 거절을 기본권상의 정당화의 강제에 복종시킨다. 보호의무는 여기서는 과소보호금지로서 작용한다. 재량은 어떤 특정한 보호조치만이 기본권에 의해서 명해진다는 귀결을 수반하여 제로에 수축하는 것이다. — 입법부 또는 행정부의 작위 또는 부작위를 보호의무를 규준으로 심사하는 재판관은 행위하는 국가기관의 헌법적 구속의 강함과 사법가능성의 정도(통제밀도)를 정한다는 과제가 주어진다.

(h) 국가가 보호의무를 실현하기 위해서 투입하는 수단은 모든 일반적 헌법규준을 만족시키지 않으면 안 된다. 즉 연방국가적인 권한배분과 그 밖의 권한규정, 법률의 유보, 법치국가적인 요청들, 특히 보호조치에 의해서 부담을 받는 제3자의 기본권이다.

3. 가해자의 지위

(Rn. 91) 가해자 또는 국외자에 대해서 가해지는 보호적 침해는 침해유보라는 종류의 법률의 유보를 만족시켜야 하며, 또한 방어권적 기본권에 구성요건상 해당되는 경우에는 대응하는 제한의 체계에 근거하여, 타자의 기본권법익의 보전이라는 목적을 위한 수단으로서 정당화되어야 한다. 그 때에 보호적 침해의 이면적인 가치가 명백하게 된다. 한편으로는 가해자의 기본권상의 이익이 있으며, 그것은 방어권의 원리인 과잉침해금지에 의해서 지켜지고 있다. 다른 한편 희생자의 기본권상의 이익이 있으며, 그것은 보호법의 원리인 과소보호금지에 의해서 지켜진다.

4. 희생자의 지위

(Rn. 92) (a) 희생자의 시각에서는 국가가 보호의무를 완전히 하지 않거나 불충분하게만 수행하는 경우에는 다음과 같은 의문이 생긴다. 즉 과연 희생자에게 본래의 객관법적인 국가임무에서 보호를 구하는 주관적 권리가 부여되는가 하는 질문이다. 여기서는 구체적인 위험상황에서 국가의 작위 또는 부작위가 각인의 개인적 기본권적 지위에 각인에게 특별한 보호의 필요성을 생기게 할 정도로 간섭하는가의 여부가 문제로 된다. 권한 있는 기관이 현실적인 결단상황에서 가지는 재량여지의 광범함 또는 감축에 따라서 희생자에게는 자기의 기본권보호의 필요성을 고려하는 것을 구하는 형식적·주관적 권리가 주어지거나 또는 특정한 보호조치를 구하는 실질적인 주관적 권리가 부여되는 일이 있을 수 있다. 주관적 권리의 존재는 본래는 객관법적인 보호의무를 행정재판소의 의무화소송 내지 일반적 급부소송(행정사건소송법 제42조 2항) 또는 헌법소원(연방헌법재

판소법 제90조 1항)에 의해서 재판소에 의해서 관철하는 가능성에 의존한다.

(b) 국가는 그 보호를 강요해서는 안 된다. 강제적인 보호조치에 대해서 희생자는 방어권을 주장할 수 있다.

III. 기본권 위태의 구성요건

1. 위험의 객체 ─ 기본권상의 보호법익

(Rn. 93) 국가가 보호의무에 의해서 방어가 요구되는 위험의 객체는 자유권적 기본권의 보호법익이다. 원형이 된 객체는 ─ 지금까지의 판례에서도 학설에서도 ─ 생명과 신체의 무상성(無傷性)이었다. 그렇지만 보호의무는 소유권에도,[200] 인간의 존엄에도, 인신의 자유와 직업수행의 자유에도 결부되고 있다. 자유권적 기본권의 모든 보호법익이 시야에 들어오게 된다.[201] 보호의무는 방어권과 일치하며 그 주제면에서의 사정도 방어권에 일치한다.

그 인적 사정에 대해서도 보호의무는 방어권에 일치한다. 보호의무는 생명의 주체로서 이미 출생의 이전부터, 즉 수태의 시점부터 인간에게 주어진다.[202] 보호의무는 인간의 존엄을 사후에서도 커버한다.[203] 보호의무는 자연인에 더하여 기본법 제19조 3항의 기준에 따라서 법인에게도 타당하다.

(Rn. 94) 보호의무는 신체적 또는 정신적 실체로서 법질서에 선행하는「사물의 본성에 의해서 탄생된」기본권법익뿐만 아니라, 소유권과 같이 법질서의 산물인,「법에 의해서 탄생된」기본권법익과 결부되고 있다. 후자의 유형에서는 보호법익을 처음으로 완성시키는 기본권구성요건의 내용형성과 기본권구성요건의 보호가 구별되어야 한다. 보호의무는 그 객체가 어떠한 것인가에 대해서는 아무것도 규정하지 않으며, 오히려 그것을 전제로 한다. 보호의무는 보호법익의 존속에 결부되며, 그 법익이란 헌법과 헌법의 기준에 따른 단순법률이 법적 제도로서 정비하고, 현실에서 개개의 기본권주체에 구체적인 소유물(Besitzstand)로서, 또한 효과적인 자유의 잠재력(Freiheitspotential)으로서 귀속하는 것이다. 즉 보호의무는, 입법자가 어떠한 재산적 가치 있는 권리를 기본권적 소유권의 내용으로서 창조해야 하며, 또한 현존하는 재산적 가치가 어떻게 적정하게 배분되어야할

---

200) 소유권에 대한 보호의무에 대해서는 Sass (N 6), S. 403 ff.

201) 상술 Rn. 86 참조.

202) 연방헌법재판소는 생명의 보호가 착상 전에 시작하였는가의 여부 또는 태아 자신이 이미 기본권 주체인가의 여부에 대해서 아직 미해결로 있다(E 39, 1 (37, 41)). 출생 전의 보호의무에 대해서는 Dietlein (N 6), S. 124 ff. → Bd. VI, Lorenz, § 128 Rn. 9 ff.

203) 참조. BVerfGE 30, 173 (194) ─ Gustav Gründgens. BGH in: JZ 1990, S. 37 ff. - Emil Nolde. 사후의 보호의무에 대해서는 Dietlein (N 6), S. 124.

것인가에 대해서는 아무것도 규정하지 않는다.204) 보호의무는 추상적으로 성립하며 구체적으로 실현 및 배분된 권리에 결부된다. 보호의무의 테마는 보호법익의 내용이 아니라 그것의 불가훼손성에 있다.

(Rn. 95) 제1차적으로 기본권은 그 객관법적 차원에서 공동체의 기초로서, 또한 법질서의 요소로서 보호된다. 이것에 포함된 것이 장래에 대한 기본권의 타당요구이다. 국가는 다음 세대에 대해서도 책임을 진다.205) 국가는 오늘날의 활동에서 지속적으로 혹은 나중에 생길지도 모르는 위험에서 다음 세대를 보호해야 하며 인간의 생명, 자유, 존엄의 법적 및 현실상의 전제조건이 계속 유지되도록 배려하여야 한다.

보호의무는 그 제일의적(primär)인 객관법적 보호형태에서는, 기본권법익을 일반의 사항(Sache der Allgemeinheit)으로서 공적 이익으로서 파악한다. 이러한 시각은 기본권 주체인 인물과 그가 가지는 주관적 연관들(기본권능력·기본권성년·현실적이며 개인적인 당사자성)을 추상화한다. 그것들은 보호의무의 구성요건에 대해서는 별로 중요하지 않다. 그러나 그것들은 과연 기본권을 위협하는 개개의 기본권주체가 보호를 구하는 주관적 권리를 주장할 수 있는가 하는 (이차적인) 법률효과에 대해서는 중요하게 된다.

(Rn. 96) 보호의무의 적용영역 밖에 있는 것은 절차적 보장(예컨대 기본법 제103조), 사회적 보장(예컨대 기본법 제6조 4항, 5항)이다.206) 헌법의 평등권은 대상이 되지 않는다.207) 기본권적 자유는 개인의 국가권력에 대한 관계에서 성립하며, 개인 상호의 관계에서는 아니다. 개인 상호의 관계에서는 사적 자치가 지배하며, 사적 자치에서는 사실상의 불평등을 포함하는 개별성(Individualität)이 ― 특히 사회적 국가목표를 위한 ― 법률에 의해서 한계지워지지 않는 한 법적으로 통용한다. 그 때문에 기본법 제3조 2항의 기본권에서 보호의무의 도움을 빌려 단체나 기업에서의 여성의 평등이라는 헌법 프로그램을 도출할 수는 없다. 허지만 국가가 기본법 제1조 1항 2문에 의해서 사인에 의한 침해에

---

204) 사물의 본성에서 생기는 법익과 법에 의해서 산출된 법익의 구별에 대해서는 상술 Rn. 37 ff.를 보라. 나아가 Dietlein (N 6), S. 80 f. 참조. 내용형성에 대해서는 Bd. V, Isensee, § 115 Rn. 139 ff.; Lerche, § 121 Rn. 37 ff.

205) 그러한 한에서 객관법적인 국가임무로서 나타나는 기본권보호의무는 입헌국가의 장래에 대한 책임에 대해서 헌법상의 승인을 기초지운다. 「장래의 세대의 권리」라는 우선적인 국가윤리적·헌법정책적인 요청에 대해서는 Peter Saladin/Christoph Andreas Zenger, Rechte künftiger Generationen 1988; Hasso Hofmann, Rechtsfragen der atomaren Entsorgung, 1981, S. 258 ff. 헌법상의 테제로서 Paul Henseler, Verfassungsrechtliche Aspekte zukunftsbelastender Parlamentsentscheidungen, in: AöR 108 (1983), S. 489 (544 ff.); Murswiek (N 6), S. 212 ff.; Peter Badura, Radioaktive Endlagerung und Grundrechtsschutz für die Zukunft, in: Rudolf Lukes/Adolf Birkhofer (Hrsg.), Achtes Deutsches Atomrechts-Symposium, 1990, S. 227 (240 ff.); Christian Lawrence, Grundrechts-schutz, technischer Wandel und Generationsverantwortung, 1988, S. 182 f.

206) 사회권에 대해서는 후술 Rn. 132 ff.

207) 평등원칙 대해서 결론에서 적절한 것으로서 Classen (N 6), S. 36. 마찬가지로 Ute Sacksofsky, Das Grundrecht auf Gleichberechtigung, 1991, S. 201. 이와 다른 견해로서 Canaris (N 23), S. 235 f., 238, 243; Dietlein (N 6), S. 85도 유보를 붙이고 있다. Bd. V, P. Kirchhof, § 124 Rn. 112 f., 258; Sachs, § 125 Rn. 122. 사회권에 대해서는 후술 Rn. 132 (N 334).

대해서도 의무를 지는 인간의 존엄의 보호는 간접적으로 평등에도 역할을 하게 된다. 사람으로서의 평등에 대해서208) 인간의 존엄을 모욕하는 차별은 보호의무를 발동시킨다. 평등에 관한 인권상의 최저한도는 따라서 ─ 제3자효력 독트린에 의뢰하지 않고 ─ 사회 내부의 관계에서도 보장된다.

2. 위험의 종류 ─ 위법한 침해

(a) 사인에 의한 침해

(Rn. 97) 국가의 보호의무는 사인이 기본권상의 보호법익에 위반하고, 또한 그러한 위반의 위험이 있는 경우에 등장한다. 위반이란 위법한 침해(공격)이다. 침해란 이 문맥에서는 방어권의 문맥에서의 넓은 의미의 개념과 동일하게 규정할 수 있다. 즉 권리자의 의사에 반하여 법익에 자세하지 않은 개입을 하는 것이다.209) 허지만 과연 침해가 국가로부터 나오는가, 그렇다면 사인에서 나오는가에는 본질적인 차이가 있다. 보호의무의 구성요건은 이 차이를 고려에 넣어야 한다.

(Rn. 98) 생명과 건강이라는 기본권의 보호법익에 대해서는 원칙으로서 사인에 의한 모든 침해가 국가의 보호의무를 발동시키는데 충분하다.210) 그러나 그러한 사정을 일반화하여 이미 침해 자체가 위험을 지시한다는 귀결을 이끌어낼 수는 없다. 왜냐하면 저 기본권은 그 기질에서 달리 유례가 없는 것이기 때문이다. 생명과 건강에의 개입은 필연적으로 신체적인 성질의 것이다. 그러한 개입은 기본권주체의 의사에 반하여 행해지며, 또 정당방위와 같은 예외사태가 존재하지 않는 한, 폭력금지에 위반하며 따라서 헌법 때문에 위법(illegitim)하게 된다. 이것은 여하튼 방어권의 해석학에서 오늘날 지배적으로 되고 있는 넓은 의미의 침해의 이해를 기초에 두는 경우, 다른 보호법익에 대한 모든 침해에 타당한 것은 아니다. 직업의 자유는 경쟁 속에서 전개된다. 직업의 자유는 경쟁자의 간섭에 대해서 열려 있다. 단결의 자유는 노동쟁의, 즉 노동협약의 상대방에 대한 계획적인 방해를 커버한다. 의견의 자유는 반론과 비판이라는 리스크 아래서만 현실화한다. 그러한 종류의 침해는 국가에 대해서 어떠한 보호의무도 기초지우지 않는다. 반대로 ─ 그것들은 국가가 정당한 경쟁과 자유의 정당한 안타고니즘에 개입하는 것을 금지하며, 어느 편에 가담하는 것을 금지한다. 이 경우 국가는 보호의무에 복종하는 것이 아니라 기본권상의 중립성의 요청에 복종하는 것이다.

(Rn. 99) 이로써 침해라는 가치중립적인 사실은 보호의무를 발동시키기에 족한 것이 아님이 나타났다. 헌법에 의해서도 부인되는 침해만이 헌법에 근거하여 방어되지

---

208) 평등과 인간의 존엄에 대해서는 Bd. V. O. Kirchhof, § 124 Rn. 103 ff.
209) Bd. VI, Lorenz, § 128 Rn. 43 ff.
210) 침해개념에 대해서는 상술 Rn. 61 ff.를 보라.

않으면 안 된다. 구성요건에 관련되는 것은 위법한 침해, 보다 정확하게는 헌법에 합치하지 않는 침해만이다. 따라서 사적 침해가 존재한다고 인정하더라도, 바로 법적 무가치평가가 이에 따르는 것은 아니다. 무가치평가는 오히려 실증적으로 진단되어야 한다. 넓은 의미의 침해구성요건에 해당되는 사인의 개입은 다종다양하며 일괄적인 법적 평가를 허용하는 것도 아니다. 사인의 개입은 국가에 의한 유사한 침해와 같은 정당화의 강제를 필연적으로 불러일으키는 것은 아니다. 또한 사인의 개입은 국가의 침해와는 달리, 특히 방어권의 형식적·실질적인 방지조치에 위배되는 것은 아니다.

(b) 위법성의 규준으로서의 헌법

(Rn. 100) 침해의 위법성은 예컨대 형법이나 이웃 보호적인 행정법과 같은 단순법률로부터만 이를 명백히 할 수는 없다. 그러한 한에서 이 규범적 구성요건 메르크말에 대해서도 기본권보호의무가 의존하는 그 밖의 구성요건상의 전제조건과 동일한 것이 타당하다. 단순법률은 헌법상의 귀결로서의 무가치평가를 행할 수는 없지만 이를 치환하고 구체화할 수 있다. 기본권 보호의무의 구성요건상의 전제조건에는 헌법의 우위가 타당하며, 그러나 그 집행에는 법률의 유보가 타당하다. 법률의 유보는 입법자가 보호규범을 정비하고 제3자에 대한 보호적 침해는 법률의 수권에 근거해서만 허용된다는 것을 요청한다. 기본법에 대해서는 사인상호간의 관계는 물론 직접의 규율 테마는 아니다.211) 그렇지만 기본법은 시민성(Zivilität)에 대한 최저한도를 보장하고, 그것으로 입헌국가적 생활의 대강질서를 보장하는 여러 룰을 간접적으로 인가한다(sanktionieren).

(Rn. 101) 가장 중요한 룰은 국가의 실력독점에 포함되어 있다. 이것과 표리에 있는 것이 시민의 평온의무이다. 즉 모든 형태의 물리적 실력을 행사하지 않는다는 기본의무이다. 폭력금지는 단지 변두리에서지만 기본법의 조문에서 언급할 뿐인데 실질적 헌법의 일부를 이룬다.212) 보호의무에 관한 연방헌법재판소의 많은 지도적 판례는 폭력금지의 원리에 거슬러 올라갈 수 있다. 그 약간은 신체적 폭력의 행사에 관한 것이다. 즉 모친에 의한 미출생아의 살해, 테러리스트에 의한 신체·생명의 위험이다.213) 또한 약간은 기술에 의해서 매개된 물리적 작용에 관한 것이며, 그것은 예컨대 건강을 해치는 교통소음,214) 원자력발전에서 나오는 방사선215)이다. 생명과 신체의 무상성의 보호에 관한 연방헌법재판소의 판례는 사적 폭력금지 중에 일반화 가능한 격률(Maxime)을 포함하며,

---

211) 그 예외가 되는 것이 단결의 자유를 제한하거나 또는 방해하려는 결정에 대해서 규정한 기본법 제9조 3항 2문의 특별 규정이다.
212) Schmitt Glaeser (N 189), S. 109 ff.(Nachw.); Isensee (N 70), S. 46 ff.(Nachw.); Bd. V, Isensee, § 115 Rn. 109 ff.
213) BVerfGE 39, 1 (41 ff.) ― 제1차 낙태 판결(Abtreibung); BVerfGE 46, 160 (164 ff.) 그리고 49, 24 (53 ff.) ― 접촉 차단 결정(Terrorismus).
214) BVerfGE 56, 54 (73 ff.); 79, 174 (201).
215) BVerfGE 49, 89 (124); 53, 30 (57 ff.); 77, 381 (402 ff.).

그것은 모든 기본권상의 보호법익에 타당하며, 특히 좁은 의미의 자유권에도 타당하다. 예컨대 자유박탈금지 및 교통차단에 의한 강요(Nötigung)의 금지216)로서의 공간적 이동의 자유, 특정한 의견을 표명하거나 표명하지 않는 것의 강제의 금지로서의 의견자유, 노동을 물리적 실력으로 강제하거나 또는 그러한 방법으로(예컨대 사업소의 점거나 강제적 봉쇄에 의해서) 좌절시키는 것의 금지로서의 직업수행의 자유, (예컨대 교관의 야단과 같은)217) 폭력에 의한 수업방해의 금지로서의 교수의 자유, 기물손괴나 주거침입의 금지, 나아가 수인할 수 없는 임미시온의 금지를 통한 소유권218)에 타당하다.

(Rn. 102) 사인에 의한 신체적 폭력은 그것만으로 위법이다. 신체적 폭력에 대해서는 나아가 침해의 기본권상의 객체를 문제로 삼을 것까지 없이 이미 수단이 침해를 위법으로 한다. 정당방위나 긴급피난(Nothilfe)과 같은 예외사례에서만 기본권법익이 현재 위법한 침해에 직면하여 국가에 의한 구조가 준비되지 못하고, 따라서 국가의 실력독점이 침해되지 않는 경우에는 헌법상 이를 정당화할 수 있다.219) 국가는 이미 그 실력독점 때문에 사적 폭력의 저지가 요청된다. 그때마다 침해된 기본권의 보호는 이로써 바람직한 부산물로서 저절로 생긴다. 실력독점에 의해서 가능하게 되는 국내의 평화질서는 기본권이 타당하기 위한 전제의 하나이다.220) 국가는 그 의미에서 실력독점을 주장함으로써 기본권을 기본권의 전제로부터 보호한다. 기본권보호의무는 국가의 실력독점에 접속하여 이에 하나의 목적을 부가한다. 그것은 사적 폭력금지는 폭력에 의해서 위협된 기본권법익의 안정에도 봉사한다는 것이다. 이러한 관련에서 폭력이라는 일반적 개념과 형사법에서의 폭력개념의 의미를 둘러싼 많은 논쟁은 중요하지 않다.221) 오히려 중요한 것은 사인 간에서의 행위자유의 헌법상의 한계로서의 폭력금지이다. 사인의 손에 의한 위법한 폭력이라는 개념은, 헌법의 여러 규범·제도들·목표들과 아울러 헌법의 불문의 전제이다. 모든 시민에 대한 자유권이 평등하게 타당하고 실효적으로 행사될 수 있기 위한 조건들에 의해서 정해진다. 헌법해석학의 폭력개념은 그 핵심은 명확하지만 그 주변에서

---

216) 좌석 폐쇄의 헌법상의 위법성에 대해서는 Schmidt-Bleibtreu/Klein, Komm. z. GG, ⁷ 1990, Art. 8 Rn. 4; Christoph Ehrentraut, Die Versammlungsfreiheit im amerikanischem und im deutschem Verfassungsrecht, 1990, S. 142 ff.; Isensee (N 70), S. 62 f. 다른 견해로서 Götz Frank, Das Gewaltmonopol des Staates und das Versammlungsrecht, in FS für Helmut Ridder, 1989, S. 37 (47).

217) 강의 방해에 대해서는 Schmidt-Bleibtreu/Klein (N 216), Art. 8 Rn. 4.

218) 기본권보호대상으로서의 소유권에 대해서는 Isensee (N 76), S. 5 ff.; Sass (N 6), S. 403 ff.

219) 정당방위의 헌법상의 정당성에 대해서는 Friedrich-Christian Schroeder, Die Notwehr als Indikator politischer Grundanschauungen, in: FS für Reinhart Maurach, 1972, S. 127 ff.; Gunther Arzt, Notwehr, Selbsthilfe, Bürgerwehr, in: FS für Friedrich Schaffstein, 1975, S. 77 ff. 나아가 Isensee (N 5), S. 56 ff.; Günther Jakobs, Strafrecht-Allgemeiner Teil, ² 1991, S. 380, 400도 참조.

220) Bd. V, Isensee, § 115 Rn. 109 ff.

221) 이에 대해서는 Schmitt Glaeser (N 189), S. 44 ff.에 문헌도 열거되어 있다. 형법상의 논쟁에 대해서는 Günther Jakobs, Nötigung durch Gewalt, in: Gedächtnisschrift für Hilde Kaufmann, 1986, S. 791 ff.를 보라.

는 막연하다. 바로 그것에 의해서 이 개념은 점차로 증대하는 기본권이해의 감도(感度)에서 생기는 기본권상의 필요성의 변천에 적용할 수 있다. 기본권상의 보호법익의 감도는 위법한 폭력에 대한 견해가 미세한 것을 지시하고 있다.

폭력금지는 평등성과 일반성의 원리 속에서 확인된다. 기본권적 자유는 모든 인간과 시민에게 평등한 자유로서 부여한다. 자유권의 내용·사정·한계의 확정은 일반화 가능하여야 한다. 자기의 이익을 강제한다는 수단으로 관철하는 자유는 아무에게도 존재하지 않는다. 이 전제는 칸트가 제안한, 다음과 같은 법치국가의 내용규정에 합치한다. 즉 공적인 강제법률에 의해서 각인에게 그의 물을 결정하고, 그것을 다른 모든 침해로부터 방어하고, 어떤 자의 자유가 다른 자의 자유와 일반적 법률에 따라서 병존할 수 있도록 배려하는 것이다.222) 법치국가는 따라서 모든 자에게 그들의 자유의 동일한 법적 대강조건을 보장함으로써 시민의 조정자로서 기능한다. 이 대강조건에는「타자를 상하지 않는다」(alterum non laedere)223)라는 명령에 대응하는 가해금지라는 한계(Nichtstörungsschranke)가 포함된다.

(Rn. 103) 가해금지(neminem laedere) 명령은 정의의 아프리오리한 형식적 원리이다.224) 그러한 것으로서 이 원리는 그것 자체에 대해서 이유를 요구하지 않는 동시에 다른 한편, 그것 자체로부터 사인에 의한 기본권침범의 위헌성을 발생케 하거나, 말하자면 기본권보호의무가 타당한 것을 기초지우는 것은 아니다. 왜냐하면 이 원리는 상하기 쉬운 법익의 존재와 바로 금지의 수범자에 대한, 법적 손괴가능성을 전제로 하기 때문이다. 바로 이것은 사인에 대한 기본권의 관계에서 문제로 된다. 명시적으로 기본법은 국가권력의 기본권에 대한 구속만을 예정하며, 사인의 구속은 예정하지 않는다. 기본법 제1조 3항의 규정에서는 기본권을 존중해야 한다는 사인에 대한 의무지움을 도출할 수는 없다.225) 다른 한편, 이 가능성은 사인에 대한 직접적 효력이 적어도 간접적 효력을 인정하는 기본권의 제3자적 효력론226)에 의해서 열린다. 제3자효력론과 보호의무론은 어떠한 기본권주체도 타자의 기본권법익을 침해해서는 안 된다는 전제를 공유하고 있다. 침해금지를 기초지우기 위해서 제3자효력론의 기초지움에 의거할 필요는 없다. 침해금지는

---

222) Immanuel Kant, Über den Gemeinspruch: Das mag in der Theorie richtig sein, taugt aber nicht für die Praxis, 1793, A 232 ff. in: ders., Werke (hg. von Wilhelm Weischedel), Bd. VI, 1964, S. 125 (143 ff.); ders., Metaphysik der Sitten, Rechtslehre, 1797, A 43, 165 ff. (백종현 옮김,『윤리형이상학. 법이론의 형이상학적 기초원리』, 아카넷, 2012).
223) 제3자의 권리를 침해하는 것의 금지(일반적 방해금지 의무)는 다음 문헌에 의해서 기본권의 한계로서 시사되고 있다. Bettermann (N 24), S. 10; Otto Luchterhandt, Grundpflichten als Verfassungs-problem in Deutschland, 1988, S. 468 f.; Günter Dürig, Art. 2 des Grundgesetzes und die Generalermächtigung zu allgemein polizeilichen Maßnahmen, in: AöR 79 (1953/54), S. 57 (61 f.).
224) 이 원리의 로마법상의 연원에 대해서는 Gottfried Schiemann, Das allgemeine Schädigungsverbot "alterum non laedere," in: JuS 1989, S. 345 ff. 법신학적 기초를 Erik Wolf, Das Recht des Nächsten, in: Die Albert-Ludwigs-Universität 1457-1957, 1957, S. 43 (49 f.)가 묘사하고 있다.
225) 그렇지만 다른 견해로 Stern (N 2), S. 948이 있다.
226) Bd. V, Rüfner, § 117 Rn. 54 ff.

이미 대국가적인, 방어권적 기본권보호의 이면으로서 생기기 때문이다. 방어권적 기본권
보호는 만약 보호법익의 불가침성이 사인에 의한 침범에 대항해서도 보장되지 않는다면
공전할 것이다.227) 시민은 다른 시민에게 자기의 의사를 강요해서는 안 되며, 타자의
법적 영역을 침범해서는 안 된다는 금지는 사적 자치에 의해서 자명한 것이다.228) 사적
자치는 개개의 기본권에 의해서 아울러 보장되고 있다. 사적 자치는 그렇지만 기본권질서
전체의 전제조건이다. 사적 자치는 법을 향수하는 모든 자가 서로 인격으로서 승인하고
타자의 자기결정과 타자의 법익을 존중하고, 강제 · 협박 · 기만을 행하지 않는 것이라면,
법적 평등이라는 조건 아래서만 가능하다.

(Rn. 104) 가해금지명령은 폭력금지보다도 광범위하게 미친다. 이 명령은 비신체적
인 폭력을 수반하지 않는 수단에 의한 권리침해에도 결부된다. 이로써 가해금지명령은
굴욕 · 치욕 · 폭로 · 단순한 객체에의 격하를 통한 사인에 의해서 가져오는 인간의 존엄의
위험을 커버한다.229) 인간의 존엄과 일반적 행위자유에 의해서 커버된 일반적 인격권은
미디어에 의한 진실이 아닌 혹은 모욕적인 공격,230) 모델 소설에서의 비방,231) 부정확한
인용232)에 의해서 침해되는 일이 있다. 기본권적으로 보호된 사적 영역도 또한 자격
없는 제3자에 의해서 침해되기도 한다. 편지 · 우편 · 통신의 비밀,233) 신문 편집부의
작업의 기밀성,234) 자기의 데이터에 관한 권리235) 등이다. 프레스에 의한 개인관련정보
의 수집, 그 보관, 저널리즘적 이용은 인격권에 대한 위험을 가져오며 국가의 기본권보호의
무를 불러일으킨다.236)

---

227) 상술 Rn. 85를 보라.
228) 사적 자치의 내용 · 사정 그리고 기본권상의 방호에 대해서는 Werer Flume, Allgemeiner Teil des
    Bürgerlichen Gesetzbuches, Bd. II, ³ 1979, S. 1 f.
229) 인간의 존엄을 존중할 의무를 사인도 지는 것을 긍정하는 것으로서 Dürig (N 23), Art. 1 Abs. I
    Rn. 16; Starck (N 84), Art. 1 Rn 25; Reinhold Zippelius, in: BK (Drittb.), Art. 1 Rn. 34; Luchterhandt
    (N 223), S. 445 f.가 있다. → Bd. I, Häberle, § 20 Rn. 73. 다른 한 편 BVerfG, B. v. 25. 3. 1992
    (Diffamierung als "geborener Mörder")는 이를 부인한다.
230) BVerfGE 54, 208 (217 ff.) - 하인리히 뷜 결정.
231) BVerfGE 30, 173 (188 ff., 198 ff.). — 메피스토 결정.
232) BVerfGE 54, 208 (217 ff.); 61, 1 (7 f.).
233) 실질적으로 보호의무를 긍정하는 것으로서 Pappermann (N 122), Art. 10 Rn. 6 (비밀이 사인에
    의해서 침해되는 것을 저지하기 위해서 모든 것을 하는 것을 입법 · 행정 · 재판에 호소하는 「원칙규범」).
    이 문제는 일부에서는 간접적 제3자효력이라는 표제 아래 논한다. 그 예로서 Dürig (N 23), Art. 10
    Rn. 27. → Bd. VI, Schmitt Glaeser, § 129 Rn. 66. 보호의무라는 관점에서는 Peter Badura, in: BK
    (Zweitb.), Art. 10 Rn. 38.
234) 편집작업의 기밀성은 BVerfGE 66, 116 (234 f.)에 의하면 기본법 제5조 1항 2문에 근거한 프레스의
    독립성의 구성요소이며, 그러한 것으로서 사회적 세력 내지 사인의 「침해」에 대항하는 제3자성은 가지지
    않지만 객관적 원리로서 시민법상의 규정들의 해석 · 적용에 즈음하여 고려되어야 한다.
235) 「피용자의 정보자기결정권의 보호와 보장」에 대해서는 Peter Badura, Persönlichkeitsrechtliche
    Schutzpflichten des Staates im Arbeitsrecht, in: FS für Karl Molitor, 1988, S. 1 (13 ff.). → Bd.
    VI, Schmitt Glaeser, § 129 Rn. 90 ff.
236) 연방 데이터 보호법 제41조의 미디어 특권은 그러므로 위헌이다. → Bd. VI, Schmitt Glaeser, §
    129 Rn. 94.

(Rn. 105) 일반적으로 국가의 보호는 사적 침해가 위법이며 기본권적 자유와 평등을 실현하기 위한 일반적 조건에 합치하지 않는, 경우 또는 사적 침해가 사기(Tauschung)나 공갈(Erpressung)의 금지처럼 실정법률에 선행하는 법윤리상의 명령에 위반하는 경우에 요청된다. 연방헌법재판소는 가해자의 기본권적 지위를 처음부터 한정적으로 해석하고 어떠한 사정 아래서도 희생자보호를 위한 일반적 법률을 앞에 성립하지 않는 일정한 행위를 기본권의 보호영역에서 제외하고, 그러한 행위의 금지를 방어권적인 정당화의 강제로부터 해방 (좁은 구성요건론) 함으로써 이것을 고려한다. 예컨대 다음과 같은 것이 각각의 기본권상의 보호영역에서 제외된다. 인격침해적인 허위의 보도 및 잘못된 인용의 공표,237) 기업 내부 정보의 사취,238) 정치적 영향력행사를 위한 경제적 압력의 행사,239) 폭력적인 시위행동240)이다.

(c) 위험의 경계 · 미혹 · 나머지 리스크

(Rn 106) 보호의무의 구성요건은 현실의 권리침해도 합리적으로 예측가능한 권리침해, 즉 리스크도 커버한다. 리스크는 객관적으로 성립하여야 한다. 주관적인 우려는 대상이 되지 않는다. 손해발생의 모든 가능성을 갖는 것으로 족하며, 단지 이론적으로 예견할 수 있는 가능성도 이에 포함된다. 리스크라는 비기술적인 개념은 경찰법 · 질서법이 발전시킨 위험이라는 기술적 개념보다도 광범위하게 미친다. 위험이란 사태의 추이가 저지되지 않는 경우에 충분한 개연성을 가지고 손해를 발생시키는 상태를 말한다. 리스크는 손해발생이 먼 가능성 또는 미지의 가능성, 단순한 사고상의 가능성에 미친다. 리스크는 법적으로 승인할 수 없는 불이익도 포함한다.241) 보호의무의 구성요건은 리스크도 커버한다.242) 좁은 기준은 법익보호의 구체적 예방조치가 판단되는 단계에서 시작한다. 그 밖의 경우에는 양 개념의 거의 파악할 수 없는, 희미한 차이는 보호의무의 해석학에

---

237) BVerfGE 54, 208 (218 ff.); 61, 1 (7 f.). 후술 Rn. 176 이하를 보라.
238) BVerfGE 66, 116 (137 f.).
239) BVerfGE 25, 256 (264 ff.).
240) BVerfGE 69, 315 (360). 이에 대해서는 Isensee (N 70), S. 56 ff.를 보라. 견해의 차이에 대한 출전도 열거한다. 집회를 저지하거나 외부로부터 집회에 파고드는 것도 구성요건상 보호되는 것은 아니다 (BVerfGE 84, 203 (209 f.)). 이에 대해서는 Michael Kniesel, Die Versammlungs-und Demonstrationsfreiheit, in: NJW 1992, S. 857 (866 f.)를 보라.
241) 리스크라는 개념과 위험이라는 개념의 구별에 대해서는 다음을 보라. Ernst Benda, Technische Risiken und Grundgesetz, in: Willi Blümel/Hellmut Wagner (Hrsg.), Technische Risiken und Recht, 1981, S. 5 ff.; Peter Marburger, Die Bewertung von Risiken chemischer Anlagen aus der Sicht des Juristen, ebd., S. 27 ff.; Fritz Ossenbühl, Die Bewertung von Risiken technischer Anlagen aus rechtlicher Sicht, ebd., S. 45 ff.; Murswiek (N 6), S. 45 (mit weit Nachw.). 경찰법 · 질서법에서의 위험의 경계와 그 단계에 대해서는 Volkmar Götz, Allgemeines Polizei-und Ordnungsrecht, 10 1991, Rn. 115 ff.; Klaus Vogel/Wolfgang Martens, Gefahrenabwehr, 9 1986, S. 205 ff., 209 f., 227, 332 ff. und passim을 참조.
242) 적절한 견해로서 Kloepfer (N 68), S. 45.

대해서는 비생산적이다. 동의어적으로 언어를 사용하더라도 해는 없다.

위험방어를 위한 법률은 위험의 경계(Schwelle)를 다양하게 규정한다. 소재의 안전에의 감도(Sicherheitsempfindlichkeit)에 따라서, 혹은 손해발생의 가능성이 근접해야한다거나 (「절박한」, 「현재의」 위험) 혹은 손해발생의 먼 가능성으로 족하여야 한다. 그러나 손해의 예측에 따른 구분은 구성요건의 단계에서는 일반적으로 아직 문제가 되지 않는다. 전제조건은 널리 또한 열려진 것으로서 규정해야 한다. 세분화의 필요는 법률효과의 단계에서 비로소 생긴다. 법률효과의 단계에서는 위험에 놓인 기본권법익의 안전에의 감도와 일어날 수 있는 손해의 성질, 행위하는 국가기관의 작용상의 조건들, 선택된 수단에 따른 구별이 행해져야 한다. 가해자에 대해서 보호적 침해가 더해진 경우에는 가해자의 방어권과의 관계에서 정당화가 필요하기 위한 위험의 상세한 명확화와 추적가능한 예측이 행해져야 한다.

(Rn. 107) 위험의 경계의 피안에 있는 것이 단순한 미혹이다.[243] 침해는 간섭이 양적·질적인 최저한도에 달한 것을 요하며, 미혹은 아직 침해는 아니다. 사소한 유보는 보호의무의 적용 때의 사적 침해에도, 방어권 때의 국가의 침해에도 같이 타당하다.[244] 미혹이라는 카테고리는 국가의 보호의무를 불러일으키는 기본권적으로 위법한 행위와, 기본권적으로 전형적인 자유의 행사라는 두 개의 영역간의 말하자면 무인지대에 있는 것이다. 보호의무는 법익의 진정한 침해의 경우에 비로소 투입되며, 모든 관여[245]나 공생에서 불가피하며, 보통이며 사회적합적(sozialadäquat) 내지 적어도 수인가능한 것으로서 감수해야 할 간섭에 대해서는 투입하지 않는다. 법적으로는 무의미한 것(quantité négligeable)이다. 기본권은 그 방어작용에서는 시민에 대한 국가권력의 거리를 보장할 수 있는데, 보호작용에서는 시민 상호간에 대해서까지 이것과 마찬가지의 거리를 보장할 수 있는 것은 아니다. 기본권은 시민을 고립시키고 공생에서 생기는 부담적인 귀결을 덜하고 사적 생활과 아울러 사회적 생활을 법화하고, 그것으로써 자발성과 공평무사함을 압살할 수는 없으며, 또한 그것을 바라지도 않는다. 거기에서는 오히려 자기통제가 요구되며, 이와 함께 관습과 예의를 시민적 용기와 관용, 배려와 이웃 사랑이 요구된다. 국가는 미혹에의 대처를 헌법상 요구하지는 않는다. 국가는 부작위를 취하는 것에 대해서 기본권적으로 정당화할 필요는 없다.[246] 보호의무로부터 quantité négligeable을 제외함으로써 생기는 완충지대에서는 기본권에 의해서 제어되지 않는 이익조정이라는 실천적인 방식이

---

243) 참조. Schmidt-Aßmann (N 68), S. 216 (보호의무의 현저한 위험에의 한정; Isensee (N 5), S. 38; Murswiek (N 6), S. 193 ff. 유사한 견해로서 Bettermann (N 24), S. 10; Wolfgang Loschelder, Staatliche Regelungsbefugnis und Toleranz im Immissionsschutz zwischen Privaten, in: ZBR 1977, S. 337 (340, 350); Pietzcker (N 6), S. 335 f., 357. 비판으로서 Hermes (N 241), S. 221 ff.

244) 상술 Rn. 66을 보라.

245) Bettermann (N 24), S. 10. 이에 유사한 것이 민법전 제906조 1항의 규정이다. 이것은 소유자는 자기 토지의 이용을 방해하거나 또는 방해하지 않는 작용을 금지할 수 있다고 규정하고 있다.

246) 아마 이와 다른 견해로서 Hermes (N 6), S. 192가 있다.

가능하게 된다. 무엇보다 그것은 특정한 미혹의 금지를 국가에게 금하는 것은 아니다.[247] 미혹과 권리침해간의 경계는 분명하게 확정할 수 있는 것은 아니다. 경계는 사회적합적 및 수인가능성에 대한 사회의 지배적인 사고에 좌우된다. 수동적 끽연은 원래는 단순한 미혹이었지만 오늘날에는 건강의 침해라고 생각된다.[248]

(Rn. 108) 학설에서는 문명화에 불가피한 리스크를 사회적합적인 것으로서 수인하고 보호의무의 구성요건이 이를 제외해야 한다는 견해가 주장되고 있다.[249] 이러한 논거에 의해서 특히 원자력의 평화적 이용의 나머지 리스크가 처음부터 보호의무의 적용영역에서 제외된다. 즉 방지와 방어에 대한 최선의 예방조치를 취했다고 하더라도 불식할 수 없는 리스크이며, 그 발생이 과학·기술의 수준에서는 실제상은 배제된 것처럼 보이지만 완전히 이를 배제할 수 없는 리스크이다.[250] 절대적인 안전을 확립할 수는 없다. 그 때문에 공동체는 나머지 리스크와 공존하지 않으면 안 된다.[251] 그렇지만 나머지 리스크는 아프리오리하게 국가의 책임의 범위 밖에 두어서는 안 된다. 보호의무의 구성요건은 통상의 리스크와 나머지 리스크를 구별하지 않는다. 구별은 과연 국가가 나머지 리스크를 사회공공에 요구하거나 혹은 리스크를 수반하는 행위를 금지하는 것이 허용되는가, 또는 그렇게하지 않으면 안 되는가 하는 법률효과를 결정할 때에 비로소 중요하게 된다.[252] 어떤 시설의 나머지 리스크가 예컨대 원자로 재해의 경우에 확실한 모든 예측에도 불구하고 현실화한다면 (사적인 원인자 뿐만 아니라), 국가 역시 손해의 제거에 배려하여야 한다. 나머지 리스크는 국가의 책임 그 자체를 폐기하는 것은 아니다. 예컨대 국가는 최선의 방지책을 취했다 하더라도, 사고의 리스크를 제거할 수 없다 하더라도, 도로교통의 안전에 대한 자기의 책임을 면책할 수는 없는 것이다.

(d) 귀책 · 인과성 · 과실

(Rn. 109) 위험은 기본권주체에 귀책할 수 있어야 한다. 위험은 특정한 행위에 근거한 것이거나 (행위에 의한 가해자), 그가 책임을 지는 사물의 상태에 근거한 것이다(상태에

---

247) 미혹을 금지하는 것에 도로교통법 제1조 2항, 연방임미시온방지법 제4조 1항 1문이 있다. 미혹의 권리침해에의 전화에 대해서는 Pietzcker (N 6), S. 357.
248) 보호의무의 의의는 특히 Suhr (N 194), S. 166 ff.에 의해서 명백히 되었다. 당사자의 소극적 지위와 적극적 지위의 관계에 대해서는 Loschelder (N 243), S. 339 ff.를 보라. 이 논쟁을 둘러싼 다른 문헌에 대해서는 Hermes (N 6), S. 25 f.를 보라.
249) 참조. Degenhart (N 68), S. 147 f.; Peter Marburger, Rechtliche Grenzen technischer Sicherheitspflichte, in: WiVerw 1981, S. 241 (243 ff.). 비판으로서 Hermes (N 6), S. 241 ff.가 있다.
250) BVerfGE 49, 89 (143). 나아가 BVerwGE 61, 256 (268 ff.)도 참조. 이에 대해서는 Ossenbühl (N 241), S. 46 ff.; Murswiek (N 6), S. 87, 281 f.; Lawrence (N 205), S. 37 f.를 참조. 판례에 대한 비판으로서 Hofmann (N 205), S. 328이 있다.
251) 이에 대해서는 Dürig (N 23), Art. 2 Abs. II Rn. 8; Isensee (N 5), S. 41 f.
252) 이것은 바로 연방헌법재판소가 의도하는 바이다. BVerfGE 49, 89 (142 f.).

의한 가해자).253) 후자에서는 소유권의 사회적 의무(Sozialpflichtigkeit)(기본법 제14조 2항)가 기본권에 고유한 책임의 형태를 기초지운다.254) 이 구성요건 메르크말은 광범하고 열려 있다. 이 구성요건 메르크말에서는 국가임무라는 테마를 지정하는 것만이 중요하다. 보다 상세한 법적 정치화(精緻化)의 필요는 구체적인 Befugnisse가 임무의 이행, 특히 보호적 침해의 가능성에 대해서 숙려하는 단계에서 비로소 시작한다.

(Rn. 110) 객관법적인 보호의무에 대해서는 원인자가 인물로서 특정할 수 있는가의 여부는 중요하지 않다. 위험의 야기의 귀책은 구성요건의 영역에서, 예컨대 직접성의 기준이나 타당성(Adäquanz)의 기준에 의해서 미리 제한되는 것은 아니다. 그러한 종류의 나머지 리스크는 법률효과의 영역에서 기본권보호를 위한 법률에 의한 예방조치의 콘텍스트 중에서 비로소 중요하게 된다. 거기에서는 경찰법·형법 등의 의미에서의 특정한 위험원인자가 책임을 지는 자이며, 그 때문에 가능한 한 제재의 대상인가의 여부가 묻게 된다.

(Rn. 111) 가해자의 인물에 대한 주관적 요소, 예컨대 과실(Verschulden)과 같은 요소는 공격의 구성요건에 대해서는 아무런 의미도 가지지 않는다.255) 생명 또는 재산에 대한 벌받을 까닭 없는(unverschuldet) 위태라 할지라도 보호의무를 불러일으킨다. 보호의무의 의의는 사인에 의한 공격으로부터 법익의 불가침을 보장하는 것 외에 다름 아니다. 책임은 보호의무의 형법상 또는 불법행위법상의 귀결에 대해서는 중요하지만 보호의무의 구성요건상의 전제조건에 대해서는 중요하지 않다.

(e) 자연에 기인하는 위험

(Rn. 112) 천재나 전염병과 같은 순수하게 운명적인 자연재해는 보호의무의 구성요건 밖에 있다.256) 이것은 이 경우에 국가가 예방이나 구조가 요구되는 것은 아니라는 것을 의미하지는 않는다. 반대로 이 경우에 모든 유발에 대항하여 「사태」를 장악하는 것이 국가의 필연적인 임무임에 다름 아니다.257) 기본법은 카타스로피에 대해서 특별한 조치를 강구한다(제13조 3항, 제35조 2항·3항). 허지만 카타스트로피는 기본권보호의무의

---

253) 경찰법상의 개념들의 유추를 허용하는 것이다. 그러한 개념에 대해서는 Karl Heinrich Friauf, Polizei-und Ordnungsrecht, in: Ingo von Münch (Hrsg.), Besonderes Verwaltungsrecht, ⁹ 1992, S. 97 (125 ff.); Götz (N 241), Rn. 185 ff., 202 ff.; Vogel/Martens (N 242), S. 290 ff.

254) 책임이라는 카테고리는 원래 국가에 관한 것인데 Mursweik (N 6), S. 29 ff., 39 ff., 57 ff.에 의해서 헌법을 위해서 정비되었다. 그러한 시사를 준 것은 Hans Jonas, Das Prinzip Verantwortung, 1979이다.

255) 보호의무의 위험의 구성요건에 대해서는 그러한 한에서 경찰법에서의 그것과 다른 바가 없다. Vogel/Martens (N 241), S. 293.

256) 이와는 달리 때로는 학설에서 기본권보호의무를 불러일으키는 요소인 위험을 자연에 기인하는 위험을 포함하여 공공의 안전에 대한 경찰법상의 위험과 병렬적으로 파악하는 것이 있다. 그 예로서 Robbers (N 5), S. 124, 127, 192; Stern (N 2), S. 735 f.; Sass (N 6), S. 403이 있다.

257) 이에 대해서 원리적으로 Herbert Krüger, Allgemeine Staatslehre,² 1966, S. 15 ff.

구성요건에 관련되는 것은 아니다. 위험의 근원은 어떤 기본권주체의 책임영역에 있는 것이 아니다. 여기에는 궤적가능한 침해가 결여되어 있다. 위법성이라는 카테고리를 자연현상에 적용할 수는 없다. 입헌국가는 그 고유하게 기본권적인 기능 때문에 자유의 영역의 조정자인 것을 구하는 것이 아니라 그 실제적·기술적인 방어력 때문에 이를 구할 뿐이다. 무엇보다 이 경우에도 역시 국가는 기본권상의 객체의 보호를 제공한다.

　보호의무의 적용영역은 사람이 계획적이든 무계획적이든 자연환경을 변경하고, 그럼 으로써 현존하는 리스크가 나아가 높은 리스크나 새로운 리스크를 발생시킴에 따라서 확대한다. 이 리스크는 다시 발생한 리스크가 이미 기술적으로 제어하지 못하는 경우에도 관계된다. 결정적인 것은 과연 리스크의 야기가 회피할 수 없는가의 여부이다.

(f) 자기 위태

　(Rn. 113) 학설에서는 국가의 보호의무는 기본권주체 자신으로부터 생기는 위험에도 미치며 자기 위태도 원리상 타자에 의한 위태와 동일시된다는 테제가 주장되는 일이 있다.[258] 이 동일시는 기본권에 합치하는 것은 아니다. 과연 각인이 그 뜻에 반하여 타자에 의해서 위협되었는가, 아니면 그 자신이 자발적으로 위험에 직면하게 되었는가는 본질적으로 다르기 때문이다. 기본권적 자유에는 제3자 또는 공공이 함께 고통받지 않는 한, 자기 자신이 리스크를 부담하며, 손해를 각오할 가능성도 포함하기 때문이다.[259] 자기의 자유를 신중하게 행사하거나 또는 위험하게 행사하는가는 시민의 자기책임에 속한다. 시민에게 자신의 자유의 「올바른」 행사나 「안전한」 행사를 명하고, 또는 자신의 행복이나 자신의 안전을 강요하는 권한은 국가에는 없다.[260] 국가는 공공의 안전을 일반적 기본권타당성의 대강으로서 보장해야 하지만, 사적 안전을 개인의 기본권행사의 목표라고 규정할 수는 없다. 「자기 자신으로부터의 기본권보호」는 기본권의 자유주의적 콘셉트에 합치하는 것은 아니다.[261]

　(Rn. 114) 자기 위태의 경우의 국가의 수호(Obhut)는 보호의무의 적용사례에서는 결코 아니다.[262] 구성요건상의 전제인 사적 침해가 결여되어 있으며 위법성도 결여되어 있다. 가해금지원칙은 여기서 현실화되지 않는다. 보호의무의 구성요건을 형성하는 국가·가해자·피해자의 3자관계는 존재하지 않는다. 이미 가해자와 피해자라는 카테고리

---

258) 그러한 것으로서 Stern (N 2), S. 736; Robbers (N 5), S. 220 ff.
259) 도로교통법이 규정하는 오도바이 운전자의 헬멧 착용의무는 이 의무가 다른 도로교통법자의 권리와 일반의 이익(사회적인 사고 뒤의 코스트)을 지키기 때문에 이미 기본권에 적합적이다(BVerfGE 59, 275 (279)). 이에 대해서 비판적인 것으로서 Hillgruber (N 124), S. 95 ff.
260) Bd. V, Isensee, § 115 Rn. 181 ff.
261) 참조. Ingo von Münch, Grundrechtsschutz gegen sich selbst?, in: FS für Hans Peter Ipsen, 1977, S. 113 ff. 원리적으로는 Hillgruber (N 124), S. 111 ff.
262) 적절한 것으로서 Hillgruber (N 124), S. 142 ff.; Hermes (N 6), S. 228 ff.

가 부적절하다는 것이 명백해진다. 거기에는 양극간의 관계만이 존재한다. 그러한 관계에 대응하는 것은 그렇지만 기본권의 시각에서는 방어권이다. 자기 위태를 국가가 금지하는 것은 소극적 지위에 침해를 더하는 것이며, 그것으로 방어권에 근거한 정당화의 프로세스를 발동시킨다. 단식투쟁을 하는 수형자에게 식이를 강제하는 것은 그의 일반적 행위자유 그리고 신체의 무상성에 대한 침해를 이룬다. 이 침해는 당해 사람에게 자기결정의 능력이 있는 한 정당화할 수 없다.263) 기본권보호의무는 결코 문제가 되지 않는다. 보호의무는 비록 식이강제가 단식자가 의식을 잃은 후에 행하여 시설의 조치가 이미 음식물을 받는 자의 현실의 의사와 충돌하지 않는 경우일지라도 관계되는 것은 아니다. 무엇보다 구조는 기본권에 의해서도 명해진다. 그것은 의식불명자의 건강과 생명에 대한 시설의 배려로서이다.

(Rn. 115) 기본권에의 배려를 국가는 그 연령 또는 건강상태 때문에 자유를 자기책임으로 실현할 능력이 없는 모든 사람에 대해서도 부담한다.264) 배려를 위한 침해가 허용될 수 있으며, 또한 위험을 입는가 완전한 정신적 능력을 소지하고 있는가의 여부에 관계없이, 자살이나 촉탁살인의 위험처럼 사정에 따라서는 필요하게 되는 경우도 있다.265) 다툴 수 있는 것은 제1차적인 기초가 기본법 제2조 1항 1문의 기본권인가의 여부이다.266) 인간의 존엄은 우선 첫째로 타인이 처분할 수 없는 인간의 인격성과 자기결정을 본질로 한다. 즉 인간의 주관적 자유이다. 그렇지만 인간의 존엄은 주관성 속에 남김없이 해소되는 것은 아니다. 그것에 대해서 각인이 처분하거나 포기할 수 없는 객관적인, 부과된 (aufgegeben) 것으로서의 인간의 존엄이라는 요소가 남는다.267) 이들 요소는 다른 기본권에도 발견할 수 있다. 그것은 기본법 제2조 1항의 도덕률을 구성하는 것으로서 「타인의 권리」나 「헌법적 질서」와 아울러 그 고유한 실체를 가지고 있다.268) 국가는 이 처분하기 어려운 기본권을 보전해야할 의무를 진다. 이 경우를 기본권배려라고 부를 수 있을는지 모른다. 여기의 의미에서의 기본권보호의무와 이 임무는 아무런 공통성도 가지지 아니한다.

---

263) Bd. VI, Lorenz, § 128 Rn. 67.
264) 정신병 환자를 그 자신으로부터 보호하고 그 자신의 복지를 위해서 폐쇄적 시설에 수용하는 것의 기본권상의 허용성을 BVerfGE 58, 208 (220 ff.)가 적절하게도 긍정한다.
265) Bd. VI, Lorenz, § 128 Rn. 62, 66 f.
266) 긍정적인 것으로서 Dürig (N 23), Art. 2 Abs. II Rn. 12. 나아가 VG Karlsruhe, in: JZ 1988, S. 208 ff. 참조. 부정적인 것으로서 Hillgruber (N 124), S. 78 ff. (Nachw.).
267) 이 점에 연방행정재판소 판결 BVerwGE 74, 273 (276 ff.)의 전제가 있다. 이 판결을 둘러싼 논쟁에 대해서는 Hillgruber (N 124), S. 104 ff.
268) 도덕률이라는 기본권 제한의 공전을 힐그루버(N 124), S. 165 ff.는 인정한다. 이 제한에 실체를 인정하는 것으로 Christian Starck (Das "Sittengesetz" als Schranke der freien Entfaltung der Persönlichkeit, in: FS für Willi Geiger, 1974, S. 259 (273 ff.); ders. (N 84), Art. 1 Abs. 1 Rn. 25 ff.). → Bd. VI, Erichsen, § 152 Rn. 40 f.

3. 위험의 원인자 — 사적인 가해자

(a) 위험의 원인자로서의 국가의 제외

(Rn. 116) 보호의무의 구성요건은 국가가 아니며 사적인 가해자에 조준을 맞춘다. 위험의 발생원이 되는 것은 한편으로는 국가권력에 복종하며(수동적 지위), 다른 한편으로는 통상 거기에 기본권을 대항시킬 수 있는 (소극적 지위)이다.[269] 그러한 사적인 침해 때에만 보호가 의무지워진 국가와 정반대의 역할을 담당하는 두 사람의 기본권주체, 즉 보호를 구하는 자와 위험을 야기한 자라는 구성요건상의 삼극관계가 생긴다. 기본권상의 논쟁이 보호의무의 룰에 따르는가 혹은 방어권의 룰에 따르는가에 관한 법률상의 진로결정은, 가해자가 사인인가 국가인가, 또는 가해자의 헌법상의 지위가 기본권주체인가 아니면 기본권의 수범자인가에 좌우된다. 원래 기본법 제19조 3항에 근거하여 기본권 능력이 있고 따라서 보호의무를 발동시키는 원인자가 될 수 있거나, 내지는 기본법 제1조 3항에 근거하여 기본권에 구속되며, 따라서 방어권의 수범자가 될 수 있는 법인에 대해서는 이 구별은 자명하지 않다.[270] 두 번째 집단에 속하는 것은 그 지분의 전부 또는 대부분이 시읍면에 속하는 합자회사로서 조직된 교통기업과 에너지 기업이다. 즉 사법상의 형태를 취하여 사경제적으로 활동함에도 불구하고, 이들 기업은 간접적인 국가의 조직이며 그것들은 민주적 정당성을 필요로 하며, 기본권에 의해서 수권되는 것이 아니라 오히려 의무지워지며, 따라서 기본권보호의무에 결부된 침해가 아니라 방어권에 결부되어 침해를 행한다.[271] 연방헌법재판소는 보호의무의 적용가능성을 위험에 대한 국가의 독자적인「공동책임」에 근거를 구하는데, 그것은 오히려 혼란을 일으킨다.[272] 결정적인 것은 위험의 발생원이 헌법 시스템 속에서 국가의 분야에 있는가, 아니면 기본권의 분야에 있는가 하는 문제이다.

---

269) 원래 사적인 가해자가 기본권을 가지고 있는가의 여부가 중요하며, 위험을 야기하는 사적 가해자의 행태가 기본권상의 보호영역에 의해서 커버되는가의 여부가 중요한 것은 아니다. 후자에 대해서는 여하튼 좁은 구성요건론을 채택하는 경우에는 통상 해당되지 않게 된다. 왜냐하면 타자의 기본권법익에 간섭하는 기본권이라는 것이 존재하지 않기 때문이다. 나아가 별개의 예외가 기본법 제19조 3항의 특별규정에 근거하여 외국법인의 국내에서의 활동에 대해서 생긴다.

270) Bd. V, Rüfner, § 116 Rn. 2 ff., 29 ff.; § 117 Rn. 1 ff., 12 ff.; Isensee, § 118 Rn. 24 ff.

271) 참조. Sass (N 6), S. 404. — 혼합경제기업의 헌법상의 위치지움에 대해서는 BVerfG, Kammer-Beschluß, in: JZ 1990, S. 335; Eberhard Schmidt-Aßmann, Zur Bedeutung der Privatrechtsform für den Grundrechtsstatus gemischt-wirtschaftlicher Unternehmen, in: FS für Hubert Niederländer, 1991, S. 383 ff.; Bodo Pieroth, Die Grundrechtsberechtigung gemischt-wirtschaftlicher Unternehmen, in: Nordrh.-Westf. VBl 1992, S. 85 ff. → Bd. V, Rüfner, § 116 Rn. 81; § 117 Rn. 49.

272) BVerfGE 53, 30 (58). 비판으로서 Jürgen Schwabe, Grundrechtlich begründete Pflichten des Staates zum Schutz gegen staatliche Bau- und Anlagegenehmigungen?, in: NVwZ 1983, S. 523 (525 f.); Sass (N 6), S. 421 ff.

그 예가 되는 것은 낙태 중 특별한 기본권충돌에 근거하여 헌법상 정당화되는 것이
아닌 낙태의 사례이다.273) 국가가 임신중절을 강제한다면 모친과 태아에 대해서 유리하
게 방어권이 현실적으로 된다. 반대로 모친이 중절의 이니시아티브를 쥔다면 국가의
보호의무가 발동된다. 만약 국가가 법률에 의한 금지를 철회하거나 또는 느슨한 집행으로
낙태를 자유로이 하는 경우에는 국가는 부작위에 의해서 보호의무에 위반하게 된다.274)
국가가 중절을 정신적·금전적 급부에 의해서 적극적으로 지원하는 (예컨대 공무원법에
따른 조성금에 의한 등)275) 경우에도 모친의 책임, 따라서 보호의무의 근거는 존속한다.
다만, 지원 그 자체가 자녀의 생명을 위험하게 하며 그 자체로서 침해가 되기 때문이다.
즉 보호의무와 방어권은 병존하는 것이다.276) 그러나 국가가 법률상의 건강보험의 시스
템 (「진단서에 근거한 낙태」) 속에서의 현물급부로서 낙태 그 자체를 조직하고 제공하는
경우에는 살해가 완전히 국가의 책임으로 돌아간다. 즉 보호의무의 삼각관계에 있는
것이 아니라 오히려 방어권의 양극관계에 있는 것이다. 즉 아직 낳지 않은 자녀와 국가
간의 양극관계이다.277)

　　(Rn. 117) 사적인 원인자에서 생긴 위험과 국가적인 원인자에서 생긴 위험은 그
성질과 강도라는 점에서 구별할 필요는 없다. 이것은 특히 확장된 침해개념에 포함되는
사실상의 기본권침해에 대해서 타당하다.278) 그렇지만 이 침해개념은 방어권에 대해서도
보호의무에 대해서도 동일한 개념이다.279) 따라서 소음의 악영향을 입는 희생자에 대해
서는 소음의 악영향을 가져오는 비행장이 사적인 관리자 아래 있는가, 아니면 공공의
관리 아래 있는가는 아무래도 좋은 것이다. 기본권상의 보호가 필요하다는 점에서는
동일하다. 그러므로 이 유형의 침해의 경우, 보호의무와 방어권은 실제적인 효과라는
점에서는 같은 수준의 안전을 보장해야할 것이다.280) 일반적 법률이 공공의 관리자에
의한 제3자침해적인 시설과, 사적인 관리자에 의한 제3자침해적인 시설에 대해서 동일한
규준을 정한다면, 일반적 법률은 이웃의 주민을 위해서 당해 방어권과 마찬가지로 당해

---

273) 중절이 허용된 것으로 되는 적응사유가 정당화사유를 의미하는가 그렇다면 책임조각사유를 의미하는가
　　하는 문제에 대해서는 관련 문헌도 포함하여 Herbert Tröndle, in: Eduard Dreher/Herbert Tröndle,
　　Strafgesetzbuch, ⁴⁵ 1991, vor § 218 Rn. 8a ff. → Bd. VI, Lorenz, § 128 Rn. 59를 참조.
274) 일반론으로서는 Hermes (N 6), S. 219 ff.
275) 이에 대해서 Josef Isensee, Abtreibung als Leistungstatbestand der Sozialversicherung und
　　der grundgesetzliche Schutz des ungeborenen Lebens, in: NJW 1986, S. 1645 (1650 f.).
276) 적절하게 구별하는 것으로서 Dietlein (N 6), S. 97 ff. 장려·조성금에 근거한 국가의 공동책임 일반에
　　대해서는 Hermes (N 6), S. 88 ff.
277) Isensee (N 275), S. 1646 f. → Bd. VI, Lorenz, § 128 Rn. 29.
278) 참조. Steinberg (N 139), S. 18 f. (I Rn. 34).
279) 상술 Rn. 61 ff., 97 참조. 슈타인베르크의 용어법은 일관되지 못하고 있다. 즉 그는 공공의 관리자의
　　시설로부터의 「간접적인」 또는 「현실적인」 침해가 있는 경우에는 통상 법적으로 내용형성된 보호의무의
　　문제로 되며, 다른 한편 예컨대 소유권의 실질을 손상하는 것과 같은 공공의 시설이 당사자의 법익에
　　대해서 명백한 피해를 가져오는 경우에는 방어권이 성립한다고 한다(N 139, S. 19 f. (I Rn. 35)).
280) 즉 BVerfGE 53, 30 (58)은 다음과 같이 요청한다. 보호법률의 헌법상의 평가를 위한 규준은 침해법률의
　　그것만큼 덜 엄격한 것은 아니다. Schmidt-Aßmann (N 68), S. 215 ff.도 참조.

보호의무도 만족시키지 않으면 안 된다. 다른 한편, 공공의 시설경영자와 사적인 시설경영
자에 대항하는 법률에 의한 보호적 개입은 사적 주체의 방어권에 비추어 심사되어야
한다.281)

   법적 논쟁에서는 위험의 발생원이 기본권의 영역에 있는가, 아니면 국가의 영역에
있는가가 미리 명확히 되어야 한다. 후자의 경우에는 방어권이라는 헌법상의 통례의
규준이 적용되게 된다.282) 즉 보호의무라는 불문의 규준에 의거하는 것은 필요하지
않으며 적절하지도 않다.283) 기본권판례와 기본권해석이 창출한 보호의무라는 법적
형상은, 방어권이 미해결 그대로인 기본권보호의 흠결을 메꾸는 것을 정당한 임무로
삼는다. 보호의무라는 법적 형상은 보완적인 기능을 영위하며, 기본권의 실천에 관한
조잡한 룰은 의심스런 경우에는 기본권의 방어작용을 사용한다는 룰이다.

(b) 국가주의적 합일화 이론 ― 국가의 침해로서의 사적인 침해

   (Rn. 118) 방어권과 보호의무의 구별은 사적인 침해를 국가의 법질서로 환원하며
그러므로 국가에 책임을 지우는 이론에 대해서는 불필요한 것이 되고 있다.284) 이 이론은
다음과 같이 서술한다. 국가는 명시적으로 그것을 허용하였는가 혹은 묵인하였는가
혹은 사적 권리침해에 법률상의 규정·관청의 인허가·재판소의 판결 또는 강제집행에
의해서 관여하였는가의 여부, 또는 완전히 활동을 하였는가의 여부에 관계없이, 필연적으
로 사인에 의한 기본권침해적 행위에 관련을 가지게 된다.285) 국가가 금지하지 아니한
것은 국가가 허용한 것과 동일하다. 여하튼 국가는 당사자에게 침해를 수인할 의무를
부과하고 있다.286) 법적으로 정식인 규율이 존재하지 않는 곳에서마저 이 수인의무는
존재한다. 수인의무는 원래 어떠한 방어도 배제하는 사적인 폭력의 일반적인 금지에서
생긴다.287) 입법자가 시민에게 서로의 침해를 금지하는 것을 태만히 한 경우에는 법적으
로 의미 없는 부작위가 있는 것이 아니라 오히려 피해자가 방어권을 주장할 수 있다는

281) 참조. Fritz Ossenbühl, Eigensicherung und hoheitliche Gefahrenabwehr, 1981, S. 52 ff.
282) 연방헌법재판소는 이 문제에 임미시온 방지에 관한 세 개의 기본적 판결(E 49, 89; 53, 30; 56, 54)
   속에 들어가지 않는다. 경우에 따라서는 방어권이라는 관습적인 방법으로 해결할 수 있었음에도 불구하고
   말이다.
283) 비판으로서 Schwabe (N 272), S. 523 ff. 이 비판은 슈바베의 보호의무적 구성의 전반적인 불요론을
   거부하는 경우에도 설득력이 있다. Sass (N 6), S. 404도 참조.
284) Jürgen Schwabe, Die sogennante Drittwirkung der Grundrechte, 1971, S. 26 ff., 62 ff.; ders.,
   (N 2), S. 213 ff.; Murswiek (N 6), S. 62 ff., 91 ff. 근본적인 해석론적 비판으로서 Alexy (N 2),
   S. 415 ff.; Dietlein (N 6), S. 38 ff.; Hermes (N 6), S. 393 ff.; Sass (N 6), S. 406, 407 ff.; Höfling
   (N 23), S. 50 ff.
285) Schwabe (N 2), S. 213; Dietrich Murswiek, Entschädigung für immissionsbedingte Waldschäden,
   in: NVwZ 1986, S. 611 (612 ff.); ders. (N 6), S. 63 ff., 108 f.
286) Murswiek (N 6), S. 92, 102 ff.
287) Murswiek (N 6), S. 91. 아울러 Schwabe (N 284), S. 65도 참조. 정당한 비판으로서 Lübbe-Wolff
   (N 85), S. 173 ff., 187 f.; Sass (N 6), S. 412 ff.

효과를 수반하여 당해 기본권에 대한 적극적인 침해가 있는 것이다. 보호의무의 기본권 삼각관계는 불필요하다. 방어권의 양극관계로 충분하다.

국가의 기본권제약은 국가주의적 합일화이론에 의하면, 사적인 침해를 허가하는 데에 있는 것이 아니라 오히려 그러한 침해를 수인하는 희생자를 의무지우는 데에 있다. 국가는 금지의 부존재에 의한 예견가능한 결과를 명시적인 허용의 결과와 마찬가지로 자신의 책임으로 하지 않으면 안 된다. 그러므로 바로 금지를 억제하는, 자유로운 국가는 자유원리의 코스트로서 매우 중대한 책임을 지게 된다.[288] 국가가 산화질소의 임미시온 수치를 확정하는 경우에, 국가는 제3자를 보호하기 위해서 원인자의 자유를 침해하는 것만은 아니다. 즉 오히려 국가는 동시에 허용한 임미시온 부담을 감수하는 것을 의무지운, 제3자의 기본권을 침해하는 것이다.[289] 이러한 이론구성은 부작위에 의한 침해라는 법구조적인 문제를 해결하거나,[290] 또는 곤란한 미해결의 인과관계의 문제를 해명할 필요 없이 국가에게 임미시온을 조건지운 삼림파괴의 기본권상의 책임을 지거나, 소유자와의 관계에서 수용 또는 수용유사한 침해를 이유로 국가에 배상책임을 지우는 것[291]을 가능하게 한다.

(Rn. 119) 실제로 국가주의적 합일화이론은 다면적인 기본권충돌의 법학적인 논의의 모두를 방어권의 레일로 인도함으로써 이 논의를 단순화한다. 국가주의적 합일화이론은 희생자의 입장을 향상시킨다. 왜냐하면 이 이론이 바로 원인이 확산하여 (나아가서는 국가를 초월하여) 광범위하게 확산되는 환경분쟁에서 일의적으로 확정한, 그리고 지불능력 있는 국가라는 책임주체를 희생자에게 나타내기 때문이다. 그렇지만 그 귀결은 법적 중요성이 가해자의 기본권보호로부터 희생자의 기본권보호에로 이행하고, 사적 자유의 기본권적 보장으로부터 국가의 책임에로, 따라서 동시에 국가권력(Macht)으로 이행하게 된다.

순수하게 방어권적인 해결은 기본권적 자유가 국가에 선행하여 존재하는 것이 아니라,[292] 국가에 의한 권한의 위양에 근거한다는,[293] 해석론적인 전제에 의거한다. 기본권주체는 이 이론에 비추어 보면 공권이 위탁된 기업과 같거나, 또는 바로「국가에 의해서 특허가 부여된 사법상의 권력주체」로서도 등장한다.[294] 포괄적이며 획일적인 국가의 책임에 비추어 본다면, 통설인 보호의무의 삼극관계가 결부되는 사인의 독자적인 책임이

288) Murswiek (N 6), S. 66 f.
289) Murswiek (N 285), S. 611; ders. (N 6), S. 245 ff.
290) 이에 대해서 Ossenbühl (N 139), S. 212 ff.
291) Murswiek (N 6), S. 309; ders. (N 285), S. 61 ff.; ders. (N 174), S. 373 ff.; Stefan Langer, Staatshaftung für Waldschäden wegen Verletzung grundrechtlicher Schutzpflichten?, in: NVwZ 1987, S. 195 ff. 삼림소유권에 관한 기본법 제14조 1항의 국가의 보호의무가 있다고 하더라도 국가책임을 거부하는 것으로서 BGHZ 102, 350 (365 f.).
292) 자유의「전국가성」의 법적인 의의에 대해서 상술 Rn. 46 참조. Bd. V, Isensee, § 115 Rn. 34 ff.
293) Murswiek (N 6), S. 65 ff. 비판으로서 Sass (N 6), S. 408 ff.
294) Leisner (N 58), S. 378에서 인용.

라는 것은 존재할 수 없다. 「전체적인」 국법질서의 이미지라는 것 역시 획일적이다.[295] 즉 이것은 시민의 책임영역과 국가의 책임영역의 구별을 또한 사적 자치와 타율성의 구별을 이룬다.[296] 이로써 시민의 자기책임과 국가의 책임이라는 이원성에 대응하는, 기본권적 정당성과 민주적 정당성[297]이라는 헌법상의 이원성도 또한 일면적으로 소멸하게 된다.

국가의 작위나 부작위가 동일하게 침해라면 국가가 법률의 유보를 지키는가의 여부가 그러한 한에서 헌법적합적인 행동을 취하느냐의 여부는 이미 아무래도 좋은 것이다. 즉 국가는 항상 책임을 지게 된다. 국가에 대해서 의미를 상실한 법률의 유보는 사인에 대해서는 새로운 의미를 획득하게 된다. 즉 사인의 기본권행사는 그것이 국가의 침해를 의미할 수 있는 한에서 법률에 의한 사전의 인가에 의존한다. 이 귀결을 카셀 행정재판소가 도출하고 있다. 이 재판소는 생명 · 건강에 대한 입법자의 보호의무에서, 유전자공학시설이 유전자공학이용에 관한 명시적인 법률상의 규정에 근거해서만 설치 또는 조업하는 것이 허용되는 것을 귀결하고 있다.[298] 보호하지 않은 것이 기본권위반으로 되기 때문에 연구자와 시설경영자의 방어권(기본법 제5조 3항 · 제12조 · 제14조)의 행사는 제3자를 위한 기본권보호의무에서 생기는 허가의 유보를 수반한 금지에 복종하게 된다. 법치국가적 배분원리는 이로써 역전되게 된다. 즉 (방어권적으로서 구상된) 기본권적 자유의 주체는 정당화의 강제에 복종하게 되고, 국가는 자기의 정당화에서 해방된다. 왜냐하면 법률의 결여가 이미 기본권행사의 금지로서 작용하기 위해서 독자적인 금지의 법률은 이미 필요 없게 되기 때문이다. 국가에 대해서 기본권과의 관련에서의 정당화의 강제는 국가가 법률에 의해서 시민에게 기본권적 자유를 행사하는 것을 허용한 경우에 비로소 발생한다. 국가주의적 합일화이론은 기본권적 자유의 이익이 기본권적 안전의 이익에 압도된다는 데에로 인도한다. 필요한 신중한 조정은 바로 국가의 침해와 국가의 보호와의 구별에 의해서만, 또한 기본권의 방어작용과 보호작용의 구별에 의해서만 달성될 수 있다.

---

295) Mursuiek (N 6), S. 65.

296) 이것은 특히 슈바베에 의한 (기본권에 구속된) 사법규범과 사적 자치와의 동일시에, 또한 사법상의 계약을 기본권의 지배 아래 두는 것에 특히 명료하게 나타난다. Schwabe, (Drittwirkung, N 284, S. 62 ff.; ders., Grundrechte und Privatrechte, in: AcP 185 (1985), S. 1 ff.). 비판으로서 Canaris (N 23), S. 217 ff.; ders., Erwiderung, in: AcP 185 (1985), S. 9 ff.

297) 이에 대해서 Josef Isensee, Grundrechte und Demokratie - Die polare Legitimation im grundgesetzlichen Gemeinwesen, 1981.

298) VGH Kassel in: NJW 1990, S. 336 (337 f.). 이 견해는 전문 문헌에서는 정당하게도 압도적으로 거부되고 있다. Sendler (N 188), S. 231 ff.; Preu (N 188), S. 265 ff.; Erwin Deutsch, Anmerkung, in: NJW 1990, S. 339; Jürgen Fluck, Grundrechtliche Schutzpflichten und Gentechnik, in: UPR 1990, S. 81 ff.; Günter Hirsch, Keine Gentechnik ohne Gesetze?, in: NJW 1990, S. 1445; Matthias Rose, Gentechnik und Vorbehalt des Gesetzes, in: DVBl. 1990, S. 279 ff.; Hans H. Rupp, Anmerkung, in: JZ 1990, S. 91 f.; Wolfgang Graf Vitzthum, Gentechnik und Grundrechtsschutz, in: BaWüVBl. 1990, S. 48 ff.; Wahl/Masing (N 198), S. 554 ff.; Dietlein (N 6), S. 45 Anm. 131; Christoph Enders, Neubegrüdung des öffentlich-rechtlichen Nachbarschutzes aus der grundrechtlichen Schutzpflicht?, in: AöR 115 (1990), S. 610 (628 ff.)도 참조.

(c) 외국의 공권력에서의 보호 ― 대외적 국가임무의 유형

(Rn. 120) 학설에서도 헌법판례에서도 보호의무의 구성요건에 외국이나 국제기구나 유럽공동체에서 가져온 기본권에 대한 위험도 포함한다는 경향이 있다.[299] 이 해석론적인 분류에는 약간의 이유가 있다. 즉 기본권상의 보호법익은 타국의 공권력의 개입에 의해서도 침해된다. 그러나 외국의 공권력의 담당자는 독일의 국가권력과는 달리 기본법 제1조 3항에 따른 기본권에 구속되는 수범자는 아니다. 그러한 한에서 외국의 공권력은 기본권적으로 본다면 사적인 가해자와 동일하게 「제3자」이다.[300]

그렇지만 외국은 독일 국가와의 관계에서는 보호의무의 구성요소인 사적인 위험의 원인자의 경우처럼, 국내법상의 복종관계에 있는 것이 아니며 오히려 국제법상의 병렬 관계에 있다. 독일의 국가권력은 그러므로 헌법에 의해서 기본권보호를 위해서 진력하는 것이 의무지워지는데, 노력의 성공에까지 책임을 지는 것은 아니다. 외국의 권력은 독일의 헌법질서의 피안에서 활동하며, 따라서 헌법질서에 의해서 구성된 기본권상의 보호법익을 존중하는 것을 의무지우는 것은 아니다. 아무도 침해하지 않는다는 원칙은 통용되지 않으며, 마찬가지로 자유권의 조정이라는 법치국가의 임무도 통용되지 않는다. 독일 국민은 외국과의 관계에서 독일 헌법의 기본권을 행사할 수 없는 것, 국제법상 정착한 인권이나 국제법의 외국인법상의 최저한의 기준을 주장할 수는 있다. 동일한 것은 유럽 공동체에도 타당하다. 유럽 공동체는 구성국의 국내의 기본권에 구속되지 않는다.[301]

국가의 보호의무라는 법적 형상은 오로지 독일의 국가권력에 복종하는 국내의 가해자에게만 적합하도록 만들어진다. 국가의 보호의무라는 법적 형상은 구성요건에서도 법률 효과에서도 외국의 공권력이 야기하는 기본권에 대한 위험을 커버하는 것을 가능케 하는 것은 아니다.

(Rn. 121) 그럼에도 불구하고 외국에서 초래된 기본권의 위험은 헌법에 대해서 무관계하다고는 할 수 없다. 독일 국가에 부과된 임무는 기본권상의 법익을 포괄적으로 보호하는 것이며, 외국의 개입으로부터도 마찬가지로 보호하는 데에 있다. 그렇다고 하여 그것을 이유로 국가 내부의 기본권보호의무와 대립을 이루는 형태로 외국에 관련된 일체적 보호의무라는 법적 형상이 성립하는 것은 아니다. 외국에서 초래된 기본권상의 위험은 다양하다. 그러한 위험은 하나의 개념으로 파악할 수 없으며, 단일하고 확고한 구성요건으로 표현할 수는 없다. 거기에서는 종류가 다른 국가적 보호의 임무가 대응하는, 종류가 다른 위험의 상태를 구별하지 않으면 안 된다. 다만, 하나의 대외적인 국가의 보호의 임무가 존재하는 것이 아니라 해석론적인 기초지움과 실천적인 운용에서, 또는

---

299) 증명으로서 상술 Rn. 79 참조.
300) 이러한 의미에서 뒤리히는 개개의 사인에 의한 공격과 사회집단에 의한 공격과 외국에 의한 공격을 동렬에 둔다. Dürig (N 23), S. Art. 1 Abd. I Rn. 2.
301) Bd. V, Isensee, § 115 Rn. 64 ff.; Rüfner, § 117 Rn. 3 f.

기본권상의 규준과 기본권상의 의무의 강함에서 이질적인 국가의 보호임무가 존재하는 것이다.

대외적인 보호임무의 유형론은 하나의 개관을 부여할 수 있다. 그것은 여섯 개의 유형으로 구별할 수 있다.

(aa) 외교정책과 공동체정책에 의한 기본권보호

(Rn. 122) 연방공화국은 외교관계를 유지하는 위에, 또한 통합권력을 행사하는 위에 기본권에 구속되며, 특히 세계에 있어서 모든 인간공동체, 평화와 정의의 기초인 보편적인 타당성을 가지는 인권에 구속된다(기본법 제1조 2항 및 3항).[302] 연방공화국은 국제적인 교류 속에서 협정의 체결이나 기구 내에서 협동할 때에 기본권상의 또는 인권상의 이익을 옹호할 의무를 지고 있다. 다만, 이 임무는 실제상의 또는 국제법상의 조건들에 의해서 한계지워지고 있다. 나아가 이 임무는 중요하고 정당한 국가의 요구에 의해서 상대화된다. 그것은 외교의 가동성과 행동력을 유지하고 기본권과 충돌하는 이익에 다양한 유인 아래서 대응할 수 있도록 한다는 요구이다. 결과로서 대외관계에서의 기본권구속은 법학적인 의미를 가진다기 보다는 오히려 국가윤리학적인 의미를 가진다. 이것은 독일의 국가기관이 유럽 공동체의 기관 속에서 협동하는 경우의 기본권구속에도 적지 않게 타당하다.[303]

(bb) 외교적 보호

(Rn. 123) 연방공화국이 외국에서의 국민의 이익을 보장하고 지원하고 국제법에 반하는 취급에서 지키기 위해서[304] 부여하는 외교적 보호는, 간접적으로 기본권상의 이익의 실현에도 봉사한다. 비록 그 이익이 외국을 구속하는 것은 아니고, 또한 외국이 국제법과 고유한 법에만 의무지워지고 있더라도 말이다. 오늘날 일반적으로 승인되는 것은 그 자체가 순수한 국제법상의 제도인 외교적 보호가 독일 헌법에 두 번째의 타당근거를 발견하며, 그리고 거기에서 독일의 헌법 전통에 따라서 호의적으로 하자 없는 재량에 근거하여 보호조치를 구하는 적극적 지위의 기본권이 국민에게 생긴다는 것이다.[305]

---

302) 이에 대해서는 Christian Tomuschat, Der Verfassungsstaat im Geflecht der internationalen Beziehungen, in: VVDStRL 36 (1978), S. 7 (38 ff.). → Bd. V, Rüfner, § 117 Rn. 35 ff.
303) Bd. V, Isensee, § 115 Rn. 76.
304) 내용과 근거에 대해서는 BVerfGE 48, 127 (161); 55, 349 (364 f.); 66, 39 (61). 학설에서는 Wilhelm Karl Geck, Der Anspruch des Staatsbürgers auf Schutz gegenüber dem Ausland nach deutschem Recht, in: ZaöRV 17 (1956/57), S. 476 (508 ff.); Eckart Klein, Diplomatischer Schutz und grundrechtliche Schutzpflicht, in: DÖV 1977, S. 704 ff.; Albrecht Randelzhofer, in: Maunz/Dürig, Komm. z. GG, Art Abs. I Rn. 35 ff., 60 ff.; Stern (N 2), S. 1246. 상술 Rn. 79 참조. Bd. V, Rüfner, § 117 Rn. 37을 참조.

허지만 보호청구권의 헌법에서의 위치지움에는 다툼이 있다. 즉 그것이 불문의 헌법에서 생기는가,306) 또는 외국의 개입에 의해서 위협되는, 구체적인 기본권(예컨대 기본법 제14조)을 위한 (진정한) 기본권보호의무307)에서 생기는가의 여부이다.308) 적절한 위치는 청구권이 결부된 독일 국적(기본법 제16조 1항)의 제도적 보장이다.309)

(cc) 군사적 보호

(Rn. 124) 입헌국가는 국민과 영토소속자에게 군사적 보호에 의한 대외적인 안전의 의무도 진다. 이 국가목표는 유럽의 헌법전통에서는 1789년의 인간과 시민의 권리선언 이래 여러 기본권과 결부되어 있다. 즉 「인간과 시민의 권리보장은 무력을 필요로 한다. 이 힘은 모든 자의 일반적 이익을 위해서 마련되며, 그것이 위탁된 자의 개별적 이익을 위해서가 아니다」(제12조). 연방헌법재판소는 국방정책의 영역에서의 객관법상의 국가의 보호의무도 승인하며,310) 국방이 인간의 존엄 · 생명 · 자유 · 소유권을 기본권으로서 보호해야 할 헌법상의 국가의 의무의 나타남이라고 설명하고, 그리고 시민의 개인적 기본권상의 보호청구권 속에 일반적 병역의무의 정당화를 인정한다.311)

(dd) 국내에서의 위험으로부터의 보호

(Rn. 125) 독일 국가는 자신의 동의에 근거하여 외국이나 국제기구가 자국의 영토 내에서 야기하는 위험, 예컨대 무기의 저장이나 운반에 의해서 야기하는 위험으로부터의 보호를 시민에게 제공한다.312) 독일 국가는 국외에 설치한 (사적 또는 공적) 시설에서

---

305) 참조. Geck (N 304), S. 517 f.; E. Klein (N 304), S. 707; Randelzhofer (N 304), Art. 16 Abs. I Rn. 62 f.; Dieter Blumenwitz, Die deutsche Staatsangehörigkeit und die Schutzpflicht der Bundesrepublik Deutschland, in: FS für Murad Ferid, 1978, S. 439 (443 ff.).

306) Randelzhofer (N 304), Art. 16 Abs. I Rn. 60 ff.

307) Heitzen (N 174), S. 136 ff.; Eilers/Heintzen (N 174), S. 622 ff.; Hesse (N 84), Rn. 350; Dietlein (N 6), S. 122 ff.

308) 사항적으로 침해된 기본권을 근거로 하는 것에 대해서는 다음 두 개의 반대이유가 있다. 하나는 외교적 보호가 국민에게만 타당하며 따라서 모든 사람의 기본권과 독일인의 기본권이라는 인적 구별이 중요하지 않게 된다. 다른 하나는 독일 국가가 아프리오리하게 독일의 기본권에 구속되는 것이 아닌 외국의 국가에게 보호의 범위와 강함에 근거하여 독일의 기본권의 사항적인 구별에 대응한 행동을 하라고 요구할 수도 없다는 것이다.

309) BVerfGE 37, 217 (241); 40, 141 (177).

310) BVerfGE 66, 39 (61).

311) BVerfGE 48, 127 (161). 그 밖의 전거에 대해서는 앞의 주 170 참조. 연방국방군의 헌법상의 정당화와 보호법익에 대해서는 Josef Isensee, Das Recht und die Freiheit des deutschen Volkes, in: Dieter Wellershoff (Hrsg.), Frieden ohne Macht?, 1991, S. 61 ff.

312) BVerfGE 66, 39 (57 ff.) — 로케트 배치 결정(Raketenstationierung); 77, 170 (214 ff.) — 화학병기 결정, 상술 Rn. 79 참조.

국내에 미치는 임미시온으로부터의 보호의무도 진다.313)

(ee) 외국에서의 인권박해자로부터의 외국인의 보호

(Rn. 126) 연방공화국은 외국인에게도 외국의 국가권력에 의한 위험에 즈음하여 각인의 인권상의 보호를 제공한다. 예방조치는 비호를 구하는 적극적 지위의 기본권을 포함한다. 즉 정치적으로 박해를 받은 외국인에게는 국경 밖에서 위협적인 정치적 박해로부터의 안전을 확보하기 위해서 독일 영토로 받아들일 것을 요구할 권리가 있다.314) 다른 한편, 연방공화국은 기본적인 인권의 침해를 야기할 우려가 있는 국가에로 퇴거하거나 추방하거나 인도하는 것은 허용하지 않는다.315)

(ff) 내국인 차별

(Rn. 127) 보호의무라는 카테고리는 다음과 같은 경우에는 국내에서의 차별 문제에도 적용된다. 그것은 ― 특히 유럽공동체법과 독일법이 부분적으로 중복한 결과로서 ― 독일에서 독일인·독일의 제품·독일의 서비스가 (유럽공동체의) 국가들의 외국인·제품·서비스보다도 법적으로 불리하게 두는 경우이다. 일반적 평등원칙 내지는 비례원칙을 사용하여 이 문제를 처리하는 것은 곤란하다. 그러므로 독일의 입법자에게는 헌법상, 법질서가 조화하고 내국민에게 생기는 경쟁상의 불이익이 상당히 크지 않도록 배려해야 할 「보호의무」를 지는 것이 요구된다.316) 이 「보호의무」는 자유권법익의 불가침성이 아니라 오히려 경쟁상의 불이익의 회피라는 평등의 문제에 관한 것이다. 국가의 임무는 여기서는 사적인 자유의 영역을 조정하는 것이 아니라 법질서를 조정하는 것이다. 이 「보호의무」의 정당화의 근거는 초국가적인 단체의 구성원이 된 결과에 대한 독일 연방공화국의 책임이다.

---

313) BVerfGE 72, 66 (75 ff.) ― 잘츠부르크 공항 항공기소음 결정도 참조. 내국의 (사적인) 시설의 임미시온이 국경 부근의 외국의 주민의 건강이나 소유권을 침해하는 반대의 사례에서도 진정한 기본권보호의무는 발생하지 않는다. → Bd. V, Isensee, §115 Rn. 89.

314) Bd. VI, Randelzhofer, §132.

315) Bd. V, Isensee, §115 Rn. 95 ff. 「기본권보호의무」는 속지주의와 국가주권에 의해서 한계지워진다. Kay Hailbronner, Ausländerrecht, ² 1989, Rn. 682.

316) 전반에 대해서 Gert Nicolaysen, Inländerdiskriminierung im Warenverkehr, in: Europarecht 1991, S. 95 ff.; Markus Heintzen, Inländerdiskriminierung im Gemeinsamen Markt - dargestellt am Beispiel der Rechtsanwaltschaft, in: Europäische Wirtschafts & Steuerrecht 1 (1990), S. 82 ff.; Rudolf Streintz, Das Problem "umgekehrter Diskriminierungen" im Bereich des Lebensmittelrechts, in: Zeitschrift für das gesamte Lebensmittelrecht 1990, S. 487 ff.

4. 사법의 영역에서의 한계의 구성요소

(a) 법률행위상의 행위에 관한 보호의무?

(Rn. 128) 기본권보호의무의 구성요건에 민사법상 대응하는 것은 특히 불법행위법의 구성요건이다(민법전 제823조 이하 · 나아가 민법전 제858조 이하 · 제906조 이하 · 제1004조 와 유사한 규정).* 양자의 차원에는 누구도 침해하지 않는다는 원칙에 관련된다. 불법행위 법상의 규범은 기본권보호의무를 사법의 체계 속에서 실현하는 것이다.317) 불법행위법상 의 규범은 그 자체 측에서도 기본권에 의해서 보강되며 인가된다.

(Rn. 129) 학설에서는 사법에서의 보호의무의 적용영역을 확장하며, 그것을 불법행위 를 초월하여 법률행위상의 행위에 적용하는 것이 행해진다.318) 보호의무는 사적 자치의 한계를 정하며 기본권상의 지위에 관한 계약상의 규정들을 심사하며, 기본권의 규준에 비추어 정정하며 내지는 정당화하기 위해서 원용된다. 그러한 것으로서는 계약상의 독신조항이 기본법 제6조 1항에 비추어 심사되며, 주소로부터의 이전에 관한 이혼한 부부간의 협정이 기본법 제1조에 의해서 심사되며, 회사지분의 승계 시에 남계비속이 회사계약상 우대되는 것이 기본법 제3조 2항에 비추어 심사되고, 인종차별적인 동기에서 여관경영자가 유색인종에게 서비스의 제공을 거부하는 것이 기본법 제3조 3항에 비추어 심사되었다.319) 계약은 계약상 인수하는 의무가 다른 당사자의 정당한 이익에 봉사하는 가, 또는 의무를 지는 자의 자유를 부적절하게 침해하지 않는가의 여부에 관하여 기본권을 규준으로 한 내용상의 필요성의 통제와 적절성의 통제에 복종하게 된다. 기본권에 적합하 지 않은 경우에는 다양한 해결의 방도가 열려 있다. 그것은 법적 규제를 완전히 불가능하게 하는 것이나 민법전 제134조*의 의미에서의 법률상의 금지에서 시작하여 (소극적 이익의 이행의무와 결부된) 계약의 철회가능성을 거쳐 민사소송법 제888조 2항에 의한, 또는 이 규정이 유추에 의한, 단순한 강제집행의 배제에 이르기까지 다양한 해결의 방도가 열려 있다. 그 작용에서 기본권보호의무는 부분적으로 민법전 제138조의 민사법상의 규범과 경합한다.320) 확장된 보호의무론은 이전의 제3자효력론의 작용을 담당하며, 그 적용영역을 인수한다.321) 특히 — 본래의 보호의무론 그 자체에 대해서 무관계한322)

---

317) 그 예로서는 BVerfGE 25, 256 (263 ff.) — 블링크휘어(Blinkfüer) 결정; 49, 304 (316 ff.) — 감정의 잘못(Falschbegutachtung) 결정; 54, 208 (215 ff.) - 뵐(Böll) 결정. 불법행위법에 대한 보호의무의 의의에 대해서는 Canaris (N 23), S. 229 ff.

318) Canaris (N 23), S. 225 ff., 232 ff.; ders., Grundrechtswirkungen und Verhältnismäßigkeitsprinzip in der richterlichen Anwendung und Fortbildung des Privatrechts, in: JuS 1989, S. 161 (163); Höfling (N 23), S. 53 ff.
    예컨대 노동협약의 당사자가 행하는 사법의 입법에 대해서 국가의 보호의무가 성립하는가의 여부의 문제는 별개의 차원의 문제이다. 이에 대해서 Ferdinand Kirchhof, Private Rechtsetzung, 1987, S. 522 ff.; Bd. V, Isensee, §118 Rn. 78 ff.

319) 이 사건과 그 밖의 사례에 대해서는 Canaris (N 23), S. 232 ff.에 열거되어 있다.

320) 보다 상세한 것으로서 Canaris (N 23), S. 232 ff., 245 f.

— 평등권이 중요하게 된다.

(Rn. 130) 법률행위상의 보호의무론은 연방헌법재판소의 대리상 결정을 통하여 확인된 것으로 생각된다.323) 그것에 의하면 명령이 기본법 제12조 1항의 기본권에서 생긴다. 그 명령은 입법자가 민사법에서 계약에 의한 제약에서 직업의 자유를 보호하기 위한 예방조치를 강구하는 것을 명하는 것이며, 이 명령의 결과 — 특히 당사자의 역관계의 대략적인 균형이 결여된 경우에 — 대리상을 위한 경업피지의무에 대한 휴업보상의 일반적인 배제가 기본법 제12조 1항에 적합하지 않다는 것이 된다. 국가는 사적 자치의 틀 내에서 행한 규율을 원칙으로서 존중하여야 한다. 그렇지만 계약의 당사자의 일방이 계약상의 규율을 사실상 일방적으로 결정할 정도로 강한 우위를 가진 곳에서는, 국가의 규정들은 기본권적으로 보장된 지위가 처분되는 경우에, 기본권보호를 확보하기 위해서 조정적으로 개입하지 않으면 안 된다고 연방헌법재판소는 서술한다. 연방헌법재판소는 「헌법의 보호위탁」이라는 말을 사용하며 자기의 보호의무 판례를 원용하지는 않는다.324) 그렇지만 학설에서는 이것도 또한 보호의무의 한 적용사례라는 테제가 주장되고 있다.325)

(Rn. 131) 보호의무의 전기 사례와 전형적인 사례에 공통되는 것은 당해 기본권이익의 대향성과 국가행위의 양극성이다. 일방 당사자의 계약자유에 대한 모든 제한은 동시에 다른 당사자의 자유를 침해하는 것이 된다.326) 그렇지만 국가의 침해에 어떠한 사적인 침해도 선행하지 않는다. 대리상과 경업피지를 합의한 기업은 가령 매우 「강한 우위」가 있더라도, 대리상의 의사에 반하여 행동하는 것이 아니라, 따라서 대리상의 권리영역에 침입하는 것이 아니라 또한 법률에 위반해서도 아니다. 따라서 보호의무를 발동시키는 사적인 공격이 결여한 것이 된다. 대리상은 기업으로부터 보호되는 것이 아니라 오히려 자기 자신으로부터 보호되는 것이다. 즉 계약에 의한 자기구속이다.327) 계약관계에서 연방헌법재판소의 시계 속에 있는 것은 행위자와 희생자가 아니라 오히려 사회적 강자와 사회적 약자이다. 그렇지만 이러한 역할은 법적 성질의 것이 아니라 오히려 사회학적 성질의 것이다. 보호의무는 엄밀한 법적 지위를 전제로 한다. 그러나 여기서는 바로 법적 지위를 적절하게 정의하고 배분하는 것이 문제가 된다. 국가는 사인이 타자의

---

321) 그것은 「제3자효력의 문제」라는 것을 카나리스는 명시적으로 확인하고 있다. Bd. V, Rüfner, § 117 Rn. 54 ff.
322) 참조. Classen (N 6), S. 36. 앞의 주 207) 참조.
323) 1958년 8월 6일에 개정된 상법전 제90a조 2항 2문에 대한 연방헌법재판소 판결(BVerfGE 81, 242 (252 ff.)).
324) BVerfGE 81, 242 (256). 그러나 이 원용은 야간노동금지에 관한 최근의 판결 속에서 실현된다(BVerfG in: NJW 1992, S. 964 (966)).
325) Claus Wilhelm Canaris, Anmerkung zu BVerfGE 81, 242, in: AcP 1990, Art. 12 GG Nr. 65 Bl. 458 (459, 460). 또한 Christian Hillgruber, Grundrechtsschutz im Vertragsrecht, in: AcP 191 (1991), S. 69 (73 f., 75 ff.); Höfling (N 23), S. 55 ff.도 아마 마찬가지이다.
326) BVerfGE 81, 242 (255).
327) Hillgruber (N 325), S. 85.

법익을 침해하기 위하여 개입하는 것이 아니라, 오히려 「사회적 · 경제적 불균형」에 비추어 사적 자치에 의한 이익의 조화 때에 통상의 기본권행사의 전제가 결여하며, 이 전제가 국가의 법에 의해서 보충해야하기 때문에 개입하는 것이다.

연방헌법재판소의 대리상 결정은 기본권보호의무를 대상으로 하는 것이 아니라 사회국가의 보호적 예방조치를 대상으로 하고 있다.328)

(b) 약자를 위한 사회국가적 보호

(Rn. 132) 사회국가의 목표는 시민에게 시장의 리스크로부터의 보호를 보장하고 불평등한 사회적 역관계의 조건 아래서 자유를 효과적으로 행사하는 가능성을 부여하는 데에 있다. 사회적 보호는 기본권법익의 보호와는 다른 차원이 있다.329) 원래 이 기본권법익의 보호는 사회국가의 테마에서가 아니라,330) 오히려 법치국가의 테마이다. 왜냐하면 후자에서는 기존의 권리의 방어가 문제로 되며, 전자에서는 사회적 자기주장의 기회의 보장이 문제가 되며, 따라서 직접적으로는 기본권적 자유 그 자체가 아니라 오히려 모든 시민이 기본권적 자유를 또한 그것을 구체화한 사적 자치를 포함하여 효과적으로 행사할 수 있는 현실적 조건이 문제가 된다.331) 후자에는 법학적으로 파악할 수 있는 권리침해의 구성요건이 존재하지만 전자에는 정치적으로만 파악할 수 있는 경제적 · 사회적 불균형의 실태가 존재할 뿐이다. 이 불균형을 확인한다는 임무는 입법자에게 귀속하며 재판관에게는 귀속하지 않는다.332)

사회국가목표는 공정한 법질서의 형성과 공정한 생활재의 배분에 향하고 있다. 즉 사회국가목표는 동적 성격을 가지는 것이다. 이에 대해서 보호의무는 법적 지위를 있는 그대로 지킨다. 즉 보호의무는 정적인 성격을 가진다. 국가는 자기가 가지는 작용을 투입함으로써 입법 · 행정 · 재판 속에 국가의 기본권보호의무를 이행한다. 따라서 국가의 임무는 통상 실천적으로 이행할 수 있는 것이다. 그렇지만 사회국가목표는 무한한

---

328) 사회국가원리는 BVerfGE 81, 242 (255) 속에서 기본권과 병행하는 규준으로서 열거된다. 동일한 것으로서 BVerfG in: NJW 1992, S. 964 (966) — 야간 노동 금지(Nachtarbeitverbot) 판결.
329) 상술 Rn. 32 ff. 참조.
330) 보호의 개념은 사회국가적 보장 때에도 발견된다. 그러한 것으로서는 「공동체의 보호 부조를 구하는 「모친의 청구권(기본법 제6조 5항) 또는 「사적인 대용학교 제도를 지원하고 그 존립에 대해서 보호하는 국가의 의무」(BVerfGE 75, 40 (62)) 또는 해고에 관한 법에서의 「기본법 제12조 1항에서 도출되는 보호의무」(BVerfGE 84, 133 (147))가 있다.
331) 사회적 기본권의 전제에 대해서는 Bd. V, Isensee, §115 Rn. 158 ff.
332) 적절한 견해로서 Herbert Wiedemann, Anmerkung zu BVerfGE 81, 242, in: JZ 1990, S. 695 (697). Hillgruber (N 325), S. 76, 79 ff.도 참조. BVerfGE 81, 242 (255)가 원용한 콘라드 헤세는 사적 자치의 전제조건의 결여의 조정을 법률에 할당한다. 「자주 사법과 공법의 결합체」(Verfassungsrecht und Privatrecht, 1988, S. 37 f.)에 할당한다. 민법전 제828조 2항에 대해서는 첼레 상급 란트재판소의 이송결정(JZ 1990, S. 294)를 참조. 이에 대해서 Claus-Wilhelm Canaris, Die Verfassunswidrigkeit von §828 II BGB als Ausschnitt aus einem größeren Problemfeld, in: JZ 1990, S. 679 ff.

진보를 구하는 충동이 있다. 즉 사회국가목표는 실천적으로는 만족시킬 수 있는 것이 아니다.333) (「노동권」·「주거권」 등의) 사회권은 국가가 가지고 있는 배당재산에 의뢰하지 않을 수 없으며, 그럼으로써 실제상 상대화된다. 보호의무도 사회권도 적극적 지위를 가져온다고는 하지만 보호의무는 사회권으로부터 엄밀하게 구별되지 않으면 안 된다.334)

(Rn. 133) 따라서 사회국가목표는 기본권보호의무를 사법상의 영역에 확장하는 것도 정당화하지 않는다. 누구도 해하지 않는다는 원칙의 방어와 사적 자치에 근거한 규율의 수정간의, 또는 기존의 법적 지위의 보호와 예컨대 경제적 균형, 사적 자치의 적절한 전제의 보장 혹은 폭리로부터의 계약당사자의 보호와 같은 사회적 이상상에 의거한, 기존의 법적 지위에 대한 새로운 컨셉트 간에는 충분한 비교의 기반이 결여되어 있다.

(c) 기본권의 제3자 효력

(Rn. 134) 보호의무라는 기본권해석론적인 향상은 제3자효력이라는 기본권해석론적인 형상과 관련한다.335) 양자는 사인 상호의 관계에 대한 기본권의 의의에 관련된다. 보호의무는 제3자효력의 전제에 근거하고 있다. 즉 기본권에는 기본권이 보호하는 법익을 침해해서는 안 된다는 모든 자에게 향해진 금지가 포함되어 있다.336) 그렇지만 공통점은 그것 뿐이다.

기본권상의 아무도 해하지 않는다는 원칙은 자유의 영역을 소극적으로 그리며, 그리하여 기본권주체의 공존을 확보한다. 그러나 이 원칙은 기본권주체 간의 적극적인 권리·의

---

333) Bd. I, Zacher, § 25 Rn. 33 ff.

334) 참조. Isensee (N 47), S. 374; Murswiek (N 6), S. 123 ff. 이에 유사한 것으로서 Robbers (N 5), S. 126. 이와 달리 사회적 보장은 슈나이더에 의해서 보호의무에 포함되고 있다. Hans-Peter Schneider, Art. 12 GG ― Freiheit des Berufs und Grundrecht der Arbeit, in: VVDStRL 43 (1985), S. 7 (35 f.). 비판으로서 Hermann Soell, Diskussionsbeitrag, ebd., S. 125; Classen (N 6), S. 32 f.(그러나 S. 43에서는 다르다). 논리가 동요하는 것으로 Hermes (N 6), S. 129 ff.; Bd. V, Murswiek, §112 Rn. 20, 21 ff.

335) 제3자효력론에 대해서는 관련된 문헌도 포함하여 Leisner (N 58), 특히 S. 285 ff.; Schwabe (N 284); Alexy (N 2), S. 475 ff.; Albert Bleckmann, Neue Aspekte der Drittwirkung der Grundrechte, in: DVBl. 1988, S. 398 ff.; Wolfgang Rüfner, Gewissensentscheidung im Arbeitsverhältnis, in: EdA 1992, S. 1 ff.; Canaris (N 23), S. 202 ff.; Badura (N 235), S. 6 ff.; Hesse (N 332), S. 23 f.; Pietzcker (N 6), S. 347 ff.; Lübbe-Wolff (N 85), S. 159 ff.; Volkmar Götz, Die Verwirklichung der Grundrechte durch die Gerichte im Zivilrecht, in: Wolfgang Heyde/Christian Starck (Hrsg.), Vierzig Jahre Grundgesetz in ihrer Verwirklichung durch die Gerichte, 1990, S. 35 ff.; Bd. I, Rupp, § 28 Rn. 34; Bd. V, Stern § 109 Rn. 58; Bd. V, Rüfner, § 117 Rn. 54 ff. 제3자효력과 보호의무의 관계에 대해서 Schwabe (N 2), S. 211 ff.; Canaris (N 23), S. 225 ff.; Pietzcker (N 6), S. 356 ff.; E. Klein (N 6), S. 1639 f.

336) 상술 Rn. 103 참조.

무관계를 낳는 것은 아니다. 기본권상의 침해금지는 요보호자에게 위반자에 대해서 금지의 준수를 구하는 청구권을 부여하는 것은 아니다. 오히려 절박한 침해가 있는 경우에는 위험을 방어하지 않으면 안 된다는 국가의 의무를 현실화시킬 뿐이다. 이 객관적 의무에는 헌법상 국가의 임무를 수행해야 한다는 ― 가해자에 대해서가 아니라 ― 국가에 향해진 요보호자의 주관적 권리가 대응한다.

(Rn. 135) 보호의무론에서는 희생자의 기본권도, 가해자의 기본권도 국가에 대해서만 향하고 있다. 사인 간의 내부관계는 시야 밖에 두고 있다. 이와는 달리 (직접적) 제3자효력론은 바로 사인 간의 내부 관계가 적용의 장이다. 그러므로 제3자효력론은 기본권의 권리자를 ― 원래 국가권력에 합하여 만든 ― 기본적 의무에 복종시킴으로써 사적 자치와 양립하지 않는다.337) 왜냐하면 사적 자치가 개별적인, 따라서 불평등한 법형성을 위한 자유를 포함하기 때문이다. 그렇지만 평등권은 보호의무의 기준으로서는 처음부터 제외된 것이다.338) 이 보호의무는 다양한 종류의 제3자효력론과는 달리, 사적 자치에 여지를 열고 양 계약당사자가 「어떻게 자신들의 대향하는 이익을 적절하게 조정하는가」에 대해서 스스로 결정하며, 또한 동시에 양 계약당사자가 「기본권상 보호된 지위를 국가의 강제 없이 처분하는」 가능성을 보유한다.339) 보호의무는 나아가 다른 것을 제공하고 사적인 강제도 또한 사적 자치를 침해하는 것은 아니도록 배려한다.

(d) 제도보장에 의한 보호

(Rn. 136) 기본법은 혼인과 가족을 국가질서의 「특별한 보호」 아래 두고 있다(제6조 1항).340) 사법상의 제도의 보호는 소유권과 상속권의 보장에서도 생긴다(기본법 제14조 1항).341) 제도보장이 제공하는 보호는 사법의 제도의 법적인 지속을 법률에 의한 내용형성과 법의 그 밖의 영역에 대한 그 실천적인 의의에 관계가 있다.342) 헌법에 의해서 불식하려는 위험은 국가로부터, 특히 입법자로부터 가져온 것이다. 즉 제도의 폐지나 공동화, 제도의 경시나 차별대우이다. 기본권보호의무는 제도보장에서 도입되는 것은 아니다. 비록 연방헌법재판소가 기본권의 객관법적 차원에 의거하였을지라도 말이다. 오히려 기본권보호의무는 동일하게 기본법 제6조 1항343)이나 제14조 1항의 보장에

---

337) 적절한 견해로서 Flume (N 228), S. 22.
338) 앞의 주 207) 참조.
339) BVerfGE 81, 242 (254)에서 인용. 그 자체 정당한 사적 자치의 인식은 그렇지만 귀결을 수반하지 않는 방론에 그치며 법률적인 결론으로 해소할 수 없는 모순에 빠진다.
340) 기본법 제6조 1항을 로베어스는 보호의무의 사례로 본다. Robbers (N 5), S. 130 f. 이에 대해서 Hesse (N 84), Rn. 350 (Anm. 7)은 적절하다. Bd. VI, Lecheler, § 133 Rn. 48 ff.
341) Bd. VI, Leisner, § 149 Rn. 12 ff.; § 150 Rn. 8 f.
342) Bd. V, Stern, § 109 Rn. 51 ff., 58 ff.
343) BVerfGE 6, 55 (76)에 의하면 기본법 제6조 1항은(도) 혼인, 가족을 「다른 세력에 의한 침해로부터 방호하는」 국가의 적극적인 임무를 포함한다.

포함된다. 기본권의 방어작용과 관계가 있다. 실천적으로 가장 중요한 보호법익은 여기서
는 소유권이다.

IV. 국가임무로서의 기본권이익의 안전

1. 보호의 임무와 수단

(Rn. 137) 국가에는 법치국가적 수단을 가지고 기본권상의 보호법익의 안전을 사인에
의한 침해로부터 유효하게 지키는 헌법상의 의무가 있다. 국가의 임무는 첫째로, 기본권보
호의 객관적 필요를 충족하고 공동체의 전체 상태로서의 안전을 유지하는 데에 있으며,
둘째로 기본권주체의 주관적 보호요구에 응하는 데에 있다. 이 임무는 현실에 행해진
권리침해에 대한 진압적인 보호와 위협하는 위험에 대한 예방적인 보호도 포함하고
있다.

(Rn. 138) 기본권에 근거한 보호의무는 방법론적으로 본다면, 준수냐 침해냐의 어느
것이 아닌 「룰」이 아니라 「원리」이다. 즉 그것 자체로서는 완전히 도달되지 않는
최고의 상태에의 접근을 통한 실현이 여러 가지 정도에서 가능한 최적화명령이다.344)
국가는 이 목적을 달성하기 위해서 그 법률상·사실상 보유하는 수단을 가능한 한 효과적
으로 투입하지 않으면 안 된다.345)

(Rn. 139) 입법부·행정부·재판소는 각각의 활동분야에서 적절하고 충분한 수단을
투입하여야 한다. 입법부는 사법에서도 공법에서도 법익을 보호하기 위한 실체법적·절
차법적 규범을 두는데, 이들 규범은 상린관계법상·환경법상의 대립하는 이익의 조정을
통해서 위험예방을 위한 경찰법상·질서법상의 수단을 통하여, 또한 민법상의 불이행
청구나 배상청구를 통해서, 나아가 형사법 및 질서법상의 제재를 통해서 법익을 보호한다.
행정부는 그 권한의 범위 내에서 보호의무에 관련된 규범을 실효적으로 실시하는 의무,
특히 ― 그러나 이에 한정되는 것은 아니지만 ― 공공의 안전이라는 임무의 분야에서도
그것을 행할 의무를 진다. 이해의 해명, 분쟁의 해결, 예방적 법익보호의 형태로서의
행정절차는 보호의무의 수단으로서 특별한 의의를 가진다.346) 재판권은 강제집행을
포함한 통상의 민사소송법 및 권리실현과 규범유지를 목적으로 하는 그 밖의 모든 절차를
통해서 기본권의 보호를 실현한다. 재판에 의한 구제를 구하는 권리는, 명문규정은 아니지

---

344) 이러한 카테고리에 대해서는 Alexy (N 2), S. 71 ff. 참조.
345) 목표달성 효과성이라는 사고방식에 대한 근본적인 비판으로서 Walter Leisner, Effizienz als
   Rechtsprinzip, 1971, S. 24 ff., 38 ff. 참조.
346) 행정절차에 의한 보호의무의 이행이라는 문제에 대해서 지표가 도는 것으로서 원자력발전소의 허가절차
   에 관한 연방헌법재판소 판결(BVerfGE 53, 30 (65))이 있다. 이에 대해서는 Bd. III, Schmidt-Aßmann,
   § 70 Rn. 15 ff. 및 Bd. IV, Denninger, § 113 Rn. 1 ff., 5 ff., 19 ff., 29 ff. 참조.

만 기본권상의 보호의무를 통해서 헌법상의 정당화와 확인을 부여한다. 즉 그것은 시민이 자력구제를 포기하고 평화의무를 준수하는 것에 대한 법치국가적 대상이다.[347]

(Rn. 140) 국가의 보호의무는 위험예방의 전단계에서 기본권의 안전에까지 미친다. 즉 평화의무나 아무도 침해하지 않는 원리를 시민의 법의식에 정착시키는 것, 나아가서는 재산의 배분이 타인을 침해하는 동기를 만들지 않기 위해서 법적·사회적 생활의 공정한 질서를 확립하는 데까지 미친다.[348] 이 점 연방헌법재판소가 태아의 생명의 보호를 가지고 제1차적으로 국가의 사회정책적·국가교육적 임무로 하며, 이 임무는 원조를 위한 조치를 요구하며, 나아가 임신한 여성으로 하여금 자기책임으로 임신을 수용하고, 출산할 의사를 강화하는 노력을 요구한다고 판시한 것은 정당하였다.[349] 이것은 기본권상의 안전의 사회적 전제의 문제이기도 하나, 그러나 그 이상으로 윤리적·사회문화적 전제의 문제이다. 국가는 이들의 전제를 자신으로부터 보장할 수는 없지만 그러나 조성할 수는 있다.[350] 특히 자신으로부터 훼손의 원인이 되는 것은 하지 않는다는 것은 국가로서도 할 수 있다. 법률은 이 점에서 그 가능성의 한계에 대해서 타당하다. 재정적 원조라는 수단, 특히 사회적 세력과의 협동 쪽이 한층 유효하다는 것을 실증할 수 있다. 그러나 국가의 정신적 영향도 필연적으로 요구된다. 이 영향은 중립성의 의무에도 불구하고 국가가 미칠 수 있으며, 학교·광보활동·정보·어필·상담·국가의 과장적 원용·공직 담당자의 모범적 기능 등을 통해서 미친다.[351]

2. 보호의 필요

(a) 여러 가지 구별의 필요성

(Rn. 141) 국가가 충족해야할 보호의 필요는 침해의 대상이 되는 기본권적 보호법익과 그것을 위협하는 위험의 모습에 의해서 좌우된다. 생명과 건강은 재산보다도 상하기 쉽다. 신체적 재산은 인간의 존엄·프라이버시·자기결정과 같은 정신적 재산과는 다른 방법으로 침해된다. 신체의 불훼손성에 대한 위험이 사람으로부터 나온 것인가 기술적 시설에서 나온 것인가는 구별할 필요가 있다. 살인과 중절은 또한 교통사고와 에이즈

---

347) 기본권적 보호의무의 이행의 수단으로서의 재판의 보장과 이에 대응하는 보호청구권의 재판에 의한 실현과는 구별해야 한다. 전자에 대해서는 보호의무는 정당화근거 및 행위규범이며 후자에 대해서는 보호의무는 통제규범이다. 이에 대해서는 Bd. VI, Papier, § 153 Rn. 1을 참조.

348) 실력행사의 금지의 정신적 위기 및 실력행사금지유지의 정신적 수단에 대해서는 Schmitt Glaeser (N 189), S. 44, 214 ff. 참조. 실력행사의 저지 및 통제에 관한 중립적 정부위원회의 분석과 제안 (Hans-Dieter Schwind/Jürgen Baumann u.a. (Hrsg.), Ursachen, Prävention und Kontrolle von Gewalt, 1990, 4 Bde. 수록)을 참조.

349) BVerfGE 39, 1 (44 f.) 참조.

350) Bd. IV, Isensee § 115 Rn. 162, 222 ff., 262 ff. 참조.

351) Bd. III, P. Kirchhof, § 59 Rn. 173 ff.; Bd. IV, Isensee, §115 Rn. 262 ff. 참조.

주사는 각각 다른 방향에서, 다른 강도에서 국가의 보호를 필요로 한다. 식료품에서 나오는 위험, 의약품에서 나오는 위험, 원자력발전소에서 나오는 위험, 유전자기술에서 나오는 위험은 각각 독자적인 객관적 법칙성을 가지고 있으며, 국가의 위험예방책·위험진압책은 각각의 객관적 법칙성에 의해서 규정된다. 보호의무의 범위는 보호법익의 상하기 쉬움이나 위험의 크기에 비례하여 넓게 된다. 그것은 또한 위험의 새로운 비례에도 넓게 된다. 위험이 미지의 것일수록 방지책은 더욱 불확실한 것이다.352)

(b) 보충성원리

(Rn. 142) 국가가 보호를 부여할 필요성이 생기는 것은 시민이 자기 자신의 책임으로 자신의 안전을 위해서 배려할 수 없고, 또한 시민에 대해서 자신의 권리를 자기 자신이 방어하고 어쩔 수 없는 경우에 재판소에 소구하는 것을 기대할 수 없는 경우뿐이다. 시민의 이니시아티브가 원칙적으로 국가의 개입에 우선한다. 안전이라는 국가임무는 보충성원리에 따라서만 현실화한다.353) 경찰의 임무에 관하여 이 원리를 정식화한 전형적인 예는, 노르트라인·베스팔렌주의 경찰법 제1조 2항이다. 즉 이것은 「이 법률에 따라서 사권의 보호가 경찰의 임무인 것은, 재판소에 의한 구제가 적시에 달성되지 못하고, 또한 경찰에 의한 구조가 없으면 권리의 실현이 무로 돌아가거나 또는 현저하게 곤란케 되는 경우만이다」고 규정하고 있다.354) 국가는 자신의 권리의 확보에 관한 시민의 자기책임을 존중해야 할 뿐만 아니라, 시민을 고무하고 사적인 위험예방·방지책을 장려하고 필요한 한, 법적 전제를 마련해야 한다. 이것은 특히 환경보호에 대해서 타당하며, 환경보호는 전면적으로는 아닐지라도 상당 정도까지 기본권의 자율적 행사를 기초로 하여 사인에 의해서 달성될 수 있다.355) 토지소유자, 특히 농장경영자·삼림경영자의 올바로 이해된 장기적인 이익은 전체의 자연적 생활기반의 보호에 대한 공적 이익과 적어도 부분적으로 합치한다. 그것으로 환경보호의 분야에서 기본권주체의 또 하나의 역할이 제시된다. 즉 보호를 필요로 하는 자라는 역할, 환경을 파괴하는 자라는 역할에 더하여 환경의 수호자로서의 역할이다.

경우에 따라서는 자기 자신으로 보호조치를 강구하도록 법률로써 사인을 의무지우는 쪽이, 국가가 보호를 전면적으로 인수하는 것보다도 방어권에의 개입으로서는 헌법원리

---

352) Rn. 106 참조.
353) Bd. V, Isensee, § 57 Rn. 165 참조.
354) 경찰에 의한 보호의 보완성에 대해서는 Vogel/Martens (N 241), S. 238 f.; Götz (N 241) Rn. 77, 276 참조.
355) 이에 대해서는 Walter Leisner, Umweltschutz durch Eigentümer, 1987, S. 26 ff.; Dietrich Murswiek, Freiheit und Freiwilligkeit im Umweltschutz, in: JZ 1988, S. 985 ff.; Isensee (N 76), S. 17 ff.; Gerhard Schmid, Selbstverantwortung und behördliche Kontrolle im Umweltrecht, in: FS für Ulrich Häfelin, 1989, S. 557 ff. 참조. 사인에 의한 위험방지에 대해서는 Christian-Dietrich Bracher, Gefahrenabwehr durch Private, 1987, S. 21 ff., 43 ff., 115 ff. 참조.

로서의 필요성원리에서 볼 때 보다 관대한 개입인 것도 있다.356) 새로운 종류의 과학기술이기 때문에 위험성과 방지의 가능성이 아직 충분히 해명되지 않고, 국가에 의한 규제도 아직 익숙하지 않은 한, 보호의 필요는 자발적인 모라토리움에 의해서도 발견할 수 있다.357)

(Rn. 143) 그러나 보충성원리는 국가의 권력독점에 의해서 한계가 그어진다. 이 점에서 위험방지책에 대한 사인의 고유한 권리는 종료된다.358) 국가의 보호의무는 바로 실력에 의한 자력구제를 불필요하게 하기 위해서만 존재한다. 입헌국가는 권력독점을 주장하는 것만으로 기본권에 근거한 보호의무를 상당한 정도 수행한다고 말한다. 물론 위험방지에 관한 고권적 권한을 사인에게 부여하는 것이 전적으로 부정되는 것은 아니다.359) 그러나 그 권한이 사인에게 부여되었다고 해서 그 권한이 국가적 성격을 상실하는 것은 아니다. 그것은 국가의 임무수행의 하나의 모습에 다름 아니다.

(c) 가능한 한이라는 유보

(Rn. 144) 안전이라는 국가임무는 가능한 한이라는 유보가 붙어 있다. 물론 보호의무는 사회권과 동일한 방법으로 상대화되는 것은 아니다. 사회권은 청구의 대상인 생활재산이 충분하게 존재하며, 또한 그것을 국가가 처분할 수 있다는 유보 아래 있다.360) 보호의무는 생활재산을 배분하는 것이 아니며 현존의 법익을 확보하는 것이다.361) 그렇지만 보호의무의 이행도 사실상의 한계에 부딪친다. 즉 국가의 행동능력 (은 무제한하게는 확장되지 않는) 이라는 한계와, 국가는 노력의 성공을 확실한 것으로 할 수 없다는 한계이다.

(Rn. 145) 절대적 안전은 달성할 수 없다.362) 그것은 원래 바람직한 것도 아니다. 왜냐하면 그것은 기본권적 자유를 희생하는 것이기 때문이다. 그러나 그 희생을 지불하고서도 더욱 충분하다고는 할 수 없다. 왜냐하면 전체주의 국가라 할지라도 한 번도 절대적 안전을 실현할 수는 없었기 때문이다. 타인의 실력행사에서 모든 사람을 보호한다는 목적을 근거로 하여 근대국가를 정당화한 토머스 홉스의 철학이, 인간이 불법에 의해서 손상되거나 살해되어서는 안 된다는 것만큼, 인간을 상호적 침해에서 완전하게 보호하는 것은 불가능하다는 유보를 붙여, 그러나 그것은 문제가 아니라고 서술하는 것은 충분히 근거가 있다. 홉스에 대해서 「문제인 것은 공포를 포함한 정당한 근거가 존재하지 않는 미리 조치를 강구해 두는 것이며 그것은 가능」하기 때문이다.363) 이 목적을 위해서라면

---

356) 자신에 의한 안전확보조치에의 사인을 의무지우는 것에 대한 기본권보호에 대해서는 Ossenbühl (N 281), S. 52 ff.; Bracher (N 355), S. 132 ff., 163 ff. 참조.
357) 이에 대해서는 Wahl/Masing (N 198), S. 561 참조.
358) 상세한 것은 Bracher (N 355), S. 101 ff. 참조.
359) 이에 대해서는 Bracher (N 355), S. 26 ff. 참조.
360) BVerfGE 33, 303 (333) 참조.
361) Classen (N 6), S. 43 참조.
362) 이에 대해서는 Isensee (N 5), S. 42 f. 참조.

국가는 그 제도들을 통해서 전체로서 안전이 보장되는 상태를 실현할 수 있다. 물론 국가는 기본권을 통해서 개개의 기본권주체의 정당한 보호의 필요를 충족시키도록 의무를 지고 있다. 자유로운 체제에서 이 보호의 필요는 기본권적 이익의 대립이 위험을 낳는다는 것을 근거로 하여, 또한 국가의 행동권한이 법치국가원리에 의해서 제한된다는 것을 근거로 하여 상대화된다. 잔존위험이 국가의 보호의무의 수비범위로부터 남겨지고, 그 때문에 전체도 개인도 잔존위험을 수인해야 한다는 것에는 실제상의 이유만이 아니라 헌법상의 이유도 있다.364)

(d) 「불안으로부터의 자유」

(Rn. 146) 보호가 필요하다는 것은 객관적으로 존재하는 위험, 적어도 객관적인 계기에 의해서 근거지워진, 합리적인 위험의 의심에 의해서만 나타난다.365) 상상적인 위험이나 불안은 기본권에 근거한 보호의무를 발생시키지 않는다. 보호의무는 적어도 잠재적으로는 제3자의 기본권에 개입하기 위한 정당화근거를 이룬다. 그러나 제3자의 기본권에 개입하기 위해서는 단지 상상적인 위험만이거나 혹은 과도한 상상력이 집단 히스테리에 의해서 비로소 보호의무에 대해서 의미 있는 정도에 도달할 위험만으로는 충분하지 않다. 어떤 사람의 알레르기나 우울증은 다른 사람의 기본권의 표준을 규정할 수 없다. 「나의 불안은 다른 사람의 자연적 자유의 영역을 좁히기 위한 법적 근거가 될 수 없다」.366)

(Rn. 147) 학설에서는 기본권에 근거한 보호의무가 「불안으로부터의 자유」라는 인권의 표현으로서 해석하는 일이 있다.367) 이것은 인권의 과장적 원용에서의 산만한 · 의미를 자유로이 바꿀 수 있는, 자유롭게 조작할 수 있는 상투어(Topos)이다.368) 불안이라는 것은 감정이며 그러한 것으로서 기본권보장의 적절한 대상 일 수 없으며, 또한 세속화되고 합리적 수단을 위하도록 의무지워진 국가가 이행할 수 있는 법적 의무의 적절한

---

363) Thomas Hobbes, De cive, 1647, Chapt. VI, 3(이준호 옮김, 『시민론』, 서광사, 2013, 117면); ders., Leviathan, 1651, II, 21(진석용 옮김, 『리바이어던』, 나남, 2008, 제2부 21장) 참조.

364) Rn. 108 참조.

365) 현실에 위험이 존재하는가의 여부를 확정하는 것을 목적으로 하는 위험조사개입은 기본권에 비추어 정당화되어야 한다. 이에 대해서 경찰법적 관점에서 논한 것으로서 Götz (N 241), Rn. 128 ff.; Markus Heintzen, Behördliches Informationshandeln bei ungewissem Sachverhalt, in: NuR 1991, S. 301 ff. (insb. S. 304) 참조.

366) 자연법적인 「안전의 권리」에 대해서 카를 폰 로텍은 그렇게 서술한다(N 190, S. 140 Anm. 다만, 원문에 따옴표는 없다).

367) Hofmann (N 205), S. 308 f.; Alexander Roßnagel, Grundrechte und Kernkraftwerke, 1979, S. 44 f.; Robbers (N 5), S. 223 ff.; Hermes (N 6), S. 143은 찬성. Isensee (N 5), S. 25는 반대.

368) Robbers (N 5), S. 223 ff.; Isensee (N 5), S. 25 Anm. 56에 그 예증이 있다. 「불안으로부터의 자유」는 덴닝거에 의해서 자유민주적 기본질서의 전(前)제도적 원리로서 요구된다(Erhard Denninger, Verfassungstreue und Schutz der Verfassung, in: VVDStRL 37 (1979, S. 27 ff.)).

대상일 수도 없다. 국가가 제거할 수 있는 것은 공포가 아니라 공포로 향한 위험이다. 공포의 객관적 원인이 존재하지 않는 것이 안전이다. 토머스 홉스에 의하면, 국가목적으로서의 시민의 안전도 「아무도 자기 자신이 타인에게 불법을 가하지 않는 한, 타인을 두려워할 정당한 근거를 가지지 않는다」는 곳에 존재한다.369) 그러므로 입헌국가는 보호의무에 의해서 공포로부터의 자유라는 기본권을 보장하는 것이 아니라 안전에 대한 기본권을 보장하는 것이다.370) 군사적 내지는 생태계적 원인에 의한 세계의 몰락이 가깝다는 예상을 믿게 된 20세기 말의 독일 사회를 반복하여 엄습하는 집단 히스테리는 기본권에 근거한 보호의무를 발생하지 않는다(다만, 정치적 불안을 발산시키기 위해 폭력행위가 사용된 경우는 별도이다).371) 이것은 이러한 경우에도 국가의 보호가 필요하지 않다는 것을 의미하지 않는다. 국가는 사회생활의 비합리적인 저해에 대해서 국가가 행사할 수 있는 기존의 합리적인 수단, 특히 계몽과 정조제공이라는 수단으로써 대처해야 한다.372) 국가는 그러나 정치화된 불안에 대처하기 위해서 행동주의로 떨어지거나,「사회의 평화」를 위해서, 상상위험을 방지하기 위해서 기본권의 제한을 결정하는 경우에는, 법치국가원리와의 저촉에 빠진다.373)

3. 권한과 권능

(Rn. 148) 보호의무의 수범자는 국가조직이다. 국가조직의 모든 구성부분과 기능이 보호의무를 부과한다. 기본법 제1조 3항이 규정하는,374) 기본권에 의한 국가권력의 포괄적인 구속은 보호의무에 대해서도 타당하다. 그러나 이것은 임의의 국가기관이 기본권의 보호를 위해서 어떠한 조치를 강구해도 좋다는 것을 의미하는 것은 아니다. 국가임무로서의 보호의무가 권한을 매개한다는 것은 아니다.

임무와 권한은 구별되어야 한다.375) 임무는 권한에 선행하여 존재한다. 임무는 사회와의 관계에서 국가조직 전체에 어떠한 활동분야가 귀속하는가를 정하는 것이며, 권한은 국가조직 속의 어떤 기관이 이 임무를 담당하는가를 정하는 것이다. 기본권보호의 임무는 권력분립제, 연방국가제 그리고 그 밖의 분립제도가 규정하는 권한배분질서의 틀 내에서

---

369) Hobbes, De cive (N 363), VI, 3 참조.

370) Isensee (N 5), S. 25 f., 33 f. 참조.

371) 상세한 것은 Josef Isensee, Widerstand gegen den technischen Fortschritt, in: DÖV 1983, S. 565 (567 ff., 573) 참조.

372) 국가임무로서의 정신적 환경의 배양에 관해서는 → Bd. III, Isensee, §57 Rn. 164; Götz, § 79 Rn. 23 참조. 나아가 Christof Gramm, Aufklärung durch staatliche Publikumsinformationen, in: Der Staat 30 (1991), S. 51 ff. 참조.

373) 물론 민주주의의 법이 사회보다도 계몽된 것일 수 있는가의 여부는 또한 어느 정도 계몽되는가의 문제이다. 「계몽되지 않은 사회와 계몽적인 형법은 적합하지 않는다」(Jakobs, N 219, S. 43 f.). → Bd. III, Götz, § 79 Rn. 23 참조.

374) Bd. IV, Rüfner, § 117 Rn. 1 참조.

375) Bd. III, Isensee, § 57 Rn. 141, 148; P. Kirchhof, § 59 Rn. 16 ff. 참조.

수행해야 한다. 보호의무는 문제가 되는 각각의 보호수단을 행사하는 권한을 가지는 국가조직체에 대해서 현실화하고, 더구나 단체의 권한과 관청 내지 기관의 권한에 따라서 현실화한다.376) 연방은 기본권보호의무를 원용하여 건강에 유해로운 식료품 내지는 청소년을 해하는 교파에 대한 정식의 경고문을 공표할 수 없다. 다만, 거기에 필요한 권한은 주에 있기 때문이다.377) 반대로 주는 주의 주민의 신체·생명·재산을 원자로운 전의 위험으로부터 보호한다는 것을 원용하였기 때문이라고 해도, 주가 위임행정의 분야, 따라서 핵에너지의 평화적 이용이라는 안전을 상하기 쉬운 분야에서도 복종하는 연방의 지령에 의한 구속으로부터 도피할 수는 없다.378) 연방국가에서 정상적인 헌법적 룰인 주의 복종의무에서의 예외가 허용되는 것은, 전체의 생명·건강의 직접적 위태화나 그 밖의 (주)가 책임을 취할 수 있는 행동의 한계를 유월하는 (연방)의 명백한 헌법침해라는 극단적인 경우만이다.379) 다만, 기본권은 어떠한 기능에서든 「현존의 권한의 행사를 구속하는데, 그러나 스스로 권한을 근거지우는 것은 아니다」라는 것이 원리로서 타당하기 때문이다.380)

(Rn. 149) 임무로부터 그 달성을 위해서 필요 또는 유효한 수단을 취하는 권능, 특히 사인의 권리영역에 개입하는 권능이 바로 생기는 것은 아니다.381) 기본권보호라는 헌법상의 임무는 가해자 또는 제3자에 대해서 위험방지조치를 강구해야하는, 행정에 대한 수권을 포함한 것은 아니다. 오히려 이 수권은 법률의 유보의 원리에 따라서 정식의 법률에 의해서 부여되어야 한다.382) 그러나 입법자는 법치국가적 가능성의 틀 내에서 필요한 개입을 위한 법적 근거를 설정하도록 기본권에 근거한 보호의무에 의해서 의무를 진다. 현존의 법률상의 권능은 의심스러운 경우에는 행정권은 그 보호임무를 이행할 수 있다는 방향으로 해석하여야 한다. 예컨대 경찰의 법률상의 개입권능은 기본권에

---

376) Karl-Hermann Kästner, Kompetenzfragen der Erledigung grundrechtlicher Schutzaufgaben durch Gemeinden, in: NVwZ 1992, S. 9 ff.; Wahl/Masing (N 198), S. 559는 적절하다.

377) Markus Heitzen, Hoheitliche Warnungen und Empfehlungen in Bundesstaat, in: NJW 1990, S. 1448 ff. 참조. 연방행정재판소에 대한 비판적 콤멘트(NJW 1989, S. 2272). 연방헌법재판소 (부회결정)가 권한문제를 보지 못하고 있다는 지적(NJW 1989, S. 3269).

378) BVerfGE 81, 310 (333 ff.) — 칼카르 II 판결. 연방헌법재판소에 의해서 용인된 예외에 대해서는 Peter Dieners, Länderrechte in der Bundesauftragsverwaltung, in: DÖV 1991, S. 923 (924, 926) 참조.

379) BVerfGE 81, 310 (334).

380) BVerfGE 81, 310 (334).

381) 임무와 권한의 구별은 경찰법·질서법에서 전형적으로 행해진다. 이에 대해서는 Götz (N 241), Rn. 139 ff.; Franz-Ludwig Knemeyer, Der Schutz der Allgemeinheit und der individuellen Rechte durch die polizei-und ordnungsrechtlichen Vollmachten der Exekutive, in: VVDStRL 35 (1977), S. 221 (233 ff.); ders., Funktion der Aufgabenzuweisungsnormen in Abgrenzung von den Befugnisnormen, in: DÖV 1978, S. 11 (14 ff.); Winfried Brohm, Strukturen der Wirtschaftsverwaltung, 1969, S. 158 f.; → Bd. III, Isensee, § 57 Rn. 142; P. Kirchhof, § 59 Rn. 24 ff. 참조.

382) Isensee (N 5), S. 42 ff.; Preu (N 188), S. 267 (169); Wahl/Masing (N 198), S. 559, 563 참조.

적합하도록, 즉 경찰은 급박한 경우에는 보호의무를 이행할 수 있다는 방향으로 해석해야 한다. 신체·생명에 직접 위험이 급박한 경우에는, 예컨대 인질이 잡힌 경우에는 희생자를 구출하기 위한 최후의 수단으로서 범인을 사살하는 권능도 거기에 포함된다.383)

(Rn. 150) 기본권보호라는 목적이 모든 수단을 신성화하는 것은 아니다. 투입되는 수단은 헌법의 일반적인 형식적 및 실질적 요구를 충족하지 않으면 안 된다. 따라서 보호를 위해서 행해지는 가해자에 대한 개입은 개입의 목적이 기본권기능의 이행에 있으며, 즉 희생자를 위한 보호의무의 이행에 있더라도 가해자의 방어권에 비추어 정당화되어야 한다. 즉 기본권적 보호의무는 국가기관의 행동을 헌법의 법치국가적·민주적·연방국가적인 요구에 따른 것에서 면제되는 것은 아니다. 기본권적 보호의무는 헌법의 구조 속에 순응하고 있다.384) 일어날 수 있는 안티노미는 실제적으로 조정되어야 한다. 보호의무의 기능은 국가의 행동의 헌법상의 가능성, 현존의 권한이나 권능을 활용하고 또 통제하는 데에 있다.

4. 보호의무의 수단으로서의 법률

(a) 법률의 유보

(Rn. 151) 보호의무는 헌법상의 근거를 가진다고 해도 법률에 근거할 필요가 있다. 특히 사인에 의한 위법한 기본권침해라는 구성요건이 헌법상 요구된다. 그러나 구성요건인 위법성의 발생근거가 되는 기본의무, 즉 평화의무와 아무도 침해해서는 안 된다는 명령은 자동집행적인 것은 아니다.385) 기본의무도 시민에 대해서 직접적으로 유효한 권리를 부여하는데, 그러나 시민에 대해서 그것에 대응하는 의무를 부과하는 것은 아니며, 오히려 의무의 정립을 입법부에 맡기는 법치국가적 헌법의 원리를 깨트릴 수는 없다.386) 따라서 보호의무의 법적 효과를 정하는 것은 입법의 의무이다.

(Rn. 152) 보호의무가 가해자 내지 책임 없는 제3자의 권리영역에의 개입을 통해서 이행되는 경우에,387) 법률의 유보의 원리가 침해유보라는 고전적 기능을 발휘한다.388) 법률의 유보라는 원리에는 이 기본권적·법치국가적 구성요소와 아울러, 법률은 기본권의 현실화에 대해서 본질적인 모든 규제를 행해야 한다는 민주적인 구성요소도 포함한다.389) 이 본질성 기준은, 바로 침해의 영역 밖에서 그 의의를 획득하며, 따라서 수권적

383) 이에 대해서는 Vogel/Martens (N 241), S. 546 ff.; Götz (N 241), Rn. 320; Jochen A. Frowein, Im Zweifel für den vielleicht tödlichen Schuß?, in: FS für Peter Schneider, 1990, S. 112 ff.; Bd. VI, Lorenz, § 128 Rn. 42 참조.
384) Isensee (N 5), S. 42 ff., 44 ff.; Preu (N 188), S. 266 ff.; Wahl/Masing (N 198), S. 557 참조.
385) Rn. 100 ff. 참조.
386) Bd. I, Isensee, § 13 Rn. 15; Bd. IV, Isensee, § 115 Rn. 165, 172 ff. 참조.
387) Isensee (N 5), S. 42 ff.; Wahl/Masing (N 198), S. 559 f.; Enders (N 298), S. 630 ff. 참조.
388) Bd. III, Ossenbühl, § 62 Rn. 16 참조.

조치 그리고 침해와 무관계한 그 밖의 조치도 포함하는데, 보호의무가 어떠한 수단을 가지고 이행해야할 것인가를 입법자가 규정해야 한다는 효과를 가지고 있다. 방어권을 침해하는 개입은 기본권에 의해서 금지되고 있다. 그러나 보호의무를 이행하기 위한 조치가 모두 기본권에 의해서 명령되는 것은 아니다.[390]

따라서 방어권과는 달리 보호의무는 법률로써 매개된다. 그것은 사물의 본성에서 귀결되는 바이다. 방어권은 국가의 개입의 부인을 포함한다. 그 목적은 명료하다. 이에 반하여 보호의무는 국가의 적극적 활동으로 향하는데, 그 내용은 최초부터 확정된 것은 아니다. 국가가 그 보호의무를 침해하는 경우, 원칙으로서 헌법에 적합한, 가능한 이행의 여러 가지 모습이 남아 있다.

(b) 동태적으로 기본권보호를 해야 할 임무의 입법에의 부탁

(Rn. 153) 보호의무는 사인에 의한 가해에 대해서 기본권을 보장하는 데에 적합하며, 또한 충분한 규범을 정립한다는 입법자에의 임무부탁을 포함한다. 이 임무부탁은 특히 새로운 종류의 위험이 등장한 경우에 현실화한다. 기지의 위험은 원칙적으로 사법·형법·경찰법·질서법에 의해서 충분히 파악된다. 보호의무의 관점에서는 지금까지의 입법자가 헌법상의 임무부탁에 대한 충족을 목표로 하여 규제를 행하였는가의 여부는 문제가 아니며, 이러한 의도는 적어도 헌법제정 전의 법률에는 존재하지 않는다. 법률의 객관적 내용이 보호의무를 충분히 수행하는가의 여부가 문제로 된다.「입법자가 활동하는 데로 향한 헌법의 요구는 객관적으로 보아 법률해석의 일반적 원칙에 비추어 생각하여 문제가 된 사태를 파악하고, 보호의무의 요구를 내용적으로 충족한다고 생각되는 법률적 규제가 객관적으로 존재한다면 이미 충족하고 있다」.[391] 보호의무는 다음에 그 테마 영역에 관련된 법률의 해석을 위한 지침으로도 된다. 의심스러운 경우에는 법률의 규정의 범위에서 허용되는 한, 그 법률이 유효한 기본권보호를 제공하도록 해석해야 할 것이다.[392]

(Rn. 154) 헌법이 입법자에 대해서 행하는 보호의 임무부탁은 동태적으로 이해해야 한다. 법률이 규정하는 보호조치는 변화하는 도전에 대응하지 않으면 안 된다. 보호를 위한 법률의 문언이 광범위하고 또 탄력적이면 일수록 당해 법률은 용이하게 변화한 객관적 사태를 파악할 수 있다. 예컨대 연방 임미시온보호법은 최근에 이르러 비로소 등장한 유전자기술시설의 안전문제도 커버할 수 있다.[393] 상세하고 경직적인 규범은 중대한

---

389) 보호의무에서의 본질성의 유보에 대해서는 연방헌법재판소 칼카 판결(BVerfGE 49, 89 (126)) 그리고 연방헌법재판소 콜레벤 중계창고 사건 판결(BVerfGE 77, 381 (402)) 참조. 후자에 대해서는 Preu (N 188), S. 298; → Bd. III, Ossenbühl, § 62 Rn. 35 ff., 41 ff. 참조.
390) Alexy (N 2), S. 420 f.; Lübbe-Wolff (N 85), S. 40, 314 참조.
391) 콜레벤 중계창고 사건 판결(BVerfGE 77, 381 (404)) 참조.
392) Rn. 149 참조.

경우에 적용될 수 없으며, 그 결과 규제의 결여가 생겨 기본권의 법률에 의한 보호가 행해지지 못하게 되거나 또는 필요한 보호가 법률적 수단에 의해서 행해지지 못하게 되는 것이 명백하게 되기도 한다. 입법자는 법률규제에 필요한 적응능력을 부여하는 일반조항을 설치함으로써 미리 배려한다. 경찰법과 질서법의 일반조항은 동태적인 법익 보호의 필요에 일치한다.394) 그것들은 기본권적 보호의무에 의해서 정당화된다. 기본권적 보호의무는 규제가 점차 상세하게 되고 점차 세부에 걸쳐서 행하는 법정책적 경향에 대해서 한계를 부과한다. 기본권적 보호의무는 나아가 법치국가적 명확성원리에 대한 헌법상의 대항원리를 만든다. 다만, 명확성의 원리의 해석은 방어권에 의해서 영향을 받으며 국가활동의 계획성이나 예측성의 확대를 야기하며, 그 결과 국가활동의 고정성의 증대를 촉진하기 때문이다.

(Rn. 155) 입법자는 보호조치가 존재하지 않는 경우에는 그것을 만들어야 하며 기존의 보호조치가 기본권의 요구하는 바를 충족하지 못할 때에는 이를 대체하거나 사후적으로 시정해야 한다는 것이 동태적 법익보호의 명령이다.395) 상황이 변화한 경우에, 즉 기술혁신이 초래한 지금까지 알지 못한 위험이 발생한 경우, 혹은 지금까지 사회적으로 타당하다고 생각한 행동에서 유해로운 결과가 생기는 것이 새롭게 인식된 경우, 또는 위험방지·위험예방의 가능성이 새로이 개발된 경우에, 나아가 사회적 감수성이나 사회적 타당성이나 기대가능성에 대한 기준이 변화한 경우에, 그 제정의 시점에서는 적절하였던 규제가 불충분하다는 것이 판명되는 일이 있다. 비행회수나 비행기의 소음의 강도가 증가하거나 기술 수준에서 보아 불가피한 정도로 소음의 영향이 기본권에 대해서 (수인의) 요구할 수 있는 한도를 넘은 경우에는, 항공기소음방지를 위한 법률규정을 사후적으로 시정할 의무가 발생한다.396) 연방헌법재판소의 견해에 의하면, 입법자는

---

393) 적절한 의견으로서는 Sendler (N 188), S. 233 f.; Preu (N 188), S. 269 참조. 잘못된 것으로서는 VGH Kassel in: NJW 1990, S. 336 (337 f.)가 있다. 연방 공해보호법이 가령 존재하지 않더라도 흠결은 생기지 않을 것이다. 그러한 경우에는 경찰법이 흠결을 메꿀 것이기 때문이다(Sendler, a. a. O., S. 235). 흠결의 문제에 대해서는 Lübbe-Wolff (N 85), S. 102 참조.

394) 일반조항의 불가피성은 연방헌법재판소의 판례에 의해서도 인정되고 있다(BVerfGE 8, 274 (326); BVerfGE 13, 153 (161)).

395) 칼카르「고속 증식로」에 관한 연방헌법재판소 판결(BVerfGE 49, 89 (130 ff.)), 뮐하임-캐를리히 원자력발전소에 관한 연방헌법재판소 판결(BVerfGE 53, 30 (58)) 항공소음에 관한 연방헌법재판소 판결(BVerfGE 56, 54 (78 ff.)) — 방어권의 문맥에서 동일한 생각을 서술하는 — 제분업법률에 관한 연방헌법재판소 판결(BVerfGE 25, 1 (12 f.)), 공동결정에 관한 연방헌법재판소 판결(BVerfGE 50, 290) (335, 337 f.) — 직업훈련조성에 관한 연방헌법재판소 판결(BVerfGE 55, 247 (317)) 참조. 사후적 시정의무에 관해서는 Peter Badura, Die verfassungsrechtliche Pflicht des gesetzgebenden Parlaments zur "Nachbesserung" von Gesetzen, in: FS für Kurt Eichenberger, 1982, S. 481 ff.; ders., Paritätische Mitbestimmung und Verfassung, 1985, S. 66 f. 참조. 그 이상의 예증에 대해서는 Hermes (N 6), S. 268 ff. 참조. 동태적 법익보호의 명령을 위해서「법률의 제정이유가 없게 되더라도 법률은 효력을 상실하지 않는다」는 오랫동안 죽었다고 간주되었던 보통법의 원칙이 부활하였다(이에 대해서는 Wolfgang Löwer, Cessante ratione legis cessat ipsa lex, 1989 참조).

396) 가정적인 고찰로서는 BVerfGE 56, 54 (79 f.) 참조.

본래 합헌이었던 법률에 관하여 그 기초가 법률제정의 시점에서 예견할 수 없었던 새로운 사정에 의해서 변화한 경우에 그 법률을 유지할 수 있는가의 여부를 검토할 의무가 있다.397) 연방헌법재판소는 특히 국가가 원자력법에서처럼 인가조건을 설정함으로써, 또 인가한 것으로 있을법한 기본권침해의 공동책임을 지는 경우에 이러한 검토의무를 긍정한다.398) 이것은 그러나 의회가 그 제정한 보호법률의 전제조건이 존속하는가의 여부를 검토하기 위한 특별한 절차를 취해야 한다는 것을 의미하는 것은 아니다. 오히려 「검토의무」는 본래 합헌이었던 법률이 사정변경의 원칙 아래 있다는 것, 그리고 사정이 변경된 경우에는 법률은 미리 헌법상의 정당화를 할 필요에 쫓겨 정당화의 요구에 고집하지 않는 경우에는 법률의 위헌성을 도출한다는 것을 의미한다. 결정적인 것은 보호법률의 내용만이다.

(Rn. 156) 헌법에 의해서 명해진 보호규범이 존재하지 않거나 또는 불충분하여 따라서 입법자가 부작위에 의해서 기본권을 침해하고 있다는 것이 확정되기 전에 내용상 유사한 문제분야에 대한 법규범의 합헌해석의 가능성이나 해석에 의한 흠결 충전의 가능성을 충분히 다할 필요가 있다.399) 기본권보호를 회복하기 위한 두 번째의 절차는 형벌규정의 경우에는 기본법 제103조 2항의 유추 금지에 의해서 허용되지 않는다. 입법자가 부작위에 의해서 기본권적 보호의무를 침해하고 있다는 확인을 할 수 있는 것은 연방헌법재판소 뿐이다.400) 전문재판소가 헌법위반이라고 생각한 경우에, 자신의 판단으로 그 법적 효과를 결정하고 추정된 가해를 금지할 수는 없다.401) 오히려 전문재판소는 기본법 제100조 1항에 근거하여 문제를 연방헌법재판소에 이송하지 않으면 안 된다.402) 연방헌법재판소가 보호의무의 침해를 인정한 경우에는, 헌법재판소는 원칙적으로 일정

397) 뮐하임-캐를리히 사건 연방헌법재판소 판결(BVerfGE 53, 30 (58)), 항공소음사건 연방헌법재판소 판결(BVerfGE 56, 54 (78 f.)) 참조.
398) 뮐하임-캐를리히 판결(BVerfGE 53, 30 (58)), 항공소음 판결(BVerfGE 56, 54 (79)), 고르레벤 중계창고 판결(BVerfGE 77, 381 (404)) 참조.
399) 적절한 견해로서 Preu (N 188), S. 270 참조.
400) 그것을 위한 절차로서는 헌법소원, 추상적 규범통제, 구체적 규범통제가 생각된다. 헌법소원으로서의 전형적인 것으로서는 항공소음 판결(BVerfGE 56, 54 (70)), 화학병기 판결(BVerfGE 77, 170 (214 f.)), 삼림피해 판결(BVerfGE [Vorprüfungsausschuß] in: NJW 1983, S. 2931)이 있다.
401) 그러나 카셀 행정재판소 (VGH Kassel [in: NJW 1990, S. 336 ff.])은 이 권한을 찬탈하고 있다.
402) 적절한 견해로서 Sendler (N 188), S. 236; Preu (N 188), S. 270 f. 참조. 판례는 물론 일치하지 않는다 (이에 대해서는 Klaus Schlaich, Das Bundesverfassungsgericht, 1991, S. 216; Ernst Benda/Eckart Klein, Lehrbuch des Verfassungsprozeßrechts, 1991, S. 312 f. 참조). 입법의 부작위와 제정된 법률을 동일시하는 기본적 판결은 칼카르 판결(BVerfGE 47, 146 [157 ff.])이다. 이 판결에서 예외로서 확인된 것 (「공공복리에 대한 일반적·기본적 의의」(S. 159)는 보호의무의 경우에는 원칙이어야 할 것이다(Preu, a. a. O., S. 271도 같은 뜻). 연방헌법재판소의 독점적 위헌확정권은 최초에서 보다 고차의 법과 모순된다. 형식적인 헌법제정 후에 제정된 법률에만 미친다. → Bd. II, Löwer, § 56 Rn. 66 ff. 참조. 보호의무에 위반하여 포기명령을 제정하지 않는 것은 거기에 포함되지 않는다(BVerfGE 79, 174 (194)) 참조.

한 시기에 흠결을 충전하고, 또는 불충분한 원칙 ― 이것은 규제로서는 무엇보다도
존속할 수 있는데 ― 을 사후적으로 시정해야할 입법자의 의무를 확인할 수 있으며,
경우에 따라서는 내용적 지시를 행하며 그것에 따라서 시정해야할 의무를 확인할 수
있다(「어필 판결」).403) 연방헌법재판소는 정치적 입법자의 제1차적 결정권을 존중하여
야 한다. 불가역적인 위해가 위협한다는 한계상황에서만 연방헌법재판소는 자신의 판단
으로 과도적 해결을 명할 수 있다.404)

(c) 보호의무에 의한 정당화

(Rn. 157) 기본권에 근거한 보호의무는 그것을 현실화하는 법률에 대해서 실질적
정당성을 만든다. 보호의무는 특히 기본권보호라는 목적을 위해서 기본권을 제한하는
수단으로서의 개입규범을 정당화한다. 침해사고 · 제한사고에 대해서 자유를 위태롭게
하는 소재로서만 보이는 경찰법은, 보호의무에 비추어 본다면 기본권을 보호하고 자유를
가능하게 하는 수단이라는 것을 알 수 있으며, 그런데 더구나 그것이 경찰법에 대해서
본질적인 것임을 알 수 있다.405) 불법행위를 원인으로 하는 민법상의 손해배상청구권은
보호의무라는 관점에서 본다면, 기본권에 의해서 보호된 입장인 것을 알 수 있다.406)
국가의 가장 엄격한 개입이며 따라서 방어권에 대한 최대의 도전인 형법은 기본권에
대해서 중요한 법익의 침해에 대해서 적용되는 한에서 이들 법익의 보호에 봉사한다.407)
형법의 목적은 법질서를 확고부동한 것으로 하는 데에 있다. 즉 「규범의 승인을 체득시킴
에 의한 일반 예방」이다.408) 기본권보장의 기본원리로서의 「아무도 침해해서는 안
된다」는 명령을 체득시키는 것이 그 속에 포함되어 있다. 그러한 한에서 형법은 기본권에
근거한 보호의무를 통한 정당화도 얻는다. 그렇지 않으면 보호를 받지 못하는 태아의
생명을 국가가 보호하기 위한 수단인, 임신중절처벌규범의 정당화근거를 이루는 기본권
적 보호의무이다.409) 교통봉쇄를 강요죄로서 처벌하는 것은 기본권에 의해서 정당화된
다. 다만, 관련된 통행인들이 도덕적인 억제에서 그 정당방위권을 행사하지 않으리라는
기대 아래 통행인들에게 물리적 강제가 가해지기 때문이다.410)

---

403) 여러 가지 방식에 대해서는 Preu (N 188), S. 270 f.; Hermes (N 6), S. 269 ff. 참조.
404) 연방헌법재판소는 임신중절금지가 법률에 의해서 철회된 경우가 이러한 경우에 해당된다고 생각하였다
    (BVerfGE 39, 1 [2 f., 68]). 이에 대해서는 Rn. 160 참조.
405) Ossenbühl (N 23), S. 4 f.; Isensee (N 5), S. 52 f. → Bd. III, Götz, § 79 Rn. 10 ff., 14 참조.
406) BVerfGE 49, 304 (319 f.)).
407) 물론 현행 형법의 임무는 그것으로 소진되는 것은 아니다. 이에 관한 상세한 분석은 Jakobs (N 219),
    S. 37 ff. 참조. 나아가 Armin Kaufmann, Die Aufgabe des Strafrechts, 1983, S. 20; Knut Amelung,
    Rechtsgüterschutz und Schutz der Gesellschaft, 1972, S. 260 f.; 312 ff. → Bd. III, Götz, § 79
    Rn. 5, 12 참조.
408) Jakobs (N 219), S. 6 ff., 14.
409) BVerfGE 39, 1 (45 ff.). 예증을 포함한 법정책적 논의로서는 Bernward Buchner, Kein Rechtsschutz
    für ungeborene Kinder?, ZRP 1991, S. 431 ff. 참조.

(Rn. 158) 보호의무는 긍정을 위한 기본권상의 기준일 뿐만 아니라 비판을 위한 기본권상의 기준이기도 하다. 그것은 정당성을 부여하는 것도 있다면 박탈하는 것도 있다. 즉 법률이 보호의 필요를 충전하지 않거나 혹은 이미 충전하지 않거나 또는 나중에 보호의 필요가 없게된 경우에는 정당성을 박탈한다.

(d) 보호법률의 상대적 현상보장

(Rn. 159) 헌법상의 보호의무가 단순법률에 의존하기 때문이라고 하여 보호법률이 헌법의 랭크로 인상되고, 기본권규범과 융합하여, 말하자면 제도적 보장의 구성요소가 된다는 것은 아니다. 헌법과 법률의 차이는 다른 규범 레벨 간의 상호관계는 인정하더라도 보호의무에 의해서 해소되는 것은 아니다. 이것은 입법자가 기본권적 보호의무를 실현화하기 위해서 제정하는 규범의 주인인 것을 의미한다. 입법자는 이 규범을 폐지할 수도 있으며 변경할 수도 있다. 그러나 폐지나 변경의 효과로서 기본권의 법률상의 보호가 완전히 소실하거나, 명령된 최저수준을 하회하게 된다는 것은 허용되지 않는다. 이러한 효과가 생기는가 여부의 판단은 물론 입법자의 예측에 맡겨 있다. 이 예측은 한정된 범위 내에서만 사법판단에 복종한다.

(Rn. 160) 해석론상의 문제는 이러한 기준을 고려에 넣은 방법을 발견하는 데에 있다. 세 가지의 가능성을 논하기로 한다.

(aa) 기한 모델의 틀 안에서의 임신중절의 자유화에 관하여 연방헌법재판소는 지금까지의 — 보다 철저한 — 기본권에 적합한 형벌규정의 개정을 유효하다고 판단하고, 또 기본권보호를 절하하는 한에서 새로운 규정을 위헌이며 무효라고 판단하였다. 그 결과는 기본권보호의 결여이다. 연방헌법재판소는 우선 연방헌법재판소법 제35조에 근거하여 재판소 쪽에서 잠정적 형벌규정을 제정한다는 것으로 이 결여를 커버하려고 하였다.411) 이것은 권력분립, 일반적인 법률의 유보원리, 그리고 기본법 제104조 1항 1문에 근거한 인신보호기본권에 의한 자유형을 과하는 경우의 특별한 의회유보의 원리에 반한다.

(bb) 현행의 보호규범을 개정하고 그것으로 (단순법률에 의한) 보호수준을 인하하는 입법자는 기본권제한의 경우와 동일한 방어권적 제약에 복종한다고 설명하는 이론은, 상기의 난점을 면하고 있다. 이와 같이 이 이론은 두 개의 것을 침해로서 파악한다. 즉 법률에 의해서 매개된 적극적 지위의 감축과 헌법에 의해서 제정된 소극적 지위의

---

410) 연방헌법재판소는 판례집 73권 206면 이하의 판결에서는 강요에 대한 보호의무의 중요성을 인정하지 않는다. 그것에 대한 비판으로서는 Isensee (N 70), S. 61. 연방통상재판소의 판결(BGH in: NJW 1988, S. 1739 (1740 ff.))은 형법의 해석과 기본권적 보호의무를 합치시키고 있다. Herbert Tröndle, Sitzblockaden und ihre Fernziele, in: FS für Kurt Rebmann, 1989, S. 491 (494 ff.); ders. (N 273), § 240 Rn. 27; Jakobs (N 221), bes. S. 798, 904, 806; ders., Anmerkung, in: JZ 1986, S. 1063 f. → Bd. I, Isensee, § 13 Rn. 81 참조.
411) BVerfGE 39, 1 (2 f.).

감축을 침해로서 파악한다. 그것으로 기본권에 근거한 침해방어는 기본권에 의해서 근거지워지기는 하지만 그러나 법률에 의해서 구체화되는 급부청구권에 확장되게 된다.412) 그렇지만 이 방법은 좋지 못하다. 법률에 근거한 보호를 받는 입장의 감축은 침해가 아니다. 왜냐하면 보다 이전의 법률은 보다 새로운 법률에 대해서 침해에 저항할 수 있는 실체는 아니기 때문이다. 저항력은 헌법만이 부여할 수 있다. 그러나 헌법상의 보호임무는 명확한 윤곽을 가지고 단순법 속에 나타나지는 않는다. 헌법상의 보호임무는 최적화명령이며 내포적으로도 외연적으로도 다양하게 다른 강도를 가지고 법률로써 실현할 수 있다는 이유만으로도 명확한 윤곽을 가지고 나타날 수는 없을 것이다.413) 따라서 법률로 규정된 현상이라는 것은 기본권의 보호영역이 방어권에 관한 침해이론의 명확하게 구별된, 그 자신 일관된 출발점을 이룬다는 것은 사정이 다르다. 규범유지라는 보호의무의 목표와 규범방어라는 방어권의 목표는 양립하기 어렵다.

(cc) 보호의무의 타당영역에서 입법자에 대해서 기준이 되는 것은 헌법에 의해서 명해진 기본권보호의 수준이다. 입법자는 이 수준을 하회하지 않는 한, 현행의 보호규범을 임의로 폐지하거나 변경할 수 있다. 그러나 입법자가 이 수준을 하회하는 개폐를 한 경우, 새로운 법은 (부분적으로) 무효가 되는데, 그때까지 유효하였던 기본권에 적합한 보호법률은 다시 효력을 가진다.414) 그러한 한에서 기본권에 적합한 그때까지의 보호법률은 상대적인 현상보장을 받는다.

(e) 법률의 근거를 요하지 않는 긴급권능?

(Rn. 161) 법률에 의한 수권이 마련된 경우에는, 집행부도 재판소도 기본권을 보호하기 위해서 직접 헌법을 근거로 할 필요는 없으며, 또한 해서는 안 된다. 법률에 의한 수권은 일반조항의 형식이든 원칙으로서 존재한다고 해도 좋다. 법률이 제공하는 기본권보호에 흠결이 있는 경우에는 흠결은 입법자에 의해서 메꾸어져야 한다. 그럼에도 불구하고 한계상황, 즉 법률의 근거는 전혀 없고 기본권적 법익에 현재의 위험이 급박하고 국가에 의한 개입이 없더라도 사인만에 의한 정당방위가 정당화로 되고, 국가기관으로서는 합법적으로 행동하여 기본권적 보호의무를 침해하는데 기본권에 비추어 정당하기는 하지만 합법적인 권한을 갖지 않고 행동한다는 딜레마에 빠진다는 한계상황을 처음부터 배제할 수는 없다. 민사법상, 형사법상의 정당방위나 긴급피난의 구성요건은 이 경우 타개책이 되지는 않는다. 왜냐하면 그것들은 국가에 의한 실력독점의 예외로서 사인에 대해서만 유효하며, 국가기관을 위한 침해의 수권으로서는 유효하지 않기 때문이다.415)

---

412) Lübbe-Wolff (N 85), S. 42, 103 ff., 153 ff., 199 ff. und passim이 입장을 취한다. 비판으로서 Michael Sachs, Rezension, in: Nordrh.-WestfVBl. 1989, S. 350 ff. 참조.

413) 상술 Rn. 138이 이 입장이다.

414) Hermes (N 6), S. 268도 그렇다.

415) 이에 대해서 상세하게 논한 것으로서 Peter Lerche, Der gezielt tödlichen wirkende Schuß nach

따라서 한계상황에서의 최후의 수단으로서는 기본권에 근거한 보호의무 그 자신에 호소하는 것만이 남아 있다. 연방헌법재판소는 쉴라이어 결정에서 보호의무 그 자신에 호소하는 것을 적어도 가정적으로는 허용된다고 하였다.416) 그렇지만 그 경우 법률에 의한 수권이 필요하다는 요건만이 없게 되며, 기본권적 법익의 비교형량이라는 실질적 구성요건은 남아 있으며, 또한 행위하는 국가기관이 연방 시스템과 권력분립 시스템 속에서 권한을 가진다는 요건도 유효한 것으로서 남아 있다. 한계상황에서 법률의 근거 없이 보호를 위하여 개입한다는 것은 헌법에 적합한 법률이 존재한다고 가정하여, 이 가정된 법률이 규정하리라는 방법과는 모습에서만 허용된다. 예외는, 보호의무가 법률에 의해서 매개된다는 원칙을 증명한다.

5. 재 량

(Rn. 162) 보호의무는 위험에 대처할 것인가의 결정을 정치적 기관에 맡기고 있다. 실제로 연방헌법재판소는 입법자에게 광범위한 인정·평가·형성의 영역을 인정하는데, 이 영역은 예컨대 경합하는 공적 이익과 사적 이익을 고려에 넣는 여지를 남기고 있다.417) 위험을 평가하고 위험에 놓여 있는 이익을 형량하고 보호를 위한 수단에 대해서 결정하는 것은 제1차적으로는 입법자의 권한이다. 연방헌법재판소는 보호의무의 실현은 한정된 범위에서만 사법판단에 복종한다고 생각한다. 이에 관한 재판소의 통제는 원칙적으로 국가기관이 전혀 활동하지 않고 그대로 있거나, 또는 강구된 조치가 완전히 부적당하거나 불충분한 것이 명백한 경우에 비로소 개시된다.418) 기본권에서 보호의무를 매개로 하여 예컨대 주택지역에서는 시속 30킬로의 제한과 같이, 도로교통을 위한 구체적인 속도제한을 도출하려고 시도하는 것은 기본권의 혹사가 될 것이다.419) 보호의무는 한편으로는, 입법부와 집행부와 같은 정치적·행정적으로 형성작용을 하는 국가기관에 대한 행위규범이며, 다른 한편, 재판권력을 위한 통제규범이다. 그러나 통제규범은 범위와 밀도에서 행위규범에 열후한다. 실제상의 해석우선권은 민주적인 권력분립 시스템에서는 입법부에 있다.

(Rn. 163) 입법자가 그 재량을 일정한 방법으로 행사하고 보호의무를 구체화한 경우, 보호의무는 법률에 의해서 매개된 것이 되며, 그 결과 집행부나 재판소가 보호법률을 침해한다면 그것으로써 기본권 자신도 침해한 것이 된다. 확립된 판례에 의하면, 집행부나 재판소가 법률을 무시하여 기본권의 의의와 사정을 오인하는 경우가 그러한 경우에

---

künftigem einheitlichem Polizeirecht - zum Verhältnis hoheitlichen Eingriffsbefugnisse zu den allgemeinen Notrechten, in: FS für Friedrich-August Freiherr von der Heydte, 1977, S. 1033 ff.; Paul Kichhof, Eingriffsbefugnisse und private Nothilfe, in: NJW 1978, S. 969 ff. 참조.

416) BVerfGE 46, 160 (164 f.).

417) BVerfGE 56, 54 (80 f.); 77, 170 (214 f.); 77, 381 (405) 참조.

418) BVerfGE 56, 54 (71, 80 ff.); 77, 170 (214 f.); 77, 381 (404, 405).

419) Murswiek (N 6), S. 286도 같은 뜻이라고 생각된다.

해당된다.420)

(Rn. 164) 일정한 위험에 대한 국가의 대응은 미리 헌법에서 프로그램화되는 것은 아니다. 국가는 항상 모든 수단을 투입할 필요는 없다. 국가는 실정에 맞는 이유에서 바로 질서법상의 인가·감시절차, 경찰강제, 형사벌·질서벌 등의 고권적 수단의 발동을 억제할 수 있다. 에이즈 전염의 위험에 대해서 국가는 경험에 의한 반증이 있기까지는 적어도 실험적으로 국민 일반을 위험에 관하여 계몽하고 예방책을 권고하는 데에 집중할 수 있다.421) 현재 국가는 그러한 방법으로 감염의 위험이 있는 사람들에 대한 기본권상의 보호의무를 부과한다. 국가는 그 경우 감염자에 대한 개입을 피하고, 동시에 감염자의 인간의 존엄을 사회적 멸시와 소외로부터 보호한다는 것을 통하여 감염자에 대한 보호의무를 수행할 수 있다. 그러나 일정한 위험상황에서 재량의 여지는 목적달성에 적합한 유일한 수단에로 축소화된다.422) 그러므로 태아의 생명의 보호에 관해서는 다른 효과가 기대될 수 있는 수단이 전제되지 않는 한 유일한 수단은 형벌뿐이다.423)

(Rn. 165) 재량의 목적은 보호의무를 효과적으로 수행하는 데에 있다. 결과로서 헌법에 의해서 명해진 기본권의 안전의 재저하수준이 보장되지 않으면 안 된다. 보호의무는 형성의 재량에 대해서 과소금지를 세운다.424) 이것은 방어권에 대한 과잉금지에 대응한다. 가해자에 대한 보호의무상의 개입은 가해자의 방어권을 지키면서 희생자의 보호 요구를 충족하지 않으면 안 된다는 암비발란트한 성격을 가지기 때문에, 서로 대립하는 원리를 조화시키지 않으면 안 된다. 법치국가는 이 점에서 두 개의 면에서 기본권에 비춘 정당화를 요구한다. 즉 가해자로부터는 그 기본권에 개입하는 것에 대한 정당화가 요구되며, 보호를 필요로 하는 자로부터는 보호가 주어지지 않는 것에 대해서 정당화가 요구된다.

(Rn. 166) 국가는 보호규범을 제정한 것만으로는 실효성의 명령을 이행한 것이 되지 않는다. 또한 국가는 규범의 실제적 실시를 위해서, 그리고 그 현실적 수용을 위해서 배려해야 한다. 종이에 쓰여지기만 한 법(law in the books)보다는 현실에 움직이는 법(law in action) 쪽이 중요하다.

예컨대 1976년 이래 타당한, 원래 불충분한 형법 제218조 이하의 형벌규정은 기본권

---

420) BVerfGE 49, 304 (319 f.); 53, 30 (60 ff., 62 ff.); 77, 381 (405).
421) 예컨대 NJW 1987, S. 2287에 게재된 연방헌법재판소의 부회 결정이 그렇게 생각된다. 이에 대해서는 Deutscher Bundestag: AIDS: Fakten und Konsequenzen; Endbericht der Enquête - Kommission des 11. Deutschen Bundestages "Gefahren von AIDS und wirksame Wege zu ihrer Bekämpfung," 1986, S. 330 ff.; Hans-Ullrich Gallwas, Gesundheitsrechtliche Aspekte der Bekämpfung von AIDS, in: AIDS-Forschung 1986, S. 31 ff. 참조. 광보 활동에 대해서는 Christof Gramm, Rechtsfragen der staatlichen Aids-Aufklärung, in: NJW 1989, S. 2917 ff. 참조. 전염병예방법상의 수단에 관해서는 Wolfgang Loschelder, Gesundheitsrechtliche Aspekte des Aids-Problem, in NJW 1987, S. 1467 ff.; Wolf Rüdiger Schenke, Rechtsfragen der Bekämpfung von Aids, in: DVBl. 1988, S. 165 ff. 참조.
422) BVerfGE 77, 170 (215) 참조.
423) BVerfGE 39, 1 (52 ff.).
424) Canaris (N 23), S. 228. → Bd. III, Götz, § 79 Rn. 30 f. 참조.

에 의해서 명해진 태아의 보호를 만족하게 하지 못하고 있다. 왜냐하면 재판소가 이러한 규정들을 고의로 실시하지 않기 때문이다. 그러므로 이들 규정은 법의식의 정착에 공헌할 수는 없으며, 사회적 실천에 생명보호라는 의미에서 영향을 미칠 수는 없다.425)

(Rn. 167) 보호의무는 입법자에의 임무부탁을 포함할 뿐만 아니라 실시하는 임무부탁도 포함한다. 기본권적 법익의 유효한 보호는 법치국가적으로 보아 균형 잡힌 경찰법규가 추상적으로 존재하는 것만으로 행해지는 것은 아니며, 그것이 실효적으로 운용되어 비로소 행해진다. 경찰법이나 위험방지를 위한 그 밖의 법에서 타당한 편의주의는 기본권에 근거한 보호의무와 모순되는 것은 아니다. 보호의무는 이 분야에서 법적으로 인정되는 행정의 지혜와 행정의 효율의 가능성을 훼손하는 것은 아니다. 그러나 경찰은 법률로 인정된 재량이 보호의무에 적합하도록 행사하지 않으면 안 된다.426) 보호의무는 결정재량이나 선택재량의 행사를 지도한다. 그것은 기본권에 근거한 보호법익을「공공의 안전」이라는 경찰에의 임무부여장 속에 편입되며, 경찰의 개입에 선행하여 행해지는 이익형량에서의 기본권적 보호법익의 비중을 높인다. 보호의무는 경찰의 불활동이 그 이상으로 되면 위험의 희생자에 대해서 기본권에서 보아 수인을 요구할 수 없는 유해성의 한계를 긋는다. 보호의무는 재량을 제로로 인하하는 효과를 초래하기도 한다. 보호의무는 경찰에 대해서 위험에 빠지는 시민에게 보호를 부여하지 않는 경우 그것에 대한 변명을 요구한다.

V. 가해자와 무관계한 제3자의 지위

1. 보호를 위한 개입에 대한 법치국가적 제약

(Rn. 168) 보호의무를 부과하기 위한 전형적인 수단은 보호를 위한 개입이며, 그것으로써 국가는 희생자의 기본권을 보호하기 위하여 가해자 내지는 무관계한 사람을 억지한다. 보호를 위한 개입은 암비발란트한 성격을 가지고 있다. 그것은 한쪽의 사람에게 불이익을 더함으로써 다른 쪽의 사람의 이익을 실현한다. 국가가 한편에서는 헌법상의 임무를 수행한다는 사정은, 국가를 다른 한편 모든 헌법상의 요구를 충족할 요구로부터 해방하는 것은 아니다.427) 이와 같은 헌법상의 요구로서는 권한규정이 있다. 원래 권한규정은 국가의 행동이 침해인가 급부인가하는 것에 관계없이 타당하다.428)

---

425) 롤프 슈튀르너의 보고인 Rolf Stürner, Die Unverfügbarkeit ungeborenen menschlichen Lebens und die menschliche Selbstbestimmung, in: JZ 1990, S. 709 ff. 참조. 나아가 Bd. VI, Lorenz, § 128 Rn. 59 참조.

426) 예증을 포함한 상론으로서 Isensee (N 5), S. 53 참조. 나아가 Bd. III, Götz, § 79 Rn. 10 ff. 참조.

427) Isensee (N 5), S. 44 ff.; Preu (N 188), S. 266 ff.; Wahl/Masing (N 198), S. 557 ff. S. o. Rn. 148 ff. 참조.

(Rn. 169) 법률의 유보, 더구나 법치국가적 침해유보라는 유형의 법률의 유보도 헌법상의 요구로서 효력을 가진다.[429] 근래의 해석론에서는 자주 전통적으로 자유와 재산에의 개입에 관계지워지고 있던 고전적 유보와, 기본권적 법률의 유보가 동일시되고 있다.[430] 이 전제가 정당하다면 가해자에 대한 유보원리의 적용의 유무는 보호를 위한 개입이 가해자의 기본권 — 그것이 기본법 제2조 1항의 포괄적 기본권이든 —을 침해하는 가의 여부에 관련되게 된다. 그러나 그것은 중요한 분야에서는 타당하지 않다. 역시 이 전제가 부정되어야할 것이다. 법치국가적 법률의 유보원리는 국가행위의 예칙가능성의 객관적 보장으로서 기본권과는 무관계하게 효력을 가지고 있다.[431] 법치국가적 법률의 유보원리의 이러한 기능은 그 기본권상의 지위가 어떠한 것이든 침해에 의해서 불이익을 입는 자에게 유리하게 작용한다.

(Rn. 170) 보호적 개입이 — 가해자이거나 아니거나 여하튼 — 제3자의 기본권을 침해하는 한 방어기능이 발동하며, 그와 함께 정당화의 필요성이 현실화한다.[432] 제3자의 기본권에의 개입은 보호의무를 수행한다는 목적을 위한 수단으로서의 기능을 수행한다. 그것은 사인에 의한 가해의 방어라는 목적을 달성하는 데에 적합하고 필요하며, 또 적당하다는 것이 증명되어야 한다. 정당화의 요구는 개입이 무관계한 자에 대해서 행해지는 경우에는, 개입이 위험의 기인자에 대해서 행해지는 경우보다도 보다 엄격하다. 첫 번째의 경우에는 전체를 위한, 내지는 보호의 은혜를 받는 사인을 위해서 특별한 희생이 부과된다면, 국가에게는 공용수용의 룰 또는 특별희생의 룰에 근거하여 조정의 의무도 지우게 된다.

2. 가해자의 방어권적 지위 — 광협 두 개의 구성요건이론

(Rn. 171) 무관계한 제3자는 국가의 보호적 개입에 대해서 전면적으로 방어권에 의해서 보호된다. 가해자에 대해서 그것은 당연하게 타당하지는 않는다. 타인의 기본권에 대한 가해행위가 기본권의 보호영역에 포함되는가의 여부, 따라서 가해행위가 그 구성요건적 기초에서 볼 때 기본권적 자유의 행사로서 평가될 수 있는가의 여부가 문제로 된다. 첫 번째 이해에 입각한다면, 권리에 대한 가해행위도 또한 방어권의 보호를 받게 된다는 것이다. 이 경우에는 그 방어권과 희생자를 위한 기본권적 보호의무의 조정은 (방어권의) 제한이란 레벨에서 행해진다. 두 번째의 이해에 입각한다면, 방어권의 적용은 최초부터 문제가 되지 않는다. 해석론에 의한 법적 성격의 결정은 실천적인 귀결을 수반한다. 구성요건이 한계를 획정하는 것은 당연한 전제이다. 제한은 뒤로부터 기본권에

---

428) Rn. 148 참조.
429) Rn. 149, 151 참조.
430) Klaus Vogel, Gesetzgeber und Verwaltung, in: VVDStRL 24 (1966), S. 125 (147 ff.) 참조.
431) Rupp (N 143), S. 140 ff. → Bd. III, Ossenbühl, § 62 Rn. 16 참조.
432) Rn. 69 ff. 참조.

가해진다. 제한은 정당화를 필요로 한다. 기본권보호의무는 제한되어야 할 가해자의 방어권과의 이익형량에 복종하지 않을 수 없을 것이다. 기본권행사의 구성요건이 어느 정도 넓은 것인가가 문제로 된다. 넓은 구성요건이론과 좁은 구성요건이론이 출발점에서의 입장의 대립을 나타낸다.

(Rn. 172) 넓은 구성요건이론에 의하면, 하나의 기본권의 보호영역은 그 테마로 하는 사안, 즉 의견·양심·종교·직업 등을 다른 헌법규범 또는 좁은 윤리규범과의 저촉을 결코 문제삼지 않으며 완전하게 커버하고 있다.[433] 구성요건은 살인·강도·강간의 자유도 포함한다. 따라서 폭력을 동반하는 집회도 기본법 제8조 1항의 보호영역에 포함된다.[434] 따라서 폭력적인 집회를 금지하려는 행정(기관)은, 그 금지를 폭력행위자의 방어권에 대해서 과잉규제금지에 근거하여 정당화되어야 한다. 그것은 일반적으로 형법, 민법상의 불법행위법, 그리고 폭력행위금지나 「누구도 침해하지 말라」는 원리의 위반에 대한 그 밖의 제재가 정당화를 필요로 하며, 기본권에 과잉규제금지에 근거하여 재구성되어야한다는 것과 동일하다.

(Rn. 173) 물론 구성요건을 넓게 규정하는 것은 일단의 추정(Prima-facie-Vermutung)일 뿐이며, 또한 개별적인 경우에 현실적인 자유보호가 실제상 어디까지 미치는가가 확정되기 위한 형량이라는 방법론적 절차의 출발점이 되는 가설적 베이스일 뿐이다.[435] 이처럼 광범한 구성요건의 보장은 기본권의 구성요건을 그 실체법적 기준으로 보는 것이 아니라, 해석론적 절차의 모습으로서, 또한 방법론적 논의의 노리갯감으로서 본다. 기본권적 보호의무는 「근거와 반대근거와의 게임」으로서 형량[436]에 더하여 가설적인 출발점으로서 긍정된 「권리침해의 자유」에 대항하여 주장할 수 있었던 경우에만 관철될 수 있다. 그러나 이러한 견해에 선다면 기본권의 구성요건은 그 규범적 성격을 상실한다. 그것은 이미 자유의 실천적 가능성을 객관적으로 정의하는 것은 아니다. 오히려 그것은 결론이 어떻게 되든 방법론적 절차의 출발점이 되는 명제를 이룰 뿐이다.

(Rn. 174) 광범위한 구성요건이론은 기본권의 보호에 정말 작은 흠결이라도 배제하려는 것이다. 그러나 구성요건이 넓다면 그것만으로 기본권의 충돌도 많게 된다. 구성요건이 넓다면 가해자의 방어권과 희생자를 위한 보호의무 간의 긴장관계가 높아진다. 넓은 구성요건은 기본권충돌의 해결을 제한의 레벨로 이동시킨다. 원칙적으로 「타자의 기본권의 침해의 자유」를 위한 일단의 추정은 반박하게 된다고 할 수 있다. 그러나 제한의 레벨에서 반드시 부정되지 않을 수 없기 때문에, 그 어떤 개별 사건에서 현실화되는 확실한 기회를 갖지 못하는 잠재적인 자유보호를 구성요건의 레벨에서 요청하는 것은

433) 넓은 구성요건론으로서는 Alexy (N 2), S. 278 ff. 참조. 결론으로서 동일한 입장에 서는 것으로서 Schwabe (N 2), S. 33 f., 154; Lübbe-Wolff (N 85), S. 87 ff., Thomas Lasker, Ziviler Ungehorsam, 1986, S. 239 ff.; Höfling (N 116), S. 175 ff.
434) 예컨대 Alexy (N 2), S. 259 f.가 그렇다.
435) Alexy (N 2), S. 259 f.
436) Alexy (N 2), S. 260에서의 인용.

불성실하며 일관성을 결여한다.437) 예컨대 폭력의 금지가 기본권의 제한에 정서된다면 통일적인 제한의 시스템이 없게 되고, 따라서 개개의 기본권이 각각 다른 조건으로 또한 각각 다른 정도에서 국가의 강제에 복종하게 된다는 문제가 생긴다. 그것으로부터의 법률적 귀결은 폭력의 금지가 불균형하게만 관철될 뿐이다.

(Rn. 175) 넓은 구성요건보장은 한정 없는 이익형량으로 귀결한다. 한정 없는 이익형량은 일반성·평등·법적 안정성의 관점에서 볼 때 항상 문제이다. 다만, 형량을 행하는 기관이 형량되어야 할 법익의 랭크와 중요성을 형량하기 위한 확실한 기준을 갖지 못하고, 따라서 형량관계자, 최종적으로는 재판관의 자의에 의해 왜곡되었다. 우연에 의해서 좌우된 주관적인 평가에 많던 적던 의존하지 않을 없기 때문이다. 그러나 기본권의 해석론은 무조건 필요하지 아니한 한 형량을 행하라! 라는 원리에 따라야할 것이다.

(Rn. 176) 이에 대해서 좁은 구성요건이론은 형량의 문제점을 회피할 수 있다. 그것은 일정한 형태의 권리침해를 처음부터 기본권의 보호영역에서 배제한다. 즉 개인의 기본권 법익의 명백한 침해, 특히 사적 폭력에 의한 그것을 배제한다. 구성요건의 한계는 해석에 의해서 확정되어야 하며, 형량에 의해서 확정될 것은 아니다.438) 시민의 평화의무 및 (국가에 의한) 실력독점은 자유권에 추가해서 부과된 제한은 아니며 그 전제이다.439) 그러므로 육체적 실력의 행사 내지 그 위하는 형량되어야 할 것이 아니라 배제될 필요가 있다. 기본권적 자유의 행사는 최초부터 평화성 (=비폭력성)의 유보 아래 두어져 있다.440)

(Rn. 177) 비평화적인 (=폭력적인) 집회는 기본법 제8조 1항의 보호영역 밖에 있다.441) 따라서 그러한 집회의 금지나 해산은 방어권적 지위에는 관련되지 않는다. 비공개의 개최에 대한 폭력적인 진입도 보장되지 않는다.442) 소유자의 의사에 반하여 벽에 스프레이를 뿌리는 것은 그것이 취리히 스불레단의 예술적 숙련을 가지고 행해지는 것일지라도, 예술의 자유로써 커버되지 않는다. 다만, 예술의 자유는 원래 연구활동을 위해서 타인의 토지를 자유롭게 사용하거나 침해하거나 하는 데에는 미치지 않기 때문이다.443) 이 경우에는 예술의 자유와 재산권이 충돌하는 것은 아니다. 가해자는 어떠한

---

437) Isensee (N 107), S. 30 f. 반대설로서 Alexy (N 2), S. 292 f.; Höfling (N 116), S. 180 ff.

438) Rn. 53 f.

439) Bd. V, Isensee, § 115 Rn. 109 ff.

440) 기본권의 제한으로서의 평화성의 유보에 대해서는 Klaus Kröger, Der vernachlässigte Friedenspflicht des Bürgers, in: JuS 1984, S. 172 (173); Isensee (N 70), 39 ff.(Nachw.). → Bd. VI, Bethge, § 137 Rn. 36 ff. 참조.

441) BVerfGE 69, 315 (360); 73, 206 (248). 기본권의 구성요건에 한계가 있다는 것은 지배설이다. Alfred Dietel/Kurt Gintzel, Demonstrations-und Versammlungsfreiheit, 9 1989, § 1 Rn. 20; Hans H. Klein, Ziviler Ungehorsam in demokratischen Rechtsstaat?, in: FG zum 10jährigen Jubiläum der Gesellschaft für Rechtspolitik, 1984, S. 177 (194); Ehrentraut (N 216), S. 13 f. und passim; Ulrich K. Preuß, Nötingen durch Demonstration? Zur Politik des Art. 8 GG, in: FS für Richard Schmid, S. 419 (427 ff.); Isensee (N 70), S. 39 ff. → Bd. VI, Kloepfer, § 143 Rn. 37 ff. 참조. 반대설로서는 Alexy (N 2), S. 259 f.

442) BVerfGE 84, 203 (209 f.).

443) BVerfGE (Dreier-Ausschuß), B. v. 19. März 1984, in: EuGRZ 1984, S. 271 (272). 이에 대한

기본권도 원용할 수 없으며, 따라서 형량의 저울판에 어떠한 무게도 실을 수 없다. 가해자의 기본권과 피해자의 기본권 간의 형량은 일어나지 않는다.[444] 종교의 자유는 의식(儀式) 살인을 커버하지 않는다. 양심의 자유와 의견의 자유는 폭력행위를 커버하지 않는다.[445] 그것들은 또한 「시민적 불복종」의 일환으로서의 봉쇄행동에 의한, 통행인에 대한 강요를 위한 기본권상의 근거를 이루는 것도 아니다.[446]

연방헌법재판소는 누구도 침해해서는 안 된다는 원리에 대한 명백한 위반도 보호의 구성요건에서 제외한다. 진실이 아닌 보도나 잘못된 인용에 의한 인격권의 침해의 경우가 그렇다.[447] 의견의 자유는 정신적 수단을 가지고 있는 정치적 영향력의 행사만을 커버하며, 자기에게 경제적으로 종속하는 소매에 대해서 잡지 콘체른이 경제적 압력을 가하는 것을 커버하지 않는다.[448]

(Rn. 178) 일정한 행위가 좁은 구성요건이론에 의해서 보호영역에서 한정되는 한, 기본법 제2조 1항의 일반적 행위의 자유도 포괄적 기본권으로서의 기능을 수행하지 못한다.[449] 다만, 여기에는 기본권의 보장 시스템에서의 흠결은 존재하지 않으며, 윤리적으로 부인된, 보호할 가치 없는 행위가 존재할 뿐이기 때문이다.

(Rn. 179) 이에 대해서 기본권에서 독립하여 법치국가원리에서 가해자에게 인정되는 객관적 법적 보호수단은 없게 된다. 비록 가해자가 기본권의 보호영역 밖에서 행동하고 있음에도 불구하고, 이 보호수단은 안 된다. 특히 법률의 유보의 원리는 이 경우에도 효력을 가진다.[450] 경찰은 형식적인 법률에 의한 수권이 없는 한, 비평화적인 집회라할지라도 금지하거나 해산시킬 수는 없다.[451]

(Rn. 180) 좁은 구성요건이론에는 한계가 있다. 특히 가해자의 지위에 적용되는 경우가 그렇다. 그것은 명백한 침해에 대해서만 특히 육체적인 실력의 직접적인 행사에 대해서만 적용가능하다.[452] 그것은 기술시설의 공해와 같은 간접적인 가해나 위험재해의

상세한 분석으로서 Kriele (N 110), S. 622 ff.

444) BVerfGE (N 443), S. 272. 물론 슈프레이어단(團) 판결은 확실히 하기 위해서 두 번째의 이유로서 비교형량도 하고 있다.

445) 양심의 자유와의 관련에서 그렇게 생각하는 것으로서 Ernst-Wolfgang Böckenförde, Das Grundrecht der Gewissensfreiheit, in: VVDStRL 28 (1970), S. 33 (59). → Bd. VI, Bethge, § 137 Rn. 36 ff. 의견의 자유와의 관련에서 그렇게 생각하는 것으로서 H. H. Klein (N 441), S. 194.

446) 상세한 것은 Isensee (N 70), S. 61 참조.

447) BVerfGE 54, 208 (218 ff.); 61, 1 (7 f.). 많은 예증을 들면서 거기에 논한 것으로서 Peter Lerche, Meinungsfreiheit und Richtigkeitsanforderungen an Tatsachenangaben im wirtschaftlichen Wettbewerb, in: FS für Werner Lorenz, 1991, S. 143 (144 f.).

448) BVerfGE 25, 256 (264 ff.). 그 밖의 사례에 대해서는 Rn. 101 참조.

449) 기본법 제2조 1항의 적용에 반대하는 것으로서 Roman Herzog, in: Maunz/Dürig, Komm. z. GG, Art. 8 Rn. 77; Starck (N 84), Art. 2 Rn. 51; Hans-Ullrich Gallwas, Das Grundrecht auf Versammlungsfreiheit, Art. 8, in: JA 1986, S. 484 (485 - "negative Spezialität" des Art. 8 GG). → Bd. VI, Erichsen, § 152 Rn. 28 f.

450) 상술 Rn. 91 참조.

451) 예증에 대해서는 Isensee (N 70), S. 41 f. 참조.

경우에는 소용없다.453) 환경보호의 분야에서는 양쪽이, 즉 배출자와 피해자인 근린인 쌍방이 기본권을 복잡한 충돌에 가지고 온다. 동일한 것은 언론에 의한 법익침해 내지는 그 밖의 비폭력적인 법익침해에 의해서 생기는 처리 곤란한 충돌에 대해서도 타당하다. 여기서 충돌은 제한의 레벨에서의 형량에 의해서만 해결될 수 있다.

(Rn. 181) 구성요건에서 한정되는 것은 권리침해 그 자체만이다. (국가에 의한) 기본권 침해라는 성격이 부정되는 것은 법률, 행정행위 내지는 판결에 의한 (사인의) 권리침해의 금지뿐이다. 그러나 (국가에 의한) 기본권침해라는 성격은 ― 예컨대 행정강제에서처럼 ― 금지의 실시 내지는 ― 형벌이나 손해배상과 같이 ― 금지위반에 대한 제한의 경우에는 부정되지 않는다. 진정한 기본권침해는 국가가 직접으로 사인에 의한 가해에 대처하는 것이 아니라 이미 위험의 전단계에서, 예컨대 데모 행진에서의 일탈의 위험에 직면하여 집회의 금지로 기본권보호를 행하는 경우에 발생한다.454) 이것은 가해자의 기본권상의 지위가 부정되는 것은 국가에 의한 침해금지에 대한 관계에서만 ― 더구나 침해가 명백하여 직접적인 경우에 한정되는 ― 이며, 그 이외의 관계에서 가해자는 방어권의 완전한 보호를 향수한다는 것을 나타낸다.

VI. 희생자의 지위

1. 수여된 보호의 방어

(Rn. 182) 국가의 보호의무의 실현은 보호를 필요로 하는 자의 방어권과 충돌하는 일도 있다. 즉 보호를 필요로 하는 자가 현실로 자신의 보호에 기여하거나 또는 기여한다고 생각되는 조치를 수용하는 것이 강제되거나 또는 그러한 조치를 스스로 강구할 것이 강제되는 경우가 그렇다. 공항의 관리자가 테러의 위험에 대해서 스스로 안전보장조치를 강구하도록 의무를 지는 것이 그 예이다.455) 수여된 보호가 그 수범자 자신의 진정한 이익을 촉진한다 하더라도 그것은 역시 침해이다. 다만, 이익의 차이라는 객관적 계기가 문제가 아니라 의사의 차이라는 주관적 계기가 문제이기 때문이다.456)

452) 프로이는 주관적 권리의 핵심영역에의 명백히 위반한 개입, 특히 전통적으로 가벌적으로 되어온 개입에 대해서만 적용가능하다고 한다(Preu [N 188], S. 266 Anm. 9 참조).
453) 적절한 견해로서 Preu (N 188), S. 266 Anm. 9 참조.
454) 이에 대해서는 Ehrentraut (N 216), S. 147 ff. 참조.
455) 이 경우의 의무의 수범자는 자기 자신이 (상태의) 교란자는 아니다. BVerwG in: DÖV 1986, S. 287 f. 같은 뜻. VGH Bad.-Württ. in: JZ 1983, S. 102 (103 ff.)은 반대의 견해를 취한다. 기본권 문제에 대해서는 Ossenbühl (N 28), S. 52 ff., 67 f.
456) Rn. 60 참조.

2. 보호를 구하는 주관적 권리

(Rn. 183) 제1차적으로는 객관법적 국가임무인 보호의무가 보호를 필요로 하는 자에게 보호를 구하는 주관적 권리도 부여하는가에 대해서는 다툼이 있다.457) 주관적 방어권으로부터 객관적 가치질서를 도출하고, 그것을 객관적 보호의무의 근거로서 상정한 연방헌법재판소458)에 대해서 주관적 권리로 되돌아가고 보호의무를 주관적 권리로서도 인식하는 것은 곤란한 일이다. 물론 연방헌법재판소는 그것을 헌법소원에 의해서 관철하는 것을 최초로 가정적으로,459) 최근에는 단정적으로,460) 적법하다고 판단한다. 결국 연방헌법재판소는 방론에서지만 객관적 의무 쪽에 주관적 권리가 존재하는 것을 인정한다.461)

학설 중의 소수의견은 기본권으로서의 성질을 가진 주관적 권리의 가능성을 부정한다. 입법자의 정치적 책임에 반하기 때문이란 것이 그 이유이다.462) 이에 대해서 지배설은 보호를 구하는 주관적 권리를 긍정하며, 더구나 입법자에 대한 관계에서도, 행정에 대한 관계에서도 긍정한다.463) 그러나 이 보호청구권은 보호의 행위를 행하는 국가기관의 재량이 원칙적으로 사법판단에 복종하지 않는다는 것에 의해서 상대화된다. 예외적인 경우에만 청구권은 특정한 조치에 향하는 것이다.

(Rn. 184) 주관적 권리의 승인은 개인 개인을 위해서 보장되는 기본법상의 기본권의 개인주의적 성격에 대응한다. 대내적 안전이라는 전통적인 국가임무는 기본권의 보호를 대상으로 하는 것이므로 기본권이 주관적 권리로서도 주장될 수 있다는 것, 또한 사인의 가해에 의해서 기본권적 보호법익이 침해된 기본권의 주체가 침해된 기본권을 근거로 하여 그 보호의 필요성에 대응하여 보호를 구하는 청구권이 부여되며, 더구나 기본법 제1조 3항에 의해서 보호의무의 수범자가 되는 모든 국가기관에 대한 관계에서, 따라서 입법자에 대한 관계에서도 이 청구권이 부여된다는 것은 당연하다. 그러나 주관적 권리의

---

457) 예증을 들면서 논쟁을 개관하는 것으로서 Dietlein (N 6), S. 133 ff.

458) Rn. 80 ff. 참조.

459) 뮐하임-캐를리히 판결(BVerfGE 53, 30 (48); 항공 소음 판결(56, 54 (68 ff.)) 참조. 그리고 쉴라이어 사건 가처분(BVerfGE 46, 160 (163 f.)) 참조.

460) BVerfGE 48, 127 (161), 69, 1 (22), 77, 170 (214 f.).

461) 중계창고 판결(BVerfGE 77, 381 (402 f.)), 교통소음 판결 (79, 174 (214 f.)) 참조. 연방헌법재판소는 이미 이전에 외국에서의 기본권보호를 구하는 주관적 권리를 긍정하고 있었다(E 48, 127 (161); 69, 1 (22), 77, 170 (214 f.)).

462) 예컨대 Rudolf Steinberg, Grundfragen des öffentlichen Nachbarrechts, in: NJW 1989, S. 457 (461) 참조. Reiner Schmidt, Einführung in das Umweltrecht, 1987, S. 17 f.; H. H. Klein (N 22), S. 64 f.; ders., Ein Grundrecht auf eine saubere Umwelt?, in: FS für Werner Weber, 1974, S. 643 (651)은 회의적이다.

463) Schmidt-Aßmann (N 68), S. 217; Alexy (N 2), S. 410 ff.; Ossenbühl (N 23), S. 4; Isensee (N 5), S. 49 ff.; Peter Badura, Staatsrecht, 1986, S. 79 f.; E. Klein (N 6), S. 1638 ff.; Robbers (N 5), S. 186 ff.; Stern (N 2), S. 934 ff.; Murswiek (N 6), S. 106 f.; Schwabe (N 2), S. 213 ff., 219 ff.; Dietlein (N 6), S. 152 ff.; Sass (S. 6), S. 434 f.

내용은 객관적 국가임무의 내용만큼 넓지는 않다. 보호를 부여하는 것이 권위 있는 국가기관의 재량에 맡겨진다면, 이 청구권은 재량의 적절한 행사에 대해서만 향할 수 있다. 이 경우 적절이라는 것은 개개인의 보호 필요를 고려하여 적절이라는 의미이다. 한계상황에서만 형식적인 주관적 권리가 특정한 보호조치를 구하는 실질적인 권리로 전화한다. 국가가 주관적 권리를 침해하고 보호의 부작위에 의해서 권리를 가지는 자에게 손해를 준 경우, 이 자는 다른 전제조건이 선재한다면 손해배상 내지 보상을 청구할 권리를 가진다.464) 경찰이 활동하지 않은 경우에 인정되는 국가배상청구권이 그 전형적인 예이다.465)

(Rn. 185) 보호의무가 단순법률에 의해서 적절하게 매개되고 (=구체화되는) 한, 헌법상의 보호청구권을 직접 근거로 하는 것은 필요하지 않게 된다. 이 경우에 사인은 민사법상의 청구권, 사법적·공법적 상린관계법상의 청구권, 경찰법·질서법의 틀 내에서의 권한을 통하여 그 보호이익을 충분히 실현할 수 있다. 기본권적 보호청구권은 단순법의 해석을 지도하여 의심스러운 경우에 주관적 권리를 긍정하기에 이른다. 주관적 권리는 법률을 매개로 해서도 자유와 안전의 어려운 균형을 실현하고 유지하는 데에 기여한다.

E. 참고문헌

Robert Alexy, Theorie der Grundrechte, 1985 (이준일 옮김, 『기본권이론』, 한길사, 2007).

Ernst-Wolfgang Böckenförde, Zur Lage der Grundrechtsdogmatik nach 40 Jahren Grundgesetz, 1990(기본법 제정 40주년에 따른 기본권해석의 상태, 김효전·정태호 옮김, 『헌법과 민주주의』, 법문사, 2003, 120-179면).

Christian-Dietrich Bracher, Gefahrenabwehr durch Private, 1987.

Claus-Wilhelm Canaris, Grundrechte und Privatrecht, in: AcP 184 (1984), S. 201 ff.

Claus Dieter Classen, Die Ableitung von Schutzpflichten des Gesetzgebers aus Freiheitsrechten - ein Vergleich von deutschem und französischem Verfassungsrecht sowie der Europäischen Menschenrechtskonvention, in: JöR NF 36 (1987), S. 29 ff.

Johannes Dietlein, Die Lehre von den grundrechtlichen Schutzpflichten, 1992.

Eberhard Grabitz, Freiheit und Verfassunsgrecht, 1976.

Georg Hermes, Das Grundrecht auf Schutz von Leben und Gesundheit, 1987.

---

464) 예증을 들면서 이에 대해서 논하는 것으로서 Sass (N 6), S. 433 ff. 참조.
465) 이에 대해서는 Götz (N 241), Rn. 277; Vogel/Martens (N 241), S. 640 f. 참조.

Konrad Hesse, Verfassungsrecht und Privatrecht, 1988.

Christian Hillgruber, Der Schutz des Menschen vor sich selbst, 1991.

Josef Isensee, Das Grundrecht auf Sicherheit, 1983.

Ders., Das staatliche Gewaltmonopol als Grundlage und Grenze der Grundrechte, in: FS für Horst Sendler, 1991, S. 39 ff.

Georg Jellinek, System der subjektiven öffentlichen Rechte, ² 1905.

Hans Hugo Klein, Die Grundrechte im demokratischen Staat, 1972.

Michael Kloepfer, Grundrechtstatbestand und Grundrechtsschranken in der Rechtsprechung des Bundesverfassungsgerichts – dargestellt am Beispiel der Menschenwürde, in: FG-BVerfG II, S. 405 ff.

Walter Leisner, Umweltschutz durch Eigentümer, 1987.

Gertrude Lübbe-Wolff, Die Grundrechte als Eingriffsabwehrrechte, 1988.

Dietrich Murswiek, Die staatliche Verantwortung für die Risiken der Technik, 1985.

Ders., Entschädigung für immissionsbedingte Waldschäden, in: NVwZ 1986, S. 611 ff.

Jost Pietzcker, Drittwirkung – Schutzpflicht – Eingriff, in: FS für Günter Dürig, 1990, S. 345 ff.

Peter Preu, Freiheitsgefährdung durch die Lehre von den grundrechtlichen Schutzpflichten, in: JZ 1991, S. 265 ff.

Gerhard Robbers, Sicherheit als Menschenrecht, 1987.

Wolfgang Sass, Art. 14 GG und das Entschädigungserfordernis, 1992.

Bernhard Schlink, Freiheit durch Eingriffsabwehr – Rekonstruktion der klassischen Grundrechtsfunktion, in: EuGRZ 1984, S. 457 ff.

Eberhard Schmidt-Aßmann, Anwendungsproblem des Art. 2 Abs. 2 GG im Immissionsschutzrecht, in: AöR 106 (1981), S. 205 ff.

Walter Schmitt Glaeser, Private Gewalt im politischen Meinungskampf, 1990.

Jürgen Schwabe, Probleme der Grundrechtsdogmatik, 1977.

Klaus Stern, Das Staatsrecht der Bundesrepublik Deutschland III/1, 1988.

Rainer Wahl und Johannes Masing, Schutz durch Eingriff, in: JZ 1990, S. 553 ff.

제5편
비교헌법론

1. 비교헌법론 서설*

카를 뢰벤슈타인

《차 례》

---

*   Karl Loewenstein, Constitutions and Constitutional Law in the West and in the East, in: The Indian Journal of Political Science, Vol. XXX, No. 3 (1969), pp. 203-248.

I. 서구 세계의 헌법

1. 입헌주의

인류의 신화시대에는 지배자나 피지배자 모두 세속적 통치를 공동사회의 종교적인 가치나 제도와 동일한 것으로 생각하였다.* 정치권력을 행사하는 토착지배자나 외국의 강탈자들은 초자연적인 것의 발현으로 보고, 권력복종자*들은 전통적으로 또는 자발적으로 이에 복종했던 것이다. 산업문명시대 이전의 전제적 대제국들 ─ 파라오 왕조의 이집트·바빌로니아·페르시아 ─ 은 입헌적인 과정을 발전시키지 않고도 방대한 통치 조직상의 위업이나 사회·문화적인 업적을 자랑할 수 있었다. 이른바 초월적 입헌주의(transcendental constitutionalism)라고 할 수 있는 것이 고대 이스라엘에서 확립되었다. 동양적인 환경에서 왕의 전제로 기울어진 이스라엘에서는 공동사회·지배자 그리고 피지배자 모두 신의 율법에 복종하였다. 신의 명령을 표준으로 할 때, 지배자의 죄는 바로 인민에 대한 보복으로 나타났으므로 결코 억제되지 않을 수 없었다. 이리하여 신의 율법은 예언자가 해석하였으며, 그는 세속적인 권위에 대한 최초의 합법적인 반대자가 되었다.

그 후 인간은 권력의 신화적인 합법성에 도전함으로써 자기가 하나의 합리적이고 자유로운 개체임을 발견하자, 권력에의 복종은 전통이나 편의에 의해서가 아니라 이성으로서만, 이성의 결과에서 오는 동의로서만 정당화되어야 한다. 이 의미심장한 입헌주의의 발단과 그 증거로 나타난 인간 문명에의 불멸의 공헌은 실로 내향적인 그리스인의 비범한 재능의 소산이었다. 권력을 합리화함으로써 권력을 제한하기 위하여, 그리스인은 시민 개개인이 공동사회의 의사형성에 참여하고, 자기결정의 영역을 재임기간이 엄격히 제한된 실제의 권력보유자들의 전권이나 자의로부터 보호할 수 있는 일정한 정치제도와 기술을 고안했다. 이리하여 입헌제 그리고 동시에 입헌민주제가 발견되었다.*

아리스토텔레스의 폴리테이아(Politeia)*라는 개념은 경험적인 증거에서 이러한 결론에 도달하였다. 즉 사회구조가 어떠하든 모든 국가사회는 공동으로 소유하는 일정한 확신을 가지며, 권력보유자와 권력복종자가 관습적으로 고수하는 일정한 행위양식에 의하여 지배된다는 것이다. 이 폴리테이아라는 말은 편의상 「헌법」이라고 번역할 수 있다. 비록 그리스인의 정치적 실천은 참주제, 과두제 그리고 직접민주제 등 정치권력의 행사에 있어서 각종의 기술을 둘러싸고 동요하였으나, 공동체의 본질은 권력보유자에 의하여 행사되는 사회통제에 대한 제한으로서의 헌법이 있어야 된다는 생각은 그리스인의 머리에서 항상 떠나지 않았다.

로마 공화국은 처음부터 용어의 완전한 의미에 있어서 입헌정부였다. 500년 동안이 「시민국가」(civitas)*의 정치과정은 공권력의 행사에 관하여 일반적으로 동의한 행동양식을 준수하였다. 이 행동양식은 일정한 제도로서 나타나고, 때로는 제정법의 형태로 확립되기도 했으나, 이 모든 것은 선거된 정무관(Magistrates)의 절대적 내지 무제약한 권력의 억제를 의도하고 있었다. 그러나 로마 사회의 계급구조와 관련된 특수한 이유 때문에 입헌제는 결코 입헌민주제로 전화될 수 없었다.

이러한 공화제적 행동양식은 도시국가로부터 제국으로의 변천과 함께 원수제 (Principate)*의 아우구스투스(Augustus)*와 그 후계자들의 독재정치에 굴복하였는데, 이것은 공화제로 이행한 경우와 마찬가지로, 다시 공식적인 선명도 없었다. 마침내 입헌주의는 전주제(專主制, (Dominate)*라는 관료적 절대주의에 매몰되고 말았다. 그러나 황제의 전제정치를 실효성 있게 유지하기 위해서는, 세 대륙에 걸치는 제국의 행정에 필요한 합리화의 요청을 따르지 않을 수 없었다. 이 관료적 절대주의는 다시 1,000년간 비잔틴 제국에서 존속했는데, 황제의 정책결정을 집행하기 위하여 필수불가결한 관료기구의 존재 그 자체는 이러한 정책결정이 어떠한 자의성을 내포하고 있을지라도, 그 자의성을 「입헌적」으로 완화하지 않을 수 없었다.

그 후의 중세 이후의 입헌주의의 역사는 정치적 인간이 지배자에 의한 절대적 권력의 행사를 제한하고, 그리고 사실상의 사회통제에 전통적으로 복종하거나 강제적으로 복종했던 것에 대신하여 도덕적·윤리적으로 권위를 정당화하려는 탐구의 역사에 불과하다. 이러한 노력은 이론적으로는 피치자의 동의에, 보다 실제적으로는 공동체에 있어서 사회적으로 중요한 계급 — 중세의 이론은 이들 「상류 계급」(Pars Sanior)이라고 하였다 — 이 정책결정과정에 참가하는데 있다고 생각하였다. 그리고 공동의 이익을 위하여 절대적 권력이나 폭력을 제한하려는 이 목적을 위해서는 정치과정의 운영에 관한 일정한 명확한 규칙에 대하여 협정을 체결하는 것이 가장 유용하다고 생각하였다. 때가 되면 이러한 규칙은 한 권력보유자 — 국왕·제후 또는 기타의 독점적인 권력보유자 — 에 대신하여, 수개의 권력보유자에게 권력행사를 분담시키고, 이러한 권력보유자가 공동체의 의사형성에 협동하여야 할 그러한 내용의 사실상 또는 제도적으로 보장된 배열에 의해서 성립될 것으로 믿었다. 정부기능이 분할·분유되는 곳에, 정부는 제한되고 억제와 통제를 받는다. 리바이어던*을 찢어놓는 것이 입헌제의 본질이다. 베네치아 공화국에 있어서 정치과정에 대한 배열은 독재적인 절대주의를 저지하기 위한 극도의 억제와 균형을 가진 가장 오래 지속된 세속체제의 하나로서, 로마 공화국 이래의 어떠한 정치문명보다도 입헌제의 영속성 있는 예지를 집약적으로 보여준다.

가장 오랫동안, 이 입헌주의의 요청은 일정한 여러 규칙이나 과정이 권력보유자와 권력복종자에 의해서 관습적으로 준수된다면, 이를 공식적인 문서, 즉 「성문」 헌법의 형태로 선명할 필요도 없이 만족하다고 생각하였다. 이어서 종교개혁에 의한 가톨릭 세계의 와해에 자극을 받아 진보적으로 합리화된 정치적 자각이 일어나게 되자, 정치질서에 대한 실질적인 생각만은 지배자와 피지배자 간에 엄숙히 동의된 형식화된 (즉 성문화된)

통치전범(統治典範)을 요구하는 소리에 길을 양보하지 않을 수 없었다. 이를 최초로 구체화한 것은 영국에 있어서의 의회정치였다. 의회는 경제적으로 우월한 지위에 있는 계급들의 대표로서 절대적인 왕권을 억제하는데 성공하였다. 이리하여 그리스인에 이어 다시 특정한 한 민족이 인류의 정치사에 불멸의 공헌을 남기게 되었다.*

근대 입헌주의는 영국에 있어서의 청교도혁명에서 비롯한다. 그 최초의 영감은 종교적인 것으로, 세속헌법의 모델개념으로서의 성서에 의한 계약이었다. 국왕의 절대주의에 대해서 보다는 오히려 장기의회(Long Parliament)*의 절대적 지배권의 주장에 반대하여, 군대에 의해서 기초된 인민협약(Agreement of the People)(1647년)*이 성문헌법의 최초의 청사진을 제공하였다. 신세계에서는 이미 이에 선행하여 코넥티커트 기본법(1639년)이 존재하고 있었다. 그런데 이것은 같은 정신적인 힘에 의하여 자라났으나, 대단히 작고 보다 원초적인 사회에 적용된 것이었다. 영국 본국에서 인민협약에 이어 충분히 선명되고 성문화된 최초의 헌법으로서는 크롬웰의 정체서(Instrument of Government)(1653년)*이었다. 여기서도 프로테스탄트적 환경이었으나, 거의 같은 시기에, 또 영국과는 독립하여 성문헌법의 핵이 스웨덴에서 통치전범(Regeringsordinger 또는 Regeringsformar)으로서 나타났다. 처음부터 이것은 단지 왕위 계승이나 국왕이 성인에 달하지 않은 경우에 관한 성문의 지침이었다. 가장 중요한 통치전범은 구스타프 아돌프(Gustavus Adolphus)의 사후(1634년)에 나오고, 카를 구스타프(Charles Gustave)의 사후(1660년)에 수정하여 다시 사용한 통치전범이다. 영국은 고대 이래 다시 입헌제를 확립한 최초의 국가이었다. 명예혁명(1688년)을 거친 후, 입헌제는 최종적으로는 주권을 가진 의회에 의하여 제한되는 입헌 군주제라는 형태로 낙착되었다. 영국의 의회주의는 그 후 오랫동안 입헌정치, 후에는 입헌 민주정치의 모델로 되어왔다.

미국 혁명과 프랑스 혁명과 함께, 입헌주의는 지배적인 정치체제로 되었다. 이 양자의 경우 충분히 세련된 헌법전이 제정되었다. 최초에는 개개의 미국 각 주 — 버지니아, 매사추세츠 등 — 에서, 10년 후(1787년)에는 합체된 미합중국 전체를 위하여 헌법전의 제정을 보았다. 같은 시기에 프랑스는 일부는 프랑스 자신의 지적인 영감으로, 일부는 미국의 예에 영향을 받아 그 후에 계속하였다.* 이러한 헌법전의 모두는 헌법에 의하여 제한된 정부라는 사상을 구체화한 것으로 정치권력은 다른 통치기관 또는 권력보유자에게 분유되고, 이러한 통치기관 또는 권력보유자는 점차적으로 세련된 억제와 균형의 기술을 통하여 협동한다는 헌법에 의하여 명령되었다. 이에 더하여 계몽주의의 자연법철학의 토양 위에, 이러한 헌법전은 성숙한 개인의 자유를 철저하고 주도면밀한 권리의 목록이나 장전의 형식으로 비로소 구체화하였다. 이리하여 4반 세기도 채 안 되는 동안(1776-1799년)에, 정부를 제한하는 체제로서의 입헌민주제국가는 그 형태를 정리하였다. 이 과정에서 일부는 추상화에 의하여, 일부는 실제적인 경험으로써, 그 이후의 통치형태의 기본이 된 입헌민주제의 모든 형태의 전개를 보았다. 즉 대통령제(미국 각 주와 합중국), 권력분립에 의하여 제한된 입헌군주제(프랑스, 1791년), 회의제(국민공회제, 1793년), 집정부제(1795

년), 그리고 끝으로 국민투표적 무단정치(1799년)가 그것으로, 뒤에 셋은 모두 창조력이 풍부한 프랑스인에 의하여 발명된 것이다. 프랑스의 경험에서 (성문) 헌법은 인간통치의 유일하고 고귀한 형태라는 확신(시에예스[Sieyès],* 방자맹 콩스탕[Benjamin Constant],* 루와이에 콜라르[Royer-Collard], 기조[Guizot])* ― 그 이후 도전받는 일없는 확신)이 나온다.

입헌정치는 18세기의 여러 혁명에서의 그 형성기를 거친 뒤 지구를 정복하였다. 참으로 그 과정은 일률적으로 곡절 없이 진행한 것은 아니며, 때로는 (정통주의의 형태로서) 국왕의 우위에로의 퇴보도 나타났다. 그러나 유럽의 옛부터 확립된 국가들은 모두 입헌정치로 전환하였으며, 새로 탄생한 국가들은 자기통치의 유일하고 적절한 형태로서 기계적으로 이를 채택하였다. 그리고 대두하는 대중의 압력 아래 입헌주의는 거의 도처에서 여러 가지 형태의 입헌민주제로 전환되었다. 이와 같은 모든 경우에 있어서 권력을 억제하는 주요한 기술은 성문헌법이었다. 그것은 국민주권의 상징이며 독립국가임으로서의 출생증명이 되었다. 20세기에 들어서자 이 민주적 입헌주의는, 일당독재나 군사독재와 같은 다양한 형태의 전체주의(파시즘이나 공산주의)를 취하는 독재정부의 대두로 새로운 도전을 받게 되었다. 그러나 입헌주의의 전통은 대단히 오래고 그 명성은 상당히 높았으므로 새로운 독재주의체제도 거의 예외 없이 현실의 권력보유자의 정치적 필요를 위하여 교묘하게 꾸며진 사이비 헌법적 형식이나, 심지어는 성문헌법을 이용하여 헌법적 제한을 받지 않는 적나라한 폭력행사를 위장하는 것이 편리하다고 생각한다.*

여기서 주의할 것은 입헌주의는 민주적인 사회조직과 반드시 동일하지는 않다는 점이다. 민주적이 아니면서 장기간에 걸쳐 입헌적인 체제의 예로서는 로마 공화국과 아우구스투스의 원수제, 시종일관하여 베네치아 공화국, 1832년 대개혁 이전의 영국, 1871년 헌법부터 1918년까지의 프로이센과 독일 제국을 들 수 있다. 이러한 모든 경우에, 공권력의 조직은 권력복종자에게 정책결정과정에 대한 실질적인 참여권을 부여하지 않고, 정치과정의 운영에 관한 확립된 방식을 보장하려는 것이었다. 그 반면에 성문헌법의 존재는 영국의 예가 증명하듯이, 입헌정치 내지 입헌민주정치의 운영에 결코 필수불가결한 것은 아니다. 또 이와 반대로 현대 독재제의 실제가 충분히 보여주고 있듯이, 성문헌법의 존재 그 자체만으로 입헌정치의 유지가 보장되는 것도 아니다.*

2. 헌법의 정의

오늘날 사전이나 백과사전에 실린 정의란 것은 다소 쓸모가 없다. 왜냐하면 정의해야 할 말에 대하여 동의어를 사용하거나 또는 그 자체가 정의를 요하는 말을 사용함으로써 논리의 기본원칙을 범하고 있기 때문이다.

헌법에 관하여 만족할 만한 정의에 도달하려면 먼저 실체적 내지 실질적 헌법과 형식적 내지 성문의 헌법이 구별되어야 한다.

모든 국가와 국가로서의 자격을 갖춘 어떠한 사회조직도 그 정치과정의 운영에 관한 기본적인 규칙들을 가지고 있으며, 이에 따라 운영된다. 이러한 규칙들은 전체로서 실질적 내지 실체적 의미에 있어서의 헌법을 구현한다. 이러한 규칙들은 먼저 무엇보다 정통적인 국가의사를 형성하고, 권력보유자 내지 국가기관이 그 공동체 내에서, 그리고 공동체에 대해서 사회통제력을 합법적으로 행사할 수 있는 방법과 관련된다. 입헌적 민주국가의 보다 특수한 의미에 있어서 이들 규칙은 관헌이나 국가기관에 대한 개개의 시민의 지위와도 관계가 있다. 이러한 규칙이 불문일 경우에는 공동체의 관습이나 전통에 근거하여, 그리고 묵시적인 동의에 의하여 권력보유자와 권력복종자 쌍방이 옛부터의 오랜 관습으로서 준수한다. 그 불문성에도 불구하고 이러한 규칙들은 타당하고 구속력있는 헌법관습으로서 공동체에 의해서 받아들여진다.*

이와 대비할 때, 형식적 의미에서의 헌법은 공동체의 정치과정이 이에 따라 운영되는 가장 중요한, 그러나 반드시 전부일 필요는 없는 규칙을 문제의 논리적 배열에 따라 표현하는 단일한 (경우에 따라서는 수 개의) 성문 문서로 구성된다. 현실적 의미에 있어서의 헌법의 특징은 특별한 헌법제정절차를 거쳐 제정된다는 것이다. 즉 그 절차는 일반적으로 통상의 입법기관과는 다른 특별한 대표기관에 의해서 제정된다. 더욱이 이 문서가 궁극적인 타당성을 가지기 위해서는 특별한 양식의 승낙이 필요하다. 예컨대 기초회의의 특별한 다수와 (또는) 국민투표에 의하는 것이다. 이와 마찬가지의 특징은 개정절차가 통상의 입법에서 적용되는 요건보다도 엄격한 특별요건에 따른다는 것이다. 그리고 또한 명시적인 선언이나 묵시적 전제에 의한 것이든, 헌법규범은 모든 입법규범 그 자체의 효력보다 우월한 효력이 있다. 빈번히, 특히 지난 세계대전 이래 헌법규범의 법적 우월성은 독립된 사법기관에 의해서 보장되고 있다(법률 기타 규범의 합헌성에 대한 사법심사).

성문헌법은 결코 모두 헌법적인 법(Constitutional law)은 아닐지라도, 정치과정의 운영에 불가결한 모든 규칙을 내포하고 있지는 않다. 사실, 성문헌법을 가진 국가조차도 불문의 규칙이나 헌법관습이 성문헌법규범을 대신하기도 한다(헌법관례, Verfassungs-brauch). 그 결과 살아있는 헌법(living constitution) 또는 헌법현실(Verfassungs-wirklichkeit)의 윤곽이나 이미지를 헌법전만으로는 완전히 파악할 수 없다.*

또 모든 관련된 규범을 단일한 법전 속에 수록하는 것도 성문헌법에 불가결한 것은 아니다. 예컨대 1875년의 프랑스 제3공화국 헌법은 세 개의 다른 헌법적 법률(Constitutional Statute)로 되어 있으며, 이 헌법적 법률은 그 제정 · 개정 · 폐지가 통상의 입법의 경우보다도 엄격한 조건에 따르는 각종의 이른바 조직법(Organic law, lois organiques)적 법률로써 보완되었다. 각종의 법전으로 이룩되는 복합 헌법의 또 다른 예로서는 스웨덴을 들 수 있다(1809년의 통치전범, 1810년의 왕위계승법, 같은 1810년의 출판의 자유에 관한 법률).* 또 다른 현대의 예로서는 프랑코의 스페인이 있다.*

성문헌법에 규정된 사항 모두가 정치과정 그 자체에 관련되거나 헌법적이라고 할 수 있는 사항에 관한 것은 아니다. 예컨대 1874년의 스위스 연방헌법은 유대적인 도살방법을 금지하며(제25조의 2), 원자력 에너지(제24조의 5)나 가스의 파이프 라인(제26조의 2) 기타 많은 비헌법적인 사항에 관한 규정을 두고 있다.* 아메리카 합중국의 많은 주에서는 비헌법적인 내용의 사안이 탐욕스러운 이익단체의 착취로부터 주를 보호하기 위해서 헌법에 삽입되고 있다.

헌법의 정의는 어떠한 말로도 완결성이나 포괄성의 모든 요건을, 아니 가장 중요한 요건조차도 만족시키지 못한다. 그러나 다음과 같은 정식화는 가능할 것이다. 즉 오늘날 승인되는 의미에서의 형식적 헌법은 국가공동체의 정치적 대행자(기관들과 권력보유자들)와 이들이 정치과정을 운영할 제도와 방법들을 확립하는 것이다. 따라서 헌법은 권력보유자나 국가기관들의 상호관계, 특히 국가의 의사형성에 관한 이러한 기관의 협력관계(통치조직)를 규율한다. 이에 더하여, 현대의 헌법은 공권력과 시민의 상호관계, 그리고 시민상호간의 관계를 규정한다. 이 부분을 흔히 시민적 자유 내지 권리장전이라고 한다.*

헌법이 예정하는 정치체계는 설치된 기관들과 시민이 그에 따라 정치권력의 행사가 분배되며, 그리고 시민이 그에 따라 정치과정에 참여하거나 정치과정에서 배제되는 기술적인 배열에 의해서 좌우된다. 또 특정한 헌법이 표현하는 통치형태는 입헌민주제라는 정치체계의 틀 내에서 헌법에 의해서 설치된 권력이나 기관이 동격, 종속관계가 되거나, 서로 통합되거나, 분리되는 방법 여하에 따라 좌우된다.*

3. 헌법의 실질

헌법이란 개방사회에서는 헌법제정과정에 참여하는 각종의 사회경제적인 세력들 ─ 보수적 또는 진보적인 이데올로기를 대표하는 정당이나 압력단체나 또는 재벌들이거나 ─ 의 타협의 산물이다. 희망적으로 미래를 바라보면서도 장래의 방향을 예견하거나 판단할 수는 없으므로, 이러한 배열은 필연적으로 과거의 경험이나 현재의 요구들에 따라서 한정된다. 어떤 면에서 모든 헌법은 미지에의 출발이라고 할 수 있다. 한 번 제정되면 헌법은 그 자신의 생명을 가지기 시작한다.

따라서 헌법의 실제적 내용은 그 정립과 기원의 사정에 따라서, 또는 헌법이 정립된 목적이나, 그 헌법이 놓여있는 시대의 양식이나 풍조에 따라서 변화한다. 이러한 조건들로부터 헌법의 분류에서 볼 수 있는 다양성이 풍부한 형태의 헌법이 나온다(후술 4 참조).

다음 사항들은 일반적으로 불가결한 최저조건이라고 생각된다.

(1) 국가의 기능이나 권능 ─ 넓은 의미에서의 권력 ─ 은 단일한 기관이나 단일한 사람에의 집중을 피하기 위해서 상이한 기관에게 배분되어야 한다.

(2) 정치과정의 지속적인 기능을 확보하기 위해서 이들 상이한 국가기관이 어떻게 협력할 것인가에 관하여 명확한 배열이 확립되어야 한다. 이러한 배열 ─ 미국과 프랑스에서 기원하는 억제와 균형 ─ 은 권력의 분할과 그 분할에 의한 권력의 제한을 규정한다.

(3) 설치된 기관 간의 교착상태를 대비하여, 권력보유자의 1인을 폭력이나 위법행위로 몰아넣지 않고서, 그러한 곤경이 해결될 수 있는 기구가 미리 마련되어야 한다. 국민주권의 최고성에 기초를 둔 입헌민주제의 성숙한 기구에서 최고의 조정자는 국민 일반이거나 참으로 독립한 사법기관이어야 한다.

(4) 변화된 상태에 헌법질서를 평화적으로 적응시키는 방법, 즉 헌법개정의 방법이 또한 미리 마련되어야 한다.

(5) 완전히 민주화된 환경 하에서는 개별 시민의 자기결정의 영역이 공권력에 의한 침해와 통제로부터 보호되어야 한다. 통치조직에 관한 규정 외에 일반적으로 권리의 목록이나 장전의 형태로서 시민적 자유에 관한 규정이 첨가된다. 그리고 시민적 자유의 고전적인 목록 — 의견의 자유·종교의 자유·집회·결사의 자유·법 앞의 평등 — 에 대하여 보다 최근에는 사회적·경제적인 권리, 예컨대 근로의 권리·교육을 받을 권리·휴식과 오락의 권리 등이 첨가된다. 이러한 권리는 개별적인 시민에게 주관적 권리(subjective right)를 부여하는 것이기는 하지만, 국가에 대해서 자동적이며 직접적으로 강제할 수 있는 것은 아니다. 이러한 권리가 실현가능하기 위해서는 공권력 측에서 일정한 조치가 필요하다.

(6) 연방조직의 경우 헌법은 중앙정부와 지방정부 각각의 권리와 의무를 명확히 규정해 둘 필요가 있다.

설치된 기관의 배치와 이들 기관의 입법·집행 그리고 사법의 기본적인 임무는 18세기 초기의 헌법 이래 거의 변함이 없다. 그로부터 오늘날에 이르기까지의 모든 헌법은 당초의 구조를 유지하여 왔다. 그러나 비교적 최근에는 일정한 세련성과 장식성이 첨가되었는데, 예컨대 외교관계·공무원제도·교육문화·지방자치·재정적·군사적 사항·사회·경제적 기구 등등이 그것으로, 이들 모두는 고전적인 3분할의 어떤 부문에도 쉽사리 종속될 수 있다.

설치된 기관의 규정 순서에 따라서 헌법은 그들이 신봉하는 특정한 정부형태를 때때로 나타낸다. 예컨대 1787년의 합중국헌법은 의회·대통령·법원이라는 순서로 「조항」의 세 부분으로 나누어 규정하여, 설치된 세 기관의 동격 평등성을 표명한다. 이 반면에 1958년의 드골 헌법은 공화국대통령에게 우월성과 우선권을 부여함으로써, 그 체제의 신대통령제적 구조를 나타내고 있다.* 1945년 이후의 여러 사회주의 헌법에서는 의회가 회의제 정부답게 중심적 위치와 최고의 지위를 차지한다.

4. 헌법의 분류

헌법의 수는 과거로부터 현재까지, 특히 연방국가의 구성국의 헌법까지 포함하면 네 자리의 숫자에 달할 것이 틀림없다. 확실히 의미 있는 분류가 필요하다. 그러나 구조나 내용의 배열이 너무나 유사하기 때문에 그러한 분류는 어렵다. 삼권분립의 도식은 비록 실제적으로 그 도식 본래의 기능적 의미를 많이 상실했지만, 18세기 이래 변함이 없다. 최근의 헌법은 모두 국민주권을 표방한다. 정치의 실제의 장에서 민주주의를 모욕하는 악명 높은 헌법까지도 그 예외는 아니다. 그리고 모든 헌법은 통치구조에 관한 규정의 앞이나 뒤에 권리의 장전을 과시한다. 비록 준수되지 않는 것이 눈에 잘 띠지만. 또 이러한 헌법의 대부분은 선거과정이 위로부터의 조작으로 무의미하게 되어버리고 말지만 여하튼 입법회의나 대통령 또는 그 양자가 선거에 의할 것을 규정하고 있다.

(1) 성문헌법과 불문헌법의 구별은 이제 전적으로 부적당하게 되었다. 오늘날 모든 국가는 독립국가임으로서의 상징 이외에 다른 이유가 없음에도 성문헌법을 갖추고 있다. 입헌민주제의 정치체제를 취하는 가운데 드문 예외가 있는데, 가장 잘 알려진 예로서 영국, 비교적 덜 알려진 예로서 뉴질랜드와 이스라엘을 들 수 있다. 그러나 이러한 예외적인 경우에도 헌법적인 법의 상당수가 의회에 의한 제정법의 형태로 정립되며, 그 정치과정은 권력보유자와 권력복종자의 공통되고 보편적이 동의에 따라서 타당한 헌법관습에 의하여 운영되고 있다.

헌법적 진공상태는 현대의 독재제에서 빈번히 볼 수 있다. 일반적으로 헌법 없는 상황은 기존의 민주주의체제가 전복된 직후에 뒤따른다. 그예는 1933년부터 1945년까지의 히틀러의 독일이었다. 실제로 이것은 헌법에 의한 제한을 받지 않고 자의적인 독재에 의해서 통치된 국가사회의 전형이다. 그리고 이러한 예로서 특별 평의회(adhoc juntas)에 의해서 지배되는 많은 군사독재를 들 수 있다. 이처럼 헌법이 없는 기간은 일반적으로 과도기적인 것으로 정상적인 헌법으로 복귀하거나, 또는 보다 빈번히 현실의 권력보유자가 체제를 안정시키기 위한 사이비 헌법전의 제정으로 종지부를 찍게 된다.

(2) 오늘날 마찬가지로 시대에 뒤떨어진 것으로서 제임스 브라이스(James Bryce)가 처음 지적했다고 생각되는 구별, 즉 개정절차의 기구에 중점을 둔 경성헌법과 연성헌법의 구별이 있다.* 확실히 군주제적 정통주의로부터 민주적 입헌주의로 이르는 과도기에 약간의 헌법 — 이탈리아(1848년의 카를로 알베르토법[Statuto of Carlo Alberto, 1848])*와 스페인(1868년) — 은 일반 입법에 의한 헌법개정을 허용하고 있었다. 그러나 이러한 개정의 기구는 이미 구별의 기준이 될 수 없다. 왜냐하면 모든 헌법은 사법적 해석이나 헌법상의 관행과 같은 헌법전을 정식으로 변경하지 않고 비형식적인 방법에 의해서 변경되기 때문이다.

(3) 예전에 약간 통용되었던 기타의 분류, 즉 군주제적 국가형태와 공화제적 국가형태라는 구별이다. 권력과정의 의회제적 제도화와 비의회제적 제도화라는 분류는 헌법 그 자체의 분류는 아니며, 오히려 헌법에 의해서 구체화되는 국가형태나 정부형태와 관련된다.

(4) 단일국가의 헌법과 연방국가의 구별은 오늘날에도 여전히 실제적인 가치가 있다. 중앙과 지분국 각자가 관할영역을 명확히 하고, 연방조직의 정통적인 의사형성에 있어서 이들 양자가 협력하는 방법을 규정하는 성문헌법 없이는 어떠한 연방조직도 기능할 수 없다.

(5) 최근의 보다 세련되고 다분히 매력 있는 분류로서 다음과 같은 것을 들 수 있다.

(a) 독창적 헌법과 전래적 헌법(original and derivative constitutions), 전자는 정치과정의 운영을 위한 참신하고 참으로 창조적인 통치의 원리(또는 방법)를 구체화하는 헌법이며, 후자는 특정한 국가환경에 필요한 일정한 수정을 동반하는데, 이미 확립된 모델이나 표준형을 따르는 헌법이다. 이러한 의미에서 「헌법의 계보」라고 부를 수도 있으며, 견해를 달리 한다면 일정한 시대의 헌법제정에 관한 유행 또는 양식이라고 할 수 있을 것이다.

(b) 헌법은 또한 그 이데올로기적 · 프로그램적인 성격을 가지는가, 또는 엄밀하게 실리주의적인 성격을 가지는가에 따라서 구별할 수 있다. 현대의 대부분의 민주주의적 헌법전은 자유주의적 부르주아지가 가지는 자유기업적 자본주의에 기여하는 개인주의의 이데올로기를 반영한다. 이와 대조적으로 최근의 사회주의헌법은 새로운 사회를 지향하는 집단주의적 공동체의 가치들을 강조한다. 한편, 약간의 헌법은 명백히 종교적 이데올로기의 색채를 띠고 있다. 예컨대 가톨릭 헌법(포르투갈[1933년]; 오스트리아[1934년]; 아이레 [1937년]) 또는 이슬람 헌법(파키스탄[1946년])이 그것이다.

(c) 보다 기초적이며 동시에 보다 현실적인 어프로치는 존재론적인(ontological) 분류라고 부를 수 있는 것이다.* 이것은 내용이나 기원과 같은 기준을 버리고 헌법규범의 실제상의 타당성, 그리고 권력보유자와 권력복종자에 의한 헌법규범의 실제상의 준수 정도에 초점을 둔 분류이다. 이러한 분류에 의하면 규범적(normative) 헌법 · 명목적 (nominal) 헌법 · 가식적(semantic) 헌법으로 구별할 수 있다.

헌법규정이 권력보유자를 효과적으로 통제하고 권력복종자를 정부의 자의로부터 유효하게 보호하는 경우, 그 헌법은 규범적인 것이 된다. 규범적 헌법이란 법적으로 타당한 것에 더하여, 모든 관계자에 의해서 성실히 준수되는 헌법을 말한다.

이러한 의미에서 규범적 헌법은 예로부터 확립된 입헌민주주의 국가들의 대부분 ─ 미합중국 · 캐나다 · 오스트레일리아 · 뉴질랜드 · 에이레 · 프랑스 · 네덜란드 그리고 스칸디나비아 제국 등 — 이나 또는 드문 예이지만 라틴 아메리카나 기타 신생국가 중에서 볼 수 있다. 전체적으로 규범적 헌법은 입헌민주주의의 분포와 일치한다.

　다른 한편, 명목적 헌법이란 법적 타당성이 결여되지는 않았지만, 신생국가들에서 흔히 볼 수 있듯이, 전체로서 또는 적어도 형식적으로는 타당하나 아직 실제로 활용되지 못하거나 활용된 일이 없는 일정한 개별 규정에 관하여 존재적 현실성이 결여된 헌법을 말한다. 이것은 헌법규범이 정치적 현실로 전환되는 것을 허용하지도 않으며, 또한 아직 허용되지 않은 경우이다. 그러나 권력보유자의 적극적인 의지와 권력복종자의 능력이 있으면, 지금까지 명목적인 타당성밖에 갖고 있지 않던 규칙이 그대로 규범적이 되고, 충분히 가능하게 되리라는 것을 생각할 수 있으며, 기대할 수도 있다. 명목적 헌법이 존재하는 곳은 주로 민주적인 제도들이 지적 엘리트에 의해서 대중이 적절한 교육을 받지 못한 종래의 봉건적 내지 농업적 식민지 환경인데, 명목적 헌법은 또 일정한 비교적 오랜 아시아 국가들이나 새로운 아프리카 국가들에서도 얼마든지 있다.

　끝으로 가식적 헌법은 1인의 인물,「독재자」이든 평의회(Junta)나 위원회 또는 정당이 되든 특정한 집단이든, 또는 정식으로 설치된 통치기관으로서의 회의(assembly)이든, 그 시점의 권력보유자를 위해서 기존의 정치구조를 헌법적 용어를 사용하여 외관적으로 공식화한 것에 불과하다. 권력의 배분 · 자유선거 · 개인의 권리 · 시민적 자유 등과 같은 입헌주의, 아니 민주적 입헌주의의 원리들에 대해서도 한결같이 입발림을 한다. 그러나 권력과정은 어떻게 권력을 획득했는가를 불문하고, 현실적으로 권력을 장악한 자의 이익을 위해서 동결되고 있다. 오늘날 가식적 헌법은 권위주의 체제, 특히 군사독재 국가가 그 서식처이며, 또 이와 마찬가지로 헌법이 공산당과 이를 지배하는 배타적인 권력자 집단의 권력독점을 감싸주는 통합적 사회주의국가(integral socialism)에서도 볼 수 있다. 그러나 이러한 세 가지 유형의 헌법 간의 경계선은 유동적이라는데 주의하지 않으면 안 된다.

5. 헌법제정의 과정

　불문헌법 — 로마 공화국이나 베니스 공화국 또는 영국의 헌법 — 은 때로는 기본적인 변화가 인위적인 개입에 의하여 발생하기도 하였지만, 유기적으로 성장하였다. 이와 대조적으로 성문헌법은 의식적인 인간의 노력과 의지의 산물이다. 헌법제정과정에 대한 이론적인 기초구조로서, 또 형이상학적인 영감으로서 **헌법제정권력**(pouvoir constituant)의 사상이 프랑스 혁명의 과정에서 등장하였다. 국민 그 자체가 헌법적 존재로서의 자기를 창조하는 자이다. 헌법 제정의 자격을 가진다는 것은 국민주권의 최고의 표시이다. 일반적으로 이 사상은 많은 서구 헌법에서, 모든 국가권력은 국민으로부터 나온다(Alle Staatsgewalt geht vom Volke aus.)라는 선언으로 표시되고 있다.* 민주주의의 기준에 의하면, 이러한 의미에서의 국민은 투표인구로서의 모든 성년 시민이다. **헌법제정권력**은 선거과정에서 나타난다. 신비적인 개념을 정치적으로 통용되는 개념으로 변질시킨 것은 「제3신분이란 무엇인가?」(박인수 옮김, 책세상, 2003)라는 팸플릿에서의 엠마뉘엘 시에예스(Emanuel Siéyès 1789)의 업적이었다.

계몽주의시대는 국민이 자기발견의 과정에서 자기의 주권을 의식하게 된 시대였는데, 당시 헌법의 탄생은 일종의 신비적인 열정을 띄게 되었다. 새로운 헌법의 창조라는 것은 어떠한 국가에서도 집합체로서의 국민의 최고단계의 체험이었다. **헌법제정권력**의 교의는 자연적인 정치질서의 불가결한 요소로서, 그 이후 헌법기능을 근본적으로 정당화하는 증거가 되었다. 국민의 자기결정을 위한 궁극적인 근거를 다른 데서 찾고, 이 교의를 버린다는 것은 거의 불가능하게 되었다. 그러나 일찍이 헌법제정과정에서 볼 수 있었던 그 마력은 오늘날 완전히 잃어버렸다. 이것은 오늘날 국민이 그들의 헌법으로부터 소외된 하나의 징표이다. 오늘날 새로운 헌법을 만든다는 것은 처리해야 할 하나의 정치사무 이외에 아무것도 아니다. 헌법을 만든다는 것이 자기의 개인적 생활에서 중요한 일이라고 생각하는 사람은 거의 없다.

국민이 본래 가지고 있는 헌법제정권력이라는 이데올로기는 그 실제의 적용에서 최근까지 충실히 준수되어온 초민주적인 · 의식적이라고도 할 수 있는 절차를 낳았다. 또한 국민이라는 다수의 성원으로 이룩된 집합체로서는 직접 헌법기초에 참여할 수 없으므로, 자격 있는 선거민이 헌법안 확정의 임무가 주어진 대표회의를 선거하는 것이다. 헌법제정과정의 이 단계에서는 앵글로 색슨과 대륙(프랑스)의 경험은 다르다. 합중국에서는 헌법회의(Constitutional Convention)라고 불리는 특별한 기관이 기초의 과업을 수행한다. 프랑스에서 국민의회(National Assembly)라고 불리는 일반적인 입법부가 입법과 정부를 통제하는 정상적인 사업을 수행하면서, 동시에 기초기관으로서 기능한다. 이 국민의회가 프랑스의 헌법들, 즉 1789년 이후의 혁명기의 헌법, 1848년의 헌법, 1875년의 헌법, 그리고 1946년의 헌법을 기초하였다.

다른 한편, 독자적인 헌법회의라는 것은 미국의 독립혁명기에 사회계약 사상에 연원하여 자라난 것이다. 합중국헌법은 특별한 기관, 즉 필라델피아 헌법회의(1787년)에 의해서 기초된 것이다. 그 이후 이 방법은 미국 각주에 의해서 채택하게 되었다. 그리고 이 방법은 흔히 확정된 헌법안에 대한 국민투표를 동반하는 것이었다. 지금까지 전부 300 이상의 그러한 회의가 개최되고 있다.

새 헌법이 이전 체제와의 혁명적 단절을 수반하는 경우에는 기초회의의 멤버십에서 구 정권의 현저한 지지자를 배제하는 것은 반드시 드문 일은 아니다. 예컨대 1946년의 프랑스 국민의회는 비시(Vichy)파를 한사람도 포함하지 않았다. 브라질에서의 군사적 정권탈취(1965년) 후 이전 체제의 지도적인 정치가는 의원 기타 모든 공직에 대한 피선거권이 박탈되었다.

새로운 헌법을 기초하기 위한 특별한 집회 내지 회의를 개최하는 방식의 기초에는 선거민과 정당도 헌법제정이라는 사건의 중요성을 의식하여 최고의 자질을 갖춘 대표만이 선출되도록 배려할 것이라는 생각이 있다. 즉 대표하는 인물은 보통의 입법자보다도 지적으로나 도덕적으로 우수해야 하기 때문이다. 다분히 역설적으로 표현한다면, 의회가 무엇을 결의하는가 보다도 적절한 사람이 멤버인가 하는 편이 보다 더 중요하다. 또한 헌법의 질은 그것을 안출하는 사람들의 재능에 좌우된다. 합중국에서 비교적 최근에는 그러한 기대는 일반적으로 만족되지 않았다. 그러나 일반 의회가 새 헌법기초의 임무를 맡았던 경우에도 빈번히 헌법학이나 정치학에 대한 탁월한 전문가임을 과시한 것이 있다. 예컨대 「교수의회」(professors parliament)라는 프랑크푸르트 국민의회(1848-49년)가 그러하다.

그러나 합중국 헌법을 기초한 필라델피아 회의의 탁월함에 비견하거나 이를 능가하는 모임은 하나도 없다.

국민회의의 작업을 최종적으로 확정하기 위해서 여러 가지 방식이 발전되어 왔다. 기초기관에 의한 승인에는 단순 또는 특별다수가 필요하게 된다. 그러나 헌법제정의 본래의 권리가 **헌법제정권력**의 원천인 국민에게 있다는 것을 강조하여, 보다 최근에는 완성된 초안을 국민투표의 방식으로 선거민에게 묻는 것이 관례가 되었다. 이 초민주적인 방식의 선례는 일찍이 1793년에 만들어졌다. 이때 국민공회에서 기초된 헌법은 몇 개의 예비회의에 제출되고, 거기서 압도적 다수로 승인되었다. 프랑스에서는 투표자가 국민의회에서 자기들의 대표자가 기초한 헌법초안의 승인을 거부한 예가 한 번 있다(1946년 5월 9일). 다른 한편, 합중국에서는 의회가 기초한 헌법을 투표자가 거부한 예는 결코 드문 일이 아니다. 최근의 예로서는 뉴욕(1967년 11월)과 매릴랜드(1968년 5월)가 있다.

그러나 헌법제정의 고전적인 유형 — 국민의회 내지 헌법회의 선거와 국민투표에 의한 그 초안의 승인 — 은 과거에 언제나 그랬던 것은 아니다. 크롬웰(Cromwell)은 그의 통치전범(정체서)을 군사명령으로서 부과하였다. 19세기에 군주체제는 빈번히 민중의 압력에 의해서 정통주의의 헌법 —「위로부터의」 헌법 — 을 수여하도록 추진되었는데, 이 헌법의 작성에는 국민이나 그들의 의회대표자도 참석하지 않았다. 외부로부터 통과된 헌법의 적절한 예로서는 맥아더(MacArthur) 장군의 사령부에 의해서 일본인과는 아무런 협의도 하지 아니한 1946년의 일본국 헌법을 들 수 있다. 헌법제정의 일반적인 유형에서 일탈한 다른 예로서 웨스트민스터에서의 영국 의회에 의해서 제정되는 북아메리카 캐나다의 헌법(1867년) · 오스트레일리아의 헌법(1900년) 그리고 남아연방의 헌법(1909년)이 있다.

더 최근에 새로운 헌법의 비민주적인 창설방법이 부활하였다. 권위주의적 체제, 특히 국민의회의 자유선거와 국민의회에 의한 자유토의라는 참으로 민주적인 과정을 피해야 할 이유가 있는 군사주의적인 체제는, 그 헌법제정에서 그 체제 자신이 선출하고, 그 체제의 지시대로 움직이며, 국민의 대표라는 요소는 조금도 가지지 않은 관선의 법률전문가에게 기초를 맡기는 것이 편리하다고 생각한다. 나타난 초안은 국제여론을 기만하기 위한 단순한 위장에 불과하다. 공적 토론이란 것이 허용되거나, 때로는 심지어 조장된 것으로 커뮤니케이션의 자유에 대해서는 광범위한 제한들이 부과되기 때문에 채택하기 어려운 것이다. 그 절차는 초안을 국민투표에 회부함으로써 완성된다. 물론 국민투표의 결과란 위로부터 조작되고 영향을 받고 있으므로 처음부터 뻔한 것이다.

이러한 행위를 거쳐서 이 헌법제정과정은 입헌민주제의 관례들에 따른다고 입발림한다. 그러나 결과는 변함없는 것으로 언제인지도 모르는 사이에 지배자집단의 우월성은 확정되고, 국민이 반대하는 의사 표시의 존립기반은 없어지게 된다. 동시에 이것은 현대의 독재제까지도 성문헌법의 존재에 가치를 인정한다는 증좌이기도 하다. 최근의 그러한 예가 그리스이다. 역사적으로 이 나라는 민주주의의 발상지인데, 근대에서의 민주주의의 기록은 매우 오점 투성이다.

선거된 헌법제정의라는 유서 깊은 방법으로부터 주목할 만한 이탈은 프랑스 제5공화국 헌법의 경우에 나타났다. 드골 장군의 희망을 충분히 참작한 초안이 미셸 드브레(Michel Debré)*의 지도 아래 정부의 법률전문가에 의해서 작성되었다. 그 후 제2단계로서 헌법자문위원회(Comité Consultative Constitutionnel)에 제출되었다. 이 위원회의 39명의 구성원들은, 일부는 제4공화국의 이미 사라진 의회의 의원 중에서 선출하고, 일부는 정부에 의해서 임명되었다. 그리고 최종적으로 이 초안은 국참사원(Conseil d'État)에 의해서 승인되었다. 확실히 제1급의 법률전문가와 지도적인 정치가의 면모들이 초안의 작성에 그들의 기술을 발휘한 것은 인정하지 않을 수 없으나, 프랑스 국민 일반의 의견은 전혀 듣지 않았다. 그러나 당시의 상황 아래서 새 헌법이 뒤이은 국민투표(1958년 9월 28일)에서 선거민의 압도적인 지지를 얻는 것은 틀림없는 일이었다.

새 헌법의 기초를 정부의 전문가가 작성케 하고, 완성된 초안을 국민투표에 의한 비판에 회부하는 새로운 절차는 또한 사회주의권에서도 일반적으로 되었다. 1945년 이래의 사회주의 헌법들은 공산당이 지도하는 구속적인 지시 하에서 선출된 위원에 의해서 기초되었다. 이 초안의 공적 토론 — 그것이 초안의 실질적인 변경을 가져오는 일은 예가 있더라도 아주 드물다 — 이후에 이 초안은 국민투표에 회부되고, 그리고 독재제에서 항상 그렇듯 100퍼센트에 가까운 찬성으로 승인된다. 사회주의 국가들에서 국민회의와 같은 것을 개입시킨다고 하더라도, 이것은 공산당원에게 지배되는 보통의 의회와 조금도 다를 바가 없으므로 아무런 의미가 없는 것은 명백하다.

6. 헌법

(1) 일반적 고찰

모든 법적 문명은 헌법이 법률학의 특별한 분야라는 것을 인정한다. 보다 넓은 의미에서 헌법은 공법의 일부를 이루는데, 이 공법은 다시 행정법과 사회법이라는 점차 중요성이 증가하는 분야도 포함한다. 일반 시민에 대해서 헌법은 다른 분야에 비하여 중요성이 적다. 거의 도처에서 헌법은 전문가들의 특권적 영역이 되어 버렸다.

헌법규범의 적용, 결국 그 해석은 정부당국, 특히 공무원의 과제이다. 그러나 헌법의 진화에 대해서 그보다 못지 않게 중요한 것은 집행·입법 그리고 사법의 각 기관에 의해서 제공되는 실천상의 경험이다.

헌법해석은 일반적으로 인정된 해석이론에 따라야 한다. 이러한 해석이론 가운데 먼저 첫째로 들 것은 어떤 특정한 규정의 해석을 헌법기초자가 그 규정으로서 의도하려고 한 데에 기초를 둔다는 것이다. 이 방법이 비교적 오래된 헌법의 경우에는 실패하기 쉽다는 것은, 이러한 헌법에서는 헌법제정자의 의사는 이미 확실하지 않거나, 또는 헌법규범이 전적으로 다른 사회환경을 예정하였기 때문이다. 이와 관련된 해석 방법으로서 언어학적 또는 축어적인 문자해석의 방법이 있다. 이것 역시 드문 것이지만 만족할 만한 결과를 낳지 못한다. 세 번째의 헌법해석의 방법은 논리적 분석의 방법이다. 이 방법은 법원이나 법주석자(法註釋者)와 같은 비사법적인 헌법해석자에 의해서 사용되는 관용적인 방법이다. 따라서 헌법해석에 관한 어떠한 방법일지라도 전면적인 찬성을 얻기 어렵다는 것은 명백하다. 유의할 것은 어떠한 헌법이든 그것은 단순한 법적 문서가 아니라 정치과정에 향해진 정치문서이며, 그런고로 편협한 법조주의적 분석으로서 정치과정의 운행을 방해해서는 안 되며, 그것을 용이하게 한다는 목적을 염두에 두고 해석해야 한다는 것이다. 실제로 해석기관 — 정부·공무원·법원 어느 것이든 — 이 일반적으로 선택된 하나의 정치적 견지에 알맞는 법이론의 발견을 의미한다.

더욱이 법적 문명이 다르면 헌법의 역할도 다르다는 것을 의식할 필요가 있다. 뒤에 상세히 논하겠지만, 사회주의적 환경에서 헌법이 담당하는 역할은 입헌민주국가에서 보다는 분명히 적지 않을 것으로 보인다. 그러나 헌법의 지위와 역할의 차이는 입헌민주제의 정치체계에 속하는 국가에도 있다. 영국에서 헌법은 예컨대 합중국이나 독일에 비하여 비교적 적은 역할을 담당한다. 먼저 첫째로, 헌법관습은 법원에 의해서 강제할 수 있는 법이 아니다. 따라서 사법심사제는 존재하지 아니한다. 의회제정법의 최고성도 사법적으로 다툴 수 없다. 영국에서는 행정처분이 시민적 권리와 충돌하는 경우를 제외하고는 공권력이 기능하는 방법에 관하여는 거의 문제되지 아니한다.

그 결과 다른 여러 나라에 비하여 영국의 헌법학은 미발달한 그대로였다. 영국 헌법에 관한 최고의 권위인 다이시(A. V. Dicey, 1835-1922)*는 헌법학자와 같은 정도로 정치학자이기도 하였다. 이것은 그의 현대의 후계자인 W. 아이보어 젠닝스(W. Ivor Jennings, 1903-1965)*에게도 더 한층 잘 적용된다. 사법심사제를 가지지 않는 나라, 예컨대 오늘날에 이르기까지의 프랑스나 1949년에 이르기까지의 독일에서는 법원이 헌법문제에 사로잡히는 일은 비교적 드물었다. 독일에서는 축어적으로, 문장마다, 그리고 항목마다 헌법전에 관한 정교한 포괄적 주석서가 만들어지고, 또 공법적 내용을 가진 모든 관련 법규집이 만들어지며, 다른 법적 문명들의 추종을 불허하는 비범한 특색이 되고 있다. 독일은 본(Bonn) 헌법 하에서 이 제도를 채택하였는데, 그 결과 연방헌법재판소에 집중하는 헌법적 분쟁은 고도의 중요성을 얻게 되었다. 시민적 권리의 활성화와 강건한 연방주의의 유지라는 것이 헌법학의 육성에 큰 기여를 해 왔는데, 이 헌법학은 보다 최근에는 새로 발견된 정치학에서 유래하는 경험주의의 색채를 띠게 되었다. 독일 헌법학은 본 기본법이 되면서부터, 파울 라반트(Paul Laband, 1838-1918)*의 영향 아래 헌법학을 질식시켰던 불모의 법실증주의로부터 해방되어 보다 현실주의적·실익지향적이 되었다. 표현을 바꾸어 말하면 독일 헌법학은 아메리카화되었다.

(2) 헌법의 특수문제

(a) 헌법의 흠결

모든 헌법은 공무의 처리에 관한 포괄적인 법전임을 목적으로 한다. 그것은 일어날 수 있는 어떠한 분쟁에 대해서도 해결책을 부여할 수 있는 무흠결한 규범체계라는 가정에서 출발한다. 그러나 어떠한 헌법도 장래의 발전을 예측할 수는 없으므로, 헌법의 구조상의 결함이나 순수한 흠결이 나타나게 된다. 헌법의 흠결이라는 것은 당초부터 의도적으로 존재할 수도 있으며, 헌법이 효력을 발생하면서 비로소 나타나는 수도 있다.

그러한 흠결을 메우는 것은 헌법학의 임무이다. 그 해결은 대부분의 경우 기존 헌법규범의 해석에 의해서 보게 될 것이다. 사실 이 방법으로 국가기관의 일정한 기능이 확대되고 있다. 만약 이 방법이 실패할 경우에는 정식으로 헌법을 개정해야 한다. 합중국에서는 의회와 대통령의 헌법상의 임무를 사법적 해석을 통해서 확대함으로써 발생하는 헌법적 진공을 충분히 메꿀 수 있었다. 이것은 직접 헌법수정에 호소하는 것이 드문 이유의 하나이다. 그러나 흠결은 공공연한 수정에 의해서 메꾸어져야 할 경우도 있었다. 예컨대 연방 대법원이 특정한 연방 법률을 무효로 한 후에 수정 제16조(1913년)에 의해서 연방소득세가 도입되었다. 수정 제22조(1951년)는 대통령의 임기를 최고 2기까지로 제한하였다. 서독에서도 마찬가지로 명백한 헌법상의 흠결이 헌법개정으로 채워졌다. 예컨대 제73조의 열거 사항을 확충함으로써 군사에 관한 연방관할권을 인정하고(1954년), 또 긴급조항을 창설한 것(1968년) 등이 그것이다.

입헌민주제의 정치체계를 취하는 모든 국가에서의 정치의 원동력은 정당이다. 최근 몇 개의 헌법(서독 본 기본법 제21조; 이탈리아 헌법 제49조)*은 정치과정에 대한 정당의 정통성을 인정하고, 심지어 정당의 내부구조까지 규율하려고 한다. 그러나 그 어느 것도 정당의 정치과정에 대한 참가를 유효한 공식이나 강제할 수 있는 규율에 집어넣지 못하며, 또 시도할 수 있는 것도 아니다. 내각이나 정당연합의 형성 또는 반대당의 역할은 헌법의 범위를 초월한다.

정당이 운영하는 의회과정의 일정한 기구에 대해서는 때때로 명확한 규정을 볼 수 있다. 예컨대 정부는 의회에 대해서 책임을 지며, 불신임결의를 받았을 때에는 사직해야 한다는 규정 등이 그것이다(예컨대 드골 헌법 제20조 3항, 제49조와 제50조).* 제2차 세계대전 후 의회의 절차를 합리화하려는 시도가 보였다. 이것은 「권력의 합리화」(B. 미르킨-겟제비치[B. Mirkine-Guetzévitch])*라는 슬로건 아래 알려진 것인데, 그러한 것으로서 예컨대 다음과 같은 것이 있다. 내각에 의한 신임투표안의 제출 내지는 국민의회에 의한 불신임투표의 동의와 이들 어느 것의 동의에 관한 현실의 투표 사이에 「냉각」 기간을 두는 것(1946년의 프랑스 헌법 제49조 2항과 제50조 2항)*이라든가, 내각수반의 임명에 관한 국회의 승인에 대해서는 절대 다수가 필요하다는 것(동 헌법 제45조 3항)* 등이 그것이다. 그러나 이러한 규정이나 기타 유사한 규정은 의회과정의 외적인 기구에만 관계되며, 그 본질적인 것은 규정되지 않은 채 남아있다. 실제로 가장 세련된 헌법조차도 현실 정치의 다이나믹스를 법적인 규제라는 수로(水路)에 도입할 수는 없으며, 그러한 것을 시도하는 경우 (예컨대 본 기본법 제67조의 이른바 건설적 불신임투표)* 정치과정은 질식된다. 즉 헌법은 그 고유의 한계를 가진다.

(b) 법이념적 가치들에 의한 헌법의 한계

각 헌법은 전체로서 일정한 이데올로기적 가치들을 묵시적으로 반영하거나 명시적으로 선언하기도 한다. 예컨대 자유주의적 시민사회에서는 재산권의 보호가, 사회주의 정치체계에서는 재산과 생산수단의 집산화가 이루어진다. 헌법은 그러한 가치들에 대한 독자적인 이해에 일치하여야 한다. 개별적인 규범이 그 가치체계와 모순되는 경우, 전자는 후자에 길을 양보하여야 한다. 이 문제는 그 극단적인 형태로서는 특히 독일적 환경에서는 「위헌의 헌법」*이라는 패러독스를 나타내기도 한다. 달리 본다면, 여기에 문제로 되는 것은 헌법의 법이념적 [가치적] 개념들 — 자연법이나 종교적 교의 — 은 그 전제들과 모순되는 헌법의 일정한 실정 규범을 무효로 하는가의 여부에 관한 문제이다. 합중국 대법원의 법률학은 때때로 일정한 개인의 권리, 주로 수정 제1조에서 열거한 권리(언론·집회·청원 및 종교적 신념의 자유)*에 대해서, 그리고 다분히 수정 제5조*와 제14조*의 적법절차 요건에 대하여 이른바 「우월적 지위」를 부여하였다. 그러나 그러한 평가로부터 아무런 구체적인 효과도 나타나지 않았다. 이에 더하여 헌법 그 자체는 계몽운동의 자연법철학의 소산이었다고는 하나, 대법원은 정당하게 성립된 헌법수정안이 자연법 내지 초실정법의 원칙들을 파괴한다는 이유로써 그 수정안에 반대하는 주장을 전적으로 받아들이려 하지 않았다(금주에 관한 Rhode Island v. Palmer [253 U.S. 350, 1920], 또 여성의 투표에 관한 Leser v. Garnett [258 U.S. 130, 1922]). 다른 한편, 서독에서 이 문제는 서로 다른 양상을 나타낸다. 즉 일정한 헌법상의 교의(인간의 존엄에 관한 제1조, 연방공화국을 사회적·민주적 연방국가로서 규정하는 제20조)*는 그것과 모순된다고 주장하는 다른 헌법 규범을 무효로 하는 정도로, 기본법에 편입된 가치체계에 대해서 기본적인 중요성을 가질 것인가 하는 형태를 취하게 된다. 헌법재판소는 이론적으로는 그러한 「위헌의

헌법」의 가능성을 인정하였으나(BVerfGE 3, 325), 지금까지 판결을 내려야 할 실제
사건은 없다.

이와 전적으로 같다고는 할 수 없지만, 관련된 문제로서 입헌민주제 하에서는 국민의
입법권은 기존의 헌법에 의해서 제한되거나 될 수 있는가의 여부의 문제이다. 국민이
헌법개정안을 발안·비준할 수 있는 스위스에서 헌법학자는 만약 헌법에 규정된 방식이
충실히 준수된다면, 전면적 개정에 의한 기존의 정치질서의 가장 철저한 변혁까지도
합법적이라고 대답하지 않을 수 없다. 그것은 확실히 최대 규모의 사회혁명에 상당할
것이다. 그러나 **헌법제정권력**에 대해서 적절하게 이해한 민주주의이론에 의하면, 어떠한
근본적인 변혁도 이 권력이 미치는 범위를 초월하지는 않을 것이다.

그러나 **헌법제정권력**은 특정한 헌법 하에서 선거민에게 맡겨진 구체적인 권능과
혼동해서는 안 된다. 스위스 헌법에서의 국민이 헌법상의 기관으로서의 자격에서 국민참
가(popular participation)라는 형식으로 행할 수 있는 것에는 명확한 한계가 있다. 이러한
의미에서의 국민입법은 **헌법제정권력**의 행사는 아니다. 헌법이 시행되고 있는 한, 국민은
어떤 특정한 목적을 위해서 헌법에서 확립된 권력분립을 무효로 할 수는 없다. 예컨대
그 결정에 대하여 달리 자격있는 기관이 있으므로 국민이 스스로 행정상의 결정을 내리거
나(1953~54년의 라이나우[Rheinau] 발안), 또는 국민이 헌법상 규정된 정부의 권리와
의무에 간섭하고, 예컨대 군비에 지출할 금액을 결정하는 연방참사회나 의회의 권리를
참취하는(1951~52년의 슈발리에[Chevallier] 발안) 것은 할 수 없다. 프랑스의 적절한
예로서 프랑스 선거민이 명사단에 의한 대통령선거를 직접선거로 대치할 것을 요구하여
1962년 10월 28일의 국민투표에서 그것을 승인하였다는 사례가 있다. 1958년의 헌법에
서는 헌법개정권은 의회에 부여하면서, 국민 자신에 의한 헌법개정에 대해서는 규정하지
않았다. **헌법제정권력**에 호소하여 국민 자신에 의한 법개정을 정당화하려고 해도 그
절차의 전면적인 위법성이 치유되는 것은 아니다.

7. 헌법변천

모든 헌법은 그것이 제정되는 경위는 어떻든 본질적으로 그 창조에 관여한 사회경제적·
정치적 그리고 문화적인 힘들의 타협이다. 헌법은 하나의 살아있는 유기적 조직체이며,
생물과 마찬가지로 끊임없이 변화하지 않을 수 없다. 입헌국가에서 이러한 변화는 다음
두 가지 방법으로 처리된다. 즉 헌법개정 또는 헌법수정이라는 형식적인 문자에 의한
적응과, 헌법이론에서 헌법변천(constitutional transformation; Verfassungswandlung)으
로 알려진 것으로 지각할 수 없고 비선명적인, 또는 발생적인 적응이 바로 그것이다.

(1) 비선명적인 헌법변천

영국은 정치형태에 관하여 정식화되지 아니한 규칙, 즉 헌법관습에 의해서 통제되는 사회의 전형적인 예이다. 오늘날 현존하는 내각제의 본질적인 부분이라든가, 총선거의 국민투표적 효과라든가, 수상의 우위성과 그 정책결정에 대한 하원 의원의 종속이라든가, 국왕의 지위는 모두 헌법관습에 의한 것이다. 이러한 헌법상의 관행은 모두 항구적으로 확립된 것은 아니며, 합의에 근거하여 정치적 실천에 의해서 변경될 때까지만 타당하다.

이와 마찬가지로 합중국에서도 헌법상의 관행은 건국의 아버지들이 본래의 의도를 초월하여 헌법을 변경하여 왔다. 그 적절한 예가 사법심사제의 출현과 현저한 최고성, 주(州)의 권한을 희생한 연방 권한의 확대, 대통령을 입법과정의 실체적인 관여자로 만든 대통령의 거부권, 대통령의 권한 일반의 우월성의 증대, 대통령의 실질적 선정권이 선거인단(Electoral College)보다 유권자에게 이행된 것 등등 많은 것을 들 수 있다. 이와 같은 헌법상의 관행이 형식적인 헌법수정이라는 형태로 명확히 된 것은 매우 드물지만, 그러한 예로서는 수정 제22조에 의한 대통령의 3선금지가 있다(1951년).

헌법상의 관행에 의한 헌법전의 이러한 지각할 수 없는, 또는 발생적인 변천은 성문헌법을 가진 모든 국가에서 볼 수 있다. 프랑스에서는 제3공화국 시대에 의회해산에 관한 헌법조항이 5월 16일의 사건(1877년)* 이후 위축되어 버린 예가 있다. 제4공화국 헌법(1946년)에 있어서 위임입법의 금지(제13조 후단)*는 실제의 필요성 앞에 부득이 양보할 수밖에 없었는데, 그것은 국참사원(Conseil d'Etat)의 지지를 얻은 것이다. 바이마르 헌법 제48조*는 본래 단순히 법과 질서를 회복하기 위해서 경찰권을 확장한 것이라고 해석하고 있었으나, 히틀러 독재의 법적 기초가 되어 버렸다.

(2) 형식적 헌법개정

형식적 헌법개정에 관한 규정은 대체로 법전의 마지막에 두는데, 모든 헌법질서의 최소한도의 요건에 속한다.

개정에 의한 헌법의 변경에는 드문 예지만, 성문 헌법에 의해서 전면적으로 대체하는 것(전면 개정)과, 보다 빈번하게는 법전의 어떤 규정을 다른 규정에 의해서 대체하는 것(부분 개정)이 있다.

(a) 전면 개정

기존의 통치전범을 상이한 정부형태 또는 심지어 상이한 정치체계를 구체화하는 전적으로 새로운 통치전범에 의해서 대체하는 것은 대체로 법적 연속성의 단절을 의미한다. 그렇지만 약간의 민주적 헌법들은 법적 연속성을 확보하기 위해서 법적인 방법에 의한 전면적인 개정에 대해서 규정하고 있다. 평화적인 변경수단으로서의 전면개정은 기존의 법전이 불완전하다는데 대한 합의와, 동시에 보다 좋은 것을 성취할 수 있다는 기대를 필요로 하기 때문에 실제로는 드물다. 생각나는 주요한 예로서는 미국의 주들과 스위스가 있다.

전적으로 새로운 헌법을 고안하기 위한 헌법회의는 미국 각주에서 일반적이다. 이와 마찬가지로 합중국헌법도 단지 간접적이지만(제5조 제2절),* 전면개정을 예정하고 있으며, 3분의 2의 주에 의한 청구가 있는 경우에는 의회는 헌법회의를 소집하게 되어 있다. 그러나 오늘날까지 한 번도 실시되지 않았다. 다만, 최근 공화당원에게 고무된 그러한 시도는(1967년), 30개 이상의 주가 대부분의 경우 무엇이 문제인지도 모르면서 헌법회의 소집의 청구에 서명하였으나 마지막 순간에 정지되지 않을 수 없었다.

1848년의 스위스 헌법은 전면개정의 방법으로 1874년의 통치전범으로 대체되었다. 새 전범도 전면개정을 위한 절차를 규정하였으나(제118조-제123조),* 그것에 의한 것과 개정에는 연방 정부와 의회, 칸톤의 과반수, 그리고 선거민(국민발안과 국민투표와 아울러 연방의회의 새로운 선거에 의해서)이 복잡한 형태로 참가하게 되어 있다. 그러한 국민발안은 오늘날까지 두 번 있었는데(1880년과 1935년), 모두 국민의 압도적 다수로 거부되었다. 1세기나 경과한 이 헌법에 대한 불쾌감이 오늘날 국민 일반이나 전문가들 사이에 만연되고 있으며, 그 때문에 정부가 후원하는 전면개정으로까지 나아갈 가능성이 없는 것도 아니나, 가까운 장래에 실현되지는 않을 것이다.*

(b) 부분 개정

모든 성문 헌법은 예외 없이 그 개별 조항을 변경하기 위한 규정을 두고 있다. (a) 어떤 조항 전체에 대한 삭제(Verfassungsstreichung), (b) 기존의 조항을 새로운 조항으로 대치하는 것(Verfassungsauswechslung), (c) 기존의 조항을 새로이 보충하는 것(Verfassungsergänzung)의 세 가지 방법이 있다. 그러한 문자의 변경은 그 조항 전체에 영향을 미치는 것도 있으며, 그 일부 또는 단순히 한 자에만 영향을 미치는 경우도 있다.

기존의 헌법전에 이처럼 개정을 더하는 동기는 다양한데, 방대한 경험적 자료에서 이들 동기를 유형화하는 것은 불가능에 가깝다. 헌법개정이 부득이한 경우의 하나는 헌법에 흠결이 발견된 경우이다(전술 참조). 이러한 개정은 특히 연방조직에서 과학기술의 조건들이 변화함에 따라서 연방의 관할권을 확대할 필요가 있는 경우에 발생하는데, 이것은 연방에로의 집권화와 주권의 축소가 촉진되는 현대에는 보편적인 현상이다. 1874년의 스위스 헌법은 오늘날까지 60여 차례의 개정을 보았는데, 그 대부분은 연방의 권한을 확장하려는 필요성에서였다. 본(Bonn) 기본법의 연방 권한의 목록(제73조)*에 군사에 관한 권한이 추가된 것(1954년)이나, 실제로 완전한 긴급사태 헌법의 제정에 상당하는 연방 긴급권이 추가된 것(1968년)* 등도 그러한 예로서 들 수 있다. 합중국에서는 연방의 과세권이 수정 제16조(1913년)*에 의해서 소득세에도 미치게 되었다.

헌법개정의 빈도와 개별 헌법의 안정성·생존능력 간에 인과관계를 발견할 수는 없다. 개정의 빈도는 우선 첫째로 개정절차의 방법, 또한 개정이 용이한가의 여부에 의한다(후술 참조). 합중국에서 절차의 곤란성은 대법원에 의한 헌법 해석의 확대를 초래하였다.* 네덜란드나 스칸디나비아에서도 헌법개정이 비교적 드문 것은 같은 이유 때문이다. 한편, 스위스에서는 헌법개정안을 국민투표에 회부하도록 규정한 것은 수많은 개정을 방해하는 것이 되지는 아니하였다.

(3) 헌법개정의 방법

오랫동안 전개되어온 다양한 개정절차는 두 가지의 기본적인 형태로 나눌 수 있다. 즉 입법기관(의회)만을 통한 입법(im Wege der Gesetzgebung)에 의하는 것과, 오늘날 점차 일반화되고 있는 국민발안과 국민투표에 의해서 선거민이 사전에 또는 사후에 참가하는 것이 있다.

헌법개정절차가 당면한 딜레마는 이러한 사실에 있다. 즉 개정방법이 극도로 용이한 경우, 특히 의회가 유일한 개정기관인 경우에는 그때그때의 다수 정당이 자기의 이해(利害)를 위해서 이것을 이용하는 것이 생각되며, 다른 한편 개정방법이 매우 곤란한 경우에는 정치 과정은 헌법 이외의 수단이나 혁명적 방법에 호소하게 된다는 것이다. 많은 경험에서 가장 실제적인 것으로 증명된 방법은, 헌법개정은 입법부에서의 특별 다수에 의해서 성립해야 한다는 방법이다. 여기서 말하는 특별이라는 의미의 성립에 소요되는 동의의 수가 보통 입법의 성립에 필요한 비교다수보다도 상당히 커야 한다는 것이다. 이 특별 다수의 요건으로서 가장 일반적인 것은 의회에서의 법정 의원 수의 3분의 2의 다수라는 요건이며, 양원제인 경우에는 각 의원(議院)의 의원 3분의 2의 다수라는 요건이다. 그러나 5분의 3이라든가 4분의 3과 같은 숫자도 찾아볼 수 있다. 특별다수는 보다 대폭적인 대표자의 합의, 따라서 보다 대폭적인 국민적 합의를 확보하게 되는데, 다른 한편 반대하는 소수자에게 효과적인 제동장치를 부여하게 되며, 이것이 극복될 수 없는 경우에는 예정된 개정에 대한 절대적 거부권을 부여하게 된다.

헌법개정의 기타의 방법으로서는 의회 양원의 합동회의(프랑스 제3공화국과 제4공화국 헌법),* 의회의 연속된 회기에서의 제안과 가결(1809년의 스웨덴 헌법 제181조 1항),* 또는 한 회기와 동일 회기 내에서의 반복된 승인(1948년 인도 헌법 제128조 1항)* 등이 있다. 베네룩스 3국이나 노르웨이에서는 헌법개정을 가결한 의회는 해산되며, 새로이 선거된 의회가 결정권을 가진다. 덴마크(1953년 헌법 제88조)*에서는 국회가 헌법개정을 가결한 후 선거를 실시하고, 이 새로운 국회에서 다시 가결되어야 하며, 이에 이어서 국민투표에 회부되어야 하며, 그때에 투표에 참가한 유권자의 과반수로서, 또 전체 유권자의 적어도 40퍼센트의 찬성을 얻도록 되어 있다. 의회의 해산을 중간에 넣은 것은 개정절차에 특별한 부담을 주게 될 것은 명백하다. 따라서 이러한 방법을 실시하는 국가들은 무엇보다

개정이 적은 나라들이다.

의회의 특별 다수를 요구하지 않는 헌법은 이미 존재하지 아니한다. 지금까지 가장 유명한 예는 1848년의 이탈리아 헌법이었다. 영국과 뉴질랜드는 가장 기본적인 헌법변경도 의회의 하원의 단순 다수로 할 수 있는데, 이들은 성문 헌법을 가진 나라는 아니다. 영국에서는 총선거에서 미리 선거민에게 제시되지 아니한 어떠한 기본적인 변경도 허용되지 아니한다는 선거위임(electoral mandate)의 이론은 일반적인 승인을 얻지 못하였다.

루소의 반(反)대표적이며 국민투표적인 독단론을 반영하여 국민이 개정절차에 직접 참가하는 형식이 1793년의 프랑스헌법에서 비로소 채택되었다. 19세기에는 의회에 모인 국민의 대표 엘리트의 일반적인 생각으로서는 국민참가에는 반드시 호의적은 아니었다. 그러나 칸톤의 강한 국민적 전통을 가진 스위스 연방(1848년과 1874년)은 국민발안과 국민투표라는 형식으로 의회활동과 국민참가를 연결하였다. 부분개정이나 전면개정 모두를 불문하고, 국민의 적극적인 승인 없이는 연방 헌법의 개정은 성립될 수 없다. 더 최근에는 다른 헌법에서도 국민참가 형식에 접근하게 되었다. 이러한 예로서는 프랑스 (1946년 헌법 제90조 1항 5호 및 1958년 헌법 제89조 2항 및 3항)*가 있다. 그렇지만 이 양자의 경우 국민투표는 부차적으로 우연한 일에 불과하다.

프랑스 제5공화국에서의 드골 장군의 정권은 헌법의 관련 조항을 개정하지도 아니한 채 헌법개정을 의회에서 통과시키는 방식 대신에 정부가 기초한 개정안을 국민투표에 회부하는 것으로 대체하였다. 대통령의 선출방법을 변경하기 위한 1962년의 국민투표에 서는 이것이 성공하였으나, 대규모적인 헌법개혁을 통과시키려고 실시된 1969년에는 실패하였다. 이 헌법개혁은 1958년 헌법 조항 전체의 3분의 1에 해당되는 것으로 1만자에 달했다. 그 개정안은 의회의 토론 없이 정부의 전문가들이 작성한 것으로 국민에 의해서 거부되었으며(1969년 4월 27일의 국민투표), 이로 인하여 드골 장군은 공화국 대통령직에 서 사임하는 결과를 초래하였다.

헌법개정을 승인하는 국민투표는 특히 권위주의적(군사적 내지 신대통령제적) 정치체 제에서 애용되는데, 이것은 국민 일반을 조직하는 것이 대표기관에서의 반대당을 조작하 는 것보다도 쉽기 때문이다. 신흥 국가들도 마찬가지로 국민투표에 의해서 승인하는 편이 대의제의 방법에 의하는 것보다도 편리하다는 것을 알기 때문이다(예컨대 다호메이 (Dahomey)와 적도 [전 스페인] 기아나).

헌법개정에 관한 국민투표의 가치를 평가함에 있어서 「**백성의 소리는 하늘의 소리**」 (vox populi voe dei)라든가, **헌법제정권력**(pouvoir constituant)이라는 신화로부터 결별 하고, 사회경제적 환경을 고려하지 않으면 안 된다. 비교적 고도의 읽고 쓸 능력을 갖추고, 자유롭게 정보를 얻을 수 있는 선거민이라면 정당의 지도 아래 합리적인 자기의 판단을 내릴 수 있을 것이다. 그러나 국민투표는 충분히 토의된 후 의회의 신중한 투표에 비교하면 거의 문제가 되지 아니한다.

연방조직에서는 그 고유한 원리로부터 헌법개정절차에 대한 중앙정부와 지분국 양자의 참가가 요청된다. 보통은 의회의 상위 부문 — 상원 등의 이름으로 불리는 — 이이러한 기능을 담당한다. 그러므로 헌법개정이 양원에서 가결될 것이 절대로 필요하다. 그 전형적인 예는 주의 4분의 3의 동의(현재 37)와 아울러 연방 의회의 양원 의원의 3분의 2라는 다수의 승인을 필요로 하는 합중국 헌법이다(제5조).* 같은 규정은 라틴 아메리카의 연방국가들에서도 존재하였으며 오늘날에도 여전히 존재한다.* 3분의 2라는 다수 방식은 바이마르 헌법(제76조)* 하의 헌법개정의 방법으로서 채택되었는데, 본 기본법(제79조)* 아래서도 받아들이고 있다. 이와 마찬가지로 오스트레일리아에서도 (1900년의 헌법 제128조)* 미리 하원과 상원의 절대 다수로써 가결된 개정은, 과반수 주에서 선거민의 과반수와 전체 선거민의 과반수에 의해서 승인을 얻도록 되어 있다. 그러나 스위스와는 대조적으로 오스트레일리아의 선거민은 개정을 매우 싫어하기 때문에 헌법개정은 거의 불가능에 가까우며, 그 결과 70여년 간에 헌법은 전적으로 시대에 뒤떨어진 것이 되어버렸다. 캐나다도 연방 국가인데, 여기서는 개정에 영국 의회의 동의 — 이 동의는 캐나다 의회의 신청에 의해서 언제든지 부여된다 — 가 필요하다. 캐나다로부 터 퀘벡 주의 일방적인 분리는 혁명적 행위를 구성할 것이다.

(4) 개정에 관한 특수 문제

(a) 헌법전의 명확성

헌법은 시민이 읽고 어떤 규정이 자기의 생활과 어떤 관계가 있는가를 이해할 수 있어야 한다. 그러나 오늘날 대부분의 헌법은 바로 이해할 수 있는 기본적인 요건을 거의 만족시키지 못하고 있다. 예컨대 합중국에서 실시되는 법전의 말미에 일련번호로 수정조항을 추가하는 방법(오늘날까지 제11조에서 제24조까지 [현재 다시 제25조, 제26조가 부가되고 있다])으로는 경험있는 헌법전문가가 아니고서는 헌법 중에서 어떤 것이 계속 타당한 규정이며, 어떤 것이 수정으로 삭제 내지 변경되었는가를 아는 것은 불가능하다. 다른 한편, 스위스에서는 수많은 헌법개정이 각각 해당되는 조문 번호를 붙여서 체계상 귀속할 헌법 본문의 개소에 삽입하고 있다(몇 조의 2, 몇 조의 3, 몇 조의 4라는 식으로). 이 방법은 좋지는 않지만 헌법전을 보면 그 시점의 헌법을 바로 **정확하게 이해할 수 있다**(au courant)는 장점을 가지고 있다.

독일에서는 1871년의 제국 헌법이나 바이마르 헌법 하에서 「은밀한」(silent) 내지는 「묵시적인」(tacit) 헌법개정이라는 불행한 관행이 발달하였다. 헌법을 변경하는 의회 제정법이 그 전문에서 헌법개정에 대해 헌법상 요구되는 양원의 다수로써 성립하였다는 것을 기재하면서, 헌법전의 본문에 그것을 써넣을 필요는 없었던 것이다. 그 결과 1933년 에 이르기까지 헌법은 전문가마저도 어떤 조항이 계속 타당한지, 또한 타당하더라도 어느 정도까지 그런지를 기술할 수 없을 정도로 변경되었다. 특히 치명적이었던 것은 정치적인 이유에서 개정요건에 따르면서 헌법규칙에 예외를 두는 ― 그 밖의 점에서는 당해 헌법규칙은 계속하여 완전한 효력을 가진다 ― 관행이었다. 이것은 이른바 **헌법파괴**(Verfassungsdurchbrechung)라는 것으로 독일의 정치적 풍토에 특유한 현상이었다. 물론 개정의 형식을 지킨다면 헌법제정권력이 헌법규범의 예외를 두지 아니한다는 법률적 또는 정치적 이유는 없다. 그러나 문제는 은밀한 것, 즉 헌법전에는 표시하지 않고 규범을 변경한다는 불성실에 있었다. 그리고 이 관행 그것이 헌법과정의 전체에 대한 국민의 신뢰를 해치게 되었던 것이다.

본 헌법(제79조 1항 전단)*은 일견 명백한 남용을 바르게 하기 위해서 헌법개정은 명문에 의한 보충이나 변경으로 기본법의 본문에 쓰여져야 한다고 규정하고 있다. 법률로써 기본권을 제한하는 경우에는 헌법의 관련 조문을 특히 지시하여야 한다(제19조 1항 후단).*

(b) 개정금지규정

정치적 논쟁의 적이 되는 또 다른 문제는 헌법의 개정금지규정이라는 것인데, 헌법제정권자가 영구히 내지는 헌법이 시행되는 한 타당할 것이라고 생각하여 개정절차의 대상이 되지 아니한다고 선언한 규정이다. 개정금지규정이란 결코 새로운 것은 아니다. 예컨대 1814년(1962년의 신판에서)의 노르웨이 헌법(제112조)*은 「헌법의 정신」에 모순되는 변경을 금지하며, 단순히 개별 규정의 수정이 허용될 뿐이다. 이 견해는 그대로 각국의 헌법에 구체화되었다. 1875년 이후의 모든 프랑스 헌법은 「공화제 정부형태」의 변경을 금지하고 있다.* 이러한 헌법개정의 절대적 금지규정은 1945년 이후 독일의 몇몇 주 헌법에 삽입되었다. 이와 마찬가지로 본 기본법도 연방구조·입법과정에 있어서의 주의 관여·아울러 제1조(인간의 존엄)*와 제20조*에서 규정하는 원칙들을 침해하는 개정을 금지하고 있다(제79조 3항).* 또 기본권의 「본질적 내용」(Wesensgehalt)도 절대로 개정할 수 없다고 한다(제19조 2항).* 헌법 완전주의의 한계는 그리스에서 보여 주었다고 생각된다(1952년). 여기서는 단순히 전면개정이 영구히 금지된 것만은 아니다. 그리스에 「왕정 민주제」(crowned democracy)를 확립하는 규정들과 아울러 「기본적」(fundamental)이라고 할 모든 규정이 개정할 수 없다고 되었다.* 헌법의 오만함은 여기에 혁명의 문호를 열 지점에까지 도달하였다.

이러한 저지조항의 실제 효과는 상당히 의심스럽다. 정상적인 시대에서는 이러한 저지조항은 정당의 야심에 근거하여 침해에 대한 적신호의 역할을 수행할 것이다. 그러나 위기의 시대에 있어서는 그러한 저지조항은 짓밟히고 무시될 것이다. 개정금지규정은 그리스의 군사평의회(military junta)가 왕정 민주제와 함께 모든 기본적 규정을 도살장에 보냈던 것(1967년)에서도 명백하듯이, 결코 쿠데타를 저지할 수는 없을 것이다. 서독의 긴급사태 헌법(1968년)*도 이른바 개정금지규정에 대한 침해의 책임이 면제되는 것은 아니다. 이 긴급사태 헌법에 의하면 재차 긴급사태가 발생하면 연방구조도 시민적 자유의 「본질적 내용」도 존중되지 않는다.

8. 현대 헌법의 타당성과 가치

헌법은 거기에 기술된 단어·구·조문에 관한 것 이상이다. 평상시에는 헌법 규칙에 대한 모든 관계자의 충성을 기대할 수 있을 것이다. 진정한 시련은 위기의 시대에 나타난다.

성문 헌법의 타당성과 가치는 환경과 특수 사정에 따라 크게 좌우된다. 18세기에 성문 헌법이 비로소 등장하였을 때에는 그것을 기초한 지적 엘리트의 감동적 분위기가 적어도 어느 정도 대중의 상상력을 흔들어 놓았을지 모른다. 19세기 초두에도 국민적 원망의 달성을 약속하는 헌법의 창조는 열광적으로 받아들였다. 그러나 그 후 헌법감정은 냉각되었다. 정치권력을 통제하는 도구로서의 헌법의 가치는 전적으로 실리적인 것이 되어버렸다. 전후 식민지주의의 때를 벗고 봉건주의가 붕괴되면서 일정한 지역에 신흥국가가 등장하였을 때에, 헌법은 확실히 국가로서의 상징을 가슴에 간직하면서 국제예양에 따른 독립국가의 달성을 반영하였다. 그러나 소수의 서구적 교양을 몸에 지닌 지식인에 의해서 기초된 이러한 통치전범이 대중에게 진지한 애착심을 환기시켰는가의 여부는 상당히 의심스럽다. 대부분의 신생 국가가 경험하면서 어떤 열띤 정치적 격동을 고려한다면, 헌법이 권력복종자에게는 물론 현실의 권력보유자에게도 일순간의 가치 이상의 것을 가질 수는 없다.

그러나 보다 오랫동안, 아마도 여러 세대에 걸쳐서 민주적 입헌주의를 향수해온 오래된 국가들은 헌법의 법적 타당성은 변함없이 존재한다. 거기서는 헌법은 일반적으로 충실히 준수된다. 헌법상의 합법성으로부터의 일탈은 여론에 의해서, 궁극적으로는 법원에서 다투어진다. 그러나 헌법이 권력복종자에 대해서 가지는 감정적 가치는 국가에 따라 다르다. 합중국의 연방 헌법은 대중 간의 여러 신화를 보유할 수 있었다. 그 때문에 합중국 헌법은 재삼재사의 시련에 견딜 수 있었던 국민적 단결의 영속적인 원천으로서 정치가라 할지라도 입발림하지 않을 수 없는 것이다. 다른 한편, 각 주의 헌법들은 그러한 사회적 이동성을 가진 국민에게는 아무것도 아니라고 할 정도에 불과하다. 연방 헌법도 중대한 결함들을 가지는 것이 명백하며, 각성이 고조되는 것을 어쩔 수는 없는 일이다. 합중국에서 마저 헌법의 가치는 그 밑바닥에 달하였다.

확립된 민주주의의 전통을 지닌 다른 많은 국가들에서도 사정은 그 정도가 다르지 않다. 예컨대 베네룩스 3국이나 스칸디나비아 국가들에서도 헌법에 대한 국민의 감정적 애착심은 무시할 수 있을 정도이다. 헌법은 대부분 정치과정의 원활한 운용을 위한 실리적인 도구라고 생각할 뿐이다. 민주주의의 습관이 다른 어떤 국가보다도 뿌리 깊은 스위스에서도 헌법상의 강제적인 국민투표에 대한 관심은 언제나 낮다. 1919년부터 1962년까지의 기간 동안에 국민참가(popular participation)는 단지 38퍼센트에 불과하며, 연방 선거에 대해서는 74퍼센트였다는 것과 대조를 이룬다. 1874년의 헌법에 대한 일반의 불쾌감은 최근 갑자기 퍼졌기 때문에 근본적인 헌법개혁을 검토할 필요성을 인정하지 않을 수 없게 되었다. 프랑스에서는 1789년 이래 적어도 16개의 헌법이 만들어졌는데, 그 모두 시니칼하고 변덕스럽기로 이름 높은 이 국민에게 어떤 감정적 애착심에 유사한 것을 만들 수 있을 정도로 오래 계속되지는 않았다.

헌법에 대한 관심이 저하되고 있는 이유는 가까운 데에 있다. 정치과정의 운영은 직업 정치가나 소집단의 헌법 전문가를 위한 게임이 되고, 국민은 투표소에 갈 때 이외에는 참가하지 아니한다. 이에 더하여 자기의 대표선택에 대한 국민의 영향력은 감소되었다. 이 대량선전의 시대에 이른바 보통 사람들은 자신이 가장 중요하다고 생각하는 것, 그리고 경제적 안정과 개인적 향상에 헌법이 어떠한 역할을 하는지 알지 못한다. 보통 사람들은 직업적 전문가에 의해서 정치과정에서 배제되고, 「그의」 헌법으로부터 매우 소외되었기 때문이다. 그가 이해할 수 없는 전문 용어로 쓰여진 헌법은 그에 대해서 국민적 과시의 불가결한 수단이었음은 물론 자기확인(self-identification)을 위한 불가결한 도구도 되지 못하게 되었다.

이러한 상황은 경계해야 할 것인데, 이것은 다시 권력보유자 자신이 때때로 헌법에 대하여 보여주는 모독적인 태도에 의해서 증대하게 된다. 이러한 태도는 입헌주의의 전통이 없는 국가에서 권력보유자가 그 정치목적에 대해서 유용하다고 생각하는 경우에 흔히 나타난다. 그러나 이러한 현상은 민주주의가 오래전부터 뿌리 깊은 곳에서도 나타난다. 얼른 생각나는 최근의 예로서는 이러한 것이 있다. 합중국 헌법은 선전포고를 명문으로 연방 의회의 권한으로 하고 있음에도 불구하고(제1조 8절 11항),* 대통령의 결정만으로 몇 년에 걸쳐서 베트남 전쟁을 수행하고 있다. 이 문제에 결정을 내리는 것은 오늘날에 이르기까지 법원도 회피하고 있다.* 일본의 정부와 의회는 1946년의 헌법 제9조*의 무장금지조항을 공공연하게 파괴하여 군대를 두었다. 드골 정부는 불손하게도 헌법개정을 의회의 권한으로 하는 헌법상의 절차(제89조)*를 무시하고, 기존의 대통령 선출방법을 국민선거로 대치하기 위해서 국민투표를 실시하였다. 대통령 마카리오스(Makarios)는 그의 지배 아래 있는 다수 민족인 그리스인의 이익을 위해서 1960년의 키프로스 헌법을 파괴하고, 소수 민족인 터키인의 보호를 폐지하는 개정을 의회에서 통과시켰다.

요컨대 오늘날과 같은 혁명적 시대에서는 권력보유자와 권력복종자에 대한 최고 국법으로서의 헌법의 타당성과 가치는 현저하게 저하되고 있다고 하겠다. 그리고 국민의 헌법에 대한 냉담성은 정부 당국에 의한 헌법의 모독과 부합된다. 헌법전은 많은 점에서 거의 한 조각의 종이에 불과하게 되었다. 모든 입헌민주주의 국가들에서 헌법적 양심은 위축되고 있다. 그 재생은 예견할 수 있는 장래에는 거의 있을 수 없다. 입헌민주주의의 위기는 단순히 구조적인 결함에 의해서만 조건지워지는 것은 아니다. 그 위기는 민주주의 정신의 위기이기도 하다.

II. 사회주의권의 헌법[*]

1. 헌법의 주기와 계보

러시아 사회주의 연방 소비에트 공화국의 최초의 헌법(기본법)은 1918년 7월 10일의 제5차 전 러시아 소비에트 대회에서 제정되었다. 그 기본원리는 노동자·농민 그리고 병사의 중앙·지방 그리고 지구평의회(소비에트)에 의한 통치였다. 그 후 이 헌법은 많이 수정되어 1924년에는 완전히 개작된 소비에트 사회주의 공화국 동맹헌법(기본법)이 성립되었다. 그러나 이 헌법도 1936년 12월 5일의 소비에트 사회주의 공화국 연방헌법(기본법)(이른바 스탈린헌법)으로 대치되었다. 이것이 현행 헌법이다.[*] 백러시아와 우크라이나 소비에트 공화국에서도 거의 같은 헌법이 채택되었다(1937년). 제22차 공산당대회(1954년)는 새 헌법의 기초를 결의하고 위원회에 그 작업을 위임하였다. 그러나 현재까지 아직 그 초안은 공표되지 않고 있다.

소비에트 세력권에 있는 중부와 동부 유럽 국가들의 헌법은 제2차 세계대전 후의 사회정치적 혁명을 통하여 성립되었다. 일반적으로 주기(周期)를 달리는 2조의 헌법이 공산주의로 개종하여, 스스로를 공식적으로 민주주의인민공화국이라고 칭하는 국가들에서 제정되었다. 알바니아(1946년과 1950년)·유고슬라비아(1946년과 1953년)·불가리아(1947년)·체코슬로바키아(1948년)·독일민주공화국(1949년)·폴란드 그리고 루마니아(1952년)의 헌법은 제1기의 것으로 이들 모두는 잠정적인 것이라고 생각되었다.[*]

통합의 최초 과정을 성공리에 완수한 몇몇 사회주의 국가들은 다음과 같은 새로운 제2기의 헌법을 제정하였다. 알바니아·불가리아 그리고 체코슬로바키아(이상 모두 1960년)·유고슬라비아(1963년)·루마니아(1962년)·동독(1968년). 제3기의 헌법은 도래할 탈(脫)공산화의 진행과 함께 제정될 것이다. 우리들에게는 유고슬라비아와 동독의 헌법상황이 특히 흥미롭다.

사회주의국가들 가운데 소련과 유고슬라비아가 연방조직이다. 동독은 1952년에 연방국가인 것을 중지하였다. 체코슬로바키아는 1968년에 체코와 슬로바키아를 구성분자로 하는 연방조직으로 변경하였다. 조만간 이들도 새로운 헌법을 요구할 것이다.

2. 사회주의의 일반적 정부형태 : 회의제

사회주의 국가들에서 채택된 헌법은 서구 세계에서 널리 행해지고 있는 입헌민주제와는 전혀 다른 독자적인 신기한 정치체제를 나타내고 있다. 이 대조는 통치하는 민주주의(démocratie gouvernante)와 통치되는 민주주의(démocratie gouvernée)라는 말(G. 뷔르도[Georges Burdeau])[*]로서도 명백히 선을 그을 수 있을 것이다. 사회주의의 정치체계는 마르크스 · 레닌주의의 정치철학과 헌법이론에 기초를 두며, 또 그것에 의해서 규정된다.

그 반면, 사회주의 국가들이 정치과정을 조직화하기 위해서 선택한 통치형태는 한결같이 회의제(會議制, gouvernement conventionnel)의 그것이다. 회의제는 기원적으로는 입헌민주주의의 정치체계에 속하는데, 사회주의국가에서는 입법의회의 최고성이라는 점에서 특징을 가진다. 소련 헌법에서 그 전형을 인용하면, 「소비에트 사회주의 연방공화국의 최고 국가권력기관은 소비에트 사회주의 연방공화국 최고회의이다」(제30조)가 된다. 소련 최고회의는 최고의 동맹의회이며, 동맹의회와 민족회의의 양원으로 구성된다(제33조). 최고 입법회의의 전능성은 소련이 전 구성공화국에서도 그대로 채택되고 있다(제57조).* 「국가권력의 최고의 집행 및 행정기관」은 소련 각료회의인데(제64조), 이것도 소련 최고회의에 책임을 진다(제65조).*

공권력의 이러한 배치는 1793년에 최초로 국민공회에 의해서 도입된 회의제의 기본형을 충실하게 재현하고 있다. 회의제는 1848년과 1874년의 스위스 헌법에서도 동일하게 통치형태로서 채택되었다. 회의제의 기본원리는 제71조*(연방의회 [Bundesversammlung])와 제95조(연방참사회 [Bundesrat])에서 규정하는데, 앞서 인용한 1936년의 소비에트 헌법의 규정은 이것과 거의 다를 바 없다.

그러나 회의제가 민주적 통치형태의 목록 속에 소개되어 온 이래의 경험을 살펴보면, 회의제 하의 정치과정의 현실은 결코 헌법적 명목론과 일치하는 것은 아니다. 다수인으로 구성되고, 정당에 의존하는 다원적인 회의가 집행가능하고 실현가능한 정책결정에 도달하는 것은 불가능하다. 이 통치형태가 실제로 적용될 때에는, 정치의 중심은 공동행동을 취할 수 있는 소수의 동질적이며 탄력성이 풍부한 집단으로의 이행으로 도약한다. 프랑스 국민공회의 경우에는 현실의 권력은 자코뱅당 지배 하의 공안위원회와 보안위원회에 의해서 장악되었다. 스위스 연방에서는 정책형성기능은 점차 연방참사회로 이양되고, 연방의회는 그 지도를 감내하여야 할 상황이다. 소비에트의 정치체계에서도 이른바 전능한 회의를 지배하는 것은 비헌법적 존재인 공산당과 그 하부조직이다. 왜냐하면 소련 헌법(제141조)*은 최고회의의 후보자 지명을 공산당에게 위임하고 있기 때문이다. 회의제는 외관상 민주적으로 보일지라도 실제는 그 배후에서 공산당의 중앙위원회(정치국), 최고회의 간부회, 그리고 각료회의에서 대표되는 공산당독재가 최고의 정치형성과 집행기관으로서의 지위를 확고하게 지키고 있다.

소비에트의 헌법이론에서 의회는 최고의 국가기관으로서 다른 어떠한 권력보유자로부터도 통제나 개입을 받지 아니한다. 입법의회의 최고성에 이론적 기초를 두는 정치체제의 헌법논리에서 본다면, 입법의회의 해산을 인정할 여지는 없으며, 또 입법부의 행위에 대한 거부권처럼, 회의의 전능에 대해서 헌법상의 제약을 가할 여지도 없다. 회의의 입법에 대한 위헌입법심사제도 허용되지 아니한다. 그리고 소비에트 입헌주의의 가장 중요한 측면의 하나인데 권력분립도 인정되지 아니한다. 왜냐하면 권력분립이란 권력분유이며, 최고회의가 다른 기관과 권력을 분유한다는 것은 자가당착이기 때문이다. 회의제의 논리는 엄격하게 의식적(儀式的) 기능에 한정되는 것 이외에는 국가원수라든가 대통령을 인정하지 아니한다. 그리고 단일정당제 — 유일한 국가정당으로서의 공산당 — 는 루소의 일반의사의 개념과 완전히 일치한다는 데에 주목하지 않으면 안 된다. 왜냐하면 다당제는 일반의사가 전제로 하는 전원일치제를 위태롭게 하거나 파괴하기 때문이다. 이러한 모든 측면은 왜 소비에트의 정치체계가 회의제로서 가능하지 않을 수 없었던가를 설명한다.

동독의 새 헌법(1968년)*이 공권력의 배열에서 회의제를 생물학적 경험에서 유래하는 실제적 결론을 대담하게 전개한 것은 그 공적일 것이다. 인민의회(Volkskammer)가 「국가정책의 기본문제에 대하여 결정하는」 동독의 최고권력기관으로 되어있는데(제48조 제1항)* 진정한 권력의 중심은 국가평의회(Staatsrat)(제66조~제77조),* 특히 그 의장(Vorsitzender)이다. 국가평의회의 구성원은 인민의회의 최초의 의회에서 의회의 의원 임기와 같은 4년의 임기로 선출된다. 국가평의회는 명목상 인민의회에 대하여 책임지도록 되어 있으며, 의회제에 대하여 입발림을 한다(제66조 제1항). 그러나 의미심장하게 최고회의에 의한 국가평의회의 사직 내지 해임에 관한 규정은 결여되어 있다. 실제로 어느 점에서 보더라도 국가평의회와 그 의장이 동독의 현실적이며 유일한 권력보유자인 것이다. 따라서 각료회의(제78조~제80조)*는 명목상은 의회의 집행기관이라고 되어있으나, 실제로는 국가평의회와 그 의장의 집행기관인 지위에 불과하다.

3. 입헌주의와 사회주의 국가철학

(1) 새 정치체계로서의 통합적 사회주의

소비에트권에서의 헌법은 통합적 사회주의(Integral Socialism)라는 마르크스·레닌주의의 교의에 근거하며, 그것에 의해서 구성된 새로운 정치체계의 틀이려고 한다. 이것은 대체로 말하면 사적 소유자가 이익을 얻기 위해서 노동을 이용 — 그 교의에 의하면 「착취」 — 할 수 있고, 그리고 천연자원과 생산·분배수단을 사적 재산으로서 처분하는 것이 허용되는 자본주의 사회의 사회경제 구조를 완전히 폐기하는 것이다. 통합적 사회주의는 이러한 자본주의적 사회경제구조 대신에 생산·분배수단 그리고 천연자원을 공동체 내지는 인민 — 이념적으로는 노동자와 농민이지만, 실제로는 당에 지배되는 거대한 관료제로 대표되는 — 에게 이행시킨다. 마르크스적 경제결정론에 의하면 사회주의사회가 자유주의적 부르주아 사회에 대하여 대신하는 것이 예정된 것이다.

이 대변혁에서 헌법이 어떠한 역할을 할 것인가는 어디에도 서술하지 않고 있다. 정통적 마르크스주의는 헌법에 대해서는 용납하지 않으며, 그 헌법이론은 빈약하고 애매하다. 서구의 입헌주의는 계급투쟁의 산물이며, 거기에는 재산을 가진 계급이 근로대중을 착취하는 것이 보호되고 있다고 설명한다. 서구의 입헌주의는 노동대중의 경제적인 몫을 개선하지 못했다. 이러한 입헌주의의 속성 ─ 시민적 자유와 합법성 ─ 은 단순히 노동대중을 달래기 위한 방안에 불과하였다. 마르크스 · 레닌주의의 견지에서 보면, 헌법을 창조 · 형성하는 것은 사회이다. 형식적 헌법은 지배적인 사회세력에 대응하는 것이어야 한다. 통합적 사회주의 하에서 서구 자본주의의 자유주의적 부르주아 사회에 대체하는 것은 공산당을 그 전위로 하고 정통적 대표자로 하는 노동자계급이다. 그러므로 통합적 사회주의의 정치체계는 서구 정치체계의 형식적 변종이 아니라 오히려 진정한 민주주의라고 생각하며, 이 진정한 민주주의에 의해서 정치과정의 사회적 내실(social content)은 이해되는 것이다.

그러나 마르크스주의는 헌법기구가 완전히 불필요하다고 생각하지는 않는다. 승리한 사회주의는 그것이 철폐한 바로 부르주아 자유주의국가의 기구를 이용하지 않을 수 없었다. 국가의 소멸*이 결코 현실화하지 않는 공상적 허구인 이상, 선거 · 의회 · 법원 · 행정기구, 따라서 헌법도 예견할 수 없을 정도의 장기간에 걸쳐서 존속시키지 않을 수 없을 것이다. 그러나 사회주의는 기만적인 자유주의적 민주주의에 대신하여 프롤레타리아 독재에 의해서 촉진되고 진정한 민주주의를 제도화하는 것이며, 더욱이 이 프롤레타리아 독재는 과도적인 것에 불과하다는 것이다. 사회주의 사회의 건설에 대해서 결정적인 의미를 가지는 것은 단일 정당제의 기구이다. 러시아에서 그것은 1918년 이후 거의 동시에 확립되었다. 1918년과 1924년의 헌법 아래서의 중간적인 「평의회」(conciliar) 시대가 지나가 버리자, 1936년의 스탈린 헌법은 철폐한 바로 서구 입헌주의의 외면적 특징의 대부분을 필요하다는 이유만으로 이용함으로써 사회주의적 입헌주의의 상태를 창설하였다.

이것은 사회주의적 민주주의의 기본개념에 관련된 것인데, 소비에트권 일반, 특히 인민민주주의 국가들의 비교적 최근의 헌법에서는 사회정치과정에 대한 시민의 적극적 참가 ─ 의무로까지 고양되고 있다 ─ 가 강조된다. 시민과 그 단체의 강제적 통합의 실제적 결과로서 예컨대 동독의 이른바 지구제(blocks system)가 있다. 모든 정당은 각료회의 의장(Minister President)을 지명할 수 있는 가장 강한 정당 ─ 그것은 항상 사회주의 통일당인데 ─ 과 함께 정부의 형성에 참가하게끔 되어 있다. 반대당마저도 실제로는 한 정부기관으로 개조되고 있다. 그리고 서구의 헌법이 사회경제제도에 대하여 외형상은 중립이라고 한다면, 동구의 헌법은 사회주의 사회를 촉진하는 것에 그 주된 기능을 구하고 있다. 나아가 예컨대 노동당이 정권을 잡을 수 있는 서구의 사정과는 달리, 동구의 헌법은 정치적으로도 중립이 아니다. 동구에서는 비사회주의 정당에의 정권의 이양은 이론적으로도 불가능한 것이다.

(2) 사회주의 헌법의 기능

사회주의 헌법은 정부 · 의회 그리고 정당에 의한 정치과정의 운영을 위한 단순한 틀만은 아니다. 헌법은 그것이 수행해야 할 사회적 기능들에 의해서 규정되고 동기를 부여하며, 기본적으로는 정치적 실천으로 옮겨야 할 행동강령이다. 바꾸어 말하면 헌법은 현실의 권력보유자에 대하여 사회주의의 길을 추구하고 사회주의의 전제들을 실현하도록 명하는 문서인 것이다. 이러한 의미에서 계급 없는 사회가 건설되기까지의 중간단계인 현재의 헌법은 헌법의 강령적 의도가 최종적으로 현실적인 것이 되는 미래의 「대상적 심상(代償的 心像, compensatory image)(임보덴[Imboden])*이다. 어떤 의미에서 이것은 서구 헌법이론에서의 규범적 헌법과 명목적 헌법의 구별에 대응하는 것이다(전술 참조). 무엇보다 동구의 헌법실증주의자는 사회주의 헌법의 어떤 측면이든 그것이 규범적이 아니라고는 결코 인정하지 못할 것인가? 사회주의 헌법은 정태적인 것은 결코 아니다. 그것은 노동자의 복지가 전 사회의 복리와 일체화하는 미래의 이상적인 사회주의 사회를 향하여 영원히 전진한다. 따라서 사회주의 헌법은 정치과정을 지도한다는 임무를 초월하여, 교육목적을 수행하고 사회주의를 완수하기 위한 인센티브가 되지 않으면 안 된다. 결국 사회주의헌법은 정치적 메시아니즘이 선명되고 형식화된 표현이다.

헌법의 궁극 목적에서 몇 가지 엄밀한 헌법상의 귀결이 도출된다. 입법자는 입법을 통하여 헌법의 사회경제적 명령을 집행할 것을 헌법상 의무지운다. 반대로 말하면 입법자가 헌법의 사회주의적 전제들과 모순되는 입법을 하는 것은 헌법상 허용되지 아니한다(예컨대 체코슬로바키아 헌법 제111조* · 유고슬라비아 헌법 제147조 2항* 참조). 이것은 어떤 의미에서 서구의 몇몇 헌법의 개정금지규정에 대응한다. 그러나 결정적으로 다른 것은 개개의 규정이 아니라 헌법의 이데올로기 그 자체가 전체로서 헌법상 개정될 수 없다는 것이다. 따라서 개정이 가능한 것은 단지 정치과정의 메커니즘에 관한 경우만이며, 사회경제적 강령의 내용에는 미치지 아니한다. 헌법의 이데올로기적 완전성을 보장하기 위해서 위헌입법심사제는 필요로 하지 않도록 주의하지 않으면 안 된다. 또한 사회주의 이론은 인민의 시원적인 **헌법제정권력**을 인정하지 아니한다. 사회의 사회주의적 내실을 폐기하거나 근본적으로 변경하는 것은 주권자인 인민조차도 허용되지 아니한다.

다른 모든 규범에 대한 헌법의 우월성을 강조하기 위해서 소비에트 동맹과 폴란드 헌법은 「기본법」이라고 칭한다. 사회주의 헌법이론이 실질적 헌법과 단순한 형식적 헌법과의 구별, 실정 헌법규범으로부터 일탈하는 헌법관행의 존재와 타당성, 서열 내지 레벨이 다른 헌법규범의 존재를 인정하지 아니한다는 사실은 강령실증주의 (programmatic positivism)라고도 부를 수 있는 그 어프로치 때문이다. 또한 헌법규범은 모두 동등한 타당성, 동등한 중요성을 가지며, 그 어느 것도 헌법의 전 구조에 영향을 미치지 아니하고는 무시할 수 없다고 생각한다.

그러나 연방적 사회주의 헌법(소비에트 연방과 유고슬라비아)은 지분국의 헌법에 대한 연방 헌법의 우월성을 확립하지 못한 것은 아니다. 즉 규범체계에서 연방규범은 우월성을 주장한다(소 동맹 헌법 제14조 · 제16조 · 제19조와 제20조,* 유고슬라비아 헌법 제108조 제3

항·제149조).* 소 동맹에서는 동맹구성공화국의 일부를 형성하는 자치공화국의 헌법은 동맹구성공화국의 승인을 필요로 하지만(제69조 b와 제92조),* 이는 스위스의 경우(제6조)*와 그대로 부합한다. 폴란드나 체코슬로바키아 헌법도 조직법(orgainic law)(헌법률)의 제도를 인정하며, 그 제정과 개정에는 의회의 특별다수(법정 의원수의 5분의 3)를 요하도록 되어 있다(국경의 변경에 관한 체고슬로바키아 헌법 제107조 2항 및 제51조* 참조).

4. 사회주의 헌법의 기원

모든 사회주의 헌법은 이전에 존재하던 부르주아 자본주의 권력체제를 전복시킨 사회정치혁명에 의해서 성립한 것이다. 예전의 헌법과 법적 연속성이 있다고 볼 외장은 하나도 없다. 국민적 전통에 의해서 승인된 헌법상의 습관이나 관행은 인정되지 아니한다. 유일한 예외는 1949년의 동독 헌법이다. 이 헌법은 특수한 정치적 이유에서 과거와의 급격한 단절을 피하고, 낡은 부르주아적 형태를 여전히 반영하였다. 이전에 존재하던 헌법규범은 모두 후법우선의 원칙에 의해서 자동적으로 무효가 된다. 사회주의적 정치이론은 또한 국민의 불가양의 헌법제정권력이라는 것을 인정하지 아니한다. 헌법제정을 발의하고 실행하는 것은 공산당과 그 기관들의 손에 옮겨진다. 새 헌법의 정통성과 합법성은 공산당으로 대표되는 노동자계급에 의한 국가정보에서 유래한다.

헌법제정과정은 정치적인 사정들에 따라서 개별 국가에 따라서 다르다. 그러나 하나의 공통된 특징은 선거민을 헌법제정절차로부터 배제하는 것이다. 헌법제정회의는 선거민의 부재라는 점이 현저한 것이다. 헌법제정의 발의권은 스스로 지명한 혁명 엘리트인 공산당과 그 기관들에 있다. 나아가 발의한 집단과 동일한 집단이 헌법의 내용도 결정하는데, 그 내용은 다소 스테레오타이프화한 것이 되어버리고 만다. 정식으로 채택하는 것은 정치적으로 동질적인 정당으로 구성되는 입법부의 일이다. 다만, 예외적이기는 하지만 완성된 법전의 국민투표에 의한 승인만이 인정되고 있다. 예컨대 1968년의 동독의 경우가 그러하다.

헌법제정 절차에는 몇 개의 단계가 있는 것이 보통이다. 제1단계는 예비초안의 준비인데, 공산당 자신에 의해서 기초되는 경우가 체코슬로바키아처럼(1960년) 의회의 위원회에서 기초되는 경우가 있다. 후자의 경우는 나아가 공인된 사회집단의 대표라든가 의회 외의 헌법전문가의 대표 등 대의원 이외의 사람을 포함하는 경우와 그렇지 아니한 경우가 있다. 때로는 특별법에 의해서 기초위원의 임명이 접수되는 일도 있다.

제2단계로서 일반의 토의에 회부하기 위해서 국민에게 예비초안이 제시되는데, 이것은 사회주의 국가들에서 헌법제정이 서구에서보다는 민주적인 것처럼 보이는 하나의 특색이다. 토의는 하나의 대중선전행위이며, 문자 그대로 전체주의적인 운동이 전개된다. 이 운동의 결과 무수한 대중결의가 행하여진다. 이러한 결의는 비판적인 것이든 영합적인 것이든 모두 검토하기 위해서 기초기관에 송부된다고 한다. 소비에트 동맹헌법의 예비초안을 발표함에 있어서는 수십만의 그러한 제의와 제안들이 국민이나 그 사회단체로부터 나오며, 헌법위원회에서 정선하였다고 전해진다. 이러한 제안은 명확하게 정식화된 수정이라는 형태를 취하지는 않는 것 같다. 이러한 제안은 오히려 권력복종자의 일반적인 반응을 반영하려고 하며, 지상명령인 전원일치의 승인을 촉구하는 분위기를 조성하도록 의도하는 것이다. 마찬가지로 동독에서도 새 헌법(1968년 4월 8일 공포)에 대한 국민투표에 선행하여 열렬한 대중토의가 행하여졌다. 즉 75만 명의 집회가 열리고, 1,100만의 시민이 참석하고, 12,454의 수정이 제안되었다고 한다. 공포된 보고서에 의하면, 표결에 회부된 최종적인 초안은 원초안에 19의 수정이 포함된 것이었다. 새 헌법에 찬성하는 투표는 94.49퍼센트였다고 보고하였다.

제3의 그리고 마지막 단계는 초안의 의회에의 제출이다. 여기에는 인민으로부터의 제안이 회부되는 경우도 있고 그렇지 아니한 경우도 있다. 의회는 수정을 첨가할 수 있는데, 그러한 필요성은 없다. 초안의 최종적인 가결은 이전의 헌법이 규정하는 헌법개정의 요건에 따른다. 말할 필요도 없지만, 전원일치는 보장된다.

사회주의 헌법전, 적어도 제2주기의 헌법전의 구성은 비기술적이며 매우 실리적이다. 용어는 번역에서 판단할 수 있는 한에서는, 단순히 대중의 지식으로도 이해할 수 있을 정도의 것이며, 그 해석에 전문가를 필요로 할 만큼 서구 국가들의 기술적으로 복잡한 헌법과는 매우 다르다. 강령적인 부분조차도 일반적인 승인은 얻지 못할지라도 일반의 이해가 가능한 것이다. 예컨대 단 112개조의 명확한 조문으로 구성되는 체코슬로바키아 헌법(1960년)은 정치과정에 관한 실리적인 규칙의 전형이며, 서구 헌법에서 흔히 볼 수 있는 번잡한 전후 참조를 전면적으로 없애고 있다. 이와 마찬가지로 동독의 새 헌법(1968년)도 사회주의의 가치들을 다분히 의식적으로 강조하고 있는데, 그 알기 쉬운 명확성이란 점에서는 과거의 독일 헌법에서는 관습적인 기술적 표현과는 다르다. 무엇보다 이 용어의 간단성은 효과적인데 오히려 선전적인 효과를 의식한 결과이다. 이와는 대조적으로 유고슬라비아 헌법(1963년)은 적어도 259개조로 되는데, 몇 개의 조문은 1페이지 전부 내지 그 이상을 허비하고 있으며, 상당히 상세한 것이다. 이 헌법은 연방조직에 적용되는 헌법이라는 것을 고려하더라도 몇몇 서구 제국의 헌법전 보다도 복잡하지 않다고는 할 수 없다. 이것은 물론 다른 인민공화국 헌법이 제거하려는 서구형의 법의 지배에 접근하려는 의도에서 나왔을 것이다.

5. 규범명령으로서의 헌법

사회주의의 헌법이론은 강령적인 기술까지도 엄격한 규범성을 가지는 것으로 불어넣고 있으며, 역사를 아는 서구의 헌법학자에게는 파울 라반트(Paul Laband)에 의해서 창설된 독일의 **이전의**(ci-devant) 법학파(法學派)를 강하게 상기시키는 성격을 지니고 있다. 제정시대에 지배적이었던 이 학파는 정치 생활의 현실에 대한 헌법의 정치적·사회적 영향을 전적으로 무시하고 오로지 실정헌법에만 관심을 두었다. 「라반트파」
(Labandism)에 의해서 정당은 그 존재와 운영에 관한 헌법규범이 없기 때문에 존재하지
않았던 것이다. 마찬가지로 사회주의 헌법학도 정치과정의 현실에서 유리되고 있다.
이 무자비한 실증주의는 특히 개인의 자유에 대한 기만적인 기술 가운데에 반영되고
있다. 동독의 새 헌법을 예로 들면, 고전적인 의견의 자유가 보장되고 있으나(제27조
1항),* 그 보장은 「이 헌법의 원칙들에 따라서」이다. 이 미묘한 어법은 명백히 표현의
자유를 헌법이 확립하는 사회경제체제에 합치시키는 것에만 한정하며, 비판적인 논평을
모두 금지한다. 이 유보규정은 집회(제28조 1항)와 결사(제29조)*의 권리에 관해서도
약간의 표현상의 차이는 있으나(「헌법의 원칙들과 목표」), 충실하게 재현하고 있다. 바꾸어
말하면 입헌민주주의 국가에서는 실증주의적 기술에 의해서 절대적으로 보장되는 권리가
확립된 사회주의 질서에 반대해서는 행사할 수 없는 권리로 약화시켰다.

　사회주의의 헌법이론에 의하면, 헌법전에 포함된 모든 것이 실정법이다. 동독의 헌법
(제107조)은 「이 헌법은 직접 타당한 법이다」(Die Verfassung ist unmittelbar geltendes
Recht)라고 명언하고 있다. 이것은 빈번히 강령적·훈시적인 헌법의 전문(前文)에 적용된
다. 서구 입헌주의에 의하면, 전문은 단지 선언적인 성격을 가진다고 이해한다. 그러나
예컨대 프랑스 제4공화국과 제5공화국에서처럼, 전문에서 1789년의 인권선언을 타당한
법이라고 선언하고, 그것을 헌법의 일부라고 기술하는 경우는 예외이다.* 일반적으로
단지 강령적인 의도와 현실적 규범성의 경계선은 불명확하다. 그리고 사회주의 헌법학자
는 헌법규정의 규범적 타당성과 명목적 타당성의 구별을 인정하지 아니한다. 내용 여하를
불문하고 모든 규정이 실정적인 것이다. 유고슬라비아 헌법 서장 기본원칙 제9에서는,
이 강령적 원칙표명은 헌법과 법률의 해석과 아울러 모든 사람의 활동의 기초로서 작용하
기 때문이다. 보다 겸허한 입장을 취한다.

　헌법의 법적 타당성은 입법자에 대해서 헌법에 따라서 법률을 제정할 의무를 부여하고,
헌법에 저촉되는 규범의 제정을 금지한다. 따라서 헌법규범으로부터의 일탈과 헌법규범
에 대한 예외는 미리 헌법 자신에 의해서 확인되어야 한다. 물론 이것으로써 헌법파훼
(Verfassungsdurchbrechung)라는 방법에 의한 **사후법**(ex post facto law)적 예외설정기
술이 미연에 방지되게 된다. 그러나 이 경우 근본적으로 중요한 것은 시민적 자유에
대한 제한이 처음부터 헌법 자신에 의해서 용인되며, 그러한 제한이 법적으로 다툴
수 있는 여지를 없애버린다는 사실에 있다(전술한 동독 헌법 참조). 사회주의 국가들에서
시민적 자유는 입헌민주주의 국가들에 있어서의 정도로 보호되지 아니한다는 서구의
평론가에 의한 일반적인 고발은 확실히 올바른 것이다. 그러나 이 고발은 헌법 자신이
시민적 자유에 대한 제한적 조치를 용인한다는 것은 무시한다. 시민적 자유가 실제로
어느 정도 보호되는가를 결정하는 것은 관헌의 자율적인 재량에 맡겨지고 있다.

6. 위헌법률심사제의 문제

만약 헌법의 규범성에 의해서 입법자가 위헌의 법률을 제정하는 것이 금지된다면, 「**누가 감시인을 감시할 것인가?**」(quis custodiet custode?)* 주권을 가진 의회의 행위에 대한 사법심사라는 형태로서, 법원에게 헌법의 수호자인 기능을 맡기는 것은 명백히 회의제의 운영과 양립되지 아니한다. 영국에서처럼, 사회주의 국가들의 법관은 법률을 적용할 의무를 지고 있으며, 법률을 무효로 할 수는 없다.

사회주의 헌법학자도 결코 이 문제를 의식 못하는 것은 아니나, 정치적으로는 전적으로 그렇지 아니한 여론의 개입이라는 허황된 방법에 의거하여 그 해답을 얻으려 한다. 또한 선거민은 헌법상 대의원을 소환할 권리가 부여되어 있으므로, 헌법위반에 대해서는 대의원의 책임을 묻는 것을 통하여 선거민이 통제기관으로서 기능할 수 있기 때문이다. 또한 사회주의 헌법은 그 곤경으로부터의 탈출구를 의회의 자제라는 것에서 구한다.

동독 헌법(1949년)은 헌법위원회를 설치하고, 그 구성원으로서는 의회의 정당대표 — 동독은 규제는 가하더라도 복수정당을 인정하는 유일한 사회주의국가이다 — 외에 최고재판소의 3인의 법관과 3인의 국법학자를 더한다(제66조).* 그러나 이 위원회에 의한 합헌성심사절차는 한 번도 발동되지 않았다. 그리고 1968년의 새 헌법에서는 헌법위원회는 폐지되어 버렸다. 이에 대신하여 국가평의회가 의회에 제출되는 법안이 합헌인가의 여부를 결정하며(제65조 2항),* 또 헌법(과 법률)을 유권적으로 해석하는 권한이 부여되고 있다(제71조 3항).* 별로 놀라운 것은 아니지만, 법규의 합헌성에 관한 의문이 동일한 기관에 의해서 해결된다(제89조 3항).*

대다수의 사회주의 국가들에서 법률의 헌법적합성을 확보하는 권한은 그것을 제정한 기관에 위임된다. 즉 의회 또는 그 간부회가 각각 행한다(소비에트 동맹헌법 제14조 d, 제31조* · 체코슬로바키아 헌법 제41조 2항* · 루마니아 헌법 제43조 13호* · 불가리아 헌법 [1947] 제25조).* 루마니아는 1965년 헌법에서 위의 절차를 보다 순화하여, 그 전 구성원 중 3분의 1을 넘지 않는 구성원이 의회의 지령을 받지 않는 전문가로 구성되는 헌법위원회를 대민족회의(Great National Assembly) 가운데에 설치하였다(제53조). 위원회의 기능은 위원회 스스로 또는 대민족회의 주도권에 의해서, 모든 종류의 헌법문제에 관한 의견서나 보고서를 의회에 제출하는 것이다.

이와 대조적인 것이 1963년의 유고슬라비아 헌법이다. 이것은 서구의 입헌주의에 가장 가까운 사회주의 헌법인 것은 의문의 여지가 없다. 제1장 전체(제13장의 제241조부터 제251조까지, 또 제178조와 제217조 참조)*는 헌법재판소 — 이것은 관할과 절차의 모두에 대해서도 매우 많은 것을 서구, 특히 바이마르와 본 헌법에 의한다 — 를 위해서 할애한다. 헌법재판소는 연방대통령의 제안에 근거하여 연방의원(연방의 정치회의)에 의해서 8년의 임기로 선임되는 장과 10인의 법관으로 구성되며, 4년마다 반수가 개선(改選)되며, 재선은 허용되지 아니한다. 의회로부터 어떠한 지령을 받더라도 그 사법적 기능과 양립되지는 아니한다. 그 관할은 연방의 법규와 아울러 연방의 구성원인 공화국의 의회가 제정하는 법률에 미치며, 후자의 경우에는 공화국법의 연방헌법과 연방법률적합성이 심사된다. 그리고 공공기관이 발하는 모든 규칙과 결정도 합헌성심사에 복종한다. 법원은 또한 연방과 그 구성원인 공화국 사이에 존재하는 각각의 권리와 의무를 둘러싼 분쟁을 재결하도록 되어있다. 따라서 법원은 정치적 결정의 기능도 맡고 있다. 법원은 기본적 자유와 권리를 연방기관의 개개의 결정 또는 행위에 대한 침해로부터 보호하는 기능을 담당할 것이 기대된다(제241조).* 따라서 연방과 그 구성원이 공화국에서의 합헌성을 둘러싼 모든 문제가 빠짐없이 헌법재판소의 관할로 되게 된다. 만약 어떤 규정이 위헌이라고 판시된 경우에는, 연방의회는 6개월 이내에 판결에 그러한 조치를 취하지 않으면 안 된다. 그러한 조치가 취해지지 않는 경우에는 그 규정은 최종적으로 무효로 선언된다(제245조와 제246조).** 이 규범통제절차를 발동시키는 권한은 각종의 국가기관에게 인정되며, 어떤 규정이 소송에서 문제로 된 경우에는 연방최고재판소나 공화국 최고재판소도 이 권한을 가진다(제249조).* 헌법재판소는 또 법률의 헌법적합적 해석을 설정한다(제250조).*

전체적으로 볼 때, 이 유고슬라비아의 헌법재판소는 예컨대 합중국이나 서독과 같은 서구의 몇몇 가장 진보된 입헌민주주의 국가들의 제도와 비교하여 손색이 없으며, 기타 많은 서구 국가들의 것보다도 우수하다. 그리고 이 헌법재판은 단순한 종이 호랑이 이상으로, 반복적으로 발동되고, 구제조치를 촉진하여온 것이다.

7. 헌법개정

모든 사회주의 헌법은 구 개정에 대한 규정을 두고 있다. 개정에 요구되는 다수의 3분의 2(원칙이다)에서 5분의 3(체코슬로바키아 헌법 제111조 1항 및 제51조 3항)*까지 다양하다. 때로는 특별한 정족수가 규정되기도 한다. 입법의회에의 출석은 일반적으로 명령적이므로, 부적절한 예방 조치일 것이다. 예외적이라고 생각되는 것은 동독의 헌법(1968년 헌법 제108조)*으로, 개정은 본 기본법에서 복사한 것으로, 명문으로써 본문에 쓰여져야 한다는 조건부로, 단순 다수로 행할 수 있게 되어 있다.

소비에트 동맹에서 개정은 최고회의를 구성하는 양원의 3분의 2의 다수로 가결된다. 그러나 회의는 년 2회, 그것도 회기가 매우 짧기 때문에, 최고회의 간부회가 포고에 의해서 헌법을 개정하는 권한이 부여되고 있으며, 이 포고는 위의 최고회의의 본회의에서 비준하도록 되어있다. 헌법의 구조적 변경은 아직 기록되어 있지 않다. 그러나 전 동맹적 각 성(省)(제77조)과 동맹적·공화국적 각 성(제78조)의 고도로 전문적인 구성에서의 기구개혁은 빈번히 헌법개정을 촉진하였다. 이 점에서도 유고슬라비아의 1963년 헌법은 독자적인 길을 걷고 있다(제210조-제214조).* 상당히 복잡하지만 주의 깊게 규정된 절차는 두 개의 단계를 예정하고 있다. 제1의 단계는 개정의 필요성에 대한 검토이다. 연방의원과 민족의원(이것은 공화국 의회와 자치주의회에 의해서 선출되는 연방의원의 성원으로서 구성된다.
제210조). 이 헌법에 의해서 설치되는 여러 가지의 사회경제기구로부터 얻은 권고적
의견에 근거하여 개정의 필요성에 대하여 합의에 도달하도록 되어 있다(제211조). 제2의
단계는 심의와 채택이다. 개정안을 둘러싸고 연방의원과 민족의원 간에 불일치가 있는
경우에는 조정해야 하는데, 최종적으로는 그 결정을 국민투표에 맡김으로써 해결한다.
국민투표에 회부하는 것에 대해서 양원에서 합의가 성립되지 않는 경우에는 연방의원의
해산이 필요하게 된다(제212조). 개정안의 가결에는 양원의 3분의 2의 다수가 필요하다
(제213조). 그러나 여기서도 문제가 끝나지는 않는다. 국가의 사회경제기구 중 세 개가
최종안으로 동의하지 아니하는 경우에는 국민투표로 하도록 규정되어 있다.
    헌법개정의 성립은 입법부의 단일적인 구성과 공산당의 규율로써 매우 용이하다.
그러나 사회주의 헌법은 일반적으로 놀랄만한 안정성 또는 다른 견해에서는 자유주의
사회에서라면 반드시 헌법개정을 요구하게 되었을 사회경제적 상황의 변화에 대한 현저한
면역성을 보여왔다. 또한 개정은 드물게 있었다. 여기서도 유고슬라비아는 예외이다.
1963년에 제정된 이래, 새로운 규정을 추가하거나, 헌법상의 흠결을 보충하거나 하여,
적어도 7개의 중요한 헌법개정이 있었고, 그 중 몇 개는 정치과정에 관하여 기본적인
중요성을 가진 것이었다. 다른 한편, 동독에서는 중요한 기구상의 변경은 헌법 중에
전혀 기록하지 않고 실시하였다(1952년의 연방제에서 단일국가로의 전환, 1962년의 국대통령
제의 폐지와 이에 대신하는 국가평의회의 설치). 마찬가지로 소비에트 동맹에서도, 중앙경제
각 성(省)에 대신하여, 지역적 지방분권적인 각 부를 설치한 경제행정의 기념비적 전환
(1957년과 그 이후)은 헌법전의 본문에 아무런 흔적도 남기지 않았다. 소비에트 입헌주의
하에서는 대체로 행정의 재편성에는 헌법의 본문을 손댈 필요는 없을 것이다.
    확실히 사회주의 헌법에 대해서 헌법개정은 입헌민주제에서처럼 중요성을 가지지는
아니한다. 사회주의의 근본교리, 교리의 기초에 있는 정치철학은 결코 변경될 수 없다.
그렇지 않다면 사회주의의 정치체계는 존재하지 못할 것이다. 따라서 개정절차는 실제로
헌법의 일정한 조직 규정에 관해서만 타당한데 그친다. 또한 통합적 사회주의의 기본적인
여러 원칙에는 손을 대지 않고 내버려 둔다. 물론 예컨대 독재제를 자유주의화하는
것처럼, 장래의 정치적 발전이 헌법개정에 관계되면, 경우에 따라서는 개정을 필수적인
것으로 할 수도 있을 것이다.

8. 헌법에 대한 국민의 반응

    사회주의권에 대해서 외부로부터 객관적으로 평가하는 것은 불가능하다. 무엇보다
법의 절차상의 요건이나 기능성의 배열은 당기관이나 당관료에 의해서 정상적으로 준수하
게 될 것이다. 정치과정은 헌법이 규정하는 기구를 통하여 움직인다. 의회는 적절하게
선거되고 입법회기에는 집회하며, 법원도 기능한다. 지배층의 인사이동은 헌법상의 요건

에 따라서 한다.

다른 한편, 통합적 사회주의의 사회경제적 계획의 집행에 관하여는, 특히 실제적 운영에 관한 한 헌법의 틀은 너무 넓고, 그 표현은 극도로 막연하기 때문에, 지배정당에 의한 과두제적 정책결정을 배제할 수는 없다. 사회주의적 정치체제는 그 자신의 생물학적 법칙에 따르고 있으므로, 법의 지배라는 서구의 기준으로서 측정할 수는 없다.

따라서 오늘날 당의 과두적·관료적 지배에 종속할 뿐인 권력복종자인 대중이 헌법에 대해서 가지는 감정적 애착도, 거의 명목적인 것 이상이 될 수는 없다. 입헌제 — 공산주의나 나치스의 정복 전까지도 맹아적인 것에 불과한 — 를 기억하는 동구의 옛 세대는 사라지고 있다. 소비에트 연방에서 이러한 세대는 완전히 소멸되었다. 새로운 세대는 사회주의 사회에서의 사회주의 이외에는 아무것도 모른다. 약간의 작가, 기타 지식인은 검열이나 예술에 대한 규제에 불안을 느낄지도 모른다. 그러나 그들도 지적 자유화를 헌법전의 문구와 거의 결부시킬 수는 없다. 메마르고 감정이 움직이지 않는 새로운 세대는 헌법의 추상적 이념보다도 그들 자신의 사회주의 사회의 사회경제적 특권, 즉 무상으로 교육이나 의료를 받게 되는 것, 당이나 국가에게 자유롭게 직을 얻는 것, 일을 보장하는 것, 가계나 인종이나 혈연관계에 의한 차별로부터 자유로울 것, 지배계층에로 출세할 기회를 가지는 것을 보다 큰 일로 생각할지도 모른다. 이러한 구체적인 이익은 자유로운 선거·복수정당제·집회·결사 그리고 자기표현의 자유 등 자유주의적 부르주아 질서의 이상보다도 중요할지 모른다. 성문헌법은, 사회주의사회의 일상생활에서는 헌법의 마력으로부터 각성한 서구와 같은 정도의 약간의 의미 또는 그 이하의 의미를 지닐지도 모른다.

그러나 새로운 질서를 인민의 마음속에 잠재적으로 심는 것은 많은 사회주의적 입헌주의가 강하게 고집하는 교육과정의 효과에 관계된다. 소비에트 연방이나 위성국가들에서는 교육활동이 중요시된다. 참가의 민주주의는 목적에 도달하기 위한 하나의 수단이라는 것만은 아니다. 참가의 민주주의는 국외자에게는 예컨대 교화 또는 우화(愚化)까지 나타내더라도, 그것 자체로 본래의 목적이 있는 것이다. 이러한 경향을 보여주는 실례는 풍부하다. 예컨대 동독의 새 헌법을 보면, 「군국주의적이며 보복주의적 선전」의 금지(제6조 5항),* 청소년의 사회주의공동체에의 참가(제20조 3항),* 「정책의 기본문제」에 관한 인민토의(제22조 3항),* 인민의회 대의원이 교육적 기능을 담당할 의무(제56조)* 또는 대의원이 선거인과 긴밀한 개인적 관계를 가질 것을 명하는 특별규정(제57조)* 등이 있다. 이러한 교육적 배려가 그대로 헌법 — 그 양식과 용어는 누구나 이해할 수 있는 — 을 보다 국민에게 가깝게 하는가의 여부는 앞으로 보아야 한다. 특히 이러한 공공의 교육정책은 서구에서는 볼 수 없는 것이다.

III. 양 체계 헌법의 비교

입헌민주주의의 정치체계와 통합적 사회주의의 정치체계 사이의 몇 가지 유사점이나 차이점은 지금까지의 검토에서 이미 언급하였다. 여기서는 결론적으로 전체적인 비교를 시도해 보려고 한다.

(1) 양 정치체계에서의 헌법이론과 실천은 성문헌법의 존재가 조직된 국가사회의 불가결한 기초라는 점에서 일치한다. 형식적 헌법을 가지지 아니한 사회는 법의 지배를 유지할 수 없다고 보며, 이러한 견해는 양 체계에서 다른 연관성을 가진다고 하더라도 공통된 관념이다.

(2) 모든 성문헌법은 직접적 또는 간접적으로 명확한 이데올로기적 목적을 나타낸다. 서구 헌법의 이데올로기적 종국 목적은 재산권의 보장에서 나타나듯이, 사적 자본주의를 촉진하는 데에 있다. 그러나 헌법의 주요 목적은 정치과정의 운영을 규제하는 데에 있다. 다른 한편, 동구권에서는 통합적 사회주의의 강령적 목적이 정치과정의 규제보다도 훨씬 중요시된다. 사실 정부의 기구조차도 전적으로 사회정치적 강령을 경험적인 실재에 바꾸도록 향하고 있다. 입헌민주제 아래에서는 전적으로 다른 사회정치적 체계도 법적으로는 진정한 의회의 다수를 통해서 도입될 수 있을지라도, 동구에서는 자본주의에로의 이행은 기존의 질서를 완전히 파괴하게 될 것이다. 서구의 헌법은 개방된 사회에, 동구의 헌법은 폐쇄된 사회에 타당하다. 따라서 정치적 탄력성은 입헌민주주의의 특성이며, 편의성은 사회주의의 특징이다.

(3) 정치과정의 운영에 대해서 입헌민주주의는 시행착오를 통해서 법의 지배를 보장하고 개인의 권리를 보호하기 위한 확실한 해결방법을 찾아내었다. 그러나 개별적인 통치형태는 한결같지 않다. 이에 대하여 사회주의의 정치체계에 있어서 그 사회경제적 이상을 가진 다수파를 위한 확실한 통치기구는 회의제에 있다고 믿는다.

(4) 입헌민주주의는 부단한 사회경제적인 실험에 종사하며, 인간의 궁극적인 행복에 이르는 최후의 열쇠를 발견하였다고 믿는다. 그것은 기본적으로 낙관적이다. 서구의 헌법은 인간이성에 의지하는 실리적 법전임에 대하여, 동구의 헌법은 그 궁극적 타당성을 신앙에서 구한다. 서구에서의 해결책은 잘해야 잠정적인 것이므로 개선의 여지를 남기고 있으나, 동구의 해결책은 최종적인 것이기 때문에 이것을 문제로 삼을 수는 없다.

(5) 양 정치체계의 헌법은 모두 정치의 운용에 대해서 침묵하는데, 서구의 입헌주의는 무제한한 복수정당의 경합적 기능에 기초를 둔다. 이에 반하여 동구의 입헌주의는 단일한

국가정당(공산당 또는 사회주의 통일당)의 존재에 기초를 두며, 그것 없이 회의제는 기능할 수 없다. 마찬가지로 사회주의의 여러 단체조직은 정치과정에서의 공적 요소로 되고 있음에 대하여, 서구에서는 사회의 조직집단의 상호 작용은 일반적으로 헌법외적 · 비규제적이며 간접적인 것인데 그친다. 그러나 동독에서는 일종의 규제복수정당제가 존재한다. 그러나 이것도 지구제(block system)라는 기술로써 지배적인 공산당과 경쟁할 만큼의 기능은 가지고 있지 않다.

(6) 민주적 입헌주의 하의 헌법은 다원적 사회의 틀이며, 정치과정은 여러 가지의 사회적 세력 간의 타협을 목적으로 한다. 개방된 사회에서의 풍토는 기본적으로는 상대주의적이다. 동구의 헌법은 궁극적으로 단일적이 되려는 국가사회이다.

(7) 민주적인 제도들이 오랜 건실한 국민적 전통에 기초를 두는 서구 국가들에서 헌법은 엄밀한 규범성을 가진다. 헌법의 법적 규칙들은 권력보유자와 권력복종자에 의해서 다 같이 준수된다. 우연한 일탈은 헌법해석이나 정치과정에 관한 불문의 관행 등을 이끌어내어 정당화된다. 정부 · 의회 그리고 정당은 정치적으로 가능한 범위 내에서 강령적 · 이데올로기적 목적에 따라서 행동하려고 신중하게 노력한다. 이에 대해서 동구권에서 헌법은 의미론적인 성격을 가진다. 정치과정은 공산당과 그 조직을 위하여 동결된다. 이것이 정당화되는 것은 공산당이 사회주의혁명을 수행하기 위해서 헌법이 지정한 수단이라는 교리상의 전제가 있기 때문이다. 그러나 의미론적인 헌법은 사회주의권에만 있는 것은 아니다.

(8) 서구 민주주의 국가에서는 주권(州權)에 역점을 두는 연방주의는 예컨대 그 정치적 영향력이 사회적 중앙집권화의 경향에 의해서 극소화될 경향에 있다고 하며, 여전히 살아있는 현실이다. 소비에트 연방에서 연방주의는 단순히 행정상의 지방분권에 불과한 것으로까지 축소되었으며, 주로 국가계획의 한 수단으로서 기능할 뿐이다. 단 하나 유고슬라비아에서는 다른 민족의 존재가 보다 활동적인 연방주의를 낳는 결과가 되었다. 체코슬로바키아에서 연방주의가 성공할 것인가 여부는 예측하기 어렵다.

(9) 입헌민주주의의 정치과정을 규제하는 헌법은 필연적으로 복잡하고 세련된 법전이 되지 않을 수 없다. 그 복잡성은 권력행사를 다른 권력보유자 간에 분배함으로써 권력을 제한하고, 이것으로서 법의 지배를 보장한다는 기본 목적에서 유래하는 것이다. 그 때문에 기관 내부의, 그리고 기관 간 통제로서의 억제와 균형, 권력보유자의 변덕스러움으로부터 개인을 보호하는 여러 수단이 채택된다. 이에 반하여 사회주의 헌법은 회의제를 위한 틀이기 위하여 제한정체를 확립하고, 권력을 분배하고 배분할 것을 목적으로 하는 공부를 필요로 하지 않는다. 따라서 서구 헌법은 필연적으로 복잡한데 대하여, 사회주의권의

1. 비교헌법론 서설 845

헌법은 솔직하고, 표현은 단순하며 법적으로 소박하다. 이 기본적인 차이는 헌법전의 양식과 표현방법에 아주 잘 반영된다. 서구의 헌법은 다소간 보통 사람의 지적 수준보다도 높으며 헌법전문가의 영역이다. 사회주의헌법은 유고슬라비아는 다분히 예외로 치더라도, 일반적으로 특별한 지적 노력 없이, 교육 정도가 낮은 권력복종자까지도 이해할 수 있을 정도의 교과서와 같은 명쾌함과 정확성을 지니고 있다.

(10) 헌법전의 기본적 구조에 대응하여, 서구 세계의 헌법학은 하나의 특수과학적이며, 실체와 절차의 해석에 대하여 다른 견해를 허용한다. 이에 대하여 사회주의권의 헌법학은 단일정당이 헌법의 해석과 적용의 독점권을 보유하는 단일적인 사회의 요청에 순응하여 단순히 종속적인 역할만을 수행한다.

(11) 민주적 입헌주의의 본질과 핵심은 개인의 자유와 시민적 자유를 공권력에 의한 침해로부터 보호하는 데에 있다. 동구 세계의 헌법은, 한편으로는 개인의 자유라는 교리에 입발림하기는 하나, 헌법에 의한 실정적인 보호도 그것이 사회주의적인 전제들과 모순된다고 생각될 경우에는 국가와 당에 의한 제한, 경우에 따라서는 완전한 폐기까지도 허용한다. 우연히도 이것은 사회주의권의 헌법에 한하지 않고, 서구 체계의 몇몇 최근의 헌법에서도 취한다. 예컨대 본 헌법은 보장된 자유가 입헌민주제의 확립에 반대하는 방향으로 행사할 때에는 그 행사를 금지한다(제18조).* 일반적으로 말하여, 자유의 관념을 근본적으로 달리하는 것이다. 서구의 입헌민주제에서의 자유는 절대적 가치이며, 다른 모든 가치를 능가한다. 다른 한편, 동구에서의 자유는 통합적 사회주의 사회라는 최고의 가치에 종속한다.

(12) 서구 헌법은 그 내재적 가치를 당연한 것으로 하고, 그것을 구태여 선전하지 아니한다. 이에 대해서 사회주의 헌법은 적극적으로 선전공세를 편다. 대중의 교화는 공중교육으로서 위장한다. 헌법은 참가의 민주주의를 강조함으로써 지도된 선거와 정당에 의한 정치과정의 통제에 대한 덮개가 되고 있다. 참가의 민주주의라는 기술이 사회주의 헌법을 국민의 마음에 심을 정도로까지 성공할지는 확실하지 않다. 그러나 순응성 있는 연소자에 대한 그 교육적 효과를 업신여겨서는 안 된다.

IV. 결 론

이것을 집필하고 있는 현재(1968년 여름), 헌법불쾌감이라고도 부를 수 있는 것이 서구 세계 전체에 퍼지고 있다. 헌법과정에 대한 불만이 프랑스나 스위스, 그리고 미국처럼 자국의 헌법적 전통을 과시하는 국가에서도 현저하게 되고 있다. 이러한 국민의 불만은 기존의 헌법이 공동체의 실질적인 해악을 처리하고 사회정의를 실현할 수 없다는 데에 기인한다. 그러나 예견할 수 있는 장래에, 근본적인 헌법개혁이 있을 것으로 보이지 아니한다. 왜냐하면 헌법의 틀은 확고하도록 규정하고 있으며, 헌법규범의 변경이 사회의 여러 가지 해악을 치유할 수 있을지의 여부는 의문이기 때문이다. 서구에서 직면한 사회경제적 곤란에 대해서 사회주의 사회는, 유효한 해결책을 찾았다고 주장한다. 그러나 루마니아·헝가리 그리고 체코슬로바키아에서의 최근의 사건에서 판단할 때에, 사회주의권도 마찬가지로 심각한 동요기에 있는지도 모른다. 도처에서 민중의 (특히 젊은 세대의) 분노가 현재화하고, 스탈린 시대의 상태 그대로 동결된 불모의 토지를 녹여버리려고 한다. 그들은 서구가 풍부하게 가진 것, 즉 보다 많은 지적이며 정치적인 자유를 얻기를 바란다. 서구 입헌주의의 여러 특징이 이전의 위성국가의 철의 장막에도 침투하기 시작한 것이다. 유고슬라비아의 서구 입헌주의에로의 접근은 가장 진보적인 것이다. 가령 사회주의의 시계를 자본주의의 시대로 돌리는 대규모적인 혁명이 예상될지는 몰라도, 생활수준이 점차 향상되면서 어떤 젊은 세대는 사회주의적 생활양식의 사회경제적 이점을 희생으로 제공하지 않고, 보다 큰 지적 자유를 얻기 위하여 노력할 것이다. 만약 이러한 단계에 도달한다면 그때에는 새로운 형태나 주기의 사회주의 헌법이 작성될 것이다.

주요 참고문헌

I. 역사적 자료

Friedrich, Carl J., The Impact of American Constitutionalism Abroad, (Boston, 1967)

Hamilton, Alexander, James Madison and John Jay, Federalist Papers, 1788, (Many editions). (김동영 옮김, 『페더랄리스트 페이퍼』, 한울 아카데미, 1995; 김성복역, 『연방주의론』, 을유 구미신서 1960)

Hawgood, John A., Modern Constitutionalism since 1787, (New York, 1939).

MacIlwain, Charles H., Constitutionalism: Ancient and Modern, (Ithaca, N. Y. 1940) (김준환역, 『헌법과 정치: 입헌주의의 사적 전개』, 법문사, 1962)

Rothschild, Walter, Der Gedanke der Geschriebenen Verfassung in der englischen Revolution, (Tübingen und Leipzig, 1903).

Wormuth, Francis D., The Origins of Modern Constitutionalism, (New York, 1949).

Zweig, Egon, Die Lehre vom Pouvoir Constituant, (Tübingen, 1909).

Ⅱ. 헌법의 일반이론

Beyme, Klaus von, Die verfassunggebende Gewalt des Volkes, (Tübingen 1968).

Burdeau, Georges, Droit Constitutionnel et Institutions Politiques, (8th ed.; Paris, 1958).

Duverger, M., Institutions Politiques et Droit Constitutionnel, (Paris, 1960) (김병규역, 『정치제도와 헌법』 제1권, 제2권, 삼영사, 1979/80년)

Finer, Herman, Der moderne Staat, (Stuttgart und Düsseldorf, 1958).

Friedrich, Carl J., Constitutional Government and Democracy, (4th ed.; Waltham Mass., 1968)(윤천주 옮김, 『오늘의 입헌정치』, 대한교과서 주식회사, 1962. 이 책의 제1부와 제2부의 번역임 ― 역자)

Friedrich, Carl J., Man and His Government, (New York, 1965).

Laski, Harold J., Grammar of Politics, (London, 1925)(민병태역, 『정치학강요』, 민중서관, 1955)

Loewenstein, Karl, Political Power and the Governmental Process, (Chicago, 1957; paperback, 1965)(김기범역, 『현대헌법론』, 교문사, 1973; 새 번역 『동아 법학』 제74 및 제75호, 2017)

Loewenstein, Karl, Über Wesen, Technik und Grenzen der Verfassungsänderung, (Berlin, 1961)(김남진역, 헌법개정의 본질·기술 및 한계, 『법정』 제19권 9·10·11호 1964)

MacIver, Robert, The Web of Government, (New York, 1947).

MacIver, Robert, The Modern State, (London, 1926)(민병태역, 『근대국가론』, 서울대학교 번역총서, 민중서관, 1957)

McBain, Howard, The Living Constitution, (New York, 1928).

Malberg, Carré de, Contribution à la théorie générale de l'État, (Paris, 1922).

Mortati, Costantino, La Costituzione in Senso Materiale, (Milano, 1940).

Ruffia, Paolo Biscaretti di, and Stefan Rosmaryn, La Constitution Comme Loi Fondamentale dans les Etats de l'Europe Occidentale et dans les Etats Socialistes, (Torino-Paris, 1966).

Wheare, K. C., Modern Constitutions, (London, 1951)(① 노융희·배재식 공역, 『현대헌법론』, 박영사, 1956; ② 강문용역, 『현대헌법』, 신아사, 1958; ③ 이준구 역, 『현대헌법론』, 학연사, 1984)

Ⅲ. 헌법학 : 일반

Bachof, Otto, Verfassungswidrige Verfassungsnormen, (Tübingen, 1951).

Barile, P., La Costituzione come Norma Guiridica, (Firenze, 1941).

Ehmke, Horst, Grenzen der Verfassungsänderung, (Berlin, 1953).

Grosskreutz, Peter, Normwidersprüche im Verfassungsrecht, (Köln, 1968).

Hesse, Konard, Die normative Kraft der Verfassung, (Karlsruhe, 1959)(계희열 역, 헌법의 규범력, 동인역, 『헌법의 기초이론』, 박영사, 2001, 13-34면에 수록)

Hsu-Daulin, Die Verfassungswandlung, (Berlin-Leipzig, 1932).

Jellinek, Georg, Allgemeine Staatslehre, (4th ed., Berlin, 1922)(김효전 옮김, 『일반 국가학』, 법문사, 2005)

Kägi, Werner, Die Verfassung als rechtliche Grundordnung des Staats, (Zürich, 1945)(홍성방 옮김, 『국가의 법적 기본질서로서의 헌법』, 유로, 2011)

McWhinney, Edward, Comparative Federalism : States' Right and National Power, (Toronto, 1962).

Smend, Rudolf, Verfassung und Verfassungsrecht, (München, 1928)(김승조 옮김, 『국가와 헌법』, 교육과학사, 1994)

Wheare, Kenneth C., Federal Government, (4th ed., New York, 1964).

Ⅳ. 헌법 : 개별국가

Anschütz, Gerhard, Die Verfassung des Deutschen Reichs, (14th ed., Berlin, 1933).

Anson, William R., The Law and Custom of the Constitution, (5th ed., 1935; Vol. Ⅰ : Parliament; Vol. Ⅱ: The Crown).

Barthélemy, Joseph et Paul Duez, Traité de Droit Constitutionnel, (Paris: 1933).

Brooks, Alexander D., Civil Rights and Civil Liberties: An Annotated Bibliography, (New York, 1962).

Calamandrei and Levi, Commentario Sistematico alla Costituzione Italiana, (2 vols., Firenze, 1950).

Calmon, Pedro, Corso de Direito Constitutional Brasileiro, (Rio de Janeiro, 1947).

Dicey, A. V., Introduction to the Study of the Law of the Constitution, (9th ed., London, 1939)(안경환 · 김종철 공역, 『헌법학입문』, 경세원, 1993)

Duguit, L., Traité de Droit Constitutionnel, (5 vols. Paris, 1921-1925).

Esmein, Adhémar, Eléments de Droit Constitutionnel Français et Comparé, (8th ed., Paris, 1927/28, 2 vols.).

Freund, Paul A., The Supreme Court of the United States: Its Business, Purpose and Performance, (Cleveland, 1961).

Jennings, W. Ivor, Parliament, (Cambridge: 1940; 2nd; ed., 1957); Cabinet Government, (3rd ed. Cambridge, 1959).

Jennngs, W. Ivor, The Law and the Constitution, (London, 1948)(박일경역, 『법과 헌법』, 민협출판사, 1964)

Laband, Paul, Das Staatsrecht des Deutschen Reiches, (1st ed.; Tübingen, 1876-1882; 5th ed., Tübingen, 1911-1913).

Leisner, Walter, Die Verfassungsgesetzgebung in der italienischen staatsrechtlichen Tradition, Zeitschrift für öffentliches Recht, (1960, S. 243 ff).

Linares Quintana, Segundo V., Tratado de la Ciencia del Derecho Constitucional Argentino y Comparado, (9 vols., Buenos Aires, 1956-1965).

Loewenstein, Karl, Erscheinungsformen der Verfassungsänderung, (Tübingen, 1932).

Loewenstein, Karl, Staatsrecht und Staatspraxis von Großbritannien, (Berlin, 1959).

Loewenstein, Karl, Verfassungsrecht und Verfassungspraxis der Vereinigten Staaten, (Berlin, 1959).

Maunz, Theodor, Deutsches Staatsrecht, (16 ed., München, 1968).

Meyer, Georg, Lehrbuch des Deutschen Staatsrechts, (ed. by G. Anschüz, München und Leipzig, 1919).

Peska, Pavel, "Einige aktuelle Tendenzen des sozialistischen Konstitutionalismus in der Tschechoslowakei" in: Die moderne Demokartie und ihr Recht, Festschrift für G. Leibholz, (Tübingen, 1966).

Phillips, O. Hood, Constitutional and Administrative Law, (London, 1962).

Pritchett, C. Herman, The American Constitution, (New York, 1959)(양승두 · 최양수 공역, 『미국헌법제도론』, 박영사, 1975)

Ruffia, Paolo Biscaretti di, Diritto Constitucionale, (4th ed.; Naples, 1956).

Wade, E. C. S., and G. G. Phillips, Constitutional Law, (6th ed., London, 1962)(강문용역, 『영국 헌법학』(상 · 하), 창문사, 1959. 제5판(1955년)의 번역임 – 역자)

Ⅴ. 각국의 헌법전

Al-Marayati, Abid A., Middle Eastern Constitutions and Electoral Laws, (New York, 1968).

Aquarone A., D. D'Addio, G. Negri, Le Constitucione Italiane, (Milano, 1958).

Dareste, F. R. & P., Joseph Delpech & Julien Laferrière, Les Constitutions Modernes, (6 vols., Paris, 1928-34).

Dennewitz, Bodo & Boris Meissner, Die Verfassungen der modernen Staaten, (Hamburg, 1947).

Duguit, L., M. Monnier, R. Bonnard & Georges Berlia, Les Constitutions et les Principales Lois Publiques de la France depuis 1789, (Paris, 1952).

Fitzgibbon, Russell H., The Constitutions of the Americas, (Chicago, 1948).

Franz, Peter, Staatsverfassungen, (2nd ed., München, 1964).

Füsslein, E. W., Deutsche Varfassungen, (Frankfurt/M., 1961).

Mayer-Tasch, P. C. & I., Contiades, Die Verfassungen Europas, (Stuttgart, 1966).

Mirkhine-Guetzévitch, Boris, Les Constitutions de l'Europe Nouvelle, (Paris, 1932).

Mirkhine-Guetzévitch, Boris, Les Constitutions des Nations Americaines, (Paris, 1932).

Peaslee, Amos J., The Constitutions of Nations, (3 vols., 2nd ed., The Hague, 1956).

Triska, Jan F., Constitutions of the Communist Party States, (Stanford, 1967).

2. 대통령제의 비교법적 연구*

카를 뢰벤슈타인

《차 례》

---

*   Karl Loewenstein, Der Staatspräsident. Eine rechtsvergleichende Studie, in: Archiv des öffentlichen Rechts, Bd. 75, 1949, Heft 2, S. 129-192, also in ders., Beiträge zur Staatssoziologie, Mohr, Tübingen 1961, S. 331-396.

Ⅰ. 서 론

    1. 미국은 어떻게 오늘날의 세계강국이 되었는가 라는 물음에 대해서는 일반적으로 권력분립에 입각한 대통령제로 표방되는 미국의 정부형태가 이념적이라거나 우수하다기보다는 오히려 경제적·기술적 및 이데올로기적 원인들에 의한 것이라고 구명할 수 있을 것이다. 그러나 전술한 정부형태가 미국에 유효하다는 것만은 부인할 수 없다. 다만, 미국의 제도가 전부 또는 단지 그 가장 중요한 특징인 대통령의 지배권력만 하더라도 외부에서 도입한 것이라는 사실을 중시할 때, 그것은 어떤 특수한 국가적 환경에서는 적합할 수 없다는 이론에 부딪치지 않을 수 없다. 그 때문에 제2차 세계대전 후의 열광적인 국가개편 시기에 미국의 정부유형에 따른 국가는 그 수에 있어서나 의미상으로도 극히 미세할 뿐이다. 과거 미국 이외의 지역에서도 연방제의 정부형태는 예외적으로만 채택되었다는 사실과, 더구나 대통령제를 대폭적으로 받아들인 라틴 아메리카에서 이 대통령제에 의해서 국가적 안정상태를 달성할 수 있었던 예는 드물다는 사실도 이와 일치한다.1) 이러한 실패의 원인을 비록 미국의 제도를 철저하게 올바로 이해하지는 못했을지라도, 외국에서 미국의 제도에 관하여 충분히 교육받지 못한 데에만 돌리기는 어렵다. 실제적인 원인은 오히려 합목적적인 헌법에의 열쇠가 입법기능과 집행기능의 균형 속에 존재한다는 논거에서 찾을 수 있는데, 이 논거는 바로 의원내각제를 가능케 하는 것이다.2)
    대통령제에 대한 의원내각제의 이러한 정치기술상의 우수성은 최근의 정치적 개혁을 단행한 프랑스·이탈리아·중화민국과 같은 국가들에서뿐만 아니라 아이슬란드·레바논·시리아·인도(힌두수탄)·파키스탄·미얀마·인도네시아와 이에 못지 않게 이스라

---

1) 합중국 밖에서의 아메리카 헌법의 영향에 관하여는 Conyers Reed (Herausgeber), The Constitution Reconsidered, New York 1938, S. 261 ff.가 다루고 있다. 대통령의 민선과 관련하여 (1848년의 프랑스 제2공화국과 바이마르 공화국에서처럼 가장 중요한 수출품은 법률의 합헌심사였다. 연방주의는 오늘날 그 일반적인 형성은 합중국의 덕택이지만 거기에서 생성한 것은 아니다.

2) 근대 입헌주의의 기본문제에 관한 포괄적인 서술(상세한 문헌의 지시를 첨부하여)은 Karl Loewenstein, The Balance between Legislative and Executive Power, Chicago Law Review, Band 5 (1948), S. 566 ff.에 있다.

엘에서처럼 이제 막 자유국가로 등장한 민족들에서 나타난다. 미국의 강력한 영향을 받은 독일과 일본마저 대통령제보다는 의원내각제를 채택하였다.

2. 비록 그것이 어떻든 간에 거의 모든 비군주정체 헌법에서는 대통령이 존재한다.[3] 따라서 이들 제도의 비교법적 고찰은 세계가 결국 하나로 통일되어야 함으로, 중요한 국가제도의 상이성이나 동일성을 인식하는 것이 자신의 경험을 깊게 하는데 중대한 기여를 하기 때문에 실제적인 이익이 없지 않으며, 법률상의 형이상학적인 규정은 전혀 도외시하였다. 이 고찰에서는 자연히 대통령의 직위에 관하여 그때그때 헌법상의 관계 조문을 일일이 해명할 수는 없었으며, 하나의 관념상의 개념으로 다루었다. 그와 동시에 이 고찰에서는 국가형태 또는 그 보다도 정부형태에 관한 이른바 영원한 문제 — 국가가 존재하는 한 영원한 — 을 목표로 삼았다. 오늘날 동과 서를 분열시키는 간격은 그 근본에 있어서는 정치적 이데올로기의 상반 이외의 다른 것이 아니며, 이 정치적 이데올로기는 그 실시와 실현을 위해서 상이한 정부형태를 창출한 것이다.

3. 이 고찰의 목적상 대통령(Präsident und Präsidentschaft)이란 용어에 대해서 다소 효과적인 정의를 내릴 필요가 있다. 헌법상 규정된 기간 동안 국가원수(Staatschef) 또는 국가수반(Staatshaupt)의 직위를 차지하고, 그 직위를 차지할 권원을 선거에 의해서 획득한 개인 또는 경우에 따라서는 1집단으로서의 다수인이라고 이해하여야 한다. 때에 따라서는 — 그리고 그것은 특수한 상황 하에서지만 — 대통령의 기능은 집행권(행정권)의 실제적인 담당을 의미한다.

이러한 정의에서는 선거에 의하지 아니하고 왕조적 및 세습적 정당성에 의해서 그 직위를 획득한 군주국가의 국가원수는 포함되지 아니한다. 따라서 진정한 대통령이라고 할 수 있는 것은 일반적으로「공화정」(republikanisch)으로 표시되는 정부형태 하에서만 있을 수 있다. 이로부터 명백히 대통령직의 담당자는 그의 지위를 평생 동안 보유할 수 없을 뿐만 아니라, 그의 권리상 자신의 후계자를 규정할 수도 없다는 결론이 나온다.[4]

---

3) 원전으로서는 우선 헌법전을 사용한다. 공화국에 있어서의 대통령직의 특수한 문제에 관하여는 Joseph Barthélemy et Paul Duez, Traité du Droit Constitutionnel, Paris 1933, S. 45 ff.; Hermann Finer, Theory and Practice of Modern Government, London 1932, Band 2, S. 1100 ff.; Pablo A. Ramella, La Estructura del Estado, Buenos Aires 1946, S. 433 ff. 참조. 집행부의 기능에 관한 탁월한 서술은 Emile Giraud, Le Pouvoir Exécutif dans les Démocraties de l'Europe et d'Amérique, Paris 1938 및 M. Mendias, Le Chef de l'Etat Républicain et le Rajustement de l'Exécutif, Paris 1937. 또한 G. Burdeau, Le Régime Parlementaire dans les Constitutions Européennes après la Guerre, Paris 1932 참조. John A. Hawgood, Modern Constitutions since 1787, New York 1939는 가치가 많은 자료를 제공하고 있다.

4) 따라서 이 연구에 관하여 1919년부터 1945년까지의 헝가리의 '통치자'(Regenten) 니콜라우스 호르티 (Nikolaus Horthy)의 지위는, 이 기간 중의 헝가리는 군주 없는 군주제였던가 하는 논쟁적인 질문은 접어둔 채 완전히 제외하고, 그 대리인 호르티로서 간주되었다. Karl Loewenstein, Political Reconstruction, New York 1946, S. 456, Anm. 5 참조. 통치자의 선거는 종신적이었으며, 그는 법률상 면직될 수 없었으며, 더구나 후계자는 규정되지 아니하였다. 평생 동안의 대통령직은 명백히 하나의 개념적인 모순이다. 마사리크(Masaryk)가 종신직으로 선출되었다는 것은 널리 유포된 오류이다. 그는 임기만료 후에 규칙적으로 재선되었다. 베네슈(Benesch)는 이에 반하여 종신적으로 선출되었는데 이는

한편 대통령의 기능을 수행하는 1집단의 직무상의 장은 이 정의에서 제외되지 아니한다. 이것은 스위스 연방평의회(Schweizer Bundesrat)의 경우로서 그 의장직은 매년 연방평의회의 다른 위원에게 이전되며, 소비에트 연방의 최고회의간부회의(das Präsidium des Obersten Soviet)도 이에 해당된다.[5]

4. 이 대통령직에 대한 비교법적 고찰에서는 정부형태를 의원내각제(parlamentarische), 대통령제(präsidiale) 그리고 집정제(direktoriale)로 구분하는 데서 출발하는 것이 합목적적이며 실제적이다.[6] 대통령제란 대통령이 부여된 권한의 범위 안에서 향유하는 우위성에서 그 명칭이 유래된 것이다. 본질적으로 이 제도가 적용되는 경우란 연방국가에서이다. 의원내각제 정부형태 가운데 대통령의 기능을 설정한 경우에는 각종의 형태로부터 하나의 공통분모를 찾기란 매우 곤란하다. 대통령직이란 성격이 순수한 「의례적」(ornamental)인 경우에서 비롯하여, 다음으로 대통령이 안으로 국가를 통일하고 밖으로 국가를 대표하는 경우, 끝으로 정권행사가 특별히 설치된 기관(행정부·내각·국무총리)의 의무로 되어있는 정부체제에서 이 정권행사에 대통령이 실제로 참여하는 경우에 이르기까지 여러 가지 가능성이 있다. 그러나 의원내각제 국가에서의 대통령의 기능은 몇몇 국가(바이마르 헌법 하와 1945년 이후의 대부분의 독일 주, 그리고 1919년 이후의 리투아니아와 레트)의 새로운 헌법발전에서 나타났듯이 결코 필수불가결한 것은 아니다.

5. 일련의 여러 경우에 대통령의 기능은 의원내각제의 형태에서는 물론이며 대통령제의 형태에서도 적합하지 않을 뿐만 아니라, 양 형태의 특징을 함께 가지고 있는 경우에도 부적합하다. 그 가장 현저한 실례는 바이마르 헌법상의 대통령의 권력에서 볼 수 있는데,[7] 이 헌법은 부분적으로는 순수한 대통령제에서의 대통령의 지배권력을, 부분적으로는 의원내각제에서의 대통령의 관례적인 통합기능을 채택하였으며, 여러 특성의 혼합은 결코 성공적이 못되었다.

6. 그러나 공화제 국가형태를 개념적으로 바로 민주주의에 입각한 입헌국가와 동일시하는 것은 불가능하다. 대통령의 기능은 비민주주의 국가에서도 발견된다. 이른바 권위주의 정부형태에 관하여는 대통령의 기능이 더욱 그 특색이 된다. 따라서 권위주의 정부형태에서는 집행부가 정치권력을 장악하고 있으며, 국민은 국가의사의 형성에 결정적으로 참여할 수 없고, 정권행사를 합리적인 방법으로 통제할 수도 없다는 것을 여기에서 이해하여야 한다.[8] 물론 권위주의 정부형태와 전제(독재) 정부형태 사이의 경계선은

국가의 보전과 새로운 건설을 둘러싼 그의 개인적인 공적을 기리기 위한 것이다.

5) 스위스에 관하여는 후술 S. 369 ff. (본서 879면 이하). 소련에 관하여는 S. 374 ff. (884면 이하).
6) 고전적인 서술은 James Bryce, Modern Democracies, London 1923, Band Ⅱ, S. 506 ff.
7) 후술 S. 384 ff. (본서 892면 이하).
8) 권위주의적 정부형태의 본질은 국가학에 의해서 여전히 개념적 및 구조적으로 명확하지 않다. 후술 S. 383 ff. 참조. 당해 경우의 「독재」라는 상위개념을 사용하는 것은 확실히 실익이 있지만, 기본적으로는 비과학적이다. 왜냐하면 독재란 원래 전제도 포함하기 때문이다. 이와 마찬가지로 권위주의적 통치방식과 전체주의적 통치방식의 일반적이고 보편적인 동일시는 중대한 것이다. 그 구별에 관하여는 Karl Loewenstein, Brazil under Vargas, New York 1942, S. 369 ff. 참조.

항상 용이하게 선을 그을 수 없다. 양 유형의 공통된 특색은 국가권력이 상이한 국가기능에 분할되는 대신에 권력이 통합·집중되는 데에 있다. 실용적인 관점에서 양 형태 사이의 차이를 이렇게 기술할 수 있을 것이다. 즉 독재정치에서는 정치권력의 행사가 어떤 종류의 합헌적 제한도 받지 않는데 반하여, 권위주의 정권에서의 정치권력의 행사는 집행부에 의해서 완전히 지배되지 않는 다른 국가기관도 역시 정책형성에 합헌적으로 참여한다는 데에 의미가 있다. 권위주의 국가에서는 행정부를 한결같이 「대통령」이라고 부른다. 그러나 전술한 독재정치에서의 국가원수에 대하여는 정의를 적용할 수 없으며, 비록 「대통령」의 칭호를 사용해도 그렇다.[9]

　7. 전술한 용어에 관한 설명은 더욱 철저히 구명하지 않고서는 완전한 것이 될 수 없다. 대통령의 기능만 하더라도 헌법상의 표현이 실제와 일치하는 경우가 드물다는 것이 주지의 사실이다. 헌법이란 ― 예외없이 ― 결코 엄격히 그 문언상에 존재하는 것이 아니다. 정치역학의 승패에 따라서 어떤 헌법기관이 헌법의 변형과 헌법의 실시를 통해서 헌법에서 이 기관에게 할당하는 권한을 상실할 수 있는 것과 마찬가지로 어떤 권한을 획득하는 수도 있다. 미국 연방대법원의 우월한 지위는 헌법에 전혀 규정되지 아니한 국가기관의 권한증대에 관한 유명한 예이며, 프랑스 제3공화국 대통령의 지위는 한 국가기관이 헌법의 규정과 모순되게 권한을 상실한 이에 못지 않게 유명한 하나의 증거이다.

　헌법의 의도와 헌법현실 간의 이러한 간격으로부터 하나의 정부유형 및 동일한 정부유형에서도 대통령의 기능은 동일하지 않으며, 국가적 전통과 정치적 환경에 따라서 중대한 차이를 나타낸다는 사실이 자명해 진다.[10] 따라서 이러한 비교법적 고찰을 통해서는 그렇게 정확하다고는 할 수 없는 하나의 구조일람표(Struktur-Schemata)를 작성하는 것 이상을 기대할 수는 없으며, 그에 의거하여 일련의 보편성을 발견하거나 각 개별 국가의 대통령의 권한을 분류할 수 있을 뿐이다.

---

9) 나폴레옹 보나파르트는 1840년까지 스스로 「통령」(Konsul)이라고 칭하였다. 1940년 7월 11일의 헌법률 제1조에 따라서 페탱(Pétain) 원수는 「프랑스의 국가원수」(Chef de l'Etat Français)라는 칭호를 받았다. Julien Laferrière, Manuel du Droit Constitutionnel, Paris 1947, S. 847 ff. 참조. 프란치스코 프랑코 (Francisco Franco) 장군의 공식 칭호는 「에스파니아국의 원수」(Jefe del Gobierno del Estado Español)이다(1936년 9월 29일자 데크레 No. 138 참조). 그는 또한 팔랑헤당(Falange-Partei)의 지도자 로서의 그의 지위를 나타내는 국가원수 및 운동의 통령(Jefe Nacional o Caudillo del Movimiento)이라는 칭호를 가지고 있다. Ignacio Maria de Lojendio, Régimen Politico del Estado Español, Barcelona 1942, S. 115 ff. 히틀러와 무솔리니가 장악한 「지도자」(Führer)와 「두체」(Duce)라는 칭호는 헌법상의 근거는 없었다. 1934년 8월 2일의 법률(RGBl I S. 747)에 의해서 히틀러는 라이히 수상과 라이히 대통령직을 한 몸에 겸하였다. 무솔리니는 수상의 지위에 상당하는 정부수반(capo del governo)이 공식적으로 칭호였다.

10) Dietrich Schindler, Verfassungsrecht und soziale Struktur, Zürich 1932 참조.

II. 대통령제에서의 대통령의 권한

1. 미국에서의 대통령제

대통령제에 대한 지식과 특히 미국에서의 그 전형적인 적용에 관하여는 여기서 이미 주지의 사실로 전제할 수 있을 것이다.[11] 하지만 중요한 특징을 요약하는 것은, 이로 인하여 미국 이외의 국가에서의 대통령제의 유형을 쉽게 평가할 수 있을 것이므로 필요하다고 생각한다.

정부수반으로서의 대통령은 국민에 의해서 직접 — 이 점에 일반적으로 대통령을 의회에서 선출하는 의원내각제와의 차이가 있다 — 1회의 확정된 임기로 선출된다. 잠정적으로 재차 중임하는 것이 허용되며 그 제한도 없다. 루즈벨트 대통령이 사망한 후에 제출되었던 대통령이 최고 2차의 임기 동안 재임할 수 있도록 하는 헌법개정안이 국회에서 통과되고, 현재 각 주에 통보되고 있지만 48개 주에서 법정된 4분의 3의 다수의 승인을 얻으리라고 확언할 수는 없다.[11a] 사실 이 개정안에 찬성할 많은 이유가 있는데, 특히 대통령의 직위는 아무리 강건한 사람이라도 이를 담당하기에는 그 직무량과 책임량이 너무나 살인적으로 많다는 것이다. 그러나 원칙적 입장에서 볼 때, 이러한 시도는 국민의 의사를 제한하는 것으로 민주적이며 수차 재선된 대통령은 「독재자」가 될 것이라는 많이 인용되는 우려는 진지하게 반박하기에는 너무 불합리한 것이다. 또 국민의 선거와 선거 결과의 최종 확정 간에 선거인단이 개입함으로 선거가 기술적으로 간접적인 점은 직접 선거와 모순된다.

대통령은 입법기관(국회)의 한 구성원이 아니며, 국회에 대하여 책임을 지지도 않는다. 대통령은 탄핵에 의해서만 그 직위로부터 해임될 수 있을 뿐이다. 대통령에게 할당된 권한은 일반적으로 공화국의 국가원수에게 속하는 국가적 통일과 대표의 기능을 훨씬 초과한다. 그는 정부를 지휘하며, 오히려 정확히 말한다면 대통령이 바로 정부이다.

---

11) 미국의 대통령에 관한 문헌은 주지하는 바와 같이 매우 방대하다. 특히 프랭클린 디 루즈벨트(Franklin D. Roosevelt) 대통령의 직무수행, 제2차 세계대전이 발발하기 전의 — 이른바 「뉴딜」과 같은 기간 동안의 대통령권력의 관장은 하나의 거대한 양의 모순되는 광경을 야기시켰다. 다음은 최근에 이 테마를 다룬 보다 중요한 문헌의 발췌이다. E. S. Corwin, The President, Office and Powers, New York 1940 (권위있는 서술); C. P. Patterson, Presidential Government in the United States, Chapel Hill, 1947; Harold J. Laski, The American Presidency, New York 1940; E. P. Herring, Presidential Leadership; The Political Relations of Congress and the Chief Executive, New York 1940; W. E. Binkley, President and Congress, New York 1940; G. F. Milton, The Use of Presidential Power 1789-1943, Boston 1944. 미국의 대통령제에 대하여 비판적인 것은 H. Hazlitt, A New Constitution, New York 1942; A. Hemeyer, Time for Change, New York 1943. 개별국가 (합중국·독일 ·프랑스 ·영국)에 있어서 집행부에 귀속하는 긴급권은 Clinton L. Rossiter, Constitutional Dictatorship; Crisis Government in the Modern Democracies, Princeton 1948 (김정길역, 『현대 대권정치론』, 대원서적, 1976)이 비교법적으로 다루고 있다.

11a) 헌법개정은 거의 1951년의 추가조항 제22조에 의해서 실시되었다.

2. 대통령제의 비교법적 연구 857

행정각부의 장은 오로지 그의 신임자와 조언자에 불과하며, 어떤 경우에 그가 자유재량으로 임명하고 해임하는 그의 부하이다. 따라서 대통령은 국가행정을 지휘할 책임 외에도 정치적 결정을 내릴 권한을 가진다.

역사적 경험에 비추어 대통령제는 권력분립과 결합되어야 한다는 것이 일반적인 견해지만, 국가학의 논리상 그러한 경우가 존재할 필요성이 있는 것은 아니다. 그렇지만 권력분립과 대통령제가 결합되어있는 경우에는 대통령은 입법기관에 대하여 합헌적으로 강제력을 행사할 수 없으며, 입법기관에 대하여 취하여야 할 정치적 방향을 지시할 입장에 있지도 않다. 그의 영향력은 이러한 사정 하에서는 설득의 수단과 그의 정당이 국회의 양원에서 다수를 차지한다는 전제 하에 정당기구와의 횡적 결합에 한정된다. 그러나 이러한 작용가능성을 너무 높이 평가할 수는 없다. 그 가능성은 영국의 수상이 「그의」 하원의원 과반수에 대하여 행사하는 통제에 비하여 훨씬 미약하기 때문이다. 일찍이 대통령이 국회의 1원 또는 더구나 양원에서 다수를 차지하지 못한 일은 드물지 않았다. 다음에 미국의 대통령이 양원에서 충분히 다수당을 지배할 경우에도 국회가 대통령에 동조한다는 것을 결코 확신할 수는 없다. 그래서 프랭클린 D. 루즈벨트(Franklin D. Roosevelt)와 같은 지도자는 이렇게 개탄하였다. 즉 미국이 세계대전에 참전하기 전에는 자주 국회가 그 제안을 거부하는 일이 많았으며, 국민의 단결이 공고한 전쟁 중임에도 불구하고 정부가 통과시키려는 국내정치상의 법률이 국회에 의해서 거부된 일도 드물지 않았다는 것이다.

그 밖에 미국의 대통령은 국회해산권을 가지지 않으며, 직접 정부법안을 국회에 제출할 수도 없다. 대통령은 이를 위하여 그의 국회 내의 정당동료를 이용할 수밖에 없다. 입법기능에 관하여 대통령은 직접적으로 거부권에 의해서 관여하지만, 이것도 양원의 적정다수에 의해서 배제될 수 있다. 이에 반하여 대통령은 집행권에 입법권 적어도 상원이 관여하는 것을 감수하지 않으면 안 되는데, 특히 외교정책(상원이 국제조약에 대한 동의권을 가지고 있음)에 있어서 그러하지만, 국내정책에서도 그의 수석관료들의 임명에 상원의 승인이 필요하기 때문에 그러하다.

대통령은 사실상 차기 선거 시에 그를 거부하고 그의 정당을 선출할 수 있는 선거인에 대해서만 책임을 진다. 국회에 대해서 대통령은 법률안을 거부하거나 특별한 경우에는 행정수행을 위한 예산을 거부 또는 소멸할 수 있기 때문이다. 그러나 대통령이 국민의 선거라는 민주적인 요소로 기름칠되었다는 사실은, 대통령의 권력이 탁월한 지도자의 수중에 있을 때에는 「행정부의 실천력은 훌륭한 정부의 정의를 내림에 있어서 중요한 요소가 된다」라고 해밀턴(Hamilton)이 논문집 『연방주의자』(Federalist) 제70호*에 실린 그의 유명한 논문에서 주의하였듯이, 정치적 지도에 관하여 지도자로 하여금 그의 역량을 발휘할 수 있도록 한다.

여하튼 미국의 정부제도가 그 기능을 발휘하였다는 사실과, 그러한 체제 하에서 유례없이 격렬했던 남북전쟁과 극심한 경제공황과 양차 세계대전을 극복하였다는 사실은, 헌정사상 일대 기적이라고 하지 않을 수 없다. 미국의 정부체제는 둔중하고 서투른 정부기구이며 제임스 브라이스(James Bryce)가 지적하듯이, 진취성보다는 안전성을 목적으로 한다. 그럼에도 불구하고 이 정부체제는 오랜 시기에 걸쳐 빈번했던 집권정당의 교체를 통하여 놀랄 만큼 확고하고 견실한 정권행사를 이룩하게 하였다. 그러나 미국 대통령제의 성공적인 결과를 헌법상의 합리성의 규정에서 훌륭히 평가할 수는 없다. 국토의 호적한 지리적 위치, 풍부한 천연자원 그리고 자기들의 행운을 믿으면서 통치방법보다는 자기들의 물질적 진보에 더욱 관심을 가지는 미국 국민의 낙천주의가 근본적으로 황당무계하고, 이론적으로는 이른바 불가능한 국가구조로 하여금 1787년 이후 몇 세대가 경과하는 동안에 국민적 신화의 지위로 올라갈 수 있도록 기여하였다. 사물을 다소 이상주의적으로 관찰하는 사람은 이러한 행복한 결과는 또한 미국 국민의 비교적 높은 수준의 정치적 교양과 교육의 산물인 여론의 주요하고 적당한 영향에 돌려야 한다고 말할 것이다.

그러나 세계사는 곧잘 같은 것을 반복하지 않는다. 미국의 대통령제가 운명의 혜택을 별로 받지 못한 환경에 이식된 경우에는 현저하게 기대에 어긋났으며, 일반적으로 국민이 그들의 안전을 가져다 주지 못했다. 뿐만 아니라 대통령제의 개별적인 제도를 어떤 다른 곳에서 받아들인 경우에도 대체적으로 보아 성공을 거두지 못하였다.

2. 라틴 아메리카에서의 대통령의 기능

(1) 역사적 발달과정

스페인의 식민지들은 본국에서 분리·독립된 후 예외 없이 북미의 대통령제를 모방하였다. 매우 유능했던 군주인 돔 페드로 2세(Dom Pedro Ⅱ)의 치하에서 현명하게 자제한 군주정책을 누렸던 브라질도 1889년 공화정치로 이행하자마자 대통령제를 채택하였다. 그러나 미국에서 도입한 제도 가운데 오직 연방제도만이 실제로 성공하였으며(아르헨티나·콜럼비아·베네수엘라·멕시코 그리고 브라질에서), 그 경우에도 물론 미국의 원형은 중앙집권적인 연방정부의 간섭에 의해서 심하게 왜곡되었다. 권력분립은 안정된 정권행사의 기초를 형성하기는커녕 오히려 거의 어느 곳에서나 — 콜롬비아와 코스타리카는 예외이다 — 라틴 아메리카의 경우에는 카우딜리스모(caudillismo)라고 알려진 대통령제의 극단적인 형태 속에서 독재정치를 가능케 하였다.[12] 독재정치는 토지를 소유한 과두정

---

12) Russel H. Fitzgibbons, Constitutional Development in Latin America, American Political Science Review, Band ⅩⅩⅩⅠⅩ(1945), S. 511 ff. 라틴 아메리카의 독재에 관한 일반적인 정보에 대해서는 J. Fred Rippy, Dictatorship in Latin-America, in: Guy Stanton Ford, Dictatorship in the Modern World, Minneapolis 1939, S. 178 ff.; The Republics of South America, The Royal Institute of International Affairs, London 1937, S. 142 ff. 참조. 헌법전을 모은 것으로는 The Constitutions of the Americas, edited by Russel H. Fitzgibbons, Chicago 1948; Andrés Maria Lazcaro y Mazón,

치가와 교회의 권력수단이었으며, 또한 대중이 농업봉건주의에 항거하는 반란으로 권력수단을 탈취하였을 때에는 독재정치에 국민투표라는 색채가 가미되기도 하였다. 대부분의 경우에 독재정치는 군인 일파의 꾸밈없는 권력행사로 나타났거나 그렇지 않으면 가장입헌주의(Schein-Konstitutionalismus)로 위장하였는데, 이 후자의 경우에는 편파적으로 구성되고 부패한 의회, 만연된 선거부정 그리고 음모에 의한 헌법개정이 일정한 과두적 권력집단으로 하여금 정권을 장악하게 하였다. 이 때에 대통령의 권력은 권력분할의 테두리 안에서 그러한 정권장악을 위한 좋은 토대의 역할을 하였던 것이다.

이러한 발전과정을 개관할 때에 보편화된 개인적 독재정치는 아주 불가피하였으며, 그래도 전체적으로 보아 생각했던 것보다는 그 피해가 적었다는 결론에 도달할 것이다. 독재정치에는 당시의 제반 상황, 특히 농업경제ㆍ대중의 낮은 교육수준ㆍ중산계층의 부재ㆍ국토의 광활한 넓이, 그리고 끊임없는 국제정치상의 불안이 유리하게 작용하였었다. 그렇지만 몇몇 대국에 있어서는 대통령제가 나쁘게 작용하지는 않았다는 것도 숨길 수 없는 사실이다. 아르헨티나는 1853년의 헌법 하에서 가장 빠른 시일 안에(1930년) 독재정치에서 비교적 해방되었으며,[13] 콜럼비아[14]와 브라질(여기에서는 최소한 1930년까지에)에서도 이와 비슷한 유익한 경험을 하였다.

(2) 현재의 상태

라틴 아메리카의 20개 공화국에서의 대통령제는 그 정치적 발달의 단계가 다양하기 때문에 현재의 외형상으로 동일한 형상으로 나타나지는 않는다. 이와 같이 정치적 화산이 많은 지역에서 대통령의 기능에 관한 공통적인 범주를 설정하는 것은 확실히 모험적으로 생각될 것이다. 그러나 그것은 3개의 상이한 조직체제로 구분할 수 있다.[15]

1) 고전형의 대통령제

현재 20개 라틴 아메리카 공화국의 과반수가 아직도 그들 본래의 형태의 대통령제를 실시하고 있다. 국민의 선거에 의해서 선출된 대통령은 집행권의 전권을 가진 자로서 정부를 통할한다. 장관(때에 따라서는 각료라고도 한다)은 많은 경우에 규정되었기 때문에

Constituciones Políticas de America, La Habaña 1942 (집행권에 관한 비교정리는 Band 1, S. 61 ff. 참조. 그러나 그 자료는 오늘날 많은 점에서 낡은 것이다).

13) 아르헨티나는 거의 100년이라는 짧은 기간 동안에 단지 두 번의 헌법개정이 있었다. Santos P. Amadeo, Argentine Constitutional Law, New York 1943, S. 44 ff. 1948년 12월에 선출된 헌법회의가 시도한 1949년 3월의 헌법개정은 본질적으로 당시의 권력자인 페론(Juan D. Perón)의 임기연장만을 그 목적으로 한 것이었다.

14) William H. Gibson, The Constitutions of Colombia, Durham 1947 참조.

15) Justino Jimenez de Aréchaga, Derecho Constitucional, Montevideo 1944 (젤라틴판 인쇄)라는 훌륭한 자료를 제공하고 있다.

대통령의 직무상의 행위에 부서하여야 하는 경우에도, 순수한 법적 견지에서는 집행권이
분할되지 아니한 대통령의 단순한 보좌관과 고문에 불과하다. 장관의 임명과 해임의
여부에 관한 한, 문제는 대통령의 전관사항으로서 이에 관하여 국회의 다수를 고려할
필요가 없다. 이러한 사정은 특히 아르헨티나 · 브라질 · 콜롬비아 · 에콰돌 그리고 대부
분의 카리브해 주변국가에 해당한다.

2) 완화된 대통령제

이 두 번째의 집단(Gruppe) — 아주 소집단임 — 에는 집행권력을 대통령과 더불어
추밀원 또는 국무원으로 결속된 장관들이 공동으로 행사하는 몇몇 국가가 속한다.[16)
여기에서는 장관이 규정에 따라 정치적 결정에 실제로 참여하기 때문에, 대통령의 권한이
제한되지만, 장관은 집단적으로나 개별적으로 입법기관에 대하여 책임을 지지 않는다.
장관은 역시 대통령의 신임에 의존하며 대통령의 직무상의 행위에 대하여 필요한 부서는
대통령에 대한 공적인 책임부담을 의미할 뿐이다. 그러나 점차로 정권행사에 대한 장관의
관여와 더불어 하나의 확실한 경향이 나타났는데, 그것은 비록 의회의 실제적인 통제가
없는 경우에도 여러 가지 형태로 그 권력을 발휘하고 있다. 즉 국회의 요구가 있으면
국회의 회의에 장관이 출석하는 것(단, 투표권은 없음), 조사위원회를 설치하고 개별적인
장관의 해임과 정부의 총사직을 요구하는 의회의 권리, 이에 따른 자기의 정치적 행위를
의회에서 개인적으로 해명할 수 있는 장관의 권리 등이 그것이다.[17) 몇몇 국가에는
대통령의 권력에 대한 제동장치라고 생각되는 추밀원(Staatsrat)이 있다.[18)

3) 의원내각제의 접근

근대 미국의 대통령제는 많은 라틴 아메리카 국가에서 분명히 그 매력을 상실하기
시작하였다. 주지하는 바와 같이, 남아메리카는 정신사적으로 보아 북아메리카에 비하여
유럽, 특히 프랑스와 항상 가까웠다. 경제 · 재정상태는 호전되기 시작하였으며, 소유권의
의식을 가진 중산계층이 형성되었고, 고래로 뚜렷한 정의감을 지닌 라틴 아메리카인
가운데 교양있는 자들은 대통령의 권력이 아주 용이하게 관습적인 형태 가운데서 민간
또는 군사독재로 변경될 수 있다는 것을 걱정스럽게 인식하였다. 그 결과 다수 국가에
있어서 — 이들은 혁명적 압력 없이 된 것은 아니다 — 전체적으로 보아 대통령의 지도권의

---

16) 예컨대 볼리비아(1945년 헌법) 제83조; 엘 살바도르(1945년 헌법. 단 1886년 헌법에 약간의 개정이
　　있다) 제80조 이하, 85조 이하(특히 제69조); 베네수엘라(1947년 헌법) 제187조, 제201조, 제205조(각
　　의) 참조. 또한 쿠바(1940년 헌법) 제138조, 제151조 참조.
17) 예컨대 칠레(1925년 헌법) 제78조; 콜롬비아(1886년 헌법, 1945년에 새로 정비) 제134조 참조. 또한
　　Aréchaga, aaO, S. 432 참조.
18) 예컨대 에콰돌(1946년 헌법) 제145조 이하; 콜롬비아 제136조 이하; 파라과이(1940년 헌법) 제62조
　　이하.

제한을 목표로 하는 철저한 헌법혁명을 실시하였다. 이처럼 북아메리카의 모형으로부터 주목할 만한 역설(逆說)을 함에는, 한편으로 의원내각제에 의한 유럽의 경험을 이용하였으며, 다른 한편으로는 다른 곳에서 충분히 음미된 유사한 집행부의 구조를 교훈으로 삼았다.[19)

　본래 순수한 형태의 대통령제를 채택하지 않았던 칠레에서 서반구의 다른 어떤 곳보다도 프랑스에서 실시되는 의원내각제에 접근하였다. 1891년에 국회는 국회의 지원을 얻을 것같이 생각되는 장관의 임명을 거절한 발마세타(Balmaceta) 대통령에 대한 내란에서 승리하였다. 이에 따라서 채택된 완전한 의원내각제가 계속하여 오랜 기간 동안(1891년～1925년) 유지되었다. 그러나 레즈로브(Robert Redslob)*가 지적하듯이, 「순수한」(echter) 또는 「진정한」(authentischer) 의원내각제가 발달할 수는 없는데, 이는 대통령이 국회해산을 통하여 국민의 지원을 호소할 권리를 가지지 않았기 때문이며, 국회해산권이 인정되지 않는 곳에 완전한 의원내각제가 존재할 수는 없다.[20) 정부의 안전성의 결여와 프랑스인이 말하는 **권력의 탈취**(détournement du pouvoir), 특히 원내정당의 행정과 정권행사에 대한 간섭은 프랑스 제3공화국 말기의 몇 10년 동안에 잘 알려졌던 바와 같은 사태를 야기시켰으며, 그 원인은 프랑스에서와 역시 동일한 것이었다.[21) 그런 까닭에 칠레는 1925년에 다시 변형됨으로써 근대화된 대통령제로 복귀하였다. 1925년의 헌법 하에서 ― 이 헌법은 라틴 아메리카의 헌법전 중에서 가장 우수한 헌법전의 하나이며, 곤란한 시기에 이 나라에 정치적 안정을 가져다 주었다 ― 국회는 대통령에 대하여 평형을 이루는 지위에 있다. 각료는 대통령과 더불어 집행권력을 분담하며 국회의 신임 없이는 그 직에 머무를 수 없다. 정치적 지도를 위한 결정권은 대통령에게 남아 있지만 이 권한은 국회의 비중에 의해서 완화된다.

　순수한 대통령제에 대한 매력이 라틴 아메리카에서 감소되고 있다는 사실은, 1940년에 쿠바가 채택했던 최초의 헌법에서도 나타난다. 이 헌법은 재래의 대통령제 속에 순수한 의원내각제를 형성시키려고 시도하였기 때문에, 합목적적 견지에서 「반의원내각제」 또는 「접근된 의원내각제」라고 명명할 수 있을 것이다.[22) 정치적 비중은 아메리카에서 아직도 때때로 사용하는 세련된 수사적인 문체로 이 헌법에서(제138조) 「방향을 지시하고 중도를 지키고 국가적 통일을 상징하는 권력」으로 규정하고 있는 대통령으로부

---

19) 라틴 아메리카에 있어서의 의회주의는 William S. Stocks, Parliamentary Government in Latin America, American Political Science Review, Band ⅩⅩⅩ I Ⅹ(1945), S. 522 ff.가 흥미있게 다루고 있다. 또한 Aréchaga, aaO, S. 412 ff. 참조.

20) 이것은 레즈로브의 고전적인 서술 이래 일반적으로 승인되었다. Robert Redslob, Das parlamentarische System in seiner echten und unechten Form, Tübingen 1918; derselbe, Le Régime Parlamentaire, Paris 1924 참조.

21) 이에 관하여는 Arturo Alessandri, Le Régime Présidentiel, Paris 1930의 예리한 비판 참조. 저자는 칠레 대통령을 두 번 역임하였으며 1925년 헌법의 창조자이다.

22) Andrés Maria Lazcano y Mazón, aaO, Band I, S. 38 ff.; Aréchaga, aaO, S. 413 ff. 참조. 광범위한 문헌의 지시는 Stokes, aaO, S. 523, Anmerkung 1 참조.

터 국회로 이전되었다. 정권행사는 국민에 의해서 4년의 임기로 선거되는 대통령과 국무총리 밑에 실질적인 내각으로서 조직되는 국무회의에 의해서 분할된다(제151조 내지 제163조). 대통령의 직무는 그 권한의 근거는 제141조에 열거되어 있다 ― 국무회의의 보좌와 관할 장관의 부서 하에 수행된다. 그러나 근본적인 혁신은 헌법에 명시된 장관의 국회에 대한 개인적 또는 연대적인 책임과 무가치한 정치위기를 피하기 위한 국회와 내각 간의 관계에 관한 상세한 규제에서 찾을 수 있다. 이에 따라 쿠바는 합리화 된 의원내각제를 추구하는,[23] 다시 말하면 결국 의원내각제적 운용을 다소 제도화하고 정당의 책략과 불의의 표결에 의해서 야기되는 정치적 위기를 가능한 한 방지하려고 시도하는 국가가 되었으며 이러한 국가는 날로 증가하고 있다.

쿠바의 헌법개혁 경험에 관하여 그 가치에 대한 결론을 당장 내릴 수는 없는데, 특히 전시에는 정부가 필연적으로 우위를 차지할 것이 분명하기 때문이다. 그러나 이 헌법개혁을 통하여 국내적으로 불안한 국가가 오늘날에 와서 국가의 헌법상의 질서를 혁명에 의해서 파괴시키지 않고 유지하고 있으며, 카리브해 지역에서는 결코 흔하지 않은 정치적 안정을 누릴 가능성을 갖게 되었다고 말할 수 있을 것이다.[23a]

베네수엘라(1947년의 헌법)[24]와 과테말라(1945년의 헌법)[25]도 의원내각제에 접근하고 있는 국가군에 속한다. 일련의 다른 라틴 아메리카 국가들은 최근에 이르러 최소한 의원내각제에 속하는 몇 가지의 특색을 도입하였다.[26]

그러나 작은 농업국인 우루과이는 통치권력을 동료들 사이에 분리시키려고 시도함으로써 대통령의 독재정치에 대하여 가장 독특하고 정확하고, 효과적인 해독제를 발견하였다. 1917년의 헌법에 의해서 도입되어 1934년까지 유지된 소위 **동료들의 통합**이라는 제도는 민주주의적 정치가의 자질을 가지고 유럽의 헌법제도에 정통한 제2대 대통령인 호세 배틀 이 오르도네즈(José Battlé y Ordoñes)에 의해서 창안되었다.[27] 집행부는

---

23) 예를 들면 프랑스(1946년 헌법), 제49조-제51조; 이탈리아 (1947년 헌법) 제94조; Giraud, aaO, S. 400; B. Mirkhine-Guétzévich, L'Etude Comparative de la Technique Parlamentaire, in: Annales de l'Insitut du Droit Comparé, Paris 1934, S. 76 ff. 참조.

23a) 여기서 저자는 나쁜 예언자임이 증명되었다. 1940년의 헌법은 1951년 독재자 풀겐시오 바티스타스 (Fulgencio Batistas)에 의해서 해체되었으며, 그는 1952년과 1954년 헌법의 생명을 단절했는데, 그 자신으로서는 (1959년 1월 1일) 피델 카스트로 루츠(Fidel Castro Ruz)가 지도하는 민중운동을 굴복시키기 위한 것이었다. 그는 본래의 의도에 반하여 이것은 1940년의 헌법을 다시 제정하지는 않았다.

24) 장관에 대한 불신임투표가 국회의 3분의 2의 질서 있는 예고에 따라서 제153조에 적합하게 채택된 경우에 대통령은 국회의 동의에 따라서 장관을 해임하여야 한다.

25) 1945년 헌법 제146조는, 의회는 불신임투표에 따른 장관의 퇴임을 예견하고 있었다. 그러나 대통령은 헌법이 3분의 2의 다수를 요구하는 경우에는 제2차 투표를 요청할 수 있다.

26) 볼리비아·아이티·온두라스·파나마와 페루에서 그렇다. 상세한 것은 Aréchaga, aaO, S. 423 및 Stokes, aaO, S. 523 ff.

27) 우루과이 이외에서의 헌법실험은 적절하게 평가되지 못했다. 예외들은 Stokes, aaO, S. 529 그리고 Giraud, aaO, S. 83 ff.에 있다. Aréchaga, aaO, S. 395 ff., 407 ff.가 정통하게 다루고 있다 (저자는 몬테비데오 대학교 정교수이다). **동료들의 통합**(colegiado integral)의 창조자와 그의 업적은 우루과이에서 매우 많은 문헌을 나오게 하였다. Pablo Blanco Acevedo, Estudios Constitucionales, Montevideo 1939; Horacio Abadie Santos, De la Jornada Anticolegiasta (1913-1933), Montevideo 1933; E. Rodriguez

두 개의 분리된 기관, 즉 국민에 의해서 4년의 임기로 선거되는 대통령과 이와 마찬가지로 국민에 의해서 선거되지만 6년의 임기로 선거되는 9인의 단체인 국무회의(Nationaler Verwaltungsrat; Consejo Nacional de Administración)로 구성된다. 국무회의의 3분의 2는 자동적으로 제1 다수정당이 차지하고, 3분의 1은 제2 다수정당인 다수당들이 차지하는데, 이로써 야당도 정권행사에 참여하게 된다.[28] 국무위원의 3분의 1은 2년마다 개선된다. 그러나 장관의 임명과 통제가 대통령과 국무회의에 분할된 것은 전혀 새로운 것이다. 즉 대통령은 4개의 정치적인 장관(외무·내무·육군·해군)에 대하여, 국무회의는 다른 5개의 장관(소위 경제장관)에 대하여 권한을 가진다. 이러한 통치권력의 분할이 의도하는 것은 바로 과도한 대통령의 권력을 제한하는 것이다. 한편, 이 제도는 야당이 국무회의 내의 야당 위원을 통하여 정권 행사와 그로 인한 공동 책임에 관계한다는 점에서 의원내각제와 구별된다. 국무회의 과반수와 대통령이 상이한 정당에 속하는 일도 있을 수 있으나, 한편 이것은 그들이 전반적으로 지배할 수 있기 위해서 상호 간에 위협하지 않으면 안 된다는 이익도 된다. 일정한 전제조건 하에 국회는 대통령과 국무회의 사이의 중재자 역할을 할 수도 있다. 그러나 원칙적으로 국무회의도 대통령처럼 국회로부터 독립적이다. 집행부의 구성에 있어서 세력과 대항 세력에 관한 이러한 배분을 통하여 실제로 달성하려고 한 것은, 본래 과도하게 지위가 높은 국무총리에 못지 않은 대통령의 정치적 비중을 대통령에 대해서 뿐만 아니라 국민이 선출한 국무회의에 대해서도 종속되지 않은 각의(Ministerrat)에게 이전시키려는 것이었다.[29]

상술한 바와 같은 정치적 통제의 분할은 — 이것은 유명한 권력분립이라는 다른 의미를 가진다 — 의심할 여지없이 복잡하게 생각될 것이며, 독자는 더욱 깊이 연구하지 않고는 어떻게 그러한 헌법이 기능을 발휘할 수 있었는지 상상할 수 없을 것이다. 헌법이란 실로 간단·명료하고 이해하기 쉬워야 한다. 그러나 우루과이를 정치적 성숙도에 관하여 남미의 스위스로 보는 데에는 그럴만한 이유가 있다는 사실과, 집단 지도체제(Kollegialorganisation)를 수 년 동안 널리 사회와 국회 내에서 상세하고 철저하게 논구하여 왔다는 사실은 놀라운 일이 아니다.[30] 집단지도체제(collegiado) 하에서 우루과이는

Fabregat, Battle y Ordoñez, El Reformador, Buenos Aires 1942, insbesondere S. 393 ff.; Roberto E. Guidici, Battle y Ordoñez, Montevideo 1928, S. 401, 603 ff. 또한 Giraud, aaO, S. 83 ff. 참조. 우루과이는 또한 재산과 관습의 합법적인 규제를 — **정당의 심벌**(lema partidaria) — 로 식별하는 유일한 나라이다. 정당의 심벌로서 반대되는 미세한 집단들 속에서의 주요 정당의 분열은 저지되어야 하는 것이다.

28) 제82조 참조. 라틴 아메리카에서 다수결의 원칙은 다음과 같은 방법을 통해서 드물지 않게 변화되었다. 즉 입법의회의 의석에 대해서는 미리 규정된 비례적인 배분이 법률적으로 소수 정당들에게 할당되었다. 이것은 유럽에서도 있었으며, 1924년의 이탈리아의 아체르보(Acerbo)법과 루마니아에서 이와 유사한 법률이 그 예이다. 동일한 원리에 따라서 아르헨티나의 현행 선거법은 1949년의 헌법회의에서의 의석 중 3분의 2를 당초부터 페론파로 채워 넣었다.

29) Aréchaga, aaO, S. 409 ff.는 설명하기를 마치 국민의회가 일종의 제4의 권력이 되었듯이, 이 권력은 고유의 행정을 통제하였으며, 대통령과 국무회의(내각)에 속하게 된 정부의 권력행사와 구별하기 위해서였다.

충분한 정치적 안정을 누려 왔으며, 미국까지도 포함하여 전 아메리카 대륙에 사회적으로 가장 진보적인 국가가 되었다. 그러나 이 실험은 라틴 아메리카의 다른 곳에서도 희망에 찬 민주주의의 꽃을 산산히 짓밟아 버렸던 30년대의 경제 불황의 희생이 되고 말았다. 무혈의 격변 후 1934년에, 오늘날 1942년에 약간 개정되어 통용되는 새로운 헌법이 개정되었다. 이 헌법은 합리화된 의원내각제의 모형에 따른다.[31] 「총회」(Generalversammlung) 라는 이름으로 합동회의를 하는 국회의 양원은 절대다수로서 내각 전체나 개개의 장관의 해임을 결의할 수 있다(이른바 불신임[desaprobación] 제136조 내지 제139조). 3분의 2 이상의 다수로써 이러한 결의를 한 경우에는 대통령은 국회를 해산하고 개선하게 할 수 있다(제140조). 그 후 개선된 총회가 내각에 대하여 부정적인 입장을 주장하는 경우에는 「피에스코」(Fiesco)에 있는 무어인(토인)의 말을 빌어 말한다면, 외투 즉 내각이 넘어지면 장군, 즉 대통령도 뒤따라 넘어지며, 게다가 그 직위에서 물러나야 한다(제142조). 이김에 말해 두지만, 이와 똑같은 규정이 1931년의 스페인 헌법에 있으며, 스페인에서 실제로 진실임이 증명되었다. 그러나 그 밖에도 새 헌법은 의회의 통제 아래 있는 각의를 위해서 재차 대통령의 권력에 정치적 비중을 부여하였기 때문에 많은 전문가의 의견에 의하면 이 헌법이 실제로는 진정한 집단정부(Kollegialregierung)를 위한 제1 단계를 구축하였다는 것이다. 대통령이며 콜로라도당의 집단지도체제 지도자인 바티스타 배틀 베로스 (Battista Battle Berros)같은 지도자가 집권 중이던 당시에, 집단지도체제를 재차 채택한다는 것은 결코 불가능한 일이 아니었다.[31a] 소국들은 여기에서 어느 정도까지 언급되었는지 모르겠지만 현재 헌법상의 경험을 쌓을 과제를 지고 있는데, 이러한 경험으로부터 그들이 원한다면 커다란 무엇을 스스로 배울 수 있을 것이다. 이렇게 함으로써만 제2차 세계대전 후에 도처에서 나타나는 부인할 수 없는 헌법의 경화현상을 극복하고 헌법상의 미개지를 개척할 수 있을 것이다.

(3) 총 평

상술한 바와 같이, 라틴 아메리카의 새로운 헌법발전에서는 권력분립제와 결합된 재래의 대통령제의 특색들이 집행부와 입법부 간의 균형상태를 지향하는 경향들과 서로 얽혀져 있다. 그러나 전쟁상태 하에서는 집권한 과두 정치가들이 정권행사에 대한 국민의 참여를 희생시킴으로써, 그들의 우세한 지위를 더욱 강화시키는 동기와 구실로 이를 자주 이용하여 왔다는 사실은 부정할 여지가 없다. 그러나 종전 이후로는 본래 어느 곳에서나 민주주의사상의 소지자인 중산 계층이 합헌적인 대통령제로 위장하는 독재정당

---

30) Aréchaga, aaO, S. 408 참조. Stokes, aaO, S. 531의 좋지 않은 판단은 대부분의 전문가들에 의해서 현지에서 공감을 얻지 못했다.

31) Aréchaga, aaO, S. 415 ff. 참조. 조문의 인용은 1942년의 새 헌법에 의한 것이다.

31a) 이러한 예언은 진실임이 확증되었다. 1952년의 헌법은 동료(colegiado)로 복귀하였다. Karl Loewenstein, Verfassungslehre, Tübingen 1959, S. 123 ff., 393 f. 참조.

을 억제하려고 노력하여 왔다는 사실도 이에 못지 않게 분명하다. 국가가 경제적으로 안정되고 대중을 정치상황에 참여하도록 교육시킬 수 있다는 전제 아래, 장기적인 안목으로 보아 라틴 아메리카에서의 입헌정치에 대한 희망, 즉 대중정당의 자유경쟁을 통하여 대통령의 전제 정치를 억제할 가능성이 결코 없지는 않다. 물론 현재 그 진보는 한결같지 않다. 자각해 가는 농민대중이 파시즘에 대한 민주주의의 최초의 충만한 승리 속에서 사회적으로 진보적인 헌법을 제정하고, 그들 자신의 지도자가 정권을 정악하게 됨에 따라서 그들은 지금까지 경제적으로 우대를 받던 계급의 격렬한 저항에 부딪치고 있다. 가식적 입헌주의로 위장한 독재정치가 카리브해 일대의 몇몇 주변 국가(도미니카 공화국·온두라스·니카라과 그리고 살바돌)에서 끈질기게 유지되고 있다. 1948년에 베네수엘라와 페루에서 일어난 혁명이 이를 증명하고 있듯이, 국민이 선출한 진보적인 정부를 반대한 군인 일당측이 다시 정부를 장악하였다는 사실은 많은 고려를 필요로 한다.[32] 기술적으로 전혀 비난의 여지가 없는 선거를 통해서 정권을 잡았을 뿐만 아니라 국회 양원 내에서 안정다수를 얻을 수 있었음에도 불구하고, 토착적인 극단적 대통령제 (caudillismo)의 상투적 수법을 유럽의 파시즘적 방법을 통한 민중의 열광으로 치장할 줄 알았기 때문에 지지를 받지 못했던 아르헨티나의 페론(Perón)* 대통령을 잊을 수 없다.[32a] 반민주적 방법으로 권력을 장악했는가의 여부를 불문하고, 모든 혁명에 의한 사실상의 정부를 승인하는 유해한 정책을 미국으로서도 택할 수밖에 없게 되었다면, 라틴 아메리카의 대통령제는 아직 스스로 합헌적 정당성을 더욱 높일 수 있는 단계에 이르지 못했다고 인정하지 않을 수 없다.

3. 라틴 아메리카 대륙 이외의 지역의 대통령제

(1) 신빙성 없이 적용되는 경우

미국의 대통령제가 다른 국가에 이식된 것은 세계적으로 두드러지지 않은 몇몇 국가에 불과하다. 미국에 의해서 건국된 흑인 공화국인 라이베리아(1907년에 그리고 1944년에 개혁된 1847년의 헌법)[33]와 역시 미국의 영향 아래 있는 필리핀(1935년의 헌법)이 이에 해당한다. 여기에서 라틴 아메리카에서 보았듯이, 결국 대통령제는 집행부의 우세를

---

32) 새로운 예들은 1948년 10월 페루에서 부스타만테(Bustamante)의 합법 정부를 단절시킨 것인데, 그 후 다수 정당인 아프리타스(Apritas: Allianza Popular Revolucionaria Americana)는 공산주의자들을 낙인찍고 금지하였다. 또 하나의 예는 1948년 11월의 베네수엘라에서의 갈레고스(Gallegos) 대통령직의 폭력적인 종말인데, 그는 1947년 정부를 세운 후 스페인으로부터 해방된 이래 이 나라에서의 최초의 실질적인 민주 정부로서 축하를 받았었다.

32a) 페론은 1957년 군부에 의해서 실각되었다. 아르헨티나는 과도적인 장군의 통치 이후에 마침내(1959년) 1853년 헌법 하의 입헌 민주주의로 복귀하였다.

33) 헌법의 원문은 F. R. Dareste et P. Dareste, Les Constitutions Modernes, 4. Ausgabe von Joseph Delpech und Julien Laferrière, Paris 1929 ff., Band V, S. 485 ff. 참조.

초래한다는 것은 민주주의의 요건이 없고, 봉건자본주의의 경제 체제를 가진 동양의 국가들에서도 의심할 여지없는 사실임이 실증된다. 한국(38도선 이남)[34]에 대통령제의 원형을 도입한 것은 미국의 군정(미군정 측근의 한국인 일파와 더불어)의 책임이며, 그 수가 많지 않으나 유럽의 의원내각제의 모형을 훨씬 좋아했던 정치적 교육을 받은 한국인 계층에게는 아무런 책임이 없다. 이들을 무마시키기 위해서 1948년의 헌법은 미국의 수입품에 몇 가지의 빈약한 의원내각제적 특색을, 그것도 적절한 유기적 조직이 없이 접목시켰다. 대통령과 부통령은 4년의 임기로 (단원제)인 국회에서 선출되는데(제53조), 이것은 그들이 국민에 의해서 선출되는 경우에 비하여 집행부를 약화시킬는지 모른다. 그러나 이 헌법은 의식적으로 본래 의도했던 민주주의 국가를 강력한 집행부를 가진 유형으로 개조하려고 하며, 동시에 이승만(李承晚) 초대 대통령에게 알맞게 되어 있다. 가미된 의원내각제적 요소는 그 자체 모순투성이며 거의 분명하지도 않다고 생각된다. 대통령은 국무총리와 기타의 장관을 「국회의 동의를 얻어」 임명하지만(제69조), 그들은 국회의 신임을 잃은 경우에도 여전히 그 직에 머무른다. 정부(국무회의)는 각료들로써 구성되고 대통령의 권한에 속하는 중요한 국가의 정책문제를 결정하지만(제68조), 그들이 다수결에 의하여 어떤 결정을 내린 경우에도(제71조) 대통령은 이를 수시로 변경할 수 있기 때문에, 이점에서 대통령의 권력을 실제로 제한하는 것이 되지는 못한다. 그 밖에 대통령은 비상사태에 관하여 거의 무제한한 처분을 할 수 있다(제57조). 낙천가가 아니고는 그 수명이 오래 가리라고 이야기할 수 없는 이 헌법에 관하여는 다름 아닌 민주주의의 옷을 입힌 대통령의 독재정치가 문제인데, 이에 대하여는 혹시 공산주의 북한이 스스로 대통령을 선출할 수 있는 경우에 한하여 자기들에게 예속시키기 위하여 호의를 가질 수 있을는지는 모르겠다.[34a]

(2) 유럽에서의 대통령제

권력분립에 관한 미국의 전형은 본국에서 아직 실험되지 않고, 외국에서는 실로 완전히 파악되지도 않은 채, 프랑스 대혁명 후 최초의 헌법(1791년)의 기능상의 원칙이 되었다. 당시에는 공화국 대통령의 지위가 헌법에 의해서 제한된 군주의 지위와 별로 다르지 않은 것으로 믿어졌다. 그 시도는 국가들에 대하여 계속적인 경고수단으로서 영향을 미칠 수 있었다. 양 나폴레옹 황제[35]의 국민투표에 의한 독재군주제(der

---

34) 조문은 Department of State Publication No. 3305, Far Eastern Series 28, S. 78 ff.에 인쇄되어 있다. 또한 Richard V. Carter, Constitutions in the Making: Korea, Common Cause, Band 2 (1948), S. 107 ff. 참조.

34a) 대통령제로서 분장한 이승만의 개인적인 독재는 1960년에 무너지고 전면적인 헌법개정으로 의원내각제로 변하였다. 그러나 이 정권은 헌법 없는 하나의 순수한 군사독재인 1961년 5월의 쿠데타에 의해서 해체되었다.

35) 이 두 정권은 이 연구에서는 문제가 되지 아니한다. 왜냐하면 그들은 시대의 정신에 따르면서 통치의 기초로서의 왕조적 정통성을 이용하였기 때문이다. 그러나 이 두 경우에는 적어도 초기의 단계에서는

plebiszitäre Cäsarismus)는 집행부가 입법부의 통제권을 완전히 박탈한 점과, 장관이 단순히 황제의 보좌관 또는 부하에 불과했다는 점에서 미국의 대통령제와 동일하지만, 입법부 자체를 완전히 거세하였다는 점에서 동일하지는 않다.

그 후에 두 개의 상이한 국가에서 미국에서와 같은 대통령의 권력이 이것과 어울리지도 않는 정치적 상황 속에서 의식적으로 실정되었으며, 그 두 경우에 모두 동일한 이유로 실패하였음이 판명되었다. 1848년의 프랑스 헌법과 독일의 바이마르 헌법36)에서 대통령은 국민의 직접선거에 의하여 국회의원의 임기보다 장기의 임기로 선출되었다. 이 두 경우에 모두 대통령은 탄핵에 의해서만 그 직위에서 해임될 뿐이었다.37) 두 경우에 대통령은 국민투표를 통하여 매우 확대된 권한을 획득하였는데, 그가 장관을 임명하고 해임함에 있어서는 그 장관들이 직무수행에 관하여 의회의 신임을 얻는 여부를 전혀 고려할 필요가 없었다. 두 경우에 모두 대통령이 국민에 의한 선거라는 위광을 방패로 삼아 「합헌적」(verfassungsmäßige) 독재자로 등장할 수 있다는 가능성은, 국회에 있어서의 희망없는 정당 간의 분열만을 야기시켰으며, 이러한 사실은 그 다음에 틀림없이 초래할 완전한 독재정치의 하나의 서곡에 불과하였다. 1851년의 쿠데타(Staatsstreich) 후에 루이 나폴레옹(Louis Napoleon)은 스스로 황제가 되었다. 한편 힌덴부르크 (Hindenburg)는 그의 대통령내각(Präsidialkabinetten)으로 공화국에 쐐기를 박았으며, 그 후 히틀러가 이와 동일한, 그리고 더욱 난폭한 헌법침해를 함으로써 철두철미하게 최후의 일격을 가한 것이다.

이러한 경험을 통해서 유럽의 국가이론은 국민의 선거에 호소할 수 있는 대통령은 의원내각제를 파괴하며, 이러한 상황 하에서 국민의 선거는 독재정치를 초래한다는 거의 논박할 여지가 없는 결론에 도달할 수밖에 없었다. 현재 실제로 국가를 영도할 여지가 있기 때문에, 미국의 대통령제의 주창자로 여겨지는 드골 장군의 경우에도 이러한 사정이 반복될 것인가의 여부를 알게 될 것이다. 그가 정권을 장악하고 이에 상응한 헌법개정을 단행할 수 있다면, 프랑스의 자유가 이것으로써 다른 선례에서 보다도 더욱 호전될 것인가의 여부가 명백해질 것이다.37a)

공화국에 있어서의 대통령의 비교는 자명한 것이다. 나폴레옹 1세(1800년 제3월 22일의 헌법)에 관하여는 Laferrière, aaO, S. 120 ff.; Karl Loewenstein, The Dictatorship of Napoleon I, The South Atlantic Quarterly, Band XXXV(1936), S. 298 ff. 및 Beiträge zur Staatssoziologie, S. 172 ff. 참조. 나폴레옹 3세(1852년 1월 14일의 헌법)에 관하여는 Maurice Deslandres, Histoire Constitutionnelle de la France, Paris 1932, Band Ⅱ, S. 463 ff.; Julien Laferrière, aaO, S. 214 ff. 참조.

36) Karl Loewenstein, Beiträge zur Staatssoziologie, S. 384 ff. 참조.

37) 1849년 10월 31일의 루이 보나파르트(Louis Bonaparte) 대통령의 보고 참조. 또한 Deslandres, aaO, Band Ⅱ, S. 403, 429, 437 참조.

37a) 또한 1949년 성문화된 이 가정은 1958년 드골이 권력을 인수함으로써 같은 해 제5공화국헌법으로 실현되었다.

III. 의회제 공화국에서의 대통령제

1. 개 설

유럽의 입헌주의는 당초부터 정치권력의 주어진 소재지로서 의회와 입법기능을 들고 있다. 유럽의 입헌주의는 절대군주제 ― 오늘날의 용어로는 권위적인 정부형태로 표시되겠지만 ― 에 대한 반항 속에서 발전해왔기 때문에, 프로이드적 콤플렉스(Freudscher Komplex)에 의해서 강력한 정부에 대한 계속적인 공포가 이에 부수되어 있다. 따라서 어떤 국민이 독재정치로부터 해방된 경우에, 그것은 대개 국가적 대참사 없이는 되지 않는데, 그들은 스스로 입법기능의 우월을 몹시 추구하였다. 그리하여 얼마 동안 전권을 가진 의회가 정권을 장악하게 되면 이에 부수되는 결점의 결과로 불안정한 정부를 탄생시켰고, 추(저울)는 다시 집행권의 무제한한 권력충만의 방향으로 움직였던 것이다. 다만, 영국과 미국의 자치령, 그리고 서북 유럽의 군주국가에서는 이른바 내각정부(Kabinettsregierung)가 탄생했는데, 이것은 이론적으로는 입법권과 행정권의 균형을 지향하는 것이지만, 실제적으로는 의회의 통제에 의해서 억제된 정부의 우월을 의미하는 것이었다. 프랑스 대혁명 후의 유럽의 헌정사는 행정권과 입법권의 순위에 관한 적절한 공식을 발견하기 위한 시행착오적 시도라고 볼 수 있을 것이다.[38] 프랑스는 이 점에서 전 유럽을 위한 실험실이었으며, 프랑스인은 2회에 걸쳐 ― 최근의 10년의 사태를 이에 포함시킨다면 3회에 걸쳐 ― 아리스토텔레스 학파가 주장하는 불가피성에 따라 혁명의 악순환을 겪었다. 그리고 제1차 세계대전과 제2차 세계대전 사이의 불안한 휴전상태는 제1차 세계대전 후의 의회만능의 풍조가 제2차 세계대전 직전의 권위 정부형태의 풍조로 변경되는 단기간의 현상이라고 할 수 있다. 이러한 딜레마는 미국이 대통령제를 채택하고 있는 한 미국에도 존재한다.

이처럼 긴장된 헌법사적 상황 속에서 그때그때 사정에 따라 변화하는 공화국의 대통령상이 나타난다. 그는 행정권의 실제적인 소유자일 수도 있고, 또한 권력구조를 벗어난 첨단에서 정치권력의 상징으로서 만족할 수밖에 없다. 충분한 경험을 쌓을 수 있었던 오늘날에 이르러 대통령의 지위는 대통령제도 하에서 보다도 훨씬 까다롭게 규정된다. 공화국이란 비교적 새로운 국가형태라는 것을 잊을 수 없다. 고대의 공화국과 중세 이탈리아의 도시국가는 오늘날의 대중적 공화국에 관하여 이용할 만한 비교 자료가 되거나 준비 자료조차 될 수 없다. 약 1세기 전만해도 전 유럽의 국가는 스위스와 프랑스를 제외하고는 아직도 군주국가였다. 제2차 세계대전이 끝날 때까지에는 중단되지 않은 군주국의 전통을 가진 국가의 수는 7개국으로 감소되었다.[39] 그 때문에 공화국 대통령의

---

38) 그 발전은 Loewenstein, aaO (oben Anm. 2) S. 566 ff. Insbesondere S. 578 ff.에서 체계적으로 다루고 있다.

39) 리히텐슈타인과 모나코는 산입되지 않았다.

지위가 긍정적으로 또는 부정적으로 군주국의 국가원수의 지위에서 안출되었다는 것을
이해할 수 있으며, 군주국가는 결코 단일적인 제도(monolithische Einrichtung)는 아니었
으며, 오늘날에 이르러서 그렇지 않다.[40] 반대로 — 그리고 이것은 퍽 흥미있는 일인데
— 그 경우에 대부분의 국가에서 군주의 지위가 의회제 공화국의 대통령의 지위와 같아져
왔으며, 따라서 이것은 군주가 권력을 상실해 왔음을 의미한다.

2. 프랑스에서의 대통령

군주정치에 대한 기억과 기대는 제3공화국의 대통령의 직위를 규정함에 있어서 결정
적으로 기여하였으며, 프랑스의 원형은 마치 미국의 대통령제가 그 제도를 채택한 지역
내에서 선례가 된 것처럼, 공화국의 세력권 내에서 실례가 되었다. 역사학적 견지에서
대통령을 헌법에 의해서 제한된 군주의 대용품으로 생각했는데, 물론 국왕의 대권을
재량에 따라 행사하게 하지는 않았다. 그 후 1871년의 제헌의회의 오랜 심의의 결과로서
나타난 것도 인용하였듯이, 「**군주정치에의 기대**」(attente monarchique)를 제도화한 것에
불과하였다.[41] 대통령의 직위를 약화시키는 데에 찬동했던 아돌프 티이르(Adolphe
Thiers)*의 퇴직 후에 마크마옹(MacMahon)*이 7년의 임기로 대통령에 임명되었다(1873
년 11월 20일의 법률). 그러나 1875년의 헌법에 의해서 그에게 할당된 권한은 그 후의
헌법관례에 의해서 그에게 남겨진 권한보다는 훨씬 광범한 것이었다. 마크마옹이 의회에
대한 반란에 실패하였기 때문에 — 유명한 1877년의 「5 · 16사건」* — 그 후 그와 그의
후계자들은 이것을 최후로 국회의 만능에 대한 가장 강력한 해독제인 의회해산권을
상실하고 말았다. 게다가 프랑스의 대통령은 의회에서 선출되었으며, 따라서 국민의
선거에 의한 경우의 위광을 가지지 않았었다는 사실을 감안할 때, 왜 그 후에 대통령의
권력의 약화가 의회제 군주국의 국가원수의 그것에 결코 못지 않았는가를 철저히 이해할
수 있을 것이다. 정치적 결정은 의회와 국무총리(Ministerpräsidenten; Président du
Conseil)가 내렸다. 대통령은 한 번도 그 이상 결정적으로 집행권력에 관여하지 않았다.

---

40) 군주제에 관한 유형학적인 연구는 Karl Loewentein, Political Reconstruction, New York 1946,
S. 138 ff., insbsondere S. 156 ff. 서구형의 의회 군주제와 중앙 유럽형의 입헌 군주제의 구별에 관하여는,
또한 Karl Loewenstein, Die Monarchie im modernen Staat, Frankfurt/Main 1952 (Nr. 52 des
Schriftenverzeichisses) 참조

41) Joseph-Barthélemy et Paul Duez, aaO. S. 13 ff. 참조. 보르도(Bordeaux)의 국민의회는 1848년에
존속했던 것처럼 자동적으로 의회정부의 형태로 되돌아 왔다. 아돌프 티에르는 1871년 2월 17일의 결정에
의해서 「프랑스 공화국 집행권의 수반」(Chef du Pouvoir Exécutif de la République Française)이
되었는데, 그의 인격과 특권 덕택으로 군림하는 영향력을 행사하기에 이르렀으므로, 사람들은 그의 지위를
「설득력있는 독재」라고 적절하게 묘사하였다. 계속 이어지는 발전단계는 1871년 8월 31일의 「Rivet
헌법」*에 이르게 되었어도, 그의 지위는 결코 여전히 정상화되지 않았다. 그는 장관을 임면할 수 있었으며,
한 편 그들 쪽에서도 티에르 자신과 마찬가지로 의회에 대해서 책임을 지고 있었다. 1873년 3월 13일의
「브로글리 헌법」(Verfassung de Broglie)* 이후에야 비로소 의회적 공화국 국가원수의 고전적 예시로서
타당한 그러한 상황이 창조되었다.

정권행사에 대통령이 간섭하는 것을 방지하는 수단으로서는 모든 대통령의 행위에 장관의 부서를 요구하였는데, 이것은 입헌군주국의 국가이론에서 따온 제도로서 정반대의 목적을 위해서 이를 사용했던 것이다. 즉 원래 이 제도는 국가의 개인적 책임을 면제시키기 위한 것이었으나, 이제는 책임을 지지 않는 대통령에 대해서 정부를 보호하고 있다. 이러한 사정은 바이마르 헌법시대에는 완전히, 그리고 불가피하게 오해되었다. 프랑스의 대통령에게 아직도 남아있는 것은 국가를 대표 · 통일 그리고 상징하는 기능 이외에 수상의 선임 시에 해야 하는 관례에 따른 역할 — 물론 이것은 제3공화국의 다수정당제도에서는 중요하지 않았다 — 과 기껏해야 내각제에 권고하는 권리였다.[42]

그들의 대통령이 비현실적인 존재임을 정당하게 평가한 나머지 분별 있는 프랑스인은 대통령후보였던 왈닥루소(Waldeck Rousseau),* 클레망소(Clemenceau)* 그리고 브리앙(Briand)*의 패배에서 볼 수 있듯이, 강력한 지도자적 개성보다도 차라리 참된 평범성을 가진 의원을 대통령으로 택했던 것이다. 스스로 정권을 장악하려고 한 대통령은 치명적인 타격을 받았다. 마크마옹 · 카시미르 페리(Casimir Perrier)* 그리고 밀레랑(Millerand)*이 이러한 경험을 하였다. 가장 강력한 프랑스의 대통령이었던 레이몽 프앵카레(Raimond Poincaré)*는 그가 할 수 있는 일과 할당된 직무의 한계 내에서 현명하게 처신하여야 할 경우를 잘 알고 있었다.

3. 제1차 세계대전 이후 헌법들에서의 대통령

제1차 세계대전 후에 제정된 대부분의 헌법은 프랑스의 경험을 이용하였다. 폴란드에서는(1921년의 헌법) 대통령의 권력에 훨씬 광범위한 활동의 여지를 주었다. 대통령은 수상을 임명하고 해임할 수 있었으며(제45조), 수상의 요청에 따라 국회 양원을 해산할 수 있었다(제26조). 게다가 정당들의 불화로 인한 의회의 기능마비는 결코 자신이 대통령이 아니었던 필수드스키(Pilsudski)*로 하여금 강력한 집행부를 만들고(1926년), 마침내 순수한 권위적 정부형태로 전환시키는 것을 가능하게 하였다(1935년의 헌법).[43] 한편, 역시 프랑스의 예에 따랐던 체코슬로바키아에서의 대통령의 기능은 특수한 상황 때문에 실제적인 정치권력을 포함하기 까지 신장할 수 있었다. 1920년의 헌법에 따라 대통령은 국회 (국민의회; Nationalversammlung)라는 이름으로 합동으로 회합하는 양원에 의해서 선출되었는데(제57조), 이 사실 자체로는 약한 대통령임을 의미할 수 있다. 그럼에도 불구하고, 마사리크(Masaryk)*와 베네쉬(Benesch)*는 정치적 주안점을 대통령직에 고정

---

42) (보고에 의해서) 여론에 묻거나(의회에 의해서 제안된 법률의 재의의 요구에 의해서) 직접적으로 의회에 영향을 미치는 대통령의 권리는 한 번도 행사되지 않았는데, 예외는 밀레랑(Millerand)의 경우가 최초의 것이다(1924년 6월 10일의 보고). 그러나 이것은 그의 퇴진을 강제시킨 전주곡이었을 뿐이다. Giraud, aaO, S. 201 ff. 참조.

43) 폴란드에 대한 인용문은 Loewenstein, aaO (oben Anm. 2) S. 587, Anmerkung 72이 있다. 또한 후술 S. 391 ff. (본서 897면 이하) 참조.

시키는 데에 성공했으며, 그것도 특별한 대통령의 권리를 할당함에 의해서가 아니라 오히려 그들의 인격과 달리 알려진 지도력에 의해서 달성하였다. 곤란한 시기에 국가에 그 민주주의적 성격을 유지시킨 것은 바로 대통령의 지위였다.[44]

국민에 의해서 선출된 대통령은 반드시, 그리고 모든 상황 하에서 의원내각제를 파괴하는 것은 아니라는 것이 핀란드와 아일랜드에서 증명되고 있다. 1919년의 핀란드 헌법 하의 대통령의 지위는 다른 의회제 공화국에서 보다도 강력하다. 대통령은 민주적인 일반 투표권에 의해서 구성된(제23조) 선거인단에 의해서 그 직에 선임된다.[45] 그러나 의원내각제 정부와 대통령의 권력 간의 성공적인 타협에 대해서는 노출된 지리적 위치와 국민의 동질성이 더한층 기여하고 있다. 한편, 1937년의 아일랜드 헌법[46]은 유럽의 다른 모든 곳에서 대통령의 권력이 증대되던 시기에 제정된 것으로서, 오늘날 영국 내각정부의 유동성 있는 하나의 변형이다. 그에 따라 대통령(Uachtarán)은 국민에 의해서 7년의 임기로 선거됨에도 불구하고(제12조 제1호 내지 제3호), 영국의 국왕과 동일한 권한을 가지며, 정권행사는 실제로 대통령을 거의 모든 경우에 제어하고 있는 수상(Taoiseach)에게 귀속되어 있다. 대통령은 단 하나의 경우에 수상으로부터 자유로울 수 있다. 즉 대통령은 국무총리의 의회(Dail Eireann) 해산 요청을 국무총리가 의회 과반수의 지지를 상실한 경우에는(제13조 제2) 자신의 무제한한 재량에 따라서 거부할 수 있다. 이에 따라 의회해산권이란 무기는 하원에서 패배한 내각에게 더 이상 귀속되지 아니한다.[47]

1937년의 헌법 하에서 이몽 드 발레라(Eamon de Valera) 수상은 계속하여 10여년 동안(1931년~1947년) 민주적인 국가지도자였으며, 그의 비상한 지도역량 때문에 대통령은 아일랜드 밖에서는 거의 그들의 이름(Dr. Douglas Hyde, 1938-1945 및 Séan T. O'Kelly, 1945년 이후)이 알려지지 않을 정도로 빛을 잃고 말았다.

4. 제2차 세계대전 이후의 헌법들에서의 대통령

(1) 프랑스

전쟁 중에는 민주주의의 확고한 기초가 있는 국가까지도 정치권력을 집행부에 이전시

---

44) Burdeau, aaO, S. 113; Giraud, aaO, S. 270 참조. 그러나 고려해야 할 것은, 대통령은 다른 국가기관의 협력없이 (동일한 상황에서 프랑스의 상원이 그러하였듯이) 양원을 해산할 수 있다는 것(제31조)과, 의회에서 통과된 법률을 부서하지 않고 환부할 수 있으며, 이 경우 그의 거부는 양원의 적절한 다수에 대해서만 배제할 수 있다는 것(제47조와 48조)이다. 이것은 반복하여 나타났지만 그러나 어떤 경우에나 의회가 통과시킨 것은 아니다.
45) Arvid Enckell, La Démocratie en Finlande, Paris 1947, S. 34 ff.; Burdeau, aaO, S. 112 참조.
46) Loewenstein, aaO (oben Anm. 2), Anmerkung 45의 문헌 지시를 함께 참조.
47) 거의 동일한 규정은 이스라엘 헌법 제34조에 있다. 이것은 결코 우연이 아니며, 헌법기초위원회의 법률고문인 레오 콘(Leo Kohn) 박사가 아일랜드 헌법분야에서의 전문가이기 때문이다.

키는 경향이 있다. 이것은 관례적인 의회의 통제가 약화됨을 의미한다.[48] 그 자연적인
결과로 제2차 세계대전 후에는 제1차 세계대전 이후보다도 한층 심하게 강력한 집행권을
가진 정치적 신질서에 대해서 비판적이고 기피적으로 대하였다. 1946년 10월 27일의
프랑스 헌법*은 1946년 4월 19일에 국회가 채택하였으나 1946년 5월 5일에 국민이
국민투표를 통하여 부결시킨 최초의 헌법초안을 수정한 것으로 이해하여야 하는데,
이러한 사건은 선거인이 자기들이 선거한지 얼마 되지 않은 국회를 부인한 헌법사상
초유의 일이었다. 부결된 최초의 헌법은 프랑스인들이 싫어하는 정부, 즉 프랑스의 용어로
는 역사적으로 이해된 명칭인 「**회의정부**」(gouvernement conventionnel)라고 부르는
정부유형의 변형 또는 어느 정도 근사형을 규정한 것이었다. 여기에서는 정부가 전능한
의회 밑에 완전히 예속된다는 것을 알 수 있다.[49] 제4공화국의 최초의 헌법에서는 대통령
으로부터 모든 실제적인 권력은 물론이고, 그 위에 일련의 대표적ㆍ상징적 기능까지도
빼앗았다는 사실이 이 헌법을 선거인이 부결시키는데 결정적으로 기여하였다.[50] 그
후에 제정ㆍ시행된 1946년 10월 27일의 헌법은 그러한 이유 때문에 대통령의 권한을
다소 강화시켰으나, 1875년의 헌법에 의한 것보다는 아직도 현저히 미약한 것이었다.[51]
대통령은 이제 국민의회와 공화국 참의원(Nationalversammlung und Rat der Republik)으로
구성된 양원 합동회의에서 — 최초의 초안에서는 단원제를 규정하였음 — 7년의 임기로
선거되지만 재선될 수 없다(제29조). 대통령은 대역죄에 관한 경우를 제외하고는 정치적
으로 책임을 지지 아니한다(제42조 제1항). 입법에 관여할 권리와 국군통수권을 완전히
상실하였다(제33조). 법률의 집행을 감독할 권리와 함께 1875년의 헌법 아래서는 대통령
에 속하였던 집행명령을 제정할 권리도 상실하였으며, 이 권능은 국무총리에게 이전되었
다(제47조 제1항). 공무원임명권도 축소되었다(제29조). 그렇지만 대통령은 여전히 국민
의회가 제정한 법률의 재심을 요구할 수 있다(제36조 제2항). 그러나 이것은 국무총리의
부서가 필요하고(제38조 제2항), 그의 의사에 반하는 법률은 결코 폐기시킬 수 없다는
것을 고려할 때, 하나의 형식적인 권리에 불과하다. 의회를 해산시키는 중요한 절차에서는
(제51조와 제52조) 기껏해야 서명ㆍ날인을 하는데 그친다. 그렇지만 대통령은 중요한
심의기구(각의와 새로이 설치된 기구인 **국가안보회의**[Conseil de la Défense Nationale], **최고사**
법관회의[Conseil Supérieur de la Magistrature] 그리고 **헌법위원회**)의 의장(제32조ㆍ제34
조ㆍ제91조)인 사실을 통해서 영향력을 가지게 되었다. 또한 이제 비록 헌법위원회가
그에게서 국가원수의 칭호를 빼앗아 갔지만 대부분의 대표적이며 상징적인 기능이 국무총
리를 추천(**지명**[désignation] 제45조 제1항)하는데 그친다. 에리오(Herriot)*는 이러한 사실

---

48) Clinton L. Rossiter, Constitutional Dictatorship, Princeton 1948 (김정길역, 『현대 대권정치론』,
   대원서적, 1976)* 참조.
49) 이러한 통치형태에 관하여는 후술 S. 362 ff. (본서 875면 이하) 참조.
50) 상세한 것은 Laferrière, aaO, S. 917 ff.
51) Ebenda S. 1022; 비교적인 총괄 S. 1034/35 참조. 또한 Georges Berlia, La Présidence de la République,
   Magistrature Morale du Régime, Revue du Droit Public, Band LXIV (1948), S. 50 ff.

을 정확히 지적하여[52] 대통령은 의회의 게임(Parlamentsspiel)에 카드를 분배하지만 스스로 게임을 함께 하지는 않는다고 말하였다.

제4공화국에서의 대통령의 지위에 관한 판단은 물론 너무 빠르다. 분명히 초대 대통령인 뱅상 오리올(Vincent Auriol)*은 제3공화국의 전임자와 별로 다르지 않게 행동하고 있다. 그는 기껏해야 외관적인 부분에서 도덕적인 역할을 할뿐이다. 이러한 대통령의 망또(Mantel)가 드골 장군의 거구에는 너무 적게 보일 것이 명백하다.

(2) 이탈리아

현재와 같이 일반적으로 새로운 정치질서가 형성되고 있는 시기에는 처음으로 완성되는 헌법이 같은 시대에 제정되는 헌법들과 다음의 헌법에 많은 영향을 미친다. 1947년의 이탈리아 헌법[53]에 대하여 프랑스의 원형은 경고적인 영향을 미치기는커녕 오히려 모방하도록 영향을 미쳤다. 대체적으로 말하여 이탈리아의 문제해결은 이로정연하고 조리있으며 공식적인 타협에 의한 것이 적다. 본래 이 헌법을 제안하였던 기독교민주당은 대통령을 실질적인 국가원수이며 국민의 통일성을 대표하는 자로 만들 것을 주장하였다(제87조 제1항). 대통령은 각 「지역」(Region)별로 — 과거에 절대적인 단일국가를 이루었던 영토를 새로이 편성한 영역의 소구분 — 선출한 3인씩의 대표자가 참가한 양원 의회에 의해서 선출된다(제83조). 모든 대통령의 행위에는 장관의 부서가 필요하다(제89조). 의회가 제정한 법률에 대해서 대통령은 일종의 정치적 거부권을 가지지만, 의회는 단순 과반수에 의해서 이를 배제할 수 있다. 그러나 이탈리아의 대통령은 프랑스의 대통령에 비하여 두 가지 점에서 보다 강력하다. 즉 첫째로, 대통령은 의회의 신임투표가 있을 때까지 확정적인 임명을 미룰 필요가 없이 국무총리를 지명한다(제92조 제2항). 둘째로, 대통령은 프랑스의 대통령이 그로부터 완전히 제외되는 의회해산절차에 관여한다. 여기에는 한 가지 헌법상의 제한이 있다. 즉 양원 의장들의 의견은 비록 사소한 것일지라도 마치 그들이 발언권을 가진 것처럼 「청허」(gehört)되어야 한다는 것과, 의회의 임기의 최종 6개월 간에는 의회를 해산할 수 없다는 것으로, 후자는 남미의 많은 새 헌법들에서 발견되는 합리적인 규정이다. 당연히 해산명령에는 국무총리가 부서하여야 한다. 바이마르 헌법상에서 많이 논의되었던 문제인, 어떤 국무총리가 이것을 할 수 있거나 하여야 하는가에 대한 곤란한 문제는, 의회의 지지 없이는 어떤 내각도 존립할 수 없기 때문에 별로 긴급한 것이 되지 못한다. 이탈리아의 헌법은 대통령의 권력이 위헌적으로 확장될 위험성을 부여함이 없이 대통령으로 하여금 국가라는 기계의 유용하고 정치적으로 필요한 바퀴가 되게 하였다. 노련하고 박식한 루이기 아이나우디(Luigi Einaudi)*를 초대 대통령으

---

52) Journal Officiel, Sitzung vom 28. September 1947, S. 4227.

53) Mario Einaudi, The Constitution of the Italian Republic, American Political Science Review, Band XLII(1948), S. 661 ff.; Gertrud S. Hooker, Constitutions in the Making: Italy, Common Cause, Band 2 (1948), S. 233 ff.

로 선출함으로써 이탈리아 공화국은 훌륭한 헌정을 실시해 왔다.

(3) 이스라엘

신생국 이스라엘[54]의 대통령에 관하여 얼핏 보면 결국 집권 정당인 마파이(Mapai)당이 추진한 헌법초안의 기초가 된 것은 역시 바로 오늘날의 의원내각제(Parlamentarismus)인 **데르니르 크리**(dernier cri)라는 것을 승인하게 될 것이다. 이 신생국은 의원내각제의 통치방식에 따른 내각체제를 채택했는데, 이 체제 안에서 정치권력은 의회와 정부 간에 엄격히 분배되어 있다. 모든 정부구성원은 동시에 의회에 소속하여야 하며(제63조), 그들이 의회 다수의 신임을 상실할 때에는 퇴임하여야 한다(제55조). 5년 임기로 의회에 의해서 (국민에 의해서가 아님) 선출되는 대통령은, 그 밖에 국가를 대표하고 국민을 통일시키는 권능을 가지지만 정부의 요청과 부서 하에서만 이를 행사할 수 있다(제55조). 두 가지 중요한 경우에 대통령의 권능은 독자적인 의미를 가진다. 즉 대통령은 그가 「정당들의 지도자와 협의한 후」 임명하는(제56조) 국무총리를 선정함에 있어서 재량권을 가진다. 따라서 여기에서 제반사항이 솔직히 이야기되고, 정당은 그 본질을 찾게 된다. 그 밖에 대통령은 집권 중인 현 정부가 퇴진한 후 「결코 의회의 확실한 다수의 지지를 받는다는 정부가 형성될 수 없는 경우」에는(제34조) 의회를 해산시킬 수 있다. 이로써 새 헌법은 의원내각제의 특정을 법적으로 확립시킴에 있어서 그 본래의 역학(Dynamik)을 기술적인 세부사항에 의해서 침해시키지 않고 가능하다고 생각되는 모든 것을 규정하였다.

1949년 2월에는 공로가 많은 시온주의자의 지도자이고 존경할만한 학자인 카임 바이츠만 박사(Dr. Chaim Weizmann)가 초대 대통령으로 선출되었다. 절대다수를 차지한 정당이 없고 아마 오랫동안 연립정부가 필요할 것이므로 이스라엘에서의 대통령의 기능은 장차 많은 의미를 가지게 될 것이다.

5. 요 약

의회제 공화국에서는 대통령의 임기가 대통령제에서 보다도 장기이다 — 보통 5년 내지 7년이다 — 대통령은 대체로 실제적인 정권행사로부터 멀리 떨어져 있기 때문에 이점에서 아무런 위험이 없다. 그 뿐만 아니라 그 동안에 재직자에게 많은 정치적 경험을 제공하기 때문에 장기의 임기는 바람직하다. 국가원수로서의 대통령의 지위로부터 다음과 같은 결과가 나타난다. 즉 대역죄에 관해서만 책임을 지며 — 이러한 종류의 소추는 혁명시를 제외하고는 거의 제기되지 않는다 — 대통령은 임기 중에는 합법적인 방법에 의해서 해임될 수 없다. 그러나 소수의 새로운 헌법에는 대통령이 의회의 특정 다수에 의해서, 그 후의 국민투표와 결합되어, 임기 전에 소환될 수 있도록 하는 변형이 나타난다.

---

54) 조문은 "New York Times" 10. December 1948에서 인용.

이러한 종류의 절차는 그 실제적인 목적에 사용되기 보다는 오히려 국민의 직접선거를 그 한 요소로 하고 있음이 틀림없다고 믿어지는 민주적인 완전주의(demokratischer Perfektionismus)에로 되돌아 갈 것이 틀림없다. 의회에 의한 면직은 당연히 금지된다. 대통령의 궐위 시에는 바로 새로운 대통령을 선출하기 때문에 부통령은 없어도 된다. 모든 대통령의 행위는 장관의 부서를 통하여 합법성을 띠게 될 수 있다. 대통령은 정권행사에 대하여는 다만 간접적으로, 즉 수상과 내각을 매개로 하여 관여할 뿐이다. 여기에 고유한 대통령제와의 본질적인 구조상의 차이가 있다. 따라서 의회제 공화국의 대통령은 단지 비유적인 의미, 기껏해야 도덕적인 의미에서 국가원수일 뿐이며, 정치적인 현실에서는 그렇지 않다고 총괄적으로 말할 수 있을 것이다.

IV. 대통령과 회의정부

1. 회의정부의 본질

의원내각제[55])는 본질적으로 정치질서의 실용적 형태이며, 독단적인 형태는 아니다. 의원내각제는 결코 명백하고 빈틈없는 어떤 정부유형을 명시하지는 않으며, 언제나 세밀하게 서로 구분할 수 없는 변형을 제시한다. 그러나 그 공통적인 특징은 대통령제에서의 철저한 분립과는 대조적으로 집행부와 입법부의 협력과 상호의존이다. 이러한 공동경기(Zusammenspiel)의 기술적 수단으로서는 이러한 것이 이용된다. 즉 장관의 의회에 대한 책임, 장관직과 국회의원직의 겸직가능성, 그리고 심지어 정부구성원이 반드시 국회의원이어야 할 것, 정당의 유대를 통한 정부와 의회 간의 연결, 그리고 아마 가장 중요한 것으로 정부가 의회해산을 통하여 국민에게 호소할 수 있는 가능성 등이다.

헌법이론은 처음에는 의회와 정부를 동등한 정치적 위치에 두는 의원내각제의 이원적 원리에 입각하고 있었다.[56] 이러한 상태는 의원내각제의 아주 초기에는 아마 존재할 수 있었을 것이고, 또한 그것은 얼마쯤 문제가 될 수 있을 것이다. 그러나 실제 운용상 의회와 정부 간의 자연스러운 균형은 유지되지 않았으며, 운용을 담당한 자가 두 요소 중 어느 하나의 실질적인 우위를 증명하려고 한 여하에 따라서 가치판단이 달라졌다. 그러나 초기의 대중민주주의(Massendemokratie)는 그 경제적 긴장상태와 더불어 일원적인 문제해결, 즉 정부(내각)의 우세한 정치적 위치를 강력히 요구하였다. 내각은 의회에 종속된 하나의 위원회에 불과하다는 1860년대의 배젓(Bagehot)*의 주장은 영국에 대해서 까지도 더 이상 적합하지 않게 되었다. 거기에서 전형적인 의회정치(Parlamentarismus:

---

55) Loewenstein (전술 Anm. 2에서 인용한 논문) S. 572, Anm. 17; Giraud, aaO, S. 22 ff. 99 ff.의 자료 참조.
56) 예컨대 Yvon Gouet, De l'Unité du Cabinet Parlementaire, Paris 1930, S. 11 ff.; Giraud, aaO, S. 100 ff. (문헌의 지시 첨부) 참조.

의원내각제)는 내각정치(Kabinettsregierung: 내각책임제)로 변형되었다. 하원을 지배하는
것은 내각이고, 하원이 내각을 지배하는 것이 아니며, 그 지배수단은 엄격한 정당의
기률, 내각이 입법발의의 독립권을 가지고 있게 때문에 정부의 정책을 결정한다는 사실,
그리고 끝으로 최악의 경우에 사용하는 의회 해산의 위협이다.

　그러나 이로써 의원내각제(의회정치[Parlamentarismus])의 종류(연출목록[Repertoire])
가 결코 고갈된 것은 아니다. 이론적으로 집행부와 입법부의 서열에 관한 일원적인
해답은 정부에 대한 의회의 우위 속에서도 찾을 수 있다. 이러한 경우를 국가학상으로는
회의정부(회의정치[*gouvernement conventionnel*, Konventsregierung])라고 한다. 이 명
칭은 1792년의 프랑스의 회의(혁명시대의 국민의회)에서 유래하였다. 독일의 국가학은
이러한 상태에 별로 주의를 기울이지 않았기 때문에, 독일 국가학에는 일반적으로 사용되
고 동시에 직접 이해할 수 있는 용어가 없다. 「의회정부」(Parlamentsregierung)라는 표현
은 그 자체 두 가지 뜻으로 해석할 수 있으며, 「회의정부」(Versammlungsregierung)라는
표현 ― 즉 입법회의 자체에 의해서 정권이 행사되는 형태 ― 은 직접적으로 더욱 분명히
되지 않으면 익숙한 표현이 아니다. 「회의정부」(Konventsregierung)라는 용어가 이러한
정부유형의 역사적 지식을 전제로 하기는 하지만, 합목적적인 이유에서 그리고 **부득이**
계속하여 사용하기로 한다.

　회의정부에 관한 실제적인 경험에서 국가이론은 몇 가지 특징적인 경향을 찾아내었
다.[57] 즉 입법회의(의회)는 다른 모든 국가기관에 대해서 확실하게 우세한 지위를 가진다.
입법회의는 실제상의 의회주권으로 상승하였다. 집행부(정부)는 의회에 완전히 종속된다.
즉 양 기관 간의 관계는 위임자와 수임자 간의 관계에 따라 규율되는데, 이에 의하면
정부는 다만 입법의사의 행정기술적인 집행기구에 불과하다. 의회는 정부의 임명과
해산에 관하여 독자적으로 결정한다. 최고권을 가진 회의(souveräne Versammlung)의
자동적인 임기에 간섭할 가능성은 전혀 없다. 특히 의회해산권은 결코 인정되지 않는다.
의회는 상시 개회하며 선거를 통해서 예정된 규칙적인 간격으로 최상의 통제권을 행사하
는 선거인에게만 복종할 뿐이다. 일반적으로 국가원수와 대통령은 존재하지 않는다.
설사 존재하는 경우에도 그의 직무범위는 전혀 통치에 무관한 의례적이고 대표적인
사항에 한정된다. 모든 국가기능이 직접·간접으로 최고권을 가진 회의에 의해서 좌우되
기 때문에, 고유한 의미의 권력분립은 존재하지 않는다. 결국 이러한 정부형태의 특질은
각종 국가권력의 배치에 있어서의 직선선(直線性)과 단순성으로서, 모든 다른 국가기구와
의 관계에서 의회의 절대적인 우위체계가 형성되고, 따라서 복잡한 세력관계와 세력균형
은 제외시킬 수 있다는 것이다.

---

57) Giraud, aaO, S. 301 ff. 참조. 인용문은 Loewenstein, aaO (전술 Anm. 2) S. 581, Anmerkung
　　46, und 584, Anmerkung 60에 있다.

2. 회의정부 유형 하의 대통령의 직위

　　루소의 민주주의 기본원리가 1793년 6월 24일의 헌법에서 최초로 실현된 이래 의회정부는 프랑스에서 일종의 국민적인 강박관념이 되었다. 몇 번이고 반복하여 정치적 새 질서는 회의정부로 되돌아 갔는데, 처음에는 고의적으로 1848년의 헌법에서 그와 같이 규정하였으나, 이 헌법은 전혀 부조리하게 미국형의 대통령에 관한 규정도 그 속에 삽입시켰으며, 그 후로도 1871년의 국민의회 내에서 정도의 차이는 있으나 우발적으로 회의정부로 되돌아가는 규정을 제정하였다. 제2차 세계대전 이후에 1945년 11월 2일 드골 헌법이 회의정부로 되돌아가는 것을 교묘히 저지하였으나, 회의정부에 대한 사상은 1946년의 최초의 헌법에서 다시 나타났다.[58] 프랑스 이외에 회의정부는 1848년의 스위스 헌법에서(1874년 1월에 개정됨) 채택되었다. 제1차 세계대전 이후에 독일의 각 주와 얼마동안(1920~1929년) 오스트리아 · 발틱 3국인 리투아니아 · 라트비아 그리고 에스토니아도 이 유형에 따랐다. 아마 폴란드(1920~1926년)도 여기에 포함시킬 수 있을 것이다.[59] 터키(1924년의 헌법)는 또 하나의 예이다. 물론 의회제 공화국과의 한계를 정하기 위해서 이들 대부분의 경우에 상세히 고찰할 필요는 없다. 제2차 세계대전 후에 의회정부는 다시 독일의 각 주 뿐만 아니라 4대국의 전 점령지역에 나타났다. 이 모든 경우보다도 가장 중요한 사실은, 회의정부가 1936년의 소련 헌법의 기초를 이루고 있으며, 소련 위성국가 중에서 확실히 유고슬라비아 · 헝가리 · 불가리아 그리고 루마니아는, 이 범주에 속하지 않는 폴란드와 체코슬로바키아와는 달리, 소련의 유형에 따르고 있다는 것이다. 의회정부를 이른바 「철의 장막」 뒤의 국가들과 결합시킨 것은 필시 프롤레타리아트의 마르크스주의 신화에 있어서 분명히 영광된 자리를 차지하고 있는 파리 코뮌(Pariser Kommune)*의 국가조직이다.[60]

---

58) Les Projets Constitutionnels Français, Notes Documentaires et Etudes No. 369, Secrétariat d'Etat à la Présidence du Conseil (August 3. 1946), S. 15 ff. 참조. 그 초안은 전권을 가진 국민의회를 최고의 국가기관으로 예정하고 있으며(제6조), 대통령을 단지 의례적인 권한만을 가지는(제13조) 「공화국의 제1의 공무원」으로 예정하고, 통치에 대한 통제를 책임지고 있는 선출된 「사무국」이나 국민의회의 위원회(「의장」)를 「국민의회의 통제 아래 활동하는」 집행 행정기관(제17조 이하)으로 예정하고 있다. 이러한 것들은 소련과 그 위성국가들의 권력의 위계질서에 들어맞는 아주 정확한 모형이다.

59) Giraud (aaO, S. 309 ff.)가 1921년 헌법을 의회정부의 범주 속에 넣고 있는 것에 대해서는 논란이 있다. 그 헌법은 확실히 의회주의적 공화국에 더 가까웠다. 대통령은 상원의 3분의 2 다수의 찬성만으로 **의회**(sejm)를 해산할 수 있었으며, 그 경우에는 그런 찬성을 한 상원도 또한 해산되었다. 이러한 결정은 당연히 상원으로 하여금 소극적인 태도를 갖도록 만들었고, 그렇게 함으로써 해산을 일반적으로 어렵게 만들었다. 전체적으로 보아서 이 시기 동안의 폴란드의 상황은 프랑스 제3공화국에서의 상황과 비슷하였다. 물론 의회정부와 의회주의적 정부와의 구별이 언제나 명확한 것은 아니다.

60) 파리 코뮌에 관하여는 Georges Bourgin, Histoire de la Commune, Paris 1907 참조. 마르크스주의의 비판적인 관점은 Karl Kautsky, Terrorismus und Kommunismus, Berlin 1919이 대표한다. 카를 마르크스는 후일 정통 마르크스주의의 고전적 문헌이 된 「1871년 프랑스에 있어서의 내란」(Der Bürgerkrieg in Frankreich 1871)이라는 제목으로 코뮌에 관한 유명한 팸플릿을 썼다. 레닌은 그의 『국가와 혁명』(Der Staat und die Revolution)(문성원 · 안규남 옮김, 아고라, 2013) 속에서 코뮌을 윤허하였다. 프롤레타리아

(1) 대통령이 없는 회의정부

회의정부 하의 대통령의 역할에 관한 완전한 예증은 여기서는 지면관계로 일일이
제시할 수 없다. 1793년의 프랑스 헌법에는 대통령직에 대하여 전혀 언급하지 않았다.
1920년의 에스토니아 헌법에 국가원수(ein Staatschef)가 규정되었지만(제5조), 실제로
그는 각의의 의장(Doyen)으로서 수상의 지위를 차지하였다.[61] 바이마르 헌법상의 독일의
어떤 주에서도 비록 몇몇 주(뷔르템베르크 · 바덴 · 헤센)에서 국무총리(Ministerpräsident)
에게 대통령이란 명칭을 붙였지만, 국무총리와는 달리 하나의 본래의 대통령이 존재하지
는 않았다.[62] 1945년 이후에도 프랑스 점령지역 내인 2개의 독일 주(뷔르템베르크-호헨촐
레른과 바덴)에서만 국무총리에게 대통령이란 칭호를 부여하였다.[63] 전후 독일의 다른
주에는 대통령이 존재하지 않는다. 이와 더불어 바이마르 헌법 하에서나 오늘날 독일의
주 헌법상 단원제인 의회를 해산할 권리는 스스로 발의하거나 정부의 발표에 따라 이를
행사하는 국민에게 이전되었다는 것은 널리 일치되는 사실이다. 이와 같은 의회 해산제도
는 이 절차에 관여할 수 있는 대통령이 존재하지 않기 때문에 조리에 맞는 일이다.

(2) 대통령이 있는 회의정부

한편 제1차 세계대전 후에 제정된 헌법 중에서 오스트리아 헌법 · 터키 헌법 · 레트비
아 헌법 그리고 리투아니아 헌법은 대통령에 관하여 규정하였다. 그러나 날카로운 대조를
이루는 것은 (예외 없이 단원제인 입법부에서 선출되는) 대통령의 귀속을 추측할 수 있다.
그러나 동시에 대통령의 임기는 의회제 공화국에서보다도 사실상 단기라는 결과가 나타난
다.[64] 터키에서는 그 위에 대통령이 의회의 의원이어야 하는데(제31조), 이에 반하여

독재의 탄생과 소비에트 국가기관의 선구자로서의 그 의미는 Andrei Y. Vishinsky, The Law of the
Soviet State, New York 1948, S. 2, 65 ff., 147 ff., 424 ff.의 소비에트 국가에 관한 지도적인 교과서에서
반복하여 강조되었다.

61) "Riigiwanem"이라는 에스토니아의 표현은 최고참자(연장자)로서 또는 국가원수로서 여러 가지로 번역된
   다. 더욱이 그는 대외적으로 국가를 대표하지만(제61조), 전체의 정책은 전부에 의하여 집단적으로 지도된
   다(제59조).

62) 뷔르템베르크(1919년의 헌법), 제26조; 바덴(1919년의 헌법), 제52조; 헤센(1919년의 헌법), 제52조.

63) 뷔르템베르크-호헨촐레른(1947년 5월 18일의 헌법), 제78조 이하; 바덴(1947년 4월 22일의 헌법),
   제45조 이하. 바이에른에서는 오랜 논쟁 끝에 대통령제를 도입하려던 계획이 철회되었다. 그 이유 중의
   하나는 아마도 비텔바하(Wittelsbach) 사람들의 위험성 있는 입후보를 회피하기 위하여 예전에 통치를
   행하고 있었던 왕국들은 제외시킬 것 — 그것은 프랑스 제3공화국 · 제4공화국과 1931년 헌법 하의
   스페인에서도 마찬가지였다 — 을 헌법 속에 삽입시키지 않을 수 없었을 것이다. 그러나 그러한 일은
   사람들이 용납하려 들지 않거나 도대체 원하지도 않았음이 명백하였다. 대통령의 지위를 가지는 비텔바하
   사람이 나온다는 것은 분리주의자들이나 확고한 태도를 가진 바이에른 민족주의자들이 바라던 바였을
   것이다.

64) 오스트리아(1920년의 헌법) 제60조(4년); 리투아니아(1922년의 헌법) 제43조(3년); 레트비아(1922년

의회제 공화국에서는 양 기능이 상호 대립관계에 있다. 리투아니아와 레트비아에서는 대통령이 임기 중에 의회의 3분의 2의 다수에 의해서 해임될 수 있었다(리투아니아 헌법 제44조 · 레트비아 헌법 제51조). 오스트리아 · 터키 그리고 에스토니아에서는 대통령에게 의회해산권이 없었으나, 한편 리투아니아와 레트비아에서는 대통령이 특별한 제한 아래 의회해산권을 행사할 수 있었다(리투아니아 헌법 제52조 · 레트비아 헌법 제48조). 이러한 모든 규정으로부터 대통령은 최고의 권력을 가진 의회에 의해서 거의 없는 것과 같은 정도로 정치적으로 중립화되고 세력을 상실하는 결과가 나타난다.

3. 스위스에서의 회의정부의 변형

회의정부는 스위스 연방에서 발전되어온 형태에서 가장 분명해 졌다는 것은 의심할 여지가 없다. 1848년의 원안을 수정한 1874년의 헌법에 의한 스위스의 정부형태[65]는 비록 1848년의 원안이 때때로 잘못 인용되기는 하지만, 의회제도 아니고 권력분립에 입각한 것도 아니다. 이 정부형태는 흔히 집정관 헌법(Direktorialverfassung)이란 이름의 헌법에 의한 특수한 유형으로 설명되지만, 그 헌법이론상의 계보에 따르면 확실히 회의제의 유형에 속한다. 연방의 최고권력은 국민과 주(Kanton)의 권리의 유보 아래 연방의회(Bundesversammlung)에 의해서 행사되는데(제71조), 이 연방의회는 스위스 국민의 전체를 대표하는 국민의회(Nationalrat)와 연방의 기구로서 미국의 상원에서 교시를 받았으나 외관상 그와 같지 아니한 직능의회(Ständerat)의 양원으로 구성된다. 「최고의 집행 및 지도관청은 연방평의회(Bundesrat)이다(제95조).[66] 연방평의회의 7인의 위원은 연방의회에 의해서 3년의 임기로 「지명」(ernennen)된다. 국민의회 의원의 총선거 후에는 언제나

의 헌법), 제35조(3년); 터키(1924년의 헌법) 제31조와 제13조(4년).

65) 스위스에 관하여는 Loewenstein, aaO (oben Anm. 2) S. 603 ff. 참조. 나아가 Arnold J. Zurcher, in James T. Shotwell, Governments of Continental Europe, New York 1940, S. 979 ff.; Giraud, aaO, S. 86 ff.; Hawgood, aaO, S. 184 ff. 스위스의 헌법에 관한 표준적인 서술은 여전히 Fritz Fleiner, Schweizerisches Bundesstaatsrecht, Tübingen 1923. 연방대통령에 관하여는 같은 책 S. 194 ff. 참조.

66) 스위스 연방헌법에 있어서의 행정권과 입법권의 조문상의 정식화는 전적으로 1936년의 소련 헌법(그리고 그것을 이어받은 위성국가들의 헌법)의 당해 규정을 생각나게 만드는 것이다. 그것들의 공통된 조상은 1793년 프랑스 헌법의 집정기관의 명백한 가족적 유사성을 보여주고 있다. 그런데 그 프랑스 헌법의 집정기관은 생명이 짧았던 헌법인 1798년 4월 12일의 헬베치엔(Helvetien, 스위스의 옛 이름, 역자 주) 헌법의 모범이 되기도 하였다. 이 헌법은 파리에서 기초되었다고 알려져있다. 그러나 그것을 채택한 것은 스위스 국민의회였다. 유고슬라비아 헌법 · 헝가리 헌법 · 불가리아 헌법 · 루마니아 헌법과 소련 헌법 등은 그 하나하나가 다른 것의 자손이나 마찬가지인데, 때때로 그 전부가 아니면 적어도 그 중의 한 둘이 모스크바에서 기초된 뒤에 수입된 것이라고 주장되고 있다. 이러한 주장이 옳은 것이라면, 1789년 파리와 베른 사이에 기원의 연결이 있다는 것은 흥미있는 비교가 된다. 따라서 1848년의 후속 헌법 속에 들어 있는 스위스 정부의 합의제기관은 1789년의 헌법으로부터 나온 것이다. 그러나 1848년 스위스 헌법의 기초에서는 미국으로부터의 영향도 함께 작용하였다. William E. Rappard, Pennsylvania and Switzerland, The American Origin of the Swiss Constitution, in: Studies in Political Science and Sociology, Philadelphia 1941, S. 49 ff. 참조.

연방평의회 위원도 전원 새로이 지명된다(제96조). 연방평의회의 업무는 각 위원을 장으로 하는 부처에 따라 나누어진다(제103조).

1인의 연방대통령이 존재한다. 그러나 그는 연방평의회의 위원으로서 그 의장일 따름이다. 대통령과 부통령은 합동의회(Vereinigten Räten)에 의해서 연방평의회 위원 중에서 1년의 임기로 선출된다. 대통령과 부통령에 계속하여 재선될 수 없다(제98조). 그러나 부통령이 대통령을 계승한다는 것과 양 직무가 순차로 전 연방평의회 위원에게 차례가 돌아온다는 것이 헌법관례가 되었다. 연방대통령의 기능은 단지 연방평의회의 의장이 되는 것과, 관례에 따른 일종의 의례적인 행위를 하며, 이러한 의례적 행위는 헌법에는 아무런 규정이 없다. 다른 어떤 공화국에서도 대통령의 지위가 스위스에서처럼 보잘 것 없는 곳은 없다.

이 헌법의 기초를 이루는 국가이론에 따라서 연방평의회는 단지 연방의회의 집행부서 이며 하부기관에 불과하며, 결코 권력분립이 요구되는 독립된 국가기관은 아니다. 의원내 각제의 내각의 개념은 그런 정도로 적게 연방평의회에 적합할 뿐이다. 연방평의회 위원은 의회의 총회와 분과위원회에 참석하여 그 심의와 토의에 참여함에도 불구하고, 그들은 결코 국회의원이 아니며, 또 될 수도 없기 때문에, 이 점이 의원내각제에서의 내각의 경우와 다르다. 연방평의회 위원은 그들의 출신으로 보면 정당정치가이지만, 직무수행에 서는 그들의 정당으로부터 완전히 독립적이다. 그러나 회의정부 유형에 대한 변칙이 있는데, 그것은 연방평의회가 그 위원들이 지명된 후에는 연방의회의 신임을 필요로 하지 않을 뿐만 아니라 그 임기 동안에는 위원이 면직될 수도 없다는 것이다. 따라서 연방평의회는 연방의회가 입법에 관한 제안을 거부하는 경우에도, 이것은 흔한 일인데, 사직하지 아니한다. 이러한 경우에는 연방평의회가 의회에 복종한다. 물론 연방평의회는 연방의회에 대한 해산권을 가지지 아니한다.

이러한 권력분배는 원칙적으로 회의정부의 유형에 따른 것이다. 이러한 사실이 연방평 의회가 유능한 국가지도의 이상에 아주 접근하는 것은 방해하지는 않았으며, 그러한 이상에 도달하느냐의 문제는 전혀 비헌법적인 원인 때문이라고 하여야 할 것이다. 연방평 의회는 자신들의 전문적인 정치적 확증 때문에, 임기만료 후에 한결 같이 재선에 관하여 예측할 수 있는 노련한 통치전문가들의 결합체이다. 그것이 연방평의회로 하여금 현재 지구상에 존재하는 가장 훌륭하고 안정된 정부가 되도록 기여하였다. 연방평의회가 1914년 이래 포괄적인 권한을 특별위임에 의해서 획득할 수 있었던 것은 — 그리고 이것은 입법부를 희생으로 한 것이다 — 세계 도처에서 보다 큰 권한을 집행부에 집중시키 려고 한 그 당시의 시대상에 따른 것이다. 그러나 연방평의회는 회의정부의 유형이 강력한 정부를 위한 최선의 모체라는 일반적인 견해를 증명하기도 한다.

4. 회의정부와 강력한 집행부

회의정부에 대한 역사적 경험은 헌법의도(Verfassungsabsicht)와 헌법현실 (Verfassungswirklichkeit) 간의 간격을 가장 잘 증명하고 있다.[67] 정당 간의 분쟁으로 부딪치고 여론의 동요에 따라 흔들리는 많은 인원의 회의(Versammlung)는 통치를 해낼 수 없다. 통치를 위해서는 정치권력이 소규모이고 빈틈없는 한 집단에 집중될 것이 요구된다. 의원내각제 하의 회의가 기껏해야 요구할 수 있는 것은, 이 회의에 의해서 설치된 정부에 대하여 통치권을 행사하는 것뿐이다.

지금까지의 역사적 자료로부터 이제 다음과 같은 결론을 내릴 수 있다. 즉 회의정부는 당초부터 강력한 정부를 위한 얼굴만을 제공하였거나, 아니면 장차 권위주의정부 내지 독재정부가 구축될 토대를 형성하였다는 것이다. 입헌주의에 입각한 다른 정부형태는 결코 하나의 강력한 지도자·집단·파당 또는 집단이 정당을 지배하기에 그처럼 적합한 상황을 제공하지는 않았다. 이 점에 공산주의에 의해서 이 제도가 우대받는 충분한 이유가 있을 것이다. 이에 관하여는 너무나 많은 예가 있다. 프랑스 제2공화국(1848년)은 3년 후에 루이 보나파르트(Louis Bonaparte)의 손에 떨어졌다. 발틱 3국에서는 아주 약한 회의정부가 수년 후의 권위주의정체로 대체되었다.[68] 폴란드는 1926년의 필수드스키의 개혁(Pilsudski-Reform)에 의해서 권위주의정부가 되었다. 오스트리아에서는 1929년의 헌법개혁으로 매우 장기인 10년의 임기로 대통령을 국민이 직접 선거하게 되고, 거기에다 대통령이 의회와 대등하게 될 때까지 좀 더 오랫동안 회의정부가 유지되었다.[69]

다른 경우에는 회의정부가 처음부터 강력한 정부였다. 그 전형적인 예는 프랑스의 혁명회의(Revolutionskonvent)이다.[70] 국민의회(Nationalkonvent)가 3년 동안 프랑스를 통치하였다(1792년 9월부터 1795년 10월까지).[71] 최고권력을 가진 회의가 처음에는

67) Arnold J. Zurcher, aaO, S. 995 ff.; Loewenstein, aaO (oben Anm. 2) S. 604 ff. 참조.
68) 발틱 국가들에 관하여는 Hawgood, aaO, S. 330 ff.와 Loewenstein, aaO, S. 588 (주 73과 74의 인용문과 함께) 참조. 그러나 에스토니아는 1937년의 헌법으로써 다시 순수한 의회주의로 복귀하였다.
69) 1929년 12월 7일의 헌법 제60조 참조. 연방수상 자이펠(Seipel)과 그 후임자의 권위적인 교권주의가 사회주의자들의 협력을 불가능하게 만들지 않고, 그럼으로써 이들은 극심한 반대로 몰아가지 않았다면, 오스트리아는 의회주의를 촉진시키는 양당제도라는 환경 속에서 진정한 의회주의가 발전할 수 있었을, 유럽 대륙 내의 유일한 국가이다. **오스트리아의 번영**(Felix Austria)이 제1차 대전과 제2차 대전 사이의 기간에 있어서의 중부 유럽의 혼란에 대해 얼마나 큰 책임이 있는가 하는 것은 흔히 오해받고 있는 문제이다. Charles Adam Gulick, Austria from Habsburg to Hitler, Berkeley 1948과 Mary MacDonald, The Republic of Austria 1918-1934, London 1946에 나와 있는 빠짐없는 설명들이 보여주듯이, 사태는 국내에서 보는 것보다 외국에서 볼 때 훨씬 더 잘 보이는 것이다.
70) A. Aulard, Histoire Politique de la Révolution Français, Paris 1926, S. 314 ff.; Giraud, aaO, S. 323 ff.; Octave Aubry, Le Comité de Salut Public de l'An Ⅱ, in: Cahiers d'Histoire de la Révolution Français, New York 1947, S. 35 ff. 참조.
71) 프랑스 의회(Konvent)에 대한 비신스키(Vishinsky)의 지적(aaO, S. 313)은 그 박식한 저자가 의도했던 것보다도 더 많은 것을 알게 해준다. 그 의회가 「단지 이론적으로만」 「정부활동」의 중심점이었을 뿐이라는 확증은 서구의 역사연구가 보여주는 견해와 일치한다. 그럼에도 불구하고 같은 페이지에 있는

대체로 국무회의와 유사한 **임시집행회의**(Conseil Exécutif Provisoire)를 실시하였으나, 이를 단지 행정업무만을 담당하는 12인으로 구성된 1위원회로 대치시켰다. 실질적인 정부는 1793년 4월 6일의 법률에 의해서 실시된 9인, 후에 12인의 위원으로 구성된 유명한 **공안위원회**(Comité de Salut Public)였다. 이 위원회는 회의정부의 이상형을 규정한 1793년 6월 24일의 헌법에 의해서도 그래도 유지되었다.[72] 그 후 이 **위원회**는 국민의회에 대하여 책임을 지고 국민의회에 의해서 해임될 수 있었기 때문에, 프랑스인은 여기에서 말하자면 실수로 순수한 의원내각제의 윤곽에 접했다고 요즈음 이야기 되고 있다.[73] 그러나 사실은 이 위원회의 권력은 오늘날의 러시아에 있어서의 공산당 정치국(Politbüro) 의 그것과 같은 더욱 큰 것이었다. 자코뱅 당원들의 정당기구와 결부되었다는 사실과 테러를 사용하였다는 사실이 양자의 비교를 아주 확실하게 한다. 당통(Danton) 치하에서 더구나 로베스피에르(Robespierre)의 치하에서 예속적인 국민의회는, 자주 모든 토의를 거치지 않고 이 위원회가 의회에 제출한 법률안을 통과시켰다. 그 때 이후로 회의정부는 그 배경인 테러와 자유를 위한 자유의 억압과 더불어 극단적인 민주주의 이념 (ultrademokratische Ideologie)의 하나의 광시(Travestie)로 여겨진다.

터키[74]는 현재 실재하는 하나의 예이다. 1924년의 헌법은 회의정부의 도식에 따랐다. 「대회의」(Große Versammlung)(의회)는 그 이름으로 주권을 행사하는 「국민의 유일한 그리고 실질적인 대표」라고 규정되고 있다(제4조). 대회의는 어떤 종류의 제한과 균형도 당하지 않는다. 대통령은 대회의에 의하여 그와 동일한 임기로 선출되는데, 그 임기 동안에 대회의는 독자적으로 회의를 개최하며, 대통령은 의원으로서 대회의에 속하여야 한다(제31조). 대통령은 국가를 대표하고 통일시키는 통례적인 관할권을 가지는 외에 수상을 임명할 권리를 가진다(제44조). 그러나 정부는 대회의에 대하여 책임을 진다(제46 조). 그럼에도 불구하고 무스타파 케말 파샤(Mustapha Kemal Pascha: Atatürk)*는 제1차 세계대전 후 터키가 건국된 때로부터 그가 사망할 때(1938년)까지 터키를 확실히 통치하

주3에서는 실제적인 권력을 장악하고 「혁명독재」를 실시한 것은 **공안위원회**와 **보안위원회**(Comités de Salut Public와 de la Sécurité Générale)였다는 것을 덧붙이고 있다. 비신스키가 항상 확고하게 주장하는 테제를 그것과 비교할 수 있다. 그 테제에 따라 소비에트 질서에 있어서 최고 소비에트는 그 집행 위원회인 Sovnarkom(각료회의) 위에 아무런 구속됨이 없이 위치하게 된다. 헌법사학자로서의 비신스키는 소비에트 체제의 해석가로서의 비신스키보다 더 날카로운 관찰자라는 사실을 인정해야만 할 것인가?

72) Duguit-Monnier-Bonnard, Les Constitutions et les Principales Lois Politiques de la France, 5. Ausgabe, Paris 1932, S. 66 ff.의 조문. 특히 제39조 이하(**입법체**[Corps Législatif]에 관하여)와 제62조 이하(**집행회의** [Conseil Exécutif]에 관하여) 참조.

73) Aulard, aaO S. 334; Robert R. Palmer, Twelve Who Ruled, Princeton 1941; Louis Villars, Le Gouvernement Révolutionnaire, in: Révolution Français, Neue Serie No. 18(1939), S. 189 ff. 참조. 첫 번째 의장인 당통(Danton)은 의회의 불신임투표 이후에 물러나지 않을 수 없었다(1783년 7월 10일). 동일한 운명은 **공포**(terreur)에 대한 의회의 반란이 있은 후 당통의 후계자인 로베스피에르에게 도 닥쳐왔다(1794년 7월 27일). 이 경우 두 사람은 생명을 잃었다.

74) Giraud, aaO, S. 328 ff.; Hawgood, aaO, S. 348 f.; Ellen Deborah Ellis, The Evolution of Turkish Political Institutions, 및 같은 저자의 Political Growth in Turkey, Current History, Band 13 (1947), S. 347 ff., Band 14(1948), S. 95 ff. 참조.

고 지배할 수 있었다. 그는 수차에 걸쳐서, 그리고 그때마다 경쟁 입후보자도 없이 선출되었다. 계승자로는 1925년부터 1937년까지 수상이었던 이스메트 이노뉴 파샤(Ismet Inönü Pascha)가 취임하였다.[75] 대통령의 권한은 대통령직을 담당한 자의 명망뿐만 아니라 특히 그가 단일정당국가에서 자기들 편에서 의회의원을 지명하였고, 최근까지 의원의 선거도 아무 거리낌 없이 실시할 수 있었던 국가(국민) 정당(Staats-(Volks) Partei)을 지배하였다는 사실에 기인하였다.[75a]

　바이마르 시대의 독일 각 주에서는 여기에서 회의정부라고 표현한 조직유형이 역시 비교적 강력하고 안정된 정부를 위한 골격을 제공하였는데, 이러한 정부들은 모든 경우에 동시기의 중앙정부(Reichsregierung)보다도 정당의 정세에 따른 우발사건을 더욱 적게 노출시켰었다. 이러한 사실은 특히 오토 브라운(Otto Braun)이 1920년부터 1933년까지 연립정부(Koalitionsregierung)의 정권을 장악하고 있던 프로이센에 관하여 적용된다.[76]

　물론 독일의 각 주는 회의정부의 전반적인 경험에 관하여 증명력을 갖는 것은 아니다. 당시에 각 주는 실제로 힘 있는 정부에서 충분한 자유활동의 여지를 거의 허용하지 않았던 다소 중앙집권적인 하나의 제국의 자치권이 부여된 영역의 일부에 불과하였다. 그러므로 중대한 국사에 관한 근본문제는 주가 직접 처리할 수밖에 없었다. 그러나 1945년의 패전 후에 4대국이 관할한 지역 전체의 지방공공단체가 거의 정확히 1933년 이전의 것과 동일한 정부유형을 채택하였다는 사실에는 깊은 의미가 있다.[77] 그 정부유형

75) 이스메트 이노뉴 파샤는 1947년 당수직을 사임했고, 따라서 그의 대통령직과의 결합도 부당한 것으로 보인다. Ellis, aaO, S. 99 ff. 참조. 뿐만 아니라 최근의 터키 정부는 정부 자신에 의해 요구되는 반대당의 창설을 시도하였다. 그 반대당은 우선 집권당 내부에서 공인된 반대집단으로 등장하였다. 그러나 1946년 7월의 선거가 있기 전에 독자적인 당으로 되어 민주당이라는 이름으로 456석의 의석 중 32석을 차지하였다. 이로써 터키에서의 일당체제는 종말에 이른 것으로 보인다. Political Handbook of the World (Walter H. Mallory [Heraugeber]), New York 1949, S. 174 참조.

75a) 1950년 이후 1924년 헌법 하에서 다당제가 발달하였다. 그러나 그 다당제는 셀랄 바야르(Celal Bayar) 대통령 하에서 압도적인 승리를 거둔 민주당이 그런 방법으로 국가기구를 제 것으로 삼는 것은 가능하게 만들었고, 결국에는 군사적인 반란을 동원하여 다당제를 제거함으로써 헌법 역시도 희생당하지 않을 수 없게 되었다(1960년). 1961년의 새 헌법은 군사회의가 임명한 집단에 의해 작성되었다. 그러나 1961년 7월의 국민투표에서 과반수의 찬성을 얻지 못하였다. 양원을 가진 정부계획안을 위하여 의회정부(Konventsregierung)는 포기되었는데, 그 양원을 가진 정부계획안은 예상할 수 있는 한에 있어서는 일종의 통제된 의회주의에 있어서는 사법부의 형평작용에 의해 과도한 권력집중이 회피되어야만 한다.

76) Giraud, aaO, S. 327 ff.; Burdeau, aaO, S. 198 ff. 참조. 그에 따라 의회주의의 나무는 무성하게 자라지 않고, 나머지 점에서는 완전히 민주적인 헌법들은 국민청원과 국민투표를 수단으로 한 국민 자체에 의한 국가기구에 대한 통제를 예상한다. 게다가 사실상 그것은 예외적인 경우가 되었고, 또 그 절차가 확립되지 못하였다.

77) Claude-Albert Colliard, L'Organisation des Pouvoirs Publics dans les Constitutions des "Pays" Allemands, Revue du Droit Public, Band LXIV (1948), S. 452 ff.의 1945년 이후의 독일 주 헌법들에 관한 우수한 논문 참조. 또한 Karl Loewenstein, Reconstruction Politique en Allemagne Zonale et Interzonale, ebenda, Band LXIV (1947), S. 26 ff.; Harold O. Lewis, New Constitutions in Occupied Germany, Washington 1948 참조. 의회정부의 유형은 서구의 지역에서 보다는 소비에트 지구에서 더욱 현저하다.

에서는 단원제인 주 의회의 주권이 의식적으로 전면에 내세워져 있다. 새 헌법이 비바람에 견딜 것이냐의 여부는 당분간 평가할 수 없다. 대부분 연립집단인 이들 정부가 비교적 안정되고 행정상 확실한 지위를 차지할 수 있었던 것은, 외국군대의 점령이라는 비정상적인 상황과 실로 지금까지 실질적인 야당이 나타나지 않았다는 정당형성의 부자연성에 그 이유가 있다.

5. 소련에서의 회의정부

소련의 영향을 받은 헌법들이 회의정부의 도식에 따라 제정되었다는 사실과, 이 통치양식은 선천적으로 강력한 정부를 형성시키는데 조력한다는 사실을 생각한 사람은 누구나 소련의 입헌정체를 더욱 올바르게 평가할 수 있을 것이다. 1918년과 1924년의 소련 헌법은 의식적으로 국가와 정부의 일치를 목적으로 하는 구조를 이루고 있었다. 그러나 1936년의 헌법은 공산당에 의한 국가기구의 공식적 지배를 완화하였을 뿐만 아니라 소비에트 연방(UdSSR)의 각 국가기관 사이의 관계도, 그에 대하여 서구에서와는 약간 다른 의미를 가지지만, 입헌정체(Konstitutionalismus)라는 표현을 사용하지 않을 수 없을 정도로 합리화되었다.[78] 이러한 사실은 비록 헌법의 문구와 정치적 현실은 항상 일치하는 것은 아니라는 점을 간과하지 않을지라도 다음 서술의 중심적 사상이다.

(1) 최고회의(Der Oberste Soviet)

1936년의 헌법이 회의정부의 범주에 속한다는 것은 첫눈에 알 수 있다. 「소련에 있어서 국가권력의 최고기관은 소비에트 연방 최고회의이다」(제30조). 권력할당에 관한 계층적 서열도 명시되어 있다. 즉 「모든 다른 국가기관은 최고회의에 대하여 책임을 진다」(제31조). 최고회의 간부회의(das Präsidium des Obersten Soviets)와 인민위원회([Sovnarkom] 1946년 이래 국무회의로 개칭됨)에 관해서도 그와 같이 명시하고 있다. 이 헌법은 입법권을 오로지 최고회의에 부여하고 있는데(제32조), 이 최고회의는 양원으로 구성된 단체이며(제33조), 4년의 임기로 선출된다(제36조). 그러나 이러한 권한할당은 전혀 권력분립의 원칙에 따르지 않고, 실제적인 이유에서 입법기능과 집행기능을 하나의 동일한 국가기관으로 하여금 행사하도록 하는 소련의 법이론에 따라 수정되지 않을 수 없다.[79] 거기에다 최고회의는 단기간의 회의를 위하여 년 2회 회합할 뿐이므로 입법권

---

78) 본문에서 사용한 사실 자료는 줄리앙 토우스터(Julien Towster)와 마찬가지로 아마도 공식적인 관점을 가지고 있는 Vishinsky의 교과서 Political Power in the U.S.S.R. (1917-1949), New York 1948에서 뽑아낸 것으로서, 이 저작은 소비에트 러시아의 정부형태에 대한 아주 철저히 은폐된 탐구로서, 러시아어를 구사할 수 없는 필자가 입수할 수 있었던 것이다.

79) Vishinsky, aaO, S. 312 ff.에 있는 유용한 장을 참조할 것. 이 장은 소련의 헌법이론에 대한 설명에 기능적 관점과 사회학적 관점에서 본 서구의 국가관례에 대한 많은 통찰력 있는 비판을 덧붙임으로서

의 비중은 자연히 이른바 「포고」(Edikt)를 통하여 입법에 관여하는 최고회의 간부회의
와 「명령과 규정」을 제정하는 국무회의에 이전된다.[80]

양원제도는 본래 그것이 최고회의의 최고성을 제한하기 위한 것일 경우에는 회의정부
에서는 채택될 여지가 없다. 소련에서 양원제도는 주지하듯이, 그들이 무척 중요시하는
연방주의의 실현을 위한 수단에 불과하다. 따라서 그 밖에 양원의 이해관계를 조정하기
위한 복잡한 기구들은 불필요하다. 양원에는 동일한 권리가 부여된다(제37조). 양원의
의견이 일치하지 않는 경우에는 양원에서 하나의 조정위원회를 선임한다. 이 조정위원회
가 아무런 성과를 거두지 못할 때에는 간부회의가 양원의 해산과 개선을 명령한다(제47
조). 그러나 그러한 경우란 단일정당구조 아래서는 관념적인 것에 불과할지도 모른다.

(2) 최고회의 간부회의(Das Präsidium)

간부회의(제48조)[81]는 헌법기술상의 새로운 산물이다. 이것은 이중의 기능을 가진
일종의 집단적 대통령(Kollegial-Präsidentschaft)이다. 첫째 간부회의는 서방 국가의 대통
령의 기능에 비하여 볼 때 소련의 대표자(Soviet-Ersatz) 또는 소련의 통합자(Soviet-
Lösung)이다. 그렇지만 간부회의는 또한 이 간부회의가 년 2회 그 시기를 정하는(제46조)
최고회의의 정규회의와 정규회의 간의 오랜 공백기간 동안에는 최고회의의 완전한 권리를
가진 사무집행기관이기도 하다. 서구에서 이것과 비교할 수 있는 것은 의회의 상임위원회
라고 할 수 있다. 간부회의는 현재 32인의 위원[82]으로 구성되어 있는데, 그들은 매
회기 초에 양원합동회의에서 선출된다. 간부회의는 새로이 선출된 최고회의에 의해서
승인되거나 새로 구성될 때까지 재임한다. 대통령과 의회의 동일한 임기는 앞에서 설명한
바와 같이 회의정부유형의 특징이다. 간부회의의 결의는 집단적으로(kollektiv) 통과되기
때문에 의장이 특별한 직위에 취임하는 것은 아니다. 그러나 사실상 그의 지위는 대체로
스위스의 연방평의회 의장의 그것과 동등하다. 특히 의장은 외국과의 관계에서 소비에트
연방을 대표한다. 이러한 자격 때문에 칼리닌(Kalinin)의 이름과 모습이 외국에 널리
알려지게 된 것이다. 그의 사망 후에는 슈베르니크(Shvernik)가 그의 계승자가 되었다.

풍미를 더하고 있다. 또 Towster, aaO, S. 184 ff.도 볼 것.

80) 소련 사람들은 확실히 내부적으로 완결되어 있는 법원(法源)의 이론을 발전시켜왔다. Vishinsky, aaO,
S. 336 ff. 참조. 두 개의 주된 법원의 구별은, 최고 소비에트 의장의 「법률」(Gesetz), 「포고」(Edikte)와,
그 각의의 「결정」과 「명령」(Verordnung)이 두 개의 상이한 법령집을 통해 공포된다는 사실로부터
나오는 것이다. Towster, aaO, S. 276, 주 83 참조.

81) 의장에 대해서는 Vishinsky, aaO, S. 329 ff.; Towster, aaO, S. 263 ff. 참조. 1인을 국가원수로 선출하자는
1936년의 제안은 스탈린에 의해서 거부되었는데, 역사적 경험에 의하면 이러한 처리방식은 독재를 조장하
게 된다는 점을 특별히 지적한 것이다. Vishinsky, aaO, S. 333; Towster, aaO, S. 263 ff. 참조.

82) 그 숫자는 의장, 11인의 의장대리(그 각각은 구성공화국을 위한 것임), 그리고 서기를 포함하여 원래
37인이었다. 구성공화국의 수가 증가하였으므로 그에 상응하는 의장대리의 수도 1940년에 16인으로
늘어났다. 지금의 숫자로 줄어든 것은 1946년의 일이었다. Towster, aaO S. 264 참조.

공산당 정치국의 대다수 위원은 간부회의에 속해 있기 때문에 그들은 공산당과의 중요한 횡적 결합을 형성한다. 간부회의의 운영에 관하여는 아무것도 알 수 없다. 그러나 아주 바쁘고 끊임없이 회의를 하는 기구가 문제된다는 사실은 틀림없을 것이다.

간부회의의 권한에 관하여는(제49조) 그것이 국제교류에 있어서 소비에트 연방을 대표하는 기관이라는 점이다. 국제조약의 비준과 국제관계의 관장이라는 업무가 외무부와의 공동업무로 간부회의에 부과되어 있다. 기타의 「국가원수로서의」(als präsidial) 고려할 만한 관할 사항은 영예와 훈장의 수여·군의 상급지휘관의 임명과 해임·사면권 그리고 동원령이다. 그러나 양원의 회의소집 그리고 해산과 같은 최고회의의 집행기관으로서의 간부회의 지위에서 유래하는 권한은 이에 못지 않게 중요하다. 이러한 국가조직상의 권한 이외에 간부회의는 법률해석에 관한 배타적인 권리를 가진다.[83] 간부회의는 연방을 구성하고 있는 어떤 공화국의 국무회의가 제정한 명령과 규정을 폐지할 수 있고, 또한 국무회의 자체를 앞으로는 설치하지 않을 수 있기 때문에 연방의 효력 범위 내에서 감독권도 행사한다. 끝으로 간부회의는 최고회의의 폐회기간 동안에는 국무회의 의장(수상)의 제청에 따라 국무위원을 임명하고 해임하는데, 이러한 행위의 확인을 받기 위하여 차후에 최고회의에 제안한다. 이러한 일은 최근에는 외무장관직에서 몰로토프와 비신스키를 교체시킬 때에 일어났다. 이와 같은 상황의 논리상 국무회의는 최고회의가 개회 중이 아닌 때에는 간부회의에 대하여 책임을 지도록 요구한다(제65조). 그에 따라서 간부회의 위원직과 국무회의의 위원직은 양립되지 아니한다.

러시아의 국가실제에 관하여 외국에는 별로 알려져 있지 않다. 그러나 우리가 가장 정통한 사람의 하나(비신스키)[84]를 믿을 수 있다면, 간부회의는 지금까지 발생하지 않았지만 최고회의 해산과 국민투표의 실시를(제49조) 예외로 하고, 그의 절대적 권력을 확실히 포괄적인 방법으로 행사하고 있다. 간부회의는 그의 모든 행위에 있어서 최고회의에 대하여 책임을 지며(제31조 및 제48조 제2항), 그리하여 「회의정부」의 이론에 따라 최고권력을 가진 회의에 종속되어 있다. 물론 실제로 소련의 권력체계의 첨단을 형성하는 것은 바로 간부회의라는 결론을 내리지 않을 수 없을 것이다.

간부회의는 비록 최고회의의 한 위원회의 통제 아래 그의 기능을 행사하는 최고회의의 한 위원회에 불과하지만, 실질적인 권력충만이란 점에서는 입법회의를 훨씬 능가한다. 간부회의는 소련의 집단적인 대통령일 뿐만 아니라 입법절차에서 까지도 중요한 기관이다.[85]

---

83) Vishinsky, aaO, S. 338 ff.(미국대법원에 관한 흥미있는 비판과 더불어). 1924년의 헌법 이후 이러한 기능은 최고재판소에 속하게 되었다. Vishinsky, aaO, S. 340 ff.; Towster, aaO, S. 268.

84) Vishinsky, aaO, S. 270.

85) Towster, aaO, S. 272; Vishinsky, aaO, S. 340 ff.는 의장의 명령권이 지니고 있는 절대적으로 종속적인 성격을 강조하고, 그럼으로써 그는 서구 민주주의에 존재하고 있는 입법에 있어서의 명령권의 남용을 아주 적절하게 비판할 수 있는 기회를 놓치지 않는다.

(3) 국무회의(der Ministerrat)

이것으로서 소련에서의 정치권력의 실질적인 위치는 아직 설명되지 못했다. 여기서는 회의정부 유형에 관한 역사적인 경험을 귀납적으로 인용할 수밖에 없다. 최고회의는 그 집행기구인 간부회의를 포함하여 정치권력의 핵, 다시 말하면 국무회의를 둘러싸고 있는 겉 껍질에 불과하다는 것이 주지의 사실이다.86) 소련의 입헌주의의 발달은 앞으로 국가관직의 모든 점유자 ― 이것은 이론적으로 가능한 일인데 ― 비록 정당에 소속하지는 않을 지라도, 어떤 경우에나 정당정신으로 교육을 받게 됨에 따라서, 역사적으로 그것이 정당에 의한 본래의 국가체제의 진보적인 해결절차라는 하나의 철저한 논리적 발달임을 나타내고 있다. 이것이 곧 정당이 국가를 지배하고 통제하기를 중지하였다고 말하는 것은 아니다. 1936년 헌법으로 규정된 것은 ― 그리고 이것은 결코 작은 문제가 아닌데 ― 정당의 영역과 국가의 영역에 관한 엄격한 경계설정이다. 민족사회주의국가에서는 이러한 발달을 거리낌 없이 반대하여 왔다.

일찍이 즉 (헌법이 시행된) 1938년 이전에는 인민위원(Volkskommissar)의 명단은 1937년에 해체된 소비에트 회의의 중앙위원회(der Zentralausschuß des Kongresses der Soviets)라는 하나의 정당기구에 의해서 작성되었다. 스탈린 헌법 제46조와 제70조에 의하면, 최고회의가 양원합동회의에서 소련의 정부로서 국무회의를 「조직한다」 (formiert). 이전에는 정당계층에 의해서 제출된 명단을 승인하는 것은 순전히 형식적인 사항이었다. 그러나 1938년 스탈린 헌법 하에서 국무회의가 새로 임명될 때에는 후보자 중 3인이 최고회의의 반대에 부딪쳐 철회되었다.87)

헌법에는(제64조) 국무회의가 소련에 있어서 국가권력을 집행하고 관할하는 기관으로서 「현행법에 의거하여, 그리고 현행법과 조화되도록 규정과 명령을 제정하며 그 시행을 감독한다」(제66조)고 규정되어 있다. 그 밖에도 「국무회의는 최고회의에 대하여 책임을 지며, 최고회의에 대하여 답변할 의무를 진다」고 명시되어 있다(제65조). 최고회의의 회의와 회의 사이의 기간에는 간부회의에 대하여 이와 같이 책임과 의무를 진다(제65조). 회의제 유형에서의 권력계층에 일치하도록, 입법회의에 대한 관계에서 국무회의의 지위는 의회에 대한 내각의 지위와 같지는 않다.88) 장관(Minister)은 단순히 최고회의의

---

86) 인민위원(die Volkskommissare)에 대해서는 Vishinsky, aaO, S. 371 ff.; Towster, aaO, S. 272 ff. 참조. 또 S. 224 ff.도 참조.

87) Towster, aaO, S. 279.

88) Vishinsky, aaO, 373 ff. 그곳에 덧붙여져 있는 「부르주아 국가들」 내에서 내각이 지니는 의미가 점점 더 커져간다는 바와 같이, 다소 낡은 자료에 근거한 것이기는 하지만, 본질적으로는 정확한 것이다. 그러나 여기서는 비신스키와 같은 인식과 실제적인 경험을 가지고 있는 사람이 입법 국가로부터 행정 국가로의 중점의 이동이 모든 현대 국가에 있어서 꼭 같은 정도로 적용되는 것이고, 따라서 소련에 대해서도 타당하지 않을 수 없는 것이라는 점을 실제로 통찰하지 못하였던가, 또는 그의 책이 합헌적인 의도를 설명하는 것만을 목표로 삼았는가, 다시 말해서 존재적인 것·당위적인 것을 희생시키면서 정치적인 실제성을 의식적으로 무시한 것인가를 자문해보아야 한다.

수임자로서 더 이상 유용하게 되지 않게 될 때에는 해임된다. 그러나 일반적으로 장관의 임기는 최고회의의 임기와 동일하다. 그러나 좀 더 정확히 말하면, 새로 선출된 최고회의가 유임을 승인하거나 또는 경우에 따라서 인원을 경질시킬 권리를 가지고 있기 때문에 최고회의의 임기보다 다소 장기라고 할 수 있다. 국무회의에는 의장, 부의장 그리고 장관들이 속할 뿐만 아니라 중요한 행정관청과 위원회의 일정한 수의 장도 이에 속한다(제 70조).89)

헌법의 문언으로 규정되었음에도 불구하고, 정치현실에서는 인민위원회 (Sovnarkom)가 입법의 주된 책임을 담당해야 한다는 1936년 이전의 상태가 그 후에까지 영향을 미쳤다. 전체 입법권이 많은 인원의 최고회의나 또는 단지 그의 보다 활동적인 위원회인 간부회의에 이전되리라는 것은 기대할 수 없었다. 이러한 사정에 따라서 국무회 의는 그의 입법활동을 포기할 수 없었으며 포기하지도 않았다. 실제로 국무회의가 「결정과 명령」의 형식으로 행사하는 입법행위의 범위는 다른 모든 입법기관의 그것을 합한 것보다 크다.90) 그 밖에 국무회의는 최고회의를 위하여 의안을 준비하며, 그 채택을 위하여 노력한다. 특히 대외정책의 영역에 관하여는 국무회의가 독점적으로 처리한다.

국무회의의 집단적 구조 때문에 그 구성원 간의 서열구분은 원래 허용되지 않는다.91) 그러나 흔히 소련의 국무총리(Soviet-Ministerpräsident)라고 불리는 의장이 좀 더 큰 비중을 차지한다. 이러한 사실은 그 직무를 담당한 인물에 따라서 그 결과가 정확히 나타난다. 즉 레닌(1917~1924년) · 뢰코프(Rykov, 1930년까지) · 몰로토프(Molotov, 1914년까지) 그리고 끝으로 1941년 5월 6일 이래로는 적어도 20년대 말기 이후로 알려진 정당의 실력자인 스탈린(Stalin)이 가장 뚜렷한 인물이었다. 스탈린은 만일 이 직위가 소련에서의 최고 결정권과 실제로 결합되어 있지 못하면 그 직위를 확실히 차지하지 않았을 것이다.92) 스탈린의 공적 지위는 따라서 영국의 수상이나 미국 대통령의 그것과 비교할 만하다. 이와 동시에 스탈린 자신으로서는 공산당 정치국을 그 정점으로 하는 정당기구에 소속되어 있다는 것은 이론의 여지가 없는 사실이다. 이것은 틀림없는 사실이 며, 그의 집권정당에 대한 영향력은 영국의 수상과 비교된다. 그러나 실질적인 권력 관계에 관하여는 헌법이나 공개된 당헌에 어떤 방법으로든지 형식화되지 않은 것은

---

89) 소련과 같은 강권적인 평면국가(Flächenstaat) 내에서의 계획경제와 행정의 요구에 있어서는 다른 것이 가능하지 않는 만큼, 각의는 1938년 이래 그 구성원의 수를 증가시켜왔다. 그것은 지금은 총 64인에 달한다. Towster, aaO, S. 280 참조.

90) Towster, aaO, S. 260, 주 48에 있는 통계표 참조.

91) 비신스키의 포괄적인 설명 중에 각의 의장 ― 그것은 때때로 언급되기는 하지만(S. 374와 386) 특별히 강조된 적은 한 번도 없다 ― 에 대한 특별한 장이 없다는 것은 특징적이다.

92) 스탈린은 1938년 이래 최고 소비에트 대의원이었으며 그 의장의 한 사람이었다. 그는 1941년에 Sovnarkom의 의장이 되었고 전쟁 발발 이후에는 방위위원(전쟁상, Kriegsminister)이 되었다. 같은 해 가을 최고사령관으로 지명되었고, 1943년 이후에는 원수라는 칭호가 덧붙였다. 전쟁이 끝난 후에는 그는 이들 군사적인 직책들을 그만두었다. 공식적인 국가관직에의 이러한 취임 ― 1938년 이전에는 일반적으로 이런 일이 없었다 ― 은 그의 실질적인 권력행사가 이제 완전히 국가기구와 통합되었다는 사실을 나타낸다.

제외하고는, 여기에서 확실히 지적할 수 있는 것보다 적게 알려져 있다.

각 장관은 스탈린의 보좌관으로 여겨진다.[93] 그러나 의원내각제 국가에서의 장관과 구별되는 것은 그들이 최고회의의 마음에 들었기 때문만이 아니고, 그들의 자격 때문에 스탈린에게 (그리고 아마 정당기구에게) 전문가로서 이용가치가 있다고 보였기 때문에 그 직위를 획득하였다는 점이다. 그들은 일반적으로 일급 전문가들이지만, 그러나 그들이 장관직을 차지하였다는 이유로 반드시 정치적 결정에 참여하게 되는 것은 결코 아니다. 이들 집단은 역시 집단적인 업무집행(Kollektiv-Geschäftsführung)을 위해서는 너무 많은 수의 인원이다. 영국에서도 「전장관」(Ministerium)과 고유의 「내각」(Kabinett)은 기술적으로 구별된다. 스탈린 헌법 제70조에 열거된 장관직은 다른 직을 겸직한 자만이 국무회의에서 투표권을 가지는 것과 아마 일치할 것이다. 국무회의에 대한 정당의 통제는 국무회의에 대표로서 파견된 공산당 정치국[94] 위원에 의해서 행사된다. 정치국이 이러한 통제에 의해서 정치적 결정에 관한 독점권을 가지게 되는가의 여부는 단언할 수 없지만 그럴 가능성은 충분하다. 단일 정당 국가에서는 국가의 결정과 정당의 결정을 확실히 구별할 수 없다.

전술한 국무회의와 국무회의 의장의 지위는 회의정부에 관한 자연법이라고 볼 수 있는 원칙을 뒷받침하고 있다. 즉 헌법상 형식적으로 종속된 기관은, 지배권을 굳게 하고, 최고권을 가진 회의(souveräne Versammlung)를 포함하여 다른 모든 국가 기구에 대한 우세한 직위를 차지할 기회를 갖게 되거나 ― 또는 오히려 필연적으로 그와 같이 발전된다 ―. 그 밖에도 국가기구 전체가 하나의 단일정당에 의하여 채워져 있다는 것을 고려할 때에는 ― 일찍이 그 정도가 이만 못하지만 프랑스의 회의정부에서의 자코뱅 당원의 지배가 그러한 결과를 초래하였지만 ― 어째서 헌법상의 회의정부 유형이 독재정부로 되고, 공산주의 국가의 운영에서 이것이 우대되고 있는가를 이해할 수 있을 것이다.

6. 소련 위성국가의 정부형태

이른바 소련 위성국가의 헌법에 관하여는 유고슬라비아(1946년) · 불가리아(1947년) · 루마니아(1948년) 그리고 헝가리(1949년)의 헌법은 여기서 그에 대한 설명을 할 필요가 없을 정도로 소련의 모형을 노예적으로 모방한 것이다. 특히 이들 헌법에는 간부회의 제도가 규정되어 있는데, 간부회의는 그 밖에도 소련 점령 지역 내에 있는 독일 각 주의 헌법에서도 중요한 자리를 차지하고 있다. 만일 소련의 모형에 대한 차이점이 있다면, 그것은 특수한 지리적 환경의 조건에서, 그리고 아마도 서구 입헌주의의 확실한 잔재에서 설명될 수 있을 것이다.

그러나 소련의 원주 내에 있는 두 개의 국가는 소련의 유형에 따르지 않았다. 1948년

---

93) Towster, aaO, S. 286 참조.
94) 정치국에 대해서는 Towster, aaO, S. 159 ff. 참조.

6월 9일의 체코 헌법95)은 「인민민주주의」(Volksdemokratie)로부터 기대할 수 있었던 1920년의 헌법에서 원칙상 이탈한 것은 결코 아니다. 더욱이 경제철학(Wirtschafts-philosophie)은 소련에서 이해되고 있듯이, 사회정의의 이상과 동화되어 있다. 그러나 정부구조 자체는 그것이 1920년의 헌법제도를 근대화한 것이라기보다는 오히려 회의정부 유형에 의해서 인민민주주의에 더욱 접근한 것임을 나타내고 있다. 최고 입법기관은 국민에 의해서 6년의 임기로 선거되는 단원제 국회이다(원칙조항 V와 제39조 이하). 최고의 통치권과 집행권은 국회에 대해서 책임을 지며 대통령에 의해서 임면되는 정부에 있다(원칙조항 VII과 제80조 이하). 국가원수는 국회에서 7년의 임기로 선출되는 대통령이다(원칙조항 VI과 제67조 이하). 그의 권한은 절대적이다. 국회의장단(간부회의[Parlaments-präsidium])이 존재하지만 어떠한 「대통령의」(präsidial) 권능도 가지지 아니한다. 물론 의장단은 국회가 개회중이 아닌 때에는 그 대행기관이지만(제63조 이하), 이 경우에도 국회 자체의 배타적 관할 사항인 일정한 중요 결정은 유보되어 있다(제66조). 조문만으로 보아서는 이 헌법은 서구의 입헌국가에 대하여 적합하며 그에 대하여 조금도 부끄럽지 않다.

마찬가지로 폴란드의 새로운 과도헌법(die neue Zwischenverfassung)(1947년 2월 20일 헌법)96)은 1921년의 구헌법이 변경된 상황에 적응한 것에 불과하다. 이 헌법은 설정된 권력의 분립을 명확하게 고수하였다. 의회제 공화국의 기초는 주의 깊게 유지되어 왔다. 장관은 개별적으로, 그리고 연대적으로 폴란드 의회(Sejm)에 대해서 책임을 지며, 내각은 불신임 결의가 있으면 총사직을 선언하여야 한다(제13조. 이것은 구 헌법 제34조, 제56조 내지 제59조와 관련된 것이다). 한편 대통령의 절대적 권력은 이전의 상태를 넘어서 더욱 강화되었는데, 이것은 1939년 이전의 경험에 비추어볼 때 명백해진다. 대통령은 7년의 임기로 의회에서 선출된다(제12조). 그는 비록 항상 장관의 책임 아래 행위하지만 그에게도 입법발언권이 있고(제5조), 포괄적인 명령권을 가지며(제4조), 그 밖에 (예산 및 국가경제계획과 같은) 일정한 중요 입법조치에 대하여 의회가 그것을 적시에 통과시키지 않을 경우에는, 정부가 제출한 형태로 법적 권력을 부여할 수 있는 권리를 가진다(제8조).

확실히 이와 같은 헌법질서는 소련의 회의정부 유형의 모사판이 결코 아니다. 아마도 그것은 서구의 관례에 따른 의원내각제와 종국적인 소련화 사이의 짧은 기간 동안의 다리를 놓아야 하는 과도적 해결책이라고 하겠다. 현직 대통령인 비에루트(Bierut) 씨가 동시에 폴란드의 공산주의 정당인 폴란드 노동당의 총서기(Generalsekretar)라는 사실은

---

95) 공공법령집 150번. 또한 Peter Krehel, Constitutions in the Making: Czechoslovakia, Common Cause, Band 2 (1948), S. 188 ff. 참조.

96) 그(영어) 교본은 Polish Research and Information Service 250 West 57th Street, New York City에 의해 입수되었다. 독일어 번역은 Archiv des öffentlichen Rechts, Bd. 74 (1948) (35. Band der Neue Folge), S. 478 ff.에 있다. 같은 곳 S. 464에는 1947년 12월 4일의 불가리아 헌법의 독일어 번역도 실려 있다. 그 양자의 헌법문서를 비교해 보는 것은 특히 많은 것을 가르쳐 준다. Andrew György, Governments of Danubian Europe, New York 1949의 위성국가에 대한 논문의 체제를 갖춘 논술은 헌법적인 문제들에 대해서는 흥미나 이해를 크게 가지지 못하고 있다.

역시 무의미한 일이 아니다. 점점 더 어의학적 기술(語義學的 技術)을 사용하는 오늘날의 헌법 조문을 세밀히 관찰하는 것이 더욱 적합하고, 또한 과거보다 실용적으로 규정했던 당시에 통용되던 의미를 그 헌법 조문에 부여하는 것이 더욱 적합하겠지만, 그것이 어떻든 간에 ― 체코와 폴란드에 관하여 사용하는 소련의 속국이라는 표현이 정당한 정치적 가치판단일 수 있지만, 그것은 어떤 경우에도 헌법구조의 유사성에서 연유할 수 없다는 사실은 인정하지 않을 수 없다.96a)

V. 신대통령제에서의 대통령

1. 권위주의 정부형태에 대한 개설

여기서 사용한 「신대통령제」(Neo-Präsidentialismus)97) 란 표현은 그 헌법상의 계보에 따라 집행권의 담당자인 대통령이 다른 모든 설정된 권력의 우위에 있는 정부형태에 대하여 적용하여야 한다. 이 정부형태는 그 밑에서 국민이 적당한 폭의 투표권에 의거하여, 그리고 공정한 선거를 통해서 국가의사의 형성에 결정적으로 참여할 수 있는 입장에 있지 않다는 것이 알려지는 경우에는 그 핵심으로 보면 권위주의 정부이다. 기술적인 관점에서 볼 때, 권위적인 정부형태에서 입법권과 집행권은 행정부의 수중에 결합되어 있다. 이 점에 미국형의 대통령제에서 유래한 권위주의정부와 의원내각제에서 유래한 권위주의정부와의 차이가 있다. 동시에 의회의 기능은 명백한 독재정치 하에서 대체로 그렇듯이, 원칙적으로 도외시된다. 그러나 권력질서상 의회는 집행부에 철저히 예속되어 있다. 이러한 정부유형이 실제 운용에 있어서 접근할 가능성이 있는 순수한 독재정부와 본질적으로 구별되는 것은, 언제나 그것을 무시할 수 있는 것이 독재정치의 특징인 일정한 헌법상의 절차가 존재하고 이를 엄수한다는 점이다.

유럽에서는 1814년의 프랑스 헌장 -원본- 또는 1871년의 독일 제국헌법이 그 예인 중부 유럽형의 절대군주제와 「헌법에 의해서」 제한된 군주제의 형태로 나타난 권위주의 정체(autoritäre Regime)를 이미 알고 있었다. 현재는 1946년 조지 2세의 복위(復位) 후에 재차 시행된 1911년의 그리스 헌법만이 간신히 이 사멸된 유형을 증명하고 있을 뿐이다.97a) 그러나 양차 세계대전 사이에 권위주의 정부형태의 하나의 새로운 변종이 형성되었는데, 이것은 의원내각제가 유능한 정부를 조직할 능력이 없었던 덕택에 생성된

96a) 소위 모든 위성국가들은 그 이후 소련을 모방한 헌법 문서를 가지고 「민주주의」라고 스스로를 규정해왔다. 유일한 예외는 유고슬라비아로서, 유고슬라비아는 소련과 결별한 이후 자기 자신의 길을 걸었다. Loewenstein, Verfassungslehre, S. 411 ff. 참조.
97) 그 표현은 서반구에서도 사용되며, 위 S. 333 ff. (본서 853면 이하)에서도 상술한 바와 같이, 특정한 의회주의의 경향의 도입으로 새로이 나타나고 있는 엄격한 대통령제의 약화에 대해서도 사용되고 있다.
97a) 그 이후 의회민주주의에 한계를 부여하는 1952년의 헌법으로 대체하고 있다.

것이었다. 이러한 정부형태를 「신대통령제」라고 간결하게 표현할 수 있다. 여기서는
위기상황이 주로 문제시되며, 이 형태는 단지 독재정치에서 입헌민주국가로 변형되는,
또는 반대로 독재정치로 변형되는 과도형태임을 의미할 뿐이다. 그러나 이것은 당시에는
별로 좋아하지 않지만 자칫하면 다시 착상할 수 있는 반복되기 쉬운 현상이라는 사실이
중요하다는 점에는 이론의 여지가 없다. 이 형태는 항구적인 해결책이 되지 못하며,
특히 한번 달콤쌉쌀한 민주주의의 과실을 맛본 민족에 대해서는 해결책이 되지 못한다.

2. 대통령의 기능과 바이마르 헌법

바이마르 헌법98)이 여기에 끼인 것은 독일의 독자에게는 의아스럽고 부적당하게
생각될는지 모른다. 그러나 이점에는 바이마르 헌법에 대한 히틀러의 선전이 바이마
르 민주당원의 그것보다 더욱 진실에 가까웠다. 헌법구조상으로 바이마르 헌법은
실현 불가능한 것이었다. 이 헌법의 유식한 기초자들은 국가이론에 관하여 알만한
가치가 있는 것은 모든 것을 대략 알고 있었다. 그러나 그들은 18세기의 「철학자들」처
럼 공리공론적으로 완전한 민주정치는 헌법원본의 질긴 양피지에서 자연히 발생할
것이라고 믿고 있었다. 그들은 헌법창작은 서구의 의원내각제와 미국의 대통령제
사이의 불가능한 과제를 위한 주목할 만한 하나의 시도였으며, 그 위에 스위스의
직접민주정치로부터의 차용물로 아낌없이 치장하였던 것이다. 당시에 사람들이
상상하였던 것은, 세력은 있으나 결코 「최고의 권력」을 가지지는 않은 제국 의회와,
그보다 세력이 약하지 않은 대통령 사이의 균형의 이상이었다. 그러나 이때 대통령은
이치에 맞지 않게도(paradoxerweise) 「정치적으로 중립적」이어야 하였다. 양 권력
담당기관 간의 충돌은 최고권(주권)을 가진 국민 자신에 의해서 조정되어야만 하였는
데, 국민은 한쪽이나 다른 한편의 분쟁당사자의 호소에 따라 최종적인 결정을 내릴
수밖에 없었다. 그리고 국민·의회, 그리고 정부를 정치권력의 행사에 참여시킬
상세한 내용에 이르는 일련의 비중과 균형은 이러한 기계론적 해석과 일치하였던
바이마르 헌법은 실로 인간이 생각해낼 수 있는 가장 복잡한 헌법체제였으며, 이것이
순수한 연방제도 아니고 명백한 단일제도 아닌 영토체제 위에 설정되었다는 사실
때문에 일층 복잡해졌다.

의원내각제적 요소의 채택에 있어서는 「순수한」 또는 진정한 형태에 따랐다.

---

98) 공법학자의 흥미를 많이 끈 근대 입헌주의의 서사시에 있어서의 두 번째 국면은 거의 부여할 필요가
없었다. 이 경우 다만 독일의 연구만이 놀랄만한 억제를 부과하고 있다. 라이히 대통령직에 관하여는
Harlow James Heneman, The Growth of Executive Power in Germany, Minneapolis 1934; Gueydan
de Roussel, L'Evolution du Pouvoir Exécutif en Allemagne, Paris 1935 참조. 또한 Arnold Brecht,
Prelude to Silence, New York 1944; Karl Loewenstein, in James T. Shotwell (Herausgeber),
Governments of Continental Europe, New York 1940, S. 339 ff.; Giraud, aaO, S. 333 ff. 참조.
물론 이러한 지시는 완전한 것은 아니다.

수상은 라이히 의회(Reichstag)의 신임을 얻어야 했다(제54조). 정부와 의회 다수간의 정치적 충돌은 의회해산을 통하여 결정될 수 있었다(제25조). 거기까지는 잘 되었다. 그러나 그 다음부터 숙명적인 구조적 결점이 나타났다. 즉 수상은 대통령의 계속적인 신임도 얻어야 했다(제53조). 입헌군주제의 전통이 여기에서 결정적으로, 그리고 파괴적으로 뒤늦게 나타난 것이다. 국민에 의해서 7년의 임기로 선출된(제41조와 제43조) 대통령은, 당시에 사람들이 완전히 믿을 만한 용기를 가지지 않았음이 분명했던, 정당에 의해서 지배되는 의회에 대한 정치적 안정을 위한 대항세력이 되었다. 당시에 사람들이 상상했던 것은, 양자 모두 민주적으로 선출되기 때문에 역시 모두 권력을 가지려고 하는 의회와 대통령이란 명백한 두 개의 핵심을 가진 활력있는 민주정치였다. 이에 따라 바이마르 헌법 하의 대통령은 민주공화국의 최고관리라는 비현실적인 존재로 형성되지 않았으며, 비록 군주보다는 강력한 헌법상의 제한을 받지만 당초부터 황제시대의 군주와 비슷한 것이었다. 더욱이 7년이라는 장기의 임기 후에도 재선이 허용되었다. 강력한 집행권의 개념은 독일에서는 역사적으로 전제되었으며, 동시에 정치적으로 정당화된 것처럼 보인다. 따라서 확실한 헌법상의 제한을 제거할 수 없다. 대통령은 탄핵될 수 있었으며(제59조), 의회의 3분의 2 이상의 다수와 선거인 다수가 협력할 경우에는 임기만료 전의 대통령의 해임까지 규정되어 있다(제43조). 그러나 그것은 진지하게 생각될 수 없었으며, 실제로 국민에 의한 임명은 국민에 의한 해임을 수반해야 한다는, 이 헌법의 기초를 이루고 있는 완전주의의 하나의 결과에 불과했다. 국민의 선거라는 민주주의의 기름칠은 대통령으로 하여금 즉시 지나친 우위를 차지하게 하였으며 — 그리고 장관이 부서하도록 요구한 것은 이를 방해할 수 없었다 — 그러한 우위 속에서는 만사가 순조롭게 진행되지 않았다. 그뿐만 아니라 헌법에 의해서 할당된 특수한 권한에서 기인한 것보다도 오히려 아무런 규정이 없는 관례에서 기인한 것이 더 많았다. 대통령은 독립된 국가기관으로 생각되었으며 — 여기에 제2의 구조적 약점이 있다 — 더구나 정부로부터도 독립적이었다. 대통령이 의회가 의결한 법률안에 동의하지 않는 경우에는 국민투표를 실시할 수 있었다는 것은(제73조 제1항) 그러한 일이 한 번도 없었기 때문에 실제적인 의미는 없었다. 그 자체 매우 중요한 권한인 수상지명권은 다른 의회제 공화국에도 존재하던 것이다. 그러나 그 밖에 대통령이 수상을 해임할 수 있었던 것과, 더구나 수상이 의회의 신임을 상실하지 않은 경우에도 그렇다는 것, 거기에 올바로 이해된 의원내각제의 원칙과 조화되기 어려운 모순이 있었다. 브뤼닝 박사(Dr. Brüning)의 경우가 바로 그것이었다. 그는 그의 도움으로 노신사(der alte Herr, 힌덴부르크 대통령을 가리킨다-역자)가 두 번째로 대통령이 된 후 1932년 5월에 겨우 1개월 동안 원기 있는 예비수령으로서 그의 최고사령관 앞에 억세게 맞섰으나, 의회에 가서 끝까지 싸우지 않고 스스로 물러나고 말았다. 그것은 야당인 나치스에게는 안성맞춤이었을 것이라고 흔히들 이야기한다. 그러나 그와 똑같이 파펜씨와 슐라이헤르(Papen und Schleicher)씨에 의한 그 직후의 정부도 국가사회주의의 증기 로울러(die nationalsozialistische Dampfwalze)를 위한 예고편에 불과했다고 쉽게 말할 수 있다.

그 불가피한 결과로서 의회해산은 정부의 기능에서, 힌덴부르크 대통령이 그의 측근자에게 관하여 자유로웠던 한 자유재량에 따라 행사하였던, 대통령의 기능의 하나가 되었다. 그 밖에도 이미 브뤼닝의 경우 이전에 수상(마르크스 박사)*의 의회해산 요구는 2회에 걸쳐 거절되었는데(1926년과 1928년), 한편 그 후 2회에 걸쳐 파펜 씨(Herr von Papen)에게는 의회의 약 10분의 9가 정부에 반대했던 후에 의회의 다수를 획득하기 위한 명백한 목적으로 의회해산이 승인되었다. 이와 같은 실례가 슐라이헤르씨(Herr von Schleicher)의 경우에도 1933년에 반복되었는데, 그의 의회해산은 달갑지 않게 거절된 데 반하여 그 후 얼마 안 되어 히틀러에게는 기꺼이 의회해산이 승인되었다.

이리하여 공화국 말기에 의회해산은 반대하는 의회 다수에 대한 대통령의 무기에 불과하게 되었으며, 대통령의 신임만 있으면 되었던 내각의 이익만을 위하여 이용되었다. 1918년 이전의 황제내각과 쌍둥이처럼 꼭 닮은 이른바 대통령내각(Präsidialkabinett)은 성가신 의회를 아주 무시하였으며, 악명 높은 제48조99)의 도움을 받아 통치하였다. 특색 있게 그리고 부끄럽게 「투쟁정부」(Kampfregierung)라고 불렸던 이러한 정부형태는, 의원내각제의 국가학에 대한 독일의 독창적인 기여였으며, 그것은 당시보다는 오늘날에 더욱 잘 알려진 바와 같이, 독일의 자유주의와 의회주의를 단연 파멸로 이끌었던 1860년대의 헌법분쟁 시에 비스마르크가 그에게 반대하는 프로이센 주 의회의 다수를 도발적으로 무시하였던 사태가 — 명목상의 민주주의 헌법 하에서 — 때에 맞추어 다시 반복된 것이었다. 이와 같은 의회해산권의 남용을 저지하기 위해서 바이마르 헌법에 수단으로 규정된 것은 문제의 핵심을 벗어난 것이었다. 의회가 「동일한 원인으로」(제25조) 2차에 걸쳐 해산될 수 없다는 것은 기껏해야 하나의 **불완전한 법**(eine *lex imperfecta*)에 불과하였다. 국사재판소(Staatsgerichtshof)가 결정권이 없었는데 누가 그것을 판정하여야 했던가? 또는 그 위반이 국가소추에 따라 처벌될 수 있었던가? 그리고 다른 모든 대통령의 행위에 대해서와 같이 규정된(제50조) 의회해산명령에 대한 부서는, 학문의 영역에서는 격렬히 논의됨에도 불구하고, 대통령은 현직 수상의 해임 후에 야심있는 정치가들 중에서 1인의 온순한 공범자를 언제든지 발견할 수 있었기 때문에 하나의 형식에 불과하였다.

그 밖에도 대통령의 가장 강력한 무기는 공공의 질서와 안전을 유지하기 위하여

---

99) 최초의 라이히 대통령이었던 프리드리히 에버트(Friedrich Ebert) 역시 이미 1922년에 대통령내각이라는 기술 속으로 피신해 들어갔고, 그에 의해 라이히 수상(Cuno)은 한 번도 라이히 의회의 일원이 되지 못하였다. 따라서 문제가 되는 것은 구악이었다.

가장 중요한 7개의 기본권을 폐지하고 모든 적절한 조치(입법을 포함하여)를 취할 수 있다는 데에까지 이르렀었다. 이러한 권한은 대통령의 엄호 아래에 있는 내각의 뜻대로 행사되었으며, 법원의 심사를 받지 아니하였다. 의회에 제출하여야 할 이러한 조치를 의회가 사후에 폐기할 수 있다는 것은 무의미하다. 왜냐하면 능력 있는 의회라면 결코 제48조가 적용되기에 이르지 않았을 것이며, 따라서 의회가 단지 그러한 조치를 폐기시키기 위해서 그때까지 의회를 마비시켜 온 정당 간의 불화를 극복할 수 있다는 것은 시인할 수 없기 때문이다.

바이마르 헌법의 최후의 결과는 의도했던 의원내각제 대신에 당초부터 그에 관하여 「**우발적인 고의**」(der dolus eventualis)가 있었던 대통령제가 되었다는 것이다. 여하튼 에버트(Ebert) 대통령 아래서 의원내각제가 다른 경우에 비하여 그런대로 기능을 발휘하였다고 말하는 것은 물론 올바르고 정당한 견해이다. 당시에는 민주주의의 확실한 자살수단인 비례선거권(Verhältniswahlrecht)의 채택도 정당구조를 아직 완전히 파괴하지는 아니하였다. 그러나 의원내각제 정부형태와 대통령제 정부형태의 결합은 처음부터 자기기만에 기인한 것이었다. 그 후 민주정치를 전혀 이해하지 못했고 이해하려고도 하지 않았던 확실한 군주주의자인 힌덴부르크가 정권을 장악하자마자, 대통령의 권력이라는 잠복되어 있던 가능성이 노출될 수밖에 없었다. **악의 원천**(Fons ac origo malorum)은 두 개의 상호배타적인 정부유형을 결합시킬 수 있다는 신념이었다. 당시에 신대통령제는 히틀러로 하여금 헌법체계 전체를 해체시킬 수 있도록 한 지렛대였다.

3. 1931년의 스페인 헌법상의 대통령

1931년의 스페인 공화국 헌법상의 대통령의 지위[100]는 바이마르 헌법의 영향을 받은 것이 분명하다. 대통령은 국가적 통일과 대표의 권한을 가지는 외에 국가의 실질적인 권력요인으로 생각되었다. 그러나 스페인인은 퍽 실질적이었기 때문에 대통령의 권력이 단원제 입법기관인 스페인 **의회**(Cortes)의 경쟁자가 될지도 모른다는 독일이 범한 것과 같은, 오류를 범하지는 않았다. 대통령은 국민에 의해서 직접 선거되지 않고 선거인단에 의하여 선거되었는데(제68조), 이 선거인단은 국회의원과 그와 동수의 국민이 선출한 선거인으로 구성되었다(제71조). 대통령은 6년의 임기로 선거되며 바로 재선될 수 없었다 — 아마 자국의 프리모 데 리베라(Primo de Rivera)와 외국의 마크마옹(MacMahon), 그리고 힌덴부르크(Hindenburg)를 고려한 나머지 — 모든 군인은 퇴역 후 10년 이상 경과하지 않은 한 모든 교회의 직위와 개념상

---

100) 1931년의 스페인 헌법에 관하여는 A. Posada, La Nouvelle Constitution Espagnole, Paris 1932; Carlos A. d'Ascoli, La Constitution Espagnole de 1931, Paris 1932; Hawgood, aaO, S. 431 ff.; Giraud, aaO, S. 367 ff. 참조.

가장 넓은 의미의 의원직에 취임할 수 없었다(제70조). 대통령이 정부구성원(국무총리와 장관)을 그의 재량에 따라 임명하고 해임할 수 있다는 바이마르 헌법의 공식은 명시적인 규정(제75조)에 의해서, 불신임결의를 당한 정부구성원은 그 직위를 유지할 수 없다는 한도 내에서는 의원내각제와 조화되었다. 대통령은 관례적인 예비조치인 장관의 부서 아래(제84조) 의회를 해산할 수 있었다(제71조 제1항). 이에 관하여 스페인에서는 독일의 경험에 비추어 현명하게도 중요한 제한을 가하였다(제81조). 즉 대통령의 1임기 중에는 2회 이상 해산할 수 없으며, 해산명령에는 그 이유를 제시하여야 하고, 2차 해산 후에 새로 선출된 의회의 최초의 직무행위는 해산이 필요했었는가의 여부를 결정하는 것이다. 의견이 일치된 경우에는 대통령이 물러나야 하였다. 이 규정은 대통령과 그의 조언자들이 그들에게 적대하는 의회의 다수를 제거하기 위해서 의회해산을 이용하려고 한 경우에는 1936년에 알카라 차모라(Alcará Zamora) 대통령이 바로 그 때문에 그의 직위를 상실했듯이, 그들의 정치적 도박을 방해하였다. 임기만료 전의 면직에 관한 독일의 원형은 또한 현명하게 수정되었다(제82조). 즉 절차는 의회의 3분의 2의 다수에 의하여 개시되었다. 그러나 대통령의 선거에 관하여 참여하였듯이, 면직에도 참여하는 선거인단이 절대다수로서 면직에 대하여 반대를 표시한 경우에는, 의회가 그 책임을 지고 해산하여야 하였다. 입법의 영역에 관하여 대통령은 거부권을 가졌지만 이 거부권은 의회가 3분의 2의 다수로써 긴급한 것이라고 선언한 법안에 관하여는 행사할 수 없었다. 다른 경우에 있어서는 3분의 2의 다수로써 거부권을 배제할 수 있었다(제83조). 대통령에 대하여는 탄핵을 할 수 있었다(제85조).

이 헌법이 공화국의 적들에 의하여 방해를 받지 않은 시행기간은 너무 짧았기 때문에 이 헌법의 유용성에 관하여 결론을 내릴 수는 없다. 재직했던 두 대통령인 알카라 차모라와 아잔나(Azaña)는 강력한 인물인체 하였다. 그들은 빈번히 의회와 국민의 의사와 충돌하였다. 정당 간의 분쟁과 이로 인하여 야기된 내각의 동요는 그들에게 정부를 임명하고 해임함에 있어서 상당한 행동의 자유를 허용하였다. 알카라 차모라는 의원내각제의 장관의 책임에 관한 헌법규정(제91조)과 모순되게 의회의 신임을 받고 있는 국무총리를 수차에 걸쳐 해임하였다. 1933년과 1936년의 양차 의회해산은 내각이 의회의 신임을 상실했다는 데에 기인한 것이 아니라, 의회가 대통령이 판단하건대 선거인의 의사를 더 이상 대표하지 않는다는 대통령의 추측에 기인한 것이었다. 2차의 경박한 의회해산 후에 알카라 차모라는 압도적 다수로 그 직위에서 해임되었다(1936년 4월 6일). 인민전선의 승리는 1936년 7월에 프랑코에 의한 파괴적인 반작용을 야기시켰으며, 그로 인하여 발발한 내란 중에 공화국은 붕괴되고 말았다.

단명했던 스페인 공화국의 존속기간은, 강력한 대통령의 권력은 의원내각제와 결합될 수 없다는 경험을 뒷받침하고 있다. 강력한 대통령의 권력은 스페인에서처럼 공공연한 쿠데타에 의하든가, 또는 독일에서처럼 「합법성」의 가면 밑에서 하든 여하튼 독재정체에 도달한다는 것은 거의 불가피한 사실이다.

4. 폴란드에서의 권위적인 대통령의 권력

폴란드에서[101] 무기력한 의원내각제의 신대통령제에로의 변형은 1926년의 헌법개혁과 1935년 1월의 완전히 새로운 헌법의 흠정(欽定)이라는 2단계에서 완성되었다 — 스스로 결코 대통령이 되지 않고 허수아비들을 간판으로 내 세웠던 — 필수드스키(Pilsudski)가 이때에 사용하였던 수단은 정치적 압력으로부터 원수(元帥)라는 위광과 그에게 맡겨진 군대에 의해서 엄호된 쿠데타에 이르기까지 다양한 것이었다.

1935년의 헌법은 민주주의의 색채가 없는 신대통령제의 전형적인 예이다. 대통령의 직위는 선발된 지명인사 집단(Notabelngruppe)을 통하여 뽑는 것(die Kürung)을 간접 「선거」라고 부를 수 있다면, 그러한 간접선거에 기인했다. 임기는 7년으로 확정되어 있었으며 재선이 가능했다. 당시의 낡아빠진 정치이론의 표현방식에 전적으로 따르지만, 거짓된 겸손없이 「국가주권의 한 요소」라고 헌법이 선언한(제11조), 국가원수는 그가 국민의 운명을 돌봄에 관하여 오직 신과 역사에 대해서만 책임을 진다는 것이다. 대통령에게는 「유일하고 불가능한」 정치권력이 주어져 있었다. 다른 국가기관은 대통령에게 예속되어 있기 때문에(제13조), 장관의 부서는 필요하지 않았다(제2조 제2항). 대통령은 정부의 구성원을 임명하고 해임하였는데(제13조), 그들은 그의 보좌관으로서 그에 대해서만 정치적으로 책임을 졌다(제28조). 대통령은 의회의 양원, 즉 하원(Sejm)과 상원을 해산할 수 있었으며(제13조), 그 뿐만 아니라 그의 후계자를 지명할 수 있었다(제16조). 자동적인 정권연장(Selbstver-längerung)은 권위주의 정부형태의 전형적인 특징이다.[102]

그것으로는 불충분하다. 이 헌법은 용의주도하게 입법기관을 대통령의 단순한 도구로 만들었다. 하원의원 후보자의 명단은 특별히 선출된 회의에 의해서 작성되었는데, 이 회의는 심히 제한된 선거권에 기인하였다. 그 후에야 비로소 그와 같이 선정된 후보자가 선거인에 의해서 확인되었다(제35조). 상원에 관하여는 의원의 3분의 2를 하나의 활동적인 시민 계층이 「선출」하였는데, 이 시민계층은 그들의

---

101) 폴란드에 관하여는 Loewenstein, aaO, S. 397; Hawgood, aaO, S. 337 ff.; Giraud, aaO, S. 392 ff. 참조.

102) 두 사람의 나폴레옹은 왕조적인 기술에 비례하여 시대에 상응하는 해결을 모색하였다. 그 계승문제는 법적으로는 호르티(Horthy)의 헝가리와 무솔리니(Mussolini)의 이탈리아에서 결정되었고, 당시의 프랑코(Franco)의 스페인에서도 경우는 마찬가지였다. 히틀러는 두 번 (전쟁의 발발시, 그리고 그가 죽기 직전에) 「지도자명령」이라는 독재조치를 이용하였다. 아르헨티나의 페론은 이러한 목적을 위해 헌법개정을 단행하였다.

투표권을 그들의「공로」때문에 가지게 되었다. 여기에는 특히 필수드스키의 근위대의 요원, 특정한 군사훈장의 소지자, 학술원 회원(Akademiker) 그리고 고급관료가 속했다(제7조).[103] 이처럼 수차에 걸쳐 선발된 의회에 대해서까지도 대통령은 유보적 거부권을 가지고 있었으며(제57조), 국가적 필요성을 이유로 의회를 무시할 수 있었다. 그러나 만전을 기하기 위해서 그 밖에도 또한 대통령이 제안하는 헌법개정안에 대해서는 양원의 단수다수의 찬성만 얻으면 되는데 반하여, 정부나 의회 자체가 제출한 개정안에 대하여는 통과를 위해서 재적 과반수의 찬성을 필요로 한다고 규정하였다. 이것은 그 치부를 헌법에 의해서 은폐하지도 않는 초 대통령제(Super-Präsidentialismus)의 「이념형」이었다. 필수드스키가 사망한 후, 이 헌법이 시행되기 직전에 최고당(die Oberstenclique)은 폴란드를 확실한 근거있는 하나의 파시스트 국가로 변화시킬 수 있었으며, 그 후 이 국가는 히틀러의 무장한 주먹에 의하여 1939년 9월 트럼프 짝으로 세운 집처럼 분쇄되고 말았다.

5. 중화민국에서의 총통

오로지 1947년의 헌법[104] 문구만을 신뢰한다면 중화민국은 신대통령제에 속한다기 보다는 오히려 의회제 공화국의 부류에 속한다. 그러나 사실상 장제스(蔣介石)*와 집권당인 국민당의 지배는 서구의 입헌정치와는 무관한 군사독재 정치에 지나지 않는다. 장제스는 이미 1931년의 구 헌법 하에서 총통이었으며, 국회는 1948년 1월에 난징에서 그를 재차 6년의 임기로 선출하였다. 이 헌법 자체는 의심할 여지없이 미국의 제도보다는 더욱 서구의 의원내각제에 따라서 규정되었다. 행정원은 의회의 책임 하에 있으며, 입법원의 3분의 2의 다수에 의해서 강제로 사퇴될 수 있다. 그럼에도 불구하고 헌법의 순수한 문구에 의하더라도 총통의 권능은 중요하다. 만일 그렇지 않았더라면 장 총통은 그 직에 취임하지 않았을 것이다. 입법원의 권한이 영국 의회의 권한이나 미국 국회의 권한보다 훨씬 못하다는 사실은 이에 상응한 것이다. 그것은 사이비 입헌주의 형태에서 나타나는 총사령관의 독재정치였으며, 그 위에서 새 헌법이 형식적으로 운용된다는 사실에는 하등의 변화도 없었다.

1947년의 헌법 원문은 국민당이 패배하고 장제스가 타이완으로 탈출함으로써 동시에 사멸된 것과 다름없다. 이 헌법 원문은 신대통령제가 서구의 입헌주의로 가장할 수 있다는 사실이, 서구 민주정치의 어느 정도 효과 있는 기능발휘를 위해서

---

103) 상원과 하원의 선거에 대한 1935년 7월 8일의 법률의 요약은 Informations Constiutionnelles et Parlementaires No. 1 (Februar 1935) S. 15 ff.에 수록되어 있다.

104) 이전의 중국헌법(1912년, 1923년과 1934년)에 관하여는 Hawgood, aaO, S. 314 ff. 참조. 또한 1947년의 헌법에 관하여는 George W. Mallory, China's New Constitution, Foreign Affairs, Band 26 (1948), S. 390 ff. 참조. 총통제에 관하여는 John C. Ranney and Gwendolen M. Carter, The Major Foreign Powers, New York 1948, S. 783 ff. 참조.

필요한 전제조건을 전혀 갖추지 아니한 하나의 민족에게 적용되었음을 보여주고 있기 때문에 이 고찰 중에서 취급하였다.

6. 포르투갈에서의 대통령

끝으로 신대통령제의 가면을 쓴 권위주의 정부에 대한 묘사를 포르투갈[105])에 관하여 잠깐 고찰해 보면 완성될 수 있을 것이다. 포르투갈은 그 주민이 가톨릭으로 머리가 굳어있고 농업국의 특색을 가지고 있으며, 세계정치상 하나의 변경국에 불과하다. 1928년 이래 포르투갈은 대통령인 안토니오 오스카 데 프라고소 카르모나 (Antonio Oscar de Fragoso Carmona) 장군(또는 원수)의 지배 아래 있다. 그는 1933년 의 흠정 헌법 아래서[106]) 1935년과 1942년에는 각각 야당 없이, 그리고 1949년에는 마지막 순간에 현명하게 사퇴한 1인의 경쟁 입후보자를 물리치고 선출되었다. 지배집 단은 군대, 단일 국가정당(União Nacional) 그리고 그렇게 심하지는 않은 파시스트적 인 여론통제에 의해서 유지되고 있다. 이 헌법은 조언을 할 뿐이지만 제2의 단체인 의회를 그 특별한 장식품으로 가지고 있으며, 신대통령제의 테두리 안에서 유지되고 있다. 대통령의 권력은 ― 국가원수로서 ― 일체를 포괄하고 있다. 대통령은 7년의 임기로 능동적인 시민 전체에 의하여 선출되며(제72조), 국민에 대해서만 책임을 지고, 국회의 어떠한 간섭도 받지 않는다(제78조). 수상과 장관을 임명하고 해임하며, 「국민의 이익에 따라」 국회를 해산하는 것이 그의 관할권에 속한다. 국무총리가 직무를 수행하기 위해서는 대통령의 신임만 얻으면 족하며, 국회의 표결은 그의 재직에 아무런 영향을 미치지 아니한다(제112조).

또한 포르투갈에서도 실제는 헌법원문과 상이하다. 정권이 수립된 이래 정치권력 은 국무총리에게 이전되어 왔다. 유능하고 범용한 정치가라고 생각되는 전 코임브라 대학교 재정학 교수인 안토니오 올리베이라 데 살라자르(Antonio Oliveira de Salazar) 가 1932년 이래 총리직을 담당하고 있다. 그의 확실한 지도 아래 이 시대의 신대통령 제의 포르투갈식 변형은, 친절하고 유익한 독재정치라는 특수하고 완전히 부당하지 는 않는 평판을 받아 왔으며, 이 정권은 국민 다수의 지지를 얻고 있다. 포르투갈 헌법*은 ― 그리고 이 헌법에서 문제될 만한 것은 ― 다른 곳에서, 예컨대 브라질의 1937년의 바르가스* 헌법(Vargas-Verfassung)을 논함에 있어서 충분히 고찰하였 다.[107])

---

105) Mario Carlos Belgrano, El Nuevo Estado del Portugal, Buenos Aires 1943; Clemente B. Ros, Derecho Político, Buenos Aires 1942, Band II, S. 263 ff.; Loewenstein, aaO (oben Anm. 2) S. 597 (주 71의 인용문과 함께); Hawgood, aaO, S. 434 참조.
106) 살라자르 교수와 그의 협력자에 의해서 기초된 헌법은 1933년에 국민투표에 의하여 확정되었으며 1934년에 효력을 발생하였다. 이에 대해서 국민의회나 의회는 관여하지 아니하였다.
107) Karl Loewenstein, Brazil under Vargas, New York 1942, S. 121 ff. 참조.

VI. 결 론

근대 입헌주의는 이를 역사적으로 고찰할 때 자유와 질서, 공공심과 국가의 권위 등을 합일시키려는 것과 같은 오랜 국가 문제를 해결하기 위한 비교적 새로운 시도라고 생각된다. 1789년 당시의 이념은 여러 세기 동안 국가적 신비로 통했던 정치권력의 행사를 합리적 형태로, 그리고 측정가능한 규범에 따르도록 하기 위한 반복된 노력의 하나일 뿐이었다. 오늘날 전세계적인 국가적 위기는 1789년의 이념이 다시 확정되거나, 그렇지 않으면 어떤 새로운 것에 의하여 대체되어야 한다는 것을 의미한다. 국가이념과 국가 운용은, 정치권력의 기구란 그 기구가 기능을 발휘하여야 할 사회(Gesellschaft)의 경제적·사회적 구조의 제약을 받는다는, 논쟁의 여지가 없는 인식에 그 근거를 두어야 한다. 물론 그동안에 국가학은 아직 정부형태와 경제체제 간의 인과관계를 충분히 해명하지 못하였다. 뿐만 아니라 정치적 현실주의 자에게는 이른바 입헌주의 정부형태가 어떠한 경제체제에도 무조건 적용될 수 있을 것인가의 여부가 의심스럽게 생각될 것이다.

지금은 제2차 세계대전 후의 입헌주의가 존재하는 하나의 과도기이다. 강력한 집행권을 위장하기 위해서 회의정부를 이용하는 것을 독창적인 새로운 것이라고 오해하지 않는 한, 가능한 정부형태의 연주곡목이 탕진된 것처럼 보인다. 그에 관하여 어떤 정치적 기술을 계속하여 발견할 수 있을 것인가는 얼마동안 기다려 보아야 알 수 있다. 또 한편으로는 현재의 상황이 제1차 세계대전 후의 상황과 불안하게도 유사하게 보인다는 사실을 간과할 수 없다. 도처에서 새로운 정치질서를 채택함에 있어서 따르는 입법부 우월의 원칙은 자유기업을 수반한 자본주의에서 민주주의의 성질을 가졌건 독재주의의 성질을 가졌건, 사회주의로 이행함에 따라서 늘어나는 적응곤란성을 극복할 만한 위치에 있지 않다는 것이 또한 사실일 수 있다. 전통적 형태의 의원내각제는 합리화기술에 의해서 이를 손질할 수 있다면, 장차에 1920년대 에 있어서 보다도 더욱 잘 발달될 수 있을 것인가 그렇지 않을 것인가 염려스럽게 숙고되고 있다. 부의 불균형(부의 착종 [富의 錯綜 embarras de richesse])이 새로운 국법의 이념 위에 존재한다고는 아무도 주장할 수 없다. 그렇다고 해서 1919년 이후처럼 순수한 의원내각제보다 제1차 세계대전 후 끊임없이, 강력하고 순수한 애착이 존재했지만, 이제는 단지 **부득이**(faute de mieux) 화제에 올릴 뿐인 신대통령 제에 유사한 국가구조가 때에 맞추어 등장할 가능성이 전혀 없는 것은 아니다. 정치적 모범으로서의 그의 역할을 상실하지 않은 프랑스에서 일어나는 것에 많은 것이 좌우될 것이다. 우리는 당분간 대통령에 관한 전술한 연구에서도 나타났던 역사 변증법이 효과적인 국가지배를 효과적인 민주적 통제 아래 두고, 그와 동시에 정치적 자유와 사회적 공평의 이상을 지금까지 달성한 것보다 더욱 조화 있게 일치시 키도록 하는 공식을 발전시킬 것을 기대할 수 있을 뿐이다.

3. 현대 혁명시대에 있어서 헌법의 가치*

카를 뢰벤슈타인

《차 례》

---

* Karl Loewenstein, Reflections on the Value of Constitutions in Our Revolutionary Age, in: Arnold J. Zurcher (ed.), Constitutions and Constitutional Trends since World War Ⅱ, New York, 1951, pp. 191-224.

I. 존재론적 연구방법

제2차 세계대전 이후 헌법제정에 대한 유행현상은 일찍이 그 유례를 찾아볼 수 없다. 1945년 이래 약 50여 개국이 새로운 헌법을 제정하였다.[1] 어떤 국가에서는 새로운 헌법은 국가임으로써, 그리고 독립획득을 상징하는 것이었다. 또 일부 국가는 이전에 유용하였던 법전이 독재주의의 선풍에 밀려나고, 과거의 경험에 비추어 완전히 개편되어야만 했다. 더구나 혁명에 의한 정치권력의 소재에 대한 변화는 정치구조의 재정의를 요구하게 되었다.

실제로 모든 경우에 있어서 헌법제정의 절차는 고전적인 민주주의의 방식을 따랐다. 즉 자유롭고 구속으로부터의 해방을 열망하는 도처에서, **헌법제정권력**을 행사하는 국민은 선거에 의해서 제헌의회 또는 헌법회의라고 불리게 되는 곳에서 통치에 관한 문서를 기초하고 채택하였다. 국민의 비준을 요구하기도 하였으나(프랑스와 서독에서의 몇몇 주)

---

1) 다음에 열거하는 것은 불완전하다. 독일: 두 개의 연방헌법(1949), 각각 서독(독일연방공화국)과 동독(독일민주공화국); 미국 점령 지역(1945-1946)에서의 네 개의 주; 프랑스 지구에서 셋(자아르를 추가하여); 소련 지구에서 다섯(1946-1947); 영국 지구에서 둘(노르트라인-베스트팔렌과 슐레스비히-홀슈타인 1950); 니더작센과 함부르크는 완성 단계에 있다.

베를린은 두 개의 헌법을 채택하였다(1946년과 1948년). 프랑스: 두 개의 헌법(1946); 최초인 1946년 4월 27일의 것은 국민투표에서 부결되었다. 기타 서구에서의 새로운 헌법들은 다음과 같다. 이탈리아(1947), 아이슬란드(1944). 동구에서는 새로운 헌법들이 소비에트 위성 국가에 의해서 채택되었다. 유고슬라비아(1946), 알바니아(1946) 전하는 바에 의하면 이것은 1950년 새로운 헌법으로 대체되었다. 불가리아(1947), 체코슬로바키아(1948), 루마니아(1948), 헝가리(1949), 폴란드는 1920년의 낡은 헌법의 채택으로 규정하였다. 라틴 아메리카는 1945년 이래 9개의 새로운 헌법을 가졌다. 볼리비아(1945), 브라질(1946), 에쿠아돌(1946), 엘 살바돌(1945), 과테말라(1945), 아이티(1946), 니카라과(1948), 파나마(1946), 베네수엘라(1947). 아시아에서의 새로운 헌법은 이렇다. 중국(1946), 일본(1946), 태국(1949), 한국(1948).* 북한이 헌법을 가졌는지는 알려지지 않고 있다(역주 - 북한은 1948년 9월 8일 소련의 1936년 헌법을 모방하여 제정하였다).* 기타 영국의 영향 아래 있는 영역으로 인도(1949), 실론(1946), 버마(1948). 파키스탄과 인도네시아는 준비 중에 있다. 이스라엘은 기초헌법(1948) 이후「잠정」또「소」헌법을 근거로 운영한다. 트랜스 요르단은 1946년에 헌법을 채택하였다.

확실한 헌법전은 서구와 라틴 아메리카의 경우를 제외하고는 손쉽게 구해볼 수 없다. 후자에 관한 좋은 책으로는 Russell H. Fitzgibbon ed., The Constitutions of Latin America (Chicago, 1948). 아랍 세계에 관하여는 Helen Miller Davis, Constitutions, Electoral Laws, and Treaties of the State in the Near and Middle East (Durham, N. C., 1947) 참조. Amos J. Peaslee의 야심적인 사업 Constitutions of Nations (Concord, N. H., 1950)은 모든 국가의 헌법들을 3권의 책 속에 모으려는 것으로 적어도 이 논문의 필자에게는 완전한 실패라고 생각한다.

번역본들은 비록 해외의 미국 대사관에서 입수한 것일지라도 때로는 정확성에서 거리가 먼 것이 있다. 사실상의 보도들(몇몇 경우에는 가장 최근의 헌법에 관한 것도)은 조잡하게 잘못 처리해 버린다. 편집자의 해설도 때로는 이해할 수 없다. 도표자가 작성한 자료의 대부분은 거의 쓸모가 없다. 참고문헌은 최신의 것도 아니고 적절히 선택한 것도 아니다. 오자도 많이 있다. 필자의 노력이 결국 아마추어적인 편집물로 끝난 것은 유감스러운 일이다.

원칙적인 것은 아니었다. 극소수의 예에서만 관례적인 절차가 국민에 의한 선거 대신에 헌법기관에 지명함으로써 이탈되었다. 적어도 외관상으로는 전체적인 과정이 민주적 합법성이라는 이념의 승리를 반영하는 것처럼 보인다.

역사적으로는 하나의 원칙으로서 유사하거나 동일한「정부형태」2)를 구체화하는 헌법의「계보」를 구별하는 것이 가능하였지만, 실제로 모든 새로운 헌법들은 국가의 기능을 입법 · 집행-행정, 그리고 사법기관이라는 전통적인 3권의 분리로 균형 있게 작용하는 점에서 놀랍게도 구조적인 유사점이 있다. 거의 예외 없이 그러한 헌법들은 국가간섭으로부터의 고전적 자유주의의 자유와 첨가하여, 거의 표준화 되다시피 한 정도까지 사회정의의 이념을 표방하는 포괄적인 야심적인 권리장전을 지니고 있다.

이러한 외관상 절차에서의 보편성은 무법과 전제 정치의 밤은 지나고, 마침내 민주적인 입헌주의의 찬란한 새벽이 밝아오기 시작한 것을 암시하는 것인가? 입헌주의를 택하는 현상은 과연 모든 민족이 한결 같이 형식적인 헌법질서에 상당한 중요성을 부여한다는 것을 뜻하는가? 더욱이 정치권력을 위한 경쟁적인 헌법에 의해서 부여된 틀 안에서 실제로 행사된다는 의미에서 볼 때, 그러한 헌법들은「실제적」이며「살아있는」것인가? 아니면 공동사회의 모든 사회정치적 노력에 의해서 정치권력을 분할하지 않고, 소수의 지배계급이나 지배계급층에 의해서 교묘하게 조작되고 있는가? 그러한 문제들은 거의 제기되지 아니한다. 왜냐하면 헌법의 해석과 적용은 항상 비교적 작은 기술자 집단 — 정치인 · 변호사 · 판사 · 공무원 — 이 독점하기 때문이다. 복수의 권력집단에 의해서 운영되는 사회에서 헌법은 그들에게 특별한 이익의 획득이나 보존을 위한 도구로서 봉사하는 것이다. 토머스 리이드 파우웰(Thomas Reed Powell)이 말하듯이,「입헌론」 (constitutionalysis)과「입헌학」(constitutionology)은 소위 말하는 헌법의 존재론, 즉 특수한 국가적 환경에 있어서 성문헌법은 정말 무엇을 의미하는가를 알아내는 일에 암영을 던진다. 특히 이른바 보통 사람의 시대에서, 결국은 도처에 존재하는 정치권력의 수범자인 국민을 위해서 과연 얼마나 현실적인가 하는데 대한 조사를 어둡게 하고 있다.

다음의 논의는 선구자적인 것이므로 매우 시험적인 것이다. 즉 먼저 정치적 현실성과 헌법의 이념적인 의도 간의 일치 여부, 또한 헌법의 명목적 효력과 실체 가치 간의 차이에 초점을 두는 연구방법3)에 의해서 관례적인 형식성과 기능적 분석을 보충하려는

---

2) Karl Loewenstein, Political Reconstruction (New York, 1946), pp. 317 ff. 참조.
3) 헌법적 형식주의의 상투적인 틀에서 벗어나려 하지 않는 학생은 막스 베버(Max Weber)의 저작과 구글리엘모 페레로(Guglielmo Ferrero)의 3부작 Bonaparte in Italy (London, 1939); The Reconstruction of Europe (New York, 1941); The Principles of Power (New York, 1943)을 무시한 것이다. 관련된 자료들은 다음에서 발견할 수 있다. John A. Hawgood, Modern Constitutions since 1787 (New York, 1939); Karl Loewenstein, "The Balance between Legislative and Executive Power," Chicago Law Review, V (1938), 66 ff.; Georges Burdeau, Traité des sciences politiques (3 vols., Paris, 1949, 1950) (제3권은 헌법의 일반이론을 수록하고 있다); Maurice Duverger, Manuel de droit constitutionnel et de la science politique (Paris, 1948); Dietrich Schindler, Verfassungsrecht und soziale Struktur (Zürich, 1932); J. Allen Smith, The Growth and Decadence of Constitutional

시도를 말한다. 그 문제는 이렇다. 즉 헌법은 만족할 만큼 적합한가? 또한 그러한 헌법 아래 살고 있는 국민들의 필요와 열망을 충족시켜주고 있는가? 새로운 헌법들은 바로 이러한 비교연구법을 필요로 한다.

II. 헌법제정의 풍토

헌법은 정치권력의 행사와 이에 따른 제한적인 통제를 위해서 합리적으로 생각해낸 형식화된 규칙으로서, 「정치적 인간」(homo politicus)들의 비교적 최근의 경험이다. 권력이 비합리적인 국가신비주의 ― 합법적으로 세습되어온 왕조와 그 지배계급들의 신성화된 권위 ― 의 전통함에 근거를 두고 있는 한, 전통적인 권력보유자를 신성하게 의무화된 것으로 여기는 「왕국의 근본법」(lois fondamentales du royaume)(프랑스)을 형식화할 필요는 없었다. 성문헌법에 대한 착상은 정치권력의 세속화를 위한 오랜 동안의 혁명적인 투쟁의 결과이다(Lecky). 그것은 신분이 낮은 기사계급과 중류계급이 스튜어트 절대왕정에 대해서 정치권력에 있어서 그들의 참여를 강요했던 청교도혁명이 일어난 영국에서 가장 먼저 찾아볼 수 있다. 정치권력의 본래의 도덕적인 제한을 종교적으로 의식한 크롬웰(Cromwell)에게는, 그 해답은 「헌법」이라기보다는 오히려 자기 제한적인 「정체서」(Instrument of Government)(1653년)였다. 영국에서는 성문헌법이 필요 없었다. 왜냐하면 권력은 자연법에 의존하지 않고, 독단적으로 새로운 사회계급으로 이전되었기 때문이다. 그러나 그 후 계속되는 자연법의 증가는 질서정연한 사회의 도덕적 기초로서 18세기를 성문헌법의 제정으로 이끌었다. 그러한 목적은 이론적인 이유에서보다는 실제적인 이유에서, 먼저 아메리카 식민지에서 그 후 유럽의 주요 국가인 프랑스에서 그 결실을 보게 되었다. 여기에 루소의 일반의사는 도덕적이며 형이상학적인 자극을 마련했는데, 사회계약설에 의해서 제기되고, 시에에스(Sieyès)의 **헌법제정권력**으로 실천에 옮겨진 양자 모두 마르크스주의가 1세기 후에 증명한대로, 현존 질서에 대한 「파괴분자」(subversive)였던 것이다. 헌법이란 사회계약의 단순한 선언이며, 일반의사가 그 자기 실현이라고 오해하였던 상상적인 선서의 기능적 보충이라고 생각하였다.4)

그러나 성문헌법이 18세기란 풍토에 탄생할 수 있었던 것은 결코 우연이 아니다. 즉 자연법의 명령이라고 믿었던 것뿐만 아니라 사회적 동태에 대한 자연법의 적용이라는 것이 지배적이었다. 기구(機構)의 과학이 통치의 과학으로 전화되었다. 자유를 보장하는 억제와 균형으로서 충분히 균형 잡힌 헌법은 기능적으로 분리된 권력에 대해서 사회적인

Government (New York, 1930); Samuel L. Sharp, New Constitutions in the Soviet Sphere (Washington, D. C., 1950).

4) 예컨대 Egon Zweig, Die Lehre vom pouvoir constituant (Tübingen, 1909); Walther Rothschild, Der Gedanke der geschriebenen Verfassung in England (Tübingen und Leipzig, 1903); Richard Schmidt, Die Vorgeschichte der geschriebenen Verfassung (Leipzig, 1916) 참조.

세력들 간의 이상적인 평형을 이룩하려고 하였다.[5] 계몽주의의 환경에서 헌법은 우선 도덕적인 필요성이 있었으며, 기능적인 달성은 다음 문제였다. 헌법 자체와 헌법제정의 과정은 그에 수반되는 합리적 논리주의를 기만하는 일종의 집합적인 마술에 휩싸였다. 정치이론가와 정치인들 자신은 그들의 꾸밈없는 낙천주의대로, 체계 있는 헌법만이 질서 정연한 사회를 이룩하는데 필요한 전부라고 믿었다. 질서 정연하다는 것은 곧 잘 균형잡힌 것을 의미하였다. 정치권력에 대한 마신적 숭배를 의식하지 않는다면, 성문헌법은 자동적으로 모든 사회적 병폐를 해소하고 헌법 아래에서 살고 있는 국민의 행복을 보장할 것이다. 「좋은」 헌법이고 「착한」 국민에 의해서 운영이 된다면, 전체 사회의 이익 속에서 조화있는 협동으로 자기 집행적이 될 것이다. 그 최초의 결과는 세계가 지금까지 알고 있던 정치이론에서의 위대한 세미나를 능가하는, 1791년의 터무니없이 실현 불가능한 프랑스 헌법의 제정이었다.[6]

프랑스 혁명은 주저하지 않고 혁명의 선봉자들이 지녔던 인간성에 대한 순박한 신뢰를 부인하였으며, 정치권력이 통제되지 않고 정치적 자유가 파괴되어서는 안 되기 때문에, 태연하게 기능적 유용성이 소홀히 되어서는 안 된다는 것을 피로써 증명하였다. 일반사회의 자유를 보장하는 한편 정치권력을 순화(馴化)하기 위한 신비적인 공식을 모색함에 있어서 혁명시의 헌법제조소는 모든 가능한 「정부형태」를 만들어 내었다. 즉 권력을 기능적으로 조정하는 형태로서 입헌적 제한군주제, 의원내각제, 그리고 그 전도된 의회정부제(gouvernement conventionnel), 복잡한 억제와 균형의 구조를 가진 집정부제, 그리고 적지 않게 지속된 제1 통령의 합법화된 권위주의 등을 마련하였다. 그러한 프랑스인처럼 합리적인 국민에게 별로 놀랄만한 것은 아니지만, 그러한 과정에서 사회계약의 선언으로서의 헌법의 신성불가침이라는 소박한 의의는 분명히 상실되었으며 다시는 회복되지 못하였다. 미국인만이 다른 어느 곳에서도 산출할 수 없는 사회경제적인 이유에서, 「기본적」이며 논쟁의 여지가 없는 헌법에 대한 본래의 정신을 보존하고 있다.

III. 19세기에 있어서의 헌법들

19세기 중에 대부분의 국가가 스스로 「입헌화되었다」. 이 경우 라틴 아메리카에서는 합중국 헌법을, 군주적 정통주의의 권위를 어느 정도 살리기 위한 기술로서 프랑스헌장

---

5) 예컨대 The Federalist, No. 51 (김동영 옮김, 『페더랄리스트 페이퍼』, 한울 아카데미, 1995)과 모겐소의 재미있는 관찰인 Hans J. Morgenthau, Politics among Nations (New York, 1949), pp. 125 ff.(이호재 · 엄태암 옮김, 『국가 간의 정치』, 김영사, 2014) 참조. 또한 정치적인 세력균형의 문제에 관하여는 Carl Schmitt, Verfassungslehre (München und Leipzig, 1928), pp. 183 f.(김기범역, 『헌법이론』, 교문사, 1976, 205면) 참조.

6) Robert Redslob, Die Staatstheorien der französischen Nationalversammlung von 1789 (Leipzig 1912); Karl Loewenstein, Volk und Parlament nach der Staatsauffassung der französischen Nationalversammlung von 1789 (München, 1922) 참조.

(1814년)*을, 그리고 의회적 입헌군주제7)를 위해서 벨기에의 헌장(1831년)을 본받았다. 그러나 18세기에 보여주었던 헌법제정에 대한 초월적인 가치는 헌법의 제정이나 운영에 있어서 거의 사라져 버렸다. 그 대신 상공업 부르주아지가 지배계급을 자처하였으며, 그들이 정치권력에 참여하거나 할 수 없이 허용된 경우에 헌법은 나타난 변화를 단순히 합법화하였을 뿐이다. 헌법의 의미론에도 불구하고 국민주권은 명목적인 것에 불과하였으며, 좋게 말하여, 부(富)의 과두정치, 실제로는 유산계급의 정치독점을 대표하는 이념으로 사용되었다. 권력투쟁은 부르주아지와 국왕대권 사이에 최초로 일어났으며, 국왕대권은 성공적으로 거세되었다. 그 후 유산 과두제의 승리 다음에 이들과 중하류계급, 그리고 노동자 사이에 투쟁이 일어났다. 그 정치적 목표는 헌법 자체라기보다 참정권이었다. 그러한 헌법은 전체적으로 권력투쟁을 실정법의 규제절차에 따르게 함으로써 대체로 합리화할 수 있었는데, 그것은 절차가 비교적 자제적이며 동질적인 사회에 적용되었고, 또한 현존하는 정치권력에 대한 분배를 기본적으로 반대하는 사회세력의 도전을 받지 않았기 때문이다. 헌법은 권력투쟁이 사회의 동일계급 내의 집단들에 한정될 때에는 기능을 잘 발휘한다. 그러나 헌법규정으로 정치참여가 배제된 계급의 정치적 야망을 조정함에 있어서는 극한에 이르거나 흔히 와해되는 수가 있다. 19세기에 헌법을 정치활동의 평화적인 타협수단으로 상당히 존중하게 된 것은 헌법이 감정적이거나 초월적인 의미를 갖지 않아서 그 기능적 효용이 향상된 데에도 기인한다. 예컨대 1871년의 비스마르크 헌법의 기능적인 사실성과 비교해 보면 미국 헌법은 마치 정치철학에 관한 논문을 읽는 느낌이다.

IV. 제1차 세계대전 이후의 헌법

헌법의 신비적인 매력은 제1차 세계대전 이후의 짧은 시간 동안에 회복되었다. 프랑스혁명이 남긴 관념적인 유산 —국민주권— 은 몇몇 오래된 국가에서 감동적인 호응을 얻었으며, 군주적 전통의 잔재를 일소하는 계기를 마련하였다. 제정 러시아, 오스트리아·헝가리 제국, 그리고 오토만 제국의 폐허 속에서 나타난 신생 국가들의 주인공들에게 헌법은 국권과 독립의 상징이었으며, 이것은 또한 당시 국제적으로 파급된 민족자결주의라는 윌슨(Wilson)*의 정치윤리와도 일치되었다. 민주적인 의회주의(프랑스와 영국)가 전쟁에 승리하였으며, 군주적 권위주의는 패배하였다. 입헌민주주의는 이에 대한 전문가와 국민 대중의 별다른 준비도 없이 사회적·도덕적·정치적으로 도처에서 호소력을 지닌 주문처럼 되었다. 헌법은 부르주아지에 의해서 고무되고 수행되었다. 그 부르주아지는 반의식적으로 노동자들을 입헌주의에 묶어버림으로써 그들이 무마되기를 기대하였다. 한편, 노동자들은 그들 나름대로 헌법상의 다수결로써 권력을 획득할 수 있으리라고

---

7) John A. Hawgood, Modern Constitutions since 1789 (New York, 1939), pp. 93 ff., 131 ff. 참조.

믿었으므로 이에 순응하였다. 비록 순간적이기는 하였으나 다시 한 번 민주적 정통주의야 말로 절대적이고 영속적인 것이라고 믿는 바람이 전 세계를 휩쓸었다. 이 시기의 헌법은 이미 국가기능의 조직에만 국한되지는 않고 대담할 정도로 건설적이었으며, 경험주의 정신으로 충만해 있었으며 그들의 권리장전을 사회적으로 의식하고 있었다. 신대륙의 멕시코 헌법(1917년)과 구대륙의 바이마르 헌법(1919년)은 그 뛰어난 예이다. 이와 동시에 새로운 헌법들은 기능적으로 완전하여 변경할 여지를 남기지 않았으며, 잠재적인 모든 권력요소를 법적 제도로 규제하려고 노력하였다. 요컨대 정치권력을「헌법제도화」하려는 최대의 노력이었다.

인도의 입헌민주주의에 대한 절정(絶頂)은 10년도 채 지속되지 못하였다. 거의 예외 없이 새로운 헌법들은 대중반란의 희생이 되었다. 그동안 폭력행사는 상당한 정치이념의 수준에 도달하였는데 부르주아 합리주의의 정곡(juste milieu)을 찌르고 승리하였다. 대체로 헌법들은 제정 당시부터 시대착오적인 것이었다. 부르주아지의 실책은 노동자와 재산을 잃은 하층계급에 대하여 약속대로 급료를 지급할 수 있거나, 경제적인 안정을 명목상으로나마 점차 이룩할 수 있을 것이며, 지주계급과 싸워 얻은 자본주의적 부르주아지의 우월한 지위가 영속되리라고 믿은 데에 있다.

헌법만능적인 풍조는 곧 지나가고 그 여파는 입헌민주주의와 그 헌법을 제거하는 것으로 나타났다. 독재제도는 정치타협의 뿌리 깊은 전통이 대중의 감정에 저항할 수 있었던 국가만을 남겨두고 유럽에 요원의 불길처럼 번졌으며, 입헌적 기반이 미약했던 라틴 아메리카도 마찬가지였다. 파시즘은 정치권력의 형식화를 요구하지 않았다. 그러나 아무리 철저하게 규정한다고 하더라도 그 행사에는 어떤 제한이 있었을 것이다. 폴란드(1935년)에서처럼 권위주의가 헌법이라는 수단에 의거한 곳에서는 헌법은 단지 현존의 권력구조를「법적으로」불가침하게 만드는 도구로서 봉사했을 뿐이다.[8]

V. 제2차 세계대전 이후의 헌법

나치스와 파시스트의 전체주의로부터 해방된 국가들이 열광적으로 이전의 헌법으로 복귀하리라는 기대는 실현되지 않았다. 형식상으로는 복귀하였다. 그 밖에 다른 방도가 있었겠는가? 그러나 지난 세대가 보여주었던 민주주의의 정열(élan)과는 거리가 멀었다. 일부 변방국가(베네룩스 3국과 노르웨이)에서는 망명정부를 통해서 실질적으로 보존되었던 기존 헌법이 아무런 수정도 가하지 않고 적용되었는데, 여기서는 군주적 계속성이 유용한 것으로 증명되었다.[9] 그러나 대륙의 주요 국가인 프랑스·독일·이탈리아에서는 파시즘 이전의 헌법들을 검토한 결과, 결점이 드러나서 새로운 헌법을 제정하였다. 헌법제

---

8) Arnold J. Zurcher, The Experiment with Democracy in Central Europe (New York, 1933) 참조.
9) Karl Loewenstein, Political Reconstruction (New York, 1946), pp. 138 ff., 168 ff. 참조.

정이란 사업은 정열도 없이 의무적으로 수행되었다. 헌법이 통치업무의 행위를 규제하는 어떤 규범을 확립한다는 순전히 형식적인 의미를 제외하고는,「최고법」의 특질을 지닌다고 인정하는 서구인은 아주 드물다. 서구 사회는 피로하고 신경질적이고 냉소적이며 매력을 상실하였기 때문에, 성문헌법의 중요성은 보일 만큼 사라져버렸다. 그리고 동구의 인민민주주의에서처럼 권력이 새로운 질서의 상징으로서 극한까지 행사되는 곳에서 누가 감히 민주주의의 자랑인 치자와 피치자의 자동성을 헌법에 구현하고 있다고 주장하겠는가?

헌법에 대한 감정적인 애착이 상실된 이유는 단순히 전쟁과 점령 이후의 국민들의 정신적 피로보다 더 깊은 곳에 있다.

그러나 현세대는 정치과정의 내막을 너무도 많이 보아왔으며, 또한 권력이라는 마신이 법의 비호 아래 막강해지는 것을 보아왔다. 전쟁과 전후의 인플레는 사회계층에 혁명적인 변화를 초래하였다. 하층계급은 재산을 가진 중산계급이 경제적으로 안정되는데 반비례하여 완전히 파산하고 말았다. 철저하게 프롤레타리아화 한 경우에 그 가장 큰 원인은 아마 여기에 있을 것이다. 경제만능의 물질주의에 대한 해독제는 거의 없으며, 당대의 「철학」 — 실존주의로 가장한 비관주의 — 이 시사하는 것도 예외는 아니다. 현세대는 그 정부로부터 소외되어 있으며 정당의 과두·재벌도당 그리고 압력단체가 정치권력을 독점하는 것을 알게 되었다. 독재자들의 감정적인 선동이 지나가 버린 오늘날, 대중들은 아직도 새로운 도덕상의 구심점을 발견하지 못하고 있다. 자유에 대해서 헌법은 그 보장을 약속할 수 있었고 실제로 그랬으나, 일반 서민이 바라는 빵과 경제적 안정에 대해서는 그렇지 못했다. 그들에게 모든 국민의 복지에 관한 중요한 정치적 결정들은 이제 헌법의 틀 안에서 이루어지지 않는다는 것이 명백하고도 꾸밈없는 사실이 되었다. 사회세력들은 헌법 이외의 방법으로 움직이고 싸운다. 왜냐하면 헌법이 필요한 해결수단을 강구하려고 조차 않기 때문이다.[10] 헌법은 진부한 약속이나 유연한 정책의 구조를 구체화한 것으로 생각하고 있다. 노동자들이나 봉급생활자들 중 냉소적이고 환멸적이며, 또한 필사적으로 살아보려는 사람들에게 계급상태를 그들에게 유리하도록 뒤바꿔놓았다는 공산당의 집산주의라는 감언이설이 매력적일 수밖에 없을 것이다.

그러나 건전한 관찰력을 지닌 헌법학자까지도 새로운 헌법들을 연구함에 있어서 도덕적인 위안을 거의 얻을 수는 없을 것이다. 헌법학자는 공산권의 헌법이 기술적으로 너무 단순하고 기능적으로는 아주 직선적이며, 또한 권력투쟁을 공정하게 조정하고 있다는 것을 회의적으로 받아들이고 있다. 그 반면에, 서구 헌법은 전체적으로 볼 때 정체적이며 이상하게도 회고적이며, 지나치게 형식적이고 복잡하며, 어딘가 소심하고 막연하다. 1946년의 프랑스 헌법과 본(Bonn) 헌법은 여러 가지 점에서 1875년과 1919년의 헌법에 대해서 각각 반응을 나타낸 것에 불과하며, 과거의 실수를 방지하려고 노력도

---

10) 하나의 뚜렷한 예시는 서독에 있어서 산업상의 공동결정에 관한 문제인데, 모든 의도와 목적에서 전후 유럽의 노사관계에서 가장 중요한 발전을 하였다. 본 헌법은 이에 관하여 조심스레 침묵을 지키고 있는데, 연방의회는 그 해결이 불가능하다. 석탄과 강철노조의 압력으로 문제가 제기되었을 때 연방의회 (Bundestag)가 양보하지 않을 수 없었다. 헌법상의 기구는 단지 승인으로만 이용되었다.

하였다. 일반적으로 이러한 개선의 노력은 이해할 수 있고 칭찬할만하다. 그 예로서 프랑스에서의 위임입법의 금지(제13조)와 서독에 있어서 국민에 의한 대신에 헌법관습으로서 선거에 의한 대통령권한의 「중립화」(제54조)를 들 수 있다. 그 위에 의회활동을 합리화하려는 시도(불신임투표와 해산)와 정부의 안정을 위한 노력도 가치가 있다. 이와 반대로, 정당의 손안에서 실제의 정치권력이 행사되는 생각하지 않았던 결과와 함께, 헌법은 국민들 자신에 대해서는 소심함을 보여주고 있다. 프랑스와 서독을 비교할 때, 이탈리아의 헌법은 훨씬 더 낙천적이고 자신이 있는 듯 하다. 군주제의 폐지와 함께 이탈리아의 의회주의는 불행했던 과거의 경험을 억누르지 않고서 무에서부터 출발할 수 있었다.

VI. 이른바 「정부형태」[11]

「정부형태」라는 용어는 보통 국가의사의 결정과정에 있어서 여러 기관의 기능적인 배열, 상호 대등한 조정이나 복종관계를 나타낸다. 여기에 전후의 헌법들은 전통적인 방법 외에 새로운 것을 고안해 내지 못하였다. 군주제에로의 복귀로 해결을 본 것은 하나도 없다. 즉 이탈리아와 불가리아에서는 군주제가 국민투표에 의해서 공식적으로 추방되었다. 그 밖의 발칸 제국에서는 비공식적으로 사라졌다. 인도(1949년)는 영국의 왕관 아래 있는 영연합의 유대에 기여했을 뿐만 아니라(영국에 대한 것은 아니지만) 군주적 봉건주의의 토착적인 잔재를 처리하였다. 철의 장막 속의 헌법을 비롯하여 모든 헌법들이 민주주의의 근본원리를 표방하며, 모두 정도의 차이는 있으나 권력의 기능적 분리(권력의 분립은 아니지만)를 신봉한다. 외관상으로는 모든 헌법들이 매우 비슷하여 소련 헌법(1936년) 제1장과 제5장을 떼어서 보면 이 헌법이 새로운 사회질서의 모형이라는 것을 거의 이해할 수 없을 정도이다.

권력분립형의 정부형태는 합중국의 영향을 받은 국가들 외에는 지지를 받지 못하였다. 예컨대 최근에 와서 의회주의로의 접근경향이 보이긴 하지만, 라틴 아메리카나 철저한 권위주의 정부를 보호하는데 이바지한 자유중국(1947년)과 한국(1948년)이 그러하다. 일반적으로 우세한 정부형태는 정부의 존립에 다수당이나 정당연합의 지지가 계속 필요하다는 의미에서의 의회정부제이다(프랑스·이탈리아·이스라엘 등). 하나의 흥미 있는 변종이 서독에서 나타났는데 연방의회(Bundestag)의 재적의원 과반수가 후임자를 선출한 경우 신임투표에 의해서만 그 직을 상실하게 되어있다(제67조). 이것은 정당 간의 연립이 와해되고 그 연립의 실질적 구성부분이 반대당과 결합하는 경우를 제외하고는 수상의 지위가 4년의 임기 동안에 사실상 확고부동하다는 것을 의미한다. 서독의 각 주에서도

---

11) 전후의 정부형태에 관한 상세한 논의는 Karl Loewenstein, "The Presidency Outside the United States," The Journal of Politics, XI (1949), 447 ff. (본서 854면 이하) 참조.

정부를 안정시키려는 유사한 노력을 하였다. 그리고 같은 제도가 대체로 가설적인 방법이
지만, 동독(독일 민주공화국)의 헌법에서도 나타난다(제95조 2항). 엄격한 정당규율과
해산의 위협 덕분에 선거기까지는 수상이 자유롭게 정치권력을 행사할 수 있는 내각제도
는 양대 정당의 상호작용에 입각하여 너무도 많이 설명되었기 때문에, 어떠한 새로운
헌법도 이를 효과적으로 제도화시킬 수 없었다.

그러나 실로 놀라운 것은 역사적으로 불신을 받고 또한 반쯤 망각된 회의제가 소비에트
권에서 부활한 사실이다. 이 회의제는 소련뿐만 아니라 동독을 포함하여 실로 모든[12)]
국가들을 지배하고 있다. 왜 소비에트 국가들이 이전의(1918년, 1923년) 새로운 프롤레타
리아 기관의 위장되지 아니한 지배를 포기하고, 보다 철저한 회의제 정부를 채택하게
되었는가는 여기서 논의할 수 없다. 그러나 억제와 균형의 원리로부터 해방되어 아무런
기능상의 제약도 받지 않는 민선 의회 만능의 사이비 민주주의 형태인 이 회의제는
일당지배의 완전한 수단이 되었다. 이것은 회의제가 1개인·집단·정당 또는 지배 도당의
편리한 위장이 될 수 있었던 역사적 전례와 일치한다. 의회의 지배란 단지 명목적인
것이기 때문에 — 집회는 극히 드물고 집회 사이에는 오랜 시간적 간격이 있다 — 운영위원
회인 간부회(Presidium)가 당연히 생기게 된다.[13)] 동독에서는 적어도 아직까지는 복수정
당제 국가임을 가장하고 있는데, 이 회의제는 「방해공작」(block technique)[14)]과 의회의
정당들과 내각의 미리 꾸며진 (설득·압력 기타의 수단으로) 만장일치에 의해서 시행되고
있다. 이처럼 교묘한 수단은 반대당의 「자발적인」 제거에도 봉사하며, 반대당의 존재를
믿고 싶어하는 사람들에게는 단일체제 민주주의라는 모습을 보여준다. 동독 공화국에서
는 이러한 기술이 헌법에 제도화되어 있다(제29조). 즉 하원(인민회의)의 40석 이상을
가진 모든 정당은 그 의석수에 따라서 정부를 **대표하여야 한다.** 반대당의 억압은 전혀
새로운 것이 아니다. 그러나 연립정부의 대표를 만들도록 헌법에서 규정하는 것은 분명히
「입헌」민주주의의 제약이다.

VII. 「살아있는」 헌법 : 그 허와 실

헌법을 존재론적으로 평가함에 있어서 권력의 특정한 기능적 배열의 실재는 주로
그 형태가 적용되는 사회정치적 환경에 좌우된다는 것을 이해하는 것이 본질적이다.

---

12) 알바니아, 불가리아, 헝가리, 루마니아, 폴란드와 체코슬로바키아는 예외인데, 전자는 1920년의 헌법을
1947년 2월 19일의 헌법률로 약간 단순화하여 재확립하고 있으며, 후자는 1920년의 헌법을 1948년에
개서(改書)하였다.
13) 예컨대 「대통령회의」(Presidential Council)이라고 부르는 헝가리 헌법(제19~제22조) 참조. 그러나
독일 민주공화국에는 이러한 것이 존재하지 않았으며, 체코슬로바키아와 폴란드에는 권한이 잘 부여되어
있지 않은 것 같다.
14) 주요한 논의는 Alfons Steiniger, Das Blocksystem (Berlin, 1949) 참조.

그 자신의 경험에서 정치적으로 진보된 서구 세계는 국민에 의해서 헌법질서가 일단 형식적으로 채택되면, 법적 의미에서 타당할 뿐만 아니라 완전히 시행되고 효과적이라는 의미에서 실제적이라는 결론을 내리는 경향이 있다. 만일 사실이 그렇다면 이 경우에 헌법은 「**규범적**」이다. 비근한 예를 든다면, 몸에 맞도록 맞추어서 실제로 입고 있는 옷과 같다고 할 수 있다. 그러나 이것은 모든 각도에서 검증을 요하는 하나의 가설이다.

법적으로는 타당하지만 실제로는 헌법에 맞지 않는 경우도 있다. 헌법의 실재와 활동이 불완전한 것이다. 이것을 쓰여진 헌법과 실제로 적용되는 헌법과는 다르다는 보편적으로 인정된 상황하고 혼동해서는 안 된다. 헌법은 형식적인 헌법개정뿐만 아니라 지각할 수 없는 헌법관습에 의해서도 변화한다. 여기서 문제로 되는 것은 비록 법적으로는 타당하지만 헌법이 현실에 통합되지 못하는 사실상의 상황이다. 미국 헌법은 합중국의 모든 주에서 적용되는 법이다. 그러나 예컨대 수정 제14조는 미시시피주나 앨라바마주 같은 곳에서는 완전히 실시되지 못하였다. 비유를 계속한다면, 그러한 헌법은 기성복과 같으며 입지 않고 옷장에 걸어둔 것과 같다. 이러한 경우의 헌법은 단지 「**명목적**」일 뿐이다.

마지막으로 헌법은 완전히 적용되고 시행되지만 그것은 현존하는 정치권력의 구조와 그 행사에 관한 형식화에 불과한 것이 있다. 어떠한 헌법의 본질적인 목표이기도 한 것에 즉응하여 권력동태의 활동성은 실제의 권력보유자의 이익을 위해서 「동결」된다. 이는 도대체 옷이 아니라 환상의 옷이거나 단순한 외투에 불과하다. 이러한 경우 헌법은 「**장식적**」인 것에 불과하다.

규범적 헌법은 권력경쟁의 타협을 위한 절차적인 틀로서 기능을 발휘하는 서구에서 지배적이다. 프랑스·독일·이탈리아 외에 새 헌법 중에서 이스라엘·인도 그리고 실론의 헌법이 이 범주에 속한다고 할 수 있다. 그 이유는 첫째로, 헌법이 지적으로 서구화된 국민에 의해서 조작되었기 때문이며, 둘째로는 정치적 엘리트가 영국의 영향을 받은 교육 때문이다. 미얀마(1947년의 헌법)는 여기에 포함시키기 어려운데, 이 나라는 자치에 대한 경험이 너무나 빈약하다.

다른 한편, 명목적 헌법은 단지 합법적인 의도를 선언한데 불과하며, 미래의 현실이 그렇게 되기를 기대하는 하나의 청사진이다. 그 서식처는 서구의 입헌주의가 식민지(또는) 농업적 봉건사회구조에 이식된 곳이다. 물론 지적 수준도 헌법의 실현에 필수불가결한 것이다. 그러나 읽고 쓸 수 있는 능력을 광범하게 갖춘 곳에서도 적어도 당분간은 서구의 입헌주의의 합리성은 아시아·아프리카 사람들에게는 소외감을 느낄 것이다. 이러한 상황은 오랫동안 권위주의에 젖어온 중국(1947년의 장제스[蔣介石] 헌법)·한국(1948) 그리고 태국, 나아가서 필리핀이나 대부분의 아랍 국가들을 명백히 지배하고 있다. 그러나 이는 또한 라틴 아메리카에서도 드문 일은 아니다. 그러나 쿠바는 분명히 여기서 제외되며, 서구의 규범주의의 대열에 선다. 경계선은 때때로 유동적이다. 라틴 아메리카에서의 헌법들은 군대의 통제 아래 잠정적으로 권력을 장악한 도당들의 이동에 따라서 빈번히 폐지되고 새로 제정되거나 계엄사태로 정지되기도 한다.[15] 헌법의 존재나 부존재는 원칙적으로 사업공동체나 일반 국민의 생활에는 별다른 영향을 주지 아니한다.

일본(1946년 헌법)의 경우 이러한 분류를 할 수 없다. 구(1889년) 헌법*조차도 권력의 충돌을 질서 있게 조정하기 위한 틀로서만 봉사했다는 점에서 규범적인 것은 아니었다. 구 헌법은 서구화된 「중립성」에도 불구하고, 공업과 농업봉건주의 그리고 군대라는 지배집단에 철저하게 복종하고 있었다. 새 헌법은 연합군최고사령부(S.C.A.P)가 고무하고, 지령하고, 시행했으며 민주적으로 선출된 국회(Diet)가 혼성 코러스로서 기능을 수행하였다. 외국의 점령으로 정치적 진공이 생긴 경우, 즉 사이비 미카도같은 외국의 장군과 그에 의해서 엄격한 통제를 받는 정당의 동태 아래서는, 일본처럼 적응력이 강한 나라일지라도 헌법이 실제적으로 운영될 수는 없다.

끝으로 성문 헌법이 고의적으로 기존의 권력구조를 「합법화」하고, 안정화·영속화시키는데 이용되면 헌법은 권력경쟁의 요소를 위한 절차적 구조로서의 역할을 할 수 없다. 이것은 아마도 거의 모든 권위주의 헌법의 특유한 속성이며, 역사적으로는 프랑스 8년과 10년의 헌법이나, 나폴레옹 3세의 헌법(1852년), 그리고 보다 최근의 예로서는 1935년의 필수드스키(Pilsudski) 헌법을 들 수 있다. 이러한 곳에서 성문헌법의 존재는 민주적 정통주의에 있어서 현재 보편적인 신념으로서 요구되는 체면을 유지하기 위한 제스처에 불과하다. 만일 헌법이 전혀 존재하지 않는다 하더라도, 1개인·집단·계급 그리고 정당의 권력독점은 실질적인 정도로 변화되지는 않을 것이다. 이러한 헌법들은 기껏해야 정부의 업무를 질서있게 수행하기 위한 형식적 기초로서 어떤 국가에서나 반드시 필요한 고위층의 관할권 분배를 규제할 뿐이다. 용어의 좁은 의미에 있어서 이러한 문서들은 현존하는 권력상황을 「동결」시키는 점에서 실증주의적이다.

소비에트 위성국의 헌법의 대부분은 이 범주에 속하며,[16] 준봉건적 구조를 가진 기타 국가(이집트·이란·이라크)의 그것도 마찬가지이다. 개발 국가에 있어서 가식적 헌법과 명목적 헌법을 만족할 만큼 정확하게 구별할 수는 없다.

---

15) 1947년의 베네수엘라 헌법(현재 정지 중)은 136년 동안에 22번이다.

16) 샤프(Samuel L. Sharp)는 "Communist Regimes in Eastern Europe," Foreign Policy Reports, XXVI No.16 (January 1, 1951), 183에서 「스탈린주의자의 교리에 따라서 헌법은 이미 달성된 사실상황을 단지 기록할 뿐이다」라고 한다. 이것은 소비에트의 통제를 받은 지역의 헌법들과 소비에트 원형 간에 여전히 존재하는 차이점은 소비에트의 형태로 향한 점진적인 진화에 기인한다고 수긍이 가도록 설명한다. 가장 최근에 공식화한(1949년) 헝가리가 제일에 가깝고 객관성으로 서구화된 허식이 없다. 서구제도에 대한 동독 헌법(샤프는 언급하지 않고 있다)의 비교적인 유사성은 서독과 직접적으로 대항하지 않으려는 소망에서 생겼다는 것이 추가될 수 있다. 그러므로 복수정당제도는 명목적으로 보존된다.

VIII. 기능적 구조에 대한 비교적 고찰

1. 입법부와 집행부의 관계

입법부와 집행부의 관계 ― 협동적으로 작용하든 종속적으로 작용하든 ― 는 「정부형태」의 본질이다. 시도한 연구 결과는 서구의 규범주의와 동구의 장식주의와의 차이를 보여준다. 헝가리(1949년)에 의해서 대표되는 완전히 발전된 「인민」민주주의에서는 이 점에 관하여 아무런 난점도 없다. 상호조정과 상호작용 대신에 이상하게 전도된 회의제의 특징으로 인하여 복종이라는 엄격한 위계제가 존재한다. 「최고의 국가기관」 (제10조)이라고 선언된 의회는(제20조와 제21조에서 「인민민주주의의 최고회의」라고 불리는) 간부회에 의해서 완전히 지배되고 있다. 이 간부회는 「국가행정의 최고기관」(제22조)이라고 하는 내각회의를 완전히 통제하며, 지방적 회의들을 위계적으로 통제한다. 모든 단계의 기구는 물론 공산당(또는 기타 위성국에서는 인민전선)에 의해서 서로 연결되어 있는데, 헌법은 공산당에 대해서는 의식적으로 침묵을 지킨다. 이처럼 단순하고 직선적인 정치권력의 행사방법은 일찍이 헌법에 나타난 일이 없었다.

반면에 서구적 풍토에서는 집행부와 입법부의 관계는 여전히 헌법적 공학의 핵심으로 남아있다. 그러나 정부와 의회가 조화를 이룬 형평적 또는 상호 균형을 이룰 수 있었던 18세기적인 환상은 이미 존재하지 아니한다. 양자택일적인 것은 여론을 희생시키면서 의회보다 강력한 정부를 택하는 것과, 또는 정부의 존립은 여전히 의회의 정당에 의존시키는 두 가지가 있다. 지배적인 견해는 정부를 지지하는 정당연합의 안정이 결여되어 일어나는 내각의 위기를 피하려고 한다.

새로운 헌법의 제정자들은 분명히 프랑스 제3공화국에서 65년 동안 100여 번, 그리고 바이마르에서 14년 동안 20여회나 내각이 바뀌었다는 사실에 영향을 받았다. 그 중 상당한 숫자의 내각 변동은 우발적이고 깊은 정치적 의미도 가지지 못했으며, 만일 의회절차를 합리화시켰다면 방지할 수 있었던 것이다. 따라서 오늘날에는 불신임동의와 표결 사이에 냉각기를 둔다든가, 불신임발의에 최소한의 서명을 요구하게 한다든가(이탈리아 헌법 94조), 또는 불신임가결에 재적의원 과반수의 찬성을 요구하는 방법(프랑스 헌법 제45조; 독일 본 헌법 제67조·제68조) 등으로 제한을 가하려는 기술적인 노력을 하고 있다. 그러나 빈번한 내각의 위기에 대한 위험을 어느 정도 지나치듯 강조하는 듯하다. 기록에 의하면 대부분은 아니지만, 많은 내각 변동이 정부의 입법정책에 변화를 일으키려는 반대당의 정당한 요구에 의해서 일어났음을 보여준다. 결국 이것은 의회민주주의의 고유한 기능이다. 바이마르는 예외적 상황으로 이질적이며 근본적으로는 반민주적인 반대당들이 새 정부를 구성할 능력도 의사도 없이 오직 기존의 정부를 전복시키려는 파괴적으로 결탁하였다는 점에서 바이마르 공화국은 하나의 예외가 되지만, 이 예외가 다른 곳에서도 쉽사리 나타나리라고는 보기 어렵다. 나아가서 정부의 계속성의 단절은 새로운 내각을 구성함에 있어서 이전의 인사들의 복귀로써 완화되는 수도 흔히 있다. 유례없는 「헌법문제」(레오폴드 3세의 퇴위를 주장하는)의 압력으로 진통을 겪었던 벨기에가 아마 그 예가 되겠으나, 1945년 이래 프랑스 이외의 지역에서의 정부의 안정성에 대하여는 별로 더 바랄 것이 없다.

더구나 내각의 위기가 실제로 의회주의의 본질적 해악인가, 또는 어떠한 「정부형태」도 공존의 기초가 되는 사회경제적 근본원리를 거부하는 정치적 반대자들과는 타협할 수 없는 것인가는 의문시된다. 날카로운 현실감각을 가지고 있는 서민들은 정치인이나 정당을 조작하는 자 자신보다는 더 이러한 근본적인 딜레마를 훨씬 잘 알고 있다.

여하튼 내각의 위기를 방지할 묘안의 탐구는 계속되고 있으나, 여전히 미해결인채 반복되고 있다. 프랑스처럼 국민들이 일반적으로 강력한 집행부를 싫어하는 곳에서는 순화된 의회주의에 의지하는 것이 나쁘게 보이지는 않는다. 프랑스는 의회의 의원들의 술수에 크게 의존하고 있다. 독일에서처럼 강력한 집행부가 국민적 신앙의 하나인 곳에서 입법부 ― 그와 함께 민주주의의 기본원리도 ― 는 그 대가를 치러야 한다. 독일인들은 무의식적으로 권력투쟁이 폭발하는 것을 방지하려고 하는데, 이는 연방수상을 연방의회 (Bundestag)의 4년 임기 동안 거의 제거할 수 없는 지위에 둠으로써, 또한 선거에 패한 경우일지라도 적어도 6개월 동안은 의회의 지지없이 권한을 행사할 수 있는 불길한 「입법긴급권」(제81조)에 의해서 권위주의적 정부에 가까울 만큼의 방안(dolus eventualis)으로 그의 권한을 강화하는 것이다. 역사적으로 보다 자유로웠던 이탈리아인들은 정치세력들의 자연스러운 균형을 믿으며, 공산당이 기독교민주당과 제휴하여 기술적으로 다수가 되는 것을 두려워한다. 분명히 의회주의의 위기는 대륙의 정치학이 깨닫지 못한 복수정당제에 대해서 치러야 할 대가이다.

2. 의회의 해산

의회제 정부[17]의 진정한 형태에 있어서 해산은 선거민을 궁극적인 해결정책의 요소화함으로써 권력투쟁을 조정하는 전 과정의 민주적 기주이다. 1919년 이후의 기간과 비교해 볼 때 의회해산은 프랑스가 오랜 심사숙고 끝에 조심스럽게 부활시키기는 하였으나(제51조·제52조), 새로운 헌법들에서는 심각한 시련을 겪고 있다. 프랑스와 독일 본 헌법에 규정된 여러 제약들은 위기를 방지하려는 헌법을 추구하는 동일한 방향 속에 포함된다. 단지 이탈리아(제88조)에서만 이 제도가 진정한 국민투표적 기능을 보존하고 있을 뿐이다. 프랑스에 있어서 5년간의 경험은 권모술수를 쓰는 정당, 즉 좌익의 공산당, 우익의 드골파가 예전과 마찬가지로, 국민을 두려워하고 있음을 보여준다. 마찬가지로 의회해산이 제국과 바이마르 아래서도 빈번히 행사되었던 독일에서도 쇠약해질 운명인 것 같다.

---

17) Robert Redslob, Die parlamentarische Regierung (Tübingen, 1918)(불어판 Le Regime parlementaire, Paris, 1924)은 1919년 이후 가장 영향력 있는 것인데, 이제는 거의 잊혀지고 있다.*

더구나 헤르멘스(F. A. Hermens)가 강조하듯이,[18] 만일 의회 해산이 기존의 정당 패턴을 안정시키려는 비례대표제 하에서 실시된 경우, 그 국민투표적 효과는 많이 상실되고 만다. 물론 의회해산은 자진해산(헝가리 헌법 제18조 1항)이라는 극단적인 돌발사건을 제외하고는 회의제 정부와는 양립할 수 없다.[19]

3. 대통령의 지위

입법부와 행정부의 동일한 관계에서 대통령의 지위는 1919년 이후와 비교하면 현저하게 약화되었다. 대통령의 커다란 민주적 명망 때문에 라틴 아메리카처럼 미국식을 따르는 곳을 제외하고는, 보통선거에 의한 선출은 이제 별로 인기가 없게 되었다. 대통령은 일반적으로 통합적이며 의례적 기능에 한정된다. 그러나 대통령은 수상의 임명권을 가지고 있다(프랑스 · 이탈리아 · 이스라엘 · 인도). 서독에서 이러한 기능은 선거에 의해서 연방의회(Bundestag)로 이양되었으며(제63조), 동독에서는 제1당이 자동적으로 내각수반을 지명한다(제92조). 의회해산에서 대통령의 재량권은 프랑스의 경우 완전히 배제되었으며(제51조 · 제52조), 서독에서는 전 절차상의 방법으로 인하여 심한 제약을 받고 있다(제58조 · 제63조 4항). 원칙적으로 회의제정부에는 대통령직이 없는데, 그 기능은 간부회(Presidium)가 수행한다. 그러나 편의상 대통령직은 소련 · 동독 · 폴란드 · 체코슬로바키아와 유고슬라비아에서 실제적인 권력없이 존속한다.

4. 제2원

연방국가를 제외하고 오늘날 일반적으로 단원제를 채택한다. 노동당 정부에 의해서 영국의 상원이 결정적으로 거세된 것은 프랑스에 있어서 권한 없는 공화국평의회와 비교되며, 어느 정도 본 헌법 하의 연방참사원(Bundesrat)의 지위에 영향을 미쳤다. 그 영향은 연방의회에 관한 사항에서 영역상의 세분이라는 지위는 강화되었으니, 연방문제에서 정지적 거부권에 국한되고, 연방의 정치동태에는 영향을 주지 못하였다. 이탈리아는 하원과 상원의 정치적 평등으로서 훌륭하게 성숙된 양원제를 재천명해왔는데, 상원은 「각 주」(Regions)를 통합하려고 노력한다는 그럴듯한 이유에 근거를 두고 있는데, 적어도 이론상으로는 정부를 전복시킬 수도 있다.

만일 「상」원이 하원 내에서 우발적인 정당 파동에 대한 브레이크로서, 또는 그 균형으로서 봉사하려면, 여기에는 법인체, 특수한 사회계층, 보다 성숙한 연령집단 또는

---

18) Ferdinand A. Hermens, Mehrheitswahlrecht oder Verhältniswahlrecht? (München, 1949); Europe between Democracy and Anarchy (Notre Dame, 1951). 또한 Maurice Duverger, L'Influence des systemes electoraux sur la vie politique (Paris, 1950) 참조.

19) 또한 동독 헌법 제95조 6항의 가망 없는 해산의 경우를 참조.(역주: 제95조 6항 새 정부에 대하여 불신임이 표명되는 때에는 인민회의는 해산된 것으로 본다).

훌륭한 개인적 인간성을 기초로 하여 구성되어야 할 것이다. 그러나 제2원의 전통적인 기능은 매우 진부하게 되었다. 바이에른(1946년 헌법 제34조 이하)의 상원은 엄격한 자문기관이므로 예외이다. 이와 같이 제2원의 쇠퇴는 보편적 현상이며, 전체주의의 남용으로 평판은 나쁘지만 협조 조합주의(corporativism)의 대표자로서 제2원을 구성하는 방식이 민주적인 심판을 받아볼 기회가 없었음은 유감이라고 생각된다. 프랑스의 경제평의회는 1919년 이후의 다른 적용에(체코슬로바키아와 바이마르 독일)보다는 더 약하다. 조직화된 권력집단 내에서 사회경제적 생활의 전문층은 자유경제를 표방하는 나라들에서는 부정할 수 없는 현실의 하나이다. 노동자 · 협동조합 · 경영자 · 농민 · 공무원 · 전문직업인 · 기타 이익집단의 강력한 결합은 공공정책의 형성에 합법적으로 참여할 수 없기 때문에, 정당을 통해서 활동하거나 헌법 밖에서 권력을 행사하지 않을 수 없다. 이 점에서 전후의 헌법들은 현실을 직시하지 못하였다.

연방제 국가가 아닌 회의제 정부 하에서의 제2원은 그 정치적 교의와는 상치되기 때문에 어느 곳에서도 채택되지 않고 있다.

5. 연방주의

연방주의는 동서양 모두 각종의 제도화를 강구하고 있음에도 불구하고 쇠퇴일로에 있다. 가장 역사가 깊고 잘 통합된 미국과 스위스에서의 경험은 연방주의에 대한 전통과 정치이념면에서의 감정적인 가치는 어떻든, 오늘날 기술사회에서의 경제적 지상과제는 전 국토를 통해서 획일적인 경제정책은 아닐지라도 통일된 것을 요구하며, 지분국의 주권을 존중하는데서 발생하는 경제적 분열과 같은 것을 참으려고 하지 않는다는 것을 보여준다.[20] 이것을 간결히 표현하면 다음과 같다. 연방 정부가 소득세를 징수하는 국가는 진정한 연방국가는 아니다. 반면에 분권의 현실화는 비교적 작은 지역일지라도 일반적으로 행정의 능률을 향상시키는 것으로 이해되고 있다. 조직의 수단으로서 연방주의는 그 시대의 일반적인 정치철학과 분리될 수는 없다. 연방주의는 자유주의사상의 산물이다. 연방주의는 개인의 (상대적) 자유를 국가조직의 (상대적) 자유에 적용시킨 것이다. 연방주의는 자유주의경제가 번영하는 한 번영한다. 다시 표현을 간단히 하면, 즉 경제계획은 연방주의의 DDT이다. 그러므로 연방제의 원리들을 지나치게 철저히 채택한 헌법들은 시대착오가 될 수밖에 없다.

그러나 연방주의는 다수민족 또는 인종의 다양성이 강한 경향이 지배적인 곳에서는 본질적이며 필수불가결한 것이다. 인도 헌법은 대륙에 가까운 다수 민족을 조직하고 통치하려고 노력하는데, 일종의 초연방주의를 전개하지 않고서는 실시할 수가 없다. 이 초연방주의는 제1조에 대한 제1계획이라는 제목 아래 연방정부와의 관계에서 상이한

---

20) 스위스의 경우가 특히 예시적이다. 1947년의 부분적인 헌법개정(제31조 이하)은 실제로 자유방임 경제정책의 수정일 뿐 아니라 스위스 연방의 경제생활 전체를 연방의 통제에 종속시키는 것이었다.

법적 지위를 가지는 적어도 3개의 주와 영토적 세분이라는 범주에 적용되었다. 이러한 종류의「양적」연방주의는 분명히 문자 그대로 사회적으로 크게 다른 수 백 개의 지역사회를 함께 발전시키기 위하여 필수적으로 요청된다. 인도와 버마의 연방주의는「국가연합」(Union)과 마찬가지로, 영속적인 분권화보다는 사회적 통합의 한 수단으로 생각된다.

철의 장막 속의 헌법들 중에서 오직 유고슬라비아의 헌법만이 소련식의 연방주의를 따르고 있다. 그러나 포괄적인 증거로서 그 평가가 허용된다면, 소련에서처럼 유고슬라비아도 그 강조점을 정치적 자치보다는 문화적 자치에서 두고 있다. 계획에서 돌출되는 새로운 집단주의의 생활방식이 크로아티아인(Croats)·몬테네그로인(Montenegrins) 그리고 마케도니아인(Macedonians)들의 역사 깊은 민족주의와 세르비아 세력에 대한 반감을 극복하는데 얼마나 성공했는지 두고 볼 일이다. 문화적 가치의 효율성은 어느 정도이든 사회계획의 메커니즘은 모든 하부에까지 획일적으로 파급된다. 서구에서의 연방주의의 낡은 형태는 일반 대중에게는 분명히 명칭 이외의 아무것도 아니다. 5개의 란트(Länder)로 구성된 동독의 연방주의는 완전히 장식적인 것으로 독일 민주공화국 헌법의 단일적 성격에서도 쉽게 알 수 있다.

서독의 연방주의도 진정한 것은 아니며, 군사정부와 그것을 형성한 독일인들의 끝없는 수고가 잘못임을 드러내고 있다. 표면상 본(Bonn) 헌법은 바이마르 헌법보다는 덜 단일적이다. 그러나 지역 내의 경제적 상호의존은 몇몇 문화적 상황을 제외하고는 진정한 연방주의에 반하는 작용을 하고 있다. 실제로 서방 지역의 정교하고 야심적인 주(Land) 헌법들은 국민에 대해서 별 의미가 없는 것이다. 사회경제상 결정적으로 중요한 문제들, 예컨대 경제정책·사회보장·공동결정·세금부과 등은 본의 연방정부에 귀속되고 있다. 이탈리아에서는 새로운「주」(Regions)21)에 관한 규정이 오늘날까지 사문화되고 있으며 (예외: 제한된 범위 내에서 시실리·사르디니아 그리고 알토 아디제), 다른 곳에서도 같은 이유로 그러하다. 즉 주 자치는 전국적인 경제 및 사회정책에 순응할 수 없기 때문이다. 라틴 아메리카(아르헨티나·브라질·베네수엘라·멕시코)의 연방주의는 결국 이렇다 할 실시를 보지 못했는데, 그 까닭은 연방의 간섭이 헌법상 합법화되어 빈번히 사용되기 때문이다.

6. 선거권, 선거제도 그리고 정당

국가의 의사형성에 있어서 민주적인 평등은 이미 문제가 되지 아니한다. 몇몇 예로서 보듯이 현저한 선거 연령의 인하와 함께 보통선거는 오늘날 일반적인 기준이 되고 있다. 모든 신분적 제한의 자취는 사라졌다. 그러나 헌법상의 명목적인 규정과 정치현실 간의 간격을 나타내 주는 것으로 비례대표제가 보편적으로 지지를 받고 있으나, 이 선거제도(다른 제도도 마찬가지)와 정당을 운영하는 과정이 거의 전 세계적으로 무시되고 있다는

---

21) Pietro Virga, Le regions (Milan, 1949) 참조.

사실이다. 정당은 본 헌법(제21조)과 이탈리아 헌법(제49조)에서 국민의 정치적 의사형성에 필요한 제도로서 인정하는 규정을 두고 있음은 사실이다. 그러나 비례대표제가 다른 어떤 선거제도보다도 더욱 전적으로 국민의 통제 밖에 있는 정당의 과두제와 그들 관료의 수중에서 정치권력이 실제로 행사되고 있는 사실이 조심스럽게 무시되고 있다. 그 결과 도처에서 정당이 조직하는 의회가 작용하여 정치적 진공을 가져온다. 정당이라고 불리는 정치적 모임의 권위가 일반적으로 저하되는 것은 의회 자체에 대한 국민의 존경심이 줄어드는 데에 나타나게 마련이다.

정당을 통치구조의 메커니즘 속에 통합하는 것은 — 개인의 정치적 결사의 권리라는 현상으로서 권리장전 속에서 정당을 인식하는 것은 물론 단지 선언적이다 — 헌법혁신의 가장 어려운 일면이라는 것을 쉽사리 알 수 있다. 당분간 이 문제에 대한 법적인 접근은 불가능할 것이다. 그러나 새로운 엘리트 — 서구에서 정당의 보스와 그 관료들, 의회의 과두, 그리고 동구에서 국가정당의 강력한 관리계층과 국영기업체의 관리기술자들 — 의 출현에 대하여 모든 헌법들이 침묵하는 것은 널리 선언되고 있는 「국민주권」(Sovereignty of the people)보다도 더욱 유력한 현실인 것이 역시 확실하다(프랑스 헌법 제3조 1항 · 이탈리아 헌법 제1조 2항 · 본 헌법 제20조 2항). 주권은 실제로 정당에 있다.[22] 의회의 개개의 의원들이 전 국민을 대표한다는 규정(독일 본 헌법 제38조 1항)은 한낱 장식에 지나지 않는다.

국민의 정치과정에 대한 참여가 현저히 감소됨에 따라서 상황은 더욱 악화되었다. 국민의 정치참여는 정기적인 간격으로, 혹은 (드물긴 하지만) 의회가 해산된 경우에는 의회의 선거에 한정되었다. 국민발안과 국민투표 — 후자는 오직 헌법개정의 절차와만 관련이 있다(프랑스 헌법 제90조 · 이탈리아 헌법 138조) — 는 고사하고도, 다른 서부 유럽에서의 부재가 두드러지고 있는데, 이것은 아마도 1919년 이후의 헌법이 직접민주주의에 대해서 뚜렷한 결론을 내지 못한 때문일 것이다. 정당의 소수지배자들에 의한 정치권력의 독점은 새로운 헌법들을 이전의 것보다도 민주적이 되지 못하게 만든다.

일당이나 국가의 정당이 국민의 의사를 독점하는 경우, 인민민주주의는 보다 진실되거나 또는 그렇게 될 수 있을 것이다. 헌법은 미래에 활성화 될 청사진이 아니라 특정한 국가에 있어서 지금까지의 실제 권력구조를 밀접하게 반영하고, 그와 동시에 진행되어 나아간다. 단일정당의 우월한 기능은 인정되고 또한 고양된다. 그것은 이미 추상적인 관념이 아니라 통치구조 자체에 편입된 엄연한 현실이다. 1936년의 소련 헌법에서는 「노동자의 전위」로서의 공산당은 하나의 공식적인 국가기관이 되고 있다(동 헌법 제126조와 141조). 소비에트 체제의 형성 초기에는 일당국가로의 전환이 완성되지 못하였기 때문에 공산당(또는 이와 동등한 것)은 아직 특권적인 지위에 설 수 없었다. 그러나 헝가리

---

22) 반면에 헌법이론은 광범위하게 변경된 상황을 알 수 있게 되었다. 예컨대 Pascal Arrighi, Le Statut des Partis (Paris, 1948); Pedro J. Frias, El ordenamiento legal de los partidos politicos (Buenos Aires, 1944); Wilhelm Grewe, Zum Begriff der politischen Partei, Festgabe für Erich Kaufmann (Stuttgart, 1950), pp. 65 ff. 참조.

헌법(1949년)은 「인민민주주의는 노동자계급의 조직에 근거하고 있다. [그러한] 정치적·사회적 활동들을 주도하는 노력은 노동자계급이다」(동 헌법 제56조 2)라고 되어 있다. 이 헌법에서 「노동자」·「노동자계급」·「계급을 의식하는 노동자」라는 말은 36번이 언급되고 있는데, 정치권력의 복종자가 아니라 그 촉진제로서 노동자를 취급한 부분이 적지 않다. 그리고 독일 민주공화국의 헌법은 공공연히 가장 강력한 정당에게 내각수반의 지위를 부여한다고 규정하고 있는데(제92조), 이것은 현재의 권력장치가 공산당과 사회주의 통일당이 동일시될 수 있기 때문이다.

7. 헌법개정

오늘날처럼 급변하는 혁명적 시대에 있어서 아무리 신중하게 미래를 고려하여 헌법을 제정하더라도 영구적인 정치적 해결을 제시할 수는 없다. 이러한 점에서 헌법은 18세기 낙관주의와는 다르다. 1795년의 집정부제 헌법은 실제로 개정불가능한 것이었다. 따라서 도처에서 헌법개정의 절차는 지나치게 엄격하지 않고 여건이나 변화나 혁명적인 사태에 탄력적으로 대처할 수 있게 하였고, 한편으로는 특별다수의 동의 없이는 근본적인 수정을 할 수 없을 정도로 유동성에 제약을 두었다. 그러나 개정절차는 「우회적인 방법」(by-passed)으로는 할 수 없다는 의미에서 합리화되고 있다. 프랑스에서는 헌법위원회(제91조 이하)가 국회에서 통과된 법률이 헌법의 수정을 요하는가의 여부를 결정한다. 이것은 법률의 합헌성에 대한 사법심사를 대체한 것의 일종이다. 서독에서의 헌법개정은 헌법전의 효과적인 변경을 요구한다(제79조 2항). 더욱 놀라운 것은, 어떤 근본 원칙은 「개정할 수 없다」는 환상이 증가하고 있다는 점이다(예컨대 이탈리아 헌법 제139조와 프랑스 헌법 제95조의 공화제; 독일 본 헌법 제79조 3항의 연방제와 기본권 등). 특정한 소수당(Muslims, Scheduled Castes 등)의 의식은 연방과 주 입법부에서 10년간 박탈할 수 없다는 취지의 인도 헌법의 규정(제305항)은 통치의 철학이라기보다는 하나의 기능적 효용이라고 하겠다.

8. 사법권과 정치권력의 사법화

서구의 입헌주의는 전통적으로 정부와 다른 두 기관으로부터 사법기능을 명백하게 분리하고, 임기를 보장하며 사법권의 독립을 기하는 것이 좋다고 확신한다. 소비에트 체제는 어떠한 위장을 해서라도 어떠한 형태이든지 권력분립을 채택하지 않고 있다. 그러므로 회의제정부는 독립된 사법부와 입법에 대한 사법심사를 통해서 어떠한 권력집중의 경감도 꾀하지 아니한다. 어느 정도의 체면을 유지하기 위한 장식에도 불구하고, 의회의 선거나 국민소환을 통해서 사법기능은 엄격하게 입법부에 예속되고 있다. 독일 민주공화국(제130조와 제131조)이나 헝가리(제39조)가 그러한 예이다.

서구에서는 외부의 영향이나 정치적 영역으로부터 사법부의 임명과 승진을 보호하기 위해서 많은 노력을 하였다. 프랑스에서는 종래 정당이 가졌던 임명권을 최고행정부장관회의(제83조 이하)를 통하여 중립화시켰으며, 이탈리아에서는 사법부의 조직과 감독에 대하여 독립적인 책임을 지고 있는 자치적 기관의 행정장관을 창안하였다(제104조 이하). 서독은 사법부를 다른 두 기관과 동등하게 인정하는 데에 많은 진전을 보였다. 기술적인 제도는 결점이 없으나, 문제의 핵심에 까지는 미치지 못하고 있다. 독일의 법관은 공무원이며, 따라서 주로부터 독립되어 있지 않다. 탈나치화도 그들의 계급의식을 타파하는데 성공하지 못하였다. 근본적으로 사법부의 독립은 사법계급의 사회학적인 딜레마로 귀착되는데, 이것은 미국의 국민들이 그 자신의 환경 속에서 아주 익숙해있는 상황이다.

오직 연방과 주의 관계를 위하여 이전부터 인정되어 온 법률의 합헌성에 대한 사법심사는 이제는 보다 호의적인 입장에서 고찰되고 있다. 이탈리아(제134조)와 독일(본 헌법 제93조)에서의 사법심사는 특별한 헌법재판소에게 부여되고 있다. 이것은 일반적으로 일본(제76조 3, 8)에서도 사법기능에 포함되고 있는데, 한편 프랑스에서는 의회를 통과한 법률이 실제로 헌법 수정을 요하는 것인지의 여부는 대통령과 의회의 공동요청에 따라서만 행동하는 헌법위원회의 결정에 맡겨져 있어서 약화되어 있다(제91조 이하). 새로운 헌법을 해석함에 있어서 불가피한 견해의 차이는 객관적인 사법부의 결정을 요청하게 된다. 그러나 이러한 제도가 미국에서처럼 정치생활을 통합시키는 유일한 규제적인 힘을 가지는지의 여부는 의심스럽게 보인다.

그러나 아마 보다 중요한 것은 이른바 정치권력의 사법화, 즉 정치활동을 사법적 결정에 종속시킴으로서 권력 간의 갈등을 순화시키려는 노력일 것이다. 이탈리아(제134조 이하)와 독일의 본 헌법(제93조)에서의 헌법재판소는 「국가권력기관 간의 권한쟁송」 또는 독일식으로 표현하여 「최고연방기관의 권리와 의무에 관한 분쟁」에 대해서 결정을 내리게 되어 있다. 이와 같은 분쟁이 실정 헌법규범으로 해결될 수 있는 한, 극히 드문 예외는 있겠지만, 사법화라는 것이 유익한 결과를 가져올 수 있을 것이다. 그러나 만일 헌법의 관할권에 대한 기능이 정치권력의 경쟁을 위해서 다양한 국가기관에 사용되는 경우에는 ― 예컨대 내각에 대해서는 대통령이, 또는 의회에 대해서 행정부가 ― 권력쟁취욕이 법적인 방법으로 「정화」(淨化)될 수 있다는 신념이 오히려 사법부의 기능에 대해서 과중한 부담을 주게 될지도 모른다. 1932년에 있었던 프로이센과 라이히(Reich)* 정부 간의 대등한 권력투쟁에서 외관상 초라한 모습을 보여 주었던 독일의 최고재판소는 아무런 저지도 하지 못했다. 역사가 깊고 현명한 국가의 법원은 자제하는 의미에서 「정치문제」 또는 「통치행위」("political questions" or actes de gouvernement), 독일인이 「사법에서 자유로운 고권행위」(justizlose Hoheitsakte)[23]라고 부르는 것에 대한 심사를 거부한다. 권력과정의 기본적인 문제점들은 사법적으로 심사할 수 없는 것이다. 규범적인 합법성에만 의존하는 것은 정치적 타협의 필요성을 촉진시키기 보다는 오히려 방해가

---

23) 예컨대 Werner Weber, Weimarer Verfassung und Bonner Grundgesetz (Göttingen, 1949) 참조.

될 수 있는 것이다.

9. 권리장전의 기능

헌법의 존재론적 의미를 탐구함에 있어서 특별한 관련이 있는 것은 권리장전에 내포된 원칙들이다. 성문헌법의 초기 발전기에는 권리장전의 자유와 평등이라는 공리는 통치구조를 기능적으로 배열하는 것만큼 중요하였다. 1789년의 프랑스 인권선언은 비록 1875년의 헌법처럼 명시적인 언급은 하지 않았으나, 권리장전은 초헌법적 타당성과 현실성을 가지는 것으로 가정하였다. 그러므로 1946년의 (제2) 헌법은 그 전문에 권리장전을 확립하여 전체적인 편입에 헌법 자체도 구속되도록 하였으며, 혁명의 아버지들이 예견하지 못했던 몇몇 사회경제적 체제에도 적응할 수 있으리라고 기대되었다. 1871년의 비스마르크의 헌법이 권리장전을 수록하지 않았던 이유는, 기초자의 권위주의적 태만에 기인하는 것이 아니라 오히려 헌법은 국가의 기능적 배열에 한정되어야 하고, 권리선언의 주요한 효능은 법의 지배 아래에 국가를 상징화하는데 있다는 당시 일반적으로 신봉되던 신념 때문이었다.

사회주의 정당이 최초로 그 제정에 참여하였던 제1차 세계대전 이후의 헌법들은 경제적 안전과 사회정의라는 새로운 사회경제적 형태로서 국가로부터의 자유와 평등이란 고전적 목록을 시행할 필요성에 대하여 보다 깊은 주의를 보였다. 그러나 다시 어떤 프로그램적 열망을 초월하여, 결단은 헌법 그 자체의 틀 안에서 권력투쟁을 하는 사회적·정치적 노력들에게 맡겨져야 한다는 개념이 지배하고 있다. 권리장전의 사회정치적인 내용은 보다 중요하게 되었으나, 여전히 정부형태상의 기능적 배열을 실제로 결정하고 통제할 만큼 충분히 중요하지는 못하다.

권리장전의 지위 변천 만큼 제2차 세계대전 이후 동·서독의 분기로를 나타내주는 것은 없다. 대부분의 「인민민주주의」에서는 헌법상의 기능적 부분과 이념적 부분의 관계가 뒤바뀌어 있다. 사회경제적 구조 또는 조직[24]이라고 다양하게 불리는 것은, 고전적인 자유와 권리 — 경찰국가 하에서 그 존재는 분명히 명목적이다 — 로부터 분리되어 있을 뿐만 아니라 기능적 규정의 체제 속에 편입되어 있어서, 그것과 같은 정도의 구속력이 있는 것으로 생각되고 있다. 천연자원의 국유화·생산수단의 국유·경제계획·대외 무역의 국가독점·사유재산에 대한 제한 등은 이미 프로그램적 열망은 아니다. 이것들은 이제 새로운 형태의 행정조직에 필수적인 통치구조의 한 부분이다. 기능상의 조직은 사회경제적 형태에 의해서 제약을 받는다.

서구에서도 권리장전의 규정은 제1차 세계대전 이후에 도달한 것을 초월하여 실질적

---

24) 헝가리(사회구조, 제4-9조); 루마니아(사회 및 경제구조, 제5-15조); 유고슬라비아(사회경제적 조직, 제14-20조); 불가리아(공공경제조직, 제6-14조). 독일 민주공화국에서 전통과의 단절은 경제질서(제19-29조)가 「국가권력의 내용과 한계」라는 공통된 표제 아래 기타 권리들의 범주 속에 들어 있기 때문에 잘 보이지 아니한다.

으로 전진하지는 못하였다. 권리장전은 여전히 사회경제적·문화적 그리고 교육적 요청이라는 대규모의 거짓된 교리문답서에 불과하며, 어느 곳에서도 개인이 국가에 대해서 주장할 수 있는 주관적 공권의 위치에 이르지 못하였고, 또한 실정법에 의해서 그 규정을 실시하고 이행할 국가의 위임을 부과할 정도까지 이르지는 못하고 있다. 더구나 권리장전에 따르는 사법적 보호가 없이는 대부분의 자유권마저도 단지 한 장의 종이쪽지에 불과한 것이다. 반면, 독일의 본 헌법은 기본권을 실정법의 원리 속에 전환시켜서 입법·행정 그리고 사법을 직접 구속하는 것으로 보다 발전되었으며(제1조 3항), 헌법상 보장된 개인의 사적 영역에서의 어떠한 공권력에 대한 침해에 대해서도 일반조항에 의해서 법원에 구제의 길이 열려있다(제19조 4항).

더 중요하게 보이는 것은 정치철학이 변화되고 있는 과도적인 지역이다. 권리장전은 명료하고 포괄적인 만큼 노사관계, 사유자본주의냐 사회화냐 하는 선택의 열쇠로서의 소유문제, 자유방임이냐 계획이냐와 같은 결정적인 사회문제들에 대한 헌법의 태도는 회피적이다. 이와 같은 미봉책은 물론 제1차적인 정당연합의 구조(기독교민주당이 지배하는 주요 3국에서) 때문이다. 사회경제적 규정의 모호성 때문에 대중들이 매력을 느끼는 헌법의 중요한 대부분의 생명력이 박탈되는 것은 영국과 비교하여 쉽사리 알 수 있다. 영국에서는 기본질서의 비공식적인 성격으로 인하여 1945년의 총선거는 가장 중요한 사회혁명의 국민투표적 출발이 되었다.

IX. 헌법의 기교

헌법제정 — 초안의 기술과 「양식」[25)에] 있어서 기교의 사회학적인 관련은 아직도 규명되지 못하고 있다. 미국 헌법의 상징적 가치는 그 기능상의 유용성 못지 않게 상당할 정도로 형식과 내용을 뛰어나게 적절히 결합한 데에 기인한다. 기교는 국민적 전통 외에도 제헌의회의 사회학적이며 전문적인 구성에 따라서도 결정된다. 즉 그 당대의 지적 풍토, 그리고 외국의 영향이나 심지어 외국의 간섭(최근의 일본과 독일 헌법의 경우처럼)에 영향을 받는다. 아무런 제약없이 처음으로 헌법생활을 시작하는 국가는 아마도 독일이나 프랑스에서처럼, 새로운 헌법은 단지 정치적 의사에 대한 국민적 표명이라는 전통적인 쇠사슬에서 또 하나의 연결에 불과한 국민보다도 제한은 덜 받을 것이다. 1875년의 프랑스 헌법의 특이한 작성방법(기교)은 단지 상호관련이 없는 조직법을 묶어놓은 것에 불과한데 「예상적 군주제」(attente monarchique)를 나타내고 있다. 어떤 개인적 지도자가 자신의 사용을 위해서 작성된 문서는 대체로 나폴레옹 헌법이나 1871년의 비스마르크 헌법이 증명하듯이, 실제적인 권력배열이 일치하며 상응한다.[26)] 정당연합에서 도출되는

---

25) Heinrich Triepel, Vom Stil des Rechts (Heidelberg, 1947) 참조. 그 문제는 실제적인 중요성이 있는데, 예컨대 가장 최근 헌법들의 공통된 특징인 전문의 실질적 타당성과 관련이 있다.

헌법의 기교는 상충되는 야망의 타협점을 반영하게 마련이다. 또한 정말로 분명한 것은 헌법이 억제와 균형을 도입하여 권력과정을 궁극적으로 「중성화」하고 규칙적으로 하고자 하면 할수록, 헌법은 복잡해지기 마련이고 따라서 작성기술을 요구하게 된다. 철의 장막 속의 헌법들(instruments)은 단지 기존의 권력상황과 일치하므로 단순하고 직선적이며, 어떤 한 기관에 의한 권력남용을 회피하기 위하여 다양한 국가기관 간의 기능배분에 대한 복잡한 전략을 고려하지 않고 있다. 이러한 헌법들의 양태상의 기교에 관하여는 원전을 읽을 수 있는 사람만이 신중한 판단을 할 수 있다. 번역으로는 모든 것이 그렇고 그런 소리로 들리기 때문이다. 1946년의 프랑스 헌법은 이전의 헌법과 접목시켰기 때문에 국민적 신망을 얻지 못했다. 반면에 이탈리아와 이스라엘 헌법(초안)은 명확성과 논리적 배열에서 우수하다.

관련된 문제로는 헌법의 정치함과 길이에 관한 것이 있다. 이상적인 헌법이라면 국가의 정치질서의 본질적인 것 — 기관·기능·관할획정 등 — **만을** 포함해야 할 것이지만, 어떻게 보면 **모든** 것이 본질적인 것 같다. 만일 어떤 헌법이 위기를 방지하려고 한다면, 즉 실제문제로서 헌법기관 상의 교착상태의 발생을 회피하려면, 어떠한 우발사태가 발생할 여지도 남겨두지 말아야 한다. 「완벽한」(gapless) 헌법을 만드는데 노력을 하면, 그 헌법전의 내용은 필연적으로 보다 길어지고 복잡하게 된다. 기타의 헌법들, 즉 권력의 갈등을 조정해 나아갈 헌법운용자들의 지혜와 절제에 보다 많은 것을 부과하는 경우에는 특수성을 줄일 필요가 있다. 다시 또한 동구의 장식적인 헌법들은 기능적 배열이 간결한 이점을 가지고 있는데, 그 까닭은 경쟁적인 정치세력들에게 이용되지 않도록 하기 위해서이다.

전체적으로 최근에 만들어진 헌법들은 예전의 헌법군보다도 더 장황하고 명료하다. 그러나 여기서는 국민적 「스타일」이라는 전통이 초점이 된다. 모든 예견할 수 있는 사태를 카버하려는 것이 앵글로·색슨의 법형성에 대한 법적 훈련과 습관인데, 그들은 길이와 상세성에서 315개의 헌법과 8개의 부대규정(부칙)이 책 한 권을 채우는 인도 헌법과 234개 조항으로 제2위를 달리는 버마 헌법에 대해서 책임이 있다. 물론 여기에는 다수 종족의 연방주의와 종교적 차이에서 오는 많은 제약이 있다. 서구에서는 1946년의 바이에른 헌법이 기교의 면이라고 할 것도 없이 자구수에서 기록을 보유하고 있다.

새로운 헌법들 가운데 어떠한 것도 미국 헌법과 같은 상징적 가치나 고전적 문학작품 같은 대열에 끼게 될 증거는 보이지 아니한다. 새 헌법들은 법률가를 위해서 법률가들이 쓴 문서이다. 기교에 있어서 지나친 형식주의(legalism)는 필연적으로 국민에 대한 호소력과 감정적인 애착을 매우 감소시킬 것이다. 그렇게 되면 정치권력의 복종자인 국민의 마음속에 있는 새로운 헌법상의 잠재적인 통합에 대해서 나쁜 영향을 미치게 된다.

---

26) 헌법제정사에서 독특한 것은 피우메(Fiume)를 위한 가브리엘 단눈치오(Gabriele d'Annunzio)의 헌법* 속에 내포된 시적 상상력이다. "La reggenza italiana del Carnero", Il Popolo d'Italia, September 1, 1920 참조.

X. 국민과 헌법

이러한 점에서 다음의 어려운 문제가 될 수도 있다. 즉 헌법은 우리들의 시대에 있어서 국민에 대하여 무엇을 의미하는가? 헌법은 이를 교묘히 다루는 전문가들이 아니라 일반 국민들의 생활에 필수적인가 하는 점에서 「살아있는」(living)것인가? 또는 다소 감정적으로 표현해서, 헌법은 국민들의 행복추구를 위한 방편이 될 수 있을까? 미국의 국민들에게 살아있는 실체로서의 미국 헌법이라는 현상과 필적할 만한 것은 없다. 그 이유는 사회적 신화로서 그 우수성이 잘 알려져 있을 뿐만 아니라, 헌법이 권력 간의 갈등을 평화적으로 조정해 왔으며, 또 현재도 그러하다는 점에서 필수적이기 때문이다. 물론 이 나라에서 계급투쟁의 부재를 헌법의 공적이라고 돌리는 것은 애국적인 왜곡이다. 이보다는 오히려 그 반대가 사실이다. 헌법형태와 사회경제적인 현실의 끊임없는 승리가 일치할 수 있었던 것은, 미국에는 헌법의 기능적 조직이 정치권력에의 참여를 거부하는 사회계층이 없었기 때문이다. 남북전쟁을 제외하고는 헌법에 도전한 이렇다할만한 사회적 갈등도 없다. 뉴딜 정책도 비교적 용이하게 헌법상의 틀 안에서 적용되었다.

새로운 헌법들은 그 국민의 마음속에 통합하기가 어려울 것이다. 이 새 헌법들은 꼼짝못할 궁박한 처지에 있는 서민들에게는 아무런 의미도 거의 없다. 확실히 대부분의 사람들은 법적 안전과 자의성이 배제된 행정을 가치 있게 생각한다. 그러나 헌법들은 국민생활이라는 현실에는 무관심하고, 국민들로서는 충족시켜줄 수 없으며 뿐만 아니라 오히려 위선에 찬 권리장전에 불과하다. 여러 가지 중요한 문제들은 이미 헌법절차에 의해서 결정되지 않고, 외부의 상반된 입장을 취하는 압력단체들에 의해서 결정된다. 헌법은 빈부의 격차를 메울 수도 없으려니와 메우지도 아니한다. 영국이나 서구와 북구 유럽의 입헌군주국들을 제외하면, 도처에서 국민들은 그들의 정부·공무원·정당·교회 그리고 헌법을 불신하고 있다. 세련된 서구에 있어서 사실인 것은 아직도 공산주의종말론에 대한 교육이 불완전한 동양에서는 진실일 수도 있을 것이다. 헌법이 보르도(Bordeaux)* 나 프랑크푸르트의 시민들에게 의미하는 바가 별로 없다면, 상하이의 무식한 쿠리들에게 도대체 무엇을 의미할 수 있을 것인가? 이 시대의 도덕적 위기는 현실적 불만에 대해서 현실적인 구제책을 마련하지 못하고 있는 헌법의 도덕적 가치를 분명히 떨어뜨리고 있다.

헌법질서의 실제적인 가치는 오직 정치과정의 현실에서만 평가될 수 있다. 그러므로 예언은 단순한 명상에 불과하다. 소비에트권의 헌법들은 일당독재의 특별한 권력의 보루를 형식화해 놓은 것이며, 자유로운 권력의 경쟁에 봉사하도록 만들어진 것이 아니기 때문에, 그 생명은 공산주의의 강압정치와 함께 지속하지 못할 것이다. 이것은 길지도 모르며, 어쩌면 그 체제 아래 살고 있는 인민들이 바라는 것 이상으로 길지도 모른다.

심각한 경제적 또는 정치적 포기가 그대로 남아있는 서구에서 새로운 헌법들은 어떻게 대처해 나아갈 것인가? 헌법을 위기와 충격에 견딜 수 있도록 하려는 열광적인 노력에도 불구하고, 대의제의 고유한 결점들은 아직도 없어지지 않고 있다. 전통적으로 통치기술을 닦은 지혜로운, 의회 엘리트나 존경받는 군주의 완충적인 영향력이 있는 정치풍토를 제외하고는 권위주의의 잔재는 아직도 남아있다.

그러나 분명히 서구 입헌주의의 현실괴리성은 기능적인 여러 제도들의 부적당보다 더 깊은 데에 원인이 있다. 우리는 아직 헌법이 의도하는 정부형태와 헌법이 적용되는 사회경제적인 사회구조와의 존재론적 인과관계를 조사하지 않았다. 물론 그 원인의 상당한 부분은 기능적으로 잘 마련된 헌법이 평화적으로 권력의 갈등을 해결할 수 있었던 소박한 18세기의 낙관주의의 잔재에 기인한다. 소비에트권 헌법의 철저한 유물주의로부터 많은 것을 배울 수 있다. 즉 특정한 사회경제적 형태는 그에 따르는 권력상황의 제도화를 요청한다. 공산주의자들은 모든 헌법이 어떠한 사회형태에나 다 적용할 수 있는 것은 아니며, 특정한 사회는 특정한 헌법질서를 요구한다는 것을 깨달았다. 헌법은 국가기관의 관할권에 한정시켜 보더라도 권력과정에 대하여 「중립적」이며 「객관적」일 수 있다는 관념은 성문 헌법 자체가 자유로운 합리주의의 아들이라는 관념과 마찬가지로, 자유주의적 상대주의의 부산물인 것이다. 우리의 역사적 경험 — 인정될 수 있는 것만 제한하여 — 에 비추어 볼 때, 헌법형태와 사회적 실체 사이에는 내적인 일치성이 존재하는 듯 하다.

논제를 좀 더 구체적인 용어로 설명해 보자. 아테네의 직접민주주의는 노예제도에 기초를 두고 경제적 기술도 별로 없는 소규모적이며 사회적으로 동질인 공동사회에 입각하고 있었다. 혁명 전기의 절대군주제는 지주의 부와 귀족사회의 세습적인 특권 등으로 이루어진 사회계층에 일치하였다. 의회민주주의 또는 과두제는 정치적 및 경제적으로 **자유방임주의**(laissez faire)에 기초를 둔 중산계급 부르주아지의 지배에 적합하였다. 자유입헌주의는 법의 지배를 절대적 가치로서 고양시킬 수 있었다. 그러나 마침내 자유자본주의의 지배를 거부하는 노동자대중이 정치·경제적인 권력의 분배를 요구하고 나섰을 때, 이러한 정부형태는 부적합할 수밖에 없었다. 자본주의가 천연자원, 생산수단과 무역을 국유화하고 계획화하는 전면적인 사회주의로 이행하는 경우, 새로운 지배계급은 권위주의적인 정부형태를 필요로 하였다. 이것도 인류의 끝없는 정치적 경험에서 과도적인 단계 이상은 결코 아닐 것 같다. 언제 새로운 몽테스키외가 나타날 것인가?

4. 정치권력과 통치과정 (후기)*

카를 뢰벤슈타인

《차 례》

---

* Karl Loewenstein, Political Power and the Governmental Process, Chicago: The University of Chicago 1957, 2nd ed., 1965, pp. 389-407, Postscript.

이 책의 초판은 1957년에 간행되고, 1962년에 재판되었다. 1959년에는 초판본을 상당히 증보한 독일어판이 Verfassungslehre라는 제목으로서 발간되었다(이 독일어판에 대응하는 영어판은 존재하지 않는다). 1965년 중에는 스페인어역과 일본어역*이 출판될 것이다.

이 책의 초판이 발간된 이래 상당한 시일이 지나서, 독자의 편의를 위해서 초판 간행 이후에 일어난 여러 가지의 정치적 변동에 관하여 후기를 적는다.

1. 헌 법

초판 발간 당시 국제연합의 가입국은 약 70개국이었는데, 현재는 115개국*으로 증가하였고, 그 수는 또 증가할 것 같다. 새 가입국은 모두 국민의회·통치행위·국민투표 등 여러 가지의 절차를 통해서 새로운 헌법을 제정하고 있다. 이러한 동향을 보고 있으면, 헌법제정사업은 진정한 일종의 제조업으로 되어버렸다는 느낌이 든다. 나는 헌법을 규범적·명목적·가식적이라는 세 종류로 나누는 분류법을 제출하였는데(supra, pp. 147 ff. 김기범역,『현대헌법론』, 163면 이하), 그 정당성은 거의 매일과 같은 검증을 받아서 완전히 입증되었다. 최근의 헌법전 가운데 몇몇은 정치과정의 현실을 입법 당시 의도하였던 것처럼, 적용할 수 있어서 그러한 의미에서 규범적이다. 대부분은 고작해야 명목적인 것에 그치고, 장래에 언젠가는 진실로 규범적인 것이 될 것이라는 희망을 지닐 뿐이다. 그 밖에 확대되고 있는 전제주의의 세력권에 속하는 헌법들은 엄격히 가식적이며 혁명 이외의 수단으로서는 변경될 수 없는 기존의 권력구조를 위장하기 위한 것에 불과하다.

2. 이른바 권력분립

명목적 헌법 또는 그보다 자주 가식적 헌법을 가지고 있는 많은 전제주의 세력권 내에서는, 고전적 입헌주의에 의해서 소중하게 육성되어온 권력분립의 개념(supra, pp. 34 ff. 역서, 45면 이하)은 무의미하게 되었다. 이러한 헌법은 모두 권력분립을 언급하고 있으나, 그것은 단순한 입발림(lip service)에 불과하다. 정치권력이 강력한 집행부 — 그 명칭은 어떻든 — 에게 집중하는 곳에서는 분립이란 개념이 내포하는 분할적 정치권력의 개념이 집행부 우위의 현실과 양립하지 않는 것은 너무나도 명백하여, 개념은 실제로부터 유리되어 버렸다. 마찬가지로 확립된 입헌민주주의 국가에서도 지금까지의 집행기능 · 입법기능 · 사법기능이라는 국가권력의 분할이론은 결정작성 · 결정집행 · 결정통제로 이룩되는 정치과정의 세 가지 위상(phases)이라는 새로운 사고방식으로 대체되었다. 정부가 의회의 규율있는 다수파를 통제하는 힘을 가지고, 반대파에 의해서 타도될 우려가 없을 경우에는(적어도 영국 · 서독 그리고 1962년 11월 선거에 있어서 드골파의 승리 이후의 프랑스 제5공화국에서는 이것이 보통이다), 입법부는 내각의 입법 프로그램을 단순히 집행할 뿐이고, 독립한 행동을 취할 여지는 거의 전혀 없다. 미국처럼 고전적 대통령제를 채택한 경우에만 입법부는 집행부 리더십과의 관계에서 권력분립제를 유지하기 위해서 필요한 정도의 독립성을 가지고 있다. 이와 아울러 의회 내에 다수파인 민주당을 가지고 있으면서 한편 고 케네디(Kennedy) 대통령이 의회에서 그의 입법 프로그램을 법률화시키는데 실패한 것, 그리고 다른 한편 존슨(Johnson) 대통령이 의회의 협력을 얻어서 설득에 성공한 것은 한결같이 먼저 서술한 것과 같은 상황을 예시해 준다.

그러나 권력분립의 도식이 아직 타당한 미국에서까지도 각 권력 간의 경계가 없어지게 되었다. 의회는 예컨대 외교정책의 부면에서 예산권을 사용하여 대통령의 특권에 끊임없이 침입하려 하고 있으며, 대통령은 예컨대 입법을 발의 · 유도하고 거부함으로써 의회의 기능들을 박탈하려고 한다.

3. 전체주의적 통치와 권위주의적 통치

전체주의적 통치와 권위주의적 통치라는 술어적 구별(supra, pp. 58 ff. 역서, 68면 이하)의 유효성은 최근 수년간에 입증되었다. 일반적으로 말하여 권위주의는 그 지배영역을 상당히 확대하는데 이르렀으나, 전체주의 체제의 뉴 웨이스는 등장하지 않았다. 이 경우 전체주의 체제라는 술어는 그 아래에서, 권력보유자가 지배적인 생활양식으로서의 어떤 이데올로기에 권력복종자와 사회에 가르쳐줄 수 있는 지배의 형태를 가리키는 것으로 이해된다. 진정한 전체주의 사회의 창조는 최근에는 중화 인민 공화국만이 달성시켰다고 생각할 정도로, 거대한 범위에 걸치는 조직화의 노력과 교육의 노력을 필요로 한다. 소련권 위성 국가들에서는, 그리고 러시아 자체에서까지도, 사회정치 생활의 여러 측면에서 전체주의적 성격이 눈에 보일 정도로 희박하게 되었다는 보고가 있다. 분명히 대다수의 공산주의 체제에서 경제적 안정화는 전체주의적 충동을 약화시키는 효과가 있었다. 세계적인 번영기에는 진실한 전체주의적 파시즘이 나타나기 위해서 필요한 사회경제적 풍토는 이미 존재하지 않는다.

이와 관련하여 서구 입헌주의의 정치체계와 공산주의의 정치체계 사이에는 이데올로기적 접근이, 또는 화해까지 일어나는 것처럼 보인다. 철의 장막은 동서 양 진영에 의해서 선전의 도구로서 더욱 번창하게 이용은 되었으나, 실제로는 이미 존재하지 아니한다. 한때 엄격하였던 양극화 현상은 당시 가교하기 어려운 차이라고 보였던 것이 평준화되어 무너지게 되었다. 서측에서는 사회 서비스의 국가관리처럼 산업의 국가 소유도 진행하였다. 동측에서는 보다 작은 규모에서이지만 개인의 이니셔티브가 복귀되었다. 상호적 배타성에 의해서 육성된 이전의 두 개의 지배적 이데올로기가 인민 대중의 생활수준의 향상이라는 단일한 준세계적 이데올로기에 수렴하기 시작하였다고 가정하는 것까지 허용될는지도 모른다. 이 목표에 도달하는 수단은 지배적인 교의 또는 철학의 여하에 따라서 다르다. 그러나 반복하여 말하지만, 교의 내지 철학은 이 시기의 적합한 말로 된 국민생산성이 증대하고, 노령자와 신체장애자에 대한 사회 서비스가 개선되고, 비특권층에게 보다 좋은 교육의 기회가 제공됨에 따라서 서로 접근하게 된다. 요컨대「빈곤에 대한 전쟁」이라고 묘사되는 유행적 슬로건이란 것은 현재에는 전 포괄적 이데올로기의 지위에 오르고, 공식교의에 있어서 일견 화해될 것 같지도 않은 이데올로기적 성분은 중요성을 잃어버리고만 것이다. 이러한 면에서의 노력에는 아마 공산권측이 서방측보다도 앞설 것이다. 서방측에서도 개인주의에 관한 강조까지 점차로 사회적인 집산화 현상에 굴복하지 않으면 안 되게 되어 왔다. 집산주의 사회는 일체적이며, 절반은 풍부하고 절반은 빈곤하고서는 존속할 수 없는 것이다. 더욱이 개인은 다원적인 강상조직사회(pluralistenmeshed society)에 매몰되겠금 되어오고 있다. 오늘날 동구와 서구에서 진전되고 있는 집산화의 정도의 차이, 또는 경제학적으로 말하면 공공 섹타(sector)와 사적 섹타의 상대적 규모의 차이가 있을 뿐이다.

4. 정치과정의 테크닉

서구 입헌주의와 공산주의 사이에 일어나고 있는 접근은 이데올로기적 틀을 넘어서 정치과정의 테크닉에 까지도 미치고 있다. 동구의 공산국가들은 잠깐 둔다고 해도, 소비에트 자신이 통치과정의 운영에 법의 지배의 소비에트 판이라고 하여도 좋을 듯한 계산된 질서의 일정한 기준을 도입하여, 이것으로써 이전의 폭력과 무법의 자의적인 방법을 대체하는 것이 편리하고 현명하다는 것을 알게 되었다. 국가의 적이라고 생각된 사람들도 이미 조잡하게 취급되는 일은 없고, 단순히 직무에서 이동될 뿐이다. 비동조자의 숙청은 그쳤다. 지배 엘리트와 권력복종자 대중과의 간극은 좁아졌다. 스탈린주의의 특징이었던 도전 불가능한 유일자에 의한 독재정치는 폐기되고, 공식관계인 각료회의와 공산당 중앙위원회(supra, pp. 171 ff. 역서, 187면 이하)의 출석 멤버에 의한 집단적 지도제와 지배 그룹의 책임으로 귀속되었다. 그 결과, 1964년 10월에 있어서의 니키타 S. 흐르시쵸프(Nikita S. Khrushchev)의 해임과 코쉬긴(Kosygin)과 브레즈네프(Brezhnev)의 취임은 어느 정도 질서정연한 절차들에 따라서 이루어진 것이며, 이것은 우연히 영국에 있어서의 홈 백작(Earl of Home)[홈]이 수상의 자리에 취임한 방법과 비교해 보면, 자의성이 적다는 점에서 손색이 없다고 할 것이다(1963년 10월).

5. 권위주의적 통치와 신대통령제

과거 10년간 중에서 가장 현저한 발전은 아마 권위주의적 통치가 한층 전파되었다는 것이다. 특히 신대통령제(supra, pp. 65 ff. 역서, 76면 이하)가 빈번히 채택되고 유행적인 통치형태로 되었다. 프랑스에서 드골 체제(Gaullism)의 확립과 그 국제적 영향은 이 책의 초판 발간 후에 있어서의 가장 중요한 일이었다고 생각한다.

1958년 5월에서 6월에 걸쳐 프랑스 제5공화국은 알제리아 문제의 압력을 받아 결정적인 위기에 몰려서 국가권위의 완전한 붕괴를 가져왔다. 이 위기상황 하에서 샤르르 드골(Charles de Gaulle) 장군은 지도자로서 등장하였다. 그만이 국가의 급소를 물어뜯고 있는 알제리아 문제라는 딜레마를 해결할 수 있다고 믿었기 때문이다. 그는 그 자신의 정치개념을 새로운 헌법전에 집어넣었다. 이 1958년 10월 5일의 드골 헌법 하에서 프랑스 제5공화국은 성립하고 존속한 것이다. 본래 이 헌법은 한편 대통령과 그에 의해서 선임된 내각에 부여된 강력하고 논의의 여지가 없는 집행부 리더십과, 다른 한편, 국회에 대한 내각의 정치적 책임이 여전히 인정된「순화된」의회제, 이 양자 사이에 하나의 균형을 산출해 내는 것을 목적으로 한다. 더욱이 샤르르 드골은 약 8만인의「명망가」로써 구성되는 선거인단에 의해서 7년의 임기로서 대통령에 선출되었다.

드골은 군부지도자의 반란이 반복되었음에도 불구하고 알제리아 문제를 해결하였다. 그는 프랑스 국민의 과반수가 그에게 기대한 신뢰를 배반하지 아니하였다. 또 그는 예상을 뒤엎고 알제리아의 독립을 인정했는데, 그 때에도 국민 다수는 그를 지지하였다. 그러나 그 후 6년 동안에, 제5공화국의 정치구조는 헌법의 당초의 의도와는 현저하게 다른 것으로 되어왔다. 처음에 대통령으로부터 어느 정도의 독립성을 보인 국민의회는 조르주 퐁피두(George Pompidou) 수상에 대해서 유효한 불신임결의를 행하여 국민의회는 해산되었다(1962년 10월 28일). 종래의 방법은 모든 책임있는 헌법전문가들에 의해서 비입헌적이라고 생각되었는데, 이것을 국민투표에 의한 것으로 하여 대통령은 선거인단에 의해서가 아니라, 보통선거권을 가진 선거민에 의해서 직접 선거되게 되었다. 새로운 국민의회는 정부에게 완전히 추종하고 있어, 정부제안을 법규로 바꾸기 위한 취급하기 쉬운 도구로서 기능할 뿐이다.

드골 장군은 세계에서 프랑스의 지위를 높인 지도자로서 발군의 개인적 위신과, 여론형성의 제1차적 수단인 국영방송기업에 대한 완전한 정부통제에 의해서 그 자신의 헌법을 황폐하게 만들었다. 방송기업이 정부에 의해서 독점되고 있으므로, 다음 선거에서 (만약 드골이 재출마를 선택한다면) 현직자에게 대항할 수 있을 만한 인민지도자는 거의 나타날 수 없을 것이다.*

이러한 유형의 **개인적 체제**(régime personnel)의 특징은 프랑스에서는 결코 신기한 것은 아니지만, 지도자의 정책에 대한 인민의 갈채의 화려한 연출로써 레퍼렌덤 내지 국민투표를 사용한 것이다(supra, pp. 263 ff., 267 ff. 역서, 274면 이하, 278면 이하).[1]

기존의 대표제 테크닉은 완전히 무시된다. 그 위에 대통령은 장기간에 걸쳐서 헌법상의 제한없이 지배하는 긴급권을 행사할 수 있는 것이 헌법에 의해서 인정된다(제16조). 그러므로 신대통령 체제에 의해서 전적으로 드골의 개인적 스타일에 따르는 공화제적 군주제(republican monarchy)가 창안되었다고 해도 좋다. 방송사업의 통제권이 정부에 의해서 독점된다는 것은 레퍼렌덤의 결과, 방송사업이 큰 책임을 진다는 것이기도 하다. 그러나 신문에는 비교적 자유가 인정된다. 그러나 개인의 자유에 대해서 정부는 체제의 중대한 이익의 확보에 필요하다고 믿는 경우, 간섭조치를 할 수 있게 되었다. 프랑스에서의 골리즘(Gaullism)은 입헌주의와 전제주의 사이의 희미한 경계영역에 위치하는 신대통령 제의 완전한 하나의 형태이다.

전문적인 관찰자 중에서 창시자가 자연적 원인 또는 거의 있을 수 없지만, 자발적인 인퇴로 정치의 무태에서 자취를 감춘 경우에도, 골리즘은 프랑스에서 지속할 것이라고 생각하는 사람은 거의 없다. 프랑스 정치체제의 현저한 순환성을 고려한다면, 제5공화국 의 양위와 제6 공화국의 습위(襲位) ― 아마 개선된 의회제 체계에의 복귀라고 할 ― 가 충분히 예상되는 것이다.

프랑스형의 유선형화 된 신대통령제는 먼저 프랑스 식민지 지배 하에 있던 신생 아프리카 국가들 ― 최근의 예로서는 튜니지아(1959년), 세네갈과 아이보리 코스트(1960 년), 알제리아(1963년) ― 에 대해서 뿐만 아니라 권력보유자가 진정한 권위주의적 지배를 사이비 입헌주의적 통치로써 위장하는 것이 득책이라고 믿는 다른 지역들에 대해서도 막대한 영향을 미치고 있다. 전통적으로 정치적 불안정성으로 부심해온 각국은 국가형성 초기의 어려운 문제들에 직면한 국가들에 대한 그 영향력을 고려한다면, 골리즘은 하나의 「창조적」 헌법(supra, pp. 140. 역서, 156면)을 산출하였다고 보아도 좋을 것이다.

신대통령제와 진정한 독재제와의 경계선은 쉽게 그을 수는 없다. 그 결과 식민지 지배에서 독립한 신흥국가 가운데 대다수는 다음과 같은 통치형태를 취하게 되었다. 즉 종래의 부족 수반 가운데 국가형성 과정에서 지도권을 장악한 자가 독재적 지배자의 지위에 올라간다. 이러한 전개는 불가피하다고 생각된다. 대중의 읽고 쓸 능력으로서 완화되지 않은 채 전통적인 미신과 터부에 사로잡혀서 압도적으로 지방적·부족적인 사회구조에 길들여진 원시적인 사람에게는, 서구적 스타일의 선거과정에 의해서 민주적 자치를 운영하는 것을 기대하는 것은 비현실적이다. 이전의 호의적인 식민지 지배로부터 의 해방이 진전됨에 따라서, 서구에서 교육받은 부족의 우두머리가 그들 인민의 자연적 엘리트로서 권력을 장악하고 독재제를 수립하였다. 그러나 이 독재는 부족사회를 국가로 통합하기 위한 유일한 생존능력있는 방법으로서 나타난다. 실제로, 최근 수년간의 경험이

---

1) 지금까지 그러한 레퍼렌덤은 4회 실시되었다. 헌법 자체에 대하여 1회(1958년 9월 28일-30일), 알제리아 문제에 대하여 2회(1961년 1월 8일과 1962년 4월 8일), 그리고 대통령의 국민 선거에 대하여 1회(1962년 10월 28일)이다. [* 상원의 개혁과 지방자치제의 개혁을 묻는 1969년 4월 27일의 국민투표, 유럽경제공동 체의 확대를 위한 1972년 4월 23일의 국민투표를 포함하면 6회가 된다. 여기에 1988년, 1992년, 2000년 그리고 2005년의 국민투표를 더하면 전체 10회가 된다. ― 역자]

가르치는 바에 의하면, 전적으로 명목적이거나 더욱 의미론적인 헌법으로서 위장한 독재권력의 장악 이외에 실천가능한 해결책은 존재하지 않는 것으로 생각된다. 과도적 독재는 어떤 경우에는 민간인에 의해서, 어떤 경우에는 군인에 의해서 운영된다. 그런데 입헌주의 또는 입헌민주주의에 대해서 말하면, 아프리카의 신흥국가 중 여기에 관련된 것은 거의 없다. 기껏해야 입헌정치에의 이행이 궁극적으로 달성될 것이라는 희망이 허용될 뿐이지만, 그 과정은 많은 시간이 걸리게 될 것이다. 또 새로운 아프리카의 국가들 가운데 거의 모두가 무정당제 또는 단일정당제 구조의 국가이기 때문에 이행의 실현은 더욱 곤란하다.[2]

6. 군사독재

최근 수 년 간에 역사상으로는 그리 진기한 일은 아니지만, 하나의 주목할 만한 현상은 군사독재의 급속적인 보급이다.[3] 그 서식처는 입헌정치를 한 번 시도하였으나, 그래서는 잘 안 되어 나가는 것을 안 국가와, 탄생 후 잠시 입헌정치의 경험도 없이 국가적 생존의 유일한 길로서 군사적 지배 가운데 던져진 신흥 국가들이다. 아프리카, 아시아 그리고 라틴 아메리카에서 대단히 많은 국가가 군사적 지배에 복종하며, 그 이름을 하나하나 열거하는 것도 번거로울 정도이다.

민간인 정부로부터 권력을 탈취하는 데에는 일정한 유형이 있다. 어떤 장군도 혼자서는 전 군사기구를 콘트롤할 수 없으므로, 보통 일단의 반항적인 장군들이나 때로는 대령급의 고급 장교들이 혁명 그룹을 결성한다. 이러한 혁명 그룹은 빈번히 스페인어의 훈따(junta)라는 말로서 익히 불려진다. 이 집단 정부는 그러나 결코 영속하지 못한다. 잠시 지배 도당 내부의 권력투쟁 가운데서, 어떤 특정한 개인이 단독 지도자로서 두각을 나타낸다. 그는 반란의 근본적인 창시자와는 다른 인물인 경우가 많다. 또한 빈번히 군부의 각 파벌은 공통된 단독 지도자에게 복종하지 않고, 서로 우월적 지위를 구하며 광분하는 일이 있다. 그 좋은 예는 아르헨티나에서의 현상이다. 이 나라에서는 공군이 기술적인 이유에서 스스로 군부 중의 엘리트로서 자처하고, 육해군들에게 고압적인 태도를 보이고 있다. 그러나 권력의 자리에 붙어 있는 어떠한 군부 지도자도 안전하지는 못하다. 왜냐하면 그는 다른 장군들과의 항상적인 라이벌 관계에 놓여 있기 때문이다. 또 군부가 직접으로 권력을 장악하고 책임을 인수하는 것을 주저하여 위장된 민정을 실시하고, 이를 콘트롤하면서 자기가 원하는 정책을 펼치게 하는 방식을 선택하기도 한다. 그 예는 브라질(1964년)에서의 군부의 권력위양이다. 헌법과 시민적 자유는

---

2) 아프리카의 정치는 현재 미국에서는 대단히 유행하는 주제이며 문헌도 풍부하다. 예컨대 다음을 참조.
M. Fortes and E. E. Evans-Pritchard (eds.), African Political Systems (London, 1961); Gwendolen
M. Carter (ed.), Five African States (Cornell, N.Y., 1963); Herbert J. Spiro, Politics in Africa
(Englewood Cliffs, N. J., 1962); Lucy Mair, New Nations (Chicago, 1963).
3) 초판에서 이 문제는 부수적으로 언급하는데 그쳤으나 여기서는 당연히 특기할 가치가 있다.

무기한으로 정지된다. 정당은 해산되고, 그 재결성은 금지된다. 현재적·잠재적 적에 대한 대규모적인 숙청이 실시된다. 적대적인 민간인 정치가는 국외로 추방되든가 또는 정치적 권리가 박탈된다. 군사적 지배체제를 굳게하는 데 충분하다고 생각되는 기간이 지나면, 새로운 헌법 아래 선거가 실시되고 입헌정치에의 복귀가 시도된다. 이것은 외국의 승인을 획득하고, 동시에 국내 자체에 존재하는 반대분자를 달래기 위한 일시 휴식이다. 만약 그처럼 완전히 위로부터 조작된 선거가 실제로 실시할 수 있었던 경우에는, 성공한 군사적 지배자는 제복을 벗어버리고 민간인으로 지배를 계속하게 된다. 그 예는 이집트(1965년)의 가말 압둘 낫셀(Gamal Abdel Nasser) 대령과 한국(1963년)의 박정희(朴正熙) 장군이다. 국가원수를 결정하기 위해서 조작된 의회에 의한 속임수 선거가 실시되는 일이 있는데, 여기에 대신하는 가장 편리한 방법은 동일하게 조작된 국민투표로 원수를 확정하는 것이다. 이 방식은 베트남에서 고 딘 디엠(Ngo Dinh Diem)에 의해서 이용되고 성공을 거두었다(1956년). 그는 민간인이었는데 군부의 지지를 얻어 독재체제를 유지하고, 특별 친위부대에 의해서 지속되었다. 그러나 1963년 11월 군부의 봉기로 폐위되고 말았다. 그 후의 베트남은 일련의 군사적 독재자를 경험해 오고 있다. 1964년 10월에서 1965년 1월까지의 일종의 민정에의 복귀는 허무한 하나의 간주곡에 불과하였다.

  보통 이러한 군사적 권력도당은 전적으로 실용주의적이었고 명확한 이데올로기적 지주를 갖지 못한다. 그들은 다만 부패를 성실로써 교체하고, 혼란상태를 질서로써 교체하려고 하는 소박한 바람으로서, 그것으로 현실에 대해서 항의하려는 것이다. 과연 장교들 쪽이 민간인 정치가들보다도 우월한 행정관이고, 부패로부터의 면역성도 보다 크고, 일반선거에 의해서 선출된 지도자들보다도 통치능력이 있는가의 여부에 관하여는, 이것을 긍정적으로 인정케 하는 효과를 가지는 전설이 전파되어 있음에도 불구하고, 아직까지 그 명확한 뒷받침이 나타날 것 같지는 않다. 군사독재는 어느 정도의 안녕과 질서를 제공할 수 있을 것이며, 또 정권을 장악한 장교집단이 한 세대 이전까지의 관행과는 달라서 보수적 지배계급의 출신자에 의해서가 아니라, 서민층 출신자들로써 구성된 경우에는 진보적인 사회개혁의 프로그램이 제출될는지도 모른다. 군사독재에 대한 대중적 반란을 지배자가 군사력의 지배권을 독점하기 때문에 불가능하지는 않아도 매우 어렵고, 그것이 성공할 가망이 있는 것은 강력한 군사적 집단의 하나가 대중편에 가담할 경우뿐이다. 진정한 군사적 지배가 대통령제 하의 합법화 된 정부로 이행하기 위해서 군사독재와 신대통령제 사이에 선을 긋는 것은 곤란하게 만든다.[4]

---

4) 군사적 지배에 관한 보다 상세한 정보에 대해서는 John J. Johnson (ed.), The Role of the Military in Underdeveloped Countries (Princeton, N. J., 1963)(김규택역, 『군과 정치』, 일조각, 1963) 참조. 군사적 사회로서의 이집트의 상황에 대한 투철하고 비범한 분석은 Andouar Abdel-Malek, Egypte, Société Militaire (Paris, 1962) 참조. 라틴 아메리카의 상황에 관하여는 Edwin Liewen, Generals v Presidents: Neo-Militarism in Latin America (New York, 1964)를 보라.

7. 입헌민주주의

이 수 년 동안에 입헌민주주의의 정치체계(supra, pp. 70 ff. 역서, 81면 이하)는 새로운 구성원을 얻지 못했는데, 그 진영의 충실성에는 크게 불만한 것이 있다. 서구의 오랜 역사로서 확립된 민주주의 국가들 ― 영국·베네룩스 3국·스칸디나비아 국가들(핀란드를 포함) 그리고 스위스 ― 은 모두 미증유의 번영의 절정에 있는데, 이들 국가에서는 자유로운 정당제도 아래서 정규의 선거가 실시되고, 시민적 자유도 철저하게 확보되고, 정치과정은 정상적인 코스를 밟고 있다. 법적인 입법기가 만료되기 이전에 입법부가 해산된 경우에도 위기가 일어나는 일은 없었다. 또 영연방 자치령에서도 오스트레일리아와 뉴질랜드에서는 큰 분쟁은 일어나지 않았다. 다만, 캐나다에서는 전통적인 2당제의 붕괴현상이 진행하는 것과, 가톨릭교도와 프랑스어계의 주민이 압도적으로 많은 퀘벡주와 다른 지역 간의 균열이 심각해짐에 따라 폭력을 수반하는 정치적 변혁이 생길 우려가 있는 시기가 있기는 하였다. 그럼에도 불구하고, 이 변화는 입증된 민주적 테크닉, 즉 불신임투표·의회 해산·새로운 선거를 사용하여 달성되었다.

이탈리아도 정상적인 정치과정의 중단을 잘 면하였다. 무엇보다 정부의 불안정성에 고민한다는 점에서는 다른 입헌민주주의 국가 일반보다도 정도가 심했지만, 최근(1963년) 이 흠결은 상당한 논의를 부른 **좌익에의 접근**(apertura a sinistra) ― 사회당 온건파와 의회 내에서 동맹함으로써 여당 기독교민주당의 좁은 기반을 보다 확대하려는 시도 ― 에 의해서 극복되었다.

오스트리아에서는 가톨릭인민당과 사회당이 몇 년간에 걸쳐서 거의 동등한 힘을 가지고, 큰 어려움 없었다고는 할 수 없지만, 양당의 연립정권을 계속해 오고 있다. 이것은 1945년에 시작되었는데 엽관의 기회를 두 개의 정당에 나누어 줌으로써 양당이 모두 이 방식이 서로 유리하다고 인정하는 것이다.

군사독재와 권위주의적 지배자라는 바다에서 민주주의의 고독한 전초인 이스라엘도 아랍계 인접 국가들의 계속적인 적대행동으로 국가로서의 존립을 위협받고 있음에도 불구하고, 영국형의 의회정치를 유지할 수가 있었다.

라틴 아메리카의 끊임없는 변화가 일어나는 정치적 광경에 대해서 말하면, 입헌민주주의는 이전에 권위주의 진영에게 박탈당한 실지를 어느 정도 회복할 수가 있었다. 정치적 주기의 현 단계에서 멕시코·코스타리카·우루과이 그리고 칠레가 정치과정의 민주적 처리방식에 충실한 것이 알려졌다. 아르헨티나의 인민은 후안 페론(Juan Perón)의 실각(1954년) 이래 일련의 무능한 군사적 훈따의 지배에 염증을 느껴, 마침내(1963년) 일리아(Illia) 대통령의 선거로 입헌민주주의 재건에의 길로 급선회하였다. 그러나 일리아는 강력한 페론파의 도전을 받고 있고, 더구나 군부의 자비심에 전적으로 의존하는 것이다.*
베네수엘라는 소요로 가득 찬, 그 역사상 처음으로 정상적인 대통령선거를 계속해서 2회 시행하였다(1958년과 1964년). 그리고 또 심한 폭력사태를 수반하지 않고 대통령이 교체되었다. 이것도 역사상 처음 있는 일이다. 콜럼비아에서 흥미 깊은 실험이 있었다. 군사정권에 의한 실정이 있은 후 1957년에 모든 정당*이 참가한 정권을 앞으로 12년 간 (그 후 1959년에 헌법개정으로 16년 간으로 연장되었다)에 걸쳐서 수립하려고 한 안건이 군부의 지지 아래 국민투표에 회부되어 승인되었다. 이 기간 중은 두 개의 전통적인 정당이 대통령을 교대로 내고, 모든 레벨의 입법의회에 동수의 대표자를 보내게 되어 있다.

전정당 정부(all-party government)에서 성공한 것은 지금까지 오스트리아뿐인 듯한데, 여기서도 최근에는 양당 간의 조화와 협력 관계에 점차 커다란 무리가 나타나고 있다. 약간의 아프리카 신흥 국가, 특히 영국에서 훈련된 엘리트를 옹호하고 있는 나이지리아와 시에라 레온 등은 완전히 성숙한 입헌민주주의로 분류할 수는 없지만 일당체제나 무정당체제를 피할 수 있었다.

인도에서는 자왈 네루(Jawaharlal Nehru)의 사망(1964년) 후에는, 그의 생전의 장기간에 걸쳐서 탁월한 지도력으로 이 나라를 민주적 코스로 확보하여 왔음에도 불구하고, 민주정치의 장래는 불안정하다고 생각된다. 이 광대한 양 대륙에 펼쳐지는 다언어적이며 인종적으로도 복잡한 인도 사회는 거대한 경제적·사회적인 문제들에 직면하고 있다. 입헌민주주의에서의 이 최대의 실험이 궁극적으로 성공할 것인가 또는 실패할 것인가? 아무도 이것을 감히 예상할 만큼 대담하지는 못할 것이다.

서독과 일본은 입헌민주주의의 도제 기간을 좋은 성적으로 근무하고, 적어도 형식상으로는 입헌민주적인 정치과정을 신봉하는 국민들의 가족에게 자격 있는 멤버로서 가입하였다. 독일 연방공화국에서는 콘라드 아데나워(Konrad Adenauer) 수상 아래「민주적 권위주의」(supra, pp. 98 ff. 역서, 117면 이하)의 통치형태가 완화되지 않고 계속되었다. 1961년의 선거에서 여당인 기독교 민주동맹의 의석이 감소하여 절대다수를 잃고, 이 정당이 제3정당인 자유민주당과 어떻게 해서든 체제의 좋은 제휴 협정 아래 연립내각을 조직하지 않으면 안 되겠끔 된 다음에도 위의 사정에는 변화가 없었다. 그러나 1962년 10월, 시사 잡지『슈피겔』(Der Spiegel)에 관한 주지의 사건이 일어나 내각을 근저로부터 뒤흔들었다. 기독교 민주동맹의 바이에른 지부의 지도자였던 야심적인 국방장관 프란츠 요제프 슈트라우스(Franz-Joseph Strauss)는 국방부 관료와 연방 검찰 당국의 원조와 교사 아래 편집자와 간부에게 반역 활동의 의심이 있기 때문에 그 증거를 수색한다는 구실로서 슈피겔지의 사무소를 급습하였다. 이 행위는 법치국가의 원리를 침해하는 것이 역연한 것이었으므로, 습관적으로 온순한 공중도 참을 수 없어 분개하였다. 그 때문에 내각은 개조를 강요당하고 슈트라우스는 각외로 쫓겨나지 않으면 안 되었다. 민주-권위주의의 우월성이 깨진 것은 전후 이것이 최초이다. 국민의 불만은 또한 14년 간에 걸쳐서 안정된 권위주의적 지배의 자리를 지켜 온 아데나워에게 인퇴를 강요하였다(1963년). 그의 지배는 독일에서의 민주적 정치과정의 발달에 자료를 제공했다고 말하기는 어렵다. 그러나 루드비히 에어하르트(Ludwig Erhard) 후계 정권도 경제적인 풍요에 열중해 있는 국민에게는 크게 어필하지 못했다. 왜냐하면 경제적 번영으로 국민은 정치에 대한 관심을 잃었기 때문이다. 에어하르트 정권은 1965년의 연방 선거가 끝나기까지의 일시적인 고식지계에 불과하다고 생각해도 좋을 것이다.

두 개의 다른 정당에게 서로 통치기구를 콘트롤 할 기회를 주는 양대 정당제도는 서독에서는 뿌리박을 수 없었다. 기독교 민주동맹과 사회민주당은 서로 교체하는 힘을 가진 두 개의 주요한 정당으로서는 성장하지 못하고, 최근에는 양당보다도 열세인 자유민주당과 바이에른 기독교 사회동맹의 둘을 합한 4당제 구조가 뚜렷하게 되고 있다. 1965년 9월의 선거는 이점에서도 커다란 의의를 가진다. 약간의 관찰자에 의하면, 이 선거에서 사회민주당은 1945년 이래 처음으로 정권을 노리는 기회를 얻으려고 한다는데, 서독에서의 양대 정당제의 문제에 대해서도 하나의 해답이 보여질 것이다.*

일본에서의 정치과정은 기묘하게 서독의 그것과 잘 닮은 방식으로 발달하였다. 패전 후 미점령군 당국에 의해서 부과된, 어색하고 서투른 헌법 아래서 행동할 것이 강요되었음에도 불구하고, 정치적 자치라는 점에서는 초보자인 일본인은 완전히 민주적인 정치과정을 커다란 어려움을 느끼지도 않고 운영하여, 대중의 생활수준의 착실한 향상을 수반하여 공전의 경제적 번영을 달성하였다. 정치적 자치의 기술에서 신참자의 하나의 특징인데, 일본인은 시민적 자유를 열심히 옹호하고 있다. 여당인 자유민주당 속에 조직된 대기업과 관료제는 안정된 지배의 자리에 앉아 있다. 헌법은 어떠한 군비도 금지하는데, 어떤 종류의 사람은 헌법을 개정하여 이 규정을 삭제해야 한다고 주장하고, 오랫동안 논의가 다투어지고 있었다. 그러나 개정에 반대하는 정당들이 국회 내에서 3분의 1 이상의 의석을 확보하고 있고, 헌법개정을 저지하기 위해서 이 문제도 단순한 논의 이상의 것으로 발전하지는 못했다. 전후의 세대가 정치적 책임을 인수받게 될 즈음에는, 일본은 입헌민주주의를 참으로 몸에 익힌 국민들로 구성되는 집단의 정식 구성원의 지위를 얻게 될 것이다.

8. 의회정치

의회정치 운영의 기술도 시험되어 왔는데 별반 변한 것이 없었다. 그러나 주요한 기관 간 콘트롤(supra, pp. 277 ff. 역서, 290면 이하)인 집행부에 의한 의회의 해산은 이전의 정치적으로 문제가 많았던 시기만큼은 잘 사용되지 않고 있다. 이것은 정당으로부터 심각한 논쟁 문제를 빼앗긴 세계적인 번영에 기인하는 것인지도 모른다. 대부분의 입헌민주주의 국가에서 의회는 그 전 입법 기간 동안 연장할 수가 있었다. 영국에서는 1955년과 1959년에 총선거가 실시되고, 보수당은 역사상 처음으로 1년간의 장기에 걸쳐 정권을 담당하고 있었다. 그러나 1964년에는 노동당이 승리를 거두어 정권은 바뀌었다. 서독(1953년 · 1957년 · 1961년) · 베네룩스 3국 · 스칸디나비아 국가들에서도 같은 현상이 보였다. 번영하는 경제적 안정과 사회보장제도의 확충이 정당 다이나믹스를 아주 기운 빠진 정치적인 것으로까지는 가지 않았지만 정태적인 것으로 만들었다. 양대 정당제를 가진 국가에서는 일종의 균형이 확립된 것으로 보인다. 1960년의 미국 대통령 선거의 일반 투표에서는 민주당이 간발의 차이로 공화당보다 우위를 차지했다.5)

　1964년 영국에서는 노동당이 겨우 의석의 과반수를 차지하여 승리를 거두었다. 이 의석의 비율은 일반 투표에서 득표 비율에 아주 잘 일치하였다. 무엇보다도 이러한 상응관계가 성립한 것은 영국의 변덕스러운 선거제도 아래서는 진기한 것이지만,* 다당제 국가들(스위스·스칸디나비아 국가들·네덜란드 등)에서도 선거는 아주 작은 변동을 가져올 뿐이었다. 종래의 지지 정당으로부터 다른 정당에로의 산사태와 같은 선거민의 태도 변경은 일어나지 않았다. 요약한다면 「서부 전선 이상 없다」고 할 수 있을 것이다.

　입법부의 조직을 2원제에서 1원제로 고치려는 경향(supra, pp. 177 ff. 역서, 193면 이하)은 그 후에도 계속되고 있다. 터키의 1961년 새 헌법에서 공화국 상원은 입법과정을 개선하는 수단이라기보다는, 오히려 단일 정당 지배의 재건을 방해하기 위한 사후적 장치라는 평가를 받고 있다. 아프리카 신생 국가들 가운데 마다가스칼과 탕카니카만이 2원제를 채택하고 있다. 나이지리아에서는 독립 후 연방제를 채택하였기 때문에 상원을 설치할 필요가 생겼다.

　새로운 제도로서는 옴부즈맨(Ombudsman)이라는 관직이 있다.* 이것은 공중 일반이 이해관계를 가지는 행정 서비스를 감시하기 위해서 의회가 선임한 독립된 공무원이다. 이 제도는 스웨덴에서 창시되었다. 거기에서는 이미 1세기 반에 걸쳐서 사법행정을 감찰하기 위한 위원이 활동해오고 있으며, 매우 호평을 받고 있다. 최근 핀란드·덴마크 (1955년)·노르웨이(1962년)에서 행정 일반에 대한 불만을 처리하기 위한 위원직이 창설되었다. 뉴질랜드도 1962년에 이 제도를 채택하였다. 서독도 이 테크닉을 더욱 한정된 대상 영역에 적용하였다(1956년). 그것은 군사 관계의 사항에 관한 의회위원회를 두고, 여기에 군사기구 일반을 감시케 하는 동시에, 특히 군대의 구성원의 시민적 자유권을 보호하려는 것이었다. 그러나 지금까지 커다란 성과를 거둔 것은 없다. **옴부즈맨** 제도는 영국과 스위스에서도 문제가 되는데, 이 제도는 이중의 방식으로 유용하다는 것이 증명되고 있다. 즉 첫째로, 그것은 행정에 의한 부당한 취급에 관한 불만을 사법적 절차에 호소하지 않고 조정할 것을 허용한다. 둘째로, 그것은 의회가 그를 위한 전문기술적인 준비가 결여되거나 시간적 여유도 없는, 세부적인 행정 통제의 방식에서 의회를 해방시켜 주는데 필요하다.

　최근에 특히 뚜렷한 현상의 하나는 대표 테크닉을 국민투표와 인민투표의 테크닉 (supra, pp. 263 ff., 267 ff. 역서, 274면 이하·278면 이하)으로 대체하는 것이다. 몽테스키외 와 루소의 싸움은 그들 이후의 각 세대의 모두가 새로 참가하지 않으면 안 될 것같이 보인다.6) 물론 테크닉은 어떤 특정한 통치형태에 한정된 것은 아니다. 입헌민주주의에서

---

5) 1964년의 대통령선거에서 민주당이 압도적 승리를 거둔 큰 원인은 공화당의 대립 후보가 국민 일반에게 호소하는 힘을 결여한 데 있었다.

도 인민투표의 테크닉은 권위주의체제에 뒤지지 않고 사용되고 있다. 대표제도의 경험이 일천하고 여기에 익숙치 못한 국가들에서는 의회적인 결정 형성보다도 인민투표 쪽을 즐겨한다. 현대의 인민투표는 많은 용도가 있다. 입헌민주주의 국가에서는 다음과 같은 경우에 적용된다. 헌법 전체 또는 헌법의 일부 개정에 관한 일반적 승인,7) 전체 정당연립정권의 수립에 관한 일반적 승인(1957년과 1959년의 콜롬비아), 일시 포기된(1961년) 대통령제의 회복에 관한 일반적인 승인(1963년의 브라질). 이러한 경우의 인민투표는 국민투표이다. 정부가 의회에 강한 영향력을 미치고 의회를 쥐고 흔드는 경우에도, 의회의 심의와 결정의 조종보다도 국민투표나 인민투표를 위로부터 조종하는 편이 훨씬 쉽고 효과적이다. 그러므로 이 테크닉은 권위주의적 환경에서는 지도자를 대통령으로 만들기 위한다든가, 헌법의 확정 등에도 사용될 수 있다(베트남 1955년 · 가나 1960년). 이러한 경우 인민투표는 진실로 결정 작성 행위보다도 오히려 갈채*의 성질을 강하게 띤다. 빈번히 인민투표는 어떤 나라가 다른 국가의 영역에 편입되든가, 또는 독립한 채로 머무는 국가주권의 쟁점에 결정을 내린다. 예컨대 말타 섬에서는 영국과 이 섬의 헌법적 관계를 규정하기 위해서 이런 종류의 인민투표가 반복해서 실시되었다. 또 기니아(1968년) · 알제리아(1962년) · 남로디지아(1964년)에서도 적용되었다. 기본적으로는 극단 · 민주적인 (arch-democratic) 이 제도가 어떻게 자기 훼손의 도구로 요용될 수 있을까 하는 실례는 가나의 엥크루마(Nkrumah) 대통령이 단일 정당제 국가를 합법화하고, 기타 노골적으로 독재적인 조치를 정당화하기 위해서 인민투표를 사용한 경우에 보여 준다(1963년). 국민투표와 인민투표에 대해서 드골이 좋아하는 것은 그의 의회제도에 대한 경멸감과 인민의 직접적 동의의 가치를 믿는 그의 개인적인 신비설에서 유래하는 것이다.

9. 연방제도

최근의 경험은 초판에서 서술한 주장(supra, pp. 292 ff. 역서, 304면 이하)이 정당하다는 것을 증명하고 있다. 즉 연방제는 지분국의 권리와 관할 범위에 대한 중앙 정부의 침해에 의해서 점차 부식되어 가고 있다. 이것을 평가하기 위해서는 국가 내 연방제와 국가 간 연방제와의 구별이 필요하다. 구성단위가 어느 정도의 자치를 기초로 하는 모든 통치구조에서 정치적 · 사회적 · 경제적 결정들을 전체 영역에 대해서 통일적으로 해야 한다는 절대적 필요성과 병행하여, 전국적 규모의 정당과 압력단체의 활동이 구성 단위의 운동의 자유를 좁혀 오고 있다. 지분국의 바람과 이해를 표현하는 기회는 공통된 연방

---

6) Ernst Fraenkel, Die repräsentative und die plebiszitäre Komponente im demokratischen Verfassungsstaat (Tübingen, 1958) 참조. 또한 Henry W. Ehrmann, "Direct Democracy in France," The American Political Science Review, LVII (1963), pp. 883 ff.를 참조.

7) 헌법개정의 기술에 관하여는 Karl Loewenstein, Über Wesen, Technik und Grenzen der Verfassungsänderung (Berlin, 1961)(김남진역, 헌법개정의 본질 · 기술 및 한계, 『법정』 1964년 9-11 월호).

기관들에의 참가 이외에는 주어져 있지 않다. 현재 일반적인 번영은 연방제 문제의 비강조화에 기여할 것이다. 전체로서 경제적으로 잘 나가고 있을 경우에는, 주권에 관한 도그마틱한 논의만은 그치지 않는다 해도, 사람들은 그것만으로 만족하는 것이다.

서독 연방 의회의 입법적 산출물(legislative output)에 얼핏 눈을 돌리는 것만으로도 편견 없는 관찰자에게는 교육적 · 문화적 사항에서 지역적 자치에 관한 제한이 — 주민은 임시로는 만족함에 틀림없지만 — 각 주에 점차로 압류당한다고 확신하기에 충분할 것이다. 스위스에서도 사정은 독일과 대체로 같다. 자기 자신의 집에서는 주인이 되고 싶다는 칸톤의 전설적인 주장은, 연방 정부의 침입에 더욱 굴복하지 않을 수 없게끔 되어 오고 있다.

미합중국에서는 연방이라는 저거너어트(juggernaut)*에 대한 주의 저항은 절망적인 후위행동(後衛行動)에까지 따르고 있다. 대법원은 수정 조항 제14조의 옹호를 구실로 하여, 주에 학교의 조직과 관리에 대해서 방침을 지정하고, 주 의회 의석의 강제적인 배분에 관한 최근의 판결 — 결정적으로 중요한 판결은 Baker v. Carr (369 U. S. 186 [1963])와 Reynolds v. Sims (366 U. S. 533 [1964])이다 — 에 의해서 주의회의 선거방식을 지령하고, 주 주권(主權)의 가장 성스러운 것을 침해하였다. 그때에 대법원은 때가 지남에 따라서 신성시되는 데에 이르는 사회적 습관을 철거하기 위한 쐐기로서 헌법의 통상 확대 조항을 사용하였다. 의회는 연방 사법부가 일구어 놓은 이랑을 따라서 1964년의 강력한 민권법을 제정하였다. 이 법률은 일상생활에서 소수자인 흑인에 대한 차별적인 대우를 강제적으로 금지하고 있다.

캐나다에서는 지금까지 각 주간의 협조성은 연방제의 틀 안에서 확보되어 왔으나, 퀘벡주에서는 주민의 대부분을 차지하는 프랑스계의 가톨릭 소수파가 영국계 다수와 대립하며, 그들의 소리 없는 반항 — 그렇게 소리 없이 아니한 것도 있다 — 에 의해서 연방제는 흔들리고 있다. 이 반항 운동에는 캐나다의 국민적 일체성을 확보하는데 필요한 타협성이 보이지 아니한다. 국가 간 연방제에 관한 최근의 몇 가지 실험도 희망으로 가득 찬 것이라고 판단할 수는 없다. 아프리카에서 가장 인구가 많고 잠재적인 영향력도 큰 나이지리아에서 동부 · 서부 · 북부 나이지리아, 그리고 라고스 지방의 경제적 · 문화적 으로 상당한 차이가 있는 인종과 신조 — 회교도와 원시 신앙 — 를 용접하기 위해서 연방제를 채택하였다. 그러나 인격 · 정당 · 경제적 이익 등의 구심적 힘들은 연방제에 의해서도 저항불가능하다고 느껴지고 있다. 무엇보다 국가의 파열은 정치 지도자들의 협의와, 거기에 보여진 지도자들의 온건성과 타협에 의해서 회피되었는데, 영국과 프랑스 의 구 신탁통치령으로 구성된 카메룬 연방공화국은 단순한 편의적인 결혼에 불과하다. 아프리카에서의 연방제 시도는 이미 실패하고 있다. 남 · 북 로디지아와 니아사랜드가 만든 중앙 아프리카 연방은 해소되지 않으면 안 되었다. 구 프랑스령 아프리카와 구 영령 아프리카에서의 새로운 독립 국가는 지금까지 어느 것도 연방제적 협동을 시도하지 않고 있다. 탄자니아에 통합한 탕카니카와 잔지발(1964년)은 유일한 예외인데, 그 의의는 별반 큰 것이라고 말할 수는 없다. 1965년 1월의 총선거에 즈음해서는 이 연방제를 둘러싸고 심각한 헌법위기가 일어났다.

카리브해 연방은 해체되었다(1962년). 그 구성원 가운데 저메이카 · 트리니다드와 토바고는 각각 독자적인 길로 나아갔다. 나머지 작은 섬들은 자기 자신으로서는 생존능력이 없으므로, 아마 또 한 번 새로운 공동의 조직을 만들려고 시도할 것이다.

라틴 아메리카에서는 미국이 스폰서로 된「진보를 위한 동맹」에 결속된 공동이익까지도 개별 국가를 보다 친밀한 관계로 가져올 수는 없었다. 중미에서는 연방제화의 계획은 전적으로 탁상계획의 영역을 벗어나지 못하고 있다.

아랍 세계에서는 이집트와 시리아의 요란스러운 선전으로 이루어진 결혼이 깨졌다 (1961년). 아랍 국가들을 묶는 공통의 유대는 이스라엘에 대한 적대감뿐이다. 나셀 대통령은 아랍 세계를 자신의 지도 아래 통일할 것을 꿈꾸었는데 그의 구상은 좌절되었다. 그의 이 야심이란 실패의 큰 원인이었다.

동남아시아에서 연방제적 통일을 실현한 것은 말라야 · 북보르네오(사바) · 사라와크 그리고 싱가폴로 구성되는 말레이시아 연방의 경우뿐이다. 무엇보다 이 경우 말레인과 중국인 간에 인종적 차이가 있고, 인도네시아가 공격적인 태도를 보이고 있기 때문에 연방의 장래는 불안정하다.* 요컨대 세계 전체를 통해서 국가 간 연방제의 실패는 역연하다.

이상과 같은 관찰에서 이렇게 결론을 내릴 수 있다. 즉 수 년 전에 이 책에서 묘사한 선은 그 후의 여러 사실에 의해서도 불명확하게 되거나 말소된 일은 없었다. 오히려 반대로 사실로써 심각하게 되었다. 이러한 실제적인 테스트의 결과를 볼 때, 나는 이 책의 실질적인 내용이 장래에도 상당한 기간은 가치를 보존할 것이라고 믿고 싶다.

1965년 2월 7일 매사추세츠, 앰허스트에서

카를 뢰벤슈타인

제6편
헌법의 보장

1. 헌법의 수호자 (1929)*

카를 슈미트

1.

　　전전(戰前)의 국가학은 헌법의 수호자에 관하여 거의 언급하지 않았다. 국내정치가 안정되고 평온한 시기에는 이러한 헌법상의 문제들은 무관심한 것이다.[1] 이에 더하여 1871년 이후의 독일의 헌법상황에 대해서는, 프로이센 헌법분쟁 시대의 경험들이나 비스마르크 정치의 위대한 성과들에 의해서 당연히 이 문제는 맨 먼저 간과되었으며, 그에 계속된 세대에서는 일반적인 헌법이론상의 무관심으로 인하여 더 이상 의식되지 않았다.[2] 아마도 헌법의 수호자라는 문제 자체가 이미 「정치」라고 불리고 거부되었을

---

*　Carl Schmitt, Der Hüter der Verfassung, in: Archiv des öffentlichen Rechts, Neue Folge, Bd. 16 (1929), S. 161-237.

1) 헌법의 수호자에 대한 관심은 대부분의 경우 위기적인 헌법상황의 징표이다. 따라서 현대 헌법사에서 이러한 「수호자」에 대한 계획과 제안들이 먼저 영국에서 크롬웰(Cromwell)*의 사후(1658년)에, 즉 성문헌법의 최초의 시도 중에서 기존 군주제의 부활이라는 해체와 위협의 시기에 등장하는 것은 교훈적이며, 주목할 만하다. 당시는 스파르타의 행정감독위원회처럼, 「일단 결정한 어떠한 체제도 수호하며, 군주제의 부활을 방지할」 임무를 지니며, 특별한 조직이 제한되었다. 그리고 이 조직은 「의회를 소집하는」 권한, 법률안발의권, 절대적 거부권을 가지도록 되어있었다(F. H. Russel Smith, Harrington and his Oceana, Cambridge 1914, S. 175). 해링턴*의 서클에서는 「자유의 수호자」나 「헌장의 수호자」에 관한 많은 관념들이 생겨났다. 그들에게서 나온 계보는 시에예스에게(Russel Smith, a. a. O. S. 208), 또한 프랑스 혁명의 헌법이념에도 통한다. 그 길은 또한 여기서도 펜실베이니아를 넘어서 계속된다. 더 상세한 지적으로서는 러셀 스미스의 상세한 설명에 더하여 André Blondel, Le contrôle juridictionnel de la constitutionnalité des lois, Paris 1928, S. 177이 인용하는 티보도(Thibaudeau)의 제안들에 주의를 환기하고 싶다. 티보도는 펜실베이니아의 검사관에 대한 경험들을 지적하고 있다.

2) 게오르크 옐리네크(Georg Jellinek)는 그의 『일반 국가학』(Allgemeine Staatslehre)(김효전 옮김, 법문사, 2005) 마지막 장에서 「공법의 보장」이란 제목 아래 이 문제에 언급한다. 다만, 헌법의 수호자라는 말은 사용하지 아니한다. 그는 거기에서 정치적 통제로서의 정치적 서약, 법적 통제로서의 의회의 책임과 대신의 탄핵을 들고 있는데, 이 탁월한 학자의 방대한 자료구사를 보여주는 다른 수많은 장들과는 대조적으로 여기선 무엇인가 포괄적이며 서두른다. 그러나 바로 그 때문에 이 장은 원리적인 상술에서도 오늘날 특별히 흥미 있게 읽는다.

것이다. 오늘날 우리들은 자기의 생각은 「비정치적」이며, 반대자의 질문이나 의견은 「정치적」이라고 주장하는 것이 정치의 특질임을 알고 있으며,* 또한 우리들은 그 동안 전술한 시대에 국가법과 헌법이 정지된 바로 그 시점에서 그것들은 비로소 자주 시작한다는 경험을 하여 왔다. 그러므로 바이마르 헌법 이후에는 다시 헌법의 특별한 보장들에 대해서 사람들이 관심을 가지고, 헌법의 수호자나 옹호자를 문제를 삼는 것이다. 독일 라이히 국사재판소는 자신을 「라이히 헌법의 수호자」라고 부르며,3) 라이히 재판소장 시몬즈(Simons)* 박사는 라이히 재판소를 라이히 헌법의 「옹호자와 수호자」로 부르며,4) 수많은 제안들은 헌법의 수호자 · 보장자 · 감시자 내지 관리자로서의 국사재판소 또는 헌법재판소를 요구하고 있다. 법학 문헌에도 이러한 용어는 빈번히 나온다.5) 여하튼 이 문제는 다시 의식되었으며, 이미 단순한 정치적 슬로건으로서 손뗄 수는 없을 것이다.

   이처럼 어려운 헌법상의 문제에 대한 오늘날의 일반적인 취급방법은 법학자, 적어도 「사법-법학자」6)의 대다수가 라이히 헌법도 포함하여, 모든 헌법상의 쟁송사건에 관하여, 또한 헌법에 관련된 모든 의문이나 의견의 차이에 관하여, 판결로써 결정을 내리기 위한 국사재판소 내지 헌법재판소를 요구한다는7) 점에 그 특징이 있다. 헌법의 수호자는

---

3) 1927년 10월 15일의 판결, RGZ. 118, Anhang S. 4.

4) DJZ. 1924, Sp. 246. 「헌법의 수호자로서의 라이히 재판소」에 관하여는 후술 주 11 참조.

5) 예컨대 Richard Grau, AöR. N. F. 2 (1926), S. 287 f.

6) 나는 이처럼 특징을 잘 알고 나타내는 용어를 차용한다. 내가 만든 말이 아니다.

7) [제2제국의] 붕괴 후 아마도 알프레드 프리드만 (Alfred Friedmann [Friters])이 최초로 「헌법에 위반되는 법률, 헌법이 보장하는 권리들을 배제하는 법률은 이를 무효라고 선언할」 가능성이 어떤 최고의 법정에 부여되어야 한다는 요구를 주장하였다(Revolutionsgewalt und Notstandrecht, Berlin 1919, S. 182). 바이마르 국민의회의 심의에서는 아플라스(Ablass)의 제의(Nr. 273, Prot. S. 483)가 중요하며, 이것은 라이히 의회 구성원 100명의 신청에 의거하여 법률의 합헌성에 관하여 독일 국사재판소가 판결하도록 의무화 한다는 것인데, 이 제의(예비적 신청도 마찬가지로)는 부결되었다. 제33차 독일 법률가 대회(하이델베르크 1924년. 보고자 트리펠[H. Triepel]과 그라프 쭈 도나[Graf zu Dohna]는 라이히 법률의 공포 전에, 그 합헌성에 관한 국사재판소의 판결을 구하는 가능성이 예견되어야 할 것, 나아가서는(제19조에 의하면 단순히 한 주 내부의 헌법쟁송 사건만을 소관사항으로 하는) 독일 라이히의 국사재판소 관할권을 라이히 내의 헌법쟁송사건에까지도 확대할 것을 요구하였다. 제34차 독일법률가 대회(쾰른, 1926년. 보고자 안쉬츠[Anschütz]와 멘데[Mende]도 마찬가지로, 라이히 국사재판소는 라이히 내의 헌법소송사건에 관해서도 판결해야 하며, 나아가 국사재판소는 적법하게 공포된 라이히 법률의 유효성을 심사하는데 대해서 독점적으로 관할권을 가져야하며, 입법의 목표로서는 「최고심급에 있어서의 라이히 헌법의 해석이 독일 라이히 국사재판소에 집약되도록」 노력하여야 한다고 하였다. 라이히 내무부는 1925년 (하이만[Heymann]출판사) 「법의 통일을 보전하기 위한 법률」(Gesetz zur Wahrung der Rechtseinheit)안을 발간하였는데, 이것에 의하면 특히 판결절차에서는 하나의 라이히 판결재판소가 판결을 내려야한다고 되어있다. 「독일 법조신문」(DJZ. 1926, Sp. 842)에 당시의 라이히 내무장관 퀼츠(Külz) 박사에 의해서 공포된 법안은 라이히 참의원의 명령이 라이히 헌법에 저촉된다는 의문이나 이의가 있는 경우에는, 라이히 의회, 라이히 참의원 또는 라이히 정부가 독일 라이히의 국사재판소의 판결을 요청할 수 있도록 배려하고 있으며, 이때에 이 법안에 의하면 재판소의 일반심사권은 배제되어서는 안 된다고 되어 있는 것처럼 보인다. 참고 논문은 Külz, DJZ. 1926, Sp. 837; Poetzsch, DJZ. 1926, Sp. 1969; Bötticher, Leipz. Z. 1926, S. 822; Richard Grau, Zum Gesetzentwurf über die Prüfung der Verfassungsmäßigkeit von Reichsgesetzen und Rechtsverordnungen, AöR, N. F., 2, S. 287 ff.(1926); Fritz Morstein Marx, Variationen über richterliche Zuständigkeit zur Prüfung der Rechtmäßigkeit des Gesetzes,

대체로 상당히 생각할 필요가 없는 자명한 것으로서 ― 루돌프 스멘트(Rudolf Smend)*가 부수적으로, 그러나 적절히 비판하듯이,[8]「많은 생각도」하지 않고 ― 사법(司法)의 영역에서 구하고, 그 이외의 다른 어떤 헌법의 수호자도 생각하지 않으려는 것처럼 보인다.[9] 제33차와 제34차의 독일 법률가 대회(1924년 하이델베르크와 1926년 쾰른)의 제안도, 또한 상정된 법률안들도, 라이히 헌법 제19조에 의한 독일 라이히 국사재판소의 관할권한을 한 주(州) 내부의 헌법쟁송사건으로부터 라이히 내의 그것으로 확대하고, 이러한 방법으로 헌법의 수호자 문제를 해결하는 방향을 도모하고 있다. 그 후 이것이 어떠한 사실적 의미를 지녔어야 하는지, 그리고 어느 정도로 그러한 국사재판소의 활동의 내용적으로 보아 사법이라고 부를 수 있는가에 대해서는 거의 문제시하지 않았거나, 또는「형식적 의미에서의 사법」이라는 관용법에 따라서 문제가 해결되어 버린다. 라이히 헌법 제19조의, 종래의 실무에서 독일 라이히 국사재판소가 자인하는, 그러한 관할권의 광범위한 확장마저도 정치적 또는 헌법상의 의혹을 환기시키지 못한다. 비록 이러한 실무에 따라서 이미 더 이상 간파하지 않을 수 없는 것은, 어느 범위까지「한 주 내부의 헌법쟁송 사건」이라고 불릴 수 있는지, 또한 이미 자치단체 · 교회 · 귀족단체 · 소수정당 등이 소송당사자로서 인정되는 이상,[10] 장래에 어떠한 원고가 국가, 즉 의회나 정부를 피고로서 이 법정에 끌어올 수 있는가 하는 점이다. 그러나 아마 1928년 12월에 라이히 정부와 라이히 재판소 소장 시몬즈 박사 간에 생긴 충돌이 이 중대한 문제를 체계적으로

S. 129 f.(Berlin 1927); Schelcher, Fischers Zeitschr. f. Verwaltungsrecht, Bd. 60, S. 305; Bredt, Zeitschr. f. d. ges. Staatsw. 1927, S. 443; Nawiasky, AöR., N. F. 12, S. 130 f.; Hofacker, Gerichtssaal, Bd. 94, 213 (1927). 1927년 3월 25일에 라이히 의회 법무위원회에 부탁된 법안 (라이히 의회 간행물 [Reichstagsdrucksache] Nr. 2855 Ⅲ 1924/26)도 마찬가지로, 국사재판소가(라이히 의회 내지 라이히 참의원의 어떤 한정된 수의 신청에 의거하여, 또한 하나의 법규가 라이히의 법규에 저촉된다고 판단한 경우에 관계 서류를 국사재판소에 제출하도록 규정한 재판소들의 규정에 의거하여) 합헌성에 관하여 법률로서의 효력을 가지고 판결하는 것으로 되어 있다. 이에 관하여는 K. Frhr. von Imhoff, Bayr. Verwaltungsblätter Bd. 75 (1927) S. 241 f.

8) Verfassung und Verfassungsrecht, München und Leipzig 1928, S. 143.

9) L. Wittmayer, Die Weimarer Verfassung, Tübingen 1922, S. 329는 라이히 참의원이 이의신청권을 가지고 있다는 이유로 그것을 헌법의 수호자라고 부르며, 이 점에서 특기할 예외이다. 이 기술에는 저 국사재판소 또는 헌법재판소의 수많은 제안으로부터도 문제에 대한 올바른 감각이 나타나 있다.

10) 주의 의회 분파들에 관하여는 1921년 7월 12일의 잠정 국사재판소의 판결이 있다. 이에 관하여 Poetsch-Heffter, AöR. 42, S. 79, RGZ, 102, S. 415 그리고 1925년 11월 21일의 판결에 관하여는 RGZ. 102, Anhang S. 11. 정당에 관하여는 (신중하게 선거법 쟁송사건에 한정된 것으로서) RGZ. 118, S. 29/30, RGZ. 120, Anhang S. 19. (국가 사회주의 노동자당 멕클렌부르크-뤼벡 관구[Gau Mecklenburg-Lübeck] 대 멕클렌부르크-슈베린 주[Land Mecklenburg-Schwerin]. 한정하지 아니한 것으로서는 RGZ. 121, Anhang S. 8 (작센 독립사회민주당 대 작센주). 주 교회에 관하여는 RGZ. 118, Anhang S. 1. 자치단체에 관하여는 1922년 1월 12일의 판결 DJZ. 1922, Sp. 427. 나아가서는 1928년 7월 9일의 포츠담시 참사회 대 프로이센주의 작센에 있어서의 판결, RGZ. 121, Anhang S. 13. 1924년 5월 10일의, 예전의 직속 제국 귀족의 나싸우 지구 그룹 (5 가족!) 대 프로이센 국무부의 판결, RGZ. 111, Anhang S. 1 und 5. 후술 주 96 참조. 파편 정당에 관한 국사재판소의 판단들에 대해서는 W. Jellinek, AöR. N. F., Bd. 15, S. 99 f.

논하고, 학문적으로 파고들어가는 계기가 될 것이다.

라이히 재판소 기념논문집을 위한 논문(헌법의 수호자로서의 재판소)[Das Reichsgericht als Hüter der Verfassung])[11]에서 나는 민사·형사 또는 행정재판소의 소송-판결을 내리는 재판소들이 엄밀한 의미에서는 헌법의 수호자라고 부를 수 없다는 것을 논하였다. 가령 라이히 재판소가(1925년 11월 4일의 판결 이래 RGZ. 111 S. 320), 또는 다른 라이히 재판소가 법관의 이른바 「실질적」 심사권을 행사하고 단순한 라이히의 법률이 라이히 헌법률상의 헌법률적 규정들과 합치하는가의 여부를 심사하고, 저촉되는 경우에는 단순한 법률의 적용을 실효시킨다고는 하지만, 이것으로써는 아직 특수한 의미에서 헌법의 준수와 옹호를 기능으로 하는 특별한 법정이 성립된 것은 아니다. 사법심사권이라는 표현(단순한 법률을 그것과 관계된 헌법률성에 입각하여 내용적으로 심사하는 이러한 권한을 나타내기 위한 것으로서)은 대체로 오해를 초래할 우려가 있다. 첫 번째의 이유는 심사(審査)-「권(權)」을 정치적 권한으로 변경하고, 법관이 자기의 직무상의 판단에 입각하여 심사권을 행사하거나 행사하지 않을 수 있다고 생각하지 않을까 하는 점이다. 그러한 한에서는 페렐스(Perels)·볼가스트(Wolgast),[12] 그리고 모르슈타인 마르크스(Morstein Marx)*[13]에 따라서 법관의 심사 **관할권**이라는 쪽이 적당할 것이다. 나아가 또한 심사권이 쉽게 감독권으로 이해될지 모르며, 그 경우에는 피감독자에 대한 감독자의 우위성 또는 심지어 상위성이 도출되어 나온다. 합중국에 있어서의 아메리카 재판소들의 심사권 때문에 「법관의 지배」[14]라고 말해지며, 유럽식 「제도」에 대비하여 미국식 「제도」, 법률의 지배를 특징으로 하는 유럽식 「제도」에 대비하여 미국식 「제도」, 법률의 지배를 특징으로 하는 유럽적 국가에 대비하여 미국식 「사법국가」에 관하여 언급되었다.[15] 이제 오늘날의 의회민주주의 국가는 입법국가이지만,[16] 그러나 사법심사권에 의해서 아직 「사법」국가(보다 정확하게는 재판판결국가[Jurisdiktionsstaat])로 바뀌지는 않았다. 사법심사권에도 불구하고 여전히 중점은 입법부에 있으며, 내 생각으로는, 미국식 제도와 유럽식 제도라는 전술한 대비는 그 사법심사권이라는 점에서 하나의 커다란 과대평가를 내포하고 있다.[17] 시민적 법치국가에 있어서 사법은 어디까지나 포섭가능한 규범들에

---

11) 논문 원고는 1928년 여름에 인도되었으며, 1929년 10월에 발간될 예정이다(정태호 옮김, 헌법의 수호자인 라이히 재판소, 『동아법학』 제37호, 2005).

12) Die richterliche Prüfungszuständigkeit in Norwegen, Hirths Annalen 1921/22, S. 330 f.

13) Variationen über richterliche Zuständigkeit zur Prüfung der Rechtmäßigkeit des Gesetzes, Berlin 1927, S. 3 ff.

14) Lambert, Le gouvernement des juges, Paris 1921, S. 21.

15) Erich Kaufmann, Auswärtige Gewalt und Kolonialgewalt in den Vereinigten Staaten von Amerika, Leipzig 1908, S. 178; A. Friedmann, Revolutionsgewalt und Notstandsrecht, Berlin 1919. S. 179f. 프리드만의 James M. Beck, Die Verfassung der Vereinigten Staaten von Nordamerika, Berlin 1926의 독어판에 대한 서문.

16) 토마는 법관이 아니라 입법자가 정치적·사회적 대립의 「결정」을 내린다는 점을 현대 국가의 「특징적 경향」이라고 부른다(R. Thoma, Grundrechte und Polizeigewalt, Festschrift für das Preußische Oberverwaltungsgericht 1925, S. 223).

17) 논문 Das Reichsgericht als Hüter der Verfassung, Anm. 52 ff. 나아가 제임스 M. 베크의 프리드만

구속되어 있으며, 「자유법운동」*이나 법관의 「법창조」의 문제로, 첫째로는 헌법상의
문제이며, 또한 법관이(광범위하고 불확정한 개념에 의해서 또는 신의성실의 원칙이나 거래의
관행에 지시를 받고) 어느 정도까지 자신의 재량에 일정한 활동의 여지, 자유를 획득할
수 있는가는[18] 두 번째의 문제에 불과하다. 법률은 법관이 판결을 내리는 기초이며,
법률에 대한 구속은 모든 법관의 독립성의 전제가 된다. 따라서 소송판결을 내리는 법관의
사법심사권은 법률이나 입법자에 대한 법관의 어떤 방법으로든 만든 우월성과도 반대되는
데에 입각하고 있다. 그것은 서로 모순되는 법률규정에 직면하여 서로 모순되는 구속을
받게 되는 법관이, 그럼에도 불구하고 소송판결을 내려야 한다는, 말하자면 법관의 일종의
긴급상태에서 나온 것이다.[19] 법관이 거기에서 자신의 사법적 소송판결을 내리기 위해서
서로 모순되는 법률규정의 일방을 자신의 소송판결의 기초로서 선택한다면, 모순되는
다른 한쪽의 규정은 적용되지 못한다. 이것이 전부이다. 소송판결을 내리는 법관이 적용되
지 못한 법률의 「유효성을 부인하였다」고 말하는 것은 정확하지 못한 것이다.[20] 정확하
게는 구체적 소송의 판결에 한정된 「법률의 비-적용」이며,[21] 다른 심급들의 결정에
대해서는 다소간 예측가능한 선례의 효과를 미치는 것이라고 할 수 있을 뿐이다.

이러한 사법심사권은 단순히 「부수적」이며, 「임시재판권」(하인리히 트리펠(Heinrich
Triepel))[22]일 뿐이다. 이것은 단지 하나의 재판판결에 수반하여 **우발적으로**, 가능성으로
말한다면 **모든** 법관에 의해서, 즉 **산만하게**[23] 행사되며, 앞서 언급한 논문 「헌법의

판에 대한 리하르트 토마의 서평, Richard Thoma, Literaturblatt der Frankfurter Zeitung vom 30.
Januar 1927을 참조.

18) Scheuner, Nachprüfung des Ermessens durch die Gerichte, Verw. Arch. 33(1928), S. 77은
재량에는 ('직책상'이 아닌) '합법적인' 재량만이 있을 수 있다고 — 사법에 관하여 정당하게도 — 말한다.
사법은 바로 원칙적으로 「수권」될 수 없으며, 법관의 관할권은 「소관」행정부서의 정치적 권한과는 본질적으
로 다르다. 마치 직무상의 행동을 명하고, 그 권한을 부여하는 「규범들」(예컨대 라이히 헌법 제68조
또는 제56조)과, 구성요건과 적합한 포섭을 가능케 하는 「규범들」이나 「규범」이라는 다의적인 명칭을
공유함으로써만, 그 밖에는 본질적으로 다른 것과 마찬가지이다. 후술하는 이 논문의 3장을 참조.
19) 헌법상의 「법관의 긴급사태」에 관하여는 Radbruch, Archiv f. Soz. Wissensch. N. F. 4 (1906), S.
355. 이 논문에서는 권력분립이라는 헌법상의 문제와의 관련이 인식되고 있다(Hatschek, Englisches
Staatsrecht I. S. 1065를 지적하면서). 그러나 그 후는 자유법운동의 비판의 영향을 받고, 또한 아마도
전전기의 헌법이론상의 공백상태에도 영향을 받아서 다시 잘못 보았다. 권력의 구별은 「합리주의」로서
처리된다(또한 E. Kaufmann, Auswärtige Gewalt, a. a. O. S. 34도 참조). 라드브루흐는 「아직 여전히
떠돌고 있는 몽테스키외의 망령」(S. 365)이라고 말하는데, 그러나 이 망령이란 바로 바이마르 헌법이
그것에 대해 결정한, 시민적 법치국가 그 자체의 정신이며, 그것은 시민적 법치국가 자체와 더불어서만
이 세상에서 사라지는 것이다.
20) 예컨대 1925년 11월 4일의 판결에서의 민사 제5부 RGZ. S. 322. 「이 후자의 규정(= 라이히 헌법
제102조)은 라이히의 법률 내지는 그 개별 규정이 그것에 선행하여 법관에 중요시되어야할 다른 규정들과
저촉하는 한에서는 **법관에 의해서 그 유효성이 부인**될 수 있다는 것을 배제하는 것은 아니다」.
21) 예컨대 라이히 재판소의 동일한 판결에서 앞서 인용에 이어서 세 개의 문장들, 즉 라이히 헌법의 규정들은,
「따라서 후에 제76조의 요청들을 무시하여 공포된 라이히 법률의, 모순되는 규정에도 불구하고 법관을
구속하는 것이며, 후의 법률의 모순되는 규정들을 적용 밖에 두도록 법관에게 강요한다」.
22) Wesen und Entwicklung der Staatsgerichtsbarkeit, Veröffentlichungen der Vereinigung der
Deutschen Staatsrechtslehrer, Heft 5, S. 26.

수호자로서의 라이히 재판소」에서 상세하게 서술한 협소한 한계를 가지고 있다. 리하르트 토마(Richard Thoma)*는 이것을 노골적으로 「'헌법 신성화(神聖化)'를 위한 어떤 빈약한 방법이며, 이에 대해서는 결코 호언장담해서는 안 된다」[24]라고 기술한다. 여하튼 헌법규 정들의 이처럼 부수적 · 임시적, 단지 소극적이며 산만한 옹호는 그 선례가 특정한 상황들 속에서 어떤 실제적 의미를 가질 수 있는가 하는 것과는 관계없이 헌법의 진정한 수호자를 구성할 수는 없다. 적법성과 아울러 합헌성이라는 원칙의 일반적인 보전만으로는 아직, 그리고 서로 모순되는 법률규정이 충돌함에 있어서 필연적으로 충돌하는 규정의 어떤 것을 선택하게 되는 경우에 하나의 관서가 헌법의 수호자가 되는 것은 아니다. 그렇지 않으면 모든 관서가, 그리고 결국 모든 국민들을 헌법의 수시적 수호자로 간주하지 않을 수 없을 것이다. 경우에 따라서는 국민은 실제로 그러하며, 약간의 헌법들은 헌법의 보호를 모든 국민의 배려에 맡긴다는 형식으로 표현하는 곳도 있다.[25] 그러나 여기에서 생기는 것은 단지 일반적인 복종거부권(Gehorsamsverweigerung)이며, 결국은 수동적 **저항**, 나아가서는 「혁명적 정당방위권」이라고도 불리는 능동적 **저항**의 일반적 권리에 불과하며,[26] 그리고 불법에 대해서 그때그때 저항하는 모든 사람이 헌법의 수호자로 불리게 될 것이다. 그 때문에 체계적인 서술에는 저항권이 헌법의 한 보장으로서 등장하며, 헌법의 보호와 옹호에 봉사해야 할 것으로 된다.[27] 그러나 헌법의 수호자의 헌법적 기능은 바로 이 일반적이며 수시적인 복종거부권과 저항권을 대체하고 이를 무용하게 만든다는 점에 있다. 제도적 의미에서의 헌법의 수호자는 수시적으로 위헌적인 법률을 적용하지 않거나 위헌적인 명령을 준수하지 않음으로써 헌법이 존중되는 것, 헌법률로 보호되는 이익들이 침해되지 않는 데에 기여할 수 있는 많은 지위나 사람들 모두는 아닌 것이다. 여기서 부수적이며 산만한 사법심사권을 제외시키는 것을 정당화하는 것은 체계적인 배려이다.

2.

이 문제를 둘러싼 오랜 역사에서 매우 다양한 헌법의 수호자가 등장한다. 스파르타의

---

23) 나는 유일한 심급에 **집약된** 심사권과 대치되어야 할 것의 명칭으로서의 이 용어 「**산만한**」(diffus)을 제안하고 싶다.

24) James M. Beck, Die Verfassung der Vereinigten Staaten von Amerika의 프리드만 판에 대한 전술한 서평에서 (상술한 주 17).

25) 예컨대 1791년의 프랑스(마지막 문장), 마찬가지로 1830년과 1848년의 그것(거기에서 실제상의 결론을 도출하려고 하여 실패한 시도에 관하여는 Verfassungslehre, S. 16 참조). 최근에는 1927년 6월 2일의 그리스 헌법 제127조. 「헌법의 옹호는 그리스인의 애국심에 맡겨져 있다」(Dareste-Delpech, S. 656).

26) R. Gneist, Gutachten zum 4. Deutschen Juristentag: "Soll der Richter über die Frage zu befinden haben, ob ein Gesetz verfassungsmäßig zustande gekommen ist?" Berlin 1863, S. 31.

27) 예컨대 Dahlmann, Politik (3. Auflage 1847), S. 197 ff.; Bluntschli, Allgemeines Staatsrecht (2. Band, 4. Auflage, München 1868), 10. Kapitel, S. 52 ff.; Gény bei Charles Eisenmann, La justice constitutionnelle et la Haute Cour Constitutionnelle d'Autriche, Paris 1928, S. 44 ff.

행정감독위원회(Ephoren)라는 고전기의 모범은 19세기에도 이러한 관련에서 열거되며, 동시에 수호자는 쉽게 헌법의 주인을 만든다는 경고적인 예시가 되고 있다.[28] 마찬가지로 **검사관**(Zensor)[29] · **호민관**(Tribunen)[30] 그리고 **평의원**(Syndici)[31] 등의 제도와 제안들도 또한 이에 속한다. 두 번째의 종류는 로마의 **원로원**을 모범으로 하며, 이것이 그 억제적 · 보수적인 임무와 기능에 의해서 로마의 헌법상태의 진정한 수호자였다.[32] 이러한 예시도 오랫동안 작용하였다. 반군주론자들(Monarchomachen)*은 국왕에 의한 법률의 해석과 실시를 검사하고 감시하기 위한 원로원을 요구한다.[33] 제8년의 프랑스 헌법 제21조에 의하면, 보수적인 기능을 가지는 상원이 법제위원회 내지 정부에 의해서 위헌이라고 하여 제출된 모든 서류를 인증하거나 파기한다.* 마찬가지로 1852년 1월 14일 헌법 제29조에 의하면, 정부에 의해서 또는 국민의 청원에 의해서 위헌이라고 하여 상원에 가지고 온 모든 서류를 인증 내지 파기한다.* 프랑스 공화국의 현행법에 의하면, 상원(제2원)은 장관을 탄핵함에 있어서, 그리고 다른 정치재판의 사례에서(1875년 2월 24일의 헌법률 제9조에 의해서) 최고재판소로서 구성된다. 「상원」의 사상은 전적으로 고전기의 저술가들로부터 해링톤(Harrington)에로, 또한 그를 지나서 북미 식민지와 북미 각주의 헌법들에, 나아가서는 시에예스(Sieyès)에 이르는[34] 커다란 전통의 흐름 속에 있다. 한편 또한 **국민대표**도 헌법의 수호자로서 적어도 정부에 대한 민권(民權)의 수호자로서 등장한다.[35] 그러한 경우에 특히 「정부에 대한 국민대표의 권리들을 유지하기 위해서」, 국민대표에 의해서 형성되는 **감시위원회**가,[36] 다른 한편으로는 때로는 「통일을

---

28) 예컨대 또한 Bluntschli, a. a. O. II S. 552.

29) 상술한 주 1 참조.

30) 예컨대 제8년(1799)년 프랑스 헌법 제21조와 제28조, 그리고 1807년 8월 19일의 상원 결의에 의한 호민관 폐지에 이르기까지의, 그 후의 수많은 상원 결의.

31) Spinoza, Tractatus politicus VIII § 20 f., X § 2 f.; Ed. Bruders, S. 108, 130.

32) 원로원이 로마의 국법에 따라서, 인민결의에 대해서 **원로원 의결**(patrum auctoritas)에 의한 보증을 부여하지 않을 수 없었던 것도, 이것으로써 합헌적인 법규와 국제법상의 의무들의 침해가 저지되었어야 한다. Mommsen, Römisches Staatsrecht III, S. 1041. 또한 주 108 참조.

33) Junius Brutus, Vindiciae contra tyrannos, Ausgabe Edinburg 1579, S. 128.

34) 이러한 역사적 관련에 관하여는 H. F. Russel Smith, Harrington and his Oceana, Cambridge 1914, S. 15. 205 f. 시에예스의 이념과 제안들에 관하여는 André Blondel, Le contrôle juridictionnel de la consitutionnalité des lois, Paris 1928, S. 173. 스위스에 미친 그 영향에 관하여는 Eduard His, Geschichte des neuern Schweizerischen Staatsrechts, Bd. 1, Die Geschichte der Helvetik und der Vermittlungsakte 1798-1813, Basel 1925, S. 196 f. 또한 상술한 주 1 참조.

35) 특히 주의회가 헌법소원을 수리하는 경우에, 예컨대 1818년 5월 26일의 바이에른 헌법전 제7장 제21조에 의하면 (1872년 1월 19일 법률의 문귀에서는) 모든 국민과 아울러 모든 자치단체는 헌법상의 권리침해에 관하여 주의회에 소원을 제기할 수 있었다. 또한 로베르트 폰 몰(Robert von Mohl)의 물론 사법심사권의 유보에 관한 것(Ueber die rechtliche Bedeutung verfassungswidriger Gesetze, Monographien aus Staatsrecht, Völkerrecht und Politik, I Bd. Tübingen 1860, S. 85/86)도 참조. 「헌법의 옹호자로서의 신분의회」라는 이러한 견해의 비판에 대해서는 R. Gneist, Gutachten, a. a. O. S. 28.

36) 라이히 헌법 제35조 2항은 1919년 7월 4일 하우스만(Hausmann)의 제안에 의하여, 「라이히 정부에 대한 국민대표의 권리들을 보전하기 위하여」라는 어구를 헌법률적 규제의 원문에 넣고 있다. 이러한 잠정위원회를 「헌법의 보전」이란 관념에 포함시키는 것은 특히 뷔르템베르크의 주의 전통에 합치되는

대표하는」 **정부** 그 자체가 그 개념으로부터 「관직들의 수호자이며 국가제도들의 옹호자」
로 해석되는 일도 있다.37) 국왕의 중립적 및 조정적 권력에 관한, 뒤에 상술할 학설도
또한 여기서 언급해 두어야할 것이다.38)「헌법의 **재판적 보장**」39)을 위한 특별한 **국사재
판소**도 또한 **정규의 법원들**이 명령과 법률의 합헌성에 관하여 행사해야 할 일반적 **심사권**
외에 헌법의 수호자로서 기능할 수가 있다.40)

헌법의 재판적 보장이 헌법 「그 자체」의 보호와 보장을 위한 제도들의 한 부분을
이룰 뿐이라는 것은 이 짧은 개관에서도 이미 명백하다. 오늘날의 독일에서 오로지
이 재판적 보장이 주목되고, 헌법의 수호자가 의심할 여지없이 자명함으로써 사법의
영역에서 찾게 되는 것은 몇 가지 이유에서 설명할 수 있다. 첫째로, 법치국가라는 오해되고
추상화된 관념*에서 이다. 그것은 모든 정치적인 문제와 사법형식적인 해결이 법치국가적
이상이라고 해석하고, 그 경우에는 아마도 더 이상 재판가능하지 아니한 문제에까지
사법을 확장하는 것은 오히려 사법을 해치게 될지 모른다는 것이 간과되기 쉽다. 왜냐하면
그러한 확장의 결과는 내가 자주 지적하듯이, 어떤 정치의 사법화가 아니라 반대로
사법의 정치화가 될 것이기 때문이다. 물론 그러한 의심은 일관된 형식주의적인 방법론에
대해서는 문제가 되지 아니하며, 겨우 반박할 수 없는 것이지만, 그것은 단지 그 방법론이
공허하고 반박할 수 없는 허구를 가지고 움직일 뿐이기 때문이다. 모든 사실적 차이가
도외시될 수 있다면, 이미 더 이상 이러한 사실적 어려움이나 의심도 있을 수 없다.
예컨대 법률과 판결의 구별 또는 트리펠(Triepel)이 말하는 소송판결과 이해조정과의
근본적인 구별41)이 무용지물로 된다. 법을 사법으로 변화시켜버리고, 사법을 다시 형식화
하여 재판당국이 내리는 모든 것을 사법이라고 부른다면, 법치국가라는 문제는 곧 해결되
고, 정치의 방침을 다만 라이히 재판소의 신의성실에 따라서 결정짓는 것도 가능하게
될 것이다.

예견할 수 없는 관할권한이 부여된 국사재판소가 요구되는, 그 자명함의 일부는
그러한 개념의 교환에 근거를 둘는지도 모른다. 그러나 여기에서 나오는 것은, 구체적
제도가 아니며 이처럼 어떤 소박한 방법으로 「법치국가」를 불러내는 것은 회피해야
할 것이다. 법치국가라는 말만으로써는 우리들의 문제에 대해서 아무것도 결정을 보지
못한다. 법치국가를 불러넴으로써 완전히 다양하고 서로 모순되는 제도들을 요구할
수 있다. 예컨대 저명한 저술가들에 의해서 법관의 부수적인 심사권이 유일한 법치국가적

것이었다(1891년 구 뷔르템베르크 헌법 제187조 이하를 참조)

37) Adolf Trendelenburg, Naturrecht 1869, S. 375.

38) 1826년 4월 29일의 포르투갈 헌법 제71조(Dareste, S. 497)와 1824년 3월 25일의 브라질 헌법 제98조는
국왕 내지 황제를 「전체 정치조직의 열쇠」라 부르고 다른 정치권력들의 균형과 조화의 독립을 보전하기
위하여 항상 감시한다는 임무를 할당하고 있다. 후술 주 99 참조.

39) 「헌법의 사법적 보호」라는 표현은 예컨대 1819년의 뷔르템베르크 헌법 제195조에 나타나 있으며, 헌법을
보호하기 위한 다른 제도들을 사법적으로 제도로부터 구별하고 그럼으로써 사법적 보호의 잘못되고 위험스
러운 절대화를 예방하기 위하여 특히 적절한 표현이다.

40) Mohl, a. a. O. S. 82; Gnnist, a. a. O. S. 22 참조.

41) Streitigkeit zwischen Reich und Ländern, Berlin, Festgabe für Kahl, Tübingen 1923, S. 19 ff.

방법이 되고, 특별한 국사재판소의 설치에 대해서는 그것이 필연적으로 일반적인 심사권의 제한을 초래할 것이며, 임관 중의 전체 법관에 의해서 산만하게 행사되는 통제가 다만 한곳에 집중됨으로써, 그것이 용이하게 정치적으로 파악되고 영향을 주게 된다는 이유에서 강한 반대가 나오는 것이다. 후고 프로이스(Hugo Preuss)*는 더 나아가 이러한 국사재판소는「고양이에게 생선가게 맡기는 격」이라고 까지 한다.42)「법관의 완전한 심사권이야말로 바로 법치국가를 완성한다」.43) 19세기에는 자주 법치국가라는 동일한 표현에 의해서 내각의 사법형식적 책임성이 요구되고, 이것이 헌법의 초석이며 극치라고 믿었다.「대신의 법적 책임성은 궁극적인 보완으로서 법치국가를 완결한다」고 그나이스트(Gneist)*는 말한다.44)「내각의 법적 책임성은 단지 관리의 책임성의 초석일 뿐만 아니라 대체로 법치국가의 그것이다. 이것은 공법의 상태의 최고의 보장이며, 이것 없이는 한 국민의 공법 전체가 불완전한 법(lex imperfecta)으로 남는다」.45) 그러는 그동안 경험이 가르치는 바에 의하면, 바로 사법형식적인 내각책임성이 정치적인 그것에 비하여 상당히 무의미하고 중요성이 없으며, 그러한 사법형식성이 사법형식성의 완성에 비례하여 동일한 정도로 문제가 된다는 사실이다. 여하튼 이미 이러한 역사적 경험에서, 또한「법치국가」라는 말의 다의성에서, 추상적으로「법치국가」를 불러내는 것은 오히려 그만 두고, 그 대신 구체적인 헌법이론의 구별과 개념들을 사용하는 편이 낫다는 사실이 밝혀진다.

법치국가란 말의 오해성과 안이함을 별도로 하고, 나아가 독일에서 다수의 고등법원에 의해서 행사되는 산만한 심사권의 집중과 집약화에 대한 광범위한 욕구를 별도로 하더라도, 아마도 더욱 사람들이 오늘날의 사법형식적으로 판결을 내리는 법원을 헌법의 수호자로 삼으려는데 대한 또 다른 보다 흥미 있는 설명이 있을 것이다. 수호자를 요구한다는 경우에는 물론 특정한 보호가 기대되며, 그 때에 특정한 방향에서 나오는 특정한 위험이 전제로 된다. 수호자는 추상적으로 무한정하지 않으며, 완전히 특정한 구체적으로 의심되어야 할 위험에 대하여 보전해야 할 것이다. 그런데 일찍이 19세기에는 위험은 정부측에서, 즉「집행부」의 영역에서 압박을 받은 데 대하여, 오늘날 걱정은 무엇보다도 먼저 **입법자**에게 향하고 있다. 오늘날에는 헌법률적 규정이 이미 대부분 종래에는 단순한 입법의 문제였던 특정한 문제와 이익들을 이 입법자, 즉 교체하는 의회 다수파에 대하여 방위한다는 임무에 복종한다. 헌법률적「정착」이 특정한 이익들, 특히 소수파의 이익을

---

42) Prot. S. 483/84. 앞에서 언급한 아플라스의 제의에 반대하여, 나아가서는 Morstein Marx, a. a. O. S. 116 f. (오스트리아의 모범에 반대하여), S. 139 (제시안에 나타나 있는 라이히 재판소의 감독에 반대하여).

43) Stool, Iherings J. 2. Folge 40, 201. 마찬가지로 Morstein Marx, a. a. O. S. 151/52도.「다름 아닌 입법의 합법성, 입법의 사법형식성」이 통상의 심급 내에서의 사법심사의 권한에 의해서 실현되는 것이다. 이것이야말로 법치국가의 완성이다.

44) Der Rechtsstaat, Berlin 1872, S. 175.

45) Schulze, Preußisches Staatsrecht II, S. 905. 그에게 동조하는 Pistorius, Der Staatsgerichtshof und die Ministerverantwortlichkeit nach heutigen Deutschen Staatsrecht, Tübingen 1891, S. 209.

그때그때의 다수파에 대하여 확보하기 위한 것으로 된다. 이 점에 주목할 만한 기능변화가, 또한 민주적인 다수결원리와 대항하는 경향이 존재한다. 근래에 이르러서는 다시 소수파의 보호, 다수파와 소수파 간의 부단한 타협이야말로 본래 민주주의의 본질이라고 까지 말해지고,[46] 이것은 정치적 슬로간이 어떻게 정반대의 것으로 뒤바뀔 수 있는가 하는 귀여운 예시이다. 왜냐하면 민주주의란 다수파의 지배이며, 소수파와의 타협은 아니라는 것이 종래에는 확정적인 것이라고 생각되었기 때문이다. 그러나 그것은 어떻든, 이러한 헌법률적 규제의 기능변화에는 물론 언제나 헌법의 수호자라는 관념의 변화도 뒤따르며, 19세기에는 무엇보다도 먼저 정부에 대한 방어가 생각된데 반하여, 오늘날에는 자주 의회다수파의 입법에 대한 방어만을 염두에 두는 것이다. 그런데 헌법에 대한 위험이 이리하여 입법의 영역에서 압박을 받게 된다면, 입법자를 수호자로 맡기는 것은 불가능하다. 집행부의 영역에서는 여러 세기에 걸친 정부와의 헌법투쟁의 인상이 항상 여전히 남아있기 때문에, 거기에서 수호자를 찾지는 않는다. 그리하여 수호자가 입법부의 영역이나 집행부의 영역에서도 찾을 수 없다면, 남는 것은 바로 사법부 이외에는 없는 것처럼 보인다. 거기에 또한 이처럼 다소 의식적인 사고과정에는 독일에서도 권력분립의 학설이 그 통례의 3분법과 함께 ― 국법의 문헌에서도 그것이 걸치게 된 안이한 이론(異論)과 오해의 외피(外被)에도 불구하고 ― 얼마나 뿌리 깊게 살아있는가를 보여준다.

따라서 우선 먼저 다음의 문제가 제기되어야 한다. 즉 헌법의 수호자를 사법의 영역 내에 설정하는 것은 어디까지 가능한가? 헌법의 수호자의 기능은 원칙적이며 일반적으로 사법형식적으로 보유할 수 있는가? 또한 이러한 행위는 가령 그 행사가 사법형식성이란 외견을 걸치고 있다 하더라도 사실상으로 여전히 사법인가? 그리고 사법형식성은 종류가 다르고 또한 여하튼 고도로 정치적인 권한의 오도된 가장에 불과한 것인가? 하는 문제이다.

이 문제에 대답하기 위해서는 먼저 헌법률적 규정들의 위반의 결과가 진정한 형사와 민사 내지 행정재판상의 소송이 되는, 사례들이 문제가 된다. 민사와 행정재판권의 경우에는 재판에 의한 보호에는 한쪽의, 그리고 그 요구들의 법적 이익에 봉사한다. 헌법 그 자체의 보호에 봉사하는 것은 다만 특정한 범죄, 즉 대반역죄나 그 밖의 헌법을 (개별적인 헌법률적 규정과는 달리) 전체로서의 형법상의 보호대상이 되는 유죄행위에 관계되는 형사소송뿐이다. 이와 같은 소송의 정치적 성격은 통상의 형사재판 관할로부터 일탈이 도입된다는 점에 나타난다. 예컨대 대반역죄 소송에서는 라이히 재판소가 제1심이며 최종심의 관할권한을 가진다(법원조직법 제134조). 1922년 7월 21일의 공화국보호에 관한 법률(Reichsgesetzblatt I, S. 525)은 정치적인 형사재판권의 특별법원으로서 특별한 국사재판소를 설치하고 있다. 다른 국가들에서는 영국 상원의 모범에 따라서 제2원이

46) Kelsen, Bericht vom Staatsrechtslehrertag 1928, Veröffentlichungen der Vereinigung der Deutschen Staatsrechtslehrer, Heft 5, S. 81. 아마도 A. Hensel, AöR. Bd. 15 S. 415가 매우 적절하고 재치있게 확인한, 군주주의논자 「형식적」 개념 이외에 여전히 유추적으로 구성된 민주주의논자의 형식적 개념도 또한 존재할 것이다.

국사재판소로서의 관할권한을 가진다. 예컨대 1875년 2월 24일의 프랑스 헌법률 제9조*에 의하면, 제2원 즉 상원이 법정(法廷, cour de justice)으로서 구성된다. 일관된 법치국가에서도 그러한 사례들은 정치적인 이해에서 통상의 형사법정의 일반적 관할권으로부터의 일탈이 행구해진다.47) 그러한 종류의 변용에도 불구하고, 여기서 여전히 문제가 되는 것은 과거에 행해진 범죄에 대한 사후의 징벌이며, 억압적 및 보복적인 형사재판이다. 이러한 형사재판은 중요하고 중대한 문제이며, 광의의 그리고 일반적인 의미에서 헌법의 보호라고 부를 수 있다. 그러나 그럼에도 불구하고 헌법의 수호자의 문제가 이것으로써 해결되는 것은 아니다. 왜냐하면 사법형식성과 재판형식성의 결과, 헌법의 보호가 이미 완결된 과거의 사태에 한정되고, 진실로 문제가 되는 헌법의 보호의 사례들은 사법형식적 파악의 권외에 남기 때문이다. 언제나 기존의 사태들만이 기존의 법률 규정들에 포섭되기 때문에 사법화를 일관하여 누루고 당사자 쌍방이 있는 정규의 소송절차를 만들자마자 이러한 보호는 본질적으로 사후의 수정이 될 뿐이다.

대신의 탄핵을 위한 법원들의 운명은 이 점에 관하여 교훈이 많은 것이다. 이 제도의 자유주의적 선구자인 방자맹 콩스탕(Benjamin Constant)*은 대신탄핵의 특수성과 이질성을 완전히 의식하고 있었다. 그는 보통은 법치국가적 이유에서 형법과 형사소송법에 관하여 명확한 포섭가능성을 요구해야 하는 데에 대신의 책임성에 관한 법률이 「명확하거나 상세하지 않아도」 좋다는 점을 지적하였다. 「이것은 그 본성상 또한 적용상 불가피하며 임기응변적인 것을 가지는 **정치적 법률**이다」. 그 때문에 또한 특별한 종류의 법원, 즉 독립성과 중립성이란 점에서 걸출한 상원이 관할권을 갖지 않으면 안 된다 라고. 본질적인 것, 동시에 또한 일반적인 보정책은 이 경우에도 또한 「토론의 공개성」(la publicité de la discussion)이라는 이러한 자유주의적 사고의 중심관념이다. 대신의 통상의 형사소송에 보여지는, 피고의 보호를 위한 보장들이 여기서는 적용되지 아니하는 점에 관하여 고충을 호소할 수는 없다. 왜냐하면 대신은 자신이 복무하는 국가와의 사이에 특별한 계약을 맺고 있기 때문이다. 그의 명예욕이 대신이라는 높고 빛나는 지위에 의해서 만족되기 때문에, 그는 이러한 정치적 소송의 위험도 자신이 감수해야 하며, 광범하게는 자유재량(arbitraire)에 의해서 재결되는 법정 앞에 서지 않으면 안 된다. 「다만, 이 재량은 동일한 사물 자체의 의미에 포함된 것이다」. 이 점은 형식의 장엄함·토론의 공개성·여론의 반응·법관의 고귀함·형벌의 특수성에 의해서 완화된다.48) 여기서 시민적 법치국가에 대한 고전적 대표자의 논술을 상기하는 것은, 그것이 절차의 특수성과 정치적 재판의 곤란성에 대한 당연한 감각을 나타내며, 또한 이 문제가 오늘날 빠져있는 생경한 추상과는 확실히 거리가 멀기 때문이다. 그러나 정치적 재판의 특수성에 대하여 그만큼 커다란 고려를 지불하여도 사법형식성이 가지는 정치적인 마비효과는 역시 피하기 어렵다.

47) 이러한 정치적 재판의 문제에 관하여는 C. Schmitt, Verfassungslehre, S. 134. 나아가 H. Triepel, Bericht vom Staatsrechtslehrertag 1928, a. a. O. S. 9 ff.
48) De la responsabilité des ministres, Paris 1815, S. 36, 44, 52 기타. 시민적 법치국가와 의회제도의 헌법이론에 대한 콩스탕의 위대한 의의에 관하여는 후술 주 98 이하 참조.

19세기의 경험들이 이것을 보여준다. 그렇다. 이것이야말로 19세기에 있어서의 본래의 헌법사적 경험이며, 또한 독일의 군주제와 독일의 시민층 간의 국내정치적 항쟁 전체의 핵심이었다고 말할 수 있는 것이다. 왜냐하면 독일 입헌군주제에 있어서 대신의 사법형식적 책임성은 바로 대신의 정치적 책임성을 저지하고, 「책임성 전체를 정치적으로 무해하게 만든다」49)는 정치적 의미를 지녔기 때문이다. 사법형식성은 정치적으로 무력하게 만들기 위한 확실한 수단이었다. 사람들은, 국사재판소는 「그것이 존재하는 것이 한 번도 그것이 활동할 필요가 없다는 결과를 낳는다면」, 이미 그 목적을 수행하고 있다고 하며 스스로 위안하였다.50) 오늘날에는 대신의 사법형식적 책임성이란 제도는 그 의의를 상실해 버렸으며, 의회와 군주제 간의 항쟁들의 잔재인 바이마르 헌법 제59조*는 라이히 헌법뿐만 아니라 라이히 법률에 위반하였다고 하여 유죄로서 탄핵될 수 있다고 규정함으로써 책임성의 사태와 대상을 일반적 무한계성에로 해소시켜 버리는 것이다.51)

　이러한 헌법사적 경험을 다시 명확히 하기 위하여 19세기의 헌법쟁송의 가장 유명하고 중요한 사례인 1862년부터 64년에 이르는 프로이센 분쟁을 계기로 하여 가장 유명한 독일의 국법학자 안쉬츠(Anschütz)*의 교과서를 수중에 넣어 그 판정을 시도해 본다. 안쉬츠는 일반적인 관할권한을 가진 국사재판소의 요청을 특히 단정적으로 일반적인 법치국가적 요청으로서 대변하고 있다.52) 그의 표명과 입장들을 이 흥미깊은 헌법쟁송에 적용한다면 다음과 같이 된다. 즉 국사재판소가 (정치적인 문제없이) 법적인 문제만을 결정할 수 없는 것은 안쉬츠에 의하면 「자명한 것」이다. 「이 점에 대해서 그 이상 어떤 것을 논평하지 않으면 안 된다고 생각하지는 아니한다」라고 그는 말한다.53) 그러나 프로이센 헌법분쟁의 핵심이었던, 정부는 예산법 없이 정무를 계속해도 좋은가 하는 문제에 대해서 그는 ― 말 그대로 인용하면 ― 「국법은 여기서 끝난다. 예산법이 존재하지 아니한 경우에 어떻게 해야 할 것인가는 법적인 문제가 아니다」54)라고 말한다.* 또한 안쉬츠에 의하면, 이 프로이센 헌법분쟁에 대해서 판정해야 할 프로이센 또는 독일의 국사재판소는 무엇을 할 수 있었을 것인가? 한편으로는 국사재판소가 「순수하게 법적인 문제」에 한정하고, 다른 한편으로는 국법이 여기에서 끝나는 것이다. 1862년의 프로이센 헌법분쟁과 같은 구체적이고 중대한 사례에 직면한 경우에, 안쉬츠가 말하는 바에 근거하면 판결의 가능성은 결코 일어나지 아니한다. 그렇지만 이러한 법원의 법치국가적 가치는 바로 헌법쟁송 사건에도 또한 사법화되고 판결에 의해서 결정된다는 점에 있다는 것이다.

---

49) Verfassungslehre, S. 331 (김기범역, 『헌법이론』, 359면).
50) Pistorius, a. a. O. S. 209.
51) 제59조의 비판에 대해서는 무엇보다 Binding, Die staatsrechtliche Verantwortlichkeit (Zum Leben und Werden der Staaten, München und Leipzig 1920, S. 408). 「이러한 대신탄핵 속에는 국왕과 국민과 국민 간의 계약이라는 공동창시성에서 생겨난, 그 종래의 본성상 티끌만큼도 내포되어 있지 않다는 사실은 자명하다」. 그 밖의 점에서 빈딩이 구성하려는 시도들에 대해서는 이 논문의 제5장(후술 주 105)을 참조.
52) 전술한 주 7 참조.
53) Verhandlungen des Deutschen Juristentags 1926, Berlin 1927, S. 13.
54) Meyer-Anschütz, Lehrbuch des Deutschen Staatsrechts 1919, 7. Auflage, S. 906.

무엇보다도 이처럼 단순한 확인으로 훌륭한 국법학자의 교설을 경멸하고 비난하려는 것은 아니다. 오히려 그의 견해가 심각한 헌법분쟁 때마다 빠지는 어려움과 모순들은 진정한 사법과 진정한 헌법분쟁의 결합을 배제하는 사물의 본성에 있는 것이다.

　이러한 결합의 문제성은 R. 스멘트(그의 저서 『헌법과 헌법규정』〔Verfassung und Verfassungsrecht〕에서)와 H. 트리펠(1928년도 독일 국법학자대회의 보고에서)이 서술하고 있다.[55] 그들의 논술에서는 이 논문의 다음 제3장에서 바로 국법학자대회의 제2 보고자인 한스 켈젠(Hans Kelsen)의 논거[56]에 대한 소견의 형식으로 이론적 측면의 보충을 첨가하기로 한다. 그러나 지금까지의 역사적 경험만으로도 국사재판소에 관해서는 단순한 대안을 제시할 수 있는데, 이 대안이란 대신탄핵을 위한 국사재판소의 경우에는 곧 명백하며, 이른바 「헌법재판」의 여러 가지 형태에서 끊임없이 반복되고 있다. 즉 하나에는 의심할 여지없이 확인할 수 있는 공공연한 헌법위반이 현재 존재하는 경우이며, 그 때에 법원은 억압적이며 징벌적인 사법권을 행사하며, 어떠한 형식으로 과거의 행위에 유죄판결을 내린다. 또 하나에는 사태가 의심스럽고 불분명 ― 사실적 이유에서든 또는 일반적으로 모든 성문헌법에 불가피한 불완전성과 개념의 광범위함이든, 또는 특히 바이마르 헌법 제2편의 특수성 때문이든 ― 하다는 경우이며, 그 때에는 「순수하게 법적인 문제」는 존재하지 않으며, 법원의 결정은 판결과는 별도의, 즉 사법과는 별개의 것이다. 모든 철저한 사법형식성의 내적 논리는 필연적으로 진정한 판결은 항상 **사후**에 실현한다는 결론을 유도한다. 이러한 불편을 법원의 가처분[57] 내지는 그것에 유사한 것으로 보장하려고 한다면, 그때에 법관은 정치적인 조치들을 강구하거나 저지하며, 또한 자신을 국가의 내정상의, 경우에 따라서는 대외정치의 강력한 요소로 만드는 방법으로 정치적으로 적극적이 된다는 입장에 빠진다. 그 경우에는 그의 법관으로서의 독립성은 이미 그를 정치적 책임 ― 대체로 정치적 책임이라는 것이 여전히 존속한다면 ― 으로부터 더 이상 보호할 수는 없다. 법관의 독립성은 그것이 헌법률적 규정들의 명백한 내용으로부터 소원해지는데 비례하여 그 헌법상의 기초를 상실하는 것이다. 사법이 사법으로 머무르는 한, 정치적으로는 항상 뒤늦게 오며, 더욱이 절차가 철저하고 신중하게 법치국가적이며 사법형식적으로 형성되면 될수록 더욱 그렇다는 사실은 바로 피할 수 없는 것이다. 의심할 여지가 없는 헌법위반 ― 이것은 문화국가에서는 결코 일상적인 것은 아니겠지만 ― 의 경우에는 이러한 절차가 유리한 때에는 유죄자의 처벌, 과거에 있어서의 부정의 보상을 실현한다. 의심스러운 경우에는 법관의 독립성과 그 전제인 법률에의 엄격한 구속 간의 부조화가 나타난다.

　이것은 대신탄핵의 전개에 의해서 뿐만 아니라 다른 실제적 경험에 의해서도 뒷받침되

---

55) Smend, a. a. O. S. 135; Triepel in den Veröffentlichungen der Vereinigung deutscher Staatsrechtslehrer, Band 5, 1929, S. 8. 즉 「헌법의 본질은 **어느 정도까지**(bis zu einem gewissen Grade) 헌법재판권의 본질과 모순된다」(「어느 정도까지」는 원문에서 격자체임).
56) A. a. O. S. 30 ff.
57) 제19조에 의한 독일 국사재판소의 가처분 실제에 관하여는 F. Giese, DJZ. 1929. Sp. 1 f.

956 제6편 헌법의 보장

고 있다. 연방조직에 있어서의 국사재판소의 특수성, 그리고 라이히 헌법 제19조에 근거한 독일 라이히 국사재판소에 관해서는 뒤에(이 논문 제4장에서) 더욱 논하기로 한다. 헌법보호와 사법의 관계에 대해서 항상 일관된 일반적 원리는, 정치생활의 현실 도처에서 인식할 수 있다. 그러므로 가장 일관되고 가장 솔직한 법치국가에서도 헌법에의 고려가 표면화하자마자 사법형식성에 대한 수정과 변용이 불가피하게 된다. 무엇 때문에 어떤 국가에서나 반역죄 또는 국가의 기초에 대한 침해와 같은 범죄에 대하여 일반적인 통상의 형사법원의 관할권한을 피하고, 최고법원이 제1심이며 최종심으로 관할해야 할 것으로 선언되고, 그렇지 않으면 국가의 보호를 위한 특별한 국사재판소에게 특별법원으로서 설치되기까지 하는가? 어떠한 권리에 의해서 통상의 법원의 심사관할권한이 국사재판소 내지 헌법재판소에 의해서 제약·배제되며, 또한 어떠한 권리에 의해서 심리를 이 국사재 판소 내지 헌법재판소에 가져오기 위한 제소권을 (정부·의회 등의) 특정한 정치적 부국에 만 부여하는가?[58] 무엇 때문에 예컨대 연방조세법의 영역에서 라이히 재정재판소의 관할권한과 라이히 참의원의 그것 간에 행해지고 있는 법적 문제와 합목적성의 문제 간의 구별이 합리적이며 불가피한 것인가?[59] 무엇 때문에 라이히 철도재판소의 결정에 대하여 라이히 정부 또는 라이히 철도회사의 누군가가, 만약 판결의 수행으로 복구채권(復舊債權)의 이자와 상환업무(償還業務)가 위험스럽게 된다고 생각하는 경우에는 중재자를 청구할 수 있다는 가능성이 예견되는가?[60] 라이히 철도재판소와 같은 특별법원의 결정에 대해서 합목적성의 근거에서 나오는 이러한 수정이 필요하게 되면, 독일 라이히의 모든 헌법쟁송사건에 대해서 판결을 내려야 하는 법원의 결정에 대해서도 적어도 마찬가지로 수정이 필요한 것은 아닐까? 그리고 만약 그것이 필요하다면 이로써 이미 절대적 사법형식 성이 다시 배제된 것은 아닌가?

　　이 어려운 문제가 구체적인 헌법상의 의식(意識)을 가지고 논의되는 한은, 일반적인 「헌법재판」이라는 용어는 항상 회피하여 왔다. 이러한 이념들의 아버지인 시에예스는 헌법위반에 대항하여 헌법을 지키기 위해서 설치되어야할 **헌법심정**(憲法審廷, jury

---

58) 1926년의 독일안(DJZ. 1926, Sp. 842)에 의하면, 라이히 의회, 라이히 참의원 또는 라이히 정부는 국사재판소의 결정을 청구할 수 있다고 되어 있다. 그 밖의 예시들은 Verfassungslehre, S. 137. 이러한 제소권을 한정하는 순정치적인 의미에 관하여 매우 주목할 만한 비판으로서는 Morstein Marx, a. a. O. S. 116 ff.

59) 1926년 4월 27일의 라이히, 각 주, 각 자치단체 간의 재정 조정에 관한 법률(RGBl. I S. 202) 제6조(S. 719). 주법(州法)상의 조세규정이 라이히 법에 일치하는가의 여부에 관하여 라이히 재무장관과 주 정부 간에 의견의 차이가 생긴 경우에는, 라이히 재무장관 또는 주 정부의 제소에 의해서 라이히 재정재판소가 결정한다. 관할권은 라이히 조세규정 제46조 2항 1문에 규정된 구성에 의한 대법정에 있다. 주세(州稅)나 지방세가 라이히 세수(稅收)를 해하거나 또는 라이히 재정의 우월적 관심이 조세징수에 방해가 되는가하는 문제에 관하여는 라이히 재무장관 또는 주정부의 제소에 의해서 라이히 참의원이 결정한다.

60) 1924년 8월 30일의 독일 라이히 철도회사에 관한 라이히의 법률(라이히 철도법) 제44조 3항(RGBl. II S. 272). 라이히 정부 또는 공사(公社)가 재판소의 결정을 수행함으로써 복구채권의 이자와 상환업무가 위협을 받는다고 생각되는 경우에는 쌍방의 누구든지 결정 통지 후 1개월의 기간 내에 중재자(제45조)를 청구할 수 있다.

constitutionnaire), **헌법심의회**(magistrature constitutionnelle)라는 용어만을 사용하였다. 이 심의회는 집행부와 정부의 영역에서가 아니며, 입법부의 영역에서도 아니며, 바로 헌법심의회라고 한다. 그는 이것을 분명히 사법이라고는 부르지 않고, 오히려 그가 이것을 헌법제정권력의 일부라고 보고, 또는 적어도 그 권력의 행사 중에 포함한 것을 추측케 한다.[61] 헌법을 감시하는 배심법원에 언급하는, 이 시기의 스위스 헌법초안들에서도 마찬가지로 기존의 헌법위반에 대한 고발이 문제되고 있다.[62] 그 후 나폴레옹 헌법에서 감시역할의 기능을 가진 **상원**(sénat conservateur)이 헌법의 수호자가 됨으로써 이미 또한 사법의 영역을 떠나고 입법기관이 관할권한을 가지게 되었다. 자유주의적 법치국가 론자, 특히 방자맹 콩스탕과 기조(Guizot)는 사법의 본래적인 한계를 계속 의식하고, 이에 대해서는 자주 경구식의 적확한 말을 서술한다. 콩스탕은 앞서 인용한 대신탄핵에 관한 논술에서,[63] 또한 기조는 그러한 사법화에 의해서 「정치는 아무것도 얻지 못하고 사법은 모든 것을 잃는다」[64]라고 하는데, 이 말은 오늘날의 독일에서는 빈번하지 않게 반복할 수 있는 것이다. 19세기의 자유주의적 독일에서의 법치국가적 사상을 가진 헌법학 자들은 주로 대신탄핵 ― 당시 대신책임성의 유일한 도구였다 ― 에, 또는 국왕의 명령들에 대한 법관의 심사권[65]에 관심을 가지고 있으나, 이 때에도 절대적 사법형식성이라는 천박한 의제(擬制)들은 회피된다.[66] 후에는 전전기(戰前期)의 안정 속에서 안이한 형식주 의에 안주할 수 있었다. 그러나 구체적인 정치적 대립들이 다시 돌발하자마자 곧 사법형식 성은 모두 좁은 한계 내로 제한되었다는 의식이 자각되고, 그리고 1919년에 전쟁책임의 문제를 이러한 수단으로 결정하려는 시도가 행해진 때에는 에리히 카우프만(Erich Kaufmann)*이 인상 깊은 저서에서 사법의 법치국가적 한계를 상기시킨 것이다.[67]

3.

원칙적인 헌법이론상의 문제에 대답하기 위해서는 여기서 다시 한 번 독립적인 사법

---

61) André Blondel, a. a. O. S. 174 f.의 입증.

62) 이 점에 관하여는 Ed. His, Geschichte des neueren Schweizerischen Staatsrechtes Bd. I, Basel 1921, S. 196/202.

63) 전술한 주 48.

64) Des conspirations et de la justice politique, Brüssel 1846, S. 101. 라이히 재판소 소장 시몬즈 박사와 라이히 정부와의 충돌에서 이 문장은 유감스럽게 개인적인 관점에서도 실증되었다.

65) 이 심사권의 정치적 의미에 관하여는 후술하는 제5장 주 139 참조.

66) 예컨대 Mohl, Bemerkungen über die französische Verfassung von 1848, a. a. O. S. 561-64; Gneist, Gutachten S. 23. 헌법의 일반원칙들과의 저촉에 대한 사후심사는 아니다. 그나이스트의 오해받는 문장은, 즉 「헌법 각 조문에 대해서는 판결이 해석을 대신한다」(Der Rechtsstaat, 1867, S. 175)는 것은 행정재판권에 대해서 서술한 것이다. 그 밖의 점에 관하여는 후술하는 주 122와 132 참조. Bluntschli, a. a. O. Ⅱ, S. 550 f.; A. Haenel, Deutsches Staatsrecht I. Bd.(1892), S. 562 ff.는 구성 주들의 내부에서의 헌법쟁송 사건에 있어서 연방재판권을 (司法이 아니라) 「州의 관리」라는 체계적인 관련 속에서 다룬다.

67) Untersuchungsausschuß und Staatsgerichtshof, Berlin 1920, S. 83 f. 「재판절차의 개념」에 대해서.

없이는 시민적 법치국가는 없으며, 법률에의 내용적 구속 없이는 독립한 사법은 없으며,
법률과 판결의 사실적 차이 없이는 법률에의 내용적 구속은 없다는 것을 반복할 필요가
있다. 시민적 법치국가는 실로 다양한 권력의 사실적 구별 위에 서 있다. 독일 입헌군주제의
국법이론에 통례였듯이, 권력들 간의 구별을 절대주의적 경향에서 거부할 수는 없다.
법관에 대해서 일정한 자유를 인정할 수도 있다. 그러나 입법자의 사항인 정치적 결정을
법관에게 맡기는 것은 그 국법상의 지위를 변경하지 않고서는 불가능하다. 입법과 사법과
의 원리적 구별은 개별적 사례에서의 한계지우는 어려움에, 한계교차의 가능성 등을
지적함으로써, 또는 통례의 (입법·행정·사법의) 3분법 이외에 더욱 다른 분할과 구별이
가능하다고 시사함으로써 반박된다는 것도 아니다. 라르노드(Larnaude)[68]*가 정당하게
말하듯이, 권력을 구별하는 방식은 국가의 수만큼 있다. 그러나 다양하다는 것은 대체로
어떠한 구별도 존재하지 않거나 또는 입법과 사법과의 모든 차이를 경시하는 것이 법일
수 있다는 것을 증명하지는 아니한다. 시민적 법치국가에 관해서는 항상 여전히 시민적
법치국가의 의미에 있어서의 입법, 집행(정부와 행정), 사법이라는 사실적 구별을 하지
않는 국가에는 「어떠한 헌법」도 없다는 것이다.[69]

시민적 법치국가에서는 사법은 단지 법률에 **근거하여** 판결로서만 존재한다. 19세기
이후의 모든 독일 헌법에 전형적으로 사용되는 **「법률에 근거하여」**라는 표현형식은 시민적
법치국가의 조직에 대해서 중심적인 의미를 가진다. 나는 최근 수년간에 자주 그것을
지적하고 체계적 관련을 명확히 하였다.[70] **이러한 형식이 모든 독일 헌법에 대해서
가지는 의미는 앵글로 색슨의 헌법규정에 대한,「적법절차」**(due process of law)*라는
형식의 그것에 못지 아니한 것이다. 또한 여기에서 나오는 것은 법률과 판결이, 따라서
입법자와 법관이 구별되어야 한다는 것이다. 권력분립의 실시가 여러 국가들에서 얼마나
다양할지라도, 법치국가적 권력분립의 의의는 항상 국가적 기능들의 조직적 배분에는,
적어도 통상적인 관할권한의 규정에 관해서는 활동의 사실적 차이성이 대응한다는 것이
다. 법률은 판결이 아니다. 판결은 법률이 아니며 법률에 근거한 한 「사건」의 재정이다.
이것 없이 「적법절차」는 존재하지 아니한다. 법치국가에서의 법관의 특별한 지위·그
객관성·당파들을 초월하는 지위·그 독립성과 파면불가능성, 이러한 모든 것들은 단지
법관이 바로 법률에 근거하여 판결하고, 그 판결이 **내용적으로** 법률에 이미 포함된
다른 결정으로부터 도출되었다는 점에 근거한다는 것에 불과하다. 예외적으로 입법부국
(立法部局)이 입법의 형식으로 입법 이외의 기능들을 인지하는 경우에는 이것을 「형식적
입법」이라고 부를 수 있으나, 이것은 마찬가지로 관할 권한을 가진다고 명언하는 재판당국

68) Revue politique et parlement, 126 (1926), S. 186.
69) Verfassungslehre, S. 127 (역서, 149면).
70) Verfassungslehre, S. 152 (역서, 173면). Unabhängigkeit der Richter, Gleichheit vor dem Gesetz
    und Gewährleistung des Privateigentums nach der Weimarer Verfassung, Berlin 1926, S. 17/18,
    JW. 1926, S. 2271. 오해된 것은 R. Grau, Der Vorrang der Bundeskompetenz, Festschrift für
    Heinitz, 1926, S. 403.

이 이리하여 사법의 사실적 영역을 초월하여 활동하는 경우에도 사법의 형식적 개념이라는 말을 사용할 수 있는 것과 동일하다. 그렇다고 하여, 이것만으로 사태를 단순히 뒤바꾸어 놓고 입법부국이 입법의 형식으로 처리하는 모든 것이 법률이며, 법원이 하는 모든 것이 사법이라고 칭하는 추상적 형식주의에 의한 전도가 허용되지는 아니한다. 이러한 종류의 논리는 계속되어 나아가며 다음과 같이 전개된다. 즉 사법이란 법관이 하는 것이며, 그래서 법관이 하는 모든 것이 사법이다. 따라서 모든 헌법 쟁송사건이나 견해의 차이를 독립한 법관들에게 판결시키려고 한다면 그것이 헌법재판인 것이다 라고. 이러한 형식적 개념들을 사용한다면 모든 것을 모든 것에 밀어부칠 수 있을 것이다. 모든 것이 사법이 되며 마찬가지로 또한 모든 것이 입법이 되며, 나아가서는 또한 모든 것이 헌법71) 이 될 수 있는 것이다. 합법적 조직은 기만적 허구의 세상으로 바뀌고, 법학은 호프아커 (Hofacker)가 「거위발의 논리」(Gänsebeinlogik)72)라고 이름을 붙인 사고방식의 연습장으로 화하는 것이다.

사실상 존재하는 것은 입법적 사법 이외에 아무것도 아니다. 따라서 입법과 사법과의 사실적 차이는 고수해야 하며, 켈젠이 시도하듯이 헌법으로부터 판결에 이르는 「일관된 단계」73) 등을 구성할 수 없는 것이다. 법관이 법률에 근거하여 한다면, 이미 내용적으로 법률에 규제하고 있으며, 따라서 「(헌법-) 법률에 근거하여」 입법이란 본질적으로 다른 것이다. 「법률에 근거하여」라는 방향이 이처럼 내용적으로 관련된 이외의 것에 전용되고, 「일반」화되는 경우에는, 그 특수한 법치국가적 의미를 상실해 버린다. 언어상의 부정확함을 이용함으로써 입법자 역시 그를 입법자이게 하는 헌법률적 규정들에 「근거하여」 ― 예컨대 라이히 의회는 헌법 제68조에 근거하여 ― 입법하며, 라이히 수상은 라이히 헌법 제56조에 「근거하여」 방침들을 정하며, 라이히 대통령은 라이히 헌법 제48조에 「근거하여」 독재조치를 강구한다고 할 수 있다. 이러한 관할권한의 지정과 「수권」으로부터는 법관의 법률적용과 법률에 「근거한」 판결에서 생각되는 구체적인 국가행위의 내용적 도출은 불가능하다. 법관이 형법상의 규정에 근거하여 피고를 징역에 처하는 경우에 그 징역을 선고하는 판결은, 판결대상의 사례를 구성요건에 맞는 포섭(包攝, tatbestandmäßige Subsumtion)을 가능케 하는 하나의 규범에로, 구성요건에 맞추어 포섭함으로써 내용적으로 법률로부터 도출하는 것이다. 라이히 수상이 라이히 헌법 제56조에 「근거하여」 러시아와의 동맹을 실현하는 경우에는, 이 동맹은 앞의 징역형처럼 구성요건

---

71) 「헌법형식의 이념을 매개로 하여」라고 켈젠 자신이 표현한다(Bericht S. 38).
72) 쇼펜하우어가 재미있게 만든 3단논법, 즉 인간은 두 개의 다리가 있다. 따라서 두 개의 다리를 가진 것은 모두 인간이다. 그러므로 거위는 인간이다. 등등. Gerichtssaal XCIV, S. 213 f. Arch. f. Soz. Wissenschaft XXI, S.18 f.(법운영의 개혁). 이러한 종류의 논리가 법률개념에 관한 이론에 가져온 황폐화에 관하여는 Verfassungslehre, S. 143 f.
73) Bericht, a. a. O. S. 31 f., 42. 마찬가지로 국제공법학회 제1차 총회를 위한 보고(Bericht für die erste Tagung des Institut International de droit public, Paris, 1928)는 Revue de droit public, Juni 1928, S. 17에 수록되어 있다. 그 밖의 점에서는 훌륭한 아이젠만(Ch. Eisenmann)의 저서(앞의 주 27)도 마찬가지로 「규범들의 위계질서」라는 구성을 받아들이고 있다.

에 적합한 포섭에 의해서 내용적으로 라이히 헌법 제56조에서 도출된 것은 아니다. 관할권한의 지정과 내용적 규범화를 구별하여, 「규범」에 사법적인 것과 비사법적인 것이 있음을 간과한다는 것은 남용이다. 판결은 내용적으로 그 기초인 규범으로부터 도출될 수 있으며, 법관을 구속하는 규범이 단지 수권하는 것만이 아니라 현실적으로 구속한다는 것이 판결의 본질에 속하는 것이다. 부정확한 개념들의 여지가 남는다는 것은 가능하지만, 그러나 구성요건에 적합한 포섭이 이미 가능하지 아니할 정도로 「규범」이 멀어지고 무내용하게 된다면, 또는 관할권한의 지정만이 존재하지 아니한다면 사법적 규범이 상실됨에 따라서 가능한 사법형식성을 위한 기초가 상실되는 것이다. 가령 정치의 방침들이 라이히 수상에 의해서가 아니라 라이히 재판소에 의해서 법관으로서의 독립성의 보호 아래 정해졌다고 하더라도, 이것은 역시 사법이 아닐 것이다. 예컨대 민사 내지 형사소송법의 전 규정을 「적의(適宜)하게 적용가능한 것」이라고 선언하고, 당사자, 변호인들의 변론에 「근거하여」 구두심리에 의해서 판결을 내린다 하더라도 역시 소송의 — 얼마나 상세하게 나아간다고 하더라도 — 파로디를 연출한다고 하더라도 마찬가지이다.

　　다른 모든 헌법이론상의 문제와 마찬가지로, 「헌법재판」의 문제도 또한 「형식적」 개념들을 이용한다면 간단히 해결할 수 있다. 그러나 입법과 사법과의 사실적 차이와 사법적 규범들과 비사법적 규범들과의 차이에 주목하자마자, 그 쉬운 단순성이 단지 다의성의 체계를 나타낼 뿐이라는 것은 명백해진다. 켈젠이 말하는 일관된 「법질서의 단계구조」 — 이것이 없으면 켈젠의 전체 사고과정은 무너지는데 — 의 난점은 「헌법」이라는 다의적인 말의 다양한 의미(근본규범·정치적인 전체적 결정·「성문헌법조항의 우연적 내용」,[74] 헌법률적 관할지정, 실질적인 헌법률적 개별규범설정 등)나, 또한 많은 종류의 「규범」과 같이 구별되지 아니한 채 서로 혼동된다는 곳에 있다. 그러므로 켈젠의 시도는 아마도 추상적 법이론에 대해서는 몰라도 헌법이론적으로는 문제가 되지 아니한다. 헌법이론적 기초 대신에 「위계제」라는, 또한 「규범들」의 일관된 「단계구조」 내지 「위계제」라는 공허한 법이론적 도식이 주어지고 있어서 특수한 문제는 그르칠 것이다. 헌법재판은 규범들에 대한 규범들의 재판이라든가, 법률들의 (합헌성) 적법성은 「법이론적 및 법기술적으로 판결이나 행정의 적법성에 대한 요청과 마찬가지로 결코 다른 요청은 아니다」[75]라든가, 법률은 그 자체로서 소송의 (기초 대신에) **대상**이 될 수 있다[76]든가 하는 독특한 관념은 이렇게만 설명된다. 법률에는 효력이 강한 것과 약한 것이 있으며, 단순한 법률은 나중의 단순한 법률에 의해서 변경되고 폐지될 수 있는데 반하여, 헌법률은 라이히 헌법 제76조의 가중된 개정조건들 아래서만 변경될 수 있기 때문이라고 하여 「상위」 규범이라든가 「하위」 규범이라든가 하는 것도 어느 정도 정당하다. 이러한 표현은 그것이

---

74) R. Smend, Verfassung und Verfassungsrecht, S. 132.
75) Bericht, S. 53.
76) A. a. O. S. 57.

단지 앞의 변경과 폐지의 가능성이라는 그 다양한 정도만을 가리키는 한에서는 사용가능
하며 오해의 소지도 없다. 그런데 거기에서 일반적인 「규범들의 계층제」를 주장하고,
이러한 공상적 도식에서 다양한 셋 내지 네 종류의 상위 및 하위 ― [효력이] 약한 법률에
대한 강한 법률의 「우위」, 판결과 법률의 적용행위에 대한 법률의 「우위」, 부하에 대한
상사의 우의 ― 를 혼동하게 되면 그것은 비유로 화한다. 정당하게는 단지 구체적으로
존재하는 것의 계층제, 구체적 기관들의 상위·하위만이 존재한다. 「규범들의 계층제」라
는 것은 비판과 방법론을 결여한 「규범」의 의인화(擬人化)이며, 우화적인 용어법이다.
하나의 규범이 다른 규범보다도 변경하기 어려운 경우에, 이것은 논리적으로나 법률적으
로나 사회적으로도 있을 수 있는 모든 관점에서 계층제와는 다른 것이다. 헌법률상의
관할 지정은 소관 부서가 발하는 문서에 대해 상급 관청의 관계에 있는 것은 아니며
(왜냐하면 규범설정은 관청이 아니기 때문이다), 말하자면 단순한 법률은 개정에 대해서
조건을 가중하는 법률의 하위의 것은 아니다.

　　이러한 종류의 논리의 일탈성은 마침내 헌법의 수호자 내지 보장자의 문제에서 그
전모를 드러낸다. 법률은 다른 법률의 수호자일 수는 없다. 약한 법률은 물론 강한 법률을
보호하거나 보증할 수가 없다. 그러면 반대로 개정에 대한 조건을 가중시킨 법률이
단순한 법률을 지킨다는 것은 어떻게 되는가? 그렇게 되면 문제는 완전히 뒤바뀐다.
왜냐하면 문제는 헌법률의 보호와 옹호이지 단순한 법률의 그것은 아니다. 그리고 오히려
개정에 대한 조건이 가중된 법률을 단순한 법률에 의한 개정으로부터 지킨다는 것이
문제가 되기 때문이다. 만약 하나의 규범이 규범의 형식으로 자기 자신을 지킬 수 있다면
결코 문제는 생기지 아니한다. 규범은 다른 규범과 비교하여 효력이 강하거나 약하거나
동일하다. 규범들 간에는 어떤 방법으로든 해결해야만 하는 모순이나 충돌들이 있을
수 있다. 하나의 규범은 다른 규범을 내용적으로 반복할 수 있으며, 또한 (예컨대 단순한
법률이 헌법률로서 반복되는 경우처럼) 새로이 강화된 효력이 부여되는 일도 있다. 하나의
규범은 (강화된 「제재」처럼) 새로운 법적 효과의 징벌들에 의한 위하 등을 수반할 수
있으며, 점차 강한 더욱 개정곤란한 규범들이 만들어지는 일도 있다. 그러나 그것이
규범의 형태로 진행하는 한, 보호와 보장은 항상 보다 강력한 규범에 의해서만 달성될
수 있으며, 이것은 헌법률에 대해서는 그것이 개념적으로 최고이며 최강의 규범인 한
바로 이미 불가능한 것이다. 헌법의 수호자의 문제는 요컨대 약한 규범에 대한, 가장
강력한 규범의 보호라는 것이다. 규범주의적 및 형식주의적 논리에 대해서 이것은 원래
문제가 되지 아니한다. 최강의 효력은 보다 약한 것에 의해서 위협받거나 위험하게
될 수 없으며, 여기에서 또 다시 형식주의적인 헌법은 정확히 사실적인 문제가 시작하는
곳에서 끝난다.

　　가령 헌법재판이 단순한 법률에 대한 헌법의 재판이라면, 이것은 하나의 규범 자체의
다른 규범 자체에 대한 재판일 것이다. 그러나 규범에 대한 규범의 재판이라는 것은
존재하지 아니한다. 적어도 「규범」의 개념이 일정한 정밀성을 보유하고, 단지 무한한

다의성의 담당자 — 물론 규범이라는 용어는 뛰어나게 적합하다 — 가 되지 못하는 한에서 말이다. 이미 수년 전에 오토 마이어(Otto Mayer)*가「규범」이라는 말의 남용과 혼란을 강력하게 경고하였다.77) 유감스럽게도 효과는 없었다. 규범들에 관한 규범들의 재판으로서의 헌법재판이라는 관념은 불가능할 것이다. 만약「헌법재판」이라는 말로 판결의 기초로서 이용되는 법률의 종류에 의해서만 규정되는 일종의 재판을 가리키려고 한다면, 라이히 헌법 제131조 내지 제153조에 근거하여 판결되는 민사소송은 모두 헌법재판이다. 또한 헌법(정확하게는 개별적 헌법률)이 소송대상일 수 있는가? 소송판결의 기초가 되는 법률은 그러나 소송대상이 아니며 바로 판결의 기초이다. 또한 헌법률을 의인화하여 법관이라고 생각하고 단순한 법률을 의인화하여 당사자라고 생각할 것인가? 그렇게 되면 헌법재판의 특성은 거기에서는 규범이 법관인 동시에 당사자도 되며, 판결의 기초도 되며, 결국에는 판결주문도 되리라는 점에 있게 될 것이다. 그리고 이처럼 기묘한 소송을 구성할 수 있다는 것은, 단지 추상이 형이상학적으로 되고, 예컨대 그림자 놀이 (Schattenspiel)에서 하나의 형태의 그늘이 다른 형태의 그늘을 통과하여 지나듯이, 개념들이 혼란하게 되는 경우에는 규범이라는 용어로써 착수할 수 있는 모든 것이 가능하다는 것을 입증할 뿐이다.

　　당위와 존재, 규범과 실정(實情, Sachverhalt)의 대립이 그토록 강력하여 이러한 이원론에 법학의 방법론 전체가 입각할 수 있다고 생각해야 한다면, 여기에서 나오는 것은 이미 하나의 규범이 다른 규범에 대한 적용이 실정에 대한 규범의 적용과는 질적으로 다르며, 하나의 법률이 다른 법률에의 포섭(Subsumtion)(그것이 원래 생각할 수 있는 경우에) 이 존재적 실정에 대한 법률의 포섭과는 본질적으로 다르다는 귀결이 도출되지 않을 수 없다. 단순한 법률과 헌법률 간의 모순이 확인되고, 그리고 단순한 법률의 무효가 선고되어야 한다면, 이것은 법률의 개별적 사례에 대한 사법적 적용과 동일한 의미에서 단순한 법률에 대한 헌법률의 적용이라고 부를 수는 없다. 전자의 경우에는 하나의 규범이 서로 대비되며 매우 다양한 이유에서 생길 수 있는 충돌과 모순이 있는 때에 한쪽이 다른 한쪽을 실효시키는 것이다. 후자의 경우, 즉 법률의 구체적 실정에 대한 사법적 적용에서는 구체적 사례가 일반적 개념들(과 법률적「구성요건」)에 포섭된다. 만약 헌법률이 신학부는 존속된다고 규정하고, 단순한 법률이 그것과 반대로 신학부는 폐지된다고 규정한다면, 그 경우에 헌법률의 적용은 신학부를 존속시키는 것이며, 단순한 법률의 적용은 신학부를 폐지하는 것이다. 이 점에 대해서는 이론(異論)을 잘 제기할 수 없을 것이다. 두 경우에 실정에 대한 법률의 적용이 문제가 되며, 양자의 경우에는 동일한 방법으로 법률에의 실정에 적합한 포섭에 의해서 판결이 얻어지는 것이다. 그런데 한 법률의 내용이 다른 법률의 내용과 저촉되고 충돌 내지 모순이 확인되고, 서로 모순되는 양 법률 중 어느 것이 실효를 가질 것인가 하는 물음이 제기된 경우에는, 일반적인 규정이 서로 비교되며, 그러나 상호간에 포섭하거나 차례로「적용되는」것은 아니다.

---

77) Verwaltungsrecht I, 3. Auflage, S. 84 Anm.

하나의 또는 다른 일반적 규정이 실효를 가져야 한다는 결정은, 한 규정의 다른 규정에 대한 실정에 맞는 포섭에 의해서 성립하는 것은 아니다. 그러면 이처럼 명백한 사례에서 일단 무엇이 포섭되어야 할 것인가? 만약 하나의 법률이 다른 법률과 반대되는 것을 명하고, 이 모순에 모순되는 양 명령의 하나가 실효를 가지며 다른 것은 실효를 갖지 못한다고 결정된다면, 이 경우에 무효가 된 법률은 유효한 법률로 되거나 또는 유효한 법률은 무효가 된 법률로 포섭되는 것은 아니다. 앞서 본 사례에서 서로 모순되는 양 규범의 법률적 실정 ― 즉 신학부 ― 은 완전히 동일한 것이다. 그 때문에 한 법률에 의한 신학부는 단순한 법률에 의한 신학부로서 포섭된다고 말할 수는 없다. 마찬가지로 또한 모순의 해소에서 대립적인 양 명령의 하나가 다른 것에 포섭되고,「그것에 작용되는」것은 아니다.「폐지되는 것」이「존속되는 것」에 포섭된다든가, 또는 그 반대라고 말하는 것은 무의미할 것이다. 따라서 규범충돌이라는 이처럼 매우 명백한 사례는 실정에 맞는 포섭에 의해서 얻어지는 판결이라는 전형적으로 사법적인 과정이 규범충돌의 해결에서는 결코 보이지 아니한다는 것을 보여 준다. 원래 포섭되지 아니하며 다만 모순이 확인되고 마침내 모순되는 양 규범의 어떤 것이 실효를 가지게 되면 어느 것이「적용 밖에」두어야할 것인가가 결정될 뿐이다.[78]

  헌법률과 단순한 법률 간의 모순이라는 이 매우 단순한 사례를 다룬다면, 여기서 단순한 법률에 대한 헌법률에 의한 재판이라는 것을 말하게 할 생각은 나지 아니할 것이다. 그러한 사례에서 가능하고 유일한 재판은 이미 행해진 헌법위반 때문에 범인에 대하여 행해지는 징벌적 형사재판이며, 규범에 대한 것은 아니다. 그런데 일반적으로 법률의 충돌사례에 관한 판정에 기여하는 실제상의 관심은, 이와 같은 명백한 모순이라는 평상시에는 매운 빈번하게 발생하지 않는 사례를 문제로 삼는 것이 아니며, 또한 기수의

---

[78] 한 규범의 다른 규범과의「모순」은 재판상의「유죄」판결에서 인정되는 규범에 대한「모순」과도 별개의 것이다. 규범이 살인해서는 안 된다고 규정하고, 재판관이 X는 살인하였다고 인정하는 경우에, 이로써 확인되는 규범에 대한 모순은 두 개의 모순되는 규범, 즉 살인해서는 안 된다와 살해되어야 한다는 것은 다른 종류의 모순이다. X가 여기서 행한 것은 살인이라는 확인과, 하나의 규범이 다른 규범의 반대라는 또 하나의 확인은 논리적으로나 법률적으로 하나의 공통된「일관된」범주에 넣을 수는 없다. 규범주의적인 고찰방법이 완전히 일반적으로 그 특징인 허구적 이중화의 방법을 여기에 적용하려는 것은 있을 수 있다. 왜냐하면 그것은 사실을 논하지 않고 다만 그 형식주의적인 환영만을 논하기 때문이다. 규범주의가 결국은 구체적 계약의 효력에 대해서 유효한 계약은 유효하다는 일반적 명제의 효력을 곡해하는 결과가 되듯이 (Verfassungslehre, S. 69 f. 참조), 모든 법률의 효력에 대해서 더구나 유효한 계약은 유효하다는 일반적 법률의 효력이 부가되며, 마찬가지로 또한 모든 금지에 대해서는, 유효한 금지는 등한시되는 것 등등 그 밖의 금지가 다시 첨가되는 등 가능한 것이다. 그처럼 공허한 부가(附加)에 의거한다면 이렇게 말할 수도 있을 것이다. 즉 헌법률과 단순한 법률의 공포를 금지하는 헌법률적 규정이 존재하는 것이며, 단순한 법률의 발포자는 이러한 금령(禁令)에 위반한 것이며, 이 헌법위반이 재판관에 의해서 인정되는 것이다라고. 그러나 그렇다 하더라도 규범들의 위계제는 아니며, 헌법재판도 아닐 것이다. 여기서 재판관이 입법자는 그 금령에 반하여 행동하였다는 판정을 내린다면, 이것은 사실상 억압적인 형사재판이며, 헌법재판은 아닐 것이다. 그 밖의 점에서는 헌법률적 금령을 부가함으로써 아무것도 얻을 것이 없다. 하나의 명령과 이에 반대되는 명령 간에 모순이 있다는 인정은, 가령 그와 같이 추가하려고 하더라도 사법적인 법률의 적용이라는 의미에서의 구성요건에 적합한 포섭이 되지 아니한다.

침해에 대한 사후의 보정을 문제로 삼지 않으며, 원래 모순이 존재하는가의 여부, 어느 정도까지 존재하는가에 대한 의문과 이론에 누가 결정을 내리는가 하는 완전히 다른 종류의 문제에 향하고 있다. 이 문제에 대한 관심은 바이마르 헌법에서는 매우 크다. 왜냐하면 특히 헌법 제2편에는 매우 다양한 원칙, 실체법상의 개별 규정, 프로그램 규정이나 방침규정 그리고 어정쩡한 형식적 타협79)이 병치(竝置)되어 있으며, 만약 이러한 다종다양한 명제를 모두「규범」이라고 부른다면, 규범이라는 말이 바로 무가치하게 되고 사용 불가능하게 되어 버리기 때문이다. 이 경우에 실제상 가장 중요하고 가장 곤란한 사례에서는 불명료함 내지 모순은 헌법률적 규정들 자체의 내부에마저 있는 것이다. 이 규정들은 모순되는 원리들의 타협에 근거하는 것이기 때문에, 그 자체로 불명료하고 모순으로 가득찬 것이다. 여기서는 분명히 규범들의 단계구조를 의제하는 가능성도 끝나며, 그리고 있는 것에 대해서(예컨대 제146조의 제1항과 제2항처럼) 두 개의 헌법률적 규정이 각각 다르게 규정한 경우에는, 그 충돌은「계층제」의 도식에 따라서 해결해야 할 것은 아니다. 그런데 다른 사례, 즉 헌법률과 단순한 법률 간에 대체로 모순이 존재하는가의 여부에 대한 의문과 의견의 차이라는 사례에서도, 그 의문은 항상 헌법률의 내용에만 관련되기 때문에 진정한 사법의 의미에서의 구성요건에 맞는 포섭이 되지는 아니한다. 만약 헌법률이 신학부는 존속된다고 규정하고, 단순한 법률이 신학교는 폐지된다고 규정하는 경우에, 신학교란 신학부라는 것인지, 그리고 단순한 법률에 해당되는 사태가 동시에 헌법률에도 해당되는 사태이기도한가 하는 문제가 될 수 있다. 좀 더 자세히 관찰해 보면 이것 역시 단순한 법률의 헌법률에의, 구성요건에 적합한 포섭은 아니다. 법관이 구체적인 사태를 법률로써 포섭한다는 식의 포섭은 아닌 것이다. 오히려 단순한 법률에 해당하는 사태가 동시에 헌법률에도 해당하는가의 여부가 문제로 된다. 동일한 사태의 헌법률에의 포섭은 단순한 법률의 그것과 동일한 포섭이다. 문제는 다만 모순되는 양 법률의 어느 것에 의해서 구체적 사태가 포섭되어야 하는가에 있다. 다만, 포섭되는 것은 어디까지나 구체적인 사태이며 단순한 법률은 아니다. 이상으로써 앞의 문제와 의문이 헌법률의 내용에만 관련되지는 아니한다는 것이 명료하게 증명되고 있다. 단순한 법률이 보여주는 법률적 구성요건(신학교)은 헌법률이 보여주는 법률적 구성요건(신학부)에 포함되는가 하는 문제는, 좁은 개념의 넓은 개념에로의 포섭의 가능성에 관련된 것이며, 존재적 사태의 당위적 규범에로의 포섭에 관련된 것은 아니다. 포섭된다는 부정확한 표현은 심리학적으로만 가능하다(두 규범 간의 명백한 모순의 경우에는 심리학적으로도 이렇게 말할 수는 없을 것이다). 그러나 이러한 종류의 포섭은 좁은 의미에 있어서의 사법적 포섭이 아니며, 요컨대 인간적 판단과 의견의 모두에 불과한 것이다. 만약 전자라고 한다면 결국은 누군가가 말은 당나귀가 아니라는 것도 또한 사법이 될 것이다. 두 규범 간에 모순이 존재하는가의 여부에 관한 의문과 의견의 차이를 판정함에 있어서도, 하나의

---

79) 바이마르 헌법의 한 부분에 관하여 특징적인「어정쩡한 형식적 타협」에 관하여는 Verfassungslehre, S. 31 f. (역서, 51면 이하) 참조.

규범이 다른 데에 적용되는 것이 아니라 — 의문과 의견의 차이는 헌법률의 내용에만 관련되기 때문에 — 실제로는 이 내용이 권위적으로 확정되는 것이다. 이것은 실제로는 헌법률의 불명확함을 제거하는 것이며, 따라서 **법률내용을 규정하는 것이며**, 그 때문에 사실상 입법, 나아가서는 헌법제정이며 사법은 아니다.

어느 정도까지 현존 내지는 신설의 법원들에게 헌법률의 내용을 확정할 임무를 맡기고, 법원들을 입법단체들에 대한 길항력이게 하고, 이로써 사법에 정치적 부담 테스트를 부과할 것인가는 법이론상의 문제가 아니라 정치적·실제적인 합목적성의 문제이다. 그러나 이 합목적성의 문제라고 하더라도 헌법이론적 의식 없이는 해결될 수 없으며, 그 해결에 있어서 사실적 및 내용적 개념들을 포기하는 것은 허용되지 않을 정도로 심각한 문제이다. 무엇보다 헌법쟁송의 개념을「헌법형식이란 이념의 매개에 의해서」 형식화하는 것, 즉 그 개념으로부터 구체적인 의미를 제거하고, 마침내「헌법재판소」의 소관이 되어야 할 모든 것을 헌법쟁송이라고 불러버린다는 것은 이론상으로나 실제상으로 도 정당하지 못한 것이다.

<h1 style="text-align:center">4.</h1>

독일 라이히의 국사재판소는 10년 가까이 활동하고 있으며 중요한 헌법상의 실무를 집행해오고 있다. 이것은 국법상 및 헌법률상 중요한 것인데, 그러나 그렇다고 하여 일반적인「헌법재판」이 가능하며 바이마르 헌법 내지는 어떤 법치국가적 헌법의 정신에 그렇다는 것을 증명하는 것은 결코 아니다. 이 국사재판소의 실무에서는 지금까지 헌법쟁송의 일의적인 개념은 만들지 못하고 있다. 다만, 이것이 어디까지나「헌법재판」이라는 명확한 표상의 제1 전제인 것이다. 헌법쟁송의 개념은 나아가 또한 이론적으로 뿐만 아니라 직접적으로 실제상 및 정치적인 이유들에서도 명백하게 인식된 헌법개념과의 매우 밀접한 관련에서만 규정될 수 있다. 다만, 오로지 목적의 합목적적인 의식 내지는 감정적인 고려에 지배되는「헌법쟁송」의 확대와 각 당사자의 경솔한 허용은, 반대로 헌법 자체의 본질에도 저촉되고 변경되고 또한 예기치 못한 결과들 — 헌법이론적 의식의 결여가 거기에 대해서 복수하는 — 을 낳게 할 것이다. 그 때문에 앞의 논술은 단지 국사재판소의 존재와 그 실무를 그것과 대치시키는 것으로써는 반박될 수 없는 것이다. 오히려 라이히 헌법 제19조의 그것과 같은 규정의 본래의 헌법이론적 의의를 가능한 한 명확하게 밝히고, 이 의의와의 거리를 자각하는 것이 오히려 필요한 것이다.「헌법쟁 송」,「헌법재판권」그리고「헌법」이라는 개념들은 사실상 밀접하게 관련되어 있어 서, 단순히 헌법개념의 변경이 헌법쟁송의 개념에 변경을 가져오는 것이 아니라 반대로 헌법소송, 헌법재판권의 새로운 운용이 헌법의 본질을 변경할 수도 있다.

특별한 종류의 헌법쟁송, 따라서 또한 그 판정을 위한 특별한 종류의 국사재판소가 생기는 것은 **헌법이 契約**인(즉 일방적인 정치적 결정이나 법률이 아니라 양면적 내지 다면적인 법관계이다) 경우, 또는 적어도 계약이라고 이해되는 경우이다. 헌법이 계약인 것은 진정한 연방(국가연합 내지 연방국가)에 있어서 연방으로 통일된 다수 국가가 연방조직법을 만드는 경우이다. 그러한 정치조직에서는 자주 연방구성원 간의 쟁송을 조정하기 위해서, 그리고 나아가서는 개별적인 주(州) 내부의 쟁송을 판단하기 위해서, 연방 내부의 평화와 안전 또는 동질성을 위협하는 것에 관하여 판정을 내리기 위한 특별한 기관이 설치된다.[80] 이 경우에 연방의 조직법의 기초는 계약이며, 그 정당한 해석과 적용에 관하여는 계약 당사자 간에 쟁송이 생길 가능성이 있고, 이것은 조정되어야 한다는 것이 전제로 되어 있다. 만약 사태의 발전에 따라서 이 계약적인 기초가 무너지고, 연방국가적 조직이 단순히 헌법제정권력의 통일적 담당자의 정치적 결정에만 근거를 둔다면, — 바이마르 헌법 이후의 독일 라이히의 연방국가적 조직에 관해서는 사실 그렇지만 — 다른 연방국가적 제도들과 아울러 특별한 종류의 연방국가적 국사재판소가 계승되거나 신설될 수 있는데, 그것은 연방국가적 조직이 헌법상 존재하는 한에서이다.

헌법을 계약으로 보는 또 하나의 본질적으로 다른 종류의 가능성이 존재하는 것은, 국가가 (한 사람의 군주나 한 지배집단의 지배에 의하든, 통일적인 국민의 동질성에 의하든) 완전한 통일체로서 이해되는 것이 아니라, **이원적** 내지는 나아가 **다원적으로** 복수정당의 **계약과 타협**으로서 나타나는 경우이다. 이 경우에 국가의 정치적 존재의 종류와 형태는 계약이나 협정[81] · 협약 · 선제후 선거 협정 · 타협 · 화해 · 정전(停戰) 등 요컨대 중세의 신분국가들에게 그 예가 많으며, 오늘날의 독일에서도 때로는 또한 부활하듯이 보이는 기득권을 가진 다면적 관계들에 근거하는 것이다. 바이마르 헌법은 오늘날 전체적으로도, 또한 중요한 개별적인 점에서(교회나 학교)에서도 「타협」, 즉 계약으로서 이해되며, 또한 그렇게 불린다. 그리고 어느 날엔가 이러한 개념의 국법적 귀결이 전개하는 것은 유감스럽게도 배제되지 않고 있다. 이론적 문헌 중에서 여기서는 우선 먼저 켈젠(Kelsen)*의 견해를 열거하지 않으면 안 된다. 켈젠은 항상 반복하여 의회제 민주주의 국가는 본질상 타협이라고 서술하는데,[82] 이때에 이 명제의 모든 사실상의 귀결에서 그의 「형식주의」를

---

80) Verfassungslehre, S. 113 f. 이로써 모든 연방관계에 관하여 무제한한 사법형식성이 가능 내지 정당하다고 주장하는 것은 아니다. 이에 관하여는 매우 적절한 것은 C. Bilfinger, Der Einfluß der Einzelstaaten auf die Bildung der Reichswillens, Tübingen 1923, S. 9 f.* 또한 앞의 주 66의 해넬(A. Haenel)의 견해도 참조. 여기서는 다만 헌법계약과 재판가능성과의 일반적인 관련이 문제이다. 다른 어떤 헌법처럼 변하지 않는 연방 헌법은 개별적인 권리들과 구속성들의 체계 속에 해소될 수 있는 것은 아니다(R. Smend, Verfassung und Verfassungsrecht, S. 172).

81) 계약과 협정의 구별은 여기서는 잠시 고려 밖에 두기로 한다. 그러나 적어도 다음과 같은 것은 지적되어야 한다. 즉 국가 간의 관계(국제법과 연방법)에 관하여 빈딩(Binding)과 트리펠(Triepel)이 전개한 이 구별은 오늘날의 독일에서 국가내적인 관계와 협정들에 전용되고 있는 것 — 예컨대 B. H. Liermann, Ueber die rechtliche Natur der Vereinbarungen politischer Parteien untereinander, AöR, N. F., XI S. 401 f. — 은 불안을 내포한 정도는 아니지만 현저한 징후이다. 임금계약에 관한 학설에서 노동법상의 문헌에서의 「협정」에 대해서는 E. Jacobi, Grundlehren der Arbeitsrechts, Leipzig 1927, S. 260. 그리고 거기에 게재된 문헌.

82) 특히 특징적인 것은 국사재판의 본질과 발전에 관한 보고(Bericht über Wesen und Entwicklung

쉽게 끌어낼 수 있다. 계약들에 관한 체계 속에 국가와 헌법의 해소는 중대한 원리적 의미를 가지며, 또한 그 실제에 미치는 영향도 크기 때문에 별도의 논문에서 설명하기로 한다.[83]

국사재판소의 문제에 관하여 기본적인 의미를 가지는 것은 헌법이 계약인가의 여부, 국가내적 계약들과 협정들이 공법을 지배하고 있는가의 여부이다. 즉 무엇이 헌법쟁송이며, 누가 헌법쟁송의 당사자가 될 수 있는가 하는 중심문제가 계약의 본질에서 대답되는 것이다. 국사재판소에 대한 모든 논설의 처음에 위치하는 이 문제는, 법원이 그 운용에서 헌법쟁송의 개념과 당사자들의 허용을 자신의 재량에 따라서 전개하는 것을 기다린다는 형태로, 법원 자체에게 넘겨줄 수는 없다. 그러한 것을 한다면 헌법의 수호자는 헌법의 주인이 되어버리고 만다. 국사재판소가 사법형식적으로 헌법쟁송 사건에 판정을 내려야 한다면, 무엇이 헌법쟁송인가가 미리 명백하여야 한다. 이러한 문제는 「형식적인」 답변으로 끝내 버릴 수는 없다. 그런데 헌법이 그 본질상 계약 내지 타협이라고 한다면, 거기에서 유용하고 납득할만한 헌법쟁송의 개념이 나온다. 왜냐하면 계약에서 생기는 쟁송이(예컨대 임대계약의 내용에 관한 임대인과 임차인 간의 임대분쟁처럼) 계약 내용에 관하여 계약 당사자 간에 생기는 쟁송이라는 것과 아주 마찬가지로, 헌법쟁송은 헌법계약 내지는 타협의 당사자 간의 협정의 내용에 관한 쟁송일 뿐이다. 이러한 계약에서 파생하는 충돌과 쟁송은 확정된 계약 내용이 계약 내용으로부터 판결의 도출을 가능케 함으로써 재판활동에 대한 기초가 되기 때문에, 또한 그러한 한에서 특히 재판적 내지 중재재판적 해결에 적합하게 된다.[84] 따라서 바로 국가 간 조약에서는 국사재판소가 관할권을 가진다고 언명되며,[85] 또한 국제법에서는 조약에서 파생하는 국가들 간의 쟁송이 전형적으로 「재판 가능」 내지는 「중재 가능」으로 간주된다.[86] 여기서 헌법개념으로부터 헌법쟁송 ·

---

der Staatsgerichtsbarkeit, Veröffentlichung der Vereinigung der deutschen Staatsrechtslehrer, Heft 5, S. 81이며, 여기서는 현대 민주국가의 타협적 성격이 연방국가에 있어서의 헌법재판권과 관련된다. 이 경우에 헌법은 바로 헌법률이며, 헌법률은 곧 규범이라는 것이 보고 전체의 출발점이다. 규범이라는 다의적인 개념이 여기서도 또한 개념을 혼란시키는 도구가 되는 것이 실증되었다. 즉 가능한 것 모두가 규범일 수 있으며, 이론적으로나 실제적으로도 모든 헌법상의 논의의 중심점인 헌법개념의 근본적인 차이 — 헌법이란 정치적 결정인가, 법률인가 또는 계약인가? — 마저 사라질 수 있는 것이다. 왜냐하면 결정, 법률 그리고 계약 모두가 「규범」이라는 말로써 포장될 수 있기 때문이다.

83) Das Deutsche Reich als pluralistisches Gebilde. 이 논문은 Zeitschrift für Politik에 게재될 예정이다. 라스키*의 다원주의적 국가론의 비판에 대해서는 Carl Schmitt, Der Begriff des Politischen, Arch. f. Soz. Wissenschaft, Bd. 58 (1927), S. 12 (윤근식역, 『정치의 개념』, 법문사, 1961) 참조. 거기에는 그 밖의 문헌 지시가 있다.

84) 여기서도 무제한하고 절대적인 재판가능성 등을 주장하려는 것은 아니며, 다만 무엇이 계약당사자이며, 무엇이 계약분쟁인가를 규정하는 가능성이 주장되고 있을 뿐이다.

85) 예컨대 독일 라이히와 바이에른 자유주 간의 바이에른 우편 · 전신 행정의 라이히에의 이관에 관한 1920년 3월 23일부터 31일의 국가 간 조약 제13조(RGBl. S. 640). 이 조약의 해석에 관한 조약 체결 정부 간의 의견의 불일치는 국사재판소에 의해서 판정되어야 할 것으로 되어 있다. 또는 1920년 3월 31일의 주 철도의 라이히에로의 이관에 관한 국가 간 조약 제43조(RGBl. S. 787).

86) 예컨대 1907년의 헤이그 중재재판 협정 제38조. 국제연맹 규약 제13조 2항, 상설국제사법재판소 규약 제36조, 1921년 12월 3일의 독일 · 스위스간의 중재재판 · 조정조약 제2조(Strupp, Documents, V.

당사자적격 그리고 그럼으로써 또한 재판권이라는 유용한 개념이 도출된다. 그러나 또한 반대로 헌법이론적 숙려 없이 다종다양한 사회적 집단이 국사재판소에 의해서 당사자로서 허용되는 경우에는, 그것에서 다원적 국가관이 도출되고, 그것은 헌법을 헌법제정권력의 담당자의 정치적 결정으로부터 계약에 의해서 획득된 권리들의 체계에로 변화시키고, 국가 내의 이해관계 집단들과 조직들이 소송을 통해서 그러한 권리들의 엄수를 강요할 수 있다는 것이 된다.

라이히 헌법 제19조는 라이히와 주 간의 비사법적(非私法的) 쟁송, 주 상호 간의 쟁송, 끝으로 주 내부의 헌법쟁송에 언급하고 있다. 이러한 3중의 병렬에 포함된 헌법개념은 2중으로 계약사상에 의해서 규정되고 있다. 즉 라이히의 연방국가적 조직을 통하여, 그리고 19세기 중엽의 입헌투쟁기의 여파를 통하여, 후자의 투쟁기에 대해서 헌법은 정부와 국민대표 간의 계약(협정·합의)이었다. 라이히와 주들 간의 쟁송이나 주 상호 간의 쟁송은 연방국가적 조직에 있어서는 연방계약관계로부터의 쟁송인데, 그렇지 않으면 적어도 이러한 연방관계를 항상 고려하지 않고서는 판단할 수 없는 것이다. 그런데 한 주 내부의 헌법쟁송은 역사적인 해석에 따라서 의회와 정부 간의 쟁송이다.[87] 한 주 내부의 헌법쟁송에 대해서는 연방 자체가 이해관계를 가진다. 왜냐하면 연방은 모든 연방의 본질에 속하는 일반「치안」의 취지에 일치하는(Verfassungslehre, S. 369; 김기범역, 396면) 온건한 조정과 해결에 관심을 가지기 때문이다. 따라서 이처럼 한 주 내부에서 전개되는 헌법쟁송을 연방법원에 의해서 판단한다는 것은 연방국가적 조직과 매우 밀접하게 결부되며, 그것과 끊을 수 없는 것이다. 이러한 이유에서 이미 한 주 내부의 헌법쟁송을 소관하는 라이히 국사재판소의 관할권한을 단순한 라이히 내부에서의 헌법쟁송으로 「확장하는」 것은 허용되지 아니한다. 이것은 심각한 헌법의 개정이며, 여하튼 헌법개정의 형식으로만 허용될 수 있을 뿐이다.[88] 그것은 제도 전체의 구조를 근저로부터 변경하게 될 것이며, 동일한 기관에 대하여 두 개의 반대의 기능 — 특수한 연방국가법적 기능과 특수한 국가내적 기능과의 양자 각각에게 병행적으로 수행되어야 하는 기능 — 을 할당하게 될 것이다. 연방법적·연방주의적 제도에 중앙집권적·단일국가적 제도가 혼합될 것이며, 오늘날 이미 독일 라이히의 헌법상황을 지배하고 있는 혼란은 점차 흐리고 불투명하게 될 것이다. 주 내부의 헌법쟁송을 위한 라이히 국사재판소와 라이히 내부의 라이히 헌법쟁송을 위한 국사재판소는 전자가 연방국가적 조직이라는 전제와 기초에 근거하는데 반하여, 후자는 그렇지 않기 때문에 본질을 달리하는 구성체이다. 라이히의

S. 591) 등.

87) Verfassungslehre, S. 115 (역서, 138면).

88) 사실상 입법기능을 위한 새로운 기관이 창설되었다는 이유에서도 헌법을 개정하는 법률이 필요할 것이다. 이점은 Löwenthal, DJZ. 1927, Sp. 1234 f.에서 인식되지 않고 있다. 정당하게 헌법을 개정하는 법률을 요구하는 것은 Hofacker, Gerichtssaal 1927, S. 213; R. Grau, a. a. O. S. 287; Bredt, Zeitschrift f. d. ges. Staatsw. Bd. 82 (1927). S. 437. 특히 v. Imhoff, a. a. O. (oben Anm. 7) S. 244 f. 라이히 헌법 제13조 2항에 따른 확인이 입법행위라는 점에 대해서는 Triepel, Streitigkeiten S. 69; Lassar, AöR. 40, S. 109; Schelcher, a. a. O. S. 68.

연방국가적 기관의 관할권 아래 단일국가적으로 구상된 기능이 첨가된다면, 그것은 단순한 「확장」이 아니라 다른 헌법률적 영역에의 첫걸음이 될 것이다.

한 주 내부의 헌법쟁송을 판단하는 연방 법원은 동시에 연방 헌법과 주 헌법의 수호자이다. 특히 그것은 어떠한 연방에 대해서도 본질적인 헌법동질성의 수호자이다. 주 헌법을 라이히 헌법과는 독립의 것으로 볼 수는 없다. 이것에서 국사재판소는 한 주 내부의 헌법쟁송을 판정하는 경우에 라이히 헌법을 무시할 수는 없으며, 그것을 자신의 판결의 기초로 삼아야 한다는 것이 도출되며, 거기에서 다시 라이히가 주 헌법에 대한 헌법조직상의 규정들을 가지는 한에서는(라이히 헌법 제17 · 36 · 37 · 38 · 39조), 현행 라이히 헌법의 규정들로부터 한 주 내부에서의 진정한 헌법쟁송이 발생할 수 있다는 것이 도출된다. 다만, 여기에서 나오는 것은 라이히 헌법에서 생기는 쟁송이 그것이 지역적으로 또는 쟁송당사자에 관하여 하나의 주 내부에서 전개되는 경우에는, 모두 한 주 내부의 헌법쟁송은 아닌 것이다. 왜냐하면 라이히 헌법은 주 헌법의 일부는 아니며, 그것이 주 내부에서 효력을 가지는 것은 주 헌법의 일부로서가 아니라 독립적이기 때문이다. 한 주의 조직은 그것이 제1은 주 헌법에 근거하여, 제2는 지역적으로 한정된 라이히 헌법에 근거한다는 식으로 형성되는 것은 아니다. 주 헌법은 다만 국가적인 것 중에서, 더구나 주에 귀속하는 나머지에만 관련되며, 한 주 내부의 헌법쟁송은 다만 이러한 틀 안에서만 가능하며, 또한 한 주의 국사재판소 ― 그 관할권한은 라이히 헌법 제19조에 의해서 라이히 재판소의 관할권보다 우선한다 ― 의 설치도 다만 이 점에만 관련된다. 「한 주 내부의 헌법쟁송」이라는 표현의 헌법사적 발전에서 본다면,[89] 라이히 헌법에서 생기는 쟁송은 한 주 내부의 쟁송은 아니다. 이 점에 관하여는 바이마르 헌법을 심의할 때의 라이히 내각의 대표자와 추밀 고문관 츠바이게르트(Zweigert)*의 언명[90]에서 명확하게 알 수 있듯이, 제19조에 의해서 어떠한 변경을 가해야 할 것도 아니다. 그리고 제19조의 문귀는 결코 (1927년 4월 13일의 판결, RGZ. 120 Anhang S. 21에 있듯이) 「의심할 여지없는 그 반대를 서술하는 것은 아니며, 제19조의 전제가 된 것(「그것을 해결할 법원이 존재하지 아니하는」 주 내부에서의 헌법쟁송)은 앞의 견해를 뒷받침하는 것이다. 제19조는 결코 **라이히 헌법**에서 발생하는 헌법쟁송을 주의 국사재판소의 판정에 맡겨서 각 주의 국사재판소를 지역적으로 한정된 라이히 헌법에 관련된 재판의 기관으로 하는 것을 목적으로 하지는 아니한다. 제19조는 다만 주 내부에서 주 헌법에 의해서 발생하는 정치적 충돌의 조정에 대한 라이히의 관심에 봉사하는 것이다. 무엇보다 독일 라이히 국사재판소는 자신의 관할권한을 확장하고, 「라이히 헌법에 근거한」 쟁송을 한 주 내부의 헌법쟁송으로서 다룬다.[91] 이로써

---

89) 이 점에 관하여는 Verfassungslehre, S. 114 (역서, 137면).

90) Port. S. 411 (헌법을 대상으로 하는 모든 쟁송을 헌법쟁송이라고 부르는 칼[Kahl]의 견해에 반대하여).

91) RGZ. 118, Anhang, S. 4 und 120, Anhang, S. 21 아울러 JW. 1928, S. 3255 참조. 마찬가지로 Poetzsch-Heffter, Handkommentar, 3. Auflage, S. 157 (라이히 헌법 제17조, 제37조 이하를 원용하여. 이것은 나의 견해로 결정적인 것은 아니다). H. H. Lammers, JW. 1928, S. 3255 Anm.은 지금까지의 국사재판소의 판례에 관련하여 이미 라이히 헌법에서 생기는 쟁송이 한 주 내부의 헌법쟁송에 포함되는 것은 「의심할 여지가 없다」고 한다. 이에 대해서 나에게는 G. Leibholz, Gleichheit vor dem Gesetz,

「한 주 내부」라는 한정은 단순히 지역적인 한정으로 화하거나, 그렇지 않으면 당사자 쌍방 내지는 적어도 피고측이 주 기관 내지 주의 조직이라는 것에 의존하게 된다. 예컨대 다음과 같은 경우에 한 주 내부의 헌법쟁송이라고 할 수 있는가? 즉 한 종교집단이 역사적 권한에 근거하여 라이히 헌법의 규정들을 방패로 삼아 주에 대하여 청구를 제기하는 경우와, 또한 하나의 관리(官吏) 조직이 한 주의 급여법률을 라이히 헌법 제129조 위반이라고 하는 경우이다. 그리고 자치단체들·교회·소당파·노동조합·다종다양한 이익단체·대학, 나아가서는 신학부 등까지가 바이마르 헌법 제2편의 예상하기 어려운 조문의 어느 하나를 방패로 삼을 수 있는 경우이다. 그것이 그렇다고 한다면, 「한 주 내부의 헌법쟁송」이라는 표현은 완전히 새로운 예측하기 어려운 의미가 부여될 것이다. 즉 한 주 내부에 있어서의 비사법적(非私法的)인 쟁송 모두가 적어도 보조적으로, 국사재판소의 소관이 된다고 할 것이다. 이렇게 되면 이미 한계는 인정할 수 없으며, 라이히 헌법이 각 주에 대해서 자신을 지키기 위해서 도입한 헌법상의 가능성과 기관들 그리고 절차들, 즉 제15조에 의한 라이히 감독을 위한 라이히의 제도가 근저로부터 변경되어버릴 것이다. 라이히 헌법 제19조에 의한 이 관할권한의 보조적 성격을 강조함으로써 이 귀결을 놓치게 된다고 생각할는지도 모른다. 그러나 국사재판소의 지금까지의 실제는 자신의 관할권한을 이러한 관점 아래 한정하지는 아니하였다. 라이히 정부는 자주적인 정치상의 태도결정을 회피하기 위해서 국사재판소를 이용하는 것처럼 보인다.[92] 그러나 헌법쟁송의 개념을 어떤 보조적인 것으로서 설정하는 것은 원리상 허용되지 아니한다. 하나의 법원을 보조적 관할권한을 가지도록 할 수는 있으나, 헌법쟁송의 개념을 「보조적」 개념으로 만들고, 헌법쟁송의 제기를 다른 기관들이 이 사태와 관계없다는 것에 의존시킬 수는 없다. 헌법 자체의 개념과 마찬가지로, 헌법쟁송의 개념도 보조적인, 즉 부정적으로 규정될 수는 없다. 하나의 쟁송이 민사법원도 행정법원도 또한 다른 어떠한 법원도 그것을 판정하는 관할권한을 가지고 있지 않다는 이유에서 헌법쟁송이 안 되는 것은

S. 126의 논거가 정당한 것으로 생각된다. 이에 따르면 제19조에서는 헌법쟁송이라 「개별 주의 기본법의 적용·운용 내지 해석에 관한 쟁송」이라고 이해해야 한다. 「이것은 국사재판소의 단순히 단지 보조적인 관할권이라는 것에서 확실히 도출된다. 왜냐하면 만약 그렇지 않았다면 이와 같은 쟁송의 해결을 위하여 재판소를 설치하고 있는 각주에 대해서 이러한 근거를 가진 라이히 재판소 내지 국사재판소의 관할권을 회피하고, 주 재판소의 판결로 대용시킨다는 가능성이 존재할 것이기 때문이다」. 나아가 정당한 것으로서 Anschütz, Kommentar, S. 106 (Nr. 2 zu Art. 19).

92) 매우 특징적인 것은 H. H. Lammers, JW. 1928, S. 3255 Anm.이며 다음과 같다. 즉 「라이히 정부」가 공개란 교회측에 서지 아니한 것, 그리고 그럼으로써 라이히 헌법 제15조 3항에서 말하는 「의견의 차이」 또는 라이히 헌법 제19조에서 말하는 「쟁송」을 회피한 것은 명백히 주법의 영역에 속하며, 라이히 정부로서는 그 기반을 결여한 문제들의 판정의 어려움에 그 이유가 있었을 뿐만 아니라 정치적인 고려도 작용하고 있었다. 헌법 제19조의 틀 내에서 「라이히와 각 주 재판소에 가져올 수 있는 공적·법적인 쟁송은 가능한 한 후자의 형식으로 처리되도록 라이히가 힘을 썼다는 사실은 당연한 것처럼 생각된다. 따라서 교회가 자신에게 귀속하는 권리를 다툰 일도 있으며, 또한 작센 주 국법에 뿌리를 두는 사태와 쟁송 현황을 라이히 정부보다도 잘 설명할 수 있는 입장에 있었던 것만으로 이 쟁송을 교회 자신의 손으로 국사재판소에로 가져오게 한다는 것이 라이히 정부에 대해서는 바로 주어진 것처럼 생각된다」.

아니다.

이러한 고려는 모두 라이히 헌법 제19조에 의한 재판권이 그 본래의 연방국가적 조직과의 관련에서 쉽게 분리할 수 없다는 것이 제시되어야 할 것이다. 라이히 헌법이 계약과 타협으로서가 아니라 전 독일국민의 적극적인 정치적 결정으로 간주되는 한, 또한 라이히가 타협하는 권력집단과 조직들이 다원주의로 해소되어버리지 않는 한, 헌법쟁송은 다만 직접적인 헌법상의 권한과 권력들의 담당자 상호 간에만 생길 수 있다. 이에 대하여 한 개인 내지는 국가에 종속하는 한 단체의 공법적 이익의 보호는 행정재판권에 속하는 문제이다. 헌법쟁송은 헌법소원이 아니다. 즉 헌법률적으로 보장된 소원신청인의 권리들의 침해에 대해서 한 개인이나 국가에 종속하는 한, 단체의 일반적인 권리보호수단은 아닌 것이다. 이러한 헌법소원 역시 그것을 판정하는 관할권한을 가지는 특정 기관이 어떠한 명칭인가는 관계없이,93) 그 본질상 행정재판인 것이다. 따라서 정치적 통일체로서의 국가를 견지하고 통일적인 정치적 전체 결정으로서의 헌법을 견지하는 한에서는, 자치체와 그것을 감독하는 국가 간의 쟁송, 귀족단체 내지 종교단체와 국가 간의 쟁송을 헌법쟁송이라고 부르는 것은 일탈인 것이다. 끝으로, 또한 헌법쟁송은 기정의 헌법위반에 관하여 유죄 내지 무죄판결의 발견을 목적으로 하는 소급적 내지는 보복적인 형사재판의 소송도 아니다. 왜냐하면 여기서 문제가 되는 헌법쟁송은 정치적 고려에서 수정된 반역죄 내지는 주 내란죄 소송 내지는 그것에 유사한 것, 또는 쌍방이 원고·피고로서 대결하는 것이 아니기 때문이다. 「하나의 헌법조항의 의미에 관한 쟁송이 모두 헌법쟁송은 아니다. 쟁송 주체가 문제인 것이다」.94) 그러므로 당사자라고 간주되는 것은 정치적 결정권한 또는 「영향권」(Einflußrecht)95)의 보유자로 헌법률상 병렬된 한에서이다. 이 병렬과 동권성은 특히 헌법률상 복수의 다른 권력상호 간의 균형을 취하며, 이 원리에 따라서 정치적 기능과 권한들을 배분한 경우에 특징적으로 나타난다. 「이러한 심리에, 당사자로서 관여할 수 있는 것은 다만 헌법에 의해서 규제된 국가 **生活**에 관여하는 자만이다」.96)

---

93) 그리하여 정당하게 Nawiasky, Bayerisches Verfassungsrecht 1923, S. 457은 바이에른 헌법 제93조에 도입된 국사재판소에 대한 소원에 대해서 서술한다. 마찬가지로 W. Jellinek, Veröffentlichungen der Vereiningung deutscher Staatsrechtslehrer, Heft 2, S. 25. 바이에른 주 국법(1919년 8월 14일의 바이에른 헌법 제70조 1항)의 헌법소원에 관하여는 Braunwart, Verfassungsbeschwerde und Staatsgerichtshof, Z. f. Rechtspflege in Bayern Bd. 16 (1920), S. 257; H. von Jan, Bayr. Gemeinde-und Verwaltungszeitung, 1927 (Bd. XXXVII) Sp. 31 f. 스위스 연방헌법의 헌법소원에 대해서는 C. Schmitt, Verfassungslehre, S. 112. 또한 라이히 헌법 제108조의 성문화, 그리고 1928년 7월 7일의 국사재판소의 결정(RGZ. 121, Anhang, S. 11)은 다음과 같다. 즉 선거법 쟁송은 국사재판소에 속하지 아니한다. 「왜냐하면 국사재판소는 라이히 행정재판소에 대신하여 모든 국민에게 공적 사건에서의 권리보호를 부여한다는 사명을 가진 것은 아니기 때문이다」.
94) R. Thoma, AöR. 43, S. 283.
95) 이 용어는 Carl Bilfinger, Der Einfluß der Einzelstaaten auf die Bildung des Reichswillens, Tübingen 1923, S. 13 f.가 논술하는 의미에서.
96) H. Triepel, Bericht a. a. O. S. 23과 Streitigkeiten, S. 81. 사실상 마찬가지로 Anschütz, Kommentar,

의심할 여지없이 확인되는 헌법위반에 의한 징벌과 계약쟁송의 특수문제를 별도로 한다면, 정치적인 결정 내지 지배권한의 각종 보유자 간에 끊임없이 생기는 의견의 다양성·차이·마찰·충돌이 어떻게 조정 내지 판정되는가는 이미 서술했듯이, 완전히 실제적 효율성의 문제이다. 특히 이에 관하여 임관된 독립의 직업법관을 가지는 법원을 설치하여 사법형식적인 절차를 구성하는가의 여부, 심리를 개시하기 위하여 특정한 제소권이 부여되는가의 여부, 그리고 어떠한 당사자가 법원에 출두할 수 있는가는 효용성의 문제이다. 좁은 영역 내에서는 형식적인 사법형식성이 사실상은 이미 사법이 아닌 사건들에 확장되는 것이 가능하다. 이에 대하여 정치적 결정과 정치적 영향의 담당자 상호 간의 모든 의견의 다양성이나 차이에 관하여, 그러한 법원의 일반적인 관할권을 요구하기 위하여 **추상적으로** 법치국가의 이념을 적용하는 것은 잘못이다. 그러한 일반적인 국사재판권과 헌법재판권은 지금까지의 설명에서 다음 두 가지의 의미만을 가질 수 있을 것이다. 즉 하나는 헌법이 계약이라는 것에 따라서 일부는 연방주의적이며, 일부는 신분적·다원론적인 헌법개념의 여파를 의미하거나, 그렇지 않으면 국가를 이질적인 요소들의 타협에로 다원론적으로 해소하기 위한 준비를 의미한다. 이러한 이질적인 요소들로서 오늘날의 독일 라이히에서 문제가 될 수 있는 것은, 예컨대 몇몇 주(그것이 더구나 「국가로서의 자격을 가지는」 한에서)[97] 이익단체(산업단체나 지방단체)·노동조합·교회·대도시·관리조직·라이히 철도회사·라이히 은행·헌법률상의 권한들을 가지는 소수민족 등일 것이다. 이와 같이 서로 교차하는 사회적 집단과 복합체들의 잡다한 집적은 독일 라이히의 대외정책·대내정책·문화정책·사회정책상의 문제들에 관한 타협을 통하여 협정을 체결하게 될 것이다. 그 경우에는 독일의 통일을 배상채무자의 통일로서 외부로부터 결속시키는 것은 밖으로부터의 압력, 즉 국제법상의 구속과 통제들(베르사유조약·런던 의정서·로카르노 조약)에 맡겨진 그대로일 것이다. 그럼으로써 국제법우선의 이념이 구체적 의미를 획득하게 될 것이다. 일반적인 국사재판소의 사상은 단순히 다원론적 계약체계에의 독일 라이히의 이러한 변화의, 국내정치적인 표현에 불과한 것이다.

이러한 경향들에 대하여 나는 나의 『헌법이론』(Verfassungslehre)에서 실정적인 헌법개념을 가진 민주적 입헌국가의 체계를 대립시켰다. 만약 바이마르 헌법이 헌법제정권력의 담당자로서의 통일적인 독일 국민의 정치적 결정을 의미하고, 이 결정에 의해서

S. 67; Carl Schmitt, Verfassungslehre, S. 117(역서, 140면). 다른 것은 Poetzsch-Heffter, Handkommentar, S. 158 und AöR. 42, S. 91 f.; Giese, S. 101; W. Eiswaldt, Die Staatsgerichthöfe in den deutschen Ländern und Art. 19 der Reichsverfassung (Kieler Diss. 1927) S. 26. 나아가서는 (소개의 형식으로) Johannes Mattern, Principles of the Constitutional Jurisprudence of the German Naional Republic, Oxford University Press 1928, S. 295 f. 전술한 주 10도 참조.

97) 「주의 자격있는」(staatswürdig)이라는 표현은 M. Fleischmann, Verfassungserbgut von Reich zu Reich, Tübingen 1928, S. 38의 연설에서 빌린 것이다. 「주로서의 무자격」(Staatsunwürdigkeit)이란 특히 흥미있는 입증은 Alfred Frilogos (Friedmann), De Clavibus, Berlin 1929, S. 35/36 (멕클렌부르크 - 슈트렐리츠[Mecklenburg-Strelitz]에 관하여)에 나타나 있다.

독일 라이히가 입헌민주주의라는 점을 견지한다면, 헌법의 수호자의 문제는 허구적인 사법형식성 보다는 다른 식으로 대답될 것이다. 헌법의 수호자의 지위는 이제 바이마르 헌법의 적극적인 의미에 따라서 전개되지 않으면 안 된다.

5.

　정치적 결정권 또는 영향권의 최고의 보유자 간의 의견의 다양성과 차이는 바로 명백한 헌법침해로 징벌이 가해지는 경우 이외에는 일반적으로 바로 재판의 형식으로 판단을 받지는 아니한다. 그것은 상이한 견해의 상위에 서는 보다 강력한 정치권력에 의해서 위로부터, 즉 **보다 고차의** 제3자에 의해서 배제되거나 ― 그렇게 되면 이것은 헌법의 수호자가 아니라 주인이 될 것이다, ― 또는 상위는 아니지만 병렬적인 직위에 의해서, 즉 **중립적인** 제3자에 의해서 중재되거나 조정되는 ― 다른 헌법상의 권력들의 상위에 서지 않고, 그것과 병렬적이며 다만 독특한 권한과 영향력들을 갖추고 있다는 것이 중립적 권력, **중립이며 중개적 권력**(pouvoir neutre et intermédiaire)의 의미이다. ― 다른 국가적 행위들의, 단지 부수적이며 부차적인 작용이 발생하지 않고, 다양한 권력의 헌법상의 기능발휘를 확보하고, 헌법을 옹호하는 것을 임무로 하는 특별한 제도와 기관(Instanz)이 조직되는 경우에는, 권력을 구별하는 법치국가에서는 현존하는 권력들의 어느 것에 대해서도 부수적으로 그 임무를 맡기지 아니하는 것이 일관된 방법이다. 그렇지 않으면 당해 권력이 다른 권력들에 대해서 바로 우위를 차지하고 통제에서 벗어날 수 있게 되며, 그럼으로써 헌법의 주인이 될 것이기 때문이다. 따라서 다른 권력들과 병행하여 특별한 중립적 권력을 설치하고, 그것을 특수적 권한들에 의해서 다른 권력과 결부시켜 서로 길항시키는 것이 불가결한 것이다.

　19세기의 헌법사에서 **중립이며 중개적 권력**에 대한 특별한 학설은 보나파르티즘*과 왕정복고에 대항하여 자유주의적 헌법을 획득하려는 프랑스 시민계급의 투쟁 속에서 방자맹 콩스탕*에 의해서 나타난다.[98] 이 이론은 본질적으로 시민적 법치국가의 헌법이

---

98) 최초에는 Réflexions sur les constitutions et les garanties에서 1814년 5월 24일에 발간되었으며, 이어서 Collection compléte des ouvrages de Benjamin Constant, Paris 1818, S. 14 f.에 나아가 Cours de politique constitutionnelle, Ausgabe von Laboulaye, I. S. 18 f. Oeuvres Politiques, Ausgabe von Charles Louandre, Paris 1874, S. 18에 수록되었다. 이 중요한 문제만을 다룬 학술논문은 지금까지 나오지 아니하였다. 이것은 프랑스에 대해서는 프랑스의 군주제와 국가원수의 정치적 운명에서, 또한 독일에서의 지금까지의 전개에 관하여는 헌법이론의 결여라는 점에서 설명된다. 콩스탕은 일시와 장소에 관한 상세한 진술 없이 Clermont-Tonnerre (S. 14, Anm.)의 헌법이념을 지시하고 있다. 따라서 G. 옐리네크의 클레르몽-톤네르에 관한 언급(Allg. Staatslehre, S. 590)(김효전 옮김, 『일반 국가학』, 479면)도 아마 여기에서 유래한다. 그 밖의 점에서는 **중립적 권력**(pouvoir neutre)의 이론과 클레르몽-톤네르의 헌법구성들과의 역사적인 관련은 지금까지 아직 개별적으로 제시되지 않고 있다. 확실히 콩스탕의 이론은 무니에와 클레르몽-톤네르(Mounier et Clermont-Tonnerre)에서 발견되듯이, 권력분립에 입각한 군주제의, 온건 자유주의 이론과 일치한다. 또한 클레르몽-톤네르는 국왕의 지위를 **조정권**(pouvoir

론에 속하며, 그것을 거의 문자 그대로 차용하는 두 개의 헌법에 영향을 미친 것만은
아니다.99) 오히려 모든 자유주의적 헌법에 전형적인 국가원수(군주 또는 대통령)의 대권과
권한들의 목록이 여기에서 유래하며, 국가원수의 불가침성 또는 적어도 특권적 지위,
법률들의 작성과 공포, 은사권, 대신과 관리의 임명, 선출된 의회의 해산과 같은 권한들은
모두 이러한 **중립적 권력**의 수단과 작용가능성으로서 생각된 것이다. 군주제이든 공화제
이든 시민적 법치국가의 유형에 합치되는 한의 대국들 거의 모든 헌법에서 이 구성은
정치 상황이 그 운용을 가능케 하는가의 여하에 관계없이 일제히 인정하는 것이다.
헌법이론적으로나 국가이론적으로 이 학설은 매우 중요한 관계를 가진다. 그것은 입헌국
가에 있어서의 국왕이나 대통령의 지위를 명료하게 인식하고, 정확한 형식으로 표현하는
정치적 직관에 근거를 두고 있다. 그것은 완전히 시민적 법치국가의 고전적 현실에
속하며, 로렌츠 폰 슈타인(Lorenz von Stein)*이 프랑스에 대해서 뿐만 아니라 유럽
대륙 전체의 헌법사에 대해서 결정적인 시기(1789년부터 1848년까지)에 대해서 서술한
것은 이 학설에도 또한 타당하다. 즉「세계는 헌법과 사회에 관한 보다 커다란 진리의,
보다 깊고 보다 무진장한 원천을 다른 어떤 것에서도 알지 못한다」100)라고. 이 학설에
대해서 그 창시자는 게오르크 옐리네크(Georg Jellinek)가 그의「교의적인 편견에서
해방된 안목」을 칭찬하며,「대륙에서의 발전에 대신의 헌법상의 지위를 위한 길을 최초로
제시하였다」고 하며 부정하지 못할 공적을 그에게 돌린,101) 그 칭찬에 완전히 어울린다.
바르텔레미(Barthélemy)*는 그의 사고과정의 명석함에 경탄하여(이성의 경탄할만한 명석
함), 콩스탕은 프랑스 시민을 의회주의에로 양육시킨 자유주의적 의회주의의 진정한
투사였다고 정당하게 서술하고 있다.102) 그의 이름이 오랜 망각을 거쳐 이제 독일에서도
다시 사람들이 거명하게 되고, H. 트리펠(H. Triepel)*의 국법학자 대회에서의 보고처럼,

---

régulateur)이라고 특징짓고 있다(Oeuvres complètes de Stanislas de Clermont-Tonnerre, t. IV,
Paris, an III, S. 316). 그러나 어떻게 해서 콩스탕이 클레르몽-톤네르의 영향을 받았는지, 또한 클레르몽-톤
네르는 정말「중립적 권력」이라는 중요하고 특징적인 표현형식을 사용하였는지 나는 지금까지 상세히
확인할 수가 없었다. 전기상의 관련에 대해서는 루들러(Rudler)의 저서 La jeunesse de Benjamin
Constant (1767-94), Paris 1909에도, 또한 루들러의 상세한 문헌목록 Critique des oeuvres de
Benjamin Constant, Paris 1909에도 클레르몽-톤네르에 대한 언급은 보이지 아니한다.

99) 1824년 3월 25일의 브라질 헌법 제98조.「조정적 권력은 정치조직 전체의 핵심이다. 그것은 오로지
황제 또는 국민의 최고수장, 그리고 그 최고대표자에 대하여 독립의 보전과, 다른 정치적 권력들의 균형과
조화를 부단히 감시하기 위하여 위탁된다」. 마찬가지로 1826년 4월 29일의 포르투갈 헌법 제71조.「조정적
권력은 정치조직 전체의 핵심이며, 오로지 국왕에게 전속한다」 등등.

100) Geschichte der sozialen Bewegung in Frankreich von 1789 bis auf unsere Tage, Bd. I, Der
Begriff der Gesellschaft, Ausgabe von G. Salomon, München 1921 I, S. 502.

101) Entwicklung des Ministeriums in der konstitutionellen Monarchie, Grünhuts Zeitschrift für
das private und öffentliche Rechte X (1883), S. 340, 342. 또한 Allgemeine Staatslehre, S. 590
(김효전 옮김, 479면)도 참조. G. 옐리네크가 이에 관련하여 시에예스에 대해서 내린 판단은 공정하지
못하며, 경탄할만한 헌법구성자에 대한 오인이라고 나는 생각한다.

102) L'introduction du régime parlementaire en France, Paris 1904, S. 184 f. 또한 Henry Michel,
L'idée de l'Etat, Paris 1896, S. 304의「입헌군주의 역할을 세련된 적확한 표현으로 그 이상으로 잘
정의한 사람은 없다」는 것도 정당하다.

독일 국법학의 중요한 기록 속에서 여러 차례 나타난 것은 주목할 만한 징후이다.[103]

국가원수의 중립적이며 중개적인 지위에 대한 학설의 실제상의 가치는 우선 첫째로, 이제 입헌군주제이든 입헌민주제이든 시민적 법치국가에서 국가원수는 일단 어떠한 의미를 가지는가, 그리고 입법이 완전히 의회에 귀속하고, 국가원수에 의해서 임명되는 내각이 완전히 입법단체의 신임에 의존하고, 국가원수 자체가 만사에 붙이는 대신들의 부서(副署)에 구속되며, 따라서 「군림하지만 통치하지 않는다」(il règne et ne gouverne pas)[104]*고 말할 때에는, 국가원수의 권한들의 의미는 어디에 있는가 하는 물음에 대해서 대답할 수 있다는 점에 있다. 독일에서는 군림과 통치의 구별을 이해하지 못하고, 군주주의적 국가학에 의해서 매우 강렬하게 부정되었다. 독일형 입헌군주제의 군주는 사실 지배하고 「통치」하였으며, 나아가 이에 근거하여 슈탈(F. J. Stahl)*의 유명한 구별에 의하면, (실제로 통치하는) 입헌군주제와 의회군주제가 대치되는 것이다. 이 대립은 실제로는 단순히 정치적인 목적구별이라고 이해해야 할 것이다.[105] 프랑스 자유주의자들의 구성에 대해서는 자이델(Seydel)*이 만약 **군림으로부터 통치**를 제거하면 뒤에는 아무것도 남지 않게 되기 때문에, 군주는 여하튼 실제로 통치하고 실제상의 권력을 장악해야 한다고 반론을 제기하였다.[106] 상당히 거치른 나폴레옹의 말이 인용되고,[107] 그리고 그것은 독일의 입헌군주제가 1918년까지는 사실 보다 고차의, 보다 강력한 권력이며, 단순히 중립적인 제3자는 아니었다는 한에서는 정당하다. 그러나 그럼으로써 의회제 입헌국가에 있어서의 국가원수라는 일반적인 문제도 현행 바이마르 헌법에 의한 라이히 대통령의 지위라는 특수한 문제도 해결되지 않는다. 군림에서 통치를 제거한 후에는 그 외에 또 무엇이 남는가 하는 자이델의 물음에 대해서는 일반적으로 다음과 같이 대답된다. 즉 이러한 헌법에서의 국가원수는 그에게 부여되는 권한들을 초월하여 국가적 통일과 그 통일적 기능발휘와의 연속성과 불변성을 대표하며, 또한 국가원수는 전통, 도덕적 명망, 일반적 신뢰와 같은 이유들 때문에 모든 국가생활에 정치권력과 폭력과 마찬가지로 포함되어있을 뿐인 특수한 권위[108]를 가져야 한다는 것이다. 이것은 중립적이고 중개적

---

103) Heft 5 der Veröffentlichungen, a. a. O. S. 10 und S. 19(「대신을 처벌하는 것보다 오히려 대신을 무해화하는 쪽이 더 큰 일이었다고 한 방자맹 콩스탕이 정당하였음을 알 수 있다」).

104) 1829년 티에르(Thiers)가 한 말은 「왕은 군림하며, 내각은 통치하며, 의회는 결정한다」는 것이다(여기서 「결정한다」는 것은 물론 사법을 의미하지는 아니한다). 이 유명한 정식에 관하여는 Jellinek, in Grünhuts Zeitschrift 1883, a. a. O. S. 343; Esmein-Nézard, Éléments du droit constitutionnel, 7. Aufl. I, S. 231.

105) Rechts-und Staatsphilosophie, 2. Aufl. §97 f. 입헌적과 의회제적이라는 이러한 대립의 설명에 관하여는 C. Schmitt, Verfassungslehre, S. 289 (역서, 316면). 대신의 책임성에 관한 빈딩의 논문(전술한 주 51)에는 해결할 수 없는 곤란함이 나오는데, 대신의 책임을 국가원수의 중립적 지위에 관한 학설을 도외시하고는 이해할 수 없으며 구성하기 어려운 것이다.

106) Max von Seydel, Ueber konstitutionelle und parlamentarische Regierung 1887. Abhandlungen S. 140.

107) 그러한 인간은 「살찐 돼지」에 불과하다고. 예컨대 Bluntschli, Allgemeine Staatslehre I, S. 483; Georg Jellinek, a. a. O. S. 341(역서, 280면).

108) 권력(potestas)과 권위(auctoritas)의 대립에 관하여는 Verfassungslehre, S. 75 Anm.(역서, 96면의

인 권력의 학설에 대해서 특히 관계가 깊다. 왜냐하면 중립적인 제3자의 독특한 기능은
명령적 내지 규정적 행위에 전력하는 것이 아니라, 나아가 자신의 권력의 확장이라는
의미에서 다른 권력들과 경합해야 하는 것이 아니며, 또한 그 행사에서 사물의 본성상
눈에 띠지 않고 나서지 않아야 한다. 그럼에도 불구하고 그것은 존재하며, 또 적어도
시민적 법치국가의 체계에는 불가결하다. 물론 그 인식과 정식화에는 이 학설에 의해서
국가원수의 지위뿐만 아니라 대체로 국가의 지위도 커다란 정도로 특징짓고 있는 방자맹
콩스탕의 직관이 필요하였던 것과 완전히 같은 정도로, 그 행사에는 임기응변이 필요하다.
19세기와 20세기의 유력한 군주들은 자신의 내각의 배후에 물러서면서, 그렇다고 권위는
상실하지 않는다는 것을 깨닫고 있었다. 헌법률은 **중립적 권력**의 역할을 완전히 수행하기
위하여 필요한 개인적 성질들을 지시하고 강요할 수는 없다. 그것은 예컨대 라이히
수상이 정치적 지도자이며, 스스로 정책의 기본방침을 정한다는 것을 헌법률이 강제할
수 없다는 것과 마찬가지이다. 그러나 이것으로써 헌법상의 의미는 영향을 받지 아니하며,
법학적인 고찰에 대해서는 그 의미를 정당하게 인식하는 것 이외에는 아무것도 남지
아니한다.

바이마르 헌법이라는 실정법에 의하면, 전체 국민에 의해서 선출된 라이히 대통령의
지위는 단지 이 중립적이며 중개적 권력의 학설에 의해서만 구성될 수 있다. 라이히
대통령은 비록 의회의 신임에 의존하는 장관들의 부서에 구속되지만, 그를 입법적 지위들
에 대해서는 독립케 하는 권한들이 부여되어 있다. 그에게 지정되는 헌법상의 권한들(공무
원임명권·은사권·법률의 공포)은 전형적으로 이미 B. 콩스탕이 설정한 국가원수의 권한목
록에 대응하고 있다.[109] 라이히 의회에 대한 독특한, 자주 논의되는 길항이라든가 독립권
한들에 의거한 종속성과 장관의 부서라는 일반적 요청(라이히 헌법 제50조)에 근거한
종속성과 혼합이라든가, 특히 라이히 헌법 제48조에 의한 (개별적 헌법률과는 구별하여)
헌법의 보호라든가, 이 모든 것들은 만약 이 학설에 의해서 설명되지 아니한다면, 조화되기
어려운 규정들의 모순되고 무의미한 혼합일 것이지만, 그러나 이것은 또한 국가생활이
실제적 현실에서 실증되는 것이다. 정치적으로 중대한 순간에 스스로 헌법의 수호자라고
자칭한 라이히 대통령 에버트(Ebert)*[110]나 현재의 라이히 대통령 힌덴부르크
(Hindenburg)*나 그 행위의 대부분은 여러 갈등의 중립적이며 중개적 조정이라고 불릴
수 있으며, 이 양 대통령은 각자 자신의 방식으로 그들의 어려운 임무를 **군림**에서 **통치**를
제거한 후 무엇이 남는가를 이해하지 못한 많은 국가원수보다도 잘 수행하였다는 것은
인정하지 않을 수 없을 것이다. 나는 나의 『헌법이론』의 서술(S. 351/52; 역서, 379/380면])

주). 권력을 구별하는 의회제 국가에 있어서의 국가원수의 지위라는 난해하지만, 사회적 및 정치적 현실에
대응한 구성에 관하여는 Lorenz von Stein, Begriff der Gesellschaft, a. a. O. Bd. I, S. 498. B.
콩스탕이 **중립적 권력**에 관한 그의 논술 속에서 예시로서 로마 원로원의 권위에도 언급하는 것(Oeuvres
I, S. 17 f.)을 이러한 관련에서 주목할 가치가 있다. 헌법의 수호자로서의 이 원로원에 관하여는 전술한
주 32 참조.
109) Oeuvres politiques, a. a. O. S. 18.
110) 후술 주 112 참조.

에 다음과 같은 것을 첨가해도 좋을 것이다. 즉 라이히 재판소 소장 시몬즈가 1928년 12월에 라이히 정부와의 갈등이 있을 때에, 라이히 대통령에게 사건을 가지고 간 것도 이러한 관점에서는 정당하다고 인정할 수 있는 것이었다 라고. 확실히 라이히 대통령에게는 라이히 정부에 대한 국사재판소 소장의 형식적인「고충」을 수리하고 재결하는「관할권한」은 없었으며, 만약 여기서 하급의 형식주의의 기준을 적용하려고 생각한다면 대체로 고충을 신청하는 것도, 또한 대통령에게 탄원하는 것도 허용되지 아니한다는 이외의 다른 어떠한 답변도 주어질 수 없었을 것이다. 때때로 라이히 대통령은 고충신청인에 대해서 라이히 법무장관을 경유하는「통상의 직무 경로를 밟도록」지시하고, 그 과정의 헌법 위반성을 주의했어야만 했다는 소리가 들린다. 그렇지 않으면 라이히 재판소 소장 시몬즈의 인격과 노력에 대하여 크게 이해하고 있던 신문에서마저도「라이히 재판소 소장의 라이히 대통령에 대한 호소는 완전히 헌법의 정신에 일치하지 아니한다」[111]는 비평이 발견된다. 라이히 대통령이 그와 같은, 대처하지 않고 그 답변에서 자신에게는 헌법상의 이유들에서 고충에 관한 형식적 재정을 내릴 권한은 없다고 생각한다는 설명에 덧붙여, 더욱이 사건에 대한 입장을 명백히 하고 라이히 정부 측을 시인하고, 그와 동시에 더욱 개인적으로 호의를 보이는 형식으로 라이히 재판소 소장에게 답변한 것은 국가원수의 중립적이고 중개적 지위에 대한 정당한 견해에 부응하며, 이 학설에서 이해하고 정당화할 수 있는 것이다.[112]

이리하여 바이마르 헌법의 오늘날의 실정법에 따라서 독일 라이히 조직의 전체계속에서 라이히 대통령이 차지하는 지위는「중립이며 중개적 권력」의 학설에 의해서 설명될 수 있다. 그 뿐만 아니라 우선 단지 국가원수를 대상으로서 구상하고 국가원수에 관한 특수적인 헌법률적 의미를 가진「중립적 권력」이라는 정식은, 나아가 더욱 일반 국가학의 영역에도 확대되고, **국가 전반**에 적용될 수 있는 것이다. 적어도 몇몇 국가에서는 어떤 의미에서 국가의 운명은 국가원수의 운명의 뒤를 따르는 것이며, 국가는 광범하게 「중립적 기관」("neutrale" Instanz)으로 화하는 것이다. 즉 그것이 사회 속에 매몰되어버리는 것이 아니라 독자적인 요소로서 사회로부터 구별될 수 있는 한에서는 이익사회의

---

111) A. Feiler, Frankfurter Zeitung, 10. Januar 1929, Nr. 24. 이에 반하여 Giese, DJZ. 34. 1929. Sp. 134에「최고의 라이히 기관으로서의」국사재판소 소장에 대하여,「실제로 또는 현실로 생각되는 헌법위반의 사례들에 관하여, 비공식적인 소원을 제기하는 권리를 부인할 수 없을」것이라고 서술한 것은 정당하다. 그러면 왜 하필 라이히 대통령에 대해서 제기하는 것일까?

112) 에버트(Ebert)의 직무행위에서 나오는 가장 중요한 예시는 1922년 여름의 라이히와 바이에른 간의 분쟁시대에 있어서의 바이에른 정부에 보내는 1922년 7월 27일자의 그의 편지에 포함되었다고 할 것이다. 여기서 에버트는 자기 자신에 대해서「라이히 헌법과 라이히 사상의 수호자로서의 나의 임무에서, 그러므로 라이히 헌법 제48조에 의해서 바이에른 법령의 폐기에 대해서 덧붙일 의무가 나에게 생깁니다」라고 적고 있다(이 편지와 아울러 바이에른 수상의 회답은 R. Joeckle, Bayern und die große politische Krise in Deutschland im Sommer 1922, Politische Zeitfragen Heft 7/11, S. 237 München 1922에 수록되어 있다.) 이 경우에도 형식적으로 라이히 대통령은 바이에른 측을 부당하다고 한 후 그 경우에는 제48조에 의한 헌법상의 권한들을 행사했어야 하며, 그렇지 않고 가령 바이에른의 행동이 허용된다고 생각한 때에는 그러한 편지는 하지 말았어야 한다고 비평하는 것은 헌법상으로도 정당하지 못할 것이다.

사회적·경제적 대립에 대해서도 이미 고차적이 아니라 단지 중립적인 제3자에 불과한 것이다. 오늘날의 독일에서 국가가 이미 19세기의 독일 국가학에 대응한, 고차의 제3자로서 사회의 상위에 서지 아니한다는 것은 우선 일반적으로 승인되고 있다.[113] 이미 (로렌츠 폰 슈타인에 의하면 국가와 사회는 서로 밀고 당기는 작용을 하는데) 국가는 사회의 대립물이 아니며, 기능적 통합방식(선거·표결·연합)에 의해서 사회의 내재 자체로부터 통합되는 것이다. 이러한 방식들은 오늘날의 입법국가에서 입법의 영역에 관하여는 고도로 침투하고 있으며, 국가와 사회 간에 자주 구별할 수 없을 정도이다. 나는 루돌프 스멘트(Rudolf Smend)의 통합이론[114]이 특수한 국가이론으로서 보다는 오히려 일반 사회이론으로 이해한다는 것도 이리하여 납득한다.* 그럼에도 불구하고 바로 스멘트는 전체로서의 국가를 경제적·사회적 집단들과 그 이해의 총화로부터 구별한다. 그러나 국가는 한편으로는 이미 고차의 제3자가 아니며, 다른 한편으로는 아직 완전하게 단순히 사회적인 것에 해소되지 않는다면, 이러한 중간단계에서의 국가는 바로 중립적 요소일 뿐이다. 이것은 오늘날의 독일의 국가적 관계들에 비추어 특히 분명히 하고 있다. 현대의 산업국가에서는 오토 바우어(Otto Bauer)*가 최초로 주창하고 정식화하고, O. 키르히하이머(O. Kirchheimer)*가 주목할 만한 논문 속에서 국가이론적 및 헌법이론적으로 평가한,[115] 피용자와 고용자의 「사회적 균형구조」라는 현상이 (일시적이냐 영속적이냐 하는 문제는 차치하고) 나타난다. 양 집단은 세력과 영향력에서는 거의 서로 길항하며, 쌍방의 어느 측도 현재의 다수관계로부터 상대방의 의사에 반하여 과격한 헌법개정이나 근본적인 사회적 결정들을 상대방에게 밀어붙이는 것은 합법적으로 운영하는 한에서는 불가능한 일이다. 독일 라이히나 개별적인 독일의 주들처럼 — 특히 프로이센의 — 모든 당파결속과 연합관계는 이러한 「사회적 균형관계」를 인식시킨다.[116] 바로 상징적인 단순성에서 사회적 갈등들과 노동쟁의의 경우에 국가가 중립적 제3자로서 나타난다. 중재위원회의 의장은 국가적 이익의 대표자로서 고용자대표와 피용자대표의 의견에 상대한다. 그는

---

113) 독일의 국가학은 비스마르크의 승리 이래로 실증적이라는 구실 아래 이처럼 결정적인 문제들에 대해서는 회피하여 왔다. 국가이론에 남은 것이라고는 헤겔 체계의 기반 위에 로렌츠 폰 슈타인이 쌓아올린 전통이 게오르그 프리드리히 크납(Georg Friedrich Knapp)이나 구스타프 슈몰러(Gustav Schmoller)와 같은 학자들에 의해서 승계되고 있던 국민경제학의 영역에로 이행하였다. 이러한 국가관념이 파시즘 속에서 경신된 것에 관하여는 C. Schmitt, in der Besprechung von Erwin von Beckerath, Wesen und Werden des fascistischen Staates, Schmollers Jahrbuch, Bd. 58 (Februar 1929)(김효전·박배근 옮김, 「파시스트 국가의 본질과 생성」, 『입장과 개념들』, 세종출판사, 2001).

114) Verfassung und Verfassungsrecht, München und Leipzig 1928. 기능적 통합방식에 관하여는 S. 32 f.(김승조 옮김, 『국가와 헌법』, 56면 이하).

115) Zeitschrift für Politik, Bd. 17 (1928), S. 596.

116) 예컨대 작센에 관하여는 Thörnig, Das sächsische Polizeiwesen, in dem Sammelwerk Sachsen, Kultur und Arbeit des sächsischen Landes, Berlin 1928, S. 38 속에 아마 체계적인 의도를 가지고 있지는 않지만 그것만으로도 특징적으로 다음과 같은 형식으로 서술한다. 즉 「작센은 인구밀도가 높은 산업국가이다. 주민의 상당한 부분이 노동자 계급에 속하며, 마르크스주의적 세계관을 신봉한다. 이 신봉자는 생각을 달리하는 주민과 숫적으로는 거의 서로 길항하고 있다. 이것은 특히 선거 때에 분명히 나타난다. 작센 주의회에서는 목전의 정치적인 사정에 따라서 간신히 다수를 바로 그러한 중도파와 교대하는 것이다」.

수적으로는 동등하고 서로 길항하는 이익대표의 대립 앞에 서 있다. 그는 대부분은
직업관료로부터 선임되고 (그렇지 않으면 객관적 제3자의 어디에서 구할 것인가), 판결을
일관하는 견해에 의하면, 독자적인 권위에 의해서 판단하는 고차의 제3자 등이 아니라
단순히 다수파를 형성하는 제3자에 불과하며, 더구나 중립적이며 중개적인 지위를 차지한
다.117) 이러한 중립적 제3자가 없이는 사회적 및 경제적 대립들은 서로 공공연하게
충돌하고, 이미 도저히 평온한 화해를 가져오지 못할 것을 우려하게 될 것이다. 이러한
중재자의 역할이야말로 매우 전형적이며 교훈적으로 중립적이며, 이미 고차는 아닌
제3자의 국가이론을 설명한다.118) 이때에 직업관료제는 전체적으로 이러한 중립적이며
중재적 기능의 담당자로서 나타난다. 라이히 헌법 제129조에서의 직업관료제의 헌법률적
보장은 이에 의해서 개별적인 공무원의 주관적 및 개인적 요소들의 보호를 훨씬 초월하는
국법적 의미를 획득한다.119) 이러한 체계적 관련에서도 또한 이 중립적 체계의 핵심이
라이히 헌법 제46조에 의해서 연방공무원을 임명하고 해임하는 라이히 대통령의 지위에
있음이 명백하게 된다. 이것은 라이히 대통령의 중립적 권력의 전형적인 표현이며, 제46조
는 「공무원은 전체의 봉사자이며 한 당파의 봉사자는 아니다」라고 하는 라이히 헌법
제130조와의 관련에서 고찰하여야 한다. 직업관료제 전반에 대한, 그리고 특히 「본부
관료층」에 대한 혐오가 널리 확산되었다고는 하지만, 오늘날의 국가는 이러한 관료층을
제외하고는 생각할 수 없다는 것을 간과해서는 안 되며, 또한 만약 당파정치적 운영과
「기능적 통합」이라는, 점차 만연되는 방식들이 관료층으로부터 국가적 의미의 마지막
나머지를 취하고, 이것을 정실주의나 당파기식(黨派寄食)의 체계로 변화되어 버린 경우에
국가와 국민의 정치적 통일이 어떻게 될 것인가는 기다려 보아야만 알 수 있다.

---

117) 자료집 Grauert, Mansfeld und Schoppen, Der Rechtsstreit im Arbeitskampf, Mannheim 1929,
특히 1929년 1월 21일의 라이히 노동재판소 판결을 참조. 이 문제의 국가이론적인 측면은 내가 알고
있는 모든 논술에서 완전히 간과되고 있다. 회니거(Hoeniger, Magazin der Wirtschaft, 14. Februar
1929, S. 223)가 「형식사법적인 근거에 대해서는 찬반 양쪽에서 여러 가지 의론」이 나올 수 있다고
서술하는 것은 정당할지라도, 이러한 방법으로 문제가 해결될 수 없다는 것을 보여줄 뿐이다. 회니거
자신의 법원조직법 제196조 2항의 지적에는 이러한 「형식주의」의 난점이 있다. 왜냐하면 법관회의에서의
다수 의견의 산정은 투표의 평등과 동질성을 전제로 하며, 「합의체」 내부에서 전체가 된 이해의 결속에
더하여 「중립적인」 의장이라는 것을 전제로 하지 않기 때문이다.
118) 여기에서 설정하는 중재자의 지위의 국가이론적 의미에 대한 명제는, 1928년 11월의 철강분쟁 중
국가의 중재자 역할을 원리적인 논의 때에 좌익계의 신문이 그 외의 이러한 당파의 국가이론에 따라서
「교차의 제3자」라는 구성을 「관헌국가적」으로서 비난하고 있음에도 불구하고, 중재자의 국가적 권위를
고차의 권위라고 타당하게 만들었다는 사실로써는 결코 반박되지 못한다. 이것은 다만 외관상 기묘한
모순일 뿐이다. 왜냐하면 실제로 이러한 경우에도 고차의 제3자가 문제로 되는 것이 아니라, 문제는
다만 이러한 심리에서 여전히 발견되는 국가성의 나머지를 사용자의 경제력에 대한 방벽으로서 이용하고
사회적·경제적 세력분포의 유희에만 맡기지 아니한다는 것에 불과하기 때문이다. 그 때문에 이 경우에도
문제는 중재자를 자신 쪽에 붙인다는 것이며, 그것을 결정적으로 당사자 쌍방의 상위에 세운다는 것은
아니다.
119) A. Köttgen, Das deutsche Berufsbeamtentum und die parlamentarische Demokratie, Berlin
1928은 나의 견해로는 중립적 권력에 관한 이론이라는 이 일반적인 국가이론적인 관점에서의 보충을
필요로 한다.

중립적이며 중개적인 권력의 일반적인 문제는 여기서 그 국가이론적 및 헌법이론적인 측면 전반에 걸쳐 논할 수는 없으나, 그렇다고 헌법의 수호자 문제에 있어서 이것을 간과하고 무시하는 것은 그 이상으로 불가능하다. 왜냐하면 그것은 전체적으로 **독립적**이며 중립적인 기구의 구상을 기초로 하는 많은 계획이나 예비문제 모두의 기본적인 선결문제이기 때문이다. 대부분의 경우에 오늘날의 국가생활에서 얼마나 많고 다른 종류의 독립이 존재하는가, 그리고 항상 새로운 제도들을 당파정치적 운영으로부터, 또한 기능적 통합방식의 동적 과정에서 도출할 수 있는가, 어느 정도 고도로 불가결한 것인가는 명확하지 않으며, 충분히 체계적으로 명백하지 않다. 현대 국가의 동태적 성격이라는 스멘트의 정식에 대해서, 나는 이 동태적 성격이 실제로는 기능적 통합방식(선거와 표결)에만 의거할 뿐이며, 국가생활과 헌법생활의 실제적 이해가 오늘날에는 대부분 바로 그 과정을 제한하고, 정태적 제도들을 발견한다는 방향에로 향하고 있다는 점을 지적하고 싶다. 스멘트에 대해서 자주 이의를 제기하는 것은, 어떤 국가에나 정태적인 요소들은 포함되어 있다는 것이다.[120] 그러나 매우 중요하지 아니한 것은, 이러한 일반적 진리를 서술하는 것 보다는 오히려 정태적인 것으로 일반적인 경향이 형성되는 속에서 구체적인 규범설정과 제도들을 보여주는 것이다. 내 생각으로는 중립적이며 독립적인 기관들의 모든 사례가 여기에 포함되며, 이러한 기관들의 중립성과 독립성은 스멘트에 의해서 전면에 제시된 저 기능적 통합의 동태적 관점으로부터의 분리를 의미하는 것 이외에 아무것도 아니다. 오늘날에는 아마도 대체로 기능화와 동태화는 이미 그 절정을 넘어버렸고, 정태적인 것에로 향하려는 강한 반대경향이 인정된다고 까지 말할 수 있다. 이것은 많은 「헌법에 있어서의 정착」을 보여준다. 그것은 오늘날 이미 단순히 국가적 의사형성과 동적 통합과정의 원리와 방법들을 규제하는 것이 아니라, 반대로 동시에 이러한 과정으로부터 특정한 이익과 가치를 끌어내어 그것들을 안정시키고 「정착」시키려는 헌법 그 자체의 기능변화 ― 이 과정은 잘못 「비정치화」라고 불리는[121] ― 속에 나타난다. 그것은 나아가 라이히 은행이나 라이히 철도 회사와 같은 자율적 형성체가 추출하는 사례들에서 나타난다.[122] 그것은 무엇보다도 또한 법관의 일반적 심사권에 의하든 특별한 제도들에 의하든 헌법상의 상술한 「정착들」을 보장하는 것이 불가결하게 된다는 점에 나타난다. 특히 「헌법의 수호자」는 항상 상대적으로 정태적이어야 한다. 헌법의 수호자는 부단히 통합되는 것은 있을 수 없다. 적어도 기능적 통합의 방식들로써는

---

120) 그리하여 Tatarin-Tarnheyden, Integrationslehre und Staatsrecht, Zeitschrift für die gesamte Staatswissenschaft, Bd. 85 (1928), S. 1 f.; A. Hensel, Arch. f. Soz. Wissenschaft, Februar 1929; O. Hinze, Historische Zeitschrift, Februar 1929.

121) Wittmayer, Reichsverfassung und Politik, Tübingen 1923. 비트마이어의 인식들은 「비정치화」라는 불운한 관념에 의해서 손상되고 있다. 실제로는 고양된 정치화가 문제이기 때문이다. 헌법상 특히 중요한 논술로서는 Popitz, Verfassungsrecht und Steuervereinheitlichungsgesetz, DJZ. Bd. 34, 1929, Sp. 20 참조. 헌법률상의 규범 설정의 기능변화와 실정적 헌법개념의 필요성에 관하여는 C. Schmitt, Verfassungslehre, S. 11 f., 77 u. a.(역서, 31면 이하, 98면 등등).

122) 후술 주 132 참조.

통합되지 아니한다. 그것은 신속하게 반복되는 선거와 투표의 운영에 맡겨지자 마자 곧 그 목적과 그 가치를 상실해버린다.

오늘날의 독일에서 헌법의 수호자를 문제로 삼는 경우, 항상 단지 국사재판소와 사법형식적인 절차가 생각된다는 것은 단순히 기능적 통합이라는 방식들의 제한과 중성화에 대하여 새로이 노린 상술한 관심의, 최초의 또한 소박한 표현들에 불과하다. 중립적이며 독립적인 기관이 요청되는 경우에는 민법과 형법의 훈련을 거친 직업적 법률가의 과반수는 물론 즉시, 그리고 결국 공무원으로서의 법관을 갖추고 있는 한, 법원과 사법형식적인 절차를 생각한다. 그러나 필요한 것은 단지 많은 중립적이며 독립적인 기관도 제도들 중의 하나를 찾는 것에 불과하다. 따라서 각종의 독립성을 나아가 잘 구별하고, 이 문제를 한번 헌법이론적인 관점에서 논하고, 법관의 독립성을 그 특수성에서 다른 독립성의 사례들과 함께 하나의 사례로서 고찰하는 것이 그 때문에 필요하다.

사법공무원은 직업공무원이다. 법적으로 보장된 지위의 보장에 의해서 종신 또는 장기적으로 임명되어, 임의로 해임되거나 해고되지 아니하는 직업공무원은 경제적 및 사회적 대립들의 투쟁의 와중에서 유리된다. 그들은 「독립적」이 되며, 그럼으로써 헌법 제130조가 요구하듯이 중립적이며 불편부당할 수 있다. 오늘날 국가에서의 법관의 독립은 그 특성에서 라이히 헌법 제104조가 통상 법원의 법관은 종신 임명제이며, 재판관결에 의해서, 그리고 법률이 정하는 이유와 형식에 의해서 그 뜻에 반하여 영속적 내지 일시적으로 면관되거나, 또는 전직 내지 휴직되지 아니함을 규정함으로써, 전기한 일반 공무원법상의 보장들이 다시 강화되고 있음을 근거하고 있다. 따라서 바이마르 헌법에 의해서 보장되는 법관의 독립에 있어서는 두 가지 종류의 독립이 구별되며, 그것이 서로 결합하는 것이다. 하나는 법관으로서의 직무집행에 있어서의 직무상의 지시와 명령으로부터의 독립(제102조)이라는 **법관** 특유의 것이며, 다만 이 독립은 임관되지 아니한 법관(참심원·배심원·민간판사·민간배석자)에도 적용된다. 또 하나는 사법 **공무원**으로서의 강화된 독립이다. 종신 임명된 사법공무원은 다만 정식의 심리에서 그 직을 상실한다고 선고할 수 있을 뿐이며, 그 독립은 단지 첫 번째의 법관의 독립의 보장으로서만 해석해서는 안 된다. 왜냐하면 임관되지 아니한 법관에 대해서는 적용되지 않으며, 내용적으로는 라이히 헌법 제129조, 제130조의 법관이 아닌 자도 포함된 모든 공무원에 관하여 규정된 보장들의 강화를 의미할 뿐이기 때문이다. 법관의 독립에 관한 이 부분은 공무원의 일반적 독립의 가중 사례임에 불과하다. 그런데 법적으로 보장된 지위에 있는 공무원의 독립에는 사회적 대립들에 대한 중립성과 객관성을 가능케 하며, 사회 및 경제생활상의 여러 가지 이해대립으로부터 공무원을 격리한다는 의의가 있다. 라이히 헌법 제130조는 이것을 분명히 표현하여 전체의 봉사자로서의 공무원을 경제적 및 사회적인 당파들의 결속에 대립하는 것으로서 그들에 대해서 중립성과 독립성을 달성하여야 한다는 것이다.

따라서 법관의 독립이라는 특별한 보장들을 부여하고, 해임되지 아니하는 직업적 법관의 합의체는 특히 고도로 독립적·중립적·객관적인 기관인 것처럼 보인다. 그리고

모든 헌법쟁송을 임관된 법관의 합의체에 맡긴다면 그것을 비정치화한 것이 된다고
생각하는 것은 매우 이해하기 쉬운 것임에는 틀림없다. 그러나 이러한 이유에서 모든
헌법쟁송에 관하여 국사재판소 내지 헌법재판소를 요구한다면, 그것은 실제로는 재판기
관이라기 보다는 오히려 독립적·중립적인 기관을 추구하는 것이며, 단순히 헌법률적으
로 보장된 독립의, 가장 확실하고 명확한 수단으로서 법관의 성격을 이용할 뿐이다.
그 때에 대부분의 경우에는 결코 단순히 본래의 의미에서의 법관의 독립, 즉 다른 직위로부
터의 재판상의 직무행사에 관한 지시들에 대한 독립만이 생각되는 것은 아니며, 직업관료
의 독립성에 의해서 강화된, **직업적 사법공무원**의 독립을 염두에 둔 것이다. 만약 본부의
직업공무원 대신에 의회의 의원이 이러한 법원을 형성하고 결정합의체가 당파정치적으로
결속한다면, 「법관의 독립」의 실체적 의의는 라이히 헌법 제21조에 의한 의회의 독립성
― 이것은 의원단강제(議員團强制)〔의원단 간부가 결정한 방침에 의원이 따르는 것을 정한
규율〕나 유사한 종속성을 저지할 수 없는 것인데 ― 이상으로 많이 가지지는 못할 것이다.
그러면 헌법쟁송의 재정을 마찬가지로, 라이히 의회의 조사위원회나 또는 가장 간편하게
는 정부 자체에게 위탁할 수 있을 것이다. 따라서 이렇게 요청하는 경우에는 다시 직업적
법관의 보장들을 가능한 한 강화하려고 생각한다. 이러한 국사재판소 내지 헌법재판소는
예컨대 법관의 기피나 유사한 간섭들이 불가능하듯이, ― 이것은 경험상 정치적으로
중요한 경우에 발생하며, 특히 합중국의 대법원의 역사에서도 잘 알려져 있는데,123)
― 법관수나 구성 또는 절차가 단순한 법률로써 변경될 수 있다는 것에 대해서 보호되지
않으면 안 된다. 끝으로 이처럼 특정기관이 호선에 의해서만 보충되도록 요구하는 것이
전적으로 일관될 것이다.124) ― 항상 보다 강력한 보장이 요청되는 것은, 국사재판소
내지 헌법재판소의 제안에서 재판방식과 사법형식성이 실제로는 단지 당파정치적 활동과
운영에 대해서 중립적이며 독립적인 특정한 기관을 만들고, 일종의 「영속성」,125) 즉
정태를 창출하려고 노력하는 점에 있다는 것을 입증할 뿐이다. 이 목표는 호선에 근거하여
또는 가장 확실하게는 세습성에 근거하여 제2(내지는 제1)원에 의해서 확실하게 도달된
것이다. 오늘날의 민주국가들에서 영국식 모범에 따라서 귀족원을 도입하는 것은 거의

---

123) 그리하여 노예제폐지를 둘러싼 투쟁기에 있어서의 드레드 스코트 사건*(Charles Warren, The Supreme
  Court in the United States, Boston 1924, III S. 22 f.) 또는 남북전쟁의 화폐가치 하락시기에 있어서의
  법정화폐사건(Legal Tender Cases) (a. a. O. S. 244).
124) 켈젠의 보고 Veröffentlichungen Deutscher Staatsrechtslehrer, Heft 5, S. 56.
125) 「영속성」이라는 표현은 그나이스트(R. Gneist)가 사법심사권에 관한 감정(a. a. O. S. 23)에서 사용하고
  있다. 그는 미합중국에서 행사되는 법률의 사법심사를 그 조리성(條理性)과 공정성(그 합리성)에서,
  진술한 본문의 상술과 관련하여 특히 흥미있게 다음과 같은 이유로 거부한다. 즉 「여기서는 (= 미합중국에서
  는) 입법의 요소들에 변동하는 이해들에 의해서 규정된, 입법단체의 성급한 의결을 방지하는 보장이
  부여되기 때문에 불가결한 영속성이 결여되어 있어서 특정한 기본계약적인 권한들에 관한 감시자로서의
  법원의 우위에 의해서 세습군주제가 가지는 약간의 장점을 획득하려고 노력한다. 최고법원의 이러한
  초월적 권력이 독일의 법원조직에 적합하지 아니한 것은 확실하다. 저 최종적 보장은 오히려 보다 확실하게
  는 세습군주제에 제2의 영속적 단체와 제3의 피선출단체에게 입법에 있어서의 그러한 협동 속에 있다.
  적어도 무릇 인간의 기구들이 그러한 보장을 부여할 수 있는 한은 그러한 것이다」.

불가능할 것이기 때문에, 전면적 내지 부분적으로 종신제 상원의 시도를 반복할 수 있을 것이다. 이러한 시도는 공화국 프랑스에서는 완전히 실패로 끝났다. 그리고 나의 견해로는 독립적인 기관들을 제한함에 있어서 이러한 헌법사적인 경험들은 경시하는 것은 허용되지 아니한다.[126]

헌법의 수호자는 확실히 독립적이고 중립이어야 한다. **그러나 실제상의 이유에서 독립성과 중립성이 합목적적 내지 필요불가결하다고 생각되는 모든 경우에, 동일하게 법원 내지는 사법형식성을 실현하려는 것은 사법형식성과 재판개념의 남용이다.** 독립성과 중립성이라는 바람직한 임무와 기능의 모든 것을 사법에게 부담시킨다면, 사법은 감당하기 어려울 정도로 과중한 부담이 될 것이다. 독립에는 매우 다양한 종류가 있다. 법관의 독립이나 그것과는 별개의 직업공무원의 독립이나 양자가 복합된 사법공무원의 독립이나 대통령과 독일 라이히 회계검사원 검사관의 독립이다.[127] 나아가 라이히 헌법 제21조에 의한 국회의원의 독립[128]과 다시 특별한 종류의 라이히 헌법 제142조에 의해서 교수의 자유가 보장된 대학교수의 독립과 자유가 있으며,[129] 그 밖에 사물의 본성에서 나오듯이 감정인과 전문감정인의 독립이 있다. 끝으로 국가원수의 독립이 있다.[130] 입헌군주제의 군주의 경우에 왕위계승의 세습성과 인격의 불가침성에 근거한 독립이며, 입헌민주제의 대통령의 경우에는 바이마르 헌법에 의하면, 독일 국민 전체의 선거에 의해서(라이히 헌법 제41조), 7년 임기(라이히 헌법 제43조 1항)와 해임되기 어려운 제도(라이히 헌법 제43조 2항)에 의해서 보장된 독립이다.

이와 같은 여러 가지의 독립에는 모두 반드시 체계적으로 생각하여 관철되지는 않았을지라도 여러 **파면불가능성, 불체포특권,** 그리고 무엇보다도 ─ 독일에서는 특히 물론 상당히 이해와 공감도 적게 보이는데 ─ **겸직금지제**[131]가 대응하고 있다. 여하튼 독일

126) 1875년 2월 24일의 헌법률에 의하면 상원의원 300명 중의 75명은 최초로 국민의회에 의해서 종신직으로 임명되며, 그 후에는 호선에 의해서 종신직으로 임명되어, 그 후에는 호선에 의해서 보충되고 있었는데, 그렇다 하더라도 상원의원의 다수는 선거로 선출되었다. 그러나 1884년 12월 9일의 헌법률은 선거라는 민주적 원리에 의한 이 제약을 철폐하였다. 그렇지만 종신임명의 구성원은 결원이 있을 때에 다시 보충되지 않는 것만으로 그 종신적 지위에 머물렀다. 이 종신 상원의원의 최후의 사람은 바로 몇 년 전에 사망하였다.
127) 1922년 12월 31일의 라이히 재정규정 제198조, 제121조.
128) 법관의 독립과 의원의 독립과의 대립에 관하여는 Verfassungslehre, S. 274.
129) Karl Rothenbücher, in dem Bericht für den Deutschen Staatsrechtslehrertag in München 1927, Veröffentlichungen der Vereinigung deutscher Staatsrechtslehrer Heft 4, S. 32 f.; R. Smend, ebenda, S. 56 f. 이러한 대학에서의 교수의 자유와 자유토론의 원리와의 관련, 그리고 수강료의 특권에 관하여는 Lorenz von Stein, Lehrfreiheit, Wissenschaft und Kolleggeld, Wien 1875(토론의 자유로서의 교수의 자유, 독립과 자유의 보장으로서의 수강료).
130) A. Bertram, in der Zeitschrift für Zivilprozeß Bd. 28, 1928, S. 421. 즉 「행정 전반의 영역에서의 감정(鑑定)은 바로 그것이 개념상 지시와는 화합하지 못한다는 점에서 특수한 위치를 차지한다. 확실히 상위관청이 하위관청에 대해서 많든 적든 일반적 내지 한정적인 문제에 관한 감정의 제출을 지령할 수 있다. 그러나 일정한 결론에 도달하면 지시하는 것은 감정의 개념을 포기하지 않고서는 불가능하다. 즉 감정의 내용은 항상 지시에 구속되지 아니하는 감정인의 독자행위이다」.
131) 겸직금지에 관한 이론에 체계적인 관련에 관하여는 Verfassungslehre, S. 183, 186, 189, 255, 272, 317.

국법은 라이히 대통령의 지위가 라이히 의회의원의 지위와의 비겸직제(제44조), 나아가서
는 대통령의 지위와 회계검사원 검사관과의 비겸직제(라이히 회계규정 제118조)를 갖추고
있다. 라이히 은행이나 라이히 철도 회사에서 보이는 당파정치적 운영으로부터의 분리라
는 의미에서의 독립이라는, 여기서는 그 이상 논하지 않는 다른 사례들에서도 마찬가지로
비겸직제가 관철되고 있다. 무엇보다도 이 경우에는 먼저 독일 제국 의회의 당파들을
도즈안(案)*의 대외정치적인 강제에 의해서 연화시키지 않으면 안 되었다.132) 독일
이외의 민주국가들에서는 상당히 자명하게 일련의 겸직금지제가 시행되고 있음에 반하
여, 독일에서 이것은 대외 정치적 압력 하에서가 아니면 거의 기대할 수 없다. 그러나
사법공무원에 관하여 새로이 유력한 측에서 일반적으로 의원겸직금지제가 제안된 것은
언급할 가치가 있다.133) 헌법재판소의 구성원에 대해서 가장 엄격한 겸직이 규정되어야
한다는 것은 자명하다고 할 것이다.134)

　　이러한「독립」의 사례들에 있어서 국가와의 결합을 정당하게 유지하는 한, 즉 예컨대
라이히 은행이나 라이히 철도회사의 조직의 경우처럼 국가에 대해서 자율적 구성체를
창출하는 데에 독립이 봉사하는 것이 아닌 한에서는 여러 가지의 독립에 공통된 특징이
있으며, 이것은 헌법률적 규정들의 조문에서도 그 명확한 승인을 얻고 있다. 앞서 제시했듯
이, 법관의 법률에 대한 구속성의 다른 측면에 불과하고, 따라서 문제 밖에 둘 수 있는
법관의 독립135)을 별도로 한다면, 직업공무원의 독립도 국회의원의 독립도, 그리고
마침내는 해임을 매우 어렵게 만든 제도와 특별한 특권들에 의해서 보호된 국가원수의

---

132) 1924년 8월 30일의 라이히 은행법(RGBl. II, S. 235) 제17조, 즉「이사회의 구성원이 될 수 없는
　　자 a) 독일 라이히 또는 독일 각 주의 직접 임명된 국가공무원 b) 독일 라이히 또는 독일 각주에 의해서
　　급여를 받는 자. 제1항은 의미상 외국의 공무원과 아울러 외국 또는 외국 정부로부터 급여를 받는 자에게도
　　적용된다.」1924년 8월 30일의 라이히 철도법(RGBl. II, S. 272), 라이히 철도회사 규정 제12조 1항.
　　「즉 감사위원은 경제생활의 노련한 전문가 또는 철도 관계 전문가이어야 한다. 라이히 의회, 주 의회,
　　라이히 정부 또는 주 정부의 구성원이어서는 안 된다」.
133) Eugen Schiffer, Entwurf eines Gesetzes zur Neuordnung des deutschen Rechtswesens 1928,
　　S. 1 (제16조). 즉「법관은 라이히 의회나 주 의회에 선출될 수 없다. 정치적 조직의 구성원이 되어서는
　　아니되며, 공공연하게 인지할 수 있는 방법으로 정치적 행동을 해서는 안 된다」. 나아가 그 이유는 S.
　　29의 법관직의 정치로부터의 격리에 관하여.
134) 1921년 4월 9일의 국사재판소에 관한 라이히 법률(RGBl.) 제4조 2항. 즉「선출될 수 있는 것은 만
　　30세 이상의 독일인이다. 라이히 정부, 라이히 의회, 참의원, 라이히 경제평의회, 주 정부, 주 의회 또는
　　추밀원의 구성은 배심원이 될 수 없다」. 나아가 바덴주 헌법 제61조, 메클렌부르크-슈베린주 헌법 제67조,
　　체코슬로바키아의 1921년 3월 9일 주의 헌법재판소에 관한 법률 제1조 6항. 즉「헌법재판소의 구성원과
　　아울러 보충원이 될 수 있는 것은 법에 조예가 있고, 상원에 선출될 수 있는 자로서, 열거된 입법단체의
　　구성원이 아닌 자에 한한다」(Epstein, S. 21). 오스트리아 연방헌법 제140조. 이에 반하여 바이에른주
　　헌법 제70조 그리고 1920년 6월 11일 법률의 제2조 3항.
135) Rudolf Smend, Verfassung und Verfassungsrecht, S. 69 f.가 법관의 행위는 다른 국가관청들의
　　행위와는 달라서 정치적 공동체의 통합을 위해서가 아니라 마침내는 특별한 법공동체의 통합에 봉사하는
　　것이라고 서술하는 것은 나의 견해로는 지나친 것이다. 또한 그것은 국가의 다원론적인 해체로 귀착하게
　　마련이다. 그 경우에는 실체법의 수많은 특별 분야와 영역 — 여기에는 또한 다수의 특별재판소가 대응하게
　　될 것인데 — 이 마찬가지로 수많은 공동체를 이룰 것이다.

지위도 또한 정치적 통일의 **전체**라는 관념과 밀접하게 결부된 것이다. 바이마르 헌법은 말한다. 즉「공무원은 **전체**의 봉사자이며 한 당파의 봉사자는 아니다」(제130조),「국회 의원은 **전체** 국민의 대표자이다」(제21조), 「라이히 의회 의장은 독일 **전체** 국민에 의해서 선출되며(제41조), 대외적으로 독일 라이히를 대표한다(제45조)라고. 정치적 통일의 전체와의 관련성은 항상 경제적 및 사회적 생활의 다원적 집단화와의 대립을 포함하며, 그러한 집단화들에 대한 우위, 그렇지 않으면 적어도 중립성을 실현하기 위한 것이다. 이것이 실현되지 아니하는 경우에는 이러한 헌법률적 형식들의 표면적인 차용은 공허한 의제로서의 실효 밖에는 없다. 잠정적인 라이히 경제평의회의 구성원의 경우가 그러하며, 1920년 5월 4일의 규정 제5조는 이에 관해서는 마찬가지로 이 구성원이「전체 국민의 경제적 이익의 대표자」라고 규정하고 있다.[136]

그러한 규정들과의 비교 관련에서 비로소 바이마르 헌법에 의해서 라이히 대통령에게 부여된 지위는 인식 가능하게 된다. 라이히 대통령은 오늘날의 독일 라이히의 국가질서가 의존하고 있는 중립과 독립이라는 이 체계의 중심에 위치한다. 고도로 정치적인 문제와 갈등들에 관하여, 되는대로 헌법의 수호자로서의 법원을 설치하고, 그러한 정치화에 의해서 사법에게 부담을 주고 위험하게 되기 전에, 우선 먼저 바이마르 헌법과 그 헌법률적 체계와의 이러한 실정적 내용을 상기해야 할 것이다. 바이마르 헌법의 현행 내용에서 본다면, 이미 헌법의 수호자는 존재한다. 즉 라이히 대통령이다. 상대적 정태성과 영속성(7년 임기의 선출, 해임을 보다 어렵게 만든 제도, 변동하는 의회 다수파로부터의 독립)에서, 또한 그 권한의 성격(라이히 헌법 제45조 이하에 의한 관할권한, 라이히 헌법 제25조에 의한 라이히 의회의 해산과, 제73조에 의한 국민투표의 실시, 제70조에 의한 법률의 작성과 공포, 제48조에 의한 헌법의 보호)에 중립적이며 중개적 지위 — 이것이 그 자체 합헌상태의, 또한 최고의 라이히 기관들의 합헌적 기능 발휘의, 적임의 옹호자이며, 수호자이다 ―를 창출한다는 의미를 가진다. 그 때문에 제42조에 의해서 라이히 대통령이 서약해야만 하는 선서에는 명확하게 라이히 대통령이「헌법을 옹호」한다는 문구가 있다. 헌법률적 규정의 조문 문면은 아주 명백하게 라이히 대통령을 헌법의 옹호자라고 부르며, 다른 경우에는 정치적 서약의 의미를 어떻게 평가하는가와는 관계없이,[137] 이처럼 전거가 정당한 헌법의 자구를 무시할 수는 없는 것이다.

그런데 라이히 대통령이 헌법의 수호자라는 것은 그것만으로 바이마르 헌법이 입각하는 민주주의 원리에 일치한다. 라이히 대통령은 전체 독일 국민에 의해서 선출된다.

---

136) 나는 여기서 F. Flum, Der deutsche und der französische Reichswirtschaftsrat, Beiträge zum öffenflichen Recht und Völkerrecht, Heft 12, S. 25 f. Berlin 1929와는 반대로, 이것을 진정한 대표의 사례로는 인정하지 않으며, 또한 경제적 이익들이 말의 특수한 의미에서의 대표기능이라고는 생각하지 아니한다.

137) 이 점에 관하여는 E. Friesenhahn, Der politische Eid, Bonn 1928 (Bonner rechtswissenschaftliche Abhandlungen, Heft 1).* 정치적 선서와 헌법보장의 관련에 관하여는 G. 옐리네크 전술 주 2에 대한 지시를 참조.

입법기관들에 대한 그 정치적 권한들(특히 라이히 의회의 해산과 국민투표의 실시)은 실질상 「국민에 대한 호소」에 불과하다. 바이마르 헌법은 여기에서 바로 민주주의 원리들로부터 의회연합의 지배에 대한, 또는 사회적 · 정치적 권력집단들의 다원주의에 대한 대항력을 만들고, 정치적 전체로서의 국민의 통일을 유지하고, 헌법질서를 당파들의 난용으로부터 지키려고 시도한다. 라이히 대통령의 지위를 당파 정치적 운영에서 이끌어내고 중립 그대로 두는 것이 과연 장기간 가능한가의 여부는 아마도 의심스러울 수 있다 하더라도, 또한 가령 공화제 유럽의 국가원수의 운명이 군주들의 운명 뒤를 따르게 되리라는 염려가 있을지라도, 이러한 시도를 법학은 존중하지 않으면 안 된다. 여하튼 바이마르 헌법은 그러한 시도를 매우 의식적으로 특별한, 더욱이 특수 민주적인 수단들을 사용하여 수행하고 있다. 이러한 시도는 또한 결코 절대적으로 승산이 없는 것은 아니며, 또한 예컨대 제2원 내지는 경제의회의 계획이라든가, 이른바 경제직의 겸직금지제에로의, 특히 교훈적이며 특징적인 시도와 같은[138] 항상 새로이 나타나는 다른 계획과 제안들과는 달리, 거의 해결 불가능한 어려움에 놓이지는 않는다. 최근에도 여전히(1928년 12월) 프랑스 의회는 앞서 서술한 경제직의 겸직금지제를 도입하려고 시도하고, 감사위원의 지위를 국회의원의 지위와의 겸직을 금지한다고 선언하였다. 이 경우에는 모든 경제적 · 사회적 집단을 포함하며, 가능한 한(스멘트 학설의 의미에서) 「통합한다」는 것이 바로 오늘날의 의회의 특성의 하나라는 점에 어려움이 있다. 그럼으로써 특정한 사회적 내지 경제적 집단을 의회로부터 제거하는 것이 불가능하게 된다. 그러나 다른 한편, 당파정치적 분열은 대체로 비례선거제도의 결과, 의회를 사회적 및 경제적 이해대립의 축도로 만든다. 이렇게 되면 실제로 더 이상 정치적 통일체의 통합에는 도달하지 못하고, 대립들이 병립하는 결과 의회는 분해의 도구가 되며, 사회적 및 경제적 권력집단의 다원성을 바로 발전시키지 못하게 된다. 이에 반하여 라이히 대통령에 관한 규정들에서는 바이마르 헌법은 저 독일 국민의 대표로서의 의회에게, 마찬가지로 전 독일 국민에 의해서 선출된 다른 대표를 대치시키려고 시도한다. 이것은 민주주의 원리에 일치하며, 전 국민의 정치적 통일을 다원주의적 경향의 도구로 화한 의회에 대해서 지키려고 하는 헌법률적 의의를 가진다.

　　제2원의 계획 또는 경제직의 겸직금지제의 도입이라는 전술한 계획들은 오늘날의 민주주의에 비추어 볼 때, 그 자체로서 모순과 문제를 포함하고 있다. 독립한 법원의, 헌법의 수호자로서의 설치라는 것도 또한 더욱 훨씬 고도로 민주주의적 원리의 정치적 귀결과 충돌할 것이다. 국왕의 명령권에 대해서는 법관에 의한 심사권은 19세기에 프랑스에서와 마찬가지로, 독일의 입헌군주제에서도 정치적 성과를 거둘 수 있었다.[139] 오늘날

138) 이 점에 관하여는 Verfassungslehre, S. 255 (역서, 279면)
139) 프랑스에 대한 적절한 논평으로서는 Maxime Leroy, Les transformation de la puissance publique, Paris 1907, S. 97* (프랑스의 법원들은 1829년에 공허한 것이 된 보수 상원의 지위를 차지하였다). 독일에 대해서는 R. 그나이스트의 자주 인용된 감정(Gutachten), 특히 전술한 주 125에서 소개한 곳도 참조.

사법의 전선(前線, Front)은 이미 군주가 아니라 국민에게서 선출되는 의회에 대립한다고 할 수 있다. 이것은 법관의 독립의 중대한 기능변화를 의미한다. 19세기의 정식과 논리들을 그대로 정치적 및 사회적으로 완전히 변화된 20세기의 상황에 전용하여, 오늘날 의회의 통제와 정태적 제도들의 필요성이 당시의 군주들의 통제와 유사한 문제라고 생각해서는 안 된다. 이것은 법관에 의한 일반적인 심사권에 대해서도 적절하지 못할 것이다. 다만, 하나의 법원에 집약하는 것으로써는 해임되지 아니하는 직업공무원으로 구성되는 단체가 국민에 의해서 선출되는 의회에 대한 통제기관으로 화하게 될 것이다. 민주주의의 원리가 통용되는 한, 이것은 생각할 수 없는 일이다. 실제로는 직업적 공무원이 구성원이 될 제2원이 만들어질 것이다. 어떠한 사법형식성도 이러한 국사재판소 내지 헌법재판소가 입법권한을 가지는 고도로 정치적인 기관이라는 것을 은폐할 수는 없을 것이며, 해임되지 아니하는 직업공무원, 이른바 **법복 귀족**(法服 貴族, Aristokratie der Robe)이 국민 다수의 신뢰에 입각한 단체에 대하여 통제를 한다는 것은 민주주의의 입장에서 본다면 놀라운 것으로 보일 것이 틀림없을 것이다.

전국민에 의해서 선출되는 라이히 대통령이 헌법을 옹호한다면 사태는 완전히 다르다. 이러한 경우에는 당파들과 그들의 타협의 다원주의에 대해서 국민의 정치적 통일이라는 민주주의적 원리에서 전국민의 통일이 대립되고, 이리하여 국가의 통일과 헌법을 타협들의 체계에로의 해소로부터 지킨다는 시도가 행해진다. 이 경우에는 따라서 민주주의적 원칙에서도, 오늘날 변전하는 의회다수파에 의해서 헌법이 위협을 받는 위험들에 대해서 헌법을 지키는 진정한 가능성이 존재한다. 따라서 오늘날 헌법의 수호자를 불러찾는 사람은 무엇보다도 먼저 현행 국법이 이러한 수호자를 이미 알고 예견하였다는 점을 주목하지 않으면 안 된다. 바이마르 헌법의 자구와 의미에 따르면 맨 먼저 라이히 대통령이 헌법의 수호자이다.

2. 누가 헌법의 수호자이어야 하는가?[*]

한스 켈젠

《차 례》

---

[*]   Hans Kelsen, Wer soll der Hüter der Verfassung sein? in: Die Justiz, Bd. 6 (1931), S. 5-56. jetzt in: H. Klecatsky, R. Marcic, H. Schambeck (Hrsg.), Die Wiener rechtstheoretische Schule, Bd. 2, Europa Verlag, Wien 1968, S. 1873-1922.

I. 헌법의 보장

헌법의 수호자, 그것은 말의 본래의 의미에서는 헌법을 침해로부터 보호하는 것을 직무로 하는 기관을 의미한다. 그러므로 또한 보통 헌법의 **보장**이라는 것도 논해진다. 헌법은 하나의 질서, 즉 특정한 내용을 가진 규범들의 복합체이기 때문에, 헌법의 **침해**란 가령 작위든 부작위든 이러한 규범에 위반되는 구성요건의 설정 · 정립(Satzung)을 의미한다. 다만, 부작위에 의한 경우는 (헌법에 의해서 어떤 기관에 부여된) 권리의 불행사가 아니라 의무의 불이행이 존재할 때에 한한다. 모든 규범과 마찬가지로, 헌법도 또한 헌법을 집행해야 하는 기관에 의해서만 침해될 수 있다. 이것은 직접적으로 또는 간접적으로도 발생할 수 있다. 예컨대 헌법에 근거하여 제정(erlassen)된 법률의 침해는, (법률의) 집행의 법률적합성이 헌법에 의해서 요청되는 경우일지라도 간접적인 헌법의 침해이다. 헌법을 보호하기 위한 제도를 논하는 경우에는, 당연히 직접적인 헌법의 침해에 대한 보호만이 염두에 두어진다. 그러한 침해를 할 수 있는 기관들은 헌법상의 직접기관이며 그들은 **헌법의 통제**에 복종한다.

헌법의 보장을 구하는 법정책상의 요청, 즉 예컨대 의회 또는 정부와 같은 일정한 헌법상의 직접적 국가기관의 행태의 합헌성을 심사하는 제도를 구하는 법정책상의 요청은, 국가기능의 가능한 한의 합법성이라는 특수 법치국가적인 원리에 대응한다. 이러한 요청의 합목적성에 대해서는 (다양한 정치적인 목적에서, 또한 다양한 헌법에 대하여) 매우 다양한 견해가 가능하다. 특히 헌법이 실현되지 않거나 또는 본질적인 점에서 실현되지 못하고, 따라서 헌법의 보장이 필연적으로 그 효력이 없는 채로 머물러야 하기 때문에, 그 의미를 완전히 상실해 버리는 상황이 있을 수 있다. 그리고 헌법보장의 최선의 형태에 관한 법기술상의 문제도, 헌법의 특성이나 헌법에 의해서 행해진 정치권력의 분배를 고려한다면 매우 다종다양하게 대답할 수 있다. 특히 억제적 보장이 우선되어야 할 것인가, 또는 예방적 보장이 우선되어야 할 것인가의 여부, 위헌의 행위를 취소하는 데에 중점을 둘 것인지, 또는 행위를 한 기관의 인적 책임에 중점을 둘 것인지의 여부에 관한 문제 등이다. 이러한 모든 것에 대해서 진정한 논의가 가능하다. 다만, 지금까지의 논의가 아니라고 생각해온 것이 하나 있다. 그것은 이 수년간 헌법보장의 문제를 다루어온 기본적인 논의에서는 특히 강조할 필요가 있다고는 아직 거의 생각지 아니할 정도로 매우 소박하고 자명한 것처럼 생각되어 왔다. 즉 일정한 헌법상의 직접적 국가행위, 특히 의회와 정부의 국가행위의 합헌성을 심사하는 제도가 특히 설치되어야 한다면, 이 심사는 그 행위가 심사되어야 하는 당해 기관에게 맡겨서는 안 된다는 생각이 그것이다. 헌법의 정치적 기능이란, 즉 권력의 행사에 대하여 법적인 제한을 가하는 것이다. 헌법의 보장이 의미하는 것은 그러한 법적인 제한이 유월되지 않게 하기 위한 안전을 보장하는 데에 있다. 어떤 무엇이 의문의 여지 없이 확고부동하다면, 그것은 다음의 점이다. 즉 헌법이 권력의 행사를 — 전체적으로든 부분적으로든 — 맡기고, 그 때문에 우선 헌법을 침해하는 법적 기회와 정치적 동기를 가지는 당해 기관에 비한다면, 그 밖의 어떠한 기관도 그러한 기능을 수행하는 데에는 덜 부적절하다는 것이다. 왜냐하면 누구든지 자기의 사건에서는 재판관이 될 수 없다는 법기술적 원칙만큼 사람들의 견해가 일치하는 것은 달리 없기 때문이다.

그러므로 이른바 **군주제 원리**를 지향한 19세기의 입헌주의적 이론의 주장자들이 소정의 **헌법의 수호자**는 군주라는 명제를 내세웠을 때에, 그것은 매우 쉽게 간파할 수 있는 이데올로기에 불과하였다(이 점에 대하여 오늘날 누가 더욱 의심할 것인가!). 즉 이것은 그 체계가 이른바 입헌주의적인 교리를 형성하는 것이며, 그리고 이러한 헌법해석이 자신의 기본적 경향, 즉 절대군주제로부터 입헌군주제에로 이행함으로써 원수가 경험한 권력의 상실을 다시 메꾸어 보려는 경향을 은폐하기 위해서, 그것을 이용하는 수많은 이데올로기 중의 하나였다.[1] 실제로 의욕된 것은 다음과 같았다. 즉 정치적 가치에 대해서는 여기서 전혀 문제가 되지 아니하는 여러 가지 이유에서, 적어도 대부분의 경우에 헌법을 위험에 빠뜨린 측의, 즉 군주 측에서의 헌법침해에 대해서 헌법의 실효적인 보장을 방해하는 것이었다. 그러나 보다 정확하게는 정부 측에서의, 즉 그 행위에 부서하는 대신과 제휴한 군주 측에서의 헌법침해에 대한 것이다. 왜냐하면 주지하듯이 군주는 자신 만으로는 행위할 수가 없기 때문이다. 그리고 이것도 또한 입헌주의적 이데올로기의 방법에 속한다. 즉 군주만이 문제가 되는 경우에도 거기에서는 실제로 하나의 합의기관이 직무를 수행한 것이다. 군주는 그 기관의 일부이며 자기 1인으로는 아무것도 할 수 없었다. 실효적인 헌법보장의 회피라는 본래의 **정치적** 목적은 명백하게 선언할 수 없었기 때문에, 그 목적은 헌법의 보장은 원수의 임무라는 학설의 형태로 은폐된 것이다.

입헌군주제의 헌법은 상술한 양면적 성격을 가진다. 그것은 정치권력을 의회와 정부라는 두 개의 요인으로 분할한다. 그 경우에 후자는 전자에 대하여 이미 처음부터, 더구나 단지 사실상으로 뿐만 아니라 군주는 정치적 현실에서나 헌법의 의미에서도, 의회와 마찬가지로 보다 강력한 정도로 국가권력을 행사하는 기관이라는 것은 의심할 수 없다. 마찬가지로 정부에 맡겨진 권력이 의회의 권력과 항상 경합한다는 것도 의심할 수 없다. 그러므로 바로 정부가, 그리고 정부만이 소정의 **헌법의 수호자**라는 관념을 가능하게 하기 위해서는 정부의 기능의 성격이 은폐되지 않으면 안 된다. 이를 위해서 군주는 두 개의 권력요인의 (헌법에 의해서 의식적으로 설정된) 대립의 피안에 — 오로지 또는 동시에 — 서는 객관적인 제3자적 기관, 중립적인 권력의 소유자라고 하는 주지의 학설이 가능하다. 왜냐하면, 이러한 전제 아래에서만 군주에게, 그리고 군주에게만 권력행사가 헌법의 제한을 초월하지 않기 위한 통제가 귀일한다는 견해가 정당화되는 것처럼 생각되

---

1) 나의 Allgemeine Staatslehre, Berlin 1925 (민준기 옮김, 『일반 국가학』, 1990) 속에서 나는 이러한 입헌주의적 교리의 경향을 그 명제 중의 상당한 부분에서 집중하였다.

기 때문이다. 입헌주의적인 교리라는 병기고(Arsenal) 속에는 다음과 같은 학설도 크게 주장하는 것을 고려하면, 이것은 주목할 가치가 있을 정도로 대담한 의제(擬制)이다. 즉 그 학설이란 군주는 본래 국가의 권력행사의 최고기관이기 때문에 그 권력행사의 유일한 기관이며, 특히 군주는 입법권의 소유자이기도 한, 즉 의회가 아니라 군주에게서 법률명령권이 유래하며, 국민대표는 단지 법률의 내용을 규정할 때에만 협력하여야 한다는 학설이다. 군주는 국가권력의 대부분 또는 그 전부마저 소유하고 있으나, 그럼에도 불구하고 국가권력의 행사에 대해서는 중립이며, 그러므로 그 행사의 합헌성을 통제하는 데에 적절한 유일한 기관이라고 할 수 있을 것인가? 이것은 허용하기 어려운 모순이라고 한 이의는 전적으로 부적당할 것이다. 왜냐하면 그것은 단지 정치적인 이데올로기로서만 이해될 수 있을 뿐인 것에 대한 학문적(법학적 또는 국가학적)인 인식의 기준을 설정할 것이기 때문이다. 오늘날 이미 아무도 그 신학과의 밀접한 친근성을 은폐하려고 하지 않는 사상체계에서는, 그 모순율의 장(場)은 어디에도 존재하지 아니한다. 그러한 헌법이 론이 주장하는 진위가 문제인 것이 아니라 그것이 그 정치적 목적을 달성하는가의 여부가 문제이다. 그리고 그러한 헌법이론의 주장은 최고도로 그 목적을 달성하고 있다. 군주제의 정치적 분위기 속에서 그러한 **헌법의 수호자**로서의 군주에 관한 학설은 당시 이미 그때그때 나타난 헌법재판소[2])의 요구에 반대하여, 그리고 그 효과가 있었던 것이다.

II. 국가원수의 중립적 권력

독일 라이히의 민주적·의회제적인 헌법이 (불가피하게) 빠진 정치적 상황에서, 이 헌법이 (그 지지자가 희망하듯이 그 보장을 위해서), 말하자면 그 조항 중의 유일한 것, 즉 제48조 속에 끌어넣은 시점, 따라서 그러한 책동으로 파괴의 위험을 회피하기에는 명백히 너무나 좁은 법적 공간 중에 끌어넣은 시점에서는, 헌법보장의 문제에 관한 논의가 당분간 장래에 걸쳐 중지되는 것은 그러한 사태에서는 확실히 이해할 수 있을 것이다. 그것만으로 한층 놀랄 것은 「현대 공법에의 기여」[3])(Beiträge zum öffentlichen Rechte der Gegenwart)라는 국법에 관한 새로운 연구 총서가 그 시리즈의 최초를 「**헌법의 수호자**」(Der Hüter der Verfassung)라는 제목 아래 바로 헌법보장의 문제에 바친 저서에서 비롯된 것이다. 그러나 다시 놀랄 것은 이 논문이 입헌주의적인 극장의 헛간에서, 그 가장 오랜 무대장치, 다른 어떠한 기관도 아니라는 명제를 꺼내어 가지고, 그리고 이러한

---

2) 블룬칠리*가 말하듯이 「입법단체」는 그 구조란 점에서 「헌법에 위반되는 정신으로 그 권한을 행사하지 않기」 위한 가장 중요한 보장을 담당하고 있다(Allgemeine Staatsrecht, 4. Aufl. 1868, Bd. 1, S. 561/62) 는 것을 이유로 하여 단지 민주주의적 원리에 봉사하기 위해서만 의회를 헌법의 수호자로서 선언한다면 그것은 물론 동일한 이데올로기다.

3) Verlag von J. C. B. Mohr (Paul Siebeck), Tübingen 1931 (김효전 옮김, 『헌법의 수호자』, 법문사, 2000).

바로 먼지투성이가 된 소도구를 일반적으로는 민주공화국, 그리고 특수하게는 바이마르 헌법에 다시 적용시키려는 것이다. 그러나 가장 놀라운 것은 주로 입헌군주제의 가장 오래고 가장 정평있는 이데올로기들 중의 1인의 학설, 즉 군주의 중립적 권력에 관한 **방자맹 콩스탕**(Benjamin Constant)의 학설을 부활시키고, 그것을 아무런 제한도 없이 공화제의 국가원수에게 전용하려는 이 논문의 저자는 다음과 같은 야심을 품은 베를린 상과대학의 국법학 교수인 카를 슈미트(Carl Schmitt)이다. 그의 야심은「**얼마나 많은 전래적인 형식이나 개념들이 전적으로 이전의 상황에 의존하고 있는가 하는 것, 그리고 오늘날 그것들은 이미 새술을 위한 낡은 부대와 같은 것이 아니라 한층 시대에 뒤떨어진 잘못된 레테르에 불과하다」[4)**는 것을 우리들에게 보여준다. 거기에서 그는「**국가와 사회, 정치와 경제의 분리를 수반한 19세기의 입헌군주제의 상황은 이미 존재하지 아니한 다」[5)**는 것, 그리고 따라서 입헌주의적인 헌법이론의 범주가 오늘날의 독일처럼 의회주의적 국민투표적 민주주의 헌법에는 적용될 수 없다는 것을 줄기차게 주의시키고 있다. 거기에서 그는 예컨대 이러한 결론을 도출한다. 즉 19세기의 입헌주의적 교리에서 유래하는 형식적 법률이라는 개념은, 군주에 대한 예산승인권을 **입법**자로서의 의회에게 확보하는 것이었기 때문에 바이마르 헌법에서는 이미 그 본래의 의미를 가지지 못한다. 그리고 그 때문에 예산의 정립, 국채발행의 권능, 담보의 인수에는 제85조와 제87조의 명확한 규정에도 불구하고, 라이히 법률의 형식은 결코 **절대적이며 무조건** 필요한 것이 아니라 제48조 제2항에 의한 라이히 대통령의 명령의 형식도 허용된다(S. 128-129)는 결론이다. 이와 마찬가지의 이른바 헌법의 재정법상의 유보를 해체 내지 유연하게 만들려는 시도는 물론 입헌주의적 이론에 의해서도 이루어진 것이다. 이 이론에서도 또한 군주는 긴급명령에 의해서 예산을 정립하고, 그리고 국채발행권을 부여할 수 있다고 주장함에 있어서, **형식적 법률**이라는 개념이 그 방해가 되지는 아니하였다. 예컨대 오스트리아의 악명 높은 제14조에 대한 실천과 이론이 이것을 증명하고 있다. 그러나 **역사적 · 비판적 의식**은 **무사려한 형식주의**로부터 우리들을 보호하는 것이다.「**예산은 법률로써 이를 정한다」, 그리고「이러한 (국채의) 기채와 아울러 라이히의 부담이 되는 담보의 인수는 라이히 법률로써만 이를 行할 수 있다」**라는 라이히 헌법의 규정은 법률로써만 예산은 정립되어야 하며, 그리고 국채발행의 기능과 담보의 인수는 법률에 근거해서만 허용된다고 이해하는 형식주의로부터 지킨다. 그러나 이러한 **역사적 · 비판적 의식**도 시대의 제약, 즉 일정한 역사적 · 정치적 상황의 소산이라는 것이 다른 무엇보다도 명확하여 전면에 나오는 입헌주의적인 교리의 이데올로기의 전용을 당연히 방해하는 것은 아닌가! 즉 국가원수의 중립적 권력에 관한 학설의 인계를! 바로 슈미트는 이러한 **콩스탕**의 정식을 자신의 바이마르 헌법해석의 주된 도구로서 삼기 때문이다. 그것을 계기로 하여 비로소 그는 다음의 결론에 도달한다. 즉 **헌법의 수호자**는 결코 제19조에 따라서 일반적으로 수용되는 국사재

---

4) Verfassungslehre S. 9 (김기범역,『헌법이론』, 28면).
5) Hüter der Verfassung S. 128. 또한 S. 117도 참조.

판소 또는 그 밖의 재판소라고는 할 수 없고, 다만 라이히 대통령이 그러하며, 더구나 현행 헌법의 근거에서 이미 그러한 것이다. 즉 헌법개정에 의해서 비로소 그렇게 된다는 것은 결코 아니라는 결론이다.

콩스탕이 군주는 **중립적인** 권력의 담당자라고 주장하는 경우에, 그의 주장은 본질적으로 집행이 두 개의 다른 권력, 즉 수동적 권력과 능동적 권력으로 나누이고, 군주는 오로지 수동적 권력을 보유한다는 가정을 그 근거로 삼는다. 수동적인 것으로서만 그 권력은 **중립적인** 권력이다. 헌법에 의해서 대외적인 국가의 대표, 특히 조약의 체결, 법률의 재가, 육해군에 대한 최고 지휘권, 관리와 재판관의 임명, 기타 약간의 사항이 위임된 군주의 권력을 단지 **수동적인** 것으로서 생각되며, 그리고 그것 자체를 능동적 권력으로서의 다른 집행에 대립시키는 점에 있는 의제는 생각할 수 없다.[6] 군주의 중립적인 권력에 관한 **콩스탕**의 이데올로기를 민주공화국의 원수에게 전용하는 시도는, 그러나 그것이 원수의 권한을 가능한 한 입헌군주의 통상의 권한 이상으로 확대시키려는 경향과 결부되어 등장하는 경우에는 더욱 특별히 문제가 되지 않을 수 없다. 확실히 슈미트는 **헌법의 수호자**에 일치한다고 생각게 하기 위해서, 원수의 중립적인 권력을 **정치적인 결정권이나 영향권의 담당자**를 능가하지 못하는 기관으로서 **상위의 제3자**가 아닌 것으로서 **국가의 주권자로서**가 아니라 **동등한 기관**으로서 **다른 헌법상의 권력에 상위하는 것이 아니라 동등한 권력**으로서 특징짓고 있다(S. 132). 그러나 동시에 그는 라이히 대통령의 권한을 제48조의 상당히 넓은 확대해석으로 이렇게 확대하려고 시도한다. 즉 라이히 대통령은 국가의 주권적 지배자 이외의 아무것도 될 수 없듯이, 즉 슈미트가 그것을 **독재자로서** 부르는 것을 거부하더라도, 그럼으로써 저하되지 아니한 권력적 지위를 요구할 수 있는 것이다. 그러나 그의 지위는 무어라고 해도 앞서 인용한 표현에 따르면 헌법의 보장인의 기능과는 일치하지 아니한다.

슈미트가 입헌군주의 중립적 권력에 관한 이데올로기적 명제를 이처럼 직재적으로, 긴박한 정당정치의 조류 속에서 선출된 민주공화국의 원수에게 전용하는 것이 채용된다고 믿는 것은, 그가 그때그때 헌법의 수호자로서의 군주에 관한 입헌주의적인 교리의 이데올로기적 성격을 명백히 하는 실제의 사실을 명백하게 보기 때문에 매우 기묘한 것이다.

---

6) 콩스탕은 본래 온건한 공화주의자였으나 혁명 후 군주주의자가 되고, 나폴레옹의 실각 후에는 정통 왕조를 위하여 『정복과 찬탈의 정신에 대하여』(De l'esprit de la conquête et de l'usurpation)라는 책을 저술하였다. 이 저작으로 그는 또한 정통 이데올로기의 공동창시자가 되었다. 그럼에도 불구하고 그는 베르나도트 (Bernadotte)를 왕위에 오르게 하는 시도에 참가하였다. 이것이 실패하였기 때문에 그는 부르봉가 측에 가담하였다. 엘바에서 돌아온 나폴레옹에 반대하여 그는 『논쟁 저널』(Journal des Débats)에 나폴레옹이 아틸라*나 칭기스칸과 같은 인간이라고 썼다. 그러나 수주일 후에 그는 **고문관의 일원**이 되고 나폴레옹의 의뢰에 따라서 제국 헌법의 추가조항을 기초하였다. 두 번째의 왕정복고 후에 콩스탕은 다시 헌장과 부르봉가의 지지자가 되었다. 예컨대 1828년 그는 하원에서 이렇게 연설했다. **부르봉가는 헌장과 함께 존재하기 때문에 매우 이익이며, 그리고 이론의 여지 없는 왕위에 근거한 오래된 가계**(家系)**이기 때문에 매우 유리하다라고.** 샤르르 10세의 추방 후에 우리들은 다시 루이 필립의 정통성의 열렬한 옹호자로서의 그와 만나는 것이다. A. M. Dolmatowsky, Der Parlamentarismus in der Lehre Benjamin Constants, Zeitschr. f. d. ges. Staatswissenschaften, 63. Jahrg. 1907, S. 602 참조.

그는 이렇게 말한다. 즉 입헌군주제에서는 정부 측에서의, 즉 **집행**의 영역에 의한 헌법파괴의 위험이 있다고. 이것은 정부와 집행의 수장으로서 일반적으로 인정되는 군주의 **중립적인** 권력과 헌법의 수호자로서 기능하는 군주의 직무에 관한 관념을 근본적으로 파괴하지 않을 수 없었을 것이다! 이 경우에 슈미트가 19세기에 군주의 정부 측에서 행하는 위험을 인정하는 것은 단순히 다음의 것, 즉 **오늘날** 즉 20세기에, 그리고 민주공화국에서는 헌법파괴에 대한 걱정을 **특히 입법자에 대해서** 하며, 즉 대통령정부에 대해서가 아니라 의회에 대해서 이루어진다는 것을 서술하기 위한 것에 불과하다(S. 24). **오늘날** 독일에서는 마치 제48조에 근거한 대통령과 장관으로 구성되는 **정부**의 활동의 합헌성에 관한 문제 등 바이마르 헌법의 숙명적인 문제는 아닌 것처럼! 확실히 만약 정부 측에서의 헌법파괴가 적어도 문제가 되지 아니한다면, 물론 원수를 **헌법의 수호자**로 선언하는 정식은 바로 의심의 여지가 없는 것으로 생각된다. 그리고 그 경우에는 이러한 정식의 부정확함, 즉 그럼으로써 바로(어떻게 그처럼 보이더라도) 원수의 인격에 대해서 뿐만 아니라 원수와 원수의 행위에 부서하는 장관으로 구성된 합의체에 대해서도 헌법보장의 기능이 요구된다는 점에 대해서도 다시 이의를 제기할 필요는 없다. 그러나 이러한 논증에서는 단지 의제(Als-ob)의 정치이론만이 중요하다는 점을 간과하지 않도록 하는 것이 좋을 것이다.

III. 사법과 헌법의 수호자

라이히 대통령이 헌법의 수호자라는 자신의 명제를 뒷받침하기 위해서, 슈미트는 자주 요청되고 또 몇몇 국가에서는 실현되기도 하는 헌법재판권의 제도에 대해서, 즉 헌법보장의 기능이 독립한 재판소에 맡겨지는 것에 대해서 반대하지 않을 수 없다. 이 재판소는 당사자가 참가하는 (parteimäßig gestaltet) 절차에서 이의가 신청된 의회의 행위(특히 법률)나 정부의 행위(특히 명령)의 합헌성에 대해서 판단하고, 그것들을 위헌인 경우에는 폐지하고, 경우에 따라서는 소(訴)로써 주장하는 당해 기관의 책임에 대해서도 판단해야 한다는 한에서 중앙의 헌법재판소로서 기능한다. 그러한 제도의 합목적성에 대해서는 확실히 의론의 여지는 있다. 그것이 모든 사정에서도 절대적으로 효과있는 보장이라고는 아무도 주장하지 못할 것이다. 그러나 그 장점과 단점을 판단할 때의 모든 관점 중에서 하나의 관점, 즉 이 기관이 **재판소**인가, 그리고 그 기능은 진정한 **사법**(司法)인가 하는 관점은 아주 사소한 것이다. 이것은 확실히 법이론상으로는 매우 중요한 분류의 문제이다. 그러나 — 긍정적으로 되든 부정적으로 되든 — 그 해답에서는 어떠한 방법으로 임명된 구성원에게 완전한 독립이 보장된 합의 기관에게 상술한 기능을 부여하는 것에 찬성하는가 반대하는가, 이 점에 대해서는 아무런 결론도 나오지 아니한다. 이 경우에 정부와 의회에 대한 독립, 그것은 근대 헌법에 의해서 재판소(이것에만 한정되지는 않지만)에게 부여되는 것이 통례이기 때문에 **법관**의 독립이라고 불린다. 어떠한 방법으로 파악된 **사법**의 관념에서, 여기서 **헌법재판소**라고 불리는 제도는 불완전하거나 실행하기 어렵다는 결론을 도출하는 것은 오늘날에는 이미 극복된 **개념법학**의 전형적인 사례일 것이다.

　슈미트도 그러한 논증을 의도하지 않은 것은 추측할 수 있다. 그러나 그 자신이 그러는 것이 외관상 불리한 것에 그는 헌법재판권에 반대함에 있어서 전적으로 법정책적으로 지향하는 논문에서 그 최대의 비중을 헌법재판권이 **사법**인가 하는 법이론적인 문제에 두고 있다. 즉 바로 결정적인 문제를 **사법은 헌법의 수호자**로서 기능을 할 수 있는가 하는 형식으로 표현한다. 그가 비교적 많은 지면을 할애하여 그들이 적용해야 할 법률에 대하여 실질적인 심사권을 행사하는 독일의 민사, 형사 그리고 행정재판소는 **엄밀한 의미에서는** 결코 **헌법의 수호자**는 아니다(S. 12)라는 것을 증명해야 한다고 믿는 것에서 이미 기묘한 것이다. 미합중국의 대법원에 대해서 그는 당연하게도 거의 명백한 이유 없이 이러한 타이틀을 거부하지 아니한다. 왜냐하면 이 미합중국의 대법원은 독일의 법원이 그 심사권을 행사하는 것, 즉 법률을 그 위헌성을 이유로 구체적 사건에 적용하지 아니하는 것과 본질적으로 결코 다른 것을 행하지 않고 있다. 슈미트가 가령 **법원**은 인정하지 않는다고 하더라도 **헌법의 수호자**의 개념 아래 포섭하는 것은 거부하지 않을 것이라는 폐지권한을 가지는 중앙의 헌법재판소, 즉 그러한 실제의 **수호자**와 심사권을 행사하는 법원이 구별되는 것은 단지 양적으로만은 아니다. 즉 전자는 위헌법률의 타당성을 (후자처럼) 단순히 구체적 사건에 대해서 폐지할 뿐만 아니라 모든 사건에 대하여 폐지하는 점에서 구별될 뿐이다. 슈미트가 헌법의 수호자의 헌법상의 기능은 실질적인 심사권의 행사 안에 있는 「**일반적이며 일시적인 복종거부권과 저항권에 취하는 대신 그리고 그러한 것을 무용지물로 만드는**」 점에 있다고 확인하는 경우에 그것은 어떠한 의의를 가질 것인가? 「**그 경우에만 제도적 의미에서의 헌법의 수호자가 존재하는 것이다**」(S. 21). 이것은 거기에서 **헌법의 수호자**라는 개념의 **엄밀한 의미**를 얻는 데에는 실로 충분하지는 못하다. 그것은, 법원은 가령 심사권을 행사하더라도 **헌법의 수호자로서는 생각되지 아니한다**는 결론에 도달하기에는 바로 충분한 것이다. 단순한 용어상의 확인만이 아니다. 왜냐하면 법원이 위헌인 법률에 대하여 적용을 거부하고 구체적 사건에 대하여 그 효력을 폐지하는 경우에는, 법원에게 **헌법의 수호자**라는 좋은 듣기 좋은 타이틀을 부여하지 않더라도, 즉 그 파토스만으로 이미 그것과 결부된 이데올로기적 경향에 대하여 주의를 촉구하는 상투어를 사용하지 않더라도, 법원이 실질상 헌법의 보장인으로서 기능하는 것을 슈미트는 부인할 수 없기 때문이다. 중요한 것은 이러한 방법으로 법원에게 헌법보장의 기능을 맡기는 것이 합목적적인가 아닌가, 그리고 만약 합목적적이 아닌 경우에는 법원으로부터 심사권을 제거할 필요가 있는가의 여부이다. 슈미트에게 이러한 문제에 대한 명확한 판단을 탐구하는 것은 쓸데없는 일로 귀착될 것이다.

이에 대하여 상술했듯이, 다음의 점을 재삼재사 (매우 비체계적으로) 증명하려는 수많은 논증이 발견되었다. 즉 당사자가 참가하는 절차에서 독립한 인간으로 구성되는 합의체에 의해서 이루어지는 법률의 합헌성의 판단과 위헌법률의 폐지 — 다른 헌법상의 직접적 행위에 대한 법원의 통제의 가능성에 대하여 슈미트는 아무런 주의도 지불하지 않고 — 는 결코 **사법**은 아니라는 점이다. 그러나 여기서 사용된 논증은 결정적인 것에 대해서, 즉 법정책상의 문제에 대해서 아무런 증명도 하지 못할 뿐만 아니라 그것은 법이론적으로도 사용할 수 없는 것이다.

IV. 사법과 정치

그러한 논증은 사법의 기능과 **정치적** 기능 간에는 본질적인 대립이 존재한다는 잘못된 전제, 특히 법률의 합헌성의 판단과 위헌법률의 폐지는 **정치적** 행위이며, 따라서 그러한 활동은 이미 사법이 아니라는 잘못된 전제에 근거하고 있다. **정치적**이라는 다의적이며 기준 없이 남용되는 말에서 일반적으로 어느 정도 확실한 의미를 얻어야 한다면, 사법과의 대비가 문제로 되는 이러한 관계에서는, 그 말로 예컨대 (법의 행사와는 반대로) 권력의 행사와 같은 것이 표현하게 된다고 가정할 수 있을 뿐이다. 입법자의 기능은 **정치적**이며, 그는 사람들을 자기의 의사에 복종시키고, 바로 자기의 규범이 정한 한계 내에서 사람들이 자기들의 이익을 추구하도록 강제하고, 그리하여 현재 존재하는 이익충돌을 결정함으로써 권력을 행사한다. 이에 대하여 법관은 그러한 권력의 주체로서가 아니라 단지 도구로서, 입법자에 의해서 창설된 질서를 적용할 뿐이다. 그러나 그러한 관념은 권력행사의 과정이 입법부의 절차 내에서 완결한다고 전제하기 때문에 잘못된 것이다. 권력행사의 과정은 다른 집행이나 행정의 부문에 못지 않은 재판권에서도 매우 중대한 진전을 보며, 사정에 따라서는 거기에서 비로소 진정한 발단을 얻고 있는데, 이 점에 대해서는 일반적으로 알지 못하거나 알려고 하지 아니한다. **정치적인 것**을 이해대립의 결정, — 슈미트의 용어로 말하면 — **결단** 속에서 본다면, 법관의 모든 판결에는 다소간 결단의 요소, 권력행사의 요소가 들어있다. 사법의 정치적 성격은 자유재량의 여지가 넓으면 넓을수록 그만큼 강하게 되는데, 이 자유재량은 그 본질상 사법의 일반적인 입법에 따라서 필연적으로 그대로 두지 않으면 안 된다. 입법만이 정치적이며 **진정한** 사법은 정치적이 아니라는 견해는, 생산적인 법창설이며 재판권은 단순한 재생산인 법적용에 불과하다는 견해처럼 잘못이다. 근본적으로 본다면, 그것은 동일한 잘못의 두 개의 변형이다. 입법자는 법관에게 일정한 한계 내에서 서로 대립하는 이익을 서로 형량하고, 한편 또는 다른 한편을 위해서 충돌을 결정하는 것을 수권함으로써 입법자는 법관에게 법창조의 권한을, 따라서 법관의 기능에 입법이 — 가령 상당히 높은 정도일지라도 — 가지는 것처럼 **정치적인** 성격을 가지게 하는 권력을 위임한다. 입법의 정치적 성격과 사법의 그것

간에는 단지 양적인 차이가 존재할 뿐이며, 질적인 차이는 결코 존재하지 아니한다. 만약 비정치적인 것이 재판권의 본질이라면 국제적인 재판권은 불가능할 것이다. 보다 정확히 말하면 이렇다. 즉 국내법의 충돌과 비교하여 단순히 힘의 충돌의 정도가 보다 명확하게 나타난다는 정도의 차이가 없는 국가 간의 분쟁의 국제법상의 결정은 명칭의 변경을 입지 않을 수 없을 것이다. 국제법의 이론에서는 확실히 중재 가능한 충돌과 그렇지 아니한 것, 법적 충돌과 이익(힘)의 충돌, 법적 분쟁과 정치적 분쟁을 구별하는 것이 보통이다. 그러나 그것은 무엇을 의미하는 것일까? 모든 법적 충돌은 또한 이익 내지 힘의 충돌이며, 따라서 모든 법적 분쟁은 정치적 분쟁이다. 그리고 이익이나 힘의 충돌 또는 정치적인 충돌로 불리는 모든 충돌은 다음의 경우에 한하여 법적 분쟁으로서 결정될 수 있다. 즉 한쪽의 국가가 상대방 국가에 대하여 구하고, 그리고 상대방 국가가 그 이행을 거부한 — 바로 이 점에 모든 충돌이 있는데 — 청구가 국제법상 근거지워지는가의 여부에 관한 문제가 제기되는 경우이다. 그리고 이 문제는 항상 국제법에 따라서, 그러므로 법적(juristisch)으로 결정될 수 있는 것이다. 왜냐하면 이 문제는 국제법에 따라서 그것이 긍정되며, 따라서 그 청구가 인정되거나 또는 부정되어 청구가 배척되는가가 결정되기 때문이다. 제3의 형태는 존재하지 아니한다(Tertium non datur). 충돌은 그 성질상 결코 법적 충돌은 아니며, 그러므로 **법원**에 의해서는 결정되지 않기 때문에 **중재불가능** 내지 정치적인 것이 아니라 오히려 당사자의 한쪽 또는 양자가 어떠한 이유에서 그 충돌을 객관적인 기관의 결정에 의거하려고 하지 않기 위해서 그러한 것이다. 그러한 필요성과 거기에서 생기는 국제적인 재판권의 발전에 반대하는 경향에 대해서, 국제법이론은 **중재 가능한** 충돌과 **중재 불가능한** 충돌, 법적 분쟁과 정치적 분쟁이라는 개념을 사용함으로써 필요한 이데올로기를 제공한다. 슈미트는 그러한 개념을 국내법상의 영역에 전용할 뿐이다. 즉 그는 — 다른 많은 국법학자들처럼 — **재판 가능한** 소재와 **재판 불가능한** 소재를 구별하고, 후자에 확대함으로써 **사법은 다만 피해를 입을 뿐이다**(S. 22)라고 언명하여, 사법이 후자에도 확대하는 것에 경고를 발한다. 슈미트에 의하면 **정치적인** 문제는 재판 불가능한 것이다. 그러나 이론적인 고찰의 관점에서 말할 수 있는 것은 다음의 점뿐이다. 즉 헌법재판소의 기능은 그 다른 법원의 기능에 비하여 상당히 넓은 정도로 정치적 성격을 가진다. 그리고 헌법재판소의 설치에 찬성하는 자는 헌법재판소의 판결에 부착된 현저한 정치적인 의의를 오인하지도 아니한다면 부정하지도 않는다는 것이다. 그러나 그렇다고 하여 헌법재판소는 **재판소**가 아니며, 그 기능은 결코 **사법**이 아니라는 것은 아니다. 그리고 이 기능은 법관의 독립이 부여된 기관에게 맡겨서는 안 된다는 것도 전혀 아닌 것이다. 그러한 방법은 또한 어떠한 개념에서 예컨대 **사법**이라는 국가조직의 형성에 대한 요청을 연역하는 것을 의미할 것이다.

V. 헌법판단에 있어서의 포섭

슈미트는 이른바 헌법재판권은 사법이 아니라는 점의 증명에 매우 특별한 가치를 두는 이상, 이 사법이라는 개념의 명확하고 정확한 규정을 그에게 기대하는 것이 허용될 것이다. 그러나 이 기대는 쉽게 어그러질 것이다. 그가 사법의 본질 규정에 부여한 것은 매우 근소하며, 그리고 그것은 본질적으로는 오래 전부터 오류라고 인식된 견해로 복귀하는 것 이상일 것이다.

문제가 된 대상에 대한 그의 매우 산만한 평론을 정리한다면, 예컨대 이러한 명제가 생긴다. 즉 사법은 본질상 규범에 구속되고 있다. 더구나 그 규범은 **구성요건에 적합한 포섭**(tatbestandsmäßige Subsumtion)**을 가능케 하며,** 나아가 그 내용은 **의문도 다툼도 없는** 것이다(S. 19, 36 f. 김효전 옮김, 『헌법의 수호자』, 32면, 55면 이하). 따라서 법률의 합헌성의 판단에서는 결코 **구성요건에 적합한 포섭**은 문제가 되지 아니하며, 대부분은 **내용에 의문이 있는 헌법률의 내용을 확정하는** 것이 문제로 되기 때문에, 이 경우에는 결코 사법은 존재하지 아니한다는 명제이다. 여기서 사법을 특정지우는 제2의 특질에 대해서 말한다면, 다음의 점은 단지 놀라울 뿐이다. 즉 슈미트가 그 **사법인** 성격에 대해서 아마도 결코 의심하지 아니한 민사법원, 형사법원, 그리고 행정법원은 항상 내용상으로는 의문이나 다툼도 없는 규범만을 적용하여야 한다는 견해를 가진 것처럼 생각되는 점이다. 즉 이러한 **법원**에 의해서 결정되어야 할 법적 분쟁에서는 항상 사실문제만이 문제로 되며, 이른바 법문제, 즉 바로 적용되어야 할 규범의 내용에 의문이 있고, 그 때문에 다툼이 있는 경우에만 존재하는 법문제는 결코 문제가 되지 아니한다는 점이다. 헌법률과 단순한 법률 간에는 **명백한 모순이 있는 것이 아니라, 모순이 있는지의 여부와 어느 정도인가 하는 점에 의문이나 견해의 차이가 있는 경우의 예로서 다음의 경우가 제시된다. 즉「헌법률이 신학부는 존속된다고 규정하고 단순한 법률이 신학교는 폐지된다고 규정하는 경우이다」**(S. 44; 역서 65면). **신학부** 아래에 **신학교**도 이해될 수 있는가의 여부가 애매하기 때문에 헌법률의 내용에는 명백히 의문이 생긴다. 그 성격이 사법이라는 데에 의심도 없고 결코 의심하지도 않는 일반 법원의 재판은 무수한 사건에서 내용이란 점에서 전적으로 동일하게 의문이 생기는 법률의 내용을 확정하는 것을 의미하며, 이 점을 증명하는 데에는 어떠한 말도 쓸데없는 것이다. 슈미트는 **소송상의 판단과 헌법규정의 내용에 관한 의문이나 견해 차이에 대한 판단과의 기본적인 차이**(S. 4)를 문제로 삼는데, 말할 수 있는 것은 거의 소송상의 판단은 법률규정의 내용에 관한 의문이나 견해 차이에 대한 판단이라는 것이다. 나아가 사법에 대한 다음의 언명처럼 완전히 오해하는 언명은 아마 헌법도 없을 것이다. 즉「**모든 사법은 규범에 구속되며, 규범 그 자체가 그 내용이란 점에서 의문이 생겨 다투는 경우에는 정지한다**」(S. 19). 이러한 명제를 뒤바꾸어 비로소 다시 단순하고 누구나 알 수 있는 다음과 같은 진리로 귀일한다. 즉 사법은 대체로 규범이 그 내용이란 점에서 의문이 생겨 다투는 경우에 비로소 개시되는데, 그 이유는 그렇지 않으면 단지 구성요건의 분쟁만이 있고, 요컨대 본래의 **법적** 분쟁은 결코 존재하지 않을 것이기 때문이다. 내용이란 점에서 의문이 있는 헌법률의 확립을 독립한 법원에게 맡기는 것이 합목적적인가의 여부는 문제가 될 수 있으며, 또한 어떤 이유에서 이 기능을 정부나 의회에게 수행하게 하는 쪽을 선택할 수도 있다. 그러나 헌법재판소가 적용하는 규범이 의심스러운 내용을 가지며, 그 때문에 그 판결이 이러한 내용의 확정인 경우에, 헌법재판소의 기능은 사법이 아니라고 주장할 수는 없다. 왜냐하면 헌법률의 경우, 그 규범내용의 의문은 헌법률의 성격을 가지지 않는 법률의 경우와 비교하여 별개의 것이라고 주장할 수는 없기 때문이다.

다른 기준, 즉 사법이 적용하는 규범은 구성요건에 적합한 포섭을 가능케 하여야 한다는 것은 확실히 잘못은 아니다. 그러나 그것만으로 법률의 합헌성의 판단이 그러한 구성요건에 적합한 포섭을 의미하는 것은 아니라는 주장은 더욱더 잘못이다. 슈미트는 유감스럽게도 그가 **구성요건** 아래 무엇을 이해하고 있는지를 상세하게 설명하지는 않는다. 그러나 이렇게 가정하더라도 아마 허용될 것이다. 즉 그는 형사법원이 범죄의 기소에 대해서 재판해야 하는 경우에, 구성요건의 포섭과정이 가장 단순하게, 그리고 가장 명백하게 존재하는 것으로 본다고, 형사법원이 피고인의 형태가 바로 형법이 범죄로서, 즉 일정한 불법효과의 조건으로서 규정하는 구성요건이라고 확정하는 경우에, 거기에는 헌법재판소가 어떤 측에서 이의가 주장된 법률을 위헌이라고 판단하는 것과 전적으로 동일한 과정이 존재한다. 법률의 위헌성은 ― 우선 그렇게 생각되듯이― 단지 법률이 헌법이 규정한 절차로 성립되지 아니하였다는 점에 있을 뿐만 아니라, 법률이 헌법에 의하면 가질 수 없는 내용을 가진다는 점에도 있을 수 있다. 다만, 이 점은 바로 헌법이 입법절차 뿐만 아니라, 장래의 내용을 어떠한 방법으로, 예컨대 지침과 원리 등을 설정함으로써 규정하는 경우에 한정되는가? 그러나 헌법재판권은 법률과의 관계에서는 실질적인 헌법규범이 특수한 헌법형식, 즉 특별하게 자격이 부여된 법률로서 나타나는 경우에만 가능하다는 것은, 그렇지 않으면 모든 실질적인 헌법률은 그것에 모순되는 단순한 법률에 의해서 폐지 내지 변경되어버리기 때문이며, 따라서 위헌인 법률이라는 것이 전혀 있을 수 없기 때문이다. 그러므로 헌법재판소에 의한 법률의 합헌성의 심사는 항상 법률이 헌법에 적합하게 성립하였는가 하는 문제의 판단을 의미한다. 그러나 그 법률은 헌법개정 법률로서는 성립하지 아니하였기 때문에만 위헌이기 때문이다. 그리고 헌법이 일정한 법률의 내용을 완전히 배제하고, 그 결과 이러한 내용을 가지는 법률 그 자체가 합헌적으로 성립하지 못하는 경우에, 예컨대 연방의 권한을 침해하는 주의 법률 ― 그리고 가령 주의 헌법률로서 성립하더라도 연방헌법에는 적합치 아니한 법률 ― 의 경우에도, 이 경우에도 법률의 위헌성은 그 성립이란 점에 있다. 그것도 법률이 합헌으로 성립하지 아니하였다는 점이 아니라 대체로 법률이 성립하였다는 점에 존재한다. 법률의 합헌성을 판단함에 있어서 헌법규범에 포섭될 수 있는 **구성요건**은 규범이 아니며 ― 구성요건과 규범은 두 개의 다른 개념이다 ― 규범의 창설이다. 그것은 진정한 구성요건이며, 또 헌법규범이 규율하고, 더구나 헌법에 의해서 규율되기 때문에 그러한 한에서 헌법에 포섭될 수 있는 구성요건이다. 그것은 마치 다른 어떤 구성요건이 다른 어떤 규범에 **포섭**될 수 있다는 것과 동일하다. 왜냐하면 규범이 구성요건을 규율하는 한에서, 즉 구성요건을 조건 또는 효과로서 규정하는 한에서만 구성요건을 규범에 **포섭**할 수 있기 때문이다. 민사법원이 유언 또는 계약의 유효성에 대하여 재판하는 경우든, 명령을 구체적 사건에 적용하지 않기 때문에 위법으로서 선언하는 경우거나, 또는 헌법재판소가 법률을 위헌으로서 판단하는 경우든, 이러한 모든 경우에 이러한 구성요건을 규율하는 규범에 **포섭**되고, 그리고 규범에 적합하거나 또는 적합하지 않다고 판단하는 것은 규범창설의 구성요건이다. 헌법재판소는 법률의 위헌성의 판단에 대해서도 반대행위(actus contrarius)로서 규범창설의 위헌적인 구성요건에 대응하는 행위로써, 또한 단순히 (개별적으로) 구체적인 사건에 대해서든 (일반적으로) 모든 사건에 대해서든, 위헌인 규범을 폐지함으로써 대처한다.

슈미트가 법률의 합헌성의 심사를 이렇게 특징짓는 경우에, 즉 이 경우에는 「단지 어떤 법률의 내용이 다른 법률의 내용과 대립되고 충돌 또는 모순이 확인됨에 불과하며, 따라서 단지 일반적인 규칙이 상호 대비됨에 불과하며, 아래로부터 위에로 포섭되거나 또는 위로부터 아래로 적용되는 것은 아니다」(S. 42)라는 경우에, 그는 규범으로서의 법률과 구성요건으로서의 법률의 창설과의 차이를 간과함으로써 진정한 실정(實情)에 대한 통찰에 장벽을 쌓아버린 것이다. 그것은 무엇보다도 다양성의 희생이다. 그렇기 때문에 바로 다양하게 변화하게 된 그의 논리, 즉 「단순한 법률에 대한 헌법률의 사법은 존재하지 아니한다」든가, 「규범에 대한 규범의 사법은 존재하지 아니한다」든가, 「법률은 다른 법률의 수호자일 수는 없다」든가 하는 논지는 모두 적절치 못하다. 헌법재판권의 경우에 중요한 것은, 슈미트가 이 기능을 분석하는 **규범적인 이론**에 과도하게 기대하고 있듯이, **규범은 스스로 규범적으로 자신을 지켜야** 한다는 것이 아니라면, 약한 법률은 강한 법률에 의해서 보장되거나 또는 강한 법률은 약한 법률에 의해서 보장된다는 것도 아니며, 단지 규범은 그 창설의 구성요건이 이 구성요건을 규율하고, 바로 그 때문에 상위에 있는 규범과 모순되기 때문에, 그 개별적 또는 일반적인 효력이 폐지되어야 한다는 것이다.

VI. 사법의 정치적 성격

헌법재판권을 반드시 **사법**으로서 인정하지 않기 위해서, 그것을 **입법**으로서 특징지을 수 있기 위해서, 슈미트는 이 양자의 기능관계에 대한 어떤 관념에 집착하는데, 그것은 지금까지 인정하는 것이 허용된다고 일반적으로 믿어온 것이다. 그러한 관념이란 법관의 결정은 모두 법률 중에 완전히 포함되어 있으며, 단순히 논리적 조작의 방법으로 법률로부터 **연역**될 뿐이라는 것이다. 즉 법의 자동 기계로서의 사법이다! 또한 슈미트는 법관의 **결정은 내용으로는 이미 법률 중에 계측이나 예측이 가능한 형태로 포함되는 다른 결정으로부터 도출된다는 것을 매우 진지하게 주장한다**(S. 38). 이러한 학설도 다음과 같은 입헌군주제의 이데올로기의 존속에서 유래한다. 즉 군주로부터 독립한 법관은 법률이 그에게 부여한 — 법률이 단지 일반적인 성격을 가질 뿐인 이상 — 부여하지 않을 수 없는 권력을 의식해서는 안 된다. 법관은 자신이 단순한 자동기계에 불과한 것, 법을 창조적으로 산출하는 것이 아니라 단지 이미 산출된 법, 즉 법률 중에 이미 나와서 존재하는 결정을 **발견한다**는 것을 믿어야 한다는 이데올로기이다. 이러한 학설은 오늘날 이미 간취된 것이다.[7] 그렇기 때문에 슈미트가 이러한 자동기계론을 단순한 법적용으로서의 사법과 법창설로서의 입법을 원리적으로 구별하는 데에 기여한 후에는, 즉 헌법재판권에 반대하는 그의 투쟁에 이용한 이론적인 주요 논거, 즉 **법률은 판결이 아니며, 판결은 법률이 아니**라는 논리를 이러한 자동기계론으로 확보한 후에는 이미 이 이론에 고집하지 않고, 오히려 **모든 결정 중에는 구성요건을 포섭하는 소송상의 판단**을 내리는 재판소의 재판 중에 마저 **규범의 내용으로부터는 도출할 수 없는 순수한 결단**의 요소가 존재한다고 강조하여 설명하더라도 그것은 그만큼 놀라운 일은 아니다(S. 45/46). 그러나 바로 이러한 견해에서 다음과 같은 결론이 나온다. 즉 법률과 법관의 판결 사이에는 질적인 차이는 없다는 것, 후자는 전자와 완전히 동일하게 법창조라는 것, 헌법재판소의 판결은 그것이 입법, 즉 법창조의 행위이기 때문에 재판권의 행위, 사법의 행위, 즉 법적용의 행위라는 것을 중지할 수 없다는 것, 그리고 물론 **결단**의 요소는 결코 입법의 기능에 한정되는 것이 아니라 사법의 기능에도 — 더구나 필연적으로 — 포함되며, 양자 모두 정치적인 성격을 가지지 않을 수 없다는 것이다. 그런데 이러한 결론과 함께 헌법재판권은 그것이 **정치적인** 성격을 가지기 때문에 사법으로는 인정되지 아니한다는 논증 그 자체가 대상을 상실해 버린다. 다만, 남는 문제는 어찌하여 슈미트처럼 매우 비범한 정신을 가진 저자가, 단지 헌법재판권은 사법이 아니라 입법이라는 명제를 보유할 수 있도록 하기 위해서만 누구나 알 수 있는 명백한 모순에 휘말려 들어가는가 하는 점이다. 그 자신의 견해에 의하면, 헌법재판권은 동시에 사법과 입법일 수 있으며, 또 양자는 그래야 한다는 것이다. 결코 이렇게 설명하는 다른 것은 있을 수 없다. 즉 헌법재판권은 사법이 아니라는 주장은, 그 주장이 법정책상의 요청의 전제로 간주되기 때문에 매우 중요한 것이며, 그렇기 때문에 더욱 자신의 이론적인 견해와 모순되더라도 유지된다는 것이다. 즉 사법적인 절차 중에서 법률의 합헌성을 판단하거나, 위헌법률의 폐지에 대해서 판단하는 것은 **사법**이 아니기 때문에, 바로 그 때문에 그러한 기능은 독립한 법관의 합의체가 아니라 다른 기관에게 위임되어야 한다는 것이다. 슈미트가 국가를 그것에 대해서 그때그때 가장 중요한 기능에 따라서 사법국가와 입법국가로 나누고(S. 75), 국가가 — 오늘날의 독일 라이히처럼 — 입법국가라는 것에서 이렇게 결론을 내리는 경우에, 즉 **이에 대하여**

---

7) 나의 Allgemeine Staatslehre, S. 231 ff. (역서, 327면 이하), 301(역서, 425면).

입법국가에서는 본래의 헌법의 수호자로서의 헌법재판권 또는 국사재판권이 있을 수 **없다**(S. 76)는 경우에, 그것은 단순히 동일한 논증을 달리 표현한 것에 불과하다. 이러한 취지의 다음 표현이 보인다(S. 28). 즉 「순수한 사법국가가 아닌 국가에서 (사법)은 그러한 기능을 행사할 수 없다」. 그러나 그 헌법이 헌법재판소를 설치하는 국가는 바로 **입법국가**가 아니라는 것을 확인하는 쪽이 국가가 이러한 이론적인 도식에 들어맞게 끝내지 못하기 때문에, 그 경우에는 헌법재판소는 존재**할 수 없다**고 결론짓는 것이 아마도 보다 정당할 것이다. 이렇게 결론짓는 것은 전제가 된 법개념으로부터 바람직한 법형태를 항상 다시 추론하며, 그것은 법이론과 법정책의 전형적인 혼유이다.8)

헌법재판(Verfassungsjustiz)의 가능성에 대해서 법학적으로 연구하는 경우에, 완전히 정비된 중앙의 헌법재판소가 10년 이상이나 이러한 방식으로 기능하는 국가, 즉 오스트리아가 이미 존재한다는 사실을 무시하는 것은 또한 허용되지 않을 것이다. 그 실제적

---

8) 법률과 판결의 차이에 대한 견해에 관해서, 양자는 **결단**이기 때문에 양자는 본질적으로 동일하다고 단정하는 슈미트만큼 열심히 반대하는 자는 달리 없는데, 기묘하게도 이 견해가 나의 법단계설, 즉 입법과 사법의 본질적 동일성을 인식하는 것에서 양적인 차이를 구하는 설에 대한 논쟁의 기초도 슈미트에게 부여한 것이다. 법단계설이 입법과 마찬가지로 사법에도 규범창설을 인정하는 경우에, 그것은 방법론적으로는 양자 중에 **결단적 요소**를 인정하는 슈미트와 동일한 방법으로 된다. 아마 그의 논쟁의 격렬함은 거기에서 설명될 수 있을 것이다. 그것은 객관적인 논리에서 보다는 오히려 감정적으로 강조된 가치판단으로써 행하는 것이며, 예컨대 **대상없는 추상, 환상으로 넘치는 은유, 거위발의 논리**와 같은 방법에서이다. 급진적인 방법비판에 근거하여, 그리고 모든 의인화(擬人化)에 반대하는 매우 엄숙한 투쟁에서 성취된 단계설의 결론, 즉 **규범의 위계제가 무비판적인, 방법론을 결여한 규범의 의인화나 즉석의 풍유**로서 무조작하게도 각주의 형식으로 처리되고 있다(S. 38 ff.). 특히 법정책상의 논문을 서평함에 있어서 법의 구조분석 이외의 아무것도 하지 않으려는 이론에 관련하여 논의하는 것은 거의 의미가 없다. 그 때문에 슈미트가 논쟁하는 학설은 내가 주장하는 이론과는 거의 관계가 없다는 것을 확인하는 것으로 나는 만족한다. 여기에서 조잡한 오해가 존재한다. 슈미트는 다음과 같이 써서 단계설에 반대한다고 믿고 있다. 즉 「어떤 규범이 다른 규범보다 개정이 곤란한 경우에, 이것은 모든 사고상의 관점에서, 논리학적으로, 법률학적으로, 사회학적으로 보아 위계제와는 다른 별개의 것이다. 즉 헌법률상의 권한배분의 지정은 권한을 가지는 기관에 의해서 행해진 행위에 대해서 상급관청의 관계에 서는 것은 아니다(왜냐하면 규범의 정립은 결코 관청이 아니기 때문이다). 그렇기 때문에 비로소 단순한 법률은 개정이 곤란한 법률의 하위에 있는 것은 아니다」라고. 만약 내가 헌법은 그것이 법률보다도 개정이 곤란하기 때문에 단지 그것만으로 법률보다도 상위에 있다고 주장한다면, 그 경우에 나의 이론은 실제로는 슈미트가 서술하듯이 무의미할 것이다. 그러나 이러한 슈미트의 서술에는 매우 간단한 것이 누락되어 있다. 즉 나는 최대한의 힘을 다하여 실질적 의미의 헌법과 형식적 의미의 헌법을 구별하고, 헌법의 단계가 법률의 단계보다도 상위에 두어지는 것의 근거를 단순한 우연으로, 본질적이 아닌 헌법의 형식으로 행한 것이 아니라 헌법의 내용에서 행한 것이다. 입법에 상위하는 규범으로서 헌법이 고찰되는 이유는 그것이 입법의 절차를 규정하고, 그리고 어느 정도 (헌법을 근거로 하여 성립하는) 법률의 내용도 규정하기 때문이다. 그것은 마치 입법이 집행(사법, 행정)의 성립, 그리고 (매우 광범위하게 걸쳐서) 그 행위의 내용도 규율하는 한, 입법이 집행보다도 상위에 있는 것과 동일하다. 입법의 단계와 집행의 단계와의 관계에서 개정의 난이의 문제는 대체로 아무런 역할도 하지 못한다. 만약 슈미트가 나의 모든 저작 중에서 단지 「국사재판의 본질과 발전」(Wesen und Entwicklung der Staatsgerichtsbarkeit)에 관한 나의 보고(Veröffentlichungen d. Deutschen Staatsrechtslehrer Heft 5, 1928)만을, 아니 이 보고의 S. 36만이라도 읽는다면, 그는 틀림없이 이것을 알았을 것이다.

효과를 분석하는 것은 그것이 입법국가의 개념에 일치하는가의 여부를 묻는 것보다는 한층 실익이 있을 것이다. 슈미트는「오스트리아식 해결」*이라고 인용부호를 붙여서 다음과 같이 논평하는 것으로 만족한다. 즉「패전 당초의 10년 간은 피폐한 와중에 있으며, 사법을 이처럼 확대하는 객관적인 의의는 거의 논의되지 않고 추상적인 규범주의나 형식주의로 만족하고 있었다」(S. 6; 역서, 15면)라고. 규범주의와 형식주의라는 것으로 빈 학파의 그것이 생각될 것이다. 그런데 이 빈 학파의 추상성은 또한 법창조적인 작업의 바로 구체적인 측면, 특히 오스트리아의 헌법재판소를 만들어 내는 데에 아무런 방해도 되지 아니하였다. 이에 대하여 슈미트는 헌법재판소의 객관적인 의의를 설명하기 위해서 그 고유의 추상성이란 정상에서 추락한 것이다.

사실 또한 이러한 방법이 이론적으로 불가능한 것, 그것이 내적으로 모순되는 것은 슈미트가 그의 논문의 결론에서 그의 법이론상의 전제에서 바람직한 법정책상의 결론을 연역하려는 것에서도 명료하다. 즉「고도의 정치적 문제나 분쟁 때문에 헌법의 수호자로서 어떤 재판소를 설치하고, 그러한 정치화에 의해서 사법에게 무거운 부담을 주고 위험을 미치기 전에」(S. 158; 역서, 217면), 슈미트가 믿는 바로는 라이히 대통령을 헌법의 수호자로서 두고 있는 바이마르 헌법의 실정적인 내용이 상기되어야 한다고 말한다. 왜냐하면 역시 고도의 정치적 문제나 분쟁 때문에 헌법의 수호자로서의 재판소를 설치하는 것은, 재판소의 이러한 활동으로 사법이 정치화되고 사법에게 부담이 부과되고 위험이 미치기 때문에 해서는 안 된다는 것과 동일하다. 사법? 헌법재판권이 — 슈미트가 매우 열심히 증명하려고 노력했듯이 — 전혀 사법이 아니라면, 어떻게 바로 그 사법이 헌법재판권에 의해서 부담이 되고 위험스럽게 될 수 있을 것인가?

따라서 슈미트가 제기한 문제, 즉 일반적으로 사법의, 그리고 특수하게는 헌법재판의 한계에 관한 문제는 완전히 정당한 것이 부정되어서는 안 된다. 다만, 그 문제는 여기서의 관계에서는 사법의 개념에 관한 문제가 아니라 사법의 기능의 가장 합목적적인 형태에 관한 문제로서 제기되는데 불과하며, 이 양자의 문제는 명확하게 구별되지 않으면 안 된다. 재판소의 권력과 그 기능의 정치적 성격을 제한하려고 한다면 — 이러한 경향은 입헌군주제의 경우에 특히 나타나며, 그러나 민주공화국에서도 보여지는데 — 법률이 그 적용에 대해서 부여한 자유재량의 여지를 가능한 한 좁게 해야 한다. 그 경우에 헌법재판소가 적용하는 헌법규범, 특히 장래의 법률의 내용을 규정하는 것, 예컨대 기본권이나 이에 유사한 것에 관한 규정은 지나치게 일반적이어서는 안 된다. 즉 자유·평등·정의 등등의 애매한 표어로써 다루어서는 안 된다. 그렇지 않다면 의회로부터 의회 이외의 기관에도 헌법이 의도하지 아니한, 더구나 정치적으로 매우 부적절한 권력의 이동이란 위험이 생긴다. 이 기관은 의회에게 대표되고 있다는 것과는 전혀 별개의 정치적 세력의 대표자가 될 수 있는 것이다.9) 그러나 이것은 헌법재판권에 대해서만 특수한 문제는

9) Kelsen, Wesen und Entwicklung der Staatsgerichtsbarkeit S. 70. 이 문장은 내가 다음에 전부를 전재하는 논술과 관계가 있다. 이 전재의 목적은 슈미트의 저작만을 읽은 사람들에게 다음과 같은 것을

보여주기 위해서이다. 즉 「맹목적인 규범주의의 광신자의 1인」(S. 30)이, 그리고 그 「규범주의적 형식주의
적인 논리학」(S. 41)은 원래 어떠한 것인가, 「이러한 종류의 논리학이 법률개념에 가져온 황폐」(S. 38)는
어떠한 것인가를 보여주기 위해서이다. 즉 다음과 같은 주장이 가끔 발견된다. 즉 모든 국가의 헌법을
초월하여, 더구나 국가의 법 적용 기관에 의해서도 존중되어야 할 어떤 자연적인 법 규칙이 존재한다는
주장이다. 이 경우에 헌법 또는 법질서의 다른 어떤 단계에서 현실화되고, 그리고 단지 추상적인 절차의
방법으로 실정법의 내용으로부터 얻을 수 있는 원리들이 문제라고 한다면, 그것을 독립의 법규로서 정식화하
는 것은 그만큼 중요한 것은 아니다. 그 원리의 적용은 그것이 현실화되고 있는 법규범과 함께 행해지며,
더구나 그 법규범 중에서만이다. 그러나 어떠한 방법으로도 실정화되지 못하고, 그것이 '정의(正義)'를
의미하기 때문에 처음으로 실정법으로 되어야할 규범(가령 이와 같은 원리들의 옹호자가 그것을 다소간
명확한 개념으로 이미 '법'이라고 간주하더라도)이 문제라고 한다면, 그 경우에는 법 창설에 위임된 기관에
대한 법적인 구속력이 없는 요청(그것은 실제로는 단지 특정한 집단이익의 표현에 불과하다) 이외의
아무것도 존재하지 아니한다. 더구나 단지 그것을 실현하는 가능성이 거의 무제한하게 있는 입법기관에
대해서 뿐만 아니라 법창설의 하위의 단계에 있는 기관에 대해서도 향하고 있다. 거기에서 실현가능성은
확실히 그 기관의 기능이 법적용의 성격을 가지는 정도에 따라서 감소하는데, 그러나 그것으로도 역시,
더구나 자유재량이 존재하는 정도에 따라서 존재한다. 그리고 이 자유재량은 다의적인 해석의 가능성
중에서 선택이 허용되는 경우의 재판이나 행정에서 존재하는 것이다. 지금까지 모든 노력에도 불구하고,
어떤 일의적인 규정은 물론 단지 어느 정도의 명확한 규정마저 발견할 수 없었던 이와 같은 원리들을
고려하거나, 또는 실현하는 것은 법창설의 과정에서는 말의 기술적인 의미에서의 법적용이라는 성격을
갖지 아니하며, 상술한 이유에서도 전혀 가지지 않으며 적용될 수 있는가 하는 문제의 해답이 존재하는
것이다. 가끔 나타나는 것은 헌법 자신이 무엇이 의도되어 있는가에 관하여 상세하게 규정하지 않고,
'정의'·'자유'·'평등'·'공정'·'양속' 등등의 이상을 호출함으로써 그러한 원리들에의 언급을 포함하는
경우에, 그것은 단지 형식상, 단지 외관상 사정이 다르게 될 뿐이다. 그러한 정식(Formel)의 배후에
모든 실정법질서가 그것으로 몸을 덮으려고 노력하는 곳의 그 정치적인 이데올로기 이상의 것이 발견되어야
하는 한, 정의·자유·평등·공정·양속 등을 이들의 가치를 상세하게 규정하지 않고 사용하는 것은
다음의 것 이외의 아무것도 의미하지 아니한다. 즉 입법자와 아울러 법률의 집행자는 헌법이나 법률에
의해서 그에게 맡겨진 활동영역을 자유재량에 따라서 충족하는 것이 수권되어 있다는 것이다. 왜냐하면
무엇이 정의인가·자유인가·평등인가·양속인가 등등에 대한 견해는 각각의 이해관계의 입장에 따라서
다르며, 그 결과 (만약 그러한 견해 중 하나도 실정법상 확정되지 아니하면) 모든 임의의 법 내용은
가능한 견해들의 어느 하나에 따라서 정당화될 것이기 때문이다. 그러나 여하튼 문제의 여지가 있는
가치의 사용은 다음을 의미하는 것도 아니며, 또 의미할 수도 없다. 즉 법 창설이 위임된 입법과 아울러
집행기관은 실정법이 이들 기관의 평등 등에 관한 주관적인 견해와 모순되는 한에서, 이들 기관을 항상
의무지우는 실정법의 적용을 면제시킨다는 것이다. 따라서 문제의 정식은 일반적으로 결코 커다란 의미를
가지지 아니한다. 그러한 정식을 단념하더라도 실제적인 법 상태는 아무런 변화도 일어나지 아니한다.
　　그러나 바로 헌법재판권의 영역에서 그러한 정식은 매우 위험한 역할을 수행한다. 더구나 법률의
합헌성의 심사에 관계되는 경우에 특히 그러하다. 만약 헌법이 입법자에게 '정의', '자유', '공평', '양속'
등과 일치하여 활동할 것을 요청한다면, 그 경우에는 이러한 말 중에 장래의 법률의 내용에 대한 방침을
발견할 수 있을 것이다. 그러나 그것은 매우 잘못이다. 왜냐하면 그러한 방침이 존재하는 것은 특정한
방향이 부여되는 경우에만, 즉 어떤 객관적인 기준이 헌법 자체 속에 부여되는 경우에만 한정되기 때문이다.
그동안에 단순히 헌법의 정치적인 장식에만 가능한 그러한 정식과 기본권이나 자유권에 관한 장래의
법률의 내용에 대한 일반적인 규율과의 경계가 간단히 지워져 버리는 것이다. 따라서 다음과 같은 가능성이
결코 배제되지 아니한다. 즉 특정한 법률의 합헌성의 문제에 대해서 판단이 요구된 헌법재판소가 이
법률은 다음과 같은 이유로, 즉 그것은 부정이다. 왜냐하면 「정의」는 헌법상의 원칙이며, 따라서 헌법재판소
에 의해서 적용되어야 한다라는 이유를 붙여서 폐지할 가능성이 있다. 그러나 이것이 의미하는 것은
헌법재판소에게 완전한 권력이 부여되었다는 것이며, 그러한 권력은 전혀 감당할 수 없는 것으로서 느끼지
않을 수 없다는 것이다. 헌법재판소의 재판관의 다수가 정당하다고 간주하는 것이 주민의 다수가 정당하다고
간주하는 것과 완전히 모순될 수 있으며, 그리고 그 법률을 의결한 의회의 다수가 정당하다고 대답한

아니다. 이것은 법률과 법률을 적용하는 민사법원·형사법원 그리고 행정법원과의 관계에 대해서도 마찬가지다. 그것은 정치냐 법이냐, 법관의 국왕이냐 국왕의 입법자냐 하는 매우 고전적인 플라톤적인 딜레마이다. 이론적으로 생각한다면 법률의 폐지권을 가지는 헌법재판소와 통상의 민사법원·형사법원 그리고 행정법원 간의 차이는 이렇다. 즉 후자는 확실히 전자와 마찬가지로 법적용자인 동시에 법창설자이기도 한데, 그러나 후자는 단순히 개별적인 규범을 창설함에 불과한데 대하여, 전자는 헌법을 법률의 창설이라는 구성요건에 적용하고, 위헌인 법률을 폐지함으로써 일반적인 규범을 — 정말 창설하는 것은 아니지만 — 취소하는 것이다. 즉 법창설에 대응한 반대행위를 한다. 즉 내가 정식화했듯이, **소극적 입법자**로서 기능한다.[10] 그러나 그러한 헌법재판소의 기능과

것도 의심할 것 없이 모순되는 것이다. '정의'라든가 또는 그것에 유사한 문언과 같이 상세하게 규정하지 않고 매우 애매한 말을 사용함으로써 의회에 의해서 의결된 모든 법률을 다소간 정치적으로 자의적으로 구성된 헌법재판소와 같은 단체의 자유재량에 맡기는 것이 헌법의 의미에서는 있을 수 없으며, 이것은 자명한 것이다. 따라서 만약 헌법에 의해서 명백히 의도되지 않고, 정치적으로 매우 부적당한 권력의 이행, 즉 의회로부터 의회 밖에서 의회에서 표현되는 것과는 전혀 별개의 정치세력의 대표자가 될 수 있는 기관에의 권력의 이행이 회피되어야 한다면, 헌법은 헌법재판소를 설치하는 경우에 이러한 종류의 모든 미사여구를 삼가야 하며, 만약 헌법이 장래에 제정될 법률의 내용을 위하여 원칙, 방침, 제한 등을 설정한다면 이러한 것들을 가능한 한 정확하게 규정하지 않으면 안 된다.

10) Bericht S. 54 참조. 거기에서 헌법재판권에 반대하는 주요한 논거, 즉 사법을 입법으로부터 구별하는 점을 예감하고 나는 쓴 것이다. 그리고 이것은 헌법재판제도를 옹호하는 경우에 각오해야 할 두 번째의 이론, 즉 권력분립의 원리를 불러내는 경우에도 그만큼 다른 것은 아니다. 미리 승인해야할 것인데 흔히 말하듯이, 입법기관 이외의 기관에 의한 입법행위의 폐지는 입법권에 대한 침해를 의미한다. 그러나 그러한 논증 그 자체가 어떻게 문제가 있는가는 다음의 점을 고려하면 명백하다. 즉 위헌법률을 폐지하는 것이 위임된 기관은, 가령 그것이 **법원**으로서 불려지더라도, 그리고 그 **독립성**에 의해서 조직상 일종의 법원일지라도 그러나 그 기능이란 점에서는 본래 단지 법원으로서만 활동하는 것은 아니다. 무릇 재판권과 입법을 서로 기능적으로 구별할 수 있는 한, 이 양자의 기능의 차이는 바로 다음 점에서 볼 수 있다. 즉 입법에 의해서 일반적인 규범이 창설되고, 재판에 의해서 단지 개별적인 규범이 창설된다는 점이다. 이러한 차이도 원리적인 것은 아니라는 점, 그리고 특히 입법자(특히 의회)도 개별적인 규범을 정립할 수 있다는 것은 여기서는 고려하지 않고 있다. 만약 **법원**에게 법률을 폐지하는 권한이 맡겨진 경우에, 법원은 일반적인 규범의 정립권한이 부여되고 있다. 왜냐하면 법률의 폐지는 법률의 제정과 동일한 일반적인 성격을 가지기 때문이다. 그렇다. 폐지는 다만 하나의 부정적인 기호를 가진 제정과 마찬가지일 뿐이다. 따라서 법률의 폐지는 그 자체 입법권을 가지는 기관이다. 따라서 법원에 의한 법률의 폐지 속에 입법권에 대한 **침해**와 마찬가지로 입법권이 두 개의 기관에 위임된 것을 이해할 수 있을 것이다. 그리고 입법권이 두 개의 기관에게 위임된 경우에는 권력분립에 대한 모순을 반드시 문제로 삼을 필요는 없을 것이다. 예컨대 입헌군주제의 헌법에서 법률, 즉 일반적인 법규범의 창설이 확실히 통례를 군주와 제휴한 의회에게 위임되지만, 그러나 일정한 예외적인 경우에는 (대신과 제휴한) 군주에게 법률을 대체하고, 법률을 개정하는 명령(긴급명령)의 발포가 유보된 경우가 그렇다. 여기서 권력분립의 원리 그 자체가 유래하는 정치적인 동기에 언급하는 것은 너무 멀리 인도하는 것이 될 것이다. 비록 이러한 방법으로만 특히 입헌군주제에 있어서의 정치적인 권력상태를 지목한 이러한 원리의 진정한 의미가 명백하게 되는 것이다. 만약 민주공화국에 대해서도 이 원리가 합리적인 의미를 가져야 한다면, 이 원리가 가지는 여러 가지 의미 중에서 권력의 **분립**이라는 말보다도 권력의 **분배**라는 말로 보다 잘 표현되는 의미만이 고찰된다. 이 원리는 권력을 여러 가지 기관에 분배하는 생각이며, 그 목적은 권력을 서로 분리하기 보다는 오히려 권력을 서로 통제하는 데에 있다. 그리고 이것은 단지 민주주의에 대해서 위험한, 하나의 기관에의 과대한 권력의 집중을 저지하기 위해서 뿐만 아니라, 특히 여러 가지 기관의 작용의 합법성을 보장하기 위한 것이다. 그 경우에 헌법재판제도

일반 법원의 기능 간에는 법률과 명령심사권을 가지는 매우 주목할 만한 중간형태가 존재한다. 왜냐하면, 위헌성을 이유로 법률을 또는 위법성을 이유로 명령을 구체적 사건에 적용하지 아니하는 법원은, 일반적인 규범을 취소하고, (**법률**이라는 말의 실질적인 의미에서의) **소극적 입법자**로서도 기능하기 때문이다. 다만, 일반적인 규범의 타당성의 폐지는 당해 사건에 한정되며 ― 헌법재판소의 판결처럼 ― 전체적으로, 즉 일어날 수 있는 모든 사건에 대해서는 아니다.

VII. 사법형식성

법정책상의 문제는, 법관의 독립성을 부여한 기관이 법률의 합헌성을 심사하는 절차를 본질적으로 형사·민사 또는 행정재판절차와 동일한 방법으로 ― 특히 당사자가 참가하는 형식을 ― 행하는가의 여부, 즉 법률의 합헌성에 대한 인부는 가능한 한 공개적으로 토의하도록 마련해야 한다는 것이다. 이처럼 절차는 **사법**에 대해서 본질적인 것은 아니며, 행정절차도 그렇게 할 수 있다. 이러한 요소를 바로 **사법형식성**(Justizförmigkeit)이라고 부른다면, 그 이유는 그것이 역사적으로는 최초로, 그리고 오늘날에도 주로 **법원**의 절차에서 나타나기 때문이다. 고대의 아테네에서는 일정한 기간 동안 입법절차도 그러한 형식을 취하고 있었다. 즉 낡은 법이 새로운 법으로 대체되어야 한다는 경우에, 그 낡은 법률은 입법자에게 호소된 것이다. 그리고 아테네는 슈미트가 개념 규정한 의미에서의 **사법국가**와는 확실히 전혀 별개의 것이었다. 근대 의회의 변증법적인 절차는 ― 기본적으로는 ― 법원의 절차의 **사법형식성**과 전적으로 동일하였다. 그 의미는, 유리한 점과 불리한 점 모두를 명백하게 드러낸다는 것은 경험상 공격과 방어라는 두 개의 다른 기관에 분리함으로써 가장 잘 보장된다는 것이다. 이것은 당해 문제에서 두 개의 다른 방향의 이해관계자 또는 이익집단이 존재한다면 용이하게 가능하다. 이 점은 이제 법률의 합헌성에 관한 문제의 경우에도 당연히 타당하다. 민족상·종교상·경제상의 이해대립, 중앙집권 또는 지방분권에 관심을 가지는 집단 간의 대립 등등. 이러한 대립을 소송 기술적으로 정당하게 표현하는 것이 소송법의 임무이다. 당사자가 참가하는 형태, 즉 이른바 절차의 **사법적합성**은 자유재량의 여지를 상당히 넓게 부여하는 헌법규범의 적용이 문제로 되는 경우일지라도 완전히 바람직한 것이다. 그 경우에 다투어지는 것은 바로 이의를 주장한 행위의 합헌성의 문제는 아니거나, 또는 보다 정확하게 말하면 단지 그 문제만으로써가 아니라, 그리고 단지 그것만이 직접적으로 다투어지는 것이 아니라 그 행위의 합목적성의

는 단지 권력분립의 원리에 결코 모순되지 아니할 뿐만 아니라, 바로 그 원리를 보증하는 것이다. 이러한 사정을 염두에 둔다면, 위헌법률의 폐지가 위임된 기관이 **법원**일 수 있는가 하는 문제는 완전히 사소한 것이다. 이 기관이 의회에 대해서와 마찬가지로, 정부에 대해서도 독립성을 가지는 것은 당연한 요청이다. 왜냐하면 의회와 정부는 정말 입법절차에 관여하는 기관으로 헌법재판소에 의해서 통제되지 않으면 안 되기 때문이다.

문제도 다투어진다. 즉 그것은 어떻게 하여 ― 개별적 또는 일반적인 ― 법창조를 헌법이 규정하는 틀 내에서 가장 잘 할 것인가 하는 점에 관한 논쟁이기도 하다. 예컨대 일반 법률이 헌법에 위반되는가의 여부가 문제로 되고, 그 때문에 고찰된 헌법의 문언이 확실한 의미를 부여하지 못한다면, 그 결과 헌법재판소의 판결은 실제로 일정한 방향을 향하여 헌법을 계속 형성하는 것을 의미한다. 바로 이러한 상황에서 현하의 이해대립은 커다란 의미를 가진다. 그리고 바로 여기서 특별한 의미를 가지는 것은, 헌법재판소의 판결의 형태로 제시된 국가의사의 형성을 현하의 이해대립이 표현되는 절차 중에서 다루게 하는 것이다. 모든 민사소송에서는 민법이 법관에게 부여한 재량에 따라서, 또한 결정의 합목적성에 대해서도 **쟁송**이 생기고, 그리고 바로 판결에서 **이익형량**이 집행되는 한, 법원의 법창조적인 **정치적** 활동이란 점을 고려하여 사법형식성이 적절하다는 것을 알 수 있다. 행정절차에 대해서 말하면 그 사법형식성으로는 행정에게 대폭적으로 부여한 재량의 자유는 손상되지 않기 때문에 전혀 논외이다. 법적용에 부여된 자유재량이란 점에 관하여 법이론적 의미에서가 아니라 법정책적인 의미에서 다소간 **재판 가능한 규범**을 문제로 삼으려는 경우에도, **그 규범의 재판가능성에 따라서 절차의 사법형식성이 가능하게 되기 위한 기초는 없어진다**는 주장(S. 39)은 근본적으로 잘못일 것이다.

당사자가 참가하는 절차라는 제도에서 유래하는 사회학적인 기본사실을 무시한다면, 이른바 **사법형식성**의 본래의 의미나 **헌법의 수호자**로서 기능하는 관청에서의 절차에의 그 사용가능성이라는 본래의 의미를 당연히 간과하지 않을 수 없다. 그 기본사실이란 이렇다. 즉 특정한 법형성 일반에도, 또한 법원의 결정, 그리고 특히 **헌법의 수호자**의 결정에도 서로 대립하는 이익들이 서로 대립하는 의미에서 관여한다는 사실, 대립하는 이익 간에서의 모든 **결단**은 한편 또는 다른 한편의 이익을 위해서, 또는 양자의 조정이라는 형태로 되고, 따라서 당사자가 참가하는 절차는 가령 다른 아무것에도 적용해서는 안 된다고 하더라도, 실제의 이익상황을 명확하게 하는 데에는 매우 적합하다는 사실이다. 그러나 주어진 이해대립이 전체이익이냐 또는 이익의 통일이냐와 같은 의제에 의해서 은폐되는 경우에는, 이상의 모든 사실이 알 수 없게 된다. 이러한 의제는 기껏해야 하나의 이익의 타협일 수 있으며, 본질적으로는 그것과 다른 어떤 것이며 본질적으로는 그 이상의 것이 된다. 단순한 형식적 의미와는 다른 의미에서 국가의사의 **통일성** 또는 집단의 **전체성**이라는 것을 사용하는 것은 전형적으로 이용되는 의제이며, 이로써 특정한 국가질서의 형성을 정당화한다. 슈미트가 **다원주의**의 체계와 대립하여 **전체국가**의 범주를 전개한 그러한 논술에도 그렇게 서술하고 있다.

VIII. 다원주의와 전체국가

이러한 두 개의 개념은 오늘날의 독일 라이히의 구체적인 헌법상태를 특징짓기 위해서 도입하고 있다(**다원주의**와 아울러 슈미트가 동일하게 사용하는 **다두권력**[Polykratie]과 **연방주의**라는 개념은 그만큼 중요한 역할을 하지 못한다). **다원주의**를 슈미트는 이렇게 이해한다. 즉 그것은「**견고하게 조직되고, 국가 즉 국가생활의 다양한 영역이나 란트들, 그리고 자치단체라는 지역적 한계도 관철하는 다수의 다양한 사회적인 권력복합체이며, 그러한 권력복합체가 그 자체로서 스스로 국가의 의사형성을 이루며, 단순한 사회적**(비국가적)**인 형성체일 것을 포기하지는 아니한다**」(S. 71; 역서 99면). 이러한 **사회적 권력복합체**에는 우선 첫째로 정당이 생각된다. 그리고 슈미트가 다원주의라는 말로 특징짓고 있는 사실은, 특히 지금까지 일반적으로 **정당국가**라는 표현으로 말해지는 상태를 그 본질로 한다. 그 개념규정에서 명백하듯이, **다원적**이라고 특징지워질 정치적 구도에 대해서 결정적인 전제는, 국가와 사회의 현실에 존재하는 대립이다.* 다원주의는 바로 **단지 사회적인,** 명백하게 **비국가적인** 것으로서 특징지워진 권력복합체가 국가의사의 형성에 스스로 점취(占取)한다는 점에 있다. 따라서 대체로 **다원주의**라는 것이 문제시되려면, 여러 가지 측면에서 국가의사의 형성에 영향을 미치는 사회생활의 국가로부터 자유로운 영역이라는 것이 존재해야 한다. 이에 대해서 **전체국가에로의 전환**은 슈미트에 의하면, 국가와 사회의 대립이 소멸하는 점에 있다. 즉「**국가가 된 사회는 경제국가**(Witschaftsstaat) **· 문화국가**(Kulturstaat) **· 배려국가**(Fürsorgestaat) **· 복지국가**(Wohlfahrtstaat) **· 공급국가** (Vorsorgungsstaat)**가 되며, 그리고 사회의 자기조직이 되며, 그 때문에 그러한 사태에서는 이미 사회로부터 분리되지 아니하는 국가는 사회적인 것 모두, 즉 인간의 공동생활에 관한 모든 것에 관계가 있다. 거기에서는 국가가 불간섭이란 의미에서 무조건의 중립을 지키는 영역은 이미 존재하지 아니한다**」(S. 79; 역서 110면). 전체국가에로의 이처럼 맹렬한 전환점에, 즉 자유주의적이며, 불간섭주의적이며 매우 근소한 사회적 기능에만 제한된 국가 — 이 국가는 국가로부터 자유로운 사회에 가장 광범위한 여지를 인정하며, 그 때문에 국가와 사회의 개념적 대립의 진정한 전제였다 — 를 이렇게 극복하는 점에서 슈미트는 현대 **입법국가**의 결정적인 특징을 보는데, 그는 또한 오늘날의 독일 라이히도 그러한 것으로서 생각한다. **전체국가***라는 개념에는 지금까지 규정되었듯이, 사회학적인 상황에 대한 어떤 새로운 통찰은 결코 없으며, 제한적 국가목적에 대해서 확정적 국가목적으로서 종래 불려진 것에 대한 새로운 말이 등장하였을 뿐이다. 슈미트가 믿는 것처럼 보이듯이, 그러나 20세기의 전체국가는 결코 새로운 현상은 아니다. 왜냐하면, 이미 고대의 국가나 **절대국가,** 즉 18세기의 경찰국가도 또한 마찬가지로 **전체국가**였기 때문이며, 그리고 그 때문에 그것은 결코 변증법적인 단계적 연속 중에서 후자의 국가에 상위하는 것은 아니기 때문이다. 그리하여 19세기의 자유국가가 이미 전체국가에 대한 반작용이었으며, 이러한 것들은 더욱 의미가 있는 것은 아니다. 오래 전부터 주지의 사실에 새로운 이름을 부여하는 것이 오늘날 매우 좋고 널리 유포된 정치적 문헌의 방법이다. 독일 라이히의 구체적인 헌법상태를 서로 배척하는 두 개의 표지로 기술하는 시도는 이미 상당히 주목할 만한 것이다. 다원주의가 가능한 것은 국가의사의 형성이 사회적이며, 비국가적인 영역에서 이루어지는 경우에 한하는데 대해서, 다른 한편 그 영역이 폐지되고 그것이 국가화된 점에 바로 **전체국가에의 전환**이 존재하는 경우에, 어찌하여 이러한 독일 라이히의 헌법상태가 말하자면 **다원주의**의 정점과 그와 동시에 **전체국가에의 전환**을 나타낼 수 있는가? 이러한 모순은 슈미트에게도 적지 않은 곤란을 일으키게 한다. 전체국가에도 존재하는 정당에 대해서 슈미트는 이렇게 말한다. 즉 「**다양한 사회적 이익이나 경향들이 거기에 조직화된 정당은, 정당국가가 된 사회 그 자체이다 …**」(S. 19). 사회적 국가에서 이미 사회는 존재하지 않으므로 슈미트는 정당의 형태로 사회를 국가화하지 않을 수 없다. 즉 정당을 국가적인 형성물(Gebilde)로서 통용시키고, 그것을 이미 사회적인 형상으로서 통용시키지 않을 수 없게 된다. 그러나 그럼으로써 그의 다원주의의 범주는 이미 적용될 수 없다. 그리고 그가 결국 이렇게 생각하는 것은 이러한 모순을 간신히 궁색하게 호도하는 것이다. 즉 「**서로 경쟁하고 서로 일정한 한계 안에서 자기를 보존하는 그러한 종류의 복합체들, 즉 다원적인 정당국가가 존재함으로써 전체국가가 그러한 것으로서 이미 소비에트 러시아나 이탈리아와 같은 이른바 단일 정당국가에서 행한 것처럼 동일한 강력함으로 통용하는 것은 저지된다**」(S. 84; 역서 117면) 라고. 최초의 개념규정에 의하면, 다원적 국가가 전체국가와 구별되는 것은, 바로 후자가 사회적 영역을 흡수하는데 대하여, 전자는 그렇지 않다는 점에 있는 이상, 이러한 모순을 해소하려면 다음과 같은 별도의 시도도 또한 성공하지 못한다. 즉 「**다원화에 의해서 전체적인 것에로의 전환이 저지되는 것이 아니라 단지 다음과 같이 하여 분할될 뿐이다. 즉 모든 조직화된 사회적인 권력복합체가 가능한 한 많이**(합창단이나 스포츠클럽으로부터 무장한 자위단(Selbstschutz)에 이르기까지) **전체성을 가진 자신 속에서, 그리고 자기 자신을 위하여 실현하려고 노력함으로써 이다**」(S. 84; 역서 117면)라고. 이처럼 분할된 전체성이라는 것은 하나의 단순한 형용모순(contradictio in adjecto)이다.

　모순의 보다 근본적인 이유는 이렇다. 즉 슈미트가 **다원주의와 전체국가**라는 말로써 서로 관계가 없는 두 쌍의 대립, 즉 국가와 사회의 대립과 독재적·중앙집권적인 의사형성과 민주적·지방분권적인 의사형성의 대립을 서로 결부시킨 점이다. 그리고 **다원주의-전체국가**라는 개념에서, 어떤 때는 한편의 대립이, 그리고 어떤 때는 다른 한편의 대립이 전면에 나타나는 점이다. 사회를 완전히 흡수하고, 모든 사회적인 기능을 영위하는 것으로서의 전체국가는 국가사상의 형성과정이 정당의 투쟁이란 형태로 생기는 민주주의로서 가능한 것과 마찬가지로, 정당의 형성 그 자체가 배제되는 독재정치로서도 가능하다. **전체국가**는 광범위한 국가목적의 확대가 국민을 정당에 매우 폭 넓게 짜 넣는 것과 결부되기 때문에, **다원적인 정당국가**일 수도 있다. 마찬가지로 이러한 의미에서의 **전체국가**와 광범위하게 미치는 지방분권은 결부될 수 있을 것이다. 그러나 중앙집권적으로,

통일적인, 그리고 그 때문에 **강력한** 의사형성을 수반한 사회라는 의미에서의 **전체국가**와
는 결부되지 않을 것이다. 이 의사형성의 **강력함**은 물론 민주적인 정당국가에서는 파괴된
다. 그러면 왜 슈미트는 그의 **다원주의**라는 개념규정에 국가와 사회의 대립이라는 중하(重
荷)를 부담시키는가? 이 대립은 (그가 말하는 다원적 전체국가, 분할된 전체성이 보여주듯이),
다원주의라는 개념으로 파악되어야 할 사실에 대해서는 아주 사소한 것이며, 단지 모순에
빠진 것에 불과한 것인가? 특히 왜 국가와 사회의 대립이 **전체국가**의 개념에 완전히
지양될 수 있을 것인가? 이것은 이 개념에 의해서 파악되어야 할 사회적 현실과 명백하게
모순된다. 생산수단의 사적 소유를 보장하는 법질서를 가진 국가는 경제적 생산이나
생산물의 배분을 원칙적으로 비국가적인 기능으로서 견지하며, 그리고 아마도 가장
중요한 이러한 임무의 이행을 단지 **사회**에서의 **전체국가**, 즉 모든 **사회적인 것을 영위**하는
국가에서는 있을 수 없는 영역에 할당하며, 이 점을 인식하기 위해서는 유물사관의
신봉자일 필요는 없다. 이러한 의미에서, 즉 사회를 완전히 흡수하는 강제질서의 의미에서
는 사회주의 국가만이 **전체국가**일 수 있다. 그 국가의 질서가 이미 국가사회주의에로
결정적으로 전환해 버렸다는 것으로 이유붙일 수 없듯이 — 이것은 실제로 불가능하며
슈미트도 전혀 시도하지 아니한다, — 오늘날의 자본주의 국가가 이미 **전체국가**라고
주장하는 경우에, **전체국가에의 전환**은 정말 19세기 초의 부르주아지가 절대군주제의
전체적인 경찰국가에 대립하던 것과 아주 동일하며, 프롤레타리아트 또는 그 대부분이
오늘날의 의회제 민주주의의 입법국가와의 관계에서 가지는 격렬한 대립을 은폐하는
부르주아적인 이데올로기만은 아니라는 이론(異論)을 거의 저지할 수는 없을 것이다.
계급투쟁이 국가기관 상호 간의 대립으로서 일어나는 것이 아니라 국가와 동일하지
않기 때문에 국가 내에는 없는 사회의 일부분이, 국가질서가 사회의 그 부분의 이익을
보장하기 때문에, 그리고 그러한 한에서 국가인 사회의 다른 부분에 대하여 행하는
투쟁으로서 일어나는 이상, 국가와 사회의 통일 등은 존재하지 않는다고 주장하는 이데올
로기이다. **전체국가에의 전환**과 함께 국가와 사회의 대립은 그 의미를 상실해 버리게
된다. 그러나 프롤레타리아트나 프롤레타리아트의 사회이론의 입장에서 본다면, 이러한
대립은 오늘날 예전의 부르주아지나 부르주아 국가론과 사회론의 입장에서와 전적으로
같은 의의를 가지며, 그 때문에 오늘날에도 예전과 마찬가지로 현실적인 것이며 정당한
것이다.[11]

---

11) 만약 **다원주의**의 본질이 (슈미트가 S. 71에서 주장하듯이) 「**완결적이며 균질적인 국가의 통일성과
반대의 것**」에 의해서 특징지워지고, 그리고 (S. 79에서 그가 수정한 규정에 따라서) 이 다원주의 개념에서
는 국가와 사회의 대립이 후퇴(하고, 국가적인 형상으로서도 또한 서로 길항하는 정당들이 하나의 다원적인
요소를 의미) 하는 경우에, 연방국가적인 조직의 연방주의는 단지 국가의 통일을 다원적으로 논단하는
것으로만 평가되지는 아니한다. 그리고 동일한 것은 그 경우, 직능 신분제도에 의한 국가의 해체에 대해서도
말한다. 슈미트는 **신분국가 · 노동조합국가 · 레테국가**의 경제제도의 요청에 대해서도 이렇게 첨가하고
있다. 즉 「그 요청에 대답하는 것은 국가의사의 통일을 강화시키는 것이 아니라 위험에 빠뜨릴 뿐이다.
경제적 및 사회적인 대립이 해소되고, 지양되는 것이 아니라 그것이 보다 공공연하게 보다 가차 없이
나타나게 될 것이다. 왜냐하면 길항하는 집단은 이미 일반적인 선거나 의회에의 우회도로가 강제되지

따라서 사회학적인 비판에 대해서 다원주의나 전체국가라는 개념은 감내할 수 없는 것이다. 그러한 개념이 가지는 의의는 그러한 개념에 의해서 강조되는 가치를 고찰하여 처음으로 명백하게 된다. 다원주의, 그것은 **사회가 국가를 억제하고, 국가에 적대하는** 경향들이 국가의 통일성, 따라서 국가의 존립을 위험에 놓이게 하는 상태이다. 즉 다원주의가 의미하는 것은 **국가의사의 형성에 관한 다수의 사회적 세력**(S. 71), **국가개념의 해체**(S. 69), **국가의 분할**(S. 63), **국가와 헌법의 통일성의 파괴**(S. 63)**이다. 전체국가에의 전환**은 이와는 반대되는 방향에로의 전개이다. 즉 그것은 적대적인 사회에 대한 국가의 승리이며, 국가의 통일성이 보장된 상태이다. 국가에 적대하고 그 통일성을 위협하는 다원적인 세력들에 대하여, **대책**(S. 96 ff.)이 강구되고, 그리고 이러한 의문이 던져진다. 즉 「**예컨대 진정한 독일 동포의 원리를 불러냄으로써 그러한 다원주의에로의 전개를 더욱 진전시킬 수 있을 것인가**」 하는 의문이다. 그리고 슈미트는 이러한 의문을 단호히 부정한다. 그가 이렇게 말하는 경우 그의 가치판단이 여실히 나타난다. 즉 그에 의하면 「**다원적 제도는 끊임없이 정당간이나 회파 간의 타협에 의해서 국가를 타협이나 계약의 공존이라는 형태로 바꾸며, 그리고 그때그때 정책제휴에 참가한 각각의 정당은 그럼으로써 모든 관직, 수입, 그리고 이익을 비례의 원칙에 따라서 자신들 간에 분배하며, 그리고 그 때에는 동등하게 그것이 이루어지도록, 관찰하며, 아마도 정의로서 느끼는 것이다**」(S. 110; 152면). 그렇다. 결국 다원주의는 **헌법위반**으로까지 설명된다(S. 131). 그리하여 다원주의라는 범주는 헌법재판권의 제도에서 행해지는 헌법보장의 문제해결을 옆에서 밀어 넣는데 기능한다. 그리고 **전체국가**, 그것은 다음과 같은 해결, 즉 국가와 사회의 특수 다원적인 대립으로 위험에 놓이는, 아니 그것이 폐지되는 국가의 통일성을 보장함으로써 정당한 해결로서 확보되는 해결의 기초를 확고히 하기 위한 것이다.

않을 것이기 때문이다」(S. 99, 100). 이것은 그러나 아마도 직능신분제도가 다원적이라고 하여 거부되는 것을 의미한다. 그러나 연방국가의 연방주의에 대한 태도는 전혀 별개이다. 이 경우에 슈미트는 다음과 같은 **가능성**만을 인정한다. 즉 다원주의와 연방주의 (후자는 다원주의의 수정된 개념규정에 의하면 실제로 다원주의의 특별한 경우이며, 나아가 특별히 위험한 것일 수 있는데)는 **결합한다**는 가능성이다. 그러나 슈미트는 이 결합한다는 가능성을 완전히 배척하며, 연방주의를 「그럼에도 불구하고 여전히 예외 없이 다원적인 권력형상 그리고 그 정당정치의 방법에 대한 특별히 견고한 대립물」(S. 96)이게 하는 것이다. 다른 관계에서는 다음의 점에 언급한다. 즉 「헌법이 각 주의 국가적 성격을 고정하고 있다는 점」, 그리고 「연방주의는 국가적 세력들의 저수지일 수 있다」(S.108)는 점이다. 따라서 「연방주의가 정당정치적인 다원주의 방법론에 대한 대항수단」으로서 바로 정당화된다(S. 96)는 것도 놀랄 일이 아니다. 이 경우에 **다원주의**는 다시 전혀 별개의 것을 의미하게 되는데, 그 때에 이러한 연방주의의 **정당화**는 다음 점을 전혀 무시하고 있다. 즉 연방국가의 국가제도(Verfassung)가 필연적으로 수반하는 의회제도의 복제에는 역시 또한 그 **다원주의**의 복제도 또한 결부되어 있으며, 따라서 연방주의 이외의 것이라면 무엇이든 오히려 이 다원주의의 대항물로서 모두 기능할 수 있다 ! 는 점이다.

IX. 정부와 의회의 이원주의

슈미트는 헌법재판권의 다원주의적 성격을 **주관적 권리**가 헌법 내지 국가권력에 의해서 유효한 것으로 되는 소송(Prozess)이라는 형식으로 헌법재판권이 행사된다는 점에서 본다(S. 67). 이것을 **국가개념의 해체**라고 이해하는 것은 실로 완전히 근거없는 것이다. 연방국가의 헌법이 각주나 연방을 중앙의 헌법재판소 앞에서 관할 위반의 주법이나 연방법에 대한 이의신청을 인정하는 경우나, 그 헌법이 법원이나 기타 관청에 그들에 의해서 적용되어야 할 규범의 위헌성을 주장할 권한을 부여한 경우, 더구나 헌법이 위헌인 행위를 근본적으로 제거하기 위해서 민중소송(actio popularis)을 용인하는 경우마저도, 이 헌법재판권에 의해서 주관적 권리는 실제로 국가에 적대적인 경향을 가진다는 의미에서는 전혀 근거지워지지 아니한다. 왜냐하면 **주관적 권리**는 객관법에 대해서 반대하는 경향을 가지기 때문이다. 즉 주관적 권리는 그것이 천부적인 것으로 객관적인 국가질서나 법질서에는 의존하지 아니하며, 이러한 질서에 의해서 존중되어야 하며, 이러한 질서에 의해서 부여되지 아니하며, 따라서 이러한 질서에 의해서도 박탈되지 아니하는 권리라는 자연법적 의미에서는 결코 근거 지워지지 아니한다. **주관적 권리**는 절차적 정당화(Prozeßlegitimation) 이외의 아무것도 아니다. 즉 그 본질은 어떤 중앙관청 아래에서 위헌행위의 취소, 요컨대 불법의 제거를 그 목표로 하는 절차를 도입하는 가능성이라는 점에 있다. 그러한 주관적 권리는 국가적 질서를 보존하기 위한 기술적인 방편 이외의 아무것도 아니며, 따라서 그것은 **국가의 다원주의적인 해체**(S. 68)라고 표현하는 것과는 완전히 정반대된다. 그것과 마찬가지로 국가적 통일성의 검찰관과 법관에로의 **다원주의적인 분열**에 대하여 말할 수 있을 것이다. 왜냐하면 국가는 형사소송법에서는 검찰관과 법관으로 나눠지기 때문이다.

전체국가에로의 전환은 우선 헌법재판권에 적대하는 방법으로 나타난다. 왜냐하면 헌법재판권의 도입은 그러한 **전환**이나 그것에 따르는 국가의 안정과 강화의 과정을, 즉 사회에 대한 국가의 승리를 저지하기 위한 시도라고 이해되기 때문이다. 「국가의 그러한 확장 ― 여기서는 전체국가에로의 전환에서는 결정적인 국면을 나타내는 **경제국가에로의 전환**이 생각되고 있다 ― 에 대한 방어가 먼저 그러한 시기에 바로 국가의 종류를 규정하는 그 국가적 활동에 대한 방어로서, 따라서 법률국가(Gesetzesstaat)에 대한 방어로서 나타난다는 것은 놀랄 일이 아니다. 따라서 무엇보다 입법자로부터의 보장이 요망된다. 그리하여 점차 강력하고 더욱 포괄적으로 된 입법자에 대한 대항물을 획득하기 위해서 사법에 사로잡혔던 … 최초의 불명확한 구제의 시도 역시 그러한 것으로서 잘 설명할 수 있다. 이러한 시도는 공허한 외관으로서 끝날 수밖에 없었다. …그 본래의 오류는 이러한 시도가 근대 입법자의 권력에 대해서는 사법만이 대항할 수 있었다는 데에 있다. 왜냐하면 사법은 바로 이러한 입법자가 확정한 규범에 의해서 내용적으로 구속되거나, 그렇지 않다면 그러한 입법자에 대해서 불확정하고 논쟁의 여지가 있는 원리로서 반론할 수 있었다. 그러나 이 원리로써는 결코 입법자에 우월하는 권위를 기초지울 수는 없었기 때문이다」(S. 82; 역서 113/4면)라고. 그러나 누가 일찍이 헌법재판소에 대해서 이 재판소가 입법자의 권한확장에 대항하는 것을 기대할 수 있었을 것인가? 그래서 입법부의 신장은 헌법파괴 속에서만 실현될 수 있는 것인가? 헌법재판권에 대해서 이보다 잘못된 오해는 아마 거의 없을 것이다. 나아가 슈미트가 「그와 같이 변화된 상황에서, 그리고 그와 같은 국가적 과제나 문제의 확장에 접하여 아마 정부는 구제책을 강구하는데, 확실히 사법에는 그것을 강구할 수는 없다」라고 계속할 때에는, 그는 법원이 아니라 정부를 헌법의 수호자로 한다는 그의 요구를 준비하는 것이다. 그리하여 그가 이와 같이 계속하는 경우에 사람들은 바로 이 문맥 속에서는 입법적 신장은 정부의 법령 제정 활동에서도 적지 않게 상당히 실현된다는 사실, 나아가 이것은 바로 슈미트에 의해서 활발하게 변호된 제48조 2항의 해석에 근거하여 정부의 법령제정권이 의회의 입법권 대신이 되는 경우에도 더욱 그렇다는 사실에 대하여 눈을 감을 수는 없을 것이다. 확실히 헌법재판소는 전체국가에의 전환을 억제하기 위해서는 부적절한 도구이다. 그러나 완전히 본질에 어긋나는 목적에서 출발하여, 어떤 제도가 그 목적을 달성할 수 없다고 확인함으로써 그 제도의 신용을 실추시키는 것은 허용되지 아니한다.

전체국가 이론의 적지 않게 중요한 작용은 독립된 법원에게 통제를 맡기는 것을 지지하고, 정부에게 이러한 기능을 맡는 것에 반대하는 주요 논거의 가치를 매우 저하시킨다는 점이다. 헌법은 권력을 본질적으로 두 개의 요인에, 즉 의회와 정부(이 경우에 **정부** 아래서는 특히 국가원수와 그의 행위에 부서하는 장관으로 구성된 기관이 이해될 수 있을 것이다)에 분배하고 있기 때문에, 그러므로 이미 의회와 정부에는 다만 영속적인 대항관계가 존재함에 틀림없다. 그리고 헌법침해의 위험은 이 두 개의 요인 중의 하나가 헌법이 그것에 설정한 한계를 초월한다는 것에서 반드시 생겨난다. 실제로 헌법침해의 가장 중요한 사례들에서는 의회와 정부가 분쟁 당사자이기 때문에, 그 분쟁을 결정하기 위해서 이러한 대립 밖에서 스스로는 아무런 방법으로도 헌법이 본질적으로 의회와 정부 간에 배분한 권력행사에는 관여하지 아니하는 제3의 기관을 임용하는 것이 천거된다. 그럼으로써 이러한 기관이 일정한 권력을 획득한다는 것은 피할 수 없다. 그러나 어떤 기관에게 헌법통제의 기능에 속하는 이 권력 이외의 다른 어떠한 권력도 부여하지 않는가의 여부, 또는 두 개의 주요한 권력의 담당자 중의 한쪽의 권력에게 헌법통제도 다시 위탁함으로써 강화되는가의 여부는 매우 커다란 차이가 있다. 그것이 즉 그 자체는 본래 권력행사에는 관여하지 않기 때문에 의회나 정부와는 필연적으로 대립하지 않는 것이 헌법재판소의 주요한 장점이다. 그런데 **전체국가**의 이론에 의하면, 의회와 정부 간에는 어떠한 대립도 존재하지 아니한다. 그것으로부터(다음의 것은 분명히 서술할 필요는 없더라도, 그리고 슈미트도 분명히 서술하지는 않지만) 헌법을 위헌의 법률로부터 지키기 위해서 정부 — 그것과 장관과 제휴하는 국가원수이다 — 가 헌법의 수호자로서 나타나는 경우에는 분쟁당사자로 간주될 수 있는 어떠한 기관에도 헌법통제는 위임되지 아니한다는 것이 명백하게 된다.

헌법보장의 문제에 대해서 결정적인 정부와 의회와의 대립의 지양은, 슈미트가 이러한 대립을 단지 **전체국가에의 전환으로 소멸하는 국가와 사회의 2원론의 귀결 내지 변종으로**서 밖에는 해석할 수 없다는 결과로서 나온다. 「19세기 **동안에 독일에서 발전하고, 동시에 오늘날의 공법의 대부분을 이루는 모든 중요한 공법상의 제도들과 규범화**(Normierungen)의 근저에는 저(국가와 사회의) **구별이 있다. 독일의 입헌군주제 국가가 일반적으로 영주**(Fürst)**와 신민**(Volk), **왕권과 의원**(Krone und Kammer), **정부와 국민대표라는 그 대항관계에 의해서 2원주의적으로 구성되어 왔다는 것은, 국가와 사회의 일반적이고 근본적인 2원론의 한 표현에 불과하다. 국민대표 · 의회 · 입법단체**(gesetzgebende Körperschaft)**는 사회가 거기에 모습을 나타내고, 국가와 대립하는 무대라고 생각되었다**」(S. 74; 역서 103면). 그러나 이러한 자유주의적, 비간섭적인 의미에서 사회와 경제에 대해서 원칙적으로 중립적인 이 국가는…근본적으로 변했으며, 더구나 저 국가와 사회, 정부와 인민 간의 이원주의적인 구조가 그 긴장관계를 상실하고 입법국가가 완성되었다. 왜냐하면 이제 국가는 사회의 자기조직(Selbstorganisation)이 되었기 때문이다. 따라서 이미 서술했듯이, 지금까지 항상 전제가 되어온 국가와 사회, 정부와 인민의 구별은 없어지고 이로써 그 전제 위에 구축된 모든 개념이나 제도(법률 · 예산 · 지방자치)가 새로운 문제가 된다(S. 78). 모든 사회적인 것을 포괄하는 전체국가에서는 특히 정부와 의회와의 대립은 완전히 존재하지 아니한다. 왜냐하면 이러한 대립은 국가와 사회의 대립과 함께 소멸할 것이 틀림없기 때문이다. 그러나 슈미트가 확실히 명언하는 것은(expressis verbis), 전체국가로 전환함으로써 국가와 사회의 구별, 그리고 그 때문에 **정부와 인민의 구별이 없어진다고 주장할 뿐이듯이, 이 결론을 자신이 명백하게 도출하지 못하고 있다. 그가 19세기의 입헌군주제를 분석함에 있어서 국가와 사회의 대립의 단순한 변종으로서 묘사하는 정부와 의회와의 이원주의에 대해서, 그는 독자에게 이러한 방향에로 생각을 다시 추진하는 것을 위임하고 있다. 그러나 그는 충분히 명백히 이렇게 서술한다. 「지금까지 행해진 중립적 국가의 전제 아래 있는 모든 대립관계는, 국가와 사회의 구별에 의하여 나타나며, 이러한 구별의 단순한 적용사례나 다른 표현에 불과한 것인데, 끝난다. 국가와 경제, 국가와 문화…, 국가와 법, 정치와 법과 같은 이율배반적인 분리는…그 의미를 상실하고, 근거 없는 것이 된다**」(S. 79; 역서 109/10면). 그가 이전에 논평한 것에 의하면, 이러한 **이율배반적인 분리**에는 정부와 의회와의 대립도 포함된다.

오늘날의 국가에서는 국가와 사회의 대립과 마찬가지로, 그 대립이란 전혀 불일치한 정부와 의회와의 대립도 소멸하지 않았다는 것을 보여주기 위해서는 어떤 특별한 명민함을 필요로 하지는 아니한다. 이러한 대립은 그 의미를 상실한 것이 아니라 의미가 변화된 것에 불과하다. 이러한 대립에서는 이미 의회다수파 중에서 대표된 국민계층들과 군주나 그 정부 중에서 자신들의 의견을 주장하는 이익집단 간의 대립이 표현되는 것이 아니라, 의회의 소수파와 정부와 그 수탁자로서 작용하는 의회 다수파 간에 존재하는 대립이 표현된다. 그렇지만 그것이 오늘날 의회와 정부 간에 대립이 가능한 유일한 의미는 결코 아니다. 이 대립은 소수파의 정부나 국민의 소수파에 의해서 선출된 국가원수가 활동하는 경우에는, 특히 정부가 적어도 의회다수파를 그 배후에 가지지 않기 때문에 정부가 헌법에 위반하여 의회를 제외하고 통치하는 경우에는 다른 의미를 가질 수 있다. 의회 다수파의 소망에 따라서 의회의 한 위원회만으로도 소집되는 경우에는 부득이 자신들의 사임을 들어 위협하지 않을 수 없다고 라이히 정부가 느끼는 시대에는, **전체국가** 이론의 마지막 결론을 받아들이거나, **정부와 의회**는 입법국가에로 전환함으로써 그 의미가 상실된 문제로 만들어 버린 **이율배반적인 분리**라는 것을 받아들이는 것은 어려운 일이다.

X. 헌법의 수호자와 국가원수

그 밖에 **전체국가**로부터 **헌법의 수호자**로서의 국가원수에로 이르는 과정은 매우 주의깊은 독자들에게마저 쉽게 이해할 수는 없다. **전체국가**의 현실적인 통일성은 다른 **통일성**을 위한 — 즉 바이마르 헌법의 전문이 전제로 하며, 더구나(그것이 모든 헌법이 기초로 하는 국가공민(Staatsvolk)의 법학적인 통일성 이상의 것이 되는 경우에는) 전체국가의 그것처럼 이데올로기의 다른 표현에 불과한, 저 통일을 위한 — 사회학적인 하부구조의 일종으로서 기능한다. 「**현행 라이히 헌법은 독일 국민 전체의 동질적이며 불가분한 통일체라는 민주적인 사상을 굳게 지니며, 그리고 이 독일 국민 전체가 그 헌법제정권력에 의해서 적극적인 정치적 결단에 의해서, 그러므로 일방적인 행위에 의해서 스스로 이 헌법을 제정한 것이다. 따라서 바이마르 헌법으로부터 계약이나 타협 등을 도출하려는 이러한 모든 해석이나 적용은, 헌법의 정신을 침해한다고 하여 정중하게 배척하는 것이다」** (S. 62; 역서 88면). 슈미트 자신에 의하면 아무 곳에서도 직접 주장하지는 않지만 — **전체국가의 구성과 독일 국민 전체의 동질적이며 불가분한 통일체의 구성** 간에 존재하는 내적인 연관은, **다원주의가 전체국가**를 의미하는 저 **통일성**에 대한 것처럼, 이 동질적이며 불가분한 통일체와 완전히 대립적으로 존재한다는 사실에서 명백하다. 분명히 다원주의 는 **완결적이며 균질적인 국가적 통일체와의 대립**(S. 71)에 의해서 특징지워진다. 그리하여 다원주의가 그 중에서 표현하는 국가와 사회의 대립에 의해서 전체 국가의 **중압**(Wucht)을 저지하고 전체성을 **분할하는** 것과 마찬가지로, **현실적인 우리들의 오늘날의 헌법상황 속에** 나타나는 **다원주의적 요소**(S. 62)는 바이마르 헌법이 확고하게 지닌 이 **동질적이며 불가분한 통일체를** 위험에 놓이게 만든다. 주로 슈미트는 이 통일체를 그의 이 헌법해석의 거점으로 삼는다. 이 통일체는 결코 헌법 전문이 그것을 흔히 설정하기 일쑤인 단순한 윤리적·정치적인 요청이 아니라, 오히려 하나의 사회적 실체(Realität)이다. 그것은 이 통일체를 위험에 빠지게 하는 국가와 사회와의 이원주의적 대립이 실제로 지양되는 경우이다. 즉 이 대립을 지양하는 **전체국가**가 실체인 때이다. 확실히 현실은 **다원주의적인**

분열에 이르는 것으로도 묘사된다. 그런데 그것은 **이 다원주의의 이해관계자들**(또는 그들에게 손을 빌리는 이론가들이라는 것인가?)을 그들이 **이른바 형식주의에 의해서 현실을 은폐하고 있다**(S. 36)고 비난하는 것을 방해하는 것은 아니다.

헌법 전문에 의해서 불려진 이 **독일 국민 전체의 동질적이며 불가분한 통일체**는 **헌법의 수호자로서의 라이히 대통령**이라는 명제의 가장 중요한 뒷받침이다. 왜냐하면 **바이마르 헌법은 헌법제정권력의 담당자로서의 통일적인 독일 국민의 정치적 결단** ― 사실 이 헌법은 **통일적인 독일 국민과의 자동성**이 단지 대표의 의제라는 방법으로만 주장될 뿐인 의결인데 ― 이라는 것에서 슈미트는 이렇게 결론짓기 때문이다. 즉 「**헌법의 수호자에 관한 물음에는 의제적인 사법형식성에 의한 것과는 다른 형태로 대답할 수 있다**」(S. 70). 즉 라이히 대통령은 국민 전체에 의해서 선출되었으며(S. 49), 「**사회적 권력집단이나 경제적 권력집단의 다원주의에 대한 대항물**」로서 「정치적인 전체로서의 국민의 통일체를 보존하기 위해서」 임용되기 때문에, 라이히 대통령이 헌법의 수호자라고 말한다. 그리고 또한 라이히 대통령은 「**독일 국민의 헌법에 적합한 통일체나 전체성의 수호자나 옹호자**(Wahrer)로서 행동하기 위해서 국민표결(Volksentscheid)에 가져옴으로써 독일 국민의 이 전체의사와 직접 결부될」(S. 59) 가능성을 가진다고 말한다. 이 경우에 라이히 대통령이 **헌법의 수호자**로서 말해지는 그 의미는, 헌법의 수호자로서의 헌법재판소 등은 전혀 문제로 삼지 아니한다는 의미이며, 또한 그러한 것으로서는 누구 한번 주장하지 않았다. 그리하여 라이히 대통령을 헌법재판소와 반목시키는 것은 마치 군대가 국가의 최상의 보호자이기 때문에 우리들에게는 우리들이 나중에 돌아갈 양로원(Spitäler) 등은 하나도 필요하지 않다는 논증과 똑같은 정도로 무의미하다. 여기서는 단지 다음과 같은 확인, 즉 헌법이 헌법재판소를 설정하는 경우에는 이것은 결코 **의제적인 사법형식성**이 아니라 현실적인 제도의 창설이라는 것만으로 좋다. 그리고 이 경우에는 무엇인가 어떤 사물을 **의제적인** 것이라고 말할 수 있다면, 그것은 바로 저 **국민의 통일체**가 그렇다는 것이다. 슈미트는 이 통일체를 ― 헌법이 그것을 한다고 자청하는 대로 ― 현실에 주어진 것이라고 **전제하고**, 그와 함께 실제로 존재하는 다원주의적인 제도에 의해서 이것이 폐기되어 버렸다고 주장하는데, 그것은 이러한 상태로부터의 구제책으로서, 이 통일체의 재건자로서 국가원수를 설명할 수 있도록 하기 위한 것이다.

국가의 통일체를 외관적으로 알기 쉽게 제시하는 것은 국가원수와 같은 기관을 설치하는 모든 헌법에 의하면, 의심할 것 없이 국가원수가 수행해야 하는 기능이다. 확실히 슈미트가 말하듯이, 「**국가원수라는 지위는 정치적인 통일체의 전체**(Ganzen)**라는 관념과 매우 밀접하게 결부되어 있다**」(S. 157). 그러나 이것은 현실주의적인, 모든 이데올로기로부터 자유로운 인식에 대해서는 국가의 형식적인 통일체 이상의 것을, 즉 국가의 실질적인 통일체를 구한다는 포기할 수 없는 요구를 상징적으로 표현한 것이 국가원수의 기능에 속한다는 것을 의미할 뿐이다. 이 점에 여러 가지의 헌법이 국가원수로서 임용하는 그러한 기관의 주요한 기능마저 인정할 수도 있다. 이 기능은 이 기관에 위임된, 더구나 역시 이 기관이 절대로 단독으로가 아니라 합성된 기관의 독립되지 아니한 부분으로서 장관들과 제휴하여 행사하지 않을 수 없었던 그 실질적 권한 속에서 그만큼 포함되지 않는 것이다 (이 기관은 결코 최고의 기관이 아니라 다른 최고기관들과 아울러 국가기관임에 불과하다). 오히려 이 기능은 **황제 · 국왕 · 대통령**과 같은 **국가의 원수**로서의 그 호칭에 포함되며, 그에게 부여된 우월적인 명예에 포함된 것이다. 이 기능의 정치적 의의는 결코 과소평가 될 수 없다. 그러나 슈미트가 그것을 입헌군주제의 교리에 관하여 하듯이, 사람이 국가원수라는 제도에서 단순히 윤리적 · 정치적으로 요청된 국가적 통일체의 상징을 이해할 뿐만 아니라, 실제의(effektiv) 이익연대라는 의미에 있는 주어진 현실의 국가적 통일체를 산출하는 사물이나 사람도 이해한다면, 그것이야말로 이데올로기를 현실로 보는 것이다. 왜냐하면 그것이 슈미트가 공화제적인 국가원수에 전용한 군주의 중립적 권력의 이론의 본래적인 의미이며, 이 이론은 실제로 존재하는 근본적인 이해대립 ― 이것은 정당이라는 사실이나 나아가 일층 중요한 그 배후에 있는 계급대립이라는 사실 중에서 표현되는 ― 을 은폐하는 것이 될 뿐이기 때문이다. 외견적 민주적인 이해 아래에서 이러한 의제의 정식은 예컨대 이렇게 서술된다. 즉 국가를 형성하는 국민은 통일적인 동질적 집단(Kollektiv)이며, 그 때문에 통일적인 집단의사 속에서 표현되는 통일적인 집단이익을 가진다. 모든 이해대립의 피안에 있어서 따라서 정당을 초월하여 존재하는 이 집단의사 ― 그것이 **진정한** 국가의사이다 ― 를 의회는 만들어내지 못한다. 의회는 이해대립의 무대이며, 정당정치적인 ― 슈미트라면 **다원주의적**이라고 할 것이다 ― 분열의 무대이다. 이 집단의사를 만들어 내는 자 내지 만드는 도구가 국가원수라는 것이다. 이러한 설명(Deutung)의 이데올로기적인 성격은 명백하다. 이 설명은 이미 헌법이 국가원수의 행위를 의회에 대해서 책임을 지는 장관들의 협동에 속박된 사실과도 모순된다. 다시 말하면 국가원수의 독립된 행위가 가령 존재하지 아니하는 이익의 조화가, 즉 한쪽의 부분집단이나 다른 한편의 부분집단의 이익이 아닌 국가의 **객관적인** 이익이 실현되는가는 여전히 하나의 신비 그대로 남을 것이다. 또한 국가원수에 의해서 도발되는 국민투표도 고작해야 다수파의 의사로 하여금 국민의 전체의사라고 퍼뜨린다. 이러한 **국민의 전체의사**도 또한 전형적인 민주주의적 의제이다.

　모든 국가원수는 그가 서로 적대하는 이익집단으로부터 독립한 정도에 따라서, 그의 행위에 의해서 중간선을, 즉 타협선을 찾을 것이라는 것은 저절로 이해할 수 있다. 왜냐하면 이러한 태도는 보통 그 자신의 지위를 확고하게 하는 것이기 때문이다. 그런데 그의 **중립적인** 권력은 바로 이익조정을 가능케 하는 것 이상이 된다. 바로 이러한 가능성은 그가 의회에 종속하는 장관들 없이는 적극적으로 활동하지 못한다는 이미 상술한 사실로써 현저하게 제한되는 것이다.

　사람이 매우 현실주의적으로 또한 일체의 이데올로기적인 장식 없이 국가원수의 **중립성**을 타협의 방향에서, 국가의사의 형성에 영향을 미칠 수 있다는 정당으로부터의 그의 독립성에 의해서 보장된 이 가능성 속에서 찾는다면, 그 경우에는 다음의 그것이 인정되어야 한다. 즉 중립성의 전제들은 선거에 의해서 선출되고 재선도 가능한 대통령 아래에서 보다도 세습군주의 쪽이 확실히 많이 부여된다는 것이다. 정당정치의 고압 아래에서 행해지는 원수의 선거는 어느 정도 민주적이지만 결코 그 독립성을 특히 보장하는 창설방법이 아니라는 것은 피할 수 없는 사실이다. 국가원수가 **국민 전체에 의해서 선출된다** — 즉 실제로는 다수에 의해서, 더구나 그 위에 사정에 따라서는 다른 집단과 경쟁하는 국민의 소수파에 의해서 임용되지 아니하는데 — 는 것에서 국가원수는 통일적인 국민의 전체의사를 서술하리라는 결론을 도출하는 것은, 단지 그러한 전체의사가 존재하지 않기 때문에 문제로 될 뿐만 아니라 바로 선거는 이해대립을 조정하는 국가원수의 기능에 대하여 보장을 제공하는 것은 아니기 때문에도 또한 문제가 된다. 보통 이 기능이 사실로서 발생한다면 그것은 이러한 창설방법에도 관련되어 생긴다. 슈미트가 그러하듯이(S. 152), 선거 속에서 독립성의 보장을 인정하는 것은 현실 앞에서 눈을 감는 경우에만 다분히 가능할 것이다. 민주공화국의 헌법들이 선거에 의해서 선출되는 국가원수의 독립성을 보전하기 위해서 사용하는 통상의 수단, 즉 그 임기를 비교적 길게 한 것이나 파면을 곤란하게 만든 수단을 과대평가해서는 안 된다. 그 밖에 이러한 통상 수단은 헌법에 의해서 부여된 재선가능성에 의해서 부분적으로는 무력하게 된다. 슈미트가 이 밖에 중시하는 겸직금지의 규정도 그만큼 중요하지는 않다. 어느 정도 입법단체에 속하는 것은 금지되지만 정치적 조직에 속한 것은 금지되지 않는 경우에는, 금지는 실로 근소한 실제적 의미만을 가질 것이다. 특히 선거에 의해서 선출된 국가원수의 독립성을 법관이나 공무원의 그것보다도 강한 것이라든가, 확실한 것으로 간주하는 충분한 근거는 아무 곳에도 없다. 특히 그 직업과 직무를 수행함으로써 기능하는 법관의 중립성의 가치를 국가원수의 중립성에 유리하도록 밝히기 위해서 다음과 같은 논거로써 내릴 수는 없다. 즉 「**정치권력을 실제로 보유하는 자들은 재판관직의 임명과** (전문지식이 있는) **감정인**(Sachständigengutachter)**의 위촉에 대해서 필요한 영향을 쉽게 미칠 수 있다. 만약 그들이 그것에 성공하면 문제의 사법형식적 내지 전문 지식에 의한 해결은 그들의 정치에 대한 편리한 수단이 되며, 그것은 중립화에 의해서 본래 의도한 것과는 정반대이다**」(S. 109; 역서 152면)라는 논지에서 말이다. 법관은 보통 국가원수에 의해서 임명되는데, 이 원수는 정치권력의 실제의 보유는 결코 아니라고 할 수 있을 것인가? 더구나 원수가 단지 정당인(politische Parteien)일 경우에는 법관의 중립성이 폐기된다면, 그것은 법관을 임명하는 그의 기관의 중립성이 폐기된다는 것을 전제로 하는 것은 아닐까? 슈미트는 이렇게 생각한다. 「**실제로 관직 임용의 정당정치적인 방법에 대해서 주목할 만한 제동장치가 항상 인정되는 것은, 장관이 된 당의 동료들이 직접적으로 공무원들을 임명하는 경우가 아니라, 의회로부터 즉 정당에서 독립한 국가원수가 임명하는 경우이다**」 (S. 150; 역서 207면)라고. 그러면 어디에 정당의 동료가 국가원수로 선출되지 않는다는 보장이 있는 것일까? 그리고 언제부터 정당이 의회 외에 정당에 따라서, 또는 정당의 도움으로 선출된 기관을 종속시킬 수 있는 가능성을 가지게 될 것인가? **독립성**에 의해서 보장된 중립성이 헌법의 수호자의 기능에 대한 본질적인 전제라면, 그 경우에 국가원수는 (적어도) 독립한 법원보다 뛰어난 것은 아니다. 그 때에 사람들은 어느 정도 그것을 과대평가할 필요는 없으나, 법원의 일정한 우월성을 매우 잘 근거지울 수 있는 하나의 요인을 전혀 고려해 넣지 않으면 안 된다. 그리고 그 요인이란 법관은 이미 그 직업윤리에 의해서 중립성을 지키도록 압력이 가해진다는 요인이다.

  슈미트는 국가원수가 사법이나 공무원보다도 한층 고도로 독립적이며 중립적이라는 것을 입증할 수 없기 때문에 이렇게 설명한다. **「즉 사법이나 직업관료층도 독립성이나 정당정치로부터의 중립성이 바람직한 모든 정치적 과제나 정치적 판단을 자신들 위에 짊어지는 경우에, 그들은 견디기 어려운 정도로 무거운 짐을 부담하게 된다」**(S. 155; 213면)라고. 그런데 이처럼 질로부터 양으로의 전환은 완전히 허용할 수 없으며, 또한 전적으로 아무것도 입증하지 못한다. 사법 전체를, 나아가서는 헌법재판권이라는 무거운 짐을 부담시킬 때에는 그 중량 때문에 주저앉아 버리는 낙타와 비교할 수는 없다. 사법 자체가 문제가 아니라 유일한 법원이 문제이다. 양으로서 존재하지 아니하는 **사법**은 그 과제를 부담하지 못한다. 사법이란 추상물이며 그 자체로서는 부담을 질 수 없다. 그것이 될 수 있는 것은 슈미트도 확실히 일찍이 결코 사법관청은 아니라고 지적한 이 구체적인 법원뿐이다. 그러므로 그러한 법원과 국가원수 어느 것이 보다 독립하고, 보다 중립적인가 하는 것만이 문제로 될 뿐이다. 슈미트는 이 사법의 초과하중이라는 왜곡된 이미지를 가지고 그가 다음의 것에 실패하였다고 고백하는 것을 쓸데없게도 회피하려고 시도한다. 즉 국가원수는 법원보다도 훨씬 고도로 독립성의 질을, 그리고 그와 함께 중립성의 질을 보유하기 때문에, 헌법을 감독하는 데에는 국가원수 쪽이 법원보다는 적합하다고 함으로써 헌법의 수호자로서의 국가원수라는 그의 명제를 기초지 우는 데에 슈미트는 실패하였다는 것이다. 그렇다. 슈미트 자신이 헌법의 수호자라는 직무에 대한 전제가 되는 **중립성**의 본질을 규정하는 그 정식은, 바로 헌법재판소를 제거하는 것이며, 직접으로 국가원수에게 향해진 것이다. 그는 이렇게 말한다. 즉 **「권력을 구별하는 법치국가에서는 기존의 권력의 어느 것에도 기존의 권력에 더하여 그것을 (헌법의 수호자의 기능을) 맡기지 않는다는 것이 시종일관되고 있다. 왜냐하면 그렇지 않다면 [그 기능을 더한] 기존의 권력은 단지 권력에 대한 우세를 확보할 뿐이며, 통제마저 면제될 것이기 때문이다. 그 경우에는 그럼으로써 기존의 권력이 헌법의 주인공이 될 것이다. 그러므로 특히 중립적인 권력을 다른 권력들과 병치시키고, 특별한 권능에 의해서 그러한 권력과 결부시키고 균형을 유지하는 것은 필요하다」**(S. 132; 역서 183/4면) 라고. 말하자면 국가원수는 **기존의 권력들**의 하나는 아닐까? 특히 의회주의적 요소를 국민투표적 요소와 결부하며, 정치권력을 의회와 (장관과 제휴하는) 라이히 대통령에게 분배하는 헌법에서 말이다. 더구나 모든 수단으로 권력의 중심을 국가원수 쪽으로 옮기려고 노력하는 헌법해석의 관점에서도! 사람들이 그것을 특별한 중립적 권력으로서 **다른 권력들과 병치**되어 있다고 서술할 수 있는 것은, 헌법통제 이외의 다른 아무런 직무도

맡지 아니하는 법원인가, 또는 국가원수인가? 헌법의 수호자라는 기능을 맡기는 경우에,
다른 직무에 **더하여** 이를 맡기고, 그 결과 헌법이 설정하는 기타의 권력에 대한 우세를
확보하고, 그와 동시에 **통제로부터 면할 수 있을 것이라고** 사람들이 서술해야 하는
것은 그러한 법원인가? 또는 국가원수인가? **방자맹 콩스탕**의 군주의 중립적 권력이라는
이데올로기마저 이러한 문제의 제기를 애매하게 하는 것은 할 수 없기 때문에 해답은
정말 의심스러울 것이다.

XI. 헌법재판소와 민주주의 원리

바이마르 헌법과 같은 헌법의 틀 속에서 국가원수는 반드시 헌법통제의 기능에 가장
적합한 기관은 아니라는 것, 또한 국가원수는 특히 독립성과 중립성에 관하여는 헌법재판
소보다도 우수한 것은 아무것도 없다는 것, 슈미트의 저작에 의해서 이러한 것들은
반증되기보다는 오히려 확인된다. 그런데 슈미트는 단지 국가원수가 헌법의 수호자에
제일 적합하다는 것만이 아니라 현행 헌법에 라이히 대통령이, 라이히 대통령만이 헌법의
수호자라고도 주장한다(S. 158). 라이히 대통령도 헌법의 수호자인 것, 즉 라이히 대통령은
제19조에 의해서 직무가 맡겨진 국사재판소 내지 여기서 언급한 다른 법원과 아울러,
즉 실질적인 법률심사권을 행사하는 민사법원, 형사법원, 그리고 행정법원과 아울러
헌법의 보장인으로서 기능한다는 것은, 라이히 대통령이 이러한 기관과 아울러 법률이나
기타의 행위의 합헌성에 유의하는 임무를 가지는 한에서는 아무도 부정하지 못할 것이다.
라이히 대통령이 제70조에 따라서 위헌적으로 성립된 입법의결에 서명하는 것을 거부할
때나, 그가 제48조 1항에 따라서 라이히 헌법을 침해하는 주에게 무력을 사용하여 그
의무를 이행시킬 때에는, 그는 그 기능을 수행하는 것이다. 즉 라이히 대통령은 법원이
미리 객관적인 절차에서 헌법침해라고 확인한 법원의 판결(Erkenntnis)을 단순히 집행하
지만은 않는다는 것이 전제로 된다면, 라이히 대통령도 또한 헌법의 수호자의 집행기관으
로서 기능할 뿐이다(예컨대 오스트리아 연방헌법 제146조에 의한 연방대통령처럼). 라이히
대통령을 유일한 헌법의 수호자로서 간주하는 것은 라이히 헌법의 매우 명확한 규정에
저촉된다. 슈미트는 그때그때 이렇게 서술한다. 「**19세기의 독일 헌법들에는 헌법의
재판적 보호를 위하여 특별한 국사재판소가 다른 보장들과 나란히 규정되고 있는데,
다음의 점 가운데 단순한 진리가 표현된다. 즉 바로 헌법의 재판적 보호는 헌법의 보호나
보장을 위한 제도들의 일부를 형성할 뿐이다. 그리고 이 헌법의 재판적 보호에 대해서는
모든 법원의 관할범위**(Gerichtlichkeit)**에 매우 좁은 한계가 있으며, 그 밖에 많은 종류와
방법의 헌법보장이 있다는 사실을 망각한다면, 그것은 매우 천박한 것**(summarische
Oberflächlichkeit)**이 될 것이다**」(S. 11; 역서 21면)라고. 그런데 아무도 헌법재판소가
유일한 헌법의 수호자라고는 주장하지 않기 때문에, 가장 정당하게 이렇게 서술할 수

있다. 즉 바이마르 헌법에서 라이히 대통령이 헌법의 보장인으로서 다른 헌법보장들과 아울러 기도된 경우에, 다음 점에 단순한 진리가 표현된다. 먼저 이 헌법의 보장은 헌법을 보호하기 위한 제도들의 일부를 형성하지 못한다고. 그리고 헌법의 보장인으로서의 라이히 대통령에게는 이러한 종류의 보장에는 매우 협소한 한계가 있다거나, 그 밖의 많은 종류와 방법에 의한 헌법보장이 있다는 것이 망각된다면 그것은 매우 천박할 것이다 라고!

　라이히 대통령만이 헌법의 수호자라는 명제는 이러한 논증에 의해서 외관상으로서만 정당성을 획득할 수 있다. 헌법의 수호자란 어떠한 방법으로 헌법침해에 대해서 반응하여야 하기 때문에, 일정한 국가행위의 합헌성을 확보해야 하는 기관이다. **헌법의 수호자**라는 개념에, 이 말에 한 번도 결부되지 아니하였으며, 또한 결부가 허용되지 아니하는 의미가 부여되는 것은, 헌법의 수호자로서의 라이히 대통령이 헌법재판소에 대치되어야 한다고 슈미트가 이렇게 서술하는 것이 허용되는 경우이다. 즉 「**따라서 고도로 정치적인 문제나 갈등들에 대처하기 위하여 헌법의 수호자로서의 법원을 설치하고, 그러한 정치화에 의해서 사법에게 부담을 주고 위험에 빠지기 전에, 우선 먼저 바이마르 헌법의 실정적인 내용과 그 헌법률상의 제도가 상기되어야 할 것이다. 바이마르 헌법의 현행 내용에 의하면 이미 헌법의 수호자는 존재한다. 즉 라이히 대통령이다**」(S. 158; 역서 217면)라고. 헌법의 수호자로서의 라이히 대통령의 기능을 서술하려는 그 권한 중에, 헌법의 보장과는 전혀 관계없는 것도 슈미트가 포함한 것은 이미 현저한 사실임에 틀림없다. 헌법이 라이히 대통령에게 부여한 것으로 그 행사 속에 슈미트가 헌법의 수호자의 기능을 인정하는 모든 기능이 그러한 것이다. 예컨대 라이히 헌법 제45조 이하에 의한 대외대표 · 선전포고 · 강화체결 · 공무원임명 · 최고지휘권 등등. 제25조에 의한 라이히 의회의 해산, 제73조에 의한 국민투표의 도입, 그리고 특히 제48조가 그 1항만이 아니라 (장관과 제휴하는) 국가원수에게 수권한 모든 것이 그러하다. 만약 라이히 대통령이 헌법에 의해서 수권된 이러한 모든 기능에 의해서 헌법을 **감시**한다면, 그 경우에는 그는 **헌법의 수호자**, 즉 헌법의 집행자로 불린다. 그런데 그 경우에 라이히 의회나 다른 헌법상의 직접기관도 라이히 대통령과 동일한 **헌법의 수호자**이다. 거기에 이 의미에서는 법원들이나 행정관청들을 법률의 수호자로 부를 수 있을 것이다. 슈미트는 역시 제42조의 선서방식 중에도 헌법의 수호자의 기능을 인정할 수 있다고 생각한다. 즉 그가 라이히 대통령이 나는 **헌법을 준수합니다** 라고 선서하기 때문에도, 또한 라이히 대통령을 헌법의 수호자라고 설명한다. 그런데 거기에서는 슈미트가 인용하듯이 **헌법을 준수한다**(S. 159)라고만 말하는 것이 아니라, **헌법과 라이히 법률을 준수한다**고 말한다. 이것은 헌법과 법률을 집행하는 것, 즉 그의 기능을 헌법과 법률에 따라서 행사한다는 것 이외의 아무것도 의미하지 아니한다. 이러한 의미에서 라이히 대통령은 헌법의 **수호자**이며 법률의 수호자이다. 그리고 사실 슈미트의 논증은 기본적으로, 그는 헌법의 직접적인 집행을 위해서 헌법이 설정하는 기관들 중의 하나의 기능을, 즉 헌법의 이러한 담당자들 중의 하나의 지위인

라이히 대통령의, 보다 정확하게 말하면 라이히 대통령과 라이히 장관으로 구성하는
정부의 권한에 맞는(kompetenzmäßig) 기능을, 기타 모든 헌법상의 직접기관, 특히 라이히
의회의 권한에 적합한 기능에 대하여, 전자만을 **헌법의 수호자**의 기능이라고 평가하고,
후자는 그렇게 평가하지 않음으로써 특색을 나타낸다. 이 기관의 기능의 합헌성을 통제하
는 것은 ─ 그것은 그의 기능이 통제 자체가 아닌 한 그러한 통제는 어디까지 기능할
수 있는데 ─ 적어도 쓸데없다는 인상도 환기하는 것이다. **헌법의 수호자**라는 것은
말의 본래의 의미에서도 헌법의 보장인이라고 부를 수 있다. **수호자**를 감시한다는 것은
법정책적으로는 무의미한 무한소급(regressus ad infinitum)의 첫걸음일 것이다.* 특히
슈미트는 그가 사용하는 헌법의 수호자의 개념에서 헌법 통제와는 전혀 별개의 기능을
이해하며, 확실히 바로 이 별개의 기능에 중점을 두는 것이다.

　　슈미트에 의해서 헌법보장에 관한 논의 중에 도입된 **헌법의 수호자**의 개념에 결부된
고유한 의미가, 즉 그에게는 특히 중요한 그 의미가, 그가 헌법재판권이라는 생각에
치명타를 입히려고 생각하는 그의 저작 속에서, 즉 그가 이 제도를 비민주적이라고
하여 해결하는 바로 그 곳에서, 가장 예리하고 명백하게 나타난다. 그는 이렇게 상술한다
(S. 155 f.; 역서 213면). 「**실제적인 이유에서 독립성과 중립성이 합목적적이라거나 필연적
인 것으로 생각되는 모든 사례에서, 사람들이 일률적으로 직업공무원인 법관이 차지하는
법원이나 사법형식성을 도입하려고 하는 경우에는, 사법형식성이나 재판권이라는 개념
을 마찬가지로 독일 직업공무원의 제도적 보장도 또한 남용하는 것이다**」라고. 나아가
이에 따라서 그는 이미 앞의 문맥에서 배척된 주장 ─ 그것에 의해서 **사법**은 견딜 수
없을 정도로 **중하를 부담한다**는 주장 ─ 을 제출하고, 그리고 헌법재판소의 창설이라는
법정책적인 요구에 대해서 슈미트가 받아들이는 민주주의원리의 관점에서 나오는 주된
일격을 가하기 위해서 그는 손을 쳐든다. 「**그 밖에 이와 같은 헌법의 수호자의 설치는
민주주의 원리의 정치적인 귀결과는 직접 대립할 것이다**」라고(그러나 라이히 대통령 보다
훨씬 거칠더라도 그러한 헌법재판소 역시 **헌법의 수호자**라고 사람들은 생각할 것이며, 슈미트는
바로 헌법의 수호자의 개념을 예외없이 이러한 의미에서도 사용한다!) 그러면 왜 헌법재판소는
아마도 헌법의 비민주적인 수호자가 될 것이며, 국가원수보다는 민주적이 아니라고
할 것인가? 그러나 물론 헌법재판소의 민주적인 성격은 국가원수의 그것과 전혀 동일하게
그 임용의 방법(Berufung)이나 그 법적 지위에만 의존시킬 수도 있다. 이 재판소를 민주적
으로 형성하려는 경우에 이것을 국가원수와 동일하게 국민에 의해서 선출케 하는 것도,
또한 국가원수가 동일하게 이 구성원에게도 직업공무원(Berufsamt)의 지위를 부여하지
않으려는 것에도 결코 방해가 되지는 아니한다. 가령 이러한 종류의 기관창설과 기관으로
서의 자격이 그 기관의 기능에 비추어 바로 가장 합목적적인가의 여부가 결정되지 아니한
채 주어져 있을는지는 몰라도 그러한 것은 아니다. 그러나 이러한 고려는 국가원수에
대해서도 제기된다. 여하튼 법원을 기타 기관과 같이 민주적으로 형성할 수는 없다고
주장할 수는 없다. 슈미트가 「**민주적인 관점에서는 법복을 입은 귀족**(Aristokratie der

Robe)에게 그러한 기능을 부여하는 것은 거의 **불가능하리라**」고 생각하는 경우에는, 이러한 이의는 국민에 의해서 또는 의회에 의해서만 선출된 헌법재판소가, 예컨대 1920년의 헌법에 의한 오스트리아 헌법재판소와 같은 방법으로, **법복을 입은 귀족**과는 전혀 별개의 것을 제시한다고 함으로써 간단히 배척된다. 그러나 슈미트의 이러한 설명에 의하면, 헌법재판소가 반민주적인 것이라고 간주되는 것은, 단지 그것이 이른바 관료주의적 귀족주의적으로 조직되고 있음이 틀림없기 때문만은 아니다. 슈미트는 어느 정도 분명하게는 반민주적인 성격의 이유로써는 열거하지 않지만, 그러나 적어도 암묵리에 그러한 것으로 간주하도록 그가 드는 다음과 같은 다른 이유로도 반민주적인 것이라고 생각한다. 왜냐하면 이 논거는 직접적으로 헌법재판소의 설치는 민주주의 원리와는 모순된다는 주장과 결부되기 때문이다. 슈미트는 이렇게 상술한다. 즉 20세기의 의회주의적 · 국민투표적인 민주주의의 틀에서는 헌법재판소는 19세기의 입헌군주제에서처럼 **군주에 대해서가 아니라 의회에 대해서 향하고 있다**고 생각한다. 사법은 군주에 대해서는 성공을 거둘 수 있었다. 그러나 **의회에 대한 대항물**로서 사법은 진지하게 고려되지 아니한다. 왜냐하면 「**정태적인 제도들이나 의회에 대한 필연성은 오늘날의 독일에서는 당시의 군주에 대한 통제와는 전혀 별개의 성질을 가지는 문제이기 때문이다. 이것은 일반적으로 산만한**(diffus) **법원에 의한 심사권이나 유일한 기관 아래서의 집중적인 통제에도 타당하다**」라고. 이것은 아마도 논리상의 의외성(意外性)에는 부족함이 없는 이 책에서 가장 경탄할만한 사고과정의 하나이다. 헌법재판소는 의회에 대해서만은 대항하지 않으면 안 되었으나, 정부에 대해서는 대항하지 않아도 좋았다는 것은 사실과 전혀 반대되는 주장이다. 슈미트가 그에 의해서 단지 아이러니컬하게 언급할 수밖에 없다는 「**오스트리아식 해결**」에 더욱 주의를 기울인다면, 슈미트는 이 재판소가 그 재판 (Judikatur)에 의해서 바로 정부와의 자기 존재를 위험스러운 충돌에 빠졌다는 것을 알았을 것이다. 그러나 슈미트의 저작 전체는 국가원수 내지 정부에 의한 헌법침해의 가능성을, 즉 제48조가 그 가장 중요한 규정 중의 하나인 헌법과 바로 대립할 가능성을 무시하는 경향에 의해서 산출되고 있다. 그러나 슈미트는 헌법재판소는 의회에 대해서만 대항한다는 증명되지 않고, 또한 증명할 수 없는 주장을 제출함으로써, 그는 이 **헌법의 수호자**의 기능을 국가행위의, 특히 법률 — 이것이 국가원수에 의해서 공포된다는 것에도 주의 — 의 합헌성의 통제로부터 **의회에 대한 대항물**의 통제에로 고쳐 해석한다. 즉 이것이야말로 바이마르 헌법이 라이히 대통령에게 부여한 역할이다. 또는 가장 정확하게 정식화하면, 헌법에 근거하여 라이히 대통령이 가지는 국법상의 지위를 그렇게 사람들은 정치적으로 평가 · 사정할 수 있다. 그러나 이것은 헌법재판소의 기능이 아니다. 즉 이러한 의미에서 사람은 결코 헌법재판소는 헌법재판소를 설치하는 헌법의 의도에 따라서 **의회에 대한 대항물**로서의 기능을 수행해야 한다고 주장하지는 않는다. 헌법재판소가 그처럼 자기에게 한 번도 부여되지 아니한, 또한 부여하리라고 조차 생각하지 아니한 기능을 수행할 수 없다는 것으로부터는, 당연하지만 바로 그 때문에 **의회에 대한 대항물**로서 기능하는 국가원수와 아울러 존재할 수 있으며, 확실히 바로 그러한 **대항물**이 존재하기 때문에 이중적으로 필요하게 되기도 하는 이 제도에 대해서 불리한 것은 아무것도 없는 것이다.

XII. 헌법의 수호자와 국가의 통일성

그러면 이제 슈미트가 **헌법의 수호자** 아래 본래 무엇을 이해하는지도 명백하다. 라이히 대통령을 **헌법의 수호자**로서 (이 수호자도 통제하는) 헌법재판소에 대치시키는 것을 가능하게 하는 근거는 결코 어디 하나 존재하지 아니한다. 즉 대통령이 **헌법의 수호자**라고 명언하고, 어디까지나 기능이 문제인 것처럼 함으로써, **헌법의 수호자**로서의 헌법재판소를 불가능한 것으로 하는 근거는 전혀 하나도 존재하지 아니한다. 이것은 마치 슈미트가 그의 연구성과를 「법원이 그것에는 적합지 아니한 헌법의 수호자에게 맡기기 전에, 무엇 때문에 헌법이 라이히 대통령에게 이 기능을 수여하였는가 하는 것이 상기되어야 할 것이다」(S. 158)라고 정식화하는 경우에도 마찬가지이다. 라이히 대통령이라는 것을 헌법이 **의회에 대한 대항물**이라고 생각하는 것까지 확실히 부정할 필요는 없더라도, 헌법재판소에 의한 헌법의 보장이 동일한 이름으로 붙여지는 경우에는 이러한 기능을 **헌법의 수호자**라고 표현하는 것은 허용되지 아니한다. 이것은 결코 단순한 용어상의 정정은 아니다. 왜냐하면 이처럼 허용되지 아니하는 모호한 다의적인 사용(Aquivokation)에서 슈미트는 헌법재판권의 제도에 대한 그의 주된 논리의 하나를 잡기 때문이다. 나아가 이러한 논증은 그가 라이히 대통령의, 즉 헌법의 두 개의 주요한 담당자 중의 한쪽의 권한에 적합한 기능을 과대평가하는 것을 가능케 할 뿐만 아니라, 의회는 국가의 의사형성에 영향을 주기 위해서 당파정치적으로 조직된 이익집단 간에 실제로 존재하는 이해대립 자체가 나타나는 기반이기 때문에 슈미트가 표현하듯이, 의회가 **다원주의적 제도의 무대**(S. 105)인 경우에, 이것은 과연 유익한 국가의 의사형성에 대해서는 위험을 수반할지도 모르나, 그러나 그러한 모든 위험에도 불구하고 위헌이라고 표현할 수 없는 일인 것이다. 바이마르 헌법은 바로 **전체 국민에 의해서 선출된** 라이히 대통령일 뿐만 아니라 바로 그와 동일한 국민에 의해서 선출된 라이히 의회, 그리고 따라서 슈미트가 **다원주의적**이라고 표현하는 저 정치제도는 확실히 오히려 우선 먼저 이러한 것들을 임용하고 있다. 헌법이 라이히 대통령을 라이히 의회에 대한 **대항물**로서 임용하는 것은, 그것은 바로 헌법이 후자를, 그리고 그 때문에 후자의 것과 본질필연적으로 결부되는 **다원주의적인 제도를 추**(Gewicht)로서 정치적 세력들의 경쟁 속에 두고 있기 때문이라는 것뿐이다.

어떠한 정치적 이념의 관점에서 본다면, 이 제도는 치명적인 것으로 보일지도 모른다. 그러나 그렇기 때문에 그것만으로 이 제도를 위헌이라고 선언하는 것은 실정법상으로만 의미를 가질 뿐인 범주의 자연법적인 오용이다. 의회가 확고한 다수를 결여함으로써 또는 소수파로부터의 방해에 의해서 활동하지 못할 경우에마저 이 문제가 되는 제도는 위헌적인 것은 아닐 것이다. 나아가 슈미트식의 바이마르 헌법의 해석에 의하면, 그것은 당연하듯이, 헌법이 이러한 경우를 위해서 국가원수를 보충기관으로서 임용하는 경우에는 특히 그렇게 말할 것이다. 이것은 (예컨대 루드비히 2세 치하의 바이에른처럼) 입헌군주가 활동능력을 상실하고, 헌법의 파괴(Verfassungsbruch)가 생기고, 그것으로 그 보충기능을 수행하는 기관이 헌법의 수호자로 간주된다는 경우에는, 헌법위반이 존재하지 아니한다는 것과 전적으로 동일하다. 그러나 바로 슈미트의 경우의 **헌법의 수호자** 개념은 이러한 의미를 채택한다. 그리고 라이히 대통령이 더구나 라이히 대통령만이 헌법에 의해서 부여된 권한 전체에 의해서, 특히 활동능력을 상실한 라이히 의회의 보충으로서 기능하는 그 권리에 의해서 헌법의 수호자로 간주되며, 헌법의 제2의(또는 보다 정확하게 말하자면 제1의) 담당자, 즉 라이히 의회도 그렇게 간주된다는 것은 아니다. 그러므로 이 **다원주의적인 제도의 무대를 형성하는** 라이히 의회의 기능은 단지 위법한 것으로서 나타나지 않을 수 없다. 왜냐하면 의회의 기능은 오로지, 그리고 일방적으로 **원심적**(遠心 的)(S. 149)인 것으로서 라이히 대통령의 구심적인 것과 대립되며, 그러므로 헌법의 유지에 대항적으로 향해진 것으로서 제시되기 때문이다. 본래 자치자유적인 사회학적 범주인 이 **다원주의적 제도**로부터는 의외에도 **다원주의적인 정당국가의 국가해체적인 방법**(S. 156)**이나, 다원주의적 제도의 헌법붕괴적인 방법**(S. 116), 마침내는 그것으로부터 국가를 **구하는** 것이 라이히 대통령의 임무라고 하는 **위헌적인 다원주의**(S. 131)가 생긴다. **헌법**이란 입법기관이나 입법절차와 아울러 최고집행기관의 지위나 권한을 규정하는 규범은 아니며, 헌법이란 결코 규범이나 **법률**은 아닌 것이다. **헌법**이란 하나의 상태, 즉 독일 국민의 **통일성**이라는 상태이다. 이러한 **통일성**은 실질적인 성격을 가지며 결코 단순히 형식적인 성격을 가지는 것만은 아니므로, 이 통일성이 어떠한 곳에 존재하는가 하는 것은 그만큼 상세하게 규정되지는 아니한다. 그렇다. 그것은 단지 일정한 정치적 관점에서 바라는 상태 이외에 아무것도 아니다. 실정법상의 헌법개념에 자연법상의 원망이념으로서의 **통일성**이 대신한다. 이 이념을 사용하여 의회가 그 무대인 다원주의적인 제도와 헌법의 이 담당자의 기능이란 그것들이 (헌법에 대해서 대신한) **통일성**을 붕괴시키거나 위험에 놓이게 하기 때문에 파괴로 해석되며, 국가원수의 기능은 그것이 **통일성**을 재건하고 방어하기 때문에 헌법의 감시(Hütung)로 해석될 수 있다. 이러한 헌법해석은 제48조의 신화(神化, Apotheose)에서 그 극치에 도달할 수 있을 뿐이다. 여기서 이러한 헌법해석은 다음과 같은 길에 이르는데, 이 해석은 해석자가 그것을 의도하였던 것이 아니라면 한층 역설적인 것이라고 말할 것이다. **독일 라이히에서는 공공의 안전이나 질서를 현저하게 파괴하거나 위험에 빠트리는 것이 다원주의적 제도이다. 독일적으로** 말하면 그것은 라이히 의회이다. 라이히 의회는 그 진정한 기능이 본질적으로 **다원주의적** 이기 때문에, 바이마르 헌법 제48조 2항의 적용에 연결된 조건을 끊임없이 충족하는

점에 그 진정한 기능이 있다고 생각된다는 것이다.[12]

헌법에 의해서 임용된 두 개의 국가권력의 담당자로부터 국가의 적과 동지가 생긴다. 그 한쪽은 국가를, 즉 국가의 **통일성**을 붕괴시키려고 하며, 다른 한쪽은 국가를 그 붕괴로부터 보호하는 것이며, 헌법의 침해자와 헌법의 수호자가 생기게 된다. 그러나 이러한 모든 것은 헌법의 실정법적인 해석과는 아무런 관련도 없으며, 그것은 국법상의 옷을 걸친 착한 신(Ormuzd)과 악한 신(Ahriman)*에 관한 신화이다.

이러한 비판적 분석으로는 당연히 일정한 상황 아래에서 라이히 대통령의 권력을, 즉 정부의 권력을 가능한 한 확장하는 것을 구하는 요구나, 그것과 철두철미 결부된 헌법재판권의 거부를 구하는 요구의 손에 들어가는 정치적 가치의 문제로 될 것도 아니며, 또한 문제가 되지 아니한다. 슈미트의 저작이 이러한 비판의 대상이 되는 것은, 그 저작이 그러한 비판적 분석의 경우에는 결코 **당파정치적인** 목적으로서 경시되어서는 안 될

---

12) 의회주의 제도는 결코 모든 곳에서 가능하지는 아니하였다는 것은 오스트리아 · 프랑스 · 영국 · 북구 제국을 얼핏보더라도 알 수 있다. 그럼에도 불구하고 슈미트는 의회주의 그 자체에 어떠한 제한도 없이 사형선고를 내릴 수 있다고 믿고 있다. 이때에 그가 사용하는 방법은 바로 신비주의적인 변증법이다. 「의회, 입법단체, 즉 입법국가의 담당자와 중심점은 그 승리가 완전하다고 생각하는 바로 그 순간에, 자기 자신의 전제들과 자기의 승리의 전제들을 부정하는, 그 자신 속에 모순으로 가득찬 형성물이 되었다. 의회의 지금까지의 지위나 우세, 정부에 대한 그 확장의 강도의 강요, 국민의 이름으로의 그 등장, 이러한 모든 것들이 의회가 승리한 후에는 여하튼 이와 같은 형태로 이미 계속 존속할 수 없었던 국가와 사회의 구별을 전제로 하였다. 의회의 통일성, 나아가서는 의회의 자동성마저 지금까지는 국내정치상의 적 (Gegenspieler), 즉 군사 및 관료국가에 의해서 규정되고 있었다. 그러나 이 상대방이 없게 된 때에는 의회는 말하자면 자신 속에 분열하게 되었다」(S. 82). — 의회가 국가에 대해서 행하여진 **사회**와 동일시되고, 그리고 전체국가가 이러한 대립의 지양을 의미하는 경우에, 이와 같은 사회철학의 논리에 따르면, 전체국가 중에는 의회를 위한 장소는 전혀 존재하지 아니한다. 그러나 국가와 사회의 대립의 지양은, 따라서 **전체국가**는 아마도 자기의 권한을 확장하여 의회측에서도 — 이 경우 의회는 스스로를 모든 권력을 자신 속에 집중시키는 최고의 국가관으로서 확립함으로써 **자기의 통일성**을, 나아가서는 **자기의 자동성마저** 견지하는 것이다 — 도출될 수 있다는 점에 사람들이 생각이 미치는 경우, 다음과 같은 이의가 주장되게 된다. 「국가는 이제 사람들이 말하듯이, 사회의 자기조직인데 어떻게 하여 자기 자신을 조직화하는 사회가 통일성에 도달하는가 하는 것이다. 그 통일성이 실제로 자기조직화의 결과로서 생기는가 하는 문제이다. 왜냐하면 자기 조직화는 우선 단지 하나의 요청에 불과하며, 더구나 그것은 이전의, 오늘날에는 이미 존재하지 아니하는 국가의 의사형성이나 통일성의 형성의 방법과의 대립에 의해서, 따라서 단순히 소극적이며 논쟁적으로만 특징지워지는 절차일 뿐이기 때문이다. 「자신」(Selbst)이라는 말에 포함되고, 또한 「조직」(Organisation)이라는 말에 붙어있는 자동성은 사회 자신 내의 통일성으로서도, 또한 국가의 통일성으로서도 모든 경우에, 더구나 무조건적으로 확실하게 나타날 필요는 없다. 우리들이 자주 잘 경험하듯이 효과 없는 조직도 존재한다」(S. 82, 83). — 전체국가의 **통일성**은 의회에 의해서가 아니라 국가원수에 의해서만 도출될 수 있는 것이다! 라고. 이러한 논증은 그곳과는 대립하는 정치적 입장에서 유래하는 비판, 예컨대 마르크스주의적인 비판이 그것을 이데올로기로서 들여다보는 것을 어렵게 하는 것과 같은 것은 아니다. 의회는, 그 승리의 순간에 신비적인 방법으로 자기 자신 속에 분열하며, 그리고 이미 군주와 권력을 나누어 가질 필요가 없게 되었기 때문에, 다만 이러한 이유 때문에 자기 자신의 고유한 전제들을 부정하는 형성물로 된다. 그런데 이렇게 설명되는 의회란 단순히 계급투쟁의 형성에 의해서 의회가 계급지배에 대해서 이용 가능한 정치적 도구이기를 중단한 곳 어디서나, 시민 계급은 그 정치적 이념을 변경하여 민주주의로부터 독재로 이행한다는 것에 관한 표현은 아닐 것인가?

뿐만 아니라, 일정한 방법의 이러한 정치적 목적에 봉사하는 한에서는 아니다. 그렇지 않고 그 저작이 사회학적인 인식이나 국가이론적인 헌법해석으로서, 요컨대 대상의 **과학적인 취급**으로서 나타나는 일정한 방법을 이러한 정치적 목적을 위해서 이용하는 한에서만 이러한 비판의 대상이 된다. 이러한 비판에 의해서 그 밖의 교훈적이며, 우리들의 국가론이나 국법론의 현하의 상황에 대해서 가장 징후적인 사례 아래서는 과학적인 인식과 정치적인 가치판단과의 가장 엄격한 분리라는 요구가 어떻게 정당한 것인가 하는 것이 제시될 뿐이다. 오늘날에는 그처럼 애용되는 과학과 정치의 원리적인 혼동은 현대의 이데올로기 형성의 전형적인 방법이다. 이러한 혼동을 과학적 인식의 관점에서는 그것이 ― 현하의 사례에서도 대부분이 그리고 확실하듯이 ― 전적으로 무의식적으로 행해지는 경우에도 거부되지 않으면 안 된다. 우리들의 시대의 첨예하게 비판적인 의식에서는 이러한 정치의 방법은 장기간 아무것도 이용할 수가 없다. 왜냐하면 이러한 방법은 너무나 매우 용이하게 정치상의 적대자에 의해서 들여다 보이거나, 또는 대립된 목표의 동일한 정도로 불확실한 정당화에 이용되기 때문이다. 그러나 이에 대하여 이러한 방법은 과학에 더 한층 예민한 손해를 줄 것이다. 왜냐하면 과학의 전체 가치 때문에 역시 정치는 재삼재사, 그리고 바로 최선의 윤리적 동기에서, 즉 좋다고 간주되는 것을 위한다는 이유에서 과학과 결부되기 때문이다. 윤리적·정치적인 고유 가치에서는 완전히 구별되는 이 고유 가치는, 과학에 대해서 거의 비극적인 이 갈등 속에서 그처럼 유혹적인 정치와의 결합을 거부하는 힘을 과학이 보유하기 위해서 존재하며 또한 생기는 것이다.

3. 정의란 무엇인가?*

한스 켈젠

《차 례》

---

* Hans Kelsen, Was ist Gerechtigkeit?, Franz Deuticke, Wien 1953, 2. Aufl., 1975. 47 S.

　　나사렛의 예수가 로마 총독 앞에서 심문을 받고 자기가 왕이라는 것을 시인하였을 때에, 그는 총독에게 「내가 이를 위하여 났으며 이를 위하여 세상에 왔나니 곧 진리에 대하여 증거하려 함이로다」, 이에 대하여 빌라도는 「진리가 무엇이냐?」고 물었다(역주 : 요한복음 18:38). 그 회의적인 로마인은 이 질문에 대해서 명확한 대답을 기대하지 않았고, 그 성자도 아무런 대답을 하지 않았다. 왜냐하면 진리를 증거하는 것은 구세주로서의 본질적인 사명은 아니었기 때문이다. 그는 정의를 증거하기 위해서 태어났으며, 그 정의를 신의 왕국에 실현하려고 하였다. 그리고 이 정의를 나타내기 위해서 그는 십자가 위에서 죽었다.

　　그리하여 진리란 무엇이냐? 하는 빌라도의 질문 배후에는 십자가에 못박힌 예수의 보혈로부터 또 하나의 다른 격렬한 질문이 인류의 영원한 의문, 즉 정의란 무엇인가? 라는 질문이 제기되었다.

　　이 질문만큼 그렇게 정열적으로 토론된 질문도 없었고, 또 이 질문만큼 그렇게 많은 고귀한 피와 쓰라린 눈물을 흘리게 한 질문도 결코 없었으며, 또 이 질문만큼 플라톤으로부터 칸트에 이르기까지 가장 훌륭한 사상가들이 그렇게 깊이 고민한 질문도 결코 없었다. 더구나 이 질문은 오늘날에도 예전이나 마찬가지로 미해결인 채로 있다. 그것은 아마도 인간이 결코 궁극적인 해답을 발견할 수 없을 뿐만 아니라 단지 조금 나은 질문을 찾을 수밖에 없다고 포기하는 쪽이 현명한 질문인 때문인지도 모른다.

I. 이익 또는 가치의 충돌을 해결하는 문제로서의 정의

　　1. [정의와 행복] 정의는 우선 어떤 사회질서의 가능하지만 필연적이라고 할 수 없는 특성이다. 단지 그 다음으로 정의는 인간의 덕성이다. 왜냐하면 어떤 사람이 정당하다는 것은 그 사람의 행동이 정당하다고 여겨지는 질서에 일치하기 때문이다. 그러면 어떤 질서가 정당하다는 것은 무슨 뜻인가? 정당한 질서란 어떠한 방법으로 사람의 행동을 모든 사람들이 만족하도록, 그래서 모든 사람들이 행복하게 되도록 규제하는 질서이다. 정의에 대한 동경은 행복에 대한 인간의 영원한 동경이다. 사람은 고립된 개인으로서는 행복을 추구할 수 없으므로 사회 속에서 행복을 찾는다. 정의란 사회적인 행복이며, 행복은 사회적 질서가 보장한다. 이러한 의미에서 플라톤은 정의와 행복을

동일시하며, 정당한 사람만이 행복하고 부정한 사람은 불행하다고 주장하였다.

정의란 행복이라는 주장은 문제를 해결한 것이 아니라 단지 바꾸어 놓은 것에 불과하다는 것은 명백하다. 왜냐하면 이제 행복이란 무엇인가? 하는 의문이 제기되기 때문이다.

2. **[1인의 행복은 타인의 불행]** 만약 행복이라는 것을 말의 본래의 의미에 대해서, 각자가 스스로 행복하다고 느끼는 주관적인 감정이라면, 정당한, 즉 모든 사람들을 행복하게 할 수 있는 질서라는 것은 명백히 있을 수 없다. 왜냐하면 어떤 사람의 행복과 다른 사람의 행복이 충돌하는 것은 피할 수 없기 때문이다. 하나의 예를 들어 본다. 즉 사랑은 행복이 샘솟는 최대의 원천인 것처럼 불행의 최대의 원천이기도 하다. 두 남자가 한 여성을 사랑하여 두 남자 모두 — 그것이 정당하든 부당하든 — 그 여성을 자기만의 것으로 하지 않으면 도저히 행복해질 수 없다고 믿는다고 가정해 보자. 그러나 법률상으로나 그녀 자신의 감정으로도 그녀는 단지 한 남자의 것이 될 수밖에 없다. 한 남자의 행복은 다른 남자의 불행이 되게 마련이다. 어떠한 사회질서도 이 문제를 정당한 방법으로, 즉 두 남자를 모두 행복하게 만드는 방법으로 해결할 수는 없다. 그것은 저 현명한 솔로몬왕의 유명한 판결일지라도 불가능하다. 솔로몬왕은 다 알고 있듯이, 두 여인이 서로 한 아이를 자기의 아이라고 다툰데 대해서 그 아이를 둘로 나누도록 판결하였다(역주: 열왕기상 3:16-28). 그러나 한 여인은 이에 대해서 아이의 생명을 구하기 위해서 자신의 청구를 철회하게 되었다. 왜냐하면 이것은 — 그 왕이 전제로 한 — 그녀가 아이를 정말로 사랑한다는 것이 아이를 나눔으로써 증명되었기 때문이다. 그러나 솔로몬왕의 판결은 두 여인 가운데 오직 한쪽만이 아이를 사랑한다는 조건 아래서만 정당하다. 만약 두 여인 모두가 아이를 사랑하였다면 — 그것은 가능하며 더구나 두 여인 모두 아이를 가지려고 했으므로 있을 법하다 — 그리고 그 때문에 두 여인 모두 그 청구를 철회했다면, 다툼은 계속 미해결인 채로 남게 된다. 그리고 만약 거기에서 아이가 결국 양 당사자 중 어느 한쪽에게 인도된다면, 그 재판은 확실히 옳지 못하다. 왜냐하면 그 재판은 다른 한쪽을 불행하게 만들기 때문이다. 우리들의 행복은 아주 빈번히 어떤 사회질서도 보장할 수 없는 욕구의 만족에 좌우된다.

또 다른 예. 어떤 군대의 지휘관을 임명하지 않으면 안 되게 되었다. 두 후보자가 경합하였다. 그러나 한 사람만이 임명될 수밖에 없다. 그 직무에 적합한 인물이 선정되어야 할 것은 물론이다. 그러나 두 사람 모두 동일하게 적임자라면 어떻게 될 것인가? 그 정당한 해결은 불가능하다. 그 중 한 사람은 좋은 몸집과 핸섬한 용모를 갖고 있어서 강한 인간성의 인상을 주는 남자이며, 반면 다른 한 사람은 작고 초라한 외모 때문에 전자가 적임자라고 인정되었다고 가정해 보자. 만일 전자가 그 지위에 오른다면, 후자는 그 결정을 결코 정당하다고 느끼지 않을 것이다. 그 남자는 왜 나는 다른 사람처럼 핸섬하지 못한가, 왜 자연은 나의 신체를 그렇게 매력적으로 만들지 않았는가 하고 말할 것이다. 그리고 사실 우리가 자연을 정의라는 관점에서 판단하는 경우, 자연은 정당하지 못하다는 것을 인정하지 않을 수 없다. 즉 자연은 어떤 사람은 건강하게 하고 다른 사람은 병들게 하고, 어떤 사람은 현명하게 하고 다른 사람은 어리석게 만든다. 어떠한 사회질서도 자연의 부정함을 완전히 조정할 수 없다.

3. [**최대다수의 최대행복 – 벤담**] 만약 정의가 행복이라면, 정의가 개인의 행복을 의미하는 한, 하나의 올바른 사회질서라는 것은 불가능하다. 그러나 모든 사람들의 개인적 행복을 의미하는 것이 아니라 최대다수의 최대행복을 의미한다는 전제 하에서도 올바른 사회질서라는 것은 불가능하다. 이 최대다수의 최대행복이란 정의에 관한 유명한 정의이며, 영국의 철학자이며 법학자였던 제레미 벤담(Jeremy Bentham)*이 정식화한 것이다. 그러나 벤담의 공식도 만약 행복으로 주관적인 가치가 이해된다면 적용할 수 없다. 왜냐하면 각양각색의 개인은 그들의 행복을 이루는 것에서 실로 다양한 관념을 가지고 있기 때문이다. 사회질서가 보장해 줄 수 있는 행복이란 주관적·개인적인 의미에서의 행복이 아니라 객관적·집단적인 의미에서의 행복일 뿐이다. 즉 행복에 의해서 우리는 사회적 권위, 입법자에 의해서 만족할 만한 가치가 있다고 인정된, 예컨대 의·식·주와 같은 일정한 욕구의 만족만으로 이해하여야 한다. 이와 같이 사회적으로 인정된 욕구의 만족은 행복이란 말의 본래의 의미와는 완전히 다르다는 것은 의심할 여지가 없다. 왜냐하면 이러한 의미는 사물의 가장 본질적인 성격상 매우 주관적인 것이기 때문이다. 정의에 대한 욕망은 아주 기본적이며, 아주 깊게 인간의 마음속에 뿌리내리고 있는데, 그것은 단지 인간 자신의 주관적 행복에 대한 그의 파괴할 수 없는 욕망의 표명이기 때문이다.

4. [**행복관념의 의미변화는 자유관념의 의미변화와 유사하다 – 자유와 정의**] 행복의 관념이 정의의 행복인 사회적 범주가 되기 위해서는 급격한 의미변화를 경험하지 않을 수 없다. 개인적·주관적인 행복이 정의의 수단인 사회적으로 인정된 욕구의 만족으로 변형하는 것은 자유의 이념이 사회적 원리로 되기 위해서 치러야 할 것과 마찬가지이다. 그리고 자유의 관념은 때때로 정의의 관념과 동일시되고, 그래서 개인의 자유를 보장하는 사회는 정당한 사회질서로서 간주된다. 진정한 자유, 즉 모든 강제로부터의 자유, 모든 종류의 통치로부터의 자유는 어떠한 종류의 사회질서와도 결합할 수 없으므로, 자유의 관념은 통치의 결여(Frei-Seins)라는 소극적인 의미를 보유할 수는 없다. 자유의 개념은 어떤 특수한 형태의 통치라는 의미를 가져야만 한다. 자유는 다수에 의한 통치이며 필요하다면 통치받는 국민의 소수에 반하는 것도 의미하여야 한다. 무정부의 자유는 민주주의의 자기결정으로 변한다. 마찬가지로 정의의 관념은 모든 사람들의 행복을 보장한다는 원리로부터 일정한 이익, 즉 질서에 복종하는 사람들 다수에 의해서 보호할 가치가 있다고 인정된 일정한 이익을 보호하는 사회적 질서로 변화한다.

5. **[이익충돌이냐 가치충돌이냐 -가치의 위계질서- 가치의 주관성과 상대성]** 그러나 어떠한 인간적인 이익이 이러한 가치를 지니며, 이러한 가치의 위계질서는 어떠한 것인가? 그것은 이익충돌이 있었을 경우 어떤 것을 택할 것인가 하는 문제이다. 그리고 그러한 이익충돌이 일어나는 곳에서만 정의는 문제가 된다. 아무런 이익충돌도 없는 곳에는 정의를 문제삼을 필요조차 없다. 그러나 만약 어떤 사람의 이익을 만족시키는 것이 다른 사람의 이익을 희생시키는 것과 관련된다면, 거기에는 이익의 충돌이 있다. 또한 두 개의 가치가 대립하여 쌍방을 동시에 실현하는 것이 불가능할 때, 어떤 가치가 다른 가치를 등한히 함으로써만 실현된다고 할 때, 어떤 가치를 다른 가치로부터 선별하여 실현해야 할 때, 쌍방의 가치 중 어느 것이 다른 것보다 더욱 중요하고 보다 높은 가치인가, 그리고 마지막으로 어느 것이 최고의 가치인가를 선정해야 할 때에도 역시 이익의 충돌은 존재한다. 가치의 문제는 무엇보다도 먼저 가치충돌의 문제이다.

그리고 이 문제는 합리적 인식이란 수단으로써는 해결할 수 없다. 여기서 다룬 문제에 대한 해답은 언제나 판단인데, 그것은 최종적으로는 감정적인 요소에 의해서 결정되며, 그러므로 매우 주관적인 성격을 지닌다. 이것은 판단하는 주체에 대해서만 타당하며, 이러한 의미에서 상대적일 뿐이다.

II. 가치의 위계질서

6. **[최고가치로서 개인의 생명이냐 국가의 이익이냐 - 전쟁에서의 살인·사형]** 바로 지금까지 말한 것을 몇 가지 예로 들어본다. 어떤 윤리적 확신에 의하면, 모든 개별적인 개인의 생명이 최고의 가치이다. 그 결과 이 견해에 따르면 인간의 존재를 죽이는 것은 전쟁에서나 사형집행에서도 절대로 금지된다. 전자는 양심적 병역거부자*의 견해로서 잘 알려져 있으며, 후자는 사형을 근본적으로 폐지하려는 사람들의 견해로서 잘 알려져 있다. 그러나 또한 이와 마찬가지로 대립적인 윤리적 확신, 즉 최고의 가치는 국가의 이익과 명예라는 것도 성립한다. 그러므로 만약 국가의 이익과 명예를 위해서 필요한 경우에는 모든 사람은 자기 자신의 생명을 희생하고, 전쟁 때에는 국가의 적인 다른 사람을 죽이는 것이 도덕적인 의무가 된다. 또한 중죄인에 대해서는 사형을 과하는 것도 정당하게 생각된다. 이처럼 서로 용납할 수 없는 견해의 기초가 되는 두 개의 가치판단 사이에 합리적·과학적인 방법으로 결정한다는 것은 거의 불가능하다. 이것은 결국 우리들의 감정이며, 우리들의 의지이며, 우리들의 이성이 아니라 충돌을 해결하는 우리들 의식 중의 감정적이 요소이며 합리적인 요소는 아니다.

7. **[최고가치로서 생명이냐 자유냐 - 자살]** 다른 예를 들어본다. 탈주하는 것이 거의 불가능한 수용소에 들어간 노예나 수인의 자살이 도덕적으로 허용되는가 하는

문제에 직면한다고 하자. 이 문제는 언제나 반복해서 논의되었으며, 특히 고대의 윤리학에서는 커다란 역할을 하였다. 그 대답은 생명이냐 자유냐 하는 두 가지의 가치 중 어느 것이 보다 높은가 하는 결정에 달려있다. 만약 생명이 보다 높은 가치라면 자살은 정당화될 수 없고, 자유가 보다 높은 가치라면 자유 없는 생명은 무가치하며, 따라서 자살은 허용될 뿐만 아니라 오히려 요구되기도 한다. 이것은 생명과 자유라는 가치의 위계질서에 관한 문제이다. 이 문제에 대해서는 주관적인 대답만이 가능한데, 그 대답은 판단하는 주체에 대해서만 타당한 대답이며, 금속이 열을 가하면 팽창하는 것처럼, 결코 모든 사람에게 타당한 확인은 아니다. 그것은 사실에 대한 판단이며, 결코 가치판단은 아니다.

8. **[최고가치로서 개인의 자유냐 경제적 안정이냐 − 가치판단과 사실판단]** 이른바 계획경제에 의해서 국민생활은 개선되고, 모든 사람들에 대해서 경제적 안정이 동일한 정도로 보장되는, 그러나 이러한 기구는 모든 개인적 자유를 폐지하든가 적어도 그 중요한 부분을 제한한 경우에만 가능하다는 것이 증명가능하다고 가정해 보자. ─ 물론 이것은 나 자신의 주장은 아니다. 계획경제가 자유경제보다도 우수한가 어떤가 하는 문제의 해답은, 결국 우리들이 개인의 자유와 경제적 안정이라는 가치 중 어느 것을 선택할 것인가 하는 판단에 달려있다. 강한 자의식을 가진 사람은 개인의 자유 쪽을 더 좋아할 것이지만, 한편 경제적 열등의식(Minderwertigkeitskomplex)에 번민하는 사람은 경제적 안정 쪽을 더 좋아할 것이다. 그러나 개인의 자유가 경제적 안정보다 더 높은 가치인가, 또는 경제적 안정 쪽이 개인의 자유보다도 더 높은 가치인가 라는 문제에 대해서는 주관적인 해답만이 가능하며, 철은 물보다 무겁고 나무는 물보다 가볍다는 것처럼, 객관적인 판단은 불가능하다. 이것은 실험으로써 증명할 수 있는 사실에 대한 판단이며, 그러한 증명을 할 수 없는 가치판단은 결코 아니다.

9. **[최고가치로서 정직함이냐 인간성이냐]** 어떤 의사가 환자를 세밀하게 진찰한 결과, 그 환자가 머지않아 죽게 될 것이 틀림없는 불치의 병에 걸렸다고 확인한다. 그 의사는 환자에 대해서 사실대로 말해야 할 것인지, 또는 말하는 것이 허용되는지, 또는 환자에게 그의 병은 치료할 수 있고 아무런 직접적인 위험은 없다고 거짓말을 해야 할 것인가? 그 결정은 우리가 정직함과 인간성이라는 두 가지 가치의 관계에서 유발하는 것을 의미하며, 병에 대해 거짓말하는 것은 환자에게 이러한 고뇌를 면케 하는 것을 의미한다. 만약 정직한 것(Wahrhaftigkeit)의 이상이 인간적인 것(Menschlichkeit) 보다 높다면, 그 의사는 진실을 말해야 하며, 이에 대해서 만약 인간적인 것의 이상이 정직한 것보다 높다면 그 의사는 거짓말을 해야 한다. 그러나 이 두 가지의 가치 중 어느 것이 보다 높은가 하는 문제에 대한 해답은 합리적·과학적인 깊은 생각으로도 가능하지 않다.

10. [최고가치로서의 진리냐 정의냐 – 플라톤의 유용한 거짓말론] 앞서 말했듯이, 플라톤은 정당한 사람, 즉 그에 의하면 법에 적합한 행동을 하는 사람은 행복하며, 부정한 사람, 즉 위법한 행동을 하는 사람은 불행하다고 주장하였다. 플라톤은 「가장 정당한 생활은 가장 행복한 생활이다」고 말했다. 그럼에도 불구하고 그는 때로는 정당한 사람이 불행하게 될 수도 있고, 부정한 사람이 행복하게 될 수도 있다는 것은 인정한다. 그러나 플라톤은 법에 복종하는 국민은 정당한 사람만이 행복하다는 주장이 가령 진실이 아닐지라도, 그 주장을 진실이라고 믿는 것이 절대로 필요하며, 만약 그렇지 않다면 아무도 결코 그 법에 복종하지 않을 것이라고 부언하였다. 그러므로 플라톤에 의하면, 정부는 국민에 대해서 모든 선전방법을 동원하여 정당한 사람은 행복하고 부정한 사람은 불행하다는 설을, 비록 그것이 거짓말일지라도, 퍼뜨릴 권한이 있다고 한다. 만약 이것이 거짓말이라면, 그것은 하나의 매우 유용한 거짓말이다. 왜냐하면 이 거짓말은 법에 대한 복종을 보장하기 때문이다. 「입법자는 필요한 경우 이보다 더 유용한 거짓말을 발견해 낼 수 있을 것인가, 또는 국민이 자발적으로 강제 없이 정당하게 행동하도록 이보다 더 효과적으로 설득할 수 있겠는가?」 「만약 내가 입법자라면, 나는 저술가들에게, 정말 모든 국민에 대해서 가장 올바른 생활이 가장 행복한 생활이라는 의미에서 저술하도록 강제할 것이다」.[1] 플라톤에 의하면 정부는 스스로 유익하다고 생각하는 거짓말을 만들어낼 완전한 권한이 있다고 한다. 플라톤은 정의, 그리고 여기서는 정부가 정의라고 생각하는 것, 즉 합법성(Gesetzmäßigkeit)을 진실 위에 둔다. 그러나 진실을 합법성 위에 두는 것과 비록 좋은 목적을 위한 거짓말일지라도 거짓말에 의한 정치적 선전은 어디까지나 부도덕한 것으로서 우리들이 거부하는 것을 금지할 충분한 이유는 없다.

11. [유심론이냐 유물론이냐 – 자유주의냐 사회주의냐] 생명과 자유 · 자유와 평등 · 자유와 안정 · 진실과 정의 · 정직과 인간성 · 개인과 국가와 같은 가치의 위계질서에 대한 문제의 해답은 구원(Seelenheil), 즉 사후의 운명을 현세의 재물보다 더 중요하게 여기는 독실한 기독교인이 대답하느냐 또는 영혼의 불멸을 믿지 않는 유물론자가 대답하느냐에 따라서 다른 결과가 나타난다. 그리고 그 해답은 자유주의의 입장에서는 자유가 최고의 가치이며, 사회주의를 전제로 하는 입장에서는 경제적 안정이 사회질서의 최종목적이므로 어떤 것을 전제로 하느냐에 따라서 달라질 것이다. 그 해답은 항상 주관적인 성격을 지니며, 그러므로 단지 상대적인 가치판단만을 가진다.

---

1) Platon, Nomoi 662 b. (천병희 옮김, 『법률』, 숲, 2016; 박종현 역주, 『법률』, 서광사, 2009: 최민홍역, 『법률』, 플라톤전집 2권, 상서각, 1973).

III. 인간적 행동의 정당화문제로서의 정의

12. [어떤 사회의 내부에서 어떤 가치의 일반적 승인은 이 가치의 주관성과 상대성에 일치한다. - 개인책임과 집단책임] 진정한 가치판단은 주관적이며, 그 결과 매우 상이한, 서로 모순되는 가치판단이 가능하다는 사실은, 결코 모든 개인이 자기의 고유한 가치체계를 가지고 있다는 것을 의미하지는 않는다. 실제로 많은 개인들은 동일한 가치판단을 한다. 하나의 적극적인 가치체계는 고립된 개인의 자의적인 창조가 아니라 항상 가족 · 종족 · 씨족 · 카스트(Kaste) · 직업과 같은 주어진 집단 속에서, 그리고 일정한 경제적 조건 하에서 연속적으로 행사되는 개인들에게 서로 서로 영향을 미치는 결과이다. 모든 가치체계, 특히 정의라는 중심개념을 가지는 도덕질서는 하나의 사회적 현상이며, 그러므로 그것을 이룩하는 사회의 성격에 따라서 상이하다. 어떤 가치가 일정한 사회에서 일반적으로 승인된다는 사실은 이 가치를 주장하는 판단의 주관적 · 상대적인 성격과 전적으로 일치된다. 어떤 가치판단에서 많은 개인들이 일치한다는 것은 결코 이 판단이 정당하다는 것, 즉 객관적 의미에서 타당하다는 것을 증명하는 것은 아니다. 대부분의 사람들이 태양이 지구의 주위를 돈다고 믿거나 믿었다는 사실은, 이 신념이 진리에 근거한다는데 대한 증거는 결코 존재하지 않으며, 또 존재하지도 않았다. 정의의 기준은 전적으로 바로 진리의 기준처럼 사실판단이나 가치판단이 나타내는 빈도는 결코 아니다. 인류의 문명사에서는 일반적으로 승인된 가치판단이 그 판단과 다소 대립되고, 그와 동시에 적지 않게 일반적으로 승인된 가치판단이 배제된 일도 아주 빈번하다. 원시사회에서는 예컨대 혈수(Blutrache)의 경우처럼, 집단책임이 완전히 정당한 원리로서 간주된데 비하여, 근대사회에서는 개인책임이라는 반대적인 원리가 법감정에 합치된다. 그러나 특정한 분야, 즉 국제관계에서는 집단책임의 원리가, 또한 종교적 신앙의 영역에서는 원죄(Erbsünde)라는 대습책임(Erbhaftung), 즉 일종의 집단책임이 오늘날에도 많은 사람들의 도덕적 감정과 일치하지 않게 되었다고는 할 수 없다. 또한 장래에 사회주의가 지배하게 된다고 해도, 개인간 관계의 분야에서 또다시 모든 종교적 교의와는 전혀 관계없는 집단책임이 도덕적인 것으로 널리 일반적으로 간주되리라는 것도 결코 배제되지는 않는다.

13. [인간의 정당화 욕구, 그 양심] 무엇이 본질적으로 가장 최고의 가치인가 하는 질문은 합리적으로 대답할 수 없듯이, 주관적 · 상대적인 판단도 이 문제를 실제로 대답함으로써, 객관적인 가치나 또는 동일한 결과로서 절대적으로 타당한 규범이라고 주장하는 것이 보통이다. 자기의 행동을 정당화하려는 깊은 욕망과 또한 양심을 가진다는 것은 인간의 본성이다. 정당화와 합리화에 대한 욕구는 아마 인간과 동물 간의 차이의 하나일 것이다. 인간의 외면적인 행위는 동물과 조금도 구별되지 아니한다. 즉 큰 물고기가 작은 물고기를 잡아먹듯이, 약육강식은 동물계나 인간계나 마찬가지이다. 그러나 인간이

라는 물고기는 그 본능에 따라서 행동하면서도 자기의 행동을 자기 자신과 사회에 대해서도 정당화하고, 그 행동이 이웃 사람들에 대해서도 좋은 행동이라고 생각하여 자기의 양심을 달래려고 원한다.

14. [전제된 목적을 위한 적절한 수단으로서 행위의 정당화 - 수단과 목적 · 원인과 결과] 인간은 다소 이성적인 존재이므로 두려움과 욕망으로 얻은 자기의 행동을 이성적으로, 즉 지능의 기능으로써 정당화하려고 한다. 그러나 그러한 이성적 정당화는 일정한 한도 내에서만 가능하다. 또한 인간의 두려움과 욕망은 어떤 목적을 달성하기 위해서 어떤 수단과 관련된 한도 내에서만 가능하다. 수단과 목적의 관계는 원인과 결과의 관계와 같으며, 그러므로 경험을 근거로 해서, 또한 과학적 · 합리적인 방법으로 결정할 수 있다. 물론 목적을 달성하기 위한 수단이 특수한 사회적 조치인 경우에는 수단과 목적의 관계를 결정하는 일이 때때로 불가능하기도 하다. 왜냐하면 사회과학의 현상에서 우리들은 사회적 현상의 인과관계를 결코 명확하게 이해할 수 없으며, 그러므로 우리들은 어떤 사회적 목적을 달성하기 위해서 가장 적절한 수단을 정확하게 부여할만한 충분한 경험을 가지고 있지 못하기 때문이다. 예컨대 입법자가 어떤 범죄의 발생을 예방하기 위해서 사형 또는 단순한 금고형으로써 위하할 것인가 하는 문제에 직면한 경우가 있다. 이 문제는 또한 사형이나 금고형 어느 것이 정당한 형벌인가 하는 문제로 정식화할 수 있다. 이 문제를 해결하기 위해서 입법자는 예방하려고 생각하는 범죄를 범할 우려가 있는 인간에 대해서 상이한 형벌이 가진 위하의 결과를 알고 있어야 한다. 그러나 유감스럽게도 우리는 이러한 결과에 대해서 정확하게 알지 못하며, 이러한 것을 이해할만한 상태에 있지도 않다. 왜냐하면 만약 이러한 것이 실험을 통해서만 가능하다고 하더라도 실험은 사회생활에서는 극히 한정된 범위에서만 적용될 수 있기 때문이다. 그러므로 정의의 문제는 그것을 어떤 사회적 조치가 어떤 목적을 달성하기 위해서 적당한 방법인가의 여부 문제에 한정하더라도 역시 합리적으로 대답할 수는 없다. 그러나 이 문제를 정확하게 해결할 수 있는 경우일지라도, 그 해답은 결코 우리들의 행동을 우리의 양심이 요구하는 대로 완전히 정당화할 수는 없다. 가장 적절한 수단을 통하여 가장 의심스러운 목적이 달성될 수 있다. 원자폭탄 하나에 대해서만 생각해 보자. 목적은 수단을 정당화하거나 사람들이 흔히 말하듯이 신성화 한다. 그러나 수단은 목적을 정당화하지 못한다. 그리고 목적의 정당화는 바로 그것과 다른, 이미 보다 고차적인 목적을 위한 수단이 될 수 없다는 목적이며, 그것만이 우리들의 행동을 확정적으로 정당화하는 최후의 최고의 목적이다.

15. [목적의 정당화. - 최고목적의 가정. 조건부 정당화와 무조건적 정당화. 민주주의의 정당화] 만약 그 어떤 것, 특히 인간의 행동이 어떤 목적에 대한 수단으로써만 정당화될 경우, 그 목적도 정당한가 하는 어쩔 수 없는 의문이 제기된다. 그리고 이러한 문제설정은

결국 최종최고의 목적을 상정해야 한다. 그것은 일반적으로는 도덕에 고유한 문제이며, 특수하게는 정의의 문제이다. 만약 인간의 행동이 단순히 어떤 전제된 목적에 대한 적절한 수단으로써만 정당화되는 경우, 그것은 전제된 목적도 정당하다는 조건 하에서만 조건부로 정당한 것이다. 이처럼 조건부의 또한 이러한 의미에서 상대적인 정당화는 반대의 가능성을 배척하지는 아니한다. 왜냐하면 궁극의 목적이 정당화될 수 없는 경우, 이러한 목적에 대한 수단도 정당화될 수 없기 때문이다. 민주주의는 개인의 자유를 보장하는 국가형태이기 때문에 하나의 정당한 국가형태이다. 그러나 이것은 민주주의가 개인의 자유보호 그것이 최고의 목적이라는 전제 아래서만 정당한 국가형태라는 것을 말한다. 만약 개인의 자유 대신에 경제적 안정이 최고의 목적으로 전제된다면, 그리고 이것은 민주적 국가형태 아래서는 보장될 수 없음이 증명된다면, 이미 민주주의일 수도 없으며, 정당하게 간주된 다른 국가형태임에 틀림없다. 다른 목적은 다른 수단을 요구한다. 또한 민주주의는 절대적으로 좋은 국가형태로서가 아니라 단지 상대적으로 좋은 국가형태로서만 정당화될 수 있다.

16. [합리적 정당화는 항상 조건부 정당화에서만; 무조건적 정당화는 비합리적] 우리들의 양심은 그러한 조건부의 정당함으로 만족할 수는 없다. 우리들의 양심은 한정되지 아니한 절대적인 정당함을 요구한다. 그런데 만약 우리들의 행동이 어떤 목적에 대한 적절한 수단으로서만 정당화될 수 있고, 그 정당함 자체는 의심스럽게 된다면 우리들의 양심은 편안하지가 않다. 그래서 우리들은 우리들의 행동을 궁극적인 목적으로서 정당화하거나, 또는 같은 것이지만 우리들의 행동이 절대적인 가치에 일치하도록 요구한다. 그러나 그러한 정당화를 합리적인 방법으로 하기는 불가능하다. 모든 정당함은 적절한 수단으로서의 정당함에 대한 본질에 있으며, 궁극적인 목적은 바로 고차적인 목적에 대한 수단은 이미 아니다. 만약 우리들의 양심이 우리들 행동의 절대적인 정당함을 요구하고, 절대적인 가치를 요구한다면, 우리들의 이성은 이러한 요구를 충족할 수는 없다. 일반적으로 절대적인 것과 특수하게 절대적인 가치라는 것은 우리들의 이성의 피안에 있으며, 정의의 문제, 인간의 행동의 정당함이라는 문제를 조건부로, 이러한 의미에서 상대적인 해결만이 가능하다.

17. [정의문제의 형이상학적ㆍ종교적 해결과 합리적 해결] 그러나 절대적인 정당함에 대한 욕구는 모든 이성적인 고려보다도 더 강한 것처럼 보인다. 그러므로 인간은 여기의 이러한 정당함, 즉 절대적 정의를 발견하기 위해서 종교와 형이상학에 의뢰한다. 그러나 그것은 정의를 현세로부터 또 다른 초월적인 세계로 바꾸어 놓은 것을 의미한다. 정의는 바로 초인간적 권위, 즉 신성의 본질적인 특성이며, 정의의 실현은 초인간적 권위, 즉 신성의 본질적인 기능이 된다. 그 본질인 특성과 기능은 인간의 인식으로는 도달할 수 없다. 인간은 신의 존재, 즉 절대적 정의의 존재를 믿지 않을 수 없으나, 그것을

파악하는 것, 즉 명확하게 이해할 능력은 없다. 정의의 문제를 이처럼 형이상학적으로 해결하는 것은 받아들일 수 없으나, 합리적·과학적으로 명확하게 할 수 있다는 기대로부터 절대적 가치의 이상을 똑바로 견지한다는 것은, 인간의 이성으로 절대적 가치를 규정하는 기본원리를 발견할 수 있다는 환상에 의한 것이다. ― 그러나 실제로 절대적 가치는 인간의 의식 중의 감정적인 요소에 의해서 결정될 것이다. 일반적으로 절대적 가치의 규정과 특수하게 정의의 정의는 이러한 방법으로 달성되는 어떠한 사회질서에서도 올바른 것으로서 정당화될 수 있는, 완전히 공허한 정식으로 되어버렸다.

그러므로 아주 오랜 옛날부터 오늘에 이르기까지 주장되어온 무수한 정의에 관한 이론은 두 개의 기본적 유형, 즉 하나는 형이상학적·종교적인 유형, 또 하나는 합리적인 정확하게 말하자면 사이비 합리적인 유형으로 환원될 수 있다는 것은 그리 놀랄 일이 못된다.

IV. 플라톤과 예수

18. [**플라톤의 철학. ― 정의는 초월적 이데아**] 형이상학적 유형의 고전적 대표자는 플라톤[2]이다. 정의는 그의 철학 전체의 중심문제였다. 그리고 이 문제를 해결하기 위해서 그는 그의 유명한 이데아론을 발전시켰다. 이데아란 별다른 세계에, 즉 이성의 세계(die intelligible Sphäre)에 존재하는 초감각적인 것이며, 감성에 사로잡힌 인간의 감각으로서는 도달할 수가 없다. 이데아는 감각의 세계에서 실현되어야 하지만, 그러나 결코 실현될 수 없는 본질적인 가치, 즉 절대적인 가치를 나타낸다. 모든 다른 이데아가 종속하고, 그에 따라 모든 타당성이 주어지는 궁극의 이데아(Hauptidee)는 절대선의 이데아이다. 그리고 이 이데아는 플라톤 철학에서는 종교의 교의에 있어서 신의 관념과 전적으로 같은 역할을 한다. 선(善)의 이념은 정의의 이데아를 포함하며, 플라톤의 대화편은 거의 모두 이 정의를 다루려고 시도한다. 그러므로 「정의란 무엇인가?」 하는 질문과 「좋은 것은 무엇인가 또는 선이란 무엇인가?」 하는 질문은 일치한다. 플라톤은 그의 대화편 중에서 이 질문에 대해서 이성적인 방법으로 대답하려고 무수하게 시도한다. 그러나 이러한 시도는 결코 최종적인 결론에 도달하지 못한다. 가령 어떠한 정의에 도달할 것처럼 보일지라도, 플라톤은 곧 소크라테스의 입을 빌려 오히려 보다 넓은 검토가 필요하다는 것을 명백히 한다. 플라톤은 반복하여 이에 대답함에는 모든 감각적인 관념들로부터 해방된 추상적 사고의 특수한 방법, 이른바 변증법(die Dialektik)에 의해야 된다고 말하고, 그것을 통달할 수 있는 사람은 이데아를 파악할 수 있다고 주장한다. 그러나 그 자신은 그 대화편 중에서 이러한 방법을 사용하지 않으며, 또한 우리들에게 변증법의 성과를 전하지도 않는다. 더구나 그는 절대선의 이데아에 대해서 그것은 모든 이성적

---

2) 참조. Hans Kelsen, "Die platonische Gerechtigkeit," Kant-Studien 38 (1933), S. 91 ff.(김영수역, 플라톤의 정의관, 『정의란 무엇인가』, 삼중당, 1982, 121-153면).

인식의 피안에 있으며, 그리고 모든 사고의 피안에 있는 것이라고 명백히 말한다. 플라톤이 그의 철학의 가장 깊은 동기와 궁극의 목적을 서술한 그의 제7서간 중에서, 그는 절대선에 대해서는 어떠한 개념적 인식(begriffliche Erkenntnis)도 불가능하며, 또 어떤 종류의 직관만이 가능한 것, 이 직관은 신의 은총에 의해서 아주 적은 사람들에게만 주어진, 신비로운 개인적 경험의 방법으로 이루어진다는 것, 이 신비로운 직관의 대상, 즉 절대선은 인간의 언어로는 묘사하기 어렵다는 것을 명백히 한다. 그러므로 정의란 무엇인가 하는 질문에 대한 해답은 주어질 수 없으며, 이것이 이러한 현자의 마지막 결론이다. 왜냐하면 정의는 일종의 비밀이며, 신은 이 비밀을 아주 적은 수의 선택된 사람에게만 맡겼으며, 그것을 맡은 사람은 그것을 다시 다른 사람들에게 전달할 수 없으므로, 여전히 그 사람들의 비밀로 남지 않을 수 없기 때문이다.

19. [예수의 가르침: 정의는 신의 비밀] 그 가장 중요한 점이 동일하게 정의였다는 점에서 플라톤의 철학은 예수의 가르침과 가깝다는 것은 주목할 만하다. 예수는 구약성경의 합리주의적인 정식인 「눈에는 눈으로 이에는 이로」라는 응보의 원리를 강력하게 배제한 후, 새로운 정의, 참된 정의로서 사랑의 원리를 전했다. 악은 악으로서가 아니라 선으로써 갚고, 사악을 대적치 말고 악한 자를 더구나 원수일지라도 사랑하라는 원리이다.[3] 이러한 정의는 사회적인 현실로서 존재할 수 있는 모든 질서의 피안에 있으며, 이러한 정의의 본질인 사랑은 우리가 사랑이라고 부르는 인간적인 감정과는 다른 것이다. 그것은 단순히 원수를 사랑한다는 것이 인간의 본성에 어긋나기 때문만이 아니라 예수가 남자와 여자를, 부모와 자식을 결합하는 인간적인 사랑을 엄격하게 거부하였기 때문이다. 예수를 따르고 하나님의 나라에 들어가려는 자는 집이나 아내나 형제나 부모나 자녀를 버려야 한다.[4] 무릇 자기 부모와 처자와 형제와 자매와 및 자기 목숨까지 미워하지 아니하는 자는 예수의 제자가 될 수 없다.[5] 예수가 가르친 사랑은 인간의 사랑이 아니다. 그것은 하늘에 계신 너희 아버지가 그 해를 악인과 선인에게 비춰게 하시며, 비를 의로운 자와 불의한 자에게 내리시듯이, 인간이 그것에 의하여 온전하게 되어야 할 그러한 사랑이다.[6] 그것은 하나님의 사랑이다. 그러나 이 사랑에 대해서 가장 기묘한 것은 이 사랑이 최후의 심판에서 죄인에게 과해진 잔학하고 영겁의 형벌과, 그리하여 인간이 느낄 수 있는 최대의 공포인, 하나님에 대한 공포를 받게 된다는 것과 모순되지 않는다고 생각한 점이다. 이 모순을 예수는 해명하려고 하지 않는다. 또한 그러한 것은 결코 가능하지도 않다. 왜냐하면 그것은 제한된 인간의 이성에 대해서만 모순이며, 인간이 이해할 수 없는 신의 절대적인 이성에 대해서는 모순이 아니기 때문이다. 그리하여 기독교의 최초의 신학자 바울은 이 세상 지혜는 하나님께 미련한 것이며,[7] 철학, 즉 이성적·논리적

---

3) 마태복음 5: 38, 44.
4) 누가복음 18: 29, 30.
5) 누가복음 14: 26.
6) 마태복음 5: 45, 48.

인식은 감추었던 하나님의 지혜에 의해서 결정된 하나님의 정의로 통하는 길은 결코 아니며,8) 이 정의는 오직 하나님께로서 난 믿음에 의해서만,9) 사랑으로써 역사하는 믿음에 의해서 주어진다고 가르친다.10) 바울은 예수의 새로운 정의, 하나님의 사랑에 대한 가르침을 주장한다.11) 그러나 그는 예수가 가르치는 사랑은 인지를 초월한 인식이라는 것을 인정한다.12) 그 사랑은 하나의 비밀이며, 신앙의 많은 비밀 중의 하나이다.

V. 정의의 내용 없는 정식

20. [각자에게 그의 것을](suum cuique) 정의의 문제를 인간의 이성으로 해결하고, 정의 개념을 정의하려는 이성적인 유형은 많은 나라의 민중의 예지(Volksweisheit)나 몇몇 유명한 철학적 체계에서도 주장되었다. 정의란 각자에게 그의 것을 주는 것이라는 유명한 말은 그리스의 7현인 중의 한 사람에로 거슬러 올라간다.* 이 정식은 많은 우수한 사상가들 특히 법철학자들에 의해서 승인되어 왔다. 그러나 그것이 전혀 내용 없다는 것은 명백하다. 왜냐하면 각자가 「그의 것」(das Seine)이라고 생각할 수 있는 것이 도대체 무엇인가 하는 결정적인 문제가 그대로 남기 때문이다. 그러므로 「각자에게 그의 것」(Jedem das Seine)이라는 원리는 이 문제가 미리 결정되어 있다는 전제 하에서만 적용할 수 있다. 그리고 이것은 관습이나 입법에 의해서 만들어진 현실의 도덕질서나 법질서라는 사회질서에 의해서만 비로소 결정될 수 있다. 그러므로 「각자에게 그의 것」이라는 정식은 자본주의질서, 사회주의질서, 민주주의질서, 전제주의 질서 어느 것이든지 모든 사회질서를 정당화 할 수 있다. 모든 이러한 질서에 의해서 각자에게 그의 것이 보장되더라도, 바로 「그의 것」만은 그 질서에 의해서 상이하다. 모든 주어진 사회는 「각자에게 그의 것」이라는 정식에 일치하기 때문에 정당한 사회라고 변명하는 이러한 가능성은 일반적으로 인정된다. 그러나 그것은 동시에 현실의 도덕질서나 법질서에 의해서 보장되는 단순한 상대적인 가치와는 동일시할 수 없는, 하나의 절대적인 가치가 규정되어야 하는 한, 정의의 정의로서는 완전히 무가치하다는 것을 보여준다.

21. [응보의 원리] 정의의 본질을 가장 잘 자주 나타내는 것으로 선에는 선, 악에는 악으로라는 저 응보의 원리를 들 수 있다. 그것은 무엇이 선이냐, 무엇이 악이냐에 대한 견해들이 민족이 다르고 시대가 다름에 따라서 매우 다르기 때문에, 결코 자명한 것은 아니다. 응보의 원리는 단순히 불법인 악에 대해서 불법효과로서 악을 결부시키는 실정법

---

7) 고린도전서 3: 19.
8) 고린도전서 2: 1 이하.
9) 빌립보서 3: 9.
10) 갈라디아서 5: 6.
11) 로마서 13: 8 이하; 고린도전서 13: 1 이하.
12) 에베소서 3: 19.

의 특수한 기술을 잘 나타낼 뿐이다. 그러나 모든 실정법 규범들은 이 응보의 원리에 근거를 두고 있으므로, 모든 법질서는 응보의 원리를 실현하는 것으로서 정당화될 수 있다. 그러나 정의의 문제는 결국 법질서가 응보원리의 적용에 있어서 정당한가, 또한 법이 불법에 대해서 불법효과로서의 악으로 갚는 구성요건(Tatbestand)이 정말로 사회에 대한 악인가, 법이 불법효과로서 규정한 악이 적절한 것으로 인정될 수 있는가 하는 점이다. 그것은 법의 정당함에 관한 문제, 즉 본질적인 문제이다. 그리하여 응보의 원리는 이 문제에 대해서 아무런 대답도 하지 못한다.

22. [**평등으로서의 정의**] 같은 것에는 같은 것으로 갚는다는 응보를 의미하는 한, 응보도 또한 정의의 본질로서 주장되는, 평등의 원리 속에 나타나는 여러 가지 태양 중의 하나이다. 모든 사람, 즉「사람다운 모습을 가진 모든 것」은 본래부터 평등하다는 전제에서, 모든 사람은 평등하게 취급되어야 한다는 요구가 나온다. 그러나 이 전제는 명백히 잘못이며, 사람은 실제로 매우 다르고, 두 사람의 인간이 실제로 평등하다는 것은 결코 있을 수 없으므로, 이러한 요구는 다만 사회질서가 권리를 보호하고 의무를 부과함에 있어서 일정한 차이점을 고려해야 한다는 오직 가능한 의미를 지닐 뿐이다. 오직 확실한 차이만이며 결코 만든 차이는 아니다! 어린이를 어른처럼, 정신병자를 보통사람처럼 다룬다면 불합리할 것이다. 그러면 어떠한 차이가 고려되고, 어떠한 차이는 고려하지 않아야 할 것인가? 그것은 결정적인 문제인데, 평등의 원리는 이 문제에 대해서 아무런 대답이 없다. 실제로 이 문제를 결정함에 있어서 현실의 법질서들은 상당히 서로 다르다. 인간의 어떤 차이점들을 무시한다는 원칙에는 거의 모두 일치한다. 그러나 권리를 보호하고 의무를 부과함에 있어서 무시하지 않고 고려하는 차이점과 관련하여 두 개의 법질서가 일치하는 일은 거의 없다. 어떤 법질서는 남자에게만 정치적 권리를 부여하고, 여자에게는 부여하지 않는데, 다른 법질서는 이를 고려하여 양성을 평등하게 다루지만, 그러나 남자에게만 군대에 복무할 의무를 부과하며, 또 다른 법질서는 이 점에서도 남자와 여자를 결코 구별하지 아니한다. 도대체 무엇이 옳은 것인가? 자신이 종교에 무관심한 사람은 종교의 차이를 하찮은 것으로 여기는 경향이 있을 것이다. 그러나 신앙심이 깊은 사람은 그가 신도로서 틀림없이 그것만이 옳다고 믿는 그의 신앙을 함께 하는 것과, 다른 신앙을 가진 모든 사람이나 무신론자와의 차이를 다른 어떠한 차이보다도 본질적인 것으로 인정할 것이다. 그는 한쪽에 주어야 할 권리들을 다른 쪽에는 주지 않고 남겨둔다는 것을 전적으로 옳다고 느낄 것이다. 그는 평등의 원리를 오직 평등한 것만이 평등하게 취급되어야 한다고 해석하는 것은 정당하다고 생각할 것이다. 그러나 이른바 평등의 원리로는 무엇이 평등한 것인가 하는 결정적인 문제는 대답하지 못한다. 그러므로 현실의 법질서에 의해서 법복종자를 다룸에 있어서 여러 가지의 차이는 평등의 원리와 모순되지 않는 것으로서 차별대우의 기초로 삼을 수 있다. 이 평등의 원리는 공허한 것이므로 그것으로써 법질서의 내용을 규정할 수는 없다.

23. [법 앞의 평등] 그런데 또한 이른바 법 앞의 평등이라는 특수한 원리가 있다! 그것은 법을 적용하는 기관은 그 적용하는 법 자체가 규정한 이외의 차별을 해서는 안 된다는 것을 의미할 뿐이다. 만약 법이 정치적 권리를 남자들에게만 부여하고 여자들에게는 부여하지 아니하고, 국민에게만 부여하고 외국인에게는 부여하지 아니하고, 어떤 종교나 종족에 속하는 자에게만 부여하고 다른 종교나 종족에 속하는 자에게는 부여하지 않는 경우에는, 만일 법을 적용하는 기관이 구체적인 경우에 여자 · 외국인 · 어떤 종교나 종족에 속하는 자에게는 정치적 권리가 없다는 것을 결정하였다고 해도, 법 앞의 평등의 원리는 완전히 보장된 것이다. 이 원리는 평등과는 거의 관계가 없다. 다만, 법은 그 취지대로 적용해야 한다는 것을 의미할 뿐이다. 그것은 모든 법질서에 그 본성상 항상 내재하는 합법성 내지 합법규성의 원리이며, 이러한 질서가 정당한가 또는 부당한가 하는 것과는 무관계하다.

24. [공산주의적 평등] 평등의 원리를 노동급부와 노동수익과의 관계에 적용하면, 동등한 노동에 대해서는 노동수익을 동등하게 배분해야 한다는 요구에 도달한다. 이것은 카를 마르크스에 의하면,13) 자본주의 사회질서의 기초가 되는 정의이며, 이러한 경제체제의 「평등권」이라는 것이다. 그것은 실제로는 불평등한 권리이다. 왜냐하면 그것은 각 인간에 존재하는 노동능력의 차이를 전혀 고려하지 않았기 때문이다. 그러므로 그것은 결코 정당한 권리가 아니라 부정한 권리이다. 왜냐하면 강건하고 숙련된 사람과 나약하고 미숙한 사람이 같은 양의 노동을 하였을 때, 그것은 오직 외관상의 평등일 뿐이며, 만약 2인의 노동에 대해서 동일한 양의 노동수익이 주어졌다면, 그것은 평등하지 아니한 것에 대해서 평등한 것이 주어지기 때문이다. 진정한 평등과 그에 따르는 단지 외관적이 아닌 참된 정의는, 오직 각인은 그의 능력에 따라서 각인에게는 그의 필요에 따라서(Jeder nach seinen Fähigkeiten, jedem nach seinen Bedürfnissen)*라는 원칙이 적용되는 공산주의경제에서만 실현될 수 있을 것이다.

이 원리는 생산이 계획화되고, 즉 중앙권력에 의해서 궁극의 목적이 규율되는 경제 속에서 적용되어야 한다면, 우선 무엇이 각인의 개개의 능력인가, 각인에게 어떠한 노동이 적합한가? 선천적인 소질에 따른 노동의 양은 어느 정도인가 하는 문제가 일어나게 된다. 이 문제는 각 개인이 스스로 자기의 재량에 따라서 결정되는 것이 아니라, 그것을 위해서 합당한 공동체의 기관이 사회적 권위에 의해서 규정된 일반적 규범에 근거하여 결정해야 할 것은 물론이다. 그 다음에 어떠한 필요가 만족될 수 있는가 하는 다음 문제가 일어난다. 그것이 계획적으로 또한 중앙기관에 의해서 관리된 생산과정에 의해서 작용하는 만족에 불과하다는 것은 명백하다. 마르크스가 단언하듯이, 장래의 공산주의사

---

13) "Zur Kritik des sozialdemokratischen Parteiprogramms." Aus dem Nachlaß von Karl Marx. Neue Zeit, IX Jahrg., I. Bd. (1890 bis 1891), S. 561 ff.

회에서는 「생산력이 증대하고」, 그리고 「사회적인 부의 모든 원천이 완전히 넘쳐흐르게」 된다 하더라도, 사회적 생산과정이 배려한 요구를 선택한다는 것과 요구의 만족의 정도를 완전히 개인의 임의에 맡겨버릴 수는 없다. 또한 이 문제도 사회적 권위에 의해서, 일반적인 규칙들에 따라서 결정될 것이 틀림없다. 이와 같이 공산주의의 정의원칙도 「각자에게 그의 것을」이라는 정식과 완전히 마찬가지로, 그것이 적용되기 위해서 필요한 결정적인 문제의 해답이 미리 현실의 사회질서에 의해서 주어져 있을 것을 전제로 한다. 더구나 이 사회질서는 「각자에게 그의 것」이라는 정식의 경우에서처럼, 임의의 사회질서가 어떻게 기능할 것인가, 또한 공산주의의 정의원리를 적용하기 위해서 결정적인 문제에 어떻게 대답할 수 있을 것인가를 예견할 수는 없다.

이러한 사실을 고려하면, 공산주의의 정의원리는 결국 그것을 일반적으로 그대로 적용시키려면, 각자는 공산주의적 사회질서에 의해서 인정된 그의 능력에 따라서, 각자에게는 이러한 사회질서에 의해서 결정된 그의 필요에 따라서 라는 규범으로 되어버린다. 이 사회질서가 각 개인의 능력을 각자가 가지고 있는 본래의 성향과 완전히 일치하도록 인정하고, 사회질서가 모든 각 개인의 필요를 만족시키고, 그리고 각 개인에 의해서 구성된 공동사회의 내부에서 모든 집단적·개인적 이익의 조화를 도모하고, 그럼으로써 무제한한 개인의 자유를 성립시킨다는 것은 하나의 유토피아적인 환상이다. 그것은 먼 장래에 예상되는 황금시대, 낙원상태라는 전형적인 유토피아이며, 거기에서는 마르크스가 예언하듯이 「좁은 부르주아적인 법의 지평」(der enge bürgerliche Rechtshorizont)만이 아니라 이미 이해의 충돌도 없어질 것이므로, 보다 많은 정의의 지평도 밟고 넘어갈 것이다.14)*

25. [황금률] 우리가 황금률(die Goldene Regel)이라고 부르는 원칙 역시 평등원리의 적용이다. 그것은 사람들이 하지 않으려는 것은 다른 사람에게도 하게 해서는 안 되며, 또한 긍정적으로, 사람들이 하려는 것은 다른 사람에게도 그대로 하게 하라는 내용이다. 모든 사람들이 다른 사람들에게 자신에 대해서 하지 않을 것을 바라는 것은 다른 사람들이 자신에게 아무런 고통을 주지 않는 것이며, 또한 다른 사람들이 자신에 대해서 하기를 바라는 것은 다른 사람들이 자신에게 쾌락(die Lust)을 준다는 것이다. 그러므로 황금률은 다른 사람에 대해서 고통을 주지 않고 쾌락을 준다는 요구로 귀착한다. 그러나 흔히 어떤 사람에 대해서는 쾌락을 주면서도 다른 사람에게는 고통을 주는 일이 일어난다. 만약 이것이 황금률의 맹점이라면, 이 법칙의 그러한 맹점에 대해서 어떤 태도를 취할 것인가 하는 문제가 있다. 바로 그것이 정의의 문제이다. 왜냐하면 아무도 타인에게 고통을 주지 않고, 각자가 타인에게 쾌락만을 준다면, 결코 정의의 문제는 일어나지 않기 때문이다. 그러나 이러한 맹점이 있는 경우에 황금률을 적용하면 곧 불합리한 결론이 나온다. 자신이 비록 범죄를 저질렀다고 하더라도 처벌받기를 원하는 사람은

---

14) 참조. Hans Kelsen, Sozialismus und Staat, 2. Aufl. (1923), S. 90 ff.

아무도 없다. 그러므로 황금률의 적용으로 범인을 처벌하는 것은 허용되지 아니한다. 또한 정당하든 부당하든 여하튼 진실을 간파하고 거짓말쟁이에 대해서 자신을 방어할 만큼 영리하다고 믿는 사람이 있어서, 다른 사람이 자신을 속인다는데 대해서는 전혀 개의치 않는다고 하자. 그렇다면 그 사람은 황금률에 따라서 거짓말하는 것이 허용된다. 만약 이러한 것이 문자 그대로 허용된다면, 모든 도덕과 모든 법은 틀림없이 파멸할 것이다. 이러한 것을 황금률이 의도하지 않은 것만은 확실하다. 이와 정반대로 황금률은 도덕이나 법을 유지하려고 한다. 그러나 만약 황금률이 이러한 그의 의도에 따라서 해석되어야 한다면, 또 그것은 그 문면대로, 정당한 행동에 대한 주관적인 기준을 세울 수 있는 것이 아니며, 그래서 인간은 사람들이 하려는 것을 사람들에 대해서 그대로 해서는 안 된다는 것을 요구해서는 안 된다. 그러한 주관적인 기준은 사회질서와도 일치하지 아니한다. 황금률은 언제나 객관적 판단을 내린다고 이해하지 않으면 안 된다. 그것의 의미는 「너에 대해서 사람들이 해야 할 것을, 특히 객관적 질서에 따라야 할 것을 또한 사람들에 대해서도 행하라」라는 것이어야 한다. 그러나 사람들은 어떻게 행동해야 할 것인가? 그것은 정의의 문제이다. 그런데 이 문제에 대한 해답은 황금률로써 주어지는 것이 아니라 황금률에 의해서 제기된다. 그리고 그 해답은 미리 전제된 현실의 도덕이나 법질서이기 때문에 단지 전제될 수 있을 뿐이다.

VI. 칸트

26. [칸트의 정언명령] 황금률의 문구 속에 포함된 주관적인 기준이 해석에 의해서 객관적인 기준으로 대치되면, 이 황금률은 결국 사회질서의 일반규범에 따라서 행동하라는 요구로 귀착되어 버린다. 모든 사회질서는 일반규범으로부터 성립하고, 일반규범의 개념 속에는 이미 사람은 일반규범에 따라서 행동해야 한다는 것이 포함되어 있으므로, 이것은 동어반복(tautologische Formel)인데, 임마누엘 칸트(Immanuel Kant)는 이와 같이 해석된 황금률을 그의 도덕철학의 중요한 성과이며, 또한 정의의 문제에 대한 그의 해결이기도 한, 유명한 정언명령(der kategorische Imperativ)으로서 정식화한다. 그것은 「그것이 일반규범이 되는 것을 동시에 바랄 수 있는 격률(die Maxime)에만 따라서 행동하라」는 것이다.[15] 바꾸어 말하면, 「사람의 행동은 그것을 행하는 사람이 모든 사람에게 적용되도록 바랄 수 있고, 또한 바라야 할 규범들에 따라서 행해질 때에는 좋고 올바른 행동이다」는 것이다. 그러나 어떠한 규범을 우리들은 일반적으로 구속력 있는 것으로서 바랄 수 있고, 바라야만 하는가? 그것은 실은 정의의 결정적인 문제이며, 이 문제에 대해서 정언명령은 그 원형인 황금률과 아주 마찬가지로 결코 대답이 없다.

15) Immanuel Kant, Grundlegung zur Metaphysik der Sitten, 2. Abschnitt. (백종현 옮김, 『윤리형이상학 정초』, 아카넷, 2005, 제2장).

27. [정언명령: 그때그때 존속하는 사회질서의 정당화] 칸트가 그의 정언명령의 적용이라고 설명하려는 구체적인 예를 조사하면, 그것은 전적으로, 그 시대의 전통적인 도덕이나 실정법의 규범이라고 인정하지 않을 수 없다. 그러한 도덕이나 실정법의 규범은 결코 정언명령의 이론이 내세우듯이 정언명령으로부터 도출되는 것은 아니다. 왜냐하면 이러한 공허한 정식에서는 아무것도 도출할 수 없기 때문이다. 이러한 도덕이나 실정법은 정언명령과 모순되지 않는다는 것만을 증명한다. 그러나 어떠한 사회질서의 모든 규정도 정언명령과 합치된다는 것은, 정언명령이 실은 사람은 일반규범에 따라서 행동해야 한다는 것을 말할 뿐이다. 그러므로 정언명령은 「각자에게 그의 것」이나 황금률과 아주 마찬가지로, 일반적으로는 어떠한 사회질서도 특수하게는 어떠한 일반규범에서도 정당한 것으로 할 수 있으며, 또한 그렇게 사용된다. 이러한 가능성은 이들 정식들 그 자체가 전혀 내용이 공허함에도 불구하고, 왜 여전히 정의의 문제에 대한 만족스런 해답으로 인정되는가, 그리고 아마 장래에도 그와 같이 인정될 것인가 하는 점을 설명해 준다.

VII. 아리스토텔레스

28. [아리스토텔레스의 윤리학: 두 개의 부덕 간의 중용으로서의 덕] 절대적 정의의 개념을 합리적 · 과학적 더구나 유사과학적(quasiwissenschaftlich)인 방법으로 명백히 하려는 공허한 시도의 또 하나의 매우 특색 있는 예는 아리스토텔레스의 윤리학이다. 그것은 덕의 윤리학(Tugend-Ethik)이며, 즉 정의와 주덕(Haupt-Tugend), 완전한 덕이라는 덕의 체계를 목표로 한다.[16] 아리스토텔레스는 스스로 덕이란 어떠한 것인가를 결정하는, 즉 윤리적 선이란 무엇인가라는 문제에 해답하는 과학적, 즉 수학적 · 기하학적 방법을 발견하였다고 단언한다. 아리스토텔레스의 주장에 의하면, 도덕철학자는 기하학자가 하나의 선의 양단으로부터 같은 거리에 있는, 그 선을 2개의 부분으로 2등분하는 점을 찾아낼 수 있는 것과 마찬가지로, 또는 그와 아주 유사한 방법으로 그가 그 본질을 규정하려는 어떠한 덕도 발견할 수 있다는 것이다. 왜냐하면 덕은 두 개의 극단, 즉 과잉과 과소라는 두 개의 부덕(zwei Lastern) 바로 중간에 있기 때문이다.[17] 예컨대 용감의 덕은 비겁(용기의 과소)이라는 부덕과 만용(용기의 과잉)이라는 부덕의 바로 중간에 있다. 이것이 유명한 중용(Mesotes)의 설이다. 이 설을 판단함에는 먼저 기하학자는 선의 양단의 점이 미리 주어져 있다는 것을 전제로 하여 비로소 선을 2등분할 수 있다는 것을 고려해야 한다. 만일 양단이 주어져 있다면, 그것으로 중심점은 자연히 주어지며, 즉 미리 예정된다. 만일 우리가 무엇이 부덕인가를 안다면, 우리는 이미 무엇이 덕인가도

---

16) Aristoteles, Nikomachische Ethik 1129 b. (최명관역, 『니코마코스 윤리학』, 을유문화사, 1966).
17) Aristoteles, Ibidem 1107 a, 1106 a, 1905 b.

알고 있다. 왜냐하면 덕은 부덕의 반대이기 때문이다. 허위가 부덕이라면, 성실은 덕이다. 그러나 아리스토텔레스는 부덕의 존재를 자명한 것으로 전제하며, 그는 그 시대의 전통적인 도덕이 부덕으로 낙인찍은 것을 그대로 부덕이라고 전제한다. 바로 그것은 중용설의 윤리학이 무엇이 악한가 부덕인가, 그리고 이어서 무엇이 선인가 덕인가 하는 문제를 해결하는 것이 아니라 단지 해결한다고 말할 뿐이라는 것을 의미한다. 왜냐하면 무엇이 좋은가의 문제는 무엇이 나쁜 것인가 하는 문제와 함께 대답되며, 그리고 이 문제의 해결을 아리스토텔레스의 윤리학은 당시의 사회질서에서의 도덕이나 실정법에 맡겨두기 때문이다. 많은 것과 적은 것, 양극단, 즉 양쪽의 부덕 그리고 이 양극단의 중간에 있는 덕을 결정하는 것은 중용의 정식(die Mesotes-Formel)이 아니라 이러한 사회질서의 권위이다. 아리스토텔레스의 윤리학은 기존의 사회질서를 가치 있는 것으로 전제함으로써 그것을 정당화한다. 그것은 동어반복인 중용원리의 본래의 기능이며, 현존하는 사회질서에 따라서 좋은 것을 좋다고 하는 결과가 된다. 그것은 현존하는 사회질서의 유지라는 전적으로 보수적인 기능이다.

29. [부정을 하는 것과 받는 것의 중간으로서의 덕] 중용원리의 동어반복적인 성격은 특히 이것을 정의라는 덕성에 적용할 때에 명백하다. 아리스토텔레스는 정당한 태도는 부정을 하는 것(Unrecht-Tun)과 부정을 수인하는 것(Unrecht-Leiden)의 중간에 있다고 한다. 왜냐하면 전자는 너무 많이 가지는 것이고, 후자는 너무 적게 가지는 것이기 때문이다.[18] 이 경우에 덕은 두 개의 부덕의 중간에 있다는 정식은 하나의 비유로서도 결코 적절하다고 할 수 없다. 왜냐하면 사람이 행하는 부정과 사람이 다른 사람에 대해서 행하지 않는 결과, 다른 사람이 어떤 사람으로부터 당하는 부정이기 때문이다. 그리고 정의는 바로 그 부정의 반대이다. 부정이란 무엇인가 하는 결정적인 문제는 중용의 원리로써는 대답할 수 없다. 이 대답이 전제로 하고, 아리스토텔레스가 전적으로 자명한 부정으로서 전제로 하는 것은 당시의 현존도덕, 또는 실정법에 대해서 부정한 것이다. 중용설의 본질적인 업적은 정의의 본질을 결정하는 것이 아니라 현존 도덕이나 실정법 중에 나타난 현존 사회질서의 가치를 높인 점에 있다. 이러한 정치적으로 매우 의미를 지닌 업적은, 아리스토텔레스의 윤리학을 그것의 과학적 무가치를 지적하는 비판적인 분석에 대해서 보호한다.[19]

---

18) Aristoteles, Ibidem 1133 b.
19) 참조. Hans Kelsen, "The Metamorphoses of the Idea of Justice," in: Interpretations of Modern Legal Philosophies, Essays in Honor of Roscoe Pound, New York, Oxford University Press (1947), S. 399 ff.

VIII. 자연법

30. [자연법론. 존재로부터 당위를 도출하는 궤변] 형이상학적이며 합리적인 법철학의 유형은 자연법학파에 의해서 주장되었다. 그것은 17세기와 18세기에 흥성하였고, 19세기에는 거의 완전히 사라졌었으나 현재에는 다시 영향을 미치고 있다. 자연법론은 자연(Natur), 즉 일반적인 자연이나 이성적 존재로서의 인간의 본성(Natur)에서 유래하는 인간관계의 완전히 정당한 규제가 존재한다고 주장한다. 자연은 규범적 권위로서, 일종의 입법자로서 생각된다. 자연을 면밀하게 분석함으로써 우리들은 그 속에 포함된 정확한, 그리고 즉 올바른 인간의 행동을 규정하는 규범을 찾아낼 수 있다. 자연을 신의 창조로서 전제한다면, 자연 속에 내포된 규범으로서의 자연법은 신의 의사의 표명이다. 그리하여 자연법론은 형이상학적인 성격을 가진다. 그러나 만약 인간의 본성이 이성을 타고난 존재이며, 그 인간의 이성에서 자연법이, 그 이성의 신적인 기원을 고려하지 않고 이끌어내며, 그리고 만약 정의의 원리가 인간의 이성 속에, 신의 의사의 도움을 받지 아니하고 발견할 수 있다고 인정한다면, 자연법론은 합리적인 옷을 걸치고 나타난다. 법에 대한 합리적 과학의 입장에서 종교적 · 형이상학적인 자연법론은 전혀 문제가 되지 아니한다. 그러나 합리적인 자연법론도 또한 명백히 근거 없는 것이다. 단순히 인과율(Kausalprinzip)에 의해서 결합된 사실의 체계로서의 자연은 아무런 의사도 갖고 있지 않으므로, 결코 어떤 사람의 행동을 규정하지는 못한다. 사실로부터는 즉, 어떤 사실이 존재한다든가, 어떤 것이 실제로 일어난다는 것으로부터는 무엇이 존재해야 한다든가, 일어나야 한다는 귀결은 결코 이끌어낼 수 없다. 합리적인 자연법론이 자연으로부터 인간의 행동에 대한 규범을 도출해 내려고 하는 한, 그 시도는 모두 궤변에 근거한 것이다. 이것은 인간의 행동에 대한 규범을 인간의 이성에서 연역하려는 시도에도 타당하다. 인간의 행동을 규정하는 규범들은 어떤 의사에서만 나올 수 있는 것이다. 그리고 그 의사는 형이상학적인 사변을 제외한다면, 인간의 의사만이 있을 수 있다. 인간이 어떤 방법으로 행동해야 한다 — 실제로 그렇게 행동하지 않더라도 — 는 주장은, 인간의 의사행위(Akt)에 의해서 그 행위를 규정하는 규범이 만들어지는 것을 전제로 하여, 비로소 인간의 이성에 의해서도 행해질 수 있다. 인간의 이성은 이해할 수도, 기술할 수도 있으나 규정할 수는 없다. 인간의 행동에 대한 규범을 이성 속에서 발견할 수 있다는 것은 인간의 행동에 대한 규범이 자연에서 얻어진다는 것과 마찬가지로 환상이다.

31. [자연법론 내부에서의 대립] 그러므로 여러 가지의 자연법론자들이 서로 가장 모순되는 정의의 원리를 신의 자연에서 연역하거나, 인간의 본성 중에서 찾는 것은 별로 놀랄 일이 아니다.[20] 이 학파의 대표적 인물인 로버트 필머(Robert Filmer)*에

---

20) 참조. Hans Kelsen, "The Natural-Law Doctrine before the Tribunal of Science." The Western Political Quarterly vol. II (1949), S. 481 ff.(박길준역, 「과학의 법정에 있어서의 자연법론」, 동인역,

의하면, 독재제(Autokratie), 절대군주제(die absolute Monarchie)는 유일한 자연적, 즉 정당한 국가형태이다. 그런데 또 한사람의, 마찬가지로 대표적 자연법론자인 존 로크(John Locke)*는 같은 방법으로 절대군주제는 결코 국가형태로서 인정해서는 안 되며, 민주제(Demokratie)만이 자연에 합당하며, 그러므로 민주제만이 정당하기 때문에 민주제만이 국가형태로서 통용될 수 있다는 것을 증명한다. 대부분의 자연법론자들은 개인 소유는 봉건적 그리고 자본주의적 사회질서의 기초이며, 자연이나 이성으로부터 받아들인 자연적인, 그러므로 신성불가양의 권리이며, 따라서 공산 내지 재산공유(Gütergemeinschaft), 즉 공산주의는 자연과 이성에 반하므로 부정이라고 주장하였다. 그러나 개인 소유의 폐지와 공산주의적 사회질서의 건설로 향한 18세기의 운동은 프랑스 혁명에서 일정한 역할을 하였으며, 또한 자연법을 방패로 내세웠다. 그리고 그에 대한 논증도 현존하는 사회질서의 개인 소유가 비호되는 것과 같은 정도의 증명력만을 가질 뿐이며, 또한 결코 증명력을 가지지 못한다. 궤변에 근거를 둔 자연법론의 방법으로는 모든 것을 증명할 수 있지만, 또한 그러므로 아무것도 증명할 수 없다.

IX. 절대주의와 상대주의

32. [절대적 정의는 하나의 비합리적 이념. -합리적 인식의 관점에서는 반대의 이념을 배척하지 않는 상대적 정의만이 존재한다] 인지의 역사가 우리들에게 무엇인가를 가르쳐 줄 수 있다면, 그것은 합리적인 방법으로 절대적으로 타당한, 정당한 행위규범을 발견하려는, 즉 그러나 또한 상반된 행위를 정당한 것으로 간주하는 가능성을 배제하려는 시도는 헛된 것이다. 만약 우리들이 과거의 지적 경험에서 무엇인가를 배울 수 있다면, 그것은 인간의 이성이 상대적인 가치만을 파악할 수 있고, 따라서 무엇인가를 정당하다는 판단은 결코 그것과 반대되는 가치판단의 가능성을 배제할 자격이 없다는 것이다. 절대적 정의는 하나의 비합리적인 이상(Ideal)이다. 합리적 인식의 입장에서는 오직 인간의 이익과, 그러므로 이익의 충돌이 있을 뿐이다. 이러한 이익의 충돌을 해결하는 방법은 오직 두 가지의 길이 있는데, 그것은 한쪽의 이익을 위해서 다른 쪽을 희생하여 만족시키든가, 또는 양쪽을 타협시키는 것이다. 한쪽의 해결은 정당하고, 다른 쪽의 해결은 부당하다는 것을 증명하기란 불가능하다. 만약 사회의 평화가 최고의 가치로서 전제된다면, 타협적 해결이 정당한 것으로 생각될 것이다. 그러나 평화라는 정의도 단지 하나의 상대적인 정의에 불과하며, 결코 절대적인 정의는 아니다.

33. [상대주의적 정의철학의 모럴: 관용] 그러면 이러한 상대주의적 정의철학의 모럴은 무엇인가? 이것은 도대체 모럴이 있는가? 상대주의는 많은 사람들이 생각하듯이

『정의란 무엇인가?』, 전망사, 1984, 110면 이하).

결코 몰도덕(amoralisch)하거나 부도덕(unmoralisch)한 것은 아닐까?[21] 나는 그렇게

---

21) 그리고 최근 정의를 상대적인 것이라고 보는 견해는, 필연적으로 법실증주의와 결합하는 견해, 그리고 그러므로 어떠한 절대적 정의도 인정하지 않는 이러한 법실증주의는 전체주의국가에 대한 책임을 묻게 된다. 이 점에 관하여 매우 의미 깊은 것은 프로테스탄트의 신학자 에밀 브룬너*의 상대주의에 대한 저서 『정의 — 사회질서의 기본적 법칙들에 관한 하나의 학설』(Emil Brunner: Gerechtigkeit. Eine Lehre von den Grundgesetzen der Gesellschaftsordnung, Zürich 1943. 전택부역, 『정의와 자유』, 향린사, 1959)이다. 브룬너는 전체주의국가는 「무신앙적·반종교적 그리고 반형이상학적 실증주의」의 「필연적인 귀결」이다(S. 8)고 주장한다. 이러한 주장은 전체주의국가의 한 유형에 속하는 플라톤의 이상국가가 상대주의에 반대하고, 절대적 가치를 지향하고, 절대선(절대적 정의도 포함)의 존재의 승인에 가장 큰 역점을 두는 이데아론의 귀결이라는 명백한 사실과 분명히 모순된다(Hans Kelsen, "Die platonische Gerechtigkeit," S. 116 그리고 K. R. Popper, The Open Society, 1945, Vol. I. passim und S. 89 f. 이한구역, 『개방사회와 그의 적』, 서광사, 1980 참조). 만일 가치철학과 정치 사이의 관련이 존재한다면, 전체주의국가의 독재제, 정치적 절대주의는 절대적 가치의 신앙에, 그리고 민주제, 그 본질적 요구로서의 관용은 가치상대주의에 결부된다. 이러한 관련에 대하여 나는 『민주주의의 본질과 가치』(Vom Wesen und Wert der Demokratie, 2. Aufl., Tübingen 1929. 한태연·김남진 공역, 법문사, 위성문고(65), 1961)에서 해명하였다.

그 밖의 점에서 브룬너는 논리일관하고 있지 않다. 왜냐하면 그는 이렇게 인정하지 않을 수 없다고 느끼기 때문이다. 그는 「오늘날 전체주의 국가들에 의한 억압에 대해서 정당하게 항의하는 교회는, 자유로운 결정에서만 나와야 할 것을 국가권력으로 확보하려 하고, 국가에게 양심에의 개입이라는 나쁜 선례를 준 것은, 최초로 교회였다는 것을 결코 잊어서는 안 된다. 교회는 거의 모든 점에서 교회가 전체주의 국가의 최초의 교사(Lehrmeisterin)였다는 것을 항상 수치스럽게 상기해야 할 것이다」(S. 68/9)고 서술한다. 그것은 확실히 타당한데, 그것은 교회가 무신앙적·반종교적 그리고 반형이상학적 실증주의와 상대주의를 가르쳤기 때문이라는 이유에 의한 것이 아니라, 교회가 그 반대의 것, 즉 절대적 정의의 신앙을 가르쳤다는 이유에 의한 것이다.

브룬너의 저작은 상대주의의 반박이라기보다는 오히려 정당화이다. 그의 『기독교 신앙의 기초』(Auf Grund des christlichen Glaubens, S. VII)에서 전개한 정의론에서, 그는 절대적인 신의 정의가 존재하는가 또는 일반적으로 어떠한 정의도 존재하지 않는가 하는 테제에서 출발한다. 그는 「하나의 효력있는 것, 우리들 모든 것 위에 있는 정의, 우리들에서 생기며, 우리들로부터 나오지 않는 요구, 모든 국가, 모든 「법」을 유효하게 규제하는 정의의 규율(Regel)이 존재하는가, 또는 어떠한 정의도 존재하지 않고, 단순히 조직되기만 한다면, 그 힘을 「법」이라고 부를 뿐인가 하는 어느 것이다」(S. 8)고 한다. 절대적 정의라는 신의 법률을 그는 「하나의 신적인 창조질서」 중에서 찾는 것을 믿으며, 그것을 그는 — 합리적 자연법과는 반대되는 — 기독교적 자연법으로서 표현한다(S. 100 ff.). 그러나 그는 절대적인 신의 정의에 대한 신앙, 기독교적 자연법의 승인을 — 실정법과는 다른, 물론 그것과 대립하는 질서로서 — 상대주의적 실증주의에 의한 정의이념의 와해를 저지하기 위해서 불가결한 것이라고 서술한 후에 — 기독교적 자연법의 절대적 정의에 대한 그의 이론의 결과이기도 한데 — 모든 실정법은 단순히 상대적으로만 정당한 것일 수 있다(S. 9)고 인정한다. 그것은 그가 절대적 정의와 아울러 상대적 정의를 인정했다는 것을 의미한다. 그렇지만 그 자체가 모순된다. 왜냐하면 절대적 정의에 합치되지 않는 질서는 부정이며, 그러므로 정당할 수 없으며, 또한 상대적으로도 정당할 수는 없기 때문이다. 절대적 정의와 아울러 결코 상대적 정의가 있을 수 없듯이, 상대적 정의와 아울러 절대적 정의도 있을 수 없다. 이것은 기본적으로 브룬너 자신도 인정한다. 왜냐하면 자연법사상에 입각하기 때문이라고 하여 「자연법에 반하는, 그러므로 국가의 부당한 법률에는 복종하지 않는다」(S. 110)는 생각을 자연법과 연계시켜서는 안 된다는 것을 인정해야 함에도 불구하고 그는 그것을 확인한다. 어떠한 국가법도 「두 번째의 법체계로부터의 도전」을 참을 수는 없다. 「일단 적용된 국가의 법규들은 법적 구속력을 독점하지 않을 수 없다. 자연법은 어떠한 법적 구속력도 주장할 수 없다는 것은 국가의 법적 안정성을 동요시켜서는 안 되기 때문이다」(S. 110). 아무런 법적 구속력도 가지지 못하는 자연법은 브룬너가 8면에서 절대적 정의라고 부르는 「효력있는 것」일 수 없다. 법적 구속력을 가지지 못하는 자연법은 결코 규범적 질서일 수 없다. 왜냐하면 규범적 질서는 그 구속력이 있는 경우에만 존재

생각하지 않는다. 상대주의적 가치이론의 기초가 되며, 그 결론으로 나오는 도덕원리는 관용의 원리이며, 다른 종교적 내지 정치적 의견을 호의적으로 해석하고, 가령 의견이 같지 않더라도 바로 의견이 같지 않기 때문에 다른 평화적인 의견의 발표를 방해하지 않는다는 요구이다. 상대주의적 세계관에서는 절대적 관용에 대한 권리는 결코 생기지 아니한다는 것은 명백하다. 그 관용은 피치자에게 평화를 보장하고, 모든 힘의 행사를 금지하지만 의견의 평화적인 발표는 제한하지 아니한다는 실정법질서의 범위 안에서만의 관용이다. 관용은 사상의 자유를 의미한다. 최고의 도덕적 이상(Ideal)은 그것을 위해서 나선 불관용으로 인하여 혼미하게 되었다. 기독교를 수호하기 위해서 스페인의 종교재판 (Inquisition)에 의해서 점화된 장작더미 위에서는 오로지 사교신도만이 타버린 것이 아니라 가장 고귀한 그리스도의 가르침, 즉 「송사하지 말라. 너희가 송사당하지 않기 위해서」라는 가르침도 함께 바친 것이다. 박해받는 신도와 박해하는 신도가 서로 상대방을 절멸시키려는 의사에서는 동일하였던 17세기의 전율할 종교전쟁 때에, 인간정신의 위대한 해방자의 한 사람인 피에르 벨(Pierre Bayle)*은 지금까지 기존의 종교적 또는 정치적 질서가 다른 신앙을 가진 자에 대해서 편협하게 취급함으로써 가장 잘 수호할 수 있다고 믿었던 데 대해서, 「모든 무질서는 관용(die Duldung)에서 나오는 것이 아니라 불관용(die Unduldsamkeit)에서 나온다」고 이론을 제기하였다. 오스트리아의 역사에서 가장 훌륭한 명성을 날린 문서의 하나는 요제프 2세의 관용칙령*이었다. 만약 민주제가 정당한 국가형 태라면, 그것은 단지 자유를 의미하기 때문만은 아니며, 그 자유란 관용을 의미하는

가능한 것이기 때문이다. 상대주의적 법실증주의에의 이 놀랄만한 전향으로써 브룬너는 「국가와 실정법의 권위를 깊이 존중하여」(S. 112), 「아주 명백하게 실정 법칙에서」, 또한 「자연법은 단순히 비판적·규범적인 이상으로서만 타당」하게 한 종교개혁자들의 정의론에 따른다고 고백한다(S. 110).

상대적으로 정당한 실정법만이 법적 구속력을 가지며, 절대적으로 정당한 자연법이 법적 구속력을 가지지 아니한다는 이상의 것을 상대주의적 법실증주의도 주장하지는 아니한다. 상대주의적 법실증주의가 자연법을 비판적·규범적 이상으로서도 인정하지 않는다면, 그것은 이러한 승인이 실정법을 정당화하고, 또한 법학으로서의 상대주의적 법실증주의가 그 실정법의 정당화를 거부한다는 가능성을 내포한다는 이유 때문이다.

그러나 이러한 가능성을 브룬너의 정의론은 충분히 이용한다. 왜냐하면 그 설이 절대적으로 정당한 자연법의 내용으로서 선포한 것은, 바로 국가·가족·개인적 자유·사유재산이며, 이것들은 본질적으로 오늘날 존재하는 실정적인, 비공산주의적인 ― 원칙적으로 절대적인 신의 정의와 일치하는 것으로서 정당화되는 ― 법질서의 기초이기 때문이다. 공산주의만이 이 학설에 의하여 신의 절대적 정의에 반한다. 그러나 「부정의의 괴물」(S. 9), 「완전히 부정」(Ungerechtigkeit par excellence)(S.181) 한 전체주의국 가로서 최초로 탄핵된 공산주의국가도 결국은 국가로서, 그러므로 「신의 창조물」(S. 86)로서 인정되었다. 왜냐하면 「부정의한 국가라 할지라도 역시 국가이며」(S. 231), 그리고 그 법질서도 하나의 「평화질서」로서 어느 정도의 정의, 즉 상대적 정의를 인정하기 때문이다(S. 234). 그러나 그 점에서는 전체주의적 공산주의국 가도 본질적으로 자본주의 국가와 구별되지 아니한다. 왜냐하면 자본주의 국가의 법질서도 단순히 상대적 으로만 정당하다고 인정되기 때문이다.

이처럼 명백한 모순들이 존재하는, 절대적 정의의 학설에는 상대주의적 법실증주의에 대한 반론으로서 요컨대 학술적으로 고찰할 자격은 없다. 브룬너가 그의 저작의 서문에서 이미 처음부터 밝히고 있듯이, 그 목적은 「모든 신학적 노작이 그렇듯이」 「본질적으로 학술적인 것이 아니라 오히려 실천적인 것」(S. VII)이다.

것이다. 그러나 민주주의가 반민주적인 불관용에 대해서 자신을 방어해야 한다면 민주주의는 여전히 관용할 수 있을 것인가? 물론 그럴 수 있다! 반민주적인 의견일지라도 그것이 평화적으로 발표되는 경우에는 금지해서는 안 된다. 바로 그러한 관용에 의해서 민주주의는 독재주의로부터 구별된다. 우리들이 이 구별을 유지하는 한, 우리들은 독재주의를 거부하고, 그리고 우리들의 민주적인 국가형태를 자랑할 권리가 있다. 민주주의는 스스로를 포기하고서는 스스로를 방어할 수 없다. 그러나 민주주의체제를 힘으로써 배제하려는 기도를 힘으로서 분쇄하고, 또한 적당한 방법으로 저지한다는 것은 모든 체제의 권리인 동시에 민주주의체제의 권리이기도 하다. 이러한 권리의 행사는 민주주의의 원리에도, 또한 관용의 원리에도 모순되지 아니한다. 어떤 의견을 퍼뜨리는 것 (Verbreitung)과 혁명을 준비하는 것(Vorbereitung) 사이에 명확한 경계선을 긋는 것은 때때로 어려울는지도 모른다. 그러나 이러한 경계선을 찾아내는 가능성에 의해서 민주주의를 올바로 유지할 수 있는가의 가능성이 좌우된다. 그것은 또한 이러한 경계선을 긋는 것은 어떤 위험을 초래할지도 모른다. 그러나 이러한 위험을 진다는 것은 민주주의의 본질인 동시에 명예이며, 만약 민주주의가 이 위험을 지탱해 나가지 못한다면, 민주주의는 방어해야 할 가치가 없는 것이다.

34. [민주주의와 과학: 정신적 자유와 관용] 민주주의는 그 본질상 자유를 의미하며, 자유는 관용을 의미하기 때문에, 민주주의만큼 학문에 대해서 호의적인 국가형태는 결코 존재하지 아니한다. 왜냐하면 학문은 그것이 자유로운 경우, 단지 대외적으로, 즉 정치적 영향을 받지 않는다는 의미에서 자유일 뿐만 아니라, 대내적으로도 주론(das Argument)과 반론(das Gegenargument) 간의 논쟁이 완전히 자유롭다는 의미에서 자유로운 경우에만 번영할 수 있기 때문이다. 어떠한 학설도 학문의 이름으로 억압할 수는 없다. 왜냐하면 학문의 정수(die Seele)는 관용이기 때문이다.

* * *

나는 이 논문을 정의란 무엇인가? 라는 질문으로서 시작하였다. 이제 그 끝을 맺으면서 나 자신은 이 문제를 대답하지 못했다는 것을 잘 알고 있다. 나도 이 점에 관해서는 훌륭한 사람들과 함께 있다고 함으로써 나를 변명하고 싶다. 만일 독자가 위대한 사상가들이 실패한 것에 내가 성공할 수 있었다고 생각한다면, 그것은 너무 지나친 일일 것이다. 실제로 나는 무엇이 정의이고, 절대적 정의, 이러한 인간의 아름다운 꿈이 무엇인가를 알지도 못하고 말할 수도 없다. 나는 상대적 정의로 만족할 수밖에 없고, 나에게 정의란 무엇인가를 말할 수 있을 뿐이다. 학문은 나의 천직이며, 그러므로, 나의 생활에서 가장 중요하기 때문에 학문을 보호하고 학문으로써 진리와 성실을 영광되게 하는 것이 정의다. 그것은 자유라는 정의이며, 평화라는 정의이며, 민주주의라는 정의이며, 관용이라는 정의이다.

부 록

역자의 주

제1편 헌법이론

1. 헌법의 개념 (카를 슈미트)

* 출전. Carl Schmitt, Verfassungslehre, Berlin: Duncker & Humblot, 1928. 11. Auflage, 2017, I. Abschnitt Begriff der Verfassung, S. 1-121.
「헌법의 개념」(1928)(1)(2)(3)『동아법학』제48호(2010. 8), 953-1000면; 제49호(2010. 11), 421-477면; 제50호(2011. 2), 577-614면에 수록.

카를 슈미트(1888-1985)의『헌법이론』은 일찍부터 한국에 소개되었고 많은 영향을 미친 저작이다. 당시의 바이마르 공화국 헌법 하에서 종래의 법실증주의이론과는 결별하고 정치적 및 사회적인 헌법개념을 체계적으로 전개하여 헌법학의 연구대상을 풍부하게 만들었을 뿐만 아니라 헌법개념을 확고한 반석 위에 올려놓은 저작으로서 이제는 헌법학의 고전에 속하는 기본문헌이 되었다.

한국어판은 김기범(金箕範, 1920-1977) 교수에 의해서『헌법이론』(교문사, 1976)으로 출간되었고, 일본어판은 尾吹善人譯,『憲法理論』(創文社, 1972)과 阿部照哉·村上義弘譯,『憲法論』(みすず書房, 1974) 두 가지가 발간되었고, 1983년에는 스페인어, 1984년에는 이탈리아어, 1993년에는 프랑스어, 그리고 2008년에는 영어판이 각각 발간되었다. 번역에 있어서는 새로 조판한 8판을 텍스트로 하여 여러 번역판을 참조하였다. 김기범 교수의 번역에서 누락되었거나 잘못된 곳은 모두 바로 잡았다.

역자인 김기범 교수는 평안북도 철산에서 태어나 1945년 경성제대 법문학부 법과를 졸업한 후 경북대 법대 교수를 거쳐 1952년부터 연희대학과 이후 연세대학교 정법대학 교수로 재직하다가 1977년 서울에서 타계하였다. 그동안 서울대 법대·상대·이화여대·단국대·서강대·국제대 강사와 사법·행정시험위원을 역임하였다.

저서로는『헌법강의』(법문사, 1963),『한국헌법』(교문사, 1973)이 있고, 역서로는 C. F. 스트롱의『비교헌법』(현대문화사, 1956), D. 펠만의『피고인의 권리』(수도문화사, 1960), K. 뢰벤슈타인의『현대헌법론』(교문사, 1973), C. 슈미트의『헌법이론』(교문사, 1976) 등이 있다. 논문으로는 미국의 법률심사제도, 상원론, 공법과 사법, 국가긴급권(영·미·독·불), 저항권 등 다수가 있다. 생애와 저작목록은 전광석,『한국헌법학의 개척자들』(집현재, 2015), 307-370면 참조.

카를 슈미트에 관한 전 세계의 연구동향은 Alain de Benoist, Carl Schmitt Bibliographie seiner Schriften und Korrespondenzen, Berlin: Akademie Verlag 2003이 상세하며 여기에는 한국의 문헌도 소개되어 있다. 또 Alain de Benoist, Carl Schmitt: Internationale Bibliographie der Primär-und Sekundärliteratur, Graz: Ares, 2010과, Daniel Hitschler, Zwischen Liberalismus und Existentialismus: Carl Schmitt im englischsprachigen Schriften,

Baden-Baden: Nomos 2011, 그리고 한국 문헌은 김효전 편역,『반대물의 복합체: 20세기 법학과 정신과학에서 카를 슈미트의 위상』(산지니, 2014)과 김효전 편역,『칼 슈미트 연구』(세종출판사, 2000) 참조.

  슈미트의 일기는 Martin Tielke/Gerd Giesler (Hrsg.), Carl Schmitt Tagebücher 1925 bis 1929, Berlin 2017.

* **23** 이소크라테스(Isokrates, BC 436-BC 338) 고대 그리스의 변론가·수사가. 아테네에 변론술 학교를 세웠으며 변론을 산문 예술의 한 분야로 승화시켰다. 슈미트가 인용한 이소크라테스의 아레오파고스 연설문에서「아레오파고스」는 기원 전 4세기 그리스의 전직 집정관(arcon) 9인으로 구성된 법정을 말한다. 학자 간에 논쟁이 있으나 형사재판만을 담당했다는 견해도 있다. 이소크라테스는 신체적으로 허약하여 대중 앞에서 말하기 어려워 글을 작성했다는 것이다. 사도 바울이 아테네에서 전도하다가 붙들려 아레오바고에서 설교했다(행 17: 19-22)는 기록이 있으며, 영국의 존 밀턴(John Milton)은 자신의 책 이름에『아레오파기티카』(Areopagitica, 1644)를 붙여 언론의 자유의 고전으로서 유명하게 되었다. 이소크라테스와 밀턴의 공통점이라면 연설을 말 대신 글로 썼다는 것이다. 문헌 아리스토텔레스의『아테네인의 헌법』(Constitution of Athenians); 임상원 역주,『아레오파지티카』, 나남출판, 1998, 17면; 박상익 역주,『아레오파기티카』, 소나무, 1999, 25면.

* **24**『신학대전』(Summa theologica). 한국어 번역은 정의채역 (성바오로출판사, 1993) 이래 현재에도 발간 중이다. 법률에 관한 Questions 90-100은 최이권 역주,『신학대전(법신학의 정초: 법률편)』(법경출판사, 1993) 참조.

* **25** 로렌츠 폰 슈타인(Lorenz von Stein, 1815-1890) 독일의 행정학자·재정학자·사회학자. 귀족의 가정에서 태어났지만 프랑스에서 사회주의자와 교류. 1846년 킬 대학 교수가 되었으나 파면. 1855년 빈 대학 교수. 헤겔의 영향 아래 시민계급에서의 계급투쟁을 계급중립적인 군주가 조정한다는「사회군주제론」을 주창. 재정학과 행정학 등을 통합하는「국가학」을 제창. 헌법조사를 위해서 유럽에 간 일본의 이토 히로부미(伊藤博文, 1841-1909)에게 헌법과 행정법을 강의. 저서『프랑스 사회운동사』(Die Geschichte der sozialen Bewegung in Frankreich von 1789 bis auf unsere Tage, 3 Bde., 1850); Handbuch der Verwaltungslehre und des Verwaltungsrechts, Utz Schliesky (Hrsg.), Mohr 2010. 문헌 Max Munding, Bibliographie der Werke Lorenz von Steins und der Sekundärliteratur, in: Roman Schnur (Hrsg.), Staat und Gesellschaft. Studien über Lorenz von Stein, Berlin 1978, S. 561-626; Christoph Brüning, Lorenz von Stein und die rechtliche Regelung der Wirklichkeit, Mohr 2015. 森田勉,『ローレンツ・シュタイン研究』, ミネルヴァ書房 2001; 瀧井一博,『ドイツ國家學と明治法制』, ミネルヴァ書房, 1999.

* **25** 페르디난드 라살레(Ferdinand Lassalle, 1825-1864) 독일의 사회주의자·정치가·노동운동가. 그의 주장은 1890년대에 베른슈타인(Eduard Bernstein, 1850-1932)에 의해서 이론적으로 심화되고, 바이마르 공화국 시대의 독일사회민주당의 실질적인 지도원리가 되었다. 그러나 에르푸르트 강령이 채택된 1891년 이후는 공식적으로 마르크스주의가 지도원리가 된다. 제2차 세계대전 이후 1959년의 고데스베르크 강령에 의해서 라살레주의는 서독 사회민주당의 주요한 공식적

원리가 되었다. 헌법은 사실적인 권력관계라고 본다. 전집 E. Bernstein (Hrsg.), Ferdinand Lassalle. Gesammelte Reden und Schriften, 12 Bde. Berlin 1919-1920. 저서 『노동자강령』(서석연 옮김, 범우사, 1990); 『헌법의 본질』(1862) 등. 문헌 Peter Brandt u.a. (Hrsg.), Ferdinand Lassalle und das Staatsverständnis der Sozialdemokratie, Baden-Baden, Nomos 2014; Willi Eichler, Hundert Jahre Sozialdemokratie, 1962 (이태영역, 『독일 사회민주주의 100년』, 중앙교육문화, 1989).

* **25** 루돌프 스멘트(Rudolf Smend, 1882-1975) 국법학자이며 교회법학자. 그는 국가를 살아 있는 정신적 현실이자 생활과정으로 보며, 국가에 대해 동적ㆍ기능적으로 이해한다. 스멘트는 독일의 사회학자 리트(Th. Litt)의 이론에 입각하여, 국가가 자신을 실현해 나아가는 과정을 통합(Integration)이라고 부르고, 통합에는 인적 통합, 기능적 통합 그리고 물적 통합의 세 가지가 있다고 한다. 헌법이란 바로 국가가 통합을 이루어 나아가는 법적 과정이라고 한다. 또 그는 기본권은 국가에게 그 내용과 존엄성을 부여해 주는 물적 통합의 요소이며 가치체계라고 이해하고, 특히 언론의 자유의 국가창설적 기능을 강조한다. 그의 통합이론은 파시즘에 가까운 입장이었으나 나치에의 협력을 거부하여 베를린대학에서 괴팅겐대학으로 좌천되었다. 전후 독일 공법학의 주류가 된다. 카를 슈미트학파와 대립하는 학파로서 한국에도 이를 따르는 몇 사람이 있다. 저서 『헌법과 국가』(김승조 옮김, 교육과학사, 1994), 『헌법과 사회』(김승조 옮김, 교육과학사, 1994). 통합이론에 대한 비판은 한스 켈젠, 『통합으로서의 국가: 하나의 원리적 대결』(김효전역, 법문사, 1994). 문헌 H. Schulze-Fielitz, Rudolf Smend (1882-1975), in: P. Häberle, M. Kilian, H. Wolff (Hrsg.), Staatsrechtslehrer des 20. Jahrhunderts, 2015, S. 255-272.

* **26** 루와이에-콜라르(Pierre Paul Royer-Collard, 1763-1845) 프랑스의 철학자ㆍ정치가. 프랑스 혁명이 발발하자 파리의 코뮌 서기가 되고 입헌 군주제의 입장을 취했다. 왕정복고 후 철학적 자유주의에 의해서 부르주아지를 대표하고, 기조와 함께 이론파를 지도하였다.

* **27** 기조(François Pierre Guillaume Guizot, 1787-1874) 프랑스의 역사가ㆍ정치가. 소르본느 대학 교수로서 나폴레옹이 실각한 후 한때 정치생활도 하였으며, 1830년 루이 필립 왕의 내무대신으로서 혁명의 진행을 저지하는 데에 노력하였다. 밖으로는 평화책, 안으로는 반동책을 썼기 때문에 2월 혁명을 초래하여 영국으로 망명, 다음해 재기를 노렸으나 실패하였다. 신교도로서 자유주의자. 7월 왕정 하에서 수상이 되어 금융 부르주아지의 이익을 대표. 저서 『영국 혁명사』(1854); 『유럽 문명의 역사』(1858; 임승휘 옮김, 아카넷, 2014); 『프랑스 문명사』(1829-32).

* **27** 토크비유(Charles Alexis Henri Clérel de Tocqueville, 1805-1859) 프랑스의 정치가ㆍ역사가. 1831-32년에 미국을 여행하고, 『미국민주주의론』을 저술하여 미국론과 민주주의론의 고전이 됨. 39-48년 하원의원으로서 온건자유파의 입장에 선다. 48년 2월혁명 후 헌법의회에 속하고 49년 외상. 그러나 루이 나폴레옹에 반대하여 51년 인퇴. 저서 『미국의 민주주의』(De la démocratie en Amérique, 1835-40; 박지동ㆍ임효선역, 한길사, 1997; 이영범역, 사상문고, 1963); 『앙시앵 레짐과 프랑스 혁명』(이용재 옮김, 박영률출판사, 2006); 『빈곤에 대하여』(김영란ㆍ김정겸 옮김, 에코리브르, 2014). 문헌 서병훈, 『위대한 정치: 밀과 토크빌, 시대의 부름에 답하다』(책세상, 2017).

* **28** 라이히(Reich)의 개념. 흔히 「제국」이라고도 번역하지만 정확하지는 않다. 예컨대 제정이 무너지고 성립된 바이마르 공화국 역시 'Deutsches Reich'이기 때문이다. 원래 Reich는 영방(領邦) 내지 지방(支邦)을 포괄하는 국가를 의미한다. 여기서는 번역하지 않고 「라이히」 그대로 사용한다. 문헌 Elisabeth Fehrenbach, Reich, in: O. Brunner, W. Conze, R. Koselleck (Hrsg.), Geschichtliche Grundbegriffe. Historisches Lexikon zur politisch-sozialen Sprache in Deutschland, Stuttgart: Klett-Cotta, Bd. 5. 1984, S. 423-508. → 본서 1109면

* **32** 조세프 바르텔레미(Joseph Barthélemy, 1874-1945) 프랑스 공법학자 · 파리대학 법학부 교수. 나치스가 프랑스를 점령한 후 페탱(Pétain) 원수의 괴뢰 정권(1941-43년) 하에서 법무장관 역임. 1944년 8월 체포되어 1945년 툴루즈 교도소에서 사망. 문헌 Claire Cuvelier, Delphine Huet, Clémence Janssen-Bennynck, La science française du droit constitutionnel et le droit comparé: les exemples de Rossi, Barthélemy et Mirkine-Guetzevitch, in: Revue du Droit Public, N°. 6 (2014), p. 1534-1577; P. Arabeyre et al (dir.), Dictionnaire historique des juristes française XIIe-XXe siècle, 2e éd. Presses Universitaires de France, Paris 2015, p. 56-58; 春山 習, フランス第三共和制憲法學の變容 - ジョゼフ・バルテルミの憲法理論の位置づけ, 『早稻田法學會誌』 제66권 1호, 2015.

* **33** 해넬(Albert Haenel, 1833-1918) 독일의 국법학자. 쾨니히스베르크 · 킬대학 교수 역임. 제국 의회 의원(진보당, 1903-1908년). 주저로 『독일 국법 연구』(Studien zum deutschen Staatsrechte, 3 Bde., 1873-88)가 있으며, 당시 독일 국법학이론의 핵심문제였던 연방국가의 개념을 명확히 하는 데에 기여하였다.

* **37** 베르나치크(Edmund Bernatzik, 1854-1919) 오스트리아의 국법학자. 켈젠의 스승. 1891-1893년 바젤, 1893년 그라츠, 1894-1919년 빈대학 교수 역임. 1910-1911년 총장. 문헌 H. Kelsen, Edmund Bernatzik, Zeitschrift für öffentliches Recht, Bd. 1, Heft 1/2, S. VII-IX; Hans Kelsen Werke, Bd. 4 (2013), S. 150-152.

* **38** 「자기보존의 권리」(스피노자), 「자연권에 따라 모든 인간은 자기를 보존(sui conservatio) 할 수단을 판단한다」(Hobbes, De Cive, 1, 9). 헤르만 헬러도 『주권론』(김효전 옮김, 관악사, 2004, 205면)에서 국가는 절대적 자기유지의 요구권을 가진다고 역설했다.

* **41** 장 루이 드 롬므(Jean Louis de Lolme, 1740-1806) 영국의 정치학자. 문헌 Dictionary of National Biography, Vol. V (1917). p. 775-777; Concise, p. 332.

* **41** 윌리엄 블랙스톤(William Blackstone, 1723-1780) 영국의 법학자. 옥스퍼드대학에서의 최초의 영국법 교수(1758-66년). 영국에서는 전통적으로 로마법만을 강의해오다가 1753년 이 대학에서 블랙스톤이 강사로서 영법 강의를 한 것이 효시이다. 그 강의의 성과가 『영법주해』 (Commentaries on the Laws of England, 1765-1769)이다. 이 책은 독창적이지는 않지만 영법 전체를 체계적으로 설명한 것으로 브랙턴(Bracton)의 책 "De legibus et consuetudinibus Angliae"

와 쌍벽을 이룬다. 현행법을 무조건 찬미하는 태도는 벤담과 오스틴의 신랄한 비판을 받았지만 19세기에 들어와서 많은 제정법으로 변용되기 이전의 순수한 영국법을 아는데 편리하다. 또 이 책에서 그는 코먼로를 자연법적으로 정당화했다. 그리하여 이 책은 미국의 법률가들에게 바로 코먼로라고 생각될 정도로 환영을 받았으며 연방헌법과 주헌법의 제정에 커다란 영향을 미쳤다. 슈미트는 『침략전쟁론』에서 인용. 『영법주해』의 영인본은 Stanley N. Katz의 해설을 첨부하여 University of Chicago Press에서 전 4권으로 1979년에 발간되었다. 문헌 Dictionary of National Biography, Vol. II. p. 595-602.

* 42 위임적 독재(die kommissarische Diktatur). 카를 슈미트에 의하면, 헌법 자체가 긴박한 비상사태를 미리 예정하고 입헌주의를 일시 정지하여 독재권력을 인정하는 것. 이에 대해서 극도의 비상사태시 헌법의 일체의 틀이나 수권을 초월한 비법(非法)의 독재정치를 초입헌적 독재 또는 주권적 독재(die souveräne Diktatur)라고 한다. C. Schmitt, Die Diktatur. Von den Anfängen des modernen Souveränitätsgedankens bis zum proletarischen Klassenkampf, 1928 (김효전 옮김, 『독재론. 근대 주권사상의 기원에서 프롤레타리아 계급투쟁까지』, 법원사, 1996, 제1장 및 172면 이하).

* 44 마크마옹(Marie Edmé-Patrice Maurice MacMahon, Comte de, Duc de Magenta, 1808-1893) 프랑스의 군인 · 정치가. 1855년 크리미아 전쟁, 1857-58년 알제리아 원정, 1859년 이탈리아 전쟁 등에 참가. 원수 · 공작. 1864-70년 알제리아 총독. 1870-71년 보불전쟁에는 제1군단 사령관이었으나 스당 전투에서 패했다. 나중에 티에르와 함께 파리 코뮌을 탄압하는 데에 성공, 이어서 1873-79년 제3공화국의 대통령이 된다. 재임 중 왕당파와 공화파의 투쟁이 치열해 지고 그는 왕당파에 동정을 보였으나 1877년 5월 16일(le Seize Mai) 사건의 실패 후 공화파의 압력 앞에 퇴임했다. → 본서 1135면, 1877년 5. 16 사건

* 48 리하르트 토마(Richard Thoma, 1874-1957) 독일의 국법학자. 함부르크 · 하이델베르크 · 본 대학 교수 역임. 켈젠 · 안쉬츠와 함께 대표적인 국법실증주의자. 안쉬츠와 공편한 『독일 국법 편람』(Handbuch des Deutschen Staatsrechts, 2 Bde., 1930-32) 외에, 논문집 Horst Dreier (Hrsg.), Rechtsstaat-Demokratie-Grundrechte, Mohr, 2008 등. 문헌 H.-D. Rath, Positivismus und Demokratie. Richard Thoma 1874-1957, Berlin: Duncker & Humblot 1981; K. Groh, Richard Thoma (1874-1957), in: P. Häberle, M. Kilian, H. Wolff (Hrsg.), Staatsrechtslehrer des 20. Jahrhunderts, 2015, S. 147-160.

* 48 카를 로텐뷔허(Karl Rothenbücher, 1880-1932) 1908년 뮌헨대학 사강사, 조교수 역임. 논문 Das Recht der freien Meinungsäußerungen, VVDStRL Heft 4. 1928, S. 6 ff.

* 50 몽테스키외(Charles-Louis de Secondat, Baron de la Brède et de Montesquieu, 1689-1755) 프랑스의 법률가. 풍토에 따라 법이 변화한다고 주장. 『법의 정신』 제11장 6절 「영국 헌법에 관하여」에서 권력분립론을 최초로 역설. 저서 『법의 정신』(De l'Esprit des Lois, 1748; 신상초역, 을유문화사, 1963; 손석린 옮김, 박영사, 1976); 『로마인의 흥망성쇠 원인론』(Considérations sur les causes de la grandeur des Romains et de leur décadence,

1734; 김미선 옮김, 사이, 2013; 박광순 옮김, 범우사, 2007); 『페르시아인의 편지』(이수지 옮김, 다른세상, 2002) 등. 문헌 P. Arabeyre et al (dir.), Dictionnaire historique des juristes française XIIᵉ-XXᵉ siècle, 2ᵉ éd., 2015, p. 745-747; Claudia Opitz, Charles-Louis de Montesquieu(1689-1755), in: R. Voigt, Staatsdenken, 2016, S. 73-77.

* **51** 에스맹(Adhémar Esmein, 1848-1913) 프랑스의 법제사가 · 헌법학자. 원래 법제사가 전문 이었으나 1889년 헌법강좌가 신설되면서 강좌를 담당하고 그 연구성과가 『프랑스와 비교헌법의 기초원리』(Éléments de droit constitutionnel Français et comparé, 1896)이다. 문헌 Stéphane Pinon et Pierre-Henri Prélot, Le droit constitutionnel d'Adhémar Esmein, Paris 2009; P. Arabeyre et al (dir.), Dictionnaire historique des juristes française, p. 406-408; A. Cepko, Le principe représentatif dans les théories constitutionnelles d'Adhémar Esmein et de Félix Moreau, in: Revue du droit public de la science politique en France et à l'étranger 2016, p. 991-1011; 春山智, フランス第三共和制憲法學の誕生: アデマール · エスマンの憲法學, 『早稲田法學會誌』 제92권 4호, 2017; 高橋和之, 『現代フランス憲法理論の原流』, 有斐閣, 1986, 79-113면.

* **51** 후고 프로이스(Hugo Preuß, 1860-1925) 독일의 정치가 · 헌법학자. 에버트 대통령의 위촉으로 바이마르 헌법을 기초. 자치행정법, 독일 도시조직의 역사를 전공. 신설된 베를린 상과대학 교수(1906년). 진보국민당 소속으로 베를린시 참사회원이 된다(1910년). 바이마르 국민의회 의원(1919년). 샤이데만 내각의 내무장관이 되었다가 베르사유조약에 반대하고 사임. 저서 Die Entwicklung des deutschen Stadtwesens, 1906; Verfassungspolitische Entwicklung in Deutschland und Westeuropa, 1927; Staat, Recht und Freiheit, 1926; Hugo Preuss Gesammelte Schriften, 5 Bde., Mohr, Tübingen 2007/2010. 문헌 Günther Gillessen, Hugo Preuß. Studien zur Ideen-und Verfassungsgeschichte der Weimarer Republik, Berlin 2000; C. Schmitt, Hugo Preuß, 1930 (김효전역, 후고 프로이스, 『정치신학외』, 법문사, 1988, 125-154면); 初宿正典, 『カール · シュミットと五人のユダヤ人法學者』, 成文堂, 2016, 389-505면.

* **52** 크롬웰(Oliver Cromwell, 1599-1658) 영국의 정치가이며 군지휘관. 청교도. 1642~48년의 내란 때 의회군을 이끌고 왕군을 격파, 1649년 찰스 1세를 처형하고 공화제를 선포. 아일랜드 출정, 스코틀랜드군을 격파하여 영국 섬을 평정. 1651년 항해법을 발포하고, 1653년 호국경(the Lord Protector)으로 천거되어 독재권을 행사. 1652-54년 네덜란드 해군을 격파하여 영국이 해상을 제패하는 계기를 마련했다. 슈미트는 크롬웰을 『로마 가톨릭주의와 정치형태』(김효전역, 교육과학사, 1992, 9면), 『정치적인 것의 개념』(김효전 · 정태호 옮김, 90면 이하) 등에서 인용.

* **54** 바텔(Emmerich de Vattel, 1714-1767) 스위스의 정치가 · 국제법학자. 저서 『국제법』 (Droit des Gens; ou, principes de la loi naturelle appliqués à la conduite et aux affaires des nations et des souverains, 1758: C. G. Fenwick의 영역판, 1916)은 오랫동안 권위있게 원용되었다. 문헌 Dictionnaire Historique et Bibliographique de a Suisse, Neuchatel: Administration du Dictionnaire Historique et Bibliographique de la Suisse, 1930; Arthur Nussbaum, A Concise History of the Law of Nations (1947 [1954]) 이영석 옮김, 『국제법의

역사』(한길사, 2013), 277-288면; Charles G. Fenwick, The Authority of Vattel, in: Am. Pol. Sci. Review, 7: 395(1913), 8: 375 (1914); Frank S. Ruddy, International Law in the Enlightenment: The Background of Emmerich de Vattel's Le droit des gens, Dobbs Fery, New York: Oceana 1975; Vincent Chetail and Peter Haggenmacher (ed.), Vattel's International Law in a XXIst Century Perspective, Leiden, Boston: Martinus Nijhoff, 2011; 武山眞行, 漢譯「ヴァッテル『國際法』の日本への傳來」, 『法學新報』 102권 3-4호 (1996).

* **54** 유기체적(organisch). 이 말의 다양한 의미를 슈미트는 비기계적, 비외부적, 비상부적, 비강제적, 비원자론적 및 비개인주의적, 비개별주의적이라고 한다. 그리고 「유기체적」이라는 것은 모든 능동적이고 의식적인 것에 대립될 수 있으며, 모든 종류의 역사주의, 정부중심주의 그리고 정관주의(靜觀主義)에 봉사하며, 완전한 불가지론(不可知論)으로 끝날 수도 있다고 한다.「후고 프로이스」, 김효전역, 『정치신학외』(법문사, 1988), 135-136면. 문헌 E.-W. Böckenförde, Organ, Organismus, Organisation, politischer Körper, in: O. Brunner u.a.(Hrsg.), Geschichtliche Grundbegriffe. Historisches Lexikon zur politisch-sozialen Sprache in Deutschland, Bd. 4 (1978), S. 519-622; 石田 雄, 國家有機體說, 『講座 日本近代法發達史』 2, 有斐閣, 1958, 240면 이하; 동인, 『日本近代思想史における法と政治』, 岩波書店, 1976 , 161면 이하에 재수록; 西浦公, 國家有機體說における憲法理論, 『法學雜誌』(大阪市立大) 제22권 2호, 1975.

* **58** 헤겔의 『독일 헌법론』의 한국어 번역은 아직 보이지 않으며, 일본어판은 金子武藏譯, ヘーゲル『政治論文集』(上), 岩波文庫, 1967, 49-197면에 수록되어 있다. 한편 카를 마르크스의 『헤겔 국법론 비판』(Kritik des Hegelschen Staatsrechts, §§261-313)은 강유원 옮김, 『헤겔 법철학 비판』(이론과 실천, 2011), 33-265면에 수록. 기타 헤겔 『법철학』에서의 인륜적 자유에 대해서는 이정일, 『칸트와 헤겔에 있어서 인륜적 자유: 당위론적 의무와 목적론적 일치의 지평에서』(한국학술정보, 2007). 문헌 백훈승, 『헤겔 『법철학 강요』 해설: 〈서문〉과 〈서론〉』, 서광사, 2016 등.

* **58** 푸펜도르프(Samuel von Pufendorf, 1632-1694) 독일의 법사상가, 국제법학자. 1661년 이래 하이델베르크대학 교수 역임. 후에 스웨덴의 룬트(Lund) 대학 교수. 그의 사상은 그로티우스와 홉스의 절충설이다. 저서 De jure naturae et gentium libri octo, 1672; M. Silverthorne tr. On the Duty of Man and Citizen According to Natural Law, Cambridge 1991; Übersetzt von Klaus Luig, Über die Pflichten des Menschen und des Bürgers nach dem Gesetz der Natur, Frankfurt a. M. 1994. 문헌 D. Döring, Pufendorf-Studien, Berlin 1992.

* **58** 알프레흐트 폰 발렌슈타인(Albrecht von Wallenstein, Herzog von Friedland, 1583-1634) 보헤미아의 군지도자. 신성 로마 제국의 팔라틴 백작(Count Palatine). 30년전쟁 중 페르디난트 2세에게 3만 내지 10만명의 군대를 제공. 합스부르크 왕가 군대의 최고사령관. 문헌 프리드리히 실러, 안인희역, 『발렌슈타인』(청하, 1986).

* **59** 누가 결정하는가(quis iudicabit) 슈미트는 이 말을 즐겨 자주 사용한다. 예컨대『국제법적 광역질서』, 287면;『국가 · 운동 · 민족』, 327면.

* 60 국민의 개념. 국민(Volk)이란 보통 선거 또는 표결에 관여하고 대개 다수를 결정하는 사람을 말한다. 슈미트, 김효전 옮김, 『국민표결과 국민발안』(관악사, 2008), 41면.

* 62 로베르트 폰 몰(Robert von Mohl, 1799-1875) 독일의 국법학자. 서남 독일 자유주의의 지도자. 1848년 프랑크푸르트 국민의회 의원. 법치국가론을 체계화했다. 튀빙겐대학 교수 역임. 아렌스, L. v. 슈타인의 영향 아래 널리 사회학적 견지에서 각국의 비교제도론을 전개. 그는 사회의 개념을 국가의 그것에서 구별하고, 국가의 임무는 소극적이어야 한다고 주장했다. 저서 『뷔르템베르크 헌법』(Das Staatsrecht des Königreichs Württemberg, Bd. 1, Tübingen 1829); 『국가학 엔치클로페디』(1860); 『국법학 · 국제법 그리고 정치』(Staatsrecht, Völkerrecht und Politik, 전3권, 1860-69). 문헌 김종호, 독일의 법치국가 사상의 형성과정에서 시민적 자유와 국가 개입의 한계 - 몰(Mohl)과 스바레즈(Svarez) 사상을 비교하여, 『유럽헌법연구』 제23호(2017).

* 65 「국법은 여기서 끝난다」(Das Staatsrecht hört hier auf.). 이것은 G. Meyer-G. Anschütz, Lehrbuch des deutschen Staatsrecht, 7. Aufl., München-Leipzig 1919, S. 906의 인용이다. 예컨대 안쉬츠는 예산법이 존재하지 아니하는 경우 어떻게 대처할 것인가 하는 질문에 이것은 결코 법의 문제는 아니라고 대답한다. 「이것은 법률, 즉 헌법조문의 흠결이라기보다는 오히려 법의 흠결의 문제이며, 이것은 법학적인 개념 조작으로는 결코 전보될 수 없다. 여기에 국법학은 끝난다」(슈미트, 김효전역, 『정치신학』, 24면). 문헌 김효전, 국법학은 여기서 끝난다 - G. Anschütz의 생애와 헌법이론, 여산 한창규박사화갑기념 『현대 공법의 제문제』, 삼영사, 1993, 62-87면; 동인, 『헌법 논집 III. 1990~2000』, 세종출판사, 2000, 20-40면.

* 65 게르하르트 안쉬츠(Gerhard Anschütz, 1867-1948) 하이델베르크 대학 교수. 프로이센 헌법과 바이마르 헌법의 정치한 해석자로서 유명. 저서 『독일 헌법 주해』(Die Verfassung des Deutschen Reichs, 14. Aufl., 1933). 토마와 공동으로 편찬한 『독일 국법 편람』(Handbuch des deutschen Staatsrechts, 2 Bde., 1932; Nachdruck 1998)이 유명하다. 문헌 Anschütz, Aus meinem Leben. Hrsg. und eingeleitet von Walter Pauly, Vittorio Klostermann, Frankfurt a. M. 1993; Chr. Waldhoff, Gerhard Anschütz (1867-1948), in: P. Häberle, M. Kilian, H. Wolff (Hrsg.), Staatsrechtslehrer des 20. Jahrhunderts, 2015, S. 93-110.

* 66 발터 옐리네크(Walter Jellinek, 1885-1955) 독일의 행정법학자. G. 옐리네크의 아들. 1908년 스트라스부르대학에서 라반트의 지도로 학위취득. 1912년 라이프치히대학의 오토 마이어 (Otto Mayer, 1846-1924) 아래서 교수자격이 수여된다. 1913년부터 킬대학 조교수, 1919년부터 공법 담당 정교수, 1929년 부친이 오랫동안(1890-1911년) 재직했던 하이델베르크대학의 정교수로 이동. 바이마르 시대 제1급의 행정법학자로서 알려진다. 1935년 유대인이기 때문에 강제로 퇴직하게 되지만 패전 후 곧 복직하여 이 대학의 재건에 힘쓰고 타계할 때까지 교편을 잡았다. 전후에는 행정재판소법의 제정 등 많은 입법작업에도 참가하고 Baden-Württemberg주 행정재판소와 국사재판소, Bremen 국사재판소의 재판관도 겸직했다. 저서 『행정법』(1928). 저작목록 Gedächtnisschrift für W. Jellinek, 1955, S. 645 ff. 문헌 K. Kempter, Die Jellineks 1820-1955, Düsseldorf 1998; NDB, Bd. 10 (1974), S. 394 f.; M. Schulte, Walter Jellinek (1885-1955),

in: P. Häberle, u.a. (Hrsg.), Staatsrechtslehrer des 20. Jahrhunderts, 2015, S. 299-312.

* 67 주권적 독재 → 1059면 위임적 독재

* 69 존 애덤즈(John Adams, 1735-1826) 영국 식민지와 미국 초기의 정치인. 미국 제1대 부통령(1789-1797)과 제2대 대통령(1797-1801) 역임. 토머스 제퍼슨의 정적.

* 74 페르디난트 퇸니스(Ferdinand Tönnies, 1855-1936) 독일의 사회학자 · 철학자. 킬대학 교수. 1936년 나치 정부에 의해서 파면됨. 저서『공동사회와 이익사회』(1887; 황성모역, 삼성출판 사, 1976/1990)에서 사회학의 근본개념을 해명하고 사회학의 발전에 큰 영향을 미침. 마르크스와 홉스에 관한 연구가 있다. 저서『토머스 홉스』(Thomas Hobbes, 3. Aufl. Stuttgart 1925);『여론 비판』(Kritik der öffentlichen Meinung, 1922);『사회학입문』(Einführung in die Soziologie, 1931).

* 74 마르실리우스 파두아(Marsilius von Padua, 이탈리아어로는 Marsiglio da Pacova, 1270-1343) 1312년 파리대학장. 독일 황제 바이에른의 루드비히 4세와 교황 요하네스 22세와의 투쟁에서 황제를 지지했다.『평화의 수호자』(Defensor Pacis, 1324)를 바쳤다. 교회의 국가에로 의 종속을 주장하고, 교회는 정신적 분야의 활동에 한정되어야 한다고 주장하다가 파문당했다. 또 인민의 의지를 강조하여 근대정치학의 기초를 세웠다. 문헌 박은구,『서양 중세 정치사상 연구 - 마르실리우스와 오캄을 중심으로』(혜안, 2001).

* 74 기이르케(Otto von Gierke, 1841-1921) 독일의 법학자. 게르마니스트의 대표자. 1860년 베를린 대학에서 학위 취득. 1867년 게오르그 베젤러(Georg Beseler)의 지도 아래 교수자격논문 완성. 사비니와 함께 독일 근대 법학의 거두이며 게르마니스트의 입장에서 이른바 판덱텐 법학의 형식적 개념주의와 추상적 개인주의를 비판하였다. 브레슬라우 대학 교수 및 총장. 베를린 대학 교수와 총장 역임.『독일 단체법론』과『단체이론』에서는 게르만법적 단체사상을 역사적 실제이론 적으로 연구하였으며,『독일 사법』은 게르만법적 입장에서 독일 사법을 체계화한 것이다. 저서 『독일 단체법론』(Das deutsche Genossenschaftsrecht, 1868, 1873, 1881, 1913. 4 Bde. 부분 번역 阪本仁作譯,『中世の政治理論』, ミネルヴァ書房, 1985; 田中浩他譯,『近代自然法をめ ぐる二の概念』, 御茶の水書房);『알투지우스』(Johannes Althusius und die Entwicklung der naturrechtlichen Staatstheorien, 1880) 등. 문헌 G. Kleinheyer/J. Schröder, Deutsche Juristen aus fünf Jahrhundert, S. 93-98; ders.(Hg.), Deutsche und Europäische Juristen aus neun Jahrhunderten, 6. Aufl., 2017, S. 154-159; 西村清貴,『近代ドイツの法と國制』, 成文堂, 2017, 157-250면.

* 75 페어드로스(Alfred Verdroß, 1890-1980) 오스트리아의 법철학자 · 국제법학자. 켈젠의 초기 제자. 일찍이 그의 법실증주의와 결별하고 자연법적으로 국제법우위설의 토대를 마련하려고 했다. 저서『보편 국제법론』(Universelles Völkerrecht, 1937). 문헌 H. F. Köck, Leben und Werk des österreichischen Rechtsgelehrten Alfred Verdross, in: Österreichische Zeitschrift für Öffentliches Recht und Völkerrecht, 42-1, 1 (1991); B. Simma, Alfred

Verdross (1890-1980), in: P. Häberle, u. a. (Hrsg.), Staatsrechtslehrer des 20. Jahr-
hunderts, 2015, S. 339-352.

* 76 법무관(praetor) 고대 로마의 고급 정무관. BC 306년 집정관(Consul)과 함께 명령권을
가진 도시 법무관(praetor urbanus)이 설치되어 로마에서의 재판을 관장하였다. 임기는 1년이고
정원은 2명. 이들은 로마의 재판권 외에 집정관을 보좌하고, 집정관 부재 시에는 원로원과 코미티아
(兵員會)를 소집했으며, 입법권도 행사하였다. 그 후 속주에도 이 관직을 두어 지방을 통치하고
정원도 늘어났다. 이들은 로마에 상주하며 재판권을 행사하였고, 이들이 공포하는 재판규범은
이후 로마법의 기초가 되었다. 제정기에 이르러 권한이 축소되어 하나의 명예직이 되었다. 로마
시대의 상임 정무관으로는 집정관, 법무관, 재무관(Quaestor), 조영관(造營官) 또는 안찰관(按察
官, Aedilis), 호민관(tribunus), 감찰관(censor)이 있다.

* 78 도즈안(Dawesplan) 제1차 대전 후 독일의 배상에 관하여 1924년 8월 16일 런던에서 체결된
국제조약. 베르사유조약 체결 후 연합국측은 1천 320억 마르크의 엄청난 배상액을 정하자 독일측은
배상지불 유예를 선언하였다. 그러자 프랑스와 벨기에는 루르 지방을 점령하여 배상문제는 암담하
게 되었다. 이를 타개하기 위해 미국인 도즈(Charles Gate Dawes, 1865-1951)는 독일의 예산과
경제의 번영 여하에 따라서 배상하도록 안을 제시. 이에 따라 프랑스와 벨기에는 루르 지방에서
철수하고 독일은 외국 자본, 특히 미국 자본의 원조를 받아 산업의 합리화를 도모하여 독일 경제는
차츰 회복되었다. 그러나 1929년에는 새로운 지불계획안이 미국의 법률가이며 재무가인 영(Owen
D. Young, 1874-1962)에 의해서 대체되었다. 이를 영안(Youngplan)이라고 한다. 이것은 같은
해 6월에 발표된 대독 배상전문가 위원회의 결정안으로 위원장인 미국 대표 영의 이름에서 유래한
다. 배상금의 지불년한·지불년액·지불방법 등을 결정하였다. 문헌 도즈안 (1924)에 대해서는
Fr. Raab, Der Dawes-Plan und seine Durchführung, in: H. Schnee/H. Draeger (Hrsg.), Zehn
Jahre Versailles, I, 1929, S. 295-348; 영안 (1929)에 대해서는 Raab, Young-Plan oder
Dawes-Plan? 1929; M. J. Bonn, Der Neue Plan als Grundlage der deutschen Wirtschafspolitik,
1930.

* 81 결정(Entscheidung)이란 개념은 카를 슈미트의 헌법과 정치이론을 이해함에 있어서 가장
중요한 용어의 하나이다. 자유주의에 대한 그의 불만은 자유주의가 결정에 대해서 무기력하며
자기 자신의 이익과 안전만을 도모하며 대중민주주의의 진전을 보지 못한다는 점이다. 슈미트,
김효전 옮김, 『현대 의회주의의 정신사적 지위』(관악사, 2007) 참조.

* 82 에밀 부뜨미(Emile-Gaston Boutmy, 1835-1906) 프랑스의 정치학자·헌법학자. 신문기자
역임. 보불전쟁에서 프랑스가 패배한 원인은 프랑스 국민의 무식함에 있으며 국민의 계몽이 급선무
라고 생각하여 사립 정치학교를 세우고 가르쳤다. 게오르그 엘리네크와의 인권선언의 기원에
관한 논쟁으로 유명하다. 저서 『비교헌법론』(Études de droit constitutionnel, 1885), 『정치연
구』(Études politiques, 1907) 등. 문헌 G. 엘리네크/E. 부뜨미, 김효전역, 『인권선언 논쟁』,
법문사, 1991.

* 83 모나르코마키(Monarchomachen). 군주(monarchos)와 투쟁(machē)의 접합어. 근세 초기에

폭군에 대한 저항권을 주장한 일련의 사상가들. 대표적인 것은 Junius Brutus라는 가명으로 발간된 『반폭군론』(Vindiciae contra tyrannos, 1579)이 유명하다. 모나르코마키란 말은 Barclaius의 저서 De regno et regali potestate adversus Buchananum, Brutum et reliquis Monarchomachos, libri sex, 1600에서 유래한다고 한다. Otto von Gierke, Johannes Althusius und die Entwicklung der naturrechtlichen Staatstheorien, 1880, S. 3. 기타 R. Treumann, Die Monarchomachen, 1895 (김상겸 옮김, 『주권론의 뿌리를 찾아서』, 푸른세상, 2003).

* 83 엠마뉘엘 시에예스(Emmanuel Joseph Sieyès, 1748-1836) 프랑스의 정치가 · 혁명가. 원래 성직자였으나 정치에 관심을 가지고 프랑스 혁명이 반발하기 직전에『제3신분이란 무엇인가?』(Qu'est ce que le Tiers État? 1789; 박인수 옮김, 책세상, 2003)를 서술하여 부르주아지의 혁명운동에 커다란 영향을 미쳤다. 혁명 중에는 국민의회, 국민공회의 의원 및 총재정부 시기의 총재, 집정부 시대의 집정관으로서 활약하였으며, 외교관계와 헌법작성 등에 공헌하였다. 1815년의 왕정복고 후 벨기에로 망명. 1830년 귀국. 그의 헌법제정권력의 이론은 슈미트에게 절대적인 영향을 미친다.『헌법이론』제8장. 파스쿠알레 파스키노, 엠마누엘 시에예스와 카를 슈미트에 있어서의 '헌법제정권력'론, 헬무트 크바리치 외, 김효전 편역, 『반대물의 복합체』, 산지니, 2014, 271-295면. 문헌 P. Arabeyre et al (dir.), Dictionnaire historique des juristes français XIIᵉ-XXᵉ siècle, 2ᵉ éd., 2015, pp. 931-933; O. Lembcke, Emmanuel Joseph Sieyès (1748-1836), in: R. Voigt, Staatsdenken, 2016, S. 175-179.

* 84 페더랄리스트. Alexander Hamilton, James Madison, John Jay, The Federalist Papers, 1788 (김동영 옮김, 『페더랄리스트 페이퍼』, 한울 아카데미, 1995).

* 85 「능산적 자연(Natura naturans)과 소산적 자연(Natura naturata)」의 관계. Spinoza, Ethik, I, Lehrsätze 28-31, in der Ausgabe v. O. Baenisch, 1917, S. 25-29 (강두식 · 김평옥 옮김, 『에티카』(전), 박영문고, 1976, 216면; 강영계 옮김, 서광사, 1990). 스피노자-시에예스(박인수 옮김, 『제3신분이란 무엇인가, 책세상, 2003)의 평행을 슈미트는『독재론』(김효전 옮김, 178면)과 『헌법이론』(김기범역, 100면)에서 지적한다. 문헌 G. Pariset, Sieyès et Spinoza, Revue de synthèse, 1906, S. 309-320 (스피노자의『신학정치론/정치학논고』(최형익 옮김, 비르투, 2011)가 시에예스의 통령헌법 초안에 미친 영향을 상설한다). 시에예스와 슈미트의 관계에 관하여는 파스쿠알레 파스키노, 「엠마누엘 시에예스와 카를 슈미트에 있어서의 '헌법제정권력'론」, 김효전 편역, 『반대물의 복합체』, 산지니, 2014, 271-296면; E.-W. 뵈켄회르데, 김효전 옮김, 『헌법 · 국가 · 자유』, 법문사, 1992, 13-38면.

* 85 레즈로브(Robert Redslob, 1882-1962). 스트라스부르 출생의 옛 알사스인으로서 독일의 법률가. 로스토크대학과 스트라스부르크대학 교수 역임. 그는 행정권과 입법권 간의 균형의 존부를 기준으로 하여 「진정한 의원내각제」와 「부진정한 의원내각제」로 구별하였다. Die parlamentarische Regierung in ihrer wahren und in ihrer unechten Form. Eine vergleichende Studie über die Verfassungen von England, Belgien, Ungarn, Schweden und Frankreich, Tübingen 1918. 이 책의 프랑스어판은 1924년에 발간되었다. 문헌 A. Le Divellec, Robert Redslob, juriste alsacien entre la France et l'Allemagne, in: Jahrbuch

des öffentlichen Rechts, Bd. 55 (2007), S. 474-507.

* **88** 갈채(Akklamation) 카를 슈미트는 국민 고유의 모든 표현의 핵심이며, 루소가 염두에 둔 민주주의의 근원적 현상은 바로 「갈채」라고 하여 직접민주주의를 강조한다. 그는 「갈채는 모든 정치적 공동사회의 영원한 현상이다. 국민 없는 국가란 없으며, 갈채 없는 국민이란 없다」고 극언을 한다. C. Schmitt, Volksentscheid und Volksbegehren, 1927, S. 34 (김효전 옮김,『국민표결과 국민발안』, 관악사, 2008, 40면 이하). 슈미트의 「갈채」구상은 페터존의 종교사적 연구에 많이 힘입고 있다. E. Peterson, Heis Theos, Göttingen 1926, S. 141-227. 또한 Schmitt, Politische Theologie II, 1970, 5. Aufl., 2008 (김효전역, 정치신학 II,『동아법학』제16호, 1993). 두 저자의 관계에 관하여는 B. Nichtweiss, Erik Peterson. Neue Sicht auf Leben und Werk, 1992, bes. S. 727-830; Giancarlo Carnello (Hrsg.), Erik Peterson. Die theologische Präsenz eines Outsiders, Berlin: Duncker & Humblot 2012, 652 S.

* **105** 바이마르 헌법 제76조(헌법개정) ① 헌법은 입법에 의해서 개정할 수 있다. 다만, 헌법개정을 위한 라이히 의회의 의결은 법률에 정한 의원정수의 3분의 2 이상의 출석과 출석의원 3분의 2 이상의 동의가 있어야 한다. 헌법개정을 위한 라이히 참의원의 의결도 투표수 3분의 2의 다수를 필요로 한다. 국민발안에 의하여 국민투표로서 헌법개정을 결정하는 경우에는 유권자의 과반수의 동의가 있어야 한다.

② 라이히 의회가 라이히 참의원의 이의에도 불구하고 헌법의 개정을 의결한 경우에, 라이히 참의원이 2 주일 이내에 국민투표에 회부할 것을 요구할 때에는 라이히 대통령은 이 법률을 공포할 수 없다.

* **112** 1799년 12월 13일의 프랑스 집정관헌법 제92조.「무력에 의한 반란(révolte) 또는 국가의 안전을 위협하는 소란의 경우에는 법률은 법률로 정한 장소와 기간 내에 헌법의 지배(empire de la Constitution)를 정지할 수 있다. 전항의 정지는 전항과 같은 반란이 있는 경우에, 입법의회가 휴회(vacance)할 때에는 정부의 포고(arrêté du Gouvernement)로 임시로 선언할 수 있다. 다만, 그 포고의 조문으로 가장 단기간 내에 입법의회가 소집될 것을 조건으로 한다」. 김충희 옮김, 프랑스 역대 헌법전(1),『동아법학』제69호, 2015, 449면.

2. 헌법의 우위 (라이너 발)

* 출전. Rainer Wahl, Der Vorrang der Verfassung, in: Der Staat, Bd. 20 (1981), S. 485-516. jetzt in: ders., Verfassungsstaat, Europäisierung, Internationalisierung, Suhrkamp, Frankfurt a. M. 2003, S. 121-160.

『헌법학연구』제23권 4호(2017. 12), 275-315면;『동아법학』제77호(2017. 11), 185-222면.

이 논문은 헌법의 법적 성격에 관한 독일과 미국의 비교헌법적 고찰로부터 헌법재판의 준거 규준으로서의 헌법의 우위에 이르기까지 상세하게 검토한 노작으로서 독일에서도 높이 평가받는 문헌의 하나이다. 한국 헌법의 해석과 헌법재판에도 시사하는 바가 많다고 생각한다.

라이너 발(Rainer Wahl, 1941-)은 하일브론(Heilbronn)에서 태어나 1969년 하이델베르크대학에서 뵈켄회르데(Ernst-Wolfgang Böckenförde)의 지도로 법학박사학위를 취득하고, 1976년 빌레펠트대학에서 교수자격논문이 통과되었다. 본대학 교수를 거쳐 1978년부터 2006년까지 프라이부르크대학 교수를 지냈다. 저작목록은 Ivo Appel, Georg Hermes, Christoph Schönberger (Hrsg.), Öffentliches Recht im offenen Staat. Festschrift für Rainer Wahl zum 70. Geburtstag, Duncker & Humblot, Berlin 2011, S. 867-885.

한국에 소개된 논저는 김백유역, 헌법재판제도의 유형,『동아법학』제31호 (2002); 동인, 동제,『헌법학연구』제8권 4호(2002); 김태호역, 정보질서의 국제화,『법학』(서울대) 제45권 1호 (2009)등. 기타 김효전편, 독일의 공법학자들(12완),『동아법학』제37호, 2005, 671-672면; 현대 독일 공법학자 계보도, 헌법재판소도서관,『독일 법정보조사 자료집』, 2013, 143면.

* **123** 클라우스 슐라이히(Klaus Schlaich, 1937-2005)가 1980년 독일국법학자대회에서 발표한「연방헌법재판소의 지위ㆍ절차ㆍ재판」(Das Bundesverfassungsgericht. Stellung, Verfahren, Entscheidungen)은 다음 해 보고서 VVDStRL, Heft 39에 발표되었으며, 이것을 기초로 한 저서 Das Bundesverfassungsgericht, C. H. Beck, München, 9. Aufl. 2012, 414 S. (정태호역,『독일헌법재판론 - 독일연방헌법재판소의 지위ㆍ절차ㆍ재판』, 미리, 2001)로 발간되었다. 현재는 Stefan Korioth와 공저로 발간되고 있다. 문헌 In memoriam Klaus Schlaich: (1. 5. 1937- 23. 10. 2005); Reden gehalten bei der Akademischen Gedenkfeier am 21. April 2007 im Festsaal der Rheinischen Friedrich-Wilhelms-Universität Bonn - Bonn: Bouvier, 2007. 34 S.

* **123** 카를 코리네크(Karl Korinek, 1940-2017) 오스트리아 빈 출생. 빈 대학 졸업, 1973년 그라츠 대학에서 교수자격 취득, 1973-76년 그라츠 대학 교수, 1976년 이후 빈 경제대학 (Wirtschaftsuniversität Wien) 교수 역임. 문헌 김효전편, 독일의 공법학자들,『동아법학』제5호, 1994, 380-398면; Michael Holubek, Nachruf. Karl Korinek (1940 bis 2017), in: ZöR 2017, S. 211-215; C. Grabenwarter, Karl Korinek, † in: JZ 2017. S. 836.

* **125** 존 마샬(John Marshall, 1755-1835) 미국 건국 당시 연방당(Federalists) 소속으로 국무장관 역임. 애덤스 대통령에 의해서 제4대 연방대법원장에 임명되고, 미국헌법의 특징인 입법의 사법심사제도는 그의 원장 재직시 Marbury v. Madison (1803) 사건에서 인정된 것이다. 또 연방정부의 권한에 관한 헌법규정을 가능한 한 넓게 해석하려고 노력했다.

* **127** 제임스 아이어델(James Iredell, 1751-1799) 미국 연방대법원 최초의 판사 중의 한 사람. 조지 워싱턴 대통령이 지명. 1790-1799년 재직. 아들 James Iredell Jr.는 노스캐롤라이나 주지사 역임.

* **127** 울리히 쇼이너(Ulrich Scheuner, 1903-1981) 뒤셀도르프 출생. 1925년 뮌스터대학에서 박사학위 취득. 킬(1931-33년), 예나(1933-40년), 괴팅겐 (1940-41년), 슈트라스부르크 (1941-44년), 본(1949-50년) 그리고 베를린(1950년부터) 대학 교수 역임. 헌법ㆍ국제법 및 교회법 전공. 저서 Staatstheorie und Staatsrecht. Gesammelte Schriften. Hrsg. von J. Listl

und W. Rüfner, 1978; Schriften zum Staatskirchenrecht, 1973; Schriften zum Völkerrecht, 1984 등. 문헌 W. Rüfner, Ulrich Scheuner (1903-1981), in: P. Häberle, M. Kilian, H. Wolff (Hrsg.), Staatsrechtslehrer des 20. Jahrhunderts, 2015, S. 655-670; P. Häberle, Staats-rechtslehre als universale Jurisprudenz. Zum Tode von Ulrich Scheuner, in: Zeitschrift für evangelisches Kirchenrecht, Bd. 26. 1981, 2. S. 105-129.

* **128** 카를 테오도르 벨커(Karl Theodor Welcker, 1790-1869) 독일의 법학자 · 정치가. 바덴의 자유주의 운동의 지도자. 로텍과 함께 『국가사전』 편집. → 본서 1106면

* **128** 파울 라반트(Paul Laband, 1838-1918) 유대계 독일 프로이센의 대표적인 실증주의 헌법학자. 쾨니히스베르크대학, 스트라스부르대학 교수 역임. 게르버(C. F. v. Gerber, 1823-1881)와 함께 독일 국법학의 정립자. 1871년의 독일제국헌법의 해석에 과학적 일반성을 부여하고 제1차 세계대전 전의 독일 국법학의 대표자로서 마이어(Mayer), 자이델(Max von Seydel) 등을 비롯하여 그 후의 국법학자에게 영향을 미쳤다. 『예산법론』(Das Budgetrecht, 1871)에서 흠결이론을 주장하여 제2제정시대의 통치에 법학적 기초를 마련하고 이로써 통치를 정당화했다. 저서 『독일제국 헌법론』(Das Staatsrecht des Deutschen Reichs, 1876-1882, 3 Bde.). 문헌 B. Schlink, Laband als Politiker, in: Der Staat 31 (1992), S. 553 ff.; M. Friedrich, Paul Laband und Staatsrechtswissenschaft seiner Zeit, in: AöR, Bd. 111 (1986), S. 197-218; ders., Geschichte der deutschen Staatsrechtswissenschaft, Berlin 1997; H. Sinzheimer, Jüdische Klassiker der deutschen Rechtswissenschaft, Amsterdam 1938, S. 181-200; 석종현, 게르버와 라반트의 실증주의, 김효전편, 『독일헌법학설사』(법문사, 1982, 9-37면).

* **128** 폰 뢴네(Ludwig von Rönne, 1804-1891) 프로이센의 행정 및 사법관료. 독일 국민의회 의원, 1858-81년 프로이센 대의원의 국민자유주의당 의원. 저서 Das Staatsrecht des Deutschen Reichs, 2. Aufl. 2 Bde. 1876, 1877. 문헌 M. Stolleis, Geschichte des öffentlichen Rechts in Deutschland, Bd. II, S. 225, Anm. 311.

* **129** 「국법은 여기서 끝난다」(Das Staatsrecht hört hier auf.). 이것은 G. Meyer-G. Anschütz, Lehrbuch des deutschen Staatsrecht, 7. Aufl., München-Leipzig 1919, S. 906의 인용이다. 이 책은 2005년 영인본이 발간되었으며 뵈켄회르데의 해설을 첨부했다. 8. Auflage, unveränderter Nachdruck der 7. Auflage, Berlin: Duncker & Humblot. 문헌 마이어에 관하여는 Pascale Cancik, Georg Meyer (1841-1900), in: P. Häberle, M. Kilian, H. Wolff (Hrsg.), Staats-rechtslehrer des 20. Jahrhunderts, 2015, S. 29-46. → 본서 1062면

* **132** 빌헬름 마르크스(Wilhelm Marx, 1863-1946) 독일의 정치인. 중앙당 소속.

* **134** 한스 켈젠(Hans Kelsen, 1881-1973) 오스트리아의 법학자. 1906년 빈대학 법학박사, 1911년 교수자격논문 통과. 1919-30년 빈대학 교수, 1919-30년 오스트리아 헌법재판소 재판관, 1930-33년 쾰른대학 교수, 1933-40년 제네바대학 교수, 1936-38년 프라하대학 교수, 1945-52년 미국 버클리대학 교수 역임. 신칸트주의에 입각하여 순수법학을 창시. 사회민주적인 세계관에

입각하여 파시즘과 마르크스주의에 통렬한 비판을 하고 미국으로 망명했다. 한국과 일본을 비롯하여 전세계의 법학계에 커다란 영향을 미쳤다. 저서 『순수법학』(1934; 변종필·최희수역, 길안사, 1999); 『일반 국가학』(1925; 민준기 옮김, 민음사, 1990: 『정의란 무엇인가』(1950; 박길준역, 전망, 1982; 김영수역, 삼중당, 1982); 『규범의 일반이론』(1979; 김성룡 옮김, 아카넷, 2016). 전집 Hans Kelsen Werke, Mohr, 2007 (발간 중). 슈미트와는 여러 가지 점에서 학설상 대립하였으나 인간적으로 이해할 수 있다고 하였다. 최근 문헌 Matthias Jestaedt (Hrsg.), Hans Kelsen und die deutsche Staatsrechtslehre, Mohr, Tübingen 2013; Elif Özmen (Hrsg.), Hans Kelsens Politische Philosophie, Mohr, 2017; D. A. Jeremy Telman, Hans Kelsen in America, Springer 2016; Walter, Hans Kelsen, in: Brauneder (Hrsg.), Juristen in Österreich 1200-1980 (1987); Ramon Pils, Terminologiewörterbuch Hans Kelsen. Deutsch-englisches Glossar für die Übersetzungspraxis, 2016.

   본고와 관련해서는 독일국법학자대회에서의 켈젠의 보고인 「국사재판의 본질과 발전」(Wesen und Entwicklung der Staatsgerichtsbarkeit, Veröffentlichungen der Deutschen Staatsrechtslehrer Heft 5, 1928. S. 30-88). 문헌 長尾龍一, ケルゼンと憲法裁判所, 『日本法學』 제72권 3호(2006) 참조.

   이 보고서에는 하인리히 트리펠의 보고도 수록되어 있다. → 본서 1080면

* **137** 콘라트 헤세(Konrad Hesse, 1919-2005) 1950년 스멘트의 지도로 괴팅겐대학에서 학위 취득, 1955년 동 대학에서 교수자격논문 통과. 1956년 이래 프라이부르크 대학 교수 역임. 연방헌법재판소 재판관(1975-87년) 역임. 저서 Grundzüge des Verfassungsrechts der Bundesrepublik Deutschland, 20. Aufl. 1995 (계희열역, 『통일독일헌법원론』, 박영사, 2001); Elemente einer Verfassungstheorie, 2001 (계희열역, 『헌법의 기초이론』, 박영사, 2001); Ausgewählte Schriften, 1984 등. 문헌 P. Häberle, Konrad Hesse (1919-2005), in: P. Häberle, M. Kilian, H. Wolff (Hrsg.), Staatsrechtslehrer des 20. Jahrhunderts, 2015, S. 147-160; P. Häberle, Zum Tod von Konrad Hesse, AöR, Bd. 130, Heft 2 (2005); ders., Konrad Hesse zum 70. Geburtstag, in: AöR 114 (1989), S. 1-6; ders., Laudatio Konrad Hesse, in: Verfassungsrecht zwischen Wissenschaft und Richterkunst, Konrad Hesse zum 70. Geburtstag, Hans-Peter Schneider und Rudolf Steinberg (Hrsg.), Heidelberg 1990, S. 107-130.

* **141** 헤르베르트 크뤼거(Herbert Krüger, 1905-1989) 국법학자. 하이델베르크(1936-42년), 슈트라스부르크(1942-44년), 함부르크(1954년부터) 대학 교수와 프랑크푸르트 변호사 역임. 저서 Allgemeine Staatslehre, Stuttgart 1964 등. 문헌 Th. Oppermann, Herbert Krüger (1905-1989), in: P. Häberle, M. Kilian, H. Wolff (Hrsg.), Staatsrechtslehrer des 20. Jahrhunderts, 2015, S. 689-702; Th. Oppermann, Herbert Krüger 1905-1989. Nachruf, in: AöR 1990, 2. S. 311-313; Gerhard Scheffler, Herbert Krüger zum 80. Geburtstag, in: NJW 1986, 4. S. 169-170.

* **142** 루페르트 숄츠(Rupert Scholz, 1937-) 뮌헨 대학에서 박사학위와 교수자격논문 통과. 1972-78년 베를린 자유대학 교수. 1978년 이후 뮌헨 대학 교수 역임. 주요 관심은 기본권,

조직이론 및 경제제도와 노동제도의 기본문제. 마운츠-뒤리히 콤멘탈의 집필자. 저서 Das Grundrecht der Koalitionsfreiheit, 1972; Krise der parteienstaatlichen Demokratie? 1983; Parlamentarische Demokratie in der Bewährung. Ausgewählte Abhandlungen, R. Pitschas und Arnd Uhle (Hrsg.), 2012.

* 144 라이너 피차스(Rainer Pitschas, 1944-) Deutsch-Krone/Pommern 출생. 베를린자유대학, 프라이부르크, 슈파이어대학에서 법학 공부. 1982년 베를린자유대학에서 법학박사 학위 받음. 1988년 뮌헨대학에서 교수자격논문 통과. 1989년 슈파이어 행정대학 교수 부임. 2009년 정년 퇴임. 저작목록은 김효전편, 독일의 공법학자들(8), 『동아법학』 제20호, 1996, 388-405면.

3. 법학적 체계형성의 예시로서의 »독일 일반 국법« (카를 슈미트)

* 출전. Das »Allgemeine Deutsche Staatsrecht« als Beispiel rechtswissenschaftlicher Systembildung, in: Zeitschrift für die gesamte Staatswissenschaft, Bd. 100, Heft 1/2, November 1939, S. 5-24.
　　『유럽헌법연구』(유럽헌법학회) 제15호(2014. 6), 397-420면. 森順次, 『公法雜誌』, 6권 5-6호 (1940) 상세한 소개.

* 149 로베르트 몰(Robert Mohl)에서의 개관은 Die Geschichte und Literatur der Staatswissenschaften, II, 1856, S. 286-394. 특히 몰은 「독일의 개별적인 국가들의 각자는 자신의 독자적인 공법을 가지고 있었다」(S. 287)고 강조한다.

* 150 프로이센 일반 란트법(Allgemeines Landesrecht für die Preußischen Staaten). 프리드리히 대왕의 명령으로 스바레츠(Carl Gottlieb Svarez, 1746-1798) 등이 기초하고 1794년에 공포한 프로이센의 법전. 근대 유럽 최초의 체계적인 대법전으로 2부 43장으로 구성되어 있으며, 민법을 중심으로 헌법·행정법·형법·상법 등의 규정을 포함하고 있다. 프로이센 민법이라고도 한다. 18세기의 절대주의 국가의 자연법사상을 대표하며 후견적 색채가 현저하다. 스바레츠에 관하여는 G. Kleinheyer/J. Schröder, Deutsche Juristen aus fünf Jahrhunderten, 1983, S. 279-283; ders. (Hrsg.), Deutsche und Europäische Juristen aus neun Jahrhunderten, 6. Aufl., 2017, S. 441-445. → 본서 1112면

* 151 Zachariae-Crome, Handbuch des französischen Civilrechts, 2 Bde., Freiburg 1808.

* 151 M. Stolleis, Geschichte des öffentlichen Rechts in Deutschland, II, 1800-1914, 1992, bes. S. 121 ff., 322 ff., 381 ff. (행정법의 발전에 관하여).

* 152 방자맹 콩스탕(Benjamin Constant, 1767-1830) 프랑스의 사상가·작가·정치가. 공화적 자유주의의 입장을 취하고 나폴레옹 1세의 브뤼메르(Brumaire)의 쿠데타 후에 법제위원회에 들어갔다. 나폴레옹의 강권정치에 반대하다가 추방된다. 바이마르에 망명 중 괴테·실러와 사귀고,

귀국 후 백일천하 때에 나폴레옹의 의뢰로 자유제국의 구상을 가진 헌법추가조항을 기초, 7월 혁명을 지지하고 헌법고문관이 된다. 왕정복고로 추방되었다가 하원의원이 된다. 반정부파에 속한 후 자유주의를 주장했다. 저서 『정치원리』(1872); 심리소설 『아돌프』(Adolphe, 1816; 김석희 옮김, 동평사, 1979, 열림원, 2002) 등. 카를 슈미트는 방자맹 콩스탕을 「운명의 형제」라고 부르고 그의 여러 저작을 인용하며, 특히 「중립적 권력」의 이론을 빌려서 헌법의 수호자를 설명한다. 예컨대 『헌법의 수호자』(김효전 옮김, 법문사, 2000, 183면 이하)와 『구원은 옥중에서』(김효전 옮김, 교육과학사, 1990, 153면) 등. 문헌 스탈 부인과의 관계를 다룬 귄터 바루디오, 김이섭 옮김, 『기묘한 관계: 살롱의 여신 스탈 부인과 정치신사 콩스탕』, 한길사, 1999; 권유현, 『마담 드 스탈 연구』, 서울대 출판부, 2000; P. Bastid, Benjamin Constant et sa doctrine, Paris 1966, 2 vols.; P. Arabeyre et al (dir.), Dictionnaire historique des juristes française, p. 258-260. 방자맹 콩스탕이 독일에 미친 영향에 대해서는 F. Schnabel, Deutsche Geschichte im neunzehnten Jahrhundert, II, Monarchie und Volkssouveränität, 1933, S. 176 f.; L. Gall, Benjamin Constant. Seine politische Ideenwelt und der deutsche Vormärz, 1963, bes. S. 183-198; H. Boldt, Deutsche Staatslehre im Vormärz, 1975, bes. S. 142-151.

* **152** 인권선언 제16조. 「권리의 보장이 확보되지 아니하고 권력이 분립되지 아니한 모든 사회는 헌법을 가진 것이 아니다」.

* **152** F. I. Kroll, Friedrich Wilhelm IV. und das Staatsdenken der deutschen Romantik, 1990, bes. S. 76. 프리드리히 빌헬름 4세 하의 헌법발전에 관하여는 E. R. Huber, Deutsche Verfassungsgeschichte seit 1789, Bd. II, 2. Aufl. 1975, S. 477-498, Bd. III, 2. Aufl. 1978, S. 3-26, 35-53.

* **153** C. Schmitt, Die Formung des französischen Geistes durch den Legisten (1942), jetzt in: C. Schmitt, Staat, Großraum, Nomos, 1995, S. 214, Anm. 19.

* **153** 해벌린(Haeberlin)에 관하여는 Stolleis, Geschichte des öffentlichen Rechts in Deutschland, I, S. 319 f.

* **153** E. R. Huber, Deutsche Verfassungsgeschichte seit 1789, Bd. 1, 1960, S. 75-91; F. Hartung, Deutsche Verfassungsgeschichte, 9. Aufl. 1969, S. 191-197; Chr.-Friedrich Menger, Deutsche Verfassungsgeschichte der Neuzeit, 7. Aufl. 1990 (김효전 · 김태홍 옮김, 『근대 독일헌법사』, 교육과학사, 1992) 참조.

* **154** 막스 레만(Max Lehmann)은 프랑스 혁명의 이념에 관한 프라이헤르 폼 슈타인의 종속성을 주장한 반면에, 마이어(E. v. Meier)는 이에 반대했다. G. Künzel, Über das Verhältnis Steins zur französischen Revolution, Schmollers Jahrbuch, 1910, S. 69-90.

* **154** Schmitt, Verfassungslehre, 1928, S. 363 ff.; E. R. Huber, Deutsche Verfassungs-geschichte seit 1789, Bd. 1, 1960, S. 658 ff.

* **154** 클뤼버에 관하여는 R. Mohl, Anm. 1, S. 473-487; Stolleis, Geschichte, Bd. II, S. 81-85.

* **155** 카를 에른스트 슈미트에 관하여는 Stolleis, Geschichte des öffentlichen Rechts in Deutschland, Bd II, 1800-1914, 1992, S. 167 f.

* **155** 로텍(Karl Wenzeslau Rodecker von Rotteck, 1775-1840) 독일의 역사가 · 정치가. 벨커와 공동편집한 15권의『국가사전』(Staatslexikon, 1834-43)은 3월 전기의 자유주의 운동의 교과서가 되었다. 벨커(Karl Theodor Welcker, 1790-1869) 독일의 법학자 · 정치가. 바덴의 자유주의 운동의 지도자. 로텍과 함께 『국가사전』편집. 문헌 Helga Albrecht, Karl von Rotteck (1775-1840) und Karl Theodor Welcker (1790-1869), in: Rüdiger Voigt (Hrsg.), Staatsdenken. Zum Stand der Staatstheorie heute, 1. Aufl. Baden-Baden 2016, S. 295-299.

* **156** Lehrbuch des Vernunftrechts und der Staatswissenschaften, Stuttgart 1829-35, 4 Bde.; Allgemeine Geschichte, Freiburg 1812-26, 9 Bde.; K. v. Rotteck/Karl Theodor Welcker (Hrsg.), Staats-Lexikon oder Encyclopädie der sämmtlichen Staatswissenschaften für alle Stände, Altona 1834-43, 15 Bde. (3. Aufl.). 성립 · 의미 그리고 작용에 관하여는 H. Zehntner, Das Staatslexikon von Rotteck und Welcker. Ein Beitrag zur Geschichte des deutschen Frühliberalismus. Jena 1929.

* **156** 주 21) 추가. 19세기 독일 국법과 행정법이론이 헌법과 행정에서의 생활에 미친 영향에 관하여는 스멘트의 같은 책, S. 25-39.

* **157** 쬐플(Heinrich Zöpfl, 1807-77)과 차카리에(Heinrich Albert Zachariae, 1806-75)는 공동으로 한트부흐를 만든 일이 없기 때문에 슈미트의 잘못일 것이다. 슈미트가 생각한 것은 아마도 Zöpfl, Grundsätze des allgemeinen und des constitutionell-monarchischen Staatsrechts, Heidelberg 1841일 것이다. 이 책은 여러 차례 판을 거듭하고 제목도 바꾸어서 최종판은 1863년의 "Grundsätze des gemeinen deutschen Staatsrechts," 2 Bde., Ndr. 1975이다. 차카리에는 그의 Deutsches Staats-und Bundesrecht, 3 Teile, Göttingen 1841-43이다. 양자에 관한 문헌은 P. v. Oertzen, Die soziale Funktion des staatsrechtlichen Positivismus, 1974, S. 82 ff., 114 ff.; Chr. Starck, H. A. Zachariae. Staatsrechtslehrer in reichsloser Zeit, in: F. Loos (Hrsg.), Rechtswissenschaft in Göttingen, 1987, S. 204-228.

* **157** J. C. Bluntschli/K. Brater (Hrsg.), Deutsches Staats-Wörterbuch, 12 Bände, Bde. 1-11, Stuttgart 1856-68, Bd. 12. Leipzig 1870.『국가사전』에 관하여는 J. J. Sheehan, Der deutsche Liberalismus. Von den Anfängen im 18. Jahrhundert bis zum Ersten Weltkrieg, 1770-1914, aus dem Engl., 1983, S. 101, 104, 106, 127.

* **160** 옐리네크는 1900년 7월 자신의 저서 초판 서문에서「상세하게 서술되지 못해 아쉬움을

남긴 부분을 보충하기 위해서 제2편을 참조하도록 하였다. 제2편은 현대 국가의 개별적인 제도들에 대한 설명으로 독일의 상황을 항상 염두에 두면서 특수 국가론을 다루고자 했다」. 1905년의 제2판 서문에서는 「초판이 나온 지 얼마 안 되어, 아직 나의 저작 전체의 제2권을 완성하지 못한 중에 일반 국가학의 제2판이 필요하게 되었다」(Jellinek, Allgemeine Staatslehre, 3. Aufl., 4. Nachdruck des Ausgabe 1914, Berlin 1922, S. XVII-XIX). 단편으로 그친 「특수 국가론」은 옐리네크의 아들인 발터 옐리네크(Walter Jellinek, 1885-1955)에 의해서 발간되었다(G. Jellinek, Ausgewählte Schriften und Reden, II, S. 153-319).

『일반 국가학』의 한국어판은 김효전의 번역으로 1980년 태화출판사에서, 개역판은 2005년 법문사에서 각각 발간되었다. 일본어판은 芦部信喜 · 阿部照哉 · 石村善治 · 栗城壽夫 · 小林孝輔 · 丸山健 · 宮田豊 · 室井力 · 結城光太郎 · 和田英夫 共譯, 『一般國家學』, 學陽書房, 1974年, 764면이 발간되었다.

* 160 올란도(V. E. Orlando, 1860-1952) 이탈리아의 공법학자이며 정치가. 그의 제자인 상티 로마노(Santi Romano, 1875-1947)는 로마대학 교수를 지내고 최고행정재판소 소장(1928-1944) 역임. 제도이론의 창시자이다.

* 161 오토 마이어(Otto Mayer, 1846-1924) 독일 행정법학의 건설자. 에어랑엔 대학 수학. 슈트라스부르크 대학 사강사, 교수 및 총장 역임. 프랑스 행정법을 연구하여 독일 행정법학의 체계를 구축한 행정법학자. 저서 『프랑스의 행정법이론』(Theorie des französischen Verwaltungsrechts, 1886), 『독일 행정법』(Deutsches Verwaltungsrecht, 2 Bde. 1895/96) 등. 문헌 E. V. Heyen, Otto Mayer. Studien zu den geistigen Grundlagen seiner Verwaltungswissenschaft, Berlin 1981; Reimund Schmidt-De Caluwe, Der Verwaltungsakt in der Lehre Otto Mayers, Tübingen 1999; Kleinheyer/Schröder, Deutsche Juristen, S. 174-176; 김성수, 오토 마이어 - 행정법의 아이콘인가 극복의 대상인가, 『공법연구』제45집 2호(2016), 231-252면; 박정훈, 오토 마이어의 삶과 학문, 『행정법연구』제18호; 동인, 독일 공법학과 오토 마이어, 한국행정판례연구회편, 『공법학의 형성과 개척자』, 박영사, 2007, 1-48면; 김효연, 오토 마이어의 공법상 계약 이론에 관한 연구, 『행정법연구』제35호. 그의 『독일 행정법』은 일본어(美濃部達吉譯, 『獨逸行政法』, 1906)로 번역되어 미노베 다츠키치(美濃部達吉, 1873-1948)에게 절대적인 영향을 미쳤다. 또 중국어(何意志譯, 『德國行政法』, 商務印刷館, 2002)로 번역되었으며 한국어판은 아직 없다. 문헌 塩野宏, 『オットー · マイヤー行政法學の構造』, 有斐閣, 1962.

* 161 스트라스부르대학은 1621년에 창설되었으며, 1681년에 루이 14세에 의해서 스트라스부르 시에 편입되었지만 독일의 프로테스탄트계 대학으로서 보존되고, 그 후 프랑스혁명 시대에는 일시 폐쇄되기도 했으나 보불전쟁 후인 1871년에 알사스 · 로랭이 독일에 할양된 다음 해인 1872년 제국직속령의 수도인 스트라스부르에 새로이 개설된 대학은 많은 분야에서 저명한 대학자가 있었다. 예컨대 역사가 바움가르텐과 마이네케, 물리학의 뢴트겐, 의학의 파스퇴르, 법학에서는 빈딩(Karl Binding, 1841-1920), 좀(Rudolph Sohm, 1841-1917), 파울 라반트(Paul Laband, 1838-1918), 오토 마이어(Otto Mayer, 1846-1924) 그리고 이 논문의 필자인 카를 슈미트 역시 이곳에서 프리츠 판 칼커(Fritz van Calker, 1864-1957)의 지도로 학위를 받고 교수자격을

취득한다. 스트라스부르는 1919년 베르사유조약으로 프랑스에 반환하고, 슈미트가 이 논문을 쓴 다음 해인 1940년에 나치스 독일이 점령하기까지 프랑스에 속했다. 오토 마이어에 관한 서술은 이와 같은 역사적 상황에 근거하여 집필한 것이다.

* **162** 「경찰국가」(Polizeistaat). 다음의 「입헌국가」와 「법치국가」를 위한 「엄격한 교사」인 경찰국가에 관하여는 O. Mayer, Deutsches Verwaltungsrecht, I, 1895, S. 39, 44 f., 49 f., 53 u. ö.; ders., Justiz und Verwaltung, 1902, S. 19 ff.

* **162** 여기서 「다른 어떤 유대인 법학자」란 에리히 카우프만(Erich Kaufmann)을 가리키며, 원주(35)는 당시 카우프만 자신도 그 편집자의 한 사람이었던 잡지 Verwaltungsarchiv. Zeitschrift für Verwaltungsrecht und Verwaltungsgerichtsbarkeit 제30권(1925년 - 오토 마이어의 사망 다음 해)에 게재한 장문(S. 377-402)의 오토 마이어론이다. 슈미트는 1936년에 발표한 반유대주의적 색채가 매우 농후한 논문 「유대 정신과 투쟁하는 독일 법학」(Die deutsche Rechtswissenschaft im Kampf gegen den jüdischen Geist. Schlußwort auf der Tagung der Reichsgruppe Hochschullehrer des NSRB vom 3. und 4. Oktober 1935, in: Deutsche Juristen-Zeitung, 1936, Sp. 1193 ff.) 중에서 「유대인 저자」는 우리들에게 아무런 권위도 없다. 만일 유대인 저자를 인용해야만 한다면, 어떤 유대인 저자(ein jüdischer Autor)로서 표현해야 한다. 인용의 문제는 단지 실제상의 문제에 그치지 않고 아주 근본적인 문제라는 취지를 서술하고 있다(특히 Sp. 1196).

* **162** 에리히 카우프만(Erich Kaufmann, 1880-1972) 독일의 공법 · 국제법학자. 『국제법의 본질과 사정변경의 원칙』(Das Wesen des Völkerrechts und die clausula rebus sic stantibus, 1911)에서 힘의 법에 대한 우위를 주장, 『신칸트주의법철학비판』(1921)에서 신칸트주의를 「생명 없는 형식주의」로서 비판했다. 바이마르 시대에는 신헤겔주의의 대두에 앞장섰다. 1912년 쾨니히스베르크(현 러시아 Kaliningrad) 대학 조교수. 1917년 베를린, 1920년 본대학 교수 역임. 외무부 고문, 상설국제사법재판소 독일대표로서 활약. 1934년 베를린대학 재직 중 유대인이라는 이유로 추방되어 네덜란드로 이주. 전후 뮌헨대학에 복직. 저서 『민주주의의 기본개념』(1950) 외에 전집 Gesammelte Schriften, 3 Bde., 1960. 문헌 K. Rennert, Die "geisteswissenschaftliche Richtung" in der Staatslehre der Weimarer Republik. Untersuchungen zu Erich Kaufmann, Günther Holstein und Rudolf Smend, Berlin: Duncker & Humblot 1987; 初宿正典, 『カール · シュミットと五人のユダヤ人法學者』, 成文堂, 2016, 189-287면.

* **163** 프리츠 플라이너(Friedrich Fritz Fleiner, 1867-1937) 스위스 아라우(Aarau) 출생. 취리히 · 라이프치히 · 베를린 · 파리대학에서 공부한 후 1895년 취리히대학 교수가 된다. 바젤 · 튀빙겐 · 하이델베르크대학 교수를 역임하고 1915년 다시 취리히대학으로 돌아온다. 그는 순수법학에 대항하여 법을 역사와 윤리에 기초하여 설명하였다. 『독일 행정법 제요』(초판 1911, 1963년 복간)는 당시의 대표적인 교과서의 하나였다. 문헌 G. Biaggini, Fritz Fleiner (1867-1937), in: P. Häberle, u.a. (Hrsg.), Staatsrechtslehrer des 20. Jahrhunderts, 2015, S. 111-128.

* **163** 엔노 베커(Enno Becker, 1869-1940) 독일의 세법학자.

* 164 법학적 사고방식의 세 유형에 대해서 슈미트는 규범주의 · 결정주의 그리고「구체적 질서」의 세 가지로 나눈다. (나치스가 지배하게 된)「이제는 국가적 · 민족적 · 경제적 그리고 세계관적인 상황에 대한 수많은 새로운 임무와 새로운 공동체 형태에 대비하는 구체적 질서와 형성의 사고를 필요로 한다」고 결론을 내린다. 김효전 옮김,「법학적 사고방식의 세 유형」,『정치신학 외』, 법문사, 1988, 269면.

4. 법학적 문헌장르의 종합으로서의 헌법론 (페터 해벌레)

* 출전. Peter Häberle, Verfassungslehre im Kraftfeld der rechtswissenschaftlichen Literaturgattungen: zehn Arbeitsthesen, in: Francis Cagianut, Willi Geiger, Yvo Hangartner, Ernst Höhn (Hrsg.), Aktuelle Probleme des Staats- und Verwaltungsrechts. Festschrift für Otto K. Kaufmann, 1989, S. 15-27.
　서울대학교『법학』제46권 1호(2005. 3), 581-597면.

　페터 해벌레는 1934년 뷔르템베르크주 괴핑겐(Göppingen)에서 출생하였으며 프라이부르크 대학에서 박사학위를 받은 후 교수자격논문이 통과되어 마르부르그 대학 교수를 거쳐 바이로이트 대학 교수로 재직하다가 1999년에 정년퇴직하였다. 스멘트학파를 계승하며 그의 제도적 기본권이해와 급부국가의 기본권이론이 대표적인 업적이다. 스위스 장트 갈렌(St. Gallen)대학 초빙교수 역임. 현재 유럽헌법연구소소장. 테살로니키 · 그라나다 · 리마 · 브라질리아 · 티플리스(Tiflis) · 부에노스아이레스 대학 명예박사.
　저서『기본법 제19조 2항의 본질적 내용의 보장 – 아울러 기본권의 제도적 이해와 법률의 유보의 이론을 위한 하나의 기여』(Die Wesensgehaltgarantie des Art. 19 Abs. 2 Grundgesetz. Zugleich ein Beitrag zum institutionellen Verständnis der Grundrechte und zur Lehre vom Gesetzesvorbehalt, 1962, 3. Aufl., 1983); 교수자격취득논문인『법적 문제로서의 공적 이익』(Öffentliches Interesse als juristisches Problem, 1969, 3. Aufl., 1998) 외에,『문화과학으로서의 헌법학』(Verfassungslehre als Kulturwissenschaft, 2. Aufl., 1998, 1188 S.),『20세기의 국법학자들: 독일 · 오스트리아 · 스위스』(Staatsrechtslehrer des 20. Jahrhunderts: Deutschland, Österreich, Schweiz, De Gruyter, 2015); Die »Kultur des Friedens« - Thema der universalen Verfassungslehre Oder: Das Prinzip Frieden, Berlin 2017 등 다수.
　저작목록 Den Verfassungsstaat nachdenken Festschrift für Peter Häberle, D&H., 2014; A. Blankenagel u. a. (Hrsg.), Verfassung im Diskurs der Welt. Liber Amicorum für Peter Häberle zum siebzigsten Geburtstag, Mohr, Tübingen 2004, S. 875-914. 문헌 Markus Kotzur, Peter Häberle zum 80. Geburtstag, AöR 139, 2.『세계헌법연구』제6호.

* 167 최근에 발간된 한트부흐로는 Isensee/Kirchhof (Hrsg.), Handbuch des Staatsrechts der Bundesrepublik Deutschland, Heidelberg: C. F. Müller. Bd. I. Historische Grundlagen, Bd. II. Verfassungsstaat, Bd. III. Demokratie-Bundesorgane, Bd. IV. Aufgaben des Staates, Bd. V. Rechtsquellen, Organisation, Finanzen, Bd. VI. Bundesstaat, Bd. VII. Freiheitsrechte,

Bd. VIII. Grundrechte: Wirtschaft, Verfahren, Gleichheit, Bd. IX. Allgemeine Grundrechtslehren, Bd. X. Deutschland in der Staatengemeinschaft, 2012; Bd. XI. Internationale Bezüge, 2013; Bd. XII. Normativität und Schutz der Verfassung, 2014; Bd. XIII. Gesamtregister, 2015.

기본권에 관하여는 Detlef Merten und Hans-Jürgen Papier (Hrsg.), Handbuch der Grundrechte in Deutschland und Europa, Heidelberg: C. F. Müller. Bd. I. Entwicklung und Grundlagen, 2004; Bd. II. GR in Deutschland. Allgemeine Lehren I, 2006; Bd. III. GR in Deutschland: Allgemeine Lehren II, 2009; Bd. IV. GR in Deutschland: Einzelgrundrechte I, 2011; Bd. V. GR in Deutschland: Einzelgrundrechte II, 2013; Bd. VI/1. Europäische GR I, 2010; Bd. VI/2. Europäische GR II / Universelle Menschenrechte, 2009; Bd. VII/1. GR in Österreich, 2009; Bd. VII/2. GR in der Schweiz und in Liechtenstein, 2007; Bd. VIII. Landesgrundrechte in Deutschland, 2017; Bd. IX. GR in Ostmittel-und Osteuropa, 2016; Bd. X. GR in West-, Nord-und Südeuropa (준비 중)

* **168** C. Müller und I. Staff (Hrsg.), Der soziale Rechtsstaat, 1984 (安世舟 · 山口利男編譯, 『ワイマール共和國の憲法狀況と國家學』, 未來社, 1989).

* **169** K. Stern, Das Staatsrecht der BR Deutschland, Bd. 1, 2. Aufl., 1984 (シュテルン, 赤坂正浩 他譯, 『ドイツ憲法 I: 總論 · 統治編』; 井上典之 他譯, 『동 II: 基本權編』, 信山社, 2009).

* **172** 「도전과 응답」(challenge and response). 한 쌍의 개념은 토인비(Arnold Toynbee, 1889-1975)의 세계사적인 사상에서 유래한다. 토인비는 영국의 사학자이며 역사철학자. 런던 경제대학(London School of Economics)과 런던대학 교수 역임. 전12권의 『역사의 연구』(A Study of History, 1934-1961)로 유명. B. Willms, CS 추모, S. 590.

* **173** 독일 헌법사에 관한 최근 문헌은 W. Frotscher/B. Pieroth, Verfassungsgeschichte, Beck, 11. Aufl. 2012; D. Willoweit, Deutsche Verfassungsgeschichte, 6. Aufl. 2009; R. Zippelius, Kleine deutsche Verfassungsgeschichte, 7. Aufl. 2006; H. Vorländer, Die Verfassung. Idee und Geschichte, 3. Aufl. 2009 (김성준 옮김, 『헌법사』, 투멘, 2009). 헌법학설사는 M. Friedrich, Geschichte der deutschen Staatsrechtswissenschaft, Berlin 1997. 이 책에 대한 서평은 김효전, 『헌법학연구』 제6권 1호(2000), 405-409면; 공법사 전반에 관하여는 Michael Stolleis, Geschichte des öffentlichen Rechts in Deutschland, Bd. 1. 1988, Bd. 2. 1992, Bd. 3. 1999, Bd. 4. 2012. 바이마르 공화국과 나치 시대에 관하여는 제3권의 특별판인 Geschichte des öffentlichen Rechts in Deutschland, 2002. 영역판은 Tr. by Thomas Dunlap, A History of Public Law in Germany, 1914-1945, Oxford 2004. 기타 조동현 옮김, 『법의 눈』, 큰벗, 2017.

* **173** M. Stolleis (Hrsg.), Staatsdenker im 17. und Jahrhundert, 3. Aufl., 1995 (佐々木有司 · 柳原正治譯, 『17 · 18世紀の國家思想家たち: 帝國公(國)法論 · 政治學 · 自然法論』, 木鐸社, 1995).

* 174 슐라이히(Klaus Schlaich) → 본서 1067면

* 178 카를로 슈미트에 관하여는 Michael Kilian, Carlo Schmid (1896-1979), in: P. Häberle, M. Kilian, H. Wolff (Hrsg.), Staatsrechtslehrer des 20. Jahrhunderts, 2015, S. 485-506.

5. 헌법해석의 방법 – 재고와 비판 (에른스트-볼프강 뵈켄회르데)

* 출전. Ernst-Wolfgang Böckenförde, Die Methoden der Verfassungsinterpretation – Bestandsaufnahme und Kritik, in: Neue Juristische Wochenschrift 1976, S. 2089-2099. jetzt in: ders., Staat, Verfassung, Demokratie, Suhrkamp, Frankfurt am Main 1991, S. 53-89.
『헌법학연구』 제8권 2호 (2002. 8), 443-483면. 이 논문은 박진환 교수가 번역한 것을 약간 수정한 것이다.

에른스트 볼프강 뵈켄회르데 (Ernst-Wolfgang Böckenförde, 1930-) 카셀 출생. 1956년 뮌스터 대학에서 법학박사. 1961년 뮌헨 대학에서 철학박사학위 취득. 1964년 뮌스터 대학에서 교수자격논문 통과. 1964-69년 하이델베르크 대학 교수. 1969-1977년 빌레펠트 대학 교수. 1977년부터 프라이부르크 대학의 공법·헌법사 및 법제사, 법철학 담당 정교수. 사회민주당의 법정책 이론가. 1983-1996년 연방헌법재판소 재판관 역임. 현재 프라이부르크 대학 명예교수. 주요 저서 Gesetz und gesetzgebende Gewalt, 1958. 2. Aufl. 1981; Die verfassungs-theoretische Unterscheidung von Staat und Gesellschaft als Bedingung der individuellen Freiheit, 1973 (김효전역, 『국가와 사회의 헌법이론적 구별』, 법문사, 1989); Staat, Gesellschaft, Freiheit, 1976 (김효전역, 『국가·사회·자유』, 법문사, 1992); Recht, Staat, Freiheit, 1991, 6. Aufl., 2016; Staat, Verfassung, Demokratie, 1991 (김효전·정태호 옮김, 『헌법과 민주주의』, 법문사, 2003); Geschichte der Rechts-und Staatsphilosophie, 2002. 최근 영역판 Constitutional and Political Theory. Selected Writings. edited by Mirjam Künkler and Tine Stein, Vol. 1. Oxford University Press 2017 발간.
R. 메링은 뵈켄회르데를 슈미트의 「직계 제자」로 표현한다. 뵈켄회르데는 1953년 이래 슈미트로부터 많은 가르침을 받았으며 그의 저작에 직접 간접으로 관여한 것을 회상한다. Böckenförde/Gosewinkel, Wissenschaft Politik Verfassungsgericht. Aufsätze von Ernst-Wolfgang Böckenförde. Biographisches Interview von Dieter Gosewinkel, 2011, S. 359 ff. 문헌 Tine Stein, Ernst-Wolfgang Böckenförde (geb. 1930), in: R. Voigt, Staatsdenken, 2016, S. 142-147; N. Manterfeld, Die Grenzen der Verfassung. Möglichkeiten limitierender Verfassungstheorie des Grundgesetzes am Beispiel E.-W. Böckenfördes, Berlin 2000.

* 179 베른하르트 슐링크(Bernhard Schlink, 1944-) Großdornberg 출생. 하이델베르크, 베를린 대학에서 배우고 1975-76년 미국 스탠포드대학 유학. 1975년 하이델베르크대학 법학박사, 1975-1981년 빌레펠트, 프라이부르크대학에서 연구. 1981년 프라이부르크대학에서 교수자격논

문 통과. 1982년 본대학 교수, 1991년 프랑크푸르트대학에서 초빙, 1988년 이후 노르트라인-베스트팔렌주 헌법재판소 재판관. 베를린 훔볼트대학 교수 역임. 소설『책 읽어주는 남자』(김재혁 옮김, 세계사, 1999)로 전세계에 유명해졌다. 저서 Abwägung im Verfassungsrecht, 1976; Die Amtshilfe, 1982; Grundrechte. Staatsrecht II, 1985 (Bodo Pieroth와 공저: 정태호역,『독일 기본권개론』, 헌법재판소, 2000).『과거의 죄: 국가의 죄와 과거 청산에 관한 8개의 이야기』(권상희 옮김, 시공사, 2015), 작품『사랑의 도피』(김재혁 옮김, 이레, 2004),『귀향』(박종대 옮김, 이레, 2010) 등.

* 181 포르스토프(Ernst Forsthoff, 1902-74) 독일의 공법학자. 일찍이 슈미트의 문하생으로 나치스 초기에는 대표적인 나치스 법학자 중의 한 사람. 그의「급부행정법론」은 한국과 일본에도 많은 영향을 미쳤다. 저서『행정법 교과서』(1950);『근대 독일 헌법사』(3. Aufl., 1967);『변화 속의 법치국가』(1964) 등. 카를 슈미트와의 서신 교환집은 Briefwechsel Ernst Forsthoff-Carl Schmitt (1926-1974), Berlin: Akademie Verlag, 2007. 문헌 Florian Meinel, Der Jurist in der industriellen Gesellschaft. Ernst Forsthoff und seine Zeit, Berlin: Akademie Verlag, 2011; Willi Blümel (Hrsg.), Ernst Forsthoff. Kolloquium aus Anlaß des 100. Geburtstag von Prof. Dr. Dr. h.c. Ernst Forsthoff, Duncker & Humblot 2003; Peter Axer, Otto Mayer, Walter Jellinek, Ernst Forsthoff und das Recht der öffentlichen Sache, in: Christian Baldus, Herbert Kronke und Ute Mager (Hrsg.), Heidelberger Thesen zu Recht und Gerechtigkeit, Mohr, 2013.

* 182 사비니(Friedrich Carl von Savigny, 1779-1861) 독일 근대 사법학의 확립자. 로마법학자. 베를린대학 교수. 역사학파의 시조. 티보(Anton Friedrich Justus Thibaut, 1772-1840)가 제창한 민법전편찬론에 반대하고 그 주장을 배척. 저서『점유권론』(1803);『입법과 법학에 대한 현대의 사명』(1814);『현대로마법체계』(전8권, 1840-1849) 등. 문헌 Hans Hattenhauer, Thibaut und Savigny: Ihre programmatischen Schriften, München 1973; 카를 슈미트, 김효전 옮김,『유럽법학의 상태』, 교육과학사, 1990; 남기윤,『법학방법론』, 고려대출판문화원, 2014.

* 183 마르틴 크릴레(Martin Kriele, 1931-) 오플라덴 출생. 프라이부르크 · 뮌스터 · 본대학과 미국 예일대학 수학. 1967-1996년 쾰른대학 교수 역임. 저서『민주적 헌정국가의 역사적 전개』(국순옥 옮김, 종로서적, 1983),『헌법국가의 도전』(홍성방 옮김, 두성사, 2007),『법발견론』(홍성방역, 한림대출판부, 1995),『법과 실천이성』(홍성방역, 한림대, 1992),『민주주의 세계혁명』(홍성방역, 새남, 1990),『해방과 정치계몽주의』(홍성방역, 가톨릭출판사, 1988),『정의의 판단기준』(홍성방 옮김, 유로, 2014) 등.

* 186 울리히 쇼이너(Ulrich Scheuner, 1903-1981) 독일의 국법학자. 뒤셀도르프 출생. 1925년 뮌스터대학에서 박사학위 취득. 1933년 예나, 1940년 괴팅겐, 1950년 본대학 교수 및 명예교수 역임. 저서 Schriften zum Staatskirchenrecht, 1973; Staatstheorie und Staatsrecht, 1978; Schriften zum Völkerrecht, 1984. → 본서 1067면

* 187 호르스트 엠케(Horst Ehmke, 1927-2017) 단치히 출생. 1946-1951년 괴팅겐대학과

미국 프린스턴대학에서 법학·정치학·역사학 공부. 1952년 괴팅겐대학에서 스멘트의 지도로 학위취득. 1960년 본대학에서 교수자격논문 통과. 같은 해에 본대학, 1963년 프라이부르크대학에, 1969년이래 연방의회 의원 역임. 저서 『경제와 헌법』(Wirtschaft und Verfassung, 1961), 『도전으로서의 정치: 연설·강연과 논문들』(Politik als Herausforderung. Reden, Vorträge, Aufsätze, 1974), 『헌법이론과 헌법정치 논집』(Beiträge zur Verfassungstheorie und Verfassungspolitik, 1981), 논문 헌법이론적 문제로서의 「국가」와 「사회」(E.-W. 뵈켄회르데, 김효전역, 『국가와 사회의 헌법이론적 구별』(증보판), 법문사, 1992, 153-189면에 수록.

* 191 게르트 륄레케(Gerd Roellecke, 1927-2011) 프라이부르크 대학 수학. 1969년 이후 만하임 대학 교수를 역임하고 정년 퇴직. 총장 역임(1982-85년). 문헌 김효전편, 독일의 공법학자들(9), 『동아법학』 제27호, 2000, 194-210면. 저서 Otto Depenheuer (Hrsg.), Gerd Roellecke, Staatsrechtliche Miniaturen. Positionen zu Fragen der Zeit, Tübingen: Mohr Siebeck 2012; Patrick Bahners (Hrsg.), G. Roellecke, Wissenschaftsgeschichte in Rezensionen, Tübingen: Mohr 2013.

* 193 루돌프 스멘트(Rudolf Smend, 1882-1975) 독일의 국법학자·교회법학자. 카를 슈미트의 친한 동료이며 후원자. 1933년 이후 소원. 그는 국가를 살아 있는 정신적 현실이자 생활과정으로 보며, 국가에 대해 동적·기능적으로 이해한다. 스멘트는 독일의 사회학자 리트(Th. Litt, 1880-1962; → 본서 1095면)의 이론에 입각하여, 국가가 자신을 실현해 나아가는 과정을 통합(Integration)이라고 부르고, 통합에는 인적 통합·기능적 통합 그리고 물적 통합의 세 가지가 있다고 한다. 헌법이란 바로 국가가 통합을 이루어 나아가는 법적 과정이라고 한다. 또 그는 기본권은 국가에게 그 내용과 존엄성을 부여해 주는 물적 통합의 요소이며 가치체계라고 이해하고, 특히 언론의 자유의 국가창설적 기능을 강조한다. 그의 통합이론(Integrationstheorie)은 파시즘에 가까운 입장이었으나 나치에의 협력을 거부하여 베를린대학에서 괴팅겐대학으로 좌천되었다. 전후 독일 공법학의 주류가 된다. 카를 슈미트학파와 대립하는 학파로서 한국에도 이를 지지하는 몇몇 학자가 있다. 저서 Verfassung und Verfassungsrecht, 1928 (김승조 옮김, 『헌법과 국가』, 교육과학사, 1994); Staatsrechtliche Abhandlungen, 2. Aufl. 1968. 통합이론에 대한 비판은 H. Kelsen, Der Staat als Integration, 1930 (김효전역, 『통합으로서의 국가』, 법문사, 1994). 카를 슈미트와의 편지교환집 R. Mehring (Hrsg.), "Auf der gefahrenvollen Straße des öffentlichen Rechts." Briefwechsel Carl Schmitt-Rudolf Smend 1921-1961, D&H., 2010. 문헌 Robert Chr. van Ooyen, Integration. Die antidemokratische Staatstheorie von Rudolf Smend im politischen System der Bundesrepublik, Wiesbaden 2014; R. Lhotta, Rudolf Smend (1882-1975), in: R. Voigt, Staatsdenken, 2016, S. 138-142; K. Rennert, Die "geisteswissenschaftliche Richtung" in der Staatsrechtslehre der Weimarer Republik, 1987, S. 141-157, 214-259, 299 ff.; J. Poeschel, Anthropologische Voraussetzungen der Staatstheorie Rudolf Smends. Die elementaren Kategorien Leben und Leistung, 1978; M. H. Mols, Allgemeine Staatslehre oder politische Theorie? Untersuchungen zu ihrem Verhältnis am Beispiel der Integrationslehre Rudolf Smends, 1969; R. Bartlsperger, Die Integrationslehre Rudolf Smends als Grundlegung einer Staats-und Rechtstheorie, Diss. jur. Erlangen-Nürnberg 1964. → 본서 1057면

* 196 니클라스 루만(Niklas Luhmann, 1927-1998) 뤼네부르크 출생. 1966년 뮌스터대학에서 법학박사학위와 교수자격 취득. 1968년 신설된 빌레펠트대학의 사회학 교수 취임. 체계이론, 기능주의, 탈구조주의, 차이이론 등을 주장. 미국 하버드대학에서 탈코트 파슨스(Talcott Parsons, 1902-79)로부터 체계이론적 사회학을 배웠으나 파슨스의 구조주의와는 거리를 두었다. 1980년 대 초반까지 법, 행정, 권력, 복지국가 등에 관한 저작 발표. 뵈켄회르데는 루만의『제도로서의 기본권』(Grundrechte als Institution, 1965; 일본역, 今井弘道 · 大野達司譯,『制度としての基本權』, 1989)을 문제 삼는다. 저서『법사회학』(1972; 강희원 옮김, 한길사, 2015),『사회의 법』(윤재왕 옮김, 새물결, 2014),『사회의 사회』(장춘익 옮김, 새물결, 2012),『열정으로서의 사랑』(정성훈 외 옮김, 새물결, 2009). 문헌 은숭표,『루만의 (법) 사회학: 루만의 시스템 이론』(신영사, 2002).

* 196 콘라트 헤세(Konrad Hesse) → 본서 1069면

* 198 프리드리히 뮐러(Friedrich Müller, 1938-) 1965년 콘라드 헤세의 지도로 프라이부르크대학에서 박사학위 취득. 연구조교, 강사를 거쳐 1971년부터 하이델베르크대학 정교수. 헌법, 국가교회법, 법철학과 국가철학 전공. 저서『소외론: 루소, 헤겔, 마르크스에 있어 국가이론의 인성학적 근거제시에 수반되는 문제들』(홍성방 옮김, 유로, 2011); Normstruktur und Normativität, 1966; ESSAIS zur Theorie von Recht und Verfassung, von Methodik und Sprache, 2. Aufl., 2013; F. Müller/Ralph Christensen, Juristische Methodik, Bd. I. Grundlegung für die Arbeitsmethoden der Rechtspraxis, 11. Aufl., 2013. 김효전편, 독일의 공법학자들(7),『동아법학』제19호, 1995, 383-385면.

6. 헌법과 정당 (하인리히 트리펠)

* 출전. Heinrich Triepel, Die Staatsverfassung und die politischen Parteien, Berlin: Otto Liebmann, 2. Aufl., 1930, 37 S. (Öffentlich-rechtliche Abhandlungen, Heft 10). 『월간고시』제12권 9호 (통권 140호) 1985년 9월, 165-186면.

   헌법과 정당의 관계를 설명할 때 자주 인용하는 하인리히 트리펠의 4단계 이론은 한국과 일본의 헌법 교과서에서 거의 빠짐없이 소개되고 있다. 그러나 그 내용이 불충분할 뿐만 아니라 부정확한 것도 있어서 여기에 전문을 번역하였다.

   하인리히 트리펠(Heinrich Triepel, 1868-1946) 공법학자 · 국제법학자 · 정치학자. 프라이부르크대학과 라이프치히대학에서 법학을 배우고, 튀빙겐 · 킬 · 베를린대학 교수와 총장 역임. 공법학에 이익법론을 도입하고, 국제법과 국내법과의 관계에서 이원론을 주장하고, 정당과 국가의 관계에 관한 4단계론 등을 주장했다. 나치에 비협조적이었다. 저서『국제법과 국내법』(Völkerrecht und Landesrecht, 1899);『라이히 감독』(Die Reichsaufsicht, 1917);『국법과 정치』(Staatsrecht und Politik, 1927);『헌법과 정당』(1928; 김효전역); Delegation und Mandat im öffentlichen Recht, 1942; Die Hegemonie, 1943; Vom Stil des Rechts, 1947

등. 저작 목록 A. Hollerbach, Bibliographie Heinrich Triepel, in: AöR, Bd. 91, Heft 4 (1966), S. 551-557.

문헌 Ulrich M. Gassner, Heinrich Triepel. Leben und Werk, Duncker & Humblot, Berlin 1999 (저작목록과 문헌 S. 525-595); A. Hollerbach, Zu Leben und Werk Heinrich Triepels, in: Archiv des öffentlichen Rechts, Bd. 91 (1966), Heft 4. S. 417-441; R. Smend, Heinrich Triepel, in: Die moderne Demokratie und ihr Recht. Festschrift für Gerhard Leibholz, Bd. II, 1966, S. 107-120; U. Scheuner, Staatslexikon der Görres-Gesellschaft, Bd. 7, 1962, S. 1044 f. 大西楠 · テア, 「帝國監督」と公法學における利益法學: トリーペルによる連邦國家の動態的分析 (1)-(3), 『法協』 131-133호, 2016.

* **210** 빌헬름 폰 훔볼트(Wilhelm von Humboldt, 1767-1835) 독일의 언어학자 · 정치가. 동생 알렉산더(1769-1859)는 유명한 자연과학자. 저서 『인간교육론외』(양대경 옮김, 책세상, 2012); 『국가작용의 한계』(Ideen zu einem Versuch, die Grenzen der Wirksamkeit des Staates zu bestimmen, 1792; 영역판 J. W. Burrow ed., 1993); 『국헌에 관한 이념』(Ideen über Staatsverfassung, 1791). 전집(Humboldts Gesammelte Schriften, 17 Bde., Berlin 1903-36. 『국가작용의 한계』 전체 16장 중 1~7장은 위의 『인간교육론외』에 수록되어 있다. 기타 안정오역, 『언어의 민족적 특성에 대하여』, 고려대출판부, 2017 등. 문헌 신익성 편저, 『훔볼트: 언어와 인간』(서울대출판부, 1993); Jens Petersen, Wilhelm von Humboldts Rechtsphilosophie, De Gruyter 2016; 「ドイツ憲法論」, 石澤將人 他譯, 『福島法學』 28. 3 (2016).

* **211** 슈크만 백작(Friedrich von Schuckmann) 프로이센 내무장관.

* **213** 하인리히 폰 가게른(Heinrich von Gagern, 1779-1880) 독일의 정치가. 한스 폰 가게른의 아들. 3월 혁명의 뒤를 이어 성립된 프랑크푸르트 국민의회의 의장이 되고, 이어서 내각수반으로서 (1812년), 프로이센국왕을 원수로 하는 연방국가의 성립, 즉 소독일적인 해결의 실현에 노력하였으나 실패하고(1849), 오스트리아를 맹주로 하려는 측에 가담하기도 하였다(1862년).

* **213** 비더마이어(Biedermeier) 시대. 독일과 오스트리아에서의 예술양식의 하나로서 나폴레옹 전쟁 이후 3월혁명까지의 시대의 간소하고 실용주의적인 양식 또는 그 시대를 말한다. 원래 비더마이어는 성실하지만 무사안일하고 속물적인 소시민이란 뜻. 1850년대 독일 시인 아이히로트(L. Eichrodt, 1827-1892)가 발표한 작품에서 유래한다.

* **213** 루소는 정당에 대해서 「일반의사」를 위조하는 것이므로 민주제에서는 이를 배격해야할 것이라고 주장한다(『사회계약론』, 제2편 제3장).

미국의 초대 대통령 조지 워싱턴도 정당은 도당이라고 하여 이를 배척하였다. Dictionary of American Biography, Vol. X. p. 509-527.

제임스 매디슨(James Madison, 1751-1836)도 정당을 「유해로운 도당」으로 보았다. Madison, Federalist Papers, No. 10 (김동영 옮김, 『페더랄리스트 페이퍼』, 한울아카데미, 1996, 61면 이하). 문헌 DAB, Vol. VI. p. 184-193.

* **214** 카를 슈미트의 현대 의회주의의 정신사적 기초에 관하여는 C. Schmitt, Die geistes-geschichtliche Lage des heutigen Parlamentarismus, 1923, 9. Aufl., 2010 (김효전 옮김, 『현대 의회주의의 정신사적 지위』, 관악사, 2007).

* **214** 기조(François Pierre Guillaume Guizot) → 본서 1057면

* **214** 방자맹 콩스탕(Benjamin Constant) → 본서 1070면

* **214** 버크(Edmund Burke, 1729-1797) 아일랜드 출생의 영국 정치가 · 정치학자. 조지 3세의 독재 정치를 강력하게 반대하고 의회정치를 고취하였다. 저서 이태숙 옮김, 『프랑스 혁명에 관한 성찰』, 민음사, 2008. → 본서 1106면

* **214** 제러미 벤담(Jeremy Bentham, 1748-1832) 영국의 법학자 · 철학자. 공리주의의 주창자. 저서 Fragment on Government, 1776; An Introduction to the Principles of Morals and Legislation, 1789 (고정식 옮김, 『도덕과 입법의 원리 서설』, 나남, 2011). 문헌 DNB, Vol. II. p. 268-280.

* **214** 존 스튜아트 밀(John Stuart Mill, 1806-1873) 영국의 사회철학자. 벤담의 공리주의를 신봉하고 이를 발전시켰다. 경제학자로서 또한 남녀동권론을 강력히 주장하였다. 저서로 Consideration on Representative Government, 1861(서병훈 옮김, 『대의정부론』, 아카넷, 2012); On Liberty, 1864 (이극찬역, 『자유론』, 사상문고, 1962; 서병훈역, 책세상, 2005); The Subjection of Women, 1869 (김예숙역, 『여성의 예속』, 이화여대출판부, 1986). 문헌 DNB, Vol. XIII, p. 390-399; 서병훈, 『위대한 정치: 밀과 토크빌, 시대의 부름에 답하다』, 책세상, 2017. → 본서 1088면

* **214** 로베르트 폰 몰 → 본서 1062면

* **215** 사회주의자진압법(Sozialistengesetz) 1878년 독일 수상 비스마르크가 사회민주당을 탄압하기 위해서 제정한 법률. 1890년까지 존속.

* **216** 시드니 로(Sidney Low, 1857-1932) 영국의 저널리스트 · 역사가 · 에세이스트. 런던의 킹스 칼리지, 옥스퍼드대학 수학. 저서 The Dictionary of English History (1884), The British Constitution: Its Growth and Character (1928).

* **216** 캐나다와 호주에서는 법적 조치가 이루어져서 의회 야당의 당수는 자기의 의원 직무에 대하여 상당한 보조금을, 즉 일종의 급료를 받는다.
    영국에서는 1937년의 각료법(Minister of the Crown Act)으로 정당국가가 법적으로 승인되고, 「폐하의 반대당의 당수」는 국가로부터 봉급을 받게 되었다. G. Leibholz, Strukturprobleme der modernen Demokratie, 3. Aufl., 1967, S. 91. 한국에서는 이를 모방하여 제1 야당 당수에 대한 특별 수당 지급에 관하여 정당법에 규정하였으나 1973년 삭제되었다.

* 216 미국의 이른바 "Primary Elections" 즉 예비선거는 후보자를 선출하기 위한 미국의 독특한 제도이다. 1905년 위스콘신 주에서 처음 실시한 후 여러 주에 전파되었다.

미국 대선은 당내에서 대선후보를 뽑는 예비선거와 국민이 대통령을 결정하는 본 선거로 구분한다. 대선이 있는 해 1월에 개시되는 예비선거는 열성당원들만 참여하는 코커스(당원대회)와 일반 유권자도 참여하는 프라이머리(예비선거)로 나뉜다. 이어 9월에 열리는 전당대회에서 예비선거 당선 후보를 공식 추인하면 본격적인 대선 레이스가 개시된다. 대선 본 선거는 11월 첫째 월요일에 속한 주의 화요일에 실시된다. 유권자들이 지지 후보 대신 그 후보가 속한 정당의 선거인단을 뽑는 방식, 선거인단은 연방의회 상·하원 수 535명에다 워싱턴 DC에 할당된 3명을 포함한 538명이다. 그러나 주마다 인구 비율로 선거인단을 배분하므로 편차가 심하다. 주마다 최대 투표를 얻은 정당이 그 주의 선거인단을 모두 차지하는 「승자독식」(Winner takes all) 방식으로 최종 승자가 결정된다(Naver). 문헌 D. K. Ryden, Representation in Crisis: The Constitution, Interest Group, and Political Parties, New York 1996; Daniel H. Lowenstein, Election Law, Durham, N. C. 1995.

* 219 프리드리히 폰 본 비저(Friedrich von Wieser, 1851-1926) 경제학의 오스트리아학파. 빈, 프라하대학 교수.

* 220 오토 쾰로이터(Otto Koellreutter, 1883-1972) 프라이부르크 대학에서 Richard Schmidt(1862-1944)에게 교수자격논문을 작성. 할레(1920년), 예나(1921년) 대학 교수. 바이마르, 나치스 시대를 통해 보수적 입장을 대표하는 국법학자. 특히 1933-45년까지 뮌헨 대학 교수로서 나치스를 지지·협력하였고 1939년 일본을 방문. 전후 미군에 의해서 5년 금고형을 받고 공직에서 추방되었다. 저서 『일반국가학강요』(Grundriß der allgemeinen Staatslehre, 1933); 『독일행정법』(1953) 등. 문헌 Jörg Schmidt, Otto Koellreutter, 1883-1972. Sein Leben, sein Werk, seine Zeit, Frankfurt a. M.[usw]: Peter Lang 1995; M. Stolleis, Art. Koellreutter, in: NDB, Bd. 12, 1980, S. 324 f.

* 220 로베르트 미헬스(Robert Michels, 1876-1936) 독일·이탈리아·스위스의 정치사회학자. 막스 베버에게 사사하고 독일사회민주당원으로서 활동. 1907년 이탈리아로 옮겨 상티갈리슴, 이어서 파시즘의 지지자가 된다. 투린(Turin)대학 교수. 1914년부터 스위스 바젤대학 교수. 로마 대학 교수. 저서 『정당사회학』(1911; 김학이 옮김, 한길사, 2003)에서 어떠한 대중정당도 결국 과두지배적이 된다는 「과두지배의 철칙」을 정식화했다. 저서 Der Patriotismus, 2. Aufl., 2013. D&H.

* 222 파울 뢰베(Paul Löbe, 1875-1967) 독일의 정치인. 독일사회민주당(SPD)의 당원이며 라이히 의회 의장 역임.

* 223 게오르크 옐리네크는 정당을 사회적 형성물로 본다. G. Jellinek, Allgemeine Staatslehre, S. 114 (김효전 옮김, 『일반 국가학』, 법문사, 2005, 91면). 「창설기관」에 관하여는 역서, 444면.

7. 바이마르 헌법체계에서의 정당 (구스타프 라드브루흐)

* 출전. Gustav Radbruch, Die politischen Parteien im System des deutschen Verfassungsrechts, in: Gerhard Anschütz und Richard Thoma (Hrsg.), Handbuch des deutschen Staatsrechts, J. C. B. Mohr, Bd. 1. Tübingen 1930. S. 285-294. 이 책은 1998년에 W. Pauly의 서문을 붙인 영인본(Nachdruck)이 발간되었다. 지금은 라드브르흐 전집 A. Kaufmann (Hrsg.), Bearbeitet von Hans-Peter Schneider, Gesamtausgabe 14. Staat und Verfassung, Heidelberg: Müller 2002, S. 42-54.
  『동아법학』 제39호 (2007. 12), 273-288면.

구스타프 라드브루흐(Gustav Radbruch, 1878-1949) 뤼벡에서 태어나 뮌헨(1898), 라이프치히(1898-1900), 베를린대학(1900-1901)에서 법학을 공부했다. 바이마르 시대에 사회민주주의 입장에 선 유력한 법률가로서 법무장관 역임. 법철학과 형법 전공. 저서 Rechtsphilosophie, 8. Aufl., 1973 (최종고역, 『법철학』, 삼영사, 1975); 『법학원론』(정희철 · 전원배 공역, 박영사, 1972). 라드브루흐의 정당론에 관한 연구로는 Marc André Wiegand, Unrichtiges Recht, Mohr, Tübingen 2004, 252 S. 문헌 울프리드 노이만, 윤재왕 편역, 『구스타프 라드브루흐 - 법철학자, 정치가, 형법개혁가』, 박영사, 2017; 최종고, 『G. 라드브루흐 연구』, 박영사, 1995; 박은정 편역, 『라드브루흐의 법철학 - 법과 불법의 철학적 경계』, 문학과 지성사, 1989.

* **229** 비트마이어(Leo Wittmayer, 1876-1936) 독일의 국법학자. 저서 『바이마르 헌법론』(Die Weimarer Reichsverfassung, 1922).

* **229** 「운터 덴 린덴 거리」(Unter-den-Linden Straße) 베를린시 중심을 관통하는 거리.

8. 헌법개정과 헌법변천 (게오르크 옐리네크)

* 출전. Georg Jellinek, Verfassungsänderung und Verfassungswandlung. Eine staatsrechtlich-politische Abhandlung, Berlin: Verlag von O. Häring 1906, 80 S.
  『동아법학』 제36호 (2005. 6), 145-213면.

* 이 강연은 헌법변천의 개념을 체계적으로 제시한 것으로 유명하며 한국의 헌법 교과서에도 빠짐없이 소개되어 있다. 옐리네크의 헌법변천의 유형화는 직접적 관련의 유무 그리고 관련 있는 쪽에 따라서 해석에 의한 변천, 법창조력에 의한 변천 그리고 제도와 기초의 변천이라는 세 개의 레벨로 나눈다. 그의 관심은 IV. 헌법변천을 야기하는 것으로서 정치적 필요성에 있다. 또한 관습헌법의 개념은 2004년 헌법재판소가 행정수도위헌 판결에서 사용한 개념으로 유명하다. 이웃 일본에서는 자위대 합헌론의 논거로서 헌법변천의 개념이 자주 인용되기도 한다.
  관련 문헌은 정극원, 헌법변천의 논의와 그 유용성의 재검토, 문광삼 · 신평 공편, 김효전교수 정년기념 논문집 『헌법학의 과제』(법문사, 2011), 23-49면; 김백유, 헌법변천(Verfassungs-

wandlung): P. Laband, G. Jellinek, Hsü Dau-Lin의 학설을 중심으로,『성균관법학』(성균관대), 제17권(2005); 이덕연역, 헌법규범 · 헌법현실 · 헌법변질, 허영 편역,『법치국가의 기초이론. Peter Lerche 논문선집』(박영사, 1996), 396-411면.

　　게오르크 옐리네크(Georg Jellinek, 1851-1911) 19세기 독일 국가학의 집대성자. 유대계 독일인으로 라이프치히 출생. 빈 · 하이델베르크 · 라이프치히대학에서 법학과 철학 공부. 1878년 빈대학에서 교수자격논문 통과. 빈 · 바젤대학 교수를 거쳐 1891년 블룬칠리(J. C. Bluntschli)의 후임으로 하이델베르크대학 교수 역임. 주저『일반 국가학』(김효전 옮김, 법문사, 2005)에서 신칸트학파적인 2원적인 방법론을 구사하여 게르버와 라반트 이래의 독일공법이론을 체계화하는 한편, 사회학적 국가론에도 위치를 부여하였다. 이른바 국가양면설을 취하였다. 그리하여 국가학은 철저하게 2원론에 빠졌는데, 한편 법학적 방법은 켈젠에 의해서 순수법학으로 까지 순화되고(민준기 옮김,『일반 국가학』, 1990), 다른 한편 사회학적 측면은 헬러의『국가학』(1934; 홍성방 옮김, 1997)이 계승하였다. 또한 그의 법학적 국가관의 중심관념은 국가의 자기제약설과 국가법인설이며, 이것은 독일의 특수성을 반영한 시민적 공법이론으로서 19세기 후반의 지배적인 학설이 되고, 한국과 일본의 헌법학계에 커다란 영향을 미쳤다. 저서『인권선언논쟁』(김효전 편역, 법문사, 1991); 정태호 옮김, 국가의 법적 본질,『독일학연구』(동아대) 제30호(2014), 137-161면;『공권의 체계』(정태호 옮김, 법문사, 2018 [근간]). 문헌 W. Brugger, R. Gröschner und O. W. Lembcke (Hrsg.), Faktizität und Normativität: Georg Jellineks freiheitliche Verfassungs-lehre, Tübingen 2016; Jens Kersten, Georg Jellinek und die klassische Staatslehre, Tübingen 2000; Klaus Kempter, Die Jellineks 1820-1955: Eine familien-biographische Studie zum deutschjüdischen Bildungsbürgertum, Düsseldorf 1998; Stanley L. Paulson und Martin Schulte (Hrsg.), Georg Jellinek: Beiträge zu Leben und Werk, Tübingen 2000.

* 238 옐리네크는 Verfassungsänderung이라는 용어로 헌법조문 자체를 의도적으로 변경하는 것 일반을 가리키는데, 한국에서 「헌법개정」이라는 용어가 가지는 일반적 이해를 고려하여 이 번역에서는 Verfassungsänderung을 내용에 따라서 「헌법변경」과 「헌법개정」이란 용어를 사용한다.

* 239 루이 나폴레옹이 권력을 장악하고 제정한 것이 1852년 1월 14일의 대통령제 헌법인데 이것은 같은 해 11월 7일의 원로원령으로 개정되어 제제(帝制)가 되고 나폴레옹이 황제로 취임하였다(제2제제). 그 후 이 헌법 하에서 의원내각제적 요소가 확대하는 등의 변용이 생기고, 이 변용은 1870년 5월 21일의 헌법개정 원로원령으로 헌법에 정착하는 것처럼 보였다. 그러나 보불전쟁에서 같은 해 9월 나폴레옹이 스당에서 패배하자 파리에 혁명이 일어나고 강베타(Léon Gambetta, 1838-1882)를 중심으로 하는 임시국방정부가 수립되고 제2 제제는 와해되었다. 그 후 왕당파와 공화파의 항쟁을 거쳐 1873년 왕당파인 마크마웅(Maréchal de Mac-Mahon duc de Magenta, 1808-1893)이 대통령으로 되고, 1875년 「상원의 조직에 관한 헌법률」, 「공권력의 조직에 관한 헌법률」 그리고 「공권력의 관계에 관한 헌법률」의 세 가지 법이 제정되고 이것이 1875년 헌법이 된다(제3공화국). 한국어 번역은 김충희 옮김, 프랑스 역대 헌법전(1),『동아법학』제69호(2015), 558-565면 참조.

* 240 영국의 청교도 혁명 시대인 1653년 12월 크롬웰은 통치장전(Instrument of Government)을 발포하여 스스로 호민관(Lord Protector)에 취임하고 호민관제(Protectorate)라고 불린 독재제를 수립했다. 그가 죽은 후인 58년 9월 이 호민관에는 아들 리차드가 취임하였는데 급속히 쇠퇴하여 59년 5월에 소멸하였다.

* 240 엘자스-로트링겐 (Elsass-Lothringen, 프랑스어로는 알사스-로랭 Alsace-Lorraine)은 독일 남서부와 프랑스 북서부가 접하는 라인 좌안의 지방. 그 지리적 조건과 풍부한 자원 때문에 독불 간의 끊임없는 항쟁의 대상이 되어 왔다. 보불전쟁의 결과 프랑스는 이 지역의 대부분을 독일에 할양하고, 본문의 시대에는 독일 제국 정부가 파견하는 통감(Statthalter, 「총독」이라고도 번역)이 절대적 권한을 가지는 제국 직할령이었다. 옐리네크가 활약한 시대의 지배적 사상인 신칸트 학파의 서남학파는 하이델베르크와 함께 이 지방의 중심지인 스트라스부르 대학이 거점이었다.

* 243 마누엘(Pierre Louis Manuel, 1751-1793) 프랑스의 작가이며 혁명시의 정치인.

* 246 드레드 스코트 사건 (Dred Scott Case)이란 미주리주의 노예인 드레드 스코트가 뉴욕 시민을 상대로 하여 연방재판소에 제기한 손해배상청구 사건. 연방 대법원은 1857년 3월 6일 Dred Scott v. Sanford, 19 How. 393 (1857)에서 노예주(州)인 미주리주의 노예인 신분을 가진 원고에게 연방재판소에의 출소권은 없다고 판결하고, 방론(傍論, obiter dicta)에서 연방 헌법에서 말하는 시민에 노예는 포함되지 않는다고 서술하여 당시의 노예제를 둘러싼 논의에 커다란 영향을 미쳤다. 문헌 김철수, 『판례교재 헌법』, 법문사, 1974.

* 246 greenback이란 달러 지폐를 말함. 뒷면에 녹색이 있기 때문이다. 단순히 green 이라고도 한다.

* 248 모데스티누스(Modestin, 또는 Herennius Modestinus) 로마의 법학자. 기원후 약 250년경 활약한 울피아누스의 학생. 발렌티니아누스의 『인용법』(Law of Citation)에서 그는 Papinian, Paulus, Gaius 그리고 Ulpian과 함께 5대 법률가의 한 사람으로 분류되며, 그의 견해는 결정적인 것으로 간주되었다고 한다.

* 249 1815년에 결성된 독일 동맹(Deutscher Bund)의 프랑크푸르트 동맹의회(Bundestag in Frankfurt a. M.)는 가맹국의 주권이 강하여 독일 통일의 기관일 수 없었는데 역사적으로는 이 후계기관이 독일 제국의 연방 참의원(Bundesrat im Deutschen Reich)이다.

* 250 북독일연방 헌법은 1867년 7월에 시행되었는데 그것을 기본적으로 계승한 것이 1871년 4월의 비스마르크의 독일 제국 헌법이다. 따라서 독일 제국 헌법상의 라이히 수상(Reichskanzler)은 북독일연방 헌법상의 연방수상(Bundeskanzler)이 그 원형이다.

* 252 독일 제국 헌법에서는 황제가 임명하고 황제에게만 책임을 지는 라이히 수상을 중앙정부기관의 유일한 대신으로 하고 있으며 이른바 내각제도를 예정하지 않는다. 수상대리를 설정한 1878년에는 동시에 라이히 수상 아래 각 행정 부문의 장관(Staatssekretar)도 주었는데 그러나 이것도

여전히 내각제는 아니며 단순한 차관제였다. 이것이 점차 내각제의 실질을 갖추게 된 것은 본문에서 말하는 「헌법과 현실의 불일치」이다.

* **254** 글래드스톤(William Gladstone, 1809-1898) 영국의 휘그당 정치가. 처음에는 토리당에 속했으나 1850년에 자유당으로 옮김. 1868년부터 1894년까지 4번 수상이 되고 선거법개정, 국교제도폐지 등 자유주의적 정책을 추진. 또한 디즈렐리의 제국주의정책과 대립하였다. 문헌 Dictionary of National Biography, Vol. XXII, p. 705-754; 김기순,『신념과 비전의 정치가 글래드스턴』(한울, 2007).

* **257** 앨피어스 토드(Alpheus Todd, 1821-1884) 영국 태생의 캐나다 사서이며 헌법사학자. 저서 『영국의 의회정치론』(On Parliamentary Government in England: its Origin, Development and Practical Operation (London: Longmans, Green, and Co., 1867-69, 2 vols.; new ed. London & New York, 1888-89)로 유명. 이 책의 일본어 번역(尾崎行雄譯, 『英國議會政治論』, 自由出版會社, 1882)은 일본의 의회정치에 커다란 영향을 미쳤다. 문헌 Elizabeth Baigent, Oxford Dictionary of National Biography, 2004; Todd, Alpheus. Dictionary of National Biography 1885-1900.

* **258** 노통브(Jean-Baptiste Nothomb, Baron 1805-1881) 벨기에의 정치인 · 외교관. 제6대 수상. 룩셈부르그 Messancy 출생.

* **260** 오스카르 2세(Oskar II., 1829-1907) 노르웨이는 1814년 이래 스웨덴에 합병되어 베르나도트 家의 지배 아래 있었다. 오스카르 2세는 스웨덴 왕으로서는 1872-1907년 재위하였는데 노르웨이 왕으로서는 본문 중의 실정으로 1905년에 퇴위하고 노르웨이 왕가가 부활하여 올덴부르크 家의 호콘 7세(Hookon VII)가 즉위하였다.

* **261** Statthalter에 대해서는 → 본서 1085면

* **263** Nerva 로마 제국 황제, 재위 96-98년.

* **265** 본문에서 말하는 배젓(Walter Bagehot, 1826-77)의 저작이란 물론 The English Constitution, 1867(이태숙 · 김종원 옮김, 『영국 헌정』, 지식을 만드는 지식, 2012)을 가리키는데, 이 해에는 보수당의 디즈렐리의 리더십으로 제2차 선거법이 개정되고 의회개혁이 진행되었다. 배젓에 관하여는 Dictionary of National Biography, Vol. I. p. 865-868.

* **265** 보어 전쟁(Boer War) 「보어」란 네덜란드어로 농부라는 뜻. 희망봉과 남아프리카 지역은 원래 네덜란드 식민지로서 1852년에는 트란스발(Transvaal) 공화국을, 1854년에는 오렌지 자유국(Orange Free State)을 세웠다. 영국은 이를 식민화하려고 하였으나 보어인이 저항하여 제1차 보어 전쟁이 일어나고 영국은 패배했다. 1899년 영국은 다시 이곳의 금과 다이아몬드를 획득하려고 제2차 보어 전쟁을 일으켜 1902년 보어는 항복하고 영두조약(英杜條約, Treaty of Vereeniging)에 의해서 남아프리카의 영국 식민지가 된다.

* **265** 발포아(Arthur James Balfour, 1848-1930) 영국의 정치인. 제3대 솔즈버리(Salisbury) 후작의 조카. 보수당 하원의원, 솔즈버리 외무장관의 비서로 베를린회의 수행. 《Defence of Philosophic Doubt》(1908)를 저술하여 이름을 얻고, 한때 처칠(Randolph Churchill) 등의 「제4당(Fourth Party)」에 참가했다. 제1차 솔즈버리 내각에서 지방행정 총재, 제2차 솔즈버리 내각에는 스코틀랜드 사무장관과, 아일랜드 사무장관을 역임하고, 아일랜드 통치에 단호한 정책을 취하고 그 사회경제상태를 개선했다. 1891-92년과 1895-1902년 재무 총재와 보수당 하원 수령이 되고, 후일 1902-1905년 솔즈버리의 은퇴 후 수상이 되었다. 그동안 교육법, 아일랜드 토지매수법을 통과시키고, 외교에서는 영불 협상을 체결했는데 식민장관 체임벌린(Joseph Chamberlain)이 주장하는 관세개혁론 때문에 내각의 불통일을 초래하여 사직한다. 나중에는 보수당 하원 수령의 지위도 사임. 제1차 세계대전 중인 1915년에는 연립내각에 해운장관으로서 입각했다가 외무장관으로 전출, 미국이 참전하자 견미사절단장이 된다. 파리 강화회의에 전권의 일원으로 참석하며 베르사유조약에 조인한다. 후일 추밀원 의장이 되어 워싱턴 회의에 영국 대표로 출석. 귀국 후 백작이 수여되고, 철학에도 조예가 깊다. 저서 The Foundation of Belief (1895), Theism and Humanism (1915), Theism and Thought (1923) 등.

* **265** Bankett란 프랑스어의 banquet, 즉 「연회」 말하는데 유럽에서는 정치적 집회를 술과 식사를 함께 하기 때문에 이런 말을 사용한다.

* **265** 시드니 로우(Sidney Low, 1857-1932) 영국의 저널리스트 · 역사가 · 에세이스트. 런던의 킹스 칼리지, 옥스퍼드대학 수학. 저서 The Dictionary of English History (1884), The British Constitution: Its Growth and Character (1928). → 본서 1082면

* **266** 앤슨(Sir William Reynell Anson, 1843-1914) 영국의 법학자이며 하원에서의 옥스포드 대학의 대표자가 되고 교육부 정무차관도 지냈다. 저서 The Law and Custom of the Constitution, 1886-98은 영국 헌법의 실태를 분석한 저서로 유명하다.

* **268** 시겔레(Scipio Sighele, 1868-1913) 이탈리아의 사회학자. 집단심리학과 사회심리학을 구별하고 집단에 의한 시사를 범죄의 귀책능력의 경감이유로 삼았다.

* **270** 헝가리는 1849년 오스트리아로부터의 독립전쟁에 패배한 이래 총독제 아래서 오스트리아의 속령이 되었는데, 1866년 프로이센-오스트리아 전쟁에서 오스트리아가 패배하자 오스트리아 황제가 헝가리 황제를 겸하면서 헝가리의 독립성을 일정한 정도 인정하는 이른바 이중제국을 67년에 성립시켰다. 본문의 서술은 이 체제 하에서 친오스트리아 정책을 취하는 헝가리 보수당 내각에 대해서 민족주의적인 독립당이 서서히 진출하고 과격한 항쟁을 전개하고 있던 것을 서술하고 있다.

* **275** 존 스튜어트 밀의 견해. 「다수로 구성된 의회는 행정은 말할 것도 없고 법을 만드는 일에도 적합하지가 않다. 사실 입법 활동만큼, 오랜 시간의 실제 경험뿐만 아니라 장기간에 걸친 힘든 공부를 통한 단련까지 요구되는 지적인 작업도 없을 것이다. 이런 이유로 아주 소수의 전문가들로

짜인 위원회가 아니면 입법활동을 제대로 할 수가 없다. ..... 높은 수준의 문명을 자랑하는 정부라면 전체 각료의 수를 넘지 않는 선에서 법안 만드는 일을 전문으로 맡아서 하는 입법위원회 (commission of legislation)같은 특별 조직을 반드시 갖추는 것이 좋다」(John Stuart Mill, Considerations on Representative Government, 1861. 서병훈 옮김, 『대의정부론』, 아카넷, 2012, 101, 104면).

* 275 통령헌법(Konsulatsverfassung). 이른바 브뤼메르 18일의 쿠데타에서 권력을 장악한 나폴레옹이 제정한 1799년 헌법을 말한다. 그 통치의 중심은 3인의 통령(consul)인데 나폴레옹이 취임한 제1통령에 압도적 권한이 있었다. 그 입법기관은 제1통령이 임명하는 국무원(Conseil d'État)이 법안을 작성하고 호민원이 심의만을, 입법원이 의결만을 담당하고 호헌원로원이 위헌심사를 가지고 있었다. 본문에서 말하는 브누아 제안이 이 통령헌법을 상기시키기 때문이다. 1799년 12월 13일의 프랑스 헌법은, 김충희 옮김, 프랑스 역대 헌법전(1), 『동아법학』제69호 (2015), 436-450면.

* 277 살리카 법전(lex Salica, 본문에서는 das salische Gesetz, Salic law). 프랑크 왕국(5~9세기 말)을 구성하였던 프랑크족의 주요 종족인 살리(Sali)족의 법전. 서게르만인의 부족 중에서 가장 오래된 법전이다. 제정 시기는 프랑크 왕국의 건설자인 클로비스 1세(Clovis I)의 만년(508~511)으로 추정되며, 4명의 원로가 게르만 시대의 관습법을 채록(採錄)하여 클로비스 1세의 보정을 거쳐 제정된 것이라고 한다. 다른 부족법처럼 속인적 효력을 가지며 살리족에게 적용되었다. 원본은 전해지지 않지만, 8세기와 9세기의 사본이 남아있다. 로마법의 영향을 별로 받지 않은 게르만법을 채록하였다는 점과, 나중에 부족법에 영향을 미쳤다는 점에서 중요한 자료이다. 14세기 발르와 왕조에서 문서위조, 사기, 경력 누락의 경우 여성의 왕위 계승 금지, 권리박탈을 위해 차용. 여성의 왕위계승을 완전히 박탈하는 장자상속권법과는 다름. 준 살리카법(Semi-Salic law)은 왕실에 남자 자손이 없을 경우에는 가장 손위의 여자 후손이 왕위를 계승하는 방식을 규정. 문헌 네이버 백과사전; Durkheim, 『사회분업론』, 214면 역주; Bodin, 나정원 옮김, 『국가에 관한 6권의 책』, 1권, 70면; Duverger, 문광삼 · 김수현 옮김, 『프랑스 헌법과 정치사상』, 64면 등.

* 277 오라니에(Oranier) 공. 영국의 명예혁명에서 의회가 불러서 영국 왕이 된 네덜란드 통령을 말한다. 영어로는 오렌지 공이다. 제임스 2세의 딸인 메어리와 공동 통치하는 윌리엄 3세로서 영국 근대 입헌군주제의 기초를 만들었다.

* 277 해밀턴(Alexander Hamilton, 1757-1804). 미국의 정치가이며 이른바 페더럴리스트의 지도자. 평론지 『페더럴리스트』(김동영 옮김, 『페더럴리스트 페이퍼』, 한울, 1995)에서 이론을 전개하였다. 그런데 미국에서의 페더럴리스트의 주장은 연방을 강화하는 것이므로 분권주의로서의 연방주의와는 의미가 반대이다. 문헌 Dictionary of American Biography, Vol. IV. p. 171-179.

* 279 바울 교회(Paulskirche). 1849년 프랑크푸르트 국민의회가 개최된 곳. 따라서 본문의 서술은 19세기 중엽 시대를 가리킨다. 바울교회 헌법의 원문과 한국어 번역은 김효전, 독일 라이히 헌법(바울교회 헌법), 『헌법학연구』제20권 2호(2014), 355-419면 참조.

제2편 국가이론

1. 세속화과정으로서의 국가의 성립 (에른스트 볼프강 뵈켄회르데)

* 출전. Ernst-Wolfgang Böckenförde, Die Entstehung des Staates als Vorgang der Säkularisation, in: Säkularisation und Utopie. Ebracher Studien, Ernst Forsthoff zum 65. Geburtstag, Stuttgart 1967, S. 75-94. jetzt in: ders., Staat, Gesellschaft, Freiheit. Studien zur Staatstheorie und zum Verfassungsrecht, Frankfurt a. M. 1976, S. 42-64; also in: Recht, Staat, Freiheit. Studien zur Rechtsphilosophie, Staatstheorie und Verfassungsgeschichte, Frankfurt a. M. 1991, S. 92-114.

『헌법학연구』 제10집 4호(2004. 12), 589-615면

뵈켄회르데는 독일 프라이부르크 대학 교수와 연방헌법재판소 재판관을 역임한 후 현재는 은퇴하여 명예교수로 있다. → 본서, 헌법의 해석

* 289 미셸 드 로피탈(Michel de l'Hôpital, 1504-1573) 프랑스의 법률가·정치가. 파리 고등법원 법관, 1547년 트리엔트 종교회의 사절, 재정총감을 거쳐 샤르르 9세의 프랑스 대법관이 된다(1560년). 신구 교도의 대립을 완화하기 위해 노력하고, 또 위그노파에 대한 관용정책을 추진했는데 종교전쟁을 방지하지 못했다. 1563년 3월 19일의 암보아스(Amboise) 화의 이후 가톨릭 귀족의 수령 기즈 후작(Duc de Guise)과 대립하여 파면된다. 1572년 성 바돌로매 제야의 학살 후 곧 사망. 정치적 감각·실천력·인격이란 점에서 근세 초기의 대정치가로 불린다. P. Arabeyre et al (dir.), Dictionnaire historique des juristes française, 2ᵉ éd., 2015, pp. 665-666.

* 290 카테콘(kat-echon) 억제하는 자. 신약성서 데살로니가 후서에는 종말 전에 살아야 할 것이 기록되어 있다. 거기에 의하면, 그리스도의 재림 앞에 「멸망의 아들」이 등장하고, 「범사에 일컫는 하나님이나 숭배함을 받는 자 위에 뛰어나 자존하여 하나님 성전에 앉아 자기를 보여 하나님이라 하느니라」(살후 2:4). 그는 「불의의 모든 속임을 하는」 사람들을 유혹한다. 여기서 유혹된 자는 그리스도 재림 후에 심판을 받는데, 이 「멸망의 아들」이 등장하기까지 그것을 「억제하는 자」가 있다. 슈미트에 의하면, 중세의 신성로마제국은 「적그리스도의 등장과 현세의 종말을 저지하는」 권력이라는 것이다.

칼 슈미트는 Kat-Echon이라는 신학적 개념을 중요시하며 서구 역사관의 핵심으로 삼는다. Ex Captivitate Salus, 1950, S. 31 (김효전역, 『구원은 옥중에서』, 교육과학사, 1990, 112면); Der Nomos der Erde, 1950, S. 28 f. (최재훈 옮김, 『대지의 노모스』, 민음사, 1995) 그리고 Günter Meuter, Der Katechon. Zu Carl Schmitts fundamentalistischer Kritik der Zeit, Berlin: Duncker & Humblot 1994; Felix Grossheutschi, Carl Schmitt und die Lehre vom Katechon, Berlin: Duncker & Humblot 1996; Julia Hell, Katechon: Carl Schmitt's Imperial Theology and the Ruins of the Future, in: The Germanic Review, Vol. 84, No. 4 (2009),

p. 283-326 참조.

원래 슈미트가「정치신학」을 구상한 것은 현대의 법학, 특히 국법학에서의 과학적 실증주의, 기술주의를「막는 자」로서의 지위를 부여하려고 한 것이며 거기에 법학 본래의「사명」과「존엄」을 본다. C. Schmitt, Die Lage der europäischen Rechtswissenschaft, 1950, in: ders., Vefassungsrechtliche Aufsätze, 1958, 3. Aufl., 1985, S. 420 ff. (김효전역,『유럽 법학의 상태』, 교육과학사, 72면 이하); 김항, "적의 소멸"과 정치신학 - 칼 슈미트의 카테콘과 메시아, 『인문논총』제72권 4호, 2015.

* 292 한스 바리온(Hans Barion, 1899-1973) 독일의 가톨릭 신학자·교회법학자. → 본서 1098면

* 294「영토를 지배하는 자가 종교도 지배한다」(屬地·屬宗敎制; cujus regio, ejus religio)는 원칙은 그라이프스발트의 프로테스탄트 법학자인 요아힘 슈테파니(Joachim Stephani, 1544-1623)가 만든 것이다(Stephani, Institutiones Juris Canonici, Ausg. Frankfurt a. M. 1612, L, I, c. 7, S. 52). 카를 슈미트는 이 명제를「영토를 지배하는 자가 경제도 지배한다」(cujus regio ejus economia)라고 변형하여 광역 문제의 핵심을 인식하도록 만든다고 한다(Der Nomos der Erde, 1950, 3. Aufl., 1988, S. 226; 최재훈 옮김,『대지의 노모스』, 135면, 305면). 그 밖에「완성된 종교개혁」(역서, 236면) 등. → 본서 627면

* 297 리실류외(Armand Jean du Plessis, Cardinal duc de Richelieu, 1585-1642). 프랑스의 정치가. 신학교를 나와 사제에서 추기경이 된 후 루이 13세(1601-1643) 아래서 재상으로, 안으로는 왕권에 반항하는 세력을 억압하는 동시에 행정제도를 정비해서 중앙집권화를 하고, 밖으로는 중상주의 정책을 추진해서 유럽에서 프랑스의 주도권을 확립하려고 노력했다. 뒤마(Alexandre Dumas, 1802-1870)의『삼총사』(1844)에서는 악역으로 묘사하지만 아카데미 프랑세즈의 설립 등 문화면에서의 업적도 있다. 저서『정치유언』.

* 297 토머스 홉스, 이준호 옮김,『시민론: 정부와 사회에 관한 철학적 기초』, 서광사, 2013, 217면 이하. 문헌 Dictionary of National Biography, Vol. IX. p. 931-939; A. P. Martinich, A Hobbes Dictionary, 1995.

* 298 레오 슈트라우스(Leo Strauß, 1899-1973) 유대계 독일인으로 1921년 함부르크대학에서 학위를 받고 이듬해 프라이부르크대학 교수 부임. 1932년 영국으로 건너가 홉스 연구, 1938년부터 미국에 정착. 1949년부터 시카고대학 교수. 저서『자연권과 역사』(홍원표 옮김, 인간사랑, 2001), 『정치철학이란 무엇인가』(양승태 옮김, 아카넷, 202) 등. 문헌 김영국외,『레오 스트라우스의 정치철학』(서울대출판부, 1995).

* 298「예수는 구세주」(that Jesus is the Christ)「누가 거짓말쟁이입니까? 예수가 그리스도이심을 부인하는 사람이 아니고 누구겠습니까?」(요한 1서 2:22)(Who is a liar but he that denieth that Jesus is the Christ? I John 2:22). 홉스의 이 명제에 대해서 카를 슈미트는「사도들의 전도의 핵심을 이루며 신약성서 전체의 역사적 및 선교상의 테마를 확정한 것」으로 평가한다(완성

된 종교개혁, 김효전역, 『유럽법학의 상태』, 238면). 또 「예수는 그리스도라는 진리」를 공적인 예배에 현존하는 하느님을 명명하여 일컫는 것이라고 하면서, 홉스의 결정(結晶)이란 도표에서 강조한다. 슈미트, 『정치적인 것의 개념』(김효전 · 정태호 옮김, 살림, 2012), 180-182면.

* 302 이 구절은 뵈켄회르데 공식(Böckenförde dictum)으로 유명하다. 뵈켄회르데의 논저를 영역한 퀸클러와 슈타인은 20세기 독일 국법학에서 「동질성」(honogeneity)의 개념은 하나의 전(前) 정치적 기반으로 이해하며 뵈켄회르데는 헬러보다는 카를 슈미트에게서 취했다고 본다. 자유민주 국가는 자유주의가 입각하고 있는 자유를 침해하지 않고서는 이 동질성을 창조할 수 없다고 하면서 다음의 공식을 인용한다. 「자유롭고 세속화된 국가가 살아가기 위해서는 국가 자신이 보장할 수 없는 다양한 전제들이 필요불가결하다. 국가는 자유로운 국가로서 시민에게 자유를 부여한다. 그 자유는 내면에서, 즉 개인의 도덕과 사회의 동질성에 의해서 규제되지 않는 한 유지할 수 없다. 법적 강제와 권위 있는 명령은 규제의 힘이 인간 내면에서 저절로 생겨나는 것을 보증하지 않는다」. Mirjam Künkler and Tine Stein, Böckenförde's Political Theory of the State, in: Constitutional and political Theory. Selected Writings, Oxford 2017, p. 45. 동질성에 관한 문헌은 Gertrude Lübbe-Wolff, Homogenes Volk: Über Homogenitätspostulate und Integration, in: Zeitschrift für Ausländerrecht und Ausländerpolitik, 4, 2007, S. 121-168.

2. 현대의 국가이론과 법이론의 문제성에 대한 논평 (헤르만 헬러)

* 출전. Hermann Heller, Bemerkungen zur staats-und rechtstheoretischen Problematik der Gegenwart, in: Archiv des öffentlichen Rechts (Hg. G. Holstein u. a.), J. C. B. Mohr, Tübingen, Bd. 55 (1929), S. 321-354. jetzt in Gesammelte Schriften, Bd. 2, S. 249-278. 『헌법학연구』 제20권 1호(2014. 3), 503-537면.

헤르만 헬러(Hermann Heller, 1891-1933) 오스트리아 테셴 출생. 빈 · 그라츠 · 인스브루크 · 킬대학에서 법학 · 국가학 수학. 1915년 그라츠대학에서 학위취득. 라드브루흐와 민중대학 창설에 참가. 사회민주당 입당. 베른슈타인의 수정주의에 가까운 입장으로 켈젠 · 슈미트 등과 논쟁. 1928년 『주권론』(김효전 옮김, 관악사, 2004)으로 조교수로 초빙받다. 1932년 프랑크푸르트대학 정교수. 1933년 4월 히틀러의 권력장악으로 대학에서 추방된다. 스페인 마드리드대학으로 망명하나 거기서 심장병으로 곧 사망한다. 저서 『바이마르 헌법과 정치사상』(김효전 옮김, 산지니, 2016); 『국가론』(홍성방 옮김, 민음사, 1997). 문헌 Michael Henkel, Hermann Hellers Theorie der Politik und des Staates, Mohr, Tübingen 2011; Kathrin Groh, Demokratische Staatsrechtler in der Weimarer Republik, Mohr, Tübingen 2010; O. Lembcke, Hermann Heller (1891-1933), in: R. Voigt, Staatsdenken, 2016, S. 129-134.

* 308 라플라스(Pierre Simon, Marquis de Laplace, 1749-1827) 프랑스의 수학자 · 천문학자.

그는 우주진화론을 제창하여 일찍이 칸트가 내놓은 성운설(星雲說.『일반 자연사와 천체의 이론』, 1755)을 더욱 발전시켰는데, 오늘날 이 학설은 「칸트-라플라스 성운설」로 알려져 있다. 문헌 송은영 지음,『(라플라스가 들려주는) 천체물리학 이야기』(자음과모음, 2010); 헤겔, 임석진 옮김,『법철학』(한길사, 2008), 478면 주 참조.

* 312 자연의 질서(ordre naturel). 헬러는 인간에 대해서 요구할 수 있는 지배는 오로지 자연과 사회에 내재하는 법칙의 지배, 즉 사물의 본질에서 생기는 강제력이라고 한다. 헬러는『주권론』, 29-30면;『바이마르 헌법과 정치사상』, 619면 등에서 이 말을 자주 사용한다.
  프랑스의 케네 등에서 유래하며, 헬러는 칸트가 한 말, 즉「영원한 평화를 보증하는 것은 자연이다」(43면) 또「인간 이성의 한계를 드러내려고 '자연'을 사용하는 것이 더 적절하고 신중할 것 같다」(46면), 기타(53면) 등에서 영향을 받은 듯하다. 이한구 옮김,『영원한 평화를 위하여』(서광사, 1992).

* 312 국가부정. 마르크스의 국가이론에서는 계급과 착취의 개념이 중요하다. 국가란 생산수단을 소유한 계급이 이를 소유하지 못한 다른 계급을 계속 착취하기 위한, 또한 그 착취를 가능케 하는 생산양식을 유지하기 위한 강제기구이며 착취계급의 도구이다. 국가는 이러한 목적을 달성하기 위해서 특별한 권력기구를 가진다. 그것은 무기를 장비한 군대·경찰·법원·행정기관·관료조직·교도소 등이다. 그러나 엥겔스에 의하면, 프롤레타리아트가 국가권력을 탈취하고 생산수단을 국유로 이전하여 착취가 폐지되고 계급 없는 사회가 되면 국가는 사멸하게 된다는 것이다. 「계급의 소멸과 함께 국가도 불가피하게 사라질 것이다. 생산자들의 자유롭고 평등한 결합에 기초하여 생산을 새로이 조직한 사회에서는 전체 국가기구를 그것이 마땅히 가야 할 곳으로, 즉 고대박물관으로 보내 물레나 청동도끼와 나란히 진열할 것이다」(김대웅 옮김,『가족, 사유재산, 국가의 기원』, 두레, 2012, 300면). → 본서 1143면

* 312 뒤기(Léon Duguit, 1859-1928) 프랑스의 공법학자. 보르도대학 교수 역임. 사회학적 국가이론과 연대론·객관법·공공 서비스론 등을 주장. 저서『일반 공법학 강의』(1925; 이광윤 옮김, 민음사, 1995);『국가, 객관법 그리고 실정법률』(L'État, le droit objectif et la loi positive, 1901);『국가, 통치자 그리고 관리』(L'État, les gouvernants et les agents, 1903);『헌법학개론』(Traite de droit constitutionnel, 5 vols., 1911). 문헌 P. Arabeyre et al (dir.), Dictionnaire historique des juristes française, 2e éd., 2015, pp. 358-361; 김충희, 레옹 뒤기의 생애와 그의 시대,『헌법학연구』제21권 2호, 2015; 헬러,『주권론』(김효전 옮김, 27-29면).

* 314 리비도(Libido) 본래 라틴어로 욕망이란 뜻. 정신분석의 용어로 성적 충동을 발동시키는 힘(프로이트) 또는 모든 본능의 에너지의 본체(융).

* 315 빌프레도 파레토(Vilfredo Federico Damaso Pareto, 1848-1923) 이탈리아의 경제학자·사회학자. 토리노공대를 졸업한 후 1876년 공학박사학위 취득. 그 후 경제학을 공부하여 1892년 스위스 로잔 대학의 교수가 되었다. 최초로 경제학에 관심을 가지고 수리경제학의 입장을 취했으나, 만년에는 사회학으로 돌아 기계론적인 실증주의의 철저화를 도모했다. 특히 그의 엘리트 순환설은 파시즘의 이론적 기초가 된 것으로 유명. 저서『사회주의 체계』(1902/03)에서 마르크스주의를 신랄히 비판. 기타『정치경제학 매뉴얼』(1909),『일반 사회학강요』(1916) 등.

　파레토는 인간의 정신활동 중 비합리적인 욕망을 잔기(résidue)라 부르고, 이를 자기와 타자에 대해서 정당화하는 기술을 파생체(dérivation)로서 파악했다. 문헌『사회학이론의 발달사』(I. M. 짜이틀린, 이경용·김동노 옮김, 한울, 1985); G. Eisermann, Vilfredo Pareto: Ein Klassiker der Soziologie, 1987; 松嶋敦茂,『經濟から社會へ. パレートの生涯と思想』, 2010.

　한편 파레토 최적(Pareto-Optionalität)이란 다른 개인의 만족을 감소시키지 않고는 이미 어떤 개인의 만족도 증가할 수 없는 상태를 말한다.

* 315 잔기(殘基, residues)와 파생체(derivation) 파레토는 인간의 비논리적 행위에는 잔기와 파생체의 두 요소가 있다고 한다. 잔기는 항상적이며 인간행동의 확고하고 어려운, 점진적으로 변경하는 요소들, 즉 인간의 특정한 본능과 일치하며 경험적인 비교에서 얻어지며 그 재료는 전체 문화사를 제공한다. 이에 대해 파생체는 변형적·가변적이며 환상이나 정신의 작업을 반영하며 잔기를 명확하게 추구하는 감정에서 유래한다. 파레토는 인간을 '논리적인 동물'로 규정한다. 문헌 I. M. 짜이틀린, 이경용·김동노 옮김,『사회학 이론의 발달사: 사회사상의 변증법적 과정』(한울 아카데미, 1985), 234-247면.

* 316 조르주 소렐(Georges Sorel, 1847-1922) 프랑스의 사회주의자. 혁명적 생디칼리슴 운동의 이론적 대표자. 마르크스주의, 생디칼리슴으로부터 우익의 악숑 프랑세즈(Action Française)로 사상편력을 하였다. 니체·파레토·베르그송·프루동·마르크스의 영향 아래 혁명에서의 신화와 폭력의 중요성을 설파하여 레닌과 무솔리니에게 영향을 주었기 때문에「파시즘의 정신적 아버지」라고 불린다. 그는 의회주의를 부정하고 폭력의 윤리성을 강조하고, 그 구체적 발현형태로서 총파업을 중요시하고 새로운 사회담당자로서의 엘리트의 임무를 강조했다. 저서『폭력에 대한 성찰』(1908; 이용재 옮김, 나남, 2007);『진보의 환상』(Les Illusions du Progrès, 1908) 등.

* 325 게르버(Carl Friedrich v. Gerber, 1823-1891) 독일 법실증주의 국법학의 대표자. 사법체계를 공법에 적용. 에어랑겐·튀빙겐·라이프치히대학 교수 역임. 저서『공권론』(1852),『독일 국법학 체계 강요』(Grundzüge eines Systems des deutschen Staatsrechts, 1865). 문헌 Carsten Kremer, Die Willensmacht des Staates. Die gemeindeutsche Staatsrechtslehre des Carl Friedrich von Gerber, Frankfurt a. M. 2008; 西村淸貴,『近代ドイツの法と國制』, 成文堂, 2017, 15-91면.

* 327 파울 틸리히(Paul Tillich, 1886~1965) 독일 태생의 미국 신학자. 저서『존재의 용기』(차성구 옮김, 예영커뮤니케니션, 2006),『문화의 신학』(남정우 옮김, 대한기독교서회, 2002),『종교란 무엇인가』(황필호 옮김, 전망사, 1983).

3. 통합이론에서의 생명으로서의 국가 (볼프강 슐루흐터)

* 출전. Wolfgang Schluchter, Entscheidung für den sozialen Rechtsstaat. Hermann Heller und die staatstheoretische Diskussion in der Weimarer Republik, Baden-Baden: Nomos Verlagsgesellschaft, 2. Aufl., 1983, S. 52-89 (Der Staat als Leben in der »Integrationslehre«

von Rudolf Smend)

　『유럽헌법연구』(유럽헌법학회) 제18호(2015. 8), 521-558면.

　볼프강 슐루흐터(Wolfgang Schluchter, 1938-) 슈투트가르트 · 튀빙겐 · 뮌헨 그리고 베를린 자유대학에서 사회학 · 경제학 · 정치학과 철학을 공부했다. 1967년 정치학박사, 1972년 교수자격 논문 통과. 하이델베르크대학 사회학 교수를 지냈으며, 2006년에 정년퇴직했다. 저서 Grundlegungen der Soziologie, 2. Aufl., 2015 (UTB); Die Entstehung des modernen Rationalismus, Suhrkamp 1998. 한국 문헌은 막스 베버, 이상률 옮김, 『직업으로서의 학문』(문예 출판사, 1994) 부록에 슐루흐터의 논문 「가치자유와 책임윤리」(177-229면) 수록.

* **328** 게오르크 옐리네크의 양면설. 그는 국가를 사회학적 개념과 법학적 개념 양 측면에서 파악할 수 있다고 하였다. Georg Jellinek, Allgemeine Staatslehre, 3. Aufl., 1915 (김효전 옮김, 『일반 국가학』, 법문사, 2005, 139면 이하). 옐리네크→ 전술, 헌법개정과 헌법변천

* **328** 한스 켈젠(Hans Kelsen) → 본서 1068면

* **328** 신칸트학파(Neukantianer) 19세기의 70년대 전후부터 제1차 세계대전 무렵까지 독일을 중심으로 유력했던 관념론학파. 19세기 중엽 당시의 유물론적 경향에 대한 비판으로서 「칸트로 돌아가라!」고 하여 칸트 부흥을 외쳤다. 이 학파는 주로 자연과학의 방법론을 주안으로 하는 「마부르크학파」와 문화과학 내지 역사과학의 방법론을 주안으로 하는 「서남독일학파」로 나뉘었다. 양자는 대상의 차이는 있지만 모두 신칸트학파에서 두 개의 결론이 도출된다. 하나는 어떤 대상의 타당성을 얻기 위해서는 그 대상의 순수형식을 추구해야 한다. 다른 하나는 가치와 존재가 방법론적 으로 준별된다는 것이다. 즉 「전(前)」방법론적으로 대상 중에 혼재한 가치는 방법론적 조작으로 가치지워진 주관측에 되돌리게 되며, 여기에 가치와 존재가 절단된다. 이러한 구성주의의 입장에 서는 한, 존재론보다 인식론이 주요 관심사가 된다. 대상이 방법을 결정하는 것이 아니라 방법이 대상을 결정한다고 보기 때문이다. 거기에서 대상을 파악함에 있어서 어떤 방법을 취하는 것은 그것에 의해서 파악된 대상이 그것으로 특징짓는 것을 의미한다. 그런데 거기에 만족하는 것이 학문의 정밀성을 보장하는 까닭이 되었다. 따라서 이러한 정밀도를 높이면 높일수록 그것은 점차 존재대상에서 유리되고 추상화하여 가는 경향을 면치 못했다.

* **329** 하인리히 리케르트(Heinrich Rickert, 1863-1936) 독일의 철학자. 신칸트학파의 서남독일 학파의 창시자인 빈델반트를 받아들여 개성 기술(記述)의 학문으로서의 역사학의 방법론을 정밀화 하는 동시에, 인식의 주체로서의 칸트의 「의식 일반」을 더욱 추상화하여 선험적 관념론의 철저를 시도했다. 자연과학에 대해서 문화과학을 구별하려고 노력하고, 문화과학의 방법론적 기초를 놓으려고 시도하였다. 하이델베르크대학 교수. 저서 『문화과학과 자연과학』(1898; 이상엽 옮김, 책세상, 2004; 윤명로역, 삼성문화문고, 1973) 등.

* **329** 막스 베버(Max Weber, 1864-1920) 독일의 사회학자 · 경제학자 · 역사가. 사회학은 인간 의 행위를 의미 있는 것으로서 이해하고, 사회현상의 인과적 귀속을 설명하는 것이라고 하였다. 사회과학방법론의 면에서는 과학적 인식으로부터의 실천적 가치판단의 배제, 이념형적인 개념구

성에 의한 현실인식을 주창하여 커다란 영향을 주었다. 리케르트 등의 영향을 받고 경제행위나 종교현상, 정치와 법의 사회학적 분야에서도 커다란 발자취를 남겼다. 독일민주당원으로 바이마르 헌법기초에 관여. 주저 Wirtschaft und Gesellschaft, 1922 (『경제와 사회 1』, 박성환역, 문학과지성사, 1997); 『프로테스탄티즘의 윤리와 자본주의의 정신』(1904/05; 권세원 · 강명규 공역, 1960); 『법과 사회(법사회학)』, 최식역, 박영사, 1959 (신역 『동아법학』 제71호, 2016). 문헌 『막스 베버』, 김덕영, 도서출판 길, 2012.

* 332 테오도르 리트(Theodor Litt, 1880-1962) 독일의 철학자 · 교육학자 · 사회학자. 그는 후설(Husserl)의 현상학적 방법을 사회적 관계의 파악에 도입했다. 그러나 이 방법으로 도출된 정신적 현상의 「요소들」 또는 「측면들」은 보통 우리들의 「대상을 행하는」 사유가 공간계의 객체와의 관계에서 단정하는 배타성의 관계에서 서로 관련짓는 것이 아니라 거듭하는 관계에 있다. 따라서 이 관계는 변증법적 사유만이 정당하게 파악할 수 있는 것이므로 그는 현상학적 본질분석을 변증법과 결합하려고 시도했다. 그는 사회의 본질을 「시계의 상호성」(Reziprozität der Perspektiven)인 개념으로 파악하려고 했다. 그것은 인간관계를 체험의 관계로서 체험적 입장에서 규정하는 것이다. 사회란 우리들 밖에 있는 현상이 아니라 우리들이 그 속에 내재하는 사실인 이상, 사회를 심적 상호작용으로 보는 짐멜(Simmel)의 개념은 적당하지 않다. 시계의 중심은 나와 너이며, 이 관계는 상호적 내지 대화적이며, 나와 너뿐만 아니라 너와 나의 변증법적 관계이다. 그 어느 절대화도 허용하지 않으며, 양자는 하나의 구조적 전체를 이룬다. 나와 너는 독자적인 생명과 체험의 중심이며, 동시에 그 주관성을 초월하여 본질적으로 결합한다. 이러한 시계의 상호성에 의한 나와 너의 자아의 상대화는 솔직한 체험내용으로서 본원적으로 주어진 것이므로 현상학은 다만 이것을 명료한 의식으로 가져온 것에 불과하다. 그는 인간의 정신적 구조에서 정신적 주객의 통일이 시계의 상호성으로서 성립하는 것으로 보고, 여기에 사회의 본질을 인정했다. 다음에 나 · 너의 2인 관계가 아니라 3인 이상의 자아의 결합의 경우, 그 전체성과 구성원의 독자성을 조화시키는 것으로서 그는 「결합권」(geschlossener Kreis)이란 개념을 제시한다. 이것은 그에 의하면, 다수의 인간이 각인이 각인에 대해서 인격적 관계에 입각한다는 방법으로 서로 관계하며, 또 공통된 체험을 통해서 형성될 때 존재한다. 즉 나 · 너의 관계에 제3자가 추가될 때, 단순한 2인 관계의 경우의 경우와 달리 거기에는 객관적인 상징이 나타나며, 사태가 질적으로 다른 독자성을 가지게 된다. 이 결합권에서는 「전체체험」으로서의 통일이 그 구조로서 확정된다. 이 전체체험의 통일과 각 구성원의 독자적 체험의 통일은 본질적 · 필연적으로 결합한다. 즉 이 전체에서 각 구성원의 시계는 각각의 중심을 가지면서도 더구나 서로 맞물려 교차하고 있다. 따라서 그 중 어떤 행동도 모든 체험에서 나에게 무관계한 것은 아니다. 「시계의 상호성」은 여기서 더욱 충실해진다. 이 자아의 체험과 전체체험을 결합하는 구조연관을 그는 「사회적 교차」(soziale Verschränkung)으로서 특징짓는다. 나아가 이 결합권의 확대는 많은 권(圈)이 서로 관계하며, 그 결과 하나의 권과 다른 권의 구성원 간에 관계가 성립하며, 공동성이 지배하기에 이를 때에 완성된다. 첫 번째 권이 공동의 정신을 관철하고, 나아가 그것을 넘어서 확대하고, 두 번째 권이 세 번째 권도 비록 뒤의 2자 간에 관계가 없더라도 함께 규정하기에 이른다. 따라서 이리하여 있는 것은 그 이전에 존재하였으며, 또는 있는 것은 직접 아무런 관계도 없는 다른 많은 것과 매개자를 통해서 결합되기에 이른다. 이것이 「사회적 매개」(soziale Vermittelung)의 본질이다. 이처럼 리트(Litt)는 개인의 독자성과 개인이 다방면에 걸쳐 사회적으로 결합하는 것을 통일할 수 있다고 믿었다. 이 리트의 현상학적 사회학은 스멘트의 통합이론의 방법론적 기초가 되었으며,

또한 헬러의 초기의 국가학적 연구 활동에 적지 않은 영향을 미쳤다. 리트의 저서로는『개인과 공동사회』(Individuum und Gemeinschaft. Grundlegung der Kulturphilosophie, 1919, 3. Aufl., 1926);『현대철학이 교육사상에 미친 영향』(Die Philosophie der Gegenwart und ihr Einfluss auf das Bildungsideal, 1925). 스멘트에 관하여는 R. Smend, Verfassung und Verfassungsrecht, S. 12 (김승조 옮김,『헌법과 국가』, 28면); 헬러,『국가학』제2부 제1장(홍성방 옮김, 94면) 참조.

문헌 Bremer, Theodor Litts Haltung zum Nationalsozialismus, 2005; Wolfgang M. Schwiedrzik, Lieber will ich Steine Klopfen... der Philosophie und Pädagogie Theodor Litt in Leipzig 1933-1947, Leipzig Universitätsverlag 1997; Anke Lansky, 100 Jahre Theodor Litt. Zum Staats-und Freiheitsverständnis eines philosophischen-pädagogischen Denkers, in: Liberal 1981, 6. S. 455-462; Wolfgang K. Schulz, Untersuchungen zur Kulturtheorie Theodor Litt. Neue Zugänge zu seinem Werk, Deutscher Studien Verlag, Weinheim 1990, S. 71-72; Josef Derbolav, Theodor Litt zum 80. Geburtstag, in: Kant-Studien, Bd. 52, Heft 1, 1961; 정영수, Theodor Litt의 변증법적 인간이해,『교육철학』제24호(2000); 동인, Theodor Litt의 정치교육사상,『논문집』(인하대 인문과학연구소) 제15집 (1989), 357-372면.

* **340** 매일매일의 국민투표(plébiscite de tous les jours). 에르네스트 르낭(Ernest Renan, 1823-1892)의 유명한 말.「민족은 이미 치러진 희생과 여전히 치를 준비가 되어 있는 희생의 욕구에 의해 구성된 거대한 결속(연대)입니다. 한 민족의 존재는 개개인의 존재가 삶의 영속적인 확인인 것과 마찬가지로 매일매일의 국민투표입니다」(Qu'est-ce qu'une nation? 1882; 신행선 옮김,『민족이란 무엇인가』, 책세상, 2002, 81면). 르낭의 저서 최명관 옮김,『예수의 생애』(을유문 화사, 1989; Vie de Jésus, 1949).

* **342** 쿠르트 존트하이머(Kurt Sontheimer, 1928-2005) 슈미트 비판가. 뮌헨대학 정치학 교수 역임. 저서『바이마르 공화국의 반민주주의사상』(Antidemokratisches Denken in Weimarer Republik, 1962; dtv 1978);『독일 정치체제 개론』(Grundzüge des politischen Systems der Deutschland, 2002).

* **345** 위임적 독재(die kommissarische Diktatur) → 본서 1059면

* **348** 호르스트 엠케(Horst Ehmke) → 본서 1078면

* **349** 타타린-타른하이덴(Edgar Tatarin-Tarnheyden, 1882-1966) 독일의 공법학자 · 국제법 학자. 로스토크대학 교수. 나치시대에『생성 중의 국법』,『유대인의 국법론 · 국가론에의 영향』 등을 저술.

* **350** 빌헬름 헨니스(Wilhelm Hennis, 1923-2012) 독일의 정치학자. Hildesheim 출생. 1951년 괴팅겐대학에서 박사학위 취득, 1960년 프랑크푸르트대학에서 교수자격논문 통과. 1960년 하노 버 교육대학 교수, 1962년 함부르크대학 교수, 1967년부터 프라이부르크대학교수로 재직하였으

며 작고할 때까지 명예교수. 저서 Das Problem der Souveränität, Tübingen 2003; Politik, Philosophie, Praxis, Stutgart 1988. 문헌 Heinrich Meier, Politik und Praktische Philosophie, 2014; Andreas Anter (Hrsg.), Wilhelm Hennis' politische Wissenschaft, Tübingen 2013.

4. 카를 슈미트의 『로마 가톨릭주의와 정치형태』에 대한 논평 (클라우스 크뢰거)

* 출전. Klaus Kröger, Bemerkungen zu Carl Schmitts "Römischer Katholizismus und politische Form" in: Helmut Quaritsch (Hrsg.), Complexio Oppositorum Über Carl Schmitt, Berlin: Duncker & Humblot 1988, S. 159-165.
『유럽헌법연구』(유럽헌법학회) 제13호(2013. 6), 427-436면.

클라우스 크뢰거(Klaus Kröger, 1929-). 멜도르프(Meldorf)(Holstein) 출생. 킬 · 본 · 프라이부르크대학 수학. 1961년 프라이부르크대학 법학박사. 1957-1964년 프라이부르크대학 조교, 1964-66년 기이센대학 조교. 1971년 이후 기이센대학 교수 역임. 1995년 정년퇴직. 저서 Die Ministerverantwortlichkeit in der Verfassungsordnung der Bundesrepublik Deutschland, 1972; Einführung in die jüngere deutsche Verfassungsgeschichte (1806-1933), 1988; Einführung in die Verfassungsgeschochte der Bundesrepublik Deutschland, 1993. 문헌목록 김효전, 독일의 공법학자들(5), 『동아법학』 제17호, 1994, 420-424면.

* 355 카를 슈미트(Carl Schmitt)의 『로마 가톨릭주의와 정치형태』(Römischer Katholizismus und politische Form, 1923, 2. Aufl., Theatiner-Verlag, München 1925. Neudruck Klett-Cotta, Stuttgart 1984) 김효전역, 『로마 가톨릭주의와 정치형태』, 교육과학사, 1992, 7-57면에 수록.

* 356 하소 호프만(Hasso Hofmann, 1934-) 슈미트 연구가. 뷔르츠부르크 출생. 하이델베르크, 뮌헨, 에어랑겐대학에서 법학과 철학 공부. 에어랑겐대학에서 박사학위와 교수자격취득. 1976-1992년 뷔르츠부르크대학 교수. 이후 베를린 홈볼트대학 교수 역임. 1992년 이후 바이에른 학술원 정회원. 저서 Repräsentation, 1974, 2. Aufl. 1990: Legitimität gegen Legalität, 1992. 3. Aufl. 1995.

* 357 에른스트 볼프강 뵈켄회르데(Ernst-Wolfgang Böckenförde) → 본서 「헌법의 해석」

* 357 『반대물의 복합체』(complexio oppositorum) 카를 슈미트가 작고한 다음 해인 1986년 슈파이어에서 개최된 국제학술대회에서의 발표문과 토론문을 헬무트 크바리치(Helmut Quaritsch, 1930-2011)가 편집한 책자의 이름이기도 하다. "Complexio Oppositorum Über Carl Schmitt"(Berlin: Duncker & Humblot 1988). 헬무트 크바리치 외저, 김효전 편역, 『반대물의 복합체. 20세기 법학과 정신과학에서 카를 슈미트의 위상』(산지니, 2014).

* 358 뵈켄회르데의 보고는 「카를 슈미트 국법학 저작의 열쇠로서의 정치적인 것의 개념」이며,

크리스티안 마이어의 보고는 「카를 슈미트의 개념형성에 관하여 - 정치적인 것과 노모스」이다. 뵈켄회르데의 보고는 김효전 편역, 『반대물의 복합체』, 179-207면에 수록.

* 361 제2차 바티칸 공회의. → 본서 1117면

* 361 한스 바리온(Hans Barion, 1899-1973) 독일의 가톨릭 신학자·교회법학자. 나치정권을 지지하여 전후 실각. 제2 바티칸 회의의 「현대화」에 반대. 슈미트의 친구. 저서 Rudolf Sohm und die Grundlegung des Kirchenrechts, 1931; 논문집 Kirche und Kirchenrecht. Gesammelte Aufsätze, Werner Böckenförde (Hrsg.), Paderborn: F. Schöningh 1984. 712 S. 저작목록은 S. 681-691. 바리온은 슈미트의 고희기념논문집 『에피로시스』에 「세계사적 권력형성?」 (Weltgeschichtliche Machtform? Eine Studie zur Politischen Theologie des II. Vatikanischen Konzils, in: Festschrift Epirrhosis, Berlin 1968, S. 13-59)을 기고했다.

* 362 베니토 세레노(Benito Cereno). 미국의 작가 허만 멜빌(Herman Merville, 1819-1891)의 소설 『베니토 세레노』에 나오는 주인공. 흑인의 반란으로 백인은 그를 제외하고 모두 살해되며, 그는 선장으로서 생명의 위협을 받으며 지휘한다. 다른 선박과 마주치더라도 이상이 없는 것처럼 손을 흔들지만 나중에 목숨을 걸고 탈출에 성공한다. 슈미트는 『구원은 옥중에서』 두 번 인용. 슈미트는 이미 제2차 대전 때부터 나치스체제 하에서의 자신의 입장을 베니토 세레노에 비유한 것 같다. 에른스트 윙거의 1941년 10월 18일자 일기에서 슈미트는 자신의 상황을 베니토 세레노에 비유하고 다음의 잠언을 인용했다. 즉 「벌을 내리는 자를 거역하여 글을 쓸 수는 없다」(Non possum scribere contra eum, qui potest proscribere)라고. 이 잠언은 고대 로마의 문법가인 마크로비우스의 말로 『구원은 옥중에서』, 103면에도 보인다. 문헌 E. Jünger, Sämtliche Werke, Bd. II. S. 265.
　　이처럼 슈미트는 자신을 베니토 세레노에 비유하지만(김효전역, 『구원은 옥중에서』, 교육과학사, 1990, 103면), 그와는 달리 슈미트는 스스로 해적선(나치스)에 올라탄 것이다. 한국어 번역은 변희준역, 『베니토 세레노』(금성출판사, 1990); 황문수역, 『베니또 쎄레노』(한국학술정보, 2009)가 있다.

* 362 「나는 가르쳤다. 쓸데 없이」(Doceo, sed frustra). 이것은 홉스가 한 말이다. 슈미트, 김효전역, 『홉스 국가론에서의 리바이어던』, 교육과학사, 1992, 354면.

5. 문화과학으로서의 헌법학 (페터 해벌레)

* 출전. Peter Häberle, Verfassungslehre als Kulturwissenschaft, Berlin: Duncker & Humblot 1982, 84 S.
　『독일학연구』(동아대) 제28호(2012. 12), 163-203면. 여기에 번역한 것은 이 책의 초판 일부를 번역한 것이며, 1998년에 증보한 제2판은 무려 1188면에 달하는 방대한 저작이 되었다.
　페터 해벌레(Peter Häberle, 1934-) → 본서, 법학적 문헌장르

* 364 빌헬름 딜타이(Wilhelm Dilthey, 1833-1911) 독일의 철학자·사상사가. 「생」과 「정신」의
개념을 기초로 하여 철학·정신과학의 이론을 구축했다. 저서 『정신과학에서 역사적 세계의 건립』
(김창래 옮김, 아카넷, 2009); 『체험과 문학』(한일섭역, 중앙일보, 1984); 『딜타이 시학』(김병욱
외역, 에림기획, 1998) 등.

* 364 귄터 홀슈타인(Günther Holstein, 1892-1931) 에리히 카우프만의 제자. 1921년 본
대학에서 교수자격논문 통과. 카를 슈미트의 후임으로 1922년 그라이프스발트 대학에, 이후
킬 대학 교수 역임. 문헌 K. Rennert, Die "geisteswissenschaftliche Richtung" in der
Staatslehre der Weimarer Republik. Untersuchungen zu Erich Kaufmann, Günther Holstein
und Rudolf Smend, Berlin: Duncker & Humblot 1987, S. 197-213; Ernst Wolf, Artikel
G. Holstein, in: NDB, Bd. 9, 1972, S. 552-553.

* 364 알베르트 헨젤(Albert Hensel, 1895-1933) 독일의 세법학자. 철학자 멘델스존의 자손.
카를 슈미트의 본 시절 동료. 저서 『독일 조세법론』. 1933년 쾨니히스베르크대학 교수직 파면.
이탈리아에서 객사. 1980년부터 젊은 세법학자에게 주는 「알베르트 헨젤상」이 창설되었다. →
헌법의 개념

* 366 문화의 개념사에 관하여는 Jörg Fisch, Art. Zivilisation/Kultur, in: Otto Brunner
u.a.(Hrsg.), Geschichtliche Grundbegriffe, Bd. 7, 1992, S. 679-774(안삼환 옮김, 코젤렉의
개념사 사전 1. 『문명과 문화』, 푸른역사, 2010).

* 376 방론(傍論, obiter dicta) 또는 부수적 의견. 판결에서의 판사의 의견 중 「판결이유」(ratio
decidendi)로 보지 않는 부분. 즉 사건에 의해서 제공된 것으로 판결할 필요가 없는 법률문제에
관하여 서술한 판사의 의견으로, 판례 중에서 선례로서 아무런 구속력이 없는 부분이다. 설득적
전거(persuasive authority)로서 재판의 실제상에 영향을 미치는 경우도 있다. obiter dictum은
obiter dicta의 단수.

* 376 공공성(Öffentlichkeit). 공공 영역이라고도 번역한다. 예컨대 하버마스의 "Strukturwandel
der Öffentlichkeit"(1962)의 한국어판에서는 『공론장의 구조변동』(한승완역, 나남출판, 2001)
으로, 영어판에서는 "Structural Transformation of the Public Sphere"(Boston 1989)으로,
일본어판(細谷貞雄譯, 『公共性の構造轉換』, 未來社, 1973)에서는 「공공성」이라고 한다. 여기서도
원문에 충실히 공공성이라고 번역한다.

* 377 테오도르 호이스(Theodor Heuss, 1884-1963) 독일 연방공화국 초대 대통령 역임
(1949-1959년). 엄격한 콘라드 아데나우어(Konrad Adenauer, 1876-1967) 수상에 비하여
그의 충직한 태도는 전후 독일의 경제부흥기에 민주주의를 안정시키는데 크게 기여했다는 평가를
받고 있다.

* 378 헌법상의 언어조항이나 언어문제에 관하여는 김효전, 한국어와 헌법, 『대한민국학술원통신』
제224호(2012. 3. 1); P. Kirchhof, Deutsche Sprache, in Isensee/Kirchhof (Hrsg.),

Handbuch des Staatsrechts, Bd. 1. Heidelberg, C. F. Müller 1987, S. 745-771.

* **380** 스멘트의 명제,「두 개의 기본법이 동일한 것을 규정할지라도 그것은 동일하지 않다」(Aber wenn zwei Grundgesetz dasselbe sagen, so ist es nicht dasselbe.)는 것은 R. Smend, "Staat und Kirche nach dem Grundgesetz"(1951), in: ders., Staatsrechtliche Abhandlungen, 1955. 2. Aufl., 1968, S. 411 (김승조 옮김, 본 기본법에 따른 국가와 교회, 동인 편역, 『국가와 사회』, 교육과학사, 1994, 261면).

* **388** 국가(國歌)에 대해서는 P. Häberle, Nationalhymnen als kulturelle Identitätselemente des Verfassungsstaates, Berlin: Duncker & Humblot 2007 참조. 우리 애국가의 작곡자인 안익태는 슈트라우스(R. Strauss)의 「사랑하는 제자」라고 한다. S. 46 Anm. 88 참조.
  헌법국가의 문화적 동일성으로서 국기(國旗)에 대해서는 P. Häberle, Nationalflaggen. Bürgerdemokratische Identitätselemente und internationale Erkennungssymbole, Berlin: Duncker & Humblot 2008, 휴일의 보장에 대해서는 P. Häberle, Feiertagsgarantien als kulturelle Identitätselemente des Verfassungsstaates, Berlin 1987, 헌법원리로서의 일요일에 관하여는 P. Häberle, Der Sonntag als Verfassungsprinzip, 2. erweiterte Aufl., Berlin 2006.

* **388** 프리드리히 실러의 『빌헬름 텔』(Friedrich Schiller, Wilhelm Tell, 1804) 홍성광 옮김, 민음사, 2011.

* **389** 「매일매일의 국민투표」 → 본서 1097면

제3편 헌법사

1. 독일 헌법사 서설 (프리츠 하르퉁)

* 출전. Fritz Hartung, Deutsche Verfassungsgeschichte vom 15. Jahrhundert bis zur Gegenwart, 1950, 9. Aufl., Stuttgart: K. F. Koehler Verlag 1969, S. 1-34.
  『동아법학』 제6호 (1988. 6), 559-613면.

프리츠 하르퉁(Fritz Hartung, 1883-1967)의 『독일 헌법사』는 현재에도 독일 헌법사의 표준적인 교과서로서 널리 호평을 받고 있는 책이다. 독일의 법과 법학은 일찍부터 한국에 소개되고, 여전히 많은 사람들이 독일 법학을 연구하고 독일을 다녀오기도 한다. 그러나 역자는 과문한 탓인지 아직까지 독일 헌법사에 관하여 한국인이 저술한 문헌은 발견하지 못했다. 그리하여 역자는 1992년 크리스티안-프리드리히 멩거(Christian-Friedrich Menger, 1915-2007)의 『근대 독일 헌법사』(Deutsche Verfassungsgeschichte der Neuzeit. Eine Einführung in die Grundlagen, Heidelberg: C. F. Müller 7. Aufl., 1990, 227 S.(UTB 930))를 김태홍 교수와 함께 번역하여 교육과학사에서 출판하기도 하였다. 독일 헌법사에 관한 최초의 체계적인 한국 문헌이 아닌가

생각된다.

여기에 하르퉁의 독일 헌법사를 소개하는 까닭은 모든 법이 그러하듯이, 어떤 조문이 성립하기까지 그 근저에 가로 놓여 있는 역사적 배경을 무시하고는 어떤 조문에 대한 언급은 피상적인 관찰에 불과하다는 전제에 근거를 둔다. 따라서 독일 헌법사에 대한 이해 없이 독일 헌법을 운위하는 것은 난센스이며, 이러한 연구 태도는 한국 헌법의 경우에도 그대로 타당하다고 생각하여 비록 일부나마 소개하는 것이다.

하르퉁은 1883년 프로이센의 고급 관료의 아들로 태어나 하이델베르크대학과 베를린대학에서 역사학 · 경제학 · 철학을 공부하였다. 그는 1915년 할레(Halle) 대학 조교수가 되었으나 제1차 대전이 발발하여 군에 복무하였다. 1922년에는 킬(Kiel) 대학의 초빙을 받아 근세사 담당 정교수가 되고, 다음 해에는 은사인 오토 힌체(Otto Hintze, 1861-1940)의 후임으로 베를린대학 정교수가 된다. 이후 동 대학을 퇴직하기까지 근무하였으며, 1958년에는 그의 문하생과 동료들이 75세 축하 기념 논문집『국가와 헌법의 연구』(Forschungen zu Staat und Verfassung)를 만들어 그에게 헌정했다. 그는 1967년 85세의 탄생일을 눈앞에 두고 세상을 떠났다.

저작 Deutsche Geschichte 1871-1914, 1920; Das Großherzogtum Sachsen unter der Regierung Carl Augusts 1773 bis 1828, 1923; Volk und Staat in der deutschen Geschichte, 1940; Staatsbildende Kräfte der Neuzeit, 1961 등. 또한 그는 편집자로서 1927년부터 1957년에 걸쳐 "Jahresberichte zur deutschen Geschichte"를 편집했으며, 1934년부터 1944년까지 프로이센사 전문 잡지 "Forschungen zur Brandenburgischen und Preußischen Geschichte"의 편집에 참여하기도 했다. 그의 저작목록은 위의 기념논문집에 수록되어 있다.

* 400 영방등족(領邦等族, Landstände)의 형성에 대해서는 제17절, 이것을 기초로 하는 영방등족 · 의회제(landständische Verfassung)의 성립과 그 헌법사적 의의는 제22절에 상세하다.

* 400 여기서「등족」이라고 번역한 Stände라는 말(영어의 Estates, 프랑스어의 États에 해당)은 라틴어의 status에서 유래하는 독일어 Stand의 복수형이며, 직역하면「신분들」이라고 표현할 수 있다. 학술 용어로서의 신분은 역사학의 분야에서는 동서양을 불문하고 일반적으로 사회 · 경제 사적 개념으로서의「계급」에 대해서 법제상의 판별 기준에 따라 특정한 사회계층을 가리키는데 사용되며, 서양사에서도 예컨대 고대 사회에서의 노예와 자유인, 중세 사회에서의 귀족 · 시민 · 농민 등등의「신분」이 존재한다. 그러나 여기서 말하는「등족」은 그러한 일반적 의미에서의「신분들」이 아니라 13 · 14세기 경부터 유럽의 여러 지역에 군후 권력(君侯權力)에 의한 영국(領國) 지배가 형성 · 강화되어 가는 과정에서 한 영국 내부의 국지적(局地的) 지배권의 소유자, 즉 군후의 직할령에 소속되지 않는 여러 영주(성직자 및 속인귀족[俗人貴族]의 그룬트헤르나 자치 도시)가 군후에게 승인된「특권」의 공통성에 근거하여 각각의「신분」으로 조직된 것을 가리킨다. 이러한 특권적 신분들=등족은 군후가 소집하는「등족 의회」를 구성함으로써 중세 말부터 근대 초기에서의 헌법의 불가결한 요소가 되고, 조세의 승인이나 입법에의 관여 등을 통해서 군후의 영국지배권의 행사를 다소간 제약하였다. 많은 영국에서는 성직자 · 귀족 · 시민이라는 세 개의 신분이「등족」을 구성했는데, 그 수는 영국에 따라서 다르며, 또한 각각의 권리도 군주와의 정치적인 역학관계에 따라서 다르며 때와 장소에 따라서 다양하다. 독일 헌법사에서는 신성 로마 제국 체제 아래에서 제국 의회에의 출석 자격이 인정된 크고 작은 영방 군주와, 제국 도시들로 구성되는 제국 등족

(Reichsstände)과 각 영방의 영방 의회를 구성하는 영방 등족(Landstände)이라는 두 가지 레벨의 등족이 존재하였다. 영방 등족[-의회]제는 대다수의 영방에서 절대주의적 통치의 실현과 함께 사실상 소멸하는데, 독일 연방 시대의 초기 자유주의·입헌운동 속에서 그 역사적 전통은 일정한 정치적 역할을 담당하게 된다(제11장과 제12장 참조). 그러나 이른바「3월 전기」에는 사회구조의 변화에 따라서 이전의 영방 등족도 형성되어 가면서 시민사회 속에서의 사회적인 신분들에로 변질되고 있었다.

* 405 프로이센(Preußen). 브란덴부르크 변경의 백작 영토와 함께 후에 프로이센 왕국의 중심이 된 바이크젤(Weichsel) 강의 하류, 발트해에 미치는 지역. 그 명칭은 원주민 Pruzzen에서 유래하며, 13세기 전반부터 독일 기사단에 의한 정복,「동방 식민」의 일환으로서 독일 농민·시민·귀족의 정착을 통해서 이른바 기사단 국가(Ordenstaat)가 성립하였다. 한자 상업과 결합하여 14세기 후반에는 전성기를 맞이하였으나, 1410년 탄넨베르크 전투에서 폴란드-리투아니아 군대에게 패배한 이래 기사단은 쇠퇴하고, 1466년의 제2차 톨룬(Tolun) 조약에서 바이크젤 강 서쪽의 서부 프로이센은 폴란드 왕국의 영토가 되었다. 기사단에 남은 동부 지역에는 1525년 종교 개혁에 의한 세속화의 결과, 폴란드 왕의 봉주권(封主權)에 복종하는 프로이센 공국이 성립되었다. 1619년 상속을 통해서 호헨촐레른가의 브란덴부르크 변경 백작이 프로이센 공을 겸하고, 1660년의 올리바 (Oliva) 조약에서 폴란드의 봉주권은 제거되었으나, 이 동부 프로이센은 그 후 제1차와 제2차 폴란드 분할(제1차)에서 프로이센 왕국에 병합되는 서부 프로이센과 마찬가지로 시종 신성 로마 제국의 영역 밖에 있었다.

* 407「평화와 법의 관장」(Handhabung Friedens und Rechts). 황제 막시밀리안 1세 아래에서 마인츠 선제후 베르톨드 폰 헨네베르크가 주도한 제국 개혁 운동(제3장 제7절 참조)에서 황제와 제국 등족 사이에 1495년의 보름스(Worms) 제국 의회에서 체결된 협정. 제국의 헌정 개혁에 관한, 이 이후의 모든 입법의 법적 기초가 되었다. 하르퉁은 제국 등족 전체가 자립적인 권리 주체로서 황제와의 사이에 체결한 이 협약을 통해서 제국 의회가 제국의 헌법상 기관으로서의 지위를 획득한 것, 그 중에서도「법과 질서」에 입각한 제국의 일체성이라는 관념이 여기에 명백히 표명되었다는 의의를 중요시한다.

* 407 선거협약(Wahlkapitulation). 넓은 의미로는 선거 왕제(選擧王制)가 실시되는 국가에서 국왕이나 주교좌 성당 참사회(主教座聖堂參事會)가 주교를 선출함에 있어서 신임 주교가 그 선거인 집단에 대하여 부여하는 약속으로 그 내용이 항목(Kapitel)별로 문서의 형태로 열거되었기 때문에 이렇게 부른다. 여기서는 금인칙서(1356년) 이래 선제후 제도가 확립된 신성 로마 제국에서 새로 선출되는 황제가 그 선거 때에 선제후들에게 증서의 형태로 거기에 명기된 통치의 원칙들을 확약한 것을 가리키며, 합스부르크가의 스페인 왕 카를로스 1세가 1519년 황제 카를 5세로서 선거된 때에 시작한다(제3장 제8절 참조). 제국 헌법사에서의 그 의의는 국제적으로 큰 세력이 된 합스부르크가의 가문적 이해에 대하여 독일 제후가 이것을 통하여 황제의 정치에 일정한 테두리를 정하여 영방 군주로서의 등족적인 권리와 자유를 지키려고 노력한 데에 있다. 당초에는 새로운 황제의 선거마다 변경되었는데 1711년 카를 6세의 선거 이래 거의 일정한 형태를 취하게 되었다.

* 408 란트프리데 연맹(Landfriedenseinungen). 제국 내에 란트프리데(사전[私戰 Fehde] 금지에 의한 영역내의 평화)를 실현하려는 노력 속에서 이 정치 목적을 위해서 결성된 제후나 제국 도시 상호 간의 아이눙(Einung)을 말한다. 제국의 란트프리데는 때때로 황제의 법령을 통하여 포고되었는데, 그것을 실현하기 위해서는 예컨대 라인 도시 동맹처럼 지역적인 권력들의 아이눙을 이용할 필요가 있었다.

* 411 니콜라우스 쿠자누스(Nikolaus von Cues, 1401-1464) 독일의 철학자·신학자·추기경. 독자적인 범신론적 세계관을 구축. 1448년 추기경. 1450년 브릭센 주교. 수학·자연과학의 소양과 신비주의의 영향에서 독자적인 범신론적 체계를 주장하고 조르다노 브루노 등에게 영향을 미쳤다. 중세와 근세의 중간에 선 사상가로 알려짐. 저서『박학한 무지』(조규홍 옮김, 지식을만드는지식, 2013),『신을 보는 것에 대해서』(De visione Dei, 岩波 2001).

* 411 페데(Fehde) 사투(私鬪)라고도 번역하며, 중세 유럽에서 자유인 사이에, 특히 봉건 귀족이나 도시와 도시 간에 벌였던 합법적인 사전(私戰). 당시 모든 자유인에게는 자신이 침해받은 권리를 실력으로써 회복할 권리가 인정되고 있었는데, 그 결과로 나타난 실력행사가「페데」이다.

* 412 아이눙(Einung). 넓은 의미로는 중세 라틴어 Coniuratio에 해당되는 서약 단체 일반을 의미하며, 좁은 의미로는 신분상으로 동등한 사람들끼리 공통의 이익이나 권리를 지키기 위해 결성한 서약 공동체를 가리킨다. 11·12세기의 도시들에서는 도시 영주에 대하여 시민이, 13·14세기에는 제후나 기사에 대항하여 도시들이 아이눙에 결집하였는데, 이 외에 제후나 도시에 대한 14·15세기의 기사 동맹들도 있으며, 또한 선제후가 국왕에 대하여 그들의 권리를 지키기 위해서 연합한 1338년의 렌즈의 선제후 회의(Kurverein)도 아이눙의 일종이다. 그러나 중세 말 이래 란트프리데 운동 속에서는 신분의 동등성에 따라 규정되는 아이눙이 지역적으로 한정된 신분들의 아이눙(예컨대 1488년의 슈바벤 동맹)에로 발전할 움직임이 보이고, 나아가 종교 개혁 이후에는 종파별로 동맹이 형성되기도 하였다. 제34절도 참조.

* 412 라인 도시 동맹(Rheinischer Städtebund 또는 Rheinischer Bund) 1254년 마인츠와 보름스 두 도시가 주도하여 결성하였다. 같은 해에 발생한 황제 공위라는 상황(대 공위 시대[大空位時代]) 아래에서 란트프리데를 유지하기 위해서 이 아이눙에는 아헨·뤼벡·레겐스부르크로부터 취리히에 이르는 70개 이상의 도시가 참가하고, 나아가 라인 유역의 성속(聖俗) 영주까지 가담하였다. 이 동맹은 국왕 Wilhelm von Holland의 승인을 얻었는데 1257년의 2중 선거로 와해되었다.

* 415 원문에는 단순히 Kammergericht로 되어 있으나, 여기서는 1495년의 보름스 제국 의회에서 영구 란트프리데가 법정된데 대응하여, 그 설치가 규정된 제국 최고 법원(Reichskammergericht)을 가리킨다. 이 재판소의 구성이나 권능은 제13절에 상세하다. 제국 개혁의 최종 목표로서 등족 측이 추구하던 제국 통치원(Reichsregiment)인 중앙정청(中央政廳)의 설치가 이 시기의 정치적 세력 관계 속에서는 과도적이고 불완전한 것으로 끝날 수밖에 없었으므로(이 절과 제8절 참조), 개혁 운동에서 생긴 영속적인 제국 관청으로서는 이것이 유일한 것이 되었다. 다만, 제13절에서 서술하듯이, 제국 등족의 이해를 보다 크게 반영하는 이 제국 재판소에 대항하여 황제가 빈(Wien)에 별개의 최고 법원인 제국 궁내법원(Reichshofrat)을 설치했으므로 실제로 근세의 독일에는 두

개의 제국 최고 법원이 병존 · 경합하게 된다. 그리고 중세 독일에도 프랑크 시대의 국왕 재판소가 된 제국 궁내 재판소(Reichshofgericht)가 있었는데, 이것은 영방 군주의 자립성이 강하게 되어 15세기 중엽에 오로지 국왕(황제)의 이해를 대표하는 제실재판소(帝室裁判所 이른바 [Königliches Kammergericht])로 대체되었다. 1495년 이후의 제국 최고 법원은 Kammergericht 라는 명칭을 가지는 것에서 나타나듯이, 형식상으로는 종래의 제실재판소의 발전 형태이다. 그러나 후자가 황제의 궁정과 함께 이동하였음에 반하여, 전자는 그 외부에 고정된 소재지를 가질 뿐만 아니라 제국법에 기초를 두는 보다 공공적인 성격을 지니며, 그 평정관(評定官)도 일부는 황제, 일부는 등족에 의해서 임명된 이상 제실 재판소라는 번역은 적당하지 않다고 생각되어 제국 최고 법원이라고 의역한다.

* **416** 크라이스. 1500년에 제국의 영역들은 당분간 제국 통치원의 구성원을 선출할 목적으로 6개의 Reichskreis로 편성되었다. 바이에른 · 슈바벤 · 프랑켄 · 라인(뒤에 오버라인), 베스트팔렌 (뒤에 니더라인-베스트팔렌) 그리고 작센(뒤에 니더작센)의 지구들이 그것이다. 1512년 여기에 그루라인 · 오버작센 · 오스트리아 그리고 부르군드의 각 크라이스가 추가되어 합계 10개가 되고, 동시에 란트프리데 유지의 임무가 이들에게 부과되었는데, 보헤미아 왕국의 주들과 제국 기사령은 시종 이 크라이스 조직에서 제외되고 있었다. 그리고 크라이스라는 호칭은 프로이센 왕국의 동부 여러 주에서의 농촌 지역의 행정관구(군)에 대해서도 사용되는데, 원래는「지구(地區)」그 자체가 아니라 각각의 지구 내에서 개인 내지 단체의 결합을 의미하였다. 제국 크라이스의 내부 조직이나 기능의 변천에 대해서는 이 절 외에 제9절 · 제10절 · 제14절 그리고 제34절 참조.

* **422** 검기사단(劍騎士團, Schwertorden). 1202년 리가의 주교 알베르트와 시트회 수도사 디트리히가 창설하고 발트 해안의 리프란트 · 그루란드에 포교 · 식민한「카를의 형제」기사 수도회 (Schwertbrüderorden)를 가리킨다. 리투아니아 사람과의 전투에서 궤멸적인 패배를 맛본 후 (1256년), 독일 기사단에 통합되었다. 독일 기사단이 15세기에 폴란드에 굴복하고 서부 프로이센을 잃고 쇠퇴하게 된 후에도, 검기사단은 그 영역의 상당한 부분을 유지했으나 결국 이것도 폴란드에게 정복되고 1561년에 해산하였다.

2. 19세기 독일에서의 정부와 의회 (게오르크 옐리네크)

* 출전. Georg Jellinek, Regierung und Parlament in Deutschland. Geschichtliche Entwicklung ihres Verhältnisse, Vorträge der Gehe-Stiftung zu Dresden, Bd. 1, 1909, 36 S.
「19세기 독일에서의 정부와 의회 - 이들 관계의 역사적 발전」,『헌법학연구』(한국헌법학회) 제21권 2호(2015. 6), 343-373면.

이것은 원래 옐리네크가 1909년 3월 13일 드레스덴의 게헤 재단에서 행한 연설문이지만 문어체로 바꾸었다. 옐리네크에 관하여는 → 본서, 헌법개정과 헌법변천

* **430** 1806년의 배신화(陪臣化, Mediatisierung). 이것은 1803년 2월 25일의 제국 대표자 회의

주요 결의(Reichsdeputationshauptschluß)에 의해서 약 350이었던 소 영방(領邦)들이 제국 직속성(直屬性)을 상실하고 프로이센 등의 대 영방에 병합된 것을 가리킨다.

신성 로마 제국은 베스트팔렌 조약 이후로 빈사상태에 있었으며, 제국을 구성하던 영방들은 국가로 성장하기 시작하였다. 1806년 라인동맹을 결성하고 있던 남독일의 여러 나라들은 제국에서 정식으로 탈퇴를 선언하고, 나폴레옹에 대한 독일의 해방전쟁 이후에는 신성 로마 제국의 직신(直臣)에서 배신(陪臣)으로 지위가 변경되었다. 상세한 것은 C.-F. Menger, Deutsche Verfassungsgeschichte der Neuzeit, 7. Aufl., 1990 (김효전 · 김태홍 옮김, 『근대 독일헌법사』 교육과학사, 1992, 217-218면) 참조.

* 430 틸지트(Tilsit) 강화. 동프로이센의 도시 이름. 1807년 당시 러시아 제국 영토였던 현재의 소베츠크(독일어: Tilsit)에서 7월 7일 맺은 프랑스 제국과 러시아 제국 간, 그리고 7월 9일 프로이센 왕국과 러시아 제국 간의 강화조약이다.

* 431 루이 18세의 헌장(Charte). 왕정복고에 의해서 왕위에 오른 루이 18세가 원로원의원과 입법의회의원에서 선출된 위원회에 부탁하여 제정한 헌장(Charte constitutionnelle du 4 juin 1814)을 말한다. 이 헌장은 한편 프랑스 혁명이 타도한 신분제도를 부활시키고, 다른 한편 부르주아적인 권리를 보장하고 있다. 절대왕정 하의 통치제도와 프랑스 혁명이 목표로 한 상층 부르주아에 의한 지배가 직조된 일종의 타협적 산물이다.

첫머리는「신의 섭리는 오랜 공위(空位) 후에 우리나라에 나를 불러들이고 위대한 책무를 나에게 내려주었다」라고 시작한다. 이 헌장은 1819년의 뷔르템베르크 왕국 헌법을 비롯하여 남독일 전체 헌법에 커다란 영향을 미쳤다. 김충희 옮김, 프랑스 역대 헌법전(1),『동아법학』제69호, 2015, 493-502면.

* 431 뷔르템베르크 왕국 헌법(Verfassungs-Urkunde für das Königreich Württemberg vom September 1819). 전문은 Dürig/Rudolf, Texte zur deutschen Verfassungsgeschichte, C. H. Beck, München 1979, 3. Aufl., 1996, S. 21-64.

* 433 국회의 징세협찬권(徵稅協贊權, Steuerbewilligungsrecht). 프랑스 루이 18세의 헌장 제48조는「어떠한 조세도 양원의 동의와 국왕의 재가가 없으면 설정할 수 없으며 징수할 수도 없다」고 규정한다. 또 제47조는「대의원은 조세에 관한 제안을 모두 수리한다. 그 제안이 수리된 후가 아니면 조세에 관한 제안은 귀족원에 회부하지 아니한다」고 규정한다. 그러나 국왕은 양원을 휴회하고 국회해산권을 가지고 있어서 의회의 정부에 대한 견제권은 미약하다.

* 433 로텍(Karl Wenzeslau Rodecker von Rotteck, 1775-1840) 독일의 역사가 · 정치가. 벨커(K. T. Welcker)와 공동 편집한 15권의『국가사전』(Staatslexikon, 1834~1843)은 3월 전기의 자유주의 운동의 교과서가 되었다. 문헌 Helga Albrecht, Karl von Rotteck (1775-1840) und Karl Theodor Welcker (1790-1869), in: R. Voigt, Staatsdenken, 2016, S. 295-299.

* 433 카를 테오도르 벨커(Karl Theodor Welcker, 1790-1869) 독일의 법학자 · 정치가. 바덴의 자유주의 운동의 지도자. 로텍과 함께『국가사전』편집.

* **434** 방자맹 콩스탕(Benjamin Constant de Rebecque) → 본서 1070면

* **434** 에드먼드 버크(Edmund Burke, 1729-1797) 아일랜드 출생의 영국 정치인. 정치적 보수주의의 대표자. 휘그당의 국회의원으로서 활약. 인도 총독 헤이스팅스(Warren Hastings)의 부정을 규탄하고 하원에서 탄핵법안을 통과시켰다(88년). 프랑스 혁명의 개인주의·질서파괴 등을 비판하고, 공포정치의 도래를 예상했다. 프랑스 혁명에는 반혁명의 진영에 서서 자코뱅주의와 대결, 그의 Reflection on the Revolution in France, 1790 (이태숙 옮김, 『프랑스 혁명에 관한 성찰』, 민음사, 2008)은 근대 보수주의의 선언이라고 불린다. 이 책은 1803년 겐츠에 의해서 독어로 번역되어 독일 보수주의자의 바이블이 되었다. 저서 『숭고와 아름다움의 이념의 기원에 대한 철학적 탐구』(김동훈역, 마티, 2006). 문헌 Dictionary of National Biography, Vol. III, pp. 345-365.

* **434** 프리드리히 폰 겐츠(Friedrich von Gentz, 1764-1832) 독일의 사회철학자. 처음에 프랑스 혁명을 찬미했다가 곧 환멸, 나폴레옹을 계속 비판했다. 1803년 버크의 『프랑스혁명에 관한 성찰』을 번역하여 독일 보수주의의 바이블이 된다. 1802년 프로이센에서 오스트리아 정부로 옮기고 반프랑스혁명·반나폴레옹의 입장에서 메테르니히 체제의 확립에 기여한 정치가.

* **435** 빈케(Friedrich Ludwig Freiherr von Vincke, 1774-1844) 프로이센의 관리. 슈타인의 친구로서 그의 권유로 영국의 지방자치를 연구하기 위하여 영국으로 갔다. 그 성과인 『영국의 행정에 관하여』(1816년)는 영국의 지방자치에 대한 인식을 프로이센에 알리는데 커다란 공헌을 했다.

* **435** 달만(Friedrich Christoph Dahlmann, 1785-1860) 독일의 역사가·정치가. 하노버 방국 헌법의 폐지에 반대하여 1833년 추방된 「괴팅겐 대학 7교수」 중의 한 사람. 추방 후에는 자유주의적인 정치가로서 프로이센과 에르푸르트의 연방의회에서 반동적인 다수파에 대항하여 싸웠으나 독일 연방국가의 성립이 실현되지 못한 것을 알고 정계를 물러났다. 저서 『현실의 상태들을 기초로 하고, 이를 척도로 논한 정치학』(1835); 『정치』(Politik, 1847).

* **435** 캐슬레이(Robert Stewart Castlereagh, 1769-1822) 영국의 정치인. 1790년 아일랜드 의회에, 나중에는 1794-97년 영국 의회에 들어간다. 아일랜드 사무장관이 되고, 잉글랜드와의 합동에 진력하며 합동된 의회에서 의석을 차지했다. 애딩턴(Addington) 내각에 인도 감독국 총재가 되며, 제2차 피트 (소)내각에서는 식민장관을 겸했으며, 외무장관 캐닝(George Canning)과의 반목으로 결투하여 사직. 1812-1822년 리버풀(R. Liverpool) 내각의 외무장관이 되고, 나폴레옹 1세의 타도에 전력을 경주하고, 빈회의에는 영국 전권으로서 참석. 「신성동맹」에 동조했으나 반동정책에 깊이 들어가는 것을 피했다. 정신이상으로 자살.

* **435** 샤토브리앙(François-René de Chateaubriand, 1768-1848) 프랑스의 문학자·정치인. 육군 소위로 임관 후 파리의 궁정, 사교계에 출입. 대혁명 후 1791-1792년 선천적인 몽상, 루소, 생피에르 등의 원시적 자연에 대한 동경으로 미국 여행. 루이 16세 체포 소식에 급거 귀국, 반혁명군

에 가담했다가 티온빌(Thionville) 전투에서 부상당해 런던으로 도피, 「망명귀족」(émigrés)의 쓴맛을 보았다. 나폴레옹 1세의 후대로 로마 주재공사로 임명되지만 앙기앙 공의 처형으로 나폴레옹과 불화하여 평생 적대시했다. 정계를 은퇴한 후 동방 여행. 부르봉 왕조 복귀시에 이를 지지한다. 베를린 · 런던 · 로마 대사, 외무장관 역임. 1830년 7월혁명 후 하야하고 루이 필립 정권을 공격, 만년에는 레카미에(Récamier) 부인과 고독한 우수의 나날 속에 독서와 저술로 보내고, 자서전을 남겼다. 그는 스탈 부인과 함께 프랑스의 낭만주의, 19세기 문학의 선구자의 한 사람으로 고딕 예술의 복원, 미적 그리스도교의 발견, 개인 감정의 토로, 시인의 우울 등 낭만주의 요소를 아름다운 필치로 묘사하여 19세기 문학을 열었다. 저작 『아탈라』(Atala, 1801), 『기독교 정수』(Génie du christianisme, 1802), 『미국 여행』(Voyage en Amérique, 1826), 『역사적 연구』(Études historiques, 1848-50), 전집 Garnier 판, 1859-61.

* **437** 부왕제(副王制, Mitkönig) 「공동 군주」라고도 번역할 수 있으며, 국왕이 임명 또는 유임을 강제하는 대신제도로서 달만의 표현이다.

* **437** 프리드리히 율리우스 슈탈(Friedrich Julius Stahl, 1802-1861) 독일의 정치학자 · 법철학자 · 교회법학자 · 정치가. 유대인의 아들로 태어나 프로테스탄트로 개종. 프로이센 왕 빌헬름 4세의 신임을 얻어 베를린대학 교수가 된다. 신학적 · 역사주의적인 정치철학을 설파하여 보수당을 이끌고 특수한 독일적 입헌군주주의 이론을 확립. 1840년대부터 50년대에 걸친 프로이센 보수주의의 대표적인 이론가이며 정치가. 사상계와 정계에 영향을 미쳤다. 국가와 법을 신의(神意)에 두었다. 저서 『법철학』(Die Philosophie des Rechts, 1830-37) 등 다수. 문헌 Chr. Wiegand, Über F. J. Stahl (1801-1862), F. Schöningh 1981.

* **441** 프리드리히 마이네케(Friedrich Meinecke, 1862-1954) 독일의 역사학자. 정치사와 정신사와의 결합을 목표로 하였으며 양자 간의 관계를 명백히 하여 역사연구에 이론의 도입을 시사했다. 특히 근대 국가권력의 사상사적 연구로 저명하다. 이것은 제1차 세계대전으로 깨어진 독일의 상황과 국제간의 파워 폴리틱스를 배경으로써 이루어진 것으로 특히 『국가이성의 연구』(1924)와 『세계시민주의와 민족국가: 독일 민족국가의 형성에 관한 연구』(1908; 이상신 · 최호근 옮김, 나남, 2007)가 유명하다. 대전 전에는 국가의 본질을 권력충동에 근거한 행동과 도덕적 책임에 근거한 행동의 숙명적 대결로 파악하고, 후자에서는 세계시민으로서의 인격성의 요구와 그것을 「국민」으로서 파악하려는 국가이성의 요구의 안티노미를 문제사적으로 분석. 후자는 19세기의 독일 정치사상사에 관한 고전적 명저로 일컫는다. 저서 『국가권력의 이념사』(이광주 옮김, 한길사, 2010), 『랑케와 부르크하르트』(차하순역, 규장문화사, 1978), 『독일의 비극』(이광주역, 을유문화사, 1965).

* **441** 1848년 12월 5일의 프로이센 흠정헌법. 1850년 헌법과 비교하면서 원문을 수록한 김효전 옮김, 프로이센 헌법, 『헌법학연구』 제21권 1호(2015), 435÷488면.

* **441** 1850년 1월 31일의 프로이센 헌법. 양태건 번역, 송석윤 감수, 서울대 『법학』 제54권 2호(2013), 205-248면. 독한 대역.

* **448** 비더마이어(Biedermeier) 시대. 독일과 오스트리아에서의 예술양식의 하나로서 나폴레옹

전쟁 이후 3월혁명까지의 시대의 간소하고 실용주의적인 양식 또는 그 시대를 말한다. 원래 비더마이어는 성실하지만 무사안일하고 속물적인 소시민이란 뜻. 1850년대 독일 시인 아이히로트(L. Eichrodt, 1827-1892)가 발표한 작품에서 유래한다.

3. 오스트리아의 헌법발전 (1804-1867) (프리츠 하르퉁)

* 출전. Fritz Hartung, Deutsche Verfassungsgeschichte vom 15. Jahrhundert bis zur Gegenwart, Stuttgart: K. F. Köhler Verlag 1969, S. 218-236.
『동아법학』 제20호 (1996. 12), 299-324면.

* 450 프라그마티쉐 장치온(Pragmatische Sanktion). 국본칙정(國本勅錠), 국헌조칙(詔勅) 또는 국사조서(國事詔書) 등으로 번역한다. 여기서 말하는 것은 마리아 테레지아의 아버지 카를 6세가 1713년에 제정한 합스부르크가의 가헌(家憲)이며 가령(家領)의 불가분성과 마리아 테레지아에게 그것을 상속시키기 위한 여자상속권을 규정하고 있다.

* 451 테츠너(Friedrich Tezner, 1856-1925) 오스트리아의 헌법학자. 주요 저작 Der Kaiser, 1909; Die rechtliche Stellung des öst. Gesamtministeriums (Grünhuts Ztschr. XXII, 1895); Besprechung von Jellinek, System der subjektiven öffentlichen Rechte, in: Grünhuts Zeitschr. XXI, 1893, S. 107-253; Die Volksvertretung, 1912; AöR., 28. Bd. (1912); Technik und Geist des ständische-monarchischen Staatsrechts (Schmollers Forschungen XIX 3), 1901 등.

* 452 메테르니히(Klemens W. L., Fürst von Metternich, 1773-1859) 오스트리아의 정치가. 1809년 이래 외상과 수상으로서 40년 간 국정을 지도했다. 빈회의를 주재. 그 후 보수반동정책의 기수가 되고, 신성동맹과 4국동맹을 이용하여 독일 내외의 자유주의, 국민주의 운동을 탄압. 1848년 빈에서 혁명이 일어나 영국으로 망명했다.

* 453 제국의 제주(Kronländer). 1804년 이후 오스트리아 제국에 속한 주들(헝가리왕국의 그곳은 제외)의 명칭.

* 454 제국(Reich). 이 경우 「제국」이란 오스트리아·프로이센 이외의 독일을 가리키는 말. 라이히(Reich)는 국가·제국·연방 등 다양한 의미를 지니고 있다. 제국(帝國)으로 번역하기도 하지만 옳은 것은 아니다. 왜냐하면 제정이 무너지고 성립한 바이마르 공화국 역시 'Deutsches Reich'이기 때문이다. 라이히는 본래 영방(領邦) 내지 지방(支邦)을 아우르는 나라(국가)를 의미한다. 여기서는 이 말 그대로 사용한다. 문헌 Elisabeth Fehrenbach, Reich, in: O. Brunner, W. Conze, R. Koselleck (Hrsg.), Geschichtliche Grundbegriffe. Historisches Lexikon zur politisch-sozialen Sprache in Deutschland, Stuttgart: Klett-Cotta, Bd. 5. 1984, S. 423-508.

* 455 러요쉬 코슈트(Lajos Kossuth, 1802-1894) 1848년 오스트리아를 상대로 독립전쟁을

이끈 헝가리의 민족 지도자. 한국에서는 량치차오(梁啓超)의 역서『훙아리 애국자 갈소사전』(匈牙利愛國者 噶蘇士傳)(1908)으로 널리 알려짐.

* 456 국무 참의회(Staatsrat). 오스트리아 정부의 최고 관청은 원래「국무 참의회」(1760년 설치, 한때 폐지되었다가 1808년에 부활)인데, 1814년에 답신 · 건의권을 가진「국가회의」가 신설되고, 황제 프란츠가 유서(遺書)로「국가회의」에 후계자 페르디난드를 보좌할 임무를 맡김으로서 1835년 이후 정치적 실권은「국가회의」로 옮겨졌다. 또한 이 이중구조적인 정부 아래에서 성청(省聽) 제도도 서서히 정비되었다. 성과의 관계에서 메테르니히는 일관하여 외무대신이며, 1821년 이후「재상」(Staatskanzler)의 칭호를 사용하였다. 다른 한편 콜로바라트는「내상」(Hofkanzler)이다.

* 460 올뮈츠(Olmütz). 모라비아의 지명.「올뮈츠의 굴욕」. 올뮈츠 협약은 1850년에 모라비아의 올뮈츠에서 오스트리아와 프로이센이 맺은 조약. 결성 계획이 좌절되었기 때문에 프로이센의 국민주의적 진영에서는 이를「올뮈츠의 굴욕」이라고 불렀다.

* 461 제71조는 4월 법률들에 의한 헝가리의 헌법을 그것이 제국 헌법과 아울러 여러 민족 동권의 원칙에 저촉되지 아니하는 한이라는 조건을 붙여 인정하고 있다.

* 464 아우스글라이히에 관하여는 Otto Brunner, Der österreichisch-ungarische Ausgleich von 1867 und seine geschichtlichen Grundlagen, in: Ernst-Wolfgang Böckenförde (Hrsg.), Moderne deutsche Verfassungsgeschichte (1815-1918), Köln: Kiepenheuer & Witsch 1972, S. 63-74.

* 464 1867년의 제12조항(Gesetzartikel XII). 헝가리 헌법으로서 인정된 4월 법률들의 보충 조항. 아우스글라이히를 헝가리 헌법 속에 정착시키는 조항이다. 1867년 5월 29일 헝가리 국회에서 채택하였다.

* 465 Gesetz betreffend die allen Ländern der österreichischen Monarchie gemeinsamen Angelegenheiten und die Art ihrer Behandlung von 21. Dezember 1867 (통칭 Delegationsgesetz).

제4편 기본권이론

1. 기본권의 해석과 효과 (크리스티안 슈타르크)

* 출전. Christian Starck, Über Auslegung und Wirkungen der Grundrechte, in: W. Heyde/Ch. Starck (Hrsg.), Vierzig Jahre Grundrechte in ihrer Verwirklichung durch die Gerichte. Göttinger Kolloquium, München 1990, S. 9-34 jetzt in ders., Praxis der Verfassungsauslegung, Baden-Baden: Nomos 1994, S. 21-45.

『독일학연구』(동아대) 제20호 (2004. 12), 141-167면 및 김대환 대표편역,『슈타르크 헌법논집 민주적 헌법국가』(시와진실, 2015), 290-323면에 재수록. 이 책에는 슈타르크의 저작목록이 수록되어 있다.

* **471** 사비니(Friedrich Carl von Savigny, 1779-1861) 독일 근대 사법학의 수립자·로마법학자. 베를린대학 교수. 역사학파의 시조. 티보(Anton Friedrich Justus Thibaut, 1772-1840)가 제창한 민법전편찬론에 반대하고 그 주장을 배척. 저서『점유권론』(Das Recht des Besitzes, 1803);『입법과 법학에 대한 현대의 사명』(Vom Beruf unserer Zeit für Gesetzgebung und Rechtswissenschaft, 1814);『현대로마법체계』(System des heutigen Römischen Rechts, 8 Bde., 1840-1849) 등. 문헌 H. Hattenhauer (Hrsg.), Thibaut und Savigny, 1914, 3. Aufl., 1973; 카를 슈미트, 김효전 옮김,『유럽법학의 상태』, 교육문화사, 1990; 남기윤,『법학방법론』, 고려대출판문화원, 2014. → 전술 1078면.

* **476** 사회주의국가당(Sozialistische Reichspartei) 판결. 원문과 연방헌법재판소 판결 번역은 법무부,『사회주의제국당 위헌성 관련 독일 판례(번역본 포함)』, 2014.

* **478** 뤼트 판결(Lüth-Urteil). BVerfGE 5, 198. 언론의 자유의 제3자효력에 관한 1958년 1월 15일의 연방헌법재판소 판례. [**사실의 개요**] 함부르크 주정보국장 뤼트(헌법소원제기인)는 1950년 9월 20일「독일 영화 주간」개막 시에 함부르크 기자 클럽회장으로 영화제작자, 영화배급업자 앞에서 식사를 통해 나치스 시대에 유대인 박해 영화를 제작했던 영화감독 겸 각본가인 바이트 할란(Veit Harlan)이 독일 영화의 대표자로서 선출된 것을 경고하였다. 그 당시 할란 감독의 영화『영원한 연인』을 제작 중이던 영화회사는 이 발언에 대한 해명을 요구했다. 1950년 10월 27일 뤼트는 공개장을 신문에 발표하여 이 영화를 보지 말도록 호소하였다.

영화제작회사와 영화배급회사는 함부르크 지방법원에 우선 가처분을 신청하여 인용되었고, 이는 뤼트의 불복에도 불구하고 함부르크 상급법원에서도 유지되었다. 한편 이들은 소송을 제기하여 함부르크 지방법원은 1951년 1월 22일 피고 뤼트는 (1) 영화관과 영화배급업자에 대해서『영원한 연인』을 상영 계획에 넣지 않도록 권고하지 말 것, (2) 관객에 대해서 이 영화를 보지 않도록 권고하지 말 것을 명하고, 이에 위반하면 벌금형 또는 금고형에 처할 것을 판결하였다. 이는 독일 민법 제826조에 따른 허용되지 않는 행위의 객관적 요건을 충족하였다고 인정한 것이다.

뤼트는 함부르크 상소법원에 항소하는 동시에 이 판결은 본(Bonn) 기본법 제5조 1항의 언론의 자유를 침해하는 공권력의 행사라는 이유로 연방헌법재판소법 제90조 2항 2호에 의하여 연방헌법재판소에 헌법소원을 제기하였다. 위 판결은 다음과 같은 이유로 파기되고 원심으로 환송되었다. [**판결요지**] (1) 기본적 인권은 우선 첫째로 국가에 대한 국민의 방어권이다. 기본법의 기본권규정에는 객관적 가치질서가 구체화되어 있다. 이 가치질서는 헌법상의 근본적 결정으로서 법의 전영역에 타당하다. (2) 민법에는 사법 규정에 의해 간접적으로 기본권의 법내용이 많이 들어가 있다. 이 법내용은 그 중에서도 특히 강행법규를 구속하며 또한 일반조항을 통하여 법관을 개별적으로 구속한다. (3) 민사법관이 민법에 대한 기본권의 효력을 오인하면 그 판결에 의해 기본권을 침해하게 할 수 있다(연방헌법재판소법 제90조). 연방헌법재판소는 민사사건에 대한 심사를 법률상의 하자에 근거하여 일반적으로 행하는 것이 아니라 기본권의 위와 같은 침해에 관해서만 말한다.

(4) 사법의 규정도 기본법에서 말하는 「일반법률」이며, 따라서 표현의 자유에 관한 기본권을 제한할 수 있다. (5) 자유로운 표현에 대한 기본권의 특별한 의의에 비추어 「일반법률」은 자유주의적 민주국가의 입장에서 해석되지 않으면 안 된다. (6) 기본법 제5조의 기본권은 표현의 자유 자체뿐만 아니라 표현에 의한 정신활동도 보장한다. (7) 보이코트 선동을 내용으로 하는 표현은 독일 민법 제826조에서 말하는 선량한 풍속(gute Sitten)에 반드시 위반하는 것은 아니다. 그것은 당해 사건의 상황을 형량할 때에 표현의 자유를 통해서 헌법적으로 정당화될 수 있다. 문헌 김철수편, 『판례교재 헌법』, 법문사, 1974, 126-127면; 헌법재판소, 『독일연방헌법재판소 재판소원사건 판례번역집』, 2011, 12-36면; 栗城壽夫他編, 『ドイツの憲法判例』, 信山社, 1996, 126-130면.

* **488** 아우그스부르크 종교화의(Augsburger Religionsfrieden) 1555년 아우그스부르크 국회에서 맺어진, 카를 5세와 프로테스탄트 제후 간의 강화. 이는 로마 가톨릭교회와 개신교 간의 갈등을 일시적으로 봉합한 것이다. 각 지방의 군주(제후)가 종교를 자유롭게 선택할 수 있는 권리는 인정하였으나, 개인이 종교를 자유롭게 선택할 수는 없으며, 지방의 군주(제후)의 선택에 따라야 했으며, 루터교 외에 칼뱅주의는 제외되었다.

2. 기본권의 보호의무 (크리스티안 슈타르크)

* 출전 Christian Starck, Grundrechtliche Schutzpflichten, in: ders., Praxis der Verfassungsauslegung, Baden-Baden: Nomos 1994, S. 46-84.
    최대권교수 정년기념논문집 『헌법과 사회』(철학과현실사, 2003. 9), 135-172면 및 김대환 대표편역, 『슈타르크 헌법논집 민주적 헌법국가』(시와진실, 2015), 349-400면에 재수록.

* **493** 프로이센 일반 란트법(Allgemeines Landesrecht für die Preußischen Staaten). 프리드리히 대왕의 명령으로 스바레츠(Carl Gottlieb Svarez, 1746-1798) 등이 기초하고 1794년에 공포한 프로이센의 법전. 근대 유럽 최초의 체계적인 대법전으로 2부 43장으로 구성되어 있으며, 민법을 중심으로 헌법 · 행정법 · 형법 · 상법 등의 규정을 포함하고 있다. 프로이센 민법이라고도 한다. 18세기의 절대주의 국가의 자연법사상을 대표하며 후견적 색채가 현저하다. 문헌 김종호, 독일의 법치국가 사상의 형성과정에서 시민적 자유와 국가 개입의 한계 - 몰(Mohl)과 스바레즈(Svarez) 사상을 비교하여, 『유럽헌법연구』 제23호(2017). → 본서 1070면

* **502** 레바하 결정(Lebach-Beschluß). BVerfGE 35, 202. Urteil v. 5. 6. 1973. 방송에 의한 범죄보도와 인격권을 다룬 1973년 6월 5일의 연방헌법재판소의 결정. [**사실**] 헌법소원 청구인은 1969년 레바하에서 발생한 연방 국방군 무기고 습격 및 살인사건의 공범으로서 6년의 자유형이 부과되었는데 1973년 7월에 가석방이 예정되고 있었다. 1972년 독일 제2방송(ZDF)은 이 사건을 다큐멘터리 프로그램으로 만들고 실명을 사용하였다. 신청인은 초상권 · 성명권을 근거로 당해 프로그램의 방영금지의 가처분을 신청하여 출소하였으나 법원은 이를 기각하여 헌법소원을 청구하기에 이르렀다. 연방헌법재판소는 기본법 제1조 1항과 결부된 제2조 1항에 근거하여 청구인의 기본권을 침해했다고 결정을 내렸다.
    [**결정 요지**] 기본법 제5조 1항 2문에 따른 방송에 의한 보도의 자유(방송의 자유)는 프레스의

자유, 의견표명의 자유, 정보의 자유와 마찬가지로 자유민주적인 기본질서를 바로 구성한다. 라디오와 TV는 프레스와 마찬가지로 불가결한 매스커뮤니케이션 수단이며 국민과 국가기관의 연결이나 국가기관의 통제, 모든 생활영역에서의 공동체의 통합에 대해서 결정적인 작용이 인정된다. 방송의 자유는 본질적으로 프레스의 자유와 다른 것이 아니다. 방송의 자유는 순수한 보도 프로그램에도 다른 종류의 방송에도 동일하게 타당하다. … 방송의 자유가 다른 법익과 충돌하여 비로소 구체적 방송이 추구하는 목적, 프로그램형성의 종류와 방법, 의도 또는 예기된 작용이 문제로 될 수 있다. 헌법은 방송의 자유와 방송이 영향을 미치는 시민·집단·공동체의 이익과의 충돌을 일반적 법질서를 지시함으로써 규율하였다. … 행위자의 실명·사상(寫像)·묘사를 사용한 범죄보도는 항상 행위자의 인격권을 중대하게 침해한다. 왜냐하면 보도는 그의 잘못된 행동을 공공연하게 공표하고 그의 인물을 시청자의 눈 속에 처음부터 부정적으로 성격지우기 때문이다. … 중대한 범죄행위에 대한 이미 시사적 정보이익에 의해서 카버되지 않는 반복된 TV보도는 그것이 행위자의 사회복귀를 위태롭게 하는 경우에는 허용되지 않는다. 재차 자유로운 사회에 순응한다는 행위자의 사회적 생존에 대해서 매우 중요한 기회, 그리고 그의 사회복귀에 대한 공동체의 이익은 원칙적으로 행위에 대해서 나아가 토론하는 이익보다도 우월한다. 과연 또 어떤 한계에서 예외를 생각할 것인가에 대해서, 본건에서는 그러한 전제가 존재하지 않기 때문에 심사할 필요는 없다. 일반적으로 다음의 것이 타당하다. 프로그램이 어떤 범죄행위의 유형적인 부분을 대상으로 하는 것이면 것일수록 행위자를 특정할 필요는 결여된다.

문헌 Ingo Richtet/Gunnar Folke Schuppert/Chr. Bumke, Casebook Verfassungsrecht, Beck 4. Aufl., 2001 (방승주역, 『독일 헌법판례 해설』(제4판), 헌법재판소, 2003); C. Bumke und A. Voßkuhle, Casebook Verfassungsrecht, Mohr 2013; 栗城壽夫他編, 『ドイツの憲法判例』(第2版), 信山社, 1996, 141-146면; 손인혁, 레바흐 군인살해 판결, 헌법재판소, 『독일연방헌법재판소 판례번역집』, 2006, 162면 이하; 전정환역, 『독일 헌법 판례(상) 제2판』, 2008.

* 510 뮐하임-캐를리히(Mülheim-Kärlich) 결정 → 본서 1126면

* 515 헤르만 폰 망골트(Hermann von Mangoldt, 1895-1953) 본 기본법 기초위원. 저서 클라인과의 본 기본법 콤멘탈인 H. v. Mangoldt-F. Klein, Das Bonner Grundgesetz, 2. Aufl., 3 Bde., Berlin: Vahlen, 1957 (Chr. Starck에 의한 4. Aufl. 3 Bde., 1999, 2000, 2001). 문헌 Angelo O. Rohlfs, Hermann von Mangoldt (1895-1953). Das Leben des Staatsrechtlers vom Kaiserreich bis zur Bonner Republik, Berlin: Duncker & Humblot 1997; H. A. Wolff, Hermann von Mangoldt (1895-1953), in: P. Häberle, M. Kilian, H. Wolff (Hrsg.), Staatsrechtslehrer des 20. Jahrhunderts, 2015, S. 457-470.

3. 헌법보장으로서의 인간의 존엄 (크리스티안 슈타르크)

* 출전 Christian Starck, Menschenwürde als Verfassungsgarantie im modernen Staat, in: Juristenzeitung 1981, S. 457-464. jetzt in: ders., Der demokratische Verfassungsstaat, Tübingen: J. C. B. Mohr 1995, S. 186-203.

『헌법학연구』(한국헌법학회) 제11권 2호(2005. 6), 533-560면 및 김대환 대표편역, 『슈타르크

헌법논집 민주적 헌법국가』(시와진실, 2015), 261-289면에 재수록.

* **535** 스킨너(Burrhus Frederic Skinner, 1904-1999) 저서『자유와 존엄을 넘어서』(Beyond Freedom and Dignity, 1971; 정명진 옮김, 부글북스, 2008; 차재호역, 탐구당, 1982); Futurum II, 1972 등.

* **536** 모리스 메를로 퐁티(Maurice Merleau-Ponty, 1908-1961) 프랑스의 철학자. 후설(E. Husserl)의 영향을 많이 받았지만 신체행위와 지각(知覺)에 대한 자신의 이론을 바탕으로 독자적인 현상학적 철학을 전개하였다. 저서『지각의 현상학』(Phénoménologie de la perception, 1945), 『의미와 무의미』(Sens et non-sens, 1948) 등. 문헌 Donald A. Landes, The Merleau-Ponty Dictionary, N.J.: Bloomsburg, Academic, 2013; 송석랑, 『메를로 뽕티의 현상학』, 문경, 2001.

* **538** H. L. A. 하트(Herbert Lionel Adolphus Hart, 1907-1992) 영국의 법철학자. 법실증주의자. Cheltenham 칼리지, Bradford 문법학교, 옥스포드 뉴 칼리지 수학. 오스틴, 비트겐슈타인, 한스 켈젠의 영향을 받음. 1952년 옥스퍼드 대학 법학 교수로 선출되어 1969년 은퇴. 1958년 미국 하버드대학의 풀러(L. L. Fuller)와 법과 도덕에 대해서 논쟁. 저서『법의 개념』(The Concept of Law, 1961; 2nd ed. 1994; 3rd ed. 2012; 오병선 옮김, 아르케, 2001; 정태환 · 박남규 · 정주환 공역, 대광서림, 1981). 문헌 P. M. S. Hacker and J. Raz (eds.), Law, Morality, and Society: Essays in Honour of H. L. A. Hart, 1977; Michael Pawlik, Die Reine Rechtslehre und die Rechtsthorie H. L. A. Harts: Ein kritische Vergleich, Berlin 1993.

4. 급부국가에 있어서의 기본권 (페터 해벌레)

* 출전. Peter Häberle, Grundrechte im Leistungsstaat, in : Veröffentlichungen der Vereinigung der Deutschen Staatsrechtslehrer, Heft 30, Berlin: Walter de Gruyter, 1972, S. 43-141.
『동아법학』제26호, 1999, 231-338면.

해벌레 이론의 핵심인 제도적 기본권이해는 그 추상성과 불명확성 등에서 많은 문제점이 있으나 자유주의적 기본권이해에 편중되어온 우리들에게 시사하는 바가 크며, 또한 여기에 소개하는 급부권으로서의 기본권이론 역시 사회복지국가를 지향하는 한국에 대해서 상당한 지적 자극을 준 논문이다. 지금까지 급부국가 내지 급부행정의 이론이 단편적으로만 알려진 현시점에서 이 논문은 좀 더 구체적이고 체계적인 정보를 제공할 것이다.
제도이론에 관하여는 김효전, 제도이론의 계보 - 모리스 오류와 독일 공법학 -,『월간고시』 1993년 8월호. 기타 그의 생애와 저작목록 등 상세한 것은 김효전, Peter Häberle Bibliographie,『동아법학』제9호, 1989, 467-498면 및 독일의 공법학자들(3),『동아법학』 제14호, 1992, 303-309면. → 본서 1075면

* **543** 헤르베르트 크뤼거 → 본서 1069면

* **543 급부국가**(Leistungsstaat) 해벌레의 정의. **급부국가**란 기본법에 의해서 구성된 국가이며, 조직과 절차를 통해서 시민이나 집단에 대해서 직접적으로 또는 간접적으로 급부를 가져오는 것이며, 그러한 급부는 가장 넓은 의미에서 주로 적극적인 기본권과의 관계를 의도하게 된다. 따라서 급부국가는 기본권의 현실적인 타당성 없이는 생각할 수가 없다. 여기서는 국가의 급부활동의 전제와 조건도 포함하여 생각해야 한다. 이념형으로서의 대조물은 시민적인 질서국가와 침해국가이다(본서 552면).

* **543 현실과학**(Wirklichkeitswissenschaft). 독일의 사회학자 한스 프라이어(Hans Freyer, 1887-1969)의 용어로서『현실과학으로서의 사회학』(Soziologie als Wirklichkeitswissenschaft. Eine logische Grundlegung des Systems der Soziologie, 1930)에서 유래한다. 그는 형식사회학을 비판하고 이를 관조적인 단순한 로고스 과학이라 하고, 참된 사회학은 현실에 대해서 의욕적인 입장을 취하는 에토스 과학이어야 한다고 주장하여 사회학을 현실과학으로서 수립하려고 하였다. 그의 사회학에서는 인간이야말로 사회형상(社會形象)을 창조하는 소재라고 생각하며, 사회형상은 항상 생성하는 것이며, 생명에서 이루는 형태라고 한다. 거기에서 정신적 형상과 같은 생명을 가지는 것, 예컨대 예술작품·언어·학설 등의 소산과 구별하여 생명으로 이루는 형상인 사회형상을 첫째로 열거하며, 이어서 그것은 생성되기 때문에, 역사적이어야 한다고 주장했다. 나아가 셋째로, 역사적으로 층(層)으로서 퇴적(堆積)된 사회형상은 일정한 시기에 결부된 역사적인 상호관련을 가지기 때문에, 현재적 시점에서 파악해야 한다고 주장했다. 여기에 그의 현실과학으로서의 사회학이 실재의 과학적 인증인 이유가 있다. 프라이어의 이론은 헤르만 헬러가 수용하였다.

* **543 헤르만 헬러**(Hermann Heller, 1891-1933)의 현실과학적 연구방법은 한스 프라이어에서 유래하며, 현실과학의 대상은 사회형상이며, 그것은「우리들 자신이며 그 밖의 아무것도 아니다」. 사회형상은 인간의 실존형태라는 사실이 사회학을 현실과학으로 만든다. 현실과학적 고찰은 인식자를 주관적으로 하지 않고 유책토록 만들며, 그 자신의 상황에서 자유가 아니라 그 중에서 자유이며, 그것에 대하여 자유이다. 따라서 사회적 현실을 인식하는 과학으로서의 사회학은 동시에 윤리학이 아니면 안 된다. 그것은「윤리적 규범이 얻어지거나 적용된다는 의미에서가 아니라 그 인식대상이 의지방향을 그 자신 속에 포함한다」는 의미에서이다. 그 대상에 대한 실존적 관계에서 사회학적 인식은 동시에 인식되는 것을 지지하거나 반대하는 의지결단이다. 따라서 사회학은 현실과학으로서 동시에 에토스과학(Freyer, S. 91, S. 206)이라고 주장하였다. 문헌 M. Henkel, Hermann Hellers Theorie der Politik und des Staates, Tübingen 2011; Uwe Volkmann, Hermann Heller (1891-1933), in: P. Häberle, M. Kilian, H. Wolff (Hrsg.), Staatsrechtslehrer des 20. Jahrhunderts, 2015, S. 393-410. 김효전 옮김,『바이마르 헌법과 정치사상』(산지니, 2016).

* **564 조르주 뷔르도**(Georges Burdeau, 1900-1985) 프랑스의 헌법학자. 저서 Le pouvoir politique de l'Etat, 1942; Méthode de la science politique, 1959; Les liberté publiques, 4e éd. 1972; Droit constitutionnel et institutions politiques, 19e éd., 1980; Traité de science politique, Tome X. La rébellion du social, 2e éd., 1977; La démocratie, 1966; L'État, 1970; Le libéralisme, 1979; La politique au pays des merveilles, 1979. 문헌 Patrick Arabeyre et al. (dir.), Dictionnaire historique des juristes français, 2e éd., 2015, pp. 191-192.

* 566 카를 포퍼(Karl Popper, 1902-1994). 오스트리아 출생의 유대계 영국인. 20세기의 위대한 과학철학자의 한 사람으로 불린다. 1937년 뉴질랜드 대학 교수. 1949년 런던대학 교수. 1969년 정년퇴직. 저서 『개방 사회와 그의 적』(The Open Society and Its Enemies, 2 vols. 1945; 이한구역, 서광사, 1980)로 유명. 해벌레는 포퍼의 슬로건을 따라 『다원주의의 헌법. 개방 사회의 헌법이론에 관한 연구』(Die Verfassung des Pluralismus. Studien zur Verfassungstheorie der offenen Gesellschaft, Königstein/Ts.: Athenäum, 1980)라는 책자를 출간했다.

* 578 콘라드 헤세(Konrad Hesse) → 본서 1069면

* 581 「일정한 요건의 유보」(Maßgabevorbehalt)란 「기본권의 한계를 기본권 개념의 본질로 적합시키는 법률유보」의 일종이긴 하지만, 이른바 법률에 의한 침해유보와는 달리 그것은 입법자가 기본권 제한적으로 활동할 수 있을 뿐만 아니라 오히려 기본권 내용형성적으로 (즉 내용을 규정하도록) 활동할 수 있다」라는 관념의 표명으로 취급된다. 즉 그것은 기본권 행사 혹은 기본권의 구체화가 전제가 되는 일정한 요건을 법률로 규정함에 따라 기본권의 제한이 될 수 있음과 동시에 기본권의 내용을 규정하려는 것을 의미한다. 따라서 여기서는 그것을 일정한 요건의 유보라고 번역한다. 또한 Maßgabevorbehalt의 내용에 대해서는 Peter Häberle, Die Wesensgehaltgarantie des Art. 19 Abs. 2 Grundgesetz, 3. Aufl., 1983, S. 138-139, 194-195 참조.

* 582 페터 레르헤(Peter Lerche, 1928-2016) 1957년 뮌헨대학에서 Leo Rosenberg에게 학위를 받고, 1958년 Theodor Maunz에게 「과잉입법과 헌법」(Übermaß und Verfassungsrecht, 1961; 2. Aufl., 1999)으로 교수자격취득. 1960년 베를린자유대학 교수, 1965년 뮌헨대학에 초빙되어 1995년 정년퇴직. 저서 박규환·최희수역, 『과잉금지원칙과 헌법 I, II 』, 헌법재판소, 2008, 2009; 허영 편역, 『법치국가의 기초이론. Peter Lerche 논문선집』(박영사, 1996). 문헌 Peter Badura, Nachruf für Peter Lerche, in Archiv des öffentlichen Rechts, Bd. 141, Heft 2(2016), S. 283-285.

* 583 바코프(Otto Bachof)에 관하여는 Dieter H. Scheuing, Otto Bachof (1914-2006), in: P. Häberle, M. Kilian, H. Wolff (Hrsg.), Staatsrechtslehrer des 20. Jahrhunderts, 2015, S. 847-866. → 본서 1134면

* 595 귄터 뒤리히(Günter Dürig, 1920-1997) 브레슬라우 출생. 1955-1982년 튀빙겐 대학 교수. 연방행정재판소 재판관 역임. 그의 「간접적」 제3자 효력은 잘 알려져 있다. 대표작 마운츠와의 기본법 콤멘탈(Maunz/Dürig, Grundgesetz. Loseblatt-Kommentar, 7 Leinenordnern, Beck, München 2013). 기타 Gesammelte Schriften 1952-1983, Berlin 1984 등. 저작목록 Das akzeptierte Grundgesetz. Festschrift für Günter Dürig zum 70. Geburtstag. Hrsg. v. Hartmut Maurer, München: Beck 1990, S. 489-493. 문헌 P. Häberle, Nachruf auf Günter Dürig, in: NJW 1997, S. 305 ff.; Otto Bachof, Günter Dürig 70 Jahre, in: DÖV 1990, 6. S. 245; W. Schmitt Glaeser, Günter Dürig zum 70. Geburtstag, in: AöR 1990, 2. S. 308-310; Hartmut Maurer, Günter Dürig als Lehrer und Forscher. Glückwunsch, in: JZ 1985, 5.

S. 223-225.

* 595 울리히 쇼이너(Ulrich Scheuner) → 전술, 1067면

* 605 「법의 듀 프로세스」(due process of law). 적법절차. → 본서 1162면

* 607 볼프강 마르텐스(Wolfgang Martens, 1930-1985) 에릭센(Hans-Uwe Erichsen, 1934-)
과 편집한 행정법 교과서 Allgemeines Verwaltungsrecht, Berlin: de Gruyter, 4. Aufl. 1979로
유명하다. 저작목록 Gedächtnisschrift für Wolfgang Martens. Hrsg. v. Peter Selmer und
Ingo v. Münch, Berlin: de Gruyter, 1987, S. 903-906. 문헌 Klaus Vogel, Wolfgang Martens[+],
Nachruf, in: AöR 1986, 4. S. 612-613.

* 614 국가와 사회에 관하여는 E. - W. Böckenförde, Die verfassungstheoretische Unter-
scheidung von Staat und Gesellschaft als Bedingung der individuellen Freiheit, 1973.
김효전역, 『국가와 사회의 헌법이론적 구별』(법문사, 1992) 참조.

5. 교회와 국가의 긴장관계 속의 종교의 자유 (에른스트-볼프강 뵈켄회르데)

* 출전 Ernst-Wolfgang Böckenförde, Die Religionsfreiheit im Spannungsfeld zwischen
Kirche und Staat, in: ders., Religionsfreiheit. Die Kirche in der modernen Welt, Schriften
zu Staat-Gesellschaft-Kirche, Bd. 3. Freiburg: Herder 1990, S. 33-58.
『헌법학연구』 제8집 제4호, 2002, 529-561면.

　가톨릭교도의 입장에서 종교의 자유의 문제를 다룬 것으로 여기서 그는 사회문제에 대처하는
인간론과 자유론을 전개하고 있다.

* 623 제2차 바티칸 공의회(Concilium Vaticanum Secundum; Second Vatican Council)는
1962년부터 1965년까지 열린 로마 가톨릭교회의 공의회이다. 로마 가톨릭교회가 장차 앞으로
나아갈 길을 타진한 교회의 현대적 개혁이 이 공의회의 목적이었다. 현재 기독교 역사상 가장
최근에 이루어진 공의회이다. 여기서 확정된 16개의 문서 중 4개는 헌장(constitution), 9개는
교령(敎令, decretum), 나머지 3개는 선언(declaration)이다. 이 선언은 비그리스도교와 교회의
관계에 대한 선언을 비롯한 종교의 자유, 교회의 타종교에 대한 태도, 기독교 교육을 다루고
있다. 공의회 결과 트리엔트 공의회 이후 라틴어로 획일화되어 봉헌하던 미사가 각국의 언어로
봉헌되기 시작했다(이상 위키 백과). 특히 「종교의 자유에 관한 선언」은 1965년 12월 7일 교황
바울 6세가 공포했으며, 전체 15개 항목으로 되어있다. 라틴어 · 독어 대역에 대해서 뵈켄회르데는
서문을 썼다. Erklärung über die Religionsfreiheit. Lateinisch und deutsch. Mit einer
Einleitung von Ernst-Wolfgang Böckenförde, Münster/W. 1969. 한국 문헌은 H. V. 스트라렌
등편, 현석호 옮김, 『종교자유에 관한 선언』, 성바오로출판사, 1993; (제2차 바티칸)『공의회
문헌: 헌장 · 교령 · 선언문』, 한국천주교 중앙협의회, 1986.

* **623** 트리엔트 공의회(Council of Trient) 1545년부터 1563년까지 이탈리아 북부 트리엔트(지금의 Trento)에서 개최된 종교회의. 종교개혁에 맞서 가톨릭의 교리와 체계를 재정비하였다. 트리엔트 공의회는 종교개혁에 따른 교회분열을 수습하기 위해 소집되었지만 실질적으로 프로테스탄트들의 참여는 이루어지지 않았다. 반종교개혁(Gegen-Reformation)의 성과는 거두었으나 프로테스탄트와의 분열을 더욱 심화시키는 결과를 낳았다. 가톨릭교회와 프로테스탄트교회는 교리와 믿음이 뚜렷하게 구별되었으며, 표면적으로나마 중세 유럽에 동질성을 부여했던 기독교적 보편성은 해체되었다. 문헌 아이케 볼가스트, 백승종 옮김, 『코젤렉의 개념사 사전 8 개혁과 (종교)개혁』, 푸른역사, 2014; 『가톨릭 대사전』.

* **624** 츠빙글리(Huldrych (Ulrich) Zwingli, 1484-1531) 스위스의 종교개혁자 · 신학자 · 인문주의자 · 정치가. 빌트하우스(Wildhaus) 농가에서 출생. 바젤과 빈대학 수학, 다시 바젤로 와서 비텐바흐(Thomas Wyttenbach, 1472-1526)에게 신학을 배우고 고전작가나 교부의 저서를 연구했다. 1506년 글라루스(Glarus)의 주교가 되고 또 용병이 된 교구민을 따라 이탈리아에 출정. 아인지델른(Einsiedeln) 주교로 옮겨 남독일과 스위스 각지에서 오는 순례자를 보고 교회의 관습과 교의에 의문을 제기했다. 1519년 마침내 취리히 대성당의 설교자가 된다. 이미 원어로 성경을 연구하고, 마르틴 루터와는 별도로 교황의 권위를 의심하고, 성서만이 신앙의 규준임을 확신하고, 교회개혁의 결의를 분명히 했다. 그 때문에 콘스탄츠의 주교와 충돌하여 취리히에서 열린 토론회에서 67개조를 제출하여 승인되었다. 1525년 그 결과 수도원은 폐쇄되고 화상, 유물은 교회에서 제거되고 마침내 미사도 폐지되었다. 이 운동은 베른 · 바젤 · 장트 갈렌 · 샤프하우젠 각 주에 파급되어 로마파의 5주는 동맹하여 이에 대항하고, 그는 종군 중 부상당해 취리히주 카펠(Kappel)에서 사망했다. 그는 종교개혁의 기본적인 점에서 루터와 일치하지만 성만찬의 해석에서는 루터가 그리스도의 육화(肉化)를 강조한 것에 대해서 상징적 해석을 주장하여 양보하지 않고, 마부르크에서 양자의 종교회담이 열렸으나 타협을 보지 못하고 프로테스탄티즘 2파가 대립하는 기원이 되었다. 그의 신학의 중심은 예정설로 칼뱅에게 영향을 미쳤다. 전집 Opera Zwingli, 8권, 1828-42, 보권 1861. 임걸 옮김, 『츠빙글리 저작 선집』 1, 4, 연세대출판문화원, 2014. 문헌 W. Köhler, Zwingli und Luther, 1925.

* **624** 멜랑히톤(Philipp Melanchton, 1497-1560; 본명 Schwarzerd) 독일의 종교개혁자. Melanchton은 Schwarzerd의 그리스어 번역. 팔츠의 Bretten 출생. 어머니는 J. 로이힐린의 조카. 1509년 하이델베르크대학 입학, 다시 튀빙겐대학 수학, 이 대학 강사로서 아리스토텔레스 철학 강의. 비텐베르크대학에서 그리스어 교수, 여기서 마르틴 루터를 알게 되고, 그의 사상에 공명하여 신학을 연구하고 이후 루터와 생애 동안 떠나지 않았다. 라이프치히 논쟁에서는 힘껏 루터를 지지하고 『신학강요』(Loci communes, 1521)를 저술하여 프로테스탄트 최초의 조직신학의 기초를 마련, 다시 《Unterricht der Visitatoren, 1528》로 종교개혁을 작센 지방에도 가져오고, 마침내 프로테스탄트 최대의 신앙고백인 『아우구스부르크 신앙고백』(Confession Augustana, 1530)과 『변증』(Apologia, 1530-31)을 기초, 또한 루터의 성서 번역 사업에도 관여했다. 그는 타고난 온화한 성격 때문에 결단이 결여되어 신학상의 표현에서도 타협적이라는 비난을 받았다. 성찬론에서도 칼뱅에 가까워서 한 때 루터와 소원했던 일도 있으며, 나중에는 루터파와 일치하기 어렵게 되어 「필리피즘」(Philippismus)이라 불리는 독자적인 신학설을 제창했다. 전집 Corpus

Reformatorum 수록 28권, 1834-60. 이승구역, 『신학총론』, 크리스천 다이제스트, 2000.

* **625** 에라스무스(Erasmus, 1465-1536) 네덜란드의 인문학자. 캉브레이의 주교(Bishop of Cambrai)로 일하다가 파리 유학. 케임브리지대학에서 철학과 그리스어를 가르쳤다. 그리스극의 라틴어 번역으로 근대 문헌학의 선구자가 된다. 신학에 대해서 깊은 관심을 두어 스콜라학의 결점을 폭로하고 종교의 외형화나 교의의 강요를 공격했으므로, 그의 제자들에서 많은 종교개혁자를 배출. 그러나 그 자신은 개혁자임을 바라지 않고 시종 로마교회를 떠나지 않았다. 종교개혁에는 처음에 호의적이었으나 점차 마르틴 루터와 대립하고 자유의지에 관한 루터와의 논쟁으로 결정적으로 분열하였다. 저서 『자유의지론』(De libero arbitrio, 1524), 전집 Leclerq편, 10권, 1703-1706. 문헌 마르틴 루터, 조주석 옮김, 『인간에게 자유의지가 있는가?: 에라스무스의 『자유의지론』에 대한 반박』, 나침반사, 1993; 김명수, 『에라스무스와 루터의 생애와 사상』, 그리심, 2016.

* **625** 요하네스 로이흘린(Johnnes Reuchlin, 1455-1522) 독일의 고전학자·인문학자. 독일에서의 그리스학과 헤브라이학의 건설자로 에라스무스와는 반대로 그리스어를 현대식으로 발음할 것을 제창했다. 획기적인 헤브라이어 문법과 사전을 겸비한《De Rudimentis Hebraicis, 1506》을 저술. 기타 유대의 신비설 「카발라」에 관하여《De Arte Cabbalistica, 1517》을 발표했기 때문에 정통파인 기독교도와의 치열한 논쟁을 야기했는데, 인문주의자들의 지원을 얻어 무사했다. 그때에 인문주의자 측에서 로이흘린의 상대방에 대항하여 발표한 것이《Epistolae Obscurorum Virorum》(Letters of obscure men)이다.

* **627** 「영주의 종교가 그 영지의 종교」(cuis regio, eius religio) 또는 속지제(cujus regio ejus religio; 헬러는 cujus regio illius religio로 표기). 「영토를 지배하는 자가 종교도 지배한다」 또는 「그 사람의 토지가 그 사람의 종교」 또는 「屬地·屬宗敎制」 등으로 번역한다. 이 원칙은 독일의 종교개혁 시대에서 유래한다. 「영주는 자기 영역에 사는 주민의 신앙을 결정하였다. 영주, 즉 개별 영역의 정부는 토지에 대한 지주처럼, 그 자신의 영지에서 법과 교회의 신앙을 처리하였다」(카를 슈미트, 김효전역, 「합법적 세계혁명」, 『유럽 법학의 상태』, 교육과학사, 1990, 320면). 또 슈미트는 이것을 「영토를 지배하는 자가 경제를 지배한다」(cujus regio ejus economia)로 바꾸어 경제적 권력공간이 국제법상의 영역을 규정한다고 서술한다(C. Schmitt, Der Nomos der Erde, 1950, 3. Aufl., 1988, S. 226; 최재훈 옮김, 『대지의 노모스』, 민음사, 1995, 305면). 문헌 M. Heckel, Staat und Kirche nach den Lehren der evangelischen Juristen des 17. Jahrhunderts, in ZSavRg., Kanon. Abteilung Bd. 73 und 74, 1956/57. → 본서 1090면

* **627** 1598년의 낭트 칙령(Edict of Nantes) 앙리 4세가 1598년 4월 13일 선포한 칙령. 프랑스 내에서 가톨릭 이외에도 칼뱅주의 개신교 교파인 위그노의 종교적 자유를 인정했다.

* **629** 미셸 드 로피탈(Michel de l'Hôpital, 1504-1573) 프랑스의 법률가·정치가. 파리 고등법원 법관, 1547년 트리엔트 종교회의 사절, 재정총감을 거쳐 샤르르 9세의 프랑스 대법관이 된다(1560년). 신구 교도의 대립을 완화하기 위해 노력하고, 또 위그노파에 대한 관용정책을 추진했는데

종교전쟁을 방지하지 못했다. 1563년 3월 19일의 앙보아스(Amboise) 화의 이후 가톨릭 귀족의 수령 기즈 후작(Duc de Guise)과 대립하여 파면된다. 1572년 성 바돌로매 제야의 학살 후 곧 사망. 정치적 감각·실천력·인격이란 점에서 근세 초기의 대정치가로 불린다. 문헌 P. Arabeyre et al (dir.), Dictionnaire historique des juristes française, pp. 665-666; 윤재운, 프랑스 종교전쟁기의 조국애 - 대법관 로피탈(Michel de L'Hopital)의 활동을 중심으로, 『대구사학』 제115호(2014).

* 629 브루노 바우어(Bruno Bauer, 1809-1882) 독일의 신학자·철학자·역사가. 청년 헤겔 좌파의 대표자. 바우어 사상의 핵심 개념은 자기의식과 비판·무신론 등. 저서 『요한의 복음사 비판』(Kritik der evangelischen Geschichte des Johannes, 1840), 『공관복음 저자들의 복음사 비판』(Kritik der evangelischen Geschichte der Synoptiker, 1841/42) 등. 바우어는 마르크스 와 엥겔스의 『신성가족』(Die heilige Familie, 1845)을 비판하고 논쟁하였다. 마르크스·엥겔스, 편집부 옮김, 『신성가족: 또는 '비판적 비판주의'에 대한 비판, 브루노 바우어와 그 일파를 논박한 다』, 이웃, 1990; 박재희 옮김, 『독일 이데올로기 I』, 청년사, 1988, 194-199면.

* 629 「침묵하라 신학자여!」(Silete theologi!). 이 말은 국제법학자 젠틸리스가 신학자들을 전쟁 개념에 대한 논의에서 배제하고 무차별 전쟁 개념을 구축하기 위해서 「침묵하라 신학자들이 여」라고 외친다.
　　젠틸리스(Albericus Gentilis, 1552-1608). 이탈리아 출생의 법학자. 프로테스탄트로 개종하 고 옥스포드 대학 교수가 된다. 근대 국제법학의 선구자의 한 사람. 저서 De juris interpretibus dialogi, 1582; De legationibus libri tres, 1585; 『전쟁법』(De jure belli commentationes tres, 1588/89). 카를 슈미트는 젠틸리스의 이름과 그의 명제를 『대지의 노모스』(178면) 외에, 『구원은 옥중에서』(김효전역) 등에서 자주 인용한다. 문헌 B. Kingsbury and B. Straumann (eds.), The Roman Foundations of the Law of Nations: Alberico Gentili and the Justice of Empire, Oxford Univ. Press, 2011, p. 53-84, 85-100.

* 629 「진리가 아니라 권위가 법을 만든다」. 이 말은 홉스의 『리바이어던』 제26장에 나오며, 카를 슈미트는 이 표현을 즐겨 인용한다. 예컨대 『정치신학』(Politische Theologie, S. 44, S. 66(김효전역, 39면, 54면); 『법학적 사고방식의 세 유형』(Über die drei Arten des rechtswissenschaftlichen Denkens, 1934, S. 23; 역서, 236면); 『홉스 국가론에서의 리바이어 던』(Der Leviathan in der Thomas Hobbes Staatslehre, 1938. Nachdruck 1982, S. 82(역서, 309면); 『독재론』(Die Diktatur, S. 21; 역서, 46면); 『현대 의회주의의 정신사적 지위』(Die geistesgeschichtliche Lage des heutigen Parlamentarismus, S. 54; 역서, 92면) 등.

* 630 교황 피우스 9세(Pius IX, 1792-1878. 前名: Giovanni Maria Mastai-Ferretti, 在位: 1846/78) 1827년 스폴레토의 대주교, 1840년 추기경을 거쳐 교황이 되었다. 처음에는 자유주의를 취하여 이탈리아 통일운동에도 호의를 보였으나, 곧 자유주의에 반대했다. 이탈리아 통일전쟁으로 교황령 로마냐, 움브리아 등을 상실하고, 후에 이탈리아군에 의해서 로마가 점거되고 세속권을 완전히 상실했다. 1871년 로마는 이탈리아의 수도가 되고, 교황은 국왕의 보장법을 인정하지 않고 황제의 수인이 되었다는 뜻을 선언하여 「로마 문제」를 일으켰다. 그의 회칙(回勅)인 『콴타

쿠라』(Quanta cura, 1864)로 자연주의·공산주의·사회주의에 항의하고, 또 이것에 근대의 오류표를 첨부하고 이 표를 기준으로 교황의 불가류성, 마리아 승천설을 교리로 하기 때문에 바티칸 종교회의를 개최했다. 또 마리아의 무원죄 수태를 교리로 정하고, 1875년 프로이센 정부의 5월법을 무효로 선언하여 비스마르크와 문화투쟁을 일으켰다.

* 631 알프레도 오타비아니(Alfredo Ottaviani, 1890-1979) 이탈리아 로마 가톨릭교회의 추기경. 1953년 피우스(Pius) 12세에 의해서 추기경으로 임명. 1959년부터 1966년까지 로마 교황청의 성무성성 장관으로 근무했다. 그의 생애 동안 안팎으로 강력한 영향력을 지녔으며, 제2차 바티칸 공의회(1962-1965) 때에는 보수 세력을 대변하는 지도자이기도 했다.

* 634 요하네스 후스(Johannes Hus, 1370경-1415) 체코의 교회개혁가. 보헤미아의 후시넥(Husinec) 출생. 농민의 아들. 프라하대학 교수와 총장 역임. 1400년 주교로 서임. 위클리프의 영향으로 영혼구제예정설을 주창하고 성직자의 토지소유와 세속화에 반대하고, 교회를 영혼구제예정자의 정복(淨福)의 장소로 규정한 탓으로 파문되고 이단자로서 성직이 박탈되었다. 1414년 독일왕 지기스문트의 비호 아래 콘스탄츠 종교회의에 참석했으나 변명이 허락되지 않고 체포·화형에 처해졌다. 그는 교회개혁에 열의를 보이고, 청결한 생활태도를 가지고, 종교재판의 신문이나 처형에 대해서도 시종 의연한 태도를 보여 체코의 순교자, 국민적 영웅으로서 존숭된다. 또 프라하대학의 체코화에 진력하고 체코어의 통일에 노력하여, 그의 체코어 저작은 체코 국민문학의 확립에 기여했다. 그를 따르는 사람은 후시스트(Hussist)라 칭하고 보헤미아뿐만 아니라 오스트리아·헝가리·바이에른·작센 기타 많은 신도를 모았다. 저작. 전집 3권, 1903-1908. 문헌 사토 마사루, 김소영 옮김, 『종교개혁 이야기: 프로테스탄트의 시작, 종교개혁 이전의 종교개혁가 얀 후스 이야기』, 바다출판사, 2016.

* 634 토마스 아퀴나스(Thomas von Aquin, 1224/25?-1274)의 법이론은 최이권 역주, 『신학대전(법신학의 정초: 법률편)』(법경출판사, 1993)으로, 이 책은 Summa Theologica II-1 qu 90-100을 번역한 것이다. 『신학대전』은 1993년부터 정의채 신부와 그의 제자들에 의해서 한국어판이 발간되고 있다.

* 641 콴타 쿠라(Quanta cura, 1864). 로마 교황 피우스 9세가 1864년 12월 8일에 발표한 회칙(回勅). 여기서 각기 다른 열 개의 제목 아래 80가지의 오류를 밝힌 교서 요목을 발표하였다. 이 회칙은 당시 새로이 대두하던 이탈리아 왕국과 나폴레옹 3세의 프랑스 제2제국간의 1864년 9월 협정에 의해서 유발되었다. → 교황 피우스 9세

* 643 대체복무(代替服務, Ersatzdienst) → 본서 1166면 「양심적 병역거부」

6. 크리스천의 과제로서의 종교의 자유 (에른스트-볼프강 뵈켄회르데)

* 출전 Ernst-Wolfgang Böckenförde, Religionsfreiheit als Aufgabe der Christen, in: Stimmen der Zeit, 176, 1965, S. 199-213. jetzt in: ders., Religionsfreiheit. Die Kirche

in der modernen Welt, Schriften zu Staat-Gesellschaft-Kirche, Bd. 3. Freiburg im Breisgau: Herder 1990, S. 15-32.

『헌법학연구』 제9집 1호(2003. 5), 487-509면.

가톨릭교도의 입장에서 종교의 자유의 문제를 다룬 것으로 여기서 그는 사회문제에 대처하는 인간론과 자유론을 전개하고 있다.

* 647 「영주의 종교가 그 영지의 종교」(cuius regio, eius religio) → 본서 1090면

* 647 독일의 문화투쟁. 문화투쟁(Kulturkampf)이란 표현은 19세기 비스마르크(Otto Fürst von Bismarck, 1815-1898)에 의해서 수행된 억압정책을 가리키는 것으로 사용되었다. 처음에는 프로이센에서의 가톨릭교회와 그 조직, 그리고 기타 독일의 각 란트에 대해서 독일 통일이라는 그의 거대한 계획의 일환으로서 수행되었으며, 나중에는 그의 운동을 사회주의 운동에 대해서까지 도 확대하였다. C. Schmitt, Römischer Katholizismus und politische Form, 1925. (Neudruck) Stuttgart: Klett-Cotta, 1984, S. 5(김효전역, 『로마 가톨릭주의와 정치형태』, 교육과학사, 1992, 9면).

* 648 20세기 초의 프랑스의 세속주의(laïcité)적 반교회입법. 문헌 최갑수, 「공화국, 공화주의, 프랑스」와 신행선의 「공화국 학교와 라이시테」, 이용재 · 박단외 지음, 『프랑스 열정 공화국과 공화주의』, 아카넷, 2011에 수록 논문.

7. 공용수용과 사회화 (한스 페터 입센)

* 출전. Hans Peter Ipsen, Enteignung und Sozialisierung, in: Veröffentlichungen der Vereinigung der Deutschen Staatsrechtslehrer, Berlin: Walter de Gruyter, Heft 10. 1952, S. 74-123. jetzt in: ders., Über das Grundgesetz. Gesammelte Beiträge seit 1949, Tübingen: J. C. B. Mohr 1988, S. 100-149.

『독일학연구』(동아대) 제9호(1993. 12), 55-88면.

한스 페터 입센(Hans-Peter Ipsen, 1907-1998) 함부르크 출생. 함부르크대학에서 법학 수학. 국가시험 합격. 1939년 함부르크대학 정교수. 1972년 유럽법협회 명예회장, 독일 국법학자협회 명예회장, 자알란트대학 명예법학박사. 저작목록 Bibliographie Hans Peter Ipsen, in: R. Stödter und W. Thieme (Hrsg.), Hamburg-Deutschland-Europa. Beiträge zum deutschen und europäischen Verfassungs-, Verwaltungs- und Wirtschaftsrecht. Festschrift für Hans Peter Ipsen zum siebzigsten Geburtstag, Tübingen: J. C. B. Mohr 1977, S. 721-732 및 Lüneburger Symposion für H. P. Ipsen zu Feier des 80. Geburtstages. Gert Nicolaysen und Helmut Quaritsch (Hrsg.), Baden-Baden: Nomos 1988. 입센의 1977-87년의 저작목록 은 S. 97-110.

문헌 Klaus Stern, Hans Peter Ipsen (1907-1998), in: P. Häberle, M. Kilian, H. Wolff

(Hrsg.), Staatsrechtslehrer des 20. Jahrhunderts, 2015, S. 717-734; Rolf Stödter, Hans Peter Ipsen - Leben und Leistung, in: Festschrift für H. P. Ipsen, S. 1-8; Helmut Quaritsch, Hans Peter Ipsen zum Gedenken, in: Archiv des öffentlichen Rechts, Bd. 123, Heft 1. 1998, S. 1-20; Lukas Kemnitz, Legal Scholarship in Reich and Republic: Ernst Forsthoff, Theodor Maunz and Hans Peter Ipsen, ProQuest Dissertations Publishing; 김효전편, 독일의 공법학자들(4), 『동아법학』 제15호, 1993, 345-357면.

관련 문헌 Otto Depenheuer und Foroud Shirvani, Die Enteignung. Historische, vergleichende, dogmatische und politische Perspektiven auf ein Rechtsinstitut, Berlin: Springer 2018; 김문현, 재산권의 사회구속성과 공용수용의 체계에 대한 검토- 소위 '분리이론'의 한국 헌법상 수용에 대한 평가를 중심으로, 『공법연구』 제32집 4호, 2003; 민경식, 서독 기본법에 있어서의 사회화에 관한 연구, 서울대 박사논문, 1987; 정하중, 독일 Bonn 기본법상의 부대조항(Junktimklausel)의 의미와 한국헌법 제23조 제3항의 해석, 『사법행정』 1992년 9월호; 동인, 『행정법의 이론과 실제』, 법문사, 2012, 406-432면.

* 663 기본법 제14조 ① 재산권과 상속권은 보장된다. 그 내용과 한계는 법률로 정한다.
  ② 재산권은 의무를 수반한다. 그 행사는 동시에 공공복리에 봉사하여야 한다.
  ③ 공용수용은 공공복리를 위해서만 허용된다. 공용수용은 보상의 종류와 범위를 정한 법률에 의해서 또는 법률에 근거해서만 행하여진다. 보상은 공공의 이익과 관계자의 이익을 공정하게 형량하여 정해야 한다. 보상액 때문에 분쟁이 생길 경우에는 정규 법원에 제소할 길이 열려 있다.

* 663 1850년 프로이센 헌법 제9조(소유권·공용수용) 소유권은 불가침이다. 소유권은 공공복리의 이유에 근거하여 법률에 따라서 사전에 긴급한 경우에는 적어도 잠정적으로 확정할 보상에 의해서만 박탈하거나 제한할 수 있다.

* 664 배분원리(Verteilungsprinzip) 카를 슈미트는 그의 『헌법이론』(Verfassungslehre, 1928)에서 법치국가적 배분원리를 전개한다. 즉 「개인의 자유는 **원리적으로 무한정**한 것에 대해서 이 영역에 개입하는 국가의 권능은 **원리적으로 한정**된다」(S. 126, S. 164). 즉 이쪽 측에는 본원적이며 정당화를 요하지 않으며 원칙으로서 포괄적인 개인의 자유가 있지만, 저쪽 측에는 불가피하게 법에 의해서 구속·제한되며 정당화가 지시된 국가권력이 있다.

* 666 로렌츠 폰 슈타인(Lorenz von Stein) 독일의 행정학자·재정학자·사회학자. → 1056면

* 672 베르너 베버(Werner Weber, 1904-1976) 독일의 국법학자. 슈미트의 본대학 제자. 뷔르프라트(Würfrath) 출생. 1930년 베를린상과대학의 조교가 되어 슈미트의 지도를 받는다. 1935년 동 대학 정교수. 1942년 라이프치히대학으로, 전후인 1949년 괴팅겐대학으로 옮겨 이곳에서 정년퇴직. 슈미트학파의 한 사람으로 나치스시대로부터 전후에 걸쳐 활동한 공법학자. 나치스시대에는 독일법아카데미의 연구활동에도 참가. 저서 『공법상의 사단. 영조물과 재단』(1940), 『독일인의 역무와 급부의무』(1943), 『현대의 국가행정과 자치』(1953); Spannungen und Kräfte im westdeutschen Verfassungssystem, Berlin: Duncker & Humblot 3. Aufl., 1970. 저작목록 Im Dienst an Recht und Staat. Festschrift für Werner Weber zum 70. Geburtstag, Berlin:

Duncker & Humblot 1974. 문헌 P. Tommissen (Hrsg.), SCHMITTIANA, Bd. IV. S. 184; E. Schmidt-Aßmann, Werner Weber (1904-1976), in: P. Häberle, u. a. (Hrsg.), Staatsrechtslehrer des 20. Jahrhunderts, 2015, S. 671-688.

* 674 프로이센 일반 란트법(Allgemeines Landesrecht für die Preußischen Staaten). → 본서 1070면

* 675 에른스트 포르스토프(Ernst Forsthoff, 1902-1974) 루르 지방의 두이스부르크 출생. 1930년 프라이부르크 대학 강사, 1933년 프랑크푸르트 대학 원외교수. 1935년 함부르크, 1936년 쾨니히스베르크, 1941년 빈 대학 교수 등을 역임한 후 1943년 하이델베르크 대학 교수가 된 이래 이곳에서 평생을 보냈다. 카를 슈미트 학파의 대표적인 학자로 그의 행정법이론은 한국과 일본에 널리 소개되었다. 주요 저서 『행정법 교과서』(1950), 『근대 독일헌법사』(1961), 『변화 속의 법치국가』(1964) 등. 문헌 H. H. Klein, Ernst Forsthoff (1902-1974), in: P. Häberle, M. Kilian, H. Wolff (Hrsg.), Staatsrechtslehrer des 20. Jahrhunderts, 2015, S. 609-628. → 본서 1078면

* 677 프란츠 비아커(Franz Wieacker, 1908-1994) 독일의 법사학자·사법학자. 프라이부르크에서 1930년 박사학위를, 1932년 'Societas'에 관한 논문으로 24세의 젊은 나이로 교수자격을 취득. 1932년 킬대학 사강사. 1937년 라이프치히대학 조교수가 되어 패전시까지 재직. 전후 1948년 프라이부르크대학에, 1953년부터 1973년까지 괴팅겐대학 교수 역임. 나치스시대에 연구활동을 시작하여 전후 서독의 사법학, 사법사(私法史) 분야의 제1인자. 저서 『근세사법사』(1952. 2. Aufl., 1967); 『산업사회와 사법질서』(1975). 저작목록 Festschrift für Franz Wieacker zum 70. Geburtstag, 1978, S. 489-506.

* 678 독일 민법 제226조 (권리를 이용한 횡포의 금지) 권리의 행사가 타인에게 손해를 가하는 것만을 목적으로 하는 경우에는 이는 허용되지 아니한다. 양창수역, 『독일 민법전』, 박영사, 2015.

* 682 리하르트 토마(Richard Thoma) → 본서 1059면

* 686 발러슈테드(Ballerstedt) 문헌 Raisch, Nachrufe Kurt Ballerstedt, NJW 31, 5 (1978).

* 690 오토 마이어(Otto Mayer, 1846-1924)의 공소유권(公所有權). 마이어는 프랑스 실정법제도로서 존재하는 'domaine pubic'을 「공소유권」(öffentliches Eigentum)으로 번역하고 이렇게 설명한다. 즉 공법상의 제도들의 특질은 법주체 간의 불평등이란 관점에서 형성된다. 소유권이란 물에 대한 인격의 힘을 보호하고 정서하기 위해서 장비한 법적 관계들의 총괄개념이다. 그 법질서가 관계된 법주체가 평등한 관계라면 그것은 사소유이다. 그 법질서는 법적으로 불평등한 기초 위에도 실현하여야 한다. 그 경우 공권력의 주체로서의 소유권자는 사인으로서의 타자에 대립한다면 그것은 공소유권이다. 이 개념은 소유권의 속성, 행정의 사법형식성(Justizförmigkeit)과 관련하여 여러 가지 문제점을 안고 있다. O. Mayer, Deutsches Verwaltungsrecht, Bd. 2, S. 73. 문헌 塩野 宏,『オットー・マイヤー行政法學の構造』, 210면 이하. → 본서 1073면

* 691 카를 헤르만 울레(Carl Hermann Ule, 1907-1999) 독일의 행정법학자. 주데텐 출생. 프라이부르크 · 베를린 · 예나대학 수학. 1930년 예나대학 박사학위 취득. 1940년 뮌헨대학에서 교수자격 논문 통과. 1955-1972년 슈파이어 행정대학원 교수 역임. 1988년 일본 게이오대학 명예박사. 저서 Herrschaft und Führung, 1941; Verwaltungsprozeßrecht, 7. Aufl., 1978; Verwaltung und Verwaltungsgerichtsbarkeit, 1979.

* 697 슈만 플랜(Schuman-Plan) 프랑스의 정치인 로베르트 슈만(Robert Schuman, 1886-1963)이 1950년 5월 외무장관으로 재직시 석탄과 철을 위한 유럽공동체의 창설을 제안하였다. 이를 슈만 플랜 또는 유럽 석탄 철광 연합(Montanunion)이라고도 한다. 이에 따라 벨기에 · 서독 · 프랑스 · 이탈리아 · 룩셈부르크 · 네덜란드가 조약으로 초국가적인 공동체의 창설에 합의하고 1952년부터 발효하였다.

9. 방어권과 국가의 보호의무로서의 기본권 (요제프 이젠제)

* 출처. Josef Isensee, Das Grundrecht als Abwehrrecht und als staatliche Schutzpflicht, in: Josef Isensee/Paul Kirchhof (Hrsg.), Handbuch des Staatsrechts der Bundesrepublik Deutschland, Bd. V. Allgemeine Grundrechtslehren, Heidelberg: C. F. Müller, 1992. 2. Aufl., 2000, § 111, S. 143-241.
　『동아법학』 제35호(2004. 12), 161-291면.

　이젠제(Josef Isensee, 1937-)는 힐데스하임(Hildesheim)에서 출생했으며 프라이부르크 · 빈 · 뮌헨 대학에서 법학을 공부하였고, 에어랑겐 대학에서 연구 조교와 사강사를 지낸 후 1972년 Walter Leisner 밑에서 교수자격을 취득하였다. 1972-75년까지 자르브뤼켄 대학 교수를 역임하고 1975-2002년까지 본 대학 교수를 지내다가 2002년 본 대학을 정년 퇴임하였다. 저작목록은 O. Depenheuer, M. Heintzen, M. Jestaedt, P. Axer (Hrsg.), Nomos und Ethos. Hommage an Josef Isensee zum 65. Geburtstag von seinen Schülern, Duncker & Humblot, Berlin 2002, S. 541-569. 문헌 P. Kirchhof, Glückwunsch. Josef Isensee zum Achtzigsten, in: JZ 2017, S. 624-625; 김효전편, 독일의 공법학자들(4), 『동아법학』 제15호, 1993, 369-388면; 김효전 편역, 『독일 기본권이론의 이해』(법문사, 2004).

* 719 복수(Fehde) 또는 사투(私鬪). 중세 유럽에서 자유인 간에, 특히 봉건 귀족이나 도시와 도시 간에 벌였던 합법적인 사전(私戰). 당시 모든 자유인에게 침해받은 권리를 실력으로써 회복할 권리를 인정하고 있었는데, 그 결과로 나타난 실력행사가 「페데」이다.

* 730 주 113 요셉 이슨재, 허영 요약, 법률유보조항이 없는 기본권의 한계, 『한독법학』 제5호(1985), 72-75면; 박수혁역, 법률유보조항이 없는 기본권, 『고시계』 1984년 12월호, 189-196면.

* 740 쉴라이어 결정. 인간의 존엄과 국가의 보호의무에 관한 1977년 10월 16일의 연방헌법재판소

의 결정. [**사실**] 쉴라이어(Schleier)씨 유괴 및 처형예고 사건에 관련하여 쉴라이어씨와 대리인(아들)이 연방정부와 관련 주정부를 상대로 하여 유괴범의 요구의 승낙을 의무지우는 가처분을 구한 사안이다. [**결정 요지**] 기본법 제1조 1항 2문과 결부된 제2조 2항 1문은 모든 인간의 생명을 보호할 것을 국가에게 의무지우고 있다. 이 의무는 포괄적이다. 그것은 이 생명을 보호하고 촉진할 것을 국가에게 명한다. 특히 생명에 대한 타자로부터의 위법한 침해로부터 옹호해야할 것을 명한다 (BVerfGE 39, 1[42]). … 국가기관이 생명의 효과적인 보호의무를 어떻게 수행할 것인가는 원칙적으로 각각의 고유한 책임으로 결정되어야 할 것이다. 실효적인 생명보호를 보장하기 위해서 어떠한 보호조치가 목적에 적합하며 요구되는가에 대해서는 각각의 국가기관이 판정한다(BVerfGE 39, 1 [44]). 다른 방법으로는 실효적인 생명보호가 달성될 수 없는 경우에는 생명보호의 수단에서의 선택의 자유는 특별한 사정의 경우에 특정한 수단의 선택으로 수축될 수 있다. 그러나 신청인의 주장에도 불구하고 본건은 이러한 경우는 아니다. 문헌 황치연역, 쉬라이어 가처분 판결, 『독일연방헌법재판소판례번역집』, 헌법재판소, 2004, 88-92면.

* **741 뮐하임-캐를리히**(Mülheim-Kärlich) 결정(BVerfGE 53, 30. Beschluß v. 20. 12. 1979). [**사실**] 뮐하임-캐를리히에 원자력발전소를 건설하는 허가절차가 문제로 되었다. 관할권을 가진 란트의 부는 소정의 절차를 거친 후 부분허가를 내주었다. 그러나 이 부분허가는 건설시설에 관한 것이며 운전허가와는 구별된다. 또 시설건설도 허가관청이 기술감독협회의 감정의견과 서면에 의한 특별 해제를 한 후 비로소 시작된다.

본건에서 문제가 된 해제결정은 부분허가에서 명한 건축방식과 다른 건축설계를 포함하고 있었다. 거기에 원자력발전소 건설지에서 약 7 km 떨어진 곳에 사는 헌법소원 신청인은 위 설계변경은 원자력법 소정의 공시·열람·청문 등을 다시 해야 할「중대한 변경」에 해당된다고 하여 해제결정에 대한 취소소송을 제기했다. 이에 대해 1심은 해제결정의 집행정지를 인정했으나, 제2심은 제3자 보호기능을 가지는 것은 실체법상의 기능이며 원자력법상의 허가절차 소정의 제3자 참가규정은 그러한 규정이 아니라고 하여 청구를 배척했다. 신청인은 위 2심결정은 생명과 신체가 침해되지 않을 것을 보장한 기본법 제2조 2항 그리고 제19조 4항을 침해한다고 헌법소원을 제기하였다.

[**결정 요지**] 국가의 기본권보호의무와 공동책임에 더하여 실체적 기본권과 절차법에 관한 이해가 중요한 역할을 한다. 기본권보호는 광범위하게 걸쳐 절차의 형식으로도 가져올 수 있는 것, 그리고 기본권은 모든 실체법뿐만 아니라 실효적 기본권보호에 대해서도 절차법이 중요한 한, 거기에도 영향을 미친다는 것이 연방헌법재판소의 확립된 판례이다. 이것은 기본법 제2조 2항에도 타당하다. 따라서 이에 근거한 기본권은 그 우선적인 과제가 원자력 에너지의 위험으로부터의 생명과 건강의 보호에 있는, 원자력발전소 허가 시에 행정절차와 재판절차에 관한 규정들의 적용에도 영향을 미친다. 그러나 이것은 원자력법상의 대량절차(Massenverfahren)에서의 모든 절차하자가 기본권침해로 판단될 수 있다는 것을 의미하지는 않는다. 기본권침해는, 국가가 기본법 제2조 2항에 열거된 법익을 보호한다는 의무의 이행에 있어서 제정한 절차규정을 허가관청이 무시한 경우에만 문제로 된다. 그러나 위에서 고찰한 의미에서의 헌법상의 중요성이 어떠한 원자력법상의 절차규정에 귀속하는가를 확정적으로 심사할 필요는 없다. 오히려 허가절차에의 제3자 참가 규정은 헌법상 중요성을 가지는 규정이기 때문에 신청인은 건축허가의 변경을 다툴 수 있다. 그러나 이것이 소원신청인을 위해서 가정되었다고 하더라도, 그것은 행정재판소법 소정의 절차문제가 된 결정의 취소를 가져오는 것은 아니다. 본건 해제결정에 의한 건축방법의 변경이

부분허가에서 일탈하는「중대한 변경」에 해당된다면, 그것은 헌법소원신청인의 기본권을 침해한
다는 것이 되는데, 이 점에 대한 최종적 심사는 행정재판소법에 근거한 절차에 의해서 규정된
약식심사에 의해서가 아니라 본안 절차에서 될 수 있기 때문이다.

　이 결정에는 지몬과 호이스너 두 재판관의 반대의견이 있다. 문헌 栗城壽夫他編,『ドイツの憲法判
例』(第2版), 信山社, 2003, 73-77면; I. Richter/G. F. Schuppert/C. Bumke, Casebook
Verfassungsrecht, 4. Aufl., 2004(방승주역,『독일헌법판례해설(제4판)』, 헌법재판소, 2004);
전정환역,『독일 헌법 판례(상) 제2판』, 2008.

* 772 독일 민법(BGB) 조항의 번역은 양창수역,『독일 민법전』, 박영사, 2015 참조.
　제823조(손해배상의무) ① 고의 또는 과실로 타인의 생명, 신체, 건강, 자유, 소유권 또는
기타의 권리를 위법하게 침해한 사람은, 그 타인에 대하여 이로 인하여 발생하는 손해를
배상할 의무를 진다.

　② 타인의 보호를 목적으로 하는 법률에 위반한 사람도 동일한 의무를 진다. 그 법률에
과책 없이도 그에 위반하는 것이 가능한 것으로 정해진 때에는, 과책있는 경우에만 배상의무가
발생한다.

　제858조(금지된 사력[私力]) ① 점유자의 의사에 의하지 아니하고 그의 점유를 침탈하거나
방해하는 사람은, 법률이 침탈 또는 방해를 허용하지 아니하는 한, 위법하게 행위하는 것이다.
이하 생략.

　제906조(불가량물[不可量物]의 유입), 제907조(위험한 시설) 등.

　제1004조(방해배제청구권 및 부작위청구권) ① 소유권이 점유침탈 또는 점유억류 이외의 방법
으로 방해받은 때에는 소유자는 방해자에 대하여 그 방해의 배제를 청구할 수 있다. 앞으로도
방해받을 우려가 있는 때에는 소유자는 부작위를 소구할 수 있다.

　② 소유자가 수인(受忍)의 의무를 지는 경우에는 제1항의 청구권은 배제된다.

　제134조(법률상 금지) 법률의 금지에 위반하는 법률행위는, 그 법률로부터 달리 해석되지
아니하는 한, 무효이다.

　제138조(양속위반의 법률행위; 폭리) ① 선량한 풍속에 반하는 법률행위는 무효이다.

　② 특히 타인의 궁박, 무경험, 판단능력의 결여 또는 현저한 의지박약을 이용하여 어떠한 급부나
대가로 자신에게 또는 제3자에게 그 급부와 현저히 불균형한 재산적 이익을 약속하게 하거나
공여하게 하는 법률행위는 무효이다.

　민사소송법(ZPO) 제888조(대리할 수 없는 행위) ② 강제수단의 협박은 행하지 아니한다.

V. 비교헌법론

1. 비교헌법론 서설 (카를 뢰벤슈타인)

* 출전. Karl Loewenstein, Constitutions and Constitutional Law in the West and in the
East, in: The Indian Journal of Political Science, Vol. XXX, No. 3 (1969), pp. 203-248.
　『비교헌법론』, 교육과학사, 1991, 7-120면에 수록.

　이 논문은 서구와 동구권의 헌법과 정치제도를 비교한 것으로 뢰벤슈타인 만년의 작품이다. 역자는 1975/76년 성균관대학교와 단국대학교에서 이 논문을 원서강독 교재로서 사용한 일이 있으며, 그 당시 이미 번역을 모두 끝내었다. 그 동안 정치와 학문 모두가 암담하였던 어둡고 긴 터널을 빠져 나와 이제 새삼스레 사회주의 헌법에 관한 부분을 펼쳐보니 뢰벤슈타인의 서술도 진부할 뿐만 아니라 현실은 너무나도 크게 바뀌었다. 그러나 그의 방법론이나 이론이 한국 헌법에 미친 영향 등을 고려할 때 아직도 일독할 가치는 있다고 본다. 역자와 함께 정성을 다하여 번역하고 토론하던 당시의 두 대학 수강생들의 고마움을 잊을 수가 없다.

　카를 뢰벤슈타인(Karl Loewenstein, 1891-1973)은 비교 헌법학과 비교 정치기구론의 권위자로서 한국과 일본을 비롯하여 라틴 아메리카에까지 널리 알려져 있다. 그는 뮌헨에서 유대계 독일인으로 출생하여 뮌헨대학에서 법학을 공부한 후 바이마르 시대에는 법률 실무가로서 활약하였으며, 또한 대학에서는 공법학과 정치학을 강의하였다. 1933년 히틀러가 정권을 장악하자 미국으로 이민 가서 예일대학과 앰허스트대학에서 정치학을 강의하였다. 그동안 캘리포니아 · 하버드 · 매사추세츠 · 뮌헨 · 교토(京都)대학 교수로서 강의를 하였으며, 만년에는 앰허스트와 뮌헨 두 대학의 명예교수로 지내다가 뮌헨에서 교통사고로 작고하였다.

　한국에서는 일찍부터 카를 뢰벤슈타인의 저작이 소개되었으며, 5. 16 군사 쿠데타 이후 민정으로 이양하기 위하여 새 헌법을 제정하는 과정에서 그를 초빙하려고 하였으나 거절하였다는 소문이 있다(이석제, 제3공화국개헌, 『중앙일보』1980. 6. 9 및 윤길중 외, 개헌비사, 『동아법학』제72호, 2016, 337면). 특히 1960년대에는 헌법 교과서마다 거의 경쟁적으로 기술하였으며, 심지어는 사법시험 문제에까지 영향을 미쳤다. 그의 헌법 책은 한 세대가 지난 오늘날에도 여전히 헌법학의 성서라도 되는 듯이 수많은 한국의 헌법학자들이 즐겨 인용한다.

　역자 개인적으로도 그의 동태적인 연구방법에 매력을 느껴 석사학위 논문을 쓰기도 하고 그의 기본 저작들을 정독하고 번역도 해보았다. 사실 이 책(『비교헌법론』)도 역자가 오래 전부터 뢰벤슈타인에 대해서 관심을 가져온 결과의 한 산물임에는 틀림없지만 그 번역과 연구는 이미 70년대에 끝난 상태에 있었다. 그 후 역자의 관심 방향은 위헌법률심사제도와 헌법판례, 독일 헌법학의 흐름, 카를 슈미트 연구, 한국 헌법사와 외국 헌법의 계수 문제 등으로 점차 바뀌었다. 그러나 더 중요한 사실은 뢰벤슈타인의 이론은 국가 없는 국가학 또는 비관주의 헌법이론으로 일관하고 있다는 점이다. 따라서 이제 그의 헌법이론이 전후의 혼란과 동서 분단시대의 시대상을 반영하고 그 숙명적인 한계를 드러낸 이상, 우리는 뢰벤슈타인과 결별하지 않을 수 없는 것이다.

　관련 문헌 김철수 · 정재황 · 김대환 · 이효원, 『세계비교헌법』, 박영사, 2014; 국회도서관, 『세계의 헌법. 35개국 헌법 전문 I, II』, 2013; 김철수, 『기본적 인권의 본질과 체계』, 대한민국학술원, 2017; 김효전역, 『비교헌법론』(교육과학사, 1991); Robert Chr. van Ooyen (Hrsg.), Verfassungsrealismus: Das Staatsverständnis von Karl Loewenstein, Baden-Baden: Nomos 2007; Markus Lang, Karl Loewenstein. Transatlantischer Denker der Politik, Stuttgart: Franz Steiner Verlag 2007; O. Lepsius, Karl Loewenstein (1891-1973), in: P. Häberle, u. a. (Hrsg.), Staatsrechtslehrer des 20. Jahrhunderts, 2015, S. 411-438.

* 원래 이 논문에는 아무런 주도 없으나 독자의 편의를 위하여 역자가 간단한 해설과 관련 조문을 붙인 것이다.

* 806 뢰벤슈타인은 권력보유자(power-holder; Machtträger)를 두 가지로 나눈다. 즉 정치권력

을 헌법의 수권에 의해서 장악·행사하는 공식적인 국가기관과, 비공식적이며 외부에 나타나지 아니하는 권력보유자가 그것이다. 그는 국가사회의 역사적 발전에 따라서 정부·의회·권력복종자 자신(선거인), 그리고 법원의 네 가지를 든다. K. Loewenstein, Political Power and the Governmental Process, 1957. 2nd ed. 1965, pp. 14-115; ders., Verfassungslehre, 1959. 4. Aufl., 2000, S. 14 f.; 김기범역, 『현대 헌법론』, 교문사, 1973, 27-28면 (새 번역『동아법학』 제74호, 2017, 195-511면 및 제75호, 311-463면).

저자의 용어 'Power-holder'는 권력담당자, 권력담하자 또는 권력소유층 등 여러 가지로 번역하나, 여기서는 「권력보유자」라고 통일한다.

* 806 권력복종자(power-addressees; Machtadressaten)란 권력수취인·권력수범자 또는 권력대상인 등으로도 번역하나 피치자 일반을 가리킨다. K. Loewenstein, op. cit., p. 6; S. 6; 역서, 19면.

* 806 저자는 권력통제의 기술로서 「기관 내 통제」와 「기관 간 통제」의 두 가지로 나눈다. 이두 가지 통제를 합하여 「수평적 통제」(horizontal control)라는 범주를 형성한다. 기관 간 통제의 유형으로는 의회와 정부 간의 통제, 법원의 정부와 의회에 대한 통제, 정부와 의회에 대한 선거민의 통제가 있다. 「수직적 통제」(vertical control)란 헌법상 설치된 권력담당자 전체와 지역적 또는 다원적 세력들 사이에 작용하는 통제를 말한다. 여기에는 연방제·개인권과 기본권보장, 그리고 다원적 구조의 세 가지 영역이 상호작용을 한다. K. Loewenstein, op. cit., p. 164-165; a. a. O. S. 167, 296; 역서, 180면, 298면.

* 806 아리스토텔레스의 「폴리테이아」개념은 공동체의 전체 사회구조를 포함하는 개념이었으며, 단순히 그 법적 한계만을 포함하는 것은 아니었다(앞의 역서, 140면). 또 그는 『정치학』속에서 헌법을 「어떤 의미에서 도시(국가)의 생명」이라고 하였다. Aristotle, Politics, Ⅵ, Ch. Ⅺ(이병길·최옥수 공역, 『정치학』, 박영문고, 1975년); C. H. McIlwain, Constitutionalism. Ancient and Modern, 1947 (김준환역, 『헌법과 정치-입헌이론의 사적 전개』, 법문사, 1962, 44면).

* 807 「시민국가」(키비타스)란 도시국가라고도 하며, 여러 권리의 소유자로서 국가, 즉 전체 시민을 의미한다. 김준환역, 앞의 책, 72면.

* 807 원수제는 원수 정치라고도 하며 로마 초기에 공화국의 형식을 가장한 절대군주제를 말한다. 김준환역, 84면.

* 807 아우구스투스에 관하여는 K. Loewenstein, Die konstitutionelle Monokratie des Augustus, in: ders., Beiträge zur Staatssoziologie, Mohr, Tübingen 1961, S. 3-33.

* 807 전주제(Dominate, Dominatus)란 로마 제정 말기의 정치체제로서 아우구스투스에서 비롯되는 제정 초기의 원수제(Principate)와 대비된다.

* 807 리바이어던은 성서(욥기 41 : 1)에 나오는 괴물로서 토머스 홉스는 국가를 이 괴물에

비유하여 자신의 국가론의 제목으로 사용하였다. Thomas Hobbes, Leviathan, 1651. 진석용 옮김, 『리바이어던』(1)(2), 나남, 2008. 홉스에 관하여는 DNB, Vol. IX. p. 931-939; A. P. Martinich, A Hobbes Dictionary, 1995.

* **808** 상세한 것은 K. Loewenstein, Der britische Parlamentarismus, 1964(하재구역, 영국 의회정치, 『국회보』 제82-86호, 1968); Zur Gegenwartslage des britischen Parlament-arismus, 1967.

* **808** 장기의회(Long Parliament) 1640년 11월에 소집되어 내전을 거쳐 1653년에 호국경 정부가 수립되면서 해산되었다가 1660년 왕정복고 직전 부활했으므로 장기간 지속되었다는 의미에서 이렇게 부른다. 1640년 3주 만에 해산된 단기의회와 구별하여 이름이 붙여졌으며, 청교도혁명의 중심무대였다. 뢰벤슈타인은 회의정체의 고전적 형태의 하나로 본다. 문헌 Thomas Hobbes, Behemoth or the Long Parliament, with a new Introduction by Stephen Holmes, Chicago: University of Chicago Press, 1990; Horst Bredekamp, Der Behemoth. Metamorphosen des Anti-Leviathan, Berlin: Duncker & Humblot 2016; 오만규, 『청교도 혁명과 종교자유』, 한국신학연구소, 1999; 홍치모, 『스코틀랜드 종교개혁과 영국 혁명』, 총신대학 출판부, 1991.

* **808** 인민협약(Agreement of People)의 원문과 번역은 G. 옐리네크-E. 부뜨미, 김효전역, 『인권선언 논쟁』, 법문사, 1991, 113-121면.

* **808** Instrument of Government는 정체서 또는 통치전범이라고 번역하며, 1653년-1660년까지 영국에서 7년간 공화정이 실시되었을 때의 통치의 기본원리로서 현대의 성문 헌법과 같은 특질을 가지고 있었다.

* **808** 상세한 것은 『인권선언 논쟁』 참조.

* **809** 시에예스(Emmanuel Joseph Sieyès) → 본서 1065면

* **809** 방자맹 콩스탕(Benjamin Constant) → 본서 1070면

* **809** 루아이에 콜라르(Pierre Paul Royer-Collard, 1763-1845) 프랑스의 철학자이며 정치가. 프랑스 혁명이 발발하자 파리의 코뮌 서기가 되고 입헌 군주제의 입장을 취하였다. 왕정복고 후 철학적 자유주의에 의해서 부르주아지를 대표하고, 기조와 함께 이론파를 지도하였다. → 본서 1057면

* **809** 기조(Francois Pierre Guillaume Guizot) → 본서 1057면

* **809** K. Loewenstein, Verfassungslehre, 4. Aufl., 2000, S. 445-454.

* **809** 상세한 것은 K. Loewenstein, Zur Soziologie der parlamentarischen Repräsentation in

England vor der ersten Reformbill, in: ders., Beiträge, S. 34, S. 64 참조.

* 810 성문 헌법은 입헌주의 또는 입헌 민주주의 헌법의 필수요소가 아니라는 점은 외어도 지적한다. K. C. Wheare, Modern Constitutions, 1952 (배재식 · 노융희 공역,『현대헌법론』, 박영사, 1958).

* 810 K. Loewenstein, op. cit., p. 123; S. 127; 역서, 140면 그리고 McIlwain, op. cit., p.23 ff. 역서, 38면 이하.

* 810 헌법이란 말이 동양의 문헌에 처음 나타난 것은 중국 춘추시대의 역사서「國語」제9권 晉書篇「賞善罰姦, 國之憲法也」이다. 같은 시대의 管子의 七法篇, 淮南子의 俏務訓便에도 같은 사용법을 볼 수 있다. 阿部照哉外,『憲法講義』, 3면; 구병삭,『헌법학 Ⅰ』, 박영사, 1981, 3면.

* 810 스웨덴 헌법에 관하여는 국회도서관,『세계의 헌법 I. 35개국 헌법 전문』, 2010, 555-626면; 법제처,『북구 제국의 정치제도』, 1970.

* 810 스페인은 프랑코(Francisco Franco, 1892-1975) 장군의 사후에 1978년 새 헌법이 제정되었다. 조문은 국회도서관,『세계의 헌법 I』, 677-718면; 법제처,『현행 각국 헌법전』(법제자료 부록), 1980; 국제문제조사연구소,『각국 헌법자료집』, 1980; 헌정제도연구위원회,『세계 각국 헌법전(Ⅱ)』, 1986, 87-122면 등. Ordenamiento Constitucional, Madrid: Editex 1989, p. 274-286.

* 811 스위스 연방헌법
　제25조의 2 동물을 사전에 마취시키지 아니하고 도살하는 행위는 금지된다. 이 금지 규정은 모든 방법의 도살행위와 모든 종류의 동물에게 적용한다.
　제24조의 5 ① 원자력에 관한 사항은 연방 법률로 정한다.
　② 연방은 이온화광선(ionising rays)으로 인한 위험을 방지하기 위한 사항을 규칙으로 제정하여 야한다.
　제26조의 2 액체 연료 또는 기체 연료의 송유관에 관한 사항은 연방 법률로 정한다.
　헌법 전문은 헌정제도연구위원회,『세계 각국 헌법전(Ⅱ)』, 1986, 53-83면 참조.
　스위스는 1999년 전면적인 헌법개정을 하였다. 전문은 국회도서관,『세계의 헌법 I』, 2010, 633-675면; 안성호,『스위스연방 민주주의 연구』, 대영문화사, 2001, 402-439면.

* 811 영미에서는 civil liberty 또는 bill of rights라고 하며, 프랑스에서는 Libertés publiques, 독일에서는 Grundrechte, 한국에서는 기본적 인권 또는 기본권이라고 표현한다.

* 812 K. Loewenstien, op. cit., p. 126 f.; S. 131; 143-144면.

* 812 1958년 드골 헌법의 전문은 김충희 옮김, 프랑스 역대 헌법전,『동아법학』제70호, 2016, 530-561면; 성낙인,『프랑스 헌법학』, 법문사, 1995.

* **813** 헌법을 연성헌법과 경성헌법으로 구별하는 것은 브라이스에서 비롯한다. James Bryce, Studies in History and Jurisprudence 1, 1901.

* **813** 카를로 알베르토법(Statuto of Carlo Alberto, 1848). 사르디니아 국왕 카를로 알베르토의 흠정헌법. 정식 헌법으로서의 명칭은 없으며 형식적으로는 칙령의 하나이다. 그러나 이 헌법 전문 중에 "Stato fondamentale"라는 표현이 있어서 정식으로는 Statuto fondamentale 1848 (1848년의 기본법)으로 인용하며, 일반적으로 Statuto alberto (알베르토 헌법)으로 통용한다. 문헌 Sofo Borghese, Nozioni di Diritto Constituzionale, 1965 (岡部史郞譯, 『イタリア憲法入門』, 有斐閣, 1969), 176-184면.

* **814** 존재론적인 분류는 K. Loewenstein, op. cit., p. 147-153 (역서, 163-170면).

* **816** 카를 슈미트는 헌법제정권력의 이념적 기원으로서 로마서 13: 1을 인용한다. 「모든 권세는 하나님께로부터 온 것이며, 이미 있는 권세들도 하나님께서 세워주신 것입니다」. C. Schmitt, Verfassungslehre, 1928. 10. Aufl., 2010, S. 77.

* **816** 비시(Vichy) 정권. 1939년 9월 프랑스는 독일에 대해서 선전포고를 하였으나 다음해 1940년 6월에 항복하고 독불휴전협정을 체결했다. 독일군의 파리 입성 직전에 파리에서 드루로 옮긴 정부는 다시 보르도에 이어 비점령지역인 비시로 이전하였다. 7월에는 비시에서 양원합동 국민의회가 열리고 여기서 제3공화국헌법의 효력을 정지시키고 전권을 필리프 페탱 원수(maréchal Phillippe Pétain)에게 일임하였다. 이리하여 페탱 원수가 이끄는 비시 정권이 성립하고, 이 정권은 1944년 8월까지 대독협조정책을 실시하였다. 비시 정권은 나치 독일의 괴뢰정권이었기 때문에 1946년의 헌법제정에서 모두 제외시켰다.

* **816** 예컨대 한국의 정치활동정화법(1963)도 이러한 유형에 속한다.

* **818** 미셸 드브레(Michel Debré, 1912-1996) 프랑스의 법률가·정치인. 정치학교(Ecole libre des sciences politiques) 졸업 후 파리대학에서 법학박사학위 취득. 파리대 법학교수. 1934년 콩세이유데타 구성원. 제2차 대전 참전. 1943년 드골(Charles de Gaulle)로부터 해방 후 비시 (Vichy) 정권을 대체할 국가대표자 명부를 작성할 과제가 부여됨. 드골에 의해서 제5 공화국 헌법의 기초를 의뢰 받고 대폭적인 헌법개정. 법무장관 역임. 저서 Livre blanc sur la defense nationale, 1972-73. 문헌 P. Arabeyre et al. (dir.), Dictionnaire historique des juristes française XII^ee-XXe siècle, 2e éd., 2015, pp. 310-312.

* **819** 다이시(Albert Venn Dicey, 1835-1922) 영국 옥스퍼드대학 교수(1882-1909). 저서 『헌법학입문』(Introduction to the Study of the Law of the Constitution, 1885; 안경환·김종철 공역, 경세원, 1993)은 영국 헌법의 전통적 이론에 고전적 형태를 부여하였다. 여기서 국회주권과 법의 지배(rule of law)가 영국 공법의 2대원리라고 설명하고, 처음으로 헌법과 (내각제도에 입각한) 헌법관례(convention)의 구별을 명백히 하였다. 또 영국법에 행정법은 없다고 하여 행정에

대한 특별한 법의 적용을 부인하였으나 나중에 제8판(1915)부터 행정법에 대한 태도를 수정했다. 문헌 Dictionary of National Biography, p. 259-261; 김종철, 영국 공법학과 알버트 다이시, 한국행정판례연구회편, 『공법학의 형성과 개척자』, 박영사, 2007, 49-81면.

* 819 젠닝스(William Ivor Jennings, 1903-1965) 저서 『법과 헌법』(The Law and the Constitution, 1933; 박일경역, 민협출판사, 1961)에서 다이시의 이론을 비판했다. 그는 사회주의적인 입장에서 다이시의 극단적인 행정부에 대한 불신에 반대하고, 오히려 어느 정도의 행정권의 강화를 인정해야 한다고 하면서 행정재판소의 설치를 주장했다. 저서 Cabinet Government, 1936; Parliament, 1939 등. 문헌 DNB 1961-1970, p. 584.

* 820 라반트(Paul Laband, 1838-1918) 게르버(C. F. v. Gerber)와 함께 독일 국법실증주의의 대표자. 그는 법사학과 사법학에서 출발하여 법학적 방법을 국법학에 적용했다. → 본서 1068면

* 820 독일 연방공화국 기본법
　제21조 ① 정당은 국민의 정치적 의사형성에 협력하며 그 설립은 자유이다. 정당의 내부조직은 민주적 원칙들에 적합하여야 한다. 정당은 그 자금의 출처에 대해서는 공개적인 설명을 하여야 한다.
　② 정당의 목적이나 당원의 행동이 자유민주적 기본질서를 침해 또는 폐지하거나 독일 연방공화국의 존립을 위태롭게 하는 것은 위헌이다. 위헌문제에 관하여는 연방헌법재판소가 이를 결정한다.
　③ 상세한 것은 연방 법률로 정한다.
　이탈리아 공화국 헌법
　제49조 모든 시민은 민주적인 방법에 따라 국가의 정책결정에 참여하기 위하여 자유롭게 결합하여 정당을 조직할 권리를 가진다.

* 821 프랑스 제5공화국 헌법(1958년)
　제20조 ③ 정부는 제4조 및 제50조에 정한 요건과 절차에 따라서 국회에 대하여 책임을 진다.
　제49조 ① 수상은 각의의 심의를 거친 후 국민의회에 대하여 행정부의 정강 또는 경우에 따라서는 일반 정책의 설명에 관하여 정부의 책임을 명확히 한다.
　② 국민의회는 불신임의 동의를 가결함으로써 행정부의 책임을 추궁한다. 이러한 동의는 국민의회 의원의 10분의 1 이상이 서명한 경우가 아니면 이를 수리할 수 없다. 그 표결은 동의안 제출 후 48시간이 경과한 후에야만 할 수 있다. 불신임의 동의에 대한 찬성투표만을 계산하는 불신임안건은 국민의회를 구성하는 의원의 절대다수에 의해서만 채택될 수 있다. 만일, 불신임동의안이 부결되는 경우, 그 서명자는 다음 항에 정하는 경우를 제외하고는 동일한 회기 내에 새로운 불신임동의안을 제출할 수 없다.
　③ 수상은 각의의 심의를 거친 후 국민의회에 대하여 하나의 정문의 표결에 관하여 행정부의 책임을 명확히 할 수 있다. 이 경우에는 동 정문은 불신임동의가 동 정문의 제출 후 24시간 이내에 제출되고, 전항에 정하는 조건들에 가결되는 경우를 제외하고는 채택된 것으로 인정한다.
　④ 수상은 상원에 대하여 일반정책의 선언의 승인을 요구할 권한을 가진다.
　제50조 국민의회가 불신임동의를 채택한 경우 또는 국민의회가 정부의 정강이나 일반정책의 선언을 부인한 경우에는 수상은 공화국대통령에게 내각의 사표를 제출하여야 한다.

1958년의 프랑스 헌법은 2008년 전면 개정되었다. 문헌은 정재황·한동훈, 『2008년 프랑스 헌법개정에 관한 연구』, 한국법제연구원, 2008; 김충희 옮김, 프랑스 역대 헌법전(2), 『동아법학』 제70호, 2016, 562-596면.

* **821** B. 미르킨-게체비치(Boris Mirkhine-Guetzévitch, 1892-1955) 러시아 키에프 출생. 페트로그라트에서 배우고 1917년에는 이 대학의 교수자격자가 된다. 러시아혁명 후인 1920년 파리로 이주하여 프랑스에 귀화한다. 파리대학 국제문제 고등연구소의 교수가 된다. 제2차 대전이 발발하자 미국으로 망명, 뉴욕의 New School for Social Research의 교수, 프랑스 해방 후에는 뉴욕에 체류하면서 파리대학 비교법연구소 공법 부문의 주임교수를 맡기도 했다. 저서 『국제헌법』(Droit Constitutionnel International, 1933); 『유럽의 헌법들』(Les Constitutions Européennes, 2 vols., Paris 1951). 문헌 S. Pinon, Boris Mirkine-Guetzévitch et la diffusion du droit constitutionnel, in: RDP N° 2014. → 본서 1058면

* **821** 프랑스 공화국 헌법(1946년)
제49조 ② 신임문제에 관한 표결은 국민의회에 제출된 후 24시간[1954년 개정 전에는 「만 1일」이었다]을 경과하여야 한다. 표결은 공개투표에 의한다.
제50조 ② 불신임동의의 표결은 신임문제에 대한 투표와 동일한 조건과 동일한 형식으로 한다[1954년의 개정 전에는 「불신임동의의 표결은 그것이 국민의회에 제출된 후 만 1일을 경과하여야 한다」고 되어 있었다].
프랑스 제4공화국 헌법 전문은 김충희 옮김, 프랑스 역대 헌법전 (2 완), 『동아법학』 제70호, 2016, 509-529면; 국회도서관 법제자료실, 『불란서 헌법사』〈외국의 법제자료 제5집〉, 1973, 191-212면. 이 책은 Jacques Godechot, Les Constitutions de la France depuis 1789, Paris: Garnier Flammarion 1970을 번역한 것이다.

* **821** 프랑스 공화국 헌법(1946년)
제45조 ③ 표결은 공개투표 및 단순다수에 의한다[1954년의 개정에는 「수상과 각료는 수상의 지명을 받은 자가 공개투표 및 의원의 절대다수에 의한 국민의회의 신임투표를 얻기까지 임명될 수 없다. 다만, 불가항력으로 인하여 국민의회가 개회하지 못하는 경우에는 그러하지 아니하다」고 되어 있었다].

* **821** 독일 연방공화국 기본법
제67조 ① 연방의회는 그 의원의 과반수로써 연방수상의 후임자를 선거하며 연방대통령에게 연방수상의 해임을 건의하는 방법으로서만 연방수상에 대한 불신임을 표명할 수 있다. 연방대통령은 이 건의에 따라야 하며 선출된 자를 임명하여야 한다.
② 동의와 선거 간에는 48시간이 있어야 한다.

* **821** 「위헌의 헌법」. 예컨대 O. Bachof, Verfassungswidrige Verfassungsnormen, Tübingen, 1951 참조. 오토 바코프(Otto Bachof, 1914-2006) 뮌헨·제네바·베를린·쾨니히스베르크대학 수학. 1938년 마운츠(Th. Maunz, 1901-1994)의 지도로 박사학위 취득. 1951년 발터 옐리네크의 지도로 교수자격논문 작성. 1952-1955년 에어랑겐대학 교수. 1955-1979년 튀빙겐대학 교수,

1959-1961 총장 역임. 1979년 정년퇴직. 저서 Verwaltungsrecht (H. J. Wolff와 공저, 3권).
저작목록은 FS für Otto Bachof zum 70. Geburtstag am März 1984, S. 381-390. 서평은 허경,
『공법연구』제12집, 1984, 199-208면. 문헌 D. H. Scheuing, Otto Bachof (1914-2006),
in: P. Häberle, M. Kilian, H. Wolff (Hrsg.), Staatsrechtslehrer des 20. Jahrhunderts, 2015,
S. 847-866; Hans Heinrich Rupp, Zum Tod von Otto Bachof (1914 bis 2006), in Archiv
des öffentlichen Rechts, Bd. 172, Heft 1 (2007), S. 114-116; ders., in: Juristen Zeitung,
Bd. 61, Heft 5 (2006); Gunter Kisker, Otto Bachof zum 80. Geburtstag, in: NJW 1994, 10.
S. 639-640; 김효전, 독일의 공법학자들(2), 『동아법학』제13호, 1992, 344-346면.

* 821 미합중국 헌법

수정 제1조 합중국 의회는 종교를 수립하거나 종교의 자유로운 행사를 금지하거나, 언론출판의
자유를 제한하거나, 또 평온하게 집회하고 고통의 구제를 위하여 정부에 청원하는 국민의 권리를
침해하는 법률을 제정할 수 없다.

* 821 미합중국 헌법

수정 제5조 누구든지 대배심에 의한 고발 또는 기소가 있지 아니하면 사형에 해당하는 벌
또는 기타의 파렴치죄에 관하여 심리를 받지 아니한다. 다만, 육·해군에서 또는 전시·사변시에
복역 중인 의용군에서 발생한 사건에 관하여는 예외로 한다. 누구든지 동일한 범죄에 대하여
거듭 생명이나 신체에 대한 위협을 받지 아니하며, 어떠한 형사사건에 있어서도 자기에게 불리한
진술을 강요받지 아니한다. 누구든지 적법절차에 의하지 아니하고는 생명·자유 또는 재산을
박탈당하지 아니하며, 또 정당한 보상 없이 사유재산을 공공의 목적을 위하여 수용당하지 아니한다.

* 821 미합중국 헌법

수정 제14조(1868년 확정) ① 합중국에서 출생하거나 귀화하여 합중국의 지배권에 복종하는
모든 사람은 합중국과 그 거주하는 주의 시민이다. 어떠한 주도 합중국 시민의 특권과 면제를
박탈하는 법률을 제정하거나 강행할 수 없다. 어떠한 주도 적법절차에 의하지 아니하고는 어떠한
사람으로부터도 생명·자유 또는 재산을 박탈할 수 없으며, 그 지배권 내에 있는 어떠한 사람에
대해서도 법률에 의한 평등한 보호를 거부할 수 없다.

* 821 독일 연방공화국 기본법

제1조 ① 인간의 존엄은 불가침이다. 이를 존중하고 보호하는 것은 모든 국가권력의 의무이다.
② 그러므로 독일 국민은 침해할 수 없고 또한 양도할 수도 없는 인권을 세계의 모든 공동사회의
기초로서, 그리고 평화와 정의의 기초로서 인정한다.
③ 이하의 기본법은 직접 유효한 법으로서 입법·행정·사법을 구속한다. [본항은 1965년의
법률로 개정]
제20조 ① 독일 연방공화국은 민주적인 사회적 연방국가이다.
② 모든 국가권력은 국민으로부터 나온다. 그것은 선거와 투표에 있어서 그리고 입법·행정과
사법의 개별적 기관을 통하여 국민에 의하여 행사된다.
③ 입법은 헌법질서에, 행정권과 사법은 법률과 법에 구속된다.
④ 모든 독일인은 이러한 질서의 폐지를 기도하는 자에 대하여 다른 원조가 불가능할 때는

저항할 권리를 가진다.

* **823** 1877년 5월 16일 사건(Le Seize Mai 1877). 프랑스 제3공화국은 1875년 헌법제정을 거쳐 다음해 봄에 실시한 총선거에서 공화파는 왕당파와 승려파를 압도하였는데, 후자가 반격을 가하자 정치적 위기가 발생하였다. 입헌군주제의 국왕과 같은 지위에 있던 마크마옹은 1877년 5월 16일, 하원의 다수를 차지하는 쥴 시몽(Jules Simon) 공화파 내각을 사퇴시키고, 드 브로이 공(duc de Broglie)에게 왕당내각을 조직시키고, 상원의 협찬을 얻어 하원에게 1개월의 휴회를 명하였다. 이것이 이른바 5월 16일(le Seize Mai)의 정변이다. 이어서 6월 25일에는 하원을 해산하고, 10월에 실시한 하원선거의 결과 공화파연합이 승리하고, 11월에 성립한 로슈부에 (Rochebouët)의 초의회적인 반동내각과 하원의 대립은 매우 첨예화하고, 쿠데타의 위험도 나돌았 으나 마크마옹은 굴복하여 듀포르(Dufaure)를 수상으로 하는 의회적 내각을 성립시켰다. 그 후 여러 선거에서 공화파의 승리가 확정되자 1879년 1월 그는 드디어 패배를 인정하고 사퇴하였다. → 본서 1151면. 1877년 5. 16 사건

* **823** 프랑스 헌법(1946년) 제13조 법률은 국민의회만이 의결한다. 국민의회는 이 권리를 위임할 수 없다.

* **823** 바이마르 공화국 헌법(1919년) 제48조 ① 각 란트 중에 라이히 헌법 또는 법률로써 부과된 의무를 수행하지 아니하는 자가 있을 때에는, 라이히 대통령은 병력을 사용하여 그 의무를 이행할 수 있다.

② 독일국 안에서 공공의 안녕과 질서에 중대한 장애가 발생하거나 위협을 받을 때에는 라이히 대통령은 공공의 안녕과 질서를 회복하기 위하여 필요한 조치를 하고, 필요할 때에는 병력을 사용할 수 있다. 이 목적을 위하여 대통령은 제114조 · 제115조 · 제117조 · 제118 · 제123조 · 제 124조 및 제153조에 규정된 기본권의 전부 또는 일부를 일시적으로 정지할 수 있다.

③ 본조 제1항 또는 제2항에 의하여 행한 모든 조치에 관하여 라이히 대통령은 지체 없이 이를 라이히 의회(Reichstag)에 보고하여야 한다. 라이히 의회의 요구가 있을 때에는 그 조치는 효력을 상실한다.

④ 급박한 사정이 있을 때에는 각 란트 정부는 그 영역 안에서 제2항에 정한 조치를 임시로 할 수 있다. 이 조치는 라이히 대통령 또는 라이히 의회가 요구할 때에는 그 효력을 상실한다.

⑤ 상세한 것은 라이히 법률로 정한다.

바이마르 헌법 번역은 헤르만 헬러, 김효전 옮김, 『바이마르 헌법과 정치사상』, 산지니, 2016, 857-885면.

* **824** 본서 827면 참조.

* **824** 스위스 연방 헌법 제118조 연방헌법은 언제든지 그 전부 또는 일부를 개정할 수 있다.
제119조 전면개정은 연방입법의 방법에 의한다.
제120조 ① 연방의회의 1원이 전면개정을 결의하고, 다른 원이 이에 동의하지 않는 경우, 또는 투표유권자인 스위스 시민 5만인이 연방헌법의 전면개정을 요구하는 경우, 이 어떤 경우에도 이러한 개정을 할 것인가 여부의 문제는 스위스 국민의 국민투표에 회부하여야 한다.

② 이 경우 투표할 스위스 시민의 과반수가 문제를 긍정하는 경우, 전면개정에 착수하기 위하여 새로 양원의 선거를 실시한다.

제121조 ① 일부개정은 연방입법과 같이 국민발안의 방법으로 착수한다.

② 국민발안은 투표유권자인 스위스 시민 5만인에 의하여 연방헌법의 어느 조항의 제정, 폐지 또는 개정에 대하여 한 요구에 의한 것이다.

③ 국민발안의 방법으로 연방헌법의 다른 수개의 수정·증보의 개정안이 나온 경우, 각각 별개의 발안요구이어야 한다.

④ 이러한 요구는 개괄적인 제안형식 혹은 완성된 초안의 형식으로 할 수 있다.

⑤ 이러한 발안이 개괄적인 제안의 형식으로 되고, 연방 의회의 양원이 이에 동의한 경우, 양원은 제안자의 의지에 따른 일부개정안을 작성하고, 이를 국민과 함께 주에 찬부를 물어야 한다. 연방의회의 양원이 발안에 동의하지 아니하는 경우, 일부 개정의 문제는 국민투표에 회부하고, 투표할 스위스 시민의 과반수가 긍정하는 한, 개정은 연방의회에 의하여 국민결의(Volksbeschluss)의 의미에 따라서 착수하여야 한다.

⑥ 발안이 완성된 초안의 형식으로 되어 연방의회가 이에 동의한 경우, 초안은 국민과 아울러 주에 찬부를 물어야 한다. 연방의회가 이에 동의하지 아니한 경우에는, 스스로 다른 초안을 작성하거나 국민발안의 부결권고안을 만들어 자기의 초안 또는 부결권고안을 국민의 발안요구와 함께 국민과 주의 투표에 회부할 수 있다.

제123조 ① 개정된 연방헌법 내지 연방헌법의 개정된 부분은 그것을 투표한 시민의 과반수와 주의 과반수로써 채택된 때에 그 효력을 발생한다.

② 주의 과반수를 요구하는 경우, 반주(半州)의 투표는 반표로서 계산한다.

③ 각 주에 있어서 국민투표의 결과는 그 주의 투표로 본다.

* **824** 스위스 헌법의 전면개정. 1999년 헌법의 전문은 국회도서관, 『세계의 헌법 I』, 2010, 635-675면; 박영도, 『스위스 연방의 헌법개혁과 향후 전망』, 한국법제연구원, 2004; 안성호, 『스위스연방 민주주의 연구』, 대영문화사, 2001, 402-439면.

* **824** 독일 연방공화국 기본법

제73조 연방은 다음 사항에 대하여 전속적 입법권을 가진다.

① 외교사무 및 국민보호를 포함한 방위[1954년 개정으로 추가 1955년에 발효]

* **824** 1968년 서독의 긴급사태를 위한 헌법개정. 다음 조문은 1968년 6월 24일자의 기본법보충법률에 의하여 새로 삽입되었다(BGBl. I S. 709).

제80a조 ① 이 기본법 또는 민간인의 보호를 포함한 방위에 관한 연방 법률에서 본조의 기준에 따라서만 법조항이 적용될 수 있다고 규정한 때에는, 그 적용은 연방의회가 긴장사태의 발생을 확인한 경우 또는 그 적용에 특별히 동의한 경우에만 허용된다. 긴장사태의 확인과 제12a조 제5항 제1문 및 제6항 제2문의 경우의 특별 동의는 투표의 3분의 2의 다수를 필요로 한다.

② 제1항에 따른 법조항에 의거한 조치는 연방 의회의 요구가 있으면 이를 폐지하여야 한다.

③ 이러한 법조항의 적용은, 제1항에 관계 없이 국제기구가 연방 정부의 동의를 얻어 동맹조약의 범위 안에서 행하는 결정에 따라서, 또 그 결정에 준거하여 이러한 법조항을 적용할 수도 있다. 본항에 따른 조치는 연방 의회가 재적 과반수로 요구한 때에는 이를 폐지한다.

* 824 미합중국 헌법
　수정 제16조 (1913년 확정) 연방의회는 재원의 여하를 불문하고 각 주에 분배하지 아니하며, 또한 국세조사나 인구수에 관계없이 소득에 대한 세금을 부과·징수할 권한을 가진다.

* 825 현재까지 26의 수정이 있었다. (1968년)

* 825 프랑스 제3공화국 헌법 - 공권력의 조직에 관한 1875년 2월 25일 법률
　제8조 ① 양원은 스스로 또는 공화국대통령의 요청에 의하여 각별한 절대 다수의 의결로써 헌법개정의 필요성을 선언할 수 있다.
　② 양원의 각각이 이 결의를 채택한 위에 양원은 개정하기 위하여 국민의회로서 집회한다.
　③ 헌법의 전면적 또는 부분개정에 관한 법률은 국민의회를 구성하는 의원의 절대다수에 의하여야 한다.[이 항은 1884년 8월 14일 법 제2조에 의하여 다음과 같이 추가되었다.「공화제 정부형태는 개정의 대상이 되지 아니한다. 프랑스에 군림한 일이 있는 가족의 성원은 공화국대통령으로서 선출될 자격이 없다」].
　④ 다만, 1873년 11월 20일 법에 의하여 마크마옹 원수에게 권한이 부여된 기간 중의 개정은 공화국 대통령의 제안에 의해서만 할 수 있도록 한다.

* 825 프랑스 공화국 헌법(1946년)
　제90조 ① 개정은 다음과 같은 방법으로 이를 행한다.
　1. 개정은 국민의회를 구성하는 의원 절대다수가 채택한 결의에 따라 이를 결정하여야 한다.
　2. 이 결의는 개정의 목적을 명확히 규정한다.
　3. 이 결의는 국민의회로부터 회부받은 공화국 참사원(Conseil de la République)이 절대다수로써 같은 결의를 채택하지 아니하는 한, 적어도 3개월이 경과한 후 제2독회에 회부되어 제1독회와 같은 조건하에서 심의하여야 한다.
　4. 제2독회를 거친 후 국민의회는 헌법개정법안을 기초한다. 이 법안은 국회에 제출되어 일반법률에 관하여 규정된 것과 같은 다수결과 형식으로 표결한다.
　5. 헌법개정안은 국민의회 제2독회에서 3분의 2의 다수로써 채택되거나 또는 양원에서 5분의 3의 다수로써 가결된 때를 제외하고는 이를 국민투표에 회부한다.
　6. 법안은 채택 이후 8일 이내에 공화국대통령이 헌법률(loi constitutionnelle)로써 이를 공포한다.
　② 공화국 참사원의 존부에 관한 헌법개정은 공화국 참사원의 동의를 얻거나 또는 국민투표에 의하지 아니하고는 이를 할 수 없다.[이 헌법에는 합동회의에 관한 규정이 없다. 58년 헌법과 차이가 있다.]

* 825 스웨덴 왕국 헌법
　제81조 ① 이 정치법전과 왕국의 다른 헌법적 성질을 가지는 법률은 왕국 및 2회의 통상 국회의 결정에 의하지 아니하고는 이를 개정 또는 폐지할 수 없다.

* 825 인도 헌법 제128조 1항 상세한 것은 법률로 정한다.

* 825 덴마크 왕국 헌법

　제81조 국회가 새로운 헌법적 규정을 위한 법률안을 가결하고, 정부가 이 건을 추진하려 할 때에는 새 국회의원의 선거를 위한 명령서가 발부되어야 한다. 선거 후에 집회한 국회가 수정하지 않고 그 법률안을 가결한 때에는 최종적으로 가결된 후 6개월 이내에 직접투표에 의한 승인 또는 부인을 받기 위하여 선거인에게 부탁한다. 이 투표를 위한 규칙은 제정법으로 정한다. 투표에 참가한 자의 과반수로, 또 선거인단의 적어도 40퍼센트에 해당하는 것이 국회가 가결한 그 법률안에 찬성투표를 하거나, 또는 그 법률안이 재가를 받은 때에는 그 법률안은 헌법의 구성부분을 형성한다.

* 826 프랑스 공화국 헌법(1946년) 제90조 ① 5. 헌법개정안은 국민의회 제2독회에서 3분의 2의 다수로써 채택되거나 또는 양원에서 5분의 3의 다수로써 가결된 때를 제외하고는 이를 국민투표에 회부한다.

　프랑스 공화국 헌법(1958년) 제89조 ② 이 헌법의 개정안 또는 개정에 관한 제안은 동시에 양원에 의하여 표결되어야 한다. 개정은 국민투표에 의하여 승인된 후에 확정된다.

　③ 다만, 이 헌법개정안은 공화국대통령이 양원합동회의로서 소집된 국회에 이를 부의할 것을 정한 경우에는 국민투표에 회부하지 아니한다. 이 경우 개정안은 유효투표의 5분의 3의 다수를 얻지 아니하면 승인되지 아니한다. 양원 합동회의의 사무국은 국민의회의 사무국이다.

* 827 미합중국 헌법 제5조. 연방의회는 양원 의원의 3분의 2가 본 헌법에 대한 수정의 필요성을 인정할 때에는 헌법수정을 발의하여야 한다. 또는 주 중 3분의 2 이상의 주 의회의 요청이 있을 때에는 수정발의를 위한 헌법회의를 소집하여야 한다. 어느 경우에 있어서나 수정은 연방의회가 제의한 비준의 두 방법 중의 어느 하나에 따라 4분의 3의 주의 주의회에 의하여 비준되거나, 또는 4분의 3의 주의 주 헌법회의에 의하여 비준되는 때에는 사실상 본 헌법의 일부로서 효력을 발생한다.

* 827 브라질 연방 헌법

　제217조 헌법은 이를 개정할 수 있다.

　부칙 제1항 개정에 관한 제안은 하원 또는 연방 상원의원 4분의 1 이상으로 제출되거나 또는 의원 과반수가 그 의사표시를 행한 주 의회가 2년 이내에 주 의회 전체의 반수 이상에 달한 때에 이를 인정한다.

　부칙 제2항 하원과 연방 상원이 계속하여 2회의 입법회기에 있어서 재차 토의를 거쳐 절대다수로써 승인한 개정의 제안은 이를 가결한 것으로 본다.

* 827 바이마르 공화국 헌법(1919년) 제76조 ① 헌법은 입법에 의하여 이를 개정할 수 있다. 다만, 의회에서 헌법개정의 의결을 함에는 법률이 정하는 의원정수의 3분의 2 이상의 출석과 출석의원 3분의 2 이상의 동의를 필요로 한다.(이하생략)

* 827 독일 연방공화국 기본법 제79조 ① 기본법은 기본법의 원문(Wortlaut)을 명문으로 수정 또는 보완하는 법률로써만 이것을 수정할 수 있다. 평화규정·평화규정의 준비·점령질서의 철폐를 내용으로 하거나, 연방공화국의 방위에 기여하도록 규정된 국제법적 조약인 경우에는, 이

기본법의 규정이 그러한 조약의 체결 또는 발효에 저촉되지 아니한다는 해명을 위해서는 이 해명에 한정된 기본법의 본문의 보완으로 충분하다.

* 827 오스트레일리아 연방 헌법

제128조 ① 이 헌법은 다음의 방법에 의하지 아니하면 개정할 수 없다.

② 헌법개정을 위한 법률안은 의회의 각 원의 총의원의 과반수로 가결하고, 그 통과 후 2월 이상 6월 이내에 각 주에 있어서 하원의원의 선거권을 가지는 선거인에게 제안하여야 한다.

③ 다만, 어느 원이 총의원의 과반수로 가결한 당해 법률안을 다른 원이 부결하거나 의결하지 아니하거나, 또는 제1원이 동의하지 아니한 것과 같은 수정을 붙여 가결한 경우에, 그 때로부터 3월을 경과한 후, 동일 회기 또는 다음 회기에서 제1원이 다시금 다른 원이 작성·동의한 수정을 붙이거나 붙이지 아니하고 총의원의 과반수로 당해 법률안을 가결하고, 또한 다른 원이 이를 부결하거나 의결하지 아니하고 또는 제1원이 동의하지 아니한 것과 같은 수정을 붙여 가결한 때에는, 총독은 제1원이 최후로 가결한 법률안을 그 후 양원에서 일치한 수정을 붙이거나 붙이지 않고 각 주에서 하원의원의 선거권을 가지는 선거인에게 제안할 수 있다.

④ 법률안이 선거인에게 제안된 경우에는 그 투표는 의회가 정하는 방법에 따라 행한다. 다만, 하원의원의 선거인의 자격이 연방을 통하여 균일하게 될 때까지는 성년자에 의한 선거(adult suffrage)가 행해지는 주에 있어서는 당해 법률안에 대하여 찬부의 투표를 행하는 선거인의 반수만을 산입하게 한다.

⑤ 과반수의 주에서 투표한 선거인의 과반수가 법률안에 찬성하고 전 선거인의 과반수도 또한 찬성한 경우에는 당해 법률안은 여왕의 재가를 얻기 위하여 총독에게 제출하여야 한다.

⑥ 의회의 어느 원에 있어서의 주 선출의원의 비율 또는 하원에 있어서의 주 선출의원의 최저수를 감소하는 개정안 또는 주의 영역을 증대·축소하거나 기타의 방법으로 변경하는 개정안 또는 어떠한 방법을 불문하고 이들에 관한 헌법의 규정에 영향을 미치는 개정안은 당해 주에서의 선거인의 과반수가 찬성하지 아니하면 법률이 될 수 없다.

* 828 본 헌법 제79조 1항 전단. 전술 참조.

* 828 독일 연방공화국 기본법 제19조 ① 이 기본법의 규정에 따라 어떤 기본권을 법률로써 또는 법률의 근거 아래 제한할 수 있는 경우, 그 법률은 일반적으로 적용되어야 하며, 특수한 경우에만 적용되어서는 아니된다. 또한 그 법률은 당해 조항의 기본권을 명시하여야 한다.

제142조 a 이 기본법의 규정은 1952년 5월 26일과 27일에 본과 파리에서 서명한 조약(독일연방공화국과 3국 간의 관계에 관한 조약 및 유럽방위공동체의 설립에 관한 조약) ― 이들의 추가와 부속협정, 특히 1952년 7월 26일의 의정서와 함께 ― 의 체결과 발효를 방해하는 것은 아니다.(1954년의 개정으로 이 조문이 추가되었으나, 1968년의 개정으로 삭제되었다.)

* 828 노르웨이 왕국 헌법 제112조 ① 경험에 의해서 노르웨이 왕국 헌법의 일부를 개정하여야 할 필요가 있다고 인정하면, 그 제의는 새로운 선거 후의 제1회 또는 제2회 때의 통상국회에 이를 제출하고, 또한 인쇄하여 간행한다. 다만, 제의된 조건의 개정여부의 결정권은 다음 속행되는 차회 총선거 후의 제1회 또는 제2회 때의 통상국회에 한한다. 다만, 위의 개정은 이 헌법의 원칙과 모순될 수 없으며, 특히 이 헌법의 정신을 변경하지 아니하는 조항의 수정에만 국한하여야 한다.

그러나 위 개정에는 국회의 3분의 2 이상의 동의가 필요하다.

　② 전항의 방법으로 채택된 헌법의 개정은 국회의장과 서기관이 이에 서명하고, 노르웨이 왕국헌법의 정당한 일부라 하여 인쇄 · 공포하기 위하여 이를 국왕에게 제출한다.

* **828** 프랑스 공화국 헌법(1958년)

　제89조 ④ 어떠한 개정절차도 영역의 보전에 침해를 가할 때에는 개시하거나 속행할 수 없다.

　⑤ 공화제 정부형태는 개정의 대상이 되지 아니한다.

* **828** 인간의 존엄, 제20조는 → 본서 1135면

* **828** 독일 연방공화국 기본법

　제79조 ③ 연방을 각 주(Land)로 분할 편성하는 것, 입법에 있어서 주의 원칙적인 협력 또는 제1조와 제20조에 규정된 원칙들에 저촉되는 기본법은 허용되지 아니한다.

* **828** 독일 연방공화국 기본법

　제19조 ② 어떠한 경우에도 기본권의 본질적 내용은 침해할 수 없다.

* **828** 그리스 헌법(1968년)

　제137조 ① 왕정 민주제의 정부형태를 선언한 헌법규정과 기타의 기본적 헌법규정은 개정할 수 없다.

　② 기본적 규정이 아닌 헌법규정의 수정은 이 헌법이 국민투표에 의하여 승인을 얻은 날로부터 10년이 경과된 후 의회가 구체적으로 수정될 규정을 적시하여 최소한 1개월의 간격으로 실시되는 2차 투표에서 재적의원 5분의 3 이상의 찬성으로 요구할 때에는 언제든지 인정된다.

　③ 의회가 일단 헌법의 수정을 의결하면 차기 의회는 그 최초의 회기 중에 수정될 헌법규정을 재적의원의 단순 과반수로 의결하여야 한다.

　④ 표결된 기본적 규정 아닌 헌법규정의 수정은 공포되어야 하며, 의회 통과일로부터 10일 이내에 정부관보에 게재 · 공고되어야 하며, 의회의 특별법에 의하여 효력을 발생한다. [*이 헌법은 군부 쿠데타에 의해서 실효되었다. 1974년 민정으로 복귀]

* **828** 1968년 서독의 긴급사태 헌법. → 본서 1137면

* **830** 미합중국 헌법

　제1조 제8절 ① 연방의회는 다음의 권한들을 가진다.

　(11) 전쟁을 선언하고, 포획면허장을 수여하고 육상과 해상의 보호에 관한 규칙을 정하는 것.

* **830** 미국의 베트남전 개입은 위헌이라는 연방 대법원의 판결도 있었으나, 미국의 베트남화정책으로 1975년 4월 남베트남은 북베트남에 패망하였다.

* **830** 일본국 헌법

제9조 ① 일본 국민은 정의와 질서를 기조로 하는 국제평화를 성실히 희구하며, 국권의 발동인 전쟁과 무력에 의한 위하 또는 무력의 행사는 국제분쟁을 해결하는 수단으로서 이를 영구히 포기한다.

② 전항의 목적을 달성하기 위하여 육·해·공군 기타의 전력은 이를 보유하지 아니한다. 국가의 교전권은 이를 인정하지 아니한다.

관련 문헌은 이토 나리히코, 강동완 옮김,『일본 헌법 제9조를 통해서 본 또 하나의 일본: 일본은 왜 평화헌법을 폐기하려 하는가』, 행복한책읽기, 2005; 최경옥, 일본국 헌법상 헌법 제9조의 제정과정과 개정방향,『동아법학』제37호, 2005.

* 830 프랑스 제5공화국 헌법(1958년)

제89조 ① 헌법개정의 발의는 수상의 제안에 의하여 공화국대통령과 국민의회에 동등하게 속한다.

② 개정안은 동시에 양원에서 표결되어야 한다. 개정은 국민투표에 의하여 승인된 후에 확정된다.

③ 다만, 개정안은 공화국대통령이 양원합동회의로서 소집된 국회에 이를 부의할 것을 정한 경우에는 국민투표에 회부하지 아니한다. 이 경우 개정안은 표명된 투표의 5분의 3의 다수를 얻지 아니하면 승인되지 아니한다. 양원합동회의의 사무국은 국민의회의 사무국이다.

* 831 사회주의권 국가의 헌법들은 국회도서관 해외자료국,『공산제국의 헌법(I)(II)』(해외자료 제1집, 제2집), 1973, 1974. 제1집에는 소련·독일민주공화국(1968)·불가리아·체코슬로바키아·루마니아 헌법과 영문·독문 원문이 수록되어 있으며, 제2집에는 폴란드·헝가리·알바니아·몽고·베트남(월맹)·중국(1954) 헌법이 수록되어 있다.

책을 펼치면「이 책자를 받으시는 분에게. 이 책자는 대외비 자료입니다. 따라서 배포대상이 제한되어 있으니, 받으신 분 이외의 인사가 열람이나 전재하는 일이 없도록 각별히 유의하여 주시기 바랍니다」라고 등사하여 붙인 쪽지가 발견된다. 공산권 헌법 조문 하나 마음대로 보지 못하고 학문과 연구의 자유가 말살된 유신 헌법 발포 직후의 얼어붙은 우리의 정치상황과 학계의 초라한 모습을 잘 보여주는 증거이기도 하다.

또한 국제문제조사연구소,『각국헌법자료집』(1980)에는 소련·동독·루마니아·불가리아·유고·체코·폴란드·헝가리·중공·몽고·북한(1972) 헌법이 수록되어 있다.

1986년 헌정제도연구위원회에서는 38개국의 헌법을 번역하여『세계각국헌법전(I)(II)』를 발간했는데 이 가운데 공산국가의 헌법은 한편도 들어 있지 않다.

그 후 발간된 김영수편,『사회주의 국가 헌법』(인간사랑, 1989)에는 많은 자료가 수록되어 있다. 최근 국회도서관,『세계의 헌법 I, II』(2010) 중 과거의 공산 국가의 헌법으로는 러시아·북한(2009)·슬로바키아·중국·체코·폴란드·헝가리 헌법이 들어 있다. 구 공산권 국가의 새 헌법과 기본권에 관하여는 김철수,『기본적 인권의 본질과 체계』, 대한민국학술원, 2017, 514-537면; Detlef Merten und Hans Jürgen Papier (Hrsg.), Handbuch der Grundrechte in Deutschland und Europa, Bd. IX. Grundrechte in Ostmittel-und Osteuropa, 2016 참조.

* 831 이 헌법은 1977년 10월 7일 제9기 소비에트 연방 최고회의 제7차 임시총회에서 전면 개정되었으며, 이른바「발달된 사회주의 헌법」또는「브레즈네프 헌법」이라고 한다.

그 후 1988년 12월 6일 소 연방최고회의는 다시 인민대표 대회와 대통령제의 신설을 골자로

하는 헌법을 개정하였다. 이 다섯 번째의 개헌은 고르바초프가 채택하였다. 1993년 소련 연방 붕괴 후 연방 구성 주체들의 독립성과 권한을 줄이고 권력을 중앙집권화하는 내용의 헌법을 제정하였고, 2008년 헌법을 개정하여 대통령의 임기를 4년에서 6년으로 연장했다. 이것이 현행 헌법이다. 조문은 국회도서관, 『세계의 헌법 I』, 2010, 334-357면; 박영도, 『러시아 연방헌법 - 해설과 전문』, 한국법제연구원, 1993.

* **831** 조르주 뷔르도(Georges Burdeau, 1900-1985) → 본서 1115면

* **832** 소비에트 사회주의 공화국 연방헌법 제57조 연방구성공화국의 최고국가권력기관은 연방구성공화국 최고회의이다.

* **832** 제65조 소 연방각료회의는 소 동맹최고회의에 대하여 책임을 지며, 보고의 의무를 진다. 또한 최고회의가 폐회 중에는 소연방최고회의 간부회에 대하여 책임을 지며 보고의무를 진다.

* **832** 스위스 연방헌법 제71조 ① 연방의 최고권력은 국민과 주의 권리를 유보하여 연방회의가 이를 행사한다. ② 연방회의는 다음의 2원으로 구성한다.
  1. 민의원(Nationalrat)
  2. 참의원(Ständerat)

* **832** 스위스 연방헌법 제91조 연방의 최고의 주요한 집행관청은 연방참사회이며, 이는 7인의 각원으로 구성된다.

* **832** 소비에트 사회주의공화국 연방헌법 제141조 ① 선거에 있어서 매 선거구마다 후보자가 추천된다.
  ② 후보자추천권은 공동단체 및 근로자단체, 즉 공산당기관 · 노동조합 · 협동조합 · 청년단체 · 문화단체 등에 의해서 보장된다.

* **833** 동독 헌법(1968년) 제48조 ① 인민의회는 독일 민주공화국의 최고의 국가권력기관이다. 인민의회는 그 전체 의회에서 국가정책의 기본문제를 결정한다.
  동독 헌법(1968년) 전문은 국제문제조사연구소, 『각국헌법자료집』, 1980, 720-736면. 동독헌법(Die Verfassung der Deutschen Demokratischen Republik, 1974) 원문은 김철수, 『독일통일의 정치와 헌법』(박영사, 2004), 471-501면.

* **833** 동독 헌법(1968년) 제66조 ① 국가평의회는 인민의회의 회의 동안에 인민의회의 기관으로서 법률 및 인민의회의 의결의 결과로서 생기는 모든 기본적인 과업을 실시한다. 국가평의회는 그의 활동에 대하여 인민의회에 책임을 진다.
  ② 국가평의회의 의장은 국제법상 독일 민주공화국을 대표한다. 국가평의회는 독일 민주공화국의 국가조약체결을 결정한다. 국가조약은 국가평의회의 의장에 의하여 비준된다. 국가평의회는 국가조약을 공포한다.

* **833** 독일 민주공화국 헌법(1968년) 제80조 ① 각료회의의 의장은 국가평의회의 의장에 의해서 인민의회에 추천되어, 그로부터 각료회의의 구성을 위임받는다.

　② 각료회의는 인민의회에 책임을 지며, 해명할 의무를 진다.

* **834** 국가의 소멸. 엥겔스는 『가족, 사유재산, 국가의 기원』(Der Ursprung der Familie, des Privateigentums und des Staats, 1884; 김대웅 옮김, 두레, 2012) 마지막 부분에서 「계급의 소멸과 함께 국가도 불가피하게 사라질 것이다. 생산자들의 자유롭고 평등한 결합에 기초하여 생산을 새로이 조직하는 사회에서는 전체 국가기구를 그것이 마땅히 가야 할 곳으로, 즉 고대박물관으로 보내 물레나 청동도끼와 나란히 진열할 것이다」(300면)라고 했다. → 본서 1092면

* **835** 막스 임보덴(Max Imboden, 1915-1969) 스위스의 헌법학자. 저서 Die Staatsformen, 1959 (홍성방 옮김, 『국가형태』, 유로, 2011). 문헌 Andreas Kley, Max Imboden (1915-1969) - Aufbau in die Zukunft, in: P. Häberle, M. Kilian, H. Wolff (Hrsg.), Staatsrechtslehrer des 20. Jahrhunderts, 2015, S. 877-892.

　* **835** 체코슬로바키아 사회주의 공화국 헌법 제111조 ① 헌법은 헌법적 법률에 의해서만 개정된다.

　② 법률 기타 법령은 헌법에 위반해서는 안 된다. 모든 법령의 해석과 적용은 헌법에 적합하여야 한다.

* **835** 유고슬라비아 사회주의 연방공화국 헌법 제147조 ① 모든 규칙과 기타 일반적 법령은 유고슬라비아 헌법에 적합하여야 한다.

　② 공화국에서 제정된 모든 규칙과 기타 일반적 법령은 공화국의 헌법에도 적합하여야 한다.

　유고슬라비아 연방은 세르비아·크로아티아·슬로베니아·몬테네그로·보스니아·헤르체고비나·마케도니아의 여섯 공화국으로 구성되어 있었다. 1980년 Tito 대통령이 사망하자 안정된 유고의 기반은 흔들리기 시작하고, 1989년 동구권의 공산정권이 속속 붕괴되자 1991/92년에 대부분 독립하고, 드디어 1992년 유고 내전이 발발했다. 1993년 연방은 해체되었다.

　유고슬라비아에서 분리·독립한 6개 국가들의 헌법과 기본권에 관하여는 Detlef Merten und Hans Jürgen Papier (Hrsg.), Handbuch der Grundrechte in Deutschland und Europa, Bd. IX. Grundrechte in Ostmittel-und Osteuropa, 2016, S. 309-576.

* **836** 소비에트 사회주의 공화국 연방헌법 제14조 국가권력의 최고 기관들 및 국가 행정의 기관들에 의하여 대표되는 소 연방의 관할에 속하는 사항은 다음과 같다.

　4. 소 연방헌법준수의 감독 및 연방구성공화국 헌법과 소연방 헌법과의 적합의 확보.

　제16조 연방구성공화국은 각 공화국의 특수성을 고려하고, 또한 연방헌법에 완전히 적합하도록 제정된 고유의 헌법을 가진다.

　제19조 소 연방의 법률은 모든 연방구성공화국의 영역에서 동등한 효력을 가진다.

　제20조 연방구성공화국의 법률이 연방의 법률과 저촉되는 경우에는 연방의 법률이 우선하여 효력을 가진다.

* **836** 유고슬라비아 사회주의 연방공화국 헌법 제108조 ③공화국의 권리와 의무는 이 헌법의

원칙에 따라서 공화국 헌법에 의하여 규정된다.

제149조 ① 공화국 헌법이 유고슬라비아 헌법에 모순되는 경우에는 유고슬라비아 헌법이 구속력을 가진다.

② 공화국법이 연방법에 모순되는 경우에는 유고슬라비아 헌법재판소의 결정이 있기까지 연방법이 구속력을 가진다.

③ 재판소는 스스로 집행하여야 할 법률이 헌법에 적합하지 아니한다고 생각할 때에는, 반드시 그러한 법률의 합헌성을 평가하는 절차의 개시를 권한 있는 최고재판소에 신청하여야 한다.

* 836 소비에트 사회주의 공화국 연방헌법 제60조 연방구성공화국 최고 회의는 … 공화국의 구성 내에 있는 자치 공화국의 헌법을 확인하고 자치공화국의 경계를 결정한다.

제92조 각 자치공화국은 자치공화국의 특수성을 고려하고, 또 연방구성공화국 헌법에 완전히 적합하도록 제정된 고유의 헌법을 가진다.

* 836 스위스 연방헌법 제6조 ① 주는 그 헌법에 대하여 연방의 보장을 청구할 수 있다.

② 연방은 다음 각 호와 같은 경우에 한하여 그 보장에 대한 책임을 진다.

1. 주의 헌법이 연방헌법과 모순되는 것을 포함하지 아니할 것
2. 주의 헌법이 공화제(대의제 또는 민주제)의 형식에 의한 참가권의 행사를 보장할 것
3. 주의 헌법이 국민에 의하여 채택되고 시민의 절대다수가 요구하는 경우에 개정할 수 있는 것.

* 836 체코슬로바키아 사회주의 공화국 헌법 제107조 ② 국경은 헌법적 법률에 의해서만 개정된다.

제51조 ③ 헌법의 채택 또는 개정·선전포고·국경의 변경과 대통령의 선거에는 모든 대의원의 5분의 3의 다수를 필요로 한다.

* 838 동독 헌법(1968년) 제27조 ① 독일 민주공화국의 모든 시민은 이 헌법의 원칙들에 따라서 자기 의사를 자유로이 공개적으로 발표할 권리를 가진다. 이 권리는 직무관계 또는 노동관계에 의해서 제한되지 아니한다. 아무도 이 권리의 행사로 인하여 손해를 받지 아니한다.

* 838 동독 헌법(1968년) 제28조 ① 모든 시민은 헌법의 원칙과 목적의 범위 내에서 자유롭게 집회할 권리를 가진다.

* 838 동독 헌법(1968년) 제29조 독일 민주공화국의 시민은 정당·사회적 조직·단체와 집단농업 경영(Kollektive)에서 공동행동을 함으로써 그들의 이해관계를 헌법의 원칙들과 목적에 따라서 실현하기 위하여 결사의 권리를 가진다.

* 838 프랑스 제4공화국 헌법(1946년) 전문

인간을 굴종시키고 타락시키려고 해온 정권들에 대하여 자유 인민들이 쟁취한 승리의 다음 날에, 프랑스 인민은 인종·종교·신념의 차별 없이 모든 인간은 양도할 수 없고 신성한 권리를 소유한다는 것을 새로이 선언한다. 프랑스 인민은 1789년의 권리 선언에 의해서 승인된 인간과 시민의 권리와 자유, 그리고 공화국의 법률들에 의해서 승인된 기본원리들을 엄숙히 재확인한다.

프랑스 인민은 그 밖에 우리 시대에 특히 필요한 것으로 다음과 같은 정치적 · 경제적 · 사회적 원리들을 선언한다. (생략)

프랑스 제5공화국 헌법(1958년) 전문

프랑스 국민은 1789의 인권선언에 의해서 규정되고, 1946년의 헌법 전문에 의해서 확인되고 보완된 인간의 권리와 국민주권의 원리에 대한 애착을 엄숙히 선언한다.

* 839 「누가 감시인을 감시할 것인가」(quis custodiet custodes?) 이 말은 카를 슈미트도 자주 인용한다. → 본서 1165면

* 839 동독 헌법(1949년) 제66조 ① 인민의회는 대의원의 임기를 기간으로 헌법위원회(Verfassungsausschuß)를 설치한다. 모든 원내당파(Fraktion)는 그 세력에 비례하여 이 위원회에서 대표자를 가진다. 헌법위원회에는 그 밖의 3인의 공화국 최고재판소 재판관 및 3인의 독일 국법학자가 이에 소속되며, 이들은 인민의회의 구성원이 되어서는 아니된다.

② 헌법위원회의 구성원은 인민의회에 의하여 선임된다.

③ 헌법위원회는 공화국법률의 합헌성을 심사한다.

④ 공화국법률의 합헌성에 관한 의의(Zweifel)는 3분의 1 이상의 인민의회 대의원 · 인민의회 간부회 · 공화국대통령 · 공화국정부 및 주 대표회의만이 이를 주장할 수 있다.

⑤ 공화국과 주 간의 헌법쟁의 및 주 법률과 공화국 법률과의 일치여부(Vereinbarkeit)에 관하여는 헌법위원회가 주 대표회의에서 선출된 대표가 3인과 협상하여 이를 조사한다.

⑥ 헌법위원회의 의견에 관하여는 인민의회가 이를 결정한다. 이 결정은 모든 사람을 구속한다.

⑦ 인민의회는 그가 행한 결정의 집행에 관하여도 의결한다.

⑧ 정부 및 행정관서의 조치의 위법 등에 관한 확정은 위탁받은 행정감독을 수행하는 인민의회의 임무이다.

* 839 동독 헌법(1968년) 제65조 ② 국가평의회는 인민의회의 회의준비 중에 법률안을 심리하고 그 합헌성을 심사한다.

* 839 동독 헌법(1968년) 제71조 ③ 국가평의회는 인민의회가 헌법과 법률을 스스로 해석할 수 없는 한 구속력 있는 해석을 한다.

* 839 동독 헌법(1968년) 제89조 ③ 법규는 헌법에 저촉해서는 아니된다. 각료회의와 기타 국가기관의 법규의 합헌성에 대한 이의는 국가평의회가 결정한다.

* 839 소비에트 사회주의 공화국 연방헌법 제14조 국가권력의 최고기관 및 국가행정의 기관들에 의하여 대표되는 소 연방의 관할에 속하는 사항은 다음과 같다.

4. 소 연방 헌법준수의 감독 및 연방구성공화국 헌법과 소 연방헌법과의 적합의 확보

제31조 소 연방최고회의는 헌법 제14조에 의하여 소비에트 사회주의 연방공화국에 속하는 모든 권한을 행사한다. 다만, 헌법에 의하여 소 연방최고회의에 예속되어 있는 소 연방의 기관들, 즉 소 연방최고회의 간부회, 소연방각료회의 및 소연방 각 성에 속하는 권한은 예외로 한다.

* 839 체코슬로바키아 사회주의공화국 헌법 제41조 ② 인민의회는 헌법의 준수를 감시한다. 그것은 슬로바키아 민족의회의 법률, 정부의 명령 또는 결정과 일반적 구속력 있는 지구(地區)인민위원회의 명령이 헌법 기타 법에 위반하는 경우에 이를 무효로 할 수 있다.

* 839 1918년 체코와 슬로바키아가 합병, 제2차 세계대전 중에는 독일에 점령되었다가 1948년 사회주의 공화국이 되었다. 1993년 체코와 슬로바키아로 분리되었다.

* 839 루마니아 인민공화국 헌법 제43조 대민족회의의 주요 소관사항은 다음과 같다.
  13. 헌법의 적용에 관한 일반적 감독을 한다. 법률의 합헌성은 대민족회의만이 결정한다.

* 839 불가리아 인민공화국 헌법 제25조 인민의회만이 어떤 법률이 헌법상 요구된 공포의 모든 요건을 갖추어 공포되었는가의 여부, 또한 법률이 헌법에 위반되는가의 여부를 결정하는 권리를 가진다.

* 840 유고슬라비아 사회주의 연방공화국 헌법(1963년) 제241조
  ① 유고슬라비아 헌법재판소는 다음 사항을 관장한다.
  1. 법률의 유고슬라비아 헌법에 대한 적합성에 관하여 판결을 내린다.
  2. 공화국법의 연방법에 대한 적합성에 관하여 판결을 내린다.
  3. 기관과 단체의 기타 규칙과 기타 일반적 결정의 유고슬라비아 헌법, 연방법 및 기타 연방규칙에 대한 적합성에 관하여 판결을 내린다.
  4. 연방과 공화국간의, 공화국 상호 간의, 그리고 두 개 이상의 공화국 영역에서의 기타 사회·정치적 공동단체 상호 간의 권리와 의무에 관한 분쟁을 해결하기 위하여, 다른 재판소의 권한이 법률로써 규정되지 아니한 경우에 이러한 분쟁을 재결한다. 공화국 간의 경계에 관한 분쟁을 재결한다.
  5. 재판소와 연방기관 간의 그리고 2개 이상의 공화국 영역에서의 재판소와 기타 국가기관과의 권한분쟁을 재결한다.
  6. 연방의 헌법상의 권리와 의무에 따라서 헌법 또는 연방법에 의하여 그 권한에 속한 기타의 직무를 수행한다.
  ② 유고슬라비아 헌법재판소는 자치의 권리와 헌법이 규정하는 기타 기본적 자유와 권리가 연방기관의 개별적 결정 또는 행위에 의하여 침해된 경우에, 연방법이 규정하고 그것에 대하여 다른 재판소의 보호가 부여되지 아니한 경우에 이러한 자유와 권리의 보호에 관하여 판결을 내린다.

* 840 유고슬라비아 사회주의 연방공화국 헌법(1963년) 제245조
  ① 유고슬라비아 헌법재판소에 의하여 연방법이 헌법에 적합하지 아니한다고 판결된 경우에 연방의회는 헌법재판소의 판결이 공표된 날로부터 6개월 이내에 그 법령을 헌법에 적합하도록 개정하여야 한다.
  ② 의회가 이 기간 내에 그 법률을 헌법에 적합하도록 하지 아니하는 경우에는, 헌법에 적합하지 아니한 그 법률 또는 그 사항은 유효하지 않게 되며, 유고슬라비아 헌법재판소는 그것이 무효임을 판결로써 선언한다.
    ③ 공화국법과 연방법이 저촉되는 경우에 유고슬라비아 헌법재판소가 당해 연방법이 유고슬라

비아 헌법에 적합하지 않다고 인정한 때에는, 동 재판소는 최종판결이 채택될 때까지 헌법에 적합하지 아니한 연방법의 사항이 효력을 가지지 못함을 결정한다. 유고슬라비아 헌법재판소는 공화국법이 연방의 권리를 명백하게 침해한 경우에는 그 공화국법을 바로 무효로 할 수 있다.

* 840 동독 헌법(1968년) 제89조 → 본서 1146면

* 840 유고슬라비아 사회주의 연방공화국 헌법(1963년) 제249조 ① 다음의 것은 유고슬라비아 헌법재판소에 대하여 합헌성과 합법성의 문제를 제기할 수 있다.
  1. 연방 의회 및 공화국 의회
  2. 연방 집행회의 및 공화국 집행회의. 다만, 각각의 의회가 제정한 법률의 합헌성이 재판되고 있는 경우는 제외.
  3. 합헌성과 합법성의 문제가 소송절차에서 발생한 경우에는 유고슬라비아 최고재판소와 기타 연방최고재판소 또는 공화국 최고재판소
  4. 합헌성과 합법성의 문제가 회의의 직무에서 발생한 경우에는 연방검찰관
  5. 공화국 헌법재판소
  6. 유고슬라비아 헌법이 정하는 권리가 침해된 경우에는 사회 정치적 공동단체의 의회 또는 노동 기타의 자치조직

* 840 유고슬라비아 사회주의 연방공화국 헌법(1963년) 제250조 합헌성과 합법성의 문제에 관한 소송에서 유고슬라비아 헌법재판소가 당해 법률 또는 기타 규정이 유고슬라비아 헌법 또는 연방법에 저촉하지 아니함을 인정한 때에는, 헌법재판소는 그 규정의 집행을 위하여 헌법 또는 연방법에 적합한 해석을 설정할 수 있다.

* 840 체코슬로바키아 공화국 헌법 제111조 ① 헌법은 헌법적 법률로써만 개정된다.
  제51조 ③ 헌법의 채택 또는 개정·선전포고·국경의 변경과 대통령의 선거에는 전 대의원의 5분의 3의 다수를 필요로 한다.

* 840 동독 헌법(1968년) 제108조 헌법은 독일 민주공화국의 인민의회에 의해서만 헌법의 문언을 명문으로 변경하거나 보완하는 법률로써 개정할 수 있다.

* 840 유고슬라비아 사회주의 연방공화국 헌법(1963년) 제210조 ① 유고슬라비아 헌법의 개정은 헌법이 규정하는 절차에 따라서 연방의원과 민족의원에서 결정한다.
  ② 헌법개정의 동의는 연방의원의 30명을 하회하지 않는 의원에 의하여, 민족의원에 의하여, 공화국대통령 또는 연방집행회의에 의하여 제출된다.
  ③ 연방의원과 민족의원은 먼저 헌법개정의 심의를 개시할 것인가의 여부를 결정한다.
  ④ 2회 연속하여 토의한 후 연방의원과 민족의원이 헌법개정의 심의개시에 합의하지 못한 경우에는, 헌법개정의 동의는 그 토의가 종료한 날로부터 1년을 경과하기까지 제출해서는 아니된다.
  제211조 ① 헌법개정의 동의에 관하여 토의하기 이전에 연방의원은 경제의원·교육문화의원·사회복지보건의원 그리고 조직·정치의원에 대하여 그 동의를 송부한다.
  ② 각 의원은 헌법개정의 동의를 심의하고 그 의견을 연방의원에 제출한다.

③ 연방의원은 다른 의원의 의견을 받아들인 후 헌법개정의 동의에 관한 토의를 개시한다.

제212조 ① 연방동의에서 토의하기 이전에 헌법개정의 동의는 민족의원에 의해서 토의된다.

② 헌법개정에 관한 동의를 토의하는 동안 연방의원은 다른 의회의 의원이 가지는 견해에 관한 의견을 취합한다.

③ 헌법개정의 동의는 동일 초안문서가 연방의원과 민족의원을 통과한 때에는 통과한 것으로 본다.

④ 연방의원이 헌법개정의 동의에 관한 민족의원의 의견을 수락하지 아니할 때에는 토의는 2개월 간 연기된다.

⑤ 이 기간이 경과한 후 연방의원과 민족의원 간에 논쟁이 된 사항에 관하여 2회에 한하여 추가적으로 연속하여 토의할 수 있다. 이러한 연속적 토의 후에도 합의에 도달하지 못할 때에는, 연방의원과 민족의원은 그 논쟁이 된 사항을 국민투표에 회부할 것을 결정할 수 있다. 양원이 그 논쟁이 된 사항을 국민투표에 회부하는 데에 합의하지 못하였을 때에는 연방의원은 해산된다.

제213조 헌법개정의 동의는 연방의원과 민족의원의 3분의 2의 투표를 얻었을 때에 양원을 통과한 것으로 본다.

제214조 ① 헌법개정의 동의가 연방의원과 민족의원에서 채택된 후 15일 이내에 적어도 의회의 3개의 다른 의원이 채택된 헌법개정의 법문에 대하여 동의하지 아니할 때에는 헌법개정의 동의는 국민투표에 회부된다.

② 헌법개정의 동의에 관한 국민투표는 의회의 의장이 공시한다. 국민투표는 헌법개정의 동의가 연방의원과 민족의원을 통과한 날로부터 2개월 이내에 실시한다.

③ 헌법개정의 동의는 유고슬라비아 영토 내의 선거인의 과반수가 찬성투표를 하였을 경우에 국민투표로서 가결된 것으로 본다.

④ 헌법개정의 동의는 연방 의원이 공포한다.

* 842 동독 헌법(1968년) 제6조 ⑤ 모든 형태의 군국주의적 및 보복적 선전, 전쟁책동 그리고 신앙·인종 및 인종증오의 표시는 범죄로서 처벌된다.

* 842 동독 헌법(1968년) 제20조 ③ 청소년은 그들의 사회적·직업적 발전을 특별히 장려받고 있다. 그들은 사회주의질서의 발전에 책임을 자각하여 참여할 수 있는 가능성을 가지고 있다.

* 842 동독 헌법(1968년) 제22조 ③ 민주적으로 구성된 선거위원회에 의한 선거의 지도, 정책의 기본문제에 관한 인민토의, 그리고 선거인에 의한 입후보자의 지명과 심사는 포기할 수 없는 사회주의 선거원칙이다.

* 842 동독 헌법(1968년) 제56조 ① 인민의회의 대의원은 전체 인민의 이해관계와 복지를 위해서 책임 있는 과업을 달성한다.

② 대의원은 민주 독일의 민족전선의 각 위원회, 사회기구 및 국가기관과 함께 협력함에 있어서 법률의 준비와 실시에 시민의 협력을 촉구한다.

③ 대의원은 그들의 선거인과 밀접한 관계를 가진다. 대의원은 그 선거인들의 제안, 지시와 비평을 존중하며 양심적인 대우를 할 의무를 진다.

④ 대의원은 시민에게 사회주의국가의 정책을 설명한다.

* 842 동독 헌법(1968년) 제57조 ① 인민의회의 대의원은 규칙적인 면담시간과 논의를 실시하고, 또한 선거인들에게 자기의 활동에 관하여 설명할 의무를 진다.

② 이 의무를 현저하게 위반한 대의원은 법률상 규정된 절차에 따라서 선거인들에 의해서 소환될 수 있다.

* 845 독일 연방공화국 기본법 제18조 의견발표의 자유, 특히 출판의 자유(제5조 1항)·교수의 자유(제5조 3항)·집회의 자유(제8조)·결사의 자유(제9조)·편지·우편 및 전신·전화의 비밀 (제10조)·재산권(제14조) 또는 망명자비호권(제16조)을 자유민주적 기본질서를 공격하기 위해서 남용하는 자는 이 기본권들을 상실한다. 상실과 그 정도는 연방헌법재판소에 의해서 선고된다.

2. 대통령제의 비교법적 연구 (카를 뢰벤슈타인)

* 출전. Der Staatspräsident. Eine rechtsvergleichende Studie, in: Archiv des öffentlichen Rechts, Bd. 75(1949), Heft 2, S. 129-192, also in ders., Beiträge zur Staatssoziologie, Mohr, Tübingen 1961, S. 331-396.
『동아법학』 제8호(1989. 5), 271-342면;『비교헌법론』, 교육과학사, 1991, 121-221면에 재수록.

이 논문은 미국 이외의 지역에서의 대통령제의 수용과 그 실제에 관하여 거의 망라적으로 다루고 있다. 이미 70년 전에 쓰여진 논문이지만 한국의 헌법 현실까지 언급하고 있으며, 또 우리는 제헌 이래 계속하여 대통령제를 실시해 오고 있기 때문에 여전히 우리들에게 시사하는 바가 많다.
영어판은 The Presidency Outside the United States: A Study in Comparative Political Institutions, in: The Journal of Politics, Vol. 11 (1949), pp. 448-496.

* 857 해밀턴(Alexander Hamilton, 1757-1804) 미국의 정치인. 뉴욕주 대표로 미국헌법의 기초에 참여. 후에 재무장관 역임. 그의 사상은 제퍼슨과 반대로 정치권력은 집중되고, 또 일반 인민의 수중에 머물지 않도록 해야 한다는 것이다. 따라서 중앙집권주의자였다. 저서『연방주의 자』(Federalist) 제70호. 알렉산더 해밀턴·제임스 매디슨·존 제이 지음, 김동영 옮김,『페더랄 리스트 페이퍼』, 한울아카데미, 1995, 416면 이하. 문헌 Dictionary of American Biography, Vol. IV. p. 171-179.

* 861 레즈로브(Robert Redslob, 1882-1962) 로스토크대학 교수 역임. 독일에서 프랑스로 이주한 국법학자. 스트라스부르대학 교수로서 제1차 대전 중 친불적 태도를 취하고, 전후 프랑스령 이 되자 스트라스부르대학 교수가 된다. 그는 행정권과 입법권 간의 균형의 존부를 기준으로 하여 「진정한 의원내각제」와 「부진정한 의원내각제」로 구별하였다. 저서『의회정부제』(Die parlamentarische Regierung in ihrer wahren und in ihrer unechten Form. Eine vergleichende Studie über die Verfassungen von England, Belgien, Ungarn, Schweden und Frankreich,

Tübingen 1918; 프랑스어판 1924), 『국제법론』, 『국제연맹론』 등. 문헌 A. Le Divellec, Robert Redslob, juriste alsacien entre la France et l'Allemagne, in: Jahrbuch des öffentlichen Rechts, Bd. 55 (2007), S. 474-507.

* **865** 후안 도밍고 페론(Juan Domingo Perón, 1895-1974) 아르헨티나의 장군 · 정치인. 이탈리아계 이민자의 후손. 1943년 군부 쿠데타에 참여하여 군사정부의 노동부장관을 지내고 1946-55년, 1973-74년 대통령에 당선되었다. 처음에는 노동자들의 인기를 얻고, 두 번째 부인 에바(Eva Duarte, 1919-1952)가 적극 지원했다. 1952년 에비타(Evita)라는 별칭으로 유명한 발레리나 출신의 에바 페론을 부통령으로 지명하고 대선에 출마하여 대통령 연임에 성공한다. 그러나 1955년의 군부 쿠데타가 일어나 파나마 · 스페인 · 이탈리아 등지로 망명생활. 망명 중에도 그에 대한 국민의 추억이 작용하여 1973년 선거에서 부활한다. 페론은 또다시 아내 이사벨을 부통령으로 지명해 당선되지만 고령과 건강악화로 1974년에 사망한다. 이사벨이 대통령직을 승계하지만 군부 쿠데타로 곧 실각한다. 후안 페론은 이탈리아 파시즘을 지지하고 나치 전범을 보호하는 등 독재정치로 국민을 탄압했다. 정치적으로 페론주의 운동을 창시했으며 아르헨티나 현대사에서 가장 문제가 많은 정치인으로 손꼽힌다. 문헌 Wikipedia; Joseph Page, Perón: A Biography, 1983; D. R. 슈틸레, 이민아역, 『에바 페론』, 아이세움, 2007.

* **869** 아돌프 티에르(Adolphe Thiers, 1797-1877) 프랑스의 작가. 변호사, 신문기자로부터 출발하여 왕정복고 시대에는 샤르르 10세의 반동화에 반대하여 오를레앙파를 지지하였다. 7월혁명 당시에는 오를레앙 왕조의 수립을 추진하여 7월왕조 아래서 수상이 되었다(1836). 그 후 공화파가 되어 2월혁명의 실현에 노력하지만, 후에 나폴레옹 3세의 쿠데타 후 일시 추방되었다.

* **869** 마크마웅(MacMahon) → 본서 1059면

* **869** 1877년 5. 16 사건(Crise du Seize Mai) 프랑스 제3공화국 시기에 대통령과 의회 간의 권력배분을 둘러싸고 일어난 헌법위기. 왕당파 대통령인 마크마웅(Patrice MacMahon)은 중도 공화파인 수상 줄 시몬(Jules Simon)이 사임하자, 후임 수상으로 드 브로이(Albert, duc de Broglie)를 지명했으나 하원에서 불신임되고 대통령은 하원을 해산했다. 선거 결과 하원에서 공화파의 다수가 유지되고 대통령은 공화파의 듀포르(Dufaure)를 수상으로 임명하지 않을 수 없었다. 그리하여 내각도 공화파가 지배하게 된다. 헌법의 위기는 왕당파 운동의 패배로 봉인되고 제3공화국은 장수하게 되는 조건을 마련한 것이다. 이 사건을 계기로 대통령은 내각의 존립을 좌우하지 못하고, 내각은 의회에 대해서만 책임을 진다는 영국형 의원내각제가 관행상 프랑스에도 정착된 것이다. 또한 마크마웅의 해산권 행사가 공화파에 대한 무기로서 사용되었기 때문에, 대체로 하원의 해산은 의회에 대한 도전이며 공화제에 대한 반역이라는 관점에서 해산권은 대통령 자신은 물론 수상에게도 행사할 수 없게 되어 헌법의 해산권규정은 사문화하기에 이르렀다. 문헌 Carlos-Miguel Pimentel, La crise du 16 mai 1877: Édition critique des principaux débats constitutionnels, Dalloz 2017. 이 책에는 Jean-Marie Denquin의 상세한 해설(pp. 9-49) 첨부; A. Mitchell, Thiers, MacMahon, and the Conseil superieur de la Guerre, in: French Historical Studies 6, 2 (1969), p. 232-252; 모리스 뒤베르제, 김병규역, 『정치제도와 헌법 제2권 프랑스 정치체계』, 삼영사, 1980, 75면 이하. → 본서 1135면

* **869 리베 헌법**(Constitution Rivet). 「집행권의 수반은 프랑스 공화국대통령이라는 칭호를 가지는 것을 정하는 1871년 8월 31일의 법률」을 가리킨다. 프랑스는 1870년 스당에서 보불전쟁에서 패배하여 나폴레옹 3세는 포로로 잡히고 제2제정은 무너진다. 1871년 2월 보르도에서 티에르가 정부수반을 맡으나 파리 콤뮌이 일어나서 유혈진압하고, 제정의 붕괴 후에도 프로이센은 프랑스를 침공하여, 독불휴전조약, 강화조약, 알사스 할양으로 이어진다. 이런 상황에서 공화파와 왕당파는 대립한다. 위의 법률로써 제3공화국이 성립한다. 조문은 김충희 옮김, 프랑스 역대 헌법전(1), 『동아법학』 제69호, 2015, 554-556면.

* **869 브로글리 헌법**(Constitution de Broglie). 「공권력의 분배와 장관의 책임에 관한 조건을 정하는 1873년 3월 13일의 법률」을 가리킨다. 여론은 점차 공화국에 대해서 유리해 진다는 것을 느낀 왕당파는 티에르를 맹렬히 공격했고, 1873년 3월 13일 그들은 공화국대통령은 향후 메시지를 통하는 방법을 제외하고는 의회에서 발언권을 가질 수 없다고 규정한 법률을 오를레앙 왕당파의 지도자인 알베르 드 브로글리(Albert de Broglie) 공작이 제안하여 통과시켰다. 1873년 5월 티에르의 실권, 10월 왕정복고는 실패로 끝난다. 조문은 위 『동아법학』 제69호, 556-557면. 문헌 Jacques Godechot, Les Constitutions de la France depuis 1789, Paris: Garnier-Flammarion 1970, p. 323 (국회도서관 법제자료실, 『불란서헌법사』, 1973, 156-157면); Marcel Morabito, Histoire constitutionnelle de la France. De 1789 à nos jours, Issy-les-Moulineaux: LGDJ, 2016.

* **870 왈덱 루소**(Pierre Marie René Waldeck-Rousseau, 1846-1904) 프랑스의 정치인 · 변호사. 1879년 낭트 시장에서 대의사가 되고, 강베타(Léon Gambetta), 페리(Jules Ferry) 내각의 내무장관으로서 직공조합법을 제정. 파나마 사건에서는 레세푸스를 변호. 1894년 대통령선거에 패배하고 이후 원로원에 자리를 차지했다. 좌파연합을 기초로 1899-1902년 수상이 되고, 좌파지배의 시기를 마련. 1899년 드레퓌즈 사건에서는 수상과 내무장관으로서 드레퓌즈를 비호했다. 1901년 정교분리법의 전제인 결사법의 제정은 그의 내각의 공적이었다. 저서 『국가와 자유』(L'Etat et la liberté, 2 vols., 1906).

* **870 클레망소**(Georges Benjamin Clemenceau, 1841-1929) 프랑스의 정치인. 의사 출신으로 하원의원(1871), 급진파의 지도자. 정교분리 정책을 추진했으며 원로원 의원(1902)을 거쳐 수상이 된다(1906). 제1차 세계대전에서 패색이 짙어졌을 때 다시 수상이 되어(1917), 프랑스를 승리로 이끌고 베르사유회의의 의장으로서 베르사유조약 협상의 주역이 되었다(1919). 다음해 대통령선거에서 드샤넬(Deschanel)은 클레망소를 「승리의 아버지」(le Pére de la Victoire)라고 했다

* **870 브리앙**(Aristide Briand, 1862-1932) 프랑스의 정치인. 변호사, 저널리스트로서 사회당 하원의원이 되고(1902), 정교분리 운동을 지도했으며, 교육장관, 법무장관을 거쳐 수상이 되었다(1909). 그 후 수상과 외무장관을 여러 차례 역임했다. 제1차 세계대전 후 평화 외교에 지도적인 역할을 한 공로로 노벨평화상을 수상했다(1926).

* **870 카시미르 페리에**(Jean Paul Pierre Casimir-Perrier, 1847-1907) 프랑스의 정치인. 보수파의 2세 의원(1883)으로 수상이 되고(1893) 이어서 대통령이 되었지만(1894), 사회당의 격심한 비난을 받고 다음 해 사임했다.

* **870 밀레랑**(Alexandre Millerand, 1859-1943) 프랑스의 정치인. 변호사와 저널리스트로서 출발하여 전쟁상(1914-15), 수상(1920), 대통령(1920-25) 그리고 원로원 의원(1925-40) 등을 역임하였다.

* **870 레이몽 프앵카레**(Raymond Poincaré, 1860-1934) 프랑스의 정치가. 변호사에서 대의원이 되고(1887), 온건 우파의 지도자로서 교육·재무·외무 장관을 지내고 1912년 수상, 1913년에는 대통령이 된다. 제1차 세계대전 당시 장기전에 따른 패배주의를 극복하여 승리로 이끌었다. 전후에는 원로원 의원(1920), 다시 수상(1922, 1926)이 되고, 1923년에는 루르 점령을 명한다. 전후 배상문제에서 독일에 대하여 강경한 태도를 취했다. 1926-29년에는 재무장관 겸 수상으로서 의회와 대자본의 지지를 토대로 경제 재건을 실현한다.

* **870 필수드스키**(Józef Piłsudski, 1867-1935) 폴란드의 정치인. 폴란드 제2공화국의 국가원수 (1918-1922). 1920년부터 원수(元帥). 제2공화국의 사실상의 지도자(1926-35)이며 국방장관. 제1차 세계대전 중반부터 폴란드 정치에 크게 영향을 미쳤다. 유럽의 정치적 장면에서 중요한 인물 중의 한 사람으로 그의 적대자인 로만 드모우스키(Roman Dmowski)와 함께 근대 폴란드의 아버지로 간주된다.

* **870 마사리크**(Tomas Garrigue Masaryk, 1850-1937) 체코슬로바키아의 초대 대통령.

* **870 베네쉬**(Benesch; Edvard Beneš, 1884-1948) 체코슬로바키아의 독립운동가. 1935년부터 마사리크를 이어 대통령. 뮌헨협정 체결을 보고 런던에 망명정부를 설립. 전후 대통령에 복귀하지만 공산주의에 저항하고 사임.

* **872** 1946년 10월 27일의 프랑스 헌법 전문은 김충희, 프랑스 역대 헌법전(2), 『동아법학』 제70호, 2016, 509-529면.

* **872 클린턴 로시터**(Clinton L. Rossiter, 1917-1970) 미국의 정치학자. 코넬, 시카고, 프린스턴대학 교수 역임. 저서 Constitutional Dictatorship. Crisis Government in the Modern Democracies, Princeton University Press 1948 (김정길역, 『현대 대권정치론』, 대원서적, 1976).

* **873 에두아르 에리오**(Édouard Hérriot, 1872-1957) 프랑스 제3공화국의 급진적 정치인. 세 차례 수상 역임.

* **873 뱅상 오리올**(Vincent Auriol, 1884-1966) 프랑스 정치인. 1904년 Collège de Revel 법학 학위 취득. 툴루즈에서 변호사. 재무·법무장관, 국민의회 의장 역임. 1947-1954년 공화국 대통령. 후임에 코티(René Coty)가 계승.

* 873 루이기 아이나우디(Luigi Einaudi, 1874-1961) 이탈리아의 정치인 · 경제학자. 1919년 이탈리아 왕국 상원의원. 저널리스트. 반파시스트로서 1926년부터 활동 중단. 대전 후 이탈리아 은행 총재. 1948-1955년 이탈리아 공화국 제2대 대통령.

* 875 월터 배젓(Walter Bagehot, 1826-1877) 영국의 언론인 · 문필가. 저서 The English Constitution, 1867 (이태숙 · 김종원 옮김, 『영국 헌정』, 지식을만드는지식, 2012); Lombard Street, 1920 (유종권 · 한동근 옮김, 『롬바드 스트리트』, 아카넷, 2001). 문헌 DNB, Vol. I. p. 865-868; 이태숙, 『근대영국헌정: 역사와 담론』(한길사, 2013).

* 877 파리 코뮌(Pariser Kommune) 공포정치 시대에 1871년 3월부터 5월까지 파리를 지배했던 공산주의 정부. 문헌 B. Noel, Dictionnaire de la Commune I-II, Paris: Flammarion 1978; Pariser Kommune 1871: Berichte und Dokumente von Zeitgenossen, Frankfurt: Neue Kritik 1969; K. Marx, The Paris Commune, NY: Labor News 1920; 桂圭男, 『パリ · コミュー ン』, 岩波書店, 1971; 가쓰라 아키오, 정명희 옮김, 『파리 콤뮌』, 고려대출판부, 2007; 칼 맑스, 안효상 옮김, 『프랑스 내전』, 박종철출판사, 2003.

* 882 무스타파 케말 파샤(Mustapha Kemal Pascha: Atatürk, 1881-1938) 터키의 육군 장교 · 혁 명가 · 작가이며 터키 공화국의 건국자이자 초대 대통령. 그의 시호(諡號)인 아타튀르크는 「터키 의 아버지」를 뜻한다.

* 894 빌헬름 마르크스(Wilhelm Marx, 1863-1946) 바이마르 시대의 정치인. 중앙당. 두 번의 수상 역임.

* 898 장제스(蔣介石, 1887-1975) 중화민국의 군인 · 정치가. 국민정부의 총통(재임 1925-1975 년). 본명은 中正, 자는 介石. 문헌 조너선 펜비, 노만수 옮김, 『蔣介石: 장제스 평전』, 민음사, 2014; 레이 황, 구범진 옮김, 『장제스(蔣介石) 일기를 읽다』, 푸른역사, 2009.

* 899 살라자르는 1968년 신병으로 수상직에서 물러나고 카에타노(Caetano)가 수상직을 승계하 였으나 정치체제의 변화를 시도하지 않았다. 마침내 안토니오 데 스피놀라(António de Spínola, 1910-1996) 장군을 지지하는 좌파 청년장교단이 1974년 개혁을 주장하는 군부 쿠데타를 일으켰 다. 이를 「카네이션 혁명」이라고도 하며, 국민들이 군인들의 무기에 지지하는 의미로 카네이션을 달아주었기 때문에 붙인 이름이다. 1976년 4월 대통령제와 의원내각제를 융합한 새 헌법이 제정되 었으며 스피놀라가 초대 대통령이 되었다. 이처럼 이원정부제를 도입하였으며 특히 군부로부터 정통성을 인정받는 인물을 대통령으로 추대하여 군부를 대통령 아래 복종시키려는 것이 그 도입 동기였다. 1982년의 헌법개정 이후 내각제화하였다. 린쯔 · 바렌주엘라, 신명순 · 조정관 공역, 『내각제와 대통령제』, 나남출판, 1995, 142면. 2005년의 포르투갈 헌법 전문은 국회도서관, 『세계의 헌법. 35개국 헌법 전문 II』, 2010, 443-511면.

* 899 바르가스(Getúlio Dornelles Vargas, 1882-1954) 브라질의 정치인. 리우 데 자네이루와

상파울로주의 정치인 지배에 반대했다. 재무장관, 출신주인 리우 그란데 도 술(Rio Grande do Sul) 지사 역임. 1930년 대통령선거에 출마했다가 낙선하여 선거의 부정을 이유로 혁명을 일으켜 대통령이 되어 1930-45년까지 통치. 많은 사회입법을 제정하고 산업개발에 노력했으나 그의 독재적 지배에 대한 불만으로 자주 혁명에 직면했다. 1937년 새 헌법을 제정하고 정부의 권력을 확대했지만 1945년 육군 장교의 반란으로 대통령을 두트라(Eurico Dutra)에게 이양하고, 상원의원이 되어 후에 다시 1951년 이래 대통령이 되었으나 군부의 압력으로 자살했다. 문헌 K. Loewenstein, Brazil under Vargas, 1942.

3. 현대 혁명시대에 있어서 헌법의 가치 (카를 뢰벤슈타인)

* 출전. Reflections on the Value of Constitutions in Our Revolutionary Age, in: Arnold J. Zurcher (ed.), Constitutions and Constitutional Trends since World War Ⅱ, New York, 1951, pp. 191-224. 독어판은 Verfassungsrecht und Verfassungsrealität, in: Archiv des öffentlichen Rechts, Bd. 77. Heft 4, 1952, S. 487-535, also in: ders., Beiträge zur Staatssoziologie, J. C. B. Mohr, Tübingen 1961, S. 430-480.
　　『법대논총』(동아대) 제27집(1988. 2), 19-55면 및 『비교헌법론』, 교육과학사, 1991, 223-271면에 재수록.

　　제2차 세계대전이 끝난 후 우후죽순격으로 신생 국가들이 탄생하였으며 이에 따라 새로운 헌법이 많이 제정되었고 기존의 입헌주의 이론도 크게 변모되었다. 이 논문은 이러한 혁명 시대에 있어서 헌법규범과 헌법현실의 관계를 비교법적인 시각에서 전반적으로 다룬 것이다.

* 902 역대 대한민국 헌법의 영역과 독역은 Hyo-Jeon Kim (com.), The Constitutions of the Republic of Korea, Hyo-Jeon Kim (Hrsg.), Koreanische Verfassungen, Seoul: Korean Constitutional Law Association, 2008. 기타 『대한민국 역대 헌법전』, 헌법재판소, 2014가 있으나, 홍범 14조, 대한국 국제 등의 번역에서 오역과 누락이 발견되어 신뢰하기 어렵다.

* 902 역대 북한 헌법의 조문은 법원행정처, 『북한의 헌법』, 2010. 기타 『북한법령집』, 국정원, 2017 참조.

* 906 프랑스 헌장(1814년)의 번역은 김충희 옮김, 프랑스 역대 헌법전(1), 『동아법학』 제69호, 2015, 493-502면.

* 906 우드로 윌슨(Woodrow Wilson, 1856-1924)의 민족자결주의. 미국 28대 대통령. 프린스턴 · 버지니아 · 존스 홉킨스대학에서 배우고 프린스턴 대학 법학 및 경제학교수와 총장 역임. 1912년 대통령당선. 'New Freedom'을 내걸고 각종 혁신정책을 수행. 제1차 세계대전시에는 중립을 선언했으나 여론은 점차 반독일로 기울어 1917년 참전을 결정. 국내의 정치경제체제는 정부의 통제 아래 정비되고 유럽에 군대를 파송했다. 1918년 1월 유명한 「14개조」(Fourteen Points)를 발표. 여기서 국제협조, 독일의 비점령, 독일 국민의 해방, 약소민족의 자결 등을 선언.

1918년 11월 전후 파리 평화회의 수석전권이 되고, 그의 이상인 국제연맹안의 실현에 노력했으나 이 안을 포함하여 베르사유조약은 상원의 비준을 얻지 못했다. 저서『의회정치론』(Congressional Government, 1885),『미국의 헌법정치』(Constitutional Government in the United States, 1908) 등. 문헌 Dictionary of American Biography, Vol. X. p. 352-368.

　　민족운동가 몽양 여운형(1886-1947)은 1918년 우드로 윌슨 대통령에게 조선 독립 지원을 호소했던 청원서를 보내기도 했다. 청원서 원문 공개는 조선일보 2017. 6. 5.

* 912 일본 메이지 헌법, 이른바 대일본제국헌법의 번역은 김효전, 대일본제국헌법의 한 · 영 · 독역,『법사학연구』제52호, 2015, 133-191면.

* 914 로베르트 레즈로브 (Robert Redslob) → 본서 1065면

* 920 라이히(Reich)를 제국(帝國)으로 번역하는 것은 옳지 않다고 생각한다. 왜냐하면 제정이 무너지고 성립된 바이마르 공화국 역시 'Deutsches Reich'이기 때문이다. 본래 Reich는 영방(領邦) 내지 지방(支邦)을 아우르는 나라(國)를 의미한다. 그러므로 여기서는 이 말을 번역하지 않고 그대로 사용한다. 정태호역,『독일헌법재판론』, 미리, 2001, 28면의 역주 참조. Koselleck, → 본서 1109면

* 923 피우메(Fiume)를 위한 가브리엘레 단눈치오(Gabriele d'Annunzio, 1863-1938)의 헌법이란 카르나로 헌장(Carta del Carnaro)을 말한다. 이것은 아나키스트, 최초의 파시스트 그리고 민주적 공화주의자의 이념을 결합한 헌장으로 생디칼리스트인 알세스테 데 암브리스(Alceste de Ambris, 1874-1934)가 단눈치오와 함께 만든 것이다. 데 암브리스가 법적 · 정치적인 초안을 작성하고, 단눈치오는 여기에 시인으로서의 기교를 첨가했다. 헌장은 조합국가를 설립하는 것이며, 9개의 조합은 노동자, 사용자, 전문가 등 경제의 다른 섹터를 대표하는데, 단눈치오는 여기에 「상류의」인간 존재, 예컨대 영웅, 시인, 예언자, 초인 등을 열 번 째로 추가했다. 또 이 헌장은 음악이 국가의 기본원리라고 선언했다.

　　단눈치오는 이탈리아의 데카당 문인으로 제1차 세계대전에 조국 이탈리아가 참전할 것을 촉구하고 자신은 의용군으로 전투 조종사가 되었다가 한쪽 눈이 실명된다. 종전 후 국제연맹의 결정에 항의하고 피우메시를 점령한다. 피우메는 현재 리예카(Rijeka)로 불리며, 크로아티아 서북부에 있는 항구 도시. 한때 오스트리아 · 헝가리 제국에 속했으며, 제1차 세계대전 이후에는 이탈리아와 유고슬라비아 간에 영유권 분쟁이 일어났다. 제2차 세계대전 때에는 격전지였으며 전후 유고슬라비아의 영토가 되었다. 작품 이현경 옮김,『쾌락』, 을유문화사, 2016; 문일영역,『죽음의 승리』, 금성출판사, 1990. 문헌 김효신, 단눈치오와 무솔리니, 그리고 시적 영웅주의 연구,『이탈리아어문학』제42호, 2014.

* 924 보르도(Bordeaux) 프랑스 남부의 포도주 수출 항구. 헌법학자 레옹 뒤기가 보르도대학에 있었기 때문에 보르도학파라고 불린다.

4. 정치권력과 통치과정: 후기 (카를 뢰벤슈타인)

* 출전. Karl Loewenstein, Political Power and the Governmental Process, Chicago: The University of Chicago Press 1957, 2nd ed., 1965, pp. 389-407, Postscript.
「현대 헌법의 동태」, 『법경논총』(동아대), 제17집(1977. 12), 5-25면 및 『비교헌법론』, 교육과학사, 1991, 273-303면에 재수록.

이것은 카를 뢰벤슈타인을 세계적으로 유명하게 만든 위의 저서 「후기」를 번역한 것이다. 이 책의 독어판은 『헌법학』이란 제목으로 Übersetzt von Rüdiger Boerner, Verfassungslehre, J. C. B. Mohr, Tübingen, 1959, 498 S.로서 출간되었으며, 1969년에는 상세한 추록(S. 417-484)을 붙여 제2판이 나왔고, 저자의 사후에 제3판(1975년), 제4판(2000년)까지 발간되고 있다.
한국어판(김기범역, 『현대헌법론』, 교문사 1973년)에는 이 후기가 누락되어 있어서 여기에 보충하는 의미로 수록하였다. 김기범 교수의 역서는 김효전이 약간 수정하여 『동아법학』 제74호(2017. 2), 195-511면과 제75호(2017. 5), 311-463면에 다시 수록하였다.

이 책은 제2차 세계대전 이후의 헌법들을 동태적으로 분석한 것으로 헌법학연구에 새로운 지평을 열었으며 이제는 거의 고전에 속하는 것이지만 여전히 읽어 볼 가치가 있다. 그러나 번역서는 오래전에 절판되었기 때문에 강의의 보충과 참고문헌 소개를 위해서 『동아법학』에 다시 수록하면서 순한문으로 된 것을 오늘날의 학생들이 쉽게 볼 수 있도록 모두 한글로 바꾸고 낡은 표현법과 어색한 문장은 편자가 일부 수정하였다. 원고는 편자의 헌법학 강의를 수강한 동아대학교 법과대학 학생들이 초벌 타자한 것을 편자가 원서와 번역서 그리고 초벌 타자를 모두 대조하면서 수정·가필한 것이다. 학생들의 노고 덕분에 절판된 이 책이 새롭게 탄생할 수 있게 되었다. 학생들에게 감사하며 이를 읽는 후배들은 선배들의 아름다운 봉사와 희생정신을 조금이라도 기억해 주기를 바란다.

* 927 阿部照哉·山川雄己 共譯, 『現代憲法論』, 有信堂 1967. 이 책은 독일어판을 텍스트로 삼고 있다. 우리나라 김기범 교수의 역서도 역시 독어판을 번역한 것이다. (이하는 역자의 주임)

* 927 1991년 9월 17일 남북한은 유엔에 동시 가입하였다. 이로써 북한은 160번째, 한국은 161번째 회원국이 되었다.

* 930 1965년 12월 5일의 대통령선거에 드골(Charles de Gaulle, 1890-1970)은 재출마하여 좌익 통일후보의 미테랑(François Mitterrand, 1916-1996), 중도파의 르카뉴에(Jean Lecanuet, 1920-1993) 후보와 싸웠으나 득표율은 44%에 불과하였다. 12월 9일 제2차 투표를 실시한 결과 드골은 미테랑을 누르고 재선되었다.

* 934 그 후 군부의 쿠데타에 의해서 일리아는 실각하였다.

* 935 자유·보수의 양당을 말한다.

* 936 1965년 9월 19일에 실시한 총선거의 결과는 다음과 같다. 투표율 87. 3% (전회 1961년,

87. 7%). 각 정당의 득표율 및 의석수 기독교민주사회동맹(CDU, CSU) 47. 6% (전회 45. 3%), 245 (전회 242) 의석, 사회민주당 (SPD) 39. 35 (전회 36. 3%), 202 (전회 190) 의석, 자유민주당 (FDP) 9.5%, 49 (전회 67) 의석, 국가민주당 (NPD) 2. 0%, 독일평화동맹 (DFP) 1. 3% 기타 0.3 %

사회민주당은 예상보다 부진하였다. 그 후 1966년 10월, 67년도 예산안에 자유민주당이 반대했기 때문에 에어하르트(Ludwig Erhard, 1897-1977) 정권은 곤경에 처하고 11월 에어하르트 수상은 퇴진을 표명, 12월 키징거를 수반으로 하는 CDU, CSU와 SPD의 대연립내각이 발족, SPD의 당수 빌리 브란트(W. Brandt)는 부수상 겸 외무장관에 취임하였다. 그리고 슈트라우스는 재무장관에 취임하였다.

* 937 1966년 3월의 총선거에서 노동당은 대승하여 야당과의 의석 차이는 97석이 되었다.

* 937 옴부즈맨은 원래 스웨덴어이다. 그대로 국제적으로 사용하기 때문에 여기서도 특별한 번역어를 쓰지 않았다. 학자에 따라 호민관 또는 국회감찰위원이라고도 한다. 이 제도에 관한 비교 연구로서는 W. Gellhorn, Ombudsman and Others: Citizen's Protectors in Nine Countries. Sweden, Norway, Finland, Denmark and New Zealand, Poland, Yugoslavia, the U.S.S.R., and Japan (Harvard Univ. Press, 1966). 한국 문헌은 법제처, 『각국의 옴부즈만 제도』(법제자료 제89집), 1977.

* 938 갈채(Akklamation) → 본서 1065면
이 표현은 카를 슈미트의 『현대 의회주의의 정신사적 지위』(제2판 1926; 김효전 옮김, 관악사, 2007, 25면)나 『국민표결과 국민발안』(1927; 김효전 옮김, 관악사, 2008, 42면)을 염두에 둔 것 같다.

* 939 저거너어트(juggernaut)란 크리슈나(Krishna) 신상을 실은 차를 말한다. 인도에서는 이것을 실은 차에 치어죽으면 극락에 갈 수 있다는 미신 때문에 스스로 죽는 일이 많았다고 전한다.

* 940 1965년 8월 싱가폴은 연방에서 탈퇴하였다. 그리고 1965년 9월 30일 인도네시아에서 육군 좌파 장교가 일으킨 쿠데타는 일련의 심각한 정치변동을 촉발하여 수카르노의 나사콤 체제는 붕괴되었다. 그 결과 대(對) 말레이시아 정책도 변경되었다.

제6편 헌법의 보장

1. 헌법의 수호자 (1929) (카를 슈미트)

* 출전. Carl Schmitt, Der Hüter der Verfassung, in: Archiv des öffentlichen Rechts, Neue Folge, Bd. 16 (1929), S. 161-237.
『동아법학』제11호(1990. 12), 227-294면 및 『헌법의 수호자 논쟁』, 교육과학사, 1991, 9-108

면에 재수록.

* 943 「헌법의 수호자」에 관하여 슈미트는 1929년 한 편의 논문을 발표했다. 즉 Das Reichsgericht als Hüter der Verfassung, in: Die Reichspraxis in deutschen Rechtsleben. Festgabe der Juristischen Fakultäten zum 50jährigen Bestehens des Reichsgerichts (1. Oktober 1929), Bd. 1, S. 154-178. jetszt in: ders., Verfassungsrechtliche Aufsätze, 1958, 3. Aufl., 1985, S. 63-100 (정태호 옮김, 「헌법의 수호자인 라이히 재판소」, 『동아법학』 제37호, 2005)이다. 여기서 그는 프랑스의 자유주의 정치사상가인 방자맹 콩스탕의 「중립적 권력」의 이론을 빌려와서 바이마르 공화국 헌법의 수호자는 라이히 대통령이라고 주장하였다. 그는 같은 해 다시 이를 보충하여 공법잡지에 Der Hüter der Verfassung, in: Archiv des öffentlichen Rechts, Neue Folge, Bd. 16 (1929), S. 161-237(김효전역, 「헌법의 수호자」, 『동아법학』 제11호, 1990)을 게재하였다. 그 후 1931년 같은 제목으로 대폭 수정·증보하여 Der Hüter der Verfassung, Duncker & Humblot, Berlin 1931. 5. Aufl., 2016, 159 S.(김효전 옮김, 『헌법의 수호자』, 법문사, 2000)을 단행본으로서 출간하였다.

영역본은 Lars Vinx edited and translated, The Guardian of the Constitution: Hans Kelsen and Carl Schmitt on the Limits of Constitutional Law, Cambridge: Cambridge University Press 2015.

이 책에서 슈미트는 단순히 헌법의 보호 문제만을 다룬 것은 아니며, 헌법재판을 비롯하여 사법권 일반의 문제, 나아가 국가와 사회의 구별·경제헌법·중립성·전체국가의 개념·다원주의·연방주의 등을 심도 있게 다루고 있다. 특히 독일 바이마르 공화국이라는 구체적인 헌법상태를 예리하게 분석한 그의 문제의식과 접근방법은 우리에게 많은 것들을 시사해 준다.

이러한 슈미트의 주장에 대해서 한스 켈젠(Hans Kelsen, 1881-1973)은 「누가 헌법의 수호자이어야 하는가?」(Wer soll der Hüter der Verfassung sein? in: Die Justiz, Bd. 6, 1931, S. 5-56. jetzt in: H. Klecatsky, R. Marcic, H. Schambeck (Hrsg.), Die Wiener rechtstheoretische Schule, Bd. 2, Europa Verlag, Wien 1968, S. 1873-1922)에서 대통령과 의회, 그리고 법원도 헌법의 수호자라고 하면서 헌법재판의 중요성을 강조하였다. 이 두 학자 간의 논쟁은 이미 역자에 의해서 『헌법의 수호자 논쟁』(교육과학사, 1991)이란 제목으로 소개되었으며, 여기에 다시 수록한다.

이 논문의 프랑스어 번역은 Trad. et introd. de Sandrin Baume, Qui doit être le gardien de la constitution? Michel Houdiard, Paris 2006, 138 p.

헌법의 수호자에 관한 최근의 영미 문헌으로는 Stanley L. Paulson, The Reich president and Weimar Constitutional Politics: Aspects of the Schmitt-Kelsen Dispute on the 'Guardian of the Constitution,' Paper presented at the annual meeting of the American Political Science Association, Chicago, August 31-Sept. 3, 1995와 David Dyzenhaus, Legality and Legitimacy. Carl Schmitt, Hans Kelsen and Hermann Heller in Weimar, Oxford: Clarendon Press, 1997, pp. 70-85.

프랑스 문헌은 Olivier Beaud, La controverse sur "le gardien de la constitution" et la justice constitutionnelle: Kelsen contre Schmitt, L.G.D.J. Diffuseur 2007.

위의 Stanley L. Paulson의 논문은 프랑스어로 번역되었다. Traduit par François Michaut, Arguments «conceptuels» de Schmitt à l' encontre du contrôle de constitutionnalité et résponses de Kelsen. Un aspect de l' affrontement entre Schmitt et Kelsen sur le «gardien de la constitution», in: Sous la direction de Carlos-Miguel Herrera, Le Droit, le Politique autour de Max Weber, Hans Kelsen, Carl Schmitt. Paris: L'Harmattan, 1995, pp. 243-259.

* 943 크롬웰(Oliver Cromwell) → 본서 1060면

* 943 해링턴(James Harrington, 1611-77) 영국의 유토피아적 공화주의자. 저서 『오세아나 연방』(The Commonwealth of Oceana, 1656). 재산균형을 기초로 해서 지식에 의해서 통치되어야 하는 공산주의 정치를 논의한 것으로 유명하다. 문헌 C. Blitze, An Immortal Commonwealth: The Political Thought of James Harrington, 1961.

* 949 시에예스(Emmanuel Joseph Sieyès) → 본서 1065면

* 944 카를 슈미트, 『정치적인 것의 개념』(김효전 · 정태호 옮김, 살림, 2012) 참조.

* 944 발터 시몬즈(Walter Simons, 1861-1937) 1922년 7월부터 1929년 3월까지 독일 라이히 최고재판소 소장 역임. 1905년 킬 고등재판소 판사. 1911-18년 외무부 근무. 1919년 베르사유 평화조약 교섭에 전권단의 일원으로 참가. 전후 1920년 6월부터 1921년 5월까지 Fehrenbach 내각의 외무장관. 최고재판소장의 초빙은 제2차 Wirth 내각(중앙당 · 민주당 · 사회민주당의 연합)의 법무장관 라드브루흐에 의한 것이다. 문헌 P. Tommissen (Hrsg.), SCHMITTIANA, Bd. IV. S. 184.

* 944 트리펠(Heinrich Triepel) → 본서 1080면

* 944 그라프 쭈 도나(Alexander Graf zu Dohna, 1876-1944) 쾨니히스베르크 · 하이델베르크 · 본 대학 교수 역임. 바이마르 제헌국민의회 의원.

* 945 루돌프 스멘트(Rudolf Smend) → 본서 1057면

* 945 레오 비트마이어(Leo Wittmayer, 1880-1936) 독일의 헌법학자. 저서 『바이마르 헌법』(Die Weimarer Reichsverfassung, 1922).

* 946 프리츠 모르슈타인 · 마르크스(Fritz Morstein-Marx, 1900-69) 이 논문에서 그는 재판관적 심사권에 대한 찬반논자의 명단을 열거하면서 찬성 45명, 반대 29명이라고 한다. 그러나 안쉬츠는 바이마르 말기에도 여전히 자신과 토마의 반대설은 「통설」이라고 한다. G. Anschütz, a. a. O. S. 370.

* 947 자유법운동(Freirechtsbewegung) 19세기 말부터 20세기 초에 걸쳐 개념법학을 반대하는

법사상이며, 특히 독일의 사법(私法) 해석과 관련하여 일어난 일련의 사조를 말한다. 프랑스의 제니(F. Gény, 1861-1956), 독일의 에를리히(E. Ehrlich, 1862-1922), 칸토로비츠(H. Kantorowicz, 1877-1940) 등이 그 대표자이다.

* 948 리하르트 토마(Richard Thoma) → 본서 1059면

* 949 반군주론자들 또는 폭군방벌론자(Monarchomachen). 군주(monarchos)와 투쟁(maché)의 접합어. 근세 초기에 폭군에 대한 저항권을 주장한 일련의 사상가들. 대표자는 『반(反)폭군론』(Vindiciae contra tyrannos, 1579)의 저자 유니우스 브루투스(Junius Brutus). 모나르코마키라는 말은 바르클라이우스의 저서 De regno et regali potestate adversus Buchananum. Brutum et reliquis Monarchomachos, libri sex, 1600에서 유래한다고 한다(Otto von Gierke, Johannes Althusius und die Entwicklung der naturrechtlichen Staatstheorien, 1880, S. 3). 문헌 R. 트로이만, 김상겸 옮김, 『주권론의 뿌리를 찾아서』(푸른세상, 2003).

* 949 1852년 1월 14일 헌법의 번역은 김충희 옮김, 프랑스 역대 헌법전(1), 『동아법학』 제69호, 2015, 540면.

* 950 법치국가란 말의 오해성과 추상성. 카를 슈미트는 법치국가를 논쟁적·정치적 개념, 법철학적 개념, 19세기의 법학적·기술적 개념, 그리고 법치국가의 특징으로서의 제도 또는 규범으로서 설명한 후 나치스 법률가들의 견해를 따라서 다음과 같은 궤변으로 결론짓는다. 「우리들은 나치스 지도자국가를 법치국가로서 나타낼 수 있다. … 파시스트 국가에서 현실이 된 것은, 다툼의 여지없는 정치지도를 가진 강력한 국가가 자유주의에 의해서 그 기초가 파인 공동체보다도 공공생활·사적 영역 양쪽의 안전과 안정을 보다 더 유효하게 보장할 수 있다는 것이다」. C. Schmitt, Der Rechtsstaat, in: Hans Frank (Hrsg.), Nationalsozialistisches Handbuch für Recht und Gesetzgebung, München 1935. jetzt in: Günter Maschke (Hrsg.), Staat, Großraum, Nomos. Arbeiten aus den Jahren 1916-1969, Berlin 1995, S. 116-117.

* 951 후고 프로이스(Hugo Preuß) → 본서 1060면

* 951 그나이스트(Rudolf von Gneist, 1816-95) 독일의 법률가·정치가. 베를린 대학 교수, 프로이센 국회의원, 제국 의회 의원 등 역임. 저서 『오늘날의 영국헌법과 행정법』(Das heutige englische Verfassungs-und Verwaltungsrecht, 2 Bde., 1857/1860); 『법치국가와 독일의 행정재판』(Der Rechtsstaat und die Verwaltungsgerichte in Deutschland, 1872) 등. 일본 메이지 헌법의 제정에 많은 영향을 미쳤다.

* 953 1875년 2월 24일의 프랑스 헌법 제9조. 상원은 사법원(cour de justice)을 구성할 수 있으며, 거기서 공화국대통령, 장관을 재판하며, 또한 국가의 안전에 대한 침해를 심리한다.

* 953 방자맹 콩스탕(Benjamin Constant) → 본서 1070면

* **954** 바이마르 헌법 제59조(국사재판소에의 제소) 라이히 의회는 라이히 대통령, 라이히 수상 및 라이히 장관이 라이히 헌법이나 라이히 법률위반에 대하여 독일 라이히 국사재판소에 제소할 권한을 가진다. 공소제기의 발의는 라이히 의회의원 100인 이상의 연서(連署)가 있어야 하며, 그 의결은 헌법개정에 필요한 것과 동일한 다수의 동의가 있어야 한다. 상세한 것은 국사재판소에 관한 라이히 법률로 이를 정한다.

* **954** 안쉬츠(Gerhard Anschütz) → 본서 1062면

* **954** 「국법은 여기서 끝난다」 → 본서 1062, 1068면

* **957** 에리히 카우프만(Erich Kaufmann) → 본서 1074면

* **958** 라르노드(Étienne-Ferdinand Larnaude, 1853-1942) 프랑스 파리대학교 법대 학장 역임. 문헌 P. Arabeyre et al (dir.), Dictionnaire historique des juristes français, p. 609.

* **958** 적법절차(due process of law) 미국의 재판실무 중에서 중심적인 의의를 차지하며 그 기원은 유럽에 있다. 슈미트는 독일의 언어방식으로 표현하면 제도적 보장(institutionelle Garantie)이며, 현상태의 보장(status-quo-Garantie)은 아니라고 한다. 김효전역,『유럽 법학의 상태』, 교육과학사, 1990, 76면; 김효전 옮김,『헌법의 수호자』, 법문사, 2000, 56면.

* **962** 오토 마이어(Otto Mayer) → 본서 1073면

* **966** 켈젠의 보고.「국사재판의 본질과 발전」(Wesen und Entwicklung der Staats-gerichtsbarkeit, Veröffentlichungen der Deutschen Staatsrechtslehrer, Heft 5, 1928. S. 30-88). 문헌『日本法學』제72권 3호(2006). → 본서 1069면

* **966** 카를 빌핑거(Carl Bilfinger, 1879-1958) 독일의 국법학자. 하이델베르크 · 베를린대학 교수 역임. 대통령에 의한 프로이센 정부 파면에 관한 재판에서 슈미트와 함께 중앙정부를 변호. 나치당원이 되고 전후 파면된 후 학계에 복귀.

* **967** 라스키(Harold J. Laski, 1893-1950)의 다원적 국가론에 대한 슈미트의 비판은「국가윤리 학과 다원적 국가」, 김효전 · 박배근 옮김,『입장과 개념들』, 190-209면.

* **969** 아르투어 츠바이게르트(Arthur Zweigert, 1850-1923) 1873년 이래 프로이센 법무부 근무. 1886년 검사, 1894년 첼레에 있는 상급재판소 평의원, 1897년 라이히 검사, 1907~21년 라이히 대검찰청 검사 역임.

* **973** 보나파르티즘(Bonapartisme) 나폴레옹 3세의 통치에 전형적으로 나타난 통치형태. 마르크 스주의에 의하면 부르주아지와 프롤레타리아와의 세력균형 위에 서서 양 계급의 조정자처럼 행세하는 체제. 정권의 대중적 기초는 주로 보수적 농민이며 그 본질은 부르주아지의 지배이다.

* 973 방자맹 콩스탕의 중립적 권력에 관한 문헌 深瀨忠一, バンジャマン・コンスタンの中立權の 理論, 『北大法學會論集』 제10권(1960), 133-159면.

* 974 로렌츠 폰 슈타인(Lorenz von Stein, 1815-90) 독일의 법학자・사회학자. 저서 『프랑스 사회운동사』(1850). 헌법조사를 위해서 유럽에 간 이토 히로부미(伊藤博文, 1841-1909)에게 헌법과 행정법을 강의. 문헌 Max Munding, Bibliographie der Werke Lorenz von Steins und der Sekundärliteratur, in: Roman Schnur (Hrsg.), Staat und Gesellschaft. Studien über Lorenz von Stein, Berlin 1978, S. 561-626; Christoph Brüning, Lorenz von Stein und die rechtliche Regelung der Wirklichkeit, Mohr 2015. 森田勉, 『ローレンツ・シュタイン研究』, ミネルヴァ書 房, 2001; 瀧井一博, 『ドイツ國家學と明治法制』, ミネルヴァ書房, 1999. → 본서 1056면

* 974 바르텔레미(Joseph Barthélemy) → 본서 1058면

* 975 「군림하지만 통치하지 않는다」(il règne et ne gouverne pas). 아돌프 티에르(Adolphe Thiers, 1797-1877)의 정식으로 카를 슈미트는 『헌법의 수호자』(김효전 옮김, 187면)에서 국가원수의 중립적 지위를 설명한다.

* 975 슈탈(Friedrich Julius Stahl) → 본서 1108면

* 975 막스 폰 자이델(Max Ritter von Seydel, 1846-1901) 독일의 국법학자. 뮌헨대학 교수로서 연방국가의 개념연구로 유명하다. 당시 지배적이던 바이츠(Waitz)의 견해에 반대하여 주권에는 가분성(可分性)이 없으므로 라이히는 국가연합으로서만 존재할 수 있다고 주장. 독일 통일 후에도 바이에른은 주권국가라고 주장했다. 저서 『일반 국가학 강요』(Grundzüge einer allgemeinen Staatslehre, 1873). 문헌 H. Rehm, Max von Seydel, in: AöR., Bd. 16 (1901).

* 976 프리드리히 에버트(Friedrich Ebert, 1871-1925) 독일 사회민주당의 정치가. 1919년부터 1925년까지 바이마르 공화국 초대 대통령 역임.

* 976 힌덴부르크(Paul von Hindenburg, 1847-1934) 독일의 육군 군인・정치가. 프로이센・오스 트리아 전쟁, 독불전쟁, 제1차 세계대전에 공을 세워 원수, 참모총장으로 승진. 1925년 바이마르 공화국 제2대 대통령, 1931년 재선. 1933년 1월 히틀러를 수상으로 지명.

* 978 오토 바우어(Otto Bauer, 1881-1938) 오스트리아의 정치가. 외무장관 때 독일-오스트리아 합병을 주장. 사회민주당의 린츠 강령(1926)을 기초하는 등 오스트리아 마르크스주의의 지도적인 이론가로 활약. 체코에서 사회민주당 망명조직을 지도했다. 저서 김정로역, 『민족문제와 사회민주 주의』(백산서당, 2006).

* 978 오토 키르히하이머(Otto Kirchheimer, 1905-1965) 1928년 카를 슈미트의 지도 아래 「사회주의와 볼셰비즘의 국가이론」으로 본 대학에서 박사학위 취득. E. Fraenkel, F. Neumann과

함께 사회민주당 좌파의 법률가로서 실무에 종사. 1933년 나치스가 정권을 장악하자 파리로 망명하였다가 1937년 다시 미국으로 이민. 1962-65년 컬럼비아 대학 공법 및 행정학 교수 역임.

* 982 드레드 스콧트 사건 → 본서 1086면

* 984 도즈안 → 본서 1064면

* 985 에른스트 프리젠한(Ernst Friesenhahn, 1901-1984) 1928년 본 대학 졸업. 1939년 본 대학 교수가 되었으나 곧 나치스에 의해서 추방. 대전 후인 1946년 본 대학 교수 및 총장 역임. 1951-63년 연방헌법재판소 재판관. 카를 슈미트가 본 대학에 재직했던 1922-28년 당시 프리젠한 은 학생이었고 조교였다(1925-32년). 문헌 Hans Meyer, Ernst Friesenhahn (1901-1984), in: P. Häberle, u.a. (Hrsg.), Staatsrechtslehrer des 20. Jahrhunderts, 2015, S. 593-608; Jochen Abraham Frowein, Ernst Friesenhahn 1901-84. Nachruf, in: Archiv des öffentlichen Rechts, Bd. 110. 1985, 1. S. 99-102.

* 986 막심 르로이(Maxime Leroy, 1873-1957) 프랑스의 법학자. 문헌 P. Arabeyre et al (dir.), Dictionnaire historique, p. 652-653.

2. 누가 헌법의 수호자이어야 하는가? (한스 켈젠)

* 출전. Hans Kelsen, Wer soll der Hüter der Verfassung sein? in: Die Justiz, Bd. 6, 1931, S. 5-56. jetzt in: H. Klecatsky, R. Marcic, H. Schambeck (Hrsg.), Die Wiener rechtstheoretische Schule, Bd. 2, Wien: Europa Verlag, 1968, S. 1873-1922.
『동아법학』 제11호(1990. 12), 296-352면 및 김효전역, 『헌법의 수호자 논쟁』, 교육과학사, 1991, 109-198면에 재수록.

영역본은 Lars Vinx edited and translated, The Guardian of the Constitution: Hans Kelsen and Carl Schmitt on the Limits of Constitutional Law, Cambridge: Cambridge University Press 2015. 프랑스어 번역은 trad. et introd. de Sandrin Baume, Qui doit être le gardien de la constitution? Paris: Michel Houdiard, 2006, 138 p.
문헌. R. Ch. van Ooyen, Die Funktion der Verfassungsgerichtsbarkeit in der pluralistischen Demokratie und die Kontroverse um den 'Hüter der Verfassung', in: Ooyen (Hrsg.), H. Kelsen, Wer soll der Hüter der Verfassung sein? - Abhandlungen zur Theorie der Verfassungsgerichtsbarkeit in der pluralistischen, parlamentarischen Demokratie, 2008.

이 글은 카를 슈미트의 『헌법의 수호자』(김효전 옮김, 법문사, 2000)에 대한 서평 형식으로 작성한 것이다. 슈미트는 바이마르 헌법의 수호자는 라이히 대통령이라고 주장한데 대해서, 켈젠은 라이히 대통령뿐만 아니라 의회, 법원 모두 헌법의 수호자이어야 한다고 주장하였다.

* 991 블룬칠리(Johann Caspar Bluntschli, 1808-81) 스위스 · 독일의 국법학자이며 정치가. 취리히 대학 교수를 역임하고 온건한 자유주의자로서 정계에 있었으나 1848년의 스위스 종교동란으로 실각하고, 독일로 이주하여 뮌헨과 하이델베르크 대학 교수 역임. 국가유기체설을 주장. 저서『일반 국법학』(1851)과『근대 국제법』(1868)은 한국 · 일본 · 중국에 지대한 영향을 미침. 문헌 박근갑, 한국에 건너온 블룬칠리(Bluntschli) 국가학(자료 정선), 『개념과 소통』(한림대), Vol. 20, 2017, 349-451면; 김효전, 『법관양성소와 근대 한국』(소명출판, 2014); 『개념과 소통』 (한림대) 제7호, 2011; C. Metzner, Johann Caspar Bluntschli. Leben, Zeitgeschehen und Kirchenpolitik 1808-1881, Lang 2009.

* 993 아틸라(Atilla, 406-453경) 훈족이 가장 번성할 때의 군주로 동로마 영토를 습격한 후 갈리아에 침입하여 약탈을 일삼다가 카달라우눔 전투에서 패하였다.

* 1003 「오스트리아식 해결」이란 한스 켈젠(Hans Kelsen, 1881-1973)이 기초한 1920년 헌법에 의한 헌법재판소의 설치를 말한다. 켈젠은 오스트리아 출신의 국법학자. 신칸트주의에 입각하여 순수법학을 창시. 1940년 미국으로 이민. 저서로『국법학의 주요문제』(1911), 『일반 국가학』(1925, 민준기 옮김, 1990), 『국제법원리』(1952, 서석순역, 1956), 『정의란 무엇인가』 (1957, 박길준역, 1984), 『통합으로서의 국가』(1930, 김효전역, 1994) 등. → 본서 1068면

* 1008 국가와 사회의 대립. 국가와 사회의 구별에 관하여 상세한 것은 E.-W. 뵈켄회르데, 김효전역, 『국가와 사회의 헌법이론적 구별[증보판]』, 법문사, 1992 참조.

* 1008 전체국가(der totale Staat). 국가와 사회의 2원론을 기초로 하여 국가권력이 종교나 경제에 개입하지 않는 19세기적인 「중성국가」에 대해서, 국가가 전 영역을 지배하는 국가. C. Schmitt, Der Hüter der Verfassung, 1931, S.73 (김효전 옮김, 『헌법의 수호자』, 법문사, 2000, 102면); 슈미트, 「전체국가에로의 전환」, 김효전 · 박배근 옮김, 『입장과 개념들』, 210-225면.

* 1022 수호자를 감시한다는 것. 켈젠은 「무의미한 무한소급」이라고 한다. 슈미트도 누가 감시자를 감시할 것인가 라고 자주 묻는다. 이와 관련하여 누가 결정하는가?(Quis judicabit?) 슈미트는 이 말을 즐겨 사용한다. 예컨대 Der Begriff des Politischen, S. 122(역서, 149면); Volksentscheid und Volksbegehren, 1927, S. 30(김효전역, 『국민표결과 국민발안』, 관악사, 2008, 38면); Staat, Bewegung, Volk, 1933, S. 44(김효전역, 국가 · 운동 · 민족, 『정치신학외』, 212면); Die vollendete Revolution, 1965(김효전역, 완성된 종교개혁, 『유럽법학의 상태외』, 240-242 면); Politische Theologie II, 1970, S. 107(김효전역, 정치신학 II, 『동아법학』 제16호, 1993, 319면) 등.

* 1026 오르무즈드(Ormuzd 또는 Ahura Mazda)는 조로아스터교의 최고신, 선의 신, 빛의 신을 말하며, 이에 대립하는 아리만(Ahriman)은 어둠과 거짓의 세계를 지배한다는 악신을 가리킨다. 헌법의 수호자와 헌법의 파괴자를 비유적으로 표현한 것이다.

3. 정의란 무엇인가? (한스 켈젠)

* 출전. Hans Kelsen, Was ist Gerechtigkeit?, Franz Deuticke, Wien 1953, 2. Aufl., 1975.
47 S.
　『법경논총』(동아대) 제19집(1979), 23-43면;『동아법학』 제76호(2017. 8), 507-541면.

　원래 이 논문은 1952년 5월 27일 한스 켈젠이 버클리 소재 캘리포니아대학에서의 고별강의를
토대로 하여 작성한 것이다.
　흔히 법의 이념은 정의의 실현이라고 하지만, 무엇이 정의인지는 명확하지 않다. 고대로부터
현대에 이르기까지 켈젠은 위대한 사상가들의 정의론을 검토한 후 자신에게 정의란, 자유 · 평화 ·
민주주의 그리고 관용이라고 결론을 내린다. 짧은 글이지만 우리에게 많은 것을 시사해 준다.
　영어판에서 번역한 박길준역,『정의란 무엇인가』(전망사, 1982)와 김영수역(삼중당, 1982)
두 가지가 켈젠의 다른 몇 편의 논문들과 함께 수록되어 있다. 최근 김선복역,『정의란 무엇인가』(책
과사람들, 2010)가 독어판에서 번역한 것이며 원문을 첨부하였다.

* 1032 제레미 벤담(Jeremy Bentham) → 본서 1081면

* 1033 양심적 병역거부(Kriegsdienstverweigerung, Conscience objection) 자신의 양심에
따라서 무기를 드는 것을 거부하는 것. 독일 기본법 제4조 3항은 「누구도 양심에 반하여 무기를
드는 것을 강제받지 아니한다」고 규정한다. 또 4항은 「상세한 것은 연방법률로 정한다」고 하여
대체복무(Ersatzdienst)를 인정한다. 문헌 한인섭 · 이재승편,『양심적 병역거부와 대체복무제』
(경인문화사, 2013). 독일의 양심적 병역거부법률(Kriegsdienstverweigerungsgesetz)은
Wolfgang Boehm-Tettelbach, Wehrpflichtgesetz, Beck 2011. 스위스의 경우는 Theodor
Wyder, Wehrpflicht und Militärdienstverweigerung. Entstehung, Gesetz, Arten und
Sanktionen in der Schweizer Armee, 2. Aufl., Bern u. a., Lang 1988.

* 1041 「각자에게 그 자신의 것을 주는」(suum cuique tribuere; Jedem das Seine) 유스티니아누
스가 규정한 세 가지의 기본적인 법률원칙(maxim) 중의 하나.

* 1044 「각인은 그의 능력에 따라서 각인에게는 그의 필요에 따라서」(Jeder nach seinen
Fähigkeiten, jedem nach seinen Bedürfnissen).
　켈젠이 인용한 마르크스의 말은 이렇다.「공산주의 사회의 보다 높은 국면에서는 개인들의
분업에의 예속이 소멸하고, 이에 수반하여 정신노동과 육체노동의 대립이 소멸한 후, 노동이
생존에 대한 수단이 아니고 그 자체 첫 번째의 욕망이 된 후 개인들의 전면적인 발달에 의해서
생산력이 증진하며, 공동체(Genossenschaft)의 부의 원천이 더욱 풍부하게 분출할 때, 그때야말
로 부르주아 법의 좁은 지평은 완전히 밟고 넘어갈 수 있으며, 사회는 그 깃발에 '각인은 그의
능력에 따라서, 각인에게는 그의 필요에 따라서'라고 적을 수 있을 것이다」. Zur Kritik des
sozialdemokratischen Parteiprogramms. Aus dem Nachlasse von Karl Marx, Neue Zeit,
IX. Jahrg., I. Bd., 1890-91, S. 567. 또한 Engels, "Zur Wohnungsfrage," S. 64. zitiert nach

Kelsen, Sozialismus und Staat, 2. Aufl., 1923, S. 92.

* 1048 로버트 필머(Robert Filmer, 1588-1653) 영국의 정치인 · 사상가. 찰스 1세로부터 기사의 작위를 받다. 왕권신수설의 대표적 인물로 청교도혁명 때에는 국왕파로서 활약. 사후에 간행된 『부권론』(Patriarcha, or The Natural Power of Kings (Ric. Chiswell, 1680))은 왕정복고기에 높이 평가되고, 이 책의 이론을 논박한 것이 존 로크의 『정부 2론』(Two Treatise of Government; in the Former, The False Principles and Foundation of Sir Robert Filmer and His Followers are Detected and Overthrown. The Latter is an Essay concerning the True Original, Extent, and End of Civil Government (London: Printed for Awnsham Churchill, 1690; 加藤節譯, 『完譯 統治二論』, 岩波文庫, 2010)이다.

* 1049 John Locke, The second treatise of civil government, Chap. XII, 143 ff. (강정인 · 문지영 옮김, 『통치론』, 까치, 1996, 139면 이하; 이극찬역, 『시민정부론』, 연세대 출판부, 1970). 문헌 John W. Yolton, A Locke Dictionary, 1993.

* 1050 에밀 브룬너(Emil Brunner, 1889-1966) 스위스의 프로테스탄트 신학자. 1916-1924년 글라루스의 목사, 1924-1953년 취리히대학 교수, 1954-56년 일본 도쿄의 국제기독교대학 교수. Ch. 블룸하르트, W. 헤르만, 키에르케고어 등의 영향을 받고, 다른 한편 칸트의 종교관에 접촉하여 신앙을 내재적 사상에 대한 절대적 역설이라고 해석하고, 슐라이어마허 신학을 하나님의 말씀에 반하는 신비설로서 배척했다. 이 입장은 카를 바르트를 중심으로 하는 「변증법 신학」에 상당하는 것으로 양자의 입장은 반드시 같지 않다. 저서 Gerechtigkeit, 1943 (전택부역, 『정의와 자유』, 향린사, 1959); Die Mystik und das Wort, 1924; Der Mensch im Widerspruch, 1937; Offenbarung und Vernunft, 1941; Dogmatik, Bd. 1-2, 1948; Das Ewige als Gegenwart und Zukunft, 1954.

* 1051 피에르 벨(Pierre Bayle, 1647-1706) 프랑스 계몽주의 철학자 · 작가. 프로테스탄트 신학자로서 후에 네덜란드 로테르담의 신학대학에서 철학 · 역사 교수를 지냄. 회의주의적인 경향이 강하고 낙관론이나 이신론(理神論)을 날카롭게 공격하고, 이교도와 무신론자에 의해서도 진리는 통찰된다는 「관용」을 주장. 저서 『역사적 및 비판적 사전』(Dictionnaire Historique et Critique, 2e éd., 3 vols. (Amsterdam: R. Leers, 1702; 영역판 1991)

* 1051 오스트리아 요제프 2세의 관용칙령. 1781년에 160년 가까이 지속된 반종교개혁에 대해서 합스부르크 군주국 지역의 비가톨릭교도들에게도 종교의 관용을 허락하는 칙령을 내린다. 바로 이 때 루터나 스위스의 종교개혁을 따르던 개혁교도들이 교회를 세운 곳이 체코의 텔츠(Telč)이다. 체코의 종교개혁은 30년전쟁(1618-1648) 이후로 거의 완전히 탄압되었다. Wikipedia.

인명색인

사항색인

[차]

[카]

[타]

[파]

[역자 김효전(金孝全) 약력]

1945년 서울 출생
성균관대학교 법정대학 법학과 졸업
서울대학교 대학원 졸업 (법학박사)
서울대학교 교양과정부 강사
독일 프라이부르크대학교 교환교수
미국 버클리대학교 방문학자
한국공법학회 회장
동아대학교 법학전문대학원장
현재 대한민국학술원 회원
　　　동아대학교 명예교수

1986년 제1회 한국공법학회 학술상 수상
1999년 제6회 현암법학저작상(수상작:
서양 헌법이론의 초기수용) 수상
2000년 한국헌법학회 학술상 수상
2001년 제44회 부산시문화상 수상
2007년 동아대학교 석당학술상 특별상
2018년 제8회 대한민국 법률대상(학술부문)

[저 서]

논점중심 헌법학, 대왕사, 1975
독일헌법학설사(편), 법문사, 1982
헌법논집, 민족문화, 1985
헌법논집 II, 민족문화, 1990
서양 헌법이론의 초기수용, 철학과현실사, 1996
(현암법학저작상)
근대 한국의 국가사상, 철학과현실사, 2000

헌법논집 III, 세종출판사, 2001
근대한국의 법제와 법학, 세종출판사, 2006
(학술원 우수도서)
헌법, 소화, 2009 (문광부 추천도서)
법관양성소와 근대한국, 소명출판, 2014
(학술원 우수도서)

[역 서]

게오르크 옐리네크, 일반 국가학, 태화출판사, 1980
칼 슈미트, 정치신학 외, 법문사, 1988
E.-W. 뵈켄회르데, 국가와 사회의 헌법이론적 구별, 법문사, 1989 [증보판] 1992
칼 슈미트, 유럽법학의 상태·구원은 옥중에서, 교육과학사, 1990
G. 옐리네크-E. 부뜨미, 인권선언논쟁, 법문사, 1991
칼 뢰벤슈타인, 비교헌법론, 교육과학사, 1991
칼 슈미트-한스 켈젠, 헌법의 수호자 논쟁, 교육과학사, 1991
칼 슈미트, 로마 가톨릭주의와 정치형태 외, 교육과학사, 1992
칼 슈미트, 정치적인 것의 개념, 법문사, 1992 [증보판] 1995
E.-W. 뵈켄회르데, 헌법·국가·자유, 법문사, 1992
크리스티안 F. 맹거, 근대 독일헌법사, 교육과학사, 1992 (공역)
칼 슈미트, 합법성과 정당성, 교육과학사, 1993
한스 켈젠, 통합으로서의 국가, 법문사, 1994
헤르만 헬러 외, 법치국가의 원리, 법원사, 1996
칼 슈미트, 독재론, 법원사, 1996
칼 슈미트, 파르티잔, 문학과지성사, 1998
칼 슈미트, 헌법의 수호자, 법문사, 2000 (문화관광부 우수도서)
유스투스 하스하겐 외, 칼 슈미트 연구, 세종출판사, 2001
칼 슈미트, 입장과 개념들, 세종출판사, 2001 (공역)
E.-W. 뵈켄회르데, 헌법과 민주주의, 법문사, 2003 (공역) (문광부 우수도서)
만세보 연재, 국가학, 관악사, 2003
G. 옐리네크 외, 독일 기본권이론의 이해, 법문사, 2004 (문광부 추천도서)
헤르만 헬러, 주권론, 관악사, 2004
G. 옐리네크, 일반 국가학, 법문사, 2005
칼 슈미트, 현대 의회주의의 정신사적 지위, 관악사, 2007
칼 슈미트, 국민표결과 국민발안, 제2제국의 국가구조와 붕괴, 관악사, 2008
카를 슈미트, 정치적인 것의 개념, 살림, 2012 (공역)
헬무트 크바리치편, 반대물의 복합체, 산지니, 2014
헤르만 헬러, 바이마르 헌법과 정치사상, 산지니, 2016 (학술원 우수도서)
카를 슈미트외, 독일 헌법학의 원천, 산지니, 2018

독일 헌법학의 원천

초판 발행일 2019년 10월 8일

지은이 카를 슈미트 외
편 역 김효전
펴낸이 강수걸
편집장 권경옥
편 집 박정은 윤은미 이은주 강나래
디자인 권문경 조은비
펴낸곳 산지니
등 록 2005년 2월 7일 제333-3370000251002005000001호
주 소 48058 부산광역시 해운대구 수영강변대로 140 부산문화콘텐츠콤플렉스 613호
홈페이지 www.sanzinibook.com
전자우편 sanzini@sanzinibook.com
블로그 http://sanzinibook.tistory.com

ISBN 978-89-6545-627-8 93360

* 책값은 뒤표지에 있습니다.
* 이 도서의 국립중앙도서관 출판예정도서목록(CIP)은 서지정보유통지원시스템
  홈페이지(http://seoji.nl.go.kr)와 국가자료공동목록시스템(http://www.nl.go.kr/
  kolisnet)에서 이용하실 수 있습니다.(CIP제어번호: CIP2019038313)
* Printed in Korea